Küche

DIE STERNE

Einige Häuser verdienen wegen ihrer überdurchschnittlich guten Küche Ihre besondere Beachtung. Auf diese Häuser weisen die Sterne hin.

Bei den mit « **Stern** » ausgezeichneten Betrieben nennen wir drei kulinarische Spezialitäten und regionale Weine, die Sie probieren sollten.

❀❀❀ | **Eine der besten Küchen : eine Reise wert**

Ein denkwürdiges Essen, edle Weine, tadelloser Service, gepflegte Atmosphäre... entsprechende Preise.

❀❀ | **Eine hervorragende Küche : verdient einen Umweg**

Ausgesuchte Menus und Weine... angemessene Preise.

❀ | **Eine sehr gute Küche : verdient Ihre besondere Beachtung**

Der Stern bedeutet eine angenehme Unterbrechung Ihrer Reise. Vergleichen Sie aber bitte nicht den Stern eines sehr teuren Luxusrestaurants mit dem Stern eines kleineren oder mittleren Hauses, wo man Ihnen zu einem annehmbaren Preis eine ebenfalls vorzügliche Mahlzeit reicht.

SORGFÄLTIG ZUBEREITETE, PREISWERTE MAHLZEITEN

Für Sie wird es interessant sein, auch solche Häuser kennenzulernen, die eine sehr gute, vorzugsweise regionale Küche zu einem besonders günstigen Preis/Leistungs – Verhältnis bieten. Im Text sind die betreffenden Restaurants durch die rote Angabe Menu kenntlich gemacht, z. B Menu 29/41.

Siehe Karten der Orte mit « Stern » und « Sorgfältig zubereitete, preiswerte Mahlzeiten » S. 36 bis S. 43.

Biere und Weine : siehe S. 44, 46 und 47

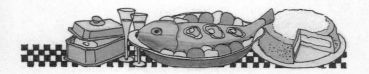

Preise

Die in diesem Führer genannten Preise wurden uns im Sommer 1989 angegeben. Sie können sich mit den Preisen von Waren und Dienstleistungen ändern. Sie enthalten Bedienung und MWSt. Es sind Inklusivpreise, die sich nur noch durch die evtl. zu zahlende Kurtaxe erhöhen können.

Erfahrungsgemäß werden bei größeren Veranstaltungen, Messen und Ausstellungen (siehe Seiten am Ende des Führers) in vielen Städten und deren Umgebung erhöhte Preise verlangt.

Die Namen der Hotels und Restaurants, die ihre Preise genannt haben, sind fettgedruckt. Gleichzeitig haben sich diese Häuser verpflichtet, die von den Hoteliers selbst angegebenen Preise den Benutzern des Michelin-Führers zu berechnen.

Halten Sie beim Betreten des Hotels den Führer in der Hand. Sie zeigen damit, daß Sie aufgrund dieser Empfehlung gekommen sind.

MAHLZEITEN

←	**Mahlzeiten** (3-gängig) **unter 22 DM**
M 25/65	**Feste Menupreise :** Mindestpreis 25 DM, Höchstpreis 65 DM
M a la carte 44/82	**Mahlzeiten « a la carte »** – Der erste Preis entspricht einer einfachen Mahlzeit und umfaßt Suppe, Hauptgericht, Dessert. Der zweite Preis entspricht einer reichlicheren Mahlzeit (mit Spezialität) bestehend aus: Vorspeise, Hauptgericht, Käse oder Dessert.
🍷	Preiswerte offene Weine
Fb	Frühstücksbuffet, im Übernachtungspreis enthalten (gelegentlich wird jedoch ein Zuschlag erhoben).

ZIMMER

14 Z : 27 B	Zimmer- und Bettenzahl mit
25/64 – 45/95	Mindest- und Höchstpreisen für Einzelzimmer – Doppelzimmer inkl. Frühstück.
5 Fewo 70/120	Anzahl der Ferienwohnungen mit Mindest- und Höchstpreis pro Tag.

HALBPENSION

1/2 P 58/89	Mindestpreis und Höchstpreis für Halbpension pro Person und Tag während der Hauptsaison. Es ist ratsam, sich beim Hotelier vor der Anreise nach den genauen Bedingungen zu erkundigen.

ANZAHLUNG – KREDITKARTEN

Einige Hoteliers verlangen eine Anzahlung. Diese ist als Garantie sowohl für den Hotelier als auch für den Gast anzusehen.

Es ist ratsam, sich beim Hotelier nach den genauen Bedingungen zu erkundigen.

AE ⓪ E 𝘝𝘐𝘚𝘈 | Vom Haus akzeptierte Kreditkarten

Städte

In alphabetischer Reihenfolge (ä = ae, ö = oe, ü = ue, ß = ss)

7500	Postleitzahl
✉ 2891 Waddens	Postleitzahl und Name des Verteilerpostamtes
✆ 0211	Vorwahlnummer (bei Gesprächen vom Ausland aus wird die erste Null weggelassen)
✆ 0591 (Lingen)	Vorwahlnummer und zuständiges Fernsprechamt
Ⓛ	Landeshauptstadt
𝟰𝟭𝟯 R 20 𝟵𝟴𝟳 ③	Nummer der Michelin-Karte mit Koordinaten bzw. Faltseite
24 000 Ew.	Einwohnerzahl
Höhe 175 m	Höhe
Heilbad ⎫ Kneippkurort ⎪ Heilklimatischer ⎪ Kurort-Luftkurort ⎬ Art des Ortes Seebad ⎪ Erholungsort ⎪ Wintersport ⎭	
800/1 000 m	Höhe des Wintersportgeländes und Maximal-Höhe, die mit Kabinenbahn oder Lift erreicht werden kann
🚠 2	Anzahl der Kabinenbahnen
🚡 4	Anzahl der Schlepp- oder Sessellifts
🎿 4	Anzahl der Langlaufloipen
AX A	Markierung auf dem Stadtplan
❋ ≤	Rundblick, Aussichtspunkt
⌐₁₈	Golfplatz mit Lochzahl
✈	Flughafen
🚗 ✆ 7720	Ladestelle für Autoreisezüge – Nähere Auskünfte unter der angegebenen Telefonnummer
🛳 ⛴	Autofähre, Personenfähre
🄸	Informationsstelle
ADAC	Allgemeiner Deutscher Automobilclub (mit Angabe der Geschäftsstelle)

Sehenswürdigkeiten

BEWERTUNG

★★★	Eine Reise wert
★★	Verdient einen Umweg
★	Sehenswert

LAGE

Sehenswert	In der Stadt
Ausflugsziel	In der Umgebung der Stadt
N, S, O, W	Im Norden (N), Süden (S), Osten (O), Westen (W) der Stadt.
über ①, ④	Zu erreichen über Die Ausfallstraße ① bzw. ④, die auf dem Stadtplan und der Michelin-Karte identisch gekennzeichnet sind
6 km	Entfernung in Kilometern

Reiseinformationen

Deutsche Zentrale für Tourismus (DZT)
Beethovenstr. 69, 6000 Frankfurt 1, ℰ 7 57 20, Telex 4189178, Fax 751903.

Allgemeine Deutsche Zimmerreservierung (ADZ)
Corneliusstr. 34, 6000 Frankfurt 1, ℰ 74 07 67, Telex 416666, Fax 751056.

ADAC : Adressen im jeweiligen Ortstext
Notruf (bundeseinheitlich) ℰ 1 92 11

AvD : Lyoner Str. 16, 6000 Frankfurt 71 – Niederrad,
ℰ 6 60 60, Telex 411237, Notruf ℰ 6 60 63 00.

ACE : Schmidener Str. 233, 7000 Stuttgart 50, ℰ 5 30 30,
Telex 7254825, Notruf : ℰ 5 30 31 11.

DTC : Amalienburgstr. 23, 8000 München 60, ℰ 8 11 10 48,
Telex 524508.

Stadtpläne

	Hotels
	Restaurants

Sehenswürdigkeiten

Sehenswertes Gebäude mit Haupteingang

Sehenswerter Sakralbau
  Kathedrale, Kirche oder Kapelle

Straßen

Autobahn, Schnellstraße
  Anschlußstelle : Autobahneinfahrt und/oder-ausfahrt,

Hauptverkehrsstraße

Einbahnstraße – nicht befahrbare Straße

Fußgängerzone – Straßenbahn

Pasteur   P   P   Einkaufsstraße – Parkplatz

Tor – Passage – Tunnel

Bahnhof und Bahnlinie

Standseilbahn – Seilschwebebahn

Bewegliche Brücke – Autofähre

Sonstige Zeichen

Informationsstelle

Moschee – Synagoge

Turm – Ruine – Windmühle – Wasserturm

Garten, Park, Wäldchen – Friedhof – Bildstock

Stadion – Golfplatz – Pferderennbahn

Freibad – Hallenbad

Aussicht – Rundblick

Denkmal – Brunnen – Fabrik – Einkaufszentrum

Jachthafen – Leuchtturm

Flughafen – U-Bahnstation, unterirdischer S-Bahnhof

Schiffsverbindungen :
  Autofähre – Personenfähre

③ Straßenkennzeichnung (identisch auf Michelin Stadt-
   plänen und – Abschnittskarten)

Hauptpostamt (postlagernde Sendungen), Telefon

Krankenhaus – Markthalle

Öffentliches Gebäude, durch einen Buchstaben
gekennzeichnet :

L   R   Sietz der Landesregierung – Rathaus
   J   Gerichtsgebäude
M   T   Museum – Theater
   U   Universität, Hochschule
   POL.   Polizei (in größeren Städten Polizeipräsidium)
ADAC   Automobilclub

Die Stadtpläne sind eingenordet (Norden = oben).

Ami lecteur

Le présent volume représente la 27ᵉ édition du Guide Michelin Deutschland.

Réalisée en toute indépendance, sa sélection d'hôtels et de restaurants est le fruit des recherches de ses inspecteurs, que complètent vos précieux courriers et commentaires.

Soucieux d'actualité et de service, le Guide prépare déjà sa prochaine édition.

Seul le Guide de l'année mérite ainsi votre confiance. Pensez à le renouveler...

Bon voyage avec Michelin

Sommaire

Le choix
d'un hôtel, d'un restaurant

Ce guide vous propose une sélection d'hôtels et restaurants établie à l'usage de l'automobiliste de passage. Les établissements, classés selon leur confort, sont cités par ordre de préférence dans chaque catégorie.

CATÉGORIES

🏨	Grand luxe et tradition	XXXXX
🏨	Grand confort	XXXX
🏨	Très confortable	XXX
🏨	De bon confort	XX
🏨	Assez confortable	X
🏠	Simple mais convenable	
garni	L'hôtel n'a pas de restaurant	
	Le restaurant possède des chambres	mit Zim

AGRÉMENT ET TRANQUILLITÉ

Certains établissements se distinguent dans le guide par les symboles rouges indiqués ci-après. Le séjour dans ces hôtels se révèle particulièrement agréable ou reposant.
Cela peut tenir d'une part au caractère de l'édifice, au décor original, au site, à l'accueil et aux services qui sont proposés, d'autre part à la tranquillité des lieux.

🏨 à 🏠	Hôtels agréables
XXXXX à X	Restaurants agréables
« Park »	Élément particulièrement agréable
🖐	Hôtel très tranquille ou isolé et tranquille
🖐	Hôtel tranquille
⩽ Rhein	Vue exceptionnelle
⩽	Vue intéressante ou étendue.

Les localités possédant des établissements agréables ou tranquilles sont repérées sur les cartes pages 36 à 43.
Consultez-les pour la préparation de vos voyages et donnez-nous vos appréciations à votre retour, vous faciliterez ainsi nos enquêtes.

L'installation

Les chambres des hôtels que nous recommandons possèdent, en général, des installations sanitaires complètes. Il est toutefois possible que dans les catégories 🏨, 🏠 et ♤, certaines chambres en soient dépourvues.

30 Z	Nombre de chambres
50 B	Nombre de lits
🛗	Ascenseur
▤	Air conditionné
📺	Télévision dans la chambre
⤬	Établissement en partie réservé aux non-fumeurs
☎	Téléphone dans la chambre, direct avec l'extérieur
♿	Chambres accessibles aux handicapés physiques
🕺	Equipements d'accueil pour les enfants
⚘	Repas servis au jardin ou en terrasse
⚐ ⊠	Piscine : de plein air ou couverte
♨ ⇌	Cure Kneipp – Sauna
⇌ ⚘	Plage aménagée – Jardin de repos
✖	Tennis à l'hôtel
☞18	Golf et nombre de trous – Chevaux de selle
🏛 25 / 150	Salles de conférences : capacité des salles
⇌	Garage dans l'hôtel (généralement payant)
Ⓟ	Parking réservé à la clientèle
⚟	Accès interdit aux chiens (dans tout ou partie de l'établissement)
Fax	Transmission de documents par télécopie
Mai-Okt.	Période d'ouverture, communiquée par l'hôtelier
nur Saison	Ouverture probable en saison mais dates non précisées. En l'absence de mention, l'établissement est ouvert toute l'année.

La table

LES ÉTOILES

Certains établissements méritent d'être signalés à votre attention pour la qualité de leur cuisine. Nous les distinguons par **les étoiles de bonne table**.

Nous indiquons, pour ces établissements, trois spécialités culinaires et des vins locaux qui pourront orienter votre choix.

❀❀❀ | **Une des meilleures tables, vaut le voyage**
Table merveilleuse, grands vins, service impeccable, cadre élégant... Prix en conséquence.

❀❀ | **Table excellente, mérite un détour**
Spécialités et vins de choix... Attendez-vous à une dépense en rapport.

❀ | **Une très bonne table dans sa catégorie**
L'étoile marque une bonne étape sur votre itinéraire.
Mais ne comparez pas l'étoile d'un établissement de luxe à prix élevés avec celle d'une petite maison où à prix raisonnables, on sert également une cuisine de qualité.

REPAS SOIGNÉS A PRIX MODÉRÉS

Vous souhaitez parfois trouver des tables plus simples, à prix modérés ; c'est pourquoi nous avons sélectionné des restaurants proposant, pour un rapport qualité-prix particulièrement favorable, un repas soigné, souvent de type régional. Ces restaurants sont signalés par Menu en rouge. Ex. Menu 29/41.

Consultez les cartes des localités (étoiles de bonne table *et* repas soignés à prix modérés) *pages 36 à 43.*

La bière et les vins : voir p. 44, 46 et 48

Les prix

Les prix que nous indiquons dans ce guide ont été établis en été 1989. Ils sont susceptibles de modifications, notamment en cas de variations des prix des biens et services. Ils s'entendent taxes et services compris. Aucune majoration ne doit figurer sur votre note, sauf éventuellement la taxe de séjour.

A l'occasion de certaines manifestations commerciales ou touristiques (voir les dernières pages), les prix demandés par les hôteliers risquent d'être sensiblement majorés dans certaines villes jusqu'à leurs lointains environs.

Les hôtels et restaurants figurent en gros caractères lorsque les hôteliers nous ont donné tous leurs prix et se sont engagés, **sous leur propre responsabilité,** à les appliquer aux touristes de passage porteurs de notre guide.

Entrez à l'hôtel le Guide à la main, vous montrerez ainsi qu'il vous conduit là en confiance.

REPAS

→	Établissement proposant un repas simple à **moins de** 22 DM
M 25/65	**Menus à prix fixe :** minimum 25 maximum 65
M à la carte 44/82	**Repas à la carte** – Le premier prix correspond à un repas normal comprenant : potage, plat garni et dessert. Le 2e prix concerne un repas plus complet (avec spécialité) comprenant : entrée, plat garni, fromage ou dessert.
⚱	vin de table en carafe à prix modéré
Fb	Frühstücksbuffet : petit déjeuner-buffet, compris dans le prix de la chambre.

CHAMBRES

14 Z : 27 B	Nombre de chambres et de lits
25/64 – 45/95	Prix des chambres minimum et maximum pour une personne – pour deux personnes, par nuit, petit déjeuner compris
5 Fewo 70/120	Appartements avec cuisine, destinés aux séjours. Prix minimum et maximum par jour.

DEMI-PENSION

1/2 P 58/90	Prix minimum et maximum de la demi-pension par personne et par jour, en saison. Il est indispensable de s'entendre par avance avec l'hôtelier pour conclure un arrangement définitif.

LES ARRHES – CARTES DE CRÉDIT

Certains hôteliers demandent le versement d'arrhes. Il s'agit d'un dépôt-garantie qui engage l'hôtelier comme le client. Bien faire préciser les dispositions de cette garantie.

AE ⓪ E *VISA* | Cartes de crédit acceptées par l'établissement

Les Villes

Classées par ordre alphabétique (mais ä = ae, ö = oe, ü = ue, ß = ss)

7500	Numéro de code postal
✉ 2891 Waddens	Numéro de code postal et nom du bureau distributeur du courrier
✆ 0211	Indicatif téléphonique interurbain
✆ 0591 (Lingen)	Indicatif téléphonique interurbain suivi, si nécessaire, de la localité de rattachement
Ⓛ	Capitale de « Land »
413 R 20 987 ③	Numéro de la Carte Michelin et carroyage ou numéro du pli
24 000 Ew	Population
Höhe 175 m	Altitude de la localité
Heilbad	Station thermale
Kneippkurort	Station de cures Kneipp
Heilklimatischer	Station climatique
Korort-Luftkurort	Station climatique
Seebad	Station balnéaire
Erholungsort	Station de villégiature
Wintersport	Sports d'hiver
800/1 000 m	Altitude de la station et altitude maximum atteinte par les rémontées mécaniques
⛷ 2	Nombre de téléphériques ou télécabines
⛷ 4	Nombre de remonte-pentes et télésièges
⛷ 4	Ski de fond et nombre de pistes
AX A	Lettres repérant un emplacement sur le plan
❉ ≤	Panorama, vue
⛳	Golf et nombre de trous
✈	Aéroport
⛐ ✆ 7720	Localité desservie par train-auto. Renseignements au numéro de téléphone indiqué
⛴ ⛴	Transports maritimes : passagers et voitures, passagers seulement
🛈	Information touristique
ADAC	Automobile Club d'Allemagne

17

Les curiosités

INTÉRÊT

★★★	Vaut le voyage
★★	Mérite un détour
★	Intéressant

SITUATION

Sehenswert	Dans la ville
Ausflugsziel	Aux environs de la ville
N, S, O, W	La curiosité est située : au Nord, Sud, Est, ou Ouest
über ①, ④	On s'y rend par la sortie ① ou ④ repérée par le même signe sur le plan du Guide et sur la carte
6 km	Distance en kilomètres

Les plans

□	●	**Hôtels**
▪	●	**Restaurants**

Curiosités

Bâtiment intéressant et entrée principale

Édifice religieux intéressant :
Cathédrale, église ou chapelle

Voirie

Autoroute, route à chaussées séparées
échangeur : complet, partiel

Grande voie de circulation

Sens unique – Rue impraticable

Rue piétonne – Tramway

Pasteur Rue commerçante – Parc de stationnement

Porte – Passage sous voûte – Tunnel

Gare et voie ferrée

Funiculaire – Téléphérique, télécabine

Pont mobile – Bac pour autos

Signes divers

Information touristique

Mosquée – Synagogue

Tour – Ruines – Moulin à vent – Château d'eau

Jardin, parc, bois – Cimetière – Calvaire

Stade – Golf – Hippodrome

Piscine de plein air, couverte

Vue – Panorama

Monument – Fontaine – Usine – Centre commercial

Port de plaisance – Phare

Aéroport – Station de métro, gare souterraine

Transport par bateau :
passagers et voitures, passagers seulement

Repère commun aux plans et aux cartes Michelin
détaillées

Bureau principal de poste restante,   Téléphone

Hôpital – Marché couvert

Bâtiment public repéré par une lettre :

L   R   Conseil provincial – Hôtel de ville

J   Palais de justice

M   T   Musée – Théâtre

U   Université, grande école

POL.   Police (commissariat central)

ADAC   Automobile Club

Les plans de villes sont disposés le Nord en haut.

Dear Reader

The present volume is the 27st edition of the Michelin Guide Deutschland.

The unbiased and independent selection of hotels and restaurants is the result of local visits and enquiries by our inspectors. In addition we receive considerable help from our readers' invaluable letters and comments.

It is our purpose to provide up-to-date information and thus render a service to our readers. The next edition is already in preparation.

Therefore, only the guide of the year merits your complete confidence, so please remember to use the latest edition.

Bon voyage

Contents

Choosing
a hotel or restaurant

This guide offers a selection of hotels and restaurants to help the motorist on his travels. In each category establishments are listed in order of preference according to the degree of comfort they offer.

CATEGORIES

🏨	Luxury in the traditional style	XXXXX
🏨	Top class comfort	XXXX
🏨	Very comfortable	XXX
🏨	Comfortable	XX
🏨	Quite comfortable	X
⚐	Simple comfort	
garni	The hotel has no restaurant	
	The restaurant also offers accommodation	mit Zim

PEACEFUL ATMOSPHERE AND SETTING

Certain establishments are distinguished in the guide by the red symbols shown below.
Your stay in such hotels will be particularly pleasant or restful, owing to the character of the building, its decor, the setting, the welcome and services offered, or simply the peace and quiet to be enjoyed there.

🏨 to 🏨	Pleasant hotels
XXXXX to X	Pleasant restaurants
« Park »	Particularly attractive feature
🕭	Very quiet or quiet, secluded hotel
🕭	Quiet hotel
≤ Rhein	Exceptional view
≤	Interesting or extensive view

The maps on pages 36 to 43 indicate places with such peaceful, pleasant hotels and restaurants.
By consulting them before setting out and sending us your comments on your return you can help us with our enquiries.

Hotel facilities

In general the hotels we recommend have full bathroom and toilet facilities in each room. However, this may not be the case for certain rooms in categories 🏠, 🏠 and 🌳.

30 Z	Number of rooms
50 B	Number of beds
🛗	Lift (elevator)
▤	Air conditioning
📺	Television in room
🚭	Hotel partly reserved for non-smokers
☎	Direct-dial phone in room
♿	Rooms accessible to disabled people
🧒	Special facilities for children
🌳	Meals served in garden or on terrace
⛱ ⬚	Outdoor or indoor swimming pool
♨ ⓢ	Kneipp cure service – Sauna
🏖 🌿	Beach with bathing facilities – Garden
✗	Hotel tennis court
⛳18 🐎	Golf course and number of holes – Horse riding
🏊 25/150	Equipped conference hall (minimum and maximum capacity)
🚗	Hotel garage (additional charge in most cases)
🅿	Car park for customers only
🐕	Dogs are not allowed in all or part of the hotel
Fax	Telephone document transmission
Mai-Okt.	Dates when open, as indicated by the hotelier
nur Saison	Probably open for the season – precise dates not available.
	Where no date or season is shown, establishments are open all year round.

Cuisine

STARS

Certain establishments deserve to be brought to your attention for the particularly fine quality of their cooking. **Michelin stars** are awarded for the standard of meals served.

For each of these restaurants we indicate three culinary specialities and a number of local wines to assist you in your choice.

❀❀❀	**Exceptional cuisine, worth a special journey** Superb food, fine wines, faultless service, elegant surroundings. One will pay accordingly!
❀❀	**Excellent cooking, worth a detour** Specialities and wines of first class quality. This will be reflected in the price.
❀	**A very good restaurant in its category** The star indicates a good place to stop on your journey. But beware of comparing the star given to an expensive « de luxe » establishment to that of a simple restaurant where you can appreciate fine cuisine at a reasonable price.

GOOD FOOD AT MODERATE PRICES

You may also like to know of other restaurants with less elaborate, moderately priced menus that offer good value for money and serve carefully prepared meals, often of regional cooking.

In the guide such establishments are shown with the word Menu in red just before the price of the menu, for example Menu 29/41.

Please refer to the map of star-rated restaurants and good food at moderate prices Menu *(pp 36 to 43).*

Beer and wine : see pages 45, 46 and 49

Prices

Prices quoted are valid for summer 1989. Changes may arise if goods and service costs are revised. The rates include tax and service and no extra charge should appear on your bill, with the possible exception of visitors' tax.

In the case of certain trade exhibitions or tourist events (see end of guide), prices demanded by hoteliers are liable to reasonable increases in certain cities and for some distance in the area around them.

Hotels and restaurants in bold type have supplied details of all their rates and **have assumed responsability** for maintaining them for all travellers in possession of this guide.

Your recommendation is self-evident if you always walk into a hotel, Guide in hand.

MEALS

←	Establishment serving a simple meal **for less than** 22 DM
M 25/65	**Set meals** – Lowest 25 and highest 65 prices for set meals
M à la carte 44/82	**« A la carte » meals** – The first figure is for a plain meal and includes soup, main dish of the day with vegetables and dessert. The second figure is for a fuller meal (with « spécialité ») and includes hors d'œuvre or soup, main dish with vegetables, cheese or dessert.
👓	Table wine at a moderate price
Fb	Frühstücksbuffet : breakfast with choice from buffet, included in the price of the room.

ROOMS

14 Z : 27 B	Number of rooms and beds
25/64 – 45/95	with lowest and highest prices for single rooms – double rooms for one night, breakfast included
5 Fewo 70/120	The hotel also has apartments with kitchen for stays of some length. Prices given are the minimum and maximum daily rates.

HALF BOARD

1/2 P 58/90	Lowest and highest prices per person, per day in the season. It is advisable to agree on terms with the hotelier before arriving.

DEPOSITS – CREDIT CARDS

Some hotels will require a deposit, which confirms the commitment of customer and hotelier alike. Make sure the terms of the agreement are clear.

AE ◑ E *VISA* | Credit cards accepted by the establishment

Towns

in alphabetical order (but ä = ae, ö = oe, ü = ue, ß = ss)

7500	Postal number
✉ 2891 Waddens	Postal number and Post Office serving the town
✆ 0211	Telephone dialling code. Omit O when dialling from abroad
✆ 0591 (Lingen)	For a town not having its own telephone exchange, the town where the exchange serving it is located is given in brackets after the dialling code
Ⓛ	Capital of « Land »
403 R 20 987 ③	Michelin map number, co-ordinates or fold
24 000 Ew	Population
Höhe 175 m	Altitude (in metres)
Heilbad	Spa
Kneippkurort	Health resort (Kneipp)
Heilklimatischer	Health resort
Kurort-Luftkurort	Health resort
Seebad	Seaside resort
Erholungsort	Holiday resort
Wintersport	Winter sports
800/1 000 m	Altitude (in metres) of resort and highest point reached by lifts
✈ 2	Number of cable-cars
✦ 4	Number of ski and chairlifts
✦ 4	Cross-country skiing and number of runs
AX A	Letters giving the location of a place on the town plan
❋ ≤	Panoramic view, view
☇₁₈	Golf course and number of holes
✈	Airport
🚗 ✆ 7720	Place with a motorail connection, further information from telephone number listed
⛴ ⛴	Shipping line : passengers and cars, passengers only
🅘	Tourist Information Centre
ADAC	German Automobile Club

25

Sights

STAR-RATING

★★★	Worth a journey
★★	Worth a detour
★	Interesting

LOCATION

Sehenswert	Sights in town
Ausflugsziel	On the outskirts
N, S, O, W	The sight lies north, south, east or west of the town
über ①, ④	Sign on town plan and on the Michelin road map indicating the road leading to a place of interest
6 km	Distance in kilometres

Town plans

□	●	**Hotels**
■	●	**Restaurants**

Sights

Place of interest and its main entrance

Interesting place of worship :
   Cathedral, church or chapel

Roads

Motorway, dual carriageway
   Interchange : complete, limited

Major through route

One-way street – Unsuitable for traffic

Pedestrian street – Tramway

Pasteur   Shopping street – Car park

Gateway – Street passing under arch – Tunnel

Station and railway

Funicular – Cable-car

Lever bridge – Car ferry

Various signs

Tourist information Centre

Mosque – Synagogue

Tower – Ruins – Windmill – Water tower

Garden, park, wood – Cemetery – Cross

Stadium – Golf course – Racecourse

Outdoor or indoor swimming pool

View – Panorama

Monument – Fountain – Factory – Shopping centre

Pleasure boat harbour – Lighthouse

Airport – Underground station, S-Bahn station underground

Ferry services :
   passengers and cars, passengers only

③ Refence number common to town plans and Michelin maps

Main post office with poste restante and telephone

Hospital – Covered market

Public buildings located by letter :

L   R   Provincial Government Office – Town Hall

J   Law Courts

M   T   Museum – Theatre

U   University, College

POL.   Police (in large towns police headquarters)

ADAC   Automobile Club

North is at the top on all town plans.

27

Amico Lettore

Questo volume rappresenta la 27^{esima} edizione della Guida Michelin Deutschland.

La sua selezione di alberghi e ristoranti, realizzata in assoluta indipendenza, è il risultato delle indagini dei suoi ispettori, che completano le vostre preziose informazioni e giudizi.

Desiderosa di mantenersi sempre aggiornata per fornire un buon servizio, la Guida sta già preparando la sua prossima edizione.

Soltanto la Guida dell'anno merita perciò la vostra fiducia. Pensate a rinnovarla...

Buon viaggio con Michelin

Sommario

La scelta
di un albergo, di un ristorante

Questa guida Vi propone una selezione di alberghi e ristoranti stabilita ad uso dell'automobilista di passaggio. Gli esercizi, classificati in base al confort che offrono, vengono citati in ordine di preferenza per ogni categoria.

CATEGORIE

🏨	Gran lusso e tradizione	XXXXX
🏨	Gran confort	XXXX
🏨	Molto confortevole	XXX
🏨	Di buon confort	XX
🏠	Abbastanza confortevole	X
♔	Semplice, ma conveniente	
garni	L'albergo non ha ristorante	
	Il ristorante dispone di camere	mit Zim

AMENITÀ E TRANQUILLITÀ

Alcuni esercizi sono evidenziati nella guida dai simboli rossi indicati qui di seguito. Il soggiorno in questi alberghi dovrebbe rivelarsi particolarmente ameno o riposante.
Ciò puo dipendere sia dalle caratteristiche dell'edifico, dalle decorazioni non comuni, dalla sua posizione e dal servizio offerto, sia dalla tranquillità dei luoghi.

🏨 a 🏠	Alberghi ameni
XXXXX a X	Ristoranti ameni
« Park »	Un particolare piacevole
🦢	Albergo molto tranquillo o isolato e tranquillo
🦢	Albergo tranquillo
⩽ Rhein	Vista eccezionale
⩽	Vista interessante o estesa

Le località che possiedono degli esercizi ameni o tranquilli sono riportate sulle carte da pagina 36 a 43.
Consultatele per la preparazione dei Vostri viaggi e, al ritorno, inviateci i Vostri pareri; in tal modo agevolerete le nostre inchieste.

Installazioni

Le camere degli alberghi che raccomandiamo possiedono, generalmente, delle installazioni sanitarie complete. È possibile tuttavia che nelle categorie 🏠, 🏠 e ⚘ alcune camere ne siano sprovviste.

30 Z	Numero di camere
50 B	Numero di letti
🛗	Ascensore
▤	Aria condizionata
TV	Televisione in camera
⌖	Esercizio riservato in parte ai non fumatori
☎	Telefono in camera comunicante direttamente con l'esterno
♿	Camere di agevole accesso per i minorati fisici
👫	Attrezzatura per accoglienza e ricreazione dei bambini
⛱	Pasti serviti in giardino o in terrazza
⚓ ▧	Piscina : all'aperto, coperta
⛷ ≋	Cura Kneipp, Sauna
⛵ ⚘	Spiaggia attrezzata – Giardino da riposo
⚞	Tennis appartenente all'albergo
⛳ 🐎	Golf e numero di buche – Cavalli da sella
🏛 25/150	Sale per conferenze : capienza minima e massima delle sale
⇔	Garage nell'albergo (generalmente a pagamento)
Ⓟ	Parcheggio riservato alla clientela
⛓	Accesso vietato ai cani (in tutto o in parte dell'esercizio)
Fax	Trasmissione telefonica di documenti
Mai-Okt.	Periodo di apertura, comunicato dall'albergatore
nur Saison	Probabile apertura in stagione, ma periodo non precisato. Gli esercizi senza tali menzioni sono aperti tutto l'anno.

La tavola

LE STELLE

Alcuni esercizi meritano di essere segnalati alla Vostra attenzione per la qualità tutta particolare della loro cucina. Noi li evidenziamo con le « **stelle di ottima tavola** ».

Per questi ristoranti indichiamo tre specialità culinarie e alcuni vini locali che potranno aiutarVi nella scelta.

❀❀❀ | **Una delle migliori tavole, vale il viaggio**
Tavola meravigliosa, grandi vini, servizio impeccabile, ambientazione accurata... Prezzi conformi.

❀❀ | **Tavola eccellente, merita una deviazione**
Specialità e vini scelti... AspettateVi una spesa in proporzione.

❀ | **Un'ottima tavola nella sua categoria**
La stella indica una tappa gastronomica sul Vostro itinerario.
Non mettete però a confronto la stella di un esercizio di lusso, dai prezzi elevati, con quella di un piccolo esercizio dove, a prezzi ragionevoli, viene offerta una cucina di qualità.

PASTI ACCURATI A PREZZI CONTENUTI

Talvolta desiderate trovare delle tavole più semplici a prezzi contenuti. Per questo motivo abbiamo selezionato dei ristoranti che, per un rapporto qualità-prezzo particolarmente favorevole, offrono un pasto accurato spesso a carattere tipicamente regionale. Questi ristoranti sono evidenziati nel testo con Menu in rosso. Es Menu 29/41.

Consultate le carte delle località con stelle e con il simbolo di pasto accurato a prezzo contenuto (pagine 36 a 43).

La birra e i vini : vedere p. 45, 46 e 50

I prezzi

I prezzi che indichiamo in questa guida sono stati stabiliti nell'estate 1989. Potranno pertanto subire delle variazioni in relazione ai cambiamenti dei prezzi di beni e servizi. Essi s'intendono comprensivi di tasse e servizio. Nessuna maggiorazione deve figurare sul Vostro conto, salvo eventualmente la tassa di soggiorno.

In occasione di alcune manifestazioni commerciali o turistiche (vedere le ultime pagine), i prezzi richiesti dagli albergatori possono subire un sensibile aumento nelle località interessate e nei loro dintorni.

Gli alberghi e ristoranti vengono menzionati in carattere grassetto quando gli albergatori ci hanno comunicato tutti i loro prezzi e si sono impegnati, **sotto la propria responsabilità,** ad applicarli ai turisti di passaggio, in possesso della nostra guida.

Entrate nell'albergo con la Guida alla mano, dimostrando in tal modo la fiducia in chi vi ha indirizzato.

PASTI

←	Esercizio che offre un pasto semplice **per meno di** 22 DM
M 25/65	**Menu a prezzo fisso :** minimo 25 massimo 65.
M a la carte 44/82	**Pasto alla carta** – Il primo prezzo corrisponde ad un pasto semplice comprendente : minestra, piatto con contorno e dessert. Il secondo prezzo corrisponde ad un pasto più completo (con specialità) comprendente : antipasto, piatto con contorno, formaggio o dessert.
♨	Vino da tavola a prezzo modico
Fb	Frühstücksbuffet : prima colazione con ampia scelta servita al buffet, inclusa nel prezzo della camera.

CAMERE

14 Z : 27 B	Numero di camere e di letti
25/64 – 45/95	Prezzo minimo e prezzo massimo per una notte, per una camera singola – per una camera occupata da due persone, compresa la prima colazione
5 Fewo 70/120	L'albergo dispone anche di appartamenti con cucina, destinati a soggiorni. Prezzo minimo e massimo giornaliero.

MEZZA PENSIONE

1/2 P 58/90	Prezzo minimo e massimo della mezza pensione per persona e per giorno, in alta stagione : è indispensabile contattare precedentemente l'albergatore per raggiungere un accordo definitivo.

LA CAPARRA – CARTE DI CREDITO

Alcuni albergatori chiedono il versamento di una caparra. Si tratta di un deposito-garanzia che impegna tanto l'albergatore che il cliente. Vi raccomandiamo di farVi precisare le norme riguardanti la reciproca garanzia di tale caparra.

AE ⬤ E VISA | Carte di credito accettate dall'esercizio

Le città

Elencate in ordine alfabetico (ma ä = ae, ö = oe, ü = ue, ß = ss)

7500	Codice di avviamento postale
✉ 2891 Waddens	Numero di codice e sede dell'Ufficio postale
☎ 0211	Prefisso telefonico interurbano. Dall'estero non formare lo O
☎ 0591 (Lingen)	Quando il centralino telefonico si trova in un'altra località, ne indichiamo il nome tra parentesi, dopo il prefisso
Ⓛ	Capoluogo di « Land »
413 R 20 987 ③	Numero della carta Michelin e del riquadro o numero della piega
24 000 Ew	Popolazione
Höhe 175 m	Altitudine
Heilbad	Stazione termale
Kneippkurort	Stazione di cure Kneipp
Heilklimatischer	Stazione climatica
Kurort-Luftkurort	Stazione climatica
Seebad	Stazione balneare
Erholungsort	Stazione di villeggiatura
Wintersport	Sport invernali
800/1 000 m	Altitudine della località ed altitudine massima raggiungibile con le risalite meccaniche
⛷ 2	Numero di funivie o cabinovie
⛷ 4	Numero di sciovie e seggiovie
⛷ 4	Sci di fondo e numero di piste
AX B	Lettere indicanti l'ubicazione sulla pianta
※ ≼	Panorama, vista
⛳18	Golf e numero di buche
✈	Aeroporto
🚗 ✆ 7720	Località con servizio auto su treno. Informarsi al numero di telefono indicato
🛥 ⇔	Trasporti marittimi : passeggeri ed autovetture, solo passeggeri
🛈	Ufficio informazioni turistiche
ADAC	Automobile Club Tedesco

Le curiosità

GRADO DI INTERESSE

★★★	Vale il viaggio
★★	Merita una deviazione
★	Interessante

UBICAZIONE

Sehenswert	Nella città
Ausflugsziel	Nei dintorni della città
N, S, O, W	La curiosità è situata : a Nord, a Sud, a Est, a Ovest
über ①, ④	Ci si va dall'uscita ① o ④ indicata con lo stesso segno sulla pianta
6 km	Distanza chilometrica

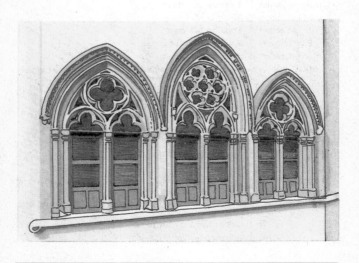

Le piante

◻	●	**Alberghi**
◻	●	**Ristoranti**

Curiosità

Edificio interessante ed entrata principale

Costruzione religiosa interessante :
  Cattedrale, chiesa o cappella

Viabilità

Autostrada, strada a carreggiate separate
svincolo : completo, parziale,

Grande via di circolazione

Senso unico – Via impraticabile

Via pedonale – Tranvia

Pasteur   Ⓟ Ⓟ   Via commerciale – Parcheggio

Porta – Sottopassaggio – Galleria

Stazione e ferrovia

Funicolare – Funivia, Cabinovia

Ponte mobile – Battello per auto

Simboli vari

Ufficio informazioni turistiche

Moschea – Sinagoga

Torre – Ruderi – Mulino a vento – Torre idrica

Giardino, parco, bosco – Cimitero – Calvario

Stadio – Golf – Ippodromo

Piscina : all'aperto, coperta

Vista – Panorama

Monumento – Fontana – Fabbrica – Centro commerciale

Porto per imbarcazioni da diporto – Faro

Aeroporto – Stazione della Metropolitana, stazione sotterranea

Trasporto con traghetto :
  passeggeri ed autovetture, solo passeggeri

③   Simbolo di riferimento comune alle piante ed alle carte Michelin particolareggiate

Ufficio centrale di fermo posta e telefono

Ospedale – Mercato coperto

Edificio pubblico indicato con lettera :

L	R	Sede del Governo della Provincia – Municipio
J		Palazzo di Giustizia
M	T	Museo – Teatro
U		Università, grande scuola
POL.		Polizia (Questura, nelle grandi città)
ADAC		Automobile Club

Le piante topografiche sono orientate col Nord in alto.

35

DIE STERNE

LES ÉTOILES

THE STARS

LE STELLE

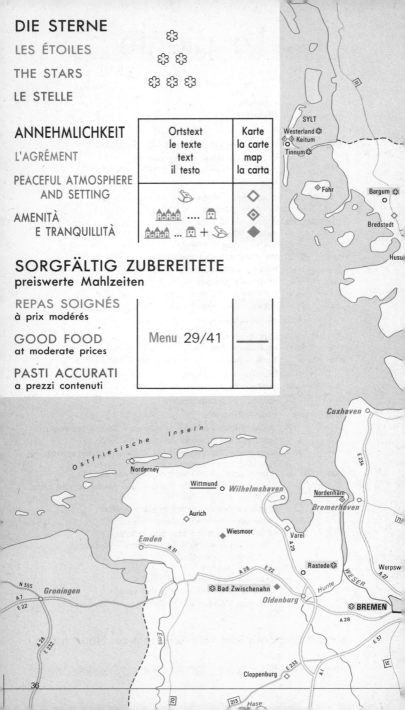

ANNEHMLICHKEIT

L'AGRÉMENT

PEACEFUL ATMOSPHERE
AND SETTING

AMENITÀ
E TRANQUILLITÀ

Ortstext le texte text il testo	Karte la carte map la carta
🦢	◇
🏠🏠🏠 .... 🏠	◈
🏠🏠🏠 ... 🏠 + 🦢	◆

SORGFÄLTIG ZUBEREITETE
preiswerte Mahlzeiten

REPAS SOIGNÉS
à prix modérés

GOOD FOOD
at moderate prices

PASTI ACCURATI
a prezzi contenuti

Menu 29/41	—

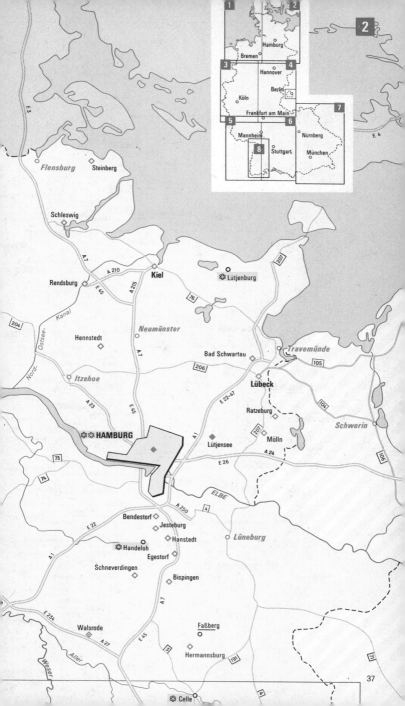

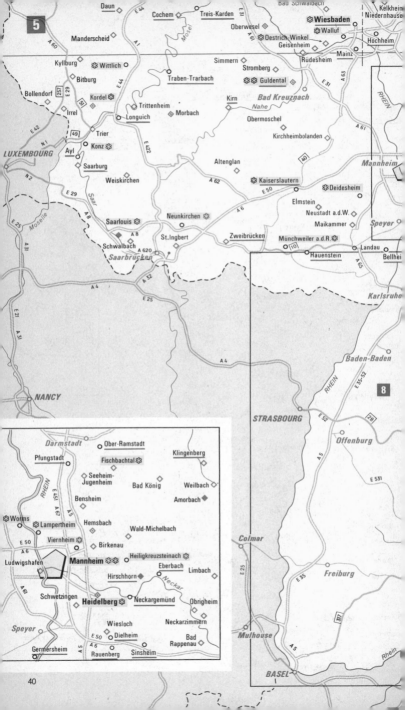

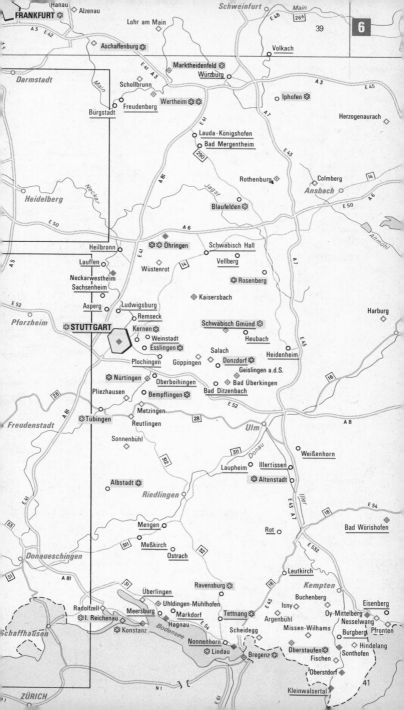

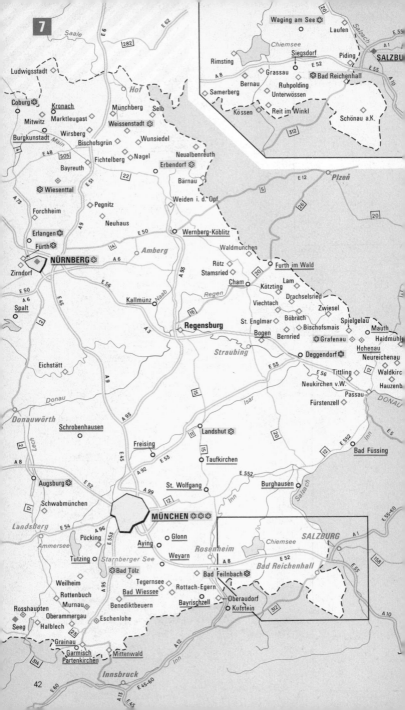

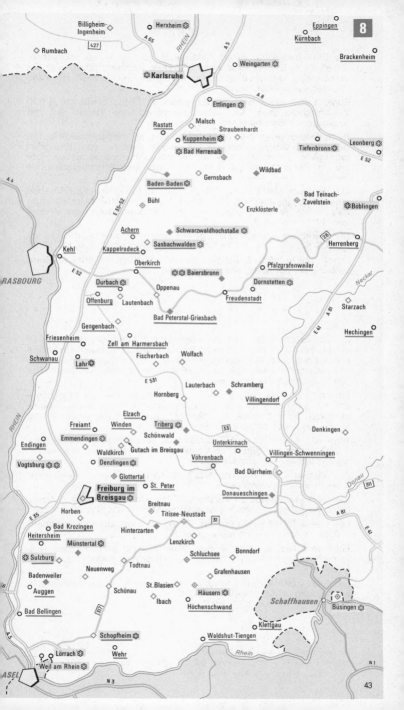

Billigheim-Ingenheim ◇

Herxheim ❀

Eppingen ○
Kürnbach ○

Rumbach ◇

427

A 65

RHEIN

A 5

Brackenheim

Karlsruhe ❀

Weingarten ○ ❀

A 8

Ettlingen ❀

Malsch ◇

Rastatt

Straubenhardt ○

Kuppenheim ○ ❀

Leonberg ❀

A 4

❀ Bad Herrenalb

Tiefenbronn ○ ❀

E 52

Wildbad ○

Gernsbach ◇

Baden-Baden ❀

Bad Teinach-Zavelstein

Bühl ◇

Enzklösterle ◇

❀ Böblingen

E 35-52

Achern

Schwarzwaldhochstaße ❀

28

RASBOURG

Kehl ○

E 52

Kappelrodeck ◇

Sasbachwalden ❀

Herrenberg ○

Oberkirch ◇

❀ ❀ Baiersbronn ◆

Pfalzgrafenweiler ○

Durbach ❀ ◇

Oppenau ○

Dornstetten ❀

Neckar

Offenburg

Lautenbach ◇

Freudenstadt

Starzach ○

Gengenbach ◇

Bad Peterstal-Griesbach ◆

A 81

E 41

Hechingen ○

Friesenheim ○

Zell am Harmersbach ◇

Wolfach ◇

Schwanau

Fischerbach ◇

Lahr ❀

E 531

Lauterbach ◇

Schramberg ○

Hornberg ◇

Villingendorf ◆

Denkingen ◇

Elzach ○

Freiamt ○

Winden ◇

Triberg ❀ ◆

Emmendingen ○

Schönwald ◇

Endingen ○

Waldkirch ◇

Gutach im Breisgau ◆

Unterkirnach ○

Vogtsburg ❀ ❀

Denzlingen ◇

Vöhrenbach ◇

Villingen-Schwenningen ○

Donau

Glottertal ◇

Bad Dürrheim ◇

311

Freiburg im Breisgau ❀

St. Peter ○

Donaueschingen ◆

Horben ◇

Breitnau ◇

E 35

Bad Krozingen ○

Titisee-Neustadt ◇

31

A 81

E 41

Heitersheim

Hinterzarten ◆

❀ Sulzburg ◇

Münstertal ❀ ◆

Lenzkirch ◇

Neuenweg ◇

Todtnau ◇

Schluchsee ❀

Bonndorf ○

Badenweiler ◆

Grafenhausen ○

Auggen ○

Schönau ◇

St.Blasien ◇

Häusern ❀

Schaffhausen

517

Ibach ◇

Höchenschwand

Büsingen ❀

Bad Bellingen ○

Klettgau

Schopfheim ❀

Waldshut-Tiengen ◇

Rhein

N 1

Lörrach ❀

Wehr ◇

ASEL

Weil am Rhein ❀

N 3

43

BIERE

Die Bierherstellung, deren Anfänge bis ins 9. Jh. zurückreichen, unterliegt in Deutschland seit 1516 dem Reinheitsgebot, welches vorschreibt, daß zum Bierbrauen nur Hopfen, Gerstenmalz, Hefe und Wasser verwendet werden dürfen.

Etwa 1 400 Brauereien stellen heute in Deutschland ca. 4 000 verschiedene Biere her, deren geschmackliche Vielfalt auf den hauseigenen Braurezepten beruht.

Beim Brauen prägt die aus Malz und dem aromagebenden Hopfen gewonnene Würze zusammen mit dem Brauwasser, der Gärungsart (obergärig, untergärig) und der für das Gären verwendeten Hefe entscheidend Qualität, Geschmack, Farbe und Alkoholgehalt des Bieres.

Die Vollbiere (Alt, Export, Kölsch, Märzen, Pils, Weizenbier) haben einen Alkoholgehalt von 3,7 % bis 4,2 % und einen Stammwürzegehalt (= vor der Gärung gemessener Malzextraktgehalt der Würze) von 11 % bis 14 %.

Die Starkbiere (Bock- und Doppelbockbiere) liegen im Alkoholgehalt bei 5,3 % bis 5,7 % und im Stammwürzegehalt bei 16 % bis 18 %.

Durch den höheren Malzanteil wirken vor allem die dunklen Biere (Rauchbier, Bockbier, Malzbier) im Geschmack leicht süß.

LA BIÈRE

La fabrication de la bière en Allemagne remonte au début du 9e siècle. En 1516 une « ordonnance d'intégrité » (Reinheitsgebot) précise que seuls le houblon, le malt, la levure et l'eau peuvent être utilisés pour le brassage de la bière. Il en est toujours ainsi et le procédé utilisé est le suivant :

Le malt de brasserie – grains d'orge trempés, germés et grillés – est mis à tremper et à cuire en présence de houblon qui apporte au moût, ainsi élaboré, ses éléments aromatiques. Grâce à une levure, ce moût entre en fermentation.

Aujourd'hui environ 1 400 brasseries produisent en Allemagne 4 000 sortes de bières diverses par leur goût, leur couleur et également leur teneur en alcool.

Au restaurant ou à la taverne, la bière se consomme généralement à la pression « vom Fass ».

Les bières courantes ou Vollbiere (Kölsch, Alt, Export, Pils, Märzen, bière de froment) sont les plus légères et titrent 3 à 4° d'alcool.

Les bières fortes ou Starkbiere (Bockbier, Doppelbock) atteignent 5 à 6° et sont plus riches en malt.

Elles sont légères dans le Sud (Munich, Stuttgart), un peu plus fermentées et amères en Rhénanie (Dortmund, Cologne) douceâtres à Berlin.

Les bières brunes (malt torréfié) peuvent paraître sucrées (Rauchbier, Bockbier, Malzbier).

BEER

Beer has been brewed in Germany since the beginning of 9C. In 1516 a decree on quality (Reinheitsgebot) was passed which stated that only hops, malt, yeast and water should be used for brewing. This still applies and the following method is used :

Brewer's malt – obtained from barley after soaking, germination and roasting – is mixed with water and hops which flavour the must, and boiled. Yeast is added and the must is left to ferment.

Today about 1400 breweries in Germany produce 4000 kinds of beer which vary in taste, colour and alcohol content.

In restaurants and bars, beer is generally on draught "vom Fass".

Popular beers or Vollbiere (Kölsch, Alt, Export, Pils, Märzen and beer from wheatgerm) are light and 3-4 % proof.

Strong beers or Starkbiere (Bockbier, Doppelbock) are rich in malt and 5-6 % proof.

These are light in the South (Munich, Stuttgart), stronger and more bitter in Rhineland (Dortmund, Cologne) and sweeter in Berlin.

Dark beers (roasted malt) may seem rather sugary (Rauchbier, Bockbier, Malzbier).

LA BIRRA

La fabbricazione della birra in Germania risale all'inizio del nono secolo. Nel 1516, un « ordinanza d'integrità » (Reinheitsgebot) precisa che, per la produzione della birra, possono essere solamente adoperati il luppolo, il malto, il lievito e l'acqua. Ciò è rimasto immutato e il processo impiegato è il seguente :

Il malto – derivato da semi d'orzo macerati, germinati e tostati – viene macerato e tostato unitamente al luppolo che aggiunge al mosto, elaborato in tal modo, le sue componenti aromatiche. Grazie all'apporto di un lievito, questo mosto entra in fermentazione.

Oggigiorno, circa 1400 birrerie producono in Germania 4000 tipi di birra diversi per il loro gusto, colore e la loro gradazione alcolica.

Nei ristoranti o nelle taverne, la birra viene consumata alla spina « vom Fass ».

Le birre comuni o Vollbiere (Kölsch, Alt, Export, Pils, Märzen, birra di frumento) sono le più leggere e raggiungono una gradazione alcolica di 3 o 4°.

Le birre forti o Starkbiere (Bockbier, Doppelbock) raggiungono una gradazione alcolica di 5 o 6° e sono le più ricche di malto.

Esse sono leggere nel Sud (Monaco, Stuttgart), leggermente più fermentate e amare in Renania (Dortmund, Colonia), dolciastre a Berlino.

Le birre scure (malto torrefatto) possono sembrare dolcificate (Rauchbier, Bockbier, Malzbier).

This book is not an exhaustive list of all hotels
but a selection which has been limited on purpose.

Attenzione ! La Guida non elenca tutte le risorse alberghiere
È il risultato di una selezione, volontariamente limitata.

WEINBAUGEBIETE
CARTE DU VIGNOBLE
MAP OF THE VINEYARDS
CARTA DEI VIGNETI

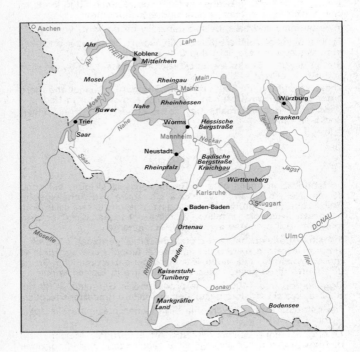

Neben den Spitzengewächsen gibt es in vielen Regionen gebiets-typische Weine, die – am Ort verkostet – für manche Überraschung gut sind.

En dehors des grands crus, il existe en maintes régions des vins locaux qui, bus sur place, vous réserveront d'heureuses surprises.

In addition to the fine wines there are many wines, best drunk in their region of origin and which you will find extremely pleasant.

Al di fuori dei grandi vini, esistono in molte regioni dei vini locali che, bevuti sul posto, Vi riserveranno piacevoli sorprese.

WEINE

Auf einer Gesamtanbaufläche von ca. 91 000 ha gedeiht in Deutschland in den elf bestimmten Anbaugebieten (Ahr, Mittelrhein, Mosel-Saar-Ruwer, Nahe, Rheingau, Rheinhessen, Hessische Bergstraße, Franken, Rheinpfalz, Württemberg, Baden) eine Vielfalt von Weinen unterschiedlichsten Charakters, geprägt von der Verschiedenartigkeit der Böden, vom Klima und von der Rebsorte.

Die wichtigsten Weine

Weißwein *(ca. 80 % der dt. Weinproduktion)*

REBSORTEN UND CHARAKTERISTIK	HAUPTANBAUGEBIET
Gutedel *leicht, aromatisch*	Baden
Kerner *rieslingähnlich, rassig*	Württemberg
Morio-Muskat *aromatisch, bukettreich*	Rheinpfalz
Müller-Thurgau *würzig-süffig, feine Säure*	Franken, Rheinhessen, Baden, Nahe
Riesling (in Baden : Klingelberger) *rassig, spritzig, elegant, feine Fruchtsäure*	Mittelrhein, Mosel-Saar-Ruwer, Rheingau
Ruländer *kräftig, füllig, gehaltvoll*	Baden
Silvaner *fruchtig, blumig, kräftig*	Franken, Rheinhessen, Nahe, Rheinpfalz
(Gewürz-) Traminer (i. d. Ortenau : Clevner) *würzig, harmonisch*	Baden
Weißburgunder *blumig, fruchtig, elegant*	Baden

Rotwein

Badisch Rotgold *rassig, gehaltvoll, elegant*	Baden
Lemberger *kernig, kräftig, wuchtig*	Württemberg
Portugieser *leicht, süffig, mundig frisch*	Ahr, Rheinpfalz
Schwarzriesling *zart, fruchtig*	Württemberg
(blauer) Spätburgunder (in Württemberg : Clevner) *rubinfarben, samtig, körperreich*	Ahr, Baden
Trollinger *leicht, frisch, fruchtig*	Württemberg

Das Weingesetz von 1971 und 1982 teilt die deutschen Weine in 4 Güteklassen ein :

deutscher Tafelwein muß aus einer der 4 Weinregionen stammen (Tafelwein, ohne den Zusatz « deutscher » kann mit Weinen aus Eg-Ländern verschnitten sein).

Landwein trägt eine allgemeine Herkunftsbezeichnung (z. B. Pfälzer Landwein), darf nur aus amtlich zugelassenen Rebsorten gewonnen werden, muß mindestens 55 Öchslegrade haben und darf nur trocken oder halbtrocken sein.

Qualitätswein bestimmter Anbaugebiete muß aus einem der 11 deutschen Anbaugebiete stammen und auf dem Etikett eine Prüfnummer haben.

Qualitätswein mit Prädikat darf nur aus einem einzigen Bereich innerhalb der 11 deutschen Anbaugebiete stammen, muß auf dem Etikett eine Prüfnummer haben und eines der 6 Prädikate besitzen : Kabinett, Spätlese, Auslese, Beerenauslese, Trockenbeerenauslese, Eiswein.

Eiswein, wird aus Trauben gewonnen, die nach Frost von mindestens – 7 °C gelesen wurden.

LES VINS

Le vignoble allemand s'étend sur plus de 91 000 ha. Les vins les plus connus proviennent principalement des 11 régions suivantes : Ahr, Mittelrhein, (Rhin moyen), Mosel-Saar-Ruwer, Nahe, Rheingau, Rheinhessen (Hesse rhénane), Hessische Bergstraße (Montagne de Hesse), Franken (Franconie), Rheinpfalz (Rhénanie-Palatinat), Württemberg (Wurtemberg), Baden (Pays de Bade).

Principaux vins

Vins blancs *(80 % de la production)*

CÉPAGES ET CARACTÉRISTIQUES	PRINCIPALES RÉGIONS
Gutedel *léger, bouqueté*	Pays de Bade
Kerner *proche du Riesling*	Wurtemberg
Morio-Muskat *aromatique, bouqueté*	Rhénanie-Palatinat
Müller-Thurgau *vigoureux, nerveux*	Franconie, Hesse Rhéanae, Pays de Bade, Nahe
Riesling (dans le pays de Bade Klingelberger) *racé, élégant, au fruité, légèrement acidulé*	Rhin moyen Moselle-Sarre-Ruwer, Rheingau
Ruländer *puissant, rond, riche*	Pays de Bade
Silvaner *fruité, bouqueté, puissant*	Franconie, Hesse rhénane, Nahe, Rhénanie-Palatinat
Traminer, Gewürztr *épicé, harmonieux*	Pays de Bade
Weißburgunder *bouqueté, fruité, élégant*	Pays de Bade

Vins rouges

Badisch Rotgold *racé, riche, élégant*	Pays de Bade
Lemberger *charnu, puissant*	Wurtemberg
Portugieser *léger, gouleyant, frais*	Ahr, Rhénanie-Palatinat
Schwarzriesling *tendre, fruité*	Wurtemberg
(blauer) Spätburgunder (en Wurtemberg : Clevner) *de couleur rubis, velouté*	Ahr, Pays de Bade
Trollinger *léger, frais, fruité*	Wurtemberg

La législation de 1971 et de 1982 classe les vins allemands en 4 catégories :

Tafelwein ou deutscher Tafelwein, vins de table, sans provenance précise, pouvant être des coupages, soit de vins de la C.E.E., soit de vins exclusivement allemands.

Landwein porte une appellation d'origine générale (ex. Pfälzer Landwein), et ne peut provenir que de cépages officiellement reconnus ; il doit avoir au minimum 55° Öchsle et ne peut être que sec ou demi sec.

Qualitätswein bestimmter Anbaugebiete, vins de qualité supérieure, ils portent un numéro de contrôle officiel et ont pour origine une des 11 régions (Gebiet) déterminées.

Qualitätswein mit Prädikat, vins strictement contrôlés, ils représentent l'aristocratie du vignoble, ils proviennent d'un seul vignoble d'appellation et portent en général l'une des dénominations suivantes :

Kabinett (réserve spéciale), Spätlese (récolte tardive), Auslese (récolte tardive, raisins sélectionnés), Beerenauslese, Trockenbeerenauslese (vins liquoreux), Eiswein.

Les « Eiswein » (vins des places) sont obtenus à partir de raisins récoltés après une gelée d'au moins –7 °C.

WINES

The German vineyards extend over 91 000 ha – 225 000 acres and 11 regions : Ahr, Mittelrhein, Mosel-Saar-Ruwer, Nahe, Rheingau, Rheinhessen, Hessische Bergstraße, Franken (Franconia), Rheinpfalz (Rhineland-Palatinate), Württemberg, Baden.

Principal Wines

White wines *(80 % of production)*

GRAPE STOCK AND CHARACTERISTICS	MAIN REGIONS
Gutedel *light, flagrant*	Baden
Kerner *similar to Riesling*	Württemberg
Morio-Muskat *fragrant full bouquet*	Rhineland-Palatinate
Müller-Thurgau *potent, lively*	Franconia, Rheinhessen, Baden, Nahe
Riesling (in Baden : Klingelberger) *noble, elegant, slightly acid and fruity*	Mitterlrhein, Mosel-Saar-Ruwer, Rheingau
Ruländer *potent, smooth, robust*	Baden
Silvaner *fruity, good bouquet, potent*	Franconia, Rheinhessen, Nahe, Rhineland-Palatinate
Traminer, Gewürztraminer *spicy, smooth*	Baden
Weißburgunder *delicate bouquet, fruity, elegant*	Baden

Red wines

Badisch Rotgold *noble, robust, elegant*	Baden
Lemberger *full bodied, potent*	Württemberg
Portugieser *light, smooth, fresh*	Ahr, Rhineland-Palatinate
Schwarzriesling *delicate, fruity*	Württemberg
(blauer) Spätburgunder (in Württemberg : Clevner) *ruby colour, velvety*	Ahr, Baden
Trollinger *light, fresh, fruity*	Württemberg

Following legislation in 1971 and 1982, German wines fall into 4 categories :

Tafelwein or deutscher Tafelwein are table wines with no clearly defined region of origin, and which in effect may be a blending of other Common Market wines or of purely German ones.

Landwein are medium quality wines between the table wines and the Qualitätswein b. A. which carry a general appellation of origin (i.e. Pfälzer Landwein) and can only be made from officially approved grapes, must have 55° "Öchslegrade" minimum and must be dry or medium dry.

Qualitätswein bestimmter Anbaugebiete, are wines of superior quality which carry an official control number and originate from one of the 11 clearly defined regions (Gebiet) e.g. Moselle, Baden, Rhine.

Qualitätswein mit Prädikat, are strictly controlled wines of prime quality. These wines are grown and made in a clearly defined and limited area or vineyard and generally carry one of the following special descriptions.

Kabinett (a perfect reserve wine), Spätlese (wine from late harvest grapes), Auslese (wine from specially selected grapes), Beerenauslese, Trockenbeerenauslese (sweet wines), Eiswein.

Eiswein (ice wines) are produced from grapes harvested after a minimum –7 °C frost.

I VINI

Il vigneto tedesco si estende su più di 91.000 ettari. Esso comporta 11 regioni : Ahr, Mitterlrhein (Reno medio), Mosel-Saar-Ruwer, Nahe, Rheingau, Rheinhessen (Hesse renano), Hessische Bergstraße (montagna di Hesse), Franken (Franconia), Rheinpfalz (Renania-Palatinato), Württemberg, Baden.

Vini principali

Vini bianchi *(80 % della produzione)*

VITIGNI E CARATTERISTICHE	PRINCIPALI REGIONI
Gutedel *leggero, aromatico*	Baden
Kerner *molto simile al Riesling*	Württemberg
Morio-Muskat *aromatico*	Renania-Palatinato
Müller-Thurgau *vigoroso*	Franconia, Hesse renano, Baden, Nahe
Riesling (Nella regione di Baden : Klingelberger) *aristocratico, elegante, fruttato leggermente acidulo*	Reno medio, Mosella-Sarre-Ruwer, Rheingau
Ruländer *forte, corposo, robusto*	Baden
Silvaner *fruttato, aromatico, forte*	Franconia, Hesse renano, Nahe Renania-Palatinato
Traminer (Gewürz-) *corposo, armonico*	Baden
Weißburgunder *aromatico, fruttato, elegante*	Baden

Vini rossi

Badisch Rotgold *aristocratico, robusto, elegante*	Baden
Lemberger *corposo, forte*	Württemberg
Portugieser *leggero, fresco*	Ahr, Renania-Palatinato
Schwarzriesling *tenero, fruttato*	Württemberg
(blauer) Spätburgunder (nella regione di Württemberg : Clevner) *colore rubino, vellutato, pieno, corposo*	Ahr, Baden
Trollinger *leggero, fresco, fruttato*	Württemberg

La legislazione del 1971 e del 1982 classifica i vini tedeschi in 4 categorie :

Tafelwein o deutscher Tafelwein : vini da tavola, senza provenienza precisa, possono essere di taglio, sia per i vini della C.E.E. che per vini esclusivamente tedeschi.

Landwein : in termini di qualità è una via di mezzo fra il vino da tavola e il Qualitätswein b.A., è contrassegnato da denominazione di origine generale (es. : Pfälzer Landwein) e proviene esclusivamente da uve ufficialmente riconosciute ; deve raggiungere minimo 55° Öchsle e può essere solo secco o semi secco.

Qualitätswein bestimmter Anbaugebiete : vini di qualità superiore, sono contrassegnati da un numero di controllo ufficiale e provengono da una delle 11 regioni (Gebiet) determinate (Mosel, Baden, Rhein...)

Qualitätswein mit Prädikat : vini rigorosamente controllati, rappresentano l'aristocrazia del vigneto, provengono da un unico vigneto di denominazione e sono generalmente contrassegnati da una delle seguenti denominazioni :

Kabinett (riserva speciale), Spätlese (raccolta tardiva), Auslese (raccolta tardiva, uve selezionate), Beerenauslese, Trockenbeerenauslese (vini liquorosi), Eiswein.

Gli « Eiswein » (vini dei ghiacci) si ottengono a partire da una raccolta dopo una gelata di almeno −7°C.

Städte
in alphabetischer Reihenfolge
(ä = ae, ö = oe, ü = ue)

Villes
classées par ordre alphabétique
(mais ä = ae, ö = oe, ü = ue)

Towns
in alphabetical order
(but ä = ae, ö = oe, ü = ue)

Città
in ordine alfabetico
(se non che ä = ae, ö = oe, ü = ue)

BREGENZ, KÖSSEN, KUFSTEIN, SALZBURG (Österreich) sind in der alphabetischen Reihenfolge,
BOTTIGHOFEN, ERMATINGEN, GOTTLIEBEN, KREUZLINGEN (Schweiz) unter Konstanz erwähnt.

AACHEN

Sehenswert : Domschatzkammer★★★ – Dom★★ (Pala d'Oro★★★, Ambo Heinrichs II★★★, Radleuchter★★) – Couven-Museum★ BY **M1** – Suermondt- Ludwig-Museum★ CZ **M2**.

🏌, Aachen-Seffent (über ⑨), Schurzelter Str. 300, ℰ 1 25 01 ; 🏌 Aachen-Vaalserquartier (über ⑧), Dreiländerweg 105, ℰ 8 23 00.

🚗 ℰ 43 33 28.

Kongreßzentrum Eurogress (CY), ℰ 15 10 11, Telex 832319.

🛈 Verkehrsverein, Bahnhofsplatz 4, ℰ 1 80 29 65 – 🛈 Verkehrsverein, Markt 39, ℰ 1 80 29 60.

ADAC, Strangenhäuschen 16, ℰ 1 80 28 28, Notruf ℰ 1 92 11.

◆Düsseldorf 81 ③ – Antwerpen 140 ⑨ – ◆Bonn 91 ③ – Bruxelles 142 ⑥ – ◆Köln 69 ③ – Liège 54 ⑥ – Luxembourg 182 ⑥.

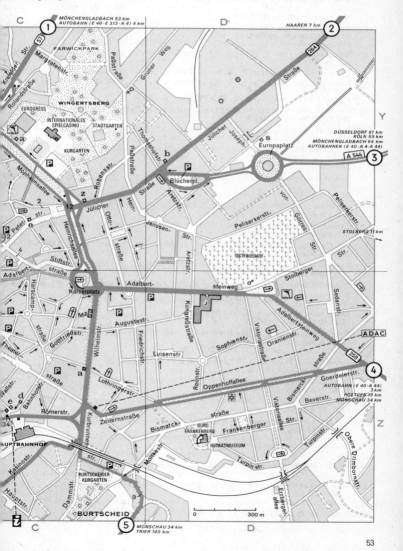

🏨 ✿ **Steigenberger Hotel Quellenhof**, Monheimsallee 52, ☎ 15 20 81, Telex 832864, Fax 154504, « Großer Park, Terrasse mit ≤ », direkter Zugang zum Kurmittelhaus – 🛗 ⇐⇒ Zim
🔟 ♨ ⚒ – ☒ 25/1800. ⚿ ⓞ Ε ⱽⁱˢᵃ   CY a
M a la carte 50/90 – **Parkstube** *(nur Abendessen, Montag geschl.)* **M** a la carte 40/68 –
200 Z : 300 B 175/245 - 260/330 Fb – 5 Appart. 500/700
Spez. Mosaik von Seezunge und Lachs in Tomaten-Basilikum-Vinaigrette, Kalbsfiletscheiben mit Petersilienmus, Gratin von Aprikosen auf Teenudeln.

🏨 **Aquis-Grana-Hotel**, Büchel 32, ☎ 44 30, Telex 8329718, Fax 443137, direkter Zugang zum Thermalhallenbad Römerbad (Gebühr) – 🛗 🔟 ♨ ⇐⇒ – ☒ 25/60. ⚿ ⓞ Ε ⱽⁱˢᵃ   BY a
M *(nur Abendessen, Samstag - Sonntag und Feiertage geschl.)* a la carte 36/72 – **90 Z : 157 B** 155/170 - 195/225 Fb.

🏨 **Novotel**, Joseph-von-Görres-Straße (Am Europaplatz), ☎ 1 68 70, Telex 832435, Fax 163911, 🍴, ⅃ (geheizt), ⋪ – 🛗 ▤ 🔟 ♨ ⚒ ❶ – ☒ 25/250. ⚿ ⓞ Ε ⱽⁱˢᵃ   DY s
M a la carte 41/65 – **119 Z : 238 B** 160 - 185 Fb.

🏨 **Regence**, Peterstr. 71 /Ecke Peterskirchhof, ☎ 4 78 70, Telex 8329449, Fax 39055, ⇐⇒ – 🛗 ⇐⇒ Zim 🔟 ☎ ⇐⇒. ⚿ ⓞ Ε ⱽⁱˢᵃ. ⁂ Rest   CY e
M *(Japanische Küche)* a la carte 41/60 – **60 Z : 100 B** 145/170 - 195/220 Fb.

🏨 **Royal**, Jülicher Str. 1, ☎ 1 50 61, Telex 8329357, Fax 156813 – 🛗 ▤ Rest ☎. ⚿ ⓞ Ε ⱽⁱˢᵃ. ⁂ Rest   CY z
M *(Indische Küche)* a la carte 36/55 – **31 Z : 60 B** 125/150 - 175/195 Fb.

🏨 **Burtscheider Markt** 🍃 garni, Burtscheider Markt 14, ☎ 6 60 45 – 🛗 ⇐⇒ Zim 🔟 ☎ ♨. ⚿ Ε ⱽⁱˢᵃ   über Dammstraße CZ
24. Dez.- 7. Jan. geschl. – **30 Z : 47 B** 100/150 - 160/220 Fb.

🏨 **Benelux** garni, Franzstr. 21, ☎ 2 23 43, Fax 22345 – 🛗 🔟 ☎ ❶. ⚿ ⓞ Ε ⱽⁱˢᵃ   BZ f
33 Z : 55 B 98/110 - 120/160.

🏨 **Krott**, Wirichsbongardstr. 16, ☎ 4 83 73, Telex 832150, ⇐⇒ – 🛗 🔟 ☎. ⚿ ⓞ Ε ⱽⁱˢᵃ
M a la carte 46/78 – **20 Z : 33 B** 110/150 - 150/215.   BZ a

🏨 **Hotel am Marschiertor** garni, Wallstr. 1, ☎ 3 19 41, Fax 31944 – 🛗 🔟 ☎ – ☒ 45. ⚿ ⓞ ⱽⁱˢᵃ   BZ n
50 Z : 80 B 98/120 - 140/165 Fb.

🏨 **Ibis**, Friedlandstr. 8, ☎ 4 78 80, Telex 832413, Fax 4788110 – 🛗 🔟 ☎ ♨ ❶ – ☒ 80. ⚿ ⓞ Ε ⱽⁱˢᵃ   BZ s
M 21/32 – **104 Z : 156 B** 109 - 147 Fb.

🏨 **Baccara** garni, Turmstr. 174, ☎ 8 30 05, Fax 874876 – 🛗 ☎. ⓞ. ⁂   AY e
33 Z : 51 B 90/120 - 120/140 Fb.

🏨 **Krone** garni, Jülicher Str. 91 a, ☎ 15 30 51, Telex 832505 – 🛗 🔟 ☎ ⇐⇒. ⚿ ⓞ Ε ⱽⁱˢᵃ
37 Z : 60 B 88/130 - 110/160 Fb.   DY b

🏨 **Lousberg** garni, Saarstr. 108, ☎ 2 03 31, Fax 22047 – 🛗 🔟 ☎ ⇐⇒. ⚿ ⓞ Ε ⱽⁱˢᵃ. ⁂
29 Z : 41 B 95/110 - 140/150 Fb.   BY

🏨 **Eupener Hof** garni, Krugenofen 63, ☎ 6 20 35, Telex 832131 – 🛗 🔟 ☎ ⇐⇒. ⚿ ⓞ Ε ⱽⁱˢᵃ
21 Z : 39 B 89/130 - 120/160.   über ⑥

🏨 **Stadt Koblenz** garni, Leydelstr. 2, ☎ 2 22 41, Telex 832761, Fax 30326 – 🔟 ☎. ⚿ ⓞ Ε ⱽⁱˢᵃ   CZ e
20. Dez.- 10. Jan. geschl. – **16 Z : 24 B** 85/110 - 125/135.

🏨 **Marx** garni, Hubertusstr. 35, ☎ 3 75 41 – 🛗 ☎ ❶   AZ m
33 Z : 60 B 60/105 - 100/140.

🏨 **Drei Könige** garni, Ecke Markt/Büchel 5, ☎ 4 83 93, Telex 8329381, Fax 36152 – 🛗 🔟 ☎ ⚿ ⓞ Ε ⱽⁱˢᵃ   BY u
20. Jan.- 6. Jan. geschl. – **18 Z : 30 B** 75/150 - 125/200.

🏨 **Danica** garni, Franzstr. 36, ☎ 3 49 91 – 🛗 ☎ ⇐⇒. ⚿ ⓞ Ε ⱽⁱˢᵃ   BZ h
26 Z : 45 B 80/100 - 120/130 Fb.

🏨 **Danmark** garni, Lagerhausstr. 21, ☎ 3 44 14 – 🛗 ☎. ⚿ ⓞ Ε ⱽⁱˢᵃ
19 Z : 30 B 80/95 - 110/120 Fb.   CZ v

🏨 **Frankfurter Hof** garni, Bahnhofstr. 30, ☎ 3 71 44 – 🛗 🔟 ☎ ⇐⇒. ⚿ ⓞ Ε ⱽⁱˢᵃ   CZ e
22 Z : 37 B 75/95 - 95/110 Fb.

XXXX ✿✿ **Gala**, Monheimsallee 44 (im Casino), ☎ 15 30 13, « Modern-elegante Einrichtung » – ▤. ⚿ ⓞ Ε ⱽⁱˢᵃ   CY
nur Abendessen, Montag geschl. – **M** *(Tischbestellung ratsam)* 130 und a la carte 80/105
(siehe auch Rest. Palm-Bistro)
Spez. Kalbskopf mit Trüffeln, Leipziger Allerlei mit Krebsen, Auflauf mit warmem Ziegenkäse.

XXX **Le Canard**, Bendelstr. 28, ☎ 3 86 63, 🍴 – ⚿ ⓞ Ε ⱽⁱˢᵃ   AZ c
20.- 28. Feb., 27. Mai - 7. Juni und Donnerstag geschl. – **M** 44 (mittags) und a la carte 64/85

XX **La Bécasse** (modernes Restaurant mit französischer Küche), Hanbrucher Str. 1, ☎ 7 44 44 – ⚿ ⓞ Ε ⱽⁱˢᵃ   AZ s
Samstag bis 18 Uhr, Sonntag und Juni - Juli 3 Wochen geschl. – **M** a la carte 72/95.

XX **Tradition**, Burtscheider Str. 11, ☎ 4 48 42 – ⚿ ⓞ Ε ⱽⁱˢᵃ   BZ e
Dienstag - Mittwoch 18 Uhr und über Karneval 1 Woche geschl. – **M** *(abend Tischbestellung ratsam)* a la carte 35/65.

XX Ratskeller, Markt (im historischen Rathaus), ℰ 3 50 01, 🏠, « Rustikale Einrichtung, Ziegelgewölbe »
BY R

XX **Elisenbrunnen**, Friedrich-Wilhelm-Platz 13a, ℰ 2 97 72, 🏠 – 🖭 ⑩ 🗲 𝗩𝗜𝗦𝗔
BZ p
M a la carte 29/69.

XX **Palm-Bistro**, Monheimsallee 44 (im Casino), ℰ 15 30 13 – 🖭 ⑩ 🗲 𝗩𝗜𝗦𝗔
CY
nur Abendessen – M a la carte 40/75.

XX **Ristorante Piccolo** (Italienische Küche), Wilhelmstr. 68, ℰ 2 68 52 – 🖭 ⑩ 🗲 𝗩𝗜𝗦𝗔
Montag und Aug. 3 Wochen geschl. – M a la carte 34/60.
CZ a

XX **Da Salvatore** (Italienische Küche), Bahnhofsplatz 5, ℰ 3 13 77 – 🖭 ⑩ 🗲 𝗩𝗜𝗦𝗔
CZ w
M a la carte 30/64.

X **Zum Schiffgen**, Hühnermarkt 23, ℰ 3 35 29 – 🖭 ⑩ 🗲 𝗩𝗜𝗦𝗔
BYZ c
Sonntag und Montag jeweils ab 18 Uhr geschl. – M a la carte 23/50.

In Aachen-Friesenrath ④ : 14 km :

XXX **Schloß Friesenrath** ♨ mit Zim, Pannekoogweg 46, ℰ (02408)50 48, « Ehem. gräfliches Palais, Park » – 🖭 ☎ ℗. 🖭 🗲
24. Dez.- 20. Jan. und Juni bis Juli 2 Wochen geschl. – M (wochentags nur Abendessen, Montag geschl.) a la carte 56/81 – **3 Z : 6 B** 160.

In Aachen-Kornelimünster ④ : 10 km :

🏛 **Zur Abtei**, Napoleonsberg 132 (B 258), ℰ (02408) 21 48 – ☎ ⟸. ⑩ 🗲 𝗩𝗜𝗦𝗔. ⅞ Rest
M a la carte 53/68 – **14 Z : 25 B** 60/80 - 100/160.

XX ⬦ **St. Benedikt**, Benediktusplatz 12, ℰ (02408) 28 88 – 🗲 𝗩𝗜𝗦𝗔
nur Abendessen, Sonntag - Montag sowie April und Okt.- Nov. jeweils 2 Wochen geschl. –
M (Tischbestellung erforderlich) 75/95 und a la carte 60/80
Spez. Bretonischer Salat, Eifeler Rehkeule in Rotwein (saisonbedingt), Dessertteller "St. Benedikt".

In Aachen-Lichtenbusch ⑤ : 8 km :

🏛 **Zur Heide**, Raafstr. 80, ℰ (02408)20 85, Fax 6268 – 🖭 ☎ ℗ – 🔬 35. 🖭 ⑩ 🗲 𝗩𝗜𝗦𝗔
M a la carte 28/56 – **29 Z : 63 B** 40/83 - 70/120 Fb.

In Aachen-Walheim ④ : 12 km :

XX **Brunnenhof** mit Zim, Schleidener Str. 132 (B 258), ℰ (02408) 8 00 24 – 🖭 ☎ ⟸ ℗. 🖭 ⑩ 🗲 𝗩𝗜𝗦𝗔
M a la carte 45/70 – **10 Z : 14 B** 60/80 - 95/130.

An der B 258 Richtung Monschau ⑤ : 12 km :

🏛 **Relais Königsberg**, Schleidener Str. 440, ✉ 5100 AC-Walheim, ℰ (02408) 50 45, �.
Fahrradverleih – 🛉 🖭 ☎ ⟸ ℗ – 🔬 25/40. 🗲
20. Dez.- 10. Jan. geschl. – M a la carte 39/62 – **19 Z : 33 B** 85/95 - 120/145.

XX **Gut Kalkhäuschen** (Italienische Küche), Schleidener Str. 400, ✉ 5100 AC-Walheim, ℰ (02408) 5 83 10 – ℗
nur Abendessen, Montag, Jan. 2 Wochen und Juni-Juli 4 Wochen geschl. – M (Tischbestellung ratsam) a la carte 58/70.

An der Straße Verlautenheide-Stolberg ③ : 9 km :

XXX **Gut Schwarzenbruch**, ✉ 5190 Stolberg, ℰ (02402) 2 22 75, « Stilvolle Einrichtung » – ℗. 🖭 ⑩ 🗲 𝗩𝗜𝗦𝗔
M 29/45 (mittags) und a la carte 52/80.

Siehe auch : *Würselen* ① : 6 km

— *Benutzen Sie für weite Fahrten in Europa die **Michelin-Länderkarten** :*
920 *Europa,* **980** *Griechenland,* **984** *Deutschland,* **985** *Skandinavien-Finnland,*
986 *Großbritannien-Irland,* **987** *Deutschland-Österreich-Benelux,* **988** *Italien,*
989 *Frankreich,* **990** *Spanien-Portugal,* **991** *Jugoslawien.*

AALEN 7080. Baden-Württemberg **413** N 20. **987** ㊱ – 60 000 Ew – Höhe 433 m –
Wintersport : 450/520 m ⩞1 ⩠2 – ⚙ 07361.
Sehenswert : Besucherbergwerk in Aalen-Wasseralfingen.
☐ Informations- und Verkehrsamt, Neues Rathaus, ℰ 50 03 58.
ADAC, Bahnhofstr. 81, ℰ 6 47 07.
Stuttgart 73 – ♦Augsburg 119 – Heilbronn 131 – ♦Nürnberg 132 – ♦Ulm (Donau) 67 – ♦Würzburg 135.

🏛 **Café Antik**, Stuttgarter Str. 47, ℰ 5 71 60, Fax 571625 – 🖭 ☎ ⟸ ℗ – 🔬 25/60. 🖭 ⑩ 🗲 𝗩𝗜𝗦𝗔
M (nur Abendessen, Samstag geschl.) a la carte 26/45 – **50 Z : 102 B** 58/98 - 98/150 Fb.

🏛 **Aalener Ratshotel** garni, Friedrichstr. 7, ℰ 6 20 01 – 🛉 🖭 ☎ ℗. 🖭 ⑩ 🗲 𝗩𝗜𝗦𝗔
40 Z : 70 B 68/75 - 98/120 Fb.

🏠 **Weißer Ochsen**, Bahnhofstr. 47, ℰ 6 26 85 – ☎ ℗. ⅞
M (Samstag geschl.) a la carte 26/45 – **8 Z : 14 B** 55 - 100.

🏠 **Grauleshof**, Ziegelstr. 155, ℰ 3 24 69, Biergarten – ☎ ℗. ⑩. ⅞ Zim
Jan.- Feb. 1 Woche und Juli - Aug. 2 Wochen geschl. – M (Montag geschl.) a la carte 27/50 – **8 Z : 13 B** 50/55 - 80/85.

AALEN

✗ **Ratskeller,** Marktplatz 30, ℰ 6 21 11 – **ⓟ**. 𝖠𝖤 **E**. ⚘
   Montag geschl. – **M** *(auch vegetarische Gerichte)* a la carte 25/53.

✗ **Waldcafé** mit Zim, Stadionweg 1, ℰ 4 10 20, « Waldterrasse » – **ⓟ**
   Feb. 2 Wochen geschl. – **M** *(Dienstag 17 Uhr - Mittwoch geschl.)* a la carte 26/54 – **2 Z**
   3 B 40 - 80.

✗ **Im Pelzwasen** ⑤ mit Zim, Eichendorffstr. 10, ℰ 3 17 61, Fax 36463, ≤, 🏠 – **☎** ⇐⇒ **ⓟ**
   – 🍴 25/100
   1.- 10.Jan. und Juli 3 Wochen geschl. – **M** *(Montag geschl.)* a la carte 26/60 – **10 Z : 14 ▶**
   31/40 - 60/72.

   In Aalen-Röthardt NO : 4 km :

🏠 **Vogthof** ⑤, Bergbaustr. 28, ℰ 7 36 88, 🏠 – **☎** ⇐⇒ **ⓟ**. 𝖠𝖤 **⓪ E**
   5.- 13. Jan. und 20. Juli - 13. Aug. geschl. – **M** *(Freitag geschl.)* a la carte 20/52 🍴 – **14 Z**
   19 B 49 - 80.

   In Aalen-Unterkochen SO : 4 km :

🏠 **Scholz,** Aalener Str. 80, ℰ 81 21, �─, Fahrradverleih – 📳 📺 **☎** ⇐⇒ **ⓟ** – 🍴 25/70. 𝖠𝖤 **⓪**
   E 𝖵𝖨𝖲𝖠. ⚘ Rest
   M *(Freitag geschl.)* a la carte 23/50 – **54 Z : 80 B** 68/79 - 98/120 Fb.

🏠 **Goldenes Lamm,** Kocherstr. 8, ℰ 81 82, Fax 88282 – 📺 **☎** **ⓟ**. 𝖠𝖤 **⓪ E** 𝖵𝖨𝖲𝖠
   23.- 30. Dez. geschl. – **M** *(Samstag und Montag nur Abendessen, Sonntag geschl.)* a l
   carte 33/60 – **15 Z : 24 B** 65/95 - 95/130.

🏠 **Kälber** ⑤, Behringstr. 26, ℰ 84 44, Telex 713798, ≤, Fahrradverleih – 📺 **☎** ⇐⇒ **ⓟ**. 𝖠𝖤 **⓪**
   E 𝖵𝖨𝖲𝖠
   2.- 10. Jan. geschl. – **M** *(Sonntag ab 15 Uhr geschl.)* a la carte 29/45 – **20 Z : 33 B** 59/89
   88/110.

🏠 **Läuterhäusle** ⑤, Waldhäuser Str. 109, ℰ 8 72 57, 🏠 – **☎** **ⓟ**. **⓪ E**
   Okt.- Nov. 3 Wochen geschl. – **M** *(Freitag - Samstag 17 Uhr geschl.)* a la carte 24/55 –
   10 Z : 15 B 45 - 75 Fb.

   In Aalen-Waldhausen O : 9,5 km :

✗✗ **Adler** mit Zim, Deutschordenstr. 8, ℰ (07367) 24 26 – **ⓟ**. 𝖠𝖤 **⓪ E** 𝖵𝖨𝖲𝖠
   M *(Montag geschl.)* a la carte 30/55 – **8 Z : 12 B** 35 - 70.

   In Aalen-Wasseralfingen N : 2 km :

✗ **Krone** mit Zim, Wilhelmstr. 3 (B 19/29), ℰ 7 14 02 – **ⓟ**. ⚘
   13 Z : 17 B.

✗ **Waldgasthof Erzgrube,** Bergbaupfad (O : 2 km, in Richtung Röthardt), ℰ 7 15 24, 🏠
   « Betsaal der ehemaligen Grubenwirtschaft a.d.J. 1852 » – **ⓟ**. 𝖠𝖤 **E**
   Montag 18 Uhr - Dienstag und Jan.- Feb. 3 Wochen geschl. – **M** a la carte 20/40 🍴.

   Siehe auch : *Oberkochen* (S : 9 km)

ABBACH, BAD 8403. Bayern 𝟺𝟷𝟿 T 20 – 6 800 Ew – Höhe 374 m – Heilbad – 🕓 09405.
🛈 Kurverwaltung, Kaiser-Karl V.-Allee 5, ℰ 15 55.
♦München 109 – Ingolstadt 62 – Landshut 63 – ♦Nürnberg 112 – ♦Regensburg 10 – Straubing 56.

🏠 **Pension Elisabeth** ⑤ garni, Ratsdienerweg 8, ℰ 13 15, ⟺, �─ – **☎** **ⓟ**
   25 Z : 31 B 40/45 - 75/85 Fb – 8 Fewo 55/70.

🏠 **Zur Post,** Am Markt 21, ℰ 13 33, Biergarten – **☎** **ⓟ**
   6.- 31. Jan. geschl. – **M** *(Mittwoch geschl.)* a la carte 19/39 – **20 Z : 28 B** 34/36 - 66 –
   ½ P 43/46.

🏠 **Café Rathaus,** Kaiser-Karl V.-Allee 6, ℰ 10 48, Biergarten – ⇐⇒
   30 Z : 40 B.

ABENSBERG 8423. Bayern 𝟺𝟷𝟿 S 20, 𝟿𝟾𝟽 ㉗ – 9 600 Ew – Höhe 371 m – 🕓 09443.
♦München 89 – Ingolstadt 39 – Landshut 46 – ♦Regensburg 34.

🏠 **Jungbräu,** Weinbergerstr. 6, ℰ 68 74 – **ⓟ**. **⓪ E** 𝖵𝖨𝖲𝖠
   23.- 27. Juli und 27.- 31. Dez. geschl. – **M** *(Donnerstag ab 14 Uhr geschl.)* a la carte 18/38 –
   32 Z : 43 B 28/40 - 56/80.

🏠 **Zum Kuchlbauer,** Stadtplatz 2, ℰ 14 84 – **ⓟ**
   24 Z : 44 B.

   In Siegenburg 8427 S : 6 km :

✗ **Bräustüberl,** Hopfenstr. 3, ℰ (09444) 4 53, 🏠 – **ⓟ**
   Montag geschl. – **M** a la carte 22/50.

ABENTHEUER 6589. Rheinland-Pfalz – 450 Ew – Höhe 420 m – Erholungsort – 🕓 067▮
(Birkenfeld).
Mainz 116 – Idar-Oberstein 22 – Trier 57.

✗✗ **La Cachette** ⑤ mit Zim, Böckingstr. 11, ℰ 57 22, 🏠, « Ehem. Jagdschloß a.d. 18. Jh. »
   ⓟ
   (Tischbestellung ratsam) *(nur Abendessen)* – **7 Z : 12 B.**

56

ABTSDORFER SEE Bayern siehe Laufen.

ABTSWIND 8711. Bayern 413 O 17 — 700 Ew — Höhe 265 m — ۞ 09383.
♦München 249 — ♦Nürnberg 79 — ♦Würzburg 36.

   🏨 **Weinstube Zur Linde** garni, Ebracher Gasse 2, ℰ 18 58 — ➋
     1.- 20. Juni geschl. — **9 Z : 16 B** 45/50 - 79.

   ✕ **Weingut Behringer**, an der Straße nach Rehweiler (O : 2 km), ℰ 8 41, �af, eigener
   ← Weinbau — ➋
     Montag - Dienstag und Mitte Dez.- Anfang Feb. geschl. — **M** a la carte 17/45 ⅜.

ACHERN 7590. Baden-Württemberg 413 H 21. 987 ㉞. 242 ⑳ — 20 600 Ew — Höhe 143 m —
۞ 07841.
🛈 Reisebüro der Sparkasse, Hauptstr. 84, ℰ 64 15 11.
♦Stuttgart 127 — Baden-Baden 33 — Offenburg 26 — Strasbourg 36.

   🏨🏨 **Götz Sonne-Eintracht**, Hauptstr. 112, ℰ 64 50, Telex 752277, Fax 645645, �af, 🔲, 🛤 —
     📳 📺 ⅙ ⇐ ➋ — 🔬 25/80. 🆎 ⓞ 🇪 🆅🇮🇸🇦
     M a la carte 41/78 — **56 Z : 90 B** 79/160 - 150/220 Fb.

   🏨 **Schwarzwälder Hof**, Kirchstr. 38, ℰ 50 01, Telex 752280, Fax 27837 — 📺 ☎ ⇐ ➋ —
     🔬 25/50. 🆎 ⓞ 🇪 🆅🇮🇸🇦
     M *(Montag bis 17 Uhr geschl.)* a la carte 30/65 — **22 Z : 42 B** 48/71 - 86/145 Fb.

   In Achern-Oberachern SO : 1,5 km :

   ✕ **Zum Hirsch** mit Zim, Oberacherner Str. 26, ℰ 2 15 79, �af — ➋. 🇪
     März und Aug. jeweils 2 Wochen geschl. — Menu *(Mittwoch geschl.)* (auch vegetarische
     Gerichte) 58 und a la carte 25/57 ⅜ — **6 Z : 10 B** (Zimmerumbau Frühjahr 1990 vorgesehen).

   In Achern-Önsbach SW : 4 km :

   ✕✕ **Adler** (Restauriertes Fachwerkhaus a.d.J. 1724), Rathausstr. 5, ℰ 41 04, �af — ➋. 🇪
     Mittwoch 15 Uhr - Donnerstag sowie Feb. und Juni - Juli jeweils 3 Wochen geschl. — Menu a
     la carte 27/63 ⅜.

ACHIM 2807. Niedersachsen 987 ⑮ — 29 100 Ew — Höhe 20 m — ۞ 04202.
♦Hannover 102 — ♦Bremen 20 — Verden an der Aller 21.

   🏨 **Stadt Bremen**, Obernstr. 45, ℰ 89 20, Telex 249428, ⇐s — 📳 📺 ☎ ➋ — 🔬 40. 🏧 Rest
     M a la carte 27/55 — **43 Z : 58 B** 41/95 - 75/150 Fb.

   🏨 **Gieschen's Hotel**, Obernstr. 12, ℰ 80 06, Fax 2711 — ☎ ➋. 🆎 ⓞ 🇪 🆅🇮🇸🇦
   ← **M** 20/35 — **24 Z : 30 B** 56/70 - 96/115 Fb.

   In Achim-Uphusen NW : 5,5 km :

   🏨 **Novotel** Bremer Kreuz, zum Klümoor, ℰ 60 86, Telex 249440, �af, 🔳 (geheizt), 🛤 — 📳 📟
     📺 ☎ ⅙ ➋ — 🔬
     116 Z : 232 B Fb.

   In Thedinghausen 2819 S : 8 km :

   🏨 **Braunschweiger Hof**, Braunschweiger Str. 38, ℰ (04204) 2 61 — ☎ ⇐ ➋. 🆎 🇪 🆅🇮🇸🇦
     M *(Sonntag geschl.)* um 15 (mittags) und a la carte 25/40 — **14 Z : 18 B** 45/50 - 80/85.

ACHSLACH 8371. Bayern 413 V 20 — 1 100 Ew — Höhe 600 m — Wintersport : 600/800 m ⅀1
⅀2 — ۞ 09929 (Ruhmannsfelden).
♦München 163 — Cham 41 — Deggendorf 19.

   In Achslach-Kalteck S : 4 km — Höhe 750 m :

   🏨 **Berghotel Kalteck** ⅍, ℰ (09905) 2 63, ≤, �af, ⇐s, 🔲, 🛤, ⅍ — ➋
   ← *13. März - 28 April und 30. Okt.- 22. Dez. geschl.* — **M** a la carte 19/42 — **23 Z : 42 B** 53 - 84
     Fb — 3 Appart. 122.

ADELEBSEN 3404. Niedersachsen — 3 300 Ew — Höhe 180 m — ۞ 05506.
♦Hannover 131 — Göttingen 18 — Münden 27.

   🏚 **Zur Post**, Mühlenanger 38, ℰ 6 00 — ⇐ ➋
     Juli geschl. — **M** um 15 (mittags) und a la carte 24/45 — **13 Z : 20 B** 40 - 75.

ADELSDORF Bayern siehe Höchstadt an der Aisch.

ADELSRIED 8901. Bayern 413 P 21 — 1 500 Ew — Höhe 491 m — ۞ 08294 (Horgau).
♦München 76 — ♦Augsburg 18 — ♦Ulm (Donau) 65.

   🏨 **Schmid**, Augsburger Str. 28, ℰ 29 10, Telex 539723, Fax 2429, �af, ⇐s, 🔲, 🛤 — 📳 📺 ☎
     ➋ — 🔬 25/150. 🆎 ⓞ 🇪 🆅🇮🇸🇦
     M a la carte 25/56 — **96 Z : 180 B** 85/120 - 110/140 Fb.

ADENAU 5488. Rheinland-Pfalz 987 ㉔ – 2 800 Ew – Höhe 300 m – ✪ 02691.

🛈 Verkehrsamt, Markt 8, ℘ 3 05 16.

Mainz 163 – ◆Aachen 105 – ◆Bonn 48 – ◆Koblenz 72 – ◆Trier 95.

- 🏨 **Zum wilden Schwein**, Hauptstr. 117, ℘ 70 61, 🏤 – 📺 ☎ 🚗, **E**
  M a la carte 31/55 – **10 Z : 15 B** 60 - 120 Fb.

- 🏠 Hof Hirzenstein 🐾, Hirzensteinstraße, ℘ 21 66, ≤, 🏤, 🐎 – 🅿. 🎿 Zim
  8 Z : 16 B.

- ✗ **Historisches Haus - Blaue Ecke** mit Zim, Markt 4, ℘ 20 05, « Schönes Fachwerkhaus a.d.J. 1578 » – 📺 ☎. 🕮 ⑩ **E** 𝑽𝑰𝑺𝑨
  M 13/35 (mittags) und a la carte 24/55 – **6 Z : 12 B** 60 - 90.

  An der B 412 O : 9 km :

- 🏨 St. Georg 🐾, ⊠ 5488 Hohe Acht, ℘ (02691) 15 16, ≤, 🏤 – 📺 ☎ 🅿 – 🛠 25. 🎿 Rest
  18 Z : 41 B Fb.

  In Kaltenborn 5489 NO : 11 km :

- 🏠 Grüner Stiefel 🐾, Hohe-Acht-Str. 6, ℘ (02691) 6 87, 🔲, 🐎, 🐖 – 🅿
  14 Z : 27 B.

AERZEN Niedersachsen siehe Hameln.

AHAUS 4422. Nordrhein-Westfalen 987 ⑬ ⑭, 408 ⑭ – 29 000 Ew – Höhe 50 m – ✪ 02561.

🛈 Verkehrsverein, Schloßstr. 14, ℘ 7 22 84.

◆Düsseldorf 116 – Bocholt 49 – Enschede 26 – Münster (Westfalen) 55.

- 🏨 **Ratshotel Rudolph**, Coesfelder Str. 21, ℘ 20 51, Telex 89761, Fax 2055, 🚗, Fahrradverleih – 🕮 ⇔ Zim 📺 🕭 🅿 – 🛠 25/150. 🕮 ⑩ **E** 𝑽𝑰𝑺𝑨
  Menu a la carte 30/59 – **39 Z : 75 B** 85/105 - 130/145 Fb – 3 Appart. 190.

- 🏠 Schloß-Hotel 🐾, Oldenkott-Platz 3, ℘ 20 77, 🏤 – 🅿 🚗. 🕮 ⑩ **E** 𝑽𝑰𝑺𝑨
  Juni - Juli 3 Wochen geschl. – **M** *(Freitag geschl.)* 15 (mittags) und a la carte 23/54 – **21 Z : 27 B** 30/60 - 60/95.

- ✗ Zur Barriere, Legdener Str. 99 (B 474; SO : 3 km), ℘ 38 00, 🏤 – 🅿.

- ✗ Zur Stadthalle, Wüllener Str. 18, ℘ 27 97 – 🅿.

  In Ahaus-Ottenstein W : 7 km :

- ✗✗ **Haus im Flör** 🐾, mit Zim, Hörsteloe 49 (N : 2 km Richtung Alstätte), ℘ (02567) 10 57, 🏤, 🐎 – 📺 ☎ 🚗 🅿. 🕮 ⑩ **E** 𝑽𝑰𝑺𝑨. 🎿
  Juni - Juli 3 Wochen geschl. – **M** *(Samstag bis 17 Uhr und Montag geschl.)* a la carte 37/63 – **11 Z : 20 B** 65 - 110.

  In Ahaus-Wüllen SW : 3 km :

- 🏠 **Hof zum Ahaus**, Argentréstr. 10, ℘ 88 21 – 📺 ☎ 🅿
  M *(nur Abendessen, Mittwoch geschl.)* a la carte 22/42 – **14 Z : 30 B** 45/50 - 80/90.

AHAUSEN Niedersachsen siehe Rotenburg (Wümme).

AHLEN 4730. Nordrhein-Westfalen 987 ⑭ – 51 200 Ew – Höhe 83 m – ✪ 02382.

◆Düsseldorf 124 – Bielefeld 67 – Hamm in Westfalen 13 – Münster (Westfalen) 34.

- 🏨 **Gretenkort**, Oststr. 4, ℘ 52 76, Fax 2181 – 🕮 📺 ☎ 🚗. 🕮 ⑩ **E** 𝑽𝑰𝑺𝑨
  M *(Samstag geschl.)* a la carte 30/65 – **23 Z : 40 B** 40/65 - 90/120 Fb.

- ✗✗ Zur Langst, Am Stadtwald 6, ℘ 29 32, Terrasse am See – 🅿.

  In Ahlen-Vorhelm NO : 7 km :

- 🏠 **Witte-Vorhelmer Dorfkrug**, Hauptstr. 32, ℘ (02528) 88 86 – ☎ 🅿. **E** 𝑽𝑰𝑺𝑨
  M *(Dienstag geschl.)* a la carte 23/58 – **17 Z : 27 B** 48/53 - 80/85.

  An der Straße nach Warendorf NO : 7 km :

- ✗✗ **Alte Schänke Samson**, Tönnishäuschen 7, ⊠ 4730 Ahlen 5, ℘ (02528) 14 54, 🏤 – 🅿. 🕮 ⑩ **E** 𝑽𝑰𝑺𝑨
  Dienstag und Jan. geschl. – **M** a la carte 35/65.

Grüne Michelin-Führer *in deutsch*

Paris	Provence
Bretagne	Schlösser an der Loire
Côte d'Azur (Französische Riviera)	Italien
Elsaß Vogesen Champagne	Spanien
Korsika	

AHLHORN Niedersachsen siehe Großenkneten.

AHNATAL Hessen siehe Kassel.

AHORN Bayern siehe Coburg.

AHRENSBURG 2070. Schleswig-Holstein 987 ⑤ – 27 000 Ew – Höhe 25 m – ✪ 04102.
🖪 Am Haidschlag 45, ℰ 5 13 09.
✦Kiel 79 – ✦Hamburg 23 – ✦Lübeck 47.

🏨 **Ahrensburg** 🅂 garni, Ahrensfelder Weg 48, ℰ 5 13 21, Telex 2182855 – 📺 ☎ 🅿. 🆎 ⓪
E 𝘝𝘐𝘚𝘈. 🛠
21 Z : 38 B 93/105 - 130/150.

🏠 **Zum goldenen Kegel**, Am alten Markt 17 (B 75), ℰ 5 22 44 – 🛗 🇯 ☎ 🚗. 🆎 ⓪ E 𝘝𝘐𝘚𝘈
M (Sonntag ab 14 Uhr geschl.) a la carte 25/60 – **26 Z : 49 B** 80/100 - 135/150.

In Ahrensburg-Ahrensfelde S : 4 km :

🏠 Ahrensfelder Hof 🅂, Dorfstr. 10, ℰ 6 63 16, �af, 🏃 (Halle) – 📺 🅿
7 Z : 11 B.

AHRENSFELDE Schleswig-Holstein siehe Ahrensburg.

AIBLING, BAD 8202. Bayern 413 T 23, 987 ㊲, 426 ⑱ – 13 400 Ew – Höhe 501 m – Heilbad
– ✪ 08061.
🖪 Städt. Kurverwaltung, W.-Leibl-Platz, ℰ 21 66.
✦München 63 – Rosenheim 12 – Salzburg 92.

🏨 **Schmelmer Hof**, Schwimmbadstr. 15, ℰ 49 20, Fax 492551, �af, Bade- und Massageabteilung, 🚿, 🅁, 🌲 🅿 – 🛗 🅿 – 🔬 25/100
M a la carte 28/60 – **110 Z : 165 B** 75/115 - 150/210 Fb – ½ P 100/140.

🏨 **Kur- und Sporthotel St. Georg** 🅂, Ghersburgstr. 18, ℰ 49 70, Bade- und Massageabteilung, 🚿, 🅁, 🍴 – 🛗 🅿 🚗 🌲 – 🔬 25/50. 🆎 ⓪ E 𝘝𝘐𝘚𝘈
M a la carte 30/55 – **231 Z : 480 B** 108/126 - 158/225 Fb.

🏨 **Moorbad-Hotel Meier**, Frühlingsstr. 2, ℰ 20 34, Bade- und Massageabteilung, 🚿, 🅁,
🌲 – 🛗 📺 ☎ 🚗 🅿. 🆎 ⓪ E 𝘝𝘐𝘚𝘈. 🛠 Rest
Ende Nov.- Mitte Jan. geschl. – **M** a la carte 24/51 – **80 Z : 124 B** 60/120 - 90/160 Fb –
½ P 60/135.

🏨 Kurhotel Ludwigsbad, Rosenheimer Str. 18, ℰ 20 11, « Gartenterrasse, Park », Bade- und
Massageabteilung, 🌲 – 🛗 ☎ 🚗 🅿. 🛠 Rest
nur Saison – **72 Z : 99 B** Fb.

🏨 **Romantik-Hotel Lindner**, Marienplatz 5, ℰ 40 50, Fax 30535, 🌲 🚗 🅿 – 🔬 30.
🆎 ⓪ E
M (26. Dez.- 6. Jan. geschl.) a la carte 32/60 – **32 Z : 45 B** 50/90 - 90/190 Fb – ½ P 65/110.

🏨 **Kurhotel Schuhbräu**, Rosenheimer Str. 6, ℰ 20 20, �af, Bade- und Massageabteilung,
✦ 🚿, 🅁, 🌲 – 🛗 📺 ☎ 🅿. 🆎 ⓪ E 𝘝𝘐𝘚𝘈. 🛠 Rest
M 14/26 (mittags) und a la carte 25/52 – **55 Z : 90 B** 70/90 - 120/160 Fb – ½ P 75/105.

🏠 Parkcafé Bihler 🅂, Katharinenstr. 8, ℰ 40 66, �af, 🚿 – ☎ 🚗 🅿. 🛠
22 Z : 34 B Fb.

🏠 **Pension Medl** 🅂, Erlenweg 4 (Harthausen), ℰ 60 19, 🌲 – 📺 ☎ 🅿. 🛠 Zim
✦ 16. Dez.- 14. Jan. geschl. – **M** (Mittwoch geschl.) a la carte 21/31 – **13 Z : 20 B** 45/55 - 80.

✗ **Ratskeller** mit Zim, Kirchzeile 13, ℰ 23 29, Biergarten – ☎
M (Mittwoch geschl.) a la carte 22/55 – **6 Z : 10 B** 40/45 - 80.

AICHACH 8890. Bayern 413 Q 21, 987 ㊳ – 15 500 Ew – Höhe 445 m – ✪ 08251.
✦München 59 – ✦Augsburg 24 – Ingolstadt 53 – ✦Ulm (Donau) 98.

🏠 **Bauerntanz**, Stadtplatz 18, ℰ 70 22 – 🛗 ☎ 🅿. 🆎 ⓪ E
✦ Mitte - Ende Juli geschl. – **M** (Montag geschl.) um 20 – **16 Z : 25 B** 55 - 90.

🏨 **Specht**, Stadtplatz 43, ℰ 32 55, �af – ☎ 🅿. 🛠
✦ Ende Aug. - Mitte Sept. geschl. – **M** (Sonntag ab 14 Uhr und Samstag geschl.) a la carte
15/35 🍴 – **26 Z : 40 B** 42 - 75.

In Aichach - Untergriesbach :

🏠 **Wagner** 🅂, Harthofstr. 38, ℰ 29 97 – 🅿 – 🔬 25/40
✦ **M** (Dienstag geschl.) a la carte 16/35 🍴 – **31 Z : 52 B** 40/49 - 70 Fb.

AICHELBERG 7321. Baden-Württemberg 413 L 21 – 850 Ew – Höhe 400 m – ✪ 07164 (Boll).
Ausflugsziel : Holzmaden : Museum Hauff✶, W : 3 km.
✦Stuttgart 43 – Göppingen 12 – Kirchheim unter Teck 11 – ✦Ulm (Donau) 51.

🏠 Panorama 🅂, Boller Str. 11, ℰ 20 81, ≼ – ☎ 🚗 🅿 – 🔬
20 Z : 25 B.

AIDENBACH 8359. Bayern 🄄🄓🄗 W 21, 🄨🄗🄗 ㉘ ㉝, 🄦🄦🄖 ⑦ – 2 500 Ew – Höhe 337 m – Erholungsort – ✪ 08543.
◆München 155 – Passau 35 – ◆Regensburg 103.

  🏠 **Zum Bergwirt**, Egglhamer Str. 9, ℰ 12 08, 🌫 – 🚗 🄿, 🄰🄴 🄴
  ➡ *5.- 31. Jan. geschl.* – **M** a la carte 20/35 – **16 Z : 30 B** 32/38 - 58/68.

AISCHFELD Baden-Württemberg siehe Alpirsbach.

AITERHOFEN Bayern siehe Straubing.

AIX-LA-CHAPELLE = Aachen.

ALBERSDORF 2243. Schleswig-Holstein 🄨🄗🄗 ⑤ – 3 700 Ew – Höhe 6 m – Luftkurort – ✪ 04835.
◆Kiel 72 – Itzehoe 37 – Neumünster 59 – Rendsburg 36.

  🏠 **Kurhotel Ohlen** 🌊, Am Weg zur Badeanstalt 1, ℰ 3 51, Fax 1079, 🌿 – 🚗 🄿
  M *(Montag geschl.)* a la carte 24/50 – **8 Z : 16 B** 55/65 - 100/120.

  🏠 **Ramundt**, Friedrichstr. 1, ℰ 2 21 – 📺 🕿 🚗 🄿
  M *(Sonntag geschl.)* a la carte 24/48 – **13 Z : 27 B** 34/55 - 60/95.

ALBERSHAUSEN Baden-Württemberg siehe Göppingen.

ALBSTADT 7470. Baden-Württemberg 🄄🄓🄗 K 22, 🄨🄗🄗 ㉟ – 45 900 Ew – Höhe 730 m – Wintersport : 600/975 m ✂5 ✂5 – ✪ 07431.
Ausflugsziel : Raichberg ≤★★, N : 11 km.
🄱 Städtisches Verkehrsamt, Albstadt-Ebingen, Marktstraße, Rathaus, ℰ 16 21 22.
◆Stuttgart 98 – ◆Freiburg im Breisgau 132 – ◆Konstanz 104 – ◆Ulm (Donau) 97.

  In Albstadt 1-Ebingen :

  🏨 ✪ **Linde**, Untere Vorstadt 1, ℰ 5 30 61, Fax 53322, « Elegantes Restaurant » – 📺 🕿
  28. Juli - 25. Aug. geschl. – **M** *(Tischbestellung ratsam)* (Samstag sowie Sonn- und Feiertage geschl.) a la carte 45/80 – **23 Z : 30 B** 89/110 - 160/170 Fb
  Spez. Gänseleberterrine, Hummergerichte, Lammrücken mit Kräutern gebraten.

  🏠 **Alt Ebingen**, Langwatte 51, ℰ 5 30 22, Fax 53024 – 📺 🕿
  16 Z : 22 B Fb.

  🏠 **Kutsche** garni, Poststr. 60, ℰ 30 17 – 🕿 🚗 🄿 🄴
  über Ostern und 23. Dez. - 6. Jan. geschl. – **12 Z : 22 B** 53/74 - 95/105 Fb.

  🏠 **Maria** 🌊, Mozartstr. 1, ℰ 44 63, 🌫, 🌿 – 🕿 🚗 🄾 🄴
  23. Juli - 13. Aug. und 23. Dez. - 6. Jan. geschl. – (nur Abendessen für Hausgäste) – **19 Z : 24 B** 53/73 - 98/118 Fb.

  ✗ **In der Breite** mit Zim, Ferdinand-Steinbeis-Str. 2, ℰ 29 10 – 🕿 🄿
  Juli - Aug. 3 Wochen geschl. – **M** *(Samstag bis 18 Uhr und Montag geschl.)* a la carte 25/45 – **5 Z : 7 B** 55 - 85.

  In Albstadt 15-Lautlingen :

  🏩 **Falken**, Falkenstr. 13, ℰ 7 46 44, 🌿 – 🚗 🄿
  Juli - Aug. 3 Wochen geschl. – **M** *(Freitag geschl.)* a la carte 22/32 ⅜ – **14 Z : 22 B** 32/43 - 62/70.

  In Albstadt 2-Tailfingen : – ✪ 07432

  🏨 **Blume - Post** garni, Gerhardstr. 10, ℰ 1 20 22, Fax 14320 – 📶 📺 🕿 🚗 – 🔬 40. 🄰🄴 🄾
  🄴 🆅🅸🆂🅰 🛁
  22 Z : 27 B 60/85 - 100/135 Fb.

  🏠 **Post**, Goethestr. 27, ℰ 40 98, 🌫 – 📺 🕿 🚗 🄿
  Juli - Aug. 3 Wochen geschl. – *(Freitag geschl.)* – **30 Z : 40 B** 39/75 - 90/110 Fb.

  In Meßstetten-Oberdigisheim 7475 SW : 15 km ab Albstadt-Ebingen :

  ✗ **Zum Ochsen**, Breitenstr. 9, ℰ (07436) 12 10 – 🄿
  Montag, Feb. 2 Wochen und Aug. 1 Woche geschl. – **M** *(auch vegetarische Gerichte)* (abends Tischbestellung ratsam) a la carte 22/53.

ALDERSBACH 8359. Bayern 🄄🄓🄗 W 21, 🄦🄦🄖 ⑦ – 3 500 Ew – Höhe 324 m – ✪ 08543 (Aidenbach).
◆München 158 – Passau 32 – Regensburg 111 – Salzburg 122.

  🏠 **Mayerhofer**, Ritter-Tuschl-Str. 2, ℰ 16 02, Biergarten, 🌿 – 🄿 🄴 🆅🅸🆂🅰
  ➡ *25. Aug. - 10. Sept. und 27. Dez. - 7. Jan. geschl.* – **M** *(Montag geschl.)* a la carte 20/41 – **24 Z : 34 B** 35/50 - 70/98.

60

ALEXANDERSBAD, BAD 8591. Bayern 𝟜𝟙𝟛 T 16,17 − 1 250 Ew − Höhe 590 m − Heilbad − ✆ 09232 (Wunsiedel).

🛈 Verkehrsbüro und Kurverwaltung, Markgräfliches Schloß, ℰ 26 34.

♦München 262 − Bayreuth 46 − Hof 58.

🏨 **Alexandersbad** 🌭, Markgrafenstr. 24, ℰ 10 31, Telex 641170, Fax 1031, Bade- und
➡ Massageabteilung, 🛁, ⇋, 🔲 − 🛗 📺 ☎ ⇦ 🅿 − 🔏 🖭 ⊙ E. 🍽 Rest
 M (auch vegetarische Gerichte) 20 − **112 Z : 220 B** 79/84 - 134/144 Fb − ½ P 97/102.

🏠 **Garni am Forst** 🌭 garni, Zum Nagelbrunnen 18, ℰ 42 42, 🌳 − 🅿
 Nov.- 20. Dez. geschl. − **18 Z : 28 B** 35 - 66 Fb.

ALF 5584. Rheinland-Pfalz 𝟡𝟠𝟟 ㉔ − 1 800 Ew − Höhe 95 m − ✆ 06542 (Zell a.d. Mosel).
Ausflugsziele : Marienburg : Lage★★ (≤★★) S : 2 km − Burg Arras (Lage, Museum, ≤) W : 3 km.
Mainz 108 − ♦Koblenz 84 − ♦Trier 61.

🏠 Börner, Ferd.-Remy-Str. 27, ℰ 23 10, 🌳 − 🛗
 33 Z : 60 B.

🏠 **Mosel-Hotel-Alf**, Moselstr. 1, ℰ 25 81, ≤, 🌳 − ⇦ 🅿. 🖭 ⊙ E 𝘝𝘐𝘚𝘈. 🍽 Zim
 März-Okt. − **M** a la carte 24/48 🍷 − **13 Z : 27 B** 40/55 - 62/90.

Europe	Wenn der Name eines Hotels dünn gedruckt ist, dann hat uns der Hotelier Preise und Öffnungszeiten nicht oder nicht vollständig angegeben.

ALFDORF 7077. Baden-Württemberg 𝟜𝟙𝟛 M 20 − 5 700 Ew − Höhe 500 m − ✆ 07172.
🏌 Alfdorf-Haghof, ℰ 30 40.
♦Stuttgart 49 − Schwäbisch Gmünd 12 − Schwäbisch Hall 40.

 In Alfdorf 2-Haghof W : 5 km :

🏨 **Haghof**, ℰ (07182) 5 45, Telex 7246712, ⇋, 🔲, 🌳, 🏌, 🐎(Halle) − 🛗 📺 ☎ 🅿 − 🔏 25/50.
 ⊙ E 𝘝𝘐𝘚𝘈
 M a la carte 42/70 − **50 Z : 70 B** 80/120 - 125/145 Fb.

ALFELD (LEINE) 3220. Niedersachsen 𝟡𝟠𝟟 ⑮ − 22 700 Ew − Höhe 93 m − ✆ 05181.
♦Hannover 52 − Göttingen 66 − Hildesheim 26 − ♦Kassel 108.

🏠 **City-Hotel** garni, Leinstr. 14, ℰ 30 73 − 🛗 📺 ☎ ⇦. 🖭 ⊙ E 𝘝𝘐𝘚𝘈
 28 Z : 34 B 55/70 - 95/130 Fb.

🏠 **Deutsches Haus**, Holzerstr. 25, ℰ 30 98 − 🛗 📺 ☎ ⇦ − 🔏 25/80. 🖭 ⊙ E 𝘝𝘐𝘚𝘈
 🍽 Rest
 M (Sonntag ab 15 Uhr geschl.) a la carte 28/56 − **28 Z : 50 B** 49/75 - 99 Fb.

🗙 **Ratskeller**, Marktplatz 1, ℰ 51 92 − 🖭 ⊙ E 𝘝𝘐𝘚𝘈
 Samstag geschl. − **M** 17/28 (mittags) und a la carte 28/58.

 In Alfeld-Hörsum SO : 3,5 km :

🏠 **Zur Eule** 🌭, Horststr. 45, ℰ 46 61, 🔲, 🌳 − ☎ 🅿
 M (Montag bis 18 Uhr geschl.) a la carte 23/45 − **32 Z : 50 B** 30/40 - 60/80.

🏠 **Haus Rosemarie** garni, Horststr. 52, ℰ 34 33, 🌳 − 🅿
 12 Z : 22 B 42 - 80.

ALFTER 5305. Nordrhein-Westfalen − 18 000 Ew − Höhe 173 m − ✆ 0228 (Bonn).
♦Düsseldorf 74 − ♦Aachen 89 − ♦Bonn 6 − ♦Köln 24.

🗙🗙🗙 **Herrenhaus Buchholz**, Buchholzweg 1 (NW : 2 km), ℰ (02222) 6 00 05, « Gartenterrasse » − 🅿 − 🔏 25/50. ⊙ E
 M (Tischbestellung ratsam) a la carte 49/85.

ALITZHEIM Bayern siehe Sulzheim.

ALKEN 5401. Rheinland-Pfalz − 700 Ew − Höhe 85 m − ✆ 02605 (Löf).
Mainz 93 − Cochem 28 − ♦Koblenz 23.

🏠 **Landhaus Schnee**, Moselstr. 6, ℰ 33 83, ≤, ⇋ − 🍴 Rest 📺 ☎ ⇦ 🅿. E
 20. Feb.- 1. März geschl. − **M** (Mittwoch geschl.) a la carte 23/50 🍷 − **20 Z : 40 B** 50/60 -
 80/100.

🏠 **Zum Roten Ochsen**, Moselstr. 14, ℰ 6 89, Telex 862393, ≤ − 🅿
➡ 4. Jan.- 5. Feb. geschl. − **M** (Montag geschl.) a la carte 20/42 🍷 − **28 Z : 52 B** 40/75 - 75/90.

🗙🗙 **Burg Thurant** mit Zim, Moselstr. 16, ℰ 35 81, 🌳, « Restaurant in einem alten Turm » −
 🅿. E
 26. Jan.- 3. März und 26. Juni - 7. Juli geschl. − **M** (Montag - Dienstag 18 Uhr geschl., Okt.-
 Ostern wochentags nur Abendessen) a la carte 45/65 − **5 Z : 10 B** 60/70 - 90.

ALLENBACH Rheinland-Pfalz siehe Idar-Oberstein.

ALLENSBACH **7753.** Baden-Württemberg 413 K 23, 987 ㉟, 427 ⑦ – 6 200 Ew – Höhe 400 m – Erholungsort – ☎ 07533.

ℹ Verkehrsamt, Rathausplatz 2, ✆ 63 40.

♦Stuttgart 173 – ♦Konstanz 11 – Singen (Hohentwiel) 21.

- **Haus Rose** garni, Konstanzer Str. 23, ✆ 31 00 – TV ☎ 🚗 P. E
  27. Dez.- 19. Jan. geschl. – **8 Z : 20 B** 68 - 106 Fb.
- **Haus Regina** garni, Gallus-Zembroth-Str. 17, ✆ 50 91 – P
  18 Z : 28 B 44/52 - 88/94.

ALLERSBERG **8501.** Bayern 413 Q 19, 987 ㉖ – 7 100 Ew – Höhe 384 m – ☎ 09176.

♦München 139 – Ingolstadt 65 – ♦Nürnberg 29 – ♦Regensburg 94.

- Zum Roten Ochsen, Marktplatz 6, ✆ 4 61 – ☎ P
  11 Z : 22 B.
- **Traube** garni, Gilardistr. 27, ✆ 3 67 – P
  29 Z : 50 B 42/55 - 67/70.

An der Straße nach Nürnberg N : 6 km :

- XXX **Faberhof,** ✉ 8501 Pyrbaum, ✆ (09180) 6 13, Fax 2977, 🏞 – P. AE ⓓ E VISA
  M a la carte 50/75.

ALPE ECK Bayern siehe Sonthofen.

ALPIRSBACH **7297.** Baden-Württemberg 413 I 21, 987 ㉟ – 7 000 Ew – Höhe 441 m – Luftkurort – Wintersport : 628/749 m ⛷2 ⛷5 – ☎ 07444.

Sehenswert : Ehemaliges Kloster★.

ℹ Kurverwaltung im Rathaus, Marktplatz, ✆ 61 42 81.

♦Stuttgart 99 – Freudenstadt 18 – Schramberg 19 – Villingen-Schwenningen 51.

- **Rößle,** Aischbachstr. 5, ✆ 22 81 – |‡| 🚗 P. AE
  27.- 31. Okt. und 15. Nov.- 1. Dez. geschl. – **M** *(Montag geschl.)* a la carte 22/45 ⚲ – **28 Z : 51 B** 50 - 82.
- **Waldhorn,** Kreuzgasse 4, ✆ 24 11 – P. ⓓ E VISA
  M a la carte 25/56 ⚲ – **10 Z : 18 B** 41 - 82 Fb.
- **Schwanen-Post,** Marktstr. 5, ✆ 22 05 – 🚗
  ◆ *Ende Okt.- Mitte Nov. geschl.* – **M** *(Freitag geschl.)* a la carte 20/40 ⚲ – **9 Z : 15 B** 40 - 80 – ½ P 52.

In Alpirsbach-Aischfeld O : 5 km :

- **Sonne,** Im Aischfeld 2, ✆ 23 30, 🌳 – P. ⓓ E VISA
  ◆ *Jan. 2 Wochen geschl.* – **M** *(Dienstag geschl.)* a la carte 20/50 ⚲ – **21 Z : 42 B** 26/42 - 52/76.

In Alpirsbach-Ehlenbogen :

- Mittlere Mühle 🌿, nahe der B 294 (NO : 6 km), ✆ 23 80, 🏞, 🌳, 🎾 – ☎ 🚗 P
  12 Z : 23 B.
- **Adler,** an der B 294 (N : 2 km), ✆ 22 15, 🌳, 🐎 – 🚗 P. AE ⓓ
  ◆ *10.- 31. Jan. geschl.* – **M** *(Mittwoch geschl.)* a la carte 19/38 – **18 Z : 31 B** 35/50 - 55/80.

ALSFELD **6320.** Hessen 987 ㉕ – 17 100 Ew – Höhe 264 m – ☎ 06631.

Sehenswert : Marktplatz★ – Rathaus★ – Rittergasse (Fachwerkhäuser★).

ℹ Städt. Verkehrsbüro, Rittergasse 3, ✆ 43 00.

♦Wiesbaden 128 – ♦Frankfurt am Main 107 – Fulda 44 – ♦Kassel 93.

- **Krone,** Schellengasse 2 (B 62), ✆ 40 41, Fax 4043, 🏞 – ☎ 🚗 P – 🏛 25/50. AE ⓓ E VISA
  M um 20 (mittags) und a la carte 27/55 – **38 Z : 70 B** 55/65 - 85/95 Fb.
- Zum Schwalbennest 🌿, Pfarrwiesenweg 12, ✆ 50 61, Telex 49460 – ☎ P – 🏛
  65 Z : 143 B Fb.
- **Klingelhöffer,** Hersfelder Str. 47, ✆ 20 73, Fax 71064 – TV ☎ P – 🏛 25/90. ⓓ E VISA
  ◆ **M** 14/28 – **40 Z : 75 B** 47/54 - 76/120.
- **Zur Erholung,** Grünberger Str. 26 (B 49), ✆ 20 23, Fax 2043 – ☎ 🚗 P – 🏛 25/120. AE ⓓ E VISA
  ◆ **M** a la carte 20/50 – **29 Z : 52 B** 45/50 - 75/90.

In Alsfeld-Eudorf NO : 3 km :

- **Gästehaus im Grund,** an der B 254, ✆ 22 82, 🌳 – TV P
  ◆ **M** *(Mahlzeiten im Gasthof zur Schmiede)* (Montag bis 18 Uhr und 4.-13. Jan. geschl.) a la carte 19/35 ⚲ – **18 Z : 38 B** 33/74 - 64/120.

In Romrod 1 **6326** SW : 6 km über die B 49 :

- **Sport-Hotel Vogelsberg** 🌿, Kneippstr. 1 (S : 1 km), ✆ (06636) 8 90, Telex 49404, Fax 89522, 🏞, 🏊, 🏊 (Gebühr), 🌳, 🎾 (Halle) – |‡| TV ☎ P – 🏛 25/180. AE ⓓ E VISA.
  🚭 Rest
  M a la carte 30/60 – **104 Z : 186 B** 109/134 - 208/228 Fb.

ALSHEIM 6526. Rheinland-Pfalz **413** HI 17 − 2 700 Ew − Höhe 92 m − 🛇 06249.
Mainz 32 − Alzey 19 − ♦Darmstadt 34 − Worms 16.

🔹 **Hubertushof**, Mainzer Str. 1, ℘ 41 00, 🍽, eigener Weinbau, ⊿ (geheizt), 🌳 − 🅟
27. Dez.- 20. Jan. geschl. − **M** (wochentags nur Abendessen) a la carte 25/48 🍴 − **9 Z : 16 B**
30/45 - 60/84.

ALTBACH Baden-Württemberg siehe Plochingen.

ALTDORF 8503. Bayern **413** R 18. **987** ㉖ − 12 900 Ew − Höhe 446 m − 🛇 09187.
♦München 176 − ♦Nürnberg 22 − ♦Regensburg 80.

🏠 **Alte Nagelschmiede**, Oberer Markt 13, ℘ 56 45 − ☎ 🅟. 🅴
Mitte Aug.- Mitte Sept. geschl. − **M** (Tischbestellung ratsam) (Sonntag geschl.) 17 (mittags)
und a la carte 24/50 − **22 Z : 28 B** 50/65 - 76/80.

🏠 **Türkenbräu** ⌀, Mühlweg 5, ℘ 23 21, Telex 624471 − ☎ 🚗 🅟
33 Z : 42 B.

ALTDORF Bayern siehe Landshut.

ALTDROSSENFELD Bayern siehe Neudrossenfeld.

ALTENA 5990. Nordrhein-Westfalen **987** ⑭ − 22 100 Ew − Höhe 159 m − 🛇 02352.
♦Düsseldorf 88 − Hagen 25 − Iserlohn 16 − Lüdenscheid 14.

🏠 **Dewor** garni, Gerichtsstr. 15, ℘ 2 53 33
12 Z : 21 B.

🍴🍴 **Burg Altena**, Fritz-Thomée-Str.80 (in der Burg), ℘ 28 84 − 🅟. 🅾 🅴 VISA
Montag geschl. − **M** a la carte 32/73.

In Altena-Dahle O : 7 km :

🏠 **Alte Linden** (restauriertes Fachwerkhaus a.d. 17. Jh.), Hauptstr. 38, ℘ 7 12 10, 🍽 − 📺
☎. 🅴
M (Montag bis 17 Uhr geschl.) a la carte 24/50 − **11 Z : 22 B** 53 - 90.

In Altena-Großendrescheid SW : 7 km, in Altroggenrahmede rechts ab :

🏠 **Gasthof Spelsberg** ⌀, Großendrescheid 17, ℘ 5 02 25, ≤, 🌳 − ☎ 🅟
M (Dienstag geschl.) a la carte 29/48 − **10 Z : 22 B** 65 - 98/160 Fb.

ALTENAHR 5486. Rheinland-Pfalz **987** ㉔ − 1 600 Ew − Höhe 169 m − 🛇 02643.
🅱 Verkehrsverein, im ehemaligen Bahnhof, ℘ 84 48.
Mainz 163 − ♦Bonn 30 − Euskirchen 29 − ♦Koblenz 62 − ♦Trier 113.

🏠 **Central-Hotel**, Brückenstr. 5, ℘ 18 15 − 🅟. 🍽 Zim
Mitte Dez.- Mitte Jan. geschl. − **M** (außer Saison Dienstag geschl.) a la carte 24/57 −
25 Z : 47 B 30/50 - 56/90.

🏠 **Zum schwarzen Kreuz**, Brückenstr. 7, ℘ 15 34, 🌳 − 🛗 🅟. 🍽 Zim
Jan.- 15.Feb. geschl. − **M** (Feb.- Juni Dienstag geschl.) a la carte 29/55 − **18 Z : 35 B** 48/70
- 75/120.

🏠 **Zur Post**, Brückenstr. 2, ℘ 20 98, Fax 2095, 🚪, 🔲 − 🛗 📺 ☎ 🅟. 🅰🅴 🅾 🅴 VISA
↦ 20. Nov.- 20. Dez. geschl. − **M** 19/33 − **55 Z : 90 B** 45/75 - 80/120.

🏠 **Ruland**, Brückenstr. 6, ℘ 83 18, 🍽 − 🅟. 🍽 Zim
↦ **M** 12/25 🍴 − **40 Z : 80 B** 30/50 - 50/90.

🍴🍴 **Wein-Gasthaus Schäferkarre** (restauriertes Winzerhaus a.d.J. 1716), Brückenstr. 29,
℘ 71 28, bemerkenswertes Angebot von Ahrweinen − 🅰🅴 🅾 🅴. 🍽
Montag und 20. Dez.- Ende Jan. geschl. − Menu 25/80 und a la carte 30/56.

ALTENAU 3396. Niedersachsen **987** ⑯ − 2 900 Ew − Höhe 450 m − Heilklimatischer Kurort
− Wintersport : 450/900 m ⛷3 ⛷3 − 🛇 05328.
🅱 Kurverwaltung, Schultal 5, ℘ 8 02 22.
♦Hannover 109 − ♦Braunschweig 61 − Göttingen 71 − Goslar 18.

🏠 **Moock's Hotel**, Am Schwarzenberg 11, ℘ 2 22, 🍽 − ☎ 🚗 🅟
14 Z : 25 B Fb.

🏠 **Landhaus am Kunstberg** ⌀ garni, Bergmannsstieg 5, ℘ 2 55, ≤, 🚪, 🔲, 🌳 − 📺 ☎
↦ 🅟
Nov.- Mitte Dez. geschl. − **14 Z : 26 B** 58/65 - 98/110 Fb.

🏠 **Gebirgshotel** ⌀, Kleine Oker 17, ℘ 2 18, 🚪, 🔲, 🌳 − 🛗 🚗 🅟. 🍽 Rest
↦ 4. Nov.- 20. Dez. geschl. − **M** a la carte 20/40 − **39 Z : 62 B** 30/52 - 74/84 − ½ P 42/54.

🏠 **Deutsches Haus**, Marktstr. 17, ℘ 3 50, 🌳 − 🚗 🅟
↦ April 2 Wochen geschl. − **M** (Nov.- Mai Dienstag geschl.) a la carte 18/45 − **11 Z : 19 B**
30/35 - 60/70 Fb − ½ P 42/47.

🍴 **Kaminrestaurant Zur kleinen Oker**, Kleine Oker 34, ℘ 5 84 − 🅟. 🅾
↦ Donnerstag, 23. April - Mitte Mai und Nov.- 15 Dez. geschl. − **M** 14/20 und a la carte 10/39.

ALTENBERGE 4417. Nordrhein-Westfalen ᠑᠘᠗ ⑭ — 8 000 Ew — Höhe 104 m — ✿ 02505.
◆Düsseldorf 138 — Enschede 49 — Münster (Westfalen) 15.

🏠 **Stüer**, Laerstr. 6, 𝒫 12 12, Fax 3747 — 📺 ☎ ❷. ᴀᴇ ⓪ E 𝘝𝘐𝘚𝘈
➡ **M** *(wochentags nur Abendessen, Montag und 2.- 16. Juli geschl.)* a la carte 24/45 — **37 Z** **71 B** 36/70 - 66/130.

ALTENGLAN 6799. Rheinland-Pfalz ᠒᠔᠒ ③ — 3 500 Ew — Höhe 199 m — ✿ 06381.
Mainz 102 — Kaiserslautern 27 — ◆Saarbrücken 72 — ◆Trier 94.

Beim Wildpark Potzberg SO : 7 km — Höhe 562 m :

🏠 **Turm-Hotel** ⌕, Auf dem Potzberg, ✉ 6791 Föckelberg, 𝒫 (06385) 56 77, ≼ Pfälze Bergland, ♨, ☎ — ⇌ ❷
15. Jan.- 15. Feb. geschl. — **M** *(Montag geschl.)* a la carte 23/45 ⅄ — **15 Z : 35 B** 45/50 74/85.

ALTENHEIM Baden-Württemberg siehe Neuried.

ALTENKIRCHEN IM WESTERWALD 5230. Rheinland-Pfalz ᠑᠘᠗ ㉔ — 5 300 Ew — Höhᴇ 245 m — ✿ 02681.
Mainz 110 — ◆Bonn 49 — ◆Koblenz 56 — ◆Köln 65 — Limburg an der Lahn 50.

🏠 **Haus Hubertus** ⌕, Frankfurter Str. 59a, 𝒫 34 28, ♨, « Garten » — ☎ ⇌ ❷. ᴀᴇ ⓪ E 𝘝𝘐𝘚𝘈
Jan. 3 Wochen geschl. — **M** *(Freitag geschl.)* a la carte 25/52 — **13 Z : 23 B** 49 - 90 Fb.

In Altenkirchen-Leuzbach SW : 2 km :

🏠 **Petershof**, Wiedstr. 84, 𝒫 29 83, ♨, ♬ — ⇌ ❷
➡ **M** *(Freitag geschl.)* a la carte 20/42 — **7 Z : 11 B** 30/48 - 80.

In Weyerbusch 5231 NW : 8 km — Luftkurort :

🏠 **Sonnenhof**, Kölner Str. 33 (B 8), 𝒫 (02686) 83 33 — ☎ ⇌ ❷ — ⚖ 30/200. E
M *(Montag bis 17 Uhr und Donnerstag geschl.)* a la carte 28/51 — **13 Z : 24 B** 39 - 69.

ALTENKUNSTADT Bayern siehe Burgkunstadt.

ALTENMARKT Bayern siehe Fürstenzell.

ALTENMARKT AN DER ALZ 8226. Bayern ᠔᠑᠓ U 22,23. ᠑᠘᠗ ㊲. ᠔᠒᠖ ⑱ — 3 300 Ew — Höhᴇ 490 m — ✿ 08621 (Trostberg).
◆München 82 — Passau 113 — Rosenheim 44 — Salzburg 60.

🏠 **Angermühle**, Angermühle 1, 𝒫 30 26, ♨ — ⇌ ❷
Mitte Dez.- Mitte Jan. geschl. — **M** *(Freitag geschl.)* a la carte 24/46 — **28 Z : 45 B** 35/50 65/80.

ALTENMEDINGEN Niedersachsen siehe Bevensen, Bad.

ALTENSTADT 7919. Bayern ᠔᠑᠓ N 22. ᠑᠘᠗ ㊱ — 4 500 Ew — Höhe 530 m — ✿ 08337.
◆München 165 — Bregenz 93 — Kempten (Allgäu) 58 — ◆Ulm (Donau) 36.

🏠 **Fischer**, Memminger Str. 35 (B 19), 𝒫 2 68 — ⇌ ❷
15 Z : 32 B.

In Altenstadt-Illereichen ᠔᠒᠖ ⑮

🏠🏠 ⛐ **Landhotel Schloßwirtschaft** ⌕, Kirchplatz 2, 𝒫 80 45, Telex 54980, ♨ — 📺 ☎ ⇌
❷ ᴀᴇ ⓪ E
M *(abends Tischbestellung ratsam)* (Montag geschl.) 118/145 und a la carte 70/95 — **11 Z 23 B** 86 - 130/160
Spez. Confit von Taube und Gänsestopfleber, Schwarze Hummerravioli an Grauburgundersauce, Lammcarre auf Linsen- Essig-Sauce.

ALTENSTEIG 7272. Baden-Württemberg ᠔᠑᠓ I 21. ᠑᠘᠗ ㉟ — 10 000 Ew — Höhe 504 m — Luftkurort — Wintersport : 561/584 m ⟜1 ⟞1 — ✿ 07453.
Sehenswert : Lage★ — ≼★ auf Berneck (von der Straße nach Calw).
🛈 Städt. Verkehrsamt, Rosenstr. 28 (ev. Gemeindehaus), 𝒫 66 33.
◆Stuttgart 68 — Freudenstadt 25 — Tübingen 48.

🏠 **Traube**, Rosenstr. 6, 𝒫 70 33 — ⇌ ❷. ᴀᴇ ⓪ E. ❊ Zim
5.- 26. Nov. geschl. — **M** *(Montag geschl.)* a la carte 23/50 ⅄ — **33 Z : 52 B** 30/50 - 60/90.
⛇ **Deutscher Kaiser**, Poststr. 1, 𝒫 85 58 — ⇌ ❷ ⓪ E
28. Sept.- 26. Okt. geschl. — **M** *(Freitag geschl.)* um 20 (mittags) und a la carte 26/43 ⅄ — **10 Z : 16 B** 30/40 - 60/76.

In Altensteig 4-Berneck NO : 3 km — Erholungsort :

🏨 **Traube**, Hauptstr. 22, 🖋 80 05, 🚐, 🔲 – 🛗 ☎ 🚗 🅿 – 🏛 25/60
M a la carte 29/60 🍴 – **54 Z : 85 B** 45/70 - 75/122 – ½ P 68/100.

🍽 **Rössle** (mit 🏨 Gästehaus, 🌳), Marktplatz 8, 🖋 81 56, 🚐, 🔲, 🌺 – 📺 🚗 🅿. 🎿 Zim
26 Z : 42 B.

In Altensteig 5-Spielberg SW : 5 km :

🍽 **Ochsen**, Römerstr. 2, 🖋 61 22 – 🚗 🅿
Nov. geschl. – **M** *(Montag geschl.)* a la carte 23/34 🍴 – **16 Z : 29 B** 30/38 - 60/70.

In Altensteig 1-Überberg NW : 2 km :

🏠 **Hirsch**, Simmersfelder Str. 24, 🖋 82 90, 🚐, 🌺 – 🚗 🅿
M *(Dienstag geschl.)* um 20 (mittags) und a la carte 25/50 – **18 Z : 36 B** 35/45 - 64/85 –
½ P 55/65.

In Altensteig 6-Wart NO : 7 km :

🏨 **Sonnenbühl** 🌳, Wildbader Str. 44, 🖋 (07458) 77 10, Telex 765400, Fax 771522, 🌳, Bade-
und Massageabteilung, 🚐, 🔲, 🌺, 🎿, Fahrradverleih – 🛗 📺 ☎ 🏕 🅿 – 🏛 25/200. 🆎
🇪
M a la carte 30/60 – **112 Z : 220 B** 110/140 - 155/185 Fb.

ALTGLASHÜTTE Bayern siehe Bärnau.

ALTGLASHÜTTEN Baden-Württemberg siehe Feldberg im Schwarzwald.

ALTLOHBERGHÜTTE Bayern siehe Lohberg.

ALTÖTTING 8262. Bayern **413** V 22, **987** ㊲, **426** ⑥ – 12 000 Ew – Höhe 402 m – Wallfahrtsort
– ✪ 08671.

🎫 Wallfahrts- und Verkehrsbüro, Kapellplatz 2a, 🖋 80 68, Fax 6303.
♦München 93 – Landshut 64 – Passau 83 – Salzburg 66.

🏩 **Zur Post**, Kapellplatz 2, 🖋 50 40, Telex 56962, Fax 6214, 🌳, 🚐, 🔲 – 🛗 📺 🅿 –
🏛 25/150. 🆎 ⓞ 🇪 🗺
M a la carte 30/65 – **100 Z : 160 B** 85/160 - 145/230 Fb.

🏨 **Schex**, Kapuziner Str. 13, 🖋 40 21, Biergarten – 🛗 🚗 🅿. 🆎 ⓞ 🇪 🗺
→ 8. Jan.- 5. Feb. geschl. – **M** *(Feb.- April Montag geschl.)* a la carte 20/45 – **50 Z : 98 B** 50/75
- 100/120.

🏨 **Parkhotel** garni, Neuöttinger Str. 28, 🖋 1 20 27 – 📺 ☎ 🚗 🅿. 🆎 🇪
18 Z : 28 B 65 - 110 Fb.

🏠 **Plankl**, Schlotthamer Str. 4, 🖋 65 22, Fahrradverleih – 🛗 🅿. 🆎 ⓞ 🇪 🗺
M a la carte 20/35 – **78 Z : 100 B** 38/65 - 70/120.

🍽 **Scharnagl**, Neuöttinger Str. 2, 🖋 1 37 10 – 🚗 🅿
105 Z : 180 B.

In Bräu im Moos SW : 9,5 km, über Tüßling :

🍴 **Bräu im Moos**, Moos 21, ✉ 8261 Tüßling, 🖋 (08633) 10 41, Fax 7941, Biergarten,
→ Brauerei-Museum, Hirschgehege – 🅿
Montag und 8. Jan.- 12. Feb. geschl. – **M** a la carte 20/45 🍴.

In Teising 8261 W : 5 km :

🍴 **Gasthof Hutter**, Hauptstr. 17 (B 12), 🖋 (08633) 2 07, 🌳
→ Dienstag 14 Uhr - Mittwoch und Nov. 3 Wochen geschl. – **M** a la carte 21/37.

In Tüßling-Kiefering 8261 W : 6 km über die B 299 :

🏠 **Landgasthof zum Bauernsepp**, 🖋 (08633) 71 02, « Innenhofterrasse », 🎿 – 📺 ☎ 🅿
– 🏛 25/70. 🆎
M *(8.- 31. Jan. geschl.)* a la carte 24/60 – **40 Z : 80 B** 45/50 - 80/90.

ALTRIP Rheinland-Pfalz siehe Ludwigshafen am Rhein.

ALTUSRIED 8966. Bayern **413** N 23, **426** ⑮ – 7 800 Ew – Höhe 722 m – Erholungsort –
✪ 08373.
♦München 124 – Kempten (Allgäu) 14 – Memmingen 30.

🍽 **Rössle**, Hauptstr. 24, 🖋 10 65 – 🅿
→ **M** *(Dienstag geschl.)* a la carte 19/36 – **10 Z : 12 B** 33 - 60.

ALTWEILNAU Hessen siehe Weilrod.

ALZENAU 8755. Bayern **413** K 16. **987** ㉘ — 16 900 Ew — Höhe 114 m — ✆ 06023.
♦München 378 — Aschaffenburg 19 — ♦Frankfurt am Main 36.

In Alzenau-Hörstein S : 4 km :

🏨 **Käfernberg** ⤳, Mömbriser Str. 9, ✆ 26 26, Fax 2822, ≼, « Weinstube im alpenländischen Stil », ≦s — 🛗 🔟 ☎ 🅿. 🖭 ⓪ ⋿ 🆅🆂🅰
   M *(nur Abendessen, Sonntag, 1.- 7. Jan. und 29. Juli - 19. Aug. geschl.)* a la carte 32/60 —
   31 Z : 58 B 60/98 - 95/138 Fb.

In Alzenau-Wasserlos SO : 2 km :

🏨 **Krone am Park** ⤳ garni, Hellersweg 1, ✆ 60 52, Telex 4188169, ≼, ≦s, ☛, ℀ — 🔟 ☎
   ⇔ 🅿 — 🔬 35
   23 Z : 31 B 78/128 - 128/178 Fb.

🏨 **Schloßberg im Weinberg** ⤳, Schloßberg 2, ✆ 10 58, Fax 30253, ≼ Maintal, 🏡, 🔲 —
   🔟 ☎ 🅿 — 🔬 25/50. 🖭 ⓪ ⋿ 🆅🆂🅰
   2.- 28. Jan. geschl. — **M** a la carte 34/65 — **19 Z : 31 B** 75/110 - 110/165 Fb.

🏠 **Krone** ⤳, Hahnenkammstr. 37, ✆ 60 25, Telex 4188169 — ☎ 🅿 — 🔬 25/50
   Ende Juli - Mitte Aug. geschl. — **M** *(Sonntag 15 Uhr - Montag 17 Uhr geschl.)* a la carte
   32/54 — **23 Z : 37 B** 52/85 - 88/120 Fb.

ALZENBACH Nordrhein-Westfalen siehe Eitorf.

   Les prix de chambre et de pension
   peuvent parfois être majorés de la taxe de séjour et d'un supplément de chauffage.
   Lors de votre réservation à l'hôtel,
   faites-vous bien préciser le prix définitif qui vous sera facturé.

   The overnight or full board prices may
   in some cases be increased by the addition of a local bed tax or
   a charge for central heating.
   Before making your reservation confirm with the hotelier
   the exact price that will be charged.

ALZEY 6508. Rheinland-Pfalz **987** ㉔ — 15 800 Ew — Höhe 173 m — ✆ 06731.
🛈 Städt. Verkehrsamt, Fischmarkt 3, ✆ 49 52 38.
Mainz 34 — ♦Darmstadt 48 — Kaiserslautern 49 — Bad Kreuznach 29 — Worms 28.

🏨 **Alzeyer Hof**, Antoniterstr. 60, ✆ 88 05, Fax 6267 — 🛗 🔟 ☎ ⇔ — 🔬 60. 🖭 ⋿
   M *(Dienstag geschl.)* a la carte 40/64 — **25 Z : 56 B** 79 - 99.

🏨 **Massa-Hotel**, Industriestr. 13 (O : 1 km, nahe der Autobahn), ✆ 40 30, Telex 42461, Fax
   403106, 🏡, ℀ (Halle) — 🔟 ☎ 🅿 — 🔬 25/110. 🖭 ⓪ ⋿ 🆅🆂🅰
   M a la carte 30/55 🍴 — **97 Z : 135 B** 84/94 - 117 Fb.

🏨 **Am Schloss** ⤳ garni, Amtgasse 39, ✆ 86 56 — 🔟 ☎ 🛗 🅿 — 🔬 25/50
   24 Z : 45 B 73/86 - 105/126 Fb.

🏠 **Krause**, Gartenstr. 2, ✆ 61 81 — 🔟 ☎ ⇔ 🅿
   27. Dez.- 14. Jan. geschl. — **M** *(Samstag geschl.)* 28/69 🍴 — **16 Z : 20 B** 60/65 - 90/110.

AMBERG 8450. Bayern **413** S 18. **987** ㉗ — 46 000 Ew — Höhe 374 m — ✆ 09621.
Sehenswert : Deutsche Schulkirche★ AZ **A**.
🛈 Fremdenverkehrsamt, Zeughausstr. 1a, ✆ 1 02 33.
ADAC, Kaiser-Wilhelm-Ring 29a, ✆ 2 23 80, Notruf ✆ 1 92 11, Telex 631247.
♦München 204 ⑤ — Bayreuth 79 ⑥ — ♦Nürnberg 61 ⑤ — ♦Regensburg 64 ③.

Stadtplan siehe gegenüberliegende Seite.

🏨 **Drahthammer Schlößl**, Drahthammer Straße, ✆ 8 50 88, Biergarten — ☎ 🅿. 🖭 ⓪ ⋿
   🆅🆂🅰   BY **a**
   M *(Dienstag geschl.)* 30/65 — **14 Z : 23 B** 65/75 - 98/110 Fb.

🏨 **Brunner**, Batteriegasse 3, ✆ 2 39 44 — 🛗 ☎ ⇔. ⓪ ⋿ 🆅🆂🅰   BZ **e**
   Jan. 2 Wochen geschl. — (nur Abendessen für Hausgäste) — **40 Z : 63 B** 65/72 - 110/120 Fb.

🏨 **Fleischmann** garni, Wörthstr. 4, ✆ 1 51 32 — 🔟 ☎ ⇔   AZ **f**
   24. Dez.- 6.Jan. geschl. — **34 Z : 50 B** 48/65 - 70/110 Fb.

✕✕ **Casino - Altdeutsche Stube**, Schrannenplatz 2, ✆ 2 26 64 — 🔬 25/200. 🖭 ⋿ 🆅🆂🅰
   Donnerstag und 5.- 25. Aug. geschl. — **M** *(auch vegetarische Gerichte)* 20/51 (mittags) und
   a la carte 30/62.   AZ **T**

In Freudenberg 8451 NO : 10 km über Krumbacher Straße BY :

🏨 **Hammermühle** ⤳, Hammermühlstr. 1, ✆ (09627) 6 11, 🏡, ≦s, ☛, ℀ — ☎ 🅿 —
─ 🔬 25/50. 🖭 ⓪ ⋿ 🆅🆂🅰
   M *(Jan.- März Freitag geschl.)* 20/50 — **28 Z : 52 B** 72/78 - 104/118 Fb.

66

AMBERG

AMBURGO = Hamburg.

AMELINGHAUSEN 2124. Niedersachsen 987 ⑮ — 2 300 Ew — Höhe 65 m — Erholungsort — ✆ 04132.
🛈 Kultur- und Verkehrsverein, Rathaus, Lüneburgerstr. 50, 𝒫 10 71.
♦Hannover 104 — ♦Hamburg 57 — Lüneburg 26.

🏠 **Schenck's Gasthaus** (mit Gästehaus Bergpension 🏖), Lüneburger Str. 48, 𝒫 3 14, 🚲, ◻, ☞ — ☜ 🅿 — 🏛 25/200. ☒ ⓪ E ₥₥
     M a la carte 28/42 — **29 Z : 54 B** 50/75 - 70/115 Fb.

🏡 **Fehlhaber**, Lüneburger Str. 38, 𝒫 3 76 — ☜ 🅿
     M (Mittwoch geschl.) a la carte 24/41 — **11 Z : 22 B** 42/45 - 84/90 — ½ P 52/55.

In Wriedel-Wettenbostel 3111 SO : 8 km :

🏠 **Heidehof Zur Erika** 🏖, Brunnenweg 1, 𝒫 (05829) 5 29, 🏠, 🚲, ☞, Fahrradverleih — ☜ 🅿
     März geschl. — **M** (Mittwoch geschl.) a la carte 23/42 — **12 Z : 22 B** 35/40 - 64/70 — 2 Fewo 60.

AMERDINGEN 8861. Bayern 413 O 20 — 750 Ew — Höhe 530 m — ✆ 09008.
♦München 132 — ♦Augsburg 66 — Nördlingen 17 — ♦Ulm (Donau) 67.

🏠 **Landhotel Kesseltaler Hof** 🏖, Graf-Stauffenberg-Str. 21, 𝒫 6 16, Biergarten, ← « Renoviertes ehemaliges Bauernhaus », 🚲, ◻, ☞ — ☒ ☎ ☜ 🅿. ⓪ E
     Feb. 2 Wochen geschl. — **M** (Dienstag geschl.) a la carte 20/54 — **13 Z : 28 B** 60 - 98/125 Fb.

AMMELDINGEN 5529. Rheinland-Pfalz — 200 Ew — Höhe 520 m — ✆ 06564 (Neuerburg).
Mainz 195 — Bitburg 30 — ♦Trier 61.

🏠 **Ammeldinger Höhe** 🏖, Dorfstr. 28, 𝒫 27 09, 🏠, 🚲, ☞ — 🅿
     (wochentags nur Abendessen) — **14 Z : 23 B**.

AMMERBUCH 7403. Baden-Württemberg 413 I 21 — 10 000 Ew — Höhe 365 m — ✆ 07073.
♦Stuttgart 44 — Freudenstadt 51 — Pforzheim 67 — Reutlingen 25.

In Ammerbuch 1-Entringen :

✕✕ **Im Gärtle**, Bebenhauser Str. 44, 𝒫 64 35, ständige Gemäldeausstellung, « Gartenterrasse » — 🅿.

In Ammerbuch 2-Pfäffingen :

🏠 **Lamm**, Dorfstr. 42, 𝒫 60 61, 🏠 — ☎ 🅿. ☒ ⓪ E ₥₥
     22. Dez.- 8. Jan. geschl. — **M** (Samstag bis 18 Uhr und Montag geschl.) und a la carte 28/55 — **20 Z : 35 B** 55/65 - 85/95 Fb.

AMMERTSWEILER Baden-Württemberg siehe Mainhardt.

AMÖNEBURG 3572. Hessen — 4 800 Ew — Höhe 362 m — Erholungsort — ✆ 06422.
♦Wiesbaden 125 — Gießen 34 — Bad Hersfeld 71 — ♦Kassel 97 — Marburg 14.

✕✕ **Dombäcker**, Markt 18, 𝒫 37 55, 🏠 — ⓪ E ₥₥
     Montag bis 18 Uhr geschl. — **M** a la carte 46/65.

AMORBACH 8762. Bayern 413 K 18. 987 ㉘ — 5 000 Ew — Höhe 166 m — Luftkurort — ✆ 09373.
Sehenswert : Abteikirche★ (Chorgitter★, Bibliothek★, Grüner Saal★).
🛈 Städt. Verkehrsamt, im alten Rathaus, Marktplatz, 𝒫 7 78.
♦München 353 — Aschaffenburg 47 — ♦Darmstadt 69 — Heidelberg 67 — ♦Würzburg 77.

🏨 **Post**, Schmiedstr. 2, 𝒫 14 10, 🏠, 🚲, ☞ — 🛗 ☎ ☜ 🅿. ☒ ⓪. ✕ Rest
     30 Z : 53 B Fb.

🏠 **Frankenberg** 🏖, Gotthardsweg 12 (Sommerberg), 𝒫 12 50, ≤, 🏠, ◻, ◻, ☞ — ☎ ☜ 🅿. ⓪ E
     2. Jan.- 25. Feb. und 10. Nov.- 20. Dez. geschl. — **M** a la carte 23/43 — **20 Z : 37 B** 57/65 - 88/95.

🏠 **Badischer Hof** (mit Gästehaus 🏖), Am Stadttor 4, 𝒫 12 08, 🏠 — ☜ 🅿 — **32 Z : 50 B**.

✕✕ **Victoria**, Johannesturmstr. 10, 𝒫 17 50 — E
     Dienstag und Juli - Aug. 3 Wochen geschl. — **M** a la carte 35/63.

In Amorbach-Boxbrunn NW : 10 km :

🏡 **Bayerischer Hof** (mit Gästehaus), Hauptstr. 8 (B 47), 𝒫 14 35 — ☜ 🅿
← 10. Feb.- 3. März und 6.- 21. Juni geschl. — **M** (Freitag geschl.) a la carte 16/30 🍴 — **15 Z : 28 B** 30/40 - 54/72.

Im Otterbachtal W : 3 km über Amorsbrunner Straße :

🏨 **Der Schafhof** 🏖 (ehem. Klostergut), ✉ 8762 Amorbach, 𝒫 (09373) 80 88, Telex 689293, Fax 4120, ≤, 🏠, ☞, ✕ — ☒ ☎ 🅿 — 🏛 35. ☒ ⓪ E ₥₥ ✕ Zim
     2. Jan.- 22. Feb. geschl. — **M** (bemerkenswerte Weinkarte) um 40 (mittags) und a la carte 50/80 — **16 Z : 32 B** 120/155 - 160/260 Fb.

68

AMPFING 8261. Bayern **41 3** U 22, **9 8 7** ⑨, **4 2 6** ⑤ − 5 100 Ew − Höhe 415 m − ☺ 08636.
♦München 74 − Landshut 60 − Salzburg 89.

🏨 **Fohlenhof**, Zangberger Str. 23, ℘ 8 88, Fax 7691, �というわけ − ☎ ℗. 🆀 ⓪ ᴇ 🆅🆂🅰
M *(Freitag - Samstag 16 Uhr und Mitte Aug.- Anfang Sept. geschl.)* a la carte 24/52 − **31 Z :**
47 B 63/80 - 110/130 Fb.

AMRUM (Insel) Schleswig-Holstein **9 8 7** ④ − Seeheilbad − Insel der Nordfriesischen
Inselgruppe.

🚢 von Dagebüll (ca. 2 h). Für PKW Voranmeldung bei Wyker Dampfschiffs-Reederei GmbH in
2270 Wyk auf Föhr, ℘ (04681) 7 01.

Nebel 2278. − 1 045 Ew − ☺ 04682.
🚩 Kurverwaltung, ℘ 5 44.

✕ **Ekke-Nekkepenn**, Waasterstigh 17, ℘ 22 45 − ℗
Mitte März - Ende Okt. und 30. Dez.- 5. Jan. geöffnet, außer Saison Montag geschl. − M a
la carte 25/50.

Norddorf 2278. − 900 Ew − ☺ 04682.
🚩 Kurverwaltung, ℘ 8 11.
Nebel 4 − Wittdün 9.

🏨 **Hüttmann** ⌂, ℘ 8 68, ≼, 🌿, 🐎, Fahrradverleih − 📺 ☎ ℗. 🛇
Mitte März - Anfang Nov. − M a la carte 26/65 − **26 Z : 50 B** 53/96 - 86/195 Fb − 4 Fewo
105/135 − ½ P 68/121.

🏨 **Seeblick** ⌂ (Appartment-Hotel), Strandstraße, ℘ 8 88, Fax 2574, 🌿, ⭲, 🔲, 🐎 − 🛗
📺 ☎ ⬅ − ⚬ 80. ⓪ ᴇ 🆅🆂🅰
10. Jan.- 16. Feb. geschl. − M (Nov.- März Montag und Dienstag geschl.) a la carte 26/57 −
22 Z : 44 B 105/115 - 180/200 Fb − 15 Fewo 100/180.

🏨 **Öömrang Wiartshüs** ⌂, ℘ 8 36, «Altfriesische Kate, Seemannsstube», ⭲, 🐎 − 📺
☎ ℗. 🆀 ⓪
15. Jan.- 20. Feb. geschl. − M (Okt.- April Mittwoch - Donnerstag geschl.) a la carte 30/51
12 Z : 26 B 70 - 140 Fb − 2 Fewo 170 − ½ P 88.

🏨 **Graf Luckner** ⌂, ℘ 23 67 − ℗
Nov.- 24. Dez. geschl. − M (Dienstag - Mittwoch geschl.) a la carte 30/56 − **18 Z : 29 B**
55/60 - 110/120 − ½ P 75/80.

Wittdün 2278. − 680 Ew − ☺ 04682.
🚩 Kurverwaltung, ℘ 8 61.

🏨 **Strandhotel Vierjahreszeiten** ⌂, Obere Wandelbahn 16, ℘ 3 50, ≼ Nordsee, 🌿 − 📺 ☎
℗. 🛇 Rest − **35 Z : 65 B** − 2 Fewo.

🏨 **Ferienhotel Weiße Düne**, Achtern Strand 6, ℘ 8 55, Fax 2039, ⭲, 🔲 − 📺 ☎ ℗
M *(Montag geschl.)* a la carte 39/70 − **13 Z : 40 B** 110/120 - 166/180 Fb.

ANDECHS (Klosterkirche) Bayern. Sehenswürdigkeit siehe Herrsching am Ammersee.

ANDERNACH 5470. Rheinland-Pfalz **9 8 7** ㉔ − 28 000 Ew − Höhe 65 m − ☺ 02632.
🚩 Touristinformation, Läufstr. 11, ℘ 40 62 24.
Mainz 120 − ♦Bonn 43 − ♦Koblenz 18 − Mayen 23.

🏨 **Parkhotel Andernach**, Konrad-Adenauer-Allee 33, ℘ 4 40 51, Telex 865738, ≼, 🌿 − 🛗
📺 ☎ ⬅ ℗ − ⚬ 25/300. 🆀 🆅🆂🅰 🛇
M 23/60 (mittags) und a la carte 40/70 − **28 Z : 56 B** 85 - 140 Fb.

🏨 **Fischer**, Am Helmwartsturm 4, ℘ 49 20 47, Fax 45547 − 🛗 📺 ☎. 🆀 ⓪ ᴇ 🆅🆂🅰
M *(Sonntag geschl.)* 45/95 − **18 Z : 36 B** 90/140 - 160/240 Fb.

🏨 **Villa am Rhein**, Konrad-Adenauer-Allee 31, ℘ 4 40 56, ≼, 🌿 − 📺 ☎ ℗. 🆀 ⓪ ᴇ 🆅🆂🅰
Jan. 2 Wochen geschl. − **M** a la carte 28/50 🍸 − **25 Z : 50 B** 70 - 120 Fb.

🏨 **Traube**, Konrad-Adenauer-Allee 14, ℘ 4 50 30, ≼, 🌿 − ☎. 🆀 ⓪ ᴇ
M a la carte 30/60 − **23 Z : 45 B** 54/65 - 80/90 Fb.

🏨 **Altenhofen** garni (historisches Haus a.d.J. 1677), Steinweg 31, ℘ 4 44 47 − 📺 ☎. 🆀 ⓪
ᴇ 🆅🆂🅰
10 Z : 20 B 70/80 - 120/140.

🏨 **Meder**, Konrad-Adenauer-Allee 17, ℘ 4 26 32, ≼ − 📺 ☎. 🆀 ⓪ ᴇ 🆅🆂🅰. 🛇 Rest
(nur Abendessen für Hausgäste) − **10 Z : 19 B** 70/85 - 130.

🏠 **Urmersbach** ⌂ garni, Frankenstr. 6, ℘ 4 55 22 − ⬅ ℗
28 Z : 45 B 45 - 80.

🏠 **Maaßmann** garni, Markt 12, ℘ 4 22 36 − ⬅
13 Z : 24 B 50 - 90.

✕✕ **Bagatelle**, Hochstr. 92 (Eingang Obere Wallstraße), ℘ 49 33 81, 🌿 − 🆀 ⓪ ᴇ 🆅🆂🅰
Montag geschl. − **M** a la carte 48/75 − **Bistro M** a la carte 34/52.

✕✕ **Krahnenburg**, Auf dem Krahnenberg 17 (NW : 2 km), ℘ 49 27 47, ≼ Rheintal, 🌿 − ℗.
🆀 ⓪ ᴇ
Freitag und Mitte Okt. - März geschl. − M a la carte 24/62.

ANDREASBERG Nordrhein-Westfalen siehe Bestwig.

ANGELBACHTAL 6929. Baden-Württemberg **413** J 19 – 3 600 Ew – Höhe 154 m – **☎** 07265.
◆Stuttgart 91 – Heilbronn 40 – ◆Karlsruhe 47 – ◆Mannheim 44.

In Angelbachtal-Eichtersheim :

XX **Schloß Eichtersheim** (Wasserschloß in einem Park), Schloßstr. 1, *℘* 72 00, 斎 – **℗**
Montag - Dienstag 18 Uhr, über Fasching und Juli - Aug. 3 Wochen geschl. – **M** a la carte 41/70.

ANIF Österreich siehe Salzburg.

ANKUM 4554. Niedersachsen – 5 200 Ew – Höhe 54 m – **☎** 05462.
◆Hannover 149 – ◆Bremen 103 – Nordhorn 62 – ◆Osnabrück 40.

血 **Artland-Sporthotel** 洗, Tütinger Str. 28, *℘* 4 56, Telex 941419, Fax 8688, 全s, 氙,
榮 (Halle), 禾 (Halle) – 劇 団 ☎ **℗** – 益 25/100. 歴 ① E 娅囚
M a la carte 30/60 – **57 Z : 117 B** 80/100 - 130/160 Fb.

血 **Schmidt**, Hauptstr. 35, *℘* 4 46, Telex 941418, Fax 551, 全s – ☎ **℗** – 益 50. 歴 ① E 娅囚
◆ 榮
6.- 19. Aug. und 27.- 30. Dez. geschl. – **M** 19/28 – **19 Z : 34 B** 60/80 - 98/110 Fb.

全 **Raming**, Hauptstr. 21, *℘* 2 02 – 疌弖 **℗**
◆ **M** a la carte 20/33 – **18 Z : 28 B** 25/40 - 50/80.

ANNOVER = Hannover.

ANNWEILER 6747. Rheinland-Pfalz **413** GH 19, **987** ㉔, **242** ⑧ – 7 300 Ew – Höhe 183 m – Luftkurort – **☎** 06346.

Ausflugsziele : Burg Trifels : Lage*, Kapellenturm ⁂* O : 7 km – Asselstein : Felsen* S : 5 km.
❸ Verkehrsamt, Rathaus, *℘* 22 00.
Mainz 125 – Landau in der Pfalz 15 – Neustadt an der Weinstraße 33 – Pirmasens 33 – Speyer 42.

圙 **Bergterrasse** 洗 garni, Trifelsstr. 8, *℘* 72 19, 斧, Fahrradverleih – **℗**. 榮
25 Z : 41 B 35/40 - 70.

全 **Richard Löwenherz**, Burgstr. 23, *℘* 83 94 – **℗**. E 娅囚
◆ *15. Jan.- 8. Feb. geschl.* – **M** *(Mittwoch geschl.)* a la carte 20/50 ⅓ – **14 Z : 23 B** 33/43 - 66/70.

全 **Scharfeneck**, Altenstr. 17, *℘* 83 92 – ①
◆ *15. Dez.- 15. Jan. geschl.* – **M** a la carte 22/45 ⅓ – **17 Z : 28 B** 32/45 - 60/70.

X **Stadtschänke**, Landauer Str. 1, *℘* 89 09 – **℗**
◆ *Donnerstag und nach Fasching 2 Wochen geschl.* – **M** a la carte 21/50 ⅓.

ANRÖCHTE 4783. Nordrhein-Westfalen – 9 300 Ew – Höhe 200 m – **☎** 02947.
◆Düsseldorf 134 – Lippstadt 13 – Meschede 30 – Soest 21.

圙 **Café Buddeus**, Hauptstr. 128, *℘* 39 95 – ☎ 疌弖 **℗** – 益 30
◆ **M** *(Freitag geschl.)* 14,50/20 – **25 Z : 35 B** 28/38 - 55/70.

ANSBACH 8800. Bayern **413** O 19, **987** ㉖ – 40 000 Ew – Höhe 409 m – **☎** 0981.
Sehenswert : Residenz* (Fayencenzimmer**, Spiegelkabinett*).
🝙 Schloß Colmberg (NW : 17 km), *℘* (09803) 2 62 ; 🝙 Lichtenau, Weickershof 1 (O : 9 km), *℘* (09827) 69 07.
❸ Städt. Verkehrsamt, Rathaus, Martin-Luther-Pl. 1, *℘* 5 12 43.
ADAC, Promenade 21, *℘* 1 77 00, Notruf *℘* 1 92 11.
◆München 202 – ◆Nürnberg 56 – ◆Stuttgart 162 – ◆Würzburg 78.

鑪 **Am Drechselsgarten** 洗, Am Drechselsgarten 1, *℘* 8 90 20, Telex 61850, Fax 8902605, ≤,
斎, 全s – 劇 ⇆Zim 団 **℗** – 益 25/100. 歴 ① E 娅囚 榮
M a la carte 45/70 – **85 Z : 170 B** 115/150 - 145/200 Fb.

血 **Der Platengarten**, Promenade 30, *℘* 56 11, « Gartenterrasse » – 劇 団 ☎
23. Dez. - 6. Jan. geschl. – **M** *(Samstag geschl.)* a la carte 27/52 – **22 Z : 36 B** 40/90 - 70/170.

血 **Bürger-Palais**, Neustadt 48, *℘* 9 51 31, 斎, « Modernisiertes Barockhaus, elegante Einrichtung » – 団 ☎ – 益 25. 歴 ① E 娅囚
M a la carte 26/55 – **10 Z : 24 B** 140/190 - 190/260.

血 **Christl** 洗 garni, Richard-Wagner-Str. 39, *℘* 81 21 – 団 ☎ 疌弖 **℗**. 歴 E
21 Z : 27 B 75/99 - 110/139.

🏠 **Windmühle,** Rummelsberger Str. 1 (B 14), 𝄢 1 50 88 − ☎ 📞. 🖭 ⑩ **E**
◆— *21. Dez.- 6. Jan. geschl. −* **M** *(Samstag geschl.)* a la carte 19/45 ⅜ − **40 Z : 75 B** 40/75 -
70/125.

🏠 **Schwarzer Bock,** Pfarrstr. 31, 𝄢 9 51 11, ☕ − ☎
19 Z : 31 B Fb.

🏠 **Augustiner,** Karolinenstr. 30, 𝄢 24 32 − 📞
◆— **M** *(Donnerstag geschl.)* a la carte 17/38 − **14 Z : 23 B** 45/60 - 80.

✗ **Museumsstube** mit Zim, Schaitberger Str. 16, 𝄢 1 59 97 − 🖭 ☎
(nur Abendessen) − **4 Z : 6 B.**

In Ansbach-Brodswinden S : 7 km über die B 13 :

🏠 **Landgasthof Kaeßer** ⑊, Brodswinden 23, 𝄢 73 18 − ☎ 📞. 🦋 Zim
13 Z : 25 B Fb.

ANZING 8011. Bayern 🍴🔳 S 22 − 3 100. Ew − Höhe 516 m − ⬙ 08121.
•München 22 − Landshut 65 − Salzburg 148.

🏠 **Zur Ulme** garni, Amselweg 4, 𝄢 50 56, ⇌ − 🖭 ☎ ⬅ 📞
14 Z : 26 B 85 - 135 Fb.

🏠 **Kirchenwirt,** Hoegerstr. 2, 𝄢 30 33, ☕ − ⬅ 📞. 🖭
24.- 31. Dez. geschl. − **M** *(Aug. und Montag geschl.)* a la carte 22/40 − **17 Z : 28 B** 45 - 80.

APFELDORF 8921. Bayern 🍴🔳 P 23 − 780 Ew − Höhe 670 m − ⬙ 08869 (Kinsau).
•München 71 − ◆Augsburg 63 − Garmisch-Partenkirchen 65 − Kempten im Allgäu 71.

✗ **Goldener Apfel** ⑊ mit Zim, Kirchplatz 1, 𝄢 13 12, ☕ − 📞
Jan.- März nur am Wochenende geöffnet − (wochentags nur Abendessen) − **3 Z : 6 B.**

APPENWEIER 7604. Baden-Württemberg 🍴🔳 GH 21. 🔢🔢 ㉞. 🔢🔢 ㉘ − 8 100 Ew − Höhe 137 m
− ⬙ 07805.
•Stuttgart 143 − Baden-Baden 47 − Freudenstadt 50 − Strasbourg 22.

🏠 **Schwarzer Adler** garni, Ortenauer Str. 44 (B 3), 𝄢 27 85 − ⬅ 📞. **E**
22 Z : 40 B 46/50 - 65/120 Fb.

🏠 **Hanauer Hof,** Ortenauer Str. 50 (B 3), 𝄢 27 48 − 🖾 📞. **E**
◆— *25. Feb.- 10. März geschl. −* **M** *(Dienstag geschl.)* a la carte 20/50 ⅜ − **34 Z : 66 B** 25/45 -
55/80.

AQUISGRANA = Aachen.

ARGENBÜHL 7989. Baden-Württemberg 🍴🔳 MN 23, 24. 🔢🔢🔢 ⑭ − 5 000 Ew − Höhe 600 m −
Erholungsort − ⬙ 07566.
🖾 Verkehrsamt, Rathaus in Eisenharz, Eglofser Str. 4, 𝄢 6 15.
•Stuttgart 194 − Bregenz 38 − Ravensburg 34 − ◆Ulm (Donau) 98.

In Argenbühl-Eglofs :

🏠 **Zur Rose** ⑊, Dorfplatz 7, 𝄢 3 36, ≤, ☕, ⇌, ☂ − 📞
◆— *16. Nov.- 26. Dez. geschl. −* **M** *(Montag geschl.)* a la carte 20/45 ⅜ − **19 Z : 34 B** 28/34 -
56/68 − ½ P 41/47.

In Argenbühl-Isnyberg SO : 5 km ab Eisenharz, über die B 12 Richtung Isny und Straße
nach Lindenberg :

🏠🏠 **Bromerhof** ⑊, 𝄢 (07566) 23 81, Telex 732422, ≤, ☕, Bade- und Massageabteilung, ≙,
⇌, 🔲, ☂, ✗ − 🖾 🖭 ☎ ⛪ 📞 − 🔬 21/150. 🖭 ⑩ **E** 🆚
M a la carte 25/50 − **60 Z : 85 B** 65/98 - 116/138 Fb − ½ P 83/123.

ARNOLDSHAIN Hessen siehe Schmitten im Taunus.

ARNSBERG Bayern siehe Kipfenberg.

ARNSBERG 5760. Nordrhein-Westfalen 🔢🔢🔢 ⑭ − 78 000 Ew − Höhe 230 m − ⬙ 02931.
🏌 Neheim-Hüsten (NW : 9 km), 𝄢 (02932) 3 15 46.
🖾 Verkehrsverein, Neumarkt 6, 𝄢 40 55.
ADAC, Lange Wende 42 (Neheim-Hüsten), 𝄢 2 79 79, Notruf 𝄢 1 92 11.
•Düsseldorf 129 − ◆Dortmund 62 − Hamm in Westfalen 42 − Meschede 22.

🏠🏠 **Menge,** Ruhrstr. 60, 𝄢 40 44, « Kleiner Garten », ☂ − ☎ ⬅ 📞
Menu *(nur Abendessen, Sonntag und 11. Juni - 2. Juli geschl.)* a la carte 34/56 − **20 Z : 35 B**
55 - 96 Fb.

🏠 **Goldener Stern,** Alter Markt 6, 𝄢 36 62
13 Z : 22 B.

🏠 **Zur Linde,** Ruhrstr. 41, 𝄢 34 02 − 📞. 🖭 ⑩ **E**
◆— *22. Dez.- 23. Jan. geschl. −* **M** *(Freitag geschl.)* a la carte 20/45 − **14 Z : 26 B** 40 - 80.

In Arnsberg 1 - Bruchhausen NW : 4 km :

🏠 **Zur Post**, Bruchhausener Str. 29, ℰ (02932) 3 13 96, 🍴, 🈸 – |◊| ☎ ⇔ ℗ – 🔬 25/80
➡ ❶ E 𝚟𝚒𝚜𝚊
M a la carte 20/50 – **53 Z : 95 B** 25/45 - 50/90.

In Arnsberg 1 - Neheim-Hüsten NW: 9 km – ❸ 02932 :

🏨 **Dorint-Hotel Arnsberg-Neheim** ⑳, Zu den drei Bänken, ℰ 20 01, Fax 200228, ≼, 🍴
🈸, 🔲, 🚿 – |◊| 📺 ☎ ⇔ ℗ – 🔬 25/200. 🆎 E. 🚿 Rest
M a la carte 35/66 – **165 Z : 330 B** 118/143 - 185/232 Fb.

🏨 **Waldhaus - Rodelhaus** ⑳, Zu den drei Bänken 1, ℰ 2 27 60, ≼, 🈸 – ☎ ℗. ❶ E
🚿 Rest
M *(Dienstag, 1.- 17. Jan. und 2.- 25. Juli geschl.)* a la carte 30/48 – **21 Z : 36 B** 48 - 85/90 Fb.

🏠 **Krone** ⑳, Johannesstr. 62, ℰ 2 42 31 – |◊| ☎ ⇔ ℗. E. 🚿 Zim
➡ **M** *(nur Abendessen, Sonntag geschl.)* a la carte 19/40 – **25 Z : 48 B** 29/43 - 58/82.

🕱🕱 **Haus Risse**, Neheimer Markt 2, ℰ 2 98 89, 🍴 – 🆎 ❶ E 𝚟𝚒𝚜𝚊
Montag und Feb. geschl. – **M** a la carte 42/78 – **Bistro M** a la carte 35/65.

ARNSTEIN 8725. Bayern 𝟺𝟷𝟹 MN 17, 𝟿𝟾𝟽 ㉘ ㉖ – 8 000 Ew – Höhe 228 m – ❸ 09363.
♦München 295 – Fulda 100 – Schweinfurt 24 – ♦Würzburg 25.

🕿 **Goldener Engel**, Marktstr. 2, ℰ 3 05, 🍴 – ℗
➡ ab Aschermittwoch und Aug.-Sept. je 2 Wochen geschl. – **M** *(Montag geschl.)* a la carte
18/35 – **13 Z : 21 B** 29/35 - 58/70.

An der Autobahn A 7 Würzburg - Fulda :

🕱🕱 **Rasthaus Riedener Wald-Ost** mit Zim, ✉ 8702 Hausen-Rieden, ℰ (09363) 50 01, 🍴 –
📺 ☎ ⇔ ℗
M a la carte 26/53 – **6 Z : 11 B** 73 - 102/117.

AROLSEN 3548. Hessen 𝟿𝟾𝟽 ⑮ – 16 500 Ew – Höhe 290 m – Heilbad – ❸ 05691.
🅱 Kur- und Verkehrsverwaltung, Haus des Kurgastes, Prof.-Klapp-Str. 14. ℰ 20 30.
♦Wiesbaden 205 – ♦Kassel 46 – Marburg 85 – Paderborn 55.

🏨 **Dorint-Schlosshotel** ⑳, Große Allee 1, ℰ 30 91, Telex 994521, Fax 40341, 🍴, direkte.
Zugang zum Kurmittelhaus mit 🈸 und 🔲 – |◊| 📺 ☎ ⇔ ℗ – 🔬 25/120. 🆎 E 𝚟𝚒𝚜𝚊
🚿 Rest
M a la carte 32/65 – **55 Z : 110 B** 113/143 - 176/250 Fb – ½ P 118/173.

In Arolsen-Mengeringhausen – Erholungsort :

🕿 **Luisen-Mühle** ⑳, Luisenmühler Weg 1, ℰ 30 21, 🈸, 🔲, 🚿 – ☎ ⇔ ℗. ❶ E 𝚟𝚒𝚜𝚊
M *(Freitag geschl.)* 14/30 (mittags) und a la carte 24/48 – **14 Z : 21 B** 35/48 - 67/90 –
½ P 46/60.

ASBACH Bayern siehe Drachselsried.

ASBACHER HÜTTE Rheinland-Pfalz siehe Kempfeld.

ASCHAFFENBURG 8750. Bayern 𝟺𝟷𝟹 K 17, 𝟿𝟾𝟽 ㉘ – 59 000 Ew – Höhe 130 m – ❸ 06021.
Sehenswert : Schloß Johannisburg★ – Park Schöntal★ Z.
Ausflugsziel : Park Schönbusch : ≼★★ bis zum Aschaffenburger Schloß, ③ : 3 km.
🎔 Hösbach-Feldkahl (über ②), ℰ (06024) 72 22.
🅱 Tourist-Information, Dalbergstr. 6, ℰ 3 04 26.
ADAC, Wermbachstr. 10, ℰ 2 78 90, Notruf ℰ 1 92 11.
♦München 354 ① – ♦Darmstadt 40 ③ – ♦Frankfurt am Main 40 ④ – ♦Würzburg 78 ①.

Stadtplan siehe gegenüberliegende Seite.

🏨 **Romantik-Hotel Post**, Goldbacher Str. 19, ℰ 2 13 33, Telex 4188949, Fax 13483, 🈸, 🔲
– |◊| 📺 ☎ ⇔ ℗ – 🔬 25/40. 🆎 ❶ E 𝚟𝚒𝚜𝚊   Y F
M a la carte 48/80 – **71 Z : 100 B** 85/110 - 170/200 Fb.

🏨 **Aschaffenburger Hof**, Frohsinnstr. 11 (Einfahrt Weißenburger Str. 20), ℰ 2 14 41
Telex 4188736, 🍴 – |◊| 📺 ☎ 🅖 ⇔ ℗. 🆎 ❶ E 𝚟𝚒𝚜𝚊   Y ●
M *(auch vegetarische Gerichte)* 19 (mittags) und a la carte 30/65 – **65 Z : 110 B** 88/128
148/188 Fb.

🏨 **Wilder Mann**, Löherstr. 51, ℰ 2 15 55, Telex 4188329, Fax 22893, 🈸 – |◊| 📺 ☎ ⇔ ℗ –
🔬 25/80. 🆎 ❶ E 𝚟𝚒𝚜𝚊   Z ●
M a la carte 30/60 – **70 Z : 140 B** 78/110 - 130/190 Fb – 6 Appart. 145/220.

🏨 **City Hotel** garni, Frohsinnstr. 23, ℰ 2 15 15 – |◊| 📺 ☎. 🆎 ❶ E 𝚟𝚒𝚜𝚊   Y ●
29 Z : 58 B 68/98 - 128/198 Fb.

🏠 **Zum Ochsen**, Karlstr. 16, ℰ 2 31 32 – 📺 ☎ 🅿 – 🔬 30. 🅰🅴 Ⓞ 🄴 𝘝𝘐𝘚𝘈   Y **b**
➡ **M** *(Montag bis 17 Uhr und Aug. 3 Wochen geschl.)* 15/20 🔖 – **34 Z : 52 B** 60/66 - 99/110 Fb.

🏠 **Fischer** garni, Weißenburger Str. 32, ℰ 2 34 85 – 🛗 📺 ☎. 🅰🅴 Ⓞ 🄴 𝘝𝘐𝘚𝘈   Y **r**
19 Z : 40 B 63/68 - 98/110 Fb.

🏠 **Syndikus**, Löherstr. 35, ℰ 2 35 88, Fax 29280 – 🛗 ☎. 🅰🅴 Ⓞ 🄴 𝘝𝘐𝘚𝘈   Z **u**
M *(nur Abendessen, Sonntag und 9.- 19. Juni geschl.)* a la carte 37/75 – **19 Z : 30 B** 75/140 -
110/180 Fb.

XX **Jägerhof**, Darmstädter Str. 125 *(nahe der B 26, SW : 5 km)*, ℰ (06027)28 68 – 🅿   über ③

X **Hofgut Fasanerie** mit Zim, Bismarckallee 1, ℰ 9 10 06, 🏖, Biergarten, « ehem. Hofgut
in einer Parkanlage » – 📺 🅿   über Lindenallee   Z
30. Okt.- 12. Nov. und 27. Dez.- Anfang Jan. geschl. – **M** *(Montag geschl., im Winter
wochentags ab 15 Uhr geöffnet)* a la carte 25/45 – **6 Z : 12 B** 65/75 - 96/105.

In Bessenbach-Steiger 8751 ① : 10 km :

🏠 **Gasthaus Spessart-Ruh** 🐕 garni, ℰ (06093)88 82 – 🚗 🅿
17 Z : 34 B 40 - 75.

Fortsetzung →

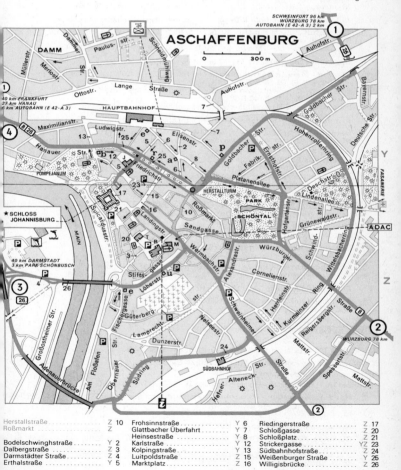

In Goldbach 8758 ① : 3,5 km :

🏠 **Russmann**, Aschaffenburger Str. 96, ℰ 5 30 40 — 🍽 Rest 📺 ☎ 🚗 🅿. 🖭 ⓞ 🇪 💳
M *(Sonn- und Feiertage ab 15 Uhr geschl.)* a la carte 36/68 — **21 Z : 31 B** 40/70 - 64/110 Fb.

✕ **Frankenstube**, Aschaffenburger Str. 42, ℰ 5 41 44, 🏕 — 🖭 ⓞ 🇪 💳
Samstag bis 18 Uhr, Montag und 14. Aug.- 5. Sept. geschl. — **M** *(auch vegetarische Gerichte)*
a la carte 30/60.

In Goldbach-Unterafferbach 8758   NO : 7 km über ① :

🏠 **Landhaus Spessart** 🦌 garni, Dr.-Leissner-Str. 20, ℰ (06021) 5 21 71, 🌳 — 🅿
10 Z : 20 B 68 - 98 — 7 Fewo 50/110.

In Haibach 8751 ② : 4,5 km :

🏠 **Spessartstuben**, Jahnstr. 7, ℰ (06021) 67 96, Fax 66190, 🚲 — 📺 ☎ 🅿. ⓞ 🇪. 🍴 Rest
← **M** *(Ende Feb. - März und Aug. jeweils 2 Wochen geschl.)* *(Mai - Juli Sonntag nur Abendessen)*
19/35 🦪 — **28 Z : 50 B** 70/75 - 110/120 Fb.

In Hösbach-Bahnhof 8759 ① : 8 km :

🏠 **Gerber-Restaurant Gewölbe**, Aschaffenburger Str. 12, ℰ (06021)5 20 05, Fax 52000, 🏕
— 🍴📺 ☎ 🅿 — 🛗 25/60. 🖭 ⓞ 🇪 💳
M *(nur Abendessen, Sonntag geschl.)* a la carte 27/50 🦪 — **40 Z : 75 B** 68/85 - 120/185 Fb.

In Hösbach-Winzenhohl 8759 ② : 6,5 km, in Haibach-Ortsmitte links ab :

🏠 **Klingerhof** 🦌, Am Hügel 7, ℰ (06021) 67 91, ≼ Spessart, 🏕, Biergarten, 🚲, 🔲, 🌳 —
🍴📺 ☎ 🅿 — 🛗 🖭 ⓞ 🇪 💳
15.- 31. Dez. geschl. — **M** a la carte 38/70 — **58 Z : 101 B** 105/140 - 160/180 Fb.

In Johannesberg 8752   N : 8 km über Müllerstraße ⋎ :

✕✕ ❀ **Sonne - Meier's Restaurant** mit Zim, Hauptstr. 2, ℰ (06021) 4 21 77, « Gartenterrasse »
— 📺 ☎ 🚗. 🖭 ⓞ 🇪 💳
Ende Aug.- Mitte Sept. geschl. — **M** *(Tischbestellung ratsam)* *(Montag geschl.)* 69/108 und
a la carte 45/80 — **10 Z : 16 B** 68/78 - 98
Spez. Gemüsesuppe "für Makart", Gänseleber mit Korinthenschaum, Nougatparfait mit Lebkuchensauce.

In Johannesberg-Steinbach 8752   N : 8 km über Müllerstraße ⋎ :

🏠 **Berghof** 🦌, Heppenberg 7, ℰ (06021) 4 38 31, ≼, 🏕 — 🚗 🅿
M *(wochentags nur Abendessen, Freitag - Samstag und Aug. 2 wochen geschl.)* a la carte
23/45 🦪 — **18 Z : 27 B** 40/55 - 60/90.

✕✕ ❀ **Gasthaus Fäth**, Steinbacher Str. 21, ℰ (06021) 4 69 17 — 🅿. 🖭 ⓞ 🇪
Freitag bis 18 Uhr, Montag, 10. - 20. Feb. und 10.- 20. Aug. geschl. — **M** *(abends
Tischbestellung ratsam)* 58/105 und a la carte 53/90
Spez. Mousses und Terrinen, Roulade von Zander mit Hummer, Kaninchenrücken im Wirsingmantel.

ASCHAU IM CHIEMGAU 8213. Bayern 🔢🔢 TU 23, 🔢🔢🔢 ⑰, 🔢🔢🔢 ⑱ — 4 500 Ew — Höhe 615 m
— Luftkurort — Wintersport : 700/1 550 m ✈1 ✈15 ✈5 — ✪ 08052.

🛈 Kurverwaltung, Kampenwandstr. 37. ℰ 3 92.

◆München 82 — Rosenheim 23 — Salzburg 92 — Traunstein 35.

🏠 **Edeltraud**, Narzissenweg 15, ℰ 45 52, ≼, 🌳 — 🚗 🅿. 🍴
(nur Abendessen für Hausgäste) — **14 Z : 25 B** 46/60 - 78.

⌂ **Alpengasthof Brucker** 🦌, Schloßbergstr. 12, ℰ 9 87/49 87, Biergarten, 🌳 — 🅿. 🍴 Zim
← *Anfang Nov.- Anfang Dez. geschl.* — **M** a la carte 18/34 — **11 Z : 19 B** 35 - 65.

In Aschau-Sachrang SW : 12 km — Höhe 738 m :

🏠 **Sachranger Hof** 🦌, Dorfstr. 3, ℰ (08057) 3 83, 🏕, 🚲 — 🅿
10 Z : 23 B Fb.

ASCHBACH Hessen siehe Wald-Michelbach.

ASCHEBERG 4715. Nordrhein-Westfalen 🔢🔢🔢 ⑭ — 12 800 Ew — Höhe 65 m — ✪ 02593.

🏌 Nordkirchen, Am Piekenbrock 3 (SW : 5 km), ℰ (02596) 24 95.

🛈 Verkehrsverein, Katharinenplatz 1. ℰ 6 09 36.

◆Düsseldorf 116 — ◆Dortmund 50 — Hamm in Westfalen 24 — Münster (Westfalen) 24.

🏠 **Haus Klaverkamp - Gästehaus Eschenburg**, Steinfurter Str. 21, ℰ 10 35 (Hotel)
8 84 (Rest.) — 📺 ☎ 🚗 🅿. 🖭 🇪
M a la carte 22/45 — **29 Z : 46 B** 35/48 - 60/85.

In Ascheberg 3-Davensberg NW : 4 km :

🏠 **Clemens August** (mit Gästehaus), Burgstr. 54, ℰ 4 30, Fax 7098, 🚲 — 🍴 ☎ 🅿 —
← 🛗 25/50. 🍴 Zim
2.- 25. Jan. geschl. — **M** *(Sonntag 15 Uhr - Montag geschl.)* a la carte 21/45 — **40 Z : 80 B**
33/48 - 66/88.

In Ascheberg 2-Herbern SO : 7 km :

🏠 **Zum Wolfsjäger** garni, Südstr. 36, ℰ (02599) 4 14 – 📶 📺 ☎ ⇐⇒ 🅿 – 🔏 40
13 Z : 22 B 55/60 - 90/100.

🏠 **Wesselmann** ◕, Benediktuskirchplatz 6, ℰ (02599) 8 56, Fahrradverleih
🔸 **M** *(Jan. und Mittwoch geschl.)* a la carte 17/35 – **9 Z : 18 B** 40/50 - 70.

ASCHHAUSERFELD Niedersachsen siehe Zwischenahn, Bad.

ASCHHEIM Bayern siehe München.

ASENDORF Niedersachsen siehe Jesteburg.

ASPACH Baden-Württemberg siehe Backnang.

ASPERG 7144. Baden-Württemberg 📖📖📖 ㉙㉟ – 11 400 Ew – Höhe 270 m – ✪ 07141.
Stuttgart 20 – Heilbronn 38 – Ludwigsburg 5 – Pforzheim 54.

🏡 **Adler** ◕, Stuttgarter Str. 2, ℰ 6 30 01, Telex 7264603, Fax 63006, ⇐s, 🔲 – 📶 ↞↠ Zim
▦ Rest 📺 ⇐⇒ 🅿 – 🔏 25/100. ஊ ⊙ E 🗲
Menu *(Tischbestellung erforderlich)* (Montag und Juli - Aug. 3 Wochen geschl.) a la carte
34/80 – **Adler-Stube** *(nur Abendessen, Sonn- und Feiertage geschl.)* **M** a la carte 25/48 –
63 Z : 95 B 117/157 - 170/180 Fb – 4 Appart. 230.

🏠 Landgasthof Lamm, Lammstr. 1, ℰ 6 20 06, « Modern-rustikale Einrichtung » – 📺 ☎ 🅿
15 Z : 19 B Fb.

XX **Alte Krone** (Fachwerkhaus a.d.J. 1649), Königstr. 15, ℰ 6 58 00 – ஊ ⊙ E 🗲
nur Abendessen, Sonntag und Juni 2 Wochen geschl. – **M** (Tischbestellung ratsam) a la
carte 45/70.

X **Bären** mit Zim, Königstr. 8, ℰ 6 20 31, Biergarten – 🅿 ⊙ E 🗲
2.- 9. Jan. und Aug. 3 Wochen geschl. – **M** *(auch vegetarische Gerichte)* (Montag geschl.) a
la carte 23/48 🍴 – **10 Z : 14 B** 60/70 - 94/98.

In Tamm NW : 2,5 km :

🏠 **Historischer Gasthof Ochsen**, Hauptstr. 40, ℰ (07141) 6 09 01, Fax 601957, 🌤,
« Restauriertes Fachwerkhaus a.d. 18. Jh. » – 📺 ☎ ⇐⇒. ஊ ⊙ E 🗲
M *(Samstag bis 18 Uhr geschl.)* a la carte 45/75 🍴 – **Weinkeller** (in einem Gewölbekeller)
(nur Abendessen) **M** a la carte 32/50 – **17 Z : 27 B** 105 - 140 Fb.

ATTENDORN 5952. Nordrhein-Westfalen 📖📖📖 ㉔ – 21 400 Ew – Höhe 255 m – ✪ 02722.
ehenswert : Attahöhle★ – Biggetalsperre★.
Reise- und Fremdenverkehrs GmbH, Kölner Str. 12a, ℰ 30 91.
Düsseldorf 131 – Lüdenscheid 37 – Siegen 46.

🏠 Rauch, Wasserstr. 6, ℰ 20 48 (Hotel) 22 67 (Rest.) – ☎ ⇐⇒ 🅿
16 Z : 24 B Fb.

🏠 **Zur Post**, Niederste Str. 7, ℰ 24 65, ⇐s, 🔲 – 🅿
🔸 6.- 25. Jan geschl. – **M** *(Montag bis 17 Uhr geschl.)* a la carte 21/50 – **40 Z : 70 B** 35/60 -
70/110.

🏠 **Zum Ritter**, Kölner Str. 33, ℰ 22 49
🔸 **M** *(Donnerstag geschl.)* a la carte 19/35 – **32 Z : 54 B** 33/45 - 65/90.

Außerhalb O : 3,5 km, Richtung Helden :

🏡 **Burghotel Schnellenberg** ◕, ⊠ 5952 Attendorn, ℰ (02722) 69 40, Telex 876732, Fax
69469, « Burg a. d. 13. Jh., Burgkapelle, Burgmuseum », 🎿 – 📺 🅿 – 🔏 25/80. ஊ ⊙ E
🗲
2.- 19. Jan. und 20.- 28. Dez. geschl. – **M** 36/99 – **42 Z : 81 B** 110/150 - 170/240 Fb.

In Attendorn 3-Neu Listernohl SW : 3 km :

🏠 Parkhotel Wiederhold, Ihnestr. 30, ℰ 76 26, 🌤 – 📺 ⇐⇒ 🅿. 🎿 Zim
7 Z : 13 B.

XX ✿ **Le Pâté** ◕ mit Zim, Alte Handelsstr. 15, ℰ 75 42 – ஊ ⊙ E. 🎿
Juni - Juli 4 Wochen geschl. – **M** *(Tischbestellung ratsam)* (Montag geschl.) a la carte
50/80 – **5 Z : 10 B** 40 - 80
Spez. Entenlebercreme im Strudelteig, Edelfische auf 2 Saucen, Lamm in Petersilienkruste.

In Attendorn 11-Niederhelden O : 8 km :

🏠 Sporthotel Haus Platte, Repetalstr. 219, ℰ (02721) 13 10, 🌤, ⇐s, 🔲, 🌤, 🐎 (Halle) – ☎
⇐⇒ 🅿 – 🔏
45 Z : 90 B Fb.

🏠 **Landhotel Struck**, Repetalstr. 245, ℰ (02721) 15 23, ⇐s, 🔲, 🌤 – 📺 ☎ ⇐⇒ 🅿 –
🔏 25/180. ஊ ⊙ E
M a la carte 22/57 – **43 Z : 85 B** 73/87 - 130/172 Fb.

ATZENHAIN Hessen siehe Mücke.

AUA Hessen siehe Neuenstein.

AUERBACH IN DER OBERPFALZ 8572. Bayern 四四 R 17, 四四 ② − 8 600 Ew − Höhe 435 r − ◯ 09643.

◆München 212 − Bayreuth 42 − ◆Nürnberg 68 − ◆Regensburg 102 − Weiden in der Oberpfalz 49.

🏨 **Romantik-Hotel Goldener Löwe**, Unterer Markt 9, ℰ 17 65, Telex 631404 − 🛗 📧 Res
📺 ⇐⇒ 🅿 − 🔬 25/80. 🆎 ⑪ Ε 🆅🆂🅰 ❀ Rest
6.- 20. Jan. geschl. − **M** a la carte 37/77 − **23 Z : 42 B** 61/104 - 110/158 Fb.

🏠 **Federhof**, Bahnhofstr. 37, ℰ 12 69 − ⇐⇒ 🅿
25 Z : 35 B.

AUERSBERGSREUT Bayern siehe Haidmühle.

AUFSESS 8551. Bayern 四四 Q 17 − 1 400 Ew − Höhe 426 m − ◯ 09198.

◆München 231 − ◆Bamberg 29 − Bayreuth 31 − ◆Nürnberg 61.

🏠 **Sonnenhof** (Brauerei-Gasthof), Im Tal 70, ℰ 7 36, 🍽, 🏊 (geheizt), ❀ − 🅿
↞ *Jan. 2 Wochen und Mitte Nov.- Mitte Dez. geschl.* − **M** *(Dienstag geschl.)* a la carte 17/2
− **18 Z : 36 B** 33/35 - 56/60.

GRÜNE REISEFÜHRER

Landschaften, Sehenswürdigkeiten
Schöne Strecken, Ausflüge
Besichtigungen
Stadt- und Gebäudepläne.

AUGGEN 7841. Baden-Württemberg 四四 F 23, 四四 ④, 四四 ⑨ − 2 000 Ew − Höhe 266 m
◯ 07631 (Müllheim).

◆Stuttgart 240 − Basel 31 − ◆Freiburg im Breisgau 44 − Mulhouse 28.

🏨 **Gästehaus Krone** garni, Hauptstr. 6, ℰ 60 75, ⇐⇒, 🔲, ❀ − 🛗 ☎ 🅿. 🆎 Ε
28 Z : 50 B 78/105 - 104/160 Fb.

✗ **Zur Krone**, Hauptstr. 12, ℰ 25 56, eigener Weinbau − 🅿
Mittwoch und Feb. geschl. − Menu 27 und a la carte 34/62 🍷.

✗ **Bären** mit Zim, Bahnhofstr. 1 (B 3), ℰ 23 06, eigener Weinbau − 🅿
27. Dez.- Jan. geschl. − **M** *(Donnerstag-Freitag 15 Uhr geschl.)* a la carte 26/52 🍷 − **8 Z**
16 B 40/50 - 68/90.

In Auggen-Hach NO : 2 km :

🏨 **Lettenbuck** 🌲, ℰ 40 81, 🍽, ⇐⇒, 🔲, ❀ − 🛗 ☎ ⇐⇒ 🅿. 🆎 Ε
Mitte Dez.- Mitte Jan. geschl. − **M** *(Sonntag 14,30 Uhr - Montag geschl.)* a la carte 35/60 −
36 Z : 46 B 84/120 - 156 Fb.

AUGSBURG 8900. Bayern 四四 P 21, 四四 ㊱ − 250 000 Ew − Höhe 496 m − ◯ 0821.

Sehenswert : Fuggerei* − Maximilianstraße* − St.-Ulrich- und St.-Afra-Kirche*
(Simpertuskapelle : Baldachin mit Statuen*) − Dom (Südportal** des Chores, Türflügel*
Prophetenfenster*, Gemälde* von Holbein dem Älteren) − Städtische Kunstsamm
lungen (Festsaal**) Y **M1** − St.-Anna-Kirche (Fuggerkapelle*) X **B**.

🏌 Bobingen-Burgwalden (④ : 17 km), ℰ (08234) 56 21 ; 🏌 Stadtbergen (3 km über Augsburge
Straße), ℰ (0821) 43 49 19 ; 🏌 Gessertshausen (SW : 15 km über ⑤), Weiherhof, ℰ (08238) 37 27.

🛈 Verkehrsverein, Bahnhofstr. 7, ℰ 50 20 70.

ADAC, Ernst-Reuter-Platz 3, ℰ 3 63 05, Notruf ℰ 1 92 11.

◆München 68 ① − ◆Ulm (Donau) 80 ⑤.

Stadtplan siehe gegenüberliegende Seite.

🏩 **Steigenberger Drei Mohren-Hotel** 🌲, Maximilianstr. 40, ℰ 51 00 31, Telex 53710, Fa:
157864, « Gartenterrasse » − 🛗 ⇄ Zim 📺 Rest ⇐⇒ 🅿 − 🔬 25/500. 🆎 ⑪ Ε 🆅🆂🅰
M 30/72 − **110 Z : 170 B** 171/205 - 270/320 Fb − 5 Appart. 500. Y

🏨 **Holiday Inn - Turmhotel** 🌲, Wittelsbacher Park, ℰ 57 70 87, Telex 533225, Fax 594116
Restaurants in der 35. Etage mit ≼ Augsburg und Alpen, ⇐⇒, 🔲, ⇄ Zim 📺 Rest 📺
🅿 − 🔬 25/180. 🆎 Ε 🆅🆂🅰. ❀ Rest Z
Restaurants : − **La Fontaine** *(nur Abendessen, Aug. und Sonntag geschl.)* **M** a la carte 65/8
− **Le Bistro M** a la carte 33/60 − **184 Z : 302 B** 212 - 292 Fb − 11 Appart..

🏨 **Augusta** garni, Ludwigstr. 2, ℰ 50 10 40, Telex 533853, ⇐⇒ − 🛗 📺 ☎ 🔥 🅿 − 🔬 25/70
🆎 ⑪ Ε 🆅🆂🅰 X
47 Z : 100 B 115/165 - 160/350 Fb.

🏨 **Dom-Hotel** 🌲 garni, Frauentorstr. 8, ℰ 15 30 31 − 🛗 📺 ☎ ⇐⇒ 🅿. 🆎 Ε 🆅🆂🅰 X
44 Z : 77 B 70/90 - 95/140 Fb.

AUGSBURG

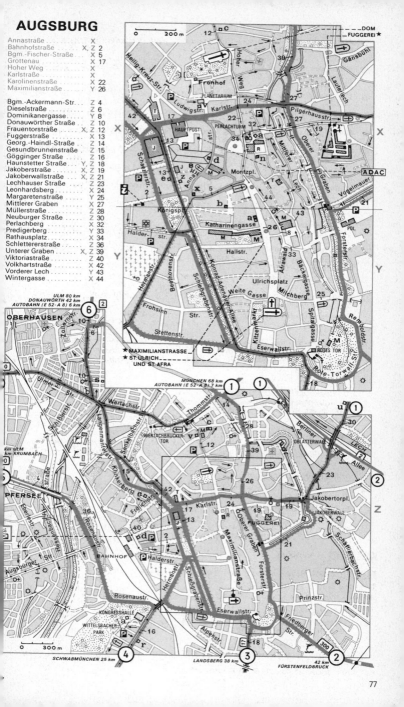

★ MAXIMILIANSTRASSE
★ ST. ULRICH
UND ST. AFRA

77

🏨 **Fischertor** garni (siehe auch Restaurant Zum alten Fischertor), Pfärrle 16, 🖉 15 60 51 -
🛗 📺 🕿 🚘. 🖭 ⑩ E 🚾   Z
23. Dez.- 8. Jan. geschl. — **21 Z : 33 B** 75/98 - 108/138.

🏨 **Hotel am Rathaus** garni, Am Hinteren Perlachberg 1, 🖉 15 60 72, Telex 533326, Fa
517746 — 🛗 📺 🕿 🚘. 🖭 ⑩ E 🚾   X
32 Z : 60 B 99 - 150 Fb.

🏨 **Ost** garni, Fuggerstr. 4, 🖉 3 30 88, Telex 533576, Fax 35519 — 🛗 📺 🕿. 🖭 ⑩ E 🚾. 🛠
24. Dez.- 7. Jan. geschl. — **46 Z : 85 B** 88/125 - 145/170 Fb.   X

🏠 **Augsburger Hof**, Auf dem Kranz 2, 🖉 31 40 83 — 🛗 📺 🕿 🚘 – 🛁 . 🖭 E 🚾   Z
M a la carte 24/56 — **35 Z : 66 B** 75/105 - 110/165 Fb.

🏠 **Riegele**, Viktoriastr. 4, 🖉 3 90 39, Telex 53681, Fax 510419 — 🛗 📺 🕿 🚘 ℗. 🖭 ⑩ E 🚾
M a la carte 25/55 — **32 Z : 54 B** 98/130 - 145/165 Fb.   Z

🏠 **Langer** garni, Gögginger Str. 39, 🖉 57 80 77, Fax 592600 — 🛗 📺 🕿 🚘 ℗. 🖭 ⑩ E
25 Z : 60 B 75/93 - 85/148.   Z

🏠 **Post**, Fuggerstr. 7, 🖉 3 60 44 — 🛗 🕿 🚘 – 🛁 25/60. 🖭 E 🚾   X
M a la carte 25/55 — **50 Z : 75 B** 75/110 - 95/180 Fb.

🏠 **Von den Rappen** 🛏 garni, Äußere Uferstr. 3, 🖉 41 20 66 — 🛗. 🖭 E 🚾   Z
41 Z : 61 B 33/52 - 55/90.

🏠 **Gästehaus Iris** garni, Gartenstr. 4, 🖉 51 09 81 — 🚘   Z
Aug. geschl. — **10 Z : 14 B** 55/65 - 110/120.

XXX ✿ **Zum alten Fischertor**, Pfärrle 14, 🖉 51 86 62 — ⑩ E 🚾. 🛠   Z
Montag, Sonn- und Feiertage sowie 26. Aug.- 17. Sept. geschl. — **M** (Tischbestellun
ratsam) a la carte 73/90
Spez. Gänsestopfleberterrine, Rehpfeffer (Saison), Dampfnudel mit Rhabarbersauce und Muskateis.

XX **Die Ecke**, Elias-Holl-Platz 2, 🖉 51 06 00 — ⑩ E 🚾   X
M a la carte 35/75.

XX **Fuggerkeller**, Maximilianstr. 38, 🖉 51 62 60 — 🍴. 🖭 ⑩ E 🚾   Y
Sonn- und Feiertage ab 15 Uhr sowie 6.- 26. Aug. geschl. — **M** a la carte 25/48.

XX **Restaurant im Feinkost Kahn**, Annastr. 16 (2. Etage), 🖉 31 20 31 — 🖭 ⑩ E 🚾
Sonn- und Feiertage geschl. — **M** a la carte 40/80.   X

X **Fuggerei-Stube**, Jakoberstr. 26, 🖉 3 08 70 — 🖭 ⑩ E 🚾   X
Sonn- und Feiertage ab 15 Uhr sowie Montag geschl. — **M** (Tischbestellung ratsam) a la
carte 25/60.

X **Zeughaus-Stuben**, Zeugplatz 4, 🖉 51 16 85, 🍽, Biergarten — 🖭 ⑩ E 🚾   X
Sonn- und Feiertage ab 16 Uhr geschl. — **M** *(auch vegetarische Gerichte)* a la carte 25/55.

X **7-Schwaben-Stuben** (Schwäbische Küche), Bürgermeister-Fischer-Str. 12, 🖉 31 45 6:
— 🖭 ⑩ E 🚾   X
M a la carte 24/52.

In Augsburg 21-Haunstetten ③ : 7 km :

🏨 ✿ **Gregor-Restaurant Cheval blanc**, Landsberger Str. 62, 🖉 8 00 50, Fax 800569, 🍽 –
🛗 📺 🕿 🚘 ℗ – 🛁 25/150. 🖭 ⑩ E
Restaurants (2.- 6. Jan. und Aug. geschl.): — **Cheval blanc** *(nur Abendessen, Montag sowi*
Sonn- und Feiertage geschl.) **M** 110/125 und a la carte 64/108 — **Lindenstube** *(Sonn- un*
Feiertage geschl.) **M** 24/27 und a la carte 36/65 — **40 Z : 60 B** 75/110 - 115/160 Fb
Spez. Pasteten und Terrinen, Kaninchenrücken im Schweinenetz, Topfenknödel mit Zwetschgenröster.

🏠 **Prinz Leopold**, Bürgermeister-Widmeier-Str. 54, 🖉 8 40 71, Telex 533882 — 🛗 📺 🕿 ℗ –
🛁 — **38 Z : 69 B** Fb.

In Augsburg-Lechhausen :

🏠 **Lech-Hotel** garni, Neuburger Str. 31, 🖉 72 10 64, Fax 719244 — 🛗 🕿. 🖭 ⑩ E 🚾   Z L
24. Dez.- 8. Jan. geschl. — **39 Z : 60 B** 81/91 - 135 Fb.

In Augsburg-Oberhausen über ⑥ :

🏨 **Alpenhof**, Donauwörther Str. 233, 🖉 41 30 51, Telex 533123, Fax 413058, �, 🔲 — 🛗 📺
🕿 🕭 🚘 ℗ – 🛁 25/180. 🖭 ⑩ E 🚾
M a la carte 25/60 — **135 Z : 251 B** 93/115 - 130/250.

AUGUSTA = Augsburg.

AUKRUG 2356. Schleswig-Holstein — 3 400 Ew — Höhe 25 m — ✪ 04873.
🏌 Aukrug-Bargfeld, 🖉 (04873) 5 95.
◆Kiel 44 — ◆Hamburg 71 — Itzehoe 26 — Neumünster 14.

In Aukrug-Innien :

XX **Gasthof Aukrug**, Bargfelder Str. 2, 🖉 4 24 — ℗. 🖭 E
nur Abendessen, Montag und Jan. geschl. — **M** a la carte 40/64.

An der B 430 SW : 6,5 km :

XX **Hof Bucken** (mit Gästehaus 🛏), ⊠ 2356 Aukrug-Innien, 🖉 (04873) 2 09, 🍽, « Garten »
— ℗. E
M a la carte 25/60 — **11 Z : 21 B** 30/45 - 60/90.

AUMÜHLE 2055. Schleswig-Holstein − 3 500 Ew − Höhe 35 m − ✪ 04104.

🚉 Dassendorf (SO : 5 km), ✆ (040)7 22 44 41.

♦Kiel 104 − ♦Hamburg 26 − ♦Lübeck 57.

  XX **Fischerhaus** 🍴 mit Zim, Am Mühlenteich 3, ✆ 50 42, ≼, ☞ − 📺 ☎ ⇐ 🄿
      M a la carte 38/75 − **15 Z : 26 B** 72 - 110.

  XX **Fürst Bismarck Mühle** 🍴 mit Zim, Mühlenweg 3, ✆ 20 28, ☞ − 📺 ☎ 🄿. 🄰🄴 ⓞ 🄴 𝖵𝖨𝖲𝖠
      M *(Mittwoch geschl.)* a la carte 35/72 − **6 Z : 12 B** 70/90 - 105/140.

  XX **Waldesruh am See** 🍴 mit Zim (ehemaliges Jagdschloß a.d. 18. Jh.), Am Mühlenteich,
      ✆ 30 46, « Gartenterrasse mit ≼ », ☞ − 🖨 📺 ☎ 🄿. 🄰🄴 ⓞ 🄴 𝖵𝖨𝖲𝖠
      M *(Dienstag geschl.)* a la carte 32/60 − **16 Z : 24 B** 70/90 - 120/170.

AURICH (OSTFRIESLAND) 2960. Niedersachsen 𝟵𝟴𝟳 ④. 𝟰𝟬𝟴 ⑦ − 35 000 Ew − Höhe 8 m − ✪ 04941.

🚩 Tourist-Information, Pavillon am Pferdemarkt, ✆ 44 64.

ADAC, Esenser Str. 122a, ✆ 7 29 99, Notruf ✆ 1 92 11.

♦Hannover 241 − Emden 26 − ♦Oldenburg 70 − Wilhelmshaven 51.

  🏨 **Piqueurhof**, Burgstraße, ✆ 41 18, Telex 27457, ≘, 🆘 − 🖨 📺 ☎ ᴴ ⇐ 🄿 − 🕍
      48 Z : 90 B Fb.

  🏨 **Stadt Aurich** 🍴, Hoheberger Weg 17, ✆ 43 31, Fax 62572, ☞, ≘ − 🖨 📺 ☎ 🄿 −
      🕍 25/60. 🄰🄴 ⓞ 🄴 𝖵𝖨𝖲𝖠
      M *(auch vegetarische Gerichte)* a la carte 30/65 − **48 Z : 96 B** 65/90 - 110 Fb − 3 Appart.
      180.

  🏨 **Brems Garten**, Kirchdorfer Str. 7, ✆ 1 00 08, Fax 10413 − 📺 ☎ 🄿 − 🕍 25/350. ⓞ 🄴
      𝖵𝖨𝖲𝖠
      M a la carte 25/59 − **30 Z : 55 B** 58/75 - 95/135 Fb.

  🏠 **Letkant** garni, Esenser Str. 76, ✆ 43 10 − 🄿
      25 Z : 36 B 31/40 - 56/70.

    In Aurich-Wallinghausen O : 3 km :

  🏨 **Köhlers Forsthaus** 🍴, Hoheberger Weg 192, ✆ 44 14, « Garten », ≘, 🆘, Fahrradverleih
      − 📺 ☎ ᴴ 🄿 − 🕍 25/100. ⓞ 🄴 𝖵𝖨𝖲𝖠
      M a la carte 28/56 − **48 Z : 90 B** 50/120 - 100/200 Fb.

    In Aurich-Wiesens SO : 6 km :

  🏨 **Waldhof** 🍴, Zum alten Moor 10, ✆ 6 10 99, « Park, Gartenterrasse » − ☎ ⇐ 🄿. ❀ Zim
      10 Z : 15 B.

AYING 8011. Bayern 𝟰𝟭𝟯 S 23 − 3 000 Ew − Höhe 611 m − Wintersport : ⚞1 − ✪ 08095.

♦München 26 − Rosenheim 34.

  🏨 **Brauereigasthof Aying**, Zornedinger Str. 2, ✆ 7 05, Fax 8850, ☞, « Rustikale
      Einrichtung » − 📺 ☎ 🄿 − 🕍 25/100. 🄰🄴 ⓞ 🄴
      Mitte Jan.- Anfang Feb. geschl. − Menu a la carte 30/68 − **18 Z : 31 B** 80/100 - 150/175 Fb.

AYL 5511. Rheinland-Pfalz − 1 200 Ew − Höhe 160 m − ✪ 06581.

Mainz 178 − Merzig 28 − Saarburg 3,5 − ♦Trier 21.

  🏠 **Weinhaus Ayler Kupp** 🍴, Trierer Str. 49, ✆ 30 31, Weingut, Weinprobe,
      « Gartenterrasse » − 📺 ☎ 🄿. ⓞ 🄴. ❀ Rest
      15. Dez.- Jan. geschl. − Menu *(Sonntag - Montag 17 Uhr geschl.)* 29 und a la carte 31/61 ♨
      − **13 Z : 22 B** 35/50 - 65/80.

BABENHAUSEN 8943. Bayern 𝟰𝟭𝟯 N 22. 𝟵𝟴𝟳 ⊛. 𝟰𝟮𝟲 ⑮ − 4 800 Ew − Höhe 563 m −
Erholungsort − ✪ 08333.

♦München 112 − ♦Augsburg 64 − Memmingen 22 − ♦Ulm (Donau) 39.

  🏤 **Sailer Bräu** 🍴, Judengasse 10, ✆ 13 28 − ⇐ 🄿
  ♠ **M** *(Donnerstag geschl.)* 15/30 − **18 Z : 35 B** 28/40 - 52/76.

  XX **Post**, Stadtgasse 1, ✆ 13 03 − 🄰🄴 ⓞ 🄴
      Montag 15 Uhr - Dienstag, 5.- 15. März und 20. Aug.- 7. Sept. geschl. − **M** a la carte 25/58.

BABENHAUSEN 6113. Hessen 𝟰𝟭𝟯 J 17. 𝟵𝟴𝟳 ⊛ − 14 000 Ew − Höhe 126 m − ✪ 06073.

♦Wiesbaden 63 − Aschaffenburg 14 − ♦Darmstadt 26.

  🏠 **Deutscher Hof**, Bismarckplatz 4, ✆ 33 36 − ⇐ 🄿. 🄰🄴 ⓞ 🄴
  ♠ *Mitte Juli - Mitte Aug. geschl.* − **M** *(nur Abendessen, Samstag geschl.)* a la carte 19/46 −
      24 Z : 35 B 40/60 - 80/120.

BACHARACH 6533. Rheinland-Pfalz 987 ㉔ — 2 600 Ew — Höhe 80 m — ✆ 06743.

Sehenswert : Markt★ — Posthof★ — Burg Stahleck (Aussichtsturm ≤★★).

🇧 Städtisches Verkehrsamt, Oberstr. 1, ✆ 12 97.

Mainz 50 — ◆Koblenz 50 — Bad Kreuznach 33.

🏠 **Park-Café**, Marktstr. 8, ✆ 14 22, ㈘, 🔲 — 🛗 ⟸. E 𝘝𝘐𝘚𝘈. ✻ Zim
◆ März - Nov. — M (Dienstag geschl.) 15/30 (mittags) und a la carte 23/50 — **20 Z : 41 B** 55/68
- 85/120.

🏠 **Altkölnischer Hof**, Blücherstr. 2, ✆ 13 39 — 🛗 ⟸
nur Saison — **21 Z : 43 B**.

🏠 **Gelber Hof**, Blücherstr. 26, ✆ 10 17, Fax 1088, ☞ — 🛗 ☎ — 🏛 30. ㎒ ⓞ E 𝘝𝘐𝘚𝘈
2.- 31. Jan. und 15.- 25. Dez. geschl. — M (Montag geschl.) a la carte 29/53 ⅃ — **32 Z : 60 B**
45/75 - 85/115.

🏠 **Zur Post**, Oberstr. 38, ✆ 12 77 — ㎒. ✻ Rest
◆ 10. März - Okt. — M (Dienstag geschl.) a la carte 19/48 ⅃ — **17 Z : 35 B** 38/65 - 62/88.

🏠 **Im Malerwinkel** ≫ garni (Fachwerkhaus a.d.J. 1696), Blücherstr. 41, ✆ 12 39, ☞ — ⟸
🅿
25 Z : 45 B 30/45 - 50/70.

BACKNANG 7150. Baden-Württemberg 413 L 20. 987 ㉖ — 30 000 Ew — Höhe 271 m —
✆ 07191.

◆Stuttgart 32 — Heilbronn 36 — Schwäbisch Gmünd 42 — Schwäbisch Hall 37.

🏨 **Schwanen** ≫, Schillerstr. 9, ✆ 81 31 — ☎ ⟸. ㎒ ⓞ E 𝘝𝘐𝘚𝘈. ✻ Zim
M (Samstag, 15.- 31. Juli und 26. Dez.- 6. Jan. geschl.) a la carte 37/62 — **13 Z : 18 B** 108/115
- 158/165 Fb.

🏨 **Bitzer** garni, Eugen-Adolff-Str. 29, ✆ 6 53 09, Fax 87636 — 📺 ☎ ⟸ 🅿. ㎒ ⓞ E 𝘝𝘐𝘚𝘈
32 Z : 49 B 59 - 96.

🏠 **Holzwarth** garni, Eduard-Breuninger-Str. 2, ✆ 81 94 — ☎ 🅿
15 Z : 28 B 57/62 - 97/107.

✕✕ **Backnanger Stuben**, Bahnhofstr. 7 (Bürgerhaus), ✆ 6 20 61 — 🏛 30. ㎒ ⓞ E 𝘝𝘐𝘚𝘈
Dienstag geschl. — M a la carte 27/60.

✕✕ **Weinstube Mildenberger**, Schillerstr. 23 (1. Etage), ✆ 6 82 11 — ㎒ E
Sonntag - Montag 18 Uhr geschl. — M a la carte 40/68.

✕ **Königsbacher Klause**, Sulzbacher Str. 10, ✆ 6 62 38
◆ Samstag und 15.- 30. Juli geschl. — M 14/20 ⅃.

In Backnang 4-Steinbach O : 4 km :

✕ **Auberge du Linde** mit Zim, Lindenplatz 2, ✆ 6 17 71 — 🅿. ㎒ ⓞ E
◆ Juli 3 Wochen geschl. — M (Mittwoch bis 18 Uhr und Samstag geschl.) a la carte 21/50 —
8 Z : 12 B 38/45 - 65.

In Aspach-Großaspach 7152 NW : 4 km :

✕✕ **Lamm** mit Zim, Hauptstr. 23, ✆ (07191) 2 02 71 — 🅿
24. Dez.- 6. Jan. und 3. Juli - 3. Aug. geschl. — M (Sonntag 15 Uhr - Montag geschl.) a la
carte 31/53 — **2 Z : 4 B** 70 - 95.

In Aspach-Kleinaspach 7152 NW : 7 km :

🏨 **Sonnenhof** ≫, Oberstenfelder Straße, ✆ (07148) 3 70, Fax 37303, ㈘, ⌇ (geheizt), 🔲,
☞, ✻ — 📺 ☎ 🅿 — 🏛 25/140. E
M a la carte 25/55 ⅃ — **145 Z : 295 B** 40/69 - 76/98 Fb.

BAD...

siehe unter dem Eigennamen des Ortes (z. B. Bad Orb siehe Orb, Bad).

voir au nom propre de la localité (ex. : Bad Orb voir Orb, Bad).

see under second part of town name (e.g. for Bad Orb see under Orb, Bad).

vedere nome proprio della località (es. : Bad Orb vedere Orb, Bad).

BADEN-BADEN 7570. Baden-Württemberg 413 H 20. 987 ㉞㉟, 242 ⑳ — 50 000 Ew — Höhe
181 m — Heilbad — ✆ 07221.

Sehenswert : Lichtentaler Allee★★ BZ.

Ausflugsziele : Ruine Yburg ✻★★, AZ — Schwarzwaldhochstraße (Höhenstraße★★ von
Baden-Baden bis Freudenstadt) — Autobahnkirche★, ① : 8 km.

🛆 Fremersbergstr. 127 (über Moltkestr. AZ), ✆ 2 35 79.

🇧 Kurdirektion (Abt. Information), Augustaplatz 8, ✆ 27 52 00, Telex 781208.

ADAC, Lange Str. 57, ✆ 2 22 10, Notruf ✆ 1 92 11.

◆Stuttgart 112 ① — ◆Freiburg im Breisgau 112 ① — ◆Karlsruhe 39 ① — Strasbourg 61 ①.

Gernsbacher Str.	BY 6
Kreuzstraße	BY 13
Lange Straße	BY 14
Lichtentaler Str.	AZ 16
Luisenstraße	ABY
Sophienstraße	BY

Burgstraße	BY 3
Fremersbergstr.	AZ 5
Geroldsauer Str.	AZ 7

Hermann-Sielcken-Straße	AZ 8
Hirschstraße	BY 10
Kaiser-Wilhelm-Str.	AZ 12
Lichtentaler Allee	AZ 15
Ludwig-Wilhelm-Platz	BZ 17
Markgrafenstr.	AZ 18
Marktplatz	AZ 19
Rheinstraße	AZ 22
Sonnenplatz	AZ 28
Steinstraße	BY 30
Werderstraße	AZ 31

Brenner's Park-Hotel ⟫, Schillerstr. 6, ℰ 35 30, Telex 781261, Fax 353353, ≤, « Park, Caféterrasse », Bade- und Massageabteilung (Brenners Spa), ⟰, ⟱, ◲, ≉ – ⋬ ⊡ ⇐
🅿 – ⟐ 25/150. ⚏ ⓞ ⚎. ⚘ Rest BZ **a**
M *(siehe auch Restaurant Schwarzwald-Stube)* a la carte 70/100 – **100 Z : 170 B** 238/426 - 286/1286 – 32 Appart. 1500/2000 – ½ P 223/480.

Steigenberger-Hotel Europäischer Hof, Kaiserallee 2, ℰ 2 35 61, Telex 781188, Fax 28831, ≤ – ⋬ ⅻ Zim ⊡ 🅿 – ⟐ 25/90. ⚏ ⓞ ⚎ ⚎. ⚘ Rest BY **b**
M a la carte 50/80 – **135 Z : 201B** 167/267 - 252/434 Fb – 4 Appart. 474/1500 – ½ P 190/315.

Steigenberger Hotel Badischer Hof, Lange Str. 47, ℰ 2 28 27, Telex 781121, Fax 28729, ⟰, ≋, ◲ (Thermal), ◲, ≉ – ⋬ ⅻ Zim ⊡ ♿ ⇐ – ⟐ 25/250. ⚏ ⓞ ⚎. ⚘ Rest AY **e**
M a la carte 60/86 – **140 Z : 235 B** 169/241 - 256/416 Fb – 5 Appart. 485/805 – ½ P 176/289.

Quisisana ⟫, Bismarckstr. 21, ℰ 34 46, « Elegante Einrichtung », Bade- und Massageabteilung, ⟰, ≋, ◲, – ⋬ ⊡ ⇐ – ⟐ 30. ⚎ ⚎ ⚘ Rest AZ **n**
M a la carte 41/65 – **56 Z : 84 B** 160/200 - 240/360 Fb – ½ P 210/250.

Holiday Inn Sporthotel ⟫, Falkenstr. 2, ℰ 21 90, Telex 781255, Fax 219519, ⟰, ≋, ◲, ≉ – ⋬ ⅻ Zim ⊡ ♿ 🅿 – ⟐ 25/100. ⚏ ⓞ ⚎ ⚎
M a la carte 44/70 – **121 Z : 200 B** 189/227 - 274/285 Fb – 5 Appart. 375/470. BZ **e**

81

🏫 **Golf-Hotel** ⚘, Fremersbergstr. 113, ℰ 2 36 91, Telex 781174, Fax 28561, 🍽, « Park », ⛬, ⌧, ⌧, ✍, ✎ – 📶 📺 ♿ ◗ – 🏛 25/100. 🖭 ⓪ 🗲 𝘃𝘪𝘴𝘢. ✦ Rest AZ **m**
April-Okt. – **M** a la carte 35/68 – **85 Z : 140 B** 130/170 - 170/240 Fb – 10 Appart. 250/400 – ½ P 120/205.

🏫 **Der Quellenhof** ⚘, Sophienstr. 27, ℰ 2 21 34, Telex 781202, Fax 28320, 🍽 – 📶 ✍ Zim
📶 Rest 📺 ⇔ – 🏛 25/50. 🖭 ⓪ 🗲 𝘃𝘪𝘴𝘢 BY **s**
M siehe : Rest. **Das Süße Löchel** – **s'Badstüble** *(auch vegetarische Gerichte)* **M** a la carte
24/50 – **52 Z : 90 B** 165/194 - 230/350 Fb.

🏫 **Allee-Hotel Bären**, Hauptstr. 36, ℰ 70 20, Telex 781291, Fax 702113, ⟨, « Parkterrasse »,
✎ – 📶 📺 ⇔ ◗ – 🏛 25/60. 🖭 ⓪ 🗲 𝘃𝘪𝘴𝘢 AZ **p**
M a la carte 42/76 – **81 Z : 120 B** 130/220 - 200/320 Fb – ½ P 130/250.

🏫 **Fairway Hotel**, Fremersbergstr. 125, ℰ 21 71, Telex 781407, Fax 26215, « Gartenterrasse »,
Bade- und Massageabteilung, 🍽, ⌧, (geheizt), ⌧, ✎ – 📶 ✍ Zim 📺 ◗ – 🏛 25/60. 🖭
⓪ 🗲 𝘃𝘪𝘴𝘢 über Fremersbergstr. AZ
M a la carte 49/75 – **113 Z : 200 B** 158/238 - 228/258 Fb – 18 Appart. 256/460.

🏫 **Holland Hotel Sophienpark**, Sophienstr. 14, ℰ 35 60, Telex 781368, Fax 356121, « Park »,
✎ – 📶 📺 ⇔ ◗ – 🏛 25/70. 🖭 ⓪ 🗲 𝘃𝘪𝘴𝘢 BY **z**
M um 23 (mittags) und a la carte 36/57 – **75 Z : 111 B** 120/245 - 190/260 Fb – 5 Appart.
280/300.

🏫 **Bad-Hotel Zum Hirsch** ⚘, Hirschstr. 1, ℰ 2 38 96, Telex 781193, Fax 28831, « Antike
Einrichtung, Ballsaal », Bade-und Massageabteilung – 📶 ✍ Zim 📺 ⇔ – 🏛 25/60. 🖭
⓪ 🗲 𝘃𝘪𝘴𝘢. ✦ Rest BY **g**
(nur Abendessen für Hausgäste) – **58 Z : 82 B** 105/153 - 188/256 Fb.

🏠 **Romantik-Hotel Der kleine Prinz**, Lichtentaler Str. 36, ℰ 34 64, Telex 781433,
« Elegante Einrichtung » – 📶 📺 ☎ ⇔. 🖭 ⓪ 🗲 𝘃𝘪𝘴𝘢 BZ **u**
M *(Montag - Dienstag 18 Uhr und 4.- 19. Jan. geschl.)* 56/95 – **33 Z : 60 B** 150/200 - 200/300
Fb – 9 Appart. 300/350.

🏠 **Atlantic** garni, Sophienstr. 2a, ℰ 2 41 11, « Caféterrasse » – 📶 ☎. 🖭 🗲 𝘃𝘪𝘴𝘢 BY **r**
53 Z : 75 B 109/278 - 184/290 Fb.

🏠 **Tannenhof** ⚘ garni, Hans-Bredow-Str. 20, ℰ 27 11 81, ⟨ – 📶 📺 ☎ ◗. 🖭 ⓪ 🗲 𝘃𝘪𝘴𝘢 AZ **m**
27 Z : 47 B 95/200 - 180/300 Fb.

🏠 **Falkenhalde** ⚘, Hahnhofstr. 71, ℰ 34 31, 🍽, ⌧, ✎ – 📶 ☎ ⇔ ◗. 🖭 🗲 𝘃𝘪𝘴𝘢 BZ **v**
M *(nur Abendessen, Montag - Dienstag und Dez.- Feb. geschl.)* a la carte 24/42 – **32 Z :
60 B** 120/165 - 175/185.

🏠 **Müller** ⚘ garni, Lange Str. 34, ℰ 2 32 11 – 📶 📺 ☎. 🖭 ⓪ 🗲 𝘃𝘪𝘴𝘢 BY **g**
24 Z : 40 B 89/110 - 135/161 Fb.

🏠 **Deutscher Kaiser** ⚘, Merkurstr. 9, ℰ 3 30 36/27 00 – 📶 📺 ☎ ⇔ – 🏛 25. 🖭 ⓪ 🗲
𝘃𝘪𝘴𝘢. ✦ Rest BZ **h**
M *(Sonntag ab 14 Uhr und 5. Feb.- 4. März geschl.)* a la carte 35/63 – **27 Z : 48 B** 95/120 -
140/160 Fb.

🏠 **Süß** ⚘, Friesenbergstr. 2, ℰ 2 23 65, ⟨, ✎ – ☎ ◗. 🖭 ⓪ 🗲 𝘃𝘪𝘴𝘢. ✦ Rest AY **t**
Mitte März - 10. Nov. – (Restaurant nur für Hausgäste) – **40 Z : 62 B** 49/95 - 86/148.

🏠 **Haus Reichert** garni, Sophienstr. 4, ℰ 2 41 91, 🍽, ⌧ – 📶 📺 ☎ BY **v**
42 Z : 70 B – 9 Appart..

🏠 **Etol** ⚘ garni, Merkurstr. 7, ℰ 2 58 55 – 📺 ☎ ◗. 🖭 ⓪ 🗲 𝘃𝘪𝘴𝘢. ✦ BZ **h**
20 Z : 32 B 90/120 - 130/160 Fb.

🏠 **Greiner** ⚘ garni, Lichtentaler Allee 88, ℰ 7 11 35, ⟨ – ◗. ✦ AZ **u**
Mitte Nov.- Anfang Dez. geschl. – **33 Z : 54 B** 50/60 - 80/95.

🏠 **Merkur** garni, Merkurstr. 8, ℰ 3 33 60 – 📶 📺 ☎ ⇔ BZ **c**
29 Z : 48 B Fb.

🏠 **Schweizer Hof** garni, Lange Str. 73, ℰ 2 42 31 – 📶 ☎ AY **s**
29 Z : 45 B 45/60 - 90/140.

🏠 **Bischoff** garni, Römerplatz 2, ℰ 2 23 78 – 📶 ☎. 🖭 ⓪ 🗲 𝘃𝘪𝘴𝘢. ✦ BY **a**
Dez.- Jan geschl. – **22 Z : 40 B** 70/75 - 105/130.

🏠 **Römerhof** garni, Sophienstr. 25, ℰ 2 34 15 – 📶 ☎ ⇔. 🖭 ⓪ 🗲 𝘃𝘪𝘴𝘢. ✦ BY **k**
Mitte Dez.-Ende Jan. geschl. – **24 Z : 40 B** 70/75 - 120/130.

🏠 **Am Markt**, Marktplatz 18, ℰ 2 27 47 – 📶 ☎. 🖭 ⓪ 🗲 𝘃𝘪𝘴𝘢 BY **u**
(nur Abendessen für Hausgäste) – **27 Z : 42 B** 42/60 - 80/98.

✕✕✕ **Stahlbad**, Augustaplatz 2, ℰ 2 45 69, « Gartenterrasse » – 🖭 ⓪ 🗲 𝘃𝘪𝘴𝘢 BZ **w**
Montag geschl. – **M** a la carte 65/110.

✕✕✕ **Oxmox**, Kaiserallee 4, ℰ 2 99 00, Fax 26289 – 🖭 🗲 𝘃𝘪𝘴𝘢 ABY **x**
nur Abendessen, Sonntag und Mitte Juli - Mitte Aug. geschl. – **M** a la carte 56/85.

✕✕ **Schwarzwald-Stube** (Stadtrestaurant des Brenner's Park Hotel), Schillerstr. 6, ℰ 35 30,
🍽 – 🔲 ◗. 🖭 ⓪ 🗲. ✦ BZ **a**
M a la carte 70/90.

✕✕ **Das Süße Löchel**, Sophienstr. 27, ℰ 2 30 30 – 🔲. 🖭 ⓪ 🗲 𝘃𝘪𝘴𝘢. ✦ BY **s**
Dienstag - Mittwoch 18 Uhr geschl. – **M** 45/88.

X Kurhaus-Betriebe, Kaiserallee 1, *&* 2 27 17, 😚 – ✖ AY

X Molkenkur, Quettigstr. 19, *&* 3 32 57, 😚 – **℗** AZ **e**

X Zum Nest, Rettigstr. 1, *&* 2 30 76 – ▦ **℗** BY **m**

X **Münchner Löwenbräu**, Gernsbacher Str. 9, *&* 2 23 11, Fax 26320, 😚, Biergarten – **E** BY **n**
   VISA
   M a la carte 31/53.

X **Badner Stuben**, Rettigstr. 4, *&* 2 20 39 BY **e**
   Sonntag 14 Uhr - Montag und Ende Feb.- Mitte März geschl. – **M** a la carte 25/54.

   An der Straße nach Ebersteinburg NO : 2 km :

🏨 **Kappelmann**, Rotenbachtalstr. 30, ✉ 7570 Baden-Baden, *&* (07221) 35 50, Fax 355100,
   😚, 🌳, Fahrradverleih – ⛣ 📺 ☎ **℗**. 🆎 ⊙ **E** *VISA*
   M a la carte 33/60 – **42 Z : 65 B** 100/140 - 160/185 Fb – ½ P 105/155.

   An der Straße nach Gernsbach ② : 5 km :

🏨 **Waldhotel Fischkultur** ⑤, Gaisbach 91, ✉ 7570 Baden-Baden, *&* (07221) 7 10 25, 😚,
   🌳 – ⛣ ☎ ⇔ **℗**. 🆎 **E**
   Jan.- Feb. geschl. – **M** a la carte 31/65 – **35 Z : 60 B** 65/120 - 90/195 – ½ P 71/126.

   In Baden-Baden 21-Ebersteinburg NO : 3 km über Rotenbachtalstraße BY :

🏠 **Merkurwald**, Staufenweg 1, *&* 2 41 49, ≤, 😚 – ☎ ⇔ **℗**
   16 Z : 23 B Fb.

   In Baden-Baden - Geroldsau S : 5 km über Geroldsauer Str. AZ :

🏨 **Sonne** garni, Geroldsauer Str. 145, *&* 74 12 – ☎ ⇔ **℗**
   18 Z : 36 B 70/85 - 100.

🏠 **Hirsch**, Geroldsauer Str. 130, *&* 7 13 17, Biergarten – **℗**. **E**
   M *(Mittwoch geschl.)* a la carte 26/45 – **12 Z : 24 B** 45/60 - 80/105.

   In Baden-Baden - Lichtental :

🏚 **Zum Felsen**, Geroldsauer Str. 43, *&* 7 16 41 AZ **a**
   3.- 31. Jan. geschl. – **M** *(Montag geschl.)* a la carte 20/37 ♨ – **9 Z : 18 B** 50/55 - 75.

   In Baden-Baden 23 - Neuweier SW : 10 km über Fremersbergstr. AZ – ⊙ 07223 :

🏨 **Rebenhof** ⑤, Weinstr. 58, *&* 54 06, ≤ Weinberge und Rheinebene, 😚, 🌳 – ☎ ⇔ **℗**
   15. Jan.- Feb. geschl. – Menu *(Sonntag - Montag 15 Uhr geschl.)* 24/35 und a la carte 27/58
   – **17 Z : 29 B** 62 - 106/135.

🏨 **Heiligenstein** ⑤, Heiligensteinstr. 19a, *&* 5 20 25, ≤ Weinberge, Rheinebene und Yburg,
   ☎☎, 🌳 – ⛣ 📺 ☎ **℗** – 🛈 25. **E**
   22.- 25. Dez. geschl. – **M** *(nur Abendessen, Dienstag geschl.)* a la carte 36/55 – **24 Z : 48 B**
   64/100 - 108/180 Fb.

🏠 **Pension Röderhof** ⑤ garni, Im Nußgärtel 2, *&* 5 20 44, 🌳 – ☎ ⇔ **℗**
   15. Dez.- 15. Jan. geschl. – **14 Z : 28 B** 50 - 76/100.

🏠 **Zum Altenberg** ⑤, Schartenbergstr. 6, *&* 5 72 36, 😚, 🖼, 🌳 – **℗**
   15. Nov.- 24. Dez. geschl. – **M** *(Donnerstag geschl.)* a la carte 22/49 – **19 Z : 25 B** 42/65 -
   80/110 – ½ P 60/80.

XX ❀ **Zum Alde Gott**, Weinstr. 10, *&* 55 13, ≤, 😚 – **℗**. ⊙ **E** *VISA*
   Jan. und Donnerstag - Freitag 18 Uhr geschl. – **M** 80/135 und a la carte 65/97
   Spez. Gänseleberterrine, Salat von Wachteln mit Linsen, Dorade mit Knoblauchsauce.

XX **Schloß Neuweier**, Mauerbergstr. 21, *&* 5 79 44, « Gartenterrasse » – **℗**. **E**
   Dienstag - Mittwoch 18 Uhr und 8. Jan.- 6. Feb. geschl. – **M** 45/98.

XX **Traube** mit Zim, Mauerbergstr. 107, *&* 5 72 16, ☎☎ – ☎ **℗**. 🆎 ⊙ **E** *VISA*
   M *(Montag geschl.)* 30/85 – **15 Z : 25 B** 55/75 - 100/158.

XX **Zum Lamm** mit Zim, Mauerbergstr. 34, *&* 5 72 12, « Rustikale Einrichtung, Gartenterrasse »
   – ☎ **℗**
   11 Z : 19 B Fb.

XX **Rebstock** ⑤ mit Zim, Schloßackerweg 3, *&* 5 72 40, ≤, 😚, 🌳 – **℗**. 🆎 **E**
   22. Nov.- 10. Jan. geschl. – **M** *(Montag 15 Uhr - Dienstag geschl.)* a la carte 39/65 – **4 Z :
   8 B** 58 - 92.

   In Baden-Baden - Oberbeuern über ② Richtung Gernsbach :

🏠 **Waldhorn**, Beuerner Str. 54, *&* 7 22 88, « Gartenterrasse mit Grill » – 📺 ☎ **℗**. 🆎 ⊙ **E**
   VISA. ✖ Rest
   M *(Montag und Ende Feb.- Anfang März geschl.)* 17/30 – **13 Z : 21 B** 40/70 - 85/110.

   In Baden-Baden 24 - Sandweier ① : 8 km :

🏨 **Blume**, Mühlstr. 24, *&* 5 17 11, 😚, ☎☎, 🖼, 🌳 – ⛣ ☎ **℗** – 🛈 25/100
   M a la carte 29/53 – **17 Z : 40 B** 65/80 - 110/115 – ½ P 73/88.

In Baden-Baden 22-Varnhalt SW : 6 km über Fremersbergstr. AZ – 🕙 07223 :

🏡 **Monpti** 🦗, Auf der Alm 24, 𝒫 5 70 45, ≤ Rheinebene, 🗻 (geheizt), 🖼 – 📺 ☎ 🅿
nur Saison – (Restaurant nur für Hausgäste) – **13 Z : 23 B**.

🏡 **Landhaus Zuflucht** 🦗 garni, Auf der Alm 21, 𝒫 63 21, ≤ Weinberge, 🈺, 🖼 – ☎ 🅿
🆎 ①
März - Nov. – **7 Z : 11 B** 45/55 - 90/110.

🏡 **Haus Rebland, Umweger Str. 133**, 𝒫 5 20 47, ≤ Weinberge und Rheinebene, �, 🈺, 🗔
– ☎ 🅿
24 Z : 43 B.

XX ⊛ **Pospisil's Restaurant Merkurius** mit Zim, Klosterbergstr. 2, 𝒫 54 74, ≤ Weinberge
und Rheinebene, 🌅, 🖼 – ☎ 🅿. 🆎 ① E
M *(Montag - Dienstag 19 Uhr geschl.)* a la carte 71/93 – **4 Z : 8 B** 80/100 - 110/130
Spez. Mille-feuille mit Lachs und Kräuterquark, Zander mit Kartoffelspaghetti, Erdbeerknödel mit geriebenem
Lebkuchen.

XX **Bocksbeutel** mit Zim, Umweger Str. 103 (Umweg), 𝒫 5 80 31, ≤ Weinberge und
Rheinebene – ☎ 🅿. 🆎 ① 🚾
M *(auch vegetarisches Menu)* (Montag - Dienstag 18 Uhr geschl.) a la carte 39/69 – **10 Z :
20 B** 85/100 - 120/140.

XX **Zum Adler** mit Zim, Klosterbergstr. 15, 𝒫 5 72 41, ≤ Weinberge und Rheinebene, 🌅 –
🅿. 🆎 ① E 🚾
10. Jan.- 9. Feb. geschl. – **M** *(Donnerstag geschl.)* a la carte 26/60 – **9 Z : 15 B** 58 - 98.

An der Autobahn A 5 über ① :

🏨 **Rasthaus Baden-Baden**, ✉ 7570 Baden-Baden 24, 𝒫 (07221) 6 50 43, 🌅 – 📳 ↞ Zim
📺 ☎ 🕭 ↞ 🅿 – 🔼 25/50
M (auch Self-Service) a la carte 29/50 – **39 Z : 69 B** 105 - 160.

BADENWEILER 7847. Baden-Württemberg 🔲🔲🔲 G 23. �🟥 🈂. 🔲🔲🔲 ④ – 3 400 Ew – Höhe 426 m
– Heilbad – Das Kurzentrum ist für den Durchgangsverkehr gesperrt, Fahrerlaubnis nur für
Hotelgäste oder mit Sondergenehmigung – 🕙 07632.

Sehenswert : Kurpark✶✶ – Burgruine ✵✶.

Ausflugsziele : Blauen : Aussichtsturm ✵✶✶, SO : 8 km – Schloß Bürgeln✶, S : 8 km.

🅱 beim Grenzübergang Neuenburg (W : 16 km), 𝒫 (07632) 50 31.

🅸 Kurverwaltung, Ernst-Eisenlohr-Str. 4, 𝒫 7 21 10.

◆Stuttgart 242 – Basel 45 – ◆Freiburg im Breisgau 46 – Mulhouse 30.

🏨🏨 **Römerbad** 🦗, Schloßplatz 1, 𝒫 7 00, Telex 772933, Fax 70200, « Park », Massage, 🈺,
🗻 (Thermal), 🗔, 🖼, ⚒ – 📳 📺 ⚒ ↞ 🅿 – 🔼 25/80. 🆎 🚾. 🎬 Rest
M a la carte 45/72 – **111 Z : 158 B** 190/310 - 290/370 – 7 Appart. 410/490 – 3 Fewo 220/230
– ½ P 190/295.

🏨🏨 **Schwarzmatt** 🦗, Schwarzmattstr. 6, 𝒫 60 42, 🌅, 🗔 – 📳 📺 ↞ 🅿. 🎬 Rest
M (Tischbestellung ratsam) a la carte 50/78 – **41 Z : 80 B** 130/165 - 260/340 Fb – 4 Appart.
330.

🏨🏨 **Parkhotel Weißes Haus** 🦗, Wilhelmstr. 6, 𝒫 50 41, ≤, « Park », 🖼, ⚒ – 📳 📺 ↞
🅿. 🎬
März - 15. Nov. – (Rest. nur für Hausgäste) – **40 Z : 60 B** 110/150 - 220 Fb – 3 Appart. 240
– ½ P 90/140.

🏨 **Blauenwald** garni, Blauenstr. 11, 𝒫 50 08, 🗔 – 📳 ☎ ↞ 🅿
38 Z : 46 B 59/70 - 115/130 – 3 Appart. 200.

🏨 **Ritter**, Friedrichstr. 2, 𝒫 50 74, Telex 774105, 🌅, « Garten », Bade- und Massageabteilung, ⚕, 🈺, 🗔, 🖼 – 📳 ☎ 🅿. 🆎. 🎬
M 23/42 (mittags) und a la carte 31/62 – **60 Z : 95 B** 70/160 - 130/250 – ½ P 90/155.

🏨 **Eckerlin - Mirador Garden**, Römerstr. 2, 𝒫 75 09 01, ≤, 🌅, « Garten », 🗻 (geheizt),
🗔, 🖼 – 📳 ☎ 🅿
6. Jan.- Feb. und 15. Nov.- 15. Dez. garni – **M** *(Dienstag 15 Uhr - Mittwoch geschl.)* a la
carte 25/40 – **63 Z : 90 B** 95/150 - 190/280 Fb – ½ P 115/145.

🏨 **Romantik-Hotel Sonne** 🦗, Moltkestr. 4, 𝒫 7 50 80, Fax 750865, 🖼 – ☎ ↞ 🅿. 🆎 ①
E 🚾. 🎬 Zim
Mitte Feb.- Mitte Nov. – **M** *(Mittwoch geschl.)* a la carte 34/65 – **40 Z : 60 B** 78/105 -
144/182 Fb – 8 Fewo 110/145 – ½ P 97/125:

🏨 **Post** (mit Gästehaus), Sofienstr. 1, 𝒫 50 51, 🌅, 🈺, 🗔 – 📳 ☎ ↞
← *Mitte Feb.- Okt.* – **M** *(Donnerstag geschl.)* 13/28 ⚒ – **55 Z : 87 B** 68/106 - 130/200 Fb –
½ P 85/125.

🏨 **Schloßberg** 🦗, Schloßbergstr. 3, 𝒫 50 16, ≤, 🈺, 🖼 – 📳 📺 ☎ 🅿. 🎬
Mitte Feb.- Mitte Nov. – (nur Abendessen für Hausgäste) – **28 Z : 40 B** 80/95 - 140/150 Fb.

🏨 **Anna** 🦗, Oberer Kirchweg 2, 𝒫 50 31, ≤, « Dachterrasse », 🗔, 🖼 – 📳 ☎ 🅿. 🎬 Rest
Mitte Feb.- Mitte Nov. – (Restaurant nur für Hausgäste) – **40 Z : 60 B** 85/100 - 156/200 Fb.

🏨 **Daheim** 🦗, Römerstr. 8, 𝒫 51 38, ≤, Massage, 🈺, 🗔, 🖼 – 📳 ☎ 🅿. ① E. 🎬
Dez.-Jan. geschl. – (Rest. nur für Hausgäste) – **43 Z : 70 B** 80/120 - 160/200 Fb.

🏨 **Schlößle** ⟋ garni, Kanderner Str. 4, ℰ 2 40, ≼, « Geschmackvolle Einrichtung », ⤓ (geheizt), 🐾 – ☎ 🅿
   25. Nov.- 15. Jan. geschl. – **15 Z : 20 B** 55/65 - 110/130 Fb.

🏨 **Schnepple** ⟋ garni, Hebelweg 15, ℰ 54 20, 🐾 – 🛗 ☎ ⟸ 🅿 ❄
   März- 15. Nov. – **20 Z : 30 B** 66/90 - 110/158 Fb.

🏨 **Kurhotel Hasenburg**, Schweighofstr. 6, ℰ 4 10, Caféterrasse, ≘, ⬛, 🐾 – 🛗 ☎ 🅿
   ❄ Rest
   nur Saison – **40 Z : 60 B** Fb.

🏠 **Eberhardt - Burghardt** ⟋, Waldweg 2, ℰ 50 39, 🐾 – 🛗 ☎ 🅿 E 𝖵𝖨𝖲𝖠
   M a la carte 24/49 🦪 – **38 Z : 54 B** 60/79 - 120/158 Fb.

🏠 **Am Kurpark-Villa Hedwig**, Römerstr. 10, ℰ 2 20, 🐾 – 📺 ☎ 🅿
   15. Jan.- 1. Feb. und 1.- 15. Dez. geschl. – (Restaurant nur für Hausgäste) – **12 Z : 18 B**
   70/115 - 130/150 – 4 Appart. 160 – ½ P 80/100.

🏠 **Haus Christine** ⟋ garni, Glasbachweg 1, ℰ 60 04, ≘, 🐾 – ☎ 🅿
   7. Jan.- 15. Feb. und 30. Nov.- 19. Dez. geschl. – **15 Z : 21 B** 64/90 - 108/140.

🏠 **Försterhaus Lais** ⟋, Badstr. 42, ℰ 3 17, ≘, ⬛, 🐾 – ⟸ 🅿 ⊚ E
   M *(Sonntag geschl.)* 20/31 (mittags) und a la carte 30/51 🦪 – **27 Z : 42 B** 40/85 - 80/150 Fb
   – ½ P 58/93.

🏠 **Badenweiler Hof** ⟋ garni, Wilhelmstr. 40, ℰ 3 44 – 🛗 ☎ 🅿 ❄
   22 Z : 36 B 65/110 - 120/130 Fb.

🏠 **Haus Ebert** garni, Friedrichstr. 7, ℰ 4 65, 🐾 – ⟸ ❄
   Mitte Feb.- Mitte Nov. – **15 Z : 20 B** 46/55 - 88/100.

   In Badenweiler 3-Lipburg SW : 3 km :

🏠 **Landgasthof Schwanen** ⟋, E.-Scheffelt-Str. 5, ℰ 52 28, 🌄, eigener Weinbau, 🐾 –
   ☎ 🅿 ⒶⒺ ⊚ E
   8. Jan.- 22. Feb. geschl. – **M** *(Donnerstag geschl.)* a la carte 25/56 🦪 – **18 Z : 28 B** 50/60 -
   90/110 Fb.

   In Badenweiler 3-Sehringen S : 3 km :

🏠 **Gasthof zum grünen Baum** ⟋, Sehringer Str. 19, ℰ 74 11, ≼, 🌄 – ⟸ 🅿 ❄ Zim
   19. Dez.- 10. Feb. geschl. – **M** *(Montag geschl.)* a la carte 24/49 – **17 Z : 26 B** 29/54 - 56/104
   – ½ P 54/79.

   Auf dem Blauen SO : 8 km – Höhe 1 165 m :

🏔 **Hochblauen** ⟋, ✉ 7847 Badenweiler, ℰ (07632) 3 88, ≼ Schwarzwald und Alpen, 🌄,
   🐾 – ⟸ 🅿
   Mitte März - Anfang Nov. – *(Rest. nur für Hausgäste, für Passanten Self-Service)* (Mittwoch
   18 Uhr - Donnerstag geschl.) 🦪 – **15 Z : 25 B** 35/49 - 64/90.

BÄRENTAL Baden-Württemberg siehe Feldberg im Schwarzwald.

BÄRNAU 8599 Bayern 🐵🐵🐵 U 17. 🐵🐵🐵 ② – 3 800 Ew – Höhe 615 m – ☻ 09635.
🛈 Verkehrsamt, Rathaus, ℰ 2 01.
♦München 285 – Bayreuth 73 – ♦Nürnberg 139.

   In Bärnau-Altglashütte S : 9 km – Wintersport : 800/900 m ⚞2 :

🏔 **Haus Rose** ⟋, ℰ 4 31, ≼, ≘, 🐾 – 🅿
   M *(Dienstag geschl.)* a la carte 14/30 – **16 Z : 30 B** 25/28 - 50/56.

🏔 **Blei** ⟋, ℰ 2 83, ≼, 🌄, 🐾 – 🅿
   M a la carte 16/32 – **26 Z : 43 B** 24 - 50 – ½ P 31.

BAHLINGEN 7836. Baden-Württemberg 🐵🐵🐵 G 22. 🐵🐵🐵 ☻. 🐵🐵 ⑦ – 3 000 Ew – Höhe 248 m –
☻ 07663 (Eichstetten).
♦Stuttgart 190 – ♦Freiburg im Breisgau 22 – Offenburg 48.

🏠 **Lamm**, Hauptstr. 49, ℰ 13 11, ≘ – 📺 ☎ ⟸ 🅿 – 🔒 40. ⒶⒺ E
   M *(Sonntag geschl.)* a la carte 25/52 🦪 – **29 Z : 51 B** 36/65 - 68/110 Fb.

🏔 **Hecht**, Hauptstr. 59, ℰ 16 33, 🌄 – 🅿
   M *(Montag geschl.)* a la carte 23/40 🦪 – **9 Z : 19 B** 38/60 - 50/85.

BAIERBRUNN 8021. Bayern 🐵🐵🐵 R 22 – 2 400 Ew – Höhe 638 m – ☻ 089 (München).
♦München 15 – Garmisch-Partenkirchen 72.

🏨 **Strobl**, Wolfratshauser Str. 54 a, ℰ 7 93 06 79, Biergarten – 📺 ☎ & 🅿 E
   M *(Mahlzeiten im Gasthof gegenüber)* (Mittwoch - Donnerstag 17 Uhr geschl.) a la carte
   18,50/40 – **19 Z : 38 B** 75/85 - 110/120 Fb.

   In Baierbrunn-Buchenhain NO : 1,5 km :

   Waldgasthof Buchenhain, Buchenhain 1, ℰ 7 93 01 24, Biergarten – 🛗 ☎ 🅿
   M *(20. Dez.- 15. Jan. und Freitag geschl.)* um 15 – **42 Z : 70 B** 70/75 - 100/110 Fb.

BAIERSBRONN 7292. Baden-Württemberg **四五** HI 21. **日本七** ⑧ − 14 000 Ew − Höhe 550 m − Luftkurort − Wintersport : 584/1 065 m ⑤11 ⑥14 − ◎ 07442.

🏛 Kurverwaltung, Freudenstädter Str. 36, ℰ 25 70.

◆Stuttgart 100 ② − Baden-Baden 50 ① − Freudenstadt 7 ②.

Stadtplan siehe gegenüberliegende Seite.

🏥 **Rose**, Bildstöckleweg 2, ℰ 20 35, Fax , 🔄, 🔲 − 🕃 📺 ☎ 🕓 ⇦⇨ 🅿 − 🛆 25/40. 🅰🅴 ◉ 🅴.
➡ ﹪﹪   AX h
27. Nov.- 17. Dez. geschl. − **M** *(Dienstag geschl.)* a la carte 21/53 − **41 Z : 70 B** 45/65 -
94/116 Fb − 5 Appart. 130/140 − 2 Fewo 70.

🏥 **Falken**, Oberdorfstr. 95, ℰ 24 43, 🍴, 🔄, 🌳 − 🕃 📺 ☎ ⇦⇨ 🅿. 🅰🅴 ◉ 🅴 🆅🅸🆂🅰   AY s
19. März - 6. April und 11.- 30. Nov. geschl. − **M** *(Dienstag geschl.)* 15/28 (mittags) und a la
carte 22/44 ⅄ − **21 Z : 36 B** 50/60 - 90/100 Fb − ½ P 60/75.

🏥 **Rosengarten** ﹪, Bildstöckleweg 35, ℰ 20 88, 🔄, 🔲 − ☎ 🅿. ﹪﹪ Zim   AX a
➡ *21. März - 5. April und 12. Nov.- 16. Dez. geschl.* − **M** *(Mittwoch geschl.)* a la carte 21/45 −
27 Z : 50 B 50/55 - 84/106 Fb − 2 Fewo 60/120 − ½ P 59/65.

🏠 **Café Berghof** ﹪, Bildstöckleweg 17, ℰ 70 18, <, 🍴, Bade- und Massageabteilung, 🔄,
➡ 🔲 − 🕃 🅿. ﹪﹪ Rest   AX f
23. März - 6. April und 5. Nov.- 24. Dez. geschl. − **M** *(Montag geschl.)* 18,50/27 (mittags)
und a la carte 20/44 − **34 Z : 56 B** 40/80 - 80/106 Fb − ½ P 55/76.

🏠 **Hirsch**, Oberdorfstr. 74, ℰ 30 33, 🔄, 🔲, 🌳 − 🕃 🅿   AY d
➡ *26. Nov.- 16. Dez. geschl.* − **M** *(Donnerstag und 23. April - 6. Mai geschl.)* 20/35 ⅄ − **41 Z :
60 B** 34/55 - 98/110 Fb − ½ P 61/80.

🏠 **Miller-Wagner**, Forbachstr. 4, ℰ 22 57, 🍴 − 🕃 🅿   AX e
➡ *Ende Okt. - Nov. geschl.* − **M** *(Mittwoch geschl.)* um 21 − **20 Z : 30 B** 45/60 - 88/100 Fb −
½ P 60/70.

🏠 **Pappel**, Oberdorfstr. 1, ℰ 22 08 − 🕃 🅿   AY t
Mitte - Ende April und Ende Okt.- Ende Nov. geschl. − **M** *(Mittwoch geschl.)* a la carte
23/46 − **20 Z : 40 B** 44/46 - 72/92.

🏠 **Krone**, Freudenstädter Str. 32, ℰ 22 09, 🔄, 🔲 − ⇦⇨ 🅿   AY r
Ende Okt.- Anfang Nov. geschl. − **M** *(Montag geschl.)* a la carte 24/45 ⅄ − **47 Z : 75 B**
35/55 - 92/118 Fb.

🏠 **Gästehaus Gaiser** garni, Lochweg 8, ℰ 37 10, 🌳 − 🕃 🅿. ﹪﹪   AX s
Nov.- 15. Dez. geschl. − **19 Z : 33 B** 34/40 - 64/72.

🏠 **Panorama-Hotel** garni, Forststr. 1, ℰ 24 85, < − 🅿. ﹪﹪   AY k
27 Z : 46 B.

In Baiersbronn 1-Tonbach :

🏰 **Kur- und Sporthotel Traube Tonbach** ﹪, Tonbachstr. 237, ℰ 49 20, Telex 764394, Fax
492692, <, Bade- und Massageabteilung, 🝔, 🔄, 🛀 (geheizt), 🔲, 🌳, ﹪﹪ (Halle), Ski- und
Fahrradverleih − 🕃 📺 🛗 ⇦⇨ 🅿 − 🛆 40. ﹪﹪   BZ n
(Restaurant nur für Hausgäste) (siehe auch Restaurant Schwarzwaldstube und Köhlerstube)
− **182 Z : 300 B** 132/185 - 260/430 Fb − 13 Appart. − ½ P 156/215.

🏯 **Kurhotel Sonnenhalde** ﹪, Obere Sonnenhalde 63, ℰ 30 44, <, 🍴, 🔄, 🔲, 🌳 −
📺 ☎ ⇦⇨ 🅿. ﹪﹪ Rest   BZ t
5. Nov.- 15. Dez. geschl. − **M** *(Mittwoch geschl.)* a la carte 28/49 − **33 Z : 58 B** 68/102 -
132/236 Fb.

🏥 **Waldlust**, Tonbachstr. 174, ℰ 30 28, 🔄, 🔲, 🌳 − 🕃 📺 ☎ ⇦⇨ 🅿   BZ x
Anfang Nov.- Mitte Dez. geschl. − **M** *(Dienstag geschl.)* a la carte 25/48 − **45 Z : 80 B** 55/85
- 90/140 Fb − ½ P 62/100.

🏠 **Kurhotel Tanne** ﹪, Tonbachstr. 243, ℰ 20 69, <, 🍴, 🔄, 🔲, 🌳 − 🕃 📺 ☎ ⇦⇨ 🅿 −
🛆 30   BZ v
Mitte Nov.- Mitte Dez. geschl. − **M** *(Montag geschl.)* a la carte 31/59 − **60 Z : 96 B** 42/70 -
84/144 Fb − ½ P 50/80.

🏠 **Alte Mühle** garni, Tonbachstr. 177, ℰ 26 05, 🔲, 🌳 − ⇦⇨ 🅿. ﹪﹪   BZ s
Nov.- 20. Dez. geschl. − **16 Z : 28 B** 50 - 92.

🏠 **Waldheim**, Tonbachstr. 59, ℰ 34 97, 🌳 − ⇦⇨ 🅿   BZ y
Ende Okt.- Mitte Dez. geschl. − (Restaurant nur für Hausgäste) − **22 Z : 40 B** 29/48 - 58/80
− ½ P 40/56.

🍴🍴🍴🍴 ⊛⊛ **Schwarzwaldstube** (Französisches Restaurant), Tonbachstr. 237, ℰ 49 26 65, < −
🅿. 🅰🅴 ◉ 🅴 🆅🅸🆂🅰. ﹪﹪   BZ u
Mittwoch - Donnerstag, 15. Jan.- 2. Feb. und 20. Juli- 10. Aug. geschl. − **M** (Tischbestellung
ratsam) 98/148 und a la carte 75/98
Spez. Marinierte Gänseleber in Trüffelgelee, Geräucherte Taubenbrust und gefülltes Keulchen in
Ingwer-Sesam-Marinade, Wolfsbarsch und bretonischer Hummer vom Grill.

🍴🍴🍴 **Köhlerstube**, Tonbachstr. 237, ℰ 49 26 65, <, 🍴, « Behaglich-rustikale Restauranträume » − 🅿. 🅰🅴 ◉ 🅴 🆅🅸🆂🅰   BZ u
M (Tischbestellung ratsam) a la carte 41/73.

Fortsetzung →

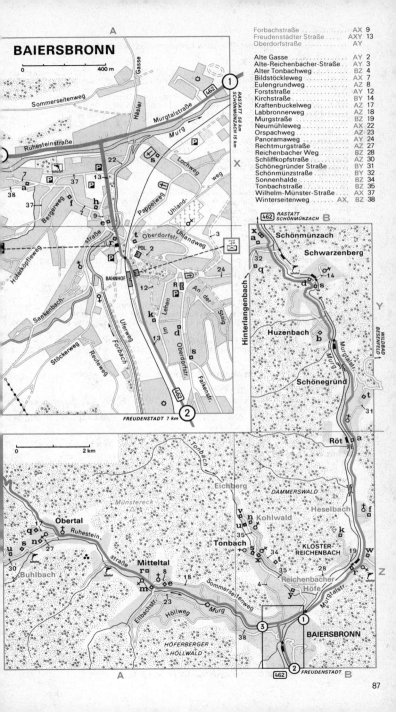

BAIERSBRONN

BAIERSBRONN

Im Murgtal, Richtung Schwarzwaldhochstraße :

In Baiersbronn 2-Mitteltal :

🏨 **Kurhotel Mitteltal** ♨, Gärtenbühlweg 14, ℰ 4 70, Fax 47320, ≤, « Gartenterrasse », Bade- und Massageabteilung, 🔥, ≦s, ⌁ (geheizt), 🖾, 🐎, 🎿, Fahrrad - und Skiverleih — 🛗 🖂 Rest 🖵 🏋 ℗. 🍴 Rest AZ **e**
(Restaurant nur für Hausgäste) (siehe auch Restaurant Bareiss und Kaminstube) — **100 Z :**
176 B 160/260 - 300/510 Fb — 9 Appart. 600/800 — ½ P 170/280.

🏨 **Lamm**, Ellbachstr. 4, ℰ 30 15, 🖾, 🐎, ✗ — 🛗 🖵 🥫 ℗. 🆎 ⑩ 🅴 AZ **m**
Mitte Nov.- Mitte Dez. geschl. — **M** a la carte 24/55 — **44 Z : 72 B** 50/100 - 104/160 Fb —
½ P 69/98.

🏠 **Gästehaus Birkenhof** ♨, Oedenhofweg 17, ℰ 39 19, 🐎 — ℗ AZ **r**
(Restaurant nur für Hausgäste) — **17 Z : 27 B** 36/58 - 70/98 — ½ P 50/65.

XXXX ✿✿ **Restaurant Bareiss**, Gärtenbühlweg 14, ℰ 4 70, Fax 47320, ≤, bemerkenswerte
Weinkarte — 🖂 ℗. 🆎 ⑩ 🆅🆂🅰. 🍴 AZ **e**
Montag - Dienstag, 5. Juni - 6. Juli und 26. Nov.- 24. Dez. geschl. — **M** (Tischbestellung
ratsam) 95/135 und a la carte 79/104
Spez. Lauch-Trüffel-Suppe mit Blätterteighaube, Steinbutt und Langostinos im Reisblatt.

XXX ✿ **Kaminstube**, Gärtenbühlweg 14, ℰ 4 70 — 🖂 ℗. 🆎 ⑩ 🆅🆂🅰. 🍴 AZ **e**
Mittwoch - Donnerstag, 8.- 26. Jan., 9.- 27. Juli und 10.- 24. Dez. geschl. — **M** (Tischbestellung
ratsam) 37/105 und a la carte 48/80
Spez. Soufflé von Forelle und Zander in Rieslingsauce, Kaninchenkeule in der Kartoffelkruste, Gefüllter
Ochsenschwanz mit Madeirasauce.

In Baiersbronn 1-Obertal — ✪ 07449 :

🏨 **Zum Engel** ♨, Rechtmurgstr. 28, ℰ 8 50, Bade- und Massageabteilung, ≦s, 🖾, 🐎,
Fahrradverleih — 🛗 🖵 ℗ — 🅰 30. 🍴 Zim AZ **n**
M a la carte 27/61 — **68 Z : 121 B** 83/120 - 158/300 Fb — ½ P 104/145.

🏨 **Waldhotel Sommerberg** ♨, Hirschauerwald 23, ℰ 2 17, ≤ Obertal, ≦s, 🖾, 🐎 — 🛗
🖵 🥫 🥫 ℗. ⑩ AZ **q**
M a la carte 23/46 — **35 Z : 60 B** 70/180 - 100/220 Fb — 2 Fewo 65 — ½ P 85/125.

🏠 **Pension Sigwart** ♨, Am Hänger 24 (Buhlbach), ℰ 6 96, ≤, 🐎 — 🕿 ℗ AZ **u**
14. Nov.- 15. Dez. geschl. — (Restaurant nur für Hausgäste) — **17 Z : 30 B** 42/55 - 90/96 —
2 Fewo 70/96 — ½ P 61/64.

🏠 **Blume** ♨, Rechtmurgstr. 108 (Buhlbach), ℰ 3 83, 🐎 — 🥫 ℗ AZ **s**
Mitte Nov.- Mitte Dez. geschl. — **M** *(Mittwoch geschl.)* a la carte 20/39 🍴 — **23 Z : 38 B**
27/44 - 54/90.

Im Murgtal, Richtung Forbach :

In Baiersbronn 6-Klosterreichenbach :

🏨 **Heselbacher Hof** ♨, Heselbacher Weg 72, ℰ 30 98, ≤, 🍴, ≦s, 🖾, 🐎, Fahrrad- u.
Skiverleih — 🖵 🥫 🥫 ℗. 🍴 Zim BZ **f**
Nov.- 15. Dez. geschl. — **M** *(Montag geschl.)* a la carte 22/43 — **26 Z : 50 B** 62/74 - 98/148 Fb
— ½ P 58/83.

🏠 **Landhotel Ailwaldhof** ♨, Ailwald 1, ℰ 24 84, ≤, 🍴, 🐎 — 🥫 ℗. 🍴 BZ **k**
Mitte Nov.- Mitte Dez. geschl. — **M** a la carte 26/53 🍴 — **15 Z : 25 B** 75/140 - 126/160.

🏠 **Schützen**, Murgstr. 1, ℰ 35 94 — 🥫 ℗ BZ **r**
Mitte Nov.- Mitte Dez. geschl. — **M** *(Montag geschl.)* a la carte 20/41 🍴 — **19 Z : 32 B** 29/44
- 56/86 — ½ P 39/54.

🏠 **Ochsen**, Musbacher Str. 5, ℰ 22 22, 🐎 — 🥫 ℗. 🍴 Zim BZ **w**
April 3 Wochen und Ende Nov.- Mitte Dez. geschl. — **M** *(Dienstag geschl.)* a la carte 18/43
🍴 — **17 Z : 30 B** 39 - 72/78 — ½ P 51/55.

In Baiersbronn 6-Röt :

🏠 **Sonne**, Murgtalstr. 323, ℰ 23 86, 🖾, 🐎 — 🕿 ℗ BZ **a**
M a la carte 21/45 — **40 Z : 62 B** 48/58 - 92/108 Fb.

In Baiersbronn 6-Schönegründ :

🏠 **Löwen** ♨, Schönegründer Str. 90, ℰ (07447) 4 33, ≤, 🐎 — ℗ BY **t**
15. Okt.- 8. Nov. geschl. — **M** *(Dienstag geschl.)* a la carte 18,50/30 🍴 — **18 Z : 30 B** 40 -
73/81 — ½ P 47/52.

In Baiersbronn 9-Huzenbach :

🏠 **Höhenhotel Huzenbach** ♨, Roter Rain 47, ℰ (07447) 10 77, ≤, « Gartenterrasse », Bade-
und Massageabteilung, 🔥, ≦s, 🐎 — 🛗 🖵 🕿 ℗ BY **b**
32 Z : 57 B Fb.

In Baiersbronn 9-Schwarzenberg :

🏨 **Sackmann**, Murgtalstr. 602 (B 462), ℰ (07447) 10 22, 🍴, Bade- und Massageabteilung,
🔥, ≦s, 🖾 — 🛗 🥫 ℗ — 🅰 50 BY **s**
M a la carte 45/75 — **58 Z : 105 B** 56/88 - 110/188 Fb — ½ P 74/114.

🏨 **Löwen**, Murgtalstr. 604 (B 462), ℰ (07447) 10 47, 🍴 — 🛗 🖵 🕿 🥫 ℗. 🅴 BY **d**
M a la carte 29/54 — **28 Z : 48 B** 45/58 - 90/120 Fb — ½ P 60/80.

In Baiersbronn 9-Schönmünzach – ✪ 07447 :

🏨 **Sonnenhof** 🦢, Schifferstr. 36, ℰ 10 46, 🏤, 🚉, 🔲 – 🛗 ☎ 🅿. ℀ Rest   BY **a**
    6. Nov.- 15. Dez. geschl. – **M** a la carte 25/44 ⅄ – **42 Z : 70 B** 48/70 - 96/130 Fb –
½ P 62/83.

🏠 **Café Klumpp** 🦢, Schönmünzstr. 95 (SW : 1 km), ℰ 3 56, 🚉, 🔲, 🌳 – 🛗 ☎ 🅿. ℀
➡   *Mitte Nov.- Mitte Dez. geschl.* – **M** a la carte 21/40 – **40 Z : 60 B** 43/50 - 86/100 –
½ P 55/62.
                                                     BY **q**

🏠 **Kurhotel Schwarzwald**, Murgtalstr. 655, ℰ 10 88, Bade- und Massageabteilung, ♨,
➡ 🚉, 🌳 – 🛗 📺 ☎ ⇦ 🅿. ℀ Rest   BY **x**
Mitte Nov.- Mitte Dez. geschl. – **M** a la carte 21/46 – **27 Z : 45 B** 47/67 - 84/130 Fb –
½ P 57/78.

🏠 **Carola**, Murgtalstr. 647, ℰ 3 29 – ☎ 🅿   BY **x**
➡   *Ende Okt.- Mitte Nov. geschl.* – **M** *(Montag ab 13 Uhr geschl.)* 14,50/25 (mittags) und a la
carte 20/38 – **13 Z : 23 B** 42/57 - 84/112 Fb.

In Baiersbronn 9-Hinterlangenbach W : 10,5 km ab Schönmünzach BY :

🏨 **Forsthaus Auerhahn - Gästehaus Katrin** 🦢, ℰ (07447) 3 90, 🏤, Wildgehege, 🚉,
➡ 🔲, 🌳, ℀, Skiverleih – 📺 ☎ ⇦ 🅿
März und Mitte Nov.- Mitte Dez. geschl. – **M** *(Dienstag ab 14 Uhr geschl.)* a la carte 21/42
– **14 Z : 30 B** 52/100 - 104/138 Fb – 9 Fewo 80/92 – ½ P 69/81.

BAIERSDORF Bayern siehe Erlangen.

BALDUINSTEIN 6251. Rheinland-Pfalz – 610 Ew – Höhe 105 m – ✪ 06432 (Diez).
Mainz 69 – Limburg an der Lahn 10 – ◆Koblenz 62.

🏨 ✪ **Zum Bären - Kleines Restaurant**, Bahnhofstr. 24, ℰ 8 10 91 – ☎ 🅿. 🆎 🇪. ℀ Rest
ab Aschermittwoch 3 Wochen und Okt. 1 Woche geschl. – **M** *(Tischbestellung ratsam)*
(Dienstag - Mittwoch 18 Uhr geschl.) 105/125 und a la carte 54/92 – **Kachelofen** *(Dienstag
geschl.)* **M** 40/68 und a la carte – **10 Z : 18 B** 50/65 - 100/130
Spez. Lasagne von Hummer und Kalbsbries, Taubenbrust im Mangoldblatt, Topfengratin.

BALINGEN 7460. Baden-Württemberg 🄄🄍🄌 J 22. 🄈🄇🄎 ⑳ – 30 000 Ew – Höhe 517 m – ✪ 07433.
Ausflugsziel : Lochenstein ≤★, S : 8 km.
ADAC, Wilhelm-Kraut-Str. 46, ℰ 1 03 33, Telex 763626.
◆Stuttgart 82 – ◆Freiburg im Breisgau 116 – ◆Konstanz 116 – Tübingen 36 – ◆Ulm (Donau) 134.

🏨 **Hamann**, Neue Str. 11, ℰ 25 25, Fax 5123 – 🛗 📺 ☎ ⇦. 🆎 🇴 🇪 🆅🆂🅰
M *(Samstag und Sonntag geschl.)* a la carte 25/54 – **50 Z : 70 B** 70/110 - 120/170 Fb.

🏨 **Stadt Balingen** garni, Hirschbergstr. 48 (Nähe Stadthalle), ℰ 80 21, Telex 763621 – 🛗 📺
☎ 🅿. 🆎 🇴 🇪 🆅🆂🅰
59 Z : 79 B 98/120 - 160 Fb.

🏠 **Thum**, Neige 20 (B 27), ℰ 87 93, 🏤 – 🛗 ☎ ⇦ 🅿. 🇴 🇪 🆅🆂🅰
Ende Juli - Mitte Aug. geschl. – **M** *(Samstag geschl.)* a la carte 26/51 ⅄ – **26 Z : 38 B** 44/80
- 100/130.

🏠 **Lang**, Wilhelm-Kraut-Str. 1, ℰ 2 14 89 – ⇦
23. Dez.- 10. Jan. geschl. – **M** *(Samstag geschl.)* a la carte 24/43 – **26 Z : 32 B** 38/60 -
68/95.

🏵🏵 Zum Hirschgulden, Charlottenstr. 27 (Stadthalle), ℰ 25 81, 🏤 – 🅿.

🏵 **Muttle**, Neue Str. 7, ℰ 2 15 97
➡   *Montag und 20. Aug.- 10. Sept. geschl.* – **M** a la carte 22/43 ⅄.

BALJE 2161. Niedersachsen – 1 100 Ew – Höhe 2 m – ✪ 04753.
◆Hannover 218 – ◆Bremerhaven 74 – Cuxhaven 38 – ◆Hamburg 114.

In Balje-Hörne SW : 5 km :

🏵 Zwei Linden mit Zim, Itzwörderner Str. 4, ℰ 3 24 – ⇦ 🅿
9 Z : 15 B.

BALLERSBACH Hessen siehe Mittenaar.

BALLRECHTEN-DOTTINGEN Baden-Württemberg siehe Sulzburg.

Besonders angenehme Hotels oder Restaurants
sind im Führer rot gekennzeichnet.

Sie können uns helfen, wenn Sie uns die Häuser angeben,
in denen Sie sich besonders wohl gefühlt haben.

Jährlich erscheint eine komplett überarbeitete Ausgabe
aller Roten Michelin-Führer.

🏰🏰🏰🏰 ⋯ 🏠

🏵🏵🏵🏵🏵 ⋯ 🏵

BALTRUM (Insel) 2985. Niedersachsen 🔲🔲🔲 ④ – 500 Ew – Seeheilbad – Insel der ostfriesischen Inselgruppe, Autos nicht zugelassen – 🔵 04939.

🚢 von Neßmersiel (ca. 30 min.), 🖉 2 35.

🅱 Pavillon am Anleger, 🖉 80 48.

◆Hannover 269 – Aurich (Ostfriesland) 28 – Norden 17 – Wilhelmshaven 70.

🏠 **Strandhotel Wietjes** 🦢, Nr. 58, 🖉 2 37, ≤, 🐎 – 🛗 📺 🕿
März - 15. Okt. – **M** a la carte 24/49 – **45 Z : 80 B** 75/110 - 140/230 – 28 Fewo 75/200 – ½ P 83/118.

🏠 **Dünenschlößchen** 🦢, Ostdorf 48, 🖉 2 34, ≤, 🏖, 🐎 – 🛗 🕿. 🦢
April - 15. Okt. – **M** *(Montag ab 13 Uhr geschl.)* a la carte 26/56 – **43 Z : 72 B** 60/100 - 110/180 Fb – 8 Fewo 100/200 – ½ P 70/105.

🏠 **Strandhof** 🦢, Nr. 123, 🖉 2 54, 🐎, 🐎 – 🕿. 🦢 Rest
März - Okt. – **M** a la carte 22/48 – **37 Z : 63 B** 64 - 120 – 21 Fewo 80/191 – ½ P 87.

XX **Witthus an't Brüg** 🦢 mit Zim, Nr. 137, 🖉 3 58, ≤, 🏖 – 📺 🕿
Nov.- 25. Dez. geschl. – **M** a la carte 27/60 – **9 Z : 18 B** 60 - 120.

BALVE 5983. Nordrhein-Westfalen – 10 800 Ew – Höhe 250 m – 🔵 02375.

◆Düsseldorf 101 – Arnsberg 26 – Hagen 38 – Plettenberg 16.

In Balve 6-Binolen N : 5 km :

XX **Haus Recke** mit Zim, an der B 515, 🖉 (02379) 2 09, « Tropfsteinhöhle (Eintritt DM 2,50) »
– 📺 🚗 🅿
15.- 30. Nov. geschl. – **M** *(Montag geschl.)* 17/30 (mittags) und a la carte 23/54 – **6 Z : 12 B** 55/65 - 98/105.

In Balve 6-Eisborn N : 9 km :

🏨 **Zur Post** 🦢, Dorfstr. 3, 🖉 (02379) 6 66, 🐎, 🖾, 🐎 – 🛗 🕿 🅿 – 🔬 25/100. 🆎 ⓞ ᴇ 𝚅𝙸𝚂𝙰.
🦢 Zim
16. Juni - 4. Juli geschl. – **M** 15/34 (mittags) und a la carte 35/59 – **50 Z : 75 B** 68 - 103 Fb.

🏨 **Antoniushütte** 🦢, Dorfstr. 10, 🖉 (02379) 2 53, 🏖 – 🅿 – 🔬 25/35
M a la carte 31/60 – **35 Z : 70 B** 55/65 - 96/110 Fb.

BAMBERG 8600. Bayern 🔲🔲🔲 PQ 17. 🔲🔲🔲 ㉘ – 70 000 Ew – Höhe 260 m – 🔵 0951.

Sehenswert : Dom★★ (Bamberger Reiter★★★, St.-Heinrichs-Grab★★★) Z – Altes Rathaus★ Z F – Diözesanmuseum★ Z C – Böttingerhaus★ Z D – Concordia-Haus★ Z A – Alte Hofhaltung (Innenhof★★) Z – Vierkirchenblick ≤★ Z B – Terrassen der ehem. St.-Michael Abtei ≤★ Y E – Neue Residenz : Rosengarten ≤★ Z.

🅸🆂 Gut Leimershof (NO : 16 km über ⑤), 🖉 (09547) 15 24.

🅱 Städt. Fremdenverkehrsamt, Hauptwachstr. 16, 🖉 2 10 40.

ADAC, Schützenstr. 4a (Parkhaus), 🖉 2 10 77, Notruf 🖉 1 92 11.

◆München 232 ② – Erfurt 154 ⑤ – ◆Nürnberg 61 ② – ◆Würzburg 96 ②.

Stadtplan siehe gegenüberliegende Seite.

🏩 **Bamberger Hof - Bellevue**, Schönleinsplatz 4, 🖉 2 22 16, Telex 662867 – 🛗 📺. 🆎 ⓞ
ᴇ 𝚅𝙸𝚂𝙰   Z e
M *(Juli - Sept. Sonntag geschl.)* a la carte 35/63 – **48 Z : 92 B** 105/155 - 150/220 Fb.

🏨 **National**, Luitpoldstr. 37, 🖉 2 41 12, Telex 662916 – 🛗 📺 🕿 🚗. 🆎 ⓞ ᴇ 𝚅𝙸𝚂𝙰   Y r
M *(Sonntag geschl.)* a la carte 30/66 – **41 Z : 72 B** 85/135 - 118/180 Fb.

🏨 **St. Nepomuk** 🦢, Obere Mühlbrücke 9, 🖉 2 51 83, ≤, « Ehemalige Mühle in der Regnitz
gelegen » – 🛗 📺 🕿 – 🔬 35. ⓞ ᴇ 𝚅𝙸𝚂𝙰   Z a
M a la carte 36/75 – **12 Z : 22 B** 90/110 - 140/170 Fb.

🏨 **Gästehaus Steinmühle** 🦢 garni (Anmeldung im Rest. Böttingerhaus), Obere Mühlbrücke
5, 🖉 5 40 74, Telex 662946 – 🛗 📺 🕿 🛆 🚗   Z c
23 Z : 47 B.

🏨 **Barock-Hotel am Dom** 🦢 garni, Vorderer Bach 4, 🖉 5 40 31 – 🛗 📺 🕿 🛆. 🆎 ⓞ ᴇ
6.- 31. Jan. geschl. – **19 Z : 36 B** 62/67 - 98/110.   Z k

🏨 **Romantik-Hotel Weinhaus Messerschmitt**, Lange Str. 41, 🖉 2 78 66, « Brunnenhof »
– 📺 🕿 – 🔬 25/60. 🆎 ⓞ ᴇ 𝚅𝙸𝚂𝙰. 🦢 Zim   Z x
M a la carte 37/58 – **14 Z : 24 B** 63/95 - 162 Fb.

🏠 **Wilde Rose** 🦢, Keßlerstr. 7, 🖉 2 83 17 – 📺 🕿. 🆎 ⓞ ᴇ 𝚅𝙸𝚂𝙰. 🦢 Zim   Y e
M a la carte 27/48 – **29 Z : 50 B** 65/85 - 110/120 Fb.

🏠 **Alt Ringlein und Gästehaus** garni, Dominikanerstr. 9, 🖉 5 40 98 – 🛗 📺 🕿 🚗. 🆎 ⓞ
ᴇ 𝚅𝙸𝚂𝙰   Z n
54 Z : 100 B 70/95 - 120/130 Fb.

🏠 **Bergschlößchen** 🦢, Am Bundleshof 2, 🖉 5 20 05, ≤ Bamberg – 🕿 🅿
8.- 30. Jan. geschl. – (Restaurant nur für Hausgäste) – **14 Z : 26 B** 65/85 - 110/125 Fb.
über St.-Getreu-Straße   Y

🏠 **Brudermühle**, Schranne 1, 🖉 5 40 91 – 📺 🕿. ⓞ ᴇ 𝚅𝙸𝚂𝙰   Z b
⟵ **M** *(Montag geschl.)* a la carte 20/53 🍴 – **16 Z : 28 B** 75/85 - 115/120 Fb.

90

BAMBERG

BAD KÖNIGSHOFEN 61 km
COBURG 47 km

MICHELIN

BAYREUTH 64 km

SCHLOSS POMMERSFELDEN 21 km
WÜRZBURG 80 km

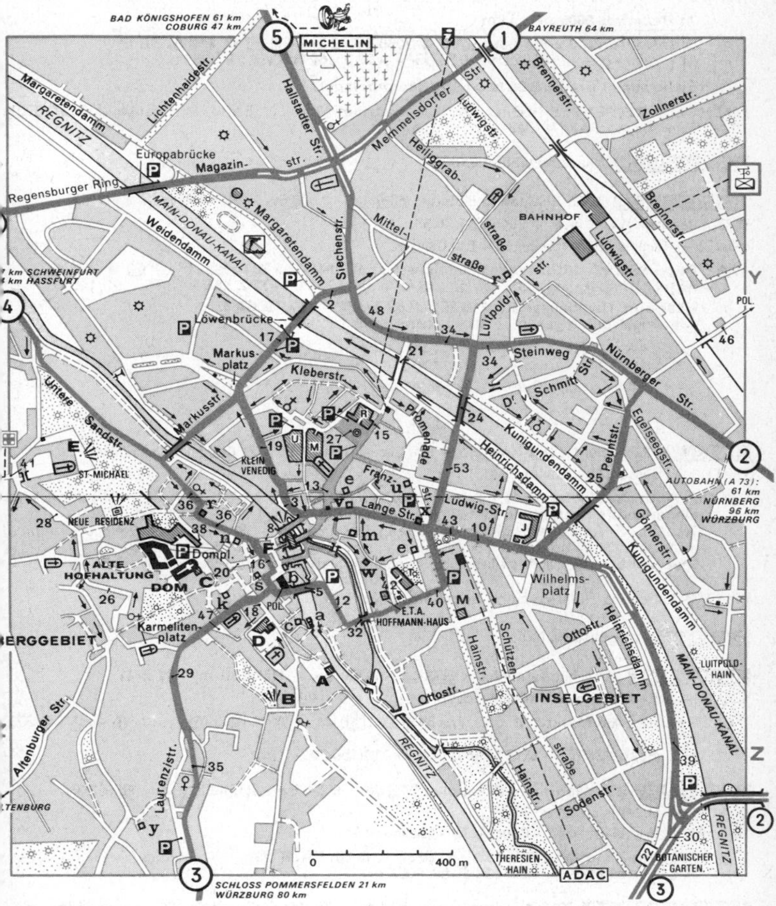

- **Altenburgblick** ⌕ garni, Panzerleite 59, ☏ 5 40 23, ‹ – 🕭 ☎ 🅿 Z y
  44 Z : 54 B 60/80 - 110/120 Fb.
- **Weierich**, Lugbank 5, ☏ 5 40 04, « Rest. in fränkischem Bauernstil » – ☎ Z s
  M a la carte 20/42 – **23 Z : 47 B** 70/75 - 90/100 Fb.
- **Café Graupner** garni (mit Gästehaus), Lange Str. 5, ☏ 2 51 32 – ☎. 🆎 🇪 Z v
  30 Z : 51 B 40/70 - 70/100 Fb.
- **Alt Bamberg** garni, Habergasse 11, ☏ 2 52 66 – 📺 ☎. 🆎 ⓞ 🇪 𝚅𝙸𝚂𝙰 Z m
  21 Z : 33 B 45/60 - 90/120.
- **Hospiz** garni, Promenade 3, ☏ 20 00 11 – 🕭 ☎ Y u
  36 Z : 60 B Fb.

BAMBERG

XXX **Böttingerhaus**, Judenstr. 14, ℰ 5 40 74, Telex 662946, « Restauriertes Barockhaus a.d.J. 1713, Innenhofterrasse » — 🔏 25/100. ⋘   Z **D**

XX **Würzburger Weinstuben**, Zinkenwörth 6, ℰ 2 26 67, 🍴 — ⅋ ⓪ E 𝕍𝕊𝔸   Z **w**
    Ende Aug.- Mitte Sept. und Dienstag 15 Uhr - Mittwoch geschl. — **M** a la carte 27/58.

XX **Bassanese** (Italienische Küche), Obere Sandstr. 32, ℰ 5 75 51 — ⋘   Z **r**
    1.- 15. Jan., 5.- 18. Juni, 27. Aug.- 10. Sept. und Sonntag ab 15 Uhr geschl. — **M** 60/125.

In Bamberg-Bug ③ : 4 km :

🏛 **Lieb-Café Bug** ⤝, Am Regnitzufer 23, ℰ 5 60 78, 🍴 — ⇐ ⓟ
    20. Dez.- 5. Jan. geschl. — **M** *(Freitag geschl.)* a la carte 17/40 — **15 Z : 23 B** 35/45 - 65/85.

In Hallstadt 8605 ⑤ : 4 km :

🏛 **Frankenland**, Bamberger Str. 76, ℰ (0951) 7 12 21 — 📶 📺 ☎ ⇐ ⓟ. ⅋ E
    M *(Freitag geschl.)* a la carte 20,50/36 🍷 — **39 Z : 62 B** 50/54 - 80/86 Fb.

Siehe auch : *Breitengüßbach und Memmelsdorf*

MICHELIN-REIFENWERKE KGaA. 8605 Hallstadt (über ⑤ : 5 km), Michelinstr. 130, ℰ (0951) 79 11, Telex 662746, FAX 791248.

BARDENBACH Saarland siehe Wadern.

BARGTEHEIDE 2072. Schleswig-Holstein 𝟵𝟴𝟳 ⑤ — 9 800 Ew — Höhe 48 m — ✪ 04532.
🔟 Gut Jersbek (W : 3 km), ℰ (04532) 2 35 55.
◆Kiel 73 — ◆Hamburg 29 — ◆Lübeck 38 — Bad Oldesloe 14.

🏛 **Papendoor** (mit Gästehaus), Lindenstr. 1, ℰ 70 41, Fax 7043, 🕿, 🖃 — 📺 ☎ ⇐ ⓟ
    M *(nur Abendessen, Sonntag geschl.)* a la carte 33/60 — **27 Z : 56 B** 85/95 - 120/140 Fb.

X **Utspann**, Hamburger Str. 1 (B 75), ℰ 62 20, 🍴 — ⓟ. ⅋ ⓪ E
    Jan. und Montag geschl. — **M** a la carte 35/60.

*Bei Übernachtungen in kleineren Orten
oder abgelegenen Hotels empfehlen wir, hauptsächlich in der Saison,
rechtzeitige telefonische Anmeldung.*

BARGUM 2255. Schleswig-Holstein — 800 Ew — Höhe 3 m — ✪ 04672 (Langenhorn).
◆Kiel 111 — Flensburg 37 — Schleswig 63.

XXX ❀ **Andresen's Gasthof - Friesenstuben** mit Zim, an der B 5, ℰ 10 98, « Geschmackvoll eingerichtete Restauranträume im friesischen Stil » — 📺 ☎ ⓟ. ⅋ E. ⋘
    10. Jan.- 5. Feb. und Ende Sept.- Anfang Okt. geschl. — **M** *(Tischbestellung erforderlich)*
    (Montag - Dienstag geschl.) 90/120 und a la carte 60/88 — **5 Z : 10 B** 95 - 130
    Spez. Kalbsbriesravioli in Petersiliensauce, Steinbutt in Kartoffelkruste, Täubchen in Pomerol.

BARK Schleswig-Holstein siehe Segeberg, Bad.

BARMSEE Bayern siehe Krün.

BARNSTORF 2847. Niedersachsen 𝟵𝟴𝟳 ⑭ — 5 300 Ew — Höhe 30 m — ✪ 05442.
◆Hannover 105 — ◆Bremen 52 — ◆Osnabrück 67.

🏛🏛 **Roshop**, Am Markt 6, ℰ 6 42, Fax 641, 🕿, 🖃, 🏊 — 📶 🍽 Rest 📺 ⓫ ⇐ ⓟ — 🔏 25/200.
    ⅋ E
    M a la carte 27/55 — **62 Z : 106 B** 55/90 - 110/150 Fb.

BARNTRUP 4924. Nordrhein-Westfalen 𝟵𝟴𝟳 ⑮ — 9 200 Ew — Höhe 200 m — ✪ 05263.
🛈 Verkehrsamt, Mittelstr. 24, ℰ 20 82.
◆Düsseldorf 216 — Bielefeld 47 — Detmold 30 — ◆Hannover 67.

🏛 **Jägerhof**, Frettholz 5 (B 1/66), ℰ 25 52 — ☎ ⓟ. ⅋ ⓪ 𝕍𝕊𝔸
    M a la carte 26/57 — **12 Z : 24 B** 65 - 105 Fb.

BARSINGHAUSEN 3013. Niedersachsen 𝟵𝟴𝟳 ⑮ — 34 200 Ew — Höhe 100 m — ✪ 05105.
🛈 Fremdenverkehrsamt, Rathaus, Bergamtstr. 5, ℰ 7 42 63.
◆Hannover 23 — Bielefeld 87 — Hameln 42 — ◆Osnabrück 117.

🏛 **Verbandsheim des NFV** ⤝, Bergstr. 54, ℰ 30 04, 🍴, 🕿, 🖃, 🏓 — ☎ ⓟ — 🔏
    57 Z : 85 B Fb.

🏛 **Caspar** ⤝ garni, Lauenauer Allee 8, ℰ 35 43 — 📺 ☎ ⇐. ⋘
    12. Juli - 22. Aug. geschl. — **11 Z : 20 B** 75/150 - 95/220.

In Barsinghausen-Hohenbostel NW : 2 km :

XX **Flegel**, Heerstr. 15, ℰ 14 28 — ⓟ. ⓪ E 𝕍𝕊𝔸
    15. Sept.- 1. Okt. und Montag geschl. — **M** a la carte 39/52 - (8 Z : 16 B ab Frühjahr 1990).

92

BARTHOLOMÄ 7071. Baden-Württemberg **413** MN 20 − 1 800 Ew − Höhe 642 m − Wintersport : ⚡4 − ☼ 07173.

♦Stuttgart 74 − Aalen 16 − Heidenheim an der Brenz 18 − Schwäbisch Gmünd 21.

An der Straße nach Steinheim SO : 3 km :

- 🏠 **Gasthof im Wental,** ⊠ 7071 Bartholomä, ℰ (07173) 75 19, 🏤 − ⇦ 🅿 − 🏛 60. 🅰🅴.
  ⟶ 🕱 Zim
  Dez. geschl. − **M** *(Montag geschl.)* a la carte 21/36 ⚓ − **28 Z : 43 B** 45 - 80.

BASEL Schweiz siehe Michelin-Führer "France" (unter Bâle).

BASSUM 2830. Niedersachsen **987** ⑭⑮ − 14 000 Ew − Höhe 46 m − ☼ 04241.

♦Hannover 91 − ♦Bremen 30 − ♦Hamburg 137 − ♦Osnabrück 88.

- 🕱 **Brokate,** Bremer Str. 3, ℰ 25 72 − ⇦ 🅿 − **13 Z : 17 B.**

BATTENBERG AN DER EDER 3559. Hessen **987** ㉘ − 5 100 Ew − Höhe 349 m − ☼ 06452.

♦Wiesbaden 151 − ♦Kassel 85 − Marburg 31 − Siegen 71.

- 🕱 **Rohde** ⚲, Hauptstr. 53, ℰ 32 04 − ⇦ 🅿
  ⟶ **M** *(Mittwoch geschl.)* a la carte 20/44 ⚓ − **10 Z : 20 B** 34 - 68.

BATTWEILER Rheinland-Pfalz siehe Zweibrücken.

BAUMBERG Nordrhein-Westfalen siehe Monheim.

BAUMHOLDER 6587. Rheinland-Pfalz **987** ㉔ − 4 500 Ew − Höhe 450 m − Erholungsort − ☼ 06783.

Mainz 107 − Kaiserslautern 52 − ♦Saarbrücken 75 − ♦Trier 76.

- 🏨 **Berghof** ⚲ garni, Korngasse 12, ℰ 10 11 − 📺 ☎ ⇦ 🅿 − 🏛 35. 🅰🅴 ⓄⒹ 🇪 𝒱𝒾𝒮𝒜
  16 Z : 43 B 60/65 - 100/110.

BAUNATAL 3507. Hessen − 24 600 Ew − Höhe 180 m − ☼ 0561 (Kassel).

♦Wiesbaden 218 − Göttingen 57 − ♦Kassel 11 − Marburg 82.

In Baunatal 1-Altenbauna :

- 🏨 **Ambassador,** Friedrich-Ebert-Allee, ℰ 4 99 30, Telex 992240, Fax 4993500, ☎s − 🕌 📺 ☎
  ⇦ 🅿 − 🏛 25/1000. 🅰🅴 ⓄⒹ 🇪 𝒱𝒾𝒮𝒜
  M a la carte 35/68 − **120 Z : 240 B** 120/160 - 165/205 Fb.
- 🕱 **Scirocco,** Heinrich-Nordhoff-Str. 1, ℰ 49 58 56, Telex 992478, Biergarten, ☎s − 🕌 📺 ☎
  🅿 − 🏛 25/70. 🅰🅴 ⓄⒹ 🇪 𝒱𝒾𝒮𝒜
  M a la carte 25/50 − **61 Z : 114 B** 70 - 108 Fb.
- 🕱 **Baunataler Hof,** Altenritter Str. 8, ℰ 49 68 21 − ☎ 🅿. 🕱 Zim
  M a la carte 22/47 ⚓ − **18 Z : 36 B** 55 - 95 Fb.

In Baunatal 2-Altenritte :

- 🕱 **Stadt Baunatal,** Wilhelmshöher Str. 5, ℰ 49 30 25, Telex 992274, Fax 49302549, Biergarten
  ⟶ − 🕌 ☎ 🅿 − 🏛 25/300. 🅰🅴
  M a la carte 19,50/52 − **50 Z : 110 B** 59 - 98 Fb.

BAVEN Niedersachsen siehe Hermannsburg.

BAYERBACH 8399. Bayern **413** W 21 − 1 400 Ew − Höhe 354 m − ☼ 08563.

♦München 140 − Landshut 90 − Passau 34.

In Bayerbach-Holzham NO : 1,5 km :

- 🕱 **Landgasthof Winbeck,** nahe der B 388, ℰ (08532) 78 17 − 🅿. 🕱 Zim
  ⟶ **M** *(Sonntag geschl.)* a la carte 17/33 ⚓ − **16 Z : 25 Z** 30/35 - 60/70.

BAYERISCH EISENSTEIN 8371. Bayern **413** W 19. **987** ㉘ − 1 600 Ew − Höhe 724 m − Luftkurort − Wintersport : 724/1 456 m ⚡7 ⚡5 − ☼ 09925.

Ausflugsziel : Hindenburg-Kanzel ≤*, NW : 9 km.

🛈 Verkehrsamt, im Arberhallenwellenbad, ℰ 3 27.

♦München 193 − Passau 77 − Straubing 85.

- 🏨 **Sportel,** Hafenbrädl-Allee 16, ℰ 6 25, ≤, 🥘 − 📺 ☎ 🅿. 🅰🅴 🇪. 🕱
  Nov.- 15. Dez. geschl. − (nur Abendessen für Hausgäste) − **15 Z : 30 B** 41 - 79 Fb.
- 🕱 **Waldspitze,** Hauptstr. 4, ℰ 3 08, ☎s, 🎱 − 🕌 📺 ⇦ 🅿
  40 Z : 80 B Fb − 3 Fewo.
- 🕱 **Pension am Regen** ⚲ garni, Anton-Pech-Weg 21, ℰ 4 64, Fax 1088, ☎s, 🎱, 🥘 − 📺
  🅿. 🇪
  20. Okt.- 15. Dez. geschl. − **22 Z : 38 B** 28/39 - 72/78 − 6 Fewo 65/85.

Fortsetzung ⟶

BAYERISCH EISENSTEIN

🏠 **Neuwaldhaus,** Hauptstr. 5, ℰ 4 44, 🍽, 🚍 – 📺 ☎ 🚗 🅿. 🅰🅴 ⓞ 🅴
➜ **M** a la carte 15/38 ⓧ – **33 Z : 60 B** 30/35 - 59.

🏠 **Pension Wimmer** 🦢 garni, Am Buchenacker 13, ℰ 4 38, ≼, 🚍, 🔳, 🛋, Skischule – 🅿.
🎿
20 Z : 32 B 27/36 - 50/75 Fb.

**In Bayerisch Eisenstein - Regenhütte** S : 5,5 km :

🏠 Sperl, Regenhütte 99, ℰ 2 25, 🍽, 🛋 – 🚗 🅿. 🎿
11 Z : 22 B.

**In Bayerisch-Eisenstein - Seebachschleife** S : 4 km :

🏠 **Waldhotel Seebachschleife** 🦢, ℰ 10 00, 🍽, 🚍, 🔳, Fahrradverleih, Skiverleih – 🛗
➜ 🅿. ⓞ 🅴
Mitte Nov.- 25. Dez. geschl. – **M** a la carte 17/30 ⓧ – **50 Z : 100 B** 32/39 - 64/78.

BAYERISCH GMAIN Bayern siehe Reichenhall, Bad.

BAYERSOIEN 8117. Bayern 🐠🐞🐟 PQ 23 – 1 000 Ew – Höhe 812 m – Luftkurort und Moorkuren
– ⓒ 08845.
Ausflugsziel : Echelsbacher Brücke★ N : 3 km.
🅱 Kurverwaltung, Dorfstr. 45, ℰ 18 90.
♦München 102 – Garmisch-Partenkirchen 31 – Weilheim 38.

🏨 Kurhotel St. Georg, Eckweg 28, ℰ 10 61, Bade- und Massageabteilung, 🔥 – 📺 ☎ 🚗 🅿
23 Z : 45 B Fb.

🏠 **Metzgerwirt,** Dorfstr. 39, ℰ 18 65 – 📺 ☎ 🅿. 🅴 🆚
➜ _1.- 18. Dez. geschl._ – **M** _(Mittwoch geschl.)_ a la carte 20/37 – **9 Z : 21 B** 34/55 - 68/110.

🏠 **Haus am Kapellenberg** 🦢, Eckweg 8, ℰ 5 22, ≼, 🍽, 🛋 – 🚗 🅿
➜ _Mitte Nov.- Mitte Dez. geschl._ – **M** a la carte 21/40 – **15 Z : 30 B** 28/45 - 66/74 – ½ P 48/55.

🏠 **Fischer am See** garni, Dorfstr. 80, ℰ 7 91 – 🅿. 🎿
Nov.- 15. Dez. geschl. – **15 Z : 28 B** 28/32 - 54/68 – 2 Fewo 50.

BAYREUTH 8580. Bayern 🐠🐞🐟 R 17. 🐡🐠🐟 ⓢ ⓢ – 70 000 Ew – Höhe 340 m – ⓒ 0921.
Sehenswert : Markgräfliches Opernhaus★ Z – Richard-Wagner-Museum★ Z **M1.**
Ausflugsziel : Schloß Eremitage★ : Schloßpark★ 4 km über ②.

Festspiel-Preise : siehe Seite 8

Prix pendant le festival : voir p. 16

Prices during tourist events : see p. 24

Prezzi duranti i festival : vedere p. 32

🛬 Bindlacher Berg, ① : 7 km, ℰ (09208) 85 22.
🅱 Tourist-Information, Luitpoldplatz 9, ℰ 8 85 88, Telex 642706.
ADAC, Hohenzollernring 64, ℰ 6 96 60, Notruf 1 92 11.
♦München 231 ③ – ♦Bamberg 65 ⑤ – ♦Nürnberg 80 ③ – ♦Regensburg 159 ③.

Stadtplan siehe gegenüberliegende Seite.

🏩 **Bayerischer Hof,** Bahnhofstr. 14, ℰ 2 20 81, Telex 642737, Fax 22085, 🚍, 🔳, 🛋 – 🛗 📺
  🚗 🅿 – 🔒 35. ⓞ 🅴 🆚   Y e
M _(nur Abendessen, 2.- 21. Januar und Sonntag geschl.)_ a la carte 35/63 – **62 Z : 107 B**
68/150 - 125/210 Fb.

🏩 **Königshof,** Bahnhofstr. 23, ℰ 2 40 94, Fax 99198 – 🛗 📺 🅿. 🅰🅴 ⓞ 🅴 🆚   Y f
M a la carte 37/61 – **Pfännla M** a la carte 26/55 – **37 Z : 65 B** 65/108 - 140/220 Fb.

🏨 **Zur Lohmühle,** Badstr. 37, ℰ 6 30 31, Telex 642185, 🍽 – 🛗 📺 ☎ 🅿 – 🔒 30. ⓞ 🅴 🆚
M _(abends Tischbestellung ratsam)_ (1.-14. Jan. und 1.- 14. Sept. geschl.) a la carte 25/50 –
42 Z : 65 B 75/90 - 120/130 Fb.   Z v

🏨 Schlemmerland, Kulmbacher Str. 3, ℰ 6 20 95 – 🛗 📺 ☎ 🅿. 🅰🅴 ⓞ 🅴 🆚   Z r
(nur Abendessen) – **12 Z : 21 B** Fb.

🏨 **Goldener Hirsch,** Bahnhofstr. 13, ℰ 2 30 46 – ⤷ Zim 📺 ☎ 🚗 🅿 – 🔒 25/50. 🅴
41 Z : 80 B 55/95 - 80/160.   Y c

🏠 **Kolping Hotel,** Kolpingstr. 5, ℰ 8 80 70, Fax 880715 – 🛗 📺 ☎ – 🔒 25/350. 🅰🅴 ⓞ 🅴 🆚
➜ **M** a la carte 19/48 – **34 Z : 70 B** 70/90 - 120/140 Fb.   Y x

🏠 **Am Hofgarten** 🦢 garni, Lisztstr. 6, ℰ 6 90 06, 🚍 – 🛗 ☎ 🚗   Z u
17 Z : 27 B Fb.

🏠 **Spiegelmühle,** Kulmbacher Str. 28, ℰ 4 10 91 – 📺 ☎ 🅿   Z a
(wochentags nur Abendessen) – **13 Z : 18 B** Fb.

🏠 Fränkischer Hof, Rathenaustr. 28, ℰ 6 42 14 – ☎ 🅿   Z t
12 Z : 20 B.

🏠 **Goldener Löwe,** Kulmbacher Str. 30, ℰ 4 10 46, 🍽 – ☎ 🅿. 🅰🅴 ⓞ 🅴 🆚   Z n
➜ **M** _(Sonntag und 1.- 15. Sept. geschl.)_ a la carte 21/32 – **11 Z : 20 B** 53 - 86 Fb.

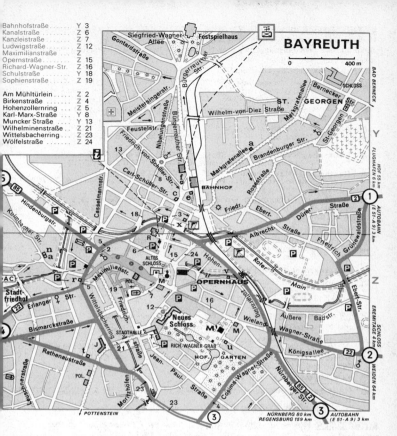

BAYREUTH

0   400 m

XX **Cuvée**, Markgrafenallee 15, ℰ 2 34 22 – ⓞ Ε 𝘝𝘐𝘚𝘈   Y **a**
nur Abendessen, Montag, 1.- 7. Jan. und 17. Sept.- 1. Okt. geschl. – **M** a la carte 47/71.

XX **Bürgerreuth** ⌂ mit Zim, An der Bürgerreuth 20, ℰ 2 36 32, Fax 21708, 🌣, Biergarten – ⓟ
16 Z : 24 B.   über Siegfried-Wagner-Allee   Y

In Bayreuth-Oberkonnersreuth ③ : 3 km :

XX **Zur Sudpfanne**, Oberkonnersreuther Str. 4, ℰ 5 28 83, 🌣 – ⓟ. 𝐀𝐄 ⓞ Ε 𝘝𝘐𝘚𝘈
Montag - Dienstag 17 Uhr geschl. – **M** a la carte 23/66.

In Bayreuth - Seulbitz ② : 6,5 km :

🏛 **Waldhotel Stein** ⌂, ℰ 90 01, ≼, ⇌, ▨, 🐎 – ⇌ 📺 ☎ ⓟ – 🔬 40. 𝐀𝐄 ⓞ Ε 𝘝𝘐𝘚𝘈.
🛏 Zim
Mitte Dez.- Mitte Jan. geschl. – **M** a la carte 36/61 – **48 Z : 110 B** 58/120 - 96/196 Fb.

In Bayreuth-Thiergarten ③ : 6 km :

XXX **Schloßhotel Thiergarten** ⌂ mit Zim, ℰ (09209) 13 14, Telex 642153, 🌣, 🐎 – 📺 ☎ ⓟ
– 🔬 25. ⓞ Ε 𝘝𝘐𝘚𝘈. 🛏 Rest
19. Feb.- 19. März geschl. – **M** (Sonntag 18 Uhr - Montag geschl.) 73/108 – **8 Z : 16 B** 100 -
190/200 Fb.

In Eckersdorf-Donndorf 8581 ④ : 5 km :

🏠 **Gästehaus Teupert** garni, Bayreuther Str. 1, ℰ (0921) 3 00 12, 🐎 – ⇦ ⓟ
15 Z : 25 B 30/50 - 55/80.

Die **Michelin-Kartenserie** mit rotem Deckblatt : Nr. 𝟿𝟾𝟶-𝟿𝟿𝟷
empfehlenswert für Ihre Fahrten durch die Länder Europas.

BAYRISCHZELL 8163. Bayern **413** ST 23, 24. **987** ③. **426** ⑱ — 1 600 Ew — Höhe 802 m —
Heilklimatischer Kurort — Wintersport : 800/1800 m ⟨⟨ 1 ⟨20 — ✪ 08023.
Ausflugsziele : Wendelstein ※ ★★ (⟨ ab Bayrischzell-Osterhofen) — Ursprung-Paß★ S : 6 km.
🛈 Kuramt, Kirchplatz 2, 𝒫 6 48.
◆München 77 — Miesbach 23 — Rosenheim 37.

🏨 **Meindelei** ⤳, Michael-Meindl-Str. 13, 𝒫 3 18, « Garten », ⟨⟨⟩, 🔲 — ☎ ❷. 🅰🅴 ⑩ 🇪 𝘝𝘐𝘚𝘈
  nach Ostern 2 Wochen und 15. Okt.- 20. Dez. geschl. — Menu *(nur Abendessen, Dienstag
  geschl.)* 30/68 und a la carte 47/65 — **17 Z : 32 B** 85/95 - 135/175 Fb — ½ P 98/113.

🏠 **Haus Effland** ⤳ garni, Tannermühlstr. 14, 𝒫 2 63, ⟨⟨⟩, 🔲, 🚲 — ☎ ❷
  14 Z : 22 B 60/63 - 102/142.

🏠 **Alpenrose**, Schliersee Str. 6, 𝒫 6 20, 🌤, 🚲 — ⟨⟩ ❷
  10. Nov.- 15. Dez. geschl. — **M** a la carte 19/49 — **30 Z : 60 B** 55/110 - 90/132 Fb — 4 Fewo
  100 — ½ P 61/71.

🏠 **Deutsches Haus**, Schliersee Str. 16, 𝒫 2 02, 🌤 — ☎ ❷. 🅰🅴 ⑩ 🇪
  15. Nov.- 18. Dez. geschl. — **M** a la carte 22/47 — **26 Z : 45 B** 37/55 - 73/109.

🏠 **Gasthof zur Post**, Schulstr. 3, 𝒫 2 26 — ⟨⟩ ❷. 🅰🅴 ⑩ 🇪
  Ende Okt.- Mitte Dez. geschl. — **M** *(Dienstag geschl.)* a la carte 20/46 — **46 Z : 71 B** 37/68 -
  74/136 Fb.

🏡 **Wendelstein**, Ursprüngstr. 1, 𝒫 6 10, Biergarten, Fahrradverleih — ❷. 🇪
  2. Nov.-20. Dez. geschl. — **M** *(Montag geschl.)* a la carte 22/52 — **22 Z : 40 B** 35/55 - 70/100
  — ½ P 50/61.

  In Bayrischzell-Geitau NW : 5 km :

🏠 **Postgasthof Rote Wand** ⤳, 𝒫 2 43, ⟨, « Gartenterrasse » — ☎ ⟨⟩ ❷. 🇪
  23.- 28. April und Nov.- 15. Dez. geschl. — **M** *(Dienstag geschl.)* a la carte 18,50/39 — **30 Z :
  50 B** 40/55 - 80/90 — ½ P 60/67.

  In Bayrischzell-Osterhofen NW : 3 km :

🏨 **Alpenhof**, Osterhofen 1, 𝒫 2 87, ⟨, 🌤, ⟨⟨⟩, 🔲, 🚲 — 🛏 ⟨⟩ ❷ — 🔼 25
  23. April - 1. Mai und 20. Okt.- 22. Dez. geschl. — **M** *(Montag geschl.)* a la carte 19,50/50 🍷
  — **45 Z : 75 B** 64/80 - 114/146 Fb — ½ P 69/85.

BEBRA 6440. Hessen **987** ㉕ — 16 500 Ew — Höhe 205 m — ✪ 06622.
◆Wiesbaden 182 — Erfurt 120 — Bad Hersfeld 15 — ◆Kassel 64.

🏠 **Hessischer Hof**, Kasseler Str. 4, 𝒫 60 71 — ☎ ⟨⟩ ❷
  24. Dez.- 10. Jan. geschl. — **M** *(Samstag geschl.)* a la carte 19/40 — **13 Z : 19 B** 39/42 - 75.

🏠 **Röse**, Hersfelder Str. 1, 𝒫 80 26, Fax 42462, Biergarten — ⟨⟩ ❷. 🅰🅴 ⑩ 🇪 𝘝𝘐𝘚𝘈
  M a la carte 26/47 — **25 Z : 50 B** 59 - 99 Fb.

  In Bebra-Weiterode SO : 3 km :

🏠 **Haus Sonnenblick**, Sonnenblick 1, 𝒫 30 58, 🌤, ⟨⟨⟩, 🔲 — 📺 ☎ ❷ — 🔼 25/100. 🅰🅴 ⑩
  🇪 𝘝𝘐𝘚𝘈
  M a la carte 20/46 🍷 — **45 Z : 90 B** 59/72 - 84/108 Fb.

BECHHOFEN 8809. Bayern **413** O 19. **987** ㉖ — 5 600 Ew — Höhe 425 m — ✪ 09822.
◆München 189 — Ansbach 19 — ◆Augsburg 131 — ◆Nürnberg 67 — ◆Ulm 127.

✕ **Landhotel Riederhof** ⤳ mit Zim, Kleinried 12, 𝒫 58 51, 🌤, 🚲 — ☎ ⟨⟩ ❷. ⑩ 🇪
  � Zim
  19. Feb.- 2. März geschl. — **M** *(Montag geschl.)* a la carte 32/61 — **6 Z : 12 B** 50/60 - 80/95.

BECHTHEIM Hessen siehe Hünstetten.

BECKE Nordrhein-Westfalen siehe Gummersbach.

BECKINGEN Saarland siehe Merzig.

BECKUM 4720. Nordrhein-Westfalen **987** ⑭ — 38 500 Ew — Höhe 110 m — ✪ 02521.
🚩 Bauernschaft Ebbecke (S : 7 km über die B 475), 𝒫 (02527) 81 91.
🛈 Stadtinformation, Markt 1, 𝒫 2 91 71.
◆Düsseldorf 130 — Bielefeld 56 — Hamm in Westfalen 20 — Lippstadt 25 — Münster (Westfalen) 41.

  Am Höxberg S : 1,5 km — ✉ 4720 Beckum — ✪ 02521 :

🏨 **Höxberg** ⤳, Soestwarte 1, 𝒫 70 88, Fax 3410, 🌤, ⟨⟨⟩ — 📺 ☎ 🖐 ⟨⟩ ❷ — 🔼 25/60. 🅰🅴
  ⑩ 🇪 𝘝𝘐𝘚𝘈
  M a la carte 41/70 — **40 Z : 67 B** 95 - 155.

🏠 **Zur Windmühle**, Unterberg 2/33, 𝒫 34 08 — ⟨⟩ ❷. ⑩ 🇪 𝘝𝘐𝘚𝘈. � Rest
  Juni - Juli 2 Wochen geschl. — **M** *(Samstag bis 18 Uhr und Montag geschl.)* a la carte 28/59
  — **11 Z : 16 B** 48 - 80.

🏠 **Haus Pöpsel** ⤳, Herzfelder Str. 60, 𝒫 36 28 — ❷. �
  1.- 20. Aug. geschl. — **M** *(nur Abendessen)* 12,50/22 (mittags) und a la carte 22/39 — **7 Z :
  11 B** 41 - 82.

BEDBURG-HAU Nordrhein-Westfalen siehe Kleve.

BEDERKESA 2852. Niedersachsen 987 ⑤ – 4 500 Ew – Höhe 10 m – Luftkurort – Moorheilbad – ✪ 04745.

🛈 Verkehrsamt, Amtsstr. 8, 🖉 7 91 45.

◆Hannover 198 – ◆Bremerhaven 25 – Cuxhaven 39 – ◆Hamburg 108.

🏨 **Waldschlößchen - Bösehof** 🦢, Hauptmann-Böse-Str. 19, 🖉 70 31, Fax 7027, ≤, 佘, ⇌, ◪, 舞, Fahrradverleih – 🛗 📺 ☎ 🖘 🅿 – 🛦 25/60. 🖭 ⓘ E 𝖵𝖨𝖲𝖠
M 35/65 – **30 Z : 51 B** 58/92 - 126/150 Fb – ½ P 83/117.

🏨 **Seehotel Dock**, Zum Hasengarten 2, 🖉 60 61, ≋, ◪ – 🛗 ☎ ♿ 🅿 – 🛦 25/40. 🕸 Rest
M a la carte 29/52 – **43 Z : 77 B** 60/70 - 110/150.

   In Lintig 2852 SO : 4,5 km :

🏠 Roes Gasthof, Lintiger Str. 16, 🖉 (04745) 3 63, ≋, ◪ – 🅿 – 🛦
16 Z : 30 B.

BEEDENBOSTEL Niedersachsen siehe Lachendorf.

BEELEN 4413. Nordrhein-Westfalen – 5 000 Ew – Höhe 52 m – ✪ 02586.

◆Düsseldorf 148 – Bielefeld 37 – Münster (Westfalen) 37.

✕✕ **Hemfelder Hof** mit Zim, Clarholzer Str. 21 (SO : 3 km, B 64), 🖉 2 15, 佘 – 📺 ☎ 🖘 🅿
– 🛦 25/40. 🕸
Juni - Juli 3 Wochen geschl. – Menu *(Freitag 14 Uhr - Samstag 18 Uhr geschl.)* 23 (mittags)
und a la carte 33/68 – **11 Z : 17 B** 45 - 80.

BEERFELDEN 6124. Hessen 413 J 18. 987 ㉕ – 7 000 Ew – Höhe 427 m – Erholungsort –
✪ 06068.

📷 Beerfelden-Hetzbach (NW : 5 km), 🖉 (06068) 39 08.

◆Wiesbaden 106 – ◆Darmstadt 61 – Heidelberg 44 – ◆Mannheim 58.

🏠 **Schwanen**, Metzkeil 4, 🖉 22 27 – 📺 ☎ 🅿. E 𝖵𝖨𝖲𝖠
19. Feb.- 4. März und 22. Okt.- 4. Nov. geschl. – **M** *(Montag geschl.)* a la carte 25/44 ♨ –
7 Z : 14 B 44/54 - 84.

   Auf dem Krähberg NO : 10 km :

🏠 **Reussenkreuz** 🦢, ✉ 6121 Sensbachtal, 🖉 (06068) 22 63, ≤, 佘, ≋, 舞 – 🖘 🅿
16. Nov.- 24. Dez. geschl. – **M** *(Freitag ab 14 Uhr geschl.)* 24/50 ♨ – **18 Z : 32 B** 47/70 -
84/112.

BEHRINGEN Niedersachsen siehe Bispingen.

BEHRINGERSMÜHLE Bayern siehe Gössweinstein.

BEILNGRIES 8432. Bayern 413 R 19. 987 ㉗ – 7 200 Ew – Höhe 372 m – Erholungsort –
✪ 08461.

🛈 Touristik-Verband, Hauptstr. 14 (Haus des Gastes). 🖉 84 35.

◆München 108 – Ingolstadt 35 – ◆Nürnberg 72 – ◆Regensburg 51.

🏨 **Fuchs-Bräu**, Hauptstr. 23, 🖉 4 43, Fax 8357, Biergarten, ≋, ◪, 舞 – 🛗 📺 ☎ ♿ 🅿 –
➔ 🛦 25/40. 🖭 ⓘ E 𝖵𝖨𝖲𝖠
Jan. 2 Wochen geschl. – **M** a la carte 23/46 – **62 Z : 110 B** 55/75 - 92/100 Fb.

🏨 **Gams**, Hauptstr. 16, 🖉 2 56, Telex 55435, Fax 7475, ≋ – 📺 ☎ 🅿 – 🛦 25/60. 🖭 ⓘ E
𝖵𝖨𝖲𝖠
3.- 14. Jan. geschl. – **M** a la carte 22/50 – **70 Z : 130 B** 65/85 - 95/130 Fb.

🏠 **Gasthof Gallus**, Neumarkter Str. 25, 🖉 2 47, Telex 55451, ≋, 舞. Fahrradverleih – 🛗 ☎
➔ 🅿 – 🛦 25/80. 🖭 ⓘ E 𝖵𝖨𝖲𝖠
M *(Montag geschl.)* a la carte 19/47 – **40 Z : 72 B** 55/80 - 86/100.

🏠 Wagner-Bräu, Hauptstr. 41, 🖉 12 29 – 🖘 🅿
17 Z : 36 B.

🏛 **Goldener Hahn** (Brauerei-Gasthof), Hauptstr. 44, 🖉 4 19, 佘 – ☎ 🅿. E
M a la carte 22/35 – **38 Z : 72 B** 31/65 - 60/88 – ½ P 48/73.

Michelin-Straßenkarten für Deutschland :

Nr. 984 im Maßstab 1:750 000

Nr. 987 im Maßstab 1:1 000 000

Nr. 412 im Maßstab 1:400 000 (Nordrhein-Westfalen, Rheinland-Pfalz, Hessen, Saarland)

Nr. 413 im Maßstab 1:400 000 (Bayern und Baden-Württemberg)

BEILSTEIN 7141. Baden Württemberg **413** K 19 − 5 400 Ew − Höhe 258 m − **۞** 07062.
♦Stuttgart 41 − Heilbronn 16 − Schwäbisch Hall 47.

XX **Langhans** mit Zim, Auensteiner Str. 1, *β* 54 36 − **☏**
M *(Montag geschl.)* a la carte 24/50 − **8 Z : 16 B** 50/60 - 90/100.

X **Alte Bauernschänke**, Heerweg 19 (Ecke Wunnensteinstraße), *β* 33 27, « Fachwerkhaus mit rustikaler Einrichtung » − **☏**. **AE** **۞** **E** **VISA**
nur Abendessen − **M** a la carte 28/58.

X **Hohenbeilstein**, Langhans 1, *β* 57 70, **☂**, « Burg a.d. 13. Jh., Burgfalknerei » − **☏**. **AE** **۞** **E**
Montag und 7. Jan.- Feb. geschl. − **M** a la carte 25/50.

In Beilstein-Stocksberg 7156 NO : 11 km − Höhe 540 m :

🏡 **Landgasthof Krone**, Prevorster Str. 2, *β* (07130) 13 22, **☂**, **☛**, Fahrradverleih − **☏** −
♨ 30
über Fastnacht und 10.- 25. Dez. geschl. − **M** *(Montag geschl.)* a la carte 26/55 **⅃** − **10 Z : 16 B** 40/58 - 75/95 Fb − 3 Fewo 55.

BEILSTEIN 5591. Rheinland-Pfalz − 150 Ew − Höhe 86 m − **۞** 02673 (Ellenz-Poltersdorf).
Sehenswert : Burg Metternich ≤*.
Mainz 111 − Bernkastel-Kues 68 − Cochem 11.

🏠 **Haus Burgfrieden**, Im Mühlental 62, *β* 14 32, **☎**, − **▤** **☏**. **۞** **E** **VISA**
♦ *April - Okt.* − **M** 13,50/18,50 (mittags) und a la carte 20/46 − **38 Z : 72 B** 40/60 - 80/90.

🏠 **Haus Lipmann** (mit Gästehäusern), Marktplatz 3, *β* 15 73, ≤, eigener Weinbau, « Rittersaal, Gartenterrasse » − **☏**
15. März-15. Nov. − **M** a la carte 22/45 **⅃** − **22 Z : 44 B** 50/70 - 80/90.

BELCHEN Baden-Württemberg siehe Schönau im Schwarzwald.

BELL Rheinland-Pfalz siehe Mendig.

BELLERSDORF Hessen siehe Mittenaar.

BELLHEIM 6729. Rheinland-Pfalz **413** H 19 − 7 000 Ew − Höhe 110 m − **۞** 07272.
Mainz 126 − ♦Karlsruhe 32 − Landau in der Pfalz 13 − Speyer 22.

🏠 **Bellheimer Braustübl**, Hauptstr. 78 1/2, *β* 7 55 00, **☂** − **☎** **⟷** **☏**. **E**
Menu *(Dienstag geschl.)* 26/70 und a la carte 25/59 **⅃** − **7 Z : 11 B** Fb.

XX **Lindner's Restaurant**, Postgrabenstr. 54, *β* 7 53 00, **☂** − **☏**. **E**
Montag - Dienstag 18 Uhr und 30. Juni - 25. Juli geschl. − **M** (Tischbestellung ratsam) a la carte 28/57 **⅃**.

X **Wappenschmiedmühle**, an der B 9 (O : 2 km), *β* 23 57, **☂** − **☏**. **E**
♦ *Montag bis 18 Uhr und Donnerstag geschl.* − **M** a la carte 19/39 **⅃**.

In Zeiskam 6721 NW : 4,5 km :

🏨 **Zeiskamer Mühle** **☙**, Hauptstr. 87, *β* (06347) 67 67, Fax 6193, Innenhofterrasse − **▤** **TV** **☎** **☏**. **AE**
M *(Montag und Donnerstag jeweils bis 17 Uhr sowie 22. Feb.- 1. März und 5.- 19. Juli geschl.)* a la carte 23/55 **⅃** − **17 Z : 30 B** 65 - 110 Fb.

BELLINGEN, BAD 7841. Baden-Württemberg **413** F 23, **216** ④, **242** ⑩ − 3 200 Ew − Höhe 256 m − Heilbad − **۞** 07635.
🛈 Bade- und Kurverwaltung, im Kurmittelhaus, *β* 10 25.
♦Stuttgart 247 − Basel 27 − Müllheim 12.

🏨 **Paracelsus**, Akazienweg 1, *β* 10 18, Massageabteilung, **☛**, Fahrradverleih − **☎** **☏**. **♨**
Dez.- Jan. geschl. − (Restaurant nur für Hausgäste) − **23 Z : 34 B** 67/86 - 108 Fb.

🏠 **Markushof**, Badstr. 6, *β* 10 83, **☂** − **TV** **☎** **⟷** **☏**. **E**. **♨** Zim
Mitte Dez.- Mitte Jan. geschl. − **M** *(Mittwoch geschl.)* um 18 (mittags) und a la carte 27/63 − **27 Z : 37 B** 60/110 - 100/130 Fb − ½ P 73/93.

🏠 **Burger**, Im Mittelgrund 4, *β* 94 58, **☂**, **☛**, − **☏**. **AE** **۞** **E** **VISA**
♦ **M** 17/32 − **14 Z : 23 B** 65/85 - 100/130 Fb − ½ P 73/103.

🏠 **Therme** garni, Rheinstr. 72, *β* 93 48, **☛** − **⟷** **☏**
Anfang Nov.- 26. Dez. geschl. − **16 Z : 26 B** 45/70 - 80/100.

🏠 **Eden**, Im Mittelgrund 2, *β* 10 61, **☛**, Fahrradverleih − **☎** **⟷** **☏**. **♨**
(Restaurant nur für Pensionsgäste) − **23 Z : 29 B** 47/60 - 86/120 Fb − ½ P 62/75.

🏠 **Landgasthof Schwanen**, Rheinstr. 50, *β* 13 14, **☂**, eigener Weinbau − **☏**. **E**
Mitte Dez.- Mitte Jan. geschl. − Menu *(Dienstag geschl.)* a la carte 29/61 − **14 Z : 23 B** 47/65 - 78/98 Fb − ½ P 58/79.

🏠 **Römerhof** garni, Ebnetstr. 9, 𝄢 94 21, 🍴 – 🅿. 🕸
15. Dez.- Jan. geschl. – **21 Z : 32 B** 39/50 - 86/92 Fb.

🏠 **Birkenhof**, Rheinstr. 76, 𝄢 6 23, 🍴 – 🕾 🅿. 🕸
Dez.- Jan. geschl. – (Restaurant nur für Pensionsgäste) – **15 Z : 25 B** 46 - 92 – ½ P 61.

🏠 **Kaiserhof**, Rheinstr. 68, 𝄢 6 00 – 🅿. 🕸 Zim
20. Dez.- 1. Feb. geschl. – **M** (Donnerstag geschl.) a la carte 25/50 ⅃ – **20 Z : 30 B** 35/48 - 80/92.

In Bad Bellingen 4-Hertingen O : 3 km :

🏨 **Hebelhof-Römerbrunnen** 🕊, Bellinger Str. 5, 𝄢 10 01, Fax 332, 🍴, Massage, ☎s, 🔲,
➡ 🍴 – 📺 🕾 👌 🖘 🅿. 🅴 🕸
Jan. 3 Wochen geschl. – **M** (auch vegetarisches Menu) (Donnerstag geschl.) 19/85 ⅃ –
18 Z : 32 B 65/85 - 120/180 Fb – ½ P 85/115.

BELM Niedersachsen siehe Osnabrück.

BELTERSROT Baden-Württemberg siehe Kupferzell.

BEMPFLINGEN 7445. Baden-Württemberg 🔲🔲🔲 K 21 – 3 100 Ew – Höhe 336 m – ✪ 07123.
♦Stuttgart 34 – Reutlingen 13 – Tübingen 21 – ♦Ulm 71.

XXX ✿ **Krone**, Brunnenweg 40, 𝄢 3 10 83 – 🅿 – 🏖 25/50
Juli- Aug. 3 Wochen, 24. Dez.- 6. Jan., Montag sowie Sonn- und Feiertage geschl. – **M**
(Tischbestellung ratsam) 35/50 (mittags) und a la carte 43/100
Spez. Wachtelbrüstchen mit Kalbsbries und Hummer, Rehrücken mit Lemberger-Gänseleberößße, Lamm auf
Lauchgemüse.

BENDESTORF 2106. Niedersachsen – 2 000 Ew – Höhe 50 m – Luftkurort – ✪ 04183.
♦Hannover 130 – ♦Hamburg 30 – Lüneburg 40.

🏨 **Haus Meinsbur** 🕊, Gartenstr. 2, 𝄢 60 88, « Gartenterrasse » – 📺 🕾 🖘 🅿. 🅴 🅾 🔳
🔳🔳🔳
M 48/85 – **15 Z : 27 B** 80/120 - 120/180.

🕊 **Waldfrieden** 🕊, Waldfriedenweg 17, 𝄢 66 55, « Waldterrasse » – 🅿 – 🏖 25/40
➡ **M** 15,50/28 und a la carte 22/44 – **20 Z : 33 B** 33/60 - 66/88 – 4 Fewo 90/120 – ½ P 55/66.

BENDORF 5413. Rheinland-Pfalz 🔲🔲🔲 ㉗ – 15 800 Ew – Höhe 67 m – ✪ 02622.
Mainz 101 – ♦Bonn 63 – ♦Koblenz 10 – Limburg an der Lahn 42.

🏨 **Berghotel Rheinblick** 🕊, Remystr. 79, 𝄢 1 40 81, ≼ Rheintal, 🍴, 🍴, 🕸 – 📺 🕾 🖘
➡ 🅿 – 🏖 30. 🅴 🅾 🔳 🔳🔳🔳
20. Dez.- 10. Jan. geschl. – **M** (Freitag geschl.) 21/54 ⅃ – **23 Z : 40 B** 45/75 - 100/120 Fb.

XX **Weinhaus Syré**, Engersport 12, 𝄢 25 81 – 🅿. 🅴 🅾 🔳 🔳🔳🔳
Montag - Dienstag 18 Uhr und Juli 3 Wochen geschl. – **M** a la carte 50/77.

XX **La Charrue**, Bergstr. 25, 𝄢 1 02 12 – 🅿. 🅴 🔳
Donnerstag - Freitag 18 Uhr, Jan. 2 Wochen und Juni - Juli 2 Wochen geschl. – **M** 33/46
(mittags) und a la carte 45/66.

BENEDIKTBEUERN 8174. Bayern 🔲🔲🔲 R 23, 🔲🔲🔲 ㉗, 🔲🔲🔲 ㉗ – 2 700 Ew – Höhe 615 m –
Erholungsort – ✪ 08857.
Sehenswert : Ehemalige Klosterkirche (Anastasia-Kapelle★).
🅱 Verkehrsamt, Prälatenstr. 5, 𝄢 2 48.
♦München 61 – Garmisch-Partenkirchen 44 – Bad Tölz 15.

🏠 **Alpengasthof Friedenseiche** 🕊, Häusernstr. 34, 𝄢 82 05, 🍴, 🍴 – 🕾 🖘 🅿 –
➡ 🏖 25. 🅴 🔳
6. Nov.- 20. Dez. geschl. – **M** (Mittwoch geschl.) a la carte 21/45 – **30 Z : 50 B** 46/70 - 82/92.

BENNINGEN Baden-Württemberg siehe Marbach am Neckar.

BENSHEIM AN DER BERGSTRASSE 6140. Hessen 🔲🔲🔲 I 17, 🔲🔲🔲 ㉗ – 34 000 Ew – Höhe
115 m – ✪ 06251.
Ausflugsziele : Staatspark Fürstenlager★★ N : 3 km – Auerbacher Schloß : Nordturm ≼★ N :
7 km.
🅱 Städt. Verkehrsbüüro, Beauner Platz (Pavillon), 𝄢 1 41 17.
ADAC, Bahnhofstr. 30, 𝄢 6 98 88, Telex 468388.
♦Wiesbaden 66 – ♦Darmstadt 26 – Heidelberg 35 – Mainz 59 – ♦Mannheim 32 – Worms 20.

🏠 **Michelangelo**, Berliner Ring 108 (am Badesee), 𝄢 3 90 09, 🍴 – 📺 🕾 🅿. 🕸
11 Z : 15 B.

🏠 **Bacchus**, Rodensteinstr. 30, 𝄢 3 90 91 – 📺 🕾 🅿. 🅴
M a la carte 27/47 ⅃ – **22 Z : 45 B** 75/105 Fb.

🏠 **Hans** garni, Rodensteinstr. 48, 𝄢 21 73 – 📺 🕾 🖘 🅿. 🅴 🔳 🔳🔳🔳
15 Z : 24 B 40/65 - 90.

Fortsetzung →

🏚 **Präsenzhof** ॐ, Am Wambolter Hof 7, ℰ 42 56 (Hotel) 6 11 86 (Rest.), ⇔ – 🔳 🖵 ☎
→ ⇔. 🝐 ⓞ Ε
   M *(Italienische Küche)* (Mittwoch geschl.) a la carte 19/45 ⅃ – **28 Z : 50 B** 58/61 - 91.

🏚 **Stadtmühle**, Plantanenallee 2, ℰ 3 80 08 – ☎. 🝐 ⓞ 𝑉𝐼𝑆𝐴
→ **M** a la carte 20/42 – **7 Z : 12 B** 48/65 - 88/95.

✕ Dahlberger Hof, Dahlberger Gasse (Bürgerhaus), ℰ 47 47, 🐝.

In Bensheim 3-Auerbach – Luftkurort :

🏨 **Parkhotel Krone**, Darmstädter Str. 168 (B 3), ℰ 7 30 81, Telex 468537, Fax 78450, 🐝, ⇔s,
   ⇔ – 🔳 🖵 ☎ ❷ – 🛦 25/120. 🝐 ⓞ Ε 𝑉𝐼𝑆𝐴
   M *(auch vegetarische Gerichte)* a la carte 38/59 – **55 Z : 110 B** 105/150 - 125/200 Fb.

🏚 **Poststuben** ॐ (mit Gästehaus), Schloßstr. 28, ℰ 7 29 87, 🐝, « Behagliches Restaurant »
→ – 🖵 ⇔. 🝐 ⓞ Ε 𝑉𝐼𝑆𝐴
   M *(Sonntag 15 Uhr - Montag 17 Uhr, Feb. und Juli - Aug. jeweils 2 Wochen geschl.)* 19/29 ⅃
   – **18 Z : 30 B** 55/65 - 80/90 Fb.

✕✕ **Burggraf-Bräu**, Darmstädter Str. 231, ℰ 7 25 25, 🐝 – ❷. 🝐 ⓞ Ε 𝑉𝐼𝑆𝐴
   Samstag bis 18 Uhr und Montag geschl. – **M** a la carte 27/45.

✕ Parkhotel Herrenhaus ॐ mit Zim, Im Staatspark Fürstenlager (O : 1 km), ℰ 7 22 74, 🐝,
   ⇔ – 🖵 ☎ ⇔ ❷
   (Abendessen nur nach Voranmeldung) – **9 Z : 17 B**.

Die Preise	Einzelheiten über die in diesem Führer angegebenen Preise finden Sie in der Einleitung.

BENTHEIM, BAD 4444. Niedersachsen 🗓🗓🗓 ⑭. 🗓🗓🗓 ⑭ – 14 500 Ew – Höhe 50 m – Heilbad
– 😊 05922.
🖪 Verkehrsbüro, Schloßstr. 2, ℰ 31 66.
♦Hannover 207 – Enschede 29 – Münster (Westfalen) 56 – ♦Osnabrück 75.

🏨 **Großfeld** ॐ (mit Gästehäusern), Schloßstr. 6, ℰ 8 28, Telex 98326, « Brunnengarten »,
   ⇔s, 🔲, ☞ – 🔳 🖵 ⇔ ❷ – 🛦 25/40. 🝐 ⓞ Ε 𝑉𝐼𝑆𝐴. ⅋ Rest
   M a la carte 34/64 – **80 Z : 157 B** 80/90 - 160/180 Fb – ½ P 100/110.

🏨 **Am Berghang** ॐ, Am Kathagen 69, ℰ 20 47, ⇔s, 🔲, ☞, Fahrradverleih – 🖵 ☎ ❷. ⓞ
   Ε ⅋
   Jan. geschl. – **M** a la carte 29/58 – **27 Z : 54 B** 75/90 - 130/180 Fb – ½ P 90/110.

🏚 **Café Diana** garni, Bahnhofstr. 16, ℰ 20 61 – 🖵 ☎ ❷
   10 Z : 17 B.

🏚 **Altes Wasserwerk** ॐ garni, Möllenkamp 2, ℰ 36 61, ⇔s, 🔲 – 🖵 ❷. ⅋
   10 Z : 15 B 35 - 70.

🏚 **Steenweg**, Ostend 1, ℰ 23 28 – ☎ ❷. 🝐 ⓞ Ε. ⅋ Rest
→ **M** a la carte 20/36 – **20 Z : 30 B** 35/65 - 65/85.

✕✕ Schulze-Berndt, Ochtruper Str. 38, ℰ 23 22 – ❷.

In Bad Bentheim-Gildehaus W : 5 km :

🏨 **Niedersächsischer Hof** ॐ, Am Mühlenberg 5, ℰ (05924) 5 67, 🐝, ⇔s, 🔲, ☞ – 🖵 ❷
   – 🛦 30. 🝐 ⓞ Ε 𝑉𝐼𝑆𝐴
   M a la carte 34/63 – **25 Z : 35 B** 70/80 - 140/160 Fb – ½ P 95/105.

In Bad Bentheim-Hagelshoek W : 4 km, nahe der B 65 :

✕ **Heuerhaus**, Wasserwerkstr. 7, ℰ (05924) 69 13, 🐝 – ❷
   Dienstag geschl. – **M** a la carte 40/59.

BERATZHAUSEN 8411. Bayern 🗓🗓🗓 S 19 – 5 300 Ew – Höhe 417 m – Erholungsort – 😊 09493.
🖪 Verkehrsamt, Paracelsus-Str. 29, ℰ 16 87.
♦München 137 – Ingolstadt 63 – ♦Nürnberg 80 – ♦Regensburg 28.

🏛 **Landgasthof Friesenmühle**, Friesenmühle 1 (SO : 1,5 km), ℰ 7 35, 🐝, ☞,
→ Fahrradverleih – ❷
   M *(Mittwoch geschl.)* a la carte 16/30 – **16 Z : 30 B** 25/35 - 50/70.

BERCHTESGADEN 8240. Bayern 🗓🗓🗓 VW 24. 🗓🗓🗓 ⑧. 🗓🗓🗓 ⑲ – 8 200 Ew – Höhe 540 m –
Heilklimatischer Kurort – Wintersport : 530/1 800 m ⅂2 ⅃29 – 😊 08652.
Sehenswert : Schloßplatz★ – Schloß (Dormitorium★) – Salzbergwerk.
Ausflugsziele : Deutsche Alpenstraße★★★ (von Berchtesgaden bis Lindau) –
Kehlsteinstraße★★★ – Kehlstein☀★★ (nur mit RVO - Bus ab Obersalzberg : O : 4 km) –
Roßfeld-Ringstraße ≤★★ (O : 7 km über die B 425).
🖪 Obersalzberg, ℰ 21 00.
🖪 Kurdirektion, Königsseer Str. 2, ℰ 50 11, Telex 56213.
♦München 154 ③ – Kitzbühel 77 ② – Bad Reichenhall 18 ③ – Salzburg 23 ①.

BERCHTESGADEN

Benutzen Sie
auf Ihren Reisen in Europa
die **Michelin-Länderkarten**
1:400 000 bis 1:1 000 000.

Pour parcourir l'Europe,
utilisez les cartes Michelin
Grandes Routes
1/400 000 à 1/1 000 000.

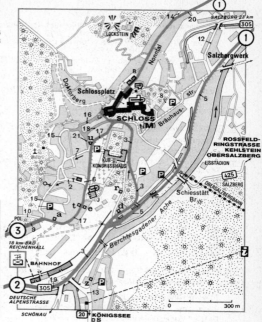

Geiger, Stanggass, ℰ 50 55, Telex 56222, Fax 5058, ≤, ♨, « Park », ⌿s, ⌧ (geheizt), ⌧, ♨ – ♟ ⌧ ⌂ ℗ – ⚿ 50. VISA. ⌿ Rest
15. Nov.- 15. Dez. geschl. – **M** a la carte 44/71 – **49 Z : 90 B** 105/160 - 140/300 Fb.
über ③

Fischer, Königsseer Str. 51, ℰ 40 44, ≤, ⌿s, ⌧, – ♟ ⌧ ⌂ ℗. ⌶. ⌿
28. Okt.- 20. Dez. geschl. – **M** a la carte 23/42 – **57 Z : 100 B** 70/150 - 140/180 Fb.
s

Alpenhotel Kronprinz ♨, Am Brandholz, ℰ 6 10 61, Telex 56201, Fax 3380, ≤, ♨, ⌿s – ♟ ⌧ ⌂ ⌂ ℗. ⌶ ⑩ Ε VISA. ⌿ Rest
2. Nov.- 18. Dez. geschl. – **M** (Montag - Dienstag 18 Uhr geschl.) a la carte 29/53 – **65 Z : 131 B** 83/123 - 130/190 Fb.
über Kälbersteinstr.

Krone ♨, Am Rad 5, ℰ 6 20 51, ≤, ♨, « Gemütlich eingerichtete Zimmer im Bauernstil », ♨ – ⌧ ⌂ ℗. ⌿ Rest
Nov.- 20. Dez. geschl. – (nur Abendessen für Hausgäste) – **28 Z : 42 B** 65/77 - 120/150.
über Locksteinstraße

Wittelsbach garni, Maximilianstr. 16, ℰ 50 61, ≤ – ♟ ⌧ ⌂ ℗. ⌶ ⑩ Ε VISA
Nov.- 15. Dez. geschl. – **29 Z : 52 B** 60/90 - 150/300 Fb.
t

Post, Maximilianstr. 2, ℰ 50 67, ♨, Biergarten – ♟ ⌧ ⌂. ⌶ ⑩ Ε VISA
M a la carte 29/53 – **42 Z : 80 B** 85/100 - 159/220 Fb – ½ P 97/102.
u

Demming ♨, Sunklergäßchen 2, ℰ 50 21, ≤, ⌿s, ⌧ – ♟ ⌧ ⌂ ℗
35 Z : 64 B Fb.
r

Vier Jahreszeiten, Maximilianstr. 20, ℰ 50 26, ≤, ⌿s, ⌧ – ♟ ⌂ ⌂ ℗ – ⚿ 25/60. ⌶ ⑩ Ε VISA
M a la carte 22/58 – **65 Z : 100 B** 75/120 - 120/200 Fb – ½ P 83/113.
a

Sporthotel Seimler, Maria am Berg 4 (NO : 1,5 km), ℰ 60 50, ♨, ⌿s, ⌧ – ♟ ⌧ ⌂ ⌂ ℗
45 Z : 80 B Fb.
über ①

Grünberger, Hansererweg 1, ℰ 45 60 – ♟ ⌧ ℗. ⌿
Anfang Nov.- Mitte Dez. geschl. – (nur Abendessen für Hausgäste) – **65 Z : 130 B** 59/90 - 94/98.
z

Bavaria, Sunklergäßchen 11, ℰ 26 20, ≤
Mitte Okt.- Mitte Dez. geschl. – (nur Abendessen für Hausgäste) – **29 Z : 45 B** 49/59 - 90/118 – ½ P 58/72.
d

Grassl garni, Maximilianstr. 15, ℰ 40 71, ≤ – ⌂. ⌶ ⑩ Ε VISA
33 Z : 50 B 49/70 - 88/140.
e

An der Roßfeld-Ringstraße O : 7 km :

🏨 **Grenzgasthaus Neuhäusl** ⊗, Wildmoos 45, Höhe 850 m, ⊠ 8240 Berchtesgaden 3,
〰 ℰ 6 20 73, ≤ Untersberg, 🏡, 🚗, 🚗 – ☎ 🅿
20. Nov.- 20. Dez. geschl. – **M** (Dienstag geschl.) a la carte 18/40 ⅃ – **23 Z : 50 B** 48/58 -
90/116 – 3 Fewo 120/180 – ½ P 60/76.

🏨 **Pension Meisl** ⊗ garni, Wildmoos 42, Höhe 850 m, ⊠ 8240 Berchtesgaden 3,
ℰ (08652) 39 91, ≤ Untersberg, 🚗 – 🚗 🅿
19 Z : 36 B 31/40 - 60/80.

Siehe auch : **Schönau am Königssee, Ramsau und Bischofswiesen**

BERG Baden-Württemberg siehe Ravensburg.

BERG 8137. Bayern 𝟜𝟙𝟛 R 23, 𝟜𝟚𝟞 ⑰ – 7 000 Ew – Höhe 630 m – ✪ 08151 (Starnberg).
🛆 Berg-Leoni, Rottmannweg 5, ℰ (08041) 32 10.
♦München 30 – Garmisch-Partenkirchen 69 – Starnberg 6.

🏨 **Park Hotel** ⊗ garni (Restaurant im Strandhotel Schloß Berg, Am Ölschlag 9, ℰ 5 01 01,
Fax 50105, ≤, 🚗, ℀ – 🛗 📺 ☎ 🅿 – 🔬 35. **E**
33 Z : 64 B 98/130 - 130/170 Fb – 4 Appart. 195.

🏨 **Strandhotel Schloß Berg** ⊗, Seestr. 17, ℰ 5 01 06, ≤ Starnberger See, « Seeterrasse »
– ☎ 🅿
M a la carte 31/73 – **22 Z : 37 B** 65/170 - 100/180.

In Berg 3-Leoni S : 1 km :

🏨 **Dorint Hotel Starnberger See** ⊗, Assenbucher Str. 44, ℰ 50 60, Telex 526483, Fax
506140, ≤ Starnberger See, 🏡, 🚗, 🔲, 🏊, Fahrradverleih – 🛗 📺 ☎ 🅿 – 🔬 35. 🆎 **E**
VISA
M a la carte 34/62 – **72 Z : 130 B** 125/160 - 185/230 Fb – 3 Appart. 320 – ½ P 110/190.

BERG 8683. Bayern 𝟜𝟙𝟛 S 15 – 2 800 Ew – Höhe 614 m – ✪ 09293.
♦München 286 – Bayreuth 57 – ♦Nürnberg 142.

In Berg-Rudolphstein N : 7 km 𝟡𝟠𝟟 ⑰ :

🏠 **Vogel** garni, Am Bühl 50, ℰ 14 49, 🚗, Fahrradverleih – 🚗 🅿 – **50 Z : 100 B**.
✕ **Gasthof Vogel**, Panoramastr. 8, ℰ 2 28 – 🅿.

BERGEN 8221. Bayern 𝟜𝟙𝟛 U 23, 𝟜𝟚𝟞 ⑲ – 3 800 Ew – Höhe 554 m – Luftkurort –
Wintersport : 550/1 670 m ≤1 ≤5 -≤4 – ✪ 08662 (Siegsdorf).
🛈 Verkehrsverein, Dorfplatz 5, ℰ 83 21.
♦München 105 – Rosenheim 46 – Salzburg 42 – Traunstein 10.

🏠 **Säulner Hof** ⊗, Säulner Weg 1, ℰ 86 55, 🏡, 🚗 – 🅿. **E**
23. Okt.- 1. Dez. und 7. Jan.- 31. Jan. geschl. – **M** (wochentags nur Abendessen, Donnerstag
geschl.) a la carte 23/44 – **15 Z : 30 B** 45/55 - 75/85.

🏠 **Bergener Hof**, Staudacher Str. 12, ℰ 80 13, Telex 56804, Fax 8019, 🚗, 🚗 – 📺 ☎ 🅿
Nov.- Mitte Jan. geschl. – (nur Abendessen für Hausgäste) – **17 Z : 33 B** 63/85 - 84/120.

In Bergen-Holzhausen NW : 4 km :

🏠 **Alpenblick**, Schönblickstr. 6, ℰ (08661) 3 18, « Terrasse mit ≤ » – 🅿. ℀ Zim
13 Z : 26 B.

BERGEN 3103. Niedersachsen 𝟡𝟠𝟟 ⑮ – 23 500 Ew – Höhe 75 m – ✪ 05051.
♦Hannover 67 – Celle 24 – ♦Hamburg 94 – Lüneburg 68.

🏠 **Kohlmann** ⊗, Lukenstr. 6, ℰ 30 14, Fax 2240 – ☎ 🚗 🅿. 🆎 ⓪ **E** **VISA**. ℀
M (Montag bis 18 Uhr geschl.) a la carte 25/52 – **14 Z : 21 B** 40/55 - 80/95.

Bergen 2-Altensatzkoth siehe : **Celle**

BERGHAUPTEN Baden-Württemberg siehe Gengenbach.

BERGHAUSEN Rheinland-Pfalz siehe Katzenelnbogen.

BERGHEIM Österreich siehe Salzburg.

BERGHEIM 5010. Nordrhein-Westfalen 𝟡𝟠𝟟 ㉓ – 56 500 Ew – Höhe 69 m – ✪ 02271.
♦Düsseldorf 41 – ♦Köln 26 – Mönchengladbach 38.

🏠 **Parkhotel**, Kirchstr. 12, ℰ 4 15 60 – ☎ – 🔬 50. 🆎 ⓪ **E** **VISA**. ℀
M a la carte 24/44 – **25 Z : 43 B** 60/75 - 100/120 Fb.

🏠 **Konert**, Kölner Str. 33 (B 55), ℰ 4 41 83 – 🚗 🅿
〰 22. Dez.- 7. Jan. geschl. – **M** (Sonn- und Feiertage geschl.) a la carte 17/40 – **11 Z : 16 B**
40/50 - 80.

BERGHÜLEN Baden-Württemberg siehe Merklingen.

BERGISCH GLADBACH 5060. Nordrhein-Westfalen 987 ㉔ − 102 100 Ew − Höhe 86 m − ✆ 02202.

🏌 Bensberg-Refrath, ✆ (02204) 6 31 14.

♦Düsseldorf 50 − ♦Köln 17.

In Bergisch Gladbach 2 (Stadtzentrum) :

🏨 **Zur Post** garni, Hauptstr. 154 (Fußgängerzone), ✆ 3 50 51, Telex 8873229 − 📺 ☎ 🅿. 🆔 ⓞ 🇪 VISA
33 Z : 55 B 70/100 - 120/200.

XXX **Eggemanns Bürgerhaus**, Bensberger Str. 102, ✆ 3 61 34 − 🆔 ⓞ 🇪
Montag geschl. − **M** (Tischbestellung ratsam) 50/97 (mittags) und a la carte 40/69.

X **Diepeschrather Mühle** 🦢 mit Zim, Diepeschrath 2 (W : 3,5 km über Paffrath), ✆ 5 16 51, 🏠 − 🅿
11 Z : 14 B.

In Bergisch Gladbach 1-Bensberg − ✆ 02204 :

🏨 **Waldhotel Mangold** 🦢, Am Milchbornsberg 32, ✆ 5 40 11, Fax 54500 − 📺 ☎ 🅿 − 🅰 25/100. 🇪 VISA. 🕸
20. Dez.- 10. Jan. geschl. − **M** (nur Abendessen, Montag sowie Sonn- und Feiertage und 24. Juni - Juli geschl.) 58/88 − **20 Z : 36 B** 100/135 - 160/200.

🏨 **Goethehaus**, Am Markt 3, ✆ 5 40 31, Fax 56122 − 📺 ☎. 🆔 ⓞ 🇪 VISA
M a la carte 41/77 − **16 Z : 26 B** 80/165 - 150/210 Fb.

X **Tessiner Klause**, Wipperfürther Str. 43, ✆ 5 34 63, 🏠 − 🅿
Dienstag geschl. − **M** a la carte 24/45.

In Bergisch Gladbach 2-Gronau :

🏨 **Gronauer Tannenhof**, Robert-Schuman-Str. 2, ✆ 3 50 88, Fax 35579 − 🛗 📺 ☎ ⇦ 🅿 − 🅰 25/80
M a la carte 32/61 − **35 Z : 70 B** 95/145 - 165/180 Fb.

In Bergisch Gladbach 1-Herkenrath :

🏠 **Arnold**, Strassen 31, ✆ (02204) 80 54, 🏠 − ☎ 🅿. 🇪. 🕸 Rest
M (Freitag geschl.) a la carte 32/53 − **20 Z : 38 B** 70/90 - 100/110.

🏠 **Hamm - Strasser Hof**, Strassen 14, ✆ (02204) 80 41 − ☎ 🅿 − 🅰
26 Z : 53 B.

In Bergisch Gladbach 1-Refrath :

🏠 **Tannenhof Refrath** garni, Lustheide 45a, ✆ (02204) 6 70 85 − ☎ 🅿. 🆔 ⓞ 🇪 VISA
34 Z : 70 B 70/110 - 110/170.

BERGKIRCHEN Bayern bzw. Nordrhein-Westfalen siehe Dachau bzw. Oeynhausen, Bad.

BERGLEN Baden-Württemberg siehe Winnenden.

BERGNEUSTADT 5275. Nordrhein-Westfalen 987 ㉔ − 18 500 Ew − Höhe 254 m − ✆ 02261 (Gummersbach).

♦Düsseldorf 95 − ♦Köln 57 − Olpe 20 − Siegen 47.

🏠 **Feste Neustadt**, Hauptstr. 19, ✆ 4 17 95 − ⇦
Juni - Juli 3 Wochen geschl. − **M** (Sonntag ab 15 Uhr geschl.) a la carte 23/51 − **18 Z : 27 B** 45 - 90.

In Bergneustadt-Niederrengse NO : 7 km :

XX **Rengser Mühle** mit Zim, ✆ (02763) 3 24, 🏠 − 📺 ☎ 🅿. 🇪
25. Feb.- 13. März geschl. − **M** (Montag 14 Uhr - Dienstag geschl.) a la carte 36/58 − **4 Z : 8 B** 60 - 90.

BERGRHEINFELD Bayern siehe Schweinfurt.

BERGSTEIG Baden-Württemberg siehe Fridingen an der Donau.

BERGTHEIM 8702. Bayern 413 N 17 − 1 900 Ew − Höhe 272 m − ✆ 09367.

♦München 285 − Schweinfurt 23 − ♦Würzburg 17.

🏠 **Pension Schlier** 🦢 garni, Raiffeisenstr. 8, ✆ 4 48, 🌳 − ⇦. 🕸
11 Z : 15 B 26/38 - 52/65.

BERGZABERN, BAD 6748. Rheinland-Pfalz 🔢🔢🔢 GH 19. 🔢🔢🔢 ㉔. 🔢🔢 ② − 6 500 Ew − Höh 200 m − Heilklimatischer Kurort − Kneippheilbad − ⊙ 06343.

🅱 Kurverwaltung, Kurtalstr. 25 (im Thermalhallenbad), ✆ 88 11.

Mainz 127 − ◆Karlsruhe 38 − Landau in der Pfalz 15 − Pirmasens 42 − Wissembourg 10.

🏨 **Petronella**, Kurtalstr. 47, ✆ 10 75, 🍴, 🚗, 🛏 − 🚻 ☎ 🏧 Ⓟ − ♨
   34 Z : 48 B Fb.

🏨 **Hotel Rebenhof** 🦢, Weinstr. 58, ✆ 10 35, 🚗 − ☎ 🍴 Ⓟ. E
   Restaurant : siehe Rebenhof − **16 Z : 32 B** 65/85 - 95/150.

🏨 **Pfälzer Wald**, Kurtalstr. 77 (B 427), ✆ 10 56, <, 🍴, 🚗 − ☎ Ⓟ. E 𝘝𝘐𝘚𝘈. 🍽 Zim
◆   **M** (Jan.- 23. Feb. geschl.) a la carte 21,50/43 ⅃ − **25 Z : 40 B** 45/60 - 90/120 Fb − ½ P 63/78.

🏨 **Wasgau** 🦢, Friedrich-Ebert-Str. 21, ✆ 84 01, 🚗 − Ⓟ
   Mitte Jan.- Mitte Feb. geschl. − **M** a la carte 29/47 − **25 Z : 40 B** 45/60 - 90 Fb − ½ P 55/65

🏨 **Seeblick**, Kurtalstr. 71, ✆ 25 39, ⬚ − 🚻 Ⓟ. 🍽 Rest
   15. Jan.-15. Feb. geschl. − (Restaurant nur für Hausgäste) − **60 Z : 90 B** 65/100 - 115/140 -
   ½ P 85/100.

XX **Rebenhof**, Weinstr. 58, ✆ 22 07 − Ⓟ
   nur Abendessen.

X **Zum Engel**, Königstr. 45, ✆ 49 33, « Restauriertes Renaissancehaus a.d. 16. Jh. »
◆   Dienstag Ruhetag, Nov.- März auch Montag ab 14 Uhr geschl. − **M** a la carte 20/42 ⅃.

   In Pleisweiler-Oberhofen 6749 NO : 2,5 km :

X **Schloßbergkeller** 🦢 mit Zim, Im Bienengarten 22 (Pleisweiler), ✆ (06343) 15 82, 🍴 −
   ☎ Ⓟ
   Jan. geschl. − **M** (Mittwoch geschl.) a la carte 22/41 ⅃ − **9 Z : 21 B** 43 - 74 − ½ P 52.

   In Gleiszellen-Gleishorbach 6749 N : 4,5 km :

🏨 **Südpfalz-Terrassen** 🦢, Winzergasse 42 (Gleiszellen), ✆ (06343) 20 66, <, 🍴, 🛏, ⬚
◆   🚗 − 📺 ☎ Ⓟ − ♨ 25/80
   6.- 31. Jan. geschl. − **M** (Montag geschl.) 19,50/26 ⅃ − **60 Z : 110 B** 58/65 - 80/120 Fb −
   ½ P 60/80.

BERKHEIM 7951. Baden-Württemberg 🔢🔢🔢 N 22. 🔢🔢🔢 ㊱. 🔢🔢🔢 ⑮ − 2 000 Ew − Höhe 580 m −
⊙ 08395.

◆Stuttgart 138 − Memmingen 11 − Ravensburg 65 − ◆Ulm (Donau) 46.

🏖 **Ochsen**, Alte Steige 1, ✆ 6 57 − Ⓟ
◆   **M** (Sonntag geschl.) a la carte 17/35 ⅃ − **14 Z : 19 B** 38 - 75.

BERLEBURG, BAD 5920. Nordrhein-Westfalen 🔢🔢🔢 ㉘ − 20 000 Ew − Höhe 450 m -
Kneippheilbad − Wintersport : 500/750 m ⟋2 ⟍9 − ⊙ 02751.

🅱 Verkehrsbüro, Im Herrengarten 1, ✆ 70 77.

◆Düsseldorf 174 − Frankenberg an der Eder 46 − Meschede 56 − Siegen 44.

🏨 **Westfälischer Hof**, Astenbergstr. 6 (B 480), ✆ 4 94, Bade- und Massageabteilung, ♨
   🛏 − ☎ 🏧 Ⓟ. E 𝘝𝘐𝘚𝘈. 30. 🏧 🌐 E 𝘝𝘐𝘚𝘈
   Menu a la carte 23/57 − **40 Z : 60 B** 28/55 - 50/99 − ½ P 40/75.

🏨 **Kaiser Friedrich**, Ederstr. 18 (B 480), ✆ 71 61 − 📺 ☎ Ⓟ. 🏧 E
◆   1.- 15. Nov. geschl. − **M** (Donnerstag geschl.) a la carte 20/48 − **9 Z : 16 B** 45/65 - 80/90 −
   ½ P 50/75.

🏨 **Zum Starenkasten** 🦢, Goetheplatz 2, ✆ 39 64, <, 🍴, 🚗 − ☎ Ⓟ. 🌐 E
   M (Montag geschl.) a la carte 22/42 − **19 Z : 30 B** 43 - 86 − ½ P 55.

🏨 **Wittgensteiner Hof**, Parkstr. 14, ✆ 72 02, 🍴, 🛏 − Ⓟ. 🌐 E
   M a la carte 23/52 − **27 Z : 38 B** 29/45 - 58/86 − ½ P 41/57.

   An der Straße nach Hallenberg NO : 6 km :

🏨 **Erholung** 🦢, ✉ 5920 Bad Berleburg 1-Laibach, ✆ (02751) 72 18, <, 🍴, 🚗 − 🚗 Ⓟ
◆   Nov. 3 Wochen geschl. − **M** 20/43 − **17 Z : 31 B** 37/55 - 78/102.

   In Bad Berleburg 5-Raumland S : 4 km :

🏨 **Raumland**, Hinterstöppel 7, ✆ 56 67, 🍴, 🚗 − 🚗 Ⓟ
   M a la carte 26/43 − **12 Z : 20 B** 39/45 - 77/88 − ½ P 44/52.

   In Bad Berleburg 6-Wemlighausen NO : 3 km :

🏖 **Aderhold**, An der Lindenstr. 22, ✆ 39 60, 🛏, 🚗 − 🚗 Ⓟ
◆   1.- 18. Okt. geschl. − **M** (Montag geschl.) 13/24 (mittags) und a la carte 17/32 − **16 Z : 28 B**
   28/31 - 56/62 − ½ P 38/40.

   In Bad Berleburg 3-Wingeshausen W : 14 km :

X **Weber** 🦢 mit Zim, Inselweg 5, ✆ (02759) 4 12, 🚗 − Ⓟ. 🍽
◆   15. Nov.- 15. Dez. geschl. − Menu (Dienstag geschl.) 25 und a la carte 22/52 − **7 Z : 14 B**
   31/33 - 64/66.

BERLIN

BERLIN Berlin-West 1000. 𝟿𝟾𝟽 ⑰ – 1 960 000 Ew – Höhe 40 m – ✆ 030.

Frühere Reichshauptstadt, seit 1945 Viersektorenstadt unter Verwaltung des Alliierten Kontrollrates. Seit 1948 durch den Auszug der Sowjets aus dem Kontrollrat Spaltung in Berlin-Ost und Berlin-West.

Im Vertrag von 1972 zwischen der Bundesrepublik Deutschland und der DDR wurde die Zugehörigkeit von West-Berlin zur Rechts-, Wirtschafts- und Finanzordnung der Bundesrepublik Deutschland bestätigt.

Als Kultur- und Wissenschaftszentrum, Theater- und Konzertstadt (Deutsche Oper, Schiller-Theater, Philharmonie, Staatliche Museen) aber auch als Kongreß-, Messe- und Ausstellungsstadt (Messegelände, Internationales Congress-Centrum) ist Berlin weltbekannt.

Berlin ist aber auch eine « grüne » Stadt (ein Drittel des Stadtgebiets besteht aus Grün-, Wald- und Wiesenfläche): keine andere deutsche Stadt hat so viele Seen (Havelseen) mit solcher Uferlänge (290 km), so ausgedehnte Wälder (Grunewald, Tegeler Forst), Park- und Grünanlagen (Botanischer Garten, Tiergarten) wie West-Berlin.

HAUPTSEHENSWÜRDIGKEITEN

Berlin-West

Kurfürstendamm✶✶ BDX und Kaiser-Wilhelm-Gedächtniskirche DEV – Brandenburger Tor✶✶ (Berlin-Ost) GU – Zoologischer Garten (Aquarium) ✶✶ EV .

Museum Dahlem✶✶✶ (Gemäldegalerie✶✶, Museum für Völkerkunde✶✶) MT – Schloß Charlottenburg✶✶ (im Knobelsdorff-Flügel: Gemäldesammlung✶✶, Goldene Galerie✶✶) BU – Kunstgewerbemuseum✶ FV **M2** – Antikenmuseum✶ (Schatzkammer✶✶✶) BU **M3** – Ägyptisches Museum✶ (Büste der Königin Nofretete✶) BU **M4** – Nationalgalerie✶ FV **M6**.

Olympia-Stadion✶✶ LS F – Funkturm (❀✶) AV – Botanischer Garten✶✶ MT.

Havel✶ und Pfaueninsel✶ LT – Wannsee✶✶ LT.

Maria-Regina-Martyrum-Kirche✶ BU D und Gedenkstätte von Plötzensee DU.

Berlin-Ost

Brandenburger Tor✶✶ GU – Unter den Linden✶ GUV (Deutsche Staatsoper✶ GHU **C**, Neue Wache✶ HU **D**, Zeughaus✶✶ GHU) – Platz der Akademie✶ GV.

Museumsinsel (Pergamon-Museum✶✶✶ GHU **M7** mit Pergamon-Altar, Nationalgalerie✶✶ HU **M8**).

Alexanderplatz✶✶ HU – Fernsehturm✶✶ (❀✶) HU **K** – Karl-Marx-Allee✶ HU – Sowjetisches Ehrenmal✶ NS.

🛬 Berlin-Wannsee, Am Stölpchenweg, ℰ 8 05 50 75.

✈ Tegel, ℰ 4 11 01 (Berlin S. 5 MS). – 🚂 Berlin - Wannsee, ℰ 31 04 33.

Messegelände (Berlin S. 6 AV), ℰ 3 03 81, Telex 182908.

🄱 Berlin Tourist-Information im Europa-Center (Budapester Straße). ℰ 2 62 60 31, Telex 18 3356, Fax 21232520.

🄱 Verkehrsamt im Flughafen Tegel, ℰ 41 01 31 45.

ADAC, Berlin-Wilmersdorf, Bundesallee 29 (B 31), ℰ 8 68 61, Telex 183513 ; Notruf ℰ 1 92 11.

ZUGÄNGE NACH BERLIN

Diese Angaben erfolgen ohne Gewähr.

Übergänge (alle sind Tag und Nacht geöffnet) - siehe nebenstehenden Plan.

Erforderliche Papiere : Gültiger Reisepaß (auch für Jugendliche ab 15 Jahren), Führerschein, Kraftfahrzeugschein. Das benötigte Transitvisum wird am Grenzübergang ausgestellt.

Geld : DM-West und Devisen dürfen unbeschränkt mitgeführt werden. Die Mitnahme von DDR-Währung (MDN) ist nicht gestattet.

Straßenbenutzungsgebühren und Visagebühren sind nur noch von Ausländern zu entrichten.

Benzin : Benzin kann in ausreichender Menge mitgeführt werden.
Im übrigen stehen an den Transitstrecken besondere Tankstellen zur Verfügung.

Geschwindigkeitsbeschränkung : Auf den Autobahnen der DDR ist die Geschwindigkeit auf 100 km/h begrenzt.

Auf dem Luftweg : Für die Flugreise nach Berlin gelten für ausländische Staatsangehörige die gleichen Reisepapiere wie für Reisen in die Bundesrepublik.
Zahlreiche Flugverbindungen bestehen täglich zwischen Berlin und den Flughäfen der Bundesrepublik : Köln - Bonn, Bremen, Düsseldorf, Frankfurt am Main, Hamburg, Hannover, München, Nürnberg, Saarbrükken und Stuttgart mit Anschlüssen an das internationale Flugnetz. Direktflüge auch nach Glasgow, London, New York, Paris, Washington und Zürich.

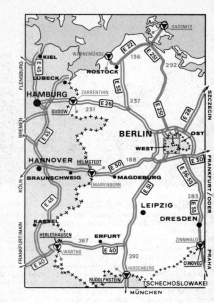

 Übergangsstelle mit Kontrolle – Point de passage contrôlé – Check point
Punto di transito (Controllo)

185 Entfernung nach Berlin (West)
Distance entre ce point et Berlin-Ouest
Distance from this point to West Berlin
Distanza tra questo punto e Berlino-Ovest

ACCÈS A BERLIN

Les recommandations ci-dessous sont données sous toute réserve.

Points de transit (tous sont ouverts jour et nuit) — Voir ci-dessus.

Papiers : Passeport en cours de validité (même pour les jeunes à partir de 15 ans), visa de transit en République Démocratique Allemande délivré aux points de contrôle. Permis de conduire national, papiers nationaux de la voiture (carte grise ou certificat de propriété...), carte de contrôle remise au point de passage de la RDA. Carte Verte (assurance internationale), plaque de nationalité apposée sur la voiture.

Monnaie : Les étrangers peuvent avoir sur eux une somme illimitée de DM-Ouest et d'argent étranger (à l'exclusion de DM-Est).

Taxes : Péage et visa de transit 10,- DM (aller et retour).

Essence : En RDA, en cas de nécessité seulement, il est possible de s'approvisionner aux « postes d'essence internationaux ».

Limitation de vitesse sur les autoroutes de la RDA : 100 km/h.

Par avion : Pour les voyages aériens à destination de Berlin-Ouest, les papiers nécessaires à l'entrée en Allemagne fédérale suffisent.
Tous les jours, de nombreux avions assurent la liaison entre Berlin et les aérodromes de l'Allemagne fédérale : Cologne - Bonn, Brême, Düsseldorf, Francfort-sur-le-Main, Hambourg, Hanovre, Munich, Nuremberg, Sarrebruck, Stuttgart, et permettent la correspondance avec les réseaux aériens internationaux. Vols directs vers Glasgow, Londres, New York, Paris, Washington et Zurich.

Passage à Berlin-Est : Les étrangers (non ressortissants de l'Allemagne fédérale) qui ont l'intention de se rendre à Berlin-Est, doivent emprunter le point de contrôle de la Friedrichstraße. Ce seul point de passage est connu sous le nom de « Checkpoint Charlie » (Visa 5,- DM, valable de 0⁰⁰ à 24⁰⁰ h). Le passage est ouvert jour et nuit. Il n'est pas nécessaire d'avoir de laisser-passer, mais il faut présenter le passeport, le permis de conduire, la carte grise et la carte verte d'assurance internationale.

ACCESS TO BERLIN

The following information must be re-checked before travelling.

Transit Points (these are open day and night) — See Berlin p. 2.

Papers : Valid passport (separate one necessary for all children over 15), transit visa for the German Democratic Republic issued at checkpoints, current driving licence (for country of origin), vehicle documents (i.e. : registration book), control card issued at the crossing into the GDR, Green Card (international insurance), nationality plate fixed to the car.

Currency : Foreigners may carry an unlimited amount of West DM and foreign currencies (except East DM).

Taxes : Toll and transit visa (10 DM Rtn).

Petrol : In the GDR, « International filling stations » should be used in cases of emergency only.

Speed limit on motorways in GDR : 100 km/h (60 mph).

By air : To fly to West Berlin, the papers required for entering the Federal Republic are sufficient. Planes from international lines link Berlin daily with airports in the Federal Republic and elsewhere. Cologne - Bonn, Bremen, Düsseldorf, Frankfurt am Main, Hamburg, Hannover, Munich, Nuremberg, Saarbrücken, Stuttgart, Glasgow, London, New York, Paris, Washington and Zürich.

Entering East Berlin : Foreigners (non-nationals of the Federal Republic) planning to go to East Berlin must go through the checkpoint located on Friedrichstraße. This is the only access, known as « Checkpoint Charlie » (visa 5 DM, expires at midnight), and is open day and night. A pass is not required but passport, driving licence, registration book and international insurance Green Card have to be produced.

ACCESSI A BERLINO

Le raccomandazioni seguenti sono date con riserva.

Punti di transito (questi passaggi sono aperti giorno e notte) — Vedere Berlin p. 2.

Documenti : Passaporto non scaduto (anche per i giovani di età superiore ai 15 anni), visto di transito nella Repubblica Democratica Tedesca rilasciato ai posti di controllo. Patente di guida del proprio Paese, documento nazionale d'immatricolazione dell'automobile (libretto di circolazione), carta di controllo rilasciata ai punti di passaggio dalla RDT. Carta Verde (certificato di assicurazione internazionale), targa di nazionalità applicata all'automobile.

Moneta : Gli stranieri possono portare indosso una somma illimitata in DM-Occidentali ed in denaro straniero (esclusi i DM Orientali).

Tasse : Pedaggio e visto di transito (10 DM andata e ritorno).

Benzina : Nella RDT, soltanto in caso di necessità è possibile rifornirsi ai « distributori internazionali ».

Nella RDT, sulle autostrade, velocità limitata a 100 chilometri orari.

Via aerea : Per i viaggi aerei diretti a Berlino-Ovest, sono sufficienti i documenti necessari per l'ingresso nella Germania Federale.
Ogni giorno, numerosi aerei effettuano il collegamento tra Berlino e gli aeroporti della Germania Federale : Amburgo, Colonia - Bonn, Brema, Düsseldorf, Francoforte sul Meno, Hannover, Monaco di Baviera, Norimberga, Saarbrücken, Stoccarda, che consentono le coincidenze con le reti aeree internazionali. Collegamenti aerei diretti con Glasgow, Londra, New-York, Parigi, Washington e Zurich.

Passaggio a Berlino-Est : Gli stranieri (non originari della Germania Federale) che intendono recarsi a Berlino-Est, devono passare dal punto di controllo della Friedrichstraße. Quest' unico punto di transito è noto con il nome di « Checkpoint Charlie » (visto 5 DM, valido dalle ore 0 alle 24). Il passaggio è aperto giorno e notte. Non occorre avere un lasciapassare, ma bisogna presentare il passaporto, la patente, il libretto di circolazione e la carta verde di assicurazione internazionale.

Straßenverzeichnis
siehe Berlin S.9 und S.12

🔽 Übergangsstelle mit Kontrolle.
Point de passage contrôlé.
Checkpoint.
Punto di transito (controllo)

🔽 Nur für Einwohner der Bundesrepublik Deutschland.
Réservé aux ressortissants de la République Fédérale.
For the nationals of the Federal Republic only.
Riservato ai cittadini della Repubblica Federale.

🚫 Nur für Ausländer.
Réservé aux étrangers.
For Foreigners only.
Solamente per gli stranieri.

🔽 Nur für Westberliner.
Réservé aux Berlinois de l'Ouest.
For West Berliners only.
Solo per i Berlinesi della zona Ovest.

🚫 Nur für die Einreise in die Deutsche Demokratische Republik.
Réservé à l'entrée en République Démocratique Allemande.
Reserved for entry into the German Democratic Republic.
Riservato all'ingresso nella Republica Democratica.

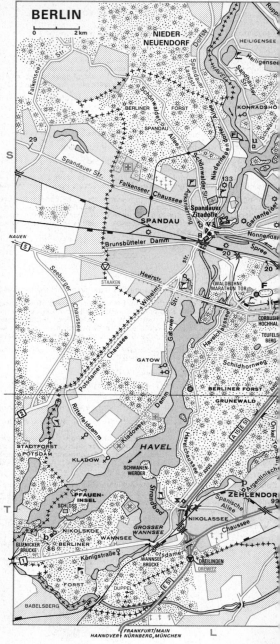

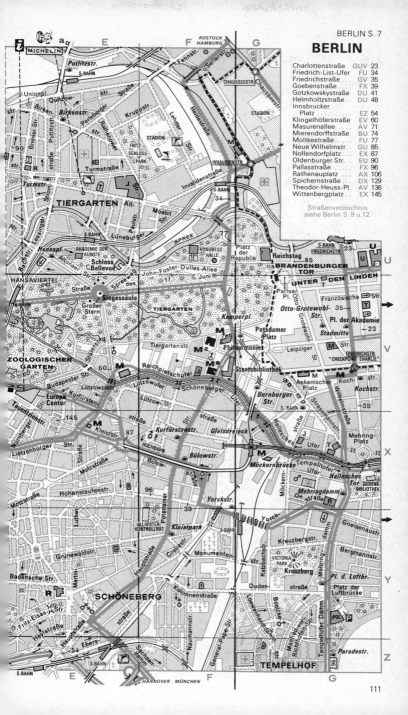

BERLIN

Fortsetzung siehe Berlin S. 12

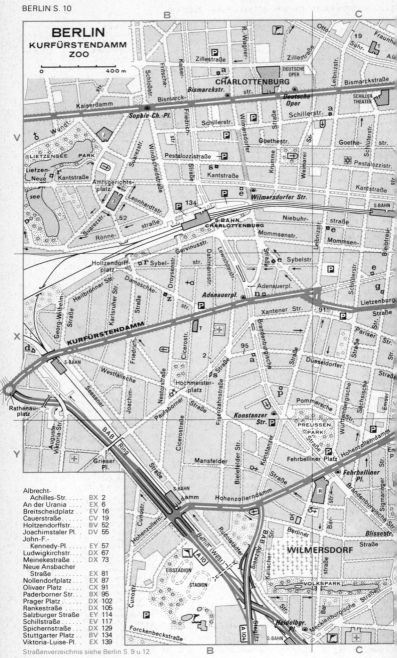

BERLIN
KURFÜRSTENDAMM
ZOO

0   400 m

Straßenverzeichnis siehe Berlin S. 9 u. 12.

114

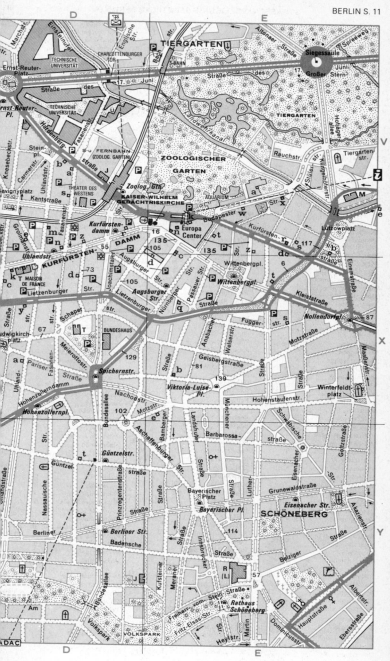

HOTELS UND RESTAURANTS

Die Angabe (B 15) nach der Anschrift gibt den Postzustellbezirk an : Berlin 15
L'indication (B 15) à la suite de l'adresse désigne l'arrondissement : Berlin 15
The reference (B 15) at the end of the address is the postal district : Berlin 15
L'indicazione (B 15) posta dopo l'indirizzo precisa il quartiere urbano : Berlin 15

Im Zentrum Stadtplan Berlin : S. 10 - 11 :

Bristol-Hotel Kempinski, Kurfürstendamm 27 (B 15), ℘ 88 43 40, Telex 183553, Fax 8836075, Massage, – Zim – 25/400. AE E VISA DV **n**
Restaurants : – **Kempinski-Grill** *(Sonntag geschl.)* **M** a la carte 54/92 – **Kempinski-Rest.** *(Montag geschl.)* **M** a la carte 49/81 – **Kempinski-Eck M** a la carte 33/50 – **325 Z : 501 B** 330/450 - 380/450 Fb – 33 Appart. 800/3965.

Inter-Continental, Budapester Str. 2 (B 30), ℘ 2 60 20, Telex 184380, Fax 260280760, Massage, Fahrradverleih – – 25/900. AE E VISA. Rest
Restaurants : (bemerkenswerte Weinkarte) – **Zum Hugenotten M** a la carte 68/110 – **Buffet-Restaurant Brasserie M** 46/62 – **600 Z : 1 150 B** 219/424 - 293/498 Fb – 70 Appart. 549/2248. EV **a**

Steigenberger Berlin, Los-Angeles-Platz 1 (B 30), ℘ 2 10 80, Telex 181444, Fax 2108117, Massage, – Zim – 25/300. AE E VISA EX **d**
Restaurants : – **Park-Restaurant** *(Montag geschl.)* **M** 95/115 und a la carte 56/95 – **Berliner Stube M** a la carte 33/59 – **386 Z : 700 B** 229/374 - 308/468 Fb – 19 Appart. 648/1948.

Grand Hotel Esplanade (modernes Hotel mit integrierter Sammlung zeitgenössischer Kunst), Lützowufer 15 (B 30), ℘ 26 10 11, Telex 185986, Fax 2629121, Massage, Fahrradverleih – Zim – 25/320. AE E VISA. Rest EV **e**
M a la carte 56/85 – **402 Z : 804 B** 260 - 325 Fb – 33 Appart. 585/1540.

Schweizerhof, Budapester Str. 21 (B 30), ℘ 2 69 60, Telex 185501, Fax 2696900, Bade- und Massageabteilung, – Zim – 25/400. AE E VISA. Rest EV **w**
M 35 (mittags) und a la carte 48/76 – **430 Z : 800 B** 217/402 - 289/474 Fb – 7 Appart. 744/2544.

Palace, Budapester Str. 42 (im Europa-Center) (B 30), ℘ 25 49 70, Telex 184825, Fax 2626577, freier Zugang zu den Thermen – Zim – 25/400. AE E VISA. Rest EV **k**
M *(nur Mittagessen)* a la carte 35/65 – **La Réserve** *(nur Abendessen, Aug. geschl.)* **M** 45/95 – **258 Z : 430 B** 220/380 - 300/540 Fb.

Berlin, Lützowplatz 17 (B 30), ℘ 2 60 50, Telex 184332, Fax 26052716, Massage, – Rest – 25/500. AE E VISA EV **b**
Restaurants : – **Grill** *(nur Abendessen, Sonntag geschl.)* **M** a la carte 64/88 – **4 Jahreszeiten M** 17,50/19,50(mittags) und a la carte 40/74 – **537 Z : 1 053 B** 180/325 - 195/450 Fb – 11 Appart. 650/1250.

🏨 **Savoy**, Fasanenstr. 9 (B 12), ℰ 31 10 30, Telex 184292, Fax 31103333, Dachgartenterrasse,
☎ – 🛗 📺 – 🔏 30. 🖭 ⓞ 🗲 𝑉𝐼𝑆𝐴. ✵ Rest   DV **s**
M a la carte 35/65 – **130 Z : 220 B** 180/360 - 260/480 Fb – 8 Appart. 480/600.

🏨 **Ambassador**, Bayreuther Str. 42 (B 30), ℰ 21 90 20, Telex 184259, Fax 21902380, Massage,
☎, 🔲 – 🛗 🚟 Rest 📺 🚗 🄿 – 🔏 25/120. 🖭 ⓞ 🗲 𝑉𝐼𝑆𝐴. ✵ Rest   EV **z**
Restaurants : – **Conti-Fischstuben** *(nur Abendessen, Sonntag geschl.)* **M** 58/98 –
Schöneberger Krug M a la carte 25/58 – **200 Z : 360 B** 208/278 - 278/358 Fb.

🏨 **Mondial** 𝒮, Kurfürstendamm 47 (B 15), ℰ 88 41 10, Telex 182839, Fax 8841150, 🈺,
Massage, 🔲 – 🛗 🖳 Rest 📺 🚗 🄿 – 🔏 25/100. 🖭 ⓞ 🗲 𝑉𝐼𝑆𝐴. ✵ Rest   CX **e**
M a la carte 45/70 – **75 Z : 125 B** 170/260 - 220/300 Fb.

🏨 **Alsterhof**, Augsburger Str. 5 (B 30), ℰ 21 99 60, Telex 183484, Fax 243949, Massage, ☎,
🔲, Fahrradverleih – 🛗 📺 🚗 🄿 – 🔏 25/70. 🖭 ⓞ 🗲 𝑉𝐼𝑆𝐴. ✵ Rest   EX **q**
M a la carte 44/68 – **144 Z : 250 B** 153/191 - 210/254 Fb.

🏨 **Berlin Penta Hotel** 𝒮, Nürnberger Str. 65 (B 30), ℰ 21 00 70, Telex 182877, Fax 2132009,
Massage, 🔲, 🔲 – 🛗 🖳 ↮ Zim 📺 🚗 🄿 – 🔏 25/120. 🖭 ⓞ 🗲 𝑉𝐼𝑆𝐴. ✵ Rest   EV **t**
M 21/25 (mittags) und a la carte 40/68 – **425 Z : 850 B** 185/209 - 238/263 Fb.

🏨 **President**, An der Urania 16 (B 30), ℰ 21 90 30, Telex 184018, Fax 2141200, ☎ – 🛗 🖳 📺
🚗 🄿 – 🔏. ✵ Rest   EX **t**
132 Z : 243 B Fb – 6 Appart..

🏨 **Berlin Excelsior Hotel**, Hardenbergstr. 14 (B 12), ℰ 3 19 90, Telex 184781, Fax 31992849
– 🛗 🖳 Rest 📺 🚗 🄿 – 🔏 25/120. 🖭 ⓞ 🗲 𝑉𝐼𝑆𝐴. ✵ Rest   DV **b**
Restaurants : – **Peacock M** 30 (mittags) und a la carte 43/73 – **Store House Grill M** a la
carte 30/53 – **320 Z : 610 B** 175/218 - 225/268 Fb – 3 Appart. 575.

🏠 **Pientka** garni, Kurfürstendamm 12 (B 15), ℰ 88 42 50, Telex 186695, Fax 88425450 – 🛗 📺
☎. 🖭 ⓞ 🗲 𝑉𝐼𝑆𝐴   DV **r**
57 Z : 114 B 190/220 - 240/270 Fb.

🏠 **Am Zoo** garni, Kurfürstendamm 25 (B 15), ℰ 88 43 70, Telex 183835, Fax 88437714 – 🛗 📺
☎ 🄿 – 🔏 40   DV **z**
138 Z : 240 B Fb.

🏠 **Hecker's Deele**, Grolmanstr. 35 (B 12), ℰ 8 89 01, Telex 184954, Fax 8890260 – 🛗 🖳 Rest
📺 ☎ 🚗 🄿 🖭 ⓞ 🗲 𝑉𝐼𝑆𝐴   DV **e**
M 16,50/20,50 (mittags) und a la carte 27/59 – **54 Z : 108 B** 165/215 - 220/280 Fb.

🏠 **Residenz - Restaurant Grand Cru**, Meinekestr. 9 (B 15), ℰ 88 28 91, Telex 183082, Fax
8824726 – 🛗 📺 ☎ – 🔏 30. 🖭 ⓞ 🗲 𝑉𝐼𝑆𝐴. ✵ Rest   DX **d**
M 69/140 und a la carte 49/76 – **85 Z : 170 B** 164 - 218/238 Fb.

🏠 **Domus** garni, Uhlandstr. 49 (B 15), ℰ 88 20 41, Telex 185975, Fax 8820410 – 🛗 ☎. 🖭 ⓞ 🗲
𝑉𝐼𝑆𝐴   DX **a**
24. Dez.- 2. Jan. geschl. – **72 Z : 93 B** 98/160 - 142/180 Fb.

🏠 **Sylter Hof**, Kurfürstenstr. 116 (B 30), ℰ 2 12 00, Telex 183317, Fax 2142826 – 🛗 📺 ☎ 🄿
– 🔏 25/200. 🖭 ⓞ 🗲 𝑉𝐼𝑆𝐴. ✵ Rest   EV **d**
M *(Sonntag ab 15 Uhr geschl.)* a la carte 35/59 – **154 Z : 250 B** 152/175 - 228/283 Fb –
16 Appart. 390/415.

🏠 **Arosa**, Lietzenburger Str. 79 (B 15), ℰ 88 00 50, Telex 183397, Fax 8824579, 🈺, 🔲 (geheizt)
– 🛗 🖳 Rest 📺 🚗 🄿 – 🔏 40. 🖭 ⓞ 🗲 𝑉𝐼𝑆𝐴. ✵ Rest   DX **y**
M *(Sonntag ab 15 Uhr geschl.)* a la carte 34/55 – **90 Z : 140 B** 130/220 - 215/250 Fb.

🏠 **Kronprinz** garni (restauriertes Haus a.d.J. 1894), Kronprinzendamm 1 (B 31), ℰ 89 60 30,
Telex 181459, Fax 8931215, Biergarten – 🛗 📺 ☎ – 🔏 30. 🖭 ⓞ 🗲 𝑉𝐼𝑆𝐴   BX **d**
60 Z : 100 B 100/125 - 150/180 Fb.

🏠 **Hamburg**, Landgrafenstr. 4 (B 30), ℰ 26 91 61, Telex 184974, Fax 2629394 – 🛗 ↮ Zim 📺
☎ 🚗 🄿 – 🔏 25/100. 🖭 ⓞ 🗲 𝑉𝐼𝑆𝐴. ✵ Rest   EV **s**
M 25 (mittags) und a la carte 33/60 – **240 Z : 330 B** 159/178 - 178/210 Fb.

🏠 **Castor**, Fuggerstr. 8 (B 30), ℰ 21 30 30, Fax 21303160 – 🛗 📺 ☎. 🖭 ⓞ 🗲 𝑉𝐼𝑆𝐴. ✵ Rest   EX **s**
M *(Samstag - Sonntag geschl.)* a la carte 32/54 – **78 Z : 138 B** 137/173 - 188 Fb.

🏢 **Kurfürstendamm am Adenauerplatz** garni, Kurfürstendamm 68 (B 15), ℰ 88 28 41,
Telex 184630 – 🛗 📺 ☎ 🄿 – 🔏 25/45. 🖭 ⓞ 🗲 𝑉𝐼𝑆𝐴   BX **n**
33 Z : 55 B 80/124 - 158/200 Fb.

🏢 **Berlin-Plaza**, Knesebeckstr. 63 (B 15), ℰ 88 41 30, Telex 184181, Fax 88413754, 🈺 – 🛗
📺 ☎ 🚗 🄿 – 🔏 30. 🖭 ⓞ 🗲 𝑉𝐼𝑆𝐴   DX **c**
M a la carte 25/42 – **131 Z : 221 B** 120/140 - 155/200 Fb.

🏢 **Bremen** garni, Bleibtreustr. 25 (B 15), ℰ 8 81 40 76, Telex 184892, Fax 8824685 – 🛗 📺 ☎.
🖭 ⓞ 🗲 𝑉𝐼𝑆𝐴   CX **g**
53 Z : 84 B 190/240 - 250/290.

🏠 **Astoria** garni, Fasanenstr. 2 (B 12), ℰ 3 12 40 67, Telex 181745 – 🛗 📺 ☎. 🖭 ⓞ 🗲 𝑉𝐼𝑆𝐴   DV **a**
33 Z : 54 B 132 - 186 Fb.

🏠 **Remter** garni, Marburger Str. 17 (B 30), ℰ 24 60 61, Telex 183497, Fax 2138612 – 🛗 📺 ☎.
ⓞ 🗲 𝑉𝐼𝑆𝐴   EVX **c**
33 Z : 51 B 102/115 - 150/170 Fb.

🏠 **Atrium-Hotel** garni, Motzstr. 87 (B 30), ℰ 24 40 57, Fax 8824593 – 🛗 ☎. 🗲   EX **e**
22 Z : 40 B 52/90 - 120.

XXX **Ristorante Anselmo**, Damaschkestr. 17 (B 31), ℘ 3 23 30 94, « Modernes italienisches Restaurant » – ✶
Montag geschl. – **M** a la carte 44/70.
BX z

XX ❀ **Bamberger Reiter**, Regensburger Str. 7 (B 30), ℘ 24 42 82 – ✶
nur Abendessen, Sonntag - Montag, 1.- 17. Jan. und 1.- 15. Aug. geschl. – **M**
(Tischbestellung ratsam) 96/135 und a la carte 78/105
EX b
Spez. Gänsestopfleber in Strudelteig, Dorade Royal auf Fenchel, Mandelauflauf mit Früchten.

XX **Mövenpick - Café des Artistes**, Europa-Center (1. Etage) (B 30), ℘ 2 62 70 77, ≼ – ⬛ E ☒
M a la carte 45/70 – **Mövenpick-Restaurant M** a la carte 31/60.
EV n

XX **Du Pont**, Budapester Str. 1 (B 30), ℘ 2 61 88 11, ☆ – ⬛ E
Samstag bis 18 Uhr, Sonn- und Feiertage sowie 24. Dez.- 2. Jan. geschl. – **M** a la carte 52/79.
EV x

XX **Ming's Garden** (Chinesische Küche), Tauentzienstr. 16 (Eingang Marburger Straße) (B 30), ℘ 2 11 87 28 – ⬛ ⓞ E ☒
M a la carte 28/71.
EVX c

XX **Daitokai** (Japanische Küche), Tauentzienstr. 9 (im Europa-Center, 1. Etage) (B 30), ℘ 2 61 80 99, Fax 2616036 – ⬛ ⓞ E ☒ ✶
Montag geschl. – **M** a la carte 43/70.
EV n

XX **Ristorante IL Sorriso** (Italienische Küche), Kurfürstenstr. 76 (B 30), ℘ 2 62 13 13, ☆ – ⬛ ⓞ E ☒
Sonntag geschl. – **M** (abends Tischbestellung ratsam) a la carte 42/65.
EV r

X **Stachel** (Restaurant im Bistrostil), Giesebrechtstr. 3 (B 12), ℘ 8 82 36 29, ☆ – ⬛ E ☒
nur Abendessen, Sonntag geschl. – **M** a la carte 42/60.
BX e

X **Kopenhagen** (Dänische Smörrebröds), Kurfürstendamm 203 (B 15), ℘ 8 81 62 19 – ▣. ⬛ E ☒
M a la carte 30/54.
DX k

X **Friesenhof**, Uhlandstr. 185 (B 12), ℘ 8 83 60 79 – ▣. E ☒
M a la carte 26/49.
DV m

X **Hongkong** (China-Rest.), Kurfürstendamm 210 (2. Etage, ▯) (B 15), ℘ 8 81 57 56 – ⬛ ⓞ
M 14/22 (mittags) und a la carte 28/49.
DX T

In Berlin-Charlottenburg Stadtplan Berlin : S. 4, 6 und 10-11 :

🏨 **Seehof** ⬡, Lietzensee-Ufer 11 (B 19), ℘ 32 00 20, Telex 182943, Fax 32002251, ≼, ☆, ≋, ▨ – ▯ ▤ Rest 📺 ⟵ – ⚛ 25/50. ⬛ ⓞ E ☒ ✶ Rest
M 27/37 (mittags) und a la carte 45/74 – **77 Z : 130 B** 165/235 - 250 Fb.
BV r

🏨 **Kanthotel** garni, Kantstr. 111 (B 12), ℘ 32 30 26, Telex 183330, Fax 3240952 – ▯ 📺 ☎ ℗.
⬛ ⓞ E ☒
55 Z : 110 B 144 - 184 Fb.
BV e

🏨 **Schloßparkhotel** ⬡, Heubnerweg 2a (B 19), ℘ 3 22 40 61, Telex 183462, Fax 8919942, ▨, ☞ – ▯ 📺 ☎ ℗. ⬛ ⓞ E ☒. ✶
M 20 (mittags) und a la carte 29/49 – **39 Z : 78 B** 129/155 - 184/220 Fb.
BU a

🏨 **Kardell**, Gervinusstr. 24 (B 12), ℘ 3 24 10 66 – ▯ 📺 ☎ ℗. ⬛ ⓞ E ☒ ✶
M *(Samstag bis 17 Uhr geschl.)* a la carte 35/63 – **33 Z : 49 B** 90/100 - 160 Fb.
BX r

🏨 **Am Studio** garni, Kaiserdamm 80 (B 19), ℘ 30 20 81, Telex 182825, Fax 3019578 – ▯ 📺 ☎ ⟵. ⬛ ⓞ E ☒
77 Z : 141 B 95/130 - 125/160 Fb.
AV c

🏨 **Ibis** garni, Messedamm 10 (B 19), ℘ 30 39 30, Telex 182882, Fax 3019536 – ▯ 📺 ☎ – ⚛ 40. ⬛ ⓞ E ☒
191 Z : 350 B 120/159 - 170 Fb.
AV b

XX **La Puce**, Schillerstr. 20 (B 12), ℘ 3 12 58 31 – ⬛. ✶
nur Abendessen, Sonntag - Montag und Juli - Aug. 4 Wochen geschl. – **M** (Tischbestellung ratsam) 130 und a la carte 62/87.
CV a

XX ❀ **Ponte Vecchio** (Toskanische Küche), Spielhagenstr. 3 (B 10), ℘ 3 42 19 99 – ⓞ
nur Abendessen, Dienstag und Juli geschl. – **M** (Tischbestellung erforderlich) a la carte 51/70
BV a
Spez. Ruccola alla Carpaccio, Involtini di filetti d'agnello, Panna cotta ai frutti di bosco.

XX ❀ **Alt Luxemburg**, Pestalozzistr. 70 (B 12), ℘ 3 23 87 30
nur Abendessen, Sonntag - Montag, Jan. 2 Wochen und Juni - Juli 3 Wochen geschl. – **M** (Tischbestellung ratsam) um 95 und a la carte 60/75.
BV s

XX **Trio**, Klausenerplatz 14 (B 19), ℘ 3 21 77 82
nur Abendessen, Mittwoch - Donnerstag geschl. – **M** (Tischbestellung ratsam) 40/78.
BU e

XX **Ristorante Mario** (Italienische Küche), Leibnizstr. 43 (B 12), ℘ 3 24 35 16
(Tischbestellung ratsam).
CV e

XX **Funkturm-Restaurant** (▯, DM 2), Messedamm 22 (B 19), ℘ 30 38 29 96, ≼ Berlin – ℗.
⬛ ⓞ E ☒ ✶
M (Tischbestellung ratsam) a la carte 41/65.
AV

XX **Pullman**, Messedamm 11 (Im Congress-Center) (B 19), ℘ 30 38 39 46, ≼ – ▯ ▤ – ⚛ 25/50. ⬛ ⓞ E ☒ ✶
bis 18 Uhr geöffnet, Sonntag und Juli - Aug. 4 Wochen geschl. – **M** a la carte 35/64.
AV s

119

In Berlin-Dahlem Stadtplan Berlin : S. 5 :

🏛 **Forsthaus Paulsborn** ⓢ, Am Grunewaldsee (B 33), ℰ 8 13 80 10, 綷 – 📺 ☎ Ⓟ. 🆎 ⑩ MT u
Ε 𝘝𝘐𝘚𝘈 *(Montag geschl.)* 25 (mittags) und a la carte 34/59 – **11 Z : 22 B** 90 - 140/170.

XX **Alter Krug**, Königin-Luise-Str. 52 (B 33), ℰ 8 32 50 89, « Gartenterrasse » – Ⓟ. ⑩ Ε 𝘝𝘐𝘚𝘈 MT k
Donnerstag geschl. – **M** a la carte 38/71.

X **La Vernaccia** (Italienische Küche, Breitenbachplatz 4 (B 33), ℰ 8 24 57 88, 綷 – ⑩ Ε MT v
𝘝𝘐𝘚𝘈 *Montag und Juli - Aug. 3 Wochen geschl.* – **M** a la carte 39/66.

In Berlin-Friedenau Stadtplan Berlin : S. 5 :

🏛 **Hospiz Friedenau** ⓢ garni, Fregestr. 68 (B 41), ℰ 8 51 90 17 – ☎ ⇐ Ⓟ. 綜 MT z
16 Z : 25 B 65/70 - 80/110.

In Berlin-Grunewald Stadtplan Berlin : S. 4-6 :

XXX **Hemingway's**, Hagenstr. 18 (B 33), ℰ 8 25 45 71 – 🆎 ⑩ Ε 𝘝𝘐𝘚𝘈. 綜 MS t
Samstag bis 19 Uhr geschl. – **M** (Tischbestellung ratsam) a la carte 57/74.

XX **Chalet Corniche**, Königsallee 5b (B 33), ℰ 8 92 85 97, « Terrasse über dem Ufer des AX s
Halensees » – Ⓟ. 🆎 ⑩ Ε *wochentags nur Abendessen* – **M** 56/115.

XX **Castel Sardo** (Italienische Küche), Hagenstr. 2 (B 33), ℰ 8 25 60 14, 綷 – 🆎 ⑩ Ε 𝘝𝘐𝘚𝘈 MS a
Montag geschl. – **M** a la carte 48/67.

In Berlin-Kreuzberg Stadtplan Berlin : S. 7-8 :

🏛 **Hervis** garni, Stresemannstr. 97 (B 61), ℰ 2 61 14 44, Telex 184063, Fax 2615027 – 🛗 📺 ☎ GV a
Ⓟ. 🆎 ⑩ Ε 𝘝𝘐𝘚𝘈 **71 Z : 118 B** 98/145 - 160/205 Fb.

🏛 **Riehmers Hofgarten** garni, Yorckstr. 83 (B 61), ℰ 78 10 11, Fax 7866059 – 🛗 📺 ☎ GY a
26 Z : 50 B.

In Berlin-Lankwitz Stadtplan Berlin : S. 5 :

🏛 **Pichlers Viktoriagarten**, Leonorenstr. 18 (B 46), ℰ 7 71 60 88 – ☎ Ⓟ MT e
➤ *Juli - Aug. 4 Wochen geschl.* – **M** *(Montag bis 17 Uhr geschl.)* 15,50/28 (mittags)und a la
carte 19,50/48 – **24 Z : 31 B** 43/110 - 85/145.

In Berlin-Lichterfelde Stadtplan Berlin : S. 5 :

🏛 **Haus Franken** ⓢ garni (ehem. Villa), Hochbergplatz 7 (B 45), ℰ 7 72 10 89, ⇌ – ☎ MT f
11 Z : 18 B 86/108 - 138/150.

In Berlin-Reinickendorf Stadtplan Berlin : S. 5 :

🏛 **Rheinsberg am See**, Finsterwalder Str. 64 (B 26), ℰ 4 02 10 02, Telex 185972,
« Gartenterrasse am See », Massage, ⇌, ⵣ, ⵏ, 綷 – 🛗 📺 ☎ Ⓟ MS e
M a la carte 37/61 – **80 Z : 160 B** 110 - 164 Fb.

In Berlin-Siemensstadt Stadtplan Berlin : S. 5 :

🏛 **Novotel**, Ohmstr. 4 (B 13), ℰ 38 10 61, Telex 181415, Fax 3819403, ⵣ (geheizt) – 🛗 ▤ Rest MS u
📺 ☎ & Ⓟ – �️ 25/300. 🆎 ⑩ Ε **M** a la carte 30/55 – **119 Z : 238 B** 150/165 - 180 Fb – 5 Appart. 210.

In Berlin - Spandau Stadtplan Berlin : S. 5 :

🏛 **Herbst** garni, Moritzstr. 20 (B 20), ℰ 3 33 40 32 – 📺 ☎. 🆎 ⑩ LS v
22 Z : 31 B 80/100 - 140 Fb.

In Berlin - Steglitz Stadtplan Berlin : S. 5 :

🏛 **Steglitz International**, Albrechtstr. 2 (Ecke Schloßstraße) (B 41), ℰ 79 00 50,
Telex 183545, Fax 79005550, Massage, ⇌ – 🛗 📺 & ⇐ �️ 25/400. 🆎 ⑩ Ε 𝘝𝘐𝘚𝘈
M 36/80 und a la carte – **212 Z : 400 B** 160/200 - 200/240 Fb – 3 Appart. 460. MT a

🏛 **Ravenna Hotel** garni, Grunewaldstr. 8 (B 41), ℰ 7 92 80 31, Telex 184310 – 🛗 ☎ ⇐ Ⓟ. MT c
🆎 ⑩ Ε 𝘝𝘐𝘚𝘈 **45 Z : 86 B** 98/108 - 125/200 Fb.

In Berlin-Tegel Stadtplan Berlin : S. 5 :

🏛 **Novotel Berlin Airport**, Kurt-Schumacher-Damm 202 (über Flughafen-Zufahrt) (B 51),
ℰ 4 10 60, Telex 181605, Fax 4106700, ⇌, ⵣ (geheizt) – 🛗 ▤ 📺 ☎ & Ⓟ – �️ 25/330 MS r
187 Z : 374 B Fb.

In Berlin-Tegelort Stadtplan Berlin : S. 4 :

🏛 **Igel** ⓢ garni, Friederikestr. 33 (B 27), ℰ 4 33 90 67, ⇌ – ☎ Ⓟ. 🆎 ⑩ Ε 𝘝𝘐𝘚𝘈 LS u
48 Z : 100 B 88/114 - 124/146 Fb.

In Berlin-Waidmannslust Stadtplan Berlin : S. 5 :

XXX ✿✿ **Rockendorf's Restaurant** (elegante Einrichtung), Düsterhauptstr. 1 (B 28),
ℰ 4 02 30 99, Fax 4023000 – Ⓟ. 🆎 ⑩ Ε 𝘝𝘐𝘚𝘈 MS m
Juli - Aug. 3 Wochen, 22. Dez.- 6. Jan., sowie Sonntag, Montag und Feiertage geschl. – **M**
(Tischbestellung ratsam) 85/180
Spez. Wachtelmousse mit Artischocken-Trüffelsalat, Gefüllte Taube, Haselnuß-Quarksoufflé.

In Berlin - Wedding Stadtplan Berlin : S. 7 :

🏠 **Gästehaus Axel Springer** garni, Föhrer Str. 14 (B 65), ℰ 45 00 60, Telex 183462, Fax 8919942 – 🛗 📺 🕿 🅿 ⚙ 🖭 **€** 𝗩𝗜𝗦𝗔. ❄
35 Z : 54 B 129/155 - 184/220 Fb.
EU **a**

In Berlin-Wilmersdorf Stadtplan Berlin : S. 10-11 :

🏠 **Queens Hotel** garni, Güntzelstr. 14 (B 31), ℰ 87 02 41, Telex 182948, Fax 8619326 – 🛗 ❄ Zim 📺 🕿 ⬅, ⚙ **€** 𝗩𝗜𝗦𝗔
110 Z : 150 B 165 - 210/245 Fb.
DY **t**

🏠 **Wittelsbach** garni, Wittelsbacher Str. 22 (B 31), ℰ 87 63 45, Fax 8621532, « Geschmackvolle Einrichtung » – 🛗 📺 🕿
37 Z : 70 B 75/130 - 120/220 Fb.
BX **p**

🏠 **Prinzregent** garni, Prinzregentenstr. 47 (B 31), ℰ 8 53 80 51, Telex 185217, Fax 7845032 – 🛗 📺 🕿 🅿. ⚙ **€** 𝗩𝗜𝗦𝗔
(Berlin : S. 6)　DZ **s**
35 Z : 63 B 90/125 - 145.

🏠 **Franke**, Albrecht-Achilles-Str. 57 (B 31), ℰ 8 92 10 97, Telex 184857 – 🛗 🕿 ⬅, 🅿. ⚙ ⚙ **€** 𝗩𝗜𝗦𝗔
BX **s**
M a la carte 25/35 – **67 Z : 90 B** 102/110 - 152/170.

🏠 **Lichtburg**, Paderborner Str. 10 (B 15), ℰ 8 91 80 41, Telex 184208 – 🛗 🕿. ⚙ ⚙ **€** 𝗩𝗜𝗦𝗔
BX **a**
M a la carte 25/38 – **62 Z : 100 B** 94/115 - 155/170.

In Berlin-Zehlendorf Stadtplan Berlin : S. 5 :

🏠 **Landhaus Schlachtensee** garni, Bogotastr. 9 (B 37), ℰ 8 16 00 60 – 📺 🕿
LT **p**
19 Z : 26 B Fb.

XX **Cristallo** (Italienische Küche), Teltower Damm 52 (B 37), ℰ 8 15 66 09, 🌿 – 🅿
MT **s**

Am Wannsee Stadtplan Berlin : S. 4 :

X **Blockhaus Nikolskoe**, Nikolskoer Weg (B 39), ℰ 8 05 29 14, 🌿 – 🅿 ⚙ **€** 𝗩𝗜𝗦𝗔
LT **b**
Donnerstag geschl. – **M** a la carte 27/61.

An der Avus Stadtplan Berlin : S. 4 :

🏠 **Raststätte - Motel Grunewald**, Kronprinzessinnenweg 120 (B 38), ℰ 8 03 10 11, 🌿 🛗 🕿 🅿. **€**
LT **x**
M a la carte 24/53 – **40 Z : 75 B** 85/99 - 148.

MICHELIN-REIFENWERKE KGaA. Niederlassung Alt Moabit 95-97 (B 21) (Berlin S. 7 EU), ℰ 3 91 30 11.

Ne confondez pas :

Confort des hôtels	: 🏨🏨 … 🏠, 🏠
Confort des restaurants	: XXXXX … X
Qualité de la table	: 🟢🟢🟢, 🟢🟢, 🟢, Menu

BERMATINGEN Baden-Württemberg siehe Markdorf.

BERMERSBACH Baden-Württemberg siehe Forbach.

BERNAU AM CHIEMSEE 8214. Bayern 🔢 U 23. 🔢 ⑰. 🔢 ⑱ – 5 400 Ew – Höhe 555 m – Luftkurort – ✆ 08051 (Prien).
🛈 Kur- u. Verkehrsamt, Aschauer Straße, ℰ 72 18.
◆München 84 – Rosenheim 25 – Salzburg 59 – Traunstein 30.

🏠 **Talfriede**, Kastanienallee 1, ℰ 74 18 – 🅿. ⚙ ⚙ **€** 𝗩𝗜𝗦𝗔. ❄
April - Okt. – (nur Abendessen für Hausgäste) – **29 Z : 65 B** 78/125 - 120/173 Fb.

🏠 **Alter Wirt - Bonnschlößl**, Kirchplatz 9, ℰ 8 90 11, Biergarten, « Park », 🐎, – 🛗 🕿 ⬅
➜ 🅿
Mitte Okt.- Mitte Nov. geschl. – **M** *(Montag geschl.)* a la carte 16/40 ⚘ – **44 Z : 87 B** 45/60 - 70/120 Fb.

🏠 **Jägerhof**, Rottauer Str. 15, ℰ 73 77, 🌿 – 🅿. ⚙ **€**
20. März - 3. April und 13. Nov.- 18. Dez. geschl. – **M** *(Dienstag - Mittwoch 17 Uhr geschl.)* 14 (mittags) und a la carte 22/49 – **15 Z : 30 B** 42/68 - 60/90.

In Bernau-Reit SW : 3 km – Höhe 700 m :

🏠 **Seiser Alm** ≫, Reit 4, ℰ 74 04, ≤ Chiemgau und Chiemsee, 🌿, 🛖, 🐎 – ⬅ 🅿
➜ ♨
20. Okt.- 20. Nov. geschl. – **M** *(Donnerstag geschl.)* a la carte 15/33 ⚘ – **25 Z : 45 B** 35/45 - 70/90.

🏠 **Seiserhof** ≫, Reit 5, ℰ 72 95, ≤ Chiemgau und Chiemsee, 🌿, 🐎 – 🅿
22 Z : 40 B Fb – 4 Fewo.

BERNAU IM SCHWARZWALD 7821. Baden-Württemberg **413** H 23. **987** ㉞. **427** ⑤ –
1 700 Ew – Höhe 930 m – Luftkurort – Wintersport : 930/1 415 m ⚡ 7 ⚡ 4 – ✆ 07675.
🛈 Kurverwaltung, Bernau-Innerlehen, Rathaus, ✆ 8 96.
♦Stuttgart 198 – Basel 59 – ♦Freiburg im Breisgau 47 – Waldshut-Tiengen 35.

In Bernau-Dorf :

🏠 **Bergblick**, Dorf 19, ✆ 4 24, ⬅, 🍴, 🌳 – 🚗 ℗. 🎄 Rest
    Ende Okt.- Weihnachten geschl. – **M** *(Dienstag geschl.)* a la carte 21/36 ⅜ – **12 Z : 23 B** 45
    - 82 – ½ P 48/51.

🏠 **Löwen**, Dorf 30, ✆ 2 77, 🔲, 🌳 – 🚗 ℗
    Anfang Nov.- Weihnachten geschl. – (Restaurant nur für Hausgäste) – **13 Z : 25 B** 40/46 -
    70/84 Fb.

In Bernau-Innerlehen :

🏠 **Rössle** 🏔, Hauptstr. 29, ✆ 3 47, 🔲, 🌳 – 🚗 ℗
    5. Nov.- 22. Dez. geschl. – **M** 15/17 ⅜ – **35 Z : 60 B** 39/45 - 73/106 – ½ P 49/67.

In Bernau-Oberlehen :

🏡 **Schwanen**, Oberlehen 43, ✆ 3 48, 🌳 – ✂ Zim 🚗 ℗. ⓞ **E**
    Mitte Nov.- Mitte Dez. geschl. – **M** *(Mittwoch geschl.)* a la carte 19/49 ⅜ – **22 Z : 38 B**
    35/50 - 70/90 – ½ P 50/65.

🏡 **Bären**, Oberlehen 14, ✆ 6 40 – 📺 ☎ ℗. 🎄
    April und Nov.- 20. Dez. geschl. – **M** *(Montag geschl.)* a la carte 23/49 – **11 Z : 20 B** 45/60 -
    80 – ½ P 55/60.

BERNE 2876. Niedersachsen **987** ⑭ – 6 900 Ew – Höhe 2 m – ✆ 04406.
♦Hannover 158 – ♦Bremen 37 – Bremerhaven 54 – ♦Oldenburg 25 – Wilhelmshaven 64.

✕✕ **Weserblick**, Juliusplate 6 (an der Fähre nach Farge), ✆ 2 14, ⬅, 🍴 – ℗. ⓞ
    2.- 6. Jan. geschl. – **M** a la carte 23/68.

BERNECK IM FICHTELGEBIRGE, BAD 8582. Bayern **413** RS 16. **987** ㉗ – 5 000 Ew – Höhe
377 m – Kneippheilbad – Luftkurort – ✆ 09273.
🛈 Kurverwaltung, Rathaus, Bahnhofstr. 77, ✆ 89 16.
♦München 244 – Bayreuth 15 – Hof 45.

🏨 **Kurhotel zur Mühle** 🏔, Kolonnadenweg 1, ✆ 61 33, « Gartenterrasse », Bade- und
    Massageabteilung, 🔱, 🔲 – ☎ 🚗 ℗. 🆎 ⓞ **E** 𝓥𝓘𝓢𝓐. 🎄 Rest
    M a la carte 26/52 – **37 Z : 57 B** 44/80 - 78/140 Fb – ½ P 56/87.

🏨 **Kurhotel Heissinger** 🏔 garni, An der Ölschnitz 51, ✆ 3 31, 🔱 – 🛗 🚗. 🆎
    10. Jan.- 15. Feb. und Nov.- 15. Dez. geschl. – **17 Z : 25 B** 41/52 - 84/104 Fb.

🏡 **Haus am Kurpark** 🏔, Heinersreuther Weg 1, ✆ 76 18 – ☎ ℗
    15 Z : 30 B Fb.

✕✕ **Hübner** mit Zim, Marktplatz 34, ✆ 82 82, 🚗 – 📺. 🆎 ⓞ **E** 𝓥𝓘𝓢𝓐
    Feb. geschl. – **M** *(Donnerstag geschl.)* a la carte 17,50/48 – **4 Z : 8 B** 40 - 75 – P 56.

In Bad Berneck-Goldmühl SO : 3 km :

🏡 **Schwarzes Roß** 🏔, Maintalstr. 11, ✆ 3 64, 🌳 – 📺 ☎ 🚗 ℗ – 🔱 30
    27 Z : 50 B – 6 Fewo.

In Goldkronach 8581 SO : 5 km – Erholungsort :

🏡 **Zum Alexander von Humboldt** (mit Gästehaus, Caféterrasse), Bad Bernecker Str. 4,
    ✆ (09273) 61 96, 🚗, 🔲 – 🛗 📺 🚗 ℗ – 🔱 25/80. **E**
    M *(Nov.- Mai Montag und 10. Jan.- 10. Feb. geschl.)* 21/48 ⅜ – **40 Z : 70 B** 54/78 - 94/114
    Fb.

BERNKASTEL-KUES 5550. Rheinland-Pfalz **987** ㉔ – 7 200 Ew – Höhe 115 m – Erholungsort
– ✆ 06531.
Sehenswert : Markt★.
Ausflugsziel : Burg Landshut ⬅★★, S : 3 km.
🛈 Tourist-Information, in Bernkastel, Gestade 5, ✆ 40 23.
Mainz 113 – ♦Koblenz 103 – ♦Trier 49 – Wittlich 16.

Im Ortsteil Bernkastel :

🏨 **Zur Post** (Fachwerkhaus a.d.J. 1827 mit neuzeitlichem Hotelanbau), Gestade 17, ✆ 20 22,
    Telex 4721569, Fax 2927, « Gemütliche Gasträume » – 🛗 📺 ☎ 🔱 – 🔱 25/40. 🆎 ⓞ **E**
    𝓥𝓘𝓢𝓐
    M a la carte 30/62 – **40 Z : 75 B** 75/90 - 110/140 Fb – ½ P 70/118.

🏨 **Römischer Kaiser**, Markt 29, ✆ 30 38 – ☎. 🆎 ⓞ **E** 𝓥𝓘𝓢𝓐
    Jan.- Feb. geschl. – **M** a la carte 23/57 – **31 Z : 60 B** 65/75 - 85/130 – ½ P 69.

🏡 **Behrens** garni, Schanzstr. 9, ✆ 60 88, Fax 6089 – 🛗 📺 ☎ 🚗. 🆎 **E**
    Jan.- Feb. geschl. – **25 Z : 48 B** 48/85 - 84/130 Fb.

🏡 Burg Landshut, Gestade 11, ✆ 30 19, Telex 4721565 – ☎
    30 Z : 60 B Fb.

🏠 **Binz**, Markt 1, 𝒫 22 25 – 📺 ☎
15. Dez.- Jan. geschl. – **M** a la carte 22/46 – **10 Z : 20 B** 35/65 - 70/100.

🏠 **Moselblümchen**, Schwanenstr. 10, 𝒫 23 35
➡ Feb.- 15. März geschl. – **M** (Nov.- Ostern Sonntag, Ostern - Okt. Montag geschl.) a la carte 19/45 – **22 Z : 40 B** 32/50 - 52/80.

🏛 **Huwer**, Römerstr. 35, 𝒫 23 53
➡ Ende Feb.- Anfang März geschl. – **M** (Montag geschl.) a la carte 17/33 ♨ – **11 Z : 19 B** 26/45 - 52/80 – ½ P 40/54.

XX **Rôtisserie Royale**, Burgstr. 19, 𝒫 65 72, « Originelle Einrichtung in einem Fachwerkhaus a.d. 17. Jh. »
nur Abendessen, 15.- 30. Dez. geschl. – **M** (Tischbestellung ratsam) a la carte 40/64.

X **Altes Brauhaus**, Gestade 4, 𝒫 25 52, � – 🆎 E 𝕍𝕀𝕊𝔸
Jan.- Feb. geschl. – **M** a la carte 26/58.

X **Ratskeller**, Am Markt, 𝒫 73 29.

Im Ortsteil Kues :

🏛 **Mosel Hotelpark** ⤳, Am Kurpark, 𝒫 50 80, Telex 4721559, Fax 7311, �, ⇌s, 🔲, 🐎,
🍴 (Halle), Fitness-Sportcenter – 🛗 📺 ☎ & 🅿 – 🕹 25/300. 🆎 ⑩ E 𝕍𝕀𝕊𝔸
M a la carte 30/60 – **110 Z : 220 B** 109 - 164 Fb – 12 Appart. 190 – 40 Fewo 120.

🏠 **Drei Könige** garni, Bahnhofstr. 1, 𝒫 20 35 – 🛗 ☎ 🅿. 🆎 ⑩ E
Mitte März- Mitte Nov. – **40 Z : 68 B** 75/100 - 125/150.

🏠 **Panorama** ⤳ garni, Rebschulweg 48, 𝒫 30 61, ⇌s, 🐎, Fahrradverleih – ☎ 🅿. ⑩ E
15 Z : 30 B 40/65 - 80/110.

🏠 **Weinhaus St. Maximilian** garni, Saarallee 12, 𝒫 24 31, eigener Weinbau – 🅿. E
Mitte März - Ende Nov. – **10 Z : 20 B** 45/65 - 70/90.

X **Café Volz** ⤳ mit Zim, Lindenweg 18, 𝒫 66 27, �, Fahrradverleih – ☎ 🅿. 🆎 ⑩ E 𝕍𝕀𝕊𝔸
2. Jan.- 5. Feb. geschl. – **M** (Montag geschl.) a la carte 24/46 – **7 Z : 13 B** 45 - 80.

Im Ortsteil Wehlen NW : 4 km :

🏠 **Mosel-Hotel** ⤳, Uferallee 3, 𝒫 85 27, ≤, �, 🐎 – 🅿
März - Nov. – **M** (bemerkenswertes Angebot regionaler Weine) a la carte 25/48 ♨ – **16 Z : 30 B** 55/70 - 70/100.

🏠 **Sonnenuhr**, Hauptstr. 110, 𝒫 84 23 – 🅿
10 Z : 19 B.

➥ *Pour voyager rapidement, utilisez les **cartes Michelin "Grandes Routes"** :*
920 Europe, **980** Grèce, **984** Allemagne, **985** Scandinavie-Finlande
986 Grande-Bretagne-Irlande, **987** Allemagne-Autriche-Benelux, **988** Italie,
989 France, **990** Espagne-Portugal, **991** Yougoslavie.

BERNRIED 8351. Bayern 🔢🔢🔢 V 20 – 4 100 Ew – Höhe 500 m – Wintersport : 750/1 000 m ⚡3
⚡5 – ✪ 09905.
🅱 Verkehrsamt, 𝒫 2 17.
♦München 160 – Passau 57 – ♦ Regensburg 65 – Straubing 33.

🏠 **Bernrieder Hof** ⤳, Bogener Str. 9, 𝒫 2 28, �, ⇌s, 🔲 (geheizt), 🐎 – ☎ ⇔ 🅿. E
➡ **M** a la carte 18/46 – **15 Z : 26 B** 34/50 - 68.

In Bernried-Böbrach N : 2 km :

🏠 **Staufert** ⤳, Böbrach 12, 𝒫 4 35, ≤, �, ⇌s, 🔲, 🐎 – 🅿
➡ Mitte Nov.- Mitte Dez. geschl. – **M** a la carte 20/33 – **15 Z : 30 B** 35 - 70.

In Bernried-Rebling NO : 10 km :

🏛 **Reblinger Hof** ⤳, Kreisstr. 3, 𝒫 5 55, ≤, �, Damwildgehege, ⇌s, 🔲, 🐎 – ⇔ 🅿
Mitte Nov.- 24. Dez. geschl. – **M** (Montag geschl.) a la carte 25/52 – **16 Z : 31 B** 60/75 - 110/130 Fb.

BERNRIED AM STARNBERGER SEE 8139. Bayern 🔢🔢🔢 Q 23, 🔢🔢🔢 ⑰ – 2 000 Ew – Höhe 633 m – Erholungsort – ✪ 08158.
🅱 Verkehrsbüro, Bahnhofstr. 4, 𝒫 80 45, Fax 8046.
♦München 47 – Starnberg 20 – Weilheim 18.

🏛 **Marina** ⤳, Segelhafen 1, 𝒫 60 46, Telex 527764, Fax 7117, ≤, �, ⇌s, 🔲, 🚣, 🐎,
Yachthafen – 📺 ☎ 🅿 – 🕹 25/80. 🆎 ⑩ E 𝕍𝕀𝕊𝔸
15. Dez.- 7. Jan. geschl. – **M** a la carte 29/64 – **57 Z : 114 B** 125/185 - 163/195 Fb – 18 Fewo 115/130.

🏠 **Seeblick**, Tutzinger Str. 9, 𝒫 30 51, Fax 3056, �, ⇌s, 🔲, 🐎 – 🛗 📺 ☎ ⇔ 🅿 –
🕹 25/100
Mitte Dez.- Mitte Jan. geschl. – **M** a la carte 22/55 – **122 Z : 230 B** 51/94 - 74/126 Fb –
½ P 70/88.

123

BERTRICH, BAD 5582. Rheinland-Pfalz 🔟🔟🔟 ㉔ − 1 400 Ew − Höhe 165 m − Heilbad − ☎ 02674.

🔟 Verkehrsamt, im Thermalhallenbad, 🖉 12 93.

Mainz 118 − ♦Koblenz 93 − ♦Trier 60.

🏨 **Staatl. Kurhaus - Kurhotel**, Kurfürstenstr. 34, 🖉 8 34, « Gartenterrasse », Bade- und Massageabteilung − 🛗 ☎ 🅿 − 🛋 25/50, 🆎 ⓪ 🗲 𝖵𝖨𝖲𝖠
M 19/29 (mittags) und a la carte 27/54 − **36 Z : 50 B** 70/110 - 140 Fb − ½ P 90.

🏨 **Fürstenhof** ⑳, Kurfürstenstr. 36, 🖉 3 66, direkter Zugang zum Kurmittelhaus − 🛗 ☎ ⇔, 🆎 🗲
M a la carte 27/58 − **37 Z : 62 B** 68 - 130 Fb − ½ P 86.

🏨 **Alte Mühle** ⑳, Bäderstr. 46, 🖉 8 73, « Terrasse am Park », ⇔ − 🛗 ☎ 🅿 − 🛋 50
M a la carte 26/52 − **40 Z : 55 B** 50/56 - 100/112 − ½ P 68/82.

🏨 **Diana**, Kurfürstenstr. 5, 🖉 8 91, 🏖, Bade- und Massageabteilung − ☎ ⇔ 🅿, 🗲, ⑳
M (auch Diät) a la carte 27/54 − **15 Z : 23 B** 65/100 - 119/143 − ½ P 80/95.

🏠 Café Am Schwanenweiher ⑳ garni, Am Schwanenweiher, 🖉 6 69, ⇆ − ☎ ⇔ 🅿
12 Z : 24 B.

🏠 **Haus Christa** ⑳ garni, Viktoriastr. 4, 🖉 4 29 − 🛗 ☎, 🆎 ⓪ 🗲 𝖵𝖨𝖲𝖠, ⑳
Dez.- Jan. geschl. − **24 Z : 36 B** 54 - 93 Fb.

🏠 **Am Übbach**, Kurfürstenstr. 19, 🖉 3 69 − 🛗 📺 ᵭ
M (auch vegetarische Gerichte) 19 (mittags) und a la carte 22/43 − **48 Z : 70 B** 50 - 100 Fb − ½ P 63.

BESCHEID Rheinland-Pfalz siehe Trittenheim.

BESENFELD Baden-Württemberg siehe Seewald.

BESIGHEIM 7122. Baden-Württemberg 𝟜𝟙𝟛 K 20, 🔟🔟🔟 ㉘ − 9 000 Ew − Höhe 185 m − ☎ 07143.

Ausflugsziel : Hessigheim (Felsengarten ⩳★) O : 3 km.

♦Stuttgart 30 − Heilbronn 20 − Ludwigsburg 14 − Pforzheim 60.

🏠 Ortel, Am Kelterplatz, 🖉 30 31 − 📺 ☎
7 Z : 14 B Fb.

🏠 Hotel am Markt garni, Kirchstr. 43, 🖉 38 98, « Renoviertes Fachwerkhaus a.d.J. 1615« − ☎ 🅿
9 Z : 19 B.

🏤 **Röser** garni, Weinstr. 6 (beim Bahnhof), 🖉 3 51 71 − ⇔ 🅿
23. Dez.- 7. Jan. geschl. − **22 Z : 35 B** 30/45 - 55/80.

🗙 Ratsstüble, Kirchstr. 22, 🖉 3 59 41.

In Freudental 7121 W : 6 km :

🏤 **Lamm**, Hauptstr. 14, 🖉 (07143) 2 53 53 − 🅿
Feb. geschl. − **M** (Donnerstag 14 Uhr - Freitag geschl.) a la carte 24/40 ᵭ − **11 Z : 20 B** 45 - 80.

BESSENBACH Bayern siehe Aschaffenburg.

BESTWIG 5780. Nordrhein-Westfalen − 11 200 Ew − Höhe 350 m − Wintersport : 500/750 m ⚞3 ⚟4 − ☎ 02904.

🔟 Verkehrsamt, Rathaus, an der B 7, 🖉 8 12 75.

♦Düsseldorf 156 − Brilon 14 − Meschede 8.

In Bestwig 7-Andreasberg SO : 6 km :

🏠 **Andreasberg**, Dorfstr. 37, 🖉 (02905) 6 13, « Garten », ⇔, 🔲 − 🅿 − 🛋 25/40, ⑳ Rest
März und Juni - Juli jeweils 2 Wochen geschl. − **M** a la carte 23/43 − **18 Z : 32 B** 50 - 90.

In Bestwig 2-Föckinghausen N : 3,5 km :

🏠 **Waldhaus Föckinghausen** ⑳, 🖉 22 62, 🏖, 🌳 − ☎ 🅿
Mitte Nov.- Mitte Dez. geschl. − **M** (Montag geschl.) a la carte 23/48 − **17 Z : 30 B** 45 - 90.

In Bestwig 4-Ostwig O : 1,5 km :

🏨 **Nieder**, Hauptstr. 19, 🖉 5 91, « Gartenterrasse », ⇔, 🌳 − 🛗 ☎ 🅿 − 🛋 30, 🗲, ⑳ Rest
Juli geschl. − **M** (Montag geschl.) 17 (mittags) und a la carte 24/56 − **35 Z : 60 B** 59 - 106 − ½ P 68/74.

In Bestwig 6-Ramsbeck S : 6,5 km :

🗙 Ramsbecker Hof mit Zim, Heinrich-Lübke-Str. 30, 🖉 (02905) 5 25 − ☎ 🅿, ⑳
8 Z : 15 B.

In Bestwig 2-Velmede W : 1,5 km :

🗙🗙 **Frielinghausen** mit Zim, Oststr. 4, 🖉 23 91, Biergarten − 🅿, 🆎 ⓪
März und Aug. jeweils 2 Wochen geschl. − Menu (Montag geschl.) a la carte 30/58 − **8 Z : 12 B** 38 - 70.

124

BETZDORF 5240. Rheinland-Pfalz **987** ㉔ — 10 700 Ew — Höhe 185 m — ✆ 02741.
Mainz 120 — ◆Köln 99 — Limburg an der Lahn 65 — Siegen 23.

🏨 **Breidenbacher Hof**, Klosterhof 7, ℰ 2 26 96 — ☎ ⇔ ℗ – 🛁 25/60. 🖭 ⓞ 🗲 𝖵𝖨𝖲𝖠
Ende Juli - Anfang Aug. geschl. — **M** *(Samstag und Feiertage jeweils bis 18 Uhr sowie Sonntag geschl.)* a la carte 32/57 — **16 Z : 28 B** 60/80 - 110/150 Fb.

🏠 Bürgergesellschaft, Augustastr. 5, ℰ 10 41, 🍴 – ☎ ⇔ ℗
8 Z : 14 B.

✗ **Alt Betzdorf**, Hellerstr. 30 (Stadthalle), ℰ 2 55 55, Biergarten — ℗ – 🛁 25/300
Samstag bis 17 Uhr und Montag sowie 9. Juli - Aug. geschl. — **M** a la carte 22/51.

In Kirchen-Katzenbach 5242 NO : 5 km :

🏨 **Zum weissen Stein** 🏖, Dorfstr. 50, ℰ (02741)6 20 85, ≤, 🌳, – 📺 ☎ ℗ – 🛁 40. 🖭 ⓞ
🗲 𝖵𝖨𝖲𝖠. ✺ Rest
M a la carte 27/53 — **31 Z : 58 B** 60/67 - 119/134.

BETZENSTEIN 8571. Bayern **413** R 17 — 2 300 Ew — Höhe 511 m — Erholungsort — ✆ 09244.
◆München 211 — Bayreuth 41 — ◆Nürnberg 45 — ◆Regensburg 125 — Weiden in der Oberpfalz 65.

☎ Burghardt, Hauptstr. 7, ℰ 2 06
13 Z : 23 B.

BEUREN 7444. Baden-Württemberg **413** L 21 — 3 300 Ew — Höhe 434 m — Erholungsort —
✆ 07025 (Neuffen).
◆Stuttgart 44 — Reutlingen 21 — ◆Ulm (Donau) 66.

🏨 **Beurener Hof** 🏖, Hohenneuffenstr. 16, ℰ 51 57, 🍴 – ☎ ℗
Mitte Jan.- Anfang Feb. geschl. — **M** *(Dienstag - Mittwoch 18 Uhr geschl.)* a la carte 35/67
— **10 Z : 17 B** 65 - 116.

☎ **Schwanen** 🏖, Kelterstr. 6, ℰ 22 90 – ℗
Juli - Aug. 2 Wochen und Weihnachten - Anfang Jan. geschl. — **M** *(nur Abendessen, Montag geschl.)* a la carte 23/40 — **13 Z : 20 B** 34/40 - 60/72.

✗ **Schloß-Café**, Am Thermalbad 1, ℰ 32 70, 🍴 – ℗
Montag und Mitte - Ende Juli geschl. — **M** a la carte 24/46.

BEURON 7792. Baden-Württemberg **413** J 22. **987** ㉟ — 1 100 Ew — Höhe 625 m —
Erholungsort — ✆ 07466.
◆Stuttgart 117 — ◆Freiburg im Breisgau 114 — ◆Konstanz 64 — ◆Ulm (Donau) 113.

🏠 Pelikan, Abteistr. 12, ℰ 4 06, 🍴 – 🛗 ☎ ⇔ ℗
30 Z : 50 B Fb.

In Beuron-Hausen im Tal NO : 9 km :

🏠 **Steinhaus**, Schwenninger Str. 2, ℰ (07579) 5 56 – ℗ – 🛁 50. ✺ Zim
19. Nov.- 25. Dez. geschl. — **M** *(Montag geschl.)* a la carte 22/38 ⅃ — **11 Z : 20 B** 38 - 76 —
½ P 48.

In Beuron-Thiergarten NO : 14,5 km :

🏠 Hammer, Zum Hammer 3, ℰ (07570) 4 76, 🍴 – ⇔ ℗
9 Z : 20 B.

✗✗ **Berghaus Alber** 🏖 mit Zim, Waldstr. 52, ℰ (07570) 3 93, ≤, 🍴, 🌳 – ℗
Mitte Jan.- Feb. geschl. — **M** *(Dienstag geschl.)* a la carte 23/49 ⅃ — **7 Z : 15 B** 42 - 70.

BEVENSEN, BAD 3118. Niedersachsen **987** ⑯ — 9 600 Ew — Höhe 39 m — Heilbad und
Kneipp-Kurort — ✆ 05821.
🖪 Kurverwaltung, Brückenstr. 1, ℰ 30 77.
◆Hannover 113 — ◆Braunschweig 100 — Celle 70 — Lüneburg 24.

🏨 **Fährhaus** 🏖, Alter Mühlenweg 1, ℰ 4 20 22, Telex 91377, 🍴, Bade- und
Massageabteilung, ⇔s, 🔲, – 🛗 📺 ☎ & ℗ – 🛁 30. 🖭 ⓞ 🗲 𝖵𝖨𝖲𝖠
M *(auch Diät)* a la carte 31/58 — **49 Z : 82 B** 83/85 - 132/166 Fb.

🏨 **Landhaus Marina** 🏖, Haberkamp 2, ℰ 30 06, « Gartenterrasse », Bade- und
Massageabteilung, 🔲, 🌳 – 📺 🐾 ℗ – 🛗 ℗. ✺
7.- 31. Jan. und 1.- 17. Dez. geschl. — **M** *(Tischbestellung erforderlich)* *(Montag geschl.)*
25/45 (mittags) und a la carte 47/95 — **25 Z : 38 B** 87/105 - 164/180 Fb — ½ P 97/120.

🏨 **Kieferneck** 🏖, Lerchenweg 1, ℰ 5 60, Bade- und Massageabteilung, ⇔s, 🔲,
Fahrradverleih — 🛗 ✺ Rest 📺 ☎ ℗
M 23/55 und a la carte 31/51 — **52 Z : 85 B** 73/98 - 124/136 Fb — ½ P 82/100.

🏨 **Zur Amtsheide** 🏖, Zur Amtsheide 5, ℰ 12 49, Bade- und Massageabteilung, 🌳,
Fahrradverleih — 🛗 ☎ & ℗. ✺ Rest
(Restaurant nur für Hausgäste) — **48 Z : 76 B** 70/110 - 120/150 Fb — 18 Fewo 80/140.

🏨 **Sonnenhügel** 🏖, Zur Amtsheide 9, ℰ 4 10 41, Bade- und Massageabteilung, ⇔s – 🛗 📺
☎ ℗. ✺
Dez.- Jan. geschl. — *(Restaurant nur für Hausgäste)* — **27 Z : 33 B** 66/80 - 122/142 Fb — 8
Fewo 100/140.

BEVENSEN, BAD

🏨 **Heidekrug**, Bergstr. 15, ℰ 70 71, 🎿 – 🛗 🅃🆅 ☎ 🚗 ℗
Mitte Jan.- Feb. geschl. – **M** *(Dienstag geschl.)* a la carte 31/63 – **17 Z : 21 B** 56/65 - 98/104
– ½ P 70/86.

🏨 **Sporthotel**, Römstedter Str. 8, ℰ 30 85, 🎿, 🛋, 🎿 (Halle) – ↩ Rest 🆅 ☎ ℗ –
🛁 40. 🅴
M a la carte 25/46 – **31 Z : 69 B** 60/76 - 116/140 Fb.

🏨 **Karstens** 🦢, Am Klaubusch, ℰ 4 10 27, 🎿 – ☎ ℗. 🎿
11. Dez.- 11. Jan. geschl. – **M** a la carte 29/54 – **14 Z : 19 B** 59/64 - 94/124 Fb – ½ P 68/85.

In Bad Bevensen-Medingen NW : 1,5 km :

🏨 **Vier Linden**, Bevenser Str. 3, ℰ 30 88, Fax 1584, 🎿, Bade- und Massageabteilung, 🛋,
🛋, 🎿, Fahrradverleih – 🆅 ☎ ℗ – 🛁 25/100. 🆎 ⓪ 🅴 🆅🆂🅰
M *(auch vegetarische Gerichte)* a la carte 30/63 – **43 Z : 74 B** 70/120 - 120/170 Fb –
½ P 80/100.

In Altenmedingen 3119 N : 6 km – ✪ 05807 :

🏨 **Hof Rose** 🦢 (Niedersächsischer Gutshof), Niendorfer Weg 12, ℰ 2 21, 🎿,
« Gartenanlagen », 🛋, 🛋, 🎿, 🎿, 🐎, Fahrradverleih – 🆅 ℗
(Restaurant nur für Hausgäste) – **20 Z : 28 B** Fb.

🏨 **Altes Forsthaus** 🦢, Reisenmoor (NW : 1 km), ℰ 2 56, 🛋, 🛋, 🎿 (Halle), 🐎 – ☎ ℗
M 17 (mittags) und a la carte 23/50 – **28 Z : 56 B** 70 - 120 Fb – ½ P 77/87.

🏨 **Fehlhabers Hotel**, Hauptstr. 5, ℰ 12 01, 🛋, 🎿 – ℗. ⓪ 🅴
M a la carte 21/43 – **27 Z : 40 B** 49/70 - 98/116 – ½ P 61/70.

In Eddelstorf 3119 N : 8 km :

🏨 Hansens Hof 🦢, Alte Dorfstr. 2, ℰ (05807) 12 57, Telex 91239, Fax 803777, Cafégarten,
« Niedersächsischer Gutshof mit geschmackvoller Einrichtung », 🎿, 🐎 – 🆅 ☎ ℗ –
🛁
19 Z : 36 B.

In Bienenbüttel 3116 NW : 11 km :

🏨 **Drei Linden**, Lindenstr. 6, ℰ (05823) 70 82, 🎿, 🛋, 🛋 – 🛗 ☎ 🚗 ℗ – 🛁 25
M a la carte 21/49 – **29 Z : 50 B** 33/47 - 66/94 – ½ P 51/65.

BEVERN 3454. Niedersachsen – 4 600 Ew – Höhe 90 m – ✪ 05531.
♦Hannover 71 – Göttingen 63 – ♦Kassel 85 – Paderborn 68.

🎿🎿 ✿ **Schloß Bevern** (modern-elegantes Restaurant in einem Schloß der Weserrenaissance),
Schloß 1, ℰ 87 83, 🎿 – ℗. 🆎 ⓪ 🅴 🆅🆂🅰
Montag sowie Feb. und Aug. jeweils 2 Wochen geschl. – **M** a la carte 45/80
Spez. Badische Grünkernsuppe, Pochiertes Rinderfilet mit Schnittlauchsauce, Dessertteller Schloß Bevern.

BEVERUNGEN 3472. Nordrhein-Westfalen 🟨🟨🟨 ⑮ – 16 100 Ew – Höhe 96 m – ✪ 05273.
🛈 Verkehrsamt, Rathaus, Weserstr. 12, ℰ 9 21 55.
♦Düsseldorf 226 – Göttingen 63 – ♦Hannover 115 – ♦Kassel 56.

🏨 **Stadt Bremen**, Lange Str. 13, ℰ 13 75, 🛋, 🛋, Fahrradverleih – 🛗 🆅 ☎ ℗ – 🛁 25/50.
🆎 ⓪ 🅴 🆅🆂🅰
M a la carte 22/52 – **48 Z : 80 B** 50/70 - 80/138 Fb.

🏨 **Pension Resi** 🦢, Am Kapellenberg 2, ℰ 13 97, 🛋, 🛋 – ℗
(Restaurant nur für Hausgäste) – **11 Z : 20 B** 33 - 65.

🏨 **Pension Bevertal** 🦢 garni, Jahnweg 1a, ℰ 54 85, 🎿 – ℗
15 Z : 28 B 35/38 - 66/76.

🎿 Böker, Bahnhofstr. 25, ℰ 13 54 – ℗ – 🛁
10 Z : 21 B.

🎿 **Kuhn** 🦢, Weserstr. 27, ℰ 13 53 – 🚗 ℗
M *(Sept.- April Mittwoch geschl.)* a la carte 19/35 – **15 Z : 29 B** 40 - 68.

In Beverungen-Blankenau N : 3 km :

🏨 Weserblick, Kasseler Str. 2, ℰ 53 03, 🎿, 🛋, 🐎 – ☎ 🚗 ℗ – 🛁
28 Z : 56 B Fb.

In Beverungen 2-Dalhausen SW : 7 km :

🏨 Zur Mühle, Beverstr. 2, ℰ (05645) 16 51, 🛋, 🛋, 🎿 – 🆅 ℗ – 🛁
49 Z : 112 B Fb.

BEXBACH 6652. Saarland 242 ⑦. 57 ⑦. 87 ⑪ — 19 500 Ew — Höhe 249 m — ✪ 06826.
♦Saarbrücken 30 — Homburg/Saar 7 — Kaiserslautern 41 — Neunkirchen/Saar 7.

🏨 **Hochwiesmühle** ⌂, Hochwiesmühle 50 (N : 1,5 km), ℰ 81 90, Fax 819147, Biergarten, ⬆, 🔲, ✵ — 🛗 📺 ☎ ❷ — 🛗 25/150. ⓞ 🇪 𝚅𝙸𝚂𝙰
　　M a la carte 34/60 — **78 Z : 147 B** 48/85 - 84/136 Fb.

🏨 Zur Krone, Rathausstr. 6, ℰ 59 56 — 🛗 📺 ☎ ⟵ ❷
　　16 Z : 30 B Fb.

🏠 **Klein - Restaurant Stadtkeller**, Rathausstr. 35, ℰ 48 10 (Hotel) 14 96 (Rest.) — 📺
　　M *(Freitag 14 Uhr - Samstag 17 Uhr geschl.)* a la carte 23/50 — **20 Z : 40 B** 50 - 90.

✕ **Carola** mit Zim, Rathausstr. 70, ℰ 40 34 — ☎ ❷. ⓞ 🇪 𝚅𝙸𝚂𝙰
◆　**M** *(Dienstag geschl.)* a la carte 20/52 — **13 Z : 20 B** 30 - 60.

BIBERACH AN DER RISS 7950. Baden-Württemberg 413 M 22. 987 ㊱. 426 ⑭ — 28 000 Ew — Höhe 532 m — ✪ 07351.
🛈 Städt. Fremdenverkehrsstelle, Theaterstr. 6, ℰ 5 14 36.
♦Stuttgart 134 — Ravensburg 47 — ♦Ulm (Donau) 42.

🏨 **Eberbacher Hof**, Schulstr. 11, ℰ 1 20 16, Fax 12019, � — 🛗 📺 ☎. 𝔸𝔼 🇪
　　M *(Samstag geschl.)* 20 (mittags) und a la carte 28/62 ⅃ — **26 Z : 41 B** 75/83 - 100/130 Fb.

🏠 **Berliner Hof** ⌂, Berliner Platz 5, ℰ 2 10 51, ⬆ — 🛗 📺 ☎ ⟵ ❷ — 🛗 25. 𝔸𝔼 ⓞ 🇪 𝚅𝙸𝚂𝙰
　　M *(Montag geschl.)* a la carte 28/51 — **28 Z : 46 B** 46/70 - 95/130 Fb.

🏠 **Erlenhof** garni, Erlenweg 18, ℰ 20 71 — 📺 ☎ ⟵ ❷. 𝔸𝔼 ⓞ 🇪 𝚅𝙸𝚂𝙰
　　Ende Juli - Anfang Aug. geschl. — **16 Z : 30 B** 67 - 98 Fb.

🏠 **Brauerei-Gaststätte und Gästehaus Haberhäusle** ⌂, Haberhäuslestr. 22, ℰ 70 57,
◆　� — 🛗 📺 ☎ ❷. ⓞ 🇪. ✵ Zim
　　Juli - Aug. 2 Wochen geschl. — **M** *(Samstag bis 17 Uhr und Sonntag 14 Uhr - Montag geschl.)* a la carte 21/40 ⅃ — **13 Z : 19 B** 67/70 - 98/110.

✕✕ **Stadthalle - Restaurant Kupferdächle**, Theaterstr. 8, ℰ 79 88, 🌞 — 🛗 25/100. 𝔸𝔼 ⓞ 🇪 𝚅𝙸𝚂𝙰. ✵
　　M a la carte 23/54.

✕✕ **Zur Goldenen Ente**, Gymnasiumstr. 17, ℰ 1 33 94 — 𝔸𝔼 ⓞ 🇪 𝚅𝙸𝚂𝙰
　　Sonntag - Montag 18 Uhr, 1.- 6. Jan., Juni 1 Woche und Juli - Aug. 2 Wochen geschl. — **M** 38/78.

BIBERACH IM KINZIGTAL 7616. Baden-Württemberg 413 GH 21. 987 ㉞. 242 ㉘ — 3 000 Ew — Höhe 195 m — Erholungsort — ✪ 07835 (Zell am Harmersbach).
🛈 Verkehrsbüro, Hauptstr. 27, ℰ 33 14.
♦Stuttgart 164 — ♦Freiburg im Breisgau 55 — Freudenstadt 47 — Offenburg 18.

In Biberach-Prinzbach SW : 6 km :

🏠 **Badischer Hof** ⌂ (mit 2 Gästehäusern), Talstr. 20, ℰ 81 49, ⬆, 🔲 (geheizt), 🌺 — ☎ ❷ — 🛗 40
　　M *(im Sommer Mittwoch ab 18 Uhr, im Winter Mittwoch ganztägig geschl.)* a la carte 25/45 — **44 Z : 80 B** 40/60 - 80/90 Fb.

BIEBELRIED Bayern siehe Würzburg.

BIEBER Hessen siehe Biebertal.

BIEBEREHREN Baden-Württemberg siehe Creglingen.

BIEBERTAL 6301. Hessen — 9 600 Ew — Höhe 190 m — ✪ 06409.
♦Wiesbaden 99 — Gießen 10 — Marburg 27.

In Biebertal 6-Bieber :

♨ Reehmühle (ehemalige Mühle a.d. 17. Jh.), Hauptstr. 59, ℰ 3 63, 🌞 — ❷
　　5 Z : 8 B.

In Biebertal 4-Fellingshausen :

♨ **Pfaff am Dünsberg** ⌂, ℰ 20 91, ≤, 🌞, 🔲, 🌺 — ❷ — 🛗 30. ⓞ 🇪 𝚅𝙸𝚂𝙰
◆　*2.- 16. Jan. geschl.* — **M** *(Sonntag ab 18 Uhr geschl.)* a la carte 20/50 — **21 Z : 30 B** 48 - 92.

In Biebertal 2-Königsberg :

✕✕ **Berghof Reehmühle** mit Zim, Bergstr. 47, ℰ (06446) 3 60, ≤, « Hübsche Einrichtung », 🌺 — ❷. 🇪
　　Jan. geschl. — **M** *(Montag geschl.)* 13 (mittags) und a la carte 22/60 — **8 Z : 13 B** 45 - 80.

BIEBESHEIM 6083. Hessen 413 I 17 — 6 200 Ew — Höhe 90 m — ✪ 06258.
♦Wiesbaden 48 — ♦Darmstadt 19 — Mainz 36 — ♦Mannheim 39 — Worms 24.

🏠 **Biebesheimer Hof**, Königsberger Str. 1, ℰ 70 54, 🌞 — ☎ ❷ — 🛗 30
　　M a la carte 25/45 ⅃ — **19 Z : 24 B** 59/64 - 99 Fb.

127

BIEDENKOPF 3560. Hessen 🔢 ㉕ − 14 400 Ew − Höhe 271 m − Luftkurort − Wintersport 500/674 m ✑2 ✑2 − ✪ 06461.

🛈 Städt.Verkehrsbüro, Am Markt 4, ✆ 30 26.

♦Wiesbaden 152 − ♦Kassel 101 − Marburg 32 − Siegen 55.

🏠 **Panorama** ⬩, Auf dem Radeköppel, ✆ 30 91, ≤, �ூ, ≋, − 📺 ☎ ℗ − ⚒ 25/300. 🖭
   ⑩ 🔄 Rest
   M a la carte 30/55 − **40 Z : 85 B** 65/75 - 110/130 Fb.

🏠 **Berggarten** ⬩, Am Altenberg 1, ✆ 49 00, ≤, 🌲 − ℗ − ⚒ 60. ⑩ 🔄
   M a la carte 24/44 − **18 Z : 30 B** 38/50 - 75/100.

BIELEFELD 4800. Nordrhein-Westfalen 🔢 ⑭ − 305 300 Ew − Höhe 118 m − ✪ 0521.

🏌 Bielefeld-Hoberge, Dornberger Str. 375 (AY), ✆ 10 51 03.

🛈 Tourist-Information, Am Bahnhof (Leinenmeisterhaus), ✆ 17 88 44.

🛈 Verkehrsverein, Altes Rathaus, Niederwall 23, ✆ 17 88 99.

ADAC, Stapenhorststr. 131, ✆ 1 08 10, Notruf ✆1 92 11.

♦Düsseldorf 182 ⑤ − ♦Dortmund 114 ⑤ − ♦Hannover 108 ②.

Stadtpläne siehe nächste Seiten.

🏠 **Mercure** ⬩, Am Waldhof 15, ✆ 5 28 00, Telex 932891, Fax 5280113, ≋ − 🛗 ▤ 📺 ☎ −
   ⚒ 25/250. 🖭 ⑩ 🔄 🔄
   M (nur Abendessen) a la carte 35/65 − **125 Z : 250 B** Fb.   DZ **a**

🏠 **Novotel** ⬩, Am Johannisberg 5, ✆ 12 40 51, Telex 932991, ⬩ (geheizt), 🗛 − 🛗 ▤ 📺 ☎
   ⬩ ℗ − ⚒
   119 Z : 238 B Fb.   BY **b**

🏠 **Senator**, Sonderburger Str. 3, ✆ 2 50 55, Telex 932766, Fax 25058, ≋ − 🛗 📺 ☎ ℗. 🖭
   ⑩ 🔄 🔄
   M a la carte 32/60 − **57 Z : 71 B** 130/180 - 170/210 Fb.   BY **v**

🏠 **Waldhotel Brand's Busch** ⬩, Furtwänglerstr. 52, ✆ 2 40 91, Telex 932835, Fax 26626,
   🌲, ≋ − 🛗 📺 ☎ ℗ − ⚒ 25/70. 🖭 ⑩ 🔄 🔄
   M a la carte 36/61 − **65 Z : 120 B** 75/125 - 125/160 Fb.   BY **m**

🏠 **Brenner Hotel Diekmann**, Otto-Brenner-Str. 133, ✆ 29 60 06, Telex 29990, Fax 2999220
   − 🛗 📺 ☎ ℗ − ⚒ 25/50. 🖭 ⑩ 🔄 🔄
   M 15 (mittags) und a la carte 30/67 − **69 Z : 110 B** 95/150 - 160/200 Fb.   BY **y**

🏠 **Altstadt-Hotel** garni, Ritterstr. 15, ✆ 17 93 14, Fax 61389, ≋ − 🛗 📺 ☎. 🖭 🔄 🔄
   23 Z : 40 B 105/120 - 145/150 Fb.   DY **v**

🍴🍴🍴 ✿ **Ente**, Niedernstr. 18 (1. Etage, 🛗), ✆ 55 54 55, bemerkenswerte Weinkarte − 🖭 ⑩ 🔄
   Juni - Juli 3 Wochen, Sonntag - Montag und Feiertage geschl. − **M** (Tischbestellung
   ratsam) 40 (mittags) und a la carte 60/95   DY **a**
   Spez. Hühnercreme mit Trüffeln, Lachsroulade mit Lachskaviar, Ente unter Sesamkruste.

🍴🍴 **La Bohème** (Italienische Küche), Niederwall 37, ✆ 17 85 53 − 🖭 🔄 🔄. 🔄   DZ **s**
   M a la carte 39/72.

🍴 ✿ **Klötzer's Kleines Restaurant** (Bistro), Ritterstr. 33, ✆ 6 89 54 − 🔄   DY **e**
   Samstag 16 Uhr - Montag geschl. − **M** a la carte 48/67
   Spez. Feine Nudeln mit Hummerkrabbe und Safransauce, Salm mit Champagnersauce, Poulardenbrust mit
   Paprikagemüse.

🍴 **Nico's Restaurant** (Griechische Küche), Werther Str. 58, ✆ 12 30 22   BY **e**

🍴 **Im Bültmannshof** (Restaurierter Fachwerkbau a.d.J. 1802), Kurt-Schumacher-Str. 17a,
   ✆ 10 08 41, 🌲 − ℗. ⑩ 🔄   AY **s**
   Montag, 1.- 5. Jan. und 8.- 30. Juli geschl. − **M** a la carte 30/65.

🍴 **Sparrenburg**, Am Sparrenberg 38a, ✆ 6 59 39, 🌲 − ℗   DZ **f**
   Dienstag geschl. − **M** a la carte 35/55.

In Bielefeld 1-Babenhausen :

🍴🍴 **Am Hanteich**, Hainteichstr. 1, ✆ 88 20 77, 🌲 − ℗. 🖭 ⑩ 🔄 🔄   AX **e**
   Samstag bis 15 Uhr und Mittwoch geschl. − **M** 16,50/25 und a la carte 32/51.

🏡 Bültmannskrug, Babenhauser Str. 37, ✆ 88 31 44 − ☎ ℗   BX **b**
   (wochentags nur Abendessen) − **9 Z : 12 B**.

In Bielefeld 14-Brackwede :

🏠 **Wiebracht**, Cheruskerstr. 35, ✆ 44 14 03, Fax 441904, ≋, 🗎 − ☎ ⬅ ℗   AY **n**
   M 15 (mittags) und a la carte 21/55 − **35 Z : 53 B** 48/60 - 90/110 Fb.

🍴🍴 **Brackweder Hof**, Gütersloher Str. 236, ✆ 44 25 26 − ℗. ⑩ 🔄   AZ **u**
   Montag und Aug. 3 Wochen geschl. − Menu 16 (mittags) und a la carte 28/54.

In Bielefeld 1-Großdornberg :

🍴🍴 **Kreuzkrug**, Werther Str. 462, ✆ 10 22 64, 🌲 − ℗. 🔄   AX **w**
   Montag und 9.- 26. Juli geschl. − **M** 17,50/37 (mittags) und a la carte 26/53.

In Bielefeld 17-Heepen :

🏠 **Petter**, Alter Postweg 68, ℰ 3 38 61 – ☎ ⇦ ℗ ⓞ E   CY h
23.- 31. Dez. geschl. – **M** *(nur Abendessen, Sonntag geschl.)* a la carte 32/48 – **18 Z : 26 B**
78 - 120.

🏠 **Haus Oberwittler**, Vogteistr. 10, ℰ 33 32 31 – ℗. ⌘   CY t
M *(Donnerstag geschl.)* a la carte 25/48 – **10 Z : 15 B** 35/38 - 69/74.

In Bielefeld 18-Hillegossen :

🏠 **Berghotel Stiller Friede** ⌂, Selhausenstr. 12, ℰ 2 30 54, 🏠, ⇔s, 🐎, 🐎, – 📺 ☎ ⇦
← ℗. ⁂ ⓞ E   BY g
M *(Freitag geschl.)* a la carte 18/55 – **28 Z : 38 B** 75/85 - 120/130 Fb.

🏠 **Siekmann**, Detmolder Str. 624, ℰ 20 60 43 – ℗. ⁂ ⓞ E   CY u
M *(Montag und Juni - Juli 4 Wochen geschl.)* a la carte 29/50 – **16 Z : 19 B** 60 - 90 Fb.

In Bielefeld 1 - Hoberge-Uerentrup :

🏠 **Hoberger Landhaus** ⌂, Schäferdreesch 18, ℰ 10 10 31, Fax 103927, ⇔s, 🔲, – 📺 ☎
⇦ ℗ – 🏛 25/100. ⓞ E ⏌⏌⏌   AY f
M *(Samstag bis 17 Uhr und Sonntag 15 Uhr - Montag 17 Uhr geschl.)* a la carte 36/60 –
30 Z : 55 B 105/120 - 155 Fb.

🏠 **Peter auf'm Berge**, Bergstr. 45, ℰ 10 00 36, 🏠 – ☎ ⇦ ℗. ⁂ ⓞ E   AY d
M a la carte 25/50 – **12 Z : 16 B** 70/80 - 120.

In Bielefeld 18-Oldentrup :

🏠 **Oldentruper Hof**, Hillegosser Str. 260, ℰ 2 09 00, Telex 932537, Fax 2090100, 🏠, ⇔s, 🔲
– 🍴 📺 ℗ – 🏛 25/200. ⁂ ⓞ E ⏌⏌⏌   CY z
M 30 *(mittags)* und a la carte 40/68 – **65 Z : 123 B** 110/150 - 160/200 Fb.

In Bielefeld 14-Quelle :

🏠 **Büscher**, Carl-Severing-Str. 136, ℰ 45 03 11, Fax 452796, ⇔s, 🔲, 🔲, 🐎 – ☎ ⇦ ℗ –
🏛 25/150. ⁂ ⓞ E   AY k
M a la carte 28/57 – **24 Z : 33 B** 60/70 - 100 Fb.

In Bielefeld 1-Schildesche :

XX **Bonne Auberge** (restauriertes Fachwerkhaus a.d.J. 1775), An der Stiftskirche 10, ℰ 8 16 68
– ℗   BX q
nur Abendessen, 2.- 17. Jan. geschl. – **M** *(auch vegetarisches Menu)* 35/65.

In Bielefeld 12-Senne :

🏠 **Zur Spitze**, Windelsbleicher Str. 215, ℰ 4 00 08 – ℗. E   BZ a
M *(Samstag bis 17 Uhr geschl.)* a la carte 25/48 – **21 Z : 30 B** 38/45 - 68/82 Fb.

🏠 **Café Busch**, Brackweder Str. 120 (B 68), ℰ 4 90 05, 🏠 – ☎ ☎ ⇦ ℗. ⌘ Zim   BZ x
M 15/30 *(mittags)* und a la carte 23/55 – **11 Z : 17 B** 35/55 - 90.

XXX ⊛ **Auberge le Concarneau**, Buschkampstr. 75, ℰ 49 37 17, « Restauriertes, westfälisches
Fachwerkhaus im Museumshof Senne » – ℗. E   BZ b
nur Abendessen, Sonntag - Montag, Feiertage sowie April und Juni - Juli jeweils 2 Wochen
geschl. – **M** *(Tischbestellung ratsam)* 85/130.

XX **Gasthaus Buschkamp** (regionale Küche), Buschkampstr. 75, ℰ 49 28 00, « Historisches
Gasthaus im Museumshof Senne » – ℗. E   BZ b
Menu a la carte 30/60.

XX **Waterbör** (restauriertes Fachwerkhaus im Ravensberger Bauernstil), Waterboerstr. 77,
ℰ 2 41 41, 🏠 – ℗. ⁂ ⓞ E   BYZ s
Freitag geschl. – **M** a la carte 30/60.

In Bielefeld 11-Sennestadt :

🏠 **Niedermeyer**, Paderborner Str. 290 (B 68), ℰ (05205) 76 73 – ☎ ⇦ ℗. ⌘ Zim   CZ u
7.- 28. Juli geschl. – **M** *(nur Abendessen, Sonntag geschl.)* a la carte 30/53 – **40 Z : 60 B**
60/85 - 120/140 Fb – 4 Appart. 180.

🏠 **Wintersmühle**, Sender Str. 6, ℰ (05205) 7 03 85, ⇔s, 🐎, Fahrradverleih – 📺 ☎ ⇦ ℗.
⁂ ⓞ E. ⌘   BZ r
(nur Abendessen für Hausgäste) – **18 Z : 26 B** 65/90 - 100/140 Fb.

In Bielefeld 14-Ummeln :

🏠 **Diembeck**, Steinhagener Str. 45, ℰ 48 78 78, Biergarten – ☎ ⇦ ℗. ⁂ ⓞ E   AZ b
M *(Montag geschl.)* a la carte 26/53 – **17 Z : 19 B** 52/68 - 88.

MICHELIN-REIFENWERKE KGaA. Niederlassung Eckendorfer Str. 129 (CX), ℰ 7 59 55,.

When in a hurry use the **Michelin Main Road Maps** *:*
920 *Europe,* **980** *Greece,* **984** *Germany,* **985** *Scandinavia-Finland,*
986 *Great Britain and Ireland,* **987** *Germany-Austria-Benelux,* **988** *Italy,*
989 *France,* **990** *Spain-Portugal and* **991** *Yugoslavia.*

BIELEFELD

BÜNDE 23 km

A   B

X

NIEDERDORNBERG-DEPPENDORF

THEESEN 136   141

Johannisbach   27

BABENHAUSEN   Westerfeldstr.

41   119   SCHILDESCHE   Talbrücken

Bielefelder Str.   w   str.

74   14   115   49

KIRCHDORNBERG   Voltmannstr.

ADAC   GELLERSHAGEN   27   Herforder   Str.

Wertherstr.   Eckendorfer   148

139   Stapenborstr.   RADRENNBAHN

U   s   23

Dornberger   Str.

HOBERGE-UERENTRUP   Bauernhaus   POL   Heeper   Str.

TEUTOBURGER   WALD   e   BIELEFELD-OST

Dornberger   70   b   96   101

68   62   104   99   y   99

32   Osnabrücker   Str.   ANSTALT BETHEL   106   SIEKER

117   104   Detmolder   Str.

QUELLE   GADDERBAUM   m   Oststr.   v

Carl-   k   Severing-   46   66

Y   Queller   Str.   Bodelschwingh   TEUTOBURGER   g

18   124   34   WALD

39   n   Haupstr.   34

31   Senner   Str.   P

u   134   Windelsbleicher   x   34

Gütersloher   134   FLUGPLATZ

BRACKWEDE   26   36   Buschkampstr.

126   a   b

Z   ÜMMELN   b   SÜDWESTFELD   BIELEFELD-SENNESTADT

72   Paderborner   Str.

Ummelner   Str.   SENNE I   Krackser   E 34 A 2

61   WINDFLÖTE   Wilhelmsdorfer   Str.

6   Friedrichsdorfer   Buschkampstr.   Straße

FRIEDRICHSDORF   Verler   Str.

Friedrichsdorfer   Str.   ECKARDTSHEIM   r

A   B   5   DORTMUND 114 km
KÖLN 194 km

OSNABRÜCK 55 km
HALLE 17 km

STEINHAGEN

MÜNSTER 87 km
GÜTERSLOH 17 km

130

131

BIENENBÜTTEL Niedersachsen siehe Bevensen, Bad.

BIENGEN Baden-Württemberg siehe Krozingen, Bad.

BIESSENHOFEN Bayern siehe Kaufbeuren.

BIETIGHEIM-BISSINGEN 7120. Baden-Württemberg **413** K 20. **987** ㉙ − 36 300 Ew − Höhe 220 m − ✪ 07142.

🛈 Stadtinformation, Arkadengebäude, Marktplatz, ℰ 7 42 27.

♦Stuttgart 25 − Heilbronn 25 − Ludwigsburg 9 − Pforzheim 55.

Im Stadtteil Bietigheim :

🏨 **Parkhotel**, Freiberger Str. 71, ℰ 5 10 77, Telex 724203, 🌤 − 📳 📺 ☎ ⟸ 🅿 − 🔬
   47 Z : 78 B Fb.

🏠 **Alka**, Freiberger Str. 57, ℰ 5 27 30, 🌤 − ⟸ 🅿. 🆎 **E**. ❀ Zim
→ **M** (Samstag geschl.) a la carte 20/44 − **20 Z : 32 B** 55/60 - 90/100.

🏠 **Zum Schiller**, Marktplatz 5, ℰ 4 10 18 − 📳 📺 ☎. ⓪ **E** **VISA**
   M (Sonntag - Montag 18 Uhr, Feiertage, April 1 Woche und Aug. 3 Wochen geschl.) 35
   (mittags) und a la carte 45/75 ⅜ − **30 Z : 48 B** 85/120 - 110/140 Fb.

🏠 **Gästehaus Else** ⌂ garni, Finkenweg 21, ℰ 5 27 28, « Garten » − 🅿
   23. Dez.- 9. Jan. geschl. − **12 Z : 15 B** 35/50 - 65/90.

✗✗ Kronenstuben, Mühlenwiesenstr. 2 (2. Etage, 📳), ℰ 4 45 31.

Im Stadtteil Bissingen :

🏨 **Otterbach**, Bahnhofstr. 153, ℰ 60 53, Fax 64142 − 📳 📺 ☎ 🅿 − 🔬 40. 🆎 ⓪ **E** **VISA**
   20. Juli - 11. Aug. und 24.- 29. Dez. geschl. − **M** (Samstag bis 18 Uhr geschl.) a la carte
   25/56 − **55 Z : 90 B** 65/90 - 110/140 Fb.

🏠 **Litz - Restaurant Flößerstube**, Bahnhofstr. 9/2, ℰ 39 12 − 📺 ☎ 🅿. 🆎 ⓪ **E** **VISA**
   M (Samstag geschl.) a la carte 28/55 − **28 Z : 38 B** 60/65 - 98/120 Fb.

BIETINGEN Baden-Württemberg siehe Gottmadingen.

BILFINGEN Baden-Württemberg siehe Kämpfelbach.

BILLERBECK 4425. Nordrhein-Westfalen **987** ⑭. **408** ⑭ − 10 300 Ew − Höhe 138 m − ✪ 02543.

🛈 Verkehrsamt, Markt 1, ℰ 73 73.

♦Düsseldorf 110 − Enschede 56 − Münster (Westfalen) 32 − Nordhorn 65.

🏨 **Weissenburg** ⌂, Gantweg 18 (N : 2 km), ℰ 7 50, Fax 75275, ≼, « Wildgehege, Park »,
   🚇, 🔲, 🐎, Fahrradverleih − 📳 ☎ ⟸ 🅿 − 🔬 25/100. 🆎
   M (Montag geschl.) a la carte 26/65 − **50 Z : 85 B** 60/110 - 130/180 Fb.

🏨 **Domschenke**, Markt 6, ℰ 44 24, « Gediegene, gemütliche Einrichtung », Fahrradverleih
   − ☎ ⟸. 🆎 ⓪ **E**
   Jan. 3 Wochen geschl. − **M** a la carte 24/57 − **17 Z : 32 B** 55/75 - 90/160.

🏠 **Homoet**, Schmiedestr. 2, ℰ 3 26, 🌤 − ☎ ⟸. **E**
→ **M** (wochentags nur Abendessen, Donnerstag geschl.) a la carte 20/52 − **15 Z : 25 B** 50/65 -
   90/120.

An der Straße nach Altenberge NO : 6 km :

✗ **Schöne - Fuselkotten** mit Zim, Beerlage Langenhorst 15, ✉ 4425 Billerbeck,
→ ℰ (02507) 12 93, 🌤, 🐎 − 🅿. 🆎 ⓪ **E**
   M (wochentags nur Abendessen, Montag geschl.) a la carte 17/45 − **9 Z : 16 B** 49 - 78.

BILLIGHEIM-INGENHEIM 6741. Rheinland-Pfalz **413** H 19. **87** ② − 3 800 Ew − Höhe 161 m − ✪ 06349.

Mainz 119 − ♦ Karlsruhe 31 − Landau in der Pfalz 7 − Wissembourg 20.

Im Ortsteil Ingenheim :

🏠 **Gästehaus Villa Maria** ⌂ garni, Vogesenstr. 18, ℰ 68 54, 🐎 − 🅿
   7 Z : 14 B − 2 Fewo.

✗ Pfälzer Hof, Hauptstr. 45, ℰ 86 16, Gartenwirtschaft −.

In Heuchelheim-Klingen 6741 W : 3,5 km :

🏠 **Gästehaus Mühlengrund** ⌂, Untermühle 2 (Heuchelheim), ℰ (06349) 14 49, 🌤, 🐎 −
→ 🅿. ❀ Zim
   Mitte Jan.- Mitte Feb. geschl. − **M** (Montag - Dienstag geschl.) a la carte 20/40 ⅜ − **16 Z :**
   30 B 32 - 58.

BILLINGSHAUSEN Bayern siehe Birkenfeld.

BILM Niedersachsen siehe Sehnde.

BINGEN 6530. Rheinland-Pfalz **987** ㉔ – 24 000 Ew – Höhe 82 m – ✆ 06721.

Sehenswert : Burg Klopp ≤*.

Ausflugsziele : Burg Rheinstein ≤** ⑤ : 6 km – Rheintal*** (von Bingen bis Koblenz).

Städt. Verkehrsamt, Rheinkai 21, ✆ 18 42 05.

Mainz 31 ① – ♦Koblenz 66 ④ – Bad Kreuznach 15 ② – ♦Wiesbaden 35 ①.

Basilikastraße	Y	Freidhof	Y 12
Kapuzinerstraße	Y 16	Gerbhausstraße	Y 13
Rathausstraße	Y 20	Hasengasse	Y 14
Salzstraße	Y 26	Hospitalstraße	Y 15
Schmittstraße	YZ	Laurenzigasse	Y 17
		Martinstraße	Y 18
Am Burggraben	Z 2	Pfarrer-Römheld-Str.	Z 19
Am Rupertsberg	Y 4	Rheinkai	Y 21
Amtsstraße	Y 5	Rheinstraße	Y 22
Beuchergasse	YZ 7	Rupertusstraße	Y 24
Drususbrücke	Z 8	Saarlandstraße	Z 25
Eisenbahnbrücke	Y 9	Speisemarkt	Y 28
Espenschiedstraße	Y 10	Stromberger Straße	Z 29

🏠 **Krone**, Rheinkai 19, ✆ 1 70 16 – 📺 ☎. 🅰🅴 ⓞ 🄴 𝗩𝗜𝗦𝗔   Y **n**
➡ 2.- 19. April und 27. Dez.- 4. Jan. geschl. – **M** *(Sonntag 16 Uhr - Montag geschl.)* a la carte
20/50 ⅄ – **26 Z : 45 B** 50/65 - 90/100.

🏠 **Martinskeller** ⤷ garni, Martinstr. 1, ✆ 1 34 75, Fax 2508 – 📺 ☎ ⇌. 🅰🅴 ⓞ 🄴 𝗩𝗜𝗦𝗔
10 Z : 20 B 75/95 - 105/165.   Y **f**

🏠 **Rheinhotel Starkenburger Hof** garni, Rheinkai 1, ✆ 1 43 41 – ☎. 🅰🅴 ⓞ 🄴 𝗩𝗜𝗦𝗔   Y **a**
Dez.- Mitte Feb. geschl. – **30 Z : 48 B** 38/60 - 75/110.

🏠 **Germaniablick** garni, Mainzer Str. 142, ✆ 1 47 73 – ⇌ ℗. 🅰🅴 ⓞ 🄴 𝗩𝗜𝗦𝗔 über ①   Y
17 Z : 35 B 35/55 - 60/90.

🏠 **Goldener Kochlöffel** garni (mit Weinstube), Rheinstr. 22, ✆ 1 39 44   Y **m**
12 Z : 22 B 35/65 - 66/99.

🏠 **Am Rochusberg** garni, Rochusstr. 17, ✆ 1 25 32 – ⱅ. 🅰🅴 ⓞ 🄴 𝗩𝗜𝗦𝗔   Y **d**
14 Z : 22 B 36/55 - 65/95.

✗ **Anker** mit Zim, Rheinkai 4, ✆ 1 43 22   Y **s**
20. Dez.- 15. Jan. geschl. – **M** *(Dienstag geschl.)* a la carte 31/60 – **10 Z : 20 B** 30 - 60.

In Bingen-Bingerbrück :

🏠 **Römerhof** garni, Rupertsberg 10, ✆ 3 22 48 – 📺 ℗   Z **x**
34 Z : 60 B 38/60 - 69/95.

In Münster-Sarmsheim 6538 ② : 4 km :

🏠 **Trollmühle**, Rheinstr. 199, ✆ (06721) 4 40 66, 🍴, ⇌ – ☎ ℗. 🄴
M 27/50 a la carte ⅄ – **24 Z : 40 B** 55 - 90 Fb.

In Laubenheim 6531 ② : 6 km :

🏠 **Traube**, Naheweinstr. 66, ✆ (06704) 12 28, eigener Weinbau – ☎ ℗
(nur Abendessen) – **14 Z : 21 B**.

BINZEN 7852. Baden-Württemberg 🗺️🖽🖪 F 24. 🇩🇪🇩🇪 ⑩. 🇩🇪🇩🇪 ④ − 2 000 Ew − Höhe 285 m -
🏠 07621 (Lörrach).
◆Stuttgart 260 − Basel 11 − ◆Freiburg im Breisgau 64 − Lörrach 6.

🏠 **Ochsen**, Hauptstr. 42, 🍴 6 23 26 − 📺 🕿 🄿
   M *(Mittwoch - Donnerstag 17 Uhr geschl.)* a la carte 30/60 − **19 Z : 30 B** 52/58 - 90/130 Fb.

XX **Mühle** 🕭 mit Zim, Mühlenstr. 26, 🍴 60 72, « Gartenterrasse », 🐎 − 📺 🕿 ⇔ 🄿 -
   🄰 40
   M *(Sonntag - Montag und 25. Feb.- 12. März geschl.)* a la carte 38/78 ⅍ − **14 Z : 25 B** 75/10
   - 90/120.

In Wittlingen 7851   NO : 3,5 km :

🏡 Hirschen, Kandertalstr. 6, 🍴 (07621) 30 69, 🐎 − ⇔ 🄿
   (nur Abendessen für Hausgäste) − **25 Z : 44 B**.

In Schallbach 7851   N : 4 km :

X **Zur Alten Post**, Alte Poststr. 16, 🍴 (07621) 8 82 42, 🏡, eigener Weinbau − 🄿 🄰🄴 ⑩ 🄴
   VISA
   Donnerstag und 22. Feb.- 9. März geschl. − **M** a la carte 26/58 ⅍.

BIPPEN 4576. Niedersachsen − 2 600 Ew − Höhe 60 m − Erholungsort − 🏠 05435.
◆Hannover 160 − Nordhorn 59 − ◆Osnabrück 45.

🏡 **Maiburger Hof**, Bahnhofstr. 6, 🍴 3 33, 🐎, 🍴 − ⇔ 🄿
   1.- 15. Okt. geschl. − **M** *(Montag geschl.)* a la carte 15,50/29 − **16 Z : 21 B** 33/35 - 65/70.

Europe	Si le nom d'un hôtel figure en petits caractères demandez, à l'arrivée, les conditions à l'hôtelier.

BIRGLAND 8451. Bayern 🗺️🖽🖪 R 18 − 1 500 Ew − Höhe 510 m − 🏠 09666 (Illschwang).
◆München 194 − Amberg 22 − ◆Nürnberg 51.

In Birgland-Schwend :

🏠 **Birgländer Hof** 🕭, 🍴 5 05, 🍴, 🏊, 🏊, 🐎, Fahrradverleih − 🕿 ⇔ 🄿
   M 13/45 ⅍ − **34 Z : 58 B** 40/52 - 69/100 Fb.

BIRKENAU 6943. Hessen 🗺️🖽🖪 J 18 − 10 500 Ew − Höhe 110 m − Luftkurort − 🏠 06201 (Weinheir
a.d.B.).
🄱 Verkehrsamt, Rathaus, Hauptstr. 119, 🍴 30 05.
◆Wiesbaden 97 − ◆Darmstadt 44 − Heidelberg 27 − ◆Mannheim 22.

🏠 **Drei Birken**, Hauptstr. 170, 🍴 30 32 (Hotel) 3 23 68 (Rest.), 🍴, 🏊, 🐎 − 🕿 🄿 ⑩ 🄴 *VISA*
   M *(Freitag und Juli - Aug. 3 Wochen geschl.)* 30/65 − **20 Z : 35 B** 70/75 - 110/120.

XX Ratsstuben mit Zim, Hauptstr. 105, 🍴 3 30 25, « Rustikale Einrichtung » − 🕿 🄿
   6 Z : 10 B.

In Birkenau 2 - Reisen-Schimbach   NO : 7 km :

🏨 **Schimbacher Hof** 🕭, 🍴 (06209) 2 58, 🏡, 🍴, 🐎, 🍴 − 📺 🕿 ⇔ 🄿 − 🄰 40. 🄰🄴 🄴
   VISA
   M a la carte 35/70 ⅍ − **19 Z : 36 B** 50/60 - 90/110 Fb.

BIRKENFELD Baden-Württemberg siehe Pforzheim.

BIRKENFELD (MAIN-SPESSART-KREIS) 8771. Bayern 🗺️🖽🖪 M 17 − 1 800 Ew − Höhe 211 m
− 🏠 09398.
◆München 312 − ◆Frankfurt 100 − ◆Würzburg 28.

In Birkenfeld-Billingshausen   NO : 2 km :

X Goldenes Lamm (Steinhaus a. d. J. 1883), Untertorstr. 13, 🍴 3 52 − 🄿 − 🄰 80. 🕭.

BIRKENFELD 6588. Rheinland-Pfalz − 6 100 Ew − Höhe 396 m − 🏠 06782.
Mainz 107 − Idar Oberstein 16 − Neunkirchen/Saar 46 − St. Wendel 26.

🏠 **Oldenburger Hof**, Achtstr. 7, 🍴 8 25 − 📺 🕿 ⇔ 🄿 🄰🄴 ⑩ 🄴 *VISA*
   M a la carte 30/60 − **10 Z : 19 B** 50 - 90.

BIRKWEILER Rheinland-Pfalz siehe Landau.

BIRNAU-MAURACH Baden-Württemberg. Sehenswürdigkeit siehe Uhldingen-Mühlhofen.

134

BIRNBACH, BAD 8345. Bayern 圓圓 W 21. 圓圓圓 ⑥⑦ — 5 500 Ew — Höhe 450 m — Heilbad — ☎ 08563.

🏛 Kurverwaltung, Neuer Marktplatz 1. ℰ 21 05.

München 147 — Landshut 82 — Passau 46.

🏨 **Sammareier Gutshof**, Pfarrkirchner Str. 22, ℰ 29 70, Massage, 🔄, 🗐 — 📶 📺 ☎ 🚗. E
M *(Montag geschl.)* a la carte 30/53 — **38 Z : 76 B** 78/125 - 112/182 Fb.

🏨 **Kurhotel Hofmark** 🍴, Professor-Drexel-Str. 16, ℰ 29 60, 🌲, Bade- und Massageabteilung, direkter Zugang zur Therme — 📶 📺 ☎ 🚗 🅿️
M *(überwiegend Vollwertgerichte)* a la carte 27/45 — **76 Z : 152 B** 82/92 - 124/210 Fb.

🏨 **Kurhotel Quellenhof** 🍴, Brunnaderstr. 11, ℰ 6 66, Bade- und Massageabteilung, 🔄, 🗐, 🌲. Fahrradverleih — 📺 ☎ 🚗 🅿️. 🅰️🅴 E
Mitte Dez.- 26. Jan. geschl. — **M** *(Donnerstag geschl.)* a la carte 23/49 — **38 Z : 76 B** 70/100 - 110/150 Fb.

🏠 Alte Post, Hofmark 23, ℰ 21 64, 🌲, Massage, 🌾 — ☎ 🅿️
30 Z : 50 B Fb.

🏠 **Eckershof** 🍴 garni, Brunnaderstr. 17, ℰ 18 80, Bade- und Massageabteilung, 🔄 — 🔧 🚗 🅿️. 🕉
26 Z : 43 B 44/61 - 74/114 Fb.

🏠 **Rappensberg** garni, Brunnaderstr. 9, ℰ 6 02, 🔄 — 🚗 🅿️. 🕉 Rest
6.- 27. Dez. geschl. — **19 Z : 33 B** 38/48 - 64.

BISCHOFSGRÜN 8583. Bayern 圓圓 S 16. 圓圓圓 ⑦ — 2 000 Ew — Höhe 679 m — Luftkurort — Wintersport : 653/1 024 m ⛷5 ⛷6 (Skizirkus Ochsenkopf) — Sommerrodelbahn — ☎ 09276.

🏛 Verkehrsamt im Rathaus, Hauptstr. 27. ℰ 12 92.

München 259 — Bayreuth 27 — Hof 57.

🏩 **Sport-Hotel Kaiseralm** 🍴, Fröbershammer 31, ℰ 8 00, Fax 8145, ≤ Bischofsgrün und Fichtelgebirge, 🌲, 🔄, 🗐, 🌾, 🍴 (Halle und Schule), Fahrradverleih — 📶 📺 🚶 🚗 🅿️ — 🔺 25/200. E 𝓥𝓘𝓢𝓐. 🕉
M a la carte 38/65 — **119 Z : 198 B** 92/145 - 176/198 Fb — 4 Appart. 250/360 — ½ P 111/133.

🏨 **Kurhotel Puchtler - Deutscher Adler**, Kirchenring 4, ℰ 10 44, Telex 642164, Bade- und
🔸 Massageabteilung, 🔧, 🔄, 🌾, 🍴, Fahrradverleih — 📶 ☎ 🚗 🅿️ — 🔺 25/60. 🅰️🅴 ⑩
15. Nov.- 15. Dez. geschl. — **M** *(auch Diät)* a la carte 21/51 — **46 Z : 85 B** 34/62 - 60/110 Fb — 7 Fewo 85/95 — ½ P 44/69.

🏠 **Berghof** 🍴, Ochsenkopfstr. 40, ℰ 10 21, ≤, 🌲, 🔄, 🌾 — ☎ 🚗 🅿️. ⑩
🔸 Mitte Nov.- Mitte Dez. geschl. — **M** a la carte 20/42 — **30 Z : 54 B** 38/45 - 84/90 — ½ P 48/55.

🏠 **Goldener Löwe**, Hauptstr. 10, ℰ 4 59, 🌲, 🌾 — 🚗 🅿️
🔸 Nov.- 15. Dez. geschl. — **M** *(Mittwoch geschl.)* a la carte 19/43 — **20 Z : 30 B** 33/42 - 60/78.

🏠 **Jägerhof**, Hauptstr. 12, ℰ 2 57, 🔄 — 🅿️
🔸 10. Nov.- 15. Dez. geschl. — **M** *(Donnerstag geschl.)* a la carte 16/40 🍸 — **16 Z : 29 B** 33/46 - 58/78 Fb.

🏠 **Siebenstern** 🍴 garni (Mahlzeiten im Gasthof Siebenstern), Kirchbühl 15, ℰ 3 07, ≤, 🌾 — 🅿️
Nov.- Mitte Dez. geschl. — **15 Z : 30 B** 44 - 68.

🏠 **Hirschmann** 🍴 garni, Fröbershammer 9, ℰ 4 37, 🔄, 🌾 — 🚗 🅿️. 🕉
Nov.- Mitte Dez. geschl. — **18 Z : 30 B** 37/39 - 66/71.

BISCHOFSHEIM AN DER RHÖN 8743. Bayern 圓圓 MN 15. 圓圓圓 ㉙ ㉚ — 5 000 Ew — Höhe 447 m — Erholungsort — Wintersport : 450/930 m ⛷10 ⛷5 — ☎ 09772.

Ausflugsziel : Kreuzberg (Kreuzigungsgruppe ≤★) SW : 7 km.

🏛 Verkehrsverein, Altes Amtsgericht, Kirchplatz 5, ℰ 14 52.

München 364 — Fulda 39 — Bad Neustadt an der Saale 20 — ◆Würzburg 96.

🏠 **Bischofsheimer Hof** 🍴, Bauersbergstr. 59a, ℰ 12 97, ≤, 🌲, 🔄, 🌾 — 🚗 🅿️
🔸 Mitte Nov.- Mitte Dez. geschl. — **M** *(Montag geschl.)* a la carte 20/42 — **8 Z : 14 B** 39 - 66.

🏤 **Adler**, Ludwigstr. 28, ℰ 3 20, 🌾 — 🚗 🅿️
🔸 Mitte Nov.- Mitte Dez. geschl. — **M** a la carte 22/38 🍸 — **26 Z : 46 B** 30/42 - 54/72 — ½ P 41/56.

In Bischofsheim-Haselbach :

🏠 **Luisenhof** 🍴 garni, Haselbachstr. 93, ℰ 18 80, 🔄, 🌾 — 🅿️. 🅰️🅴 E
14 Z : 27 B 35 - 65 Fb.

In Bischofsheim - Oberweißenbrunn W : 5 km :

🏠 **Zum Lamm**, Geigensteinstr. 26 (B 279), ℰ 2 96, 🔄, 🌾 — ☎ 🚗 🅿️
🔸 5.- 31. März und 12. Okt.- 15. Dez. geschl. — **M** *(Montag geschl.)* a la carte 17/36 — **23 Z : 40 B** 28/35 - 52/60.

135

BISCHOFSMAIS 8379. Bayern 🔢🔢🔢 W 20 — 3 000 Ew — Höhe 685 m — Erholungsort Wintersport : 700/1 097 m ✆6 ✆8 — ☺ 09920.

🛈 Verkehrsamt im Rathaus, ℘ 13 80.

◆München 159 — Deggendorf 18 — Regen 8.

🏠 **Alte Post**, Dorfstr. 2, ℘ 2 74 — 🔲 ☎ ⅄ ℗
◆ *25. Okt.- 15. Dez. geschl.* — **M** a la carte 16/35 — **32 Z : 65 B** 35/40 - 70 Fb — 2 Fewo 55/65.

🏠 **Berghof Plenk** ⚲ garni, Oberdorf 18, ℘ 4 42, ☞ — ℗
17 Z : 32 B Fb.

In Bischofsmais-Habischried NW : 4,5 km :

🏠 **Schäffler**, Ortsstr. 2, ℘ 13 75, 🍴, 🔲 — ☎ ℗
◆ *15. Nov.- 15. Dez. geschl.* — **M** *(Montag geschl.)* a la carte 17/35 — **16 Z : 26 B** 30/35 - 52/6
Fb — ½ P 36/45.

In Bischofsmais-Wastlsäg NW : 2 km :

🏨 **Wastlsäge** ⚲, Lina-Müller-Weg 3, ℘ 1 70, Telex 69158, ≼, 🍴, Massage, 🔲, 🔲, ☞
🍴 — 🔲 ☎ ⅄ ⇐ ℗ — 🏋 25/100. 🏧 🗲 🆅🆂🅰
Nov.- Mitte Dez. geschl. — **M** a la carte 30/65 — **91 Z : 180 B** 77 - 110/148 Fb — 9 Appart.
160/214 — ½ P 80/102.

Siehe auch : *Liste der Feriendörfer*

BISCHOFSWIESEN 8242. Bayern 🔢🔢🔢 V 24, 🔢🔢🔢 ⑳, 🔢🔢🔢 ⑲ — 7 500 Ew — Höhe 600 m
Heilklimatischer Kurort — Wintersport : 600/1 390 m ✆3 ✆3 — ☺ 08652 (Berchtesgaden).

🛈 Verkehrsverein, Hauptstr. 48 (B 20), ℘ 72 25, Telex 56238.

◆München 148 — Berchtesgaden 5 — Bad Reichenhall 13 — Salzburg 28.

🏨 **Brennerbascht**, Hauptstr. 46 (B 20), ℘ 70 21, 🍴, « Gaststuben in alpenländischem St.
◆ mit kleiner Brauerei » — 🔲 ☎ ℗. 🏧 ⓞ 🆅🆂🅰
Hotel Nov.- 18. Dez. geschl. — **M** a la carte 18,50/46 — **25 Z : 52 B** 65/80 - 104/150 Fb —
½ P 75/103.

🏠 **Mooshäusl**, Jennerweg 11, ℘ 72 61, ≼ Watzmann, Hoher Göll und Brett, 🔲, ☞ — ⇐
℗. ⅏ Rest
25. Okt.- 20. Dez. geschl. — *(nur Abendessen für Hausgäste)* — **20 Z : 34 B** 49/69 - 88/96 Fb.

BISPINGEN 3045. Niedersachsen 🔢🔢🔢 ⑮ — 5 500 Ew — Höhe 70 m — Luftkurort — ☺ 05194.

🛈 Verkehrsverein, Rathaus, Borsteler Str. 4, ℘ 8 87.

◆Hannover 94 — ◆Hamburg 60 — Lüneburg 45.

🏠 **Rieckmanns Gasthof**, Kirchweg 1, ℘ 12 11, « Cafégarten », ☞ — 🔲 ⇐ ℗. 🏧 🗲 🆅🆂🅰
◆ *15. Dez.- 10. Jan. geschl.* — **M** *(Nov.-Mai Montag geschl.)* a la carte 20/35 — **24 Z : 46 B**
28/50 - 56/92.

🏠 **König-Stuben**, Luheweg 25, ℘ 5 14, 🔲, 🔲 — 🔲 ☎ ℗. 🏧 ⓞ 🗲 🆅🆂🅰
◆ *15. Jan.- Feb. geschl.* — **M** *(Nov.- Mai Mittwoch geschl.)* a la carte 20/44 — **15 Z : 29 B** 48/5
- 84/90.

In Bispingen-Behringen NW : 4 km :

🏠 **Behringer Hof**, Seestr. 6, ℘ 4 44, 🍴, ☞ — ℗. ⓞ
30. Jan.- 2. März und 13. Nov.- 7. Dez. geschl. — **M** *(Nov.- April Donnerstag geschl.)* a la
carte 22/45 — **10 Z : 18 B** 45/50 - 66/103 Fb.

🍴🍴 **Niedersachsen Hof** mit Zim, Widukindstr. 3, ℘ 77 50, 🍴 — 🔲 ☎ ℗. 🏧 🗲 🆅🆂🅰
Jan.- Feb. geschl. — **M** *(Nov.- Mai Dienstag geschl.)* a la carte 26/58 — **5 Z : 12 B** 55/65
98/120.

In Bispingen-Hützel NO : 2,5 km :

🏠 **Ehlbecks Gasthaus**, Bispinger Str. 8, ℘ 23 19, 🍴, ☞ — ⇐ ℗
◆ *Mitte Feb.- Mitte März geschl.* — **M** *(Nov.- Mai Montag ab 17 Uhr, Juni - Okt. Montag
ganztägig geschl.)* a la carte 21/40 — **14 Z : 22 B** 30/50 - 72/82 — ½ P 45/56.

In Bispingen-Niederhaverbeck NW : 10 km — ☺ 05198 :

🏠 **Menke** ⚲, ℘ 3 30, 🍴, 🔲 — 🔲 ⇐ ℗ — 🏋 30
Anfang Feb.- Mitte März geschl. — **M** *(Nov.- Mai Donnerstag geschl.)* a la carte 28/62 —
17 Z : 31 B 35/60 - 70/98.

🏠 **Landhaus Haverbeckhof** ⚲, ℘ 12 51, 🍴 — ℗
M *(auch vegetarische Gerichte)* a la carte 27/60 — **37 Z : 60 B** 34/85 - 68/116 — ½ P 56/92.

🏠 **Landhaus Eickhof** ⚲, ℘ 12 88, ☞ — ℗
Jan.- Feb. geschl. — **M** a la carte 27/60 — **20 Z : 40 B** 36/48 - 70/100.

In Bispingen-Oberhaverbeck NW : 9 km :

🏠 **Reiterpension Stimbekhof** ⚲, ℘ (05198) 2 21, ☞ — ⇐ ℗. ⅏
(Restaurant nur für Pensionsgäste) — **16 Z : 25 B** 45/49 - 78/98.

An der Autobahn A 7- Westseite :

🏠 **Motel - Raststätte Brunautal**, ✉ 3045 Bispingen-Behringen, ℘ (05194) 8 85, 🍴 — ☎
℗
M 15 (mittags) und a la carte 24/49 — **30 Z : 67 B** 67/85 - 106/120.

BISSENDORF KREIS OSNABRÜCK 4516. Niedersachsen — 13 100 Ew — Höhe 108 m — ☎ 05402.

ⓖ Jeggen (N : 8 km), ℘ (05402) 6 36.

Hannover 129 — Bielefeld 49 — ♦Osnabrück 13.

In Bissendorf 2-Schledehausen NO : 8 km — Luftkurort :

🏠 **Bracksiek**, Bergstr. 22, ℘ 71 81, 🍴 — 🛗 ☎ 🐕 ⬅ ❷. **E**
→ **M** *(Dienstag bis 18 Uhr geschl.)* a la carte 25/43 — **33 Z : 50 B** 40/49 - 73/88.

BISSINGEN AN DER TECK 7311. Baden-Württemberg 🗺️ L 21 — 3 600 Ew — Höhe 422 m — ☎ 07023 (Weilheim).

Stuttgart 41 — Kirchheim unter Teck 7 — ♦Ulm (Donau) 57.

In Bissingen-Ochsenwang SO : 6 km — Höhe 763 m :

🏛️ Krone 🐿️, Eduard-Mörike-Str. 33, ℘ 33 67, 🍴 — ❷ — 🏄
20 Z : 38 B Fb.

BISTENSEE Schleswig-Holstein siehe Rendsburg.

BITBURG 5520. Rheinland-Pfalz 🗺️ ㉓. 🗺️ ㉗ — 11 700 Ew — Höhe 339 m — ✪ 06561.

ⓘ Verkehrsbüro Bitburger Land, Bedastr. 11, ℘ 89 34.

Mainz 165 — ♦Trier 31 — Wittlich 36.

🏨 **Eifelbräu**, Römermauer 36, ℘ 70 31, Fax 7060 — 📺 ☎ ⬅ ❷ — 🏄 25/60. 🆎 ⑥ **E** 𝑉𝐼𝑆𝐴
→ **M** *(Montag geschl.)* 18 (mittags) und a la carte 26/55 — **28 Z : 51 B** 65 - 100 Fb.

🏠 **Louis Müller**, Hauptstr. 42, ℘ 48 40 — 📺 ☎ ⬅. 🆎 ⑥ **E** 𝑉𝐼𝑆𝐴
→ **M** *(Mittwoch geschl.)* a la carte 19/40 — **8 Z : 15 B** 50/60 - 80/95.

XX Zum Simonbräu mit Zim, Marktplatz 7, ℘ 33 33 — 🛗 📺 ☎ ❷ — 🏄
6 Z : 10 B.

In Rittersdorf 5521 NW : 4 km :

🏠 **Zur Wisselbach**, Bitburger Str. 2, ℘ (06561) 33 80, 🍴 — ❷. 🆎 ⑥ **E** 𝑉𝐼𝑆𝐴. 𝒮𝒲 Rest
8.- 29. Jan. geschl. — **M** a la carte 23/36 — **20 Z : 40 B** 40/45 - 76/86 — ½ P 53/58.

XX Burg Rittersdorf, in der Burg, ℘ (06561) 24 33, 🍴, « Wasserburg a.d. 15. Jh. » — ❷. 🆎
⑥ **E** 𝑉𝐼𝑆𝐴
Montag geschl. — **M** *(auf Vorbestellung : Essen wie im Mittelalter)* a la carte 32/60.

In Wolsfeld 5521 SW : 8 km :

🏠 Zur Post, an der B 257, ℘ (06568) 3 27, 🍴 — ❷. 𝒮𝒲
19 Z : 40 B.

In Dudeldorf 5521 O : 11 km über die B 50 :

🏨 **Romantik-Hotel Zum alten Brauhaus**, Herrengasse 2, ℘ (06565) 20 57, « Garten-terrasse », 🍴 — ❷. 🆎 ⑥ **E** 𝑉𝐼𝑆𝐴. 𝒮𝒲 Rest
Jan. geschl. — **M** *(Mittwoch geschl.)* a la carte 35/65 — **15 Z : 30 B** 90 - 150 Fb.

In Gondorf 5521 O : 11 km über die B 50 :

🏨 **Waldhaus Eifel** 🐿️, Eifelpark, ℘ (06565) 20 77, 🍴, 🈺, 🔲 — 🛗 📺 ☎ ❷ — 🏄 50. 🆎 **E**
→ 𝑉𝐼𝑆𝐴
M *(Dez.- März Donnerstag ganztägig, April - Okt. Donnerstag ab 18 Uhr sowie 9. Nov.- 8 Dez. geschl.)* a la carte 19/44 — **52 Z : 100 B** 50/65 - 92/96 Fb.

Am Stausee Bitburg NW : 12 km über Biersdorf — ✉ 5521 Biersdorf — ✪ 06569 :

🏨 **Dorint Sporthotel Südeifel** 🐿️, ℘ 8 41, Telex 4729607, Fax 7909, ≤, 🍴, Massage, 🈺,
🔲, 🍴, 𝒮𝒲 (Halle) — 🛗 📺 🏃 ❷ — 🏄 25/120. 🆎 ⑥ **E** 𝑉𝐼𝑆𝐴. 𝒮𝒲 Rest
Restaurants : — **Gartenrestaurant M** a la carte 34/66 — **Bitstube M** a la carte 23/46 —
106 Z : 212 B 102/147 - 165/225 Fb — 6 Appart. 250.

🏠 **Waldhaus Seeblick** 🐿️, Ferienstr. 1, ℘ 2 22, Fax 3361, ≤ Stausee, « Terrasse mit
→ Grillplatz », 🍴 — ❷ — 🏄 50. 𝒮𝒲 Rest
5. Jan.- 15. Feb. geschl. — **M** *(Dez.- März Donnerstag ganztägig, April - Okt. Donnerstag ab 18 Uhr sowie Anfang Nov.- Anfang Dez. geschl.)* a la carte 20/41 — **20 Z : 40 B** 56/75 - 94/98.

🏠 **Berghof** 🐿️, Ferienstr. 3, ℘ 8 88, ≤ Stausee, 🍴, 🍴 — ☎ ⬅ ❷
→ 15. Nov.- 24. Dez. geschl. — **M** *(Montag geschl.)* a la carte 20/57 — **12 Z : 24 B** 50 - 82 —
P 60.

Siehe auch : *Liste der Feriendörfer*

BITZFELD Baden-Württemberg siehe Bretzfeld.

BLAIBACH Bayern siehe Kötzting.

BLAICHACH Bayern siehe Sonthofen.

[BLANKENHEIM] 5378. Nordrhein-Westfalen [987] ㉓ – 8 300 Ew – Höhe 500 m – Erholungso – ☏ 02449.

[i] Verkehrsbüro im Rathaus, Rathausplatz, ✆ 3 33.

♦Düsseldorf 110 – ♦Aachen 77 – ♦Köln 74 – ♦Trier 99.

- **Kölner Hof**, Ahrstr. 22, ✆ 10 61, 🌳, 🛁 – ☎ 🚗 [P]
  5.- 26. März geschl. – **M** *(Mittwoch geschl.)* a la carte 30/58 – **26 Z : 50 B** 35/68 - 68/86.
- **Schloßblick**, Nonnenbacher Weg 2, ✆ 2 38, Telex 833631, 🛁, 🏊 – 🛗 ☎ [P] – 🏞 30. [AE] [D] [E] [VISA]
  5. Nov.- 22. Dez. geschl. – **M** *(Nov.- April Mittwoch geschl.)* a la carte 26/52 – **33 Z : 62 B** 37/70 - 68/95.
- **Café Violet**, Kölner Str. 7, ✆ 13 88, 🌳, 🛁, 🏊 – [D] [E]
  15. Nov.- 20. Dez. geschl. – **M** *(Dienstag geschl.)* a la carte 26/50 – **9 Z : 18 B** 45/55 - 78.

[BLAUBACH] Rheinland-Pfalz siehe Kusel.

[BLAUBEUREN] 7902. Baden-Württemberg [413] M 21, [987] ㉟ ㊱ – 12 000 Ew – Höhe 519 m ☏ 07344.

Sehenswert : Ehemaliges Kloster (Hochaltar★★).

[i] Stadtverwaltung, Rathaus, Karlstr. 2, ✆ 13 17.

♦Stuttgart 83 – Reutlingen 57 – ♦Ulm (Donau) 18.

- **Zum Ochsen**, Marktstr. 4, ✆ 62 65 – ☎ 🚗. [AE] [E] [VISA]
  M a la carte 24/50 – **31 Z : 52 B** 40/70 - 70/130.

__In Blaubeuren-Weiler__ W : 2 km :

- **Forellenfischer** 🔇 garni, Aachtalstr. 5, ✆ 50 24 – ☎ [P]. [AE] [E]
  22. Dez.- 15. Jan. geschl. – **22 Z : 36 B** 39/85 - 80/115 Fb.
- 🍴🍴 **Forellen-Fischer**, Aachtalstr. 6, ✆ 65 45 – [P]. [D]
  Sonntag 15 Uhr - Montag und 2.- 23. Jan. geschl. – **M** 39/68.

[BLAUEN] Baden-Württemberg siehe Badenweiler.

[BLAUFELDEN] 7186. Baden-Württemberg [413] M 19 – 4 500 Ew – Höhe 460 m – ☏ 07953.

♦Stuttgart 123 – Heilbronn 80 – ♦Nürnberg 122 – ♦Würzburg 89.

- ✿ **Zum Hirschen**, Hauptstr. 15, ✆ 10 41, bemerkenswerte Weinkarte – [TV] ☎ 🚗 [P]
  Jan. geschl. – **M** *(Tischbestellung ratsam, auch regionale Küche)* (April - Okt. Montag, Nov.- März Sonntag 15 Uhr - Montag geschl.) 98/120 und a la carte 32/85 – **16 Z : 25 B** 55/90 - 90/240
  Spez. Hummersalat mit Koriander, Geschmorte Zickleinschulter mit Gemüsen (Mai - Juli), Gefüllte Taube mit Waldpilzen.
- 🍴 Krone, Hauptstr. 17, ✆ 3 29 – [P].

[BLECKEDE] 2122. Niedersachsen [987] ⑯ – 8 000 Ew – Höhe 10 m – ☏ 05852.

[i] Stadtverwaltung, Auf dem Kamp 1, ✆ 14 22.

♦Hannover 148 – ♦Hamburg 66 – Lüneburg 24.

- **Landhaus an der Elbe** 🔇, Elbstr. 5, ✆ 12 30, ≤, 🌳, 🌲 – [P]
  M *(Okt.- März Freitag geschl.)* a la carte 26/40 – **11 Z : 18 B** 45/60 - 82/110.

__In Neetze__ 2121 SW : 8 km :

- Gasthof Strampe, Am Dorfplatz 10, ✆ (05850) 13 16, 🛁 – [P] – 🏞
  33 Z : 65 B.

[BLEIALF] Rheinland-Pfalz siehe Prüm.

[BLIESKASTEL] 6653. Saarland [987] ㉔, [242] ⑪ – 23 500 Ew – Höhe 211 m – Kneippkurort ☏ 06842.

♦Saarbrücken 25 – Neunkirchen/Saar 16 – Sarreguemines 24 – Zweibrücken 12.

- 🍴 **Gasthaus Schwalb**, Gerbergasse 4, ✆ 23 06 – [P]. 🚫🐕
  Jan. 2 Wochen, Juli - Aug. 3 Wochen und Sonntag 15 Uhr - Montag geschl. – **M** a la carte 21/49 🍷.

__In Blieskastel-Mimbach__ O : 1,5 km :

- **Bliestal-Hotel**, Breitfurter Str. 10, ✆ 27 60 – [TV] ☎ [P]. [D] [E] [VISA]. 🚫🐕 Rest
  1.- 5. Jan. geschl. – **M** a la carte 24/55 – **13 Z : 26 B** 50 - 90 Fb.

__In Blieskastel-Niederwürzbach__ NW : 5 km :

- 🍴🍴 **Gutshof Junkerwald**, Am Weiher (NW : 2 km), ✆ 70 77, « Gartenterrasse mit ≤ Weiher » – [P]. [D] [E] [VISA]
  Samstag bis 18 Uhr und Montag geschl. – **M** a la carte 42/62.
- 🍴 Hubertushof 🔇 mit Zim, Kirschendell 32, ✆ 65 44, 🌳, Damwildgehege – [TV] ☎ [P]
  6 Z : 12 B.

BLOMBERG 4933. Nordrhein-Westfalen **987** ⑮ – 15 000 Ew – Höhe 200 m – ✆ 05235.

☞ Blomberg-Cappel, ✆ (05236) 4 59.

🛈 Städt. Verkehrsamt, Marktplatz 2, ✆ 50 40.

♦Düsseldorf 208 – Detmold 21 – ♦Hannover 74 – Paderborn 38.

🏰 **Burghotel Blomberg** ⍩, Am Brink 1, ✆ 5 00 10, Fax 500145, ☆, « Mittelalterliche Burg », ⇌, ▦ – ⧄ ▧ ⑰ – ⚕ 25/150. ⑩ E ▨▨▨
   M a la carte 42/85 – **52 Z : 94 B** 75/100 - 125/250 Fb.

🏠 **Deutsches Haus**, Marktplatz 7, ✆ 4 68 – ⑰ ☎. ⚑ ⑩ E ▨▨▨
   M a la carte 31/60 – **15 Z : 28 B** 65 - 106.

🏠 **Café Knoll**, Langer Steinweg 33, ✆ 73 98, « Historische Fachwerkfassade a.d.J.1622 » –
   ⑰ ☎ ℗
   10 Z : 19 B.

BLUMBERG 7712. Baden-Württemberg **413** I 23, **427** ⑥, **216** ⑦ – 10 000 Ew – Höhe 703 m –
✆ 07702.

♦Stuttgart 143 – Donaueschingen 17 – Schaffhausen 26 – Waldshut-Tiengen 44.

🏚 Hirschen, Hauptstr. 72, ✆ 26 57 – ⧄ ℗. ⅀
   18 Z : 34 B.

   In Blumberg 3-Epfenhofen SO : 3 km :

🏠 **Löwen**, Kommental 2 (B 314), ✆ 21 19, ☆ – ⧄ ℗
   Jan.- 15. Feb. und 1.- 16. Dez. geschl. – **M** *(Freitag geschl.)* a la carte 22/45 – **25 Z : 48 B** 42
   - 72/82.

   In Blumberg 2-Zollhaus O : 1,5 km :

🏠 **Kranz**, Schaffhausener Str. 11 (B 27), ✆ 25 30 – ⑰ ☎ ⇐ ℗. E
   Ende Feb.- Mitte März geschl. – **M** *(Samstag geschl.)* a la carte 13/50 ⚖ – **25 Z : 48 B** 45/49
   - 78/82.

BOCHOLT 4290. Nordrhein-Westfalen **987** ⑬, **408** ⑳ – 70 000 Ew – Höhe 26 m – ✆ 02871.

🛈 Stadtinformation - Verkehrsbüro, Europaplatz 22, ✆ 50 44.

♦Düsseldorf 83 – Arnhem 57 – Enschede 58 – Münster (Westfalen) 82.

🏨 **Stadt-Hotel**, Bahnhofstr. 24, ✆ 1 50 44, Fax 180495 – ⑰ ☎ ℗. ⚑ ⑩ E ▨▨▨
   M *(Samstag bis 18 Uhr und Sonntag geschl.)* a la carte 36/65 – **21 Z : 33 B** 80/95 - 140/170
   Fb.

🏨 **Kupferkanne**, Dinxperloer Str. 53, ✆ 41 31 – ⧄ ⑰ ☎ ℗ – ⚕ 25/100. ⚑ ⑩ E ▨▨▨
   M a la carte 35/58 – **29 Z : 59 B** 70/85 - 110/140 Fb.

🏨 **Zigeuner-Baron**, Bahnhofstr. 17, ✆ 1 53 18, ☆ – ⑰ ☎ ⇐ ℗. ⚑ ⑩ E
   M a la carte 28/58 – **11 Z : 21 B** 60/70 - 115/130.

🏠 **Werk II garni**, Gasthausplatz 7, ✆ 1 28 37
   11 Z : 16 B.

   In Bocholt-Barlo N : 5 km :

🏨 **Schloß Diepenbrock** ⍩, Schloßallee 5, ✆ 35 45, Fax 39607, ☆, ⚘, Fahrradverleih –
   ⑰ ☎ ℗ – ⚕ 25/60. ⚑ ⑩ E ▨▨▨ ⅀ Rest
   M und a la carte 51/75 – **20 Z : 34 B** 128/148 - 205/225 Fb.

BOCHUM 4630. Nordrhein-Westfalen **987** ⑭ – 403 000 Ew – Höhe 83 m – ✆ 0234.

Siehe Ruhrgebiet (Übersichtsplan).

Sehenswert : Bergbaumuseum★.

☞ Im Mailand 125 (über ④), ✆ 79 98 32.

🛈 Verkehrsverein im Hauptbahnhof, ✆ 1 30 31.

🛈 Informationszentrum Ruhr-Bochum, Rathaus, Rathausplatz, ✆ 6 21 39 75.

ADAC, Ferdinandstr. 12, ✆ 31 10 01, Notruf ✆ 1 92 11.

♦Düsseldorf 48 ⑥ – ♦Dortmund 21 ② – ♦Essen 17 ⑥.

Stadtplan siehe nächste Seite.

🏨 **Novotel**, Stadionring 22, ✆ 59 40 41, Telex 825429, Fax 503036, ⇌, ⅃ (geheizt), ⚘ – ⧄
   ⅍ Zim ▤ ⑰ ☎ & ℗ – ⚕ 25/250. ⚑ ⑩ E ▨▨▨   X n
   M a la carte 32/60 – **118 Z : 236 B** 142 - 172 Fb.

🏠 **Haus Oekey**, Auf dem alten Kamp 10, ✆ 3 86 71 – ⑰ ☎ ⇐ ℗. ⚑ ⑩ E ▨▨▨   X c
   M a la carte 40/70 – **18 Z : 34 B** 90 - 128 Fb.

🏠 **Schmidt - Restaurant Vitrine**, Drusenbergstr. 164, ✆ 3 70 77 (Hotel) 31 24 69 (Rest.) –
   ℗. ⚑ E   X r
   M a la carte 34/70 – **33 Z : 45 B** 51/59 - 70/85.

🏠 **Ibis garni**, Kurt-Schumacher-Platz (Im Hauptbahnhof), ✆ 6 06 61, Telex 825644, Fax 680778
   – ⧄ ⑰ ☎ ℗ – ⚕ 25. ⚑ ⑩ E ▨▨▨   Z c
   80 Z : 145 B 91/100 - 130/142.

Fortsetzung ⟶

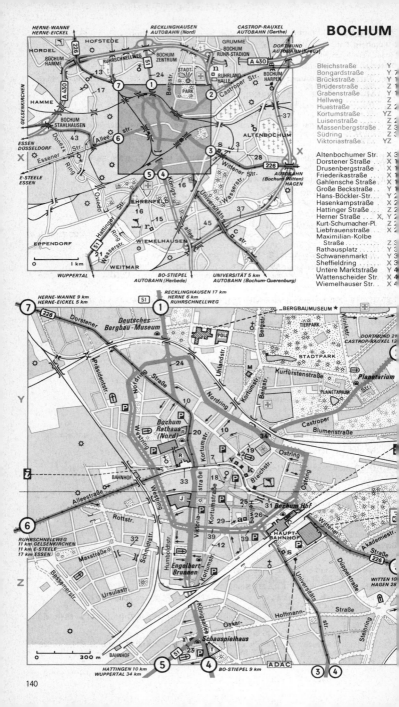

BOCHUM

🏠 **Plaza** garni, Hellweg 20, ℰ 1 30 85 − 🛗 📺 ☎ 🖭 ⑨ 🗉 𝘝𝘐𝘚𝘈
36 Z : 40 B 83 - 100 Fb.
Z **a**

🏠 **Arcade**, Universitätsstr. 3, ℰ 3 33 11, Telex 825447, Fax 3331867 − 🛗 ☎ ❷ − 🕍 25/60. 🗉
𝘝𝘐𝘚𝘈. 🛠 Rest
Z **s**
M (15. Dez.- 8. Jan., 18. Juni - 5. Aug. und Samstag - Sonntag geschl.) a la carte 30/45 −
168 Z : 350 B 96/135 - 134/175.

XX **Stammhaus Fiege**, Bongardstr. 23, ℰ 1 26 43 − 🖭 🗉
Y **v**
Donnerstag und 21. Juni - 17. Juli geschl. − Menu a la carte 29/60.

XX **Alt Nürnberg**, Königsallee 16, ℰ 31 16 98 − 🖭 ⑨ 🗉
Z **r**
nur Abendessen, Montag geschl. − **M** a la carte 37/68.

XX **Jacky Balliére**, Wittener Str. 123, ℰ 33 57 60
X **s**
Mittwoch und Juni - Juli 4 Wochen geschl. − **M** a la carte 45/65.

X **Mutter Wittig**, Bongardstr. 35, ℰ 1 21 41, 🍴 − 🖭 ⑨ 🗉 𝘝𝘐𝘚𝘈
Y **k**
M a la carte 25/50.

In Bochum-Stiepel S : 6 km über Universitätsstraße X :

🏰 Wald- und Golf-Hotel Lottental 🦌, Grimbergstr. 52, ℰ 79 10 55, Telex 825552, ⇌, 🏊 − 🛗
📺 ☎ ❷ − 🕍
77 Z : 156 B Fb.

In Bochum-Sundern über ⑤ :

XXX Haus Waldesruh, Papenloh 8 (nahe der Sternwarte), ℰ 47 16 76, ≤, 🍴 − ❷.

In Bochum 6-Wattenscheid ⑥ : 9 km :

🏠 **Beckmannshof**, Berliner Str. 39, ℰ (02327) 37 84, Fax 33857, 🍴 − 📺 ☎ ❷ − 🕍 25/80.
🖭 ⑨ 🗉 𝘝𝘐𝘚𝘈. 🛠 Rest
M (Samstag bis 18 Uhr geschl.) a la carte 34/67 − **20 Z : 24 B** 80/90 - 120.

BOCKENEM 3205. Niedersachsen 𝟿𝟾𝟽 ⑮ − 12 000 Ew − Höhe 113 m − ❄ 05067.
♦Hannover 68 − ♦Braunschweig 50 − Göttingen 54.

🏆 **Mackensen** 🦌, Stobenstr. 4, ℰ 15 84 − 🛠 Zim
♦ **M** (April - Sept. Samstag und Sonntag jeweils bis 18 Uhr, Okt.- März Samstag geschl.) a la
carte 17/38 − **12 Z : 20 B** 36/46 - 68/88.

BOCKLET, BAD 8733. Bayern 𝟦𝟷𝟹 N 16 − 2 200 Ew − Höhe 230 m − Heilbad − ❄ 09708.
Ausflugsziel : Schloß Aschach: Graf-Luxburg-Museum★, SW : 1 km (Mai - Okt. Fahrten mit hist.
Postkutsche).
🟥 Kurverwaltung, im Haus des Kurgastes, Kurhausstraße ℰ 2 17.
♦München 339 − Fulda 62 − Bad Kissingen 10.

🏰 **Kurhotel Kunzmann**, An der Promenade 6, ℰ 8 11, 🍴, Bade- und Massageabteilung,
♨, ⇌, 🏊, 🎾, Fahrradverleih − 🛗 🔲 Rest ☎ ♿ ☜ ❷ − 🕍 25/80. 🗉
M (auch Diät) a la carte 22/50 − **79 Z : 112 B** 64/87 - 126/154 Fb − ½ P 76/89.

🏠 **Laudensack**, von-Hutten-Str. 37, ℰ 2 24, « Gartenterrasse », �──, Fahrradverleih − ❷
♦ Mitte Dez.- Mitte Feb. geschl. − **M** (Sonntag ab 18 Uhr und Dienstag geschl.) a la carte
18/45 🍷 − **33 Z : 51 B** 44/54 - 82/86.

🏠 **Kurpension Diana** 🦌, Waldstr. 19, ℰ 13 86, ≤, Massage, ⇌, �──, ☜ ❷
März - Mitte Nov. − (Restaurant nur für Hausgäste) − **17 Z : 25 B** 42/52 - 80/84.

In Bad Bocklet 2-Steinach NO : 4 km :

X Adler und Post, Am Marktplatz 6, ℰ 15 57 − ❷.

BODELSHAUSEN Baden-Württemberg siehe Hechingen.

BODENHEIM Rheinland-Pfalz siehe Mainz.

BODENMAIS 8373. Bayern 𝟦𝟷𝟹 W 19. 𝟿𝟾𝟽 ㉘ − 3 400 Ew − Höhe 689 m − Luftkurort −
Wintersport : 700/1 456 m ⰋⰋ1 ⰋⰋ5 Ⰹ3, am Arber : ⰋⰋ1 ⰋⰋ5 Ⰹ5 − ❄ 09924.
Ausflugsziele : Großer Arber ≤★★ NO : 11 km und Sessellift − Großer Arbersee★ NO : 8 km.
🟥 Kur- und Verkehrsamt, Bahnhofstr. 55, ℰ 7 78 35.
München 178 − Cham 51 − Deggendorf 35 − Passau 73.

🏰 **Kur- und Sporthotel Adam**, Bahnhofstr. 51, ℰ 70 11, Bade- und Massageabteilung, ♨,
⇌, 🏊, �── − 🛗 📺 ☎ ❷. 🖭 ⑨ 🗉 𝘝𝘐𝘚𝘈. 🛠 Rest
(Restaurant nur für Hausgäste) − **32 Z : 68 B** 63 - 116 Fb − ½ P 66/71.

🏰 **Waldhotel Riederin** 🦌, Riederin 1, ℰ 70 71, ≤ Bodenmais, Bade- und
Massageabteilung, ⇌, 🏊 (geheizt), 🏊, 🌰, 🎾 (Halle und Schule). Skischule, 🎿,
Fahrradverleih − 🛗 📺 ☎ ☜ ❷. 🛠
21.- 28. April und 3. Nov.- 18. Dez. geschl. − **M** a la carte 23/45 − **53 Z : 100 B** 68/76 -
104/148 Fb.

Fortsetzung →
141

BODENMAIS

🏨 **Kur- und Sporthotel Sonnenhof** ॐ, Rechensöldenweg 8, ℰ 77 10, Telex 69133, Fa
771499, ≤, 霹, Bade- und Massageabteilung, ⇌s, 🔲, ℛ, ℀ – 🛗 📺 ☎ ⸬ ⇐ ℗ -
⚗️ 25/80. 🖭 ⓘ Ε 𝘷𝘪𝘴𝘢
M a la carte 30/60 – **115 Z : 230 B** 99/119 - 158/178 Fb – 3 Appart. 238 – ½ P 105/145.

🏨 **Hofbräuhaus**, Marktplatz 5, ℰ 70 21, 霹, ⇌s, 🔲 – 🛗 📺 ☎ ⇐ ℗
━ Anfang Nov.- Mitte Dez. geschl. – **M** a la carte 20/45 ♨ – **79 Z : 148 B** 55/60 - 96/124 Fb –
½ P 63/77.

🏨 **Neue Post** (mit Gästehaus ॐ), Kötztinger Str. 25, ℰ 70 77, 霹, ⇌s, ℛ, ℀ – 📺 ☎ ℗
━ ℀ Rest
7. Nov.- 15. Dez. geschl. – **M** a la carte 19/42 – **42 Z : 80 B** 40/ 70 - 64/92 Fb – ½ P 47/67.

🏨 **Andrea** ॐ, Hölzlweg 10, ℰ 3 86, ≤ Bodenmais, ⇌s, 🔲, ℛ – 📺 ☎ ℗, Ε. ℀ Rest
Nov.- Mitte Dez. geschl. – (nur Abendessen für Hausgäste) – **20 Z : 39 B** nur ½ P 79/94
158/166 Fb.

🏨 **Hubertus** ॐ, Amselweg 2, ℰ 70 26, ≤, 霹, ⇌s, 🔲, ℛ – 📺 ☎ ⇐ ℗
36 Z : 66 B Fb.

🏠 **Waldesruh** ॐ, Scharebenstr. 31, ℰ 70 81, ≤, 霹, ⇌s, ℛ – 🛗 ☎ ℗ – ⚗️
76 Z : 130 B Fb – 3 Fewo.

🏠 **Waldeck**, Arberseestr. 39, ℰ 70 55, ≤, Biergarten, ⇌s, ℛ – 📺 ℗
48 Z : 96 B Fb.

🏠 **Fürstenbauer**, Kötztinger Str. 34, ℰ 70 91, ≤, 霹, ⇌s, ℛ – 📺 ☎ ℗
22 Z : 43 B Fb.

🏠 **Appartementhotel Bergknappenhof** garni, Silberbergstr. 8, ℰ 4 66, ≤, ⇌s, 🔲, ℛ
℀ – 🛗 ⇐ ℗. ℀
18 Z : 31 B 45 - 80/85 – 8 Fewo 60/130.

🏠 **Kurparkhotel**, Amselweg 1, ℰ 10 94, 霹 – 📺 ☎ ℗. ℀ Zim
━ 18. Nov.- 19. Dez. geschl. – **M** a la carte 20/38 – **18 Z : 35 B** 45/60 - 74/120 – ½ P 50/73.

🏠 **Zur Klause** ॐ garni, Klause 1a, ℰ 18 85, ≤, ⇌s – ℗. ℀
Nov.- Mitte Dez. geschl. – **18 Z : 36 B** 45 - 70.

In Bodenmais-Böhmhof SO : 1 km :

🏠 **Böhmhof** ॐ, Böhmhof 1, ℰ 2 22, 霹, ⇌s, ⍽ (geheizt), ℛ – 📺 ☎ ⇐ ℗
━ Nov.- 15. Dez. geschl. – **M** a la carte 18/37 ♨ – **24 Z : 46 B** 53/65 - 98/108 Fb.

In Bodenmais-Mais NW : 2,5 km :

🏠 **Waldblick**, ℰ 3 57, ⇌s, 🔲, ℛ – 📺 ℗
Ende Okt.- Mitte Dez. geschl. – (nur Abendessen für Hausgäste) – **20 Z : 40 B** 35/44
70/88.

In Bodenmais-Mooshof NW : 1 km :

🏨 **Mooshof**, Mooshof 7, ℰ 70 61, ≤, 霹, Massageabteilung, ⇌s, 🔲, ℛ, ℀, 🐎 (Halle
━ Skiverleih – 🛗 📺 ☎ ℗. ℀ Rest
2. Nov.- 15. Dez. geschl. – **M** a la carte 18/40 – **53 Z : 90 B** 45/80 - 80/120 Fb.

BODENSEE Baden-Württemberg und Bayern 🗐🗐🗐 KL 23, 24, 🗐🗐🗐 ㊱ ㊲. 🗐🗐🗐 ⑨ ⑩ ⑪ – Höh
395 m.

Sehenswert : See** mit den Inseln Mainau** und Reichenau* (Details siehe unter den erwähnte
Ufer-Orten).

BODENTEICH 3123. Niedersachsen 🗐🗐🗐 ⑯ – 4 600 Ew – Höhe 55 m – Kneipp-Kurort -
Luftkurort – 🕿 05824.

🛈 Kurverwaltung und Fremdenverkehrsamt, Rathaus, Hauptstr. 23, ℰ 10 11.
♦Hannover 107 – ♦Braunschweig 76 – Lüneburg 50 – Wolfsburg 54.

🏨 **Braunschweiger Hof**, Neustädter Str. 2, ℰ 2 50, Bade- und Massageabteilung, ⚗️, ⇌s
🔲, ℛ, 🐎 – 🛗 ☎ ♨ ℗ – ⚗️ 25/60
M a la carte 22/48 – **50 Z : 96 B** 55/60 - 90/120 – ½ P 62/77.

BODENWERDER 3452. Niedersachsen 🗐🗐🗐 ⑮ – 6 200 Ew – Höhe 75 m – Luftkurort –
🕿 05533.

🛈 Fremdenverkehrsamt, Brückenstr. 7, ℰ 4 05 41.
♦Hannover 68 – Detmold 59 – Hameln 23 – ♦Kassel 103.

🏨 **Deutsches Haus**, Münchhausenplatz 4, ℰ 39 25, 霹 – 🛗 📺 ☎ ℗ – ⚗️
43 Z : 68 B Fb.

BODENWÖHR 8465. Bayern 🗐🗐🗐 TU 19, 🗐🗐🗐 ㉗ – 3 500 Ew – Höhe 378 m – 🕿 09434.
♦München 168 – Cham 34 – ♦Nürnberg 99 – ♦Regensburg 46.

🏨 **Brauereigasthof Jacob**, Ludwigsheide 2, ℰ 12 38, ≤, 霹, « Geschmackvolle Einrichtun
━ im Landhausstil », 🐝, ℛ – 📺 ☎ ⇐ ℗ – ⚗️ 25/50. ℀ Zim
M a la carte 19/38 – **24 Z : 48 B** 55/60 - 80/90 Fb.

142

BODMAN-LUDWIGSHAFEN 7762. Baden-Württemberg **413** JK 23. **987** ⑤. **427** ⑦ — 3 300 Ew
— Höhe 408 m — ✿ 07773.

🛈 Verkehrsamt, Rathaus (Bodman), Seestr. 5, ℰ 54 86.

🛈 Verkehrsbüro, Rathaus (Ludwigshafen), Rathausstr. 2, ℰ 50 23.

◆Stuttgart 165 — Bregenz 74 — ◆Konstanz 34 — Singen (Hohentwiel) 26.

Im Ortsteil Bodman — Erholungsort :

🏛 **Sommerhaus** garni, Kaiserpfalzstr. 67, ℰ 76 82, ≤, 🛲 — 🄰🄴
April - Okt. — **11 Z : 21 B** 55/60 - 90/95.

🏛 **Adler** ﹩, Kaiserpfalzstr. 119, ℰ 56 50, « Terrasse mit ≤ », 🚗, 🛲 — 🄿
➔ Mitte März - Mitte Nov. — **M** a la carte 21/40 🍷 — **18 Z : 27 B** 35/50 - 70/90.

🏛 **Seehaus** ﹩, Kaiserpfalzstr. 21, ℰ 56 62, ≤, 🚗, 🄼🄴, 🛲, Bootssteg. Fahrradverleih — 🄿
Mitte April - Okt. — **M** (Dienstag geschl.) a la carte 31/50 — **9 Z : 18 B** 60 - 70/100.

XX **Weinstube Torkel** (Fachwerkhaus a.d.J. 1772), Am Torkel 6, ℰ 56 66 — 🄿
wochentags nur Abendessen, Mittwoch und 5. Nov.- 15. März geschl. — **M** (Tischbestellung
ratsam) a la carte 40/65.

Im Ortsteil Ludwigshafen :

🏛 **Strandhotel Adler**, Hafenstr. 4, ℰ 52 14, ≤, « Gartenterrasse am See », 🚗, 🛲 — 📺 ☎
🄰🄴 🄾 🄴 ᴠɪsᴀ
20. Dez.- 15. März geschl. — **M** a la carte 37/59 — **25 Z : 50 B** 75/115 - 145/200 Fb.

🏛 **Krone**, Hauptstr. 25, ℰ 53 16, 🚗, 🚗 — 🄿. 🄾 🄴 ᴠɪsᴀ
➔ **M** (Sept.- April Montag und Okt.- Nov. 2 Wochen geschl.) a la carte 20/44 🍷 — **26 Z : 48 B**
40/50 - 80/120 Fb (Wiedereröffnung nach Umbau Ostern 1990).

Die im Michelin-Führer

verwendeten Zeichen und Symbole haben —
fett *oder dünn gedruckt, rot oder* **schwarz** —
jeweils eine andere Bedeutung.
Lesen Sie daher die Erklärungen aufmerksam durch.

Dans ce guide
un même symbole, un même mot,
imprimé en **noir** *ou en rouge, en maigre ou en* **gras,**
n'ont pas tout à fait la même signification.
Lisez attentivement les pages explicatives.

BÖBLINGEN 7030. Baden-Württemberg **413** K 20. **987** ⑤ — 42 000 Ew — Höhe 464 m — ✿ 07031.

🛈 Städt. Verkehrsamt, Kongreßhalle, ℰ 6 66 20.

ADAC, Schafgasse 1, ℰ 2 08 64.

◆Stuttgart 19 ① — ◆Karlsruhe 80 ① — Reutlingen 36 ② — ◆Ulm (Donau) 97 ①.

Stadtpläne siehe nächste Seiten.

🏛 **Böhler**, Postplatz 17, ℰ 2 51 43, 🚗, 🔲 — 🛗 📺 ☎ 🄿 — 🛗 30. 🕱 Rest   DY **b**
M (Freitag 18 Uhr - Samstag und Aug. 3 Wochen geschl.) a la carte 38/68 — **41 Z : 56 B**
125/150 - 165/215 Fb.

🏛 **Böblinger Haus**, Keilbergstr. 2, ℰ 22 70 44 — 📺 ☎ 🚗 🄿. 🄰🄴 🄴. 🕱   BT **f**
22. Dez.- 5. Jan. geschl. — **M** (Sonntag ab 15 Uhr, Samstag, 1.- 5. Jan. und 19. Juli - 5. Aug.
geschl.) a la carte 30/60 — **26 Z : 36 B** 95/120 - 140/160 Fb.

🏛 **Wanner** garni, Tübinger Str. 2, ℰ 22 60 06, Fax 223386 — 🛗 📺 ☎ 🚗. 🄰🄴 🄾 🄴 ᴠɪsᴀ
21. Dez.- 3. Jan. geschl. — (siehe auch Restaurant Exquisit) — **33 Z : 55 B** 119/155 - 164/255
Fb — 4 Appart. 295.   DZ **p**

🏛 **Rieth**, Tübinger Str. 155 (B 464), ℰ 27 35 44, Fax 277760, 🛲 — ☎ 🚗 🄿. 🄰🄴 🄾 🄴 ᴠɪsᴀ
30. Juli - 19. Aug. und 23. Dez.- 5. Jan. geschl. — (nur Abendessen für Hausgäste) — **46 Z :
67 B** 90/98 - 130 /140.   BU **r**

🏛 **Decker** garni, Marktstr. 40, ℰ 22 50 87 — 🚗. 🕱   DY **v**
18 Z : 21 B 55/60 - 90.

XX ✿ **Exquisit**, Tübinger Str. 2, ℰ 2 52 59 — 🄰🄴 🄾 🄴 ᴠɪsᴀ   DZ **p**
Samstag bis 19 Uhr, Montag - Dienstag 19 Uhr sowie Jan. und Juli - Aug. jeweils 2 Wochen
geschl. — **M** a la carte 63/86
Spez. Kartoffelsuppe mit Trüffel, Warm geräucherter Lachs, Warme Apfeltorte mit Kaffee-Eis.

XX **Seerestaurant Kongreßhalle**, Tübinger Str. 14, ℰ 2 60 56, ≤, 🚗 — 🄿 — 🛗 25/80. 🄰🄴
🄾 🄴 ᴠɪsᴀ   DZ
M a la carte 30/50 (wegen Umbau ab Juni 1990 geschl.).

In Böblingen-Hulb :

🏛 **Novotel Böblingen**, Otto-Lilienthal-Str. 18, ℰ 2 30 71, Telex 7265438, Fax 228816, 🚗,
🏊 (geheizt), 🛲 — 🛗 📺 ☎ & 🄿 — 🛗 25/150. 🄰🄴 🄾 🄴 ᴠɪsᴀ
M a la carte 30/58 — **118 Z : 236 B** 157 - 194 Fb.   AT **s**

143

BÖBLINGEN

In Schönaich 7036 SO : 6 km BU – ☎ 07031 :

🏨 **Pfefferburg**, Böblinger Straße, ☎ 5 50 10, Fax 550160, ≼, 🍴 – 📺 ☎ 🅿, 🖭 ① Ⓔ VISA
   M *(Samstag und 5.- 25. Aug. geschl.)* a la carte 32/65 – **27 Z : 36 B** 78/95 - 130/150 Fb.
   BU q

🏨 **Wagner** ⑤ garni, Cheruskerstr. 6, ☎ 5 10 94, Fax 51097 – 📺 ☎ 🅿, 🖭 ① Ⓔ VISA, ⅍
   25 Z : 38 B 79 - 105.
   südlich BU

🏨 **Sulzbachtal**, im Sulzbachtal (NO : 2 km, Richtung Steinenbronn), ☎ 5 10 88 (Hotel)
   5 15 11 (Rest.), 🍴 – 📺 ☎ 🅿, Ⓔ VISA
   Hotel 21. Dez.- 14. Jan., Restaurant 7.- 31. Jan. geschl. – **M** *(Montag geschl.)* a la carte
   22/46 – **20 Z : 32 B** 73/78 - 98/104.

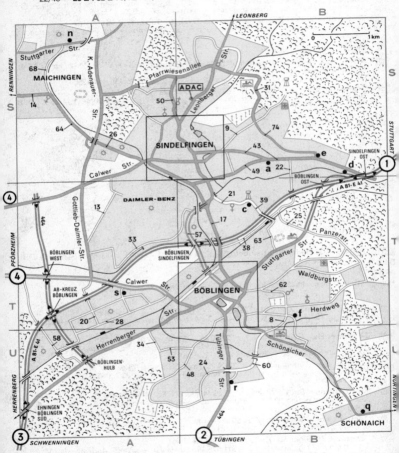

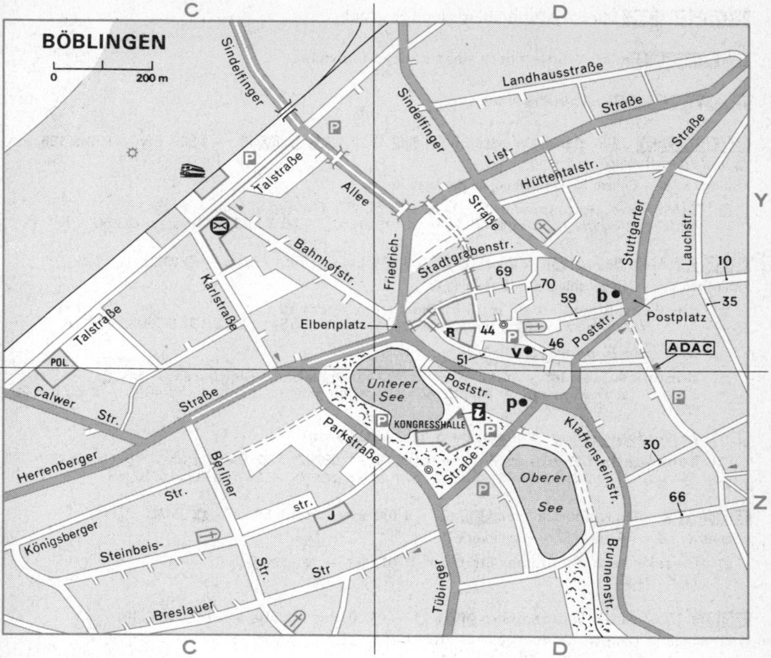

Bahnhofstraße	CY	Am Käppele	DY 10	Pfarrgasse	DY 51
Postplatz	DY	Herrschaftsgartenstr.	DZ 30	Schloßberg	DY 59
Poststraße	DYZ	Lange Straße	DY 35	Spielbergstraße	DZ 66
Sindelfinger Allee	CY	Marktplatz	DY 44	Turmstraße	DY 70
Sindelfinger Straße	DY	Marktstraße	DY 46	Untere Gasse	DY 71

Gute Küchen

haben wir durch Menu, ✿, ✿✿ oder ✿✿✿ kenntlich gemacht.

BÖBRACH **8371.** Bayern **413** W 19 – 1 500 Ew – Höhe 575 m – Erholungsort – Wintersport : ⛷8 – ☎ 09923 (Teisnach).

ℹ Verkehrsverein, Rathaus, ✆ 23 52.

♦München 171 – Passau 78 – Regen 18 – ♦Regensburg 98.

🏨 Ödhof 🐎, Öd Nr. 5, ✆ 12 46, ≤, 🏊, 🏊, 🏊, 🎾, 🌳, 🎾 – 🛗 ☎ 🚗 🅿. 🚫 Zim
18 Z : 34 B.

BÖHMENKIRCH **7926.** Baden-Württemberg **413** M 20, **987** ㊱ – 4 500 Ew – Höhe 696 m – ☎ 07332 (Weißenstein).

♦Stuttgart 70 – Göppingen 26 – Heidenheim an der Brenz 17 – ♦Ulm (Donau) 45.

Lamm, Kirchstr. 8, ✆ 52 43 – 🅿
M *(Montag geschl.)* a la carte 21/36 🍷 – **23 Z : 34 B** 32/38 - 60/76.

BÖNNIGHEIM **7124.** Baden-Württemberg **413** K 19 – 6 300 Ew – Höhe 221 m – ☎ 07143.

♦Stuttgart 40 – Heilbronn 17 – Ludwigsburg 24 – Pforzheim 36.

🏨 **Bebenhauser Hof**, Bechergasse 7, ✆ 20 89 – 📺 ☎ – 🏋 25/40. AE E VISA
M *(nur Abendessen, Montag und Aug. 2 Wochen geschl.)* a la carte 32/54 – **19 Z : 32 B** 75 - 110/140.

Rössle, Karlstr. 37, ✆ 2 17 80
Juli - Aug. 3 Wochen und 23. Dez.- 9. Jan. geschl. – **M** *(Montag geschl.)* a la carte 20/29 🍷 – **11 Z : 14 B** 40/45 - 80.

BÖRSTINGEN Baden-Württemberg siehe Starzach.

BÖSINGEN Baden-Württemberg siehe Pfalzgrafenweiler.

BÖTTIGHEIM Bayern siehe Neubrunn.

BÖTZINGEN 7805. Baden-Württemberg **413** G 22, **242** ⊗, **87** ⑦ – 4 500 Ew – Höhe 186 m – ✆ 07663 (Eichstetten).
♦Stuttgart 224 – Colmar 35 – ♦Freiburg im Breisgau 16.

🏠 **Zur Krone**, Gottenheimer Str. 1, ℰ 1 23 20, 斧, Fahrradverleih – ☎ ❷
M *(Dienstag bis 17 Uhr geschl.)* a la carte 23/55 ⅄ – **30 Z : 53 B** 44/55 - 78/93 Fb.

BOGEN 8443. Bayern **413** V 20, **987** ㉗ – 9 000 Ew – Höhe 332 m – ✆ 09422.
♦München 134 – ♦Regensburg 60 – Straubing 12.

🏠 **Zur Post**, Stadtplatz 15, ℰ 13 46, Biergarten – ⇦ ❷
5.- 20. Juni geschl. – **M** *(Freitag geschl.)* a la carte 17/34 – **20 Z : 31 B** 29/32 - 52/58.

In Bogen-Bogenberg O : 3,5 km :

✕ **Schöne Aussicht** ⑤ mit Zim, ℰ 15 39, ≤ Donauebene, Biergarten – ⇦ ❷. ⅏ Zim
2. Jan.- 16. Feb. geschl. – **M** *(im Winter Freitag geschl.)* a la carte 23/40 ⅄ – **3 Z : 6 B** 28 - 50.

In Niederwinkling-Welchenberg 8351 SO : 8 km :

✕✕ **Landgasthof Buchner**, Freymannstr. 15, ℰ (09962) 7 30, Biergarten – ❷. ⒜ ⑩ Ε
Montag - Dienstag und Mitte Sept.- Mitte Okt. geschl. – Menu a la carte 32/58.

BOHMTE 4508. Niedersachsen **987** ⑭ – 9 700 Ew – Höhe 58 m – ✆ 05471.
♦Hannover 122 – ♦Bremen 98 – ♦Osnabrück 21.

🏠 Gieseke-Asshorn, Bremer Str. 55, ℰ 10 01, ⇔ – ☎ ⇦ ❷
11 Z : 18 B.

BOLL 7325. Baden-Württemberg **413** L 21 – 4 600 Ew – Höhe 425 m – ✆ 07164.
🛈 Verkehrsamt, Hauptstr. 94 (Rathaus), ℰ 20 65.
♦Stuttgart 48 – Göppingen 9 – ♦Ulm (Donau) 49.

🏠 **Badhotel Stauferland** ⑤, Gruibinger Str. 32, ℰ 20 77, Fax 4146, « Terrasse mit ≤ », ⇔,
⬜, 斧 – 🛗 ❷ ⇦ ❷. ⒜ ⑩ Ε ⱅ. ⅏ Rest
Juli - Aug. 3 Wochen geschl. – **M** a la carte 42/70 – **45 Z : 57 B** 85/110 - 150/180 Fb.

🏠 Löwen, Hauptstr. 46, ℰ 50 13 – �📺 ❷
22 Z : 30 B.

BOLLENDORF 5526. Rheinland-Pfalz **409** ㉗, **214** ㊴ – 1 700 Ew – Höhe 215 m – Luftkurort
– ✆ 06526.
Mainz 193 – Bitburg 28 – Luxembourg 43 – ♦Trier 34.

🏠 **Sonnenberg** ⑤, Sonnenbergallee (NW:1,5 km), ℰ 5 52, ≤ Sauertal, 斧, ⇔, ⬜, 斧 –
♦ ❷. ⅏ ᴘ Rest
7. Jan.- März und 20. Nov.- 20. Dez. geschl. – **M** a la carte 21,50/53 ⅄ – **28 Z : 56 B** 55/85 -
100/140 Fb – ½ P 65/95.

🏠 **Ritschlay** ⑤, Auf der Ritschlay 3, ℰ 2 12, ≤ Sauertal, Garten mit Grillpavillon, 斧 – ❷
10. Jan.- Feb. und 15. Nov.- 20. Dez. geschl. – (Restaurant nur für Hausgäste) – **20 Z : 35 B**
50/55 - 97/110 – ½ P 65/72.

🏠 **Burg Bollendorf** ⑤, ℰ 6 90, Fax 6938, 斧, Vogelpark, 斧, ⅏, ⇥ – 🛗 📺 ☎ ❷ –
🔬 25/100. ⒜ Ε
2.- 28. Jan. geschl. – **M** a la carte 22/45 – **39 Z : 76 B** 75 - 130 – 20 Fewo 98 – ½ P 78.

🏠 **Scheuerhof**, Sauerstaden 42, ℰ 3 95, Biergarten – ☎ ❷. ⑩ Ε
3.- 20. Jan. und 3.- 21. Dez. geschl. – **M** *(Okt.- April Dienstag geschl.)* a la carte 24/45 ⅄ –
14 Z : 30 B 49/60 - 94/108 Fb – ½ P 56/66.

🏠 Landhaus Oesen ⑤, Auf dem Oesen 13, ℰ 3 05, ≤ Sauertal und Bollendorf, 斧, 斧 – ❷.
⅏
15 Z : 30 B.

🏠 **Vier Jahreszeiten** ⑤, Auf dem Träuschfeld 6, ℰ 2 67, ≤, 斧, 斧 – ❷. ⅏ Rest
♦ **M** a la carte 21/48 – **13 Z : 26 B** 60/80 - 88/108 Fb.

🏠 Hauer, Sauerstaden 20, ℰ 3 23, 斧 – ❷. ⅏
♦ **M** a la carte 18/40 – **21 Z : 40 B** 43/45 - 74/78 – ½ P 52/54.

An der Straße nach Echternacherbrück SO : 2 km :

🏠 **Am Wehr**, ✉ 5526 Bollendorf, ℰ (06526) 2 42, ≤, 斧 – ❷. ⑩ Ε. ⅏
♦ Jan. 2 Wochen geschl. – **M** *(Donnerstag geschl.)* a la carte 20/42 – **16 Z : 36 B** 49/60 -
82/104 Fb – ½ P 51/61.

Sehenswert: In Bonn: Regierungsviertel*, Beethovenhaus* CY — Doppelkirche Schwarz-Rheindorf* DY — Rheinisches Landesmuseum (Römische Abteilung*) BZ M — Münster Kreuzgang*) CZ A — Alter Zoll ≤* CY B — In Bonn-Bad Godesberg : Rheinufer* (≤*) — Godesburg ※*.

✈ Köln-Bonn in Wahn (① : 27 km), 𝒫 (02203) 4 01.

📋 Informationsstelle, Münsterstr. 20 (Cassius Bastei), 𝒫 77 34 66.

ADAC, Godesberger Allee 125 (Bad Godesberg), 𝒫 8 10 09 99, Notruf 𝒫 1 92 11.

◆Düsseldorf 73 ⑥ — ◆Aachen 91 ⑥ — ◆Köln 28 ⑥ — Luxembourg 190 ④.

Stadtpläne siehe nächste Seiten.

🏨🏨	**Bristol** ⬕, Prinz-Albert-Str. 2, 𝒫 2 69 80, Telex 8869661, Fax 2698222, 🏤, 🚗, 🔲 — 🛗 ☆ Zim 🍽 📺 ⟵ — ⚒ 40/300. 🝙 ⓘ E 𝗩𝗜𝗦𝗔. ⚘ Rest	CZ **v**

M (Sonntag und Juli - Aug. 4 Wochen geschl.) a la carte 60/90 — **120 Z : 200 B** 270/340 - 370 - 6 Appart. 800/1500.

🏨🏨	**Pullman-Hotel Königshof**, Adenauerallee 9, 𝒫 2 60 10, Telex 886535, Fax 2601529, ≤ Rhein, 🏤 — 🛗 📺 ⟵ — ⚒ 25/200. 🝙 ⓘ E 𝗩𝗜𝗦𝗔. ⚘ Rest	CZ **a**

M a la carte 38/86 — **137 Z : 209 B** 191/246 - 232/262 Fb — 4 Appart. 352/382.

🏨🏨	**Scandic Crown Hotel**, Berliner Freiheit 2, 𝒫 7 26 90, Telex 885271, Fax 7269700, 🏤, 🚗, 🔲 — 🛗 ☆ Zim 📺 ♿ ⟵ — ⚒ 25/250. 🝙 ⓘ E 𝗩𝗜𝗦𝗔. ⚘ Rest	CY **m**

Restaurants : — **La Couronne** (Sonn- und Feiertage geschl.) **M** a la carte 51/82 — **Raphsody M** a la carte 41/67 — **252 Z : 500 B** 210 - 270 Fb — 14 Appart. 500/1000.

🏨🏨	**Günnewig Residence Hotel** ⬕, Kaiserplatz, 𝒫 2 69 70, Telex 885693, Fax 2697777, Biergarten, ≤s, 🔲, 🏤 — 🛗 🍽 📺 ♿ ⟵ — ⚒ 25/200. 🝙 ⓘ E 𝗩𝗜𝗦𝗔	CZ **f**

Restaurants — **Zirbelstube M** a la carte 42/70 — **Kaisergarten** (Self-Service) **M** a la carte 22/40 — **150 Z : 250 B** 179/230 - 205/255 Fb — 5 Appart. 390/440.

🏨🏨	**Domicil**, Thomas-Mann-Str. 24, 𝒫 72 90 90, Telex 886633, Fax 691207, « Modern-elegante Einrichtung », ≤s — 🛗 📺 — ⚒ 35	BY **e**

M siehe Restaurant Felix Krull — **42 Z : 70 B** Fb.

🏨	**Kaiser-Karl-Hotel** garni, Vorgebirgsstr. 56, 𝒫 65 09 33, Telex 886856, Fax 63799, Innenhof-Garten, « Elegante Einrichtung » — 🛗 📺 ⟵ — ⚒ 35. 🝙 ⓘ E 𝗩𝗜𝗦𝗔	BY **a**

42 Z : 60 B 175/239 - 250/330.

🏨	**Consul** garni, Oxfordstr. 12, 𝒫 7 29 20, Telex 8869660, Fax 7292250 — 🛗 📺 ☎ 🅿 — ⚒ 35. 🝙 ⓘ E 𝗩𝗜𝗦𝗔	CY **t**

23. Dez.- 2. Jan. geschl. — **92 Z : 144 B** 98/140 - 180/200 Fb.

🏨	**Schloßpark-Hotel**, Venusbergweg 27, 𝒫 21 70 36, Telex 889661, Fax 261070, ≤s, 🔲 — 🛗 📺 ☎ ⟵ — ⚒ 80. 🝙 ⓘ E 𝗩𝗜𝗦𝗔. ⚘	BZ **a**

M (Samstag bis 18 Uhr geschl.) a la carte 38/60 — **70 Z : 90 B** 90/160 - 130/260 Fb.

🏨	**Continental** garni, Am Hauptbahnhof, 𝒫 63 53 60, Fax 631190 — 🛗 📺 ☎. 🝙 ⓘ E 𝗩𝗜𝗦𝗔	CZ **r**

23. Dez.- 9. Jan. geschl. — **35 Z : 62 B** 125/200 - 180/240.

🏨	**President**, Clemens-August-Str. 32, 𝒫 69 40 01, Telex 885250, Fax 694090, 🏤 — 🛗 ☆ Zim 📺 ☎ ⟵ — ⚒ 25/80. 🝙 ⓘ E 𝗩𝗜𝗦𝗔	BZ **s**

M a la carte 24/55 — **98 Z : 181 B** 144/234 - 184/264 Fb.

🏨	**Beethoven**, Rheingasse 26, 𝒫 63 14 11, Telex 886467 — 🛗 📺 ☎ ⟵. 🝙 ⓘ E 𝗩𝗜𝗦𝗔. ⚘	CY **s**

27. Dez.- 11. Jan. geschl. — **M** (Samstag geschl.) a la carte 33/54 — **59 Z : 99 B** 69/139 - 139/159 Fb.

🏨	**Astoria**, Hausdorffstr. 105, 𝒫 23 95 07, Telex 8869992, Fax 230378, ≤s — 🛗 📺 ☎ 🅿 ⓘ E 𝗩𝗜𝗦𝗔 über Hausdorffstraße	CZ

20. Dez.- 5. Jan. geschl. — (nur Abendessen für Hausgäste) — **53 Z : 80 B** 90/140 - 140/180 Fb.

🏨	**Arcade**, Vorgebirgsstr. 33, 𝒫 7 26 26, Telex 886683, 🏤 — 🛗 📺 ☎ ♿ ⟵ 🅿 — ⚒ 25/130. E 𝗩𝗜𝗦𝗔	BY **d**

Juni - Juli 3 Wochen und 15. Dez.- Anfang Jan. geschl. — **M** a la carte 25/48 — **147 Z : 339 B** 97 - 144 Fb.

🏨	**Sternhotel** garni, Markt 8, 𝒫 7 26 70, Telex 886508, Fax 7267125 — 🛗 📺 ☎. 🝙 ⓘ E 𝗩𝗜𝗦𝗔. ⚘	CY **e**

70 Z : 125 B 98/150 - 130/180.

🏨	**Römerhof** garni, Römerstr. 20, 𝒫 63 47 96 — ☎ 🅿. ⚘	CY **f**

Juli geschl. — (nur Abendessen für Hausgäste) — **26 Z : 37 B** 86/98 - 148/160.

🏨	**Jacobs** garni, Bergstr. 85, 𝒫 23 28 22, « Einrichtung im Bauernstil, ländliche Antiquitäten », ≤s — 🛗 ☎ 🅿 über Hausdorffstraße	CZ

40 Z : 65 B Fb.

🏨	**Rheinland** garni, Berliner Freiheit 11, 𝒫 65 80 96 — 🛗 📺 ☎ ⟵. 🝙	CY **q**

32 Z : 56 B 98/110 - 145.

🏨	**Krug** garni, Sternenburgstr. 15 (Poppelsdorf), 𝒫 22 58 68 — ☎ 🅿. 🝙 E 𝗩𝗜𝗦𝗔	BZ **e**

28 Z : 52 B 60/65 - 90/95.

🏨	**Kurfürstenhof** garni, Baumschulallee 20, 𝒫 63 11 66, Fax 632045 — 🛗 📺 ☎ 🅿. ⓘ E 𝗩𝗜𝗦𝗔	BZ **x**

28 Z : 49 B 40/95 - 80/125.

🏨	**Löhndorf** garni, Stockenstr. 6, 𝒫 63 47 26 — 🛗 📺 ☎. ⚘	CYZ **p**

15 Z : 21 B Fb.

Fortsetzung →

147

BONN

Am Hof	CZ
Markt	CY 31
Poststraße	CZ 38
Remigiusstraße	CZ 40
Sternstraße	BCY 43
Wenzelgasse	CY 52
Am Alten Friedhof	BY 2

Am Hauptbahnhof	CZ 3
Am Neutor	CZ 4
Belderberg	CY 8
Berliner Freiheit	CY 9
Berliner Platz	BY 10
Bertha-von-Suttner-Pl.	CY 12
Bismarckstraße	CZ 13
Bonngasse	CY 14
Bottlerplatz	CY 15
Brüdergasse	CY 17
Friedensplatz	CY 18

Fritz-Schroeder-Ufer	CY 19
Fritz-Tillmann-Straße	CZ 20
Gerhard-von-Are-Str.	CZ 21
In der Sürst	CZ 25
Kasernenstraße	CY 28
Konrad-Adenauer-Pl.	DY 30
Martinsplatz	CZ 32
Mülheimer Platz	CZ 34
Münsterplatz	CZ 35
Münsterstraße	BZ 36
Oxfordstraße	CY 37
Rathausgasse	CY 39
Remigiusplatz	BCY 42
Sterntorbrücke	BCY 44
Thomas-Mann-Straße	BZ 47
Vivatsgasse	CY 48
Wachsbleiche	CY 49
Welschnonnenstraße	CY 50
Wilhelmplatz	CY 54
Wilhelmstraße	CY 55
Windeckstraße	BY 57
Zweite Fährgasse	DZ 58

★ SCHWARZ-RHEINDORF-KIRCHE

AUTOBAHN
(E 35 - A 3) : 13 km

SIEGBURG 11 km
FLUGHAFEN 27 km
FRANKFURT 176 km

16 km DRACHENFELS
11 km KÖNIGSWINTER

BEUEL

KENNEDYBRÜCKE

(KÖLN-DÜSSELDORFER)

KOBLENZER TOR
STADTGARTEN

KURFÜRSTLICHE
RESIDENZ
● Universität
Markt
HOFGARTEN

Kaiserplatz

Am Hofgarten

RHEIN

Juridicum

Auswärtiges
● Amt

REGIERUNGSVIERTEL ★

Kaiser-
Friedrich-Str.

HAUS DES BUNDESPRÄSIDENTEN
Museum Koenig

HAUS DES
BUNDESKANZLERS

Bundeskanzlerpl.

BUNDESKANZLERAMT

BAD GODESBERG 7 km
KOBLENZ 63 km

POL.

Beethovenhalle

Beethovenhaus

STERNTOR

BONN -
BAD GODESBERG

0   500 m

150

🏠 **Mozart** garni, Mozartstr. 1, ℰ 65 90 71, Fax 659075 – 🛗 🖭 ☎ 🚗 ⮑. ① 🖃 𝗩𝗜𝗦𝗔
39 Z : 68 B 50/120 - 85/150.　　　　　　　　　　　　　　　　　　　　BZ **n**

🏠 **Kölner Hof** garni, Kölnstr. 502, ℰ 67 17 06 – 🖭 ☎ ⮑ ℗　　　über Kölnstraße ABY
39 Z : 59 B.

🏠 **Weiland** garni, Breite Str. 98a, ℰ 65 50 57 – ☎. 🖃 ① 🖃
17 Z : 28 B 48/80 - 98/115.　　　　　　　　　　　　　　　　　　　　　　　　CY **d**

XXX **Am Tulpenfeld**, Heussallee 2, ℰ 21 90 81, 🌤 – 🔲 – 🔏 25/100. ① 🖃 𝗩𝗜𝗦𝗔. 🕱　über ③
Sonn- und Feiertage ab 15 Uhr sowie Samstag geschl. – **M** 28/38 (mittags) und a la carte
48/85.

XX **Le Petit Poisson**, Wilhelmstr. 23a, ℰ 63 38 83 – 🖃 ① 🖃 𝗩𝗜𝗦𝗔　　　　　CY **x**
Sonntag - Montag geschl. – **M** (Tischbestellung ratsam) a la carte 65/90.

XX **Zur Lese**, Adenauerallee 37, ℰ 23 33 22, Fax 222060, ≤ Rhein, 🌤 – ℗. 🖃 ① 🖃 𝗩𝗜𝗦𝗔. 🕱
Montag geschl. – **M** a la carte 36/64.　　　　　　　　　　　　　　　　　　CZ **e**

XX **Ristorante Grand'Italia** (Italienische Küche), Bischofsplatz 1, ℰ 63 83 33 – 🖃 ① 🖃
𝗩𝗜𝗦𝗔　　　　　　　　　　　　　　　　　　　　　　　　　　　　　　　　　　CYZ **c**
M a la carte 35/65.

XX **Zum Kapellchen**, Brüdergasse 12, ℰ 65 10 52, 🌤 – 🖃 ① 🖃 𝗩𝗜𝗦𝗔　　　CY **n**
Sonntag und Juni - Juli 3 Wochen geschl. – **M** a la carte 48/80.

XX **Felix Krull**, Thomas-Mann-Str. 24, ℰ 65 53 00 – 🖃 ① 🖃 𝗩𝗜𝗦𝗔　　　　BY **e**
Samstag bis 19 Uhr und Sonntag geschl. – **M** 35 (mittags) und a la carte 45/80.

XX **Ristorante Caminetto** (Italienische Küche), Römerstr. 83, ℰ 65 42 27 – ① 𝗩𝗜𝗦𝗔　CY **h**
Sonntag und Juni - Juli 3 Wochen geschl. – **M** a la carte 38/65.

XX **Em Höttche**, Markt 4, ℰ 65 85 96, « Altdeutsche Gaststätte » – 🖃 ① 🖃 𝗩𝗜𝗦𝗔　CY **e**
M a la carte 35/74.

X **Im Bären** (Brauereigaststätte), Acherstr. 1, ℰ 63 32 00, 🌤　　　　　　　　CY **r**
M a la carte 25/54.

Auf dem Venusberg SW : 4 km über Trierer Straße BZ und Im Wingert :

🏩 **Steigenberger Hotel Venusberg** 🦢, An der Casselsruhe 1, ✉ 5300 Bonn 1,
ℰ (0228) 28 80, Fax 288288, 🌤, Massage, ≘s, Fahrradverleih – 🛗 🎐 Rest 🖭 🚗 ℗ –
🔏 25/150. 🖃 ① 🖃 𝗩𝗜𝗦𝗔
Restaurants : – **Venusberg M** a la carte 55/86 – **Casselsruhe** (Montag geschl.) **M** a la carte
30/58 – **86 Z : 130 B** 235/275 - 280/360 Fb – 6 Appart. 480/1280.

In Bonn 3-Beuel :

🏨 **Schloßhotel Kommende Ramersdorf** 🦢 (ehem. Ritterordens-Schloß, Schloßmuseum), Oberkasseler Str. 10 (Ramersdorf), ℰ 44 07 34, Fax 444400, ≤, 🌤, « Einrichtung
mit Stil-Möbeln und Antiquitäten » – 🔲 ℗ 🖃 ① 🖃 𝗩𝗜𝗦𝗔　　über ② und die B 42
M (Italienische Küche) (Dienstag und Juni - Juli 4 Wochen geschl.) a la carte 46/70 – **18 Z :
28 B** 85/120 - 150/170 Fb.

🏠 **Willkens**, Goetheallee 1, ℰ 47 16 40, Telex 8869769, Fax 462293 – 🛗 🖭 ☎ 🚗. 🖃 ① 🖃 𝗩𝗜𝗦𝗔
M (nur Abendessen, Samstag geschl.) a la carte 28/45 – **34 Z : 55 B** 69/110 - 110/125.
　　　　　　　　　　　　　　　　　　　　　　　　　　　über Goetheallee DY

🏠 **Florin** 🦢 garni, Ölbergweg 17, ℰ 47 18 40 – 🖭 ☎ ℗　　　über Hermannstr. DY
16 Z : 23 B.

🍴 **Mertens**, Rheindorfer Str. 134, ℰ 47 44 51 – ☎ ℗　　　über Rheindorfer Str. DY
(wochentags nur Abendessen) – **14 Z : 24 B**.

In Bonn 1-Endenich :

XX **Altes Treppchen** mit Zim, Endenicher Str. 308, ℰ 62 50 04, « Behagliches Restaurant mit
altdeutscher Einrichtung » – ☎ 🚗 ℗. 🖃 ① 🖃 𝗩𝗜𝗦𝗔　　　　　　　　　　　AZ **p**
23. Dez.- 4. Jan. geschl. – **M** (Samstag geschl.) a la carte 32/65 – **23 Z : 29 B** 65 - 108.

In Bonn 2-Bad Godesberg :

🏩 **Rheinhotel Dreesen** 🦢, Rheinstr. 45, ℰ 8 20 20, Telex 885417, Fax 8202153, ≤ Rhein und
Siebengebirge, « Park » – 🛗 🖭 ℗ – 🔏 25/400. 🖃 ① 🖃 𝗩𝗜𝗦𝗔. 🕱 Rest　　　Z **a**
M a la carte 40/75 – **68 Z : 113 B** 131/224 - 186/248 Fb.

🏨 **Kaiserhof** garni, Moltkestr. 64, ℰ 36 20 16, Telex 889757, Fax 363825 – 🛗 🖭 ☎ 🚗. 🖃
① 🖃 𝗩𝗜𝗦𝗔　　　　　　　　　　　　　　　　　　　　　　　　　　　　　　Y **t**
22. Dez.- 2. Jan. geschl. – **50 Z : 73 B** 115/180 - 170/210 Fb.

🏨 **Godesburg-Hotel** 🦢, Auf dem Godesberg 5 (in der Godesburg-Ruine), ℰ 31 60 71,
Telex 885503, ≤ Bad Godesberg und Siebengebirge, 🌤 – 🖭 ☎ ℗. 🕱 Rest　　　Y **e**
14 Z : 20 B.

🏨 **Parkhotel** garni, Am Kurpark 1, ℰ 36 30 81, Telex 885463 – 🛗 🖭 ☎ ℗. 🖃 𝗩𝗜𝗦𝗔. 🕱　Y **p**
50 Z : 65 B 85/180 - 145/240 Fb.

🏨 **Insel-Hotel**, Theaterplatz 5, ℰ 36 40 82, Telex 885592, 🌤 – 🛗 🖭 ☎ ℗. 🖃 ① 🖃 𝗩𝗜𝗦𝗔
⮐ **M** a la carte 19,50/41 – **66 Z : 100 B** 107/125 - 175/195.　　　　　　　　Y **v**

🏨 **Rheinland**, Rheinallee 17, ℰ 35 30 87, Fax 351177 – 🖭 ☎ ℗. 🖃 ① 🖃 𝗩𝗜𝗦𝗔　Y **r**
M a la carte 22/64 – **40 Z : 60 B** 90/110 - 140/180 Fb.

🏨 **Zum Adler** garni, Koblenzer Str. 60, ℰ 36 40 71 – 🛗 🖭 ☎ 🚗. 🖃 ① 🖃 𝗩𝗜𝗦𝗔　Y **a**
39 Z : 54 B 95/140 - 140/180.

Fortsetzung →

🏠 **Eden** garni, Am Kurpark 5a, ℰ 35 60 34, Telex 885440, Fax 362494 – 🕃 📺 ☎ 🅿. 🅰🅴 ⓘ 🅴 🆅🅸🆂🅰   Z e
42 Z : 64 B 95/140 - 135/180 Fb.

🏠 **Schaumburger Hof** ⑤, Am Schaumburger Hof 10, ℰ 36 40 95, ≤ Rhein und Siebengebirge, « Gartenterrasse am Rhein » – ☎ 🅿. 🅰🅴 ⓘ   Y g
Mitte Dez.- Mitte Jan. geschl. – **M** 19/30 (mittags) und a la carte 28/54 – **34 Z : 54 B** 57/90 - 99/150.

XXX **Wirtshaus St. Michael**, Brunnenallee 26, ℰ 36 47 65, 🌳, « Antike Einrichtung » – 🅿. 🅰🅴 ⓘ 🅴 🆅🅸🆂🅰   Z r
Samstag bis 18 Uhr und Sonntag geschl. – **M** 30/75.

XX ✿ **Halbedel's Gasthaus**, Rheinallee 47, ℰ 35 42 53, 🌳 – 🅴   Y h
nur Abendessen, Montag und Juni - Juli 3 Wochen geschl. – **M** (Tischbestellung ratsam) 85/105 und a la carte 54/87
Spez. Gefülltes Seezungenfilet, Rinderfilet mit Linsensauce, Aprikosenstrudel mit Grand Marnier-Parfait.

XX **Korkeiche** (rustikales Restaurant in einem kleinen Fachwerkhaus), Lyngsbergstr. 104 (in Lannesdorf), ℰ 34 78 97, 🌳   über ②
nur Abendessen, Montag geschl. – **M** (Tischbestellung erforderlich) a la carte 51/84.

XX **Cäcilienhöhe** mit Zim, Goldbergweg 17, ℰ 32 10 01, ≤ Bad Godesberg und Siebengebirge – ☎ 🅿. 🅰🅴 ⓘ 🅴   über Muffendorfer Str.   Z
15. Juli - 8. Aug. geschl. – **M** (Italienische Küche) (Samstag bis 18 Uhr und Sonntag geschl.) a la carte 50/74 – **10 Z : 19 B** 100 - 130.

XX **Stadthalle**, Koblenzer Str. 80, ℰ 36 40 35, Fax 357681, ≤, 🌳 – 🅿 – 🔬 25/1000   Z u
↔ *19.- 25. Dez. geschl.* – **M** a la carte 15/45.

X **Redüttchen**, Kurfürstenallee 1, ℰ 36 40 41, Fax 361551, 🌳 – 🅰🅴 ⓘ 🅴 🆅🅸🆂🅰   Z s
↔ **M** a la carte 20/46.

In Bonn 1-Hardtberg über ④ :

🏠 **Novotel**, Max-Habermann-Str. 2/Ecke Konrad-Adenauer-Damm, ℰ 5 20 10, Telex 886743, Fax 614658, 🌳, 🏊, – 🕃 📺 ☎ 🕭 🅿 – 🔬 25/300. 🅰🅴 ⓘ 🅴 🆅🅸🆂🅰
M a la carte 29/58 – **142 Z : 284 B** 175 - 228 Fb.

In Bonn 3-Holzlar über ② :

🏠 **Wald-Café** ⑤, Am Rehsprung 35, ℰ 48 20 44, Fax 484254, 🌳 – 📺 ☎ 🕭 🅿 – 🔬 25/70. 🅰🅴 🅴
M (Montag geschl.) a la carte 26/55 – **26 Z : 40 B** 58/75 - 85/130.

In Bonn 1-Lengsdorf über ④ :

🏠 **Kreuzberg** garni, Provinzialstr. 35 (B 257), ℰ 25 39 18 – ☎ 🅿
20 Z : 24 B 42/55 - 68/78.

XXX ✿ **Le Marron**, Provinzialstr. 35 (B 257), ℰ 25 32 61 – 🅿. 🅰🅴 ⓘ 🅴
Samstag - Sonntag 19 Uhr geschl. – **M** 78/98 und a la carte 56/90.
Spez. Marinierter Kalbskopf, Ochsenschwanzragout mit Kartoffelknödel, Haselnußsavarin.

BONNDORF 7823. Baden-Württemberg 🔢 ① 23. 🔢 ⑧. 🔢 ⑤⑥ – 5 000 Ew – Höhe 847 m – Luftkurort – Wintersport : 847/898 m ≴3 ≴6 – ✿ 07703.
🛈 Tourist-Informations-Zentrum, Schloßstr. 1, ℰ 76 07.
◆Stuttgart 151 – Donaueschingen 25 – ◆Freiburg im Breisgau 55 – Schaffhausen 35.

🏠 **Schwarzwald-Hotel**, Rothausstr. 7, ℰ 4 21, 🚐, 🏊, 🌭 – 🕃 🅿. 🅰🅴 ⓘ 🅴 🆅🅸🆂🅰
Mitte Nov.- Mitte Dez. geschl. – **M** 27/48 (mittags) und a la carte 35/60 ⅋ – **67 Z : 120 B** 48/75 - 92/132 Fb – ½ P 64/84.

🏠 **Sonne**, Martinstr. 7, ℰ 3 36 – 🅿
↔ *10. Nov.- 3. Dez. geschl.* – **M** a la carte 21,50/40 ⅋ – **33 Z : 60 B** 35 - 68 – ½ P 49.

🏠 **Bonndorfer Hof**, Bahnhofstr. 2, ℰ 71 18, 🌭 – 🅿. 🦶 Zim
↔ *Mitte Okt.- Mitte Nov. geschl.* – **M** (Montag geschl.) a la carte 21/42 ⅋ – **12 Z : 20 B** 30/50 - 60/76 – ½ P 45/53.

X **Germania** mit Zim, Martinstr. 66, ℰ 2 81 – 🅿. 🦶 Zim
Jan. geschl. – **M** (Montag geschl.) a la carte 22/55 ⅋ – **8 Z : 12 B** 27/34 - 54/68.

Im Steinatal – ✉ 7823 Bonndorf – ✿ 07703 :

🏠 **Steinasäge**, (W : 4 km), ℰ 5 84, 🌳 – 🕭 🅿
Nov. geschl. – **M** (Montag geschl.) a la carte 28/60 – **7 Z : 14 B** 40/45 - 80/90.

🏠 **Walkenmühle** ⑤, (W : 5 km), ℰ 80 84, 🚐, 🌭 – ☎ 🕭 🅿
Nov.- Mitte Dez. geschl. – (nur Abendessen für Hausgäste) – **14 Z : 26 B** 55/60 - 100/120.

In Bonndorf-Holzschlag NW : 8 km – Luftkurort :

🏠 **Schwarzwaldhof Nicklas** (moderner Schwarzwaldhof), Bonndorfer Str. 66, ℰ (07653) 8 03, 🌳, « Rustikale Einrichtung, Garten » – ☎ 🅿. 🅰🅴 ⓘ 🅴
Anfang Jan.- Mitte Feb. geschl. – **M** (Dienstag geschl.) a la carte 30/62 – **12 Z : 24 B** 49/58 - 79/120.

🏠 **Pension Waldfrieden** ⑤, Tiroler Str. 24, ℰ (07653) 7 50, Damwildgehege, 🏊 (geheizt), 🌭 – 🕭 🅿
25. März - 8. April und 25. Okt.- 15. Dez. geschl. – (nur Abendessen für Hausgäste) – **23 Z : 46 B** 42/50 - 80/100.

BOPFINGEN 7085. Baden-Württemberg **413** O 20. **987** ㉙㉞ — 11 200 Ew — Höhe 470 m — ☎ 07362.

◆Stuttgart 100 — ◆Augsburg 82 — ◆Nürnberg 104 — ◆Ulm (Donau) 77.

  🏨 **Sonne**, Hauptstr. 20, ℰ 30 11, Fax 3366, ⇔ — ☎ ⇔ ❷. ⅍ ⓪ ⅁ 𝘝𝘐𝘚𝘈
    1.- 8. Jan. und 30. Juli - 14. Aug. geschl. — **M** *(Sonntag 14 Uhr - Montag18 Uhr geschl.)* a la carte 40/65 — **20 Z : 32 B** 55/80 - 100/120 Fb.

  🏠 **Ipf-Hof** ≶, Richard-Wagner-Str. 2, ℰ 75 31, ≤, 🏠 — ☎ ⇔ ❷
    20 Z : 30 B Fb.

  🏠 **Café Dietz** garni, Hauptstr. 63, ℰ 70 44, Caféterrasse — 📺 ☎ ❷. ⅍ ⓪ ⅁
    Jan. 2 Wochen geschl. — **17 Z : 28 B** 40/55 - 80/90.

BOPPARD 5407. Rheinland-Pfalz **987** ㉔ — 16 500 Ew — Höhe 70 m — Kneippheilbad — ☎ 06742.

Sehenswert : Gedeonseck ≤★.

🛈 Städt. Verkehrsamt, Karmeliterstr. 2, ℰ 1 03 19.

🛈 Verkehrsamt, Am Theodor-Hoffmann-Platz (Bad Salzig), ℰ 62 97.

Mainz 89 — Bingen 42 — ◆Koblenz 21.

  🏨 **Bellevue**, Rheinallee 41, ℰ 10 20, Telex 426310, Fax 102602, ≤, 🏠, Massage, ⇔, ⌧, ✵
    — 🛗 📺 🕭. — 🕍 25/200. ⅍ ⓪ ⅁ 𝘝𝘐𝘚𝘈. ✾ Rest
    M a la carte 46/70 — **95 Z : 200 B** 95/150 - 150/240 Fb.

  🏨 **Rheinlust**, Rheinallee 27, ℰ 30 01, Telex 426319, ≤ — 🛗 📺 ☎ ❷ — 🕍 25. ⅍ ⓪ ⅁ 𝘝𝘐𝘚𝘈
    Mitte April - Okt. — **M** a la carte 25/60 ⅃ — **93 Z : 186 B** 40/80 - 70/145 — ½ P 62/105.

  🏠 **Günther** garni, Rheinallee 40, ℰ 23 35, ≤ — 🛗 ☎. ✾
    Mitte Dez.- Mitte Jan. geschl. — **19 Z : 35 B** 45/58 - 69/99 Fb.

  🏠 **Residenz Rosenhain**, Rheinallee 19, ℰ 47 47, ⋈ — ☎ ⇔ ❷
    M *(nur Abendessen)* (auch vegetarische Gerichte) a la carte 36/60 — **10 Z : 19 B** 65 - 100/120.

  🏠 **Baudobriga - Weinhaus Ries**, Rheinallee 43, ℰ 23 30, Fax 1800, ≤, 🏠, eigener Weinbau
    — 🛗. ⅍ ⓪ ⅁ 𝘝𝘐𝘚𝘈
    Dez.- Feb. geschl. — **M** *(März und Nov. geschl.)* a la carte 22/50 ⅃ — **42 Z : 72 B** 45/116 - 64/170.

  🏠 **Rebstock**, Rheinallee 31, ℰ 48 76, Fax 4877, ≤ — 📺 ☎. ⅁
    8. Jan.- Feb. geschl. — **M** *(Dienstag geschl.)* a la carte 23/52 ⅃ — **14 Z : 26 B** 50/70 - 80/140.

  🏠 **Am Ebertor**, Heerstraße (B 9), ℰ 20 81, 🏠 — ☎ ⇔ ❷ — 🕍 25/200. ⅍ ⓪ ⅁ 𝘝𝘐𝘚𝘈
    April - Okt. — **M** *(Mittwoch geschl.)* a la carte 28/53 ⅃ — **60 Z : 120 B** 75 - 132 Fb.

  In Boppard 4-Buchholz W : 6,5 km — Höhe 406 m :

  🏠 **Tannenheim**, Bahnhof Buchholz 3 (B 327), ℰ 22 81, 🏠, ⋈ — 📺 ⇔ ❷
  ◆ *30. Juli - 20. Aug. geschl.* — **M** *(Sonn- und Feiertage kein Abendessen)* a la carte 19/42 ⅃ —
    14 Z : 23 B 40/43 - 73/86.

  In Boppard 3-Hirzenach SO : 8 km :

  ✕✕ **Hirsch** mit Zim, Rheinstr. 17, ℰ (06741) 26 01, ≤, 🏠 — ⅁
    17. April- 1. Juni geschl. — **M** *(Dienstag - Freitag nur Abendessen, Montag geschl.)* a la carte 35/58 — **4 Z : 8 B** 55 - 75/85.

  In Boppard 1-Bad Salzig S : 3 km — Mineralheilbad :

  🏠 **Bach** ≶, Salzbornstr. 6, ℰ 62 54, 🏠 — 🛗. ⅍ ⓪ ⅁
  ◆ *Jan. geschl.* — **M** *(im Winter Montag geschl.)* a la carte 19/45 — **33 Z : 62 B** 44 - 70 —
    ½ P 58.

  🏠 **Berghotel Rheinpracht** ≶, Am Kurpark, ℰ 62 79, ≤, 🏠, ⋈ — ❷
  ◆ *15. März - 24. Okt.* — **M** *(Dienstag geschl.)* a la carte 18/36 ⅃ — **12 Z : 22 B** 31/56 - 64/86 —
    ½ P 41/53.

  Außerhalb N : 12 km über die B 9 bis Spay, dann links ab Auffahrt Rheingoldstraße :

  🏨🏨 **Klostergut Jakobsberg** ≶, Höhe 318 m, ✉ 5407 Boppard, ℰ (06742) 30 61,
    Telex 426323, Fax 3069, ≤, Bade- und Massageabteilung, 🔥, ⇔, ⌧, ⋈, ✵ (Halle) — 🛗
    📺 ❷ — 🕍 25/200. ⅍ ⓪ ⅁ 𝘝𝘐𝘚𝘈. ✾ Rest
    M *(Tischbestellung ratsam)* a la carte 48/84 — **110 Z : 214 B** 110/180 - 160/280 Fb — 6 Appart.
    450/580 — ½ P 120/220.

BORCHEN Nordrhein-Westfalen siehe Paderborn.

BORDESHOLM 2352. Schleswig-Holstein **987** ⑤ — 7 000 Ew — Höhe 25 m — ☎ 04322.

◆Kiel 22 — ◆Hamburg 78 — Neumünster 12.

  ✿ **Zur Kreuzung**, Holstenstr. 23, ℰ 45 86, Cafégarten — ❷ — 🕍 25/100
  ◆ **M** a la carte 21/40 — **29 Z : 70 B** 32/35 - 56/60.

[BORGHOLZHAUSEN] **4807. Nordrhein-Westfalen [987] ⑭ – 8 000 Ew – Höhe 133 m – ☎ 05425.**
♦Düsseldorf 185 – Bielefeld 26 – Münster (Westfalen) 57 – ♦Osnabrück 35.

In Borgholzhausen 3 - Kleekamp W : 5 km :

🏨 **Sportel Westfalenruh**, Osnabrücker Str. 82, ☎ (05421) 17 17, ♨, 🏊, 🎾, 🏸, Fahrradverleih – ☎ 🅿
(nur Abendessen für Hausgäste) – **11 Z : 24 B** 40/60 - 80/105 – 2 Fewo 70/120.

In Borgholzhausen - Winkelshütten N : 3 km :

🏨 **Landhaus Uffmann**, Meller Str. 27, ☎ 50 05, ♨ – 📺 ☎ 🅿 – 🏛 25/80. AE ⓓ E VISA
M a la carte 30/58 – **34 Z : 65 B** 63/87 - 105/146 Fb.

[BORKEN] **3587. Hessen – 15 400 Ew – Höhe 190 m – ☎ 05682.**
♦Wiesbaden 196 – Bad Hersfeld 42 – ♦Kassel 43 – Marburg 56.

🏨 **Bürgerhaus**, Bahnhofstr. 33, ☎ 24 91 – 📺 ☎ 🚗 🅿 – 🏛 25/500
27. Dez.- 10. Jan. geschl. – **M** *(Sonntag ab 14 Uhr und Samstag geschl.)* a la carte 22/46 – **11 Z : 15 B** 45 - 80.

[BORKEN] **4280. Nordrhein-Westfalen [987] ⑬, [408] ⑳ – 33 900 Ew – Höhe 46 m – ☎ 02861.**
♦Düsseldorf 86 – Bocholt 18 – Enschede 57 – Münster (Westfalen) 64.

🏨 **Lindenhof**, Raesfelder Str. 2, ☎ 81 87 – 🛗 ☎ 🚗 🅿 – 🏛 25/100
M 21/35 (mittags) und a la carte 36/56 – **60 Z : 105 B** 55/100 - 88/180 Fb.

In Borken-Gemen N : 1 km :

🏨 **Demming-Evers**, Neustr. 15 (B 70), ☎ 23 12 – 🅿
M *(nur Abendessen)* a la carte 22/45 – **9 Z : 14 B** 45 - 80.

In Borken-Rhedebrügge W : 6 km :

🍴 **Haus Grüneklee** mit Zim, Rhedebrügger Str. 16, ☎ (02872) 18 18, « Gartenterrasse » – 📺 ☎ 🅿. E. 🚫 Zim
Jan. geschl. – **M** *(wochentags nur Abendessen, Dienstag geschl.)* a la carte 24/57 – **5 Z : 10 B** 40 - 80.

In Heiden **4284** SO : 7 km :

🏨 **Beckmann**, Borkener Str. 7a, ☎ (02867) 85 41, Grillterrasse, Fahrradverleih – 📺 ☎ 🚗 🅿
M *(Donnerstag geschl.)* a la carte 20/50 – **12 Z : 26 B** 40/50 - 75/90.

[BORKUM (Insel)] **2972. Niedersachsen [987] ③, [408] ⑥ – 8 300 Ew – Seeheilbad – Größte Insel der ostfriesischen Inselgruppe – ☎ 04922.**
⛴ von Emden-Außenhafen (ca. 2h 30min) - Voranmeldung ratsam, ☎ (04921) 89 07 22.
[i] Verkehrsbüro am Bahnhof, ☎ 42 80.
♦Hannover 253 – Emden 4.

🏨 **Nautic-Hotel Upstalsboom** 🔇, Goethestr. 18, ☎ 30 40, Fax 304911, Bade- und Massageabteilung, ♨ – 🛗 📺 ☎ 🅿. AE ⓓ E VISA
(Restaurant nur für Hausgäste) – **78 Z : 168 B** 115/135 - 190/280 Fb.

🏨 Poseidon 🔇, Bismarckstr. 40, ☎ 8 11, Fax 4189, ♨, 🏊 – 🛗 📺 ☎. 🚫
(nur Abendessen) – **Kattegat** – **62 Z : 117 B** Fb.

🏨 **Nordsee-Hotel** 🔇, Bubertstr. 9, ☎ 8 41, Fax 3260, ≤, Bade- und Massageabteilung, 🏊, ♨ – 🛗 📺 ☎ 🅿. ⓓ E. 🚫 Rest
April - Mitte Okt. – **M** a la carte 29/64 – **78 Z : 160 B** 114/165 - 168/248 Fb.

🏨 **Friesenhof** 🔇, Rektor-Meyer-Pfad 2, ☎ 5 78, ♨, 🏊 – 🛗 📺 ☎ 🅿
(nur Abendessen für Hausgäste) – **19 Z : 50 B** 109/129 - 190/290 Fb.

🏨 Seehotel Upstalsboom 🔇, Viktoriastr. 2, ☎ 20 67 – 🛗 🚭 Zim ☎. 🚫 Rest
nur Saison – **39 Z : 72 B** Fb.

🏨 **Miramar** 🔇, Am Westkaap 20, ☎ 8 91, ≤, ♨, 🏊 – 📺 ☎ 🅿. 🚫 Rest
(Restaurant nur für Hausgäste) – **36 Z : 72 B** 119/200 - 196/290 – ½ P 126/173.

🏨 **Graf Waldersee** 🔇, Bahnhofstr. 6, ☎ 10 94, Fahrradverleih – ☎. AE ⓓ E. 🚫 Rest
Mitte März - Okt. – **M** *(auch Diät)* a la carte 26/54 – **28 Z : 49 B** 78/82 - 106/170 Fb – ½ P 68/100.

[BORNHEIM] **5303. Nordrhein-Westfalen – 35 000 Ew – Höhe 55 m – ☎ 02222.**
♦Düsseldorf 71 – ♦ Aachen 86 – ♦ Bonn 11 – ♦ Köln 21.

In Bornheim-Roisdorf SO : 2 km :

🏨 **Heimatblick** 🔇, Brombeerweg 1, ☎ 6 00 37, ≤ Bonn und Rheinebene, « Gartenterrasse » – ☎ 🅿. E. 🚫 Zim
M a la carte 30/56 – **18 Z : 30 B** 50 - 90.

[BORNHEIM] **Rheinland-Pfalz** siehe Landau in der Pfalz.

BORNHÖVED 2351. Schleswig-Holstein 👀👀👀 ⑤ — 2 600 Ew — Höhe 42 m — ✪ 04323.
♦Kiel 31 — ♦Hamburg 83 — ♦Lübeck 49 — Oldenburg in Holstein 60.

In Ruhwinkel 2355 N : 2 km :

♔ **Zum Landhaus**, Dorfstr. 18, ℰ (04323) 63 82, « Garten » — ℗
➤ *Mitte Okt.- Mitte Nov. geschl.* — **M** *(Freitag geschl.)* a la carte 19/35 — **14 Z : 24 B** 26/35 -
60/70.

BOSAU 2422. Schleswig-Holstein — 3 100 Ew — Höhe 25 m — Erholungsort — ✪ 04527 (Hutzfeld).
🛈 Verkehrsamt, Haus des Kurgastes, Bischofsdamm, ℰ 4 98.
♦Kiel 41 — Eutin 16 — ♦Lübeck 37.

🏨 **Strauers Hotel am See** ⤶, Neuer Damm 2, ℰ 2 07, ≼, « Gartenterrasse », ⇌, 🔲,
🐾♞, 🚣, Bootssteg — ⇌ Rest ☎ ♿ ℗
März - Mitte Dez. — **M** *(Montag ab 18 Uhr geschl.)* a la carte 26/65 — **35 Z : 65 B** 86/115 -
128/240 — 5 Fewo 140 — ½ P 106/114.

♔ **Braasch zum Frohsinn** ⤶, Kirchplatz 6, ℰ 2 69, ≼, 🚗, Bootssteg — ℗. 💯 Rest
➤ *März - Nov.* — **M** *(außer Saison Dienstag geschl.)* a la carte 21/39 — **32 Z : 60 B** 44 - 76.

BOSEN Saarland siehe Nohfelden.

BOTHEL Niedersachsen siehe Rotenburg (Wümme).

BOTTIGHOFEN Schweiz siehe Konstanz.

BOTTROP 4250. Nordrhein-Westfalen 👀👀👀 ⑬ — 115 000 Ew — Höhe 30 m — ✪ 02041.
Siehe Ruhrgebiet (Übersichtsplan).
🏌 Bottrop-Kirchhellen (N : 14 km), ℰ (02045) 8 24 88.
🛈 Reisebüro und Verkehrsverein, Gladbecker Str. 9, ℰ 2 70 11, Telex 8579426.
ADAC, Schützenstr. 3, ℰ 2 80 32.
♦Düsseldorf 40 — ♦Essen 11 — Oberhausen 8,5.

🏨 **City-Hotel** garni, Osterfelder Str. 9, ℰ 2 30 48 — 📶 📺 ☎. 🆎 **E**
23 Z : 46 B 72/95 - 115/150.

Außerhalb N : 4 km :

XX **Forsthaus Specht**, Oberhausener Str. 391 (B 223), ✉ 4250 Bottrop, ℰ (02041) 9 40 84,
🍴 — ℗. ⓞ **E** 𝒱𝐼𝒮𝒜
M a la carte 27/61.

In Bottrop 2-Kirchhellen NW : 9 km über die B 223 :

X **Petit marché** (Restaurant im Bistro-Stil), Hauptstr. 16, ℰ (02045) 32 31 — ℗
Montag und 22. Mai - 18. Juni geschl. — **M** *(abends Tischbestellung erforderlich)* a la carte
52/65.

In Bottrop 2 - Kirchhellen-Feldhausen N : 14 km über die B 223 :

🏠 **Landhaus Berger** ⤶ garni, Marienstr. 5, ℰ (02045) 30 61, ⇌, 🚗 — 📺 ☎ ⇦ ℗. ⓞ **E**
𝒱𝐼𝒮𝒜
12 Z : 17 B 65/75 - 120/125.

X **Gasthof Berger**, Schloßgasse 35, ℰ (02045) 26 68, 🍴 — ℗. ⓞ **E** 𝒱𝐼𝒮𝒜
Montag und 19. Juni - 10. Juli geschl. — **M** a la carte 23/50.

BOXBERG 6973. Baden-Württemberg 👀👀 LM 18 — 6 200 Ew — Höhe 298 m — ✪ 07930.
♦Stuttgart 103 — Heilbronn 63 — ♦Würzburg 35.

In Boxberg-Wölchingen :

X **Panorama** ⤶ mit Zim, Panoramaweg 45, ℰ 26 46, ≼, 🍴 — ℗
6 Z : 12 B.

BRACHTTAL Hessen siehe Bad Soden-Salmünster.

BRACKENHEIM 7129. Baden-Württemberg 👀👀 K 19. 👀👀👀 ⑳ — 10 500 Ew — Höhe 192 m —
✪ 07135.
♦Stuttgart 41 — Heilbronn 15 — ♦Karlsruhe 58.

In Brackenheim-Botenheim S : 1,5 km :

X **Adler**, Hindenburgstr. 4, ℰ 51 63 — ℗
Dienstag und Juli - Aug. 4 Wochen geschl. — Menu a la carte 32/58 🍷.

155

BRÄUNLINGEN 7715. Baden-Württemberg **413** I 23, **427** ⑥ − 5 300 Ew − Höhe 694 m − Erholungsort − ✿ 0771 (Donaueschingen).

🖪 Städt. Verkehrsamt, Kirchstr. 10, ℰ 60 31 44.

♦Stuttgart 132 − Donaueschingen 6,5 − ♦Freiburg im Breisgau 58 − Schaffhausen 41.

🏠 **Lindenhof**, Zähringer Str. 24, ℰ 6 10 63 − 🔲 ☎ ⟵ 🄿. 🗚
➡ 5.- 25. März geschl. − **M** *(Freitag geschl.)* a la carte 21/54 ⅋ − **21 Z : 38 B** 35/48 - 66/90.

🏠 **Weinstube Wehinger**, Spitalplatz 5, ℰ 6 16 85 − 🄿. ⓘ 𝐕𝐈𝐒𝐀
➡ 23. Juli - 10. Aug. geschl. − **M** *(Montag geschl.)* a la carte 20/30 ⅋ − **9 Z : 16 B** 32/34 - 56/60.

XX **Österreichische Stub'n**, Kirchstr. 7, ℰ 6 17 57 − 🄿. 🗈
➡ *Dienstag geschl.* − **M** a la carte 21/51 ⅋.

In Bräunlingen 5-Unterbränd W : 7,5 km :

🏠 Sternen-Post ⟲, Kapellenstr. 5, ℰ (07654) 4 02, 🍴, 🔲 − 🔲 ⟵ 🄿
18 Z : 35 B Fb.

BRAKE 2880. Niedersachsen **987** ⑭ − 17 000 Ew − Höhe 4 m − ✿ 04401.

♦Hannover 178 − ♦Bremen 59 − ♦Oldenburg 31.

🏨 **Wilkens-Hotel Haus Linne**, Mitteldeichstr. 51, ℰ 53 57, ≤, 🍴 − 📺 ☎ 🄿 − 🔏 25/50.
🕸
M *(Samstag geschl.)* 19,50/30 (mittags) und a la carte 39/62 − **12 Z : 23 B** 75 - 120 Fb.

🏠 Landhaus, Am Stadion (Zufahrt Weserstraße), ℰ 50 11 − 📺 ☎ 🄿
10 Z : 20 B.

*In questa guida
uno stesso simbolo, uno stesso carattere
stampati in rosso o in* **nero**, *in magro o in* **grassetto**,
*hanno un significato diverso.
Leggete attentamente le pagine esplicative.*

BRAKEL 3492. Nordrhein-Westfalen **987** ⑮ − 16 700 Ew − Höhe 141 m − Luftkurort − ✿ 05272.

🖪 Verkehrsamt, Haus des Gastes, Am Markt, ℰ 60 92 69.

♦Düsseldorf 206 − Detmold 43 − ♦Kassel 76 − Paderborn 36.

🏨 **Kurhotel am Kaiserbrunnen - Haus am Park** ⟲, Brunnenallee 77, ℰ 60 50,
➡ Telex 931717, 🍴, ⟲, 🔲, 🎿 − 🔲 ☎ ♿ 🄿 − 🔏 25/60. 🗚 ⓞ 🗈 𝐕𝐈𝐒𝐀
M a la carte 18/62 − **72 Z : 114 B** 60/85 - 110/156 Fb − ½ P 74/94.

🕿 **Stein** ⟲, Ringstr. 30, ℰ 96 95 − 🄿
➡ **M** *(Sonntag 14 Uhr - Montag 16 Uhr geschl.)* a la carte 16/38 − **10 Z : 17 B** 35 - 65.

In Brakel-Istrup SW : 6,5 km :

🕿 **Waldesruh** ⟲, Am Brunsberg 119, ℰ 71 97, ⟲, 🔲 (Gebühr), 🎿 − 🄿. 🕸 Rest
➡ **M** a la carte 23/41 − **9 Z : 16 B** 38/45 - 70/75 − ½ P 45/50.

BRAMSCHE 4550. Niedersachsen **987** ⑭ − 25 000 Ew − Höhe 46 m − ✿ 05461.

♦Hannover 167 − ♦Bremen 111 − Lingen 56 − ♦Osnabrück 16 − Rheine 54.

🏨 Idingshof ⟲, Bührener Esch 1 (über Malgartener Str.), ℰ 37 31, 🍴, 🎾 (Halle),
Fahrradverleih − 🔲 📺 ☎ 🄿 − 🔏
48 Z : 76 B Fb.

🏠 **Bramgau**, Malgartener Str. 9, ℰ 38 54 − ☎ ⟵ 🄿
M *(Montag geschl.)* 14/24 (mittags) und a la carte 23/49 − **9 Z : 15 B** 50 - 80.

🕿 Schulte, Münsterstr. 20, ℰ 42 83 − ⟵ 🄿
16 Z : 24 B.

X **Alte Post** (ehem. Posthalterei a.d. 18. Jh.), Am Markt 1, ℰ 12 33 − 🗚 🗈
Samstag bis 18 Uhr und Montag geschl. − **M** a la carte 29/55.

In Bramsche 4-Hesepe N : 2,5 km :

🏨 Haus Surendorff, Dinklingsweg 1, ℰ 30 46, ⟲, 🔲, 🎿 − ☎ ⟵ 🄿. ⓞ 🗈 𝐕𝐈𝐒𝐀 🕸 Zim
2.- 7. Jan. geschl. − **M** 12,50/32 (mittags) und a la carte 25/54 − **17 Z : 27 B** 36/60 - 60/95.

In Bramsche 1-Malgarten NO : 6 km :

XX **Landhaus Hellmich** mit Zim, Sögelner Allee 47, ℰ 38 41 − ☎ ⟵ 🄿. 🗚 ⓞ 🗈 𝐕𝐈𝐒𝐀
3.- 26. Jan. geschl. − **M** *(Montag geschl.)* 29/60 (mittags) und a la carte 46/80 − **9 Z : 14 B** 55/64 - 82/108.

BRAMSTEDT 2856. Niedersachsen − 1 400 Ew − Höhe 18 m − ✿ 04746.

♦Hannover 167 − ♦Bremerhaven 26 − ♦Bremen 44.

🏠 Bauernschänke, Dorfstr. 31, ℰ 60 61 − 📺 ☎ ⟵ 🄿
10 Z : 20 B.

BRAMSTEDT, BAD 2357. Schleswig-Holstein 987 ⑤ – 10 000 Ew – Höhe 10 m – Heilbad –
🕿 04192.

🎛 Ochsenweg 38, 🟍 34 44.

🛈 Verkehrsbüro, Rathaus, Bleeck 17, 🟍 15 35.

◆Kiel 58 – ◆Hamburg 48 – Itzehoe 27 – ◆Lübeck 60.

🏨 **Kurhotel Gutsmann** ⑤, Birkenweg 4, 🟍 50 80, Fax 508159, « Gartenterrasse », �, 🔲.
Fahrradverleih – 🛗 📺 🕿 🕭 🅿 – 🔬 25/50. 🖭 ⓞ 🄴
M a la carte 32/59 – **152 Z : 264 B** 58/100 - 110/160 Fb – ½ P 80/115.

🏨 **Köhlerhof** ⑤, Am Köhlerhof 4, 🟍 50 50, Telex 2180104, Fax 505638, 🈵, « Park mit Teich »,
≋, 🔲, Fahrradverleih – 🛗 ↔ Zim 🕿 🕭 🅿 – 🔬 25/200. ⓞ 🄴 𝘝𝘐𝘚𝘈
M a la carte 39/63 – **130 Z : 260 B** 100/120 - 145/175 Fb – ½ P 113/140.

🏨 **Zur Post**, Bleeck 29, 🟍 40 55, Telex 2180288 – 📺 🕿 🕭 🅿 – 🔬 25/60. 🖭 ⓞ 🄴 𝘝𝘐𝘚𝘈
M a la carte 33/62 – **44 Z : 63 B** 73/95 - 104/143 Fb – ½ P 74/112.

✕ **Bruse** mit Zim, Bleeck 7, 🟍 14 38, 🈵 – 🅿. 🖭 ⓞ 🄴 𝘝𝘐𝘚𝘈
Okt. geschl. – **M** (Montag 15 Uhr - Dienstag geschl.) 15/26 (mittags) und a la carte 28/50 –
7 Z : 12 B 35/45 - 70/90.

✕ **Bramstedter Wappen**, Bleeck 9, 🟍 33 54, 🈵 – 🅿
Donnerstag 18 Uhr - Freitag und Sept. 3 Wochen geschl. – **M** a la carte 25/45.

BRANDENBERG Baden-Württemberg siehe Todtnau.

BRANDMATT Baden-Württemberg siehe Sasbachwalden.

BRANNENBURG 8204. Bayern 413 T 23, 426 ⑱ – 5 000 Ew – Höhe 509 m – Luftkurort –
Wintersport : 800/1 730 m ≤2 (Skizirkus Wendelstein) 🎿1 – 🕿 08034.
Ausflugsziel : Wendelsteingipfel ✳✳ (mit Zahnradbahn, 55 Min.).

🛈 Verkehrsamt, Rosenheimer Str. 5, 🟍5 15.

◆München 72 – Miesbach 32 – Rosenheim 17.

🏨 **Hubertushof**, Nußdorfer Str. 15, 🟍 86 45, 🈵 – 🕿 🕭 🅿
Ende Okt.- Mitte Dez. geschl. – **M** (Dienstag - Mittwoch 17 Uhr geschl.) a la carte 24/43 –
19 Z : 34 B 65/80 - 94/150 – ½ P 65/98.

🏨 **Zur Post**, Sudelfeldstr. 20, 🟍 10 66, 🈵, ≋, 🈵 – 🕿 🕭 🅿
◆ 8.- 30. Jan. geschl. – **M** (Donnerstag geschl.) a la carte 18/43 – **35 Z : 65 B** 48/75 - 78/95.

🏨 **Kürmeier**, Dapferstr. 5, 🟍 18 35, 🈵 – 🕭 🅿
◆ 15.- 30. April und 2.- 30. Nov. geschl. – **M** (Montag - Dienstag geschl.) a la carte 21/35 –
19 Z : 37 B 46 - 82 – ½ P 47.

🏠 **Schloßwirt**, Kirchplatz 1, 🟍 23 65 – 🕭 🅿. 🌿
17 Z : 37 B.

BRAUBACH 5423. Rheinland-Pfalz 987 ㉔ – 3 800 Ew – Höhe 71 m – 🕿 02627.
Ausflugsziel : Lage✶✶ der Marksburg✶ S : 2 km.

🛈 Städt. Verkehrsamt, Rathausstr. 8, 🟍 2 03.

Mainz 87 – ◆Koblenz 13.

🏠 **Zum weißen Schwanen**, Brunnenstr. 4, 🟍 5 59, « Weinhaus a.d. 17. Jh. und Mühle
a.d.J. 1341 », 🈵 – 🕿 🅿. 🖭 ⓞ 🄴
M (nur Abendessen, Tischbestellung ratsam) (Juli und Mittwoch geschl.) a la carte 32/51 🍷
– **14 Z : 25 B** 40/60 - 70/120.

BRAUNFELS 6333. Hessen 413 I 15, 987 ㉔ ㉕ – 9 600 Ew – Höhe 285 m – Luftkurort –
🕿 06442.

🎛 Homburger Hof (W : 1 km), 🟍 45 30.

🛈 Kur-GmbH, Fürst-Ferdinand-Str. 4 (Haus des Gastes), 🟍 50 61.

◆Wiesbaden 84 – Gießen 28 – Limburg an der Lahn 34.

🏨 **Schloß-Hotel**, Hubertusstr. 2, 🟍 30 50, 🈵 – 🕿 🅿 – 🔬 25. 🖭 ⓞ 🄴
Weihnachten - Mitte Jan. geschl. – **M** (wochentags nur Abendessen) a la carte 31/60 –
36 Z : 60 B 75/85 - 95/115 Fb.

✕ **Solmser Hof**, Markt 1, 🟍 42 35, 🈵 – 🖭 ⓞ 🄴
Donnerstag geschl. – **M** a la carte 31/57.

✕ **Ratsstube**, Fürst-Ferdinand-Str. 4a, 🟍 62 67 – 🅿 – 🔬 25/200. 🄴
Dienstag und 8.- 26. Jan. geschl. – **M** a la carte 24/42 🍷.

BRAUNLAGE 3389. Niedersachsen 𝟵𝟴𝟳 ⑯ — 7 000 Ew — Höhe 565 m — Heilklimatischer Kurort — Wintersport : 560/965 m ⩤1 ⩥3 ⩤3 — ✆ 05520.

🛈 Kurverwaltung Braunlage, Elbingeröder Str. 17, ✆ 10 54.

🛈 Kurverwaltung Hohegeiss, Kirchstr. 15 a, ✆ (05583) 2 41.

♦Hannover 124 — ♦Braunschweig 69 — Göttingen 67 — Goslar 33.

🏨 **Maritim** ⬭, Pfaffenstieg, ✆ 30 51, Telex 96261, Fax 3620, ≤, Bade- und Massageabteilung, ⇌, ⛲, ⬜, ✿, ⚒ — 🛗 📺 ♈ ⇍ 🅿 — 🛠 25/400. ⑩ E 𝘝𝘐𝘚𝘈
M a la carte 44/76 — **300 Z : 600 B** 145/235 - 218/340 Fb — 8 Appart. 480.

🏨 **Hohenzollern** ⬭, Dr.-Barner-Str. 11, ✆ 30 91, ≤, ⇌, ⬜, ✿ — 🛗 ☎ ⇍ 🅿 E. ⚗
M a la carte 27/56 — **31 Z : 55 B** 69/80 - 126/152 Fb — ½ P 86/103.

🏨 **Klavehn** ⬭, Am Jermerstein 17, ✆ 5 29, ≤, ⇌, ⬜, ✿ — 🅿
(nur Abendessen für Hausgäste) — **23 Z : 43 B** 45/80 - 80/130 Fb.

🏨 **Kurhotel Rögener**, Wurmbergstr. 1, ✆ 30 86, ⚘, Massage, ⇌, ⬜ — 🛗 ☎ 🅿. ⚗
→ **M** a la carte 14/52 — **64 Z : 110 B** 65/78 - 144/150 Fb.

🏨 **Brauner Hirsch**, Am Brunnen 1, ✆ 10 64, ⚘ — 🛗 ☎ ⇍ 🅿. E
→ **M** a la carte 20/50 — **49 Z : 76 B** 44/85 - 84/110.

🏨 **Bremer Schlüssel** ⬭, Robert-Roloff-Str. 11, ✆ 30 68, ✿ — 🛗 ☎ ⇍ 🅿. ⚗
(Restaurant nur für Pensionsgäste) — **12 Z : 21 B** 47/60 - 84/94 — ½ P 57/62.

🏨 **Hasselhof** ⬭ garni, Schützenstr. 6, ✆ 30 41, ⬜, ✿ — ☎ 🅿. 𝔸𝔼 ⑩ E 𝘝𝘐𝘚𝘈
20. Nov.- 20. Dez. geschl. — **21 Z : 40 B** 38/60 - 72/110.

🏨 **Zur Erholung**, Lauterberger Str. 10, ✆ 13 79, ✿ — ⇍ 🅿. E
→ Mitte Nov.- Mitte Dez. geschl. — **M** 12 (mittags) und a la carte 21/50 — **32 Z : 59 B** 47/72 - 80/94.

🏨 **Pension Sohnrey** ⬭, Herzog-Joh.-Albrecht-Str. 39, ✆ 10 61, ✿ — ⇷ ☎ 🅿. ⚗
(Restaurant nur für Hausgäste) — **15 Z : 21 B** 38/45 - 72/80 — ½ P 49/54.

🏨 **Berliner Hof**, Elbingeröder Str. 12, ✆ 4 27 — ⇍ 🅿
→ Nov.- Mitte Dez. geschl. — **M** (Mittwoch geschl.) a la carte 14/40 — **30 Z : 40 B** 25/38 - 56/72.

✕✕ **Romantik-Hotel Tanne** (mit Zim. und Gästehaus), Herzog-Wilhelm-Str. 8, ✆ 10 34, « Geschmackvoll - behagliche Einrichtung », ⚘, Fahrradverleih — 📺 ☎ 🅿. 𝔸𝔼 ⑩ E 𝘝𝘐𝘚𝘈
⚗ Zim
M (Tischbestellung ratsam) 20/30 (mittags) und a la carte 38/77 — **22 Z : 38 B** 60/95 - 90/175 Fb — ½ P 75/120.

In Braunlage 2 - Hohegeiss SO : 12 km — Höhe 642 m — Heilklimatischer Kurort — Wintersport : 600/700 m ⩤4 ⩥3 — ✆ 05583 :

🏨 **Rust** ⬭, Am Brande 3, ✆ 8 31, ≤, ⇌, ⬜, ✿ — ☎ 🅿. ⚗ Zim
→ Nov.- 15. Dez. geschl. — **M** a la carte 14/28 — **15 Z : 27 B** 45/50 - 86/90 — ½ P 54/56.

🏨 **Gästehaus Brettschneider** ⬭, Hubertusstr. 2, ✆ 8 06, ✿ — ⇍ 🅿. ⚗
Nov.- 20. Dez. geschl. — (Restaurant nur für Hausgäste) — **11 Z : 19 B** 38/42 - 76/84.

🏨 **Müllers Hotel**, Bohlweg 2, ✆ 8 26 — 🅿
→ Mitte März - April geschl., an Ostern geöffnet — **M** (Mittwoch geschl.) a la carte 19/36 — **18 Z : 46 B** 38/40 - 72/76 — ½ P 48/51.

✕✕ **Landhaus bei Wolfgang**, Hindenburgstr. 6, ✆ 8 88 — 𝔸𝔼 ⑩ E
Anfang Nov.- Mitte Dez. und Donnerstag geschl., im Winter wochentags nur Abendessen — **M** (ab 21 Uhr Unterhaltungsmusik) a la carte 43/69.

✕ **Brockenblick** mit Zim, Wilhelm-Raabe-Str. 1, ✆ 8 67, ⚘ — 📺 🅿 ⇍ 🅿
6 Z : 11 B.

BRAUNSBACH 7176. Baden-Württemberg 𝟰𝟭𝟯 M 19 — 2 600 Ew — Höhe 235 m — ✆ 07906.
♦Stuttgart 93 — Heilbronn 53 — Schwäbisch Hall 13.

In Braunsbach-Döttingen NW : 3 km :

🏨 **Schloß Döttingen** ⬭, ✆ 5 73, ⇌, ⬜ (geheizt), ✿ — ☎ 🅿 — 🛠 25/100
→ 20. Juli - 6. Aug. geschl. — **M** (Sonntag bis 19 Uhr geschl.) a la carte 21/39 ⚗ — **55 Z : 100 B** 50/65 - 110/120.

LE GUIDE VERT MICHELIN ALLEMAGNE

Paysages, monuments

Routes touristiques

Géographie

Histoire, Art

Itinéraires de visite

Plans de villes et de monuments.

BRAUNSCHWEIG 3300. Niedersachsen ⑨⑧⑦ ⑮ ⑯ − 252 000 Ew − Höhe 72 m − ✪ 0531.

Sehenswert : Dom★ (Imerward-Kruzifix★★, Bronzeleuchter★) − Ausstellung : Ausgewählte Kostbarkeiten mittelalterlicher Kunst★ BY M1 − Burgplatz (Löwendenkmal★).

⒙ Schwarzkopfstr. 10 (über ④), ℰ 69 13 69.

✈ Lilienthalplatz, ② : 9 km, ℰ 35 00 05.

🛈 Städt. Verkehrsverein, Hauptbahnhof, ℰ 7 92 37 und Bohlweg (Pavillon), ℰ 4 64 19, Telex 952895.

ADAC, Kurt-Schumacher-Str. 2, ℰ 7 20 66, Notruf ℰ 1 92 11.

◆Hannover 64 ⑦ − ◆Berlin 230 ② − Magdeburg 92 ②.

Stadtplan siehe nächste Seiten.

🏨🏨 **Ritter St. Georg**, Alte Knochenhauerstr. 13, ℰ 1 30 39, « Ältestes Fachwerkhaus Braunschweigs, barocke Deckenbemalung im Restaurant » − 📺 − 🛣 25/50. 🆎 ⓞ 🅴 🆅🅸🆂🅰
M (Tischbestellung ratsam) 50/90 − **24 Z : 46 B** 105/175 - 155/260.
AY **e**

🏨🏨 **Mercure Atrium**, Berliner Platz 3, ℰ 7 00 80, Telex 952576, Fax 7008125 − 🛗 📺 ⟵⟶ − 🛣 25/120. 🆎 🆅🅸🆂🅰
M a la carte 46/75 − **Schmortopf M** a la carte 27/55 − **130 Z : 200 B** 133/187 - 179/264 Fb.
BZ **a**

🏨🏨 **Mövenpick-Hotel** ⟩, Welfenhof, ℰ 4 81 70, Telex 952777, Fax 4817551, ☞, direkter Zugang zum Fun-Club mit Saunarium ⊡ und Sole-Grotte. Fahrradverleih − 🛗 ✇ Zim ▤ Rest 📺 🛣 ⟵⟶ − 🛣 25/200. 🆎 ⓞ 🅴
M a la carte 33/72 − **132 Z : 220 B** 187/197 - 244/254 − 10 Appart. 334/510.
BY **z**

🏨 **Deutsches Haus**, Burgplatz 1, ℰ 4 44 22, Telex 952744, Fax 44421 − 🛗 📺 ☎ ⓟ − 🛣 25/150. 🆎 ⓞ 🅴 🆅🅸🆂🅰
M a la carte 27/62 − **84 Z : 120 B** 89/163 - 128/214.
BY **u**

🏨 **Fürstenhof**, Campestr. 12, ℰ 79 10 61, Fax 791064, ▨ − ☎. 🆎 ⓞ 🅴 🆅🅸🆂🅰
M (nur Abendessen, auch indonesische Küche) a la carte 22/49 − **44 Z : 65 B** 79/90 - 125/154 Fb.
BZ **c**

🏨 **Lessing-Hof** ⟩, Okerstr. 13, ℰ 4 54 55, Fax 400535 − 🛗 📺 ☎ ⟵⟶ ⓟ − 🛣 25/100. 🅴
M (nur Abendessen, Sonn- und Feiertage geschl.) a la carte 26/53 − **42 Z : 70 B** 65/90 - 90/130.
AX **b**

🏨 **Gästehaus Wartburg** ⟩ garni, Rennelbergstr. 12, ℰ 50 00 11 − 📺 ☎. 🆎 🅴
21 Z : 31 B 65/75 - 108/120.
AX **z**

🏨 **Forsthaus** garni, Hamburger Str. 72 (B 4), ℰ 3 28 01, Fax 323905 − 🛗 ☎ ⟵⟶ ⓟ. 🆎 ⓞ 🅴 🆅🅸🆂🅰. ⚶
50 Z : 60 B 58/128 - 98/188 Fb.
über ①

🏨 **Lorenz**, Friedrich-Wilhelm-Str. 2, ℰ 4 55 68 − 🛗 ☎ ⟵⟶ − 🛣 30. 🆎 ⓞ 🅴 🆅🅸🆂🅰
M a la carte 26/48 − **45 Z : 60 B** 65/85 - 90/125 Fb.
BY **d**

🏨 **Frühlingshotel** garni, Bankplatz 7, ℰ 4 93 17 − 🛗 📺 ☎. 🆎 ⓞ 🅴 🆅🅸🆂🅰
66 Z : 90 B 69/115 - 108/158 Fb.
AY **a**

🏨 **Zur Oper** garni, Jasperallee 21, ℰ 33 60 95 − ☎. 🅴
42 Z : 65 B 41/90 - 80/130.
BY **v**

🏨 **Pension Wienecke** garni, Kuhstr. 14, ℰ 4 64 76, ⟰ − 📺 ⟵⟶
17 Z : 20 B 40/70 - 70/89.
BY **w**

🏨 **Thüringer Hof** ⟩ garni, Sophienstr. 1, ℰ 8 12 22 − ⟵⟶
27 Z : 45 B 39/75 - 70/98.
AY **h**

🍴🍴🍴 **Haus zu Hanse**, Güldenstr. 7, ℰ 4 61 54, « Fachwerkhaus a.d. 16. Jh. » − 🛣 25/100. 🆎 ⓞ 🅴 🆅🅸🆂🅰
M a la carte 31/72.
AY **x**

🍴🍴 **Altes Haus** (Fachwerkhaus a.d. 15. Jh.), Alte Knochenhauerstr. 11, ℰ 4 66 06, ☞ − 🆎 ⓞ 🅴 🆅🅸🆂🅰
Montag geschl. − **M** a la carte 31/54.
AY **e**

🍴🍴 **Gewandhauskeller**, Altstadtmarkt 1, ℰ 4 44 41 − ⓞ 🅴 🆅🅸🆂🅰
Sonntag ab 14 Uhr geschl. − **M** a la carte 35/70.
AY **d**

🍴 **Brabanter Hof**, Güldenstr. 77, ℰ 4 30 90 − 🆎 ⓞ 🅴 🆅🅸🆂🅰 ⚶
Montag und Juli 3 Wochen geschl. − **M** a la carte 38/63.
AY **c**

🍴 **Löwen-Krone**, Leonhardplatz (Stadthalle), ℰ 7 20 70, ☞ − ⓟ − 🛣 50. 🆎 ⓞ 🅴 🆅🅸🆂🅰
M 20 (mittags) und a la carte 28/52.
BY **r**

Im Industriegebiet Hansestraße ① über Hamburger Straße :

🏨 **Nord** garni, Robert-Bosch-Str. 7, ℰ 31 08 60 − 🛗 ☎ ⓟ. 🆎 ⓞ 🅴 🆅🅸🆂🅰
32 Z : 50 B 80 - 130/160 Fb.

In Braunschweig-Ölper ⑦ : 3,5 km :

🏨 **Ölper Turm** (historisches Gebäude a.d. Zeit um 1600), Celler Heerstr. 46, ℰ 5 40 85, Biergarten − 📺 ☎ ⓟ − 🛣 40
M a la carte 25/54 − **8 Z : 14 B** 60/80 - 110.

In Braunschweig-Riddagshausen über Kastanienallee BY :

🏨🏨 **Landhaus Seela**, Messeweg 41, ℰ 3 70 01 62, Fax 3700193, Ferienfahrschule − 🛗 📺 ☎ ⟵⟶ ⓟ − 🛣 25/110. 🆎 ⓞ 🅴 🆅🅸🆂🅰
M a la carte 20/54 − **38 Z : 58 B** 85/140 - 150/240 Fb.

🍴 **Grüner Jäger**, Ebertallee 50, ℰ 7 16 43, ☞ − ⓟ − 🛣 .

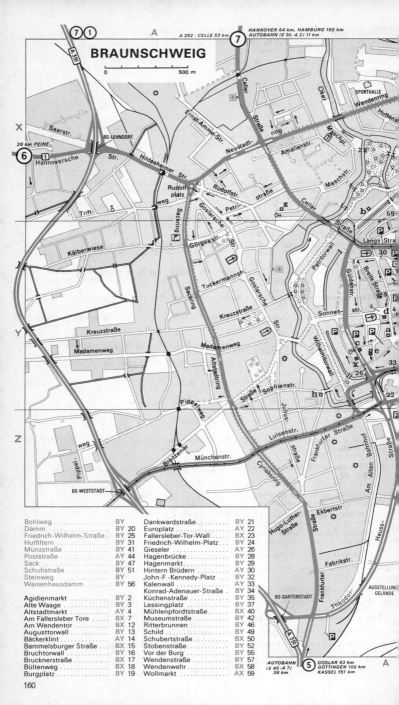

BRAUNSCHWEIG

0   500 m

A 392 : CELLE 53 km
HANNOVER 64 km, HAMBURG 195 km
AUTOBAHN (E 30 - A 2) 11 km
26 km PEINE
AUTOBAHN (E 45 - A 7) 36 km
GOSLAR 43 km
GÖTTINGEN 109 km
KASSEL 151 km

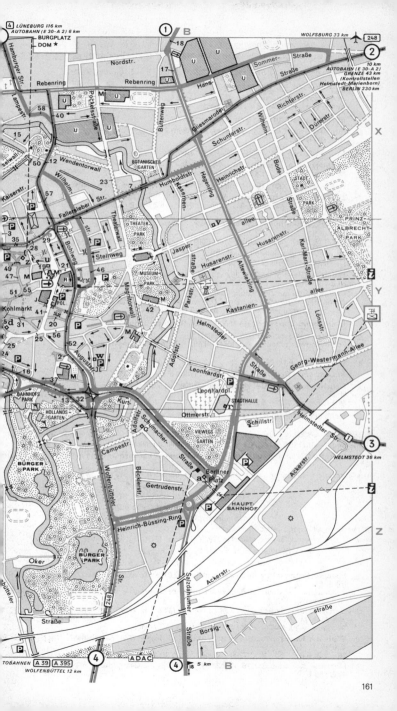

161

In Braunschweig-Rüningen ⑤ : 5 km :

🏨 **Zum Starenkasten**, Thiedestr. 25 (B 248), ℰ 87 41 21, Fax 874126, ⇌, 🔲 – 🛗 📺 ☎ 📵
– 🛁 25/120. 🆊 ① Ε 𝘝𝘐𝘚𝘈
M a la carte 22/55 – **57 Z : 102 B** 65/105 - 120/130 Fb – 5 Appart. 160/190.

In Braunschweig-Volkmarode ② : 5 km :

🏨 **Jägerhof**, Volkmarsweg 16, ℰ 3 66 57 – ☎ 📵. 🆊 ① Ε 𝘝𝘐𝘚𝘈
M a la carte 22/53 – **18 Z : 34 B** 35/65 - 75/98 Fb.

In Hülperode 3301 ⑦ : 9 km :

🏨 Altes Zollhaus, Celler Str. 2 (B 214), ℰ (05303) 20 71, 😭 – ☎ 🚗 📵
30 Z : 44 B Fb.

In Cremlingen 1-Weddel 3302 ③ : 10 km :

🏨 **Weddeler Hof**, Dorfplatz 24, ℰ (05306) 44 77 – 🚗 📵
M *(Montag bis 17 Uhr geschl.)* a la carte 30/51 – **16 Z : 22 B** 40/45 - 76/80 Fb.

In Schwülper 3301 ⑦ : 11 km, nahe BAB-Abfahrt Braunschweig-West :

🏨 Zwischen Harz und Heide, Ackerstr. 25 (B 214), ℰ (05303) 60 55 – ☎ 📵
♦ 24. Dez.- 2. Jan. geschl. – **M** a la carte 19/32 – **8 Z : 14 B** 65/75 - 95/105.

BRAUWEILER Nordrhein-Westfalen siehe Pulheim.

BREDSTEDT 2257. Schleswig-Holstein 𝟿𝟾𝟽 ④ – 4 500 Ew – Höhe 5 m – 😊 04671.
🛈 Fremdenverkehrsverein, Süderstr. 36, ℰ 58 57.
♦Kiel 101 – Flensburg 38 – Husum 17 – Niebüll 25.

🏨 Thomsens Gasthof, Markt 13, ℰ 14 13 – ☎ 🚗 📵
20 Z : 36 B Fb.

XX **Friesenhalle** mit Zim, Hohle Gasse 2, ℰ 15 21 – 📺 ☎ 🚗 📵. 🆊 ① Ε 𝘝𝘐𝘚𝘈. 🛠 Rest
Mitte Feb.- Mitte März und Ende Okt.- Anfang Nov. geschl. – **M** *(Freitag 14 Uhr - Samstag*
18 Uhr geschl.) a la carte 35/72 – **6 Z : 10 B** 43/60 - 85/120.

In Ockholm-Bongsiel 2255 NW : 13 km Richtung Dagebüll :

🏨 Thamsens Gastwirtschaft Bongsiel 🦢 (nordfriesisches Dorfgasthaus und ehem
Schleusenwärterhaus), ℰ (04674) 14 45, « Bildersammlung bekannter deutscher Maler »
😭 – 📵
12 Z : 24 B – 6 Fewo.

In Ockholm - Schlüttsiel 2255 NW : 17 km :

X **Fährhaus Schlüttsiel** 🦢 mit Zim, ℰ (04674) 2 55, ◁ Nordsee und Halligen – 📺 ☎ 📵
🆊 Ε
M a la carte 25/52 – **5 Z : 10 B** 56 - 92.

Siehe auch : *Bargum* N : 10,5 km

BREGENZ A-6900. 🅸 Österreich 𝟺𝟷𝟹 M 24. 𝟿𝟾𝟽 ㊱. 𝟺𝟸𝟼 ㉞ – 26 000 Ew – Höhe 396 m –
Wintersport : 414/1 020 m ⟟1 ⟟2 – 😊 05574 (innerhalb Österreich).
Sehenswert : ◁★ (vom Hafendamm) BY – Vorarlberger Landesmuseum★ BY M1 – Martinsturm
◁★ BY.
Ausflugsziele : Pfänder★★ :◁★★, Alpenwildpark (auch mit ⟟) BY.

Festspiel-Preise : siehe Seite 8
Prix pendant le festival : voir p. 16
Prices during tourist events : see p. 24
Prezzi duranti i festival : vedere p. 32.

🛈 Fremdenverkehrsamt, Inselstr. 15, ℰ 2 33 91.
Wien 627 ① – Innsbruck 199 ② – ♦München 196 ① – Zürich 119 ③.

Die Preise sind in der Landeswährung (ö. S.) angegeben.

Stadtplan siehe gegenüberliegende Seite.

🏨 Mercure, Platz der Wiener Symphoniker, ℰ 2 61 00, Telex 57470, Fax 27412, 😭 – 🛗 🍽 Rest
📺 ⅋ 📵 – 🛁   AY €
Restaurants : – **Gourmet-Restaurant** *(nur Abendessen)* – Theater-Café – **94 Z : 190 B** Fb
– 8 Appart..

🏨 **Schwärzler**, Landstr. 9, ℰ 2 24 22, Telex 57672, Fax 27575, 😭, ⇌, 🔲, 🎋 – 🛗 📺
🚗 📵 – 🛁 25/100. 🆊 ① Ε 𝘝𝘐𝘚𝘈   über Landstr.   AZ
M a la carte 200/440 – **75 Z : 145 B** 680/990 - 1140/1540.

🏨 **Weisses Kreuz** garni, Römerstr. 5, ℰ 2 24 88, Telex 57741, Fax 2248867 – 🛗 📺 ☎ 🆊 ①
Ε 𝘝𝘐𝘚𝘈   BY s
44 Z : 80 B 690/895 - 1090/1280 Fb – 4 Appart. 1800.

🏨 **Messmer**, Kornmarktstr. 16, ℰ 2 23 56, Telex 57715, « Gastgarten », ⇌ – 🛗 ☎ ⅋ 📵
49 Z : 86 B Fb.   BY

BREGENZ

Kirchstraße	BYZ	5
Kornmarktstraße	BY	6
Landstraße	AZ	7
Leutbühel	BY	8
Maurachgasse	BY	9
Seestraße	BY	13
Thalbachgasse	BZ	14
Weiherstraße	ABY	15

hnhofstraße ...... AY
serstraße ...... BY 4
thausstraße ...... BY 10
ton-Schneider-Str. BY 3

BODENSEE

LINDAU 10 km
LOCHAU 3 km

🏨 **Central garni**, Kaiserstr. 26, ℰ 2 29 47 – 🕮 ☎
40 Z : 70 B. BY **a**

🏨 **Germania**, Am Steinenbach 9, ℰ 2 27 66, 🌧 – ☎ ⇌ ℗. 🖭 🗉 VISA ✀ BY **n**
30. Okt.- 26. Nov. geschl. – **M** *(Sonntag 15 Uhr - Montag geschl.)* a la carte 189/370 ⅃ –
19 Z : 36 B 460/560 - 700/860 Fb.

XXX ✿ **Deuring-Schlössle** ⅀ mit Zim (historisches Gebäude a.d.J. 1690), Ehreguta-Platz 4,
ℰ 2 78 00, « Gobelinzimmer », 🌧 – ⇌ Rest 🖵 ☎ – 🔏 25/70. 🖭 VISA ✀ BZ **a**
M (Tischbestellung ratsam) a la carte 310/520 – **6 Z : 12 B** 1550/2500 - 2700/5000
Spez. Räucheraalparfait mit Krentomaten, Seezungenroulade mit Hummermousse, Crepinette vom Kalbsfilet
mit Pfifferlingen.

✗ **Weinstube Ilge** (Haus a.d. 15. Jh.), Maurachgasse 6, ℰ 2 36 09 BY **e**
(abends Tischbestellung ratsam).

✗ **Gasthaus Maurachbund**, Maurachgasse 11, ℰ 2 60 96 BY **r**

In Bregenz-Fluh O : 5 km über Fluher Str. BZ – Höhe 750 m :

🏨 **Berghof Fluh** ⅀, ℰ 2 42 13, ≤ Bregenzer Wald, 🌧 – ☎ ⇌ ℗. 🖭 ① 🗉 VISA
6.- 31. Jan. geschl. – **M** *(Feb.- Juni Mittwoch geschl.)* a la carte 200/350 – **12 Z : 22 B** 400 -
780.

In Lochau A-6911 ① : 3 km :

XX **Mangold**, Pfänderstr. 3, ℰ (05574) 2 24 31, Fax 224319, 🌧 – ℗. ① 🗉 VISA
Montag und 7. Jan.- 3. Feb. geschl. – **M** 160 (mittags) und a la carte 225/420.

✗ **Weinstube Messmer**, Landstr. 3, ℰ (05574) 2 41 51, « Gastgarten » – ℗
Ende Nov.- Anfang Dez., Donnerstag und Nov.- April auch Freitag bis 17 Uhr geschl. – **M** a
la carte 208/420 ⅃.

In Hörbranz A-6912 ① : 6 km :

🏠 **Brauer** garni, Unterhochstegstr. 25, 𝒫 (05573) 24 04 − 📺 ☎ 🅿
34 Z : 66 B 350/650 - 650/800.

✗ **Kronen-Stuben**, Lindauer Str. 48, 𝒫 (05573) 23 41, 🍴 − 🅿. 🅰🅴 ⓞ 𝚅𝙸𝚂𝙰
M a la carte 194/330 🍴.

In Eichenberg A-6911 ① : 8 km − Höhe 796 m − Erholungsort :

🏨 **Schönblick** 🦕, Dorf 6, 𝒫 (05574) 2 59 65, ≤ Bodensee, Lindau und Alpen, « Terrasse »,
🛁, 🔲, 🍴, ≦ − 🛗 📺 🅿
10. Jan.- 20. Feb. und 15. Nov.- 20. Dez. geschl. − **M** *(Montag geschl.)* a la carte 186/360 🍴
− **17 Z : 35 B** 380/700 - 720/1200 Fb − 7 Fewo 550/960.

Auf dem Pfänder Zufahrt mit 🚡 oder über Lochau O : 15 km :

✗ **Berghaus Pfänder - Rôtisserie**, ✉ A-6900 Bregenz, 𝒫 (05574) 2 21 84, ≤ Bodensee −
🅿
nur Abendessen, mittags Self - Service - Restaurant, 16. Sept.- 9. Mai und Montag geschl
− **M** (Tischbestellung ratsam) a la carte 200/370.

BREISACH 7814. Baden-Württemberg 🐃🐓🐔 F 22, 987 ⑳, 242 ㉒ − 10 000 Ew − Höhe 191 m −
✪ 07667.

Sehenswert : Münster (Lage★, Hochaltar★), Terrasse ≤★.

🅸 Verkehrsamt, Werd 9, 𝒫 8 32 27.

ADAC, Im Grenzzollamt, 𝒫 5 45.

♦Stuttgart 209 − Colmar 24 − ♦Freiburg im Breisgau 28.

🏨 **Am Münster** 🦕, Münsterbergstr. 23, 𝒫 70 71, Telex 772687, Fax 8603, ≤ Rheinebene und
Vogesen, 🍴, ≦, 🔲 − 🛗 📺 🚿 ⟸ 🅿 − 🛗 25/60. 🅰🅴 ⓞ 🅴 𝚅𝙸𝚂𝙰
7.- 20. Jan. geschl. − **M** a la carte 30/59 − **42 Z : 63 B** 85/99 - 126/164 Fb.

🏨 **Kapuzinergarten** 🦕, Kapuzinergasse 26, 𝒫 10 55, ≤ Kaiserstuhl und Schwarzwald, 🍴,
🛁 − ☎ 🛁 🅿 🅴 𝚅𝙸𝚂𝙰
28. Jan.- 3. März geschl. − **M** *(Mittwoch geschl.)* a la carte 31/68 − **12 Z : 24 B** 69/96 -
96/120 Fb.

🏠 Breisacher Hof, Neutorplatz 16, 𝒫 3 92, 🍴 − 🅿 − **28 Z : 55 B**.

🏠 **Kaiserstühler Hof**, Richard-Müller-Str. 2, 𝒫 2 36 − ⓞ 🅴 𝚅𝙸𝚂𝙰
M *(Mittwoch geschl.)* 26/56 − **16 Z : 30 B** 29/32 - 58/64.

🏡 **Bären**, Kupfertorplatz 7, 𝒫 2 81, 🍴 − 🅿
Jan. geschl. − **M** *(Sonntag 14 Uhr - Montag 17 Uhr geschl.)* a la carte 19/42 🍴 − **28 Z : 49 B**
35/65 - 70/88.

In Breisach-Hochstetten SO : 2,5 km :

🏠 Landgasthof Adler, Hochstetter Landstr. 3, 𝒫 2 85, 🍴, 🔲, 🌳 − ☎ 🅿
19 Z : 31 B.

BREISIG, BAD 5484. Rheinland-Pfalz − 7 000 Ew − Höhe 62 m − Heilbad − ✪ 02633.

Ausflugsziel : Burg Rheineck : ≤★ S : 2 km.

🅸 Verkehrsamt, Albert-Mertes-Str. 11 (Heilbäderhaus Geiersprudel), 𝒫 9 70 71.

Mainz 133 − ♦Bonn 33 − ♦Koblenz 30.

🏠 **Zur Mühle** 🦕, Koblenzer Str.15 (B 9), 𝒫 91 42, ≤, 🔲, 🌳, Fahrradverleih − 🅿. 🅰🅴 ⓞ.
🚿 Rest
7. Jan.- 24. Feb. geschl. − **M** a la carte 17/43 🍴 − **41 Z : 60 B** 40/71 - 76/126 − ½ P 52/85.

🏠 **Quellenhof**, Albert-Mertes-Str. 23, 𝒫 94 79, 🍴 − 🅿. 🅰🅴 🅴. 🚿 Zim
6. Nov.- 15. Dez. geschl. − **M** *(Dienstag geschl.)* a la carte 19/50 − **17 Z : 25 B** 33/50 - 78/92
− ½ P 51/61.

🏠 **Niederée**, Zehnerstr. 2 (B 9), 𝒫 92 10, ≦, Fahrradverleih − 🛗 📺 ☎ 🅿. 🅰🅴 ⓞ 🅴 𝚅𝙸𝚂𝙰
M *(6.- 31. Jan. und Mittwoch geschl.)* a la carte 16/45 🍴 − **37 Z : 55 B** 32/56 - 64/94 Fb −
½ P 48/72.

🏠 Haus am Bocksborn 🦕, Eifelstr. 62, 𝒫 93 35, ≦, 🔲 − 🅿. 🚿 Rest
(Restaurant nur für Hausgäste) − **16 Z : 24 B**.

🏠 **Haus Mathilde** 🦕, Waldstr. 5, 𝒫 91 44 − 🅿. 🅴
Mitte Nov.- Mitte Dez. geschl. − (Restaurant nur für Hausgäste) − **21 Z : 30 B** 40/55 -
76/104 − ½ P 53/70.

✗✗ **Zum Weißen Roß** mit Zim (Haus a.d.J. 1628), Zehnerstr. 19 (B 9), 𝒫 91 35, 🍴 − 📺 ☎.
🅰🅴 ⓞ 🅴
M um 18/63 (mittags) und a la carte 35/68 − **8 Z : 16 B** 50/90 - 90/180.

✗✗ **Am Kamin**, Zehnerstr. 10 (B 9), 𝒫 9 67 22, 🍴 − 🅰🅴 ⓞ 🅴 𝚅𝙸𝚂𝙰
Montag und Juli - Aug. 2 Wochen geschl. − Menu a la carte 32/60.

✗✗ **Historisches Weinhaus Templerhof** (Haus a.d.J. 1657), Koblenzer Str.45 (B 9), 𝒫 94 35,
🍴 − 🛁 🅿. 🅰🅴 ⓞ 🅴 𝚅𝙸𝚂𝙰
Mittwoch - Donnerstag 17 Uhr, Jan. und Juni jeweils 2 Wochen geschl. − **M** a la carte
30/81.

✗ **Vater und Sohn** mit Zim, Zehnerstr. 78 (B 9), 𝒫 91 48, 🍴 − 🅿. 🅰🅴 ⓞ 🅴 𝚅𝙸𝚂𝙰
M a la carte 25/55 − **8 Z : 15 B** 35/45 - 66/86.

BREITACHKLAMM Bayern. Sehenswürdigkeit siehe Oberstdorf.

BREITBRUNN AM CHIEMSEE 8211. Bayern 🗺 U 23 — 1 300 Ew — Höhe 539 m — ✆ 08054.
Sehenswert : Chiemsee✳.

Verkehrsamt, Gollenshauser Str. 1, ℰ 2 34.

München 96 — Rosenheim 26 — Traunstein 28.

XX Wastlhuberhof, ℰ 4 82 — 🅿.

X **Beim Oberleiter am See** ⑤ mit Zim, Seestr. 24, ℰ 3 96, ≤, 🍴, 🚤, Bootssteg — 🅿.
➡ Mitte April - Mitte Okt. — **M** *(Dienstag 17 Uhr - Mittwoch geschl.)* a la carte 21/33 ⅜ — **6 Z :**
11 B 30/40 - 48/90.

BREITENBACH AM HERZBERG 6431. Hessen — 2 000 Ew — Höhe 250 m — Erholungsort —
✆ 06675.

Wiesbaden 149 — Fulda 35 — Gießen 42 — ✦Kassel 75.

An der Autobahn A 5 (Nordseite) NW : 5 km :

🏨 **Rasthaus Motel Rimberg,** ✉ 6431 Rimberg, ℰ (06675) 5 61, ≤ — 🍴 ☎ ₺ 🚗 🅿. 🖭 ⓞ
E 🆅🆂🅰
M a la carte 25/50 — **11 Z : 24 B** 65/76 - 108.

BREITENGÜSSBACH 8613. Bayern 🗺 P 17. 🔟🔟 ❷ — 3 500 Ew — Höhe 245 m — ✆ 09544.

München 239 — ✦Bamberg 9 — Bayreuth 64 — Coburg 37 — Schweinfurt 63.

🏨 **Vierjahreszeiten** ⑤, Sportplatz 6, ℰ 8 61, ☎, 🔳, — 📺 ☎ 🅿 — 🛠 30. 🖭 ⓞ E
➡ **M** *(Freitag, 23. Feb.- 10. März und 20. Juli - 3. Aug. geschl.)* a la carte 16,50/37 — **38 Z : 65 B**
55/90 - 90/125.

BREITNAU 7821. Baden-Württemberg 🗺 H 23 — 1 800 Ew — Höhe 950 m — Luftkurort —
Wintersport : 1 000/1 200 m ✂2 ✂1 — ✆ 07652 (Hinterzarten).

Kurverwaltung, Rathaus, ℰ 16 97.

Stuttgart 167 — Donaueschingen 42 — ✦Freiburg im Breisgau 30.

🏨 **Kaiser's Tanne Wirtshus,** Am Wirbstein 27 (B 500, SO : 2, km), ℰ 15 51, Fax 1507,
« Gartenterrasse mit ≤ », ☎, 🔳, 🍴 — 🍴 📺 ☎ 🚗 🅿. 🛠 Zim
Mitte Nov.- Mitte Dez. geschl. — **M** *(Montag geschl.)* a la carte 40/73 — **29 Z : 60 B** 70/110 -
120/200 Fb.

🏨 **Café Faller** (mit Gästehaus), an der B 500 (SO : 2 km), ℰ 3 11, « Terrasse mit ≤ », ☎, 🍴
— 🍴 📺 ☎ 🅿. E
Ende Nov.- Mitte Dez. geschl. — **M** *(Donnerstag geschl.)* a la carte 27/53 ⅜ — **40 Z : 80 B**
40/70 - 70/200 Fb.

🏨 **Löwen,** an der B 500 (O : 1 km), ℰ 3 59, ≤, 🍴, ☎, 🍴, 🎾 — 🅿
10. Nov.- 20. Dez. geschl. — **M** *(Dienstag geschl.)* a la carte 23/46 ⅜ — **13 Z : 26 B** 40/44 -
80/90.

🏨 **Backhof Helmle,** Ödenbachstr. 3 (SO : 2 km, an der B 500), ℰ 3 89, 🍴, 🍴 — ☎ 🚗 🅿
M *(Dienstag bis 17 Uhr geschl.)* a la carte 24/36 ⅜ — **24 Z : 54 B** 36/47 - 68 Fb — ½ P 46.

🏨 **Kreuz,** Dorfstr. 1, ℰ 13 88, ≤, direkter Zugang zum 🔳 im Kurhaus — 🚗 🅿
➡ März - April 2 Wochen und 2. Nov.- 18. Dez. geschl. — **M** *(Montag geschl.)* a la carte 20/40
⅜ — **16 Z : 32 B** 40/50 - 70/80 Fb — ½ P 55.

In Breitnau-Höllsteig SW : 9 km über die B 31 :

🏨 **Hofgut Sternen,** am Eingang der Ravennaschlucht, ℰ 10 82, Fax 88142, 🍴 — 🍴 📺 ☎ ₺
🅿 — 🛠 25/60. 🖭 ⓞ E 🆅🆂🅰
2. Jan.- 6. Feb. geschl. — **M** a la carte 26/52 — **52 Z : 92 B** 100 - 154 Fb — ½ P 99/122.

BREKENDORF 2372. Schleswig-Holstein — 700 Ew — Höhe 15 m — ✆ 04336.

Kiel 46 — Rendsburg 24 — Schleswig 14.

🏠 **Hüttener Berge,** Am Hang 1, ℰ 32 88 — 🅿. 🛠 Zim
32 Z : 60 B.

BRELINGEN Niedersachsen siehe Wedemark.

MICHELIN GREEN GUIDE GERMANY

Picturesque scenery, buildings

Scenic routes

Geography

History, Art

Touring programmes

Plans of towns and monuments.

165

BREMEN 2800. Stadtstaat Bremen [987] (14) (15) – 530 000 Ew – Höhe 10 m – ✪ 0421.

Sehenswert : Marktplatz** – Focke-Museum** U M2 – Rathaus* (Treppe**) – Dom St Petri* (Taufbecken** Madonna*) – Wallanlagen* ABXY – Böttcherstraße* BY : Roseliushaus* (Nr.6) und Paula-Modersohn-Becker-Haus* (Nr.8) BY B – Schnoor-Viertel* BY – Kunsthalle* CY M.

Bremen-Vahr, Bgm.-Spitta-Allee 34 (U), ♗ 23 00 41 ; Garlstedt (N : 11 km über die B 6 U) ♗ (04795) 4 17 ; Bremen-Oberneuland (über ①), Heinrich-Baden-Weg 25, ♗ 25 93 21.

Bremen-Neustadt (S : 6 km) V, ♗ 5 59 51.

♗ 30 63 07.

Ausstellungsgelände a. d. Stadthalle (CX), ♗ 3 50 52 34.

Verkehrsverein, Touristinformation am Bahnhofsplatz, ♗ 30 80 00, Telex 244854, Fax 3080030.

ADAC, Bennigsenstr. 2. ♗ 4 99 40, Notruf ♗ 1 92 11.

♦Hamburg 120 ① – ♦Hannover 123 ①.

Am Stadtwald	U 8	Malerstraße	V 50
Beim Industriehafen	U 12	Marcusallee	V 51
Beneckendorffallee	U 13	Oslebshauser Heerstr.	U 52
Bismarckstraße	U 14	Osterfeuerberger Ring	U 53
Bremerhavener Straße	U 16	Ritterhuder Heerstr.	U 59
Buntentorsteinweg	V 17	Schwachhauser	
Duckwitzstraße	V 24	Heerstraße	U 63
Franz-Schütte-Allee	V 28	Sebaldsbrücker	
Hastedter Osterdeich	V 33	Heerstraße	V 64
H.-H.-Meier-Allee	U 38	Stresemannstraße	V 67
Kirchbachstraße	V 41	Utbremer Straße	U 69
Konrad-Adenauer-Allee	V 45	Waller Heerstraße	U 73

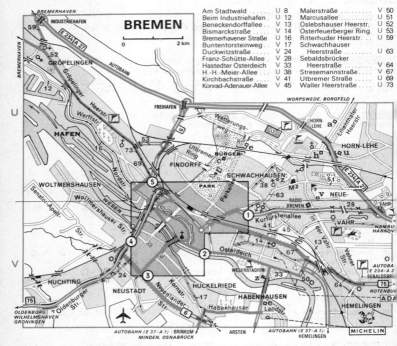

🏨🏨 **Park-Hotel** 🦢, im Bürgerpark, ♗ 3 40 80, Telex 244343, Fax 3408602, ≤, « Terrasse am Hollersee », 🦌, Fahrradverleih – 🛗 📺 🖭 🅿 – 🔬 25/500. 🖭 ⑩ ⋿ 𝖵𝖨𝖲𝖠   CX a
Restaurants : – **Parkrestaurant** (bemerkenswertes Weinangebot) **M** a la carte 51/98 – buten und binnen **M** a la carte 37/70 – **150 Z : 230 B** 210/270 - 320/380 – 13 Appart. 1200/1500

🏨 **Bremen Marriott**, Hillmannplatz 20, ♗ 1 76 70, Telex 246868, Fax 1767238, � – 🛗 ✦🚲 Zim 🍽 📺 🖭 🖭 – 🔬 25/600. 🖭 ⑩ ⋿ 𝖵𝖨𝖲𝖠 🕱 Rest   BXY k
Restaurants : – **Belvedere** 🕱 (Juli 3 Wochen geschl.) **M** 35/42 (mittags) und a la carte 54/80 – **Hillmann's Garden M** a la carte 31/55 – **230 Z : 460 B** 250/290 - 320/360 Fb – 4 Appart. 840.

🏨 **Zur Post**, Bahnhofsplatz 11, ♗ 3 05 90, Telex 244971, Fax 3059591, Massage, �, 🖭 – 🛗 ✦🚲 Zim 📺 🚿 🖭 – 🔬 25/150. 🖭 ⑩ ⋿ 𝖵𝖨𝖲𝖠   BX b
Restaurants : – **L'Orchidée** separat erwähnt – **Der Tingheter M** a la carte 23/65 – **Kachelstübchen** (nur Abendessen) **M** a la carte 32/49 – **211 Z : 334 B** 155/190 - 210/290 Fb – 4 Appart. 380/490.

🏨 **Munte am Stadtwald**, Parkallee 299, ♗ 21 20 63, Telex 246562, Fax 219876, �, 🖭 – 🛗 📺 🖭 🖭 🅿 – 🔬 25/300. 🖭 ⑩ ⋿ 𝖵𝖨𝖲𝖠   U c
M a la carte 23/58 – **124 Z : 248 B** 120/180 - 150/210 Fb.

🏨 **Mercure-Columbus**, Bahnhofsplatz 5, ♗ 1 41 61, Telex 244688, Fax 15369, � – 🛗 📺 🔬 25/90. 🖭 ⑩ ⋿ 𝖵𝖨𝖲𝖠 🕱 Rest   BX e
M (nur Abendessen) a la carte 40/58 – **153 Z : 270 B** 160/174 - 200/244 Fb.

🏨 **Überseehotel** garni, Wachtstr. 27, ℰ 3 60 10, Telex 246501, Fax 3601555, Fahrradverleih –
😭 📺 🕿 ዼ – 🔄 30. 🕮 ⑩ 🖪 E ₩₩
126 Z : 220 B 100/140 - 140/180 Fb.　　　　　　　　　　　　　　　　BY u

🏨 **Bremer Haus**, Löningstr. 16, ℰ 3 29 40, Telex 244353, Fax 3294411 – 😭 📺 🕿 ⇦ 🅿. 🕮
⑩ E ₩₩　　　　　　　　　　　　　　　　　　　　　　　　　　　CXY d
M *(Samstag - Sonntag nur Mittagessen)* a la carte 25/100 – **76 Z : 110 B** 96/105 - 123/160
Fb.

🏨 **Hanseat** garni, Bahnhofsplatz 8, ℰ 1 46 88 – 😭 📺 🕿. 🕮 ⑩ E ₩₩
33 Z : 55 B 108/128 - 168.　　　　　　　　　　　　　　　　　　BX e

🏨 **Ibis**, Rembertiring 51, ℰ 3 69 70, Telex 244511, Fax 3697109 – 😭 📺 🕿 ዼ ⇦ – 🔄 25/40.
🕮 ⑩ E ₩₩　　　　　　　　　　　　　　　　　　　　　　　　　CY e
M a la carte 30/43 – **162 Z : 250 B** 116/119 - 158/161 Fb.

🏨 **Schaper-Siedenburg** garni, Bahnhofstr. 8, ℰ 3 08 70, Telex 246644, Fax 14555 – 😭
🞬 Zim 📺 🕿. 🕮 ⑩ E ₩₩　　　　　　　　　　　　　　　　　　BX r
70 Z : 111 B 82/100 - 125/145.

🏠 **Lichtsinn** garni, Rembertstr. 11, ℰ 32 32 35 – 📺 🕿 ⇦. 🕮 ⑩ E ₩₩. 🞭
31 Z : 45 B 110/140 - 120/160 Fb.　　　　　　　　　　　　　　CY a

🏠 **Flensburger Hof - Ristorante Mama und Papa**, An der Weide 18, ℰ 32 05 57 – 😭 🕿　CX v
(Italienische Küche) – **49 Z : 59 B** Fb.

🏠 **Residence** garni, Hohenlohestr. 42, ℰ 34 10 20, 🕿 – 😭 🕿. 🕮 ⑩ E ₩₩　　CX k
34 Z : 60 B 50/75 - 85/110 Fb.

XXX ❀ **L'Orchidée** (im Hotel zur Post), Bahnhofsplatz 11 (6. Etage, 😭) – 🕮 ⑩ E ₩₩　BX x
nur Abendessen, Sonntag - Montag, 1.- 15. Jan. und Juli geschl. – **M** (Tischbestellung
ratsam) a la carte 69/98
Spez. Parfait von Kalbsbries, Variation von Lachs, Taubenbrust in Rotwein.

XX **Meierei**, im Bürgerpark, ℰ 21 19 22, ≤, « Gartenterrasse » – 🅿. 🕮 ⑩ E ₩₩　U c
M 50/55 (mittags) und a la carte 60/76.

XX **Flett**, Böttcherstr. 3, ℰ 32 09 95 – 🕮 ⑩ E ₩₩　　　　　　　　　BY g
Sonntag geschl. – **M** a la carte 39/65.

XX **Ratskeller-Bacchuskeller**, im alten Rathaus, ℰ 3 29 09 10 –　　　　　　　BY R
(Weinkarte mit etwa 600 deutschen Weinen).

XX **Jürgenshof**, Jürgensdeich 1 (Nähe Weserstadion), ℰ 44 10 37, « Gartenterrasse » – 🅿.
🕮 E　　　　　　　　　　　　　　　　　　　　　　　　　　　　　V z
27. Dez.- 7. Jan. geschl. – **M** a la carte 38/62.

X ❀ **Grashoff's Bistro**, Contrescarpe 80 (neben der Hillmann-Passage), ℰ 1 47 40 – ⑩
₩₩.　　　　　　　　　　　　　　　　　　　　　　　　　　　　　BY n
wochentags bis 18.30 Uhr geöffnet. Samstag 14 Uhr - Sonntag geschl. – **M** (Tischbestellung
erforderlich) a la carte 60/86
Spez. Spaghetti mit Hummer, Schellfisch mit Senfbutter, Früchte mit Mascarpone-Crème.

X **Concordenhaus**, Hinter der Holzpforte 2, ℰ 32 53 31 – 🕮 ⑩ E ₩₩. 🞭　　BY r
M (abends Tischbestellung ratsam) a la carte 48/71.

X **Deutsches Haus** - Fischrestaurant, Am Markt 1 (1. Etage), ℰ 3 29 09 20 –　　BY s

X **Vosteen am Ostertor**, Ostertorsteinweg 80, ℰ 7 80 37 – 🕮 ⑩ E ₩₩　　CY r
Mittwoch und 19. Juli - 16. Aug. geschl. – **M** 16/27 (mittags) und a la carte 23/51.

X **La Villa** (Italienische Küche), Goetheplatz 4, ℰ 32 79 63, « Gartenterrasse »　　CY s
24. Dez.- 1. Jan., Samstag bis 18 Uhr und Sonntag geschl. – **M** (Tischbestellung ratsam) a
la carte 42/64.

X **Alte Gilde**, Ansgaritorstr. 24, ℰ 17 17 12 – 🕮 ⑩ E ₩₩　　　　　　BY a
Sonntag ab 15 Uhr geschl. – **M** 15/24 (mittags) und a la carte 24/44.

X **Topaz** (Einrichtung im Bistro-Stil), Violenstr. 13, ℰ 32 52 58, Fax 327042 – 🕮 ⑩ ₩₩
Samstag bis 18 Uhr und Sonntag geschl. – **M** a la carte 59/77.　　　　　　BY e

X **Friesenhof** (Brauerei-Gaststätte), Hinter dem Schütting 12, ℰ 32 16 61 – 🕮 E ₩₩
M a la carte 29/52.　　　　　　　　　　　　　　　　　　　　　BY u

X **Zum Herforder** (Brauerei-Gaststätte), Pelzerstr. 8, ℰ 1 30 51　　　　　　BY t
Sonntag geschl. – **M** a la carte 25/52.

In Bremen 1 - Alte Neustadt :

🏨 **Westfalia**, Langemarckstr. 40, ℰ 50 04 40, Telex 246190, Fax 507457 – 😭 📺 🕿 ዼ 🅿 –
🔄 25. 🕮 ⑩ E ₩₩. 🞭 Rest　　　　　　　　　　　　　　　　　　AY n
M *(Sonntag geschl.)* a la carte 33/50 – **69 Z : 105 B** 92/110 - 135/160 Fb.

In Bremen 71-Blumenthal 2820 ⑤ : 26 km :

🏨 **Zur Heidquelle**, Schwaneweder Str. 52, ℰ 60 33 12 – 🕿 ⇦ 🅿. 🕮 ⑩ E
M a la carte 34/66 – **20 Z : 30 B** 60/120 - 100/150.

In Bremen 33 - Borgfeld NO : 11 km über Lilienthaler Heerstr. U :

XX **Borgfelder Landhaus**, Warfer Landstr. 73, ℰ 27 05 12 – 🅿. 🕮 ⑩
Dienstag geschl. – **M** a la carte 36/55.

BREMEN

ALTSTADT

In Bremen 71-Farge 2820 ⑤ : 32 km :

🏠 **Fährhaus Meyer-Farge**, Wilhelmshavener Str. 1, ℰ 6 86 81, Telex 245074, Fax 68684, ◄
斧, « Schiffsbegrüßungsanlage » – ⊡ ☎ 🅿 – 🔬 30. 亙 ⓞ E 𝚅𝙸𝚂𝙰
M a la carte 37/67 – **20 Z : 38 B** 97/117 - 140/160 Fb.

In Bremen 61-Habenhausen :

🏠 **Zum Werdersee**, Holzdamm 104, ℰ 8 35 04 – ⊡ ☎ 🅿. 亙 ⓞ E 𝚅𝙸𝚂𝙰   V ◄
M 15 (mittags) und a la carte 26/53 – **13 Z : 25 B** 45/70 - 60/85 Fb.

In Bremen 33-Horn-Lehe :

🏠 **Landgut Horn**, Leher Heerstr. 140, ℰ 2 58 90, Fax 2589222, ⇌ – 🛗 ⇖ Zim ⊡ ☎ 🔥 ⇌
🅿 – 🔬 25/120. 亙 ⓞ E 𝚅𝙸𝚂𝙰   U ◄
M a la carte 35/57 – **106 Z : 180 B** 115/145 - 145/175 Fb.

🏠 **Landhaus Louisenthal - Senator Bölkenhof**, Leher Heerstr. 105, ℰ 23 20 76
Telex 246925, ⇌ – ⊡ ☎ ⇌ 🅿 – 🔬 30. 亙 ⓞ E 𝚅𝙸𝚂𝙰   U ◄
M *(wochentags nur Abendessen)* a la carte 36/58 – **60 Z : 125 B** 50/90 - 90/160 Fb.

🏠 **Deutsche Eiche**, Lilienthaler Heerstr. 174, ℰ 25 10 11, Telex 244130, 斧, ⇌ – 🛗 ▤ Res
⊡ ☎ 🅿   U ◄
42 Z : 70 B Fb.

In Bremen 41-Neue Vahr :

🏠 **Queens Hotel**, August-Bebel-Allee 4, ℰ 2 38 70, Telex 244560, Fax 234617. Fahrradverleil
– 🛗 ⇖ Zim ▤ Rest ⊡ 🔥 🅿 – 🔬 25/300. 亙 ⓞ E 𝚅𝙸𝚂𝙰   U ◄
M a la carte 33/71 – **144 Z : 188 B** 174/216 - 223/253 Fb – 3 Appart. 388.

In Bremen 41-Schwachhausen :

🏠 **Heldt** 🐾, Friedhofstr. 41, ℰ 21 30 51, Fax 215145 – ⊡ ☎. 亙 ⓞ E 𝚅𝙸𝚂𝙰   U
M *(nur Abendessen, Sonntag geschl.)* a la carte 22/36 – **43 Z : 65 B** 57/87 - 87/125 Fb.

In Bremen 70 - Vegesack 2820 ⑤ : 22 km :

🏠 **Strandlust Vegesack** 🐾, Rohrstr. 11, ℰ 66 70 73, Fax 661655, ◄, « Terrasse ar
Weserufer » – ⊡ ⇌ 🅿 – 🔬 25/300. 亙 ⓞ E 𝚅𝙸𝚂𝙰. 🦅 Zim
M a la carte 42/64 – **23 Z : 44 B** 118/140 - 170/200 Fb.

🏠 **Garni**, Gerhard-Rohlfs-Str. 54, ℰ 66 90 15 – 🛗 ☎ 🅿
41 Z : 53 B 40/70 - 70/95.

In Lilienthal 2804 NO : 12 km Richtung Worpswede U – ✆ 04298 :

🏠 **Rohdenburg's Gaststätte**, Trupemoorer Landstr. 28, ℰ 36 10, 斧 – ⊡ ☎ 🅿. 亙 ⓞ
M *(Mittwoch geschl., Montag nur Abendessen)* 16/27 (mittags) und a la carte 25/45 -
16 Z : 27 B 55/60 - 95.

🏠 **Schomacker**, Heidberger Str. 25, ℰ 37 10 – ☎ 🅿. ⓞ E 𝚅𝙸𝚂𝙰
M *(Freitag bis 16 Uhr und Dienstag geschl.)* a la carte 25/47 – **28 Z : 48 B** 68/78 - 98/118 Fb

In Oyten 2806 SO : 17 km über die B 75 – ✆ 04207 :

🏠 **Café Hollmann garni**, Hauptstr. 85, ℰ 45 54 – 🛗 ⊡ ☎ 🔥 ⇌ 🅿. 🦅
18 Z : 25 B.

🏠 **Motel Höper**, Hauptstr. 58, ℰ 9 66, Fax 5838, ⇌, ▨, 🐎 – ⊡ ☎ 🔥 🅿 – 🔬 25/50. 🦅
ⓞ E 𝚅𝙸𝚂𝙰. 🦅 Rest
M *(Samstag - Sonntag nur Abendessen)* a la carte 27/49 – **35 Z : 70 B** 68/73 - 95/150.

🏠 **Fehsenfeld garni**, Hauptstr. 50, ℰ 8 48 – ⊡ ☎ 🅿. 亙 ⓞ E 𝚅𝙸𝚂𝙰. 🦅
22. Dez.- 6. Jan. geschl. – **9 Z : 17 B** 50/65 - 80/92.

MICHELIN-REIFENWERKE KGaA. Niederlassung 2800 Bremen 61-Habenhausen
Ziegelbrennerstr. 5 (V), ℰ (0421) 8 35 41, FAX 832126.

BREMERHAVEN 2850. Bremen 𝟗𝟖𝟕 ④ – 133 300 Ew – Höhe 3 m – ✆ 0471.

Sehenswert : Deutsches Schiffahrtsmuseum★★★ AZ **M**.

🖪 Verkehrsamt und Stadtstudio, Obere Bürger (im Columbus-Center), ℰ 5 90 22 43.

ADAC, Fährstr. 18, ℰ 4 24 70, Notruf ℰ 1 92 11.

♦Bremen 58 ③ – ♦Hamburg 134 ②.

Stadtplan siehe gegenüberliegende Seite.

🏠 **Nordsee-Hotel Naber**, Theodor-Heuss-Platz 1, ℰ 4 87 70, Telex 238881, Fax 4877999, 斧
– 🛗 ⊡ 🔥 ⇌ 🅿 – 🔬 25/250. 亙 ⓞ E 𝚅𝙸𝚂𝙰   AZ
M 21/35 (mittags) und a la carte 40/71 – **101 Z : 184 B** 125/155 - 160/325 Fb.

🏠 **Haverkamp**, Prager Str. 34, ℰ 4 83 30, Telex 238679, Fax 4833281, ⇌, ▨ – 🛗 ⇖ ⊡ ◄
🅿 – 🔬 25/40. 亙 ⓞ E 𝚅𝙸𝚂𝙰. 🦅 Rest   AZ
M a la carte 32/55 – **110 Z : 188 B** 105/180 - 160/260 Fb.

🏠 **Parkhotel - Restaurant Waldschenke** 🐾, im Bürgerpark, ℰ 2 70 41, Fax 56046, 斧
⊡ ☎ 🅿 – 🔬 25/150. 亙 ⓞ E 𝚅𝙸𝚂𝙰   über Walter-Delius-Str. BZ
M a la carte 31/52 – **46 Z : 100 B** 99/119 - 158/190 Fb.

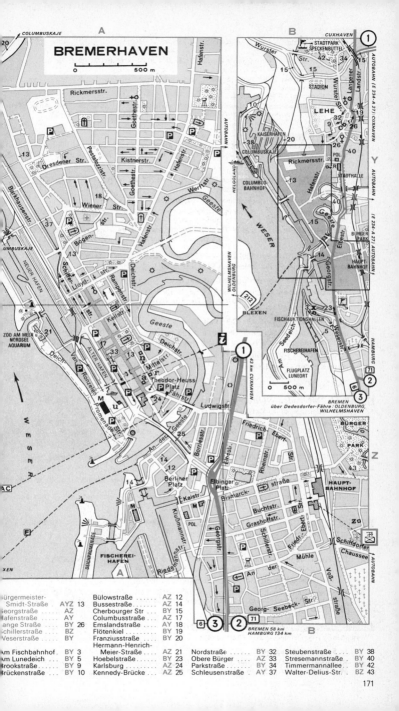

BREMERHAVEN

0 500 m

BREMERHAVEN

🏠 **Geestemünde** 🦐 garni, Am Klint 20, ℰ 2 88 00 − ⟵✕⟶ BZ
   14 Z : 20 B 50/69 - 90/98.

🏠 **Am Theaterplatz** garni, Schleswiger Str. 5, ℰ 4 26 20 − ☎ 🅿. 🖭 ⓞ 🄴. ⅏ AZ
   14 Z : 24 B 50/60 - 80/100.

✕✕ **Fischereihafen-Restaurant Natusch**, Am Fischbahnhof 1, ℰ 7 10 21, Fax 75008
   « Maritimes Dekor » − 🖭 ⓞ 🄴 𝒱𝐼𝑆𝐴 BY
   Montag geschl. − **M** a la carte 32/63.

✕ **Museums-Restaurant Seute Deern** (vorwiegend Fischgerichte), Am Alten Hafen
   ℰ 41 62 64, « Restaurant auf einer Dreimast-Bark a.d.J. 1919 » − 🖭 ⓞ 🄴 𝒱𝐼𝑆𝐴 AZ
   M a la carte 30/56.

   In Bremerhaven-Lehe :

🏠 **Zur Börse**, Lange Str. 34, ℰ 8 80 41 − 📺 ☎ 🅿. 🖭 ⓞ 🄴 𝒱𝐼𝑆𝐴. ⅏ Rest BY
◆ **M** *(Freitag 14 Uhr - Sonntag und 16. März - 6. April geschl.)* a la carte 19/33 − **34 Z : 52**
   59/69 - 92.

BREMERVÖRDE 2740. Niedersachsen 🅶🅸🆃 ⑤⑮ − 19 200 Ew − Höhe 4 m − ✪ 04761.
🔼 Touristik-Information, Bremer Str. 3, ℰ 8 63 35.
◆Hannover 170 − ◆Bremen 71 − ◆Bremerhaven 48 − ◆Hamburg 78.

🏠 **Daub**, Bahnhofstr. 2, ℰ 30 86, 🐴 − ☎ ⟵🚗⟶ 🅿 − ⚖ 25/200. 🖭 ⓞ 🄴 𝒱𝐼𝑆𝐴
   M *(Sonntag ab 14 Uhr geschl.)* a la carte 24/46 − **41 Z : 70 B** 47/53 - 84/90.

🏠 **Park-Hotel**, Stader Str. 22 (B 74), ℰ 24 60, 🏡, 🌳 − ☎ 🅿 − ⚖ 25/100. 🖭 ⓞ 🄴 𝒱𝐼𝑆𝐴
   M *(Sonntag 15 Uhr - Montag 17 Uhr geschl.)* a la carte 28/55 − **16 Z : 30 B** 50/80 - 95/110.

BRENSBACH 6101. Hessen 🐌🐌🐌 J 17 − 4 700 Ew − Höhe 175 m − ✪ 06161.
◆Wiesbaden 73 − ◆Darmstadt 26 − ◆Mannheim 53 − Michelstadt 19.

   In Brensbach-Mummenroth NO : 3 km :

✕ **Zum Brünnchen** 🦐 mit Zim, ℰ 5 53, 🏡 − 🅿
   8. - 18. Jan. und 8. - 23. Okt. geschl. − **M** *(Montag - Dienstag geschl.)* a la carte 24/54 ⚘
   4 Z : 7 B 25/29 - 50/58.

   In Brensbach 3-Stierbach SO : 4 km :

🏠 **Schnellertshof**, Erbacher Str. 100, ℰ 23 80, Wildgehege, 🐴, 🖾, 🌳, ✕ − ☎ 🅿. ⓞ 🄴
◆ **M** *(Dienstag geschl.)* a la carte 21/52 ⚘ − **14 Z : 28 B** 50/53 - 90/96.

   In Brensbach 1-Wersau NW : 2 km :

🏩 **Zum Kühlen Grund**, Bahnhofstr. 81 (B 38), ℰ 4 47 − ⌀ ☎ 🅿 − ⚖ 25/40. 🄴. ⅏ Zim
◆ *2.- 10. Jan. und 9. Juli - 3. Aug. geschl.* − **M** *(Montag geschl.)* a la carte 18/49 ⚘ − **26 Z**
   36 B 52/55 - 90/95 Fb.

BRETTEN 7518. Baden-Württemberg 🐌🐌🐌 IJ 19, 🅶🅸🆃 ㉙ − 23 100 Ew − Höhe 170 m − ✪ 07252.
◆Stuttgart 54 − Heilbronn 47 − ◆Karlsruhe 28 − ◆Mannheim 64.

🏩 **Krone**, Melanchthonstr. 2, ℰ 20 41, Fax 80598 − ⌀ ☎ 🅿 − ⚖ 25/60. 🖭 ⓞ 🄴 𝒱𝐼𝑆𝐴
   26. Dez.- 10. Jan. geschl. − **M** *(Freitag-Samstag 18 Uhr geschl.)* a la carte 32/66 − **45 Z**
   75 B 70/78 - 100/105 Fb.

BRETZENHEIM 6551. Rheinland-Pfalz − 2 200 Ew − Höhe 110 m − ✪ 0671 (Bad Kreuznach).
Mainz 38 − ◆Koblenz 75 − Bad Kreuznach 5.

🏠 **Grüner Baum**, Kreuznacher Str. 33, ℰ 22 38, 🏡, eigener Weinbau − ⌀ ☎ ⟵🚗⟶ 🅿
◆ ⅏ Zim
   14.- 29. Juli und 22. Dez.- 6. Jan. geschl. − **M** *(nur Abendessen, Freitag und Sonntag*
   geschl.) a la carte 21,50/34 ⚘ − **35 Z : 47 B** 34/48 - 64/88 Fb.

BRETZFELD 7117. Baden-Württemberg 🐌🐌🐌 L 19 − 8 500 Ew − Höhe 210 m − ✪ 07946.
◆Stuttgart 61 − Heilbronn 20 − ◆Nürnberg 145 − ◆Würzburg 107.

   In Bretzfeld-Bitzfeld N : 2 km :

🏠 **Zur Rose**, Weißlensburger Str. 12, ℰ 20 47 − ⌀ ☎ 🅿 − ⚖ 50. 🖭 ⓞ 🄴 𝒱𝐼𝑆𝐴
◆ **M** *(Donnerstag geschl.)* a la carte 19/42 ⚘ − **16 Z : 26 B** 35/50 - 60/90 Fb.

   In Bretzfeld-Brettach SO : 9 km, Richtung Mainhardt :

✕ **Rössle** 🦐 mit Zim, Mainhardter Str. 26, ℰ (07945) 22 64, Biergarten − ☎ 🅿. 🖭
   26. Feb.- 6. März und Aug. 2 Wochen geschl. − **M** *(Montag 14 Uhr - Dienstag geschl.)* a la
   carte 32/53 ⚘ − **5 Z : 9 B** 38/42 - 78/84.

BREUBERG/ODENWALD 6127. Hessen 🐌🐌🐌 K 17 − 7 150 Ew − Höhe 150 m − ✪ 06165.
◆Wiesbaden 83 − Aschaffenburg 24 − ◆Darmstadt 38.

   In Breuberg-Neustadt :

🏩 **Rodensteiner**, Wertheimer Str. 3, ℰ 20 01, 🏡, 🌳 − ⌀ 📺 ☎ 🅿 − ⚖ 25/70. ⓞ 🄴 𝒱𝐼𝑆𝐴
   M *(Montag und 1.- 15. Jan. geschl.)* a la carte 30/69 − **40 Z : 70 B** 75/90 - 120/140 Fb.

172

BREUNA 3549. Hessen − 3 600 Ew − Höhe 200 m − ✆ 05693.
Wiesbaden 240 − ◆Kassel 36 − Paderborn 59.

　🏠 **Sonneneck** ⬙, Stadtpfad 2, ℰ 2 93, 🍽, 🕿 − ❷. ◉ **E**
　　 28. Jan.- Feb. geschl. − **M** a la carte 24/41 − **24 Z : 44 B** 45/55 - 80/95.

BRIETLINGEN Niedersachsen siehe Lüneburg.

BRIGACHTAL Baden-Württemberg siehe Villingen-Schwenningen.

BRILON 5790. Nordrhein-Westfalen 🖫🖫🖫 ⑭⑮ − 25 000 Ew − Höhe 455 m − Luftkurort −
Wintersport : 450/600 m ⚡2 ⚡3 − ✆ 02961.
Städt. Verkehrsamt, Steinweg 26, ℰ 80 96.
Düsseldorf 168 − ◆Kassel 89 − Lippstadt 47 − Paderborn 47.

　🏨 **Zur Post**, Königstr. 7, ℰ 40 44, 🍽, 🕿, ▨ − 🛗 📺 🕿 ⟺ ❷. 🖭 ◉ **E** 𝗩𝗜𝗦𝗔
　　 M a la carte 25/52 ♨ − **16 Z : 40 B** 65/75 - 99/134 Fb.

　🏠 **Quellenhof**, Strackestr. 12, ℰ 20 45, Fax 2047, 🕿, ▨ − 📺 🕿 ⟺ ❷. 🖭 ◉ **E** 𝗩𝗜𝗦𝗔
　◆ **M** *(Donnerstag geschl.)* a la carte 19/50 ♨ − **18 Z : 35 B** 46/69 - 96/112 − ½ P 65/86.

　🏠 **Waldpension Brilon**, Hölsterloh 1 (SO : 1,5 km), ℰ 34 73, ≼, Caféterrasse, 🕿, 🌳 − 🕿
　　 ❷. 🖭 ◉ **E**
　　 Mitte Nov.- Mitte Dez. geschl. − **M** a la carte 24/43 − **13 Z : 25 B** 47 - 84 Fb − ½ P 52/57.

　　 In Brilon-Gudenhagen S : 4 km über die B 7 und die B 251 :

　🏠 **Berghotel Schwarzwald** ⬙, Triftweg 20, ℰ 35 45, ≼, 🍽, 🕿, ☒, ▨, 🌳 − ❷. ⚜ Rest
　　 Mitte Nov.- Mitte Dez. geschl. − **M** *(Mittwoch geschl.)* a la carte 30/47 − **21 Z : 40 B** 40/55 -
　　 80/150 − ½ P 55/70.

　❌❌ **Haus Waldsee** mit Zim, Am Waldfreibad, ℰ 33 18, 🌳 − 📺 🕿 ❷
　　 Menu *(nur Abendessen, Montag geschl.)* (auf Vorbestellung auch Mittagessen) 50 und a la
　　 carte 32/61 − **5 Z : 11 B** 50 - 90.

　　 In Brilon-Wald S : 8 km über die B 7 und die B 251 :

　🏠 **Jagdhaus Schellhorn** ⬙, In der Lüttmecke 9, ℰ 33 34, 🕿, ▨, 🌳 − ❷
　　 20. Nov.- 25. Dez. geschl. − (Restaurant nur für Hausgäste) − **15 Z : 25 B** 55 - 110 − ½ P 60.

BRINKUM Niedersachsen siehe Stuhr.

BRODENBACH 5401. Rheinland-Pfalz − 600 Ew − Höhe 85 m − Erholungsort − ✆ 02605 (Löf).
Mainz 94 − Cochem 25 − ◆Koblenz 26.

　🏨 **Peifer**, Moselufer 43 (SW : 1,5 km), ℰ 7 56, ≼, ▨, 🌳 − 🛗 ❷. 🖭 ◉ **E** 𝗩𝗜𝗦𝗔
　　 20.- 30. Dez. geschl. − **M** *(Nov.- März Mittwoch geschl.)* a la carte 22/44 ♨ − **31 Z : 58 B** 45 -
　　 90 − ½ P 55.

BRODERSBY Schleswig-Holstein siehe Liste der Feriendörfer.

BROMBACH Nordrhein-Westfalen siehe Overath.

BROME 3127. Niedersachsen 🖫🖫🖫 ⑯ − 2 500 Ew − Höhe 67 m − ✆ 05833.
Hannover 118 − ◆Hamburg 141 − ◆Braunschweig 60.

　　 In Brome-Zicherie S : 4 km :

　🏠 **Hubertus**, an der B 244, ℰ 15 15, 🍽, Wildgehege − 🕿 ⟺ ❷ − ⚒ 25/80
　◆ *Mitte Jan.- Mitte Feb. geschl.* − **M** *(wochentags nur Abendessen, Montag geschl.)* a la
　　 carte 20/40 − **31 Z : 41 B** 50/55 - 90/110.

BRUCHHAUSEN-VILSEN 2814. Niedersachsen − 4 700 Ew − Höhe 19 m − Luftkurort −
✆ 04252.
Hannover 79 − ◆Bremen 40 − Minden 83 − Verden an der Aller 30.

　❌❌ **Forsthaus Heiligenberg**, Homfeld (SW : 4 km), ℰ 6 33, « Niedersächsisches
　◆ Fachwerkhaus mit gemütlicher Einrichtung im Landhausstil, Gartenterrasse » − ❷ −
　　 ⚒ 25/50. 🖭 ◉ **E**
　　 Dienstag und 2.- 18. Jan. geschl., Nov.- März Montag kein Abendessen − **M** a la carte
　　 15/64.

　❌❌ **Dillertal**, an der B 6 (SW : 4 km), ℰ 26 80, 🍽 − ❷ − ⚒ 25/300. ◉ **E**
　　 M a la carte 29/61.

BRUCHKÖBEL 6454. Hessen 🖫🖫🖫 J 16 − 18 000 Ew − Höhe 113 m − ✆ 06181.
Wiesbaden 65 − ◆ Frankfurt am Main 21 − Fulda 86 − Gießen 60 − ◆ Würzburg 118.

　❌❌ ❀ **Zum Adler** (restauriertes Fachwerkhaus a.d.J. 1842), Hauptstr. 63, ℰ 7 59 10, 🍽 − ❷.
　　 E
　　 Samstag bis 18 Uhr und Montag geschl. − **M** 75/95 und a la carte 62/80
　　 Spez. Geräuchertes Taubenbrüstchen, Lachs mit Frankfurter Grüner Sauce, Lammrücken in Schupfnudelteig.

173

BRUCHMÜHLBACH-MIESAU 6793. Rheinland-Pfalz 🔟🔟🔟 F 18, 🔟🔟 ⑧ − 7 500 Ew − Höhe 265 − 🕿 06372.

Mainz 109 − Homburg/Saar 13 − Kaiserslautern 26 − ◆Saarbrücken 48.

🏡 **Haus Hubertus,** Sandstr. 3 (Bruchmühlbach), 🕿 13 26 − ⟵⟶ ❷. ⚘
◆ *Ende Juli - Mitte Aug. geschl.* − **M** *(nur Abendessen, Samstag geschl.)* a la carte 15/35 ⚘
8 Z : 11 B 27/34 - 45/51.

BRUCHSAL 7520. Baden-Württemberg 🔟🔟🔟 I 19, 🔟🔟🔟 ㉓ − 37 000 Ew − Höhe 115 m − 🕿 072⎵
Sehenswert : Schloß (Treppenhaus★★).

🅱 Stadtinformation, Am alten Schloß 2 (Bürgerzentrum), 🕿 7 93 01, Telex 7822430.
◆Stuttgart 68 − Heidelberg 37 − Heilbronn 61 − ◆Karlsruhe 25 − ◆Mannheim 49.

🏨 **Scheffelhöhe - Restaurant Belvedere** ⚲, Unteröwisheimer Str. 2⎵
🕿 80 20 (Hotel) 33 73 (Rest.), Telex 7822221, Fax 802156, ≼, 🍴, ⟠s − 🛗 📺 🕿 ❷
🏊 25/60. 🆎 ⓪ 🇪 𝘝𝘐𝘚𝘈
M a la carte 28/60 − **93 Z : 126 B** 82/110 - 120/160 Fb.

🏨 **Keller,** Heidelberger Str. 19 (B 3), 🕿 1 80 11, Telex 7822415, Fax 18013, ⟠s, 🔲, 🐎
⚘⚘ Zim 📺 🕿 ❷ − 🏊 25/40. 🆎 ⓪ 🇪 𝘝𝘐𝘚𝘈
Weihnachten - 6. Jan. geschl. − **M** *(Sonntag geschl.)* a la carte 32/59 − **54 Z : 80 B** 90/120⎵
125/150 Fb.

🏨 **Goldenes Lamm,** Kübelmarkt 8, 🕿 8 31 49 − 📺 🕿 ⟵⟶. 🆎 ⓪ 🇪 𝘝𝘐𝘚𝘈
Aug. geschl. − **M** *(Freitag - Samstag 18 Uhr geschl.)* a la carte 25/65 − **16 Z : 32 B** 90 - 150⎵

🏠 **Garni,** Amalienstr. 6, 🕿 21 38, 🐎 − ⟵⟶. 🆎 🇪
15 Z : 27 B 48/58 - 88/95.

XX **Bären,** Schönbornstr. 28, 🕿 8 86 27, Biergarten − ❷.

In Bruchsal 5-Büchenau SW : 7 km :

🏨 **Ritter,** Au in den Buchen 83, 🕿 (07257) 30 21 (Hotel) 14 23 (Rest.), Telex 725710, Biergarte⎵
⟠s − 🛗 📺 🕿 ❷ − 🏊 25/50. 🆎 ⓪ 🇪 𝘝𝘐𝘚𝘈
27. Dez.- 7. Jan. geschl. − **M** a la carte 29/52 ⚘ − **55 Z : 80 B** 75/90 - 110/135 Fb (Neuba⎵
mit 48 Z ab Frühjahr 1990).

In Bruchsal 3-Obergrombach S : 7 km :

🏡 **Grüner Baum,** Hauptstr. 40, 🕿 (07257) 20 04, eigener Weinbau − ⟵⟶ ❷
◆ *Sept. geschl.* − **M** *(Donnerstag und Sonntag geschl.)* a la carte 19,50/30 ⚘ − **8 Z : 12 B** 28⎵
50.

In Bruchsal 4-Untergrombach SW : 4,5 km :

🏡 **Zum weissen Lamm,** Schulstr. 6, 🕿 (07257) 13 66, eigener Weinbau − 📺 🕿 ❷
8 Z : 16 B.

X **Michaelsklause,** Auf dem Michaelsberg (NO : 2,5 km), Höhe 274 m, 🕿 (07257) 32 3⎵
≼ Rheinebene und Pfälzer Wald, Biergarten − ❷. 🆎 ⓪ 🇪
M a la carte 25/47.

In Karlsdorf-Neuthard 7528 NW : 4 km :

🏨 **Karlhof,** Bruchsaler Str. 1 (B 35), 🕿 (07251) 4 10 79 − 📺 🕿 ❷. 🆎 🇪
◆ **M** a la carte 15/59 − **16 Z : 36 B** 85/95 - 95/120 Fb.

XX **Schlindwein-Stuben,** Altenbürgstr. 6, 🕿 (07251) 4 10 76, 🍴 − 🆎 ⓪ 🇪 𝘝𝘐𝘚𝘈
Donnerstag und Aug. 2 Wochen geschl. − **M** a la carte 25/62.

Nahe den Ausfahrten zu den Autobahn-Raststätten NW : 5 km :

🏨 **Forst** ⚲, Gottlieb-Daimler-Straße 6, ✉ 7529 Forst, 🕿 (07251) 1 60 58, 🍴, 🐎 − 📺 🕿⎵
❷. 🆎 ⓪ 🇪 𝘝𝘐𝘚𝘈
M *(März 1 Woche, Juli - Aug. 3 Wochen, Samstag bis 18 Uhr und Montag geschl.)* a la car⎵
29/74 − **27 Z : 48 B** 75/110 - 130/140.

An der Autobahn A 5 - Westseite :

🏨 **Rasthof Bruchsal,** ✉ 7529 Forst, 🕿 (07251) 33 23, Telex 7822203, 🍴 − 🕿 � ⟵⟶ ❷
M a la carte 26/63 − **48 Z : 110 B** 61/98 - 90/142.

BRUCHWEILER Rheinland-Pfalz siehe Kempfeld.

BRUCKMÜHL 8206. Bayern 🔟🔟🔟 S 23, 🔟🔟🔟 ㊲, 🔟🔟🔟 ⑱ − 12 000 Ew − Höhe 507 m − 🕿 08062.
◆München 44 − Innsbruck 119 − Salzburg 100.

In Bruckmühl-Kirchdorf N : 1 km :

🏠 **Großer Wirt,** Am Griesberg 2, 🕿 12 49, 🍴, ⟠s, 🏊 (geheizt), 🐎 − 📺 🕿 ⟵⟶ ❷
◆ **M** *(Donnerstag geschl.)* a la carte 21/58 − **12 Z : 26 B** 48/55 - 80/90 Fb.

Dans les grandes villes,
certains hôtels proposent des **« forfaits week-end »**
à des prix intéressants.

BRÜCKENAU, BAD 8788. Bayern **413** M 16, **987** ㉘ – 6 600 Ew – Höhe 300 m – Heilbad – ✆ 09741.

◨ Städt. Kurverwaltung, Rathaus, ✆ 8 04 11.

München 345 – ✦Frankfurt am Main 97 – Fulda 34 – ✦Würzburg 78.

In Bad Brückenau 1 – Stadtbezirk :

🏠 **Krone**, Marktplatz 5, ✆ 40 81, Fahrradverleih – 📺 ☎. ஊ **E**
April geschl. – **M** *(Montag geschl.)* a la carte 27/47 – **10 Z : 19 B** 70 - 110.

🏠 **Zur Mühle** ⌂, Ernst-Putz-Str. 17, ✆ 50 61, « Kleiner Park mit Teich », ☞ – ⇌ 🅿. ⑩
➡ **E**. ⚘
Mitte Nov.- Mitte Dez. geschl. – **M** *(Mittwoch geschl.)* a la carte 20/41 ⅃ – **37 Z : 60 B**
33/60 - 72/126 Fb – ½ P 53/67.

In Bad Brückenau 2 – Staatsbad :

🏨 **Dorint Hotel** ⌂, Heinrich-von-Bibra-Str. 13, ✆ 8 50, ☞, direkter Zugang zum Kurmittelzentrum – ☷ 📺 ⅗ ⇌ 🅿 – ▵ 25/130. ஊ ⑩ **E** **WA**. ⚘ Rest
M *(auch Diät und vegetarische Gerichte)* a la carte 33/60 – **Quellenstube M** a la carte 20/35
– **147 Z : 280 B** 135/143 - 200/250 Fb – 31 Fewo 85/135.

🏠 **Haus Buchonia** ⌂ garni, Wernarzer Str. 21, ✆ 28 23, ☞ – ☎ 🅿. ⚘
8 Z : 12 B 42 - 78.

🏦 **Jägerhof**, Wernarzer Str. 7a, ✆ 7 97, ☞ – ☷ ☎ 🅿
(Restaurant nur für Hausgäste) – **41 Z : 60 B** 43/50 - 80/100.

In Bad Brückenau-Volkers NW : 3 km :

🏠 Rhönhotel Berghof, Hainweg 9, ✆ 20 22 – ☷ 🅿 – **50 Z : 100 B**.

In Bad Brückenau-Wernarz SW : 4 km :

🏠 Landhotel Weißes Ross, Frankfurter Str. 30, ✆ 20 60, ⌂, 🔲, ☞, ⚘, – 🅿 – **17 Z : 35 B**.

In Oberleichtersbach 8781 S : 4 km :

🏨 **Rhön-Hof**, Hammelburger Str. 4 (B 27), ✆ (09741) 50 91, ≤, ☞, ⌂, 🔲, ☞ – ☷ ☎ 🅿 –
➡ ▵ 25/40. ஊ
M a la carte 14/44 ⅃ – **32 Z : 56 B** 65/73 - 120/146 Fb.

Im Zeitlofs-Eckarts 8787 SW : 6 km :

🏠 **Sonnenhof** ⌂, Sonnenstr. 1, ✆ (09746) 6 36, ☞, ☞ – ☎ 🅿
➡ *7.- 25. Jan. geschl.* – **M** *(Dienstag geschl.)* a la carte 19/36 ⅃ – **21 Z : 26 B** 38/40 - 76/80.

In Zeitlofs-Rupboden 8787 SW : 8 km:

✗✗ **Alte Villa** mit Zim, ✆ (09746) 6 31, ☞ – 📺 ☎ 🅿. ஊ ⑩ **E** **WA**
Mitte Jan.- Mitte Feb. geschl. – **M** *(Dienstag geschl.)* a la carte 31/55 – **5 Z : 10 B** 75 - 150.

BRÜGGEN 4057. Nordrhein-Westfalen **408** ⑲. **212** ㉘ – 12 500 Ew – Höhe 40 m – ✆ 02163.

Düsseldorf 54 – Mönchengladbach 22 – Roermond 17 – Venlo 17.

🏨 **Brüggener Klimp** (mit Gästehaus), Burgwall 15, ✆ 50 95, Fax 7917, ☞, ⌂, 🔲, ☞ – 📺
☎ 🅿 – ▵ 35. ஊ **E** **WA**
M *(Dienstag geschl.)* a la carte 23/44 – **60 Z : 120 B** 65/75 - 90/110 Fb.

In Brüggen-Born NO : 2 km :

🏨 **Borner Mühle** ⌂, ✆ 70 01, Fax 59003, ☞ – ☷ ☎ 🅿 – ▵ 25/50. ஊ ⑩ **E** **WA**
M a la carte 28/56 – **27 Z : 47 B** 45/80 - 120/140 Fb – 7 Appart. 160.

BRÜHL 5040. Nordrhein-Westfalen **987** ㉓ – 41 500 Ew – Höhe 65 m – ✆ 02232.
Sehenswert : Schloß (Treppenhaus★).

◨ Informationszentrum, Uhlstr.3, ✆ 7 93 45.

Düsseldorf 61 – ✦Bonn 20 – Düren 35 – ✦Köln 13.

🏨 **Am Stern** garni, Uhlstr. 101, ✆ 1 80 00, Fax 180055 – ☷ 📺 ☎ 🅿. ஊ ⑩ **E** **WA**
40 Z : 69 B 100/130 - 160/180.

🏨 **Rheinischer Hof** garni, Euskirchener Str. 123 (Pingsdorf), ✆ 3 30 21 – ☷ 📺 ☎ 🅿. ஊ ⑩
E **WA**
15. Dez.- 15. Jan. geschl. – **22 Z : 48 B** 75/100 - 100/120 Fb.

BRÜN Nordrhein-Westfalen siehe Wenden.

BRUNSBÜTTEL 2212. Schleswig-Holstein **987** ⑤ – 13 000 Ew – Höhe 2 m – ✆ 04852.
Kiel 96 – ✦Hamburg 83 – Itzehoe 27.

🏠 **Zur Traube**, Am Markt 9, ✆ 5 10 11 – ☎ 🅿
M a la carte 25/55 – **22 Z : 43 B** 70 - 110 Fb.

In Neufeld 2221 NW : 7 km :

✗ **Op'n Diek**, Op'n Diek 3, ✆ (04851) 18 40 – 🅿
Donnerstag, März und Okt. geschl. – **M** (abends Tischbestellung ratsam) a la carte 23/41.

175

BRUNSWICK = Braunschweig.

BRUSCHIED Rheinland-Pfalz siehe Kirn.

BUBENREUTH Bayern siehe Erlangen.

BUCHAU AM FEDERSEE, BAD 7952. Baden-Württemberg 🔲 L 22, 🔲 ⊛ − 3 800 Ew − Höhe 586 m − Moorheilbad − ✪ 07582.

Ausflugsziele : Steinhausen : Wallfahrtskirche★ SO : 10 km − Bad Schussenried : ehemaliges Kloster (Klosterbibliothek★) SO : 9 km.

🚩 Städt. Kur- und Verkehrsamt, Marktplatz 1, ℰ 8 08 12.

◆Stuttgart 112 − Ravensburg 43 − Reutlingen 71 − ◆Ulm (Donau) 63.

🏠 **Zum Kreuz**, Hofgartenstr. 1, ℰ 82 72 − ⬤
 23. Dez.- 15. Jan. geschl. − **M** (Mittwoch geschl.) a la carte 22/42 − **20 Z : 40 B** 42/46
 84/92.

🏠 **Moorbadstuben**, Schussenrieder Str. 30, ℰ 21 77 − ⬤
 Mitte Dez.- Mitte Jan. geschl. − **M** (Montag geschl.) a la carte 23/37 🍴 − **13 Z : 23 B** 32/45
 60/85 − ½ P 45/55.

✗ **Hofbräuhaus** mit Zim, Schloßplatz 12, ℰ 82 27, Fahrradverleih − 🅟. 🍴
 23. Dez.- 15. Jan. geschl. − **M** (Montag geschl.) a la carte 19/41 − **8 Z : 12 B** 45 - 90.

BUCHEN (ODENWALD) 6967. Baden-Württemberg 🔲 K 18, 🔲 ⊛ − 14 500 Ew − Höhe 340 m − Erholungsort − ✪ 06281.

🚩 Verkehrsamt, Hochstadtstr. 2, ℰ 27 80.

◆Stuttgart 113 − Heidelberg 87 − Heilbronn 59 − ◆Würzburg 68.

🏨 **Romantik-Hotel Prinz Carl**, Hochstadtstr. 1, ℰ 18 77, �, « Rustikale Weinstube, außer Montag ab 18 Uhr geöffnet » − 📺 📺 🕿 ⬤ 🅟 − 🔏 40. 🆀 ⓿ 🇪 VISA. 🍴
 M a la carte 32/62 − **23 Z : 32 B** 90/105 - 150/185 Fb.

In Buchen-Hainstadt N : 1,5 km :

🏠 **Zum Schwanen**, Hornbacher Str. 4, ℰ 28 63, 🔲 − 📺 🕿. 🍴 Zim
 Juli - Aug. 3 Wochen geschl. − **M** (Mittwoch geschl.) a la carte 16/27 🍴 − **19 Z : 35 B** 39
 68 − ½ P 40/45.

In Buchen-Hettigenbeuern NW : 9 km :

🏠 **Löwen** 🔸, Morretalstr. 8, ℰ (06286) 2 75, 🔼, 🔲, 🌲 − ⬤ 🅟. 🍴
 15. Nov.- 20. Dez. geschl. − **M** (Mittwoch geschl.) a la carte 17/30 🍴 − **20 Z : 40 B** 38/48
 76.

BUCHENBACH Baden-Württemberg siehe Kirchzarten.

BUCHENBERG 8961. Bayern 🔲 N 23, 🔲 ⊛ − 3 500 Ew − Höhe 895 m − Luftkurort − Wintersport : 900/1 036 m ⥙7 ⥯3 − ✪ 08378.

◆München 133 − Kempten (Allgäu) 8,5 − Isny 17.

🏨 **Jagdhaus Schwarzer Bock** 🔸, Kürnacher Str. 169 (NW : 1,5 km), ℰ 4 72, 🔼, 🔲, 🌲
 🍽 (Halle), Fahrradverleih − 📺 🕿 ⬤ − 🔏 25. 🇪. 🍴 Rest
 M (Sonntag 15 Uhr - Montag 17 Uhr und Mitte Nov.- Mitte Dez. geschl.) a la carte 29/49 −
 27 Z : 46 B 70/115 - 130/160 Fb − ½ P 84/134.

🏨 **Haus Sommerau** 🔸, Eschacher Str. 35, ℰ 70 11, ≼, 🌲, Massage, 🔼, 🌲 − ⬤ − 🔏
 39 Z : 73 B Fb.

🏠 **Adler**, Lindauer Str. 15, ℰ 2 49, Biergarten, 🔼, 🔲, 🌲 − ⬤. 🆀
 M (Montag und 25. Nov.- 25. Dez. geschl.) a la carte 20/48 − **21 Z : 38 B** 50/65 - 60/95 Fb.

BUCHHOLZ IN DER NORDHEIDE 2110. Niedersachsen 🔲 ⊛ − 29 000 Ew − Höhe 46 m − ✪ 04181.

🚩 Holm-Seppensen (S : 5 km), ℰ (04181) 3 62 00.

◆Hannover 124 − ◆Bremen 96 − ◆Hamburg 37.

In Buchholz-Dibbersen :

🏠 **Frommann**, Harburger Str. 8 (B 75), ℰ 78 00, 🔲, 🌲 − 🕿 ⬤ 🅟. 🆀 ⓿ 🇪 VISA
 M a la carte 15/52 − **41 Z : 75 B** 37/50 - 58/80.

In Buchholz-Steinbeck :

🏨 **Zur Eiche**, Steinbecker Str. 111, ℰ 80 68, 🌲 − 📺 🕿 ⬤ 🅟 − 🔏 40. 🆀 ⓿ 🇪 VISA
 🍴 Rest
 M a la carte 31/59 − **18 Z : 36 B** 75/80 - 100/110.

🏠 **Hoheluft**, Hoheluft 1, ℰ 3 17 00, 🌲 − 📺 🕿 ⬤ 🅟 − 🔏 25/40. 🆀 🇪
 M (Samstag geschl.) a la carte 18/47 − **31 Z : 54 B** 38/68 - 60/104.

BUCHING Bayern siehe Halblech.

BUCHLOE 8938. Bayern **413** P 22, **987** ⑱ – 8 500 Ew – Höhe 627 m – ✆ 08241.
•München 68 – ◆Augsburg 42 – Kempten (Allgäu) 60 – Memmingen 49.

☨ **Hirsch**, Bahnhofstr. 57, ℰ 45 22 – ⇌ ❷. ✸ Zim
◆ 23. Dez. - 16. Jan. geschl. – **M** (Samstag - Sonntag geschl.) a la carte 21/35 – **19 Z : 26 B**
36/40 - 65/80.

BÜCHLBERG 8391. Bayern **413** X 20,21 – 3 400 Ew – Höhe 489 m – Erholungsort –
Wintersport : ✞2.2 – ✆ 08505.
🛈 Verkehrsamt, Hauptstr. 5 (Rathaus), ℰ 12 22.
•München 192 – Freyung 21 – Passau 15.

🏠 **Binder**, Freihofer Str. 6, ℰ 16 71, ≼, ⇔s, 🌳 – ⊟ ☎ ❷
29 Z : 52 B Fb.

🏠 **Pension Beinbauer** ♨ garni, Pangerlbergstr. 5, ℰ 5 20, ⇔s, 🌳 – ☑ ❷
Nov.- 15. Dez. geschl. – **28 Z : 50 B** 40 - 65.

☨ **Zur Post**, Marktplatz 6, ℰ 12 10, 🍴, 🌳, 🐎 – ❷
◆ Anfang Nov.- Mitte Dez. geschl. – **M** (Mitte Jan.- Mitte April Montag geschl.) a la carte
16/29 – **35 Z : 60 B** 32/36 - 54/62 Fb.

BÜCKEBURG 3062. Niedersachsen **987** ⑮ – 20 100 Ew – Höhe 60 m – ✆ 05722.
Sehenswert : Schloß (Fassade★).
🛈 Städt. Verkehrsamt, Stadthaus 2, Lange Str. 45, ℰ 2 06 24.
•Hannover 62 – Bielefeld 63 – ◆Bremen 106 – ◆Osnabrück 93.

🏨 **Altes Forsthaus** ♨, Harrl 2, ℰ 2 80 40, Fax 280444, 🌳 – ⊟ ☑ ☎ ❷ – 🏛 25/50. ⅋ ⊙
E ꟾꟾꟾꟾ
M a la carte 31/59 – **42 Z : 54 B** 80/190 - 155/280 Fb.

✗ **Ratskeller**, Bahnhofstr. 2, ℰ 40 96, Fax 26548 – ⅋ E ꟾꟾꟾꟾ
Nov.-März Mittwoch geschl. – **M** a la carte 24/53.

In Bückeburg-Röcke W : 5 km :

✗✗ **Große Klus**, Am Klusbrink 19, ℰ 62 48, « Gemütlich-rustikale Einrichtung » – ❷. E
nur Abendessen – Menu (bemerkenswerte Weinkarte) 25/73.

In Bückeburg-Rusbend N : 7 km :

☨ Schäferhof, Rusbender Str. 31, ℰ 44 70 – ☎ ❷
9 Z : 18 B.

In Luhden-Schermbeck 3061 SO : 6 km :

✗✗ **Landhaus Schinken-Kruse**, Steinbrink 10, ℰ (05722) 44 04, « Terrasse mit ≼ » – ❷. ⅋
⊙ E
Montag geschl. – **M** (bemerkenswerte Weinkarte) a la carte 32/60.

BÜCKEN 2811. Niedersachsen – 2 300 Ew – Höhe 20 m – ✆ 04251.
•Hannover 68 – ◆Bremen 56 – ◆Hamburg 122.

🏠 **Thöle - Zur Linde**, Dedendorf 33, ℰ 23 25, 🌳 – ❷. ⅋ E
◆ **M** (Sonntag ab 14 Uhr geschl.) a la carte 21,50/43 – **25 Z : 42 B** 28/50 - 51/80.

BÜDINGEN 6470. Hessen **413** K 16, **987** ㉕ – 18 000 Ew – Höhe 130 m – Luftkurort – ✆ 06042.
Sehenswert : Stadtmauer★ – Schloß (Kapelle : Chorgestühl★).
🛈 Städt. Verkehrsamt, Auf dem Damm 2. ℰ 88 41 37.
•Wiesbaden 91 – ◆Frankfurt am Main 48 – Fulda 78.

🏠 **Stadt Büdingen**, Jahnstr. 16, ℰ 5 61, Telex 4102437, 🍴, ⇔s, ⊒ – ⊟ ☎ ❷ – 🏛
52 Z : 96 B.

🏠 **Haus Sonnenberg**, Sudetenstr. 4, ℰ 30 51, 🌳 – ☎ ❷ – 🏛
13 Z : 21 B.

BÜDLICHERBRÜCK Rheinland-Pfalz siehe Trittenheim.

BÜHL 7580. Baden-Württemberg **413** H 20, **987** ㉞, **242** ⑳ – 23 700 Ew – Höhe 135 m –
✆ 07223.
Ausflugsziel : Burg Altwindeck ≼★ SO : 4 km.
🛈 Verkehrsamt, Hauptstr. 41, ℰ 28 32 33.
•Stuttgart 117 – Baden-Baden 17 – Offenburg 41.

🏨 **Wehlauer's Badischer Hof**, Hauptstr. 36, ℰ 2 30 63, Telex 786121, Fax 23065,
« Gartenterrasse » – ⊟ ☑ ☎ – 🏛 25/40. ⅋ ⊙ E ꟾꟾꟾꟾ
19. Feb.- 5. März geschl. – **M** (Samstag bis 18 Uhr geschl.) a la carte 38/72 – **25 Z : 46 B**
90/160 - 160/220 Fb.

Fortsetzung →

🏠 **Zum Sternen**, Hauptstr. 32, ℰ 2 41 57 – 🛏 📺 ☎ 🅿 – 🔬 25/50. **E**
→ **M** *(Mittwoch geschl.)* a la carte 21/46 ⅜ – **20 Z : 40 B** 28/60 - 95/110.

🏠 **Maja** garni, Johannesplatz 8, ℰ 2 53 35 – 📺 ☎
 Jan. geschl. – **11 Z : 15 B** 55 - 95.

🏠 **Adler**, Johannesplatz 3, ℰ 2 46 22 – 🛏 ⇐⇒
→ **M** *(Freitag - Samstag 17 Uhr geschl.)* a la carte 19,50/46 – **9 Z : 16 B** 38/65 - 75.

XX **Grüne Bettlad** mit Zim (Haus a.d. 17. Jh.), Blumenstr. 4, ℰ 2 42 38, 🍽, « Hübsche bäuerliche Einrichtung » – ☎. **E** 𝘝𝘐𝘚𝘈
 M *(Sonntag 14 Uhr - Montag, Juli - Aug. 2 Wochen und 22. Dez. - 14. Jan. geschl.)* a la carte 41/76 – **7 Z : 13 B** 80/90 - 135/170.

XX **Gude Stub**, Dreherstr. 9, ℰ 84 80, 🍽, « Kleine Stuben im Bauernstil »
 M (Tischbestellung ratsam) a la carte 39/70.

In Bühl-Eisental :

X **Zum Rebstock**, Weinstr. 2 (B 3), ℰ 2 42 45 – 🅿. ⓘ **E** 𝘝𝘐𝘚𝘈. 𝒮𝒴
 wochentags nur Abendessen, Montag sowie Jan. und Aug. jeweils 2 Wochen geschl. – **M** *(auch vegetarische Gerichte)* a la carte 37/58.

In Bühl-Kappelwindeck :

🏠 **Jägersteig** 🦌, Kappelwindeckstr. 95a, ℰ 2 41 25, ≤ Bühl und Rheinebene, 🍽 – 🅿
 10. Jan.- 20. Feb. geschl. – **M** *(Montag bis 18 Uhr und Donnerstag geschl.)* a la carte 26/54
 ⅜ – **12 Z : 24 B** 45/60 - 68/96.

XX **Der Einsiedelhof** mit Zim, Kappelwindeckstr. 51, ℰ 2 12 76, 🍽 – ⇐⇒ 🅿
 9 Z : 15 B.

X **Zum Rebstock** mit Zim, Kappelwindeckstr. 85, ℰ 2 21 09, 🍽 – 🅿
 Mitte Feb.- Mitte März geschl. – **M** *(Mittwoch geschl.)* a la carte 23/42 ⅜ – **6 Z : 13 B** 30 - 60.

In Bühl-Neusatz :

🏠 **Pension Linz** 🦌 garni, Waldmattstr. 10, ℰ 2 52 06, ≤, 🛏, 🖂, 🌳, 𝒮𝒴 – ☎ ⇐⇒ 🅿
 11 Z : 19 B 38/52 - 78/92.

XX **Traube**, Obere Windeckstr. 20 (Waldmatt), ℰ 2 16 42 – ⓘ **E**
 Montag bis Dienstag sowie Jan. und Sept. jeweils 2 Wochen geschl. – **M** a la carte 47/68.

In Bühl-Rittersbach :

🏠 **Zur Blume**, Hubstr. 85, ℰ 2 21 04 – ☎ ⇐⇒ 🅿
→ **M** *(Donnerstag und Jan.- Feb. 2 Wochen geschl.)* a la carte 20/46 ⅜ – **13 Z : 23 B** 35/55 - 70/110.

 Siehe auch : *Schwarzwaldhochstraße*

BÜHL AM ALPSEE Bayern siehe Immenstadt im Allgäu.

BÜHLERTAL 7582. Baden-Württemberg 𝟜𝟙𝟛 H 20, 𝟤𝟦𝟤 ⑳ – 8 000 Ew – Höhe 500 m – Luftkurort – ✆ 07223 (Bühl).
🛈 Verkehrsamt, Hauptstr. 92, ℰ 7 33 95.
♦Stuttgart 120 – Baden-Baden 20 – Strasbourg 51.

🏨 **Rebstock**, Hauptstr. 110, ℰ 7 31 18, 🍽, 🌳 – 🛏 ☎ 🅿 – 🔬 25/180. 𝔸𝔼 ⓘ **E**. 𝒮𝒴 Rest
 Mitte Feb.- Mitte März und Mitte Nov.- Mitte Dez. geschl. – **M** *(Donnerstag geschl.)* a la carte 29/64 ⅜ – **21 Z : 50 B** 50/80 - 104/130 Fb.

🏠 Grüner Baum, Hauptstr. 31, ℰ 7 22 06, 🌳 – ⇐⇒ 🅿 – 🔬 . 𝒮𝒴
 50 Z : 80 B.

🏠 **Zur Laube**, Hauptstr. 72, ℰ 7 22 30 – 🅿
→ 31. März - 10. April und 3.- 13. Nov. geschl. – **M** *(Montag geschl.)* a la carte 18/35 ⅜ –
 10 Z : 15 B 35 - 60.

BÜHLERZELL 7161. Baden-Württemberg 𝟜𝟙𝟛 M 19, 20 – 1 700 Ew – Höhe 391 m – Erholungsort – ✆ 07974.
♦Stuttgart 84 – Aalen 42 – Schwäbisch Hall 23.

🏠 Goldener Hirsch, Heilbergerstr. 2, ℰ 3 86 – 🅿
 8 Z : 15 B.

Gli alberghi o ristoranti *ameni* sono indicati nella guida
con un simbolo *rosso*.
Contribuite a mantenere
la guida aggiornata segnalandoci
gli alberghi e ristoranti dove avete soggiornato piacevolmente.

🏨 ... 🏠

XXXXX ... X

BÜNDE 4980. Nordrhein-Westfalen 987 ⑭ — 41 500 Ew — Höhe 70 m — ✪ 05223.

🛈 Verkehrsamt, Rathaus, Bahnhofstr. 15, ℘ 16 12 12.

♦Düsseldorf 203 — Bielefeld 23 — ♦Hannover 97 — ♦Osnabrück 46.

🏨 **City Hotel - Restaurant zur alten Post**, Kaiser-Wilhelm-Str. 2, ℘ 1 00 96, Fax 10097 —
🔄 📺 ☎ ℗ — 🔬 25/50. 🖭 ⓘ Ε 💳
M a la carte 27/59 — **54 Z : 106 B** 82/94 - 136/144 Fb.

In Bünde 1-Ennigloh :

🏨 **Parkhotel Sonnenhaus**, Borriesstr. 29, ℘ 4 29 69, ☞ — 📺 ☎ ⇐ ℗ — 🔬 25/100. 🖭
ⓘ Ε 💳
M *(Sonntag geschl.)* 24/35 (mittags) und a la carte 32/64 — **18 Z : 20 B** 66/70 - 100 Fb.

✕✕ **Waldhaus Dustholz**, Ellersiekstr. 81, ℘ 6 16 06, ☞ — ℗.

BÜRCHAU Baden-Württemberg siehe Neuenweg.

BÜREN 4793. Nordrhein-Westfalen 987 ⑭ ⑮ — 18 000 Ew — Höhe 232 m — ✪ 02951.

♦Düsseldorf 152 — ♦Kassel 92 — Paderborn 29.

🏨 **Kretzer**, Wilhelmstr. 2, ℘ 24 43 — ☎ ℗. ⓘ Ε
↩ 7.- 29. Juli geschl. — **M** *(Mittwoch ab 14 Uhr geschl.)* a la carte 20/40 ⅜ — **12 Z : 21 B** 30/35 -
57/60.

🍴 **Ackfeld**, Bertholdstr. 9, ℘ 22 04 — ⇐. Ε
↩ **M** *(Samstag geschl.)* a la carte 16/38 — **16 Z : 26 B** 30 - 60.

BÜRGSTADT 8768. Bayern 413 K 17 — 3 850 Ew — Höhe 130 m — ✪ 09371 (Miltenberg).

♦München 352 — Aschaffenburg 43 — Heidelberg 79 — ♦Würzburg 76.

🏨 **Weinhaus Stern**, Hauptstr. 23, ℘ 26 76, « Weinlaube », ☞ — ☎ ℗
1.- 30. März und Juni 2 Wochen geschl. — Menu *(Donnerstag - Freitag 18 Uhr geschl.)* a la
carte 31/63 ⅜ — **10 Z : 17 B** 40/60 - 72/98 Fb.

🏨 **Adler**, Hauptstr. 30, ℘ 26 00, ☞ — ☎ ℗. 🖭 Ε
M *(Montag - Dienstag 17 Uhr und 26. Feb.- 6. März geschl.)* a la carte 25/48 ⅜ — **12 Z : 23 B**
40/55 - 72/95.

✕ **Centgraf-Anker** mit Zim, Josef-Ulrich-Str. 19, ℘ 21 29, ☞ — ℗
↩ Mitte Feb.- Mitte März geschl. — **M** *(Donnerstag bis 18 Uhr geschl.)* a la carte 16,50/39 ⅜ —
10 Z : 20 B 33/38 - 58/80.

BÜRSTADT 6842. Hessen 412 I 18, 987 ㉔ ㉕ — 15 000 Ew — Höhe 90 m — ✪ 06206.

♦Wiesbaden 73 — ♦Frankfurt am Main 65 — ♦Mannheim 21 — Worms 7.

🏨 **Berg - Restaurant St. Michael**, Vinzenzstr. 6, ℘ 60 65 (Hotel) 7 17 94 (Rest.), ⊜s — 📺
☎ ⇐ ℗. ⓘ Ε 💳
M *(Samstag geschl.)* a la carte 27/55 — **30 Z : 55 B** 68/86 - 102/130 Fb.

In Bürstadt-Bobstadt N : 3 km :

🏨 Bergsträsser Hof, Mannheimer Str. 2, ℘ (06245) 80 94 — ☎
13 Z : 20 B.

BÜSINGEN 7701. Baden-Württemberg 413 J 23, 427 ⑥, 216 ⑧ — Deutsche Exklave im
Schweizer Hoheitsgebiet, Schweizer Währung (sfrs) — 1 300 Ew — Höhe 421 m — ✪ 07734
(Gailingen).

♦Stuttgart 167 — ♦Konstanz 42 — Schaffhausen 5 — Singen (Hohentwiel) 15.

✕✕ ✿ **Alte Rheinmühle** 📖 mit Zim (ehemalige Mühle a.d.J. 1664), Junkerstr. 93, ℘ 60 76,
Telex 793788, Fax 420, ≼, ☞ — ☎ ℗ — 🔬 25/60. 🖭 ⓘ Ε
1.- 17. Jan. geschl. — **M** *(Tischbestellung ratsam)* 60/100 — **15 Z : 30 B** 80/130 - 160/200
Spez. Eglifilet in Champagnersauce, Lammcarré mit Kräutern, Tournedos "Maison".

✕ **Hauenstein**, Schaffhauser Str. 69 (W : 2,5 km), ℘ 62 77, ≼ — ℗
Montag - Dienstag sowie Jan., Juli und Okt. jeweils 2 Wochen geschl. — **M** (Tischbestellung
ratsam) a la carte 38/55.

BÜSUM 2242. Schleswig-Holstein 987 ④ — 5 000 Ew — Nordseeheilbad — ✪ 04834.

🚢 Büsumer Warwerort (O : 8 km), ℘ (04834) 63 00.

🛈 Kurverwaltung, ℘ 80 01.

♦Kiel 102 — Flensburg 103 — Meldorf 25.

🏨 **Strandhotel Hohenzollern** 📖, Strandstr. 2, ℘ 22 93, Caféterrasse — 🔄 📺 ☎ ℗. 🖭
Nov.- 20. Dez. und Jan., 5. Jan.- Feb. garni — **M** a la carte 26/60 — **43 Z : 81 B** 61/135 -
122/142 Fb — ½ P 78/88.

🏨 **Zur Alten Apotheke** garni, Hafenstr. 10, ℘ 20 46, ☞ — 🔄 📺 ☎ ⇐ ℗. ✿
März-Okt. — **17 Z : 35 B** 100 - 130/140 Fb.

Fortsetzung →

🏨 **Strandhotel Erlengrund** ⤸, Nordseestr. 100 (NW : 2 km), ℰ 20 71, 🏛, ⇔, ◪, ╱ – 📺 ☎ ⇔ ℗, 🅰🅴
21.- 26. Dez. geschl. – **M** 17,50/28 (mittags) und a la carte 27/48 – **47 Z : 84 B** 49/95 - 98/138 – ½ P 68/88.

🏨 **Windjammer** ⤸, Dithmarscher Str. 17, ℰ 66 61 – 📺 ☎ ℗, 🅰🅴 ⓄⒹ Ε 🆅🅸🆂🅰
Mitte Nov.- Mitte Dez. geschl. – (nur Abendessen für Hausgäste) – **17 Z : 33 B** 55/94 - 116/138 Fb.

🏨 **Friesenhof** ⤸, Nordseestr. 66, ℰ 20 95, 🏛, ⇔, ╱, ╳ – 🔳 📺 ☎ ℗, 🅰🅴 ⓄⒹ Ε 🆅🅸🆂🅰
7. Jan.- 15. Feb. geschl. – **M** a la carte 30/62 – **33 Z : 60 B** 84/100 - 134/142 Fb – ½ P 89/96.

🏠 **Seegarten** ⤸, Strandstr. 3, ℰ 60 20, ← – 🔳 ☎ ℗, Ⓓ Ε 🆅🅸🆂🅰. 🎇 Zim
Mitte März - Okt. – **M** a la carte 30/58 – **23 Z : 39 B** 60/75 - 125/150 – 21 Fewo 90/140 – ½ P 97/112.

🏠 **Büsum** ⤸ garni, Blauort 18, ℰ 6 01 40, ⇔ – 📺 ☎ ℗
3. Jan.- 15. März und Nov.- 20. Dez. geschl. – **33 Z : 63 B** 58/72 - 118/138 Fb.

🏠 **Stadt Hamburg**, Kirchenstr. 11, ℰ 20 85, ╱ – 🔳 📺 ⇔ ℗ – 🕸 25/120. 🎇 Zim
21.- 26. Dez. geschl. – **M** a la carte 22/49 – **47 Z : 69 B** 39/57 - 70/100 Fb – ½ P 56/79.

🏠 **Pension Dorn**, Deichstr. 15, ℰ 20 15, ╱ – 📺 ☎ ⇔ ℗, 🅰🅴 Ⓓ. 🎇 Rest
Nov.- 15. Dez. geschl. – (Restaurant nur für Hausgäste) – **31 Z : 45 B** 35/42 - 58/80 Fb – 8 Fewo 75/96.

🏠 **Zur Alten Post**, Hafenstr. 2, ℰ 23 92, « Dithmarscher Bauernstube » – ℗
M a la carte 24/51 – **29 Z : 52 B** 42/48 - 67/92 – ½ P 53/63.

In Büsumer Deichhausen 2242 O : 2 km :

🏨 **Dohrn's Rosenhof** ⤸, To Wurth, ℰ (04834) 20 54, « Gartenterrasse », ⇔, ╱. Fahrradverleih – 📺 ☎ ⚒ ℗ – 🕸 30
15. Jan.- Feb. und Nov. geschl. – **M** *(Montag geschl.)* a la carte 33/58 – **23 Z : 45 B** 77 - 138 Fb – 3 Appart. 238.

🏠 **Deichgraf** ⤸, Achtern Dieck 24, ℰ (04834) 22 71, 🏛, ╱ – ℗, 🅰🅴
Mitte März - Mitte Okt. – **M** 17/29 (mittags) und a la carte 26/48 – **22 Z : 40 B** 46/53 - 78/92 Fb – 2 Fewo 75.

In Westerdeichstrich 2242 N : 3 km :

🏨 **Der Mühlenhof** ⤸, Dorfstr. 22, ℰ (04834) 20 61, « Restaurant in einer ehemaligen Windmühle », ⇔, ╱ – 📺 ☎ ⇔ ℗
nur Saison – **16 Z : 32 B**.

BÜTTELBORN 6087. Hessen 🅰🅱🅲 I 17 – 10 000 Ew – Höhe 85 m – ✪ 06152.
♦Wiesbaden 35 – ♦Darmstadt 12 – ♦Frankfurt am Main 35 – Mainz 28 – ♦Mannheim 56.

🏠 **Haus Monika**, an der B 42 (O : 1,5 km), ℰ 18 10 – ☎ ℗. 🎇
— *24. Dez.- 2. Jan. geschl.* – **M** *(Samstag geschl.)* a la carte 21/44 ⚐ – **39 Z : 55 B** 62/100 - 94/124 Fb.

BÜTZFLETH Niedersachsen siehe Stade.

BUFLINGS Bayern siehe Oberstaufen.

BUGGINGEN Baden-Württemberg siehe Heitersheim.

BURBACH 5909. Nordrhein-Westfalen 🅰🅱🅲 ㉖ – 14 000 Ew – Höhe 370 m – ✪ 02736.
♦Düsseldorf 145 – ♦Köln 108 – Limburg an der Lahn 45 – Siegen 21.

In Burbach-Holzhausen O : 8 km :

╳╳ **D'r Fiester-Hannes**, Flammersbacher Str. 7, ℰ 39 33, « Restauriertes Fachwerkhaus a.d. 17. Jh. mit geschmackvoller Einrichtung »
(Tischbestellung ratsam).

In Burbach-Wahlbach NW : 2 km :

🏠 **Gilde-Hotel Bechtel** ⤸, Heisterner Weg 49, ℰ 66 73, 🏛, ╱ – ⇔ ℗. 🎇
— *22. Dez.- 10. Jan. geschl.* – **M** *(Samstag geschl.)* a la carte 18/35 – **17 Z : 28 B** 38/65 - 75/100.

In Burbach-Wasserscheide O : 5,5 km :

🏠 **Haus Wasserscheide**, Dillenburger Str. 66, ℰ 80 68, Biergarten – ☎ ℗. Ε
M *(Samstag bis 16 Uhr geschl.)* a la carte 25/51 – **15 Z : 23 B** 35/57 - 70/105.

BURG Schleswig-Holstein siehe Fehmarn (Insel).

BURG (KREIS DITHMARSCHEN) 2224. Schleswig-Holstein – 4 000 Ew – Höhe 46 m – Luftkurort – ✪ 04825.
🅱 Fremdenverkehrsverein, Holzmarkt 4, ℰ 14 44 – ♦Kiel 87 – Flensburg 114 – ♦Hamburg 78.

🏠 **Riedel**, Nantzstr. 3, ℰ 81 34 – ☎
M *(Okt.- Mai Samstag geschl.)* a la carte 22/38 – **14 Z : 22 B** 45 - 80.

BURG/MOSEL Rheinland-Pfalz siehe Enkirch.

BURGBERG IM ALLGÄU 8978. Bayern **413** N 24 − 2 750 Ew − Höhe 750 m − Wintersport : 750/900 m ≰1 ≰2 − 🕲 08321 (Sonthofen).

🛈 Verkehrsbüro, Rathaus, Grüntenstr. 2. 𝒫 8 48 10.

♦München 145 − Kempten (Allgäu) 26 − Oberstdorf 16.

XX **Burgberger Stuben**, Bergstr. 2, 𝒫 8 74 10 − 🅿. ⓘ
    Dienstag geschl. − Menu a la carte 29/59.

BURGDORF 3167. Niedersachsen **987** ⑮ − 28 000 Ew − Höhe 56 m − 🕲 05136.

🛈ₛ Burgdorf-Ehlershausen, 𝒫 (05085) 76 28.

♦Hannover 25 − ♦Braunschweig 52 − Celle 24.

In Burgdorf-Hülptingsen O : 3 km :

🏨 **Sporting-Hotel**, Tuchmacherweg 20 (B 188), 𝒫 8 50 51, ℁ (Halle) − 📺 ☎ 🅿. 🅰🅴 ⓘ 🅴 *VISA*
    M a la carte 30/59 − **15 Z : 30 B** 65 - 110/130 Fb.

BURGEBRACH 8602. Bayern **413** P 17 − 4 800 Ew − Höhe 269 m − 🕲 09546.

♦München 227 − ♦Bamberg 15 − ♦Nürnberg 56 − ♦Würzburg 66.

🏚 **Gasthof u. Gästehaus Goldener Hirsch**, Hauptstr. 14, 𝒫 12 27, Fax 6709, 🍴, 🔲, 🎞
  − 🔔 🚗 🅿. ℁ Zim
    24. Dez.- 5. Jan. geschl. − **M** *(Freitag geschl.)* a la carte 14/26 🍷 − **58 Z : 100 B** 35/40 - 70/80.

BURGHASLACH 8602. Bayern **413** O 17 − 2 100 Ew − Höhe 300 m − 🕲 09552 (Schlüsselfeld).

♦München 229 − ♦Bamberg 46 − ♦Nürnberg 58 − ♦Würzburg 59.

🏚 **Pension Talblick** 🦕 garni, Fürstenforster Str. 32, 𝒫 17 70, ≤, 🎞 − 🚗 🅿
    6. Jan.- Feb. und Nov.- 25. Dez. geschl. − **10 Z : 23 B** 25 - 50.

🏛 **Rotes Ross**, Kirchplatz 5, 𝒫 3 74 − 🕮 🅿
    6. Jan.- 5. Feb. geschl. − **M** a la carte 19/29 🍷 − **16 Z : 28 B** 28/30 - 52.

In Burghaslach-Oberrimbach W : 5 km :

🏛 **Steigerwaldhaus**, 𝒫 8 58, �ா, ᔕ − 🅿. ℁ ⓘ 🅴
    20. Feb.- 20. März und 7.- 24. Aug. geschl. − **M** *(Dienstag geschl.)* a la carte 24/52 🍷 −
    18 Z : 40 B 24/38 - 46/80 − ½ P 34/44.

BURGHAUSEN 8263. Bayern **413** V 22. **987** ㊳. **426** ⑲ − 17 500 Ew − Höhe 350 m − 🕲 08677.
Sehenswert : Lage★★ der Burg★★.

🛈ₛ Marktl, Falkenhof 1 (N : 13 km), 𝒫 (08678) 2 07 ; 🛈ₛ Haiming, Schloß Piesing (NO : 5 km), 𝒫 (08678) 70 01.

🛈 Verkehrsamt, Rathaus, Stadtplatz 112, 𝒫 24 35.

♦München 110 − Landshut 78 − Passau 81 − Salzburg 58.

🏨 **Post**, Stadtplatz 39, 𝒫 30 43, Fax 62091, 🌺 − 📺 ☎ 🚗 − 🔺 25/60. ⓘ 🅴 *VISA*
    27. Dez.- 3. Jan. geschl. − **M** *(Freitag geschl.)* a la carte 18/51 − **37 Z : 70 B** 65/85 - 95/115 Fb.

🏨 **Glöcklhofer**, Ludwigsberg 4, 𝒫 70 24, Telex 563227, Biergarten, ᔕ (geheizt), 🎞 − 📺 ☎
    🍴 🚗 🅿 − 🔺 25/40. ℁ ⓘ 🅴 *VISA*
    M a la carte 25/51 − **58 Z : 80 B** 69/78 - 114/118 Fb.

🏨 **Bayerische Alm** 🦕, Robert-Koch-Str. 211, 𝒫 6 51 61, Biergarten, Terrasse mit ≤, 🎞 −
    📺 ☎ 🚗 🅿. ⓘ 🅴 *VISA*
    M *(Freitag geschl.)* a la carte 29/56 − **22 Z : 38 B** 75/95 - 100/140 Fb.

🏛 **Burghotel**, Marktler Str. 2, 𝒫 70 38, 🌺 − 🅿. ℁ ⓘ 🅴 *VISA*
    M a la carte 23/50 − **30 Z : 52 B** 55 - 90.

XX **Fuchsstuben**, Mautnerstr. 271, 𝒫 6 27 24, 🌺
    Sonntag 15 Uhr - Montag, Pfingsten und 20. Aug.- 10. Sept. geschl. − Menu 45 und a la carte 28/60.

In Burghausen-Raitenhaslach SW : 5 km :

🏨 **Klostergasthof Raitenhaslach** 🦕, 𝒫 70 62, 🌺, Biergarten, « Modernisierter Brauereigasthof a.d. 16. Jh. » − 📺 ☎ 🅿. ℁ 🅴
    M *(Montag geschl.)* a la carte 24/44 − **14 Z : 26 B** 70 - 105 Fb.

BURGKUNSTADT 8622. Bayern **413** Q 16. **987** ㉖ − 6 800 Ew − Höhe 304 m − 🕲 09572.

♦München 273 − ♦Bamberg 48 − Bayreuth 38 − Coburg 34.

🏚 **Drei Kronen**, Lichtenfelser Str. 24, 𝒫 8 18 − ☎ 🅿
    Jan. geschl. − **M** a la carte 17/30 − **55 Z : 110 B** 30/40 - 60/74.

🏛 **Gampertbräu**, Bahnhofstr. 22, 𝒫 14 67, 🌺 − 🅿. ℁
    M *(Montag geschl.)* a la carte 19,50/40 🍷 − **6 Z : 10 B** 35 - 70.

181

In Altenkunstadt **8621** S : 2 km :

Gondel, Marktplatz 7, ✆ (09572) 6 61, « Restaurant mit rustikaler Einrichtung » – TV ☎
P. E
Menu *(Freitag 14 Uhr - Samstag 17 Uhr und 2.- 9. Jan. geschl.)* 16,50/22 und a la carte 27/6
– **37 Z : 65 B** 48/65 - 80/125 Fb.

BURGLENGENFELD **8412.** Bayern 413 ST 19, 987 ㉗ – 10 300 Ew – Höhe 347 m – ☎ 09471.
Ausflugsziel : Kallmünz (Burgruine ≤★) SW : 9 km.
Schmidmühlen (NW : 11 km), ✆ (09474) 7 01.
♦München 149 – Amberg 34 – ♦Nürnberg 90 – ♦Regensburg 27.

Gerstmeier, Berggasse 5, ✆ 52 44 – ☎ P
(nur Abendessen) – **27 Z : 43 B**.

Zu den 3 Kronen, Hauptstr. 1, ✆ 52 81 – P
1.- 8. März, 25. Sept.- 5. Okt. und Mittwoch geschl. – **M** a la carte 16/31.

BURGTHANN **8501.** Bayern 413 Q 18 – 9 500 Ew – Höhe 440 m – ☎ 09183.
♦München 159 – ♦Nürnberg 24 – ♦Regensburg 79.

Blaue Traube mit Zim, Schwarzachstr. 7, ✆ 5 55, – ☎
8 Z : 13 B.

If you intend staying in a resort or hotel off the beaten track, telephone in advance, especially during the season.

Se dovete far tappa in una località climatica, o comunque di interesse turistico, preavvisate telefonicamente, specie in alta stagione.

BURGWALD **3559.** Hessen – 4 900 Ew – Höhe 230 m – ☎ 06457.
♦Wiesbaden 145 – ♦Kassel 90 – Marburg 24 – Paderborn 111 – Siegen 82.

In Burgwald-Ernsthausen :

Burgwald-Stuben, Marburger Str. 25 (B 252), ✆ 80 66 – P.

BURGWEDEL **3006.** Niedersachsen – 19 500 Ew – Höhe 58 m – ☎ 05139.
♦Hannover 22 – ♦Bremen 107 – Celle 28 – ♦Hamburg 137.

In Burgwedel 1-Grossburgwedel 987 ⑮ :

Springhorstsee, Am Springhorstsee (NW : 1,5 km, Richtung Bissendorf) ✆ 70 88 (Hotel) 33 47 (Rest.), ≤, – TV ☎ P
(wochentags nur Abendessen) **20 Z : 30 B** Fb.

Marktkieker garni, Am Markt 7, ✆ 70 93, « Modernes Hotel in einem 300 Jahre alter Fachwerkhaus » – TV ☎ P
Weihnachten - Anfang Jan. geschl. – **12 Z : 20 B** 88/124 - 134/184 Fb.

Oetting, Dammstr. 18, ✆ 25 09 – P
5. Dez.- 5. Jan. geschl. – **M** *(nur Abendessen, Freitag geschl.)* a la carte 21,50/40 – **28 Z : 40 B** 48/70 - 80/105 Fb.

In Burgwedel 5-Wettmar :

Remise, Hauptstr. 31, ✆ 33 33, « Ehem. Remise, eingerichtet mit alten ostfriesischer Möbeln » – P
wochentags nur Abendessen, Dienstag geschl. – **M** (Tischbestellung ratsam) a la carte 38/65.

BURLADINGEN **7453.** Baden-Württemberg 413 K 22 – 11 800 Ew – Höhe 722 m – ☎ 07475.
♦Stuttgart 78 – ♦Freiburg im Breisgau 173 – ♦Ulm (Donau) 92.

In Burladingen 9-Gauselfingen SO : 4,5 km :

Wiesental, Gauzolfstr. 23, ✆ 75 35 – P
16 Z : 21 B.

In Burladingen 4-Killer NW : 6 km :

Lamm, Bundesstr. 1 (B 32), ✆ (07477) 10 88 – ☎ P
Feb. 3 Wochen geschl. – **M** *(Freitag geschl.)* a la carte 19,50/50 – **13 Z : 23 B** 32/40 - 64/80.

In Burladingen 7-Melchingen N : 12 km :

Gästehaus Hirlinger garni, Falltorstr. 9, ✆ (07126) 5 55, , – P
14 Z : 26 B 30/35 - 60/62.

BURSCHEID 5093. Nordrhein-Westfalen **987** ㉔ — 16 500 Ew — Höhe 200 m — ✪ 02174.
◆Düsseldorf 42 — ◆Köln 26 — Remscheid 19.

  ▣ **Schützenburg**, Hauptstr. 116 (B 232), ℘ 56 18, ◪ — ▥ ☎ ℗ — ▒ 25/40. **E**
  ✦ **M** *(8. Juli - 4. Aug. und Freitag - Samstag geschl.)* a la carte 19/60 — **26 Z : 36 B** 56/95 - 100/150 Fb.

    An der B 232 W : 2 km :

  XX **Haus Kuckenberg** mit Zim, Kuckenberg 28, ⊠ 5093 Burscheid, ℘ (02174) 80 94 — ▥ ☎
    ℗. 🅰🅴 **E**
    Juli - Aug. 3 Wochen geschl. — **M** *(wochentags nur Abendessen, Mittwoch geschl.)* a la carte 32/57 — **7 Z : 13 B** 70 - 110.

    In Burscheid 2-Hilgen NO : 4 km :

  ▣ **Heyder**, Kölner Str. 94 (B 51), ℘ 50 91, ◪ — ▥ ☎ ⟸ ℗. ⨯
    22. Dez.- 4. Jan. geschl. — **M** *(Samstag geschl.)* a la carte 25/55 — **28 Z : 40 B** 45/80 - 75/135 Fb.

BUSECK 6305. Hessen **413** J 15 — 11 700 Ew — Höhe 160 m — ✪ 06408.
◆Wiesbaden 91 — Gießen 10 — Marburg 30.

    In Buseck-Oppenrod SO : 5,5 km :

  ▣ **Lohberg - Restaurant Pfeffermühle** ⨯, Turmstr. 3, ℘ 30 31 — ☎ ⟸ ℗ — ▒
    13 Z : 18 B.

BUSENBACH Baden-Württemberg siehe Waldbronn.

    Our hotel and restaurant guides, our tourist guides and our road maps
    are complementary. Use them together.

BUTJADINGEN 2893. Niedersachsen — 6 400 Ew — Höhe 3 m — ✪ 04733.
🛈 Kurverwaltung, Strandallee (Burhave), ℘ 16 16.
◆Hannover 214 — ◆Bremerhaven 15 — ◆Oldenburg 67.

    In Butjadingen 1-Burhave — Seebad :

  X **Haus am Meer** ⨯ mit Zim, Deichstr. 26, ℘ 4 22, ⨯ — ℗. ⨯
    14 Z : 24 B.

    In Butjadingen 1-Fedderwardersiel — Seebad :

  ▣ **Zur Fischerklause** ⨯, Sielstr. 16, ℘ 3 62, ⨯ — ▥ ℗. ⨯ Rest
    15. Jan.- 15. Feb. und 15. Okt.- 15. Nov. geschl. — **M** *(Dienstag geschl.)* a la carte 25/48 — **17 Z : 29 B** 44/50 - 75/95.

    In Butjadingen 3-Ruhwarden :

  ▦▦ **Schild's Hotel** ⨯ (mit Gästehäusern), Butjadinger Str. 8, ℘ (04736) 2 25 (Hotel) 2 18 (Rest.), ⨯, ⮯, ⨯ (geheizt), ⨯, Fahrradverleih — ℗. **E**
    Hotel Okt.- Ostern geschl. — **M** *(Okt.- März Mittwoch geschl.)* a la carte 28/56 — **68 Z : 160 B** 42/55 - 76/88 Fb — ½ P 48/54.

    In Butjadingen 3-Tossens — Seebad :

  ▣ **Strandhof** ⨯, Strandallee 35, ℘ (04736) 12 71, Bade- und Massageabteilung, ⮯, ⨯ — ▥ ☎ ℗
    19 Z : 38 B — 24 Fewo.

BUTZBACH 6308. Hessen **413** IJ 15. **987** ㉕ — 21 500 Ew — Höhe 205 m — ✪ 06033.
◆Wiesbaden 71 — ◆Frankfurt am Main 42 — Gießen 23.

  ▣ **Garni Römer**, Jakob-Rumpf-Str. 2, ℘ 69 63 — 🕿 ☎ ℗. 🅰🅴 ⓞ **E** 🆅🅸🆂🅰
    30 Z : 60 B 75 - 140 Fb.

  ▣ **Hessischer Hof** garni, Weiseler Str. 43, ℘ 41 38 — 🕿 ☎ ⟸ ℗
    34 Z : 50 B.

  X **Zum Roßbrunnen** (Italienische Küche), Am Roßbrunnen 2, ℘ 6 51 99, ⨯ — 🅰🅴 ⓞ **E**
    Montag geschl. — **M** a la carte 27/50.

BUXHEIM Bayern siehe Memmingen.

BUXTEHUDE 2150. Niedersachsen **987** ⑤ — 33 000 Ew — Höhe 5 m — ✪ 04161.
🛈 Zum Lehmfeld 1 (S : 4 km),℘ (04161) 8 13 33 ; 🛈 Ardestorfer Weg 1 (SO : 6 km), ℘ (04161) 8 76 99.
🛈 Stadtinformation, Lange Str. 4. ℘ 50 12 97.
◆Hannover 158 — ◆Bremen 99 — Cuxhaven 93 — ◆Hamburg 37.

  ▦▦ **Zur Mühle**, Ritterstr. 16, ℘ 5 06 50, Fax 506530 — 🕿 ▥ ☎. 🅰🅴 ⓞ **E** 🆅🅸🆂🅰 ⨯
    M *(Sonntag geschl.)* a la carte 36/70 — **36 Z : 68 B** 79/120 - 99/180 Fb.

BUXTEHUDE

In Buxtehude-Hedendorf W : 5 km :

🏠 **Zur Eiche**, Harsefelder Str. 64, ℰ (04163) 23 01, Caféterrasse — 📺 ☎ ❷ — 🔏 25/150
  M *(Montag - Freitag nur Abendessen, Donnerstag und 1.- 13. Jan. geschl.)* a la carte 25/42
  — **10 Z : 20 B** 55/65 - 95.

XX **Zur Walhalla**, Harsefelder Str. 39, ℰ (04163) 20 55, 🏕, « Mehrere Stuben mit verschiedenen Einrichtungen » — ❷ — 🔏 60. ⚜ ⓞ 🄴
  M a la carte 29/58.

In Buxtehude 1-Neukloster W : 4 km :

🏨 **Seeburg**, Cuxhavener Str. 145 (B 73), ℰ 8 20 71, ≼, « Gartenterrasse ». Fahrradverleih —
  📺 ☎ ⇐⇒ ❷ — 🔏 30. ⓞ 🄴
  M a la carte 28/68 — **14 Z : 21 B** 70/80 - 110/115 Fb.

CADENBERGE 2175. Niedersachsen 📖📖📖 ⑤ — 3 200 Ew — Höhe 8 m — ✪ 04777.
◆Hannover 218 — ◆Bremerhaven 56 — Cuxhaven 33 — ◆Hamburg 97.

🏠 Eylmann's Hotel, Bergstr. 5, ℰ 2 21 — 🖃 📺 ☎ ⇐⇒ ❷ — 🔏 — **31 Z : 55 B**.

CADOLZBURG 8501. Bayern 📖📖📖 P 18 — 8 000 Ew — Höhe 351 m — ✪ 09103.
◆München 179 — Ansbach 30 — ◆Nürnberg 19 — ◆Würzburg 87.

In Cadolzburg-Egersdorf O : 2 km :

🏠 Grüner Baum ⒮, Dorfstr. 11, ℰ 9 21, 🏕 — ☎ ❷ — **27 Z : 48 B** Fb.

CALDEN Hessen siehe Kassel.

CALW 7260. Baden-Württemberg 📖📖📖 J 20, 📖📖📖 ㉟ — 22 500 Ew — Höhe 395 m — ✪ 07051.
🛈 Kurverwaltung, Rathaus Hirsau, ℰ 56 71.
◆Stuttgart 47 — Freudenstadt 66 — Pforzheim 26 — Tübingen 40.

🏨 **Ratsstube**, Marktplatz 12, ℰ 18 64 — 📺 ☎ — 🔏 40
  M a la carte 23/55 — **13 Z : 23 B** 85 - 140 Fb.

🏠 **Zum Rössle**, Hermann-Hesse-Platz 2, ℰ 3 00 52 — 📺 ☎ ⇐⇒. 🄴
  Aug. geschl. — **M** *(Freitag geschl.)* a la carte 22/45 — **20 Z : 32 B** 40/70 - 72/106.

X Zum Rappen mit Zim, Bahnhofstr. 8, ℰ 21 64 — ☎ ❷ — **8 Z : 11 B**.

In Calw-Hirsau N : 2,5 km — Luftkurort :

🏨 Kloster Hirsau, Wildbader Str. 2, ℰ 56 21, Telex 726145, 🄴, 🄽, 🛏, — 🖃 ☎ ⇐⇒ ❷ —
  🔏 25/100 — **42 Z : 71 B** Fb.

In Calw - Stammheim SO : 4,5 km :

XX **Adler** mit Zim, Hauptstr. 16, ℰ 42 87, Fax 20311, 🏕 — 📺 ☎ ❷. ⚹
  M a la carte 40/66 — **8 Z : 15 B** 65 - 120.

CAMBERG, BAD 6277. Hessen 📖📖📖 HI 16, 📖📖📖 ㉔ — 12 000 Ew — Höhe 200 m — Kneippheilbad
— ✪ 06434.
🛈 Städt. Kurverwaltung, Am Amthof 6, ℰ 60 05.
◆Wiesbaden 37 — ◆Frankfurt am Main 61 — Limburg an der Lahn 17.

🏠 **Panorama** ⒮ garni, Priessnitzstr. 6, ℰ 63 96
  14 Z : 22 B 55/75 - 90/110.

An der Hochtaunusstraße O : 2 km :

🏠 **Waldschloß**, ✉ 6277 Bad Camberg, ℰ (06434) 60 96, Fax 5896, 🏕 — 📺 ☎ ⇐⇒ ❷. ⓞ 🄴
  M a la carte 25/59 — **17 Z : 30 B** 50/85 - 80/160 Fb.

An der Autobahn A 3 W : 4 km :

🏠 **Rasthaus und Motel Camberg**, (Westseite), ✉ 6277 Bad Camberg, ℰ (06434) 60 66,
  Telex 4821930, ≼ — ☎ ⇐⇒ ❷ — 🔏 25. ⚜ ⓞ 🄴 🆅🆂🅰
  M a la carte 23/55 — **27 Z : 51 B** 49/74 - 76/116.

CARTHAUSEN Nordrhein-Westfalen siehe Halver.

CASSEL = Kassel.

CASTROP-RAUXEL 4620. Nordrhein-Westfalen 📖📖📖 ⑭ — 80 000 Ew — Höhe 55 m — ✪ 02305.
Siehe Ruhrgebiet (Übersichtsplan).
🛅 Dortmunder Str. 383 (O : 3,5 km), ℰ 6 20 27.
◆Düsseldorf 73 — Bochum 12 — ◆Dortmund 12 — Münster (Westfalen) 56.

XXX ✿ **Goldschmieding**, Ringstr. 97, ℰ 3 29 31 — ❷. ⚜ ⓞ 🄴 🆅🆂🅰
  Samstag bis 18 Uhr und Montag geschl. — **M** 40/60 (mittags) und a la carte 53/85
  Spez. Hummermaultäschchen in Basilikum, Taubenbrust in Topfenteig mit Trüffeljus, Weißes
  Schokoladenmousse mit Erdbeeren.

184

CELLE 3100. Niedersachsen 987 ⑮ — 71 500 Ew — Höhe 40 m — ☎ 05141.

Sehenswert : Altstadt** — Schloß (Hofkapelle*) Y.

Ausflugsziel : Wienhausen (Kloster*) ③ : 10 km.

🏌 Celle-Garßen (über ②), 𝒫 (05086) 3 95.

🖪 Verkehrsverein, Markt 6, 𝒫 12 12.

ADAC, Nordwall 1a, 𝒫 10 60, Notruf 𝒫 1 92 11.

♦Hannover 45 ④ — ♦Bremen 112 ⑤ — ♦Hamburg 117 ①.

CELLE

Großer Plan	Y 8
Hehlentorstraße	Y 9
Markt	Y 18
Poststraße	Y 27
Schuhstraße	Y 33
Zöllnerstraße	Y 42
Am Heiligen Kreuz	Y 3
Bergstraße	Y 4
Brandplatz	Y 5
Braunhirschstr.	Y 6
Braunschweiger Heerstraße	Z 7
Kalandgasse	Y 12
Kanzleistraße	Y 13
Kleiner Plan	Y 14
Magnusstraße	Y 17

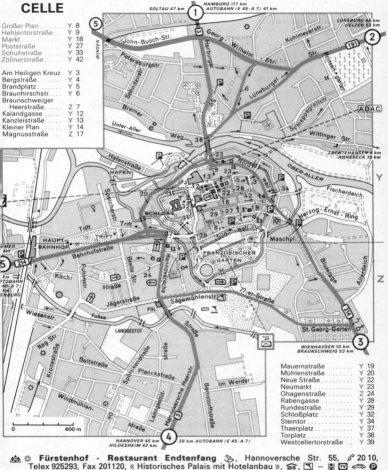

Mauernstraße	Y 19
Mühlenstraße	Y 20
Neue Straße	Y 22
Neumarkt	Y 23
Ohagenstraße	Z 24
Rabengasse	Y 28
Rundestraße	Y 29
Schloßplatz	Y 32
Steintor	Y 34
Thaerplatz	Y 37
Torplatz	Y 38
Westcellertorstraße	Y 39

🏨 ✿ **Fürstenhof - Restaurant Endtenfang** 🦢, Hannoversche Str. 55, 𝒫 20 10, Telex 925293, Fax 201120, « Historisches Palais mit Hotelanbau », 😷, 🔲 – 🔄 📺 ⟷ ℗ – 🔏 25/100. ஊ ⓞ 🄴. 🕸 Rest
Z e
M a la carte 68/103 — **Kutscherstube** *(nur Abendessen, Sonntag geschl.)* M a la carte 35/58 – **75 Z : 110 B** 105/200 - 185/350 Fb – 5 Appart. 300/400
Spez. Gurkensuppe mit Krebsen (Mai - Sept.), Entengerichte, Heidschnuckenrücken mit Senfsauce.

🏨 **Caroline Mathilde** garni, Bremer Weg 37, 𝒫 3 20 23, 😷 – 🔄 📺 ☎ ℗. ஊ ⓞ 🄴 VISA
28 Z : 60 B 80/130 - 105/170 Fb.
Y e

🏨 **Borchers** 🦢 garni, Schuhstr. 52 (Passage), 𝒫 70 61, Telex 925293, Fax 201120 – 🔄 📺 ☎ ⟷ 🄰 ⓞ 🄴
19 Z : 37 B 95/145 - 130/195 Fb.
Y f

🏨 **Nordwall** garni, Nordwall 4, 𝒫 2 90 77 – 📺 ☎ ℗
20 Z : 35 B Fb.
Y a

185

CELLE

- 🏠 **Bacchus,** Bremer Weg 132a, ⌀ 5 20 31 − ☎ ⇔ ⒫. **E**   über Bremer Weg   Y
  M *(nur Abendessen)* a la carte 25/46 − **15 Z : 28 B** 65/72 - 118.

- 🏠 **Atlantik** garni, Südwall 12a, ⌀ 2 30 39, Fax 24009 − 📺 ☎. 🖭 ⓸ **E** 𝑉𝐼𝑆𝐴   Y   b
  20. Dez.- 15. Jan. geschl. − **15 Z : 25 B** 72/148 - 95/168 Fb.

- XX **Städtische Union Celle,** Thaerplatz 1, ⌀ 60 96, 🍽 − ⒫ − 🏄   Z   u

- XX **Historischer Ratskeller,** Markt 14, ⌀ 2 90 99 − 🖭 **E**   Y   R
  3.- 19. Jan. und Dienstag geschl. − **M** a la carte 38/65.

- XX **Zum Kanonier,** Schuhstr. 52 (Passage), ⌀ 2 40 60 − ▤. 🖭 ⓸ **E** 𝑉𝐼𝑆𝐴   Y   f
  Mittwoch geschl. − **M** a la carte 33/55.

- X **Schwarzwaldstube,** Bergstr. 14, ⌀ 21 73 41 − ⓸ **E** 𝑉𝐼𝑆𝐴   Y   r
  Montag - Dienstag geschl. − **M** a la carte 30/57.

  In Celle-Altencelle ③ : 3 km :

- 🏰 **Schaperkrug,** Braunschweiger Heerstr. 85 (B 214), ⌀ 8 30 91, Telex 925227 − ☎ ⇔ ⒫
  − 🏄 25. 🖭 ⓸ **E** 𝑉𝐼𝑆𝐴
  20. Dez.- 15. Jan. geschl. − **M** *(Sonntag ab 14 Uhr geschl.)* a la carte 27/58 − **34 Z : 59 B**
  65/95 - 100/160 Fb.

  In Celle-Groß Hehlen ① : 4 km :

- 🏰 **Celler Tor,** Celler Str. 13 (B 3), ⌀ 5 10 11, Fax 55696, ⌂s, 🎋 − ▯ 📺 ⇔ ⒫ − 🏄 25/300.
  🖭 ⓸ **E** 𝑉𝐼𝑆𝐴
  M *(Sonn- und Feiertage ab 15 Uhr geschl.)* a la carte 38/64 − **55 Z : 100 B** 94/210 - 164/310
  Fb (Anbau mit 10 Z und ▨ ab Frühjahr 1990).

  In Nienhagen 3101   S : 10 km über ④ :

- XX **Jahnstuben,** Jahnring 13, ⌀ (05144) 31 11 − ⒫. **E**
  Montag, 1.- 10. Jan. und Juli - Aug. 3 Wochen geschl. − **M** a la carte 30/70.

  In Wienhausen 3101   SO 10 km :

- 🏰 **Voß** garni, Hauptstr. 27, ⌀ (05149) 5 92, 🎋 − 📺 ☎ 🚿 ⒫. **E**. 🍽
  19 Z : 43 B 85/90 - 120/160 Fb.

  In Bergen 2-Altensalzkoth 3103   ① : 14 km :

- 🏠 **Helms,** an der Straße nach Celle, ⌀ (05054) 10 71, ⌂s, 🎋, Fahrradverleih − 📺 ☎ ⇔ ⒫
  − 🏄 25/45. ⓸ **E** 𝑉𝐼𝑆𝐴
  15. Dez.- Jan. geschl. − **M** a la carte 22/47 − **41 Z : 63 B** 51/79 - 102/128.

CHAM 8490. Bayern 🔳🔳 UV 19, 🔳🔳🔳 ㉗ − 16 600 Ew − Höhe 368 m − ✪ 09971.

🗓 Städt. Verkehrsamt, Probsteistr. 46 (im Cordonhaus), ⌀ 49 33.

♦München 178 − Amberg 73 − Passau 109 − Plzen 94 − ♦Regensburg 56.

- 🏠 **Randsberger Hof,** Randsberger-Hof-Str. 15, ⌀ 12 66, Fax 20299, Biergarten, ⌂s, Squash
  ← − ▯ ☎ ⇔ ⒫ − 🏄 25/200. 🖭 ⓸ **E** 𝑉𝐼𝑆𝐴
  M a la carte 17,50/40 − **89 Z : 164 B** 39/47 - 78/94 Fb.

- 🏠 **Gästeheim am Stadtpark** 🍃 garni, Tilsiter Str. 3, ⌀ 22 53 − ⇔. **E**
  11 Z : 20 B 25/28 - 50/56 − 2 Fewo 40/50.

- XX **Ratskeller** mit Zim, Am Kirchplatz, ⌀ 14 41 − 📺 ☎ ⇔. 🖭 ⓸ **E** 𝑉𝐼𝑆𝐴
  6.- 30. Jan. geschl. − Menu *(Sonntag 15 Uhr - Montag geschl.)* a la carte 25/75 − **11 Z : 17 B**
  45/50 - 78/85.

  In Cham-Chammünster 8491   O : 3 km über die B 85 :

- 🏠 **Berggasthaus Oedenturm** 🍃, Am Oedenturm 11, ⌀ 38 80, ≤, 🍽, 🎋 − ⒫. ⓸ **E**
  ← *15. Okt.- 15. Dez. geschl.* − **M** *(Montag geschl.)* a la carte 16,50/46 ⅃ − **11 Z : 20 B** 30/35 -
  60/70 − ½ P 40/45.

CHAMERAU 8491. Bayern 🔳🔳 V 19 − 2 300 Ew − Höhe 375 m − ✪ 09944.

♦München 183 − ♦Nürnberg 141 − Passau 102 − ♦Regensburg 60.

- 🏠 **Landgasthof Schwalbenhof,** Am Kalvarienberg 1 (B 85), ⌀ 8 68, ≤, 🍽 − ⒫
  17 Z : 30 B.

CHIEMING 8224. Bayern 🔳🔳 U 23, 🔳🔳🔳 ㊲, 🔳🔳🔳 ⑲ − 3 700 Ew − Höhe 532 m − Erholungsort
− ✪ 08664.

Sehenswert : Chiemsee *.

🏌 Chieming-Hart (N : 7 km), ⌀ (08669) 75 57.

🗓 Verkehrsamt, Haus des Gastes, Hauptstr. 20b, ⌀ 2 45.

♦München 104 − Traunstein 12 − Wasserburg am Inn 37.

- 🏠 **Unterwirt,** Hauptstr. 32, ⌀ 5 51, Fax 1649, Biergarten − ⇔ ⒫
  ← *nach Fasching 3 Wochen und 8.- 30. Nov. geschl.* − **M** *(auch vegetarische Gerichte)* (Montag
  - Dienstag geschl.) a la carte 17/46 ⅃ − **14 Z : 24 B** 28/46 - 68/86.

- 🏠 **Zur Post,** Laimgruber Str. 5, ⌀ 14 81, Biergarten − ⒫
  11 Z : 23 B.

186

In Chieming-Ising NW : 7 km – Luftkurort :

🏛 **Zum goldenen Pflug** ⌛, Kirchberg 3, ℰ (08667) 7 90, Telex 56542, Fax 79432, 🌤, Biergarten, « Bayerischer Gutsgasthof, Zimmer mit Stil- und Bauernmöbeln », 🕿, 🐎, 🏛 (Halle), 🐎 (Reitschule und -hallen) – 🔲 📺 🕿 ⇔ ⊕ – 🔏 25/120. 🖭 ⓪ 🖲 𝕍𝕊𝔸
M a la carte 25/68 – **55 Z : 180 B** 112/125 - 172/182 – 10 Appart. 251/280 – ½ P 111/150.

In Grabenstätt-Hagenau 8221 S : 3 km :

🏔 **Chiemseefischer**, ℰ (08661) 2 17, 🌤, 🕿 – ⊕ – **10 Z : 24 B**.

CLAUSTHAL-ZELLERFELD 3392. Niedersachsen 🛐🛐🛐 ⑯ – 17 100 Ew – Höhe 600 m – Heilklimatischer Kurort – Wintersport : 600/800 m ≰1 ⅍4 – ❸ 05323.
Ausflugsziel : ≼** von der B 242, SO : 7 km.
🖪 Kurgeschäftsstelle, Bahnhofstr. 5a, ℰ 8 10 24.
◆Hannover 98 – ◆Braunschweig 62 – Göttingen 59 – Goslar 19.

🏛 **Wolfs-Hotel**, Goslarsche Str. 60 (B 241), ℰ 8 10 14, 🕿, 🔲, 🐎 – 📺 🕿 ⊕ – 🔏 25/60.
🖭 ⓪ 🖲 𝕍𝕊𝔸
M (Sonntag ab 14 Uhr und Juli - Aug. 2 Wochen geschl.) a la carte 26/50 – **30 Z : 60 B** 73/83 - 105/125 Fb – ½ P 69/99.

🏛 **Kronprinz**, Goslarsche Str. 20 (B 241), ℰ 8 10 88 – 🕿 ⇔ ⊕
◆ **M** (Montag geschl.) a la carte 21/44 – **22 Z : 44 B** 50/75 - 80/120 – ½ P 56/91.

🏛 **Friese**, Burgstätter Str. 2, ℰ 33 10 – 🕿 ⊕. 🖭 ⓪ 🖲
◆ Juli geschl. – **M** (Sonntag ab 14 Uhr und Dienstag geschl.) a la carte 21/40 – **25 Z : 50 B** 44/70 - 66/110 Fb – ½ P 48/85.

🏛 **Schnabelhaus**, Rollstr. 31, ℰ 14 28 – 🕿 ⊕
(Restaurant nur für Hausgäste) – **11 Z : 17 B** 30/38 - 70/76.

In Clausthal-Zellerfeld 3 - Buntenbock S : 3,5 km – Luftkurort :

🏛 **Gästehaus Tannenhof**, An der Ziegelhütte 2 (B 241), ℰ 55 69 (Hotel) 16 97 (Rest.), Cafégarten, 🕿, 🐎 – 📺 🕿 ⊕
10 Z : 20 B.

CLEVE **CLEVES** = Kleve.

CLOEF Saarland. Sehenswürdigkeit siehe Mettlach.

CLOPPENBURG 4590. Niedersachsen 🛐🛐🛐 ⑭ – 22 600 Ew – Höhe 42 m – ❸ 04471.
Sehenswert : Museumsdorf★.
🖪 Städt. Verkehrsamt, Rathaus, ℰ 18 50.
◆Hannover 178 – ◆Bremen 67 – Lingen 68 – ◆Osnabrück 76.

🏛 **Schäfers Hotel**, Lange Str. 66, ℰ 24 84, Fahrradverleih – 🕿 ⇔ ⊕ – 🔏 25/40. 🖭 ⓪ 🖲
𝕍𝕊𝔸
M (Montag bis 17 Uhr geschl.) a la carte 34/56 – **12 Z : 18 B** 60/65 - 100/120.

🏛 **Schlömer**, Bahnhofstr. 17, ℰ 28 38 – 📺 🕿 ⇔ ⊕. 🖭 ⓪ 🖲 𝕍𝕊𝔸
M (Sonntag geschl.) a la carte 27/47 – **12 Z : 22 B** 65/80 - 110/130 Fb.

🏛 **Deeken**, Friesoyther Str. 2, ℰ 65 52, 🕿, 🐎 – 📺 🕿 ⇔ ⊕. 🖭 ⓪
◆ **M** (Samstag und Juli - Aug. 3 Wochen geschl.) a la carte 19,50/56 – **22 Z : 37 B** 45/65 - 85/120 Fb – 3 Fewo 120.

🏛 **Zum weißen Roß**, Löninger Str. 37, ℰ 65 25 – 🕿 ⇔ ⊕. 🖭 ⓪ 🖲 𝕍𝕊𝔸
◆ **M** a la carte 15/38 – **16 Z : 24 B** 40/60 - 90/120.

🏔 **Taphorn**, Auf dem Hook 3, ℰ 36 46 – ⊕. 🐎 Zim
26 Z : 37 B.

In Resthausen 4599 NW : 6 km über Resthauser Straße :

🏛 **Landhaus Schuler** ⌛, Kastanienallee 6, ℰ (04475) 4 95, 🌤, 🐎 – 🕿 ⊕
M (Freitag geschl.) a la carte 25/58 – **11 Z : 17 B** 50/70 - 100/130.

An der Thülsfelder Talsperre Süd NW : 12 km :

🏔 **Heidegrund** ⌛, Dreibrückenweg 10, ⊠ 4594 Garrel-Petersfeld, ℰ (04495) 2 12, « Gartenterrasse », 🐎, Fahrradverleih – 🕿 ⊕
11 Z : 22 B.

An der Thülsfelder Talsperre Nord NW : 15 km :

🏔 **Seeblick** ⌛, Seeblickstr. 3, ⊠ 2908 Friesoythe-Thülsfelde, ℰ (04495) 2 75, ≼, 🌤 – ⇔
◆ ⊕
März- Mitte Nov. – **M** a la carte 20/38 – **12 Z : 22 B** 35/45 - 70/84 – ½ P 45/52.

Siehe auch : *Molbergen (W : 8,5 km)*

COBBENRODE Nordrhein-Westfalen siehe Eslohe.

COBLENCE **COBLENZA** = Koblenz.

Sehenswert : Veste Coburg★ Y – Schloß Ehrenburg Z und Hofgarten★ YZ – Gymnasium
Casimirianum★ Z A – Natur-Museum Y M.

🏌 Schloß Tambach (W : 10 km), ✆ (09567) 12 12.

🛈 Tourist-Information, Herrngasse 4, ✆ 7 41 80.

ADAC, Mauer 9, ✆ 9 47 47.

◆München 279 ② – ◆Bamberg 47 ② – Bayreuth 74 ②.

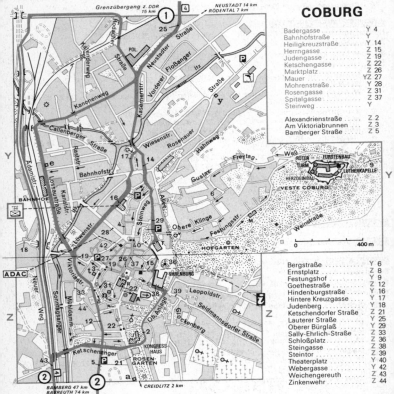

COBURG

🏦 **Blankenburg - Restaurant Kräutergarten**, Rosenauer Str. 30, ✆ 7 50 05, Fax 75674,
🍴, « Restaurant mit rustikaler Einrichtung » – 🛗 📺 ☎ 🅿 – 🔬 25/50. 🖭 ⓪ 🗷 💶 🛠
M *(Sonntag geschl.)* a la carte 44/70 – **36 Z : 70 B** 75/105 - 115/135 Fb – 2 Appart. 205.
Y y

🏦 **Stadt Coburg** 🦢, Lossaustr. 12, ✆ 77 81, Fax 75648, « Rustikales Grillrestaurant », 🎄 –
🛗 📺 ☎ 🅿 – 🔬 25/60. ⓪ 🗷 💶 🛠 Rest
M *(Sonntag geschl.)* a la carte 23/47 – **44 Z : 75 B** 85/98 - 125/135 Fb.
Y e

🏦 ✿ **Coburg Tor - Restaurant Schaller**, Ketschendorfer Str. 22, ✆ 2 50 74, Fax 28874,
– 🛗 📺 ☎ 🅿. 🛠
M *(Tischbestellung ratsam)* (Freitag - Samstag 18 Uhr geschl.) 88/118 und a la carte 46/96
– **17 Z : 27 B** 60/95 - 100/150 Fb
Spez. Gefüllte Taube auf Kartoffelrosette, Krustentiere in jungem Kraut und Brioche, Geeiste Terrine von
weißem Nougat.
Z a

🏦 **Goldene Traube**, Am Viktoriabrunnen 2, ✆ 98 33, Fax 92621, 🎄 –🛗 📺 ☎ 🚗 –
🔬 25/120. 🖭 ⓪ 🗷 💶
M a la carte 19/54 – **83 Z : 135 B** 45/95 - 75/180 Fb.
Z t

🏦 **Goldener Anker**, Rosengasse 14, ✆ 9 50 27, 🎄, 🔲 – 🛗 ☎ 🚗 – 🔬 40. 🖭 ⓪ 🗷 💶
M *(Sonntag geschl.)* a la carte 29/62 – **60 Z : 100 B** 65/95 - 110/165 Fb.
Z n

In Coburg-Scheuerfeld W : 3 km über Judenberg Y :

🏠 **Gasthof Löhnert** 🦢, Schustersdamm 28, ✆ 3 00 41, 🎄, 🔲 – ☎ 🅿 – **56 Z : 81 B**.

In Rödental 8633   N : 7 km über Neustadter Straße Y :

🏠 **Brauereigasthof Grosch** (Brauereibesichtigung möglich), Oeslauer Str. 115,
➤ 𝄞 (09563) 5 47 — ☎ ⇔ 🅿
   M *(Montag geschl.)* a la carte 20/44 — **16 Z : 30 B** 32/55 - 56/90.

In Ahorn-Witzmannsberg 8637   SW : 10 km über ② und die B 303 :

🏠 **Waldpension am Löhrholz** ॐ, Badstr. 20a, 𝄞 (09561) 13 35, 🍽 — ☎ 🅿 E 𝖵𝖨𝖲𝖠
➤ **M** (Mahlzeiten im Restaurant Freizeitzentrum) a la carte 20/43 ⅃ — **22 Z : 39 B** 42/48 - 75 Fb.

In Großheirath 8621   ② : 11 km :

🏨 **Steiner**, Hauptstr. 5, 𝄞 (09565) 8 35, ⇌, 🔲 — 🛊 ☎ 🅿 — 🔬 25/60. E
➤ **M** *(Montag bis 18 Uhr geschl.)* a la carte 17/37 — **42 Z : 95 B** 47 - 83 Fb.

COCHEM 5590. Rheinland-Pfalz 𝟿𝟾𝟩 ㉔ — 6 000 Ew — Höhe 91 m — ✿ 02671.
Sehenswert : Lage✶ — Pinnerkreuz ≤✶ (mit Sessellift).
🛈 Verkehrsamt, Endertplatz, 𝄞 39 71.
Mainz 139 — ◆Koblenz 51 — ◆Trier 92.

🏨 **Germania**, Moselpromenade 1, 𝄞 2 61, Telex 869422, ≤, 🍽 — 🛊 📺 ☎ ⇔. 𝖠𝖤 ⓞ E 𝖵𝖨𝖲𝖠
   1.- 28. Jan. geschl. — **M** *(im Winter Mittwoch geschl.)* a la carte 29/55 — **15 Z : 32 B** 75/120 -
   120/180.

🏨 **Alte Thorschenke**, Brückenstr. 3, 𝄞 70 59, Fax 4202, 🍽, « Historisches Haus a.d.J.
   1332 » — 🛊 ☎ ⇔ — 🔬 30. 𝖠𝖤 ⓞ E 𝖵𝖨𝖲𝖠. ✾ Rest
   5. Jan.- 15. März geschl. — **M** *(Mitte Nov.- Jan. Mittwoch geschl.)* a la carte 35/68 — **45 Z :
   90 B** 75/135 - 145/180 Fb.

🏠 **Haus Erholung** garni (mit Gästehäusern), Moselpromenade 64, 𝄞 75 99, ⇌, 🔲 — 🛊 🅿
   ✾
   Mitte März - Mitte Nov. — **10 Z : 20 B** 38/65 - 76/84 — 4 Fewo 120.

🏠 **Weinhaus Feiden**, Liniusstr. 1, 𝄞 32 56
   März geschl. — Menu *(Montag geschl.)* 22/31 (mittags). 25/55 (abends) ⅃ — **10 Z : 18 B** 45 -
   64/70.

✕✕ **Lohspeicher** ॐ mit Zim, Obergasse 1, 𝄞 39 76, 🍽 — 🛊 ☎. 𝖠𝖤 ⓞ E. ✾
   2. Jan.- Feb. geschl. — **M** *(Dienstag geschl.)* a la carte 40/73 — **9 Z : 18 B** 55/65 - 98/110.

✕✕ **Zur Börse** mit Zim, Pater-Martin-Str. 2, 𝄞 81 80 — 📺 ☎
   3 Z : 6 B.

In Cochem-Cond :

🏨 **Triton** ॐ garni, Uferstr. 10, 𝄞 2 18, ≤, ⇌, 🔲 — 🛊 ☎. ✾
   nur Saison — **17 Z : 32 B**.

🏨 **Haus Görg** garni, Bergstr. 6, 𝄞 88 94, ≤, ⇌ — 🛊 📺 ⇔ 🅿. ✾
   15. Jan.- 15. Feb. geschl. — **12 Z : 24 B** 55 - 80/120 Fb — 9 Fewo 70/85.

🏨 **Am Rosenhügel** garni, Valwiger Str. 57, 𝄞 13 96, ≤, 🍽 — 🛊 🅿. E 𝖵𝖨𝖲𝖠. ✾
   Dez.- Jan. geschl. — **23 Z : 45 B** 43/75 - 82/96.

🏠 **Am Hafen**, Uferstr. 4, 𝄞 84 74, ≤, 🍽 — ☎ ⇔. 𝖠𝖤 ⓞ E 𝖵𝖨𝖲𝖠
➤ **M** *(2.- 31. Jan. geschl.)* a la carte 20/49 ⅃ — **16 Z : 30 B** 40/70 - 70/110.

🏠 **Café Thul** ॐ, Brauselaystr. 27, 𝄞 71 34, ≤ Cochem und Mosel, 🍽, 🚲, Fahrradverleih —
   🛊 ⇔ 🅿. ⓞ E
   März - Nov. — **M** a la carte 26/43 ⅃ — **23 Z : 45 B** 50/100 - 100/120 Fb.

🏠 **Brixiade** ॐ, Uferstr. 13, 𝄞 30 15, ≤, « Gartenterrasse » — 🛊 🅿. 𝖠𝖤. ✾ Zim
   20.- 27. Dez. geschl. — **M** a la carte 25/53 ⅃ — **38 Z : 70 B** 55/80 - 75/110.

In Cochem-Sehl :

🏨 **Parkhotel Landenberg**, Sehler Anlagen 1, 𝄞 71 10, « Gartenterrasse », ⇌, 🔲 — ☎
   ⇔ 🅿. 𝖠𝖤 ⓞ E 𝖵𝖨𝖲𝖠. ✾
   5. Jan.- 15. März geschl. — **M** a la carte 33/60 — **24 Z : 50 B** 65/130 - 140/200.

🏨 **Panorama**, Klostergartenstr. 44, 𝄞 84 30, Fax 3064, ⇌, 🔲, 🚲 — 🛊 ☎ 🅿 — 🔬 25/160.
➤ 𝖠𝖤 ⓞ E 𝖵𝖨𝖲𝖠
   Jan. geschl. — **M** a la carte 21/50 — **40 Z : 75 B** 50/115 - 100/135 Fb — 2 Appart. 160 —
   8 Fewo 50/80.

🏠 **Keßler-Meyer** ॐ garni, Am Reilsbach, 𝄞 45 64, ≤, ⇌, 🔲 — ☎ ⇔
   April - Okt. — **19 Z : 38 B** 70/77 - 100/124.

🏠 **Weinhaus Klasen**, Sehler Anlagen 8, 𝄞 76 01, eigener Weinbau — 🛊 🅿. ✾ Zim
➤ Weinhandlung - Neujahr geschl. — **M** *(nur Abendessen, Nov.- Mai Mittwoch geschl.)* a la
   carte 19/30 ⅃ — **11 Z : 20 B** 48/75 - 90 — 2 Fewo 70 — ½ P 59/62.

🏛 **Zur schönen Aussicht**, Sehler Anlagen 22, 𝄞 72 32, ≤, eigener Weinbau
➤ Weinhandlung - Neujahr geschl. — **M** *(Nov.- Mai Montag geschl.)* a la carte 18/38 ⅃ — **17 Z :
   34 B** 28/50 - 45/95.

Im Enderttal   NW : 3 km :

🏨 **Weißmühle** ॐ, ✉ 5590 Cochem, 𝄞 (02671) 89 55, Telex 863608, Fax 8207, 🍽 — 🛊 📺 ☎
   🅿 — 🔬 25/60. E
   M a la carte 31/63 — **36 Z : 66 B** 58/65 - 110/164 Fb — ½ P 83/110.

In Valwig 5591   O : 4 km :

🏠 **Moog,** Moselweinstr. 60, ℘ (02671) 74 75, ≤, �ூ, 🚗 – 📶 🅿
↔ *Mitte März - Mitte Nov. – M (März - Juni Dienstag, Juli - Nov. Dienstag bis 18 Uhr geschl.)*
a la carte 20/41 ⅛ – **21 Z : 45 B** 50/57 - 70/84.

In Ernst 5591   O : 5 km :

🏠 **Weinhaus Traube,** Moselstr. 33, ℘ (02671) 71 20, ≤, �ூ – 🅿
↔ M a la carte 18,50/36 ⅛ – **28 Z : 56 B** 35 - 70.

🏡 **Weinhaus André,** Moselstr. 1, ℘ (02671) 46 88, ≤, �ூ, eigener Weinbau – 🚗 🅿
🌸 Zim
3.- 31. Jan. geschl., Feb. garni – (Restaurant nur für Hausgäste) – **16 Z : 30 B** 44 - 70/74.

CÖLBE Hessen siehe Marburg.

COESFELD 4420. Nordrhein-Westfalen 987 ⑭, 408 ⑭ – 30 600 Ew – Höhe 81 m – ✪ 02541.
🛈 Verkehrsamt, Rathaus, Markt 8, ℘ 1 51 51.
♦Düsseldorf 105 – Münster (Westfalen) 38.

🏠 **Westfälischer Hof,** Süringstr. 32, ℘ 28 58 – 🕿 🚗 🅿 🖭 ⓪ 🇪
↔ M a la carte 20/49 – **13 Z : 19 B** 45 - 90.

🏠 **Haus Klinke,** Harle 1 (Doruper Straße), ℘ 10 01, �ூ, Biergarten – 📺 🕿 🅿 – 🏛 40. 🖭
↔ ⓪ 🇪 *VISA*
M a la carte 18/36 – **24 Z : 28 B** 50 - 90.

🏡 Jägerhof, Süringstr. 48, ℘ 30 90, « Gemütliches, altdeutsches Restaurant » – 🚗 🅿
13 Z : 18 B.

In Kur- und Ferienorten wird manchmal zuzüglich
zum Übernachtungs- und Pensionspreis eine Kurtaxe erhoben.

Dans les villes de cure et autres lieux de villégiature,
les prix des chambres risquent d'être majorés d'une taxe de séjour.

COLMBERG 8801. Bayern 413 O 18 – 1 100 Ew – Höhe 442 m – ✪ 09803.
♦München 225 – Ansbach 17 – Rothenburg ob der Tauber 18 – ♦Würzburg 71.

🏠 **Burg Colmberg** ⌂, ℘ 6 15, ≤, « Hotel in einer 1000-jährigen Burganlage, Wildpark,
Gartenterrasse », 🕞 – 🕿 🅿 – 🏛 25/130. 🇪
Feb. geschl. – M (Dienstag geschl.) a la carte 24/39 – **27 Z : 50 B** 50/90 - 95/150.

COLOGNE **COLONIA** = Köln.

CONSTANCE **CONSTANZA** = Konstanz.

CRAILSHEIM 7180. Baden-Württemberg 413 N 19, 987 ㉟ – 25 500 Ew – Höhe 413 m –
✪ 07951.
🛈 Städt. Verkehrsamt, Rathaus, ℘ 40 31 25.
♦Stuttgart 114 – ♦Nürnberg 102 – ♦Würzburg 112.

🏨 **Post-Faber,** Lange Str. 2 (B 14/290), ℘ 80 38, Telex 74318, 🚘 – 📶 📺 🕿 🚗 🅿 –
🏛 25/60. 🖭 ⓪ 🇪 *VISA*
M *(Freitag 15 Uhr - Samstag 17 Uhr geschl.)* a la carte 27/58 – **67 Z : 100 B** 58/108 - 108/140
Fb.

🏠 **Wilhelmshöhe** ⌂ garni, Blezingerweg 6 (nahe dem Volksfestplatz), ℘ 4 21 92,
Telex 749322, 🚘, 🔲 – 🕿 🚗 🅿
10 Z : 15 B.

🏡 Schwarzer Bock, Bahnhofstr. 5, ℘ 2 22 92, Biergarten – 🅿
27 Z : 38 B.

CREGLINGEN 6993. Baden-Württemberg 413 N 18, 987 ㉟ – 4 900 Ew – Höhe 277 m –
Erholungsort – ✪ 07933.
Sehenswert : Herrgottskirche (Marienaltar★★).
🛈 Verkehrsamt, Rathaus, ℘ 6 31.
♦Stuttgart 145 – Ansbach 50 – Bad Mergentheim 28 – ♦Würzburg 45.

🏡 **Krone,** Hauptstr. 12, ℘ 5 58 – 🚗 🅿
↔ *10. Dez.- Jan. geschl. – M (Montag geschl.)* a la carte 18/33 ⅛ – **25 Z : 40 B** 29/55 - 56/95.

In Bieberehren-Klingen 8701   NW : 3,5 Km :

🏠 **Zur Romantischen Straße,** ℘ (09338) 2 09 – 🚗 🅿
15. Nov.- 26. Dez. geschl. – (nur Abendessen für Hausgäste) – **11 Z : 20 B** 35 - 76.

CREMLINGEN Niedersachsen siehe Braunschweig.

CUXHAVEN 2190. Niedersachsen 987 ④ – 62 000 Ew – Höhe 3 m – Nordseeheilbad –
04721 – Sehenswert : Landungsbrücke "Alte Liebe★" (≤★ Schiffsverkehr) – Kugelbake (≤★
Elbmündung).

Ausflugsziel : Lüdingworth : Kirche★ ① : 9,5 km.

Oxstedt, Hohe Klint (SW : 11 km über ②), ℰ (04723) 27 37.

Verkehrsverein, Lichtenbergplatz, ℰ 3 60 46.

Hannover 222 ② – ✦Bremerhaven 43 ① – ✦Hamburg 130 ①.

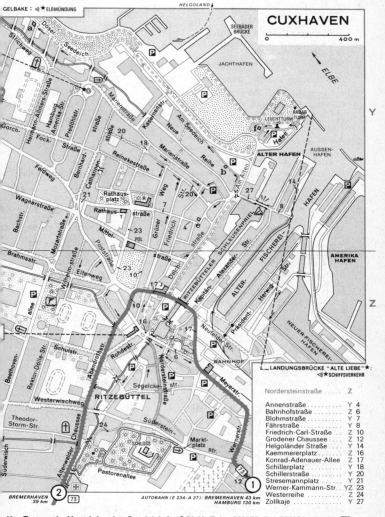

Nordersteinstraße . . . . . Z

Annenstraße	Y 4
Bahnhofstraße	Z 6
Blohmstraße	Y 7
Fährstraße	Y 8
Friedrich-Carl-Straße . . .	Z 10
Grodener Chaussee	Z 12
Helgoländer Straße	Y 14
Kaemmererplatz	Z 16
Konrad-Adenauer-Allee	Z 17
Schillerplatz	Y 18
Schillerstraße	Y 20
Stresemannplatz	Y 21
Werner-Kammann-Str.	YZ 23
Westerreihe	Z 24
Zollkaje	Y 27

🏨 **Donner's Hotel** ⑤, Am Seedeich 2, ℰ 50 90, Telex 232152, Fax 509134, ≤, ≘s, 🔲 – 🔃
🔲 ☎ ℗ – 🔬 25/100. 🄰🄴 ⓞ 🄴 𝘝𝘐𝘚𝘈
Y b
M a la carte 35/73 – **85 Z : 150 B** 73/135 - 129/215 Fb.

🏨 **Seepavillon Donner** ⑤, Bei der Alten Liebe 5, ℰ 3 80 64, Telex 232145, Fax 38167,
≤ Nordsee-Schiffsverkehr, Fahrradverleih – 🔲 ☎ ℗ – 🔬 25/100. 🄰🄴 ⓞ 🄴 𝘝𝘐𝘚𝘈. ✂ Zim
M a la carte 26/67 – **47 Z : 88 B** 63/93 - 130/168 Fb – ½ P 86/116.
Y f

CUXHAVEN

- **Stadt Cuxhaven**, Alter Deichweg 11, *ℰ* 3 70 88, Telex 232244 – |≹| 🔟 ☎ 🅿 – 🔬 25. ⌷
  ⓪ 🅔 *VISA*   Y
  M a la carte 26/70 – **42 Z : 72 B** 59/75 - 115/125 Fb – ½ P 75/91.

- **Beckröge** 🦢 (ehemalige Villa), Dohrmannstr. 9, *ℰ* 3 55 19 – ✠   Y
  (nur Abendessen für Hausgäste) – **11 Z : 21 B** 50/54 - 90/94.

In Cuxhaven 12-Altenbruch ① : 8 km :

- **Deutsches Haus**, Altenbrucher Bahnhofstr. 2, *ℰ* (04722) 3 11, Fax 314 – 🔟 ☎ ⇦ 🅿
  ➡ 🔬 30
  Jan. geschl. – **M** *(Okt.- März Sonn- und Feiertage geschl.)* a la carte 19/44 – **25 Z : 50 B** ⌷
  - 92/130 – ½ P 59/78.

In Cuxhaven 13-Altenwalde ② : 5 km :

- **Am Königshof** garni, Hauptstr. 67 (B 6), *ℰ* (04723) 30 42 – |≹| ☎ 🅿. 🕮 🅔 *VISA*
  18 Z : 38 B 50/60 - 85/94.

- **Messmer** garni, Schmetterlingsweg 6, *ℰ* (04723) 41 69, 🌧, Fahrradverleih – ☎ ⇦ 🅟
  ✠
  22. Dez.- 8. Jan. geschl. – **23 Z : 42 B** 45/53 - 84/120.

In Cuxhaven-Döse NW : 3 km über Strichweg Y :

- **Kur-Hotel Deichgraf** 🦢, Nordfeldstr. 16, *ℰ* 40 50, Telex 472164, Fax 405614, ≤, Bade
  und Massageabteilung, ≘s, 🔲 – |≹| 🔟 ☎ 🅿 – 🔬 25/60. ⓪ 🅔 *VISA*. ✠ Rest
  M *(auch vegetarische Gerichte)* a la carte 37/74 – **84 Z : 150 B** 70/180 - 128/206 Fb -
  4 Appart. 356 – 42 Fewo 120/264 – ½ P 94/133.

- **Astrid** 🦢 garni, Hinter der Kirche 26, *ℰ* 4 89 03, ≘s – 🔟 ☎ 🅿
  Jan.- Jan. geschl. – **25 Z : 47 B** 60/90 - 90/130 Fb – 6 Appart. 120/150.

In Cuxhaven-Duhnen NW : 6 km über Strichweg Y :

- **Badhotel Sternhagen** 🦢, Cuxhavener Str. 86, *ℰ* 4 70 04, Fax 48204, ≤, Nordseetherme
  ≘s, 🔲 – ✠⇌ 🍴 Rest 🔟 🅿. ⓪. ✠
  26. Nov.- 20. Dez. geschl. – **M** *(Montag - Dienstag geschl.)* a la carte 58/87 – **50 Z : 90**
  135/300 - 200/400 Fb – 10 Appart. 400/680.

- **Golf- und Strandhotel Duhnen** 🦢, Duhner Strandstr. 7, *ℰ* 40 30, ≤, ≘s, 🔲 – |≹| 🔟 ☎ ⌷
  – 🔬 . ✠ – **65 Z : 134 B** Fb – 6 Fewo.

- **Strandperle-Landhaus Stutzi** 🦢, Duhner Strandstr. 15, *ℰ* 4 00 60, Fax 400696, ≤, 🌧
  ≘s, 🔲 – |≹| 🔟 ☎ 🅿 – 🔬 25/130. 🕮 ⓪ 🅔
  M a la carte 28/68 – **58 Z : 105 B** 68/125 - 135/270 – 10 Fewo 120/180 – ½ P 84/153.

- **Wehrburg** 🦢, Wehrbergsweg 53, *ℰ* 4 00 80, ≘s, 🌧 – |≹| ☎ ⇦ 🅿. 🅔 *VISA*
  (nur Abendessen für Hausgäste) – **76 Z : 140 B** 50/90 - 90/150 Fb – 7 Fewo 75/95.

- **Seelust**, Cuxhavener Str. 65, *ℰ* 40 20, Fax 402555, ≤, ≘s, 🔲, 🌧 – |≹| 🔟 ☎ 🅒 🅿
  🔬 50
  M a la carte 29/54 – **86 Z : 146 B** 65/120 - 128/204 Fb – 14 Appart. 160/500 – ½ P 86/124.

- **Meeresfriede** 🦢, Wehrbergsweg 11, *ℰ* 4 60 11, Fax 49866, 🔲, 🌧 – 🔟 ☎ ⇦ 🅿. ⓪
  🅔 *VISA*. ✠
  Jan.- Feb. geschl. – (nur Abendessen für Hausgäste) – **31 Z : 72 B** 86 - 152/164 Fb –
  3 Fewo 140 – ½ P 100/110.

- **Neptun** 🦢 garni, Nordstr. 11, *ℰ* 4 80 71, 🌧 – ☎ 🅿. ✠ – nur Saison – **24 Z : 46 B** Fb.

- **✕ Fischerstube**, Nordstr. 8a, *ℰ* 4 81 44 – 🅒 🅿. 🕮 ⓪ 🅔 *VISA*
  März - Okt. – **M** a la carte 26/50.

In Cuxhaven-Sahlenburg W : 10 km über Westerwischweg Z :

- **Itjen** 🦢 garni, Am Sahlenburger Strand, *ℰ* 2 94 45, ≤ – 🔟 ☎ 🅿. ✠
  März - Nov. – **21 Z : 42 B** 52 - 88.

DACHAU 8060. Bayern 🖪🗍🖫 R 22, 🖫🖫🖫 ㉗, 🖫🗏🖬 ⑰ – 33 100 Ew – Höhe 505 m – ✿ 08131.

🖪 An der Floßlände 1, *ℰ* 1 08 79 ; 🖪 Eschenried (SW : 4 km), *ℰ* (08131) 32 38.
♦München 17 – ♦Augsburg 54 – Landshut 72.

- **Hörhammerbräu**, Konrad-Adenauer-Str. 12, *ℰ* 47 11 – 🔟 ☎ – 🔬 25. 🕮 *VISA*
  M a la carte 25/44 – **21 Z : 38 B** 95/110 - 160/170 Fb.

- **Zieglerbräu**, Konrad-Adenauer-Str. 8, *ℰ* 40 74, 🌧 – ☎ – **26 Z : 50 B**.

- **✕✕ Le Gourmet**, Martin-Huber-Str. 20, *ℰ* 7 23 39 – ⓪
  nur Abendessen, Sonntag - Montag und Aug. geschl. – **M** a la carte 37/51.

In Dachau-Ost :

- **Götz**, Pollnstr. 6, *ℰ* 2 10 61, ≘s, 🔲 (Gebühr) – |≹| 🔟 ☎ ⇦ 🅿. 🕮 🅔
  M *(nur Abendessen)* a la carte 30/54 – **38 Z : 55 B** 96/108 - 104/152 Fb.

- **Huber** 🦢 garni, Josef-Seliger-Str. 7, *ℰ* 18 88, Telex 527545, Fax 13602 – 🔟 ☎ ⇦ 🅿. 🅰
  ⓪ 🅔 *VISA*. 🔬
  17 Z : 28 B 86 - 105/115.

- **Bavaria-Hotel** garni, Rudolf-Diesel-Str. 12a, *ℰ* 17 31, Telex 526645 – |≹| 🔟 ☎ 🅿
  31 Z : 67 B Fb.

In Bergkirchen-Günding 8066 SW : 3 km :

🏠 **Forelle,** Brucker Str. 16, ℰ (08131) 40 07, 🏡 – 📺 ☎ 🍽 🅿. 🖭 ⓞ **E.** 🛠 Zim
→ 24. Dez.- 8. Jan. geschl. – **M** *(Samstag - Sonntag geschl.)* a la carte 21/41 🍴 – **25 Z : 50 B**
65/75 - 80/110 Fb.

In Hebertshausen 8061 N : 4 km :

🏠 **Landgasthof Herzog,** Heripertplatz 1, ℰ (08131) 16 21, Fax 1623, 🏡 – 📱 ☎ 🅿. 🖭 **E**
M *(Montag geschl.)* a la carte 24/50 – **25 Z : 54 B** 52 - 89/94.

DACHSBERG 7821. Baden-Württemberg 🔢 H 23. 🔢 ⑥ – 1 300 Ew – Höhe 940 m –
Erholungsort – Wintersport : 🎿2 – ☎ 07672.
🖪 Verkehrsbüro, Rathaus Wittenschwand, ℰ 20 75.
◆Stuttgart 201 – Basel 65 – Donaueschingen 75 – St. Blasien 11.

In Dachsberg-Wittenschwand :

🏯 **Dachsberger Hof** 🦢, ℰ 26 47, ≤, 🏡, 😊, 📺, 🚿 – 📺 🅿. 🖭
→ 10. Nov.- 15. Dez. geschl. – **M** a la carte 15/41 🍴 – **18 Z : 30 B** 30/45 - 50/90 Fb –
½ P 34/53.

DÄNISCH-NIENHOF Schleswig-Holstein siehe Schwedeneck.

DAHLEM 5377. Nordrhein-Westfalen – 4 300 Ew – Höhe 520 m – ☎ 02447.
◆Düsseldorf 122 – ◆Aachen 79 – ◆Köln 80 – Mayen 69 – Prüm 26.

In Dahlem-Kronenburg SW : 9 km : – ☎ 06557 :

🏠 Auberge Zur Kyllterrasse, St. Vither Str. 3, ℰ (06557) 2 71, ≤ – 📺 🅿 – **6 Z : 12 B.**
🏯 **Eifelhaus** 🦢, Burgbering 12, ℰ (06557) 2 95, ≤
6. Jan.- Anfang Feb. geschl. – **M** *(Montag geschl.)* a la carte 24/43 – **16 Z : 29 B** 30/40 -
60/70.

DAHLENBURG 2121. Niedersachsen 🔢 ⑮ – 3 100 Ew – Höhe 30 m – ☎ 05851.
◆Hannover 148 – ◆Braunschweig 118 – Lüneburg 24.

🏠 **Kurlbaum,** Gartenstr. 12, ℰ 4 09, 🚿 – 📺 🍽 🅿. **E.** 🛠
M *(Samstag geschl.)* a la carte 23/45 – **13 Z : 21 B** 28/50 - 56/90.

In Tosterglope-Ventschau 2121 NO : 10 km :

🏠 **Heil's Hotel** 🦢, Hauptstr. 31, ℰ (05853) 18 16, 🏡, 😊, 📺, 🛶, 🚿 – 📺 ☎ 🍽 🅿 –
🏊. 🛠 Rest – **11 Z : 20 B** – 6 Fewo.

DAHME 2435. Schleswig-Holstein 🔢 ⑥ – 1 400 Ew – Höhe 5 m – Ostseeheilbad – ☎ 04364.
🖪 Kurverwaltung, Kurpromenade, ℰ 80 11.
◆Kiel 79 – Grömitz 13 – Heiligenhafen 22.

🏠 **Holsteinischer Hof** 🦢, Strandstr. 9, ℰ 10 85 – 📱 ☎ 🅿
5.- 20. Jan. und 10.- 30. Okt. geschl. – **M** *(Montag geschl.)* a la carte 27/55 – **35 Z : 59 B**
70/75 - 130/140 – ½ P 90/95.
🏠 **Boness,** Denkmalplatz 5, ℰ 3 43, 🚿 – 🅿. 🖭 ⓞ **E** 🖾
15. Jan.- Feb. geschl. – **M** *(Donnerstag geschl.)* a la carte 25/57 – **15 Z : 28 B** 40/85 -
65/150 – 4 Fewo 65/95 – ½ P 55/97.

DAHN 6783. Rheinland-Pfalz 🔢 G 19. 🔢 ㉘. 🔢 ⑨ – 5 200 Ew – Höhe 210 m – Luftkurort
– ☎ 06391.
Sehenswert : Burgruinen★ (≤★).
Ausflugsziel : Felsenlandschaft★ des Wasgaus.
🖪 Fremdenverkehrsbüro, Schulstr. 29, Rathaus, ℰ 58 11.
Mainz 143 – Landau in der Pfalz 35 – Pirmasens 22 – Wissembourg 24.

🏠 **Zum Jungfernsprung,** Pirmasenser Str. 9, ℰ 32 11 (Hotel) 56 19 (Rest.) – 🅿. 🛠
→ Mitte Nov.- Anfang Dez. geschl. **M** *(Montag geschl.)* a la carte 18/38 – **18 Z : 28 B** 30/50 -
60/88.
✗ **Ratsstube,** Weißenburger Str. 1, ℰ 16 53 – 🛠
Montag - Dienstag 17 Uhr und Mitte Jan.- Mitte Feb. geschl. – **M** a la carte 27/45 🍴.

In Dahn-Reichenbach SO : 3 km :

✗ Altes Bahnhöfl, an der B 427, ℰ 37 55, 🏡 – 🅿.

In Erfweiler 6781 NO : 3 km :

🏠 **Die kleine Blume,** Winterbergstr. 106, ℰ (06391) 12 34, 🏡, 😊, 📺 – 📱 ☎ 🍽 🅿 –
🏊 30. ⓞ **E** 🖾. 🛠 Rest
M *(Montag geschl.)* a la carte 26/50 – **13 Z : 26 B** 69 - 108 Fb – ½ P 74/89.
🏠 **Haus Felsenland** 🦢 garni, Eibachstr. 1, ℰ (06391) 26 91, 😊, 🚿 – 🅿
April-Mitte Nov. – **15 Z : 29 B** 35/40 - 64/70.

DAMP Schleswig-Holstein siehe Liste der Feriendörfer.

DANNENBERG 3138. Niedersachsen ⑨⑧⑦ ⑯ − 14 900 Ew − Höhe 22 m − ✪ 05861.

🟦 Zernien-Braasche (W : 14 km), ℘ (05863) 5 56.

🟥 Gästeinformation, Markt 5, ℘ 3 01.

♦Hannover 137 − ♦Braunschweig 125 − Lüneburg 51.

🏠 Zur Post, Marschtorstr. 6, ℘ 25 11 − 📺 ☎ ⟺ 🅿
16 Z : 29 B.

DANNENFELS Rheinland-Pfalz siehe Kirchheimbolanden.

DARMSTADT 6100. Hessen ④⑬ IJ 17. ⑨⑧⑦ ㉘ − 135 000 Ew − Höhe 146 m − ✪ 06151.

Sehenswert : Hessisches Landesmuseum★ − Prinz-Georg-Palais (Großherzogliche Porzellansammlung★).

Ausflugsziel : Jagdschloß Kranichstein : Jagdmuseum★ NO : 5 km.

🟦 Mühltal-Traisa, Dippelshof, ℘ 14 65 43.

🟥 Verkehrsamt, Luisen-Center, Luisenplatz 5, ℘ 13 27 80.

🟥 Tourist-Information am Hauptbahnhof, ℘ 13 27 82.

ADAC, Marktplatz 4, ℘ 2 62 77, Notruf ℘ 1 92 11.

♦Wiesbaden 44 ④ − ♦Frankfurt am Main 33 ⑤ − ♦Mannheim 50 ④.

Stadtplan siehe gegenüberliegende Seite.

🏨 **Maritim-Hotel**, Rheinstr. 105 (B 26), ℘ 87 80, Telex 419625, Fax 893194, ⇔, 🔲 − 🛗
↳⇔ Zim 🗏 📺 ᓬ ⟺ − 🔼 25/400. 🅰🅴 ⑩ 🄴 𝓥𝓘𝓢𝓐. 🛠 Rest   Y
M a la carte 47/81 − **358 Z : 558 B** 187/330 - 248/348 Fb − 11 Appart. 400/520.

🏨 **Weinmichel**, Schleiermacherstr. 10, ℘ 2 68 22, Telex 419275, Fax 23592
« Gemütlich-rustikales Restaurant, Weinrestaurant "Taverne" (ab 17 Uhr) » − 🛗 📺 ☎ 🅿
− 🔼 25/45. 🅰🅴 ⑩ 𝓥𝓘𝓢𝓐   X
M a la carte 40/65 ᓬ − **74 Z : 114 B** 87/134 - 144/154 Fb − 3 Appart. 198.

🏨 **Prinz Heinrich** (Mit Appartement-Gästehaus), Bleichstr. 48, ℘ 8 28 88, « Rustikale
Einrichtung » − 🛗 📺 ☎   Y
M (abends Tischbestellung ratsam) a la carte 32/55 − **114 Z : 164 B** 90/110 - 150 Fb.

🏨 **Donnersberg** garni, Donnersbergring 38, ℘ 3 31 58, Telex 4197271 − 🛗 📺 ☎. 🅰🅴 🄴 𝓥𝓘𝓢𝓐
🛠   Z
20 Z : 30 B 89/140 - 129/169.

🏨 **Mathildenhöhe** garni, Spessartring 53, ℘ 4 80 46, ⇔ − 🛗 ↳⇔ 📺 ☎ ⟺ 🅿   Y
22 Z : 44 B Fb.

🏨 **Parkhaus-Hotel**, Grafenstr. 31, ℘ 2 81 00, Telex 419434, Fax 293908, 🏢 − 🛗 📺 ☎ 🅿
🔼 25/50. 🅰🅴 ⑩ 🄴 𝓥𝓘𝓢𝓐   X
M a la carte 29/49 ᓬ − **80 Z : 140 B** 95/115 - 120/150 Fb.

🏠 **City-Hotel** garni, Adelungstr. 44, ℘ 3 36 91 − 🛗 ☎ ⟺ 🅿. 🅰🅴 ⑩ 🄴 𝓥𝓘𝓢𝓐   X
58 Z : 81 B 75/95 - 100/130.

XXX **Orangerie**, Bessunger Str. 44, ℘ 66 49 46, Fax 663798, 🏢 − 🅰🅴 ⑩ 🄴 𝓥𝓘𝓢𝓐   Z
Sonntag 14 Uhr - Montag und 23. Dez.- 15. Jan. geschl. − **M** (Tischbestellung ratsam) 42/49
(mittags) und a la carte 62/98.

XX Gallo Nero, Heidelberger Str. 96, ℘ 6 26 99   Z

X **Da Marino** (Italienische Küche), Am Alten Bahnhof 4, ℘ 8 44 10 − 🅿. 🅰🅴 ⑩ 🄴 𝓥𝓘𝓢𝓐
↪ Montag und Juni - Juli 3 Wochen geschl. − **M** a la carte 20/50 ᓬ.   Y

In Darmstadt-Eberstadt ③ : 7 km :

🏠 **Rehm** garni, Heidelberger Landstr. 306, ℘ 5 50 22 − 📺 ☎ ⟺. 🛠
17. Juni - 8. Juli geschl. − **22 Z : 44 B** 45/65 - 75/98.

🏠 Schweizerhaus, Mühltalstr. 35, ℘ 5 44 60, « Gartenterrasse » − ☎ ⟺ 🅿
20 Z : 25 B Fb.

🏠 **Stadt Heidelberg**, Heidelberger Landstr. 351, ℘ 5 50 71, 🏢, ⇔, 🔲 − 📺 ☎. 🅰🅴 ⑩ 🄴
𝓥𝓘𝓢𝓐
M (Montag geschl.) a la carte 28/53 − **20 Z : 33 B** 78 - 108/150.

In Darmstadt-Einsiedel NO : 7 km über Dieburger Straße Y :

XXX Einsiedel, Dieburger Str. 263, ℘ (06159) 2 44, 🏢 − 🅿.

In Mühltal 4-Trautheim 6109 SO : 5 km über Nieder-Ramstädter-Straße Z :

🏠 **Waldesruh** ⅏, Am Bessunger Forst 28, ℘ (06151) 1 40 88, 🏢, 🔲 − 🛗 ☎ 🅿
M (Freitag geschl.) a la carte 24/53 ᓬ − **36 Z : 50 B** 65/80 - 100/110 Fb.

194

DARMSTADT

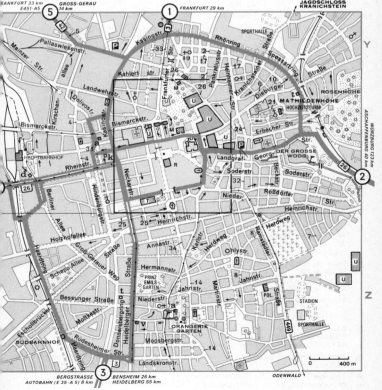

195

Auf der Ruine Frankenstein ③ : 11 km über Darmstadt-Eberstadt :

XX **Burg Frankenstein**, ⊠ 6109 Mühltal 3, *&* (06151) 5 46 18, ≤ Rheinebene, 斎 – ⁵⁄⊷ **P** – 🏄 30
Montag geschl. – **M** a la carte 29/53.

In Weiterstadt-Gräfenhausen 6108 NW : 8 km über ⑤ :

🏠 **Zum Löwen**, Darmstädter Landstr. 11, *&* (06150) 5 10 25 – 🏧 🕿 **P**. ⁹⁄ Zim
← *15. Juni - 7. Juli und 27. Dez.- 1. Jan. geschl.* – **M** *(Samstag geschl.)* a la carte 18/45 🍸 –
14 Z : 19 B 54 - 80.

DARSCHEID Rheinland-Pfalz siehe Daun.

DASBURG 5529. Rheinland-Pfalz 📙⑧⑦ ㉘, ⓴⓪⑨ ㉘ – 300 Ew – Höhe 408 m – 🌀 06550.
Mainz 241 – Prüm 35 – Vianden 21.

🏨 Zur Post, Hauptstr. 3 (B 410), *&* 15 30 – **P**
14 Z : 22 B.

DASSENDORF 2055. Schleswig-Holstein – 2 500 Ew – Höhe 45 m – 🌀 04104 (Aumühle).
📷 O : 1 km, *&* (040) 7 22 44 41.
◆Kiel 112 – ◆Hamburg 27 – Lübeck 63 – Lüneburg 34.

XX **Jagdhaus am Riesenbett** 🌿 mit Zim, Am Riesenbett 1, *&* 21 74, 斎, 🐾, ⁹⁄ – 🕿 **P**
9 Z : 18 B Fb.

DATTELN 4354. Nordrhein-Westfalen 📙⑧⑦ ⑭ – 36 500 Ew – Höhe 53 m – 🌀 02363.
Siehe Ruhrgebiet (Übersichtsplan).
◆Düsseldorf 81 – ◆Dortmund 20 – Münster (Westfalen) 44 – Recklinghausen 12.

🏨 **Zum Ring**, Ostring 41 (B 235), *&* 5 24 65 (Hotel) 42 65 (Rest.), Fax 53501, 斎, « Individuelle
gemütliche Einrichtung », 🚘 – 🏧 🕿 **P**. ⒜ ⑩ **E** 📶
M a la carte 32/60 – **9 Z : 14 B** 60/80 - 120.

In Datteln-Ahsen NW : 7 km über Westring :

🏨 **Landhaus Jammertal** 🌿, Redderstr. 421, *&* 40 63, Fax 53295, 斎, 🚘, 🐾, ⁹⁄
Fahrradverleih – 🛗 🏧 🕿 🕭 **P** – 🏄 25/60. ⑩ **E** 📶. ⁹⁄ Rest
M a la carte 39/70 – **40 Z : 60 B** 70/100 - 95/140 Fb – ½ P 80/100.

DAUCHINGEN Baden-Württemberg siehe Villingen-Schwenningen.

DAUN 5568. Rheinland-Pfalz 📙⑧⑦ ㉘ – 8 200 Ew – Höhe 425 m – Heilklimatische
Kneippkurort – Mineralheilbad – 🌀 06592.
Ausflugsziel : Weinfelder Kirche : Lage★ SO : 3 km.
🅱 Kurverwaltung, Leopoldstr. 14, *&* 7 14 77.
Mainz 161 – ◆Bonn 79 – ◆Koblenz 70 – ◆Trier 64.

🏰 **Schloß-Hotel Kurfürstliches Amtshaus** 🌿, Auf dem Burgberg, *&* 30 31
Telex 4729310, Fax 4942, ≤, 斎, 🚘, 🔲, 🐾 – 🛗 🏧 **P** – 🏄 25/120. ⒜ ⑩ **E** 📶. ⁹⁄ Rest
2.- 9. Jan. geschl. – **M** 40/60 (mittags) und a la carte 64/91 – **42 Z : 71 B** 95/118 - 160/320
Fb – ½ P 118/198.

🏨 **Panorama** 🌿, Rosenbergstr. 26, *&* 13 47, ≤, Bade- und Massageabteilung, 🔩, 🚘, 🔲
🐾 – 🛗 🏧 🕿 🕭 **P**. ⁹⁄ Rest
10. Jan.- 15. Feb. und 6. Nov.- 12. Dez. geschl. – **M** *(Montag geschl.)* 20/40 (mittags) und a
la carte 28/51 – **26 Z : 52 B** 68/74 - 120/128 Fb – ½ P 76/92.

🏨 **Hommes**, Wirichstr. 9, *&* 5 38, Telex 4729301, ≤, 🚘, 🔲, 🐾 – 🛗 🏧 🕿 🕬 **P** – 🏄 50
⒜ ⑩ **E** 📶
15. Nov.- 22. Dez. geschl. – **M** a la carte 26/83 – **42 Z : 70 B** 73/77 - 132/140 Fb – 3 Appart
196 – ½ P 86/97.

🏠 **Eifelperle** 🌿, Reiffenbergstr. 1, *&* 5 47, 🔲, 🐾 – 🕿 **P** – 🏄 30
← *10.- 30. Jan. und 15.- 30. Nov. geschl.* – **M** a la carte 20/40 🍸 – **22 Z : 34 B** 36/46 - 72/92 Fb
– ½ P 52/62.

🏠 **Stadt Daun**, Leopoldstr. 14, *&* 35 55, Telex 4729311, freier Zugang zum Hallenbad im
Kurzentrum – 🛗 🏧 🕿 **P** – 🏄 25/200. ⒜ ⑩ **E** 📶
M *(Sonntag geschl.)* a la carte 25/46 – **27 Z : 55 B** 60 - 108 Fb.

🏠 **Zum Goldenen Fäßchen**, Rosenbergstr. 5, *&* 30 97, 🚘 – 🛗 🕿 🕬 **P**. ⒜ ⑩ **E** 📶
M *(Donnerstag geschl.)* a la carte 23/44 – **27 Z : 48 B** 48/56 - 96/108 Fb – ½ P 62/70.

🏠 **Thielen**, Trierer Str. 20, *&* 25 80 – 🕬 **P**
← **M** *(Donnerstag geschl.)* a la carte 20/41 – **13 Z : 20 B** 35/50 - 70/80.

In Daun-Gemünden S : 2 km :

🏠 **Berghof** ⑤, Lieserstr. 20, ℰ 28 91, ≼, ⇗ – ⇦ 🅿, ⅌ Rest
12. März - 2. April und Nov. geschl. – **M** *(Montag geschl.)* a la carte 24/47 – **17 Z : 34 B**
43/47 - 62/80 – ½ P 47/54.

🏠 **Müller**, Lieserstr. 17, ℰ 25 06, ⇔, ⇗ – ⇦ 🅿, ⅌ Rest
4. Jan.- 22. Feb. geschl. – **M** *(Donnerstag geschl.)* a la carte 23/47 – **12 Z : 23 B** 29/38 -
58/70 Fb – ½ P 41/50.

In Schalkenmehren 5569 SO : 5 km – Erholungsort – ✿ 06592 :

🏦 **Landgasthof Michels** ⑤, St.-Martin-Str. 9, ℰ 70 81, ⇔, ▨, ⇗ – 🛗 ☎ ⇦ 🅿, 🆎 ⑩
E *VISA*
M a la carte 26/59 – **29 Z : 50 B** 46/55 - 78/120 Fb – ½ P 58/79.

🏦 **Schneider-Haus am Maar**, Maarstr. 22, ℰ 5 51, 🦌, ⇗ – �📺 ☎ ⇦ 🅿, ⑩ **E** *VISA*
— *15. Jan.- 15. Feb. geschl.* – **M** a la carte 20/49 – **22 Z : 33 B** 45/100 - 90/130 Fb – 2 Fewo 80
– ½ P 63/83.

🏠 **Kraterblick** ⑤ garni, Auf Koop 6, ℰ 39 43, Telex 4729319, Fax 2719, ⇗ – 🅿
13 Z : 25 B 40/55 - 80.

In Darscheid 5569 NO : 6 km – Erholungsort :

XX **Kucher's Landhotel** mit Zim, Karl-Kaufmann-Str. 2, ℰ (06592) 6 29, ⇱ – 🅿
4.- 29. Jan. geschl. – Menu *(Montag geschl.)* a la carte 33/74 ⚖ – **15 Z : 30 B** 38/48 - 76/90
Fb – ½ P 63/70.

Siehe auch : *Liste der Feriendörfer*

DAUSENAU Rheinland-Pfalz siehe Ems, Bad.

↦ *Per spostarvi più rapidamente utilizzate le carte Michelin "Grandi Strade" :*

nᵒ **920** *Europa, nᵒ* **980** *Grecia, nᵒ* **984** *Germania, nᵒ* **985** *Scandinavia-Finlandia,*
nᵒ **986** *Gran Bretagna-Irlanda, nᵒ* **987** *Germania-Austria-Benelux, nᵒ* **988** *Italia,*
nᵒ **989** *Francia, nᵒ* **990** *Spagna-Portogallo, nᵒ* **991** *Jugoslavia.*

DECKENPFRONN 7269. Baden-Württemberg **418** J 21 – 2 200 Ew – Höhe 575 m – ✿ 07056.
♦Stuttgart 37 – Freudenstadt 57 – Pforzheim 37 – Tübingen 29.

🏠 **Krone** garni (Mahlzeiten im Gasthof Krone, gegenüber), Marktplatz 10, ℰ 30 11, ⇔ – 🛗
☎ 🅿, ⑩ **E** *VISA*
24 Z : 32 B 82 - 108/124 Fb.

DEDELSTORF Niedersachsen siehe Hankensbüttel.

DEGGENDORF 8360. Bayern **418** V 20, **987** ㉘ – 30 000 Ew – Höhe 312 m – Wintersport :
500/1 200 m ≼5 ⚞8 – ✿ 0991.
Ausflugsziele : Kloster Metten (Kirche und Bibliothek*) NW : 5 km – Klosterkirche* in
Niederalteich SO : 11 km.
🛴 Berghof Rusel (NO : 10 km), ℰ (09920) 9 11.
🛈 Kultur- und Verkehrsamt, Oberer Stadtplatz. ℰ 38 01 69.
♦München 144 – Landshut 74 – Passau 65 – ♦Regensburg 80.

🏦 **Donauhof**, Hafenstr. 1, ℰ 3 89 90, Fax 8902 – 🛗 ☎ 🅿 – ⚖ 25/50. 🆎 ⑩ **E**
M *(nur Abendessen)* a la carte 25/47 – **45 Z : 80 B** 65 - 95/110 Fb – 3 Appart. 150.

XX ❀ **Charivari**, Bahnhofstr. 26 (im Tekko-Haus), ℰ 77 70 – 🆎 **E**
*Montag und Samstag jeweils bis 18 Uhr, Sonntag, Jan. 1 Woche und Ende Juli - Mitte Aug.
geschl.* – **M** (Tischbestellung ratsam) a la carte 58/75
Spez. Feines von der Ente mit Orangensauce, Pichelsteiner Fischeintopf, Dessertteller „Charivari".

X Ratskeller, Oberer Stadtplatz 1, ℰ 67 37.

X **Zum Grafenwirt**, Bahnhofstr. 7, ℰ 87 29, ⇱ – 🆎 ⑩ **E**
— *Dienstag und 2.- 18. Juni geschl.* – **M** a la carte 20/44.

In Deggendorf-Fischerdorf SW 2 km :

🏠 **Müller** ⑤ garni, Rosenstr. 7, ℰ 82 55 – 🛗 ⇦ 🅿, ⅌
17 Z : 30 B 55 - 90.

In Deggendorf-Natternberg SW : 6 km :

🏠 **Zum Burgwirt** ⑤, Deggendorfer Str. 7, ℰ 3 22 36, ⇱ – ⇦ 🅿
— *Aug. geschl.* – **M** *(Montag geschl.)* a la carte 19,50/38 – **18 Z : 35 B** 40/45 - 70/80.

In Grafling-Ulrichsberg 8351 NO : 5 km :

🏠 Berghof Ulrichsberg ⑤, ℰ (0991) 2 69 80, ≼, Biergarten – ☎ 🅿
8 Z : 13 B.

DEGGENHAUSERTAL 7774 Baden-Württemberg **413** L 23, **427** M 2 − 3 000 Ew − Höhe 497 m − **☼** 07555.
♦Stuttgart 144 − Bregenz 55 − Ravensburg 20.

In Deggenhausertal-Roggenbeuren :

🏠 **Krone**, *℘* 2 96, **☎**, **☒**, **☆**, Fahrradverleih − **☎** **☺** **⊙** **E** **𝓥𝓘𝓢𝓐**
Jan. 3 Wochen geschl. − **M** *(Donnerstag geschl.)* a la carte 25/41 ⅛ − **35 Z : 50 B** 46/50 - 84/90 Fb − ½ P 56.

DEIDESHEIM 6705. Rheinland-Pfalz **413** H 18. **987** ㉔. **242** ④ − 3 500 Ew − Höhe 117 m − Luftkurort − **☼** 06326.
🅱 Tourist Information, Bahnhofstraße (Stadthalle), *℘* 50 21.
Mainz 88 − Kaiserslautern 39 − ♦Mannheim 23 − Neustadt an der Weinstraße 8.

🏨 **Hatterer's Hotel Zum Reichsrat**, Weinstr. 12, *℘* 60 11, Fax 7539, **☆**, Fahrradverleih −
☎ **⟺** **☺** − **🛆** 25/80. **АЕ** **⊙** **E** **𝓥𝓘𝓢𝓐**
Restaurants : − **Elsässer Restaurant M** a la carte 35/75 − **Weinstube M** a la carte 25/48 − **57 Z : 97 B** 105/145 - 155/185 Fb − ½ P 125/155.

🏨 **Romantik-Hotel Deidesheimer Hof**, Am Marktplatz, *℘* 18 11, Telex 454657, **☆** − **📺**
☎ − **🛆** 25/60. **АЕ** **⊙** **E**
1. - 6. Jan. geschl. − **M** *(regionale Küche)* a la carte 42/73 *(siehe auch Restaurant Schwarzer Hahn)* ⅛ − **27 Z : 48 B** 70/125 - 88/185 Fb − ½ P 72/173.

🏠 **Gästehaus Hebinger** garni, Bahnhofstr. 21, *℘* 3 87, Weinprobierstube − **☺**. **☆**
20. Dez.- 6. Jan. geschl. − **12 Z : 24 B** 35/55 - 60/90.

🏠 **Tenne**, Weinstr. 69, *℘* 14 24, **☎**, **☆** − **☎** **☺**. **☆**
M *(nur Abendessen, Samstag - Sonntag geschl.)* a la carte 24/35 ⅛ − **7 Z : 13 B** 48/58 - 80/98.

XXXX ☼ **Schwarzer Hahn**, Am Marktplatz 1, *℘* 18 12, « Gewölbekeller » − **АЕ** **⊙** **E** **𝓥𝓘𝓢𝓐**
nur Abendessen, 1.- 6. Jan., 6.- 22. Aug. sowie Sonntag - Montag geschl. − **M**
(Tischbestellung erforderlich) 98/135 und a la carte 60/106
Spez. Hummerterrine mit Kaviarsauce, Lotte auf Rotweinbutter, Dessertkreation Schwarzer Hahn.

XXX **Zur Kanne** (Gasthaus seit dem 12. Jh., mit kleinem Innenhof), Weinstr. 31, *℘* 3 96 − **⊙**
E
Dienstag - Mittwoch 18 Uhr geschl. − **M** *(auch vegetarische Gerichte)* a la carte 54/85.

In Forst 6701 N : 2 km :

X **Landhaus an der Wehr**, Im Elster 8, *℘* (06326) 69 84 − **☺**.

DEIZISAU Baden-Württemberg siehe Plochingen.

DELBRÜCK 4795. Nordrhein-Westfalen − 22 700 Ew − Höhe 95 m − **☼** 05250.
♦Düsseldorf 171 − Bielefeld 39 − Münster (Westfalen) 74 − Paderborn 16.

🏠 **Balzer**, Oststr. 4, *℘* 2 41 − **☎** **⟺**. **☆** − *(wochentags nur Abendessen)* − **9 Z : 14 B**.

DELECKE Nordrhein-Westfalen siehe Möhnesee.

DELLIGSEN 3223. Niedersachsen − 4 000 Ew − Höhe 130 m − **☼** 05187.
♦Hannover 54 − Hameln 55 − Hildesheim 41.

In Grünenplan 3223 NW : 4 km − Erholungsort :

🏠 **Lampes Hotel**, Obere Hilsstr. 1 (Kurhausweg 1), *℘* 72 82 − **⧈** **📺** **☎** **☺** − **🛆** 25/140. **АЕ**
⊙ **E** **𝓥𝓘𝓢𝓐**
30. Juli -13. Aug. geschl. − **M** *(Montag geschl.)* a la carte 30/50 − **20 Z : 45 B** 58/85 - 92/11C − ½ P 65/87.

DELLMENSINGEN Baden-Württemberg siehe Erbach (Alb-Donau-Kreis).

DELMENHORST 2870. Niedersachsen **987** ⑭ − 78 000 Ew − Höhe 18 m − **☼** 04221.
ADAC, Reinersweg 34, *℘* 7 10 00.
♦Hannover 136 − ♦Bremen 13 − ♦Oldenburg 37.

🏨 **Gut Hasport**, Hasporter Damm 220, *℘* 26 81, **☆**, Fahrradverleih − **📺** **☎** **☺**
(nur Abendessen für Hausgäste) − **21 Z : 41 B** 65/69 - 98 Fb − 4 Appart. 150.

🏨 **Hotel am Stadtpark**, An den Graften 3, *℘* 1 46 44, Telex 249545, **☎**, **☒** − **⧈** **📺** **☎** **⟺**
− **🛆** 25/1000. **АЕ** **⊙** **E** **𝓥𝓘𝓢𝓐**
Restaurants : − **Chateau** *(nur Abendessen)* **M** a la carte 39/56 − **Burgschänke M** a la carte
28/41 − **100 Z : 200 B** 85/110 - 115/135 Fb.

🏠 **Thomsen**, Bremer Str. 186, *℘* 7 00 98, Fax 70001 − **⧈** **☎** **☺**. **АЕ** **⊙** **E** **𝓥𝓘𝓢𝓐**
M *(Samstag - Sonntag nur Abendessen)* a la carte 18/48 − **70 Z : 120 B** 50/60 - 88.

🏠 **Motel Annenheide**, Annenheider Damm 129, *℘* 68 71, Telex 249514, Fax 60255 − **📺** **☎**
☺. **АЕ** **⊙** **E** **𝓥𝓘𝓢𝓐**. **☆** Rest
23. Dez.- 2. Jan. geschl. − **M** *(nur Abendessen)* a la carte 26/47 − **60 Z : 110 B** 55/60 - 80/9 Fb.

Siehe auch : *Ganderkesee*

DENKENDORF 7306. Baden-Württemberg **413** KL 20 − 9 400 Ew − Höhe 300 m − 🅒 0711 (Stuttgart).

♦Stuttgart 23 − Göppingen 34 − Reutlingen 32 − ♦Ulm (Donau) 71.

🏨 **Bären-Post**, Deizisauer Str. 12, ℰ 34 40 26, � − 🗐 🔃 ☎ 🅟 − 🛦 25/100. 🆎 **E**
15. Juli - 3. Aug. und 23. Dez.- 7. Jan. geschl. − **M** (Samstag bis 18 Uhr und Sonntag ab 15 Uhr geschl.) à la carte 24/61 − **65 Z : 113 B** 102 - 156 Fb.

🏠 **Zum Schlüssel**, Mörikestr. 16, ℰ 3 46 14 30 − ☎ ⇦ 🅟. **E**
⇥ **M** (nur Abendessen, Freitag - Sonntag und Juli geschl.) à la carte 20/39 − **22 Z : 28 B** 46/78 - 76/120.

DENKENDORF 8071. Bayern **413** R 20, **987** ㉗ − 3 200 Ew − Höhe 480 m − 🅒 08466.

♦München 95 − ♦Augsburg 107 − Ingolstadt 22 − ♦Nürnberg 72 − ♦Regensburg 88.

🏠 Post, Hauptstr. 14, ℰ 2 36, 🌫 − 🅟
68 Z : 130 B.

DENKINGEN 7209. Baden-Württemberg **413** J 22 − 1 800 Ew − Höhe 697 m − 🅒 07424.

♦Stuttgart 107 − Donaueschingen 37 − Offenburg 97 − Tübingen 73.

Auf dem Klippeneck O : 4,5 km − Höhe 998 m :

XX **Höhenrestaurant Klippeneck** 🦌 mit Zim, ✉ 7209 Denkingen, ℰ (07424) 8 59 28, Fax 85059, < Baar und Schwarzwald, 🌫 − ☎ 🅟 − 🛦 25/60
8.- 29. Jan. geschl. − **M** (Montag geschl.) à la carte 26/58 ⅋ − **10 Z : 17 B** 55 - 98.

DENZLINGEN 7819. Baden-Württemberg **413** G 22, **242** ㉜ − 11 500 Ew − Höhe 235 m − 🅒 07666.

♦Stuttgart 203 − ♦Freiburg im Breisgau 12 − Offenburg 61.

🏠 Krone, Hauptstr. 44, ℰ 22 41, Gartenwirtschaft − 🅟
(wochentags nur Abendessen) − **20 Z : 30 B**.

XX ❀ **Rebstock-Stube** mit Zim (Gasthof a.d. 14. Jh.), Hauptstr. 74, ℰ 20 71 − 🔃 ☎ 🅟. 🆎 ⓞ
E 🆅🆂🅰
M (Tischbestellung ratsam) (Sonntag 14 Uhr - Montag geschl., an Feiertagen geöffnet) 30 (mittags) und à la carte 60/100 − **8 Z : 14 B** 39/85 - 80/160
Spez. Pasteten und Terrinen, Seeteufel gebraten mit Knoblauch und Kräutern, Gefüllte Wachteln "Großmütterchen Art".

In Vörstetten 7801 W : 3 km :

🏡 Sonne, Freiburger Str. 4, ℰ (07666) 23 26, 🌫 − 🅟. 🦌 Rest
11 Z : 19 B.

In Vörstetten-Schupfholz 7801 NW : 5 km :

🏠 Jahn 🦌, Kaiserstuhlstr. 2, ℰ (07666) 25 92, 🍴 − ⇦ 🅟
(nur Abendessen für Hausgäste) − **16 Z : 25 B**.

DERNAU 5487. Rheinland-Pfalz − 1 900 Ew − Höhe 125 m − 🅒 02643 (Altenahr).

Mainz 152 − Adenau 27 − ♦Bonn 30.

🏡 Kölner Hof, Schmittmannstr. 40 (B 267), ℰ 84 07 − 🅟
19 Z : 34 B.

DERNBACH (KREIS NEUWIED) 5419. Rheinland-Pfalz − 750 Ew − Höhe 310 m − 🅒 02689 (Dierdorf).

Mainz 106 − ♦Koblenz 30 − ♦Köln 71 − Limburg an der Lahn 47.

🏨 Country-Hotel 🦌, Hauptstr. 42, ℰ 29 90, Telex 869939, Fax 299322, 🌫, 🈴, 🔲, 🍴, 🍽 − 🗐 🔃 🅟 − 🛦
148 Z : 260 B Fb.

DERSAU 2323. Schleswig-Holstein − 700 Ew − Höhe 40 m − Erholungsort − 🅒 04526.

Kiel 39 − ♦Hamburg 92 − ♦Lübeck 60.

🏠 Zur Mühle am See (mit Gästehaus), Dorfstr. 47, ℰ 3 45, 🦌, 🍴 − 🔃 ☎ 🅟
31 Z : 57 B.

DETMOLD 4930. Nordrhein-Westfalen **987** ⑮ − 68 000 Ew − Höhe 134 m − 🅒 05231.

usflugsziele : Westfälisches Freilichtmuseum *, S : 2 km BX − Hermannsdenkmal* (❄*) SW : km ABY.

Städt. Verkehrsamt, Rathaus, Lange Straße, ℰ 76 73 28.

DAC, Paulinenstr. 64, ℰ 2 34 06, Notruf ℰ 1 92 11.

Düsseldorf 197 ⑤ − Bielefeld 29 ① − ♦Hannover 95 ③ − Paderborn 27 ④.

DETMOLD

Detmolder Hof (Steingiebelhaus a.d.J. 1560), Lange Str. 19, ℰ 2 82 44, Telex 935850, Fax 39527, « Elegantes Restaurant » – 🛗 📺 – 🚿 40. 🅰🅴 ⓸ 🄴 𝕍𝕀𝕊𝔸   AZ **v**
M a la carte 20/61 – **39 Z : 65 B** 85/98 - 130/230 Fb.

Lippischer Hof - Restaurant Le Gourmet 🕸, Hornsche Str. 1, ℰ 3 10 41, Telex 935637, Fax 24470 – 🛗 📺 🕿 🕭 ⓹ – 🚿 25/80. 🅰🅴 ⓸ 🄴 𝕍𝕀𝕊𝔸, 🍽 Rest   AZ **n**
M 19/35 (mittags) und a la carte 45/78 – **24 Z : 38 B** 73/90 - 120/170 Fb.

XX **Ratskeller**, Rosental am Schloß, ℰ 2 22 66 – 🚿   AZ **f**

In Detmold-Berlebeck :

XXX **Hirschsprung** mit Zim, Paderborner Str. 212, ℰ 49 11, « Gartenterrasse », 🌫 – 📺 🕿 ⟿ ⓹. 🅰🅴 🄴   BY **t**
M (im Winter Donnerstag geschl.) a la carte 42/71 – **10 Z : 16 B** 65/95 - 100/180.

In Detmold-Heidenoldendorf :

🏠 **Landhotel Diele**, Bielefelder Str. 257, ℰ 6 60 31, Fax 63698 – 📺 🕿 ⓹. 🅰🅴 ⓸ 🄴 𝕍𝕀𝕊𝔸
M (nur Abendessen, Freitag geschl.) a la carte 29/52 – **21 Z : 36 B** 50/75 - 85/110 Fb.   AX **a**

In Detmold-Heiligenkirchen :

🏠 **Achilles**, Paderborner Str. 87, ℰ 41 66, Fax 48867, 🕿 – 🕿 ⟿ ⓹. 🅰🅴 ⓸ 🄴 𝕍𝕀𝕊𝔸   BY **g**
M (Sonntag und 15. Feb.- 15. März geschl.) a la carte 23/43 – **25 Z : 44 B** 50/70 - 80/95 Fb.

In Detmold-Hiddesen – Kneippkurort :

🏠 **Römerhof** 🕸, Maiweg 37, ℰ 8 82 38, ⟨, 🌫 – 🛗 🕿 ⓹. 🅰🅴 ⓸ 🄴   AY **d**
M (nur Abendessen) a la carte 27/45 – **19 Z : 38 B** 55/65 - 110.

XX **Teutonis**, Hindenburgstr. 50, ℰ 8 72 89, 🌫 – ⓹. 🅰🅴 ⓸ 🄴 𝕍𝕀𝕊𝔸   AX **e**
M 39/45 (mittags) und a la carte 55/81.

In Detmold-Pivitsheide :

🏠 **Forellenhof** 🕸, Gebr.-Meyer-Str. 50, ℰ (05232) 8 78 91, Fax 80923, 🌫 – 📺 🕿 ⓹. 🅰🅴 ⓸ 🄴. 🍽   AX **b**
(nur Abendessen für Hausgäste) – **7 Z : 14 B** 48/60 - 79/110 Fb.

🏠 **Parkhotel Berkenhoff**, Stoddartstr. 48, ℰ (05232) 81 20, « Park » – ⟿ ⓹   AX **s**
(nur Mittagessen) – **11 Z : 20 B**.

DETTELBACH 8716. Bayern 🗺 N 17, 🗺 ㉚ – 4 300 Ew – Höhe 189 m – ✪ 09324.
Sehenswert : Wallfahrtskirche (Kanzel ★).
München 264 – ◆Bamberg 61 – ◆Nürnberg 93 – ◆Würzburg 19.

🕮 **Grüner Baum** (altfränkischer Gasthof), Falterstr. 2, ℰ 14 93 – ⟿
19. Juni - 12. Juli und 24. Dez.- 15. Jan. geschl. – **M** (Sonntag 16 Uhr - Montag 17 Uhr geschl.) a la carte 24/42 🍺 – **23 Z : 36 B** 25/55 - 50/85.

X **Zur Sonne** mit Zim, Markt 1, ℰ 14 86
22.- 25. Dez. geschl. – **M** (Dienstag geschl.) a la carte 23/35 🍺 – **9 Z : 19 B** 35 - 65.

DETTINGEN / ERMS 7433. Baden-Württemberg 🗺 L 21 – 8 000 Ew – Höhe 398 m – ✪ 07123 (Metzingen).
Stuttgart 46 – Reutlingen 13 – ◆ Ulm (Donau) 61.

🏠 **Zum Rößle**, Uracher Str. 30, ℰ 7 10 91 – 🕿 ⓹. 🍽
Ende Juni - Mitte Juli geschl. – **M** (Sonntag - Montag geschl.) a la carte 24/58 – **13 Z : 19 B** 38/60 - 80/90.

DETTINGEN UNTER TECK 7319. Baden-Württemberg 🗺 L 21 – 5 200 Ew – Höhe 385 m – ✪ 07021.
Stuttgart 36 – Reutlingen 34 – ◆Ulm (Donau) 57.

🏠 **Teckblick**, Teckstr. 36, ℰ 8 30 48, 🌫 – 🛗 🕿 ⓹ – 🚿 30. 🅰🅴 ⓸ 🄴 𝕍𝕀𝕊𝔸
1.- 6. Jan. geschl. – **M** (Sonntag ab 14 Uhr geschl.) a la carte 26/44 – **26 Z : 40 B** 55 - 80 Fb.

DEUDESFELD 5531. Rheinland-Pfalz – 500 Ew – Höhe 450 m – ✪ 06599 (Weidenbach).
Mainz 181 – Bitburg 28 – ◆Bonn 107 – ◆Trier 67.

🏠 **Sonnenberg** 🕸, Birkenstr. 14, ℰ 8 67, 🕿, 🔲, 🌫 – ⓹
22 Z : 40 B.

🕮 **Zur Post**, Hauptstr. 8, ℰ 8 66, 🕿, 🌫 – ⓹. 🍽 Rest
Nov. geschl. – **M** (im Winter Donnerstag geschl.) a la carte 19/35 – **26 Z : 45 B** 25/30 - 50/60.

DEUTSCH-EVERN Niedersachsen siehe Lüneburg.

DEUTSCHE ALPENSTRASSE Bayern 🗺 LM 24 bis W 24, 🗺 ㊱㊲㊳
Sehenswert : Panoramastraße ★★★ von Lindau bis Berchtesgaden (Details siehe unter den erwähnten Orten entlang der Strecke).

DEUX-PONTS = Zweibrücken.

DIEBLICH 5401. Rheinland-Pfalz — 2 200 Ew — Höhe 65 m — 🛇 02607 (Kobern).
Mainz 96 — Cochem 39 — ♦Koblenz 14.

🏠 **Pistono,** Hauptstr. 30, 🖉 2 18, ⇔, 🔍 — 📳 📵. **E**. 🛇
→ *4.- 22. März geschl.* — **M** *(Montag geschl.)* a la carte 17,50/36 🛇 — **86 Z : 185 B** 45/55
70/100.

DIEBURG 6110. Hessen 🔢🔢 J 17. 🔢🔢🔢 🛇 — 14 000 Ew — Höhe 144 m — 🛇 06071.
♦Wiesbaden 61 — Aschaffenburg 28 — ♦Darmstadt 16 — ♦Frankfurt 36.

🏠 **Mainzer Hof,** Markt 22, 🖉 2 50 95, Fax 25090, Biergarten — 📺 📵 📵 — 🔼 25/200. 🖭 📵
E 🎞
Restaurants : — **Le Gourmet M** a la carte 44/64 — **Rustikal M** a la carte 28/56 — **34 Z : 53**
89/124 - 132/160.

DIELHEIM 6912. Baden-Württemberg 🔢🔢 J 19 — 7 600 Ew — Höhe 130 m — 🛇 06222.
♦Stuttgart 102 — Heidelberg 25 — Heilbronn 50 — ♦Karlsruhe 48 — ♦Mannheim 38.

In Dielheim 2-Horrenberg O : 3,5 km :

XX **Hirsch** mit Zim, Hoffenheimer Str. 7, 🖉 7 20 58 — 📵 📵. 🎞 Zim
5 Z : 8 B.

XX **Zum wilden Mann,** Burgweg 1, 🖉 7 10 53 — 📵. **E**
Dienstag, Ende Juli - Mitte Aug. und 22. Dez.- 8. Jan. geschl. — Menu a la carte 29/53.

DIEMELSEE 3543. Hessen — 5 000 Ew — Höhe 340 m — 🛇 05633.
♦Wiesbaden 200 — ♦Kassel 70 — Marburg 80 — Paderborn 62.

In Diemelsee-Heringhausen :

🏠 **Fewotel Diemelsee,** Seestr. 9, 🖉 8 83, Fax 5429, ≤, ⇔, ⇔, 🔍. Fahrradverleih — 📳 📳
📵 🛬 📵 — 🔼 25/120. 🖭 📵 **E** 🎞. 🎞 Rest
M a la carte 31/46 — **69 Z : 292 B** 75/95 - 104/170 Fb.

In Diemelsee-Ottlar :

🏠 Ottonenhof, Zum Upland 8, 🖉 10 55, ⇔, ⇔, 🐎 — ⇔ 📵
17 Z : 35 B Fb.

In Diemelsee-Vasbeck :

🏠 **Landhotel Brockhaus,** Marsberger Str. 22, 🖉 (02993) 4 11, Fax 1299, ≤, ⇔, ⇔, 🔍, 🐎
— 📵 📵 — 🔼 50. 🖭 📵 **E** 🎞
M a la carte 24/50 — **35 Z : 70 B** 62/65 - 98/148.

DIEMELSTADT 3549. Hessen 🔢🔢🔢 ⑮ — 6 000 Ew — Höhe 280 m — 🛇 05694.
🅸 Städt. Verkehrsamt, Ramser Str. 6 (Wrexen), 🖉 (05642) 4 34.
♦Wiesbaden 218 — ♦Dortmund 126 — ♦Kassel 53 — Paderborn 38.

In Diemelstadt 4-Wethen :

🏠 **Pension Hanebeck** 🌭, 🖉 4 32, ⇔, 🔍, 🐎 — 📺 📵. 🎞
Nov.- 15. Dez. geschl. — (Restaurant nur für Hausgäste) — **16 Z : 32 B** 37/46 - 68/93 Fb.

In Diemelstadt 2-Wrexen — Luftkurort :

🏠 Kussmann, Hauptstr. 5, 🖉 (05642) 4 15 — ⇔ 📵
18 Z : 38 B.

DIEPHOLZ 2840. Niedersachsen 🔢🔢🔢 ⑭ — 14 700 Ew — Höhe 39 m — 🛇 05441.
♦Hannover 109 — ♦Bremen 67 — ♦Oldenburg 64 — ♦Osnabrück 51.

In Diepholz 4 -Heede NO : 2 km :

X **Zum Jagdhorn,** Heeder Dorfstr. 31, 🖉 22 02 — 📵
Mittwoch und Juli - Aug. 3 Wochen geschl. — **M** a la carte 23/48.

In Diepholz 3-St. Hülfe NO : 3 km :

🏠 Lohaus (Niedersächsisches Fachwerkhaus a.d.J. 1819, mit Gästehaus), Bremer Str
20 (B 51), 🖉 20 64, ⇔, ⚒ — 📺 📵 ⇔ 📵
13 Z : 25 B.

DIERDORF 5419. Rheinland-Pfalz 🔢🔢🔢 ㉘ — 4 400 Ew — Höhe 240 m — 🛇 02689.
Mainz 106 — ♦Koblenz 30 — ♦Köln 77 — Limburg an der Lahn 47.

🏠 **Waldhotel** 🌭, nahe der B 413 (W : 2 km), 🖉 20 88, ⇔, 🔍 (geheizt), 🐎 — 📺 📵 ⇔ 📵
M *(Montag geschl.)* a la carte 26/49 — **16 Z : 28 B** 47 - 77.

In Großmaischeid 5419 SW : 6 km :

🏠 **Tannenhof** 🌭, Stebacher Str. 64, 🖉 (02689) 51 67, 🐎, ⚒ — 📵 — 🔼 25/60
→ **M** a la carte 18/46 — **20 Z : 36 B** 47/60 - 88/112.

202

In Thalhausen 5459 SW : 10 km :

🏠 **Thalhauser Mühle** 🦌, Iserstr. 85, 𝒫 (02639) 6 18, 🏫, 🚗, 🔄, 🛏 – 🅿. 🍴 Zim
Jan.- Feb. geschl. – **M** *(Montag geschl.)* a la carte 24/49 – **12 Z : 26 B** 50 - 80/91.

In Isenburg 5411 SW : 11 km :

🏠 **Haus Maria** 🦌, Caaner Str. 5, 𝒫 (02601) 29 80, 🏫, 🛏 – 🚗 🅿 – 🏛 25. ①
← *27. Dez.- 20. Jan. geschl.* – **M** *(Montag bis 18 Uhr geschl.)* a la carte 20/50 – **14 Z : 28 B**
40/55 - 80/100.

DIESSEN AM AMMERSEE 8918. Bayern 𝟜𝟙𝟛 Q 23. 𝟡𝟠𝟩 ㊱. 𝟜𝟚𝟞 ⑯ – 8 400 Ew – Höhe 536 m
- Luftkurort – ✪ 08807.

ehenswert : Stiftskirche★ – Ammersee★.

Verkehrsamt, Mühlstr. 4a, 𝒫 10 48.

München 53 – Garmisch-Partenkirchen 62 – Landsberg am Lech 22.

🏠 **Strand-Hotel** 🦌, Jahnstr. 10, 𝒫 50 38, ≤, 🏫, 🛥, 🚗 – 🅿. 🔲 ①. 🍴 Zim
M *(20. Dez.- 15. Feb., Montag und Nov.- März auch Dienstag geschl.)* a la carte 30/59 –
13 Z : 24 B 72/105 - 108/150.

🏠 **Seefelder Hof** 🦌, Alexander-Koester-Weg 6, 𝒫 10 22, Biergarten – ☎ 🅿. ①
← *24. Dez.- 2. Feb. geschl.* – **M** *(Donnerstag geschl.)* a la carte 21/38 – **22 Z : 40 B** 36/99 -
70/126 Fb – ½ P 61/121.

In Diessen-Riederau N : 4 km :

🏠 **Kramerhof** 🦌, Ringstr. 4, 𝒫 77 97, Biergarten, 🚗, Fahrradverleih – 📺 ☎ 🅿. 🅴
2.- 20. Jan. geschl. – **M** *(Mittwoch geschl.)* a la carte 22/48 – **12 Z : 25 B** 55/70 - 90/110 –
½ P 60/75.

XX **Seehaus**, Seeweg 22, 𝒫 73 00, ≤ Ammersee, « Terrassen am See », Bootssteg – 🅿.

DIETERSHEIM Bayern siehe Neustadt an der Aisch.

DIETFURT AN DER ALTMÜHL 8435. Bayern 𝟜𝟙𝟛 R 19. 𝟡𝟠𝟩 ㉗ – 5 100 Ew – Höhe 365 m –
✪ 08464.

Verkehrsbüro, Rathaus, Hauptstraße, 𝒫 17 15.

München 126 – Ingolstadt 44 – ◆Nürnberg 81 – ◆Regensburg 61.

🏠 **Zur Post**, Hauptstr. 25, 𝒫 3 21, 🏫 – 🚗 🅿
← *15.- 30. Nov. und 24. Dez.- 6. Jan. geschl.* – **M** *(Dienstag geschl.)* a la carte 15/28 – **28 Z :
48 B** 30/33 - 60/66.

In Dietfurt-Mühlbach SO : 2,5 km :

🏠 **Zum Wolfsberg**, Riedenburger Str. 1, 𝒫 17 57, 🏫, 🛏, 🔄, 🚗 – 🅿 – 🏛 25/50
← **M** a la carte 16/28 🍴 – **65 Z : 100 B** 41/86 - 82/120.

DIETMANNSRIED 8969. Bayern 𝟜𝟙𝟛 N 23. 𝟡𝟠𝟩 ㊱ – 5 900 Ew – Höhe 682 m – ✪ 08374.

München 112 – ◆Augsburg 90 – Kempten 13 – Memmingen 25.

In Dietmannsried-Probstried NO : 3 km :

XX **Landhaus Haase** mit Zim, Wohlmutser Weg 3, 𝒫 80 10, 🏫, « Gemütlich-rustikale
Einrichtung » – ☎ 🚗 🅿. 🔲 🅴
M *(Tischbestellung ratsam)* a la carte 37/68 – **8 Z : 15 B** 58 - 95/116.

DIETRINGEN Bayern siehe Füssen.

DIETZHÖLZTAL 6344. Hessen – 6 000 Ew – Höhe 315 m – ✪ 02774.

Wiesbaden 142 – Gießen 63 – Marburg 49 – Siegen 30.

In Dietzhölztal-Ewersbach :

🏠 **Wickel** 🦌, Am Ebersbach 2, 𝒫 24 38, 🛏 – 🅿. 🅴
← *Juni - Juli 2 Wochen und 19.- 24. Nov. geschl.* – **M** *(Montag geschl.)* a la carte 19/59 – **8 Z :
14 B** 40 - 60 Fb.

DIEZ/LAHN 6252. Rheinland-Pfalz 𝟡𝟠𝟩 ㉔ – 9 000 Ew – Höhe 119 m – Felke- und Luftkurort
- ✪ 06432.

Verkehrsamt, Rathaus, Wilhelmstr. 63, 𝒫 50 12 70.

Mainz 54 – ◆Koblenz 56 – Limburg an der Lahn 4,5.

🏠 **Bauernschänke**, Bergstr. 8, 𝒫 33 30 – 🅿
← **M** a la carte 21/40 🍴 – **16 Z : 34 B** 35 - 60 – ½ P 50.

XX **IL Mulino**, Wilhelmstr. 42, 𝒫 46 06, 🏫 – 🔲 ① 🅴 💳
M a la carte 24/60.

DILLENBURG 6340. Hessen 987 ⑳ — 23 250 Ew — Höhe 220 m – ✆ 02771.
🛈 Städt. Verkehrsamt, Hauptstr. 19, ✆ 9 61 17.
♦Wiesbaden 127 – Gießen 47 – Marburg 52 – Siegen 30.

🏨 **Zum Schwan**, Wilhelmsplatz 6, ✆ 60 11 — ☎. AE ⓞ E 𝚅𝙸𝚂𝙰
  28. Dez.- 15. Jan. geschl. — **M** (Samstag geschl.) a la carte 26/63 — **16 Z : 22 B** 75/85 98/110.

🏨 **Oranien** garni, Am Untertor 1, ✆ 70 85, Telex 873230 — ☎ ⟵ ◗. ⓞ E
  25 Z : 50 B 75/80 - 105/110.

XX ❀ **Bartmann's Haus**, Untertor 3, ✆ 78 51, « Restauriertes Fachwerkhaus mi
  geschmackvoller Einrichtung » — **E**
  Sonn- und Feiertage ab 15 Uhr, Montag sowie Juni - Juli 3 Wochen geschl. — **M** 21/2
  (mittags) und a la carte 45/66
  Spez. Gemüsenudeln mit Lachs, Kaninchenkeule mit Backpflaumen und Cognacschaum, Pochiertes Rinderfile
  in Kräutersauce.

  In Dillenburg-Eibach O : 2,5 km :

🏠 **Kanzelstein** ⮬, Fasanenweg 2, ✆ 58 36, 🏠 – ◗. ✻ Zim
  M a la carte 22/30 — **20 Z : 26 B** 39 - 75.

DILLINGEN AN DER DONAU 8880. Bayern 413 O 21, 987 ㉞ — 17 500 Ew — Höhe 434 m ✆ 09071.
♦München 108 – ♦Augsburg 50 – ♦Nürnberg 121 – ♦Ulm (Donau) 53.

🏨 **Convikt** ⮬, Convikstr. 9 a, ✆ 40 55, 🏠 – ☎ ⟵ ◗ – 🔬 25/60
  M (Sonntag ab 14 Uhr geschl.) a la carte 24/43 — **40 Z : 60 B** 60/65 - 100/110.

🏨 **Dillinger Hof**, Rudolf-Diesel-Str. 8, ✆ 80 61 (Hotel) 86 71 (Rest.) — ☎ ◗. AE E
  M a la carte 26/49 — **43 Z : 65 B** 60/70 - 90/100 Fb.

🏠 **Garni**, Donauwörther Str. 62, ✆ 30 72 — ☎ ⟵ ◗. E
  20 Z : 26 B 30/48 - 65/70.

🏠 **Gästehaus am Zoll** garni, Donaustr. 23 ½, ✆ 47 95 – ⟵ ◗
  23. Dez.- 10. Jan. geschl. — **14 Z : 21 B** 32/38 - 60/68.

DILLINGEN/SAAR 6638. Saarland 987 ㉓ ㉔, 242 ⑥. 57 ⑤ — 23 000 Ew — Höhe 182 m ✆ 06831 (Saarlouis).
♦Saarbrücken 33 – Saarlouis 5 – ♦Trier 62.

🏠 **Saarland-Hotel König**, Göbenstr. 1, ✆ 7 80 01 – ☎ ◗. AE ⓞ E 𝚅𝙸𝚂𝙰
  M (auch vegetarische Gerichte) (Sonntag 15 Uhr - Montag 17 Uhr geschl.) a la carte 29/57 —
  15 Z : 25 B 55/60 - 90 Fb.

🏠 **Gambrinus**, Saarstr. 33, ✆ 7 11 03 – ◗. ⓞ E 𝚅𝙸𝚂𝙰
  M (Mittwoch und 9.- 31. Juli geschl.) a la carte 30/48 — **12 Z : 21 B** 40/60 - 80/110.

  In Dillingen-Diefflen NO : 3,5 km :

🏫 **Bawelsberger Hof** (modernes Hotel, Einrichtung im Stil Henri II und Louis XV)
  ✆ 70 39 93, Telex 443298, ✻ – ⧖ 🆃🆅 ⅙ ⟵ ◗ – 🔬 50. AE ⓞ E 𝚅𝙸𝚂𝙰
  M (Sonntag 15 Uhr - Montag und Juli - Aug. 2 Wochen geschl.) a la carte 44/66 — **23 Z :
  46 B** 92 - 124/312 Fb.

DINGOLFING 8312. Bayern 413 U 21, 987 ㊲ — 14 300 Ew — Höhe 364 m – ✆ 08731.
♦München 101 – Landshut 32 – Straubing 34.

  In Loiching 1-Oberteisbach 8311 SW : 5 km :

🏨 **Räucherhansl**, ✆ (08731) 30 25, Fax 40670, 🏠, 🆓 – ⧖ 🆃🆅 ⅙ ◗ – 🔬 30/100
➡ **M** (Dienstag bis 17 Uhr geschl.) a la carte 16/43 — **56 Z : 107 B** 60 - 90 Fb – ½ P 70.

DINKELSBÜHL 8804. Bayern 413 NO 19, 987 ㉘ — 11 000 Ew — Höhe 440 m – ✆ 09851.
Sehenswert : St.-Georg-Kirche★ – Deutsches Haus★.
🛈 Städt. Verkehrsamt, Marktplatz, ✆ 9 02 40, Fax 90279,.
♦München 159 – ♦Nürnberg 93 – ♦Stuttgart 115 – ♦Würzburg 105.

🏨 **Deutsches Haus**, Weinmarkt 3, ✆ 23 46, Fax 7911, 🏠, « Fachwerkhaus a.d. 15. Jh. » –
  🆃🆅 ☎ ⟵ – 🔬 25. AE ⓞ E
  M a la carte 31/52 — **11 Z : 22 B** 80/100 - 130/170 Fb.

🏨 **Eisenkrug**, Dr.-Martin-Luther-Str. 1, ✆ 34 29, « Weinstube (ab 18 Uhr Geöffnet) in einen
  historischen Gewölbekeller » – ⧖. AE ⓞ E 𝚅𝙸𝚂𝙰
  M (Sonntag 14 Uhr - Montag und Jan.- Feb. 3 Wochen geschl.) a la carte 44/65 — **11 Z
  20 B** 95 - 130/150.

🏨 **Blauer Hecht**, Schweinemarkt 1, ✆ 8 11, Fax 813, 🆓, 🅾 – 🆃🆅 ☎ – 🔬 60. AE ⓞ E 𝚅𝙸𝚂𝙰
  2.- 31. Jan. geschl. — **M** (Feb. und Montag geschl.) a la carte 30/61 — **44 Z : 78 B** 73/95 100/160 Fb.

🏨 **Goldene Kanne**, Segringer Str. 8, ✆ 60 11 – 🆃🆅 ☎ ⟵ – 🔬
  26 Z : 48 B Fb.

DINKELSBÜHL

🏛 **Goldene Rose** (mit Gästehaus), Marktplatz 4, ℘ 8 31, Telex 61123, Fax 6135 — 📺 🅿 🖭 🕮 ⑩ ᴇ 𝑽𝑰𝑺𝑨
8. Jan.- 2. Feb. geschl. — **M** a la carte 25/53 — **34 Z : 68 B** 65/130 - 89/150.

🏛 **Goldener Anker**, Untere Schmiedgasse 22, ℘ 8 22 — 📺 ☎. 🕮 ⑩ ᴇ 𝑽𝑰𝑺𝑨
M a la carte 22/53 — **15 Z : 30 B** 68/80 - 115/120.

🏛 **Goldene Krone**, Nördlinger Str. 24, ℘ 22 93 — 🖭 ⇦ 🕮 ⑩ ᴇ 𝑽𝑰𝑺𝑨
13.- 28. Aug. geschl. — **M** (Mittwoch geschl.) a la carte 17/31 — **26 Z : 48 B** 47/55 - 70/75.

🏛 **Weißes Ross**, Steingasse 12, ℘ 22 74 — 📺 ☎. ⑩ ᴇ 𝑽𝑰𝑺𝑨. ᑌ Rest
15.Jan.- 15. Feb. geschl. — **M** a la carte 23/47 — **26 Z : 46 B** 42/75 - 56/140.

DINKLAGE 2843. Niedersachsen �────── ⑭ — 9 600 Ew — Höhe 30 m — ☻ 04443.
♦Hannover 131 – ♦Bremen 79 – ♦Oldenburg 59 – ♦Osnabrück 48.

🏨 **Burghotel** ⑤, Burgallee 1, ℘ 10 25, Telex 25929, 🌴, Wildpark, ☞ — 🖭 📺 ☎ ᵼ 🅿 —
🏛 25/100. 🕮 ⑩ ᴇ 𝑽𝑰𝑺𝑨
M a la carte 24/65 — **54 Z : 103 B** 90 - 150 Fb.

An der Straße zur Autobahn :

🏛 **Wiesengrund**, Lohner Str. 17 (W : 2 km), ⊠ 2843 Dinklage, ℘ (04443) 20 50 — ☎ ⇦ 🅿
🏛 25/50. 🕮 ⑩ ᴇ 𝑽𝑰𝑺𝑨
M (nur Abendessen) a la carte 16/37 — **20 Z : 40 B** 42/50 - 80/89.

XX **Landhaus Stuben**, Dinklager Str. 132, ⊠ 2842 Lohne, ℘ (04443) 43 83 — 🅿. ᴇ
Samstag ab 18 Uhr und Mittwoch geschl. — **M** 23/27 (mittags) und a la carte 35/55.

DINSLAKEN 4220. Nordrhein-Westfalen �────── ⑬ — 63 900 Ew — Höhe 30 m — ☻ 02134.
Siehe Ruhrgebiet (Übersichtsplan).
🔢 Stadtinformation, Friedrich-Ebert-Str. 82, ℘ 6 62 22.
♦Düsseldorf 49 – ♦Duisburg 16 – Oberhausen 20 – Wesel 14.

🏛 **Garni**, Bahnhofsvorplatz 9, ℘ 5 23 09 — 🅿. 🕮 ⑩ ᴇ
22 Z : 34 B 40/55 - 70/80.

🏛 **Zum schwarzen Ferkel**, Voerder Str. 79 (an der B 8), ℘ 5 11 20 — ☎ ⇦ 🅿
M (Sonntag geschl.) a la carte 21/48 — **10 Z : 14 B** 45/50 - 80.

DIRMSTEIN 6716. Rheinland-Pfalz �────── H 18 — 2 500 Ew — Höhe 108 m — ☻ 06238.
Mainz 61 – Kaiserslautern 43 – ♦Mannheim 24 – Worms 13.

🏨 **Café Kempf**, Marktstr. 3, ℘ 30 11, 🌴, ☞, 🔲 — 🖭 ☎ — 🏛 25/80. ᴇ. ᑌ Zim
Anfang - Mitte Jan. geschl. — **M** (Dienstag geschl.) a la carte 33/65 ᵹ — **28 Z : 56 B** 75/95 - 80/140 Fb.

In Großkarlbach 6711 SW : 4 km :

🏛 **Winzergarten**, Hauptstr. 17, ℘ (06238) 21 51, 🌴 — ☎ 🅿 — 🏛 25/50. ᑌ
27. Dez.- 20. Jan. geschl. — **M** a la carte 21/45 ᵹ — **35 Z : 65 B** 45/48 - 75/80 Fb.

XX **Restaurant Gebr. Meurer**, Hauptstr. 67, ℘ (06238) 6 78, « Gartenterrasse » — 🏛 80.
🕮
nur Abendessen — **M** (Tischbestellung ratsam) a la carte 57/82.

DISCHINGEN 7925. Baden-Württemberg �────── O 20 — 4 500 Ew — Höhe 463 m — ☻ 07327.
Stuttgart 109 – Heidenheim an der Brenz 18 – Nördlingen 27.

🏛 **Schloßgaststätte** ⑤, Im Schloß Taxis, ℘ 4 25 — ☎ ⇦ 🅿. ᴇ
M (Montag geschl.) a la carte 22/35 — **14 Z : 22 B** 30/45 - 76/88.

DITTELSHEIM-HESSLOCH 6521. Rheinland-Pfalz �────── H 17 — 1 800 Ew — Höhe 200 m —
☻ 06244 — Mainz 38 – Kaiserslautern 60 – Bad Kreuznach 39 – Worms 19.

X **Weinkastell**, Auf dem Kloppberg, ℘ 74 85, ≤, 🌴 — 🅿
Montag - Dienstag und Jan.- Feb. geschl. — **M** a la carte 28/52 ᵹ.

DITZENBACH, BAD 7342. Baden-Württemberg �────── M 21 — 3 000 Ew — Höhe 509 m —
Heilbad — ☻ 07334 (Deggingen).
🔢 Verkehrsamt, Haus des Gastes, Helfensteinstr. 20, ℘ 69 11.
Stuttgart 56 – Göppingen 19 – Reutlingen 51 – ♦Ulm (Donau) 44.

🏛 **Zum Lamm** (mit Gästehaus), Hauptstr. 30, ℘ 50 80 — 📺 ☎ ⇦ 🅿. 🕮 ⑩ ᴇ
Feb. geschl. — **M** (Dienstag 14 Uhr - Mittwoch geschl.) a la carte 39/63 — **16 Z : 34 B** 50/100 - 80/180.

♨ **Heuändres**, Helfensteinstr. 8, ℘ 53 20, 🌴 — 🅿
20. Juli- 4 Aug. und Mitte Dez.- Anfang Jan. geschl. — **M** (Montag geschl.) a la carte 25/51 — **9 Z : 13 B** 32/38 - 76 — ½ P 50/56.

In Bad Ditzenbach-Gosbach SW : 2 km :

🏛 **Hirsch**, Unterdorfstr. 2, ℘ (07335) 51 88 — ☎ 🅿. ᴇ. ᑌ
Mitte Jan.- Mitte Feb., 6.- 20. Aug. und Mitte - Ende Okt. geschl. — Menu (Montag geschl.) a la carte 25/58 ᵹ — **8 Z : 14 B** 45/55 - 75/85 — ½ P 60/75.

205

DOBEL 7544. Baden-Württemberg **413** I 20. **987** ⑳ − 1 700 Ew − Höhe 689 m
Heilklimatischer Kurort − Wintersport : 500/710 m ≰2 ≰2 − ✿ 07083 (Bad Herrenalb).
🛈 Kurverwaltung, im Rathaus, ℰ 7 45 13.
♦Stuttgart 74 − Baden-Baden 28 − ♦Karlsruhe 33 − Pforzheim 24.

🏨 **Gästehaus Flora** ⟿ garni, Brunnenstr. 7, ℰ 29 48, 🔲, 🛱 − ☎ 🅿. ✷
   10 Z : 18 B 44 - 76/88.

🏨 **Rössle** ⟿, Joh.-P.-Hebel-Str. 7, ℰ 23 53 − ☎ ⟸ 🅿
➡ 15. Nov.- 15. Dez. geschl. − **M** (Dienstag geschl.) a la carte 20/38 ⅄ − **26 Z : 35 B** 28/4⌷
   56/80 − ½ P 44/56.

   In Dobel-Eyachmühle SO : 3 km :

✗ Eyachmühle, ℰ (07081) 25 91, ≤, 🛱 − 🅿.

DÖHLE Niedersachsen siehe Egestorf.

DÖRENTRUP 4926. Nordrhein-Westfalen − 8 000 Ew − Höhe 200 m − ✿ 05265.
♦Düsseldorf 206 − Bielefeld 37 − Detmold 20 − ♦Hannover 75.

   In Dörentrup-Farmbeck :

🏨 **Landhaus Begatal**, Bundesstr. 2 (B 66), ℰ 82 55, 🛱 − 📺 ☎ 🅿 − 🔬 30. ⓞ 🇪 🆅🆂🆁
   ✷ Rest
   M (Montag geschl.) a la carte 27/47 − **10 Z : 19 B** 58/68 - 96/116.

   In Dörentrup 4-Schwelentrup − Luftkurort :

✗ **Jagdrestaurant Grünental**, Sternberger Str. 3, ℰ 2 52 − 🅿. ⓞ 🇪 🆅🆂🆁
   Dienstag geschl. − **M** a la carte 26/53.

DÖRLINBACH Baden-Württemberg siehe Schuttertal.

DÖRNICK Schleswig-Holstein siehe Plön.

DÖRPEN 2992. Niedersachsen − 3 300 Ew − Höhe 5 m − ✿ 04963.
♦Hannover 242 − ♦Bremen 118 − Groningen 64 − ♦Oldenburg 71 − ♦Osnabrück 115.

🏨 **Borchers**, Neudörpener Str. 210, ℰ 16 72, Fax 4434 − 📺 ☎ ⟸ 🅿 − 🔬 40. 🇦🇪 ⓞ 🆅🆂🆁
➡ **M** (Samstag geschl.) a la carte 21/53 − **31 Z : 42 B** 48/60 - 90/100 Fb.

DÖRRENBACH 6749. Rheinland-Pfalz **413** G 19. **242** ⑫. **87** ② − 1 100 Ew − Höhe 350 m
Erholungsort − ✿ 06343.
Mainz 131 − ♦Karlsruhe 42 − Pirmasens 46 − Wissembourg 10.

🏨 **Pension Waldruhe** ⟿ garni, Wiesenstr. 6, ℰ 15 06 − 🅿
   10 Z : 19 B 36 - 62/66.

DÖRVERDEN Niedersachsen siehe Verden an der Aller.

DÖTTESFELD 5419. Rheinland-Pfalz − 350 Ew − Höhe 220 m − Erholungsort − ✿ 02⌷
(Flammersfeld).
Mainz 117 − ♦Koblenz 43 − ♦Köln 74 − Limburg an der Lahn 58.

🏨 **Zum Wiedbachtal** ⟿, Wiedstr. 14, ℰ 10 60, 🍸, 🛱 − ☎ 🅿. 🇪. ✷
➡ Okt. 2 Wochen geschl. − **M** (Dienstag geschl.) a la carte 16/43 − **14 Z : 22 B** 40/45 - 80
   ½ P 65/70.

   In Oberlahr 5231 W : 3 km :

🏨 **Der Westerwald Treff** ⟿, ℰ (02685) 8 70, Telex 868611, Fax 87268, Biergarten, ⇌ₛ, 🔲, 🛱
   ✾ (Halle), Fahrradverleih − 🛗 📺 ☎ ⚟ 🅿 − 🔬
   148 Z : 296 B Fb − 47 Fewo.

DÖTTINGEN Baden-Württemberg siehe Braunsbach.

DONAUESCHINGEN 7710. Baden-Württemberg **413** I 23. **987** ⑯. **427** ⑥ − 18 200 Ew − Hö⌷
686 m − ✿ 0771.
Sehenswert : Fürstenberg-Sammlungen (Gemäldegalerie★ : Passionsaltar★★).
🇫🇸 Donaueschingen-Aasen (NO : 4 km), ℰ 8 45 25.
🛈 Verkehrsamt, Karlstr. 58, ℰ 38 34.
♦Stuttgart 131 − Basel 108 − ♦Freiburg im Breisgau 65 − ♦Konstanz 67 − Reutlingen 124 − Zürich 99.

🏠 **Öschberghof** ⑤, am Golfplatz (NO : 4 km), 𝒫 8 40, Telex 792717, Fax 84600, ≼, 🏤,
Massage, ⓢ, 🗔, 🛱, 🎣 – 🖂 🅃🆅 ⟺ 🄿 – 🖄 25/80. 🖭 **E** 𝑉𝐼𝑆𝐴. 𝒮𝒫
4.- 28. Jan. geschl. – *Menu (Tischbestellung ratsam)* 30 und a la carte 37/67 – **53 Z : 93 B**
138 - 185 Fb.

🏠 **Schützen**, Josefstr. 2, 𝒫 50 85, Fax 50 87 – 🅃🆅 ☎ 🄿 – 🖄
24 Z : 43 B Fb.

🏠 **Ochsen**, Käferstr. 18, 𝒫 40 44 (Hotel) 36 88 (Rest.), ⓢ, 🗔 – 🖂 ☎ ⟺ 🄿
↩ **M** *(Donnerstag, 6.- 31. Jan. und Juli - Aug. 2 Wochen geschl.)* a la carte 18,50/39 ⅄ – **46 Z :**
70 B 52/62 - 72/92 Fb.

🏠 **Linde**, Karlstr. 18, 𝒫 30 48 – 🖂 🅃🆅 ☎ ⟺ 🄿 ⓞ **E** 𝑉𝐼𝑆𝐴. 𝒮𝒫
20. Dez.- 20. Jan. und 22.- 27. Feb. geschl. – **M** *(nur Abendessen, Freitag - Samstag geschl.)*
a la carte 22/49 – **22 Z : 35 B** 55/75 - 95/105 Fb.

🏠 **Zur Sonne**, Karlstr. 38, 𝒫 31 44, ⓢ – ⟺ 🄿
15. Dez.- Jan. geschl. – **M** *(nur Abendessen, Sonntag - Montag geschl.)* a la carte 29/48 ⅄
– **20 Z : 30 B** 54/64 - 98/110.

✕ **Donaustuben**, Marktstr. 2 (Donauhalle), 𝒫 21 89 – 🄿
14. Juli - 14. Aug. und Sonntag 15 Uhr - Montag geschl. – **M** a la carte 24/49 ⅄.

In Donaueschingen - Allmendshofen S : 2 km :

🏠 **Grüner Baum**, Friedrich-Ebert-Str. 59, 𝒫 20 97, 🏤, 🛱 – 🖂 ☎ 🄿 – 🖄 25/60. 🖭 ⓞ **E**
↩ 𝑉𝐼𝑆𝐴
M a la carte 21/43 – **40 Z : 70 B** 48/60 - 84/100 Fb.

In Donaueschingen-Aufen NW : 2,5 km – Erholungsort :

🏠 **Waldblick** ⑤, Am Hinteren Berg 7, 𝒫 40 74, ⓢ, 🗔, 🛱, 🐎 – 🖂 ☎ ⟺ 🄿 – 🖄
𝒮𝒫 Zim
45 Z : 75 B Fb.

In Donaueschingen 15-Wolterdingen NW : 6 km :

🏠 **Tannenhof**, Hubertshofener Str. 8, 𝒫 (07705) 4 44, 🛱 – ☎ ⟺ 🄿
M *(Freitag geschl.)* a la carte 25/51 – **22 Z : 43 B** 42/52 - 80/100 Fb.

DONAUSTAUF Bayern siehe Regensburg.

DONAUWÖRTH 8850. Bayern 𝟒𝟏𝟑 P 20. 𝟗𝟖𝟕 ㊱ – 17 500 Ew – Höhe 405 m – ✪ 0906.
Ausflugsziele : Kaisheim : ehemalige Klosterkirche (Chorumgang⋆) N : 6 km – Harburg :
Schloß (Sammlungen⋆) NW : 11 km.
Verkehrsamt, Rathaus, Rathausgasse 1, 𝒫 78 91 45.
München 100 – Ingolstadt 56 – ◆Nürnberg 95 – ◆Ulm (Donau) 79.

🏠 **Drei Kronen**, Bahnhofstr. 25, 𝒫 2 10 77, Telex 51339 – ☎ 🄿
37 Z : 56 B Fb.

🏠 **Posthotel Traube**, Kapellstr. 14, 𝒫 60 96, Telex 51331, Fax 23390, ⓢ – 🖂 🅃🆅 ☎ 🄿. 🖭
ⓞ **E** 𝑉𝐼𝑆𝐴
M *(Mittwoch geschl.)* a la carte 22/45 – **43 Z : 65 B** 63/79 - 94/108 Fb.

🏠 **Goldener Hirsch**, Reichsstr. 44, 𝒫 31 24 – 🄿
↩ **M** *(Dienstag geschl.)* a la carte 17,50/35 – **17 Z : 26 B** 40 - 70.

✕✕ Tanzhaus, Reichsstr. 34 (2. Etage, 🖂), 𝒫 50 01.

In Donauwörth-Nordheim SO : 2 km über die B 16 :

🏠 Donauwörther Hof, Teutonenweg 16, 𝒫 59 50, 🗔, 🛱 – ☎ ⟺ 🄿
26 Z : 50 B.

In Donauwörth-Parkstadt :

🏠 **Parkhotel**, Sternschanzenstr. 1, 𝒫 60 37, Fax 23283, ≼ Donauwörth, 🏤 – 🅃🆅 ☎ 🄿 –
🖄 25/50. 🖭 ⓞ **E** 𝑉𝐼𝑆𝐴
27. Dez.- 10. Jan. geschl. – **M** *(Nov.- Feb. Freitag geschl.)* a la carte 33/67 – **35 Z : 50 B**
59/75 - 98/115 Fb.

🏠 **Zum Deutschmeister** ⑤, Hochbrucker Str. 2, 𝒫 80 95, 🏤 – ☎ 🄿. **E**
↩ *Aug. geschl.* – **M** *(Montag geschl.)* a la carte 18,50/34 – **9 Z : 13 B** 39 - 72.

DONZDORF 7322. Baden-Württemberg 𝟒𝟏𝟑 M 20 – 11 100 Ew – Höhe 405 m – ✪ 07162
(Süßen).
Schloß Ramsberg, 𝒫 2 71 71.
Stuttgart 57 – Göppingen 13 – Schwäbisch Gmünd 17 – ◆Ulm (Donau) 45.

🏠 ✿ **Becher - Restaurant De Balzac** (mit 🏠 Gästehaus, ⑤), Schloßstr. 7,
𝒫 2 00 50 (Hotel) 20 05 37 (Rest.), Fax 200555, Caféterrasse, ⓢ, 🛱 – 🖂 🅃🆅 ⟺ 🄿 –
🖄 40/150. 🖭 ⓞ **E** 𝑉𝐼𝑆𝐴
6.- 30. Jan. und 24. Juli - 12. Aug. geschl. – **M** *(Tischbestellung ratsam)* (Sonn- und
Feiertage sowie Montag geschl.) a la carte 69/95 – **Bauernstube** *(Sonntag 14 Uhr - Montag
18 Uhr geschl.)* Menu a la carte 30/56 ⅄ – **65 Z : 102 B** 70/110 - 98/165 Fb
Spez. Lasagne von Hummer und Wildlachs, Getrüffeltes Perlhuhnküken in der Blase, Hausgemachtes Eis in
der Blüte.

DORMAGEN 4047. Nordrhein-Westfalen 987 ㉗ − 57 000 Ew − Höhe 45 m − ✪ 02106.

Ausflugsziel : Zons : befestigtes Städtchen★ N : 6 km.

🛈 Fremdenverkehrsamt (Bürgerhaus), im Ortsteil Zons, Schloßstr. 37, ℘ 5 35 18.

◆Düsseldorf 25 − ◆Köln 24 − Neuß 19.

🏨 **Romantik-Hotel Höttche**, Krefelder Str. 14, ℘ 4 10 41, Telex 8517376, Fax 1061 « Rustikales Restaurant », ≦s, ⬚, − 🛏 📺 ⟺ ⓟ − 🅰 25/60. ⚑ ⓪ Ε 𝗩𝗜𝗦𝗔 23.- 30. Dez. geschl. − **M** a la carte 40/82 − **56 Z : 84 B** 100/150 - 189/225 Fb.

🏨 **Zur Flora**, Florastr. 49, ℘ 4 60 11, Fax 477824 − 📺 ☎ ⟺ ⓟ. ⚑ Ε **M** (Dienstag und Juli 2 Wochen geschl.) a la carte 23/52 − **16 Z : 30 B** 85/110 - 115/160 Fb.

In Dormagen 5-St. Peter NW : 5,5 km über die B 9 :

🏨 **Stadt Dormagen** garni, Robert-Bosch-Str. 2, ℘ 78 28, Fax 70940, ≦s − ☎ ⓟ. ⚑ ⓪ 𝗩𝗜𝗦𝗔 22. Dez.- 8. Jan. geschl. − **14 Z : 20 B** 65/70 - 100/110.

In Dormagen 5-Zons N : 6 km :

XX Altes Zollhaus, Rheinstr. 16, ℘ 4 01 03.

DORNBURG 6255. Hessen − 8 000 Ew − Höhe 400 m − ✪ 06436.

Mainz 75 − ◆ Frankfurt am Main 88 − Koblenz 46 − Siegen 55.

In Dornburg-Frickhofen :

🏨 Café Bock garni, Hauptstr. 30, ℘ 20 77 − 📺 ☎ ⟺ **10 Z : 20 B**.

DORNSTADT Baden-Württemberg siehe Ulm (Donau).

DORNSTETTEN 7295. Baden-Württemberg 413 I 21, 987 ㉟ − 5 700 Ew − Höhe 615 m − Luftkurort − ✪ 07443.

🛈 Kurverwaltung, Rathaus, Marktplatz 2, ℘ 58 68.

◆Stuttgart 87 − Freudenstadt 8.

🏨 **Löwen**, Hauptstr. 3, ℘ 64 81, 斎 − ⟺ ⬩ Nov. geschl. − **M** (Freitag geschl.) a la carte 21/40 − **30 Z : 60 B** 38/44 - 70/84 − ½ P 50/60.

In Dornstetten-Aach SW : 2 km − Erholungsort :

🏨 **Waldgericht** (Fachwerkhaus a.d. 15. Jh.), Grüntaler Str. 4, ℘ 80 33 − 📺 ☎ ⓟ. Ε Ende Jan.- Mitte Feb. geschl. − **M** a la carte 24/45 ⅓ − **18 Z : 27 B** 45 - 90 − ½ P 55.

In Dornstetten-Hallwangen NO : 2,5 km − Luftkurort :

XX ❀ **Die Mühle**, Eichenweg 23 (nahe der B 28), ℘ 63 29 − ⓟ Mittwoch - Donnerstag 17 Uhr geschl. − **M** a la carte 49/99 **Spez.** Kuttelsalat mit Linsenvinaigrette, Langostinos im Nudelteig, Lammkotlett mit Kartoffelkruste.

DORNUM 2988. Niedersachsen 987 ④ − 4 500 Ew − Höhe 5 m − ✪ 04933.

◆Hannover 262 − Emden 46 − ◆Oldenburg 91 − Wilhelmshaven 54.

XX **Burg-Hotel** 🌄 mit Zim (Wasserschloß a.d.J. 1507), Beningalohne 2, ℘ 19 11, 斎 − ⓟ. Ε Jan.- Feb. geschl. − **M** 24/39 (mittags) und a la carte 31/55 − **10 Z : 19 B** 50/70 - 90/140.

DORSTEN 4270. Nordrhein-Westfalen 987 ⑬ − 74 000 Ew − Höhe 37 m − ✪ 02362.

Siehe Ruhrgebiet (Übersichtsplan).

◆Düsseldorf 61 − Bottrop 17 − ◆Essen 29 − Recklinghausen 19.

🏨 **Am Kamin**, Alleestr. 37, ℘ 2 70 07 − 🛏 📺 ☎ ⟺ ⓟ. ⚑ ⓪ Ε 𝗩𝗜𝗦𝗔 **M** (nur Abendessen, Sonntag geschl.) a la carte − **25 Z : 50 B** 100 - 135 Fb.

🏨 **Koop - Dorstener Hof** 🌄, Markt 13, ℘ 2 26 29 − ⚑ ⓪ Ε 𝗩𝗜𝗦𝗔 **M** (Freitag ab 14 Uhr und Montag geschl.) a la carte 26/48 − **14 Z : 20 B** 45/60 - 60/85.

Gli alberghi o ristoranti ameni sono indicati nella guida con un simbolo rosso.

Contribuite a mantenere la guida aggiornata segnalandoci gli alberghi e ristoranti dove avete soggiornato piacevolmente.

🏨🏨🏨 ... 🏨

XXXXX ... X

In Dorsten 21-Hervest :

🏠 **Haus Berken**, An der Molkerei 30, 𝒫 6 12 13, 🍴 – 📺 ☎ 🅿
M *(Mittwoch geschl.)* a la carte 30/51 – **21 Z : 30 B** 46/65 - 90/120.

XX **Henschel**, Borkener Str. 47, 𝒫 6 26 70 – 🅿. 🅰🅴 ⓞ 🅴. 🎇
Samstag bis 18 Uhr sowie im Jan. und im Herbst jeweils 1 Woche geschl. – **M** a la carte
57/89.

In Dorsten 12 - Lembeck NO : 10,5 km :

XX **Schloßhotel Lembeck** 🦢 mit Zim, im Wasserschloß Lembeck (S : 2 km),
𝒫 (02369) 72 13, Schloßkapelle, Museum, « Park » – 📺 ☎ 🅿. 🅰🅴 ⓞ 🅴 🆅🅸🆂🅰
M *(Montag bis 17 Uhr geschl.)* a la carte 35/68 – **10 Z : 19 B** 58/73 - 105/128.

In Dorsten 11 - Wulfen NO : 7 km :

🏠 **Humbert**, Burghof 2 (B 58), 𝒫 (02369) 41 09, 🍴, Fahrradverleih – ☎ ⇔ 🅿. 🅰🅴 ⓞ 🅴 🆅🅸🆂🅰
Juli geschl. – **M** *(Montag geschl.)* a la carte 22/59 – **21 Z : 32 B** 40/50 - 80/100.

In Dorsten 11 - Wulfen-Deuten W : 4 km ab Wulfen :

🏠 **Grewer**, Weseler Str. 351 (B 58), 𝒫 (02369) 80 83, 🍴 – ⇔ 🅿. ⓞ 🅴
M *(Donnerstag geschl.)* a la carte 26/48 – **15 Z : 21 B** 38/45 - 60/80.

DORTMUND 4600. Nordrhein-Westfalen 𝟿𝟾𝟽 ⑭ – 570 000 Ew – Höhe 87 m – ✦ 0231.

Siehe Ruhrgebiet (Übersichtsplan).

ehenswert : Fernsehturm★ (❄★) – Westfalenpark★ BCZ – Marienkirche (Marienaltar★) BYZ **B**.
Dortmund-Reichsmark (⑤ : 7 km), 𝒫 77 41 33.

Dortmund-Wickede, ③ : 11 km, 𝒫 21 89 01 – 🚉 (Holzwickede) 𝒫 (02301) 23 81.

usstellungsgelände Westfalenhalle (AZ), 𝒫 1 20 45 21, Telex 822321.

Verkehrspavillon am Hauptbahnhof, 𝒫 14 03 41.

Informations- und Presseamt, Südwall 6, 𝒫 54 22 56 66.

DAC, Kaiserstr. 63, 𝒫 5 49 91 15, Notruf 𝒫 1 92 11.

Düsseldorf 82 ⑤ – ✦Bremen 236 ③ – ✦Frankfurt am Main 224 ⑤ – ✦Hannover 212 ③ – ✦Köln 94 ⑤.

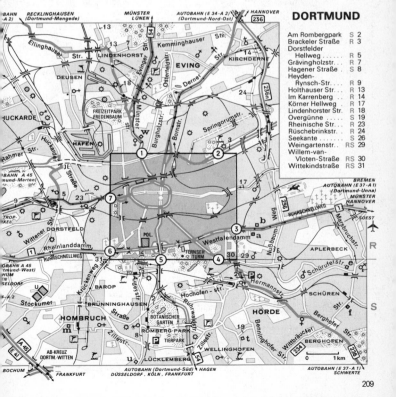

DORTMUND

Am Rombergpark S 2
Brackeler Straße R 3
Dorstfelder
  Hellweg R 5
Grävingholzstr. R 7
Hagener Straße S 8
Heyden-
  Rynsch-Str. R 9
Holthauser Str. R 13
Im Karrenberg R 14
Körner Hellweg R 17
Lindenhorster Str. R 18
Overgünne S 19
Rheinische Str. R 23
Rüschebrinkstr. R 24
Seekante S 26
Weingartenstr. RS 29
Willem-van-
  Vloten-Straße RS 30
Wittekindstraße RS 31

209

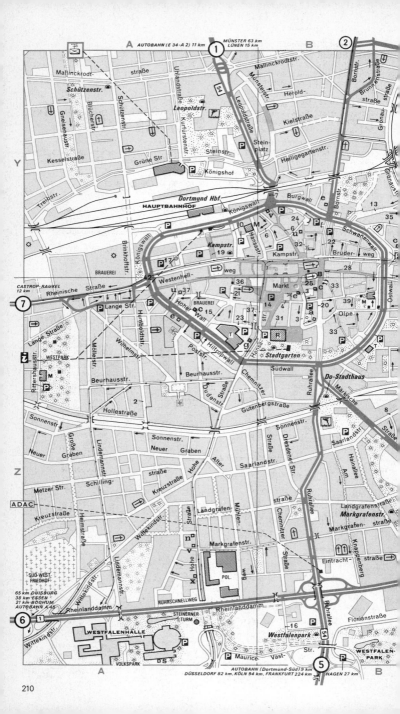

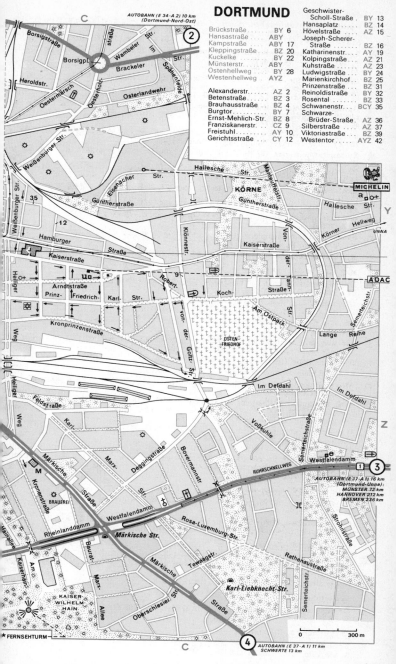

DORTMUND

AUTOBAHN (E 34-A 2) 10 km
(Dortmund-Nord-Ost)

KÖRNE

MICHELIN

UNNA

ADAC

ÖSTEN-
FRIEDHOF

AUTOBAHN (E 37-A 1) 16 km
(Dortmund-Unna):
MÜNSTER 72 km
HANNOVER 212 km
BREMEN 236 km

BRAUEREI

KAISER-
WILHELM-
HAIN

★FERNSEHTURM

0   300 m

AUTOBAHN (E 37-A 1) 11 km
SCHWERTE 13 km

211

🏨🏨 **Parkhotel Wittekindshof**, Westfalendamm 270 (B 1), ℰ 59 60 81, Telex 822216, 🍴, 😭
— 🛗 ⇖ Zim 🗏 📺 ዄ 🅿 — 🕍 25/200. 🆎 ⓘ Ε 𝘝𝘐𝘚𝘈. 🎇   R b
M *(Samstag bis 18 Uhr geschl.)* a la carte 38/79 — **65 Z : 100 B** 148/180 - 230/350 Fb.

🏨🏨 **Parkhotel Westfalenhallen** 🍃, Strobelallee 41, ℰ 1 20 42 45, Telex 822413, Fax 1204555,
≼, 🍴, 😭, 🔲 — 🛗 📺 ዄ 🅿 — 🕍 25/1000. 🆎 ⓘ Ε 𝘝𝘐𝘚𝘈   AZ s
Juli - Aug. 3 Wochen geschl. — **M** a la carte 30/69 — **110 Z : 133 B** 145/160 - 190/260 Fb.

🏨🏨 **Drees**, Hohe Str. 107, ℰ 1 29 96 66, Telex 822490, Fax 1299555, 🔲 — 🛗 📺 ዄ 🅿 —
🕍 25/100. 🆎 ⓘ Ε. 🎇 Rest   AZ n
M a la carte 33/56 — **114 Z : 170 B** 84/136 - 126/156 Fb.

🏨 **Consul** garni (Mahlzeiten im Hotel Drees), Gerstenstr. 3, ℰ 1 29 96 66, Telex 822490, Fax
129955, 😭, 🔲 — 🛗 📺 ☎ ⇌. 🆎 ⓘ Ε   AZ v
42 Z : 51 B 94/128 - 138/148 Fb.

🏨 **Römischer Kaiser**, Olpe 2, ℰ 5 43 21, Telex 822441, 🍴 — 🛗 📺 ☎ ዄ — 🕍   BZ a
160 Z : 220 B -Wiedereröffnung nach Umbau Frühjahr 1990.

🏨 **Senator**, Münsterstr. 187 (B 54), ℰ 81 81 61, Telex 8227507, Fax 813690, 😭 — 🛗 📺 ☎
⇌ 🅿. 🆎 ⓘ Ε 𝘝𝘐𝘚𝘈   R W
20.- 30. Dez. geschl. — **M** *(nur Abendessen, Sonntag geschl.)* a la carte 28/42 — **34 Z : 70 B**
94/114 - 148/190 Fb.

🏨 **Esplanade** garni, Bornstr. 4, ℰ 52 89 31, Telex 822330, Fax 529536 — 🛗 📺 ☎ ⇌. 🆎 ⓘ
Ε 𝘝𝘐𝘚𝘈   BY e
23. Dez.- 2. Jan. geschl. — **48 Z : 67 B** 80/95 - 120/180 Fb.

🏨 **City-Hotel** garni, Silberstr. 37, ℰ 14 20 86, Telex 8227570 — 🛗 ⇖ 📺 ☎ 🅿   AZ u
50 Z : 100 B.

🏨 **Stadthotel** garni, Reinoldistr. 14, ℰ 57 10 11 — 🛗 📺 ☎ ⇌. 🆎 ⓘ Ε 𝘝𝘐𝘚𝘈   BY t
22. Dez.- 2. Jan. geschl. — **31 Z : 47 B** 92/110 - 135.

🏨 **Königshof** garni, Königswall 4, ℰ 5 70 41, Telex 822356 — 🛗 ⇖ 📺 ☎ — 🕍 40. 🆎 ⓘ Ε
𝘝𝘐𝘚𝘈   BY v
45 Z : 59 B 84/94 - 112/128 Fb.

🏨 **Union** garni, Arndtstr. 66, ℰ 52 82 43 — 🛗 📺 ☎ ⇌. 🆎 ⓘ Ε 𝘝𝘐𝘚𝘈   CZ u
26 Z : 42 B 45/90 - 85/120 Fb.

🏨 **Gildenhof** garni, Hohe Str. 139, ℰ 12 20 35, Telex 822807 — 🛗 ⇖ 📺 ☎ — 🕍 35. Ε
20. Dez.- 8. Jan. geschl. — **49 Z : 90 B** 80/95 - 120/145 Fb.   AZ x

🏨 **National** garni, Hoher Wall 2, ℰ 14 00 12 — 🛗 📺 ☎   AZ e
21 Z : 35 B.

🏨 **Merkur** garni, Milchgasse 5, ℰ 52 83 49 — 🛗 ☎ ⇌. 🆎 ⓘ Ε 𝘝𝘐𝘚𝘈. 🎇   BY c
21. Dez.- 12. Jan. geschl. — **24 Z : 30 B** 70/95 - 120/148.

XX **Schwarzer Rabe**, Hansastr. 101, ℰ 1 69 27, Straßenterrasse   AZ g

XX **Krone - Rôtisserie**, Alter Markt, ℰ 52 75 48, 🍴, Biergarten — 🕍   BZ a

XX **Mövenpick-Appenzeller Stube**, Kleppingstr. 11, ℰ 57 92 25 — 🆎 ⓘ Ε 𝘝𝘐𝘚𝘈   BZ c

XX **SBB-Restaurant**, Westfalendamm 166 (B 1), ℰ 59 78 15, 🍴 — 🅿. 🆎 ⓘ Ε 𝘝𝘐𝘚𝘈   CZ e
Samstag bis 18 Uhr geschl. — **M** a la carte 36/61 — **Edo** (japanisches Restaurant,
(wochentags nur Abendessen) **M** 55/85.

X **Hövels Hausbrauerei**, Hoher Wall 5, ℰ 14 10 44, Biergarten, « Kleine Brauerei im
Restaurant » — 🕍 25/60. 🆎 ⓘ Ε 𝘝𝘐𝘚𝘈   AZ c
M a la carte 29/47.

X **Turmrestaurant**, im Westfalenpark (Eintritt und 🛗 3,50 DM), ℰ 12 61 44, ☀ Dortmund
und Umgebung, « Rotierendes Restaurant in 138 m Höhe » — 🗏 🅿. 🆎 Ε. 🎇   CZ
M a la carte 32/59.

In Dortmund 41-Aplerbeck :

🏨 **Postkutsche** garni, Postkutschenweg 20, ℰ 44 10 01 — 📺 ☎ 🅿   S e
27 Z : 42 B 59 - 98.

🍴 **Märker Stuben**, Kleine Schwerter Str. 4, ℰ 48 89 89 — ☎ 🅿. 🆎 ⓘ Ε. 🎇 Rest   S t
M *(Mittwoch - Donnerstag 15 Uhr geschl.)* a la carte 22/43 — **10 Z : 15 B** 55 - 80.

In Dortmund 50-Barop :

🏨 **Romantik-Hotel Lennhof** 🍃, Menglinghauser Str. 20, ℰ 7 57 26, Telex 822602, Fax
759361, 🍴, « Rustikale Einrichtung », 😭, 🔲, 🐎, 🎾 — 📺 ☎ 🅿 — 🕍 30. 🆎 ⓘ Ε 𝘝𝘐𝘚𝘈
🎇 Rest   S m
M a la carte 61/84 — **37 Z : 62 B** 103/115 - 170/240 Fb.

In Dortmund 72-Bövinghausen ⑥ *: 8 km :*

🏨 **Commerz** garni, Provinzialstr. 396, ℰ 69 22 53 — 🛗 ☎ ⇌ 🅿. 🆎 ⓘ Ε 𝘝𝘐𝘚𝘈
37 Z : 43 B 75/85 - 118 Fb.

In Dortmund 30-Brücherhof :

🏨 **Schuggert**, Brücherhofstr. 98, ℰ 46 40 81, 🍴 — ☎ 🅿   S t
M a la carte 30/52 — **26 Z : 42 B** 60/65 - 100/105.

In Dortmund 1-Gartenstadt :

XX **Grüner Baum**, Lübkestr. 9, ℰ 43 02 55 — AE ⓪ E VISA   R a
Samstag bis 18 Uhr und Montag geschl. — **M** a la carte 33/62.

In Dortmund 30-Höchsten über Wittbräucker Str. S :

▥ **Haus Überacker**, Wittbräucker Str. 504 (B 234), ℰ (02304) 8 04 21, « Gartenterrasse » —
TV Ⓟ. AE E
Juni - Juli 3 Wochen geschl. — **M** *(Donnerstag geschl.)* a la carte 22/54 — **15 Z : 20 B** 50/60
- 80/100.

In Dortmund 50-Kirchhörde :

▦▦ **Haus Mentler**, Schneiderstr. 1, ℰ 73 17 88, 🍽, Biergarten — TV ☎ Ⓟ — ♨ 25/150. ⓪
E   S u
M a la carte 37/69 — **16 Z : 28 B** 95 - 135.

In Dortmund 1-Körne :

▥ **Körner Hof** garni, Hallesche Str. 102, ℰ 59 00 28, ⇔, ▨ — ♨ TV ☎ ⇐. AE ⓪ E VISA
21. Dez.- 7. Jan. geschl. — **21 Z : 44 B** 89 - 120/130.   CY a

In Dortmund 50-Lücklemberg über Hagener Str. S :

▦▦ **Zum Kühlen Grunde** ☜, Galoppstr. 57, ℰ 7 39 47, Biergarten, ⇔, ▨ — TV ☎ Ⓟ —
♨ 25/60. AE ⓪ E VISA
22.- 10. Jan. geschl. — **M** *(nur Abendessen, Sonntag geschl.)* a la carte 25/52 — **30 Z :
43 B** 85 - 128.

In Dortmund 76-Oespel ⑥ : 6 km :

▦▦ **Novotel Dortmund-West**, Brennaborstr. 2, ℰ 6 54 85, Telex 8227007, Fax 650944, 🍽,
⇔, ▨, ✐ Zim TV ☎ & Ⓟ — ♨ 25/200. AE ⓪ E VISA
M a la carte 33/64 — **104 Z : 208 B** 133 - 169 Fb.

XX **Haus Horster**, Borussiastr. 7, ℰ 6 58 58 — Ⓟ
Montag geschl. — **M** a la carte 30/62.

In Dortmund 50-Schanze ⑤ : 10 km, nach BAB-Kreuz Dortmund-Süd rechts ab :

▥ **Hülsenhain** ☜, Am Ossenbrink 57, ℰ 73 17 67, 🍽 — TV ☎ Ⓟ. AE ⓪ E VISA. ✷ Zim
2.- 19. Jan. geschl. — **M** *(Freitag bis 15 Uhr und Montag geschl.)* 18/26 (mittags) und a la
carte 29/48 — **14 Z : 24 B** 65 - 95.

In Dortmund 30-Syburg ⑤ : 13 km :

▦▦▦ **Parkhotel Landhaus Syburg**, Westhofener Str. 1, ℰ 7 74 50, Telex 8227534, Fax 774421,
Massage, ⇔, ▨ — ♨ TV ⇐ Ⓟ — ♨ 25/80. AE ⓪ E VISA. ✷ Zim
M a la carte 46/67 — **64 Z : 118 B** 140/170 - 180/210 Fb — 9 Appart. 260.

▦▦ **Dieckmann**, Wittbräucker Str. 980 (B 54), ℰ 77 44 61, 🍽, Biergarten, « Individuelle,
gemütliche Einrichtung » — ♨ TV ☎ Ⓟ. AE ⓪ E VISA
M a la carte 31/58 — **21 Z : 36 B** 95 - 120/140 Fb.

▥ **Haus Schröer**, Hohensyburgstr. 186, ℰ 77 44 91, 🍽, Fahrradverleih — ⇐ Ⓟ — ♨ 30
M *(Freitag - Samstag 15 Uhr und 24. Dez.- 20. Jan. geschl.)* a la carte 26/54 — **21 Z : 32 B**
65/85 - 95/110.

XXX ✿ **La Table**, Hohensyburgstr. 200 (im Spielcasino), ℰ 77 44 44, Fax 7740116 — Ⓟ — ♨ 30.
AE E. ✷
nur Abendessen — **M** *(bemerkenswerte Weinkarte)* 88/130 und a la carte 75/98 — **Neue
Ruhrterrassen** *(auch Mittagessen)* **M** a la carte 36/60
Spez. Geräucherte Kalbsbriessülze, Steinbutt in der Safrankruste, Glaciertes Lammkotlett mit Topfennudeln.

◧**ICHELIN-REIFENWERKE KGaA. Niederlassung** 4600 Dortmund, Eisenacher Str. 13 (CY),
ℰ (0231) 52 73 45.

*Nos guides hôteliers, nos guides touristiques et nos cartes routières
sont complémentaires. Utilisez-les ensemble.*

◧**DORUM** 2853. Niedersachsen 🄈🄊🄍 ④ — 2 800 Ew — Höhe 2 m — Seebad — ✿ 04742.
Kurverwaltung, Poststr. 16, ℰ 87 50.
Hannover 207 — ♦Bremerhaven 20 — Cuxhaven 25.

In Dorum-Neufeld NW : 6,5 km :

▦▦ **Wurster Land**, Sieltrift 37, ℰ (04741) 10 71, 🍽, ⇔, ✐ — TV ☎ Ⓟ — ♨ 30. E
1.- 15. Feb. geschl. — **M** a la carte 26/61 — **16 Z : 50 B** 82 - 120 Fb.

🍴 **Grube** ☜, Am Neuen Deich 2, ℰ (04741) 14 36 — Ⓟ
25. Nov.- Dez. geschl. — **M** *(Nov.- April Montag geschl.)* a la carte 24/42 — **16 Z : 30 B** 39/45
- 77/90 — 5 Fewo 70/90 — ½ P 55/65.

Siehe auch : *Liste der Feriendörfer*

DOSSENHEIM 6915. Baden-Württemberg **413** J 18 — 9 600 Ew — Höhe 120 m — ✆ 062 (Heidelberg).

♦Stuttgart 126 — ♦Darmstadt 57 — Heidelberg 5,5 — Mainz 86 — ♦Mannheim 22.

🏠 **Am Kirchberg** ⤢ garni (Mahlzeiten im Goldenen Hirsch), Steinbruchweg 4, 𝒫 8 50 40 ☎ 📞. 𝒮 — **14 Z : 28 B** Fb.

🏠 **Goldener Hirsch**, Hauptstr. 59, 𝒫 8 51 19 — ☎ 📞. 𝒮 Zim
10 Z : 20 B Fb.

🏠 **Bären** garni, Daimlerstr. 6 (Gewerbegebiet-Süd), 𝒫 8 50 29 — ☎ 📞
19 Z : 38 B 55 - 86 Fb.

🏠 **Heidelberger Tor**, Heidelberger Str. 32, 𝒫 8 52 34 — ☎ 📞. 𝒮
(nur Abendessen für Hausgäste) — **20 Z : 40 B** 43/46 - 70/74 Fb.

DRACHSELSRIED 8371. Bayern **413** W 19 — 2 200 Ew — Höhe 533 m — Erholungsort Wintersport : 700/850 m ⫷2 ⫸6 — ✆ 09945 (Arnbruck).

🛈 Verkehrsamt, Zellertalstr. 8, 𝒫 5 05.

♦München 178 — Cham 37 — Deggendorf 35.

🏠 **Falter**, Zellertalstr. 6, 𝒫 4 06, ⤢, ◻, ⤐ — 🛗 ⟸ 📞
➡ Nov.- 20. Dez. geschl. — **M** (Montag geschl.) a la carte 18/40 🍴 — **34 Z : 59 B** 38 - 70 Fb — ½ P 48/51.

🏠 **Zum Schlossbräu**, Hofmark 1, 𝒫 10 38, ◻, ⤐ — ⟸ 📞. 𝒮 Zim
➡ Nov.- 22. Dez. geschl. — **M** a la carte 16/28 🍴 — **70 Z : 130 B** 25/39 - 46/78.

In Drachselsried-Asbach S : 6 km :

🏠 **Berggasthof Fritz** ⤢ (mit Gästehaus), 𝒫 (09923) 22 12, ≤, ⤒, ◻, ⤐ — ⟸ 📞
➡ Nov.- 15. Dez. geschl. — **M** a la carte 16,50/27 — **45 Z : 81 B** 28/35 - 50/70 Fb — ½ P 40/50.

In Drachselsried-Oberried SO : 2 km :

🏠🏠 **Margeriten-Hof** ⤢, Oberried 124, 𝒫 4 96, 🌫, Massage, ⤒, ◻ — 🛗 📞 — 🏛 4
𝒮 Rest
10. Nov.- 20. Dez. geschl. — **M** (Mittagessen nur für Hausgäste) (Dienstag geschl.) a la car
24/38 — **30 Z : 60 B** 60 - 114/169 Fb.

🏠 **Berggasthof Hochstein** ⤢, Oberried 9 1/2, 𝒫 4 63, ≤, 🌫, ⤐ — 📞
➡ Nov.- 22. Dez. geschl. — **M** a la carte 17,50/38 — **38 Z : 72 B** 43/46 - 72/90 — ½ P 46/56.

🏠 **Rieder Eck** ⤢, Oberried 31, 𝒫 6 42, ≤, ⤒, ◻, ⤐ — ☎ ⟸ 📞
(Restaurant nur für Hausgäste) — **28 Z : 58 B** Fb.

In Drachselsried-Unterried SO : 3 km :

🏠 **Lindenwirt** ⤢, Unterried 9, 𝒫 3 83, ⤒, ◻, ⤐ — 🛗 📞
➡ 5. Nov.- 20. Dez. geschl. — **M** a la carte 16,50/29 — **42 Z : 78 B** 38/45 - 70/80 Fb.

Außerhalb O : 6 km, über Oberried — Höhe 730 m :

🏠 **Berggasthof Riedlberg** ⤢, ✉ 8371 Drachselsried, 𝒫 (09924) 70 35, ≤, 🌫, ◻ (geheizt
➡ ⤐, ⫷ — ⟸ 📞
5. Nov.- 15. Dez. geschl. — **M** a la carte 16/28 — **28 Z : 56 B** 35/44 - 72/84 — ½ P 43/52.

DREIBURGENSEE Bayern siehe Tittling.

DREIEICH 6072. Hessen **413** J 16 — 39 400 Ew — Höhe 130 m — ✆ 06103.

♦Wiesbaden 45 — ♦Darmstadt 17 — ♦Frankfurt am Main 18.

In Dreieich-Dreieichenhain :

🏠 **Burghof**, Am Weiher 6, 𝒫 8 40 02, 🌫 — 📺 ☎ ⟸ 📞 — 🏛 . 𝒮 — **14 Z : 18 B**.

🕱🕱 **Alte Bergmühle**, Geisberg 25, 𝒫 8 18 58, « Rustikale Einrichtung, Gartenterrasse » — 📞
🄰🄴 ⓞ 🄴 𝖵𝖨𝖲𝖠
M a la carte 36/68.

In Dreieich-Götzenhain :

🕱 **Krone**, Wallstr. 2, 𝒫 8 41 15, ⤒ — 🛗 📞. ⓞ 𝖵𝖨𝖲𝖠
➡ 15. Juli - 12. Aug. und 16. Dez.- 6. Jan. geschl. **M** (wochentags nur Abendessen) a la car
19/35 — **47 Z : 60 B** 50/55 - 90/95.

In Dreieich-Sprendlingen :

🏠🏠 **Dorint-Kongress-Hotel**, Eisenbahnstr. 200, 𝒫 60 60, Telex 417954, Fax 63019, ⤒, ◻ —
📺 ☎ 📞 — 🏛 . 𝒮 Rest — **94 Z : 178 B** Fb.

🏠🏠 **Rhein-Main-Hotel** garni, Hauptstr. 47, 𝒫 6 30 70, Telex 417931 — 🛗 📺 ☎ 📞 — 🏛 30
70 Z : 120 B 85/140 - 133/200 Fb.

🏠 **Herrenbrod - Ständecke**, Hauptstr. 29, 𝒫 6 30 37, Fax 65272 — 🛗 ☎ 📞. 🄴 𝖵𝖨𝖲𝖠
M (Samstag - Sonntag 17 Uhr und 23. Juli - 20. Aug. geschl.) a la carte 26/41 — **59 Z : 68**
73/90 - 115/135 Fb.

🕱🕱 **Ristorante Tonini** (Italienische Küche), Fichtestr. 50 (im Bürgerhaus), 𝒫 6 10 81 — 📞
🏛 30/200. 🄰🄴 ⓞ 🄴 𝖵𝖨𝖲𝖠
M (Tischbestellung ratsam) a la carte 27/59.

Gutsschänke Neuhof siehe unter _Frankfurt am Main._

DRENSTEINFURT 4406. Nordrhein-Westfalen − 11 600 Ew − Höhe 78 m − ✪ 02508.
Düsseldorf 123 − Hamm in Westfalen 15 − Münster (Westfalen) 22.

An der B 63 SO : 6,5 km :

🏠 **Haus Volking**, Herrenstein 22, ✉ 4406 Drensteinfurt 2-Walstedde, ✆ (02387) 6 65 − 🛉
⮑ 🅿
M *(Montag geschl.)* 15/22 (mittags) und a la carte 23/49 − **17 Z : 32 B** 35/50 - 65/85.

DRIBURG, BAD 3490. Nordrhein-Westfalen 🔟🔟🔟 ⑮ − 18 500 Ew − Höhe 220 m − Heilbad −
✆ 05253.
🔆 Am Kurpark, ✆ 84 23 49.
🛈 Verkehrsamt, Lange Str. 140, ✆ 8 81 80.
Düsseldorf 190 − Detmold 28 − ♦Kassel 86 − Paderborn 20.

🏨 **Kur- und Sporthotel Quellenhof**, Caspar-Heinrich-Str. 14, ✆ 30 11, Telex 936515,
Badeabteilung, ⮑, 🔲 − 🛉 📺 🅿 − 🔥 25/60. 🆎 ⓪ 🅴 🆅🆂🅰
M a la carte 28/68 − **48 Z : 100 B** 80/85 - 152/180 Fb − ½ P 101/115.

🏨 **Gräfliches Kurhaus** ⏳, Am Bad 9 (im Kurpark), ✆ 8 41, Telex 936629, Fax 842204, 🍴,
🌳, ✖ − 🛉 📺 🅿 ⮑ 🅿 − 🔥 30/70. 🆎 🅴. 🏖
M a la carte 35/69 − **77 Z : 102 B** 80/120 - 160/190 Fb.

🏨 **Schwallenhof**, Brunnenstr. 34, ✆ 32 23, ⮑, 🔲, 🍴, 🐎 − 🛉 📺 ⮑ 🅿. 🅴
M *(auch Diät)* 15/28 (mittags) und a la carte 26/52 − **34 Z : 45 B** 56/71 - 112/142 Fb −
5 Fewo 55/100.

🏨 **Neuhaus** ⏳, Steinbergstieg 18, ✆ 40 80, ⮑, 🔲 − 🛉 📺 ☎ ⮑ 🅿 − 🔥 30/70. ⓪ 🅴.
🏖 Rest
5.- 15. Jan. geschl. − **M** a la carte 31/57 − **68 Z : 91 B** 44/108 - 88/128 Fb − 8 Fewo 80/120
− ½ P 69/89.

🏠 **Althaus Parkhotel**, Caspar-Heinrich-Str. 17, ✆ 20 88, « Gartenterrasse » − 🛉 ☎ 🅿 −
♦ 🔥 25/80
M *(auch Diät)* a la carte 17/45 − **50 Z : 70 B** 44/110 - 94/150 − 4 Appart. 120/180 − 3 Fewo
60/85 − P 65/107.

🏠 **Café am Rosenberg** ⏳, Hinter dem Rosenberge 22, ✆ 20 02, ≤, « Gartenterrasse »,
♦ ⮑, 🍴 − ☎ 🅿. 🏖 Zim
M *(Mittwoch geschl.)* a la carte 19/49 🍷 − **22 Z : 29 B** 48/54 - 92/102 − ½ P 48/63.

🏠 **Reform-Hotel** ⏳, Steinbergstieg 15, ✆ 30 61, ⮑, 🔲 − 🛉 ✖⮑ Zim ☎ 🅿. 🆎 ⓪ 🅴.
🏖 Rest
Jan. geschl. − (Restaurant nur für Hausgäste, nur vegetarische Kost) − **39 Z : 49 B** 49/79 -
98/140 Fb − ½ P 65/73.

🏠 **Eggenwirth**, Mühlenstr. 17, ✆ 24 51, 🍴 − 📺 ⮑ 🅿
18 Z : 28 B.

🏠 **Zur Rose** ⏳, Rosenmühlenweg 4, ✆ 34 79, 🌳 − ⮑ 🅿
(Restaurant nur für Hausgäste) − **14 Z : 27 B** − 2 Fewo.

🏠 **Teutoburger Hof** garni, Brunnenstr. 2, ✆ 22 25 − 🅿
18 Z : 24 B 40 - 80 Fb.

✖ **Brauner Hirsch** mit Zim, Lange Str. 70, ✆ 22 20 − ⮑ 🅿
7 Z : 11 B.

DROLSHAGEN 5962. Nordrhein-Westfalen − 10 500 Ew − Höhe 375 m − ✪ 02761.
🛈 Verkehrsamt, Klosterhof 2, ✆ 7 03 17.
Düsseldorf 114 − Hagen 59 − ♦Köln 70 − Siegen 34.

🔆 **Auf dem Papenberg** ⏳, Am Papenberg 15, ✆ 7 12 10, ≤, 🌳 − 🅿. 🏖
(Restaurant nur für Hausgäste) − **9 Z : 16 B**.

✖✖ **Zur Brücke** mit Zim, Hagener Str. 12, ✆ 7 12 69 − ⮑ 🅿. 🏖
27. Feb.- 28. März geschl. − **M** *(Dienstag geschl.)* a la carte 24/49 − **9 Z : 16 B** 50 - 90.

In Drolshagen-Frenkhauserhöh N : 4 km :

🏠 **Zur schönen Aussicht** ⏳, Biggeseestraße, ✆ 25 83, ≤, 🌳 − 📺 🅿. 🏖
15.- 31. Jan. geschl. − **M** *(Dienstag geschl.)* a la carte 24/44 − **14 Z : 24 B** 40/46 - 78/88.

In Drolshagen-Hützemert NW : 3 km :

🏠 Haus Wigger, Vorm Bahnhof 4, ✆ (02763) 5 88, 🍴, ⮑, 🌳 − 🅿
14 Z : 26 B.

In Drolshagen-Scheda NW : 6 km :

🏠 **Haus Schulte**, Zum Höchsten 2, ✆ (02763) 3 88, ✖ − 🅿. 🅴
M *(Mittwoch geschl.)* a la carte 22/54 − **16 Z : 32 B** 30 - 60.

DUDELDORF Rheinland-Pfalz siehe Bitburg.

DUDENHOFEN Rheinland-Pfalz siehe Speyer.

DUDERSTADT 3408. Niedersachsen 987 ⑮ ⑯ — 23 500 Ew — Höhe 172 m — ✆ 05527.

🛈 Fremdenverkehrsamt, Rathaus, Marktstr. 66, ℰ 84 12 11.

◆Hannover 131 — ◆Braunschweig 118 — Göttingen 32.

🏬 **Zum Löwen**, Marktstr. 30, ℰ 30 72, Fax 72630, 🌣, « Elegante Einrichtung », ⭐, 🏞
🍴 (Halle), Fahrradverleih — 🛗 📺 🕭 — 🛆 25/90. 🖭 ⓞ 🗉 ⅦⅢ
M a la carte 47/65 — **Gourmet-Stübchen** (nur Abendessen) M 64/128 — **Bierstub**
Alt-Duderstadt M a la carte 24/48 — **37 Z : 73 B** 85/100 - 130/250 Fb.

🏠 Deutsches Haus ⬞, Hinterstr. 29, ℰ 40 52 — ☎ ⬡
31 Z : 53 B.

In Duderstadt-Fuhrbach NO : 6 km :

🏠 **Zum Kronprinzen** ⬞, Fuhrbacher Str. 31, ℰ 30 01, ☀ — ☎ ℗ — 🛆 25/150. 🖭 ⓞ 🗉
◆ ⅦⅢ
M a la carte 19/38 — **37 Z : 70 B** 45/55 - 70/90.

DÜLMEN 4408. Nordrhein-Westfalen 987 ⑭, 408 ㉒ — 40 000 Ew — Höhe 70 m — ✆ 02594.

🛈 Verkehrsamt, Rathaus, ℰ 1 22 92.

◆Düsseldorf 94 — Münster (Westfalen) 34 — Recklinghausen 27.

🏰 **Merfelder Hof** (mit Gästehaus), Borkener Str. 60, ℰ 10 55, 🌣, ⭐ — 📺 ☎ ℗ — 🛆 30
🖭 ⓞ 🗉 ⅦⅢ
M 18,50/28 (mittags) und a la carte 39/62 — **35 Z : 66 B** 50/80 - 85/120.

🏰 **Zum Wildpferd**, Münsterstr. 52, ℰ 50 63, Fax 85235, ⭐, 🏞 — 🛗 📺 ☎ 🕭 ⬡ ℗ -
🛆 25/100. 🖭 ⓞ 🗉 ⅦⅢ
M (Sonntag geschl.) a la carte 24/43 — **37 Z : 70 B** 55/75 - 90/130 Fb.

🏠 **Am Markt**, Marktstr. 21, ℰ 23 88, Fax 85235 — ⬡ — 🛆 25/100. 🖭 ⓞ 🗉 ⅦⅢ
◆ M (Freitag ab 14 Uhr geschl.) a la carte 18,50/44 — **20 Z : 28 B** 40/55 - 75/95.

🏠 **Lehmkuhl** garni, Coesfelder Str. 8, ℰ 44 34
11 Z : 20 B 30/40 - 60/80.

In Dülmen 4-Hausdülmen SW : 3 km :

🏠 Große Teichsmühle, Borkenbergerstr. 78, ℰ 23 74, 🌣, Fahrradverleih — ⬡ ℗ — 🛆
16 Z : 31 B.

Außerhalb NW : 5 km über Borkener Straße :

XX **Haus Waldfrieden**, Börnste 20, ✉ 4408 Dülmen, ℰ (02594) 22 73, 🌣, Märchenwald
Kinderspielplatz — ℗. 🍴
27. Nov.- 25. Dez. und Freitag geschl. — M 14,50/27 (mittags) und a la carte 23/50.

DÜREN 5160. Nordrhein-Westfalen 987 ㉓ — 85 000 Ew — Höhe 130 m — ✆ 02421.

🛐 Düren-Gürzenich (über ⑥ und die B 264 x), ℰ 6 72 78.

ADAC, Oberstr. 30, ℰ 1 45 98., Notruf ℰ 1 92 11.

◆Düsseldorf 71 ① — ◆Aachen 34 ② — ◆Bonn 57 ④ — ◆Köln 48 ②.

Stadtplan siehe gegenüberliegende Seite.

🏰 **Düren's Post-Hotel**, Josef-Schregel-Str. 36, ℰ 1 70 01, Telex 833880, Fax 10138 — 🛗
📺 ⬡ ℗ — 🛆 25/180. 🖭 ⓞ 🗉 ⅦⅢ   Y
M a la carte 27/73 — **51 Z : 73 B** 135/150 - 170/320.

🏠 **Germania**, Josef-Schregel-Str. 20, ℰ 1 50 00, Fax 10745 — 🛗 ☎ — 🛆 25/80. ⓞ 🗉 ⅦⅢ
M a la carte 25/51 — **49 Z : 85 B** 70/95 - 95/140 Fb.   Y ◀

🕿 Zum Nachtwächter, Kölner Landstr. 12 (B 264), ℰ 7 50 81 — ☎ ℗   Y ◀
(nur Abendessen) — **37 Z : 75 B**.

XXX ❀ **Hefter** (kleines modern-elegantes Restaurant), Kölnstr. 95, ℰ 1 45 85   Y ◀
nur Abendessen, Montag - Dienstag sowie Jan.- Feb. und Juni - Juli jeweils 2 Woche
geschl. — M (Tischbestellung erforderlich) a la carte 60/87 — **Bistro Bonne Cuisine** (auc
Mittagessen) M a la carte 37/64
Spez. Lammrücken mit Thymianjus, Wildgerichte, Printenparfait auf Schokoladenschaum.

XX **Stadtpark-Restaurant**, Valenciennerstr. 2, ℰ 6 30 68, « Gartenterrasse » — ℗ -
🛆 25/120. 🖭 ⓞ 🗉 ⅦⅢ   X ◀
über Karneval, 1.- 20. Aug., Samstag bis 18 Uhr und Dienstag geschl. — M 21/50 (mittags
und a la carte 35/65.

XX **Stadthalle**, Bismarckstr. 15, ℰ 1 63 74, 🌣 — ℗ — 🛆 25/500. 🗉   Y
◆ Montag geschl. — M a la carte 21/53.

In Düren-Niederau S : 3 km über Nideggener Str. x :

🏠 **Europa**, Kreuzauer Str. 103, ℰ 5 80 58, Fax 52441 — 📺 ☎ ℗. 🖭 🗉 ⅦⅢ
◆ M a la carte 23/53 — **17 Z : 34 B** 98/108 - 130.

In Kreuzau-Untermaubach 5166 S : 11 km über Nideggener Str. x :

XX **Mühlenbach**, Rurstr. 16, ℰ (02422) 41 58 — ℗. 🗉
Dienstag und 1.- 15. März geschl. — M a la carte 27/60.

216

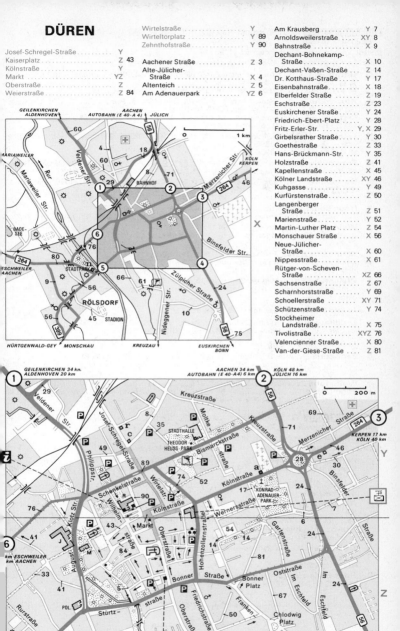

DÜREN

DÜRKHEIM, BAD 6702. Rheinland-Pfalz **413** H 18. **987** ㉔. **242** ④ – 18 500 Ew – Höhe 120 m – Heilbad – ✦ 06322.

🛈 Städt. Verkehrsamt, am Bahnhofsplatz, 𝒫 79 32 75.

Mainz 82 – Kaiserslautern 33 – ✦Mannheim 22 – Neustadt an der Weinstraße 14.

🏨 Dorint Hotel ⓢ, Kurbrunnenstr. 30, 𝒫 60 10, Telex 454694, Fax 601603 – 🛗 ✦ Zim 📺 ♨ 🅿 – 🔏 25/60. 🆎 ⓞ 🅴 𝗩𝗜𝗦𝗔
M a la carte 35/60 – **100 Z : 200 B** 145/155 - 198/295 Fb – ½ P 129/185.

🏨 Kurparkhotel ⓢ, Schloßplatz 1, 𝒫 79 70, Telex 454818, Fax 797158, ≼, 🎐, Massage, 😋, 🔲 – 🛗 ♿ ⟸ 🅿 – 🔏 25/300. 🆎 ⓞ 🅴 𝗩𝗜𝗦𝗔
Restaurants : – **Schlemmer-Ecke M** a la carte 49/78 – **Café am Park M** a la carte 23/45 – **107 Z : 190 B** 130 - 190 Fb – ½ P 124/159.

🏨 Leininger Hof garni, Kurgartenstr. 17, 𝒫 60 20, Fax 602300, 😋, 🔲, 🐎 – 🛗 ✦ 📺 🅿 ⟸ – 🔏 25/120. 🆎 ⓞ 🅴 𝗩𝗜𝗦𝗔
96 Z : 144 B 115/130 - 190/210 Fb.

🏨 Fronmühle, Salinenstr. 15, 𝒫 6 80 81, 🎐, 😋, 🔲, 🐎 – 🛗 ☎ 🅿 – 🔏 25. 🆎 ⓞ 🅴 𝗩𝗜𝗦𝗔
M *(Montag geschl.)* a la carte 28/64 🍷 – **21 Z : 45 B** 75 - 130 Fb – ½ P 84/94.

🏨 Gartenhotel Heusser ⓢ, Seebacher Str. 50, 𝒫 20 66, Telex 454889, Fax 8720, « Garten », 😋, 🔲 (geheizt), 🔲, 🐎 – 🛗 📺 ☎ 🅿 – 🔏 25/50. 🆎 ⓞ 🅴 𝗩𝗜𝗦𝗔
(Restaurant nur für Hausgäste) – **76 Z : 130 B** 75/110 - 138/160 Fb – ½ P 91/132.

🏨 Haus Boller, Kurgartenstr. 19, 𝒫 14 28, 🐎 – ☎ ⟸. 🆎 ⓞ 🅴 𝗩𝗜𝗦𝗔
Feb. geschl. – **M** *(Dienstag geschl.)* a la carte 21/53 – **15 Z : 24 B** 40/78 - 74/125.

✗ Weinakademie, Holzweg 76, 𝒫 24 14
wochentags nur Abendessen, Mittwoch und Mitte Juni - Mitte Juli geschl. – **M** a la carte 25/49 🍷.

✗ Weinstube Ester, Triftweg 21, 𝒫 27 98, 🎐 – 🅿
nur Abendessen, Montag - Dienstag, 5.- 22. Sept. und 25. Dez.- Jan. geschl. – **M** a la carte 19,50/35 🍷.

✗ Weinstube Bach-Mayer, Gerberstr. 13, 𝒫 86 11
nur Abendessen, Ende Aug.- Anfang Sept., 24. Dez.- 6. Jan. und Sonntag geschl. – **M** a la carte 26/48 🍷.

In Bad Dürkheim-Seebach SW : 1,5 km :

🏨 Landhaus Fluch ⓢ garni, Seebacher Str. 95, 𝒫 24 88, 🐎 – ☎ 🅿. ❄
20. Dez.- 9. Jan. geschl. – **25 Z : 42 B** 58/62 - 100/110 Fb.

In Bad Dürkheim-Ungstein N : 2 km :

🏨 Panorama ⓢ, Alter Dürkheimer Weg 8, 𝒫 47 11, ≼, 🎐, 🐎 – ⟸ 🅿
22. Dez.- Jan. geschl. – **M** *(nur Abendessen, Freitag geschl.)* a la carte 18/35 – **15 Z : 28 B** 35/51 - 80/95.

🏨 Weinstube Bettelhaus, Weinstr. 89, 𝒫 6 35 59 – 🆎
Mitte Dez.- Mitte Jan. geschl. – **M** *(wochentags nur Abendessen, Dienstag geschl.)* a la carte 21/37 🍷 – **16 Z : 33 B** 40/45 - 84/90.

DÜRRHEIM, BAD 7737. Baden-Württemberg **413** I 22, **987** ㉟ – 10 500 Ew – Höhe 706 m – Heilbad – Heilklimatischer Kurort – Wintersport : ✕2 – ✦ 07726.

🛈 Zimmernachweis, im Kurmittelhaus, 𝒫 6 42 96.

✦Stuttgart 113 – ✦Freiburg im Breisgau 70 – ✦Konstanz 76 – Villingen-Schwenningen 8.

🏨 Parkhotel Waldeck ⓢ, Waldstr. 18, 𝒫 66 30, Telex 7921315, Bade- und Massageabteilung, 🏊, 😋, 🔲, 🐎 – 🛗 ✦ ▤ Rest 📺 ☎ ♿ ⟸ 🅿 – 🔏 25/120. 🆎 ⓞ 🅴 𝗩𝗜𝗦𝗔
M *(auch Diät und vegetarische Gerichte)* a la carte 34/58 – **25 Z : 40 B** 100/130 - 150/260 Fb – ½ P 95/150.

🏨 Hänslehof ⓢ, Hofstr. 13, 𝒫 66 70, 🎐, 😋, 🔲 – 🛗 📺 ☎ ⟸ 🅿 – 🔏 25/100. 🆎 ⓞ 🅴 𝗩𝗜𝗦𝗔
Restaurants : – **Alte Vogtei** *(Samstag bis 18 Uhr und Sonntag ab 15 Uhr geschl.)* **M** a la carte 53/68 – **Hänslehofstuben M** a la carte 30/52 – **109 Z : 176 B** 102/154 - 148/188 Fb – 11 Fewo 600/950 pro Woche – ½ P 100/144.

🏨 Salinensee ⓢ, Am Salinensee 1, 𝒫 80 21, ≼, « Terrasse am See », 🐎 – 📺 ☎ ⟸ 🅿 – 🔏 40. ❄
M *(Okt.- April Freitag geschl.)* a la carte 23/44 – **20 Z : 30 B** 50/56 - 100/112.

🏨 Haus Baden ⓢ garni, Kapfstr. 6, 𝒫 76 81, 🐎 – 🅿
18 Z : 25 B 55/80 - 86/104.

For Gourmets

We have established for your use a classification

of certain restaurants by awarding them the mention
Menu, ✿, ✿✿ or ✿✿✿.

DÜSSELDORF 4000. ⎁ Nordrhein-Westfalen 987 ㉓㉔ — 570 000 Ew — Höhe 40 m — ✆ 0211.
Sehenswert : Königsallee★ — Hofgarten★ — Hetjensmuseum★ BX M2 — Landesmuseum Volk u.
Wirtschaft★ BV M1 — Goethe-Museum CV M 3 — Thyssenhaus★ CVX E — **Ausflugsziel** : Schloß
Benrath (Park★ S : 10 km über Kölner Landstr. T. — ⓖ Ratingen-Hösel (16 km über die A 44 S ,
✆ (02102) 6 86 29 ; ⓖ Gut Rommeljans (12 km über die A 44 S), ✆ (02102) 8 10 92 ; ⓖ D-Hubbelrath
(12 km über die B 7 S), ✆ (02104) 7 21 78 ; ⓖ Düsseldorf-Hafen (T), Auf der Lausward, ✆ (0211)
39 65 98 — ⬩⬩⬩ Düsseldorf-Lohausen (① : 8 km), ✆ 42 11.
🚂 ✆ 3 68 04 68 — Messe-Gelände (S), ✆ 4 56 01, Telex 8584853.
🛈 Verkehrsverein, Konrad-Adenauer-Platz, Heinrich-Heine-Allee 24 und im Hauptbahnhof, ✆ 35 05 05, Telex
8587785, Fax 161071 — ADAC, Himmelgeister Str. 63, ✆ 3 10 93 33, Notruf ✆ 1 92 11.
Amsterdam 225 ② — ◆Essen 31 ② — ◆Köln 40 ⑦ — Rotterdam 237 ②.

Die Angabe (D 15) nach der Anschrift gibt den Postzustellbezirk an : Düsseldorf 15
L'indication (D 15) à la suite de l'adresse désigne l'arrondissement : Düsseldorf 15
The reference (D 15) at the end of the address is the postal district : Düsseldorf 15
L'indicazione (D 15) posta dopo l'indirizzo precisa il quartiere urbano : Düsseldorf 15

Messe-Preise : siehe S. 8   **Foires et salons** : voir p. 16
Fairs : see p. 24   **Fiere** : vedere p. 32

DÜSSELDORF U. UMGEBUNG

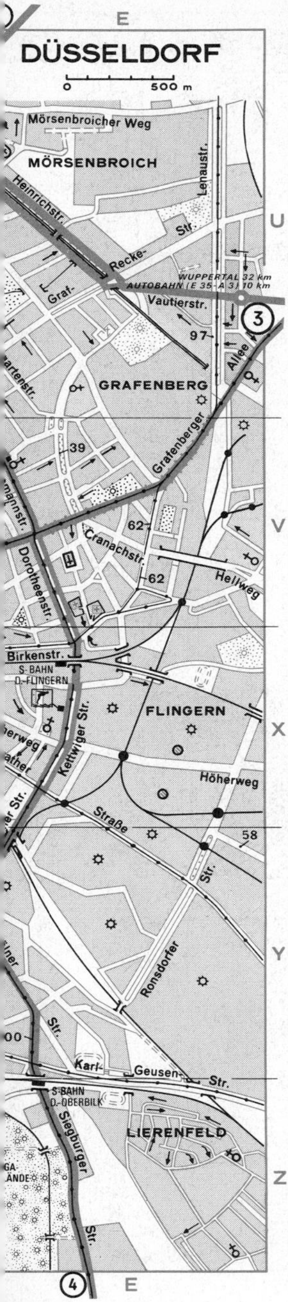

DÜSSELDORF
0 500 m
E
Mörsenbroicher Weg
MÖRSENBROICH
Heinrichstr.
Lenaustr.
Recke-
Str.
Graf-
WUPPERTAL 32 km
AUTOBAHN (E 35-A 3) 10 km
Vautierstr.
3
97
Allee
GRAFENBERG
Grafenberger
39
U
62
Cranachstr.
Dorotheenstr.
Hellweg
V
Birkenstr.
S-BAHN
D.-FLINGERN
FLINGERN
Kettwiger Str.
X
Höherweg
Straße
58
Str.
Ronsdorfer
Y
Str.
Karl-
Geusen-
Str.
S-BAHN
D.-OBERBILK
LIERENFELD
Siegburger
Str.
Z
4
E

DÜSSELDORF S. 4

Straßenverzeichnis
siehe Düsseldorf S. 3.

Benutzen Sie im Stadtverkehr die

Pläne des **Roten Michelin-Führers**

Durchfahrts- und Umgehungsstraßen,

wichtige Kreuzungen und Plätze,

neu angelegte Straßen,

Einbahnstraßen

Parkplätze,

Fußgängerzonen...

Eine Fülle nützlicher

Informationen, die jährlich auf den

neuesten Stand gebracht werden.

DÜSSELDORF

Breidenbacher Hof, Heinrich-Heine-Allee 36 (D 1), ℰ 1 30 30, Telex 8582630, Fax 1303830
⮞ – 🛗 ⇔ Zim 🗐 📺 ⬌ – 🔬 25/90. ⌶ ⑩ 🖃 𝘝𝘐𝘚𝘈. 🗱 Rest   BX
Restaurants : – **Grill Royal** *(Samstag und Sonntag jeweils bis 18 Uhr geschl.)* **M** a la cart
72/99 – **Breidenbacher Eck M** a la carte 47/72 – **Trader Vic's** *(nur Abendessen)* **M** a la cart
49/63 – **135 Z : 200 B** 290/480 - 420/590 – 30 Appart. 650/2300.

Steigenberger Parkhotel, Corneliusplatz 1 (D 1), ℰ 86 51, Telex 8582331, Fax 131679
🚿 – 🛗 ⇔ Zim 📺 🅿 – 🔬 25/250. ⌶ ⑩ 🖃 𝘝𝘐𝘚𝘈. 🗱 Rest   CX
M a la carte 59/96 – **160 Z : 230 B** 255/375 - 370/490 Fb – 12 Appart. 650/1350.

Nikko, Immermannstr. 41 (D 1), ℰ 83 40, Telex 8582080, Fax 161216, 🚗, Massage, ⮞, 🔲
Fahrradverleih – 🛗 ⇔ Zim 🗐 📺 ⬧ ⬌ – 🔬 25/500. ⌶ ⑩ 🖃 𝘝𝘐𝘚𝘈. 🗱 Rest   DX
Restaurants : – **Benkay** (Japanisches Restaurant) **M** 18/60 (mittags), 65/130 (abends) –
Travellers M a la carte 53/87 – **301 Z : 600 B** 255/425 - 320/450 Fb – 16 Appart. 500/1550.

Holiday Inn, Graf-Adolf-Platz 10 (D 1), ℰ 3 87 30, Telex 8586359, Fax 3873390, ⮞, 🔲 –
🛗 ⇔ Zim 🗐 📺 ⬧ ⬌ – 🔬 25/80. ⌶ ⑩ 🖃 𝘝𝘐𝘚𝘈   CY
M a la carte 49/68 – **177 Z : 275 B** 295/390 - 360/435 Fb.

Savoy, Oststr. 128 (D 1), ℰ 36 03 36, Telex 8584215, Fax 356642, Massage, ⮞, 🔲 – 🛗
🗐 Rest 📺 ⬌ 🅿 – 🔬 25/100. ⌶ ⑩ 🖃 𝘝𝘐𝘚𝘈   CX
M a la carte 43/74 – **130 Z : 180 B** 180/245 - 265/350 Fb.

Majestic - Restaurant La Grappa, Cantadorstr. 4 (D 1), ℰ 36 70 30 (Hotel)
35 72 92 (Rest.), Telex 8584649, Fax 3670399, ⮞ – 🗐 📺 ☎ ⬧ – 🔬 40. ⌶ ⑩ 🖃 𝘝𝘐𝘚𝘈
22. Dez.- 1. Jan. geschl. – **M** *(Italienische Küche)* (Sonn- und Feiertage geschl.) a la cart
54/71 – **52 Z : 88 B** 170/260 - 230/410 Fb.   DVX

Uebachs, Leopoldstr. 5 (D 1), ℰ 36 05 66, Telex 8587620, Fax 358064 – 🛗 📺 ☎ ⬌
🔬 30. ⌶ ⑩ 🖃 𝘝𝘐𝘚𝘈. 🗱 Rest   DX
M *(außerhalb der Messezeiten Sonntag geschl.)* a la carte 44/70 – **82 Z : 110 B** 147/189
200/280 Fb.

Graf Adolf 🌿 garni, Stresemannplatz 1 (D 1), ℰ 36 05 91, Telex 8587844, Fax 354120 – 🛗
📺 ☎. ⌶ ⑩ 🖃 𝘝𝘐𝘚𝘈   CX
100 Z : 130 B 165/220 - 250/295 Fb – (Anbau mit 57 Z und Restaurant ab Mitte 1990).

Esplanade, Fürstenplatz 17 (D 1), ℰ 37 50 10, Telex 8582970, Fax 374032, ⮞, 🔲 – 🛗
☎ ⬌ – 🔬 25/60. ⌶ ⑩ 🖃 𝘝𝘐𝘚𝘈   CY
M a la carte 41/65 – **80 Z : 110 B** 145/248 - 178/380 Fb.

Madison I garni, Graf-Adolf-Str. 94 (D 1), ℰ 1 68 50, Fax 1685328, Massage, ⮞, 🔲
Fitness-Center – 🛗 📺 ☎ ⬌ – 🔬 25/100. ⌶ ⑩ 🖃 𝘝𝘐𝘚𝘈   DX
95 Z : 169 B 148/240 - 190/270 Fb.

Madison II garni, Graf-Adolf-Str. 47 (D 1), ℰ 37 02 96, Fax 1685328 – 🛗 📺 ☎ ⬌. ⌶
🖃 𝘝𝘐𝘚𝘈   CY
24 Z : 48 B 130/200 - 170/230 Fb.

Astoria garni, Jahnstr. 72 (D 1), ℰ 38 20 88, Telex 8581834, Fax 372089 – 🛗 📺 ☎ 🅿. ⌶
⑩ 🖃 𝘝𝘐𝘚𝘈. 🗱   CY
25 Z : 40 B 105/185 - 150/240 Fb – 3 Appart. 250.

Concorde garni, Graf-Adolf-Str. 60 (D 1), ℰ 36 98 25, Telex 8588008 – 🛗 📺 ☎. ⌶ ⑩ 🖃
𝘝𝘐𝘚𝘈   CY
75 Z : 140 B 130/250 - 180/350 Fb.

Central garni, Luisenstr. 42 (D 1), ℰ 37 90 01, Telex 8582145 – 🛗 📺 ☎. ⌶ 🖃 𝘝𝘐𝘚𝘈
23. Dez.- 2. Jan. geschl. – **75 Z : 116 B** 170/270 - 240/450 Fb.   CY

Terminus garni, Am Wehrhahn 81 (D 1), ℰ 35 05 91, Telex 8586576, Fax 358350, ⮞, 🔲
🛗 📺 ☎. ⌶ 🖃 𝘝𝘐𝘚𝘈   DV
23. Dez.- 5. Jan. geschl. – **44 Z : 66 B** 140/220 - 190/400 Fb.

Ambassador garni, Harkortstr. 7 (D 1), ℰ 37 00 03, Telex 8586286, Fax 376702 – 🛗 📺
🅿. ⌶ ⑩ 🖃 𝘝𝘐𝘚𝘈   DY
68 Z : 120 B 155 - 200 Fb.

Eden garni, Adersstr. 29 (D 1), ℰ 3 89 70, Telex 8582530, Fax 3897777 – 🛗 ⇔ 📺 ☎ ⬌ –
🔬 25/100. ⌶ ⑩ 🖃 𝘝𝘐𝘚𝘈   CY n
22. Dez.- 3. Jan. geschl. – **130 Z : 200 B** 167/336 - 237/352 Fb.

Bellevue garni, Luisenstr. 98 (D 1), ℰ 37 70 71, Telex 8584771, Fax 377076 – 🛗 📺 ☎ ⬌
⌶ ⑩ 🖃 𝘝𝘐𝘚𝘈   CY
22. Dez.- 2. Jan. geschl. – **52 Z : 65 B** 150/205 - 195/265 Fb.

Lindenhof garni, Oststr. 124 (D 1), ℰ 36 09 63, Telex 8587012, Fax 162767 – 🛗 📺 ☎. ⌶
⑩ 🖃 𝘝𝘐𝘚𝘈   CX
22. Dez.- 7. Jan. geschl. – **43 Z : 70 B** 120/195 - 160/215.

Fürstenhof garni, Fürstenplatz 3 (D 1), ℰ 37 05 45, Telex 8586540, Fax 379062 – 🛗 ⇔ 📺
☎. ⌶ 🖃 𝘝𝘐𝘚𝘈   CY
43 Z : 75 B 190 - 260 Fb.

Cristallo garni, Schadowplatz 7 (D 1), ℰ 8 45 25, Telex 8582119 – 🛗 📺 ☎. ⌶. 🗱   CX
24. Dez.- 1. Jan. geschl. – **35 Z : 39 B** 150 - 215.

City garni, Bismarckstr. 73 (D 1), ℰ 36 50 23, Telex 8587362, Fax 365343 – 🛗 📺 ☎. ⌶ ⑩
🖃 𝘝𝘐𝘚𝘈   CX
24. Dez.- 1. Jan. geschl. – **54 Z : 101 B** 110/160 - 160/250.

Börsenhotel garni, Kreuzstr. 19a (D 1), ℰ 36 30 71, Telex 8587323, Fax 365338 – 🛗 📺
– 🔬 80. ⌶ ⑩ 🖃 𝘝𝘐𝘚𝘈   CX
76 Z : 102 B 140/189 - 200/255 Fb.

🏨 **Cornelius**, Corneliusstr. 82 (D 1), ☏ 38 20 55 (Hotel) 3 84 93 51 (Rest.), Telex 8587385, Fax 382050, ⇔s – 🛗 📺 ☎ 🅿. 🆎 ⓞ Ε 𝓥𝐼𝑆𝐴
20. Dez.- 5. Jan. geschl. – **M** (Montag geschl.) a la carte 35/62 – **48 Z : 70 B** 120/160 - 160/190 Fb. CY **a**

🏨 **Prinz Anton** garni, Karl-Anton-Str. 11 (D 1), ☏ 35 20 00, Telex 8588925, Fax 362010 – 🛗 📺 ☎ ⇔. 🆎 ⓞ Ε 𝓥𝐼𝑆𝐴
23. Dez.- 2. Jan. geschl. – **42 Z : 66 B** 95/250 - 145/350 Fb. DX **c**

🏨 **Residenz** garni, Worringer Str. 88 (D 1), ☏ 36 08 54, Telex 8587897, Fax 364676 – 🛗 📺 ☎. 🆎 ⓞ Ε 𝓥𝐼𝑆𝐴
34 Z : 65 B 120/195 - 160/270 Fb. DX **z**

🏨 **Schumacher** garni, Worringer Str. 55 (D 1), ☏ 36 04 34, Telex 8586610, Fax 365099, ⇔s – 🛗 📺 ☎ ⇔. 🆎 ⓞ Ε 𝓥𝐼𝑆𝐴
30 Z : 53 B 120/280 - 160/350 Fb. DX **e**

🏨 **Intercity-Hotel Ibis** garni, Konrad-Adenauer-Platz 14 (D 1), ☏ 1 67 20, Telex 8588913, Fax 1672101 – 🛗 📺 ☎ 🕹 – 🔬 35. 🆎 ⓞ Ε 𝓥𝐼𝑆𝐴
166 Z : 255 B 134/163 - 176 Fb. DX **u**

🏨 **Monopol** garni, Oststr. 135 (D 1), ☏ 8 42 08, Telex 8587770 – 🛗 📺 ☎ 🅿
45 Z : 60 B Fb. CX **b**

🏨 **Beyer** garni, Scheurenstr. 57 (D 1), ☏ 37 09 91 – 🛗 📺 ☎. 🆎 ⓞ Ε 𝓥𝐼𝑆𝐴
19 Z : 36 B 95/125 - 150/200. CY **d**

🏨 **Lancaster** garni, Oststr. 166 (D 1), ☏ 35 10 66, Fax 162884 – 🛗 📺 ☎. 🆎 ⓞ Ε 𝓥𝐼𝑆𝐴. ⚘
38 Z : 60 B 135/165 - 175/195 Fb. CXY **f**

🏨 **An der Oper** garni, Heinrich-Heine-Allee 15 (D 1), ☏ 8 06 21, Telex 8581970 – 🛗 📺 ☎. 🆎 ⓞ Ε 𝓥𝐼𝑆𝐴
48 Z : 70 B 91/250 - 174/274 Fb. BX **b**

🏨 **Minerva** garni, Cantadorstr. 13a (D 1), ☏ 35 09 61, Fax 356398 – 🛗 📺 ☎. 🆎 ⓞ Ε 𝓥𝐼𝑆𝐴
15 Z : 25 B 95/185 - 140/225 Fb. DX **m**

🏨 **Astor** garni, Kurfürstenstr. 23 (D 1), ☏ 36 06 61, Telex 8586201, Fax 162597, ⇔s – 📺 ☎. 🆎 Ε 𝓥𝐼𝑆𝐴
16 Z : 25 B 85/125 - 105/185. DX **k**

🏨 **Großer Kurfürst** garni, Kurfürstenstr. 18 (D 1), ☏ 35 76 47, Telex 8586201, Fax 162597 – 🛗 📺 ☎. 🆎 Ε 𝓥𝐼𝑆𝐴
22 Z : 38 B 85/125 - 105/185. DX **s**

🏨 **Wurms** garni, Scheurenstr. 23 (D 1), ☏ 37 50 01, Telex 8584290 – 🛗 📺 ☎. 🆎 ⓞ Ε 𝓥𝐼𝑆𝐴
Weihnachten - Neujahr geschl. – **28 Z : 41 B** 95/130 - 130/180. CY **t**

🏨 **Stuttgarter Hof** garni, Bismarckstr. 39 (D 1), ☏ 32 90 63 – 🛗 📺 ☎
37 Z : 48 B Fb. CX **x**

🏨 **Wieland** garni, Wielandstr. 8 (D 1), ☏ 35 01 71, Telex 8588923, Fax 353330 – 🛗 📺 ☎. 🆎 ⓞ Ε 𝓥𝐼𝑆𝐴. ⚘
23. Dez.- 6. Jan. geschl. – **26 Z : 54 B** 100/185 - 145/295. DV **e**

🏨 **Weidenhof** garni, Oststr. 87 (Ecke Marienstraße) (D 1), ☏ 32 54 54, Telex 8586271, Fax 133852 – 🛗 📺 ☎. 🆎 ⓞ Ε 𝓥𝐼𝑆𝐴. ⚘
30 Z : 45 B 150/180 - 195/225 Fb. CX **t**

XXX ⚙ **Victorian**, Königstr. 3a (1. Etage) (D 1), ☏ 32 02 22, Fax 131013 – 🍽. 🆎 ⓞ Ε 𝓥𝐼𝑆𝐴. ⚘
Sonn- und Feiertage geschl. – **M** (Tischbestellung erforderlich) 50 (mittags) und a la carte 65/95 – **Lounge** (Mai - Aug. Sonn- und Feiertage geschl.) **M** a la carte 40/77 CX **c**
Spez. Kaninchen in Kräutern gebraten mit Olivensauce, Hummergratin mit schwarzen Nudeln, Kalbsniere in Wacholderbutter gebraten auf Crêpe Parmentier.

XXX **Orangerie**, Bilker Str. 30 (D 1), ☏ 13 18 28 – ⓞ Ε
außerhalb der Messezeiten Sonn- und Feiertage geschl. – **M** a la carte 65/85 – **Bistro M** a la carte 41/72. BX **e**

XXX **La Scala** (Italienische Küche), Königsallee 14 (1. Etage, 🛗) (D 1), ☏ 32 68 32 – 🆎 ⓞ Ε
über Weihnachten und Ostern je 1 Woche geschl., außerhalb der Messezeiten Sonntag Ruhetag – **M** a la carte 55/84. CX **y**

XX **La Terrazza** (Italienische Küche), Königsallee 30 (Kö-Center, 2. Etage, 🛗) (D 1), ☏ 32 75 40, Fax 320975 – 🆎 ⓞ Ε 𝓥𝐼𝑆𝐴
Sonn- und Feiertage geschl. – **M** (Tischbestellung ratsam) a la carte 61/93. CX **v**

XX **Mövenpick - Café des Artistes**, Königsallee 60 (Kö-Galerie) (D 1), ☏ 32 03 14, Fax 328003 – 🍽. 🆎 ⓞ Ε 𝓥𝐼𝑆𝐴
M a la carte 39/81 – **Locanda Ticinese M** a la carte 33/63. CX **h**

XX **Tse-Yang** (Chinesisches Restaurant), Immermannstr. 65 (Immermannhof) (D 1), ☏ 36 90 20 – 🆎 ⓞ Ε 𝓥𝐼𝑆𝐴
M 33/85 und a la carte. DX **v**

XX **Weinhaus Tante Anna** (ehemalige Hauskapelle a. d. J. 1593), Andreasstr. 2 (D 1), ☏ 13 11 63, « Antike Bilder und Möbel » – 🆎 ⓞ Ε 𝓥𝐼𝑆𝐴. ⚘
nur Abendessen, außerhalb der Messezeiten Sonntag geschl. – **M** (Tischbestellung ratsam) a la carte 38/75. BX **c**

XX **Daitokai** (Japanisches Restaurant), Mutter-Ey-Str. 1 (D 1), ℰ 32 50 54, Fax 325056 – 🖼 🕮 ⓞ Ɛ 𝘝𝘐𝘚𝘈. 🐾   BX z
außerhalb der Messezeiten Sonntag geschl. – **M** (Tischbestellung ratsam) 63/95 und a la carte 48/74.

XX **Nippon Kan** (Japanisches Restaurant), Immermannstr. 35 (D 1), ℰ 35 31 35, Fax 3613625 – 🕮 ⓞ Ɛ 𝘝𝘐𝘚𝘈. 🐾   CX g
M (Tischbestellung ratsam) a la carte 34/73.

X **China-Sichuan-Restaurant**, Graf-Adolf-Platz 7 (1. Etage) (D 1), ℰ 37 96 41   BY s
(Tischbestellung ratsam).

Brauerei-Gaststätten :

X **Zum Schiffchen**, Hafenstr. 5 (D 1), ℰ 13 24 22 – 🕮 ⓞ Ɛ 𝘝𝘐𝘚𝘈   BX f
Weihnachten - Neujahr, sowie Juni, sowie Feiertage geschl. – **M** a la carte 31/58.

X **Frankenheim**, Wielandstr. 14 (D 1), ℰ 35 14 47, Biergarten   DV f

X **Im Goldenen Ring**, Burgplatz 21 (D 1), ℰ 13 31 61, Biergarten   BX n
M a la carte 23/49.

X **Benrather Hof**, Steinstr. 1 (D 1), ℰ 32 52 18, 🏤   CX m

X **Im Goldenen Kessel**, Bolker Str. 44 (D 1), ℰ 32 60 07   BX d
Weihnachten - Neujahr geschl. – **M** a la carte 27/46.

In Düsseldorf 31-Angermund ① : 15 km über die B 8 :

🏨 **Haus Litzbrück**, Bahnhofstr. 33, ℰ (0203) 7 44 81, Fax 74485, « Gartenterrasse », 🖼, 🔲, 🞲 – 📺 ☎ 🚗 ⓟ – 🔏 25/50. 🕮 ⓞ Ɛ. 🐾
M a la carte 42/66 – **23 Z : 38 B** 145/185 - 185/320.

In Düsseldorf 13-Benrath über Kölner Landstr. T :

🏨 **Rheinterrasse**, Benrather Schloßufer 39, ℰ 71 10 70, Telex 8582459, « Terrasse mit ≤ » – 📺 ☎ 🚗 – 🔏 25. 🕮 ⓞ Ɛ 𝘝𝘐𝘚𝘈
M a la carte 37/69 – **42 Z : 90 B** 125/175 - 195/235 Fb.

🕏 **Waldesruh**, Am Wald 6, ℰ 71 60 08, Fax 712845 – ☎ ⓟ
M *(nur Abendessen, Mitte Juli - Anfang Aug. geschl.)* a la carte 23/46 – **35 Z : 42 B** 60/80 - 110/140.

XX **Lignano** (Italienische Küche), Hildener Str. 43, ℰ 71 19 36 – 🕮 ⓞ Ɛ 𝘝𝘐𝘚𝘈. 🐾
Samstag bis 18 Uhr, Sonntag, 17. Juni- 9. Juli und 24. Dez.- 3. Jan. geschl. – **M** 65/98 und a la carte.

XX **Pigage** (Italienische Küche), Benrather Schloßallee 28, ℰ 71 40 66 – ⓞ Ɛ 𝘝𝘐𝘚𝘈
Samstag bis 18 Uhr sowie Sonn- und Feiertage geschl. – **M** 78/120 und a la carte.

In Düsseldorf 1-Bilk Stadtplan Düsseldorf :S. 1 :

🏨 **Aida** garni, Ubierstr. 36, ℰ 1 59 90, Fax 1599103, 🖼 – 🕃 📺 ☎ 🖂 ⓟ – 🔏 25/50. 🕮 ⓞ Ɛ 𝘝𝘐𝘚𝘈. 🐾   T e
93 Z : 137 B 135/245 - 195/275 Fb.

In Düsseldorf 30-Derendorf Stadtplan Düsseldorf : S. 2 und 5 :

🏨 **Rhein Residence**, Kaiserwerther Str. 20, ℰ 4 99 90, Fax 4999499, Massage, 🖼 – 🕃 📺 – 🔏 30. 🕮 ⓞ Ɛ 𝘝𝘐𝘚𝘈. 🐾 Rest   BCU f
M a la carte 35/52 – **126 Z : 174 B** 228/293 - 301/361 Fb – 2 Appart. 531.

🏨 **Saga Excelsior** garni, Kapellstr. 1, ℰ 48 60 06, Telex 8584737, Fax 490242 – 🕃 📺. 🕮 ⓞ Ɛ 𝘝𝘐𝘚𝘈. 🐾   CV a
65 Z : 90 B 146/158 - 238/275.

🏨 **Michelangelo** garni, Roßstr. 61, ℰ 48 01 01, Telex 8588649, Fax 467742 – 🕃 📺 ☎ 🚗. 🕮 ⓞ Ɛ 𝘝𝘐𝘚𝘈   CU a
23. Dez.- 1. Jan. geschl. – **70 Z : 133 B** 120/240 - 150/260 Fb.

🏨 **Consul** garni, Kaiserswerther Str. 59, ℰ 49 20 78, Telex 8584624 – 🕃 📺 ☎ 🚗. 🕮 ⓞ Ɛ 𝘝𝘐𝘚𝘈   BU c
29 Z : 65 B 127/170 - 162/220 Fb.

🏨 **Gildors Hotel** garni, Collenbachstr. 51, ℰ 48 80 05, Telex 8584418, Fax 446329 – 🕃 📺 ☎ 🚗. 🕮 ⓞ Ɛ 𝘝𝘐𝘚𝘈   CU n
Weihnachten - Neujahr geschl. – **40 Z : 70 B** 145/185 - 195/220.

🏠 **Doria** garni, Duisburger Str. 1a, ℰ 48 03 01, Fax 491402 – 🕃 📺 ☎. 🕮 Ɛ 𝘝𝘐𝘚𝘈   CV s
23. Dez.- 2. Jan. geschl. – **40 Z : 59 B** 95/160 - 130/195 Fb.

🏠 **Imperial** garni, Venloer Str.9, ℰ 48 30 08, Telex 8587187 – 🕃 📺 ☎ 🚗. 🕮 ⓞ Ɛ 𝘝𝘐𝘚𝘈   BCU e
39 Z : 56 B 94/169 - 129/189 Fb.

🏠 **National** garni, Schwerinstr. 16, ℰ 49 90 62, Telex 8586597, Fax 494590, 🖼 – 🕃 📺 ☎ 🚗. 🕮 ⓞ Ɛ 𝘝𝘐𝘚𝘈   CU b
22. Dez.- 2. Jan. geschl. – **32 Z : 64 B** 115/175 - 160/225 Fb.

🏠 **Gästehaus am Hofgarten** garni, Arnoldstr. 5, ℰ 44 63 82, Telex 8581426 – ☎. 🕮 ⓞ Ɛ 𝘝𝘐𝘚𝘈   CV t
18. Dez.- 7. Jan. geschl. – **27 Z : 37 B** 98/155 - 158/200.

XX **Amalfi** (Italienische Küche), Ulmenstr. 122, ℰ 43 38 09 – 🖭 ⓪ Ɛ   CU **r**
    Sonntag geschl. – **M** a la carte 38/66.

XX **Gatto Verde** (Italienische Küche), Rheinbabenstr. 5, ℰ 46 18 17, �述 – 🖭 ⓪ Ɛ   CU **s**
    Samstag bis 18 Uhr, Sonntag - Montag, Ende Juni - Mitte Juli und 23. Dez.- 6. Jan. geschl.
    – **M** a la carte 45/71.

In Düsseldorf 1-Düsseltal Stadtplan Düsseldorf : S. 2 :

🏠 **Haus am Zoo** 🦮 garni, Sybelstr. 21, ℰ 62 63 33, Fax 626536, « Garten », 🌫, 🏊 (geheizt),
    🍽 – 🛗 🖭 ☎ ⇦. 🖭 Ɛ 𝘝𝘐𝘚𝘈. 🛠   DU **h**
    22. Dez.- 3. Jan. geschl. – **22 Z : 37 B** 140/150 - 190/200 Fb.

In Düsseldorf 13-Eller Stadtplan Düsseldorf : S. 1 :

🏠 **Novotel Düsseldorf Süd**, Am Schönenkamp 9, ℰ 74 10 92, Telex 8584374, Fax 745512,
    �述, 🏊 (geheizt), 🍽 – 🛗 🖿 🖭 ☎ ₺ ⓟ – 🔏 25/300. 🖭 ⓪ Ɛ 𝘝𝘐𝘚𝘈   T **a**
    M a la carte 33/63 – **120 Z : 240 B** 155/167 - 182/192 Fb.

In Düsseldorf 1-Flingern Stadtplan Düsseldorf : S. 3 :

🏠 **Im Tönnchen** garni, Wetterstr. 4, ℰ 68 44 04 – 🛗 🖭 ☎. 🖭 ⓪ Ɛ 𝘝𝘐𝘚𝘈   EX **a**
    20 Z : 40 B 100/125 - 160 Fb.

In Düsseldorf 12-Gerresheim Stadtplan Düsseldorf : S. 1 :

🏠 **Gerricus** garni, Schönaustr. 15, ℰ 28 20 21 – 🛗 🖭 ☎ ⇦   S **e**
    23 Z : 35 B 94/140 - 135/165 Fb.

In Düsseldorf 12-Grafenberg Stadtplan Düsseldorf :1 und 3 :

🏠 **Rolandsburg** 🦮, Rennbahnstr. 2, ℰ 61 00 90, Fax 6100943, �述, « Modernes Hotel, elegante
    Einrichtung », 🌫, 🏊 – 🛗 🖭 ⓟ – 🔏 25/50   S **d**
    59 Z : 80 B Fb.

In Düsseldorf 30-Golzheim Stadtplan Düsseldorf : S. 2 :

🏨 **Inter-Continental**, Karl-Arnold-Platz 5, ℰ 4 55 30, Telex 8584601, Fax 4553110, Massage,
    🌫, 🏊 – 🛗 🖿 🖭 ₺ ⇦ ⓟ – 🔏 25/400. 🖭 ⓪ Ɛ 𝘝𝘐𝘚𝘈. 🛠 Rest   BU **q**
    Restaurants : – **Les Continents** *(Samstag bis 18 Uhr, Sonntag und Juli - Aug. 4 Wochen*
    geschl.) **M** a la carte 65/98 – **Café de la Paix M** a la carte 40/71 – **310 Z : 520 B** 254/424 -
    332/552 Fb – 20 Appart. 857/1032.

🏨 **Düsseldorf Hilton**, Georg-Glock-Str. 20, ℰ 4 37 70, Telex 8584376, Fax 4377650, �述,
    Massage, 🌫, 🏊, 🏊 – 🛗 ✕ Zim 🖿 🖭 ₺ ⓟ – 🔏 25/1500. 🖭 ⓪ Ɛ 𝘝𝘐𝘚𝘈. 🛠 Rest
    Restaurants : – **San Francisco** *(nur Abendessen, Montag und Juli geschl.)* **M** 85/120 und a
    la carte – **Hofgarten M** 32 (mittags Buffet) und a la carte 44/68 – **376 Z : 556 B** 255/435 -
    326/530 Fb – 11 Appart. 800/1550.   BU **r**

🏠 **Golzheimer Krug** 🦮, Karl-Kleppe-Str. 20, ℰ 43 44 53 (Hotel) 43 11 36 (Rest.),
    Telex 8588919, Fax 453299, �述 – 🖭 ☎ ⓟ – 🔏 25/80. 🖭 ⓪ Ɛ 𝘝𝘐𝘚𝘈. 🛠 Rest   AU **e**
    24. Dez.- 1. Jan. geschl. – **M** *(Montag geschl.)* a la carte 37/72 – **32 Z : 60 B** 135/225 -
    185/350 Fb.

🏠 **Rheinpark** garni, Bankstr. 13, ℰ 49 91 86 – ⇦ ⓟ. 🛠   BU **b**
    30 Z : 40 B 60/115 - 98/130 Fb.

XX **Fischer-Stuben Mulfinger**, Rotterdamer Str. 15, ℰ 43 26 12, « Gartenterrasse » – 🖭 Ɛ
    Samstag geschl. – **M** (Tischbestellung ratsam) a la carte 43/80.   ABU **a**

XX **Rosati** (Italienische Küche), Felix-Klein-Str. 1, ℰ 4 36 05 03, �述 – ⓟ. 🖭 ⓪ Ɛ 𝘝𝘐𝘚𝘈 AU **s**
    Samstag bis 18 Uhr und Sonntag geschl. – **M** (Tischbestellung ratsam) a la carte 57/79 –
    Rosati due M a la carte 30/49.

In Düsseldorf 13-Holthausen Stadtplan Düsseldorf : S. 1 :

🏠 **Dase** garni, Bonner Str. 7 (Eingang Am Langen Weiher), ℰ 79 90 71, Fax 7900088 – 🛗 🖭
    ☎ ⇦. 🖭 ⓪ Ɛ 𝘝𝘐𝘚𝘈. 🛠   T **u**
    22. Dez.- 2. Jan. geschl. – **50 Z : 54 B** 100/150 - 150/180 Fb.

In Düsseldorf 31-Kaiserswerth über ① und die B 8 :

🏠 **Barbarossa** garni, Niederrheinstr. 365 (B 8), ℰ 40 27 19 – 🛗 ☎ ⓟ. 🖭 ⓪ Ɛ 𝘝𝘐𝘚𝘈
    33 Z : 39 B 85/125 - 125/145 Fb.

🏠 **Haus Rittendorf** garni, Friedrich-von-Spee-Str. 44, ℰ 40 40 41 – ☎ ⓟ
    10 Z : 19 B 78/90 - 100/150.

XXXX ❀❀❀ **Im Schiffchen** (Französische Küche), Kaiserswerther Markt 9 (1. Etage), ℰ 40 10 50
    – 🖭 ⓪ Ɛ 𝘝𝘐𝘚𝘈. 🛠
    nur Abendessen, Sonn- und Feiertage geschl. – **M** *(Tischbestellung erforderlich)* (siehe
    auch Restaurant Aalschokker) 139/184 und a la carte 104/114
    Spez. Gänseleber - Maultasche auf Trüffel - Coulis, Hummer in Kamillenblüten gedämpft, Dentelle von weißem
    Ahrtal - Pfirsich (Saison).

XX ❀ **Aalschokker** (Deutsche Küche), Kaiserswerther Markt 9 (Erdgeschoß), ℰ 40 39 48 – 🖭
    ⓪ Ɛ 𝘝𝘐𝘚𝘈
    nur Abendessen, Sonn- und Feiertage geschl. – **M** (Tischbestellung ratsam) 125 und a la
    carte 58/78
    Spez. Maultaschen in Steinpilzbutter, Himmel und Erde mit Gänseleber, Zimtauflauf mit Dörrpflaumen.

In Düsseldorf 31-Kalkum ① : 10 km über die B 8 :

✗ **Landgasthof zum Schwarzbach**, Edmund-Bertrams-Str. 43, 🖉 40 43 08, Biergarten – ℗
Dienstag - Freitag nur Abendessen, Jan. und Montag geschl. – **M** (Tischbestellung ratsam) a la carte 37/72.

In Düsseldorf 11-Lörick   Stadtplan Düsseldorf : S. 1 :

🏨 **Fischerhaus** ⌂, Bonifatiusstr. 35, 🖉 59 20 07, Telex 8584449 – 📺 ☎ ℗, 🆎 ⓪ 🅴 🆅🆂🅰
   M : siehe Restaurant Hummerstübchen – **30 Z : 55 B** 117/178 - 148/248 Fb.   S

🗙🗙 ❁ **Hummerstübchen**, Bonifatiusstr. 35 (im Hotel Fischerhaus), 🖉 59 44 02 – ℗. 🆎 ⓪ 🅴
   🆅🆂🅰   S
   Sonn- und Feiertage, außerhalb der Messezeiten auch Montag sowie Juli - Aug. geschl. –
   M (Tischbestellung ratsam) a la carte 77/101
   Spez. Hummer- und Fischgerichte, Gefüllter Lammrücken in Knoblauchsenf, Terrine von dreierlei Schokolade.

In Düsseldorf 30-Mörsenbroich   Stadtplan Düsseldorf : S. 2-3 :

🏨 **Ramada-Renaissance-Hotel**, Nördlicher Zubringer 6, 🖉 6 21 60, Telex 172114001, Fax
   6216666, Massage, ⌂, 🔲 – 🛗 🖙 Zim 🔲 📺 ⚙ ⟷ – 🔬 25/400. 🆎 ⓪ 🅴 🆅🆂🅰 🌸 Rest
   M a la carte 47/78 – **245 Z : 490 B** 310/405 - 390/510 Fb – 8 Appart. 725/1350.   DU

🏨 **Merkur** garni, Mörsenbroicher Weg 49, 🖉 63 40 31, Fax 622525 – ☎ ℗. 🆎 ⓪ 🅴 🆅🆂🅰
   21. Dez.- 2. Jan. geschl. – **28 Z : 46 B** 95/130 - 150/290 Fb.   EU

In Düsseldorf 1-Oberbilk   Stadtplan Düsseldorf : S. 5 :

🏨 **Lessing** garni, Volksgartenstr. 6, 🖉 72 30 53, Telex 8587219, Fax 723050, ⌂ – 🛗 🖙 📺
   ☎ ⟷. 🆎 ⓪ 🅴 🆅🆂🅰   DY
   30 Z : 60 B 145/230 - 180/280 Fb.

🏨 **Berliner Hof** garni, Ellerstr. 110, 🖉 78 47 44 – 🛗 📺 ☎ ⟷. 🆎 ⓪ 🅴 🆅🆂🅰   DY
   21 Z : 30 B 109/124 - 140/175.

In Düsseldorf 11-Oberkassel   Stadtplan Düsseldorf : S. 1 :

🏨 **Ramada**, Am Seestern 16, 🖉 59 10 47, Telex 8585575, Fax 593569, ⌂, 🔲 – 🛗 🖙 Zim 🔲
   📺 ℗ – 🔬 25/200. 🆎 ⓪ 🅴 🆅🆂🅰 🌸 Rest   S
   M 43/Buffet und a la carte 49/80 – **222 Z : 390 B** 204/384 - 288/468 Fb – 6 Appart. 798/998.

🏨 **Hanseat** garni, Belsenstr. 6, 🖉 57 50 69, Telex 8581997, Fax 589662, « Geschmackvolle
   Einrichtung » – 📺 ☎
   39 Z : 50 B Fb.

🏨 **Arosa** garni, Sonderburgstr. 48, 🖉 55 40 11, Telex 8582242 – 🛗 📺 ☎ ⟷ ℗   ST
   32 Z : 44 B.

🗙🗙🗙 **De' Medici** (Italienische Küche), Amboßstr. 3, 🖉 59 41 51 – 🆎 ⓪ 🅴 🆅🆂🅰   S
   außerhalb der Messezeiten Samstag bis 18 Uhr sowie Sonn- und Feiertage geschl. – **M**
   (abends Tischbestellung erforderlich) a la carte 43/70.

🗙🗙 **Edo** (Japanische Restaurants : Teppan, Robata und Tatami), Am Seestern 3, 🖉 59 10 82,
   Fax 591394, « Japanische Gartenanlage » – ℗. 🆎 ⓪ 🅴 🆅🆂🅰 🌸   S
   Samstag und an Feiertagen nur Abendessen, Sonntag geschl. – **M** a la carte 38/90.

In Düsseldorf 30-Stockum   Stadtplan Düsseldorf : S. 1 :

🏨 **Fashion Hotel**, Am Hain 44, 🖉 43 41 82, Telex 8584452, Fax 434189 – 📺 ☎ ℗   S
   Restaurants : – **Ristorante Sergio** (Italienische Küche) – **Müller's Heideröschen** – **29 Z**
   43 B Fb.

🏨 **Schnellenburg**, Rotterdamer Str. 120, 🖉 43 41 33 (Hotel) 4 38 04 38 (Rest.), Telex 8581828,
   Fax 452283, ← – 📺 ☎ ℗ – 🔬 25/50. 🆎 ⓪ 🅴 🆅🆂🅰   S
   M a la carte 37/69 – **50 Z : 85 B** 140/220 - 180/360 Fb.

In Düsseldorf 12-Unterbach   SO : 11 km über Rothenbergstr. T :

🏨 **Am Zault**, Gerresheimer Landstr. 40, 🖉 25 10 81, Telex 8581872, Fax 254718 – 📺 ☎ ℗
   🔬 40. 🆎 ⓪ 🅴 🆅🆂🅰 🌸
   M *(Samstag bis 18 Uhr geschl.)* 28/44 (mittags) und a la carte 48/85 – **44 Z : 72 B** 140/165
   180/280 Fb.

In Düsseldorf 1-Unterbilk   Stadtplan Düsseldorf : S. 2 :

🗙🗙🗙 **Savini**, Stromstr. 47, 🖉 39 39 31 – 🆎 ⓪ 🅴 🆅🆂🅰   AY
   außerhalb der Messezeiten Sonntag geschl. – **M** (Tischbestellung ratsam) a la carte 65/90.

🗙🗙 **Rheinturm Top 180** (rotierendes Restaurant in 172 m Höhe), Stromstr. 20, 🖉 84 85 80,
   ✳ Düsseldorf und Rhein, (🛗, Gebühr DM 4,50) – 🔲 – 🔬 60. 🆎 ⓪ 🅴 🆅🆂🅰 🌸
   M a la carte 46/70.   Stadtplan Düsseldorf : S. 4   BY

In Düsseldorf 31-Wittlaer   ① : 12 km über die B 8 :

🗙🗙 **Brand's Jupp**, Kalkstr. 49, 🖉 40 40 49, « Gartenterrasse » – 🆎 ⓪ 🅴 🆅🆂🅰
   außer an Feiertagen Montag geschl. – **M** a la carte 36/64.

In Meerbusch 1-Büderich 4005 – ✪ 02105 – Stadtplan Düsseldorf : S. 1 :.

XXX **Landhaus Mönchenwerth**, Niederlöricker Str. 56 (an der Schiffsanlegestelle), ℰ 7 79 31, ≼, « Gartenterrasse » – 🅿. 🆎 ⑩ Ε 𝖵𝖨𝖲𝖠. ⇍
S c
Samstag geschl. – **M** a la carte 51/79.

XXX **Haus Landsknecht** mit Zim, Poststr. 70, ℰ 59 47, Fax 10978 – 📺 ☎ 🅿. 🆎 ⑩ Ε 𝖵𝖨𝖲𝖠. ⇍
M *(Sept.- Juni Samstag bis 18 Uhr, Juli - Aug. Samstag ganztägig geschl.)* a la carte 51/75
– **8 Z : 14 B** 95/195 - 160/260.
S u

X **Lindenhof**, Dorfstr. 48, ℰ 26 64
nur Abendessen, Montag, 23. Dez.- 4. Jan. und Aug. 3 Wochen geschl. – Menu
(Tischbestellung erforderlich) a la carte 35/60.
S v

In Meerbusch 3 - Langst-Kierst 4005 über ⑥ und Neußer Str. S :

🏠 **Haus Niederrhein** ≫, Zur Rheinfähre, ℰ (02150) 28 39, ≼, 🍽 – 📺 ☎ 🅿. 🆎 ⑩ Ε 𝖵𝖨𝖲𝖠
M a la carte 47/69 – **12 Z : 24 B** 110/150 - 155/180.

MICHELIN-REIFENWERKE KGaA. Niederlassung 4040 Neuß 1, Moselstr. 11 (über ⑤),
ℰ (02101) 4 90 61, FAX 49564.

DUISBURG 4100. Nordrhein-Westfalen 𝟿𝟪𝟩 ⑬ – 540 000 Ew – Höhe 31 m – ✪ 0203.

Siehe Ruhrgebiet (Übersichtsplan).

Sehenswert : Hafen ⋆ (Rundfahrt⋆) AZ.

🛆 Großenbaumer Allee 240 (AZ), ℰ 72 14 69.

🛈 Stadtinformation, Königstr. 53, ℰ 2 83 21 89.

ADAC, Clauberggstr. 4, ℰ 2 90 33, Notruf ℰ 1 92 11.

♦Düsseldorf 29 ③ – ♦Essen 20 ① – Nijmegen 107 ①.

Stadtpläne siehe nächste Seiten.

🏨 **Steigenberger Duisburger Hof**, Neckarstr. 2, ℰ 33 10 21, Telex 855750, Fax 339847, 🍽,
⇔ – 🕴 ⇎ Zim 📺 🅿 ☎ – 🔏 25/170. 🆎 ⑩ Ε 𝖵𝖨𝖲𝖠. ⇍ Rest
CX f
M *(15. Juni - 15. Aug. geschl.)* a la carte 45/86 – **111 Z : 133 B** 165/245 - 195/450 Fb –
3 Appart. 550/750.

🏨 **Regent und Haus Hammerstein** garni, Dellplatz 1, ℰ 2 19 75, Telex 8551661, Fax 22288,
⇔, 🖵 – 🕴 📺 ☎. 🆎 ⑩ Ε 𝖵𝖨𝖲𝖠
BY c
61 Z : 80 B 98/149 - 120/225 Fb.

🏨 **Stadt Duisburg**, Düsseldorfer Str. 124, ℰ 28 70 85, Telex 855888, ⇔ – 🕴 📺 ☎ 🅿. ⇍ Rest
(nur Abendessen) – **35 Z : 60 B** Fb.
CY n

🏨 **Novotel**, Landfermannstr. 20, ℰ 30 00 30, Telex 8551638, Fax 338689, ⇔, 🖵 – 🕴 ⇎ Zim
🏊 📺 ☎ & 🅿 – 🔏
CX w
162 Z : 324 B Fb.

🏨 **Haus Reinhard** garni, Fuldastr. 31, ℰ 33 13 16, Garten, ⇔ – 📺 ☎. Ε. ⇍
CX h
22. Dez.- 3. Jan. geschl. – **15 Z : 22 B** 95/160 - 160/210 Fb.

🏨 **Haus Friederichs**, Neudorfer Str. 33, ℰ 35 57 37 – 🕴 📺 ☎
CY b
Aug. 3 Wochen geschl. – **M** *(nur Abendessen, Sonntag geschl.)* a la carte 29/47 – **34 Z :
46 B** 75/95 - 130/140 Fb.

🏠 **Intercity Hotel Ibis** (im Hauptbahnhof), Mercatorstr. 15, ℰ 30 00 50, Telex 855872, Fax
339979, 🍽 – 🕴 📺 ☎ & 🅿 – 🔏
CY
95 Z : 143 B Fb.

XX ✿ **La Provence**, Hohe Str. 29, ℰ 2 44 53 – ⇍
CX k
*Juli - Aug. 2 Wochen, 22. Dez.- 7. Jan., Samstag bis 18.30 Uhr sowie Sonn- und Feiertage
geschl.* – **M** (Tischbestellung ratsam) 82/98 und a la carte
Spez. Pilzpfännchen mit Bresse - Taube, Steinbutt auf Linsen, Lammrücken auf Roquefort - Creme.

XX **Rôtisserie Laterne im Klöcknerhaus**, Mülheimer Str. 38, ℰ 2 12 98, 🍽 – 🗖 🅿 –
🏊 25/60
CX e
Samstag - Sonntag geschl. – **M** a la carte 28/62.

XX **Mercatorhalle**, König-Heinrich-Platz, ℰ 33 20 66, 🍽 – 🗖 – 🏊 25/300. 🆎 ⑩ Ε 𝖵𝖨𝖲𝖠
M a la carte 25/56.
CX r

In Duisburg 17 - Homberg :

🏨 **Rheingarten**, Königstr. 78, ℰ (02136) 50 01, Telex 8551435, ≼, 🍽 – 🕴 📺 ☎ 🅿 –
🏊 25/100. 🆎 ⑩ Ε 𝖵𝖨𝖲𝖠
AZ x
M a la carte 37/67 – **28 Z : 56 B** 100/130 - 146/170 Fb.

In Duisburg 25-Huckingen über die B 8 AZ :

XX **Angerhof** mit Zim, Düsseldorfer Landstr. 431, ℰ 78 16 58 – ☎ ⇎ 🅿. ⇍ – **10 Z : 18 B**.

In Duisburg 1-Kaiserberg :

XX **Wilhelmshöhe**, Am Botanischen Garten 21, ℰ 33 06 66, « Gartenterrasse » – 🅿. 🆎 ⑩
Ε
AZ s
Montag geschl. – **M** 20/40 (mittags) und a la carte 36/59.

229

DUISBURG

DUISBURG

In Duisburg 14-Rheinhausen :

🏠 **Mühlenberger Hof**, Hohenbudberger Str. 88, ℘ (02135) 45 65, Biergarten
« Rustikal-gemütliche Einrichtung » — 📺 ☎ 🅿. 🖭 ⓞ 🇪
über Karneval und Sept.- Okt. je 2 Wochen geschl. — **M** *(Samstag bis 18 Uhr und Mont*
geschl.) a la carte 27/57 — **12 Z : 18 B** 50/80 - 100/120.
AZ

In Duisburg 1-Wanheimerort :

🏠 **Am Sportpark** garni, Buchholzstr. 27, ℘ 77 03 40, 🚉, 🏊 — 🛗 ⟸ 🅿. 🖭 ⓞ 🇪 🎟
20 Z : 35 B 65/70 - 95/110.
AZ

DUNNINGEN 7213. Baden-Württemberg 🗺 I 22 — 5 000 Ew — Höhe 665 m — ✪ 07403.
♦Stuttgart 101 — Freudenstadt 49 — Villingen-Schwenningen 25.

🏠 **Krone**, Hauptstr. 8 (B 462), ℘ 2 75 — ☎ ⟸ 🅿
Ende Jan.- Anfang Feb. und 16. Juli - 6. Aug. geschl. — **M** *(Freitag ab 14 Uhr und Mont*
geschl.) a la carte 22/41 ♨ — **10 Z : 16 B** 43 - 80.

DURACH Bayern siehe Kempten (Allgäu).

DURBACH 7601. Baden-Württemberg 🗺 H 21. 🖼 ㉔ — 3 700 Ew — Höhe 216 m —
Erholungsort — ✪ 0781 (Offenburg).
🔷 Verkehrsverein, Talstr. 184, ℘ 4 21 53.
♦Stuttgart 148 — Baden-Baden 54 — Freudenstadt 51 — Offenburg 9.

🏨 ❀ **Zum Ritter** ⑤, Tal 185, ℘ 3 10 31, « Geschmackvolle Einrichtung », 🚉, 🏊 — 🛗 📺
⟸ 🅿 — 🏌 30. 🖭 ⓞ 🇪
M *(Montag bis 18 Uhr und 10. Jan.- 15. Feb. geschl.)* 66/125 und a la carte 45/92 — **50 Z**
90 B 85/160 - 138/230 Fb — 8 Appart. 300/380
Spez. Badische Schneckensuppe, Gratiniertes Lammrückenfilet mit Rosmarinsauce, Schwarzwäld
Kirschauflauf mit Traminer-Weinschaum-Sauce (2 Pers.).

🏨 **Rebstock** ⑤, Halbgütle 30, ℘ 4 15 70, 🌤, 🚉, 🌳 — 🛗 ☎ 🅿 — 🏌 30
Menu *(Montag und Feb. geschl.)* a la carte 29/59 ♨ — **35 Z : 68 B** 50/95 - 100/180 Fb
½ P 80/125.

In Durbach-Ebersweier NW : 4 km :

🔅 **Krone**, Am Durbach 1, ℘ 4 12 44, 🌤 — ⟸ 🅿
M *(Dienstag geschl.)* a la carte 24/47 ♨ — **14 Z : 27 B** 30/50 - 60/100.

DURMERSHEIM 7552. Baden-Württemberg 🗺 H 20 — 11 500 Ew — Höhe 119 m — ✪ 07245.
♦Stuttgart 91 — ♦Karlsruhe 14 — Rastatt 10.

🏠 **Adler**, Hauptstr. 49, ℘ 24 57, Biergarten — 🅿. 🇪 🎟
1.- 16. Nov. geschl. — **M** *(Donnerstag geschl.)* a la carte 20/60 ♨ — **23 Z : 35 B** 45/65
70/110.

EBELSBACH Bayern siehe Eltmann.

EBENSFELD 8629. Bayern 🗺 P 16 — 5 200 Ew — Höhe 254 m — ✪ 09573.
♦München 251 — ♦ Bamberg 21 — Bayreuth 67 — Coburg 29 — Hof 88.

🏠 **Pension Veitsberg** ⑤ garni, Prächtinger Str. 14, ℘ 64 00, 🌳 — ⟸ 🅿
11 Z : 18 B 30/40 - 50/65 — 2 Fewo 60.

EBERBACH AM NECKAR 6930. Baden-Württemberg 🗺 JK 18. 🖼 ㉕ — 15 400 Ew — Hö
131 m — Heilquellen-Kurbetrieb — ✪ 06271.
🔷 Kurverwaltung, Im Kurzentrum, Kellereistr. 32, ℘ 48 99.
♦Stuttgart 107 — Heidelberg 33 — Heilbronn 53 — ♦Würzburg 111.

🏠 **Karpfen** (Fassade mit Fresken der Stadtgeschichte), Am alten Markt 1, ℘ 23 16 — 🛗 🅿
44 Z : 75 B.

🏠 **Krone-Post**, Hauptstr. 1, ℘ 20 13, ≤, 🌤 — 🛗 ☎ 🅿. ❄ Rest
45 Z : 75 B Fb.

🎗🎗🎗 **Altes Badhaus** mit Zim, Am Lindenplatz 1, ℘ 56 16, Fax 7671, 🌤, « Fachwerkhaus a
— 📺 ☎ — 🏌. 🖭 ⓞ 🇪 🎟
M *(nur Abendessen, Badstube auch Mittagessen, Sonntag - Montag geschl.)* 85/135 und
la carte — **Badstube** *(Montag geschl.)* Menu a la carte 33/65 — **13 Z : 25 B** 98 - 165/195 Fb.

🎗🎗 **Kurhaus**, Leopoldsplatz 1, ℘ 27 00, ≤, 🌤 — 🖭 ⓞ 🇪 🎟
Montag geschl. — **M** a la carte 27/58.

Eberbach-Brombach siehe unter *Hirschhorn am Neckar.*

BERMANNSTADT 8553. Bayern 🔟🔟🔟 Q 17, 🔢🔢🔢 ㉘ — 5 700 Ew — Höhe 290 m — Erholungsort
🔥 09194.
Kanndorf 8, ℰ 92 28 — 🅱 Verkehrsamt, im Bürgerhaus, Bahnhofstr. 7, ℰ 81 28.
München 219 — ◆Bamberg 30 — Bayreuth 61 — ◆Nürnberg 48.

🏨 **Schwanenbräu**, Marktplatz 2, ℰ 2 09 — 📺 ⇔ — 🕭 25/100
↔ 2.- 10. Jan. geschl. — **M** a la carte 17/50 — **17 Z : 30 B** 40 - 70/80.

🏨 **Resengörg**, Hauptstr. 36, ℰ 81 74, Fax 4598, 🐎 — 🕸 📺 ☎ ⇔ 🅿 — 🕭 25/40. ⚪ 🇪 𝚅𝙸𝚂𝙰
↔ **M** a la carte 18/33 — **31 Z : 62 B** 44 - 76 — ½ P 53/59.

🏨 Sonne, Hauptstr. 29, ℰ 3 42, 🐎 — ⇔ — **32 Z : 60 B**.

🏨 **Haus Feuerstein** garni, Georg-Wagner-Str. 15, ℰ 85 05, 🐎
12. Jan.- 12. Feb. geschl. — **12 Z : 23 B** 33 - 60.

In Ebermannstadt-Rothenbühl O : 2 km über die Straße nach Gößweinstein :

🛏 **Pension Bieger** 🦢, Rothenbühl 3, ℰ 95 34 — 🅿. 🍴 Rest
↔ **M** a la carte 17/32 — **39 Z : 70 B** 33/38 - 58/70 — ½ P 41/50.

BERN 8603. Bayern 🔟🔟🔟 P 16, 🔢🔢🔢 ㉘ — 7 000 Ew — Höhe 269 m — 🔥 09531.
München 255 — ◆Bamberg 26 — Coburg 26 — Schweinfurt 56.

🛏 **Post**, Bahnhofstr. 2, ℰ 80 77 — 🅿
↔ 27. Dez.- 18. Jan. geschl. — **M** *(Montag geschl.)* a la carte 15/33 🍷 — **17 Z : 26 B** 28/38 - 56/64.

In Pfarrweisach 8601 NW : 7 km :

🛏 **Gasthof Eisfelder**, Lohrer Str. 2 (B 279), ℰ (09535) 2 69 — 🅿
↔ **M** *(Nov.- Mai Mittwoch ab 13 Uhr geschl.)* a la carte 15/22 🍷 — **17 Z : 30 B** 30 - 56.

BERSBACH AN DER FILS 7333. Baden-Württemberg 🔟🔟🔟 L 20 — 15 300 Ew — Höhe 292 m
🔥 07163 — ◆Stuttgart 33 — Göppingen 10 — ◆Ulm (Donau) 70.

🏨 **Rose**, Hauptstr. 16 (B 10), ℰ 20 94, Fax 4636 — ☎. 🇪
15. Juli - 5. Aug. und 22. Dez.- 8. Jan. geschl. — **M** *(Samstag geschl.)* a la carte 26/52 🍷 —
23 Z : 30 B 59 - 98 Fb.

BERSBERG 8017. Bayern 🔟🔟🔟 S 22, 🔢🔢🔢 ㊲, 🔢🔢🔢 ㉘🔢 — 8 700 Ew — Höhe 563 m —
holungsort — 🔥 08092 — ◆München 32 — Landshut 69 — Rosenheim 31.

🏨 **Klostersee** 🦢, Am Priel 3, ℰ 2 10 73 — 📺 ☎ 🅿 — 🕭 30. 🇦🇪 ⚪ 🇪
2.- 17. Juni und 11.- 19. Aug. geschl. — **M** *(nur Abendessen, Samstag - Sonntag geschl.)* a
la carte 28/52 — **23 Z : 35 B** 53/70 - 85/95 Fb.

🏨 Hölzerbräu, Sieghartstr. 1, ℰ 2 40 20, Biergarten — 🕸 📺 ☎ ⇔ 🅿 — 🕭 30
24 Z : 60 B.

🏨 Ebersberger Hof, Sieghartstr. 16, ℰ 2 04 42 — ☎ ⇔ — **11 Z : 18 B**.

In Ebersberg-Oberndorf O : 2,5 km :

🏨 **Huber**, Münchner Str. 11, ℰ 28 41, 🕿, 🔟, 🎾, Fahrradverleih — 🕸 ☎ 🅿 — 🕭 25/60. 🇦🇪
23.- 30. Dez. geschl. — **M** a la carte 23/45 — **54 Z : 90 B** 55 - 90 Fb — ½ P 65/75.

BERSDORF 8624. Bayern 🔟🔟🔟 Q 16 — 5 700 Ew — Höhe 303 m — 🔥 09562.
München 276 — ◆Bamberg 49 — Coburg 12 — Kronach 20.

🏨 **Goldener Stern**, Canter Str. 15, ℰ 10 61 — 🕸 ☎ 🅿
↔ Aug. 2 Wochen geschl. — **M** *(Montag ab 14 Uhr geschl.)* a la carte 17/41 🍷 — **24 Z : 30 B**
28/47 - 54/90.

BERSTADT Baden-Württemberg siehe Weinsberg.

BRACH Bayern. Sehenswürdigkeit siehe Geiselwind.

BSDORFERGRUND Hessen siehe Marburg.

BSTORF 3112. Niedersachsen — 4 500 Ew — Höhe 50 m — Luftkurort — 🔥 05822.
henswert : Ehemaliges Benediktiner Kloster (Nachbildung der Ebstorfer Weltkarte★).
Verkehrsbüro, Rathaus, Hauptstr. 30, ℰ 29 96.
Hannover 108 — ◆Braunschweig 95 — ◆Hamburg 80 — Lüneburg 25.

🛏 Zur Krone, Bahnhofstr. 8, ℰ 24 77 — ☎ 🅿 — **9 Z : 17 B**.

CHING 8057. Bayern 🔟🔟🔟 R 22 — 10 500 Ew — Höhe 460 m — 🔥 089 (München).
München 21 — Ingolstadt 59 — Landshut 55.

🏨 **Olymp**, Wielandstr. 3, ℰ 3 19 09 10, Telex 5214960, Fax 31909112, 🕿, 🔟 — 🕸 📺 ☎ 🅿 —
🕭 25/40. 🇦🇪 ⚪ 🇪 𝚅𝙸𝚂𝙰
M a la carte 27/64 — **66 Z : 106 B** 98/210 - 138/280 Fb.

🏨 **Huberwirt**, Untere Hauptstr. 1, ℰ 31 90 50 — 🕸 📺 ☎ ⇔ 🅿 — 🕭 25/150. 🇪
↔ **M** *(Dienstag geschl.)* a la carte 19/42 — **50 Z : 94 B** 45/75 - 75/105 Fb.

ECKENHAGEN Nordrhein-Westfalen siehe Reichshof.

ECKERNFÖRDE 2330. Schleswig-Holstein 987 ⑤ – 23 000 Ew – Höhe 5 m – Seebad - ✪ 04351.

🔝 Schloß Altenhof, ℰ (04351) 4 12 27.

🎫 Kurverwaltung, im Meerwasserwellenbad, ℰ 9 05 20.

♦Kiel 28 – Rendsburg 30 – Schleswig 24.

- 🏠 **Stadt Kiel** garni, Kieler Str. 74, ℰ 50 27 – 🔲 ☎ ⇔. 🖭 ⓞ 🖪 *VISA*
  18 Z : 31 B 49/90 - 98/148.

- 🏠 **Sandkrug**, Berliner Str. 146 (B 76), ℰ 4 14 93, ⇐ – ⇔ 🅿
  15 Z : 30 B.

- XX **Ratskeller** (Haus a.d.J. 1420), Rathausmarkt 8, ℰ 24 12, 🍴
  Feb. und Montag geschl. – **M** a la carte 28/68.

  In Gammelby 2330 NW : 5 km über die B 76 :

- 🏠 **Gammelby**, Dorfstr. 6, ℰ (04351) 88 10, Fax 88166, ⇌s, 🍴 – 🔲 ☎ க ⇔ 🅿 – 🔏 25/60
  🖭 ⓞ 🖪 *VISA*
  M a la carte 30/64 – **32 Z : 65 B** 54/75 - 100/122 Fb.

  In Groß Wittensee 2333 SW : 9 km, an der B 203 :

- 🏠 **Schützenhof**, Rendsburger Str. 2, ℰ (04356) 70, ⇌s, 🌳 – ☎ ⇔ 🅿 – 🔏 25/50. 🖭 ⓞ
  🖪 *VISA*
  M *(Mai - Sept. Donnerstag bis 17 Uhr, Okt.- April Donnerstag geschl.)* a la carte 24/50 –
  45 Z : 90 B 48/120 - 88/140 – 3 Fewo 95/180.

ECKERSDORF Bayern siehe Bayreuth.

EDDELSTORF Niedersachsen siehe Bevensen, Bad.

EDELSFELD Bayern siehe Königstein.

EDENKOBEN 6732. Rheinland-Pfalz 413 H 19, 987 ㉔, 242 ⑧ – 6 000 Ew – Höhe 148 m - Luftkurort – ✪ 06323.

Ausflugsziele : Schloß Ludwigshöhe (Max-Slevogt - Sammlung) W : 2 km – Rietburg : ⇐ ⋆ W 2 km und Sessellift.

🎫 Verkehrsamt, Weinstr. 86, ℰ 32 34.

Mainz 101 – Landau in der Pfalz 11 – Neustadt an der Weinstraße 10.

- 🏠 **Pfälzer Hof**, Weinstr. 85, ℰ 29 41 – 🖪
  M a la carte 26/58 – **11 Z : 17 B** 35/45 - 70/84 – ½ P 55/62.

  In Weyher 6741 W : 2 km :

- 🏠 **Gästehaus Siener** 🐾 garni, Froehlichstr. 5, ℰ (06323) 44 67, 🌳 – 🅿
  11 Z : 22 B 33 - 65.

EDERSEE, EDERTAL Hessen siehe Waldeck.

EDESHEIM 6736. Rheinland-Pfalz 413 H 19 – 2 400 Ew – Höhe 150 m – ✪ 06323 (Edenkoben).

Mainz 101 – Kaiserslautern 48 – ♦ Karlsruhe 46 – ♦ Mannheim 41.

- X **Wein-Castell** mit Zim (Sandsteinbau a.d.J. 1840), Staatsstr. 21 (B 38), ℰ 23 92, Weingut Weinprobe – 🅿. 🧺 Zim
  10 Z : 22 B.

EDIGER-ELLER 5591. Rheinland-Pfalz – 1 500 Ew – Höhe 92 m – ✪ 02675.

Mainz 118 – Cochem 8 – ♦Koblenz 61 – ♦Trier 70.

  Im Ortsteil Ediger :

- 🏠 **Weinhaus Feiden**, Moselweinstr. 22, ℰ 2 59, eigener Weinbau, « Blumenterrasse » -
  ⇔ 🅿. 🖪
  Feb. geschl. – **M** *(Donnerstag geschl.)* a la carte 35/52 ⅜ – **17 Z : 31 B** 47/54 - 77/86.

- 🏠 **Zum Löwen**, Moselweinstr. 23, ℰ 2 08, Fax 214, ⇐, 🍴, eigener Weinbau – ⇔ 🅿. 🖪
  ⓞ 🖪 *VISA*
  15. Jan.- 15. Feb. geschl. – **M** a la carte 24/57 ⅜ – **22 Z : 40 B** 60 - 120 – ½ P 80.

- 🏠 **St. Georg**, Moselweinstr. 10, ℰ 2 05, eigener Weinbau, ⇌s – 🖭 ⓞ 🖪 *VISA*
- ⇥ *Jan.- Feb. geschl.* – **M** *(15. Nov.- Dez. geschl.)* a la carte 19/40 ⅜ – **12 Z : 29 B** 45/50
  70/100.

  Im Ortsteil Eller :

- 🏠 **Oster**, Moselweinstr. 61, ℰ 2 32, eigener Weinbau – ⇔ 🅿. 🖭 ⓞ 🖪 *VISA*. 🧺
- ⇥ *März - Nov.* – **M** *(Dienstag bis 17 Uhr geschl.)* a la carte 20/37 ⅜ – **12 Z : 23 B** 30/60
  55/80.

DINGEN-NECKARHAUSEN Baden-Württemberg siehe Mannheim.

FRINGEN-KIRCHEN 7859. Baden-Württemberg **413** F 24. **427** ④. **216** ④ − 6 800 Ew − Höhe 6 m − 🕿 07628.

Stuttgart 254 − Basel 15 − ♦Freiburg im Breisgau 60 − Müllheim 28.

🏠 **Barbara**, Egringer Str. 12, 𝒫 19 00 − 🅿. ⓪ **E** 𝐕𝐈𝐒𝐀
M (5.- 26. Nov. und Sonntag 15 Uhr - Montag geschl.) a la carte 33/53 − **15 Z : 32 B** 60/70 - 80/100 Fb.

In Efringen-Kirchen 4 - Egringen NO : 3 km :

✕ **Rebstock** mit Zim, Kanderner Str. 21, 𝒫 3 70, Gartenwirtschaft, eigener Weinbau − 🔟 🕿 🅿. **E**
Feb. und Aug. jeweils 2 Wochen geschl. − **M** (Montag - Dienstag geschl.) a la carte 30/55 ⅛ − **7 Z : 14 B** 48/65 - 78/95.

In Efringen-Kirchen - Maugenhard NO : 7 km :

🕿 **Krone** ⤷ (mit Gästehaus), Mappacher Str. 34, 𝒫 3 22, 🍴, eigener Weinbau, 🚗 − ⇖ 🅿
Feb. 2 Wochen geschl. − **M** (Dienstag - Mittwoch geschl.) a la carte 26/54 ⅛ − **24 Z : 47 B** 45/50 - 80/90.

GESTORF 2115. Niedersachsen **987** ⑮ − 2 200 Ew − Höhe 80 m − Erholungsort − 🕿 04175.
Verkehrsverein, Barkhof 1 b, 𝒫 15 16.

Hannover 107 − ♦Hamburg 46 − Lüneburg 29.

🏠 **Zu den 8 Linden**, Alte Dorfstr. 1, 𝒫 4 50, Fahrradverleih − 🔟 🕿 🅿 − 🔏 25/100. 𝐀𝐄 ⓪ **E**
𝐕𝐈𝐒𝐀. 🕸 Rest
M a la carte 24/55 − **30 Z : 50 B** 50/70 - 74/125 − ½ P 54/87.

🏠 **Soltau**, Lübberstedter Str. 1, 𝒫 4 80, 🍴 − 🔟 🕿 🅿 − 🔏 30. **E**
M a la carte 24/50 − **25 Z : 48 B** 40/65 - 70/110.

In Egestorf-Döhle SW : 5 km :

🏠 **Aevermannshof** ⤷, Dorfstr. 44, 𝒫 14 54, 🍴 − 🕿 🅿
19 Z : 35 B.

🕿 **Pension Auetal** ⤷, Dorfstr. 42, 𝒫 4 39, Caféterrasse, ⇔, 🏊 (geheizt), 🚗 − ⅄ 🅿
(nur Abendessen für Hausgäste) − **20 Z : 34 B** 35 - 70.

In Egestorf-Sahrendorf NW : 3 km :

🏨 **Hof Sudermühlen** ⤷, Nordheide 1 (S : 1 km), 𝒫 14 41, Telex 2180412, 🍴, ⇔, 🔲, 🚗, 🕸, 🏌 − 🔀 🔟 🕿 ⇖ 🅿 − 🔏
50 Z : 100 B.

🏠 **Studtmann's Gasthof**, Im Sahrendorf 19, 𝒫 5 03, 🍴, 🚗 − 🅿 − 🔏 25/80. 🕸 Zim
⟵ 15. Jan. - 15. Feb. geschl. − **M** (Dienstag geschl.) 14,50/23 (mittags) und a la carte 21/40 − **17 Z : 30 B** 45/51 - 80/84 − ½ P 60.

GGENFELDEN 8330. Bayern **413** V 21. **987** ㊳. **426** ⑥ − 12 000 Ew − Höhe 415 m − 🕿 08721.
beim Bahnhof Kaismühle (O : 11 km über die B 388), 𝒫 (08561) 28 61.
ᗺAC, Lindhofstr. 10 (Krone-Einkaufszentrum), 𝒫 68 26.
München 117 − Landshut 56 − Passau 72 − Salzburg 98 − Straubing 62.

🏨 **Bachmeier**, Schönauer Str. 2, 𝒫 30 71, 🍴, Biergarten, ⇔, 🚗 − 🕿 ⇖ 🅿 − 🔏 25/50.
𝐀𝐄 **E** 𝐕𝐈𝐒𝐀. 🕸 Rest
M a la carte 27/59 − **47 Z : 65 B** 60/85 - 95/140 Fb.

🏠 **Motel Waldhof** ⤷, Michael-Sallinger-Weg 5, 𝒫 28 58 − ⇖ 🅿. 𝐀𝐄 ⓪ **E**
20. Dez.- 10. Jan. geschl. − (nur Abendessen für Hausgäste) − **19 Z : 25 B** 36/45 - 65/72.

GGENSTEIN-LEOPOLDSHAFEN 7514. Baden-Württemberg **413** HI 19 − 13 000 Ew − Höhe 2 m − 🕿 0721 (Karlsruhe).
Stuttgart 97 − ♦ Karlsruhe 12 − ♦ Mannheim 63.

Im Ortsteil Eggenstein :

🕿 **Zum Goldenen Löwen**, Hauptstr. 51, 𝒫 78 57 07 − 🕿. 🕸 Zim
11 Z : 14 B.

GGERODE Nordrhein-Westfalen siehe Schöppingen.

GGINGEN 7891. Baden-Württemberg **413** I 23. **427** ⑤⑥. **216** ⑦ − 1 500 Ew − Höhe 460 m − 🕿 07746.
Stuttgart 163 − Donaueschingen 37 − Schaffhausen 29 − Waldshut-Tiengen 21.

🕿 **Drei König**, Waldshuter Str. 6, 𝒫 6 20, 🍴 − ⇖ 🅿. 🕸 Zim
10 Z : 18 B Fb.

EGGSTÄTT 8201. Bayern 413 U 23 − 1 800 Ew − Höhe 539 m − Erholungsort − ✪ 08056.
♦München 99 − Rosenheim 23 − Traunstein 28.

🏠 **Zur Linde** (mit Gästehaus ≫ 🔄), Priener Str. 42, ℰ 2 47, ☎s, 🥐, Fahrradverleih − 🅿
Nov.- Mitte Dez. geschl. − (Restaurant nur für Pensionsgäste) − **37 Z : 61 B** 38 - 76 Fb
½ P 49.

🏠 **Unterwirt-Widemann**, Kirchplatz 8, ℰ 3 37, 🌳, 🥐 − 🅿, 🍴
→ **M** (Montag geschl.) a la carte 16/30 🍷 − **40 Z : 80 B** 27/36 - 54/72 − 3 Fewo 55/80
½ P 37/45.

EGING AM SEE 8359. Bayern 413 W 20 − 3 000 Ew − Höhe 420 m − Erholungsort − ✪ 08544.
🛈 Verkehrsamt, Rathaus, ℰ 6 17.
♦München 172 − Deggendorf 29 − Passau 30.

🏠 **Passauer Hof** (mit Gästehaus ≫), Deggendorfer Str. 9, ℰ 2 29, « Park », ☎s, 🔄 − 🅿
→ 6. Nov.- 19. Dez. geschl. − **M** a la carte 21/39 − **100 Z : 200 B** 42/53 - 84/105 − ½ P 41/51.

EGLING Bayern siehe Wolfratshausen.

EGLOFFSTEIN 8551. Bayern 413 Q 17, 987 ⊗ − 2 000 Ew − Höhe 350 m − Luftkurort
✪ 09197.
♦München 201 − ♦Bamberg 45 − Bayreuth 52 − ♦Nürnberg 36.

🏠 **Häfner**, Badstr. 131, ℰ 5 35, 🌳, 🥐 − ⤬⤬ Rest ☎ 🅿, AE ① E VISA
9. Jan.- 5. Feb. und 19. Feb.- 1. März geschl. − **M** (Dienstag geschl.) a la carte 26/47
23 Z : 42 B 45/55 - 90.

🏠 **Post**, Talstr. 8, ℰ 5 55, 🌳, ☎s, 🥐 − 🛗 🅿, E VISA
→ 8. Jan.- 20. Feb. geschl. − **M** (Nov.- März Montag geschl.) a la carte 15/47 − **26 Z : 46**
25/41 - 50/78 Fb − ½ P 39/53.

EGLOFS Baden-Württemberg siehe Argenbühl.

EGRINGEN Baden-Württemberg siehe Efringen-Kirchen.

EHEKIRCHEN 8859. Bayern 413 Q 21 − 3 200 Ew − Höhe 405 m − ✪ 08435.
♦München 54 − ♦Augsburg 40 − Ingolstadt 35.

🏠 **Strixner Hof** ≫, Leitenweg 5 (Schöneberg), ℰ 18 77, 🌳, ☎s, 🥐 − 🛏 ☎ 🅿
→ 12. Feb.- 1. März geschl. − **M** (Donnerstag geschl.) a la carte 18/36 🍷 − **7 Z : 14 B** 58 - 88.

EHINGEN 7930. Baden-Württemberg 413 M 22, 987 ⊗ − 22 000 Ew − Höhe 511 m − ✪ 07391.
Ausflugsziel : Obermarchtal : ehem. Kloster★ SW : 14 km.
♦Stuttgart 101 − Ravensburg 70 − ♦Ulm (Donau) 26.

🏠 **Zur Linde**, Lindenstr. 51, ℰ 34 98, Fax 3490, 🌳 − 🛏 ☎ 🅿 − 🔬 25/500. AE ① E VISA
M a la carte 22/44 − **12 Z : 20 B** 60 - 90.

🏠 **Zum Pfauen**, Schulgasse 4, ℰ 5 35 29 − 🛏 ☎ ⇔
8 Z : 12 B.

🏠 **Brauerei-Gasthof Schwert**, Am Viehmarkt 9, ℰ 12 88 − 🛗 ⇔ 🅿
14 Z : 16 B.

✗ **Rose**, Hauptstr. 10, ℰ 83 00
Montag und Juli - Aug. 3 Wochen geschl. − **M** a la carte 24/52.

In Ehingen 15-Kirchen W : 7,5 km :

🏨 **Zum Hirsch** ≫, Osterstr. 3, ℰ (07393) 40 41, Fax 4101 − 🛗 🛏 ☎ 🅿, E
→ **M** (Montag bis 17 Uhr geschl.) a la carte 20/44 − **17 Z : 30 B** 50/75 - 85/110 Fb.

EHLSCHEID 5451. Rheinland-Pfalz − 1 200 Ew − Höhe 360 m − Luftkurort − ✪ 02634.
🛈 Kurverwaltung, Haus des Kurgastes, ℰ 22 07.
Mainz 118 − ♦Koblenz 35 − ♦Köln 73.

🏨 **Haus Westerwald** ≫, Parkstr. 3, ℰ 26 26, 🌳, ☎s, 🔄, 🥐 − 🛗 ☎ 🅿 − 🔬 25/45. E
M a la carte 36/58 − **60 Z : 96 B** 55/65 - 80/120 − ½ P 65/90.

🏠 **Ungerer's Park Hotel** ≫, Parkstr. 17, ℰ 85 43, 🌳 − ☎ 🅿
14 Z : 23 B.

🏠 **Müller-Krug** ≫, Parkstr. 15, ℰ 80 65, 🌳, ☎s, 🔄, 🥐 − 🅿, AE ① E
10. Jan.- 15. Feb. und 15. Nov.- 25. Dez. geschl. − **M** 15/35 (mittags) und a la carte 25/60 −
24 Z : 40 B 45/67 - 87 − ½ P 59/70.

🏠 **Zum grünen Kranz** ≫, Wilhelmstr. 5, ℰ 23 02, 🥐 − ⇔ 🅿, ① E
→ **M** (Dienstag ab 14 Uhr geschl.) a la carte 20/48 − **22 Z : 35 B** 50/65 - 77/103.

EHRENBERG (RHÖN) 6414. Hessen 👁️13 MN 15, 👁️87 ㉕ ㉖ − 2 700 Ew − Höhe 577 m −
Wintersport : 800/900 m ⟡ 3 − ☻ 06683.
Verkehrsamt, Rathaus in Wüstensachsen, ℰ 12 06.
Wiesbaden 168 − ♦Frankfurt am Main 124 − Fulda 30 − ♦Nürnberg 171.

In Ehrenberg-Seiferts :

⚐ **Zur Krone**, Eisenacher Str. 24 (B 278), ℰ 2 38 − ☻
♠ 2.- 8. April und 5. Nov.- 9. Dez. geschl. − **M** *(auch vegetarische Gerichte)* (Mittwoch geschl.)
a la carte 18,50/30 ⚘ − **19 Z : 37 B** 33/38 - 44/56 − ½ P 32/48.

EHRENKIRCHEN 7801. Baden-Württemberg 👁️13 G 23, ㉞㊹ ㉖ − 5 600 Ew − Höhe 265 m −
☻ 07633.
Stuttgart 221 − Basel 56 − ♦Freiburg im Breisgau 14.

In Ehrenkirchen 1-Kirchhofen :

🏠 **Sonne-Winzerstuben**, Lazarus-Schwendi-Str. 20, ℰ 70 70, « Garten » − ⟲ ☻ −
🅿 30. 🆎 ⓞ 🅴 𝘝𝘐𝘚𝘈
1.- 12. Aug. und 15. Dez.- 12. Jan. geschl. − **M** *(Freitag geschl.)* a la carte 32/59 ⚘ − **12 Z :
15 B** 35/50 - 70/100.

✗ **Zur Krone** mit Zim, Herrenstr. 5, ℰ 52 13, 🍽 − ⟲ ☻. ⓞ 🅴 𝘝𝘐𝘚𝘈
M *(Dienstag - Mittwoch 17 Uhr und Juli - Aug. 3 Wochen geschl.)* a la carte 31/59 ⚘ − **8 Z :
15 B** 40/45 - 70 Fb − ½ P 65.

In Pfaffenweiler 7801 NO : 2 km ab Kirchhofen :

✗✗ **Historisches Gasthaus zur Stube**, Weinstr. 39, ℰ (07664) 62 25 − ☻. 🅴
28. Mai - 18. Juni und Montag - Dienstag 18 Uhr geschl. − **M** 50 (mittags) und a la carte
66/83.

EHRINGSHAUSEN 6332. Hessen 👁️13 I 15 − 8 900 Ew − Höhe 174 m − ☻ 06443.
Wiesbaden 107 − ♦Frankfurt am Main 96 − ♦Koblenz 86.

⚐ Friedrichshof, Bahnhofstr. 72, ℰ 22 20 − ☻ − **13 Z : 19 B**.

EHRLICH Rheinland-Pfalz siehe Heimborn.

EIBELSTADT 8701. Bayern 👁️13 MN 17 − 2 300 Ew − Höhe 177 m − ☻ 09303.
München 271 − ♦Frankfurt am Main 119 − ♦Nürnberg 108 − ♦Stuttgart 149 − ♦Würzburg 10.

🏠 **Zum Roß**, Hauptstr. 14, ℰ 2 14 − ☻
♠ Mitte Jan.- Ende Feb. geschl. − **M** *(Montag - Dienstag geschl.)* a la carte 18,50/31 ⚘ −
18 Z : 34 B 36/50 - 62/85.

EICHELHÜTTE Rheinland-Pfalz siehe Eisenschmitt.

EICHENBERG Österreich siehe Bregenz.

EICHENZELL 6405. Hessen 👁️13 M 15 − 8 200 Ew − Höhe 285 m − ☻ 06659.
Wiesbaden 134 − ♦ Frankfurt am Main 95 − Fulda 8 − Würzburg 100.

🏠 Kramer, Fuldaer Str. 4, ℰ 16 91 − ⟲ ☻ − **23 Z : 49 B**.

In Eichenzell 7-Löschenrod W : 2,5 km :

✗✗ **Zur Alten Brauerei**, Frankfurter Str. 1, ℰ 12 08 − ☻. 🍽
3. Jan.- 3. Feb. und Montag geschl. − **M** (abends Tischbestellung ratsam) a la carte 57/78.

EICHSTÄTT 8078. Bayern 👁️13 Q 20, 👁️87 ㉖ − 13 100 Ew − Höhe 390 m − ☻ 08421.
Sehenswert :   Bischöflicher   Residenzbezirk* :   Residenzplatz** (Mariensäule*)   −
Dom (Pappenheimer Altar **, Mortuarium *, Kreuzgang *) − Hofgarten (Muschelpavillon*).
Städt. Verkehrsbüro, Domplatz 18, ℰ 79 77.
München 107 − ♦Augsburg 76 − Ingolstadt 27 − ♦Nürnberg 93.

🏨 **Adler** garni, Marktplatz 22, ℰ 67 67, Fax 8283, « Restauriertes Barockhaus a.d. 17. Jh. »,
⇆ − 📶 ⇆ 📺 🅰 − 🅿 25. 🆎 ⓞ 🅴 𝘝𝘐𝘚𝘈. 🍽
15. Dez.- 15. Jan. geschl. − **28 Z : 68 B** 55/110 - 110/140 Fb.

🏠 **Café Fuchs** garni, Ostenstr. 8, ℰ 67 88, 🚲, Fahrradverleih − 📶 🕿. 🆎 🅴
über Weihnachten geschl. − **22 Z : 40 B** 44/60 - 74/76 Fb.

🏠 **Zur Trompete**, Ostenstr. 3, ℰ 16 13, Biergarten − 🕿
♠ **M** *(Montag geschl.)* a la carte 16/39 − **14 Z : 22 B** 44/56 - 76.

🏠 **Burgschänke** 🏕, Burgstr. 19 (in der Willibaldsburg), ℰ 49 70, ≤, Biergarten, 🍽 − 🕿 ☻.
♠ 🅴
Jan.- Feb. geschl. − **M** *(Montag geschl.)* a la carte 20/39 − **8 Z : 17 B** 48/55 - 85 Fb.

✗✗✗ **Domherrenhof**, Domplatz 5 (1. Etage 📶), ℰ 61 26, « Restauriertes Stadthaus a.d.
Rokokozeit » − 🅿 30. 🆎 🅴
Montag und Jan.- Feb. 2 Wochen geschl. − **M** a la carte 48/77.

✗ Krone, Domplatz 3, ℰ 44 06, Biergarten.

In Eichstätt-Landershofen O : 3 km :

🏠 **Haselberg**, Am Haselberg 1, *℘* 67 01, Caféterrasse – **ℙ** – 🏊 40. 🕸
Ende Okt.- Nov. geschl. – **M** *(Dienstag geschl.)* a la carte 27/58 – **26 Z : 43 B** 40/60 - 70/ Fb.

In Eichstätt-Wasserzell SW : 4,5 km :

🏠 **Zum Hirschen** 🕸, Brückenstr. 9, *℘* 40 07, Biergarten, 🚗 – 🎐 ☎ 🚗 **ℙ** – 🏊 40
➤ Jan. geschl. – **M** *(Mittwoch bis 17 Uhr geschl.)* a la carte 16/31 – **25 Z : 50 B** 46 - 76 ½ P 52/60.

An der B 13 NW : 9 km :

🏠 **Zum Geländer** 🕸, ✉ 8079 Schernfeld-Geländer, *℘* (08421) 67 61, Biergarte
➤ Wildschweingehege, 🚗, Fahrradverleih – ☎ 🚗 **ℙ** – 🏊 50
20. Jan.- 10. März geschl. – **M** *(Donnerstag geschl.)* a la carte 17/38 – **29 Z : 53 B** 29/4 54/82.

EICHTERSHEIM Baden-Württemberg siehe Angelbachtal.

EIGELTINGEN 7706. Baden-Württemberg 𝟜𝟙𝟛 J 23. 𝟜𝟚𝟟 ⑥. 𝟚𝟙𝟞 ⑨ – 2 700 Ew – Höhe 450
– ✆ 07774.
♦Stuttgart 148 – ♦Freiburg im Breisgau 103 – ♦Konstanz 45 – Stockach 10 – ♦Ulm (Donau) 124.

🏠 **Zur Lochmühle** 🕸, Hinterdorfstr. 44, *℘* 71 41, « Einrichtung mit bäuerlichen Antiquitäte
Sammlung von Kutschen und Traktoren, Gartenterrasse », 🍴 – 📺 ☎ **ℙ**
Feb. geschl. – **M** *(Montag geschl.)* a la carte 26/53 🍴 – **27 Z : 50 B** 40/80 - 80/150 – 2 Fev 150.

EILSEN, BAD 3064. Niedersachsen – 2 400 Ew – Höhe 70 m – Heilbad – ✆ 05722.
🛈 Kurverwaltung, Haus des Gastes, Bückeburger Str. 2, *℘* 8 53 72.
♦Hannover 58 – Hameln 27 – Minden 15.

🏠 **Haus Christopher** 🕸 garni, Rosenstr. 11, *℘* 8 44 46 – **ℙ**. 🕸
Dez.- 6. Jan. geschl. – **16 Z : 28 B** 45/85 - 85/120 Fb.

EIMELDINGEN 7859. Baden-Württemberg 𝟜𝟙𝟛 F 24. 𝟚𝟜𝟚 ㊿. 𝟚𝟙𝟞 ④ – 1 600 Ew – Höhe 266
– ✆ 07621 (Lörrach).
♦Stuttgart 260 – Basel 11 – ♦Freiburg im Breisgau 63 – Lörrach 7.

🏠 **Landgasthaus Steinkellerhof - Ochsen**, Hauptstr. 32 (B 3), *℘* 67 13, 🏖 – ☎ **ℙ**. ▮
Ⓓ 🇪 𝚅𝚂𝙰
M *(Donnerstag - Freitag 17 Uhr geschl.)* a la carte 25/61 – **18 Z : 39 B** 60/90 - 80/120 Fb.

✕ **Zum Löwen** (mit Gästehaus), Hauptstr. 23 (B 3), *℘* 6 25 88, Gartenwirtschaft, 🍴, 🚗
📺 ☎ 🚗 **ℙ**
M *(9.- 25. Jan., 26. Juni - 10. Juli und Dienstag - Mittwoch geschl.)* a la carte 35/59 🍴 – **6 Z**
12 B 65/75 - 100/125 Fb.

In Fischingen 7851 N : 2 km :

✕ **Zur Tanne** mit Zim, Dorfstr. 31, *℘* (07628) 3 63, 🏖 – **ℙ**. 🕸 Zim
15.- 30. Jan. geschl. – **M** *(Mittwoch - Donnerstag geschl.)* a la carte 28/53 🍴 – **7 Z : 14 B** 50/60 - 85/95.

EIMKE 3111. Niedersachsen – 1 100 Ew – Höhe 45 m – ✆ 05873.
♦Hannover 97 – ♦Braunschweig 93 – Celle 54 – Lüneburg 48.

🏠 **Dittmer's Gasthaus**, Dorfstr. 6, *℘* 3 29, 🚗, Fahrradverleih – **ℙ**
➤ Feb.- März 2 Wochen geschl. – **M** *(Montag geschl.)* a la carte 20/42 – **8 Z : 14 B** 35 - 70.

EINBECK 3352. Niedersachsen 𝟡𝟠𝟟 ⑮ – 29 400 Ew – Höhe 114 m – ✆ 05561.
Sehenswert : Marktplatz** – Haus Marktstraße 13** – Tiedexer Straße** – Ratswaage*.
🛈 Fremdenverkehrsamt, Rathaus, Marktplatz 6, *℘* 31 61 21, Fax 316108.
♦Hannover 71 – ♦Braunschweig 94 – Göttingen 41 – Goslar 64.

🏨 Panorama 🕸, Mozartstr. 2, *℘* 7 20 72, Telex 965600, 🏖 – 🎐 📺 ☎ 🖐 🚗 **ℙ** – 🏊
40 Z : 70 B Fb.

🏠 **Zum Hasenjäger** 🕸, Hubeweg 119, *℘* 40 63, ≤, 🏖 – 📺 ☎ **ℙ**. 🖾 Ⓓ 🇪 𝚅𝚂𝙰
M a la carte 25/55 – **18 Z : 33 B** 64/69 - 85/115 Fb.

🏠 Gildehof, Marktplatz 3, *℘* 21 60, 🏖 – 🖚 – **17 Z : 32 B** Fb.

✕✕ **Zum Schwan** mit Zim, Tiedexer Str. 1, *℘* 46 09, 🏖 – 📺 ☎ 🚗 **ℙ**. 🖾 Ⓓ 🇪 𝚅𝚂
🕸 Rest
M *(wochentags nur Abendessen, Freitag geschl.)* a la carte 40/68 – **9 Z : 13 B** 59/68 95/105.

An der Straße nach Bad Gandersheim O : 3 km :

🏠 Die Clus (historischer Gasthof), Am Roten Stein 3, ✉ 3352 Einbeck 1, *℘* (05561) 48 45, 🏖
– 🚗 **ℙ** – **12 Z : 20 B**.

INRUHR Nordrhein-Westfalen siehe Simmerath.

ISENÄRZT Bayern siehe Siegsdorf.

ISENBACH 7821. Baden-Württemberg 👁👁👁 H 23 — 2 200 Ew — Höhe 950 m — Luftkurort — Wintersport : 959/1 138 m ⚹2 ⚷2 — 🅾 07657.
Kurverwaltung, im Bürgermeisteramt, 𝄞 4 98.
Stuttgart 148 — Donaueschingen 22 — ◆Freiburg im Breisgau 43.

🏠 **Eisenbachstube**, Mühlweg 1, 𝄞 4 64 — 🅿
◆ 3.- 27. März geschl. — **M** *(Dienstag geschl.)* 10/15 (mittags) und a la carte 20/36 ⅍ — **11 Z : 20 B** 44 - 78 — ½ P 55/60.

🏠 **Bad**, Hauptstr. 55, 𝄞 4 71, 🏡, 🚿, ⬛, 🛋, ⚲ — 👄 🅿
◆ Nov. geschl. — **M** *(auch Diät und vegetarische Gerichte)* (Montag geschl.) a la carte 20/37 ⅍ — **39 Z : 72 B** 30/50 - 58/76 — ½ P 42/56.

In Eisenbach-Bubenbach : NO : 5 km :

🏠 **Auerhahn** garni, Sammerberg 6, 𝄞 17 83, 🏡 — 🅿 — **21 Z : 38 B**.

ISENBACH Baden-Württemberg siehe Seewald.

ISENBERG 8959. Bayern 👁👁👁 O 24 — 850 Ew — Höhe 870 m — 🅾 08364.
München 125 — Füssen 12 — Kempten (Allgäu) 34.

🏠 **Gockelwirt** 🦢, Pröbstener Str. 23, 𝄞 10 41, 🏡, 🚿, ⬛, ⚲, ⚒ — 🕿 👄 🅿. 🍴 Zim
15. Jan.- 15. Feb. und Nov.-26. Dez. geschl. — **M** *(Okt.- Juni Donnerstag geschl.)* a la carte 22/46 ⅍ — **28 Z : 52 B** 30/54 - 50/122 Fb.

🏠 **Pfeffermühle**, Pröbstener Str. 5, 𝄞 82 64, 🏡 — 📺 🅿
15. Jan.- 5. Feb. geschl. — **M** a la carte 25/47 — **6 Z : 12 B** 50 - 80 — 3 Fewo 45/85 — ½ P 57/67.

In Eisenberg-Zell SW : 2 km :

🏨 **Burghotel Bären** 🦢, Dorfstr. 4, 𝄞 (08363) 50 11, 🏡, 🚿, ⚲ — 🕴 👄 🅿. 🍴 Zim
23. April - 11. Mai und 26. Nov.- 24. Dez. geschl. — Menu *(Okt.- Juni Dienstag geschl.)* 17/45 (mittags) und a la carte 23/54 — **26 Z : 50 B** 49/52 - 92/114 Fb.

ISENBERG (PFALZ) 6719. Rheinland-Pfalz — 8 100 Ew — Höhe 248 m — 🅾 06351.
ainz 59 — Kaiserslautern 29 — ◆Mannheim 40.

🏨 **Waldhotel** 🦢, Martin-Luther-Str. 20, 𝄞 4 31 75, 🏡, 🚿, ⚲, Fahrradverleih — 🕴 📺 🕿 🔥
🅿 — 🛋
39 Z : 78 B Fb.

ISENHEIM Bayern siehe Volkach.

ISENSCHMITT 5561. Rheinland-Pfalz — 600 Ew — Höhe 328 m — Erholungsort — 🅾 06567
berkail).
ainz 146 — Kyllburg 13 — ◆Trier 54 — Wittlich 17.

In Eisenschmitt-Eichelhütte :

🏨 **Molitors Mühle** 🦢, 𝄞 5 81, ⩽, « Gartenterrasse », 🚿, ⬛, ⚲, ⚒ — 🕿 👄 🅿. 🅰🅴 **E**
🆅🆂🅰
10. Jan.- 15. Feb. geschl. — **M** a la carte 26/58 — **30 Z : 50 B** 52/100 - 96/160 Fb — ½ P 65/74.

ISLINGEN AN DER FILS 7332. Baden-Württemberg 👁👁👁 M 20, 👁👁👁 ⏀ ⏀ — 18 300 Ew — Höhe
36 m — 🅾 07161 (Göppingen).
Stuttgart 49 — Göppingen 5 — Heidenheim an der Brenz 38 — ◆Ulm (Donau) 45.

🏨 **Hirsch**, Ulmer Str. 1 (B 10), 𝄞 8 30 41 — 🕴 📺 🕿 👄 🅿. 🅰🅴 ⏀ **E** 🆅🆂🅰 🍴
M *(Freitag geschl.)* 17/25 (mittags) und a la carte 24/47 — **26 Z : 38 B** 49/130 - 98/160 Fb.

XX **Schönblick**, Höhenweg 11, 𝄞 8 20 47, Terrasse mit ⩽
15.- 30. Juli und Montag - Dienstag geschl. — **M** a la carte 41/73.

ITORF 5208. Nordrhein-Westfalen 👁👁👁 ⏀ — 16 500 Ew — Höhe 89 m — 🅾 02243.
Düsseldorf 89 — ◆Bonn 32 — ◆Köln 49 — Limburg an der Lahn 76 — Siegen 78.

X **Böck Dich**, Markt 15, 𝄞 25 93
◆ 15. Juni - 5. Juli und Dienstag geschl. — **M** a la carte 17/42.

In Eitorf-Alzenbach O : 2 km :

🏠 **Schützenhof**, Windecker Str. 2, 𝄞 23 57, 🚿, ⬛ — 🕴 🕿 🅿 — 🛋 25/150
◆ **M** a la carte 16,50/37 — **86 Z : 180 B** 35/60 - 60/120 Fb — ½ P 60/80.

In Eitorf-Niederottersbach NO : 4,5 km :

🏠 **Steffens** 🦢, Ottersbachtalstr. 15, 𝄞 62 24, 🚿 — 📺 🕿 🅿
M *(Montag geschl.)* a la carte 28/52 — **16 Z : 28 B** 45 - 86.

EIWEILER Saarland siehe Heusweiler.

ELCHINGEN 7915. Bayern 📖 N 21 — 9 100 Ew — Höhe 464 m — 🕓 07308.
◆München 127 — ◆Augsburg 69 — ◆Ulm (Donau) 14.

In Elchingen-Oberelchingen :

X **Klosterbräustuben**, Klosterhof 1, 🖉 25 93, 🏠 — 🅟
— M a la carte 21/44.

In Elchingen-Unterelchingen :

🏠 **Zahn**, Hauptstr. 35, 🖉 30 07 — 🚗 🅟, 🆎 ⑩ 🇪 𝘝𝘐𝘚𝘈
25. Juli - 19. Aug. und 24. Dez.- 5. Jan. geschl. — **M** *(Freitag geschl.)* a la carte 25/47 -
16 Z : 24 B 50 - 90 Fb.

ELFERSHAUSEN 8731. Bayern 📖 M 16 — 2 200 Ew — Höhe 199 m — 🕓 09704.
◆München 318 — Fulda 69 — Bad Kissingen 12 — ◆Würzburg 52.

🏨 **Gästehaus Ullrich**, August-Ullrich-Str. 42, 🖉 2 81, Telex 672807, Fax 6107, 🏠, « Garten »
🍴, 🔲, 🏠 🕿 🕭 🔥 🚗 🅟 — 🛗 25/100. 🆎 ⑩ 🇪
M a la carte 34/60 — **71 Z : 132 B** 86/90 - 123/132 Fb.

ELLENZ-POLTERSDORF 5597. Rheinland-Pfalz — 900 Ew — Höhe 85 m — 🕓 02673.
Mainz 130 — Bernkastel-Kues 69 — Cochem 11.

🏠 **Dehren**, Kurfürstenstr. 30 (Poltersdorf), 🖉 13 25, eigener Weinbau — 🅟. 🆎 𝘝𝘐𝘚𝘈 ⚡
M *(Montag geschl.)* a la carte 24/42 🍷 — **24 Z : 47 B** 50/65 - 70/100.
🏠 **Weinhaus Fuhrmann**, Moselweinstr. 21 (Ellenz), 🖉 15 62, ≤, 🏠 — 🕿 🅟. 🆎 ⑩ 🇪 𝘝𝘐𝘚𝘈
— M a la carte 21/52 🍷 — **40 Z : 80 B** 45/54 - 70/88.

ELLMENDINGEN Baden-Württemberg siehe Keltern.

ELLWANGEN 7090. Baden-Württemberg 📖 N 20. 🈚 ⊛ — 21 600 Ew — Höhe 439 m -
Erholungsort — 🕓 07961.
🅑 Städt. Verkehrsamt, Schmiedstr. 1, 🖉 24 63.
◆Stuttgart 94 — Aalen 19 — ◆Nürnberg 114 — ◆Ulm (Donau) 82 — ◆Würzburg 135.

🏨 **Roter Ochsen**, Schmiedstr. 16, 🖉 40 71 — 🛗 🕿 🚗 🅟 — 🛗 80. 🆎 ⚡ Zim
M *(Sonntag 15 Uhr - Montag und Juli 2 Wochen geschl.)* a la carte 28/61 — **24 Z : 35**
43/85 - 75/150.
🏠 **Weißer Ochsen**, Schmiedstr. 20, 🖉 24 37 — 🚗 🅟
22 Z : 32 B.
XX **König Karl**, Schloßvorstadt 3, 🖉 5 36 82 — ⑩ 🇪 𝘝𝘐𝘚𝘈
Dienstag geschl. — **M** a la carte 33/58 🍷.
X **Stiftskeller** (Gewölbekeller a.d.J. 1730), Marktplatz 18, 🖉 26 66 — 🆎 🇪 𝘝𝘐𝘚𝘈
wochentags nur Abendessen, Dienstag und Aug. 3 Wochen geschl. — **M** a la carte 31/58.

In Ellwangen-Espachweiler SW : 4 km :

🏡 **Seegasthof** ⏳, Bussardweg 1, 🖉 77 60, 🏠 — 🕿 🅟
27. Dez.- 20. Jan. geschl. — **M** *(Freitag geschl.)* a la carte 24/41 🍷 — **11 Z : 18 B** 32/37
64/74.

ELM Saarland siehe Schwalbach.

ELMSHORN 2200. Schleswig-Holstein 🈚 ⑤ — 41 500 Ew — Höhe 5 m — 🕓 04121.
◆Kiel 90 — Cuxhaven 77 — ◆Hamburg 34 — Itzehoe 25.

🏠 **Royal**, Lönsweg 5, 🖉 2 20 66, 🍴, 🔲 — 🕿 🅟 — 🛗 25/300. 🆎 ⑩ 🇪 𝘝𝘐𝘚𝘈
M a la carte 38/60 — **69 Z : 120 B** 68/83 - 111/141 Fb.
🏠 **Drei Kronen**, Gärtnerstr. 92, 🖉 2 20 49 — 📺 🕿 🚗 🅟 — **26 Z : 50 B** Fb.
XXX **Mercator** (ehemalige Kate a.d.J. 1750), Hafenstr. 16, 🖉 6 36 38 — ⑩ 🇪 𝘝𝘐𝘚𝘈 ⚡
Samstag und Sonntag nur Abendessen — **M** 40 (mittags) und a la carte 61/91.

ELMSTEIN 6738. Rheinland-Pfalz 📖 G 18. 🈘 ⑧. 🈗 ① — 3 000 Ew — Höhe 225 m -
Erholungsort — 🕓 06328.
🅑 Verkehrsamt, Bahnhofstr. 14, 🖉 2 34.
Mainz 111 — Kaiserslautern 28 — Neustadt an der Weinstraße 23.

In Elmstein-Appenthal SO : 1 km :

XX Zum Lokschuppen, Bahnhofstr. 13, 🖉 2 81, 🏠 — 🅟.

In Elmstein 2-Hornesselwiese S : 10 km über Helmbach :

🏡 **Waldhotel Hornesselwiese** ⏳, 🖉 7 24, 🏠, 🌳 — 📺 🕿 🅟
18.- 29. Juni geschl. — **M** a la carte 24/45 🍷 — **7 Z : 13 B** 40/45 - 76/90 Fb.

ELTEN Nordrhein-Westfalen siehe Emmerich.

ELTMANN 8729. Bayern **413** OP 17, **987** ㉖ — 4 900 Ew — Höhe 240 m — ✆ 09522.
◆München 254 — ◆Bamberg 19 — Schweinfurt 35.

  🏠 **Haus am Wald** ⬙, Georg-Göpfert-Str. 31, ℰ 2 31, ≤, ⌁ (geheizt), ⇗, Fahrradverleih —
  ☎ ℗
    (Restaurant nur für Hausgäste) — **12 Z : 24 B** 36 - 68.

  🏠 **Zur Wallburg**, Wallburgstr. 1, ℰ 60 11, ㈜, ⬒, ⇗ — ☎ ⟺. ⅏
  ↔ *Weihnachten - 6. Jan. geschl. — M (wochentags nur Abendessen, Dienstag geschl.)* a la
    carte 16/34 ⅊ — **16 Z : 32 B** 34/42 - 50/64.

  In Ebelsbach 8729 N : 1 km :

  🏛 **Klosterbräu**, Georg-Schäfer-Str. 11, ℰ (09522) 60 27, ㈜ — ☎ ⟺ ℗
  ↔ *27. Dez.- 7. Jan. geschl. — M (Okt.- März Freitag geschl.)* a la carte 16/31 ⅊ — **15 Z : 25 B**
    27/45 - 65/78.

  In Ebelsbach-Steinbach 8729 NW : 3,5 km :

  🏠 **Landgasthof Neeb**, Dorfstr. 1 (an der B 26), ℰ (09522) 60 22, ㈜, « Gemütliche, rustikale
  ↔ Atmosphäre », ⇗ — 📺 ☎ ℗ — ⚗ 25/80. E. ⅏ Zim
    M *(Montag geschl.)* a la carte 16/38 ⅊ — **16 Z : 32 B** 42 - 74.

  In Oberaurach-Oberschleichach 8729 SW : 7 km :

  🏠 **Landhaus Oberaurach** ⬙, Steigerwaldstr. 23, ℰ (09529) 12 03, ⬒, ⬓, ⇗ — ☎ ℗. E
  ↔ **M** *(Montag geschl.)* a la carte 21/44 — **14 Z : 25 B** 50/55 - 75/80.

ELTVILLE AM RHEIN 6228. Hessen — 16 000 Ew — Höhe 90 m — ✆ 06123.
🛈 Städt. Verkehrsamt, Schmittstr. 2, ℰ 69 71 53.
◆Wiesbaden 14 — Limburg an der Lahn 51 — Mainz 17.

  🏨 **Sonnenberg** ⬙ garni, Friedrichstr. 65, ℰ 30 81 — ⚗ 📺 ☎ ⟺ ℗. ⒶⒺ E
    18. Dez.- 3. Jan. geschl. — **29 Z : 60 B** 80/110 - 110/130 Fb.

  XX **Rosenhof** (Haus a.d.J. 1540), Martinsgasse 9 (1. Etage), ℰ 33 60 — ⒶⒺ ⓄⒹ E ⅦⓈⒶ
    Montag geschl. — **M** 42/85 und a la carte ⅊.

  XX **Ristorante Piccolo Mondo**, Schmittstr. 1, ℰ 21 24, ㈜ — ⒶⒺ ⓄⒹ E ⅦⓈⒶ
    1.- 16. Jan. und Dienstag geschl. — **M** a la carte 50/69.

  X **Schänke Altes Holztor**, Schwalbacher Str. 18, ℰ 25 82
    wochentags nur Abendessen.

  In Eltville 2-Erbach W : 2 km :

  🏠 **Tillmanns Erben**, Hauptstr. 2, ℰ 40 14, ㈜, eigener Weinbau — 📺 ☎ ℗. E ⅦⓈⒶ
  ↔ *23. Feb.- 22. März geschl.* — **M** *(nur Abendessen, Donnerstag geschl.)* a la carte 30/55 ⅊ —
    16 Z : 34 B 68/100 - 98/135.

  XXX **Pan zu Erbach**, Erbacher Str. 44, ℰ 6 35 38, ㈜ — ⒶⒺ ⓄⒹ E ⅦⓈⒶ. ⅏
    Samstag bis 18 Uhr, Mittwoch, 21.- 28. Feb. und Juli 2 Wochen geschl. — **M** (Tischbestellung
    ratsam) 44/90 und a la carte.

  In Eltville 3-Hattenheim W : 4 km :

  🏠 **Zum Krug** (Fachwerkhaus a.d.J. 1720), Hauptstr. 34, ℰ (06723) 28 12, eigener Weinbau,
    « Gemütliche, rustikale Gasträume » — ☎ ℗
  ↔ *20. Juli - 4. Aug. und 23. Dez.- 20. Jan. geschl.* — **M** *(Sonntag 16 Uhr - Montag geschl.)* a la
    carte 32/60 ⅊ — **9 Z : 16 B** 75/85 - 140/160.

  In Eltville 5-Rauenthal N : 5 km :

  🏛 **Weinhaus Engel**, Hauptstr. 12, ℰ 7 23 00, ㈜, eigener Weinbau — ℗. ⅏ Zim
  ↔ *10. Dez.- 10. Feb. geschl.* — **M** *(Mittwoch - Donnerstag geschl.)* a la carte 23/45 ⅊ — **9 Z :**
    17 B 28/45 - 56/80.

ELTZ (Burg) Rheinland-Pfalz Sehenswürdigkeit siehe Moselkern.

ELZACH 7807. Baden-Württemberg **413** H 22. **987** ㉞. **242** ㉜ — 6 400 Ew — Höhe 361 m —
Luftkurort — ✆ 07682.
🛈 Verkehrsamt, im Haus des Gastes, ℰ 79 90.
◆Stuttgart 189 — ◆Freiburg im Breisgau 31 — Offenburg 43.

  🏛 **Bären**, Hauptstr. 59, ℰ 3 20
  ↔ *Nov. geschl. — M (Dienstag geschl.)* a la carte 19/35 ⅊ — **10 Z : 17 B** 30/35 - 60/70.

  🏛 **Waldgasthof Summeri** ⬙, Krankenhausstr. 4a, ℰ 12 12, ≤, ㈜ — ℗
  ↔ *23. Nov.- 14. Dez. geschl. — M (wochentags Mittagessen nur für Hausgäste, Montag geschl.)*
    a la carte 18/30 ⅊ — **7 Z : 14 B** 37/39 - 74/78 — ½ P 37/53.

  🏛 **Hirschen-Post** (mit Gästehaus, ⬒), Hauptstr. 37 (B 294), ℰ 2 01 — ⟺. ⅏ Zim
  ↔ *Feb.- März und Okt.- Nov. jeweils 3 Wochen geschl. — M (Donnerstag 17 Uhr - Freitag
    geschl.)* a la carte 20/32 ⅊ — **21 Z : 38 B** 27/39 - 54/80 Fb — ½ P 36/48.

  In Elzach-Ladhof :

  🏛 **Krone-Ladhof**, Ladhof 5 (B 294), ℰ 5 75 — ☎ ℗. ⒶⒺ E ⅦⓈⒶ
    Mitte März - Mitte April geschl. — M (Montag geschl.) a la carte 26/50 ⅊ — **15 Z : 30 B** 35 -
    65/70.

In Elzach 3-Oberprechtal NO : 7,5 km – Höhe 459 m :

🏠 **Adler**, Waldkircher Str. 2, ☎ 12 91 – [P]. ✂ Rest
Menu *(Montag geschl.)* 20 (mittags) und a la carte 30/55 – **20 Z : 35 B** 40 - 80 – ½ P 50.

🏠 **Pension Endehof**, Waldkircher Str. 13, ☎ 12 62, ≘s, 🌳 – [P]
Nov.- 20. Dez. geschl. – (Restaurant nur für Hausgäste) – **24 Z : 42 B** 40/42 - 70/74.

ELZE 3210. Niedersachsen [987] [15] – 9 600 Ew – Höhe 76 m – ☎ 05068.
◆Hannover 30 – Göttingen 82 – Hameln 31 – Hildesheim 17.

In Elze-Mehle SW : 3 km :

XXX **Schökel** mit Zim, Alte Poststr. 35 (B 1), ☎ 30 66, Fax 3069 – ☎ 🚗 [P]
1.- 10. Jan. geschl. – **M** *(Montag - Dienstag geschl.)* a la carte 38/67 – **10 Z : 18 B** 65/85 120/150.

ELZTAL Baden-Württemberg siehe Mosbach.

EMBSEN Niedersachsen siehe Lüneburg.

Am Delft	Z 6
Große Straße	Z
Neutorstraße	YZ
Rathausplatz	Z 26
Alter Markt	Z 2
Am Brauersgraben	Z 3
Am Burggraben	Z 4
Am Rosentief	Z 8
An der Bonnesse	Z 10
Douwesstraße	Y 13
Emsmauerstraße	Z 15
Faldernstraße	Z 16
Friedrich-Ebert-Straße	Z 17
Friedrich-Naumann-Str.	Z 18
Hof von Holland	Z 20
Kirchstraße	Z 21
Larrelter-Straße	Z 22
Mittelwallstraße	Z 23
Neuer Markt	Z 24
Stephanstraße	Z 28

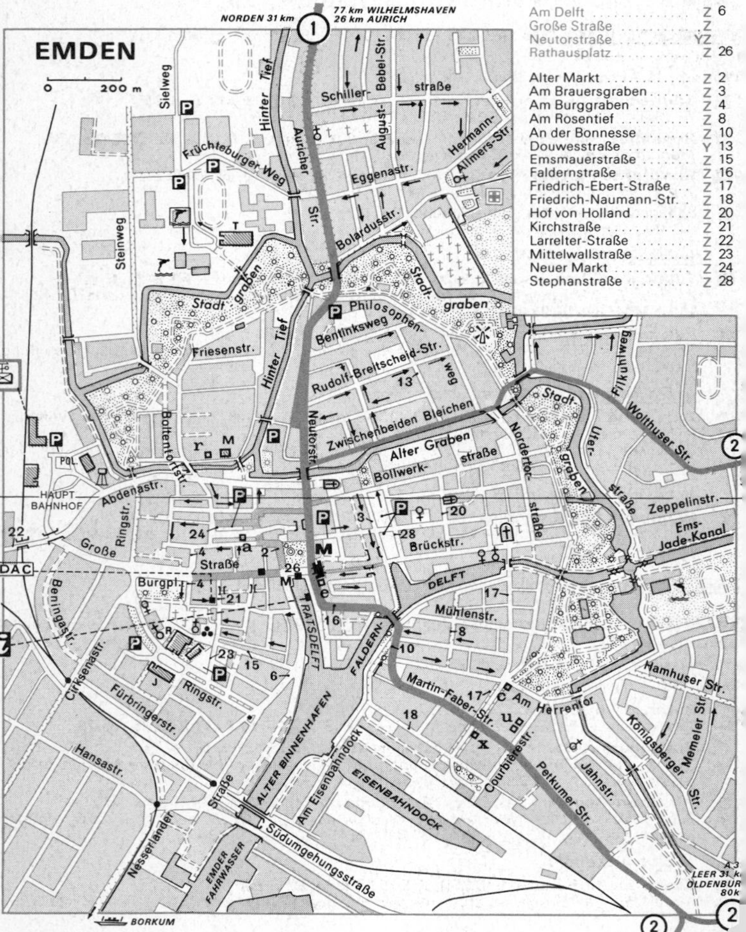

EMDEN 2970. Niedersachsen 987 ⑬⑭. 408 ⑦ − 50 000 Ew − Höhe 4 m − ✪ 04921.

ehenswert : Ostfriesisches Landesmuseum★ (Rüstkammer★★) Z **M**.

⬳ nach Borkum (Autofähre, Voranmeldung erforderlich) ♫ 89 07 22.

Verkehrsverein, Feuerschiff im Ratsdelft, ♫ 3 25 28.

DAC, Kirchstr. 12, ♫ 2 20 02.

Hannover 251 ② − Groningen 98 ② − ✦Oldenburg 80 ② − Wilhelmshaven 77 ①.

Stadtplan siehe gegenüberliegende Seite.

🏨 **Goldener Adler**, Neutorstr. 5, ♫ 2 40 55 − 📺 ☎. ⌰ 🅴 🆅🆂🅰   Z e
M *(Sonntag - Montag geschl.)* 16/45 (mittags) und a la carte 32/60 − **16 Z : 25 B** 90/100 - 130 Fb.

🏨 **Am Boltentor** garni, Hinter dem Rahmen 10, ♫ 3 23 46 − 📺 ☎ 🅿. ✺   Y r
19 Z : 32 B 88/98 - 120/135 Fb.

🏨 **Faldernpoort**, Courbièrestr. 6, ♫ 2 10 75 − 📺 ☎ 🅿 − 🔬 25/300. ⓞ 🅴 🆅🆂🅰. ✺   Z u
M *(nur Abendessen)* a la carte 25/50 − **30 Z : 42 B** 75/90 - 130/150 Fb.

🏨 **Heerens Hotel**, Friedrich-Ebert-Str. 67, ♫ 2 37 40, Fax 23158 − 📺 ☎ ⇦ 🅿. ⓞ. ✺
M *(Samstag und Juli - Aug. 2 Wochen geschl.)* 23/45 (mittags) und a la carte 33/65 − **23 Z :**   Z c
34 B 89/95 - 90/145 Fb.

🏠 **Upstalsboom** garni, Courbièrestr. 12, ♫ 2 51 01, Fax 20127 − 📺 ☎ 🅿. ⌰ ⓞ 🅴 🆅🆂🅰   Z u
11 Z : 22 B 78/108 - 118/158 Fb - (Anbau mit 84 Z und Restaurant ab Juli 1990).

🏠 **Deutsches Haus**, Neuer Markt 7, ♫ 2 20 48, Fax 31657 − 📺 ☎ ⇦ 🅿. ⌰ ⓞ 🅴 🆅🆂🅰. ✺
M *(22. Juli - 14. Aug., 23. Dez.- 2. Jan. und Samstag geschl.)* um 17 (mittags) und a la carte   Z a
25/53 − **27 Z : 36 B** 85/120 - 130/160 Fb.

🏠 **Schmidt**, Friedrich-Ebert-Str. 79, ♫ 2 40 57 − ☎ ⇦ 🅿   Z x
(nur Abendessen) − **27 Z : 40 B** Fb.

EMMELSHAUSEN 5401. Rheinland-Pfalz − 4 100 Ew − Höhe 490 m − Luftkurort − ✪ 06747.

ainz 76 − ✦Koblenz 30 − Bad Kreuznach 57 − ✦Trier 112.

🏠 **Union - Hotel**, Rhein-Mosel-Str. 71, ♫ 5 67 − 🛗 ☎ ⇦ 🅿 − 🔬 25/60. ⌰ 🅴. ✺
← **M** *(Mittwoch geschl.)* a la carte 13/48 ♨ − **30 Z : 60 B** 50 - 90.

🏠 **Stoffel** ⤶, Waldstr. 3a, ♫ 80 64, 🚭, 🐎 − 📺 ☎ ⇦ 🅿. 🅴
(Restaurant nur für Hausgäste) − **19 Z : 35 B** 40/60 - 80/90 Fb − ½ P 52/62.

🏠 **Tannenhof** ⤶, Simmerner Str. 21, ♫ 76 54, 🚭, 🔲, 🐎 − 🛗 📺 ☎ ⇦ 🅿 − 🔬 25.
✺ Rest
(nur Abendessen für Hausgäste) − **15 Z : 38 B** 53/55 - 86/90 − 2 Fewo 55.

In Halsenbach-Ehr 5401 N : 3,5 km :

🏠 **Zur Katz**, Auf der Katz 6 (B 327), ♫ (06747) 66 26, 🏡, 🚭, 🔲, 🐎 − ⇦ 🅿
17.- 31. Jan. geschl. − **M** *(Montag geschl.)* a la carte 22/42 − **18 Z : 30 B** 40 - 80 − ½ P 46.

EMMENDINGEN 7830. Baden-Württemberg 413 G 22, 987 ㉞. 242 ㉜ − 23 000 Ew − Höhe
01 m − ✪ 07641.

Verkehrsamt, Marktplatz 1 (Rathaus), ♫ 45 23 26.

Stuttgart 193 − ✦Freiburg im Breisgau 16 − Offenburg 51.

🏤 **Drei Linden** garni, Karl-Bautz-Str. 7, ♫ 86 77 − ⇦
Jan. 2 Wochen geschl. − **10 Z : 19 B** 33/40 - 65/70 Fb.

In Emmendingen 12-Maleck NO : 4 km :

XXX ✿ **Park-Hotel Krone** ⤶ mit Zim, Brandelweg 1, ♫ 84 96, Fax 52576, « Gartenterrasse mit Pavillons und Teich », 🐎 − 📺 ☎ 🅿 − 🔬 25. ⌰ ⓞ 🅴 🆅🆂🅰
5. Feb.- 1. März geschl. − **M** *(Tischbestellung ratsam)* 68/125 und a la carte 50/90 − **13 Z : 21 B** 60/85 - 110/130 Fb
Spez. Lachsparfait, Langustinen mit Zitronennudeln, Lammkoteletts in Kartoffelrösti.

In Emmendingen 13-Windenreute O : 3,5 km :

🏨 **Windenreuter Hof** ⤶, Rathausweg 19, ♫ 40 86, Fax 53275, ≤, 🏡, 🐎 − 📺 ☎ 🅿 − 🔬 25/150. ⌰ ⓞ 🅴 🆅🆂🅰. ✺ Zim
M 20/44 (mittags) und a la carte 40/73 − **48 Z : 96 B** 70/90 - 125/150 Fb − 3 Appart. 350.

EMMERICH 4240. Nordrhein-Westfalen 987 ⑬. 408 ⑲ − 30 000 Ew − Höhe 19 m − ✪ 02822.

Fremdenverkehrsamt, Martinikirchgang 2 (Rheinmuseum), ♫ 7 53 31.

Düsseldorf 103 − Arnhem 33 − Nijmegen 34 − Wesel 40.

XX **Rheincafé Staffeld**, Rheinpromenade 2, ♫ 38 59, ≤, 🏡 − ⌰ 🅴
Montag und 27. Dez.- 5. Jan. geschl. − **M** a la carte 26/64.

In Emmerich 3-Elten NW : 7 km − ✪ 02828 :

🏨 **Waldhotel Hoch-Elten** ⤶, Lindenallee 34, ♫ 20 91, Telex 8125286, Fax 7122, ≤ Niederrheinische Tiefebene, « Terrasse », 🚭, 🐎, Fahrradverleih − 🛗 📺 ☎ 🅿 − 🔬 40. ⌰ ⓞ 🅴 🆅🆂🅰. ✺ Rest
M *(2.- 12. Jan. geschl.)* a la carte 45/86 − **20 Z : 40 B** 85/105 - 160 Fb − ½ P 125/130.

🏨 **Auf der Heide** 🦢, Luitgardisstr. 8, ℰ 70 61, Fax 7336, ⓣ, 🖂 – 📺 ☎ 🕭 🅿. 🖾 ⓪ 🗉
M *(Montag - Dienstag geschl.)* a la carte 31/52 – **25 Z : 52 B** 77/95 - 112/145 Fb.

🏨 **Wanders**, Eltener Markt 2, ℰ 22 20 – ⟿ 🅿. 🖾 ⓪ 🗉. 🛠
↔ *1.- 20. Jan. geschl.* – **M** a la carte 20/38 – **11 Z : 20 B** 33/40 - 65/80.

In Emmerich 1-Vrasselt SO : 5 km :

🏨 **Heering**, Reeser Str. 384 (B 8), ℰ 81 93, ⓣ, 🔲 – ☎ ⟿ 🅿 – **17 Z : 26 B**.

EMS, BAD 5427. Rheinland-Pfalz 🔢 ㉔ – 10 000 Ew – Höhe 85 m – Heilbad – ✪ 02603.

🔳 Denzerheide (N : 5 km), ℰ (02603) 65 41.

🛈 Kur- und Verkehrsverein, Pavillon, Lahnstr. 90, ℰ 44 88.

Mainz 66 – ♦Koblenz 17 – Limburg an der Lahn 40 – ♦Wiesbaden 61.

🏨🏨 **Kurhotel**, Römerstr. 1, ℰ 79 90, Telex 869017, Fax 799252, ⓣ, 🔲, Fahrradverleih – 📳 📺
🕭 🅿 – 🏄 25/300. 🖾 ⓪ 🗉 🖾
M 28/45 (mittags) und a la carte 46/68 – **105 Z : 166 B** 120/160 - 130/180 Fb – 5 Appart
200/450 – ½ P 93/178 (Wiedereröffnung nach Umbau März 1990).

🏨🏨 Kuckenberg, Lahnstr. 6, ℰ 25 82, ≤, 🏠 – 📳 📺 ☎
nur Saison – **33 Z : 60 B**.

🏨 **Park-Hotel** 🦢, Malbergstr. 7, ℰ 20 58, 🏠, ⓣ, 🔲, 🖂 – 📳 ☎ 🅿. 🖾 ⓪ 🗉
April - Okt. – **M** 26/40 – **30 Z : 50 B** 48/71 - 92/122 – ½ P 64/77.

🏨 Bäderlei-Hotels Weidenbusch und Mainau garni, Grabenstr. 24, ℰ 20 40
29 Z : 46 B Fb – 2 Fewo.

XX **Schweizer Haus** 🦢 mit Zim, Malbergstr. 21, ℰ 27 16, 🏠 – 📺 🅿. 🖾 ⓪ 🗉
Nov. 2 Wochen geschl. – **M** *(Donnerstag geschl.)* a la carte 36/60 – **11 Z : 20 B** 50/55
100/110 – ½ P 70/75.

XX **Alter Kaiser** mit Zim, Koblenzer Str. 36, ℰ 43 44, ⓣ – 📺 ☎ 🅿. 🖾 ⓪ 🗉 🖾
M *(Dienstag geschl.)* a la carte 32/65 – **9 Z : 18 B** 60/65 - 110/130 Fb – ½ P 75/80.

Außerhalb S : 3 km über Braubacher Str. :

🏨🏨 **Café Wintersberg** 🦢 garni, 🖂 5427 Bad Ems, ℰ (02603) 42 82, ≤ Bad Ems und
Umgebung, 🏠, ⓣ, 🖂 – 🅿
15. Dez.- 15. Jan. geschl. – **14 Z : 24 B** 54/62 - 104/110.

In Dausenau 5409 O : 4 km :

🏨 **Lahnhof**, Lahnstr. 3, ℰ (02603) 61 74 – 🛠
↔ *10.- 28. Feb. geschl.* – **M** *(Donnerstag geschl.)* a la carte 18/39 ⅋ – **15 Z : 28 B** 30/39 - 52/7
– ½ P 32/41.

In Kemmenau 5421 NO : 5 km – Erholungsort :

XX **Kupferpfanne-Maurer-Schmidt** (mit Gästehaus, 🦢), Hauptstr. 17, ℰ (02603) 1 41 97
🖂 – 📺 ☎ ⟿ 🅿. 🖾 ⓪ 🗉 🖾
Nov. geschl. – **M** *(Dienstag geschl.)* a la carte 44/78 – **12 Z : 21 B** 45/60 - 90/120.

EMSBÜREN 4448. Niedersachsen – 1 700 Ew – Höhe 49 m – ✪ 05903.

♦Hannover 218 – Groningen 136 – Münster(Westfalen) 71 – ♦Osnabrück 77.

🏨 **Evering**, Lange Str. 24, ℰ 2 94 – ☎ 🅿
↔ *6.- 19. Aug. geschl.* – **M** *(Montag geschl.)* a la carte 17/38 – **10 Z : 18 B** 35 - 65.

EMSDETTEN 4407. Nordrhein-Westfalen 🔢 ⑭ – 31 600 Ew – Höhe 45 m – ✪ 02572.

🛈 Verkehrsverein, Am Markt, ℰ 8 26 66.

♦Düsseldorf 152 – Enschede 50 – Münster (Westfalen) 31 – ♦Osnabrück 46.

🏨🏨 **Lindenhof**, Emsstr. 42, ℰ 70 11, ⓣ – ☎ ⟿ 🅿
10.- 25. Juli und 20. Dez.- 10. Jan. geschl. – **M** *(nur Abendessen, Sonntag geschl.)* a la cart
30/47 – **25 Z : 50 B** 35/58 - 75/98.

🏨 **Kloppenborg**, Frauenstr. 15, ℰ 8 10 77, Fax 7368 – 📳 ☎ ⟿ 🅿. 🗉 🖾. 🛠 Zim
M *(nur Abendessen, Sonntag und 9.- 29. Juli geschl.)* a la carte 30/45 – **22 Z : 40 B** 65 - 10
Fb.

X Altdeutsches Gasthaus Bisping-Waldesruh, Emsstr. 100 (NO : 1 km), ℰ 28 82, 🏠 – 🅿.

Jenseits der Ems NO : 4 km über die B 475, dann links ab :

🏨 **Schipp-Hummert** 🦢, Veltrup 17, 🖂 4407 Emsdetten, ℰ (02572) 73 37, 🏠, 🖂 – 🕭 🅿
M *(Montag geschl.)* a la carte 24/43 – **16 Z : 25 B** 45 - 70.

EMSING Bayern siehe Titting.

EMSKIRCHEN 8535. Bayern 🔢 P 18, 🔢 ㉖ – 4 900 Ew – Höhe 320 m – ✪ 09104.

♦München 207 – ♦Bamberg 59 – ♦Nürnberg 32 – ♦Würzburg 69.

🏨 Rotes Herz, Hindenburgstr. 21 (B 8), ℰ 6 94 – ⟿ 🅿. 🛠
12 Z : 20 B.

🏨 Post-Gasthof Goldener Hirsch, Marktplatz 6, ℰ 6 95 – ☎ ⟿ 🅿 – **12 Z : 20 B**.

EMSTAL 3501. Hessen — 5 300 Ew — Höhe 320 m — Luftkurort — ✪ 05624.
Kur- und Verkehrsamt, im Thermalbad, Karlsbader Str. 4, ℰ 7 77.
Wiesbaden 212 — ♦Frankfurt am Main 203 — ♦Kassel 22.

In Emstal-Sand :

🏨 **Emstaler Höhe** ॐ, Kissinger Str. 2, ℰ 80 81, ≤, 🏤, 🚗 – 🛏 ☎ 🔥 🅿 – 🛄 25/150. ⑩ 🗲 VISA 🦌
M 14 (mittags) und a la carte 24/48 — **51 Z : 95 B** 60/70 - 113/130 Fb.

🏨 **Sander Hof** ॐ, Karlsbader Str. 27, ℰ 80 11, 🌿 – 🔥 🅿
4. Jan.- 5. März geschl. — (Restaurant nur für Hausgäste) — **30 Z : 51 B** 47/60 - 86/92 Fb.

🏠 **Grischäfer**, Kasseler Str. 78, ℰ 3 54, « Hessisch-rustikale Einrichtung » – 🅿
M (wochentags nur Abendessen, Montag und Jan. geschl.) (auf Vorbestellung: Essen wie im Mittelalter) a la carte 26/52 — **16 Z : 32 B** 50 - 90.

🏠 **Hubertus** ॐ garni, Nauheimer Str. 21, ℰ 68 75, 🚗 – ☎ 🅿
13 Z : 23 B.

ENDINGEN 7833. Baden-Württemberg 𝟜𝟙𝟛 G 22, 𝟤𝟦𝟤 ②, 𝟞𝟚 ㉞ — 7 300 Ew — Höhe 187 m – ☏ 07642.
Verkehrsbüro, Hauptstr. 60, ℰ 15 55.
Stuttgart 189 — ♦Freiburg im Breisgau 27 — Offenburg 47.

XXX **Schindlers Ratsstube**, Marktplatz 10, ℰ 34 58, 🏤 – ▥. 🗲
Dienstag 15 Uhr - Mittwoch, 28. Feb.- 7. März und Aug. 2 Wochen geschl. — **M** (Tischbestellung ratsam) a la carte 38/70 🍴.

X **Badische Weinstube**, Hauptstr. 23, ℰ 78 16 – ⑩ 🗲 VISA
Dienstag - Mittwoch 17 Uhr geschl. — **M** a la carte 31/55.

In Endingen-Kiechlingsbergen SW : 5,5 km :

X **Stube** mit Zim (Fachwerkhaus a.d. 16. Jh.), Winterstr. 28, ℰ 17 86
Jan. 3 Wochen und Juli 2 Wochen geschl. — Menu (Dienstag - Mittwoch 17 Uhr geschl.) a la carte 20/51 🍴 — **5 Z : 10 B** 36 - 58.

In Endingen-Königschaffhausen W : 4,5 km :

🏯 **Adler**, Hauptstr. 35, ℰ 32 12 – 🅿
20. Juli - 6. Aug. geschl. — **M** (Dienstag geschl.) a la carte 21/50 🍴 — **12 Z : 23 B** 30/42 - 52/72.

ENDORF, BAD 8207. Bayern 𝟜𝟙𝟛 T 23, 𝟡𝟠𝟟 ㊲, 𝟜𝟚𝟞 ⑱ — 5 400 Ew — Höhe 520 m — Heilbad — ✪ 08053.
Höslwang (N : 8 km), ℰ (08075) 7 14.
Kurverwaltung im Rathaus, Bahnhofstr. 6, ℰ 4 22.
München 85 — Rosenheim 15 — Wasserburg am Inn 19.

🏨 **Kurhotel Kurfer Hof**, Kurf 1, ℰ 20 50, Fax 205219, 🏤, Bade- und Massageabteilung, 🚗, 🔲, 🌿 – 🛏 📺 ☎ 🖚 🅿 – 🛄 · 🦌
31 Z : 50 B Fb.

🏠 **Zum Alten Ziehbrunnen** ॐ, Bergstr. 30, ℰ 93 29, 🌿 – 🅿
Mitte Nov.- 22. Dez. geschl. — (Restaurant nur für Hausgäste) — **11 Z : 15 B** 42/60 - 80/110 — ½ P 60/82.

🏯 **Münchner Kindl**, Kirchplatz 2, ℰ 12 14, 🏤 – 🖚 🅿
1.- 15. März und 8.- 28. Okt. geschl. — **M** (Montag geschl.) a la carte 17/35 — **8 Z : 15 B** 38/45 - 70.

In Bad Endorf-Pelham NO : 5 km :

🏠 **Seeblick** ॐ, ℰ 93 45, ≤, 🏤, 🐾, 🌿 – 🛏 🅿. 🦌 Rest
Nov.- 17. Dez. geschl. — **M** a la carte 19/36 🍴 — **75 Z : 150 B** 35/40 - 70/80.

ENGELSBERG Bayern siehe Tacherting.

ENGELSBRAND 7543. Baden-Württemberg 𝟜𝟙𝟛 I 20 — 4 000 Ew — Höhe 620 m — ✪ 07082 (Neuenbürg).
Stuttgart 61 — Calw 19 — Pforzheim 11.

In Engelsbrand 2-Grunbach :

XX **Landgasthof Krone** mit Zim, Calwer Str.15, ℰ (07235) 4 44 – 🅿
(wochentags nur Abendessen) — **6 Z : 9 B**.

In Engelsbrand 3-Salmbach :

🏠 **Schwarzwald** ॐ, Pforzheimer Str. 41, ℰ (07235) 3 32, 🌿 – 📺 ☎ 🖚 🅿 – 🛄
17 Z : 28 B.

ENGELSKIRCHEN 5250. Nordrhein-Westfalen 987 ㉔ − 19 900 Ew − Höhe 120 m − ✪ 02263.
🛈 Verkehrsamt, Rathaus; Engels-Platz 4 ℰ 8 31 37.
◆Düsseldorf 73 − ◆Köln 36 − Olpe 43.

   🏠 **Lindenhof**, Bergische Str. 27, ℰ 25 61 − 🆃🆅 🕾 📿
     23. Dez.- 6. Jan. geschl. − **M** a la carte 23/47 − **14 Z : 26 B** 58 - 96.

   In Engelskirchen-Oberstaat W : 7 km über die B 55 :

   🏡 Bergische Schweiz ♨, ℰ 24 78, ≼, 🍽, Wildgehege − 🛬 📿 − **12 Z : 21 B**.

   In Engelskirchen-Ründeroth O : 4,5 km :

   🏡 Baumhof, Hauptstr. 18, ℰ 55 12 − 📿 − **14 Z : 20 B**.

   In Engelskirchen - Wiehlmünden O : 6,5 km :

   XX Kümmelecke, Gummersbacher Str. 60 (B 55/56), ℰ 58 31 − 📿. 🍽.

ENGEN IM HEGAU 7707. Baden-Württemberg 413 J 23. 987 ㉟, 427 ⑥ − 9 000 Ew − Höh◆
520 m − ✪ 07733.
Ausflugsziel : Hegaublick ≼★, NW : 6 km (an der B 31).
🛈 Verkehrsamt, Rathaus, Hauptstr. 11, ℰ 50 22 02.
◆Stuttgart 142 − Bregenz 101 − Donaueschingen 28 − Singen (Hohentwiel) 16.

   🏠 **Badischer Hof**, Breite Str. 26, ℰ 54 31, 🍽 − 🛬. **E**
     M *(Nov.- April Samstag, Mai - Okt. Samstag bis 18 Uhr geschl.)* a la carte 25/55 − **25 Z :
     48 B** 40/60 - 80/110 Fb − ½ P 55/70.

   X **Kapuziner Stube**, Hegaustr. 7, ℰ 68 76 − 📿. 🆀🅴 **E**
     Samstag und Montag jeweils bis 18 Uhr geschl. − **M** *(auch vegetarische Gerichte)* a la cart◆
     25/49.

   Am Neuhewen NW : 7 km über die B 31 − Höhe 790 m :

   X Hegaublick ♨ mit Zim, Hegaublick 4, ⊠ 7707 Engen-Stetten, ℰ (07733) 87 54, ≼ Hegau
     🍽 − 📿 − **5 Z : 9 B**.

ENGENHAHN Hessen siehe Niedernhausen.

ENGER 4904. Nordrhein-Westfalen 987 ⑭ − 17 000 Ew − Höhe 94 m − ✪ 05224.
◆Düsseldorf 196 − Bielefeld 16 − ◆Hannover 99 − Herford 9 − ◆Osnabrück 45.

   XX Brünger in der Wörde, Herforder Str. 14, ℰ 23 24 − 📿 − ♨ .

ENINGEN UNTER ACHALM Baden-Württemberg siehe Reutlingen.

ENKIRCH 5585. Rheinland-Pfalz − 2 000 Ew − Höhe 100 m − Erholungsort − ✪ 0654◆
(Traben-Trarbach).
Ausflugsziel : Starkenburg ≼★, S : 5 km.
🛈 Verkehrsbüro, Brunnenplatz, ℰ 92 65.
Mainz 104 − Bernkastel-Kues 29 − Cochem 51.

   🏠 **Sponheimer Hof** ♨ (mit Gästehäusern), Sponheimer Str. 19, ℰ 66 28, eigener Weinbau◆
     Weinproben, ⇔, 🔲, 🍽 − 🆃🆅 📿 **E** 🆅🅸🆂🅰
     Jan.- Feb. 4 Wochen geschl. − **M** *(Dienstag geschl.)* a la carte 23/48 ⑤ − **22 Z : 44 B** 38/45
     76/95 − 31 Fewo.

   🏠 **Neumühle** ♨, Großbachtal 17, ℰ 15 50, 🍽, nur Eigenbauweine, 🐾 − 📿
     Jan.- März und 1.- 26. Dez. geschl. − **M** a la carte 22/37 ⑤ − **39 Z : 73 B** 60 - 100 -
     ½ P 65/75.

   🏠 **Dampfmühle**, Am Steffensberg 80, ℰ 68 67, 🍽, eigener Weinbau, 🗻, 🐾 − ↩ Zim 📿
   ⬦ 🆀🅴 **E** 🆅🅸🆂🅰
     4. Jan.- 5. März geschl. − **M** *(Nov.- April Montag geschl.)* a la carte 20/44 − **18 Z : 32 B**
     50/58 - 90/100 − ½ P 63/76.

   In Burg/Mosel 5581 N : 3 km :

   🏠 **Zur Post**, Moselstr. 18, ℰ (06541) 92 14, 🍽, eigener Weinbau, Kellerbesichtigung − 🛬
   ⬦ *8. Jan.- 20. Februar geschl.* − **M** *(Donnerstag bis 18 Uhr geschl.)* a la carte 19/46 ⑤ − **12 Z :
     22 B** 32/40 - 60/80 − ½ P 42/52.

ENNEPETAL 5828. Nordrhein-Westfalen 987 ⑭ − 35 000 Ew − Höhe 200 m − ✪ 02333.
🛈 Haus Ennepetal, Gasstr. 10 (Milspe), ℰ 78 65.
◆Düsseldorf 54 − Hagen 12 − ◆Köln 61 − Wuppertal 14.

   In Ennepetal-Königsfeld SW : 7 km ab E.-Milspe :

   X **Spreeler Mühle**, Spreeler Weg 128, ℰ (0202) 61 13 49, 🍽 − 📿
     Montag und 15. Jan.- 15. Feb. geschl. − **M** a la carte 23/50.

   In Ennepetal-Voerde :

   🏡 Wiemer Hof ♨, Dr.-Siekermann-Weg 8, ℰ 20 21 − 📿 − *(nur Abendessen)* − **23 Z : 28 B**.

ENNIGER Nordrhein-Westfalen siehe Ennigerloh.

ENNIGERLOH 4722. Nordrhein-Westfalen — 20 400 Ew — Höhe 106 m — ✪ 02524.
Ausflugsziel : Wasserburg Vornholz★ NO : 5 km.
Düsseldorf 134 — Beckum 10 — Bielefeld 60 — Warendorf 16.

🏨 **Hubertus**, Enniger Str. 4, ℰ 20 94, ⚅, — 📺 ☎ ⇦ ⓟ — ⚄ 50. 🝤 ⓞ **E**
M *(Donnerstag geschl.)* a la carte 23/56 — **19 Z : 25 B** 50/75 - 95/100 Fb.

In Ennigerloh-Enniger W : 5,5 km :

✗ Lindenhof (restauriertes Fachwerkhaus a. d. 18. Jh.), Hauptstr. 62, ℰ (02528) 84 65 — ⓟ.

In Ennigerloh-Ostenfelde NO : 5 km :

🏨 **Kröger**, Hessenknapp 17, ℰ 22 14, 🌧, Fahrradverleih — 📺 ☎ ⓟ — ⚄ 25/200
◆— **M** *(nur Abendessen, Freitag und Mitte Juli - Mitte Aug. geschl.)* a la carte 19/36 — **14 Z :
22 B** 48 - 78 — ½ P 50.

ENZKLÖSTERLE 7546. Baden-Württemberg 🔲🔲🔲 I 20, 21 — 1 300 Ew — Höhe 598 m — Luftkurort
— Wintersport : 600/900 m ⚡3 ⚡4 — ✪ 07085.
◀ Kurverwaltung, Friedenstr. 16, ℰ 5 16 — ◆Stuttgart 89 — Freudenstadt 26 — Pforzheim 39.

🏨 **Enztalhotel**, Freudenstädter Str. 67, ℰ 1 80, 🌧, ⚅, 🔲 — 🕮 📺 ⇦ ⓟ — ⚄ 25. **E**.
🎆 Zim
10.- 22. Dez. geschl. — **M** a la carte 30/72 — **50 Z : 88 B** 76/88 - 134/188 Fb — ½ P 89/110.

🏨 **Schwarzwaldschäfer** ⌂, Am Dietersberg 2, ℰ 3 80, Fax 502, ⚅, 🔲, 🌧, Tanzschule —
📺 ⇦ ⓟ
15. Nov.- 20. Dez. geschl. — (nur Abendessen für Hausgäste) — **27 Z : 44 B** 75 - 120/140 Fb
— 2 Fewo 85/95 — ½ P 85/100.

🏨 **Gästehaus am Lappach** garni, Aichelberger Weg 4, ℰ 5 11, 🔲, 🌧 — 🕮 ☎ ⓟ. 🎆
5. Nov.- 19. Dez. geschl. — **32 Z : 53 B** 62/68 - 92/108 Fb.

🏨 **Gästehaus Forsthaus** ⌂ garni, Im Rohnbachtal 63, ℰ 6 80, ⚅, 🔲, 🌧 — 📺 ☎ ⓟ. 🎆
Nov.- 20. Dez. geschl. — **13 Z : 25 B** 66/69 - 86/132 Fb.

🏨 **Wiesengrund** ⌂, Friedenstr. 1, ℰ 2 27, 🌧 — 🕮 ⇦ ⓟ. 🎆
15. Nov.- 20. Dez. geschl. — **M** a la carte 22/43 — **28 Z : 49 B** 55 - 76/102 Fb — ½ P 54/71.

🏨 **Hirsch - Café Klösterle**, Freudenstädter Str. 2, ℰ 2 61, 🌧 — 🕮 ⇦ ⓟ
Nov.- 20. Dez. geschl. — **M** a la carte 26/51 — **55 Z : 88 B** 35/65 - 62/100 Fb.

🏨 **Schwarzwaldhof**, Freudenstädter Str. 9, ℰ 2 63, 🌧 — 🕮 📺 ⇦ ⓟ
12.- 30. März geschl. — **M** a la carte 25/45 — **25 Z : 40 B** 58/62 - 104/112 Fb.

🏨 **Parkhotel Hetschelhof** ⌂, Hetschelhofweg 1, ℰ 2 73, 🌧, 🌧 — 📺 ⓟ. ⓞ **E**. 🎆 Zim
M a la carte 23/45 — **29 Z : 58 B** 60 - 96/110 Fb.

In Enzklösterle-Poppeltal SW : 5 km :

🛖 **Waldeck** ⌂, Eschentalweg 10, ℰ 5 15 — 🕮 ⓟ
◆— **M** a la carte 21/37 ⚭ — **26 Z : 46 B** 45 - 80.

EPPELHEIM Baden-Württemberg siehe Heidelberg.

EPPENBRUNN 6789. Rheinland-Pfalz 🔲🔲🔲 F 19, 🔲🔲🔲 ⑫ — 1 700 Ew — Höhe 390 m — Luftkurort
— ✪ 06335 — Mainz 135 — Landau in der Pfalz 59 — Pirmasens 14.

🏨 **Kupper** ⌂, Himbaumstr. 22, ℰ 3 41, Biergarten, ⚅, 🔲 — ⓟ. **E**
3.- 10. Jan. und Anfang - Mitte Juli geschl. — **M** *(Mittwoch geschl.)* a la carte 28/52 ⚭ —
20 Z : 40 B 45 - 80.

EPPERTSHAUSEN 6116. Hessen 🔲🔲🔲 J 17 — 5 300 Ew — Höhe 140 m — ✪ 06071.
◆Wiesbaden 57 — Aschaffenburg 27 — ◆Darmstadt 22 — ◆Frankfurt am Main 24.

🏨 **Krone**, Dieburger Str. 1, ℰ 3 00 00, Fax 300010 — 🕮 📺 ☎ ⇦ ⓟ — ⚄ 25/80. **E**. 🎆
M *(23. Dez.- 8. Jan., 29. Juli - 12. Aug. sowie Sonn- und Feiertage geschl.)* 15 (mittags) und a
la carte 24/45 — **40 Z : 60 B** 58/72 - 82/110.

EPPINGEN 7519. Baden-Württemberg 🔲🔲🔲 J 19, 🔲🔲🔲 ㉘ — 15 500 Ew — Höhe 190 m — ✪ 07262.
◆Stuttgart 80 — Heilbronn 26 — ◆Karlsruhe 48 — ◆Mannheim 64.

🏨 **Villa Waldeck** ⌂, Waldstr. 80, ℰ 10 61, 🌧, 🌧 — ☎ ⇦ ⓟ. 🝤 ⓞ **E** 🎴
1.- 23. Jan. geschl. — **M** *(Montag geschl.)* a la carte 28/54 ⚭ — **16 Z : 26 B** 50/55 - 90 Fb.

🏨 **Geier**, Kleinbrückentorstr. 4, ℰ 44 24 — 🕮 ☎ — ⚄ 50. 🝤 ⓞ **E** 🎴
◆— **M** a la carte 16/40 ⚭ — **26 Z : 38 B** 45/50 - 80/95.

✗ **Berliner Eck**, Berliner Ring 40, ℰ 44 82 — ⓟ
◆— Dienstag geschl. — **M** a la carte 21/38.

In Gemmingen 7519 NO : 8 km :

✗ **Krone**, Richener Str. 3, ℰ (07267) 2 56 — ⓟ. 🝤. 🎆
Samstag bis 18 Uhr, Dienstag und Juli - Aug. 3 Wochen geschl. — Menu 35 und a la carte
26/46 ⚭.

EPPSTEIN 6239. Hessen 🗺️ I 16 – 12 500 Ew – Höhe 184 m – Luftkurort – 🕿 06198.
Sehenswert : Hauptstraße (≤ ★ zur Burgruine).
♦Wiesbaden 20 – ♦Frankfurt am Main 28 – Limburg an der Lahn 41.

In Eppstein-Vockenhausen :

🏨 **Nassauer Hof**, Hauptstr. 104, ℰ 14 44, 🍴 – 🚗 🅿
♣ 4.- 22. Juli geschl. – **M** *(Montag - Dienstag geschl.)* a la carte 21/50 ⅊ – **10 Z : 16 B** 35 - 70.

ERBACH IM ODENWALD 6120. Hessen 🗺️ JK 18, 🗺️🗺️ ㉘ – 11 000 Ew – Höhe 212 m – Luftkurort – 🕿 06062.
Sehenswert : Schloß (Hirschgalerie★) – 🛈 Verkehrsamt, Neckarstr. 3, ℰ 64 39.
♦Wiesbaden 95 – ♦Darmstadt 50 – Heilbronn 79 – ♦Mannheim 59 – ♦Würzburg 100.

🏨 **Odenwälder Bauern- und Wappenstube** ⅏, Am Schloßgraben 30, ℰ 22 36 – 🕿. 🕦 E
29. Jan.- Feb. geschl. – **M** *(nur Abendessen, Montag geschl.)* a la carte 23/47 ⅊ – **8 Z : 16 B** 44/50 - 72/86.

XX **Zum Hirsch**, Bahnstr. 2, ℰ 35 59 – ⅌
Mittwoch - Donnerstag 18 Uhr geschl. – **M** a la carte 29/56 ⅊.

In Erbach-Erlenbach SO : 2 km :

🏨 **Erlenhof** (ehemaliger Bauernhof), Bullauer Str. 10, ℰ 31 74, 🍴, 🛋, 🌳 – 🕿 🅿
18 Z : 34 B.

ERBACH (ALB-DONAU-KREIS) 7904. Baden-Württemberg 🗺️ M 22 – 10 700 Ew – Höhe 530 m – 🕿 07305 – ♦Stuttgart 104 – Tuttlingen 105 – ♦Ulm (Donau) 12.

🏨 **Kögel - Restaurant Trüffel**, Ehinger Str. 44, ℰ 80 21 – 📺 🕿 🚗 🅿 – 🏊 30. 🕦 E
1.- 22. Jan. geschl. – **M** *(30. Juli - 5. Aug. und Sonntag geschl.)* a la carte 35/59 – **28 Z : 42 B** 42/62 - 72/96 Fb.

🏨 **Zur Linde**, Bahnhofstr. 8, ℰ 73 20 – 🚗 🅿
M *(Samstag 14 Uhr - Sonntag geschl.)* a la carte 24/38 – **14 Z : 23 B** 50 - 86.

🏨 **Schloßberg-Hotel** ⅏ garni, Max-Johann-Str. 27, ℰ 72 51 – 🅿 – **24 Z : 34 B.**

X **Schloß-Restaurant**, Am Schloßberg 1, ℰ 69 54, 🍴 – 🅿. 🆎 🕦 E 🆅🆂🅰
Montag - Dienstag 18 Uhr, 5.- 26. Feb. und 5.- 13. Aug. geschl. – **M** a la carte 41/63.

In Erbach-Dellmensingen SO : 3 km :

🏨 **Brauereigasthof Adler** ⅏, Adlergasse 2, ℰ 73 42 – 🕿 🅿. ⅌
♣ 10.- 30. Sept. und 24.- 31. Dez. geschl. – **M** *(Montag und 20.- 25. März geschl.)* a la carte 20/37 – **12 Z : 22 B** 42 - 74 – ½ P 55.

ERBENDORF 8488. Bayern 🗺️ T 17, 🗺️🗺️ ㉗ – 4 800 Ew – Höhe 509 m – Erholungsort – 🕿 09682 – 🛈 Verkehrsamt, Bräugasse, ℰ 23 27.
♦München 248 – Bayreuth 40 – ♦Nürnberg 108 – Weiden in der Oberpfalz 24.

🏨 **Pension Pöllath** ⅏ garni, Josef-Höser-Str. 12, ℰ 5 87, 🛋, 🌳 – 🚗. 🆎
15 Z : 23 B 21/25 - 40/50.

XX ⅏ **Am Kreuzstein** mit Zim, an der B 22/B 299 (SW : 1 km), ℰ 13 20 – 🅿. 🕦. ⅌
M *(wochentags nur Abendessen, Sonntag 14 Uhr - Dienstag geschl.)* (Tischbestellung ratsam) a la carte 58/85 – **2 Z : 4 B** 30 - 60
Spez. Ravioli von Edelfischen in Tomatenschaum, Lammstrudel in Rosmarinjus, Pistazienkuchen in weißer Schokoladensauce.

In Erbendorf-Pfaben N : 6 km, Höhe 720 m – Wintersport ✿ 1 :

🏨 **Steinwaldhaus** ⅏, ℰ 23 91, Telex 63887, Fax 3923, ≤ Oberpfälzer Wald, 🏓, 🌳 – 🕿 🅿
♣ – 🏊 25/100
5. März - 5. April und 12. Nov.- 19. Dez. geschl. – **M** a la carte 20/45 ⅊ – **64 Z : 120 B** 53/55 88 – 31 Fewo 94/157.

ERDING 8058. Bayern 🗺️ S 22, 🗺️🗺️ ㉗ – 25 500 Ew – Höhe 462 m – 🕿 08122.
🏌 Grünbach (O : 8 km über die B 388), ℰ (08122) 64 65.
♦München 35 – Landshut 39 – Rosenheim 66.

🏨 **Kastanienhof**, Am Bahnhof 7, ℰ 4 10 41, Telex 5270424, Fax 42477, 🍴, 🛋 – 🔌 📺 🕿 🅿 – 🏊 25/100. 🆎 🕦 E 🆅🆂🅰
M a la carte 26/55 – **88 Z : 195 B** 105/185 - 145/200 Fb – 4 Appart. 235.

🏨 **Mayr-Wirt**, Haager Str. 4, ℰ 70 94, Fax 7098 – 🔌 🕿 🚗 – 🏊 25/100. 🆎 🕦 E 🆅🆂🅰
♣ **M** *(Samstag geschl.)* a la carte 21/50 ⅊ – **52 Z : 83 B** 68 - 110.

🏨 **Schmidbauer**, Zollnerstr. 7, ℰ 1 41 40 – 🕿 🚗. ⅌ Zim
♣ 20. Aug.- 10. Sept. geschl. – **M** *(Samstag und Sonntag 15 Uhr - Montag geschl.)* a la carte 18/30 – **16 Z : 20 B** 45/55 - 80/85.

In Oberding 8059 NW : 6 km :

XX **Balthasar Schmid** mit Zim, Hauptstr. 29, ℰ (08122) 25 65 – 📺 🅿
M *(Donnerstag geschl.)* a la carte 22/45 ⅊ – **5 Z : 7 B** 70 - 130.

248

ERFTSTADT 5042. Nordrhein-Westfalen 987 ㉓ — 44 700 Ew — Höhe 90 m — ✪ 02235.
♦Düsseldorf 64 — Brühl 8 — ♦Köln 18.

In Erftstadt-Lechenich :

XX **Husarenquartier** mit Zim, Schloßstr. 10, ℰ 50 96 — ☎ ℗. 𝔸𝔼 ⓪
Ende Juni 1 Woche geschl. — **M** (Montag bis 18 Uhr geschl.) a la carte 42/66 — **6 Z : 11 B**
70/80 - 120.

In Erftstadt-Kierdorf :

XX **Zingsheim**, Goldenbergstr. 30, ℰ 8 53 32 — ⚒ 50. 𝔸𝔼 ⓪ 𝔼
Samstag nur Abendessen — **M** a la carte 54/86.

ERFWEILER Rheinland-Pfalz siehe Dahn.

ERGOLDING Bayern siehe Landshut.

ERGOLDSBACH 8305. Bayern 413 T 20. 987 ㉗㉗ — 6 000 Ew — Höhe 417 m — ✪ 08771.
♦München 88 — Ingolstadt 80 — Landshut 16 — ♦Regensburg 44.

⌂ **Dallmaier**, Hauptstr. 26, ℰ 12 10, Biergarten — ⇦ ℗
↞ **M** a la carte 15/39 — **15 Z : 24 B** 3/43 - 66/86.

ERKELENZ 5140. Nordrhein-Westfalen 987 ㉓ — 37 800 Ew — Höhe 97 m — ✪ 02431.
♦Düsseldorf 45 — ♦Aachen 38 — Mönchengladbach 15.

🏠 **Rheinischer Hof** garni, Kölner Str. 18, ℰ 22 94, Fax 74666 — 📺 ☎ ⇦. 𝔸𝔼 ⓪ 𝔼 𝑉𝐼𝑆𝐴
25 Z : 36 B 70/130 - 120/180 Fb.

XX **Oerather Mühle**, Roermonder Str. 36, ℰ 24 02, �おります — ℗. 𝔸𝔼 𝔼
↞ Mittwoch geschl. — **M** a la carte 26/55.

Siehe auch : **Wegberg** N : 8 km

ERKENSRUHR Nordrhein-Westfalen siehe Simmerath.

ERKHEIM 8941. Bayern 413 NO 22, 426 ⑮ — 10 000 Ew — Höhe 600 m — ✪ 08336.
♦München 98 — ♦Augsburg 67 — Memmingen 14 — ♦Ulm (Donau) 68.

⌂ **Gästehaus Herzner** ⚬, Färberstr. 19, ℰ 3 00, ⬛, ◻ (Gebühr), 🚗 — ℗
(nur Abendessen für Hausgäste) — **16 Z : 28 B** 35/45 - 60/70.

ERKRATH 4006. Nordrhein-Westfalen — 46 000 Ew — Höhe 50 m — ✪ 0211 (Düsseldorf).
♦Düsseldorf 9 — Wuppertal 26.

In Erkrath 2-Hochdahl O : 3 km :

🏠 **Schildsheide**, Schildsheider Str. 47, ℰ (02104) 4 60 81, Fax 46083, 🌳 — 📺 ☎ ℗. 𝔸𝔼 ⓪
𝔼 𝑉𝐼𝑆𝐴
(nur Abendessen für Hausgäste) — **19 Z : 32 B** 95/140 - 130/180 Fb.

🏠 **Neanderhöhle**, Neandertal 3 (O : 2 km), ℰ (02104) 78 29, 🌳 — 📺 ☎ ℗. 𝔸𝔼 ⓪ 𝔼 𝑉𝐼𝑆𝐴
M (Montag geschl.) 18 (mittags) und a la carte 33/56 — **14 Z : 24 B** 75/90 - 100/120.

In Erkrath-Unterfeldhaus S : 4,5 km :

🏠 **Unterfeldhaus** ⚬ garni, Millrather Weg 21, ℰ 25 30 09 — 📺 ☎ ℗. ⚙
22. Dez.- 2. Jan. geschl. — **12 Z : 22 B** 95/110 - 130/150 Fb.

ERLABRUNN Bayern siehe Würzburg.

ERLANGEN 8520. Bayern 413 PQ 18, 987 ㉖ — 100 000 Ew — Höhe 285 m — ✪ 09131.
⛳ Kleinsendelbach (0: 14 km über ②), ℰ (09126) 50 40.
🎫 Touristinformation, Rathaus, Rathausplatz 1, ℰ 2 50 74.
ADAC, Henkestr. 26, ℰ 2 56 52, Notruf ℰ 1 92 11.
♦München 191 ④ — ♦Bamberg 40 ① — ♦Nürnberg 20 ④ — ♦Würzburg 91 ⑥.

Stadtplan siehe nächste Seite.

🏨 **Bayerischer Hof**, Schuhstr. 31, ℰ 81 10, Telex 629908, Fax 25800, ⬛ — ▮ 📺 ⇦ —
⚒ 25/250. 𝔸𝔼 ⓪ 𝔼 𝑉𝐼𝑆𝐴   Z q
M a la carte 30/62 — **155 Z : 300 B** 165 - 190 Fb — 5 Appart. 280.

🏨 **Transmar-Kongress-Hotel**, Beethovenstr. 3, ℰ 80 40, Telex 629750, Fax 804104, ⬛, ◻
— ▮ ▤ 📺 — ⚒ 60. 𝔸𝔼 ⓪ 𝔼 𝑉𝐼𝑆𝐴   Z u
Restaurants : — **Frankenkrug-Ratsstüberl** (Sonn- und Feiertage geschl.) **M** a la carte 28/66
— Bistro (Freitag ab 18 Uhr geschl.) **M** a la carte 30/55 — **138 Z : 263 B** 164/249 - 194/339 Fb.

🏨 **Luise** garni, Sophienstr. 10, ℰ 12 20, ◻ — ▮ 📺 ☎ ℗. ⓪ 𝔼   X p
75 Z : 95 B 80/115 - 119/159 Fb.

🏨 **Altstadt** garni, Kuttlerstr. 10, ℰ 2 70 70, ⬛, Fahrradverleih — ▮ 📺. 𝔸𝔼 ⓪ 𝔼 𝑉𝐼𝑆𝐴   Y a
23. Dez.- 6. Jan. geschl. — **31 Z : 45 B** 95 - 140/150 Fb.

249

ERLANGEN

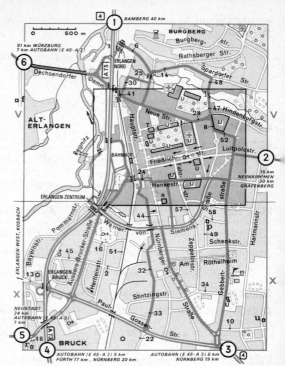

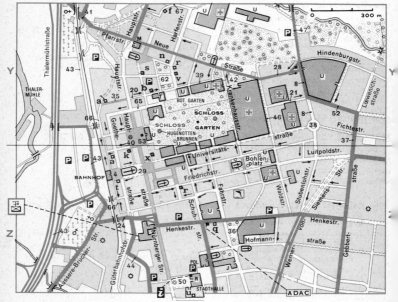

250

🏨 **Rokokohaus** ॐ garni, Theaterplatz 13, 𝒫 2 90 63 – |⌖| 📺 ☎ ⇔. 🆑 ⓞ 🅴 𝚅𝙸𝚂𝙰   Y   r
24. Dez.- 6. Jan. geschl. – **37 Z : 60 B** 80/120 - 130/165 Fb.

🏨 **Fischküche Silberhorn** ॐ, Wöhrstr. 13, 𝒫 2 30 05 – 📺 ☎ ⓟ   Y   f
Mai - Aug. garni – **M** *(Sonntag ab 15 Uhr und Dienstag geschl.)* a la carte 30/61 – **20 Z :**
26 B 80/100 - 135/160 Fb.

🏠 **Fränkischer Hof** (mit rustikalem Salvator- und Weinkeller ab 17 Uhr geöffnet), Goethestr.
34, 𝒫 2 20 12 – |⌖| ☎ ⇔ – ⚖ 30   Z   a
M *(Samstag und Aug. geschl.)* a la carte 26/52 – **31 Z : 50 B** 75/85 - 78/120.

🏠 **Bahnhof-Hotel** garni, Bahnhofplatz 5, 𝒫 2 70 07 – |⌖| 📺 ☎ ⇔. 🆑 ⓞ 🅴 𝚅𝙸𝚂𝙰. ⅋
5. Aug.- 2. Sept. geschl. – **15 Z : 20 B** 45/95 - 130/140 Fb.   Z   t

🏠 **Süd** garni, Wacholderweg 37, 𝒫 3 20 21 – 📺 ☎ ⇔. ⓞ 🅴 𝚅𝙸𝚂𝙰   X   u
14 Z : 20 B 75 - 98/110.

🏠 **Wiessner** garni, Harfenstr. 1c, 𝒫 2 90 84 – 📺 ☎ ⇔
20. Dez.- 8. Jan. geschl. – **25 Z : 34 B** 48/85 - 85/135.   Y   n

🍴🍴 ✿ **A'Petit** (Einrichtung im Bistro-Stil), Theaterstr. 6, 𝒫 2 42 39 – 🅴   Y   b
Samstag sowie Sonn- und Feiertage jeweils bis 18 Uhr und Dienstag geschl. – **M**
(Tischbestellung ratsam) 58/85 und a la carte
Spez. Fränkische Lammtorte auf Tomatensauce, Piccata vom Seeteufel mit Paprikasaucen, Gefüllte
Kaninchenkeule in Kräutersahne.

🍴🍴 **Altmann's Stube** mit Zim, Theaterplatz 9, 𝒫 2 40 82, ⅌ – 📺 ☎. 🆑 🅴. ⅋   Y   v
M a la carte 37/65 – **17 Z : 25 B** 65/95 - 100/120 Fb.

🍴🍴 **Weinstube Kach**, Kirchenstr. 2, 𝒫 2 23 72 – ⓞ 🅴 𝚅𝙸𝚂𝙰. ⅋   Y   s
nur Abendessen, 10. Aug.- 10. Sept. sowie Sonn- und Feiertage geschl. – **M** a la carte
40/60.

🍴 **Oppelei**, Halbmondstr. 4, 𝒫 2 15 62 – ⓞ 🅴 𝚅𝙸𝚂𝙰   Z   x
Mittwoch geschl. – **M** a la carte 26/50.

🍴 **Gasthaus Strauß** mit Zim, Rückertstr. 10, 𝒫 2 36 45 – 📺 ☎   Z   r
◂▸ **M** a la carte 21/57 – **13 Z : 20 B** 46/80 - 90/110 Fb.

🍴 Grüner Markt, Einhornstr. 9, 𝒫 2 25 51   Z   k

In Erlangen-Alterlangen :

🏠 **West** garni, Möhrendorfer Str. 44, 𝒫 4 20 46, ◳ – 📺 ☎ ⓟ   V   f
44 Z : 65 B 75/100 - 95/165.

In Erlangen-Bruck :

🏨 **Grille**, Bunsenstr. 35, 𝒫 61 36, Telex 629839, Fax 65534, ⇔ – |⌖| 📺 ☎ ⓟ. 🆑 ⓞ 🅴 𝚅𝙸𝚂𝙰
M *(Samstag, 23.- 29. Dez. und 14.- 29. Aug. geschl.)* a la carte 39/82 – **62 Z : 90 B** 81/130 -
155/190 Fb.   über Günther-Scharowsky-Str.   X

🏠 **Roter Adler**, Fürther Str. 5, 𝒫 6 32 85 (Hotel) 6 60 04 (Rest.), ⇔ – 📺 ☎   X   r
24. Dez.- 6. Jan. geschl. – **M** *(Samstag und über Pfingsten geschl.)* a la carte 27/44 – **35 Z :**
58 B 68/75 - 94/98.

In Erlangen-Eltersdorf   S : 5 km über Fürther Str. X :

🏨 **Rotes Ross** garni, Eltersdorfer Str. 15a, 𝒫 6 00 84, ⇔, ⅌ – 📺 ☎ ⇔ ⓟ. 🆑 ⓞ 🅴 𝚅𝙸𝚂𝙰
28 Z : 50 B 59/79 - 89/109 Fb.

In Erlangen-Frauenaurach   über ⑤ :

🏨 **Schwarzer Adler** ॐ garni, Herdegenplatz 1, 𝒫 99 20 51, « Renoviertes Fachwerkhaus
a.d. 16. Jh., Weinstube » – 📺 ☎. ⓞ 𝚅𝙸𝚂𝙰
7.- 23. April und 7. Aug.- 11. Sept. geschl. – **8 Z : 13 B** 82/120 - 120/140.

In Erlangen-Kosbach   W : 6 km über Büchenbacher Damm X :

🍴🍴 ✿ **Polster**, Am Deckersweiher 26, 𝒫 4 14 32, ⅌ – ⓟ. 🆑 ⓞ 🅴
Montag geschl. – **M** (Tischbestellung ratsam) um 34 (mittags) und a la carte 44/72
Spez. Baby-Lachs mit Rote-Bete-Creme, Rehbockrücken in Maronenkruste mit Pfifferlingen, Kirschstrudel und
Stachelbeermus auf Joghurtsauce.

In Erlangen-Tennenlohe   über ③ :

🏨🏨 **Transmar-Motor-Hotel**, Am Wetterkreuz 7, 𝒫 60 80, Telex 629912, Fax 608100, ⇔, ◳,
⅋ – |⌖| 📺 ⓟ – ⚖ 25/200. 🆑 ⓞ 🅴 𝚅𝙸𝚂𝙰
M a la carte 33/52 – **126 Z : 252 B** 154/239 - 184/279 Fb.

🏨 **Tennenloher Hof**, Am Wetterkreuz 32, 𝒫 6 00 18, ⇔, ◳ – |⌖| 📺 ☎ ⓟ. 🆑 ⓞ 🅴 𝚅𝙸𝚂𝙰
◂▸ **M** *(nur Abendessen, Samstag geschl.)* a la carte 21/45 ⅃ – **26 Z : 50 B** 80 - 100 Fb.

In Bubenreuth 8526   N : 3 km :

🏠 **Mörsbergei**, Hauptstr. 14, 𝒫 (09131) 2 00 00, Biergarten – 📺 ☎ ⓟ. 🆑 ⓞ 🅴 𝚅𝙸𝚂𝙰
M a la carte 30/63 – **19 Z : 32 B** 85 - 115/175.

In Marloffstein 8525   NO : 5 km :

🏠 Alter Brunnen, Am alten Brunnen 1, 𝒫 (09131) 5 00 15, ⅌ – ☎ ⓟ
(wochentags nur Abendessen) – **18 Z : 35 B** Fb.

In Baiersdorf 8523   ① : 7 km :

🍴🍴 ✿ **Zum Storchennest**, Hauptstr. 41, 𝒫 (09133) 8 26, ⅌ – ⓟ. ⓞ 🅴 𝚅𝙸𝚂𝙰
Sonntag 15 Uhr - Montag geschl. – **M** a la carte 46/71
Spez. Dreierlei von Wildlachs, Gefüllter Ochsenschwanz mit Portweinsauce, Bayerische Creme mit Früchten.

ERLENBACH Baden-Württemberg siehe Weinsberg.

ERLENBACH AM MAIN 8765. Bayern ᐰᐰᐰ K 17 − 8 500 Ew − Höhe 125 m − ✪ 09372.
♦München 354 − Aschaffenburg 25 − Miltenberg 16 − ♦Würzburg 78.

🏠 Tannenhof 🦢, Am Stadtwald 66, ℰ 44 40, ☂ − 📺 🚗 🅿. 🛇
 (nur Abendessen) − **20 Z : 34 B**.

🏠 **Fränkische Weinstuben**, Mechenharder Str. 5, ℰ 50 49, 🍴, eigener Weinbau, ☂ −
 🅿. **E**. 🛇 Zim
 M *(Freitag geschl.)* a la carte 26/42 ⅄ − **16 Z : 24 B** 40/50 - 64/75.

ERLENSEE 6455. Hessen ᐰᐰᐰ J 16 − 10 700 Ew − Höhe 105 m − ✪ 06183.
♦Wiesbaden 65 − ♦Frankfurt am Main 26 − Fulda 81 − ♦Würzburg 114.

In Erlensee-Rückingen :

🏨 **Brüder-Grimm-Hotel**, Rhönstr. 9 (B 40 - Abfahrt Erlensee-Süd), ℰ 8 20 − 🛗 📺 ☎ 🅿 −
 🅰 25/100. 🆀 ⓪ **E** 🆅🆂🅰
 M *(Samstag - Sonntag 18 Uhr geschl.)* a la carte 30/57 − **90 Z : 144 B** 85/90 - 130/140 Fb.

ERMATINGEN Schweiz siehe Konstanz.

ERNST Rheinland-Pfalz siehe Cochem.

ERNSTHAUSEN Hessen siehe Burgwald.

ERPFINGEN Baden-Württemberg siehe Sonnenbühl.

ERWITTE 4782. Nordrhein-Westfalen ᐰᐰᐰ ⑭ − 13 700 Ew − Höhe 106 m − ✪ 02943.
♦Düsseldorf 135 − Lippstadt 7 − Meschede 36 − Soest 17.

☎ Büker, Am Markt 14, ℰ 23 36 − 🚗 🅿
 21 Z : 30 B.

ERZBACH Hessen siehe Reichelsheim.

ESCHAU 8751. Bayern ᐰᐰᐰ K 17 − 4 100 Ew − Höhe 171 m − ✪ 09374.
♦München 347 − Aschaffenburg 32 − Miltenberg 16 − ♦Würzburg 71.

In Eschau-Hobbach NO : 5,5 km :

🏠 **Zum Engel** (ehem. Bauernhof a.d.J. 1786 mit Gästehaus), Bayernstr. 47, ℰ 3 88, 🍴, ☂
 − ☎ 🅿 − 🅰 30. 🛇
 31. Juli - 17. Aug. geschl. − **M** *(Montag geschl.)* a la carte 23/45 ⅄ − **24 Z : 36 B** 30/46 -
 60/90 − ½ P 45/65.

In Eschau-Wildensee O : 10 km :

☎ **Waldfrieden** 🦢, ℰ 3 28, ☂ − 🚗 🅿. 🛇 Zim
➡ Nov.- 25. Dez. geschl. − **M** *(Montag geschl.)* a la carte 16/30 ⅄ − **27 Z : 45 B** 32/36 - 64 −
 ½ P 44/48.

☎ **Zum Hirschen** 🦢 (mit Gästehaus), Hauptstr. 8, ℰ 12 78, ☂ − 🚗 🅿. 🛇 Zim
➡ Feb. geschl. − **M** *(Freitag geschl.)* a la carte 17/40 ⅄ − **9 Z : 16 B** 35 - 70.

ESCHBACH 5429. Rheinland-Pfalz − 300 Ew − Höhe 380 m − ✪ 06771.
Mainz 57 − Bingen 37 − ♦Koblenz 27.

🏨 **Zur Suhle** 🦢, Talstr. 2, ℰ 79 21, ≤, 🍴, « Garten mit Teich », 🚭s, 🔲, ☂, 🎱 − 🛗 📺 ☎
 🅿 − 🅰 25. 🛇 Rest
 15.- 31. Juli geschl. − **M** a la carte 25/50 ⅄ − **21 Z : 40 B** 60/80 - 120/160.

ESCHBORN Hessen siehe Frankfurt am Main.

ESCHEDE 3106. Niedersachsen ᐰᐰᐰ ⑮ − 6 500 Ew − Höhe 70 m − ✪ 05142.
♦Hannover 60 − Celle 17 − Lüneburg 69.

🏠 **Deutsches Haus**, Albert-König-Str. 8, ℰ 22 36, ☂ − ☎ 🚗 🅿. ⓪. 🛇
 6. Feb.- 11. März geschl. − **M** *(Montag geschl.)* a la carte 30/50 − **12 Z : 24 B** 30/50 - 60/90.

ESCHENBURG 6345. Hessen − 9 900 Ew − Höhe 299 m − ✪ 02774.
♦Wiesbaden 137 − Gießen 58 − Marburg 44 − Siegen 41.

In Eschenburg-Wissenbach :

🏠 Bauernstuben, Bezirksstr. 22 (B 253), ℰ 18 29 − 🚗 🅿
 9 Z : 17 B.

ESCHENLOHE 8116. Bayern 413 Q 24, 426 ⑯ – 1 400 Ew – Höhe 636 m – Erholungsort – ☎ 08824.

ℹ Verkehrsamt im Rathaus, Murnauer Str. 1, ✆ 2 21.

•München 74 – Garmisch-Partenkirchen 15 – Weilheim 30.

Tonihof ⑤, Walchenseestr. 42, ✆ 10 21, ← Loisachtal mit Wettersteingebirge, ☂, Massage, ≘s, ⛰, Fahrradverleih – ▣ ☎ ♿ 🚗 Ⓟ
M *(Mittwoch geschl.)* a la carte 37/79 – **25 Z : 43 B** 62/101 - 128/182 Fb – ½ P 87/116.

Zur Brücke - Villa Bergkristall, Loisachstr. 1, ✆ 2 10, ⛰ – 🚗 Ⓟ
Mitte Nov.- Mitte Dez. geschl. – **M** *(Dienstag geschl.)* a la carte 22/40 – **26 Z : 45 B** 38/48 - 76/96.

In Eschenlohe-Wengen :

Wengererhof ⑤ garni, ✆ 10 42, ←, ⛰ – ☎ Ⓟ. ⚘
23 Z : 50 B 55/62 - 110/120 Fb.

ESCHWEGE 3440. Hessen 987 ⑮⑯ – 24 000 Ew – Höhe 170 m – ☎ 05651.

•Wiesbaden 221 – Göttingen 49 – Bad Hersfeld 58 – •Kassel 56.

Dölle's Nr. 1, Friedrich-Wilhelm-Str. 2, ✆ 6 00 35, Fax 32632, ≘s – |♦| ▣ ☎ 🚗 Ⓟ. AE ⓓ E VISA
M *(auch vegetarisches Menu)* (Sonntag geschl.) a la carte 40/81 – **37 Z : 67 B** 68/85 - 132/150 Fb.

Stadthalle, Wiesenstr. 9, ✆ 5 00 41, ☂ – |♦| ☎ Ⓟ – 🏛 25/60. AE ⓓ E
M a la carte 23/56 – **15 Z : 21 B** 45/53 - 78 Fb.

Zur Struth ⑤, Struthstr. 7a, ✆ 86 61, ☂ – ▣ ☎ Ⓟ. E VISA
Juli - Aug. 3 Wochen geschl. – **M** *(Sonntag 15 Uhr - Montag 18 Uhr und Ende Juli - Mitte Aug. geschl.)* a la carte 25/43 – **31 Z : 42 B** 32/55 - 66/90.

ESCHWEILER 5180. Nordrhein-Westfalen 987 ㉓, 213 ㉔ – 52 000 Ew – Höhe 161 m – ☎ 02403.

Düsseldorf 74 – •Aachen 15 – Düren 17 – •Köln 55.

Park-Hotel, Parkstr. 16, ✆ 2 61 88 – ☎. AE ⓓ E VISA
(nur Abendessen für Hausgäste) – **18 Z : 26 B** 46/90 - 97/122.

ESENS 2943. Niedersachsen 987 ④ – 6 000 Ew – Seebad – ☎ 04971.

ℹ Kurverwaltung, Kirchplatz 1, ✆ 30 88.

•Hannover 261 – Emden 50 – •Oldenburg 91 – Wilhelmshaven 50.

Appart-Hotel Kröger, Bahnhofstr. 18, ✆ 22 29, ⛰ – |♦| ▣ ☎ Ⓟ
26 Z : 52 B Fb.

Wieting's Hotel, Am Markt 7, ✆ 45 68, ≘s, ⛰ – ▣ ☎ Ⓟ. AE ⓓ E VISA. ⚘
M a la carte 21/51 – **18 Z : 34 B** 45/55 - 85/110.

Waldhotel, Auricher Str. 52, ✆ 21 11, ⛰ – ☎ ♿ 🚗 Ⓟ. AE ⓓ E VISA. ⚘ Zim
2.- 20 Jan. geschl. – **M** *(Donnerstag geschl.)* a la carte 24/45 – **9 Z : 16 B** 40 - 80.

In Esens-Bensersiel NW : 4 km :

Hörn van Diek garni, Lammertshörn 1, ✆ 24 29, ⛱ – Ⓟ. ⚘
März - Okt. – – **18 Appart. : 40 B** 75 - 110/130 Fb.

Röttgers ⑤ garni, Am Wattenmeer 6, ✆ 30 18 – Ⓟ
18 Z : 36 B 65 - 130 Fb.

Störtebeker ⑤, Am Wattenmeer 4, ✆ 17 67, ≘s – ☎ Ⓟ
(nur Abendessen für Hausgäste) – **25 Z : 45 B** 43 - 76 – 5 Fewo 90.

Nordkap ⑤ garni, Am Wattenmeer 2, ✆ 40 24, ≘s – ☎ Ⓟ. ⚘
10 Z : 20 B 40 - 70.

Siehe auch : ***Liste der Feriendörfer***

ESLOHE 5779. Nordrhein-Westfalen 987 ⑭ – 8 900 Ew – Höhe 310 m – Luftkurort – ☎ 02973.

ℹ Verkehrsbüro, Kurhaus, Kupferstr. 30, ✆ 4 42.

Düsseldorf 159 – Meschede 20 – Olpe 43.

Forellenhof Poggel, Homertstr. 21, ✆ 62 71, ☂, ⛰ – |♦| Ⓟ. ⚘ Rest
M a la carte 24/43 – **21 Z : 40 B** 45/50 - 90/100 Fb.

Haus Stötzel ⑤ garni, St. Rochus-Weg 1a, ✆ 67 32, ⛰ – Ⓟ. ⚘
20.- 26. Dez. geschl. – **7 Z : 13 B** 38 - 72.

In Eslohe 2-Cobbenrode S : 7,5 km :

Berghotel Habbel ⑤, Stertberg 1, ✆ 3 96, ←, ☂, Massage, ≘s, ⛱, ⛰, 🐎 – |♦| ▣ ☎ Ⓟ – 🏛 30. AE ⓓ E. ⚘
M a la carte 33/58 – **32 Z : 63 B** 60/105 - 116/180 Fb.

Hennemann, Olper Str. 28 (B 55), ✆ (02970) 2 36, ≘s, ⛱, ⛰, 🎾 (Halle) – |♦| ▣ ☎ 🚗 Ⓟ – 🏛 25. ⚘ Rest
23 Z : 45 B Fb.

In Eslohe 7-Niedersalwey W : 4 km :

☎ **Woiler Hof**, Salweytal 10, ♪ 4 97 − ⇔ ⊕
➤ **M** *(Dienstag geschl.)* a la carte 19/35 − **19 Z : 35 B** 25/50 - 50/80.

In Eslohe 3-Wenholthausen N : 4 km :

🏠 **Sauerländer Hof**, Südstr. 35, ♪ 7 77, Fax 363, 🍴, ⇔, 🔲. Fahrradverleih − 📺 ☎ ⊕. 🆀
➤ ⓞ **E**. ⅏ Rest
19. März- 9. April geschl. − **M** *(Donnerstag geschl.)* a la carte 21/48 − **20 Z : 45 B** 49/59 - 90/118 − ½ P 65/79.

ESPACHWEILER Baden-Württemberg siehe Ellwangen (Jagst).

ESPELKAMP 4992. Nordrhein-Westfalen 𝟵𝟴𝟳 ⑭⑮ − 24 500 Ew − Höhe 43 m − ✪ 05772.
◆Düsseldorf 223 − ◆Bremen 99 − ◆Hannover 93 − ◆Osnabrück 46.

🏠 **Haus Mittwald** ⅍, Ostlandstr. 23, ♪ 40 29 − 🛗 📺 ☎ ⊕ − 🆀 35. ⓞ **E**
M *(Samstag geschl.)* a la carte 26/50 − **50 Z : 70 B** 56/95 - 95/140 Fb.

ESPENAU Hessen siehe Kassel.

ESSEL Niedersachsen siehe Schwarmstedt.

ESSELBACH Bayern siehe Marktheidenfeld.

ESSEN 4300. Nordrhein-Westfalen 𝟵𝟴𝟳 ⑭ − 620 000 Ew − Höhe 120 m − ✪ 0201.
Siehe Ruhrgebiet (Übersichtsplan).

Sehenswert : Münster : Münsterschatzkammer** (Vortragekreuze***) BX **E**, Goldene Madonna*** BX **D** − Museum Folkwang** ABY − Villa Hügel* (Historische Sammlung Krupp**) S − Grugapark* AZ − Johanniskirche : Altar* BX **F**.

Ausflugsziel : Essen-Werden : Abteikirche (Vierungskuppel*, Bronzekruzifixus*) S **A**.
🖫 Essen-Heidhausen (über die B 224 S), ♪ 40 41 11 ; 🖫 Essen-Kettwig, Laupendahler Landstr. (S), ♪ (02054) 8 39 11 ; 🖫 Essen-Bredeney, Freiherr-vom-Stein-Str. 92a (S), ♪ 44 14 26.
Messegelände a.d. Grugahalle (AZ), ♪ 7 24 41, Telex 8579647.
🖪 Verkehrsverein im Hauptbahnhof, Südseite, ♪ 23 54 27 und 8 10 60 82.
ADAC, Klarastr. 58, ♪ 77 00 88, Notruf ♪ 1 92 11.
◆Düsseldorf 31 ⑤ − Amsterdam 204 ⑧ − Arnhem 108 ⑧ − ◆Dortmund 38 ③.

Stadtpläne siehe nächste Seiten.

🏨 **Sheraton Hotel** ⅍, Huyssenallee 55, ♪ 2 09 51, Telex 8571266, Fax 231173, 🍴, Massage, ⇔, 🔲 − 🛗 ⅏ Zim 🍽 📺 �& ⊕ − 🆀 25/120. 🆀 ⓞ **E** 𝗩𝗜𝗦𝗔. ⅏ Rest BY **e**
M a la carte 52/97 − **205 Z : 410 B** 205/375 - 265/435 Fb − 12 Appart. 535/975.

🏨 **Handelshof Hotel Mövenpick**, Am Hauptbahnhof 2, ♪ 1 70 80, Telex 857562, Fax 1708173 − 🛗 ⅏ Zim 📺 �& − 🆀 BX **n**
Restaurants : − **Au Premier** − **Le Bistro** − **193 Z : 258 B** Fb.

🏨 **Essener Hof**, Teichstr. 2, ♪ 2 09 01, Telex 8579582 − 🛗 ⅏ Rest 📺 ☎ − 🆀 25/80. 🆀 ⓞ **E** 𝗩𝗜𝗦𝗔. ⅏ Rest BX **c**
M *(nur Abendessen, Samstag - Sonntag geschl.)* a la carte 35/62 − **130 Z : 160 B** 91/150 - 150/210 Fb.

🏨 **Europa** garni, Hindenburgstr. 35, ♪ 23 20 41, Telex 8579852, Fax 232656 − 🛗 📺 ☎. 🆀 ⓞ **E** 𝗩𝗜𝗦𝗔 BX **m**
50 Z : 75 B 85/105 - 130/160 Fb.

🏨 **Assindia**, Viehofer Platz 5, ♪ 23 50 77, Telex 8571374, Fax 236685, ⇔ − 🛗 📺 ☎ ⇔ ⊕. 🆀 **E** BX **z**
M *(nur Abendessen, Samstag geschl.)* a la carte 36/55 − **45 Z : 80 B** 120/210 - 160/240 Fb.

🏨 **Arcade**, Hollestr. 50, ♪ 2 42 80, Telex 8571133, Fax 2428600 − 🛗 📺 ☎ �& ⊕ − 🆀 25/80. **E** 𝗩𝗜𝗦𝗔. ⅏ Rest BX **a**
M *(Samstag - Sonntag und Juli - Aug. geschl.)* a la carte 26/40 − **144 Z : 314 B** 100/136 - 148 Fb.

🏠 **Central** garni, Herkulesstr. 14, ♪ 22 78 27 − ☎ ⇔ CX **a**
17 Z : 30 B 85/115 - 135/165.

🏠 **Ambassador** garni, Viehofer Str. 23, ♪ 23 73 15, Telex 8579586 − 📺 ☎. 🆀 ⓞ **E** 𝗩𝗜𝗦𝗔. ⅏ **29 Z : 46 B** 80/100 - 120/140 Fb. BX **e**

🏠 **Luise** garni, Dreilindenstr. 96, ♪ 23 92 53 − 🛗 📺 ☎. 🆀 BY **a**
29 Z : 41 B 90 - 138 Fb.

🏠 City-Hotel garni, Viehofer Str. 22, ♪ 23 39 36 − 🛗 ☎ BX **v**
32 Z : 39 B Fb.

XXX **Rôtisserie im Saalbau**, Huyssenallee 53, ♪ 22 18 66, Fax 221860, 🍴 − ⊕ − 🆀 25/1200. 🆀 ⓞ **E** 𝗩𝗜𝗦𝗔 BY **r**
M a la carte 45/73.

XXX **La Grappa** (Italienische Küche), Rellinghauser Str. 4, ♪ 23 17 66, bemerkenswertes Angebot italienischer Weine − 🆀 ⓞ **E** 𝗩𝗜𝗦𝗔 BY **v**
Samstag bis 18 Uhr und Sonntag geschl. − **M** (Tischbestellung ratsam) a la carte 52/78.

STERKRADE
BOTTROP

AUTOBAHN (E 34-A 2): HANNOVER
AUTOBAHN (A 42): DUISBURG
GLADBECK

Siehe Stadtplan
GELSENKIRCHEN

DELLWIG

BERGEBORBECK

VOGELHEIM

Vogelheimer Str.

ALTENESSEN

GERSCHEDE

BORBECK-
MITTE

Weidkamp

Bottroper Str.

Hövelstr.

STOPPENBERG

Hallostr.

Langemarckstr.

Germaniastr.

Str.

Bamlerstr.

Gelsenkirchener Str.

Ernestinestr.

KRADE
HAUSEN

Bocholder

BOCHOLD

Haus Bergstr.

Straße

① ②

DORTMUND
BOCHUM

SCHLOSS
BORBECK

Altendorfer

Str.

KRUPP

⑧

7

FRILLENDORF

A 430

R

SCHÖNEBECK

Frintroper Str.

18

ALTENDORF

⑦

26

③

38

ehe
dtplan
LHEIM
BURG
HAUSEN

FROHN-
HAUSEN

33

Str.

32

r

Frohnhauser Str.

⑥

19

Steeler Str.

HUTTROP

13

27

HOLSTERHAUSEN

36

21

⑨

37

227

FULERUM

MARGARETHENHÖHE

Sommerburgstr.

31

e

GRUGA-
PARK

RÜTTENSCHEID

BERGER-
HAUSEN

Weserstr.

Westfalenstr.

BAHN (E 35-A 3)
ELDORF

Velauer Str.

HAARZOPF

Hatzper Straße

⑤④

Norbertstr.

41

STADION

Frankenstr.

SCHLOSS
SCHELLENBERG
STADTWALD

42

WUPPERTAL

S

ESSEN-
BREDENEY

Meisenburgstr.

44

VILLA
HÜGEL

Alfredstr.

Frankenstr.

Stadtwald-
platz

m

STADT-
WALD

Lerchenstr.

RUINE
ISENBURG

RELLINGHAUSEN
SCHELLENBERGER
WALD

Heisinger

Straße

U

8

HEISINGEN

A 52

BREDENEY

DÜSSELDORF

Schulrweg

BALDENEYSEE

Hardenbergufer

8

WERDEN

5

40

Hardenberger

12

15

12

29

28

34

Ruhrtalstr.

A

224

0   2 km

KETTWIG

WUPPERTAL
SOLINGEN

ESSEN

In Essen 11-Borbeck:

🏨 **Hotel am Schloßpark - Gasthof Krebs**, Borbecker Str. 180, ℰ 67 50 01, Biergarten —
📺 ☎ 🅿 🅴
R c
M *(wochentags nur Abendessen)* a la carte 30/52 — **12 Z : 22 B** 90/120 - 150/180.

In Essen 1-Bredeney :

🏨 **Scandic Crown Hotel Bredeney** ⌂, Theodor-Althoff-Str. 5, ℰ 76 90, Telex 857597, Fax
7693143, 🏤, 🚬s, 🔲, 🖼 — 🛗 ⇆ Zim 🍽 Rest 📺 🕭 🅿 — 🛆 25/350. 🖭 ⓞ 🅴 ⅤⅠⅯ. 🛠 Rest
Restaurants : — **Bisou M** a la carte 50/81 — **Rhapsody M** a la carte 40/64 — **293 Z : 370 B**
190/195 - 255 Fb.
S b

Fortsetzung →

255

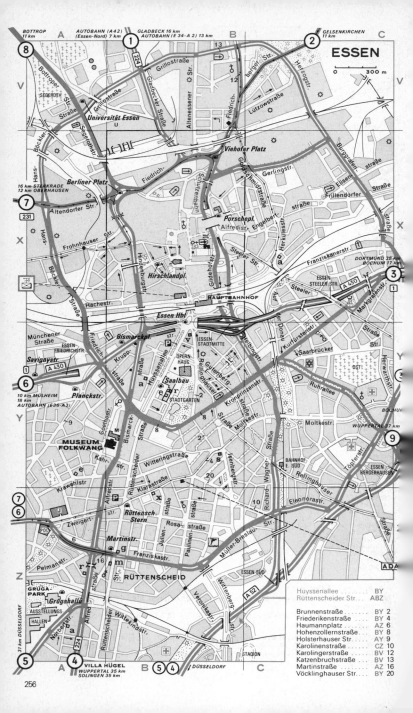

ESSEN

256

ESSEN

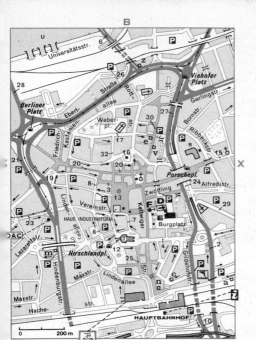

> En haute saison,
> et surtout dans les stations,
> il est prudent de
> retenir à l'avance

XXX **Parkhaus Hügel** mit Zim, Freiherr-vom-Stein-Str. 209, ℰ 47 10 91, Telex 8571190, Fax 221860, ≤, 🏤 – 📺 ☎ 🅿 – 🔏 25/60. 🆎 ⓞ 🗲 𝕍𝕀𝕊𝔸   S r
M a la carte 42/76 – **13 Z : 25 B** 95/110 - 150 Fb.

XX **Die schwarze Lene**, Baldeney 38, ℰ 44 23 51, ≤ Baldeneysee, 🏤 – 🅿. ⓞ 🗲 𝕍𝕀𝕊𝔸   S u
Donnerstag und 2. Jan.- 10. Feb. geschl. – **M** a la carte 36/74.

X **Seeterrassen Schloß Baldeney**, Freiherr-vom-Stein-Str. 386a, ℰ 47 20 86, ≤, 🏤 – 🅿   S s
Montag und 8. Jan.- 16. Feb. geschl. – **M** a la carte 33/62.

In Essen 17-Burgaltendorf SO : 12 km über Wuppertaler Str. S :

🏛 **Burg Mintrop** 🦢 garni, Schwarzensteinweg 81, ℰ 57 17 10, 🚔, 🔲, 🌳 – 📺 ☎ 🅿 –
🔏 30. 🆎 ⓞ 🗲 𝕍𝕀𝕊𝔸
40 Z : 60 B 100/155 - 150/205.

In Essen 1-Frohnhausen :

🏩 **Oehler** 🦢 garni, Liebigstr. 8, ℰ 70 53 27 – ☎ 🅿. ❄   R r
10. Dez.- 5. Jan. geschl. – **12 Z : 18 B** 60/70 - 86/96 Fb.

XX **Kölner Hof**, Duisburger Str. 20, ℰ 76 34 30 – 🆎 ⓞ 🗲 𝕍𝕀𝕊𝔸   R a
Montag - Dienstag 18 Uhr, Jan. und Juli - Aug. je 3 Wochen geschl. – **M** a la carte 40/79.

In Essen 18-Kettwig ④ : 11 km – ✆ 02054 :

🏰 ✿ **Schloß Hugenpoet** 🦢 (ehem. Wasserschloß), August-Thyssen-Str. 51 (W : 2,5 km),
ℰ 1 20 40, Telex 8579180, Fax 120450, 🏤, « Park, umfangreiche Gemäldesammlung », ❄
– 🛗 📺 ⇐⇒ 🅿 – 🔏 25/60. 🆎 ⓞ 🗲 𝕍𝕀𝕊𝔸. ❄ Rest
M a la carte 64/104 – **19 Z : 33 B** 190/335 - 245/365
Spez. Gänseleberparfait, Steinbutt und Hummer im Gemüsesud, Lammrücken mit Kräuterkruste.

🏛 ✿✿ **Romantik-Hotel Résidence** 🦢, Auf der Forst 1, ℰ 89 11, Telex 8579129, Fax 82501
– 📺 📺 🅿. 🆎 ⓞ 🗲 𝕍𝕀𝕊𝔸. ❄ Zim
1.- 10. Jan. geschl. – **M** *(Tischbestellung ratsam)* (nur Abendessen, Sonntag - Montag geschl.) a la carte 72/93 – **Benedikt** ⤬ *(Öffnungszeiten wie Hotelrestaurant)* **M** 110/135 –
18 Z : 33 B 150/250 - 200/350 Fb
Spez. Hummer auf Dicken Bohnen, Roulade von Lachs und Petersfisch, Quarkauflauf mit Zitrusfrüchten.

🏛 **Sengelmannshof** 🦢, Sengelmannsweg 35, ℰ 60 68, 🏤, 🚔 – 🛗 📺 ☎ ⇐⇒ 🅿 –
🔏 25/40. 🆎 ⓞ 🗲 𝕍𝕀𝕊𝔸
1.- 9. Jan. geschl. – **M** *(auch vegetarische Gerichte)* a la carte 29/65 – **26 Z : 42 B** 90/110 - 145/175 Fb.

🏛 **Schmachtenbergshof**, Schmachtenbergstr. 157, ℰ 89 33 — 📺 ☎ 🅿 — 🔬 40
M *(wochentags nur Abendessen, 5.- 26. Juli und Montag geschl.)* a la carte 24/42 — **27 Z :
44 B** 60/90 - 125/160 Fb.

XXXX ✿✿ **Ange d'or**, Ruhrallstr. 326, ℰ 23 07, 🍴 — 🅿. ᴬᴱ ⓞ 🄴 𝘝𝘐𝘚𝘈. ❄
nur Abendessen, 3.- 26. Juni, 23. Dez.- 10. Jan. und Sonntag - Montag geschl. — **M**
(Tischbestellung ratsam) 145 und a la carte 77/118
Spez. Getrüffelte Gänsestopflebersülze, Hummergerichte, Taube in Strudelteig.

In Essen 1-Margarethenhöhe :

X Bauer-Barkhoff (ehem. Bauernhaus a.d.J. 1825), Lehnsgrund 14a, ℰ 71 54 83, 🍴 — 🅿
R f

In Essen 1-Rellinghausen :

XXX **Kockshusen** (Fachwerkhaus a.d. 17. Jh.), Pilgrimsteig 51, ℰ 47 17 21, « Gartenterrasse »
— 🅿 — 🔬 25. ᴬᴱ ⓞ 🄴 𝘝𝘐𝘚𝘈
S m
Dienstag und Juni - Juli 3 Wochen geschl. — **M** a la carte 46/74.

In Essen 1-Rüttenscheid :

🏛 **Hotel an der Gruga** garni, Eduard-Lucas-Str. 17, ℰ 4 19 10, « Behagliche Einrichtung »
— 🛗 📺 ☎ 🅿
AZ a
43 Z : 50 B 96/120 - 168/190 Fb.

🏛 **Arosa**, Rüttenscheider Str. 149, ℰ 7 22 80, Telex 857354, Fax 7228100 — 🛗 🍽 📺 ☎ 🅿. ᴬᴱ
ⓞ 🄴 𝘝𝘐𝘚𝘈. ❄
BZ g
M 34 (mittags) und a la carte 47/73 — **68 Z : 85 B** 135/160 - 185/230 Fb.

🏛 **Ruhr - Hotel** garni, Krawehlstr. 42, ℰ 77 80 53, Fax 780283 — 🛗 📺 ☎
AY e
29 Z : 40 B 88/98 - 140/160 Fb.

🏛 **Behr's Parkhotel** garni, Alfredstr. 118, ℰ 77 90 95 — ☎ 🅿
AZ r
20 Z : 30 B 85/120 - 130/170.

🏛 **Rüttenscheider Hof**, Klarastr. 18, ℰ 79 10 51, Fax 792875 — 📺 ☎. ᴬᴱ ⓞ 🄴 𝘝𝘐𝘚𝘈
BZ x
M *(Mittwoch und Samstag bis 17 Uhr, Donnerstag und Juni - Juli 4 Wochen geschl.)* a la
carte 33/66 — **22 Z : 33 B** 95/98 - 160/170 Fb.

🏛 **Jung** garni, Wehmenkamp 1, ℰ 79 30 33, Fax 789352 — 🛗 📺 ☎. ᴬᴱ ⓞ 🄴 𝘝𝘐𝘚𝘈
BZ m
42 Z : 54 B 98/158 - 158/168 Fb.

XX **Silberkuhlshof**, Lührmannstr. 80, ℰ 77 32 67, « Gartenterrasse » — 🅿. ᴬᴱ ⓞ 🄴 𝘝𝘐𝘚𝘈
Montag und 1.- 20. Jan. geschl. — **M** a la carte 35/60.
R e

XX **Bonne auberge**, Witteringstr. 92, ℰ 78 39 99 — ᴬᴱ ⓞ 🄴 𝘝𝘐𝘚𝘈
BY s
Sonntag geschl. — **M** a la carte 45/69.

In Essen 16-Werden :

XXX **La Buvette**, An der Altenburg 30, ℰ 40 80 48 — 🅿. 🄴
S t
M a la carte 67/103.

XX **Zur Platte**, Weg zur Platte 73, ℰ 49 12 37, ⩽ Baldeneysee und Werden, 🍴 — 🅿. ᴬᴱ ⓞ
🄴 𝘝𝘐𝘚𝘈
S x
Montag geschl. — **M** 21/32 (mittags) und a la carte 34/69.

ESSEN, BAD 4515. Niedersachsen 𝟵𝟴𝟳 ⑭ — 12 400 Ew — Höhe 90 m — Sole-Heilbad — ✿ 05472
— 🔟 Kurverwaltung, Ludwigsweg 6, ℰ 8 33.
♦Hannover 133 — Bielefeld 54 — ♦Osnabrück 24.

🏛 **Haus Deutsch Krone** ⌇, Ludwigsweg 10, ℰ 8 61, Fax 4943, ⩽, 🍴, 🖇, 🔲,
Fahrradverleih — 🛗 📺 ☎ 🅿 — 🔬 25/100. ⓞ
M a la carte 22/50 — **74 Z : 166 B** 53/82 - 89/121 Fb — 6 Appart. 156/210.

🏛 **Park- und Tagungshotel** ⌇, Auf der Breede 1, ℰ 20 68, Fax 1434, ⩽, 🍴 — 🛗 📺 ☎ 🅿
— 🔬 100. ᴬᴱ ⓞ 🄴 𝘝𝘐𝘚𝘈
M a la carte 25/58 — **27 Z : 50 B** 65/75 - 100/120 Fb.

ESSING Bayern siehe Kelheim.

ESSINGEN 7087. Baden-Württemberg 𝟰𝟭𝟯 N 20 — 5 200 Ew — Höhe 520 m — Wintersport
500/700 m ≴3 ≵3 — ✿ 07365.
♦Stuttgart 70 — Aalen 6 — ♦Augsburg 126 — ♦Ulm (Donau) 68.

🏛 **Brauereigasthof Sonne**, Rathausgasse 17, ℰ 2 72 — 🚗 🅿. 🄴
Juli - Aug. 2 Wochen geschl. — **M** *(Freitag geschl.)* a la carte 25/38 — **21 Z : 29 B** 28/36 -
46/68.

ESSLINGEN AM NECKAR 7300. Baden-Württemberg 𝟰𝟭𝟯 KL 20, 𝟵𝟴𝟳 ㉟ — 87 500 Ew — Höh⚫
240 m — ✿ 0711 (Stuttgart).
Sehenswert : Altes Rathaus★ Y B.
🔟 Kultur- und Freizeitamt, Marktplatz 16 (Spaeth's Haus), ℰ 3 51 24 41.
ADAC, Hindenburgstr. 95, ℰ 31 10 72, Telex 7256472.
♦Stuttgart 14 ④ — Reutlingen 40 ③ — ♦Ulm (Donau) 80 ③.

ESSLINGEN
AM NECKAR

0 ——— 300 m

🏨 **Am Schelztor**, Schelztorstr. 5, ℰ 35 30 51, Telex 7256684, ⇋ – 🛗 📺 ☎. 🆔 ⓜ E 𝘝𝘐𝘚𝘈
   M *(nur Abendessen, Sonntag geschl.)* a la carte 31/50 – **33 Z : 65 B** 110 - 130/140.   Z e

🏨 **Rosenau**, Plochinger Str. 65, ℰ 31 63 97, Fax 3161344, ⇋, 🔲 – 🛗 📺 ☎ Ⓟ
   M *(nur Abendessen, Samstag und 4.- 27. Aug. geschl.)* a la carte 27/50 – **57 Z : 72 B** 80/115
   - 130/160 Fb.   Z

🏨 **Panorama-Hotel** garni, Mülberger Str. 66, ℰ 37 10 94, Fax 371096, ≤ – 🛗 ☎ Ⓟ. 🆔 ⓜ E
   𝘝𝘐𝘚𝘈
   23. Dez.- 7. Jan. geschl. – **35 Z : 43 B** 84/88 - 120/140 Fb.   Y a

🍴🍴 **Dicker Turm**, in der Burg (Zufahrt über Mülberger Str.), ℰ 35 50 35, ≤ Esslingen – 🛗 Ⓟ.
   🆔 ⓜ E 𝘝𝘐𝘚𝘈
   Sonntag 18 Uhr - Montag geschl. – **M** *(abends Tischbestellung ratsam)* a la carte 42/81.   Y d

🍴🍴 **Kupferschmiede**, Mittlere Beutau 43, ℰ 35 37 21 – 🆔 ⓜ E   Y c
   nur Abendessen, Sonntag, 1.- 8. Jan. und Aug. 3 Wochen geschl. – **M** *(abends
   Tischbestellung erforderlich)* a la carte 62/78.

In Esslingen-Berkheim ③ : 4 km :

🏠 **Linde**, Ruiter Str. 2, ℰ 34 53 18, Fax 3454125, ⇋, 🔲 (geheizt), 🔲, 🌳 – 🛗 📺 ☎ 🚗 Ⓟ.
   🆔 ⓜ E 𝘝𝘐𝘚𝘈. 🛏 Rest
   M *(Samstag und 22. Dez.- 10. Jan. geschl.)* a la carte 21/48 – **90 Z : 110 B** 40/140 - 78/190.

🏩 **Berkheimer Hof**, Kastellstr. 1, ℰ 3 45 16 07, 🌴 – Ⓟ
   M *(Samstag bis 15 Uhr geschl.)* a la carte 21/44 – **14 Z : 19 B** 48/79 - 76/106.

In Esslingen-Liebersbronn ① : 4 km :

🏨 **Jägerhaus**, Römerstr. 1, ℰ 37 12 69, ≤ Schwäbische Alb, « Gartenterrasse », ⇋ – 🛗 📺
   ☎ 🚗 Ⓟ E
   M a la carte 26/56 – **38 Z : 76 B** 95 - 120 Fb.

🏠 **Traube** ⑤, Im Gehren 6, ℰ 37 03 10, ⇋, 🔲 – 🛗 📺 ☎ Ⓟ. E
   Ende Juli - Mitte Aug. geschl. – **M** a la carte 27/52 – **72 Z : 117 B** 75/100 - 100/120 Fb.

259

In Esslingen-Sulzgries NW : 4 km über Geiselbachstraße Y :

XX **Hirsch**, Sulzgrieser Str. 114, ✆ 37 13 56 – P. AE ① VISA
Mittwoch - Donnerstag 17 Uhr geschl. – **M** a la carte 35/68.

In Esslingen - Zell ② : 4 km :

❂ **Zeller Zehnt**, Hauptstr. 97, ✆ 36 70 21, Telex 7256684, Fax 3702737, ≘s – |‡| TV ☎ ⇔ P. AE ① E VISA
Jan. 2 Wochen, Juli - Aug. 3 Wochen geschl. – **M** *(Samstag bis 18 Uhr sowie Sonn- und Feiertage geschl.)* 49/135 und a la carte 63/91 – **29 Z : 39 B** 100/120 - 130/160 Fb
Spez. Pasteten und Terrinen, Rehbockrücken im Netz mit Hagebuttensauce (Saison), Dessertteller.

ETTAL 8107. Bayern 413 Q 24, 426 ⑯ – 1 000 Ew – Höhe 878 m – Luftkurort – Wintersport : 2 – ✆ 08822 (Oberammergau).

Sehenswert : Benediktiner-Kloster.

Ausflugsziel : Schloß Linderhof* : Schloßpark** W : 9,5 km.

ℹ Verkehrsamt, Ammergauer Str. 8, ✆ 5 34.

♦München 88 – Garmisch-Partenkirchen 15 – Landsberg am Lech 62.

Benediktenhof ⛰, Zieglerstr. 1, ✆ 46 37, Telex 592460, ≤, 🏞, « Haus im bäuerlichen Barockstil » – ☎ ⇔ P. ✗ Zim
Nov.- 22. Dez. geschl. – **M** a la carte 33/59 – **18 Z : 34 B** 70 - 115/134.

Ludwig der Bayer, Kaiser-Ludwig-Platz 10, ✆ 66 01, Telex 592416, Fax 74480, 🏞, ≘s, ▣, 🐎, 🎾, Fahrradverleih – |‡| ☎ P – 🏛 30. ✗
5. Nov.- 22. Dez. geschl. – **M** a la carte 21/45 – **66 Z : 120 B** 65/85 - 90/180 Fb – 15 Fewo 60/130.

Zur Post, Kaiser-Ludwig-Platz 18, ✆ 5 96, 🏞 – TV ⇔ P. AE ① E VISA
20. Nov.- 20. Dez. geschl. – **M** *(Jan.- März geschl.)* a la carte 19/41 – **22 Z : 44 B** 70/85 - 90/160.

Blaue Gams ⛰, Vogelherdweg 12, ✆ 64 49, ≤, 🏞 – P
M a la carte 25/48 – **15 Z : 30 B** 40/100 - 70/140 - (Anbau mit 30 Z und ▣ ab Frühjahr 1990).

ETTENHAUSEN Bayern siehe Schleching.

ETTLINGEN 7505. Baden-Württemberg 413 HI 20, 987 ㉕㉟ – 37 000 Ew – Höhe 135 m – ✆ 07243.

ℹ Verkehrsamt im Schloß, ✆ 10 1221, Fax 101430.

♦Stuttgart 79 – Baden-Baden 36 – ♦Karlsruhe 8 – Pforzheim 30.

❂ **Erbprinz**, Rheinstr. 1, ✆ 1 20 71, Telex 782848, Fax 16471 – |‡| TV ⇔ P – 🏛 25/50. AE ① E
M um 40 (mittags) und a la carte 57/86 – **Weinstube Sibylla M** a la carte 35/56 – **49 Z : 76 B** 145/220 - 180/260 – 6 Appart. 330/350
Spez. Artischocken-Parfait mit Gänseleber, Lammgerichte, Rehrücken Badische Art.

Stadthotel Engel garni (siehe auch Weinstube zum Engele), Kronenstr. 13, ✆ 33 00, ≘s – |‡| TV ☎ ♿ P – 🏛 25/50. AE ① E VISA
68 Z : 110 B 110 - 135/198 Fb.

Holder, Forlenweg 18, ✆ 1 60 08, ≘s – ☎ P
(nur Abendessen für Hausgäste) – **30 Z : 42 B** Fb.

Sonne, Pforzheimer Str. 21, ✆ 1 22 15 – ⇔ P. E VISA
4.- 20. Dez. geschl. – **M** *(nur Abendessen, Mittwoch geschl.)* a la carte 19/49 🍷 – **24 Z : 45 B** 45/75 - 70/95.

XX **Weinstube zum Engele**, Kronenstr. 13, ✆ 1 28 52, bemerkenswerte Weinkarte – E
nur Abendessen, 1.- 7. Jan., 1.- 15. Juli und Sonntag geschl. – **M** a la carte 45/71.

XX **Ratsstuben**, Kirchenplatz 1, ✆ 1 47 54 – ① E VISA
M a la carte 35/65.

XX **Yasmin** (Chinesische Küche), Marktstr. 16 (1. Etage), ✆ 39 29 – E
M a la carte 25/50.

In Ettlingen 3-Spessart SO : 5 km :

Zum Strauß, Talstr. 2, ✆ 21 10, 🐎 – ⇔ P. ✗
M *(Montag geschl.)* a la carte 24/45 – **7 Z : 13 B** 35 - 65.

Spessarter Hof ⛰, Linienring 18, ✆ 24 98, 🏞 – P. AE. ✗ Zim
M *(Freitag geschl.)* a la carte 21/52 🍷 – **6 Z : 13 B** 30/36 - 60/68.

An der Autobahn A 5 (Anschlußstelle Ettlingen/Karlsruhe-Rheinhafen) NW : 2,5 km :

Scandic Crown Hotel, Am Hardtwald (Runder Plom), ✆ 7 10, Telex 7826615, Fax 71666, 🏞, Massage, ≘s, ▣, Fahrradverleih – |‡| ⇆ Zim ▤ TV ♿ P – 🏛 25/400. AE ① E VISA
✗ Rest
Stadtplan Karlsruhe AV
Restaurants : – **Smögen M** a la carte 44/78 – **Rhapsody M** a la carte 33/64 – **199 Z : 398 B** 190 - 250 Fb – 4 Appart. 420.

TZELWANG 8459. Bayern **408** R 18 — 1 500 Ew — Höhe 450 m — 🅖 09663.
München 195 — Amberg 27 — Hersbruck 14 — Nürnberg 49.

In Etzelwang-Lehendorf SW : 2 km :

🏨 Peterhof, *℘* (09154) 47 03 — 🅟
11 Z : 24 B.

Etzelwang-Lehenhammer SW : 2,5 km :

🏨 **Forellenhof**, *℘* (09154) 48 54, 🛬 — 🅟
↔ *16. Nov.- 6. Dez. geschl.* — **M** *(Dienstag geschl.)* a la carte 17/25 — **18 Z : 36 B** 26/30 - 48/56.

USKIRCHEN 5350. Nordrhein-Westfalen **987** ② — 45 000 Ew — Höhe 150 m — 🅖 02251.
Düsseldorf 78 — ◆Bonn 27 — Düren 30 — ◆Köln 41.

🏨 **Eifel-Hotel** garni, Frauenberger Str. 181, *℘* 50 10, Fax 73847, 🛬 — 🛗 ↔ 📺 ☎ ⚄ ⇐ 🅟
— 🅪 25. 🆎 ⚫ **E** 𝘝𝘐𝘚𝘈 %
25 Z : 50 B 80/90 - 110/135 Fb.

🏨 **Regent** 🦢 garni, Kirchwall 18, *℘* 44 66, 🛬 — 📺 ☎. 🆎 ⚫ **E**
21 Z : 34 B 45/70 - 85/100.

🏨 **Rothkopf**, Kommerner Str. 76 (B 56), *℘* 5 56 11, Fax 30 60 — 📺 ☎. 🆎 ⚫ **E** 𝘝𝘐𝘚𝘈
↔ **M** a la carte 18/55 — **26 Z : 52 B** 45/78 - 85/120 Fb.

UTIN 2420. Schleswig-Holstein **987** ⑥ — 16 300 Ew — Höhe 35 m — Luftkurort — 🅖 04521.
Fremdenverkehrsamt, Haus des Kurgastes, *℘* 31 55.
Kiel 44 — ◆Lübeck 40 — Oldenburg in Holstein 29.

🏨 **Romantik-Hotel Voss-Haus**, Vossplatz 6, *℘* 17 97, 🍴, « Historische Räume a. d.
18. Jh. » — 📺 ☎ 🅟 — 🅪 25/70. 🆎 ⚫ **E** 𝘝𝘐𝘚𝘈
M a la carte 41/69 — **15 Z : 32 B** 70/90 - 130/150 Fb.

🏨 **Residenz** garni, Albert-Mahlstedt-Str. 57a, *℘* 7 21 33, Telex 261314 — 🛗 ☎ 🚿 ⇐ 🅟. 🆎
⚫ **E** 𝘝𝘐𝘚𝘈
36 Z : 72 B 75 - 115 Fb.

🏨 **Wittler**, Bahnhofstr. 28, *℘* 26 22 — ☎ ⇐. 🆎 ⚫ **E**
M a la carte 30/47 — **29 Z : 58 B** 48/80 - 75/130.

In Eutin-Fissau N : 2,5 km :

🏨 **Wiesenhof** 🦢, Leonhardt-Boldt-Str. 25, *℘* 27 26, 🛬, 📕, 🌳 — ☎ 🚿 🅟. %
April - Okt. — *(nur Abendessen für Hausgäste)* — **35 Z : 60 B** 58/84 - 104/146 Fb.

XX **Fissauer Fährhaus**, Leonhardt-Boldt-Str. 8, *℘* 23 83, ◁, « Terrasse am See » — 🅟
Nov.- März Dienstag und 9. Jan.- 9. März geschl. — **M** a la carte 30/65.

In Eutin-Neudorf SW : 2 km :

🏨 Freischütz garni, Braaker Str. 1, *℘* 24 60, 🛬 — ☎ ⇐ 🅟
15 Z : 30 B.

In Eutin-Sielbeck N : 5,5 km :

🏨 **Uklei-Fährhaus**, Eutiner Str. 7 (am Kellersee), *℘* 24 58, ◁, « Terrasse am See », 🌳 —
↔ 🅟
Dez.- Jan. geschl. — **M** *(außer Saison Donnerstag geschl.)* a la carte 21/55 — **22 Z : 40 B**
50/75 - 95/130 — 6 Fewo 75/130 — ½ P 65/80.

An der Straße nach Schönwalde NO : 3 km :

XX **Redderkrug**, Am Redderkrug 5, ✉ 2420 Eutin, *℘* (04521) 22 32, ◁, 🍴 — 🅟 — 🅪 40
Nov.- März Donnerstag geschl. — **M** a la carte 22/50 — auch 22 Fewo 65/95.

XTERTAL 4923. Nordrhein-Westfalen — 13 100 Ew — Höhe 220 m — 🅖 05262.
Düsseldorf 221 — ◆Hannover 72 — Paderborn 64 — ◆Osnabrück 103.

In Extertal-Bösingfeld :

🏨 **Timpenkrug**, Mittelstr. 14, *℘* 22 20 — 📺 ☎ 🅟
↔ **M** a la carte 21/39 — **18 Z : 34 B** 38/48 - 58/68.

In Extertal-Linderhofe :

🏨 **Zur Burg Sternberg**, Sternberger Str. 37, *℘* 21 79, 🛬, 📕, 🌳, 🎯 ✗ — 🛗 📺 🅟 —
↔ 🅪 25/50
M a la carte 21/45 — **50 Z : 100 B** 41/64 - 70/108.

AHL Baden-Württemberg siehe Todtnau.

ALKAU Baden-Württemberg siehe Feldberg im Schwarzwald.

FALKENSTEIN KREIS CHAM 8411. Bayern **413** U 19 − 3 000 Ew − Höhe 627 m − Luftkuro
− Wintersport : 630/700 m ⚡1 ⚡1 − 🅶 09462.

🛈 Verkehrsamt im Rathaus, ℘ 2 44.

♦München 162 − Cham 21 − ♦Regensburg 40 − Straubing 29.

🏠 **Schröttinger Bräu**, Marktplatz 7, ℘ 3 21, Fax 1664, Biergarten − 🅿. 🆎 ⓪ 🅴
→ Nov. 2 Wochen geschl. − **M** (Okt. - Mai Montag geschl.) a la carte 16/39 − **25 Z : 45**
35/40 - 60/70.

🏠 **Café Schwarz** ⌂, Arracher Höhe 1, ℘ 2 50, <, 🇪🇸, 🔲, 🐎 − 🚗 🅿
Nov. geschl. − (Restaurant nur für Hausgäste) − **23 Z : 46 B** 34 - 68 − ½ P 39/41.

FALLINGBOSTEL 3032. Niedersachsen **987** ⑮ − 11 200 Ew − Höhe 45 m − Kneippheilba
− Luft- und Schrothkurort − 🅶 05162.

🄵₉ Fallingbostel-Tietlingen, ℘ (05162) 38 89.

🛈 Kurverwaltung, Sebastian-Kneipp-Platz 1, ℘ 30 83.

♦Hannover 59 − ♦Bremen 70 − ♦Hamburg 95 − Lüneburg 69.

🏠 **Berlin**, Düshorner Str. 7, ℘ 30 66, 🍴, 🐎 − 📺 ☎ 🚗 🅿. 🆎 ⓪ 🅴 🆚🆂🅰
M a la carte 33/50 − **20 Z : 38 B** 75/95 - 88/110 Fb − ½ P 60/111.

🏠 **Karpinski** garni, Kirchplatz 1, ℘ 30 41 − 📳 ☎ 🚗 🅿. ⓪ 🅴 🆚🆂🅰
Mitte Dez.- Mitte Jan. geschl. − **22 Z : 40 B** 52/60 - 86/92.

In Fallingbostel-Dorfmark NO : 7 km :

🏡 **Deutsches Haus**, Hauptstr. 26, ℘ (05163) 12 32, Biergarten, 🐎 − 🅿
→ **M** (Nov.- März Montag geschl.) a la carte 24/49 − **15 Z : 25 B** 30/45 - 60/80.

FARCHANT 8105. Bayern **413** Q 24. **426** ⑯ − 3 400 Ew − Höhe 700 m − Erholungsort
🅶 08821 (Garmisch-Partenkirchen).

🛈 Verkehrsamt im Rathaus, Am Gern 1, ℘ 67 55.

♦München 84 − Garmisch-Partenkirchen 4 − Landsberg am Lech 73.

🏨 **Apparthotel Farchanter Alm** ⌂, Esterbergstr. 37, ℘ 6 87 18, <, 🍴, 🇪🇸, 🔲, 🐎 − 🄳
→ ☎ 🚗 🅿
22. Okt.- 18. Dez. geschl. − **M** (Dienstag geschl.) a la carte 19,50/46 − **25 Z : 60 B** 72/85
116/130.

🏠 **Föhrenhof** ⌂, Frickenstr. 2, ℘ 66 40, 🍴, 🐎 − 📺 🅿
15.- 31. Jan., 19. April - 10. Mai und 15. Okt.- 20. Dez. geschl. − **M** (Montag geschl.) a
carte 24/45 − **18 Z : 31 B** 39/55 - 60/140.

🏠 **Gästehaus Zugspitz** garni, Mühldörflstr. 4, ℘ 67 29, <, 🇪🇸, 🐎 − ☎ 🅿. ⚡
ab Ostern 2 Wochen und 20. Nov.- 20. Dez. geschl. − **14 Z : 22 B** 40/45 - 80/85 Fb.

🏡 **Alter Wirt**, Bahnhofstr. 3, ℘ 62 38, 🍴 − 🅿
→ März 2 Wochen und Nov.- Dez. geschl. − **M** (Montag geschl.) a la carte 21/44
− **34 Z : 54 B** 33/45 - 61/80.

In Oberau 8106 NO : 4 km :

🏠 **Forsthaus**, Hauptstr. 1, ℘ (08824) 2 12, Biergarten, 🇪🇸, Fahrradverleih − ☎ 🚗 🅿. 🄰
→ ⓪ 🅴 🆚🆂🅰
Nov.- 20. Dez. geschl. − **M** (Dienstag geschl.) a la carte 18/43 − **33 Z : 64 B** 60/88 - 98/150.

FASSBERG 3105. Niedersachsen − 6 300 Ew − Höhe 60 m − 🅶 05055.

🛈 Verkehrsbüro in Müden, Hauptstr. 6, ℘ (05053) 3 29.

♦Hannover 87 − Celle 44 − Munster 14.

In Faßberg 2-Müden SW : 4 km − Erholungsort − 🅶 05053 :

🏨 **Zur Post**, Hauptstr. 7, ℘ 10 77, Fax 248, « Gartenterrasse », 🇪🇸 − 📺 ☎ 🚗 🅿 − 🔬 40
🅴 🆚🆂🅰. ⚡ Zim
Menu (Sonntag ab 15 Uhr geschl.) a la carte 32/62 − **34 Z : 55 B** 85/110 - 120/160 Fb.

🏨 **Zum Bauernwald** ⌂, Alte Dorfstr. 8, ℘ 5 88, Fax 1556, « Gartenterrasse », 🇪🇸, 🐎 − 🄳
☎ 🚗 🅿 − 🔬 30. 🆎 🅴. ⚡
Mitte Jan.- Feb. geschl. − **M** (Montag geschl.) a la carte 24/47 − **35 Z : 60 B** 70/90 - 110/12
Fb.

🏠 **Jägerhof** ⌂, Wietzendorfer Weg 19, ℘ 5 81, 🍴, 🐎, ⚡ − ☎ 🅿
26 Z : 52 B Fb.

🏠 **Herrenbrücke**, Am Schwimmbad (NO : 2 km), ℘ 5 92, 🍴, 🇪🇸 − ☎ 🅿 − 🔬 . 🆎 ⓪ 🅴 🆚🆂
40 Z : 80 B.

FAULENFÜRST Baden-Württemberg siehe Schluchsee.

EHMARN Schleswig-Holstein 🔟🟠🔟 ⑥ − Ostseeinsel, durch die Fehmarnsundbrücke★ (Auto ɪd Eisenbahn) mit dem Festland verbunden.

🚢 (Fähre), 𝒫 (04371) 21 68.

🚢 von Puttgarden nach Rodbyhavn/Dänemark.

Verkehrsamt in Burg, Rathaus, Markt 1, 𝒫 30 54.

Kurverwaltung in Südstrand, 𝒫 40 11.

Burg 2448 − 6 500 Ew − Ostseeheilbad − 🔴 04371.
◆Kiel 86 − ◆Lübeck 86 − Oldenburg in Holstein 31.

🏨 **Kurhotel Hasselbarth** 🍸, Sahrensdorfer Str. 39, 𝒫 23 22, Telex 29813, Bade- und Massageabteilung, 🔥, ☎, 🏖 − 📺 ☎ 🚗 🅿
(Restaurant nur für Hausgäste) − **15 Z : 23 B** 80/130 - 150/160 − ½ P 105.

✗✗ **Doppeleiche**, Breite Str. 32, 𝒫 99 20, 🏖 − 🆎 ⓸ 🄴 𝘝𝘐𝘚𝘈
8. Jan.- 2. März und 5.- 30. Nov. geschl., Okt.- Mai Dienstag Ruhetag − **M** a la carte 26/54.

In Burg-Burgstaaken :

🏨 **Schützenhof** 🍸, Menzelweg 2, 𝒫 96 02 − 📺 ☎ 🅿. 🄴 💱 Zim
◆ Anfang Jan.- Anfang Feb. geschl. − **M** *(Dienstag geschl.)* a la carte 21/44 − **32 Z : 58 B** 35/65 - 70/100 − ½ P 50/65.

In Burg-Südstrand :

🏨 **Intersol** 🍸, Südstrandpromenade, 𝒫 40 91, Fax 3765, ≤, 🏖, Fahrradverleih − 📶 📺 ☎ 🔥 🅿 − 🔥 50. ⓸ 🄴 𝘝𝘐𝘚𝘈
5. Jan.- Feb. geschl. − **M** a la carte 30/57 − **45 Z : 132 B** 144/224 - 159/259 Fb.

Landkirchen 2448 − 1 900 Ew − 🔴 04371.
Burg 7.

In Landkirchen-Neujellingsdorf :

✗✗ **Margaretenhof**, Dorfstraße, 𝒫 39 75 − 🅿
nur Abendessen.

Siehe auch : *Liste der Feriendörfer*

EILNBACH, BAD 8201. Bayern 🔟🟨🟨 T 23, 🟨🟨🟨 ⑱ − 6 000 Ew − Höhe 540 m − Moorheilbad 🔴 08066.

Kur- und Verkehrsamt, Bahnhofstr. 5, 𝒫 14 44, Fax 1602.

◀München 62 − Miesbach 22 − Rosenheim 19.

🏨 **Gästehaus Kniep** 🍸, Wendelsteinstr. 41, 𝒫 3 37, ≤, ☎, 🏖 − 🅿. 💱 Zim
(nur Mittagessen für Hausgäste) − **12 Z : 19 B**.

🏨 **Gundelsberg** 🍸, Gundelsberger Str. 9, 𝒫 2 19, ≤ Voralpenlandschaft, 🏖, 🏖 − 🚗 🅿
13 Z : 23 B.

In Bad Feilnbach - Au NW : 5 km :

✗✗ ✿ **Landgasthof zur Post** mit Zim, Hauptstr. 48, 𝒫 (08064) 7 42 − 🅿. 🄴
M *(Tischbestellung erforderlich)* (wochentags nur Abendessen, Sonntag 15 Uhr - Montag geschl.) 68/98 − **6 Z : 11 B** 45 - 90
Spez. Geflügelleberparfait, Lammfilet mit Gemüsen, Topfencreme mit verschiedenen Saucen.

ELDAFING 8133. Bayern 🔟🟨🟨 Q 23, 🔟🟠🔟 ㊲, 🟨🟨🟨 ⑰ − 4 900 Ew − Höhe 650 m − Erholungsort 🔴 08157.

Tutzinger Str. 15, 𝒫 70 05.

◀München 35 − Garmisch-Partenkirchen 65 − Weilheim 19.

🏨 **Kaiserin Elisabeth**, Tutzinger Str. 2, 𝒫 10 13, Telex 526408, Fax 539, ≤ Starnberger See, 🏖, « Park », 🏖, 💱 − 📶 ☎ 🚗 🅿 − 🔥 25/200. 🆎 ⓸ 🄴 𝘝𝘐𝘚𝘈. 💱 Rest
M a la carte 40/66 − **70 Z : 100 B** 70/160 - 130/280 Fb.

ELDBERG IM SCHWARZWALD 7828. Baden-Württemberg 🔟🟨🟨 H 23, 🔟🟠🔟 ㉞, 🟨🟨🟨 ⑤ − 600 Ew − Höhe 1 230 m − Luftkurort − Wintersport : 1 000/1 500 m ✂12 ✗3 − 🔴 07655.

◦hensswert : Fernsehturm ✳★★ − Bismarck-Denkmal ≤★★ − Feldsee★★ (3 km zu Fuß).

Kurverwaltung, Feldberg-Altglashütten, Kirchgasse 1, 𝒫 80 19.

◦tuttgart 170 − Basel 60 − Donaueschingen 45 − ◆Freiburg im Breisgau 43.

🏨 **Kur- und Sporthotel Feldberger Hof** 🍸, Am Seebuck 10, 𝒫 (07676) 3 11, Telex 7721124, ≤, Massage, ☎, 🎿, − 📶 📺 ☎ 🏓 🚗 🅿 − 🔥 35/60. 🆎 ⓸ 🄴 𝘝𝘐𝘚𝘈
M a la carte 26/56 − **75 Z : 150 B** 85/120 - 110/210 Fb − 15 Appart. 180/220 − 32 Fewo 90/180 − ½ P 85/150.

263

In Feldberg 1-Altglashütten — Höhe 950 m :

🏠 **Waldeck**, Windgfällstr. 19, ℘ 3 64, ≼, ♨, ✿ — ☎ ⇐ 🄿. ① 🄴 *VISA*. ❀ Zim
↔ *Nov.- Mitte Dez. geschl.* — **M** *(Mittwoch geschl.)* a la carte 21/53 — **20 Z : 36 B** 45/50 - 64/8
Fb.

🏠 **Pension Schlehdorn**, Sommerberg 1 (B 500), ℘ 5 64, ≼, ≘s, ✿ — ⇐ 🄿
(Restaurant nur für Hausgäste) — **16 Z : 31 B** 45/50 - 80/100 — ½ P 55/65.

🏠 **Sonneck**, Schwarzenbachweg 5, ℘ 2 11, ✿ — 🄿
↔ *Nov.- 15. Dez. geschl.* — **M** *(Dienstag geschl.)* a la carte 21/42 — **17 Z : 30 B** 45 - 80/83.

🏡 **Seehof**, Am Windgfällweiher (SO : 1,5 km), ℘ 2 55, 🏠 — 🄿
11 Z : 20 B Fb.

In Feldberg 2-Bärental — Höhe 980 m :

🏠 **Adler** (ehemaliges Bauernhaus a.d.J. 1840), Feldbergstr. 4 (B 317), ℘ 12 42, Fax 1228 — 🄳
☎ ⇐ 🄿. 🄰🄴 ① 🄴 *VISA*
M *(Dienstag geschl.)* a la carte 22/52 ⅃ — **13 Z : 26 B** 60/70 - 100/140 Fb.

🏠 **Hubertus**, Panoramaweg 9, ℘ 5 36, ≼, ✿ — ⇐ 🄿
(nur Abendessen für Hausgäste) — **12 Z : 25 B** 40/48 - 76 — ½ P 58/68.

In Feldberg 4-Falkau — Höhe 950 m :

🏠 **Peterle** ❦, Schuppenhörnlestr. 18, ℘ 6 77, ≼, ✿ — 📺 ⇐ 🄿. 🄴
↔ *Mitte Nov.- Mitte Dez. geschl.* — **M** *(auch vegetarische Gerichte)* (Donnerstag geschl.) a
carte 21/48 ⅃ — **12 Z : 22 B** 34/45 - 68/72 Fb.

FELDKIRCHEN Bayern siehe München.

FELDKIRCHEN-WESTERHAM 8152. Bayern 🐵🐵🐵 S 23 — 6 000 Ew — Höhe 551 m — ✿ 08063.
♦München 37 — Rosenheim 24.

Im Ortsteil Feldkirchen :

🏠 **Mareis**, Münchner Str. 10, ℘ 97 30, Fax 97385, 🏠, ≘s, 🔲 — 🕴 ☎ ⇐ 🄿 — 🚗 25/60. 🄰
① 🄴
1.- 7. Jan. und 25. Feb.- 4. März geschl. — **M** *(Sonntag ab 15 Uhr geschl.)* a la carte 26/5
(auch vegetarische Gerichte) — **62 Z : 96 B** 54/68 - 90/110 Fb.

Im Ortsteil Westerham :

🏡 **Schäffler**, Miesbacher Str. 23, ℘ 2 03 — ⇐ 🄿. ❀ Zim
↔ *Feb. geschl.* — **M** *(Dienstag - Mittwoch geschl.)* a la carte 17/34 — **16 Z : 27 B** 30/40 - 60.

Im Ortsteil Aschbach NW : 3 km ab Feldkirchen :

XX **Berggasthof Aschbach** mit Zim, ℘ 90 91, ≼, 🏠 — ☎ 🄿. 🄴 *VISA*
5. Feb.- 3. März geschl. — **M** *(Montag geschl.)* a la carte 25/60 — **9 Z : 18 B** 57/66 - 90/100.

FELDSEE Baden-Württemberg. Sehenswürdigkeit siehe Feldberg.

FELLBACH Baden-Württemberg siehe Stuttgart.

FELLINGSHAUSEN Hessen siehe Biebertal.

FENSTERBACH Bayern siehe Schwarzenfeld.

FEUCHT 8501. Bayern 🐵🐵🐵 Q 18, 🐵🐵🐵 ⑳ — 11 500 Ew — Höhe 361 m — ✿ 09128.
Siehe Nürnberg (Umgebungsplan).
♦München 153 — ♦Nürnberg 17 — ♦Regensburg 95.

🏠 **Bauer** garni, Schwabacher Str. 25b, ℘ 29 33 — 🕴 ☎ ⇐ 🄿. 🄴   CT
36 Z : 55 B 35/50 - 60/110.

🏡 **Bernet**, Marktplatz 6, ℘ 33 07   CT
11 Z : 19 B.

An der Autobahn A 9 SW : 2 km :

🏠 **Rasthaus und Motel Nürnberg-Feucht**, Ostseite, ✉ 8501 Feucht, ℘ (09128) 34 44 — ⇐ 🄿
58 Z : 110 B.   CT

Cartes routières Michelin pour l'Allemagne :

n° 🐵🐵🐵 à 1/750.000

n° 🐵🐵🐵 à 1/1.000.000

n° 🐵🐵🐵 à 1/400.000 (Rhénanie-Westphalie, Rhénanie-Palatinat Hesse, Sarre)

n° 🐵🐵🐵 à 1/400.000 (Bavière et Bade-Wurtemberg)

EUCHTWANGEN 8805. Bayern 🔲🔲🔲 NO 19, 🔲🔲🔲 ⊛ − 10 500 Ew − Höhe 450 m − Erholungsort − ✿ 09852.

Verkehrsbüro, Marktplatz 1, 𝒫 9 04 44.

München 171 − Ansbach 25 − Schwäbisch Hall 52 − ◆Ulm (Donau) 115.

🏨 **Romantik-Hotel Greifen-Post**, Marktplatz 8, 𝒫 20 02, Telex 61137, Fax 4841, « Geschmackvolle Einrichtung », ≋, 🔲, Fahrradverleih − 🛗📺 ☎ ⇦. 🆎 ⓪ Ε 𝘝𝘐𝘚𝘈
M *(2. Jan.- 3. Feb. geschl.)* 49/89 − **35 Z : 60 B** 90/110 - 150/200 Fb − 3 Appart. 250/380 − ½ P 110/225.

🏠 **Wilder Mann**, Ansbacher Berg 2, 𝒫 7 19 − ❷
➡ *Ende Aug.-Mitte Sept. geschl.* − **M** *(Donnerstag geschl.)* a la carte 16/26 ⅛ − **13 Z : 26 B** 38 - 68 − ½ P 44.

🏠 **Lamm**, Marktplatz 5, 𝒫 5 00 − ☎
➡ **M** *(Dienstag geschl.)* a la carte 17,50/33 − **8 Z : 15 B** 45/60 - 70/80.

🏠 **Ballheimer**, Ringstr. 57, 𝒫 91 82, Biergarten, 🌳 − ⇦ ❷
➡ **M** *(Donnerstag bis 18 Uhr geschl.)* a la carte 17/29 ⅛ − **14 Z : 22 B** 39/49 - 59/69.

In Feuchtwangen-Dorfgütingen N : 6 km :

🏠 **Landgasthof Zum Ross**, Dorfgütingen 37, 𝒫 99 33, Biergarten, ≋, ✗ − 📺 ⇦ ❷
➡ 17.- 24. Nov. und 23. Dez.- 17. Jan. geschl. − **M** *(Mai - Aug. Dienstag, Sept.- April Freitag geschl.)* a la carte 21/49 − **12 Z : 22 B** 49 - 74/86.

In Feuchtwangen-Wehlmäusel SO : 7 km :

🏡 **Pension am Forst** ⑊, Wehlmäusel 4, 𝒫 (09856) 5 14, ≋, 🌳 − ⇦ ❷
➡ **M** *(Dienstag geschl.)* a la carte 14,50/37 − **21 Z : 41 B** 33/45 - 59/66.

ICHTELBERG 8591. Bayern 🔲🔲🔲 S 16, 17 − 2 800 Ew − Höhe 684 m − Luftkurort − 'intersport : 700/1 024 m ≰1 ⨅5 − ✿ 09272.

Verkehrsamt im Rathaus, Bayreuther Str. 4, 𝒫 3 53.

München 259 − Bayreuth 30 − Marktredwitz 21.

🏨 **Schönblick** ⑊, 4 27, 𝒫 3 08, ≋, 🔲, 🌳 − ☎ ⇦ ❷ − 🔏
48 Z : 100 B Fb − 4 Fewo.

In Fichtelberg-Neubau NW : 2 km :

🏠 **Waldhotel am Fichtelsee** ⑊, 𝒫 4 66, ≤, 🏔, 🌳 − ☎ ❷
➡ 26. März- 7. April und 29. Okt.- 15. Dez. geschl. − **M** a la carte 19/35 − **18 Z : 35 B** 42 - 76/84.

🏡 **Specht**, Fichtelberger Str. 41, 𝒫 4 11, 🏔, 🌳 − ❷
26 Z : 48 B.

ILDERSTADT 7024. Baden-Württemberg 🔲🔲🔲 K 20 − 37 000 Ew − Höhe 370 m − ✿ 0711.

Stuttgart 16 − Reutlingen 25 − ◆Ulm (Donau) 80.

In Filderstadt 1-Bernhausen :

🏨 **Schumacher** garni, Volmarstr. 19, 𝒫 70 30 83, Fax 704420 − 🛗 ☎ ⅙ ⇦
25 Z : 31 B 85 - 120 Fb.

✗✗ **Schwanen**, Bernhäuser Hauptstr. 36, 𝒫 70 69 54
M a la carte 27/56.

In Filderstadt 4-Bonlanden :

🏨 **Am Schinderbuckel**, Bonländer Hauptstr. 145 (nahe der B 312), 𝒫 77 10 36, Telex 7255837, Fax 772095, 🏔, ≋, 🔲 − 🛗 📺 ❷ − 🔏 25/100. 🆎 ⓪ Ε 𝘝𝘐𝘚𝘈
M a la carte 39/84 − **121 Z : 135 B** 143/210 - 178/245 Fb.

INNENTROP 5950. Nordrhein-Westfalen 🔲🔲🔲 ⊛ − 17 400 Ew − Höhe 230 m − ✿ 02721 revenbrück).

Düsseldorf 130 − Lüdenscheid 43 − Meschede 46 − Olpe 25.

In Finnentrop 1-Bamenohl SO : 2 km :

🏠 **Cordes**, Bamenohler Str. 59, 𝒫 7 07 36 − ☎ ⇦ ❷ − 🔏 25/75. 🆎 Ε. ✼ Rest
➡ **M** *(Dienstag geschl.)* a la carte 27/55 − **10 Z : 18 B** 45/54 - 90/108.

In Finnentrop-Fretter NO : 7 km :

🏠 **Ruttke** ⑊, Am Weingarten 23, 𝒫 (02724) 7 65, ≋, 🌳, Skiverleih − ❷
10 Z : 19 B.

In Finnentrop 13-Rönkhausen N : 7 km :

🏠 **Im stillen Winkel** ⑊, Kapellenstr. 11, 𝒫 (02395) 3 71 − 📺 ☎ ❷. ⓪ Ε 𝘝𝘐𝘚𝘈
➡ **M** *(Donnerstag geschl.)* 17/22 (mittags) und a la carte 30/48 − **9 Z : 15 B** 55/70 - 90/120.

INSTERAU Bayern siehe Mauth.

FISCHACH 8935. Bayern 四13 OP 22 − 3 700 Ew − Höhe 490 m − ⓒ 08236.
◆München 90 − ◆Augsburg 22 − ◆Ulm (Donau) 73.

　　ХХ **Zur Posthalterei** mit Zim, Poststr. 14, ℰ 15 57, Biergarten − ☎ ℗. ⓪
　　M *(Donnerstag geschl.)* a la carte 22/43 − **9 Z : 14 B** 35 - 65.

FISCHBACH Saarland siehe Quierschied.

FISCHBACH KREIS HOCHSCHWARZWALD Baden-Württemberg siehe Schluchsee.

FISCHBACHAU 8165. Bayern 四13 S 23, 四2 6 ⑩ − 4 700 Ew − Höhe 771 m − Erholungsort
Wintersport : 770/900 m ≰1 ≰7 − ⓒ 08028.
𝔹 Verkehrsamt, Rathaus, Kirchplatz 10, ℰ 8 76.
◆München 72 − Miesbach 18.

　　In Fischbachau-Birkenstein O : 1 km :

　　🏠 **Oberwirt** ⑤, Birkensteinstr. 91, ℰ 8 14, 🍴 − ⇔ ℗
　　←　15.- 30. Jan. und 15. Nov.- 15. Dez. geschl. − **M** *(Mittwoch geschl.)* a la carte 18/42 − **18 Z**
　　36 B 29/54 - 58/72 − ½ P 39/46.

　　In Fischbachau-Winkl N : 1 km :

　　Х **Café Winklstüberl** mit Zim, Leitzachtalstr. 68, ℰ 7 42, « Gemütliche Bauernstube》
　　←　Sammlung von Kaffeemühlen, Gartenterrasse mit ≼ » − ℗
　　M a la carte 16/40 − **8 Z : 14 B** 25/30 - 50/60.

FISCHBACHERHÜTTE Rheinland-Pfalz siehe Niederfischbach.

FISCHBACHTAL 6101. Hessen 四13 J 17 − 2 500 Ew − Höhe 300 m − ⓒ 06166.
◆Wiesbaden 72 − ◆Darmstadt 25 − ◆Mannheim 57.

　　In Fischbachtal 2-Lichtenberg − Erholungsort :

　　ХХХ ❀ **Landhaus Baur** ⑤ mit Zim (ehem. Villa in einem kleinen Park, auch Gästehaus mit 🎇
　　🍴), Lippmannweg 15, ℰ 83 13, ≼, 🍴, 🌺 − 📺 ℗. 🛇 Rest
　　über Fasching 2 Wochen und Nov. 1 Woche geschl. − **M** *(Tischbestellung ratsam)* (Monta
　　geschl.) um 130 und a la carte 66/86 − **10 Z : 20 B** 70/100 - 100/140
　　Spez. Gefülltes Schnitzel vom Odenwälder Zicklein (Frühling), Bachkrebse in Dickmilch mit Gartengurke
　　(Sommer), Gefüllte Kapaunbrust mit Gänseleberspätzle (Winter).

FISCHEN IM ALLGÄU 8975. Bayern 四13 N 24, 9 8 7 ⑧, 四2 6 ⑮ − 2 700 Ew − Höhe 760 m
Luftkurort − Wintersport : 760/1 665 m ≰3 ≰4 − ⓒ 08326.
𝔹 Verkehrsamt, Am Anger 15, ℰ 18 15.
◆München 157 − Kempten (Allgäu) 33 − Oberstdorf 6.

　　🏠🏠 **Rosenstock**, Berger Weg 14, ℰ 18 95, 🍴, ⇔, 🔲, 🌺 − 📶 📺 ☎ ℗. 🛇
　　3. Nov.- 17. Dez. geschl. − (Restaurant nur für Hausgäste) − **42 Z : 70 B** 69/82 - 107/164 F
　　− ½ P 66/94.

　　🏠🏠 **Burgmühle** ⑤, Auf der Insel 4a, ℰ 73 52, ⇔, 🌺 − ⤺ Zim 📺 ☎ ⇔ ℗. 🛇
　　Mitte Nov.- Mitte Dez. geschl. − (nur Abendessen für Hausgäste) − **26 Z : 46 B** 58/110
　　106/146 − 3 Appart. 200.

　　🏠 **Café Haus Alpenblick** ⑤, Maderhalmer Weg 10, ℰ 3 37, ≼, 🌺 − ⇔ ℗. 🛇
　　23. April - 4. Mai und 22. Okt.- 18. Dez. geschl. − (nur Abendessen für Hausgäste) − **21 Z**
　　36 B 47/60 - 90/94 Fb − ½ P 60/65.

　　🏨 **Münchner Kindl**, Hauptstr. 11, ℰ 3 89, 🌺 − ℗
　　←　2. Nov.- Mitte Dez. geschl. − **M** *(Donnerstag geschl.)* a la carte 19/32 − **16 Z : 31 B** 44/49
　　86/96 − 12 Fewo 65/90.

　　🏨 **Krone**, Auf der Insel 1, ℰ 2 87, 🍴 − ℗
　　←　Mitte Nov.- 20. Dez. geschl. − **M** *(Montag 14 Uhr - Dienstag geschl.)* a la carte 16/46 ·
　　16 Z : 28 B 32/52 - 60/74.

　　In Fischen-Berg :

　　🏠 **Kaserer-Zacher** ⑤, Gundelsberger Weg 7, ℰ 4 17, ≼, 🌺 − ⇔ ℗. 🛇
　　25. März - 6. April und 28. Okt.- 20. Dez. geschl. − (nur Abendessen für Hausgäste) − **32 Z**
　　56 B 34/64 - 80/92.

　　In Fischen-Langenwang S : 3 km :

　　🏠🏠 **Kur- und Sporthotel Sonnenbichl** ⑤, Sägestr. 19, ℰ 18 51, ≼, 🍴, Bade- un
　　Massageabteilung, ⏦, ⇔, 🔲, 🌺, ℀ − 🍴 ☵ ℗. 🛇 Zim
　　Nov.- 20. Dez. geschl. − **M** *(auch Diät)* a la carte 25/42 − **53 Z : 100 B** 57/96 - 114/160 Fb ·
　　½ P 70/91.

　　🏠 **Café Frohsinn** ⑤, Wiesenweg 4, ℰ 18 48, ≼, Bade- und Massageabteilung, ⇔, 🔲, 🌺
　　− 📶 ℗. 🛇 Rest
　　Nov.- 20. Dez. geschl. − **M** *(Abendessen nur für Hausgäste, Montag geschl.)* a la car
　　24/43 − **60 Z : 106 B** 47/67 - 94/138 Fb − ½ P 57/87.

In Fischen-Maderhalm :

🏨 **Kur- und Sporthotel Tanneck** ॐ, Maderhalmer Weg 20, ℘ 99 90, Fax 999133, ⋜ Fischen und Allgäuer Berge, 🍴, Bade- und Massageabteilung, ♨, ≘s, 🔲, 🛁, ⚒ – 🛗 📺 ⟷ ⓟ – 🏂 40. 🅰🅴
2. Nov.- 19. Dez. geschl. – (Rest. nur für Hausgäste) – **63 Z : 110 B** 102/123 - 164/282 Fb – 3 Appart. 310.

🏠 **Café Maderhalm** ॐ, Maderhalmer Weg 19, ℘ 2 56, ⋜ Fischen und Allgäuer Berge, 🍴 ⟷ – ⟷ ⓟ. 🅰🅴 **E**. ⚒ Zim
1.- 11. Mai und Nov.- 24. Dez. geschl. – **M** (Mittwoch 14 Uhr - Donnerstag geschl.) a la carte 21/44 – **15 Z : 25 B** 46/68 - 88.

In Obermaiselstein 8975 W : 3 km :

🏨 **Berwanger** ॐ, Niederdorf 11, ℘ (08326) 18 55, ⋜, ≘s, 🛁 – 🛗 ☎ ⓟ
23. April- 14. Mai und 6. Nov.- 19. Dez. geschl. – **M** (Donnerstag geschl.) a la carte 28/56 – **26 Z : 52 B** 59/63 - 110/120 Fb – ½ P 63/67.

🏠 **Café Steiner** ॐ, Niederdorf 21, ℘ (08326) 4 90, ⋜, 🛁 – ⓟ
Nov.- Mitte Dez. geschl. – (Restaurant nur für Hausgäste) – **13 Z : 24 B** 37/39 - 74/80 Fb – ½ P 54/59.

FISCHERBACH 7612. Baden-Württemberg 🄐🄑🄓 H 22, 🄘🄘🄘 ㉘ – 1 600 Ew – Höhe 220 m – Erholungsort – ✪ 07832 (Haslach im Kinzigtal).
Stuttgart 149 – ◆Freiburg im Breisgau 51 – Freudenstadt 50 – Offenburg 33.

🏨 Krone ॐ, Vordertalstr. 17, ℘ 29 97, 🍴, 🛁 – 🛗 ♿ ⓟ. ⚒ Zim – **20 Z : 36 B**.

Außerhalb N : 7 km, Zufahrt über Hintertal – Höhe 668 m :

🏠 **Nillhof** ॐ, Hintertal 29, ✉ 7612 Fischerbach, ℘ (07832) 25 00, ⋜ Schwarzwald, 🍴, ≘s, ⟷ 🛁 – ☎ ⟷ ⓟ. 🅰🅴 ⓞ **E**
M a la carte 18/50 ♿ – **17 Z : 29 B** 40/55 - 88/110 Fb – ½ P 50/65.

FISCHINGEN Baden-Württemberg siehe Eimeldingen.

FISSAU Schleswig-Holstein siehe Eutin.

FLADUNGEN 8741. Bayern 🄐🄑🄓 N 15, 🄘🄗🄗 ㉖ – 2 400 Ew – Höhe 416 m – ✪ 09778.
Verkehrsamt, Rathaus, Marktplatz, ℘ 80 21.
München 377 – ◆Bamberg 107 – Fulda 40 – ◆Würzburg 109.

🏠 **Sonnentau** ॐ, Wurmbergstr. 1 (NO : 1,5 km), ℘ 3 92, ⋜, ≘s, 🛁 – ⟷ ⓟ
18 Z : 36 B – 2 Fewo.

An der Hochrhönstraße NW : 6 km – Höhe 785 m :

🏠 Sennhütte ॐ, ✉ 8741 Fladungen, ℘ (09778) 2 27, ⋜, 🛁 – ⓟ – **17 Z : 37 B**.

FLAMMERSFELD 5232. Rheinland-Pfalz – 1 000 Ew – Höhe 270 m – Luftkurort – ✪ 02685.
Verkehrsverein, Raiffeisenstr. 4 (Raiffeisenbank), ℘ 10 11.
Mainz 119 – ◆Koblenz 45 – ◆Köln 66 – Limburg an der Lahn 60.

🏠 **Bergischer Hof**, Rheinstr. 37, ℘ 4 49, 🛁 – ⟷ ⓟ
Jan. 3 Wochen geschl. – **M** a la carte 17/34 – **17 Z : 25 B** 30/40 - 60/80 – ½ P 40/48.

In Rott 5232 SW : 2 km :

🏠 **Zur Schönen Aussicht** ॐ, Hauptstr. 17, ℘ (02685) 3 44, « Garten », ≘s, 🔲, 🛁 – 📺 ⓟ
Nov.- 15. Dez. geschl. – (Restaurant nur für Hausgäste) – **18 Z : 30 B** 42/47 - 84/100.

FLECK Bayern siehe Lenggries.

FLECKEBY 2334. Schleswig-Holstein – 1 400 Ew – Höhe 20 m – ✪ 04354.
Kiel 38 – Eckernförde 10 – Schleswig 13.

In Hummelfeld-Fellhorst 2334 S : 5 km :

🏠 Sport- und Tagungshotel Fellhorst ॐ, ℘ (04354) 7 21, Telex 29539, 🍴, ≘s, 🔲, 🛁, ⚒ – ☎ ⓟ – 🏂 – **26 Z : 52 B** Fb.

FLECKL Bayern siehe Warmensteinach.

FLEIN Baden-Württemberg siehe Heilbronn.

FLENSBURG 2390. Schleswig-Holstein 🄘🄗🄗 ⑤ – 86 000 Ew – Höhe 20 m – ✪ 0461.
Sehenswert : Städtisches Museum★ – Nikolaikirche (Orgel★) – Flensburger Förde★ Y
Verkehrsverein, Norder Str. 6, ℘ 2 30 90.
ADAC, Robert-Koch-Str. 33, ℘ 5 30 33, Notruf ℘ 1 92 11.
Kiel 88 ③ – ◆Hamburg 158 ③.

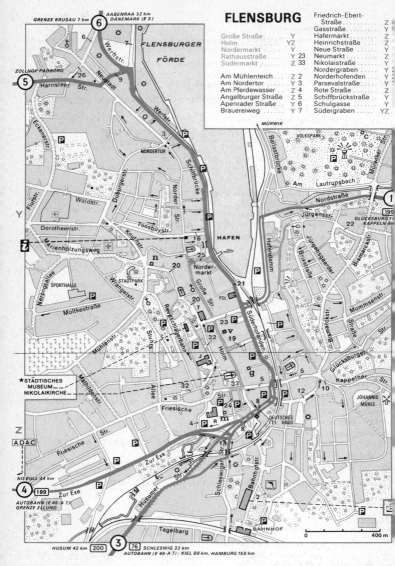

FLENSBURG

🏨 **Flensburger Hof**, Süderhofenden 38, 𝒫 1 73 20, Telex 22594, Fax 17331 – 🛗 📺 ☎ 🚗
AE Ⓞ E VISA
M *(nur Abendessen, Sonntag geschl.)* a la carte 25/48 – **28 Z : 50 B** 120/130 - 170 Fb.   Z

🏨 **Am Wasserturm** 🏖, Blasberg 13, 𝒫 3 60 71, Telex 22580, Fax 312287, ⇔, 🔲, 🚗 – 🖸
☎ 🅿 AE Ⓞ E VISA. 🍴 Rest
M a la carte 28/53 – **36 Z : 53 B** 70/100 - 110/140 Fb.   Y

🏨 **Am Rathaus** garni, Rote Str. 32, 𝒫 1 73 33 – 🛗 ☎ 🅿 E   Z
22. Dez.- 4. Jan. geschl. – **44 Z : 65 B** 80/95 - 130/135.

🏨 Am Stadtpark, Nordergraben 70, 𝒫 2 49 00   Y
22 Z : 30 B.

268

XX **Stadtrestaurant im Deutschen Haus**, Bahnhofstr. 15, ℰ 2 35 66 — ℗ — 🏛 25/500. 🆎
⓪ ⋿ 𝘝𝘐𝘚𝘈   Z
Sonntag geschl. — **M** a la carte 28/53.

X **Borgerforeningen**, Holm 17, ℰ 2 33 85, 🍴 — ℗ — 🏛 30/200. 🆎 ⓪ ⋿ 𝘝𝘐𝘚𝘈   Y **v**
Sonntag geschl. — **M** a la carte 24/55.

In Harrislee 2398 ⑤ : 3,5 km :

🏠 **Nordkreuz**, Süderstr. 12, ℰ (0461) 7 30 35 — 📺 ☎ ℗. 🆎 ⓪ ⋿
M a la carte 28/56 — **17 Z : 36 B** 48/75 - 75/104 Fb.

In Harrislee-Wassersleben 2398 ⑥ : 5 km :

🏠 **Wassersleben**, Wassersleben 4, ℰ (0461) 7 20 85, ≤, 🍴 — 📺 ☎ ℗. 🆎 ⋿ 𝘝𝘐𝘚𝘈
M a la carte 30/55 — **25 Z : 50 B** 80/110 - 135.

In Oeversee 2391 ③ : 9 km an der B 76 :

🏨 **Historischer Krug**, ℰ (04630) 3 00, Telex 22714, Massage, ≦੦, 🏊, 🐎 — 📺 ☎ 🔥 ℗ —
🏛 40. 🆎 ⓪ ⋿ 𝘝𝘐𝘚𝘈. 🕸 Rest
M a la carte 54/83 — **49 Z : 90 B** 69/79 - 119/197 Fb.

FLINTSBACH AM INN 8201. Bayern 🇦🇧🇨 T 23 — 2 200 Ew — Höhe 496 m — Luftkurort —
✪ 08034.
🎫 Verkehrsamt, Rathaus, Kirchstr. 9, ℰ 4 13.
◆München 73 — Rosenheim 18.

🏠 **Dannerwirt** 🕸, Kirchplatz 4, ℰ 20 17 — ☎ ℗
28 Z : 50 B.

FLÖRSHEIM 6093. Hessen 🇦🇧🇨 I 16 — 16 600 Ew — Höhe 95 m — ✪ 06145.
◆Wiesbaden 21 — ◆Darmstadt 28 — ◆Frankfurt am Main 29 — Mainz 15.

🏠 **Herrnberg**, Bürgermeister-Lauck-Str., ℰ 20 11, Telex 4064352 — 🛗 ↭ Zim 📺 ☎ ⇦ ℗
— 🏛 25. 🆎 ⓪ ⋿ 𝘝𝘐𝘚𝘈
M *(Montag und Samstag jeweils bis 18 Uhr, Sonntag ab 15 Uhr geschl.)* a la carte 27/45 —
36 Z : 66 B 80/115 - 115/145 Fb.

FÖCKINGHAUSEN Nordrhein-Westfalen siehe Bestwig.

FÖHR (Insel) Schleswig-Holstein 🇦🇧🇨 ④ Insel der Nordfriesischen Inselgruppe — Seebad.
🚠 Nieblum, ℰ (04681) 32 77.
🚢 von Dagebüll (ca. 45 min). Für PKW Voranmeldung bei Wyker Dampfschiffs-Reederei GmbH
in Wyk, ℰ (04681) 80 40.
◆Kiel 126 — Flensburg 57 — Niebüll 15.

Süderende 2270 — 150 Ew — ✪ 04683

🏨 **Landhaus Altes Pastorat** 🕸, ℰ 2 26, « Garten », 🐎, Fahrradverleih — ↭ Rest 📺 ☎
℗. 🕸
Mai - Sept. — *(nur Abendessen für Hausgäste, für Passanten Voranmeldung erforderlich)* —
5 Z : 10 B (nur ½ P) 220 - 400/440.

Wyk 2270 — 4 500 Ew — Heilbad — ✪ 04681.
🎫 Städt. Kurverwaltung, Rathaus, Hafenstraße, ℰ 30 40.

🏨 **Kurhaus - Hotel** 🕸 garni, Sandwall 40, ℰ 7 92, ≤, ≦੦ — 📺 ☎ ℗
nur Saison — **28 Z : 55 B**.

🏨 **Kurhotel am Wellenbad** 🕸, Sandwall 29, ℰ 21 99, Fax 4663, ≤, Massage, ≦੦, 🏊, 🐎
— 🛗 📺 ☎ ℗. 🆎 ⓪ ⋿ 𝘝𝘐𝘚𝘈. 🕸 Rest
Mitte Jan.- Anfang März geschl. — **M** *(im Winter nur Abendessen)* a la carte 38/68 — **44 Z :**
88 B 94/140 - 184/208 Fb — ½ P 118/164.

🏠 **Duus**, Hafenstr. 40, ℰ 7 08 — 📺 ☎
27 Z : 49 B.

🏠 **Strandhotel**, Königstr. 1, ℰ 7 97, ≤, 🍴 — 🛗 📺 ☎ ℗
← **M** a la carte 24/49 — **26 Z : 50 B** 68/95 - 120/225.

🏠 **Colosseum** 🕸, Große Str. 42, ℰ 9 61, ≦੦ — 📺 ☎ ℗
Mitte Feb.- Mitte März geschl. — **M** *(Okt.- Mai Samstag geschl.)* a la carte 24/44 — **20 Z :**
34 B 62/82 - 114/120 Fb — 4 Fewo 85/110 — ½ P 75/83.

🏠 Haus der Landwirte, Hafenstr. 2, ℰ 5 35 — 📺 ☎. 🕸 Zim
(Nov.- Mitte März garni) — **11 Z : 21 B**.

X Alt Wyk, Große Str. 4, ℰ 32 12.

X **Friesenstube**, Süderstr. 8, ℰ 24 04 — 🆎 ⓪ ⋿ 𝘝𝘐𝘚𝘈
26. Feb.- 29. März geschl., Okt.- Mai Montag Ruhetag — **M** a la carte 38/68.

ÖRTSCHENDORF Bayern siehe Pressig.

269

FORBACH 7564. Baden-Württemberg **DB** I 20 − 6 000 Ew − Höhe 331 m − Luftkurort − ✆ 07228.

🛈 Kurverwaltung, Kurhaus, Striedstr. 14, ✆ 23 40.

◆Stuttgart 106 − Baden-Baden 26 − Freudenstadt 31 − ◆Karlsruhe 50.

🏨 **Löwen**, Hauptstr. 9, ✆ 22 29, ㊙, 🍴 − 🔟 ⇌
◆ *Nov. geschl.* − **M** *(Dienstag geschl.)* a la carte 17,50/31 − **21 Z : 40 B** 26/29 - 58/68 − ½ P 37/46.

In Forbach 5-Raumünzach S : 6,5 km :

🏨 **Wasserfall**, Schwarzwaldtälerstr. 5 (B 462), ✆ 8 89, ≼, 🍴 − ⚋
◆ **M** *(Donnerstag geschl.)* a la carte 20/39 − **15 Z : 27 B** 33/45 - 66/80 − ½ P 51/63.

An der Schwarzenbachtalsperre SW : 9,5 km über Raumünzach − Höhe 670 m :

🏨 **Schwarzenbach-Hotel** 🦢, ✉ 7564 Forbach, ✆ (07228) 24 59, ≼, 🔲, 🍴 − 🔟 ☎ ⚋ −
🏊 35 − **35 Z : 60 B**.

In Forbach 5-Hundsbach SW : 14 km über Raumünzach − Wintersport : 750/1000 m ⚡1
⚡1 − ✆ 07220 :

🏨 **Tannberg** 🦢, Aschenplatz 2, ✆ 2 87, ㊙, 🍴, ℁ − ☎ ⚋ − 🏊 30 − **23 Z : 50 B** Fb.

🏨 **Feiner Schnabel** 🦢, Hundseckstr. 24, ✆ 2 72, ㊙, ⇌, 🔲, 🍴 − 📺 ⇌ ⚋ ⓪ 🆚🆂🅰
◆ ℁ Rest
4. Nov.- 20. Dez. geschl. − **M** a la carte 17/43 ⅄ − **10 Z : 19 B** 55 - 100 Fb.

🏨 **Zur Schönen Aussicht** 🦢, Kapellenstr. 14, ✆ 2 27, ≼, 🍴 − ⚋
◆ *4. Nov.- 20. Dez. geschl.* − **M** *(Dienstag geschl.)* a la carte 20/33 − **14 Z : 25 B** 25/28 - 50/56
− ½ P 38/41.

FORCHHEIM 8550. Bayern **DB** PQ 17, **987** ㉖ − 28 000 Ew − Höhe 265 m − ✆ 09191.

Sehenswert : Pfarrkirche (Bilder der Martinslegende*).

🛈 Städt. Verkehrsamt, Rathaus, ✆ 8 43 38.

◆München 206 − ◆Bamberg 25 − ◆Nürnberg 35 − ◆Würzburg 93.

🏩 **Franken** 🦢 garni, Ziegeleistr. 17, ✆ 16 09 − 📺 ☎ ⇌ ⚋ 🄰🄴 ⓪ 🄴. ℁
40 Z : 60 B 53/68 - 89/94.

🏨 **Pilatushof** 🦢 garni, Kapellenstr. 13, ✆ 8 99 70 − 📺 ☎
Aug. geschl. − **8 Z : 12 B** 70 - 95 Fb.

In Forchheim-Burk W : 1,5 km :

🏨 **Schweizer Grom**, Röthenstr. 5, ✆ 3 32 57, Biergarten − ☎ ⚋. ℁
◆ *5.- 22. Juni geschl.* − **M** *(Mittwoch geschl.)* a la carte 16/33 − **12 Z : 20 B** 48/65 - 75/85.

In Kunreuth-Regensberg 8551 SO : 15 km :

🏨 **Berggasthof Hötzelein** 🦢, ✆ (09199) 5 31, ≼, ㊙, ⇌, 🍴 − 🔟 ☎ ⚋ − 🏊 30. ⓪ 🄴
◆ 🆚🆂🅰. ℁
24. Nov.- 24. Dez. geschl. − **M** *(Dienstag geschl.)* a la carte 19/39 − **30 Z : 53 B** 48/55 -
90/100.

FORCHTENBERG 7119. Baden-Württemberg **DB** L 19 − 3 800 Ew − Höhe 189 m − ✆ 07947.

◆Stuttgart 83 − Heilbronn 41 − Künzelsau 13 − ◆Würzburg 93.

In Forchtenberg-Sindringen W : 6 km :

🏨 **Krone**, Untere Gasse 2, ✆ (07948) 4 01 − ☎ ⚋ − 🏊 40. 🄴. ℁ Zim
2.- 16. Jan. geschl. − **M** *(Dienstag geschl.)* a la carte 23/43 ⅄ − **15 Z : 25 B** 45/48 - 75/80 −
½ P 50/61.

FORSBACH Nordrhein-Westfalen siehe Rösrath.

FORST Rheinland-Pfalz siehe Deidesheim.

FRAMMERSBACH 8773. Bayern **DB** L 16, **987** ㉖ − 4 800 Ew − Höhe 225 m − Erholungsor◆
− Wintersport : 450/530 m ⚡1 ⚡3 − ✆ 09355.

🛈 Verkehrsverein im Rathaus, Marktplatz 3, ✆ 8 00.

◆München 332 − ◆Frankfurt am Main 71 − Fulda 74 − ◆Würzburg 52.

🏨 **Spessartruh**, Wiesener Str. 129, ✆ 74 43, ≼, ㊙, ⇌, 🔲, 🍴 − 🔟 ⇌ ⚋. ℁
◆ *5. Jan.- Feb. und Nov.- 20. Dez. geschl.* − **M** a la carte 19,50/41 ⅄ − **32 Z : 56 B** 40/52 - 75/8◆
Fb.

🏨 **Kessler**, Orber Str. 23 (B 276), ✆ 12 36, 🍴 − ⇌ ⚋
◆ *Mitte Jan.- Mitte Feb. und Ende Okt.- Ende Nov. geschl.* − **M** *(Mittwoch geschl.)* a la car◆
19/39 ⅄ − **13 Z : 27 B** 27/34 - 54/70 Fb − ½ P 33/40.

🍴 **Schwarzkopf** mit Zim, Lohrer Str. 80 (B 276), ✆ 3 07 − 📺 ⇌. 🄴
◆ *1.- 15. Juni geschl.* − **M** *(Montag geschl.)* a la carte 24/48 − **5 Z : 8 B** 40 - 80.

In Frammersbach-Habichsthal W : 7,5 km :

🏨 **Zur frischen Quelle**, Dorfstr. 10, ✆ (06020) 3 93, ㊙, 🍴 − ⚋
◆ *22. Feb.- 24. März geschl.* − **M** *(Donnerstag geschl.)* a la carte 19/32 ⅄ − **20 Z : 36 B** 29 - 4◆

RANCFORT-SUR-LE-MAIN = Frankfurt am Main.

RANCOFORTE-SUL-MENO = Frankfurt am Main.

RANKENAU 3559. Hessen − 3 200 Ew − Höhe 430 m ↳ Erholungsort − ✪ 06455.
Wiesbaden 169 − Frankenberg an der Eder 12 − ◆Kassel 63 − Marburg an der Lahn 51 − Paderborn 103.

In Frankenau-Altenlotheim NW : 6 km :

⌂ **Stiehl**, Korbacher Str. 16, ℰ 2 33, ⇔ − ⓟ
M *(Dienstag geschl.)* a la carte 18/38 − **13 Z : 24 B** 32/42 - 60/80 − ½ P 36/44.

Siehe auch : *Liste der Feriendörfer*

RANKENBERG AN DER EDER 3558. Hessen 987 ㉕ − 18 800 Ew − Höhe 323 m − ✪ 06451.
ehenswert : Rathaus★.
usflugsziel : Haina : Ehemaliges Kloster★ (Klosterkirche★) O : 18 km.
Verkehrsamt, Obermarkt 13 (Stadthaus), ℰ 50 51 49.
Wiesbaden 156 − ◆Kassel 78 − Marburg 36 − Paderborn 104 − Siegen 83.

🏨 **Sonne** ⑤, Marktplatz 2, ℰ 90 19, Telex 484422 − 🛗 📺 ☎ − 🕭 25/60. 🖭 ⑩ Ɛ 𝖵𝖨𝖲𝖠
M 32 (mittags) und a la carte 44/77 − **25 Z : 45 B** 70/130 - 105/180 Fb.

🏨 **Rats-Schänke** ⑤, Marktplatz 7, ℰ 30 66 − 🛗 📺 ☎ ⇔
26 Z : 52 B Fb.

RANKENSTEIN (Ruine) Hessen siehe Darmstadt.

RANKENTHAL IN DER PFALZ 6710. Rheinland-Pfalz 413 HI 18, 987 ㉔ ㉕ − 47 000 Ew −
öhe 94 m − ✪ 06233.

Siehe auch Mannheim-Ludwigshafen (Umgebungsplan).

Städt. Verkehrsverein, Rathaus, ℰ 8 93 95.
ainz 66 ③ − Kaiserslautern 47 ③ − ◆Mannheim 13 ① − Worms 10 ③.

FRANKENTHAL
IN DER PFALZ

Wenn Sie ein angenehmes,
ruhiges Hotel suchen,
benutzen Sie die Karte
S. 36 bis 43.

🏩 **Central**, Karolinenstr. 6, ℰ 87 80, Telex 465246, Fax 27586, ⇔, 🔲 − 🛗 ↔ Zim ▤ Rest 📺
ⓟ − 🕭 25/150. 🖭 ⑩ Ɛ 𝖵𝖨𝖲𝖠
M a la carte 47/82 − **80 Z : 155 B** 119/139 - 149/159 Fb − 3 Appart. 195.   **a**

🏠 **Rathaus-Café** garni, Rheinstr. 8, ℰ 2 10 41 − ☎. Ɛ
32 Z : 51 B 42/65 - 75/95.   **r**

✕✕ **Adamslust**, An der Adamslust 10, ℰ 6 17 16, ⇔ − ⓟ. ⑩ Ɛ 𝖵𝖨𝖲𝖠
über Fasching 2 Wochen, Anfang - Mitte Sept. sowie Sonntag - Montag geschl. − **M**
(Tischbestellung ratsam) a la carte 51/115 ⑤.

Umgebungsplan Mannheim-Ludwigshafen AU **n**

271

FRANKFURT AM MAIN 6000. Hessen 🔲🔲🔲 IJ 16, 🔲🔲🔲 ⊛ − 617 600 Ew − Höhe 91 m − ✪ 069.
Sehenswert : Zoo*** FX − Goethehaus** und Goethemuseum* DEY **M1** − Dom* (Turm**)
Domschatz*, Chorgestühl*) EY − Palmengarten* CV − Senckenberg-Museum*(Paläontologie**) CX **M8** − Städelsches Kunstinstitut** DY **M2** − Museum für Kunsthandwerk*
EY **M4** − Evangelische Katharinenkirche (Glasfenster*) EX **A** − Henninger Turm ⚙ ★ DZ.
🏦 Frankfurt-Niederrad (BT), 𝒫 6 66 23 17.
✈ Rhein-Main (⑤ : 12 km, AU), 𝒫 6 90 25 95.
🚗 in Neu-Isenburg, 𝒫 (06102) 85 75.
Messegelände (CY), 𝒫 7 57 50, Telex 411558.
🛈 Verkehrsamt, im Hauptbahnhof (Nordseite), 𝒫 2 12 88 49.
🛈 Verkehrsamt, im Römer, 𝒫 2 12 87 08.
🛈 Verkehrsamt, im Flughafen (Ankunft Halle B), 𝒫 69 31 53.
ADAC, Schumannstr. 4, 𝒫 7 43 00, Notruf 𝒫 1 92 11.
ADAC, Schillerstr. 12, 𝒫 7 43 02 95.
◆Wiesbaden 41 ⑤ − ◆Bonn 178 ⑤ − ◆Nürnberg 226 ④ − ◆Stuttgart 204 ⑤.

Die Angabe (F 15) nach der Anschrift gibt den Postzustellbezirk an : Frankfurt 15
L'indication (F 15) à la suite de l'adresse désigne l'arrondissement : Frankfurt 15
The reference (F 15) at the end of the address is the postal district : Frankfurt 15
L'indicazione (F 15) posta dopo l'indirizzo precisa il quartiere urbano : Frankfurt 15

Messe-Preise : siehe S. 8 **Foires et salons** : voir p. 16
Fairs : see p. 24 **Fiere** : vedere p. 32
Stadtpläne : siehe Frankfurt am Main Seiten 2-6

🏨 **Steigenberger Frankfurter Hof**, Bethmannstr. 33 (F 1), 𝒫 2 15 02, Telex 411806, Fax
215900, 🌧 − 🛗 ⇆ Zim 🔲 📺 − 🔬 25/600. 🆎 ⓪ **E** 🎴. ❄ Rest DY
Restaurants (siehe auch Restaurant français und Frankfurter Stubb) : − **Hofgarten** (Samstag
geschl.) **M** a la carte 47/79 − **Kaiserbrunnen M** a la carte 33/47 − **360 Z : 570 B** 267/462
404/714 Fb − 30 Appart. 1294/3544.

🏨 **Hessischer Hof**, Friedrich-Ebert-Anlage 40 (F 97), 𝒫 7 54 00, Telex 411776, Fax 754092
« Sèvres-Porzellansammlung im Restaurant » − 🛗 📺 ⇆ 📞 − 🔬 25/300. 🆎 ⓪ 📶
🎴. ❄ Rest CY
M a la carte 63/103 − **120 Z : 173 B** 275/535 - 435/555 − 14 Appart. 810/1565.

🏨 **Frankfurt Intercontinental**, Wilhelm-Leuschner-Str. 43 (F 1), 𝒫 2 60 50, Telex 413639,
Fax 252467, ≤ Frankfurt, Massage, ⇄s, 🎱 − 🛗 ⇆ Zim 📺 📶 ← 🔬 25/800. 🆎 ⓪ 📶
🎴. ❄ Rest
M a la carte 44/99 − **Bierstube** (Sonntag geschl.) **M** a la carte 33/45 − **800 Z : 1 450**
360/475 - 430/600 Fb − 45 Appart. 1200/3500.

🏨 **Arabella Grand Hotel**, Konrad-Adenauer-Str. 7 (F 1), 𝒫 2 98 10, Telex 4175926, Fax
2981810 − 🛗 ⇆ Zim 📺 📶 − 🔬 25/500. 🆎 ⓪ **E** 🎴. ❄ Rest EX
− **Premiere** (nur Abendessen) **M** 75/115 − **Brasserie M** 35 (mittags Buffet) und a la carte
34/58 − **378 Z : 500 B** 283/403 - 356/476 Fb − 11 Appart. 746/1746.

🏨 **Frankfurt Marriott Hotel**, Hamburger Allee 2 (F 90), 𝒫 7 95 50, Telex 412573, Fax
79552432, ≤ Frankfurt, ⇄s − 🛗 ⇆ Zim 📺 📶 − 🔬 25/1000. 🆎 ⓪ **E** 🎴. ❄ Rest CY
Restaurants − **Geheimratsstube** (Samstag bis 18 Uhr und Sonntag geschl.) **M** a la carte
57/90 − **Bäckerei M** a la carte 35/64 − **591 Z : 1 182 B** 284/435 - 358/543 Fb − 20 Appart.
558/1248.

🏨 **Mövenpick Parkhotel Frankfurt**, Wiesenhüttenplatz 28 (F 1), 𝒫 2 69 70, Telex 412808,
Fax 26978849, Massage, ⇄s − 🛗 ⇆ Zim 📺 📶 ← 📞 − 🔬 25/200. 🆎 ⓪ **E** 🎴 CY
Restaurants − **La Truffe** (Samstag bis 19 Uhr sowie Sonn- und Feiertage geschl.) **M** 4
(mittags) und a la carte 68/97 − **Mövenpick-Restaurants** (regionale deutsche Küche) **M** a la
carte 37/63 − **300 Z : 400 B** 259/369 - 440/500 Fb − 4 Appart. 630/2442.

🏨 **Palmenhof - Restaurant Bastei**, Bockenheimer Landstr. 89 (F 1), 𝒫 7 53 00 60, Fax
75300666 − 🛗 📺 ⇆. 🆎 ⓪ **E** 🎴 CX r
M (Sonn- und Feiertage sowie außerhalb der Messezeiten auch Samstag geschl.) a la carte
50/78 − **47 Z : 80 B** 150/190 - 230/300 Fb.

🏨 **Altea Hotel**, Voltastr. 29 (F 90), 𝒫 7 92 60, Telex 413791, Fax 79261606, 🌧, ⇄s − 🛗
⇆ Zim 📺 ⇆. 🆎 ⓪ **E** 🎴 BS
M a la carte 38/67 − **426 Z : 872 B** 160/245 - 215/295 Fb − 12 Appart. 323/383.

🏨 **Scandic Crown Hotel**, Wiesenhüttenstr. 42 (F 16), 𝒫 27 39 60, Telex 416394, Fax 27396795,
Massageabteilung, ⇄s, 🎱 − 🛗 ⇆ Zim 📺 Rest 📺 ⇆ − 🔬 25/100. 🆎 ⓪ **E** 🎴. ❄
Restaurants − **Savoy** (Samstag - Sonntag geschl.) **M** a la carte 48/90 − **Rhapsody M** a la
carte 32/59 − **144 Z : 200 B** 215/300 - 275/360 Fb. CY

🏨 **Pullman Hotel Savigny**, Savignystr. 14 (F 1), 𝒫 7 53 30, Telex 412061, Fax 7533175 − 🛗
📺 − 🔬 25/80. 🆎 ⓪ **E** 🎴 CY
M 35 (mittags) und a la carte 43/74 − **124 Z : 180 B** 208/358 - 276/456 Fb.

🏨 **National**, Baseler Str. 50 (F 1), 𝒫 23 48 41, Telex 412570, Fax 234460 − 🛗 📺 − 🔬 25/60.
🆎 ⓪ **E** 🎴 CY s
M 27/35 (mittags) und a la carte 41/60 − **76 Z : 130 B** 144/250 - 235/268 Fb.

🏨 **An der Messe** garni, Westendstr. 104 (F 1), 𝒫 74 79 79, Telex 4189009, Fax 748349 − 🛗
📺 ⇆. 🆎 ⓪ **E** 🎴 CX c
46 Z : 88 B 170/260 - 200/400 Fb.

🏨 **Novotel Frankfurt-Messe**, Voltastraße 1b (F 90), ℰ 79 30 30, Telex 412054, Fax 79303930, 🌧, ⇆ – 🛗 ⇖ Zim 🗏 📺 ☎ ఉ ⇔ ⲑ – 🔬 25/300. ⒶⒺ ⓪ Ⲉ 𝓥𝓘𝓢𝓐   CX r
M 28/Buffet (mittags) und a la carte 39/54 – **235 Z : 470 B** 178/220 - 216/260 Fb.

🏨 **Imperial**, Sophienstr. 40 (F 90), ℰ 7 93 00 30, Telex 4189636, Fax 79300388 – 🛗 🗏 📺 ☎ ⇔. ⒶⒺ ⓪ Ⲉ 𝓥𝓘𝓢𝓐   CV t
M *(nur Abendessen, Sonntag geschl.)* a la carte 40/68 – **60 Z : 120 B** 210/300 - 260/340 Fb.

🏨 **Rhein-Main** garni, Heidelberger Str. 3 (F 1), ℰ 25 00 35, Telex 413434, Fax 252518 – 🛗 📺 ☎ ⲑ. ⒶⒺ ⓪ Ⲉ 𝓥𝓘𝓢𝓐. ❄   CY b
48 Z : 72 B 165/250 - 250/450 Fb.

🏨 **Mozart** garni, Parkstr. 17 (F 1), ℰ 55 08 31 – 🛗 📺 ☎. ⒶⒺ ⓪ Ⲉ 𝓥𝓘𝓢𝓐   CV p
23. Dez.- 2. Jan. geschl. – **35 Z : 56 B** 125/145 - 195 Fb.

🏨 **Turm - Hotel** garni, Eschersheimer Landstr. 20 (F 1), ℰ 15 40 50, Fax 553578 – 🛗 📺 ☎ ⲑ. ⒶⒺ ⓪ Ⲉ 𝓥𝓘𝓢𝓐   EX b
23. Dez.- 2. Jan. geschl. – **75 Z : 130 B** 120 - 175 Fb.

🏨 **Continental**, Baseler Str. 56 (F 1), ℰ 23 03 41, Telex 412502, Fax 232914 – 🛗 📺 ☎ – 🔬 30. ⒶⒺ ⓪ Ⲉ 𝓥𝓘𝓢𝓐. ❄   CV y
M *(Sonn- und Feiertage geschl.)* a la carte 34/61 ⲑ – **80 Z : 117 B** 140/160 - 195/300.

🏨 **Attaché** garni, Kölner Str. 10 (F 1), ℰ 73 02 82, Telex 414099, Fax 7392194 – 🛗 📺 ☎ ⲑ.   CY u
40 Z : 80 B Fb.

🏨 **Topas** garni, Niddastr. 88 (F 1), ℰ 23 08 52, Fax 237228, kostenloser Flughafentransfer – 🛗 📺 ☎ ⲑ. ⒶⒺ ⓪ Ⲉ 𝓥𝓘𝓢𝓐. ❄   CY z
31 Z : 60 B 98/180 - 149/280 Fb.

🏨 **Cristall** garni, Ottostr. 3 (F 1), ℰ 23 03 51, Telex 4170654, Fax 253368, kostenloser Flughafentransfer – 🛗 📺 ☎. ⒶⒺ ⓪ Ⲉ 𝓥𝓘𝓢𝓐. ❄   CY c
30 Z : 58 B 98/180 - 149/280 Fb.

🏨 **Am Dom** garni, Kannengießergasse 3 (F 1), ℰ 28 21 41, Telex 414955 – 🛗 📺 ☎   EY s
32 Z : 60 B Fb.

🏨 **Falk** garni, Falkstr. 38 a (F 90), ℰ 70 80 94, Fax 708017 – 🛗 📺 ☎ ⲑ – 🔬 25   CV n
28. Juli - 13. Aug. geschl. – **32 Z : 50 B** 105/125 - 165/190.

🏨 **Am Zoo** garni, Alfred-Brehm-Platz 6 (F 1), ℰ 49 07 71, Telex 4170082, Fax 439868 – 🛗 📺 ☎ ⲑ. ⒶⒺ ⓪ Ⲉ 𝓥𝓘𝓢𝓐   FX q
20. Dez.- 5. Jan. geschl. – **85 Z : 140 B** 95/105 - 150.

🏨 **Admiral** garni, Hölderlinstr. 25 (F 1), ℰ 44 80 21, Fax 439402 – 🛗 📺 ☎ ⲑ   ✦   FX w
47 Z : 67 B.

🏨 **Arcade**, Speicherstr. 3 (F 1), ℰ 27 30 30 – 🛗 📺 ☎ ఉ ⇔ ⲑ – 🔬 25. Ⲉ 𝓥𝓘𝓢𝓐. ❄ Rest   CY e
M *(Samstag - Sonntag und Mitte Juli - Mitte Aug. geschl.)* a la carte 22/44 – **193 Z : 420 B** 110 - 154 Fb.

🏨 **Diana** garni, Westendstr. 83 (F 1), ℰ 74 70 07, Telex 416227 – 📺 ☎. ⒶⒺ ⓪ Ⲉ 𝓥𝓘𝓢𝓐   CX d
29 Z : 43 B 70/88 - 124.

🏨 **Bauer Hotel Scala**, Schäfergasse 31 (F1), ℰ 28 50 41, Telex 413904, Fax 284234 – 🛗 📺 ☎. ⒶⒺ ⓪ Ⲉ 𝓥𝓘𝓢𝓐   EX a
M *(Bistro - Restaurant, Sonntag geschl.)* a la carte 30/57 – **44 Z : 90 B** 129/159 - 149/169 Fb.

🏨 **Merkur** garni, Esslinger Str. 8 (F 1), ℰ 23 50 54 – 🛗 📺 ☎ ⲑ. Ⲉ   CY r
22. Dez.- 2. Jan. geschl. – **42 Z : 70 B** 96 - 162 Fb.

🏨 **Corona** garni, Hamburger Allee 48 (F 90), ℰ 77 90 77 – 🛗 ☎. ⒶⒺ Ⲉ   CX n
10. Dez.- 2. Jan. geschl. – **27 Z : 52 B** 60/120 - 100/220.

XXXX ☼ **Restaurant français** (im Hotel Steigenberger Frankfurter Hof), Bethmannstr. 33 (F 1), ℰ 2 15 02 – 🗏. ⒶⒺ ⓪ Ⲉ 𝓥𝓘𝓢𝓐. ❄   DY e
Juli - Aug. 4 Wochen und außerhalb der Messezeiten Sonn- und Feiertage sowie Montag geschl. – **M** (Tischbestellung ratsam) a la carte 74/124
Spez. Salat von Hummer und Gänseleber Père Maurice, Gedämpftes Lachsmedaillon mit Meersalz und Schnittlauch, Grillierte Barbarie Entenbrust mit Mango - Estragonsauce.

XXXX ☼ **Weinhaus Brückenkeller**, Schützenstr. 6 (F 1), ℰ 28 42 38, « Alte Kellergewölbe mit kostbaren Antiquitäten » – 🛗 ⲑ. ⒶⒺ ⓪ Ⲉ 𝓥𝓘𝓢𝓐. ❄   FY a
nur Abendessen, 20. Dez.- 10. Jan. und außerhalb der Messezeiten Sonn- und Feiertage geschl. – **M** (Tischbestellung ratsam) 135 und a la carte 72/112
Spez. Tellersülze von Meeresfrüchten, Geschmorte Rindsbäckchen in Rotwein mit Marknockerln, Griesknödel mit Früchten.

XXX ☼ **Humperdinck**, Grüneburgweg 95 (Ecke Liebigstr.) (F 1), ℰ 72 21 22 – ⒶⒺ ⓪ Ⲉ 𝓥𝓘𝓢𝓐. ❄   CV a
Samstag bis 19 Uhr, Sonntag, Juni - Juli 2 Wochen und 22. Dez.- Anfang Jan. geschl. – **M** a la carte 78/106
Spez. Variationen von der Gänsestopfleber, Hummer - Maultaschen im Safransud, Abgeflämmte Limonencreme mit verschiedenen Saucen.

XXX ☼ **Mövenpick-Baron de la Mouette**, Opernplatz 2 (F 1), ℰ 2 06 80, Fax 296135, 🌧 – 🗏. ⒶⒺ ⓪ Ⲉ 𝓥𝓘𝓢𝓐   DX f
M a la carte 46/79 – **Orangerie M** a la carte 32/61.

XXX **Das Restaurant im Union-International Club**, Am Leonhardsbrunn 12 (F 90), ℰ 70 30 33, 🌧 – ❄   CV f

XXX **Tse-Yang** (Chinesische Küche), Kaiserstr. 67 (F 1), ℰ 23 25 41   CY v

B

BAD VILBEL

A 661

Nidda

BERKERSHEIM

FRANKFURT-ECKENHEIM

Homburger

PREUNGESHEIM

BAD HOMBURG

HEDDERN-HEIM

Eschersheimer

ECKENHEIM

Gießener Str.

Landstr.

A 661

Landstr.

LOHRBERG

a s

BERGEN-ENKHEIM

R

ESCHERSHEIM

Landstr.

Eckenheimer

Friedberger

SECKBACH

e

HANAU

VOLKSPARK NIDDATAL

Plandstr.

HUTHPARK

FFM. BERGEN-ENKHEIM

A 661

GINNHEIM

Landstr.

MICHELIN

HAUSEN

⑦ ①

FFM. MIQUELALLEE

RIEDERWALD

B 40

FULDA

BOCKENHEIM

②

OSTPARK

Hanauer Landstr.

t

⑥

OFFENBACH KAISEREI

S

MESSEGELÄNDE

43

HANAU

Landstr.

③

Offenbacher

Landstr.

OFFENBACH TAUNUSRING

Allee

OBERRAD

46

⑤

④

b

T

NIEDERRAD

Kennedy

SACHSEN-HAUSEN

y

FRANKFURTER

OFFENBACH

ASCHAFFENBURG

r

a

Landstr.

Darmstädter

FRANKFURTER

459

NÜRNBERG

P

u

Isenburger Schneise

m

Landstr.

STADTWALD

OFFENBACHER KREUZ

OFFENBACH

A 3

18

STADION

Mörfelder

Landstr.

WÜRZBURG, MÜNCHEN

E 42

FRANKFURT SÜD

b v

NEU-ISENBURG

n

q

t

c

d

w

NEU-ISENBURG

459

A 661

Sprendlinger

Landstr.

DIEBURG

U

DREIEICH BUCHSCHLAG

5

46

DREIEICH

B

BAD HOMBURG 18 km
AUTOBAHN (E 451-A 5) : KASSEL
FRIEDBERG 32 km

FRANKFURT
AM MAIN

Straßenverzeichnis siehe Frankfurt S. 2

277

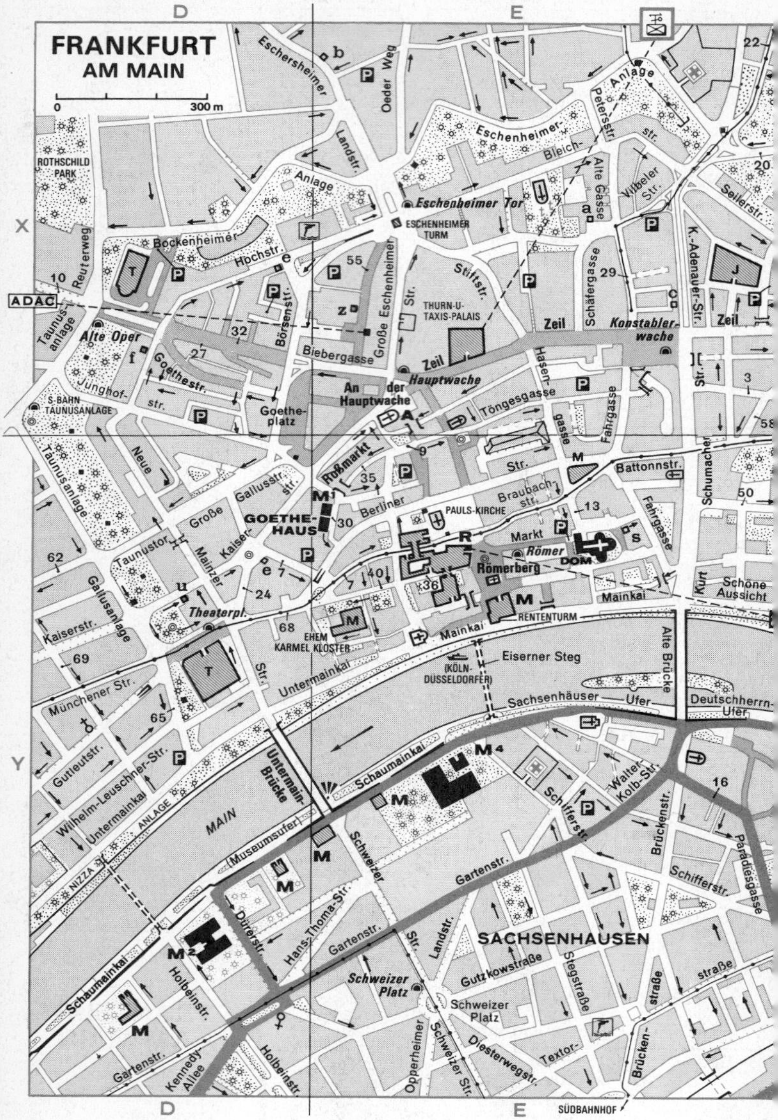

FRANKFURT
AM MAIN

0   300 m

Straßenverzeichnis siehe Frankfurt S. 2

XX **Il Cavaliere** (Italienische Küche), Berger Str. 30 (F 1), ℰ 43 39 56 — ▤. ⬛ ⓘ **E**
VISA. ⅏
außerhalb der Messezeiten Sonntag geschl. — **M** (Tischbestellung ratsam) a la carte 43/75.
FX s

XX **La Femme**, Am Weingarten 5 (F 90), ℰ 7 07 16 06 — ⬛ ⓘ **E**. ⅏
nur Abendessen, Sonntag geschl. — **M** 65/98.
CV r

XX **Kikkoman** (Japanisches Restaurant), Friedberger Anlage 1 (Zoo-Passage) (F 1),
ℰ 4 99 00 21, Fax 447032 — ▤. ⬛ ⓘ **E** VISA. ⅏
außerhalb der Messezeiten Sonntag geschl. — **M** 43/95.
FX e

XX **Casa Toscana** (Italienische Küche), Friedberger Anlage 14, ℰ 44 98 44,
« Innenhof-Terrasse » — ⬛ ⓘ **E** VISA
Montag geschl. — **M** 35/48 (mittags) und a la carte 52/69.
FX d

XX **Da Franco** (Italienische Küche), Fürstenbergerstr. 179 (F 1), ℰ 55 21 30 — ▤. ⬛ ⓘ **E**
VISA. ⅏
Sonntag und Mitte Juli - Mitte Aug. geschl. — **M** a la carte 42/75.
DV u

XX **La Galleria** (Italienische Küche), Theaterplatz 2 (BfG-Haus UG) (F 1), ℰ 23 56 80 — ▤. ⬛
ⓘ **E** VISA. ⅏
Ostern, Weihnachten sowie außerhalb der Messezeiten Sonn- und Feiertage geschl. — **M**
(Tischbestellung ratsam) a la carte 55/82.
DY u

XX **Frankfurter Stubb** (Restaurant im Kellergewölbe des Hotels Steigenberger Frankfurter
Hof), Bethmannstr. 33 (F 1), ℰ 2 15 02 — ▤. ⬛ ⓘ **E** VISA. ⅏
außerhalb der Messezeiten Sonn- und Feiertage geschl. — **M** (Tischbestellung ratsam) a la
carte 37/63.
DY e

XX **Börsenkeller**, Schillerstr. 11 (F 1), ℰ 28 11 15 — ▤
EX z

XX **Intercity-Restaurant**, im Hauptbahnhof (1. Etage ⬛) (F 1), ℰ 27 39 50, Fax 27395168 —
⬥ 25/80. **E**
M a la carte 31/59.
CY

XX **Da Bruno** (Italienische Küche), Elbestr. 15 (F 1), ℰ 23 34 16 — ⬛ ⓘ **E**
Sonn- und Feiertage sowie Mitte Juli - Mitte Aug. geschl. — **M** a la carte 42/70.
CY t

X **Gasthof im Elsass**, Waldschmidtstr. 59 (F 1), ℰ 44 38 39
nur Abendessen, 22. Dez.- 4. Jan. geschl. — **M** a la carte 41/68.
FX c

X **Ernos Bistro** (Französische Küche), Liebigstr. 15 (F 1), ℰ 72 19 97, ⅏ — ⬛ ⓘ **E** VISA
außerhalb der Messezeiten Samstag - Sonntag und Mitte Juni - Mitte Juli geschl. — **M**
(Tischbestellung erforderlich) a la carte 68/103.
CX s

X **Gargantua** (Bistro-Restaurant), Friesengasse 3 (F 90), ℰ 77 64 42 — ⬛ ⓘ **E** VISA. ⅏
nur Abendessen, Sonntag - Montag und Juni - Juli 3 Wochen geschl. — **M** (Tischbestellung
ratsam) a la carte 68/98.
CV s

X **Büro Gaststätte** (Bistro), Hochstr. 27 (F 1), ℰ 29 28 67
außerhalb der Messezeiten Sonntag sowie Juni - Juli 5 Wochen geschl. — **M** a la carte
40/72.
DX e

In Frankfurt 60 - Bergen-Enkheim Stadtplan Frankfurt : S. 3 - ⓧ 06109 :

🏨 **Klein**, Vilbeler Landstr. 55, ℰ 30 60, Telex 4175019, Fax 306421, ⅏ — ⬛ 📺 ☎ 🅿 — ⬥ 50.
⬛ ⓘ **E** VISA. ⅏ Rest
M *(Samstag - Sonntag geschl.)* a la carte 34/59 — **60 Z : 87 B** 85/138 - 128/220 Fb.
BR e

XX **Schelmenstube**, Landgraben 1, ℰ 2 10 32 — ⬛ **E**
Montag und Feiertage geschl. — **M** a la carte 25/62.
BR a

XX **Eugens's Restaurant-Stadthalle**, Marktstr. 15, ℰ 2 33 34, ⅏ — ⬥ 25/700. ⬛ ⓘ **E**
Montag geschl. — **M** a la carte 31/62.
BR s

In Frankfurt - Eschersheim Stadtplan Frankfurt : S. 4 :

🏠 **Motel Frankfurt** garni, Eschersheimer Landstr. 204 (F 1), ℰ 56 80 11 — 📺 ☎ ⟺ 🅿. ⬛
66 Z : 121 B 79/109 - 119/139 Fb.
DV e

In Frankfurt 80 - Griesheim Stadtplan Frankfurt : S. 2 :

🏨 **Ramada Caravelle**, Oeserstr. 180, ℰ 3 90 50, Telex 416812, Fax 3808218, ⇌s, ▨,
Fahrradverleih — ⬛ ⅌ Zim ▤ Rest 📺 🅿 — ⬥ 25/350. ⬛ ⓘ **E** VISA
M 35/Buffet (mittags) und a la carte 61/78 — **238 Z : 444 B** 231/336 - 297/440 Fb.
AS p

In Frankfurt 56- Harheim N : 12 km über Homburger Landstraße BR und Bonames :

🏨 **Harheimer Hof**, Alt Harheim 11, ℰ (06101) 40 50, Fax 405411, ⅏ — ⬛ 📺 ☎ ⅙ ⟺ 🅿 —
⬥ 25/80. ⬛ ⓘ **E** VISA. ⅏ Zim
M *(Samstag - Sonntag geschl.)* a la carte 47/76 — **44 Z : 86 B** 100/198 - 150/228 Fb.

In Frankfurt 80 - Höchst W : 10 km, über Mainzer Landstraße (AS) oder über die A 66 :

🏨 **Höchster Hof**, Mainberg 3, ℰ 3 00 40, Telex 414990, Fax 3004680, ⇌s — ⬛ 📺 ☎ 🅿 —
⬥ 25/100. ⬛ ⓘ **E** VISA
M a la carte 28/62 — **140 Z : 220 B** 98/160 - 160/320 Fb.

In Frankfurt 56 - Nieder-Erlenbach N : 14 km über Homburger Landstraße BR :

🏠 **Alte Scheune**, Alt Erlenbach 44, ℰ (06101) 4 45 51, « Rustikales Restaurant mit Backsteingewölbe, Innenhofterrasse » – 📺 � ⇔ – 🔏 40. 🕮 ᴇ. ❀ Rest
M *(Samstag nur Abendessen, Sonntag - Montag geschl.)* (Tischbestellung ratsam) a la carte 42/70 – **25 Z : 36 B** 110 - 165 Fb.

In Frankfurt 56 - Nieder-Eschbach über Homburger Landstraße BR :

🏠 **Darmstädter Hof**, An der Walkmühle 1, ℰ 5 07 64 04, 🏠 – 📺 🕿 🅿 – 🔏 25/100. 🕮 ᴇ. ❀ Rest
M *(Dienstag geschl.)* a la carte 26/51 – **Die Traube** *(nur Abendessen, Dienstag geschl.)* **M** a la carte 40/62 – **14 Z : 20 B** 95 - 160.

🏠 **Markgraf**, Deuil-La-Barre-Str. 103, ℰ 5 07 57 67, Telex 416268 – 📺 🕿 ⇔ 🅿. 🕮 ᴇ. ❀ Zim
M a la carte 18,50/43 – **13 Z : 16 B** 75/110 - 138/158.

In Frankfurt 71 - Niederrad Stadtplan Frankfurt : S. 3 :

🏨 **Arabella Congress Hotel**, Lyoner Str. 44, ℰ 6 63 30, Telex 416760, Fax 6633666, 😩, 🔲 BT **u**
– 🛗 – 📶 📺 ⇔ 🅿 – 🔏 25/500. 🕮 ᴇ 🌐 ᴇ 𝒱𝘐𝘚𝘈
Restaurants (Samstag - Sonntag geschl.): – **Capriccio M** a la carte 52/77 – **Brasserie M** a la carte 38/60 – **Tölzer Stube M** a la carte 26/40 – **400 Z : 600 B** 195/305 - 245/355 Fb – 8 Appart. 420/600.

🏨 **Queens Hotel**, Isenburger Schneise 40, ℰ 6 78 40, Telex 416717, Fax 6702634, 🏠 – 🛗 BT **m**
⋉ Zim 🍴 📺 ᕦ 🅿 – 🔏 25/500. 🕮 🌐 ᴇ 𝒱𝘐𝘚𝘈. ❀ Rest
Restaurants : – **La Fleur M** a la carte 45/88 – **Brasserie M** a la carte 25/40 – **279 Z : 420 B** 231/306 - 292/327 Fb – 3 Appart. 592/812.

🏠 **Dorint**, Hahnstr. 9, ℰ 66 30 60, Fax 66306600, 😩, 🔲 – 🛗 📺 🕿 🅿 – 🔏 60/200 BT **a**
191 Z : 380 B Fb.

✕✕ **Weidemann**, Kelsterbacher Str. 66, ℰ 67 59 96, 🏠 – 🅿. 🕮 🌐 ᴇ 𝒱𝘐𝘚𝘈 BT **r**
Samstag bis 18 Uhr sowie Sonn- und Feiertage geschl. – **M** (Tischbestellung ratsam) a la carte 62/87.

In Frankfurt 70 - Oberrad Stadtplan Frankfurt : S. 3 :

🏠 **Waldhotel Hensels Felsenkeller** ⬙, Buchrainstr. 95, ℰ 65 20 86, 🏠 – ᴇ 𝒱𝘐𝘚𝘈 BS **b**
27. Dez.- 6. Jan. geschl. – **M** *(nur Abendessen, Dienstag geschl.)* a la carte 31/56 – **20 Z : 26 B** 65/80 - 80/98 Fb.

In Frankfurt 70 - Sachsenhausen Stadtplan Frankfurt : S. 3, 5 und 6 :

🏨 Holiday Inn - Conference Center, Mailänder-Str. 1, ℰ 6 80 20, Telex 411805, Fax 6802333, BT **y**
😩 – 🛗 ⋉ Zim 🍴 📺 ᕦ ⇔ 🅿 – 🔏 25/400. ❀ Rest
Restaurants : – **Le Chef** *(nur Abendessen)* – **Kaffeemühle** – **404 Z : 750 B** Fb.

🏠 **Primus** garni, Große Rittergasse 19, ℰ 62 30 20, Telex 4189600, Fax 621238 – 🛗 📺 🕿 🅿. FY **c**
🕮 ᴇ 𝒱𝘐𝘚𝘈
20. Dez.- 5. Jan. geschl. – **30 Z : 46 B** 120/215 - 160/230.

✕✕ 🟌 **Bistrot 77** (modernes Bistro-Restaurant), Ziegelhüttenweg 1, ℰ 61 40 40, 🏠 – 🕮 🌐 ᴇ EZ **a**
𝒱𝘐𝘚𝘈
Samstag bis 19 Uhr, Sonntag und 17. Juni - 10. Juli geschl. – **M** a la carte 75/101
Spez. Gänseleber - Terrine nach Art des Hauses, Zanderfilet auf Linsen, Gebratene Challans - Ente façon grand - mère.

✕ **Henninger Turm - Drehrestaurant** (🛗 DM 3,50), Hainer Weg 60, ℰ 6 06 36 00, FZ
❀ Frankfurt, « Rotierendes Restaurant in 101 m Höhe » – 🛗 🖿 🅿. 🕮 🌐 ᴇ 𝒱𝘐𝘚𝘈. ❀
Montag geschl. – **M** a la carte 27/57.

In Frankfurt 80-Sindlingen 6230 W : 13 km über die A 66 AS :

🏠 **Post**, Sindlinger Bahnstr. 12, ℰ (069) 3 70 10, Telex 416681, Fax 3701502, 😩, 🔲 – 🛗 📺
🕿 ⇔ 🅿 – 🔏 30. 🕮 🌐 ᴇ 𝒱𝘐𝘚𝘈. ❀ Zim
M *(Samstag bis 18 Uhr sowie Sonn- und Feiertage geschl.)* a la carte 26/53 – **105 Z : 174 B** 99/198 - 160/290 Fb.

In Eschborn 6236 NW : 12 km :

🏠 **Novotel**, Philipp-Helfmann-Str. 10, ℰ (06196) 90 10, Telex 4072842, Fax 482114, 🏠, AR **n**
🌊 (geheizt), 🌳 – 🛗 📺 🕿 ᕦ 🅿 – 🔏 25/350. 🕮 🌐 ᴇ 𝒱𝘐𝘚𝘈
M a la carte 32/58 – **227 Z : 454 B** 165/195 - 206/235 Fb.

In Neu-Isenburg 6078 S : 7 km (Stadtplan Frankfurt : S. 3) – 🟢 06102 :

🏠 **Isabella** (Restaurant in der 15. Etage mit ≼), Herzogstr. 61, ℰ 35 70, Telex 4185651, Fax
357211, 😩 – 🛗 📺 🕿 🅿 – 🔏 25/70. 🕮 🌐 ᴇ 𝒱𝘐𝘚𝘈 BU **w**
M *(nur Abendessen, Freitag - Samstag, 6. Juli - 13. Aug. und 20. Dez.- 5. Jan. geschl.)* a la carte 35/51 – **220 Z : 350 B** 165/220 - 210/260 Fb.

🏠 **Wessinger**, Alicestr. 2, ℰ 2 70 79, Telex 4185654, Fax 27370, « Gartenterrasse » – 🛗 BU **n**
🕿 🅿 – 🔏 40. 🕮 🌐 ᴇ 𝒱𝘐𝘚𝘈
M *(Montag geschl.)* 30 (mittags) und a la carte 38/85 – **40 Z : 54 B** 134/155 - 179/209 Fb.

🏠 **Alfa** garni, Frankfurter Str. 123 (B 3), ℰ 1 70 24 – 🕿 🅿. 🕮 🌐 ᴇ 𝒱𝘐𝘚𝘈 BU **c**
23 Z : 37 B 45/95 - 95/110.

🏠 **Sauer** garni, Offenbacher Str. 83, ℰ 3 68 79 – ⇔ 🅿. ᴇ BU **d**
15 Z : 25 B 50/65 - 78/88.

XX **Neuer Haferkasten** (Italienische Küche), Löwengasse 4, 𝒫 3 53 29, 🍴 – 🆀 ⑩ 🇪 🆅🇮🇸🇦
Sonntag und Mitte Juli - Mitte Aug. geschl. – **M** *a la carte 48/79 (bemerkenswertes Angebot italienischer Weine).*   BU **v**

XX **Am Kamin**, Frankfurter Str. 1, 𝒫 42 76 – 🅿. 🆀 ⑩ 🇪   BU **b**
nur Abendessen, Sonntag geschl. – **M** *a la carte 41/55.*

XX **Isenburger Hof** mit Zim, Frankfurter Str. 40 (B 3), 𝒫 3 53 20, 🍴 – ☎ 🖚 🅿. 🆀
🇪   BU **v**
M *(Dienstag - Mittwoch 18 Uhr geschl.)* a la carte 36/66 – **12 Z : 20 B** 78/88 - 98/150.

X **Grüner Baum** (traditionelles Äppelwoilokal), Marktplatz 4, 𝒫 3 83 18, « Innenhof » – 🅿.
🆀 ⑩ 🇪 🆅🇮🇸🇦   BU **q**
außerhalb der Messezeiten Montag geschl. – **M** *(Tischbestellung ratsam) a la carte 22/48.*

In Neu-Isenburg 2-Gravenbruch 6078 SO : 11 km :

🏨 **Gravenbruch-Kempinski-Frankfurt**, 𝒫 (06102) 50 50, Telex 417673, Fax 505445, 🍴,
« Park », Massage, 🛋, 🏊 (geheizt), 🔲, 🎾, 🐎, kostenloser Flughafentransfer – 🛗 🛆 📺
🖚 🅿 – 🔬 25/600. 🆀 ⑩ 🇪 🆅🇮🇸🇦. 🏶 Rest   BU **t**
M (siehe auch Gourmet-Rest.) a la carte 48/85 – **298 Z : 520 B** 285/420 - 445/475 Fb –
30 Appart. 665/1500.

XXXX **Gourmet Restaurant** (im Hotel Gravenbruch-Kempinski), 𝒫 (06102) 50 50 – ▤ 🅿. 🆀
⑩ 🇪 🆅🇮🇸🇦   BU **t**
nur Abendessen, Juni - Juli 4 Wochen sowie außerhalb der Messezeiten Samstag, Sonn- und Feiertage geschl. – **M** *(Tischbestellung ratsam)* a la carte 73/111.

In Neu-Isenburg - Zeppelinheim 6078 ⑤ : 11 km, an der B 44 :

X **Forsthaus Mitteldick**, Flughafenstr. 20, 𝒫 (069) 69 18 01, 🍴 – 🅿 – 🔬 25/100. 🆀 ⑩
🇪 🆅🇮🇸🇦   AU **h**
Sonntag geschl. – **M** a la carte 33/67.

Beim Rhein-Main Flughafen SW : 12 km (Nähe BAB-Ausfahrt Flughafen) – ✉ **6000**
Frankfurt 75 – ☻ 069 :

🏨 **Sheraton**, Am Flughafen (Terminal Mitte), 𝒫 6 97 70, Telex 4189294, Fax 69772209, 🛋, 🔲
– 🛗 🖙 Zim ▤ 📺 🕭 🅿 – 🔬 25/1000. 🆀 ⑩ 🇪 🆅🇮🇸🇦. 🏶 Rest   AU **a**
Restaurants: – **Papillon** *(Samstag bis 18 Uhr sowie Sonn- und Feiertage geschl.)* **M** a la
carte 69/114 – **Kachelofen** *(nur Abendessen, Sonntag - Montag geschl.)* **M** a la carte 45/75
– **Maxwell's Bistro and Taverne** *(Samstag - Sonntag geschl.)* **M** a la carte 41/75 – **1050 Z :
2100 B** 260/445 - 315/500 Fb – 30 Appart. 850/2000.

🏨 **Steigenberger Hotel Frankfurt Airport**, Unterschweinstiege 16, 𝒫 6 97 50,
Telex 413112, Fax 69752505, 🛋, 🔲, kostenloser Flughafentransfer – 🛗 🖙 Zim ▤ 📺 🅿 –
🔬 25/550. 🆀 ⑩ 🇪 🆅🇮🇸🇦. 🏶 Rest   AU **z**
M 35 (Buffet) und a la carte 41/72 *(Italienische Küche)* – **460 Z : 750 B** 230/400 - 312/722 Fb
– 46 Appart. 822/2542.

XXX **Rôtisserie 5 Continents**, im Flughafen, Ankunft Ausland B (Besucherhalle, Ebene 3),
𝒫 6 90 34 44, Fax 694730, ≼ – ▤ – 🔬 25/60. 🆀 ⑩ 🇪 🆅🇮🇸🇦. 🏶   AU **b**
M a la carte 57/95.

XX **Waldrestaurant Unterschweinstiege**, Unterschweinstiege 16, 𝒫 69 75 25 01,
« Gartenterrasse, rustikale Einrichtung » – ▤ 🅿. 🆀 ⑩ 🇪 🆅🇮🇸🇦   AU **z**
M *(Tischbestellung ratsam)* 35/Buffet (mittags) und a la carte 44/80.

An der Straße von Neu - Isenburg nach Götzenhain S : 13 km über die A 661 und
Autobahnausfahrt Dreieich BU :

XXX **Gutsschänke Neuhof**, ✉ 6072 Dreieich-Götzenhain, 𝒫 (06102) 32 00 14, Telex 411377,
« Rustikale Einrichtung, Gartenterrasse » – 🕭 🅿. 🆀 ⑩ 🇪 🆅🇮🇸🇦
M 32 (mittags) und a la carte 44/87.

Siehe auch : *Maintal* ② : 13 km

MICHELIN-REIFENWERKE KGaA. Niederlassung 6000 Frankfurt 61-Fechenheim, Orber Str.
16 (BS), 𝒫 (069) 41 70 06, FAX 426315.

FRASDORF 8201. Bayern 🛗🔢🔢 T 23. 🔟🔟🔟 ③⑦. 🔢🔢🔢 ⑱ – 2 400 Ew – Höhe 598 m – ☻ 08052
(Aschau).

🛈 Verkehrsamt, Hauptstr. 9, 𝒫 7 71.

●München 78 – Innsbruck 115 – Salzburg 64.

🏠 **Landgasthof Karner** 🦌, Nußbaumstr. 6, 𝒫 40 71, « Einrichtung im alpenländischen Stil,
Gartenterrasse », 🛋, 🐎 – 📺 ☎ 🅿 – 🔬 25/80. 🆀 ⑩ 🇪 🆅🇮🇸🇦
M 48 (mittags) und a la carte 65/76 – **21 Z : 42 B** 70/90 - 97/130.

X **Alpenhof**, Hauptstr. 31, 𝒫 22 95, 🍴 – 🅿
Mittwoch geschl. – **M** a la carte 33/50 – **Stüberl** *(Tischbestellung erforderlich)* **M** 72/92.

In Frasdorf-Umrathshausen NO : 3 km :

🏠 **Landgasthof Goldener Pflug**, Humprehtstr. 1, 𝒫 3 58, 🍴, 🛋, 🐎 – ☎ 🅿. 🆀 ⑩ 🇪
13.- 30. Nov. geschl. – **M** *(Dienstag geschl.)* a la carte 22/57 – **21 Z : 42 B** 60 - 84/90.

FRAUENAU 8377. Bayern 🗺🗺🗺 W 20 − 3 000 Ew − Höhe 616 m − Erholungsort − Wintersport 620/800 m ⟨1 ⟨5 − 🕏 09926.

Sehenswert : Glasmuseum.

🟦 Verkehrsamt, Rathausplatz 4, 𝒫 7 10.

♦München 187 − Cham 66 − Deggendorf 43 − Passau 57.

- 🏠 **Eibl-Brunner,** Hauptstr. 18, 𝒫 3 16, 🚗, 🔲, 🚿 − 🍴 📺 ☎ 🅟 🅴 🕸
  - 19.- 31. März und 3. Nov.- 20. Dez. geschl. − **M** a la carte 16/36 ⅃ − **48 Z : 96 B** 40/57 - 80/120 Fb − ½ P 55/72.
- 🏠 **Büchler,** Dörflstr. 18, 𝒫 3 50, ⟨, 🚗, 🚿 − 🅟. 🆎 🕦 🅴
  - 6. Nov.- 20. Dez. geschl. − **M** a la carte 18/35 − **20 Z : 43 B** 33/45 - 56/66 − ½ P 45/49.
- 🏠 **Landgasthof Hubertus** 🌤, Loderbauerweg 2, 𝒫 7 01, 🚿 − ☎ 🅟. 🕸
  23 Z : 47 B Fb.
- 🏠 **Gästehaus Poppen** 🌤, Godehardstr. 18, 𝒫 7 15, ⟨, 🚗, 🚿 − ☎ ⟸ 🅟
  (nur Abendessen für Hausgäste) − **16 Z : 44 B** 40 - 70 − ½ P 46.
- 🏠 **Café Ertl,** Krebsbachweg 3, 𝒫 7 30, 🚗, 🔲, 🚿 − 🅟. 🕸
  Nov.- 15. Dez. geschl. − (nur Abendessen für Hausgäste) − **20 Z : 40 B** 32 - 60.

FRAUENBERG Bayern siehe Haidmühle bzw. Laaber.

FRECHEN 5020. Nordrhein-Westfalen 🗺🗺🗺 ㉓ − 44 000 Ew − Höhe 65 m − 🕏 02234.

♦Düsseldorf 47 − ♦Aachen 62 − ♦Bonn 36 − ♦Köln 13.

- 🏨 **Bartmannkrug,** Kölner Str. 76, 𝒫 5 95 41, Fax 56047, 🌆 − 🍴 📺 ☎ 🅟 − ⚗ 25/80. 🆎 🕦 🅴 �
  M a la carte 29/55 − **40 Z : 62 B** 106 - 160 Fb.
- 🏠 **Haus Schiffer - Restaurant Costa Brava,** Elisabethstr. 6, 𝒫 5 51 51 (Hotel) 1 71 96 (Rest.) − ☎ 🅟. 🆎 🕦 🅴 🌌
  M (nur Abendessen, Sonntag und Juli geschl.) (Spanische Küche) a la carte 30/45 − **21 Z : 38 B** 40/75 - 90/160.
- XX **Ristorante Ermanno** (Italienische Küche), Othmarstr. 46, 𝒫 1 41 63 − 🆎 🅴
  Samstag bis 19 Uhr, Sonntag, 1.- 10. Juli und 10.- 18. Okt. geschl. − **M** a la carte 49/69.

FREDEBURG Schleswig-Holstein siehe Ratzeburg.

FREDEN (LEINE) 3222. Niedersachsen − 3 900 Ew − Höhe 95 m − 🕏 05184.

♦Hannover 61 − Einbeck 19 − Hildesheim 35.

- 🏠 **Steinhoff,** Mitteldorf 1, 𝒫 3 91 − 🍴 ⟸ 🅟 − ⚗ 25/200. 🆎 🅴 🌌 🌤 Zim
  M a la carte 20/44 − **26 Z : 48 B** 33/45 - 60/80.

FREDENBECK 2161. Niedersachsen − 4 200 Ew − Höhe 5 m − 🕏 04149.

♦Hannover 181 − ♦ Bremen 91 − ♦ Bremerhaven 69 − ♦ Hamburg 57.

- 🏠 **Fredenbeck** garni, Dinghorner Str. 19, 𝒫 4 12, Caféterrasse − 📺 ☎ 🅟. 🆎 🅴
  2.- 14. Jan. geschl. − **10 Z : 15 B** 45/60 - 85/95 Fb.
- X **Zur Dorfschänke** mit Zim, Schwingestr. 33, 𝒫 2 44, 🌆 − 🅟 − ⚗
  12 Z : 18 B.

FREIAMT 7838. Baden-Württemberg 🗺🗺🗺 G 22. 🗺🗺🗺 ㉒, 🗺🗺 ⑦ − 3 900 Ew − Höhe 434 m − 🕏 07645.

🟦 Verkehrsamt, Kurhaus, Badstraße, 𝒫 6 44.

♦Stuttgart 195 − ♦Freiburg im Breisgau 30 − Offenburg 53.

In Freiamt-Brettental :

- 🏨 **Ludinmühle** 🌤, Brettental 20, 𝒫 5 01, 🌆, 🚗, 🚿, Fahrradverleih − ☎ 🅟 − ⚗ 30. 🆎 🕦 🌌
  15.- 27. Jan. geschl. − Menu 26/70 und a la carte 35/63 ⅃ − **30 Z : 58 B** 60/75 - 100/140 Fb − ½ P 66/91.

In Freiamt-Ottoschwanden :

- 🏠 **Heidhof** 🌤, Gschächtig 1, 𝒫 13 43, ⟨, 🌆, 🔲, 🚿 − 🅟
  2.- 21. Nov. geschl. − **M** (Mittwoch geschl.) a la carte 20/39 ⅃ − **16 Z : 29 B** 33 - 66 − ½ P 47.
- 🏡 **Café Hipp,** Helgenstöckle 21, 𝒫 2 42, 🚿, 🌂 − ⟸ 🅟
  1.- 20. Nov. geschl. − **M** (Montag geschl.) a la carte 18,50/40 ⅃ − **14 Z : 23 B** 38 - 76 − ½ P 48.
- X **Sonne** mit Zim, Hauptstr. 193, 𝒫 2 14, « Innenhofterrasse » − 🅟
  9 Z : 16 B.

In Freiamt-Reichenbach :

- 🏠 **Freiämter Hof,** Reichenbach 8, 𝒫 3 13 − 📺 ☎ 🅟. 🅴
  Feb. 2 Wochen geschl. − **M** (Montag geschl.) a la carte 20/44 ⅃ − **8 Z : 14 B** 38/48 - 70/80.

FREIBERG AM NECKAR Baden-Württemberg siehe Ludwigsburg.

FREIBURG IM BREISGAU 7800. Baden-Württemberg **413** G 22,23. **987** ㉞. **242** ㉜ ㊲ − 79 000 Ew − Höhe 278 m − ✪ 0761.

Sehenswert : Münster★★ : Turm★★★ (≤★), Hochaltar von Baldung Grien★★ BY − Ehemaliges Kaufhaus★ BY **A** − Rathausplatz★ und Neues Rathaus★ BY **R1** − Augustiner-Museum★ (mittelalterliche Kunst★★, Adelhauser Kreuz★★) BY **M1.**

Ausflugsziel : Schloßberg★ (≤★) 5 min mit der Seilbahn CY.

🏌 Kirchzarten, Krüttweg (② : 9 km), 𝒫 (07661) 55 69.

Messegelände an der Stadthalle (über ②), 𝒫 7 10 20.

🗐 Freiburg-Information, Rotteckring 14, 𝒫 3 68 90 90, Telex 761110.

ADAC, Karlsplatz 1, 𝒫 3 68 80, Notruf 𝒫 1 92 11.

◆Stuttgart 208 ④ − Basel 71 ④ − ◆Karlsruhe 134 ④ − Strasbourg 86 ④.

Stadtplan siehe nächste Seite.

✿ **Colombi-Hotel,** Rotteckring 16, 𝒫 3 14 15, Telex 772750, Fax 31410 − 🛏 ←✕→ Zim 🍽 Rest 📺 ♿ ←→ − ♨ 25/200. 🆎 ⓞ 🗲 🖼. ⅏ Rest   BY **a**
M *(Sonntag geschl.)* (Tischbestellung erforderlich) 29/75 und a la carte 62/98 − **Graf Anton von Colombi M** a la carte 35/70 − **96 Z : 180 B** 190/220 - 275/300 − 8 Appart. 450/600
Spez. Linsensalat mit gebratenen Lammfilets, Gratinierte Rotbarbenfilets auf Tomaten, Orangen - Mandelblätter mit Buttermilch - Mousse und Beeren.

🏨 **Rheingold,** Eisenbahnstr. 47, 𝒫 3 60 66, Telex 761126, Fax 36065, 🍴, 🍸 − 🛏 🍽 Rest 📺 ←→ − ♨ 25/250. 🆎 ⓞ 🗲 🖼. ⅏ Rest   AY **d**
M a la carte 35/59 − **46 Z : 91 B** 150/245 - 195/295 Fb.

🏨 **Zum Roten Bären** (Haus a.d.J. 1120, seit 1311 Gasthof), Oberlinden 12, 𝒫 3 69 13, Telex 7721574, Fax 36916, 🍸 − 🛏 📺 ♿ ←→ − ♨ 30/60. 🆎 ⓞ 🗲 🖼. ⅏ Rest   BY **u**
M 31 (mittags) und a la carte 42/75 − **25 Z : 40 B** 135/165 - 180/210 Fb − 4 Appart. 300.

🏨 **Park Hotel Post** garni, Eisenbahnstr. 35, 𝒫 3 16 83, Telex 7721528, Fax 31680 − 🛏 📺 ☎ ←→. 🆎 ⓞ 🗲 🖼   BY **v**
41 Z : 76 B 113/123 - 165/185 Fb.

🏨 **Victoria,** Eisenbahnstr. 54, 𝒫 3 18 81 − 🛏 📺 ☎ ←→ 🅿 − ♨ 40. 🆎 ⓞ 🗲 🖼   BY **r**
M *(Montag geschl., Samstag und Sonntag nur Abendessen)* a la carte 38/58 − **70 Z : 100 B** 128/140 - 180/190 Fb.

🏨 **Central-Hotel** garni, Wasserstr. 6, 𝒫 3 18 31, Fax 289894 − 🛏 📺 ☎ ←→ − ♨ 40. 🆎 ⓞ 🗲 🖼   BY **k**
49 Z : 91 B 115/145 - 170/180 Fb.

🏨 **Oberkirchs Weinstuben,** Münsterplatz 22, 𝒫 3 10 11, 🍴 − 🛏 ☎ ←→. 🖼   BY **s**
20. Dez.- 20. Jan. geschl. − **M** *(Sonn- und Feiertage geschl.)* a la carte 30/61 − **28 Z : 50 B** 80/130 - 180/220.

🏨 **Novotel Freiburg,** Am Karlsplatz, 𝒫 3 12 95, Telex 772774, Fax 30767, 🍴 − 🛏 🍽 Rest 📺 ♿ − ♨ 25/100. 🆎 ⓞ 🗲 🖼   BY **c**
M a la carte 31/56 − **115 Z : 189 B** 149 - 187 Fb.

🏨 **Kolpinghaus,** Karlstr. 7, 𝒫 3 19 30 − 🛏 📺 ☎ ♿ − ♨ 40. 🆎 ⓞ 🗲 🖼   CY **v**
M 15/22 (mittags) und a la carte 25/48 ♨ − **90 Z : 150 B** 88/98 - 120 Fb.

🏠 **Markgräfler Hof** (ehem. Stadtpalais a.d.J. 1476), Gerberau 22, 𝒫 3 25 40 − 📺 ☎. ⓞ 🗲 🖼. ⅏   BY **f**
M *(Montag bis 18 Uhr, Sonn- und Feiertage sowie 17. Juni - 10. Juli geschl.)* 30/45 (mittags), 56/110 (abends) *(bemerkenswerte Weinkarte)* − **18 Z : 29 B** 70/80 - 100/150 Fb.

🏠 **Rappen,** Münsterplatz 13, 𝒫 3 13 53, 🍴 − 🛏 📺 ☎ ♿. 🆎 ⓞ 🗲 🖼   BY **b**
M a la carte 26/60 − **19 Z : 36 B** 95 - 145 Fb.

🏠 **Am Rathaus** ⌀ garni, Rathausgasse 6, 𝒫 3 11 29, Telex 7721828 − 🛏 📺 ☎ ←→. 🆎 ⓞ 🗲 🖼   BY **z**
40 Z : 60 B 80/95 - 145/165 Fb.

XXX **Wolfshöhle** (Italienische Küche), Konviktstr. 8, 𝒫 3 03 03, 🍴 − 🆎 ⓞ 🗲 🖼   BY **t**
Sonntag geschl. − Menu 24/30 (mittags) und a la carte 33/58.

XXX **Ratskeller,** Münsterplatz 11 (Untergeschoß), 𝒫 3 75 30 − 🆎 ⓞ 🗲 🖼   BY **n**
Sonntag 15 Uhr - Montag geschl. − **M** 24/39 (mittags) und a la carte 35/66.

XX **Alte Weinstube zur Traube,** Schusterstr. 17, 𝒫 3 21 90 − 🆎 ⓞ 🗲 🖼. ⅏   BY **s**
Sonntag - Montag 18 Uhr und 15. Juli - 4. Aug. geschl. − **M** (Tischbestellung ratsam) 44/120.

XX **Greiffenegg-Schlössle,** Schloßbergring 3 (🛏), 𝒫 3 27 28, « Terrasse mit ≤ Freiburg und Kaiserstuhl »   CY **m**

XX **Kleiner Meyerhof,** Rathausgasse 27, 𝒫 2 69 41 − 🆎 ⓞ 🗲 🖼   BY **g**
im Sommer Sonntag geschl. − **M** a la carte 29/66.

XX **Tessiner Stuben,** Bertoldstr. 17, 𝒫 3 27 70, « Gartenterrasse » − 🆎 ⓞ 🗲 🖼   BY **z**
Sonn- und Feiertage sowie 22. Feb.- 12. März geschl. − **M** 19/25 (mittags) und a la carte 32/65.

XX **Schloßbergrestaurant Dattler,** Am Schloßberg 1 (Zufahrt über Wintererstraße, oder mit Schloßberg-Seilbahn, DM 2,80), 𝒫 3 17 29, ≤ Freiburg und Kaiserstuhl, 🍴 − 🅿 🆎 ⓞ 🗲 🖼   CY **r**
Dienstag und 7. Jan.- 15. Feb. geschl. − **M** 26/38 (mittags) und a la carte 36/58 ♨.

X **Großer Meyerhof,** Grünwälderstr. 7, 𝒫 2 25 52   BY **e**
➡ Montag 14 Uhr - Dienstag geschl. − **M** a la carte 19/41.

X **Greif,** Sedanstr. 2, 𝒫 3 98 77   AY **k**

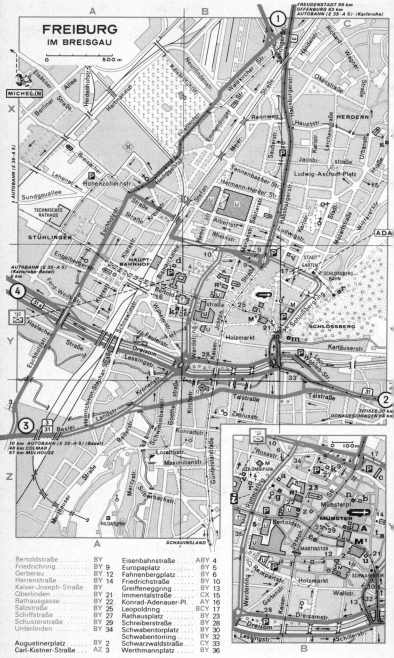

284

In Freiburg-Betzenhausen ④ : 2 km :

🏠 **Bischofslinde** ॐ garni, Am Bischofskreuz 15, 🖉 8 26 88 — 📺 ☎ 🅿. 🆎 ⑩ E 𝖵𝖨𝖲𝖠
22 Z : 44 B 60/90 - 98 Fb.

In Freiburg-Ebnet ② : 3,5 km :

🏠 **Ruh**, Schwarzwaldstr. 225 (B 31), 🖉 6 20 65 — ☎ 🅿
↠ **M** *(Freitag geschl.)* a la carte 21/35 — **14 Z : 28 B** 50 - 90.

In Freiburg-Günterstal S : 2 km über Günterstalstraße BZ :

XX **Kühler Krug** mit Zim, Torplatz 1, 🖉 2 91 03, 🏡 — 📺 ☎ 🅿. 🆎 E
Juni 3 Wochen geschl. — Menu *(Tischbestellung ratsam)* (Donnerstag-Freitag 18 Uhr geschl.)
a la carte 28/65 — **8 Z : 16 B** 60/80 - 90/120.

In Freiburg-Herdern :

🏨 **Panoramahotel am Jägerhäusle** ॐ, Wintererstr. 89, 🖉 5 10 30, Telex 772613, Fax
5103300, ≤ Freiburg und Kaiserstuhl, 🏡, Massage, ☎, 🔲, 🎾, Fahrradverleih — 🛗 📺 🅿
— 🕍 25/80. 🆎 ⑩ E 𝖵𝖨𝖲𝖠. ஜ Rest   über Immentalstr.   CX
M a la carte 31/75 — **87 Z : 140 B** 170 - 215 Fb.

XX **Eichhalde**, Stadtstr. 91, 🖉 5 48 17 — 🆎 ⑩ E 𝖵𝖨𝖲𝖠   CX   s
Samstag bis 18 Uhr, Dienstag und Juni - Juli 4 Wochen geschl. — **M** 22/30 (mittags) und a
la carte 52/72.

In Freiburg-Kappel SO : 7 km über ② und FR-Littenweiler :

🏠 **Zum Kreuz**, Großtalstr. 28, 🖉 6 20 55, 🏡, ☎ — 📺 ☎ ⇐ 🅿
↠ **M** *(Mittwoch - Donnerstag 17 Uhr und 15. Feb.- 9. März geschl.)* a la carte 33/53 ⅃ — **17 Z :
33 B** 70/85 - 95/110 Fb.

🏠 **Adler**, Im Schulerdobel 1, 🖉 6 54 13, 🏡 — 🅿
↠ **M** *(Donnerstag - Freitag 17 Uhr und Jan. 2 Wochen geschl.)* a la carte 24/46 — **10 Z : 16 B**
43/60 - 70/80.

In Freiburg-Lehen ④ : 3 km :

🏨 **Bierhäusle**, Breisgauer Str. 41, 🖉 8 50 17 — 🛗 📺 ☎ 🅿. ⑩ E 𝖵𝖨𝖲𝖠
↠ **M** *(Sonntag 15 Uhr - Montag und 1.- 21. Aug. geschl.)* a la carte 27/62 ⅃ — **44 Z : 62 B** 45/86
- 80/145 Fb.

✗ **Hirschen** mit Zim, Breisgauer Str. 47, 🖉 8 21 18, Gartenwirtschaft — 🅿
Menu *(Tischbestellung erforderlich)* (Donnerstag geschl.) a la carte 27/59 ⅃ — **9 Z : 17 B** 55 -
80.

In Freiburg-Littenweiler ② : 2 km :

🏨 **Schwärs Hotel Löwen**, Kappler Str. 120, 🖉 6 30 41, Fax 60690, 🏡 — 🛗 📺 ☎ ⇐ 🅿 —
🕍 25/120. 🆎 ⑩ E 𝖵𝖨𝖲𝖠
M a la carte 23/59 ⅃ — **60 Z : 100 B** 43/105 - 75/300 Fb.

In Freiburg-Opfingen W : 10,5 km über Carl-Kistner-Str. AZ :

🏠 **Zur Tanne** (Badischer Gasthof a.d. 18. Jh.), Altgasse 2, 🖉 (07664) 18 10
↠ 8. Jan.- Mitte Feb. und Ende Juli - Anfang Aug. geschl. — **M** *(Juli - Mitte April Dienstag
geschl.)* (von Mitte April - Mitte Juni nur Spargelgerichte) a la carte 21/53 ⅃ — **16 Z : 32 B**
34/45 - 56/80.

In Freiburg-St. Georgen ③ : 3 km :

🏨 **Zum Schiff**, Basler Landstr. 35, 🖉 47 30 41, Telex 7721984, Fax 475563, ☎ — 🛗 📺 ☎ ⇐
🅿. 🆎 ⑩ E 𝖵𝖨𝖲𝖠
M *(Sonn- und Feiertage geschl.)* a la carte 26/46 ⅃ — **60 Z : 120 B** 70/95 - 105 Fb.

🏨 **Ritter St. Georg** garni, Basler Landstr. 82, 🖉 4 35 93 — 📺 ☎ 🅿. 🆎 ⑩ E 𝖵𝖨𝖲𝖠. ஜ
23. Juli - 6. Aug. und 23.- 27. Dez. geschl. — **17 Z : 30 B** 80/90 - 150/160 Fb.

In Freiburg-Tiengen ③ : 9,5 km :

✗ **Zum Anker**, Freiburger Landstr. 37, 🖉 (07664) 14 85 — 🅿
Dienstag geschl. — **M** a la carte 26/51 ⅃.

In Freiburg-Zähringen N : 2 km über Zähringer Str. BCX :

XX ❀ **Zähringer Burg**, Reutebachgasse 19, 🖉 5 40 41, « Badische Gaststube a.d. 18. Jh. » —
🅿. 🆎 ⑩ E
Sonntag 15 Uhr - Montag und Juli 3 Wochen geschl. — **M** (Tischbestellung ratsam) 36/68
und a la carte 47/70
Spez. Fischgerichte, Das Beste vom Kalb in Rotweinpfeffersauce, Dessertvariation.

Siehe auch : *Horben und Oberried-Schauinsland*

MICHELIN-REIFENWERKE KGaA. Niederlassung 7800 Freiburg-Hochdorf (Industriegebiet),
Weißerlenstraße (über Elsässer Str. AX), 🖉 (0761) 1 60 81.

FREIGERICHT 6463. Hessen 📭 K 16 — 12 600 Ew — Höhe 178 m — 🔾 06055.
♦Wiesbaden 77 — Aschaffenburg 28 — ♦Frankfurt am Main 41.

In Freigericht 4-Horbach — Erholungsort :

🏠 **Haus Vorspessart**, Geiselbacher Str. 11, 𝄢 31 33, 🔲 — 🛎 ☎ 🅿. E. ⅏ Zim
Feb. und Okt. je 2 Wochen geschl. — M *(Sonntag 14 Uhr - Montag 17 Uhr geschl.)* a la carte
30/45 — **16 Z : 28 B** 45/48 - 78/90 Fb — ½ P 60.

FREILASSING 8228. Bayern 📭 V 23. 987 ㉖. 426 ⑲ — 13 000 Ew — Höhe 425 m — Erholungsort — 🔾 08654.
♦München 139 — Bad Reichenhall 19 — Salzburg 7 — Traunstein 29.

🏨 **Moosleitner**, Wasserburger Str. 52 (W : 2,5 km), 𝄢 20 81, Fax 62010, �, 🍴, 🐎 ⅏ (Halle), Fahrradverleih — 🛎 📺 ☎ ⇔ 🅿 — 🔬 40. 🖭 ⓞ E 𝚅𝙸𝚂𝙰
M *(Samstag bis 17 Uhr und 3.- 10. Jan. geschl.)* a la carte 29/56 — **45 Z : 70 B** 88/108
125/145 Fb.

🏠 **Rupertus**, Martin-Oberndorfer-Str. 6, 𝄢 6 10 19, 🌦 — 🅿. 🖭 E 𝚅𝙸𝚂𝙰
◄ *Jan. geschl.* — M *(Sonntag ab 14 Uhr und Freitag geschl.)* a la carte 18,50/33 ⑧ — **34 Z
53 B** 30/45 - 60/90.

🏠 **Zollhäusl**, Zollhäuslstr. 11, 𝄢 6 20 11, Biergarten, 🐎 — ☎ ⇔ 🅿. 🖭 E 𝚅𝙸𝚂𝙰
◄ M *(Montag geschl.)* *(auch vegetarische Gerichte)* a la carte 19,50/40 ⑧ — **19 Z : 31 B** 50/55
75/85 Fb — ½ P 53/70.

Siehe auch : *Salzburg* (Österreich)

FREILINGEN 5419. Rheinland-Pfalz 987 ㉔ — 650 Ew — Höhe 370 m — Luftkurort — 🔾 02666.
Mainz 88 — ♦Köln 94 — Limburg an der Lahn 28.

🏡 **Ludwigshöh**, Hohe Str. 33 (B 8), 𝄢 2 80, 🌦, 🐎 — ⇔ 🅿. ⅏ Zim
◄ *Jan.- Feb. geschl.* — M *(Freitag geschl.)* a la carte 19/41 — **11 Z : 20 B** 25/40 - 55/80 -
½ P 50/60.

FREINSHEIM 6713. Rheinland-Pfalz — 4 000 Ew — Höhe 100 m — 🔾 06353.
Mainz 79 — Kaiserslautern 42 — ♦Mannheim 22.

XX von Busch-Hof (Restaurant in einem ehemaligen Klosterkeller), 𝄢 77 05
wochentags nur Abendessen.

FREISING 8050. Bayern 📭 S 21. 987 ㊲ — 35 000 Ew — Höhe 448 m — 🔾 08161.
Sehenswert : Domberg★ — Dom★ (Chorgestühl★, Benediktuskapelle★).
♦München 34 — Ingolstadt 56 — Landshut 36 — ♦Nürnberg 144.

🏨 **Isar-Hotel**, Isarstr. 4, 𝄢 8 10 04, Telex 526552 — 🛎 📺 ☎ 🅿 — 🔬 60. 🖭 ⓞ E 𝚅𝙸𝚂𝙰
M *(Sonntag ab 14 Uhr geschl.)* a la carte 27/52 — **42 Z : 78 B** 70/135 - 130/150 Fb.

🏨 **Bayerischer Hof**, Untere Hauptstr. 3, 𝄢 30 37 — 🛎 ☎ ⇔ 🅿
M *(Samstag und Juli - Aug. 3 Wochen geschl.)* a la carte 23/39 — **70 Z : 90 B** 58/60 - 90/100.

🏠 **Zur Gred**, Bahnhofstr. 8, 𝄢 30 97 — 📺 — 🔬 35
35 Z : 56 B.

XX La Lanterna (Italienische Küche), General-von-Nagel-Str. 16, 𝄢 25 80.

In Freising-Haindlfing NW : 5 km :

X **Gasthaus Landbrecht**, Freisinger Str. 1, 𝄢 (08167) 6 26 — 🅿
Montag - Dienstag, 17.- 30. April und Sept. 2 Wochen geschl. — Menu a la carte 27/53.

FREMDINGEN 8864. Bayern 📭 O 20 — 2 200 Ew — Höhe 475 m — 🔾 09086.
♦München 143 — ♦Nürnberg 114 — ♦Würzburg 124.

In Fremdingen-Raustetten :

🏠 **Jägerblick** 🦌, Raustetten 10, 𝄢 3 14, 🌦 — 🅿
20 Z : 41 B.

🏡 **Waldeck** 🦌, Raustetten 12, 𝄢 2 30 — ⇔ 🅿
10 Z : 18 B.

FREUDENBERG 6982. Baden-Württemberg 📭 KL 17. 987 ㉕ — 4 000 Ew — Höhe 127 m —
🔾 09375.
♦Stuttgart 145 — Aschaffenburg 48 — Heidelberg 85 — ♦Würzburg 64.

🏨 **Goldenes Faß**, Faßgasse 3, 𝄢 6 51, 🌦 — ☎ ⇔ 🅿 — 🔬 25. ⓞ E. ⅏ Rest
◄ *Jan. 2 Wochen geschl.* — M *(Montag geschl.)* a la carte 32/48 — **14 Z : 22 B** 55 - 88.

XX **Rose** mit Zim, Hauptstr. 230, 𝄢 6 53, 🌦 — 🅿. 🖭 ⓞ E
8.- 23. Jan. geschl. — Menu *(Dienstag geschl.)* 34/58 und a la carte 23/63 ⑧ — **6 Z : 12 B** 48
78.

In Freudenberg-Boxtal O : 10 km — Erholungsort :

🏠 **Rose** 🦌, Kirchstr. 15, 𝄢 (09377) 12 12, 🌦, 🐎 — 🅿
◄ *Jan. geschl.* — M *(Montag geschl.)* a la carte 20/38 ⑧ — **23 Z : 46 B** 31/39 - 56/70.

FREUDENBERG Bayern siehe Amberg.

FREUDENBERG 5905. Nordrhein-Westfalen 987 ⑳ — 16 800 Ew — Höhe 300 m — Luftkurort ✪ 02734.

ehenswert : Fachwerkhäuser — **Ausflugsziel :** Wasserschloß Crottorf★ W : 11 km.

Städt. Verkehrsamt, Krottorfer Str. 25. 𝒫 43 64.

Düsseldorf 119 — ✦Dortmund 94 — Hagen 75 — ✦Köln 82 — Siegen 17.

- **Haus im Walde** ⑤, Schützenstr. 31, 𝒫 70 57, Telex 876843, ⇌, ⬚, ⚘ — 劇 ☎ ⇌ 🅿 — 🛎 — **40 Z : 80 B**.
- **Zum Alten Flecken** ⑤, Marktstr. 11, 𝒫 80 41, ⇌ — 📺 ☎ ⇌. ⚘ **M** à la carte 24/57 — **25 Z : 46 B** 36/65 - 90/120.
- **Schreiber**, Krottorfer Str. 116, 𝒫 71 96, ⇌ — ☎ 🅿 **M** *(Montag geschl.)* à la carte 18/33 — **14 Z : 28 B** 35 - 70/90.

FREUDENSTADT 7290. Baden-Württemberg 413 J 21, 987 ㉟ — 21 500 Ew — Höhe 735 m — eilklimatischer Kurort — Wintersport : 660/938 m ≰4 ⚐8 — ✪ 07441.

ehenswert : Marktplatz★ — Stadtkirche (Lesepult★★).

usflugsziel : Schwarzwaldhochstraße (Höhenstraße★★ von Freudenstadt bis Baden-Baden) ④.

⸪ Hohenrieder Straße, 𝒫 30 60 — 🖪 Kurverwaltung, Promenadeplatz 1, 𝒫 86 40.

Stuttgart 88 ② — Baden-Baden 57 ⑤ — ✦Freiburg im Breisgau 96 ③ — Tübingen 73 ②.

FREUDENSTADT

Benutzen Sie
auf Ihren Reisen in Europa
die **Michelin-Länderkarten**
1:400 000 bis 1:1 000 000.

Pour parcourir l'Europe,
utilisez les cartes Michelin
Grandes Routes
à 1/400 000 à 1/1 000 000.

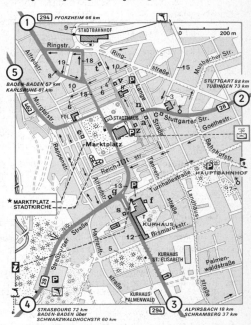

- **Steigenberger-Hotel** ⑤, Karl-von-Hahn-Str. 129, 𝒫 8 10 71, Telex 764266, Fax 84813, ⛲, ⚘, Bade- und Massageabteilung, ⚒, ⇌, ⬚, ⚘ — 劇 ⇌ Zim 📺 ⨳ ⇌ 🅿 — 🛎 25/150. 🖭 ① 🅴 𝘝𝘐𝘚𝘈 über ①
  Restaurants : — **Zum Jagdhorn M** à la carte 49/71 — **Im Schnokeloch M** à la carte 31/50 — **134 Z : 226 B** 109/142 - 178/244 Fb — 3 Appart. 450 — ½ P 133/177.

- **Kurhotel Sonne am Kurpark** ⑤, Turnhallestr. 63, 𝒫 60 44, Telex 764388, Fax 6300, Bade- und Massageabteilung, ⚒, ⇌, ⬚, ⚘, ⚓ (Halle) — 劇 📺 ☎ ⇌ 🅿 — 🛎 25/85. 🖭 ① 🅴 𝘝𝘐𝘚𝘈 ⚘ f
  1.- 26. Dez. geschl. — **M** *(auch Diät)* à la carte 25/57 ⚖ — **45 Z : 60 B** 97/177 - 172/242 Fb — ½ P 124/191.

- **Schwarzwaldhof** ⑤, Hohenrieder Str. 74 (beim Golfplatz), 𝒫 74 21, Telex 764371, Fax 7425, ⛲, ⚘, direkter Zugang zur Badeabteilung mit ⬚ des Kurhotel Eden — 劇 📺 ☎ ⇌ 🅿 — 🛎 25/80. 🖭 ① 🅴 𝘝𝘐𝘚𝘈 ⚘ Rest über Bahnhofstr.
  M *(auch vegetarische Gerichte)* à la carte 31/61 — **40 Z : 66 B** 80/95 - 142/193 Fb — 2 Appart. 320 — ½ P 99/123.

287

🏨 **Hohenried** ॐ, Zeppelinstr. 5, ℰ 24 14, ≘s, 🔲, 🛋 – 📺 ☎ ⇔ – 🛆 45. ℀ Zim
M *(Montag geschl.)* a la carte 30/51 – **27 Z : 42 B** 80/108 - 140/192 Fb – ½ P 95/133.
über ③

🏨 **Schwarzwaldhotel Birkenhof**, Wildbader Str. 95 (B 294), ℰ 40 74, Telex 764236, Fax
4763, ㈜, Bade- und Massageabteilung, ≘s, 🔲. Fahrradverleih – 📳 📺 ☎ ⇔ 🅿 -
🛆 25/80. ⚑ ⓪ ☰ 𝘝𝘐𝘚𝘈
M a la carte 31/58 – **57 Z : 97 B** 90/125 - 160/200 Fb – ½ P 117/162.
über ③

🏨 **Palmenwald**, Lauterbadstr. 56, ℰ 40 01, Fax 4006, Bade- und Massageabteilung, 🛋, ≘s
🔲, 🛋 – 📺 ☎ ⇔ 🅿 – 🛆 25/100. ⚑ ⓪ ☰ 𝘝𝘐𝘚𝘈
M a la carte 24/46 – **94 Z : 128 B** 87/110 - 135/150 – ½ P 93/135.

🏨 **Luz Posthotel**, Stuttgarter Str. 5, ℰ 24 21, ㈜ – 📳 📺 ☎ ⇔. ⚑ ⓪ ☰ 𝘝𝘐𝘚𝘈
Nov.- 10. Dez. geschl. – **M** (auch vegetarische Gerichte) a la carte 31/58 – **50 Z : 80**
80/100 - 120/160 Fb – ½ P 85/125.

🏨 **Kur- und Sporthotel Eden** ॐ, im Nickentäle 5, ℰ 70 37, Telex 764270, Bade- und
Massageabteilung, 🛋, ≘s, 🔲 – 📳 📺 ☎ ⇔ 🅿 – 🛆 25/80. ⚑ ⓪ ☰ 𝘝𝘐𝘚𝘈 ℀ Rest
M a la carte 28/45 – **80 Z : 160 B** 99/115 - 162/320 Fb – ½ P 109/188. über Bahnhofstr

🏚 **Schwanen**, Forststr. 6, ℰ 22 67, ㈜ – 📺 ☎. 𝘝𝘐𝘚𝘈 ℀ Zim
◆ 18. Nov.- 8. Dez. geschl. – **M** (Donnerstag geschl.) a la carte 19/47 ⅄ – **17 Z : 29 B** 42/65
84/122 Fb – ½ P 58/77.

🏚 **Landhaus Bukenberger** ॐ garni, Herrenfelder Str. 65, ℰ 27 71, ≼, 🛋 – 📺 ☎ 🅿
10. Nov.- 15. Dez. geschl. – **14 Z : 26 B** 40/55 - 76/100 Fb. über Herrenfelder Str

🏚 **Bären**, Langestr. 33, ℰ 27 29 – 📺 ☎. ⓪ ☰
30.- 30. Jan. geschl. – **M** (Montag geschl.) a la carte 28/60 – **15 Z : 28 B** 65/75 - 110/140 Fb.

🏚 **König Karl**, König - Karl- Str. 83, ℰ 22 87, ㈜, 🛋 – ☎ ⇔ 🅿. ⓪ ☰ 𝘝𝘐𝘚𝘈
M (Montag geschl.) a la carte 28/54 – **12 Z : 22 B** 48 - 96 Fb – ½ P 68. über Bahnhofstr

🏚 **Alte Kanzlei**, Straßburger Str. 6, ℰ 52 52 – 📺 ☎ 🅿
M a la carte 22/50 – **16 Z : 30 B** 50/65 - 100/130 Fb – ½ P 63/78.

🏚 **Café Württemberger Hof** garni, Lauterbadstr. 10, ℰ 60 47 – 📳 ☎. ⚑ ⓪ ☰ 𝘝𝘐𝘚𝘈
1.- 20. Dez. geschl. – **22 Z : 35 B** 41/73 - 70/134 Fb.

🏚 **Zur Traube**, Marktplatz 41, ℰ 28 80 – 📺
10. Nov.- 10. Dez. geschl. – (Restaurant nur für Hausgäste) – **26 Z : 46 B** 40 - 80 – ½ P 52.

🏛 **Gasthof See**, Forststr. 17, ℰ 26 88, Fax 1527 – 🅿. ⚑ ⓪ ☰ 𝘝𝘐𝘚𝘈. ℀ Zim
◆ 23. April - 3. Mai und 26. Okt.- 8. Nov. geschl. – **M** (Mittwoch geschl.) a la carte 19,50/37 ⅄
– **13 Z : 25 B** 34/50 - 68/92 – ½ P 44/55.

🏛 **Jägerstüble** (mit Gästehaus ॐ), Marktplatz 12, ℰ 23 87 – ⇔
Mitte Okt.- Anfang Nov. geschl. – **M** (Montag geschl.) a la carte 23/49 – **19 Z : 35 B** 36/50
68/90.

✕✕ **Zum Warteck** mit Zim, Stuttgarter Str. 14, ℰ 74 18 – 📺 ☎
April 3 Wochen geschl. – Menu (Samstag geschl.) a la carte 25/86 – **13 Z : 23 B** 55 - 90/120
Fb – ½ P 58/75.

An der B 28 ④ : 2 km :

🏨 **Langenwaldsee**, Straßburger Str. 99, ✉ 7290 Freudenstadt, ℰ (07441) 22 34, ≼, ㈜, ≘s
🔲, 🛋, 🛋 – 📺 ☎ 🅿. ⓪ ☰ 𝘝𝘐𝘚𝘈
2. Nov.- 15. Dez. geschl. – **M** a la carte 28/60 ⅄ – **40 Z : 70 B** 60/120 - 110/200 Fb.

In Freudenstadt - Dietersweiler ② : 5 km – Erholungsort :

🏚 **Café Brück**, Geschwister-Scholl-Str. 2, ℰ 8 11 11, ≘s – 📳 🅿
Nov.- 20. Dez. geschl. – (Restaurant nur für Hausgäste) – **23 Z : 38 B** 38/40 - 76/80.

In Freudenstadt-Igelsberg ① : 11 km – Erholungsort :

🏨 **Krone**, Hauptstr. 8, ℰ (07442) 34 58, 🔲, 🛋 – 📳 ☎ 🅿 – 🛆 30. ⓪ ☰. ℀
15.- 29. Jan. und 1.- 20. Dez. geschl. – **M** a la carte 23/51 – **30 Z : 55 B** 53/67 - 96/144 Fb –
½ P 70/89.

In Freudenstadt-Lauterbad ③ : 3 km – Luftkurort :

🏨 **Grüner Wald**, Kinzigtalstr. 23, ℰ 24 27, ㈜, 🔲, 🛋 – 📺 ☎ ⇔ 🅿 – 🛆 35. ☰
◆ **M** a la carte 20/49 ⅄ – **42 Z : 75 B** 51/75 - 96/150 Fb – ½ P 68/95.

🏨 **Kurhotel Lauterbad** ॐ, Amselweg 5, ℰ 8 10 07, ㈜, ≘s, 🔲, 🛋 – ☎ ⛾ 🅿 – 🛆 30
⚑ ⓪ ☰. ℀ Rest
M (auch vegetarische Gerichte) (Donnerstag 14 Uhr - Freitag und 1.- 15. Dez. geschl.) a la
carte 32/54 – **40 Z : 70 B** 42/70 - 100/160 Fb – ½ P 66/104.

🏨 **Gut Lauterbad** ॐ, Dietrichstr. 5, ℰ 74 96, Fax 82188, ㈜, ≘s, 🔲, 🛋 – 📺 ☎ 🅿 –
🛆 40. ⚑ ⓪ ☰ 𝘝𝘐𝘚𝘈. ℀ Zim
10. Jan.- 10. Feb. und 20. Nov.- 18. Dez. geschl. – **M** (Mittwoch - Donnerstag 17 Uh
geschl.) a la carte 29/55 – **20 Z : 36 B** 52/62 - 88/104 Fb – ½ P 66/84.

🏚 **Landhaus Waldesruh** ॐ, Hardtsteige 5, ℰ 30 35, 🔲, 🛋 – ⇔ 🅿
(nur Abendessen für Hausgäste) – **28 Z : 48 B** 35/50 - 70 Fb.

🏚 **Berghof** ॐ, Hardtsteige 20, ℰ 8 26 37, ≘s, 🔲, 🛋 – ⇔ 🅿. ⓪ ☰
◆ Mitte Nov.- Mitte Dez. geschl. – **M** (Dienstag geschl.) a la carte 19,50/40 – **32 Z : 52 B**
30/46 - 58/92 – ½ P 42/58.

In Freudenstadt-Zwieselberg ④ : 8 km Richtung Bad Rippoldsau :

🏡 **Hirsch**, Hauptstr. 10, ℰ 21 10, 佘, 屛 – 📺 ☎ 🚙 🅿️
↔ *Anfang Nov.- Mitte Dez. geschl.* – **M** a la carte 18,50/45 ⚖️ – **35 Z : 60 B** 26/50 - 52/90.

Freudenstadt-Kniebis siehe : *Schwarzwaldhochstraße*

REUDENTAL Baden-Württemberg siehe Besigheim.

REYSTADT 8437. Bayern 🐵🐵 QR 19 – 6 600 Ew – Höhe 406 m – ✪ 09179.
München 134 – Ansbach 67 – Ingolstadt 61 – ♦Nürnberg 40.

🏡 **Pietsch**, Marktplatz 55, ℰ 51 04 – 🅿️. 🔵 E
↔ **M** *(Sonntag geschl.)* a la carte 20/43 – **55 Z : 105 B** 40/48 - 70/92.

REYUNG 8393. Bayern 🐵🐵 X 20, 🐵🐵🐵 ◎, 🐵🐵🐵 ⑦ – 7 500 Ew – Höhe 658 m – Luftkurort – intersport : 658/800 m ≰3 ≰7 – ✪ 08551.
Direktion für Tourismus, Rathaus, Langgasse 5, ℰ 44 55.
München 205 – Grafenau 15 – Passau 34.

🏡 **Brodinger - Am Freibad**, Zuppinger Str. 3, ℰ 43 42, 佘, 🍽️, 屛 – 🛗 ♿ 🅿️
↔ *April und Nov. je 2 Wochen geschl.* – **M** *(Montag geschl.)* a la carte 20/43 – **15 Z : 32 B** 38/45 - 74/85 Fb – ½ P 50/58.

🏡 **Brodinger** 🐦, Schulgasse 15, ℰ 40 04, 🍽️, 屛 – 🛗 🅿️
↔ *April und Nov. je 2 Wochen geschl.* – **M** *(Samstag 15 Uhr - Sonntag geschl.)* a la carte 20/43 ⚖️ – **17 Z : 38 B** 38/45 - 74/85 – ½ P 50/58.

🏡 **Zur Post**, Stadtplatz 2, ℰ 40 25, 屛 – 🛗 🅿️
↔ *28. Mai - 15. Juni und 1.- 25. Nov. geschl.* – **M** *(Montag geschl.)* a la carte 17/38 ⚖️ – **30 Z : 53 B** 30/39 - 60/78 – ½ P 42/51.

🏢 **Veicht** garni, Stadtplatz 14, ℰ 8 63 – 🚙 🅿️
30 Z : 40 B 31/41 - 58/70.

Siehe auch : *Liste der Feriendörfer*

RIBOURG **FRIBURGO** = Freiburg im Breisgau.

RICKENHAUSEN Baden-Württemberg siehe Nürtingen.

RICKENHAUSEN 8701. Bayern 🐵🐵 N 17 – 1 300 Ew – Höhe 180 m – ✪ 09331 (Ochsenfurt).
München 277 – Ansbach 61 – ♦Würzburg 21.

🏨 **Weingut Meintzinger** 🐦 garni, Jahnplatz 33, ℰ 30 77 – 📺 ☎ 🚙 🅿️
21 Z : 40 B Fb.

XX **Fränkische Weinstube**, Hauptstr. 19, ℰ 6 51, 佘, « Ehrbars Keller »
24. Dez.- 19. Jan., 13.- 29. Aug. und Montag geschl. – **M** (Tischbestellung ratsam) a la carte 31/55 ⚖️.

Siehe auch : *Ochsenfurt*

RICKINGEN 7771. Baden-Württemberg 🐵🐵 K 23, 🐵🐵🐵 ⑩ – 2 400 Ew – Höhe 500 m – ✪ 07554 (Heiligenberg).
Stuttgart 142 – Bregenz 67 – Sigmaringen 41.

🏢 **Löwen**, Kirchstr. 23, ℰ 2 15 – 🅿️
11 Z : 20 B.

🏢 **Paradies**, Kirchstr. 8, ℰ 2 75 – 🚙 🅿️. 🐾 Zim
24. Dez.- Jan. geschl. – **M** *(Samstag geschl.)* a la carte 23/35 – **20 Z : 32 B** 37 - 74.

RIDINGEN AN DER DONAU 7203. Baden-Württemberg 🐵🐵 J 22, 🐵🐵🐵 ◎, 🐵🐵🐵 ⑥ ⑦ –
900 Ew – Höhe 600 m – Erholungsort – ✪ 07463 (Mühlheim an der Donau).
Ausflugsziel : Knopfmacherfelsen : Aussichtskanzel ≤**, O : 3 km.
Stuttgart 118 – ♦Freiburg im Breisgau 107 – ♦Konstanz 57 – ♦Ulm (Donau) 120.

In Fridingen-Bergsteig SW : 2 km Richtung Mühlheim – Höhe 670 m :

XX **Landhaus Donautal** mit Zim, ℰ 4 69, ≤, 佘, 屛 – 📺 🚙 🅿️. E
15. Jan.- 14. Feb. geschl. – **M** *(Freitag ab 14 Uhr und Montag geschl.)* a la carte 28/52 ⚖️ –
4 Z : 8 B 68 - 108.

Beim Knopfmacherfelsen O : 2,5 km Richtung Beuron :

XX **Berghaus Knopfmacher** 🐦 mit Zim, ✉️ 7203 Fridingen, ℰ (07463) 10 57, ≤, 佘 – ☎
🅿️. 🔵 E
8. Jan.- Feb. geschl. – **M** *(Montag - Dienstag geschl.)* a la carte 24/52 – **5 Z : 10 B** 51 - 102
– ½ P 60.

FRIEDBERG 8904. Bayern 🗺️ PQ 21. 🗺️ ⓩ — 25 400 Ew — Höhe 514 m — 🌀 0821.

♦München 75 — ♦Augsburg 7 — ♦Ulm 87.

🏨 **Zum Brunnen und Turmhotel** ⤴️ garni, Bauernbräustr. 4 (Passage Brunnenhof) ℰ 60 30 23, Fax 606640 — 📺 ☎ ⬅️ — 🏛️ 25. 🝙 **E**
15 Z : 29 B 80 - 115 — 2 Appart. 170/220.

FRIEDBERG/HESSEN 6360. Hessen 🗺️ J 15. 🗺️ ⓩ — 25 000 Ew — Höhe 150 m — 🌀 06031.
Sehenswert : Judenbad★ — Burg (Adolfsturm★) — Stadtkirche (Sakramentshäuschen★).
🅱 Amt für Fremdenverkehr, Am Seebach 2, (in der Stadthalle), ℰ 98 87.
♦Wiesbaden 61 — ♦Frankfurt am Main 32 — Gießen 36.

🏠 **Stadthalle**, Am Seebach 2, ℰ 90 85 (neue Nr. ab März 1990), 🎇 — 🛗 ☎ 🄿 — 🏛️ 25/50
E
M a la carte 27/46 — **22 Z : 38 B** 76/90 - 136.

FRIEDEBURG 2947. Niedersachsen 🗺️ ⑭ — 9 600 Ew — Höhe 10 m — Erholungsort
🌀 04465.
♦Hannover 224 — ♦Oldenburg 54 — Wilhelmshaven 25.

🏠 **Deutsches Haus**, Hauptstr. 87, ℰ 4 81, 🌫 — ☎ ⬅️ 🄿 — 🏛️ 40
➡️ **M** (Montag und Samstag kein Mittagessen) a la carte 18/37 — **20 Z : 34 B** 35/41 - 65/75.
🏠 **Landhaus Eichenhorst** ⤴️, Margaretenstr. 19, ℰ 14 82, 🚲, Fahrradverleih — 🅧 & 🄿
8.- 31. Jan. und 16.- 24. Dez. geschl. — (nur Abendessen für Hausgäste, nur Vollwertkost) —
15 Z : 29 B 53/64 - 76/128 Fb — ½ P 58/84.
🏠 **Oltmanns** (Gasthof a.d. 18. Jh.), Hauptstr. 79, ℰ 2 05, « Gartenterrasse », 🌫 — ⬅️ 🄿
➡️ 2.- 18. Jan. geschl. — **M** (Donnerstag - Freitag 18 Uhr geschl.) a la carte 21/57 — **21 Z : 35 B**
42 - 78.
XX **Friedeburg**, Hopelser Weg 11 (W : 1,5 km, nahe der B 436), ℰ 3 67, « Gartenterrasse » —
🄿
Montag und Okt.- Nov. 2 Wochen geschl. — **M** 18,50/33 (mittags) und a la carte 26/54.

FRIEDENFELS 8591. Bayern 🗺️ T 17 — 1 900 Ew — Höhe 537 m — Erholungsort — 🌀 09683.
♦München 259 — Bayreuth 50 — ♦Nürnberg 112 — Weiden in der Oberpfalz 34.

🏠 **Pension Zeitler** ⤴️ garni (Mahlzeiten im Gasthof Schloßschenke), Otto-Freundl-Str. 11
ℰ 2 73, 🌫 — 🄿
40 Z : 80 B 27/31 - 53/61.

FRIEDENWEILER 7829. Baden-Württemberg 🗺️ H 23 — 1 600 Ew — Höhe 910 m —
Kneippkurort — Wintersport : 920/1 000 m ⚡1 ⏂6 — 🌀 07651 (Titisee-Neustadt).
🅱 Kurverwaltung, Rathausstr. 16, ℰ 50 34.
♦Stuttgart 151 — Donaueschingen 25 — ♦Freiburg im Breisgau 42.

🏠 **Ebi** ⤴️, Klosterstr. 4, ℰ 75 74, 🚲, 🖼️, 🌫 — 📺 ☎ ⬅️ 🄿 ⑩ **E** 🆅🆂🅰
Nov.- 20. Dez. geschl. — **M** (auch vegetarische Gerichte) (Dienstag geschl.) a la carte 22/6
🍷 — **20 Z : 37 B** 78/85 - 132/140 Fb — ½ P 81/105.
🏡 **Steppacher** ⤴️, Rathausstr. 4, ℰ 75 16, 🌫 — 🄿
➡️ 15. Nov.- 15. Dez. geschl. — **M** (Montag geschl.) a la carte 19/37 🍷 — **12 Z : 20 B** 25 - 50 —
½ P 39.

In Friedenweiler-Rötenbach SO : 4 km — Erholungsort — 🌀 07654 :

🏡 **Rössle**, Hauptstr. 14, ℰ (07654) 3 51, 🌫 — 🄿
➡️ 15. Nov.- 15. Dez. geschl. — **M** (Dienstag geschl.) a la carte 19/36 🍷 — **16 Z : 30 B** 25/40
50/70 — ½ P 40/50.

FRIEDLAND Niedersachsen siehe Göttingen.

FRIEDRICHSDORF 6382. Hessen 🗺️ I 16 — 23 000 Ew — Höhe 220 m — 🌀 06172.
♦Wiesbaden 56 — Bad Homburg v.d.H. 5 — ♦ Frankfurt am Main 27 — Gießen 42.

🏨 **Queens Hotel im Taunus**, Im Dammwald 1, ℰ 73 90, Telex 415892, Fax 739852, 🚲, 🖼️
Fahrradverleih — 🛗 🅧 Zim 📺 ☎ ⬅️ 🄿 — 🏛️ 25/120. 🕱 Rest
— **Madame blanc** — **Die Kartoffel** (nur Abendessen) — **127 Z : 177 B** Fb.
🏨 **Lindenhof**, Hugenottenstr. 47, ℰ 50 77, Fax 5079, Massage, 🚲, 🖼️ (geheizt), 🌫 — 🛗
🟰 Rest 📺 ☎ ⬅️ 🄿 — 🏛️ 25. 🝙 **E** 🆅🆂🅰
27.Dez.-7.Jan. geschl. — **M** (nur Abendessen, Sonntag geschl.) a la carte 38/64 — **40 Z**
60 B 120 - 175 Fb.
XXX ⚙️ **Sängers Restaurant - Weißer Turm** mit Zim, Hugenottenstr. 121, ℰ 7 20 20
bemerkenswerte Weinkarte — ☎ 🄿. ⑩ **E**
Juni - Juli 2 Wochen geschl. — **M** (Tischbestellung ratsam) (Samstag bis 19 Uhr un
Sonntag geschl.) 175 und a la carte 76/106 — **10 Z : 15 B** 55/100 - 105/150
Spez. Risotto mit Seezunge und Krebsen, Steinbutt auf Gemüsevinaigrette, Gefüllter Ochsenschwanz in
Gängen serviert.

FRIEDRICHSHAFEN 7990. Baden-Württemberg **418** L 24, **987** ㉟ ㊱, **427** M 3 – 52 700 Ew –
Höhe 402 m – ✆ 07541.

✈ Friedrichshafen-Löwental, ① : 2 km, ℘ 7 00 90.

Messegelände, am Riedlepark (BY), ℘ 2 30 01, Telex 734315.

🛈 Tourist-Information, Friedrichstr. 18 (am Yachthafen), ℘ 2 17 29.

Stuttgart 167 ① – Bregenz 30 ② – ◆Freiburg im Breisgau 161 ③ – Ravensburg 20 ①.

FRIEDRICHSHAFEN

🏨 **Buchhorner Hof**, Friedrichstr. 33, ℘ 20 50, Telex 734210, Fax 32663, ☎, Fahrradverleih –
🛗 📺 🚗 – 🏛 25/100. 🖭 ⓪ 🖻 𝚅𝙸𝚂𝙰   AZ **a**
22. Dez.- 6. Jan. geschl. – **M** 26/34 (mittags) und a la carte 44/89 – **65 Z : 120 B** 99/129 -
180/220 Fb.

🏨 **Föhr**, Albrechtstr. 73, ℘ 2 60 66, Telex 734248, ⬅ – 🛗 📺 ☎ ♿ 🅟 – 🏛 50. 🖭 ⓪ 🖻 𝚅𝙸𝚂𝙰
23. Dez.- 6. Jan. geschl. – **M** (Samstag und Sonntag nur Abendessen, außer Saison Sonntag
geschl.) a la carte 35/56 – **58 Z : 116 B** 84/98 - 130/180 Fb.   über Albrechtstr. AZ

🏨 **City-Krone**, Schanzstr. 7, ℘ 2 20 86, Telex 734215, Fax 22080, ☎, 🔲, Fahrradverleih – 🛗
📺 ☎ 🅟 – 🏛 40. 🖭 ⓪ 🖻 𝚅𝙸𝚂𝙰   AY **c**
M (nur Abendessen, Samstag - Sonntag geschl.) a la carte 26/45 – **81 Z : 120 B** 80/120 -
140/170 Fb.

🏨 **Goldenes Rad - Drei Könige**, Karlstr. 43, ℘ 2 10 81 (Hotel) 2 16 25 (Rest.), Telex 734391,
☎, Fahrradverleih – 🛗 📺 ☎ 🅟. 🖭 ⓪ 🖻 𝚅𝙸𝚂𝙰   AY **n**
20. Dez.- 6. Jan. geschl. (nur Hotel) – **M** (Feb. 2 Wochen geschl.) a la carte 18/56 – **60 Z :
120 B** 70/150 - 90/170 Fb.

🏨 **Zeppelin** garni, Eugenstr. 41/1, ℘ 2 50 71, Telex 734369, Fax 72242, ☎ – 🛗 📺 ☎ 🚗 🅟
19 Z : 22 B Fb.   AZ **v**

🏨 **Krager**, Ailinger Str. 52, ℘ 7 10 11 – ☎ 🚗 🅟. 🖭 ⓪ 🖻 𝚅𝙸𝚂𝙰. ❀ Zim   BY **s**
20. Dez.- 10. Jan. geschl. – **M** (nur Abendessen, Freitag geschl.) a la carte 18,50/40 – **20 Z :
33 B** 52/75 - 94/102.

🍴🍴 **Kurgartenrestaurant**, Olgastr. 20 (im Graf-Zeppelin-Haus), ℘ 7 20 72, ⬅ Bodensee,
« Terrasse am See » – 🚗 – 🏛 50. 🖭 ⓪ 🖻 𝚅𝙸𝚂𝙰   AZ **e**
M (auch vegetarische Gerichte) a la carte 31/62.

291

In Friedrichshafen 5-Ailingen N : 6 km, über Ailinger Str. BY — Erholungsort :

🏡 **Sieben Schwaben**, Hauptstr. 37, 𝒫 5 50 98 — 🔄 📺 ☎ 🕭 🅿 — 🔬 35. 🆎 Ⓞ 🛦 𝗩𝗜𝗦𝗔 60/75
   M *(nur Abendessen, Nov.- März Sonntag geschl.)* a la carte 27/43 — **24 Z : 45 B** 60/75
   108/130 Fb.

🏡 **Gerbe**, Hirschlatter Str. 14, 𝒫 5 10 84, 🍽, 🏤, 🔟, 🐎, ✗, 🐕, — ☎ 🅿. Ⓞ 🛦
   31. Dez.- 15. Jan. geschl. — **M** *(Freitag geschl.)* a la carte 24/50 — **38 Z : 67 B** 45/55 - 82/84
   Fb.

In Friedrichshafen 1-Fischbach ③ : 5 km :

🏨 **Traube**, Meersburger Str. 13, 𝒫 4 20 38, Telex 734366, 🍽, 🏤, 🔟, Fahrradverleih — 🔄 📺
   ☎ 🅿 — 🔬 25. 🆎 Ⓞ 🛦
   23. Dez.- 10. Jan. geschl. — **M** *(Freitag bis 17 Uhr geschl.)* a la carte 27/60 🍷 — **55 Z : 100 B**
   75/100 - 120/170 Fb.

🏨 **Maier**, Poststr. 1, 𝒫 49 15, Telex 734801, 🍽 — 🔄 📺 ☎ 🅿. 🆎 🛦 𝗩𝗜𝗦𝗔
   29. Jan.- 24. Feb. geschl. — **M** *(Freitag bis 17 Uhr geschl.)* a la carte 27/58 — **45 Z : 85 B**
   70/85 - 110/140 Fb.

In Friedrichshafen 1-Jettenhausen N : 2 km, über Riedleparkstr. AZ :

🏡 **Knoblauch**, Jettenhauser Str. 32, 𝒫 5 10 44, 🍽 — ☎ 🚗 🅿 — **31 Z : 65 B** Fb.

In Friedrichshafen 1-Schnetzenhausen NW : 4 km, über Hochstr. AZ :

🏯 **Krone - Haus Sonnenbüchel**, Untere Mühlbachstr. 1, 𝒫 40 80, Fax 43601, 🍽, 🏤
   🔟 (geheizt), 🔟, 🐎, ✗ (Halle), Fahrradverleih — 🔄 📺 🚗 🅿 🕂 🔬 25/50. 🆎 Ⓞ 🛦 𝗩𝗜𝗦𝗔
   🏊 Zim
   20.- 25 Dez. geschl. — **M** a la carte 28/57 — **97 Z : 170 B** 70/140 - 110/170 Fb.

✗✗ **Kachlofe**, Manzeller Str. 30, 𝒫 4 16 92, 🍽, « Wintergarten » — 🕭 🅿. 🆎 Ⓞ 🛦
   Samstag - Sonntag 17 Uhr geschl. — **M** *(auch vegetarische Gerichte)* a la carte 40/58.

In Friedrichshafen - Waggershausen N : 3 km, über Hochstr. AZ :

🏡 **Traube**, Sonnenbergstr. 12, 𝒫 5 50 07, 🏤 — 🔄 📺 ☎ 🅿. 🆎 Ⓞ 🛦 𝗩𝗜𝗦𝗔 🏊 Zim
   24.- 30. Dez. geschl. — **M** *(Montag bis 17 Uhr geschl.)* a la carte 20/41 — **32 Z : 58 B** 52/80
   90/125 Fb.

FRIEDRICHSHALL, BAD 7107. Baden-Württemberg 𝟜𝟙𝟛 K 19. 𝟗𝟠𝟕 ㉘ — 11 800 Ew — Höhe
160 m — ✆ 07136.
◆Stuttgart 62 — Heilbronn 10 — ◆Mannheim 83 — ◆Würzburg 110.

In Bad Friedrichshall 1-Jagstfeld :

🏡 **Zur Sonne**, Deutschordenstr. 16, 𝒫 40 63, ≤, 🍽 — ☎ 🅿. 🆎 🛦 𝗩𝗜𝗦𝗔
   M *(Freitag - Samstag 16 Uhr geschl.)* a la carte 31/47 🍷 — **14 Z : 26 B** 62/68 - 90/98.

🏛 **Schöne Aussicht**, Deutschordenstr. 2, 𝒫 60 57, ≤, 🍽, 🐎 — 🅿
   24. Dez.- 15. Jan. geschl. — **M** *(Montag geschl.)* a la carte 18,50/35 — **16 Z : 30 B** 32/52
   60/78.

In Bad Friedrichshall 2-Kochendorf :

🏨 **Schloß Lehen**, Hauptstr. 2, 𝒫 40 44, Fax 20155, 🍽 — 🔄 📺 ☎ 🚗 🅿 — 🔬 25/100. 🆎 🛦
   M *(auch vegetarische Gerichte)* a la carte 29/55 — **Gourmet-Stüble M** a la carte 41/76 —
   27 Z : 39 B 75/105 - 130/165 Fb.

🏛 **Krone-Gästehaus Bauer**, Marktplatz 2, 𝒫 84 17 — 🅿. 🏊
   1.- 10. Nov. und 25. Dez.- 1. Jan. geschl. — **M** *(Freitag geschl.)* a la carte 20/37 🍷 — **70 Z :
   110 B** 35/70 - 65/110.

FRIEDRICHSKOOG 2228. Schleswig-Holstein 𝟗𝟠𝟕 ④ ⑤ — 3 000 Ew — Höhe 2 m — ✆ 04854.
🛈 Kurverwaltung, Koogstr. 66, 𝒫 10 84.
◆Kiel 116 — ◆Hamburg 108 — Itzehoe 52 — Marne 13.

In Friedrichskoog-Spitze NW : 4 km — Seebad :

🏡 **Stadt Hamburg** 🦢, Strandweg 6, 𝒫 2 86, Biergarten, 🐎 — 📺 🅿. 🆎 Ⓞ 🛦
   Jan.- Feb. geschl. — **M** *(Nov.- März Dienstag geschl.)* a la carte 28/60 — **16 Z : 32 B** 65/75
   90/110 Fb.

FRIEDRICHSRUHE Baden-Württemberg siehe Öhringen.

FRIEDRICHSTADT 2254. Schleswig-Holstein 𝟗𝟠𝟕 ⑤ — 2 600 Ew — Höhe 4 m — Luftkurort —
✆ 04881.
🛈 Tourist-Information, am Mittelburgwall 23, 𝒫 72 40.
◆Kiel 82 — Heide 25 — Husum 15 — Schleswig 49.

🏡 **Aquarium-Café**, Am Mittelburgwall 6, 𝒫 4 19, 🍽 — 🅿. 🆎 Ⓞ 🛦
   M *(Nov.- Feb. Dienstag geschl.)* a la carte 27/56 — **21 Z : 45 B** 60/65 - 80/90.

✗✗ **Holländische Stube** mit Zim, Am Mittelburgwall 24, 𝒫 72 45, 🍽, « Holländisches Haus
   a.d. 17. Jh. » — 📺 ☎. 🆎 Ⓞ 🛦 𝗩𝗜𝗦𝗔
   M *(Nov.- Feb. Mittwoch geschl.)* a la carte 28/54 — **7 Z : 18 B** 75 - 100.

FRIELENDORF Hessen siehe Liste der Feriendörfer.

RIESENHEIM 7632. Baden-Württemberg **413** G 21, **242** ㉘ — 10 200 Ew — Höhe 158 m — 07821 (Lahr).

Stuttgart 158 — ♦Freiburg im Breisgau 54 — Offenburg 12.

🏠 **Krone**, Kronenstr. 2 (B 3), 𝒫 6 20 38 — ☎ 🚗 🅿 — 🔥 60
↔ Juli - Aug. 2 Wochen und 27. Dez.- 11. Jan. geschl. — **M** (Freitag - Samstag 17 Uhr geschl.) a la carte 21/49 ⚖ — **30 Z : 45 B** 28/50 - 64/90 Fb.

In Friesenheim 2-Oberweier :

XX **Mühlenhof** mit Zim, Oberweierer Hauptstr. 32, 𝒫 65 20 — ☎ 🚗 🅿
Jan. und Aug. je 3 Wochen geschl. — Menu (Dienstag geschl.) a la carte 30/45 ⚖ — **12 Z : 18 B** 40/45 - 68/78.

FRITZLAR 3580. Hessen **987** ㉕ — 15 000 Ew — Höhe 235 m — 🖨 05622.

Sehenswert : Dom★ — Marktplatz★ — Stadtmauer (Grauer Turm★).

Verkehrsbüro, Rathaus, 𝒫 8 03 43.

Wiesbaden 201 — Bad Hersfeld 48 — ♦Kassel 32 — Marburg 61.

🏠 **Deutscher Kaiser**, Kasseler Str. 27, 𝒫 15 06 — ☎ 🚗 E
M (Sonntag ab 14 Uhr geschl.) a la carte 22/47 — **12 Z : 24 B** 38/50 - 70.

In Fritzlar-Ungedanken SW : 8 km :

🏠 **Büraberg**, an der B 253, 𝒫 40 40, 🍴 — ☎ 🚗 🅿. ⓓ E 𝗩𝗜𝗦𝗔
↔ **M** (Sonntag 15 Uhr - Montag 17 Uhr geschl.) a la carte 20/39 — **14 Z : 25 B** 43/78 - 73/78 Fb.

FRÖNDENBERG 5758. Nordrhein-Westfalen — 22 000 Ew — Höhe 140 m — 🖨 02373 (Menden).

Düsseldorf 97 — ♦Dortmund 29 — Iserlohn 17.

XX **Landhaus Toque Blanche** mit Zim, Sümbergstr. 29a, 𝒫 73 92 — 📺 ☎ 🅿
M (Samstag bis 18 Uhr sowie Sonn- und Feiertage geschl.) a la carte 40/67 — **6 Z : 11 B** 80 - 140.

FUCHSTAL 8915. Bayern **413** P 23, **426** ⑯ — 2 500 Ew — Höhe 619 m — 🖨 08243.

München 69 — Garmisch-Partenkirchen 72 — Landsberg am Lech 12.

🏠 **Landgasthof Hohenwart**, an der B 17 (Seestall), 𝒫 22 31, Fax 2673, 🍴 — 🅿 E
M (Donnerstag geschl.) a la carte 29/52 — **14 Z : 29 B** 35/45 - 60/80.

FÜRSTENAU 4557. Niedersachsen **987** ⑭ — 7 800 Ew — Höhe 50 m — 🖨 05901.

Hannover 195 — ♦Bremen 117 — Nordhorn 48 — ♦Osnabrück 44.

🏠 **Stratmann**, Große Str. 29, 𝒫 31 39 — ☎ 🚗 🅿. 🆎
↔ **M** a la carte 14,50/28 — **10 Z : 20 B** 38/43 - 76/86.

🏠 **Wübbel**, Osnabrücker Str. 56 (B 214), 𝒫 7 89 — 🅿. E. 🎿
↔ 19. Juli - 17. Aug. geschl. — **M** (Dienstag geschl.) a la carte 16/41 — **10 Z : 17 B** 40 - 80.

🏠 **Landwehr**, Buten Porten 1, 𝒫 31 76, 🌳 — 🚗 🅿 — **9 Z : 13 B**.

FÜRSTENBERG 3476. Niedersachsen — 1 300 Ew — Höhe 93 m — Erholungsort — 🖨 05271.

Verkehrsamt, Haus des Gastes, 𝒫 51 01.

Hannover 107 — ♦Düsseldorf 236 — Göttingen 69 — ♦Kassel 66.

🏠 **Hubertus** 🦌, Derentaler Str. 58, 𝒫 59 11, 🍴, 🎿 — 📺 ☎ 🅿. 🆎 ⓓ E
3.- 31. Jan. geschl. — **M** a la carte 26/49 — **23 Z : 45 B** 50 - 80/120 — ½ P 55/75.

FÜRSTENFELDBRUCK 8080. Bayern **413** Q 22, **987** ㊲㊳, **426** ⑯⑰ — 32 000 Ew — Höhe 528 m 🖨 08141.

München 26 — ♦Augsburg 42 — Garmisch-Partenkirchen 97.

🏨 **Post**, Hauptstr. 7, 𝒫 2 40 74, Fax 16755 — 🛎 📺 ☎ 🚗 🅿 — 🔥 60. 🆎 ⓓ E 𝗩𝗜𝗦𝗔
23. Dez.- 6. Jan. geschl. — **M** (Sonntag ab 15 Uhr, Aug. und Aug. 3 Wochen geschl.) a la carte 24/48 — **44 Z : 65 B** 80/95 - 95/125.

🏠 **Gästehaus Brucker** garni, Kapellenstr. 3, 𝒫 66 08 — 📺 ☎ 🚗 🅿. ⓓ E 𝗩𝗜𝗦𝗔
13 Z : 21 B 80/110 - 115/140 Fb.

🏠 **Drexler** garni, Hauptstr. 10, 𝒫 50 61 — 📺 ☎ 🚗
24. Dez.- 12. Jan. und Sonntag geschl. — **19 Z : 30 B** 65/85 - 85/120.

FÜRSTENLAGER (STAATSPARK) Hessen. Sehenswürdigkeit siehe Bensheim a.d. Bergstraße.

FÜRSTENZELL 8399. Bayern **413** W 21, **987** ㊳, **426** ⑦ — 7 000 Ew — Höhe 358 m — 🖨 08502.

München 169 — Linz 92 — Passau 14 — ♦Regensburg 121.

🍴 **Mayer**, Griesbacher Str. 6, 𝒫 2 26 — 🚗 🅿
↔ 23. Aug.- 12. Sept. geschl. — **M** (Samstag geschl.) a la carte 18/32 ⚖ — **18 Z : 26 B** 30/38 - 60/70.

In Fürstenzell-Altenmarkt NO : 4,5 km :

🍴 **Platte** 🦌, 𝒫 2 00, ≤ Neuburger- und Bayerischer Wald — 🚗 🅿
↔ Mitte Jan.- Mitte Feb. geschl. — **M** (Dienstag geschl.) a la carte 16/28 ⚖ — **15 Z : 25 B** 32 - 64.

293

Siehe auch Nürnberg-Fürth (Umgebungsplan).

🖸 Verkehrsverein im ABR, Bahnhofplatz, ℰ 77 26 70.

ADAC, Fürther Freiheit 15, ℰ 77 60 06.

◆München 172 ⑥ — ◆Nürnberg 7 ⑧.

🏛 **Bavaria** garni, Nürnberger Str. 54, ℰ 77 49 41, Telex 626570, ⇌, 🖼 – 🛗 📺 ☎ ⇚ 🅿. 🕻
   ⓪ 🗲 𝐕𝐼𝐒𝐀
   58 Z : 96 B 93/130 - 136/295.   Z

🏛 **Park-Hotel** garni, Rudolf-Breitscheid-Str. 15, ℰ 77 66 66, Telex 623471, Fax 7499064 –
   📺 ☎ ⇚ 🅿 – 🔬 50. 𝐀𝐄 ⓪ 🗲 𝐕𝐼𝐒𝐀. 🛠
   60 Z : 90 B 109/116 - 174/193 Fb – 3 Appart. 260.   Z

🏛 **Marienstraße** garni, Marienstr. 11, ℰ 77 59 51 – 📺 ☎. 🛠
   16 Z : 33 B 70 - 109.   Z

XXX ⊕ **Baumann** mit Zim, Schwabacher Str. 131, ℰ 77 76 50 — 🖨 📺 ☎ ❷. 🆎 ⓪ ℇ 𝘝𝘐𝘚𝘈
Weihnachten geschl. — **M** *(Tischbestellung ratsam)* (Montag bis 18 Uhr sowie Sonn- und
Feiertage geschl.) 79/89 und a la carte 68/93 — **21 Z : 33 B** 89/125 - 98/150   Z **d**
Spez. Carpaccio vom Lammfilet mit Ingwer, Rotbarbe in Salbei gebraten mit Zitronensauce, Gefüllte Taube in
der Schweinsblase (2 Pers.).

XX ⊕ **Kupferpfanne** (Restaurant mit rustikaler Einrichtung), Königstr. 85, ℰ 77 12 77 — 🆎 ⓪
ℇ 𝘝𝘐𝘚𝘈   Y **n**
Sonn- und Feiertage geschl. — **M** (Tischbestellung ratsam) 90 und a la carte 59/88
Spez. Kalbskopf in Kapuzinerkressevinaigrette, Steinbutt mit Fenchel aus dem Backofen (2 Pers.), Panna Cotta
mit Pflaumenterrine.

X **Duckla**, Mühlstr. 2, ℰ 77 86 60 — 🆎 ⓪ ℇ 𝘝𝘐𝘚𝘈   Y **u**
Samstag bis 18 Uhr, Sonn- und Feiertage, 1.- 7. Jan. sowie 30. Juli - 26. Aug. geschl. — **M**
(Tischbestellung ratsam) 40 (mittags) und a la carte 58/78.

Folgende Häuser finden Sie auf dem Stadtplan Nürnberg-Fürth :

In Fürth-Dambach :

🏨 **Forsthaus** ⌂, Zum Vogelsang 20, ℰ 77 98 80, Telex 626385, Fax 720885, 🈂, 🈂, ▨ — 🖨
📺 ☞ ❷. 🆎 ⓪ ℇ 𝘝𝘐𝘚𝘈. ❄ Rest   AS **g**
M a la carte 59/93 — **107 Z : 145 B** 150/180 - 190/220 Fb — 7 Appart. 300/600.

In Fürth-Poppenreuth :

🏨 **Novotel Fürth**, Laubenweg 6, ℰ 79 10 10, Telex 622214, Fax 793466, 🈂, ⟰ (geheizt), ⟿
— 🖨 🍽 📺 ☎ ❷ — 🔬 25/300. 🆎 ⓪ ℇ 𝘝𝘐𝘚𝘈   AS **n**
M a la carte 36/54 — **131 Z : 262 B** 140/160 - 175/240 Fb.

In Fürth-Ronhof :

🏨 **Hachmann** ⌂, Ronhofer Hauptstr. 191, ℰ 79 80 05, Fax 798007, 🈂, 🈂, ▨ — 📺 ☎ ⟿
❷ — 🔬 40. ⓪ ℇ 𝘝𝘐𝘚𝘈   AS **s**
23.- 31. Dez. geschl. — **M** *(auch vegetarische Gerichte)* (Sonntag geschl.) a la carte 26/47 —
27 Z : 46 B 88/108 - 160/180 Fb.

Wenn Sie ein ruhiges Hotel suchen,
benutzen Sie zuerst die Übersichtskarte in der Einleitung
oder wählen Sie im Text ein Hotel mit dem Zeichen ⌂ *bzw.* ⌂.

FÜRTH IM ODENWALD 6149. Hessen 🗺 J 18 — 10 100 Ew — Höhe 198 m — Erholungsort —
◍ 06253.
Wiesbaden 83 — ♦Darmstadt 42 — Heidelberg 36 — ♦Mannheim 33.

In Fürth-Weschnitz NO : 6 km :

🏠 **Erbacher Hof**, Hammelbacher Str. 2, ℰ 40 20, 🈂, ▨, ⟿ — 📺 ☎ ❷ — 🔬 25/60. 🆎 ⓪
◆ ℇ 𝘝𝘐𝘚𝘈
M a la carte 19/51 ⅄ — **45 Z : 79 B** 50/55 - 90/95 — ½ P 65/70.

In Rimbach 6149 SW : 4,5 km :

🏠 Berghof ⌂, Holzbergstr. 27, ℰ (06253) 64 54, ≤, 🏡 — 📺 ☎ ❷. ❄
12 Z : 28 B.

FÜSSEN 8958. Bayern 🗺 OP 24, 🟨🟨🟨 ⊗, 🟦🟦🟦 ⑯ — 15 300 Ew — Höhe 803 m — Kneipp- und
Luftkurort — Wintersport : 810/950 m ≰3 ⚞12 — ◍ 08362.
Sehenswert : St.-Anna-Kapelle (Totentanz*) B.
Ausflugsziele : Schloß Neuschwanstein** ≤*** ② : 4 km und 1,5 km zu Fuß — Schloß
Hohenschwangau* 4 km über ② — Alpsee* : Pindarplatz ≤* 4 km über ② — Romantische
Straße** (von Füssen bis Würzburg).
Kurverwaltung, Augsburger Torplatz 1. ℰ 70 77.
München 120 ② — Kempten (Allgäu) 41 ④ — Landsberg am Lech 63 ②.

Stadtplan siehe nächste Seite.

🏨 **Hirsch**, Schulhausstr. 4, ℰ 50 80, Telex 541308, Fax 508113, Biergarten — ☎ ❷. 🆎 ⓪ 𝘝𝘐𝘚𝘈
Dez.- 15. Feb. geschl. — **M** a la carte 30/60 — **46 Z : 85 B** 85/120 - 150/170 Fb.   **e**

🏨 **Christine** ⌂ garni, Weidachstr. 31, ℰ 72 29, ⟿ — 📺 ☎ ❷. ❄   **z**
15 Z : 30 B.

🏨 **Fürstenhof** garni, Kemptener Str. 23 (B 310), ℰ 70 06 — ☎ ❷. 🆎 ℇ   **r**
Nov. - 24. Dez. geschl. — **15 Z : 30 B** 49/75 - 98/104 Fb.

🏠 **Sonne** garni, Reichenstr. 37, ℰ 60 61, Telex 541350 — 🖨 ☎ ❷. 🆎 ⓪ ℇ 𝘝𝘐𝘚𝘈   **u**
32 Z : 64 B 80/90 - 135 Fb.

🏠 **Kapuziner** garni, Schwangauer Str. 20, ℰ 77 45 — ❷   **a**
Mitte Nov.- Mitte Dez. geschl. — **12 Z : 20 B** 35/45 - 55/80.

XX Kurhaus-Pulverturm, Schwedenweg 1 (im Kurhaus), ℰ 60 78, 🏡 — 🍽 ❷ — 🔬 .

In Füssen - Bad Faulenbach — Mineral- und Moorbad :

🏨 **Alpenschlößle** ⑤, Alatseestr. 28, ℰ 40 17, 🛲 — ☎ 🅿
  M *(Dienstag geschl.)* a la carte 27/63 — **10 Z : 20 B** 57/71 - 106/124 — ½ P 75/93.

🏠 **Kurhotel Wiedemann** ⑤, Am Anger 3, ℰ 3 72 31, Bade- und Massageabteilung, 🔥, 🛲
  — 🕃 ⇔ Rest ☎ ⇔ 🅿
  Mitte Nov.- 20. Dez. geschl. — (Restaurant nur für Hausgäste) — **41 Z : 60 B** 60 - 120 Fb -
  ½ P 85.

🏠 **Kurhotel Berger** ⑤, Alatseestr. 26, ℰ 60 31, Bade- und Massageabteilung, 🔥, 🎧, 🖵
  🛲 — 🕃 ☎ 🅿. 🛠 Rest
  10.- 31. Jan. und Nov.- 19. Dez. geschl. — (Restaurant nur für Hausgäste) — **34 Z : 50 B**
  58/66 - 100/121 Fb — ½ P 62/78.

🏯 **Frühlingsgarten**, Alatseestr. 8, ℰ 61 07, 🛲
  Nov.- 20. Dez. geschl. — **M** *(Freitag geschl.)* a la carte 16,50/30 ⅄ — **17 Z : 30 B** 40/60
  80/120 — ½ P 52/70.

In Füssen-Hopfen am See ① : 5 km :

🏨 **Alpenblick**, Uferstr. 10, ℰ 5 05 70, Telex 541343, Fax 505773, ≤, 🛲, Bade- und
  Massageabteilung, 🎧 — 🕃 📺 ☎ 🅿. 🆎 ⑩ 🅴 🆅🆂🅰
  M a la carte 29/58 — **46 Z : 96 B** 115 - 166 — ½ P 102/134.

🏨 **Geiger**, Uferstr. 18, ℰ 70 74, ≤ — ☎ 🅿
  24 Z : 40 B Fb.

🏨 **Landhaus Enzensberg** ⑤, Höhenstr. 53, ℰ 40 61 — 📺 ☎ ⇔. 🅴
  Ende Okt.- Mitte Nov. geschl. — **M** *(Montag geschl.)* a la carte 31/65 — **10 Z : 20 B** 65/120
  156 Fb — 3 Appart. 260.

✕ **Fischerhütte** (Fischspezialitäten), Uferstr. 16, ℰ 71 03, ≤, « Terrasse am See » — 🅿. 🅰
  ⑩ 🅴 🆅🆂🅰
  Mitte Jan.- Mitte Feb. und Donnerstag geschl. — **M** a la carte 30/58.

In Füssen-Weißensee ④ : 6 km :

🏨 **Bergruh** ⑤, Alte Steige 16, ℰ 77 42, Telex 541347, ≤, 🛲, Bade- und Massageabteilung
  🔥, 🎧, 🖵, 🛲 — 🕃 📺 ☎ 🅿. 🆎 🅴 🆅🆂🅰
  7. Nov.- 24. Dez. geschl. — **M** *(auch Diät)* a la carte 29/52 — **27 Z : 50 B** 45/115 - 100/210 F
  — 4 Appart. 220 — ½ P 72/137.

🏨 **Seegasthof Weißensee**, an der B 310, ℰ 70 95, ≤, 🛲, 🚣, 🛲 — 🕃 ☎ 🅿
  Mitte Jan.- Ende Feb. und 10. Okt.- 25. Dez. geschl. — **M** *(Montag geschl.)* a la carte 26/4
  — **22 Z : 41 B** 61/85 - 112/138 Fb — ½ P 76/89.

🏠 **Seehof**, Gschrifter Str. 5, ℰ 68 22, ≤, 🛲, 🛲 — 🅿. 🛠 Zim
  Nov.- 20. Dez. geschl. — **M** *(Dienstag geschl.)* a la carte 21/34 — **14 Z : 26 B** 42/46 - 71/98 -
  ½ P 52/65.

🏠 **Steigmühle** garni, Alte Steige 3 (Oberkirch), ℰ 73 73, ≤, 🎧 — ⇔ 🅿. 🛠
  10 Z : 25 B — 6 Fewo.

🏯 **Weißer Hirsch**, Wiedmar 10, ℰ (08363) 4 38, ≤ — ⇔ 🅿
  15. Okt.- 25. Dez. geschl. — **M** *(Montag bis 17 Uhr geschl.)* a la carte 18/30 ⅄ — **12 Z : 24 |**
  35/48 - 55/80 — ½ P 41/53.

In Dietringen 8959 ① : 9 km :

🏨 **Schwarzenbach's Landhotel**, an der B 16, ℘ (08367) 3 43, ≤ Forggensee und Allgäuer Alpen, 🌲, ⇔, 🛏 – ☎ 🅿
7. Jan.- 7. Feb. geschl. – **M** *(Nov. - Juni Dienstag geschl.)* a la carte 25/47 – **29 Z : 60 B** 55 - 90/108 Fb.

Siehe auch : *Schwangau*

ÜSSING, BAD 8397. Bayern 🗓🗓🗓 W 21, 🗓🗓🗓 ⑦ – 6 200 Ew – Höhe 324 m – Kurort – 🟢 08531.
Kurverwaltung, Rathausstr. 8, ℘ 22 62 45.
München 147 – Passau 32 – Salzburg 110.

🏨 **Kurhotel Wittelsbach**, Beethovenstr. 8, ℘ 2 10 21, Telex 57631, Fax 22256, Bade- und Massageabteilung, ⇔, ⤴ (Thermal), 🔲, 🌲, Fahrradverleih – 🛗 📺 ⇔ 🅿 – 🏛 25/80. 🅰🅴 🅴 🛇
2.- 31. Jan. geschl. – (Restaurant nur für Hausgäste) – **69 Z : 108 B** 115/150 - 200/250 Fb – 3 Appart. 300 – ½ P 125/175.

🏨 **Kurhotel Zink**, Thermalbadstr. 1, ℘ 2 20 31, Bade- und Massageabteilung, ⚖, ⤴ (Thermal), 🔲, 🌲 – 🛗 📺 🅿. 🛇
Mitte Dez.- Mitte Jan. geschl. – (Restaurant nur für Hausgäste) – **115 Z : 164 B** 88/150 - 168/218 – 12 Appart. 250.

🏨 **Kurhotel Holzapfel**, Thermalbadstr. 5, ℘ 2 13 81, Bade- und Massageabteilung, 🌲, direkter Zugang zu den Thermalschwimmbädern – 🛗 🔲 ☎ 🅿. 🅰🅴 🅴. 🛇
Dez.- Jan. geschl. – Menu 18/26 (mittags) und a la carte 31/57 – **93 Z : 124 B** 87/92 - 174/240 Fb.

🏨 **Parkhotel** 🌳, Waldstr. 16, ℘ 2 20 83, « Gartenterrasse », Bade- und Massageabteilung, ⤴, 🔲, 🌲 – 🛗 ✕ Rest ☎ 🅿. 🛇
3. Dez.- 4. Feb. geschl. – **M** a la carte 20/44 – **108 Z : 140 B** 72/115 - 144/220 Fb – ½ P 90/120.

🏨 **Mühlbach-Stuben**, Bachstr.15 (Safferstetten, S : 1 km), ℘ 2 20 11, 🌲, Bade- und Massageabteilung, ⇔, 🔲, 🌲, Fahrradverleih – 🛗 📺 ☎ ⇔ 🅿. 🛇
(Restaurant nur für Hausgäste) – **63 Z : 105 B** 60/90 - 120/170 Fb – ½ P 75/105 (wegen Umbau bis April 1990 geschl.)

🏨 **Zur Post**, Inntalstr. 36 (Riedenburg, SO : 1 km), ℘ 2 90 90, 🌲, 🌲 – 🛗 ☎ 🅿. 🛇
M *(Donnerstag, 7. Jan.- Feb. und 6.- 23. Dez. geschl.)* a la carte 24/41 – **50 Z : 75 B** 48 - 84/96 Fb – ½ P 90/140.

🏨 **Bayerischer Hof**, Kurallee 18, ℘ 28 11, Bade- und Massageabteilung, 🔲 – 🛗 📺 ☎ 🅿. ◑ 🅴 🆅🆂🅰. 🛇 Rest
15. Dez.- 15. Feb. geschl. – **M** a la carte 19,50/48 – **59 Z : 89 B** 90/125 - 150 Fb – ½ P 90/140.

🏨 **Pension Diana** garni, Kurallee 12, ℘ 2 90 60, Massage, 🌲 – 🛗 📺 ☎ ⇔ 🅿. 🛇
42 Z : 60 B 52/54 - 80/90 Fb.

🏨 **Kurhotel Sonnenhof**, Schillerstr. 4, ℘ 2 26 40, Bade- und Massageabteilung, 🔲, 🌲 – 🛗 📺 ☎ ⇔ 🅿 – 🏛 25/80. 🅴. 🛇
29. Nov.- 13. Jan. geschl. – **M** a la carte 28/53 – **100 Z : 129 B** 90/116 - 155/164 Fb.

🏨 **Kurpension Falkenhof** 🌳 garni, Paracelsusstr. 4, ℘ 20 32, Massage, ⇔, 🔲, 🌲 – 🛗 ☎ 🅿. 🛇
Dez.- Jan. geschl. – **42 Z : 62 B** 56/70 - 102 Fb.

🏨 **Sacher**, Schillerstr. 3, ℘ 2 10 44, Massage, 🌲 – 🛗 ☎ 🅿. 🛇 Rest
38 Z : 46 B.

🏨 **Brunnenhof** garni, Schillerstr. 9, ℘ 26 29, Massage, 🌲 – 🛗 🅿. 🛇
Dez.- Jan. geschl. – **28 Z : 40 B** 46/65 - 78.

✕ **Schloßtaverne**, Inntalstr. 26 (Riedenburg, SO : 1 km), ℘ 25 68, 🌲, Biergarten – 🅿
Mitte Jan.- Mitte Feb. und Mittwoch geschl. – **M** a la carte 23/46.

✕ **Aichmühle**, Hochrainstr. 50, ℘ 2 29 20, 🌲 – ✕ 🅿
März - 20. Nov. – **M** a la carte 26/41 🍴.

FULDA 6400. Hessen 🗓🗓🗓 LM 15, 🗓🗓🗓 ㉘ – 54 000 Ew – Höhe 280 m – 🟢 0661.
Sehenswert : Dom (Bonifatiusgruft : Bonifatiusaltar*, Domschatz*) – St.-Michael-Kirche*.
Ausflugsziel : Kirche auf dem Petersberg (romanische Steinreliefs**, Lage*, ≤*) O : 4 km (über die B 458 Y).
Hofbieber (O : 11 km über die B 458), ℘ (06657) 13 34.
Städt. Verkehrsbüro, Schloßstr. 1, ℘ 10 23 46.
ADAC, Karlstr. 19, ℘ 7 71 11, Notruf 1 92 11.
Wiesbaden 141 ② – ◆Frankfurt am Main 99 ② – Gießen 109 ① – ◆Kassel 106 ① – ◆Würzburg 108 ②.

Stadtplan siehe nächste Seite.

🏨 **Romantik-Hotel Goldener Karpfen**, Simpliziusplatz 1, ℘ 7 00 44, Fax 73042, ⇔ – 🛗 📺 🚿 ⇔ 🅿 – 🏛 25/80. 🅰🅴 ◑ 🅴 🆅🆂🅰. 🛇 Rest   Z **f**
M a la carte 40/90 – **50 Z : 110 B** 130/250 - 200/350 Fb.

🏨 **Maritim-Hotel Am Schloßgarten**, Paulspromenade 2, ℘ 28 20, Telex 49136, Fax 78349, « Restaurant in einem Gewölbekeller a.d. 17. Jh. », ⇔, 🔲 – 🛗 📺 – 🏛 25/200. ◑ 🅴 🆅🆂🅰   Y **c**
M a la carte 39/75 – **112 Z : 224 B** 145/215 - 212/312 Fb – 3 Appart. 400.

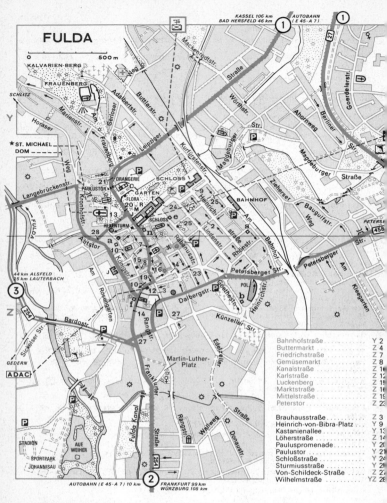

FULDA

0 — 500 m

KASSEL 106 km
BAD HERSFELD 46 km
AUTOBAHN (E 45-A 7) ①

KALVARIEN-BERG
FRAUENBERG
SCHLITZ
★ ST. MICHAEL
DOM
44 km ALSFELD
25 km LAUTERBACH ③
GEDERN
ADAC
STADION
SPORTPARK
JOHANNISAU
AUTOBAHN (E 45-A 7) 10 km
FRANKFURT 99 km ②
WÜRZBURG 108 km

ORANGERIE
PAULUSTOR
GARTEN
FLORA
HEXENTURM
SCHLOSS
BAHNHOF
Martin-Luther-Platz
AUE WEIHER

🏨 **Zum Ritter**, Kanalstr. 18, ℰ 81 65, Fax 71431 – 🛗 📺 ☎ 🅿 E 🆅🆂🅰   Z
＆ **M** a la carte 21/64 – **33 Z : 66 B** 87/182 - 145/277.

🏨 **Zum Kurfürsten** (ehem. Palais a.d.J. 1737), Schloßstr. 2, ℰ 7 00 01, ☎ – 🛗 📺 ☎ 🅿   Y
🛁 30/70. 🆎 ⓞ E 🆅🆂🅰. 🛱 Rest
M a la carte 38/59 – **69 Z : 132 B** 49/95 - 90/170.

🏨 **Kolpinghaus**, Goethestr. 13, ℰ 7 60 52, Fax 76057, 🌇 – 🛗 📺 ☎ 🅿 – 🛁 25/400. 🆎 ⓞ   Z
E 🆅🆂🅰 🛱 Rest
M a la carte 24/49 – **55 Z : 80 B** 75 - 120 Fb.

🏠 **Europa**, Haimbacher Str. 65, ℰ 7 50 43, 🌇, 🛒 – 🛗 ☎ ⇔ 🅿. 🆎 ⓞ E 🆅🆂🅰
M a la carte 26/58 – **65 Z : 120 B** 45/125 - 94/130.   über Langebrückenstr.   Y

🏠 **Bachmühle** (Sandsteinbau a.d.J. 1840), Künzeller Str. 133, ℰ 7 78 00/3 40 01, 🌇 – ☎ 🅿   Z
🆎 E 🆅🆂🅰   über Künzeller Str.
M a la carte 25/49 – **19 Z : 38 B** 63 - 99.

🏠 **Hessischer Hof** garni, Nikolausstr. 22, ℰ 7 22 89 – ⇔. 🆎 E 🆅🆂🅰   Y
30 Z : 52 B 55/75 - 85/125.

🏠 **Peterchens Mondfahrt** garni, Rabanusstr. 7 (5. Etage), ℰ 7 70 94 – 🛗 📺 ☎. 🆎 ⓞ   Y
🆅🆂🅰
21 Z : 35 B 71/83 - 115/135.

Le pneu est le seul point de liaison de la voiture avec le sol.

Comment lit - on un pneu ?

① « Bib» repérant l'emplacement de l'indicateur d'usure.

② Marque enregistrée. **③** Largeur du pneu: ≃ 185mm.

④ Série du pneu H/S: 70. **⑤** Structure: R (radial).

⑥ Diamètre intérieur: 14 pouces (correspondant à celui de la jante). **⑦** Type du pneu: MXV. **⑧** Indice de charge: 88 (560kg). **⑨** Symbole de vitesse: H (210 km/h).

⑩ Pneu sans chambre: Tubeless. **⑪** Marque enregistrée.

Symboles de vitesse maximum:

Q : 160km/h

R : 170km/h

S : 180km/h

T : 190km/h

H : 210km/h

V : 240km/h

ZR : supérieure à 240km/h.

GONFLEZ VOS PNEUS, MAIS GONFLEZ-LES BIEN

POUR EXPLOITER AU MIEUX LEURS PERFORMANCES ET ASSURER VOTRE SECURITE.

Contrôlez la pression de vos pneus dans de bonnes conditions :

Un pneu perd régulièrement et naturellement de la pression (en moyenne 0,04 bar par mois). Il vous faut donc contrôler périodiquement (1 fois par mois) la pression de vos pneus, sans oublier la roue de secours. La pression d'un pneu doit toujours être vérifiée à froid, c'est - à-dire une heure au moins après l'arrêt de la voiture ou après avoir parcouru 2 ou 3 km à faible allure. Il ne faut jamais dégonfler un pneu chaud.

Le surgonflage : Si vous devez effectuer un long trajet à vitesse soutenue ou si la charge de votre voiture est particulièrement importante, il est généralement conseillé de majorer la pression de vos pneus. Mais attention, l'écart de pression avant-arrière, nécessaire à l'équilibre du véhicule doit être impérativement respecté. Consultez les tableaux de gonflage Michelin chez tous les professionnels de l'automobile et chez les spécialistes du pneu.

Le sous-gonflage : Lorsque la pression de gonflage est in-

suffisante, les flancs du pneu travaillent anormalement ; ce qui entraîne une fatigue excessive de la carcasse, une élévation de température et une usure anormale. Le pneu

Vérifiez la pression de vos pneus régulièrement et avant chaque voyage.

subit alors des dommages irréversibles qui peuvent entraîner sa destruction. Le sous-gonflage dégrade la précision de guidage de votre véhicule et met en cause votre sécurité.

Le bouchon de valve : En apparence il s'agit d'un détail: c'est pourtant un élément essentiel de l'étanchéité. Aussi n'oubliez pas de le remettre en place après vérification de la pression en vous assurant de sa parfaite propreté.

Voiture tractant caravane, bateau .....
Dans ce cas particulier, il ne faut jamais oublier que le poids de la remorque accroît considérablement la charge du véhicule. Il est donc nécessaire d'augmenter la pression des pneus arrière de votre voiture en vous conformant aux indications des tableaux de gonflage que Michelin diffuse très largement. Pour de plus amples renseignements, demandez conseil à votre revendeur de pneumatiques, c'est un véritable spécialiste.

POUR FAIRE DURER VOS PNEUS, GARDEZ UN ŒIL SUR EUX.

Afin de préserver longtemps les qualités de vos pneus, il est impératif de les faire contrôler régulièrement et avant chaque grand voyage. Il faut savoir que la durée de vie d'un pneu peut varier dans un rapport de 1 à 4 et parfois plus, selon son entretien, l'état du véhicule, le style de conduite et l'état des routes! Les ensembles roue-pneumatique doivent être parfaitement équilibrés pour éviter les vibrations qui peuvent apparaître à partir d'une certaine vitesse. Ces vibrations, outre leur désagrément, détériorent les suspensions, affectent la tenue de route et endommagent les pneus par une usure irrégulière. Vous confierez l'équilibrage à un professionnel du pneumatique car cette opération nécessite un outillage très spécialisé.

Voici quelques facteurs qui influent sur l'usure et la durée de vie de vos pneumatiques :

les caractéristiques du véhicule (poids, puissance...), le profil

des routes (rectilignes, sinueuses), le revêtement (granulométrie: sol lisse ou rugueux), l'état mécanique du véhicule (réglage des trains avant, arrière, état des suspensions et des freins...), le style de conduite (accélérations, freinages, vitesse de pas-

Une conduite sportive réduit la durée de vie des pneus.

sage en courbe...) ,la vitesse (en ligne droite à 120 km/h un pneu s'use deux fois plus vite qu'à 70 km/h), la pression des pneumatiques (si elle est incorrecte, les pneus s'useront beaucoup plus vite et de manière irrégulière).

Sans oublier les événements de nature accidentelle (chocs contre trottoirs, nids de poule...) qui, en plus du risque de

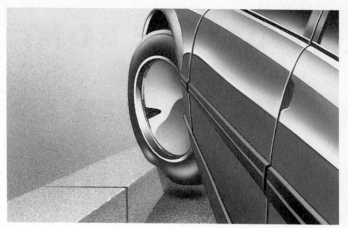

Les chocs contre les trottoirs, les nids de poule… peuvent endommager gravement vos pneus.

déréglage et de détérioration de certains éléments du véhicule, peuvent provoquer des dommages internes au pneumatique dont les conséquences ne se manifesteront parfois que bien plus tard. Un contrôle régulier de vos pneus vous permettra donc de détecter puis de corriger rapidement des anomalies telles que: usure anormale, perte de pression… A la moindre alerte, blessure accidentelle par exemple, adressez - vous immédiatement à un revendeur spécialiste qui interviendra pour préserver les qualités de vos pneus, votre confort et votre sécurité.

SURVEILLEZ L'USURE DE VOS PNEUMATIQUES:

Comment ? Tout simplement en observant la profondeur de la sculpture. C'est un facteur de sécurité, en particulier sur sol mouillé. Tous les pneus possèdent des indicateurs d'usure de 1,6 mm d'épaisseur. Ces indicateurs sont repérés par un Bibendum situé aux "épaules"des pneus Michelin. Un examen visuel suffit pour connaître le niveau d'usure de vos pneumatiques. Mais attention, même si vos pneus n'ont pas encore atteint la limite d'usure légale (en France, la profondeur restante de la sculpture doit être supérieure à 1mm sur l'ensemble de la bande de roulement), leur capacité d'évacuer l'eau aura naturellement diminué avec l'usure.

FAITES LE BON CHOIX POUR ROULER EN TOUTE TRANQUILLITE .

Le type de pneumatique qui équipe d'origine votre véhicule a été déterminé pour optimiser ses performances. Il vous est cependant possible d'effectuer un autre choix en fonction de votre style de conduite, des conditions climatiques, de la nature des routes et des trajets effectués.

Dans tous les cas, il est indispensable de consulter un spécialiste du pneumatique, lui seul pourra vous aider à trouver la solution la mieux adaptée à votre utilisation.

Montage, démontage du pneu ; c'est l'affaire d'un spécialiste :

Un mauvais montage ou démontage du pneu peut détériorer celui-ci et mettre en cause votre sécurité : il faut donc confier cette tâche à un spécialiste.

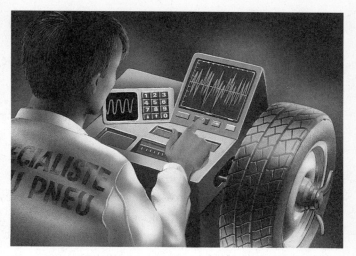

Le montage et l'équilibrage d'un pneu, c'est l'affaire d'un spécialiste.

Il est conseillé de monter le même type de pneu sur l'ensemble du véhicule. Pour obtenir la meilleure tenue de route, les pneumatiques neufs ou les moins usés doivent être montés à l'arrière de votre voiture.

En cas de crevaison, seul un professionnel du pneu saura effectuer les examens nécessaires et décider de son éventuelle réparation.

Il est recommandé de changer la valve ou la chambre à chaque intervention.

Nous déconseillons de monter une chambre à air avec un pneu tubeless.

INNOVER POUR ALLER PLUS LOIN

Concevoir les pneus qui font avancer tous les jours 2 milliards de roues sur la terre, faire évoluer sans relâche plus de 3000 types de pneus différents, c'est ce que font chaque jour 4500 chercheurs dans les centres de recherche Michelin.

Leurs outils : des ordinateurs qui calculent à la vitesse de 100 millions d'opérations par seconde, des laboratoires et des centres d'essais installés sur 6000 hectares en France, en Espagne et aux Etats-Unis pour parcourir quotidiennement 25 fois le tour du monde soit plus d'un million de kilomètres. Leur volonté : écouter, observer puis optimiser chaque fonction du pneumatique et tester sans relâche les solutions qui permettront de battre demain le pneu d'aujourd'hui.

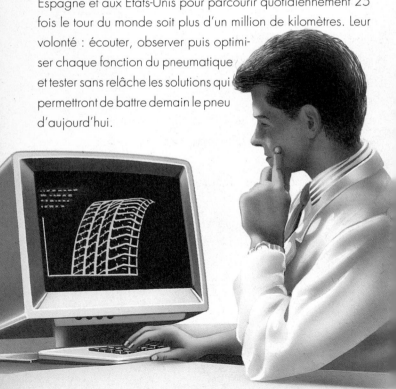

AU SERVICE DU CONDUCTEUR : LES CARTES ET LES GUIDES MICHELIN

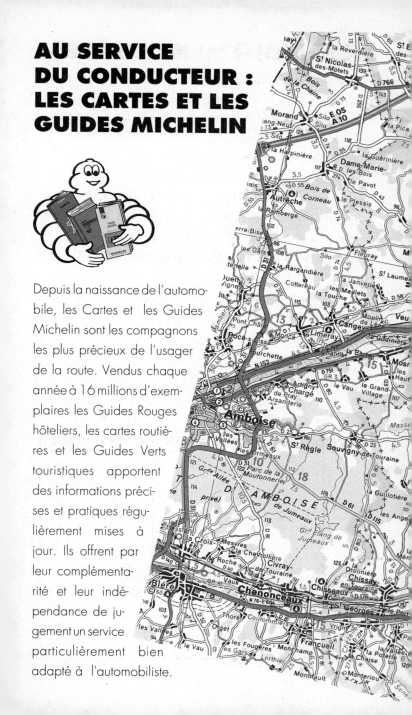

Depuis la naissance de l'automobile, les Cartes et les Guides Michelin sont les compagnons les plus précieux de l'usager de la route. Vendus chaque année à 16 millions d'exemplaires les Guides Rouges hôteliers, les cartes routières et les Guides Verts touristiques apportent des informations précises et pratiques régulièrement mises à jour. Ils offrent par leur complémentarité et leur indépendance de jugement un service particulièrement bien adapté à l'automobiliste.

RENSEIGNEMENTS UTILES.

Vous avez des observations, vous souhaitez des précisions concernant l'utilisation de vos pneumatiques Michelin, écrivez-nous à: Manufacture Française des Pneumatiques Michelin. Boîte postale consommateurs .

63040 Clermont-Ferrand cedex.

Assistance Michelin Itinéraires :

Minitel: 3615 code Michelin.

- Centre de Renseignements Autoroutes , tél: (1) 47 05 90 01

Minitel: 3614 code ASFA.

- Centre National d'Informations Routières, tél:(1) 48 94 33 33

Minitel: 3615 code Route.

- Centres Régionaux d'Information et de Coordination Routière.

Bordeaux 56 96 33 33
Ile-de-France-Centre .... (1) 48 99 33 33
Lille 20 47 33 33
Lyon 78 54 33 33
Marseille 91 78 78 78
Metz 87 63 33 33
Rennes 99 32 33 33

DATE	CHIFFRE COMPTEUR	OPERATIONS

ANGKOFEN 8314. Bayern 🗗🗓🗗 U 21, 🗓🗗🗗 ⑰. 🗗🗗🗗 ⑥ — 6 000 Ew — Höhe 440 m — 🟢 08722.
ünchen 95 — Landshut 40 — Passau 88.

🕯 **Café Danner**, Marktplatz 13, 𝒫 2 55
🔸 20. Aug.- 6. Sept. geschl. — **M** (Montag geschl.) a la carte 19/33 — **8 Z : 12 B** 33 - 52.

ARBSEN Niedersachsen siehe Hannover.

ARCHING 8046. Bayern 🗗🗓🗗 RS 22, 🗗🗗🗗 ⑰ — 12 700 Ew — Höhe 485 m — 🟢 089 (München).
München 13 — Landshut 64 — ✦Regensburg 112.

🏚 **Hoyacker Hof**, Freisinger Landstr. 9a, 𝒫 3 20 69 65, 🍴 — 🔲 📺 ☎ 🅿. 🖪
M (wochentags nur Abendessen) a la carte 22/45 — **61 Z : 125 B** 100/120 - 150 Fb.

🏚 **Am Park** garni, Bürgermeister-Amon-Str. 2, 𝒫 3 20 40 84, Telex 5214233 — ☎ ⟵ 🅿. 🆀
🆀 🖪
24. Dez.- 6. Jan. geschl. — **34 Z : 52 B** 95/105 - 145/200 Fb.

🗶 **Bürgerstuben**, Bürgerplatz 9, 𝒫 3 20 49 23 — 🆀 ⓞ 🖪 🆅🆂🅰
🔸 **M** a la carte 20,50/46.

ARLSTORF Niedersachsen siehe Salzhausen.

ARMISCH-PARTENKIRCHEN 8100. Bayern 🗗🗓🗗 Q 24, 🗓🗗🗗 ㉚⑰, 🗗🗗🗗 ⑯ — 28 500 Ew — Höhe
7 m — Heilklimatischer Kurort — Wintersport : 800/2 950 m ⚡12 🚡39 ⚡3 — 🟢 08821.
henswert : St.-Anton-Anlagen (Y) ⟨✱.

sflugsziele : Wank 🚡✱✱ O : 2 km und ⚡ — Partnachklamm✱✱ 25 min zu Fuß (ab Skistadion)
Zugspitzgipfel✱✱✱ (🚡✱✱✱) mit Zahnradbahn (Fahrzeit 75 min) oder mit ⚡ ab Eibsee (Fahrzeit
min).

Schwaigwang (N : 2 km), 𝒫 (08821) 24 73 ; 🛏 Oberau, Gut Buchwies (NO : 10 km), 𝒫 (08824)
44.

Verkehrsamt, Bahnhofstr. 34, 𝒫 1 80 22, Telex 59660.
Kurverwaltung, Schnitzschulstr. 19, 𝒫 18 00.
AC, Hindenburgstr. 14, 𝒫 22 58, Telex 59672.
ünchen 89 ① — ✦Augsburg 117 ① — Innsbruck 60 ② — Kempten (Allgäu) 103 ③.

Stadtplan siehe nächste Seite.

🏰 **Grand-Hotel Sonnenbichl**, Burgstr. 97, 𝒫 70 20, Telex 59632, Fax 702131, ⟨, 🍴,
Massage, 🚇, 🔲 — 🛗 ⟨⟩ Zim 🔲 ⚡🏊 🅿 — 🏊 25/100. 🆀 ⓞ 🖪 🆅🆂🅰 🕰 🆂🆁 🛌 Rest X u
Restaurants : — **Blauer Salon M** a la carte 40/90 — **Zirbelstube M** a la carte 29/60 — **90 Z :**
170 B 135/200 - 220/280 Fb — ½ P 145/215.

🏰 **Posthotel Partenkirchen**, Ludwigstr. 49, 𝒫 5 10 67, « Historische Herberge mit rustikaler
Einrichtung » — 🛗 🅿 — 🏊 25/60. 🆀 ⓞ 🖪 🆅🆂🅰 Y u
M a la carte 26/73 — **61 Z : 100 B** 95/185 - 165/235 Fb.

🏰 **Obermühle** ❀, Mühlstr. 22, 𝒫 70 40, Telex 59609, Fax 704112, ⟨, « Gartenterrasse », 🚇,
🔲, 🍴 — 🛗 📺 ⟵ 🅿 — 🏊 25/100. 🆀 ⓞ 🖪 🆅🆂🅰 X e
M 30 (mittags) und a la carte 40/72 — **93 Z : 178 B** 110/195 - 200/300 Fb — 5 Fewo 260/290.

🏰 **Reindl's Partenkirchner Hof**, Bahnhofstr. 15, 𝒫 5 80 25, Telex 592412, Fax 73401,
⟨ Wetterstein, « Terrasse », 🚇, 🔲, 🍴 — 🛗 📺 ⟵ 🅿. 🆀 ⓞ 🖪 🆅🆂🅰 Z r
15. Nov.-15. Dez. geschl. — Menu (Tischbestellung ratsam) a la carte 32/68 — **80 Z : 140 B**
80/150 - 166/186 Fb — 14 Appart. 220/350.

🏰 **Dorint Sporthotel** ❀, Mittenwalder Str. 59, 𝒫 70 60, Telex 592464, Fax 706618, ⟨, 🍴,
Biergarten, Massage, 🚇, 🔲, 🍴, 🗶 (Halle), Fahrradverleih — 📺 🏊 ⟵ 🅿 — 🏊 25/120.
🆀 🖪 🆅🆂🅰 X c
M a la carte 30/56 — **Zirbelstube** (nur Abendessen) **M** a la carte 45/60 — **156 Z : 480 B**
195/250 - 306/350 Fb.

🏰 **Clausings Post - Romantik-Hotel**, Marienplatz 12, 𝒫 70 90, Telex 59679, Fax 709205,
🍴 — 🛗 📺 🅿 — 🏊 30. 🆀 ⓞ 🖪 Z e
Restaurants : — **Boulevard-Terrasse M** a la carte 35/64 — **Post-Hörndl M** a la carte 23/45 —
Poststüberl separat erwähnt — **31 Z : 57 B** 110/150 - 160/250 Fb — ½ P 115/185.

🏰 **Residence-Hotel**, Mittenwalder Str. 2, 𝒫 75 61, Telex 592415, Fax 74268, 🍴, 🚇, 🔲, 🗶
— 🛗 ⟨⟩ Zim 📺 🅿 — 🏊 25/150. 🆀 ⓞ 🖪 🆅🆂🅰 Z m
M 25/Buffet (mittags) und a la carte 35/68 — **117 Z : 189 B** 187/197 - 239/249 Fb — 5 Appart.
265/319.

🏰 **Wittelsbach**, von-Brug-Str. 24, 𝒫 5 30 96, Telex 59668, Fax 57312, ⟨ Waxenstein und
Zugspitze, « Gartenterrasse », 🚇, 🔲, 🍴 — 🛗 📺 ⟵ 🅿. 🆀 ⓞ 🖪 🆅🆂🅰 🛌 Rest Y d
20. Okt.- 20. Dez. geschl. — **M** 28 (mittags) und a la carte 38/70 — **60 Z : 100 B** 102/168 -
150/200 Fb — ½ P 110/150.

🏚 **Staudacherhof** ❀ garni, Höllentalstr. 48, 𝒫 5 51 55, ⟨, 🚇, 🟂, 🔲, 🍴 — 🛗 📺 ☎ ⟵
🅿. 🖪 Z v
April - Mai 4 Wochen und Mitte Nov.- Mitte Dez. geschl. — **35 Z : 60 B** 65/150 - 140/230 Fb.

🏚 **Mercure - Königshof**, St.-Martin-Str. 4, 𝒫 72 70, Telex 59644, Fax 727100,
Dachterrasse mit ⟨, Massage, 🚇, 🔲 — 🛗 ≡ Rest 📺 ☎ ⟵ — 🏊 25/100. 🆀 🖪 🆅🆂🅰
🛌 Rest Z k
M a la carte 26/55 — **84 Z : 180 B** 115/142 - 164/204 Fb — 4 Appart. 224/264.

301

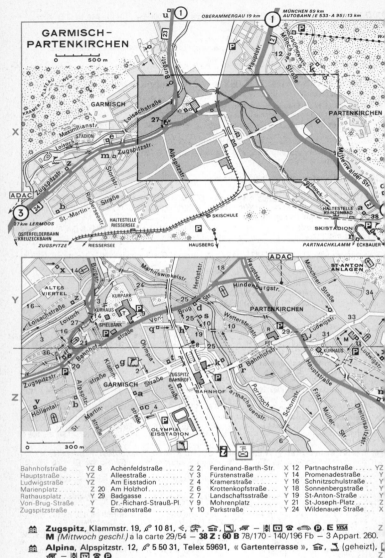

Zugspitz, Klammstr. 19, ℰ 10 81, ≤, 👥, 🚿, 🔳, 🍴 — ⚙ 📺 ☎ 🚗 🅿. 🅴 𝘝𝘐𝘚𝘈 Z
M *(Mittwoch geschl.)* a la carte 29/54 — **38 Z : 60 B** 78/170 - 140/196 Fb — 3 Appart. 260.

Alpina, Alpspitzstr. 12, ℰ 5 50 31, Telex 59691, « Gartenterrasse », 🚿, 🔳 (geheizt), Z
🍴 — ⚙ 📺 ☎ 🅿
M *(Juli - Okt. nur Abendessen)* a la carte 40/63 — **35 Z : 65 B** 90/150 - 180/260 Fb.

Gästehaus Renate garni, Olympiastr. 21, ℰ 7 20 41, ≤, 🚿, 🍴 — ☎ 🅿. ⑩ 🅴 𝘝𝘐𝘚𝘈 Z
Nov.- 20. Dez. geschl. — **17 Z : 27 B** 70/95 - 130/140.

Boddenberg ⌂ garni, Wildenauer Str. 21, ℰ 5 10 89, ≤, « Garten », 🔳 (geheizt), X
Fahrradverleih — 📺 ☎ 🚗 🅿. 🆎 ⑩ 🅴 𝘝𝘐𝘚𝘈
Nov.- 15. Dez. geschl. — **24 Z : 40 B** 65/85 - 120/170 Fb.

Garmischer Hof garni, Bahnhofstr. 51, ℰ 5 10 91, « Garten », 🍴 — ⚙ 📺 ☎ 🅿. 🆎 ⑩ Y
𝘝𝘐𝘚𝘈
42 Z : 64 B 59/90 - 108/124 Fb.

Brunnthaler garni, Klammstr. 31, ℰ 5 80 66, ≤, 🚿 — ⚙ ☎ 🚗 🅿. 🦟 Z
22 Z : 39 B 75/97 - 120/130.

302

🏠 **Buchenhof** 🦢 garni, Brauhausstr. 3, ℰ 5 21 21, ≼, ≘s, 📉, 🚿 – ☎ ⇐ ➋   Y x
15. Nov.- 15. Dez. geschl. – **15 Z : 30 B** 70/160 - 105/180.

🏠 **Berggasthof Panorama** 🦢, St. Anton 3, ℰ 25 15, Fax 4884, ≼ Garmisch-Partenkirchen
und Zugspitzmassiv, « Terrasse » – 📺 ➋. E   X k
Mitte Nov.- Mitte Dez. geschl. – **M** a la carte 23/45 – **15 Z : 30 B** 50/60 - 85/100 – 2 Fewo
120/180.

🏠 **Rheinischer Hof**, Zugspitzstr. 76, ℰ 7 20 24, ≘s, 📉, 🚿, Fahrradverleih – 📳 📺 ☎ ⇐
➋   X z
M (Mitte Nov.- Mitte Dez. geschl.) a la carte 24/50 – **30 Z : 58 B** 81/100 - 129/170 Fb.

🏠 **Birkenhof** garni, St.-Martin-Str. 110, ℰ 37 96, 🚿, Fahrradverleih – 📺 ☎ ⇐. E. ❄
20. April - 5. Mai und Nov.- 24. Dez. geschl. – **10 Z : 19 B** 62/72 - 104.   X b

🏠 **Leiner**, Wildenauer Str. 20, ℰ 5 00 34, ≼, 🌧, « Garten », ≘s, 📉, 🚿 – 📳 ☎ ➋. 🅰🅴 ① E
🆅🅸🆂🅰, ❄ Rest   X a
Mitte April - Mitte Mai und Ende Okt.- Mitte Dez. geschl. – **M** a la carte 29/55 – **53 Z : 74 B**
57/106 - 112/124 Fb – 2 Fewo 100/130.

🏠 **Gasthof Fraundorfer**, Ludwigstr. 24, ℰ 21 76, Telex 692430 – 📺 ☎ ➋. E 🆅🅸🆂🅰   Z x
✦ **M** (Dienstag, 1.- 10. April und 6. Nov.- 6. Dez. geschl.) a la carte 21/45 – **33 Z : 65 B** 50/85 -
100/140 – 3 Appart. 220.

🏠 **Roter Hahn** garni, Bahnhofstr. 44, ℰ 5 40 65, 📉, 🚿 – 📳 ☎ ➋   Y h
32 Z : 45 B 50/80 - 112.

🏠 **Aschenbrenner** garni, Loisachstr. 46, ℰ 5 80 29, ≼, 🚿 – 📳 📺 ☎ ➋. 🅰🅴 ① E 🆅🅸🆂🅰
25 Z : 43 B 65/110 - 130/160 Fb.   Y z

🏠 **Bavaria** 🦢, Partnachstr. 51, ℰ 34 66, 🚿 – ➋. 🅰🅴. ❄ Rest   Y s
20. Okt.- 20. Dez. geschl. – (nur Abendessen für Hausgäste) – **30 Z : 50 B** 70 - 120.

🏠 **Hilleprandt** 🦢, Riffelstr. 17, ℰ 28 61, Fax 74548, ≘s, 🚿 – 📺 ☎ ➋. E 🆅🅸🆂🅰. ❄   Z c
(nur Abendessen für Hausgäste) – **16 Z : 28 B** 68/90 - 100/130.

❌❌ **Poststüberl**, Marienplatz 12 (im Clausings Post-Hotel), ℰ 5 80 71, « Bayerische
Posthalterstube mit rustikal-eleganter Einrichtung » – 🅰🅴 ① E 🆅🅸🆂🅰   Z e
nur Abendessen, Montag geschl. – **M** a la carte 39/67.

❌❌ **Alpenhof** Bahnhofstr. 74 (in der Spielbank), ℰ 5 90 55, 🌧 – ➋. ① E 🆅🅸🆂🅰   Y
Menu 25/98 und a la carte.

Außerhalb S : 4 km, über Wildenauer Str. X – Höhe 900 m, hoteleigene 🎿 :

🏠 **Forsthaus Graseck** 🦢, Graseck 10, ✉ 8100 Garmisch-Partenkirchen, ℰ (08821) 5 40 06,
Telex 55700, ≼ Wetterstein, 🌧, Bade- und Massageabteilung, 🔥, ≘s, 📉, 🚿
– 📳 ☎ ⇐ ➋ – ⚕
38 Z : 70 B Fb – 4 Appart..

Am Rießersee S : 2 km über Rießerseestraße X :

🏨 **Ramada-Sporthotel** 🦢, Rieß 5, ✉ 8100 Garmisch-Partenkirchen, ℰ (08821) 75 80,
Telex 59658, Fax 3811, ≼, Biergarten, 📉. Skischule, Skiverleih – 📳 ❄ Zim 📺 ⇐ ➋
– ⚕ 25/200. 🅰🅴 ① E 🆅🅸🆂🅰
Restaurants : – **Gallerie M** a la carte 45/70 – **Bayerische Bierstube M** a la carte 30/60 –
155 Z : 310 B 170/190 - 240/310 Fb – ½ P 147/217.

❌❌ **Café Restaurant Rießersee** 🦢 mit Zim, Rieß 6, ✉ 8100 Garmisch-Partenkirchen,
ℰ (08821) 5 01 81, ≼ See und Zugspitzmassiv, « Seeterrasse », 🐾 – 📺 ☎ ⇐ ➋. 🅰🅴 E
🆅🅸🆂🅰
23.- 30. April und Nov.- 22. Dez. geschl. – **M** (Jan.- April Montag geschl.) a la carte 28/59 –
5 Z : 13 B 100/130 - 120/180.

Am Zugspitzplatt – Höhe 2 650 m – (Zahnradbahn ab Garmisch-Partenkirchen bzw. ab
Eibsee oder 🎿 ab Eibsee über Zugspitzgipfel) :.

🏨 **Schneefernerhaus** 🦢, ✉ 8101 Garmisch-Partenkirchen - Zugspitze, ℰ (08821) 5 80 11,
Telex 59633, ≼ Alpen, 🌧, Liegeterrassen, 🎿 – 📳 📺 ☎   Zugspitzbahnhof   Z
11 Z : 21 B.

ARTOW 3136. Niedersachsen 📙📗📘 ⑯ – 1 300 Ew – Höhe 27 m – Luftkurort – ✪ 05846.
⟨urverwaltung, Hahnenberger Str. 2, ℰ 3 33.
Hannover 162 – Lüneburg 78 – Uelzen 66.

🏠 **Wendland**, Hauptstr. 11, ℰ 4 11, Caféterrasse, 🚿 – 📺 ☎ ➋
M (Montag und Feb.- 15. März geschl.) 16/25 (mittags) und a la carte 26/44 – **15 Z : 25 B** 58
- 90 Fb.

AU-BISCHOFSHEIM Rheinland-Pfalz siehe Mainz.

AUTING 8035. Bayern 📘📗📘 R 22, 📙📗📘 ㊲, 📗📙📐 ⑰ – 18 000 Ew – Höhe 585 m – ✪ 089 (München).
⟨ünchen 20 – ✦Augsburg 60 – Garmisch-Partenkirchen 83.

🏠 **Simon** garni, Bahnhofplatz 6, ℰ 8 50 14 15, ≘s – 📳 📺 ☎ ➋. 🅰🅴 E 🆅🅸🆂🅰
Mitte Dez.- Mitte Feb. geschl. – **27 Z : 55 B** 80 - 95/165.

GEESTHACHT 2054. Schleswig-Holstein 987 ⑤ — 25 000 Ew — Höhe 16 m — ✪ 04152.
◆Kiel 118 — ◆Hamburg 29 — ◆Hannover 167 — Lüneburg 29.

🏦 **Fährhaus Ziehl**, Fährstieg 20, ℰ 30 41, 🏤 — 📺 ☎ ⇔ ❷. 🕮 **E**
M *(Freitag geschl.)* a la carte 22/47 — **19 Z : 30 B** 58/71 - 82/99.

🏠 **Lindenhof**, Joh.-Ritter-Str. 38, ℰ 30 61 — ☎ ♿ ❷. **E**
M *(nur Abendessen, Samstag - Sonntag, Jan. 1 Woche und Juli - Aug. 2 Wochen geschl.)*
la carte 23/38 — **20 Z : 40 B** 48/71 - 70/92 Fb.

✕ **Ratskeller**, Am Markt 15, ℰ 7 12 82 — 🕮 ⑩ **E** 🎫
M a la carte 30/60.

GEHRDEN 3007. Niedersachsen — 13 800 Ew — Höhe 75 m — ✪ 05108.
◆Hannover 13 — Bielefeld 98 — Osnabrück 128.

🏠 **Ratskeller**, Am Markt 6, ℰ 20 98, Fax 2008 — 🛗 ☎ ⇔. 🕮 🕮 ⑩ **E** 🎫
M *(20. Juli - 12. Aug., Samstag bis 18 Uhr und Montag geschl.)* a la carte 23/54 — **15 :**
23 B 70/85 - 100/125.

GEILENKIRCHEN 5130. Nordrhein-Westfalen 987 ㉓. 408 ㉖ — 22 200 Ew — Höhe 75 m
✪ 02451.
◆Düsseldorf 68 — ◆Aachen 25 — Mönchengladbach 40.

🏠 **Stadthotel** garni, Konrad-Adenauer-Str. 146, ℰ 70 77 — 📺 ❷. 🕮 **E** 🎫
14 Z : 22 B 58/68 - 95.

🕸 **Jabusch**, Markt 3, ℰ 27 25 — ☎ ⇔. 🕮 **E**
M *(Montag geschl.)* a la carte 22/46 — **13 Z : 20 B** 42/56 - 78/98.

GEISELHÖRING 8442. Bayern 413 U 20. 987 ㉗ — 5 900 Ew — Höhe 353 m — ✪ 09423.
◆München 113 — Landshut 44 — ◆Regensburg 33 — Straubing 15.

🏠 **Erlbräu**, Stadtplatz 17, ℰ 3 57, Biergarten — ⇔ ❷
✦ Jan. geschl. — M *(Freitag geschl.)* a la carte 19/38 ♨ — **25 Z : 34 B** 30/50 - 60/80.

GEISELWIND 8614. Bayern 413 O 17 — 2 000 Ew — Höhe 330 m — ✪ 09556.
Ausflugsziel : Ebrach : Ehemaliges Kloster★★ (Klosterkirche★) N : 11 km.
🏌 N : 1 km, ℰ 8 00.
◆München 237 — ◆Bamberg 55 — ◆Nürnberg 67 — ◆Würzburg 44.

🏠 **Zur Krone**, Kirchplatz 2, ℰ 2 44 — 🛗 📺 ☎ ⇔ ❷. 🕮 🕮 ⑩ **E** 🎫
✦ M a la carte 18/32 ♨ — **64 Z : 135 B** 46 - 72.

🏠 **Stern**, Marktplatz 11, ℰ 2 17 — ⇔ ❷
34 Z : 68 B Fb.

🏠 **Gasthof Lamm**, Marktplatz 8, ℰ 2 47 — ⇔ ❷ — 🏄 30. ⑩ **E**
✦ M a la carte 15/30 ♨ — **49 Z : 102 B** 25/32 - 52.

GEISENHAUSEN Bayern siehe Schweitenkirchen.

GEISENHEIM 6222. Hessen — 11 700 Ew — Höhe 94 m — ✪ 06722 (Rüdesheim).
◆Wiesbaden 28 — ◆Koblenz 68 — Mainz 31.

✕ **Rheingau-Pavillon**, Rheinufer, ℰ 85 15, ≤ Rhein, 🏤 — ❷
Donnerstag 15 Uhr - Freitag und 18. Dez.- 16. Feb. geschl. — M a la carte 29/52 ♨.

Beim Kloster Marienthal N : 4 km :

🏦 **Waldhotel Gietz** ♨, Marienthaler Str. 20, ⊠ 6222 Geisenheim-Marienth
ℰ (06722) 60 77, Fax 71447, 🏤, ☎, 🏊, 🐎 — 📺 ☎ ❷ — 🏄 25/60. 🕮 ⑩ **E** 🎫
M a la carte 30/60 ♨ — **40 Z : 54 B** 70/110 - 130/200 Fb.

An der Straße nach Presberg N : 4,5 km :

🏠 **Haus Neugebauer** ♨, ⊠ 6222 Geisenheim-Johannisberg, ℰ (06722) 60 38, 🏤, 🐎
📺 ☎ ⇔ ❷. 🕮 ⑩ **E** 🎫
M a la carte 25/60 ♨ — **13 Z : 26 B** 65/85 - 110/120.

GEISINGEN 7716. Baden-Württemberg 413 IJ 23. 987 ㉟. 427 J 2 — 5 700 Ew — Höhe 661 m
✪ 07704.
◆Stuttgart 128 — Donaueschingen 15 — Singen (Hohentwiel) 30 — Tuttlingen 17.

In Geisingen 3 - Kirchen-Hausen SO : 2,5 km :

🏦 **Gasthof Sternen**, Ringstr. 2 (Kirchen), ℰ 60 01, Fax 577, 🏤, ☎, 🏊 — 🛗 📺 ☎ ❷
✦ 🏄 40. 🕮 ⑩ **E** 🎫
M a la carte 21/58 — **54 Z : 100 B** 67 - 108.

🏠 **Zur Burg**, Bodenseestr. 4 (B 31) (Hausen), ℰ 2 35, 🏤, 🐎 — ⇔ ❷. 🕮 ⑩ **E** 🎫
✦ 🕸 Rest
Nov. geschl. — M *(Mittwoch geschl.)* a la carte 21/50 — **10 Z : 18 B** 42/52 - 68/84 — 3 Fev
45/85.

GEISLINGEN AN DER STEIGE 7340. Baden-Württemberg **413** M 21, **987** ⑯ — 26 300 Ew — Höhe 464 m — ✆ 07331.

🛈 Kultur- und Verkehrsamt, Hauptstr. 19, ℰ 2 42 66.

♦Stuttgart 69 — Göppingen 18 — Heidenheim an der Brenz 30 — ♦Ulm (Donau) 32.

🏨 **Krone**, Stuttgarter Str. 148 (B 10), ℰ 6 10 71 — 🛗 📺 ☎ 🅿 — 🕿 100. ① **E** 𝘝𝘐𝘚𝘈
über Weihnachten und 1.- 8. Jan. geschl. — **M** *(Sonntag geschl.)* a la carte 23/58 ⅛ — **32 Z :
64 B** 55/80 - 99/140.

In Geislingen-Eybach NO : 4 km :

🏨 **Ochsen** (mit Gästehaus), von-Degenfeld-Str. 22, ℰ 6 20 51, 😄, 🐎 — 🛗 ☎ ⇦ 🅿
Ende Okt.- Mitte Nov. geschl. — **M** *(Freitag geschl.)* a la carte 25/48 — **28 Z : 40 B** 45/75 -
90/130 Fb.

In Geislingen - Weiler ob Helfenstein O : 3 km — Höhe 640 m :

🏨 **Burghotel** ⅏ garni, Burggasse 41, ℰ 4 10 51, ⊆s, 🔲, 🐎, Fahrradverleih — 📺 ☎ ⇦ 🅿.
🌸
Juli - Aug. 3 Wochen geschl. — **23 Z : 34 B** 73/120 - 114/170.

XX **Burgstüble**, Dorfstr. 12, ℰ 4 21 62 — 🅿. **AE** ① **E** 𝘝𝘐𝘚𝘈
nur Abendessen, Sonntag und Ende Juli - Mitte Aug. geschl. — **M** *(auch vegetarisches
Menu)* (Tischbestellung erforderlich) a la carte 42/72.

GEITAU Bayern siehe Bayrischzell.

GELDERN 4170. Nordrhein-Westfalen **987** ⑬, **409** ⑦ — 29 000 Ew — Höhe 25 m — ✆ 02831.

🛅 Issum (O : 10 km), ℰ (02835) 36 26.

♦Düsseldorf 63 — ♦Duisburg 43 — Krefeld 30 — Venlo 23 — Wesel 29.

🏨 **Rheinischer Hof**, Bahnhofstr. 40, ℰ 55 22 — ⇦. **AE** ① **E** 𝘝𝘐𝘚𝘈
M *(Samstag und Juni 2 Wochen geschl.)* a la carte 23/46 — **25 Z : 48 B** 38/48 - 70/80.

GELNHAUSEN 6460. Hessen **413** K 16, **987** ㉕ — 19 000 Ew — Höhe 159 m — ✆ 06051.

Sehenswert : Marienkirche★ (Chorraum★★).

🛈 Verkehrsbüro, Kirchgasse 2, ℰ 82 00 54.

♦Wiesbaden 84 — ♦Frankfurt am Main 42 — Fulda 62 — ♦Würzburg 86.

🏨 **Burg-Mühle**, Burgstr. 2, ℰ 8 20 50, Telex 4102439, Fax 820554, ⊆s — 📺 ☎ 🅿 — 🕿 25/60.
AE ① **E** 𝘝𝘐𝘚𝘈. 🌸 Rest
M a la carte 33/59 — **33 Z : 56 B** 68/88 - 100/140 Fb.

🏨 **Grimmelshausen-Hotel** garni, Schmidtgasse 12, ℰ 1 70 31 — 📺 ⇦. **AE** ① **E** 𝘝𝘐𝘚𝘈
24 Z : 40 B 40/80 - 72/98.

X **Stadt-Schänke** mit Zim, Fürstenhofstr. 1, ℰ 46 18, 😄 — 🛗 📺 ☎ ⅙ 🅿
13 Z : 21 B.

In Gelnhausen 2-Meerholz SW : 5 km :

XX **Schießhaus**, Schießhausstr. 10, ℰ 6 69 29 — 🅿. ① **E**
Mittwoch, 1.- 15. Jan. und Juli - Aug. 2 Wochen geschl. — **M** a la carte 41/58.

In Linsengericht 2-Eidengesäß 6464 SO : 4 km :

XX **Der Löwe**, Hauptstr. 20, ℰ (06051) 7 13 43 — **AE** **E** 𝘝𝘐𝘚𝘈
wochentags nur Abendessen, Montag, Feb. und Mitte Juli - Mitte Aug. geschl. — **M** *(auch
vegetarisches Menu)* a la carte 33/56.

GELSENKIRCHEN 4650. Nordrhein-Westfalen **987** ⑭ — 285 000 Ew — Höhe 54 m — ✆ 0209.

Siehe Ruhrgebiet (Übersichtsplan).

🛈 Verkehrsverein, Hans-Sachs-Haus, ℰ 2 33 76.

ADAC, Ruhrstr. 2, ℰ 2 39 73, Notruf ℰ 1 92 11.

♦Düsseldorf 45 ③ — ♦Dortmund 32 ② — ♦Essen 11 ④ — Oberhausen 19 ⑤.

Stadtplan siehe nächste Seite.

🏨 **Maritim**, Am Stadtgarten 1, ℰ 1 59 51, Telex 824636, Fax 207075, ≤, 😄, ⊆s, 🔲 — 🛗 📺
🅿 — 🕿 25/500. **AE** ① **E** 𝘝𝘐𝘚𝘈. 🌸 Rest   Z a
M a la carte 42/70 — **265 Z : 500 B** 139/194 - 218/268 Fb — 27 Appart..

🏨 **Ibis**, Bahnhofsvorplatz 12, ℰ 1 70 20, Telex 824705, Fax 209882, 😄 — 🛗 ☎ ⅙ — 🕿 25/60.
AE ① **E** 𝘝𝘐𝘚𝘈   X a
M a la carte 28/58 — **104 Z : 156 B** 95/105 - 132/147 Fb.

🏨 **St. Petrus - Restaurant Dubrovnik**, Munckelstr. 3, ℰ 2 64 73 — 🛗 ☎ ⇦   X u
18 Z : 36 B.

XX **Hirt**, Arminstr. 14, ℰ 2 32 35   X t
Samstag geschl. — **M** 14/30 (mittags) und a la carte 32/65.

GELSENKIRCHEN

ESSEN 13 km   RUHRSCHNELLWEG 6 km

0   300 m

Siehe Stadtplan ESSEN

306

In Gelsenkirchen - Buer :

🏨 **Monopol**, Springestr. 9, ℰ 37 55 62 – 🛗 📺 ☎ 🚗 – ⚐   Y **e**
(nur Abendessen) – **30 Z : 50 B** Fb.

🏠 **Zum Schwan**, Urbanusstr. 40, ℰ 3 72 44 – 📺 ☎ 🖭 ⓞ 𝘝𝘐𝘚𝘈   Y **b**
M *(wochentags nur Abendessen)* a la carte 29/51 – **15 Z : 21 B** 78 - 115 Fb.

XXX **Mövenpick Schloß Berge**, Adenauerallee 103, ℰ 5 99 58, « Terrasse mit ≼ » – 🖃 ⓟ –
⚐ 25/200. 🖭 ⓞ 🖪 𝘝𝘐𝘚𝘈   Y **s**
M a la carte 38/64 – **Belle Terrasse-Taverne M** a la carte 31/59.

GEMMINGEN Baden-Württemberg siehe Eppingen.

GEMÜNDEN Rheinland-Pfalz siehe Daun.

GEMÜNDEN AM MAIN 8780. Bayern 🖪🖪🖪 M 16. 🖫🖫🖫 ㉘ – 10 600 Ew – Höhe 160 m – 🕓 09351.
◀ Verkehrsamt, Scherenbergstr. 4, ℰ 38 30.
München 319 – ◆Frankfurt am Main 88 – Bad Kissingen 38 – ◆Würzburg 39.

🏨 **Atlantis Main-Spessart-Hotel**, Hofweg 11, ℰ 8 00 40, Telex 689453, Fax 800430 – 🛗
↳ Zim 📺 ☎ ⓟ – ⚐ 25/70. 🖭 ⓞ 🖪 𝘝𝘐𝘚𝘈
M a la carte 25/55 – **52 Z : 98 B** 99/109 - 149/169 Fb.

🏠 **Koppen** (Sandsteinhaus a.d. 16. Jh.), Obertorstr. 22, ℰ 33 12 – ⓟ
Mitte Jan.- Mitte Feb. geschl. – **M** a la carte 24/56 – **10 Z : 20 B** 40 - 68/75.

GEMÜNDEN (RHEIN-HUNSRÜCK-KREIS) 6545. Rheinland-Pfalz 🖫🖫🖫 ㉔ – 1 200 Ew – Höhe
382 m – Erholungsort – 🕓 06765.
Mainz 74 – ◆Koblenz 68 – Bad Kreuznach 44 – ◆Trier 95.

🏠 **Waldhotel Koppenstein** 🦌, SO : 1 km Richtung Bad Kreuznach, ℰ 4 56, ≼, 🏤, 🐎 –
ⓟ
10.- 20. Jan. geschl. – **M** *(Montag geschl.)* a la carte 25/62 ⅌ – **14 Z : 31 B** 38/47 - 70/86.

GENGENBACH 7614. Baden-Württemberg 🖪🖪🖪 H 21. 🖫🖫🖫 ㉔ – 10 500 Ew – Höhe 172 m –
Erholungsort – 🕓 07803.
◀ Kurverwaltung im Winzerhof, ℰ 82 58.
Stuttgart 160 – Offenburg 11 – Villingen-Schwenningen 68.

🏠 **Blume**, Brückenhäuserstr. 10, ℰ 24 39 – ☎ 🚗 ⓟ
10. Jan.- 15. Feb. geschl. – **M** *(Sonntag 14 Uhr - Montag geschl.)* a la carte 22/47 ⅌ – **20 Z :
40 B** 45/56 - 80/110.

🏠 **Jägerstüble** 🦌, Mattenhofweg 3, ℰ 27 38, ≼, 🏤, « Wildgehege » – ☎ ⓟ
M *(Dienstag geschl.)* a la carte 24/54 – **14 Z : 25 B** 41/70 - 77/120.

X **Pfeffermühle** (mit Gästehaus), Victor-Kretz-Str. 17, ℰ 37 05, 🏤 – 📺 ☎ 🖭 ⓞ 🖪
M *(Donnerstag - Freitag 16 Uhr und 8. Jan.- 5. Feb. geschl.)* a la carte 25/51 – **11 Z : 20 B** 48
- 82.

X **Hirsch** mit Zim, Grabenstr. 34, ℰ 33 87
4 Z : 8 B.

In Berghaupten 7611 W : 2,5 km – Erholungsort :

XX **Hirsch** 🦌 mit Zim, Dorfstr. 9, ℰ (07803) 28 90 – 🚗 ⓟ
über Fastnacht und Aug. jeweils 2 Wochen geschl. – Menu *(Montag - Dienstag 17 Uhr
geschl.)* a la carte 33/57 – **7 Z : 13 B** 40/50 - 70/75.

GEORGSMARIENHÜTTE 4504. Niedersachsen – 32 400 Ew – Höhe 100 m – 🕓 05401.
Hannover 142 – Bielefeld 51 – Münster (Westfalen) 51 – ◆Osnabrück 8,5.

In Georgsmarienhütte-Oesede :

🏠 **Herrenrest**, an der B 51 (S : 2 km), ℰ 53 83, 🏤 – ☎ 🚗 ⓟ – ⚐ 40. 🕸 Zim
➖ **M** *(Montag geschl.)* a la carte 20/40 – **28 Z : 50 B** 48 - 80.

GERETSRIED 8192. Bayern 🖪🖪🖪 QR 23. 🖫🖫🖫 ㉗. 🖪🖪🖪 ㉗ – 20 000 Ew – Höhe 593 m – 🕓 08171
(Wolfratshausen).
München 45 – Garmisch Partenkirchen 65 – Innsbruck 99.

🏨 **Parkhotel am Stern**, Sudetenstr. 45, ℰ 49 40, 🈁 – 🛗 📺 ☎ 🕭 🚗 ⓟ – ⚐ 25/50. 🖭
ⓞ 🖪 𝘝𝘐𝘚𝘈
M *(Samstag geschl.)* a la carte 34/50 – **68 Z : 99 B** 90/150 - 150/180 Fb.

In Geretsried-Gelting NW : 6 km :

🏨 **Zum alten Wirth**, Buchberger Str. 4, ℰ 71 94, Fax 76758, 🏤, Biergarten, 🈁 – 📺 ☎ ⓟ
– ⚐ 30. 🖭 ⓞ 🖪 𝘝𝘐𝘚𝘈
M *(Dienstag und 1.- 15. Aug. geschl.)* a la carte 22/48 – **40 Z : 60 B** 75/80 - 115 Fb.

GERLINGEN Baden-Württemberg siehe Stuttgart.

GERMERING 8034. Bayern **413** R 22. **987** ⑰. **426** ⑰ — 35 200 Ew — Höhe 532 m — ✪ 08 (München).

◆München 18 — ◆Augsburg 53 — Starnberg 18.

🏨 **Mayer**, Augsburger Str. 15 (B 2), ℰ 84 40 71 (Hotel) 8 40 15 15 (Rest.), 🔟 — 🛗 ☎ 🅿 — 🔏
65 Z : 93 B Fb.

🏨 **Regerhof**, Dorfstr. 38, ℰ 84 00 40, 🍴, ⟷ — 🛗 📺 ☎ 🅿. 🝙 ⓞ 🝙 🆅🆂🅰
Aug. 2 Wochen geschl. — **M** *(Samstag geschl.)* a la carte 29/50 — **34 Z : 50 B** 80 - 140 Fb.

In Germering - Unterpfaffenhofen S : 1 km :

🏨 **Huber**, Bahnhofplatz 8, ℰ 84 60 01, 🍴 — 🛗 📺 ☎ 🅿. 🝙 🝙
M a la carte 19/55 — **50 Z : 90 B** 84/94 - 130/140 Fb.

In Puchheim 8039 NW : 2 km :

🏨 **Parsberg**, Augsburger Str. 1 (B 2), ℰ (089) 80 20 71 — 🛗 📺 ☎ ⟷ 🅿 — 🔏 40. 🝙 🝙 🆅🆂🅰
M *(Montag geschl.)* a la carte 25/51 — **44 Z : 85 B** 52/70 - 70/110 Fb.

GERMERSHEIM 6728. Rheinland-Pfalz **413** HI 19. **987** ㉔ ㉕ — 13 700 Ew — Höhe 105 m ◄ ✪ 07274.

Mainz 111 — ◆Karlsruhe 34 — Landau in der Pfalz 21 — Speyer 18.

🏠 **Post** garni, Sandstr. 8, ℰ 30 98 — 📺 ☎. 🝙
17 Z : 27 B 62/78 - 98/115.

🏠 **Kurfürst**, Oberamtsstr. 1, ℰ 24 31
M *(wochentags nur Abendessen, Dienstag geschl.)* a la carte 23/36 ⅄ — **19 Z : 31 B** 45/50 80/85.

✕✕ **Alt Germersheim 1770**, Hauptstr. 12, ℰ 15 48
Samstag bis 18 Uhr und Donnerstag geschl. — Menu a la carte 25/48 ⅄.

✕ **Bayerischer Hof** mit Zim, Hauptstr. 18, ℰ 25 58 — 🝙. 🛇
24. Dez.- 7. Jan. und Juli - Aug. 3 Wochen geschl. — **M** *(Mittwoch ab 14 Uhr und Samsta geschl.)* a la carte 22/48 ⅄ — **6 Z : 8 B** 30 - 60.

GERNSBACH 7562. Baden-Württemberg **413** HI 20. **987** ㉟ — 14 000 Ew — Höhe 160 m — Luftkurort — ✪ 07224.

Sehenswert : Altes Rathaus★.

🇪 Verkehrsamt, Rathaus, Igelbachstr. 11, ℰ 6 44 44.

◆Stuttgart 91 — Baden-Baden 11 — ◆Karlsruhe 35 — Pforzheim 41.

🏨 **Stadt Gernsbach** garni, Hebelstr. 2, ℰ 20 91, Fax 2094 — 🛗 ☎ 🅿. 🝙 ⓞ 🝙 🆅🆂🅰
40 Z : 80 B 78/85 - 112/117.

🏠 **Sonnenhof**, Loffenauer Str. 33, ℰ 30 96, ≤, 🍴 — 📺 ☎ 🅿. 🝙 🝙
M a la carte 30/54 — **21 Z : 40 B** 50/60 - 75/92 Fb.

An der Straße nach Lautenbach SO : 2 km :

🏠 Brandeck ⟷, Schwannweg 130, 🖂 7562 Gernsbach, ℰ (07224) 22 97, ≤, 🍴, ⟷ — 🅿
17 Z : 30 B.

An der Straße nach Baden-Baden und zur Schwarzwaldhochstr. SW : 4 km :

🏠 **Nachtigall**, Müllenbild 1, 🖂 7562 Gernsbach, ℰ (07224) 21 29, 🛇 — ⟷ 🅿
Feb. geschl. — **M** *(Montag geschl.)* a la carte 24/47 — **15 Z : 25 B** 32/55 - 64/110.

In Gernsbach-Obertsrot S : 2 km :

✕ **Markgräflich Badische Gaststätte**, Im Schloß Eberstein, ℰ 21 50, « Terrasse mit ≤ Murgtal » — 🅿. 🝙 🝙
Dienstag und Jan.- Feb. geschl. — **M** a la carte 25/46.

In Gernsbach 7-Reichental SO : 7 km — Höhe 416 m :

🏠 **Grüner Baum** ⟷, Süßer Winkel 1, ℰ 34 38 — ⟷ 🅿
Nov.- Dez. 3 Wochen geschl. — **M** *(Montag geschl.)* a la carte 25/54 — **15 Z : 28 B** 40/50 68/80.

In Gernsbach 7 - Reichental-Kaltenbronn SO : 16 km — Höhe 900 m — Wintersport 900/1 000 m ⚡2 ⚡1 :

🏠 **Sarbacher**, ℰ 10 44, 🍴, Skiverleih — ☎ 🅿. 🝙 ⓞ 🝙 🆅🆂🅰
Nov.- 24. Dez. geschl. — **M** a la carte 28/57 — **14 Z : 23 B** 43/50 - 84/106.

In Gernsbach 3-Staufenberg W : 2,5 km :

🏠 **Sternen**, Staufenberger Str. 111, ℰ 33 08, 🍴 — ⟷ 🅿
Nov. geschl. — **M** *(Donnerstag geschl.)* a la carte 23/54 ⅄ — **15 Z : 25 B** 45 - 68 Fb.

🏠 **Forsthaus Staufenberg** ⟷ garni, Hildgrundweg 3, ℰ 23 90, ≤, « Garten » — 🅿
Feb. und Nov. geschl. — **11 Z : 21 B** 48/64 - 84/128 Fb.

In Loffenau **7563** O : 5 km – Höhe 320 m :

Tannenhof, Bocksteinweg 9, (07083) 86 36, Loffenau und Murgtal, – – 25
Mitte Jan.- Mitte Feb. geschl. – **M** *(Montag geschl.)* a la carte 23/43 – **15 Z : 27 B** 40/45 - 70/80 – ½ P 52/56.

Zur Sonne, Obere Dorfstr. 4, (07083) 24 87, –
Anfang Jan.- Anfang Feb. geschl. – **M** *(Mittwoch geschl.)* a la carte 24/50 – **20 Z : 40 B** 36/46 - 58/74 – ½ P 40/48.

GERNSHEIM **6084.** Hessen 413 I 17, 987 ㉕ – 8 000 Ew – Höhe 90 m – 06258.
♦Wiesbaden 53 – ♦Darmstadt 21 – Mainz 46 – ♦Mannheim 39 – Worms 20.

Hubertus, Waldfrieden (O : 2 km), 22 57, – –
30 Z : 50 B.

GEROLSBACH **8069.** Bayern 413 R 21 – 2 400 Ew – Höhe 456 m – 08445.
♦München 63 – ♦Augsburg 47 – Ingolstadt 44.

Zur Post, St.-Andreas-Str. 3, 5 02 –
wochentags nur Abendessen, Montag - Dienstag geschl. – **M** (Tischbestellung ratsam) a la carte 50/70.

GEROLSTEIN **5530.** Rheinland-Pfalz 987 ㉓ – 7 000 Ew – Höhe 400 m – Luftkurort – 06591.
Verkehrsamt, Rathaus, 13 82.
Mainz 182 – ♦Bonn 90 – ♦Koblenz 86 – Prüm 20.

Waldhotel Rose, Zur Büschkapelle 5, 1 80, – – 30. AE E VISA. Rest
M a la carte 27/58 – **30 Z : 60 B** 80/96 - 136/166 Fb – 48 Fewo.

Seehotel, am Stausee, 2 22, – . Rest
Nov.- 20. Dez. geschl. – **M** a la carte 22/40 – **35 Z : 70 B** 45/70 - 72/102.

Landhaus Tannenfels, Lindenstr. 68, 41 23, –
M a la carte 24/44 – **12 Z : 21 B** 45 - 90.

In Gerolstein-Müllenborn NW : 5 km :

Landhaus Müllenborn, Auf dem Sand 45, 2 88, – – 30. AE E VISA. Rest
M a la carte 37/60 – **20 Z : 47 B** 52/85 - 130/150 Fb.

GEROLZHOFEN **8723.** Bayern 413 O 17, 987 ㉖ – 6 900 Ew – Höhe 245 m – 09382.
Verkehrsamt, im alten Rathaus, Marktplatz, 2 61.
♦München 262 – ♦Bamberg 52 – ♦Nürnberg 91 – Schweinfurt 22.

An der Stadtmauer garni, Rügshöfer Str. 25, 70 11, – – 50. AE E VISA
28 Z : 55 B 49/65 - 89/98 Fb.

GERSFELD **6412.** Hessen 413 M 15, 987 ㉕ ㉖ – 5 300 Ew – Höhe 482 m – Kneippheilbad – Luftkurort – Wintersport : 500/950 m 5 7 – 06654.
Ausflugsziel : Wasserkuppe : ** N : 9,5 km über die B 284.
Kurverwaltung, Haus am Marktplatz, 70 77.
♦Wiesbaden 160 – Fulda 28 – ♦Würzburg 96.

Gersfelder Hof, Auf der Wacht 14, 70 11, Fax 7466, , Bade- und Massageabteilung, – – 25/70. AE E VISA. Rest
Menu a la carte 33/58 – **65 Z : 105 B** 75/89 - 108/150 Fb – ½ P 76/106.

Sonne, Amelungstr. 1, 3 03, –
1.- 22. Dez. geschl. – **M** a la carte 19/35 – **18 Z : 36 B** 32/40 - 55/98 – 5 Fewo 53/79 – ½ P 40/62.

In Gersfeld-Obernhausen NO : 5 km über die B 284 :

Berghof Wasserkuppe, an der B 284, 2 51, – . E
M a la carte 18,50/45 – **20 Z : 46 B** 35/55 - 60/64.

Zur Fuldaquelle, Obernhausen 4, 74 14 – . E
Nov. geschl. – **M** *(Montag geschl.)* a la carte 17,50/41 – **26 Z : 46 B** 31 - 54/58.

Peterchens Mondfahrt mit Zim, Auf der Wasserkuppe (N : 4 km), 3 81, – . E
Nov.- 15. Dez. geschl. – **M** *(Montag 18 Uhr - Dienstag geschl.)* a la carte 24/45 – **7 Z : 13 B** 42 - 75.

Se scrivete ad un albergo all'estero,
allegate alla vostra lettera un tagliando-risposta internazionale
(disponibile presso gli uffici postali).

GERSHEIM 6657. Saarland [242] ⑪ – 7 000 Ew – Höhe 240 m – ☏ 06843.

⛳ Gersheim-Rubenheim, ℘ (06843) 87 97.

♦Saarbrücken 30 – Sarreguemines 13 – Zweibrücken 23.

✕ **Quirin** mit Zim, Bliesstr. 5, ℘ 3 15 – [P]
⬌ *Sept.- Okt. 2 Wochen geschl.* – **M** *(Samstag bis 18 Uhr und Montag geschl.)* 17/45 🍷 – **2 Z : 4 B** 40 - 80.

In Gersheim 6-Walsheim NO : 2 km :

🏠 **Walsheimer Hof**, Bliesdahlheimer Weg 4, ℘ 83 55 – [TV]
⬌ **M** *(Montag geschl.)* 14/55 – **6 Z : 12 B** 35/45 - 70/90.

GERSTETTEN 7929. Baden-Württemberg [413] N 21, [987] ㊱ – 10 300 Ew – Höhe 624 m – ☏ 07323.

♦Stuttgart 89 – ♦Augsburg 93 – Heidenheim an der Brenz 15 – ♦Ulm (Donau) 33.

In Gerstetten-Gussenstadt NW : 6 km :

🏠 **Krone**, Bühlstr. 4, ℘ 51 21, ♨, 🏊 – 🚗 [P]
⬌ **M** *(Freitag geschl.)* a la carte 21/34 🍷 – **10 Z : 16 B** 40/45 - 80/85.

GERSTHOFEN 8906. Bayern [413] P 21, [987] ㊱ – 16 800 Ew – Höhe 470 m – ☏ 0821 (Augsburg).

♦München 65 – ♦ Augsburg 7 – ♦ Ulm (Donau) 76.

🏨 **Via Claudia**, Augsburger Str. 130, ℘ 4 98 50, Telex 533538, Fax 4985506 – 🛗 [TV] [P] – 👥 25/50. [AE] [D] [E] [VISA]
M 25/Buffet (mittags) und a la carte 34/58 – **90 Z : 185 B** 79/129 - 160/170 Fb.

🏨 **Römerstadt** garni, Donauwörther Str. 42, ℘ 49 50 55 – 🛗 ☎ 🚗 [P]. [AE] [D] [E] [VISA]. 🚫🐕
20. Dez.- 10. Jan. geschl. – **36 Z : 65 B** 85/95 - 130 Fb.

An der Autobahn A 8-Südseite W : 6 km :

🏨 Rasthaus Edenbergen, ✉ 8906 Gersthofen 2, ℘ (0821) 48 30 82, 🏞 – 🚗 [P]
(auch Self-service) – **22 Z : 42 B.**

GESCHER 4423. Nordrhein-Westfalen [987] ⑬, [408] ⑭ – 14 400 Ew – Höhe 62 m – ☏ 02542.

ℹ Verkehrsverein, Katharinenstr. 1, ℘ 43 00.

♦Düsseldorf 107 – Bocholt 39 – Enschede 45 – Münster (Westfalen) 49.

🏨 **Domhotel**, Kirchplatz 6, ℘ 3 63 – ☎ 🚗 [P] – 👥 60. [AE] [D] [E] [VISA]. 🚫🐕 Zim
Juni - Juli 3 Wochen geschl. – Menu *(Montag geschl.)* a la carte 29/56 – **10 Z : 18 B** 52 - 90.

🏨 **Tenbrock**, Hauskampstr. 12, ℘ 3 18 – 🚗 [P]. [AE] [D]
⬌ *Juni - Juli 2 Wochen geschl.* – **M** *(nur Abendessen, Sonntag nur Mittagessen)* a la carte 18/38 – **11 Z : 22 B** 35 - 70.

🏠 **Zur Krone**, Hauptstr. 39, ℘ 10 50 – 🚗 [P]. [D] [E]
Juni - Juli 2 Wochen geschl. – **M** *(Sonntag 15 Uhr-Montag 15 Uhr geschl.)* 15 (mittags) und a la carte 22/43 – **12 Z : 20 B** 29/40 - 57/80.

GETTORF 2303. Schleswig-Holstein [987] ⑤ – 5 400 Ew – Höhe 15 m – ☏ 04346.

♦Kiel 16 – ♦Hamburg 112 – Schleswig 37.

🏨 **Stadt Hamburg**, Süderstr. 1, ℘ 94 60 – ☎ [P] – 👥 40
M *(Sonntag geschl.)* a la carte 25/42 – **9 Z : 18 B** 50/60 - 85/95.

GEVELSBERG 5820. Nordrhein-Westfalen [987] ⑭ – 31 000 Ew – Höhe 140 m – ☏ 02332.

Siehe Ruhrgebiet (Übersichtsplan).

♦Düsseldorf 57 – Hagen 9 – ♦Köln 62 – Wuppertal 17.

🏨 **Auto-Hotel**, Hagener Str. 225 (B 7), ℘ 63 87 – ☎ [P]
M *(nur Abendessen, Sonntag geschl.)* a la carte 26/50 – **27 Z : 45 B** 60/75 - 88/105.

🏨 Garni, Großer Markt 1, ℘ 47 24 – 🛗 ☎ 🚗
15 Z : 25 B.

GIENGEN AN DER BRENZ 7928. Baden-Württemberg [413] N 21, [987] ㊱ – 18 500 Ew – Höhe 464 m – ☏ 07322.

Ausflugsziel : Lonetal★ SW : 7 km.

♦Stuttgart 116 – ♦Augsburg 82 – Heidenheim an der Brenz 12 – ♦Ulm (Donau) 34.

🏨 **Zum Lamm**, Marktstr. 19, ℘ 50 93 – 🛗 ☎ [P] – 👥 25/50. [D] [E]
⬌ **M** a la carte 21/50 – **33 Z : 43 B** 50/90 - 80/145 Fb.

🏨 Gawron 🔇, Richard-Wagner-Str. 5, ℘ 70 31 – 🛗 [TV] ☎ 🚗 [P]
35 Z : 60 B Fb.

🏠 Kanne, Marktstr. 22, ℘ 50 10 – 🚗
21 Z : 35 B.

GIESEL Hessen siehe Neuhof.

Ausflugsziel : Burg Krofdorf-Gleiberg (Bergfried ☀ ★) (NW : 6 km).

Verkehrs- und Informationsbüro, Berliner Platz 2, ✆ 3 06 24 89.

DAC, Bahnhofstr. 15, ✆ 7 20 08, Notruf ✆ 1 92 11.

Wiesbaden 89 ⑤ – ◆Frankfurt am Main 61 ⑤ – ◆Kassel 139 ④ – ◆Koblenz 106 ②.

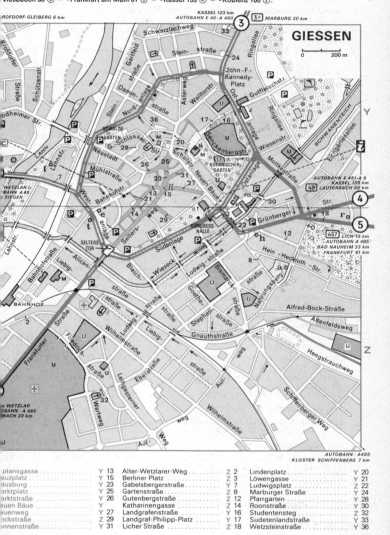

🏨 **Steinsgarten**, Hein-Heckroth-Str. 20, ✆ 3 89 90, Telex 4821713, Fax 3899200, 🏤, ⇆, 🔲
– 🛗 📺 🅿 – 🔬 25/150. 🗚 ⓞ 🗉 🆅🆂🅰
M a la carte 32/60 – **87 Z : 122 B** 100/147 - 178/200 Fb – 4 Appart. 220 (Anbau mit 42 Z ab Frühjahr 1990).
Z a

🏨 **Kübel - Restaurant Dudelsack**, Bahnhofstr. 47 (Ecke Westanlage), ✆ 7 70 70, Telex 4821754, Fax 76249 – 📺 ☎ 🅿 – 🔬 25/60.
(nur Abendessen) – **45 Z : 68 B**.
Z e

🏨 **Köhler**, Westanlage 35, ℰ 7 60 86 (Hotel) 7 77 55 (Rest.), Fax 76088 – 🛗 📺 ☎. **E**   Z
   M *(Italienische Küche)* a la carte 24/50 – **27 Z : 50 B** 65/105 - 106/165.

🏨 **Am Ludwigsplatz** garni, Ludwigsplatz 8, ℰ 3 30 82, Telex 482710 – 🛗 📺 ☎ ⇔   Z
   45 Z : 71 B.

🏨 **Hotel an der Lahn** garni, Lahnstr. 21, ℰ 7 35 16 – ⇔   Y
   9 Z : 18 B 65/70 - 90/95.

🏨 **Parkhotel Sletz** garni, Wolfstr. 26, ℰ 4 20 96 – 📺 ☎ ⇔. 🆎 ⓞ **E** 𝗩𝗜𝗦𝗔   Z
   22 Z : 35 B 45/83 - 80/99 Fb.

XX Schlosskeller (Restaurant in einem alten Kellergewölbe), Brandplatz 2, ℰ 3 83 06, 🏤
    Y

In Wettenberg 1 - Krofdorf-Gleiberg 6301 NW : 6 km über Krofdorfer Str. Y :

🏨 **Wettenberg**, Am Augarten 1, ℰ (0641) 8 20 17, Telex 4821144, Fax 81958, Sportcent
   nebenan – 📺 ☎ 🅿 – 🕍 25/200. 🆎 ⓞ **E** 𝗩𝗜𝗦𝗔
   M *(auch vegetarisches Menu)* 21/48 (mittags) und a la carte 32/60 – **45 Z : 80 B** 77/89
   116/130 Fb.

X Burg Gleiberg, Burgstr. 88, ℰ (0641) 8 14 44, ≤, 🏤 – 🅿.

In Pohlheim 1-Watzenborn - Steinberg 6301 SO : 7,5 km über Schiffenberger Weg Z :

🏨 **Goldener Stern**, Kreuzplatz 6, ℰ (06403) 6 16 24 – 📺 ☎ ⇔ 🅿. **E**. 🛳
➡ Juli - Aug. 3 Wochen geschl. – **M** *(Freitag geschl.)* a la carte 20/40 – **17 Z : 27 B** 50/58
   88/106.

XX **Dinges** (bemerkenswertes Weinangebot), Kirchstr. 2, ℰ (06403) 6 45 43, 🏤 – 🅿. 🆎 ⓒ
   E 𝗩𝗜𝗦𝗔
   Samstag bis 19 Uhr sowie Sonn- und Feiertage geschl. – **M** (Tischbestellung ratsam) a
   carte 65/125.

GIFHORN 3170. Niedersachsen 𝟵𝟴𝟳 ⑯ – 36 000 Ew – Höhe 55 m – ✆ 05371.

🏌 Wilscher Weg 56, ℰ 1 67 37.

🚩 Tourist-Information, Cardenap 1 (Ratsweinkeller), ℰ 8 81 75.

♦Hannover 79 – ♦Braunschweig 28 – Lüneburg 88.

🏨 **Heidesee** garni (siehe auch Restaurant Heidesee), Celler Str. 109 (B 188, W : 2 km
   ℰ 5 30 21, Fax 56482, 🔲, �, Fahrradverleih – 🛗 ⇔ 🅿 – 🕍 25/60. 🆎 ⓞ **E** 𝗩𝗜𝗦𝗔
   23.- 29. Dez. geschl. – **45 Z : 68 B** 79/130 - 134/175 Fb.

🏨 **Grasshoff** garni, Weißdornbusch 4, ℰ 5 30 36, Fax 56361 – 📺 ☎ 🅿
   19 Z : 36 B 80 - 112.

🏨 **Deutsches Haus**, Torstr. 11, ℰ 5 40 51, Fax 54672 – 📺 ☎ 🅿 – 🕍 25/200. 🆎 **E** 𝗩𝗜𝗦𝗔
   M *(Sonntag ab 15 Uhr geschl.)* a la carte 30/60 – **38 Z : 61 B** 60/80 - 95/130 Fb.

XX **Heidesee**, Celler Str. 109 (B 188, W : 2 km), ℰ 43 48, ≤, 🏤 – 🅿 – 🕍 25/350. ⓞ **E** 𝗩𝗜𝗦𝗔
   M a la carte 30/58.

X Jägerhof mit Zim, Bromer Str. 4 (B 188, O : 2 km), ℰ 1 23 87, 🏤, 🍴 – ☎ ⇔ 🅿 – 🕍
   16 Z : 23 B.

X **Ratsweinkeller**, Cardenap 1, ℰ 5 91 11, « Renoviertes Fachwerkhaus a.d. 16. Jh. » – 🄻
   ⓞ **E** 𝗩𝗜𝗦𝗔
   Dienstag geschl. – **M** 18/35 (mittags) und a la carte 28/45.

In Gifhorn-Winkel SW : 6 km :

🏨 **Landhaus Winkel** 🍴 garni, Hermann-Löns-Weg 2, ℰ 1 29 55, � – ☎ 🕭 🅿
   23.- 31. Dez. geschl. – **21 Z : 34 B** 56/70 - 96/112 Fb.

Am Tankumsee SO : 7 km :

🏨 **Seehotel** 🍴, Eichenpfad 2, ✉ 3172 Isenbüttel, ℰ (05374) 16 21, Telex 957137, Fax 445
   ≤, 🏤, 🍴, 🔲 – 📺 ☎ 🕭 🅿 – 🕍 25/100. 🆎 **E** 𝗩𝗜𝗦𝗔
   M *(Sonntag ab 18 Uhr geschl.)* 20 (mittags) und a la carte 30/58 – **45 Z : 89 B** 109/129
   150/180 Fb.

GINSHEIM-GUSTAVSBURG Hessen siehe Mainz.

GLADBECK 4390. Nordrhein-Westfalen 𝟵𝟴𝟳 ⑬⑭ – 78 000 Ew – Höhe 30 m – ✆ 02043.

Siehe Ruhrgebiet (Übersichtsplan).

♦Düsseldorf 54 – Dorsten 11 – ♦Essen 16.

🏨 Schultenhof, Schultenstr. 10, ℰ 5 17 79 – ☎ ⇔ 🅿. 🛳
   14 Z : 20 B.

XX **Schloß Wittringen - Kaminzimmer**, Burgstr. 64, ℰ 2 23 23, 🏤, « Wasserschloß a.
   13. Jh. » – 🅿 – 🕍 25/50. 🆎 ⓞ **E**
   M a la carte 34/70.

GLADENBACH 3554. Hessen 987 ⊛ — 11 500 Ew — Höhe 340 m — Kneippheilbad — Luftkurort — ☼ 06462.

🛈 Kurverwaltung, im Haus des Gastes, Hainstraße, ℰ 17 30.

◆Wiesbaden 122 — Gießen 28 — Marburg 20 — Siegen 61.

🏠 **Am Schloßgarten** ⬡, Hainstr. 7, ℰ 70 15, ⇔, 🖵, 🐎 — 🕿 📵. 🖭 ⓞ 🗉
  6.- 20. Jan. geschl. — **M** *(Montag geschl.)* a la carte 23/52 — **20 Z : 30 B** 56 - 110 Fb.

🏠 **Gladenbacher Hof**, Bahnhofstr. 72, ℰ 13 67, ⇔, 🖵, 🐎 — 🕿 📵. 🗉
  M *(Montag bis 17 Uhr geschl.)* a la carte 22/50 — **36 Z : 60 B** 50/73 - 90/125 — ½ P 58/76.

GLANDORF 4519. Niedersachsen 987 ⑭ — 5 400 Ew — Höhe 64 m — ☼ 05426.

◆Hannover 148 — Bielefeld 38 — Münster (Westfalen) 33 — ◆Osnabrück 26.

🏠 **Herbermann**, Münsterstr. 25, ℰ 18 01 — 🕿 📵
➔ **M** *(Freitag geschl.)* (Mahlzeiten in der Gastwirtschaft Herbermann) a la carte 17/38 — **18 Z : 31 B** 40 - 69.

GLASHÜTTE Nordrhein-Westfalen siehe Schieder-Schwalenberg.

GLASHÜTTEN 6246. Hessen 413 I 16 — 5 500 Ew — Höhe 506 m — Luftkurort — ☼ 06174 (Königstein im Taunus).

◆Wiesbaden 34 — ◆Frankfurt am Main 30 — Limburg an der Lahn 33.

🏠 **Weitzel**, Limburger Str. 17, ℰ 69 81, Fax 63813, ⇱, ⇔, 🐎 — 🕿 📵 — 🛦 25/50. 🗉
  25. Nov.- 22. Dez. geschl. — **M** *(Freitag geschl.)* 19/31 (mittags) und a la carte 30/55 — **30 Z : 48 B** 55/80 - 100/120 Fb.

XX **Glashüttener Hof** mit Zim, Limburger Str. 86, ℰ 69 22, ⇱ — 🖵 🕿 📵. ⚘ Zim
  M *(Montag geschl.)* 18/23 (mittags) und a la carte 42/70 — **9 Z : 14 B** 80 - 160.

In Glashütten 2-Schloßborn SW : 3,5 km :

XX **Schützenhof**, Langstr. 13, ℰ 6 10 74, bemerkenswerte Weinkarte — 📵. ⚘
  Sonntag, Dienstag und Mittwoch jeweils bis 19 Uhr, Montag und April geschl. — **M** a la carte 68/95.

Europe	Wenn der Name eines Hotels dünn gedruckt ist, dann hat uns der Hotelier Preise und Öffnungszeiten nicht oder nicht vollständig angegeben.

GLAUBURG 6475. Hessen 413 JK 16 — 3 000 Ew — Höhe 130 m — ☼ 06041.

◆Wiesbaden 94 — ◆ Frankfurt am Main 52 — Fulda 63 — Gießen 50.

In Glauburg 2-Stockheim :

X **Die Trüffel**, Bahnhofstr. 19, ℰ 44 84, ⇱ — 🖭 🗉
  Samstag bis 18 Uhr und Mittwoch geschl. — **M** a la carte 47/63.

GLEISZELLEN-GLEISHORBACH Rheinland-Pfalz siehe Bergzabern, Bad.

GLONN 8019. Bayern 413 S 23 — 4 000 Ew — Höhe 536 m — Erholungsort — ☼ 08093.

◆München 29 — Rosenheim 33.

🏠 **Café Schwaiger** garni, Feldkirchner Str. 3, ℰ 50 88, Fax 5473 — 🖵 🕿 ♿ ⇦ 📵
  53 Z : 90 B 42/55 - 65/90.

XX **Zur Lanz**, Prof.-Lebsche-Str. 24, ℰ 6 76 — 📵. ⑩
➔ Mittwoch - Freitag nur Abendessen, Montag - Dienstag und 22. Juli - 15. Aug. geschl. —
  Menu (Tischbestellung ratsam) a la carte 34/70.

GLOTTERTAL 7804. Baden-Württemberg 413 G 22, 242 ⊛ — 2 500 Ew — Höhe 306 m — Erholungsort — ☼ 07684.

🛈 Verkehrsamt, In der Kur- und Sporthalle, Rathausweg 12, ℰ 2 53.

◆Stuttgart 208 — ◆Freiburg im Breisgau 17 — Waldkirch 11.

🏠🏠 **Hirschen** (mit Gästehaus Rebenhof und Winzerstube), Rathausweg 2, ℰ 8 10, Telex 772349, « Gemütliche Restauranträume im Schwarzwaldstil », ⇔, 🐎, ⚘ — 🔄 🖵
  📵 — 🛦 25/60. 🗉
  M *(Montag geschl.)* a la carte 37/80 — **55 Z : 90 B** 75/125 - 150/210 Fb — ½ P 105/155.

🏠🏠 **Landgasthof Kreuz**, Landstr. 14, ℰ 2 06, Fax 1032, ⇔ — 🔄 🖵 🕿 📵 — 🛦 30
  Jan. 2 Wochen geschl. — **M** *(auch vegetarisches Menu)* (Donnerstag geschl.) a la carte 26/65 — **36 Z : 60 B** 58/78 - 90/116 Fb — ½ P 68/101.

🏠🏠 **Schloßmühle**, Talstr. 22, ℰ 2 29, ⇱ — 🔄 🕿 📵. 🖭 ⑩ 🗉 🚾
  M *(Nov. und Mittwoch geschl.)* a la carte 28/68 — **12 Z : 20 B** 55 - 110 Fb.

313

Zum Goldenen Engel, Friedhofstr. 2, ☎ 2 50, « Alter Schwarzwaldgasthof » – 🚗 P
Jan. geschl. – **M** *(Mittwoch geschl.)* a la carte 25/63 – **9 Z : 18 B** 45/50 - 70.

Schwarzenberg, Talstr. 24, ☎ 3 17, ≘s, 🏊 – ☎ 🚗 P. AE ◑ E
(nur Abendessen für Hausgäste) – **20 Z : 40 B** 50/60 - 90/110 – ½ P 60/75.

Pension Faller 🐁 garni, Talstr. 9, ☎ 2 26, 🌳 – ☎ 🚗 P. 🐕
12.- 30. Nov. und 20.- 25. Dez. geschl. – **11 Z : 20 B** 40/70 - 65/105.

Zur Linde, Talstr. 98, ☎ 2 49 – P
11 Z : 19 B.

Zum Adler mit Zim (Gasthaus mit rustikalen Schwarzwaldstuben), Talstr. 11, ☎ 10 81, 🏖, ≘s – TV ☎ P – 🏛 25. ◑ E VISA
Menu *(Tischbestellung ratsam)* (Dienstag geschl.) 29/79 und a la carte 33/71 – **14 Z : 26 B** 35/80 - 60/120.

In Heuweiler **7803** W : 2,5 km – ☎ 07666

Grüner Baum, Glottertalstr. 3, ☎ 20 99, 🏖, 🌳 – ☎ P
24 Z : 40 B Fb.

Petrus-Stube, Glottertalstr. 1 (im Hotel zur Laube), ☎ 22 67, Fax 8120 – P. E. 🐕
Dienstag sowie Feb. und Juni jeweils 2 Wochen geschl. – **M** (Tischbestellung ratsam) a la carte 48/80.

Zur Laube mit Zim, Glottertalstr. 1, ☎ 22 67, Fax 8120, 🏖, « Restauriertes Fachwerkhaus » – |≑| TV ☎ 🚗 P. E. 🐕 Zim
Feb und Juni jeweils 2 Wochen geschl. – Menu *(Dienstag geschl.)* (siehe auch Restaurant Petrus-Stube) a la carte 39/68 🍷 – **7 Z : 15 B** 69/75 - 118/228.

GLÜCKSBURG **2392.** Schleswig-Holstein **987** ⑤ – **6 400 Ew** – **Höhe 30 m** – **Seeheilbad** – ☎ **04631.**

Sehenswert : Wasserschloß (Lage★).

Glücksburg-Bockholm (NO : 3 km), ☎ (04631) 25 47.

Kurverwaltung, Sandwigstr. 1a (Kurmittelhaus), ☎ 9 21.

♦**Kiel 93 – Flensburg 10 – Kappeln 40.**

Intermar 🐁, Fördestr. 2, ☎ 4 90, Telex 22670, Fax 49525, ≤, Caféterrasse, ≘s, 🏊, Fahrradverleih – |≑| ⇔ Zim ▤ Rest TV ☎ ♿ 🚗 P – 🏛 25/150. AE ◑ E VISA
Restaurants : – **König von Dänemark M** a la carte 45/75 – **Dampfer M** a la carte 26/45 – **80 Z : 160 B** 106/128 - 171/235 Fb – ½ P 129/171.

Kurpark-Hotel, Sandwigstr. 1, ☎ 5 51 – |≑| ☎ P – 🏛
40 Z : 100 B Fb – 10 Appart..

In Glücksburg-Holnis NO : 5 km :

Café-Drei 🐁, Drei 5, ☎ 25 75 – TV ☎ P
M a la carte 30/50 – **10 Z : 20 B** 65 - 98/105 – ½ P 60/76.

In Glücksburg-Meierwik SW : 4 km :

Alter Meierhof, Uferstr. 1, ☎ 79 92, ≤, 🏖 – P. AE E
M (Tischbestellung ratsam) a la carte 36/61.

GLÜCKSTADT **2208.** Schleswig-Holstein **987** ⑤ – **12 000 Ew** – **Höhe 3 m** – ☎ **04124.**

♦**Kiel 91** – ♦**Bremerhaven 75** – ♦**Hamburg 54** – **Itzehoe 22.**

Tiessen, Kleine Kremper Str. 18, ☎ 21 16 – ☎ P. AE ◑ E VISA
M *(Montag-Freitag nur Abendessen, Donnerstag geschl.)* a la carte 27/52 – **21 Z : 30 B** 60/85 - 95/120.

Ratskeller, Markt 4, ☎ 24 64 – E
Feb. und Montag geschl., Okt.- März auch Sonntag ab 15 Uhr geschl. – **M** (Tischbestellung ratsam) a la carte 40/65.

GMUND AM TEGERNSEE **8184.** Bayern **413** S 23, **987** ㊲, **426** ⑰ – **6 400 Ew** – **Höhe 739 m** – **Luftkurort** – **Wintersport : 700/900 m** ⛷3 ⛷3 – ☎ **08022 (Tegernsee).**

Gut Steinberg, ☎ 7 40 31.

♦**München 48** – **Miesbach 11** – **Bad Tölz 14.**

Oberstöger, Tölzer Str. 4, ☎ 70 19, Biergarten – ☎ P. ◑ E
Nov.- 10. Dez. geschl. – **M** *(Mittwoch geschl.)* a la carte 18/40 – **31 Z : 51 B** 40/46 - 66/76.

In Gmund-Ostin SO : 2 km :

Obermoarhof 🐁 garni, Neureuthstr. 10, ☎ 70 95, 🏖, ≘s, 🌳, 🎾 – TV ☎ P. AE ◑ E
20 Z : 38 B 68 - 104/124.

Zum Kistlerwirt, Schlierseer Str. 60, ☎ 77 19, 🏖, 🌳 – P
23 Z : 50 B.

EUROPE on a single sheet **Michelin map** no **920**

GOCH 4180. Nordrhein-Westfalen 🔢 ⑬. 🔢 ⑲ — 29 000 Ew — Höhe 18 m — 🕿 02823.

🚹 Verkehrsamt, Markt 15, 𝒫 32 02 02.

◆Düsseldorf 87 — Krefeld 54 — Nijmegen 31.

🏨 **Stadt Goch**, Brückenstr. 46, 𝒫 54 12, 🍽 — 🕿 ⇦ 🅿
   26 Z : 38 B.

🏨 **Litjes**, Pfalzdorfer Str. 2, 𝒫 40 16 — 🕿 🅿
   M *(Montag geschl.)* a la carte 26/48 — **15 Z : 24 B** 50 - 90.

🏨 **Zur Friedenseiche**, Weezer Str. 1, 𝒫 73 58 — 🅿 ⇦ 🅿. 🕮 E
◆ **M** *(nur Abendessen, Sonntag geschl.)* a la carte 20/39 — **20 Z : 28 B** 33/42 - 60/80.

   In Goch 7-Nierswalde NW : 5 km :

🏨 **Martinschänke** 🦌, Dorfstr. 2, 𝒫 20 53, 🌤 — 🕿 🅿. 🕮 ⑩ E 𝘃𝘪𝘴𝘢
   23. Dez.- 12. Jan. geschl. — **M** *(Dienstag - Freitag nur Abendessen, Montag geschl.)* a la
   carte 27/49 — **14 Z : 24 B** 34/62 - 64/86.

GOCKENHOLZ Niedersachsen siehe Lachendorf.

GÖDENSTORF Niedersachsen siehe Salzhausen.

GÖGGINGEN Baden-Württemberg siehe Krauchenwies.

GÖHRDE Niedersachsen siehe Hitzacker.

GÖPPINGEN 7320. Baden-Württemberg 🔢 LM 20, 🔢 ㉟ — 53 000 Ew — Höhe 323 m —
🕿 07161.

Ausflugsziel : Gipfel des Hohenstaufen ❄★, NO : 8 km.

🔟 Donzdorf (O : 13 km), 𝒫 (07162) 2 71 71.

🚹 Verkehrsamt, Marktstr. 2, 𝒫 6 52 92.

ADAC, Ulrichstr. 62, 𝒫 2 19 19, Telex 727813.

◆Stuttgart 44 ⑤ — Reutlingen 49 ⑤ — Schwäbisch Gmünd 26 ① — ◆Ulm (Donau) 63 ④.

Stadtplan siehe nächste Seite.

🏨 **Hohenstaufen**, Freihofstr. 64, 𝒫 7 00 77, Telex 727619, Fax 73484 — 📺 🕿 ⇦. 🕮 ⑩ E
   𝘃𝘪𝘴𝘢   Y **b**
   M *(Freitag - Samstag 18 Uhr geschl.)* a la carte 41/62 — **50 Z : 70 B** 85/120 - 130/160 Fb.

🏨 **Kaisergarten**, Poststr. 14a, 𝒫 6 89 47, 🌤 — 🔌 📺 🕿 ⇦. 🕮 ⑩ E 𝘃𝘪𝘴𝘢   Z **r**
   M a la carte 23/45 — **12 Z : 24 B** 80 - 125.

🏨 **International**, Grünewaldweg 2, 𝒫 7 90 31, 🍽, 🏊 — 🔌 📺 🕿 ⇦ 🅿 — 🔥 60. 🕮 ⑩ E
   𝘃𝘪𝘴𝘢. 🦌 Rest   über Dürerstr.   Z
   Mitte Juli - Mitte Aug. geschl. — (nur Abendessen für Hausgäste) — **58 Z : 100 B** 79/160 -
   118/165.

   In Göppingen 11-Hohenstaufen ② : 8 km :

🏕 **Panorama-Hotel Honey-do** 🦌 mit Zim, Eutenbühl 1, 𝒫 (07165) 3 39, ≤ Schwäbische Alb —
   📺 🕿 🅿. 🦌
   6 Z : 10 B.

   In Göppingen 6-Holzheim über Heininger Straße Z :

🏕 **Stern**, Eislinger Str. 15, 𝒫 81 22 13 — 🅿
◆ *26. Juli - 16. Aug. und 22. Dez.- 5. Jan. geschl.* — **M** *(Freitag - Samstag 15 Uhr geschl.)* a la
   carte 21/35 🍴 — **12 Z : 20 B** 30/40 - 60/78.

   In Göppingen 8-Jebenhausen ④ : 3 km :

🏨 **Pension Winkle** 🦌, Schopflenbergweg 5, 𝒫 4 15 74, 🍽, 🏊 — ⟿ 🕿 ⇦ 🅿. 𝘃𝘪𝘴𝘢. 🦌
   22. Dez.- 8. Jan. geschl. — (nur Abendessen für Hausgäste) — **17 Z : 23 B** 60/70 - 90/110.

   In Göppingen 7-Ursenwang ③ : 5 km :

🍴🍴🍴 **Bürgerhof - Alt-Tirol**, Tannenstr. 2, 𝒫 81 12 26 — 🅿. 🕮 ⑩ E 𝘃𝘪𝘴𝘢
   Sonntag 15 Uhr - Montag und Juli 3 Wochen geschl. — **M** a la carte 32/64.

   In Wangen 7321 ⑤ : 6 km :

🏨 **Linde**, Hauptstr. 30, 𝒫 (07161) 2 30 22, Fax 13685 — 📺 🕿 ⇦ 🅿. ⑩ E. 🦌
   29.Okt.- 22. Nov. geschl. — **M** a la carte 29/51 🍴 — **12 Z : 15 B** 65 - 110.

🍴🍴 **Landgasthof Adler**, Hauptstr. 103, 𝒫 (07161) 2 11 95 — 🅿. 🕮 ⑩ E
   Montag und 15.- 31. Jan. geschl. — **M** a la carte 46/72.

   In Albershausen 7321 ⑤ : 8 km :

🏨 **Stern**, Uhinger Str. 1, 𝒫 (07161) 3 20 81, 🏊 — 🔌 ♿ 🅿 — 🔥
   44 Z : 64 B Fb.

GÖPPINGEN

Grabenstraße	Z	Geislinger Straße	Z 3
Hauptstraße	Z	Heininger Straße	Z 4
Kellereistraße	Z 7	Hohenstaufenstraße	Z 6
Lange Straße	Z 9	Kronengasse	Z 8
Marktplatz	Z 10	Mittlere Karlstraße	Z 12
Poststraße	Z 19	Oberhofenstraße	Z 14
Spitalstraße	Z 24	Pfarrstraße	Z 16
		Rosenplatz	Y 18
Am Fischbergele	Z 2	Rosenstraße	Y 19
		Schloßstraße	Z 21
		Theodor-Heuss-Straße	Z 23
		Wühlestraße	Z 26

A l'occasion de certaines manifestations commerciales ou touristiques,
les prix demandés par les hôteliers risquent d'être sensiblement majorés
dans certaines villes et leurs alentours même éloignés.

GÖSSWEINSTEIN 8556. Bayern 413 Q R 17. 987 ㉖ — 4 200 Ew — Höhe 493 m — Luftkurort —
✿ 09242.

Sehenswert : Barockbasilika (Wallfahrtskirche) — Marienfelsen ≤** — Wagnershöhe ≤*.

Ausflugsziel : Fränkische Schweiz**.

🛈 Verkehrsamt, Burgstr. 67. ℘ 4 56.

♦München 219 — ♦Bamberg 45 — Bayreuth 46 — ♦Nürnberg 75.

- 🏠 **Zur Rose**, Marktplatz 7, ℘ 2 25, 🍽 — ℁ Zim
  Nov. geschl. — **M** *(Montag geschl.)* a la carte 17/40 — **19 Z : 39 B** 40/54 - 70/78.
- 🏠 **Regina** garni, Pezoldstr. 109, ℘ 2 50, 🍴 — ⇔ ℗
  16 Z : 29 B 43/50 - 70/84.
- 🏠 **Fränkische Schweiz**, Pezoldstr. 21, ℘ 2 90, 🍽 — ⇔ ℗
  12 Z : 22 B.
- ✕ **Schönblick** 🌳 mit Zim, August-Sieghardt-Str. 202, ℘ 3 77, ≤, 🍽 — 📺 ℗
  Jan.- Feb. geschl. — **M** *(Dienstag geschl.)* a la carte 31/45 — **5 Z : 10 B** 37/45 - 72/90.

In Gössweinstein - Behringersmühle :

- 🏠 **Frankengold**, Pottensteiner Str. 29, ℘ 15 05, 🍽, 🍴 — 🔌 ℗ 🅴
  15. Jan.- 15. Feb. geschl. — **M** *(Donnerstag geschl.)* a la carte 25/44 — **18 Z : 38 B** 44/53 -
  82/92 Fb — ½ P 59/64.
- 🏠 **Zur schönen Aussicht** 🌳, Haus Nr. 22, ℘ 2 94, ≤, 🍴 — ℁
  20. Dez.-10. Jan. geschl. — (Restaurant nur für Hausgäste) — **10 Z : 19 B** 25/33 - 46/64 —
  ½ P 30/34.

GÖTTELFINGEN Baden-Württemberg siehe Seewald.

Sehenswert : Fachwerkhäuser (Junkernschänke*) YZ **B**.

🖫 Schloß Levershausen (① : 20 km), 𝒫 (05551) 6 19 15.

🖪 Fremdenverkehrsamt, Altes Rathaus, Markt 9, 𝒫 5 40 00.

🖪 Tourist Office, vor dem Bahnhof, 𝒫 5 60 00.

ADAC, Herzberger Landstr. 3, 𝒫 5 10 28, Notruf 𝒫 1 92 11.

◆Hannover 122 ③ – ◆Braunschweig 109 ③ – ◆Kassel 47 ③.

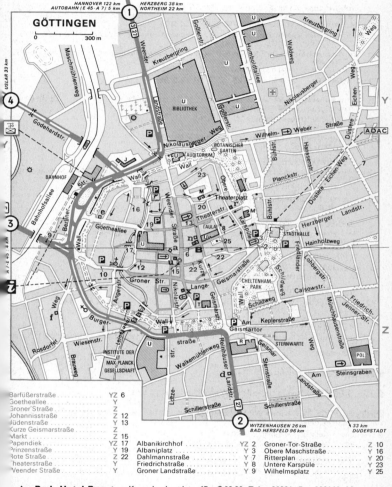

🏨 **Park-Hotel Ropeter**, Kasseler Landstr. 45, 𝒫 90 20, Telex 96821, Fax 902146, Massage, ⇌s, ⊠, 🐎 – 🛗 ▤ Rest 📺 ⇌ ℗ – 🔬 25/60. ஈ ⑩ ⓔ 𝘝𝘐𝘚𝘈   über ③
  M 26/40 (mittags) und a la carte 40/75 – **102 Z : 148 B** 85/125 - 145/185 Fb.

🏨 **Gebhards Hotel**, Goetheallee 22, 𝒫 4 96 80, Telex 96602, Fax 4968110, 😊, ⊠ – 🛗 📺 ℗ – 🔬 25/150. ஈ ⑩ ⓔ 𝘝𝘐𝘚𝘈   Y **e**
  M (Sonntag geschl.) a la carte 54/75 – **53 Z : 74 B** 96/180 - 165/270 Fb.

🏨 **Eden** garni, Reinhäuser Landstr. 22a, 𝒫 7 60 07, Fax 76761, ⇌s, ⊠ – 🛗 ☎ ℗. ⌚
  62 Z : 89 B 76/120 - 110/200 Fb.   Z **d**

🏨 **Central** garni, Jüdenstr. 12, 𝒫 5 71 57 – ☎ ⇌ ℗. ஈ ⑩ ⓔ 𝘝𝘐𝘚𝘈   Y **n**
  45 Z : 70 B 60/110 - 95/170.

🏠 **Rennschuh** garni, Kasseler Landstr. 93, ℰ 9 30 44, 🚘, 🔲 – ☎ ⇔ 🅿 E 𝗩𝗜𝗦𝗔   über ③
22. Dez.- 2. Jan. geschl. — **76 Z : 118 B** 50/60 - 82/90.

🏠 **Zur Sonne** garni, Paulinerstr. 10, ℰ 5 67 38, Telex 96787 – 📱 ⊜ ⇔ 🅿 ⓘ E 𝗩𝗜𝗦𝗔   YZ **a**
20. Dez.-5. Jan. geschl. — **41 Z : 62 B** 68/95 - 98/135 Fb.

🏠 **Kasseler Hof**, Rosdorfer Weg 26, ℰ 7 20 81 – ☎ 🅿 E 𝗩𝗜𝗦𝗔. ⛆   Z **f**
6.- 14. April und 20. Juli - 13. Aug. geschl. — **M** (nur Abendessen, Sonntag geschl.) a la carte
22/45 — **30 Z : 50 B** 42/85 - 75/125.

🏠 **Hainholzhof-Kehr** ⛆, Borheckstr. 66 (SO : 4 km), ℰ 7 50 08, �௵ – ☎ 🅿 – 🏛 25/60. ﹣
ⓘ E   über Herzberger Landstraße   Y
M (Montag geschl.) a la carte 25/48 — **12 Z : 21 B** 50 - 70/90.

🏠 **Garni Gräfin v. Holtzendorff** ⛆, Ernst-Ruhstrat-Str. 4 (im Industriegebiet), ℰ 6 39 87
22 Z : 30 B 39/62 - 68/92.   über ④

XX **Junkernschänke**, Barfüßerstr. 5, ℰ 5 73 20, « Fachwerkhaus a. d. 15. Jh. » – 🏛 25/50.
﹣ ⓘ E 𝗩𝗜𝗦𝗔   Y **n**
Montag geschl. — **M** a la carte 39/71.

XX **Rathskeller**, Markt 9, ℰ 5 64 33, 🌵 – ﹣ ⓘ E 𝗩𝗜𝗦𝗔   Z **u**
M a la carte 26/55.

XX **Zum Schwarzen Bären** (Gaststätte a. d. 16. Jh.), Kurze Str. 12, ℰ 5 82 84 – ﹣ ⓘ E
Montag geschl. — **M** 19/27 (mittags) und a la carte 27/55.   Z **x**

X **Gauß-Keller**, Obere Karspüle 22, ℰ 5 66 16   Y **r**
nur Abendessen.

X **Balkan-Sonne**, Paulinerstr. 10, ℰ 4 29 12 – ﹣ ⓘ E 𝗩𝗜𝗦𝗔   YZ **a**
M a la carte 22/48.

In Göttingen - Groß-Ellershausen ③ : 4 km :

🏛 **Freizeit In**, Dransfelder Str. 3 (B 3), ℰ 9 00 10, Telex 96681, Fax 9001100, Massage, 🚘,
🔲, ⛆ (Halle) – 📱 ⇔ Zim 📺 🕭 🅿 – 🏛 25/500. ﹣ ⓘ E
M a la carte 33/64 — **120 Z : 240 B** 98/150 - 145/215 Fb.

☎ **Lindenhof**, Dransfelder Str. 9 (B 3), ℰ 9 22 52 – ⇔ 🅿. ⛆
22 Z : 28 B.

In Göttingen 23-Nikolausberg NO : 5 km über Nikolausberger Weg Y :

🏠 **Beckmann** ⛆ garni, Ulrideshuser Str. 44, ℰ 2 10 55 – ☎ ⇔ 🅿. ⛆
28 Z : 42 B.

In Friedland 3403 ② : 12 km :

X **Biewald** mit Zim, Weghausstr. 20, ℰ (05504) 2 25, 🌵 – 🅿. ﹣ ⓘ E
M (Montag geschl.) a la carte 25/52 — **7 Z : 14 B** 45/60 - 60/90.

In Friedland - Groß-Schneen 3403 ② : 10 km :

XX **Schillingshof** ⛆ mit Zim, Lappstr. 14, ℰ (05504) 2 28 – 📺 ☎ 🅿. ⓘ E 𝗩𝗜𝗦𝗔
M (Montag geschl.) a la carte 42/115 — **3 Z : 6 B** 70 - 100.

An der Autobahn A 7 (Westseite) ③ : 6,5 km :

🏠 Autobahn-Rasthaus und Motel, ✉ 3405 Rosdorf 1-Mengershausen, ℰ (05509) 6 33 – ☎
🅿
32 Z : 86 B.

GOLDBACH Bayern siehe Aschaffenburg.

GOLDKRONACH Bayern siehe Berneck im Fichtelgebirge, Bad.

GOMADINGEN 7423. Baden-Württemberg ﹣ L 21 — 2 000 Ew — Höhe 675 m — Luftkurort —
Wintersport : 680/800 m ⬜3 – 🕿 07385.
🚩 Verkehrsamt, Rathaus, Marktplatz 2, ℰ 10 41.
◆Stuttgart 64 — Reutlingen 23 — ◆Ulm (Donau) 60.

In Gomadingen-Dapfen SO : 3 km :

🏠 Zum Hirsch, Lautertalstr. 59, ℰ 4 27, 🚘, 🔲, 🎄 – ⇔ 🅿 – 🏛 . ⛆ Zim
20 Z : 40 B.

In Gomadingen-Offenhausen W : 2 km :

XX **Gestütsgasthof** (mit Gästehaus, 300 m entfernt), Ziegelbergstr. 22, ℰ 16 11, 🌵, 🚘, 🎄
– 📱 ☎ 🅿 – 🏛 50
10. Feb.- 3. März geschl. — **M** (Mittwoch geschl.) a la carte 28/58 — **21 Z : 42 B** 42/52 - 80/9‑
Fb.

GONDORF Rheinland-Pfalz siehe Bitburg.

GOSBACH Baden-Württemberg siehe Ditzenbach, Bad.

GOSLAR 3380. Niedersachsen 987 ⑯ — 49 000 Ew — Höhe 320 m — ✆ 05321.

Sehenswert : Altstadt★★★ (Marktplatz★★, Fachwerkhäuser★★, Rathaus★ mit Huldigungssaal★★) — Wallanlagen★ B — Breites Tor★ B — Neuwerkkirche★ A.

Ausflugsziel : Klosterkirche Grauhof★ ① : 3 km.

🛈 Kur- und Fremdenverkehrsgesellschaft, Markt 7, ℰ 28 46.

🛈 Kurverwaltung Hahnenklee, Rathausstr. 16, ℰ 20 14.

ADAC, Breite Str. 31, ℰ 2 40 43, Notruf ℰ 1 92 11.

◆Hannover 90 ④ — ◆Braunschweig 43 ① — Göttingen 80 ④ — Hildesheim 59 ④.

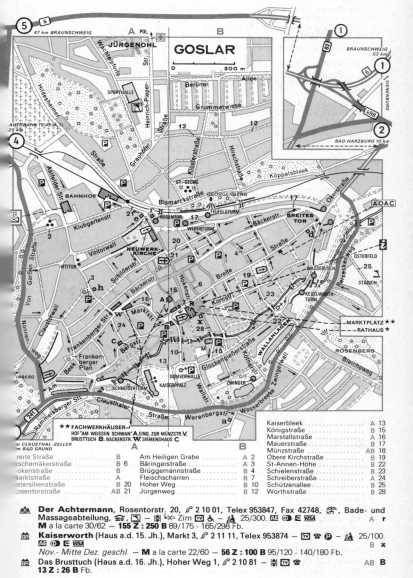

★★FACHWERKHÄUSER :		
HOF AM WEISSEN SCHWAN A, EING. ZUR MÜNZSTR. V,		
BRUSTTUCH B, BÄCKERSTR. W, SIEMENSHAUS C		

	A	B
Breite Straße		B
...schemäkerstraße		B 6
...okenstraße		B
...arktstraße	A	
...etersilienstraße		B 20
...osentorstraße		AB 21

Am Heiligen Grabe		A 2
Bäringerstraße		A 3
Brüggemannstraße		B 4
Fleischscharren		B 7
Hoher Weg		B 10
Jürgenweg		B 12

Kaiserbleek		A 13
Königstraße		B 15
Marstallstraße		A 16
Mauerstraße		B 17
Münzstraße		AB 18
Obere Kirchstraße		B 19
St-Annen-Höhe		B 22
Schielenstraße		B 23
Schreiberstraße		A 24
Schützenallee		B 25
Worthstraße		B 28

🏨🏨 **Der Achtermann,** Rosentorstr. 20, ℰ 2 10 01, Telex 953847, Fax 42748, 😶, Bade- und Massageabteilung, ≘s, ◻, – 🛗 ⌷̸ Zim 📺 ♿ – 🔬 25/300. ᴀᴇ ⓞ ᴇ 𝚅𝙸𝚂𝙰 — **M** a la carte 30/62 — **155 Z : 250 B** 89/175 - 165/298 Fb.　　　　　　　A **r**

🏨 **Kaiserworth** (Haus a.d. 15. Jh.), Markt 3, ℰ 2 11 11, Telex 953874 – 📺 ☎ ℗ – 🔬 25/100. ᴀᴇ ⓞ ᴇ 𝚅𝙸𝚂𝙰 —
Nov.- Mitte Dez. geschl. — **M** a la carte 22/60 — **56 Z : 100 B** 95/120 - 140/180 Fb.　　　　B **x**

🏨 **Das Brusttuch** (Haus a.d. 16. Jh.), Hoher Weg 1, ℰ 2 10 81 – 🛗 📺 ☎ 　　　　AB **B**
13 Z : 26 B Fb.

🏠 **Schwarzer Adler**, Rosentorstr. 25, ℰ 2 40 01, �ついて – ☎ 🄿   A **e**
  M *(Sonntag 14 Uhr - Montag und Juli - Aug. 4 Wochen geschl.)* 18/29 (mittags) und a la
  carte 28/50 **– 27 Z : 50 B** 80/90 - 110/130.

🏠 **Goldene Krone**, Breite Str. 46, ℰ 2 27 92 – 🄿   B **d**
  25 Z : 37 B.

🏠 **Villa Berger** ॐ, Oberer Triftweg 6, ℰ 2 16 40, 🥗 – 📺 ⟵   A **u**
  12 Z : 22 B Fb.

🏠 **Zur Tanne**, Bäringerstr. 10, ℰ 2 11 31 – ☎ ⟵ 🄿   A **h**
  (nur Abendessen für Hausgäste) **– 24 Z : 42 B** 55/85 - 85/125 Fb.

🏠 **Gästehaus Graul** ॐ garni, Bergdorfstr. 2, ℰ 2 19 31   B **a**
  10 Z : 19 B 35/60 - 65/80.

✕ **Weißer Schwan** - Balkan-Grill, Münzstr. 11, ℰ 2 57 37   AB **A**

  In Goslar 1-Grauhof NO : 4,5 km über Heinrich-Pieper-Straße A :

🏨 **Landhaus Grauhof** ॐ, Am Grauhof-Brunnen, ℰ 8 40 01, �fr, « Park », ⫘ – 🕴 📺 ☎
  🄿 – 🛁 25/200. 🄰🄴 ⓪ 🄴 𝘝𝘐𝘚𝘈
  M *(Donnerstag geschl.)* a la carte 38/70 **– 30 Z : 45 B** 46/119 - 92/140 Fb **–** ½ P 76/110.

  In Goslar 2-Hahnenklee SW : 15 km über ③ **–** Höhe 560 m **–** Heilklimatischer Kurort
  – Wintersport : 560/724 m ≰1 ≰2 ≰1 **–** ✿ 05325 :

🏨🏨 **Dorint-Harzhotel Kreuzeck**, Am Kreuzeck (SO : 3,5 km), ℰ 7 41, Telex 953721, Fax
  74839, �fr, ⫘, 🄻, 🥗, 🥗, Ski- und Fahrradverleih **–** 🕴 📺 🏋 ⟵ 🄿 **–** 🛁 25/150. 🄰🄴
  ⓪ 🄴. 🥗 Rest
  M a la carte 30/74 **– 92 Z : 180 B** 119/139 - 185/240 Fb.

🏨 **Diana-Café Seerose**, Parkstr. 4, ℰ 70 30, Fax 70310, ≼, �fr, ⫘, 🄻 **–** 📺 ☎ ⟵ 🄿
  M *(Nov.- Mitte Dez. geschl.)* um 20 (mittags) und a la carte 30/60 **– 29 Z : 50 B** 65/85 -
  100/150 Fb **–** 10 Fewo 75/120 **–** ½ P 77/101.

🏨 **Hahnenkleer Hof** ॐ, Parkstr. 24a, ℰ 20 11, Fax 2111, �fr, ⫘, 🄻, 🥗 **–** 🕴 📺 ☎ ⟵
  🄿. 🄰🄴 ⓪ 🄴
  M a la carte 30/57 **– 32 Z : 52 B** 90/140 - 170/210 Fb.

🏨 **Walpurgis Hof**, Am Bocksberg 1, ℰ 70 90, Telex 953776, Fax 3081, ⫘ **–** 🕴 📺 ☎ 🄿. 🄰🄴
  ⓪ 🄴 𝘝𝘐𝘚𝘈
  M a la carte 25/48 **– 60 Z : 144 B** 90/125 - 140/210 Fb **–** ½ P 90/145.

🏨 **Vier Jahreszeiten**, Parkstr. 14, ℰ 7 70, Telex 953757, Fax 77255, �fr, ⫘ **–** 🕴 📺 ☎
  ⟵ 🄿 **–** 🛁 25/80. 🄰🄴 ⓪ 🄴 𝘝𝘐𝘚𝘈
  M a la carte 29/51 **– 130 Z : 260 B** 95 - 160 Fb **–** ½ P 105/210.

🏨 **Hotel am Park** garni, Parkstr. 2, ℰ 20 31, 🄻 **–** 📺 ☎ 🄿
  25 Z : 45 B 65/85 - 100/150.

🏠 **Der Waldgarten** ॐ, Lautenthaler Str. 36, ℰ 20 81, « Gartenterrasse », 🄻, 🥗 **–** 🕴 ☎
  ⟵ 🄿
  28. Okt.- 16. Dez. geschl. **– M** a la carte 17/46 **– 42 Z : 56 B** 65/83 - 116/130.

🏠 **Bellevue** ॐ garni, Birkenweg 5 (Bockswiese), ℰ 20 84, ⫘, 🄻, 🥗 **–** 📺 ☎ ⟵ 🄿. 🄴
  26 Z : 45 B 40/65 - 83/104 Fb **–** 6 Fewo 75/110.

🏠 **Harzer Hof**, Rathausstr. 9, ℰ 25 13 **–** ☎ 🄿. 🥗 Zim
  11.- 29. März und 29. Nov.- 15. Dez. geschl. **– M** *(Donnerstag geschl.)* a la carte 27/55 **–**
  11 Z : 14 B 53/58 - 90/116 Fb.

🏠 **Eden am See** ॐ, Grabenweg 10 (Bockswiese), ℰ 23 88, �fr, 🥗 **–** ☎ 🄿
  April - Mai 3 Wochen und Ende Okt.- Mitte Dez. geschl. **– M** a la carte 22/43 **– 14 Z : 24 B**
  50 - 90.

  Siehe auch : *Liste der Feriendörfer*

GÖTTINGA = Göttingen.

GOTTLIEBEN Schweiz siehe Konstanz.

GOTTMADINGEN 7702. Baden-Württemberg 𝟺𝟷𝟹 J 23, 𝟺𝟸𝟽 ⑥, 𝟸𝟷𝟼 ⑧ **–** 8 900 Ew **–** Höh
432 m **–** ✿ 07731 (Singen/Hohentwiel).
♦Stuttgart 159 **–** Schaffhausen 17 **–** Singen (Hohentwiel) 7.

🏠 **Sonne**, Hauptstr. 61, ℰ 7 16 28, Fax 73751 **–** 🕴 📺 ☎ 🄿. 🄰🄴 ⓪ 🄴 𝘝𝘐𝘚𝘈
  M *(Freitag geschl.)* a la carte 19/42 🍷 **– 40 Z : 80 B** 40/85 - 75/130.

🏠 **Heilsberg** ॐ, Heilsbergweg 2, ℰ 7 16 64 **–** ☎ ⟵ 🄿
  M *(wochentags nur Abendessen, Dienstag und Nov.- Dez. 4 Wochen geschl.)* a la cart
  30/50 **– 11 Z : 20 B** 48 - 90.

  In Gottmadingen 2-Bietingen W : 3 km :

🏠 **Landgasthof Wider**, Ebringer Str. 11, ℰ (07734) 22 68 **–** ☎ ⟵ 🄿. 🄴
  M *(1.- 7. Nov. und Dienstag geschl.)* a la carte 21/38 🍷 **– 15 Z : 29 B** 42 - 75.

GRAACH 5550. Rheinland-Pfalz — 830 Ew — Höhe 105 m — ✪ 06531 (Bernkastel - Kues).
Mainz 116 — Bernkastel-Kues 3 — ◆Trier 46 — Wittlich 13.

🏠 **Weinhaus Pfeiffer** garni, Gestade 12, 𝒫 40 01, ≼, eigener Weinbau — ☎ ⇐⇒ ℗
20. Dez.- 10. Jan. geschl. — **13 Z : 23 B** 43/60 - 84.

🏠 Antoniushof garni, Bernkasteler Str. 11, 𝒫 66 01, ≼, ≘, ☞ — ☎ ℗
nur Saison — **12 Z : 29 B**.

🛎 **Zur Traube**, Hauptstr. 102, 𝒫 21 89 — ℗
12 Z : 21 B.

GRABENSTÄTT Bayern siehe Chieming.

GRÄFELFING 8032. Bayern 𝟜𝟙𝟛 R 22, 𝟿𝟠𝟟 ㉗, 𝟜𝟤𝟞 ⑰ — 13 300 Ew — Höhe 540 m — ✪ 089
(München).
◆München 12 — Garmisch-Partenkirchen 81 — Landsberg am Lech 46.

In Gräfelfing-Lochham :

🏠 **Würmtaler Gästehaus**, Rottenbucher Str. 55, 𝒫 8 54 50 56, Telex 524097, Fax 853897, ☞
— 📺 ☎ ℗. 🛇
M *(Samstag geschl.)* a la carte 24/47 — **52 Z : 80 B** 65/110 - 90/170.

In Planegg 8033 SW : 1 km :

🏠 **Planegg** ⍓ garni, Gumstr. 13, 𝒫 (089) 8 57 10 79 — ⧄ 📺 ℗
23. Dez.- 10. Jan. geschl. — **39 Z : 58 B** 65/80 - 100/110 Fb.

GRÄFENBERG 8554. Bayern 𝟜𝟙𝟛 Q 18 — 5 000 Ew — Höhe 433 m — ✪ 09197.
◆München 190 — ◆Bamberg 42 — ◆Nürnberg 28.

In Gräfenberg-Haidhof N : 7,5 km :

🏠 **Schloßberg** ⍓, Haidhof 5, 𝒫 5 67, 🪑, ≘, ☞ — 📺 ☎ ⇐⇒ ℗. 𝔸𝔼 𝐄
← Jan. geschl. — **M** *(Montag geschl.)* a la carte 20/53 ⅃ — **27 Z : 52 B** 49 - 84 Fb.

In some towns and their surrounding areas,
hoteliers are liable to increase their prices
during certain trade exhibitions and tourist events.

GRAFENAU 8352. Bayern 𝟜𝟙𝟛 X 20, 𝟿𝟠𝟟 ㉘, 𝟜𝟤𝟞 ⑦ — 8 000 Ew — Höhe 610 m — Luftkurort —
Wintersport : 610/700 m ⪍2 ⫍8 — ✪ 08552.
🛈 Verkehrsamt im Rathaus, Rathausgasse 1, 𝒫 20 85, Telex 57425.
◆München 190 — Deggendorf 46 — Passau 37.

🏨 **Steigenberger-Hotel Sonnenhof** ⍓, Sonnenstr. 12, 𝒫 20 33, Telex 57413, Fax 4680, ≼,
🪑, Bade- und Massageabteilung, ⚓, ≘, 🟦, ☞, 🛇 — ⧄ ⇔ Zim 📺 🏌 ⇐⇒ ℗ —
🛏 25/150. 𝔸𝔼 ⓞ 𝐄 𝑉𝐼𝑆𝐴. 🛇 Rest
M a la carte 30/60 — **196 Z : 320 B** 90/120 - 150/200 Fb — 4 Appart. — ½ P 103/148.

🏨 **Parkhotel** ⍓, Freyunger Str. 51 (am Kurpark), 𝒫 24 44, Fax 4380, ≼, 🪑, Massage, ≘,
🟦, ☞, Fahrradverleih — ⧄ ⇔ 📺 & ⇐⇒ ℗. 𝔸𝔼 ⓞ 𝐄
18. Nov.- 16. Dez. geschl. — **M** a la carte 28/55 — **51 Z : 90 B** 85/145 - 170/235 Fb —
½ P 110/140.

🏨 **Hotel am Kurpark** ⍓, Freyunger Str. 49, 𝒫 42 90, Telex 57463, ≼, 🪑, ≘, 🟦 — ⧄
⇔ Zim 📺 ☎ & ⇐⇒ ℗. 𝔸𝔼 ⓞ 𝐄 𝑉𝐼𝑆𝐴
M a la carte 25/53 — **120 Z : 240 B** 83 - 136/192 Fb — ½ P 88/106.

🛎 ✿ **Säumerhof** mit Zim, Steinberg 32, 𝒫 24 01, ≼, ≘, ☞ — 📺 ☎ ℗
M *(Montag - Mittwoch nur Abendessen)* 79/110 und a la carte 62/90 — **11 Z : 19 B** 59/84 -
118/180
Spez. Kalbsbries mit Kräutern und Schwammerln, Hirschkalbsrücken mit Pfifferlingen, Marzipanstrudel mit
Früchten.

In Grafenau-Grüb N : 1,5 km :

🏠 **Hubertus**, Grüb 20, 𝒫 13 59, 🪑 — ⇐⇒ ℗
← Nov. 3 Wochen geschl. — **M** *(Montag geschl.)* a la carte 19/45 — **13 Z : 28 B** 42/45 - 80/90
(Anbau mit 19 Z, 🟦 ab Frühjahr 1990).

In Grafenau-Rosenau NO : 3 km :

🏠 **Postwirt**, 𝒫 10 18, 🪑, ≘, 🟦 — ⧄ ☎ ℗. 🛇 Zim
← 15. Nov.- 15. Dez. geschl. — **M** *(Dienstag geschl.)* a la carte 20/36 — **36 Z : 68 B** 40/50 - 80
Fb.

In Neuschönau 8351 NO : 9 km :

🏠 **Bayerwald** ⍓, Am Hansenhügel 5, 𝒫 (08558) 17 13, ≘, 🟦 — ⧄ ℗
20. März - 10. April und Nov.- 20. Dez. geschl. — (nur Abendessen für Hausgäste) — **32 Z :
60 B** 45/50 - 90 Fb.

GRAFENHAUSEN 7821. Baden-Württemberg 👁️👁️👁️ H 23. 👁️👁️👁️ ⑤. 👁️👁️👁️ ⑥ — 2 000 Ew — Höhe 895 m — Luftkurort — Wintersport : 900/1 100 m ✔1 ✔5 — 🏙️ 07748.

🅱️ Kurverwaltung, Rathaus, 𝒫 2 65.

◆Stuttgart 174 — Donaueschingen 41 — ◆Freiburg im Breisgau 58 — Waldshut-Tiengen 30.

🏠 **Tannenmühle** 🦌, Tannenmühlenweg 5 (SO : 3 km), 𝒫 2 15, 🍴, kleines Tiergehege, Museumsmühle, 🌳 — 🅿️
Mitte Nov.- Mitte Dez. geschl. — **M** *(Okt.- Mai Dienstag geschl.)* a la carte 29/46 🍷 — **17 Z : 37 B** 45/55 - 80/100 Fb — ½ P 65/80.

In Grafenhausen-Rothaus N : 3 km — Höhe 975 m :

🏨 **Kurhaus Rothaus**, 𝒫 12 51, Bade- und Massageabteilung, 🔥, 🌳 — ☎ ⇦ 🅿️ — ♨️ 40
März - April 2 Wochen und Mitte Nov.- Mitte Dez. geschl. — **M** *(Dienstag geschl.)* a la carte 28/60 — **51 Z : 90 B** 65/100 - 130/140 Fb.

GRAFENWIESEN 8491. Bayern 👁️👁️👁️ V 19 — 1 400 Ew — Höhe 509 m — Erholungsort — 🏙️ 09941 (Kötzting).

◆München 191 — Cham 26 — Deggendorf 50.

🏠 **Birkenhof** 🦌, Auf der Rast 7, 𝒫 15 82, ≤, 🌳 — 🎿 🅿️
↪ *10. Jan.- 20. Feb. und 26. Okt.- 20. Dez. geschl.* — a la carte 15/35 🍷 — **40 Z : 72 B** 36/40 - 64/72 Fb.

🏠 **Wildgatter** 🦌, Kaitersberger Weg 25, 𝒫 82 36, ≤, 🍴, 🍴, 🌳 — 📺 ☎ 🅿️
↪ **M** a la carte 18/37 — **25 Z : 50 B** 42 - 64 — 64 Fewo 50/114.

GRAFING 8018. Bayern 👁️👁️👁️ S 22. 👁️👁️👁️ ⑦. 👁️👁️👁️ ⑧ — 10 500 Ew — Höhe 519 m — 🏙️ 08092.

🔆 Oberelkofen (S : 3 km), 𝒫 (08092) 74 94.

◆München 36 — Landshut 80 — Rosenheim 35 — Salzburg 110.

🏠 Hasi garni, Griesstr. 5, 𝒫 40 27 — ☎ ⇦ 🅿️
21 Z : 37 B.

GRAFLING Bayern siehe Deggendorf.

GRAINAU 8104. Bayern 👁️👁️👁️ Q 24. 👁️👁️👁️ ⑧. 👁️👁️👁️ ⑯ — 3 800 Ew — Höhe 748 m — Luftkurort — Wintersport : 750/2 950 m ✔3 ✔5 ✔4 — 🏙️ 08821 (Garmisch-Partenkirchen).

Ausflugsziel : Zugspitzgipfel★★★ (✤★★★) mit Zahnradbahn (40 min) oder ✔ ab Eibsee (10 min).

🅱️ Verkehrsamt, Waxensteinstr. 35, 𝒫 8 14 11.

◆München 94 — Garmisch-Partenkirchen 6.

🏩 **Eibsee - Hotel** 🦌, am Eibsee (SW : 3 km), 𝒫 80 81, Telex 59666, Fax 82585, ≤ Eibsee, 🍴, Grillgarten, 🍴, 🔲, ☕, 🌳, 🍴, Fahrradverleih, Surf-, Ski- und Segelschule — 🎿 📺
🅿️ — ♨️ 25/200. 🆎 ⓞ 🅴 𝐕𝐈𝐒𝐀
M a la carte 33/62 — **Bistro Taverne** *(nur Abendessen, April und Nov. geschl.)* **M** a la carte 28/57 — **116 Z : 214 B** 135/155 - 175/215 Fb — 9 Appart. 250 — ½ P 108/165.

🏨 **Alpenhof** 🦌, Alpspitzstr. 22, 𝒫 80 71, ≤, 🍴, 🌳, 🔲, 🌳 — 🎿 📺 ☎ 🅿️. 🆎 ⓞ 🅴 𝐕𝐈𝐒𝐀. 🍴
April - Mai 2 Wochen und Mitte Nov.- Mitte Dez. geschl. — **M** a la carte 40/67 — **37 Z : 68 B** 70/125 - 160/225 Fb.

🏨 **Alpenhotel Waxenstein** 🦌, Eibseestr. 16, 𝒫 80 01, Telex 59663, ≤ Waxenstein und Zugspitze, 🍴, Massage, ☕, 🔲, 🌳, Fahrradverleih — 🎿 📺 ☎ ⇦ 🅿️ — ♨️ 25/80. 🆎 ⓞ
🅴 𝐕𝐈𝐒𝐀. 🍴 Rest
Menu *(auch vegetarisches Menu)* 23/38 und a la carte 36/61 — **50 Z : 90 B** 89/170 - 150/250 Fb — ½ P 109/154.

🏨 **Wetterstein** garni, Waxensteinstr. 14c, 𝒫 80 04, ☕, 🌳 — ☎ ⇦ 🅿️. 🍴
15 Z : 27 B 63/95 - 126.

🏨 **Längenfelder Hof** 🦌 garni, Längenfelderstr. 8, 𝒫 80 88, ≤, ☕, 🔲, 🌳 — ☎ ⇦ 🅿️. 🍴
17 Z : 34 B 68/105 - 136.

🏠 **Alpspitz**, Loisachstr. 56, 𝒫 8 16 85, 🍴, ☕, 🌳 — ☎ 🅿️. 🆎 🅴
Nov.- Mitte Dez. geschl. — **M** *(Mittwoch geschl.)* a la carte 26/45 — **18 Z : 40 B** 45/75 - 96/150 — ½ P 64/94.

🏠 **Haus Bayern** 🦌 garni, Zugspitzstr. 54a, 𝒫 89 85, ≤, 🔲 (geheizt), 🌳 — ☎ 🅿️. 🍴
16 Z : 26 B 50/80 - 80/120.

🏠 **Post** 🦌, Postgasse 10, 𝒫 88 53, ≤, 🌳 — ⇦ 🅿️. 🆎 ⓞ 🅴 𝐕𝐈𝐒𝐀
10. Jan.- 10. Feb. und 15. Okt.- 20. Dez. geschl. — (nur Abendessen für Hausgäste) — **20 Z : 35 B** 69/79 - 118/140 — 5 Fewo.

🏠 Jägerhof 🦌 garni, Enzianweg 1, 𝒫 85 18, 🌳, Fahrradverleih — 🅿️
27 Z : 44 B.

🏠 **Gästehaus Barbara** 🦌 garni, Am Krepbach 12, 𝒫 89 24, 🌳 — ⇦ 🅿️. 🍴
13 Z : 23 B 60/65 - 76/80 — 5 Fewo 75/80.

🏠 **Grainauer Hof**, Schmölzstr. 5, 𝒫 5 00 61, ≤, ☕, 🔲 (geheizt), 🔲, 🌳 — ☎ 🅿️. 🆎 ⓞ 🅴
(nur Abendessen für Hausgäste) — **31 Z : 55 B** 65/85 - 96/150 Fb.

❌ **Gasthaus am Zierwald** mit Zim, Zierwaldweg 2, 𝒫 88 40, ≤, 🍴, 🌳 — ☎ 🅿️. 🆎 ⓞ 🅴
𝐕𝐈𝐒𝐀
23.- 30. April geschl. — **M** *(Mittwoch geschl.)* a la carte 22/38 — **5 Z : 10 B** 46/55 - 88/94.

GRANDORF Niedersachsen siehe Holdorf.

GRASBRUNN 8011. Bayern **413** S 22 — 3 500 Ew — Höhe 560 m — ✪ 089 (München).
♦München 18 — Landshut 87 — Salzburg 141.

In Grasbrunn-Harthausen SO : 3 km :

🏠 **Zum Forstwirt**, Zum Forstwirt 1 (SO : 1 km), 𝒫 (08106) 73 74, Biergarten — ☎ 🅿. 🆀 ⑩
⟵ 🅴 𝕍𝕀𝕊𝔸
M *(Montag bis 18 Uhr und 8.- 26. Jan. geschl.)* a la carte 20/50 — **20 Z : 27 B** 80 - 130.

GRASDORF Niedersachsen siehe Holle.

GRASELLENBACH 6149. Hessen **413** J 18 — 3 000 Ew — Höhe 420 m — Kneippheilbad — Luftkurort — ✪ 06207 (Wald-Michelbach).
🛈 Verkehrsbüro, Nibelungenhalle, 𝒫 25 54.
♦Wiesbaden 95 — Beerfelden 21 — ♦Darmstadt 55 — ♦Mannheim 46.

🏨 **Siegfriedbrunnen** ⌂, Hammelbacher Str. 7, 𝒫 4 21, Fax 463823, ☞, Bade- und Massageabteilung, ♨, ≘s, ⌇ (geheizt), ⬜ (Gebühr), ☞, ℀, Fahrradverleih — ⧈ ☎ 🅿 —
🏛 25/80. 🆀 🅴 𝕍𝕀𝕊𝔸
M a la carte 25/70 — **62 Z : 99 B** 68/135 - 138/206 Fb.

🏠 **Café Marienhof** ⌂, Güttersbacher Str. 43, 𝒫 60 90, ≘s, ⬜, ☞ — ⧈ 📺 ☎ 🅿. ℀
(Restaurant nur für Hausgäste) — **26 Z : 44 B** Fb.

🏠 **Café Gassbachtal** ⌂, Hammelbacher Str. 16, 𝒫 50 31, Bade- und Massageabteilung, ♨, ≘s, Ski- und Fahrradverleih — ⧈ ☎ 🅿. ℀
(Restaurant nur für Pensionsgäste) — **23 Z : 37 B** 55/65 - 100/122 Fb — ½ P 61/72.

🏠 **Landhaus Muhn** ⌂, Im Erzfeld 10, 𝒫 23 16, ≘s, ☞ — 📺 🅿. ℀
Mitte Nov.- Mitte Dez. geschl. — (Restaurant nur für Hausgäste) — **14 Z : 23 B** 54/66 - 108/112.

In Grasellenbach-Tromm SW : 7 km — Höhe 580 m :

🏠 Zur schönen Aussicht ⌂, Auf der Tromm 2, 𝒫 33 10, ≤, ☞, ☞ — ⟸ 🅿
17 Z : 27 B.

In Grasellenbach-Wahlen S : 2 km :

🏠 **Burg Waldau**, Volkerstr. 1, 𝒫 22 78, Biergarten — 📺 🅿 — 🏛 35. ⑩
⟵ **M** a la carte 18/39 ⚘ — **11 Z : 23 B** 40/45 - 80 — ½ P 55.

GRASSAU 8217. Bayern **413** U 23, **426** ⑱⑲ — 5 400 Ew — Höhe 557 m — Luftkurort — ✪ 08641.
🛈 Verkehrsbüro, Kirchplatz 3, 𝒫 23 40.
♦München 91 — Rosenheim 32 — Traunstein 25.

🏨 **Sporthotel Achental** ⌂, Mietenkamer Str. 65, 𝒫 40 10, Telex 563320, Fax 1758, ☞, Massage, ≘s, ⬜, ☞, ☞ 📺 🅿 — ☞ 🅿 — 🏛 25/100. 🆀 ⑩ 🅴 𝕍𝕀𝕊𝔸
M a la carte 32/53 — **160 Z : 300 B** 110 - 140 Fb.

🏨 **Hansbäck**, Kirchplatz 18, 𝒫 40 50, Fax 405405, ☞ — ⧈ ☎ 🅿. 🆀 ⑩
⟵ **M** *(Dienstag geschl.)* a la carte 21/53 — **31 Z : 70 B** 60/100 - 90/160 Fb — 77 Fewo 75/140.

🏠 **Weißbräu**, Rottauer Str. 1, 𝒫 24 83 — ⧈ ☎ 🅿
21 Z : 46 B.

Außerhalb NW : 6 km über die B 305, nach Rottau links ab — Höhe 810 m :

🏠 Berggasthof Adersberg ⌂, Höhe 815 m, ✉ 8217 Grassau-Rottau, 𝒫 (08641) 30 11, ≤ Chiemsee und Alpenlandschaft, ☞, ≘s, ⌇ (geheizt), ☞ — ☎ ⟸ 🅿
25 Z : 50 B.

GREBENSTEIN 3523. Hessen — 6 000 Ew — Höhe 175 m — ✪ 05674.
♦Wiesbaden 241 — ♦Kassel 17 — Paderborn 63.

℀ **Zur Deutschen Eiche**, Untere Schnurstr. 3, 𝒫 2 46 — 🅿. ⑩ 🅴 𝕍𝕀𝕊𝔸
⟵ *Mittwoch und 5.- 31. Juli geschl.* — **M** a la carte 18/48.

Les guides Michelin

Guides Rouges (hôtels et restaurants) :

Benelux, España Portugal, France, Great Britain and Ireland, Italia, Main Cities Europe

Guides Verts (Paysages, monuments et routes touristiques) :

Allemagne, Autriche, Belgique, Canada, Espagne, Grèce, Hollande, Italie, Londres, Maroc, New York, Nouvelle Angleterre, Portugal, Rome, Suisse
... la collection sur la **France**.

GREDING 8547. Bayern 🔲🔲🔲 R 19. 🔲🔲🔲 ⑱⑰ − 6 500 Ew − Höhe 400 m − Erholungsort − 🔾 08463.

🛈 Verkehrsamt, Marktplatz (Rathaus), 𝒫 2 33.

♦München 113 − Ingolstadt 39 − ♦Nürnberg 55 − ♦Regensburg 61.

🏨 Schuster, Marktplatz 23, 𝒫 16 16, Telex 55430, 🍴, ⬛, 🔲 − 🔳 ⬅ 🅿 − 🛎
69 Z : 130 B.

🏨 Hotel am Markt, Marktplatz 2, 𝒫 94 04 − 🕿 🅿
30 Z : 61 B.

🏨 **Bauer-Keller,** Kraftsbucher Str. 1 (jenseits der BAB-Ausfahrt), 𝒫 2 03, <, 🍴, 🎠 − ⬅
➜ 🅿. 🆎 ⓞ 🇪 𝓥𝓘𝓢𝓐
16. Nov.- 16. Dez. geschl. − **M** *(Sonntag bis 17 Uhr geschl.)* a la carte 21/43 − **28 Z : 49 B**
30/39 - 65.

🏤 Krone, Marktplatz 1, 𝒫 2 58 − 🔳wc ⬅ 🅿
14 Z : 30 B.

GREETSIEL Niedersachsen siehe Krummhörn.

GREFRATH 4155. Nordrhein-Westfalen − 13 700 Ew − Höhe 32 m − 🔾 02158.

♦Düsseldorf 48 − Krefeld 20 − Mönchengladbach 25 − Venlo 16.

🏨 **Grefrather Hof,** Am Waldrand 1 (Nähe Eisstadion), 𝒫 40 70, Telex 854863, Fax 407200,
🍴, ⬛, 🔲, 🎾 (Halle) − 🔳 📺 🕿 🅿 − 🛎 25/80. 🆎 ⓞ 🇪 𝓥𝓘𝓢𝓐
M a la carte 35/65 − **80 Z : 152 B** 94/110 - 129/160 Fb.

GREIFENSTEIN 6349. Hessen − 7 100 Ew − Höhe 432 m − Erholungsort − 🔾 06449
(Ehringshausen-Katzenfurt).

♦Wiesbaden 90 − Gießen 38 − Limburg an der Lahn 40 − Siegen 54.

🏨 **Simon** ⬠, Talstr. 3, 𝒫 2 09, <, ⬛, 🎠 − 🅿
➜ *Jan.- Feb. geschl. −* **M** *(Dienstag geschl.)* 14,50/26 (mittags) und a la carte 19/36 − **21 Z :**
40 B 35/55 - 65/85.

GREIMERATH Rheinland-Pfalz siehe Zerf.

GREIMHARTING Bayern siehe Rimsting.

GREMERSDORF 2440. Schleswig-Holstein − 900 Ew − Höhe 5 m − 🔾 04361 (Oldenburg i.H.).

♦Kiel 62 − ♦Oldenburg 7 − Puttgarden 29.

🏨 **Zum grünen Jäger,** an der B 207, 𝒫 70 28 − 🅿. 🆎 ⓞ 🇪 𝓥𝓘𝓢𝓐
➜ **M** *(nur Abendessen)* a la carte 19/45 − **27 Z : 68 B** 45/55 - 85/105.

GREMSDORF Bayern siehe Höchstadt an der Aisch.

GRENZACH-WYHLEN 7889. Baden-Württemberg 🔲🔲🔲 FG 24, 🔲🔲🔲 ④, 🔲🔲🔲 ④ − 13 200 Ew −
Höhe 272 m − 🔾 07624.

♦Stuttgart 271 − Basel 6 − Bad Säckingen 25.

Im Ortsteil Grenzach :

🏨 **Eckert,** Basler Str. 20, 𝒫 50 01, 🍴 − 🔳 🕿 🅿. 🇪
M *(Freitag-Samstag 16 Uhr geschl.)* a la carte 28/59 🍷 − **29 Z : 40 B** 70 - 97/145 Fb.

In Grenzach-Wyhlen-Rührberg N : 3 km :

🏨 **Rührberger Hof** ⬠, Inzlinger Str. 1, 𝒫 43 91, 🍴 − 🕿 🅿. ⓞ 🇪 𝓥𝓘𝓢𝓐
Jan. geschl. − **M** *(Montag - Dienstag geschl.)* a la carte 22/54 🍷 − **13 Z : 25 B** 45/50 - 80/90
Fb.

GREVEN 4402. Nordrhein-Westfalen 🔲🔲🔲 ⑭ − 30 000 Ew − Höhe 52 m − 🔾 02571.

🛈 Verkehrsverein, Alte Münster Str. 23, 𝒫 13 00.

♦Düsseldorf 141 − Enschede 59 − Münster (Westfalen) 20 − ♦Osnabrück 43.

🏨 **Wermelt Lengermann,** Nordwalder Str. 160 ((W : 3,5 km), 𝒫 21 80, Fax 53883 − 📺 🕿
🅿. 🆎 ⓞ 🇪
M *(wochentags nur Abendessen)* a la carte 22/48 − **20 Z : 42 B** 43/48 - 74/84 Fb.

🍴 **Altdeutsche Gaststätte Wauligmann,** Schiffahrter Damm 22 (B 481, SO : 4,5 km)
➜ 𝒫 23 88, 🍴 − 🅿
Montag - Dienstag und 2.- 24. Juli geschl. − **M** a la carte 19/50.

In Greven-Gimbte S : 4,5 km :

🏨 **Schraeder,** Dorfstr. 29, 𝒫 5 30 53 − 📺 🕿 ⬅ 🅿 − 🛎 30. 🆎 🇪
M *(Sonntag 14 Uhr - Montag 18 Uhr geschl.)* a la carte 23/52 − **31 Z : 50 B** 50/60 - 90/10
Fb.

GREVENBROICH 4048. Nordrhein-Westfalen 🗺️ ㉓ — 57 000 Ew — Höhe 60 m — ✪ 02181.

Ausflugsziel : Schloß Dyck★ N : 7 km.

◆Düsseldorf 28 — ◆Köln 31 — Mönchengladbach 26.

🏨 **Sonderfeld-Restaurant Hahn**, Bahnhofsvorplatz 6, 𝒫 14 33 (Hotel) 6 43 46 (Rest.), Fax 9628, 🍴 — |🛗| 📺 📞 📶 — 🚗 60. ① E 𝘝𝘐𝘚𝘈 🍽️ Rest
23. Dez.- 8. Jan. geschl. — **M** (Sonntag geschl.) a la carte 33/69 — **43 Z : 60 B** 65/98 - 98/155 Fb.

🏨 **Stadt Grevenbroich** garni, Röntgenstr. 40, 𝒫 30 48 — 📞 📶 🖭
22. Dez.- Anfang Jan. geschl. — **27 Z : 37 B** 50/75 - 85/110 Fb.

🏨 **Zur Alten Schmiede**, Südwall 2, 𝒫 36 79 — |🛗| 📺 📞 📶 🖭 ① E 𝘝𝘐𝘚𝘈
M (Dienstag geschl.) a la carte 36/52 — **8 Z : 14 B** 68/98 - 98/159.

XXXX ✿✿ **Zur Traube** mit Zim, Bahnstr. 47, 𝒫 6 87 67, Telex 8517193, Fax 61122, bemerkenswerte Weinkarte — 📺 📞 📶 📶 ✛. 🖭 ① E 🍽️
10.- 17. April, 17.- 31. Juli und 22. Dez.- 15. Jan. geschl. — **M** (Tischbestellung erforderlich) (Sonntag - Montag geschl.) 59/85 (mittags) und a la carte 70/105 — **6 Z : 11 B** 150/320 - 260/480
Spez. Hummer - Ravioli in Gemüse - Trüffelsud, Variationen vom Täubchen, Tannenhonigparfait mit Mus von Waldbeeren.

XX **Harlekin**, Lilienthalstr. 16 (im Tennis-Center Heiderhof), 𝒫 6 35 34, 🍴 — 📶. 🖭 ① E 𝘝𝘐𝘚𝘈
Montag und 15.- 31. Juli geschl. — **M** a la carte 46/80.

GRIESBACH IM ROTTAL 8394. Bayern 𝟦𝟣𝟥 W 21. 🗺️ ㉚. 𝟦𝟤𝟨 ⑦ — 6 700 Ew — Höhe 535 m — Luftkurort — Thermalbad — ✪ 08532.

🏌️ Schwaim 52, 𝒫 20 38.

🛈 Kurverwaltung, Stadtplatz 3 und Kurallee 6 (Kurzentrum), 𝒫 10 41.

◆München 153 — Landshut 95 — Passau 41 — Salzburg 116.

🏨 **Schloßhotel**, Am Schloßberg 23, 𝒫 20 74, 🍴, Biergarten, 🏊 — |🛗| 📺 📞 📶
26 Z : 52 B Fb.

🏨 **Residenz Griesbach**, Prof.-Baumgartner-Str. 1, 𝒫 70 80, Fax 708635, Bade- und Massageabteilung, 🛁, 🏊 — |🛗| ↔ Zim 📺 📞 📶. ① E 𝘝𝘐𝘚𝘈
M a la carte 23/41 — **134 Z : 273 B** 60/70 - 90/110 — ½ P 67/92.

🏨 **Rottaler Hof** 🦢 garni, Kronberger Str. 11, 𝒫 13 09, <, « Garten », 🌳 — 🚗 📶
15. Nov.- 25. Dez. geschl. — **19 Z : 30 B** 30/40 - 72/84.

In Bad Griesbach S : 3 km :

🏨 **Steigenberger-Hotel Bad Griesbach** 🦢, Am Kurwald 2, 𝒫 10 01, Telex 57606, Fax 1033, 🍴, Bade- und Massageabteilung, 🛁, 🏊 (Thermal), 🏊, 🎾 (Halle) — |🛗| 📺 🚗 — 🚗 25/260. 🖭 ① E 𝘝𝘐𝘚𝘈. 🍽️ Rest
M a la carte 38/67 — **186 Z : 326 B** 125/165 - 210/270 Fb — ½ P 141/191.

🏨 **Parkhotel Bad Griesbach** 🦢, Am Kurwald 10, 𝒫 2 81, Fax 28204, Bade- und Massageabteilung, 🛁, 🏊 (geheizt), 🏊, 🌳, 🎾 — |🛗| ↔ 📺 📶. 🍽️ Rest
162 Z : 313 B Fb — 5 Appart.

🏨 **Fürstenhof** 🦢, Thermalbadstr. 28, 𝒫 70 51, Fax 705535, Bade- und Massageabteilung, 🛁, 🏊 (geheizt), 🏊, 🌳. Fahrradverleih — |🛗| ↔ Zim 📺 🚗. 🖭 ① E 𝘝𝘐𝘚𝘈
(Restaurant nur für Hausgäste) — **147 Z : 240 B** 90/155 - 170/220 Fb — 8 Appart. 300/320 — ½ P 113/143.

🏨 **Konradshof** 🦢, Thermalbadstr. 30, 𝒫 70 20, Bade- und Massageabteilung, 🌳 — |🛗| 📺 📞 🚗. 🍽️
(Restaurant nur für Hausgäste) — **71 Z : 115 B** 64/70 - 126 Fb — ½ P 82/89.

🏨 **Glockenspiel** 🦢 garni, Thermalbadstr. 21, 𝒫 70 60, Bade- und Massageabteilung, 🏊 (geheizt), 🌳 — |🛗| 📺 📞 📶. 🍽️
52 Z : 100 B 63/72 - 112 Fb — 9 Fewo 80/90.

🏨 Haus Christl 🦢 garni, Thermalbadstr. 11, 𝒫 17 91, Massage, 🛁, 🏊, 🌳 — 📺 📞. 🍽️
20 Z : 35 B.

🏨 Haus Kurpark 🦢 garni, Thermalbadstr. 8, 𝒫 88 44, 🌳 — 📺 📞. 🍽️
39 Z : 56 B 53/74 - 100/104.

🏨 St. Leonhard 🦢, Thermalbadstr. 9, 𝒫 20 31, Biergarten, Massage — 📺 📞
21 Z : 39 B.

In Griesbach-Schwaim S : 4 km :

🏨 Venus-Hof, 𝒫 5 74, Biergarten, 🛁, 🌳 — 📶. 🍽️
28 Z : 56 B Fb.

Beim Golfplatz S : 5 km, jenseits der B 388 :

XX Gutshof Bad Griesbach, Schwaim 52, ✉️ 8394 Bad Griesbach, 𝒫 (08532) 20 36, 🍴 — 📶.

Siehe auch : *Liste der Feriendörfer*

GRIESHEIM 6103. Hessen 🔢 I 17 − 21 400 Ew − Höhe 145 m − 🅖 06155.

Wiesbaden 43 − Darmstadt 7 − ♦Frankfurt am Main 35.

🏨 **Prinz Heinrich** 🦢, Am Schwimmbad 12, 𝄢 6 00 90, Fax 6009288, 🍴, « Behaglich-
rustikale Einrichtung », 🚗 − 🛗 📺 ☎ 🅿 − 🚲 30
24. Dez.- 2. Jan. geschl. − **M** *(wochentags nur Abendessen)* a la carte 35/52 − **80 Z : 100 B**
92/118 - 147/180 Fb.

🏨 **Café Nothnagel** garni, Wilhelm-Leuschner-Str. 67, 𝄢 40 31, 🚗, 🔲 − 🛗 📺 ☎ 🅿
32 Z : 50 B 85/90 - 140/145 Fb.

GRÖMITZ 2433. Schleswig-Holstein 🔢 ⑥ − 7 200 Ew − Höhe 10 m − Seeheilbad − 🅖 04562.

🇩 Kurverwaltung, Kurpromenade, 𝄢 6 92 56.

♦Kiel 72 − Neustadt in Holstein 12 − Oldenburg in Holstein 21.

🏨 **Golf- und Sporthotel Reimers** 🦢, Am Schoor 46, 𝄢 39 90, Telex 261232, 🚗, 🔲, 🌊,
🎾 (Halle) − 🛗 📺 ☎ 🅿 − 🚲
(nur Abendessen) − **92 Z : 183 B** Fb − 26 Fewo.

🏨 **Villa am Meer** 🦢, Seeweg 6, 𝄢 80 05, 🚗 − 🛗 📺 ☎ 🅿. 🍴 Rest
Mitte März - Mitte Okt. − **M** a la carte 34/50 − **33 Z : 60 B** 80/145 - 140/160.

🏨 **Strandidyll** 🦢, Uferstr. 26, 𝄢 18 90, ≤ Ostsee, 🍴, 🚗, 🔲 − 🛗 🅿. 🍴
nur Saison − **28 Z : 65 B** Fb − 3 Appart. − 60 Fewo.

🏨 **Kaiserhof**, Am Strande 14, 𝄢 80 07, ≤, 🍴 − 🛗 📺 ☎ 🅿
nur Saison − **12 Z : 46 B** 45 Fewo (ganzjährig geöffnet).

🏠 **Zur schönen Aussicht** 🦢, Uferstr. 12, 𝄢 70 81, ≤ Strand und Ostsee, 🚗 − 🛗 ⇦ 🅿
März - Okt. − **M** a la carte 24/50 − **73 Z : 124 B** 65/85 - 126/166 Fb.

🏠 **Pinguin - Restaurant La Marée**, Christian-Westphal-Str. 52, 𝄢 98 27 − 🅿
Nov. und Jan.- Feb. geschl. − **M** *(nur Abendessen, Montag geschl.)* a la carte 47/78 −
22 Z : 34 B 75/90 - 130.

🏠 **Wanner**, Blankwasserweg 10, 𝄢 80 27 − 🛗 ☎ 🅿
nur Saison − **23 Z : 52 B** − 5 Fewo.

Europe Se il nome di un albergo è stampato
in carattere magro, chiedete al vostro arrivo
le condizioni che vi saranno praticate.

GRÖNENBACH 8944. Bayern 🔢 N 23. 🔢 ㊱. 🔢 ⑮ − 4 300 Ew − Höhe 680 m −
Kneippkurort − 🅖 08334.

🇩 Kurverwaltung, Haus des Gastes, Marktplatz, 𝄢 77 11.

♦München 128 − Kempten (Allgäu) 27 − Memmingen 15.

🏨 **Renate** 🦢 (mit Gästehaus, 🔲), Ziegelberger Str. 1, 𝄢 10 12, Bade- und Massageabteilung,
🔥, 🚗, 🌊 − 📺 ☎ 🅿. 🆎 🇪
M a la carte 29/57 − **18 Z : 36 B** 78/98 - 120/140 − ½ P 98/118.

🔔 **Zur Post**, Marktstr. 10, 𝄢 2 06 − ⇦ 🅿
🍴 **M** *(Dienstag geschl.)* a la carte 19/40 🍷 − **18 Z : 30 B** 30/40 - 55/75.

🍴🍴 **Badische Weinstube**, Marktplatz 8, 𝄢 5 05, « Gemütlich-rustikales Restaurant » − 🅿
🔟 🇪
M a la carte 30/60.

An der Straße Wolfertschwenden-Dietmannsried SO : 6 km :

🍴🍴 **Forsthaus am Allgäuer Tor**, Niederholz 2, 🖂 8944 Grönenbach, 𝄢 (08334) 15 30, 🍴 − 🅿
wochentags nur Abendessen.

GRONAU IN WESTFALEN 4432. Nordrhein-Westfalen 🔢 ⑭. 🔢 ⑭ − 41 000 Ew − Höh
40 m − 🅖 02562.

🇩 Verkehrsverein, Konrad-Adenauer-Str. 45, 𝄢 14 87.

♦Düsseldorf 133 − Enschede 10 − Münster (Westfalen) 54 − ♦Osnabrück 81.

🏨 **Landhaus Rottmann** 🦢, Amtsvennweg 60 (am Vogelpark, W : 4 km), 𝄢 60 04, 🍴, 🍴
− 📺 ☎ 🅿 − 🚲 25/50. 🆎 🔟 🇪 🏧
2.- 17. Jan. geschl. − **M** *(Montag bis 17 Uhr geschl.)* a la carte 26/49 − **16 Z : 31 B** 50 - 95.

🏠 **Gronauer Sporthotel** 🦢, Jöbkesweg 5 (O : 3 km, unter Ochtruper Straße), 𝄢 2 00 1⑤
Telex 89661, Fax 20017, Massage, 🚗, 🔲 − ☎ 🅿 − 🚲 . 🍴 Rest
24 Z : 45 B Fb.

🏠 **Autorast Bergesbuer**, Ochtruper Str. 161 (B 54, O : 3,5 km), 𝄢 43 23, 🎿(Halle) − 📺 ☎ ⇦
🅿
15 Z : 22 B.

🔔 **Zum alten Fritz**, Enscheder Str. 59, 𝄢 33 02 − ☎ ⇦ 🅿. 🔟 🇪 🏧
28. Dez.- 15. Jan. geschl. − **M** *(Sonntag 14 Uhr - Montag 17 Uhr geschl.)* a la carte 23/43
15 Z : 25 B 37/44 - 80.

🍴🍴 **Driland** mit Zim, Gildehauser Str. 350 (NO : 4,5 km), 𝄢 36 00, 🍴 − 📺 🅿 − 🚲 80. 🆎 🔟
🇪. 🍴
M *(Dienstag geschl.)* 16/35 (mittags) und a la carte 25/57 − **5 Z : 10 B** 50 - 90.

In Gronau-Epe S : 3,5 km — ✪ 02565 :

🏨 **Schepers**, Ahauser Str. 1, ℰ 12 67, Fax 3751, 😭 — 🛗 📺 ☎ 🚗 🅿. 🆎 ⑩ 🇪 𝘝𝘐𝘚𝘈. 🕸
   22. Dez.- 10. Jan. geschl. — **M** *(Samstag bis 18 Uhr und Sonntag geschl.)* a la carte 26/55 — **23 Z : 38 B** 60/80 - 110/140 Fb.

🏠 **Ammertmann**, Nienborger Str. 23, ℰ 13 14 — ☎ 🚗 🅿. 🆎 🇪 𝘝𝘐𝘚𝘈
   M *(Sonntag 15 Uhr - Montag 18 Uhr geschl.)* a la carte 22/48 — **23 Z : 37 B** 32/70 - 70/110.

XX **Heidehof**, Amtsvenn 1 (W : 4 km), ℰ 13 30, 😭 — 🅿. ⑩ 🇪 𝘝𝘐𝘚𝘈
   Samstag bis 15 Uhr, Montag und 15. Jan.- 10. Feb. geschl. — **M** a la carte 37/58.

RONAU (LEINE) 3212. Niedersachsen — 5 100 Ew — Höhe 78 m — ✪ 05182.
Rheden (S : 3 km), ℰ (05182) 26 80.
annover 39 — Hameln 40 — Hildesheim 18.

X **Zur grünen Aue** mit Zim, Leintor 19, ℰ 24 72, 🛖 — 🅿. ⑩ 🇪 𝘝𝘐𝘚𝘈
   27. Aug.- 16. Sept. geschl. — **M** *(Mittwoch geschl.)* a la carte 27/49 — **6 Z : 7 B** 30/35 - 60/70.

ROSSALMERODE 3432. Hessen — 8 000 Ew — Höhe 354 m — Erholungsort — ✪ 05604.
Wiesbaden 255 — Göttingen 39 — ✦Kassel 23.

🏠 **Pempel**, In den Steinen 2, ℰ 70 57 — 📺 ☎ 🅿. 🇪. 🕸
   M a la carte 22/46 — **10 Z : 18 B** 45/50 - 80/120.

ROSSBETTLINGEN Baden-Württemberg siehe Nürtingen.

ROSSBOTTWAR 7141. Baden-Württemberg 🅘🅛🅑 KL 19, 20 — 6 900 Ew — Höhe 215 m — 07148.
ttuttgart 35 — Heilbronn 23 — Ludwigsburg 19.

🏠 **Pension Bruker** garni, Kleinaspacher Str. 18, ℰ 80 63 — 📺 ☎ 🅿
   8 Z : 13 B 45 - 75.

XX **Stadtschänke** mit Zim, Hauptstr. 36, ℰ 80 24, « Historisches Fachwerkhaus a. d. 15. Jh. » — ☎. 🆎 ⑩ 🇪 𝘝𝘐𝘚𝘈
   M *(Mittwoch geschl.)* a la carte 35/62 — **5 Z : 8 B** 60 - 100.

ROSSBURGWEDEL Niedersachsen siehe Burgwedel.

ROSSENBRODE 2443. Schleswig-Holstein 🟫🟫🟫 ⑤ — 1 700 Ew — Höhe 5 m — Ostseeheilbad ✪ 04367.
Kurverwaltung im Rathaus, Teichstr.12, ℰ 80 01.
iel 75 — ✦Oldenburg 20 — Puttgarden 17.

🏨 **Ostsee-Hotel** 🌊, Strandpromenade, ℰ 80 16, ≤ — 📺 ☎ 🅿 — 🛁 25/80. 🆎 ⑩ 🇪
   M a la carte 30/55 — **18 Z : 44 B** 90/120 - 130/180 Fb — ½ P 85/125.

XX **Hanseatic**, Strandpromenade, ℰ 2 84, ≤, 😭 — 🅿. 🇪
   Donnerstag und 4. Nov.- März geschl. — **M** a la carte 29/63.

Am Yachthafen SW : 2 km :

XX **Der Lachs**, von-Heswarth-Str. 16, ✉ 2443 Großenbrode, ℰ (04367) 4 76, ≤, 😭 — 🅿
   wochentags nur Abendessen — (Tischbestellung ratsam).

ROSSENKNETEN 2907. Niedersachsen — 11 500 Ew — Höhe 35 m — ✪ 04435.
annover 170 — ✦Bremen 57 — ✦Oldenburg 27 — ✦Osnabrück 82.

In Großenkneten-Ahlhorn S : 6 km 🟫🟫🟫 ⑩ :

🏠 Altes Posthaus, Cloppenburger Str. 2 (B 213), ℰ 20 04 — 🅿. 🕸 Zim
   12 Z : 18 B.

In Großenkneten 1-Moorbek O : 5 km :

🏨 Gut Moorbeck 🌊, Amelhauser Str. 56, ℰ (04433) 2 55, ≤, « Gartenterrasse am See », ⇋,
   🎿, 🚲, Fahrradverleih — ☎ 🅿 — 🛁 . 🕸 Zim
   16 Z : 29 B.

ROSSER ARBER Bayern. Sehenswürdigkeit siehe Bodenmais.

ROSSER FELDBERG Hessen. Sehenswürdigkeit siehe Schmitten im Taunus.

ROSS-GERAU 6080. Hessen 🅘🅛🅑 I 17, 🟫🟫🟫 ㉒ — 14 500 Ew — Höhe 90 m — ✪ 06152.
Wiesbaden 32 — Mainz 24 — ✦Darmstadt 14 — ✦Frankfurt am Main 31 — ✦Mannheim 58.

🏨 **Adler**, Frankfurter Str. 11, ℰ 80 90, Fax 809503 — 🛗 📺 ☎ 🅿 — 🛁 25/150. 🆎 ⑩ 🇪 𝘝𝘐𝘚𝘈. 🕸
   27. Dez.- 2. Jan. geschl. — **M** *(Sonntag ab 15 Uhr geschl.)* a la carte 33/62 ♨ — **63 Z : 100 B** 97/150 - 125/280 Fb.

GROSS-GRÖNAU Schleswig-Holstein siehe Lübeck.

GROSSHEIRATH Bayern siehe Coburg.

GROSSHEUBACH 8766. Bayern **413** K 17 − 4 500 Ew − Höhe 125 m − Erholungsort − © 09 (Miltenberg).

♦München 354 − Aschaffenburg 38 − Heidelberg 77 − Heilbronn 83 − ♦Würzburg 78.

　　🏠 **Rosenbusch**, Engelbergweg 6, ℰ 81 42, eigener Weinbau, 🎣, Fahrradverleih − 🚗 ♦ 🛬 **E**. ❀ Zim
　　　　15. Feb.- 15. März und 1.- 25. Nov. geschl. − **M** (Donnerstag geschl.) a la carte 21/40 ⚖ **18 Z : 36 B** 44 - 86.

　　✗✗ **Zur Krone** mit Zim, Miltenberger Str. 1, ℰ 26 63 − **②**. **⑤ E**
　　　　Nov. geschl. − **M** (Montag geschl.) a la carte 30/58 − **8 Z : 15 B** 45 - 75.

GROSSKARLBACH Rheinland-Pfalz siehe Dirmstein.

GROSSMAISCHEID Rheinland-Pfalz siehe Dierdorf.

GROSS MECKELSEN Niedersachsen siehe Sittensen.

GROSSOSTHEIM 8754. Bayern **413** K 17 − 13 100 Ew − Höhe 137 m − © 06026.

♦München 363 − ♦Darmstadt 39 − ♦Frankfurt 44.

　　In Großostheim 2-Ringheim W : 4 km :

　　🏠 **Landhaus Hotel - Weinstube Zimmermann** ⟋, Ostring 8b, ℰ 60 81, 🍽 − 📺 ☎ **②**
　　　　(nur Abendessen) − **20 Z : 37 B** Fb.

GROSS-SACHSEN Baden-Württemberg siehe Hirschberg.

GROSS-UMSTADT 6114. Hessen **413** J 17, **987** ㉘ − 19 000 Ew − Höhe 160 m − © 06078.

♦ Wiesbaden 67 − ♦Darmstadt 22 − ♦Frankfurt am Main 37 − ♦Mannheim 75 − ♦Würzburg 108.

　　🏠 **Gästehaus Jakob** ⟋ garni, Zimmerstr. 43, ℰ 20 28, ≼, 🔲, 🌳 − 📺 ☎ 🚗 **②**. **AE**
　　　　VISA ❀
　　　　26 Z : 46 B 55/75 - 95/105 Fb.

GROSS WITTENSEE Schleswig-Holstein siehe Eckernförde.

GRÜNBERG 6310. Hessen **413** JK 15, **987** ㉘ − 11 700 Ew − Höhe 273 m − Erholungsort © 06401.

🅱 Fremdenverkehrsamt, Rabegasse 1 (Marktplatz), ℰ 70 45.

♦Wiesbaden 102 − ♦Frankfurt am Main 73 − Gießen 22 − Bad Hersfeld 72.

　　🏨 **Sporthotel Sportschule** ⟋, Am Tannenkopf (O : 1,5 km), ℰ 80 20, 🍽, « Park », 🎣 🔲, 🌳, ❀ (Halle) − 🛗 ☎ **②** − 🔬 25/100. ❀ Rest
　　　　22. Dez.- 5. Jan. geschl. − **M** (Sonntag ab 15 Uhr geschl.) a la carte 31/56 − **52 Z : 98 B** ℮ 98 Fb − 16 Fewo 49/95.

　　An der Autobahn A 48 NW : 6 km :

　　🏠 **Raststätte Reinhardshain**, Nordseite, ⊠ 6310 Grünberg 1, ℰ (06401) 88 90, Fax 889 🛬 🍽 − 📺 🛬 **②** − 🔬 25/60. **E**
　　　　M a la carte 15/47 − **26 Z : 50 B** 68/88 - 100/146.

GRÜNENPLAN Niedersachsen siehe Delligsen.

GRÜNSTADT 6718. Rheinland-Pfalz **987** ㉔ − 12 400 Ew − Höhe 165 m − © 06359.

Mainz 59 − Kaiserslautern 36 − ♦Mannheim 29 − Neustadt an der Weinstraße 28.

　　In Grünstadt-Asselheim N : 2 km :

　　🏨 **Pfalzhotel Asselheim**, Holzweg 6, ℰ 30 51, Fax 30 53, 🍽, 🎣, 🔲, Fahrradverleih − ☎ 🚗 **②**. **⑤ E VISA**
　　　　Juli geschl. − **M** (wochentags nur Abendessen, Sonntag 15 Uhr - Montag geschl.) a la ca 38/73 − **26 Z : 48 B** 65/88 - 110/160 Fb − 2 Fewo 60/100.

　　In Neuleiningen 6719 SW : 3 km :

　　🏠 **Haus Sonnenberg**, Am Sonnenberg 1, ℰ 8 26 60 (Hotel) 26 06 (Rest.), ≼, eigener Weinba Weinproben, 🎣, 🔲 − **②**
　　　　7 Z : 15 B.

　　✗✗ **Liz' Stuben**, Am Goldberg 2, ℰ (06359) 53 41, 🍽 − **②**
　　　　nur Abendessen, Montag, Sonn- und Feiertage sowie 1.- 15. Jan. und 10. Juni - 10. . geschl. − **M** (Tischbestellung ratsam) a la carte 53/75.

GRÜNWALD Bayern siehe München.

GRUNBACH Baden-Württemberg siehe Engelsbrand.

GRUND, BAD 3362. Niedersachsen 987 ⑮⑯ — 3 100 Ew — Höhe 325 m — Moor-Heilbad — ✪ 05327.

🛈 Kurverwaltung, Clausthaler Str. 38, ℰ 20 21.

◆Hannover 90 — ◆Braunschweig 77 — Göttingen 66 — Goslar 29.

- 🏠 **Pension Berlin** ⑤, von-Eichendorff-Str. 18, ℰ 20 72, Fax 2618, 🚗, 🔲, 🛲 — 🔟 ☎ 🅿. 🍴 Rest
  Mitte Nov.- Mitte Dez. geschl. — (Restaurant nur für Hausgäste) — **22 Z : 39 B** 53/70 - 102 Fb.

- 🏠 **Jägerstieg** ⑤, von-Eichendorff-Str. 9, ℰ 27 62, 🚗, 🔲, 🛲 — 🛗 🔟 ☎ 🅿. 🅰🅴 ⓞ 🅴 🆅🅸🆂🅰
  (Restaurant nur für Hausgäste) — **15 Z : 27 B** 50/65 - 99.

- 🏠 **Rolandseck** ⑤, von-Eichendorff-Str. 10, ℰ 13 03, 🚗, 🔲, 🛲 — 🔟 🛬 🅿
  (Restaurant nur für Hausgäste) — **12 Z : 20 B** Fb.

GRUNDHOF 2391. Schleswig-Holstein — 1 000 Ew — Höhe 35 m — ✪ 04636.

◆Kiel 88 — Flensburg 19 — Schleswig 47.

- ✗ **Grundhof Krug** mit Zim, Holnisser Weg 4, ℰ 10 88, 🌳 — 🔟 🅿 — 🔬 25/60. 🅰🅴 ⓞ 🅴
  März geschl. — **M** *(Mittwoch geschl.)* a la carte 34/50 — **5 Z : 10 B** 37/45 - 66/80.

GSCHWEND 7162. Baden-Württemberg 413 M 20 — 4 300 Ew — Höhe 475 m — Erholungsort — ✪ 07972.

◆Stuttgart 55 — Schwäbisch Gmünd 19 — Schwäbisch Hall 27.

In Gschwend-Mittelbronn SO : 7 km :

- ✗ **Stern**, Eschacher Str. 4, ℰ 4 98 — 🅿. ⓞ
  Mittwoch und Mitte Jan.- Mitte Feb. geschl. — **M** a la carte 25/53 🍺.

GSTADT AM CHIEMSEE 8211. Bayern 413 U 23, 987 ㊲, 426 ⑱ — 1 000 Ew — Höhe 534 m — Erholungsort — ✪ 08054.

Sehenswert : Chiemsee* — ◆München 94 — Rosenheim 27 — Traunstein 27.

- 🏠 **Gästehaus Grünäugl** garni, Seestr. 1, ℰ 5 35, ≼ — 🅿 🛬 🅿. 🍴
  Dez. - Mitte Feb. geschl. — **14 Z : 28 B** 78 - 100 — 2 Fewo.

- 🏠 **Pension Jägerhof** garni, Breitbrunner Str. 5, ℰ 2 42, 🚗, 🛲, Fahrradverleih — 🅿
  Ostern - Okt. — **30 Z : 50 B** 38/50 - 70/100.

- 🏠 **Gästehaus Heistracher** garni, Seeplatz 3, ℰ 2 51, ≼ — 🛬 🅿
  23 Z : 46 B 38/60 - 62/90.

GUDENHAGEN Nordrhein-Westfalen siehe Brilon.

GÜGLINGEN 7129. Baden-Württemberg 413 JK 19 — 4 500 Ew — Höhe 220 m — ✪ 07135 (Brackenheim) — ◆Stuttgart 48 — Heilbronn 20 — ◆Karlsruhe 54.

- 🏛 **Herzogskelter** (historisches Gebäude a.d. 16. Jh.), Deutscher Hof 1, ℰ 40 11, Fax 12971, « Innenhofterrasse » — 🛗 🔟 ☎ 🅿 — 🔬 40. 🅰🅴 ⓞ 🅴 🆅🅸🆂🅰
  M a la carte 36/68 — **32 Z : 45 B** 70/120 - 120/190.

In Güglingen-Frauenzimmern O : 2 km :

- 🏠 **Gästehaus Löwen**, Brackenheimer Str. 23, ℰ 61 09 — ☎ 🅿
  22. Dez.- 8. Jan. geschl. — **M** *(Mahlzeiten im Gasthof Löwen)* (Mittwoch und Aug. 3 Wochen geschl.) a la carte 22/38 🍺 — **14 Z : 30 B** 65 - 90/105 Fb.

GÜNNE Nordrhein-Westfalen siehe Möhnesee.

GÜNZ Bayern siehe Westerheim.

GÜNZBURG 8870. Bayern 413 N 21, 987 ㊱ — 18 500 Ew — Höhe 448 m — ✪ 08221.

🏰 Schloß Klingenburg (SO : 19 km), ℰ (08225)30 30.

◆München 112 — ◆Augsburg 54 — ◆Nürnberg 147 — ◆Ulm (Donau) 29.

- 🏛 **Zettler**, Ichenhauser Str. 26a, ℰ 3 00 08, Telex 531158, 🌳 — 🛗 🔟 ☎ 🛬 🅿 — 🔬 25/60. 🅰🅴 ⓞ 🅴 🆅🅸🆂🅰. 🍴 Rest
  1.- 10. Jan. geschl. — **M** *(Sonn- und Feiertage ab 18 Uhr geschl.)* a la carte 29/78 — **26 Z : 52 B** 107/130 - 150/170 Fb.

- 🏠 **Bettina** garni, Augsburger Str. 68, ℰ 3 19 80 — 🔟 ☎ 🅿. 🍴
  11 Z : 19 B 50/60 - 90/135.

- 🏠 **Goldene Traube**, Marktplatz 22, ℰ 55 10 — 🔟. 🅰🅴 ⓞ 🅴 🆅🅸🆂🅰
  M *(Samstag - Sonntag geschl.)* a la carte 24/46 — **33 Z : 64 B** 38/70 - 60/100.

In Ichenhausen 8873 S : 11 km über B 16 :

- 🏠 **Zum Hirsch**, Heinrich-Sinz-Str. 1, ℰ (08223) 20 33 — ☎ 🅿. 🅴 🆅🅸🆂🅰
  ← **M** a la carte 17/43 🍺 — **16 Z : 27 B** 42 - 80.

GÜTENBACH 7741. Baden-Württemberg **413** H 22 – 1 450 Ew – Höhe 860 m – Luftkurort –
🅩 07723 (Furtwangen).
◆Stuttgart 149 – Donaueschingen 37 – ◆Freiburg im Breisgau 41.

Auf dem Neueck O : 3 km – Höhe 984 m :

🏠 **Neu-Eck**, Vordertalstr. 53, ⊠ 7741 Gütenbach, 𝒫 (07723) 20 83, Telex 792929, ≤, 🚗 – ☎
⇐🇵 ⒶⒺ ⓪ Ⓔ 𝘝𝘐𝘚𝘈
15.- 30. März und 10. Nov.- 10. Dez. geschl. – **M** *(Dienstag geschl.)* a la carte 25/50 – **65 Z :**
120 B 45/70 - 80/150 Fb – ½ P 62/97.

☛ *Benutzen Sie für weite Fahrten in Europa die* **Michelin-Länderkarten :**
920 *Europa,* **980** *Griechenland,* **984** *Deutschland,* **985** *Skandinavien-Finnland,*
986 *Großbritannien-Irland,* **987** *Deutschland-Österreich-Benelux,* **988** *Italien,*
989 *Frankreich,* **990** *Spanien-Portugal,* **991** *Jugoslawien.*

GÜTERSLOH 4830. Nordrhein-Westfalen **987** ⑭ – 82 000 Ew – Höhe 94 m – 🅩 05241.
🏌 Rietberg (③ : 8 km), 𝒫 (05244) 23 40.
🅱 Verkehrsverein, Rathaus, Berliner Str. 70, 𝒫 82 27 49.
◆Düsseldorf 156 ④ – Bielefeld 17 ② – Münster (Westfalen) 57 ⑤ – Paderborn 45 ④.

GÜTERSLOH

<table>
<tr><td>Berliner Straße</td><td>AZ</td><td>Barkeystraße</td><td>AZ 2</td><td>Feuerbornstraße</td><td>AZ 13</td></tr>
<tr><td>Kökerstraße</td><td>BZ 19</td><td>Brockhäger Straße</td><td>AY 3</td><td>Herzebrocker Straße</td><td>AZ 15</td></tr>
<tr><td>Königstraße</td><td>AZ</td><td>Carl-Miele-Straße</td><td>BY 4</td><td>Kahlertstraße</td><td>BY 16</td></tr>
<tr><td>Moltkestraße</td><td>AY 22</td><td>Dalkestraße</td><td>AZ 7</td><td>Lindenstraße</td><td>BZ 21</td></tr>
<tr><td></td><td></td><td>Daltropstraße</td><td>AZ 8</td><td>Münsterstraße</td><td>AZ 23</td></tr>
<tr><td></td><td></td><td>Eickhoffstraße</td><td>BYZ 11</td><td>Schulstraße</td><td>AZ 27</td></tr>
<tr><td></td><td></td><td>Feldstraße</td><td>AYZ 12</td><td>Strengerstraße</td><td>BY 28</td></tr>
</table>

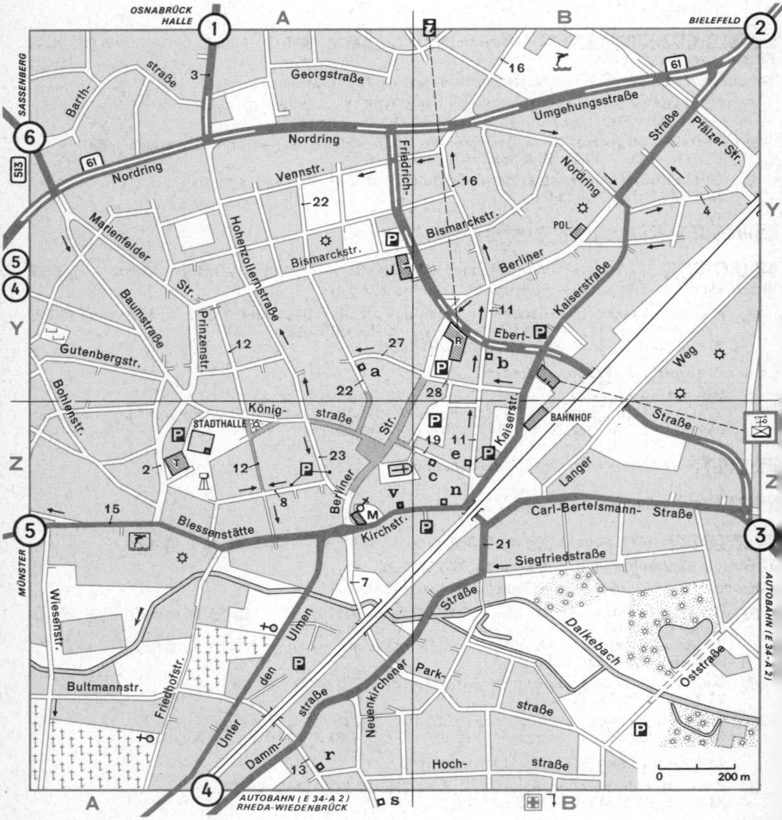

🏨🏨 **Parkhotel Gütersloh**, Kirchstr. 27, ℰ 87 70, Telex 933641, Fax 877400, 🛐,
« Geschmackvolle, elegante Einrichtung, kleiner Park », 🖼 – 📳 📧 Rest 📺 ♿ ⬅ –
🛗 25/140. 📧 ⓪ 🅴 🆅🆂🅰   BZ **n**
M a la carte 45/79 – **Braustube M** a la carte 37/51 – **84 Z : 170 B** 186/210 - 240 Fb –
5 Appart. 480.

🏨🏨 **Stadt Gütersloh**, Kökerstr. 23, ℰ 17 11, Telex 933425, Fax 28895, « Elegant-rustikale
Einrichtung », 🖼 – 📳 📺 ⬅ – 🛗 25/60. 📧 ⓪ 🅴   BZ **e**
M (nur Abendessen, Montag geschl.) a la carte 41/70 – **56 Z : 107 B** 115/140 - 150/230 Fb.

🏨 **Am Rathaus** garni, Friedrich-Ebert-Str. 62, ℰ 1 30 44 – 📳 📺 ☎ 📇. 📧 ⓪ 🅴 🆅🆂🅰 🕊
18 Z : 26 B 95 - 138 Fb.   BY **b**

🏨 **Stadt Hamburg**, Feuerbornstr. 9, ℰ 5 89 11 – 📺 ☎ ⬅ 📇. ⓪ 🅴 🆅🆂🅰   AZ **r**
M (nur Abendessen, Sonntag geschl.) a la carte 38/52 – **19 Z : 37 B** 70 - 110 Fb.

🏨 **Center Hotel** garni, Kökerstr. 6, ℰ 2 80 25 – 📳 ☎ ⬅ 📇. 📧 🅴   BZ **c**
24 Z : 32 B 70/80 - 110 Fb.

🏨 **Ravensberger Hof**, Moltkestr. 12, ℰ 17 51 – 📳 📺 ☎ 📇 – 🛗   AY **a**
44 Z : 60 B Fb.

🏨 **Busch**, Carl-Bertelsmann-Str. 127, ℰ 18 01 – 📺 ☎ 📇. 📧 ⓪ 🅴 🆅🆂🅰
M 18 (mittags) und a la carte 29/67 – **18 Z : 27 B** 60/80 - 100 Fb.
                                      über Carl-Bertelsmann-Str.   BZ

🕊 **Appelbaum**, Neuenkirchener Str. 59, ℰ 5 11 76 – 📺 ☎ 📇   AZ **s**
✦ **M** (Samstag bis 18 Uhr, Sonntag und Juni - Juli 2 Wochen geschl.) a la carte 20/43 – **10 Z :**
15 B 55 - 90.

XX **Zur Deele**, Kirchstr. 13, ℰ 2 83 70. 🅴   AZ **v**
nur Abendessen, Samstag geschl. – **M** (auch vegetarische Gerichte) (Tischbestellung
ratsam) a la carte 36/61.

XX **Stadthalle**, Friedrichstr. 10, ℰ 1 40 17, Fax 28234, 🛐 – 📇 – 🛗 25/1000. 🅴   AZ
Samstag bis 18 Uhr und Montag geschl. – **M** 18/30 (mittags) und a la carte 29/60.

In Gütersloh 11 - Avenwedde NO : 4 km über Carl-Bertelsmann-Straße BZ :

XX **Landhaus Altewischer** (westfälisches Bauernhaus a.d. 18. Jh.), Avenwedder Str. 36,
ℰ 7 66 11 – 📇. 🅴 🅴
nur Abendessen, Donnerstag und Juli - August 3 Wochen geschl. – **M** a la carte 46/70.

In Gütersloh 12-Isselhorst NO : 6,5 km über ② :

🏨 Zum Postillon, Zum Brinkhof 1, ℰ 64 32, 🖼 – 📇
20 Z : 32 B Fb.

In Gütersloh 1-Spexard ③ : 2 km :

🏨🏨 **Waldklause**, Spexarder Str. 205, ℰ 7 30 51, Fax 77185 – ☎ 📇 – 🛗 25/80. 📧 ⓪ 🅴 🆅🆂🅰
M (wochentags nur Abendessen, Sonntag ab 14 Uhr geschl.) a la carte 23/46 – **25 Z : 45 B**
55 - 90 Fb.

In Verl **4837** SO : 11 km über ③ :

🏨🏨 **Landhaushotel - Altdeutsche Gaststätte**, Sender Str. 23, ℰ (05246) 31 31, Fax 4280,
🛐, 🖼, 🏊, 🌳 – ☎ 📇 – 🛗 40. 📧 ⓪ 🅴 🆅🆂🅰
M a la carte 28/60 – **25 Z : 35 B** 80/120 - 130/170.

GÜTTERSBACH Hessen siehe Mossautal.

GULDENTAL 6531. Rheinland-Pfalz – 2 600 Ew – Höhe 150 m – ✆ 06707.
Mainz 44 – ◆Koblenz 67 – Bad Kreuznach 7.

XXX 🌸🌸 **Le Val d'Or**, Hauptstr. 3, ℰ 17 07, Fax 8489 – ⓪ 🅴
wochentags nur Abendessen, Montag, Jan.- Feb. 3 Wochen und Aug. 2 Wochen geschl. –
M (Tischbestellung erforderlich) 107/135 und a la carte 85/118
Spez. Langustensalat mit Kaviar, Kotelett der Bresse Taube in Trüffelsauce, Dessert-Impressionen.

X **Der Kaiserhof** mit Zim, Hauptstr. 2, ℰ 87 46
Menu (abends Tischbestellung ratsam) (Dienstag geschl.) a la carte 31/54 🍷 – **7 Z : 14 B** 45 -
80.

GUMMERSBACH 5270. Nordrhein-Westfalen 🔟🔟🔟 ㉔ – 50 500 Ew – Höhe 250 m – ✆ 02261.
🅰🄳🄰🄲, Hindenburgstr. 43, ℰ 2 36 77, Notruf ℰ 1 92 11.
◆Düsseldorf 91 – ◆Köln 54 – Lüdenscheid 44 – Siegen 55.

🏨 **Theile** garni, Karlstr. 9, ℰ 2 25 07 – ☎ 📇
23.- 31. Dez. geschl. – **17 Z : 25 B** 30/50 - 70/90.

In Gummersbach-Becke NO : 3 km :

🏨🏨 **Stremme**, Beckestr. 55, ℰ 2 27 67 – ☎ ⬅ 📇 – 🛗 30. ⓪ 🅴
M (Freitag geschl.) 16/30 (mittags) und a la carte 25/55 – **18 Z : 30 B** 50/68 - 90/130.

In Gummersbach-Derschlag SO : 6 km :

🏠 **Huland**, Kölner Str. 26, ℰ 5 31 51, Telex 8874532, 🌴 – ☎ ⇐ 🅿 – 🔬 . ① E. 🕸 Rest
19 Z : 36 B.

🏠 **Haus Charlotte** garni, Kirchweg 3, ℰ 5 73 18, ≼, 🛋 – ☎ ⇐ 🅿. ① E 𝑉𝐼𝑆𝐴
22. Dez.- 8. Jan. geschl. – **12 Z : 20 B** 30/55 - 70/100.

In Gummersbach-Dieringhausen S : 7 km :

XXX ⊛ **Die Mühlenhelle** mit Zim, Hohler Str. 1, ℰ 7 50 97, Fax 74201, « Elegante Einrichtung »
– ▤ Rest ☎ 🅿. ① 𝑉𝐼𝑆𝐴
Jan. 1 Woche und Juli - Aug. 3 Wochen geschl. – **M** *(bemerkenswerte Weinkarte)* (Sonntag
14 Uhr - Montag geschl.) 75/105 und a la carte 66/96 – **7 Z : 11 B** 85/130 - 140/220
Spez. Pasteten und Terrinen, Lasagne von Edelfischen in Rosmarinbutter, Lammnüßchen in Kräuterkruste mit
Schalottensauce.

In Gummersbach-Hülsenbusch W : 7 km :

XX **Schwarzenberger Hof**, Schwarzenberger Str. 48, ℰ 2 21 75 – 🅿. 𝖠𝖤 E
Montag, 24. Dez.- 10. Jan. und 17.- 31. Juli geschl. – Menu a la carte 26/60.

In Gummersbach-Lieberhausen NO : 10 km :

🏠 **Landgasthof Reinhold** ⊗, Kirchplatz 2, ℰ (02354) 52 73, ⇐s, Fahrradverleih – ☎ 🅿. ①
◂ E 𝑉𝐼𝑆𝐴
M *(Donnerstag geschl.)* a la carte 21/40 – **14 Z : 28 B** 30/43 - 55/80.

In Gummersbach-Rebbelroth S : 4 km :

🏠 **Bodden**, Rebbelrother Str. 14, ℰ 5 20 88, Telex 884769, Fax 55692 – ☎ ⇐ 🅿. 𝖠𝖤 ① E
◂ 𝑉𝐼𝑆𝐴
M *(Sonntag ab 14 Uhr geschl.)* a la carte 19/44 – **18 Z : 35 B** 45/65 - 80/120.

In Gummersbach-Rospe S : 2 km :

🏨 **Tabbert**, Hardtstr. 28, ℰ 2 10 05, 🛋 – 📺 ☎ ⇐ 🅿. ①
9.- 23. April geschl. – (nur Abendessen für Hausgäste) – **22 Z : 28 B** 48/65 - 94/104.

In Gummersbach-Vollmerhausen S : 6 km :

🏠 **Parr**, Vollmerhauser Str. 8, ℰ 7 71 49, 🌴 – ☎ 🅿 – 🔬 25/50
M a la carte 25/53 – **31 Z : 60 B** 45/100 - 80/140.

In Gummersbach-Windhagen N : 1,5 km :

🏩 **Heedt**, an der B 256, ℰ 6 50 21, Telex 884400, Fax 28161, « Park, gemütliche
Restaurant-Stuben », ⇐s, 🏊, 🛋, 🎾 – 📶 📺 ⇐ 🅿 – 🔬 25/120. 𝖠𝖤 E 𝑉𝐼𝑆𝐴. 🕸 Rest
M 25/32 (mittags) und a la carte 40/80 – **130 Z : 220 B** 93/160 - 176/280 Fb.

GUMPEN Hessen siehe Reichelsheim.

GUNDELFINGEN 7803. Baden-Württemberg 𝟜𝟙𝟛 G 22, 𝟚𝟜𝟚 ⊛ – 11 100 Ew – Höhe 255 m –
🌀 0761 (Freiburg im Breisgau).

♦Stuttgart 201 – ♦Freiburg im Breisgau 7 – Offenburg 59.

🏠 **Stab** garni, Dorfstr. 1, ℰ 5 86 33 – 📶 ☎ ⇐ 🅿
22 Z : 40 B.

X **Rössle**, Bundesstr. 33, ℰ 58 31 33.

X **Ratskeller**, Wildtalstr. 1, ℰ 58 17 18
◂ Montag und 16.- 31. Aug. geschl. – **M** 13/19 (mittags) und a la carte 19/38 ⅃.

GUNDELSHEIM 6953. Baden-Württemberg 𝟜𝟙𝟛 K19, 𝟗𝟠𝟟 ㉕ – 6 300 Ew – Höhe 154 m –
🌀 06269.

Ausflugsziel : Burg Guttenberg★ : Greifvogelschutzstation und Burgmuseum★ SW : 2 km.

♦Stuttgart 75 – Heidelberg 50 – Heilbronn 20.

🏠 **Zum Lamm**, Schloßstr. 25, ℰ 10 61 – 📺 ⇐ 🅿
M *(Donnerstag geschl.)* a la carte 29/64 – **45 Z : 90 B** 45/100 - 90/140 Fb.

GUNDERATH Rheinland-Pfalz siehe Liste der Feriendörfer.

┌──┐

Verwechseln Sie nicht :

Komfort der Hotels : 🏨🏨 ... 🏠, 🏚

Komfort der Restaurants : XXXXX ... X

Gute Küche : ⊛⊛⊛, ⊛⊛, ⊛, Menu

└──┘

GUNZENHAUSEN 8820. Bayern 🔢🔢🔢 P 19. 🔢🔢🔢 ⊛ – 15 000 Ew – Höhe 422 m – 🌀 09831.
Städt. Verkehrsamt, Dr. Martin-Luther-Platz 4, 𝒫 5 08 76.
München 152 – Ansbach 28 – Ingolstadt 73 – ◆Nürnberg 53.

🏠 **Zur Post** (modernisierter fränkischer Gasthof a.d. 17. Jh.), Bahnhofstr. 7, 𝒫 70 61, 🍴 –
📺 ☎ ⇐ 🅿 – 🔥 30. 🆎 ⓞ 🖲 𝒱𝐼𝒮𝐀
Jan. 3 Wochen geschl. – **M** *(Sonntag - Montag geschl.)* a la carte 44/81 – **26 Z : 44 B**
70/130 - 130/150 Fb.

🏠 **Grauer Wolf**, Marktplatz 9, 𝒫 90 58 – 📺 ☎ 🅿. ⓞ 🖲
◆ **M** *(Samstag geschl.)* a la carte 18,50/38 – **15 Z : 24 B** 52/60 - 80.

🏠 **Brauhaus**, Marktplatz 10, 𝒫 27 37 – ☎ 🅿
10 Z : 18 B – 2 Fewo.

🏠 **Krone**, Nürnberger Str. 7, 𝒫 6 08, 🍴 – ☎ ⇐ 🅿. 🆎 ⓞ 🖲
Jan. 3 Wochen geschl. – **M** *(Freitag geschl.)* a la carte 24/53 – **16 Z : 32 B** 55 - 75/85.

In Pfofeld-Langlau 8821 O : 10 km :

🏠 **Seehof-Langlau** 🐾, Seestr. 33, 𝒫 (09834) 16 63, Fax 1707, ≤, 🍴, Biergarten,
Fahrradverleih – 📺 ☎ 🅿 – 🔥 25/50. 🆎 ⓞ 🖲 𝒱𝐼𝒮𝐀
M a la carte 28/53 – **11 Z : 33 B** 76/98 - 110/158 Fb.

GUTACH IM BREISGAU 7809. Baden-Württemberg 🔢🔢🔢 G 22. 🔢🔢🔢 ⊛ – 3 600 Ew – Höhe
300 m – 🌀 07681 (Waldkirch).
Golfstraße, 𝒫 2 12 43 – ◆Stuttgart 208 – ◆Freiburg im Breisgau 21 – Offenburg 66.

In Gutach-Bleibach NO : 2 km – Erholungsort :

🏠 **Silberkönig** 🐾, Am Silberwald 24, 𝒫 (07685) 4 91, Fax 1031, ≤, 🍴, ⬛, 🐎, 🎾.
Fahrradverleih – 📶 📺 ☎ 🔥 🅿 – 🔥 25/80. 🆎 ⓞ 🖲 𝒱𝐼𝒮𝐀
M a la carte 44/68 – **41 Z : 81 B** 82/90 - 144/160 Fb.

🏠 **Rösch**, Simonswälder Str. 50, 𝒫 (07685) 2 27 – ☎ 🅿 – 🔥 40. 🖲
12. Feb.- 24. März geschl. – **M** *(Donnerstag - Freitag 17 Uhr geschl.)* a la carte 26/46 –
15 Z : 26 B 38/40 - 68/70 – ½ P 45/48.

In Gutach-Stollen NO : 1 km :

🏠 **Romantik-Hotel Stollen** 🐾, Elzacher Str. 2, 𝒫 (07685) 2 07, Fax 1550, « Behagliche
Einrichtung » – 📺 ☎ 🅿. 🆎 🖲 𝒱𝐼𝒮𝐀
3.- 15. Jan. geschl. – **M** *(Dienstag geschl.)* a la carte 36/70 – **12 Z : 20 B** 80/95 - 120/180 Fb.

GUTACH (SCHWARZWALDBAHN) 7611. Baden-Württemberg 🔢🔢🔢 H 22 – 2 300 Ew – Höhe
300 m – Erholungsort – 🌀 07833 (Hornberg).
Sehenswert : Freilichtmuseum Vogtsbauernhof (N : 2 km).
Stuttgart 136 – ◆Freiburg im Breisgau 48 – Offenburg 41 – Villingen-Schwenningen 39.

🏠 **Linde** 🐾, Ramsbachweg 234, 𝒫 3 08, ⬛, ⬛, 🐎 – 🔥 ⇐ 🅿. 🖲
◆ *15. Jan.- 15. Feb. geschl.* – **M** a la carte 21/41 🦪 – **24 Z : 40 B** 33/48 - 55/85.

GUTENBERG Baden-Württemberg siehe Lenningen.

GUTENZELL-HÜRBEL Baden-Württemberg siehe Ochsenhausen.

GUTTENBERG (BURG) Baden-Württemberg siehe Hassmersheim.

GYHUM Niedersachsen siehe Zeven.

HAAN 5657. Nordrhein-Westfalen – 28 000 Ew – Höhe 165 m – 🌀 02129.
Düsseldorf 19 – ◆Köln 40 – Wuppertal 14.

🏠 **Savoy** garni, Neuer Markt 23, 𝒫 5 00 06, Telex 8515003, ⬛, ⬛ – 📶 ⇔ 📺 🔥 ⇐ –
🔥 50. 🆎 ⓞ 🖲 𝒱𝐼𝒮𝐀
24. Dez.- 2. Jan. geschl. – **55 Z : 110 B** 120/175 - 240/270 Fb – 3 Appart. 370.

🏠 **Schallbruch** garni, Schallbruch 15 (nahe der B 228, NO : 2 km), 𝒫 30 44, Fax 3034, ⬛,
– 📺 ☎ ⇐ 🅿. 🆎 ⓞ 🖲 𝒱𝐼𝒮𝐀
32 Z : 39 B 79/95 - 120/130 Fb.

🏠 **Friedrich Eugen Engels** 🐾, Hermann-Löns-Weg 14, 𝒫 30 10, ⬛, ⬛, 🐎 – 📺 ☎ ⇐
🅿. 🍳 Zim
M *(Donnerstag, Ende Juni - Ende Aug. und 22. Dez. - 6. Jan. geschl.)* a la carte 25/48 –
20 Z : 29 B 65/90 - 110/140.

🏠 **Jakobs** 🐾 garni, Neustr. 11, 𝒫 40 45 – 📺 ☎ ⇐. 🖲
14 Z : 20 B 70/85 - 105/120.

HAAR Bayern siehe München.

HABICHSTHAL Bayern siehe Frammersbach.

HABISCHRIED Bayern siehe Bischofsmais.

333

[HACHENBURG] **5238.** Rheinland-Pfalz [987] ㉔ – 5 000 Ew – Höhe 370 m – Luftkurort ☎ 02662.

Ausflugsziel : Abteikirche Marienstatt, N:4 km.

⛳ beim Dreifelder Weiher (S : 10 km), ☎ (02662) 70 77.

[i] Städt. Verkehrsamt, Mittelstr. 2, (Rathaus), ☎ 63 83.

Mainz 106 – ♦Koblenz 54 – ♦Köln 82 – Limburg an der Lahn 46 – Siegen 55.

🍴🍴 **Friedrich** mit Zim, Graf-Heinrich-Str. 2, ☎ 10 71, 🌳 – ☎ 🚗. AE ⓓ E VISA
Jan. geschl. – **M** *(Montag geschl.)* 29/45 (mittags) und a la carte 39/68 – **7 Z : 11 B** 52/58 95.

In Limbach **5239** N : 6,5 km :

🏠 Waldesruh 🌙, Hardtweg 5, ☎ (02662) 71 06, 🌳 – [P]
18 Z : 30 B.

[HACKENHEIM] Rheinland-Pfalz siehe Kreuznach, Bad.

[HADAMAR] **6253.** Hessen [987] ㉔ – 11 000 Ew – Höhe 130 m – ☎ 06433.

♦Wiesbaden 60 – ♦Koblenz 57 – Limburg an der Lahn 8,5.

In Hadamar 2-Niederhadamar :

🏠 **Zur Sonne,** Mainzer Landstr. 119, ☎ 42 70 – [TV] ☎ [P]. ⓓ E
M *(Mittwoch geschl.)* a la carte 18/44 – **12 Z : 22 B** 48/60 - 90/150.

In Hadamar 3-Oberzeuzheim :

🏠 **Waldhotel Hubertus** 🌙, Waldstr. 12, ☎ 33 00, 🏊, 🏊, 🌳 – [P]. ✗
Nov.- 15. Dez. geschl. – (Restaurant nur für Hausgäste) – **21 Z : 37 B** 42 - 84.

[HÄUSERN] **7822.** Baden-Württemberg [413] H 23, [427] ⑤, [216] ⑥ – 1 300 Ew – Höhe 875 m Luftkurort – Wintersport : 850/1 200 m ⛷ 1 ⛷ 2 – ☎ 07672 (St. Blasien).

[i] Kur- und Sporthaus, St.-Fridolin-Str. 5a, ☎ 14 62.

♦Stuttgart 186 – Basel 66 – Donaueschingen 60 – ♦Freiburg im Breisgau 58 – Waldshut-Tiengen 22.

🏨 ✿ **Adler,** St.-Fridolin-Str. 15, ☎ 41 70, Telex 7721211, 🏊, 🏊, 🌳, 🎾, Fahrradverleih – [TV] 🚗 [P]. AE ⓓ E VISA
5. Nov.- 14. Dez. geschl. – **M** *(Montag - Dienstag geschl.)* a la carte 43/79 – **47 Z : 79** 70/130 - 120/190 Fb – 6 Appart. 200/330 – ½ P 88/193
Spez. Perlhuhnterrine mit Gänseleber und Morcheln, Adlerwirt's Fischteller, Gebratene Ente r Armagnacpflaumen und Feigen.

🏨 **Albtalblick,** St. Blasier Str. 9 (W : 1 km), ☎ 5 10, ≤ Albtal mit Albsee, 🌳, Bade- ur Massageabteilung, ⛷, 🏊, 🌳, Ski- und Fahrradverleih – ☎ 🚗 [P]. AE ⓓ E VISA
15.- 30. Jan. geschl. – **M** a la carte 24/50 🍷 – **40 Z : 60 B** 52/75 - 95/120 Fb – 3 Appart. 1 – 10 Fewo 40/80 – ½ P 66/83.

🏠 **Waldlust** 🌙, In der Würze 18, ☎ 5 02, 🌳, Wildgehege, 🏊, 🌳 – 🛗 🚗 [P]. ✗ Rest
15. Nov.- 15. Dez. geschl. – **M** a la carte 24/56 🍷 – **25 Z : 48 B** 30/45 - 50/85 Fb – 4 Few 50/65 – ½ P 43/73.

🏠 **Schöpperle,** Klemme 3, ☎ 21 61, 🌳, 🌳 – 🚗 [P]. ⓓ
15. Nov.- 15. Dez. geschl. – **M** *(Mittwoch geschl.)* a la carte 25/48 – **13 Z : 25 B** 42/48 80/96 – ½ P 60/68.

🍴 **Chämi-Hüsle,** St.-Fridolin-Str. 1, ☎ 41 70 (über Hotel Adler), « Moderne Schwarzwaldhaus » – [P]
wochentags nur Abendessen, Dienstag - Mittwoch und 5. Nov.- 14. Dez. geschl. – **M** a carte 24/39.

[HAGE] Niedersachsen siehe Norden.

[HAGEN] **5800.** Nordrhein-Westfalen [987] ⑭ – 208 000 Ew – Höhe 105 m – ☎ 02331.

Siehe Ruhrgebiet (Übersichtsplan).

⛳ Hagen-Berchum (über Haldener Str. Y), ☎ (02334) 5 17 78 – 🚗 ☎ 6 07 00.

[i] Büro Hagen-Information, Pavillon Mittelstraße, ☎ 1 35 73.

ADAC, Körnerstr. 62, ☎ 2 43 16, Notruf ☎ 1 92 11.

♦Düsseldorf 65 ① – ♦Dortmund 27 ① – ♦Kassel 178 ①.

Stadtplan siehe gegenüberliegende Seite.

🏨 **Queens Hotel,** Wasserloses Tal 4, ☎ 39 10, Telex 823441, Fax 391153, 🌳, 🏊, 🏊 – ⇔ Zim ▤ Rest [TV] [P] – 🏛 25/260. AE ⓓ E VISA Z
M a la carte 38/64 – **148 Z : 236 B** 169/204 - 228/358 Fb.

🏠 **Central-Hotel** garni, Dahlenkampstr. 2, ☎ 1 63 02 – 🛗 [TV] ☎. AE ⓓ E Z
Juli - Aug. 3 Wochen und Weihnachten - Neujahr geschl. – **25 Z : 31 B** 80 - 118 Fb.

🏠 Deutsches Haus garni, Bahnhofstr. 35, ☎ 2 10 51 – 🛗 ☎ – **38 Z : 50 B** Fb. Y

🏠 **Lex** garni, Elberfelder Str. 71, ☎ 3 20 30 – 🛗 ☎ 🚗. ✗ Y
55 Z : 65 B 49/84 - 90/120.

HAGEN

XX **Parkhaus Hagen** ⑤ mit Zim, Parkhaus 1, ℰ 33 10 57, « Gartenterrasse » – ☎ 🅿 –
▲ 25/800   Z s
M *(Montag geschl.)* 18,50/28 (mittags) und a la carte 29/60 – **8 Z : 16 B** 55 - 110.

In Hagen 1-Ambrock ④ : 6 Km :

🏠 **Kehrenkamp**, Delsterner Str. 172 (B 54), ℰ 7 90 11 – ☎ 🚗 🅿. 🆎 ⓞ 🗲 𝘝𝘐𝘚𝘈
M *(Samstag geschl.)* a la carte 25/56 – **19 Z : 33 B** 58/65 - 90/150.

In Hagen-Dahl ④ : 9 Km :

XX **Dahler Schweiz** ⑤ mit Zim, Am Hemker Bach 12, ℰ (02337)10 84, 🔝 – 📺 ☎ 🚗 🅿 –
▲ 60. 🆎 ⓞ 🗲 𝘝𝘐𝘚𝘈. 🛠
9.- 23. April und 27. Dezember - 5. Jan. geschl. – **M** *(Sonntag geschl.)* a la carte 53/72 –
10 Z : 17 B 55/70 - 85/110.

In Hagen 1-Halden O : 5,5 km über Haldener Straße Y :

🏠 **Landhotel Halden**, Berchumer Str. 82, ℰ 5 18 69 – 📺 ☎ 🚗 🅿. 🆎 ⓞ 🗲 𝘝𝘐𝘚𝘈
M *(Samstag - Sonntag, 30. Juli - 10. Aug. und 24. Dez.- 11. Jan. geschl.)* a la carte 35/54 –
19 Z : 35 B 82/86 - 115/125 Fb.

In Hagen 7-Haspe ⑤ : 4 km :

🏛 **Union**, Kölner Str. 25, ℰ 4 90 91, Telex 823547, Fax 462361, « Renoviertes Jugendstilhaus,
elegante Einrichtung » – 🛗 📺 ☎ – ▲ 25/60. 🆎 ⓞ 🗲 𝘝𝘐𝘚𝘈
über Ostern und Weihnachten geschl. – **M** *(nur Abendessen, Sonntag und Juli - Aug. 4
Wochen geschl.)* a la carte 50/66 – **40 Z : 54 B** 95/140 - 155/180 Fb.

In Hagen 5-Hohenlimburg ③ : 8 km − ✪ 02334 :

🏠 **Bentheimer Hof**, Stennertstr. 20, ℰ 48 26 − 📺 ☎ ⬅ 🅿. ⯍ ⦿ 🇪 🆅🆂🅰
Juli - Aug. 3 Wochen geschl. − **M** *(Samstag geschl.)* a la carte 37/80 − **30 Z : 50 B** 85/120 - 120/185 Fb.

🏠 **Reher Hof**, Alter Reher Weg 13 (Ortsteil Reh), ℰ 5 11 83 − 🅿
M *(nur Abendessen, Sonntag geschl.)* a la carte 28/56 − **16 Z : 31 B** 45/65 - 75/100.

XX Schloßrestaurant, Alter Schloßweg 30, ℰ 20 56, 🏡 − 🅿.

In Hagen 8-Rummenohl ④ : 13 km :

🏨 **Dresel**, Rummenohler Str. 31 (B 54), ℰ (02337) 13 18, « Gartenterrasse » − ☎ ⬅ 🅿 −
🛁 25/150. ⯍ ⦿ 🇪 🆅🆂🅰
Juli geschl. − **M** *(Montag - Dienstag geschl.)* a la carte 28/73 − **19 Z : 30 B** 52/88 - 125/140.

In Hagen 1-Selbecke SO : 4 km über Eilper Straße Z :

🏨 **Schmidt**, Selbecker Str. 220, ℰ 7 00 77, 🚗 − 📺 ☎ ⬅ 🅿. ⯍ ⦿ 🇪 🆅🆂🅰. ✂ Zim
⬥ **M** *(nur Abendessen, Samstag und 22. Dez.- 4. Jan. geschl.)* a la carte 20/44 − **28 Z : 45 B** 69/80 - 89/100 Fb.

HAGNAU 7759. Baden-Württemberg 🗺 K 23, 🗺 LM 2, 🗺 ⑩ − 1 400 Ew − Höhe 409 m − Erholungsort − ✪ 07532 (Meersburg).

Sehenswert : ≤* vom Parkplatz an der B 31.

🅱 Verkehrsverein, Seestr. 16, ℰ 68 42.

♦Stuttgart 196 − Bregenz 43 − Ravensburg 29.

🏨 **Erbguth's Landhaus - Restaurant Kupferkanne** 🦢 (mit Gästehaus 🦢, ⭤, 🛶),
Neugartenstr. 39, ℰ 62 02, Telex 733811, Fax 6997, ≤, 🏡, 🚗, 🌳 − 📺 ☎ 🅿 − 🛁 30. ⯍
⦿ 🇪 🆅🆂🅰
3. Jan. - 10. März geschl. − **M** *(Dienstag - Mittwoch 18 Uhr geschl.)* a la carte 57/76 − **22 Z : 40 B** 75/180 - 120/300 Fb − ½ P 95/185.

🏨 **Der Löwen** (Fachwerkhaus a.d.J. 1696), Hansjakobstr. 2, ℰ 62 41, 🏡, « Garten mit Teichanlage », 🛶, 🌳 − 🅿. ✂ Zim
Ende März - Okt. − **M** *(Montag - Freitag nur Abendessen, Mittwoch geschl.)* a la carte 31/54 − **17 Z : 29 B** 60/65 - 110/140 Fb.

🏨 **Alpina** garni, Höhenweg 10, ℰ 52 38, Fahrradverleih − 📺 ☎ ⬅ 🅿. ⯍ ⦿ 🇪 🆅🆂🅰. ✂
18 Z : 36 B 95/120 - 150/230 Fb.

🏨 **Café Hansjakob** 🦢, Hansjakobstr. 17, ℰ 63 66, ≤, 🏡, 🌳, Fahrradverleih − 📺 ☎ ⬅ 🅿.
nur Saison − *(nur Abendessen)* − **21 Z : 40 B** Fb.

🏠 **Landhaus Messmer** 🦢 garni, Meersburger Str. 12, ℰ 62 27, ≤, 🛶, 🌳 − ☎ 🅿. ✂
März - Okt. − **14 Z : 23 B** 80/110 - 135/180.

🏠 **Pauli's Kajüte**, Meersburger Str. 2, ℰ 62 50, ≤, 🏡, 🖾, − ⬅ 🅿
Mitte März - Okt. − **M** a la carte 28/45 − **18 Z : 28 B** 50/55 - 96/104.

🏠 **Strandhaus Dimmeler** garni, Seestr. 19, ℰ 62 57, 🌳, 🛶, 🌳 − 🅿. ✂
15. März - 10. Nov. − **15 Z : 29 B** 52/60 - 100/140 − 2 Fewo 100/130.

🏠 **Gästehaus Schmäh** garni, Kapellenstr. 7, ℰ 62 10, 🌳 − 📺 🅿
15. März - Okt. − **16 Z : 32 B** 50/70 - 80/100.

🏠 **Zum Weinberg** garni (Mahlzeiten im Gasthof Hagnauer Hof), Hauptstr. 34 (B 31), ℰ 3 01
🌳 − 📺 ☎ ♿ ⬅ 🅿. ⯍ ⦿ 🇪 🆅🆂🅰
17 Z : 32 B 53/75 - 100 Fb.

🏠 **Zur Winzerstube** 🦢 garni, Seestr. 1, ℰ 63 50, ≤, 🛶, 🌳 − 🅿. ✂
April - Okt. − **10 Z : 19 B** 60/65 - 84/130.

🏠 **Gästehaus Mohren** garni, Sonnenbühl 4, ℰ 94 28, ≤, 🌳 − ⬅ 🅿. ✂
16 Z : 31 B 40/65 - 80.

🏠 **Scharfes Eck** garni, Kirchweg 2, ℰ 62 61 − ⬅ 🅿
14 Z : 23 B.

XX **Steidle** mit Zim, Seestr. 17, ℰ 59 00 − 📺 ⬅ 🅿. ⯍ ⦿ 🇪 🆅🆂🅰
Ende Jan.- Mitte März geschl. − **M** *(Tischbestellung ratsam)* (Nov.- April nur Abendessen und Dienstag geschl.) a la carte 35/67 − **7 Z : 14 B** 70 - 90/110 Fb − 3 Fewo 80/90.

HAHNHEIM 6501. Rheinland-Pfalz 🗺 H 17 − 1 300 Ew − Höhe 130 m − ✪ 06737.

Mainz 22 − ◆Frankfurt am Main 62 − ◆Mannheim 55.

XX **Rheinhessen-Stuben**, Bahnhofstr. 3, ℰ 12 71 − 🅿
Montag geschl. − **M** a la carte 34/62 👖.

HAIBACH Bayern siehe Aschaffenburg.

HAIDMÜHLE 8391. Bayern **413** Y 20. **426** ⑧ − 1 700 Ew − Höhe 831 m − Erholungsort − Wintersport : 800/1 300 m ⚡3 ⚡6 − ✿ 08556.

Ausflugsziel : Dreisessel : Hochstein ❄★ SO : 11 km.

🛈 Fremdenverkehrsamt, ℘ 3 75.

♦München 241 − Freyung 25 − Passau 64.

🏠 **Café Hochwald,** Hauptstr. 97, ℘ 3 01, 🍽, 🛋, 🌳 − ⇔ 🅿 − **24 Z : 45 B.**

🏠 **Strohmaier** 🐾, Kirchbergstr. 25, ℘ 4 90, 🍽, 🌳 − 🅿
↝ Nov.- Mitte Dez. geschl. − **M** (außer Saison Dienstag geschl.) a la carte 17,50/38 − **21 Z : 36 B** 29/33 - 50/62 − ½ P 38/46.

In Haidmühle-Auersbergsreut NW : 3 km − Höhe 950 m :

🏠 **Haus Auersperg** 🐾, ℘ 3 53, 🍽, 🛋, 🌳 − ⇔ 🅿, 🛎 Rest
↝ Nov. geschl. − **M** a la carte 19/43 − **17 Z : 35 B** 30/38 - 49/65 − ½ P 40/48.

In Haidmühle-Frauenberg S : 6 km − Höhe 918 m :

🏠 **Adalbert-Stifter-Haus** 🐾, ℘ 3 55, ≤, 🌳 − ⇔ 🅿, **E**
↝ Nov.- 20. Dez. geschl. − **M** a la carte 20/56 − **15 Z : 26 B** 50/55 - 84/100 Fb − ½ P 58/73.

Siehe auch : *Liste der Feriendörfer*

HAIGER 6342. Hessen − 18 600 Ew − Höhe 280 m − ✿ 02773.

♦Wiesbaden 130 − Gießen 50 − Siegen 25.

🏠 **Fuchs** garni, Bahnhofstr. 23 (B 277), ℘ 30 68 − ☎ 🅿. **AE ① E**
11 Z : 15 B 65/70 - 94/104 Fb.

🏠 **Reuter,** Hauptstr. 82, ℘ 30 10 − ⇔. **AE E**
↝ Juli - Aug. 2 Wochen geschl. − **M** (Samstag bis 18 Uhr geschl.) a la carte 20/48 − **27 Z : 40 B** 39/60 - 70/88.

XX **La Toscana,** Bahnhofstr. 33 (B 277), ℘ 38 38, 🍽 − 🍴 🅿 − 🔼 40. **AE ① E VISA**
Sonntag 18 Uhr - Montag geschl. − **M** a la carte 39/75.

In Haiger-Flammersbach SW : 3 km :

🏡 **Westerwaldstern Tannenhof** 🐾, Am Schimberg 1, ℘ 50 11, Telex 873739, Fax 71317, Massage, 🛋, 🍳 − 🍴 ☎ 🅿 − 🔼 25/120. **AE ① VISA**
M a la carte 25/55 − **65 Z : 130 B** 110/140 - 200/290 Fb.

HAIGERLOCH 7452. Baden-Württemberg **418** J 21. **987** ㉟ − 9 400 Ew − Höhe 425 m − ✿ 07474.

Sehenswert : Lage★★ − Schloßkirche★ − ≤★ von der Oberstadtstraße unterhalb der Wallfahrtskirche St. Anna.

🛈 Verkehrsamt, Oberstadtstraße (Rathaus), ℘ 60 61.

♦Stuttgart 70 − Freudenstadt 40 − Reutlingen 48 − Villingen-Schwenningen 59.

🏠 **Römer,** Oberstadtstr. 41, ℘ 10 15, Fax 2299 − ☎ ⇔. **AE ① E VISA**
21.- 28. Feb. geschl. − **M** a la carte 25/54 − **16 Z : 28 B** 25/40 - 45/74 Fb.

🏠 **Krone,** Oberstadtstr. 47, ℘ 4 11
20. Juli - 17. Aug. geschl. − **M** (Donnerstag geschl.) a la carte 23/40 🍴 − **10 Z : 18 B** 35 - 70.

In Haigerloch-Bad Imnau NW : 5 km − Kurort :

🏠 **Eyachperle,** Sonnenhalde 2, ℘ 84 36, 🛋, 🌳 − ⇔ 🅿, 🛎
↝ Mitte Jan.- Mitte Feb. geschl. − **M** (Mittwoch ab 14 Uhr und Montag geschl.) a la carte 17,50/34 🍴 − **13 Z : 20 B** 35/40 - 70/80.

HALBLECH 8959. Bayern **413** P 24 − 3 000 Ew − Höhe 815 m − Erholungsort − Wintersport : 800/1 500 m ⚡5 ⚡6 − ✿ 08368.

🛈 Verkehrsamt, Bergstraße (Buching), ℘ 2 85.

♦München 106 − Füssen 13 − Schongau 23.

In Halblech-Buching **426** ⑯ :

🏡 **Bannwaldsee,** Sesselbahnstr. 10, ℘ 8 51, ≤, 🍽, 🛋, 🍳, Fahrradverleih − 🍴 ☎ 🅿. **① E VISA**
↝ Nov.- 20. Dez. geschl. − **M** a la carte 20/47 − **50 Z : 100 B** 80/90 - 120/150 − ½ P 66/96.

🏠 **Geiselstein,** Füssener Str. 26 (B 17), ℘ 2 60, 🍽, 🛋, 🌳 − ⇔ 🅿. 🛎 Zim
↝ 15. Nov.- 15. Dez. geschl. − **M** a la carte 19,50/37 🍴 − **21 Z : 36 B** 30/50 - 70/80 − ½ P 40/60.

🏠 **Schäder,** Romantische Str. 16, ℘ 13 40, 🍽, 🌳 − 🅿. **AE**. 🛎 Zim
9.- 30. Jan. geschl. − **M** (Nov.- April Montag geschl.) a la carte 23/50 − **12 Z : 24 B** 42/48 - 75/80 − ½ P 50/56.

In Halblech-Trauchgau **426** ⑯

🏠 **Sonnenbichl** 🐾, Am Müllerbichl 1, ℘ 8 71, ≤, 🍽, 🛋, 🍳, 🌳, ⛳ (Halle) − ☎ ⇔ 🅿
↝ 6. Nov.- 20. Dez. geschl. − **M** (Dienstag geschl.) a la carte 23/39 − **24 Z : 44 B** 55 - 90/110 Fb − ½ P 68/78.

HALDEM Nordrhein-Westfalen siehe Stemwede.

HALDENHOF Baden-Württemberg. Sehenswürdigkeit siehe Stockach.

HALFING 8201. Bayern **413** T 23, **426** ⑱ − 2 000 Ew − Höhe 602 m − ✪ 08055.
♦München 68 − Landshut 78 − Rosenheim 17 − Salzburg 76 − Wasserburg am Inn 14.

🍽 **Schildhauer**, Chiemseestr. 3, ℰ 2 28, 🍴, 🔲, 🚗, Fahrrad- und Skiverleih − ℗. ❄️ Zim
→ *Nov. geschl.* − **M** *(Dienstag geschl.)* a la carte 16/36 − **30 Z : 60 B** 35/38 - 65/76.

🍽 **Kern**, Kirchplatz 5, ℰ 2 11, 🏖, 🍴, 🚗 − ℗
→ *Mitte Nov.- Mitte Dez. geschl.* − **M** *(Montag geschl.)* a la carte 18,50/46 − **40 Z : 75 B** 35/45
    - 60/80.

HALLE IN WESTFALEN 4802. Nordrhein-Westfalen **987** ⑭ − 18 500 Ew − Höhe 130 m −
✪ 05201.
♦Düsseldorf 176 − Bielefeld 17 − Münster (Westfalen) 60 − ♦Osnabrück 38.

🏨 **St. Georg** 🐟 garni, Winnebrockstr. 2, ℰ 20 59, Fahrradverleih − ⇔ 🔲 ☎ ℗. 🅰🅴 **E**
    23. Dez.- 6. Jan. geschl. − **27 Z : 35 B** 50/55 - 85/90 Fb.

🍴 **Hollmann** mit Zim, Alleestr. 20, ℰ 44 20 − 🔲 ☎ ℗. **E**
    M *(Freitag bis 17 Uhr, Montag und 1.- 21. Juli geschl.)* a la carte 29/48 − **8 Z : 15 B** 44 - 80.

In Werther 4806 O : 6 km :

🏨 **Kipps Krug**, Engerstr. 61, ℰ (05203) 2 66, Fax 268, Biergarten, ❄️ (Halle) − 🔲 ☎ ℗. ⓞ
    M *(Donnerstag geschl.)* a la carte 23/55 − **12 Z : 15 B** 45/65 - 75/100 Fb.

HALLENBERG 5789. Nordrhein-Westfalen **987** ㉘ − 2 700 Ew − Höhe 385 m − Wintersport :
⛷3 − ✪ 02984.
🅱 Verkehrsverein, Merklinghauser Str. 1, ℰ 82 03.
♦Düsseldorf 200 − ♦Kassel 86 − Korbach 32 − Marburg 45 − Siegen 85 − ♦Wiesbaden 165.

🏨 **Diedrich**, Nuhnestr. 2, ℰ 83 70, Fax 233, 🏖 − 🕴 ℗
    M *(Dienstag geschl.)* a la carte 27/55 − **30 Z : 60 B** 55/65 - 86/96 − 4 Fewo.

🏨 Sauerländer Hof, Merklinghauser Str. 27, ℰ 4 21 − 🔲 ℗ − **15 Z : 30 B**.

In Hallenberg-Hesborn N : 6 km :

🏨 **Zum Hesborner Kuckuck** 🐟, Ölfestr. 22, ℰ 4 75, 🏖, 🏖, 🔲 − ℗. ❄️ Rest
    10. Nov.- 15. Dez. geschl. − **M** a la carte 23/39 − **27 Z : 69 B** 50 - 80 Fb − ½ P 55/65.

HALLSTADT Bayern siehe Bamberg.

HALSENBACH Rheinland-Pfalz siehe Emmelshausen.

HALTE Niedersachsen siehe Weener.

HALTERN 4358. Nordrhein-Westfalen **987** ⑭ − 33 000 Ew − Höhe 35 m − ✪ 02364.
Ausflugsziel : Prickings-Hof (NO : 6 km).
🅱 Städt. Verkehrsamt, Altes Rathaus, ℰ 10 01.
♦Düsseldorf 79 − Münster (Westfalen) 46 − Recklinghausen 15.

🏨 **Ratshotel**, Mühlenstr. 3, ℰ 34 65 − 🔲 ☎ ⇔ ℗. 🅰🅴 ⓞ **E** 🆅🆂🅰
→ **M** a la carte 21/43 − **12 Z : 24 B** 60/69 - 80/118.

In Haltern 4-Flaesheim SO : 5,5 km :

🏨 **Jägerhof zum Stift Flaesheim**, Flaesheimer Str. 360, ℰ 23 27 − ⇔ ℗ − 🛎 40
    2.- 24. Juli geschl. − **M** *(Dienstag geschl.)* a la carte 32/61 − **13 Z : 26 B** 42/46 - 84/90.

In Haltern-Lippramsdorf W : 5,5 km :

🍴 **Himmelmann**, Weseler Str. 566 (B 58), ℰ (02360) 15 40, 🏖 − ℗
    Dienstag und 1.- 25. Juli geschl. − **M** 15,50/25 (mittags) und a la carte 22/46.

In Haltern 5-Sythen N : 5 km :

🏨 **Pfeiffer**, Am Wehr 71, ℰ 64 45, 🏖 − 🕴 ☎ ℗. 🅰🅴 ⓞ **E** 🆅🆂🅰. ❄️ Zim
    19. Juni - 7. Juli geschl. − **M** *(Donnerstag - Freitag 15 Uhr geschl.)* a la carte 23/44 − **10 Z
    16 B** 40/50 - 75/80.

HALVER 5884. Nordrhein-Westfalen **987** ㉔ − 15 800 Ew − Höhe 436 m − ✪ 02353.
♦Düsseldorf 65 − Hagen 32 − Lüdenscheid 12 − Remscheid 26.

🏨 Halvara, Kölner Str. 16, ℰ 34 60 − ☎ ⇔ ℗ − **10 Z : 20 B**.

In Halver-Carthausen NO : 4 km :

🏨 **Frommann**, ℰ 6 11, Telex 8263658, 🏖, 🏖, 🔲, 🚗 − 🔲 ☎ ⇔ ℗ − 🛎 30. 🅰🅴 ⓞ
→ 🆅🆂🅰
    M a la carte 21/69 − **22 Z : 38 B** 75/85 - 112/140 Fb.

HAMBERGE Schleswig-Holstein siehe Lübeck.

338

HAMBURG 2000. ⒧ Stadtstaat Hamburg 987 ⑤ — 1 580 000 Ew — Höhe 10 m — ☼ 040.

Sehenswert : Jungfernstieg★ DY — Außenalster★★★ (Rundfahrt★★★) EX — Tierpark
Hagenbeck★★ T — Fernsehturm★ (ᵜ★★) BX — Kunsthalle★★ (Deutsche Malerei des 19. Jh.)
EY **M1** — St. Michaelis★ (Turm ᵜ★) BZ — Stintfang (≼★) BZ — Hafen★★ (Rundfahrt★★) BZ.

Ausflugsziele : Norddeutsches Landesmuseum★★ AV **M** — Altonaer Balkon ≼★ AV **S.**

⌨ Hamburg-Blankenese, In de Bargen 59 (W : 17 km), ℰ 81 21 77 ; ⌨ Ammersbek (15 km über die
B 434 T), ℰ(040) 6 05 13 37 ; ⌨ Hamburg-Wendlohe (N : 14 km über die B 432 T), ℰ 5 50 50 14 ;
⌨ Wentorf, Golfstr. 2 (③ : 21 km), ℰ (040) 7 20 26 10.

⌦ Hamburg-Fuhlsbüttel (N : 15 km T), ℰ 50 80, City - Center Airport (Air Terminal im ZOB FY),
Brockesstraße, ℰ 50 85 57.

🚗 ℰ 39 18 65 56.

Messegelände (BX), ℰ 3 56 91, Telex 212609.

🛈 Tourist-Information (Tourismuszentrale), Hachmannplatz 1 (am Hbf), ℰ 30 05 12 45, Telex 2163036, Fax
30051253.

🛈 Tourist-Information im Hbf, ℰ 30 05 12 30.

🛈 Tourist-Information im Flughafen (Halle 3), ℰ 30 05 12 40.

ADAC, Amsinckstr. 39 (H 1), ℰ 2 39 90, Notruf ℰ 1 92 11.

♦Berlin 289 ③ — ♦Bremen 120 ⑥ — ♦Hannover 151 ④.

Die Angabe (H 15) nach der Anschrift gibt den Postzustellbezirk an : Hamburg 15
L'indication (H 15) à la suite de l'adresse désigne l'arrondissement : Hamburg 15
The reference (H 15) at the end of the address is the postal district : Hamburg 15
L'indicazione (H 15) posta dopo l'indirizzo precisa il quartiere urbano : Hamburg 15

Stadtpläne : siehe Hamburg Seiten 3-7

Beim Hauptbahnhof, in St. Georg, östlich der Außenalster Stadtplan : S. 5 und 7 :

🏨 **Atlantic-Hotel Kempinski** ⌂, An der Alster 72 (H 1), ℰ 2 88 80, Telex 2163297, Fax
247129, ≼ Außenalster, Massage, ⌨, 🔲 — 🛗 ᵜ Zim 🖥 Rest 📺 ⌫ ⓟ — 🏛 25/500. 🆎
⓪ ⴹ 💳 🍽 Rest   EX **a**
M *(Samstag bis 18 Uhr geschl.)* 49/53 (mittags) und a la carte 57/80 — **259 Z : 430 B** 253/293
- 316/356 Fb — 13 Appart. 646/1246.

🏨 **Holiday Inn Crowne Plaza**, Graumannsweg 10 (H 76), ℰ 22 80 60, Telex 2165287, Fax
2208704, Massage, ⌨, 🔲, Fahrradverleih — 🛗 ᵜ Zim 🖥 📺 🏛 ⌫ — 🏛 25/120. 🆎 ⓪
ⴹ 💳 🍽 Rest   FX **a**
M a la carte 36/78 — **290 Z : 370 B** 262/302 - 324/594 Fb.

🏨 **Europäischer Hof**, Kirchenallee 45 (H 1), ℰ 24 82 48, Telex 2162493, Fax 24824799, ⌨,
🔲 — 🛗 🖥 Rest 📺 ⌫ — 🏛 25/500. 🆎 ⓪ ⴹ 💳
M a la carte 37/58 — **320 Z : 520 B** 164/290 - 188/304 Fb.   FY **e**

🏨 **Maritim Hotel Reichshof**, Kirchenallee 34 (H 1), ℰ 24 83 30, Telex 2163396, Fax 24833588
— 🛗 📺 ⌫ — 🏛 25/120. 🆎 ⓪ ⴹ 💳 🍽 Rest   FY **d**
M a la carte 30/70 — **300 Z : 430 B** 185/321 - 250/480 Fb.

🏨 **Prem - Restaurant La mer**, An der Alster 9 (H 1), ℰ 24 54 54, Telex 2163115, Fax 2803851,
« Einrichtung mit antiken Möbeln, Garten », ⌨ — 🛗 📺 ⓟ. 🆎 ⓪ ⴹ 💳 🍽 Rest   FX **c**
M *(Samstag - Sonntag nur Abendessen)* 60 (mittags) und a la carte 80/101 — **52 Z : 90 B**
185/305 - 269/339 Fb.

🏨 **Berlin - Brasserie Miro**, Borgfelder Str. 1 (H 26), ℰ 25 16 40, Telex 213939, Fax 25164413
— 🛗 🖥 Rest 📺 ⌫ ⓟ — 🏛 30. 🆎 ⓪ ⴹ 💳 🍽 Rest   GY **a**
M a la carte 45/85 — **93 Z : 120 B** 115/145 - 160/190 Fb.

🏨 **Ambassador**, Heidenkampsweg 34 (H 1), ℰ 23 00 02, Telex 2166100, Fax 230009, ⌨, 🔲
— 🛗 📺 ⌫ ⓟ — 🏛 25/150. 🆎 ⓪ ⴹ 💳 🍽 Rest   GY **e**
M a la carte 30/63 — **124 Z : 200 B** 105/165 - 185/260 Fb — 3 Appart..

🏨 **St. Raphael**, Adenauer-Allee 41 (H 1), ℰ 24 82 00, Telex 2174733, Fax 24820333, ⌨ — 🛗
ᵜ Zim 📺 ☎ ⌫ — 🏛 25/70. 🆎 ⓪ ⴹ 💳 🍽 Rest   FY **m**
M *(Samstag, Sonn- und Feiertage geschl.)* a la carte 35/56 — **135 Z : 230 B** 120/150 - 150/220
Fb — 15 Appart. 250.

🏨 **Senator** garni, Lange Reihe 18 (H 1), ℰ 24 12 03, Telex 2174002, Fax 2803717 — 🛗 📺
☎ ⌫. 🆎 ⓪ ⴹ 💳   FY **u**
56 Z : 120 B 136/152 - 186/198 Fb.

🏨 **Aussen Alster Hotel**, Schmilinskystr. 11 (H 1), ℰ 24 15 57, Telex 211278, Fax 2803231,
⌨, Fahrradverleih — 🛗 📺 ☎. 🆎 ⓪ ⴹ 💳   FX **e**
M *(Samstag bis 18 Uhr und Sonntag geschl.)* a la carte 42/78 — **27 Z : 51 B** 150/185 -
190/250 Fb.

🏨 **Bellevue**, An der Alster 14 (H 1), ℰ 24 80 11, Telex 2162929, Fax 2803380 — 🛗 📺 ☎ ⌫
ⓟ — 🏛 25/60. 🆎 ⓪ ⴹ 💳   FX **t**
M *(Juli - Aug. Sonntag geschl.)* a la carte 39/68 — **80 Z : 100 B** 128/160 - 185/210 Fb.

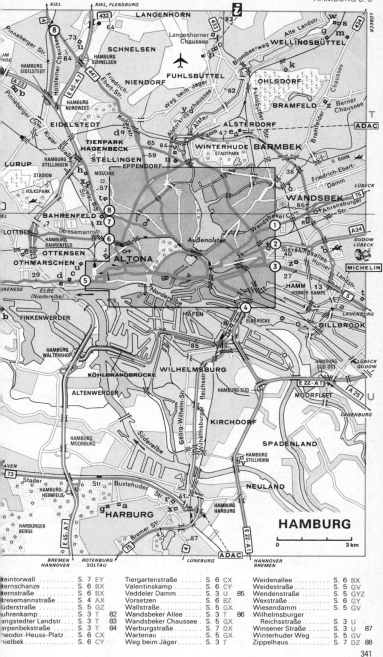

FLUGHAFEN

HAMBURG

0   500 m

343

HAMBURG

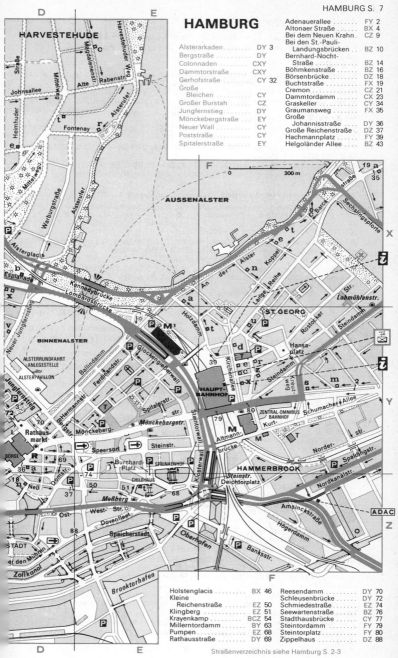

Straßenverzeichnis siehe Hamburg S. 2-3

🏠 **Alte Wache**, Adenauer-Allee 25 (H 1), ℰ 24 12 91, Telex 2162254 — |≸| 📺 ☎ ℗ — 🔬 60.
%
FY **s**
24. Dez.- 2. Jan. geschl. — (nur Abendessen für Hausgäste) — **85 Z : 95 B** 115/130 - 170.

🏠 **Fürst Bismarck** garni, Kirchenallee 49 (H 1), ℰ 2 80 10 91, Telex 2162980 — |≸| 📺 ☎. 🗚
◑ 🗷 *VISA*
FY **x**
59 Z : 92 B 98/125 - 155.

🏠 **Kronprinz - Restaurant Schiffer Börse**, Kirchenallee 46 (H 1), ℰ 24 32 58
(Hotel) 24 52 40 (Rest.), Telex 2161005 — |≸| 📺 🗚 ◑ 🗷 *VISA*
FY **c**
M *(vorwiegend Fischgerichte)* a la carte 31/65 — **73 Z : 110 B** 110/135 - 155 Fb.

🏠 **Metro Merkur** garni, Bremer Reihe 12 (H 1), ℰ 24 72 66, Telex 2162683, Fax 240284 — |≸|
📺 ☎. 🗚 ◑ 🗷 *VISA*
FY **z**
104 Z : 180 B 100/120 - 140/155.

🏠 **Wedina** ⚘ garni, Gurlittstr. 23 (H 1), ℰ 24 30 11, ☎, ⤢ (geheizt), ⤢ — ☎. 🗚 ◑ 🗷 *VISA*
FX **n**
18. Dez.- 10. Feb. geschl. — **23 Z : 38 B** 65/110 - 90/130.

🏠 **Eden** garni, Ellmenreichstr. 20 (H 1), ℰ 24 84 80, Telex 2174350 — |≸| 📺 ☎. 🗚 ◑ 🗷 *VISA*
FY **r**
63 Z : 101 B 65/130 - 95/170.

🍴🍴 **Peter Lembcke**, Holzdamm 49 (H 1), ℰ 24 32 90 — 🗚 ◑ 🗷 *VISA*
FY **t**
Samstag bis 18 Uhr sowie Sonn- und Feiertage geschl. — **M** (Tischbestellung ratsam) a la
carte 48/78.

Binnenalster, Altstadt, Neustadt Stadtplan Hamburg : S. 6 und 7 :

🏨🏨🏨 **Vier Jahreszeiten - Restaurant Haerlin**, Neuer Jungfernstieg 9 (H 36), ℰ 3 49 40,
Telex 211629, Fax 3494602, ≤ Binnenalster — |≸| 📺 ⟷ — 🔬 25/70. 🗚 ◑ 🗷 *VISA*. %
M *(Sonn- und Feiertage geschl.)* 48/62 (mittags) und a la carte 65/106 — **175 Z : 252 B**
303/383 - 430/590 — 11 Appart. 705/985.
DY **v**

🏨🏨 **Ramada Renaissance Hotel**, Große Bleichen (H 36), ℰ 34 91 80, Fax 34918431, Massage,
☎ — |≸| ⤢ Zim 📺 ⤢ ℗ — 🔬 25/150. 🗚 ◑ 🗷 *VISA*. % Rest
CY **e**
M a la carte 47/81 — **211 Z : 297 B** 309/424 - 383/498 Fb — 5 Appart. 948/1998.

🏨🏨 **Hamburg Marriott Hotel**, ABC-Str. 52 (H 36), ℰ 3 50 50, Telex 2165871, Fax 35051777,
Massage, ☎, ⤢, Fitness-Center — |≸| ⤢ Zim 📺 ⤢ ⟷ — 🔬 25/200. 🗚 ◑ 🗷 *VISA*
% Rest
CY **b**
M *(überwiegend Fischgerichte)* a la carte 59/93 — **276 Z : 380 B** 274/409 - 338/473 Fb —
6 Appart. 598/1148.

🏨🏨 **SAS Plaza Hotel**, Marseiller Str. 2 (H 36), ℰ 3 50 20, Telex 214400, Fax 35023333, ≤ Hamburg,
☎, ⤢ — |≸| ▤ 📺 ⤢ ⟷ — 🔬 25/600. % Rest
CX **a**
Restaurants : — **Englischer Grill** *(nur Abendessen)* — **Vierländerstube** — **570 Z : 1140 B** Fb.

🏨 **Hafen Hamburg**, Seewartenstr. 9 (H 11), ℰ 31 11 30, Telex 2161319, Fax 3192736, ≤ — |≸|
⤢ Zim 📺 ⤢ ℗ — 🔬 25/120. 🗚 ◑ 🗷 *VISA*
BZ **y**
M a la carte 38/73 — **252 Z : 420 B** 102/142 - 140/180 Fb.

🏨 **Baseler Hof**, Esplanade 11 (H 36), ℰ 35 90 60, Telex 2163707, Fax 35906918 — |≸| 📺 ☎ —
➡ 🔬 25/40. 🗚 ◑ 🗷 *VISA*. %
DX **x**
M a la carte 19/56 — **Wein Bistro M** a la carte 35/60 — **160 Z : 202 B** 95/132 - 140/160.

🏨 **Alster-Hof** garni, Esplanade 12 (H 36), ℰ 35 00 70, Telex 213843, Fax 35007514 — |≸| 📺 ☎.
🗚 ◑ 🗷 *VISA*
DX **x**
23. Dez.- 1. Jan. geschl. — **120 Z : 156 B** 120/150 - 180/210 Fb — 3 Appart. 250.

🍴🍴🍴 **Zum alten Rathaus** (mit Unterhaltungslokal Fleetenkieker), Börsenbrücke 10 (H 11),
ℰ 36 75 70 — 🗚 ◑ 🗷 *VISA*
DZ **n**
Samstag bis 18 Uhr sowie Sonn- und Feiertage geschl. — **M** (Tischbestellung ratsam) a la
carte 56/79.

🍴🍴🍴 **Ratsweinkeller**, Große Johannisstr. 2 (H 11), ℰ 36 41 53, Fax 372201, « Hanseatisches
Restaurant a.d.J. 1896 » — 🔬 25/400
DY **R**

🍴🍴 **Deichgraf**, Deichstr. 23 (H 11), ℰ 36 42 08 — 🗚 ◑ 🗷 *VISA*
CZ **a**
Samstag bis 18 Uhr sowie Sonn- und Feiertage geschl. — **M** (Tischbestellung ratsam) a la
carte 39/98.

🍴🍴 **il Ristorante** (Italienisches Restaurant), Große Bleichen 16 (1. Etage) (H 36), ℰ 34 33 35
— 🗚 ◑ 🗷
CY **c**
M a la carte 62/84.

🍴🍴 **Mövenpick - Café des Artistes**, Große Bleichen 36 (Untergeschoß |≸|) (H 36),
ℰ 34 10 00, Fax 3410042 — 🗚 ◑ 🗷 *VISA*
CY **r**
M a la carte 46/65 — **Mövenpick-Restaurant M** a la carte 29/59.

🍴🍴 **Restaurant im Finnlandhaus**, Esplanade 41 (12. Etage, |≸|) (H 36), ℰ 34 41 33,
≤ Hamburg, Binnen- und Außenalster — ▤. 🗚 ◑ 🗷 *VISA*
DX **b**
Sonntag ab 15 Uhr und Samstag geschl. — **M** *(Sonn- und Feiertage mittags nur Buffet)* a la
carte 46/78.

🍴 **Dominique**, Karl-Muck-Platz 11 (H 36), ℰ 34 45 11 — *VISA*
BCY **●**
Samstag bis 18 Uhr, Sonntag und 24. Dez.- 1. Jan. geschl. — **M** a la carte 44/63.

🍴 **Viking** (im Chilehaus), Depenau 3 (H 1), ℰ 32 71 71 — 🗚 ◑ 🗷
EZ **↑**
Samstag ab 15 Uhr sowie Sonn- und Feiertage geschl. — **M** a la carte 44/70.

🍴 **al Pincio** (Italienische Küche), Schauenburger Str. 59 (1. Etage, |≸|) (H 1), ℰ 36 52 55 — 🗚
◑ 🗷
DY **●**
Aug. sowie Sonn- und Feiertage geschl. — **M** (Tischbestellung ratsam) a la carte 39/66.

In den Außenbezirken :

In Hamburg-Alsterdorf :

🏨 **Alsterkrug-Hotel**, Alsterkrugchaussee 277 (H 60), ℰ 51 30 30, Telex 2173828, Fax 51303403, ⬛, Fahrradverleih — 🛗 ⇔ Zim �📺 ⇔ 🅿 – 🔺 25/60. 🖭 ⓞ 🖃 𝘝𝘐𝘚𝘈. ⁓ Rest
M a la carte 39/61 — **80 Z : 160 B** 151/165 - 193/254 Fb.   T **y**

In Hamburg-Altona :

🏨 **Raphael Hotel Altona**, Präsident-Krahn-Str. 13 (H 50), ℰ 38 12 39, Fax 3809009, ⬛ — 🛗
📺 ☎ 🅿. 🖭 ⓞ 🖃 𝘝𝘐𝘚𝘈. ⁓ Rest   AV **a**
23. Dez.- 2. Jan. geschl. — (nur Abendessen für Hausgäste) — **45 Z : 85 B** 105/150 - 135/200 Fb.

XXXX ✿✿ **Landhaus Scherrer**, Elbchaussee 130 (H 50), ℰ 8 80 13 25 — 🅿. 🖭 ⓞ 🖃   U **c**
Sonn- und Feiertage geschl. — **M** (Tischbestellung erforderlich) a la carte 67/113 —
Bistro-Restaurant *(nur Mittagessen)* **M** a la carte 50/73
Spez. Kalbskopf mit Sauce von dreierlei Linsen, Roulade von Lachs und Zander im Mangoldblatt, Gefüllter Ochsenschwanz mit Wirsing.

XXX ✿ **Le canard**, Elbchaussee 139 (H 50), ℰ 8 80 50 57 — ⇔. ⓞ 🖃 𝘝𝘐𝘚𝘈. ⁓   U **d**
Sonntag und Juni - Juli 4 Wochen geschl. — **M** *(bemerkenswerte Weinkarte)*
(Tischbestellung erforderlich) a la carte 85/120
Spez. Champagnersuppe mit Hummer oder Austern, Steinbutt auf Wirsing mit Räucheraalsauce, Hummer auf schwarzer Olivensauce mit schwarzen Nudeln.

XXX **Fischereihafen-Restaurant** Hamburg (nur Fischgerichte), Große Elbstr. 143 (H 50),
ℰ 38 18 16, ≤ — 🅿   AV **d**
(Tischbestellung ratsam).

XXX **Landhaus Zavrakis**, Elbchaussee 94 (H 50), ℰ 3 90 67 26 — 🅿. 🖭 ⓞ 🖃 𝘝𝘐𝘚𝘈   AV **s**
nur Abendessen, Sonntag, 7.- 28. Jan. und 8. Juli - 2. Aug. geschl. — **M** a la carte 60/100 —
Bistro *(auch Mittagessen)* **M** a la carte 37/66.

XX **Leopold**, Friedensallee 14 (H 50), ℰ 39 70 04   U **u**
nur Abendessen, Montag geschl. — **M** (Tischbestellung ratsam) a la carte 53/64.

XX **La Mouette**, Neumühlen 50 (H 50), ℰ 39 65 04 — 🖭 ⓞ 🖃 𝘝𝘐𝘚𝘈   AV **e**
Sonntag - Montag geschl. — **M** (abends Tischbestellung ratsam) a la carte 49/68.

In Hamburg-Bergedorf 2050 ③ : 18 km über die B 5 U :

🏛 **Sachsentor** garni, Bergedorfer Schloßstr. 10 (H 80), ℰ 7 24 30 11, Telex 2165022 — 🛗 📺
☎ ⇔ 🅿. 🖭 ⓞ 🖃 𝘝𝘐𝘚𝘈
35 Z : 80 B 110 - 155 Fb.

XX **Laxy's Restaurant**, Bergedorfer Str. 138 (H 80), ℰ 7 24 76 40 — 🖭 ⓞ 🖃 𝘝𝘐𝘚𝘈
Samstag und Montag jeweils bis 18 Uhr sowie Sonntag und Juni - Juli 2 Wochen geschl. —
M a la carte 53/75.

In Hamburg-Bergstedt NO : 17 km über die B 434 T :

XX **Landhaus zum Lindenkrug** mit Zim, Bergstedter Chaussee 128 (B 434) (H 65),
ℰ 6 04 80 05, ⇌ — 📺 ☎ 🅿. 🖭
M *(Dienstag geschl.)* a la carte 36/69 — **6 Z : 10 B** 85 - 130.

X **Alte Mühle**, Alte Mühle 34 (H 65), ℰ 6 04 91 71, ⇌ — 🅿
Mittwoch geschl. — **M** a la carte 28/50.

In Hamburg-Billstedt :

🏨 **Panorama** garni, Billstedter Hauptstr. 44 (H 74), ℰ 73 17 01, Telex 212162, Fax 7326627, 🔲
— 🛗 📺 ⇔ 🅿 – 🔺 25/250. 🖭 ⓞ 🖃 𝘝𝘐𝘚𝘈   U **t**
24. Dez.- 2. Jan. geschl. — **111 Z : 162 B** 160/200 - 190/260 Fb — 7 Appart. 250/300.

In Hamburg-Blankenese W : 16 km über ⑤ und Elbchaussee U :

🏨 **Strandhotel** ⬙, Strandweg 13 (H 55), ℰ 86 13 44, Fax 864936, ≤, ⇌, « Ehem. Villa mit
eleganter Einrichtung, ständige Bilderausstellung », ⬛ — 📺 ☎ 🅿. 🖭 ⓞ 🖃 𝘝𝘐𝘚𝘈
M *(Sonntag 15 Uhr - Montag geschl.)* a la carte 45/73 — **16 Z : 27 B** 148/203 - 201/386 Fb.

🏨 **Behrmann** garni, Elbchaussee 528 (H 55), ℰ 8 66 97 20, Telex 2165973, Fax 86697249 — 📺
☎ ⇔ 🅿. ⁓
40 Z : 68 B.

XXX **Süllberg**, Süllbergsterrasse 2 (H 55), ℰ 86 16 86, Fax 869052, « Gartenterrasse mit ≤ » —
🅿 – 🔺 25/220. 🖭 ⓞ 🖃 𝘝𝘐𝘚𝘈
15. Jan.- 2. Feb. geschl. — **M** a la carte 45/76.

XX **Strandhof**, Strandweg 27 (H 55), ℰ 86 52 36, ≤, ⇌ — 🅿. 🖭 ⓞ 🖃 𝘝𝘐𝘚𝘈
Dienstag geschl. — **M** a la carte 36/66.

XX **Sagebiels Fährhaus**, Blankeneser Hauptstr. 107 (H 55), ℰ 86 15 14, « Gartenterrasse
mit ≤ » — 🅿.

In Hamburg-Bramfeld :

XX **Don Camillo e Peppone** (modern-elegantes Restaurant, Italienische Küche), Im Soll 50
(H 71), ℰ 6 42 90 21 — 🖭 ⓞ 🖃   T **z**
nur Abendessen, Montag geschl. — **M** (Tischbestellung ratsam) a la carte 58/73.

In Hamburg-City Nord :

🏨 **Queens Hotel Hamburg**, Mexicoring 1 (H 60), ℰ 6 30 50 51, Telex 2174155, Fax 6322472
– 📶 ↔ Zim 📺 🅿 – 🛗 25/200. 🆎 ⓪ E 𝘝𝘐𝘚𝘈   T e
M a la carte 48/76 – **185 Z : 360 B** 184/214 - 228/278 Fb – 4 Appart. 328.

In Hamburg-Duvenstedt über Alte Landstr. T :

XXX **Le Relais de France**, Poppenbütteler Chaussee 3 (H 65), ℰ 6 07 07 50 – 🅿. 🆎 ⓪
nur Abendessen, Sonntag geschl. – **M** (Tischbestellung ratsam) a la carte 76/89 – **Bistro**
(auch Mittagessen) **M** a la carte 32/40.

In Hamburg-Eilbek :

🏠 **Helbing** garni, Eilenau 37 (H 76), ℰ 25 20 83 – 📺 ☎   GX a
21. Dez.- 2. Jan. geschl. – **17 Z : 23 B** 65/75 - 108/118.

In Hamburg-Eimsbüttel :

🏨 **Norge-Kon-Tiki-Grill**, Schäferkampsallee 49 (H36), ℰ 44 11 50, Telex 214942, Fax
44115577, Massage, ⇔ – 📶 ▤ Rest 📺 ☎ 🅿 – 🛗 25/200. 🆎 ⓪ E 𝘝𝘐𝘚𝘈. 🎖 Rest   BX q
22.- 29. Dez. geschl. – **M** a la carte 37/63 – **88 Z : 170 B** 157/172 - 204/236 Fb.

XX **Martial**, Langenfelder Damm 10 (H 20), ℰ 40 41 52 – 🆎   T t
Sonntag bis 19 Uhr und Montag geschl. – **M** a la carte 49/71 – **Bistro M** a la carte 32/46.

In Hamburg-Eppendorf :

XX ❀ **Anna e Sebastiano** (Italienische Küche), Lehmweg 30 (H 20), ℰ 4 22 25 95 – ⓪ E 𝘝𝘐𝘚𝘈.
🎖   BV a
Sonntag - Montag, 1.- 20. Jan. und Juni - Juli 3 Wochen geschl. – **M** (Tischbestellung
erforderlich) a la carte 62/70
Spez. Teigsäckchen mit Austern, Meerwolffilet mit Artischockenfarce, Apfeltörtchen mit Zimteis.

XX **Il Gabbiano** (Italienische Küche), Eppendorfer Landstr. 145 (H 20), ℰ 4 80 21 59 – 🆎 ⓪
Sonntag geschl. – **M** (Tischbestellung ratsam) a la carte 46/67.   T v

XX **Fisch Sellmer** (überwiegend Fischgerichte), Ludolfstr. 50 (H 20), ℰ 47 30 57 – 🅿. 🆎 ⓪
E 𝘝𝘐𝘚𝘈. 🎖   T n
M a la carte 43/76.

In Hamburg-Finkenwerder 2103 :

XX Finkenwerder Elbblick, Focksweg 42 (H 95), ℰ 7 42 70 95, ≤ Elbe, 🌭 – 🅿   U b

In Hamburg-Fuhlsbüttel :

🏨 **Airport Hotel Hamburg**, Flughafenstr. 47 (H 63), ℰ 53 10 20, Telex 2166399, Fax 53102222,
« Ständige Bilder-Ausstellung », Massage, ⇔, 🔲, kostenloser Flughafentransfer – 📶
↔ Zim ▤ Rest 📺 ⇔ 🅿 – 🛗 25/240. 🆎 ⓪ E 𝘝𝘐𝘚𝘈   T p
M a la carte 39/62 – **132 Z : 208 B** 192/252 - 244/334 Fb.

🏠 **Hadenfeldt**, Friedhofsweg 15 (H 63), ℰ 59 62 40, 🌭 – ☎ ⇔ 🅿   T k
M (Freitag geschl.) a la carte 25/42 – **26 Z : 39 B** 60/70 - 95/105.

In Hamburg-Hamm :

🏨 **Hamburg International**, Hammer Landstr. 200 (H 26), ℰ 21 14 01, Telex 2164349, Fax
211409 – 📶 📺 ☎ ⇔ 🅿 – 🛗 25/40. 🆎 E 𝘝𝘐𝘚𝘈   U z
M a la carte 40/69 – **112 Z : 230 B** 110/145 - 155/225 Fb.

In Hamburg-Harburg 2100 :

🏨 **Panorama**, Harburger Ring 8 (H 90), ℰ 76 69 50, Telex 2164824, Fax 76695183 – 📶 📺 ⇔
– 🛗 25/150   U x
M (Sonntag geschl.) a la carte 27/60 – **98 Z : 160 B** 160 - 190 Fb – 8 Appart. 260.

🏨 **Haus Lindtner** 🌭, Heimfelder Str. 123 (H 90), ℰ 7 90 80 81, « Gartenterrasse » – 📺 ☎
🅿 – 🛗 25/600. 🆎 ⓪ E 𝘝𝘐𝘚𝘈   U g
M a la carte 25/68 – **20 Z : 30 B** 115/145 - 185/215.

🏠 **Süderelbe** garni, Großer Schippsee 29 (H 90), ℰ 77 32 14 – 📶 📺 ☎ ⇔. 🆎 ⓪ E 𝘝𝘐𝘚𝘈.
                                                                                    U r
22. Dez.- 7. Jan. geschl. – **21 Z : 40 B** 93 - 120/130.

🏠 **Heimfeld** garni, Heimfelder Str. 91 (H 90), ℰ 7 90 56 78, 🌳 – 📶 📺 ☎ 🅿. 🆎   U a
47 Z : 78 B 85 - 120 Fb.

In Hamburg-Harvestehude westlich der Außenalster :

🏨 **Inter-Continental**, Fontenay 10 (H 36), ℰ 41 41 50, Telex 211099, Fax 41415186
≤ Hamburg und Alster, 🌭, Massage, ⇔, 🔲 – 📶 ↔ Zim ▤ 📺 ⇔ 🅿 – 🛗 25/240. 🆎
⓪ E 𝘝𝘐𝘚𝘈. 🎖 Rest
Restaurants : – **Fontenay-Grill** (Samstag nur Abendessen) **M** a la carte 59/95 –
Hulk-Brasserie täglich Alster-Buffet **M** a la carte 28/60 – **300 Z : 600 B** 264/334 - 318/398 Fb
– 16 Appart. 674/1.224.

🏨 **Garden Hotels Pöseldorf** ⑤ garni, Magdalenenstr. 60 (H 13), 𝒫 44 99 58, Telex 212621, Fax 449958, « Elegante Einrichtung », ☞ – 🔊 📺 ☎. 🆔 ⓪ 🇪 💳   EX c
73 Z : 105 B 155/255 - 270/380.

🏨 **Smolka**, Isestr. 98 (H 13), 𝒫 47 50 57, Telex 215275, Fax 473008 – 🔊 📺 ☎ ⇐⇒. 🆔 ⓪ 🇪 💳. ⇝ Rest   CV d
M *(Samstag ab 15 Uhr sowie Sonn- und Feiertage geschl.)* a la carte 45/61 – **38 Z : 60 B** 125/210 - 205/255 Fb.

🏨 **Abtei** ⑤ garni, Abteistr. 14 (H 13), 𝒫 44 29 05, Telex 2165645, Fax 449820, ☞ – 📺 ☎. ⓪ 🇪 💳. ⇝   DV r
24. Dez.- 6. Jan. geschl. – **12 Z : 20 B** 150/220 - 210/350.

🏨 **Mittelweg** garni, Mittelweg 59 (H 13), 𝒫 45 32 51, Telex 2165663, Fax 446953 – 📺 ☎ ⇐⇒. ⓟ   DV e
26 Z : 40 B 110/142 - 184/200.

XX **La vite** (Italienische Küche), Heimhuder Str. 5 (H 13), 𝒫 45 84 01, ☂ – 🆔 ⓪ 🇪 💳
Sonntag und Weihnachten - Anfang Jan. geschl., Samstag und an Feiertagen nur Abendessen – **M** (Tischbestellung ratsam) a la carte 45/67.   DX e

XX **Daitokai** (Japanisches Restaurant), Milchstr. 1 (H 13), 𝒫 4 10 10 61, Fax 4102296 – 🔲. 🆔 ⓪ 🇪 💳. ⇝   DV a
Sonntag geschl. – **M** (Tischbestellung ratsam) a la carte 53/83.

XX **Osteria Martini** (Italienische Küche), Badestr. 4 (H 13), 𝒫 4 10 16 51 – 🆔 ⓪ 🇪 💳
M (Tischbestellung ratsam) a la carte 39/69.   DX t

In Hamburg-Langenhorn :

🏨 **Schümann** ⑤ garni, Langenhorner Chaussee 157 (H 62), 𝒫 5 31 00 20 – 📺 ☎ ⇐⇒ ⓟ. 🆔 🇪 💳   T f
52 Z : 78 B 113/128 - 133/228 Fb.

🏠 **Kock's Hotel** garni, Langenhorner Chaussee 79 (H 62), 𝒫 5 31 41 42 – 📺 ☎ ⓟ   T c
18 Z : 27 B 88 - 110.

X **Zum Wattkorn** mit Zim, Tangstedter Landstr. 230 (H 62), 𝒫 5 20 37 97, Fax 472413, ☂ – ⓟ   über Tangstedter Landstraße T
M *(Montag geschl.)* a la carte 37/63 – **14 Z : 20 B** 46/78 - 80/104.

In Hamburg - Lehmsahl-Mellingstedt über Alte Landstraße T :

XXX **Ristorante Dante** (Italienische Küche), An der Alsterschleife 3 (H 65), 𝒫 6 02 00 43, ☂ – ⓟ. 🆔 ⓪
Dienstag - Freitag nur Abendessen, Montag und Juli - Aug. 3 Wochen geschl. – **M** (Tischbestellung ratsam) a la carte 47/68.

In Hamburg-Lohbrügge 2050 ③ : 15 km über die B 5 :

🏨 **Alt Lohbrügger Hof**, Leuschner Str. 76 (H 80), 𝒫 7 39 60 00, ☂ – 📺 ☎ ⓟ – 🔬 25/120. 🆔 ⓪ 🇪 💳
M a la carte 30/63 – **43 Z : 78 B** 95 - 140/210 Fb.

In Hamburg-Lokstedt :

🏨 **Engel** garni, Niendorfer Str. 59 (H 54), 𝒫 58 03 15, Fax 583485, ⇐⇒ – 📺 ☎ & ⇐⇒ ⓟ. ⓪ 🇪 💳   T d
50 Z : 71 B 95/125 - 137/173 Fb.

In Hamburg-Nienstedten ⑤ : 13 km über Elbchaussee U :

🏨 **Jacob**, Elbchaussee 401 (H 52), 𝒫 82 93 52, ≤, « Terrasse an der Elbe » 📺 ☎ ⇐⇒ ⓟ. 🆔 ⓪ 🇪 💳
M a la carte 62/85 – **14 Z : 26 B** 131/186 - 152/242.

XX ❀ **Landhaus Dill**, Elbchaussee 404 (H 52), 𝒫 82 84 43 – ⓟ. 🆔 ⓪ 🇪 💳
Dienstag - Freitag nur Abendessen, Montag geschl. – **M** *(auch vegetarisches Menu)* (Tischbestellung ratsam) 85/135 und a la carte 65/100
Spez. Hummersalat am Tisch zubereitet (für 2 Pers.), Seezungenröllchen mit Lachsmousse gefüllt, Lammrücken mit Tomaten - Basilikumsauce.

In Hamburg-Othmarschen :

🏨 **Schmidt** garni, Reventlowstr. 60 (H 52), 𝒫 88 28 31, ☞ – 🔊 📺 ☎ ⓟ   U e
35 Z : 60 B 69/108 - 97/199.

In Hamburg-Poppenbüttel :

🏨 **Poppenbütteler Hof**, Poppenbütteler Weg 236 (H 65), 𝒫 6 02 10 72, Telex 2165255, Fax 6023130 – 🔊 📺 ☎ ⓟ – 🔬 25/60. 🆔 ⓪ 🇪 💳   über Alte Landstraße T
M a la carte 44/66 – **31 Z : 62 B** 141/231 - 192/277 Fb.

In Hamburg-Rahlstedt über ① :

🏨 **Eggers**, Rahlstedter Str. 78 (B 435) (H 73), 𝒫 6 77 40 11, Telex 2173678, ☂, ⇐⇒, ◪ – 🔊 📺 ☎ ⇐⇒ ⓟ – 🔬 25/50. 🆔 ⓪ 🇪 💳
M *(wochentags nur Abendessen)* a la carte 27/63 – **89 Z : 136 B** 70/110 - 125/160 Fb.

In Hamburg-Rothenburgsort :

🏨 **Elbbrücken-Hotel** garni, Billhorner Mühlenweg 28 (H 26), ℰ 78 27 47 — |梁| ☎   GZ **a**
31 Z : 60 B 59/78 - 95/120.

In Hamburg-Rotherbaum :

🏨🏨 **Elysee** ॐ, Rothenbaumchaussee 10 (H 13), ℰ 41 41 20, Telex 212455, Fax 41412733,
Massage, ⇌, 🔲 — |梁| ▤ 🔲 & ⇌ — 🏊 25/500. 🆎 ⓪ 🖻 ₩ℐ. 🛠 Zim   CX **m**
Restaurants : — **Piazza Romana M** a la carte 44/59 — **Brasserie M** a la carte 34/45 — **299 Z :**
593 B 228/288 - 286/346 Fb — 4 Appart. 516/816.

🏨 **Vorbach** garni, Johnsallee 63 (H 13), ℰ 44 18 20, Telex 213054 — |梁| 🔲 ☎ ⇌. 🆎 🖻 ₩ℐ
106 Z : 170 B 125/165 - 145/220.   CX **b**

✕✕ **Ventana** (europäisch-asiatische Küche), Grindelhof 77 (H 13), ℰ 45 65 88 — 🆎 ⓪ 🖻
M (abends Tischbestellung ratsam) a la carte 51/73.   CV **e**

✕✕ ✿ **L'auberge française** (Französische Küche), Rutschbahn 34 (H 13), ℰ 4 10 25 32 — 🆎
⓪ 🖻 ₩ℐ. 🛠   CVX **r**
20. Dez.- 10. Jan., Samstag bis 18 Uhr (Mai - Aug. Samstag ganztägig) und Sonntag geschl.
— **M** (Tischbestellung erforderlich) a la carte 52/85
Spez. Gebratene Gänsestopfleber in Trüffelsauce, Seeteufel in Safran-Sauce, Gratinierte Früchte mit
Kirschcreme.

✕✕ **Fernsehturm-Restaurant** (rotierendes Restaurant in 132 m Höhe), Lagerstr. 2 (|梁|, Gebühr
DM 4,-) (H 6), ℰ 43 80 24, ⛰ Hamburg — ▤ 🅿   BX
(Tischbestellung ratsam).

In Hamburg-St. Pauli :

✕✕ **Bavaria-Blick**, Bernhard-Nocht-Str. 99 (7. Etage, |梁|) (H 4), ℰ 31 48 00, ≤ Hafen — ▤. 🆎
⓪ 🖻 ₩ℐ   BZ **m**
M (Tischbestellung ratsam) a la carte 38/78.

In Hamburg Sasel :

🏨 **Mellingburger Schleuse** ॐ (250 Jahre altes niedersächsisches Bauernhaus),
Mellingburgredder 1 (H 65), ℰ 6 02 40 01, Fax 6027912, ⛅, 🔲 — 🔲 ☎ ⇌ 🅿 — 🏊 25/180.
🆎 ⓪ 🖻 ₩ℐ   über Saseler Chaussee   T
M *(Dienstag bis 17 Uhr geschl.)* a la carte 35/62 — **34 Z : 70 B** 128 - 181/221 Fb.

✕ **Saseler Dorfkrug**, Saseler Chaussee 101 (H 65), ℰ 6 01 77 71 — 🅿   T **m**
(wochentags nur Abendessen).

In Hamburg-Schnelsen :

🏨 **Novotel**, Oldesloer Str. 166 (H 61), ℰ 5 50 20 73, Telex 212923, Fax 5592020, ⛅,
🏊 (geheizt), Fahrradverleih — |梁| 🔲 ☎ & 🅿 — 🏊 25/250. 🆎 ⓪ 🖻 ₩ℐ. 🛠 Rest   T **u**
M a la carte 34/60 — **122 Z : 244 B** 162 - 199 Fb.

In Hamburg-Stellingen :

🏨 **Helgoland**, Kieler Str. 177 (H 54), ℰ 85 70 01, Fax 8511445 — |梁| 🔲 ☎ ⇌ 🅿 — 🏊 25. 🆎
⓪ 🖻 ₩ℐ   U **n**
24. Dez.- 1. Jan. geschl. — (nur Abendessen für Hausgäste) — **109 Z : 218 B** 116/132 -
156/200 Fb.

🏨 **Falck**, Kieler Str. 333 (H 54), ℰ 5 40 20 61, Telex 213664, Fax 5402011 — |梁| 🔲 ☎ 🅿 —
🏊 25/70. 🆎 ⓪ 🖻 ₩ℐ   T **x**
M a la carte 45/65 — **83 Z : 150 B** 115/180 - 155/195 Fb — 3 Appart. 210.

🏨 **Münch** garni, Frühlingstr. 37 (H 54), ℰ 8 50 50 26, ⛅ — 🔲 ☎ ⇌. 🆎 🖻 ₩ℐ. 🛠   T **a**
13 Z : 16 B 105/112 - 140 Fb.

☎ **Rex** garni, Kieler Str. 385 (H 54), ℰ 54 48 13 — ☎ 🅿   T **h**
33 Z : 51 B 52/76 - 94/102.

In Hamburg-Stillhorn :

🏨🏨 **Forte Hotel**, Stillhorner Weg 40 (H 93), ℰ 7 52 50, Telex 217940, Fax 7525444, ⇌, 🔲 — |梁|
▤ Rest 🔲 & 🅿 — 🏊 25/200. 🆎 ⓪ 🖻 ₩ℐ. 🛠 Rest   U **v**
Restaurants : — **Senator M** a la carte 45/74 — **Moorwerder Stube M** a la carte 27/40 —
160 Z : 320 B 188/208 - 211/468 Fb.

🏨 **BAB Raststätte und Motel Stillhorn**, an der A 1 (Ostseite) (H 93), ℰ 7 54 00 20,
Telex 2161885, Fax 7540029, ⛅ — 🍴 Zim 🔲 ☎ & ⇌ 🅿 — 🏊 30. 🖻 ₩ℐ   U **v**
M a la carte 29/46 — **52 Z : 116 B** 78/118 - 112/220.

In Hamburg-Uhlenhorst :

🏨 **Parkhotel Alster-Ruh** ॐ garni, Am Langenzug 6 (H 76), ℰ 22 45 77 — 🔲 ☎ ⇌. 🆎 🖻
24 Z : 42 B 109/179 - 168/293 Fb.   FV **•**

✕✕ **Ristorante Roma** (Italienische Küche), Hofweg 7 (H 76), ℰ 2 20 25 54   FX **•**

In Hamburg-Veddel :

🏨 **Carat-Hotel**, Sieldeich 9 (H 26), ℰ 78 96 60, Telex 2163354, Fax 786196, ⇌ — |梁| 🔲 ☎
⇌ 🅿 — 🏊 25/40. 🆎 ⓪ 🖻 ₩ℐ   U **•**
M a la carte 37/55 — **92 Z : 170 B** 140 - 185 Fb.

In Hamburg-Volksdorf über ① :

XX **Ristorante Due Torri** (Italienische Küche), Im alten Dorfe 40 (H 67), ℰ 6 03 40 42, 🍴 –
🅿. 🖭 ⓪ 🅴
wochentags nur Abendessen, Juli und Montag geschl. – **M** a la carte 39/56.

In Hamburg-Wellingsbüttel :

🏠 **Rosengarten** garni, Poppenbüttler Landstr. 10b (H 65), ℰ 6 02 30 36, ☎, 🐎 – 🖭 ☎
⟷ 🅿. 🖭 🅴   T s
24. Dez.- 2. Jan. geschl. – **10 Z : 17 B** 98 - 158.

XX **Randel**, Poppenbüttler Landstr. 1 (H 65), ℰ 6 02 47 66, 🍴, « 10 ha großer Park » – 🅿 –
🔱 25/60. 🖭 ⓪ 🅴 𝘝𝘐𝘚𝘈   T w
Montag geschl. – **M** a la carte 36/71.

XX **Landhaus, Wellingsbüttler Weg** 140 (H 65), ℰ 5 36 10 69   T g
nur Abendessen.

In Hamburg-Winterhude :

🏠 **Hanseatic** garni, Sierichstr. 150 (H 60), ℰ 48 57 72, Telex 213165, « Elegante, wohnliche
Einrichtung », ☎ – 🖭 ☎. 🖭 ⓪ 🅴 𝘝𝘐𝘚𝘈   EV c
13 Z : 26 B 180/220 - 240/350.

XX **Benedikt**, Dorotheenstr. 182a (H 60), ℰ 4 60 34 64 –   EV a
(Tischbestellung ratsam).

XX **Borsalino** (Italienische Küche), Barmbeker Str. 165 (H 60), ℰ 47 60 30 – 🖭 ⓪ 🅴 𝘝𝘐𝘚𝘈
Montag geschl. – **M** a la carte 45/63.   FV u

X **Schmitz**, Maria-Louisen-Str. 3 (H 60), ℰ 48 41 32 – 🖭   DV b
Samstag, Feiertage und Juli 3 Wochen geschl. – **M** (Tischbestellung ratsam) a la carte
44/71.

MICHELIN-REIFENWERKE KGaA. Niederlassung 2000 Hamburg 74, Billbrookdeich
183 (Hamburg S. 3 U), ℰ (040) 7 32 01 73.

▪▪▪▪▪▪ **HAMELN** 3250. Niedersachsen 𝟿𝟾𝟽 ⑮ – 60 000 Ew – Höhe 68 m – ✪ 05151.

Sehenswert : Hochzeitshaus★.

Ausflugsziel : Hämelschenburg★ ③ : 11 km.

🅱 Verkehrsverein, Deisterallee, ℰ 20 26 17.

ADAC, Ostertorwall 15 A, ℰ 33 35, Notruf ℰ 1 92 11.

♦Hannover 45 ① – Bielefeld 80 ⑤ – Hildesheim 48 ② – Paderborn 67 ④ – ♦Osnabrück 110 ⑤.

Stadtplan siehe nächste Seite.

🏠 **Dorint Hotel Hameln**, 164er Ring 3, ℰ 79 20, Telex 924716, Fax 792191, 🍴, ☎, 🖾 – 🛗
⟷ Zim 🖭 ☎ 🅿 – 🔱 25/400. 🖭 🅴 𝘝𝘐𝘚𝘈   s
M a la carte 35/63 – **103 Z : 156 B** 122/165 - 174/248 Fb.

🏠 **Zur Krone**, Osterstr. 30, ℰ 74 11, Telex 924733 – 🛗 🍽 Rest 🖭 ☎ 🅿 – 🔱 25/60. 🖭 ⓪ 🅴
𝘝𝘐𝘚𝘈 🍽 Rest   v
M 20 (mittags) und a la carte 39/76 – **37 Z : 71 B** 133/223 - 185/285 Fb.

🏠 **Christinenhof** garni, Alte Marktstr. 18, ℰ 71 68, ☎ – 🖭 ☎ 🅿. 🖭 🅴 𝘝𝘐𝘚𝘈   c
18 Z : 31 B 89 - 138 Fb.

🏠 **Zur Börse**, Osterstr. 41a (Zufahrt über Kopmanshof), ℰ 70 80 (Hotel) 2 25 75 (Rest.), Fax
25485 – 🛗 ☎ 🅿. 🖭 ⓪ 𝘝𝘐𝘚𝘈   a
Hotel über Weihnachten und Neujahr geschl. – **M** a la carte 22/43 – **34 Z : 47 B** 55/92 -
102.

🏠 **Bellevue** garni, Klütstr. 34, ℰ 6 10 18 – 🖭 ☎ 🅿   über Klütstraße
19 Z : 35 B 59/85 - 98/110.

🏠 **Hirschmann** garni, Deisterallee 16, ℰ 75 91 – ☎ 🅿. 🖭 𝘝𝘐𝘚𝘈   z
1.- 20. Jan. geschl. – **18 Z : 31 B** 54/70 - 95.

XX **Reckzeh's Restaurant**, Alte Marktstr. 31, ℰ 4 46 64 – ⓪ 🅴   c
Montag geschl. – **M** 19/29 (mittags) und a la carte 45/63.

X **Rattenfängerhaus**, Osterstr. 28, ℰ 38 88, « Renaissancehaus a.d.J. 1603 » – 🔱 25/60.
🖭 ⓪ 🅴 𝘝𝘐𝘚𝘈   n
M a la carte 27/51.

X **China-Restaurant Peking**, 164er Ring 5, ℰ 4 18 44 – 🅴. 🍽   e
M a la carte 22/43.

In Hameln-Klein Berkel ④ : 3 km :

🏠 **Klein Berkeler Warte**, an der B 1, ℰ 6 50 81, 🍴 – ☎ ⟷ 🅿 – 🔱 30. 🖭 ⓪ 🅴 𝘝𝘐𝘚𝘈
M a la carte 27/52 – **14 Z : 18 B** 75 - 110/120 Fb.

🏠 **Gästehaus Ohrberg** 🦆 garni, Margeritenweg 1, ℰ 6 50 55, ⬆, 🐎 – ☎ ⟷ 🅿. ⓪ 🅴
16 Z : 21 B 58/75 - 98/120.

Auf dem Klütberg W : 7 km über ④ :

XX Klütturm, ⬛ 3250 Hameln, ℰ (05151) 6 16 44, ≤ Hameln, Weser und Bergland, 🍴 – 🅿.

351

__In Aerzen 2-Groß Berkel__ **3258** ④ **: 7 km :**

Dammköhler garni, **An der Breite 1,** **(05154) 21 36** —
9 Z : 12 B 38 - 68.

__In Aerzen 14-Multhöpen__ **3258** ④ **: 13 km über Königsförde :**

Landluft, **Buschweg 7,** **(05154) 20 01,** — . E VISA
Mitte Jan.- Mitte Feb. geschl. — **M** *(wochentags nur Abendessen, Dienstag geschl.)* a la carte 28/49 — **10 Z : 17 B** 48/58 - 98.

HAMFELDE IN LAUENBURG **Schleswig-Holstein siehe Trittau.**

HAMM IN WESTFALEN **4700. Nordrhein-Westfalen** **987** ⑭ — **176 900 Ew** — **Höhe 63 m** –
02381 — Verkehrsverein, Bahnhofsvorplatz (im Kaufhaus Horten), 2 34 00.
ADAC, Oststr. 48a, 2 92 88, Notruf 1 92 11.
♦Düsseldorf 111 ③ — **Bielefeld 76** ⑥ — **♦Dortmund 44** ③ — **Münster (Westfalen) 37** ⑥.

Stadtplan siehe gegenüberliegende Seite.

Queens Hotel Hamm, **Neue Bahnhofstr. 3,** **1 30 60, Telex 828886, Fax 13079,**
— Zim — 25/450. AE E VISA Z
M a la carte 45/68 — **142 Z : 263 B** 169/237 - 236/256 Fb — 7 Appart. 271/321.

Stadt Hamm, **Südstr. 9,** **2 90 91, Telex 828719** — . AE E VISA Y
M *(nur Abendessen)* a la carte 36/60 — **25 Z : 46 B** 93/134 - 150/180 Fb.

Herzog garni, **Caldenhofer Weg 22,** **2 00 50** — . AE E VISA Z
27 Z : 40 B 65/90 - 100/125.

Breuer, **Ostenallee 95,** **8 40 01** — — 40. Zim V
M *(Freitag geschl.)* a la carte 22/52 — **23 Z : 30 B** 60/70 - 95.

HAMM
IN WESTFALEN

INNENSTADT

353

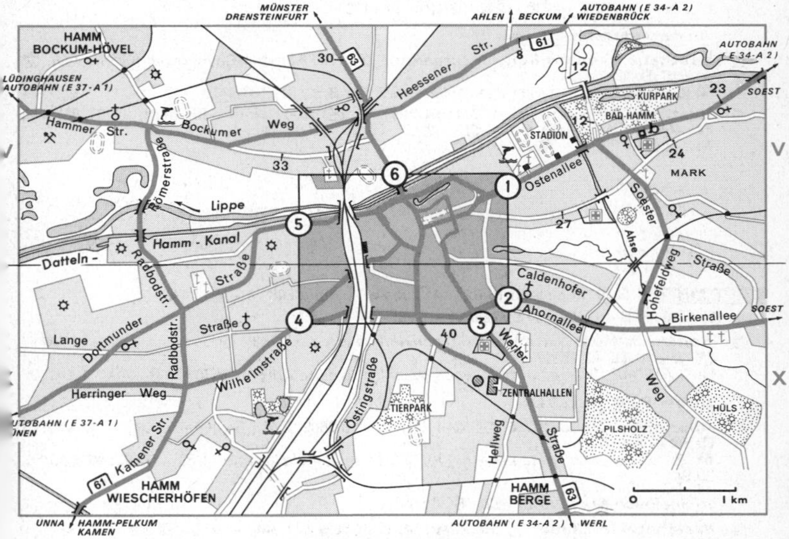

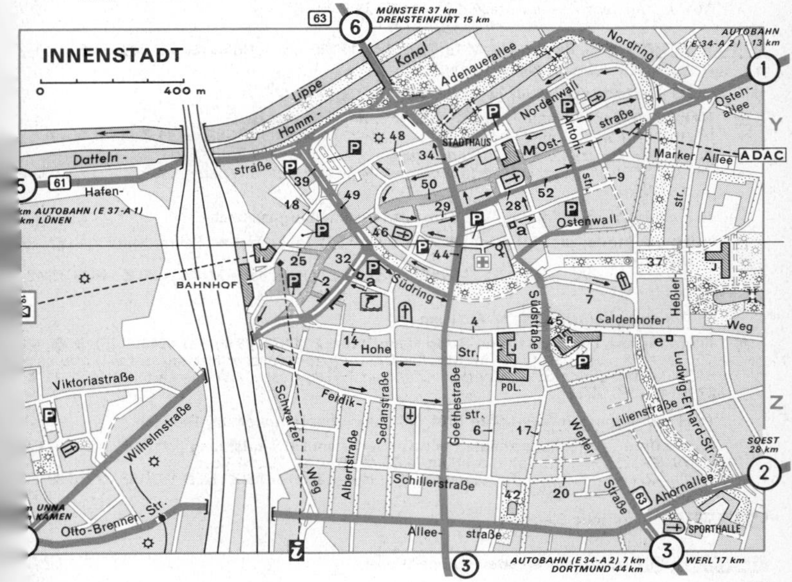

In Hamm 3-Pelkum ④ : 5 km über die B 61 :

🏨 **Selbachpark** 🦌, Kamener Straße (B 61), ✆ 4 09 44 — ☎ 🅿 — 🦽 25/100
M a la carte 24/46 — **25 Z : 50 B** 70 - 125.

XX **Wieland - Stuben**, Wielandstr. 84, ✆ 40 12 17, 🏠, « Elegante und rustikale Einrichtung »
— 🅿. 🆎 ⑩ **E** 𝘝𝘐𝘚𝘈
Samstag bis 18 Uhr geschl. — **M** a la carte 38/77.

In Hamm 1-Rhynern ③ : 7 km :

X **Grüner Baum** mit Zim, Reginenstr. 3, ✆ (02385) 24 54, 🏠 — 📺 ☎ 🅿. 🆎 ⑩ **E**
M a la carte 35/60 — **7 Z : 12 B** 102/123 - 140/170.

An der Autobahn A 2 über ③ :

🏨 **Rasthaus Rhynern Süd**, Im Zengerott 3, ✉ 4700 Hamm 1-Rhynern, ✆ (02385) 4 55, 🏠
— 🗬 🅿. 🆎 **E**
M (auch Self-service) a la carte 24/48 — **13 Z : 21 B** 50/70 - 109/142.

🏨 **Rasthaus Rhynern-Nord**, Ostendorfstr. 62, ✉ 4700 Hamm 1-Rhynern, ✆ (02385) 4 65,
Fax 464, 🏠, 🛖 — 📺 ♿ 🗬 🅿 — 🦽 25. 🆎 **E**
M a la carte 26/56 — **40 Z : 56 B** 65/100 - 110/115.

In this guide,
*a symbol or a character, printed in red or **black**, in **bold** or light type,*
does not have the same meaning.
Please read the explanatory pages carefully.

HAMM (SIEG) 5249. Rheinland-Pfalz — 11 000 Ew — Höhe 208 m — 🌀 02682.
Mainz 124 — ◆Bonn 63 — Limburg an der Lahn 64 — Siegen 48.

🏨 **Romantik-Hotel Alte Vogtei** (Fachwerkhaus a.d.J. 1753), Lindenallee 3, ✆ 2 59, 🚗 —
📺 ☎ 🗬. 🆎 ⑩ **E** 𝘝𝘐𝘚𝘈
Menu *(20. Juli - 9. Aug. und Mittwoch geschl.)* a la carte 28/59 — **15 Z : 30 B** 75/80 - 130/150.

An der B 256 W : 2,5 km :

🏨 **Auermühle**, an der B 256, ✉ 5249 Hamm, ✆ (02682) 2 51, 🏊 (geheizt), 🚗 — ☎ 🗬 🅿.
🆎 ⑩ **E** 𝘝𝘐𝘚𝘈
M *(2.- 20. Jan. und Freitag geschl.)* 16/42 (mittags) und a la carte 24/59 — **27 Z : 40 B** 46/56 -
80/94.

In Seelbach-Marienthal 5231 S : 5 km :

🏨 **Waldhotel Imhäuser** 🦌, Hauptstr. 14, ✆ (02682) 2 71, 🚗 — ☎ 🅿. ⑩ 𝘝𝘐𝘚𝘈
M *(Montag geschl.)* a la carte 26/53 — **17 Z : 29 B** 40 - 80.

HAMMELBURG 8783. Bayern 𝟜𝟙𝟛 M 16, 𝟡𝟠𝟟 ⑳ — 12 200 Ew — Höhe 180 m — 🌀 09732.
🛈 Tourist-Information, Kirchgasse 4, ✆ 8 02 49.
◆München 319 — ◆Bamberg 94 — Fulda 70 — ◆Würzburg 53.

🏨 **Kaiser**, An der Walkmühle 11, ✆ 40 38, 🏠, 🚗 — ☎ 🗬 🅿. **E**
M *(wochentags nur Abendessen, Montag geschl.)* a la carte 22/45 ♨ — **11 Z : 22 B** 40 - 70.

🏨 **Engel**, Marktplatz 12, ✆ 21 29 — ☎ 🗬
➜ 28. Jan.- 11. Feb. geschl. — **M** *(Sonntag ab 14 Uhr geschl.)* a la carte 20/33 ♨ — **16 Z : 30 B**
39/60 - 79/90.

In Hammelburg-Morlesau W : 8 km über Hammelburg-Diebach :

🏨 **Nöth** 🦌, Morlesauer Str. 6, ✆ (09357) 4 79, 🏠, 🏊 (geheizt), 🚗, Fahrradverleih — 🅿. ⑩
➜ **E** 𝘝𝘐𝘚𝘈
1.- 14. Nov. geschl. — **M** *(Okt.- März Montag geschl.)* a la carte 21/46 — **20 Z : 40 B** 33/42
66/84 Fb.

In Wartmannsroth 8781 NW : 10 km :

🏨 **Fränkisches Landgasthaus Sepp Halbritter**, ✆ (09737) 8 90, Fax 8940 — 📺 ☎ 🅿. 🦌
15. Jan.- 12. Feb. geschl. — **M** *(wochentags nur Abendessen, Montag geschl.)* a la carte
54/74 — **Bratwurststüble** *(Montag - Dienstag 17 Uhr geschl.)* **M** a la carte 30/44 — **11 Z**
22 B 140 - 190/220.

In Wartmannsroth-Neumühle 8781 W : 6 km über Hammelburg-Diebach :

🏨 **Neumühle** 🦌 (Fachwerkhäuser mit wertvoller antiker Einrichtung), ✆ (09732) 80 30, Fax
80379, 🛉, 🗋, 🚗, 🍴. Fahrradverleih — 📺 ☎ 🅿 — 🦽 25. 🍴 Rest
8. Jan.- 2. Feb. geschl. — (Restaurant nur für Hausgäste) — **26 Z : 58 B** 150/195 - 235/260.

HAMMER Bayern siehe Siegsdorf.

HAMMINKELN Nordrhein-Westfalen siehe Wesel.

🏌 Hanau-Wilhelmsbad (über ⑤), ℰ 8 20 71.

🛈 Verkehrsamt, Markt 14, ℰ 25 24 00.

ADAC, Sternstraße (Parkhaus), ℰ 2 45 11, Notruf ℰ 1 92 11.

◆Wiesbaden 59 ③ — ◆Frankfurt am Main 20 ④ — Fulda 89 ① — ◆Würzburg 104 ②.

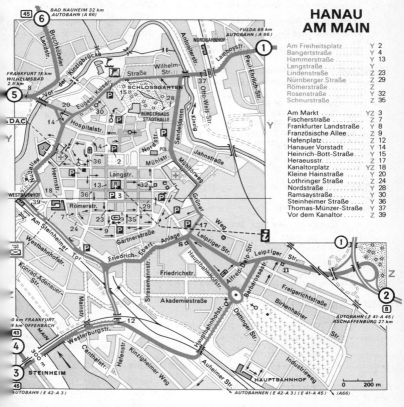

HANAU AM MAIN

🏨 **Brüder-Grimm-Hotel - Restaurant La Fontana,** Kurt-Blaum-Platz 6, ℰ 30 60 (Hotel) 3 38 38 (Rest.), Telex 4102317, Dachterrasse mit ≼, Massage, ☎ — 🛗 📺 ☎ ⅋ 🅿 — 🔬 25/70 — **95 Z : 186 B** Fb.　　　　　　　　Z s

🏨 **Grahn,** Landwehr 1, ℰ 3 10 86 — 📺 ☎ 🅿. 🆎 ⓪ Ε 🌐　　　　　　Z n
M (12.- 20. April, 15. Juli - 12. Aug., 27. Dez.- 6. Jan. und Sonntag geschl.) a la carte 29/50 — **16 Z : 28 B** 85/105 - 95/160 Fb.

🏨 **Café Menges** garni, Hirschstr. 16, ℰ 25 60 45 — 📺 ☎ 🅿. 🆎 ⓪ Ε 🌐　　Y r
28 Z : 37 B 45/85 - 70/130 Fb.

🏨 **Royal,** Salzstr. 14, ℰ 2 41 57 — 📺 ☎ ⇔. ⓪ Ε 🌐. ⅋　　　　　　　Y e
M (nur Abendessen, Samstag geschl.) a la carte 26/49 — **17 Z : 32 B** 89/95 - 125 Fb.

In Hanau 6-Mittelbuchen ⑥ : 7 km :

🏨 **Sonnenhof** garni, Alte Rathausstraße 6, ℰ 7 10 99 — ☎ 🅿
21. Dez.- Anfang Jan. geschl. — **18 Z : 29 B** 47/56 - 92/98 Fb.

In Hanau 7-Steinheim ③ : 4 km :

🏨 **Birkenhof,** von-Eiff-Str. 37, ℰ 64 61, ✿ — 📺 ☎ ⇔ 🅿. 🆎 Ε 🌐
20. Dez.- 4. Jan. und über Ostern geschl. — (nur Abendessen für Hausgäste) — **20 Z : 30 B** 95/105 - 150/180.

🏨 **Zur Linde,** Steinheimer Vorstadt 31, ℰ 65 90 71, ✿ — 📺 ☎ 🅿. Ε
M (Samstag bis 18 Uhr und Donnerstag geschl.) a la carte 27/48 — **31 Z : 45 B** 45/85 - 90/150 Fb.

In Hanau-Wilhelmsbad über ⑤ :

XX Golf-Club - Restaurant da Enzo ⤵ mit Zim, Wilhelmsbader Allee 32, ℰ 8 32 19, ≤, ㎡, ₁₈ — Ⓣⱽ ☎ ℗. ⅍ Zim
(Italienische Küche) — **7 Z : 14 B** Fb.

XX Essen u. Trinken (im Wilhelmsbader Hof), Kesselstädter Str. 80, ℰ 8 24 66, ㎡ — ℗.

In Rodenbach-Niederrodenbach 6458 NO : 5,5 km :

🏨 **Princess-Motel** garni, Gelnhäuser Str. 3 (B 43), ℰ (06184) 5 10 06 — 🛗 Ⓣⱽ ☎ ℗. ㎒ ⑩ Ⓔ 𝘝𝘐𝘚𝘈. ⅍
20. Dez.- 3. Jan. geschl. — **23 Z : 37 B** 89 - 119.

◆Hannover 124 — ◆Bremen 89 — ◆Hamburg 50 — Lüneburg 46.

🏨 **Fuchs**, Hauptstr. 35, ℰ 4 14, ㎡, ⇌, ㎡, ⅍ — Ⓣⱽ ☎ ℗ — ⅍ 25/80
➜ **M** a la carte 21/44 — **30 Z : 60 B** 38/65 - 60/85 Fb.

🏨 **Zum Lindenheim** (mit Gästehaus), Hauptstr. 38, ℰ 3 24, Fax 7561, ㎡ — Ⓣⱽ ☎ ℗. ⑩ 𝘝𝘐𝘚𝘈
M a la carte 22/56 — **21 Z : 43 B** 30/60 - 55/90 Fb — ½ P 45/75.

XX ✿ **Zur Heidekrone - Restaurant La Truffe** ⤵ mit Zim, Wörmer Str. 70 (N : 1 km),
ℰ 5 34, ㎡, ㎡ — ℗. ㎒ ⑩ Ⓔ 𝘝𝘐𝘚𝘈
2. Jan.- 10. Feb. und 27.- 30. Dez. geschl. — **M** *(Dienstag - Freitag nur Abendessen, Montag geschl.)* a la carte 51/80 — **7 Z : 13 B** 43 - 64/84
Spez. Seeteufel mit Basilikumcreme, Lammgerichte, Himbeer-Soufflé.

◆Hannover 83 — ◆Braunschweig 62 — Celle 40 — Lüneburg 65.

In Dedelstorf 1-Repke 3122 SW : 5 km :

🏨 **Dierks**, an der B 244, ℰ (05832) 4 46, ㎡ — Ⓣⱽ ☎ ⇐ ℗
M a la carte 27/46 — **17 Z : 27 B** 40/45 - 72/82 — ½ P 44/49.

In Sprakensehl-Masel 3101 NW : 6 km :

🏨 **Landhaus Adebahr** ⤵, ℰ (05837) 3 77, ⌇, ㎡ — ℗. ⅍
M *(Montag geschl.)* a la carte 25/36 — **11 Z : 21 B** 27/35 - 54/70 Fb — ½ P 34/42.

Sehenswert : Herrenhäuser Gärten★★ (Großer Garten★★, Berggarten★) A — Kestner-Museum★ DY
M1 — Marktkirche (Schnitzaltar★★) DY A — Niedersächsisches Landesmuseum★ EZ M2 —
Kunstmuseum★ (Sammlung Sprengel★) EZ M4.

₁₈ Garbsen, Am Blauen See (⑥ : 14 km), ℰ (05137) 7 32 35 ; ₁₈ Isernhagen FB, Gut Lohne, ℰ (0511) 72 30 30.

✈ Hannover-Langenhagen (① : 11 km), ℰ 7 30 51.

🚗 ℰ 1 28 54 52.

Messegelände (über ② und die B 6), ℰ 8 90, Telex 922728.

🛈 Verkehrsbüro, Ernst-August-Platz 8, ℰ 1 68 23 19.

ADAC, Hindenburgstr. 37, ℰ 8 50 00, Notruf ℰ 1 92 11.

◆Berlin 288 ② — ◆Bremen 123 ① — ◆Hamburg 151 ①.

| Messe-Preise : siehe S. 8 | Foires et salons : voir p. 16 |
| Fairs : see p. 24 | Fiere : vedere p. 32 |

Stadtpläne siehe nächste Seiten.

🏨🏨 **Inter-Continental**, Friedrichswall 11, ℰ 3 67 70, Telex 923656, Fax 325195 — 🛗 ⅍⇌ Zim
▣ Rest Ⓣⱽ ₤ — ⅍ 25/300. ㎒ ⑩ Ⓔ 𝘝𝘐𝘚𝘈. ⅍ Rest   DY ◆
Restaurants : — **Prinz Taverne M** 28 (mittags) und a la carte 45/80 — **Wilhelm-Busch-Stub**
(Sonntag ab 15 Uhr - und Feiertage geschl.) **M** a la carte 25/40 — **285 Z : 450 B** 254/474
318/538 Fb — 15 Appart. 798/1598.

🏨🏨 **Maritim**, Hildesheimer Str. 34, ℰ 1 65 31, Telex 9230268, Fax 884846, ⇌, ▨ — 🛗 ⅍⇌ Zim
▣ Ⓣⱽ ₤ ⇐ ℗ — ⅍ 25/600. ㎒ ⑩ Ⓔ 𝘝𝘐𝘚𝘈. ⅍ Rest   EZ ◆
M a la carte 42/83 — **293 Z : 580 B** 179/339 - 218/475 Fb.

🏨🏨 **Kastens Hotel Luisenhof**, Luisenstr. 1, ℰ 1 24 40/3 04 40, Telex 922325, Fa
1244807/3044807 — 🛗 ⅍⇌ Zim ▣ Rest Ⓣⱽ ₤ ⇐ ℗ — ⅍ 25/150. ㎒ ⑩ Ⓔ 𝘝𝘐𝘚𝘈. ⅍ Rest
M *(Juli - Aug. Sonntag geschl.)* 27 (mittags) und a la carte 51/83 — **160 Z : 250 B** 175/319
208/498 Fb — 4 Appart. 750.   EX ◆

🏨 ✧ **Schweizerhof Hannover - Schu's Restaurant**, Hinüberstr. 6, ℰ 3 49 50 (Hotel) 3 49 52 52 (Rest.), Telex 923359, 🕿 – 📳 🎞 Rest 📺 🚾 – 🏧 25/160. 🖭 ⓞ 𝐄 𝒱𝐼𝑆𝐀 **M** *(Samstag bis 18 Uhr geschl.)* *(bemerkenswerte Weinkarte)* 39/58 (mittags) und a la carte 77/110 – **Gourmet's Buffet M** a la carte 42/75 – **Zirbelstube M** a la carte 29/38 – **115 Z : 200 B** 210/285 - 285/345 Fb – 3 Appart. 650   EX **d**
Spez. Geräucherter Zander mit Spargelsalat, Geschmorte Heidschnuckenschulter, Pumpernickelparfait.

🏨 **Congress-Hotel am Stadtpark**, Clausewitzstr. 6, ℰ 2 80 50, Telex 921263, Fax 814652, ☎, Massage, 🕿, 🖼 – 📳 ⇙ Zim 📺 🚾 🅿 – 🏧 25/3000. 🖭 ⓞ 𝐄 𝒱𝐼𝑆𝐀   B **e**
M 20 (mittags) und a la carte 38/78 – **252 Z : 455 B** 136/288 - 238/348 Fb – 4 Appart. 1000.

🏨 **Grand Hotel Mussmann** garni, Ernst-August-Platz 7, ℰ 32 79 71, Telex 922859, Fax 324325 – 📳 📺 – 🏧 25/50. 🖭 ⓞ 𝐄 𝒱𝐼𝑆𝐀   EX **v**
22. Dez.- 1. Jan. geschl. – **100 Z : 160 B** 148/358 - 188/398 Fb.

🏩 **Königshof** garni, Königstr. 12, ℰ 31 20 71, Telex 922306, Fax 312079 – 📳 🎞 🕿 🚗 – 🏧 30. 🖭 ⓞ 𝐄 𝒱𝐼𝑆𝐀   EX **c**
Juli geschl. – **84 Z : 168 B** 144/290 - 178/380 Fb.

🏩 **Plaza**, Fernroder Str. 9, ℰ 3 38 80, Telex 921513, Fax 3388488, ☎ – 📳 ⇙ Zim 🎞 🕿 – 🏧 . ⇙   EX **e**
102 Z : 159 B Fb.

🏩 **Mercure**, Am Maschpark 3, ℰ 8 00 80, Telex 921575, Fax 8093704, 🕿 – 📳 ⇙ Zim 🎞 Rest 📺 🕿 ⓺ 🚗 – 🏧 25/230. 🖭 ⓞ 𝐄 𝒱𝐼𝑆𝐀   EZ **n**
M a la carte 40/71 – **141 Z : 230 B** 162/292 - 190/349 Fb.

🏩 **Central-Hotel Kaiserhof**, Ernst-August-Platz 4, ℰ 3 68 30, Telex 922810, Fax 3683114 – 📳 📺 🕿 – 🏧 25/100. 🖭 ⓞ 𝐄 𝒱𝐼𝑆𝐀 ⇙   EX **a**
M a la carte 23/52 – **81 Z : 120 B** 106/176 - 156/296 Fb.

🏩 **Am Funkturm - Ristorante Milano**, Hallerstr. 34, ℰ 31 70 33 (Hotel) 33 23 09 (Rest.), Telex 922263 – 📳 📺 🕿 ⓺ 🅿. 🖭 ⓞ 𝐄 𝒱𝐼𝑆𝐀   EV **s**
nur Hotel: Juli - 15. Aug. geschl. – **M** a la carte 38/58 – **45 Z : 65 B** 88/198 - 158/296.

🏩 **Am Leineschloß** garni, Am Markte 12, ℰ 32 71 45, Telex 922010, Fax 325502 – 📳 ⇙ Zim 🕿 🚗   DY **z**
81 Z : 160 B Fb.

🏩 **Loccumer Hof**, Kurt-Schumacher-Str. 16, ℰ 32 60 51, Fax 131192 – 📳 🎞 🕿 🚗 – 🏧 35. 🖭 ⓞ 𝐄 𝒱𝐼𝑆𝐀. ⇙ Rest   DX **s**
M *(Samstag und Sonntag jeweils ab 15 Uhr geschl.)* 24 (mittags) und a la carte 41/76 – **70 Z : 105 B** 95/125 - 140/180 Fb.

🏩 **Intercity-Hotel**, Ernst-August-Platz 1, ℰ 32 74 61, Telex 921171, Fax 324119 – 📳 🎞 Rest 📺 🕿 – 🏧 25/100. 🖭 𝐄   EX **r**
M a la carte 21/48 – **57 Z : 92 B** 95/140 - 150/230 Fb.

🏠 **Körner**, Körnerstr. 24, ℰ 1 46 66, Telex 921313, ☎, 🖼 – 📳 📺 🕿 🚗 – 🏧 25/60. 🖭 ⓞ 𝐄 𝒱𝐼𝑆𝐀   DX **e**
M a la carte 36/58 – **81 Z : 120 B** 114/134 - 148/178 Fb.

🏠 **Am Rathaus**, Friedrichswall 21, ℰ 32 62 68, Telex 923865, Fax 328868, 🕿 – 📳 🎞 🕿. ⓞ 𝐄 𝒱𝐼𝑆𝐀   EY **y**
M *(Sonntag geschl.)* a la carte 29/55 – **47 Z : 71 B** 110/220 - 160/300 Fb.

🏠 **Alpha-Tirol** garni, Lange Laube 20, ℰ 13 10 66, « Einrichtung im Bauernstil » – 📺 🕿   DX **f**
15 Z : 18 B.

🏠 **Thüringer Hof** garni, Osterstr. 37, ℰ 32 64 37, Telex 923994 – 📳 📺 🕿. ⓞ 𝐄 𝒱𝐼𝑆𝐀   EY **e**
23. Dez.- 2. Jan. geschl. – **55 Z : 70 B** 85/185 - 150/200 Fb.

🏠 **Atlanta** garni, Hinüberstr. 1, ℰ 34 29 39, Telex 924603 – 📳 📺 🕿 🚗. 𝐄 𝒱𝐼𝑆𝐀   EX **t**
21. Dez.- 3. Jan. geschl. – **38 Z : 55 B** 80/150 - 130/250 Fb.

🏠 **Bischofshol**, Bemeroder Str. 2 (nähe Messeschnellweg), ℰ 51 10 82, ☎ – 🕿 🅿   B **x**
28. Dez.- 6. Jan. geschl. – **M** *(Freitag geschl.)* a la carte 24/45 – **12 Z : 20 B** 65/80 - 110/130.

🏠 **City-Hotel** garni, Limburgstr. 3, ℰ 32 66 81, Telex 9230122 – 📳 📺 🕿. 🖭 𝐄 𝒱𝐼𝑆𝐀   DX **u**
36 Z : 52 B 77/98 - 140 Fb.

🟡🟡🟡🟡 ✧ **Landhaus Ammann** mit Zim, Hildesheimer Str. 185, ℰ 83 08 18, Telex 9230900, Fax 8437749, « Elegante Einrichtung, Innenhofterrasse », ☎ – 📳 📺 ⓺ 🅿 – 🏧 25/100. 🖭 ⓞ 𝐄. ⇙ Rest   B **b**
M *(bemerkenswerte Weinkarte)* 105/142 und a la carte 69/100 – **Nudelstubb** *(auch vegetarische Gerichte)* **M** a la carte 41/66 – **14 Z : 28 B** 195/250 - 240/450 Fb
Spez. Hummer und Seezunge in Sauternes, Steinhuder Zander mit warmer Gemüse - Vinaigrette, Lammnüßchen in Trüffelsauce.

🟡🟡🟡 **Bakkarat im Casino am Maschsee**, Arthur-Menge-Ufer 3 (1. Etage), ℰ 80 10 20, ≤, ☎   DZ **a**

🟡🟡🟡 ✧ **Georgenhof-Stern's Restaurant** 🦢 mit Zim, Herrenhäuser Kirchweg 20, ℰ 70 22 44, Fax 708559, « Niederdeutsches Landhaus in einem kleinen Park, Gartenterrasse » – 📺 🕿 🅿. 🖭 ⓞ 𝐄 𝒱𝐼𝑆𝐀. ⇙ Zim   B **r**
M *(bemerkenswerte Weinkarte)* 35 (mittags) und a la carte 71/114 – **13 Z : 21 B** 99/210 - 180/290 Fb
Spez. Kalbskopfsalat, Heidschnucken - Rücken (Saison), Barbarie - Ente mit Aprikosensauce.

XXX **Mövenpick - Baron de la Mouette**, Georgstr. 35 (1. Etage), ℰ 32 62 85, Fax 323160 –
▤, 𐐂ᴇ ⓞ ᴇ 𝗩𝗜𝗦𝗔   EX **x**
M a la carte 41/67.

XXX **Lila Kranz**, Kirchwender Str. 23, ℰ 85 89 21, 🏠 – 𐐂ᴇ ⓞ ᴇ 𝗩𝗜𝗦𝗔   FX **b**
Samstag und Sonntag nur Abendessen – **M** 40 (mittags) und a la carte 60/89.

XX **Stern's Sternchen**, Marienstr. 104, ℰ 81 73 22 – 𐐂ᴇ ⓞ ᴇ 𝗩𝗜𝗦𝗔   FY **b**
Sonntag - Montag und Juli - Aug. 3 Wochen geschl. – **M** a la carte 56/76.

XX **Leineschloß**, Hinrich-Wilhelm-Kopf-Platz 1, ℰ 32 03 32, 🏠 – 🈺 25/170   DY **k**

XX **Ratskeller**, Köbelinger Str. 60 (Eingang Schmiedestraße), ℰ 1 53 63 – 𐐂ᴇ ᴇ   DY **n**
M a la carte 34/65.

XX **Mandarin-Pavillon** (Chinesische Küche), Marktstr. 45 (Passage), ℰ 1 89 79 – 𐐂ᴇ ⓞ ᴇ
𝗩𝗜𝗦𝗔   DY **x**
M *(auch vegetarische Gerichte)* a la carte 28/55.

X **Altdeutsche Bierstube**, Lärchenstr. 4, ℰ 34 49 21, « Gemütliche Gaststuben » – 𐐂ᴇ ⓞ
ᴇ 𝗩𝗜𝗦𝗔   FV **s**
Samstag bis 17 Uhr und Sonntag geschl. – Menu (Tischbestellung ratsam) a la carte 34/56.

X **Rôtisserie Helvetia**, Georgsplatz 11, ℰ 1 48 41/30 47 47, 🏠 – ⓞ ᴇ 𝗩𝗜𝗦𝗔   EY **k**
M a la carte 30/55.

X **Seerestaurant Panorama im Casino am Maschsee**, Arthur-Menge-Ufer 3, ℰ 80 03 34,
« Terrasse am See mit ≤ »   DZ **a**

X **Tai-Pai** (Chinesische Küche), Hildesheimer Str.
73, ℰ 88 52 30   EZ **a**
Montag geschl. – **M** a la carte 25/46.

X **Härke-Klause** (Brauerei-Gaststätte), Stände-
➤ hausstr. 4, ℰ 32 11 75 – 𐐂ᴇ ⓞ ᴇ 𝗩𝗜𝗦𝗔   EY **b**
Samstag 15 Uhr - Sonntag und Feiertage geschl. –
M 16/25 (mittags) und a la carte 21/46.

In Hannover 51-Bothfeld über Podbielskistraße
B

🏠 **Residenz Hotel Halberstadt** garni, Im Heid-
kampe 80, ℰ 64 01 18, 🌿 – 📺 ☎ ⓟ, 𐐂ᴇ ⓞ ᴇ 𝗩𝗜𝗦𝗔
22. Dez.- 5. Jan. geschl. – **36 Z : 50 B** 95/140 -
125/175 Fb.

XXX ⚜ **Witten's Hop**, Gernsstr. 4, ℰ 64 88 44, 🏠,
« Rustikale Einrichtung » – ⓟ
wochentags nur Abendessen – **M** 110/148 und a la
carte 62/92
Spez. Pot au feu von Wachteln und Steinpilzen, Lachs mit
Zanderschaum im Blätterteig, Gefüllter Heidschnuckenrücken.

XX **Steuerndieb**, Steuerndieb 1 (im Stadtwald
Eilenriede), ℰ 69 50 99, « Terrasse », auch Biergarten mit Self-Service – ⓟ. ᴇ 𝗩𝗜𝗦𝗔   B **c**
Sonntag ab 18 Uhr geschl. – **M** 25 (mittags) und a
la carte 39/64.

In Hannover 51-Buchholz über Podbielskistraße
B

🏠 **Föhrenhof**, Kirchhorster Str. 22, ℰ 6 17 21, Fax
619719, 🏠 – 🕸📺 ☎ ⓟ – 🈺 30. 𐐂ᴇ ⓞ ᴇ 𝗩𝗜𝗦𝗔
M 25 (mittags) und a la carte 40/70 – **77 Z : 138 B**
130/200 - 190/240 Fb.

XX **Buchholzer Windmühle**, Pasteurallee 30,
ℰ 64 91 38, Fax 6478930, 🏠 – ⓟ. ✻
Montag sowie Sonn- und Feiertage geschl. – **M** a
la carte 39/65.

In Hannover 81-Döhren :

XXX **Wichmann**, Hildesheimer Str. 230, ℰ 83 16 71, Fax
8379811, « Innenhof » – ᴇ   B **s**
M a la carte 56/86.

XX ⚜ **Etoile**, Wiehbergstr. 98, ℰ 83 55 24 – 𐐂ᴇ ⓞ ᴇ
𝗩𝗜𝗦𝗔   B **z**
Sonntag - Montag geschl. – **M** (abends
Tischbestellung ratsam) a la carte 48/75
Spez. St. Petersfisch mit Zitronensauce, Lammrücken aus dem
Kräutersud, Dessertteller.

XX **Die Insel - Maschseeterrassen**, Rudolf-von-
Bennigsen-Ufer 81, ℰ 83 12 14, ≤, 🏠 – ⓟ. 𐐂ᴇ
2.- 21. Jan. und Montag geschl. – **M** *(auch vegetarische Gerichte)* 22 (mittags) und a la carte
43/67.   B **k**

Adenauerallee . . . . . . B 2
Bemeroder Straße . . . B 4
Clausewitzstraße . . . . B 5
Friedrichswall . . . . B 6
Friedrich-Ebert-Str. . . B 8
Goethestraße . . . . B 9
Gustav-Bratke-Allee . . B 10
Humboldtstraße . . . . B 13
Kirchröder Straße . . . . B 16
Lavesallee . . . . B 17
Leibnizufer . . . . B 18
Otto-Brenner-Straße . . B 20
Ritter-Brüning-Str. . . B 21
Schloßwender Str. . . B 22
Stöckener Straße . . . A 23
Stresemannallee . . . . B 25

In Hannover 42-Flughafen ① : 11 km :

🏨 **Holiday Inn**, Am Flughafen, ℰ 7 70 70, Telex 924030, Fax 737781, ⥱, 🔲 – 🛗 ⇄ Zim 🔲 🔲 ⅏ 🅿 – 🔬 25/160. 🆎 ⓞ ⼕ 𝗩𝗜𝗦𝗔
M a la carte 41/73 – **145 Z : 243 B** 220 - 298 Fb.

✗ **Mövenpick-Restaurant**, Abflugebene, ℰ 7 30 55 09, Fax 7305709 – 🔲 – 🔬 25/400. 🆎 ⓞ ⼕ 𝗩𝗜𝗦𝗔
M *(auch vegetarische Gerichte)* a la carte 28/56.

In Hannover 51 - Isernhagen Süd N : 12 km über Podbielskistraße B :

🏨 **Parkhotel Welfenhof**, Prüssentrift 85, ℰ 6 54 06, Telex 923138, Fax 651050, ⥱ – 🛗 🔲 ☎ 🅿 – 🔬 25/100. 🆎 ⓞ ⼕ 𝗩𝗜𝗦𝗔
M 25 (mittags) und a la carte 37/70 – **115 Z : 200 B** 98/170 - 165/250 Fb.

In Hannover 71-Kirchrode über Kirchröder Straße B :

🏨 **Queens Hotel am Tiergarten** ⑤, Tiergartenstr. 117, ℰ 5 10 30, Telex 922748, Fax 526924, ⥱ – 🛗 ⇄ Zim 🔲 ☎ ⇌ 🅿 – 🔬 25/200. 🆎 ⓞ ⼕ 𝗩𝗜𝗦𝗔
M a la carte 42/65 – **108 Z : 184 B** 199/233 - 251/326 Fb – 3 Appart. 376.

Fortsetzung →

HANNOVER
UND UMGEBUNG

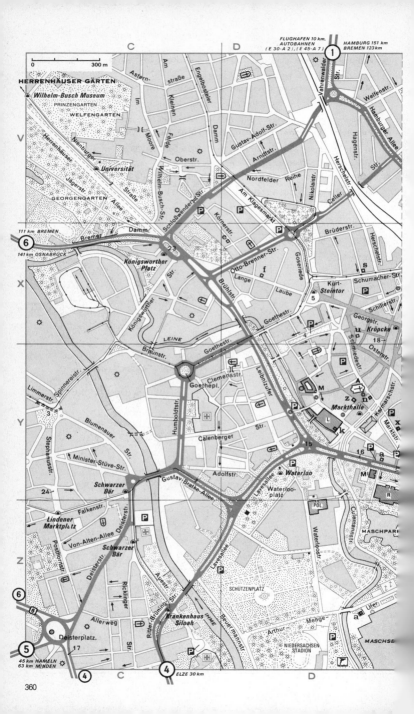

HANNOVER

In Hannover 71-Kleefeld über ② :

XX **Alte Mühle**, Hermann-Löns-Park 3, ℰ 55 94 80, Fax 552680, « Niedersächsisches Bauernhaus, Gartenterrasse » − 戈 ℗. ዉ ⑩ E
Donnerstag geschl. − **M** 28 (mittags) und a la carte 50/75.

In Hannover 1-List :

🏨 **Waldersee** garni, Walderseestr. 39, ℰ 69 80 63, Fax 698065, ⇌, ◩, ℳ, Fahrradverleih −
📶 ⓣⓥ ☎ ℗. ዉ E ▨▨▨   B m
28 Z : 46 B 90/160 - 150/240 Fb.

🏠 **Grünewald** garni, Grünewaldstr. 28, ℰ 69 50 41, ⇌, ◩, ℳ − 📶 ⓣⓥ ☎. ዉ E ▨▨▨   B m
30 Z : 50 B 90/180 - 140/300.

In Hannover 72-Messe über Messeschnellweg B :

🏩 **Parkhotel Kronsberg**, Laatzener Str. 18 (am Messegelände), ℰ 86 10 86, Telex 923448,
Fax 867112, 🌤, ⇌, ◩ − ℗ − 🔥 Rest ⓣⓥ ⟷ ℗ − 🔺 25/200. ዉ ⑩ E ▨▨▨
M 25 (mittags) und a la carte 36/63 − **145 Z : 210 B** 135/230 - 195/270 Fb.

Hannover 81-Waldhausen :

🏠 **Hubertus** ♨, Adolf-Ey-Str. 11, ℰ 83 02 58, Fax 830681, « Garten » − ⓣⓥ ☎   B t
(nur Abendessen für Hausgäste) − **19 Z : 26 B** 75/85 - 110/130 Fb.

🏠 **Eden** ♨ garni (ehem. Villa), Waldhausenstr. 30, ℰ 83 04 30, Fax 833094 − ☎. ⑩   B y
23 Z : 35 B 55/80 - 85/120 Fb.

In Hannover 89-Wülfel :

XX **Wülfeler Brauereigaststätten** mit Zim, Hildesheimer Str. 380, ℰ 86 50 86, Fax 876009,
🌤 − ☎ ℗ − 🔺 25/620. ⑩ E ▨▨▨   B n
M *(Juni - Aug. Sonn- und Feiertage geschl.)* 20 (mittags) und a la carte 38/63 − **35 Z : 45 B**
45/95 - 90/170.

In Hemmingen 1-Westerfeld 3005 ④ : 8 km :

🏠 **Berlin** garni, Berliner Str. 4, ℰ (0511) 42 30 14, Telex 924676, Fax 232870, ⇌ − 📶 ⤬ ⓣⓥ
☎ ℗. ዉ ⑩ E ▨▨▨
39 Z : 62 B 103/249 - 150/305 Fb.

In Laatzen 3014 ③ : 9 km :

🏩 Britannia Hannover, Karlsruher Str. 26, ℰ (0511) 8 78 20, Telex 9230392, Fax 863466, ⇌,
🍽 (Halle) − 📶 ⓣⓥ 戈 ℗ − 🔺 25/80
100 Z : 200 B Fb.

🏠 **Haase**, Am Thie 4 (Ortsteil Grasdorf), ℰ (0511) 82 10 41, Fax 828079 − ⓣⓥ ☎ ℗
M a la carte 30/46 − **40 Z : 60 B** 45/110 - 100/180 Fb.

In Langenhagen 3012 ① : 10 km :

🏨 **Grethe**, Walsroder Str. 151, ℰ (0511) 73 80 11, Fax 772418, 🌤, ⇌, ◩ − 📶 ⓣⓥ ☎ ℗ −
🔺 25/40. E
28. *Juli - 26. Aug. und 22. Dez. - 6. Jan. geschl.* − **M** *(Samstag - Sonntag geschl.)* a la carte
33/57 − **51 Z : 96 B** 90/160 - 130/210 Fb.

In Langenhagen 6-Krähenwinkel 3012 ① : 11 km :

🏨 **Jägerhof**, Walsroder Str. 251, ℰ (0511) 7 79 60, Telex 9218211, Fax 7796111, 🌤 − ⓣⓥ ☎
℗ − 🔺 25/70. ዉ ⑩ E ▨▨▨
22. *Dez.- 4. Jan. geschl.* − **M** *(Samstag bis 18 Uhr sowie Sonn- und Feiertage geschl.)* a la
carte 39/66 − **77 Z : 105 B** 75/115 - 120/165 Fb.

In Ronnenberg-Benthe 3003 ⑤ : 10 km über die B 65 :

🏨 **Benther Berg** ♨, Vogelsangstr. 18, ℰ (05108) 6 40 60, Telex 922253, Fax 640650, 🌤, ⇌
◩ − 📶 ⓣⓥ ☎ ℗ − 🔺 25/60. ዉ ⑩ E ▨▨▨. ℳ
M *(Sonn- und Feiertage ab 18 Uhr geschl.)* a la carte 60/82 − **64 Z : 90 B** 99/135 - 150/20□
Fb.

In Isernhagen KB 3004 N : 14 km über Podbielskistraße B :

XX **Hopfenspeicher**, Dorfstr. 16, ℰ (05139) 8 76 09, 🌤 − ℗. ⑩. ℳ
nur Abendessen, Montag und Jan. 2 Wochen geschl. − **M** a la carte 57/82.

In Garbsen 1-Havelse 3008 ⑥ : 12 km über die B 6 :

🏨 **Wildhage**, Hannoversche Str. 45, ℰ (05137) 7 50 33, Fax 75401, ⇌ − ⓣⓥ ☎ ⟷ ℗ ◃
🔺 25/100. ዉ ⑩ E ▨▨▨
M 15/25 (mittags) und a la carte 34/55 − **25 Z : 35 B** 75/105 - 120/160 Fb.

In Garbsen 4-Berenbostel 3008 ⑥ : 13 km über die B 6 :

🏨 **Landhaus Köhne am See** ♨, Seeweg, ℰ (05131) 9 10 85, Fax 8367, ≼, « Gartenterrasse », ⇌, ◩ (geheizt), ℳ, 🍽 − 🔳 Rest ⓣⓥ ☎ ℗. ዉ ⑩ E
15. *Dez.- 2. Jan. geschl.* − **M** a la carte 41/65 − **26 Z : 45 B** 80/200 - 125/300 Fb.

In Garbsen 1-Alt Garbsen 3008 ⑥ : 14,5 km über die B 6 :

🏨 **Waldhotel Garbsener Schweiz**, Alte Ricklinger Str. 60, ℰ (05137) 7 30 33, Fax 13620, 💆, 🚬, 🔍 − 📺 ☎ ℗ − 🔏 25/80. **E** 𝕍𝕀𝕊𝔸
M 14 (mittags) und a la carte 32/52 − **64 Z : 90 B** 75/95 - 135/150 Fb.

In Garbsen 8-Frielingen 3008 ⑥ : 19 km über die B 6 :

🏨 **Bullerdieck**, Bürgermeister-Wehrmann-Str. 21, ℰ (05131)5 49 41 − ☎ ℗. ⓪ **E** 𝕍𝕀𝕊𝔸
M *(Montag - Donnerstag nur Abendessen)* a la carte 30/48 − **37 Z : 52 B** 50/75 - 85/110 Fb.

An der Autobahn A 2 Richtung Köln ⑥ : 15 km :

🏨 **Autobahnrasthaus-Motel Garbsen-Nord**, ✉ 3008 Garbsen 1, ℰ (05137) 7 20 21, Fax 71819, 💆 − 🛒 📺 ☎ 🛴 ⇔ ℗ − 🔏 35. **E** 𝕍𝕀𝕊𝔸
M (auch Self-service) a la carte 24/53 − **39 Z : 78 B** 69/100 - 110/130 Fb.

An der Autobahn A 7 Kassel-Hamburg SO : 15 km über ② und die B 65 :

✗ **Raststätte Wülferode Ost** (mit Motel), ✉ 3000 Hannover 72, ℰ (0511) 52 27 55, 💆 −
━ 📺 ☎ 🚻 ℗. ⁖ ⓪ **E** 𝕍𝕀𝕊𝔸
M a la carte 21/45 − **16 Z : 22 B** 70/80 - 120/160.

MICHELIN-REIFENWERKE KGaA. Niederlassung 3012 Langenhagen 7-Godshorn (über ①), Bayernstr. 13, ℰ (0511) 78 10 15, FAX 781142.

HANSTEDT 2116. Niedersachsen 🔢🔢🔢 ⑮ − 4 700 Ew − Höhe 40 m − Erholungsort − 🌀 04184.
🔢 Verkehrsverein, Am Steinberg 2, ℰ 5 25.
♦Hannover 118 − ♦Hamburg 41 − Lüneburg 31.

🏨 **Sellhorn**, Winsener Str. 23, ℰ 80 10, Telex 2189395, Fax 80185, « Gartenterrasse », 🚬, 🔍, 🦮 − 🛒 📺 ☎ ⇔ ℗ − 🔏 25/60. ⓪ **E** 𝕍𝕀𝕊𝔸
M a la carte 35/78 − **48 Z : 94 B** 95/119 - 106/195 Fb.

🏨 **Landhaus Augustenhöh** 🍃 garni, Am Steinberg 77 (W : 1,5 km), ℰ 3 23, 🦮 − ℗
März - Okt. − **13 Z : 18 B** 45/50 - 90/110.

In Hanstedt-Nindorf S : 2,5 km :

🏨 **Zum braunen Hirsch**, Rotdornstr. 15, ℰ 10 68, Fax 8202, 💆, « Cafégarten », 🦮 − ☎ ℗. **E** 𝕍𝕀𝕊𝔸
M *(Mittwoch geschl.)* a la carte 26/58 − **15 Z : 28 B** 53/60 - 93/105.

In Hanstedt-Ollsen S : 4 km :

🏨 **Landgasthof Zur Eiche**, Am Naturschutzpark 3, ℰ 2 16, 💆, 🦮, Fahrradverleih − 📺 ℗. ⁖ ⓪ **E** 𝕍𝕀𝕊𝔸
15. Jan. - 22. Feb. geschl. − **M** *(Donnerstag geschl.)* 18 (mittags) und a la carte 28/57 − **9 Z : 17 B** 50/75 - 84/112 − 3 Fewo 100/160.

In Hanstedt-Quarrendorf N : 3 km :

🏨 **Aben Hus** garni, Dorfstr. 26, ℰ 16 06, 🦮, Fahrradverleih − 📺 ☎ ℗ − 🔏 25
8 Z : 16 B 75/85 - 95.

HAPPURG-KAINSBACH Bayern siehe Hersbruck.

HARBURG (SCHWABEN) 8856. Bayern 🔢🔢🔢 P 20, 🔢🔢🔢 ㉟ − 5 600 Ew − Höhe 413 m − 🌀 09003.
Sehenswert : Schloß (Sammlungen*).
♦München 111 − ♦Augsburg 53 − Ingolstadt 67 − ♦Nürnberg 102 − ♦Stuttgart 129.

🏨 **Fürstliche Burgschenke** 🍃, Auf Schloß Harburg, ℰ 15 04, Burghofterrasse − ☎ ℗. **E** 𝕍𝕀𝕊𝔸
März - Anfang Nov. − **M** a la carte 23/40 − **7 Z : 14 B** 75/95 - 95/120.

🏩 **Zum Straußen**, Marktplatz 2, ℰ 13 98, 🚬 − 🛒 ⇔ ℗
━ **M** a la carte 14,50/30 − **15 Z : 27 B** 30/36 - 60.

HARDEGSEN 3414. Niedersachsen 🔢🔢🔢 ⑮ − 3 800 Ew − Höhe 173 m − 🌀 05505.
◀ Kurverwaltung, Vor dem Tore 1, ℰ 10 33.
Hannover 115 − ♦Braunschweig 102 − Göttingen 21.

🏨 **Illemann**, Lange Str. 32 (B 241), ℰ 21 37 − ⇔ ℗ − 🔏
16 Z : 30 B.

In Hardegsen-Goseplack SW : 5 km :

🏨 **Altes Forsthaus**, an der B 241, ℰ 24 22, 💆 − 🛒 📺 ☎ ℗ − 🔏 25/60. ⁖ ⓪ **E**
16. Jan. - 16. Feb. geschl. − **M** *(auch vegetarische Gerichte)* (Dienstag geschl.) a la carte 29/59 − **19 Z : 38 B** 55/120 - 100/160.

HARDERT Rheinland-Pfalz siehe Rengsdorf.

HARDHEIM 6969. Baden-Württemberg **413** L 18, **987** ㉕ — 6 700 Ew — Höhe 271 m — Erholungsort — ✿ 06283.

♦Stuttgart 116 — Aschaffenburg 70 — Heilbronn 74 — ♦Würzburg 53.

🏠 Zur Wohlfahrtsmühle (mit Gästehaus), Miltenberger Str. 25 (NW : 2 km), ℰ 3 15, 🏡, 🖈 — ☺ —
nur Saison — **19 Z : 33 B**

In Hardheim 2-Schweinberg O : 4 km :

🏠 **Landgasthof Ross**, Königheimer Str. 23, ℰ 10 51 — 📺 ☎ ☻
Feb. 3 Wochen geschl. — **M** *(Sonntag 15 Uhr - Montag 17 Uhr geschl.)* a la carte 25/47 ⅛ — **22 Z : 40 B** 40 - 65.

HARDT Nordrhein-Westfalen siehe Sendenhorst.

HARMELINGEN Niedersachsen siehe Soltau.

HARPSTEDT 2833. Niedersachsen **987** ⑭ — 3 000 Ew — Höhe 20 m — Erholungsort — ✿ 04244.

♦Hannover 103 — ♦Bremen 31 — ♦Osnabrück 95.

🏠 **Zur Wasserburg**, Amtsfreiheit 4, ℰ 10 08, 🏡, 🖈, ℀ — ☎ ⅄, ⇦ ☻, 🄰🄴 ⑩ 🄴 **VISA**
2.- 11. Jan. geschl. — **M** a la carte 22/47 — **32 Z : 57 B** 52/62 - 92/112.

HARRISLEE Schleswig-Holstein siehe Flensburg.

HARSEFELD 2165. Niedersachsen **987** ⑤⑮ — 8 500 Ew — Höhe 30 m — Luftkurort — ✿ 04164.

♦Hannover 176 — ♦Bremen 82 — ♦Hamburg 55.

🏠 **Meyers Gasthof**, Marktstr. 17, ℰ 40 51 — 📺 ☎ ⇦ ☻ 🄴
— **M** a la carte 20/43 — **14 Z : 26 B** 53 - 88/94 — ½ P 62/70.

HARSEWINKEL 4834. Nordrhein-Westfalen — 19 000 Ew — Höhe 65 m — ✿ 05247.

♦Düsseldorf 158 — Bielefeld 29 — Münster (Westfalen) 46.

𝕏𝕏𝕏 ✿ **Poppenborg** mit Zim, Brockhägerstr. 9, ℰ 22 41, « Modern-elegantes Restaurant mit Art-Deco Elementen, Gartenrestaurant » — 📺 📺 ☎ ⇦ ☻ — 🛏 30. 🄰🄴 ⑩ 🄴 **VISA**
℀ Zim
M *(Mittwoch sowie Feb. und Okt. jeweils 2 Wochen geschl.)* (bemerkenswerte Weinkarte) 49/124 und a la carte 58/85 — **18 Z : 24 B** 45/70 - 100/110 Fb
Spez. Gebratene Gänseleber auf Schalottenkonfitüre, Mille - feuille von Lachs und Kohlrabi, Ente mit Chambertin - Sauce.

In Harsewinkel 3-Greffen W : 6 km :

🏠 **Zur Brücke**, Hauptstr. 38 (B 513), ℰ (02588) 6 16, ☎, 🔲, Fahrradverleih — 📺 ☎ ☻ —
— 🛏 40. ⑩ 🄴
Aug. - Sept. geschl. — **M** *(Sonntag ab 14 Uhr geschl.)* a la carte 21/41 — **42 Z : 60 B** 60 - 120.

In Marienfeld 4834 SO : 4 km :

🏨 **Klosterpforte**, Klosterhof 3, ℰ 8 04 51, Fax 80484 — 📺 ☎ ☻ — 🛏 25/60. 🄴. ℀ Zim
M *(wochentags nur Abendessen, Dienstag und Juni - Juli 3 Wochen geschl.)* a la carte
28/58 — **64 Z : 92 B** 70/80 - 120/130 (Gästehaus mit 40 B ab Sommer 1990).

HARTHAUSEN Bayern siehe Grasbrunn.

HARZBURG, BAD 3388. Niedersachsen **987** ⑯ — 24 000 Ew — Höhe 300 m — Heilbad - Heilklimatischer Kurort — Wintersport : 480/800 m ⟨ 1 ⟩3 ⟨3 (Torfhaus) — ✿ 05322.

🏌 Am Breitenberg, ℰ 67 37.

🏛 Kurverwaltung im Haus des Kurgastes, Herzog-Wilhelm-Str. 86, ℰ 30 44.

♦Hannover 100 — ♦Braunschweig 46 — Göttingen 90 — Goslar 10.

🏨 **Braunschweiger Hof**, Herzog-Wilhelm-Str. 54, ℰ 78 80, Telex 957821, Fax 53349, ☎
🔲, 🖈 — 📺 ☎ ☻ — 🛏 25/100. 🄰🄴 ⑩
M a la carte 38/78 — **78 Z : 150 B** 95/155 - 168/228 Fb — 4 Appart. 278/328.

🏨 **Seela**, Nordhäuser Str. 5 (B 4), ℰ 70 11, Telex 957629, Fax 52661, Bade- und
— Massageabteilung, ℀, ☎, 🔲, Ferienfahrschule — 📺 📺 ☎ ⇦ ☻ — 🛏 25/120. 🄰🄴 ⑩
VISA. ℀ Rest
M *(auch Diät und vegetarische Gerichte)* a la carte 19/54 — **Schlemmerstübchen** *(nu Abendessen, Sonntag - Montag geschl.)* **M** a la carte 38/64 — **122 Z : 250 B** 90/130 - 166/19
Fb — ½ P 110/135.

🏨 **Harz-Autel**, Nordhäuser Str. 3 (B 4), ℰ 30 11, Fax 53545, ☎, 🔲, 🖈, ℀ — 📺 ☎ ⇦
🄰🄴 ⑩ 🄴 **VISA**
M a la carte 25/65 — **35 Z : 70 B** 60/110 - 115/160 Fb — 2 Fewo 85/105 — ½ P 80/113.

🏠 **Hotel am Park** ℀, Herzog-Wilhelm-Str. 102, ℰ 20 38, 🖈 — 📺 ☎ ☻. ℀ Rest
(Restaurant nur für Hausgäste) — **12 Z : 24 B** Fb.

🏠 **Haus Eden** ℀ garni, Amsbergstr. 27, ℰ 70 51, « Bemerkenswerte Dekoration » — 📺. ℀
Nov. geschl. — **10 Z : 18 B** 55/75 - 90/110 — 5 Fewo 80/120.

364

🏠 **Victoria**, Herzog-Wilhelm-Str. 74, 𝒫 23 70 − 🈺 🅟 − **40 Z : 66 B**.

🏠 **Parkblick** ⬙ garni, Am Stadtpark 6, 𝒫 14 98 − 🅟
Nov.- 20. Dez. geschl. − **15 Z : 24 B** 30/62 - 62/86.

🏠 **Marxmeier-Dingel** ⬙ garni, Am Stadtpark 41, 𝒫 23 67, 🖇, 🖵 − 🕿. 🕸
10. Nov.- 20. Dez. geschl. − **22 Z : 37 B** 47/50 - 92/100.

🏠 **Ein schönes Plätzchen** ⬙ garni, Am Rodenberg 39a, 𝒫 36 44, 🖇, 🛥 − ⬟ 🅟. 🕸
15. Nov. - 20. Dez. geschl. − **12 Z : 22 B** 45/80 - 83/100.

🏠 **Breitenberg-Hotel** ⬙, Am Breitenberg 54, 𝒫 40 41, ≼, Caféterrasse − 📺 🕿 ⬟ 🅟. E
(Restaurant nur für Hausgäste) − **14 Z : 28 B** 62/65 - 88/94 Fb − ½ P 60/81.

🏠 **Berliner Bär** garni, Am Kurpark 2 a, 𝒫 24 17 − ⬟. 🕸
Nov.- 19. Dez. geschl. − **14 Z : 20 B** 30/40 - 66/72.

✗✗ **Brauner Hirsch** mit Zim, Herzog-Julius-Str. 52, 𝒫 22 60 − 🕿 🅟. 🌐 ⓞ E 𝓥𝓘𝓢𝓐
Feb geschl. − **M** a la carte 29/64 − **11 Z : 19 B** 60/70 - 100/120.

HASEL Baden-Württemberg siehe Wehr.

HASELAU 2081. Schleswig-Holstein − 950 Ew − Höhe 2 m − ✪ 04122.
♦Kiel 96 − ♦Hamburg 34 − Itzehoe 47.

🛎 **Haselauer Landhaus** ⬙, Dorfstr. 10, 𝒫 8 14 14 − 🕿 🅟. 🌐 ⓞ E 𝓥𝓘𝓢𝓐
M *(Mittwoch und 1.- 27. Okt. geschl.)* a la carte 27/45 − **8 Z : 12 B** 52 - 84.

HASELBRUNN Bayern siehe Pottenstein.

HASELMÜHL Bayern siehe Kümmersbruck.

HASELÜNNE 4473. Niedersachsen 𝟡𝟠𝟟 ⑭. 𝟜𝟘𝟠 ⑭ − 11 000 Ew − Höhe 25 m − ✪ 05961.
♦Hannover 224 − ♦Bremen 113 − Enschede 69 − ♦Osnabrück 68.

🏨 **Burg-Hotel** garni (Stadtpalais a.d. 18. Jh.), Steintorstr. 7, 𝒫 15 44, Telex 981213, 🖇 − 📺
🕿 🅟. 🌐 ⓞ E 𝓥𝓘𝓢𝓐
Jan.- Feb. geschl. − **17 Z : 33 B** 57/65 - 75/110 Fb.

🏠 **Haus am See** ⬙, am See 2 (im Erholungsgebiet), 𝒫 55 25, ≼, 🕭 − 🕿 🅟. 🌐 ⓞ E 𝓥𝓘𝓢𝓐
M a la carte 27/50 − **10 Z : 18 B** 45/60 - 88/90.

✗✗ **Jagdhaus Wiedehage**, Steintorstr. 9, 𝒫 4 22, 🕭 − 🅟
Montag geschl. − **M** a la carte 28/60.

In Haselünne-Eltern NO : 1,5 km :

🏠 **Bartels**, Löninger Str. 26 (B 213), 𝒫 4 91, 🛥 − 🕿 ⬟ 🅟. 🌐
23. Dez.- 4. Jan. geschl. − (nur Abendessen für Hausgäste) − **13 Z : 19 B** 28/36 - 54/64 −
½ P 40/42.

In Herzlake-Aselage 4479 O : 13 km :

🏰 **Zur alten Mühle** ⬙, 𝒫 (05962) 20 12, 🖇, 🖵, 🛥, 🍴 (Halle), Fahrradverleih − 🈺 📺 🅟
− ♨ 25/90
M a la carte 40/67 − **58 Z : 116 B** 85/115 - 150/180 Fb − 3 Appart. 270 − ½ P 103/143.

HASLACH IM KINZIGTAL 7612. Baden-Württemberg 𝟜𝟙𝟛 H 22, 𝟡𝟠𝟟 ⑭. 𝟚𝟜𝟚 ㉘ − 6 000 Ew −
Höhe 222 m − Erholungsort − ✪ 07832.
Sehenswert : Schwarzwälder Trachtenmuseum.
🛈 Städt. Verkehrsamt, Klosterstr. 1, 𝒫 80 80.
♦Stuttgart 174 − ♦Freiburg im Breisgau 46 − Freudenstadt 50 − Offenburg 28.

✗✗ **Ochsen** mit Zim, Mühlenstr. 39, 𝒫 24 46 − 📺 🅟
Ende Sept.- Mitte Okt. geschl. − **M** *(Donnerstag ab 15 Uhr und Montag geschl.)* a la carte
31/44 🥂 − **8 Z : 14 B** 45 - 90 − ½ P 65.

In Haslach-Schnellingen N : 2 km :

🏠 **Zur Blume**, 𝒫 23 82, 🛥 − 🅟
➡ *30. Okt.- 19. Nov. geschl.* − **M** *(Montag geschl.)* a la carte 18/35 🥂 − **25 Z : 47 B** 31/41 −
56/76.

HASSELBERG 2340. Schleswig-Holstein − 900 Ew − Höhe 10 m − ✪ 04642.
Kiel 68 − Flensburg 37 − Schleswig 42.

🛎 **Spieskamer** ⬙, 𝒫 66 83, 🛥 − 🅟. 🕸
15 Z : 30 B.

HASSFURT 8728. Bayern 𝟜𝟙𝟛 O 16, 𝟡𝟠𝟟 ㉘ − 11 500 Ew − Höhe 225 m − ✪ 09521.
München 276 − ♦Bamberg 34 − Schweinfurt 20.

🏠 **Walfisch**, Obere Vorstadt 8, 𝒫 84 07 − ⬟
➡ *20. Dez.- 15. Jan.und 15. Juni - 6. Juli geschl.* − **M** *(Freitag geschl.)* a la carte 19/39 🥂 −
17 Z : 24 B 36/50 - 66/78.

HASSLOCH 6733. Rheinland-Pfalz **413** H 18. **242** ⑧. **57** ⑩ — 19 000 Ew — Höhe 115 m —
☺ 06324.

Mainz 89 — ♦Mannheim 24 — Neustadt an der Weinstraße 9,5 — Speyer 16.

    🏨 **Pfalz-Hotel**, Lindenstr. 50, 𝒫 40 47, Telex 454645, ☎, 🔄, Fahrradverleih — 🛗 ▤ Rest 📺
    ☎ 🅿 — 🔬 25. ⓞ 🇪 𝘝𝘐𝘚𝘈. ⁇ Rest
    M *(nur Abendessen)* a la carte 30/52 ⅄ — **38 Z : 60 B** 65/75 - 110/120 Fb.

    🏠 **Gasthaus am Rennplatz**, Rennbahnstr. 149, 𝒫 25 70, 🍽 — 📺 ☎ ⟸ 🅿. ⁇ Zim
    ↔ *Okt.- Nov. 4 Wochen geschl.* — **M** *(Montag geschl.)* a la carte 19/38 ⅄ — **13 Z : 16 B** 44 - 88.

HASSMERSHEIM 6954. Baden-Württemberg **413** K 19 — 4 500 Ew — Höhe 152 m — ☺ 06266.
Ausflugsziel : Burg Guttenberg* : Greifvogelschutzstation und Burgmuseum* S : 5 km.
♦Stuttgart 78 — Heilbronn 27 — Mosbach 13.

    Auf Burg Guttenberg S : 5 km — Höhe 279 m :

    ✗ **Burgschenke**, ✉ 6954 Hassmersheim, 𝒫 (06266) 2 28, Fax 7633, ≼ Gundelsheim und
    Neckartal, 🍽, eigener Weinbau — 🅿
    Montag und Mitte Nov.- Anfang März geschl. — **M** a la carte 30/62.

HATTERSHEIM 6234. Hessen **413** I 16 — 24 100 Ew — Höhe 100 m — ☺ 06190.
♦Wiesbaden 20 — ♦Frankfurt am Main 20 — Mainz 20.

    🏠 **Am Schwimmbad** garni, Staufenstr. 35, 𝒫 26 64, Fahrradverleih — 📺 ☎ 🅿. ⁇
    Juli - Aug. 3 Wochen geschl. — **17 Z : 26 B** 65/75 - 95/110 Fb.

    ✗✗ **Terrassen-Restaurant** (Italienische Küche), Ladislaus-Winterstein-Ring, 𝒫 24 34,
    « Gartenterrasse » — 🅿. 🅰🅴 ⓞ 🇪 𝘝𝘐𝘚𝘈
    Samstag und 27. Dez.- 21. Jan. geschl. — **M** a la carte 27/55.

HATTGENSTEIN 6589. Rheinland-Pfalz — 300 Ew — Höhe 550 m — Wintersport (am
Erbeskopf) : 680/800 m ⟋4 ⟋⟋2 — ☺ 06782.
Mainz 114 — Birkenfeld 8 — Morbach 15 — ♦Trier 60.

    🏠 **Waldhotel Grübner** 🐾, Kiefernweg 9, 𝒫 56 73, ≼, 🍽 — ☎ ⟸ 🅿
    (Restaurant nur für Hausgäste) — **18 Z : 30 B**.

    In Schwollen 6589 NO : 1 km :

    🏠 **Manz**, Hauptstr. 48, 𝒫 (06787) 4 65, 🍽 — 🛗 ⟸ 🅿
    (Restaurant nur für Hausgäste) — **12 Z : 21 B** 34 - 60.

HATTINGEN 4320. Nordrhein-Westfalen **987** ⑭ — 60 000 Ew — Höhe 80 m — ☺ 02324.
Siehe Ruhrgebiet (Übersichtsplan).
♦Düsseldorf 44 — Bochum 10 — Wuppertal 24.

    ✗✗ **Zur alten Krone** 🐾 mit Zim, Steinhagen 6, 𝒫 2 18 24 — ☎
    4 Z : 8 B.

    ✗✗ **Zum Kühlen Grunde** mit Zim, Am Büchsenschütz 15, 𝒫 6 07 72 — 🅿. 🅰🅴 ⓞ 🇪
    1.- 21 Juli geschl. — **M** *(Donnerstag geschl.)* a la carte 30/60 — **6 Z : 6 B** 45.

    In Hattingen 15-Bredenscheid S : 5,5 km :

    🏠 **Landhaus Siebe** 🐾, Am Stuten 29, 𝒫 2 34 77, Fax 22024, 🍽, ⟋ — ☎ 🅿 — 🔬 25. ⓞ 🇪
    𝘝𝘐𝘚𝘈
    M *(Montag geschl.)* a la carte 30/58 — **19 Z : 31 B** 60 - 95.

    In Hattingen 1-Niederelfringhausen SW : 7 km :

    ✗✗ **Landgasthaus Huxel**, Felderbachstr. 9, 𝒫 (02052) 64 15, 🍽, « Einrichtung mit vielen
    Sammelstücken » — 🅿. 🅰🅴 ⓞ 🇪
    Montag und Feb. geschl. — **M** a la carte 60/82.

    In Hattingen-Welper :

    🏠 **Hüttenau**, Marxstr. 70, 𝒫 63 25 — ☎ ⟸. 🅰🅴 ⓞ 🇪 𝘝𝘐𝘚𝘈
    ↔ **M** a la carte 19/33 — **15 Z : 26 B** 50 - 95.

    In Sprockhövel 1-Niedersprockhövel 4322 SO : 8 km :

    ✗✗✗ ☺ **Rôtisserie Landhaus Leick** 🐾 mit Zim, Bochumer Str. 67, 𝒫 (02324) 76 15, Fax 7712,
    🍽, « Kleiner Park », — 📺 🅿. 🅰🅴 ⓞ 🇪
    M *(Samstag bis 18 Uhr, Montag, 1.- 20. Jan. und Juni - Juli 2 Wochen geschl.)* 76/120 und
    la carte 63/96 — **Die Pfannenschmiede M** a la carte 28/50 — **12 Z : 23 B** 122/142 - 174/214 -
    4 Appart. 254
    Spez. Steinpilze mit Langostinos (Saison), Zander im Lauchmantel, Perlhuhnbrust mit Entenleberkrapfen.

    In Sprockhövel 2-Haßlinghausen 4322 SO : 12 km:

    ✗ **Die Villa** mit Zim, Mittelstr. 47, 𝒫 (02339) 60 18, 🍽 — ☎ 🅿. ⓞ 🇪. ⁇ Zim
    Feb. 2 Wochen geschl. — **M** *(Montag geschl.)* a la carte 27/59 — **7 Z : 12 B** 75 - 120.

    Hattingen-Oberelfringhausen siehe : *Wuppertal*

HATTORF AM HARZ 3415. Niedersachsen – 4 400 Ew – Höhe 178 m – Erholungsort – ☏ 05584.

♦Hannover 108 – ♦Braunschweig 95 – Göttingen 37.

🏠 **Harzer Landhaus**, Gerhart-Hauptmann-Weg, ℘ 3 41, ⛱ – ⇅ ☎ ♿ [P] – 🏢 40. [E]
8.- 23. Jan. und 16. Juli - 8. Aug. geschl. – **M** *(Dienstag geschl.)* 18 (mittags) und a la carte 29/50 – **12 Z : 23 B** 36 - 70 – ½ P 50.

HATTSTEDTER MARSCH Schleswig-Holstein siehe Husum.

HAUENSTEIN 6746. Rheinland-Pfalz [413] G 19, [242] ⑧⑫, [87] ① ② – 4 300 Ew – Höhe 249 m – Luftkurort – ☏ 06392.

[i] Verkehrsamt, im Rathaus, ℘ 4 02 10.

Mainz 124 – Landau in der Pfalz 26 – Pirmasens 24.

🏠 **Felsentor**, Bahnhofstr. 88, ℘ 5 81, Fax 3596, ≋ – [TV] ☎ [P] – 🏢 25. [AE] ◑ [E] [VISA]
2. Jan. - 19. Feb. geschl. – Menu *(Montag geschl.)* a la carte 26/58 🍷 – **25 Z : 47 B** 59/75 - 90/135 Fb – ½ P 89.

In Schwanheim 6749 SO : 7,5 km :

🍴 **Zum alten Nußbaum**, Wasgaustr. 17, ℘ (06392) 18 86, ⛱ – [P]
Mittwoch - Donnerstag 17 Uhr und Jan.- Feb. 3 Wochen geschl. – **M** a la carte 24/47 🍷.

HAUSACH 7613. Baden-Württemberg [413] H 22, [987] ㉞ – 5 000 Ew – Höhe 239 m – ☏ 07831.

♦Stuttgart 132 – ♦Freiburg im Breisgau 54 – Freudenstadt 40 – ♦Karlsruhe 110 – Strasbourg 62.

🏠 **Zur Blume**, Eisenbahnstr. 26, ℘ 2 86, ⛱ – [TV] ☎ 🚗 [P]. [AE] ◑ [E] [VISA]
→ *5.- 20. Jan. geschl.* – **M** *(Samstag bis 18 Uhr geschl.)* a la carte 21/49 – **17 Z : 29 B** 40/49 - 70/80.

HAUSEN Rheinland-Pfalz siehe Waldbreitbach.

HAUSEN IM TAL Baden-Württemberg siehe Beuron.

HAUSEN-ROTH Bayern siehe Liste der Feriendörfer.

HAUZENBERG 8395. Bayern [413] X 21, [426] ⑦ – 12 000 Ew – Höhe 545 m – Erholungsort – Wintersport : 700/830 m ⛷2 ⛷1 – ☏ 08586.

[i] Verkehrsamt im Rathaus, Schulstr. 2, ℘ 30 30.

♦München 195 – Passau 18.

🏠 **Koller**, Im Tränental 5, ℘ 12 61 – 🚗
→ **M** *(Montag bis 17 Uhr und Samstag ab 13 Uhr geschl.)* a la carte 15/28 – **15 Z : 20 B** 23/33 - 44/58.

In Hauzenberg-Geiersberg NO : 5 km – Höhe 830 m :

🏠 Berggasthof Sonnenalm 🪑, ℘ 47 94, < Donauebene und Bayerischer Wald, ⛱, 🌳 – [P]
10 Z : 20 B.

In Hauzenberg-Penzenstadl NO : 4 km :

🏠 **Landhaus Rosenberger** 🪑 (auch Gästehaus mit Fewo), Penzenstadl 31, ℘ 22 51, <,
→ ≋, [🏊], 🌳, 🎾 – [TV] [P]
1.- 20. Nov. geschl. – **M** a la carte 18/35 – **37 Z : 72 B** 45/60 - 80/100 Fb – 12 Fewo 80/90.

Siehe auch : *Liste der Feriendörfer*

HAVERLAH 3324. Niedersachsen – 1 900 Ew – Höhe 152 m – ☏ 05341.

♦Hannover 62 – ♦Braunschweig 30 – Salzgitter-Bad 2.

🏠 **AHS-Gästehaus** 🪑 garni, Feldstr. 1, ℘ 30 01 10, Fax 300128 – ☎ [P]. 🐕
9 Z : 10 B 50/65 - 90/100.

HAVIXBECK 4409. Nordrhein-Westfalen [408] ⑭ – 9 700 Ew – Höhe 100 m – ☏ 02507.

♦Düsseldorf 123 – Enschede 57 – Münster (Westfalen) 17.

🏠 **Beumer**, Hauptstr. 46, ℘ 12 36, ≋, [🏊] – ☎ [P] – 🏢 25/50. [AE] ◑ [E]
22.- 30. Dez. geschl. – **M** *(Montag geschl.)* a la carte 25/50 – **18 Z : 33 B** 55/60 - 90.

In Nottuln-Baumberg 4405 SW : 4 km :

🏠 Haus Steverberg 🪑, Baumberg 6, ℘ (02502) 60 94, <, ⛱ – ☎ [P]
14 Z : 28 B.

In Nottuln-Stevern 4405 SW : 6 km :

🍴🍴 **Gasthaus Stevertal**, ℘ (02502) 4 14, ⛱, bemerkenswerte Weinkarte – [P]
Freitag und 22. Dez.- 20. Jan. geschl. – **M** a la carte 29/49.

HAYINGEN 7427. Baden-Württemberg **413** L 22 − 2 000 Ew − Höhe 550 m − Luftkurort − ✆ 07386.

🛈 Verkehrsverein, Rathaus, Marktstr. 1, ℰ 4 12.

♦Stuttgart 85 − Reutlingen 40 − ♦ Ulm (Donau) 49.

In Hayingen-Indelhausen NO : 3 km :

🏠 **Zum Hirsch**, Wannenweg 2, ℰ 2 76, 🐟, 🍴, 🌳 − 🔟 ⇔ 🅿
   Mitte Nov.- Mitte Dez. geschl. − **M** *(Montag geschl.)* a la carte 22/45 🍴 − **36 Z : 60 B** 34/47
   - 60/84 − ½ P 40/50.

HAYNA Rheinland-Pfalz siehe Herxheim.

HEBERTSHAUSEN Bayern siehe Dachau.

HECHINGEN 7450. Baden-Württemberg **413** J 21. **987** ㉟ − 16 600 Ew − Höhe 530 m − ✆ 07471.

Ausflugsziel : Burg Hohenzollern : Lage★★★, ❄★ S : 6 km.

🛐 Hagelwasen, ℰ 26 00.

🛈 Städt. Verkehrsamt, Rathaus, Marktplatz 1, ℰ 18 51 13.

♦Stuttgart 67 − ♦Freiburg im Breisgau 131 − ♦Konstanz 131 − ♦Ulm (Donau) 119.

🏠 **Café Klaiber**, Oberplatz 11, ℰ 22 57 − ☎ ⇔ 🅿
   M *(bis 19 Uhr geöffnet, Samstag geschl.)* a la carte 21/35 − **21 Z : 33 B** 55/60 - 95/98 Fb.

In Hechingen-Stetten SO : 1,5 km :

🏨 **Brielhof**, an der B 27, ✉ 7450 Hechingen, ℰ 23 24 − 🔟 ☎ ⇔ 🅿 − 🔬 25/70. 🖭 ⓞ **E**
   VISA
   22.- 30. Dez. geschl. − Menu a la carte 28/64 − **20 Z : 34 B** 60/100 - 120/180.

In Bodelshausen 7454 N : 6,5km :

🏠 **Zur Sonne** garni, Hechinger Str. 84, ℰ (07471) 79 79, 🍴 − 🅿
   23. Dez.- 5. Jan. geschl. − **14 Z : 21 B** 38/58 - 66/84 Fb.

HEGE Bayern siehe Wasserburg am Bodensee.

HEIDE 2240. Schleswig-Holstein **987** ⑤ − 21 000 Ew − Höhe 14 m − ✆ 0481.

🛈 Fremdenverkehrsbüro, Rathaus, Postelweg 1, ℰ 69 91 17.

♦Kiel 81 − Husum 40 − Itzehoe 51 − Rendsburg 45.

🏨 **Berlin** 🏖 garni, Österstr. 18, ℰ 30 66, Telex 28839, Fax 88595, 🍴, 🌳 − 🔟 ☎ ⇔ 🅿 −
   🔬 25. 🖭 ⓞ **E**
   40 Z : 70 B 69/120 - 120/180 Fb.

🏠 **Kotthaus**, Rüsdorfer Str. 3, ℰ 80 11 − 🔟 ☎ ⇔ 🅿 − 🔬 25/100. 🖭 ⓞ **E** ❄ Zim
   M a la carte 29/62 − **13 Z : 26 B** 45/50 - 80/90 Fb.

XX **Berliner Hof**, Berliner Str. 46, ℰ 55 51 − 🅿. 🖭 ⓞ **E** **VISA**
   Mitte Jan.- Mitte Feb. und Montag geschl. − **M** a la carte 33/61.

HEIDELBERG 6900. Baden-Württemberg **413** J 18. **987** ㉟ − 135 000 Ew − Höhe 114 m − ✆ 06221.

Sehenswert : Schloß★★★ (Rondell ≤★, Altan ≤★, Deutsches Apothekenmuseum★ Z M) − Schloßgarten★ (Scheffelterrasse ≤★★) − Kurpfälzisches Museum★ (Windsheimer Zwölfbotenaltar★★, Gemälde und Zeichnungen der Romantik★★) Y M − Haus zum Ritter★ Y N − Universitätsbibliothek (Buchausstellung★) Z A − Neckarufer (≤★★★ von der Neuenheimer- und Ziegelhäuser Landstraße) − Philosophenweg★ (≤★) Y.

Ausflugsziel : Molkenkur ≤★ (mit Bergbahn) Z.

🛐 Lobbach-Lobenfeld (② : 20 km), ℰ (06226) 4 04 90.

🛈 Tourist-Information, Pavillon am Hauptbahnhof, ℰ 2 13 41, Telex 461555.

ADAC, Heidelberg-Kirchheim (über ④), Carl-Diem-Str. 2, ℰ 72 09 81, Telex 461487.

♦Stuttgart 122 ④ − ♦Darmstadt 59 ④ − ♦Karlsruhe 59 ④ − ♦Mannheim 20 ⑤.

Stadtplan siehe gegenüberliegende Seite.

🏨🏨 **Der Europäische Hof - Restaurant Kurfürstenstube**, Friedrich-Ebert-Anlage 1,
   ℰ 51 50, Telex 461840, Fax 515555, « Gartenanlage im Innenhof » − 🔟 🔟 ⇔ − 🔬 25/300.
   🖭 ⓞ **E** **VISA**   Z u
   M 35 (mittags) und a la carte 50/85 − **150 Z : 270 B** 219/309 - 300/480 Fb − 4 Appart. 600.

🏨 **Heidelberg Penta Hotel**, Vangerowstr. 16, ℰ 90 80, Telex 461363, Fax 22977, ≤, 🌳,
   Massage, 🍴, 🏊, Fahrradverleih, Bootssteg − 🔟 ✠ Zim 🔟 🔟 🔬 ⇔ 🅿 − 🔬 25/300. 🖭
   ⓞ **E** **VISA** ❄ Rest   V a
   M a la carte 43/72 − **251 Z : 502 B** 209/229 - 273/293 Fb − 3 Appart. 1039.

🏨 **Holiday Inn**, Kurfürstenanlage 1, ℰ 91 70, Telex 461170, Fax 21007, Massage, 🍴, 🏊 −
   🔟 ✠ Zim 🔟 🔟 🔬 ⇔ 🅿 − 🔬 25/180. 🖭 ⓞ **E** **VISA**   Z s
   Restaurants: − **Palatina** *(Sonntag geschl.)* **M** a la carte 55/80 − **Atrium M** a la carte 40/70
   − **232 Z : 464 B** 255/295 - 315/335 Fb − 4 Appart. 460.

HEIDELBERG

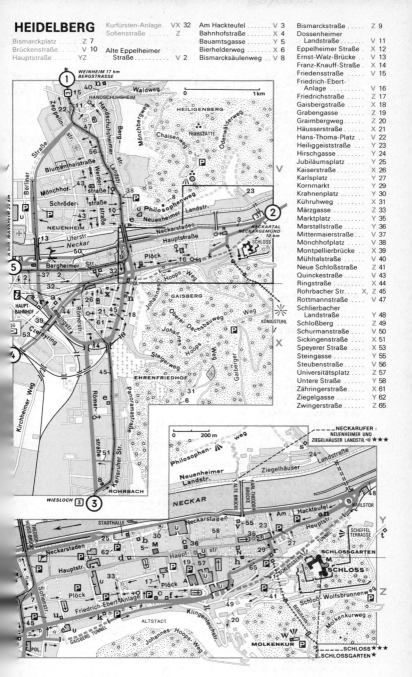

Prinzhotel - Ristorante Giardino, Neuenheimer Landstr. 5, ℰ 4 03 20, Telex 461125, Fax 4032196, ≼, « Elegante Einrichtung » – 🛗 📺 ℗ – 🛤 25/150. 🖭 ◑ ⊑ 𝗩𝗜𝗦𝗔 ⚞⚟　　V　e
M *(Italienische Küche)* (nur Abendessen, Dienstag geschl.) a la carte 62/91 – **50 Z : 90 B** 214 - 283/428.

Hirschgasse ⤶ (historisches Gasthaus a.d.J. 1472), Hirschgasse 3, ℰ 4 03 21 60, Telex 461474, Fax 403230 – 🛗 📺 ℗. 🖭 ◑ ⊑ 𝗩𝗜𝗦𝗔 ⚞⚟　　　　Y　s
23. Dez.- 7. Jan. geschl. – **M** *(nur Abendessen, Sonn- und Feiertage geschl.)* a la carte 71/98 – **18 Z : 25 B** 355 - 500/600 3 Appart..

Rega-Hotel Heidelberg, Bergheimer Str. 63, ℰ 50 80, Telex 461426, Fax 508500 – 🛗 📺 ⇌ – 🛤 25/60. 🖭 ◑ ⊑ 𝗩𝗜𝗦𝗔　　　　　　　　　　V　v
M a la carte 35/65 – **124 Z : 225 B** 160/180 - 190/210 Fb.

Alt Heidelberg - Restaurant Graimberg, Rohrbacher Str. 29, ℰ 91 50, Telex 461897, Fax 164272, ⇌ – 🛗 📺 ☎ ℗ – 🛤 40. 🖭 ◑ ⊑ 𝗩𝗜𝗦𝗔　　　　　　　　X　n
M *(Samstag bis 18 Uhr geschl.)* a la carte 36/61 – **80 Z : 150 B** 145/160 - 185/235 Fb.

Zum Ritter, Hauptstr. 178, ℰ 2 42 72, Telex 461506, Fax 12683, « Renaissancehaus a.d.J. 1592 » – 🛗 📺 ☎. 🖭 ◑ ⊑ 𝗩𝗜𝗦𝗔　　　　　　　　　　　　　Y　N
M a la carte 35/75 – **32 Z : 50 B** 110/185 - 195/275 Fb.

Schönberger Hof (Haus a.d.J. 1772), Untere Neckarstr. 54, ℰ 2 26 15 – 📺 ☎　　Y　b
24. Dez.- 6. Jan. geschl. – **M** *(nur Abendessen, Samstag - Sonntag und Juli - Aug. 3 Wochen geschl.)* a la carte 49/70 – **15 Z : 24 B** 80/110 - 160/180.

Holländer Hof, Neckarstaden 66, ℰ 1 20 91, Telex 461882, Fax 22085, ≼ – 🛗 ☎ 🛴 – 🛤 25/60. 🖭 ◑ ⊑ 𝗩𝗜𝗦𝗔　　　　　　　　　　　　　　　　Y　v
M a la carte 34/58 – **40 Z : 72 B** 95/130 - 145/185 Fb.

Parkhotel Atlantic ⤶ garni, Schloß-Wolfsbrunnenweg 23, ℰ 2 45 45, Telex 461825, ≼, « Kleiner Park » – 📺 ☎ ℗. 🖭 ◑ ⊑ 𝗩𝗜𝗦𝗔　　　　　　　　　　Y　t
23 Z : 40 B 98/130 - 140/250 Fb.

Acor garni, Friedrich-Ebert-Anlage 55, ℰ 2 20 44, Fax 28609 – 🛗 📺 ☎ ℗. ◑ ⊑ 𝗩𝗜𝗦𝗔　　Z　f
18 Z : 32 B 125/155 - 165/210 Fb.

Intercity-Hotel Arcade, Lessingstr. 3 (am Hbf.), ℰ 91 30, Telex 461466, Fax 913300 – 🛗 ☎ 🛴 ℗ – 🛤 30. 🖭 ◑ ⊑ 𝗩𝗜𝗦𝗔　　　　　　　　　　　　　X　r
M *(nur Abendessen, Sonntag und 15. Dez.- 7. Jan. geschl.)* a la carte 25/46 – **99 Z : 210 B** 100 - 135 Fb.

Perkeo garni (siehe auch Restaurant Perkeo), Hauptstr. 75, ℰ 2 22 55 – 📺 ☎　　YZ　d
25 Z : 48 B.

Kurfürst garni, Poststr. 46, ℰ 2 47 41, Telex 461566, Fax 28392 – 🛗 📺 ☎ ℗. 🖭 ⊑ 𝗩𝗜𝗦𝗔　V　v
61 Z : 92 B 103/110 - 165.

Am Schloss garni, Zwingerstr. 20 (Parkhaus Kornmarkt), ℰ 16 00 11 – 🛗 📺 ☎. 🖭 ◑ ⊑ 𝗩𝗜𝗦𝗔　　　　　　　　　　　　　　　　　　　　　Y
18. Dez.- 6. Jan. geschl. – **24 Z : 44 B** 125/170 - 162/220.

Bayrischer Hof garni, Rohrbacher Str. 2, ℰ 1 40 45, Telex 461417, Fax 14049 – 🛗 📺 ☎ 🛴. 🖭 ⊑ 𝗩𝗜𝗦𝗔　　　　　　　　　　　　　　　　　　　Z　b
45 Z : 70 B 115 - 145/160 Fb.

Neckar-Hotel garni, Bismarckstr. 19, ℰ 1 08 14 – 🛗 📺 ☎ ℗. 🖭 ⊑ 𝗩𝗜𝗦𝗔　　Z　a
Weihnachten - Anfang Jan. geschl. – **34 Z : 65 B** 95/140 - 130/170.

Diana garni, Rohrbacher Str. 152, ℰ 31 42 43, Telex 461658, « Kleiner Garten » – 🛗 ☎ ℗　X
45 Z : 90 B Fb.

Central garni, Kaiserstr. 75, ℰ 2 06 72 – 🛗 ☎. 🖭 ⊑ 𝗩𝗜𝗦𝗔　　　　　　X　a
51 Z : 80 B 77/87 - 128.

Kohler garni, Goethestr. 2, ℰ 2 43 60 – 🛗 📺 ☎. ⊑ 𝗩𝗜𝗦𝗔　　　　　X
Mitte Dez.- Mitte Jan. geschl. – **43 Z : 70 B** 52/92 - 76/142.

Anlage Hotel, Friedrich-Ebert-Anlage 32, ℰ 2 64 25 – 🛗 📺 ☎. 🖭 ◑ ⊑ 𝗩𝗜𝗦𝗔　Z
(nur Abendessen für Hausgäste) – **20 Z : 35 B** 75/90 - 110/135.

XXX **Zur Herrenmühle** (Haus a.d. 14. Jh.), Hauptstr. 239, ℰ 1 29 09, « Innenhofterrasse » – 🖭 ◑ ⊑ 𝗩𝗜𝗦𝗔　　　　　　　　　　　　　　　　　　　Y
nur Abendessen – **M** (Tischbestellung ratsam) a la carte 73/91.

XX ⊛ **Simplicissimus**, Ingrimstr. 16, ℰ 1 33 36, « Elegante Einrichtung » – 🖭 𝗩𝗜𝗦𝗔 ⚞⚟　YZ
nur Abendessen, Dienstag und Ende Juli - 20. Aug. geschl. – **M** (Tischbestellung ratsam) la carte 60/84
Spez. Ravioli mit Langostinos, Entenbrust in Aceto - Balsamicosauce, Gratin von Früchten.

XX **Molkenkur** ⤶ mit Zim, Klingenteichstr. 31, ℰ 1 08 94, Fax 26872, « Terrasse mit ≼ Schlo und Neckartal » – ☎ ℗. 🖭 ⊑ 𝗩𝗜𝗦𝗔　　　　　　　　　　　　　　Z
Jan.- 15. März geschl. – **M** a la carte 34/58 – **17 Z : 32 B** 85 - 120/180 Fb.

XX **Kurpfälzisches Museum**, Hauptstr. 97, ℰ 2 40 50, ⨯ – 🖭 ◑ ⊑ 𝗩𝗜𝗦𝗔　　Y
1.- 15. Jan. geschl. – **M** a la carte 35/68.

XX **Merian Stuben**, Neckarstaden 24 (im Kongresshaus Stadthalle), ℰ 2 73 81, Fax 16471 ⨯ – 🖭 ◑ ⊑ 𝗩𝗜𝗦𝗔　　　　　　　　　　　　　　　　　　　　Y
Jan. und Montag geschl. – **M** a la carte 29/53.

XX **Scheffeleck**, Friedrich-Ebert-Anlage 51, ℰ 2 61 72 – 🖭 ◑ 𝗩𝗜𝗦𝗔　　　　Z
nur Abendessen, Sonntag geschl. – **M** a la carte 35/65.

✗ **Kupferkanne**, Hauptstr. 127 (1. Etage), 𝒫 2 17 90   Y **c**
   nur Abendessen, Sonntag und 22. Juli - 12. Aug. geschl. — **M** a la carte 34/52.

✗ **Da Mario** (Italienische Küche), Rohrbacher Str. 2, 𝒫 1 35 91 — 🆑 ⓪ 🅴 𝑉𝐼𝑆𝐴   Z **b**
   M a la carte 31/55.

✗ **Perkeo** (Altdeutsche Gaststätte a.d. J. 1891), Hauptstr. 75, 𝒫 16 06 13, 😚 — 🆑 ⓪ 🅴 𝑉𝐼𝑆𝐴
   M a la carte 26/52.   YZ **d**

   In Heidelberg-Handschuhsheim :

✗✗ **Zum Zapfenberg**, Große Löbingsgasse 13, 𝒫 4 52 60 — 🆑 🅴. 😚   V **n**
   nur Abendessen, Sonntag geschl. — **M** (Tischbestellung ratsam) a la carte 60/80.

   In Heidelberg-Kirchheim ④ : 3 km :

🏨 **Queens Hotel**, Pleikartsförsterstr. 101, 𝒫 7 10 21, Telex 461650, Fax 720531, 😚.
   Fahrradverleih — 🛬 Zim 🍴 Rest 📺 ☎ 👌 ⓔ — 🔏 25/200. 🆑 ⓪ 🅴 𝑉𝐼𝑆𝐴
   M a la carte 36/60 — **112 Z : 174 B** 165/196 - 205/232 Fb.

🛏 **Sonne** garni, Schmitthennerstr. 1 (Ecke Pleikartsförsterstr.), 𝒫 7 21 62
   17 Z : 36 B 30 - 42/48.

   In Heidelberg-Pfaffengrund W : 3,5 km über Eppelheimer Straße X :

🏠 **Kranich-Hotel** garni, Kranichweg 37a, 𝒫 77 60 06 — 📺 ☎. 🆑 ⓪ 🅴 𝑉𝐼𝑆𝐴
   28 Z : 40 B 68/80 - 98/125 Fb.

   In Heidelberg - Pleikartsförsterhof ④ : 3 km :

✗ **Pleikartsförsterhof**, 𝒫 7 59 71 — ⓟ
   Sept. und Dienstag geschl. — **M** a la carte 35/51 🍴.

   In Heidelberg-Rohrbach :

✗✗ **Ristorante Italia**, Karlsruher Str. 82, 𝒫 31 48 61 — 🆑 🅴 𝑉𝐼𝑆𝐴   X **s**
   2.- 24. Juli und Mittwoch geschl. — **M** a la carte 39/75.

   In Heidelberg-Schlierbach ② : 4 km :

✗✗ **Zum Wolfsbrunnen** (historisches Jagdhaus a.d. 16. Jh.), Wolfsbrunnensteige 15,
   𝒫 80 37 58, 😚 — ⓟ
   2. Jan. - Feb. und Montag - Dienstag geschl. — **M** a la carte 32/68.

   In Heidelberg-Ziegelhausen O : 5 km über Neuenheimer Landstraße ∨ :

🏠 **Schwarzer Adler**, Kleingemünder Str. 6, 𝒫 8 05 81, Fax 800300, 😚 — ☎ ⓟ. 🆑 ⓪ 🅴 𝑉𝐼𝑆𝐴
   M a la carte 30/50 — **18 Z : 32 B** 78/85 - 118 Fb.

✗✗ **Zum Goldenen Ochsen**, Brahmsstr. 6, 𝒫 80 13 08
   Dienstag und über Fasching 1 Woche geschl. — **M** a la carte 33/60.

   In Eppelheim **6904** W : 4 km über Eppelheimer Str. X :

🏠 Rhein-Neckar-Hotel, Seestr. 75, 𝒫 (06221) 76 20 01 — 📺 ☎ ⓟ
   24 Z : 32 B.

▬▬ **HEIDEN** Nordrhein-Westfalen siehe Borken.

▬▬ **HEIDENAU** 2111. Niedersachsen — 1 500 Ew — Höhe 35 m — ⓧ 04182.
◆Hannover 126 — ◆Bremen 76 — ◆Hamburg 50.

🏠 **Heidenauer Hof** (mit Gästehaus, 🏊), Hauptstr. 23, 𝒫 41 44, Fax 4744, 😚, 🚗 — 🚗 ⓟ.
   🆑 🅴
   M *(Dienstag geschl.)* a la carte 25/56 — **16 Z : 32 B** 48/65 - 80/110.

▬▬ **HEIDENHEIM AN DER BRENZ** 7920. Baden-Württemberg 🔢🔢 N 20,21, 🔢🔢🔢 ⊛ — 47 900 Ew
— Höhe 491 m — ⓧ 07321.
🅙 Städt. Verkehrsamt, Grabenstr. 15, 𝒫 32 73 40.
◆Stuttgart 87 — ◆Nürnberg 132 — ◆Ulm (Donau) 46 — ◆Würzburg 177.

🏨 **Schweizer Hof**, Steinheimer Str. 8, 𝒫 4 40 61 — 📺 ☎ 🚗 ⓟ
   (nur Abendessen) — **20 Z : 40 B.**

🏠 **Ottilienhof**, Schnaitheimer Str. 19, 𝒫 4 10 77 — 🛎 ☎ ⓟ. ⓪ 🅴 𝑉𝐼𝑆𝐴. 😚
   M *(Sonntag ab 15 Uhr geschl.)* a la carte 32/55 — **17 Z : 24 B** 64 - 95.

🏠 **Haus Hellenstein**, Seestr. 16, 𝒫 2 20 71 — 📺 ☎. 🆑 ⓪ 🅴 𝑉𝐼𝑆𝐴
   M *(Sonntag ab 15 Uhr und Freitag geschl.)* a la carte 23/35 — **15 Z : 33 B** 55/65 - 100/110.

🏠 **Linde**, St.-Pöltener-Str. 53, 𝒫 5 20 41 — ☎ 🚗 ⓟ. ⓪ 🅴 𝑉𝐼𝑆𝐴
◆ *Aug. geschl.* — **M** *(Samstag geschl.)* a la carte 19,50/41 — **36 Z : 47 B** 50/75 - 90/120 Fb.

🏠 Raben, Erchenstr. 1, 𝒫 2 18 39 — ☎ 🚗 ⓟ
   20 Z : 28 B.

🏠 Gästehaus Traber 🏊 garni, Ziegelstr. 39, 𝒫 4 40 01 — ⓟ
   13 Z : 17 B.

🛏 **Haus Hubertus**, Giengener Str. 82, 𝒫 5 18 00 — ☎ 🚗 ⓟ. 🆑 ⓪ 🅴 𝑉𝐼𝑆𝐴
   M a la carte 25/45 🍴 — **8 Z : 12 B** 40/45 - 60/70.

XX **Haus Friedrich** mit Zim, Wilhelmstr. 80, ℰ 4 56 62 — 📺 ☎ 🅿
1.- 15. Sept. geschl. — **M** *(Freitag geschl.)* a la carte 27/55 — **3 Z : 5 B** 68/90 - 160/180.

XX Schloßgaststätte-Panoramastuben, Schloßhaustr. 55, ℰ 4 10 66, ≤, 🏦 — 🅿 — 🔺 .

XX **Weinstube zum Pfauen**, Schloßstr. 26, ℰ 4 52 95
6.- 20. Jan., Samstag bis 18 Uhr und Sonntag geschl. — **M** (abends Tischbestellung ratsam)
a la carte 37/66.

In Heidenheim 9-Mergelstetten S : 2 km über die B 19 :

🏨 **Hirsch** 🐾 garni, Buchhofsteige 3, ℰ 5 10 30 — 📳 📺 ☎ 🚗 🅿. 🖭 🗉 VISA
22. Dez.- 6. Jan. geschl. — **41 Z : 55 B** 75/90 - 100/120 Fb.

X **Lamm** mit Zim, Carl-Schwenk-Str. 40 (B 19), ℰ 5 11 41, 🏦 — ☎ 🅿 — **12 Z : 18 B**.

In Heidenheim 5-Mittelrain NW : 2 km :

XX **Rembrandt-Stuben**, Rembrandtweg 9, ℰ 6 54 34, 🏦 — 🅿. 🕦 🗉
2.- 11. Jan., Juli und Montag 14 Uhr - Dienstag geschl. — Menu a la carte 33/68.

An der Straße nach Giengen SO : 7 km :

XX Landgasthof Oggenhausener Bierkeller, ✉ 7920 HDH-Oggenhausen, ℰ (07321) 5 22 30, 🏦
— 🅿
(abends Tischbestellung ratsam).

In Steinheim am Albuch 7924 W : 6 km :

🏨 **Zum Kreuz**, Hauptstr. 26, ℰ (07329) 60 07, 🏦 — 📺 ☎ 🅿 — 🔺 25/40
1.- 6. Jan. und Juli 2 Wochen geschl. — **M** *(Sonntag 15 Uhr - Montag geschl.)* a la carte
33/62 — **30 Z : 41 B** 60/80 - 100/140.

🏡 **Pension Croonen** 🐾, Obere Ziegelhütte 5, ℰ (07329) 2 10, 🖼, 🐾 (Halle) — 🅿
20. Dez.- 10. Jan. geschl. — **M** *(nur kleine Gerichte)* a la carte 17/25 — **11 Z : 19 B** 38/42 -
58/62.

In Steinheim-Sontheim i. St. 7924 W : 7 km :

X **Sontheimer Wirtshäusle** (mit Gästehaus), an der B 466, ℰ (07329) 2 85 — 🚗 🅿
1.- 25. Jan. geschl. — Menu *(Samstag geschl.)* a la carte 26/58 — **5 Z : 8 B** 40/45 - 68/100.

HEIGENBRÜCKEN 8751. Bayern 🗺 KL 16 — 2 400 Ew — Höhe 300 m — Luftkurort — 😊 06020.
🅩 Kur- und Verkehrsamt, Rathaus, ℰ 3 81.
♦München 350 — Aschaffenburg 26 — ♦Würzburg 74.

🏨 **Wildpark**, Lindenallee 39, ℰ 4 94, 🏦, ⛱, 🖼 — 📳 ☎ 🅿 — 🔺 40. 🕦
7.- 30. Jan. geschl. — **M** a la carte 25/55 — **40 Z : 80 B** 60 - 95.

🏡 **Zur frischen Quelle**, Hauptstr. 1, ℰ 4 62 — 🅿
Ende Okt.- Mitte Nov. geschl. — **M** *(Okt.- April Donnerstag geschl.)* 13/19 (mittags) und a la
carte 24/32 🍷 — **14 Z : 25 B** 24/30 - 47/59.

HEILBRONN 7100. Baden-Württemberg 🗺 K 19, 🗺 ⊗ — 111 000 Ew — Höhe 158 m —
😊 07131.
Sehenswert : St.-Kilian-Kirche (Turm★).
🅩 Städtisches Verkehrsamt, Rathaus, ℰ 56 22 70.
ADAC, Innsbrucker Str. 26, ℰ 8 39 16, Telex 728590, Notruf ℰ 1 92 11.
♦Stuttgart 53 ③ — Heidelberg 68 ① — ♦Karlsruhe 94 ① — ♦Würzburg 105 ①.

Stadtplan siehe gegenüberliegende Seite.

🏨 **Insel-Hotel**, Friedrich-Ebert-Brücke, ℰ 63 00, Telex 728777, Fax 626060, ⛱, 🖼, 🌸 — 📳
📺 🚗 🅿 — 🔺 25/100. 🖭 🕦 🗉 VISA   Y
Restaurants: — **Royal** *(Freitag 14 Uhr - Sonntag geschl.)* **M** a la carte 48/78 — **Schwäbisches
Restaurant M** a la carte 35/70 — **120 Z : 180 B** 138/188 - 198/248 Fb — 4 Appart. 380/440.

🏨 **Götz**, Moltkestr. 52, ℰ 15 50, Telex 728926, Fax 155881 — 📳 📺 🛁 🚗 — 🔺 25/90. 🖭 🕦
🗉 VISA   Z
M a la carte 35/60 — **86 Z : 153 B** 126/156 - 168/208 Fb.

🏨 **Burkhardt**, Lohtorstr. 7, ℰ 6 22 40, Telex 728480 — 📳 📺 ☎ 🅿 — 🔺 — **55 Z : 65 B** Fb. Y

🏨 **Park-Villa** 🐾 garni, Gutenbergstr. 30, ℰ 7 20 28, « Geschmackvolle Einrichtung, Park »
— 📺 ☎. 🖭 🕦 🗉 VISA   Z
13 Z : 23 B 100/120 - 150/185 Fb.

🏨 **City-Hotel** garni, Allee 40 (14. Etage), ℰ 8 39 58, ≤ — 📳 📺 ☎ 🚗. 🖭 🕦 🗉 VISA   Y
20. Dez.- 7. Jan. geschl. — **18 Z : 40 B** 77/95 - 130/160 Fb.

XXX Wirtshaus am Götzenturm, Allerheiligenstr. 1, ℰ 8 05 34, 🏦, bemerkenswerte
Weinangebot, « Sammlung Hohenloher Bauernantiquitäten » — *nur Abendessen.*   Z

XX **Ratskeller**, Marktplatz 7, ℰ 8 46 28, 🏦 — 🔺 25/80   Y
Sonntag ab 15 Uhr geschl. — **M** a la carte 36/62.

XX **Stöber**, Wartbergstr. 46, ℰ 16 09 29 — 🖭 🗉   Y
Samstag und Ende Juli - Anfang Aug. geschl. — Menu a la carte 31/57.

XX Münch's Beichtstuhl, Fischergasse 9, ℰ 8 95 86 — *nur Abendessen.*   Z

X **Haus des Handwerks**, Allee 76, ℰ 8 44 68 — 🔺 25/140. 🖭 🕦 🗉 VISA   Y
M a la carte 20/51 🍷.

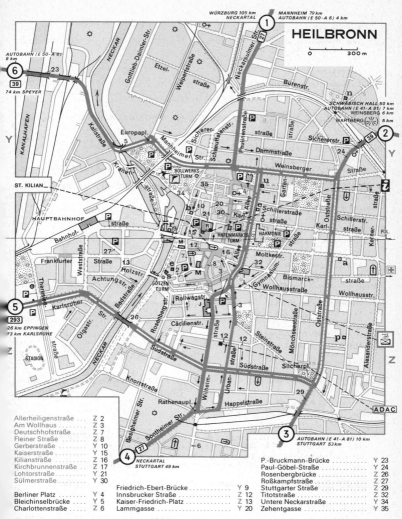

HEILBRONN

In Heilbronn-Böckingen ⑤ : 4 km :

🏠 **Gästehaus Dokkenwadel** garni, Großgartacher Str. 176/2 (B 293), 𝒫 4 64 70, ⇌ – 🅿.
⛽
18 Z : 21 B 39/55 - 70/88.

In Heilbronn-Sontheim über ④ :

✕ **Zum Freihof**, Hauptstr. 23, 𝒫 57 42 65 – 🅿
wochentags nur Abendessen, Montag geschl. – **M** a la carte 26/50 🍴.

Im Jägerhauswald O : 4 km, Zufahrt über Bismarckstraße Z :

✕ **Waldgaststätte Jägerhaus**, ⊠ 7100 Heilbronn, 𝒫 (07131) 7 52 25, 🏡 – 🅿. **E**
Mitte Jan.- Mitte Feb. und Montag geschl. – **M** a la carte 29/55.

Auf dem Wartberg ② : 5 km – Höhe 303 m:

✕✕ Höhenrestaurant Wartberg, ⊠ 7100 Heilbronn, 𝒫 (07131) 7 32 74, ≤ Heilbronn und
Weinberge, 🏡 – 🅗 🅿 – 🎿.

373

In Flein 7101 S : 5,5 km über Charlottenstr. Z :

🏨 **Wo der Hahn kräht** 🦐, Altenbergweg 11, *℘* (07131) 5 30 71, ≤, 🌴, Weinprobe, Weinlehrpfad, 🚗 — 📺 ☎ 🅟
M a la carte 28/58 ⅃ — **27 Z : 58 B** 75 - 130.

In Leingarten 7105 ⑤ : 7 km :

✗ **Loewen**, Heilbronner Str. 43, *℘* (07131) 40 36 78
Samstag bis 18 Uhr, Montag, Mitte Jan.- Mitte Feb. und Aug. 1 Woche geschl. — **M** (abends Tischbestellung ratsam) a la carte 41/68 ⅃.

HEILBRUNN, BAD 8173. Bayern ⅄⅃⅊ R 23, ⅄⅊⅍ ⑰ — 2 900 Ew — Höhe 682 m — Heilbad — ✪ 08046.

🛈 Kur- und Verkehrsamt, Haus des Gastes, *℘* 3 23.
♦München 63 — Mittenwald 48 — Bad Tölz 8.

🏠 **Gästehaus Oberland** 🦐, Wörnerweg 45, *℘* 2 38, 🌴, ⊜, 🚗 — 🅟
Dez.- 7. Jan. geschl. — **M** (Mittwoch geschl.) a la carte 22/35 ⅃ — **21 Z : 33 B** 34/58 - 72/96.

HEILIGENBERG 7799. Baden-Württemberg ⅄⅃⅊ KL 23, ⅊⅍⅊ ⅊⅍, ⅄⅊⅌ LM 2 — 2 700 Ew — Höhe 726 m — Luftkurort — ✪ 07554.

Sehenswert : Schloßterrasse ≤★.
🛈 Kurverwaltung, Rathaus, *℘* 2 46.
♦Stuttgart 139 — Bregenz 70 — Sigmaringen 38.

🏨 **Berghotel Baader**, Salemer Str. 5, *℘* 3 03, Fax 8192, 🌴, ⊜, 🖾, 🚗 — 📺 ☎ 🚘 🅟 —
⅃ 40. 🄰🄴 **E**. 🦐
M (Dienstag geschl.) (bemerkenswerte Weinkarte) a la carte 45/74 — **17 Z : 27 B** 55/65 - 110/125 Fb — ½ P 70/80.

🏠 **Post** 🦐, Postplatz 3, *℘* 2 08, ≤ Linzgau und Bodensee, 🌴 — ☎ 🚘 🅟
⟵ *Mitte Dez.- Mitte Jan. geschl. —* **M** (Freitag geschl.) a la carte 20/36 — **12 Z : 18 B** 46/52 - 98/104 — ½ P 64/70.

✗ **Restaurant de Weiss im Hohenstein** (Galerie mit wechselnden Kunstausstellungen), Postplatz 5, *℘* 7 65, 🌴 — 🅟
Mitte Jan.- Mitte Feb. und Montag geschl. — **M** a la carte 29/54.

In Heiligenberg-Steigen :

✗ **Hack** 🦐 mit Zim, Am Bühl 11, *℘* 86 86, ≤, 🚗 — 🅟
Nov. geschl. — **M** (Montag, im Winter auch Dienstag geschl.) a la carte 23/45 ⅃ — **11 Z : 19 B** 38 - 66/80.

HEILIGENHAFEN 2447. Schleswig-Holstein ⅊⅍⅊ ⑥ — 10 300 Ew — Höhe 3 m — Ostseeheilbad — ✪ 04362.

🛵 Am Hohen Ufer 4, *℘* 55 05.
🛈 Kurverwaltung, Rathaus am Markt, *℘* 5 00 89.
♦Kiel 67 — ♦Lübeck 67 — Puttgarden 24.

🏠 **Deutsches Haus** (mit Gästehaus), Bergstr. 3, *℘* 22 38, 🌴, 🚗 — 🅟. 🄰🄴 ⓞ **E** 🆅🅸🆂🅰
M a la carte 24/47 — **46 Z : 90 B** 58/80 - 90/150 Fb.

✗ **Zum alten Salzspeicher**, Hafenstr. 2, *℘* 28 28, « Haus a.d. 16. Jh. » — 🄰🄴 ⓞ **E** 🆅🅸🆂🅰
Montag und Feb. geschl., Okt.- April nur Abendessen — **M** a la carte 32/57.

HEILIGENHAUS 5628. Nordrhein-Westfalen — 28 900 Ew — Höhe 174 m — ✪ 02056.

Siehe Ruhrgebiet (Übersichtsplan).

♦Düsseldorf 22 — ♦Essen 22 — Wuppertal 25.

🏨 **Waldhotel** 🦐, Parkstr. 38, *℘* 59 70, Fax 59760, « Gartenterrasse mit Pavillon » — 🛗 📺 ☎
⅃ 🚘 🅟 — ⅃ 25/60. **E** 🆅🅸🆂🅰 🦐 Rest
M a la carte 45/75 — **Bistro M** a la carte 30/50 — **32 Z : 54 B** 140/290 - 205/350.

✗✗ **Kuhs - Deutscher Hof**, Velberter Str. 146 (O : 2 km), *℘* 65 28 — 🅟
Montag - Dienstag und Juni - Juli 4 Wochen geschl. — **M** 18/28 (mittags) und a la carte 32/56.

HEILIGENRODE Niedersachsen siehe Stuhr.

HEILIGENSTADT 8551. Bayern ⅄⅃⅊ Q 17 — 3 700 Ew — Höhe 367 m — ✪ 09198.
♦München 231 — ♦Bamberg 24 — Bayreuth 36 — ♦Nürnberg 60.

In Heiligenstadt-Veilbronn SO : 3 km — Erholungsort :

♨ **Sponsel-Regus** 🦐, *℘* 2 22, 🌴 — 🆑 Rest 🚘 🅟
⟵ *8. Jan.- 15. Feb. geschl. —* **M** (Nov.- März Dienstag geschl.) a la carte 18/34 ⅃ — **31 Z : 70 B** 37/43 - 62/72 Fb.

HEILIGKREUZSTEINACH 6901. Baden-Württemberg 🅰🅑🅒 J 18 — 2 900 Ew — Höhe 280 m — Erholungsort — ✪ 06220.

♦Stuttgart 119 — Heidelberg 21 — ♦Mannheim 31.

🏛 **Goldner Hirsch,** Weinheimer Str. 10, ℰ 2 27, 🍴, 🔲, 🚗 — ℗
↔ 4.- 17. Feb. geschl. — **M** *(Dienstag geschl.)* a la carte 17/42 🥂 — **16 Z : 30 B** 30/35 - 60/70 — ½ P 36/41.

🏛 Roter Löwe, Weinheimer Str. 2, ℰ 2 24, 🍴, 🔲, 🚗 — ℗
18 Z : 30 B.

In Heiligkreuzsteinach - Eiterbach N : 3 km :

✗✗ ✿ **Goldener Pflug,** Ortsstr. 40, ℰ 85 09 — ℗
Montag - Dienstag geschl., Mittwoch - Freitag nur Abendessen — **M** a la carte 70/90
Spez. Pasteten und Terrinen, Fischgerichte, Taubenbrust in Blätterteig.

HEILSBRONN 8807. Bayern 🅰🅑🅒 P 18. 🐟🐙 ㉖ — 7 400 Ew — Höhe 410 m — ✪ 09872.
Sehenswert : Ehemalige Klosterkirche (Nothelfer-Altar★).

♦München 189 — Ansbach 17 — ♦Nürnberg 25.

🏛 **Goldener Stern,** Ansbacher Str. 3, ℰ 12 62, 🔳, 🚗 — 🚙 ℗. ⅋ 🅴. 🎿 Rest
↔ 4.- 15. Juni, 31. Aug.- 14. Sept. und 27. Dez.- 4. Jan. geschl. — **M** *(Samstag geschl.)* a la carte 17/30 🥂 — **30 Z : 46 B** 30/48 - 55/110.

HEIMBACH 5169. Nordrhein-Westfalen — 4 200 Ew — Höhe 241 m — Luftkurort — ✪ 02446.
🚩 Verkehrsamt, Seerandweg, ℰ 5 27.

♦Düsseldorf 91 — ♦Aachen 58 — Düren 26 — Euskirchen 26.

🏛 **Meiser,** Hengebachstr. 99, ℰ 2 27
↔ **M** *(Nov.- April Dienstag geschl.)* a la carte 21/41 — **10 Z : 20 B** 40 - 72.

✗ **Eifeler Hof,** Hengebachstr. 43, ℰ 4 42, 🍴
↔ Montag und Dienstag jeweils ab 14 Uhr sowie Jan.- Feb. geschl. — **M** a la carte 20/55.

In Heimbach 2-Hasenfeld W : 1,5 km :

🏛 **Haus Diefenbach** 🐾, Brementhaler Str. 44, ℰ 31 00, ≼, 🍴, 🔲, 🚗 — ℗. 🎿 Rest
16. Nov.- 27. Dez. geschl. — (nur Abendessen für Hausgäste) — **14 Z : 25 B** 42/59 - 78/98.

🏛 Schade 🐾 garni, Brementhaler Str. 11, ℰ 33 85, 🚗 — ☎ 🚙 ℗ — 🅰 25
12 Z : 20 B.

✗✗ **Landhaus Weber** mit Zim, Schwammenaueler Str. 8, ℰ 2 22, 🚗 — 🚙 ℗
M *(nur Abendessen, Dienstag - Mittwoch geschl.)* a la carte 36/61 — **Gaststube** *(auch Mittagessen, Montag - Dienstag geschl.)* Menu 25/36 — **9 Z : 18 B** 40 - 80 Fb — ½ P 58.

In Heimbach 3-Hergarten SO : 6 km :

🏛 **Lavreysen,** Kermeterstr. 54, ℰ 35 25, 🔲, 🚗 — ☎ 🚙 ℗. 🅴
↔ 23. Feb.- 20. März geschl. — **M** *(Montag geschl.)* a la carte 17,50/38 — **13 Z : 30 B** 37/40 - 74.

HEIMBORN 5239. Rheinland-Pfalz — 300 Ew — Höhe 220 m — ✪ 02688 (Kroppach).
Mainz 117 — Limburg an der Lahn 55 — Siegen 49.

In Heimborn-Ehrlich NW : 2 km :

🏨 **Sollmann-Schürg,** Kragweg 2, ℰ 80 77, Fax 8866, 🍴, 🔲, 🚗, 🎿 — 📺 ☎ ℗ — 🅰 30.
🅴. 🎿 Rest
(Restaurant nur für Hausgäste) — **33 Z : 60 B** 50/70 - 100/140.

HEIMBUCHENTHAL 8751. Bayern 🅰🅑🅒 KL 17 — 2 100 Ew — Höhe 171 m — Erholungsort — ✪ 06092.

♦München 346 — Aschaffenburg 19 — ♦Würzburg 70.

🏨 **Zum Lamm,** St.-Martinus-Str. 1, ℰ 70 31, Fax 7944, 🍴, 🍴, 🔲, 🚗 — 🛗 📺 ☎ 🚙 ℗ —
🅰 30. 🎿 Zim
M 15/29 (mittags) und a la carte 29/57 — **44 Z : 80 B** 57/59 - 108/112 Fb.

🏨 **Panorama Hotel Heimbuchenthaler Hof** 🐾, Am Eichenberg 1, ℰ 70 58, Fax 6802, ≼,
↔ 🍴, 🍴, 🔲, 🚗, 🎿 — 🛗 📺 ☎ 🚙 ℗ — 🅰 40. 🅴. 🎿 Zim
M a la carte 16/46 🥂 — **35 Z : 51 B** 59/85 - 106/116 Fb — ½ P 67/78.

🏨 **Zum Wiesengrund** 🐾, Elsavastr. 9, ℰ 13 64, 🍴, 🍴, 🚗 — ☎ 🚙 ℗. 🎿
↔ Ende Feb.- 10. März geschl. — **M** *(20. Nov.- 16. Dez. geschl.)* 15/27 (mittags) und a la carte 20/38 — **24 Z : 44 B** 45 - 80 Fb.

🏛 Elsava, Hauptstr. 82, ℰ 2 19, 🍴, 🚗 — ☎ ℗. 🎿
— **18 Z : 34 B** Fb — 5 Fewo.

HEININGEN 3344. Niedersachsen — 800 Ew — Höhe 85 m — ✪ 05334 (Börsum).
♦Hannover 80 — ♦Braunschweig 23 — Goslar 20.

🏛 **Zum Landsknecht,** Hauptstr. 6 (B 4), ℰ 68 88, 🍴, 🍴, 🔲 — ℗
↔ **M** *(Donnerstag geschl.)* a la carte 16/45 — **15 Z : 25 B** 35/42 - 60/75.

HEINSBERG 5138. Nordrhein-Westfalen 🔢 ⑳. 🔢 ② — 38 000 Ew — Höhe 45 m — ✪ 02452.
♦Düsseldorf 63 — ♦Aachen 36 — Mönchengladbach 33 — Roermond 20.

In Heinsberg-Unterbruch NO : 3 km :

XX **Altes Brauhaus,** Wurmstr. 4, 𝒫 6 10 35, « Täfelung a.d. 16. Jh. »
wochentags nur Abendessen, Sonntag 15 Uhr - Montag und Mitte Juni - Mitte Juli geschl.
— M a la carte 25/59.

HEITERSHEIM 7843. Baden-Württemberg 🔢 FG 23, 🔢 ④, 🔢 ㊱ — 4 600 Ew — Höhe 254 m
— ✪ 07634.
♦Stuttgart 223 — Basel 48 — ♦Freiburg im Breisgau 22.

🏨 **Krone,** Hauptstr. 7, 𝒫 28 11, 🍽, 🌳 — 📺 ☎ ⟺ 🅿. ⚘ Zim
Menu *(Dienstag - Mittwoch 17 Uhr, Juli 2 Wochen und Okt. 1 Woche geschl.)* a la carte 34/70
🍸 **— 12 Z : 20 B** 55/75 - 90/120.

🏨 **Ochsen,** Eisenbahnstr. 9, 𝒫 22 18 — 📺 ☎ ⟺ 🅿
22. Dez.- 23. Jan. geschl. **— M** *(Montag bis 17 Uhr und Freitag geschl.)* a la carte 34/53 🍸 —
30 Z : 50 B 60/100 - 85/140.

🏨 **Löwen,** Hauptstr. 58, 𝒫 22 84 — ☎ 👤 ⟺ 🅿. ⚫Ⓞ **E**
◆ *28. Feb.- 19. März und 26. Okt.- 10. Nov. geschl.* **— M** *(Sonntag 14 Uhr - Montag geschl.)* a la
carte 21/51 🍸 **— 28 Z : 50 B** 33/55 - 65/94.

In Buggingen 7845 SW : 5 km :

X **Landgasthof Krone** mit Zim, Hauptstr. 34, 𝒫 (07631) 25 47, 🍽 — 🅿
M *(Montag - Dienstag 17 Uhr und Juli - Aug. 3 Wochen geschl.)* a la carte 30/49 🍸 **— 9 Z :
13 B** 29/48 - 66/78 Fb.

HELGOLAND (Insel) 2192. Schleswig-Holstein 🔢 ④ — 1 800 Ew — Höhe 5 m — Seebad,
60 km vor Cuxhaven. Bademöglichkeit auf der vorgelagerten Düne. — Zollfreies Gebiet, Autos
auf der Insel nicht zugelassen — ✪ 04725.

Sehenswert : Felseninsel** aus rotem Sandstein in der Nordsee.

⛵ 𝒫 8 08 65, Telex 232194.

⛴ von Cuxhaven, Bremerhaven, Wilhelmshaven, Bensersiel, Büsum und Ausflugsfahrten von
den Ost- und Nordfriesischen Inseln.

🅸 Verkehrsverein, Landungsbrücke, 𝒫 8 08 50, Kurverwaltung, Rathaus, Lung Wai 28, 𝒫 8 08 65.
Auskünfte über Schiffs- und Flugverbindungen, 𝒫 8 08 65.

Auf dem Unterland :

🏨 **Insulaner** ⚘ garni, Am Südstrand 2, 𝒫 6 02, Fax 1483, ⬍, ⟺, 🌳 — 📺 ☎
19 Z : 36 B 90/150 - 160/180 Fb.

🏨 **Hanseat** ⚘ garni, Am Südstrand 21, 𝒫 6 63, ⬍ — 📺. ⚘
März - Okt. **— 22 Z : 38 B** 70/85 - 125/160.

🏨 **Haus Hilligenlei** ⚘ garni, Kurpromenade 36, 𝒫 77 33, ⬍ — ☎. ⚘
26 Z : 43 B 90/100 - 130/136.

🏨 **Schwan** ⚘, Am Südstrand 17, 𝒫 77 51, ⬍ — 📺 ☎. ⚘
(Restaurant nur für Pensionsgäste) — **19 Z : 31 B** 47/90 - 130/160.

🏨 **Helgoland** ⚘ garni, Am Südstrand 16, 𝒫 2 20, Fax 801217, ⬍ — ☎
5. Jan.- 10. April und 20. Okt.- 25. Dez. geschl. **— 14 Z : 24 B** 72/87 - 144/174 Fb.

X **Weddig's Fischerstube,** Friesenstr. 61, 𝒫 72 35 — ⚘
Okt.- März Mittwoch geschl. **— M** a la carte 33/56.

Auf dem Oberland :

🏨 **Mailänder** ⚘, Am Falm 313, 𝒫 5 66, Fax 7839, ⬍ Nordsee mit Düne und Reede — ☎. ⚫
E. ⚘ Rest
Nov.- 15. Dez. geschl. — (Restaurant nur für Pensionsgäste) — **28 Z : 41 B** 41/90 - 82/132.

XX **Zum Hamburger** ⚘ mit Zim, Am Falm 304, 𝒫 4 09, ⬍ Nordsee mit Düne und Reede, 🍽
nur Saison **— 4 Z : 8 B.**

HELLENDORF Niedersachsen siehe Wedemark.

HELLENTHAL 5374. Nordrhein-Westfalen — 8 400 Ew — Höhe 420 m — ✪ 02482.
🅸 Verkehrsamt, Rathausstr. 2, 𝒫 8 51 15.
♦Düsseldorf 109 — ♦Aachen 56 — Düren 44 — Euskirchen 36.

🏨 **Haus Lichtenhardt** ⚘, An der Lichtenhardt 26, 𝒫 6 14, ⬍, ⟺, 🔲, 🌳 — ☎ 🅿 — 🔼 30.
⚫ Ⓞ **E** 🆅🆂🅰
15.- 27. Dez. geschl. **— M** a la carte 23/49 **— 20 Z : 33 B** 39/50 - 68/90.

🏨 **Pension Haus Berghof** ⚘, Bauesfeld 16, 𝒫 71 54, ⬍, 🌳 — 🅿. ⚘
(Restaurant nur für Pensionsgäste) — **12 Z : 20 B** 28/38 - 66/68.

In Hellenthal-Blumenthal NO : 1,5 km :

🏨 **Zum alten Amt,** Schleidener Str. 37 (B 265), 𝒫 21 77, ⟺, 🔲, 🌳 — ☎ 🅿
24 Z : 54 B Fb.

In Hellenthal-Hollerath SW : 5,5 km — Wintersport : 600/690 m ⚡1 ⚡1 :

🏛 **Hollerather Hof**, Luxemburger Str. 44 (B 265), 𝒫 71 17, ≤, 🍴, 🔳, 🚲, Fahrradverleih —
☎ ⟸ 🄿. ⓪ 🗉 𝘝𝘐𝘚𝘈
Nov. 2 Wochen geschl. — **M** a la carte 22/42 — **14 Z : 25 B** 31/45 - 55/85.

🍴 **St. Georg**, Luxemburger Str. 46 (B 265), 𝒫 3 17, ≤ — 🄿
⟵ **M** *(Dienstag geschl.)* a la carte 21/37 — **17 Z : 31 B** 36 - 68.

In Hellenthal-Udenbreth SW : 13 km — Wintersport : 600/690 m ⚡1 ⚡1 :

🍴 **Bergfriede** 🕭, Zum Wilsamtal 31, 𝒫 (02448) 4 02 — 🄿
(Restaurant nur für Hausgäste) — **10 Z : 20 B** 29 - 54/58.

HELMBRECHTS 8662. Bayern ⁴¹³ S 16, ⁹⁸⁷ ㉗ — 10 800 Ew — Höhe 615 m — Wintersport :
620/725 m ⚡4 — 🕲 09252.
♦München 277 — Bayreuth 43 — Hof 18.

🏛 **Zeitler**, Kulmbacher Str. 13, 𝒫 10 11, Fax 1013 — ☎ ⟸ 🄿
M a la carte 24/54 — **25 Z : 36 B** 45/55 - 70/85.

HELMSTEDT 3330. Niedersachsen ⁹⁸⁷ ⑯ — 27 000 Ew — Höhe 110 m — 🕲 05351.
🅱 Amt für Information und Fremdenverkehr, Rathaus, Markt 1, 𝒫 1 73 33.
♦Hannover 96 — ♦Berlin 192 — ♦Braunschweig 41 — Magdeburg 53 — Wolfsburg 30.

🏛 **Petzold**, Schöninger Str. 1, 𝒫 60 01 — ☎ ⟸ 🄿. 🗉
M *(nur Abendessen, Samstag geschl.)* a la carte 28/56 — **28 Z : 40 B** 60/85 - 89/105.

🏛 **Park-Hotel** garni, Albrechtstr. 1, 𝒫 3 40 94 — 📺 ☎ ⟸ 🄿
20 Z : 40 B 59/75 - 85/100.

HEMAU 8416. Bayern ⁴¹³ S 19 — 6 800 Ew — Höhe 514 m — 🕲 09491.
♦München 125 — ♦Nürnberg 83 — ♦Regensburg 27.

🍴 **Brauerei-Gasthof Donhauser**, Unterer Stadtplatz 4, 𝒫 4 31 — ⟸ 🄿
⟵ **M** *(Donnerstag geschl.)* a la carte 14/25 — **9 Z : 18 B** 26/30 - 48/55.

HEMDINGEN 2081. Schleswig-Holstein — 1 300 Ew — Höhe 5 m — 🕲 04123 (Barmstedt).
♦Kiel 73 — ♦Hamburg 28 — ♦Hannover 197.

🏛 Hemdinger Hof, Barmstedter Str. 8, 𝒫 20 58 — 📺 ☎ 🄿 — 🏛
(wochentags nur Abendessen) — **28 Z : 44 B**.

HEMER 5870. Nordrhein-Westfalen ⁹⁸⁷ ⑭ — 33 800 Ew — Höhe 240 m — 🕲 02372.
♦Düsseldorf 86 — Arnsberg 35 — Hagen 23 — Soest 40.

In Hemer-Becke NO : 3 km über die B 7 :

🎇 **Zum Bären - Jagdhaus Keune** Urbecke 🕭, mit Zim, 𝒫 1 07 65, « Gartenterrasse » —
☎ ⟸ 🄿. ⓪ 🗉
2.- 8. Jan. geschl. — **M** *(Montag geschl.)* 22/30 (mittags) und a la carte 39/69 — **3 Z : 5 B**
55/60 - 95.

In Hemer-Stephanopel S : 3,5 km :

🎇🎇 **Haus Winterhof**, 𝒫 89 81, « Gartenterrasse » — 🄿. 🗚 ⓪ 🗉
Dienstag geschl. — **M** a la carte 30/58.

In Hemer-Sundwig :

🍴 **Meise**, Hönnetalstr. 75, 𝒫 67 37 — 🄿
⟵ *Juni - Juli 3 Wochen geschl.* — **M** *(Samstag geschl.)* a la carte 18,50/39 — **24 Z : 36 B** 30/45 -
60/80.

In Hemer-Westig :

🏛 Haus von der Heyde 🕭, Lohstr. 6, 𝒫 23 15 — ☎ 🄿. 🕸
— **10 Z : 20 B**.

HEMMENHOFEN Baden-Württemberg siehe Gaienhofen.

HEMMINGEN Niedersachsen siehe Hannover.

HEMSBACH 6944. Baden-Württemberg ⁴¹³ I 18 — 13 000 Ew — Höhe 100 m — 🕲 06201.
♦Stuttgart 141 — ♦Darmstadt 40 — Heidelberg 25 — ♦Mannheim 21.

In Hemsbach-Balzenbach O : 3 km :

🏛 **Watzenhof** 🕭, 𝒫 (06201) 77 67, 🍽, 🚲 — 📺 ☎ ⟸ 🄿 — 🏛 25/50. 🗚. 🕸
M a la carte 44/68 — **13 Z : 25 B** 100/140 - 140/180.

HENNEF (SIEG) 5202. Nordrhein-Westfalen 987 ㉔ − 30 000 Ew − Höhe 70 m − ✪ 02242.

🏠 Haus Dürresbach, ℰ 30 47.

♦Düsseldorf 75 − ♦Bonn 18 − Limburg an der Lahn 89 − Siegen 75.

🏨 **Schloßhotel Regina - Wasserburg**, Frankfurter Str. 124, ℰ 50 24, Fax 28385 − 📺 ☎
🅿. 🆎 ⓞ 🇪 𝒱𝐼𝑆𝐴
M *(Sonntag geschl.)* a la carte 27/47 − **20 Z : 28 B** 100/229 - 189/279 Fb.

🏨 **Marktterrassen** garni, Frankfurter Str. 98, ℰ 50 48 − |📳| 📺 ☎. 🆎 ⓞ 🇪 𝒱𝐼𝑆𝐴
15 Z : 23 B 72/110 - 110/135 Fb.

🏠 **Herting**, Wehrstr. 46, ℰ 50 28 − 📺 ☎ 🅿
21 Z : 36 B Fb.

✗✗ **Haus Steinen**, Hanftalstr. 96, ℰ 32 16 − 🅿. 🇪
nur Abendessen, 2.- 18. Jan. und Montag geschl. − **M** a la carte 46/70.

✗✗ **Rôtisserie Christine** mit Zim, Frankfurter Str. 55, ℰ 29 07 − 📺 ☎. 🆎 ⓞ 🇪. ⚸
M *(Samstag bis 18 Uhr und Sonntag geschl.)* a la carte 45/70 − **6 Z : 9 B** 65/85 - 95/125.

In Hennef 1-Stadt Blankenberg O : 7 km :

🏠 **Haus Sonnenschein**, Mechtildisstr. 16, ℰ (02248) 23 58 − 📺 ☎ 🅿 − 🔬 40. 🆎 ⓞ
→ **M** a la carte 17/53 − **15 Z : 26 B** 65 - 90.

An der Straße nach Winterscheid NO : 9 km :

🏨 **Winterscheider Mühle** ⚘, ✉ 5207 Ruppichteroth 4, ℰ (02247) 30 40, Telex 889683, Fax
304100, « Wildgehege », ⛲, 🏊, 🎿 − |📳| 📺 ⬅ 🅿 − 🔬 25/100. 🆎 ⓞ 🇪 𝒱𝐼𝑆𝐴
22.- 25. Dez. geschl. − **M** a la carte 35/65 − **90 Z : 150 B** 80/115 - 155/180 Fb.

HENNESEE Nordrhein-Westfalen siehe Meschede.

HENNSTEDT KREIS STEINBURG 2211. Schleswig-Holstein − 300 Ew − Höhe 30 m −
✪ 04877.

♦ Kiel 51 − ♦Hamburg 71 − Itzehoe 19.

🏠 **Seelust** ⚘, Seelust 6, ℰ 6 77, ≤, ⛲, Fahrradverleih − 🅿
M *(Montag - Freitag nur Abendessen, Dienstag geschl.)* a la carte 25/50 − **13 Z : 22 B** 45/65
- 75/95.

HENSTEDT-ULZBURG 2359. Schleswig-Holstein 987 ⑤ − 20 000 Ew − Höhe 38 m − ✪ 04193.

🏠 Alveslohe (W : 6 km), ℰ (04193) 14 20.

♦Kiel 68 − ♦Hamburg 31 − Hannover 187 − ♦Lübeck 56.

Im Stadtteil Henstedt :

🏠 **Scheelke**, Kisdorfer Str. 11, ℰ 22 00 − 📺 ☎ 🅿 − 🔬 25/60
→ *2.- 14. Jan. und 10. Juli - 10. Aug. geschl.* − **M** *(Mittwoch geschl.)* a la carte 21/49 − **11 Z :
18 B** 46/55 - 79/90.

Im Stadtteil Ulzburg :

🏠 **Wiking** garni, Hamburger Str. 81 (B 433), ℰ 50 81, ⛲ − |📳| 📺 ☎ 🅿 − 🔬 25/80. 🆎 ⓞ 🇪
51 Z : 90 B 70 - 120/150 Fb.

HEPPENHEIM AN DER BERGSTRASSE 6148. Hessen 413 I 18. 987 ㉖ − 25 000 Ew − Höhe
100 m − Luftkurort − ✪ 06252.

Sehenswert : Marktplatz★.

🅱 Verkehrsbüro, Großer Markt 3, ℰ 1 31 71.

♦Wiesbaden 69 − ♦Darmstadt 33 − Heidelberg 32 − Mainz 62 − ♦Mannheim 29.

🏨 **Hotel am Bruchsee** ⚘, Am Bruchsee 1, ℰ 7 30 56, ⛲ − |📳| 📺 ☎ 🔥 ⬅ 🅿 − 🔬 25/180.
🆎 ⓞ 🇪 𝒱𝐼𝑆𝐴
M a la carte 45/67 − **73 Z : 108 B** 98/135 - 150/180 Fb.

🏠 **Halber Mond**, Ludwigstr. 5, ℰ 50 21 − 📺 ☎ − 🔬 25/120
M a la carte 25/56 − **11 Z : 19 B** 60/110 - 95/125 Fb.

🏠 **Starkenburger Hof**, Kalterer Str. 7, ℰ 60 61, 🏊 − |📳| ☎ 🅿. 🆎 ⓞ 🇪 𝒱𝐼𝑆𝐴. ⚸
→ *15. Dez.- 15. Jan. geschl.* − **M** *(wochentags nur Abendessen, Sonntag nur Mittagessen)* a la
carte 21/33 ⚘ − **37 Z : 64 B** 54/58 - 83.

🏠 **Goldener Engel** (Fachwerkhaus a.d.J. 1782), Großer Markt 2, ℰ 25 63 − ⬅ 🅿
→ *Anfang Dez.- Anfang Jan. geschl.* − **M** *(Nov.- März Samstag geschl.)* a la carte 19/43 ⚘ −
36 Z : 60 B 38/60 - 60/110.

🏛 **Sickinger Hof**, Darmstädter Str. 18, ℰ 7 66 02 − 🅿
→ *20. Dez.- 15. Jan. geschl.* − **M** *(wochentags nur Abendessen, Dienstag und 1.- 15. Aug.
geschl.)* a la carte 17,50/36 ⚘ − **12 Z : 22 B** 38/50 - 66/82.

🏛 **Schloßberg**, Kalterer Str. 1, ℰ 22 97 − ⬅. ⓞ 🇪 𝒱𝐼𝑆𝐴
M *(nur Abendessen, Samstag - Sonntag geschl.)* a la carte 22/37 ⚘ − **17 Z : 31 B** 43/70 -
70/90.

✗✗ **Winzerkeller** (ehem. kurfürstlicher Amtshof), Amtsgasse 5, ℰ 23 26 − 🅿. 🆎
Sept.- Mai Montag und Jan. 2 Wochen geschl. − **M** a la carte 35/65 ⚘.

HEPPINGEN Rheinland-Pfalz siehe Neuenahr-Ahrweiler, Bad.

HERBERN Nordrhein-Westfalen siehe Ascheberg.

HERBORN IM DILLKREIS 6348. Hessen 987 ㉔ — 22 000 Ew — Höhe 210 m — ✪ 02772.

🛈 Verkehrsamt, Rathaus, ✆ 50 22 23.

◆Wiesbaden 118 — Gießen 38 — Limburg an der Lahn 49 — Siegen 39.

🏨 **Schloß-Hotel**, Schloßstr. 4, ✆ 70 60, Telex 873493 — 🛗 📺 ☎ 🅿 — 🛣 25/100. 🖭 ⑩ 𝐄 VISA
M *(Sonntag geschl.)* a la carte 40/71 — **69 Z : 103 B** 85/130 - 160/175 Fb.

XX **Das Landhaus**, Döringweg 1 (nahe BAB-Ausfahrt Herborn West), ✆ 31 31 — 🅿
nur Abendessen, 1.- 22. Aug. und Dienstag geschl. — M (Tischbestellung ratsam) a la carte 69/75.

XX **Hohe Schule** 🦢 mit Zim, Schulhofstr. 5, ✆ 30 19, « Innenhofterrasse » — ☎ 🅿. 🖭 ⑩ 𝐄
26. Dez.- 9. Jan. geschl. — M *(Samstag geschl.)* a la carte 37/65 — **10 Z : 14 B** 55/75 - 96/110.

In Herborn 2-Burg N : 2 km :

🏠 **Garni Engelbert**, Hauptstr. 50, ✆ 35 62, 🚗 — 🚗 🅿. 𝐄
15 Z : 24 B 40 - 72.

HERBRECHTINGEN 7922. Baden-Württemberg 413 N 21, 987 ㊱ — 11 500 Ew — Höhe 470 m — ✪ 07324.

◆Stuttgart 113 — Heidenheim an der Brenz 8 — ◆Ulm (Donau) 28.

🏠 **Grüner Baum**, Lange Str. 46, ✆ 30 83, ☞ — ☎ 🚗 🅿 — 🛣 30. 🖭 ⑩ 𝐄 VISA
➡ M *(Mittwoch geschl.)* a la carte 20/48 — **40 Z : 55 B** 50/65 - 85/100 Fb.

🏠 **Bleidt** 🦢 garni, Ostpreußenstr. 1, ✆ 20 40, Massage, 🚗, 🔲, 🔥 — ☎ 🚗 🅿. 🖭 ⑩ 𝐄
20 Z : 30 B 65/70 - 98/135 Fb.

HERDECKE 5804. Nordrhein-Westfalen — 25 400 Ew — Höhe 98 m — ✪ 02330.

Siehe Ruhrgebiet (Übersichtsplan).

🛈 Verkehrsamt, Stiftsplatz 1(Rathaus), ✆6 10.

◆Düsseldorf 62 — ◆Dortmund 16 — Hagen 6.

🏨 **Zweibrücker Hof**, Zweibrücker-Hof-Str. 4, ✆ 40 21, Telex 8239419, Fax 13712, ≼, ☞,
🚗, 🔲, Fahrradverleih — 🛗 📺 ☎ 🅿 — 🛣 25/240. 🖭 ⑩ 𝐄 VISA
M a la carte 33/59 — **70 Z : 97 B** 103/109 - 134/170 Fb.

🏠 **Landhotel Bonsmanns Hof**, Wittbräucker Str. 38 (B 54/234, NO : 4 km), ✆ 7 07 62, ☞
— ☎ 🅿. 🖭 ⑩ 𝐄 VISA
M a la carte 29/60 — **11 Z : 14 B** 59/66 - 88/98.

XX **Terrine**, Wittener Landstr. 39 (NW : 4 km), ✆ 7 18 56 — 🅿. 🖭 ⑩ 𝐄 VISA
Samstag bis 18 Uhr, Sonn- und Feiertage sowie April 2 Wochen geschl. — M (abends Tischbestellung ratsam) a la carte 53/79.

HERDORF 5243. Rheinland-Pfalz — 7 400 Ew — Höhe 240 m — ✪ 02744.

Mainz 119 — Limburg an der Lahn 58 — Siegen 20.

X **Haus Schneider** mit Zim, Hauptstr. 84, ✆ 61 15, 🚗 — 🅿. 𝐄
Mitte Juli - Mitte Aug. geschl. — M *(Mittwoch geschl.)* a la carte 22/52 — **7 Z : 13 B** 38 - 72.

HERFORD 4900. Nordrhein-Westfalen 987 ⑭⑮ — 61 000 Ew — Höhe 71 m — ✪ 05221.

Sehenswert : Johanniskirche (Geschnitzte Zunftemporen*).

🌊 Finnebachstr. 31 (östlich der A 2), ✆ (05228) 74 53.

🛈 Städtisches Verkehrsamt, Hämelinger Str. 4, ✆ 5 00 07.

ADAC, Lübberstr. 30, ✆ 5 80 20, Telex 934629.

◆Düsseldorf 192 ④ — Bielefeld 16 ⑤ — ◆Hannover 91 ③ — ◆Osnabrück 59 ①.

Stadtplan siehe nächste Seite.

🏨 **Dohm-Hotel**, Löhrstr. 4, ✆ 5 33 45, Fax 57134 — 🛗 📺 🚗 🅿 — 🛣 25/80. 🖭 ⑩ 𝐄 VISA.
🦅 Rest   Y e
M *(Samstag bis 18 Uhr geschl.)* a la carte 39/66 — **40 Z : 70 B** 105 - 150/160 Fb.

🏠 **Café Hansa** garni, Brüderstr. 40, ✆ 5 61 24 — 🛗 ☎ 🅿. 🖭. 🦅   Z a
25. Juni - 22. Juli geschl. — **21 Z : 30 B** 35/70 - 78/100.

XX **Die Alte Schule**, Holland 39, ✆ 5 40 09, ☞, « Restauriertes Fachwerkhaus a.d. 17. Jh.,
modern eingerichtet, wechselnde Gemäldeausstellungen »   Y a

X **Waldrestaurant Steinmeyer**, Wüstener Weg 47, ✆ 8 10 04, ≼ Herford, ☞ — 🅿. ⑩ 𝐄
VISA   X b
3. Jan.- 1. Feb. und Montag geschl. — M a la carte 30/50.

In Herford-Eickum W : 4,5 km über Diebrocker Straße X :

XX **Tönsings Kohlenkrug**, Diebrocker Str. 316, ✆ 3 28 36 — 🅿. 🖭 ⑩ 𝐄. 🦅
Samstag bis 18 Uhr, Dienstag und Juli 2 Wochen geschl. — M a la carte 38/86.

HERFORD

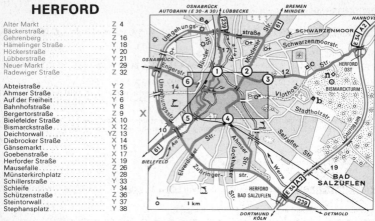

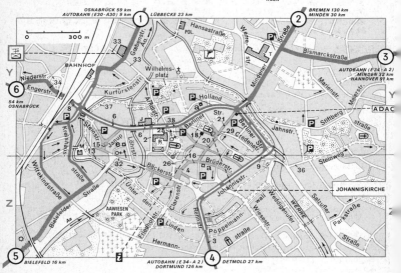

In Herford-Schwarzenmoor :

🏨 **Waldesrand**, Zum Forst 4, ℰ 2 60 26, 😕 – 📺 ☎ 🅿. 🆀 ⓞ 🄴 𝘝𝘐𝘚𝘈   X n
M *(Montag bis 18 Uhr geschl.)* a la carte 24/59 – **22 Z : 30 B** 60/70 - 90/120.

🏨 **Schinkenkrug** 🍴, Paracelsusstr. 14, ℰ 20 08 – ☎ 🅿   X c
21 Z : 35 B Fb.

In Hiddenhausen 3 - Schweicheln-Bermbeck 4901 ① : 6 km :

🏨 **Freihof**, Herforder Str. 118 (B 239), ℰ (05221) 6 12 75, 😕, 🐎 – 📺 ☎ 🚗 🅿. 🆀 ⓞ 🄴.
🞕 Rest
M *(nur Abendessen, Freitag - Sonntag geschl.)* a la carte 24/36 – **13 Z : 25 B** 55 - 90.

In Hiddenhausen 6-Sundern 4901 N : 2 km :

🍴🍴 **Am Felsenkeller**, Bünder Str. 38, ℰ (05221) 6 22 24 – 🅿. 🄴   X e
Mittwoch geschl. – **M** a la carte 40/72.

HERGENSWEILER Bayern siehe Lindau im Bodensee.

HERINGHAUSEN Hessen siehe Diemelsee.

HERLESHAUSEN 3443. Hessen 987 ②⑳ – 3 400 Ew – Höhe 225 m – ✪ 05654.
♦Wiesbaden 212 – Erfurt 78 – Bad Hersfeld 49 – ♦Kassel 73.

⚚ **Gutsschänke**, Burgbergweg 2, ℰ 13 75, ⛲, ☞ – ℗. **E**
↠ Feb. geschl. – **M** a la carte 17/31 – **10 Z : 20 B** 40/55 - 60/70.

In Herleshausen 7-Holzhausen NW : 8 km über Nesselröden :

🏛 **Hohenhaus** ॐ (Moderner Hotelbau in einem Gutshof), ℰ 6 80, Telex 993196, Fax 1303,
≼, ⛲, « Park », ≘s, ⬛, ☞, ℅ – 🕮 �📺 🗂 ⇐⇒ ℗ – 🏌 40. **E**. ℅ Rest
M a la carte 45/80 – **26 Z : 44 B** 140/180 - 230/300 Fb.

HERMANNSBURG 3102. Niedersachsen 987 ⑮ – 8 000 Ew – Höhe 50 m – Erholungsort –
✪ 05052.

🛈 Verkehrsbüro, Harmsstr. 3a, ℰ 80 55.
♦Hannover 75 – Celle 32 – Lüneburg 79.

🏨 **Heidehof**, Billingstr. 29, ℰ 80 81, Fax 3332, ≘s, ⬛ – 🕮 📺 🖭 ⇐⇒ ℗ – 🏌 25/150. 𝔸𝔼 ⓄⒹ
E 𝑉𝐼𝑆𝐴. ℅ Rest
M a la carte 28/51 – **50 Z : 90 B** 93 - 146 Fb.

🏨 **Völkers Hotel**, Billingstr. 7, ℰ 80 97 – 📺 🖭 ⇐⇒ ℗. 𝔸𝔼 ⓄⒹ **E** 𝑉𝐼𝑆𝐴
M *(Sonntag ab 15 Uhr geschl.)* a la carte 26/45 – **16 Z : 30 B** 36/56 - 84/98 Fb – ½ P 62/76.

⚚ **Zur Heidschnucke**, Misselhorn 1 (O : 1,5 km), ℰ 80 01, ≘s, ⬛, ☞ – 🖭 ℗
März geschl. – **M** *(außer Aug.- Sept. Montag geschl.)* a la carte 24/49 – **21 Z : 38 B** 53/60 -
86.

In Hermannsburg-Baven N : 1,5 km :

🏨 **Drei Linden**, Billingstr. 102, ℰ 80 71 – 🖭 ✆ ⇐⇒ ℗. **E**
↠ Feb. geschl. – **M** *(Okt.- April Dienstag geschl.)* a la carte 15/47 – **10 Z : 21 B** 62/65 - 98/114.

In Hermannsburg-Oldendorf S : 4 km :

🏨 **Im Oertzetal** ॐ, Escheder Str. 2, ℰ 4 48, ☞ – ℗
M *(nur Abendessen, Okt.- Juli Montag geschl.)* a la carte 26/49 – **18 Z : 34 B** 48/60 - 88/
98 Fb.

✕ **Zur Alten Fuhrmanns-Schänke** ॐ mit Zim, Dehninghof 1 (O : 3,5 km), ℰ (05054) 10 65,
⛲, « Einrichtung im Bauernstil », ☞ – 📺 ✆ ℗
8 Z : 13 B Fb – 5 Fewo.

HERMES Bayern siehe Marktleugast.

HERMESKEIL 5508. Rheinland-Pfalz – 6 500 Ew – Höhe 613 m – ✪ 06503.
Mainz 135 – ♦Bonn 160 – ♦Saarbrücken 57 – ♦Trier 38.

🏨 **Beyer**, Saarstr. 95, ℰ 72 27, ⛲, ☞ – 🕮 ⇐⇒ ℗. 𝔸𝔼 ⓄⒹ 𝑉𝐼𝑆𝐴
M a la carte 24/47 – **12 Z : 24 B** 40/70.

🏨 **Pension Jakobs**, Saarstr. 25, ℰ 10 38, ≘s, ☞ – ✆ ℗
(nur Abendessen für Hausgäste) – **34 Z : 74 B** 40/45 - 64/68 Fb.

HERNE 4690. Nordrhein-Westfalen 987 ⑭ – 178 000 Ew – Höhe 59 m – ✪ 02323.
Siehe Ruhrgebiet (Übersichtsplan).

🛈 Verkehrsverein, Kulturzentrum, Berliner Platz 11, ℰ 16 28 44.
♦Düsseldorf 51 – Bochum 6 – ♦Dortmund 25 – ♦Essen 21 – Recklinghausen 12.

🏨 **Parkhaus-Parkhotel** ॐ, Schaeferstr.109, ℰ 5 20 47 (Hotel) 5 50 71 (Rest.), ≼, ⛲, ≘s
– 📺 ✆ ⇐⇒ ℗ – 🏌 40. 𝔸𝔼 ⓄⒹ **E**
M *(Tischbestellung ratsam)* (11. Juni - 9. Juli und Montag geschl.) a la carte 28/65 – **40 Z :
58 B** 80/85 - 120/130 Fb.

🏨 **Zur Post** garni, Poststr. 9, ℰ 5 20 54 – ✆
22 Z : 31 B 75/90 - 130.

🏨 **Sicking-Feldkämper** ॐ garni, Bahnhofstr. 26, ℰ 5 03 18 – ⇐⇒ ℗. **E**
23 Z : 37 B 50/65 - 95/110.

✕ **Kulturzentrum**, Berliner Platz 11, ℰ 5 01 70 – 𝔸𝔼 ⓄⒹ **E**
8. Juli - 5. Aug. und Sonntag geschl. – **M** a la carte 24/49.

HEROLDSBERG 8501. Bayern 𝟜𝟙𝟛 Q 18, 987 ⑳ – 6 700 Ew – Höhe 351 m – ✪ 0911 (Nürnberg).
♦München 177 – Bayreuth 82 – ♦Nürnberg 12.

🏨 Landgasthof Gelber Löwe, Hauptstr. 42 (B 2), ℰ 56 00 65, ≘s, ⬛ – 🕮 ✆ ⇐⇒ ℗ – 🏌
℅
42 Z : 50 B Fb.

🏨 **Rotes Ross**, Hauptstr. 10 (B 2), ℰ 56 00 03, Fax 5665341, ⛲ – ✆ ⇐⇒ ℗. 𝔸𝔼 ⓄⒹ **E** 𝑉𝐼𝑆𝐴
24. Dez.- 6. Jan. geschl. – **M** *(Freitag und 30. Juli - 19. Aug. geschl.)* a la carte 22/52 –
46 Z : 70 B 42/75 - 75/120.

381

HERRENALB, BAD 7506. Baden-Württemberg **413** I 20, **987** ⑳ – 6 000 Ew – Höhe 365 m – Heilbad – Heilklimatischer Kurort – Wintersport : 400/700 m ≰1 – ✿ 07083.

🖪 Bernbacher Straße, ℰ 88 98.

🖪 Städt. Kurverwaltung, Rathaus. ℰ 79 33.

♦Stuttgart 80 – Baden-Baden 22 – ♦Karlsruhe 28 – Pforzheim 30.

🏤 ✿ **Mönchs Posthotel - Restaurant Klosterschänke**, Dobler Str. 2, ℰ 74 40, Telex 7245123, « Park », Massage, ⌷ (geheizt), 🞔 – 🗏 📺 🅿 – 🔬 40. 🅰🅴 ⓞ 🅴. 🞕 Zim
M *(Tischbestellung ratsam)* 38/48 (mittags) und a la carte 49/92 – **50 Z : 70 B** 135/190 - 236/436 – ½ P 158/188
Spez. Hummer in Vermouthgelee, Steinbutt mit Champagnersauce, Lammrücken mit Kräutern.

🏨 **Lacher am Park**, Rehteichweg 2, ℰ 40 91, Bade- und Massageabteilung, ⌷s, ⬚, 🞔 – 🗏 ☎ 🅿. 🞕
(Restaurant nur für Hausgäste) – **64 Z : 95 B** Fb.

🏨 **Parkhotel Adrion** ☜, Oswald-Zobel-Str. 11, ℰ 30 41, ≼, 🞍, Bade- und Massageabteilung, 🔬, ⌷s, ⬚, 🞔 – 🗏 ☎ ⇌ 🅿 🞕
15. Nov.- 15. Dez. geschl. – **M** a la carte 23/54 – **70 Z : 126 B** 73/97 - 104/154 Fb – 20 Fewo 65/114 – ½ P 72/117.

🏨 **Harzer**, Kurpromenade 1, ℰ 30 21 (Hotel) 31 09 (Rest.), 🞍, Massage, ⌷s, ⬚ – 🗏 ☎ ⇌. 🅰🅴 🅴. 🞕 Rest
M *(Mitte Nov.- 20. Dez. und Dienstag geschl.)* a la carte 28/57 – **26 Z : 47 B** 80/120 - 120/160.

🏨 **Landhaus Marion - Haus auf der Bleiche** ☜, Bleichweg 31, ℰ 80 25, ⌷s, ⬚, 🞔 – 🗏 📺 ☎ ⇌ 🅿 – 🔬 50. 🅴 🆅🅸🆂🅰
(Restaurant nur für Hausgäste) – **61 Z : 98 B** 55/95 - 102/170 Fb – 20 Fewo 59/130
(Wiedereröffnung nach Umbau April 1990).

🏨 **Haus Felsenblick** garni, Ettlinger Str. 36, ℰ 24 46, 🞔 – 🗏 🅿
18 Z : 26 B 47/54 - 86/96 Fb.

🏨 **Landhaus Floride** ☜ garni, Graf-Berthold-Str. 20, ℰ 16 57, « Garten », ⌷s, ⬚, 🞔 – 🗏 ☎ ⇌
3.- 30. Nov. geschl. – **29 Z : 50 B** 45/54 - 80/110.

🏨 **Sonnenhof** ☜ garni, Bleichweg 9, ℰ 23 12, ⌷s, ⬚, 🞔 – 🗏 📺 ☎ 🅿
Anfang Nov.- Mitte Dez. geschl. – **25 Z : 40 B** 40/95 - 98/122 Fb.

🏨 **Thoma**, Gaistalstr. 46, ℰ 40 41, ⌷s, 🞔 – 🗏 ☎ 🅿. ⓞ 🅴 🆅🅸🆂🅰 🞕
15. Nov.-15. Dez. geschl. – (Restaurant nur für Hausgäste) – **21 Z : 33 B** 38/62 - 76/100 Fb.

🏨 **Montana**, Gaistalstr. 57, ℰ 18 11, ⌷s – 🗏 🅿. 🞕
Nov.- 20. Dez. geschl. – (Restaurant nur für Hausgäste) – **16 Z : 30 B** 47/50 - 94/100 Fb.

🏨 **Kühler Brunnen**, Ettlinger Str. 22, ℰ 23 02, 🞔 – 🅿. 🅴
8. Nov.- 19. Dez. geschl. – **M** *(Dienstag geschl.)* a la carte 22/40 – **30 Z : 48 B** 30/47 - 60/90.

In Bad Herrenalb 3-Althof NW : 6 km :

🏨 **Zur Linde** ☜, Lindenstr. 8, ℰ 23 01, 🞍, ⬚, 🞔 – 🗏 ☎ ⇌ 🅿
33 Z : 50 B Fb.

In Bad Herrenalb-Gaistal S : 2 km :

🏨 **Haus Hafner** ☜, Im Wiesengrund 21, ℰ 30 16, ≼, Massage, ⬚, 🞔 – ☎ 🅿. 🞕
Nov.- 15. Dez. geschl. – **M** a la carte 20/45 – **21 Z : 40 B** 58/74 - 116/130 Fb – ½ P 68/84.

🏨 **Sonnenblick** ☜ garni, Im Wiesengrund 4, ℰ 27 49, ≼, 🞔 – ⇌ 🅿. 🞕
Nov.- 20. Dez. geschl. – **25 Z : 40 B** 32/50 - 68/100.

🏨 **Café Waldschlößchen** ☜, Im Wiesengrund 7, ℰ 23 96, ≼, 🞍, 🞔 – 🗏 ⇌ 🅿. 🞕 Zim
15. Jan.- 15. Feb. geschl. – **M** *(Dienstag geschl.)* a la carte 23/43 – **15 Z : 25 B** 35/50 - 70/100.

🏨 **Schwarzwaldgasthof Linde** ☜, Gaistalstr. 128, ℰ 88 32, 🞍, 🞔 – 🅿
M a la carte 25/59 – **17 Z : 32 B** 40 - 80.

In Bad Herrenalb - Kullenmühle N : 1 km :

🏨 **Schöne Aussicht** ☜, Kirchenweg 2, ℰ 38 44, ≼, « Caféterrasse », 🞔 – 🗏 ☎ ⇌ 🅿. 🞕
Mitte Nov.- Mitte Dez. geschl. – (Restaurant nur für Hausgäste) – **30 Z : 40 B** 41/53 - 82/96.

In Bad Herrenalb 5-Neusatz NO : 6,5 km :

🏨 **Waldcafé Schumacher** ☜, Calwer Str. 27, ℰ 28 86, ≼, 🞍, ⬚, 🞔 – 🅿
Mitte Dez.- Jan. geschl. – **M** a la carte 24/40 – **19 Z : 30 B** 40/50 - 66/84 Fb.

In Bad Herrenalb 4-Rotensol NO : 5 km :

🏨 **Lamm**, Mönchstr. 31, ℰ 23 80 – ⇌ 🅿
Jan. 2 Wochen geschl. – **M** *(Montag geschl.)* a la carte 17/55 ⧫ – **16 Z : 25 B** 46 - 88/92 – ½ P 60/62.

HERRENBERG 7033. Baden-Württemberg **△▮▮** J 21, **▨▨▨** ㉟ − 26 000 Ew − Höhe 460 m − ☯ 07032.

🅷 Rathaus, Marktplatz. 𝒫 1 42 24.

◆Stuttgart 38 − Freudenstadt 53 − ◆Karlsruhe 96 − Reutlingen 33.

🏠 **Hasen**, Hasenplatz 6, 𝒫 20 40, Telex 7265344, 🍴, 🛋 − 🛗 📺 🕿 ♿ ⟸ 🅿 − ▵ 25/140.
　🅰🅴 ⓄⒹ 🅴 𝘝𝘐𝘚𝘈
　M a la carte 32/51 − **80 Z : 150 B** 105/164 - 165/204 Fb.

🏠 **Schönbuch**, Beethovenstr. 54, 𝒫 40 60 − 🕿 ⟸ 🅿. 🅰🅴 ⓄⒹ 🅴 𝘝𝘐𝘚𝘈
　Ende Juli - Mitte Aug. geschl. − **M** (Donnerstag bis 17 Uhr und Sonntag ab 15 Uhr geschl.)
　a la carte 22/47 − **30 Z : 48 B** 59/80 - 100/105 Fb.

🏠 **Café Neumann**, Reinhold-Schick-Platz 2, 𝒫 51 39 − 🛗 🕿 🅿
　M (Montag geschl.) a la carte 22/35 − **9 Z : 13 B** 60 - 85.

🅇🅇 **Auf der Höh**, Hildrizhauser Str. 83 (O : 1,5 km), 𝒫 51 53, ⟨ Schwäbische Alb,
　« Gartenterrasse » − 🅿. 🅰🅴 🅴
　Montag 14 Uhr - Dienstag und Juli - Aug. 3 Wochen geschl. − Menu a la carte 34/71.

🅇 **Zum goldenen Ochsen**, Stuttgarter Str. 42, 𝒫 52 31, 🍴
◆　Montag und Juli - Aug. 3 Wochen geschl. − **M** a la carte 19,50/43.

In Herrenberg-Affstätt :

🅇🅇 **Linde**, Kuppinger Str. 14, 𝒫 3 16 70, 🍴 − ⟨⟩ 🅿. ⓄⒹ 🅴
　Dienstag 14 Uhr - Mittwoch geschl. − **M** a la carte 28/65.

In Herrenberg-Mönchberg SO : 4 km über die B 28 :

🏠 **Kaiser** ⟨, Kirchstr. 10, 𝒫 7 17 72, Fax 76475, 🛋 − 📺 🕿 🅿. 🅰🅴 ⓄⒹ 🅴 𝘝𝘐𝘚𝘈
　20. Dez.- 15. Jan. geschl. − **M** (Freitag - Samstag geschl.) a la carte 32/54 ♨ − **28 Z : 44 B**
　95 - 120 Fb.

HERRENSCHWAND Baden-Württemberg siehe Todtnau.

Der Rote MICHELIN-Hotelführer : Main Cities EUROPE
für Geschäftsreisende und Touristen.

Pour les grands voyages d'affaires ou de tourisme,
Guide Rouge Michelin : Main Cities Europe.

HERRIEDEN 8808. Bayern **△▮▮** O 19, **▨▨▨** ㉟ − 6 100 Ew − Höhe 420 m − ☯ 09825.
◆München 212 − Aalen 72 − Ansbach 11 − Schwäbisch Hall 73.

🏠 **Zur Sonne**, Ringstr. 5, 𝒫 2 46 − ⟸ 🅿
◆　24. Dez.- Mitte Jan. geschl. − **M** (Freitag geschl.) a la carte 17,50/31 ♨ − **9 Z : 14 B** 30 - 60.

HERRISCHRIED 7881. Baden-Württemberg **△▮▮** GH 23, 24, **▨▨▨** ⑤, **▨▮▮** ⑤ − 2 700 Ew − Höhe 874 m − Luftkurort − Wintersport : 874/1 000 m ⚞4 ⚟3 − ☯ 07764.

🅷 Verkehrsamt, Rathaus, 𝒫 61 91.

◆Stuttgart 210 − Basel 51 − Bad Säckingen 20 − Todtmoos 11.

🏠 **Zum Ochsen**, Hauptstr. 14, 𝒫 2 10, 🍴 − ⟸ 🅿
◆　19. Nov.- 16. Dez. geschl. − **M** (Donnerstag geschl.) a la carte 18/48 − **30 Z : 60 B** 40 - 70 −
　14 Fewo.

In Herrischried-Kleinherrischwand N : 3,5 km :

🏠 **Pension Waldheim**, 𝒫 2 42, 🍴 − ⟸ 🅿
　(Restaurant nur für Hausgäste) − **16 Z : 27 B** 40/47 - 80/104 − 3 Fewo 45/90.

HERRSCHING AM AMMERSEE 8036. Bayern **△▮▮** Q 22,23, **▨▨▨** ㊱㊲, **▨▮▮** ⑯ − 9 300 Ew −
Höhe 568 m − Erholungsort − ☯ 08152.

Sehenswert : Ammersee★.

Ausflugsziel : Klosterkirche Andechs★★ S : 6 km.

🅷 Verkehrsbüro, Bahnhofsplatz 2, 𝒫 52 27.

◆München 39 − Garmisch-Partenkirchen 65 − Landsberg am Lech 35.

🏠 **Alba Seehotel**, Summerstr. 32 (Seepromenade), 𝒫 20 11, Telex 527732, Fax 5374, ⟨, 🍴,
　🛋, ⚓ − 🛗 📺 🕿 🅿 − ▵ 25/50. 🅰🅴 ⓄⒹ 🅴 𝘝𝘐𝘚𝘈
　M a la carte 39/63 − **40 Z : 77 B** 100/155 - 180/200 Fb.

🏠 **Piushof** ⟨, Schönbichlstr. 18, 𝒫 10 07, Telex 526463, Fax 8328, 🍴, 🍴, 🦌, Fahrradverleih
　− 📺 🕿 🅿 − ▵ 25/50. 🅰🅴 ⓄⒹ 🅴 𝘝𝘐𝘚𝘈
　M (Sonntag 18 Uhr - Montag 18 Uhr geschl.) a la carte 45/72 − **23 Z : 40 B** 109/130 - 150/280
　Fb.

🏠 **Sonnenhof** garni, Summerstr. 23, 𝒫 20 19, 🛋 − 🕿 🅿
　15. Dez.- Jan. geschl. − **10 Z : 22 B** 85/115 - 120/140.

🏠 **Promenade**, Summerstr. 6 (Seepromenade), 𝒫 10 88, Terrasse am See − 📺 🕿 ⟸ 🅿.
　ⓄⒹ 🅴 🦌 Zim
　20. Dez.- 25. Jan. geschl. − **M** (Sonntag 18 Uhr - Montag geschl.) a la carte 29/67 − **11 Z :
　21 B** 98/128 - 138/168 Fb.

HERSBRUCK 8562. Bayern 🔟🔞 R 18, 🗟🗟🗟 ㉖㉗ — 11 300 Ew — Höhe 345 m — ✪ 09151.
🔅 Verkehrsbüro, Schloßplatz, ✆ 47 55.
◆München 181 — Amberg 36 — Bayreuth 70 — ◆Nürnberg 35.

🏠 **Schwarzer Adler**, Martin-Luther-Str. 26, ✆ 22 31 — ⟵⟶. ⓞ **E**
➡ **M** *(Mittwoch ab 15 Uhr, Freitag und Juni 2 Wochen geschl.)* a la carte 18,50/41 ⅃ — **17 Z :**
30 B 32/45 - 60/78.

🏠 **Buchenhof** ⌗ garni, Am Buch 15, ✆ 30 51, 🐎 — ☎ 🅿
1.- 15. Jan. geschl. — **11 Z : 22 B** 32/45 - 60/64.

✗ **Café Bauer** mit Zim, Martin-Luther-Str. 16, ✆ 28 16 — ⓞ
18. Okt.- 3. Nov. geschl. — **M** *(Mittwoch geschl.)* a la carte 22/44 ⅃ — **6 Z : 14 B** 38 - 70.

In Happurg-Kainsbach 8569 SO : 5,5 km — Luftkurort:

🏨 **Kainsbacher Mühle** ⌗, ✆ (09151) 40 17, Fax 4010, « Gartenterrasse », Massage, ⌸s,
🔲, 🐎, 🛠 — 📺 ⟵⟶ 🅿 — 🔼 25. ⓞ **E** 𝘝𝘐𝘚𝘈
M a la carte 31/70 — **34 Z : 68 B** 85/130 - 158/180 Fb.

In Kirchensittenbach NW : 11,5 km — Höhe 550 m — Wintersport : 550/620 m ⚡2 ⚡2 :

✗ Hohensteiner Hof mit Zim, ✆ (09152) 5 33, �, 🐎 — 📺 ⟵⟶ 🅿
9 Z : 19 B.

In Kirchensittenbach - Kleedorf 8565 N : 7 km :

🏨 **Zum Alten Schloß** ⌗, ✆ (09151) 60 25, �, ⌸s, 🐎 — 🛗 📺 ☎ ⟵⟶ 🅿 — 🔼 25/50. 🅰🅴
➡ ⓞ **E**
M *(Montag geschl.)* a la carte 19,50/47 — **35 Z : 65 B** 48/65 - 95/110 Fb.

In Pommelsbrunn-Hubmersberg 8561 NO : 7,5 km :

🏨 **Lindenhof** ⌗, ✆ (09154) 10 21, Telex 624181, Fax 1288, �, ⌸s, 🔲 — 🛗 📺 ⟵⟶ 🅿 —
🔼 30. ⓞ **E** 𝘝𝘐𝘚𝘈
M *(Montag geschl.)* a la carte 31/60 — **30 Z : 60 B** 65/89 - 124/166 Fb — 5 Appart. 180/280.

HERSCHEID 5974. Nordrhein-Westfalen — 6 800 Ew — Höhe 450 m — Erholungsort — ✪ 02357.
◆Düsseldorf 105 — Lüdenscheid 11 — Plettenberg 12.

🏠 **Zum Adler**, Marktplatz 1, ✆ 22 39 — ⟵⟶ 🅿
M a la carte 23/46 — **11 Z : 18 B** 26/40 - 52/80.

In Herscheid-Wellin N : 5 km :

🏠 **Waldhotel Schröder** ⌗, ✆ 41 88, 🐎 — 📺 ☎ ⟵⟶ 🅿. 🅰🅴 ⓞ **E** 𝘝𝘐𝘚𝘈
M a la carte 24/52 — **16 Z : 28 B** 52/57 - 92/96 Fb.

An der Straße nach Werdohl NW : 4,5 km über Lüdenscheider Straße :

🏠 **Herscheider Mühle** ⌗, ✉ 5974 Herscheid, ✆ (02357) 23 25, � — ☎ ⟵⟶ 🅿
M *(Freitag und Juni - Juli 3 Wochen geschl.)* a la carte 24/53 — **9 Z : 15 B** 35/60 - 65/95.

HERSFELD, BAD 6430. Hessen 🗟🗟🗟 ㉘ — 31 000 Ew — Höhe 209 m — Heilbad — ✪ 06621.
Sehenswert : Ruine der Abteikirche ★ — Rathaus ≷★.
🔅 Verkehrsamt, am Markt 1, ✆ 20 12 74.
🔅 Verkehrsbüro, Wandelhalle, ✆ 17 31 99.
ADAC, Benno-Schilde-Str. 11, ✆ 7 67 77.
◆Wiesbaden 167 — Erfurt 126 — Fulda 46 — Gießen 88 — ◆Kassel 69.

🏨 Hotel am Kurpark ⌗, Am Kurpark 19, ✆ 16 40, Telex 493169, Caféterrasse, ⌸s, 🔲 — 🛗
📺 ⅍ 🅿 — 🔼. 🅰🅴 ⓞ **E**. ⚘ Rest
Restaurants : — **Lukullus** — **Klosterkrug** — **93 Z : 180 B** Fb.

🏨 **Parkhotel Rose**, Am Kurpark 9, ✆ 1 56 56, Telex 493279, � — 🛗 📺 ☎ ⟵⟶ 🅿. 🅰🅴 ⓞ **E**
𝘝𝘐𝘚𝘈
M *(Sonntag 15 Uhr - Montag 17 Uhr geschl.)* a la carte 39/70 — **20 Z : 36 B** 85/95 - 140/150
Fb — ½ P 100/125.

🏨 **Romantik-Hotel Zum Stern** (historisches Gebäude a.d. 15. Jh.), Linggplatz 11,
✆ 7 20 07/18 90, Fax 65552, 🔲 — 🛗 📺 ☎ 🅿 — 🔼 25/80. 🅰🅴 ⓞ **E** 𝘝𝘐𝘚𝘈. ⚘ Zim
M *(1.- 20. Jan. und Freitag bis 18 Uhr geschl.)* a la carte 39/66 — **39 Z : 79 B** 85/108 - 160/190
Fb.

🏠 **Wenzel**, Nachtigallenstr.3, ✆ 7 20 17, � — 🛗 📺 ☎ ⟵⟶ 🅿 — 🔼 40. 🅰🅴 ⓞ **E** 𝘝𝘐𝘚𝘈
M *(26.- 31. Dez. geschl.)* a la carte 26/50 ⅃ — **32 Z : 50 B** 65/95 - 100/165 Fb — ½ P 72/117.

🏠 **Haus Deutschland** ⌗, Dr.-Ronge-Weg 2 (am Kurpark), ✆ 6 30 88, 🐎 — ☎ 🅿. ⓞ **E**
M a la carte 23/62 — **21 Z : 29 B** 51/96 - 73/106 — ½ P 51/83.

🏠 Schönewolf ⌗, Brückenmüllerstr. 5, ✆ 7 20 28 — 📺 ☎ ⟵⟶
20 Z : 30 B Fb.

🏠 Sander, Am Bahnhof, ✆ 1 48 02 — 🛗 🅿
➡ **56 Z : 90 B.**

Nahe der B 324 NW : 4 km :

🏠 Waldhotel Glimmesmühle ⌗, ✉ 6430 Bad Hersfeld, ✆ (06621) 30 81, 🐎 — ☎ ⟵⟶ 🅿
22 Z : 34 B.

HERTEN 4352. Nordrhein-Westfalen 987 ⑭ − 72 000 Ew − Höhe 60 m − ✪ 02366.

Siehe Ruhrgebiet (Übersichtsplan).

◆Düsseldorf 65 − Gelsenkirchen 12 − Recklinghausen 6.

🏨 **Hotel am Schloßpark**, Resser Weg 36, ℰ 8 00 50, Telex 829922, ☞ − ⅍ Zim 📺 ☎ ⅘ Ⓟ. ⅍ Rest
47 Z : 59 B Fb.

🏠 **Lauer** garni, Gartenstr. 59, ℰ 3 54 14 − 📺 ☎ ⇐ Ⓟ. 🖭 ⓪ Ε 𝑉𝐼𝑆𝐴
19 Z : 21 B 60/90 - 110/120.

🏠 **Vestischer Hof**, Ewaldstr. 132, ℰ 3 30 38 − ☎ Ⓟ
21 Z : 33 B.

HERTINGEN Baden-Württemberg siehe Bellingen, Bad.

HERXHEIM 6742. Rheinland-Pfalz 413 H 19, 242 ㉒ − 8 900 Ew − Höhe 120 m − ✪ 07276.

Mainz 125 − ◆Karlsruhe 28 − Landau in der Pfalz 10 − Speyer 31.

In Herxheim-Hayna SW : 2,5 km :

🏨 ❀ **Krone - Kronenrestaurant** ⅍, Hauptstr. 62, ℰ 70 01, ⇐, Fahrradverleih − 📺 ☎ Ⓟ − ⅍ 50
Restaurants : Jan. und Juli - Aug. jeweils 3 Wochen geschl. − **M** *(Tischbestellung ratsam)*
(Montag - Dienstag geschl.) a la carte 50/85 ⅍ − **Pfälzer Stube** *(Dienstag geschl.)* **M** a la
carte 26/64 − **38 Z : 67 B** 78/88 - 118/138 Fb
Spez. Komposition von Lachs, Crepinette von der Taube, Pfälzer Kirschsoufflé.

HERZBERG AM HARZ 3420. Niedersachsen 987 ⑯ − 17 700 Ew − Höhe 233 m − ✪ 05521.

🚹 Städt. Verkehrsamt, Marktplatz 30, ℰ 8 52 56.

◆Hannover 105 − ◆Braunschweig 92 − Göttingen 38.

🏠 **Englischer Hof**, Vorstadt 10 (an der B 243), ℰ 50 32, ☞ − ☎ ⅘ Ⓟ. 🖭 ⓪ Ε 𝑉𝐼𝑆𝐴
M *(20. Sept.- 16. Okt. geschl.)* a la carte 22/46 − **27 Z : 43 B** 38/58 - 70/104.

Nahe der B 243 NW : 3 km :

🏠 **Waldhotel Aschenhütte**, ✉ 3420 Herzberg am Harz, ℰ (05521) 20 01, ☞, Wildgehege,
⇐, ☞ − ⅍ ☎ ⇐ Ⓟ − ⅍ 25/105. 🖭 Ε 𝑉𝐼𝑆𝐴
M a la carte 29/69 − **35 Z : 65 B** 55/65 - 80/110.

An der Straße nach Sieber NO : 4,5 km :

🏠 **Zum Paradies**, Siebertal 2, ✉ 3420 Herzberg am Harz, ℰ (05521) 24 83, ☞ − ⇐ Ⓟ
Mitte Nov.- Mitte Dez. geschl. − **M** *(Okt.- April Mittwoch geschl.)* a la carte 23/49 − **10 Z :
17 B** 28/45 - 57/72.

In Herzberg 4-Scharzfeld SO : 4 km − Erholungsort :

🏠 **Harzer Hof**, Harzstr. 79, ℰ 50 96, ☞, ☞ − ☎ Ⓟ
M *(Nov.- März Montag bis 17 Uhr geschl.)* a la carte 21/42 − **9 Z : 17 B** 45 - 85 − ½ P 60.

In Herzberg 3-Sieber NO : 8 km − Luftkurort :

🏠 Zur Krone, An der Sieber 102, ℰ (05585) 3 36 − ☎ Ⓟ
30 Z : 55 B − 7 Fewo.

🏠 **Haus Iris** garni, An der Sieber 102 b, ℰ (05585) 3 55, ⇐, ☞ − ⇐ Ⓟ
18 Z : 30 B 33/45 - 62/74 Fb.

HERZLAKE Niedersachsen siehe Haselünne.

HERZOGENAURACH 8522. Bayern 413 P 18, 987 ㉕ − 19 000 Ew − Höhe 295 m − ✪ 09132.

Herzo-Base, ℰ 8 36 28.

◆München 195 − ◆Bamberg 52 − ◆Nürnberg 24 − ◆Würzburg 95.

🏨 **Sporthotel adidas** ⅍, Beethovenstr. 6, ℰ 80 81, Fax 8085, ☞, ⇐, ⧠, ☞, ⅍ − ⅋ 📺
Ⓟ − ⅍ 25/60. 🖭 ⓪ Ε 𝑉𝐼𝑆𝐴. ⅍ Rest
1.- 10. Jan. geschl. − **M** a la carte 49/69 − **32 Z : 65 B** 75/140 - 95/190 Fb.

🏠 Krone, Hauptstr. 37, ℰ 80 55 − ⅋ ☎ Ⓟ
22 Z : 38 B.

🏠 **Auracher Hof**, Welkenbacher Kirchweg 2, ℰ 20 80 − ☎ Ⓟ − ⅍ 30. 🖭 ⓪ Ε 𝑉𝐼𝑆𝐴
Aug. und 27. Dez.- 7. Jan. geschl. − **M** *(Freitag 15 Uhr - Samstag geschl.)* a la carte 21/43 −
15 Z : 22 B 40/65 - 66/86.

✗ **Gasthaus Glass** (mit Gästehaus), Marktplatz 10, ℰ 32 72, ☞ − 📺 ☎. Ε
M *(Jan. 1 Woche, Aug. 3 Wochen, Samstag bis 18 Uhr und Montag geschl.)* a la carte 38/55
− **9 Z : 16 B** 75/85 - 110/120.

HERZOGENRATH 5120. Nordrhein-Westfalen 𝟒𝟎𝟗 ⑯, 𝟒𝟎𝟖 ㉖ − 43 000 Ew − Höhe 112 m − ✪ 02406.

♦Düsseldorf 77 − ♦Aachen 12 − Düren 37 − Geilenkirchen 13.

🏠 Stadthotel, Rathausplatz 5, 𝒫 30 91 − 📺 ☎
8 Z : 16 B Fb.

In Herzogenrath-Kohlscheid SW : 4 km :

XXX **Parkrestaurant Laurweg**, Kaiserstr. 101, 𝒫 (02407) 35 71, Fax 8455, 🌤, « Park » − 🅿
− 🔬 25/60. 🄰🄴 ☰ 𝗩𝗜𝗦𝗔
Sonn- und Feiertage ab 15 Uhr sowie Montag geschl. − **M** 28 (mittags) und a la carte 42/66.

HERZOGSTAND Bayern. Sehenswürdigkeit siehe Kochel am See.

HERZOGSWEILER Baden-Württemberg siehe Pfalzgrafenweiler.

HESEL 2954. Niedersachsen 𝟗𝟖𝟕 ⑭ − 3 100 Ew − Höhe 10 m − ✪ 04950.

♦Hannover 220 − ♦Bremen 98 − Groningen 84 − Wilhelmshaven 52.

🏠 **Jagdhaus Kloster Barthe**, Stiekelkamper Str. 21, 𝒫 26 33 − 📺 ☎ ⇍ 🅿 − 🔬 25. 🄰🄴
🕦 ☰ 𝗩𝗜𝗦𝗔. 🌤
M a la carte 25/56 − **40 Z : 70 B** 46 - 85 − ½ P 57.

🏠 **Alte Posthalterei**, Leeraner Str. 4, 𝒫 22 15, 🍴, 🔲, 🌤 − ☎ 🅿. 🄰🄴 🕦 ☰ 𝗩𝗜𝗦𝗔
↝ **M** *(Okt.- März Samstag geschl.)* a la carte 19/39 − **15 Z : 23 B** 53 - 90.

In Holtland 2954 SW : 2,5 km :

🏠 **Preydt** (mit Gästehaus), Leeraner Str. 15, 𝒫 (04950) 22 11 − 📺 ☎ ⇍ 🅿 − 🔬 40. 🄰🄴 🕦
☰
M a la carte 30/51 − **25 Z : 40 B** 32/60 - 60/120.

HESSENTHAL Bayern siehe Mespelbrunn.

HESSISCH OLDENDORF 3253. Niedersachsen 𝟗𝟖𝟕 ⑮ − 18 500 Ew − Höhe 62 m − ✪ 05152.

🇮 Verkehrsamt, Kirchplatz 4, 𝒫 78 21 64.

♦Hannover 54 − Hameln 12 − ♦Osnabrück 98.

🍴 **Lichtsinn**, Bahnhofsallee 2, 𝒫 24 62, Grillgarten − 🌤
M *(Sonn- und Feiertage geschl.)* a la carte 22/45 − **12 Z : 16 B** 32/40 - 64/80.

In Hessisch Oldendorf 2-Fischbeck SO : 7,5 km :

🏠 **Weißes Haus** 🌦, 𝒫 85 22, « Park-Terrasse », 🌤 − ☎ 🅿
Feb. geschl. − **M** *(Montag geschl.)* a la carte 30/62 − **12 Z : 24 B** 55/70 - 85/100.

In Hessisch Oldendorf 18-Fuhlen S : 1,5 km :

🏠 Weser - Terrasse, Brüggenanger 14, 𝒫 20 68 − ☎ ⇍ 🅿
17 Z : 26 B.

HEUBACH 7072. Baden-Württemberg 𝟒𝟏𝟑 M 20 − 8 550 Ew − Höhe 466 m − ✪ 07173.

♦Stuttgart 66 − Aalen 14 − Schwäbisch Gmünd 13 − ♦Ulm (Donau) 66.

🍴 Rössle, Hauptstr. 51, 𝒫 67 37
7 Z : 10 B.

XX **Jägerhaus** mit Zim, Bartholomäer Str. 41, 𝒫 69 07, 🌤 − ☎ ⇍ 🅿
Menu *(Sonntag 15 Uhr - Montag geschl.)* a la carte 33/59 − **5 Z : 7 B** 42/48 - 60.

X **Stadthalle**, Hauptstr. 5, 𝒫 62 59 − 🅿
↝ *Montag und Ende Juli - Mitte Aug. geschl.* − **M** a la carte 21/40 🍸.

HEUCHELHEIM-KLINGEN Rheinland-Pfalz siehe Billigheim - Ingenheim.

HEUSENSTAMM 6056. Hessen 𝟒𝟏𝟑 J 16 − 19 000 Ew − Höhe 119 m − ✪ 06104.

♦Wiesbaden 46 − Aschaffenburg 31 − ♦Frankfurt am Main 13.

🏠 **Schloßhotel - Restaurant Il Galeone**, Frankfurter Str. 9, 𝒫 31 31 − 📳 ☎ ⇍ 🅿
↝ 🕦 ☰ 𝗩𝗜𝗦𝗔. 🌤 Zim
M *(Italienische Küche)* a la carte 21/58 − **32 Z : 44 B** 68/78 - 106/116 Fb.

🏠 **Birkeneck** 🌦, Ernst-Leitz-Str. 16 (Industriegebiet), 𝒫 6 80 20, Fax 680268 − 📺 ☎ 🅿
🕦 ☰
M *(nur Abendessen, Freitag geschl.)* a la carte 36/54 − **53 Z : 73 B** 75/145 - 95/165 Fb.

XX Ratsstuben, Im Herrengarten 1 (Schloß), 𝒫 52 52 − 🅿.

HEUSWEILER 6601. Saarland 日日 ⑦. 日日 ⑥. 日日 ⑪ − 19 200 Ew − Höhe 233 m − ✿ 06806.
◆Saarbrücken 14 − Saarlouis 14 − St. Wendel 33.

In Heusweiler-Eiweiler N : 2 km :

XX **Gästehaus Gengenbach**, Lebacher Str. 73, ℰ 68 44, « Villa mit privat-wohnlicher Atmosphäre, Garten » − **Ø**
Samstag bis 18 Uhr, Sonntag ab 15 Uhr geschl. − **M** *(auch vegetarisches Menu, Tischbestellung erforderlich)* a la carte 50/73.

HEUWEILER Baden-Württemberg siehe Glottertal.

HIDDENHAUSEN Nordrhein-Westfalen siehe Herford.

HILCHENBACH 5912. Nordrhein-Westfalen 日日日 ㉓ − 16 000 Ew − Höhe 350 m − Wintersport (in Hilchenbach-Lützel) : 500/680 m ≤2 − ✿ 02733.
🛈 Reise- u. Verkehrsbüro, Dammstr. 5, ℰ 70 44.
◆Düsseldorf 130 − Olpe 28 − Siegen 21.

🏠 **Haus am Sonnenhang** ⤸, Wilhelm-Münker-Str. 21, ℰ 42 60, ≤, 佘, 🐾 − ☎ ⇔ **Ø** − 🅰 25. 🖭 ⓞ **E**. ⵙ Rest
M *(Freitag geschl.)* a la carte 25/41 − **20 Z : 35 B** 60/85 - 100/140.

In Hilchenbach-Lützel SO : 10 km :

🏠 Ginsberger Heide ⤸, Hof Ginsberg 2, ℰ 32 24, ≤, 佘 − **Ø** − **19 Z : 44 B**.

In Hilchenbach-Müsen W : 7 km :

🏠 **Stahlberg**, Hauptstr. 85, ℰ 62 97, 🐾 − ☎ ⇔ **Ø**. 🖭 ⓞ **E** 𝖵𝖨𝖲𝖠
↞ 15.- 30. Jan. geschl. − **M** *(Montag geschl.)* a la carte 18/55 − **12 Z : 20 B** 60 - 98 Fb.

In Hilchenbach-Vormwald SO : 2 km :

🏠🏠 ⚘ **Landhotel Siebelnhof - Restaurant Chesa**, Siebelnhofstr. 47, ℰ 70 07, Fax 7006, Biergarten, Bade- und Massageabteilung, 🎿, 🛌, 🔲, 🐾 − 🖵 ☎ ⇔ **Ø**. 🖭 ⓞ **E**. ⵙ Zim
M *(Samstag bis 17 Uhr und 14.- 30. Juli geschl.)* a la carte 54/94 − **30 Z : 40 B** 65/105 - 105/145 Fb
Spez. Geräucherte Süßwasserfische in Malzbiergelee, Rehbockfilet im Kartoffelmantel, Warmer Birnenkuchen mit Pralineneis.

HILDEN 4010. Nordrhein-Westfalen 日日日 ㉓ − 53 400 Ew − Höhe 46 m − ✿ 02103.
◆Düsseldorf 14 − ◆Köln 40 − Solingen 12 − Wuppertal 26.

🏛 **Am Stadtpark**, Klotzstr. 22, ℰ 57 90 (Hotel) 5 51 81 (Restaurant), Telex 8581637, Fax 579102, ⇔, 🔲 − 🛗 🖵 & ⇔ **Ø** − 🅰 30. 🖭 ⓞ **E** 𝖵𝖨𝖲𝖠
Restaurants : − **Voyage M** a la carte 44/70 − **Römertopf M** a la carte 27/53 − **105 Z : 134 B** 95/150 - 185/220 Fb.

🏠 **Forstbacher Hof** ⤸, Forstbachstr. 47, ℰ 6 26 14 − ☎ ⇔ **Ø**. ⵙ
Mitte Juni - Mitte Juli geschl. − **M** *(Samstag - Sonntag geschl.)* a la carte 26/38 − **24 Z : 36 B** 60/65 - 85/95.

XX **Kaminzimmer**, Mittelstr. 53 (Passage), ℰ 5 36 36 − 🖭 **E**. ⵙ
nur Abendessen, Montag sowie über Karneval und Juni - Juli jeweils 2 Wochen geschl. − **M** *(Tischbestellung ratsam)* a la carte 44/75.

HILDERS 6414. Hessen 日日 **N** 15. 日日日 ㉓ ㉔ − 5 000 Ew − Höhe 460 m − Luftkurort − Wintersport : 500/700 m ≤1 ≰3 − ✿ 06681.
🛈 Verkehrsamt im Rathaus, Kirchstr. 2, ℰ 6 51.
Wiesbaden 200 − Fulda 29 − Bad Hersfeld 54.

🏠 **Engel**, Marktstr. 12, ℰ 71 04 − 🖵 ☎ − 🅰 25/80. 🖭 ⓞ **E** 𝖵𝖨𝖲𝖠
M *(Nov.- März Sonntag ab 15 Uhr geschl.)* a la carte 27/52 − **25 Z : 47 B** 48/58 - 82/106 − ½ P 57/74.

🏠 **Hohmann**, Obertor 2, ℰ 2 96, Biergarten − ⇔
↞ 15. Nov.- 15. Dez. geschl. − **M** a la carte 17/39 − **18 Z : 28 B** 42 - 74 − ½ P 48.

🏠 **Deutsches Haus**, Marktstr. 21, ℰ 3 55 − **E**
↞ 20. Nov.- 20. Dez. geschl. − **M** *(Mittwoch geschl.)* a la carte 17/36 − **29 Z : 50 B** 30/37 - 56/67.

🏠 **Rhön-Hotel** ⤸ garni, Battensteinstr. 17, ℰ 13 88, ≤, 🐾 − 🖵 **Ø**
Nov. 3 Wochen geschl. − **9 Z : 17 B** 36 - 70.

HILDESHEIM 3200. Niedersachsen 日日日 ⑮ − 100 000 Ew − Höhe 89 m − ✿ 05121.
Sehenswert : Dom* (Kunstwerke*, Kreuzgang*) − St. Michaelis-Kirche* Y **A** − Römer-Pelizaeus-Museum* Z **M** − St. Andreas-Kirche (Fassade*) Y **B** − Antoniuskapelle (Lettner*) Z **C**.
Verkehrsverein, Am Ratsbauhof 1c, ℰ 1 59 95.
ᗡAC, Zingel 39, ℰ 1 20 43, Notruf ℰ 1 92 11.
Hannover 31 ⑤ − ◆Braunschweig 51 ② − Göttingen 91 ②.

HILDESHEIM

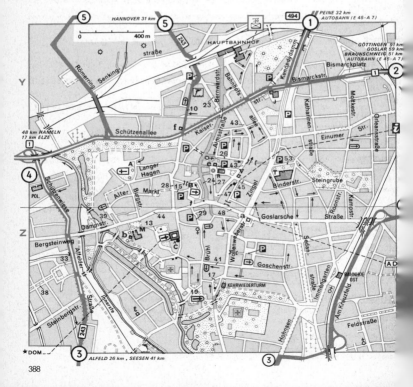

388

🏨 **Forte Hotel**, Am Markt 4, ℰ 30 00, Telex 927269, Fax 300444, ㍼, ☎s, 🖼 – 🛗 ↔ Zim
▦ Rest 📺 ⅙ 🅿 – 🔬 25/110. ㎇ ⑩ Ɛ 𝘝𝘐𝘚𝘈 ⅜ Y e
M a la carte 34/86 – **113 Z : 213 B** 154/293 - 209/365 Fb.

🏨 **Schweizer Hof** garni, Hindenburgplatz 6, ℰ 3 90 81, Telex 927426, Fax 38757 – 🛗 📺 ☎.
㎇ ⑩ Ɛ 𝘝𝘐𝘚𝘈 Z a
52 Z : 97 B 110/140 - 150/180 Fb.

🏨 **Gollart's-Hotel Deutsches Haus**, Bischof-Janssen-Str. 5, ℰ 1 59 71, Telex 927409, ☎s,
🖼 – 🛗 📺 ☎ 🅿 – 🔬 40. ㎇ Ɛ Y f
M (Sonntag geschl.) a la carte 27/59 – **45 Z : 90 B** 80/115 - 120/140 Fb – 3 Appart. 175.

🏨 **Bürgermeisterkapelle**, Rathausstr. 8, ℰ 1 40 21, Fax 38813 – 🛗 📺 ☎ 🚗 – 🔬 30. ㎇
⑩ Ɛ 𝘝𝘐𝘚𝘈 Y v
M a la carte 25/44 – **41 Z : 63 B** 65/95 - 125/145 Fb.

🏨 **Gästehaus Klocke** ⑆ garni, Humboldtstr. 11, ℰ 3 70 61 – 📺 ☎ 🅿. ㎇ Ɛ Z t
16 Z : 24 B 54/61 - 95/110.

XX **Ratskeller**, Markt 2, ℰ 1 44 41, Fax 12372 – 🔬 25/70. ㎇ Ɛ Y R
Menu a la carte 29/59.

X **Schlegels Weinstuben** (Fachwerkhaus a.d. 15. Jh. mit Brunnentisch), Am Steine 4,
ℰ 3 31 33, ㍼ Z b
nur Abendessen, Samstag - Sonntag und Juli - Aug. 4 Wochen geschl. – **M** (Tischbestellung
ratsam) a la carte 28/48.

In Hildesheim-Himmelsthür über ④ :

🏨 Zum Osterberg, Linnenkamp 4, ℰ 4 24 61 – 🅿 – 🔬
(nur Abendessen) – **30 Z : 58 B**.

In Hildesheim-Ochtersum :

🏨 **Am Steinberg** garni, Adolf-Kolping-Str. 6, ℰ 26 11 42 – 📺 ☎ 🅿. Ɛ X s
15. Dez.- 7. Jan. geschl. – **24 Z : 47 B** 59/75 - 85/110.

Im Steinberg-Wald ③ : 5 km, Richtung Alfeld, 1 km hinter Ochtersum rechts abbiegen :

XXX ✿ **Romantik-Restaurant Kupferschmiede**, Steinberg 6, ✉ 3200 HI-Ochtersum,
ℰ (05121) 26 30 25, Fax 263070, ㍼, bemerkenswerte Weinkarte – 🅿 – 🔬 25. ㎇ ⑩ Ɛ
𝘝𝘐𝘚𝘈
Sonntag (außer Ostern, Pfingsten und Weihnachten) geschl. – **M** a la carte 52/87
Spez. Hummergratin mit Bohnenkernen (Mai - Sept.), Gefüllter Steinbutt auf Brunnenkresse. Ganze Ente in
zwei Gängen serviert (2 Pers.).

In Schellerten 1 - Wendhausen 3209 ② : 7 km über die B 6 X :

🏨 **Altes Forsthaus** garni, Goslarsche Landstr. 1 (B 6), ℰ (05121) 3 10 88, 🛏, 🌳 – 🚗 🅿.
⅜
15.- Dez.- Jan. geschl. – **18 Z : 28 B** 58/85 - 95/160.

HILGEN Nordrhein-Westfalen siehe Burscheid.

HILLESHEIM 5533. Rheinland-Pfalz – 2 200 Ew – Höhe 450 m – ✪ 06593.
🛐 Kölner Straße, ℰ 12 41.
🛈 Verkehrsamt, im Rathaus, ℰ 8 01 15.
Mainz 175 – Gerolstein 10 – ✦Köln 99 – Mayen 49.

🏨 **Zum Amtsrichter**, Kölner Str. 10, ℰ 3 80 – 🚗 🅿
🞂 **M** (Montag geschl.) a la carte 18/42 – **14 Z : 26 B** 30/38 - 56/68.

HILLSCHEID Rheinland-Pfalz siehe Höhr-Grenzhausen.

HINDELANG 8973. Bayern 🔢 O 24, 🔢 ⑧, 🔢 ⑮ – 5 000 Ew – Höhe 850 m – Kneippkurort
– Heilklimatischer Kurort – Wintersport : 825/1600 m ⤶6 ⤴10 – ✪ 08324.
Sehenswert : Lage★ des Ortes.
Ausflugsziel : Jochstraße★★ : Aussichtskanzel ⩽★, NO : 8 km.
🛈 Kurverwaltung, Rathaus, Marktstr. 9, ℰ 89 20.
✦München 161 – Kempten (Allgäu) 35 – Oberstdorf 22.

🏨 **Bad-Hotel Sonne**, Marktstr. 15, ℰ 20 26, Fax 8553, ㍼, Bade- und Massageabteilung,
🔥, ☎s, 🖼, 🌳 – 🛗 📺 ☎ 🚗 🅿. ㎇ Ɛ 𝘝𝘐𝘚𝘈 ⅜
6. Nov.- 14. Dez. geschl. – **M** a la carte 28/63 – **60 Z : 115 B** 56/90 - 120/186 Fb.

🏨 **Kur- und Sporthotel** ⑆ (Appartement - Hotel), Zillenbachstr. 50, ℰ 8 40, Telex 54492,
⩽, ㍼, Bade- und Massageabteilung, 🔥, ☎s, 🖼. Fahrradverleih – 🛗 📺 ☎ 🚗 🅿 –
🔬 25/80. ㎇ ⑩ Ɛ 𝘝𝘐𝘚𝘈 ⅜ Rest
M a la carte 27/58 – **101 Z : 200 B** 80/120 - 120/180.

🏨 **Sonneck** ⑆, Rosengasse 10, ℰ 22 78, ⩽, ㍼, 🖼, 🌳, Fahrradverleih – 🚗 🅿. Ɛ.
⅜ Rest
5. Okt.- 20. Dez. geschl. – **M** (Montag geschl.) a la carte 27/45 – **29 Z : 45 B** 50/65 - 100/
130 Fb.

X Kurhaus - Restaurant, Unterer Buigenweg 2, ℰ 24 90, ⩽, ㍼ – 🔬

In Hindelang-Bad Oberdorf O : 1 km :

▲▲ **Prinz-Luitpold-Bad** ⊗, ℰ 89 01, Fax 890379, ≤ Allgäuer Alpen und Bad Oberdorf, Bade- und Massageabteilung, ♨, ≘s, ⏋ (geheizt), 🔍, ≉, ⁇ − 劇 tv ⇐⇒ 🅿. ⁇ Rest
M a la carte 24/57 − **115 Z : 190 B** 87/150 - 190/260 Fb.

🏠 **Café Haus Helgard** ⊗ garni, Luitpoldstr. 20, ℰ 20 64, ≤, ≉ − ☎ ⇐⇒ 🅿
Mitte April - Anfang Mai und Ende Okt.- 20. Dez. geschl. − **15 Z : 22 B** 50/75 - 95/130.

🏠 **Bären** ⊗, Bärengasse 1, ℰ 20 01, ≤, Bade- und Massageabteilung, ≘s, ≉ − 劇 ☎ 🅿
Nov.- 20. Dez. geschl. − (Restaurant nur für Hausgäste) − **30 Z : 47 B** 60/65 - 120/130 Fb − ½ P 85/90.

🏠 **Alte Schmiede**, Schmittenweg 14, ℰ 25 52 − 🅿. **E**
Nov.- Anfang Dez. geschl. − **M** *(Mittwoch geschl.)* a la carte 26/43 − **16 Z : 27 B** 40/45 - 75/85.

XX **Alpengasthof Hirsch** mit Zim, Kurze Gasse 18, ℰ 3 08 − 🅿
↠ *Ende Okt.- Mitte Dez. geschl.* − **M** *(Sonntag 14 Uhr - Montag geschl.)* a la carte 21/48 − **10 Z : 16 B** 32/35 - 64/74.

In Hindelang 4-Hinterstein SO : 5 km :

🏠 **Kurhotel Waidmannsheil** ⊗, Talstr. 35, ℰ 81 01, ≤, Bade- und Massageabteilung, ♨, 🔍, ≉ − ☎ ⇐⇒ 🅿. ⁇
Ende Okt.- 20. Dez. geschl. − (Restaurant nur für Hausgäste) − **24 Z : 42 B** 50/75 - 100/120 − 5 Fewo 100.

In Hindelang-Oberjoch NO : 7 km − Höhe 1 130 m :

🏨 **Lanig** ⊗, Ornachstr. 11, ℰ 77 12, ≤ Allgäuer Alpen, ♣, ≘s, ⏋, 🔍, ≉, ⁇, Fahrradverleih, Skischule − 劇 ☎ 🅿
Ostern - Pfingsten und 15. Nov.- 1. Dez. geschl. − **M** *(Mittagessen nur für Hausgäste)* 40/59 − **34 Z : 70 B** nur ½P 188 - 256/320 Fb.

🏠 **Pension Sepp Heckelmiller** ⊗ garni, Ornachstr. 8, ℰ 71 37, ≤ Allgäuer Alpen, ≘s, ≉, Skischule − ☎ 🅿
Mitte April - Mai und Mitte Okt.- Mitte Dez. geschl. − **20 Z : 45 B** 42/60 - 84/112.

🏠 **Alpengasthof Löwen**, Paßstr. 17, ℰ 77 03, ♣ − ☎ ⇐⇒ 🅿
↠ *18. April - 6. Mai und 5. Nov.- 20. Dez. geschl.* − **M** *(Mai - Okt. Montag geschl.)* a la carte 21/54 🍷 − **25 Z : 44 B** 44/100 - 80/124 Fb − ½ P 60/84.

🏠 **Haus Schönblick**, Iselerstr. 2, ℰ 77 44, ≤, ≘s, ≉
April und Nov. jeweils 3 Wochen geschl. − (Restaurant nur für Hausgäste) − **21 Z : 39 B** 45 - 90 − 3 Fewo 90/145 − ½ P 69.

In Hindelang-Unterjoch NO : 11 km :

🏠 **Alpengasthof Krone** ⊗, Sorgschrofenstr. 2, ℰ 76 04, ♣, ≉ − 劇 ♿ ⇐⇒ 🅿
↠ *20. April - 11. Mai und 2. Nov.- 22. Dez. geschl.* − **M** *(Donnerstag geschl.)* a la carte 20/45 🍷 − **35 Z : 65 B** 40/53 - 84/90 Fb.

XX **Am Buchl** mit Zim, Obergschwend 10, ℰ 71 66, ≤, ♣, ≉ − ☎ ⇐⇒ 🅿
Nov.- 15. Dez. geschl. − **M** *(Montag geschl.)* a la carte 22/53 − **6 Z : 12 B** 45 - 90.

HINRICHSFEHN Niedersachsen siehe Wiesmoor.

HINTERHEUBRONN Baden-Württemberg siehe Neuenweg.

HINTERLANGENBACH Baden-Württemberg siehe Baiersbronn.

HINTERSEE Bayern siehe Ramsau.

HINTERWEIDENTHAL 6787. Rheinland-Pfalz 🔢 G 19. 🔢 ㉘. 🔢 ⑧ − 1 800 Ew − Höhe 240 m − Erholungsort − ◎ 06396.
Mainz 136 − Landau in der Pfalz 33 − Pirmasens 15 − Wissembourg 31.

🕸 **Café Zürn** garni, Waldstr. 21, ℰ 2 34 − 🅿. ⁇
14 Z : 28 B 35/45 - 70/90.

XX **Zum Patron**, Hauptstr. 73 (B 427), ℰ 3 20 − 🆑. ⁇
Samstag bis 18 Uhr, Mittwoch sowie Jan.- Feb. und Juli - Aug. jeweils 2 Wochen geschl. −
M a la carte 30/63 🍷.

Gerenommeerde keukens

Fijnproevers
voor U hebben wij bepaalde
restaurants aangeduid met Menu, ⊗, ⊗⊗, ⊗⊗⊗.

Ausflugsziel : Titisee★ O : 5 km.

🅱 Kurverwaltung, Freiburger Straße, ✆ 15 01.

♦Stuttgart 161 — Donaueschingen 38 — ♦Freiburg im Breisgau 26.

🏨 **Park-Hotel Adler** ⬞, Adlerplatz 3, ℰ 12 70, Fax 127717, ㎡, « Park mit Wildgehege », Massage, ⊆s, 🟦, 🖼, 🎾 (Halle). Fahrrad- und Skiverleih — 🛗 📺 ⇔ ℗ — ⚠ 25/120. ⒶⒺ Ⓞ Ⓔ 𝖵𝖨𝖲𝖠. 🍽 Rest
M a la carte 42/104 — **76 Z : 145 B** 130/310 - 260/550 Fb — 8 Appart..

🏨 **Reppert** ⬞, Adlerweg 21, ℰ 1 20 80, Fax 120811, ⊆s, 🟦, ㎡ — 🛗 📺 ☎ ℗. ⒶⒺ Ⓞ Ⓔ 𝖵𝖨𝖲𝖠. 🍽 Rest
Mitte Nov.- Mitte Dez. geschl. — (nur Abendessen für Hausgäste) — **34 Z : 53 B** 90/178 - 166/300 Fb.

🏨 **Kesslermühle** ⬞, Erlenbrucker Str. 45, ℰ 12 90, Fax 129159, ≼, ⊆s, 🟦, ㎡ — 🛗 ⇔ Rest 📺 ☎ ℗. 🍽
5. Nov.- 18. Dez. geschl. — (Restaurant nur für Hausgäste) — **31 Z : 56 B** 89/144 - 164/204 Fb.

🏨 **Thomahof**, Erlenbrucker Str. 16, ℰ 12 30, ㎡, ⊆s, 🟦, ㎡ — 🛗 📺 ☎ ℗. Ⓞ 𝖵𝖨𝖲𝖠. 🍽 Rest
M 27 (mittags) und a la carte 39/60 — **40 Z : 70 B** 72/95 - 136/220 Fb — ½ P 94/136.

🏨 **Bergfried** ⬞, Sickinger Str. 28, ℰ 12 80, ⊆s, 🟦, ㎡ — 🛗 📺 ⇔
4. Nov.- 20. Dez. geschl. — (nur Abendessen für Hausgäste) — **35 Z : 60 B** 70/95 - 136/180 Fb.

🏨 **Kurhotel Sonnenberg** ⬞, Am Kesslerberg 9, ℰ 1 20 70, 🟦 — 🛗 📺 ☎ ⇔. 🍽
Nov.- 20. Dez. geschl. — (Restaurant nur für Hausgäste) — **20 Z : 35 B** 98 - 160/230 Fb — ½ P 105/140.

🏨 **Sassenhof** ⬞ garni, Adlerweg 17, ℰ 15 15, ⊆s, 🟦, ㎡ — 🛗 ☎ ℗
1.- 15. Dez. geschl. — **21 Z : 32 B** 64/126 - 138/176.

🏨 **Schwarzwaldhof - Gästehaus Sonne**, Freiburger Str. 2, ℰ 3 10, ⊆s — 🛗 ☎ ⇔ ℗. ⒶⒺ Ⓔ. 🍽 Zim
Mitte Nov.- Mitte Dez. geschl. — **M** *(Dienstag geschl.)* a la carte 27/50 ⚙ — **39 Z : 72 B** 65/80 - 96/120 Fb.

🏠 **Waldhaus Tannenhain** ⬞, Erlenbrucker Str. 28, ℰ 16 56, ≼, « Gemütliche, individuelle Einrichtung, Gartenterrasse » — 📺 ☎ ℗
20. Nov.- 20. Dez. geschl. — (Restaurant nur für Hausgäste) — **26 Z : 48 B** 56/66 - 112/132 Fb — ½ P 76/86.

🏠 **Café Imbery** (mit Gästehaus), Rathausstr. 14, ℰ 10 92, ㎡, ⊆s, ㎡ — 🛗 📺 ☎ ⇔ ℗
April 3 Wochen geschl. — **M** *(Donnerstag geschl.)* 19/27 (mittags) und a la carte 27/46 — **29 Z : 50 B** 45/65 - 80/130.

In Hinterzarten-Alpersbach W : 5 km :

🏠 **Esche** ⬞, Alpersbach 9, ℰ 2 11, ≼, ㎡ — ⇔ ℗
April 2 Wochen und 2. Nov.- 20. Dez. geschl. — **M** *(Dienstag - Mittwoch geschl.)* a la carte 19/41 ⚙ — **18 Z : 32 B** 33/70 - 84/120 Fb — ½ P 46/76.

In Hinterzarten-Bruderhalde SO : 4 km :

🏨 **Alemannenhof** ⬞, Bruderhalde 21 (am Titisee), ℰ 7 45, Fax 88142, ≼ Titisee, ㎡, ⊆s, 🟦, ⚐, Schiffstransfer — 🛗 📺 ☎ 🅗 ℗ — ⚠ 30. ⒶⒺ Ⓞ Ⓔ 𝖵𝖨𝖲𝖠
M a la carte 35/67 — **22 Z : 44 B** 121/130 - 192/220 Fb.

🏠 **Heizmannshof** ⬞, Bruderhalde 35, ℰ 14 36, Fax 5468, ≼, ㎡, ㎡, 🎾 — ☎ ℗. ⒶⒺ Ⓞ Ⓔ 𝖵𝖨𝖲𝖠
20. März - 2. April und 15. Nov.- 15. Dez. geschl. — **M** *(Dienstag geschl.)* a la carte 29/55 — **21 Z : 45 B** 35/60 - 70/110 Fb — ½ P 52/72.

Siehe auch : *Breitnau*

♦München 218 — ♦Bamberg 13 — ♦Nürnberg 47.

🏨 **Göller**, Nürnberger Str. 96, ℰ 91 38, Fax 6098, ㎡, ⊆s, 🟦, ㎡ — 🛗 📺 ⇔ ℗ — ⚠ 25/100. ⒶⒺ Ⓞ Ⓔ
M *(2.- 8. Jan. geschl.)* a la carte 20/49 — **65 Z : 120 B** 50/70 - 85/105 Fb.

🏠 **Brauerei-Gasthof Kraus**, Luitpoldstr. 11, ℰ 91 82, Biergarten — ☎ ℗
5. Sept.- 1. Okt. geschl. — **M** *(Dienstag geschl.)* a la carte 15/35 — **15 Z : 30 B** 35 - 60.

♦München 70 — Amberg 18 — ♦Regensburg 80 — Weiden 22.

🏠 **Schloß-Hotel**, Hauptstr. 1, ℰ 10 52, Biergarten — 📺 ☎ ℗. Ⓔ
M *(Donnerstag geschl.)* a la carte 25/52 — **12 Z : 21 B** 60/70 - 100/130.

🏠 **Josefshaus** ⬞, Kolpingstr. 8, ℰ 16 86, ㎡, ⊆s — 📺 ☎ ⇔ ℗
12 Z : 24 B.

HIRSCHBERG 6945. Baden-Württemberg **408** IJ 18 − 9 600 Ew − Höhe 110 m − ✪ 06201.
◆Stuttgart 131 − ◆Darmstadt 50 − Heidelberg 15 − ◆Mannheim 17.

In Hirschberg 1-Großsachsen :

🏨 **Krone**, Bergstr. 9 (B 3), ✆ 50 50, Telex 465550, Fax 505400, 🏤, 🚗, 🔲 − 🛗 📺 ☎ 🄿 −
🅰 25/80. 🄰🄴 ◎ 🄴 🆅🅸🆂🅰
M a la carte 36/70 − **95 Z : 190 B** 75/110 - 110/140 Fb.

🏠 **Haas'sche Mühle**, Talstr. 10, ✆ 5 10 41, 🏤, 🚗 − 🛗 ☎ 🄿. 🄰🄴 🄴
M *(Dienstag und Juli geschl.)* a la carte 28/55 ⅃ − **22 Z : 36 B** 65 - 104 Fb.

In Hirschberg 2-Leutershausen :

🏠 **Hirschberg**, Goethestr. 2 (B 3), ✆ 5 10 15, Fax 58137 − 📺 ☎ 🚗 🄿. 🄰🄴 🄴 🆅🅸🆂🅰
20. Dez.- 15. Jan. geschl. − **M** *(nur Abendessen, Nov.- März Sonntag geschl.)* a la carte
26/52 − **32 Z : 59 B** 60/95 - 90/130 Fb.

HIRSCHEGG Österreich siehe Kleinwalsertal.

HIRSCHHORN AM NECKAR 6932. Hessen **408** J 18 − 4 100 Ew − Höhe 131 m − Luftkurort
− ✪ 06272.

Sehenswert : Burg (Hotelterrasse ≤★).

🄱 Verkehrsamt, Haus des Gastes, Alleeweg 2. ✆ 17 42.

◆Wiesbaden 120 − Heidelberg 23 − Heilbronn 63.

🏠 **Schloß-Hotel** 🦢, Auf Burg Hirschhorn, ✆ 13 73, ≤ Neckartal, 🏤 − 🛗 ☎ 🄿 − 🅰
34 Z : 54 B Fb.

🏠 **Zum Naturalisten**, Hauptstr. 17, ✆ 25 50, 🏤 − 🛗 ☎ 🚗 − 🅰 40. 🄰🄴 ◎ 🄴 🆅🅸🆂🅰
1.- 28. Jan. geschl. − **M** a la carte 30/55 − **24 Z : 48 B** 45/60 - 80/105 Fb − ½ P 55/75.

🏠 **Forelle**, Langenthaler Str. 2, ✆ 22 72 − 🄿
➡ **M** a la carte 21/40 − **15 Z : 30 B** 35/40 - 80/90.

🏠 **Haus Burgblick** 🦢, garni, Zur schönen Aussicht 3 (Hirschhorn-Ost), ✆ 14 20, ≤ − 🄿. 🄴.
🦢
Dez. - Jan. geschl. − **8 Z : 16 B** 45/50 - 70/80 Fb.

In Hirschhorn-Langenthal NW : 5 km :

🏠 **Zur Linde**, Waldmichelbacher Str. 12, ✆ 13 66, 🏤, 🚗 − 🄿
24 Z : 48 B.

🏠 **Zur Krone**, Waldmichelbacher Str. 29, ✆ 25 10 − 🄿
➡ **M** *(Montag geschl.)* a la carte 16/37 ⅃ − **12 Z : 25 B** 38 - 70.

In Eberbach-Brombach 6930 NW : 6 km :

XX **Talblick** 🦢 mit Zim (Fachwerkhaus a.d.J. 1832, Einrichtung in altbäuerlichem Stil),
Gaisbergweg 5, ✆ (06272) 14 51 − 🄿. ◎ 🄴. 🦢 Zim
8. - 25. Jan. und 16. Juli - 2. Aug. geschl. − Menu *(Tischbestellung ratsam)* (Donnerstag -
Freitag 18 Uhr geschl.) a la carte 34/68 − **5 Z : 10 B** 75 - 130.

Siehe auch : *Rothenberg (Odenwaldkreis)*

HIRZENHAIN 6476. Hessen **408** K 15 − 3 000 Ew − Höhe 240 m − Erholungsort − ✪ 06045.

🄱 Verkehrsamt, Rathaus, ✆ 3 77.

◆Wiesbaden 107 − ◆Frankfurt am Main 67 − Lauterbach 44.

🏛 **Augustiner Kloster** 🦢, An der Klostermauer 8, ✆ 45 01 − 🄿 − 🅰
15 Z : 29 B.

🏛 **Stolberger Hof**, Nidderstr. 14, ✆ 13 09, 🚗, 🔲 − 🄿
11 Z : 25 B.

In Hirzenhain-Merkenfritz NO : 2 km :

X **Henkelsmühle** mit Zim, nahe der B 275, ✆ 72 05, 🏤 − 🄿
10 Z : 16 B.

X **Hofreite** mit Zim, Gederner Str. 21 (B 275), ✆ 77 73 − 🄿. 🄴 🆅🅸🆂🅰
➡ **M** *(Montag geschl.)* a la carte 17,50/42 − **5 Z : 8 B** 35 - 70.

Siehe auch : *Liste der Feriendörfer*

HITTFELD Niedersachsen siehe Seevetal.

Michelin road maps for Germany :

no **984** at 1:750 000

no **987** at 1:1 000 000

no **412** at 1:400 000 (Rhineland-Westphalia, Rhineland-Palatinate, Hessen, Saar)

no **413** at 1:400 000 (Bavaria and Baden-Württemberg)

HITZACKER 3139. Niedersachsen 987 ⑯ — 4 900 Ew — Höhe 25 m — Luftkurort — ✪ 05862.

🛈 Kurverwaltung, Weinbergsweg 2, ℰ 80 22.

♦Hannover 142 — ♦Braunschweig 129 — Lüneburg 48.

🏨 **Parkhotel** ⊗, Am Kurpark 3, ℰ 80 81, 🍴, ⇔, 🔲, 🐎 — 🛗 ☎ & 🅿 — 🔏 25/120. ⑩
   7.- 14. Jan. geschl. — **M** a la carte 29/53 — **79 Z : 142 B** 62/125 - 110/158 Fb — 6 Appart.
   190/270.

🏠 Scholz ⊗, Prof.-Borchling-Str. 2, ℰ 79 72, 🍴, ⇔, Fahrradverleih — 🛗 📺 ☎ & 🅿 — 🔏
   32 Z : 64 B.

🏠 **Zur Linde**, Drawehnertorstr. 22, ℰ 3 47 — ☎ ⇐ 🅿
   10. Jan.- 4. Feb. geschl. — **M** (Donnerstag geschl.) a la carte 24/50 — **11 Z : 20 B** 38/45 -
   75/83.

   In Göhrde 3139 W : 13 km :

🏚 Zur Göhrde, Kaiser-Wilhelm-Allee 1 (B 216), ℰ (05855) 4 23, 🍴, 🐎 — ⇐ 🅿 — 🔏
   17 Z : 28 B.

HOBBACH Bayern siehe Eschau.

HOCHHEIM AM MAIN 6203. Hessen 413 I 16 — 17 000 Ew — Höhe 129 m — ✪ 06146.

♦Wiesbaden 12 — ♦Darmstadt 32 — ♦Frankfurt am Main 33 — Mainz 7.

🏨 **Rheingauer Tor** ⊗ garni, Taunusstr. 9, ℰ 40 07 — 🛗 📺 ☎ 🅿 AE ⑩ E VISA
   Weihnachten - Anfang Jan. geschl. — **25 Z : 33 B** 78/98 - 112 Fb.

🏠 **Zur Stadt Saaz**, Jahnstr. 19, ℰ 97 76 — 🅿
   24. Dez. - 2. Jan. geschl. — Menu (wochentags nur Abendessen, Dienstag und Juli - Aug. 4
   Wochen geschl.) a la carte 28/52 ⅛ — **11 Z : 16 B** 35/49 - 70/85.

✕✕ Hochheimer Hof, Mainzer Str. 22, ℰ 20 89, 🍴 — 🔏

✕✕ **Frankfurter Hof** mit Zim, Frankfurter Str. 20, ℰ 22 52, 🍴
   Jan. geschl. — **M** (Donnerstag geschl.) a la carte 27/58 ⅛ — **12 Z : 20 B** 55/75 - 85/100.

✕ Hochheimer Riesling-Stuben (alte Weinstube), Wintergasse 4, ℰ 79 25
   ab 16 Uhr geöffnet — (Tischbestellung ratsam).

HOCKENHEIM 6832. Baden-Württemberg 413 I 19, 987 ㉕ — 17 000 Ew — Höhe 101 m —
✪ 06205.

♦Stuttgart 113 — Heidelberg 23 — ♦Karlsruhe 50 — ♦Mannheim 24 — Speyer 12.

🏨 **Motodrom**, Hockenheimring, ℰ 40 61, Telex 465984, Fax 4135, 🍴, ⇔ — 🛗 ▤ 📺 ☎ ⇐
   🅿 — 🔏 25/280. AE ⑩ E VISA
   M a la carte 40/74 — **60 Z : 100 B** 98/168 - 148/320 Fb.

🏨 **Kanne**, Karlsruher Str. 3, ℰ 50 71 — 🛗 ☎ 🅿 AE ⑩ E VISA
   M (nur Abendessen) a la carte 27/55 ⅛ — **28 Z : 47 B** 65 - 118 Fb.

HODENHAGEN 3035. Niedersachsen 987 ⑮ — 2 000 Ew — Höhe 26 m — ✪ 05164.

♦Hannover 55 — Braunschweig 99 — ♦Bremen 70 — ♦Hamburg 106.

🏨 **Hudemühle**, Hudemühlenburg 18, ℰ 80 90, Fax 80999, 🍴, ⇔, 🔲, 🐎 — 📺 ☎ 🅿 —
   🔏 30. AE ⑩ E VISA
   M 26 (mittags) und a la carte 37/67 — **51 Z : 106 B** 98/126 - 132/178 Fb.

HÖCHBERG Bayern siehe Würzburg.

HÖCHENSCHWAND 7821. Baden-Württemberg 413 H 23, 427 ⑤, 216 ⑥ — 2 100 Ew — Höhe
008 m — Heilklimatischer Kurort — Wintersport : 920/1 015 m ⥌ 1 ⥮ 3 — ✪ 07672 (St. Blasien).

Kurverwaltung, Haus des Gastes, ℰ 25 47.

Stuttgart 186 — Donaueschingen 63 — ♦Freiburg im Breisgau 61 — Waldshut-Tiengen 19.

🏩 **Porten-Hotel Kurhaus Höchenschwand**, Kurhausplatz 1, ℰ 41 10, Telex 7721212, 🍴,
   « Garten », Bade- und Massageabteilung, ♨, ⇔, 🔲, 🐎 — 🛗 📺 ⇐ 🅿 AE ⑩ E VISA,
   ❀ Rest
   Hotel : 1.- 18. Dez. geschl. — Restaurants (16. Nov.- 18. Dez. geschl.): — **Hubertus-Stuben M**
   a la carte 44/70 — **Jägerstüble M** a la carte 24/50 — **70 Z : 100 B** 94/108 - 154/216 Fb —
   13 Fewo 60/100 — ½ P 97/128.

🏨 **Alpenblick**, St.-Georg-Str. 9, ℰ 20 55, 🍴, 🐎 — ☎ ⇐ 🅿. AE E
   Menu (auch Diät und vegetarische Gerichte) (Sonntag 18 Uhr - Montag geschl.) a la carte
   30/62 — **32 Z : 47 B** 35/67 - 90/124 Fb — ½ P 58/85.

🏠 **Berghotel Steffi** ⊗, Panoramastr. 22, ℰ 8 55, ≤, 🍴, 🐎 — ☎ 🅿
   (Restaurant nur für Hausgäste) — **18 Z : 34 B** 45 - 90.

🏠 Fernblick ⊗, Im Grün 15, ℰ 7 66, ≤, 🍴 — 🛗 ☎ 🅿
   35 Z : 55 B Fb.

HÖCHST IM ODENWALD 6128. Hessen 🗺️🔢 JK 17. 🔟🔟🔟 ㉕ — 8 500 Ew — Höhe 175 m — Erholungsort — ☎ 06163.
🛈 Verkehrsamt im Rathaus, Montmelianer Platz 4, ℰ 30 41.
♦Wiesbaden 78 — Aschaffenburg 37 — ♦Darmstadt 33 — Heidelberg 72.

🏨 **Burg Breuberg**, Aschaffenburger Str. 4, ℰ 51 33, Biergarten — 📺 ☎ 🅿 — 🛦 40. 🅰🅴 🗲.
🎿 Zim
15. Aug.- 2. Sept. geschl. — **M** a la carte 26/55 🍷 — **20 Z : 35 B** 65 - 122 Fb.

HÖCHSTADT AN DER AISCH 8552. Bayern 🗺️🔢 P 17, 🔟🔟🔟 ㉖ — 11 300 Ew — Höhe 272 m — ☎ 09193.
♦München 210 — ♦Bamberg 31 — ♦Nürnberg 39 — ♦Würzburg 71.

🏨 **Alte Schranne**, Hauptstr. 3, ℰ 34 41 — 🅿. 🎿
(nur Abendessen für Hausgäste) — **20 Z : 37 B** 30/60 - 60/95.

In Gremsdorf 8551 O : 3 km :

🏨 **Scheubel**, Hauptstr. 1 (B 470), ℰ (09193) 34 44, 🏡 — ⟵🚗 🅿
➡ **M** (Montag geschl.) a la carte 16/32 🍷 — **40 Z : 75 B** 25/38 - 50/70.

In Adelsdorf 8555 O : 8 km über die B 470 :

🏨 **Drei Kronen**, Hauptstr. 8, ℰ (09195) 9 51, Biergarten, ⭲, 🗔 — 🛗 📺 ☎ 🅿 — 🛦 30. ⓞ
➡ 🗲 🆅🆂🅰
10.- 20. Nov. geschl. — **M** (Mittwoch geschl.) a la carte 19/35 — **53 Z : 100 B** 48/65 - 65/95 Fb.

An der Autobahn A 3 NW : 12 km :

🏨 **Rasthaus-Motel Steigerwald**, Autobahn-Südseite, ✉ 8602 Wachenroth, ℰ (09548) 4 33, Telex 662476, 🏡 — 🛗 ☎ 🅿
M (auch Self-Service) a la carte 27/50 — **48 Z : 110 B** 87 - 134.

HÖCHSTÄDT AN DER DONAU 8884. Bayern 🗺️🔢 O 21, 🔟🔟🔟 ㉖ — 5 000 Ew — Höhe 417 m — ☎ 09074.
♦München 102 — ♦Augsburg 44 — ♦Nürnberg 127 — ♦Ulm (Donau) 60.

🏨 **Gasthof Berg**, Dillinger Str. 17, ℰ 20 44, 🏡, ⬛, 🚲 — ☎ 🅿 — 🛦 80. 🗲
➡ 25. Dez.- 5. Jan. geschl. — **M** (Samstag geschl.) a la carte 18,50/33 🍷 — **30 Z : 50 B** 32/50 59/80 Fb.

HÖFEN AN DER ENZ 7545. Baden-Württemberg 🗺️🔢 I 20 — 1 550 Ew — Höhe 366 m — Luftkurort — ☎ 07081 (Wildbad).
🛈 Verkehrsbüro, Rathaus, ℰ 52 22.
♦Stuttgart 68 — Baden-Baden 38 — Freudenstadt 48 — Pforzheim 18.

🏨 **Schwarzwaldhotel Hirsch**, Alte Str. 40, ℰ 50 25 — 🛗 📺 ☎ ⟵🚗 🅿 — 🛦 40. 🅰🅴 ⓞ 🗲
🆅🆂🅰
M (auch vegetarische Gerichte) a la carte 26/58 — **20 Z : 40 B** 75/80 - 116 Fb — ½ P 81/103.

🏨 **Ochsen**, Bahnhofstr. 2, ℰ 50 21, Fax 7793, 🏡, ⭲, 🗔, 🚲 — 🛗 📺 ☎ ⟵🚗 🅿 — 🛦 45
ⓞ 🗲 🆅🆂🅰
M a la carte 24/56 — **60 Z : 95 B** 48/75 - 88/140 Fb — ½ P 66/92.

🏨 **Bussard** garni, Bahnhofstr. 24, ℰ 52 68, Massage, 🚲 — 🛗 ⟵🚗 🅿
22 Z : 40 B.

🏨 **Café Blaich** garni, Hindenburgstr. 55, ℰ 52 38 — 📺 ☎ ⟵🚗 🅿
15. Jan.- 15. Feb. geschl. — **7 Z : 15 B** 40/45 - 70/75 — 3 Fewo 75/95.

An der Straße nach Bad Herrenalb N : 2 km :

🏨 **Eyachbrücke**, ✉ 7540 Neuenbürg, ℰ (07082) 88 58, 🏡, 🗔 — ⟵🚗 🅿
➡ Nov.- 8. Dez. geschl. — **M** (Dienstag geschl.) a la carte 18/32 — **17 Z : 30 B** 32/45 - 64/84.

HÖGEL Bayern siehe Piding.

HÖGERSDORF Schleswig-Holstein siehe Segeberg, Bad.

HÖHR-GRENZHAUSEN 5410. Rheinland-Pfalz — 9 100 Ew — Höhe 260 m — ☎ 02624.
Mainz 94 — ♦Koblenz 19 — Limburg an der Lahn 35.

🏨 **Heinz** 🌫, Bergstr. 77, ℰ 30 33, Fax 5974, 🏡, Bade- und Massageabteilung, ⭲, 🗔, 🚲
🎿 🏃 — 🛗 📺 ♿ 🅿 — 🛦 30. 🅰🅴 ⓞ 🗲 🆅🆂🅰 🎿 Rest
über Weihnachten geschl. — **M** a la carte 30/59 — **60 Z : 100 B** 65/115 - 95/210 Fb
½ P 73/140.

Im Stadtteil Grenzau N : 1,5 km :

🏨 **Sporthotel Zugbrücke** 🌫, im Brexbachtal, ℰ 10 50, Telex 869505, Fax 105462, ⭲, 🗔
🚲, 🎿 (Halle), Tischtennisschule — 🛗 📺 ♿ 🅿 — 🛦 25/180. 🅰🅴 ⓞ 🗲 🆅🆂🅰
M a la carte 37/57 — **138 Z : 277 B** 58/125 - 96/190 Fb — ½ P 67/144.

In Hillscheid 5416 SO : 6,5 km ab Grenzhausen :

✕ **Zum Euler** 🌫 mit Zim, Im Küllbach, ℰ (02624) 28 11, 🏡 — 🅿 — **6 Z : 11 B**.

HÖLLE Bayern siehe Naila.

HÖNNINGEN, BAD 5462. Rheinland-Pfalz 987 ㉔ — 6 100 Ew — Höhe 65 m — Heilbad — ✪ 02635.

🇿 Verkehrsamt, Neustr. 2a, 𝒫 22 73.

Mainz 125 — ♦Bonn 34 — ♦Koblenz 37.

🏛 **Kurpark-Hotel** ⤢, am Thermalbad, 𝒫 49 41, ≼, �̄, — 🛗 📺 ☎ 🄿 — 🏋 30. 🆎 ⓞ Ｅ VISA, 🍴 Zim
Feb. geschl. — **M** a la carte 30/52 — **14 Z : 30 B** 75/105 - 130/170.

🏛 **St. Pierre** garni, Hauptstr. 142, 𝒫 20 91 — 📺 ☎ ⇦ 🄿. 🆎 ⓞ Ｅ VISA, 🍴
19 Z : 45 B 60/75 - 100/140 Fb.

🏛 **Rhein-Hotel** ⤢, Rheinallee 4, 𝒫 25 26, ≼, 🌄
16 Z : 28 B Fb.

HÖPFINGEN 6969. Baden-Württemberg 413 L 18 — 2 800 Ew — Höhe 390 m — ✪ 06283.
♦Stuttgart 119 — Aschaffenburg 73 — Heilbronn 77 — ♦Würzburg 56.

🍴 **Engel** ⤢ mit Zim, Engelgasse 6, 𝒫 16 15 — 🄿
Nov. geschl. — **M** (Donnerstag geschl.) a la carte 16/31 ⅄ — **7 Z : 13 B** 35 - 70/90.

HÖRBRANZ Österreich siehe Bregenz.

HÖRNUM Schleswig-Holstein siehe Sylt (Insel).

HÖRSTEL 4446. Nordrhein-Westfalen — 15 700 Ew — Höhe 45 m — ✪ 05459.
♦Düsseldorf 178 — Münster (Westfalen) 44 — ♦Osnabrück 46 — Rheine 10.

In Hörstel-Bevergern SW : 3 km :

🏛 **Saltenhof** ⤢, Kreimershoek 71, 𝒫 40 51, 🌄 — 📺 ☎ 🄿. 🆎 ⓞ Ｅ VISA
2.- 18. Jan. geschl. — **M** (Donnerstag bis 14 Uhr geschl.) a la carte 28/53 — **12 Z : 21 B** 45/65 - 90/120.

In Hörstel-Grafenhorst O : 3 km :

🏛 Gravenhorster Hof, Friedrich-Wilhelm-Str. 42, 𝒫 14 00, 🌄 — 🄿
10 Z : 19 B.

In Hörstel-Riesenbeck SO : 6 km :

🏨 **Schloßhotel Surenburg** ⤢, Surenburg 13 (SW : 1,5 km), 𝒫 (05454) 70 92, Telex 94586, Fax 7251, 🌄, ⇆, 🏊. Fahrradverleih — 📺 ☎ 🄿 — 🏋 25/60. ⓞ Ｅ VISA
M (Nov.- März Sonntag ab 18 Uhr geschl.) a la carte 33/59 — **23 Z : 42 B** 83/94 - 139/160 Fb.

🏛 **Stratmann**, Sünte-Rendel-Str. 5, 𝒫 (05454) 70 83, 🏊 — ☎ ⇦ 🄿. 🍴 Zim
M a la carte 20/46 — **24 Z : 48 B** 45 - 80.

HÖRSTGEN Nordrhein-Westfalen siehe Kamp-Lintfort.

HÖSBACH Bayern siehe Aschaffenburg.

HÖVELHOF 4794. Nordrhein-Westfalen — 12 000 Ew — Höhe 100 m — ✪ 05257.
♦Düsseldorf 189 — Detmold 30 — ♦Hannover 129 — Paderborn 14.

🍴🍴 ✿ **Gasthof Brink** mit Zim, Allee 38, 𝒫 32 23 — ☎ ⇦ 🄿. 🍴
Anfang - Mitte Jan. und Juli geschl. — **M** (nur Abendessen, Tischbestellung erforderlich) (Montag geschl.) a la carte 44/70 — **9 Z : 16 B** 60/90 - 110/140
Spez. Pasteten und Terrinen, Krebsschwänze in weißer Buttersauce, Dessert-Teller.

HÖXTER 3470. Nordrhein-Westfalen 987 ⑮ — 35 000 Ew — Höhe 90 m — ✪ 05271.
Sehenswert : Dechanei★ — Westerbachstraße : Fachwerkhäuser★ — Kilianskirche (Kanzel★★).
Ausflugsziel : Weserwal★ (von Höxter bis Münden).
🇿 Verkehrsamt, Am Rathaus 7, 𝒫 6 32 44.
♦Düsseldorf 225 — ♦Hannover 101 — ♦Kassel 70 — Paderborn 55.

🏨 **Niedersachsen**, Möllinger Str. 4, 𝒫 68 80, Fax 688444, ⇆, 🏊 — 🛗 📺 ☎ ⇦ 🄿 — 🏋 35. 🆎 ⓞ Ｅ VISA
M a la carte 37/65 — **70 Z : 120 B** 60/87 - 106/145 Fb.

🏛 **Weserberghof-Restaurant Entenfang**, Godelheimer Str. 16, 𝒫 75 56, Fax 3921, 🌄 — 📺 ☎ 🄿 — 🏋 25/100. 🆎 ⓞ Ｅ. 🍴 Rest
M (Montag geschl.) a la carte 27/56 — **26 Z : 40 B** 35/70 - 70/110 Fb.

🏛 **Corveyer Hof**, Westerbachstr. 29, 𝒫 22 72 — ☎ 🄿. 🍴 Zim
M (15. Juli - 10. Aug. und Mittwoch geschl.) a la carte 17/40 — **11 Z : 21 B** 43 - 75.

In Höxter 1-Bödexen NW : 9 km :

🏛 **Obermühle** ⤢, Joh.-Todt-Str. 2, 𝒫 (05277) 2 07, ≼, ⇆, 🏊, 🌳 — 🛗 ☎ 🄿 — 🏋 30. 🆎 Ｅ
M a la carte 22/45 — **28 Z : 52 B** 55/60 - 110 Fb — ½ P 65.

In Höxter-Corvey O : 2 km :

XX **Schloßrestaurant**, im Schloß, $\mathscr{P}$ 83 23, « Gartenterrasse » – 👌, AE ①
← bis 19 Uhr geöffnet, Jan.- März geschl. – **M** a la carte 18/56.

In Höxter 1-Ovenhausen W : 7 km – Erholungsort :

🏨 **Haus Venken**, Hauptstr. 11, $\mathscr{P}$ (05278) 2 79 – ← 🅿
M (Dienstag geschl.) a la carte 22/45 👌 – **21 Z : 38 B** 40 - 76 – ½ P 46.

In Höxter 1-Stahle NO : 9 km :

🏨 **Kiekenstein**, Heinser Str. 74 (B 83), $\mathscr{P}$ (05531) 40 08, 🏡 – ← 🅿 AE ① E VISA
M a la carte 22/44 – **13 Z : 22 B** 42 - 74.

HOF 8670. Bayern 413 S 16, 987 ㉗ – 52 000 Ew – Höhe 495 m – 🕲 09281.

🏌 Gattendorf-Haidt (über die B 173 Y), $\mathscr{P}$ (09281) 4 37 49.
🛬 Hof-Pirk, SW : 5 km über Bayreuther Str. Z, $\mathscr{P}$ (09292) 3 48.
🛈 Amt für Öffentlichkeitsarbeit, Rathaus, $\mathscr{P}$ 81 52 33.
◆München 283 ② – Bayreuth 55 ② – ◆Nürnberg 133 ②.

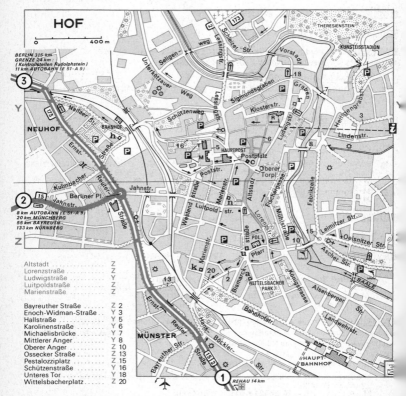

🏨 **Central**, Kulmbacher Str. 4, $\mathscr{P}$ 68 84, Telex 643932, Fax 62440, Massage, 🕿 – 🛗 📺 🅿
🔔 25/600
Restaurants : – **Hofer Stuben** (Sonntag 18 Uhr - Montag und 26. Juli - Aug. geschl.) **M** a la carte 23/45 – **Kastaniengarten** (nur Abendessen, Donnerstag geschl.) (auch vegetarisch Gerichte) **M** a la carte 58/81 – **50 Z : 100 B** 89 - 139/190 Fb.

🏨 **Strauß**, Bismarckstr. 31, $\mathscr{P}$ 20 66, Biergarten – 🛗 📺 🕿 ← 🅿 – 🔔 70. E   Z
← **M** a la carte 17/58 – **58 Z : 80 B** 52/96 - 75/106 – 4 Appart. 120.

🏨 **Am Maxplatz** 🦢 garni, Maxplatz 7, $\mathscr{P}$ 17 39 – 📺 🕿 ← E   Y
18 Z : 28 B 66/75 - 95/115.

In Homburg-Erbach N : 2 km :

🏨 **Ruble**, Dürerstr. 164, 𝄞 7 50 51, 🏤, 🚿 – ☎ 🅿. 🆎 ⓪ Ɛ 𝘝𝘐𝘚𝘈
M a la carte 27/63 – **17 Z : 29 B** 54/60 - 85 Fb.

🏠 Landhaus Roth, Steinbachstr. 92, 𝄞 76 14 – 🛗 ☎ 🅿
36 Z : 50 B Fb.

In Homburg-Schwarzenacker SW : 4 km über die B 423 :

XX **Zur Spelzenklamm** 🌳 mit Zim, Am Oligberg 26, 𝄞 (06848) 5 72, <, 🏤 – 📺 ☎ 🅿. 🆎
⓪ Ɛ 𝘝𝘐𝘚𝘈
M *(Samstag bis 18 Uhr geschl.)* a la carte 40/70 – **10 Z : 13 B** 78/95 - 130/160.

MICHELIN-REIFENWERKE KGaA. 6650 Homburg Berliner Straße, 𝄞 70 41, Telex 44624,
FAX 704585.

HOMBURG VOR DER HÖHE, BAD 6380. Hessen 𝟰𝟭𝟯 I 16, 𝟵𝟴𝟳 ㉘ – 52 000 Ew – Höhe 197 m
– Heilbad – ✆ 06172.

Sehenswert : Kurpark★.

Ausflugsziel : Saalburg (Rekonstruktion eines Römerkastells)★ 6 km über ④.

🏌 Saalburgchaussee 2a (über ④ und die B 456 Y), 𝄞 3 88 08.

🚩 Verkehrsamt im Kurhaus, Louisenstr. 58, 𝄞 12 13 10.

ADAC, Louisenstr. 23, 𝄞 2 10 93.

◆Wiesbaden 45 ② – ◆Frankfurt am Main 17 ② – Gießen 48 ① – Limburg an der Lahn 54 ③.

AUTOBAHN (E 451-A 5) 9 km :
GIESSEN 48 km, KASSEL 181 km ① 455

BAD HOMBURG
VOR DER HÖHE

0   300 m

Haingasse . . . . Y
Louisenstraße . . . . YZ
Ludwigstraße . . . . Y 16
Thomasstraße . . . . Z

Am Hohlebrunnen . . . . . . Z 3
Burggasse . . . . Y 4
Ferdinandstraße . . . . Z 8
Frankfurter Landstraße . . Z 9
Herrngasse . . . . Y 10
Heuchelheimer Straße . . Y 12
Meiereiberg . . . . YZ 17
Neue Mauergasse . . . . . . Y 20
Obergasse . . . . Y 22
Orangeriegasse . . . . Y 23
Rathausgasse . . . . Y 26
Rind'sche Stiftstraße . . . Y 27
Tannenwaldallee . . . . Y 29
Waisenhausstraße . . . . . . Y 30

AUTOBAHN A 661/ E 451-A 5) 2 km   ③
OBERURSEL 4 km, LIMBURG 54 km

AUTOBAHN (E 451-A 5) 5 km
KARLSRUHE 187 km   ②   FRANKFURT 17 km
WIESBADEN 45 km

🏨 **Maritim Kurhaus - Hotel**, Ludwigstraße, ℰ 2 80 51, Telex 415357, Fax 24341, 🛋, 🛋,
⬛ – 🕴 ❄ Zim ▦ Rest 📺 ❻ – 🔏 25/600. 🆎 ⓞ 🎫 𝓥𝓘𝓢𝓐, ✂ Rest — Y **m**
Restaurants : – **Parkrestaurant M** a la carte 51/70 – **Bürgerstube M** a la carte 31/52 –
148 Z : 221 B 185/295 - 248/400 Fb.

🏨 **Parkhotel** 🦢 garni, Kaiser-Friedrich-Promenade 53, ℰ 80 10, Fax 801801, 🛋 – 🕴 ❄ 📺
☎ 🔄 – 🔏 25/50. 🆎 ⓞ 🎫 𝓥𝓘𝓢𝓐 — Y **s**
100 Z : 160 B 169/238 - 228/288 Fb — 9 Appart. 280/380.

🏨 **Hardtwald** 🦢, Philosophenweg 31, ℰ 8 10 26, Telex 410594, Fax 82512, « Gartenterrasse »
– 📺 ☎ ❻. 🆎 ⓞ 🎫 𝓥𝓘𝓢𝓐. ✂ — Y **z**
M *(Freitag und Mitte Dez.- Mitte Jan. geschl.)* 23/35 (mittags) und a la carte 37/60 – **39 Z :**
63 B 105/155 - 135/215 Fb.

🏠 **Haus Daheim** garni, Elisabethenstr. 42, ℰ 2 00 98, Telex 4185081, Fax 82513 – ☎ 🔄. 🆎
ⓞ 🎫 𝓥𝓘𝓢𝓐 — Y **d**
18 Z : 32 B 85/125 - 135/165.

🏛 **Table**, Kaiser-Friedrich-Promenade 85, ℰ 2 44 25, 🍽 – 🆎 ⓞ 🎫 𝓥𝓘𝓢𝓐 — Z **n**
Montag, Mittwoch und Samstag nur Abendessen, Dienstag sowie Mai - Juni und Aug.
jeweils 2 Wochen geschl. – **M** a la carte 60/95.

🏛 **Oberle's**, Obergasse 1, ℰ 2 46 62 – 🎫 — Y **e**
Montag und Juli 3 Wochen geschl. – **M** a la carte 37/75.

🏛 **Assmann's** Restaurant im Römerbrunnen, Kisseleffstr. 27, ℰ 2 47 10, 🍽 – ❻ — Y **b**

🏛 **Schildkröte**, Mußbachstr. 19, ℰ 2 33 07 – 🆎 🎫 — Y **a**
nur Abendessen, Sonntag geschl. – **M** a la carte 57/77.

🏛 **La Mamma** (Italienische Küche), Dorotheenstr. 18, ℰ 2 47 28 — Y **u**
M a la carte 37/56.

In Bad Homburg-Dornholzhausen über ④ und die B 456 :

🏠 **Sonne**, Landwehrweg 3, ℰ 3 10 23 – 📺 ☎ ❻. 🆎 🎫
M *(nur Abendessen, Samstag - Sonntag geschl.)* a la carte 33/57 – **26 Z : 37 B** 65/80 -
105/125.

🏛 **Hirschgarten** (Böhmische Küche), Tannenwaldweg (W : 2,5 km), ℰ 3 35 25, ⪕, 🍽 – ❻.
✂.

In Bad Homburg-Gonzenheim über Frankfurter Landstr. Z :

🏛 **Darmstädter Hof**, Frankfurter Landstr. 77, ℰ 4 13 47, 🍽 – ❻. 🆎 ⓞ 🎫 𝓥𝓘𝓢𝓐
Sonntag geschl. – **M** a la carte 37/65.

In Bad Homburg-Obererlenbach über Frankfurter Landstraße Z :

🏛 **Bierbrunnen**, Ahlweg 2, ℰ 4 65 60 – 🆎 🎫 𝓥𝓘𝓢𝓐
Montag geschl. – **M** a la carte 37/70.

HONAU Baden-Württemberg siehe Lichtenstein.

HONNEF, BAD 5340. Nordrhein-Westfalen 𝟗𝟖𝟕 ㉔ – 22 000 Ew – Höhe 72 m – ✪ 02224.

🏌 Windhagen-Rederscheid (SO : 10 km), ℰ (02645) 1 56 21.

🛈 Tourist-Information, Hauptstr. 28a, ℰ 18 41 70.

◆Düsseldorf 86 – ◆Bonn 17 – ◆Koblenz 51.

🏨 **Seminaris**, Alexander-von-Humboldt-Str. 20, ℰ 77 10, Telex 885617, Fax 771555, kleiner
Park, 🛋, ⬛ – 🕴 ❄ Zim 📺 🔄 ❻ – 🔏 25/350. 🆎 ⓞ 🎫 𝓥𝓘𝓢𝓐. ✂ Rest
M *(auch vegetarische Gerichte)* a la carte 35/57 – **213 Z : 270 B** 135/161 - 227/244 Fb –
9 Appart.

🏛 **Gästehaus in der Au** 🦢 garni, Alexander-von-Humboldt-Str. 33, ℰ 52 19, 🚗
12 Z : 20 B 37/45 - 74/90.

🏛 **Das kleine Restaurant**, Hauptstr. 16a, ℰ 44 50, 🍽 – 🎫
nur Abendessen, Sonntag geschl. – **M** (Tischbestellung ratsam) a la carte 46/65.

🏛 **Franco** mit Zim, Markt 3, ℰ 38 48 – 📺 ☎. 🆎 ⓞ 🎫 𝓥𝓘𝓢𝓐
M (Italienische Küche) a la carte 35/68 – **8 Z : 15 B** 55 - 90.

🏛 **Kurhaus-Restaurant**, Hauptstr. 28a, ℰ 28 37, 🍽 – 🔏 25/500. 🆎 ⓞ 🎫 𝓥𝓘𝓢𝓐
M a la carte 22/52.

An der Straße nach Asbach O : 2,5 km :

🏛 **Jagdhaus im Schmelztal**, Schmelztalstr. 50, ✉ 5340 Bad Honnef, ℰ (02224) 26 26, 🍽
– ❻ – 🔏 70. 🎫
2.- 15. Jan., über Karneval 1 Woche und Montag geschl. – **M** a la carte 39/60.

In Bad Honnef-Rhöndorf N : 1,5 km :

🏨 **Bellevue - Die Rheinterrassen**, Karl-Broel-Str. 43, ℰ 30 11, Telex 8869551, Fax 303▮▮
⪕ Rhein und Drachenfels, 🍽 – 🕴 📺 ❻ – 🔏 25/180. 🆎
M a la carte 42/75 – **85 Z : 150 B** 139/245 - 160/340 Fb – 12 Appart. 490/590.

🏛 **Ristorante Caesareo**, Rhöndorfer Str. 39, ℰ 7 56 39, 🍽 – 🆎 ⓞ 🎫 𝓥𝓘𝓢𝓐
Montag geschl. – **M** (Tischbestellung ratsam) a la carte 40/73.

In Windhagen-Rederscheid 5469 SO : 10 km :

Dorint Sporthotel Waldbrunnen ⟨⟩, Brunnenstr. 7, ℰ (02645) 1 50, Telex 863020, Fax 15548, 龠, Massage, 龠, ⏃ (geheizt), 🔲, 🎾 (Halle), 🐎, 🐎 (Halle) − 🛗 🍽 Rest 📺 🔲 🚗
𝔾 − 🛁 25/180. 🔳 🔳 **VISA**
M a la carte 48/66 − **118 Z : 204 B** 170/195 - 240/270 Fb − 8 Appart. 330/450.

HONRATH Nordrhein-Westfalen siehe Lohmar.

HOOKSIEL Niedersachsen siehe Wangerland.

HOPSTEN 4447. Nordrhein-Westfalen − 6 400 Ew − Höhe 43 m − ✪ 05458.
♦Düsseldorf 197 − Lingen 26 − ♦Osnabrück 39 − Rheine 16.

🏚 **Kiepenkerl**, Ibbenbürener Str. 2, ℰ 2 34 − 🚗 𝔾. **E**
⟵ **M** *(Dienstag geschl.)* a la carte 17/36 − **11 Z : 17 B** 25/30 - 50/60.

🍴 **Kerssen-Brons** mit Zim, Marktplatz 1, ℰ 70 06 − 🚗 𝔾. **E**. 🎾
⟵ 2.- 20. Nov. geschl. − **M** *(Donnerstag 14 Uhr - Freitag geschl.)* a la carte 20/46 − **10 Z : 14 B** 28/33 - 60/66.

HORB 7240. Baden-Württemberg 🔳🔳🔳 J 21. 🔳🔳🔳 ⑨ − 20 000 Ew − Höhe 423 m − ✪ 07451.
🄑 Verkehrsbüro, Rathaus, Marktplatz 8, ℰ 36 11.
♦Stuttgart 63 − Freudenstadt 24 − Tübingen 36.

🍴🍴 **Schillerstuben**, Schillerstr. 19, ℰ 82 22, 龠 − 🔳 🔳 **E** **VISA**
25. Nov.- 8. Dez., Sonntag ab 14 Uhr und Samstag geschl. − **M** a la carte 25/57.

In Horb-Hohenberg N : 1 km :

🏚 Steiglehof (ehemaliger Gutshof), Steigle 35, ℰ 24 18 − 𝔾 − **13 Z : 20 B**.

In Horb-Isenburg S : 3 km :

🏚 **Waldeck** ⟨⟩, Mühlsteige 33, ℰ 38 80 − 🛗 🚗 𝔾. 🔳 **E** **VISA**
⟵ Juli - Aug. 2 Wochen und Ende Dez.- Anfang Jan. geschl. − **M** *(Montag geschl.)* a la carte 21/44 🍷 − **23 Z : 45 B** 35/65 - 58/120 Fb.

Schloß Weitenburg siehe unter : *Starzach*

HORBEN 7801. Baden-Württemberg 🔳🔳🔳 G 23, 🔳🔳 ⑧, 🔳🔳🔳 ⑨ − 850 Ew − Höhe 600 m − ✪ 0761 (Freiburg im Breisgau).
♦Stuttgart 216 − ♦Freiburg im Breisgau 10.

In Horben-Langackern :

🏨 **Luisenhöhe** ⟨⟩, ℰ 2 91 61, Fax 290448, ≼ Schauinsland und Schwarzwald, « Gartenterrasse », 龠, 🔲, 🌳, 🎾, Fahrradverleih − 🛗 📺 ☎ 🚗 𝔾 − 🛁 40. 🔳 🔳 **E** **VISA**
M a la carte 36/63 − **47 Z : 65 B** 90/120 - 140/170 Fb − 4 Appart. 200 − ½ P 100/150.

🏚 **Engel** ⟨⟩, ℰ 2 91 11, Fax 290627, ≼, « Gartenterrasse », 🌳 − ☎ 🚗 𝔾. 🔳 🔳 **E** **VISA**
M *(Montag und Jan. 3 Wochen geschl.)* a la carte 29/55 − **24 Z : 38 B** 40/75 - 80/120 Fb − ½ P 61/100.

HORBRUCH Rheinland-Pfalz siehe Morbach.

HORGAU Bayern siehe Adelsried.

HORHAUSEN 5453. Rheinland-Pfalz − 1 400 Ew − Höhe 365 m − ✪ 02687.
🄑 Verkehrsverein, Rheinstraße (Raiffeisenbank), ℰ 14 27.
Mainz 111 − ♦Bonn 52 − ♦Köln 68 − ♦Koblenz 37 − Limburg an der Lahn 52.

🏚 **Grenzbachmühle** ⟨⟩, Grenzbachstr. 17 (O : 1,5 km), ℰ 10 83, 龠, Damwildgehege, 🌳 − 🚗 𝔾
Mitte Nov.- Mitte Dez. geschl. − **M** *(Dienstag geschl.)* a la carte 29/63 − **15 Z : 28 B** 42 - 84 − ½ P 46.

HORN-BAD MEINBERG 4934. Nordrhein-Westfalen 🔳🔳🔳 ⑮ − 17 000 Ew − Höhe 220 m − ✪ 05234.
Ausflugsziel : Externsteine* SW : 2 km.
🄑 Städt. Verkehrsamt in Horn, Rathausplatz 2, ℰ 20 12 62.
🄑 Verkehrsbüro in Bad Meinberg, Parkstraße, ℰ 9 89 03.
Düsseldorf 197 − Detmold 10 − ♦Hannover 85 − Paderborn 27.

Im Stadtteil Horn :

🏚 **Garre**, Bahnhofstr. 55 (B 1), ℰ 33 38 − 𝔾
18. Juni - 12. Juli und 23. Dez.- 12. Jan. geschl. − **M** *(Samstag bis 17 Uhr und Sonntag geschl.)* a la carte 24/45 − **8 Z : 13 B** 45/50 - 80/90.

Im Stadtteil Bad Meinberg – Heilbad :

🏨 **Kurhotel Parkblick** ♦, Parkstr. 63, ℘ 90 90, Bade- und Massageabteilung, ♨, ≘s, 🔲
– 🔁 📺 ৬ ⇔ – 🔏 25/90. 🖭 ⊙ E 𝘝𝘚𝘈
M a la carte 26/49 – **Gourmet-Restaurant M** a la carte 44/69 – **78 Z : 108 B** 85/100 - 135/155
Fb – 4 Appart. 195/240 – ½ P 88/120.

🏨 **Kurhaus zum Stern** ♦, Parkstr. 15, ℘ 90 50, Telex 935685, direkter Zugang zum
Kurmittelhaus, ≘s – 🔁 📺 ৬ ⇔ – 🔏 25/200. 🖭 ⊙ E 𝘝𝘚𝘈
M a la carte 27/63 – **128 Z : 205 B** 55/105 - 95/230 Fb.

🏨 **Teutonia**, Allee 19, ℘ 9 88 66, ≘s – 🔁 📺 ☎. ⊙ E 𝘝𝘚𝘈
Menu a la carte 29/65 – **18 Z : 27 B** 51/63 - 102/126 Fb – ½ P 65/85.

🏠 **Gästehaus Mönnich** garni, Brunnenstr. 55, ℘ 9 88 45, « Private Fotogalerie, Garten »,
🌼 – ℗. 🐾
13 Z : 16 B 54/65 - 115/120.

🏠 **Schauinsland**, Pyrmonter Str. 51 (B 239), ℘ 97 22, ≼, « Gartenterrasse », ≘s – ℗
↦ **M** a la carte 18/41 – **12 Z : 19 B** 40/45 - 70/80.

🏠 **Lindenhof**, Allee 16, ℘ 9 88 11 – ℗
2. Jan.- 15. Feb. geschl. – **M** (Freitag ab 14 Uhr geschl.) 14/25 (mittags) und a la carte 25/45
– **18 Z : 22 B** 40 - 80 – ½ P 55.

🏠 **Stille's Gästehaus** ♦ garni, Am Ehrenmal 2, ℘ 9 89 82
15 Z : 21 B 38/42 - 76/84.

Im Stadtteil Billerbeck :

🏨 **Zur Linde**, Steinheimer Str. 219, ℘ (05233) 52 89, ≘s, 🔲, 🌼 – 🔁 ☎ ℗ – 🔏 25/150. E
8.- 25. Jan. geschl. – **M** (Dienstag geschl.) a la carte 30/45 – **45 Z : 88 B** 50 - 95 Fb –
½ P 65.

Im Stadtteil Holzhausen-Externsteine – Luftkurort :

🏨 **Kurhotel Bärenstein** ♦, Am Bärenstein 44, ℘ 20 90, Bade- und Massageabteilung, ♨,
≘s, 🌼, ⚓ – 🔁 📺 ☎ ℗. 🐾 Zim
25. Nov.- 26. Dez. geschl. – **M** (Montag geschl.) a la carte 27/39 – **76 Z : 98 B** 54/81 -
110/156 Fb.

🏠 **Lindenhof**, Stemberg 2, ℘ 23 47, 🌼 – ☎ ⇔ ℗ – 🔏 25/100. 🖭 ⊙ E 𝘝𝘚𝘈
M (10.- 31. Jan. geschl.) a la carte 23/44 – **16 Z : 26 B** 35/45 - 70/80.

Im Stadtteil Leopoldstal :

🏨 **Feriengut Rothensiek** ♦, Rothensieker Weg 50, ℘ 2 00 70, Caféterrasse, 🌼 – 📺
℗. 🐾
(Restaurant nur für Hausgäste) – **14 Z : 28 B** 68/81 - 116/162 – 13 Fewo 68/113 – ½ P 83/106.

🏠 **Waldhotel Silbermühle** ♦, Neuer Teich 57, ℘ 22 22, ≼, 🏛, 🌼 – ℗
10 Z : 20 B.

HORNBERG (Schwarzwaldbahn) 7746. Baden-Württemberg 🐴🐴🐴 H 22, 🔟🔟🔟 ⑤ – 4 700 Ew –
Höhe 400 m – Erholungsort – ✪ 07833.

🛈 Städt. Verkehrsamt, Bahnhofstr. 3, ℘ 60 72.

♦Stuttgart 132 – ♦Freiburg im Breisgau 50 – Offenburg 45 – Villingen-Schwenningen 34.

🏨 **Adler**, Hauptstr. 66, ℘ 3 67 – 🔁 ☎. 🖭 ⊙ E 𝘝𝘚𝘈
8. Jan.- 6. Feb. geschl. – **M** (Freitag geschl.) a la carte 24/64 ৬ – **26 Z : 48 B** 35/45 - 64/90
– ½ P 52/58.

🏠 **Schloß Hornberg** ♦, Auf dem Schloßberg 1, ℘ 68 41, ≼ Hornberg und Gutachtal, 🏛
– ☎ ℗ – 🔏 40. 🖭 ⊙ E 𝘝𝘚𝘈
15. Dez.- Jan. geschl. – **M** (Montag - Dienstag geschl.) a la carte 36/49 – **39 Z : 97 B** 65/85
- 90/120 Fb – ½ P 65/105.

Am Karlstein SW : 9 km, über Niederwasser – Höhe 969 m :

🏠 **Zur schönen Aussicht** ♦, ✉ 7746 Hornberg 2, ℘ (07833) 2 90, ≼, 🏛, ≘s, 🔲, 🌼
Fahrrad- und Skiverleih, ⚓ – 🔁 📺 ⇔ ℗. 🖭 ⊙ E 𝘝𝘚𝘈
24. März - 1. April und 1.- 20. Dez. geschl. – **M** a la carte 28/56 – **22 Z : 44 B** 55/58 - 100/110
Fb – ½ P 72/76.

HORRENBERG Baden-Württemberg siehe Dielheim.

HORSTMAR 4435. Nordrhein-Westfalen 🔟🔟🔟 ⑭ – 6 400 Ew – Höhe 88 m – ✪ 02558.

♦Düsseldorf 123 – Enschede 42 – Münster (Westfalen) 28 – ♦Osnabrück 77.

In Horstmar-Leer N: 5 km:

🏨 **Horstmann**, Dorfstr. 9, ℘ (02551) 51 26 – ⇔ ℗
↦ **M** a la carte 17/41 – **10 Z : 12 B** 30 - 55/60.

HORUMERSIEL Niedersachsen siehe Wangerland.

[HOYERSWEGE] Niedersachsen siehe Ganderkesee.

[HUDE] **2872.** Niedersachsen [987] ⑭ – 12 400 Ew – Höhe 15 m – Erholungsort – ☏ 04408.
♦Hannover 152 – ♦Bremen 36 – ♦Oldenburg 20.

🏠 **Burgdorf's Gaststätte**, Hohe Str. 21, ✆ 18 37, ☂ – Ⓟ. [AE] [D] [E]
⟡ **M** a la carte 20/40 – **10 Z : 20 B** 38 - 68.

XX **Klosterschänke** 🌿 mit Zim, An der Klosterruine, ✆ 77 77, ☂ – [TV] ☎ Ⓟ. [AE] [D] [E] [VISA]
M a la carte 28/51 – **9 Z : 15 B** 48 - 78.

[HÜCKELHOVEN] **5142.** Nordrhein-Westfalen – 35 500 Ew – Höhe 84 m – ☏ 02433.
♦Düsseldorf 58 – ♦Aachen 38 – ♦Köln 75.

In Hückelhoven-Ratheim W : 2,5 km :

🏨 **Ohof**, Burgstr. 48, ✆ 50 91 (Hotel) 50 92 (Rest.) – [TV] ☎ Ⓟ. [AE] [D] [E] [VISA]. ✂ Zim
M 20/40 (mittags) und a la carte 39/72 – **31 Z : 54 B** 45/70 - 80/130 Fb.

[HÜCKESWAGEN] **5609.** Nordrhein-Westfalen [987] ㉔ – 15 000 Ew – Höhe 258 m – ☏ 02192.
[i] Verkehrsbüro (Reisebüro Schmidt), Islandstr. 22, ✆ 27 64.
♦Düsseldorf 61 – ♦Köln 44 – Lüdenscheid 27 – Remscheid 14.

XX **Rats-Stuben**, Marktstr. 4, ✆ 73 81 – ✂
Samstag bis 18 Uhr und Sonntag sowie Juni - Juli 3 Wochen geschl. – **M** a la carte 28/59.

In Hückeswagen-Kleineichen SO : 1 km :

XX **Kleineichen**, Bevertalstr. 44, ✆ 43 75, ☂ – Ⓟ
Montag geschl. – **M** 17/32 (mittags) und a la carte 28/53.

[HÜDE] Nordrhein-Westfalen siehe Lemförde.

[HÜFINGEN] **7713.** Baden-Württemberg [413] I 23, [987] ㉟, [427] ⑥ – 6 200 Ew – Höhe 686 m – ☏ 0771 (Donaueschingen).
♦Stuttgart 126 – Donaueschingen 3 – ♦Freiburg im Breisgau 59 – Schaffhausen 38.

🏨 Frank, Bahnhofstr. 3, ✆ 6 12 81 – ☎ 🚗 Ⓟ – **10 Z : 17 B.**

In Hüfingen 3 - Behla SO : 5 km :

🏠 **Landgasthof Kranz**, Römerstr. 18 (B 27), ✆ 6 10 66 – ☎ Ⓟ. [E]
8.- 31. Jan. geschl. – **M** *(Okt.- April Freitag geschl.)* a la carte 23/39 🍷 – **10 Z : 20 B** 35 - 70 Fb (Gästehaus mit 20 Z ab Sommer 1990).

In Hüfingen 3-Fürstenberg SO : 9,5 km :

🏠 Rössle, Zähringer Str. 12, ✆ 6 19 22 – Ⓟ
5 Z : 10 B.

[HÜGELSHEIM] **7571.** Baden-Württemberg [413] H 20, [242] ⑯, [87] ③ – 1 600 Ew – Höhe 121 m – ☏ 07229.
♦Stuttgart 108 – Baden-Baden 14 – Rastatt 10 – Strasbourg 43.

🏨 **Hirsch**, Hauptstr. 28 (B 36), ✆ 22 55 (Hotel) 42 55 (Rest.), 🏊, 🌳 – [lift] Ⓟ. [E]
M *(Aug.- März Mittwoch und Feb. geschl.)* a la carte 28/50 – **28 Z : 50 B** 48/70 - 96/126 Fb (Anbau mit ♨ [🏊] ab Sommer 1990).

🏨 **Zum Schwan**, Hauptstr. 45 (B 36), ✆ 22 07, 🌳 – ☎ 🚗 Ⓟ. [D]
M *(Montag geschl.)* a la carte 33/58 – **21 Z : 40 B** 48/55 - 75/85.

[HÜLPERODE] Niedersachsen siehe Braunschweig.

[HÜLZWEILER] Saarland siehe Schwalbach.

[HÜNFELD] **6418.** Hessen [987] ㉕ – 14 300 Ew – Höhe 279 m – ☏ 06652.
♦Wiesbaden 179 – Fulda 19 – Bad Hersfeld 27 – ♦Kassel 102.

🏠 **Jägerhof**, Niedertor 9 (B 84), ✆ 22 37 – 🚗 Ⓟ
⟡ *April 3 Wochen und 24. Dez.- Anfang Jan. geschl.* – **M** *(Sonntag, Nov.- Mai Samstag - Sonntag geschl.)* a la carte 17/35 – **27 Z : 49 B** 30/37 - 72/74.

In Hünfeld-Michelsrombach W : 7 km :

🏠 **Zum Stern**, Biebergasse, ✆ 25 75, ♨ – 🚗 Ⓟ
⟡ **M** a la carte 20/32 – **19 Z : 41 B** 35 - 56 – ½ P 45.

[HÜNSTETTEN] **6274.** Hessen [413] H 16 – 8 350 Ew – Höhe 301 m – ☏ 06126 (Idstein).
Wiesbaden 29 – Limburg an der Lahn 20.

In Hünstetten-Bechtheim :

XX **Rosi's Restaurant**, Am Birnbusch 17, ✆ (06438) 21 26, ☂ – Ⓟ
1.- 22. Jan. und Dienstag - Mittwoch 18 Uhr geschl. – Menu a la carte 28/59.

HÜRTGENWALD 5165. Nordrhein-Westfalen — 7 500 Ew — Höhe 325 m — ⊕ 02429.
♦Düsseldorf 88 — ♦Aachen 41 — ♦Bonn 70 — Düren 8,5 — Monschau 35.

In Hürtgenwald-Simonskall :

🏨 **Haus Kallbach** ⌕, ℰ 12 74, Fax 2069, 🍴, ⚏, 🔲, 🖭 — 🛗 ☎ 🅿 — 🔬 25/80. ⓸ ⧁ 𝘝𝘐𝘚𝘈
M a la carte 27/59 — **28 Z : 50 B** 70/80 - 110/140 Fb.

🏠 **Wiesengrund** ⌕, Hauptstr. 12, ℰ 21 13, 🍴 — 🛗 🅿 — 🔬
19 Z : 32 B.

In Hürtgenwald-Vossenack :

🏨 **Zum alten Forsthaus**, Germeter Str. 49, ℰ 78 22, Fax 2104, ⚏, 🔲, 🖭, Fahrrad- und
Skiverleih — ☎ ⇦ 🅿 — 🔬 25/80. ⧁ ⧁
M a la carte 32/56 — **27 Z : 48 B** 66/85 - 117/132 Fb.

HÜTTENFELD Hessen siehe Lampertheim.

HÜTTERSDORF Saarland siehe Schmelz.

HÜTZEL Niedersachsen siehe Bispingen.

HUMMELFELD Schleswig-Holstein siehe Fleckeby.

HUNDSBACH Baden-Württemberg siehe Forbach.

HUNGEN 6303. Hessen 🐙🐠 J 15 — 11 800 Ew — Höhe 145 m — ⊕ 06402.
♦Wiesbaden 82 — ♦Frankfurt am Main 53 — Gießen 21.

🏠 **Quellenhof**, Gießener Str. 37 (B 457), ℰ 70 11, ⚏, 🔲 (Gebühr) — ☎ 🅿 — 🔬 40. ⧁ ⧁
⧁ 𝘝𝘐𝘚𝘈
M a la carte 24/53 — **32 Z : 60 B** 70/75 - 110/120 Fb.

HUSSENHOFEN Baden-Württemberg siehe Schwäbisch Gmünd.

HUSUM 2250. Schleswig-Holstein 🐙🐠🐡 ⑤ — 22 000 Ew — Höhe 5 m — ⊕ 04841.
Sehenswert : Nordfriesisches Museum★.
Ausflugsziel : Die Halligen★ (per Schiff).
🅸 Touristinformation, Großstr. 25, ℰ 66 61 33.
♦Kiel 84 — Flensburg 42 — Heide 40 — Schleswig 34.

🏨 **Nordseehotel Husum** ⌕, Am Seedeich, ℰ 50 22, ≤ Wattenmeer und Schiffahrt, ⚏,
🔲, Fahrradverleih — 🛗 🖵 ☎ ⇦ 🅿 — 🔬 30. ⧁ ⧁ ⧁ 𝘝𝘐𝘚𝘈
M a la carte 30/61 — **21 Z : 35 B** 79/140 - 110/175 Fb.

🏨 **Hotel am Schloßpark** ⌕ garni, Hinter der Neustadt 76, ℰ 20 22, Fax 62062, ⚏, 🖭 —
🖵 ☎ ⇦ 🅿. ⧁ ⧁ ⧁ 𝘝𝘐𝘚𝘈
36 Z : 61 B 68/75 - 98/110 Fb.

🏨 **Obsen's Hotel**, Hafenstr. 3, ℰ 20 41 — 🛗 🖵 ☎ ⇦ 🅿
17 Z : 40 B.

🏨 **Hinrichsen** garni, Süderstr. 35, ℰ 50 51, ⚏ — 🖵 ☎ 🅿
44 Z : 85 B Fb — 3 Fewo.

🏨 **Thomas-Hotel**, Am Zingel 9, ℰ 60 87 — 🛗 🖵 ☎ 🅿 — 🔬 40. ⧁ ⧁ ⧁ 𝘝𝘐𝘚𝘈
M a la carte 24/52 — **36 Z : 58 B** 69/120 - 120/150 Fb.

🏠 **Rosenburg**, Schleswiger Chaussee 65 (B 201), ℰ 7 23 08, 🍴, 🖭 — ⇦ 🅿. ⧁ ⧁ ⧁ 𝘝𝘐𝘚𝘈
M a la carte 30/66 — **16 Z : 32 B** 55 - 98 Fb.

🏠 **Zur grauen Stadt am Meer**, Schiffbrücke 9, ℰ 22 36 — 🖵 ☎ ⇦. ⧁ ⧁ ⧁
15. Jan.- 15. Feb. geschl. — **M** a la carte 25/56 — **23 Z : 35 B** 40/70 - 80/120 Fb.

🏠 **Osterkrug**, Osterende 56, ℰ 28 85, ⚏ — 🅿. ⧁ ⧁ ⧁ 𝘝𝘐𝘚𝘈
M a la carte 24/55 — **27 Z : 51 B** 45 - 90.

🏠 **Wohlert** garni, Markt 30, ℰ 22 29 — 🖵 ⇦
10 Z : 20 B 40/55 - 75/110.

In Simonsberger Koog 2251 SW : 7 km :

🏨 **Lundenbergsand** ⌕, Lundenbergweg 3, ℰ (04841) 43 57, 🍴, 🖭 — 🅿. ⧁ ⧁ ⧁. 🏊
M (Montag und 8. Jan.- 5. Feb. geschl.) a la carte 31/53 — **17 Z : 33 B** 80/90 - 140 Fb.

In Witzwort-Adolfskoog 2251 SW : 10 km, über die B 5 :

✕✕ Roter Haubarg, ℰ (04864) 8 45, 🍴, « Renovierter nordfriesischer Bauernhof a.d. 18. Jh. »
— 🅿.

In Hattstedter Marsch 2251 NW : 12 km - 9 km über die B 5, dann rechts ab :

🏠 **Arlauschleuse** ⌕ (Urlaubshotel in Marschlandschaft und Vogelschutzgebiet)
ℰ (04846) 3 66, 🍴, 🖭 — ☎ 🅿
Nov. geschl. — **M** (Dez.- Feb. Dienstag geschl.) a la carte 30/57 — **29 Z : 60 B** 49/59 - 80
96 Fb — ½ P 53/65.

HUZENBACH Baden-Württemberg siehe Baiersbronn.

IBACH 7822. Baden-Württemberg **413** H 23. **216** ⑥ — 360 Ew — Höhe 1 000 m — Erholungsort — Wintersport : 1 000/1 100 m ≰1 ≰2 — ✿ 07672 (St. Blasien).

♦Stuttgart 195 — Basel 59 — ♦Freiburg im Breisgau 56 — Zürich 79.

In Ibach-Mutterslehen N : 6 km :

🏠 **Schwarzwaldgasthof Hirschen**, Hauptstraße, ℰ 8 66, ≤, 🏤, 🖘, 🐴 — 📺 ☎ ℗
   M *(Dienstag geschl.)* a la carte 23/53 — **15 Z : 30 B** 58/63 - 90/100.

IBBENBÜREN 4530. Nordrhein-Westfalen **987** ⑭ — 44 800 Ew — Höhe 79 m — ✿ 05451.

🛈 Tourist-Information, Pavillon am Bahnhof, ℰ 5 37 77.

♦Düsseldorf 173 — ♦Bremen 143 — ♦Osnabrück 30 — Rheine 22.

🏨 **Leischulte**, Rheiner Str. 10 (B 65), ℰ 40 88, Fax 1080, 🖘, 🖳 — 🛗 📺 ☎ 🖘 ℗ — 🛴 40.
   AE ⑩ **E** **VISA**
   M a la carte 30/61 — **41 Z : 60 B** 48/70 - 115/125 Fb.

🏠 **Hubertushof**, Münsterstr. 222 (B 219, S : 2,5 km), ℰ 34 10, 🏤 — 📺 ☎ 🖘 ℗. ⑩
   20. Dez.- 20. Jan. geschl. — **M** *(Dienstag geschl.)* a la carte 24/56 — **17 Z : 27 B** 55/80 - 90/120 — ½ P 60/80.

🏠 **Brügge**, Münsterstr. 201 (B 219), ℰ 1 30 98, 🏤 — ℗
   M *(Montag geschl.)* a la carte 22/50 — **16 Z : 23 B** 49/60 - 84.

IBURG, BAD 4505. Niedersachsen **987** ⑭ — 9 700 Ew — Höhe 140 m — Kneippheilbad — ✿ 05403.

🛈 Kurverwaltung, Philipp-Sigismund-Allee 4, ℰ 40 16 12.

♦Hannover 147 — Bielefeld 43 — Münster (Westfalen) 43 — ♦Osnabrück 16.

🏨 **Hotel im Kurpark** 🐾, Philipp-Sigismund-Allee 4, ℰ 40 11, Fax 40433, « Gartenterrasse », direkter Zugang zum Kurmittelhaus — 🛗 ☎ ℗ — 🛴 25/300. ⑩ **E**
   M 17/30 (mittags) und a la carte 32/53 — **48 Z : 74 B** 80/109 - 130/150 Fb — ½ P 85/129.

🏨 Waldhotel Felsenkeller, Charlottenburger Ring 46 (B 51), ℰ 8 25, « Gartenterrasse, Wildgehege » — 🛗 ☎ 🖘 ℗ — 🛴 — **32 Z : 56 B** Fb.

🏠 **Altes Gasthaus Fischer-Eymann**, Schloßstr. 1, ℰ 3 11, 🐴 — 📺 🖘 ℗. **E**
➤ **M** *(Nov.- März Mittwoch geschl.)* a la carte 16/43 — **14 Z : 24 B** 35/40 - 70/76 — ½ P 44/46.

ICHENHAUSEN Bayern siehe Günzburg.

IDAR-OBERSTEIN 6580. Rheinland-Pfalz **987** ㉔ — 38 000 Ew — Höhe 260 m — ✿ 06781.

Sehenswert : Edelsteinmuseum★★ — Lage★ — ≤★ von der Wasenstraße (in Oberstein).

Ausflugsziel : Felsenkirche★ 10 min zu Fuß (ab Marktplatz Oberstein).

🛈 Städt. Verkehrsamt, Bahnhofstr. 13 (Nahe-Center), ℰ 2 70 25, Telex 426211.

ADAC, Mainzer Str. 79, ℰ 4 39 22.

Mainz 92 — Bad Kreuznach 49 — ♦Saarbrücken 79 — ♦Trier 75.

Im Stadtteil Idar :

🏨 **Merian-Hotel** garni, Mainzer Str. 34, ℰ 40 10, Telex 426262, Fax 401354, ≤ — 🛗 📺 ☎ 🕭 — 🛴 25/80. **AE** ⑩ **E** **VISA**
   106 Z : 212 B 89/120 - 124/155 Fb.

🏠 **Zum Schwan**, Hauptstr. 25, ℰ 4 30 81 — ☎ 🖘. **AE** ⑩ **E** **VISA**
   M 21/46 (mittags) und a la carte 38/65 — **21 Z : 32 B** 45/75 - 75/120 Fb.

Im Stadtteil Oberstein :

🏨 **City-Hotel** garni, Otto-Decker-Str. 15, ℰ 2 20 62 — 📺 ☎. **AE** ⑩ **E** **VISA**
   22. Dez.- 9. Jan. geschl. — **14 Z : 24 B** 70/75 - 110/125.

🏠 **Edelstein-Hotel** garni, Hauptstr. 302, ℰ 2 30 58, Massage, 🖘, 🖳 — ℗. ⑩ **E** **VISA**
   15. Dez.- 15. Jan. geschl. — **16 Z : 34 B** 60 - 100/120.

In Idar-Oberstein 3-Tiefenstein NW : 3,5 km ab Idar :

🏨 Handelshof, Tiefensteiner Str. 235 (B 422), ℰ 3 10 11, 🏤 — 📺 ☎ 🖘 ℗
   18 Z : 26 B Fb.

In Idar-Oberstein 25 - Weierbach NO : 8,5 km :

🍴 **Hosser**, Weierbacher Str. 70, ℰ (06784) 2 21, 🖘, 🐴 — 🖘 ℗. **E**
   M *(Freitag geschl.)* a la carte 22/39 — **15 Z : 29 B** 30/45 - 60/80.

🍴 **Rieth**, Weierbacher Str. 13, ℰ (06784) 3 96 — ℗
➤ **M** *(Sonntag bis 18 Uhr geschl.)* a la carte 18/30 — **9 Z : 12 B** 26/30 - 52/60.

In Kirschweiler 6580 NW : 7 km ab Idar :

🏠 **Waldhotel** 🐾, Mühlwiesenstr. 12, ℰ (06781) 3 38 62, 🏤 — ☎ ℗
   M *(nur Abendessen)* a la carte 27/44 — **22 Z : 33 B** 45/54 - 70/90.

XX **Kirschweiler Brücke**, Kirschweiler Brücke 2, ℰ (06781) 3 33 83 — ℗. 🍽
   Mittwoch geschl. — **M** a la carte 27/46.

In Allenbach **6581**   NW : 13 km ab Idar :

🏠 **Steuer**, Hauptstr. 10, 🏖 (06786) 20 89, 🛆, 🍴, Edelsteinschleiferei, Fahrradverleih — 🅿.
🔁 🕦 **E**
M a la carte 19/43 — **17 Z : 36 B** 30/40 - 52/70.

In Veitsrodt   N : 4 km ab Idar :

🏠 **Sonnenhof**, Hauptstr. 16a, 🏖 (06781) 3 10 38, 🛆, 🔳, 🍴 — 🛁 🕿 🚗 🅿. 𝘝𝘐𝘚𝘈
M *(Mittwoch und 10. Jan.- 1. Feb. geschl.)* a la carte 28/55 🍴 — **27 Z : 41 B** 49/65 - 90/100 Fb.

IDSTEIN **6270.** Hessen **413** H 16, **987** ㉔ — 21 000 Ew — Höhe 266 m — ✪ 06126.
🛈 Fremdenverkehrsamt, König-Adolf-Platz (Killingerhaus), 🏖 7 82 15.
◆Wiesbaden 21 — ◆Frankfurt am Main 50 — Limburg an der Lahn 28.

🏠 **Felsenkeller**, Schulgasse 1, 🏖 33 51 — 🚗
16 Z : 25 B.

✗ **Zum Tal** mit Zim, Marktplatz 4, 🏖 30 67, 🍴 — 🅿
Juli - Aug. 3 Wochen geschl. — **M** *(wochentags nur Abendessen, Donnerstag geschl.)* a la carte 32/58 — **13 Z : 26 B** 60 - 90.

✗ **Zur Peif**, Himmelsgasse 2, 🏖 5 73 57 — **E** 𝘝𝘐𝘚𝘈
nur Abendessen, Mittwoch geschl. — **M** a la carte 26/52.

IFFELDORF **8127.** Bayern **413** Q 23 — 1 900 Ew — Höhe 603 m — ✪ 08856.
🛆 Iffeldorf-Eurach (NO : 2 km), 🏖(08801) 13 32 ; 🛆 Beuerberg, Gut Sterz (NO : 12 km), 🏖 (08179) 6 17.
🛈 Verkehrsverein, Hofmark 9, 🏖 37 46.
◆ München 52 — Garmisch-Partenkirchen 42 — Weilheim 22.

🏨 **Landgasthof Osterseen** 🏖, Hofmark 9, 🏖 10 11, « Terrasse mit ≤ Osterseen », Massage, 🛆 — 📺 🕿 🚗 — 🛐 25/60. 🝘 🕦 **E** 𝘝𝘐𝘚𝘈
M *(Dienstag geschl.)* a la carte 27/53 — **24 Z : 48 B** 98/128 - 158/188 Fb.

IGEL Rheinland-Pfalz siehe Trier.

IHRINGEN **7817.** Baden-Württemberg **413** F 22, **242** ㉘, **87** ⑦ — 4 600 Ew — Höhe 225 m — ✪ 07668.
◆Stuttgart 204 — Colmar 29 — ◆Freiburg im Breisgau 21.

🏨 **Bräutigam's Weinstuben**, Bahnhofstr. 1, 🏖 2 10, « Gartenterrasse » — 📺 🕿 🅿 — 🛐 25. 🝘 🕦 **E** 𝘝𝘐𝘚𝘈. 🍴 Zim
Feb. 2 Wochen geschl. — **M** *(Mittwoch geschl.)* a la carte 26/56 🍴 — **23 Z : 37 B** 60/70 - 90/110 Fb — ½ P 70/95.

🏠 **Winzerstube**, Wasenweiler Str. 36, 🏖 50 51, 🍴 — 🕿 🅿. 🝘 🕦 **E** 𝘝𝘐𝘚𝘈
20.- 28. Feb. geschl. — **M** *(Montag geschl.)* a la carte 29/66 — **16 Z : 22 B** 45/55 - 90/98.

🍱 **Goldener Engel** (mit 🏨 Gästehaus), Bachenstr. 27, 🏖 50 28 — 🕿 🅿
M a la carte 24/39 🍴 — **26 Z : 52 B** 40/65 - 65/90 — ½ P 51/79.

ILLERTISSEN **7918.** Bayern **413** N 22, **987** ㊵, **426** ⑮ — 13 100 Ew — Höhe 513 m — ✪ 07303.
◆München 151 — Bregenz 106 — Kempten 66 — ◆Ulm (Donau) 27.

🏨 **Am Schloß** 🏖, Lindenweg 6, 🏖 30 40, 🍴, 🛆, 🍴 — 📺 🕿 🚗 🅿. **E**
23. Dez.- 6. Jan. geschl. — **M** *(nur Abendessen, Samstag geschl.)* a la carte 29/52 — **17 Z : 34 B** 70/95 - 100/120.

🏠 **Bahnhof-Hotel Vogt**, Bahnhofstr. 11, 🏖 60 01 — 📺 🕿 🚗 🅿. **E**
M *(Samstag und 20. Aug.- 10. Sept. geschl.)* a la carte 22/46 🍴 — **28 Z : 50 B** 50 - 100.

✗✗ **Krone**, Auf der Spöck 2, 🏖 34 01 — 🅿
Mittwoch und Aug.- Sept. 2 Wochen geschl. — Menu a la carte 34/67.

In Illertissen-Dornweiler :

✗✗ **Dornweiler Hof**, Dietenheimer Str. 91, 🏖 27 81, 🍴 — 🅿. 🝘 **E**
Dienstag und 6.- 24. Jan. geschl. — Menu a la carte 31/50.

ILLINGEN **7132.** Baden-Württemberg **413** J 20, **987** ㉔ — 6 550 Ew — Höhe 235 m — ✪ 07042 (Vaihingen a.d.E.).
◆Stuttgart 34 — Heilbronn 59 — ◆Karlsruhe 53 — Pforzheim 18.

🏠 **Lamm**, Vaihinger Str. 19, 🏖 29 38 — 🅿
36 Z : 60 B.

ILLSCHWANG **8451.** Bayern **413** S 18 — 1 500 Ew — Höhe 500 m — ✪ 09666.
◆München 202 — Amberg 16 — ◆Nürnberg 49.

🏠 **Weißes Roß** 🏖, Am Kirchberg 1, 🏖 2 23, 🍴 — 🛁 🕿 🅿 — 🛐 25/100
M *(Montag geschl.)* a la carte 25/55 — **29 Z : 55 B** 40/50 - 76/100.

ILSEDE Niedersachsen siehe Peine.

ILSFELD 7129. Baden-Württemberg **GB** K 19. **987** ㉟ — 6 500 Ew — Höhe 252 m — ⊙ 07062 (Beilstein).

◆Stuttgart 40 — Heilbronn 12 — Schwäbisch Hall 45.

  🏠 **Garni** ⬥, Fischerstr. 30, ✐ 6 19 84 — ⬅ ℗
      22. Dez.- 8. Jan. geschl. — **9 Z : 16 B** 36 - 60.

ILSHOFEN 7174. Baden-Württemberg **GB** M 19 — 4 300 Ew — Höhe 441 m — ⊙ 07904.

◆Stuttgart 87 — Crailsheim 13 — Schwäbisch Hall 19.

  🏠 **Post**, Hauptstr. 5, ✐ 10 12/70 30 — ☎ ⬅ ℗ — 🛁 40
  ⬤ *Mitte Juli - Anfang Aug. geschl. —* **M** a la carte 21/45 ♨ — **17 Z : 30 B** 31/45 - 55/80 Fb.

IMMEKEPPEL Nordrhein-Westfalen siehe Overath.

IMMENDINGEN 7717. Baden-Württemberg **GB** J 23. **427** ⑥ — 5 500 Ew — Höhe 658 m — ⊙ 07462.

◆Stuttgart 130 — Donaueschingen 20 — Singen (Hohentwiel) 32.

  🏠 **Kreuz**, Donaustr. 1, ✐ 62 75, ⬤⬥ — ☎ ⬅ ℗. E
  ⬤ *16. Sept.- 8. Okt. geschl. —* **M** *(Montag bis 18 Uhr geschl.)* a la carte 19/31 ♨ — **19 Z : 35 B** 38/42 - 70/74.

IMMENSTAAD AM BODENSEE 7997. Baden-Württemberg **GB** KL 23, 24. **987** ㊴, **427** M 2,3 — 5 900 Ew — Höhe 407 m — Erholungsort — ⊙ 07545.

🅑 Verkehrsamt, Rathaus, Dr.-Zimmermann-Str. 1, ✐ 20 11 10.

◆Stuttgart 199 — Bregenz 39 — ◆Freiburg im Breisgau 152 — Ravensburg 29.

  🏨 **Seehof** ⬥, Bachstr. 15, ✐ 7 84 (Hotel) 21 79 (Rest.), Fax 786, ≤, �, 🐾, 🌴 — 📺 ☎ ℗.
  ⬤ 🅰🅴 E. ❄️ Zim
      Hotel: Jan.- Mitte Feb. geschl. — **M** *(Sept.- Juni Montag und 10. Jan. - 1. März geschl.)* a la carte 17/60 — **34 Z : 55 B** 70/95 - 110/130 — 3 Fewo 90/130.

  🏠 **Strandcafé Heinzler** ⬥, Strandbadstr. 10, ✐ 7 68, ≤, Bootssteg, « Gartenterrasse »,
    ⬤⬥ — 📺 ☎ ℗
      Jan.- Feb. geschl. — **M** *(Nov.- April Mittwoch geschl.)* a la carte 24/55 — **16 Z : 32 B** 80/85 - 125 Fb — 3 Fewo 120.

  🏠 **Hirschen**, Bachstr. 1, ✐ 62 38 — 📺 ⬅
  ⬤ *Anfang Nov.- Mitte Jan. geschl. —* **M** *(Montag geschl.)* a la carte 20/50 — **15 Z : 23 B** 45/50 - 90.

  🏠 **Adler**, Dr.-Zimmermann-Str. 2, ✐ 14 70, ⬤⬥ — ℗
  ⬤ *Dez.- Jan. 4 Wochen geschl. —* **M** *(Nov.- März Donnerstag geschl.)* a la carte 20/40 — **40 Z : 68 B** 40/60 - 70/95.

  🍴 **Krone** ⬥, Wattgraben 3, ✐ 62 39, 🌴 — ℗. ❄️ Zim
  ⬤ *März - Okt. —* **M** *(Donnerstag geschl.)* a la carte 21/34 — **18 Z : 35 B** 50/60 - 90/95 Fb.

  In Immenstaad-Schloß Kirchberg W : 2 km :

  XX **Schloß Kirchberg** mit Zim, an der B 31, ✐ 62 46, 🌴 — ℗ — 🛁 40
      März - Okt. — **M** *(Dienstag geschl.)* a la carte 25/62 — **3 Z : 7 B** 55 - 80/90.

IMMENSTADT IM ALLGÄU 8970. Bayern **GB** N 24. **987** ㊳, **426** ⑮ — 13 000 Ew — Höhe 732 m — Erholungsort — Wintersport : 750/1 450 m ✂10 ⛷12 — ⊙ 08323.

🅑 Verkehrsamt, Marienplatz 3, ✐ 8 04 81.

🅑 Verkehrsamt, Seestr. 5, (Bühl am Alpsee), ✐ 8 04 83.

◆München 148 — Kempten (Allgäu) 23 — Oberstdorf 20.

  🏠 **Hirsch**, Hirschstr. 11, ✐ 62 18 — 🈳 📺 ⬅ ℗ — 🛁 40
  ⬤ **M** a la carte 20/43 ♨ — **30 Z : 50 B** 39/50 - 70/104 — ½ P 57/74.

  🏠 **Lamm**, Kirchplatz 2, ✐ 61 92 — ℗. ❄️
      (nur Abendessen für Hausgäste) — **26 Z : 40 B**.

  XX **Deutsches Haus**, Färberstr. 10, ✐ 89 94 — ℗. 🅰🅴 ⑩ E
  ⬤ *10.- 22. Juni und Mittwoch geschl. —* **M** a la carte 21/50 ♨.

  In Immenstadt - Bühl am Alpsee NW : 3 km — Luftkurort :

  🏨 **Terrassenhotel Rothenfels**, Missener Str. 60, ✐ 40 87, ≤, 🌴, ⬤⬥, 🔲, 🌴 — 🈳 ☎ ⬅
    ℗ — 🛁 25
      Mitte Nov.- Mitte Dez.geschl. — **M** *(Okt.- Mai Donnerstag - Freitag 17 Uhr geschl.)* a la carte 22/55 — **34 Z : 70 B** 63/95 - 106/168 Fb — 3 Appart. 182/200 — ½ P 74/84.

  🏠 **Alpengasthof Bühler Höh**, Lindauer Str. 25, ✐ 5 41, 🌴 — ☎ ⬅ ℗
    19 Z : 36 B.

  In Immenstadt-Knottenried NW : 7 km :

  🏠 **Bergstätter Hof** ⬥, ✐ (08320) 2 87, ≤, 🌴, ⬤⬥, 🔲, 🌴 — ℗
      Nov. geschl. — **M** *(außerhalb der Saison Montag geschl.)* a la carte 25/53 — **27 Z : 51 B** 40/68 - 70/110 — ½ P 54/80.

In Immenstadt-Stein N : 3 km :

🏨 Krone (Gasthof mit 🏛 Anbau), an der B 19, 𝒫 88 54, ㊟, ≘s, 🐎 – 📺 ☎ ⇦ ℗
20 Z : 38 B Fb.

🏨 Eß 🦢 garni, Daumenweg 9, 𝒫 81 04, ≤, 🐎 – ℗. 🌺
14 Z : 22 B 40/52 - 72/96.

In Immenstadt-Thanners NO : 7 km :

🏨 Zur Tanne, an der B 19, 𝒫 (08379) 8 29, ㊟, 🐎 – ☎ ℗
17 Z : 26 B – 8 Fewo.

INGELFINGEN 7118. Baden-Württemberg **413** LM 19 – 5 400 Ew – Höhe 218 m – ✪ 07940 (Künzelsau).

🛈 Verkehrsamt, Rathaus, Schloßstr. 9, 𝒫 40 41.
♦Stuttgart 98 – Heilbronn 56 – Schwäbisch Hall 27 – ♦Würzburg 84.

🏛 Schloßhotel, Schloßstr. 14, 𝒫 60 77, ㊟ – 📺 ☎ ℗ – 🔬 25/80. 🆎 ⓞ ℇ 𝗩𝗜𝗦𝗔
M a la carte 26/71 ⅌ – **25 Z : 50 B** 89/94 - 144/190 Fb.

🏨 Haus Nicklass, Mariannenstr. 47, 𝒫 35 73, ≘s – ℗ – 🔬 25. ℇ
⇥ **M** (Freitag ab 14 Uhr und 20. Dez.- 15. Jan. geschl.) a la carte 20/37 ⅌ – **23 Z : 38 B** 30/45 - 60/75 – 2 Fewo 55/95.

INGELHEIM AM RHEIN 6507. Rheinland-Pfalz – 23 000 Ew – Höhe 120 m – ✪ 06132.
Mainz 18 – Bingen 13 – Bad Kreuznach 25 – ♦Wiesbaden 23.

🏨 Multatuli, Mainzer Str. 255 (O : 1,5 km), 𝒫 71 83, ≤, 🐎 – 📺 ☎ ℗ – 🔬 40
M a la carte 27/42 ⅌ – **18 Z : 36 B** 75 - 100.

🏨 Erholung garni, Binger Str. 94, 𝒫 70 63 – 📺 ☎ ⇦ ⓞ ℇ. 🌺
19 Z : 35 B 60/70 - 100/110 Fb.

INGOLSTADT 8070. Bayern **413** R 20. **987** ㊱㊲ – 97 000 Ew – Höhe 365 m – ✪ 0841.
Sehenswert : Maria-de-Victoria-Kirche★ A **A** – Liebfrauenmünster (Hochaltar★) A **B**.
🎲 Gerolfinger Str. (über ④), 𝒫 8 57 78.
🛈 Städtisches Verkehrsamt, Hallstr. 5, 𝒫 30 54 15.
ADAC, Milchstr. 23, 𝒫 3 56 35, Telex 55831.
♦München 80 ① – ♦Augsburg 86 ① – ♦Nürnberg 91 ① – ♦Regensburg 76 ①.

Stadtplan siehe gegenüberliegende Seite.

🏛 Ambassador, Goethestr. 153, 𝒫 50 30, Telex 55710, Fax 5037, ㊟, ≘s, 🔲 – 🛗 🔲 📺 &
℗ – 🔬 25/100. 🆎 ⓞ ℇ 𝗩𝗜𝗦𝗔　　　　　　　　　　　　　　　　　　　　　　über ①
M a la carte 30/59 – **123 Z : 200 B** 160 - 199 Fb.

🏨 Rappensberger, Harderstr. 3, 𝒫 31 40, Telex 55834, Fax 314200, ㊟, ≘s – 🛗 ☎ ⇦ –
🔬 25/40. 🆎 ⓞ ℇ 𝗩𝗜𝗦𝗔　　　　　　　　　　　　　　　　　　　　　　　　　　A **r**
24. Dez.- 4. Jan. geschl. – **M** (Sonntag ab 15 Uhr, Samstag und 30. Juli- 16. Aug. geschl.) a la carte 23/56 – **85 Z : 114 B** 90/115 - 140/180 Fb.

🏨 Bavaria 🦢, Feldkirchener Str. 67, 𝒫 5 60 01, Telex 55791, ≘s, 🔲, 🐎 – 🛗 📺 ☎ ⇦ ℗
– 🔬 35　　　　　　　　　　　　　　　　　　　　　　　　　　　　　　　　　B **b**
M (nur Abendessen, Sonntag und 25. Dez.- 7. Jan. geschl.) a la carte 25/51 – **58 Z : 80 B** 65/85 - 85/105 Fb.

🏨 Bayerischer Hof, Münzbergstr. 12, 𝒫 14 03 – 📺 ℗. 🆎 ℇ 𝗩𝗜𝗦𝗔　　　　　　　B **n**
⇥ **M** (Samstag 14 Uhr - Sonntag geschl.) a la carte 18/40 ⅌ – **37 Z : 57 B** 38/63 - 72/95 Fb.

🏨 Pfeffermühle, Manchinger Str. 68, 𝒫 6 70 30, ㊟ – ☎ ℗　　　　　　　　　　B **s**
17 Z : 30 B Fb.

🏨 Donau-Hotel, Münchner Str. 10, 𝒫 6 20 55, Fax 68744 – 🛗 📺 ☎ ℗ – 🔬 70. 🆎 ⓞ ℇ
𝗩𝗜𝗦𝗔. 🌺 Rest　　　　　　　　　　　　　　　　　　　　　　　　　　　　　B **a**
27.-7. Jan. geschl. – **M** (Sonntag ab 15 Uhr und Aug. 2 Wochen geschl.) a la carte 30/58 – **60 Z : 90 B** 55/75 - 95/105 Fb.

🏨 Ammerland garni, Ziegeleistr. 64, 𝒫 5 60 54 – 📺 ☎ ℗. ℇ 𝗩𝗜𝗦𝗔
20. Dez.- 10. Jan. geschl. – **27 Z : 54 B** 55/65 - 85/98 Fb. über Friedrich-Ebert-Straße　B

🏛 Anker, Tränktorstr. 1, 𝒫 3 20 91 – ℗　　　　　　　　　　　　　　　　　　B **z**
M a la carte 24/42 – **31 Z : 55 B** 35/47 - 60/78 Fb.

🍴 Tafelmeier, Theresienstr. 31, 𝒫 3 36 60, ㊟ – 🆎 ℇ　　　　　　　　　　　　A **e**
Montag geschl. – **M** a la carte 23/61.

🍴 Im Stadttheater, Schloßlände 1, 𝒫 13 41, ㊟ – 🔳 – 🔬 25/100. 🆎 ⓞ ℇ 𝗩𝗜𝗦𝗔　　B
15.- 30. Aug. und Montag geschl. – **M** a la carte 32/65.

🍴 et cetera, Josef-Ponschab-Str. 8, 𝒫 3 22 55　　　　　　　　　　　　　　　　B

In Ingolstadt-Hagau SW : 9 km über Südliche Ringstr. AB :

🏨 Motel Meier 🦢, Weiherstr. 13, 𝒫 (08450) 80 31, 🐎 – 📺 ☎ ℗. 🌺
24. Dez.- 7. Jan. geschl. – (nur Abendessen für Hausgäste) – **10 Z : 20 B** 45 - 80.

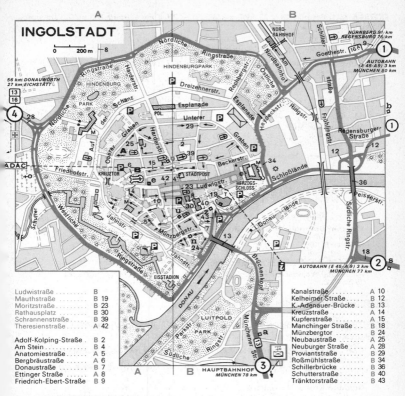

INGOLSTADT

0   200 m

An der B 13 ④ : 4 km :

🏨 **Heidehof**, Ingolstädter Str. 121 , ✉ 8074 Gaimersheim, ℰ (08458) 6 40, Telex 55688, Fax 64230, 🍴, Bade- und Massageabteilung, ☎, 🔲, 🛏 – 🛗 ⟷ Zim 📺 ఊ ⟸ 🅿 – 🔬 40. 🄰🄴 ⑨ 🄴 𝘝𝘐𝘚𝘈

M *(13.- 16. April geschl.)* a la carte 28/72 – **76 Z : 118 B** 85/147 - 132/196 Fb.

In Wettstetten 8071 N : 7 km :

🍴🍴 **Provinz-Restaurant im Raffelwirt**, Kirchplatz 9 (1. Etage), ℰ (0841) 3 81 73 – 🍽
nur Abendessen, Sonntag - Montag, 5.- 20. Aug. und 23.- 30. Dez. geschl. – **M** a la carte 42/62.

INNERSTETALSPERRE Niedersachsen siehe Langelsheim.

INNING 8084. Bayern **413** Q 22, **987** ㊱㊲, **426** ⑮ – 2 800 Ew – Höhe 553 m – ✪ 08143.
♦München 37 – Garmisch-Partenkirchen 77 – Landsberg am Lech 23.

In Inning-Bachern SO : 1 km :

🏠 **Mutz** 🍴, Fischerstr. 4, ℰ 80 31, 🍴 – 📺 ☎ 🅿
15. Nov.- 15. Dez. geschl. – **M** a la carte 27/50 – **12 Z : 24 B** 55 - 90.

In Inning-Stegen :

🏠 **Wieser** garni, Landsberger Str. 82 (nahe der B 12), ℰ 87 81 – ⟸ 🅿. 🍽
20. Dez.- 20. Jan. geschl. – **15 Z : 22 B** 55/65 - 80/100.

INZELL 8221. Bayern **413** V 23. **987** ⊗. **426** ⑱ − 3 700 Ew − Höhe 693 m − Luftkurort − Wintersport : 700/1 670 m ≰6 ≰5 − ✿ 08665.

🛈 Verkehrsverein im Haus des Gastes, Rathausplatz 5. ℰ 8 62.

◆München 118 − Bad Reichenhall 15 − Traunstein 18.

🏨 **Zur Post**, Reichenhaller Str. 2, ℰ 60 11, Fax 7927, 佘, 全s, ⬛ − 🗐 ᨺ Zim 🍽 Rest 📺
⟷ ❷ − 🛁 25/70. ⓸ Ɛ 💳
20. Nov.- 9. Dez. geschl. − **M** a la carte 22/57 − **46 Z : 82 B** 65/95 - 130/180 Fb − 15 Fewo 85/160 − ½ P 90/120.

🏨 **Chiemgauer Hof**, Lärchenstr. 5, ℰ 67 00, Fax 67070, 佘, 全s, ⬛, Ski- und Fahrradverleih, Fitnesscenter − 🗐 📺 ☎ ♣̇ ❷ − 🛁 25/100. 🕮 ⓸ Ɛ 💳, ℁ Rest
M a la carte 35/53 − **88 Z : 138 B** 75/95 - 120/250 Fb − 129 Fewo 80/195 − ½ P 88/153.

🏨 **Bayerischer Hof** ≶, Kreuzfeldstr. 55, ℰ 67 70, Telex 56581, 佘, 全s, ⬛. Ski- und Fahrradverleih − 🗐 📺 ☎ ♿ ♣̇ ⟷ ❷. 🕮 ⓸ Ɛ 💳
M a la carte 26/48 − **33 Z : 66 B** 95 - 150/220 Fb − 53 Fewo 70/150 − ½ P 83/135.

🏨 **Schwarzberg**, Traunsteiner Str. 95 (B 306, NW : 2 km), ℰ 75 65, ≤, 佘, ⋒ − ⟷ ❷. 🕮
Ɛ
Nov.- 10. Dez. geschl. − **M** (Dienstag geschl.) a la carte 24/51 − **24 Z : 46 B** 35/45 - 70/80 − ½ P 49/59.

🏨 **Birkenhof** garni, Birkenweg 20, ℰ 5 80, ⬛, ⋒ − ❷
10 Z : 20 B 45/50 - 80/90.

In Inzell-Schmelz SW : 2,5 km :

🏨 **Gasthof Schmelz**, Schmelzer Str. 132, ℰ 8 34, 佘, 全s, ⬛, ⋒ − 🗐 ⟷ ❷
15. Nov.- 15. Dez. geschl. − **M** (Montag geschl.) 16/24 (mittags) und a la carte 22/46 −
36 Z : 80 B 70/80 - 110/140 Fb − 5 Fewo 85/150.

In Schneizlreuth-Weißbach a.d. Alpenstraße 8230 SO : 4 km :

🏚 Alpenhotel Weißbach, Berchtesgadener Str. 17, ℰ (08665) 74 85, 佘, ⋒ − ❷
25 Z : 45 B.

INZLINGEN Baden-Württemberg siehe Lörrach.

IPHOFEN 8715. Bayern **413** N 17, **987** ⊗ − 4 000 Ew − Höhe 252 m − ✿ 09323.

◆München 248 − Ansbach 67 − ◆Nürnberg 72 − ◆Würzburg 29.

🏨 **Romantik-Hotel Zehntkeller**, Bahnhofstr. 12, ℰ 30 62, 佘, eigener Weinbau, ⋒ − ☎
⟷ ❷ − 🛁 30. 🕮 ⓸ Ɛ 💳
9.- 27. Jan. geschl. − **M** (Tischbestellung ratsam) a la carte 42/75 − **43 Z : 68 B** 80/100 - 110/170 Fb.

🏨 **Goldene Krone**, Marktplatz 2, ℰ 33 30, eigener Weinbau − ☎ ⟷ − 🛁 30
30. Juli - 13. Aug. und 22. Dez.- 8. Jan. geschl. − **M** (Dienstag geschl.) a la carte 21/59 ⅜ −
29 Z : 50 B 48/55 - 90.

🏨 **Gästehaus Huhn** garni, Mainbernheimer Str. 10, ℰ 12 46, ⋒, Fahrradverleih − 📺 ☎ ❷
8 Z : 16 B 47/64 - 76/108.

%% ✿ **Zur Iphöfer Kammer** (Einrichtung im fränkischen Biedermeier-Stil), Marktplatz 24,
ℰ 19 07 − ❷
Montag - Dienstag 18 Uhr sowie Feb. und Aug. jeweils 2 Wochen geschl. − **M** (nur regionale Weine) (abends Tischbestellung ratsam) 55/63 und a la carte 36/45 − 2 Fewo 50/70
Spez. Rehterrine mit schwarzen Nüssen, Waller aus dem Wurzelsud, Lammcarré in Meerrettichkruste.

% **Wirtshaus zum Kronsberg** mit Zim, Schwanbergweg 14, ℰ 35 40, 佘 − 🕮 Ɛ
2.- 8. Jan. und 27. Aug.- 6. Sept. geschl. − **M** (Montag geschl.) a la carte 19/50 ⅜ − **5 Z :**
10 B 40/45 - 70/84.

In Mainbernheim 8717 NW : 3 km :

🏚 **Zum Falken**, Herrenstr. 27, ℰ (09323) 2 23 − ❷
15.- 31. März und 1.- 15. Sept. geschl. − **M** (Dienstag geschl.) a la carte 21/37 ⅜ − **13 Z :**
24 B 30/55 - 55/85.

In Rödelsee 8711 NW : 3,5 km :

🏨 **Gasthof und Gästehaus Stegner**, Mainbernheimer Str. 26, ℰ (09323) 34 15, 佘, ⋒ −
☎ ⟷ ❷. ℁ Zim
20. Dez.- 25. Jan. geschl. − **M** (Dienstag geschl.) a la carte 19/37 ⅜ − **18 Z : 30 B** 40/42 - 68/72.

% **Winzerstube**, Wiesenbronner Str. 2, ℰ (09323) 52 22
wochentags nur Abendessen, Mittwoch, Ende Feb.- Mitte März und Juli 2 Wochen geschl.
− **M** a la carte 21/42 ⅜.

IRL Bayern siehe Regensburg.

IRREL 5527. Rheinland-Pfalz 🔲🔲 ⑳. 🔲🔲 ㉗ − 1 400 Ew − Höhe 178 m − Luftkurort − ✪ 06525.
Mainz 179 − Bitburg 15 − ♦Trier 25.

🏠 **Koch-Schilt**, Prümzurlayer Str. 1, 𝒫 8 60, 🍴 − ☎ ⇐⇒ 🄿 − 🏛 40
↝ **M** a la carte 21/45 − **40 Z : 80 B** 40/60 - 70/90.

🏠 **Irreler Mühle**, Talstr. 17, 𝒫 8 26, 🍴 − ⇐⇒ 🄿. ⓪ **E** 𝘝𝘐𝘚𝘈
10. Jan.- 1. März geschl. − **M** (Dienstag geschl.) a la carte 26/41 🍸 − **9 Z : 18 B** 36/39 -
68/72 − 2 Fewo 50/60 − ½ P 46/52.

Im Deutsch-Luxemburgischen Naturpark W : 7 km, am Ortsanfang von Ernzen links
ab :

🏹🏹 **Haus Hubertus** 🍃 mit Zim, ✉ 5521 Ernzen, 𝒫 (06525) 8 28, 🍴, Wildgehege − 🄿
M a la carte 33/70 − **8 Z : 15 B** 55/95 - 110/140 Fb − ½ P 75/95.

In Prümzurlay 5521 NW : 4 km :

🏠 **Haller**, Michelstr. 3, 𝒫 (06523) 6 56, Telex 4729647, 🏧, 🍴 − ☎ 🄿. 🄰🄴 ⓪ **E** 𝘝𝘐𝘚𝘈. 🎿
Mitte Jan.- Mitte Feb. geschl. − **M** (Nov.- Mitte Mai Montag geschl.) a la carte 25/45 🍸 −
25 Z : 47 B 48/65 - 92/110.

IRSCHENBERG 8167. Bayern 🔲🔲🔲 S 23, 🔲🔲🔲 ㉗. 🔲🔲🔲 ⑱ − 2 600 Ew − Höhe 730 m − ✪ 08062
(Bruckmühl).
♦München 48 − Miesbach 8 − Rosenheim 23.

🏨 **Kramerwirt**, Wendelsteinstr. 1, 𝒫 15 31, ≤, 🍴, 🍴 − ⇐⇒ 🄿
22 Z : 45 B.

An der Autobahn A 8 Richtung Salzburg SW : 1,5 km :

🏠 **Autobahn-Rasthaus Irschenberg**, ✉ 8167 Irschenberg, 𝒫 (08025) 20 71, ≤ Alpen, 🍴
− 🄿
M a la carte 24/40 − **18 Z : 30 B** 51/60 - 73/95.

*Die im Michelin-Führer erwähnten Orte sind auf den Karten Nr. 🔲🔲🔲 und 🔲🔲🔲
rot unterstrichen.*

*Les localités citées dans ce guide sont soulignées de rouge
sur les cartes Michelin n° 🔲🔲🔲 et 🔲🔲🔲.*

IRSEE Bayern siehe Kaufbeuren.

ISENBURG Rheinland-Pfalz siehe Dierdorf.

ISERLOHN 5860. Nordrhein-Westfalen 🔲🔲🔲 ⑭ − 93 000 Ew − Höhe 247 m − ✪ 02371.

Siehe Ruhrgebiet (Übersichtsplan).

🄸 Verkehrsbüro, Konrad-Adenauer-Ring 15, 𝒫 1 32 33.
♦Düsseldorf 81 ④ − ♦Dortmund 26 ⑤ − Hagen 13 ④ − Lüdenscheid 30 ③.

Stadtplan siehe nächste Seite.

🏛🏛 **Waldhotel Horn** 🍃, Seilerwaldstr. 10, 𝒫 48 71, Fax 40780, 🍴, 🏧, 🔲 − 📶 📺 ⅙ 🄿 −
🏛 40. ⓪ **E** 𝘝𝘐𝘚𝘈 X a
M (2.- 24. Jan. geschl.) 28/38 (mittags) und a la carte 45/77 − **48 Z : 84 B** 70/160 - 160/220
Fb.

🏨🏨 **Engelbert** garni, Poth 4, 𝒫 1 23 45, 🏧 − 📶 📺 ☎ − 🏛 25. 🄰🄴 ⓪ **E** 𝘝𝘐𝘚𝘈. 🎿 Z c
24 Z : 43 B 105/130 - 160/170 Fb.

🏨🏨 **Korth**, In der Calle 4, 𝒫 5 05 65, 🍴, Biergarten, 🏧, 🔲 − 📺 ☎ ⇐⇒ 🄿 − 🏛
18 Z : 30 B Fb. über Seilerseestr. und ① X

🏨🏨 **Franzosenhohl** 🍃, Danzweg 25, 𝒫 2 00 07, Fax 20009, 🍴, 🏧, 🎯 − 📶 📺 ☎ 🄿, 🄰🄴 ⓪
E 𝘝𝘐𝘚𝘈 über Obere Mühle X
M a la carte 30/53 − **23 Z : 46 B** 90 - 120/150 Fb.

🏠 **Café Spetsmann** garni, Poth 6, 𝒫 1 40 49 − ☎. 🎿 Z c
11 Z : 16 B.

🏹🏹 **Waldhaus Graumann**, Danzweg 29, 𝒫 2 36 05, 🍴 − 🄿. **E** über Obere Mühle X
Donnerstag geschl. − **M** 25/38 (mittags) und a la carte 33/64.

🏹🏹 Zum Grafen Engelbert, Poth 1, 𝒫 2 37 22 Z r

In Iserlohn 7-Dröschede W : 4 km über Oestricher Str. X :

🏠 **Peiler**, Oestricher Str. 145, 𝒫 (02374) 7 14 72, ≤, 🍴 − ☎ 🄿. 🄰🄴 ⓪ **E** 𝘝𝘐𝘚𝘈. 🎿 Zim
M (Freitag geschl.) a la carte 26/52 − **15 Z : 25 B** 42/50 - 84/90 Fb.

In Iserlohn-Grüne ③ : 5 km :

🏠 **Zur Dechenhöhle**, Untergrüner Str. 8, 𝒫 (02374) 73 34 − ☎ ⇐⇒ 🄿 − 🏛 25/60. 🄰🄴 ⓪ **E**
𝘝𝘐𝘚𝘈. 🎿 Zim
Juni - Juli 2 Wochen geschl. − **M** (Sonntag geschl.) a la carte 30/64 − **10 Z : 18 B** 45/60 -
90/110.

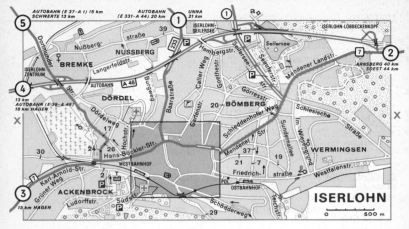

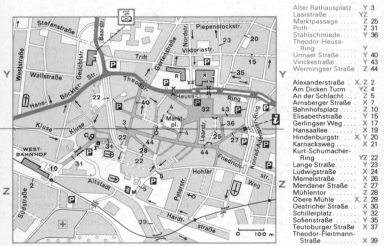

In Iserlohn-Kesbern S : 8 km über Obere Mühle X :

🏨 **Zur Mühle** ⬧, Grüner Talstr. 400 (Richtung Letmathe), ℰ (02352) 29 63, 🎬 – ⬧ 🐎 ℗. AE ⓪ E
M *(Montag geschl.)* 22 (mittags) und a la carte 35/52 – **13 Z : 21 B** 60/70 - 95/120.

In Iserlohn-Lössel ③ : 6 km :

🏨 **Neuhaus**, Lösseler Str. 149, ℰ (02374) 72 55, 🎬 – 📺 🐎 🐎 ℗ AE ⓪ E VISA
M *(wochentags nur Abendessen, Dienstag geschl.)* a la carte 35/65 – **15 Z : 25 B** 70/110 - 110/190.

ISERNHAGEN Niedersachsen siehe Hannover.

ISING Bayern siehe Chieming.

ISMANING 8045. Bayern █▒█ S 22, █▒█ ㉜, █▒█ ⑰ — 13 000 Ew — Höhe 490 m — 🕿 089 (München).
◆München 14 — Ingolstadt 69 — Landshut 58 — ◆Nürnberg 157.

🏛 **Zur Mühle**, Kirchplatz 5, ℰ 96 09 30, Telex 529537, Fax 96093110, Biergarten, « Gasträume mit rustikaler Einrichtung », 🚄, Fahrradverleih — ▐ 🖵 🕿 🅿 — 🔬 35. 🖭 ⓪ E 𝗩𝗜𝗦𝗔
M a la carte 32/53 — **108 Z : 170 B** 95/125 - 125/185 Fb.

🏠 **Fischerwirt** 🦢, Schloßstr. 17, ℰ 96 48 53, Fax 963583, 🚗, Fahrradverleih — ▐ 🕿 🅿. 🖭 E 𝗩𝗜𝗦𝗔. 🦆
22. Dez.- 6. Jan. geschl. — M (nur Abendessen, Samstag geschl.) a la carte 27/55 — **44 Z : 58 B** 55/105 - 78/165 Fb.

🏠 **Frey** garni, Hauptstr. 15, ℰ 96 30 33, 🚄 — 🕿 🅿
23 Z : 49 B Fb.

🏠 **Neuwirt**, Schloßstr. 7, ℰ 96 48 61, Biergarten — 🕿 🛎 🅿
◆ 24.- 31. Dez. geschl. — M a la carte 18/45 — **41 Z : 50 B** 55/90 - 90/132 Fb.

🏠 **Zur Post**, Hauptstr. 7, ℰ 9 62 01 — ▐ 🚻 🅿 — **40 Z : 80 B** Fb.

ISNY 7972. Baden-Württemberg █▒█ N 23, █▒█ ㉛, █▒█ ⑭ ⑮ — 12 700 Ew — Höhe 704 m — Heilklimatischer Kurort — Wintersport : 700/1 120 m ⚡9 ⚡13 — 🕿 07562.
🛈 Kur- und Gästeamt, im Rathaus, ℰ 7 01 10.
◆Stuttgart 189 — Bregenz 42 — Kempten (Allgäu) 25 — Ravensburg 41.

🏛 **Hohe Linde**, Lindauer Str. 75, ℰ 20 66, 🔲, 🚗 — 🕿 🛎 🅿. 🖭 ⓪ E 𝗩𝗜𝗦𝗔
M (wochentags nur Abendessen, Freitag geschl.) a la carte 30/53 — **28 Z : 43 B** 55/70 - 98/112 Fb.

✗ **Krone** mit Zim, Bahnhofstr. 13, ℰ 24 42 — 🛎. ⓪ E
20. Juli - 10. Aug. geschl. — M (Donnerstag geschl.) a la carte 25/50 🦴 — **6 Z : 12 B** 40/48 - 75/80.

In Isny-Großholzleute O : 4 km an der B 12 :

🏛 **Adler** (Haus a.d. 15. Jh., mit Gästehaus), ℰ 20 41, « Gaststuben im Bauernstil », Massage,
◆ 🚄, 🚗 — 🛎 🅿 — 🔬 30. 🖭 ⓪ E 𝗩𝗜𝗦𝗔
Mitte Nov.- Mitte Dez. geschl. — M (auch vegetarische Gerichte) a la carte 20/63 — **22 Z : 40 B** 55/70 - 100.

In Isny-Neutrauchburg :

🏛 **Terrassenhotel Isnyland** 🦢, Dengeltshofer Hang 290, ℰ 20 45, ≼, 🏞, 🚄 — 🖵 🕿 ⚡
🛎 🅿. 🖭 ⓪ E 𝗩𝗜𝗦𝗔
M (auch vegetarische Gerichte) (wochentags nur Abendessen, Freitag und Mitte Okt.- Mitte Nov. geschl.) a la carte 33/60 — **25 Z : 44 B** 68 - 116/160 Fb — ½ P 80/102.

✗✗ **Schloßgasthof Sonne** mit Zim, Schloßstr. 7, ℰ 32 73, 🏞 — 🅿
Mitte Dez. - Mitte Jan. geschl. — M (Donnerstag - Freitag geschl.) a la carte 28/58 — **6 Z : 10 B** 35/50 - 90.

An der Straße nach Maierhöfen S : 2 km :

🏛 **Gasthof zur Grenze**, Schanz 103, ✉ 8999 Maierhöfen, ℰ (07562) 36 45, ≼, 🏞, « Rustikale Einrichtung », 🚄 — 🕿 🛎 🅿. 🦆 Zim
M (Dienstag geschl.) a la carte 28/52 — **14 Z : 26 B** 50/65 - 100/120 Fb.

Außerhalb NW : 6,5 km über Neutrauchburg :

🏛 **Berghotel Jägerhof** 🦢, ✉ 7972 Isny, ℰ (07562) 7 70, Telex 7321511, Fax 77252, ≼
Allgäuer Alpen, 🏞, Massage, 🚄, 🔲, 🚗, ⚡ — ▐ 🖵 🅿 — 🔬 25/90. 🖭 ⓪ E 𝗩𝗜𝗦𝗔
M a la carte 35/68 — **64 Z : 120 B** 115/190 - 180/270 Fb — ½ P 125/170.

Siehe auch : *Argenbühl*

ISSELBURG 4294. Nordrhein-Westfalen █▒█ ⑳ — 9 500 Ew — Höhe 23 m — 🕿 02874.
🏌 Isselburg-Anholt, Am Schloß 3, ℰ 34 44.
◆Düsseldorf 87 — Arnhem 46 — Bocholt 13.

In Isselburg 2-Anholt NW : 3,5 km :

🏛 **Parkhotel Wasserburg Anholt** 🦢, Klever Straße, ℰ 20 44, Fax 4035, ≼, 🏞, Schloßmuseum, « Wasserschloß a.d. 17. Jh., Park », Fahrradverleih — ▐ 🖵 🛎 🅿 — 🔬 25/50. ⓪ E 𝗩𝗜𝗦𝗔. 🦆 Rest
Restaurants — **Grillroom** M a la carte 59/85 — **Treppchen** M a la carte 35/60 — **28 Z : 49 B** 120/180 - 160/210 Fb — ½ P 118/188.

🏠 **Legeland**, Gendringer Str. 1, ℰ 8 37 — 🅿 — **9 Z : 14 B**.

ITZEHOE 2210. Schleswig-Holstein █▒█ ⑤ — 32 000 Ew — Höhe 7 m — 🕿 04821.
◆Kiel 69 — ◆Bremerhaven 97 — ◆Hamburg 57 — ◆Lübeck 87 — Rendsburg 44.

🏛 **Gästehaus Hinsch** 🦢 garni, Schillerstr. 27, ℰ 7 40 51, 🚗 — 🕿 🅿. E
22. Dez.- 8. Jan. geschl. — **16 Z : 24 B** 70/87 - 88/118.

🏠 **Zum Nesselblatt**, Sandberg 56, ℰ 31 54 — 🖵 🕿
◆ 15. Feb.- 1. März und 15. Sept.- 1. Okt. geschl. — M (nur Abendessen, Samstag geschl.) a la carte 20/54 — **6 Z : 10 B** 70 - 90.

An der Straße nach Lägerdorf SO : 3 km :

XX **Jagdhaus Amönenhöhe,** Breitenburger Weg, ⊠ 2210 Itzehoe-Breitenburg, *ℰ* (04821) 98 68, 🏤 – **🅿**. 🖭 ⓪ **E** *VISA*
M a la carte 35/74.

In Oelixdorf 2210 O : 3,5 km :

🏠 Auerhahn 🐾, Horststr. 31a, *ℰ* (04821) 9 10 61 – 🖭 ☎ **🅿**
14 Z : 23 B.

ITZELBERG Baden-Württemberg siehe Königsbronn.

JAGDHAUS Nordrhein-Westfalen siehe Schmallenberg.

JAGSTHAUSEN 7109. Baden-Württemberg 🗺️🔢 L 19, 🗺️🔢 ㉘ – 1 400 Ew – Höhe 212 m – Erholungsort – ✪ 07943 (Schöntal).
Ausflugsziel : Ehemalige Abtei Schöntal : Kirche* (Alabasteraltäre**), Ordenssaal* NO : 6 km.
🛈 Verkehrsverein, Schloßstr. 12, *ℰ* 22 95.
♦Stuttgart 82 – Heilbronn 40 – ♦Würzburg 80.

🏠 **Burghotel Götzenburg** 🐾, *ℰ* 22 22, Fax 8200 – **🅿** – 🏛️ 25. 🖭 ⓪ **E** *VISA*
Anfang März - Okt. – **M** a la carte 26/64 – **15 Z : 29 B** 65/90 - 90/118 Fb.

🏠 Zur Krone, Brückenstr. 1, *ℰ* 23 97 – ◁⊳ **🅿**. 🏷️ Zim
11 Z : 18 B.

JESTEBURG 2112. Niedersachsen – 8 000 Ew – Höhe 25 m – Luftkurort – ✪ 04183.
🛈 Verkehrsverein, Niedersachsenplatz, *ℰ* 53 63.
♦Hannover 126 – ♦Hamburg 34 – Lüneburg 39.

🏨 **Niedersachsen,** Hauptstr. 60, *ℰ* 20 43, Telex 2189783, Fax 4554, 🖢, 🔲, 🌳 – 🛗 🖭 ☎
🅿 – 🏛️ 30/50. 🖭 ⓪ **E** *VISA*
20.- 24. Dez. geschl. – **M** a la carte 22/67 – **38 Z : 70 B** 81/110 - 128/220 Fb – ½ P 97/110.

🏨 Parkhotel Jesteburg 🐾, Am alten Moor 2, *ℰ* 20 51, Telex 2189703, 🖢, 🌳 – 🖭 ☎ **🅿** – 🏛️
27 Z : 48 B Fb.

🏠 **Jesteburger Hof,** Kleckerwaldweg 1, *ℰ* 20 08 – ☎ **🅿**. 🖭 ⓪ **E** *VISA*
M a la carte 23/45 – **16 Z : 30 B** 35/53 - 65/86 – ½ P 43/65.

In Asendorf 2116 SO : 4,5 km :

🏨 **Zur Heidschnucke** 🐾, Im Auetal 14, *ℰ* (04183) 20 94, Telex 2189781, Fax 4472, 🏤, 🖢,
🔲, 🌳 – 🛗 🖭 🕭 **🅿** – 🏛️ 25/60. 🖭 ⓪ **E** *VISA*
M a la carte 32/76 – **50 Z : 100 B** 91/93 - 154/212 Fb.

JESTETTEN 7893. Baden-Württemberg 🗺️🔢 I 24, 🗺️🔢 ⑥, 🗺️🔢 ⑦ – 4 200 Ew – Höhe 438 m – Erholungsort – ✪ 07745.
♦Stuttgart 174 – Schaffhausen 8 – Waldshut-Tiengen 34 – Zürich 42.

🕯️ Zum Löwen (Gasthof a.d. 18. Jh.), Hauptstr. 22, *ℰ* 73 01 – ◁⊳ **🅿**
10 Z : 20 B.

JEVER 2942. Niedersachsen 🗺️🔢 ④ – 12 600 Ew – Höhe 10 m – ✪ 04461.
🛈 Verkehrsbüro, Alter Markt, *ℰ* 75 75 34.
♦Hannover 229 – Emden 59 – ♦Oldenburg 59 – Wilhelmshaven 18.

🏨 **Friesen-Hotel** 🐾 garni, Harlinger Weg 1, *ℰ* 25 00 – 🖭 ☎ ◁⊳ **🅿**. ⓪ *VISA*. 🏷️
37 Z : 56 B 62/79 - 94/120.

🏠 **Stöber** 🐾 garni, Hohnholzstr. 10, *ℰ* 55 80, 🌳 – 🖭 ◁⊳ **🅿**. 🏷️
9 Z : 18 B 55 - 84.

XX **Alte Apotheke,** Apothekerstr. 1, *ℰ* 40 88, 🏤 – 🖭 ⓪ **E**
Nov. - April Montag geschl. – **M** a la carte 32/60.

X **Haus der Getreuen,** Schlachtstr. 1, *ℰ* 30 10, 🏤 – **🅿**. 🖭 ⓪ **E** *VISA*
M a la carte 28/65.

JOHANNESBERG Bayern siehe Aschaffenburg.

JORK 2155. Niedersachsen – 10 500 Ew – Höhe 1 m – ✪ 04162.
Sehenswert : Bauernhäuser *.
♦Hannover 167 – ♦Bremen 108 – ♦Hamburg 46.

🏠 **Zum Schützenhof,** Schützenhofstr. 16, *ℰ* 3 33, Cafégarten – ☎ **🅿** – 🏛️ 25/50. 🖭 **E**
M (Donnerstag geschl.) a la carte 25/50 – **15 Z : 26 B** 60 - 90/110 Fb.

XX **Herbstprinz,** Osterjork 76, *ℰ* 74 03, « Ehem. Altländer Bauernhaus mit antiker
Einrichtung » – **🅿**. 🖭 ⓪ **E** *VISA*
Montag geschl. – **M** a la carte 38/59.

JÜLICH 5170. Nordrhein-Westfalen 987 ㉓ − 30 300 Ew − Höhe 78 m − ✿ 02461.
♦Düsseldorf 55 − ♦Aachen 26 − ♦Köln 53.

  🏨 Kaiserhof, Bahnhofstr. 5, 🖉 40 66 − 📺 ☎ ⇔ 🅟 − 🏛 25/70
    26 Z : 36 B Fb.

  🏠 Stadthotel garni, Kölnstr. 5, 🖉 24 08
    Weihnachten - Anfang Jan. geschl. − **26 Z : 42 B** 50/85 - 85/120.

JUHÖHE Hessen siehe Mörlenbach.

JUIST (Insel) 2983. Niedersachsen 987 ③ − 1 600 Ew - Insel der ostfriesischen Inselgruppe, Autos nicht zugelassen − Seeheilbad − ✿ 04935.
⛴ von Norddeich (ca. 1 h 15 min), 🖉 18 02 24.
🄱 Kurverwaltung, Rathaus, 🖉 4 91.
♦Hannover 272 − Aurich/Ostfriesland 31 − Emden 35.

  🏨 Achterdiek ⌂, Wilhelmstr. 36, 🖉 10 25, Fax 1754, 🍴, 🚬, 🎯 − 🏛 30. 🕸 Rest
    10. Jan.- 15. März und Nov.- 20. Dez. geschl. − **M** a la carte 48/89 − **34 Z : 65 B** 95/125 - 190/240 Fb − ½ P 148/170.

  🏨 Pabst ⌂, Strandstr. 15, 🖉 10 14, Telex 27229, Fax 1773, Massage, 🚬, 🎯 − 📶 📺 ☎. 🅰🅴
    ⑩ 🅴 VISA. 🕸 Rest
    5. Nov.- 16. Dez. geschl. − **M** a la carte 35/62 − **50 Z : 100 B** 98/175 - 196/276 Fb − 3 Appart. 390.

  🏨 Nordsee Hotel Freese - Hubertus Klause ⌂, Wilhelmstr. 60, 🖉 10 81, Telex 27222, 🚬, 🔲,
    🎯, Windsurfingschule − ☎. 🕸 Rest
    nur Saison − **90 Z : 180 B** Fb − 10 Appart. − 5 Fewo.

  🏠 Friesenhof ⌂, Strandstr. 21, 🖉 10 87 − 📶 ☎
    April - Mitte Okt. − **M** *(auch vegetarische Gerichte)* a la carte 26/65 − **84 Z : 137 B** 73/128 - 126/212 − ½ P 88/153.

  🏠 Westfalenhof ⌂, Friesenstr. 24, 🖉 10 09 − 📺 ☎. 🕸 Rest
    (Restaurant nur für Pensionsgäste) − **30 Z : 50 B**.

JULIERS = Jülich.

JUNGHOLZ IN TIROL 8965. (über Wertach). 413 O 24. 426 ⑮ − Österreichisches Hoheitsgebiet, wirtschaftlich der Bundesrepublik Deutschland angeschlossen. Deutsche Währung − 280 Ew − Höhe 1 058 m − Wintersport : 1 150/1 600 m ≤6 ≰3 − ✿ 08365 (Wertach).
🄱 Fremdenverkehrsverband, Rathaus, 🖉 81 20.
Füssen 31 − Kempten (Allgäu) 31 − Immenstadt im Allgäu 25.

  🏨 Kur- und Sporthotel Tirol ⌂, 🖉 81 61, ≤ Sorgschrofen und Allgäuer Berge, 🍴, Bade- und Massageabteilung, 🔥, 🚬, 🔲 − 📶 📺 🕭 ⇔ 🅟 − 🏛 25/60. 🕸 Rest
    Nov.- 15. Dez. geschl. − **M** a la carte 31/56 − **96 Z : 170 B** 96/176 - 192/236 Fb.

  🏨 Sporthotel Waldhorn ⌂, 🖉 81 35, Fax 8265, ≤, 🍴, Massage, 🚬, 🔲, 🎯, 🎿 − 📺 ☎
    ⇔ 🅟. ⑩
    Nov.-15. Dez. geschl. − **M** a la carte 23/51 − **33 Z : 62 B** 63/100 - 126/146 Fb − ½ P 81/91.

  🏠 Sporthotel Adler ⌂, 🖉 81 02, ≤, 🍴, 🚬, 🔲, 🎯 − 📶 ☎ 🅟
    Nov.- 15. Dez. geschl. − **M** a la carte 22/52 − **49 Z : 95 B** 29/95 - 60/136 Fb.

  🏠 Alpenhof ⌂, 🖉 81 14, ≤, 🍴, 🚬, 🎯 − 📶 📺 ☎ 🅟
  🔷 *23. April - 12. Mai und 28. Okt.- 14. Dez. geschl.* − **M** a la carte 21/57 − **30 Z : 70 B** 50/85 - 120/150 Fb − 14 Appart. 170 − ½ P 75/110.

  🏠 Sorgschrofen ⌂, 🖉 81 04, ≤, 🍴 − 🅟
    12 Z : 25 B Fb.

KAARST Nordrhein-Westfalen siehe Neuss.

KÄLBERBRONN Baden-Württemberg siehe Pfalzgrafenweiler.

KÄMPFELBACH 7539. Baden-Württemberg 413 I J 20 − 5 500 Ew − Höhe 196 m − ✿ 07232
Königsbach-Stein).
♦Stuttgart 63 − ♦Karlsruhe 25 − Pforzheim 10.

In Kämpfelbach-Bilfingen :

  🏠 Langer ⌂, Talstr. 9, 🖉 24 77, Fax 4451, 🍴 − 📺 ☎ 👫 ⇔ 🅟. ⑩ 🅴 VISA. 🕸 Zim
    M a la carte 24/63 🍷 − **24 Z : 45 B** 38/90 - 70/180 Fb.

KAHL AM MAIN 8756. Bayern 413 K 16 − 7 600 Ew − Höhe 107 m − ✿ 06188.
München 369 − Aschaffenburg 16 − ♦Frankfurt am Main 33.

  🏨 Zeller, Aschaffenburger Str. 2 (B 8), 🖉 8 12 22, Fax 81221, 🚬 − 📺 ☎ 🅟 − 🏛 25. 🅰🅴 🅴
    M *(Samstag bis 18 Uhr und Sonntag geschl.)* a la carte 27/55 − **60 Z : 90 B** 76/86 - 120/140 Fb.

  🏠 Mainlust garni, Aschaffenburger Str. 12 (B 8), 🖉 20 07 − ☎
    13 Z : 22 B 52 - 84.

417

KAISERSBACH 7061. Baden-Württemberg **413** L 20 — 2 100 Ew — Höhe 565 m — Erholungsort — ✿ 07184 — ◆Stuttgart 48 — Heilbronn 53 — Schwäbisch Gmünd 50.

☆ **Rössle**, Hauptstr. 19, ℰ 7 65, ⇔ — ⇐ ℗
→ **M** *(Montag geschl.)* a la carte 20/49 — **25 Z : 42 B** 30/46 - 60/92 — ½ P 42/58.

In Kaisersbach-Ebni SW : 3 km :

🏛 **Landhotel Hirsch** 🗲, am Ebnisee, ℰ 29 20, Telex 7246726, Fax 292204, 🛐, Gallus-Therme mit Kneipp- und Massageabteilung, ⇔, ⬛, ⚗, ❀, Fahrradverleih — 🔧 📺 ℗ — 🏛 25/60. ❀ Rest
Restaurants : — **Hirschstube und Flößerstube M** a la carte 44/105 — **50 Z : 80 B** (½ P) 170 - 240/500 Fb.

KAISERSESCH 5443. Rheinland-Pfalz — 2 500 Ew — Höhe 455 m — ✿ 02653.
Mainz 134 — Cochem 14 — ◆Koblenz 43 — Mayen 18.

☆ **Zur Post**, Balduinstr. 1, ℰ 35 54 — ⇐. ❀ Zim
→ 24.- 30. Dez. geschl. — **M** *(Montag geschl.)* a la carte 17/40 ⅊ — **15 Z : 23 B** 28/35 - 56/70.

KAISERSLAUTERN 6750. Rheinland-Pfalz **413** G 18, **987** ㉔, **242** ④ — 104 000 Ew — Höhe 234 m — ✿ 0631.

🛈 Verkehrs- und Informationsamt, Rathaus, ℰ 8 52 23 16.
ADAC, Altstadt-Parkhaus, Salzstraße, ℰ 6 30 81, Notruf ℰ 1 92 11, Telex 45849.
Mainz 90 ① — ◆Karlsruhe 92 ② — ◆Mannheim 61 ① — ◆Saarbrücken 70 ③ — ◆Trier 115 ③.

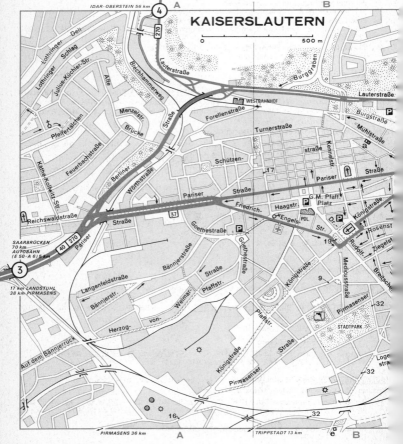

🏨 **Dorint-Hotel Kaiserslautern**, St.-Quentin-Ring 1, ℘ 2 01 50, Telex 45614, Fax 27640, 🍴, Massage, ☎, 🅴, 🚗 – 🛗 ⇄ Zim 📺 🚗 🅿 – 🔺 25/175. 🆎 🅴 VISA 🍴 Rest
M a la carte 41/68 – **150 Z : 220 B** 145 - 195 Fb – 4 Appart. 298.   über Kantstr.   D

🏨 **Blechhammer** 🦢, Am Hammerweiher 1, ℘ 7 00 71, 🍴 – ☎ 🅿 – 🔺
30 Z : 56 B Fb.   über Blechhammerweg   A

🏨 **City-Hotel** garni, Rosenstr. 28, ℘ 1 30 25, ☎, 🅴 – 🛗 ☎   C t
18 Z : 33 B 85 - 120.

🏨 **Schweizer Stuben**, Königstr. 9, ℘ 1 30 88 – ☎ ⇐⇒, 🍴 Zim   C s
Juli 3 Wochen geschl. – **M** (Sonntag ab 15 Uhr geschl.) a la carte 26/58 – **11 Z : 16 B** 64/75 - 98.

🏨 **Altstadt-Hotel** garni, Steinstr. 51, ℘ 6 30 84 – ☎. 🆎 ⓞ 🅴 VISA   CD r
12 Z : 21 B 68-95.

🏨 **Lautertalerhof** garni, Mühlstr. 31, ℘ 7 30 31 – 📺 ☎. 🆎 ⓞ 🅴   B a
24 Z : 30 B 65 - 115/150.

🏨 **Altes Zollamt**, Buchenlochstr. 1, ℘ 1 60 16 – ☎. ⓞ VISA   B e
◆ **M** (Samstag sowie Sonn- und Feiertage geschl.) a la carte 21/42 🍷 – **12 Z : 22 B** 82/88 - 118/125.

🏨 **Zepp** garni, Pariser Str. 4, ℘ 7 36 60 – 🅿. 🆎 ⓞ VISA   C x
20. Dez.- 6. Jan. geschl. – **55 Z : 80 B** 37/60 - 69/90.

🏨 **Pommerscher Hof** 🦢 garni, Stahlstr. 12, ℘ 4 01 80 – ⇐⇒. 🆎 🅴   D z
16 Z : 23 B 34/68 - 68/82 Fb.

XX ✿ **Uwe's Tomate** (modernes Restaurant im Bistro-Stil), Schillerplatz 4, ✆ 9 34 06, 🏖 – E. ✈ C a
Sonntag geschl. – **M** a la carte 43/75
Spez. Pot au feu von Jakobsmuscheln, Rehkeule in Wacholderrahm, Dessertteller.

XX **Haus Hexenbäcker,** Mühlstr. 1 (1. Etage), ✆ 7 29 20 – E C x
Samstag bis 18 Uhr, Sonntag ab 14 Uhr, Feiertage und Juli 2 Wochen geschl.,im Sommer Sonntag ganztägig geschl. – **M** 17 (mittags) und a la carte 32/60.

XX **Alte Post,** Am Mainzer Tor 3, ✆ 6 43 71 – AE ⓓ E VISA. ✈ D e
Sonntag geschl. – **M** a la carte 39/67.

XX La Pergola (Italienische Küche), Steinstr. 26 (1. Etage), ✆ 6 82 60 C u

XX **Foyer,** Mühlstr. 31, ✆ 7 84 88 – AE B a
nur Abendessen, Montag - Dienstag und 23. Juli - 22. Aug. geschl. – **M** a la carte 30/62.

X **BBK-Stammhaus,** Pirmasenser Str. 27, ✆ 2 64 26 C n
Sonntag und Feb. 3 Wochen geschl. – Menu a la carte 28/55 ♁.

In Kaiserslautern 31 - Dansenberg SW : 6 km über Hohenecker Str. A :

🏠 **Gasthof Fröhlich,** Dansenberger Str. 10, ✆ 5 96 46, 🏖, ≘s – ⓟ – 🏛 50. AE E VISA. ✈
M *(Montag und 1.- 22. Jan. geschl.)* a la carte 23/46 ♁ – **21 Z : 30 B** 45/60 - 90/120.

XX Landhaus Woll mit Zim, Dansenberger Str. 64, ✆ 5 16 02, 🏖, « Elegant-rustikale Einrichtung » – ⓟ. ✈
8 Z : 16 B.

In Kaiserslautern 27-Morlautern N : 3,5 km über Morlauterer Str. C :

🏠 **Zum Hasselberg,** Otterbacher Str. 11, ✆ 7 27 84 – ⓟ. AE
◆ *1.- 6. Jan. geschl.* – **M** *(wochentags nur Abendessen)* a la carte 21/47 ♁ – **26 Z : 47 B** 48/50 - 86/90 Fb.

KALBACH Hessen siehe Neuhof.

KALKAR 4192. Nordrhein-Westfalen 987 ⑬ – 11 300 Ew – Höhe 18 m – ☎ 02824.
Sehenswert : Nikolaikirche (Ausstattung**).
◆Düsseldorf 83 – Nijmegen 35 – Wesel 35.

🏠 **Siekmann,** Kesselstr. 32, ✆ 23 05, ≘s, 🏊. Fahrradverleih – ☎ 🚗. E
◆ **M** *(Mittwoch geschl.)* a la carte 18/40 – **20 Z : 28 B** 45/50 - 90/100.

🏠 **Marktklause,** Am Markt 6, ✆ 22 52
◆ **M** *(Donnerstag geschl.)* a la carte 20/42 – **16 Z : 28 B** 45 - 80.

XXX **Ratskeller,** Markt 20, ✆ 24 60, « Ziegelgewölbe a. d. 15. Jh. » – ✈
Sonntag 15 Uhr - Montag und Mitte Juli - Anfang Aug. geschl. – **M** 23 (mittags) und a la carte 42/66.

In Kalkar-Kehrum SO : 6 km über Gocher Str. und Römerstraße :

🏨 **Landhaus Beckmann,** Uedemer Str. 104, ✆ 20 86, Fax 2392, 🏖, 🌳, Fahrradverleih – ☎
◆ ♿ ⓟ – 🏛 25/100. ⓓ E VISA
Juli 2 Wochen geschl. – **M** *(Dienstag geschl.)* a la carte 21/44 – **22 Z : 31 B** 66/75 - 102/120 Fb.

KALL 5370. Nordrhein-Westfalen – 9 800 Ew – Höhe 377 m – ☎ 02441.
◆Düsseldorf 92 – ◆Aachen 62 – Euskirchen 23 – ◆Köln 54.

In Kall-Sistig SW : 8 km :

🏠 Haus West, Schleidener Str. 24, ✆ (02445) 72 45, 🏖, 🌳 – ⓟ – **15 Z : 30 B.**

KALLMÜNZ 8411. Bayern 413 S 19 – 2 600 Ew – Höhe 344 m – ☎ 09473.
Sehenswert : Burgruine : ≤*.
◆München 151 – Amberg 37 – ◆ Nürnberg 80 – ◆ Regensburg 28.

X **Zum Goldenen Löwen** (Gasthaus a.d. 17. Jh., originelle Einrichtung), Alte Regensburger Str. 18, ✆ 3 80, « Hofterrasse » – ✈
Montag und Nov. 3 Wochen geschl. – Menu (Tischbestellung erforderlich) a la carte 24/41.

KALLSTADT 6701. Rheinland-Pfalz 413 H 18, 242 ④, 57 ⑩ – 1 000 Ew – Höhe 196 m – ☎ 0632
(Bad Dürkheim) – Mainz 69 – Kaiserslautern 37 – ◆Mannheim 26 – Neustadt an der Weinstraße 18.

XX **Weincastell zum Weißen Roß** mit Zim, Weinstr. 80, ✆ 50 33, nur Eigenbauweine – ☎
Jan.- Feb. 4 Wochen geschl. – **M** *(Montag - Dienstag und Ende Juli - Anfang Aug. geschl.* a la carte 30/84 – **13 Z : 26 B** 65/77 - 110/130.

XX **Breivogel,** Neugasse 59 (1. Etage), ✆ 6 11 08 – ⓟ
Donnerstag geschl. – **M** a la carte 27/63 ♁.

X **Gutsschänke Henninger,** Weinstr. 101, ✆ 6 34 69, 🏖, nur Eigenbauweine, « Restauran in einem Gewölbekeller »
Montag - Freitag nur Abendessen, Dienstag und Feb. geschl. – **M** a la carte 29/55 ♁.

X **Weinhaus Henninger,** Weinstr. 93, ✆ 22 77, 🏖, nur Eigenbauweine – ⓟ
Montag und 22. Dez.- Jan. geschl. – **M** a la carte 32/58.

ALMIT Rheinland-Pfalz. Sehenswürdigkeit siehe Maikammer.

ALTENBORN Rheinland-Pfalz siehe Adenau.

ALTENKIRCHEN 2358. Schleswig-Holstein 987 ⑤ − 11 300 Ew − Höhe 30 m − 🕿 04191.

Kisdorferwohld (O : 13 km), 🏌 (04194) 3 83.

Kiel 61 − ◆Hamburg 39 − Itzehoe 40 − ◆Lübeck 63.

🏨 **Kaltenkirchener Hof**, Alvesloher Str. 2, 🏌 78 61, Telex 2180296 − 📺 🕿 🚗 ❷ −
🛏 30/100. 🕮 ⑩ **E** **VISA**
22. Dez.- 5. Jan. geschl. − **M** (nur Abendessen, Sonn- und Feiertage geschl.) a la carte
28/50 − **26 Z : 52 B** 60/90 - 100/130.

✗ **Kleiner Markt** mit Zim, Königstr. 7, 🏌 21 05, Biergarten − 📺 🕿 ❷. 🕮 ⑩ **E** **VISA**. 🎲 Zim
M (Samstag und Mitte Jan.- Anfang Feb. geschl.) a la carte 22/43 − **7 Z : 14 B** 60 - 90.

AMEN 4708. Nordrhein-Westfalen 987 ⑭ − 46 000 Ew − Höhe 62 m − 🕿 02307.

Siehe Ruhrgebiet (Übersichtsplan).

Heimat- und Verkehrsverein, Markt 1, 🏌 14 84 59.

Düsseldorf 91 − ◆Dortmund 25 − Hamm in Westfalen 15 − Münster (Westfalen) 48.

🏨 **Stadt Kamen**, Markt 11, 🏌 77 02, « Elegantes Restaurant » − 🍽 Rest 📺 🕿. ⑩ **E** **VISA**
M (Sonntag geschl.) a la carte 37/68 − **14 Z : 23 B** 65/86 - 138/146 Fb.

🏨 **Gambrinus**, Ängelholmer Str. 16, 🏌 1 04 46, 🕿 − 📺 🚗 ❷
M (wochentags nur Abendessen, Sonn- und Feiertage nur Mittagessen, Mittwoch und Juni
- Juli 3 Wochen geschl.) a la carte 22/40 − **12 Z : 24 B** 50/65 - 90/110.

AMP-BORNHOFEN 5424. Rheinland-Pfalz 987 ㉔ − 2 000 Ew − Höhe 72 m − 🕿 06773.

Ausflugsziel : ''Feindliche Brüder'' Burg Sterrenberg und Burg Liebenstein ≤**.

Verkehrsamt, Rheinuferstr. 34, 🏌 3 60.

Mainz 76 − ◆Koblenz 24 − Lorch 28.

🏨 **Rheinpavillon**, Rheinuferstr. 64a (B 42), 🏌 3 37, ≤, 🍴 − ❷. 🕮 ⑩ **E** **VISA**
Nov.- März nur an Wochenenden geöffnet − **M** a la carte 22/39 ⅓ − **9 Z : 16 B** 47/70 - 80 Fb.

AMPEN Schleswig-Holstein siehe Sylt (Insel).

AMP-LINTFORT 4132. Nordrhein-Westfalen 987 ⑬ − 39 400 Ew − Höhe 28 m − 🕿 02842.

Siehe Ruhrgebiet (Übersichtsplan).

Düsseldorf 44 − ◆Duisburg 24 − Krefeld 24.

🏨 **Niederrhein**, Neuendickstr. 96, 🏌 21 04, Telex 812406, « Gartenterrasse an einem Teich »,
🕿, ⊿ (geheizt), 🔽, �_, ✗ − 📲 📺 🚗 ❷ − 🛏 25/50. 🕮 ⑩ **E** **VISA**. 🎲
M a la carte 39/82 − **42 Z : 74 B** 98/185 - 175/230 Fb.

In Kamp-Lintfort 13 - Hörstgen W : 6 km :

🏨 **Zur Post**, Dorfstr. 29, 🏌 46 96, Fax 41509, �_ − 📺 🕿 ❷. 🕮 ⑩ **E** **VISA**
M (nur Abendessen) a la carte 41/82 − **14 Z : 24 B** 39/85 - 75/135 Fb.

ANDEL 6744. Rheinland-Pfalz 413 H 19. 987 ㉔. 242 ⑫ − 7 800 Ew − Höhe 128 m − 🕿 07275.

Mainz 140 − ◆Karlsruhe 20 − Landau in der Pfalz 15 − Speyer 36 − Wissembourg 22.

🏨 **Zur Pfalz**, Marktstr. 57, 🏌 50 21 − 📲 📺 🕿 & ❷ − 🛏 25/50. 🕮 ⑩ **E** **VISA**
M (Montag bis 17 Uhr geschl.) a la carte 22/56 ⅓ − **44 Z : 76 B** 65/85 - 96/130 Fb.

🏨 **Zum Rössel** (restauriertes Fachwerkhaus a.d.J. 1761), Bahnhofstr. 9a, 🏌 50 01,
Innenhofterrasse − 📺 🕿
28. Dez.- 10. Jan. geschl. − **M** (Donnerstag geschl.) a la carte 23/47 ⅓ − **11 Z : 20 B** 55 - 95.

ANDERN 7842. Baden-Württemberg 413 FG 23. 987 ㉞. 427 ④ − 6 500 Ew − Höhe 352 m −
🕿 07626.

Am Siedlungshof, 🏌 86 90.

Städt. Verkehrsamt, Hauptstr. 18, 🏌 70 29.

Stuttgart 252 − Basel 21 − ◆Freiburg im Breisgau 56 − Müllheim 15.

🏨 **Zur Weserei**, Hauptstr. 70, 🏌 4 45, 🕿, �_ − 📲 📺 🕿 ❷. 🕮
M (Montag - Dienstag 17 Uhr, Feb. und Juni je 2 Wochen sowie Nov. geschl.) 28 (mittags)
und a la carte 40/68 ⅓ − **25 Z : 40 B** 48/90 - 86/146.

APFENHARDT Baden-Württemberg siehe Unterreichenbach.

APPEL Baden-Württemberg siehe Lenzkirch.

APPEL (Wallfahrtskirche) Bayern. Sehenswürdigkeit siehe Waldsassen.

KAPPELN 2340. Schleswig-Holstein 987 ⑤ − 12 100 Ew − Höhe 15 m − 🖲 04642.
◆Kiel 58 − Flensburg 48 − Schleswig 32.

🏠 **Thomsen's Motel** garni, Theodor-Storm-Str. 5, 𝄐 10 52 − 🖵 🅿
23 Z : 50 B 60/70 - 100.

KAPPELRODECK 7594. Baden-Württemberg 418 H 21, 242 ⑳ − 5 500 Ew − Höhe 219 m
Erholungsort − 🖲 07842.
🛈 Verkehrsamt, Hauptstr. (Rathaus), 𝄐 8 02 10.
◆Stuttgart 132 − Baden-Baden 38 − Freudenstadt 40 − Offenburg 31.

🏠 **Zum Prinzen**, Hauptstr. 86, 𝄐 20 88 − 🕮 🕿 🅿 − 🛦 30. 🝙 ⑩ E 𝘝𝘐𝘚𝘈
8.- 21. Jan. geschl. − Menu (Montag und Juni - Juli 3 Wochen geschl.) a la carte 24/56 🍴
14 Z : 26 B 60/65 - 90/95 Fb − ½ P 67/90.

🏠 **Hirsch**, Grüner Winkel 24, 𝄐 21 90 − 🕿 ⇌ 🅿. 🦐 Zim
↦ Dez. geschl. − **M** (Montag geschl.) a la carte 20/40 🍴 − **18 Z : 30 B** 45/55 - 86/90
½ P 57/59.

🗙 **Zur Linde**, Marktplatz 112, 𝄐 22 61 − 🅿
↦ Ende Nov.- Mitte Dez. und Dienstag geschl. − **M** a la carte 19/44 🍴.

In Kappelrodeck-Waldulm SW : 2,5 km :

🗙 **Zum Rebstock** mit Zim, Kutzendorf 1, 𝄐 36 85, 🏤, eigener Weinbau − 🅿
28. Nov.- 25. Dez. geschl. − Menu (Montag geschl.) a la carte 25/42 🍴 − **6 Z : 12 B** 30 - 60
½ P 40.

KARBEN 6367. Hessen 418 J 16 − 20 000 Ew − Höhe 160 m − 🖲 06039.
◆Wiesbaden 54 − ◆Frankfurt am Main 20 − Gießen 47.

In Karben 1-Groß Karben :

🏨 **Quellenhof** 🌭, Brunnenstr. 7 (beim Bahnhof Kloppenheim), 𝄐 33 04, Telex 4102006, 🏤
🖙, 🗙 (Halle) − 🕮 🖵 🕿 🅿 − 🛦
19 Z : 34 B Fb.

🗙 **Zuem Strissel** (Elsässische Küche), Bahnhofstr. 10, 𝄐 39 17 − 🅿. 🝙 ⑩ E 𝘝𝘐𝘚𝘈
Samstag bis 18 Uhr, Montag sowie Feb. und Aug. je 2 Wochen geschl. − **M** (Tischbestellur
ratsam) a la carte 32/55.

KARLSBAD 7516. Baden-Württemberg 418 I 20 − 13 500 Ew − Höhe 284 m − 🖲 07202.
◆Stuttgart 69 − ◆Karlsruhe 17 − Pforzheim 19.

In Karlsbad-Auerbach :

🏛 Hirsch, Hailerstr. 4, 𝄐 89 54 − 🕿 🅿
29 Z : 55 B.

In Karlsbad-Spielberg :

🗙 **Turmfalke** 🌭 mit Zim, Im Obern Berg 3 (am Wasserturm), 𝄐 64 66, ≤, 🏤 − 🅿. E
M (Montag geschl.) a la carte 25/45 − **5 Z : 7 B** 45 - 80.

KARLSDORF-NEUTHARD Baden-Württemberg siehe Bruchsal.

KARLSFELD 8047. Bayern 418 R 22 − 14 500 Ew − Höhe 490 m − 🖲 08131.
◆ München 14 − ◆ Augsburg 58.

In Karlsfeld-Rotschwaige NW : 2 km .

🏨 **Hubertus**, Münchner Str. 7, 𝄐 9 80 01, Telex 526659, 🏤, 🖙, 🔲, 🌲 − 🕮 🖵 🕿 🅿
🛦 25/120. 🝙 ⑩ E 𝘝𝘐𝘚𝘈
M a la carte 24/54 − **76 Z : 140 B** 90/95 - 130/150.

KARLSHAFEN, BAD 3522. Hessen 987 ⑮ − 4 300 Ew − Höhe 96 m − Soleheilbad − 🖲 0567
Sehenswert : Hugenottenturm ≤*.
🛈 Kurverwaltung, Rathaus, 𝄐 10 22.
◆Wiesbaden 276 − Göttingen 65 − Hameln 79 − ◆Kassel 47.

🏨 **Zum Schwan** 🌭 (Jagdschloß, um 1765 erbaut), Conradistr. 3, 𝄐 10 44, Fax 1046, 🏤
« Blumengarten, Rokoko-Zimmer » − 🕮 🖵 🕿 ⇌ − 🛦 25. 🝙 ⑩ E 𝘝𝘐𝘚𝘈. 🦐 Rest
Anfang Jan.- 15. Feb. geschl. − **M** a la carte 30/56 − **32 Z : 55 B** 75/100 - 130/170
½ P 90/125.

🏨 **Parkhotel Haus Schöneck** 🌭, C.-D.-Stunzweg 10, 𝄐 20 66, 🏤, « Park », 🔲, 🌲 −
🖵 🕿 ♿ 🅿 − 🛦 30. 🝙 ⑩ E 𝘝𝘐𝘚𝘈
M a la carte 28/48 − **24 Z : 46 B** 73 - 130 Fb − ½ P 84/92.

🏠 **Am Kurpark**, Brückenstr. 1, 𝄐 18 50, ≤, 🏤 − 🕿 🅿
38 Z : 68 B Fb.

🏛 **Weserdampfschiff**, Weserstr. 25, 𝄐 24 25, ≤, 🏤 − ⇌ 🅿
↦ März - Okt. − **M** (März - April Montag geschl.) a la carte 20/44 🍴 − **15 Z : 22 B** 30/38
60/76.

KARLSRUHE

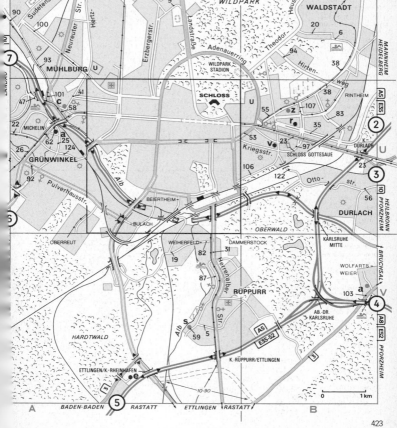

KARLSRUHE

KARLSRUHE 7500. Baden-Württemberg **413** HI 19, 20. **987** ② — 267 000 Ew — Höhe 116 m — ✪ 0721.

Sehenswert : Staatliche Kunsthalle (Gemälde★★ altdeutscher Meister, Hans-Thoma-Gemäldesammlung★) EX **M1** — Schloß (Badisches Landesmuseum★: Türkenbeute★★) EX — Botanischer Garten (Gewächshäuser★) EX.

🏎 🖋 4 10 37.

Karlsruher Kongreß- und Ausstellungs-GmbH (EY), Festplatz 3 (Ettlinger Straße/Hermann-Billing-Straße), 🖋 3 72 00.

🚺 Verkehrsverein, Bahnhofplatz 6, 🖋 3 55 30.

🚺 Stadt - Information, Karl-Friedrich-Str. 14, 🖋 1 33 34 55.

ADAC, Steinhäuserstr. 22, 🖋 8 10 40, Notruf 🖋 1 92 11.

◆Stuttgart 88 ④ — ◆Mannheim 71 ② — ◆Saarbrücken 143 ⑦ — Strasbourg 82 ⑤.

Stadtpläne siehe vorhergehende Seiten.

🏨 **Ramada Renaissance Hotel**, Mendelssohnplatz, 🖋 3 71 70, Telex 7825699, Fax 377156, 🚿 — 🛗 ⇔ Zim 🛏 ⇔ — 🛎 25/250. 🖭 ⓪ 🔚 🗚   EY **a**
Restaurants : — **Zum Markgrafen M** a la carte 53/76 — **Zum Brigande** *(wochentags nur Abendessen, Aug. 3 Wochen geschl.)* **M** a la carte 35/58 — **215 Z : 375 B** 210/265 - 285/600 Fb.

🏨 **Schloßhotel**, Bahnhofplatz 2, 🖋 35 40, Telex 7826746, Fax 354413 — 🛗 ⇔ Zim 🛏 ⅄ ⓟ — 🛎 25/100. 🖭 ⓪ 🔚 🗚   EZ **a**
Restaurants : — **La Résidence M** a la carte 47/70 — **Schwarzwaldstube M** a la carte 32/55 — **96 Z : 130 B** 145/180 - 195/280 Fb.

🏨 **Mövenpick-Hotel**, Ettlinger Str. 23, 🖋 3 72 70, Telex 7825443, Fax 3727170, 🌣 — 🛗 ⇔ Zim 🛏 Rest 🛏 ⓟ — 🛎 25/300. 🖭 ⓪ 🔚 🗚   EY **t**
M a la carte 41/70 — **147 Z : 193 B** 182/197 - 229/314 Fb.

🏨 **Residenz**, Bahnhofplatz 14, 🖋 3 71 50, Telex 7826389, Fax 3715113, 🌣 — 🛗 🛏 Rest 🛏 🛏 ⅄ ⓟ — 🛎 25/100. 🖭 ⓪ 🔚 🗚   DZ **c**
M a la carte 40/65 — **106 Z : 175 B** 95/170 - 180/250 Fb.

🏨 **Kübler** 🌿 garni, Bismarckstr. 39, 🖋 14 40, Fax 144441, 🚿 — 🛗 ⇔ 🛏 ☎ ⇔ ⓟ — 🛎 50 **97 Z : 150 B** 90/138 - 110/200 Fb.   DX **s**

🏨 **Ambassador** garni, Hirschstr. 34, 🖋 1 80 20, Telex 7826360, Fax 1802170 — 🛗 🛏 ☎ ⇔ — 🛎 40. 🖭 ⓪ 🔚 🗚   DX **a**
52 Z : 104 B 130/150 - 170/190 Fb.

🏨 **Kaiserhof**, Am Marktplatz, 🖋 2 66 16, Telex 7825600, Fax 27672 — 🛗 🛏 ☎ — 🛎 25/80. 🖭 ⓪ 🔚 🗚   EX **b**
M a la carte 29/64 — **40 Z : 55 B** 105/120 - 160/165 Fb.

🏨 **Eden-Hotel**, Bahnhofstr. 17, 🖋 1 81 80, « Gartenterrasse » — 🛗 🛏 ☎ ⇔ — 🛎 25/60. 🖭 ⓪ 🔚 🗚   DY **d**
M a la carte 36/59 — **68 Z : 110 B** 110/125 - 150/180 Fb.

🏨 **Berliner Hof** garni, Douglasstr. 7, 🖋 2 39 81, Telex 7825889, 🚿 — 🛗 🛏 ☎ ⓟ. 🖭 ⓪ 🔚 🗚   DX **e**
55 Z : 70 B 100/105 - 140/145 Fb.

🏨 **National** garni, Kriegsstr. 90, 🖋 6 09 50, Telex 7826320, Fax 609560, 🚿 — 🛗 ⇔ 🛏 ☎ ⇔ ⓟ — **36 Z : 64 B** Fb.   EY **v**

🏨 **Rio**, Hans-Sachs-Str. 2, 🖋 84 50 61, Telex 7826426 — 🛗 🛏 ☎ ⓟ. 🖭 ⓪ 🔚 🗚 🍴 Rest *22. Dez.- 1. Jan. geschl.* — **M** *(Freitag - Sonntag 18 Uhr geschl.)* a la carte 29/45 — **89 Z : 128 B** 115 - 155 Fb.   DX **e**

🏨 **Bahnpost** garni, Am Stadtgarten 5, 🖋 3 49 77, Telex 7826360, Fax 1802170 — 🛗 🛏 ☎. 🖭 🗚   EZ **x**
26 Z : 40 B 110/115 - 130/150 Fb.

🏨 **Alte Münze** garni, Sophienstr. 24, 🖋 2 49 81 — 🛗 🛏 ☎. 🖭 ⓪ 🗚   DXY **n**
20 Z : 30 B 110/115 - 130/150 Fb.

🏠 **Hotel Am Tiergarten** garni, Bahnhofplatz 6, 🖋 38 61 51, Caféterrasse — 🛗 🛏 ☎   EZ **k**
20. Dez.- Anfang Jan. geschl. — **16 Z : 32 B** 95/105 - 145/155 Fb.

🏠 **Astoria** garni, Mathystr. 22, 🖋 81 60 71, Fax 812460 — 🛏 ☎. 🖭 ⓪ 🔚 🗚   DY
16 Z : 27 B 100/130 - 140/180 Fb.

🏠 **Hasen**, Gerwigstr. 47, 🖋 61 50 76, Fax 621101 — 🛗 ☎. 🖭 🔚 🗚   BU
M *(Sonntag - Montag, 20. Juli - 20. Aug. und 23. Dez.- 7. Jan. geschl.)* a la carte 45/78 — **37 Z : 45 B** 68/110 - 130 Fb.

🏠 **Am Gottesauer Schloß** garni, Gottesauer Str. 32, 🖋 37 60 57 — 🛏 ☎ ⓟ   BU
26 Z : 52 B Fb.

🏠 **Am Markt** garni, Kaiserstr. 76, 🖋 2 09 21, Fax 28066 — 🛗 🛏 ☎. 🖭 ⓪ 🔚 🗚   EX
32 Z : 50 B 65/108 - 115/150.

🏠 **Am Tullabad** garni, Ettlinger Str. 21, 🖋 37 80 67 — ⇔ ⇔. 🖭 🔚 🗚   EY
22. Dez.- 6. Jan. geschl. — **24 Z : 32 B** 58/70 - 105 Fb.

🏠 **Barbarossa**, Luisenstr. 38, 🖋 3 72 50, Fax 372580 — 🛗 🛏 ☎ ⇔. 🖭 🔚 🗚   EY
M *(wochentags nur Abendessen, Freitag - Samstag, 1.- 25. Aug. und 23. Dez.- 25. Jan. geschl.)* a la carte 23/45 🍴 — **60 Z : 75 B** 50/100 - 110/140 Fb.

🏠 **Zum Winzerhaus**, Nowackanlage 1, 🖋 6 03 15 — ☎. ⓪ 🔚 🗚   EY
M *(Freitag und 20. Juli - 12. Aug. geschl.)* a la carte 29/52 🍴 — **18 Z : 30 B** 49/85 - 85/105.

XXX **Unter den Linden**, Kaiserallee 71, ℰ 84 91 85 — 𝔸𝔼 ⑩ 𝐄 𝑉𝐼𝑆𝐴   CX e
Sonntag geschl. — **M** 27 (mittags) und a la carte 45/82 — (Hotel mit 20 Z ab Frühjahr 1990).

XX **Kühler Krug**, Wilhelm-Baur-Str. 3, ℰ 85 54 86 — ⓟ — ⚒ 25/200. ⑩ 𝐄 𝑉𝐼𝑆𝐴   CY m
Montag geschl. — **M** a la carte 32/74.

XX **O'Henry's Restaurant**, Breite Str. 24, ℰ 38 55 51 — ⓟ. 𝔸𝔼 ⑩ 𝐄 𝑉𝐼𝑆𝐴   DZ b
Samstag bis 18 Uhr, Sonntag und Juli 2 Wochen geschl. — **M** (Tischbestellung ratsam) a la
carte 39/78.

XX **Santa Lucia** (Italienische Küche), Badenwerkstr. 1, ℰ 2 78 62, �){ — 𝔸𝔼 ⑩ 𝐄 𝑉𝐼𝑆𝐴   EY z
Dienstag geschl. — **M** a la carte 37/69.

XX **Dudelsack**, Waldstr. 79, ℰ 2 21 66, « Innenhofterrasse » — 𝔸𝔼   DY f
nur Abendessen, Sonntag geschl. — **M** (Tischbestellung ratsam) a la carte 47/74.

XX **Stadthallen-Restaurant**, Festplatz 4 (im Kongreß- Zentrum), ℰ 37 77 77, Fax 379576 —
⚭ — ⚒ 60. 𝔸𝔼   EY
M a la carte 39/63.

XX **Oberländer Weinstube**, Akademiestr. 7, ℰ 2 50 66, bemerkenswerte Weinkarte,
« Innenhof » — 𝔸𝔼 ⑩ 𝐄 𝑉𝐼𝑆𝐴   DX t
Samstag bis 18 Uhr und Sonntag geschl. — **M** (Tischbestellung ratsam) a la carte 41/79.

XX **Adria** (Italienische Küche), Ritterstr. 19, ℰ 2 06 65, �){ — ⚭   DY u
Sonntag 15 Uhr - Montag und 23. Juli - 20. Aug. geschl. — **M** a la carte 37/55.

X **Tai Hu** (Chinesische Küche), Stephanienstr. 2a, ℰ 2 22 69 — ▤. 𝔸𝔼 ⑩ 𝐄 𝑉𝐼𝑆𝐴   DX c
M a la carte 29/56.

X **Zum Ritter** (Haus a.d.J. 1778), Hardtstr. 25, ℰ 55 14 55 — 𝔸𝔼 ⑩ 𝐄   AU c
Montag geschl. — **M** a la carte 28/55 ♨.

X **Hoepfner-Burghof** (Brauereigaststätte), Haid- und Neu- Str. 18, ℰ 61 57 35, Biergarten
— ⓟ. 𝔸𝔼 ⑩ 𝐄 𝑉𝐼𝑆𝐴   BU z
Sonntag ab 15 Uhr geschl. — **M** a la carte 22/55 ♨.

X **Goldenes Kreuz** (Brauerei-Gaststätte), Karlstr. 21a, ℰ 2 20 54, 🌃   DX z
— *Mittwoch 15 Uhr - Donnerstag geschl.* — **M** a la carte 18/45 ♨.

In Karlsruhe 21-Daxlanden W : 5 km über Daxlander Straße AU :

XX ❀ **Künstlerkneipe Zur Krone**, Pfarrstr. 18, ℰ 57 22 47, « Altbadische Weinstube, Bilder
Karlsruher Künstler um 1900 »
Sonntag - Montag und 23.- 27. Dez. geschl. — **M** (Tischbestellung ratsam) 65/85 und a la
carte 50/75
Spez. Gänseleberterrine, Roulade von Edelfischen, Entenbrust mit roten Linsen.

In Karlsruhe 41-Durlach O : 7 km über Durlacher Allee BU :

🏠 **Maison Suisse** ⚘, Hildebrandtstr. 24, ℰ 40 60 48 — 📺 ☎ ⇔
(nur Abendessen, Tischbestellung ratsam) — **15 Z : 22 B**.

🏠 **Große Linde**, Killisfeldstr. 18, ℰ 4 22 95
— **M** *(Sonn- und Feiertage geschl.)* a la carte 21/50 — **25 Z : 40 B** 48/70 - 75/98.

XXX **Zum Ochsen**, Pfinzstr. 64, ℰ 4 23 73, bemerkenswerte Weinkarte — ⑩ 𝐄. 🎉
Mittwoch und Juli - Aug. 3 Wochen geschl. — **M** a la carte 51/96.

X **Burghof**, Reichardtstr. 22 (auf dem Turmberg), ℰ 4 14 59, ≤ Karlsruhe und Rheinebene,
🌃 — ⓟ.

X **Schützenhaus**, Jean-Ritzert-Str. 8 (auf dem Turmberg), ℰ 49 13 68, Biergarten — ⓟ.

In Karlsruhe 21-Grünwinkel :

🏠 **Beim Schupi** (Volkstheater im Hause), Durmersheimer Str. 6, ℰ 55 12 20, Biergarten — 📺
☎ ⓟ. 🎉 Zim   AU a
10 Z : 14 B.

In Karlsruhe 21-Knielingen :

🏠 **Burgau**, Neufeldstr. 10, ℰ 56 30 34 — 📺 ☎ ⓟ. ⑩ 𝐄   AT z
23. Dez.- 1. Jan. geschl. — **M** *(Samstag, Sonn- und Feiertage sowie Juli - Aug. 3 Wochen
geschl.)* a la carte 28/51 ♨ — **17 Z : 29 B** 98/125 - 130/150 Fb.

In Karlsruhe 21-Maxau ⑦ : 9 km :

X **Hofgut Maxau**, ℰ 56 30 33, 🌃 — ⓟ. 𝔸𝔼 ⑩ 𝐄 𝑉𝐼𝑆𝐴
Montag 15 Uhr - Dienstag und Jan. 3 Wochen geschl. — **M** a la carte 40/61.

In Karlsruhe 31-Neureut :

XX **Nagel's Kranz**, Neureuter Hauptstr. 210, ℰ 70 57 42, 🌃 — ⓟ   AT e
Samstag bis 17 Uhr sowie Sonn- und Feiertage geschl. — **M** a la carte 53/77.

In Karlsruhe 51-Rüppurr :

X Zum Strauß, Lange Str. 94, ℰ 3 17 38, Biergarten — ⓟ   AV s

In Karlsruhe 41-Stupferich ④ : 11,5 km :

🍴 **Landgasthof Sonne**, Kleinsteinbacher Str. 2, ℰ 47 22 39 — ☎. 🎉 Zim
22. Dez.- 14. Jan. geschl. — **M** *(Sonntag 15 Uhr - Montag geschl.)* a la carte 24/43 ♨ — **15 Z :
25 B** 46 - 78 Fb.

In Karlsruhe 41-Wolfartsweier :

✕ **Schloßberg-Stuben**, Wettersteinstr. 5, 𝒫 49 48 53 — ☒ ⬥ 🗲 𝗩𝗜𝗦𝗔 BV **a**
Montag, 1.- 8. Jan. und Juli - Aug. 3 Wochen geschl. — **M** (abends Tischbestellung ratsam)
a la carte 37/70.

In Pfinztal-Berghausen 7507 ③ : 13 km :

✕✕ **Zur Linde** mit Zim, An der Bahn 1 (an der B 293), 𝒫 (0721) 4 61 18 — ☒ 🏠 ☎. ⬥ 🗲. ⌘ Zim
M *(Dienstag ab 15 Uhr und Samstag bis 18 Uhr geschl.)* a la carte 31/61 — **10 Z : 14 B**
80/110 - 140.

An der Autobahn A 5 (Anschlußstelle Ettlingen/Karlsruhe-Rheinhafen): Hotel Scandic
Crown siehe unter Ettlingen.

MICHELIN-REIFENWERKE KGaA. 7500 Karlsruhe 21
Werk : Michelinstraße 4 AU , 𝒫 (0721) 5 96 00, Telex 7825911, FAX 590831
Bereich Vertrieb : Bannwaldallee 60 CZ, 𝒫 (0721) 8 60 00, Telex 7825868, FAX 8600290.

KARLSTADT 8782. Bayern ⓭⓲⓳ M 17, ⓽⓼⓻ ⊘ — 14 000 Ew — Höhe 163 m — 🕐 09353.
♦München 304 — Aschaffenburg 52 — Bad Kissingen 45 — ♦Würzburg 24.

🏨 **Alte Brauerei**, Hauptstr. 58, 𝒫 5 69, « Geschmackvolle, gemütliche Einrichtung » — 🛗 📺
☎. ☒ ⬥ 🗲
27. Dez.- 10. Jan. geschl. — **M** *(Samstag geschl.)* a la carte 33/56 — **20 Z : 38 B** 80 - 120/
130 Fb.

⌂ **Weißes Lamm**, Alte Bahnhofstr. 20, 𝒫 23 31 — ⇐
27. Dez.- 10. Jan. geschl. — **M** *(Dienstag ab 14 Uhr geschl.)* a la carte 19/33 ⓐ — **15 Z : 30 B**
36/42 - 68/75.

KARTHAUS Rheinland-Pfalz siehe Konz.

KARWENDEL Bayern. Sehenswürdigkeit siehe Mittenwald.

KASENDORF 8658. Bayern ⓭⓲⓳ R 16 — 2 400 Ew — Höhe 367 m — Wintersport : 400/500 m ≰1
⌖3 (in Zultenberg) — 🕐 09228 (Thurnau).
♦München 260 — ♦Bamberg 43 — Bayreuth 25 — Kulmbach 11.

🏠 **Goldener Anker**, Marktplatz 9, 𝒫 6 22, 🏠, 🖼 — ⇐ 🅟
⌐ **M** a la carte 17/34 — **46 Z : 80 B** 33/50 - 65/90.

Si vous cherchez un hôtel tranquille,
consultez d'abord les cartes thématiques de l'introduction
ou repérez dans le texte les établissements indiqués avec le signe ⌂ ou ⌂.

KASSEL 3500. Hessen ⓽⓼⓻ ⑮ — 189 000 Ew — Höhe 163 m — 🕐 0561.
Sehenswert : Wilhelmshöhe★★ (Schloßpark★★ : Wasserkünste★, Herkules★★, ≼★★) — Schloß
Wilhelmshöhe (Gemäldegalerie★★★, Antikensammlung★) AZ **M1** — Neue Galerie★ BY **M2** —
Karlsaue★ (Marmorbad: Inneres★★) BY — Hessisches Landesmuseum★ (Deutsches
Tapetenmuseum★★, Astronomisch-Physikalisches Kabinett★★) BY **M3**.

Ausflugsziel : Schloß Wilhelmsthal★ N : 12 km.
🏌 Kassel-Wilhelmshöhe, Am Ehlener Kreuz (AZ), 𝒫 3 35 09.
🚗 𝒫 7 86 55 88.
Ausstellungsgelände (BY), 𝒫 1 49 23.
🛈 Tourist-Information im Hauptbahnhof, 𝒫 1 34 43.
ADAC, Rudolf-Schwander-Str. 17, 𝒫 10 34 64, Telex 99737.
♦Wiesbaden 215 ④ — ♦Dortmund 167 ⑤ — Erfurt 150 ③ — ♦Frankfurt am Main 187 ② — ♦Hannover 164 ② —
♦Nürnberg 309 ④.

Stadtplan siehe nächste Seiten.

🏨 **Domus**, Erzbergerstr. 1, 𝒫 10 23 85, Telex 992542 — 🛗 📺 🅟 — 🅰 50. ☒ ⬥ 🗲 𝗩𝗜𝗦𝗔 BX
M a la carte 27/63 — **51 Z : 73 B** 105/115 - 160/170 Fb — 3 Appart. 185.

🏨 **Dorint-Hotel Reiss**, Werner-Hilpert-Str. 24, 𝒫 7 88 30, Telex 99740, Fax 7883777 — 🛗 📺
☎ ⇐ 🅟 — 🅰 30/400. ☒ ⬥ 🗲 𝗩𝗜𝗦𝗔 BX
M a la carte 34/65 — **102 Z : 127 B** 118/124 - 158/168 Fb.

🏠 **City-Hotel** garni, Wilhelmshöher Allee 40, 𝒫 7 18 71, Telex 99524, 🏠 — 🛗 📺 ☎ ⇐ 🅟
☒ ⬥ 🗲 𝗩𝗜𝗦𝗔 AY
43 Z : 80 B 98/138 - 130/200 Fb.

🏠 **Excelsior**, Erzbergerstr. 2, 𝒫 10 29 84 — 🛗 📺 ☎ — 🅰 60. ☒ ⬥ 🗲 𝗩𝗜𝗦𝗔 BX
23.- 27. Dez. geschl. — **M** *(nur Abendessen, Samstag - Sonntag geschl.)* a la carte 22/32 —
56 Z : 83 B 69/85 - 105/119 Fb.

🏠 **Westend** garni, Friedrich-Ebert-Str. 135, 𝒫 10 38 21 — 🛗 📺 ☎. ☒ ⬥ 🗲 𝗩𝗜𝗦𝗔 AX
43 Z : 80 B 98/98 - 138/148 Fb.

XX **Landhaus Meister**, Fuldatalstr. 140, ✆ 87 50 50, Fax 878065, ⌂ – ➋ – 🅿 25/100. 🆑
🕦 **E**   über Fuldatalstr. BX
Sonntag - Montag geschl. – **M** a la carte 57/93.

XX **Parkgärtchen**, Parkstr. 42, ✆ 1 40 50, Fax 776270, ⌂ – 🆑 🕦 **E** 𝗩𝗜𝗦𝗔   AX **e**
nur Abendessen, Sonntag geschl. – **M** a la carte 46/63.

X **Ratskeller**, Obere Königsstr. 8 (Rathaus), ✆ 1 59 28, ⌂ – 🅿 30. 🆑 🕦 **E** 𝗩𝗜𝗦𝗔   BY **R**
M a la carte 30/60.

X **Weinhaus Boos**, Wilhelmshöher Allee 97, ✆ 2 22 09, ⌂   AY **m**
wochentags nur Abendessen.

X **La Frasca** (Italienische Küche), Jordanstr. 11, ✆ 1 44 94 – 🕦 **E**   BY **a**
nur Abendessen, Mittwoch und Aug.- Sept. 4 Wochen geschl. – **M** a la carte 41/70.

In Kassel-Bettenhausen ② : 4 km, nahe BAB-Anschluß Kassel-Ost :

🏨 **Queens Moat House Hotel**, Heiligenröder Str. 61, ✆ 5 20 50, Telex 99814, Fax 527400,
⌂, 🔲 – 📶 📺 🕳 🅿 – 🅿 25/150. 🆑 🕦 **E** 𝗩𝗜𝗦𝗔
M a la carte 34/69 – **141 Z : 267 B** 148/175 - 206/231 Fb.

In Kassel-Harleshausen NW : 7 km über Rasenallee AZ :

🏠 **Am Sonnenhang** ≤, Aspenstr. 6, ✆ 6 20 70, ⌂ – 📶 📺 ☎ 🕳 ⟸ 🅿
27. Dez.- 8. Jan. geschl. – **M** *(wochentags nur Abendessen, Freitag geschl.)* a la carte 26/49
– **25 Z : 50 B** 58/68 - 105/126 Fb.

In Kassel-Niederzwehren ⑤ : 3,5 km :

🏨 **Gude - Restaurant Pfeffermühle**, Frankfurter Str. 299, ✆ 4 80 50, Telex 99515, Fax
4805101, Bade- und Massageabteilung, ⌂, 🔲 – 📶 📺 🅿 – 🅿 25/100. 🆑
M *(Sonntag ab 15 Uhr geschl.)* a la carte 26/60 – **56 Z : 110 B** 100/120 - 140/170 Fb.

In Kassel-Wilhelmshöhe :

🏨 **Schloßhotel Wilhelmshöhe** ≤, Schloßpark 2, ✆ 3 08 80, Telex 99699, Fax 3088428,
« Gartenterrasse mit ≤ Kassel », Bade- und Massageabteilung, ⌂, 🔲 – 📶 📺 ⟸ 🅿 –
🅿 25/250. 🆑 🕦 **E** 𝗩𝗜𝗦𝗔   AZ **b**
M a la carte 42/69 – **105 Z : 185 B** 135 - 190 Fb – 5 Appart. 240/270.

🏨 **Kurparkhotel**, Wilhelmshöher Allee 336, ✆ 3 18 90, Telex 99812, ⌂ – 📶 📺 ☎ 🕳 ⟸
🅿 – 🅿 25/100. 🆑 🕦 **E**   AZ **u**
M *(Sonntag ab 18 Uhr geschl.)* a la carte 30/69 – **63 Z : 110 B** 120/160 - 180/240 Fb.

🏠 **Schweizer Hof**, Wilhelmshöher Allee 288, ✆ 3 40 48, Telex 992416 – 📶 📺 ☎ 🅿 –
🅿 50. 🆑 🕦 **E** 𝗩𝗜𝗦𝗔   AZ **r**
M *(nur Abendessen, Sonntag - Montag geschl.)* a la carte 24/48 – **49 Z : 98 B** 90/99 -
140/180 Fb.

XX **Calvados**, Im Druseltal 12 (1. Etage, 📶), ✆ 30 44 20, ⌂ – 🕳 🅿. 🆑 🕦 **E** 𝗩𝗜𝗦𝗔   AZ **z**
M a la carte 31/66.

XX **Haus Rothstein** mit Zim, Heinrich-Schütz-Allee 56, ✆ 3 37 84, ⌂ – 📺 ☎ 🅿. **E**   AZ **e**
M *(Montag geschl.)* 22/30 (mittags) und a la carte 32/60 – **5 Z : 9 B** 70/75 - 110/130.

In Ahnatal 1-Weimar 3501 ⑥ : 12 km – Erholungsort :

🕯 **Bühlklause**, Dörnbergstr. 55, ✆ (05609) 97 35 – ☎ 🅿
10 Z : 20 B.

In Calden 3527 NW : 14 km über ⑦ oder über Rasenallee AZ :

🏨 **Schloßhotel Wilhelmsthal** ≤, Beim Schloß Wilhelmsthal (SW : 2 km), ✆ (05674) 8 48,
« Gartenterrasse mit Grill » – ☎ ⟸ 🅿 – 🅿 40. 🕦 **E**
M 19 (mittags) und a la carte 36/57 – **18 Z : 31 B** 70/90 - 120/150.

In Espenau-Schäferberg 3501 ⑦ : 10 km :

🏨 **Waldhotel Schäferberg**, Wilhelmsthaler Str. 14 (B 7), ✆ (05673) 79 71, Telex 991814,
⌂, ⌂, Fahrradverleih – 📶 📺 Zim 📺 ☎ 🕳 🅿 – 🅿 25/200. 🆑 🕦 **E** 𝗩𝗜𝗦𝗔
M 16/37 (mittags) und a la carte 33/62 – **95 Z : 180 B** 79/107 - 126/166 Fb – 6 Appart. 240.

In Fuldatal 2-Simmershausen 3501 ① : 7 km Luftkurort :.

🕯 **Haus Schönewald**, Wilhelmstr. 17, ✆ (0561) 81 17 08, ⌂ – 🅿. 🍴
24. Mai - 6. Juni und 27. Juli - 14. Aug. geschl. – **M** *(nur Abendessen, Mittwoch geschl.)* a la
carte 22/35 🕳 – **26 Z : 47 B** 40/45 - 75.

In Niestetal-Heiligenrode 3501 ② : 6 km, nahe BAB-Anschluß Kassel-Ost :

🏠 **Althans** ≤ garni, Friedrich-Ebert-Str. 65, ✆ (0561) 52 27 09 – ☎ 🅿. 🍴
21. Dez.- 6. Jan. geschl. – **21 Z : 27 B** 39/53 - 66/84.

An der Autobahn A 7 nähe Kasseler Kreuz ④ : 7 km :

🏨 **Autobahn-Rasthaus Kassel**, ✉ 3503 Lohfelden, ✆ (0561) 58 30 31, Telex 99642, Fax
581917, ≤, ⌂ – 📶 📺 🕳 ⟸ 🅿 – 🅿 25/150. 🆑 🕦 **E** 𝗩𝗜𝗦𝗔
M (auch Self-Service) a la carte 23/54 – **40 Z : 80 B** 93 - 144 Fb.

ICHELIN-REIFENWERKE KGaA. Niederlassung 3500 Kassel 1, Osterholzstr. 50 (AZ),
(0561) 57 20 76.

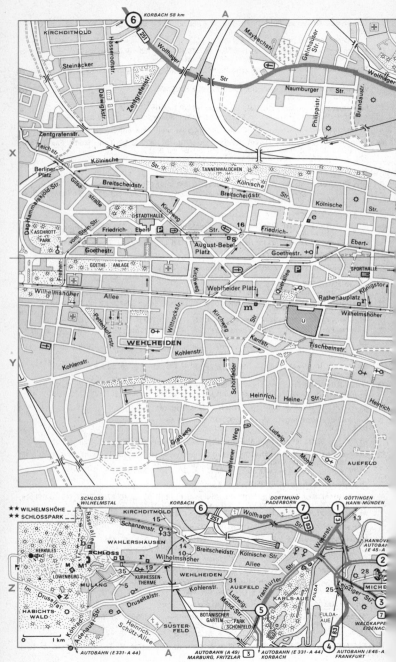

KORBACH 58 km

KIRCHDITMOLD

Steinacker

Hasserodtstr.

Dalwigkstr.

Zentgrafenstr.

Zentgrafenstr.

Teichstr.

Berliner Platz

Kölnische Str.

TANNENWALDCHEN

Kölnische Str.

Maybachstr.

Gelnhäuser Str.

Wolfhager Str.

Wolfhager Str.

Naumburger Str.

Philippistr.

Brandaustr.

Kölnische Str.

e

Kölnische Str.

Breitscheidstr.

Breitscheidstr.

Kirchweg

STADTHALLE

Friedrich-Ebert-

vom Stein-Str.

Goethestr.

Str.

August-Bebel-Platz

16

Friedrich-

Goethestr.

Ebert-

Dag-Hammarskjöld-Str.

Geisterstraße

ASCHROTT-PARK

GOETHE-ANLAGE

Freiherr-

Wilhelmshöher Allee

Petenlorstr.

WEHLHEIDEN

Kohlenstr.

Kohlenstr.

Kirchweg

Wehlheider Platz

Wittrockstr.

Kirchweg

Kantstr.

Querallee

m

U

SPORTHALLE

Königstor

Rathenauplatz

Wilhelmshöher

Tischbeinstr.

Schönfelder

Heinrich-Heine-Str.

Heinrich-

Gräbweg

Zwehrener Weg

Ludwig-

Mond-Str.

AUEFELD

V

★★ WILHELMSHÖHE
★★ SCHLOSSPARK

SCHLOSS WILHELMSTAL

KORBACH

DORTMUND PADERBORN

GÖTTINGEN HANN.-MÜNDEN

KIRCHDITMOLD

Schanzenstr.

15

33

HERKULES

WAHLERSHAUSEN

SCHLOSS

u

r

14

10

Breitscheidstr.

Kölnische Str.

Wilhelmshöher Allee

Wolfhager Str.

Str.

HANNOVE AUTOBAH (E 45-A

Rasenallee

M

M

LÖWENBURG

MULANG

35

19

5

KURHESSEN-THERME

WEHLHEIDEN

31

Kohlenstr.

AUEFELD

Frankfurter Str.

28

MICHE

Leipziger Str.

Im Druseltal

Z

HABICHTS-WALD

Kohlrad

Adenaue

Druseltalstr.

Heinrich-Schütz-Allee

SÜSTER-FELD

BOTANISCHER GARTEN

Ludwig-

Mond-Str.

KARLS-AUE

FULDA

25

FULDA-AUE

WALDKAPPE EISENAC

AUTOBAHN (E 331-A 44)

AUTOBAHN (A 49) MARBURG, FRITZLAR

PARK SCHÖNFELD

AUTOBAHN (E 331-A 44) KORBACH

AUTOBAHN (E 45-A FRANKFURT

0   1 km

A

430

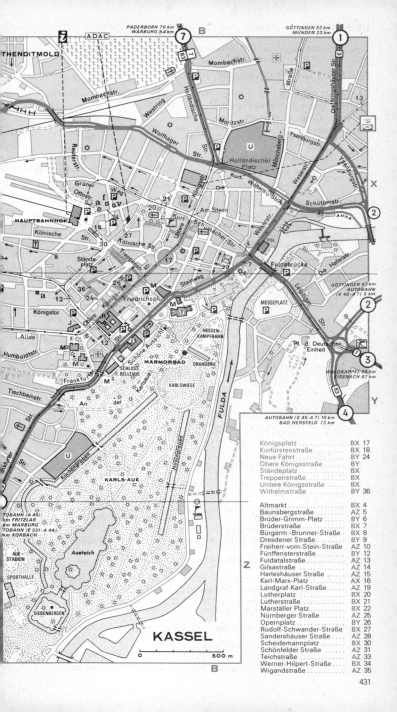

KASSEL

0   500 m

KASTELLAUN 5448. Rheinland-Pfalz 987 ㉔ — 3 700 Ew — Höhe 435 m — ✿ 06762.
🛈 Verkehrsamt, Rathaus, Kirchstr. 1, ℰ 40 30 — Mainz 80 — ◆Koblenz 44 — ◆Trier 96.

🏠 **Zum Rehberg** 🦌 garni, Mühlenweg 1, ℰ 13 32, 🍴, 🐎 – 🚗 🅿 – 🔏 50
19 Z : 39 B 40/70 - 80/120 — 6 Fewo — (Anbau mit 20 Z bis Sommer 1990).

KATTENES Rheinland-Pfalz siehe Löf.

KATZENELNBOGEN 5429. Rheinland-Pfalz — 1 700 Ew — Höhe 300 m — ✿ 06486.
Mainz 51 — ◆Koblenz 50 — Limburg an der Lahn 21 — ◆Wiesbaden 46.

In Berghausen 5429 SO : 2,5 km :

🏠 **Berghof**, Bergstr. 3, ℰ (06486) 83 44 — 🚗 🅿
◆ M *(Montag geschl.)* a la carte 19/37 🍷 — **33 Z : 70 B** 32/40 - 60/70 Fb — 2 Fewo 35 -
½ P 36/42.

In Klingelbach 5429 NW : 1,5 km :

🏠 **Sonnenhof** 🦌, Kirchstr. 31, ℰ (06486) 70 86, ≤, 🍴, 🍴, 🐎, ✗ – ☎ 🚗 🅿 – 🔏 30
◆ ⓪ E
6.- 16. Jan. geschl. — **M** *(Dienstag geschl.)* a la carte 20/45 🍷 — **24 Z : 42 B** 44/54 - 84/96 Fb

KAUB 5425. Rheinland-Pfalz 987 ㉔ — 1 500 Ew — Höhe 79 m — ✿ 06774.
🛈 Verkehrsamt, im Rathaus, Metzgergasse 26, ℰ 2 22 — Mainz 54 — ◆Koblenz 45 — ◆Wiesbaden 51.

✗ **Zum Rebstock** mit Zim, Blücherstr. 55a (NO : 1 km), ℰ 2 24, eigener Weinbau — 🅿
24. Dez.- 18. Jan. geschl. — **M** a la carte 26/39 🍷 — **7 Z : 13 B** 32 - 64.

✗ **Deutsches Haus** mit Zim, Schulstr. 1, ℰ 2 66
◆ 14. Jan.- 4. Feb. geschl. — **M** *(Montag geschl.)* a la carte 20/50 🍷 — **11 Z : 19 B** 30/35
60/70.

KAUFBEUREN 8950. Bayern 413 O 23, 987 ㊳, 426 ⑮ — 41 000 Ew — Höhe 680 m
Wintersport : 707/849 m ⚡8 — ✿ 08341.
🛈 Verkehrsverein, Innere-Buchleuthen-Str. 13, ℰ 4 04 05 — ADAC, Kaiser-Max-Str. 3, ℰ 24 07, Telex 54693.
◆München 87 — Kempten (Allgäu) 35 — Landsberg am Lech 30 — Schongau 26.

🏨 **Goldener Hirsch**, Kaiser-Max-Str. 39, ℰ 4 30 30, Telex 541705, Fax 18273, 🍴 – 📺 ☎ (
– 🔏 35. 🆑 ⓪ E 🆅🆂🅰
M a la carte 25/50 — **34 Z : 60 B** 78/145 - 115/195 Fb.

🏠 **Hasen**, Ganghoferstr. 7, ℰ 89 41 — 📳 ☎ 🚗 🅿. 🆑 ⓪ E 🆅🆂🅰
◆ M a la carte 21/41 — **70 Z : 120 B** 30/80 - 60/120.

🏠 **Leitner**, Neugablonzer Str. 68, ℰ 33 44 — 🅿
◆ M *(Freitag 14 Uhr - Samstag, 23. Dez.- 1. Jan. und Aug. 3 Wochen geschl.)* a la carte 19/3
— **22 Z : 33 B** 29/40 - 44/70.

🏠 **Hofbräuhaus** garni, Josef-Landes-Str. 1, ℰ 26 54 — ☎ 🚗 🅿. 🆑
29 Z : 45 B 30/50 - 55/90.

In Kaufbeuren-Oberbeuren SW : 2 km :

🏠 **Engel**, Hauptstr. 10, ℰ 21 24 — 🚗 🅿
◆ M *(nur Abendessen, Samstag - Sonntag und Aug. geschl.)* a la carte 15/23 🍷 — **17 Z : 31 |**
32/42 - 54/64.

In Biessenhofen 8954 S : 6,5 km :

🏨 **Neue Post**, Füssener Str. 17 (B 16), ℰ (08341) 85 25, 🍴, 🐎 – 📺 ☎ 🅿 – 🔏 60. 🆑 (
E 🆅🆂🅰
7. Jan.- 1. Feb. geschl. — **M** a la carte 52/94 — **20 Z : 30 B** 70/90 - 120/150.

In Irsee 8951 NW : 7 km :

🏨 **Klosterbräustüble** 🦌, Klosterring 1, ℰ (08341) 43 22 00, 🍴, Brauereimuseum — ☎ 🅿
8.- 19. Jan. geschl. — **M** a la carte 25/43 — **39 Z : 60 B** 70/84 - 115/128.

In Pforzen-Hammerschmiede 8951 N : 6,5 km :

✗✗ Landgasthof Hammerschmiede, an der B 16, ℰ (08346) 2 71, Biergarten — 🅿.

KAUFERING Bayern siehe Landsberg am Lech.

KAYHUDE 2061. Schleswig-Holstein — 800 Ew — Höhe 25 m — ✿ 040 (Hamburg).
◆Kiel 82 — ◆Hamburg 30 — ◆Lübeck 50 — Bad Segeberg 26.

✗✗ **Alter Heidkrug**, Segeberger Str. 10 (B 432), ℰ 6 07 02 52, 🍴 – 🅿 – 🔏 40. 🆑 ⓪ E 🆅
Donnerstag und Juli - Aug. 3 Wochen geschl. — **M** a la carte 31/60.

KEHL 7640. Baden-Württemberg 413 G 21, 987 ㉞, 242 ㉔ — 30 000 Ew — Höhe 139 m
✿ 07851.
🛈 Verkehrsamt, Am Marktplatz, ℰ 8 82 26, Fax 88222.
ADAC, Grenzbüro, Europabrücke, ℰ 21 88.
◆Stuttgart 149 — Baden-Baden 55 — ◆Freiburg im Breisgau 81 — ◆Karlsruhe 76 — Strasbourg 6.

432

KEHL

🏨 **Europa-Hotel** garni, Straßburger Str. 9, ℰ 29 01 – 🛗 📺 ☎ 🅿 – 🔩 25/100. ⒶⒺ ⓄⒹ ⅇ 𝑉𝐼𝑆𝐴
22. Dez.- 7. Jan. geschl. – **54 Z : 90 B** 94/124 - 149/159 Fb.

🏨 **Astoria** garni, Bahnhofstr. 4, ℰ 30 66 – 🛗 ☎ 🅿. ⒶⒺ ⓄⒹ ⅇ 𝑉𝐼𝑆𝐴
30 Z : 64 B 60/70 - 95/105 Fb.

In Kehl-Kork SO : 4 km :

🏨 **Schwanen**, Landstr. 3, ℰ 33 38, « Restaurant im alpenländischen Stil » – ☎ 🅿. ⅇ
◆ **M** (Montag und Juli - Aug. 3 Wochen geschl.) 12/35 (mittags) und a la carte 20/47 ⅙ –
34 Z : 65 B 30/55 - 50/80.

🏕 **Hirsch**, Gerbereistr. 20, ℰ 36 00 – 🅿
Mitte Dez.- Anfang Feb. geschl. – Menu (nur Abendessen, Sonntag geschl.) a la carte 23/53
⅙ – **53 Z : 100 B** 45/50 - 75.

In Kehl-Marlen S : 7 km :

✕ **Wilder Mann**, Schlossergasse 28, ℰ (07854) 2 14 – 🅿
Mittwoch - Donnerstag 17 Uhr sowie über Fasching und Aug. jeweils 2 Wochen geschl. –
Menu a la carte 31/63.

In Rheinau-Linx 7597 NO : 11 km :

✕ **Grüner Baum** mit Zim, Tullastr. 30, ℰ (07853) 3 58 – 🅿. ⒶⒺ ⓄⒹ ⅇ 𝑉𝐼𝑆𝐴
19. Feb.- 4. März geschl. – **M** (April - Sept. Montag, Okt.- März Sonntag 18 Uhr - Montag
geschl.) a la carte 34/63 – **5 Z : 11 B** 40 - 70.

In Rheinau-Diersheim 7597 NO : 14 km :

🏨 **La Provence** garni, Hanauer Str. 1, ℰ (07844) 79 59 – ☎ 🅿
20. Dez.- 10. Jan. geschl. – **9 Z : 18 B** 78/85 - 105/120.

KEHLSTEIN Bayern. Sehenswürdigkeit siehe Berchtesgaden.

KEITUM Schleswig-Holstein siehe Sylt (Insel).

KELBERG 5489. Rheinland-Pfalz 𝟿𝟪𝟩 ㉓㉔ – 7 200 Ew – Höhe 490 m – Luftkurort – ✪ 02692.
🛈 Rathaus, Dauner Str. 22, ℰ 8 72 18 – Mainz 157 – ◆Aachen 115 – ◆Bonn 65 – ◆Koblenz 66 – ◆Trier 78.

🏕 **Eifeler Hof**, Am Markt, ℰ 3 20, 🐎 – 🅿
Dez.- Ostern garni – **M** (Montag geschl.) a la carte 23/36 – **13 Z : 25 B** 38/45 - 70/85.

KELHEIM 8420. Bayern 𝟺𝟷𝟹 S 20. 𝟿𝟪𝟩 ㉗ – 15 000 Ew – Höhe 354 m – ✪ 09441.
Ausflugsziele : Befreiungshalle★ W : 3 km – Weltenburg : Klosterkirche★ SW : 7 km – Schloß
Prunn : Lage★, W : 11 km – 🛈 Verkehrsbüro, Ludwigsplatz, ℰ 7 01 34.
◆München 106 – Ingolstadt 56 – ◆Nürnberg 108 – ◆Regensburg 24.

🏨 **Stockhammer - Restaurant Ratskeller**, Am oberen Zweck 2, ℰ 32 54 – 📺 🅿. ⒶⒺ ⅇ
◆ 8.- 27. Aug. geschl. – **M** (Montag geschl.) a la carte 20/65 – **10 Z : 16 B** 35/50 - 65/80.

🏨 **Aukofer**, Alleestr. 27, ℰ 14 60 – 🛗 🅿 – 🔩 25/60
◆ 20. Dez.- 10. Jan. geschl. – **M** (Dez.- März Samstag geschl.) a la carte 16/33 – **70 Z : 120 B**
31/40 - 58/74.

🏨 **Klosterbrauerei Seitz** 🦢, Klosterstr. 5, ℰ 35 48, 🌧 – 🛗 ⇦ 🅿
◆ 22. Dez.- 10. Jan. geschl. – **M** (Dienstag - Mittwoch 15 Uhr geschl.) a la carte 17/36 – **38 Z :
65 B** 30/48 - 56/85.

🏕 **Weißes Lamm**, Ludwigstr. 12, ℰ 98 25 – 🛗 ⇦ 🅿
◆ 9.- 21. April geschl. – **M** (Nov.-April Samstag geschl.) a la carte 16/30 – **32 Z : 60 B** 29/38 -
52/68.

In Essing 8421 W : 8 km :

🏨 **Weihermühle**, ℰ (09447) 3 55, Biergarten, ⇕, ⅃ (geheizt), 🐎 – 🛗 🔥 ⇦ 🅿. ⒶⒺ ⓄⒹ ⅇ
2. Jan.- 3. Feb. und Mitte Nov.- Mitte Dez. geschl. – **M** (Nov.- April Dienstag geschl.) 15
(mittags) und a la carte 25/39 ⅙ – **23 Z : 44 B** 45/65 - 72/90.

✕ **Brauerei-Gasthof Schneider**, Altmühlgasse 10, ℰ (09447) 3 54, 🌧 – 🅿
Montag geschl. – **M** a la carte 24/52.

KELKHEIM 6233. Hessen 𝟺𝟷𝟹 I 16 – 27 000 Ew – Höhe 202 m – ✪ 06195.
🛈 Verkehrsamt, Frankfurter Str. 55, ℰ 20 02.
◆Wiesbaden 27 – ◆Frankfurt am Main 19 – Limburg an der Lahn 47.

🏨 **Post**, Breslauer Str. 42, ℰ 20 58 – 🛗 📺 ☎ ⇦ 🅿 – 🔩 25. ⒶⒺ ⓄⒹ ⅇ 𝑉𝐼𝑆𝐴
M (Samstag bis 18 Uhr geschl.) a la carte 46/73 – **18 Z : 36 B** 85/135 - 150/195.

🏨 **Kelkheimer Hof** garni, Großer Haingraben 7, ℰ 40 28, Fax 4031 – 📺 ☎ 🅿. ⒶⒺ ⓄⒹ ⅇ 𝑉𝐼𝑆𝐴
20 Z : 30 B 90/98 - 130/150 Fb.

🏨 **Becker's Waldhotel** 🦢 garni, Unter den Birken 19, ℰ 20 97, ⇕ – 📺 ☎ 🅿. ⓄⒹ ⅇ 𝑉𝐼𝑆𝐴
13 Z : 18 B 75/98 - 130/150 Fb.

In Kelkheim-Münster :

🏕 **Zum goldenen Löwen**, Alte Königsteiner Str. 1, ℰ 40 91 – 📺 ☎ 🅿. ⅇ
Juli - Aug. 2 Wochen und Weihnachten - Anfang Jan. geschl. – **M** (Donnerstag geschl.) a
la carte 23/45 ⅙ – **26 Z : 48 B** 69/75 - 102/111.

Außerhalb NW : 5 km über Fischbach und die B 455 Richtung Königstein :

🏨🏨 **Schloßhotel Rettershof** ⤵ (Schlößchen mit modernem Hotelanbau), ⊠ 6233 Kelkheim, ℰ (06174) 2 90 90, Fax 25352, 斉, Park, ≘s, ⋇ − 🖵 ⇐⇒ ℗ − 🏄 30. ﷼ ㄈ
M 28/53 (mittags) und a la carte 60/80 − **35 Z : 69 B** 115/130 - 180/195 Fb.

✗ **Zum fröhlichen Landmann,** ⊠ 6233 Kelkheim, ℰ (06174) 2 15 41, 斉 − ℗
Montag - Dienstag und 15. Jan.- 13. Feb. geschl. − **M** a la carte 28/48 ⅃.

KELL AM SEE 5509. Rheinland-Pfalz − 1 900 Ew − Höhe 441 m − Luftkurort − ✪ 06589.
🛈 Tourist-Information, Hochwaldstr. 4, ℰ 10 44 − Mainz 148 − Saarburg 27 − ✦Trier 37.

🏨 **St. Michael,** Kirchstr. 3, ℰ 10 68, ≘s, 斉, Fahrradverleih − 🔔 ☎ & ℗ − 🏄 25/250. ⦿.
↦ ⋇ Zim
M (Montag geschl.) a la carte 21/45 − **35 Z : 70 B** 54/84 - 108/148.

🏨 **Haus Doris** ⤵, Nagelstr. 8, ℰ 71 10, ≘s, 斉 − ℗. ⋇
↦ **M** (Mittwoch geschl.) a la carte 21/39 − **16 Z : 37 B** 40 - 70/80.

🏨 **Zur Post,** Hochwaldstr. 2, ℰ 2 00, 斉 − ⇐⇒ ℗. ⋇
↦ Okt. 2 Wochen geschl. − **M** (Freitag geschl.) a la carte 19/39 − **14 Z : 26 B** 40 - 75.

KELLENHUSEN 2436. Schleswig-Holstein − 1 500 Ew − Höhe 10 m − Ostseeheilbad − ✪ 04364 (Dahme).
🛈 Kurverwaltung, Strandpromenade, ℰ 10 81 − ✦Kiel 83 − Grömitz 11 − Heiligenhafen 25.

🏨 **Vier Linden** ⤵, Lindenstr. 4, ℰ 10 50, ≘s − 🔔 ℗. ㄈ. ⋇
Mitte März - Mitte Okt. − **M** a la carte 23/45 − **50 Z : 100 B** 49/65 - 90/112 − ½ P 58/70.

🏨 **Erholung,** Am Ring 35, ℰ 2 36 − 🔔 ☎ ℗
April - Ende Okt. − **M** a la carte 25/42 − **34 Z : 65 B** ½ P 68/70 - 136/140 Fb − 4 Fewo 95.

Siehe auch : **Liste der Feriendörfer**

KELSTERBACH 6092. Hessen 四⑬ ❘ 16 − 14 500 Ew − Höhe 107 m − ✪ 06107.
✦Wiesbaden 26 − ✦Darmstadt 33 − ✦Frankfurt am Main 16 − Mainz 26.

🏩 **Novotel Frankfurt Rhein-Main** ⤵, Am Weiher 20, ℰ 7 50 50, Telex 4170101, Fax 8060, 斉, ≘s, 🔟 − 🔔 ⇆ Zim 🍽 🖵 ☎ & ℗ − 🏄 30/190. ﷼ ⦿ ㄈ 𝘝𝘐𝘚𝘈
M a la carte 38/75 − **151 Z : 302 B** 168/188 - 210/230 Fb.

🏨 **Tanne,** Tannenstr. 2, ℰ 30 81, Telex 417794 − ☎ ℗. ﷼ ㄈ 𝘝𝘐𝘚𝘈
M (nur Abendessen, Freitag - Sonntag geschl.) a la carte 26/46 − **36 Z : 56 B** 89/105 - 140/174.

🏨 **Zeltinger Hof** garni, Waldstr. 73, ℰ 21 26 − 🖵 ☎ ℗. ﷼ ⦿ ㄈ 𝘝𝘐𝘚𝘈
21. Dez.- 10. Jan. geschl. − **30 Z : 40 B** 47/70 - 110/116.

✗✗ **Alte Oberförsterei** (ständig wechselnde Bilderausstellung), Staufenstr. 16 (beim Bürgerhaus), ℰ 6 16 73, 斉 − ℗. ﷼ ⦿ ㄈ
Samstag bis 18 Uhr, Montag und Juli - Aug. 2 Wochen geschl. − **M** (Tischbestellung ratsam) a la carte 43/72.

KELTERN 7538. Baden-Württemberg 四⑬ ❘ 20 − 7 850 Ew − Höhe 190 m − ✪ 07236.
✦Stuttgart 61 − ✦Karlsruhe 24 − Pforzheim 11.

In Keltern-Dietlingen :

✗ **Zum Kaiser,** Bachstr. 41, ℰ 62 89
Donnerstag - Freitag 17 Uhr, Mitte - Ende Feb. und Sept.- Okt. 3 Wochen geschl. − **M** a la carte 30/65.

In Keltern 2-Ellmendingen :

🏨 **Goldener Ochsen,** Durlacher Str. 8, ℰ 81 42 − ☎ ⇐⇒ ℗
22. Feb.- 10. März geschl. − **M** (Sonntag ab 16 Uhr geschl.) a la carte 33/69 − **12 Z : 21 B** 50/70 - 90/140.

🏨 Zum Löwen, Durlacher Str. 10, ℰ 81 31 − ℗ − 🏄 − **11 Z : 20 B**.

KEMMENAU Rheinland-Pfalz siehe Ems, Bad.

KEMPEN 4152. Nordrhein-Westfalen 九⑧⑦ ㉝ − 32 500 Ew − Höhe 35 m − ✪ 02152.
✦Düsseldorf 37 − Geldern 21 − Krefeld 13 − Venlo 22.

✗✗ **et kemp'sche huus** (restauriertes Fachwerkhaus a.d.J. 1725), Neustr. 31, ℰ 5 44 65 − ℗. ﷼ ⦿ ㄈ 𝘝𝘐𝘚𝘈. ⋇
Samstag bis 18 Uhr und Montag geschl. − **M** (Tischbestellung ratsam) 35 (mittags) und a l carte 49/70.

KEMPENICH 5446. Rheinland-Pfalz 九⑧⑦ ㉔ − 1 500 Ew − Höhe 455 m − Erholungsort − ✪ 02655 (Weibern) − Mainz 144 − ✦Bonn 55 − ✦Koblenz 53 − ✦Trier 106.

🏨 **Eifelkrone,** Hardt 1 (nahe der B 412), ℰ 13 01, 斉, 斉 − ⇐⇒ ℗
↦ Nov.- 15. Dez. geschl. − **M** a la carte 20/35 − **16 Z : 32 B** 39/43 - 72/76.

KEMPFELD 6581. Rheinland-Pfalz − 950 Ew − Höhe 530 m − Erholungsort − ☎ 06786.

Mainz 111 − Bernkastel-Kues 23 − Idar-Oberstein 15 − ◆Trier 66.

🏛 **Ferienfreude**, Hauptstr. 43, ℰ 13 08, 🐴 − ⟸ 🅿
◆ 1.- 21. Nov. geschl. − **M** (Freitag geschl.) a la carte 20/35 − **10 Z : 20 B** 35/38 - 56/64.

In Asbacher Hütte, beim Feriendorf Harfenmühle 6581 NO : 2,5 km :

XX **Zur Scheune**, Harfenmühle, ℰ (06786) 13 04, 🐴 − 🅿
Dienstag und Jan. geschl., Nov.- April wochentags nur Abendessen − **M** a la carte 39/64.

KEMPTEN (ALLGÄU) 8960. Bayern 𝟺𝟷𝟹 N 23, 𝟿𝟾𝟽 ㊱, 𝟺𝟸𝟼 ⑮ − 58 000 Ew − Höhe 677 m − ☎ 0831.

🛈 Verkehrsamt, Rathausplatz 14, ℰ 2 52 52 37 − **ADAC**, Bahnhofstr. 55, ℰ 2 90 31.

◆München 127 ② − ◆Augsburg 102 ② − Bregenz 73 ⑤ − ◆Konstanz 135 ⑤ − ◆Ulm (Donau) 89 ①.

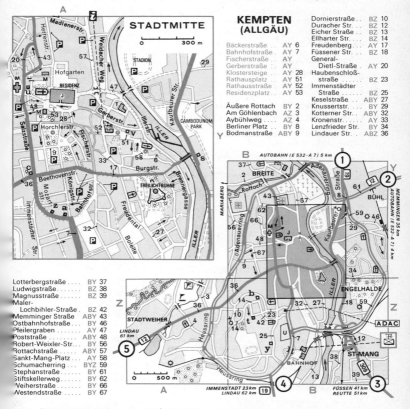

KEMPTEN (ALLGÄU)

Bäckerstraße . . .	AY 6
Bahnhofstraße . .	AY 7
Fischerstraße . . .	AY
Gerberstraße . . .	AY
Klostersteige . . .	AY 28
Rathausplatz . . .	AY 51
Rathausstraße . .	AY 52
Residenzplatz . .	AY 53
Äußere Rottach	BY 2
Am Göhlenbach . .	AZ 3
Aybühlweg	AZ 4
Berliner Platz . . .	BY 8
Bodmanstraße	ABY 9

Dornierstraße . .	BZ 10
Duracher Str. . . .	BZ 12
Eicher Straße . . .	BZ 13
Ellharter Str. . . .	BZ 14
Freudenberg . . .	AY 16
Füssener Str. . . .	BZ 18
General-	
Dietl-Straße . .	AY 20
Haubenschloß-	
straße	BZ 23
Immenstädter	
Straße	BZ 25
Keselstraße . . .	ABY 27
Knussertstr. . . .	BY 29
Kotterner Str. . .	ABY 32
Kronenstr.	AY 33
Lenzfrieder Str. .	BY 34
Lindauer Str. .	ABZ 36

Lotterbergstraße	BY 37
Ludwigstraße	BZ 38
Magnusstraße	BZ 39
Maler-	
Lochbihler-Straße .	BZ 42
Memminger Straße . .	ABY 43
Ostbahnhofstraße . . .	BY 46
Pfeilergraben	AY 47
Poststraße	ABY 48
Robert-Weixler-Str. . .	BY 56
Rottachstraße	ABY 57
Sankt-Mang-Platz . . .	AY 58
Schumacherring	BYZ 59
Stephanstraße	BY 61
Stiftskellerweg	BY 62
Veiherstraße	BY 66
Westendstraße	BY 67

🏛🏛 **Fürstenhof**, Rathausplatz 8, ℰ 2 53 60, Telex 541535, Fax 18106 − 🛗 📺 ⟸ − 🔬 25/150. 🆎 ⓸ 🇪 🆅🇮🇸🇦, 🦐 Rest AY **v**
M a la carte 47/63 − **Ratskeller** (nur Abendessen, Samstag - Sonntag geschl.) **M** a la carte 32/49 − **74 Z : 144 B** 95/140 - 150/220 Fb − 4 Appart. 350.

🏛 **Bayerischer Hof - Restaurant Cambodunum**, Füssener Str. 96, ℰ 7 34 20 (Hotel) 7 84 81 (Rest.), ⟸ − 📺 ☎ ⟸ 🅿. 🆎 ⓸ 🇪 🆅🇮🇸🇦 AY **s**
M a la carte 26/54 − **41 Z : 72 B** 85/90 - 135/150 Fb.

🏛 **Peterhof**, Salzstr. 1, ℰ 2 55 25, Telex 541535, Fax 18106 − 🛗 📺 ☎ ⟸ − 🔬 25/60. 🆎 ⓸ 🇪 🆅🇮🇸🇦 AY **c**
M 22/29 (mittags) und a la carte 30/48 − **51 Z : 102 B** 79/85 - 124/140 Fb.

🏛 **Auf'm Lotterberg** 🐕 garni, Königsberger Str. 31, ℰ 9 77 53, Fax 94452, ≼ − ☎ ⟸ 🅿. 🆎 🇪
über Lotterbergstr. BY
10. Dez.- 10. Jan. geschl. − **26 Z : 33 B** 53 - 86 Fb.

KEMPTEN (ALLGÄU)

🏠 **Haslacher Hof**, Immenstädter Str. 74, 𝒫 2 40 26 – ☎ 🅿   BZ **y**
M a la carte 23/49 – **31 Z : 52 B** 44/54 - 90.

🏠 **Bei den Birken** 🦌 garni, Goethestr. 25, 𝒫 2 80 08, 🐎 – ☎ 🅿. ⑩   BZ **b**
20 Z : 25 B 35/48 - 65/80.

🏠 **Sonnenhang** 🦌, Mariaberger Str. 78, 𝒫 9 37 56, ≤, 🏡, 🐎 – 📺 ☎ 🅿. 🖪 𝓥𝓘𝓢𝓐
1.- 23. März geschl. – **M** (Donnerstag geschl.) a la carte 27/45 – **17 Z : 30 B** 59 - 95 Fb.
über Äußere Rottach   BY

🏠 **Bahnhof-Hotel**, Mozartstr. 2, 𝒫 2 20 73 – 🚗. 🖭 ⑩ 🖪 𝓥𝓘𝓢𝓐   AY **a**
M (nur Abendessen, Sonntag geschl.) a la carte 24/36 – **40 Z : 70 B** 44 - 82.

XX **Le Tzigane**, Mozartstr. 8, 𝒫 2 63 69 – ⑩ 🖪   AY **z**
Samstag bis 18 Uhr und Montag geschl. – **M** (Tischbestellung ratsam) a la carte 44/73.

XX **Haubenschloß**, Haubenschloßstr. 37, 𝒫 2 35 10, 🏡 – 🅿. 🖭 🖪   BZ **t**
Montag geschl. – **M** a la carte 24/62.

X **Zum Stift** (Brauerei-Gaststätte), Stiftsplatz 1, 𝒫 2 23 88, Biergarten   AY **u**
Montag geschl. – **M** a la carte 20/49.

In Kempten-Lenzfried O : 2 km über Lenzfrieder Str. BYZ :

🏦 **Berg-Café** 🦌, Höhenweg 6, 𝒫 7 32 96, ≤, 🐎 – 🚗 🅿
1.- 20. Sept. geschl. – **M** (nur Abendessen, Freitag und 24. Dez.- 3. Jan. geschl.) a la carte
22/35 🍷 – **30 Z : 47 B** 29/38 - 54/70.

In Durach 8968   ③ : 4 km :

🏦 **Zum Schwanen**, Füssener Str. 26, 𝒫 (0831) 6 32 35 – 🅿
Okt. geschl. – **M** (Mittwoch geschl.) a la carte 17/36 🍷 – **11 Z : 18 B** 35/38 - 65/70.

In Sulzberg 8961 S : 7 km über Ludwigstraße BZ :

🏠 **Sulzberger Hof**, Sonthofener Str. 17, 𝒫 (08376) 3 01, ≤, 🏡, 🖴, 🐎 – 🚗 🅿. 🖭 ⑩.
🎿 Zim
Ende Okt.- Anfang Dez. geschl. – **M** (Dienstag geschl.) a la carte 30/50 🍷 – **15 Z : 27 B**
50/60 - 100/110 Fb – ½ P 70/75.

Siehe auch : *Buchenberg, Waltenhofen und Wiggensbach*

KENZINGEN 7832. Baden-Württemberg **413** G 22, **987** ㉞, **242** ㉘ ㉜ – 7 200 Ew – Höhe 179 m
– 🕓 07644.
♦Stuttgart 182 – ♦Freiburg im Breisgau 28 – Offenburg 40.

🏠 **Gasthaus Schieble**, Offenburger Str. 6 (B 3), 𝒫 84 13, 🖴 – 📺 ☎ 🅿. 🖭 ⑩ 🖪 𝓥𝓘𝓢𝓐
26. Okt.- 15. Nov. geschl. – **M** (Donnerstag geschl.) a la carte 21/45 🍷 – **23 Z : 48 B** 55/65 -
85.

🏠 **Beller**, Hauptstr. 41 (B 3), 𝒫 5 26 – 🅿
Jan.- Feb. 3 Wochen geschl. – **M** (Freitag bis 17 Uhr geschl.) a la carte 20/33 🍷 – **12 Z :**
23 B 47/60 - 80/90.

KERKEN 4173. Nordrhein-Westfalen **987** ⑬ – 11 100 Ew – Höhe 35 m – 🕓 02833.
♦Düsseldorf 51 – ♦Duisburg 31 – Krefeld 17 – Venlo 22.

In Kerken-Aldekerk :

XX **Haus Thoeren** mit Zim, Marktstr. 14, 𝒫 44 31 – 📺 ☎ 🅿. 🖪
18. Juni - 6. Juli geschl. – **M** (Montag geschl.) a la carte 29/55 – **12 Z : 23 B** 65 - 98.

In Kerken-Nieukerk :

🏠 **Wolters**, Sevelener Str. 15, 𝒫 22 06 – 📺 🚗 🅿. 🖭 ⑩ 🖪 𝓥𝓘𝓢𝓐
M a la carte 24/46 – **17 Z : 30 B** 38/60 - 70/98.

KERNEN IM REMSTAL 7053. Baden-Württemberg **413** L 20 – 14 000 Ew – Höhe 265 m –
🕓 07151 (Waiblingen).
♦Stuttgart 19 – Esslingen am Neckar 9 – Schwäbisch Gmünd 43.

In Kernen 1-Rommelshausen :

🏠 Traube, Hauptstr. 37, 𝒫 4 10 66 – ☎ 🚗 🅿 – **40 Z : 60 B**.

In Kernen 2-Stetten :

🏨 **Gästehaus Schlegel** garni, Tannenäckerstr. 13, 𝒫 4 20 16 – 🛗 📺 ☎ 🚗 🅿. 🖭 ⑩ 🖪
𝓥𝓘𝓢𝓐
28 Z : 47 B 65/90 - 110/140 Fb.

🏠 Hirsch 🦌, Hirschstr. 2, 𝒫 4 42 40, 🏡 – 🚗 🅿
16 Z : 20 B.

XX ❀ **Romantik-Restaurant Zum Ochsen**, Kirchstr. 15, 𝒫 4 20 15 – 🅿. 🖭 ⑩ 🖪 𝓥𝓘𝓢𝓐
Mittwoch und 15. Feb.- 7. März geschl. – **M** a la carte 46/73
Spez. Gänsestopfleberterrine, Lammrücken provençale (2 Pers.), Variation von Früchten mit Zimt-Cassis-Parfait.

XX **Weinstube Idler - Zur Linde** mit Zim, Dinkelstr. 1, 𝒫 4 20 18, 🏡 – 📺 ☎ 🚗 🅿 – 🍸
15 Z : 23 B.

KERPEN 5014. Nordrhein-Westfalen 987 ㉓ — 56 000 Ew — Höhe 75 m — ☺ 02237.
♦Düsseldorf 60 — Düren 17 — ♦Köln 26.

In Kerpen-Blatzheim W : 5 km :

✗ **Neffelthal** mit Zim, Dürener Str. 365, 𝒫 (02275)68 63 — ☎ ℗. **E**
M *(Samstag bis 18 Uhr und Mittwoch geschl.)* 14/20 (mittags) und a la carte 30/55 — **8 Z :**
11 B 55/70 - 110/130.

In Kerpen-Horrem N : 6 km :

🏠 **Rosenhof**, Hauptstr. 119, 𝒫 (02273) 45 81 — ☎ ⇌ ℗. ⌘
20. Dez.- 3. Jan. geschl. — **M** *(nur Abendessen, Mittwoch geschl.)* a la carte 25/45 — **23 Z :**
28 B 55/75 - 85/110.

In Kerpen-Sindorf NW : 4 km :

🏠 **Park-Hotel** garni, Kerpener Str. 183, 𝒫 (02273) 50 94 — 🛗 📺 ☎ ⇌ ℗. 🆑 **E**
25 Z : 37 B 66/80 - 97/140 Fb.

KESTERT 5421. Rheinland-Pfalz — 900 Ew — Höhe 74 m — ☺ 06773.
Mainz 68 — ♦Koblenz 30 — Lorch 21.

🏠 **Krone**, Rheinstr. 37 (B 42), 𝒫 71 42, ⩽, �оἄ — ☎ ℗ — ⚓ 25/50. 🆑 ⓞ **E** 𝒱𝐼𝑆𝐀
➡ Jan. geschl. — **M** *(Nov.- März Montag geschl.)* a la carte 21/47 ⅙ — **25 Z : 48 B** 35/45 - 60/70
Fb — ½ P 40.

🏠 **Goldener Stern**, Rheinstr. 38 (B 42), 𝒫 71 02, ⩽, 🌐 — ⓞ **E** 𝒱𝐼𝑆𝐀
Jan.- Feb. 2 Wochen geschl. — **M** *(Okt.- April Montag bis 18 Uhr geschl.)* a la carte 23/42 ⅙
— **13 Z : 22 B** 30/40 - 52/76.

KETSCH Baden-Württemberg siehe Schwetzingen.

KEVELAER 4178. Nordrhein-Westfalen 987 ㉝. 408 ⑲ — 23 100 Ew — Höhe 21 m —
Wallfahrtsort — ☺ 02832.
🛈 Verkehrsverein, im neuen Rathaus, 𝒫 12 21 52 — ♦Düsseldorf 74 — Krefeld 41 — Nijmegen 42.

🏨 **Am Bühnenhaus** ⌘ garni, Burg-St.-Edmund-Str. 13, 𝒫 44 67 — 📺 ☎ ⅙ ℗. **E**
25 Z : 51 B 58 - 95 Fb.

🏠 **Goldener Apfel**, Kapellenplatz 13, 𝒫 55 07 (Hotel) 72 57 (Rest.) — ☎. ⌘
Hotel : 15. Dez.- Jan. geschl. — **M** *(Freitag und Jan.- 15. Feb. geschl.)* a la carte 24/45 —
32 Z : 55 B 45/90 - 75/120.

🏠 **Zur Brücke**, Bahnstr. 44, 𝒫 23 89, 🌐 — 📺 ☎ ℗. 🆑 ⓞ **E** 𝒱𝐼𝑆𝐀. ⌘ Zim
M a la carte 31/48 — **10 Z : 20 B** 45/75 - 70/128.

🍴 **Zum weißen Kreuz**, Kapellenplatz 21, 𝒫 54 09, Fahrradverleih
➡ 24. Jan.- 24. Feb. geschl. — **M** *(Montag geschl.)* a la carte 20/51 — **15 Z : 24 B** 29/53 - 58/88.

🍴 **Zu den goldenen und silbernen Schüsseln**, Kapellenplatz 19, 𝒫 54 19
M *(Nov.- Feb. Samstag bis 17 Uhr geschl.)* a la carte 23/45 — **16 Z : 35 B** 33/40 - 65/80.

In Kevelaer 3-Schravelen N : 1,5 km :

🏨 **Sporthotel Schravelsche Heide** ⌘, Grotendonker Str. 54, 𝒫 8 05 51, 🌐, ⩬s, ◩,
⌘ (Halle), ⌘ (Halle) — 📺 ☎ ℗ — ⚓ 25/50. 🆑 ⓞ 𝒱𝐼𝑆𝐀
M a la carte 32/72 — **37 Z : 74 B** 69/76 - 122/132 Fb.

KIEDRICH 6229. Hessen — 3 500 Ew — Höhe 165 m — Erholungsort — ☺ 06123.
Sehenswert : Pfarrkirche (Ausstattung★★, Kirchengestühl★★, Madonna★).
Ausflugsziele : Ehem. Kloster Eberbach : Mönchsdormitorium★ — Keller (Keltern★★) W : 4 km.
Wiesbaden 17 — Mainz 20.

🏠 **Nassauer Hof**, Bingerpfortenstr. 17, 𝒫 24 76, 🌐, eigener Weinbau — ☎ ℗ — ⚓ 25. 🆑
ⓞ **E** 𝒱𝐼𝑆𝐀
Ende Dez.- Ende Jan. geschl. — **M** *(Montag geschl.)* a la carte 25/64 ⅙ — **28 Z : 51 B** 55/60 -
88/98 Fb.

KIEFERSFELDEN 8205. Bayern 413 T 24. 987 ㊲. 426 ⑱ — 6 000 Ew — Höhe 506 m —
Luftkurort — Wintersport : 500/800 m ⬔2 ⛷3 — ☺ 08033.
🛈 Verkehrsamt, Rathausplatz 3, 𝒫 84 90.
ADAC, Grenzbüro, an der Autobahn, 𝒫 83 20, Telex 525516.
München 86 — Innsbruck 78 — Rosenheim 31.

🏨 **Zur Post**, Bahnhofstr. 26, 𝒫 70 51, Biergarten, ⩬s, 🌸 — 🛗 ☎ ⇌ ℗ — ⚓ 30. 🆑 ⓞ **E**
➡ **M** a la carte 20/35 — **39 Z : 80 B** 68 - 98 Fb.

🏠 **Gruberhof** ⌘, König-Otto-Str. 2, 𝒫 70 40, 🌐, ⩬s, 🌸 — ☎ ℗. 🆑 ⓞ **E** 𝒱𝐼𝑆𝐀. ⌘
➡ Mitte Nov.- Mitte Dez. geschl. — **M** a la carte 19/44 ⅙ — **34 Z : 65 B** 59/79 - 70/120 Fb —
2 Fewo 80/90.

🍴 **Schaupenwirt** ⌘, Kaiser-Franz-Josef-Allee 26, 𝒫 82 15, Biergarten, 🌸 — ℗
➡ 15. Okt.- 10. Nov. geschl. — **M** *(Dienstag geschl.)* a la carte 18/31 — **11 Z : 21 B** 30/34 -
60/70.

Siehe auch : *Kufstein* (Österreich)

KIEL
UND UMGEBUNG

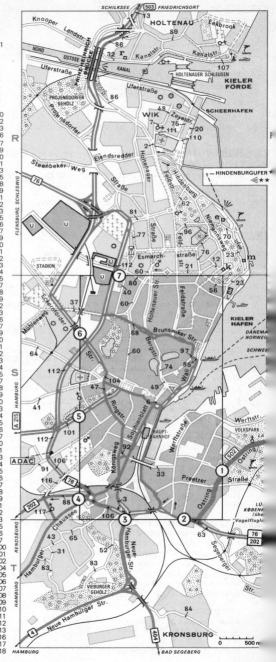

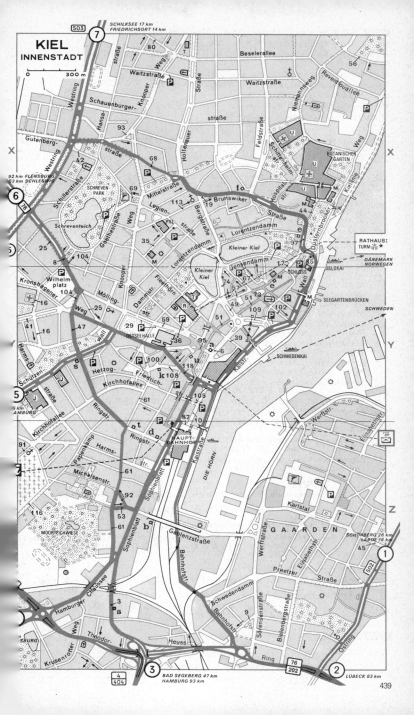

KIEL 2300. 🅻 Schleswig-Holstein 🟨🟨🟨 ⑤ − 245 000 Ew − Höhe 5 m − ✪ 0431.

Sehenswert : Hindenburgufer ★★ (≤★★) − Rathaus (Turm ≤★).

Ausflugsziele : Freilichtmuseum★★ ③ : 7,5 km − Kieler Förde★★ und Prinz-Heinrich-Brücke (≤★)
N : 5 km R.

🛥 Heikendorf-Kitzeberg (① : 10 km), ℰ (0431) 2 34 04.

Ausstellungsgelände Ostseehalle (Υ), ℰ 9 01 23 05, Telex 292511.

🛈 Touristinformation, Sophienblatt 30, ℰ 6 22 30.

ADAC, Saarbrückenstr. 54, ℰ 6 60 20, Notruf ℰ 1 92 11.

Flensburg 88 ⑥ − ♦Hamburg 96 ⑤ − ♦Lübeck 92 ⑤.

Stadtpläne siehe vorhergehende Seiten.

🏨 **Conti-Hansa**, Schloßgarten 7, ℰ 5 11 50, Telex 292813, Fax 5115444, 🍴, 🈺,
Fahrradverleih − 📳 📺 ⅋ ⟵ − 🔼 25/270. ⑩ 🅴 𝗩𝗜𝗦𝗔   X   e
Restaurants : − **Fayence** *(nur Abendessen, Montag geschl.)* **M** a la carte 55/82 −
Hansa-Pavillon M a la carte 37/68 − **167 Z : 338 B** 165/235 - 255/285 Fb.

🏨 **Maritim-Bellevue** 🏖, Bismarckallee 2, ℰ 3 89 40, Telex 292444, Fax 338490, ≤ Kieler
Förde, 🍴, 🈺, 🗐. Fahrradverleih − 📳 📺 ⟵ ⚌ − 🔼 25/500. 🅰🅴 ⑩ 🅴 𝗩𝗜𝗦𝗔. 🎇 Rest
M a la carte 32/71 − **89 Z : 180 B** 149/259 - 248/368 Fb − 10 Appart. 438/650.   R   e

🏨 **Kieler Kaufmann** 🏖, Niemannsweg 102, ℰ 8 50 11, Telex 292446, 🈺, 🗐 − 📺 ☎ 🅿 −
🔼 25/80. 🅰🅴 ⑩ 🅴 𝗩𝗜𝗦𝗔. 🎇 Rest   R   k
M a la carte 39/80 − **48 Z : 65 B** 109/149 - 168/240 Fb.

🏨 **Kieler Yacht-Club**, Hindenburgufer 70, ℰ 8 50 55, Telex 292869, ≤ Kieler Förde, 🍴 − 📳
📺 ☎ ⟵ − 🔼 25/150. 🅰🅴 ⑩ 🅴 𝗩𝗜𝗦𝗔   R   m
M a la carte 40/72 − **60 Z : 100 B** 110/145 - 160/195 Fb.

🏨 **Berliner Hof** garni, Ringstr. 6, ℰ 6 20 50 − 📳 📺 ☎ ⅋ 🅿 − 🔼 30. 🅰🅴 ⑩ 🅴 𝗩𝗜𝗦𝗔   Z   d
22. Dez.- 2. Jan. geschl. − **82 Z : 150 B** 80/110 - 115/135.

🏨 **Astor**, Holstenplatz 1, ℰ 9 30 17, Telex 292720, ≤ − 📳 ☎ ⟵ − 🔼 60. 🅰🅴 ⑩ 🅴 𝗩𝗜𝗦𝗔
M *(Sonntag geschl.)* a la carte 29/65 − **59 Z : 87 B** 89/100 - 130/150 Fb.   Y   a

🏨 **Wiking - Restaurant Normandie**, Schützenwall 1, ℰ 67 30 51 (Hotel) 67 34 24 (Rest.),
Fax 673054, 🈺 − 📳 📺 ☎ ⟵ 🅿. ⑩ 🅴 𝗩𝗜𝗦𝗔   Y   s
M *(nur Abendessen)* a la carte 42/65 − **41 Z : 71 B** 75/100 - 110/160.

🏨 **Consul**, Walkerdamm 11, ℰ 6 30 15, Fax 63019 − 📺 ☎ 🅿. 🅰🅴 ⑩ 🅴 𝗩𝗜𝗦𝗔   Y   k
M a la carte 31/62 − **35 Z : 65 B** 60/120 - 120/180 Fb.

🏨 **Muhl's Hotel**, Lange Reihe 5, ℰ 9 30 01 − 📺 ☎. 🅰🅴 ⑩ 🅴 𝗩𝗜𝗦𝗔   Y   u
M *(Sonntag geschl.)* a la carte 26/56 − **41 Z : 67 B** 79/110 - 120/160 Fb.

🏨 **An der Hörn**, Gablenzstr. 8, ℰ 67 20 71, Fax 678771 − 📺 ☎ 🅿. 🅰🅴 ⑩ 🅴 𝗩𝗜𝗦𝗔   Z   b
M *(nur Abendessen, Samstag geschl.)* a la carte 28/46 − **34 Z : 61 B** 78/94 - 130/160 Fb.

🏨 **Erkenhof** garni, Dänische Str. 12, ℰ 9 50 08, Fax 978965 − 📳 ☎. 🅰🅴 ⑩ 🅴 𝗩𝗜𝗦𝗔   Y   e
19. Dez.- 4. Jan. geschl. − **28 Z : 50 B** 85/90 - 124/140 Fb.

🏨 **Rabe's Hotel**, Ringstr. 30, ℰ 67 60 91, Fax 673153 − ☎. 🅰🅴 ⑩ 🅴 𝗩𝗜𝗦𝗔   Z   t
über Weihnachten geschl. − *(nur Abendessen für Hausgäste)* − **27 Z : 50 B** 60/100 - 95/145.

🏨 **Zum Fritz Reuter** garni, Langer Segen 5a, ℰ 56 10 16 − ☎ 🅿   X   f
40 Z : 70 B 63 - 94.

XXX **Restaurant im Schloß**, Wall 80, ℰ 9 11 58, ≤ − 📧 − 🔼 25/120. 🅰🅴 ⑩ 🅴 𝗩𝗜𝗦𝗔   XY
Sonntag 15 Uhr - Montag 18 Uhr geschl. − **M** a la carte 41/75.

X **September**, Alte Lübecker Chaussee 27 (1. Etage), ℰ 68 06 10, 🍴 − 🅰🅴 🅴. 🎇   Z   s
nur Abendessen − **M** a la carte 48/68.

In Kiel 17-Holtenau :

🏨 **Zur Waffenschmiede**, Friedrich-Voss-Ufer 4, ℰ 36 28 74, ≤, « Gartenterrasse » − 📺
☎ 🅿. 🅴   R   r
20. Dez.- 10. Jan. geschl. − **M** a la carte 27/51 − **12 Z : 20 B** 55/100 - 98/150.

In Kiel 1-Mettenhof über Hasseldieksdammer Weg Υ :

🏨 **Birke-Restaurant Waldesruh** 🏖, Martenshofweg 8, ℰ 52 40 11 (Hotel) 52 07 59 (Rest.),
Telex 292396, Fax 529128, 🈺 − 📳 📺 ☎ ⅋ 🅿 − 🔼 40. 🅰🅴 🅴. 🎇 Rest
M a la carte 32/59 − **57 Z : 85 B** 78/135 - 115/190 Fb.

In Kiel 17-Schilksee ⑦ : 17 km :

X Restaurant am Olympiahafen, Fliegender Holländer 45, ℰ 37 17 17, ≤, 🍴 − 🅿 − 🔼 .

In Raisdorf-Vogelsang 2313 ② : 10 km :

🏨 **Rosenheim**, Preetzer Str. 1, ℰ (04307) 50 11 − ☎ ⟵ 🅿. 🅰🅴 ⑩ 🅴 𝗩𝗜𝗦𝗔
M a la carte 23/50 − **26 Z : 32 B** 40/58 - 68/85.

KINDERBEUERN Rheinland-Pfalz siehe Ürzig.

KINDING 8079. Bayern 🔢 R 19,20 — 2 100 Ew — Höhe 374 m — 🔴 08467.

♦München 107 — Ingolstadt 34 — ♦Nürnberg 62 — ♦Regensburg 61.

🏠 **Krone**, Marktplatz 14, 🍴 2 68 — 🅿
↦ 28. Okt. - 16. Nov. geschl. — **M** (Dienstag bis 18 Uhr geschl.) a la carte 16/30 — **30 Z : 55 B** 41 - 68/70.

🏠 **Zum Krebs**, Marktplatz 1, 🍴 3 39 — 🅿
↦ Mitte Nov.- Mitte Dez. geschl. — **M** (Nov.- April Mittwoch geschl.) a la carte 14/32 — **28 Z : 65 B** 40/48 - 66/68.

KINHEIM 5561. Rheinland-Pfalz — 1 100 Ew — Höhe 105 m — Erholungsort — 🔴 06532 (Zeltingen).

Mainz 127 — Bernkastel-Kues 14 — ♦Trier 52 — Wittlich 15.

🏠 **Pohl**, Moselweinstr. 37 (B 53), 🍴 21 96, ≤, 🍴, 🍴, 🔲 — 🅿. ⑩ E 𝖵𝖨𝖲𝖠
↦ 8. Jan.- 1. Feb. geschl. — **M** (Nov.- Mai Donnerstag geschl.) a la carte 20/44 ⅛ — **30 Z : 55 B** 41/44 - 74/80 — ½ P 59/59.

🏚 **Zur Burg**, Moselweinstr. 49 (B 53), 🍴 22 50, ≤, Biergarten — 🅿. ⑩ E 𝖵𝖨𝖲𝖠. 🍴 Rest
↦ 15. Jan.- 15. Feb. geschl. — **M** a la carte 16/38 ⅛ — **8 Z : 18 B** 30/40 - 50/70.

KIPFENBERG 8079. Bayern 🔢 R 20 — 4 800 Ew — Höhe 400 m — Erholungsort — 🔴 08465.

🛈 Fremdenverkehrsbüro, Marktplatz 2, 🍴 1 74 30.

♦München 102 — Ingolstadt 28 — ♦Nürnberg 69.

🏠 Alter Peter, Marktplatz 16, 🍴 2 97, Biergarten — 🛗 ☎ — 🛁 — **16 Z : 31 B**.
🏚 Hannemann, Marktplatz 22, 🍴 16 87 — **12 Z : 20 B**.

In Kipfenberg-Arnsberg SW : 6 km :

🏠 Zum Raben, Schloßleite, 🍴 13 00, 🍴 — 🅿 — **15 Z : 34 B**.

In Kipfenberg-Pfahldorf W : 6 km :

🏠 **Landgasthof Geyer** 🍴, Alte Hauptstr. 10, 🍴 5 01, 🍴, 🍴, Fahrradverleih — 🛗 🛁 🅿
↦ **M** (Donnerstag ab 14 Uhr geschl.) a la carte 17/30 ⅛ — **27 Z : 56 B** 40 - 58/62.

KIRCHBERG IM WALD 8371. Bayern 🔢 W 20 — 4 300 Ew — Höhe 736 m — Erholungsort — Wintersport :750/800 m ⛷1 ⛷2 — 🔴 09927.

🛈 Verkehrsamt, Rathausplatz 1, 🍴 10 14 — ♦München 165 — Passau 52 — Regen 8 — ♦Regensburg 100.

🏚 **Zum Amthof**, Amthofplatz 5, 🍴 2 72, 🍴, 🍴, 🔲, 🍴 — ☎ 🅿
↦ 15. Okt.- 10. Nov. geschl. — **M** (Mittwoch geschl.) a la carte 14/28 — **27 Z : 54 B** 33/40 - 51/61 — ½ P 33/45.

KIRCHEN (SIEG) Rheinland-Pfalz siehe Betzdorf.

KIRCHENSITTENBACH Bayern siehe Hersbruck.

KIRCHHAIN 3575. Hessen 🔢 ㉘ — 16 000 Ew — Höhe 208 m — 🔴 06422.

♦Wiesbaden 128 — Gießen 38 — Bad Hersfeld 67 — ♦Kassel 82 — Marburg 14.

🏚 **Mosebach** (Haus a.d.J. 1699), Am Markt 4, 🍴 20 49 — 🚗. ⑩ E
17. Juli - 12. Aug. geschl. — **M** (nur Abendessen) a la carte 22/36 — **18 Z : 24 B** 35/45 - 60/85.

KIRCHHAM 8399. Bayern 🔢 W 21, 🔢 ⑦ — 2 300 Ew — Höhe 354 m — 🔴 08533.

🛈 Verkehrsamt, Rathaus, Kirchplatz 3, 🍴 17 23, Fax 7146.

♦ München 145 — Passau 34 — Salzburg 107.

🏨 Haslinger Hof 🍴, Ed 31 (NO : 1,5 km), 🍴 29 50, Fax 295200, 🍴, Biergarten, « Rustikale Einrichtung », Massage, 🍴, 🍴, Fahrradverleih — ☎ 🚗 🅿
44 Z : 80 B Fb — 32 Fewo.

KIRCHHEIM 6437. Hessen 🔢 ㉘ — 4 000 Ew — Höhe 245 m — Luftkurort — 🔴 06625.

♦Wiesbaden 156 — Fulda 42 — Gießen 76 — ♦Kassel 67.

🏠 **Eydt**, Hauptstr. 19, 🍴 70 01, Telex 493124, Fax 5333 — 🛗 📺 ☎ 🛁 🅿 — 🛁 25/100. E
M a la carte 22/55 — **56 Z : 106 B** 55/59 - 89/98 Fb.

An der Autobahnausfahrt S : 1,5 km :

🏨 **Motel-Center Kirchheim** 🍴, ✉ 6437 Kirchheim, 🍴 (06625) 10 80, Telex 493337, Fax 8656, ≤, 🍴, 🍴, 🔲, 🔲, 🍴 — 🍴 Zim 📆 Rest 📺 ☎ 🅿 — 🛁 25/180. 🝙 ⑩ E 𝖵𝖨𝖲𝖠
Restaurants : — **Nord-Süd-Grill M** a la carte 32/64 — **Panorama M** a la carte 28/53 — **140 Z : 254 B** 93/103 - 130/145.

Auf dem Eisenberg NW : 10 km — Höhe 636 m :

🏠 **Berggasthof Eisenberg** 🍴, ✉ 6437 Kirchheim, 🍴 (06677) 7 33, ≤, 🍴 — 🛁 🅿 — 🛁 40.
⑩ E
M a la carte 26/47 — **30 Z : 50 B** 50 - 90.

Siehe auch : *Liste der Feriendörfer*

KIRCHHEIM UNTER TECK 7312. Baden-Württemberg 408 L 21. 987 ® − 33 000 Ew − Höhe 311 m − ۞ 07021.

♦Stuttgart 35 − Göppingen 19 − Reutlingen 30 − ♦Ulm (Donau) 59.

🏨 **Zum Fuchsen**, Schlierbacher Str. 28, 🖉 57 80, Telex 7267524, 🚭 − 🛗 📺 🅿 − 🔬 40. 🖭
① E 𝘝𝘐𝘚𝘈
M *(Sonntag geschl.)* a la carte 30/69 − **80 Z : 110 B** 95/150 - 140/190 Fb.

🏨 **Schwarzer Adler**, Alleenstr. 108, 🖉 4 63 53, Fax 71985 − 🛗 ☎ ⇐ 🅿. 🖭 **E**. 🛠 Zim
Mitte Juli - Anfang Aug. geschl. − **M** *(Freitag 15 Uhr - Samstag geschl.)* a la carte 30/60 −
33 Z : 60 B 50/95 - 80/138.

In Kirchheim-Nabern SO : 6 km :

🏤 **Rössle**, Weilheimer Str. 1, 🖉 5 59 25, 🚭, 📗 − 🛗 ☎ 🅿
M *(Freitag - Samstag 17 Uhr geschl.)* a la carte 27/56 − **26 Z : 38 B** 55/65 - 100.

In Kirchheim-Ötlingen W : 2 km :

🏤 Ratstube, Stuttgarter Str. 196, 🖉 31 15 − 🅿 − **8 Z : 12 B**.

KIRCHHEIMBOLANDEN 6719. Rheinland-Pfalz 987 ㉔ − 5 900 Ew − Höhe 285 m −
Erholungsort − ۞ 06352.

🛈 Reise- und Verkehrsbüro, Uhlandstr. 2, 🖉 17 12.

Mainz 50 − Kaiserslautern 36 − Bad Kreuznach 42 − Worms 33.

🏨 **Braun** garni, Uhlandstr. 1, 🖉 23 43 − 🛗 📺 ☎ ⇐ 🅿 − 🔬 25. 🖭 ① E 𝘝𝘐𝘚𝘈
36 Z : 72 B 48/66 - 88/96 Fb.

🏨 **Schillerhain** 🛏, Schillerhain 1, 🖉 41 41, 🌇, « Park », 🐎 − 🛗 📺 ☎ ⇐ 🅿 − 🔬 50
9.- 29. Jan. geschl. − **M** a la carte 24/49 🍷 − **22 Z : 35 B** 60/80 - 100/140 Fb.

In Dannenfels-Bastenhaus 6765 SW : 9 km − Erholungsort :

✕ **Bastenhaus** mit Zim, 🖉 (06357) 71 28, ≤, 🌇, 🚭, 🐎 − ⇐ 🅿 − 🔬 40. 🖭
↢ Feb. geschl. − **M** *(Dienstag geschl.)* a la carte 19/45 🍷 − **8 Z : 13 B** 35/55 - 65.

KIRCHHOFEN Baden-Württemberg siehe Ehrenkirchen.

KIRCHHUNDEM 5942. Nordrhein-Westfalen 987 ㉔ − 12 700 Ew − Höhe 308 m − ۞ 02723.

🛈 Verkehrsamt, Gemeindeverwaltung, 🖉 40 90.

♦Düsseldorf 136 − Meschede 51 − Olpe 22 − Siegen 35.

🏨 **Zum Amtsgericht**, Hundemstr. 57, 🖉 23 55 − 🛗 🅿
22 Z : 38 B.

In Kirchhundem 5 - Heinsberg S : 8 km :

🏨 **Schermer** 🛏, Talstr. 60, 🖉 76 38, Fax 73300, 🐎 − ⇐ 🅿. E 𝘝𝘐𝘚𝘈. 🛠
↢ **M** *(Mittwoch geschl.)* a la carte 21/43 − **13 Z : 24 B** 35/40 - 70/80 Fb.

In Kirchhundem 3-Selbecke O : 4 km :

🏤 **Zur Post** 🛏, Selbecke 21, 🖉 7 27 44, 🐎 − ⇐ 🅿
↢ Nov. geschl. − **M** *(Donnerstag geschl.)* a la carte 19/35 − **9 Z : 18 B** 26/32 - 52/64.

Am Panorama-Park Sauerland SO : 12 km, Richtung Erndtebrück :

🏨 Waldhaus Hirschgehege 🛏, ✉ 5942 Kirchhundem 3, 🖉 (02723) 76 58, ≤, 🐎 − ☎ 🅿
18 Z : 30 B.

KIRCHLINTELN 2816. Niedersachsen − 8 000 Ew − Höhe 40 m − ۞ 04237.

♦Hannover 87 − ♦Bremen 40 − Rotenburg (Wümme) 28.

In Kirchlinteln-Schafwinkel NO : 10 km :

🏨 **Landhaus Badenhoop** 🛏, Zum Keenmoor 13, 🖉 8 88, 🚭, 📗, 🐎 − 🛗 📺 ☎ 🅿 −
🔬 35. 🖭 E
a la carte 24/49 − **18 Z : 38 B** 64/68 - 98/105 Fb.

KIRCHZARTEN 7815. Baden-Württemberg 408 G 23. 427 ⑤. 242 ㊱ − 8 300 Ew − Höhe 392 m
− Luftkurort − ۞ 07661.

Ausflugsziel : Hirschsprung★ SO : 10 km (im Höllental).

🏌 Krüttweg, 🖉 55 69.

🛈 Verkehrsamt, Hauptstr. 24, 🖉 39 39.

♦Stuttgart 177 − Donaueschingen 54 − ♦Freiburg im Breisgau 9,5.

🏨 **Fortuna**, Hauptstr. 7, 🖉 2 60 78, 🌇 − 🛗 ☎ 🅿 − 🔬 − **34 Z : 64 B** Fb.

🏨 **Zur Krone**, Hauptstr. 44, 🖉 42 15, 🚭 − 🅿. ① E. 🛠 Zim
↢ Ende Jan.- Anfang Feb. geschl. − **M** *(Nov.- Mai Dienstag 14 Uhr - Mittwoch geschl.)* a la
carte 18/45 🍷 − **11 Z : 19 B** 46/65 - 76/84 Fb.

🏨 **Zur Sonne**, Hauptstr. 28, 🖉 6 20 15, 🌇 − 📺 ☎ 🅿. 🖭 ① E
↢ 1.- 10. März und 26. Okt.- 10. Nov. geschl. − **M** *(Freitag - Samstag 17 Uhr geschl.)* a la carte
21/45 🍷 − **26 Z : 42 B** 42/60 - 80/104 Fb − ½ P 59/69.

🏠 Haus Hubertus 🌿 garni, Dr.-Gremmelsbacher-Str. 10, 🗘 41 01, ⛌ – ☎ ℗. 🏖
16 Z : 28 B.

🏠 Föhrenbacher garni, Hauptstr. 18, 🗘 54 16 – ☎ ℗
18 Z : 36 B.

XX **Landgasthof Zum Rössle** 🌿 mit Zim, Dietenbach 1 (S : 1 km), 🗘 22 40, 🏖 – ☎ ℗. 📭
⑩ E
7.- 20. Jan. geschl. – **M** *(Mittwoch geschl.)* a la carte 25/52 ⅋ – **6 Z : 12 B** 45/50 - 70/90.

In Buchenbach 7801 O : 3,5 km :

🏠 **Gasthaus Zum Himmelreich,** Himmelreich 37 (B 31), 🗘 (07661) 41 25, 🏖 – ℗
20. Nov.- 12. Dez. geschl. – **M** *(Montag geschl.)* a la carte 27/44 – **11 Z : 20 B** 55 - 100 Fb.

In Stegen-Eschbach 7801 N : 4 km :

XX **Landgasthof Reckenberg** 🌿 mit Zim, Reckenbergstr. 2, 🗘 (07661) 6 11 12 – ☎ 🔚 ℗
15. Jan.- 15. Feb. geschl. – **M** *(Dienstag geschl.)* a la carte 45/75 ⅋ – **6 Z : 12 B** 45 - 75.

KIRKEL 6654. Saarland 𝟤𝟦𝟤 ⑦ – 9 100 Ew – Höhe 240 m – ✪ 06849.
♦Saarbrücken 25 – Homburg/Saar 10 – Kaiserslautern 48.

In Kirkel 2-Neuhäusel :

XX **Alt Kirkel,** Kaiserstr. 87, 🗘 2 72, Fax 35623 – ℗. 📭 ⑩ E 🆅
Dienstag geschl. – **M** a la carte 45/70.

KIRN 6570. Rheinland-Pfalz 𝟫𝟪𝟩 ㉔ – 9 500 Ew – Höhe 200 m – ✪ 06752.
Mainz 76 – Idar-Oberstein 16 – Bad Kreuznach 33.

🏨 **Parkhotel,** Kallenfelser Str. 40, 🗘 36 66, 🏖, 🌾 – ☎ 🔚 ℗ – 🔬 30. 📭. 🏖 Rest
15. Jan.- 5. Feb. geschl. – **M** a la carte 29/62 ⅋ – **18 Z : 32 B** 35/55 - 60/85 Fb.

🏠 Nahe-Hotel Spielmann, an der B 41 (S : 2 km), 🗘 30 01, 🏖, 🌾 – ☎ 🔚 ℗
22 Z : 30 B.

XX Kyrburg, bei der Burgruine, 🗘 65 44, « Gartenterrasse mit ≤ Kirn und Nahetal » – ℗.

In Bruschied - Rudolfshaus 6570 NW : 9 km :

🏨 **Forellenhof Reinhartsmühle** 🌿, 🗘 (06544) 3 73, « Terrasse am Teich », 🌾 – ☎ ℗.
⑩ E 🆅. 🏖
5. Jan.- 15. März geschl. – Menu a la carte 31/63 ⅋ – **30 Z : 60 B** 60/80 - 110/130 Fb –
½ P 83/108.

KIRRWEILER Rheinland-Pfalz siehe Maikammer.

KIRSCHWEILER Rheinland-Pfalz siehe Idar-Oberstein.

KISSING 8901. Bayern 𝟜𝟙𝟛 PQ 22 – 8 300 Ew – Höhe 523 m – ✪ 08233.
♦München 60 – ♦Augsburg 18.

XX Gunzenlee mit Zim, Münchner Str. 14, 🗘 61 39, 🏖 – ℗ – 🔬
9 Z : 14 B.

KISSINGEN, BAD 8730. Bayern 𝟜𝟙𝟛 N 16, 𝟫𝟪𝟩 ㉘ – 23 200 Ew – Höhe 201 m – Heilbad –
✪ 0971.
Ausflugsziel : Schloß Aschach : Graf-Luxburg-Museum★ 7 km über ① (Mai - Okt. Fahrten mit
hist. Postkutsche).
🚞 Euerdorfer Str. 11 (über ④), 🗘 36 08.
🛈 Staatl. Kurverwaltung, Am Kurgarten 1, 🗘 80 48 51.
♦München 329 ④ – ♦Bamberg 81 ③ – Fulda 62 ⑤ – ♦Würzburg 61 ④.

Stadtplan siehe nächste Seite

🏨 **Steigenberger Kurhaushotel** 🌿, Am Kurgarten 3, 🗘 8 04 10, Telex 672808, Fax 8041597,
🏖, ⛌, 🔲, 🌾 – 🛗 🔚 Zim 🔬 🔚 – 🔬 25/130. 📭 ⑩ E 🆅. 🏖 Rest   a
M *(auch Diät)* a la carte 46/69 – **100 Z : 140 B** 119/199 - 190/330 Fb.

🏨 **Kur-Center,** Frühlingstr. 9, 🗘 8 10, Telex 672837, Fax 812810, 🏖, Bade- und
Massageabteilung, 🔬, ⛌, 🔲, 🌾 – 🛗 📺 🔚 – 🔬 25/600. 📭. 🏖 Rest   r
M *(auch Diät)* a la carte 32/65 – **320 Z : 450 B** 81/130 - 130/184 Fb – 3 Appart. 340 –
104 Fewo 110 – ½ P 93/158.

🏨 **Kurhaus Tanneck** 🌿, Altenbergweg 6, 🗘 40 36, Bade- und Massageabteilung, ⛌, 🔲,
🌾 – 🛗 📺 ☎ ℗. 🏖   m
Mitte Feb.- Anfang Nov. – (Restaurant nur für Hausgäste) – **48 Z : 67 B** 55/120 - 110/240 –
½ P 80/125.

🏨 **Laudensacks Parkhotel,** Kurhausstr. 28, 🗘 12 24, « Parkanlage mit Teich und Terrasse »,
⛌, Fahrradverleih – 🛗 📺 ☎ 🔚 ℗. 📭 ⑩ E 🆅   n
Mitte Dez.- Ende Jan. geschl. – **M** *(Donnerstag geschl.)* (Tischbestellung ratsam) a la carte
48/72 – **20 Z : 32 B** 85/110 - 146/170 Fb – ½ P 103/123.

443

BAD KISSINGEN

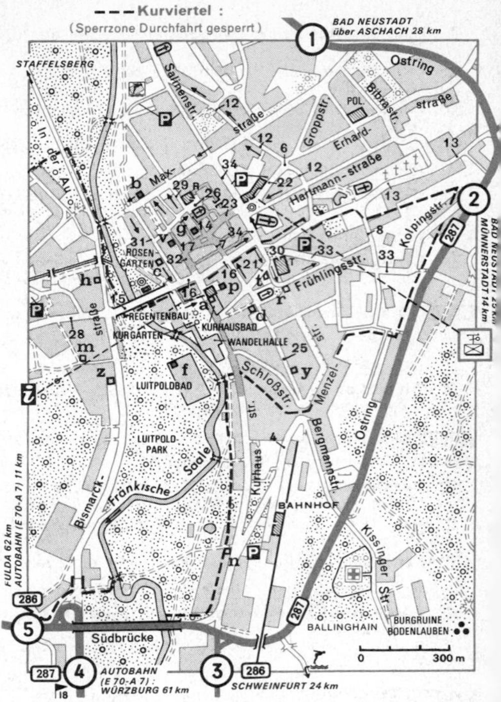

Benutzen Sie auf Ihren Reisen in Europa die **Michelin-Länderkarten** 1:400 000 bis 1:1 000 000.

Pour parcourir l'Europe, utilisez les cartes Michelin **Grandes Routes** à 1/400 000 à 1/1 000 000.

Diana, Bismarckstr. 40, ✆ 91 60, Telex 672832, Bade- und Massageabteilung, — Rest **z**
März - Nov. — (Restaurant nur für Hausgäste) — **75 Z : 100 B** 78/115 - 156/230 Fb — ½ P 98/135.

Bristol, Bismarckstr. 8, ✆ 82 40, Telex 672896, Fax 845656, Bade- und Massageabteilung, Fahrradverleih — **h**
März - Okt. — *(Restaurant nur für Hausgäste)* — **82 Z : 118 B** 105/135 - 175/195 Fb — ½ P 118/145.

Kurhotel Das Ballinghaus, Martin-Luther-Str. 3, ✆ 12 34, Fax 68469, « Kleiner Park », Bade- und Massageabteilung, — AE VISA. Rest **d**
Mitte März - Okt. — (Restaurant nur für Hausgäste) — **70 Z : 100 B** 80/110 - 178/189 Fb.

Erika, Prinzregentenstr. 23, ✆ 40 01, Bade- und Massageabteilung, — Rest **y**
Dez.- Jan. geschl. — (Restaurant nur für Hausgäste) — **30 Z : 42 B** 63/85 - 120/170 Fb.

Astoria, Martin-Luther-Str. 1, ✆ 8 04 30, — **t**
Jan.- 8. Feb. geschl. — (Restaurant nur für Hausgäste) — **32 Z : 48 B** 69/100 - 113/130 Fb — ½ P 75/87.

Humboldt garni, Theresienstr. 24, ✆ 50 97 — **c**
15 Z : 26 B 49/75 - 98/106.

XX **Bayerischer Hof**, Maxstr. 9, ✆ 52 70 — E **b**
Donnerstag, Nov. und 27. Dez.- 5. Jan. geschl. — **M** *(auch Diät)* a la carte 22/52.

XX Casino-Restaurant "le jeton", im Luitpold-Park, ✆ 40 81 — **f**
nur Abendessen.

XX **Schubert's Weinstuben**, Kirchgasse 2, ✆ 26 24, « Hübsche rustikale Einrichtung » — AE E **g**
Sonntag ab 15 Uhr geschl. — **M** a la carte 19/54.

XX **Werner-Bräu** mit Zim, Marktplatz, ✆ 23 72, **v**
Dez.- Mitte Jan. geschl. — **M** *(Sonntag 14 Uhr - Montag geschl.)* a la carte 22/45 — **7 Z : 10 B** 39/59 - 65/85.

X **Kissinger Stüble**, Am Kurgarten 1, ✆ 8 04 15 40, — AE E VISA **p**
Nov.- März Donnerstag geschl. — **M** a la carte 25/52.

X Ratskeller, Spitalgasse 1, ✆ 25 50 **R**

In Bad Kissingen - Reiterswiesen SO : 1 km über Bergmannstraße :

🏨 **Sonnenhügel** ⟨⟩, Burgstr. 15, ℰ 8 31, Telex 672893, Fax 83828, ≼, ⟨⟩, ⟨⟩, ⟨⟩, ⟨⟩ (Halle)
— |≋| ☎ ⟨⟩ ⟨⟩ ⟨⟩ — ⟨⟩ 25/400. ⟨⟩ ⟨⟩ ⟨⟩
M a la carte 27/53 — **184 Z : 368 B** 94 - 144 Fb — 224 Fewo 76/99 — ½ P 94/116.

🏨 Am Ballinghain garni, Kissinger Str. 129, ℰ 27 63 — ☎ ⟨⟩ ⟨⟩
13 Z : 23 B.

In Bad Kissingen-Winkels ② : 1 km :

🏨 **Arkadenhof** ⟨⟩, Von-Humboldt-Str. 9, ℰ 6 11 11, ⟨⟩, ⟨⟩ — |≋| ⟨⟩ ☎ ⟨⟩
(Restaurant nur für Hausgäste) — **21 Z : 32 B** 65/75 - 130/140 Fb.

🏾🏾 **Zollergarten**, Winkelser Str. 41, ℰ 6 50 30
Samstag bis 18 Uhr, Dienstag und Aug. 2 Wochen geschl. — Menu 52/68 und a la carte 26/57
⟨⟩.

KISSLEGG 7964. Baden-Württemberg ⟨⟩ M 23. ⟨⟩ ⟨⟩. ⟨⟩ ⑧ — 8 000 Ew — Höhe 650 m —
Luftkurort — ⟨⟩ 07563.

🛈 Kurverwaltung, Im Neuen Schloß, ℰ 1 81 31 Fax 2382.

♦Stuttgart 185 — Bregenz 42 — Kempten (Allgäu) 46 — ♦Ulm (Donau) 93.

🏠 Gasthof Ochsen, Herrenstr. 21, ℰ 10 77 — ⟨⟩ ☎ ⟨⟩ ⟨⟩
16 Z : 30 B.

KITZINGEN 8710. Bayern ⟨⟩ N 17. ⟨⟩ ⟨⟩ — 19 000 Ew — Höhe 187 m — ⟨⟩ 09321.

🛈 Larson Barracks, ℰ 49 56.

🛈 Verkehrsbüro, Schrannenstr. 1, ℰ 2 02 05.

♦München 263 — ♦Bamberg 80 — ♦Nürnberg 92 — ♦Würzburg 20.

🏨 **Esbach-Hof**, Repperndorfer Str. 3 (B 8), ℰ 80 55, ⟨⟩, Biergarten — |≋| ⟨⟩ ☎ ⟨⟩ ⟨⟩ ⟨⟩ ⟨⟩
⟨⟩
8.- 22. Jan. und 23.- 25. Dez. geschl. — **M** a la carte 25/49 ⟨⟩ — **32 Z : 56 B** 75/80 - 100/130 Fb.

🏠 **Bayrischer Hof**, Herrnstr. 2, ℰ 61 47, Fax 4047, ⟨⟩ — ⟨⟩ ☎ ⟨⟩ ⟨⟩ ⟨⟩ ⟨⟩ ⟨⟩ Zim
⟵ *21. Dez.- 7. Jan. geschl.* — **M** a la carte 19/42 — **31 Z : 60 B** 65/80 - 99/100 Fb.

🏠 Deutsches Haus, Bismarckstr. 10, ℰ 45 19 — ☎ ⟨⟩ ⟨⟩ — ⟨⟩
40 Z : 70 B Fb.

KLAIS Bayern siehe Krün.

KLEF Nordrhein-Westfalen siehe Overath.

KLEINBLITTERSDORF Saarland siehe Saarbrücken.

KLEINWALSERTAL ⟨⟩ N 24,25. ⟨⟩ ⟨⟩. ⟨⟩ ⑮㉘ — Österreichisches Hoheitsgebiet,
wirtschaftlich der Bundesrepublik Deutschland angeschlossen. Deutsche Währung, Grenzübertritt
mit Personalausweis — Wintersport : 1 100/2 000 m ⟨⟩2 ⟨⟩33 ⟨⟩6 — ⟨⟩ 08329 (Riezlern).
Sehenswert : Tal★.

Hotels und Restaurants : Außerhalb der Saison variable Schließungszeiten.

🛈 Verkehrsamt, Hirschegg, im Walserhaus, ℰ 5 11 40 Fax 511421.

🛈 Verkehrsamt, Mittelberg, Walserstr. 89, ℰ 5 11 40.

🛈 Verkehrsamt, Riezlern, Walserstr. 54, ℰ 5 11 40.

In Riezlern 8984 — Höhe 1 100 m :

🏨 **Almhof Rupp** ⟨⟩, Walserstr. 83, ℰ 50 04, ≼, ⟨⟩, ⟨⟩ — |≋| ⟨⟩ ☎ ⟨⟩. ⟨⟩ Rest
23. April - 23. Mai und 5. Nov.- 22. Dez. geschl. — Menu (Montag geschl., außerhalb der
Saison nur Abendessen) (Tischbestellung ratsam) a la carte 30/70 — **30 Z : 57 B** 99/145 -
158/250 Fb.

🏨 **Jagdhof**, Walserstr. 27, ℰ 56 03, Fax 56034, ⟨⟩ — |≋| ⟨⟩ ☎ ⟨⟩ ⟨⟩
Mitte Nov.- Mitte Dez. geschl. — **M** a la carte 26/56 — **25 Z : 49 B** 80/100 - 160/190 Fb.

🏨 **Haus Böhringer** ⟨⟩ garni, Westeggweg 6, ℰ 53 38, ≼, ⟨⟩, ⟨⟩ — ⟨⟩ ☎ ⟨⟩ ⟨⟩. ⟨⟩
Mitte April - Mitte Mai und Mitte Okt.- Mitte Dez. geschl. — **18 Z : 30 B** 65/74 - 124/144.

🏠 **Stern**, Walserstr. 61, ℰ 52 08, ⟨⟩, ⟨⟩ (geheizt) — |≋| ⟨⟩ ☎ ⟨⟩. ⟨⟩ ⟨⟩. ⟨⟩ Rest
Mitte April - Mitte Mai und Ende Okt.- Mitte Dez. geschl. — **M** (Montag geschl.) a la carte
30/53 — **41 Z : 70 B** (½P) 130/145 - 260/280 Fb.

🏠 **Traube**, Walserstr. 56, ℰ 52 07 — |≋| ⟨⟩ ☎ ⟨⟩
23. Juni - 24. Mai und 15. Okt.- 16. Dez. geschl. — **M** (Mittwoch geschl.) a la carte 22/50 —
23 Z : 43 B 95 - 190 — ½ P 110.

🏠 **Wagner**, Walserstr. 1, ℰ 52 48, ≼, ⟨⟩, ⟨⟩, ⟨⟩, ⟨⟩ — ⟨⟩ ☎ ⟨⟩. ⟨⟩ Rest
Ende April - Ende Mai und Nov. geschl. — (nur Abendessen für Hausgäste) — **20 Z : 30 B**
48/65 - 88/100 Fb — 9 Fewo 85/145 — ½ P 70/85.

🏠 **Post**, Walserstr. 48, ℰ 5 21 50, Fax 521525, ⟨⟩ — ⟨⟩ ☎ ⟨⟩ ⟨⟩. ⟨⟩ ⟨⟩ ⟨⟩ ⟨⟩
M a la carte 22/56 — **30 Z : 65 B** 89/104 - 136/188.

XX Casino-Restaurant Joker, Walserstr. 31, ℰ 50 67 − ℗
nur Abendessen.

XX **Alpenhof Kirsch** ⤷ mit Zim, Zwerwaldstr. 28, ℰ 52 76, 🍴, ☞ − TV ☎ ℗. AE ① E 𝚅𝙸𝚂𝙰
17.- 28. April und 15. Okt.- 22. Dez. geschl. − **M** *(Mittwoch geschl.)* (abends Tischbestellung
ratsam) a la carte 33/60 − **6 Z : 10 B** 70 - 90/130 Fb.

In Riezlern-Egg 8984 W : 1 km :

🏨 **Erlebach** ⤷, Eggstr. 21, ℰ 53 69, ≤, 🍴, ⇌, 🔲 − 🛗 TV ☎ ⇐ ℗. ❄ Rest
22. April - 20. Mai und Nov.- 20. Dez. geschl. − **M** a la carte 25/60 − **45 Z : 100 B** 85/120 -
144/220 Fb.

In Riezlern-Schwende 8984 NW : 2 km :

🏠 **Bellevue** ⤷, Außerschwende 4, ℰ 56 20, ≤, 🍴, ⇌, ☞ − ℗. AE ① E 𝚅𝙸𝚂𝙰
Anfang Nov.- Mitte Dez. geschl. − **M** *(Mai- Sept. Dienstag bis 18 Uhr geschl.)* a la carte
23/44 🍷 − **34 Z : 60 B** 48/60 - 80/100 Fb − 4 Fewo 80/140.

In Hirschegg 8985 − Höhe 1 125 m :

🏛 **Ifen-Hotel** ⤷, Oberseitestr. 6, ℰ 50 71, Telex 59650, Fax 3475, ≤ Kleinwalsertal, 🍴,
Bade- und Massageabteilung, ⇌, 🔲, ☞, Fitness-Center − 🛗 TV 🎾 ⇐ ℗ − 🔥 25/80.
AE ① E. ❄ Rest
Mitte April - Anfang Mai und Mitte Okt.- Mitte Dez. geschl. − **M** *(Montag geschl.)* a la carte
50/75 − **69 Z : 120 B** (½P) 164/339 - 328/478 Fb.

🏨 **Walserhof**, Walserstr. 11, ℰ 56 84, ≤, 🍴, ⇌, 🔲, ☞, ❊ − 🛗 TV ☎ ℗
Mitte April - Anfang Mai und Anfang Nov.- Mitte Dez. geschl. − **M** a la carte 27/54 − **38 Z :
70 B** 110/184 - 186/298 Fb − 5 Fewo 100/170.

🏨 **Gemma** ⤷, Schwarzwassertalstr. 21, ℰ 53 60, ≤, ⇌, 🔲, ☞ − 🛗 TV ☎ ⇐ ℗. ❄ Rest
22. April - 23. Mai und 4. Nov.- 21. Dez. geschl. − (nur Abendessen für Hausgäste) − **22 Z :
43 B** (½ P) 99/104 - 198/208 Fb.

🏠 **Haus Tanneneck**, Walserstr. 25, ℰ 57 67, ≤, 🔲, ☞ − ☎ ℗. ❄
20. April - 20. Mai und Nov.- 20. Dez. geschl. − (nur Abendessen für Hausgäste) − **15 Z :
30 B** (½ P) 80/100 - 160/220.

🏠 **Adler**, Walserstr. 51, ℰ 54 24, ≤, 🍴, ⇌ − TV ☎ ⇐ ℗
Anfang Nov.- 20. Dez. geschl., außer Saison garni − **M** a la carte 26/50 − **23 Z : 40 B** 64/115
- 90/171 Fb.

🏠 **Pension Sonnenberg** ⤷ (450 J. altes Bauernhaus), Am Berg 26, ℰ 54 33,
≤ Kleinwalsertal, « Behagliche Atmosphäre, Gartenanlage », ⇌, 🔲, ☞ − ☎ ℗. ❄ Rest
Mitte April - Mitte Mai und Ende Okt.- Mitte Dez. geschl. − (nur Abendessen für Hausgäste)
− **16 Z : 30 B** (½P) 84/129 - 148/220 Fb − 2 Fewo 110/140.

X **Restaurant im Walserhaus** (Italienische Küche), Walserstr. 64 (1. Etage), ℰ 64 80 − ℗
− 🔥 25/500
*Mitte April - Ende Mai und Mitte Okt.- Mitte Nov. geschl., im Winter Dienstag, im Sommer
Freitag - Samstag 17 Uhr geschl.* − **M** a la carte 26/51.

In Mittelberg 8986 − Höhe 1 220 m :

🏨 **Reinhard Leitner** ⤷, Walserstr. 55, ℰ 57 88, ≤, ⇌, 🔲, ☞ − ☎ ℗. ❄ Rest
9. April - 11. Mai und 4. Nov.- 20. Dez. geschl. − (nur Abendessen für Hausgäste) − **25 Z :
50 B** (½P) 115/165 - 230/245 Fb − 7 Fewo 105/260.

🏠 **Steinbock**, Bödmerstr. 46, ℰ 50 33, 🍴, ⇌, ☞ − TV ☎ ⇐ ℗. AE ① E
Nov.- Mitte Dez. geschl. − **M** *(im Sommer Mittwoch geschl.)* a la carte 27/50 − **25 Z : 50 B**
66/114 - 132/200 Fb.

🏠 **Neue Krone**, Walserstr. 84, ℰ 55 07 − ☎ ℗. AE ① E 𝚅𝙸𝚂𝙰
Mitte April - Mitte Mai und Mitte Okt.- Mitte Dez. geschl. − **M** *(Mittwoch geschl.)* a la carte
23/43 − **30 Z : 55 B** 50/85 - 90/150 Fb − 8 Fewo 70/160.

X **Schwendle**, Schwendlestr. 5, ℰ 59 88, ≤ Kleinwalsertal, 🍴 − ℗
20. April - 23. Mai, 22. Okt.- 20. Dez. und Montag geschl. − **M** a la carte 20/35 🍷.

In Mittelberg-Höfle 8986 S : 2 km, Zufahrt über die Straße nach Baad :

🏛 **IFA-Hotel Alpenhof Wildental** ⤷, Höfle 8, ℰ 6 54 40, Telex 59597, Fax 3143, ≤, 🍴,
⇌, 🔲, ☞ − 🛗 TV ⇐ ℗. ❄ Rest
Mitte April - Mitte Mai und Ende Okt.- Mitte Dez. geschl. − **M** a la carte 25/66 − **57 Z :
109 B** (½P) 146/192 - 220/296 Fb.

In Mittelberg-Baad 8986 SW : 4 km − Höhe 1 250 m :

🏠 **Alpengasthof Pühringer** ⤷, ℰ 51 74, ≤, 🍴, ⇌, ☞ − ☎ ℗
33 Z : 55 B.

🏠 **Haus Hoeft** ⤷ garni, Starzelstr. 18, ℰ 50 36, ≤, ⇌, 🔲, ☞ − ℗. ❄
Mitte Okt.- Mitte Dez. geschl. − **19 Z : 35 B** 47 - 94.

Siehe auch : *Liste der Feriendörfer*

Ganz Europa auf einer Karte (mit Ortsregister) :
Michelin-Karte Nr. 𝟿𝟸𝟶

KLETTGAU 7895. Baden-Württemberg **408** | 24. **216** ⑦ − 6 500 Ew − Höhe 345 m − ✪ 07742.
♦Stuttgart 179 − Donaueschingen 56 − Schaffhausen 24 − Waldshut-Tiengen 19 − Zürich 39.

In Klettgau-Griessen :

☎ Linde, Schaffhauser Str. 2, ℰ 55 03 − 🚗 ❷
15 Z : 25 B.

XX **Landgasthof Mange**, Kirchstr. 2, ℰ 54 17 − ❷. 🟥 ⓞ 🇪 *VISA*
Sonntag - Montag und Mitte Juli - Mitte Aug. geschl. − Menu a la carte 33/60 ⅃.

KLEVE 4190. Nordrhein-Westfalen **987** ⑬. **408** ⑲ − 46 000 Ew − Höhe 46 m − ✪ 02821.
♦Düsseldorf 95 − Emmerich 11 − Nijmegen 23 − Wesel 43.

🏨 **Parkhotel Schweizerhaus**, Materborner Allee 3, ℰ 80 70, Fax 807100, 🌧, Fahrradverleih
− |🛗| 📺 ☎ ⅊ 🚗 ❷ − 🔬 25/300. 🟥 ⓞ 🇪 *VISA*. 🎇 Rest
M a la carte 24/51 − **114 Z : 222 B** 70/80 - 110/120 Fb.

🏨 **Braam**, Emmericher Str. 159 (B 220), ℰ 90 90, 🎇 (Halle) − ☎ 🚗 ❷ − 🔬 25/80. 🟥 ⓞ
🇪 *VISA*
22.- 29. Dez. geschl. − **M** *(auch vegetarische Gerichte)* a la carte 31/56 − **41 Z : 86 B** 65/95 -
95/120 Fb.

🏨 **Heek** garni, Lindenallee 37, ℰ 2 50 84, 🖾 − |🛗| 📺 ☎ ❷
20 Z : 32 B 63 - 100.

XX **Cordes** (Restaurant in einer Villa aus der Zeit der Jahrhundertwende), Tiergartenstr.
50 (Ecke Klever Ring), ℰ 1 76 40 − 🇪. 🎇
Dienstag und 2.- 12. Jan. geschl. − **M** (Tischbestellung ratsam) a la carte 36/67.

XX **Altes Landhaus Zur Münze**, Tiergartenstr. 68 (B 9), ℰ 1 71 47, 🌧 − ❷. 🟥 ⓞ 🇪 *VISA*
Montag und 26. Juni - 13. Juli geschl. − **M** a la carte 24/52.

X Alte Wache, Große Straße 14, ℰ 2 83 13.

In Bedburg-Hau 4194   S : 5 km :

☎ **Jagdhaus Klobasa**, Peter-Eich-Str. 6, ℰ (02821) 64 99 − 🚗 ❷
◆ *Juli - Aug. 3 Wochen geschl.* − **M** *(Dienstag geschl.)* a la carte 19/45 − **10 Z : 13 B** 29 - 58.

X **Landhaus Perlitz**, Gocher Landstr. 100, ℰ (02821) 4 02 20, 🌧 − ❷. 🟥 ⓞ 🇪 *VISA*
Dienstag geschl. − **M** a la carte 23/62.

KLEVE KREIS STEINBURG 2213. Schleswig-Holstein − 600 Ew − Höhe 20 m − ✪ 04823.
♦Kiel 96 − ♦Hamburg 66 − Itzehoe 11.

🏨 **Gut Kleve**, Hauptstr. 34 (B 431), ℰ 86 85, « Park », 🏊 (geheizt), 🌧, 🐎 (Halle) − ❷
15. Jan.- 15. Feb. geschl. − **M** *(Dienstag geschl.)* a la carte 44/63 − **11 Z : 23 B** 35/55 -
70/100.

KLINGELBACH Rheinland-Pfalz siehe Katzenelnbogen.

KLINGENBERG AM MAIN 8763. Bayern **418** K 17 − 6 400 Ew − Höhe 141 m − ✪ 09372.
♦München 354 − Amorbach 18 − Aschaffenburg 29 − ♦Würzburg 78.

🏨 **Schöne Aussicht**, Bahnhofstr. 18 (am linken Mainufer), ℰ 30 07, 🌧 − |🛗| 📺 ☎ 🚗 ❷
− 🔬 40. 🇪. 🎇 Zim
22. Dez.- 20. Jan. geschl. − Menu *(Donnerstag geschl.)* a la carte 25/55 ⅃ − **24 Z : 48 B** 56/65
- 86/98 − 3 Fewo 90/105.

X **Winzerstübchen** mit Zim (ständig wechselnde Bilderausstellung), Bergwerkstr. 8, ℰ 26 50
19.- 28. Feb. und 15.- 28. Aug. geschl. − **M** *(Dienstag geschl.)* a la carte 44/70 ⅃ − **7 Z :
13 B** 30/38 - 60/76.

In Klingenberg-Röllfeld   S : 2 km :

🏨 **Paradeismühle** 🦌, Röllbacher Str. 85 (O : 2 km), ℰ 25 87, Fax 1587, 🌧, Wildgehege,
🐎, 🏊, 🐎 − ☎ 🚗 ❷ − 🔬 25/40. 🟥 ⓞ 🇪
M a la carte 26/66 − **31 Z : 78 B** 43/75 - 70/130 Fb.

KLINGENBRUNN Bayern siehe Spiegelau.

KLOSTERREICHENBACH Baden-Württemberg siehe Baiersbronn.

KNIEBIS Baden-Württemberg siehe Schwarzwaldhochstraße.

KNITTLINGEN 7134. Baden-Württemberg **418** J 19 − 6 500 Ew − Höhe 195 m − ✪ 07043.
Sehenswert : Faust-Museum.
♦Stuttgart 49 − Heilbronn 50 − ♦Karlsruhe 32 − Pforzheim 23.

In Knittlingen-Freudenstein   O : 5 km :

XX **Linde**, Diefenbacher Str. 42, ℰ 20 36, 🌧 − ❷. 🟥 ⓞ 🇪 *VISA*
Dienstag geschl. − **M** a la carte 25/60.

KNOPFMACHERFELSEN Baden-Württemberg siehe Fridingen an der Donau.

KNOTTENRIED Bayern siehe Immenstadt im Allgäu.

KOBERN-GONDORF 5401. Rheinland-Pfalz 987 ㉔ – 3 300 Ew – Höhe 70 m – ✦ 02607.

🛈 Verkehrsverein, Kirchstraße, ⌀ 10 55.

Mainz 100 – Cochem 33 – ◆Koblenz 16.

　🏨 **Simonis**, Marktplatz 4 (Kobern), ⌀ 2 03, 🌬 – 📺 ☎. 🆎 ⑩ 🖂
　　27. Dez.- 19. Jan. geschl. – **M** *(Montag geschl.)* a la carte 31/60 ⅃ – **18 Z : 36 B** 55/130 - 110/210 Fb.

KOBLENZ 5400. Rheinland-Pfalz 987 ㉔ – 107 000 Ew – Höhe 60 m – ✦ 0261.

Sehenswert : Deutsches Eck★ (≼★).

Ausflugsziele : Festung Ehrenbreitstein★ : Aussichtskanzel ≼★★, Terrasse ≼★ O : 4 km – Rheintal★★★ (von Koblenz bis Bingen) – Moseltal★★ (von Koblenz bis Trier).

🛈 Fremdenverkehrsamt, Pavillon gegenüber dem Hauptbahnhof, ⌀ 3 13 04.

ADAC, Hohenzollernstr. 34, ⌀ 1 30 30.

Mainz 100 ⑤ – ◆Bonn 63 ① – ◆Wiesbaden 102 ⑤.

　　　　Stadtplan siehe gegenüberliegende Seite.

　🏨🏨 **Scandic Crown Hotel**, Julius-Wegeler-Str. 6, ⌀ 13 60, Telex 862338, Fax 1361199, ≼,
　　🌬, 🛋 – 🕸 🅿 ✕= Zim 🔟 🅰 🅿 – 🔬 30/700. 🆎 ⑩ 🖂 *VISA*. 🛠 Rest　　　　　　　Y c
　　Restaurants : – **Le Gourmet** *(Sonn- und Feiertage sowie Juli - Aug. 3 Wochen geschl.)* **M** a la carte 66/77 – **Rhapsody M** a la carte 39/65 – **167 Z : 332 B** 190 - 250 Fb.

　🏨 **Brenner** garni, Rizzastr. 20, ⌀ 3 20 60, Fax 36278, « Stilmöbel, kleiner Garten » – 🕸 ✕=
　　📺 ✑= 🆎 ⑩ 🖂 *VISA*　　　　　　　　　　　　　　　　　　　　　　　　　Y d
　　Mitte Dez.- Anfang Jan. geschl. – **25 Z : 45 B** 100/145 - 170/240.

　🏨 **Kleiner Riesen** 🌧 garni, Kaiserin-Augusta-Anlagen 18, ⌀ 3 20 77, Telex 862442, ≼ – 🕸
　　📺 ☎ ✑= 🆎 ⑩ 🖂 *VISA*　　　　　　　　　　　　　　　　　　　　　　　Y a
　　27 Z : 50 B 80/100 - 130/150 Fb.

　🏨 **Continental-Pfälzer Hof** garni (siehe auch Restaurant Warsteiner Stuben),
　　Bahnhofsplatz 1, ⌀ 3 30 73, Telex 862664, Fax 12390 – 🕸 📺 ☎ ✑= – 🔬 30. 🆎 ⑩ 🖂 *VISA*　Y n
　　20. Dez.- 20. Jan. geschl. – **30 Z : 55 B** 75/125 - 140/230 Fb.

　🏨 **Hohenstaufen** garni, Emil-Schüller-Str. 41, ⌀ 3 70 81, Telex 862329, Fax 32303 – 🕸
　　📺 ☎. 🆎 ⑩ 🖂 *VISA*　　　　　　　　　　　　　　　　　　　　　　　　　Y s
　　50 Z : 80 B 98/135 - 175/245 Fb.

　🏨 **Scholz**, Moselweißer Str. 121, ⌀ 40 80 21, Telex 862648 – 🕸 📺 ☎ 🅿 – 🔬 25/60. 🆎 ⑩
　◆– 🖂 *VISA*. 🛠　　　　　　　　　　　　　　　　　　　　　　　　　　　　　X c
　　20. Dez.- 7. Jan. geschl. – **M** *(Samstag bis 17 Uhr und Sonntag geschl.)* a la carte 21/40 ⅃ – **62 Z : 120 B** 70 - 120 Fb.

　🏨 **Höhmann** garni, Bahnhofsplatz 5, ⌀ 3 50 11 – 🕸 📺 ☎ 🅿. 🆎 ⑩ 🖂 *VISA*　　　　Y e
　　41 Z : 72 B 75/100 - 130/140 Fb.

　🏨 **Hamm** garni, St.-Josef-Str. 32, ⌀ 3 45 46, Telex 862357 – 🕸 📺 ☎. 🆎 ⑩ 🖂 *VISA*　Y u
　　15. Dez.- 15. Jan. geschl. – **29 Z : 55 B** 70/85 - 120/145 Fb.

　🏨 **Victoria** garni, Stegemannstr. 25, ⌀ 3 30 27, Telex 862370 – 🕸 ☎ ✑= 🆎 ⑩ 🖂 *VISA*　Y k
　　21. Dez.- 7. Jan. geschl. – **27 Z : 50 B** 65/95 - 120/160 Fb.

　🏨 **Reinhard** garni, Bahnhofstr. 60, ⌀ 3 48 35 – 🕸 ☎. 🆎 ⑩ 🖂 *VISA*. 🛠　　　　　Y n
　　12. Jan.- 11. Feb. geschl. – **21 Z : 34 B** 65 - 95/115.

　🏨 **Kornpforte** garni, Kornpfortstr. 11, ⌀ 3 11 74　　　　　　　　　　　　　　X s
　　22. Dez.- 5. Jan. geschl. – **18 Z : 32 B** 40/65 - 80/100.

　🍴🍴 **Stresemann**, Rheinzollstr. 8, ⌀ 1 54 64, ≼, 🌬 – 🆎 ⑩ 🖂 *VISA*　　　　　　X t
　　Samstag bis 18 Uhr und Dienstag geschl. – **M** a la carte 47/70.

　🍴🍴 **Warsteiner Stuben**, Bahnhofstr. 58, ⌀ 3 40 12 – 🆎 ⑩ 🖂 *VISA*　　　　　　Y n
　　Samstag bis 18 Uhr und 1.- 15. Jan. geschl. – **M** a la carte 33/56.

　🍴 **Ratsstuben**, Am Plan 9, ⌀ 3 88 34, 🌬 – 🆎　　　　　　　　　　　　　　X r
　　Nov.- März Samstag geschl. – **M** 19 (mittags) und a la carte 28/60 ⅃.

　　In Koblenz-Ehrenbreitstein :

　🏨🏨 **Diehls Hotel**, an der B 42, ⌀ 7 20 10, Telex 862663, Fax 72021, ≼ Rhein, 🛋, 🖾 – 🕸
　　🅿 – 🔬 25/100. 🆎 ⑩ 🖂 *VISA*　　　　　　　　　　　　　　　　　　　　　Y z
　　M a la carte 43/74 – **68 Z : 120 B** 90/148 - 140/230 Fb.

　🏨 **Hoegg**, Hofstr. 282 (B 42), ⌀ 7 36 29 – 🔬 30. 🆎 🖂
　　M 17/31 (mittags) und a la carte 31/61 ⅃ – **31 Z : 54 B** 55/75 - 90/100.　　　　X e

　　In Koblenz-Güls über ⑧ :

　🏨 **Weinhaus Kreuter**, Stauseestr. 31, ⌀ 4 40 88, 🌬 – 📺 ☎ 🅿. 🖂
　◆　**M** *(Freitag und 22. Dez.- 20. Jan. geschl.)* a la carte 20/39 – **36 Z : 65 B** 35/55 - 65/100.

　🏠 **Weinhaus Grebel**, Planstr. 7, ⌀ 4 25 30 – 🅿
　◆　**M** *(Freitag und 24. Dez.- 17. Jan. geschl.)* a la carte 18/42 ⅃ – **33 Z : 54 B** 32/80 - 64/100.

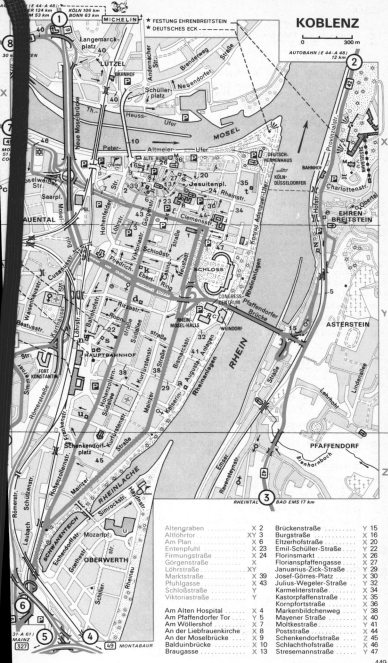

KOBLENZ

★ FESTUNG EHRENBREITSTEIN
★ DEUTSCHES ECK

0   300 m

AUTOBAHN (E 44-A 48)
12 km

MICHELIN

Langemarck-platz

LÜTZEL

BAHNHOF

Schüller-platz

Heuss-Ufer

Peter-

Altmeier-Ufer

MOSEL

DEUTSCH-HERRENHAUS

KÖLN-DÜSSELDORFER

BAHNHOF

Charlottenstr.

Obertal

EHREN-BREITSTEIN

ALTE BURG

Jesuitenpl.

Rheinstr.

Clemenstr.

Schloßstr.

Casino

Neustadt

SCHLOSS

Rheinanlagen

ASTERSTEIN

CONGRESS-ZENTRUM

Pfaffendorfer Brücke

RHEIN-MOSEL-HALLE

WEINDORF

RHEIN

HAUPTBAHNHOF

FORT KONSTANTIN

Rheinanlagen

Schenkendorf-platz

RHEINLACHE

PFAFFENDORF

MAINZ

OBERWERTH

RHEINTAL

BAD EMS 17 km

MONTABAUR

449

In Koblenz-Metternich über ⑧ :

🏨 **Fährhaus am Stausee** 🐾, An der Fähre 3, ℰ 20 93, Fax 25912, ≼, 🛋 – 🖂 📺 ☎ 🄿 –
↦ 🅰 25/60. 🆎 ⓄⒹ 🅴 𝑉𝐼𝑆𝐴
22.- 30. Dez. geschl. – **M** *(Montag geschl.)* 15/33 (mittags) und a la carte 27/60 – **22 Z :
40 B** 70/95 - 100/120 Fb.

In Koblenz-Moselweiß über Moselweißer Str. X :

🏨 **Oronto** garni, Ferd.-Sauerbruch-Str. 27, ℰ 4 80 81, Telex 862722 – 🛗 📺 ☎ 🚗. 🅴
21. Dez.- 14. Jan. geschl. – **41 Z : 81 B** 70/85 - 110/130 Fb.

🏨 **Haus Bastian** 🐾, Maigesetzweg 12, ℰ 5 10 11 (Hotel) 5 14 75 (Rest.), ≼, 🛋 – ☎ 🄿. 🎾 Zim
26 Z : 56 B.

🍴 **Zum schwarzen Bären**, Koblenzer Str. 35, ℰ 4 40 74, 🛋 – ☎ 🄿 – 🅰 40. 🆎 ⓄⒹ 🅴 𝑉𝐼𝑆𝐴
3.- 17. Feb. und 24. Juli - 7. Aug. geschl. – Menu *(Sonntag 14 Uhr - Montag geschl.)*
(bemerkenswerte Weinkarte) a la carte 26/72 🍴 – **13 Z : 24 B** 65/70 - 100.

🍴🍴 **Zur Traube**, Koblenzer Str. 24, ℰ 4 28 02, 🛋 – 🄿. 🆎 ⓄⒹ 🅴 𝑉𝐼𝑆𝐴
Dienstag geschl. – **M** a la carte 32/57 🍴.

In Koblenz 32-Rübenach NW : 8 km über ⑧ :

🍴 **Haus Simonis**, Mauritiusstr. 1, ℰ 2 26 80 – 🄿. 🆎 ⓄⒹ 🅴 𝑉𝐼𝑆𝐴
M *(nur Abendessen)* a la carte 23/40 – **55 Z : 100 B** 44 - 80.

MICHELIN-REIFENWERKE KGaA. Niederlassung 5403 Mülheim-Kärlich 1, Industriestr. 15,
ℰ (0261) 2 30 85.

KOCHEL AM SEE 8113. Bayern 🔢🔢🔢 R 24, 🔢🔢🔢 ㉗, 🔢🔢🔢 ⑰ – 4 500 Ew – Höhe 610 m –
Luftkurort – Wintersport: 610/1 760 m ✦5 ⚡3 – 🅰 08851.

Sehenswert : Franz-Marc-Museum.

Ausflugsziele : Walchensee* (S : 9 km) – Herzogstand Gipfel ❅✲✲ (SW : 13,5 km, mit Sessellift
ab Walchensee).

🅸 Verkehrsamt, Kalmbachstr. 11, ℰ 3 38.

♦München 70 – Garmisch-Partenkirchen 36 – Bad Tölz 23.

🏨 **Alpenhof-Postillion** garni, Kalmbachstr. 1, ℰ 8 85, 🚏, 🔲 – 🛗 ☎ 🚗 🄿 – 🅰 40. 🆎
🅴
34 Z : 70 B 62/85 - 130/160 Fb – ½ P 84/97 (Mahlzeiten im Hotel Zur Post).

🏨 **Schmied von Kochel**, Schlehdorfer Str. 6, ℰ 2 16, Fax 7331, 🛋 – 🛗 📺 ☎ 🚗 🄿. 🅴
𝑉𝐼𝑆𝐴
M a la carte 27/62 – **34 Z : 60 B** 75/140 - 120/160.

🍴 **Seehotel Grauer Bär**, Mittenwalder Str. 82 (B 11, SW : 2 km), ℰ 8 61, ≼ Kochelsee,
« Terrasse am See », 🚗 – ☎ 🚗 🄿. 🆎 ⓄⒹ 🅴
Mitte Jan.- Mitte Feb. geschl. – **M** *(Mittwoch geschl.)* a la carte 24/50 – **25 Z : 44 B** 48/65 -
92/112 – 2 Fewo 65/70 – ½ P 69/79.

🍴 **Herzogstand**, Herzogstandweg 3, ℰ 3 24, 🛋, 🌳 – 🚗 🄿
↦ April - Okt. – **M** *(nur Abendessen, Dienstag geschl.)* a la carte 18/31 – **14 Z : 25 B** 40/50 -
80/100.

🍴 **Waltraud**, Bahnhofstr. 20, ℰ 3 33, 🛋 – 🄿. 🆎 ⓄⒹ 🅴
↦ 10.- 31. Jan. geschl. – **M** *(Dienstag geschl.)* a la carte 19/38 – **29 Z : 65 B** 40/65 - 76/130.

🍴 **Zur Post**, Schmied-von-Kochel-Platz 6, ℰ 2 09, 🛋 – 🛗 ☎ 🚗 🄿. 🆎 🅴
↦ **M** a la carte 20/46 – **30 Z : 40 B** 50/75 - 85/125 – 2 Fewo 70/140 – ½ P 70/90.

In Kochel-Ried NO : 5 km :

🍴 **Rabenkopf**, Kocheler Str. 23 (B 11), ℰ (08857) 2 08, 🛋 – 🄿. 🆎 ⓄⒹ 🅴 𝑉𝐼𝑆𝐴
Mitte Feb.- Mitte März geschl. – **M** *(Böhmische Küche, Donnerstag geschl.)* a la carte 25/46
– **14 Z : 30 B** 45/53 - 90/106.

In Kochel-Walchensee SW : 13,5 km :

🍴 Zum Schwaigerhof, Seestr. 42, ℰ (08858) 2 32, ≼, 🛋, 🚏, 🚗, 🌳 – ☎ 🄿
24 Z : 44 B – 4 Fewo.

KÖFERING Bayern siehe Regensburg.

KÖLAU Niedersachsen siehe Suhlendorf.

Carte stradali Michelin per la Germania :

n° 🔢🔢🔢 in scala 1/750 000

n° 🔢🔢🔢 in scala 1/1 000 000

n° 🔢🔢🔢 in scala 1/400 000

n° 🔢🔢🔢 in scala 1/400 000 (Baviera e Bade Wurtemberg)

N 5000. Nordrhein-Westfalen 🗺🗺🗺 ②④ – 965 000 Ew – Höhe 65 m – ۞ 0221.

nswert : Dom★★★ (Dreikönigsschrein★★★) DV – Römisch-Germanisches Museum★★★
 nysosmosaik) DV M1 – Wallraf-Richartz-Museum (Gemälde von Meistern der Kölner Schule
14.- 16. Jh.) und Museum Ludwig★★★ DV M3 – Schnütgen-Museum★★ (Kölner Madonnen)
M4 – St. Kolumba★ DX V – Neu St. Alban★ BU Z – St. Maria im Kapitol (Holztüren★★) DX D
t. Aposteln (Chorabschluß★) CX N – St. Severin (Inneres★) DY K – Rheinpark★ EU.

Köln-Marienburg, Schillingsrotter Weg (S), ℘ 5 40 21 01 ; 🏌 Bergisch Gladbach-Refrath (③ :
m), ℘ (02204) 6 31 14.

Köln-Bonn in Wahn (④ : 17 km), ℘ (02203) 4 01.

℘ 1 41 56 66.

sse- und Ausstellungsgelände (EUV), ℘ 82 11, Telex 8873426.

erkehrsamt, Am Dom, ℘ 2 21 33 40, Telex 8883421.

AC, Luxemburger Str.169, ℘ 47 27 47, Notruf ℘ 1 92 11.

sseldorf 40 ① – ◆Aachen 69 ⑨ – ◆Bonn 28 ⑤ – ◆Essen 68 ②.

Die Angabe (K 15) nach der Anschrift gibt den Postzustellbezirk an : Köln 15

L'indication (K 15) à la suite de l'adresse désigne l'arrondissement : Köln 15

The reference (K 15) at the end of the address is the postal district : Köln 15

L'indicazione (K 15) posta dopo l'indirizzo precisa il quartiere urbano : Köln 15

Messe-Preise : siehe S. 8   Foires et salons : voir p. 16
Fairs : see p. 24   Fiere : vedere p. 32

Stadtpläne : siehe Köln Seiten 3-7

Hotels und Restaurants : Wenn nichts anderes angegeben, siehe Plan Köln Seiten 6 und 7

Excelsior Hotel Ernst - Restaurant Hanse Stube, Trankgasse 1 (K 1), ℘ 27 01,
Telex 8882645, Fax 135150 – 🛗 ▤ Rest 🆃🆅 – 🔬 25/100. 🆎 ⓞ 🅴. 🛠 Rest   DV **a**
M a la carte 56/101 – **160 Z : 250 B** 275/495 - 390/560 – 20 Appart. 850/1150.

Dom-Hotel ⑤, Domkloster 2a (K 1), ℘ 2 02 40, Telex 8882919, Fax 2024260, « Terrasse mit
◀ » – 🛗 ▤ Rest 🆃🆅 🕭 – 🔬 25/60. 🆎 ⓞ 🅴 🆅🆂🆄. 🛠 Rest   DV **d**
M a la carte 58/96 – **Atelier M** a la carte 39/58 – **126 Z : 182 B** 299/349 - 433/523 Fb.

Maritim, Heumarkt 20 (K 1), ℘ 2 02 70, Telex 8886667, Fax 2027826, ◀, Massage, 🈸, 🔲
– 🛗 🛏 Zim ▤ 🆃🆅 🕭 – 🔬 25/1100. 🆎 ⓞ 🅴 🆅🆂🆄   DX **m**
Restaurants : – **La Galerie** (nur Abendessen) **M** a la carte 66/96 – **Bellevue M** a la carte
63/86 – **450 Z : 850 B** 229/349 - 288/428 Fb – 28 Appart. 450.

Ramada Renaissance Hotel, Magnusstr. 20 (K 1), ℘ 2 03 40, Telex 8882221, Fax 2034777,
🍴, Massage, 🈸, 🔲 – 🛗 🛏 Zim ▤ 🆃🆅 🕭 🕭 – 🔬 25/350. 🆎 ⓞ 🅴 🆅🆂🆄. 🛠 Rest
Restaurants : – **Raffael M** a la carte 48/89 – **Valentino M** a la carte 35/65 – **240 Z : 296 B**
243/463 - 316/496 Fb – 9 Appart. 746/1246.   CV **s**

Inter-Continental, Helenenstr. 14 (K 1), ℘ 22 80, Telex 8882313, Fax 2281301, Massage,
🈸, 🔲 – 🛗 ▤ 🆃🆅 🕭 🕭 – 🔬 25/1000. 🆎 ⓞ 🅴 🆅🆂🆄. 🛠 Rest   CV **p**
M a la carte 55/87 – **290 Z : 580 B** 279/394 - 353/498 Fb – 9 Appart. 793/1648.

Holiday Inn Crowne Plaza, Habsburger Ring 9 (K 1), ℘ 2 09 50, Telex 8886618, Fax
251206, Massage, 🈸, 🔲 – 🛗 🛏 Zim ▤ 🆃🆅 🕭 🕭 – 🔬 25/350. 🆎 ⓞ 🅴 🆅🆂🆄   BX **r**
Restaurants : – **Le Bouquet M** a la carte 43/65 – **La Cave** (Samstag - Sonntag geschl.) **M**
25/35 – **300 Z : 415 B** 264/404 - 328/478 Fb – 3 Appart. 800/1450.

Consul, Belfortstr. 9 (K 1), ℘ 7 72 10, Telex 8885242, Fax 7721259, Massage, 🈸, 🔲 – 🛗
🛏 Zim ▤ 🆃🆅 🕭 🕭 🕭 – 🔬 25/200. 🆎 ⓞ 🅴 🆅🆂🆄. 🛠 Rest   DU **v**
Restaurants : – **Quirinal M** a la carte 46/69 – **Consülchen Pub M** a la carte 30/48 – **125 Z :
235 B** 165/277 - 218/400 Fb.

Pullman - Hotel Mondial, Kurt-Hackenberg-Platz 1 (K 1), ℘ 2 06 30, Telex 8881932, Fax
2063522, 🍴 – 🛗 🛏 Zim 🆃🆅 🕭 🕭 – 🔬 25/250. 🆎 ⓞ 🅴 🆅🆂🆄. 🛠 Rest   DV **f**
M 26/35 (mittags) und a la carte 43/72 – **204 Z : 350 B** 174/272 - 210/306 Fb.

Senats Hotel, Unter Goldschmied 9 (K 1), ℘ 2 06 20, Telex 8881765, Fax 247863 – 🛗 🆃🆅
– 🔬 25/350. 🆎 ⓞ 🅴 🆅🆂🆄. 🛠 Rest   DX **b**
21.- 31. Dez. geschl. – **M** 25/35 (mittags) und a la carte 43/70 – **60 Z : 80 B** 145/230 -
195/275 Fb.

Dorint Hotel, Friesenstr. 44 (K 1), ℘ 1 61 40, Telex 8881483, Fax 1614100 – 🛗 🛏 Zim 🆃🆅
🖀 🕭 🕭 – 🔬 25/150. 🆎 ⓞ 🅴 🆅🆂🆄. 🛠 Rest   CV **n**
M a la carte 40/67 – **103 Z : 197 B** 192/270 - 242/488 Fb.

Haus Lyskirchen, Filzengraben 28 (K 1), ℘ 2 09 70, Telex 8885449, Fax 2097718, 🈸, 🔲
– 🛗 ▤ Rest 🆃🆅 🖀 🕭 🕭 – 🔬 25/90. 🆎 ⓞ 🅴 🆅🆂🆄   DY **u**
23. Dez.- 2. Jan. geschl. – **M** (Samstag bis 18 Uhr sowie Sonn- und Feiertage geschl.) a la
carte 38/69 – **95 Z : 130 B** 130/161 - 176/230 Fb.

Altea Hotel Severinshof, Severinstr. 199 (K 1), ℘ 2 01 30, Telex 8881852, Fax 2013666,
🍴, 🈸 – 🛗 🆃🆅 🖀 🕭 – 🔬 25/80. 🆎 ⓞ 🅴 🆅🆂🆄   DY **a**
M a la carte 40/71 – **253 Z : 459 B** 158/238 - 196/256 Fb – 16 Appart. 286/386.

🛏 **Coellner Hof**, Hansaring 100 (K 1), ✆ 12 20 75, Telex 8885264, Fax 135235 – 🛗 📺 ☎ ⟵
　– 🔬 30. 🆎 ⓄⒺ　　　　　　　　　　　　　　　　　　　　　　　　　　　　　　　DU **k**
　M *(Freitag 15 Uhr - Samstag geschl.)* a la carte 38/67 – **70 Z : 110 B** 95/180 - 125/250 Fb.

🛏 **Viktoria** garni, Worringer Str. 23 (K 1), ✆ 72 04 76, Telex 8881979, Fax 727067 – 🛗 📺 ☎ Ⓟ
　47 Z : 75 B Fb.　　　　　　　　　　　　　　　　　　　　　　　　　　　　　　　DET **r**

🛏 **Savoy** garni, Turiner Str. 9 (K 1), ✆ 12 04 66, Telex 8881151, ☞ – 🛗 📺 ☎. 🆎 Ⓔ 💳
　24.- 31. Dez. geschl. – **71 Z : 116 B** 140/220 - 185/350 Fb.　　　　　　　　　　DU **s**

🛏 **Europa Hotel am Dom - Restaurant Ambiance**, Am Hof 38 (K 1), ✆ 2 05 80
　(Hotel) 24 91 27 (Rest.), Telex 8881728, Fax 211021 – 🛗 📺 ☎ – 🔬 30. 🆎 Ⓞ Ⓔ 💳　DV **z**
　M *(Samstag bis 18 Uhr, Sonn- und Feiertage sowie Mitte Juni - Anfang Juli geschl.)* a la
　carte 62/90 – **90 Z : 130 B** 149/269 - 249/349 Fb.

🛏 **Königshof** garni, Richartzstr.14 (K 1), ✆ 23 45 83, Telex 8881318, Fax 238642 – 🛗 📺 ☎.
　🆎 Ⓞ Ⓔ 💳　　　　　　　　　　　　　　　　　　　　　　　　　　　　　　　　　　DV **n**
　85 Z : 140 B 105/295 - 165/395 Fb.

🛏 **Ascot-Hotel**, Hohenzollernring 95 (K 1), ✆ 52 10 76, Telex 8883018, 🌿 – 🛗 📺 ☎. 🎿
　52 Z : 100 B Fb.　　　　　　　　　　　　　　　　　　　　　　　　　　　　　　　CV **a**

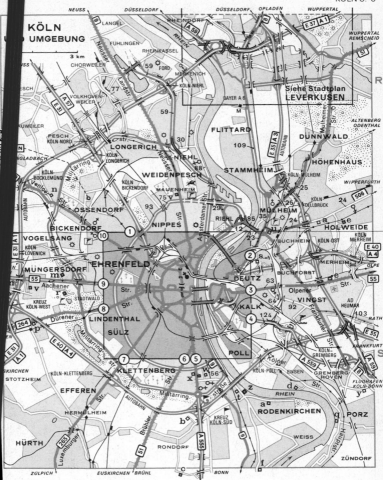

🏨 **Kommerzhotel** garni, Breslauer Platz (K 1), ℰ 12 40 86, � – 📳 📺 ☎. 🖭 ⑩ 🇪 𝚅𝙸𝚂𝙰
77 Z : 95 B 130/170 - 180/220 Fb.   DV   r

🏨 **Am Augustinerplatz** garni, Hohe Str. 30 (K 1), ℰ 23 67 17, Fax 217533 – 📳 📺 ☎.
🇪 𝚅𝙸𝚂𝙰   DX   a
56 Z : 105 B 105/275 - 160/295 Fb — 4 Appart. 275/350.

🏨 **Lasthaus am Ring - Restaurant Charrue d'or**, Hohenzollernring 20 (K 1),
ℰ 21 04 85 (Hotel) 21 76 10 (Rest.), Telex 8882856 – 📳 📺 ☎ ℗ – 🛁   CX   r
52 Z : 75 B Fb.

🏨 **Bristol** garni (antike Zimmereinrichtung), Kaiser-Wilhelm-Ring 48 (K 1), ℰ 12 01 95,
Telex 8881146, Fax 131495 – 📳 📺 ☎. 🖭 ⑩ 🇪 𝚅𝙸𝚂𝙰   CU   m
44 Z : 60 B 125/250 - 180/350 Fb.

🏨 **Eden-Hotel** garni, Am Hof 18 (K 1), ℰ 23 61 23, Telex 8882889 – 📳 📺 ☎. 🖭 ⑩ 🇪 𝚅𝙸𝚂𝙰
24. Dez.- 3. Jan. geschl. – **33 Z : 60 B** 171/256 - 217/277 Fb — 4 Appart. 398/498.   DV   w

🏨 **Residence** garni, Alter Markt 55 (K 1), ℰ 23 57 81, Telex 8885344 – 📳 📺 ☎. 🖭 ⑩ 🇪 𝚅𝙸𝚂𝙰
60 Z : 110 B 105/230 - 180/260 Fb — 3 Appart. 350.   DX   c

Fortsetzung →

453

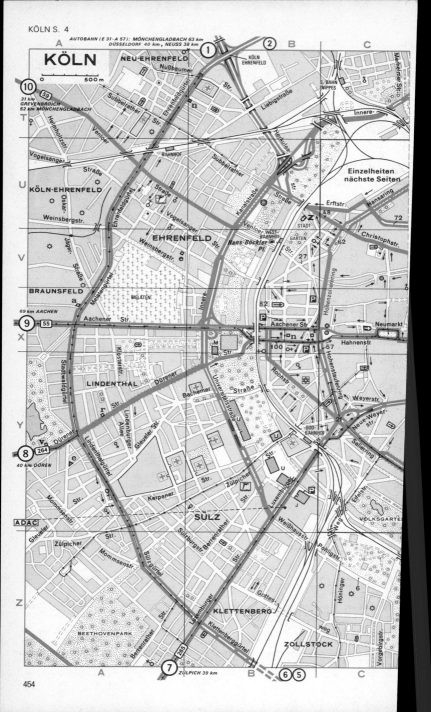

KÖLN

AUTOBAHN (E 31·A 57): MÖNCHENGLADBACH 63 km
DÜSSELDORF 40 km, NEUSS 38 km

0   500 m

NEU-EHRENFELD

Nußbaumer

KÖLN EHRENFELD

S. BAHN NIPPES

31 km GREVENBROICH
52 km MÖNCHENGLADBACH

Heimholtzstr.

Subbelrather   Str.

Liebigstraße

Innere-

Venloer

Ehrenfeldgürtel

Herkules

BAHNHOF

Subbelrather

Vogelsanger

Str.

Straße

Einzelheiten nächste Seiten

KÖLN-EHRENFELD

Oskar

Straße

Kanalstraße

Venloer   Straße

Erftstr.   Hansaring

48   72

Weinsbergstr.

Vogelsanger

Str.

Jäger-

STADT GARTEN

Christophstr.

62

EHRENFELD

Weinsbergstr.

WEST BAHNHOF

Hans-Böckler Pl.

27

BRAUNSFELD

Melatengürtel

MELATEN

Innere

82

Hohenzollernring

69 km AACHEN

Aachener   Str.

Aachener Str.

Neumarkt

Stadtwaldgürtel

Klosterstr.

100

Hahnenstr.

57

Hohenstaufenring

LINDENTHAL

Dürener

Str.

Bachemer

Universitätsstraße   Straße

Rochsstr.

Weyerstr.

Lindenburger   Allee

Gleueler Str.

Neue-Weyer-str.

40 km DÜREN

Dürener

264

SÜD BAHNHOF

Salierring

Lindenthalgürtel

Str.

U

ADAC

Kerpener

Str.

Zülpicher

Str.

Luxemburger

Erfelder

VOLKSGARTEN

Gleueler

Zülpicher   Str.

Mommsenstr.

SÜLZ

Sülzburgstr. Berrenrather

Weißhausstr.

Pohligstr.

Mommsenstr.

Sülzgürtel

Str.

Höninger

6

BEETHOVENPARK

Berrenrather

Luxemburger

KLETTENBERG

Gottes

Klettenberggürtel

Weg

ZOLLSTOCK

Vorgebirgstr.

265

ZÜLPICH 39 km

Straßenverzeichnis siehe Köln S. 2.

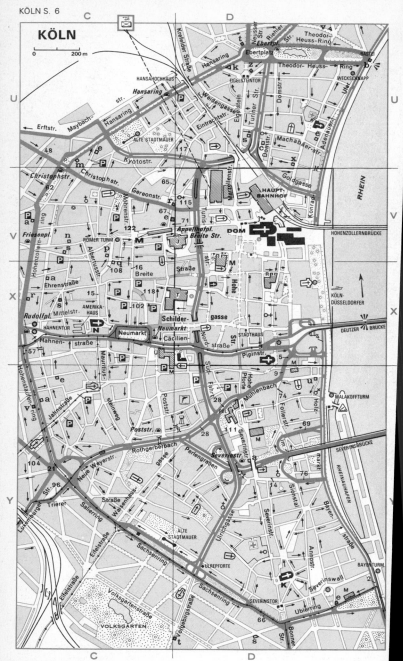

KÖLN

Straßenverzeichnis siehe Köln S. 2.

🏤 **Kolpinghaus International**, St.-Apern-Str. 32 (K 1), ℰ 2 09 30, Fax 246518 − 🛗 ☎ ℗ −
🛴 25/200. ⒶⒺ ⓪   CVX **q**
M a la carte 24/57 − **48 Z : 85 B** 90/100 - 135 Fb.

🏤 **Altea-Hotel Baseler Hof**, Breslauer Platz 2 (K 1), ℰ 1 65 40, Telex 8886982, Fax 134852 − 🛗
📺 ☎ − 🛴   DV **e**
109 Z : 150 B Fb − 4 Appart..

🏤 **Central Hotel - Restaurant Banker's**, An den Dominikanern 3 (K 1), ℰ 13 50 88,
Telex 8881807, Fax 135080 − 🛗 📺 ☎. ⒶⒺ ⓪ Ⓔ 𝘝𝘐𝘚𝘈   DV **b**
20. Dez.- 6. Jan. geschl. − **M** a la carte 24/49 − **43 Z : 80 B** 105/175 - 160/235.

🏤 **Esplanade** garni, Hohenstaufenring 56 (K 1), ℰ 21 03 11, Telex 8881029, Fax 216822 − 🛗
📺 ☎. ⒶⒺ ⓪ Ⓔ 𝘝𝘐𝘚𝘈   CY **a**
24. Dez.- 2. Jan. geschl. − **33 Z : 55 B** 110/250 - 165/350 Fb.

🏨 **Leonet** garni, Rubensstr. 33 (K 1), ℰ 23 60 16, Telex 8883506, ⇌, ⃞ − 🛗 📺 ☎ ℗. ⒶⒺ ⓪
Ⓔ 𝘝𝘐𝘚𝘈   CY **e**
20. Dez.- 5. Jan. geschl. − **78 Z : 150 B** 110/190 - 160/250 Fb.

🏠 **Astor und Aparthotel** garni, Friesenwall 68 (K 1), ℰ 23 58 11, Telex 8886367, Fax 230490
− 🛗 ⇌ Zim 📺 ☎ ℗. ⒶⒺ ⓪ Ⓔ 𝘝𝘐𝘚𝘈   CX **a**
52 Z : 90 B 124/274 - 154/350.

🏠 **Conti** garni, Brüsseler Str. 40 (K 1), ℰ 25 20 62, Telex 8881644, Fax 252107 − 🛗 ☎ ⇌. ⒶⒺ
Ⓔ 𝘝𝘐𝘚𝘈   BX **n**
22. Dez.- 1. Jan. geschl. − **43 Z : 78 B** 90/150 - 140/210 Fb.

🏠 **Windsor** garni, Von-Werth-Str. 36 (K 1), ℰ 13 40 31 − 🛗 📺 ☎. ⒶⒺ ⓪ Ⓔ 𝘝𝘐𝘚𝘈   CU **e**
37 Z : 55 B 90/130 - 195/210.

🏠 **Merian-Hotel** garni, Allerheiligenstr. 1 (K 1), ℰ 12 10 25, Telex 8883305, Fax 121029 − 🛗
📺 ☎ ⇌. ⒶⒺ ⓪ Ⓔ 𝘝𝘐𝘚𝘈   DU **c**
22. Dez. - 4. Jan. geschl. − **32 Z : 52 B** 95/145 - 135/350 Fb.

🏠 **Ludwig** garni, Brandenburger Str. 24 (K 1), ℰ 12 30 31, Telex 8885326, Fax 137935 − 🛗 📺
☎ ⇌. ⒶⒺ ⓪ Ⓔ 𝘝𝘐𝘚𝘈   DU **x**
23. Dez.-1. Jan. geschl. − **61 Z : 100 B** 98/175 - 155/255 Fb.

🏠 **Buchholz** garni, Kunibertsgasse 5 (K 1), ℰ 12 18 24 − 🛗 📺 ☎. ⒶⒺ ⓪ Ⓔ 𝘝𝘐𝘚𝘈   DU **e**
20. Dez.- 3. Jan. geschl. − **17 Z : 27 B** 85/105 - 110/160.

Fortsetzung →
457

🏠 **Altstadt Hotel** garni, Salzgasse 7 (K 1), ℘ 23 41 87, Fax 234189, � – 🛗 ☎. 🅰🗄 ⑩ ▤
⅏
20. Dez.- 6. Jan. geschl. – **28 Z : 46 B** 80/95 - 120/180 Fb.

🏠 **Hotel am Chlodwigplatz** garni, Merowinger Str. 33 (K 1), ℘ 31 40 31 – 📺 ☎ ⇐
⑩ ▤ 🆅🇮🇸🇦
20. Dez.- 10. Jan. geschl. – **23 Z : 43 B** 76/110 - 120/170.

XXXX ❀ **Chez Alex**, Mühlengasse 1 (K 1), ℘ 23 05 60 – ▤. 🅰🗄 ⑩ ▤ 🆅🇮🇸🇦
Samstag nur Abendessen, Sonn- und Feiertage geschl. – **M** (Tischbestellung rats..
carte 76/120
Spez. Lasagne de homard au sabayon de truffes, Foie gras chaud aux pommes, Carré d'agneau en
fines herbes.

XXX ❀ **Rino Casati**, Ebertplatz 3 (K 1), ℘ 72 11 08 – 🅰🗄 ⑩ ▤ 🆅🇮🇸🇦. ⅏
außerhalb der Messezeiten Sonntag geschl. – **M** (Tischbestellung ratsam) 48 (mitta
a la carte 66/98
Spez. Hausgemachte Nudelgerichte, Langostinos in Pinot- bianco-Schaum, Lammcarré im Kartoffelm
zwei Saucen.

XXX **Die Bastei**, Konrad-Adenauer-Ufer 80 (K 1), ℘ 12 28 25, Fax 138047, ≼ Rhein – 🅰
⅏
Samstag bis 19 Uhr geschl. – **M** 56/120.

XXX ❀ **Restaurant Bado - La poêle d'or**, Komödienstr. 52 (K 1), ℘ 13 41 00 – 🅰
🆅🇮🇸🇦
Sonntag - Montag 18 Uhr, an Feiertagen sowie Juni - Juli 3 Wochen und Weihna
Neujahr geschl. – **M** 89/165 und a la carte – **Bistro M** a la carte 32/44
Spez. Saumon fumé chaud sauce raifort, La dorade au thym, Le nougat glacé.

XXX **Börsen-Restaurant Maître**, Unter Sachsenhausen 10 (K 1), ℘ 13 56 26, Fax 1342
▤. 🅰🗄 ⑩ ▤ 🆅🇮🇸🇦. ⅏
Sonn- und Feiertage sowie 1.- 29. Juli geschl. – **M** 57/95 – **Börsenstube M** a la carte 3

XX **Em Krützche**, Am Frankenturm 1 (K 1), ℘ 21 14 32, « Straßenterrasse mit ≼ » – ⓒ
🆅🇮🇸🇦
Montag geschl. – **M** (Tischbestellung ratsam) a la carte 49/73.

XX **Ristorante Alfredo**, Tunisstr. 3 (K 1), ℘ 24 43 01 – 🅰🗄
Samstag 15 Uhr - Sonntag und Juni - Juli 3 Wochen geschl. – **M** (Tischbestellung rat
a la carte 66/86.

XX **Ratskeller**, Rathausplatz 1 (Eingang Alter Markt) (K 1), ℘ 21 83 01, 🍴, « Innenhof » –
⅙ – 🔒   DX
XX **Weinhaus im Walfisch** (Fachwerkhaus a.d. 17. Jh.), Salzgasse 13 (K 1), ℘ 21 95 75 –
⑩ ▤ 🆅🇮🇸🇦   DX
Samstag bis 18 Uhr sowie Sonn- und Feiertage geschl. – **M** 43 (mittags) und a la car
53/85.

XX **Soufflé**, Hohenstaufenring 53 (K 1), ℘ 21 20 22 – 🅰🗄 ⑩ ▤ 🆅🇮🇸🇦   CY
Samstag bis 19 Uhr, Sonntag und über Karneval geschl. – **M** a la carte 49/65.

XX **Restaurant Wack**, Benesisstr. 57 (K 1), ℘ 21 42 78 – ⑩ ▤. ⅏   CX
außerhalb der Messezeiten Samstag bis 18 Uhr und Sonntag geschl. – **M** (Tischbestellun
ratsam) a la carte 60/96 – **Wackes** (nur Abendessen) **M** a la carte 30/43.

XX **Daitokai** (Japanisches Rest.), Kattenbug 2 (K 1), ℘ 12 00 48, Fax 137503 – ▤. 🅰🗄 ⑩ ▤
🆅🇮🇸🇦. ⅏   CV
Sonntag geschl. – **M** 32/38 (mittags) und a la carte 48/74.

X **Ballarin** (Restaurant im Bistro-Stil), Ubierring 35 (K 1), ℘ 32 61 33 – ⑩   DY e
Samstag bis 19 Uhr und Sonntag geschl. – **M** a la carte 58/72.

X **Ristorante Pan e vin**, Heumarkt 75 (K 1), ℘ 24 84 10 – 🅰🗄 ▤. ⅏   DX e
Montag geschl. – **M** a la carte 43/69.

X **La Baurie**, Vorgebirgstr. 35 (K 1), ℘ 38 61 49 – 🅰🗄 ▤ 🆅🇮🇸🇦   DY t
Samstag bis 18 Uhr und Montag geschl. – **M** a la carte 61/82.

X **De Donatis L'Osteria** (Italienische Küche), Eigelstein 122 (Eingang Greesbergstraße)
(K 1), ℘ 12 33 73 – ▤ 🆅🇮🇸🇦   DU z
Samstag bis 18 Uhr, Mittwoch und Mitte Juni - Mitte Juli geschl. – **M** a la carte 45/78.

In Köln 30-Bocklemünd :

🏠 **Garni Bocklemünd**, Grevenbroicher Str. 16, ℘ 50 84 61 – ☎   (Köln S. 3)   R n
20 Z : 36 B 55 - 85.

In Köln 41-Braunsfeld :

🏨 **Regent**, Melatengürtel 15, ℘ 5 49 90, Telex 8881824, Fax 5499998 – 🛗 ↔ Zim 📺 ☎ –
🔒 25/80. 🅰🗄 ⑩ ▤ 🆅🇮🇸🇦   (Köln S. 4)   AX a
M (auch vegetarische Gerichte) a la carte 28/70 – **168 Z : 270 B** 177/267 - 235/385 Fb –
3 Appart. 415/865.

In Köln 91-Brück über ③ und die B 55 :

🏨 **Silencium** garni, Olpener Str. 1031, ℘ 89 90 40, Telex 887107, Fahrradverleih – 🛗 📺 ☎ ⓟ
– 🔒 30. ⑩ ▤ 🆅🇮🇸🇦. ⅏
66 Z : 130 B 115/220 - 150/280 Fb.

In Köln 80-Buchforst :

🏩 **Kosmos**, Waldecker Str. 11, ℰ 6 70 90, Telex 887706, Fax 6709321, ⇔, ▨ − 🛗 🖇 Zim
📺 ☎ 🅿 − 🔥 25/120. ⅋ ⓪ 🜲 𝗩𝗜𝗦𝗔 (Köln S. 3)   S s
*19. Dez.- 5. Jan. geschl. − **M** (nur Abendessen, Mitte Juli - Mitte Aug. geschl.)* a la carte
27/63 − **100 Z : 200 B** 140/230 - 196/320 Fb.

In Köln 21-Deutz :

🏩🏩 **Hyatt Regency**, Kennedy-Ufer 2a, ℰ 8 28 12 34, Telex 887525, Fax 8281370, ≤, Biergarten,
⇔, ▨ − 🛗 🖇 Zim 🍽 📺 ₺ ⇔ 🅿 − 🔥 25/400. ⅋ ⓪ 🜲 𝗩𝗜𝗦𝗔 (Köln S. 5)   EV a
Restaurants : − **Graugans** *(Samstag bis 18 Uhr und Sonntag geschl.)* **M** a la carte 60/93 −
Glashaus M a la carte 39/53 − **307 Z : 614 B** 305/475 - 325/495 Fb − 18 Appart. 535/1990.

❌❌ **Der Messeturm**, Kennedy-Ufer (18. Etage, 🛗), ℰ 88 10 08, Fax 811941, ≤ Köln − 🍽 −
🔥 25. ⅋ ⓪ 🜲. 🎇 (Köln S. 5)   EV
*Samstag bis 19 Uhr geschl. − **M** a la carte 49/83.*

In Köln 30-Ehrenfeld :

🏩 **Imperial**, Barthelstr. 93, ℰ 51 70 57, Telex 8883452, Fax 520993, ⇔ − 🛗 📺 ☎ ⇔ 🅿. ⅋
⓪ 🜲 𝗩𝗜𝗦𝗔 (Köln S. 4)   AV e
M *(nur Abendessen)* a la carte 28/55 − **36 Z : 60 B** 140/180 - 220/280 Fb.

❌❌❌ **Zum offenen Kamin**, Eichendorffstr. 25, ℰ 55 68 78 − ⅋ ⓪ 🜲 𝗩𝗜𝗦𝗔 (Köln S. 4) ABT n
*Samstag bis 18 Uhr sowie Sonn- und Feiertage geschl. − **M** 50 (mittags) und a la carte
64/90.*

In Köln 80-Holweide :

🏠 **Bergischer Hof** garni, Bergisch-Gladbacher-Str. 406 (B 506), ℰ 63 90 81, Telex 8873746,
Fax 639085 − 🛗 ☎ ⇔ 🅿. ⅋ ⓪ 🜲 𝗩𝗜𝗦𝗔 (Köln S.3)   R a
33 Z : 64 B 110/220 - 170/260 Fb.

❌❌❌ **Isenburg**, Johann-Bensberg-Str. 49, ℰ 69 59 09, 🌤 − 🅿. ⓪ 🜲 𝗩𝗜𝗦𝗔 (Köln S. 3)   R e
*Samstag bis 18 Uhr, Sonntag - Montag und Mitte Juli - Mitte Aug. geschl. − **M**
(Tischbestellung ratsam) a la carte 46/78.*

In Köln 50-Immendorf :

❌❌ **Weinstuben Bitzerhof** mit Zim (Gutshof a.d.J. 1821), Immendorfer Hauptstr. 21,
ℰ (02236) 6 19 21, 🌤, « Rustikale Einrichtung », − 📺 ☎ ⇔. 🜲. 🎇 Zim
M a la carte 47/71 − **3 Z : 6 B** 90/110 - 130/145., (Köln S. 3)   S c

In Köln 40-Junkersdorf :

❌❌ **Vogelsanger Stübchen**, Vogelsanger Weg 28, ℰ 48 14 78 (Köln S. 3)   S v
*Sonntag - Montag, 1.- 15. März und 15.- 31 Aug. geschl. − **M** (Tischbestellung ratsam)*
25/39 (mittags) und a la carte 48/74.

In Köln 41-Lindenthal :

🏩 **Queens Hotel**, Dürener Str. 287, ℰ 46 30 01, Telex 8882516, Fax 433765, « Gartenterrasse »
− 🛗 🖇 Zim 🍽 Rest 📺 ☎ ⇔ 🅿 − 🔥 25/600. ⅋ ⓪ 🜲 𝗩𝗜𝗦𝗔. 🎇 Rest (Köln S. 4)   AY v
M a la carte 48/77 − **152 Z : 154 B** 199/284 - 278/328 Fb.

🏩 **Bremer**, Dürener Str. 225, ℰ 40 50 13, Telex 8882063, Fax 402034, ⇔, ▨ − 🛗 🍽 Rest 📺
☎ ⇔. ⅋ ⓪ 🜲 𝗩𝗜𝗦𝗔. 🎇 Rest (Köln S. 4)   AY r
*12.- 17. April und 22. Dez.- 3. Jan. geschl. − **M** (Tischbestellung ratsam)* a la carte 56/78 −
69 Z : 90 B 110/190 - 165/225.

❌❌❌ **Rôtisserie zum Krieler Dom**, Bachemer Str. 233 (Eingang Krieler Straße), ℰ 43 29 43
*Dienstag - Mittwoch 18 Uhr und 5.- 23. Juni geschl. − **M** (Tischbestellung ratsam) a la carte
48/78.* (Köln S.4)   AY e

In Köln 40 - Lövenich über ⑨ : 8 km :

🏩 **Landhaus Gut Keuchhof - Restaurant Zur Scheune** ⌓, Braugasse 14,
ℰ (02234) 7 60 33 (Hotel) 4 72 02 (Rest.), 🌤 − 📺 ☎ 🅿. ⅋ 🜲. 🎇
*Dez.- Jan. 2 Wochen geschl. − **M** (Montag geschl.) a la carte 34/70 − **43 Z : 64 B** 90/110 -
130/180.*

In Köln 51-Marienburg :

🏩 **Marienburger Bonotel**, Bonner Str. 478, ℰ 3 70 20, Telex 8881515, Fax 3702132, ⇔ − 🛗
📺 ☎ ⇔ 🅿 − 🔥 25/100. ⅋ ⓪ 🜲 𝗩𝗜𝗦𝗔. 🎇 Rest (Köln S. 3)   S x
M a la carte 40/70 − **93 Z : 186 B** 155/265 - 185/320 Fb − 4 Appart. 390/650.

🏠 **Haus Marienburg** ⌓ garni, Robert-Heuser-Str. 3, ℰ 38 84 97 − 📺 ☎ ⇔. 🎇
13 Z : 21 B 85/120 - 110/180 Fb. (Köln S. 3)   S w

❌❌ **Marienburger Eule**, Bonner Str. 471, ℰ 38 15 78 − ⅋ ⓪ 🜲 𝗩𝗜𝗦𝗔 (Köln S. 3)   S x
*außerhalb der Messezeiten Sonntag geschl. − **M** a la carte 51/95.*

In Köln 40-Marsdorf :

🏩 **Novotel Köln-West**, Horbeller Str. 1, ℰ (02234) 51 40, Telex 8886355, Fax 514106, 🌤,
⇔, ⛲ (geheizt), ▨ − 🛗 🍽 Rest 📺 ☎ ₺ 🅿 − 🔥 25/300. ⅋ ⓪ 🜲 𝗩𝗜𝗦𝗔
M a la carte 40/74 − **199 Z : 396 B** 174/184 - 219 Fb. (Köln S. 3)   S p

In Köln 91-Merheim :

XXXX ✿✿ **Goldener Pflug**, Olpener Str. 421 (B 55), ℰ 89 55 09 − **②**   (Köln S. 3)   S **e**
Sonn- und Feiertage sowie Juni - Juli 3 Wochen geschl. − **M** 55 (mittags) und a la carte
90/145
Spez. Salat von Krebsschwänzen mit grünem Spargel und Wachteleiern, Ragout von Hummer auf Maccaroni,
Poulardenbrust mit Trüffelklößchen und Kräutersauce.

In Köln 80-Mülheim :

🏨 **Kaiser** garni, Genovevastr. 10, ℰ 62 30 57, Telex 8873546, Fax 623050 − 📶 📺 ☎ **②** −
🔼 40. 🆎 ⓞ 🅴 𝒱𝒾𝒮𝒜   (Köln S. 3)   RS **u**
46 Z : 90 B 95/195 - 125/300 Fb.

In Köln 41-Müngersdorf :

XXX **Landhaus Kuckuck**, Olympiaweg 2, ℰ 49 23 23, Fax 4972847, 😀 − 🔼 25/100. 🆎 ⓞ 🅴
𝒱𝒾𝒮𝒜   (Köln S. 3)   S **r**
M a la carte 43/74.

XX **Remise**, Wendelinstr. 48, ℰ 49 18 81, « Historisches Gutsgebäude » − **②**. ⓞ 🅴
Samstag bis 18 Uhr, Sonntag, über Karneval und Juni - Juli 3 Wochen geschl. −
M (Tischbestellung ratsam) a la carte 65/90.   (Köln S. 3)   S **m**

In Köln 90 - Porz :

🏨 **Rheinhotel** garni, Hauptstr. 369, ℰ (02203) 5 50 36, Telex 8878447, Fax 55931 − 📶 📺 ☎
⇦. 🆎 ⓞ 🅴 𝒱𝒾𝒮𝒜. ✻   (Köln S. 3)   S **q**
50 Z : 97 B 120/219 - 155/254 Fb.

🏨 **Terminal** garni, Theodor-Heuss-Str. 78 (Porz-Eil), ℰ (02203) 30 00 21, Telex 8873288, Fax
39738, ⇦ − 📶 ✻ Zim 📺 ☎. 🆎 ⓞ 🅴 𝒱𝒾𝒮𝒜   (Köln S. 3)   S **y**
61 Z : 120 B 124/224 - 184/254 Fb.

In Köln 90 - Porz-Grengel ④ : 15 km über die A 59 :

🏨 **Spiegel**, Hermann-Löns-Str. 122, ℰ (02203) 6 10 46, 😀 − 📺 ☎ ⇦ **②**. 🅴
Juli - Aug. 3 Wochen geschl. − **M** *(Freitag - Samstag 18 Uhr geschl.)* a la carte 37/76 −
19 Z : 25 B 85/120 - 130/180 Fb.

In Köln 90 - Porz-Langel S : 17 km über Hauptstr. S :

XX **Zur Tant**, Rheinbergstr. 49, ℰ (02203) 8 18 83, ≤, 😀 − **②**. 🆎 ⓞ 🅴
Donnerstag und über Karneval 2 Wochen geschl. − **M** a la carte 57/88 − **Hütter's Piccolo**
M a la carte 35/47.

In Köln 90 - Porz-Wahn ④ : 17 km über die A 59 :

🏨 **Geisler** garni, Frankfurter Str. 172, ℰ (02203) 6 10 20 − 📶 📺 ☎ ♿ **②** − 🔼 40. 🆎 ⓞ 🅴
52 Z : 89 B 80/110 - 140/150 Fb.

In Köln 90 - Porz-Wahnheide ④ : 17 km über die A 59 - ✆ 02203 :

🏨 **Holiday Inn**, Waldstr. 255, ℰ 56 10, Telex 8874665, Fax 5619, ⇦, 🔲, 🐾 − 📶 ✻ Zim 🍽
📺 ☎ **②** − 🔼 25/90. 🆎 ⓞ 🅴 𝒱𝒾𝒮𝒜
M a la carte 37/66 − **113 Z : 160 B** 235/280 - 299/329 Fb.

🏨 **Quelle** garni, Heidestr. 246, ℰ 60 81, Telex 8873597 − 📶 📺 ☎ ⇦ **②** − 🔼 30
105 Z : 180 B.

🏨 **Karsten** garni, Linder Weg 4 (Zufahrt über Gunterstraße), ℰ 6 20 82 − 📺 ☎ ⇦ **②**. 🆎
🅴
24 Z : 36 B 75/160 - 105/180 Fb.

🏨 **Stamac** garni, Artilleriestr. 34, ℰ 6 30 23, 🐾 − 📺 ☎ **②**. 🅴
24. Dez.- 6. Jan. geschl. − **23 Z : 40 B** 70/110 - 110/160.

In Köln 90 - Porz-Westhoven :

🏨 **Ambiente** garni, Oberstr. 53, ℰ (02203) 1 40 97 − 📶 📺 ☎ **②** − 🔼 30. 🆎 ⓞ 🅴 𝒱𝒾𝒮𝒜. ✻
22. Dez.- 2. Jan. geschl. − **27 Z : 40 B** 85/145 - 120/180.   (Köln S. 3)   S **d**

In Köln 50 -Rodenkirchen :

🏨 **Atrium-Rheinhotel** 😀 garni, Karlstr. 2, ℰ 39 30 45, Telex 889919, Fax 394054, ⇦ − 📶
📺 ☎ ⇦ **②**. 🆎 ⓞ 🅴 𝒱𝒾𝒮𝒜   (Köln S. 3)   S **t**
50 Z : 90 B 98/198 - 128/298 Fb − 3 Appart. 498.

🏨 **Rheinblick** 😀 garni, Uferstr. 20, ℰ 39 12 82, ≤, ⇦, 🔲 − 📺 ☎ ⇦. 🅴
24 Z : 40 B 80/130 - 100/140 Fb.   (Köln S. 3)   S **a**

🏨 **An der Tennishalle Schmitte**, Großrotter Weg 1 (Hochkirchen), ℰ (02233) 2 27 77, Fax
23961, 😀, ✻ (Halle) − 📺 ☎ **②**. 🆎 ⓞ 🅴 𝒱𝒾𝒮𝒜   (Köln S. 3)   S **b**
M a la carte 28/53 − **18 Z : 26 B** 85/120 - 120/150.

XX **St. Maternus** 😀 mit Zim, Karlstr. 9, ℰ 39 36 33, « Terrasse mit ≤ » − ☎. 🆎 ⓞ 🅴 𝒱𝒾𝒮𝒜
M *(Montag geschl.)* a la carte 36/65 − **10 Z : 18 B** 85/165 - 165/195.   (Köln S. 3)   S **z**

In Köln 50-Sürth :

🏨 **Falderhof** garni, Falderstr. 29, ℰ (02236) 6 42 44, Fax 68000 − ☎ ♿ − 🔼 25/100. 🆎 ⓞ
🅴   (Köln S. 3)   S **f**
33 Z : 41 B 110/240 - 170/295 Fb.

In Köln 40-Weiden :

🏨 **Garten-Hotel** ⤳ garni, Königsberger Str. 5, 𝒫 (02234) 7 60 06, Fax 79160, ☞ − 🛗 📺 ☎ ⤳. ⅭⅬ 𝐄   (Köln S. 3)   S n
23.- 31. Dez. geschl. **− 33 Z : 53 B** 80/85 - 120/140 Fb.

In Köln 60 -Weidenpesch :

✗ **Alte Post**, Neusser Str. 621, 𝒫 74 84 86 − 🅿. ⅭⅬ ⑩ 𝐄 𝘝𝘐𝘚𝘈   (Köln S. 3)   R v
M a la carte 28/64.

In Köln 71-Worringen N : 18 km über die B 9 R :

🏠 **Matheisen**, In der Lohn 45, 𝒫 78 10 61 − ☎ 🅿. ⅭⅬ 𝐄. ⅏ Zim
M *(Mittwoch geschl.)* a la carte 23/60 **− 9 Z : 16 B** 60/90 - 100/120.

MICHELIN-REIFENWERKE KGaA. Niederlassung Köln 30-Ossendorf, Bleriotstr. 9 (Köln S. 3 R), 𝒫 59 20 11.

KÖNGEN 7316. Baden-Württemberg 𝟜𝟙𝟛 KL 20 − 8 200 Ew − Höhe 280 m − ✪ 07024.
♦Stuttgart 26 − Reutlingen 28 − ♦Ulm (Donau) 67.

🏨 **Schwanen**, Schwanenstr. 1, 𝒫 88 64, Fax 83607, ☞s − 🛗 📺 ☎ 🅿 − 🔬 25/50. ⑩ 𝐄 𝘝𝘐𝘚𝘈.
⅏
Juli - Aug. 4 Wochen und 24. Dez.- 10. Jan. geschl. − **M** *(Sonntag - Montag geschl.)* a la carte 35/60 **− 45 Z : 60 B** 68/95 - 98/145 Fb.

🏨 **Römerkastell**, Altenberg 1, 𝒫 89 21, Fax 82895, ☞ − 🛗 📺 ☎ 🅿 − 🔬. ⅭⅬ ⑩ 𝐄 𝘝𝘐𝘚𝘈
Aug. 2 Wochen und 23. Dez.- 7. Jan. geschl. − **M** *(Samstag bis 18 Uhr geschl.)* a la carte 25/60 **− 42 Z : 84 B** 98 - 148 Fb.

KÖNIG, BAD 6123. Hessen 𝟜𝟙𝟛 K 17. 𝟗𝟖𝟳 ㉘ − 8 500 Ew − Höhe 183 m − Heilbad − ✪ 06063.
🄴 Verkehrsbüro, Elisabethenstr. 13, 𝒫 15 65.
♦Wiesbaden 85 − Aschaffenburg 44 − ♦Darmstadt 40 − Heidelberg 65.

🏨 **Forst-Hotel Carnier** ⤳, Kimbacher Str. 218, 𝒫 20 51, Telex 4191662, Fax 5302, ☞, ☞s,
🔲, ☞, ⅏ − 📺 🅿 − 🔬 25/45. ⅭⅬ ⑩ 𝐄 𝘝𝘐𝘚𝘈. ⅏ Rest
M *(März - Okt. Sonntag 14 Uhr - Montag, Nov.- Feb. Sonntag - Montag 18 Uhr sowie Juli - Aug. 4 Wochen geschl.)* a la carte 45/75 **− 44 Z : 73 B** 90/140 - 152/198 Fb − 4 Appart. 210/300.

🏨 **Haus Ursula** ⤳ garni, Frankfurter Str. 6 (Eingang Schwimmbadstr.), 𝒫 7 29, ☞s, 🔲, ☞
− ☎ 🅿. 𝐄. ⅏
25 Z : 45 B 60/85 - 98/148 Fb.

🏠 **Haus Stefan** garni, Friedr.-Ebert-Str. 4, 𝒫 25 04, Fax 3504, ☞ − 🅿
20. Dez. - Jan. geschl. **− 9 Z : 14 B** 38/45 - 70/90.

🏠 Königsruhe ⤳, Forststr. 26, 𝒫 22 45, ≼, ☞, ☞ − ⤳ 🅿 **− 20 Z : 33 B**.

🏠 **Büchner**, Frankfurter Str. 6, 𝒫 6 05 − ✗ Rest. ⅭⅬ 𝐄 𝘝𝘐𝘚𝘈. ⅏ Zim
3.- 31. Jan. geschl. − **M** *(Dienstag geschl.)* um 15 (mittags) und a la carte 22/54 **− 18 Z : 28 B** 31/50 - 62/96 − ½ P 44/68.

🏠 **Brunnen-Pension** garni, Frankfurter Str. 22a, 𝒫 22 33, ☞s, ⅏ − 📺 ⤳ 🅿
2. Jan.- 15. Feb. geschl. **− 10 Z : 16 B** 34 - 68.

🏠 **Haus Waldfrieden** ⤳ garni, Weyprechtstr. 55, 𝒫 15 41, ☞ − 🅿. ⅏
15. Nov.- 24. Dez. geschl. **− 14 Z : 21 B** 29/39 - 64/73.

In Bad König-Zell S : 2 km :

🛉 Zur Krone, Königer Str. 1, 𝒫 18 13, ☞ − ⤳ 🅿 **− 31 Z : 53 B**.

KÖNIGHEIM Baden-Württemberg siehe Tauberbischofsheim.

KÖNIGSBACH-STEIN 7535. Baden-Württemberg 𝟜𝟙𝟛 I 20 − 8 200 Ew − Höhe 192 m − ✪ 07232.
♦Stuttgart 65 − ♦Karlsruhe 23 − Pforzheim 16.

Im Ortsteil Königsbach :

🏨 **Europäischer Hof**, Steiner Str. 100, 𝒫 10 05 − 📺 ☎ ⤳ 🅿 − 🔬 25/40. ⅭⅬ ⑩ 𝐄 𝘝𝘐𝘚𝘈
über Fastnacht 2 Wochen und Juli - Aug. 3 Wochen geschl. − **M** *(abends Tischbestellung ratsam)* (Samstag bis 18 Uhr und Montag geschl.) a la carte 47/70 **− 21 Z : 38 B** 85/100 - 150/160 Fb.

✗ **Zum Ochsen**, Marktstr. 11, 𝒫 52 25 − 𝐄 𝘝𝘐𝘚𝘈
Dienstag und 15.- 30. Juni geschl. − **M** a la carte 28/61.

Im Ortsteil Stein :

✗ **Zum goldenen Lamm**, Marktplatz 2, 𝒫 17 76 − 🅿
Dienstag und Ende Aug.- Anfang Sept. geschl. − **M** (Tischbestellung ratsam) a la carte 24/52 ⅏.

✗ **Krone**, Königsbacher Str. 2, 𝒫 91 22 − 𝐄 𝘝𝘐𝘚𝘈
Montag geschl. − **M** a la carte 28/60.

KÖNIGSBERG Hessen siehe Biebertal.

KÖNIGSBERG IN BAYERN 8729. Bayern 🔲🔲🔲 O 16 — 4 300 Ew — Höhe 276 m — ✪ 09525.
♦München 279 — ♦Bamberg 34 — Hofheim 8,5 — Schweinfurt 27.

  🏠 **Herrenschenke** ⤵, Marienstr. 3, 𝒫 3 71, 🍽 — ☎
  → *1.- 21. Nov. geschl.* — **M** *(Montag geschl.)* a la carte 14,50/29 ⅄ — **9 Z : 18 B** 30 - 56.

KÖNIGSBRONN 7923. Baden-Württemberg 🔲🔲🔲 N 20 — 7 800 Ew — Höhe 500 m — Erholungsort — Wintersport : ⚐1 — ✪ 07328.
♦Stuttgart 89 — Aalen 14 — Heidenheim an der Brenz 9.

  🏷 **Brauereigasthof Weißes Rößle**, Zanger Str. 1, 𝒫 62 82, Biergarten — 🅿 ⓞ Ε
  14. Jan.- 5. Feb. geschl. — **M** *(Montag geschl.)* a la carte 24/41 — **19 Z : 30 B** 40 - 75.

  In Königsbronn-Itzelberg SO : 2,5 km :

  🏠 **Alte Schmiede**, an der B 19, 𝒫 54 11 — 🅿 — **28 Z : 35 B**.

  In Königsbronn-Zang SW : 6 km :

  🏠 **Löwen**, Struthstr. 17, 𝒫 62 92, 🍽 — ☎ 🅿 — **10 Z : 17 B**.

KÖNIGSBRUNN 8901. Bayern 🔲🔲🔲 P 22, 🔢🔢🔢 ㉟ — 20 550 Ew — Höhe 520 m — ✪ 08231.
🇫 Föllstr. 32a, 𝒫 3 26 37 ; 🇫 Benzstr. 25, 𝒫 3 11 53.
♦München 66 — ♦ Augsburg 12 — ♦ Ulm 94.

  🏨 **Zeller**, Hauptstr. 78, 𝒫 40 24, Fax 32545 — 🪑 📺 ☎ 🅿 — 🔬 25/280. 🆎 ⓞ Ε 𝗩𝗜𝗦𝗔
  M a la carte 26/58 — **79 Z : 130 B** 74/88 - 112/132.

  🏠 **Krone**, Hauptstr. 44, 𝒫 8 60 60 — ☎ ⟷ 🅿
  → **M** *(Montag und 14. Aug.- 4. Sept. geschl.)* a la carte 14,50/33 ⅄ — **25 Z : 52 B** 48 - 62/80 Fb.

KÖNIGSDORF 8197. Bayern 🔲🔲🔲 R 23, 🔢🔢🔢 ⑰ — 2 100 Ew — Höhe 625 m — ✪ 08179.
♦München 45 — Bad Tölz 11 — Weilheim 29.

  🏨 **Posthotel Hofherr**, Hauptstr. 31 (B 11), 𝒫 7 11, Biergarten, 🛏 — 🪑 📺 ☎ 🅿 — 🔬 30.
  🆎 Ε. ❌ Zim
  M *(8.- 25. Jan., 26. Juni - 9. Juli und Montag geschl.)* a la carte 26/48 — **63 Z : 120 B** 50/80 - 80/125 Fb.

KÖNIGSFELD IM SCHWARZWALD 7744. Baden-Württemberg 🔲🔲🔲 I 22, 🔢🔢🔢 ㉟ — 5 400 Ew — Höhe 761 m — Heilklimatischer Kurort — Kneippkurort — Wintersport : ⚐5 — ✪ 07725.
🇫 Königsfeld-Martinsweiler, 𝒫 71 59.
🇮 Kurverwaltung, Friedrichstr. 5, 𝒫 4 66.
♦Stuttgart 126 — Schramberg 12 — Triberg 19 — Villingen-Schwenningen 13.

  🏨 **Fewotel Schwarzwaldtreff** ⤵, Im Klimschpark, 𝒫 80 80, Telex 7921558, Fax 808808
  🍽, Bade- und Massageabteilung, 🛏, 🏊, 🚲, ✎ (Halle), Fahrrad- und Skiverleih — 🪑 📺
  ☎ 🐾 🅿 — 🔬 25/100. 🆎 ⓞ Ε 𝗩𝗜𝗦𝗔. ❌ Rest
  M a la carte 30/59 — **103 Z : 140 B** 115/125 - 190/210 Fb — 32 Fewo 113/136 — ½ P 152/162.

  🏠 **Hembach** ⤵, Ostlandstr. 8, 𝒫 70 35, 🍽, 🛏, 🏊, ✎, Fahrradverleih — ☎ 🅿. ❌ Rest
  (Restaurant nur für Hausgäste) — **18 Z : 30 B**.

  🏠 **Kurpension Gebauer-Trumpf** ⤵, Bismarckstr. 10, 𝒫 76 07, Bade- und Massageabteilung, 🔥, 🛏, ✎ — ☎ ⟷ 🅿. ❌ Rest
  10. Nov.- 12. Dez. geschl. — (Restaurant nur für Hausgäste) — **22 Z : 30 B** 60/90 - 120/150 - ½ P 82/105.

  🏷 **Zur Post**, Mönchweiler Str. 10, 𝒫 74 48 — 🅿
  → *9. Nov.- 15. Dez. geschl.* — **M** *(Montag geschl.)* a la carte 20/37 ⅄ — **12 Z : 16 B** 38/48 - 96 - ½ P 60.

KÖNIGSHOFEN, BAD 8742. Bayern 🔲🔲🔲 O 16, 🔢🔢🔢 ㉟ — 5 900 Ew — Höhe 277 m — Heilba — ✪ 09761.
🇮 Kurverwaltung, im Kurzentrum, 𝒫 8 27.
♦München 296 — ♦Bamberg 61 — Coburg 49 — Fulda 82.

  🏨 **Kurpark Hotel**, Martin-Reinhard-Str. 30, 𝒫 7 91, Fax 795, Bade- und Massageabteilun —
  🔥, 🛏, 🏊, Fahrradverleih — 🪑 🅿 ♿ 🅿 — 🔬 25/120. 🆎 ⓞ Ε. ❌ Rest
  M a la carte 25/43 — **96 Z : 150 B** 68 - 116 Fb — ½ P 71/81.

  🏨 **Vier Jahreszeiten** ⤵, Bamberger Str. 18, 𝒫 7 22, ✎ — ☎ 🅿 — **24 Z : 50 B** Fb.

  🏠 **Zur Linde**, Hindenburgstr. 36, 𝒫 15 09 — 🅿
  → **M** a la carte 19,50/35 ⅄ — **17 Z : 29 B** 35 - 60 — ½ P 45/50.

  ✕✕ **Bayerischer Hof** mit Zim, Hindenburgstr. 19, 𝒫 12 84 — ⓞ Ε 𝗩𝗜𝗦𝗔
  M *(Montag geschl.)* a la carte 25/48 ⅄ — **4 Z : 8 B** 25/40 - 40/70 — ½ P 34/54.

  ✕ **Schlundhaus** mit Zim (Historisches Gasthaus a.d. 17. Jh.), Marktplatz 25, 𝒫 15 62 —
  → ☎. Ε.
  Ende Aug.- Mitte Sept. geschl. — **M** *(auch vegetarische Gerichte)* *(Dienstag geschl.)* a la carte 21/42 ⅄ — **4 Z : 8 B** 55 - 95.

KÖNIGSLUTTER AM ELM 3308. Niedersachsen 𝟵𝟴𝟳 ⑯ − 16 500 Ew − Höhe 125 m − 🕐 05353.
Sehenswert : Ehemalige Abteikirche∗ (Plastik der Hauptapsis∗∗, Nördlicher Kreuzgangflügel∗).
🛈 Verkehrsbüro, Rathaus, ℰ 50 11 29.
♦Hannover 85 − ♦Braunschweig 22 − Magdeburg 67 − Wolfsburg 23.

🏨 **Königshof,** Braunschweiger Str. 21a (B 1), ℰ 50 30, ≦s, ◱, ℅ (Halle) − |🕴| ☎ 🄿 −
⚲ 25/100. E 𝚅𝙸𝚂𝙰
M a la carte 28/54 − **160 Z : 314 B** 85/95 - 140 Fb − 14 Appart. 170.

🏠 Altes Brauhaus garni, Westernstr. 24, ℰ 80 61 − ☎ 🄿 − **10 Z : 12 B.**

🏠 **Parkhotel** 🦢 garni, Am Zollplatz 1, ℰ 84 30 − ☎ ⇦ 🄿
17 Z : 25 B 55 - 90.

In Königslutter 2-Bornum W : 5 km über die B 1 :

🏠 **Lindenhof,** Im Winkel 23, ℰ 10 01, Fahrradverleih − ☎ ⇦ 🄿. ⓪ E 𝚅𝙸𝚂𝙰
⟜ *Juli - Aug. 3 Wochen geschl.* − **M** *(Montag bis 17 Uhr geschl.)* a la carte 21/36 − **19 Z : 30 B**
45/50 - 85/95 Fb.

KÖNIGSSEE Bayern siehe Schönau am Königssee.

KÖNIGSTEIN 8459. Bayern 𝟰𝟭𝟯 R 18 − 1 550 Ew − Höhe 500 m − Erholungsort − 🕐 09665.
♦München 202 − Amberg 29 − Bayreuth 52 − ♦Nürnberg 56.

🏠 **Reif,** Oberer Markt 5, ℰ 2 52, ≦s, ⇴, ℅ − 𝚃𝚅 ⇦
⟜ *10. Nov.- 15. Dez. geschl.* − **M** a la carte 17,50/36 🍷 − **19 Z : 40 B** 32/35 - 59/70 − ½ P 33/42.

🏠 **Wilder Mann,** Oberer Markt 1, ℰ 2 37, ≦s, ⇴ − |🕴| 𝚃𝚅 🄿 ⇦
⟜ **M** *(6.- 14. Dez. geschl.)* a la carte 15/30 🍷 − **28 Z : 46 B** 34/42 - 62/76 − ½ P 40.

🏠 **Königsteiner Hof,** Marktplatz 10, ℰ 7 42, ≦s − |🕴| 🄿
⟜ *15. Nov.- 15. Dez. geschl.* − **M** a la carte 13/30 🍷 − **24 Z : 45 B** 35/42 - 64/70.

🛖 **Post,** Marktplatz 2, ℰ 7 41, 🍽
⟜ *Jan. 3 Wochen geschl.* − **M** a la carte 14/30 🍷 − **15 Z : 30 B** 22/35 - 46/60.

In Edelsfeld 8459 SO : 7,5 km :

🏠 **Goldener Greif,** Sulzbacher Str. 5, ℰ (09665) 2 83, ≦s, ◱ − |🕴| 𝚃𝚅 ☎ 🄿. 𝔸𝔼 ⓪ E
⟜ *18.- 25. Dez. geschl.* − **M** *(Dienstag geschl.)* a la carte 15/43 − **24 Z : 40 B** 35/55 - 65/85.

In Hirschbach 8459 SW : 10 km :

🏠 **Goldener Hirsch,** Dorfplatz 12, ℰ (09152) 85 07, 🍽, Fahrradverleih − 𝚃𝚅 ⇦ 🄿 ⓪
⟜ *29. Jan.- 3. März geschl.* − **M** *(Montag geschl.)* a la carte 13/25 🍷 − **11 Z : 18 B** 18/28 -
40/56 − 2 Fewo 45/60 − ½ P 30/39.

KÖNIGSTEIN IM TAUNUS 6240. Hessen 𝟰𝟭𝟯 I 16, 𝟵𝟴𝟳 ㉔ ㉕ − 16 500 Ew − Höhe 362 m −
Heilklimatischer Kurort − 🕐 06174 − Sehenswert : Burgruine∗.
🛈 Kurbüro, Hauptstr. 21, ℰ 20 22 51.
♦Wiesbaden 27 − ♦Frankfurt am Main 23 − Bad Homburg vor der Höhe 14 − Limburg an der Lahn 40.

🏩 **Sonnenhof** 🦢, Falkensteiner Str. 9, ℰ 2 90 80, Telex 410636, Fax 290875, ≼, 🍽, Park,
≦s, ◱, ℅ − 𝚃𝚅 🄿 − ⚲ 25/40. 𝔸𝔼 ⓪ E. ℅ Zim
M (bemerkenswerte Weinkarte) 25/35 (mittags) und a la carte 43/78 − **43 Z : 68 B** 105/138 -
144/230 Fb − ½ P 107/173.

🏨 **Königshof,** Wiesbadener Str. 30, ℰ 2 90 70, Telex 6174918, Fax 290752, ≦s − 𝚃𝚅 ☎ 🄿 −
⚲ 30. 𝔸𝔼 E 𝚅𝙸𝚂𝙰
23. Dez.- 3. Jan. geschl. − **M** *(nur Abendessen, Freitag - Sonntag geschl.)* a la carte 39/50 −
26 Z : 36 B 98/153 - 170 Fb.

🏠 **Zum Hirsch** 🦢 garni, Burgweg 2, ℰ 50 34 − ☎
30 Z : 43 B 40/85 - 80/150.

✗✗ **Rats-Stuben,** Hauptstr. 44, ℰ 52 50 − 𝔸𝔼 ⓪ E 𝚅𝙸𝚂𝙰
Dienstag - Mittwoch 19 Uhr und Juli 3 Wochen geschl. − **M** 22/45 (mittags) und a la carte
41/65.

✗✗ **Weinstube Leimeister,** Hauptstr. 27, ℰ 2 18 37
Sonntag 15 Uhr - Montag und Aug. geschl. − **M** 17/38 (mittags) und a la carte 33/65.

KÖNIGSWINTER 5330. Nordrhein-Westfalen 𝟵𝟴𝟳 ㉔ − 34 000 Ew − Höhe 60 m − 🕐 02223.
Ausflugsziel : Siebengebirge∗ : Burgruine Drachenfels∗ (nur zu Fuß, mit Zahnradbahn oder
Kutsche erreichbar) ☼ ∗∗.
🛈 Städtisches Verkehrsamt, Drachenfelsstr. 7, ℰ 88 93 25.
♦Düsseldorf 83 − ♦Bonn 11 − ♦Koblenz 57 − Siegburg 20.

🏩 **Maritim,** Rheinallee 3, ℰ 70 70, Telex 886432, Fax 707811, ≦s, ◱, Fahrradverleih − |🕴|
℅ Zim 𝚃𝚅 🄿 ⇦ 🄿 − ⚲ 25/400. 𝔸𝔼 ⓪ E 𝚅𝙸𝚂𝙰
M a la carte 46/78 − **250 Z : 500 B** 173/295 - 228/388 Fb − 23 Appart. 450/650.

🏨 **Rheinhotel Königswinter,** Rheinallee 9, ℰ 2 40 51, Telex 885264, Fax 26694, ≼, 🍽, ≦s,
⟜ ◱ − |🕴| 𝚃𝚅 ☎ 🄿 ⇦ − ⚲ 25/40. 𝔸𝔼 ⓪ E 𝚅𝙸𝚂𝙰
M 20/50 − **50 Z : 110 B** 110/200 - 150/260 Fb.

🏨 **Loreley,** Rheinallee 12, ℰ 2 30 13, Telex 8869458, ≼ − |🕴| 𝚃𝚅 ☎ 🄿. 𝔸𝔼 ⓪ E 𝚅𝙸𝚂𝙰
⟜ **M** 16/76 − **47 Z : 92 B** 130 - 180/250 Fb.

In Königswinter 41-Ittenbach   O : 6 km :

⌂ **Im Hagen** ⍟, Oelbergringweg 45, ℰ 2 30 72, ≤, 🏠 – 📺 ☎ ⇦ 🅿 AE ⓪
Mitte Nov.- Mitte Dez. geschl. – **M** 17/46 – **20 Z : 35 B** 65/70 - 125 Fb.

In Königswinter 41-Margarethenhöhe   O : 5 km :

XX **Berghof** ⍟ mit Zim, Löwenburger Str. 23, ℰ 2 30 70, ≤ Siebengebirge, 🏠, 🌳 – 📺 ☎
🅿 – 🔬 25/80. AE ⓪ E VISA
15. Nov.- 25. Dez. geschl. – **M** (Montag geschl.) 20/34 – **10 Z : 18 B** 80 - 140.

In Königswinter 1-Oberdollendorf   N : 2,5 km :

XX **Weinhaus zur Mühle**, Lindenstr. 7, ℰ 2 18 13, « Gemütliche Einrichtung » – 🅿. ⓪ E
Donnerstag geschl. – **M** a la carte 36/59.

XX Bauernschenke, Heisterbacher Str. 123, ℰ 2 12 82.

In Königswinter 21-Stieldorf   N : 8 km :

XX **Sutorius**, Oelinghovener Str. 7, ℰ (02244) 47 49 – AE E
Jan. 2 Wochen, Ende Juni - Mitte Juli und Montag - Dienstag 18 Uhr geschl. – **M** 57/94.

KÖRBECKE Nordrhein-Westfalen siehe Möhnesee.

KÖSSEN A-6345. Österreich 413 U 23, 426 ⑱ – 3 250 Ew – Höhe 600 m – Wintersport :
600/1 700 m ≤7 ≤10 – ✿ 05375 (innerhalb Österreich).
🎿, Mühlau 1, ℰ 21 22.
🛈 Fremdenverkehrsverband, Dorf 15, ℰ 62 87.
Wien 358 – Kitzbühel 29 – ♦München 111.

Die Preise sind in der Landeswährung (Ö.S.) angegeben

Auf dem Moserberg   O : 6 km, Richtung Reit im Winkl, dann links ab :

🏨 **Peternhof** ⍟, Moserbergweg 60, ✉ A-6345 Kössen, ℰ (05375) 62 85, Telex 51546, ≤ Reit
im Winkl, Kaisergebirge und Unterberg, 🏠, ≲s, 🔲, 🌳, ✂, 🐎, Skiverleih – 📳 📺 🅿
2. Nov.- Mitte Dez. geschl. – **M** a la carte 125/470 – **87 Z : 175 B** 424/497 - 832/954 Fb –
½ P 448/483.

In Kössen-Kranzach   W : 6 km :

🏨 **Seehof und Panorama**, ✉ A-6344 Walchsee, ℰ (05374) 56 61, Telex 51429, Fax 5665, ≤,
🏠, Massage, ≲s, 🔲 (geheizt), 🔲, 🌳, ✂ (Halle). Fahrrad- und Skiverleih – 📳 ☎ 🅿.
🍴 Rest
Nov. - 18. Dez. geschl. – **M** 128/240 – **142 Z : 260 B** 523/628 - 850/1200 Fb – ½ P 525/728.

In Walchsee   A-6344   W : 7 km :

🏨 Schick, Dorf 32, ℰ (05374) 53 31, Telex 51447, Fax 5334550, ≲s, 🔲, ✂ (Halle), Fahrradverleih
– 📳 📺 ☎ 🅿 – 🔬. 🍴 Rest
90 Z : 150 B Fb.

🏨 **Seehotel Brunner**, Kranzach 50, ℰ (05374) 53 20, ≤, 🏠, ≲s, 🐾, 🌳 – 📳 📺 ☎ 🅿
30. Okt.- 20. Dez. geschl. – **M** a la carte 150/300 – **50 Z : 95 B** 470/550 - 820/980 Fb –
½ P 510/590.

KÖTZTING 8493. Bayern 413 V 19, 987 ㉗ – 6 800 Ew – Höhe 408 m – Luftkurort – ✿ 09941.
🛈 Verkehrsamt, Herrenstr. 10, ℰ 60 21 50.
♦München 189 – Cham 23 – Deggendorf 46.

🏠 Zur Post, Herrenstr. 10, ℰ 66 28 – 🅿 – 🔬 25/80 – **13 Z : 28 B**.

🏠 **Amberger Hof**, Torstr. 2, ℰ 13 09, 🌳 – ☎ ⇦ 🅿
10.- 26. Dez. geschl. – **M** (Freitag geschl.) a la carte 16,50/32 ⅛ – **24 Z : 41 B** 43/45 - 75/79

In Kötzting-Bonried   8491   SO : 7 km :

🏠 **Gut Ulmenhof** ⍟, ℰ (09945) 6 32, « Kleine Parkanlage », ≲s, 🔲, 🌳 – ⇦ 🅿
(nur Abendessen für Hausgäste) – **20 Z : 40 B** 45 - 90/110 Fb – ½ P 65.

In Kötzting-Liebenstein   N : 6 km :

🏠 Bayerwaldhof ⍟, ℰ 13 97, ≤, 🏠, ≲s, 🔲, 🌳 – ⇦ 🅿 – **25 Z : 45 B** Fb.

In Kötzting-Steinbach   NW : 1,5 km :

🏠 **Am Steinbachtal**, ℰ 16 94, 🏠 – 📳 🅿
Nov.- 15. Dez. geschl. – **M** a la carte 22/46 – **55 Z : 110 B** 38/45 - 70/80 – ½ P 40/45.

In Blaibach   8491   SW : 4 km :

🏠 **Blaibacher Hof** ⍟, Kammleiten 6b, ℰ (09941) 85 88, ≤, 🏠, Damwildgehege, ≲s, 🌳 –
🅿
Nov.- 20. Dez. geschl. – **M** (Montag bis 18 Uhr geschl.) a la carte 18/40 – **17 Z : 34 B** 35/50
- 70.

KOHLBERG Baden-Württemberg siehe Metzingen.

KOHLGRUB, BAD 8112. Bayern **413** Q 23, **426** ⑯ − 2 100 Ew − Höhe 815 m − Moorheilbad
− Wintersport : 820/1 406 m ✓4 ✗ − ✿ 08845.
🛈 Kurverwaltung im Haus der Kurgäste, ✆ 90 21.
♦München 83 − Garmisch-Partenkirchen 31 − Landsberg am Lech 51.

🏨 **Kurhotel Der Schillingshof** ॐ, Fallerstr. 11, ✆ 10 01, Telex 59425, ≼, 龠, Bade- und
Massageabteilung, ≋s, 🔳, 🖼, Fahrrad- und Skiverleih − 📶 🍽 Rest 📺 ⇔ 🅿 − 🏋 .
※ Rest
131 Z : 248 B Fb.

🏨 **Pfeffermühle** ॐ, Trillerweg 10, ✆ 6 68 − ☎ 🅿. ※ Zim
Nov.- Jan. geschl. − **M** (auch vegetarische Gerichte) (Mittwoch 14 Uhr - Donnerstag geschl.)
a la carte 28/53 − **9 Z : 14 B** 43/60 - 96 − ½ P 63/75.

🏨 **Zur Post**, St.-Martin-Str. 2, ✆ 90 41 − ☎ 🅿
6. Nov.- 5. Jan. geschl. − **M** (Dienstag geschl.) a la carte 23/43 − **26 Z : 40 B** 60 - 100 Fb −
½ P 65/75.

🏠 **Sonnbichlhof** ॐ, Sonnen 93b (SW : 2 km), ✆ 3 15, ≼, 龠 − ☎ 🅿
15. Nov.- 25. Dez. geschl. − **M** (Donnerstag geschl.) a la carte 21/34 − **14 Z : 21 B** 30/40 -
70/80.

KOLBERMOOR 8208. Bayern **413** T 23, **987** ㊲, **426** ⑱ − 13 900 Ew − Höhe 465 m − ✿ 08031
(Rosenheim).
♦München 63 − Rosenheim 5.

🏨 **Heider**, Rosenheimer Str. 35, ✆ 9 60 76, Fax 91410 − 📶 ⇔ 🅿. ⓪ E. ※ Zim
Mitte Dez.- Jan. geschl. − **M** (nur Abendessen) a la carte 19/40 ⌕ − **39 Z : 70 B** 48/58 -
90/100.

KOLLNBURG 8371. Bayern **413** V 19 − 2 700 Ew − Höhe 670 m − Erholungsort − Wintersport :
600/1 000 m ✓2 ✗2 − ✿ 09942.
🛈 Verkehrsamt, Schulstr. 1, ✆ 50 91.
♦München 177 − Cham 30 − Deggendorf 34.

🏨 **Burggasthof**, Burgstr. 11, ✆ 86 86, ≼, 龠, ≋s − 🅿
April und Okt. jeweils 1 Woche geschl. − **M** (Dienstag ab 14 Uhr geschl.) a la carte 15/29 ⌕
− **20 Z : 43 B** 26/30 - 52/62.

🏨 **Gästehaus Schlecht**, Viechtacher Str. 6, ✆ 50 71, ≋s − ☎ 🅿. E. ※ Zim
April 1 Woche und Nov. geschl. − **M** a la carte 15/32 ⌕ − **33 Z : 66 B** 25/30 - 48/54 −
½ P 34/37 (Mahlzeiten im Gasthof Schlecht).

KOLMBERG Bayern siehe St. Englmar.

KONKEN Rheinland-Pfalz siehe Kusel.

KONSTANZ 7750. Baden-Württemberg **413** K 23, 24, **987** ㊴, **427** ⑦ − 70 000 Ew − Höhe
407 m − ✿ 07531.
Sehenswert : Lage★ − Seeufer★ − Münster★ (Türflügel★) A.
Ausflugsziel : Insel Mainau★★ 9 km über ①.
🚇 Allensbach-Langenrain (NW : 15 km), ✆ (07533) 51 24.
🛈 Tourist-Information, Bahnhofplatz 13, ✆ 28 43 76.
ADAC, Wollmatinger Str. 6, ✆ 5 46 60.
♦Stuttgart 180 ① − Bregenz 62 ③ − ♦Ulm (Donau) 146 ① − Zürich 76 ④.

Stadtplan siehe nächste Seite.

🏨 **Steigenberger Insel-Hotel**, Auf der Insel 1, ✆ 2 50 11, Telex 733276, Fax 26402,
≼ Bodensee, « Kreuzgang des ehem. Klosters, Gartenterrasse am See », 🐎, 龠 − 📶 📺
⌕ 🅿 − 🏋 25/70. 🆎 ⓪ E 🆅🆂🅰. ※ Rest   **h**
Restaurants : − **Seerestaurant M** a la carte 49/76 − **Dominikaner Stube** (regionale Küche)
M a la carte 40/59 − **100 Z : 169 B** 165/205 - 260/320 Fb − 5 Appart. 380/500 − ½ P 175/295.

🏨 **Parkhotel am See** ॐ, Seestr. 25, ✆ 5 10 77, Telex 733379, ≼, 龠, ≋s − 📶 📺 ⌕ ⇔
🏋 25/50. 🆎 ⓪ E 🆅🆂🅰. ※ Rest   über ②
M a la carte 33/57 − **36 Z : 70 B** 145/235 - 195/295 Fb − 5 Appart. 275/380.

🏨 **Seeblick** ॐ, Neuhauser Str. 14, ✆ 5 40 18, 龠, 🔳, 🖼, ❀ − 📶 📺 ☎ ⇔ 🅿 − 🏋 25/60.
🆎 ⓪ E 🆅🆂🅰. ※ Rest   über ②
M 31/52 − **85 Z : 120 B** 98/120 - 165 Fb.

🏨 **Mago-Hotel** garni, Bahnhofplatz 4, ✆ 2 70 01 − 📶 📺 ☎ ⇔ 🅿   **c**
31 Z : 55 B 98/130 - 130/170 Fb − 3 Appart. 200.

🏨 **Buchner Hof** garni, Buchnerstr.6, ✆ 5 10 35, ≋s − 📺 ☎ ⇔. 🆎 ⓪   **b**
20. Dez.- 10. Jan. geschl. − **13 Z : 25 B** 85/115 - 120/180 Fb.

🏨 **Stadthotel** garni, Bruderturmgasse 2, ✆ 2 40 72 − 📶 📺 ☎. 🆎 ⓪ E 🆅🆂🅰   **u**
23. Dez.- 20. Jan. geschl. − **24 Z : 44 B** 75/110 - 125/165 Fb.

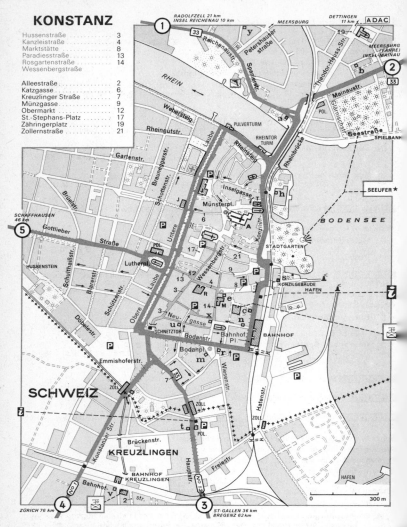

KONSTANZ

Bayrischer Hof garni, Rosgartenstr. 30, 𝒫 2 20 75 — 🛗 📺 ☎ 🅿. 🆎 ① 🖙 𝘝𝘐𝘚𝘈
24. Dez.- 3. Jan. geschl. — **25 Z : 36 B** 90/120 - 150/170 Fb.

Eden garni, Bahnhofstr. 4, 𝒫 2 30 93 — 📺 ☎ ⟷ 🆎 ① 🖙 𝘝𝘐𝘚𝘈
20. Dez.- 8. Jan. geschl. — **18 Z : 32 B** 68/142 - 138/158 Fb.

Petershof, St. Gebhard-Str. 14, 𝒫 6 53 67, Fax 53562 — ⭙ Zim 📺 ☎. 🖙
M (wochentags nur Abendessen, Dienstag geschl.) a la carte 29/57 — **37 Z : 51 B** 55/80 - 95/150 Fb.

Deutsches Haus garni, Marktstätte 15, 𝒫 2 70 65 — 🛗 📺 ☎ ⟷ 🆎 ① 🖙 𝘝𝘐𝘚𝘈
15. Dez.- 10. Jan. geschl. — **42 Z : 56 B** 45/125 - 80/140 Fb.

Goldener Sternen, Bodanplatz 1, 𝒫 2 52 28 — ⟷ 🆎 ① 🖙 𝘝𝘐𝘚𝘈
7. Jan.- 7. Feb. geschl. — **M** a la carte 39/70 — **20 Z : 30 B** 55/75 - 100/140 Fb.

Hirschen, Bodanplatz 9, 𝒫 2 22 38, 🍴
1.- 22. Jan. geschl. — **M** (Okt.- März Freitag geschl.) a la carte 26/46 — **38 Z : 61 B** 55/80 - 100/150.

XXXX ⚌ **Seehotel Siber** ⌂ mit Zim, Seestr. 25, ℰ 6 30 44, Fax 64813, ≼, « Modernisierte Jugendstilvilla, elegante Einrichtung, Terrasse » − 📺 ☎ ⇐⇒ 🅿 ⅅ ⓞ über ②
Feb. 1 Woche geschl. − **M** *(Nov.- Feb. Montag - Dienstag 18 Uhr geschl.)* um 65 (mittags) und a la carte 86/113 − **11 Z : 22 B** 170/240 - 250/300
Spez. Fischravioli im Sud, Barbarie-Ente in Beaujolaissauce (2 pers.), Eispralinen mit Früchtemark.

XXX **Casino-Restaurant**, Seestr. 21, ℰ 6 36 15, Terrasse mit ≼ − 🅿. ⅅ ⓞ ⋿ 𝘝𝘐𝘚𝘈 über ②
nur Abendessen, 13. April, 14. Mai, 17. Juni, 1. Nov., 21. Nov. und 24.- 25. Dez. geschl. −
M (Tischbestellung ratsam) a la carte 37/77.

XX **Zum Nicolai-Torkel** ⌂ mit Zim, Eichhornstr. 83, ℰ 6 48 02, 🍽 − 📺 ☎ über ②
15. Feb.- 1. März und 15. Okt.- 10. Nov. geschl. − **M** *(Sonntag 18 Uhr - Dienstag 18 Uhr geschl.)* a la carte 43/68 − **5 Z : 10 B** 75/80 - 110/120.

XX **Neptun**, Spanierstr. 1 (Zufahrt über Seestraße), ℰ 5 32 33, 🍽 − 🅿. ⅅ ⓞ ⋿ 𝘝𝘐𝘚𝘈 a
21. Dez.- 17. Jan. und Donnerstag 15 Uhr - Samstag 18 Uhr geschl. − **M** a la carte 37/59.

X **Konzil-Gaststätten**, Hafenstr. 2, ℰ 2 12 21, Terrasse mit ≼ Bodensee und Hafen −
🍴 25/400 s
Nov.- März Montag 18 Uhr - Dienstag und 20. Dez.- 19. Jan. geschl. − **M** a la carte 26/55.

In Konstanz 19-Dettingen NW · 10 km über ① :

🏠 **Landhotel Traube** garni, Kapitän-Romer-Str. 9b, ℰ (07533) 30 33 − 📳 ☎ ⇐⇒ 🅿 −
🍴 50. ⅅ ⓞ ⋿ 𝘝𝘐𝘚𝘈
20 Z : 40 B 50/75 - 100/120 Fb.

In Konstanz-Staad ② : 4 km :

🏨 **Schiff**, William-Graf-Platz 2, ℰ 3 10 41, ≼, 🍽 − 📳 📺 ☎ 🅿. ⅅ ⓞ ⋿ 𝘝𝘐𝘚𝘈
M *(Montag - Dienstag 15 Uhr geschl.)* a la carte 37/59 − **30 Z : 50 B** 78/98 − 102/142 −
3 Appart. 250.

🏠 **Schönblick** garni, Schiffstr. 12, ℰ 3 25 70 − ☎ ⇐⇒ 🅿
24. Dez.- 24. Jan. geschl. − **23 Z : 44 B** 60 - 110.

XX **Staader Fährhaus**, Fischerstr. 30, ℰ 3 31 18, 🍽 − ⅅ ⓞ ⋿ 𝘝𝘐𝘚𝘈
Dienstag - Mittwoch 18 Uhr, über Fasching, Ende Sept.- Anfang Okt. und 24. Dez.- 2. Jan. geschl. − **M** a la carte 42/75.

In Konstanz-Wollmatingen NW : 5 km über ① :

🏠 **Goldener Adler-Tweer**, Fürstenbergstr. 70, ℰ 7 71 28, Fax 16519, 🍂 − 🅿. ⅅ ⓞ ⋿ 𝘝𝘐𝘚𝘈
M *(nur Abendessen, Sonntag und 23. Dez.- 16. Jan. geschl.)* a la carte 24/57 − **30 Z : 60 B** 55/98 - 90/130.

In Kreuzlingen CH-8280 − ✪ 072.

🅱 Verkehrsbüro, Hauptstr. 1a, ℰ 72 38 40.

Preise in Schweizer Franken (sfr)

🏠 **Bahnhof Post**, Nationalstr. 2, ℰ 72 79 72, Fax 724982, 🕾 − 📳 📺 ☎ 🅿. ⅅ ⓞ ⋿ 𝘝𝘐𝘚𝘈 v
M a la carte 21/46 − **35 Z : 65 B** 52/80 - 88/95 Fb.

🏠 **Quellenhof** garni, Alleeweg 12, ℰ 72 77 22 − 📳 📺 ☎ ⇐⇒ 🅿. ⅅ ⓞ ⋿ 𝘝𝘐𝘚𝘈
24. Dez.- 2. Jan. geschl. − **26 Z : 55 B** 60 - 100 Fb. über Alleestraße

🏠 **Schweizerland** garni, Hauptstr. 6, ℰ 72 17 17 − 📳 ☎ ⇐⇒ 🅿. ⅅ ⓞ 𝘝𝘐𝘚𝘈 t
24. Dez.- 4. Jan. geschl. − **24 Z : 52 B** 36/46 - 72/92.

In Gottlieben CH-8274 ⑤ : 4 km :

🏯 **Drachenburg und Waaghaus** ⌂, Am Schloßpark, ℰ (072) 69 14 14, ≼, 🍽 − 📳 📺 🅿
− 🍴 25/180
15.- 29. Dez. geschl. − **M** a la carte 38/64 − **60 Z : 100 B** 75/200 - 130/260.

🏨 **Romantik-Hotel Krone** ⌂, Seestr. 11, ℰ (072)69 23 23, Fax 692456, ≼, « Stilvolle Einrichtung, Terrasse am See » − 📳 📺 ☎ 🅿. ⅅ ⓞ ⋿ 𝘝𝘐𝘚𝘈
3. Jan.- 20. Feb. geschl. − **M** a la carte 46/89 − **22 Z : 40 B** 75/105 - 120/240 Fb.

In Bottighofen CH-8598 ③ : 5 km :

🏨 **Strandhotel Schlössli** ⌂ (kleiner Park, Gartenterrasse mit Grill), Seestraße,
ℰ (072) 75 12 75, Fax 751540, ≼, 🍂, Boots- und Badesteg − 📺 ☎ ⇐⇒ 🅿 − 🍴 25. ⅅ ⓞ
⋿ 𝘝𝘐𝘚𝘈
Mitte Jan.- Mitte Feb. geschl. − **M** *(Okt.- April Mittwoch geschl.)* a la carte 47/80 −
Schifferstube M a la carte 38/66 − **11 Z : 21 B** 90/110 - 140/200 Fb.

In Ermatingen CH-8272 ⑤ : 10 km :

🏠 **Ermatingerhof** garni, Hauptstr. 82, ℰ (072) 64 24 11, 🍂 − 📳 ☎ 🅿. ⋿ 𝘝𝘐𝘚𝘈
20 Z : 43 B 48/65 - 68/96.

XX **Adler** (Historischer Gasthof a.d. 16. Jh.), Fruthwiler Str. 2, ℰ (072) 64 11 33, 🍽 − 🅿 −
🍴 25/50. ⅅ ⓞ ⋿ 𝘝𝘐𝘚𝘈
Mitte Jan.- Mitte Feb. und Montag 15 Uhr - Dienstag geschl. − **M** a la carte 33/60.

Benutzen Sie immer die neuesten Ausgaben
der **Michelin-Straßenkarten** und **Reiseführer**.

KONZ 5503. Rheinland-Pfalz 987 ㉓, 409 ㉗ − 16 500 Ew − Höhe 137 m − ☺ 06501.

🔟 Fremdenverkehrsgemeinschaft, Obermosel-Saar, Am Marktplatz 11 (Rathaus), ℰ 77 90.

Mainz 171 − Luxembourg 42 − Merzig 40 − ✦Trier 9.

🏠 **Alt Conz**, Gartenstr. 8, ℰ 30 12 − ☺. 🗚 E 𝘝𝘐𝘚𝘈 ⌘
   M *(Montag geschl.)* a la carte 22/45 − **14 Z : 29 B** 45/50 - 80/90.

🏠 **Parkhotel Mühlenthaler**, Granastr. 26, ℰ 21 57, Biergarten − ᕦ ☺. E
✦ 14. Dez.- 8. Jan. geschl. − **M** *(Donnerstag geschl.)* a la carte 20/35 − **24 Z : 43 B** 28/42 -
   66/75.

🏠 **Römerstube**, Wiltinger Str. 25, ℰ 20 75, ⊆s − |𝄐| ☎ ☺. E
✦ **M** a la carte 20/48 − **25 Z : 48 B** 44-82.

✕ **Ratskeller**, Am Markt 11, ℰ 22 58, 𝄐 − 🗚 E
   Dienstag und 20. Jan.- 20. Feb. geschl. − **M** 9/13 (mittags) und a la carte 25/53 ⅃.

   In Konz-Karthaus :

🔟 **Schons**, Merzlicher Str. 8, ℰ 20 41, ⊆s − ☺
✦ 24.- 31. Dez. geschl. − **M** a la carte 18/40 − **42 Z : 74 B** 36/45 - 70/85.

   In Wasserliesch 5505 W : 2,5 km :

🏠 ✿ **Scheid** ⅏, Reinigerstr. 48, ℰ (06501) 1 39 58, Fax 13959 − ☺. ⓞ E 𝘝𝘐𝘚𝘈
   26. Feb.- 8. März geschl. − **M** *(bemerkenswerte Weinkarte)* (April-Okt. Montag, Nov.- März
   Montag - Dienstag 18 Uhr geschl.) a la carte 61/89 − **12 Z : 20 B** 50/65 - 85/110
   Spez. Gänseleber mariniert in Eiswein, Wildlachs und Zander im Blätterteig mit Riesling-Butter-Sauce, Gefüllte
   Taube mit Kalbsbries.

KORB Baden-Württemberg siehe Waiblingen.

KORBACH 3540. Hessen 987 ⑮ − 23 000 Ew − Höhe 379 m − ☺ 05631.

🔟 Verkehrsamt, Rathaus, ℰ 5 32 31.

✦Wiesbaden 187 − ✦Kassel 60 − Marburg 67 − Paderborn 73.

🏠 **Touric**, Medebacher Landstr. 10, ℰ 80 61, direkter Zugang zum städt. 🗔 − |𝄐| 📺 ☎ ☺ −
   🔟 25/40. ⓞ E 𝘝𝘐𝘚𝘈
   M a la carte 25/50 − **40 Z : 80 B** 54 - 92 Fb.

🏠 **Zum Rathaus**, Stechbahn 8, ℰ 5 00 90, Fax 500959 − |𝄐| 📺 ☎ ⇦ ☺ − 🔟 25/120. 🗚
   ⓞ E 𝘝𝘐𝘚𝘈
   M *(Sonntag geschl.)* a la carte 25/41 − **30 Z : 52 B** 58/70 - 98/130 Fb − 4 Appart. 145.

   In Korbach 62-Meineringhausen SO : 6 km :

🔟 **Kalhöfer**, Sachsenhäuser Str. 35 (an der B 251), ℰ 34 25 − ☺. ⌘
✦ **M** *(Freitag bis 17 Uhr geschl.)* a la carte 17/30 − **13 Z : 20 B** 25/30 - 50/60.

KORDEL 5501. Rheinland-Pfalz 409 ㉗ − 2 500 Ew − Höhe 145 m − ☺ 06505.

Mainz 167 − Bitburg 21 − ✦Trier 15 − Wittlich 39.

🏠 **Raach**, Am Kreuzfeld 1, ℰ 5 99 − |𝄐| 📺 ☎ ☺. 🗚
   Jan. geschl. − **M** *(Donnerstag geschl.)* a la carte 24/55 ⅃ − **17 Z : 30 B** 45/50 - 90.

   In Zemmer-Daufenbach 5506 N : 5 km :

✕✕ ✿ **Landhaus Mühlenberg**, Am Mühlenberg 2, ℰ (06505) 87 79, ≤, 𝄐 − ☺. ⓞ
   wochentags nur Abendessen, Montag - Dienstag sowie Jan. und Juli je 3 Wochen geschl.
   − **M** (Tischbestellung erforderlich) 70/85 und a la carte 57/73
   Spez. Edelfische an Lauchsalat, Barbarie-Entenbrust auf Honigessigsauce, Lammrücken mit Estragon-
   Knoblauch-Sauce.

KORNTAL-MÜNCHINGEN Baden-Württemberg siehe Stuttgart.

KORNWESTHEIM 7014. Baden-Württemberg 413 K 20, 987 ㉟ − 28 000 Ew − Höhe 297 m −
☺ 07154.

🔟 Aldinger Straße(O : 1 km), ℰ (07141)87 13 19.

🚗 ℰ 2 80 47.

✦Stuttgart 11 − Heilbronn 41 − Ludwigsburg 5 − Pforzheim 47.

🏠 **Hasen**, Christofstr. 22, ℰ 63 06 − 📺 ☎ ☺. ⌘ Zim
   Aug. 3 Wochen geschl. − **M** *(Montag geschl.)* a la carte 25/46 ⅃ − **16 Z : 28 B** 48/58 -
   80/90.

🏠 **Altes Rathaus**, Lange Str. 47, ℰ 63 66 − ☎ ☺
   16 Z : 23 B.

🏠 **Bäuerle** garni, Bahnhofstr. 80, ℰ 61 15 − ☎. E
   35 Z : 58 B 38/75 - 65/120.

🔟 **Stuttgarter Hof**, Stuttgarter Str. 130, ℰ 31 01, 𝄐 − ☺. 🗚 E
✦ 22. Juli - 12. Aug. geschl. − **M** *(Samstag geschl.)* a la carte 19/35 − **23 Z : 31 B** 38/65 -
   75/85.

✕ Parkrestaurant, Stuttgarter Str. 65 (im Kulturhaus), ℰ 69 92, 𝄐 − ☺ − 🔟 .

KORSCHENBROICH Nordrhein-Westfalen siehe Mönchengladbach.

KRÄHBERG Hessen siehe Beerfelden.

KRANZBERG 8051. Bayern **413** R 21 − 1 700 Ew − Höhe 486 m − ✪ 08166.
♦München 50 − Ingolstadt 46 − Landshut 50.

    🏵 **Metzgerwirt**, Obere Dorfstr. 11, 𝒫 2 61 − 📺 🅟
    ⟷ *20. Dez.- 10. Jan. geschl.* − **M** *(Montag geschl.)* 21/28 − **30 Z : 46 B** 35/45 -75/80.
    ✗ **Fischerwirt**, Obere Dorfstr. 19, 𝒫 78 88, �거 − 🅟
    wochentags nur Abendessen, Montag - Dienstag geschl. − **M** a la carte 34/56.

KRANZEGG Bayern siehe Rettenberg.

KRAUCHENWIES 7482. Baden-Württemberg **413** K 22, **987** ㊟ − 4 200 Ew − Höhe 583 m − ✪ 07576.
♦Stuttgart 123 − ♦Freiburg im Breisgau 131 − Ravensburg 46 − ♦Ulm (Donau) 78.

    In Krauchenwies 3 - Göggingen W : 4,5 km :

    🏠 **Löwen**, Mengener Str. 5, 𝒫 8 12 − ☎ 🅟
    M a la carte 24/50 − **8 Z : 13 B** 39 - 68.

KRAUTHEIM 7109. Baden-Württemberg **413** L 18, **987** ㊟ − 4 000 Ew − Höhe 298 m − Erholungsort − ✪ 06294.
♦Stuttgart 99 − Heilbronn 59 − ♦Nürnberg 162 − ♦Würzburg 67.

    ✗ **Krone** mit Zim, König-Albrecht-Str. 3, 𝒫 3 62, �거 − ☎ ⟳ − 🏛 35
    M *(auch Diät und vegetarische Gerichte)* (Dienstag geschl.) a la carte 24/40 ⅚ − **7 Z : 14 B** 39/42 - 70/75.

KREFELD 4150. Nordrhein-Westfalen **987** ⑬ − 233 000 Ew − Höhe 40 m − ✪ 02151.

Siehe Ruhrgebiet (Übersichtsplan).

🏌 Krefeld-Linn (Y), 𝒫 57 00 71 ; 🏌 Krefeld-Bockum, Stadtwald (Y), 𝒫 59 02 43.
🛈 Verkehrsverein, im Seidenweberhaus, 𝒫 2 92 90.
ADAC, Friedrichsplatz 14, 𝒫 2 91 19, Notruf 𝒫 1 92 11.
♦Düsseldorf 25 ② − Eindhoven 86 ⑤ − ♦Essen 38 ①.

Stadtplan siehe nächste Seite.

    🏨 **Parkhotel Krefelder Hof** ⤬, Uerdinger Str. 245, 𝒫 58 40, Telex 853748, Fax 58435, « Gartenterrassen, Park », 😊, 🔲 − 📶 📺 🅟 − 🏛 25/400. 🆎 ⓞ 🖪 🆅🆂🅰   Y **a**
    Restaurants : − **L'escargot** *(Juli, Montag bis 18 Uhr sowie Sonn- und Feiertage geschl.)* **M** a la carte 60/84 − **Rôtisserie im Park M** um 40 und a la carte 53/74 − **148 Z : 174 B** 165/227 - 252 Fb − 8 Appart. 310/475.

    🏨 **Hansa Hotel**, Am Hauptbahnhof 1, 𝒫 82 90, Fax 829150, 😊 − 📶 📺 ⅙ 🅟 − 🏛 25/150.   Z **c**
    🆎 ⓞ 🖪 🆅🆂🅰
    M a la carte 32/55 − **105 Z : 210 B** 139/209 - 195/299 Fb − 5 Appart. 370/410.

    🏨 **City-Hotel Dahmen**, Philadelphiastr. 63, 𝒫 6 09 51, Fax 60951 − 📶 📺 ☎ ⟳. 🆎 ⓞ 🖪   Z **x**
    🆅🆂🅰
    M *(nur Abendessen, Samstag, Sonn- und Feiertage geschl.)* a la carte 38/58 − **72 Z : 108 B** 120/180 - 180/280 Fb.

    🏠 **Bayrischer Hof** garni, Hansastr. 105, 𝒫 3 70 67, Telex 853383 − 📶 📺 ☎. 🆎 ⓞ 🖪 🆅🆂🅰   Z **b**
    16 Z : 21 B 79/95 - 117/125 Fb.

    🏠 **Comfort-Inn-Hotel**, Schönwasserstr. 12a, 𝒫 59 02 96, Telex 8589146 − 📶 📺 ☎ 🅟. 🆎   Y **v**
    ⓞ 🖪 🆅🆂🅰
    (nur Abendessen für Hausgäste) − **52 Z : 70 B** 95/150 - 140/190 Fb.

    ✗✗✗ ✤ **Koperpot**, Rheinstr. 30, 𝒫 6 48 14, �거 − 🆎 🖪   Z **a**
    Sonntag 14 Uhr - Montag sowie April und Juni - Juli jeweils 2 Wochen geschl. − **M** 68/98 und a la carte 46/70
    Spez. Spargelparfait mit Lachslaibchen (Saison), Gefülltes Perlhuhnbrüstchen mit Rosmarinsauce, Honigparfait mit Schokoladenknödel.

    ✗✗✗ **Aquilon**, Ostwall 199, 𝒫 80 02 07 − 🆎 ⓞ 🖪   Z **n**
    über Karneval 2 Wochen sowie Samstag und Sonntag jeweils bis 18 Uhr geschl. − **M** 59/110.

    ✗✗✗ Restaurant im Seidenweberhaus, Theaterplatz 1, 𝒫 18 16 − 🏛   Z **e**

    ✗✗ **Villa Medici** mit Zim, Schönwasserstr. 73, 𝒫 50 00 04, �거, « Restaurierte Villa, Garten »   Y **n**
    − 📺 🅟. 🆎 ⓞ 🖪 🆅🆂🅰. ✼
    M *(Italienische Küche, Samstag geschl.)* a la carte 36/73 − **9 Z : 15 B** 80/100 - 120/130.

    ✗✗ **Le Crocodile**, Uerdinger Str. 336, 𝒫 50 01 10, �거 − 🆎   Y **b**
    Montag sowie Feb. und Sept.- Okt. jeweils 2 Wochen geschl. − **M** 50/72.

    ✗✗ **Gasthof Korff**, Kölner Str. 256, 𝒫 31 17 89 − 🅟. 🆎 ⓞ 🖪   Y **p**
    Samstag bis 18 Uhr und Sonntag geschl. − **M** 40/96.

    ✗ **Et Bröckske** (Brauerei-Gaststätte), Marktstr. 41, 𝒫 2 97 40, �거   Z **s**
    M a la carte 23/50.

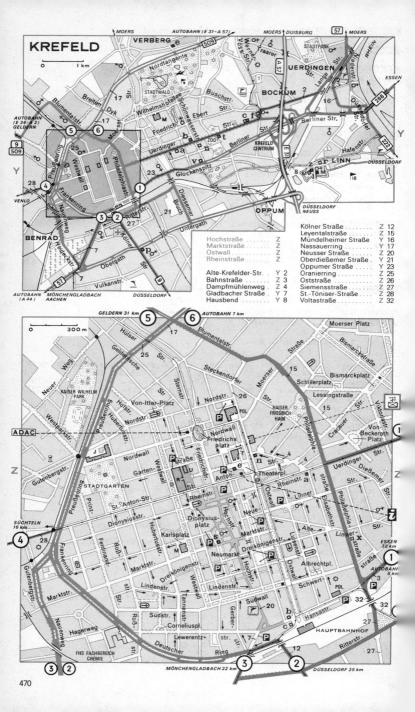

KREFELD

0 1 km

Hochstraße	Z
Marktstraße	Z
Ostwall	Z
Rheinstraße	Z
Alte-Krefelder-Str.	Y 2
Bahnstraße	Y 3
Dampfmühlenweg	Z 4
Gladbacher Straße	Y 7
Hausbend	Y 8

Kölner Straße	Z 12
Leyentalstraße	Z 15
Mündelheimer Straße	Y 16
Nassauerring	Y 17
Neusser Straße	Z 20
Oberdießemer Straße	Y 21
Oppumer Straße	Z 23
Oranierring	Z 25
Oststraße	Z 26
Siemensstraße	Z 27
St.-Töniser-Straße	Z 28
Voltastraße	Z 32

In Krefeld 2-Bockum :

🏠 **Benger,** Uerdinger Str. 620, 𝄞 59 01 41 – 📺 ☎ 🛬 🅿. ᴁ ⓞ Ε 𝗩𝗜𝗦𝗔   Y **f**
24.- 31. Dez. geschl. – **M** *(Samstag geschl.)* a la carte 30/59 – **19 Z : 30 B** 78/85 - 110/120.

🏠 **Alte Post** garni, Uerdinger Str. 550a, 𝄞 59 03 11, Telex 8531613, 🚗 – 🛗 📺 ☎ 🚗 🅿. ᴁ
ⓞ Ε 𝗩𝗜𝗦𝗔   Y **c**
22. Dez.- 2. Jan. geschl. – **29 Z : 46 B** 86 - 118 Fb.

XX **La Capannina** (Italienische Küche), Uerdinger Str. 552, 𝄞 59 14 61, 🌤 – 🅿. ᴁ ⓞ Ε   Y **c**
Samstag bis 18 Uhr und Sonntag geschl. – **M** a la carte 41/69.

XX **Sonnenhof,** Uerdinger Str. 421, 𝄞 59 35 40, 🌤 – ᴁ Ε   Y **t**
Weihnachten geschl. – **M** um 70 und a la carte 39/68.

In Krefeld 12-Linn :

🏠 **Haus Dahmen** 🦢, Rheinbabenstr. 122, 𝄞 57 30 51, Telex 8531131 – 🛗 📺 ☎ 🚗 – 🏛
24 Z : 34 B Fb.   Y **r**

XX **Winkmannshof** (ehem. Bauernhaus), Albert-Steeger-Str. 19, 𝄞 57 14 66, « Terrasse » –
ᴁ ⓞ Ε 𝗩𝗜𝗦𝗔   Y **z**
M a la carte 41/80.

In Krefeld-Verberg :

X **Gut Heyenbaum,** Zwingenbergstr. 2, 𝄞 5 67 66, 🌤, « Ehemaliger Gutshof, bäuerliche
Einrichtung » – 🅿. ᴁ ⓞ Ε 𝗩𝗜𝗦𝗔   Y **e**
nur Abendessen, Samstag und 24. Dez.- 5. Jan. geschl. – **M** a la carte 36/63.

KRESSBRONN AM BODENSEE 7993. Baden-Württemberg 𝟰𝟭𝟯 L 24. 𝟰𝟮𝟳 ⑧. 𝟰𝟮𝟲 ⑭ –
7 000 Ew – Höhe 410 m – Erholungsort – ✪ 07543.
🛈 Verkehrsamt, Seestr. 20, 𝄞 6 02 92.
◆Stuttgart 170 – Bregenz 19 – Ravensburg 23.

🏨 **Strandhotel** 🦢, Uferweg 5, 𝄞 68 41, ≤, « Terrasse am Seeufer », 🐾 – 🛗 ☎ 🚗 🅿.
ᴁ Ε
15. Jan.- Feb. geschl. – **M** a la carte 31/62 – **30 Z : 60 B** 80/90 - 110/130.

🏠 **Seehof,** Seestr. 25, 𝄞 64 80, 🚗 – 🅿. 🍽
März - 10. Nov. – (nur Abendessen für Hausgäste) – **20 Z : 32 B** 55/80 - 87/100.

🏠 **Krone,** Hauptstr. 41, 𝄞 64 20, ⌥, 🚗 – 🚗 🅿. ⓞ
← 20. Okt.- 4. Nov. und 20. Dez.- 3. Jan. geschl. – **M** *(Mittwoch geschl.)* 16/26 🍷 – **20 Z : 38 B**
36/45 - 72/80 – 3 Fewo 80/100 – ½ P 52/56.

🏠 **Engel,** Lindauer Str. 2, 𝄞 65 42 – 🅿
← 20. Dez.- 20. Jan. geschl. – **M** *(Montag geschl.)* a la carte 18/29 🍷 – **18 Z : 34 B** 26/32 -
52/67.

X **Weinstuben zur Kapelle,** Hauptstr. 15, 𝄞 62 71, « Rustikale Einrichtung » – 🅿. ᴁ ⓞ
Ε
Montag - Dienstag, 22.- 31. Dez. und 8. Jan.- März geschl. – **M** a la carte 25/49 🍷.

In Kressbronn-Gohren S : 2,5 km :

🏠 **Bürgerstüble** 🦢, 𝄞 86 45, 🌤, 🚗 – 🅿
15. Okt.- 15. Nov. und 24.- 30. Dez. geschl. – **M** *(Dienstag geschl.)* a la carte 22/30 🍷 –
15 Z : 26 B 38 - 72.

KREUTH 8185. Bayern 𝟰𝟭𝟯 S 24. 𝟵𝟴𝟳 ㊲. 𝟰𝟮𝟲 ⑰ – 3 800 Ew – Höhe 786 m – Heilklimatischer
Kurort – Wintersport : 800/1 600 m ⛷8 ⛷5 – ✪ 08029.
🛈 Kurverwaltung, Nördl. Hauptstr. 3, 𝄞 18 19.
◆München 63 – Miesbach 28 – Bad Tölz 29.

🏨 **Zur Post,** Nördl. Hauptstr. 5, 𝄞 10 21, Telex 526175, 🌤, Biergarten, 🍴 – 🛗 ☎ 🚗 🅿 –
🏛 25/100. ᴁ ⓞ Ε 𝗩𝗜𝗦𝗔
M *(auch vegetarische Gerichte)* a la carte 29/56 – **57 Z : 93 B** 98/123 - 140/150 Fb.

In Kreuth-Weißach N : 6 km – ✉ **8183** Rottach-Weißach – ✪ 08022 :

🏨 **Bachmair Weißach,** Tegernseer Str. 103, 𝄞 27 10, Telex 526900, ≤, 🌤, Massage, 🍴s,
🔲, 🚗, 🍽 (Halle) – 🛗 📺 🅿 – 🏛 30. ᴁ ⓞ Ε 𝗩𝗜𝗦𝗔
M a la carte 23/54 – **Bachmair-Restaurant M** a la carte 45/84 – **54 Z : 85 B** 85/140 - 175/
320 Fb – ½ P 125/180.

🏨 **Gästehaus Hagn** 🦢 garni, Ringbergweg 2, 𝄞 2 40 30, 🍴s, 🚗, Fahrradverleih – 📺 ☎ 🅿.
🍽
10 Z : 18 B – 2 Fewo.

🏠 **Landhaus Winters** 🦢, Am Ringsee 103, ✉ 8182 Bad Wiessee, 𝄞 (08022) 88 88, 🚗 – ☎
🅿
(nur Abendessen) – **10 Z : 19 B** Fb.

KREUZAU Nordrhein-Westfalen siehe Düren.

KREUZLINGEN Schweiz siehe Konstanz.

🛈 Kurverwaltung, Kurhausstr. 23 (Bäderkolonnade). ✆ 9 23 25.

ADAC, Kreuzstr. 15. ✆ 3 22 67.

Mainz 45 ② — Idar-Oberstein 50 ⑤ — Kaiserslautern 56 ④ — ◆Koblenz 81 ② — Worms 55 ②.

BAD KREUZNACH

Hochstraße	Y	
Kreuzstraße	Y	10
Mannheimer Str.	YZ	
Römerstraße	Y	14
Salinenstraße	YZ	
Wilhelmstraße	Y	
Am Römerkastell	Y	2
Baumstraße	Z	3
Eiermarkt	Y	4
Gerbergasse	Y	5
Holzmarkt	Y	7
Hospitalgasse	Y	8
Kornmarkt	Y	9
Nahestraße	Y	12
Poststraße	Y	13
Stromberger Straße	Y	16
Wilhelmsbrücke	Y	17
Wormser Str.	Y	18

🏨🏨🏨 **Steigenberger Hotel Kurhaus** ⤿, Kurhausstr. 28, ✆ 20 61, Telex 42752, Fax 35477, 🏖
⇌, direkter Zugang zum Thermal-Sole-Bad — 🛗 ⬅ Zim 📺 — 🔬 25/150. 🆎 ① 🇪 🇻🇮🇸🇦
🛏 Rest
M a la carte 46/84 — **108 Z : 200 B** 139/199 - 230/280 Fb — 6 Appart. 370/420 — ½ P 152/216. Z

🏨🏨 **Landhotel Kauzenberg** ⤿, Auf dem Kauzenberg, ✆ 2 54 61, Telex 426800, Fax 25465
⇌, 🌳 — 📺 ☎ 🅿 — 🔬 40. 🆎 ① 🇪 🇻🇮🇸🇦
M : siehe Restaurant Die Kauzenburg — **45 Z : 87 B** 102/109 - 143/168 Fb — ½ P 102/139. Y

🏨🏨 **Caravelle** ⤿, im Oranienpark, ✆ 24 95, Telex 42888, 🏖, ⇌, 🔲 — 🛗 ☎ 🕭 🚗 🅿 —
🔬 25/100. 🆎 ① 🇪 🇻🇮🇸🇦
M a la carte 35/61 🍷 — **110 Z : 160 B** 98/108 - 155/170 Fb — ½ P 103/133. Z

🏨🏨 **Der Quellenhof** ⤿, Nachtigallenweg 2, ✆ 21 91, ◁, 🏖, Bade- und Massageabteilung
⇌, 🔲 — 📺 ☎ 🕭 🅿 — 🔬 30. 🛏 Zim
M a la carte 30/54 🍷 — **45 Z : 65 B** 75/120 - 135/200 Fb. Z

🏨 **Michel Mort** garni, Am Eiermarkt 9, 📞 23 89 − 📺 ☎ ⇔ Y s
17 Z : 36 B 69 - 116/128 Fb.

🏨 **Engel im Salinental**, Heinrich-Held-Str. 10, 📞 21 02, Fax 43805 − 🛗 📺 ☎ 🄿 − 🛂 40.
🄰🄴 🄾 🄴 *VISA*. ⚶ über ④
(Restaurant nur für Hausgäste) − **22 Z : 40 B** 85/90 - 140/150 Fb.

🏨 **Oranienhof** ⚘, Priegerpromenade 5, 📞 3 00 71, �́ − 🛗 ☎ − 🛂 30 Z n
M a la carte 26/53 − **24 Z : 34 B** 52/71 - 95/133 Fb.

🏨 **Viktoria** ⚘, Kaiser-Wilhelm-Str. 16, 📞 20 37, 🌣, Bade- und Massageabteilung − 🛗 ☎.
🄰🄴 🄴 *VISA* Z r
Dez.- 15. Jan. geschl. − **M** 16/25 (mittags) und a la carte 22/37 − **30 Z : 43 B** 60/70 - 108.

🏩 **Haus Hoffmann** garni, Salinenstr. 141, 📞 3 27 39 Z u
Mitte Feb.- Mitte Nov. − **17 Z : 27 B** 45/49 - 78/90.

🍴 **Mannheimer Tor**, Mannheimer Str. 211, 📞 6 80 30 − 🄰🄴 *VISA* Z m
↤ **M** *(Samstag geschl.)* a la carte 20/39 ⚖ − **10 Z : 16 B** 34/40 - 64/76.

XX **La Cuisine**, Mannheimer Str. 270, 📞 7 26 66 − **E** Z a
Jan. 1 Woche, Juli - Aug. 3 Wochen, Samstag bis 19 Uhr und Donnerstag geschl. −
M (bemerkenswertes Angebot regionaler Weine) 17/25 (mittags) und a la carte 49/72.

XX **Die Kauzenburg** (modernes Restaurant in einer Burgruine), Auf dem Kauzenberg,
📞 2 54 61, Telex 426800, Fax 25465, ≼ Bad Kreuznach, « Rittersaal in einem 800 J. alten
Gewölbe, Aussichtsterrassen » − 🄿. 🄰🄴 🄾 🄴 *VISA* Y u
M (auf Vorbestellung: Essen wie im Mittelalter) a la carte 35/62 ⚖.

X **Im Kleinen Klapdohr**, Kreuzstr. 72, 📞 3 23 60 Y e
Sonntag 15 Uhr - Montag, 1.- 15. Jan. und Juli geschl. − **M** a la carte 22/49 ⚖.

X **Marco Polo** (Restaurant in einem Gewölbekeller), Salinenstr. 53, 📞 3 45 45 − 🄿. 🄰🄴 🄾
🄴 *VISA* ⚶ Z t
20. Juni - 20. Juli geschl. − **M** *(Italienische Küche)* a la carte 33/50 ⚖.

X **Historisches Dr.-Faust-Haus** (Fachwerkhaus a.d.J. 1492), Magister-Faust-Gasse 47,
↤ 📞 2 87 58, bemerkenswertes Weinangebot − 🄿. 🄾 Y a
wochentags nur Abendessen, Dienstag geschl. − **M** a la carte 19/47 ⚖.

In Hackenheim 6551 SO : 2 km über Mannheimer Straße Z :

XX **Metzlers Gasthof**, Hauptstr. 69, 📞 (0671) 6 53 12 − 🄿
Sonntag 14 Uhr - Montag geschl. − **M** a la carte 50/71.

MICHELIN-REIFENWERKE KGaA. 6550 Bad Kreuznach, Michelinstraße (über ②),
📞 (0671) 60 71, Telex 42733, **FAX 74467.**

▰**KREUZTAL** 5910. Nordrhein-Westfalen 🤍🤍🤍 ㉔ − 30 100 Ew − Höhe 310 m − 🕽 02732.
◆Düsseldorf 120 − Hagen 78 − ◆Köln 83 − Siegen 11.

🏨 **Keller**, Siegener Str. 33 (B 54), 📞 40 05, Biergarten, 🌣 − ☎ 🄿. 🄰🄴 🄾 🄴 *VISA*
M *(Samstag bis 15 Uhr geschl.)* a la carte 40/60 − **14 Z : 20 B** 58/85 - 98/130.

In Kreuztal-Ferndorf O : 2 km :

🏩 **Finke**, Marburger Str. 168 (B 508), 📞 23 02, « Fachwerkhaus a.d.J. 1780 » − ☎ ⇔ 🄿. 🄰🄴
🄴
M *(Samstag bis 18 Uhr geschl.)* 18/30 (mittags) und a la carte 30/50 − **11 Z : 14 B** 35/49 -
78/98.

In Kreuztal 7-Krombach NW : 5 km :

🍴 **Hambloch**, Olper Str. 2 (B 54), 📞 8 02 32 − 🄿 − 🛂 40. 🄰🄴 🄾 🄴
M *(Dienstag geschl.)* a la carte 24/52 − **11 Z : 15 B** 32/45 - 65/90.

▰**KREUZWERTHEIM** Bayern siehe Wertheim.

▰**KRIFTEL** Hessen siehe Hofheim am Taunus.

▰**KRÖV** 5563. Rheinland-Pfalz − 2 500 Ew − Höhe 105 m − Erholungsort − 🕽 06541
(Traben-Trarbach).
🄳 Verkehrsbüro, Robert-Schuman-Str. 63, 📞 94 86, Fax 6799.
Mainz 131 − Bernkastel-Kues 18 − ◆Trier 56 − Wittlich 19.

🏩 **Ratskeller** (mit Gästehaus), Robert-Schuman-Str. 49, 📞 99 97 − 🛗 🄿
29 Z : 60 B.

🏩 **Haus Sonnenlay**, Im Flurgarten 19 (an der B 53), 📞 96 60, ≼ − 🄿
März - Mitte Nov. − (nur Abendessen für Hausgäste) − **16 Z : 30 B** 30/35 - 56/66.

Orte mit mindestens einem für Rollstuhlfahrer geeigneten Hotel bzw.
mit eigenem Tennisplatz,
Golfplatz oder Reitpferden finden Sie auf einer Liste am Ende des Führers.

KRONACH 8640. Bayern **408** Q R 16, **987** ⑳ — 18 300 Ew — Höhe 325 m — ✪ 09261.

Sehenswert : Veste Rosenberg (Fränkische Galerie).

🛈 Städt. Verkehrsamt, Rathaus, Marktplatz 5, 𝒫 9 72 36.

♦München 279 — ♦Bamberg 58 — Bayreuth 44 — Coburg 32.

🏠 **Bauer**, Kulmbacher Str. 7, 𝒫 9 40 58 — 📺 ☎ 🅿. 🆔 ⓪ 🇪 *VISA*. ❄ Rest
1.- 14. Jan. und 6.- 19. Aug. geschl. — Menu *(Sonntag ab 14 Uhr geschl.)* um 18 und a la carte 24/57 — **18 Z : 28 B** 69/80 - 115/120 Fb.

🏠 **Sonne**, Bahnhofstr. 2, 𝒫 34 34 — 📺 ☎. 🆔 ⓪ 🇪 *VISA*
24. Dez. - 10. Jan. geschl. — **M** a la carte 22/52 — **28 Z : 44 B** 42/65 - 68/130.

🏠 **Försterhof** ⤵, Paul-Keller-Str. 3, 𝒫 10 41 — ☎ 🅿 — ♨ . 🆔 ⓪ 🇪 *VISA*. ❄ Zim
M *(nur Abendessen, Sonntag geschl.)* a la carte 29/48 — **22 Z : 44 B** 46 - 80 Fb.

✕ **Kath. Vereinshaus**, Adolf-Kolping-Str. 14, 𝒫 31 84
Montag geschl. — **M** a la carte 14/35 ⚘.

KRONBERG IM TAUNUS 6242. Hessen **408** I 16 — 18 000 Ew — Höhe 257 m — Luftkurort —
✪ 06173.

🖼 Schloß Friedrichshof, 𝒫 14 26.

🛈 Verkehrsverein, Rathaus, Katharinenstr. 7, 𝒫 70 32 23.

♦Wiesbaden 28 — ♦Frankfurt am Main 17 — Bad Homburg vor der Höhe 13 — Limburg an der Lahn 43.

🏰 **Schloß-Hotel** ⤵, Hainstr. 25, 𝒫 7 01 01, Telex 415424, Fax 701267, ≼ Schloßpark, ☂,
« Einrichtung mit wertvollen Antiquitäten » — 🛗 📺 🅿 — ♨ 25/60. 🆔 🇪 *VISA*. ❄ Rest
M a la carte 77/108 — **57 Z : 88 B** 243/526 - 386/576 — 7 Appart. 676/1446.

🏠 **Frankfurter Hof**, Frankfurter Str. 1, 𝒫 7 95 96 — ☎ ⇐ 🅿. 🇪
Juli - Aug. 3 Wochen geschl. — **M** *(wochentags nur Abendessen, Freitag geschl.)* a la carte 24/55 — **11 Z : 15 B** 55/90 - 110/140.

🏠 **Schützenhof**, Friedrich-Ebert-Str. 1, 𝒫 49 68, ☂
Jan. 2 Wochen geschl. — **M** *(Donnerstag geschl.)* a la carte 20/42 ⚘ — **12 Z : 18 B** 55/75 - 110/150.

✕✕ **Kronberger Hof** mit Zim, Bleichstr. 12, 𝒫 7 90 71, ☂, ⇐ — ☎ ⇐ 🅿. 🆔 🇪
April und Okt. jeweils 2 Wochen geschl. — **M** *(Montag - Samstag nur Abendessen, Sonn- und Feiertage nur Mittagessen, Mittwoch geschl.)* a la carte 24/51 — **12 Z : 18 B** 90 - 150 Fb.

✕✕ **Zum Feldberg**, Grabenstr. 5, 𝒫 7 91 19, ☂ — 🆔 ⓪ 🇪 *VISA*
M a la carte 44/76.

KRONENBURG Nordrhein-Westfalen siehe Dahlem.

KROZINGEN, BAD 7812. Baden-Württemberg **408** G 23, **987** ㉞, **427** ④ — 12 000 Ew — Höhe
233 m — Heilbad — ✪ 07633.

🛈 Kurverwaltung, Herbert-Hellmann-Allee 12, 𝒫 20 02.

♦Stuttgart 217 — Basel 53 — ♦Freiburg im Breisgau 15.

🏠 **Litschgi-Haus** (Patrizierhaus a.d.J. 1564), Basler Str. 10 (B 3), 𝒫 1 40 33
(Hotel) 1 58 78 (Rest.), Telex 7721754, Fax 13231, ⇐ — 🛗 ☎ 🅿 — ♨ 25/60. 🆔 🇪
M *(Feb. 2 Wochen, 1.- 15. Aug. und Sonntag - Montag 18 Uhr geschl.)* 39/79 — **26 Z : 48 B** 90/125 - 140/190 Fb — ½ P 100/155.

🏠 **Appartement-Hotel Amselhof** ⤵, Kemsstr. 21, 𝒫 20 77, ☂, 🔲, Fahrradverleih — 🛗
📺 ☎ ⇐ 🅿 — ♨ 40. 🆔 ⓪ 🇪 *VISA*
M *(Samstag bis 18 Uhr und Dienstag geschl.)* 25/58 — **30 Z : 50 B** 68/118 - 125/155 Fb — ½ P 87/114.

🏠 **Biedermeier** ⤵ garni, In den Mühlenmatten 12, 𝒫 32 01 — ☎ 🅿
Feb. geschl. — **24 Z : 36 B** 47/70 - 86/120.

🏠 **Bären** ⤵, In den Mühlenmatten 3, 𝒫 41 01 — 📺 ☎ ⇐ 🅿
Nov. 3 Wochen geschl. — **M** *(Sonntag ab 14 Uhr und Mittwoch geschl.)* a la carte 27/50 ⚘ — **20 Z : 30 B** 49/82 - 98/120.

🏠 **Gästehaus Hofmann** ⤵ garni, Litschgistr. 6, 𝒫 31 40, 🌿 — ⇐ 🅿. ⓪ 🇪. ❄
24 Z : 35 B 35/70 - 66/99.

✕✕ **Batzenberger Hof** mit Zim, Freiburger Str. 2 (B 3), 𝒫 41 50 — ☎ 🅿. 🆔 ⓪ 🇪 *VISA*
Menu *(Sonntag 15 Uhr - Montag sowie Jan. und Aug. jeweils 2 Wochen geschl.)* 26/65 und a la carte — **13 Z : 24 B** 50/70 - 88/120.

Im Kurgebiet :

🏰 **Haus Pallotti**, Thürachstr. 3, 𝒫 1 40 41, ☂, 🌿 — 🛗 🛗 🅿 — ♨ . 🆔 ⓪ 🇪 *VISA*. ❄
23.- 31. Dez. geschl. — **M** *(Sonntag 15 Uhr - Montag und Dez.- Jan. geschl.)* a la carte 26/40
⚘ — **63 Z : 83 B** 45/74 - 80/125 Fb — ½ P 57/88.

🏠 **Ascona** ⤵, Thürachstr. 11, 𝒫 1 40 23, 🌿, Fahrradverleih — ☎ 🅿. ❄
Jan.- 20. Feb. geschl. — (Restaurant nur für Hausgäste) — **27 Z : 32 B** 56 - 112 Fb — ½ P 77.

🏠 **Vier Jahreszeiten** ⤵, Herbert-Hellmann-Allee 24, 𝒫 31 86, 🌿 — ☎ ⇐ 🅿
Dez.- 20. Jan. geschl. — **M** *(nur Mittagessen, Donnerstag geschl.)* a la carte 24/34 — **17 Z 24 B** 58/82 - 100/145 — ½ P 67/99.

✕✕ **Kurhaus Restaurant**, Kurhausstraße, 𝒫 40 08 71, ≼, ☂ — 🅿 — ♨ 25/200. 🆔 ⓪ 🇪
❄
M *(auch Diät und vegetarische Gerichte)* 18/32 (mittags) und a la carte 24/46.

474

In Bad Krozingen 2-Biengen NW : 4 km :

🏠 **Gästehaus Hellstern** garni, Hauptstr. 34, ℰ 38 14, 🐎 – 🛏 ☎ ⇔ ℗. ⚘
24. Dez.- Jan. geschl. – **16 Z : 28 B** 29/45 - 48/65.

In Bad Krozingen 5-Schmidhofen S : 3,5 km :

✗ **Storchen**, Felix- und Nabor-Str. 2, ℰ 53 29 – ℗
Montag - Dienstag 17 Uhr, Jan. 2 Wochen und Mitte - Ende Juli geschl. – Menu a la carte
27/54 ⅜.

KRÜN 8108. Bayern 413 Q 24. 987 ⑰. 426 ⑰ – 2 000 Ew – Höhe 875 m – Erholungsort –
Wintersport : 900/1 200 m ⚹2 ⚹4 – ✿ 08825.
🎫 Verkehrsamt, Schöttlkarspitzstr. 15, ℰ 10 94.
♦München 96 – Garmisch-Partenkirchen 16 – Mittenwald 8.

🏨 **Alpenhof** 🦢, Edelweißstr. 11, ℰ 10 14, ≤ Karwendel- und Wettersteinmassiv, ⇌, 🔲,
🐎 – ☎ ℗. ⚘
April - 5. Mai und 21. Okt.- 17. Dez. geschl. – (Restaurant nur für Hausgäste) – **39 Z : 70 B**
54/70 - 108/144 Fb – ½ P 67/72.

🏠 **Schönblick** 🦢 garni, Soiernstr. 1, ℰ 20 08, ≤ Karwendel- und Wettersteinmassiv, 🐎 –
⇔ ℗. ⚘
April - 5. Mai und Nov.- 15. Dez. geschl. – **29 Z : 45 B** 42/44 - 68/78 – 3 Fewo 75.

In Krün-Barmsee W : 2 km :

🏠 **Alpengasthof Barmsee** 🦢, Am Barmsee 4, ℰ 20 34, ≤ Karwendel- und
Wettersteinmassiv, 🏡, ⇌, 🦌, 🐎, Fahrradverleih – ☎ ⇔ ℗
23. April - 1. Mai und 22. Okt.- 22. Dez. geschl. – **M** *(Mittwoch geschl.)* a la carte 22/49 –
25 Z : 50 B 35/65 - 56/110 Fb – ½ P 42/66.

In Klais 8101 SW : 4 km :

🏠 **Post**, Bahnhofstr. 7, ℰ (08823) 22 19, 🏡 – ⇔ ℗. E
↩ 23. April - 10. Mai und 22. Okt.- 21. Dez. geschl. – **M** *(Montag geschl.)* a la carte 21/44 –
11 Z : 20 B 38/55 - 100 – ½ P 54/71.

🏠 **Gästehaus Ingeborg** garni, An der Kirchleiten 7, ℰ (08823) 81 68, ≤, 🐎 – ℗. ⚘
Nov.- Mitte Dez. geschl. – **11 Z : 21 B** 28/34 - 55/60.

KRUMBACH Baden-Württemberg siehe Limbach.

KRUMBACH 8908. Bayern 413 O 22. 987 ㊲. 426 ② – 11 600 Ew – Höhe 512 m – ✿ 08282.
♦München 124 – ♦Augsburg 48 – Memmingen 38 – ♦Ulm (Donau) 41.

🏠 **Traubenbräu**, Marktplatz 14, ℰ 20 93 – ☎ ⇔ ℗. 🅰🅴 E
↩ **M** *(Samstag und 7.- 22. Aug. geschl.)* a la carte 18/40 – **20 Z : 36 B** 28/50 - 48/90.

🏠 **Diem**, Kirchenstr. 5, ℰ 30 60, ⇌ – ☎ ℗. E
↩ **M** a la carte 19/41 – **28 Z : 48 B** 38/50 - 70/85.

🏠 **Brauerei-Gasthof Munding**, Augsburger Str. 40, ℰ 44 62, Biergarten – ⇔ ℗ –
🛏 25/60
Ende Aug.- Mitte Sept. geschl. – **M** a la carte 19,50/32 ⅜ – **26 Z : 48 B** 27/38 - 53/75 Fb.

KRUMMHÖRN 2974. Niedersachsen – 12 300 Ew – Höhe 5 m – ✿ 04923.
♦Hannover 265 – Emden 14 – Groningen 112.

In Krummhörn - Greetsiel :

✗✗ **Witthus** 🦢 mit Zim, Katrepel 7, ℰ (04926) 5 40, « Ständige Kunstausstellungen,
Gartenterrasse » – ⇌ 📺. E 🆅🅸🆂🅰. ⚘
22. Nov. - 25. Dez. geschl. – **M** a la carte 31/53 – **8 Z : 16 B** 85 - 130/150 Fb.

KÜMMERSBRUCK 8457. Bayern 413 S 18 – 7 900 Ew – Hohe 370 m – ✿ 09621.
♦ München 186 – Bayreuth 82 – ♦Nürnberg 68 – ♦Regensburg 62.

In Kümmersbruck-Haselmühl :

🏨 **Zur Post**, Vilstalstr. 82, ℰ 8 17 82, Biergarten, ⚘ – 📺 ☎ ⇔ ℗. 🅰🅴 E 🆅🅸🆂🅰
↩ 20. Dez.- 3. Jan. geschl. – **M** *(Mittwoch geschl.)* a la carte 19/44 ⅜ – **27 Z : 47 B** 50/60 -
95 Fb.

In Kümmersbruck-Theuern :

🏠 **Pension zur Schmiede** 🦢 garni, Michelsbergstr. 12, ℰ (09624) 8 18, 🐎 – ℗
7 Z : 14 B 35 - 70.

KÜNZELSAU 7118. Baden-Württemberg **413** LM 19. **987** ㉘ ㉖ − 11 600 Ew − Höhe 218 m − ✆ 07940.

◆Stuttgart 94 − Heilbronn 52 − Schwäbisch Hall 23 − ◆Würzburg 84.

 🏛 **Frankenbach**, Bahnhofstr. 10, ✆ 23 33 − 🅟
 Juli - Aug. 3. Wochen geschl. − **M** *(Sonn- und Feiertage ab 14 Uhr sowie Dienstag geschl.)* a la carte 25/40 ⅃ − **12 Z : 17 B** 30/42 - 60/78.

 🏛 **Comburgstuben**, Komburgstr. 12, ✆ 35 70 − 🚗
 ➡ *Juli - Aug. 3 Wochen geschl.* − **M** *(Samstag geschl.)* a la carte 20/35 ⅃ − **14 Z : 22 B** 38/45 - 75/82.

 ✕✕ **Ausonia** (Italienische Küche), Gaisbacher Str. 2, ✆ 5 33 34.

KÜPS 8643. Bayern **413** Q 16 − 7 100 Ew − Höhe 299 m − ✆ 09264.

◆München 278 − ◆ Bamberg 52 − Bayreuth 50 − Hof 59.

 In Küps-Oberlangenstadt :

 🏚 **Hubertus** 🦌, Hubertusstr. 7, ✆ 5 68, ⪡, ⪢, 🖼, 🏊, ⛳ − 📺 ☎ 🅟 − 🏸 40. 🆎 E
 2.- 10. Jan. geschl. − **M** a la carte 27/51 − **24 Z : 48 B** 49 - 90 Fb.

KÜRNBACH 7519. Baden-Württemberg **413** J 19 − 2 600 Ew − Höhe 203 m − ✆ 07258.

◆Stuttgart 67 − Heilbronn 37 − ◆Karlsruhe 42.

 🏛 **Lamm**, Lammgasse 5, ✆ 65 88 − 🅟. ⁑ Zim
 ➡ *Juli 3 Wochen geschl.* − **M** *(Mittwoch geschl.)* a la carte 17,50/33 ⅃ − **10 Z : 16 B** 35/38 - 70/76.

 ✕ **Weiss**, Austr. 63, ✆ 65 60 − ⁑
 Dienstag sowie Jan. und Juli - Aug. jeweils 2 Wochen geschl. − Menu (Tischbestellung ratsam) 55 und a la carte 25/47 ⅃.

KUFSTEIN A-6330. Österreich **413** T 24, **987** ㊲, **426** ⑱ − 14 200 Ew − Höhe 500 m − Wintersport : 515/1 600 m ⛷9 ⛷4 − ✆ 05372 (innerhalb Österreich).

Sehenswert : Festung : Lage★, ⪡★, Kaiserturm★.

Ausflugsziel : Ursprungpaß-Straße★ (von Kufstein nach Bayrischzell).

🛈 Fremdenverkehrsverband, Münchner Str. 2, ✆ 22 07, Telex 51684.

Wien 401 − Innsbruck 72 − ◆München 90 − Salzburg 106.

 Die Preise sind in der Landeswährung (ö. S.) angegeben.

 🏨 **Andreas Hofer**, Georg-Pirmoser-Str. 8, ✆ 32 82, Telex 51686 − 🛗 ☎ 🚗 🅟 − 🏸
 Restaurants − Kamin-Restaurant − Stube − **110 Z : 200 B** Fb.

 🏨 **Alpenrose** 🦌, Weißachstr. 47, ✆ 21 22, 🌲, ⛱ − 🛗 📺 ☎ 🚗 🅟 − 🏸 30. 🆎 E
 Menu 220/650 und a la carte − **19 Z : 35 B** 435/590 - 870/970.

 🏚 **Goldener Löwe**, Oberer Stadtplatz 14, ✆ 2 18 10, Fax 21818 − 🛗 📺 ☎. 🆎 🆎 E 🆅🆂🅰
 ➡ *18. Okt.- 8. Nov. geschl.* − **M** a la carte 127/275 − **37 Z : 70 B** 410/480 - 680 Fb.

 🏚 **Weinhaus Auracher Löchl**, Römerhofgasse 3, ✆ 21 38, « Tiroler Weinstuben, Terrasse
 ➡ am Inn » − 🛗 🅟 − 🏸 25. 🆎
 M *(15. Nov.- 15. Dez. geschl.)* a la carte 141/295 − **35 Z : 60 B** 380 - 660 Fb.

 🏚 **Tourotel-Kufsteiner Hof**, Franz-Josef-Platz 1, ✆ 48 84, Telex 51561, Fax 71363 − 🛗 📺
 ➡ 🚗. 🆎 🆎 E 🆅🆂🅰
 M a la carte 130/210 *(Wienerwald - Gaststätte)* − **40 Z : 90 B** 530/800 - 860/960 Fb.

 🏚 **Bären**, Salurner Str. 36, ✆ 22 29, Telex 51692 − 🛗 ☎ 🚗 🅟
 ➡ *6. Nov.- 10. Dez. geschl.* − **M** *(Mittwoch geschl.)* a la carte 140/240 − **25 Z : 50 B** 350/400 - 550/600.

 🏚 **Tiroler Hof**, Am Rain 16, ✆ 23 31, 🌲 − 📺 ☎ 🚗 🅟. E 🆅🆂🅰
 ➡ *10.- 24. April und 2.- 25. Nov. geschl.* − **M** *(Montag geschl.)* a la carte 145/305 ⅃ − **11 Z :
 21 B** 350/400 - 600/680.

KULMBACH 8650. Bayern **413** R 16, **987** ㉖ − 28 700 Ew − Höhe 306 m − ✆ 09221.

Sehenswert : Plassenburg (Schöner Hof★★, Zinnfigurenmuseum★).

🛈 Fremdenverkehrs- und Veranstaltungsbetrieb, Sutte 2 (Stadthalle) ✆ 80 22.

◆München 257 ② − ◆Bamberg 60 ② − Bayreuth 22 ② − Coburg 50 ④ − Hof 49 ①.

Stadtplan siehe gegenüberliegende Seite.

 🏨 **Hansa-Hotel**, Weltrichstr. 2a, ✆ 79 95 − 🛗 📺 ☎ 🚗. 🆎 E 🆅🆂🅰   Z
 ➡ **M** *(nur Abendessen)* a la carte 18/45 − **30 Z : 58 B** 70/85 - 135/155 Fb.

 🏚 **Christl**, Bayreuther Str. 7 (B 85), ✆ 79 55 − 📺 ☎ 🚗 🅟. 🆎 E   Z
 (nur Abendessen für Hausgäste) − **28 Z : 40 B** 44/55 - 80/105.

 🏚 **Purucker**, Melkendorfer Str.4, ✆ 77 57, ⪢ − ☎ 🚗 🅟. 🆎 🆎 E   Z
 Ende Aug.- Mitte Sept. geschl. − **M** *(Samstag - Sonntag geschl.)* a la carte 27/49 − **26 Z :
 50 B** 58/65 - 95 Fb.

 ✕ **EKU-Inn** (Brauerei-Gaststätte), Klostergasse 7, ✆ 57 88   YZ

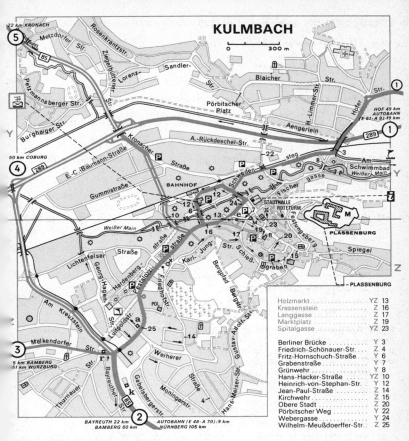

KULMBACH

0 ——— 300 m

22 km KRONACH
⑤
HOF 49 km
AUTOBAHN
(E 51- A 9) 19 km
①
50 km COBURG
④
BAYREUTH 22 km
BAMBERG 60 km
③
5 km BAMBERG
51 km WÜRZBURG
②
AUTOBAHN (E 48 - A 70) 9 km
NÜRNBERG 105 km

PLASSENBURG

Holzmarkt	YZ 13
Kressenstein	Z 16
Langgasse	Z 17
Marktplatz	Z 19
Spitalgasse	YZ 23

Berliner Brücke	Y 3
Friedrich-Schönauer-Str.	Z 4
Fritz-Hornschuch-Straße	Y 6
Grabenstraße	Y 7
Grünwehr	Y 9
Hans-Hacker-Straße	YZ 10
Heinrich-von-Stephan-Str.	Y 12
Jean-Paul-Straße	Z 14
Kirchwehr	Z 15
Obere Stadt	Z 20
Pörbitscher Weg	Y 22
Webergasse	Y 24
Wilhelm-Meußdoerffer-Str.	Z 25

In Kulmbach-Höferänger ⑤ : 4 km :

🏨 **Dobrachtal** 🦌, Höferänger 10, ℰ 20 85, 🍴, 🔲, 🎠 – 📺 📺 ☎ 🛬 🅿. 🖭 ① 🗲 𝖵𝖨𝖲𝖠
➡ 21. Dez.- 5. Jan. geschl. – **M** *(Freitag geschl., im Winter Montag - Donnerstag nur Abendessen)* a la carte 20/42 – **58 Z : 87 B** 55/80 - 98/130 Fb.

In Kulmbach-Ziegelhütten NW : 2 km über Ziegelhüttener Straße Y :

🏨 **Brauerei-Gasthof Schweizerhof**, Ziegelhüttener Str. 38, ℰ 39 85, Biergarten – 📺 ☎
🛬 🅿
M a la carte 20/57 – **8 Z : 16 B** 58 - 96.

Eine Karte aller Orte mit Menu, 🌸, 🌸🌸 oder 🌸🌸🌸finden Sie in der Einleitung.

KUNREUTH-REGENSBERG Bayern siehe Forchheim.

KUPFERZELL 7115. Baden-Württemberg 🌐🌐 M 19, 🗾🗾 ㉕ – 4 100 Ew – Höhe 345 m – 🌀 07944.

♦ Stuttgart 86 – Heilbronn 46 – Schwäbisch Hall 17 – ♦Würzburg 91.

In Kupferzell-Beltersrot S : 8 km :

🏨 **Landgasthof Beck**, Hauptstr. 69, ⊠ 7177 Untermünkheim, ℰ (07944) 3 18 – 🅿
13 Z : 20 B.

In Kupferzell-Eschental SO : 6 km :

🏨 **Landgasthof Krone**, Hauptstr. 40, ℰ 20 96, 😤 – ☎ 🅿
➡ Ende Jan.- Mitte Feb. geschl. – **M** *(Dienstag geschl.)* a la carte 18/44 🍴 – **13 Z : 21 B** 38 - 75.

477

KUPPENHEIM 7554. Baden-Württemberg **413** H 20 — 6 200 Ew — Höhe 126 m — ⊕ 07222 (Rastatt).

♦Stuttgart 98 — Baden-Baden 12 — ♦Karlsruhe 24 — Rastatt 5,5.

XX **Ochsen** mit Zim, Friedrichstr. 53, ℘ 4 15 30 — ⇐⇒ 🅿. ⓞ E 𝖵𝖨𝖲𝖠. 𝒮𝒳 Zim
28. Feb.- 13. März und 22. Juli - 14. Aug. geschl. — **M** (Sonntag - Montag geschl.) a la carte
29/48 — **4 Z : 7 B** 45 - 80.

In Kuppenheim 2-Oberndorf SO : 2 km :

XXX ✿ **Raub's Restaurant** (modern-elegantes Restaurant), Hauptstr. 41, ℘ (07225) 7 56 23 —
🅿
Sonntag 14 Uhr - Dienstag 18 Uhr sowie über Fastnacht und Okt.- Nov. jeweils 2 Wochen
geschl. — **M** 92/130 und a la carte 66/89 — **Kreuz-Stübl** (badische Küche, Gartenterrasse)
Menu 30/60 und a la carte
Spez. Steinbutt im Nudelblatt, Rinderlende in Marksauce, Soufflé von weißer Schokolade.

KUSEL 6798. Rheinland-Pfalz **987** ㉔, **242** ③, **57** ⑦ — 6 100 Ew — Höhe 240 m — ⊕ 06381.
Mainz 107 — Kaiserslautern 40 — ♦Saarbrücken 50.

🏠 **Rosengarten**, Bahnhofstr. 38, ℘ 29 33 — ⇐⇒ 🅿
← **M** a la carte 21/43 ⚱ — **27 Z : 50 B** 30/35 - 58/70.

In Blaubach 6799 NO : 2 km :

🏨 **Reweschnier** 𝒮, Kuseler Str. 5, ℘ (06381) 50 46, 🍴, ⇔, 🌿 — 📺 🕿 ⇐⇒ 🅿 — ⚒ 25/80.
E. 𝒮𝒳
M (Montag bis 17 Uhr geschl.) a la carte 22/52 ⚱ — **29 Z : 59 B** 49/59 - 88/98 Fb — 2 Fewo
60.

In Thallichtenberg 6799 NW : 5 km :

🏠 **Burgblick** 𝒮, Ringstr. 6, ℘ (06381) 15 26, ≼, ⇔ — 🕿 🅿
← **M** (Montag geschl.) a la carte 20/34 ⚱ — **17 Z : 29 B** 38/45 - 70/75 Fb.

In Konken 6799 SW : 6 km **413** F 18 :

🏠 **Haus Gerlach**, Hauptstr. 39 (B 420), ℘ (06384) 3 27 — 🅿
← **M** (Montag geschl.) a la carte 16/35 ⚱ — **8 Z : 14 B** 32/35 - 65/70 — ½ P 38/40.

KYLLBURG 5524. Rheinland-Pfalz **987** ㉓, **409** ㉗ — 1 200 Ew — Höhe 300 m — Luftkurort —
Kneippkurort — ⊕ 06563.
🛈 Kurverwaltung, Haus des Gastes, Hochstr. 19, ℘ 59 38
Mainz 157 — ♦Koblenz 103 — ♦Trier 48 — Wittlich 28.

🏨 **Kurhotel Eifeler Hof**, Hochstr. 2, ℘ 20 01, Fax 2046, « Gartenterrasse », Bade- und
Massageabteilung, ⚐, ⇔, ⬛ — 🛗 🕿 ⏴ 🅿. ⓞ E
M a la carte 23/42 — **65 Z : 100 B** 60/70 - 110/130 Fb.

🏠 **Pension Müller**, Mühlengasse 3, ℘ 85 85 — ⇐⇒
(Restaurant nur für Hausgäste) — **19 Z : 34 B** 33 - 66 — ½ P 43.

In Malberg-Mohrweiler 5524 N : 4,5 km :

🏨 **Berghotel Rink** 𝒮, Höhenstr. 14, ℘ (06563) 24 44, ⇔, ⬛, 🌿, 𝒳 (Halle) — 📺 ⇐⇒ 🅿.
E. 𝒮𝒳 Rest
M (nur Abendessen) a la carte 39/54 ⚱ — **15 Z : 34 B** 50/60 - 80/120.

LAABER 8411. Bayern **413** S 19 — 4 500 Ew — Höhe 438 m — ⊕ 09498.
♦München 138 — ♦Nürnberg 83 — ♦Regensburg 22.

In Frauenberg 8411 NO : 2 km :

🏠 **Frauenberg**, Marienplatz 7, ℘ (09498) 87 49, 🍴, ⬛ — 🅿 — ⚒ 40/120
← 1.- 22. Aug. und 22. Dez.- 6. Jan. geschl. — **M** (Freitag geschl.) a la carte 15/28 — **20 Z : 40 B**
40 - 70 — ½ P 55.

LAASPHE, BAD 5928. Nordrhein-Westfalen **987** ㉔ — 16 000 Ew — Höhe 335 m —
Kneippheilbad — ⊕ 02752.
🛈 Kurverwaltung, Haus des Gastes, ℘ 8 98, Telex 875219.
♦Düsseldorf 174 — ♦Kassel 108 — Marburg 43 — Siegen 44.

🏨 **Bad-Hotel Am Park** 𝒮 (dirkter Zugang zur Kurklinik), Gartenstr. 7, ℘ 10 00, Massage,
⇔, 🌿 — 🛗 📺 ⏴ 🅿. E. 𝒮𝒳
(Restaurant nur für Hausgäste) — **66 Z : 80 B** 130/141 - 190/234 Fb — 4 Fewo 56/78 —
½ P 100/122.

🏨 **Kur- und Sporthotel der Rothaar Treff** 𝒮, Höhenweg 1, ℘ 10 50, Telex 875226, Bade- und
Massageabteilung, ⚐, ⇔, ⬛, Fahrradverleih — 🛗 🕿 🏃 ⇐⇒ 🅿 — ⚒. 𝒮𝒳 Rest
84 Z : 168 B Fb.

🏠 **Wittgensteiner Hof**, Wilhelmsplatz 1 (B 62), ℘ 8 29, ⚐ — 🕿 ⇐⇒ 🅿
M 19/25 (mittags) und a la carte 27/55 — **33 Z : 47 B** 42/46 - 84/92 — ½ P 50/54.

In Bad Laasphe - Feudingen W : 9 km – ⊕ 02754 :

🏨 **Doerr**, Sieg-Lahn-Str. 8, ℰ 12 81, ⇌, 🔲 – 🕮 ☎ 🄿 – 🄰 25/60. ① 🄴 𝐕𝐈𝐒𝐀 ⚞
M a la carte 36/63 – **37 Z : 65 B** 88/128 - 175/265 Fb – ½ P 110/150.

🏨 **Lahntal-Hotel**, Sieg-Lahn-Str. 23, ℰ 2 67, ⇌ – 🕮 📺 ☎ 🄿 – 🄰 25/100. ⚞ Zim
M *(Dienstag geschl.)* a la carte 26/51 – **22 Z : 40 B** 85/110 - 170/210 – ½ P 100/120.

🏨 **Gästehaus im Auerbachtal** ⚞, Wiesenweg 5, ℰ 5 88, ⇌, 🔲, 🚁 – 🄿. ⚞
Dez.- Jan. geschl. – (Restaurant nur für Hausgäste) – **16 Z : 26 B** 48 - 90 – ½ P 59/62.

In Bad Laasphe-Glashütte W : 14 km über Bad Laasphe-Volkholz :

🏨 **Jagdhof Glashütte** ⚞, Glashütter Str. 20, ℰ (02754) 88 14, « Einrichtung im
alpenländischen Stil », ⇌, 🔲, 🚁, ⚞ – 🕮 📺 🄿 – 🄰 25/60. 🄰🄴 ① 🄴
M a la carte 44/80 – **28 Z : 51 B** 128/193 - 276/356 Fb – ½ P 168/233.

In Bad Laasphe 9-Hesselbach SW : 10 km :

XXX **L'école**, Hesselbacher Str. 23, ℰ 53 42, « Elegante Einrichtung » – 🄿. 🄰🄴 🄴
Samstag bis 18 Uhr, Montag - Dienstag, Jan. und 20. Aug.- 2. Sep. geschl. – **M** a la carte
62/83.

LAATZEN Niedersachsen siehe Hannover.

LABOE 2304. Schleswig-Holstein 𝟿𝟾𝟽 ⑤ – 4 300 Ew – Höhe 5 m – Seebad – ⊕ 04343.
Sehenswert : Marine-Ehrenmal★ (Turm ⩽★★ auf Kieler Förde★★, Museum★).
🄱 Kurverwaltung, im Meerwasserbad, ℰ 73 53.
♦Kiel 18 – Schönberg 13.

🏨 **Seeterrassen** ⚞, Strandstr. 86, ℰ 81 50, ⩽, 🚿 – ☎ 🄿. ⚞
Dez. - Jan. geschl. – **M** a la carte 22/42 – **29 Z : 50 B** 32/51 - 64/100.

In Stein 2304 NO : 4 km :

🏨 **Bruhn's Deichhotel** ⚞, Dorfring 36, ℰ (04343) 90 07, ⩽ Kieler Förde, 🚿 – ☎ 🄿. 🄰🄴
① 𝐕𝐈𝐒𝐀 ⚞ Zim
Jan.- Feb. geschl. – **M** a la carte 35/66 – **12 Z : 24 B** 55/85 - 110/150.

LACHENDORF 3101. Niedersachsen – 4 400 Ew – Höhe 45 m – ⊕ 05145.
♦Hannover 55 – ♦Braunschweig 54 – Celle 12 – Lüneburg 84.

In Lachendorf-Gockenholz NW : 3 km :

X **Birkenhof**, Garßener Str. 26, ℰ 5 29, 🚿 – 🄿. 🄰🄴 ① 🄴
Montag geschl. – **M** a la carte 25/60.

In Beedenbostel 3101 N : 4 km :

🍴 **Schulz**, Ahnsbecker Str. 6, ℰ (05145) 82 12 – ⇐⇒ 🄿. 🄴. ⚞ Zim
Mitte Juli - Mitte Aug. geschl. – **M** *(wochentags nur Abendessen, Montag geschl.)* a la
carte 24/35 – **7 Z : 11 B** 45 - 78.

LACKENHÄUSER Bayern siehe Neureichenau.

LADBERGEN 4544. Nordrhein-Westfalen 𝟿𝟾𝟽 ⑭ – 6 450 Ew – Höhe 50 m – ⊕ 05485.
♦Düsseldorf 149 – Enschede 66 – Münster (Westfalen) 28 – ♦Osnabrück 33.

🏨 Zur Post (350 J. alter Gasthof), Dorfstr. 11, ℰ 21 07, 🚿, 🚁 – 📺 ☎ ⇐⇒ 🄿
18 Z : 50 B.

XX **Rolinck's Alte Mühle**, Mühlenstr. 17, ℰ 14 84, « Rustikale Einrichtung » – 🄿. ① 🄴 𝐕𝐈𝐒𝐀
Samstag bis 18 Uhr und Dienstag geschl. – **M** a la carte 54/85.

LADENBURG 6802. Baden-Württemberg 𝟺𝟷𝟹 I 18 – 11 200 Ew – Höhe 98 m – ⊕ 06203.
♦Stuttgart 130 – Heidelberg 13 – Mainz 82 – ♦Mannheim 13.

🏨 **Altes Kloster** ⚞ garni, Zehntstr. 2, ℰ 20 01, Fax 16565, Fahrradverleih – ☎. 𝐕𝐈𝐒𝐀
29. Juli - 26. Aug. und 22. Dez.- 6. Jan. geschl. – **26 Z : 41 B** 69/95 - 117/157 Fb.

🏨 **Im Lustgarten**, Kirchenstr. 6, ℰ 59 74, Gartencafé – ☎ 🄿. ⚞
(nur Abendessen) – **19 Z : 30 B** Fb.

X **Zur Sackpfeife**, Kirchenstr. 45, ℰ 31 45, « Fachwerkhaus a.d.J. 1598, historische
Weinstube, Innenhof »
Samstag bis 18 Uhr, Sonn- und Feiertage sowie 22. Dez.- 8. Jan. geschl. – **M** (Tischbestellung
ratsam) a la carte 38/63.

L'EUROPE en une seule feuille **Carte Michelin** n° 𝟿𝟸𝟶

LAER, BAD 4518. Niedersachsen — 6 300 Ew — Höhe 79 m — Heilbad — 🕲 05424.

🛂 Kurverwaltung, Remseder Str. 1, 𝒫 92 97.

♦Hannover 141 — Bielefeld 37 — Münster (Westfalen) 39 — Bad Rothenfelde 5,5.

🏠 **Haus Große Kettler,** Bahnhofstr. 11 (am Kurpark), 𝒫 92 60, ⇔, 🔲, 🛱 — 🕴 📺 ☎ 🅿 —
🔬 25/50
(Restaurant nur für Hausgäste) — **32 Z : 53 B** 61/75 - 104/110.

🏠 Storck, Paulbrink 4, 𝒫 90 08, ⇔, 🔲 — 🕴 📺 ☎ 🅿. ⚡ Zim — **14 Z : 26 B**.

In Bad Laer-Winkelsetten :

🏠 **Lindenhof** ⚘, Winkelsettener Ring 9, 𝒫 91 07, 🛱, ⇔, 🛱, ⚘, Fahrradverleih — 🕴 ☎
⇔ 🅿 — 🔬 — 🕮 🅾 **E**
9. Jan.- 8. Feb. geschl. — **M** *(Dienstag geschl.)* 14/28 (mittags) und a la carte 25/52 — **22 Z :
33 B** 50/65 - 100/130 Fb.

LAGE (LIPPE) 4937. Nordrhein-Westfalen 🔢🔢🔢 ⑮ — 33 500 Ew — Höhe 103 m — 🕲 05232.

🌀 Ottenhauser Str. 100, 𝒫 6 68 29.

🛂 Verkehrsamt in Lage-Hörste, Freibadstr. 3, 𝒫 81 93.

♦Düsseldorf 189 — Bielefeld 20 — Detmold 9 — ♦Hannover 106.

🏠 Zur Krone, Heidensche Str. 38, 𝒫 23 44 — 📺 ☎ — **12 Z : 16 B**.

🛏 Haus Schröder, Bahnhofstr. 1, 𝒫 44 03 — ᗜ — **14 Z : 25 B**.

XX **Brinkmann'sches Haus,** Heidensche Str. 1, 𝒫 6 64 80 — 🕮 **E**
Dienstag geschl. — **M** 11/29 (mittags) und a la carte 26/57.

In Lage-Heßloh O : 4,5 km :

🛏 **Jägerhof,** Heßloher Str. 139, 𝒫 39 95, 🛱 — 🅿. 🅾 **E** 🎴
M *(nur Abendessen, Mittwoch geschl.)* a la carte 22/47 — **11 Z : 22 B** 45/55 - 70/85.

In Lage-Hörste SW : 6 km — Luftkurort :

🏠 **Haus Berkenkamp** ⚘, Im Heßkamp 50 (über Billinghauser Straße), 𝒫 7 11 78,
« Garten », ⇔ — 🅿. ⚡
Nov. geschl. — (Restaurant nur für Hausgäste) — **17 Z : 28 B** 38/46 - 76/80 — P 46/54.

LAHNAU Hessen siehe Wetzlar.

LAHNSTEIN 5420. Rheinland-Pfalz 🔢🔢🔢 ㉔ — 18 000 Ew — Höhe 70 m — 🕲 02621.

🛂 Städt. Verkehrsamt, Stadthalle (Passage), 𝒫 17 52 41.

Mainz 102 — Bad Ems 13 — ♦Koblenz 8.

🏨 **Dorint Hotel Rhein Lahn** ⚘, im Kurzentrum (SO : 4,5 km), 𝒫 1 51, Telex 869827, Fax
15052, Panorama-Café und Abend-Restaurant (15. Etage) mit ≼ Rhein und Lahntal, Bade-
und Massageabteilung, ⇔, 🛀 (geheizt), 🔲, 🛱, ⚘ (Halle) — 🕴 📺 ☎ ᗜ ⇔ 🅿 —
🔬 25/300. 🕮 🅾 **E** 🎴. ⚡ Rest
M a la carte 38/65 — **210 Z : 330 B** 140 - 180/200 Fb — 4 Appart. 320/350.

🏠 **Straßburger Hof,** Koblenzer Str. 2, 𝒫 70 70, 🛱 — ☎ ⇔ 🅿 — 🔬 30
27. Dez.- 14. Jan. geschl. — **M** *(außer Saison Samstag geschl.)* 17/33 (mittags) und a la carte
26/48 ᗜ — **28 Z : 50 B** 40/48 - 80/88.

🏠 **Kaiserhof,** Hochstr. 9, 𝒫 24 13 — 🅾
⬥ 20.- 29. Dez. geschl. — **M** *(Freitag geschl.)* a la carte 20/40 — **18 Z : 36 B** 37/47 - 74.

🛏 Altes Haus, Hochstr. 81, 𝒫 27 43
14 Z : 28 B.

XX ⚙ **Hist. Wirtshaus an der Lahn,** Lahnstr. 8, 𝒫 72 70 — 🅿. 🕮 **E**
nur Abendessen, Donnerstag, über Fasching 1 Woche und August 2 Wochen geschl. — **M**
(Tischbestellung ratsam) 68/98 und a la carte 52/71
Spez. Terrine von Lachs und Hummer, Lammrücken in Thymian-Honigkruste, Mokka-Bitterorangen-Charlotte.

LAHR/SCHWARZWALD 7630. Baden-Württemberg 🔢🔢🔢 G 21. 🔢🔢🔢 ㉞. 🔢🔢 ⑥ — 33 800 Ew —
Höhe 168 m — 🕲 07821 — 🌀 Lahr-Reichenbach (O : 4 km), 𝒫 7 72 27.

🛂 Städt. Verkehrsbüro, Neues Rathaus, Rathausplatz 4, 𝒫 28 22 16.

♦Stuttgart 168 — ♦Freiburg im Breisgau 54 — Offenburg 26.

🏨 **Schulz,** Alte Bahnhofstr. 6, 𝒫 2 60 97, Fax 22674 — 🕴 📺 ☎ ⇔ 🅿. 🕮 🅾 **E** 🎴
Menu *(Samstag bis 18 Uhr und Sonntag geschl.)* 21/65 (mittags) und a la carte 30/66 ᗜ —
48 Z : 85 B 40/135 - 68/175 Fb.

🏨 **Schwanen,** Gärtnerstr. 1, 𝒫 2 10 74, Fax 37617 — 🕴 ☎ 🅿. **E** 🎴
M *(Sonntag - Montag 18 Uhr geschl.)* 18/45 (mittags) und a la carte 37/53 — **68 Z : 110 B**
60/95 - 90/150 Fb.

🏨 **Am Westend,** Schwarzwaldstr. 97, 𝒫 4 30 86, Telex 754864, Fax 51709 — 🕴 📺 ☎ ⇔ 🅿
20. Dez.- 6. Jan. geschl. — **M** *(nur Abendessen, Samstag, Sonn- und Feiertage geschl.)* a la
carte 26/42 — **36 Z : 60 B** 73/100 - 100/130 Fb.

🏠 **Zum Löwen** (Fachwerkhaus a.d. 18. Jh.), Obertorstr. 5, 𝒫 2 30 22 — 📺 ☎ ⇔ — 🔬 25/70.
⬥ 🅾 **E** 🎴
Juli - Aug. 3 Wochen und 24. Dez.- 6. Jan. geschl. — **M** *(Sonntag geschl.)* 15/40 — **30 Z :
47 B** 60/90 - 100/120.

In Lahr-Reichenbach O : 3,5 km — Erholungsort :

🏠 ❀ **Adler**, Reichenbacher Hauptstr. 18(B 415), ℰ 70 35 — 📺 ☎ ⇔ ℗. E. ❄ Zim
M *(Dienstag und 26. Feb.- 20. März geschl.)* 50/68 und a la carte 38/64 ⅄ — **21 Z : 40 B**
64 - 110
Spez. Adler-Fischteller, Rinderfilet mit Gänseleber und Burgundersauce, Eisgugelhupf auf 3 Schokoladensaucen.

An der Straße nach Sulz S : 2 km :

🏠 **Dammenmühle** ⟩, ⊠ 7630 Lahr-Sulz, ℰ (07821) 2 22 90, « Gartenterrasse »,
⅃ (geheizt), ⇝ — ℗. E
25. Jan.- 16. Feb. und 24. Sept.- 8. Okt. geschl. — **M** *(auch vegetarische Gerichte)* (Montag geschl.) a la carte 25/50 ⅄ — **20 Z : 34 B** 40/75 - 76/140.

LAICHINGEN 7903. Baden-Württemberg � LM 21. 🕮🕮🕮 ❀ — 8 700 Ew — Höhe 756 m —
❂ 07333 — ◆Stuttgart 75 — Reutlingen 46 — ◆Ulm (Donau) 33.

🏠 **Krehl zur Ratstube**, Radstr. 7, ℰ 40 21 — 🗟 ☎ ℗ — 🛆 40. ⓞ E 𝘝𝘐𝘚𝘈
M *(Montag 14 Uhr - Dienstag und Juli - Aug. 3 Wochen geschl.)* a la carte 25/46 — **28 Z :**
50 B 52/60 - 82/125 Fb.

🏠 **Rad**, Marktplatz 7, ℰ 70 07 — ⇔ ℗. 𝔸𝔼
15. Jan.- 15. Feb. geschl. — **M** *(Mittwoch geschl.)* a la carte 20/42 — **24 Z : 45 B** 35 - 65.

LAIMNAU Baden-Württemberg siehe Tettnang.

LALLING 8351. Bayern � W 20 — 1 300 Ew — Höhe 446 m — Wintersport : ⚡5 — ❂ 09904.
◆München 167 — Deggendorf 24 — Passau 51.

Im Lallinger Winkel N : 2,5 km Richtung Zell :

🏠 **Thula Sporthotel** ⟩, ⊠ 8351 Lalling, ℰ (09904) 3 23, ≼ Donauebene, 🏤, 🍴, 🔲, ⇝,
❄ — ⇔ ℗. ❄ Rest
Nov.- 20. Dez. geschl. — **M** a la carte 20/35 — **16 Z : 28 B** 37/50 - 70/86 — ½ P 45/50.

LAM 8496. Bayern � W 19, 🕮🕮🕮 ❀ — 3 000 Ew — Höhe 576 m — Luftkurort — Wintersport :
520/620 m ≤1 ⚡2 — ❂ 09943.
🅱 Verkehrsamt, Marktplatz 1, ℰ 10 81 — ◆München 196 — Cham 39 — Deggendorf 53.

🏨 **Steigenberger-Hotel Sonnenhof** ⟩, Himmelreich 13, ℰ 7 91, Telex 69932, Fax 8191,
≼, 🏤, Bade- und Massageabteilung, 🍴, 🔲, ⇝, ❄ (Halle), Skiverleih — 🗟 📺 🛝 ⇔
℗ — 🛆 25/100. 𝔸𝔼 ⓞ E. ❄ Rest
M a la carte 32/65 — **158 Z : 295 B** 84/118 - 146/196 Fb — 22 Appart. 160/210.

🏠 **Ferienhotel Bayerwald**, Arberstr. 73, ℰ 7 12, 🏤, Massage, 🍴, 🔲, ⇝ — 📺 ☎ ⇔
℗. 𝔸𝔼 ⓞ E
Mitte Nov.- Mitte Dez. geschl. — **M** *(Sonntag ab 14 Uhr geschl.)* a la carte 19/43 — **60 Z :**
100 B 38/52 - 76/94 Fb — ½ P 54/68.

🏠 **Sonnbichl** ⟩, Lambacher Str. 31, ℰ 7 33, ≼, 🏤, 🍴, ⇝, Skischule — 🗟 ☎ ℗
12. Nov.- 21. Dez. geschl. — **M** *(Montag geschl.)* a la carte 17,50/36 — **31 Z : 60 B** 40 - 70 Fb.

🏠 **Café Wendl** (mit Gästehaus), Marktplatz 16, ℰ 5 12, 🍴 — 📺 ℗
15. Nov.- 15. Dez. geschl. — (nur Abendessen für Pensionsgäste) — **28 Z : 52 B** 38/44 - 68/78
Fb — ½ P 46/56.

🏠 **Post**, Marktplatz 6, ℰ 12 15, ⇝ — 🗟 ☎ ℗
6.- 20. Nov. geschl. — **M** *(Okt.- Mai Freitag geschl.)* a la carte 15/30 ⅄ — **20 Z : 40 B** 36/40 -
68 Fb — ½ P 46.

🏠 **Huber**, Arberstr. 39, ℰ 12 50 — 📺 ☎ ℗
10. Nov.- 7. Dez. geschl. — (Restaurant nur für Hausgäste) — **11 Z : 20 B** 31/33 - 60/64 Fb —
½ P 43/46.

In Silbersbach 8496 SO : 4 km :

🏠 **Osserhotel** ⟩, ℰ (09943) 7 41, ≼, 🏤, Wildgehege, « Restaurant mit Ziegelgewölbe »,
⇝ — ☎ ℗. ❄ Rest
15. Nov.- 10. Dez. geschl. — **M** a la carte 18/43 ⅄ — **45 Z : 90 B** 45/55 - 70/90 Fb —
½ P 48/58.

LAMBACH Bayern siehe Seeon-Seebruck.

LAMBRECHT 6734. Rheinland-Pfalz � H 18, 🕮🕮🕮 ❀. 🔲🔲🔲 ⑧ — 4 300 Ew — Höhe 176 m —
❂ 06325 — Mainz 101 — Kaiserslautern 30 — Neustadt an der Weinstraße 6,5.

🏠 **Kuckert**, Hauptstr. 51, ℰ 81 33 — ❄
24. Dez.- 8. Jan. geschl. — **M** *(Freitag 14 Uhr - Samstag 18 Uhr geschl.)* a la carte 21/44 ⅄ —
19 Z : 34 B 36/46 - 62/76.

In Lindenberg 6731 NO : 3 km — Erholungsort :

🏠 **Hirsch**, Hauptstr. 84, ℰ (06325) 24 69, 🏤, ⇝ — ⇔. 𝔸𝔼 E
1.- 23. Aug. und 20. Dez.- 3. Jan. geschl. — **M** *(Montag geschl.)* a la carte 18/38 ⅄ — **17 Z :**
30 B 33/38 - 66/76.

481

LAMMERSDORF Nordrhein-Westfalen siehe Simmerath.

LAMPERTHEIM 6840. Hessen **413** I 18, **987** ㉔ ㉖ — 30 500 Ew — Höhe 96 m — ✪ 06206.
♦Wiesbaden 78 — ♦Darmstadt 42 — ♦Mannheim 16 — Worms 11.

🏨 **Page-Hotel** garni, Andreasstr. 4, ℰ 5 20 97, Telex 466929 — 🛗 ⇆ 📺 ☎ ⇐ — 🛴 25. 🖭
　　⓪ E 𝑉𝐼𝑆𝐴
　　67 Z : 134 B 120 - 150/160 Fb.

🏠 **Deutsches Haus**, Kaiserstr. 47, ℰ 20 22, Telex 466902, 🏤 — 🛗 📺 ☎ 🅿. 🖭 ⓪ E 𝑉𝐼𝑆𝐴.
　　🦌
　　27. Dez.- 10. Jan. geschl. — **M** (Freitag - Samstag 17 Uhr geschl.) a la carte 31/50 — **30 Z :**
　　37 B 59/75 - 100/115 Fb.

🏠 **Kaiserhof**, Bürstädter Str. 2, ℰ 26 93 — 📺 ☎
　　10 Z : 12 B.

XXX ✿ **Waldschlöss'l**, Neuschloßstr. 12 1/2, ℰ 5 12 21 — 🅿. ⓪ E 𝑉𝐼𝑆𝐴. 🦌
　　Samstag bis 19 Uhr, Montag sowie Feb. und Juli je 2 Wochen geschl. — **M** (Tischbestellung
　　ratsam) a la carte 63/96 — **Bistro M** a la carte 40/64
　　Spez. Variation von Gänsestopfleber, Lasagne vom Lachs, Barbarie-Ente aus dem Ofen.

　　In Lampertheim-Hüttenfeld O : 9,5 km :

🏠 **Kurpfalz**, Lampertheimer Str. 26, ℰ (06256) 3 42, Biergarten — 📺 🅿
　　Ende Dez.- Mitte Jan. geschl. — **M** (Dienstag geschl.) a la carte 23/50 🍴 — **12 Z : 16 B**
　　40 - 75.

LANDAU AN DER ISAR 8380. Bayern **413** V 20, 21. **987** ㉗㊲ — 11 500 Ew — Höhe 390 m —
✪ 09951.
♦München 115 — Deggendorf 31 — Landshut 46 — Straubing 28.

🏠 **Gästehaus Numberger** 🦌 garni (ehemalige Villa), Dr.-Aicher-Str. 2, ℰ 80 38, � — ☎
　　⇐ 🅿
　　18 Z : 24 B 40/45 - 70/78 Fb.

🛎 **Zur Post**, Hauptstr. 86, ℰ 4 41 — ⇐ 🅿. ⓪
　　M (Montag und Aug. geschl.) a la carte 22/54 — **18 Z : 24 B** 25/35 - 45/60.

LANDAU IN DER PFALZ 6740. Rheinland-Pfalz **413** H 19. **987** ㉔. **242** ⑧ — 39 400 Ew — Höhe
188 m — ✪ 06341.
🅱 Büro für Tourismus, Neues Rathaus, Marktstr. 50, ℰ 1 33 01.
ADAC, Waffenstr. 14, ℰ 8 44 01.
Mainz 109 — ♦Karlsruhe 35 — ♦Mannheim 50 — Pirmasens 45 — Wissembourg 25.

🏠 **Kurpfalz**, Horstschanze 8, ℰ 45 23 — ⇐. E
　　Juli - Aug. 3 Wochen geschl. — **M** (nur Abendessen, Samstag geschl.) a la carte 30/44 🍴 —
　　17 Z : 28 B 48/60 - 90/110.

🏠 **Brenner**, Linienstr. 16, ℰ 2 00 39 — 📺 ☎ ⇐ 🅿. E
　　20. Juli - 10. Aug. geschl. — **M** (Freitag 15 Uhr - Samstag 17 Uhr geschl.) a la carte 25/38 🍴
　　— **25 Z : 40 B** 60/70 - 100/120.

✕ **Augustiner**, Königstr. 26, ℰ 44 05
　　Mittwoch, über Fasching 1 Woche und Ende Juni - Mitte Juli geschl. — **M** a la carte 24/
　　50 🍴.

　　In Landau 16-Dammheim NO : 3 km :

🏠 Zum Schwanen, Speyerer Str. 26 (B 272), ℰ 5 30 78, eigener Weinbau, Biergarten — ☎ 🅿
　　(wochentags nur Abendessen) 🍴 — **17 Z : 28 B**.

　　In Landau 14-Godramstein W : 4 km :

XX **Keller**, Bahnhofstr. 28, ℰ 6 03 33 — 🅿. 🦌
← Mittwoch 14 Uhr - Donnerstag, 2.- 28. Juli und 23. Dez.- 8. Jan. geschl. — Menu 16,50/50 und
　　a la carte 29/52 🍴.

　　In Landau 15-Nußdorf NW : 3 km :

🛎 **Zur Pfalz**, Geisselgasse 15, ℰ 6 04 51 — ⇐ 🅿
　　28. Jan.- Feb. geschl. — **M** (Sonntag 15 Uhr - Montag geschl.) a la carte 22/40 🍴 — **7 Z :**
　　12 B 38/42 - 76/90.

　　In Bornheim 6741 NO : 5,5 km :

🏠 **Zur Weinlaube** 🦌 garni, Wiesenstr. 31, ℰ (06348) 15 84, eigener Weinbau, 🛏, 🌿
　　13 Z : 24 B 38/55 - 70/78.

　　In Offenbach 6745 O : 6 km :

🏠 **Krone**, Hauptstr. 4, ℰ (06348) 70 64, 🛏, 🖾 — 🅿 — 🛴
← 1.- 9. Jan. und 29. Juni - 20. Juli geschl. — **M** (Sonntag 14 Uhr - Montag geschl.) 15/29 🍴 —
　　45 Z : 82 B 48 - 80/84.

　　In Birkweiler 6741 W : 7 km :

🏠 St. Laurentius Hof 🦌 (moderner Gasthof mit rustikaler Einrichtung), Hauptstr. 21,
　　ℰ (06345) 89 45, « Innenhofterrasse » — 📺 ☎ 🅿
　　13 Z : 27 B.

LANDKIRCHEN Schleswig-Holstein siehe Fehmarn (Insel).

LANDSBERG AM LECH 8910. Bayern **413** P 22, **987** ㉟, **426** ⑯ − 20 000 Ew − Höhe 580 m − 😊 08191.

Sehenswert : Lage★ − Marktplatz★.

🛈 Verkehrsamt, Rathaus, Hauptplatz, 🖉 12 82 46.

♦München 57 − ♦Augsburg 38 − Garmisch-Partenkirchen 78 − Kempten (Allgäu) 67.

🏨 **Goggl**, Herkomer Str. 19, 🖉 20 81, Telex 527273 − 🛗 📺 ☎ ⇐, 🝙 ⓪ 🝔 𝓥𝓘𝓢𝓐
↦ **M** a la carte 20/52 − **54 Z : 104 B** 35/70 - 55/120 Fb.

🏨 **Landsberger Hof**, Weilheimer Str. 5, 🖉 20 78, 🍽 − ☎ ⓟ. 🝙 ⓪ 🝔 𝓥𝓘𝓢𝓐
M a la carte 22/41 − **35 Z : 70 B** 35/85 - 65/120 Fb.

🏠 Zederbräu, Hauptplatz 155, 🖉 22 41 − ⇐
18 Z : 36 B.

XX **Schmalzbuckl**, Neue Bergstr. 7 (B 12), 🖉 4 77 73, « Einrichtung im bäuerlichen Stil » − 🝙 🝔
M 79 und a la carte 29/57.

XX **Alt Landtsperg**, Alte Bergstr. 435, 🖉 58 38 − 🝙 🝔
Mittwoch, ab Fasching 2 Wochen und Aug. geschl. − **M** a la carte 28/53.

In Kaufering-West 8912 N : 7 km :

🏠 **Rid**, Bahnhofstr. 10, 🖉 (08191) 71 16, ⇒ − 🛗 📺 ⇐ ⓟ. 🝙 🝔 𝓥𝓘𝓢𝓐
22. Dez.- 7. Jan. geschl. − **M** *(Sonn- und Feiertage ab 14 Uhr geschl.)* a la carte 25/43 − **46 Z : 74 B** 27/55 - 50/100.

LANDSCHEID 5565. Rheinland-Pfalz − 2 300 Ew − Höhe 250 m − 😊 06575.
Mainz 141 − Bitburg 24 − ♦Trier 35 − Wittlich 12.

In Landscheid-Burg NO : 3 km :

🏨 **Waldhotel Viktoria** 🦌, Burger Mühle, 🖉 6 41, Damwildgehege, ⇒, 🝘, 🌲 − 📺 ☎
⇐ ⓟ − 🛆 . 🝙 ⓪ 🝔 𝓥𝓘𝓢𝓐. 🍴 Rest
7.- 28. Jan. geschl. − **M** a la carte 23/55 ⅃ − **50 Z : 100 B** 49/67 - 90/130 − 3 Fewo 85/150 −
½ P 63/75.

In Landscheid-Niederkail SW : 2 km :

🏠 **Lamberty** 🦌, Brückenstr. 8, 🖉 42 86, 🍽, 🌲 − ☎ ⓟ. 🝙. 🍴
28. Feb.- 15. März geschl. − **M** *(Montag geschl.)* a la carte 24/50 − **21 Z : 40 B** 40/50 - 80/90.

LANDSHUT 8300. Bayern **413** T 21, **987** ㊲ − 59 000 Ew − Höhe 393 m − 😊 0871.
Sehenswert : St. Martinskirche★ (Turm★★) − "Altstadt"★.

🛈 Verkehrsverein, Altstadt 315, 🖉 2 30 31.

ADAC, Kirchgasse 250, 🖉 2 68 36.

♦München 72 ⑤ − Ingolstadt 83 ① − ♦Regensburg 60 ② − Salzburg 128 ③.

Stadtplan siehe nächste Seite

🏨 **Romantik-Hotel Fürstenhof**, Stethaimer Str. 3, 🖉 8 20 25, Fax 89042, 🍽, « Restaurants
Herzogstüberl und Fürstenzimmer », ⇒ − 📺 ☎ ⇐ ⓟ. 🝙 ⓪ 🝔 𝓥𝓘𝓢𝓐   Y **d**
M *(Sonntag und 2.- 9. Jan. geschl.)* a la carte 51/74 − **22 Z : 40 B** 95/120 - 135/160 Fb.

🏨 **Kaiserhof**, Papiererstr. 2, 🖉 68 70, Telex 58440, Fax 687403, 🍽 − 🛗 📺 ☎ ⇐ −
🛆 25/250. 🝙 ⓪ 🝔 𝓥𝓘𝓢𝓐   Z **r**
M a la carte 46/63 − **144 Z : 276 B** 115 - 160 Fb − 3 Appart. 200.

🏨 **Goldene Sonne**, Neustadt 520, 🖉 2 30 87, Fax 24069, Biergarten − 🛗 📺 ☎ ⓟ. 🝙 ⓪ 🝔
𝓥𝓘𝓢𝓐   Z **e**
M *(Freitag ab 15 Uhr und 2.- 8. Jan. geschl.)* a la carte 28/45 − **55 Z : 78 B** 72/82 - 102/
112 Fb.

🏠 **Zum Ochsenwirt**, Kalcherstr. 30, 🖉 2 34 39, Biergarten − 📺 ☎ ⓟ   Z **s**
↦ *Mitte Aug.- Mitte Sept. und 27. Dez.- 5. Jan. geschl.* − **M** *(Dienstag geschl.)* a la carte 17/
37 ⅃ − **9 Z : 18 B** 45/58 - 85/98.

XX Beim Vitztumb (gotisches Gewölbe a. d. 15. Jh.), Ländgasse 51, 🖉 2 21 96   Z **a**
wochentags nur Abendessen.

X Stegfellner, Altstadt 71, 🖉 2 80 15   Z **b**

In Landshut-Löschenbrand W : 2,5 km über Rennweg Y :

🏠 **Flutmulde**, Löschenbrandstr. 23, 🖉 6 93 13 − ⇐ ⓟ
(nur Abendessen für Hausgäste) − **20 Z : 23 B** 32/42 - 68.

In Ergolding-Piflas 8300 NO : 2 km über Alte Regensburger Straße Y :

🏠 **Ulrich Meyer** 🦌, Dekan-Simbürger-Str. 22, 🖉 (0871) 7 34 07, Biergarten − ⓟ
Mitte Aug.- Anfang Sept. geschl. − *(nur Abendessen für Hausgäste)* − **32 Z : 46 B** 30/42 -
65/80.

483

LANDSHUT

In Altdorf 8300 ① : 5 km :

🏨 **Wadenspanner**, Kirchgasse 2 (B 299), ℰ (0871)3 18 21 – 📺 ☎ 🅿 – 🔧 50. 🅰🅴 ⑩ 🇪 𝘝𝘐𝘚𝘈
➔ 3.- 10. Jan. und 14.- 31. Aug. geschl. – **M** (Montag geschl.) a la carte 21/40 – **17 Z : 28 B** 52/65 - 90/110 Fb.

🏨 **Hahn**, Querstr. 6, ℰ (0871) 3 20 88, 🍴 – ☎ 🅿
➔ **M** a la carte 19/34 – **30 Z : 47 B** 45 - 85.

In Niederaichbach 8301 NO : 15 km über Niedermayerstraße Y :

🏵 ⊛ **Krausler**, Georg-Baumeister-Str. 25, ℰ (08702) 22 85, ≤, 🍴 – 🅿. 🅰🅴 ⑩ 🇪 𝘝𝘐𝘚𝘈. 🦌
Montag - Dienstag und 3.- 11. Sept. geschl. – **M** a la carte 57/78
Spez. Hummermaultaschen, Gefüllte Taube, Mangocreme mit Minzesauce.

ANDSTUHL 6790. Rheinland-Pfalz **413** F 18, **987** ㉔, **57** ⑧ — 9 000 Ew — Höhe 248 m — holungsort — ✆ 06371.

ainz 100 — Kaiserslautern 17 — ◆Saarbrücken 56.

🏨 **Rosenhof**, Am Köhlerwäldchen 6, ℰ 20 28, Fax 16228, ⇪ — 🖵 ☎ 🅿 — ⚠ 25/50. 🝰 ⓞ
　 🗲 𝗩𝗜𝗦𝗔
　 M a la carte 41/75 — **Bauernstube M** a la carte 29/54 — **35 Z : 52 B** 60/80 - 100/180 Fb.

🏨 **Christine**, Kaiserstr. 3, ℰ 30 44 — 🖵 ☎ 🅿
　 25 Z : 45 B.

🏨 **Zum Zuckerbäcker**, Hauptstr. 1, ℰ 1 25 55, ⇪ — 🛗 🖵 ☎ 🅿. 🝰 ⓞ 🗲 𝗩𝗜𝗦𝗔
　 1.- 17. Jan. geschl. — **M** (Mittwoch geschl.) a la carte 24/45 🍷 — **21 Z : 38 B** 60/65 - 100/
　 130 Fb.

ANGDORF 8371. Bayern **413** W 19 — 1 800 Ew — Höhe 675 m — Erholungsort — Wintersport :
50/700 m ⚞1 ⚟5 — ✆ 09921 (Regen).

Verkehrsamt, Rathaus, ℰ 46 41.

München 175 — Cham 55 — Deggendorf 32 — Passau 66.

🏨 **Wenzl** ⌂, Degenbergstr. 18, ℰ 23 91, ⇪, ⇶, 🔲, ⇄, ⋆ — 🖵 🅿
➡ Nov.- 20. Dez. geschl. — **M** a la carte 13/29 🍷 — **24 Z : 48 B** 38 - 64 — ½ P 42/48.

ANGELSHEIM 3394. Niedersachsen **987** ⑯ — 14 500 Ew — Höhe 212 m — ✆ 05326.

Kurverwaltung, in Wolfshagen, Heinrich-Steinweg-Str. 8, ℰ 40 88.

Hannover 80 — ◆Braunschweig 41 — Göttingen 71 — Goslar 9.

In Langelsheim 3-Wolfshagen S : 4 km — Höhe 300 m — Erholungsort :

🏨 **Wolfhof** ⌂, Kreuzallee 22, ℰ 79 90, Fax 799119, ≤, ⇪, ⇶, 🔲, ⇄, ⋆, ⟶ — 🛗 🖵 ☎ 🅿.
　 🝰 ⓞ 🗲
　 M a la carte 34/68 — **50 Z : 120 B** 90/110 - 120/160 Fb — 12 Fewo 95/115.

🏨 **Berg-Hotel**, Heimbergstr. 1, ℰ 40 62, Fax 4432, ⇪, ⇶, ⇄ — ☎ 🅿
　 M a la carte 25/53 — **35 Z : 66 B** 44/56 - 94/100 Fb — ½ P 61/65.

🏨 **Graber** ⌂, Spanntalstr. 15, ℰ 41 40, ⇪, ⇶, 🔲, ⇄ — 🖵 ☎ 🅿
　 M 15/20 (mittags) und a la carte 23/47 — **24 Z : 41 B** 50/65 - 96/100 — ½ P 62/70.

An der Innerstetalsperre SW : 6 km :

🏨 **Berghof Innerstetalsperre** ⌂, ⊠ 3394 Langelsheim 1, ℰ (05326) 10 47, ≤, ⇪, ⇶.
　 Fahrradverleih — 🅿
　 Feb.- 15. März geschl. — **M** (Freitag geschl.) a la carte 26/41 — **15 Z : 29 B** 32/46 - 58/86.

ANGEN 6070. Hessen **413** IJ 17, **987** ㉕ — 32 000 Ew — Höhe 142 m — ✆ 06103.

Städt. Information, Südliche Ringstr. 80, ℰ 20 31 45.

Wiesbaden 42 — ◆Darmstadt 14 — ◆Frankfurt am Main 16 — Mainz 36.

🏨 **Langener Hof**, Robert-Bosch-Str. 26 (Industriegebiet), ℰ 77 01, Telex 413794, Fax 73448,
　 ⇪ — 🛗 ▤ Rest 🖵 ☎ ⟺ 🅿 — ⚠ 25/80. 🝰 ⓞ 🗲 𝗩𝗜𝗦𝗔
　 M a la carte 32/65 — **60 Z : 100 B** 115/155 - 160/199 Fb.

🏨 **Dreieich**, Frankfurter Str. 49 (B 3), ℰ 2 10 01 — 🖵 ☎ 🅿. 🝰 🗲 𝗩𝗜𝗦𝗔
　 M (nur Abendessen, Samstag - Sonntag geschl.) a la carte 24/41 — **50 Z : 100 B** 35/90 -
　 60/120 Fb.

🏨 **Deutsches Haus**, Darmstädter Str. 23 (B 3), ℰ 2 20 51, Telex 415088, Fax 22052 — 🛗 🖵
　 ☎ ⟺ 🅿 — ⚠ 25/60. 🝰 ⓞ 🗲 𝗩𝗜𝗦𝗔. 🕸 Rest
　 27. Dez.- Mitte Jan. geschl. — **M** (wochentags nur Abendessen, Samstag geschl.) a la carte
　 35/56 — **60 Z : 80 B** 45/95 - 90/140 Fb.

🏨 **Scherer**, Mörfelder Landstr. 55 (B 486), ℰ 7 13 66 — 🅿
　 (nur Abendessen für Hausgäste) — **32 Z : 45 B**.

LANGENARGEN 7994. Baden-Württemberg **413** L 24, **987** ㉟, **427** ⑦ — 6 200 Ew — Höhe 398 m
— Erholungsort — ✆ 07543.

Verkehrsamt, Obere Seestr. 2/2, ℰ 3 02 92.

◆Stuttgart 175 — Bregenz 24 — Ravensburg 27 — ◆Ulm (Donau) 116.

🏨 **Löwen**, Obere Seestr. 4, ℰ 30 10 (Hotel) 3 01 30 (Rest.), ≤, ⇪, Biergarten, Fahrradverleih
　 — 🛗 🖵 ☎ ⟺ 🅿. 🝰 🗲
　 Hotel 10. März - 5. Nov., Restaurant ganzjährig geöffnet — **M** (Dienstag, Dez.- Feb. auch
　 Montag geschl.) a la carte 30/55 — **27 Z : 54 B** 95/145 - 140/190 Fb.

🏨 **Schiff**, Marktplatz 1, ℰ 24 07, ≤, « Terrasse und Rebengarten am See » — 🛗 🖵 ☎. 🕸
　 April - Okt. — **M** a la carte 29/47 — **42 Z : 70 B** 70/120 - 98/160 Fb — ½ P 60/105.

🏨 **Engel**, Marktplatz 3, ℰ 24 36, ≤, « Gartenterrasse », ⇗, ⇄ — 🛗 ⟺ 🅿. ⓞ. 🕸
　 2. Jan.- 15. März geschl. — **M** (Mittwoch geschl.) 15/35 (mittags) und a la carte 23/45 —
　 32 Z : 60 B 70/95 - 96/160 — 5 Fewo 65/85.

🏨 **Seeterrasse** ⌂, Obere Seestr. 52, ℰ 20 98, Fax 3804, ≤, « Caféterrasse am See »,
　 ⅀ (geheizt), ⇄ — 🛗 ☎ 🅿. 🕸 Rest
　 Mitte April - Mitte Okt. — (Restaurant nur für Hausgäste) — **45 Z : 80 B** 70/150 - 130/220 —
　 ½ P 85/135.

485

🏠 **Strand-Café** 🦢 garni (mit Gästehaus Charlotte), Obere Seestr. 32, ℰ 24 34, ◄
« Caféterrasse », 🛋 – 📺 ⇦ 🅿 ⓘ 𝒱𝐼𝑆𝐴
Jan. geschl. – **16 Z : 27 B** 60/100 - 96/130 Fb.

🏠 **Litz**, Obere Seestr. 11, ℰ 22 12, ≼ – 🛗 📺 🕿 ⇦ 🅿. E. 🕸
Mitte März - Okt. – (Restaurant nur für Hausgäste) – **36 Z : 57 B** 65/105 - 90/140 Fb -
½ P 63/103.

🏡 **Adler**, Oberdorfer Str. 11, ℰ 24 41 – ⇦ 🅿
20. Okt.- 20. Dez. geschl. – **M** *(Nov.- April Donnerstag geschl.)* a la carte 23/44 – **16 Z :
32 B** 56/85 - 90/160.

In Langenargen-Oberdorf NO : 3 km :

🏠 **Hirsch** 🦢, Ortsstr. 1, ℰ 22 17, 🌳, 🛋 – 🕿 🅿. ⓘ E 𝒱𝐼𝑆𝐴. 🕸
20. Dez.- 15. Feb. geschl. – **M** *(Freitag geschl.)* 17/26 (mittags) und a la carte 25/52 🍴 -
25 Z : 48 B 55/65 - 80/96 Fb.

In Langenargen-Schwedi NW : 2 km :

🏠 **Schwedi** 🦢, ℰ 21 42, ≼, « Gartenterrasse », 🛋 (geheizt), 🛋 – 📺 🕿 🅿
Nov.- Jan. geschl. – **M** *(Dienstag geschl.)* a la carte 24/49 – **24 Z : 41 B** 60/80 - 90/130 Fb
– ½ P 64/94.

LANGENAU 7907. Baden-Württemberg 413 N 21. 987 ㊱ – 11 600 Ew – Höhe 467 m – ✪ 0734
♦Stuttgart 99 – ♦Augsburg 69 – Heidenheim an der Brenz 32 – ♦Ulm (Donau) 18.

🏨 **Weißes Roß**, Hindenburgstr. 29, ℰ 80 10, Telex 712807, 🕿, 🛋 – 🛗 📺 🕿 🅿 – 🏋 . 🕸
(Restaurant nur für Hausgäste) – **72 Z : 108 B** Fb.

🏠 **Pflug** garni, Hindenburgstr.56, ℰ 70 71, Fax 3988 – 🛗 📺 🅿. ⓘ 𝒱𝐼𝑆𝐴
24. Dez.- 6. Jan. geschl. – **29 Z : 47 B** 42/50 - 75/85 Fb.

In Rammingen 7901 NO : 4 km :

🏠 **Romantik-Hotel Landgasthof Adler** 🦢, Riegestr. 15, ℰ (07345) 70 41 – 📺 🕿 ⇦ 🅿
– 🏋 25. 🖃 ⓘ E
9.- 26. Jan. und 7.- 28. Aug. geschl. – **M** *(Montag - Dienstag 18 Uhr geschl.)* a la carte 44/6.
– **12 Z : 17 B** 70/85 - 125/145 Fb.

LANGENBERG 4831. Nordrhein-Westfalen – 6 700 Ew – Höhe 74 m – ✪ 05248.
♦Düsseldorf 155 – Lippstadt 12 – Rheda-Wiedenbrück 7.

🏡 **Otterpohl**, Hauptstr. 1, ℰ 2 66 – ⇦ 🅿
5.- 20. Sept. geschl. – **M** *(Sonntag ab 13 Uhr geschl.)* a la carte 19/42 – **12 Z : 17 B** 33/45
60/90.

LANGENBRAND Baden-Württemberg siehe Schömberg (Kreis Calw).

LANGENBRÜCKEN Baden-Württemberg siehe Schönborn, Bad.

LANGENBURG 7183. Baden-Württemberg 413 M 19. 987 ㊱ ㊲ – 1 900 Ew – Höhe 439 m –
Luftkurort – ✪ 07905 – Sehenswert : Schloß (Innenhof★, Automuseum).
� Verkehrsamt, Rathaus, Hauptstr. 15, ℰ 10 11.
♦Stuttgart 105 – Heilbronn 65 – ♦Nürnberg 136 – Schwäbisch Hall 25 – ♦Würzburg 99.

🏠 **Post**, Hauptstr. 55, ℰ 3 52 – ⇦ 🅿
Mitte Jan.- Mitte Feb. geschl. – **M** *(Montag geschl.)* a la carte 19/39 🍴 – **14 Z : 27 B** 35/42 -
64/75.

LANGENFELD 4018. Nordrhein-Westfalen 987 ㉓㉔ – 51 000 Ew – Höhe 45 m – ✪ 02173.
♦Düsseldorf 23 – ♦Köln 26 – Solingen 13.

🏨 **Mondial** garni, Solinger Str. 188 (B 229), ℰ 2 30 33, Telex 8515657, 🕿, 🛋 – 🛗 📺 🕿 🅿 –
🏋 30. 🖃 ⓘ E 𝒱𝐼𝑆𝐴
59 Z : 102 B 170 - 270 Fb – 7 Appart. 350.

🏠 **Stadt Langenfeld**, Hauptstr. 125, ℰ 14 90 01 – 📺 🕿 🅿 – **22 Z : 30 B** Fb.

🏠 **Kutscheid** 🦢, garni, Schulstr. 44, ℰ 1 30 36 – 📺 🕿 🅿. 🖃 ⓘ E 𝒱𝐼𝑆𝐴
15 Z : 25 B 65/70 - 105/110.

An der B 229 NO : 4 km :

🏨 **Lohmann's Hotel Gravenberg**, Elberfelder Str. 45, 🖂 4018 Langenfeld,
ℰ (02173) 2 30 61, Fax 22777, 🌳, Damwildgehege, 🕿, 🛋, 🛋 – 📺 🕿 ⇦ 🅿 – 🏋 25/45.
🖃 ⓘ E 𝒱𝐼𝑆𝐴
22. Dez.- 8. Jan. geschl. – **M** *(Sonntag 15 Uhr - Montag und Mitte Juni - Mitte Juli geschl.)*
a la carte 33/70 – **41 Z : 62 B** 106/146 - 145/196 Fb.

In Langenfeld-Reusrath S : 4 km :

✕✕ **Haus Hagelkreuz** mit Zim, Opladener Str. 19 (B 8), ℰ 1 70 33, 🌳, « Gemütlich-rustikale
Einrichtung » – 📺 🕿 🅿. 🖃 ⓘ E 𝒱𝐼𝑆𝐴
Juli 3 Wochen geschl. – **M** *(Dienstag 14 Uhr - Mittwoch geschl.)* a la carte 32/61 – **7 Z :
12 B** 70/90 - 120/130.

LANGENFELD 5441. Rheinland-Pfalz — 750 Ew — Höhe 510 m — 🟢 02655.
Mainz 157 — ♦Bonn 67 — ♦Koblenz 65 — ♦Trier 101.
- 🏠 **Zum Anker**, Mayener Str. 20, ℰ 6 04, 🍴 — 🅿. 🎇 Rest
- ↪ 6.- 21. Nov. geschl. — **M** a la carte 18/38 — **10 Z : 18 B** 30 - 60.

LANGENHAGEN Niedersachsen siehe Hannover.

LANGEOOG (Insel) 2941. Niedersachsen 🔢🔢🔢 ④ — 3 100 Ew — Seeheilbad — Insel der ostfriesischen Inselgruppe. Autos nicht zugelassen — 🟢 04972.
↪ von Bensersiel (ca. 45 min), ℰ (04972) 5 55 — 🔹 Kurverwaltung, Hauptstr. 28, ℰ 69 30.
♦Hannover 266 — Aurich/Ostfriesland 28 — Wilhelmshaven 54.
- 🏨 **Flörke** 🐾, Hauptstr. 17, ℰ 60 97, 🍽, 🍴 — 🛗 📺 🕿 — 🛁 30. 🎇
  17. März - 4. Nov. — (Restaurant nur für Hausgäste) — **50 Z : 90 B** 73/88 - 140/240 Fb — ½ P 85/135.
- 🏨 **Strandeck** 🐾, Kavalierspad 2, ℰ 7 55, Fax 6277, 🍽, 🔲, 🍴 — 🛗 🕿. ⓪ ☰ 𝘝𝘐𝘚𝘈. 🎇 Rest
  Ende März - Mitte Okt. — **M** (nur Abendessen, Dienstag geschl.) (Tischbestellung erforderlich) 70/98 — **42 Z : 72 B** (nur ½P) 110/136 - 220/278 Fb.
- 🏨 **Upstalsboom** 🐾, Hauptstr. 38, ℰ 60 66, 🍴, 🍽, 🍴 — 📺 🕿. ☰ ⓪ ☰ 𝘝𝘐𝘚𝘈
  M a la carte 28/67 — **37 Z : 68 B** 109 - 178/250 Fb — 15 Fewo — ½ P 111/147.
- 🏠 **Kolb** 🐾, Barkhausenstr. 32, ℰ 4 04 — 🎇
  Nov.- 26. Dez. geschl. — (nur Abendessen für Hausgäste) — **20 Z : 42 B** 75 - 130 Fb.
- 🏠 **Haus Westfalen** 🐾, Abke-Jansen-Weg 6, ℰ 2 65 — 🎇
  10. Jan.- Feb. und Nov.- 25. Dez. geschl. — **M** a la carte 30/54 — **33 Z : 60 B** 66/85 - 132/175 Fb — ½ P 90/110.

  Siehe auch : *Liste der Feriendörfer*

LANGERRINGEN Bayern siehe Schwabmünchen.

LATHEN 4474. Niedersachsen 🔢🔢🔢 ⑭ — 3 800 Ew — Höhe 30 m — 🟢 05933.
♦Hannover 235 — Cloppenburg 57 — Groningen 86 — Lingen 37.
- 🏨 **Pingel Anton** (modernes Gästehaus), Sögeler Str. 2, ℰ 3 27, 🍴, Fahrradverleih — 📺 🕿 ↪ 🅿. ☰ ⓪ ☰ 𝘝𝘐𝘚𝘈
  17.- 30. Juli geschl. — **M** (Montag geschl.) 15,50/32 (mittags) und a la carte 27/61 — **32 Z : 60 B** 55/65 - 110/115 Fb — 7 Fewo 60/65.

LATROP Nordrhein-Westfalen siehe Schmallenberg.

LAUBACH 6312. Hessen 🔢🔢🔢 JK 15 — 10 300 Ew — Höhe 250 m — Luftkurort — 🟢 06405.
🔹 Kurverwaltung, Friedrichstr. 11 (Rathaus), ℰ 2 81.
♦Wiesbaden 101 — ♦Frankfurt am Main 73 — Gießen 28.
- 🏨 **Waldhaus** 🐾, An der Ringelshöhe (B 276 - O : 2 km), ℰ 2 52, 🍴, 🍽, 🔲, 🍴 — 🛗 📺 🕿 🅿 — 🛁 30. ☰
  M 16,50/33 (mittags) und a la carte 27/58 — **34 Z : 60 B** 45/75 - 99/115 Fb — ½ P 69/84.

  In Laubach-Gonterskirchen SO : 4 km :
- 🍴🍴 **Tannenhof** 🐾 mit Zim, ℰ 17 32, Fax 3931, ≼, 🍴, 🍴, Fahrradverleih — 📺 🕿 🅿. ☰ ⓪ ☰ 𝘝𝘐𝘚𝘈. 🎇 Zim
  M (Montag geschl.) a la carte 25/53 — **9 Z : 16 B** 58/78 - 96/158 Fb — ½ P 70/100.

  In Laubach-Münster W : 5,5 km :
- 🏠 **Zum Hirsch**, Licher Str. 32, ℰ 14 56, 🍴 — 🅿. ☰ ☰
- ↪ 22. Jan.- 7. Feb. und 9.- 25. Juli geschl. — **M** (Montag geschl.) a la carte 15/35 — **18 Z : 27 B** 35/45 - 70/75 — ½ P 47/49.

LAUBACH-LEIENKAUL 5443. Rheinland-Pfalz — 1 000 Ew — Höhe 467 m — 🟢 02653 (Kaisersesch) — Mainz 139 — Cochem 18 — ♦Koblenz 49 — ♦Trier 80.
- 🏠 **Eifelperle**, Eifelstr. 34 (Laubach), ℰ 34 25, 🍴 — ↪ 🅿
- ↪ **M** (Dienstag geschl.) a la carte 18,50/39 — **13 Z : 27 B** 40/45 - 80.

LAUBENHEIM Rheinland-Pfalz siehe Bingen.

LAUCHRINGEN Baden-Württemberg siehe Waldshut-Tiengen.

LAUDA-KÖNIGSHOFEN 6970. Baden-Württemberg 🔢🔢🔢 M 18 — 14 900 Ew — Höhe 192 m — 🟢 09343 — ♦Stuttgart 120 — Bad Mergentheim 12 — ♦Würzburg 40.
- 🏠 **Ratskeller**, Josef-Schmitt-Str. 17 (Lauda), ℰ 9 57 — 📺 🕿 ↪ 🅿. ☰ ☰. 🎇
  Aug. 2 Wochen geschl. — Menu (Montag bis 17 Uhr geschl.) a la carte 27/53 🍴 — **11 Z : 20 B** 45/55 - 80/110.
- 🍴🍴 **Gemmrig's Landhaus** mit Zim, Hauptstr. 68 (Königshofen), ℰ 80 84 — 🕿 🅿
- ↪ 1.- 6. Jan. und 30. Juli - 10. Aug. geschl. — **M** (Montag geschl.) 13,50/42 🍴 — **5 Z : 9 B** 40 - 70.

487

In Lauda-Königshofen - Beckstein SW : 2 km ab Königshofen :

🏨 **Adler**, Weinstr. 24, 🖋 20 71, 🈸 – ☎ 🅿. E
➡ **M** a la carte 20/42 🍴 – **26 Z : 52 B** 40/50 - 76/96.

🏠 **Gästehaus Birgit** 🛏 garni (siehe auch Weinstuben Beckstein), Am Nonnenberg 12,
🖋 9 98, ≤, 🚲, 🌧 – ☎ 🚗 🅿
Jan. geschl. – **16 Z : 32 B** 45/60 - 70/100.

🍽 **Weinstuben Beckstein**, Weinstr. 32, 🖋 82 00, 🈸 – 🅿
➡ *Jan. und Mittwoch geschl.* – **M** a la carte 18.50/47 🍴.

LAUDENBACH 8761. Bayern 🗺 K 17 – 1 200 Ew – Höhe 129 m – ✪ 09372.
◆München 358 – Amorbach 14 – Aschaffenburg 32 – ◆Würzburg 82.

🏨 **Zur Krone** (Gasthof a.d.J. 1726), Obernburger Str. 4, 🖋 24 82, « Hübsches bäuerliches
Restaurant;Gartenterrasse » – 🛏 ☎ 🅿
1.- 24. März und 28. Juli - 14. Aug. geschl. – **M** *(Donnerstag - Freitag 17 Uhr geschl.)* a la
carte 34/69 – **12 Z : 24 B** 60/70 - 90/110 – 11 Appart. 120/160.

LAUENBURG AN DER ELBE 2058. Schleswig-Holstein 🗺 ⑤ ⑥ – 11 000 Ew – Höhe 45 m
– ✪ 04153.

🛈 Fremdenverkehrsamt, im Schloß, 🖋 59 09 81.

◆Kiel 121 – ◆Hannover 149 – ◆Hamburg 44 – Lüneburg 25.

🏠 **Möller**, Elbstr. 48 (Unterstadt), 🖋 20 11, ≤, 🈸 – 📺 ☎ – 🅰 30. 🆎 ⑩ E 🆅🆂🅰
M a la carte 25/55 – **34 Z : 62 B** 39/90 - 68/130 Fb.

🛏 **Bellevue** 🛏, Blumenstr. 29, 🖋 23 18, ≤, 🈸 – 🅿
➡ **M** a la carte 25/53 – **12 Z : 22 B** 34/48 - 68/88.

LAUENSTEIN Niedersachsen siehe Salzhemmendorf.

LAUF AN DER PEGNITZ 8560. Bayern 🗺 Q 18. 🗺 ㉘ – 23 000 Ew – Höhe 310 m – ✪ 09123.
◆München 173 – Bayreuth 62 – ◆Nürnberg 17.

🏠 **Gasthof Wilder Mann**, Marktplatz 21, 🖋 50 05, « Altfränkische Hofanlage » – ☎ 🚗
➡ 🅿
22. Dez.- 10. Jan. geschl. – **M** *(nur Abendessen, Sonn- und Feiertage geschl.)* a la carte
20/41 – **24 Z : 34 B** 35/65 - 62/92.

🛏 **Weinstube Schwarzer Bär** garni, Marktplatz 6, 🖋 27 89
Mai geschl. – **13 Z : 26 B** 30/55 - 55/75.

🍽🍽 Altes Rathaus, Marktplatz 1, 🖋 27 00.

An der Straße nach Altdorf S : 2,5 km :

🏨 **Waldgasthof Am Letten**, Letten 13, ✉ 8560 Lauf an der Pegnitz, 🖋 (09123) 20 61,
Telex 626887, Fax 2064, 🈸, 🚲 – 🛏 ☎ 🅿 – 🅰 25/80
21. Dez.- 10. Jan. geschl. – **M** *(Montag geschl.)* a la carte 28/60 – **50 Z : 72 B** 69/89 -
110/130 Fb.

LAUFELD Rheinland-Pfalz siehe Manderscheid.

LAUFEN 8229. Bayern 🗺 V 23. 🗺 ㊴. 🗺 ⑲ – 5 800 Ew – Höhe 401 m – Erholungsort –
✪ 08682.

🛈 Verkehrsverband, Laufen-Leobendorf, Römerstr. 6, 🖋 18 10.

◆München 151 – Burghausen 38 – Salzburg 20.

🏠 **Gästehaus Ruperti** garni, Kohlhaasstr. 7, 🖋 72 04 – 🅿
22 Z : 44 B.

Am Abtsdorfer See SW : 4 km :

🛏 **Seebad** 🛏, ✉ 8229 Laufen-Abtsee, 🖋 (08682) 2 58, ≤, 🈸, 🐾🅾, 🌧 – 🅿
➡ *Dez.- 8. Jan. geschl.* – **M** *(Freitag geschl.)* a la carte 21/37 – **27 Z : 48 B** 29/42 - 53/79 –
½ P 42/58.

LAUFENBURG (BADEN) 7887. Baden-Württemberg 🗺 H 24. 🗺 ㉟. 🗺 ⑲ – 7 500 Ew –
Höhe 337 m – ✪ 07763.

◆Stuttgart 195 – Basel 39 – Waldshut-Tiengen 15.

🏠 **Alte Post**, Andelsbachstr. 6a, 🖋 78 36, Terrasse am Rhein, 🌧 – 🅿
➡ **M** *(Montag geschl.)* a la carte 20/43 🍴 – **15 Z : 25 B** 38/45 - 65/90.

In Laufenburg-Luttingen O : 2,5 km :

🏠 **Kranz**, Luttinger Str. 22 (B 34), 🖋 38 33 – 📺 🚗 🅿. ⑩ E 🆅🆂🅰
Feb. 3 Wochen und Ende Aug.- Anfang Sept. geschl. – **M** *(Mittwoch geschl.)* a la carte
23/51 🍴 – **13 Z : 18 B** 30/45 - 70/95.

LAUFFEN AM NECKAR 7128. Baden-Württemberg 📖🔢 K 19, 📖🔢 ㉕ − 9 000 Ew − Höhe 172 m − 🔾 07133.

♦Stuttgart 49 − Heilbronn 10 − Ludwigsburg 33.

🏨 **Elefanten**, Bahnhofstr. 12, 🖋 51 23 − |🍴| 🕿 🄿. 🄰🄴 🄾 🄴 𝘝𝘐𝘚𝘈
1.- 20. Jan. geschl. − Menu *(Freitag geschl.)* a la carte 33/58 − **13 Z : 22 B** 75/80 - 120/135.

LAUINGEN AN DER DONAU 8882. Bayern 📖🔢 O 21, 📖🔢 ㉚ − 9 300 Ew − Höhe 439 m − 🔾 09072.

♦München 113 − ♦Augsburg 55 − Donauwörth 31 − ♦Ulm (Donau) 48.

🏨 **Reiser**, Bahnhofstr. 4, 🖋 30 96 − 🕿 🄿 − 🛗 . 🄴. ⌘ Rest
    Mitte Aug.- Anfang Sept. geschl. − **M** *(Sonn- und Feiertage ab 14 Uhr und Samstag geschl.)* a la carte 19,50/49 − **30 Z : 50 B** 45/57 - 70/85.

🏨 **Drei Mohren**, Imhofstr. 6, 🖋 40 71 − 📺 🕿 − 🛗 30
    M *(Freitag 15 Uhr - Samstag, 9.- 22. Aug. und 27. Dez.- 5. Jan. geschl.)* a la carte 25/60 − **13 Z : 18 B** 62 - 110.

LAUPHEIM 7958. Baden-Württemberg 📖🔢 M 22, 📖🔢 ㉘, 📖🔢 ① ⑭ − 15 000 Ew − Höhe 515 m − 🔾 07392.

♦Stuttgart 118 − Ravensburg 62 − ♦Ulm (Donau) 26.

🏨 **Zum Wyse**, Kapellenstr. 10, 🖋 30 91 − |🍴| 🕿 🄿
    20 Z : 24 B Fb.

🏨 **Post**, Ulmer Str. 2, 🖋 60 27 − 🕿 🄿. 🄰🄴 🄾 🄴
    M *(Freitag geschl.)* a la carte 23/45 − **11 Z : 18 B** 32/45 - 62/80.

XX **Schildwirtschaft zum Rothen Ochsen** mit Zim (restauriertes Haus a.d.J. 1808), Kapellenstr. 23, 🖋 60 41, ⌖ − 📺 🕿. 🄰🄴 🄴
    Menu *(abends Tischbestellung ratsam)* (Dienstag geschl.) 30/50 und a la carte 🍴 − **7 Z : 9 B** 60/70 - 95.

LAURENBURG Rheinland-Pfalz siehe Holzappel.

LAUTENBACH (ORTENAUKREIS) 7606. Baden-Württemberg 📖🔢 H 21, 📖🔢 ㉘ − 1 900 Ew − Höhe 210 m − Luftkurort − 🔾 07802 (Oberkirch).

🅱 Verkehrsamt, Hauptstr. 48, 🖋 23 13.

♦Stuttgart 143 − Freudenstadt 39 − Offenburg 19 − Strasbourg 33.

🏨 **Sonne - Gästehaus Sonnenhof**, Hauptstr. 51 (B 28), 🖋 40 61, ⌖, 🌲 − |🍴| 🕿 🄿. 🄰🄴 🄴
    𝘝𝘐𝘚𝘈
    Nov.- 3. Dez. geschl. − **M** *(auch vegetarische Gerichte)* (Mittwoch geschl.) a la carte 19/54 🍴 − **27 Z : 52 B** 50/70 - 80/120 Fb − ½ P 60/75.

🏨 **Sternen**, Hauptstr. 47 (B 28), 🖋 35 38 − |🍴| 🛗 ⟷ 🄿 − 🛗 25/50. 🄾 🄴 𝘝𝘐𝘚𝘈
    Mitte Nov.- Mitte Dez. geschl. − **M** *(Montag geschl.)* um 20 🍴 − **43 Z : 70 B** 36/50 - 72/100 − ½ P 55/60.

🏨 **Zum Kreuz**, Hauptstr. 66 (B 28), 🖋 45 60, 🌲 − ⟷ 🄿. 🄴
    15. Nov.- 15. Dez. geschl. − **M** *(Dienstag geschl.)* a la carte 19/41 🍴 − **25 Z : 45 B** 30/38 - 60/76 − ½ P 40/48.

    Auf dem Sohlberg NO : 6 km − Höhe 780 m :

🏨 Berggasthaus Wandersruh ☕, Sohlbergstr. 34, ✉ 7606 Lautenbach, 🖋 (07802) 24 73, ≤ Schwarzwald und Rheinebene, ⌖, 🏊, 🌲 − 🄿
    25 Z : 50 B.

LAUTERBACH 7233. Baden-Württemberg 📖🔢 I 22 − 3 500 Ew − Höhe 575 m − Luftkurort − Wintersport : 800/900 m ⛷1 ⛷2 − 🔾 07422 (Schramberg).

🅱 Verkehrsbüro, Rathaus, Schramberger Str. 5, 🖋 43 70.

♦Stuttgart 122 − ♦Freiburg im Breisgau 60 − Freudenstadt 41 − Offenburg 55 − Schramberg 4.

🏨 **Tannenhof**, Schramberger Str. 61, 🖋 30 81, ⌖, 🌲 − |🍴| 📺 🕿 ⟷ 🄿 − 🛗 60. 🄰🄴 🄾 🄴
    𝘝𝘐𝘚𝘈
    Feb.- März 3 Wochen geschl. − **M** *(Freitag geschl.)* a la carte 23/47 − **33 Z : 63 B** 53/56 - 94/102 Fb − ½ P 65/74.

🏨 **Kurpension Schwarzwaldblick** ☕, Imbrand 5 (NW : 2 km), 🖋 2 01 90, ≤, Badeabteilung, ⌖, 🏊, 🌲
    Mai - Okt. − (nur Abendessen für Hausgäste) − **12 Z : 24 B** nur ½ P 59/72 - 100/126 Fb.

🏨 **Holzschuh**, Siebenlinden 2, 🖋 44 40, 🏊 (geheizt), 🌲 − ⟷ 🄿. 🄴 𝘝𝘐𝘚𝘈
    15. Okt.- 15. Nov. geschl. − **M** *(Montag geschl.)* a la carte 25/40 − **9 Z : 18 B** 40/48 - 80/90 Fb.

    In Lauterbach-Fohrenbühl 7231 W : 4 km :

🏨 **Café Lauble** ☕ garni, Fohrenbühl 65, 🖋 (07833) 66 09, 🌲 − 🄿
    Nov. geschl. − **22 Z : 35 B** 35 - 60.

LAUTERBACH 6420. Hessen 987 ㉕ − 15 000 Ew − Höhe 296 m − Luftkurort − ✿ 06641.

🛈 Verkehrsverein, Rathaus, Marktplatz 14, ℰ 1 84 12.

♦Wiesbaden 151 − Fulda 25 − Gießen 68 − ♦Kassel 110.

🏨 **Schubert** (mit Weinstube Entennest, ab 19.30 Uhr geöffnet, Sonntag geschl.), Kanalstr. 12, ℰ 30 75, Telex 49276 − 📺 ☎ − ⚒ 25/50. ◭ ◉ Ε 𝒱𝑰𝑺𝑨
M *(Sonntag 15 Uhr - Montag und Juli - Aug. 2 Wochen geschl.)* 16/20 (mittags) und a la carte 29/59 − **29 Z : 48 B** 58/85 - 100/150 Fb − ½ P 75/110.

🏠 Johannesberg, Bahnhofstr. 39, ℰ 40 26 − ☎ ℗
10 Z : 22 B.

LAUTERBAD Baden-Württemberg siehe Freudenstadt.

LAUTERBERG, BAD 3422. Niedersachsen 987 ⑯ − 14 000 Ew − Höhe 300 m − Kneippheilbad und Schrothkurort − ✿ 05524.

🛈 Städtische Kur- und Badeverwaltung, im Haus des Kurgastes, ℰ 40 21.

♦Hannover 116 − ♦Braunschweig 87 − Göttingen 49.

🏨🏨 **Revita**, Promenade 56 (Am Kurpark), ℰ 8 31, Telex 96245, Fax 80412, ☕, Bade- und Massageabteilung, ♨, ☎, 🟦, 🎾 (Halle), Ferienfahrschule − 🛗 ✦ 📺 ⅄ ⇦ ℗ − ⚒ 25/500. ◭ ◉ Ε 𝒱𝑰𝑺𝑨. ⅜ Rest
M a la carte 36/67 − **283 Z : 564 B** 79/154 - 138/263 Fb − ½ P 96/147.

🏨🏨 **Kneipp-Sanatorium Mühl**, Ritscherstr. 1, ℰ 8 50 80, Bade- und Massageabteilung, ♨, ☎, 🟦, ☕ − 🛗 📺 ℗. ⅜
Dez.- 15. Jan. geschl. − (Restaurant nur für Hausgäste) − **73 Z : 90 B** 65/145 - 130/170 Fb − ½ P 80/115.

🏨 **Kneipp-Kurhotel Wiesenbeker Teich** ⅖, Wiesenbek 75 (O: 3 km), ℰ 29 94, ≤, « Gartenterrasse », Bade- und Massageabteilung, ♨, ☎, 🟦, ☕ − 🛗 ℗ ☎ ⇦ ℗. ◭ ◉ Ε 𝒱𝑰𝑺𝑨
M a la carte 32/67 − **39 Z : 66 B** 60/85 - 110/160 − ½ P 100/120.

🏠 **Kurhotel Riemann**, Promenade 1, ℰ 30 95, ☕, ☕ − 🛗 📺 ☎ ⇦ ℗. ◭ ◉ Ε
M a la carte 23/50 − **36 Z : 63 B** 32/58 - 70/105 − ½ P 48/74.

🏠 **Kneipp-Kurhotel St. Hubertusklause** ⅖, Wiesenbek 16, ℰ 29 55, Caféterrasse, Bade- und Massageabteilung, ♨, ☎, ☕ − 🛗 ⇦ ℗. ⅜ Zim
M 17/21 − **31 Z : 38 B** 50/70 - 100/140 − ½ P 65/85.

🏠 **Alexander**, Promenade 4, ℰ 29 23, ☕, ☎ − 📺 ☎ ⇦ ℗. ◉ Ε 𝒱𝑰𝑺𝑨
M *(Mittwoch geschl.)* a la carte 24/47 − **14 Z : 27 B** 50/70 - 90.

LAUTERECKEN 6758. Rheinland-Pfalz 987 ㉔ − 2 300 Ew − Höhe 165 m − ✿ 06382.

Mainz 83 − Bad Kreuznach 38 − Kaiserslautern 32 − ♦Saarbrücken 85.

🏠 **Pfälzer Hof**, Hauptstr. 12, ℰ 73 38, ☎ − ☎ ⇦ ℗. ◭ ◉ Ε 𝒱𝑰𝑺𝑨. ⅜
15. Juli - 8. Aug. und 24. Dez.- 9. Jan. geschl. − **M** *(April - Okt. Sonntag ab 14 Uhr, Nov.- März Freitag geschl.)* a la carte 18/37 ♨ − **18 Z : 35 B** 42/48 - 72/84.

LAUTERSEE Bayern siehe Mittenwald.

LEBACH 6610. Saarland 987 ㉔, 242 ⑥ ⑦, 57 ⑥ − 21 200 Ew − Höhe 275 m − ✿ 06881.

♦Saarbrücken 24 − Saarlouis 20 − St. Wendel 24.

🏠 **Klein**, Marktstr. 2, ℰ 23 05 − ⇦ ℗
(nur Abendessen für Hausgäste) − **14 Z : 20 B** 32/38 - 58/68.

LECHBRUCK 8923. Bayern 413 P 23, 426 ⑯ − 2 200 Ew − Höhe 730 m − Erholungsort − ✿ 08862.

Ausflugsziel : Wies : Kirche ✶✶ SO : 10 km.

🛈 Verkehrsverein im Rathaus, Flößerstr. 1, ℰ 85 21.

♦München 103 − Füssen 20 − Landsberg am Lech 47 − Marktoberdorf 20.

🏨🏨 **Königshof** ⅖, Hochbergle 1a, ℰ 71 71, Telex 59755, ≤, ☕, Bade- und Massageabteilung, ♨, ☎, ☕, Fahrrad- und Skiverleih − 🛗 ℗ − ⚒ 25/100. ◭ ◉ Ε 𝒱𝑰𝑺𝑨
M a la carte 30/55 − **57 Z : 114 B** 79/89 - 130/150 Fb − ½ P 88/113.

🏠 **Hirsch** ⅖ (mit Gästehaus), Brandach 20, ℰ 8263(Hotel) 8918(Rest.), ≤, ☕ − ℗
M a la carte 22/45 − **40 Z : 70 B** 30/40 - 70 − ½ P 45/55.

Siehe auch : *Liste der Feriendörfer*

LECK 2262. Schleswig-Holstein 987 ④⑤ − 7 700 Ew − Höhe 6 m − ✿ 04662.

♦Kiel 110 − Flensburg 33 − Husum 36 − Niebüll 11.

🏠 **Thorsten** garni, Hauptstr. 31, ℰ 9 63 − 📺 ☎ ℗. ◭ Ε 𝒱𝑰𝑺𝑨
18 Z : 30 B 56 - 92.

In Stedesand 2263 SW : 6 km :

🏠 Deichgraf, an der B 5, ℰ (04662) 27 50 − ☎ ℗. ⅜ − **7 Z : 10 B**.

LEER 2950. Niedersachsen 987 ⑭ − 30 000 Ew − Höhe 7 m − ✪ 0491.

🛈 Verkehrsbüro, Mühlenstraße (am Denkmal), ℘ 6 10 71, Telex 27603.

◆Hannover 234 − Emden 31 − Groningen 69 − ◆Oldenburg 63 − Wilhelmshaven 66.

🏠 **Ostfriesen Hof**, Groninger Str. 109, ℘ 6 30 66 − ☎ ⅙ 🅿 − 🖄 25/80. AE ⓞ E 🚾.
 ⅍ Zim
 M a la carte 24/51 − **30 Z : 64 B** 60/65 - 105 Fb.

🏠 **Central-Hotel**, Pferdemarktstr. 47, ℘ 23 71 − 📺 ☎ ⇔ 🅿
 M a la carte 28/53 − **20 Z : 35 B** 55 - 95/120.

🏠 **Oberlediger Hof**, Bremer Str. 33, ℘ 1 20 72, ⇔ − 📺 ☎ 🅿. AE ⓞ E 🚾
↔ **M** a la carte 21/48 − **40 Z : 70 B** 53/63 - 95/110.

XX **Zur Waage und Börse**, Neue Str. 1, ℘ 6 22 44, �af − 🅿 − 🖄
 (Tischbestellung ratsam).

 Nahe der B 70, Richtung Papenburg SO : 4,5 km :

🏦 **Lange**, Zum Schöpfwerk 1, ⊠ 2950 Leer-Nettelburg, ℘ (0491) 1 20 11, ⩽, �af, ⇔, 🄽, 🌫
 − 📺 ☎ ⇔ 🅿. AE E
 M *(Sonntag geschl.)* a la carte 28/54 − **45 Z : 72 B** 75 - 120 Fb.

 Nahe der B 75, Richtung Hesel NO : 5 km :

🏦 **Park-Hotel Waldkur** ⅍, Zoostr. 14, ⊠ 2950 Leer-Logabirum, ℘ (0491) 7 10 88 − 📺 ☎
 🅿 − 🖄 40. AE ⓞ E 🚾
 M *(im nahegelegenen Park-Restaurant)* a la carte 25/59 − **40 Z : 80 B** 55/65 - 90/140 Fb.

LEEZEN Schleswig-Holstein siehe Segeberg, Bad.

LEGAU 8945. Bayern 413 N 23, 426 ⑱ − 2 900 Ew − Höhe 670 m − ✪ 08330.

◆München 133 − Kempten (Allgäu) 27 − Leutkirch 12 − Memmingen 19.

🏠 **Löwen**, Marktplatz 3, ℘ 2 23 − 📺 ⇔ 🅿
↔ **M** *(Samstag geschl.)* a la carte 17/33 ⅑ − **27 Z : 60 B** 40 - 60.

LEHRTE 3160. Niedersachsen 987 ⑮ − 40 400 Ew − Höhe 66 m − ✪ 05132.

◆Hannover 20 − ◆Braunschweig 47 − Celle 33.

🏦 **Alte Post**, Poststr. 8, ℘ 40 01, Fax 55151, ⇔ − 📺 ☎ 🅿 − 🖄 25/100. ⓞ 🚾
 M *(Sonntag geschl.)* a la carte 29/54 − **40 Z : 58 B** 98/107 - 156/190 Fb.

 In Lehrte-Ahlten SW : 4 km :

🏠 **Zum Dorfkrug**, Hannoversche Str. 29, ℘ 60 03, ⇔, 🄽 (Gebühr), 🌫 − 📺 ☎ 🅿. AE E
 15. Dez.- 5. Jan. geschl. − **M** *(nur Abendessen, Sonntag geschl.)* a la carte 30/49 − **29 Z :
 52 B** 85/150 - 130/180.

 In Lehrte-Steinwedel NO : 6 km über die B 443 :

🕱 **Steinwedeler Dorfkrug**, Dorfstr. 10, ℘ (05136) 33 52 − 🅿 − *(wochentags nur Abendessen)*
 − **14 Z : 20 B.**

LEICHLINGEN 5653. Nordrhein-Westfalen − 24 600 Ew − Höhe 60 m − ✪ 02175.

◆Düsseldorf 29 − ◆Köln 23 − Solingen 11.

🏠 **Am Stadtpark**, Am Büscherhof 1a, ℘ 10 18, �af, ⇔ − 🛗 📺 ☎ − 🖄 25/150. AE ⓞ E
 M a la carte 34/60 − **35 Z : 60 B** 95/130 - 140/190 Fb.

X **Bier- und Speisegasthaus Cremer**, Bahnhofstr. 11 B, ℘ 9 00 01 − 🅿. AE ⓞ E 🚾
 Samstag bis 17 Uhr, über Karneval und Juni geschl. − **M** a la carte 30/63.

 In Leichlingen-Witzhelden O : 8,5 km :

XX **Landhaus Lorenzet**, Neuenhof 1, ℘ (02174) 3 86 86, �af − 🅿. AE ⓞ E
 2.- 26. Jan. geschl. − **M** a la carte 38/74.

LEIDERSBACH 8751. Bayern 413 K 17 − 2 500 Ew − Höhe 196 m − ✪ 06092.

◆München 351 − Aschaffenburg 14 − ◆ Frankfurt am Main 51 − ◆Würzburg 75.

 In Leidersbach 4 -Volkersbrunn SO : 3 km :

🕱 **Zur Rose**, Volkersbrunner Str. 11, ℘ 2 02, �af, ⇔, 🌫 − 🅿
 1.- 22. März geschl. − **M** *(Donnerstag geschl.)* a la carte 22/42 ⅑ − **11 Z : 21 B** 22/35 - 52/65.

LEIMEN 6906. Baden-Württemberg 413 J 18 − 18 000 Ew − Höhe 120 m − ✪ 06224 (Sandhausen).

·Stuttgart 109 − Bruchsal 28 − Heidelberg 7.

🏦 **Seipel** garni, Am Sportpark, ℘ 7 10 89, Fax 71080, ⇔ − 🛗 📺 ☎ 🅿
 22. Dez.- 2. Jan. geschl. − **24 Z : 35 B** 79/89 - 115/135 Fb.

🏠 **Zum Bären**, Rathausstr. 20, ℘ 7 60 46, Gartenwirtschaft − 🛗 📺 ☎ 🅿. AE 🚾
 M *(Montag geschl.)* a la carte 26/48 ⅑ − **29 Z : 40 B** 70/95 - 110/140 Fb.

🏠 **Traube**, St.-Ilgener-Str. 9, ℘ 7 60 86 − ☎. ⓞ E 🚾
 23. Juni - 14. Juli geschl. − **M** *(Sonntag geschl.)* a la carte 28/65 ⅑ − **24 Z : 40 B** 50/75 -
 85/135 Fb.

X **Seeger's Weinstube**, J.-Reidel-Str. 2, ℘ 7 14 96 − ⓞ E 🚾
 Dienstag und 1.- 20. Juli geschl. − **M** a la carte 30/52.

In Leimen-Gauangelloch SO : 8 km :

XX **Zum Schwanen** mit Zim, Hauptstr. 38, 𝒫 (06226) 32 19, ☆, « Geschmackvolle Einrichtung », ☞ – 📺 ☎ 🅿. 🆀 ⓞ Ε 𝗩𝗜𝗦𝗔. ⚞
6.- 27. Feb. geschl. – **M** (auch vegetarische Gerichte) (Samstag bis 18 Uhr und Montag geschl.) a la carte 56/78 – **5 Z : 10 B** 110 - 150/160.

In Leimen 2-Lingental O : 3 km :

X **Lingentaler Hof** mit Zim, Kastanienweg 2, 𝒫 7 19 12, ☆ – ☎ 🅿
8.- 15. Jan. und Juli geschl. – **M** (Sonntag 18 Uhr - Montag geschl.) a la carte 28/54 – **7 Z : 14 B** 48/68 - 88/98.

In Nußloch 6907 S : 3 km :

🏠 **Felderbock**, Hauptstr. 26, 𝒫 (06224) 1 20 07, ☆ – ☎ 🅿. 🆀 ⓞ Ε 𝗩𝗜𝗦𝗔
M (Italienische Küche) a la carte 33/67 – **18 Z : 30 B** 69/98 - 118/134 Fb.

LEIMERSHEIM 6729. Rheinland-Pfalz 𝟜𝟙𝟛 I 19 – 2 300 Ew – Höhe 110 m – ✪ 07272.
Mainz 126 – ♦Karlsruhe 26 – Landau 26 – ♦Mannheim 55.

X **Palmengarten**, Untere Hauptstr. 43, 𝒫 84 96 – ⚞
wochentags nur Abendessen, Mittwoch geschl. – **M** a la carte 23/47 ♨.

LEINFELDEN-ECHTERDINGEN Baden-Württemberg siehe Stuttgart.

LEINGARTEN Baden-Württemberg siehe Heilbronn.

LEINSWEILER 6741. Rheinland-Pfalz 𝟜𝟙𝟛 GH 19. 𝟸𝟜𝟸 ⑧. 𝟪𝟽 ① – 450 Ew – Höhe 260 m – ✪ 06345.
Mainz 122 – Landau in der Pfalz 9 – Pirmasens 46 – Wissembourg 20.

🏠 **Leinsweiler Hof** ⚞, An der Straße nach Eschbach (S : 1 km), 𝒫 36 40, ≤ Weinberge und Rheinebene, « Gartenterrasse » – 📺 ☎ ⇐ 🅿 – ♨ 25/40. Ε. ⚞ Rest
29. Jan.- 2. März geschl. – **M** (Montag geschl.) a la carte 35/59 ♨ – **22 Z : 40 B** 60/85 - 110 Fb.

🏠 **Rebmann**, Weinstr. 8, 𝒫 25 30, ☆ – 📺 ☎. Ε
15. Jan.- 15. Feb. geschl. – **M** (Mittwoch geschl.) a la carte 23/56 ♨ – **11 Z : 20 B** 45/60 - 85/120.

LEIPHEIM 8874. Bayern 𝟜𝟙𝟛 N 21. 𝟿𝟪𝟽 ⑧ – 5 800 Ew – Höhe 470 m – ✪ 08221 (Günzburg).
♦München 117 – ♦Augsburg 59 – Günzburg 5 – ♦Ulm (Donau) 24.

An der Autobahn A 8 Richtung Augsburg :

🏠 **Rasthaus und Motel Leipheim**, ✉ 8874 Leipheim, 𝒫 (08221) 7 20 37, ☆ – 🅿
27 Z : 54 B.

LEIWEN 5501. Rheinland-Pfalz – 1 700 Ew – Höhe 114 m – ✪ 06507 (Neumagen-Dhron).
Mainz 142 – Bernkastel-Kues 29 – ♦Trier 33.

🏠 **Weinhaus Weis**, Römerstr. 10, 𝒫 30 48, ☎, 🔲, ☞ – 🛗 📺 ☎ 🅿. 🆀 ⓞ Ε 𝗩𝗜𝗦𝗔
← 4. Jan.- Feb. geschl. – **M** (Mittwoch geschl.) a la carte 19/47 ♨ – **19 Z : 34 B** 50/55 - 80/ 85 Fb.

Außerhalb 0 : 2,5 km :

🏠 **Zummethof** ⚞, Panoramaweg 1, ✉ 5501 Leiwen, 𝒫 (06507) 30 44, ≤ Trittenheim und
← Moselschleife, « Terrasse », ☎ ⇐ 🅿 – ♨ 25/100
9.- 29. Jan. geschl. – **M** a la carte 21/47 ♨ – **24 Z : 52 B** 50/55 - 86/98.

LEMBERG 6786. Rheinland-Pfalz 𝟜𝟙𝟛 FG 19. 𝟸𝟜𝟸 ⑧. 𝟪𝟽 ② – 4 000 Ew – Höhe 320 m – Erholungsort – ✪ 06331 (Pirmasens).
Mainz 129 – Landau in der Pfalz 42 – Pirmasens 5,5.

X **Gasthaus Neupert**, Hauptstr. 2, 𝒫 4 92 36 – 🅿.

In Lemberg-Langmühle SO : 2,5 km :

🏠 **Zum Grafenfels** ⚞, Salzbachstr. 33, 𝒫 4 92 41, ☆ – 🅿
← Dez.- Feb. geschl. – **M** a la carte 15/34 ♨ – **18 Z : 32 B** 26/33 - 48/62 – ½ P 36/42.

Verwechseln Sie nicht :

Komfort der Hotels	:	🏨🏨🏨 ... 🏠, 🏠
Komfort der Restaurants	:	XXXXX ... X
Gute Küche	:	❀❀❀, ❀❀, ❀, Menu

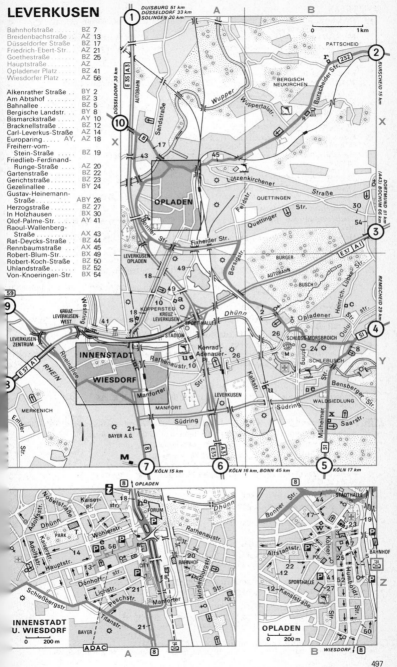

LEVERKUSEN

🏨 **Ramada**, Am Büchelter Hof 11, 𝒫 38 30, Telex 8510238, Fax 383800, 🍽, 🐎, 🔲 – 🛗
✻ Zim 🍴 📺 🚗 🅿 – 🏛 25/200. 🆎 ⓞ 🄴 𝘝𝘐𝘚𝘈. ✻ Rest   AZ **h**
M *(auch vegetarische Gerichte)* a la carte 45/77 – **202 Z : 404 B** 186/281 - 260/432 Fb.

🏨 **City Hotel** garni, Wiesdorfer Platz 8, 𝒫 4 20 46, Telex 8510244, Fax 43025 – 🛗 ✻ Zim 📺
🕿 – 🏛 35. 🆎 ⓞ 🄴 𝘝𝘐𝘚𝘈   AZ **e**
71 Z : 140 B 104/195 - 153/310 Fb.

✗✗ **La Concorde**, Hardenbergstr. 91, 𝒫 6 39 38 – ⓞ 🄴 𝘝𝘐𝘚𝘈   AY **s**
Samstag bis 18 Uhr, Sonntag und Juli 3 Wochen geschl. – **M** a la carte 43/70.

In Leverkusen-Fettehenne über ④ :

🏠 **Fettehenne** garni, Berliner Str. 40 (B 51), 𝒫 9 10 43, 🔲, 🐎 – 🕿 🅿. 🄴
35 Z : 45 B 50/70 - 90/102.

In Leverkusen-Küppersteg :

🏠 **Haus Janes** garni, Bismarckstr. 71, 𝒫 6 40 43 – 📺 🕿 🅿   AY **a**
48 Z : 61 B 41/79 - 75/135 – 3 Appart. 230.

✗✗ **Haus am Park**, Bismarckstr. 186, 𝒫 4 63 70 – 🅿. 🆎 ⓞ 🄴 𝘝𝘐𝘚𝘈   AY **u**
M 38/75.

In Leverkusen-Manfort :

🏠 **Fück**, Kalkstr. 127, 𝒫 7 63 94 – 🕿 🚗 🅿. 🄴   BY **u**
M *(nur Abendessen, Sonntag geschl.)* a la carte 24/47 – **20 Z : 30 B** 50/90 - 100/150 Fb.

In Leverkusen 3-Opladen :

🏠 **Astor**, Bahnhofstr. 16, 𝒫 (02171) 4 80 08, Fax 47228 – 📺 🕿 🚗. 🆎 ⓞ 🄴 𝘝𝘐𝘚𝘈   BZ **v**
(Restaurant nur für Hausgäste) – **19 Z : 31 B** 80/125 - 120/200.

🏠 **Hohns** garni, Düsseldorfer Str. 33 (4. Etage), 𝒫 (02171) 12 81 – 🛗 📺 🕿 🚗   BZ **w**
15 Z : 23 B 95/115 - 125/185.

In Leverkusen 3-Pattscheid :

🏠 **May-Hof**, Burscheider Str. 285 (B 232), 𝒫 (02171) 3 09 39, Fax 33872 – 📺 🕿 🅿. ⓞ 🄴.
✻ Zim   BX **r**
10.- 30. Juli und 23. Dez.- 5. Jan. geschl. – **M** *(Montag geschl.)* 15,50/27 (mittags) und a la
carte 26/45 – **15 Z : 21 B** 55/65 - 110/120.

In Leverkusen-Schlebusch :

🏨 **Atrium-Hotel** garni, Heinrich-Lübke-Str. 40, 𝒫 5 60 10, Telex 8510268, 🐎 – 📺 🕿 🅿 –
🏛 🆎 ⓞ 🄴 𝘝𝘐𝘚𝘈   BY **c**
24. Dez.- 1. Jan. geschl. – **51 Z : 102 B** 130/220 - 180/240 Fb.

🏠 **Kürten**, Saarstr. 1, 𝒫 5 50 51, 🐎, 🔲 – 🕿 🅿   BY **x**
M *(Samstag geschl.)* a la carte 26/52 – **37 Z : 66 B** 70/95 - 95/135.

🏠 **Alscher** 🦌 garni, Bogenstr. 1, 𝒫 5 59 11 – 🅿. ✻   BY **e**
23 Z : 26 B 45/75 - 85.

In Leverkusen 1-Steinbüchel über ④ :

✗✗ **Angerhausen**, Berliner Str. 270(B 51), 𝒫 9 12 09 – 🅿. 🆎 ⓞ 🄴 𝘝𝘐𝘚𝘈
Montag geschl. – **M** a la carte 29/60.

LICH 6302. Hessen 🛢🛢🛢 J 15, 🔢🔢🔢 ⑳ – 11 200 Ew – Höhe 170 m – Erholungsort – ✿ 06404.
Ausflugsziel : Ehemaliges Kloster Arnsburg✶ : Ruine der Kirche✶ SW : 4 km.
◆Wiesbaden 87 – ◆Frankfurt am Main 59 – Gießen 13 – Bad Hersfeld 90.

🏠 **Holländischer Hof**, Braugasse 8, 𝒫 23 76 – 🚗 🅿
M *(nur Abendessen, Freitag geschl.)* a la carte 27/47 – **20 Z : 30 B** 39/49 - 74/89 Fb.

🏠 **Pension Bergfried** 🦌 garni, Kreuzweg 25, 𝒫 20 41, 🐎 – 🅿. 🆎 🄴 𝘝𝘐𝘚𝘈
20 Z : 38 B 51 - 85.

In Lich-Arnsburg SW : 4 km :

🏨 **Alte Klostermühle** 🦌, 𝒫 20 29, Fax 4867, 🍽, 🐎 – 📺 🕿 🅿 – 🏛 30. 🆎 🄴 𝘝𝘐𝘚𝘈
✻ Rest
M *(auch vegetarische Gerichte)* (Montag - Dienstag 17 Uhr geschl.) a la carte 24/62 – **25 Z :**
40 B 60/95 - 110/160 Fb.

In Lich 2-Eberstadt SW : 6 km :

🏠 **Zum Pfaffenhof**, Butzbacher Str. 25, 𝒫 (06004) 6 29 – 🅿
M a la carte 24/50 ⅙ – **17 Z : 27 B** 30/50 - 58/85 – P 55/72.

LICHTENAU 7585. Baden-Württemberg 🛢🛢🛢 G 20, 🔢🔢🔢 ⑳ – 4 900 Ew – Höhe 129 m – ✿ 0722?
◆ Stuttgart 122 – Baden-Baden 28 – Strasbourg 31.

In Lichtenau-Scherzheim S : 2,5 km :

🏠 **Zum Rössel** 🦌, Rösselstr. 6, 𝒫 34 82, 🍽, 🐎 – 🛗 🕿 🅿. 🄴
Anfang - Mitte Aug. geschl. – **M** *(Dienstag geschl.)* a la carte 24/52 ⅙ – **11 Z : 22 B** 38/45
76/90 Fb.

🏠 **Gasthaus Blume**, Landstr. 18 (B 36), 𝒫 23 42 – 🚗 🅿
➔ **M** *(Mittwoch geschl.)* um 10 (mittags) und a la carte 19/44 ⅙ – **16 Z : 30 B** 40/45 - 70.

LICHTENAU 4791. Nordrhein-Westfalen — 9 600 Ew — Höhe 308 m — ✪ 05295.
♦ Düsseldorf 186 — ♦Kassel 70 — Marburg 118 — Paderborn 17.

In Lichtenau-Atteln SW : 9 km :

🏠 **Birkenhof**, Zum Sauertal 36 (NO : 1 km), ℘ (05292) 5 70, 🐎 — 🅿
← **M** a la carte 18/40 — **10 Z : 18 B** 31 - 62

In Lichtenau 5 - Herbram-Wald NO : 9 km :

🏨 **Hubertushof** ⟳, Hubertusweg 5, ℘ (05259) 4 27, 🌣, ⊜s, ⬛, 🐎 — ☎ 🅿 — 🛖 30. 🖭
← ⓸ 🄴 VISA. ⁒ Rest
M 21/26 — **52 Z : 97 B** 57/69 - 98/108 Fb.

🏠 **Waldpension Küchmeister** ⟳, Eggering 10, ℘ (05259) 2 31, 🐎 — ᔔ 🅿
(Restaurant nur für Hausgäste) — **18 Z : 33 B** 35 - 66 — ½ P 43.

In Lichtenau-Kleinenberg SO : 7 km :

XX **Landgasthof zur Niedermühle** ⟳ mit Zim, Niedermühlenweg 7, ℘ (05647) 2 52, 🌣 —
🅿. 🖭 🄴
M *(Dienstag geschl.)* a la carte 29/57 — **4 Z : 7 B** 44 - 88.

LICHTENBERG Hessen siehe Fischbachtal.

LICHTENFELS 8620. Bayern 🖪🔢 Q 16. 🖲🖳 ㉘ — 21 000 Ew — Höhe 272 m — ✪ 09571.
Ausflugsziel : Wallfahrtskirche Vierzehnheiligen★★ (Nothelfer-Altar★★) S : 5 km.
🄻 Städt. Verkehrsamt, Marktplatz 1, ℘ 79 52 21.
♦München 268 — ♦Bamberg 33 — Bayreuth 53 — Coburg 19.

🏨 **Krone**, Robert-Koch-Str. 11, ℘ 7 00 50, Fax 70065, 🌣 — 🛗 ᵎ⟲ Zim 🍽 Rest 📺 ☎ ᔔ 🅿 —
← 🛖 25/70. 🖭 ⓸ 🄴 VISA
M 17/27 — **67 Z : 135 B** 58/89 - 99/119 Fb.

🏠 **Preussischer Hof**, Bamberger Str. 30, ℘ 50 15 — 🛗 ☎ 🅿
← Juli 3 Wochen und 24.- 31. Dez. geschl. — **M** *(Freitag ab 15 Uhr geschl.)* a la carte 18,50/37 🍴
— **27 Z : 48 B** 38/48 - 60/90 Fb — (Anbau mit 13 Z ab Sommer 1990).

In Lichtenfels-Reundorf SW : 5 km :

🏠 **Müller** ⟳, Kloster-Banz-Str. 4, ℘ 60 21, ⊜s, 🐎 — ᵎ⟲ Zim ☎ 🅿. ⁒ Zim
← Mitte Nov.- Mitte Dez. geschl. — **M** *(Mittwoch geschl.)* a la carte 17,50/29 — **40 Z : 65 B**
36/45 - 68 Fb — 7 Fewo 60.

In Michelau 8626 NO : 5 km :

🏠 Spitzenpfeil ⟳, Alte Post 4 (beim Hallenbad), ℘ (09571) 81 17 — ⟢ 🅿
14 Z : 21 B.

In Marktzeuln 8621 NO : 9 km :

🏠 **Mainblick** ⟳, Schwürbitzer Str. 25, ℘ (09574) 30 33, Fax 4005, ⟨, 🌣, ⊜s, 🐎 — ☎ 🅿.
⓸ 🄴 VISA
M *(Montag - Donnerstag nur Abendessen)* a la carte 31/69 — **17 Z : 33 B** 45/65 - 85/105.

LICHTENFELS 3559. Hessen — 4 400 Ew — Höhe 420 m — Erholungsort — ✪ 05636.
♦Wiesbaden 175 — ♦Kassel 76 — Marburg 55.

In Lichtenfels 4-Fürstenberg :

🏠 Zur Igelstadt, Mittelstr. 2, ℘ 12 76, ⊜s, ⬛ — ⟢ 🅿 — **19 Z : 35 B** Fb.

🏠 **Zum Deutschen Haus**, Violinenstr. 4, ℘ 12 27 — ⟢ 🅿
← **M** *(Mittwoch geschl.)* a la carte 14/34 — **16 Z : 28 B** 30/32 - 58/60.

LICHTENSTEIN 7414. Baden-Württemberg 🖪🔢 K 21 — 8 200 Ew — Höhe 565 m — Wintersport :
00/820 m ⸺4 ⸺3 — ✪ 07129.
Stuttgart 57 — Reutlingen 16 — Sigmaringen 48.

In Lichtenstein-Honau :

🏨 **Adler** (mit Gästehaus Herzog Ulrich 🛗), Heerstr. 26 (B 312), ℘ 40 41, 🌣, ⊜s — ☎ 🅿 —
← 🛖 25/100. ⓸ 🄴
M a la carte 25/55 — **50 Z : 90 B** 65/120 - 100/180.

XX **Forellenhof Rössle** mit Zim, Heerstr. 20 (B 312), ℘ 40 01, 🌣 — ☎ ⟢ 🅿
17.- 26. Jan. geschl. — **M** a la carte 22/50 — **12 Z : 20 B** 50/60 - 75/90.

LIEBENZELL, BAD 7263. Baden-Württemberg 🖪🔢 IJ 20. 🖲🖳 ㉚ — 7 200 EW — Höhe 321 m
- Heilbad und Luftkurort — ✪ 07052.
Kurverwaltung, Kurhausdamm 4, ℘ 40 81 01, Fax 408108.
Stuttgart 46 — Calw 7,5 — Pforzheim 19.

🏨 **Kronen-Hotel - Haus Tanneck** ⟳, Badweg 7, ℘ 20 81, 🌣, ⊜s, ⬛, 🐎, ⁒ — 🛗 📺 🅿
← 🛖 —
M 21/30 (mittags) und a la carte 41/75 — **60 Z : 100 B** 83/112 - 130/201 Fb — ½ P 108/135.

🏨 **Waldhotel-Post** ⟳, Hölderlinstr. 1, ℘ 40 70, Fax 40790, ⟨, ⊜s, ⬛ — 🛗 📺 ⟢ 🅿 —
🛖 25/40. ⁒ — **43 Z : 72 B** Fb.

🏦 **Ochsen**, Karlstr. 12, ℰ 20 74, 🌸, ⇆, 🔲, 🛏 – � 🕿 🅟 – 🔬 25/75. ① 🔁 𝘝𝘐𝘚𝘈
M *(auch Diät)* a la carte 25/67 – **48 Z : 73 B** 90/95 - 140/170 Fb – ½ P 97/120.

🏦 **Thermen-Hotel** garni (Fachwerkhaus a.d.J. 1415), am Kurpark, ℰ 40 83 00, Caféterrasse,
Bade- und Massageabteilung, 🌸 – � 🔲 🕿 🅟 – 🔬 25/60. 🄰🄴 ① 𝘝𝘐𝘚𝘈
22 Z : 42 B 80/95 - 150/170 Fb – 3 Appart. 190.

🏠 **Schwarzwaldhotel Emendörfer** garni, Neuer Schulweg 4, ℰ 23 23, ⇆, 🔲, 🌸 – � 🕿
🅟
20 Z : 30 B 70 - 140.

🏠 **Am Bad-Wald** 🦢 garni, Reuchlinweg 19, ℰ 30 11, ≼, ⇆, 🔲 – � 🕿 ⇖. 🔁
32 Z : 48 B 38/48 - 80/96 – 4 Fewo 65.

🏠 **Weisse**, Unterhaugstetter Str. 13, ℰ 22 53, ≼, 🌸 – � 🅟. 🎇
Jan. geschl. – (Restaurant nur für Hausgäste) – **30 Z : 42 B** 50/60 - 100/112.

🏠 **Haus Hubertus** 🦢 garni, Eichendorffstr. 2, ℰ 14 43, ≼, 🌸
16 Z : 28 B 34/56 - 58/80 Fb.

🏠 **Litz**, Wilhelmstr. 28, ℰ 20 08 – 🔲 🅟. ① 🔁. 🎇 Rest
15. Jan.- Feb. geschl. – **M** *(Abendessen nur für Hausgäste)* a la carte 24/47 – **37 Z : 50 B**
50/61 - 94/108.

🏠 **Gästehaus Koch** garni, Sonnenweg 3, ℰ 13 06, ⇆, 🌸 – ⇖ 🅟. 🎇
17 Z : 28 B 27/45 - 54/84.

🛎 **Löwen**, Baumstr. 1, ℰ 14 68, 🌸
◆ *Mitte Nov.- Mitte Dez. geschl.* – **M** *(Dienstag geschl.)* a la carte 19/43 – **11 Z : 14 B** 25/35 -
50/80 – ½ P 34/50.

In Bad Liebenzell-Monakam NO : 4,5 km – Höhe 536 m :

🏠 **Waldblick** 🦢, Monbachstr. 25, ℰ 8 35, ≼, 🌸 – 🕿 🅟
Anfang Nov.- Mitte Dez. geschl. – **M** *(im Sommer Dienstag ab 13 Uhr, im Winter Dienstag
ganztägig geschl.)* a la carte 25/40 – **17 Z : 27 B** 40/59 - 80/98 Fb.

LIENEN 4543. Nordrhein-Westfalen – 7 950 Ew – Höhe 94 m – Erholungsort – ✪ 05483.
🛈 Tourist-Information im Haus des Gastes, Diekesdamm 1, ℰ 89 10.
◆Düsseldorf 179 – Bielefeld 47 – Münster (Westfalen) 48 – ◆Osnabrück 22.

✕ **Küppers** mit Zim, Lengericher Str. 11, ℰ 7 78 – 🅟
6 Z : 12 B.

LIESER 5550. Rheinland-Pfalz – 1 400 Ew – Höhe 107 m – ✪ 06531 (Bernkastel-Kues).
Mainz 117 – Bernkastel-Kues 4 – ◆Trier 40 – Wittlich 14.

🏠 **Mehn zum Niederberg**, Moselstr. 2, ℰ 60 19, 🌸, « Gemütliche Gasträume in
altdeutschem Stil », ⇆, eigener Weinbau – 🕿 🅟. ① 🔁 𝘝𝘐𝘚𝘈
15. Dez.- Jan. geschl. – **M** a la carte 24/51 🍷 – **25 Z : 45 B** 40/65 - 76/110 Fb – 9 Fewo
50/80.

In Maring-Noviand 5554 NW : 2 km :

🏠 **Weinhaus Liesertal**, Moselstr. 39 (Maring), ℰ (06535) 8 48, 🌸, ⇆, 🌸 – 🕿 🅟
26 Z : 52 B Fb.

LILIENTHAL Niedersachsen siehe Bremen.

LIMBACH 6958. Baden-Württemberg 🔲🔲🔲 K 18 – 4 400 Ew – Höhe 385 m – Luftkurort –
✪ 06287.
◆Stuttgart 101 – Amorbach 22 – Heidelberg 57 – Heilbronn 47.

🏠 **Volk** 🦢, Baumgarten 3, ℰ 18 11, ⇆, 🔲, 🌸 – 🅟 – 🔬 30. ① 🔁 𝘝𝘐𝘚𝘈
◆ *Mitte Jan. - Anfang Feb. geschl.* – **M** a la carte 18,50/55 – **24 Z : 45 B** 50/70 - 90/110 Fb –
½ P 60/84.

🛎 **Limbacher Mühle** 🦢, Heidersbacher Str. 18 (O : 1 km), ℰ 10 20, 🌸, 🌸 – 🅟
7 Z : 12 B.

In Limbach-Krumbach SW : 2 km :

🛎 **Engel-Restaurant Zur alten Scheune**, Engelstr. 19, ℰ 2 62, 🌸, ⇆, 🔲, 🌸 – ⇖ 🅟
◆ *20. Nov.- 25. Dez. geschl.* – **M** *(wochentags nur Abendessen, Montag geschl.)* a la carte
21/44 🍷 – **20 Z : 39 B** 44/47 - 82/88 Fb.

LIMBACH Rheinland-Pfalz siehe Hachenburg.

LIMBURG AN DER LAHN 6250. Hessen 🔲🔲🔲 ㉔ – 31 100 Ew – Höhe 118 m – ✪ 06431.
Sehenswert : Dom★ (Lage★★) – Friedhofterrasse ≼★ – Diözesanmuseum★ A M1.
Ausflugsziel : Burg Runkel★ (Lage★★) O : 7 km.
🛈 Städt. Verkehrsamt. Hospitalstr. 2, ℰ 20 32 22.
◆Wiesbaden 52 ② – ◆Frankfurt am Main 74 ② – Gießen 56 ① – ◆Koblenz 50 ① – Siegen 70 ①.

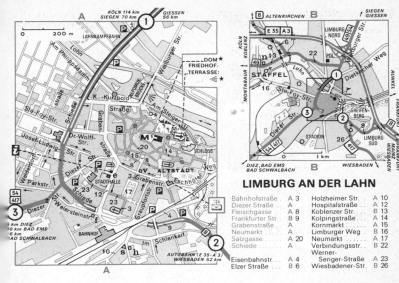

LIMBURG AN DER LAHN

🏠 **Romantik-Hotel Zimmermann**, Blumenröder Str. 1, ℰ 46 11, Fax 41314 — 📺 ☎ 🅿. 🆎 ① 🅴 𝒱𝐼𝒮𝒜. 🛇 Rest
A **h**
20. Dez.- 3. Jan. geschl. — (nur Abendessen für Hausgäste) — **30 Z : 55 B** 95/125 - 125/220.

🏠 **Dom-Hotel**, Grabenstr. 57, ℰ 2 40 77, Fax 23851 — 🔋 📺 ☎ 🅿. 🆎 ① 🅴 𝒱𝐼𝒮𝒜. 🛇 Rest
Weihnachten - Anfang Jan. geschl. — **M** a la carte 28/58 — **59 Z : 101 B** 48/130 - 85/ 157 Fb.
A **v**

🏠 **Martin**, Holzheimer Str. 2, ℰ 4 10 01 — 🔋 ☎ 🚗 🅿. ① 𝒱𝐼𝒮𝒜
A **s**
M (nur Abendessen, Mittwoch und Sonntag sowie Juli- Aug. 3 Wochen geschl.) a la carte 24/48 — **30 Z : 50 B** 68/92 - 102/122 Fb.

🏠 **Huss - China-Restaurant Lotos**, Bahnhofsplatz 3, ℰ 2 50 87 (Hotel) 63 00 (Rest.), Fax 25136 — 🔋 ☎ 🚗 🅿. 🆎 ① 🅴 𝒱𝐼𝒮𝒜
A **f**
M a la carte 26/46 — **34 Z : 68 B** 43/74 - 78/126 Fb.

✗✗ **St. Georgstube**, Hospitalstr. 4 (Stadthalle), ℰ 2 60 27, Fax 22902 — 🔥 — 🏛 25/400. 🆎 ① 🅴 𝒱𝐼𝒮𝒜
A **e**
M a la carte 25/57.

In Limburg 4-Offheim N : 3 km :

🏠 Zum Lord garni, Weidestr. 11, ℰ 5 23 21, 🕿, 🌱 — 📺 ☎ 🅿
24 Z : 44 B.

In Limburg 3-Staffel NW : 3 km :

🏠 Alt-Staffel, Koblenzer Str. 56, ℰ 37 65 — 📺 ☎ 🅿
B **n**
16 Z : 32 B.

During the season, particularly in resorts, it is wise to book in advance.

LIMBURGERHOF 6703. Rheinland-Pfalz 🄓🄓🄓 I 18 — 9 500 Ew — Höhe 98 m — ✪ 06236 (Neuhofen).
Mainz 86 — ◆Mannheim 9,5 — Neustadt an der Weinstraße 24 — Speyer 13.

🏠 **Rechner**, Brunckstr. 2 (Ecke Speyerer Straße), ℰ 82 39 — 🚗 🅿. 🛇
→ Juli 3 Wochen geschl. — **M** a la carte 16/28 🍴 — **16 Z : 24 B** 30/45 - 60/64.

LINDAU IM BODENSEE 8990. Bayern 🄓🄓🄓 LM 24, 🄨🄵🄷 ㉟ ㉚. 🄸🄶🄼 ⑧ — 24 000 Ew — Höhe 400 m — ✪ 08382.

Sehenswert : Hafen mit Römerschanze ≤★ — Stadtgarten ≤★ — Altstadt.

Ausflugsziel : Deutsche Alpenstraße★★★ (von Lindau bis Berchtesgaden).

🏌 Am Sonnenbühl 5(über ①), ℰ 7 80 90 ; 🏌Weißensberg (N : 4 km über ①), ℰ (08389) 8 91 90.
🚊 ℰ40 00.

🛈 Tourist-Information, am Hauptbahnhof, ℰ 50 22.

◆München 180 ① — Bregenz 10 ② — Ravensburg 33 ③ — ◆Ulm (Donau) 123 ①.

LINDAU
IM BODENSEE

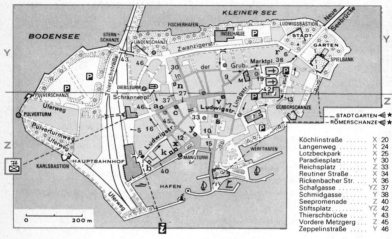

Auf der Insel :

Bayerischer Hof, Seepromenade, ℰ 50 55, Telex 54340, Fax 5055202, ⅃ (geheizt), ⇌ –
📺 P – 🅰 25/100. ⅏ 🇪 𝓥𝓘𝓢𝓐. ⅍ Rest
Ostern - Okt. – **M** a la carte 42/73 – **95 Z : 172 B** 107/200 - 190/355 Fb. Z **b**

Reutemann - Seegarten 🔊, Seepromenade, ℰ 50 55, Telex 54340, « Terrasse mit ≤ »,
⅃ (geheizt), ⇌ – 📺 P – 🅰 25/90. ⅏ 🇪 𝓥𝓘𝓢𝓐. ⅍ Rest
M a la carte 36/64 – **66 Z : 118 B** 80/154 - 125/262 Fb. Z **k**

Lindauer Hof, Seepromenade, ℰ 40 64, Telex 541813, ≤, 🏤, 🚉, ⃞ – 📺 🅰 🇪 𝓥𝓘𝓢𝓐
Mitte Jan.- Anfang März geschl., 15. Nov.- Jan. garni – **M** a la carte 23/57 – **23 Z : 46 B**
100/145 - 160/220 Fb – ½ P 96/171. Z **y**

Helvetia 🔊, Seepromenade, ℰ 40 02, « Terrasse mit ≤ », 🚉, ⃞ – 📺 ☎ 🇪 ⅏ 🇪
𝓥𝓘𝓢𝓐
März - Okt. – **M** a la carte 31/70 – **50 Z : 100 B** 95/160 - 160/240 Fb – ½ P 105/145. Z **x**

Insel-Hotel garni, Maximilianstr. 42, ℰ 50 17 – 📺 ☎ ⇌ 🇪 ⅏ 🇪 𝓥𝓘𝓢𝓐 Z **a**
28 Z : 44 B 78/98 - 130/135 Fb.

Brugger garni, Bei der Heidenmauer 11, ℰ 60 86, 🚉 – ☎ 🇪 ⅏ 🇪 𝓥𝓘𝓢𝓐. ⅍ Y **r**
20 Z : 40 B 65/75 - 104/130.

Café Peterhof garni, Schafgasse 10, ℰ 57 00 – 📺 🇪 🇪 𝓥𝓘𝓢𝓐 Y **n**
März - Okt. – **29 Z : 49 B** 65/115 - 120/160.

Spielbank-Restaurant, Oskar-Groll-Anlage 2, ℰ 52 00, ≤ Bodensee und Alpen, 🏤 –
P. ⅏ 🇪 𝓥𝓘𝓢𝓐
M a la carte 45/75. Y

※ ❀ **Bistro Beaujolais**, Ludwigstr. 7, ℰ 64 49 – ⅏ Z **s**
Montag - Dienstag 18 Uhr und März geschl. – **M** 59/86 und a la carte
Spez. Terrinen und Pasteten, Lachs in der Kartoffelkruste, Duo von Mousse au Chocolat mit Karameleis.

✗ **Weinstube Frey**, Maximilianstr. 15 (1. Etage), ℰ 52 78, « Altdeutsche Stube » – **E**
Sonntag geschl. – **M** a la carte 30/55.   Z **c**

✗ **Zum Sünfzen**, Maximilianstr. 1, ℰ 58 65, 🍴 – ᴁ ⓞ **E** *VISA*. 🍴
28. Jan.- 3. März geschl. – **M** a la carte 23/47 🍴.   Z **v**

In Lindau-Aeschach :

🏠 Am Holdereggenpark, Giebelbachstr. 1, ℰ 60 66 – 🕿 ⇦⇨ ⓟ   X **a**
nur Saison – *(nur Abendessen)* – **26 Z : 40 B** Fb.

🏠 **Toscana** garni, Am Aeschacher Ufer 14, ℰ 31 31, 🍴 – 🕿 ⇦⇨ ⓟ. 🍴   X **m**
Dez.- Mitte Jan. geschl. – **20 Z : 25 B** 57/62 - 92/108.

In Lindau - Hoyren :

🏠 **Schöngarten** garni, Schöngartenstr. 15, ℰ 2 50 30, Caféterrasse, 🍴 – |🛏| 🖵 🕿 ⅙ ⇦⇨
ⓟ **12 Z : 21 B** 65/85 - 120/140 Fb.   X **n**

✗✗✗ ❀ **Hoyerberg Schlössle**, Hoyerbergstr. 64 (auf dem Hoyerberg), ℰ 2 52 95, « Terrasse
mit ≼ Bodensee und Alpen » – ⓟ. ᴁ ⓞ **E** *VISA*   X **e**
Montag und 15. Jan.- Feb. geschl. – **M** (Tischbestellung ratsam) 86/130 und a la carte 58/87
Spez. Salat "Gourmet", Bodenseezander aus dem Ofen mit Kräutern, Rehrücken mit Pilzen (2 Pers.).

In Lindau-Reutin :

🏠 **Reulein** 🍴 garni, Steigstr. 28, ℰ 7 90 99, ≼, 🍴 – |🛏| 🖵 🕿 ⅙ ⓟ. ᴁ ⓞ **E** *VISA*   X **s**
26 Z : 52 B 95/130 - 120/160 Fb.

🏠 **Köchlin** (ehemaliges Zollhaus), Kemptener Str. 41, ℰ 7 90 37, Biergarten – 🖵 🕿 ⓟ. ᴁ
ⓞ **E** *VISA*   X **b**
2.- 23. Nov. geschl. – **M** (Montag geschl.) a la carte 24/44 🍴 – **22 Z : 34 B** 58/65 - 110/116.

In Lindau-Bad Schachen :

🏨 **Bad Schachen** 🍴, Bad Schachen 1, ℰ 50 11, Telex 54396, Fax 25390, ≼ Bodensee, Lindau
und Alpen, 🍴, « Park », Bade- und Massageabteilung, 🏊 (geheizt), 🔲, 🐴, 🍴, 🍴 – |🛏|
🖵 ⅙ ⇦⇨ ⓟ – ⅍ 25/125. ᴁ *VISA*. 🍴 Rest   X **d**
Mitte April - Mitte Okt. – **M** a la carte 53/75 – **130 Z : 200 B** 127/209 - 214/322 Fb –
18 Appart.

🏨 **Strand-Hotel Tannhof** 🍴, Oeschländer Weg 24, ℰ 60 44, Fax 28762, ≼, 🍴, « Park »,
🏊 (geheizt), 🐴, 🍴 – |🛏| 🖵 ⇦⇨ ⓟ. 🍴 Rest   X **r**
Mitte März- Ende Okt. – **M** a la carte 38/57 – **29 Z : 55 B** 90/120 - 140/260 Fb.

🏨 **Parkhotel Eden** 🍴, Schachener Str. 143, ℰ 58 16, 🍴, 🍴 – |🛏| 🕿 ⅙ ⓟ. ᴁ ⓞ **E**
VISA   X **t**
Mitte März - Okt. – **M** (nur Abendessen) a la carte 23/49 – **26 Z : 45 B** 58/90 - 120/130 Fb.

🏠 **Lindenhof** 🍴 garni, Dennenmoosstr. 3, ℰ 40 75, Caféterrasse, ⇔, 🔲, 🍴 – ⓟ. **E**. 🍴   X **c**
Mitte März - Mitte Nov. – **18 Z : 35 B** 70/125 - 125/165 Fb.

🏠 **Appartement-Haus Schachen-Schlößle** garni, Enzisweiler Str. 5, ℰ 50 69, ⇔, 🔲,
🍴 – ⇖⇘ Zim 🕿 ⓟ. ᴁ ⓞ **E** *VISA*   X **u**
März - Okt. – **22 Z : 33 B** 71/122 - 122/140.

✗✗ **Schachener Hof** 🍴 mit Zim, Schachener Str. 76, ℰ 31 16, 🍴 – 🖵 ⓟ. **E**. 🍴 Zim
Jan.- 8. Feb. geschl. – **M** (Dienstag - Mittwoch 16 Uhr geschl., Nov.- Ostern wochentags
nur Abendessen) a la carte 35/62 – **6 Z : 12 B** 80 - 140.   X **v**

Auf dem Golfplatz Weißensberg NO : 7 km über ① :

🏨 Golfhotel Bodensee 🍴, Lampertsweiler 51, ⌧ 8995 Weißensberg, ℰ (08389) 89 10,
Telex 541836, Fax 89120, ≼, « Elegantes Landhaushotel », ⇔ – |🛏| 🖵 ⓟ – ⅍ 25
33 Z : 72 B Fb.

In Hergensweiler - Stockenweiler 8997 NO : 10 km über ① :

✗✗ ❀ **Stockenweiler**, an der B 12, ℰ (08388) 2 43 – ⓟ. ⓞ **E**
nur Abendessen, Donnerstag sowie 15.- 31. Jan. und 16.- 30. Juni geschl. – **M**
(Tischbestellung ratsam) um 80 und a la carte 55/86
Spez. Filet vom Bodenseezander mit Krebsen, Ochsenschwanzragout mit kleinem Gemüse, Dessertvariation.

Siehe auch : *Bregenz* (Österreich)

LINDBERG Bayern siehe Zwiesel.

LINDENBERG Rheinland-Pfalz siehe Lambrecht.

LINDENBERG IM ALLGÄU 8998. Bayern ④①③ M 24. ⑨⑧⑦ ⑯, ④②⑦ ⑧ – 11 000 Ew – Höhe 800 m
– Höhenluftkurort – ✪ 08381 – 🛈 Städt. Verkehrsamt, im Rathaus, Rathausstr. 1, ℰ 8 03 24.
▶München 174 – Bregenz 24 – Kempten (Allgäu) 56 – Ravensburg 36.

✗ **Weinstube Bode** 🍴 mit Zim, Nadenberg 7, ℰ 28 28, ≼, 🍴 – 🖵 ⓟ. **E**
30. Juli - 20. Aug. geschl. – **M** (Sonntag 17 Uhr - Montag geschl.) a la carte 32/53 – **7 Z :
11 B** 42/50 - 85/90.

An der Deutschen Alpenstraße O : 2 km :

🏠 **Alpengasthof Bavaria**, Manzen 8, ⌧ 8998 Lindenberg, ℰ (08381) 13 26, ≼ Allgäuer
Berge, 🍴, 🏊 (geheizt), 🍴 – 🕿 ⇦⇨ ⓟ. 🍴
26. Jan.- 23. Feb. geschl. – **M** (Freitag geschl.) a la carte 26/53 🍴 – **18 Z : 34 B** 45/50 -
70/80.

LINDENFELS 6145. Hessen 🅰🅱🅱 J 17 — 4 700 Ew — Höhe 364 m — Heilklimatischer Kurort — ✆ 06255.

🖪 Kurverwaltung im Rathaus, Burgstraße, ℰ 24 25.

♦Wiesbaden 86 — ♦Darmstadt 46 — ♦Mannheim 42.

🏨 **Kurhotel Odenwald**, Nibelungenstr. 73, ℰ 20 08, Fax 2929, 🌧, Massage, 🔥, 🖙, 🔲,
🍴 — 🛗 🔲 ☎ 🚗 🅟. 🕮 ⓪ 🗲 𝗩𝗜𝗦𝗔
M a la carte 28/57 🍷 — **30 Z : 48 B** 70/95 - 125/150 Fb — ½ P 78/100.

🏠 **Waldschlösschen**, Nibelungenstr. 102, ℰ 24 60, 🌧 — ☎ 🚗 🅟. 🗲 𝗩𝗜𝗦𝗔
Nov. geschl. — **M** *(Montag geschl.)* a la carte 26/65 🍷 — **13 Z : 21 B** 50/55 - 100/110 Fb.

🏠 **Altes Rauch'sches Haus**, Burgstr. 31, ℰ 5 21, 🌧 — 🚗
↔ *10. Jan.- 19. Feb. geschl.* — **M** *(Dienstag geschl.)* a la carte 20/41 🍷 — **14 Z : 22 B** 32/38 - 60/72.

In Lindenfels-Kolmbach NW : 4 km :

🏠 Buchenhof, Winterkastener Weg 10, ℰ (06254) 8 33, ≤, 🌧 — ☎ 🅟
14 Z : 25.

In Lindenfels 2-Winkel NW : 3 km :

🏠 **Zum Wiesengrund** 🦌, Talstr. 3, ℰ 20 71, 🌧, 🖙, 🔲, 🌧 — ☎ 🚗 🅟 — 🔥
↔ *Mitte Jan.- Anfang Feb. geschl.* — **M** *(Montag geschl.)* a la carte 18/40 🍷 — **39 Z : 70 B**
44/52 - 80/90 Fb — ½ P 53/60.

In Lindenfels 3-Winterkasten N : 6 km :

🏠 **Landhaus Sonne** 🦌 garni, Bismarckturmstr. 26, ℰ 25 23, ≤, 🖙, 🔲, 🌧 — 📺 🅟
Mitte Feb.- Mitte März geschl. — **8 Z : 14 B** 45/50 - 80/95 Fb.

LINDERHOF (Schloß) Bayern. Sehenswürdigkeit siehe Ettal.

LINDLAR 5253. Nordrhein-Westfalen — 18 700 Ew — Höhe 246 m — ✆ 02266.

🖫 Schloß Georghausen (SW : 8 km), ℰ (02207) 49 38.

🖪 Verkehrsamt, Borromäusstr. 1, ℰ 96 67.

♦Düsseldorf 78 — Gummersbach 25 — ♦Köln 41 — Wipperfürth 13.

🏠 **Zum Holländer**, Kölner Str. 6, ℰ 66 05 — 📺 ☎ — 🔥 30. ⓪ 🗲 𝗩𝗜𝗦𝗔
M a la carte 27/53 — **12 Z : 16 B** 60 - 90 Fb.

🏠 **Lintlo** garni, Hauptstr. 5, ℰ 62 40 — ☎ 🚗 🅟. 🎬
15 Z : 30 B 50/60 - 70/80.

🗙🗙 **Schlemmer-Ecke**, Kölner Str. 2, ℰ 63 55
Dienstag geschl. — **M** a la carte 26/48.

In Lindlar-Frielingsdorf NO : 6 km :

🏠 Montanushof, Montanusstr. 8, ℰ 80 85 — 🅟. 🎬 Zim
8 Z : 16 B.

In Lindlar-Georghausen SW : 8 km :

🏨 **Schloß Georgshausen** 🦌, im Sülztal, ℰ (02207) 25 61, Fax 7683,, 🌧, 🖫 — 🅟 —
🔥 25/65. 🕮 ⓪ 🗲 𝗩𝗜𝗦𝗔
M *(Montag - Dienstag geschl.)* a la carte 42/72 — **12 Z : 24 B** 80/100 - 125/155 Fb.

In Lindlar 3-Kapellensüng N : 5 km :

🏠 Zur Dorfschänke 🦌, Anton-Esser-Str. 42, ℰ 65 65, 🔲, 🌧 — 🅟. 🎬 Zim
11 Z : 22 B.

LINGEN 4450. Niedersachsen 🅰🅱🅱 ⑭. 🅰🅱🅱 ⑭ — 49 600 Ew — Höhe 33 m — ✆ 0591.

🖫 Altenlingen, Gut Beversundern, ℰ (0591) 6 38 37.

🖪 Städt. Verkehrsbüro, Rathaus, Elisabethstr. 14, ℰ 8 23 35.

♦Hannover 204 — ♦Bremen 135 — Enschede 47 — ♦Osnabrück 65.

🏨 Parkhotel, Marienstr. 29, ℰ 5 38 88, 🌧, 🖙 — 🛗 📺 ☎ 🅟 — 🔥
31 Z : 58 B Fb.

🏠 **B 70**, An der Kapelle 2 - Ecke Rheiner Str. (S : 3 km), ℰ 42 63 — ☎ 🅟 — 🔥 . 🕮 ⓪ 🗲 𝗩𝗜𝗦𝗔
20. Dez.- 6. Jan. geschl. — **M** *(Samstag bis 18 Uhr geschl.)* a la carte 29/62 — **22 Z : 40 B** 62 - 80.

🏠 Ewald garni, Waldstr. 90, ℰ 6 23 42 — ☎ 🅟
14 Z : 20 B.

🗙🗙🗙 �ⓦ **Altes Forsthaus Beck**, Georgstr. 22, ℰ 37 98, « Ständige Kunstausstellung » — 🅟
🕮 🗲 𝗩𝗜𝗦𝗔. 🎬
Samstag bis 18 Uhr und Montag geschl. — **M** 50/105 und a la carte
Spez. Zwei Süppchen "Lothar Beck", Baby-Steinbutt mit Gänsestopflebersauce, Lammrücken in de
Kartoffelkruste.

504

In Lingen-Darme S : 4,5 km :

🏨 Am Wasserfall ♨, Hanekenfähr, ℰ 40 99, Fax 2278, ≤, ╦. Fahrradverleih – 📺 ☎ ℗ –
🔒 **39 Z : 54 B** Fb.

In Lingen-Schepsdorf SW : 3 km :

🏠 **Hubertushof,** Nordhorner Str. 18, ℰ 35 14, ╦ – 📺 ☎ ⇐ ℗. AE ⓞ E
VISA
M a la carte 32/60 – **32 Z : 50 B** 50/80 - 90/105 Fb.

🏠 **Waldhotel Neerschulte,** Lohner Str. 1, ℰ 30 60, ╦, ≘, ⬛, ⋈ – ☎ ⇐ ℗. ⓞ E *VISA*
➡ **M** *(Samstag bis 17 Uhr geschl.)* a la carte 19/39 – **20 Z : 35 B** 40/55 - 80/90.

LINNICH 5172. Nordrhein-Westfalen 🄰🄾🄾 ⑦ – 13 000 Ew – Höhe 67 m – ✪ 02462.
♦ Düsseldorf 59 – ♦Aachen 27 – ♦Köln 76.

XX **Rheinischer Hof,** Rurstr. 21, ℰ 10 32 – ⓞ E *VISA*
Dienstag 15 Uhr - Mittwoch und 15.- 30. Juni geschl. – **M** a la carte 35/62.

XX **Waldrestaurant Ivenhain,** Ivenhain 1 (O : 1 km), ℰ 63 19 – ℗. ⓞ E *VISA*. ⋇
Donnerstag, Juli 3 Wochen und 24.- 31. Dez. geschl. – **M** a la carte 33/52.

LINSENGERICHT Hessen siehe Gelnhausen.

LINTIG Niedersachsen siehe Bederkesa.

LINZ AM RHEIN 5460. Rheinland-Pfalz 🄽🄾🄾 ㉔ – 6 000 Ew – Höhe 60 m – ✪ 02644.
🛈 Verkehrsamt, Rathaus, Marktplatz, ℰ 25 26.
Mainz 131 – ♦Bonn 28 – ♦Koblenz 40.

🏠 **Café Weiß** garni, Mittelstr. 7, ℰ 70 81 – 🛗 ☎
8 Z : 14 B 60/70 - 110/130.

🏠 **Weinstock,** Linzhausenstr. 38 (B 42), ℰ 24 59, « Gartenterrasse », ⋈ – ⇐ ℗. AE ⓞ E
VISA
April - Mitte Nov. – **M** *(Montag geschl.)* a la carte 27/65 – **26 Z : 48 B** 42/70 - 78/150.

🏤 **Gut Frühscheid** ♨, Am Roniger Weg (O : 2 km), ℰ 70 15, ╦, ≘, ⬛ – ☎ ℗. ⋇ Zim
➡ *Weihnachten - Mitte Jan. geschl.* – **M** *(Dienstag geschl.)* a la carte 21/42 – **9 Z : 18 B** 55/60
- 100/120.

LIPBURG Baden-Württemberg siehe Badenweiler.

LIPPOLDSBERG Hessen siehe Wahlsburg.

LIPPSPRINGE, BAD 4792. Nordrhein-Westfalen 🄽🄾🄾 ⑮ – 13 000 Ew – Höhe 123 m –
Heilbad – Heilklimatischer Kurort – ✪ 05252.
🛈 Verkehrsbüro, Friedrich-Wilhelm-Weber-Platz 33, ℰ 5 03 03.
Düsseldorf 179 – Detmold 18 – ♦Hannover 103 – Paderborn 9.

🏨 **Kurhaus-Hotel** ♨, Birkenallee 4, ℰ 20 10, Telex 936933, Fax 201111, Caféterrasse, ≘,
⬛ – 🛗 📺 ⅙ ℗ – ⚒ 25/150. AE ⓞ E *VISA*. ⋇ Rest
M a la carte 35/68 – **100 Z : 160 B** 143/174 - 195/226 Fb – ½ P 125/201.

🏠 **Gästehaus Scherf** ♨ garni, Arminiusstr. 23, ℰ 10 01, ≘, ⬛, ⋈ – 🛗 📺 ☎ ℗
28 Z : 36 B 60/90 - 100/140 Fb – 6 Fewo 90/100.

🏠 **Zimmermann** garni, Detmolder Str. 180, ℰ 5 00 61, ⋈ – 🛗 ☎ ⇐ ℗
22. Dez.- 10. Jan. geschl. – **23 Z : 40 B** 60 - 90/100 Fb.

LIPPSTADT 4780. Nordrhein-Westfalen 🄽🄾🄾 ⑭ – 63 000 Ew – Höhe 77 m – ✪ 02941.
🛫 bei Büren-Ahden, SO : 17 km über Geseke, ℰ (02955) 7 70.
Städt. Verkehrsverein, Lange Str. 14, ℰ 5 85 15.
Kurverwaltung, Bad Waldliesborn, Quellenstr. 60, ℰ 80 00.
Düsseldorf 142 – Bielefeld 52 – Meschede 43 – Paderborn 31.

🏤 **City-Hotel** garni, Lange Str. 1, ℰ 50 33, ≘ – 🛗 📺 ☎ ℗. AE ⓞ E *VISA*
25 Z : 45 B 60/110 - 110/170 Fb.

🏠 **Altes Brauhaus (Fachwerkhaus a.d.J. 1657),** Rathausstr. 12, ℰ 45 31 – ☎ ℗ – ⚒
21 Z : 27 B Fb.

XXX ✿ **Grand Cru (ehem. Villa),** Wiedenbrücker Str. 34, ℰ 6 42 42 – ℗. AE ⓞ E. ⋇
nur Abendessen, Sonn- und Feiertage sowie Juni - Juli 4 Wochen geschl. –
M *(Tischbestellung ratsam)* 70/138 und a la carte – **Heise's Bistro** *(auch Mittagessen und
vegetarische Gerichte)* **M** a la carte 33/56
Spez. Hummergerichte, Lamm-Medaillons in Basilikumkruste, Gratinierte Früchte mit Pralinen.

LIPPSTADT

In Lippstadt 4-Bad Waldliesborn N : 5 km :

- 🏠 **Jonathan**, Parkstr. 13, 🏠 86 43 — ☎ 🅿
  28 Z : 35 B Fb.

- 🏠 **Parkhotel Ortkemper** ♨, Im Kreuzkamp 10, 🏠 88 20 — 📳 ☎ 👍 🅿 — 🏛
  41 Z : 75 B Fb.

- 🏠 **Hubertushof**, Holzstr. 8, 🏠 85 40 — ⟵⟶ 🅿. ℅
  20. Dez.- 15. Jan. geschl. — **M** (Montag geschl.) a la carte 30/45 — **16 Z : 25 B** 48 - 96 —
  ½ P 63.

LIST Schleswig-Holstein siehe Sylt (Insel).

LOCHAU Österreich siehe Bregenz.

LÖCHERBERG Baden-Württemberg siehe Oppenau.

LÖF 5401. Rheinland-Pfalz — 2 100 Ew — Höhe 85 m — ۞ 02605.
Mainz 94 — Cochem 26 — ◆Koblenz 23.

- 🏠 **Krähennest**, Auf der Kräh 26, 🏠 80 80, Telex 862366, Fax 808180, ≤, 🏛, 🚲, ℅ — 📺 ☎
  🅿 — 🏛 25/80. ⒶⒺ Ⓔ
  M a la carte 32/61 — **74 Z : 141 B** 68 - 110.

  In Löf-Kattenes :

- 🏠 **Langen**, Oberdorfstr. 6, 🏠 45 75, 🚲 — 🅿. ⒶⒺ ⓄⒹ Ⓔ 𝑽𝑰𝑺𝑨. ℅
  15. Dez.- 20. Jan. geschl. — **M** (Dienstag geschl.) a la carte 19,50/41 👍 — **30 Z : 64 B** 30/50 -
  60/80.

LÖFFINGEN 7827. Baden-Württemberg 413 HI 23, 987 ⑮. 427 ⑤ ⑥ — 6 000 Ew — Höhe 802 m
— Erholungsort — ۞ 07654.
🎱 Kurverwaltung, Rathaus, 🏠 4 00.
◆Stuttgart 139 — Donaueschingen 16 — ◆Freiburg im Breisgau 46 — Schaffhausen 51.

- 🏠 **Pilgerhof** ♨, Maienlandstr. 24, 🏠 3 58, ≤s, 🚲 — ☎ ⟵⟶ 🅿 — 🏛 40
  M (Montag geschl.) a la carte 17/43 👍 — **26 Z : 50 B** 48/55 - 90/104 Fb.

- 🏠 **Wildpark** ♨, am Wildpark (NW : 2 km), 🏠 2 39, 🏛, 🔲, 🚲, ℅ — ☎ ⟵⟶ 🅿 — 🏛
  25 Z : 50 B.

  In Löffingen 5-Dittishausen NO : 3 km — Luftkurort :

- 🏡 **Zum Rössle** ♨, Fliederstr. 3, 🏠 2 16, 🚲 — 🅿
  Mitte Nov.- Mitte Dez. geschl. — **M** (Montag - Dienstag geschl.) a la carte 18,50/47 👍 —
  7 Z : 13 B 29/31 - 54/62.

  In Löffingen 6-Reiselfingen S : 3,5 km :

- 🏡 **Sternen** ♨, Mühlezielstr. 5, 🏠 3 41, 🚲 — ⟵⟶ 🅿
  (Restaurant nur für Hausgäste) — **13 Z : 25 B** 40/42 - 78.

- 🏡 **Krone**, Dietfurtstr. 14, 🏠 5 07, 🚲 — ⟵⟶ 🅿
  Nov. geschl. — **M** (Montag geschl.) a la carte 16/28 👍 — **10 Z : 19 B** 30 - 60 — ½ P 38.

LÖHNE 4972. Nordrhein-Westfalen 987 ⑮ — 36 500 Ew — Höhe 60 m — ۞ 05732.
◆Düsseldorf 208 — ◆Hannover 85 — Herford 12 — ◆Osnabrück 53.

  In Löhne 2-Ort :

- 🏠 **Schewe** ♨, Dickendorner Weg 48, 🏠 8 10 28, Fax 82669 — 📺 ☎ 🅿 — 🏛 40. Ⓔ 𝑽𝑰𝑺𝑨
  M (nur Abendessen, auch vegetarische gerichte) a la carte 23/47 — **30 Z : 42 B** 52/59 - 90
  98 Fb.

  In Löhne 3-Gohfeld :

- ✕✕ **Kramer**, Koblenzer Str. 183, 🏠 (05731) 8 38 38, 🏛 — 🅿. Ⓔ
  Samstag bis 18 Uhr und Montag geschl. — **M** 19/38 (mittags) und a la carte 30/60.

  In Löhne 1-Wittel :

- ✕✕ **Landhotel Witteler Krug** mit Zim, Koblenzer Str. 305 (B 61), 🏠 31 31 — ⟵⟶ 🅿
  6.- Jan. und 25. Juli - 7. Aug. geschl. — **M** (Freitag geschl.) 16/24 (mittags) und a la cart
  24/45 — **7 Z : 10 B** 50 - 90.

LÖHNHORST Niedersachsen siehe Schwanewede.

LÖNINGEN 4573. Niedersachsen 987 ⑭ — 11 600 Ew — Höhe 35 m — ۞ 05432.
◆Hannover 202 — ◆Bremen 91 — Enschede 91 — ◆Osnabrück 69.

- 🏠 **Deutsches Haus**, Langenstr. 14, 🏠 24 22, 🏛, Bade- und Massageabteilung, ≤s, 🚲
  Fahrradverleih — ☎ 🅿 — 🏛 60. ⒶⒺ Ⓔ. ℅ Rest
  M (Samstag geschl.) a la carte 25/48 — **22 Z : 36 B** 38/60 - 70/105 Fb.

506

LÖRRACH 7850. Baden-Württemberg **413** G 24, **987** ③, **427** ④ – 42 000 Ew – Höhe 294 m –
✆ 07621.

Ausflugsziel : Burg Rötteln★ N : 3 km.

🚗 ✆ 80 26.

🛈 Verkehrsbüro, Bahnhofsplatz, ✆ 41 56 20.

ADAC, Brombacher Str. 76, ✆ 1 06 27 und Grenzbüro, Lörrach-Stetten, ✆ 17 22 50.

◆Stuttgart 265 – Basel 9 – Donaueschingen 96 – ◆Freiburg im Breisgau 69 – Zürich 83.

🏨 **Villa Elben** 🌭 garni, Hünerbergweg 26, ✆ 20 66, ≼, « Park », 🚗 – 🛗 📺 ☎ ⇔ 🅟
34 Z : 44 B 80/95 - 110/130 Fb.

🏨 **City-Hotel** garni, Weinbrennerstr. 2a, ✆ 4 00 90, Fax 400966 – 🛗 📺 ☎ 🅟. 🆎 ⓞ 𝗘
VISA
28 Z : 56 B 82/95 - 105/135 Fb.

🏠 **Binoth am Markt** garni, Basler Str. 169, ✆ 26 73 – 🛗 ☎. 🆎 ⓞ 𝗘 **VISA**
22 Z : 39 B 60/85 - 95/110.

🏠 **Bijou** garni, Basler Str. 7, ✆ 8 90 77 – ☎ ⇔ 🅟. 🆎 ⓞ 𝗘 **VISA**. ✂ Zim
20 Z : 36 B 54/72 - 90/108 Fb.

✗✗ **Zum Kranz** mit Zim, Basler Str. 90, ✆ 8 90 83 – 📺 ☎ 🅟. 🆎 ⓞ 𝗘 **VISA**
M *(Tischbestellung ratsam)* (Sonn- und Feiertage geschl.) a la carte 45/66 – **9 Z : 17 B**
59/80 - 110/140.

In Lörrach-Haagen NO : 3,5 km :

🏠 **Henke** 🌭 garni, Markgrafenstr. 48, ✆ 5 15 10 – ☎ ⇔ 🅟
20 Z : 36 B 30/55 - 60/80.

✗ **Markgrafen-Stuben**, Hauinger Str. 34, ✆ 5 23 65 – 🆎 ⓞ 𝗘 **VISA**
Montag und über Fastnacht 1 Woche geschl. – **M** a la carte 30/58 🍴.

An der B 316 SO : 4 km :

✗✗ **Landgasthaus Waidhof**, ✉ 7854 Inzlingen, ✆ (07621) 26 29 – 🅟
Sonntag 17 Uhr - Montag, Feb. und Juli geschl. – **M** a la carte 46/83.

In Inzlingen 7854 SO : 6 km :

✗✗ ✿ **Inzlinger Wasserschloß** (Wasserschloß a.d.15.Jh.), Riehenstr. 5, ✆ (07621) 4 70 57 –
🅟. ⓞ 𝗘
Dienstag - Mittwoch 18 Uhr und Mitte Juli - Anfang Aug. geschl. – **M** (Tischbestellung
ratsam) 45 (mittags) und a la carte 71/90
Spez. Wachtel mit Gänseleber gefüllt, Steinbut in weißer Buttersauce, Milchlamm-Carré ''provençale''.

LÖSCHENBRAND Bayern siehe Landshut.

LÖWENSTEIN 7101. Baden-Württemberg **413** L 19 – 2 500 Ew – Höhe 384 m – ✆ 07130.

◆Stuttgart 49 – Heilbronn 18 – Schwäbisch Hall 30.

🏠 **Lamm**, Maybachstr. 43, ✆ 5 42 – ☎ 🅟
10.- 31. Jan. und Aug. 2 Wochen geschl. – **M** *(Montag geschl.)* a la carte 24/49 – **8 Z : 13 B**
60 - 98/115.

In Löwenstein-Hösslinsülz NW : 3,5 km :

🏨 **Roger**, Heiligenfeldstr. 56 (nahe der B 39), ✆ 67 36, 🚗 – 🛗 📺 ☎ ⅙ ⇔ 🅟 – 🏛
39 Z : 70 B.

LOFFENAU Baden-Württemberg siehe Gernsbach.

LOHBERG 8491. Bayern **413** W 19, **987** ㉘ – 2 000 Ew – Höhe 650 m – Erholungsort –
Wintersport : 550/850 ⚡1 ⚡6 – ✆ 09943 (Lam).

🛈 Verkehrsamt, Haus des Gastes, Rathausweg 1, ✆ 34 60.

◆München 205 – Cham 44 – Deggendorf 62 – Passau 90.

🏠 **Landhaus Baumann** 🌭, Ringstr. 7, ✆ 6 47, ≼, 🚍, 🚗 – 🅟. ✂
15. Okt.- 15. Dez. geschl. – (nur Abendessen für Hausgäste) – **12 Z : 21 B** 31/36 - 51/61 –
½ P 36/41.

In Lohberg-Altlohberghütte O : 3 km – Höhe 900 m

🏠 **Bergpension Kapitän Goltz** 🌭, ✆ 13 87, ≼, 🍴, 🚍, 🚗 – ☎ 🅟. 🆎 ⓞ 𝗘
← Mitte Nov.- Mitte Dez. geschl. – **M** *(auch vegetarische Gerichte)* a la carte 16/44 – **11 Z :**
22 B 32 - 60/70 Fb – ½ P 42.

In Lohberg-Sommerau SW : 2,5 km über Lohberghütte :

🏠 **Pension Grüne Wiese** 🌭, Sommerauer Str. 10, ✆ 12 08, Wildgehege, 🚍, 🏊, 🚗 –
🅟
Nov.- 24. Dez. geschl. – (nur Abendessen für Hausgäste) – **26 Z : 46 B** 39/42 - 70 Fb –
½ P 45/49.

507

LOHMAR 5204. Nordrhein-Westfalen — 26 600 Ew — Höhe 75 m — ✆ 02246.
◆Düsseldorf 63 — ◆Köln 23 — Siegburg 5.

※ **Jägerhof**, Hauptstr. 35, ℘ 42 79 — ℗
  wochentags nur Abendessen — **M** a la carte 19,50/46.

In Lohmar 1-Donrath :

※※ **Meigermühle**, an der Straße nach Rösrath (NW : 2 km), ℘ 50 00, 🌣 — ℗. AE ⓪ E ⅦSA
  Dienstag ab 15 Uhr geschl. — 19,50/30 (mittags) und a la carte 28/58.

In Lohmar 21-Honrath N : 9 km :

※※ **Haus am Berg** 📶 mit Zim, Zum Kammerberg 22, ℘ (02206) 22 38, ≼, « Gartenterrasse »
  — ℗. 🦌
  Juni - Juli 2 Wochen geschl. — **M** *(Sonntag geschl.)* a la carte 51/76 — **16 Z : 28 B** 55/75 -
  100/140.

In Lohmar 21-Wahlscheid NO : 4 km — ✆ 02206 :

🏨 **Landhotel Naafs - Häuschen**, an der B 484 (NO : 3 km), ℘ 8 00 81, Fax 82165, 🌣, ≘ₛ
  — 📺 🅿 ⟵ ⓐ — 🔏 25/60. ⟵ 🗂
  M *(Donnerstag geschl.)* a la carte 35/70 — **44 Z : 60 B** 120/145 - 160 Fb.

🏨 **Schloß Auel**, an der B 484 (NO : 1 km), ℘ 20 41, Telex 887510, Fax 2316, 🌣, « Antike
  Einrichtung, Park, Schloßkapelle », ≘ₛ, 🏊, 🦌 — 📺 🅿 — 🔏 25/120. AE ⓪ E ⅦSA
  2.- 14. Jan. geschl. — **M** a la carte 48/68 — **23 Z : 44 B** 105/165 - 165/260 Fb.

🏠 **Aggertal-Hotel Zur alten Linde** 📶, Bartholomäusstr. 8, ℘ 16 99, 🌣 — 📺 ☎ ⟵ ℗
  — 🔏 25/40. ⓪ E. 🦌
  Juni - Juli 3 Wochen und 24.- 30. Dez. geschl. — **M** *(Montag bis 17 Uhr und Dienstag
  geschl.)* a la carte 34/61 — **18 Z : 25 B** 79/85 - 120/150 Fb.

🏠 **Haus Säemann** 📶, Am alten Rathaus 17, ℘ 77 87 — ⟵ ℗. E
  M *(wochentags nur Abendessen, Montag geschl.)* a la carte 27/50 — **10 Z : 14 B** 60/65 -
  100/105 Fb.

※※ **Haus Stolzenbach**, an der B 484 (SW : 1 km), ℘ (02246) 43 67, 🌣 — ℗
  M a la carte 19/61.

LOHNE 2842. Niedersachsen 🔢 ⑭ — 19 600 Ew — Höhe 34 m — ✆ 04442.
◆Hannover 123 — ◆Bremen 81 — ◆Oldenburg 61 — ◆Osnabrück 50.

🏠 **Waldhotel** 📶, Burgweg 16, ℘ 32 60, 🌣, Fahrradverleih — ☎ ⟵ ℗
  14 Z : 20 B Fb.

♨ **Deutsches Haus**, Brinkstr. 18, ℘ 15 44 — ☎ ⟵ ℗. ⓪ E
  M *(Samstag geschl.)* a la carte 23/35 — **10 Z : 16 B** 40 - 70.

LOHR AM MAIN 8770. Bayern 🔢🔢 L 16, 17. 🔢🔢 ㉙ — 17 000 Ew — Höhe 162 m — ✆ 09352.
🅱 Städt. Verkehrsamt, Rathaus, Hauptstraße, ℘ 50 02 82. 🅱 Verkehrsverein, Am Stadtbahnhof, ℘ 51 52.
◆München 321 — Aschaffenburg 35 — Bad Kissingen 51 — ◆Würzburg 41.

🏨 **Bundschuh**, Am Kaibach 7, ℘ 25 06, 🌣 — 🍽 📺 ☎ ⟵ ℗. AE ⓪ E. 🦌
  12.- 20. Aug. und 20. Dez.- 15. Jan. geschl. — (nur Abendessen für Hausgäste) — **26 Z : 42 B**
  55/98 - 88/180.

🏠 **Beck's Hotel** 📶 garni, Lindenstr. 2, ℘ 20 93 — ☎ ⟵ ℗
  20 Z : 26 B 45/60 - 80/95.

♨ **Engel**, Vorstadtstr. 7, ℘ 25 30 — ⟵ ℗. AE ⓪ E ⅦSA
  15.- 30. Aug. geschl. — **M** *(Montag geschl.)* a la carte 21/41 ⚱ — **11 Z : 18 B** 37/58 - 66/90.

In Lohr-Sendelbach SO : 1 km :

🏠 **Zur alten Post**, Steinfelder Str. 1, ℘ 27 65, Biergarten — ☎ ℗. E
  27. Juli - 10. Aug. und 22. Dez.- 8. Jan. geschl. — **M** *(Mittwoch geschl.)* a la carte 19/35 ⚱ —
  11 Z : 19 B 42/45 - 75/80.

In Lohr-Steinbach NO : 3 km :

🏠 **Adler**, Steinbacher Str. 14, ℘ 20 74, 🌣 — ☎ ℗. E
  1.- 29. März geschl. — **M** *(Donnerstag geschl.)* a la carte 19/33 ⚱ — **18 Z : 29 B** 32/55 - 62/98

Bei Maria Buchen SO : 5,5 km über Lohr-Steinbach :

🏨 **Buchenmühle** 📶 (Sandsteinbau a.d. 18. Jh.), Buchentalstr. 23, ✉ 8771 Lohr-Land
  ℘ (09352) 34 24, « Terrasse mit ≼ », 🌣 — 📺 ☎ ⟵ ℗. AE ⓪ E ⅦSA. 🦌
  M *(Feb. geschl.)* a la carte 20/53 — **16 Z : 28 B** 54/65 - 80/100.

LOICHING Bayern siehe Dingolfing.

LONGUICH 5501. Rheinland-Pfalz — 1 180 Ew — Höhe 150 m — ✆ 06502.
Mainz 151 — Bernkastel-Kues 38 — ◆Trier 13 — Wittlich 26.

🏠 **Zur Linde**, Cerisiersstr. 10, ℘ 55 82, 🌣, ≘ₛ — ⟵ ℗ — 🔏 — **15 Z : 26 B**.

※※ **Auf der Festung**, Maximinstr. 30, ℘ 49 20, bemerkenswerte Weinkarte — ℗. E
  Sonntag 14 Uhr - Montag und 16. Juli - 8. Aug. geschl. — Menu a la carte 32/65.

LORCH 7073. Baden-Württemberg **413** M 20, **987** ㉟ – 9 200 Ew – Höhe 288 m – ✪ 07172.

♦Stuttgart 45 – Göppingen 18 – Schwäbisch Gmünd 8.

☩ **Zum Bahnhof**, Gmünder Str. 11, ℰ 74 47 – **①** **E** **VISA**. ⅍ Zim

  M *(Mittwoch ab 13 Uhr und Sonntag geschl.)* a la carte 17,50/33 ⅄ – **22 Z : 30 B** 32/42 - 64/84.

LORCH AM RHEIN 6223. Hessen **987** ㉔ – 5 000 Ew – Höhe 85 m – Erholungsort – ✪ 06726.

Sehenswert : Pfarrkirche (Kruzifix*).

♦Wiesbaden 45 – ♦Koblenz 51 – Limburg an der Lahn 68 – Mainz 48.

🏠 **Arnsteiner Hof**, Schwalbacher Str. 8, ℰ 93 71 – **TV** ⟵ **②**. **①** **E**

  M *(Montag bis 16 Uhr geschl.)* a la carte 24/33 ⅄ – **14 Z : 20 B** 40/60 - 80/120.

An der Straße nach Bad Schwalbach, im Wispertal :

XX **Alte Villa**, (NO : 9 km), ⊠ 6223 Lorch, ℰ (06726) 12 62, 🌳 – **②**

  Dienstag und 27. Dez.- Mitte März geschl. – **M** a la carte 39/70 ⅄.

X **Laukenmühle**, (NO : 13 km), ⊠ 6223 Lorch 4, ℰ (06775) 3 55, « Gartenterrasse » – 🔥 **②**

⟵ *Montag und Anfang Dez.- Mitte Feb. geschl.* – **M** a la carte 18,50/41 ⅄.

X **Kammerburg**, (NO : 9 km), ⊠ 6223 Lorch, ℰ (06726) 94 15, « Gartenterrasse » – **②**

⟵ *Montag und Dez.- Jan. geschl.* – **M** a la carte 20/58 ⅄.

In Lorch 4-Espenschied NO : 15 km – Höhe 404 m – Luftkurort :

🏠 **Sonnenhang** ⌂, Borngasse 1, ℰ (06775) 3 14, ≼, 🌳, ⬜, ⬛, 🎄 – 🔥 **②**. ⅍

  Mitte März - Mitte Nov. – **M** a la carte 22/52 ⅄ – **16 Z : 27 B** 44/47 - 88/94 – ½ P 60/65.

LORELEY Rheinland-Pfalz .Sehenswürdigkeit siehe St. Goarshausen.

LORSCH 6143. Hessen **413** I 18 – 10 900 Ew – Höhe 100 m – ✪ 06251 (Bensheim an der Bergstraße).

Sehenswert : Königshalle* – 🅱 Kultur- und Verkehrsamt, Marktplatz 1, ℰ 59 67 50.

♦Wiesbaden 65 – ♦Darmstadt 29 – Heidelberg 34 – ♦Mannheim 26 – Worms 15.

🏠 **Sandhas**, Kriemhildenstr. 6, ℰ 50 18, Telex 468291, 🌳, « Restaurant Alte Abtei », 🎄 –

⬛ **TV** ☎ **②** – 🔥 25/60. **AE** **①** **E** **VISA**

  M *(Samstag bis 18 Uhr und Sonntag geschl.)* a la carte 39/68 – **104 Z : 150 B** 89/115 - 139/159 Fb.

XX **Zum Schwanen**, Nibelungenstr. 52, ℰ 5 22 53 – **AE**

  nur Abendessen, über Ostern, Juli - August 3 Wochen und 23. Dez.- 8. Jan. sowie Samstag geschl. – **M** *(Tischbestellung erforderlich)* a la carte 39/69 ⅄.

LOSSBURG 7298. Baden-Württemberg **413** I 21, **987** ㉟ – 5 700 Ew – Höhe 666 m – Luftkurort – Wintersport : 650/800 m ≰1 ⤓6 – ✪ 07446.

🅱 Kurverwaltung, Hauptstr. 34, ℰ 1 83 45.

♦Stuttgart 100 – Freudenstadt 8,5 – Villingen-Schwenningen 60.

🏠 **Hirsch**, Hauptstr. 5, ℰ 20 20 – ⬛ ☎ **②**

  Dez. 2 Wochen geschl. – **M** a la carte 22/50 – **46 Z : 80 B** 52/68 - 90/116 Fb – ½ P 60/82.

🏠 **Traube** ⌂, Gartenweg 3, ℰ 15 14, 🌳, ⬜, 🎄 – ⟵ **②** ⅍ Rest

⟵ *Nov. geschl.* – **M** *(Montag geschl.)* a la carte 20/36 – **34 Z : 57 B** 46/56 - 84/95 Fb – ½ P 50/55.

🏠 **Landhaus Hohenrodt** ⌂, Obere Schulstr. 20, ℰ 7 24, 🎄 – ☎

  (Restaurant nur für Pensionsgäste) – **25 Z : 38 B** Fb.

🏠 **Ochsen** ⌂ garni, Buchenweg 12, ℰ 15 06, 🎄, 🎄 – ⟵ **②**. ⅍

  20. Okt.- 5. Nov. geschl. – **12 Z : 23 B** 46 - 80/90.

🏠 **Zum Bären**, Hauptstr. 4, ℰ 13 52, 🎄 – **②**

⟵ **M** *(Okt.- März Donnerstag geschl.)* a la carte 18/42 ⅄ – **22 Z : 40 B** 35/40 - 56/70 – ½ P 44/52.

In Lossburg-Oedenwald W : 3 km :

🏠 **Adrionshof** ⌂, ℰ 20 41, ⬜, 🎄 – ☎ ⟵ **②**. ⅍

  16. Okt.- Nov. geschl. – **M** a la carte 26/46 – **22 Z : 38 B** 50/65 - 100/110 Fb – ½ P 75/85.

In Lossburg-Rodt :

🏠 **Café Schröder** ⌂, Pflegersäcker 5, ℰ 5 74, 🌳, 🎄 – ⬛ ☎ **②**. **AE** **①** **E** **VISA**

  20. Nov.- 10. Dez. geschl. – **M** a la carte 23/40 – **35 Z : 54 B** 47/53 - 74/90 Fb.

🏠 **Panorama-Hotel** ⌂, Breuninger Weg 30, ℰ 20 91, 🎄, ⬜, 🎄 – ⬛ ⅍ Rest **②**

⟵ *Nov. geschl.* – **M** *(Montag geschl.)* 10/18 (mittags) und a la carte 21/35 ⅄ – **36 Z : 69 B** 45/50 - 90/95.

In Lossburg-Schömberg SW : 6 km :

🏠 **Waldhufen**, Ortsstr. 8, ℰ 17 46 – ⅍ Zim **②**

  Anfang Nov.- Mitte Dez. geschl. – **M** *(Sonntag 18 Uhr - Montag geschl.)* a la carte 22/32 – **9 Z : 17 B** 43 - 86 Fb – ½ P 60.

LOTTE - WERSEN Niedersachsen siehe Osnabrück.

LOXSTEDT 2854. Niedersachsen − 14 500 Ew − Höhe 3 m − ✪ 04744.
♦Hannover 178 − ♦Bremen 54 − ♦Bremerhaven 12.

In Loxstedt-Dedesdorf SW : 13 km :

✗ **Zum alten Dorfkrug** mit Zim, Fährstr. 14, ℰ (04740) 10 11 − ☎ ℗. ⅄ **E**
M a la carte 25/46 − **7 Z : 14 B** 39 - 75.

LUBECCA = Lübeck.

LUDWIGSBURG 7140. Baden-Württemberg **413** K 20. **987** ㉙㉚ − 76 000 Ew − Höhe 292 m −
✪ 07141.

Sehenswert : Blühendes Barock : Schloß★- Park★ (Märchengarten★★).

🛈 Fremdenverkehrsamt. Wilhelmstr. 12, ℰ 91 02 52.
ADAC, Neckarstr. 102. ℰ 5 10 15, Telex 7264670.
♦Stuttgart 16 ④ − Heilbronn 36 ① − ♦Karlsruhe 86 ⑤.

Stadtplan siehe gegenüberliegende Seite.

🏨 **Favorit** garni, Gartenstr. 18, ℰ 9 00 51, Telex 7264699 − 🛗 📺 ☎ ⅋ ⟷. ⅄ ⓪ **E** 🆅🆂🅰
50 Z : 57 B 93/100 - 160.
Y r

🏨 **Schiller-Hospiz**, Gartenstr. 17, ℰ 2 34 63 − 🛗 📺 ☎ ℗ − ⅏ 30. ⅄ ⅃ **E**. 🍴
Y a
M (Sonntag sowie Sonn- und Feiertage geschl.) a la carte 34/60 − **52 Z : 68 B** 93/100 - 160.

🏨 **Alte Sonne**, Bei der kath. Kirche 3, ℰ 2 52 31 − ☎. ⅄ ⓪ **E** 🆅🆂🅰
Y n
Aug. 3 Wochen geschl. − **M** (bemerkenswerte Weinkarte, Tischbestellung ratsam) (Samstag - Sonntag geschl.) a la carte 32/68 − **14 Z : 20 B** 78/95 - 130/140 Fb.

🏠 **Heim** garni, Schillerstr. 19, ℰ 2 61 44, Telex 7264461, Fax 901880 − 🛗 ☎. ⅄ ⓪ **E** 🆅🆂🅰
42 Z : 55 B 55/89 - 110/160.
Z c

🏠 **Westend**, Friedrich-List-Str. 26, ℰ 4 23 12 − ⅄. 🍴 Zim
Z d
27. Dez.- 5. Jan. und Juli - Aug. 3 Wochen geschl. − **M** (Freitag 14 Uhr - Samstag geschl.) a la carte 30/61 − **12 Z : 18 B** 45/75 - 90/125.

✗✗ **Post-Cantz**, Eberhardstr. 6, ℰ 2 35 63 − ⅄ ⓪ **E** 🆅🆂🅰
Y e
Mittwoch - Donnerstag, über Fasching 1 Woche und Juli 3 Wochen geschl. − Menu 35/50 und a la carte 30/63.

✗✗ **Württemberger Hof**, Bismarckstr. 24, ℰ 90 16 02, 🍽 − ⅏ 25/80. ⅄ **E**
Y s
Samstag ab 15 Uhr, Dienstag und 13.- 28. Feb. geschl. − **M** (auch vegetarische Gerichte) a la carte 28/54.

✗✗ **Rhapsody**, Stuttgarter Str. 33 (Forum am Schloßpark), ℰ 2 57 61, 🍽 − ℗ − ⅏ 25/1000
Z
Juli geschl. − **M** a la carte 32/62.

✗✗ **Ratskeller**, Wilhelmstr. 13, ℰ 2 67 19, 🍽 − ℗ − ⅏ 25/150. ⅄ ⓪ **E** 🆅🆂🅰
Y u
M a la carte 32/62.

✗ **Zum Justinus**, Marktplatz 9, ℰ 2 48 28, 🍽 − ⅄ ⓪ **E** 🆅🆂🅰
Y v
Sonntag geschl. − **M** (Tischbestellung ratsam) a la carte 37/55.

In Ludwigsburg-Hoheneck :

🏠 **Hoheneck** 🍴, Uferstraße (beim Heilbad), ℰ 5 11 33, 🍽 − ☎ ℗
V s
20. Dez.- 7. Jan. geschl. − **M** (Sonn- und Feiertage geschl.) a la carte 26/56 − **15 Z : 20 B**
52/90 - 90/130.

In Ludwigsburg-Oßweil W : 2 km über Schorndorfer Straße Y :

🏠 **Kamin** 🍴, Neckarweihinger Str. 52, ℰ 8 67 67 (Hotel) 86 25 86 (Rest.) − 📺 ☎ ℗. **E**
M (nur Abendessen, Donnerstag geschl.) a la carte 24/58 ⅍ − **14 Z : 19 B** 75 - 115/140.

In Ludwigsburg 9-Pflugfelden :

🏨 **Stahl - Restaurant Zum goldenen Pflug**, Dorfstr. 4, ℰ 4 07 40, Telex 7264374, Fax
407442 − 🛗 📺 ☎ ⟷. ⅄ ⓪ **E**
X e
M (Juli - Aug. Sonntag geschl.) a la carte 40/71 − **24 Z : 43 B** 80/98 - 150/160 Fb.

Beim Schloß Monrepos :

🏩 **Schloßhotel Monrepos** 🍴, ℰ 30 20, Telex 7264720, Fax 302200, « Gartenterrasse »,
🍴, 🖼, 🌳 − 🛗 📺 ℗ − ⅏ 25/80. ⅄ ⓪ **E** 🆅🆂🅰
V r
22. Dez.- 7. Jan. geschl. − Restaurants : − **Bugatti** (📖, Italienische Küche) (nur Abendessen, Sonn- und Feiertage geschl.) **M** a la carte 52/90 − **Gutsschenke M** a la carte 34/65 − **82 Z :**
122 B 155/180 - 220/380 Fb.

In Freiberg 7149 N : 4 km − ✪ 07141 :

🏠 **Gästehaus Baumann** garni, Ruitstr. 67 (Gewerbegebiet Ried), ℰ 7 30 57 − ☎ ℗
18 Z : 22 B 58 - 98.

✗✗ **Schwabenstuben**, Marktplatz 5, ℰ 7 50 37, 🍽 − ℗. ⅄ ⓪ **E** 🆅🆂🅰
Samstag bis 17 Uhr, Montag, 19.-28. Feb. und 16. Juli- 12. Aug. geschl. − **M** a la carte 31/69.

✗✗ Spitznagel, Ludwigsburger Str. 58 (Beihingen), ℰ 7 25 80, 🍽 − ℗.

510

LUDWIGSBURG

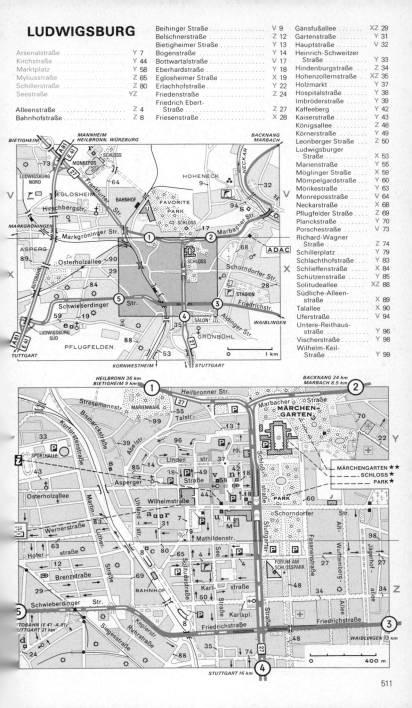

511

Siehe auch Mannheim-Ludwigshafen (Übersichtsplan).

🛈 Verkehrsverein, Informationspavillon am Hauptbahnhof, ✆ 51 20 35.
ADAC, Theaterplatz 10, ✆ 51 93 61, Telex 464770.
Mainz 82 ② – Kaiserslautern 55 ② – ♦Mannheim 3 ④ – Speyer 22 ③.

LUDWIGSHAFEN AM RHEIN INNENSTADT

Bismarckstraße	Y
Ludwigstraße	Y
Bürgermeister-Krafft-Platz	Z 2
Bürgermeister-Kutterer-Str.	Z 3
Danziger Platz	Y 4
Deutsche Straße	Y 5
Goerdelerplatz	Y 6
Pasadena-Allee	YZ 10
Wittelsbachplatz	Z 12
Wredestraße	Z 13

🏨 **Ramada**, Pasadena-Allee 4, ✆ 51 93 01, Telex 464545, Fax 511913, ☎, ☒, Fahrradverleih – 🛗 ⇟✕ Zim ▤ 📺 ⇦ 🅿 – 🔬 25/180. 🆎 ⓄⒹ Ε 𝘝𝘐𝘚𝘈
M a la carte 48/84 – **195 Z : 400 B** 206/226 - 282/302 Fb – 3 Appart. 432.   Z **v**

🏨 **Excelsior**, Lorientallee 16, ✆ 5 98 50, Telex 464540, Fax 5985500, ≤, ☎, ☒, Fahrradverleih – 🛗 ⇟✕ Zim 📺 ☎ ⇦ 🅿 – 🔬 25/50. 🆎 ⓄⒹ Ε 𝘝𝘐𝘚𝘈 ⁓ Rest
M (Sonn- und Feiertage geschl.) a la carte 34/73 – **160 Z : 250 B** 165 - 170/260 Fb.   Z **n**

🏨 **Europa Hotel**, Am Ludwigsplatz 5, ✆ 5 98 70, Telex 464701, Fax 5987122, ☎, ☒, Fahrradverleih – 🛗 ▤ 📺 ☎ ⇦ 🅿 – 🔬 25/280. 🆎 ⓄⒹ Ε 𝘝𝘐𝘚𝘈
M (Samstag geschl.) a la carte 40/62 – **100 Z : 220 B** 158/178 - 198/300 Fb.   Y **a**

🏨 **Regina** garni, Bismarckstr. 40, ✆ 51 90 26 – 🛗 ☎
34 Z : 58 B 65/73 - 90/98.   Y **c**

✕ **Magin's am Theater**, Kaiser-Wilhelm-Str. 39, ✆ 51 27 74, 🌤 – 🆎
Samstag bis 17 Uhr, Sonn- und Feiertage sowie 12.- 18. April, 1.- 5. Juni und 23. Dez.- 7. Jan. geschl. – **M** a la carte 35/63 ⅍.   Z **e**

Folgende Häuser finden Sie auf dem Stadtplan Mannheim-Ludwigshafen :

In Ludwigshafen-Friesenheim :

🏛 **Ebert Park Hotel** garni, Kopernikusstr. 67, 𝄐 6 90 60, Fax 6906601 — 🛗 📺 ☎ 🅿. 🆎 ⓪   BV **a**
   E 𝚅𝙸𝚂𝙰
   103 Z : 190 B 89/95 - 124/132 Fb.

🏛 **Karpp**, Rheinfeldstr. 56, 𝄐 69 10 78, kleiner Innenhofgarten — 🛗 ☎. 🍽 Rest   BV **e**
   20.Dez.- 14. Jan. geschl. — **M** *(nur Abendessen, Samstag - Sonntag geschl.)* a la carte 24/47
   ♨ — **20 Z : 32 B** 55/75 - 85/110.

In Ludwigshafen-Gartenstadt :

🏛 **Gartenstadt**, Maudacher Str. 188, 𝄐 55 10 51, Fax 551054, 🚗, 🔲, 🎾 (Halle) — 🛗 📺 ☎
   🅿. 🆎 ⓪ E 𝚅𝙸𝚂𝙰. 🍽 Rest   BV **h**
   (nur Abendessen für Hausgäste) — **48 Z : 74 B** 85/95 - 125/150 Fb.

In Ludwigshafen 25 - Oggersheim :

✕ **L'Echalote**, Schillerstr. 75 (im Oggersheimer Hof), 𝄐 68 25 34 — 🆎 ⓪ E 𝚅𝙸𝚂𝙰   AV **v**
   Sonntag sowie Ostern und Weihnachten geschl. — **M** a la carte 33/48 ♨.

In Altrip 6701   SO : 10 km über Rheingönheim und Hoher Weg BCV :

🏨 **Strandhotel Darstein** 🏖, Zum Strandhotel 10, 𝄐 (06236) 20 73, ≤, 🌳 — 📺 ☎ 🚗 🅿
   — 🛢 25/50. 🆎 ⓪ E 𝚅𝙸𝚂𝙰
   M *(Montag - Dienstag 18 Uhr und 2.- 21. Jan. geschl.)* a la carte 28/64 ♨ — **17 Z : 29 B** 55/95
   - 120/157 Fb.

▐ **LUDWIGSTADT** 8642. Bayern 🄰🄱🄲 QR 15. 🄦🄧🄸 ㉘ — 3 900 Ew — Höhe 444 m — Erholungsort
 — Wintersport : 500/700 m ≰3 ≰6 — ✪ 09263.
◆München 310 — ◆Bamberg 89 — Bayreuth 75 — Coburg 58.

In Ludwigstadt-Lauenstein N : 3 km :

🏨 **Posthotel Lauenstein**, Orlamünder Str. 2, 𝄐 5 05, ≤, 🌳, Bade- und Massageabteilung,
   🚗, 🔲 — 🛗 ☎ 🅿 — 🛢
   26 Z : 52 B.

🏛 **Burghotel Lauenstein** 🏖, Burgstr. 4, 𝄐 2 56, ≤, 🌳 — 🚗 🅿 — 🛢
   22 Z : 38 B.

Siehe auch : *Steinbach am Wald*

▐ **LÜBBECKE** 4990. Nordrhein-Westfalen 🄦🄧🄸 ⑭ — 23 200 Ew — Höhe 110 m — ✪ 05741.
◆Düsseldorf 215 — ◆Bremen 105 — ◆Hannover 95 — ◆Osnabrück 45.

🏨 **Quellenhof** 🏖, Obernfelder Allee 1, 𝄐 70 13, « Gartenterrasse », 🍴 — 🛗 📺 ☎ 🅿. ⓪
   E
   2.- 9. Jan. geschl. — **M** *(Freitag - Samstag 15 Uhr geschl.)* a la carte 25/57 — **24 Z : 39 B**
   68/100 - 115/180 Fb.

Im Industriegebiet N : 2 km :

🏛 **Borchard**, Langekamp 26, ⊠ 4990 Lübbecke, 𝄐 (05741) 10 45, Kegel- und Bowlingcenter
   — 📺 ☎ 🅿. 🆎 ⓪ E 𝚅𝙸𝚂𝙰. 🍽
   25. Juni- 23. Juli geschl. — **M** *(Montag bis 18 Uhr geschl.)* a la carte 21/48 — **27 Z : 44 B**
   60/80 - 110/140 Fb.

▐ **LÜBECK** 2400. Schleswig-Holstein 🄦🄧🄸 ⑥ — 211 000 Ew — Höhe 10 m — ✪ 0451.
Sehenswert : Altstadt✶✶✶ — Holstentor✶✶ — Marienkirche✶✶ — Haus der Schiffer-
gesellschaft✶ (Innenausstattung✶✶) — Rathaus✶ — Heiligen-Geist-Hospital✶ — St.-Annen-
Museum✶ BYZ **M** — Burgtor✶ BX **D** — Füchtingshof✶ — Jakobikirche (Orgel✶✶) BX **B** —
Katharinenkirche (Figurenreihe✶ von Barlach).
☞ Lübeck-Travemünde (über Kaiserallee C), 𝄐 (04502) 7 40 18.
🛈 Touristbüro, Markt, 𝄐 1 22 81 06, Telex 26894.
🛈 Touristbüro, Beckergrube 95, 𝄐 1 22 81 09.
🛈 Auskunftspavillon im Hauptbahnhof, 𝄐 1 22 81 07.
ADAC, Katharinenstr. 37, 𝄐 4 39 39, Telex 26213.
◆Kiel 92 ⑤ — ◆Hamburg 66 ⑥ — Neumünster 58 ⑤.

Stadtpläne siehe nächste Seiten.

🏨 **Mövenpick Hotel Lysia**, Auf der Wallhalbinsel 3, 𝄐 1 50 40, Telex 26707, Fax 1504111,   AY **s**
   🌳 — 🛗 🍽 Zim 📺 🚗 🅿 — 🛢 25/800. 🆎 ⓪ E 𝚅𝙸𝚂𝙰
   M a la carte 33/56 — **197 Z : 318 B** 151/181 - 197/227 Fb — 9 Appart. 266/312.

🏨 **Kaiserhof** garni (mit 2 Gästehäusern), Kronsforder Allee 13, 𝄐 79 10 11, Telex 26603, Fax
   795083, « Restaurierte Patrizierhäuser mit geschmackvoller Einrichtung », 🚗, 🔲 — 🛗 📺
   ☎ 🅿 — 🛢 30. 🆎 ⓪ E 𝚅𝙸𝚂𝙰. 🍽   BZ **f**
   70 Z : 140 B 98/150 - 135/185 Fb — 5 Appart. 240/290.

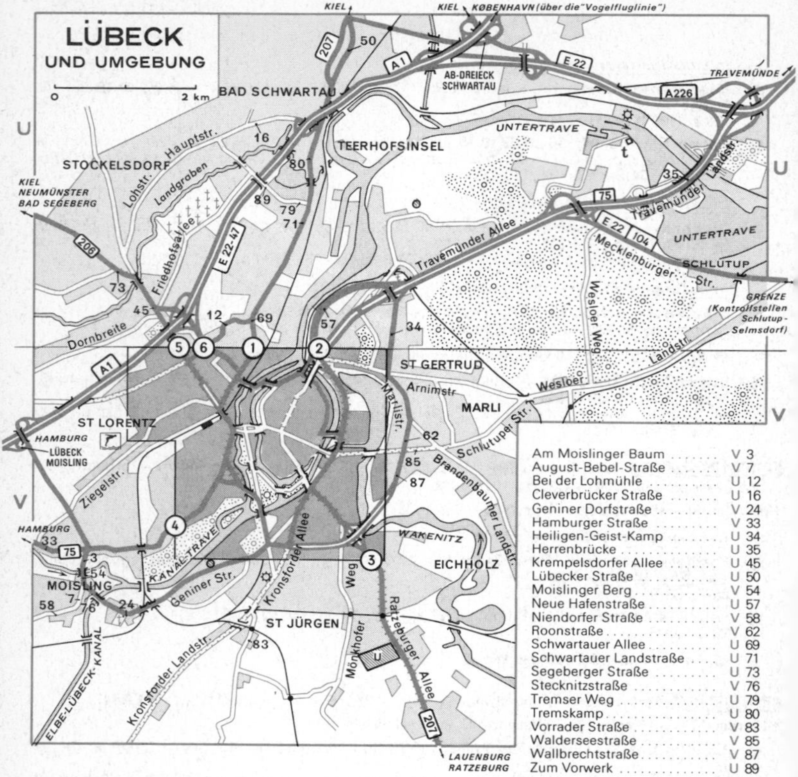

Am Moislinger Baum	V	3
August-Bebel-Straße	V	7
Bei der Lohmühle	U	12
Cleverbrücker Straße	U	16
Geniner Dorfstraße	V	24
Hamburger Straße	V	33
Heiligen-Geist-Kamp	U	34
Herrenbrücke	U	35
Krempelsdorfer Allee	U	45
Lübecker Straße	U	50
Moislinger Berg	V	54
Neue Hafenstraße	U	57
Niendorfer Straße	V	58
Roonstraße	V	62
Schwartauer Allee	U	69
Schwartauer Landstraße	U	71
Segeberger Straße	U	73
Stecknitzstraße	V	76
Tremser Weg	U	79
Tremskamp	U	80
Vorrader Straße	V	83
Walderseestraße	V	85
Wallbrechtstraße	V	87
Zum Vorwerk	U	89

Jensen, Obertrave 4, ✆ 7 16 46, Telex 26360, Fax 73386 – |$| TV ☎. AE ◑ E VISA BY **k**
M a la carte 30/60 – **46 Z : 94 B** 90/120 - 130/170 Fb.

Excelsior, Hansestr. 3, ✆ 8 26 26/8 80 90, Telex 26595, Fax 83736/880999 – |$| ☎ ⇔ Ⓟ – 25/60. AE ◑ E VISA AY **w**
(nur Abendessen für Hausgäste) – **70 Z : 130 B** 75/150 - 110/240 Fb.

Lindenhof garni, Lindenstr. 1a, ✆ 8 40 15, Telex 26621 – |$| ☎ ⇔. ◑ E VISA AY **b**
54 Z : 90 B 85/98 - 118/140.

Park Hotel garni, Lindenplatz 2, ✆ 8 46 44 – TV ☎. AE ◑ E VISA AY **a**
22. Dez.- 14. Jan. geschl. – **15 Z : 38 B** 80/98 - 115/142 Fb.

Wakenitzblick, Augustenstr. 30, ✆ 79 12 96, ≤, – TV ☎ ⇔. AE ◑ E VISA BZ **n**
M a la carte 25/46 – **23 Z : 44 B** 50/85 - 95/135.

Motel Zur Lohmühle, Bei der Lohmühle 54, ✆ 47 33 81, Telex 26494, Fax 42827, – TV ☎ ♿ ⇔ Ⓟ – 30. AE ◑ E VISA AX **t**
24. Dez.- 1. Jan. geschl. – **M** a la carte 26/48 – **32 Z : 64 B** 65/80 - 110/130.

Altstadt-Hotel garni, Fischergrube 52, ✆ 7 20 83 BX **n**
22. Dez.- Jan. geschl. – **25 Z : 45 B** 50/75 - 95/160.

XXX **Das Schabbelhaus**, Mengstr. 48, ✆ 7 50 51, « Altes Lübecker Kaufmannshaus, antikes Mobiliar » – AE ◑ E VISA BY
Sonntag ab 15 Uhr geschl. – **M** (Tischbestellung ratsam) a la carte 48/85.

XXX **Wullenwever** (Patrizierhaus a.d. 16. Jh.), Beckergrube 71, ✆ 70 43 33, BY **s**
Montag und 1.- 15. Jan. geschl., Samstag - Sonntag nur Abendessen – **M** (Tischbestellung ratsam) a la carte 53/75.

XX **Stadtrestaurant**, Am Bahnhof 2, ✆ 8 40 44 – 25/200. AE ◑ E VISA AY
M a la carte 28/63.

XX **L'Etoile**, Große Petersgrube 8, ✆ 7 64 40 – ◑ E BY
Sonntag geschl. – **M** a la carte 44/70.

XX **Schiffergesellschaft**, Breite Str. 2, ℰ 7 67 76, Fax 73279, « Historische Gaststätte a.d.J. 1535 mit zahlreichen Andenken an Lübecker Seefahrer » – 🔥 25/100   BX x
Montag geschl. – **M** (abends Tischbestellung ratsam) a la carte 39/67.

XX **Die Gemeinnützige**, Königstr. 5, ℰ 7 38 12, « Stilvolle Festsäle, Terrassengarten » – 🔥 25/200. **E**   BX e
Sonntag geschl. – **M** 13,50/21 (mittags) und a la carte 33/48.

XX **Lübecker Hanse**, Kolk 3, ℰ 7 80 54 – 🖭 ⓪ **E** 𝗩𝗜𝗦𝗔   BY a
Sonn- und Feiertage sowie 1.- 8. Jan. geschl. – **M** (Tischbestellung ratsam) 17 (mittags) und a la carte 37/64.

X **Ratskeller**, Markt 13 (im Rathaus), ℰ 7 20 44, Fax 73239, 🍴 – 🖭 ⓪ **E** 𝗩𝗜𝗦𝗔   BY R
M *(auch vegetarische Gerichte)* a la carte 35/63.

In Lübeck 1-Absalonshorst ③ : 9 km :

X **Absalonshorst** 🦢 mit Zim, Absalonshorster Weg 100, ℰ (04509) 10 40, 🍴, 🛥 – 🚗 ℗
6 Z : 11 B.

In Lübeck 1-Gothmund :

XX **Fischerklause** 🦢 mit Zim, Fischerweg 21, ℰ 39 32 83, 🍴 – 📺 ☎ ℗. 🖭 ⓪ **E** 𝗩𝗜𝗦𝗔
M *(Montag geschl.)* a la carte 30/54 – **6 Z : 12 B** 75 - 120.   U t

In Lübeck-Travemünde ② : 19 km – Seeheilbad – ✪ 04502.

🖪 Kurverwaltung, Strandpromenade 1b, ℰ 8 04 31.

🏨 **Maritim**, Trelleborgallee 2, ℰ 890, Telex 261432, Fax 74439, ≤ Lübecker Bucht und Travemündung, Massage, direkter Zugang zum Strandbad-Zentrum, 🚉, 🔲 – 🛗 🖼 Rest 📺 🚗 – 🔥 25/1400. 🖭 ⓪ **E** 𝗩𝗜𝗦𝗔. 🎃 Rest   C z
M a la carte 41/93 – **240 Z : 435 B** 179/259 - 248/348 Fb – 10 Appart. 460/490.

🏨 **Kurhaus-Hotel**, Außenallee 10, ℰ 8 11, Telex 261414, Fax 74437, 🍴, 🚉, 🔲, 🛥 – 🛗 📺 ☎ ℗ – 🔥 25/200. 🖭 ⓪ **E** 𝗩𝗜𝗦𝗔. 🎃 Rest   C
M a la carte 36/79 – **104 Z : 170 B** 175/260 - 228/318 Fb – 4 Appart. 450.

🏠 **Deutscher Kaiser**, Vorderreihe 52, ℰ 50 28, Telex 261443, ≤, 🍴, 🏊 (geheizt) – 🛗 ☎. 🖭 ⓪ **E** 𝗩𝗜𝗦𝗔   C v
M a la carte 32/54 – **47 Z : 95 B** 75/130 - 110/195.

🏠 **Strandperle**, Kaiserallee 10, ℰ 7 42 49, 🍴 – 📺 ☎   C n
10 Z : 20 B Fb.

🏠 **Sonnenklause** garni, Kaiserallee 21, ℰ 7 33 30, Yachtcharter – 📺 ☎ 🚗 ℗. 🎃   C s
April - Okt. und 20. Dez.- 4. Jan. geöffnet – **25 Z : 38 B** 63/110 - 118/188.

🏠 **Seegarten** garni, Kaiserallee 11, ℰ 7 27 77, 🚉 – 📺 🚗 ℗   C a
23 Z : 30 B 45/100 - 100/180.

🏠 **Strand-Schlößchen** 🦢, Strandpromenade 7, ℰ 7 50 35, ≤, 🍴 – ☎ ℗. 🖭 ⓪ **E** 𝗩𝗜𝗦𝗔   C u
März - Okt. – **M** a la carte 29/55 – **34 Z : 50 B** 60/180 - 100/195 Fb.

🏠 **Atlantic** garni, Kaiserallee 2a, ℰ 7 41 36 – ☎ ℗   C u
30 Z : 54 B 55/119 - 110/180.

LÜBECK-TRAVEMÜNDE

Die Hotelbesitzer
sind gegenüber den Lesern
dieses Führers
Verpflichtungen
eingegangen.

Zeigen Sie deshalb
dem Hotelier Ihren
Michelin-Führer
des laufenden Jahres.

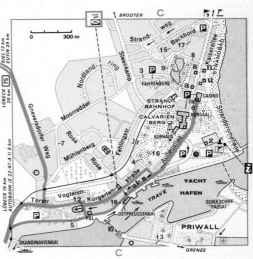

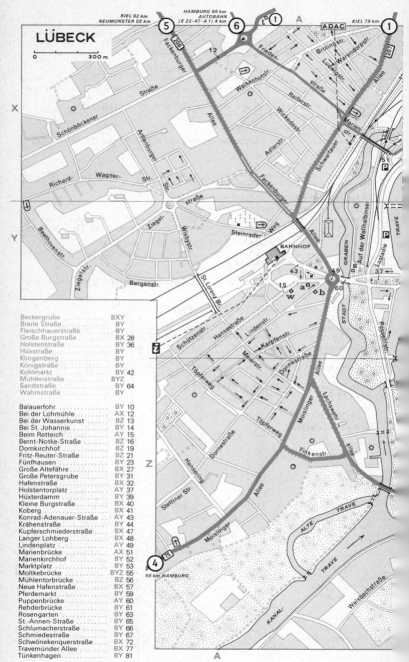

LÜBECK

0   300 m

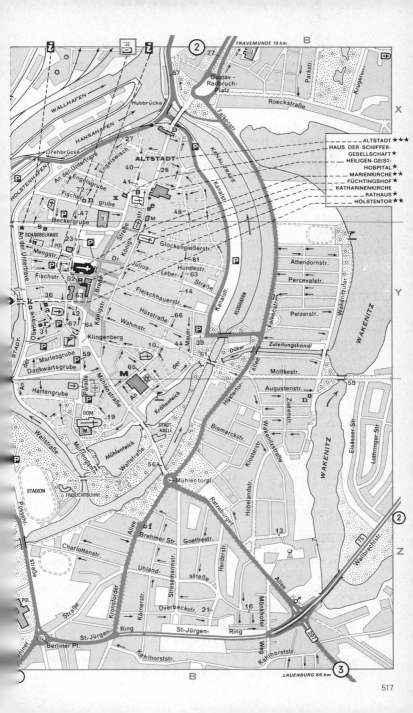

ALTSTADT ★★★
HAUS DER SCHIFFER-
GESELLSCHAFT ★
HEILIGEN-GEIST-
HOSPITAL ★
MARIENKIRCHE ★★
FÜCHTINGSHOF ★
KATHARINENKIRCHE
RATHAUS ★
HOLSTENTOR ★★

TRAVEMÜNDE 19 km

Gustav-
Radbruch-
Platz

Parkstr.

Krügerstr.

Roeckstraße

WALLHAFEN

Hubbrücke

X

HANSAHAFEN

Falkenstr.

Drehbrücke

An der Untertrave

Engelswisch

ALTSTADT

27

Engelsgrube

28

KANALSTRAßE

HOLSTENHAFEN

Fischergrube

72

40

41

Kanalstr.

Beckergrube

47

x

n

48

SCHABBELHAUS

23

Straße

König-

B

e

M

Glockengießerstr.

Attendornstr.

POL.

Mengstr.

Dr. König-

81

Percevalstr.

An der Untertrave

Fischstr.

52

53

R

Breite

Julius-

Hundestr.

Leber-

63

Pelzerstr.

WAKENITZ

Wakenitzufer

KLUGHAFEN

Kanalstr.

Falkenstr.

Y

36

k

a

42

67

Obertrave

31

r

Köingstr.

Fleischhauerstr.

14

Hüxstraße

66

Wahmstr.

Klingenberg

10

44

der Mauer

39

Düker

Zuleitungskanal

allee

Moltkestr.

Marlesgrube

59

65

STADT.

Dankwartsgrube

Mühlenstraße

An

Krähenteich

61

55

Augustenstr.

Hartengrube

Parade

Ah

Hüxtertor-

Ziegelstr.

n

DOM.

19

Bismarckstr.

Klosterstr.

Wakenitzstraße

M

Wallstraße

STADT
HALLE

Mühlenteich

Wallstraße

56

Mühlentorpl.

WAKENITZ

Z

STADION

Possehl-

FREILICHTBÜHNE

Ratzeburger

Hohlandstr.

Herderstr.

13

Elsässer Str

Lothringer Str

f

Brehmer Str.

Goethestr.

Charlottenstr.

Allee

Uhland-

Stresemannstr.

straße

16

Mönkhofer

Allee

Wallbrechtst.

Kronsforder

Körnerstr.

Overbeckstr.

21

POL.

Straße

St-Jürgen-

Ring

St-Jürgen-

Ring

Weg

Karlhorststr.

Berliner Pl.

Kohlhorststr.

B

LAUENBURG 66 km

517

🍴🍴🍴 **Casino - Restaurant**, Kaiserallee 2, ℘ 8 20, Fax 82102, ≤, ⛱ – [P]. [DC] [E] [VISA]. 🚫🐕
wochentags nur Abendessen – **M** a la carte 55/78. C

🍴🍴 **Jeeger's Lord Nelson** (Restaurant im Pub-Stil, überwiegend Fischgerichte), Vorderreihe 56 (Passage), ℘ 63 69 – [AE] [E] C **v**
Dienstag und 15. Jan.- 9. Feb. geschl. – **M** (Tischbestellung ratsam) a la carte 33/67.

In Groß-Grönau **2401** ③ : 6 km :

🏨 Forsthaus St. Hubertus, an der B 207, ℘ (04509) 20 26 – [TV] ☎ [P]
19 Z : 38 B Fb.

In Hamberge **2401** ④ : 7 km über die B 75 :

🏨 **Oymanns Hotel** garni, Stormarnstr. 12, ℘ (0451) 89 13 51 – ☎ [P]. [AE] [DC] [E] [VISA]
21 Z : 29 B 52 - 79.

LÜCHOW 3130. Niedersachsen [987] ⑯ – 9 600 Ew – Höhe 18 m – ✆ 05841.

[i] Gästeinformation, Theodor-Körner-Str. 14, ℘ 1 26 49.

♦Hannover 138 – ♦Braunschweig 125 – Lüneburg 66.

🏨 **Altstadt** garni, Lange Str. 53, ℘ 22 40 – [TV] ☎. [AE] [E] [VISA]
Mitte Dez.- Mitte Jan. geschl. – **7 Z : 12 B** 60 - 90 Fb.

🏨 **Jahn**, Burgstr. 2, ℘ 22 15 – 🚗
◆ *15.- 31. Juli geschl.* – **M** *(Freitag und Sonntag jeweils ab 14 Uhr geschl.)* a la carte 19/46 –
21 Z : 35 B 30/45 - 55/85 Fb.

🏨 Ratskeller, Lange Str. 56, ℘ 55 10 – [P] – 👥
11 Z : 18 B.

Pour visiter une ville ou une région : utilisez les ***guides verts Michelin.***

LÜDENSCHEID 5880. Nordrhein-Westfalen [987] ㉔ – 74 000 Ew – Höhe 420 m – ✆ 02351.

⛳ Schalksmühle-Gelstern (N : 5 km), ℘ (02351) 15 24 26.

ADAC, Knapper Str. 26, ℘ 2 66 87, Notruf ℘ 1 92 11.

♦Düsseldorf 97 – Hagen 30 – ♦Dortmund 47 – Siegen 59.

🏨 **Queens Hotel Lüdenscheid**, Parkstr. 66, ℘ 15 60, Telex 826644, Fax 39157, ⛱, ♨, 🏊 – 🛗 🚭 Zim ❄ Rest [TV] ☎ 🚗 [P] – 👥 25/400. [AE] [DC] [E] [VISA]
M a la carte 37/62 – **174 Z : 314 B** 145/170 - 240 Fb – 4 Appart. 330.

🏨 Haus Sissi garni, Honseler Str. 7, ℘ 88 57 – 🛗 [P]
14 Z : 22 B.

🍴🍴 ✿ **Petersilie**, Loher Str. 19, ℘ 8 32 31 – 🚭. [E]. 🚫🐕
Montag, 1.- 10. Jan. und Juli 3 Wochen geschl., Samstag sowie Sonn- und Feiertage nur Abendessen – **M** 60/98 und a la carte
Spez. Edelfischkrapfen in Hummersauce, Lammgerichte, Dessertteller "Petersilie".

🍴🍴 Heerwiese, Heedfelder Str. 136, ℘ 69 04 – [P].

🍴 **Stadtgarten-Restaurant**, Freiherr-vom-Stein-Str. 9 (Kulturhaus), ℘ 2 74 30, ⛱ – ❄ [P] – 👥 25/450
Montag geschl. – **M** a la carte 26/55.

In Lüdenscheid-Brügge W : 5 km über die B 229 :

🏨 **Passmann**, Volmestr. 83, ℘ 7 90 96, Telex 826777 – [TV] ☎ 🚗 [P] – 👥 25. [AE] [DC] [E] [VISA]
M a la carte 30/65 – **28 Z : 50 B** 83-130 Fb.

In Lüdenscheid-Oberrahmede N : 4 km Richtung Altena :

🏨 Zum Markgrafen, Altenaer Str. 209, ℘ 59 04 – ☎ [P]
10 Z : 15 B Fb.

LÜDINGHAUSEN 4710. Nordrhein-Westfalen [987] ⑭ – 19 700 Ew – Höhe 60 m – ✆ 02591.

♦Düsseldorf 97 – ♦Dortmund 37 – Münster (Westfalen) 28.

🏨 **Zur Post**, Wolfsberger Str. 11, ℘ 40 41, Fahrradverleih – 🛗 [TV] ☎ [P] – 👥 25/50. [AE] [DC] [E] [VISA]
M *(Montag geschl.)* a la carte 24/49 – **33 Z : 50 B** 45/68 - 78/99 Fb.

🏨 **Westfalenhof**, Münsterstr. 17, ℘ 38 20, « Restaurant mit altdeutscher Einrichtung » –
◆ [TV] ☎ [P]. [AE] [DC] [E] [VISA]
M *(Samstag bis 18 Uhr und Sonntag - Montag 18 Uhr geschl.)* a la carte 17,50/49 – **7 Z : 14 B** 50/60 - 95/110 Fb.

In Lüdinghausen-Seppenrade W : 4 km :

🍴🍴 **Schulzenhof** mit Zim, Alter Berg 2, ℘ 81 61 – [TV] ☎ [P]
Ende Jan.- Mitte Feb. geschl. – **M** *(Montag geschl.)* a la carte 30/63 – **8 Z : 16 B** 47 - 92.

🍴🍴 **Zur Linde** mit Zim, Alter Berg 6, ℘ 81 49, ⛱, « Fachwerkhaus mit rustikaler Einrichtung » – [TV] ☎ 🚗 [P]. [E]
M *(Donnerstag geschl.)* a la carte 25/52 – **6 Z : 10 B** 50 - 95.

LÜGDE 4927. Nordrhein-Westfalen 𝟵𝟴𝟳 ⑮ — 11 700 Ew — Höhe 106 m — ✪ 05281 (Bad Pyrmont).

🏌 Auf dem Winzenberg 2, ✆ 81 96.

🛈 Verkehrsamt im Rathaus, Am Markt, ✆ 7 70 80.

♦Düsseldorf 219 — Detmold 32 — ♦Hannover 68 — Paderborn 49.

🏨 **Sonnenhof**, Zum Golfplatz 2, ✆ 74 71, ≼, 🏤, 🍴 — ⇐ ✑
↦ 4.- 25. Jan. geschl. — **M** a la carte 17,50/36 — **14 Z : 26 B** 40/50 - 70/80.

🏨 Berggasthaus Kempenhof ⑤, Am Golfplatz (W : 1,5 km), ✆ 86 47, ≼, 🆎, 🍴 — 📺 ☎ ✑
17 Z : 32 B.

🏔 **Westfälischer Hof**, Bahnhofstr. 25, ✆ 72 34 — ⇐ ✑
↦ 25. Dez.- 19. Jan. geschl. — **M** (Samstag bis 16 Uhr geschl.) a la carte 17/38 — **12 Z : 22 B**
28/35 - 50/70.

In Lügde-Hummersen SO : 16 km :

🏨 **Lippische Rose**, Detmolder Str. 35, ✆ (05283) 70 90, Telex 931609, Fax 709155, 🆎, 🏊,
✗, Fahrradverleih — 📳 📺 ☎ ✑ — 🍴 25/100. ⓞ 𝙑𝙄𝙎𝘼
M (Okt.- April Dienstag geschl.) 17,50/29 (mittags) und a la carte 24/55 — **70 Z : 110 B** 60/70
- 110/130 Fb.

LÜNEBURG 2120. Niedersachsen 𝟵𝟴𝟳 ⑮ — 60 000 Ew — Höhe 17 m — Heilbad — ✪ 04131.

Sehenswert : Rathaus** (Große Ratsstube**) — "Am Sande"* (Stadtplatz) — "Wasserviertel"
(ehemaliges Brauhaus*) ✗ B — 🏊Lüdersburg (NO : 16 km über ①), ✆ (04153) 61 12 ; 🏊 St.
Dionys (N : 11 km über ①), ✆ (04133) 62 77.

🛈 Verkehrsverein, Rathaus, Marktplatz, ✆ 3 22 00.

ADAC, Egersdorffstr. 1, ✆ 3 20 20.

♦Hannover 124 ③ — ♦Braunschweig 116 ② — ♦Bremen 132 ① — ♦Hamburg 55 ①.

Stadtplan siehe nächste Seite.

🏨 **Seminaris**, Soltauer Str. 3, ✆ 71 30, Telex 2182161, Fax 713727, 🏤, direkter Zugang zum
Kurzentrum, Fahrradverleih — 📳 ✕ Zim 🔲 Rest 📺 ⇐ — 🍴 25/300. 🆎 ⓞ 🇪 𝙑𝙄𝙎𝘼 ✗
M (auch vegetarische Gerichte) a la carte 30/63 — **165 Z : 208 B** 98/122 - 138/160 Fb —
7 Appart. 210. Z **e**

🏨 **Bergström Lüneburg**, Bei der Lüner Mühle, ✆ 30 80, Fax 308499, ≼, 🏤, 🆎 — 📳
✕ Zim 📺 🅶 ⇐ ✑ — 🍴 25/60. 🆎 ⓞ 🇪 𝙑𝙄𝙎𝘼 ✗ **t**
M a la carte 37/61 — **70 Z : 120 B** 131/141 - 173/285 Fb.

🏨 **Residenz**, Münstermannskamp 10, ✆ 4 50 47, Telex 2182213, Fax 401937, Caféterrasse —
📳 📺 ⇐ ✑, 🆎 ⓞ 🇪 𝙑𝙄𝙎𝘼 Z **n**
M a la carte 41/72 — **35 Z : 60 B** 93/103 - 150 Fb.

🏨 **Wellenkamp's Hotel**, Am Sande 9, ✆ 4 30 26, Fax 43027 — 📺 ☎ — 🍴 25/200. 🆎 ⓞ 🇪
𝙑𝙄𝙎𝘼 Y **a**
M (Sonntag ab 15 Uhr geschl.) a la carte 41/77 — **45 Z : 70 B** 51/88 - 89/148 Fb.

🏨 **Bremer Hof** ⑤, Lüner Str. 13, ✆ 3 60 77, Fax 38304 — 📳 📺 ☎ ✑. 🆎 ⓞ 🇪 𝙑𝙄𝙎𝘼 ✗ **v**
M (Sonn- und Feiertage ab 15 Uhr geschl.) a la carte 23/45 — **58 Z : 104 B** 43/110 - 68/170
Fb.

🏨 **Heiderose**, Uelzener Str. 29, ✆ 4 44 10 — 📺 ☎ ✑. ✗ Z **f**
↦ **M** (Samstag geschl.) a la carte 21/35 — **22 Z : 32 B** 50/57 - 76/94.

🏨 Zum Bierstein, Vor dem Neuen Tore 12, ✆ 6 21 93 — ✑ — **19 Z : 36 B**. über ④

🏨 Am Kurpark, Uelzener Str. 41, ✆ 4 47 92 — ⇐ ✑ — **43 Z : 66 B**. Z **b**

🏨 Scheffler (altes Patrizierhaus), Bardowicker Str. 7, ✆ 3 18 41 — ⇐ ✗ **c**
18 Z : 36 B.

✗✗ **Zum Heidkrug** mit Zim, Am Berge 5, ✆ 3 12 49, « Gotischer Backsteinbau a.d. 15. Jh. » —
📺 ☎ ⇐. 🆎 ⓞ 🇪 ✗ **s**
4.- 14. Jan. geschl. — **M** a la carte 44/68 — **7 Z : 13 B** 85/95 - 140.

✗✗ **Ratskeller**, Am Markt 1, ✆ 3 17 57 — 🆎 🇪 ✗ **R**
Mittwoch geschl. — **M** a la carte 26/58.

✗ **Kronen-Brauhaus** (Brauerei-Gaststätte), Heiligengeiststr. 39, ✆ 71 32 00, Fax 403583,
Biergarten — 🆎 ⓞ 🇪 𝙑𝙄𝙎𝘼 Y **u**
M a la carte 27/59.

✗ **Ristorante Italia**, Auf dem Schmaarkamp 2, ✆ 3 71 73 — ✑. 🆎 ⓞ 🇪 𝙑𝙄𝙎𝘼
nur Abendessen, Dienstag geschl. — **M** a la carte 32/59.

über Vor dem Bardowicker Tore ✗

An der B 4 ⑤ : 5 km :

🏨 **Motel Landwehr**, Hamburger Str. 15, ✉ 2120 Lüneburg, ✆ (04131) 12 10 24, 🏤,
🏊 (geheizt), 🍴, Fahrradverleih — 📺 ☎ 🅶 ⇐ ✑. ⓞ 🇪 𝙑𝙄𝙎𝘼 ✗
21. Dez.- 3. Feb. geschl. — **M** (nur Abendessen, Sonntag geschl.) a la carte 24/47 — **34 Z :
70 B** 50/120 - 120/180.

In Brietlingen 2121 ⑤ : 10 km über die B 209 :

🏨 **Gasthof Franck**, an der B 209, ✆ (04133) 4 00 90, Fax 400933, 🆎, 🏊, 🍴 — ☎ ⇐ ✑ —
🍴 25/50. ⓞ 🇪 𝙑𝙄𝙎𝘼
M (Montag geschl.) a la carte 25/56 — **32 Z : 60 B** 54/75 - 105/135 Fb.

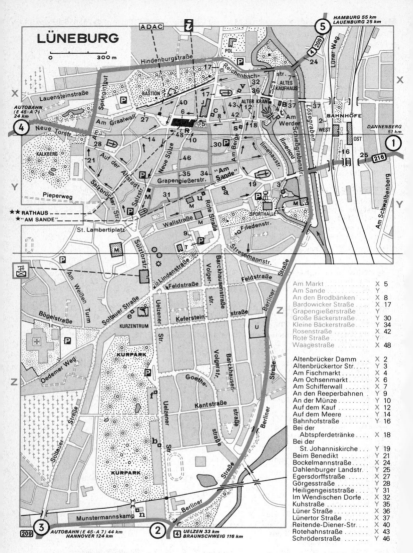

LÜNEBURG

0 — 300 m

★★ RATHAUS
★ "AM SANDE"

In Deutsch-Evern 2121 ② : 7 km :

XX **Niedersachsen**, Bahnhofstr. 1, ℘ (04131) 7 93 74, « Gartenterrasse » – ℗ – ♨ 25/100.
← ⓪ E
Donnerstag geschl. – **M** a la carte 13,50/48.

In Embsen 2121 ③ : 10 km :

⚑ **Stumpf**, Ringstr.6, ℘ (04134) 2 15, ☞, « Historische Sammlungen », ⬀s – ⟠ ℗
← ❀ Zim
M *(Montag bis 17 Uhr geschl.)* a la carte 20/36 – **6 Z : 10 B** 32 - 64.

In Südergellersen-Heiligenthal 2121 ③ : 6 km, in Rettmer rechts ab :

X **Wassermühle**, ℘ (04135) 71 57 – ℗. ⓪
wochentags nur Abendessen, Dienstag geschl. – **M** a la carte 28/41.

LÜNEN 4670. Nordrhein-Westfalen 987 ⑭ — 86 500 Ew — Höhe 45 m — ۞ 02306.

Siehe Ruhrgebiet (Übersichtsplan).

♦Düsseldorf 94 — ♦Dortmund 15 — Münster (Westfalen) 50.

🏛 **Zur Persiluhr,** Münsterstr. 25, ℰ 6 19 31 — 🛏 ⇔. ⚜
18. Dez.- 7. Jan. geschl. — **M** (Samstag geschl.) a la carte 28/51 — **20 Z : 38 B** 65/70 - 98/110.

Beim Schloß Schwansbell SO : 2 km über die B 61

ХХ **Schwansbell,** Schwansbeller Weg 32, ⊠ 4670 Lünen, ℰ (02306) 28 10, 🍴 — 🅿. 🆇 ◑
E
Montag geschl. — **M** a la carte 42/65.

An der Straße nach Bork NW : 4 km :

🏛 **Siebenpfennigsknapp,** Borker Str. 281 (B 236), ⊠ 4670 Lünen, ℰ (02306) 58 68 — ☎
⇔ 🅿 — 🔏 25/50
M (Donnerstag bis 17 Uhr und Freitag geschl.) 13,50/26 (mittags) und a la carte 24/48 —
23 Z : 39 B 44/66 - 95/110.

In Selm 4714 NW : 12 km :

🏛 Haus Knipping ⚘, Ludgeristr. 32, ℰ (02592) 30 09 — 📺 ☎ 🅿
20 Z : 30 B Fb.

In Selm-Cappenberg 4714 N : 5 km :

ХХ **Kreutzkamp** mit Zim, Cappenberger Damm 3, ℰ (02306) 5 88 90, 🍴, « Historisches
— Restaurant in altdeutschem Stil » — ☎ ⇔ 🅿 — 🔏 25/50. 🆇 ◑ **E**. ⚜ Zim
M (Montag geschl.) a la carte 21/66 — **12 Z : 22 B** 80 - 140.

LÜTJENBURG 2322. Schleswig-Holstein 987 ⑤ ⑥ — 5 400 Ew — Höhe 25 m — Luftkurort —
۞ 04381.

🅱 Verkehrsamt, Markt 12, ℰ 91 49.

♦Kiel 34 — ♦Lübeck 75 — Neumünster 56 — Oldenburg in Holstein 21.

🏛 **Brüchmann,** Markt 20, ℰ 70 01, Telex 292474, ⬆ — 📺 ☎ 🅿
28 Z : 48 B Fb.

🏛 **Ostseeblick** ⚘ garni, Am Bismarckturm, ℰ 66 88, ≤, ⬆, 🔲 — ☎ 🅿 ◑ **E** 🆅🆂🅰
5.- 30. Jan. geschl. — **24 Z : 48 B** 74 - 120 Fb.

Х **Bismarckturm,** Vogelberg 3, ℰ 79 21, ≤, 🍴 — 🅿. 🆇 ◑ **E**
Okt.- März Montag und 5.- 30. Jan. geschl. — **M** a la carte 28/53.

In Panker 2322 N : 4,5 km :

Х **Ole Liese** ⚘ mit Zim, ℰ (04381) 3 74, 🍴, « Historischer Gasthof a.d.J. 1797 » — 🅿
27. Dez.- 14. März geschl. — **M** (Montag geschl.) a la carte 29/54 — **5 Z : 9 B** 68 - 111/131.

Х ۞ **Forsthaus Hessenstein,** beim Hessenstein (W : 3 km), ℰ (04381) 4 16 — 🅿
wochentags nur Abendessen, Montag, Okt.- April auch Dienstag sowie 8. Jan.- 7. Feb. und
15. Okt.- 7. Nov. geschl. — **M** (Tischbestellung erforderlich) 63/89 und a la carte 59/75
Spez. Terrine von Lachs und Langostinos, Lammrücken mit Basilikumkruste (2 Pers.), Schwarzbrotauflauf mit
Kirschkompott.

LÜTJENSEE 2073. Schleswig-Holstein — 2 500 Ew — Höhe 50 m — ۞ 04154 (Trittau).

🏌Hoisdorf-Hof Bornbek (W : 2 km), ℰ (04107) 78 31 ; 🏌 Großensee (S : 5 km), ℰ (04154) 62 61.

♦Kiel 85 — ♦Hamburg 30 — ♦Lübeck 43.

🏛 **Fischerklause** ⚘, Am See 1, ℰ 71 65, ≤ Lütjensee, « Terrasse am See » — 📺 ☎ 🅿. ◑
E
2.- 26. Jan. geschl. — **M** (Donnerstag geschl.) a la carte 45/74 — **13 Z : 19 B** 70/80 - 110/135.

ХХ **Forsthaus Seebergen** ⚘ (mit Gästehäusern), ℰ 71 82, Fax 70645, ≤, « Terrasse am
See » — 📺 ☎ 🅿. 🆇 ◑ **E** 🆅🆂🅰
M (bemerkenswerte Weinkarte) (Montag geschl.) 30/35 (mittags) und a la carte 41/89 —
9 Z : 18 B 60/95 - 100/150.

ХХ Seehof, Seeredder 22, ℰ 71 00, ≤ Lütjensee, « Terrasse am See » — 🅿.

LÜTZELBACH Hessen siehe Modautal.

LÜTZENHARDT Baden-Württemberg siehe Waldachtal.

LUHDEN Niedersachsen siehe Bückeburg.

LUISENBURG Bayern. Sehenswürdigkeit siehe Wunsiedel.

LUTTER AM BARENBERGE 3372. Niedersachsen – 2 800 Ew – Höhe 165 m – ✪ 05383.
♦Hannover 70 – ♦Braunschweig 40 – Goslar 21.

☒ **Kammerkrug** mit Zim, Frankfurter Str. 1, ℘ 2 51 – ℗
M a la carte 23/43 – **7 Z : 11 B** 35 - 60.

An der Straße nach Othfresen O : 6 km :

🏠 **Der Harhof** ⊗, ✉ 3384 Liebenburg 1, ℘ (05383) 3 66, « Gartenterrasse », 🐎 – ⇐⇒ ℗
↞ Jan. 3 Wochen geschl. – **M** *(Montag geschl.)* a la carte 18/40 – **10 Z : 16 B** 35/40 - 62/70.

MAASHOLM 2341. Schleswig-Holstein – 750 Ew – Höhe 5 m – ✪ 04642.
♦Kiel 71 – Flensburg 36 – Schleswig 68.

🏠 **Martensen - Maasholm** ⊗, Hauptstr. 38, ℘ 60 42 – 📺 ☎ ℗. ⅄ ⊙ E 🆅🆂🅰
↞ M a la carte 20/58 – **16 Z : 35 B** 60 - 90.

MAGONZA = Mainz.

MAHLBERG 7631. Baden-Württemberg 🗺 G 22, 🗺 ㉘ – 3 300 Ew – Höhe 170 m – ✪ 07825 (Kippenheim).

♦ Stuttgart 173 – ♦Freiburg im Breisgau 40 – ♦Karlsruhe 98 – Strasbourg 51.

🏨 **Löwen**, Karl-Kromer-Str. 8, ℘ 10 06, Telex 782510, Fax 1008, 🌳 – ☎ ⇐⇒ ℗ – 🔬 40. ⅄
⊙ E 🆅🆂🅰. ❄ Zim
M a la carte 39/77 ⚓ – **26 Z : 50 B** 70/90 - 120/160 Fb.

MAIBRUNN Bayern siehe St. Englmar.

MAIKAMMER 6735. Rheinland-Pfalz 🗺 H 19, 🗺 ⑧, 🗺 ① – 3 700 Ew – Höhe 180 m – Erholungsort – ✪ 06321 (Neustadt an der Weinstraße).

Ausflugsziel : Kalmit ※ ★★ NW : 6 km.
🅹 Verkehrsamt, Marktstr. 1,℘ 58 99 17.
Mainz 101 – Landau in der Pfalz 15 – Neustadt an der Weinstraße 6.

🏨 **Waldhaus Wilhelm** ⊗, Kalmithöhenstr. 6 (W : 2,5 km), ℘ 5 80 44, ≤, 🌳, 🐎 – ☎ ℗.
⅄ ⊙ E 🆅🆂🅰
M *(Montag geschl.)* a la carte 27/61 ⚓ – **28 Z : 45 B** 53/60 - 100/120 Fb – ½ P 63/75.

🏨 **Apart-Hotel Immenhof**, Immengartenstr. 26, ℘ 5 80 01, 🌳, ⇔ – 📺 ☎ ⅙ ℗ –
🔬 25/45. ⅄ ⊙ E 🆅🆂🅰
M *(Donnerstag und 1.- 12. Jan. geschl.)* a la carte 32/50 ⚓ – **35 Z : 76 B** 53/80 - 103 Fb –
½ P 73/100.

🏨 **Motel am Immengarten** garni, Marktstr. 71, ℘ 55 18 – ☎ ℗. ⊙ 🆅🆂🅰. ❄
24. Dez.- 10. Jan. geschl. – **13 Z : 26 B** 58 - 90.

🏨 **Goldener Ochsen**, Marktstr. 4, ℘ 5 81 01 – 📲 📺 ℗ – 🔬 30. ⊙ 🆅🆂🅰
16. Dez.- Jan. geschl. – **M** *(Donnerstag - Freitag 17 Uhr geschl.)* a la carte 23/49 ⚓ – **24 Z :
43 B** 48/60 - 85/120 – ½ P 65/70.

🏠 **Gästehaus Mandelhöhe** ⊗ garni, Maxburgstr. 9, ℘ 5 99 82 – ℗
April - Mitte Nov. – **10 Z : 17 B** 36 - 64 – 2 Fewo 65.

☒ **Dorfchronik**, Marktstr. 7, ℘ 5 82 40, 🌳.

In Kirrweiler 6731 O : 2,5 km :

🏨 **Zum Schwanen**, Hauptstr. 3, ℘ (06321) 5 80 68 – 📺 ℗. E
15. Jan.- 6. Feb. geschl. – **M** *(Mittwoch geschl.)* a la carte 24/44 ⚓ – **17 Z : 34 B** 45 - 70.

🏠 **Gästehaus Sebastian** garni, Hauptstr. 77, ℘ (06321) 5 99 76, eigener Weinbau,
⌇ (geheizt), Fahrradverleih – ☎ ⇐⇒ ℗
13 Z : 26 B 45/55 - 84/90.

MAINAU (Insel) 7750. Baden-Württemberg 🗺 K 23, 🗺 ⑦, 🗺 ⑩ – Insel im Bodensee (tagsüber für PKW gesperrt, Eintrittspreis bis 18 Uhr 10 DM, ab 18 Uhr Zufahrt mit PKW möglich) – Höhe 426 m – ✪ 07531 (Konstanz).

Sehenswert : "Blumeninsel" ★★.
♦Stuttgart 191 – ♦Konstanz 7 – Singen (Hohentwiel) 34.

☒ **Schwedenschenke**, ℘ 30 30, Fax 303248, 🌳 – ⅙. ⅄ ⊙ E 🆅🆂🅰
Nov.- Dez. Montag geschl. – **M** a la carte 28/61.

MAINBERNHEIM Bayern siehe Iphofen.

MAINBURG 8302. Bayern 🗺 S 21, 🗺 ㊲ – 11 100 Ew – Höhe 456 m – ✪ 08751.
🕞 Rudelzhausen-Weihern (S : 8 km), ℘ (08756) 15 61.
♦München 69 – Ingolstadt 44 – Landshut 34 – ♦Regensburg 53.

☒ **Espert-Klause**, Espertstr. 7, ℘ 13 42 – ❄
↞ Aug. und Montag geschl. – **M** a la carte 20/38 ⚓.

522

MAINHARDT 7173. Baden-Württemberg **ᴀᴀᴀ** L 19 − 4 200 Ew − Höhe 500 m − Luftkurort −
☎ 07903.
🅱 Rathaus, Hauptstraße, ℰ 20 21.
♦Stuttgart 53 − Heilbronn 35 − Schwäbisch Hall 16.

In Mainhardt-Ammertsweiler NW : 4 km :

⚕ **Zum Ochsen**, Löwensteiner Str. 15 (B 39), ℰ 23 91, ⭫, ⚏, − ⟺ ⓟ − 🏊 25/100
← *Mitte Feb.- Mitte März geschl.* − **M** *(Montag geschl.)* a la carte 21/49 ⚖ − **21 Z : 40 B** 35/54
- 70/110.

In Mainhardt-Stock O : 2,5 km :

🏠 **Löwen**, an der B 14, ℰ 10 91, ⭫, 🔲, ⚏ − ☎ ⟺ ⓟ − 🏊
40 Z : 75 B.

MAINTAL 6457. Hessen **ᴀᴀᴀ** J 16 − 38 000 Ew − Höhe 95 m − ☎ 06109.
♦Wiesbaden 53 − ♦Frankfurt am Main 13.

In Maintal 2-Bischofsheim :

🏠 **Hübsch** ⚲, Griesterweg 12, ℰ 6 40 06, Telex 4185938, Fax 65265 − ▤ 📺 ☎ ⓟ − 🏊 30.
⚏ ⓪ **E** 💳
24. Dez.- 2. Jan. geschl. − **M** *(Sonntag ab 15 Uhr und Samstag geschl.)* a la carte 49/78 −
80 Z : 100 B 86/140 - 112/164 Fb.

❌❌ **Ratsstuben**, Dörnigheimer Weg 21 (Bürgerhaus), ℰ 6 36 84, 🌳 − ⓟ − 🏊 25/300
Sonntag 15 Uhr - Montag, 1.- 18. Jan. und Juli - Aug. 3 Wochen geschl. − **M** a la carte
29/60.

❌❌ **Ristorante Lario**, Fechenheimer Weg 45, ℰ 6 57 67 − ⚏ ⓪ **E**
1.- 18. Jan. geschl. − **M** a la carte 42/85.

In Maintal 1-Dörnigheim :

🏠 **Zum Schiffchen** ⚲, Untergasse 21, ℰ (06181) 49 13 32, Fax 495805, ≼, 🌳 − ☎ ⓟ
← *24. Dez.- 8. Jan. geschl.* − **M** *(Samstag geschl.)* a la carte 21/52 − **25 Z : 40 B** 62/85 - 90/120
Fb.

❌❌❌ ✿ **Hessler**, Am Bootshafen 4, ℰ (06181) 49 29 51, bemerkenswerte Weinkarte − ⓟ. ✁
Juli 3 Wochen und außerhalb der Messezeiten Sonntag - Montag geschl. − **M**
(Tischbestellung erforderlich) 60 (mittags)und a la carte 86/105
Spez. Lasagne von Meeresfrüchten in Kaviarschaum, Galantine von Kaninchenrücken in Trüffelsauce, Taube in
Piroggenteig.

❌❌ **Al Boschetto**, Eschenweg 3, ℰ (06181) 4 56 67 − ⓟ. ⚏ **E**
Montag, 9.- 30. Juli und 27. Dez.- 11. Jan. geschl. − **M** a la carte 45/70.

To visit a town or region : use the Michelin **Green Guides.**

MAINZ 6500. ⓛ Rheinland-Pfalz **ᴀᴀᴀ** H 16, 17, **987** ㉔ − 180 000 Ew − Höhe 82 m − ☎ 06131.
Sehenswert : Gutenberg-Museum★★★ − Leichhof ≼★★ − Dom★ (Grabstätte der Erzbischöfe★,
Kreuzgang★) − Mittelrheinisches Landesmuseum★ BX **M** − Kurfürstliches Schloß
(Römisch-Germanisches Zentralmuseum★) CX **M1** − Ignazkirche (Kreuzigungsgruppe★) CY **A** −
Stefanskirche (Chagall-Fenster) CY.
Ausstellungsgelände Volkspark (DZ), ℰ 8 10 44.
🅱 Verkehrsverein, Bahnhofstr. 15, ℰ 23 37 41, Telex 4187725.
ADAC, Große Bleiche 47, ℰ 23 46 01.
♦Frankfurt am Main 42 ② − ♦Mannheim 82 ⑤ − ♦Wiesbaden 13 ⑧.

Stadtpläne siehe nächste Seiten.

🏨🏨 **Hilton International** (mit Rheingoldhalle), Rheinstr. 68, ℰ 24 50, Telex 4187570, Fax
245589, ≼, 🌳, Massage, ⭫, direkter Zugang zur Spielbank − 🛗 ▤ 📺 ⚿ ⟺ ⓟ −
🏊 25/200. ⚏ ⓪ **E** 💳. ✁ Rest   CXY **k**
Restaurants : − **Rheingrill** *(wochentags nur Abendessen, Montag und Juli geschl.)* **M** a la
carte 50/80 − **Römische Weinstube M** a la carte 35/60 und Buffet − **435 Z : 844 B** 256/446 -
332/902 Fb.

🏨 **Favorite Parkhotel**, Karl-Weiser-Str. 1, ℰ 8 20 91, Telex 4187266, ≼, « Gartenterrasse »
− 🛗 📺 ☎ ⟺ ⓟ − 🏊 25/200. ⚏ **E**   DZ **a**
M *(Samstag geschl.)* a la carte 39/68 ⚖ − **46 Z : 90 B** 165 - 220/340 Fb.

🏨 **Mainzer Hof** garni, Kaiserstr. 98, ℰ 23 37 71, Telex 4187787, Fax 228255 − 🛗 📺 ☎ −
🏊 25/50. ⚏ ⓪ **E** 💳   BCX **a**
99 Z : 121 B 149/240 - 190/380 Fb.

🏨 **Europahotel**, Kaiserstr. 7, ℰ 63 50, Telex 4187702, Fax 635177 − 🛗 ✂ Zim ▤ Rest 📺 ☎
− 🏊 25/120. ⚏ ⓪ **E** 💳   BX **r**
Restaurants : − **La Poularde** *(nur Abendessen)* **M** a la carte 46/70 − **Brasserie M** a la carte
31/60 − **93 Z : 145 B** 133/243 - 261/361 Fb.

🏨 **Hammer** ⚲ garni, Bahnhofsplatz 6, ℰ 61 10 61, Telex 4187739, Fax 611065, ⭫ − 🛗 📺 ☎
− 🏊 25/40. ⚏ ⓪ **E** 💳   BY **z**
40 Z : 60 B 105/135 - 165/180.

523

MAINZ

GUTENBERG-MUSEUM ★★★
DOM ★
LEICHHOF : ◀ ★★

🏠 **Central-Hotel Eden**, Bahnhofsplatz 8, ℰ 67 40 01, Telex 4187794, Fax 672806 – 🛗 📺 ☎.
   🖭 ⓪ 🅴 𝘝𝘐𝘚𝘈   BY h
   M siehe Restaurant L'échalote – **61 Z : 87 B** 93/198 - 140/210.

🏠 **Moguntia** 🦢 garni, Nackstr. 48, ℰ 67 10 41 – 🛗 📺 ☎ 🚗. 🖭 🅴 𝘝𝘐𝘚𝘈   AX a
   18 Z : 35 B 98/125 - 145 Fb.

🏠 **City-Hotel Neubrunnenhof** garni, Große Bleiche 26, ℰ 23 22 37, Telex 4187320 – 🛗 ☎
   🅿 – 🔬 25/40. 🖭 ⓪ 🅴 𝘝𝘐𝘚𝘈   BY q
   42 Z : 66 B 89/110 - 130/160 Fb.

🏠 **Schottenhof** garni, Schottstr. 6, ℰ 23 29 68, Telex 4187664 – 🛗 📺 ☎. 🖭 ⓪ 🅴 𝘝𝘐𝘚𝘈
   38 Z : 55 B 89/115 - 125/155.   BY s

🏠 **Stadt Mainz** garni, Frauenlobstr. 14, ℰ 67 40 84, Telex 4187312, 🞉 – 🛗 📺 ☎ – 🔬 40
   🖭 ⓪ 🅴 𝘝𝘐𝘚𝘈   BX e
   45 Z : 90 B 105/120 - 160/180 Fb.

🏠 **Stiftswingert** garni, Am Stiftswingert 4, ℰ 8 24 41, Telex 4187370 – 📺 ☎ 🅿. 🖭 ⓪ 🅴
   𝘝𝘐𝘚𝘈   CDZ v
   30 Z : 42 B 79/110 - 130/140 Fb.

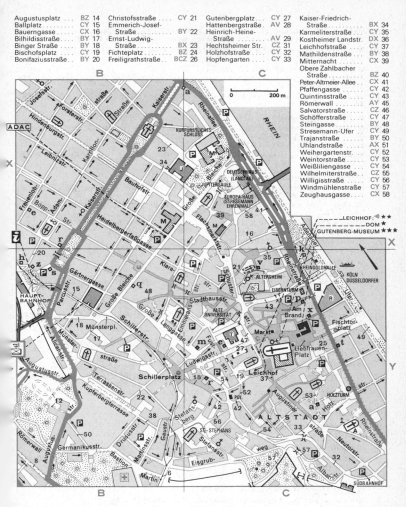

> LEICHHOF: ★★
> DOM ★
> GUTENBERG-MUSEUM ★★★

XXX **Drei Lilien**, Ballplatz 2, 𝄞 22 50 68 — AE ① E VISA   CY **r**
Sonntag, Feb. 1 Woche und Juli - Aug. 2 Wochen geschl. — **M** (Tischbestellung ratsam) a la
carte 75/100 — **Drei Lilien-Keller** *(nur Abendessen)* **M** a la carte 40/60.

XXX **L'échalote**, Bahnhofsplatz 8, 𝄞 61 43 31, Fax 672806 — AE ① E VISA   BY **h**
Sonntag und 15. Dez.- 10. Jan. geschl. — **M** 40 (mittags) und a la carte 53/90.

XXX **Walderdorff**, Karmeliterplatz 4, 𝄞 22 25 15, 🍴 — AE ① E VISA   CY **v**
Sonn- und Feiertage sowie Juli - Aug. 3 Wochen geschl. — **M** *(auch vegetarisches Menu)* a
la carte 34/67.

XX **Rats- und Zunftstuben Heilig Geist**, Rentengasse 2, 𝄞 22 57 57, « Kreuzrippen-
→ gewölbe a.d. 13. Jh. » — AE ① E VISA   CY **x**
Sonntag ab 15 Uhr sowie Juli - Aug. auch Montag geschl. — **M** a la carte 20/65 ⚖.

XX **Zum Leininger Hof**, Weintorstr.6 (Eingang Kappelhofgasse), 𝄞 22 84 84, « Restaurant in
einem Gewölbekeller » — AE ① E VISA   CY **a**
*nur Abendessen, Sonntag und Mai 2 Wochen geschl., Sept.- März von Montag bis Freitag
auch Mittagessen* — **M** a la carte 48/77.

XX **Haus des deutschen Weines**, Gutenbergplatz 3, 𝄞 22 86 76 — 🪑 50. AE ① E VISA   CY **e**
Sonn- und Feiertage geschl. — **M** (bemerkenswerte Weinkarte) a la carte 37/70 ⚖.

XX **Geberts Weinstuben**, Frauenlobstr. 94, ℰ 61 16 19 — 🆎 ⓪ 🅴 𝚅𝙸𝚂𝙰   BV **e**
　 Samstag - Sonntag 18 Uhr und Juli 3 Wochen geschl. — **M** a la carte 41/75 ♨.

XX **Man-Wah** (Chinesische Küche), Am Brand 42, ℰ 23 16 69, 🌧 — 🆎 ⓪ 🅴 𝚅𝙸𝚂𝙰   CY **p**
　 M a la carte 25/52.

X **Weinhaus Schreiner**, Rheinstr. 38, ℰ 22 57 20 — 🆎 🅴   CY **t**
↖ *Dienstag - Freitag nur Abendessen, Montag, 28. Feb.- 12. März und 27. Aug.- 24. Sept.*
　 geschl.) — **M** a la carte 18/41 ♨.

X **Zum Salvator** (Brauerei-Gaststätte), Große Langgasse 4, ℰ 22 06 44, 🌧 — 🆎 ⓪ 🅴 𝚅𝙸𝚂𝙰
　 M a la carte 28/52.   CY **m**

In Mainz-Bretzenheim ⑥ : 3 km

🏨 **Novotel**, Essenheimer Str. 200, ℰ 36 10 54, Telex 4187236, Fax 366755, 🌧, ⊒ (geheizt),
　 🌧 — 🛗 🍽 Rest 📺 ☎ ♿ ♿ — ⚶ 25/300. 🆎 ⓪ 🅴 𝚅𝙸𝚂𝙰
　 M a la carte 30/58 — **121 Z : 242 B** 140/155 - 175/185 Fb.

🏠 **Römerstein** garni, Draiser Str. 136 f, ℰ 36 40 36, Fax 364020, 🈺 — 📺 ☎ ♿. 🆎 🅴 𝚅𝙸𝚂𝙰
　 15 Z : 28 B 72/119 - 102/149.

In Mainz-Finthen ⑦ : 7 km :

🏨 **Kurmainz**, Flugplatzstr. 44, ℰ 49 10, Telex 4187001, Fax 491128, Massage, 🈺, ⊠, 🌧, 🎾,
　 Fahrradverleih — 🛗 📺 ☎ ♿ ♿ — ⚶ 25/60. 🆎 ⓪ 🅴 𝚅𝙸𝚂𝙰. 🛇
　 23. Dez.- 7. Jan. geschl. — **M** *(nur Abendessen)* a la carte 37/68 ♨ — **81 Z : 150 B** 125/185 -
　 160/300 Fb.

XX **Stein's Traube**, Poststr. 4, ℰ 4 02 49 — 🅴
　 Montag und Mitte Jan.- Mitte Feb. geschl. — Menu a la carte 24/58 ♨.

XX **Krone**, Flugplatzstr. 3, ℰ 4 02 77
　 Montag geschl. — Menu a la carte 33/68.

In Mainz-Gonsenheim ⑦ : 5 km :

XX **Zum Löwen**, Mainzer Str. 2, ℰ 4 36 05 — ⓪ 🅴
　 Sonntag 15 Uhr - Montag und Mitte - Ende Juli geschl. — **M** (abends Tischbestellung
　 ratsam) a la carte 66/97.

In Mainz-Hechtsheim S : 5 km über Hechtsheimer Straße CZ :

🏨 **Hechtsheimer Hof** garni, Alte Mainzer Str. 31, ℰ 50 90 16, Fax 509257 — 📺 ☎ ♿. 🆎 ⓪
　 🅴
　 24 Z : 47 B 88/120 - 110/150 Fb.

🏠 **Am Hechenberg** garni, Am Schinnergraben 82, ℰ 50 70 01, 🈺 — 📺 ☎ 🚗 ♿
　 44 Z : 75 B Fb.

In Mainz-Lerchenberg ⑦ : 6 km :

🏨 **Am Lerchenberg**, Hindemithstr. 5, ℰ 7 30 01, 🌧, 🈺 — 🛗 📺 ☎ ♿ ♿ — ⚶ 50. 🆎 ⓪ 🅴
　 𝚅𝙸𝚂𝙰
　 M *(Samstag bis 17 Uhr und Sonntag ab 15 Uhr geschl.)* a la carte 35/90 ♨ — **53 Z : 80 B**
　 87/98 - 130/140 Fb.

In Mainz-Mombach ⑧ : 3 km :

🏠 **Zum goldenen Engel**, Kreuzstr. 72, ℰ 68 10 26 — ☎
　 15 Z : 22 B Fb.

In Mainz-Weisenau über Hechtsheimer Str. CZ :

🏨 **Bristol Hotel Mainz** 🛇, Friedrich-Ebert-Str. 20, ℰ 80 60, Telex 4187136, Fax 806100, 🈺,
　 ⊠ — 🛗 🍽 Rest 📺 ☎ ♿ — ⚶ 25/130. 🆎 ⓪ 🅴 𝚅𝙸𝚂𝙰. 🛇 Rest
　 M a la carte 42/67 — **72 Z : 150 B** 160/220 - 200/340 Fb.

In Ginsheim-Gustavsburg 6095 ④ : 9 km :

🏠 **Rheinischer Hof** 🛇, Hauptstr. 51 (Ginsheim), ℰ (06144) 21 48 — 📺 ♿
　 25 Z : 40 B Fb.

🏠 **Alte Post** garni, Dr.-Hermann-Str. 28 (Gustavsburg), ℰ (06134) 5 20 41, 🈺, ⊠ — 🛗 📺
　 ♿. 🅴. 🛇
　 23. Dez.- 1. Jan. geschl. — **52 Z : 70 B** 55/110 - 90/130.

In Bodenheim 6501 ⑤ : 9 km :

🏠 **Gutsausschank Kapellenhof**, Kirchbergstr. 22, ℰ (6135)22 57, Weingut, nur Eigenbauweine
　 — 📺 ☎ ♿. 🛇
　 (nur Abendessen) — **11 Z : 18 B**.

In Gau-Bischofsheim 6501 S : 10 km über Freiligrathstraße BCZ :

XXX **Weingut Nack**, Pfarrstr. 13, ℰ (06135) 30 43, Fax 3042, « Restaurant mit geschmackvoller
　 Einrichtung in einem ehem. Weinguts-Keller » — ♿. 🆎 ⓪ 🅴
　 wochentags nur Abendessen, Dienstag geschl. — **M** a la carte 69/105.

In Nieder-Olm 6501 ⑥ : 10 km :

🏨 **Dietrich** garni, Maler-Metten-Weg 20, ℰ (06136) 50 85, Telex 4187239, 🈺, ⊠. Fahrradverleih
　 — 🛗 📺 ☎ 🚗 ♿ — ⚶ 25/40. 🛇
　 29 Z : 53 B Fb.

In Nackenheim 6506 ⑤ : 13 km :

🏨 **Kulla's Hotel**, Im Brühl 1, 𝄢 (06135) 30 29 — 📺 ⚇ 🅿 🝙 ⓞ 🅴 𝐕𝐈𝐒𝐀 . ⅀ Rest
Juli 3 Wochen geschl. — **M** *(Sonntag geschl.)* 28/45 (mittags) und a la carte 43/83 ⅃ —
13 Z : 26 B 85/95 - 140/160 Fb.

In Stadecken-Elsheim 6501 ⑥ : 17 km, über die Autobahn, Abfahrt Nieder-Olm :

🏡 **Gästehaus Christian** ⅀ garni, Christian-Reichert-Str. 3 (Stadecken), 𝄢 (06136) 36 11, 🔲,
⅀ — 📺 🝙 ⇦⇨ . ⅀
8 Z : 18 B Fb.

MICHELIN-REIFENWERKE KGaA. Niederlassung 6500 Mainz-Mombach, Rheinallee
205 (über ⑧). 𝄢 (06131) 68 20 28, FAX 684230.

MAISACH 8031. Bayern 𝟰𝟭𝟯 Q 22. 𝟵𝟴𝟳 ㊱ ㊲. 𝟰𝟮𝟲 ⑯⑰ — 10 000 Ew — Höhe 516 m — ✪ 08141
(Fürstenfeldbruck).

♦München 29 — ♦Augsburg 46 — Landsberg am Lech 44.

🏡 **Strobel** garni, Josef-Sedlmayr-Str. 6, 𝄢 9 05 31 — 🅿
22. Dez.- 14. Jan. geschl. — **22 Z : 35 B** 40/70 - 70/75.

MALBERG Rheinland-Pfalz siehe Kyllburg.

MALCHEN Hessen siehe Seeheim-Jugenheim.

MALENTE-GREMSMÜHLEN 2427. Schleswig-Holstein 𝟵𝟴𝟳 ⑤⑥ — 11 500 Ew — Höhe 35 m —
Kneippheilbad — Luftkurort — ✪ 04523.

Sehenswert : Lage★.

🛈 Verkehrsverein, Pavillon am Bahnhof, 𝄢 30 96.

♦Kiel 41 — ♦Lübeck 47 — Oldenburg in Holstein 36.

🏨🏨 **Dieksee** ⅀, Diekseepromenade 13, 𝄢 30 65, ≤, « Terrasse am See », ⅀ — 🕪 📺 ⇦⇨ 🅿
— ⅃ 30
Mitte Jan.- Mitte März geschl. — **M** a la carte 41/64 — **66 Z : 115 B** 97 - 152 Fb — ½ P 99/120.

🏨🏨 **Intermar**, Hindenburgallee 2, 𝄢 40 40, Telex 261367, Fax 6535, ≤, ⅀, Bade- und
Massageabteilung, ⅃, ⅀, 🔲 📺 ⇦⇨ 🅿 — ⅃ 25/350. 🝙 ⓞ 🅴 𝐕𝐈𝐒𝐀 . ⅀ Rest
M a la carte 27/69 — **164 Z : 300 B** 100/140 - 165/195 — ½ P 125/152.

🏨 **Admiralsholm** ⅀, Schweizer Str. 60 (NO : 2,5 km), 𝄢 30 51, ≤, ⅀, « Lage am See,
Park », Massage, ⅀, 🔲, ⅀, ⅀, Fahrradverleih, Bootssteg — 🕾 🅿 . ⅀
Jan.- Feb. geschl. — **M** *(Nov.- April Montag geschl.)* a la carte 38/60 — **25 Z : 40 B** 52/95 -
104/180 Fb — ½ P 80/123.

🏨 **Weißer Hof**, Voßstr. 45, 𝄢 39 62, ⅀, ⅀, 🔲, ⅀ — 🕪 📺 🕾 🅿
18 Z : 40 B Fb.

🏨🏨 **Dieksee Holm** ⅀ garni, Diekseepromenade 25, 𝄢 30 88, ≤ — 🕪 📺 🕾 🅿 . 🝙 ⓞ 🅴 𝐕𝐈𝐒𝐀
10. Jan.- Feb. geschl. — **36 Z : 72 B** 94/140 - 132/178 Fb.

🏡 **Diekseehöh** garni, Diekseepromenade 17, 𝄢 36 18, ≤, « Geschmackvolle Einrichtung »
— 📺 🅿 . ⅀
Feb.- Okt. — **9 Z : 18 B** 60/80 - 96/130.

🏡 **Brahmberg**, Bahnhofstr. 6, 𝄢 12 22, ⅀ — 📺 🕾 🅿 . 🝙 🅴 𝐕𝐈𝐒𝐀
M *(außer Saison Montag geschl.)* a la carte 30/62 — **29 Z : 47 B** 60/65 - 110/120 Fb —
½ P 77/87.

🏡 **Kurhotel Godenblick** ⅀, Godenbergredder 7, 𝄢 26 44, Bade- und Massageabteilung,
⅃, ⅀, ⅀ — 🅿 . ⅀
April - Okt. — (Rest. nur für Hausgäste) — **46 Z : 80 B** 66 - 108/134 — ½ P 71/84.

🏡 **Diekseequell** ⅀ garni, Diekseepromenade 21, 𝄢 17 10, ≤, ⅀, 🔲, ⅀ — 🕾 ⇦⇨ 🅿
20. Jan.- 20. Feb. geschl. — **22 Z : 44 B** 58/78 - 96/116.

🏡 **Landhaus am Kellersee** ⅀ garni, Kellerseestr. 26, 𝄢 29 66, ≤, ⅀, ⅀, Bootssteg —
🅿
27 Z : 48 B 52/100 - 88/131 — 15 Fewo 84/172.

🏡 **Raven** ⅀, Janusallee 16, 𝄢 33 56, Caféterrasse, ⅀ — ⇦⇨ 🅿 . ⅀
15. Jan.- Feb. geschl. — (nur Abendessen für Hausgäste) — **23 Z : 34 B** 40/57 - 76/94 —
½ P 55/74.

🏡 **Deutsches Haus**, Bahnhofstr. 71, 𝄢 14 05, ⅀ — 🅿 — ⅃ 25/80. 🝙 🅴
12.- 25. Nov. geschl. — **M** a la carte 26/50 — **28 Z : 50 B** 48/63 - 85/110 Fb.

🏡 **Godenberghorst** ⅀, Godenbergredder 15, 𝄢 36 66, ⅀ — 🅿 . ⅀
März - Okt. — (nur Abendessen für Hausgäste) — **17 Z : 24 B** 60 - 100 — ½ P 63/73.

In Malente-Gremsmühlen - Neversfelde N : 2 km :

🏨 **Landhaus am Holzberg** ⅀, Grebiner Weg 2, 𝄢 40 90, « Park, Gartenterrasse », Bade-
und Massageabteilung, ⅃, ⅀, 🔲, ⅀, ⅀ — 🕪 📺 🕾 ⇦⇨ 🅿 . ⓞ . ⅀ Rest
15. Nov.- 20. Dez. geschl. — **M** *(auch Diät)* a la carte 37/61 — **48 Z : 70 B** 75/120 - 140/200 Fb
— ½ P 96/126.

MALGARTEN Niedersachsen siehe Bramsche.

MALLERSDORF-PFAFFENBERG 8304. Bayern 🔢 T 20, 🔢 ㉗ — 6 000 Ew — Höhe 411 m —
🌀 08772.
♦München 100 — Landshut 31 — ♦Regensburg 38 — Straubing 28.

Im Ortsteil Steinrain :

🏠 Steinrain, ℰ 3 66, 🍴, 🌳 — 🚲 🅿 — **12 Z : 20 B.**

MALSCH 7502. Baden-Württemberg 🔢 HI 20 — 12 000 Ew — Höhe 147 m — 🌀 07246.
♦Stuttgart 90 — ♦Karlsruhe 18 — Rastatt 13.

✗ Eintracht mit Zim, Waldprechtsstr. 22, ℰ 12 22 — 🅿
12 Z : 20 B.

In Malsch 4 - Waldprechtsweier-Tal S : 3 km :

🏠 **Waldhotel Standke** ⬦, Talstr. 45, ℰ 10 88, Fax 5272, 🍴, 🚬, 🔲, 🌳 — ☎ 🚲 🅿 —
🛗 25/40. 🔘 **E**
15. Jan.- 15. Feb. geschl. — **M** (Dienstag geschl.) a la carte 27/61 — **30 Z : 50 B** 60/80 -
80/130.

MALTERDINGEN Baden-Württemberg siehe Riegel.

MANDERSCHEID 5562. Rheinland-Pfalz 🔢 ㉘ — 1 400 Ew — Höhe 388 m — Heilklimatischer
Kurort — 🌀 06572.
Sehenswert : Kaisertempel ≤** — Lage der Burgen* — Niederburg*.
🅾 Kurverwaltung, im Kurhaus, Grafenstraße, ℰ 89 49.
Mainz 168 — ♦Bonn 98 — ♦Koblenz 78 — ♦Trier 57.

🏠 **Zens**, Kurfürstenstr. 35, ℰ 7 68, 🍴, « Garten », 🚬, 🔲 — ☎ 🚲 🅿. 🆎 **E**. 🎇 Rest
— 7. Jan.- 21. Feb. und 4. Nov.- 20. Dez. geschl. — **M** (Dienstag geschl.) a la carte 19,50/61 —
31 Z : 44 B 53/83 - 114/148 Fb — ½ P 78/99.

🏠 **Fischerheid**, Kurfürstenstr. 31, ℰ 7 01, « Garten » — ☎ 🅿. 🆎 🔘 **E** 🆅🆂🅰
Nov. geschl. — **M** a la carte 27/50 — **20 Z : 35 B** 45/50 - 68/86 — ½ P 49/65.

🏠 **Heidsmühle** ⬦, Mosenbergstr. 22 (W : 1,5 km), ℰ 7 47, « Gartenterrasse » — 🅿
— Mitte Feb. - Mitte Nov. — **M** (Dienstag geschl.) a la carte 21/44 🍴 — **11 Z : 18 B** 37/56 -
79/94 — ½ P 51/60.

🏠 **Haus Burgblick** ⬦, Klosterstr. 18, ℰ 7 84, ≤, 🌳 — 🅿. 🎇 Rest
Mitte Feb. - Mitte Nov. — (Restaurant nur für Hausgäste) — **21 Z : 35 B** 24/35 - 56/59 —
½ P 37/42.

🏠 **Café Bleeck** garni, Dauner Str. 10, ℰ 44 31, 🚬, 🔲 — 🅿. 🎇
16 Z : 26 B.

In Laufeld 5561 SO : 9 km — Erholungsort :

🏠 **Laufelder Hof**, Hauptstr. 7, ℰ (06572) 7 62, 🍴, 🚬, 🔲, 🌳 — ☎ 🅿. 🆎 🔘 **E** 🆅🆂🅰. 🎇
M a la carte 33/54 — **25 Z : 50 B** 50/60 - 90/100 Fb — ½ P 65/80.

*Die **Michelin-Kartenserie** mit rotem Deckblatt : Nr. 🔢🔢*
empfehlenswert für Ihre Fahrten durch die Länder Europas.

MANNHEIM 6800. Baden-Württemberg 🔢 I 18, 🔢 ㉘ — 305 000 Ew — Höhe 95 m — 🌀 0621.
Sehenswert : Städtische Kunsthalle** FY **B** — Quadratischer Grundriß der Innenstadt* EFY —
Städtisches Reiß-Museum* EY **M** im Zeughaus — Hafen* FY.
📇 Viernheim, Alte Mannheimer Str. 3 (DU), ℰ (06204) 7 13 07.
Ausstellungsgelände (CV), ℰ 40 80 17, Telex 462594.
🅾 Verkehrsverein, Bahnhofplatz 1, ℰ 10 10 11.
ADAC, Am Friedensplatz 1, ℰ 41 60 11, Notruf 1 92 11.
♦Stuttgart 133 ② — ♦Frankfurt am Main 79 ① — Strasbourg 145 ②.

Stadtpläne siehe nächste Seiten.

🏨 **Maritim Parkhotel**, Friedrichsplatz 2, ℰ 4 50 71, Telex 463418, Fax 152424, 🚬, 🔲,
Fahrradverleih — 🛗 🖥 📺 🚲 — 🛗 25/200. 🔘 **E** 🆅🆂🅰. 🎇 Rest   FY **y**
M a la carte 48/80 — **187 Z : 262 B** 179/269 - 232/342 Fb — 3 Appart. 580.

🏨 **Holiday Inn**, N 6, ℰ 1 07 10, Telex 462264, Fax 1071167, 🍴, 🚬, 🔲 — 🛗 ⚡ Zim 🖥 📺 🛗
— 🛗 25/180. 🆎 🔘 **E** 🆅🆂🅰   EY **p**
M a la carte 35/70 — **146 Z : 212 B** 192/225 - 249/453 Fb.

🏨 **Steigenberger Mannheimer Hof**, Augusta-Anlage 4, ℰ 4 50 21, Telex 462245, Fax
408995, « Atriumgarten » — 🛗 📺 — 🛗 25/200. 🆎 🔘 **E** 🆅🆂🅰. 🎇 Rest   FY **a**
M a la carte 47/74 — **165 Z : 200 B** 165/225 - 198/260 Fb — 4 Appart. 370/470.

🏨 **Augusta-Hotel**, Augusta-Anlage 43, ℰ 41 80 01, Telex 462395, Fax 414624 — 🛗 📺
🛗 25/90. 🆎 🔘 **E** 🆅🆂🅰   FZ **c**
Restaurants (Samstag bis 18 Uhr sowie Sonn- und Feiertage geschl.) : — **Le Petit Restaurant**
(auch Juli - Aug. 4 Wochen geschl.) **M** a la carte 55/90 — **Mannemer Stubb M** a la carte
37/68 — **105 Z : 150 B** 165/175 - 198/240 Fb.

528

🏨 **Wartburg**, F 4, 4 - 11, ✆ 2 89 91, Telex 463571, Fax 101337 — 🛗 📺 ☎ ⇔ – 🔄 25/350. ➂ ⓪ ⤇ 🆅🆂🅰   EY **k**
M a la carte 35/62 — **150 Z : 250 B** 125/135 - 170/280 Fb.

🏨 **Novotel**, Auf dem Friedensplatz, ✆ 41 70 01, Telex 463694, Fax 417343, 🍽, 🛝 (geheizt) —
🛗 ▤ 📺 ☎ ᴁ ➋ – 🔄 25/300. ➂ ⓪ ⤇ 🆅🆂🅰   CV **t**
M a la carte 35/72 — **180 Z : 360 B** 160 - 198 Fb.

🏨 **Intercity-Hotel**, im Hauptbahnhof, ✆ 1 59 50, Telex 463604, Fax 1595450 — 🛗 📺 ☎ –
🔄 25/50. ➂ ⓪ ⤇ 🆅🆂🅰   EFZ
M a la carte 23/50 — **47 Z : 87 B** 92/104 - 130/142 Fb.

🏨 **Page-Hotel** garni, L 12, 15, ✆ 1 00 37, Telex 463263 — 🛗 📺 ☎ ⇔ – 🔄 25. ➂ ⓪ ⤇ 🆅🆂🅰
62 Z : 124 B 120 - 150/160 Fb.   EY **e**

🏨 **Am Bismarck** garni, Bismarckplatz 9, ✆ 40 30 96, Telex 462975, Fax 444605 — 🛗 📺 ☎
⇔. ➂ ⤇ 🆅🆂🅰   FZ **m**
48 Z : 75 B 84 - 110 Fb.

🏨 **Holländer Hof** garni, U 1,11, ✆ 1 60 95 — 🛗 📺 ☎ ⇔. ➂ ⓪ ⤇ 🆅🆂🅰   FY **d**
37 Z : 54 B 69/95 - 89/140 Fb.

🏨 **Wegener** garni, Tattersallstr. 16, ✆ 44 40 71 — 🛗 📺 ☎. ➂   FZ **e**
24. Dez.- 7. Jan. geschl. — **54 Z : 74 B** 50/84 - 80/110 Fb.

🌇🌇🌇 ✿✿ **Da Gianni** (elegantes italienisches Restaurant), R 7,34, ✆ 2 03 26 — ➂ ⤇   FY **f**
Montag, Feiertage und Juli 3 Wochen geschl. — **M** (Tischbestellung erforderlich) a la carte
56/90
Spez. "Unsere hausgemachten Eiernudeln", Fischgerichte, Ente in Aceto Balsamico.

🌇🌇🌇 ✿ **Blass** (moderne, elegante Einrichtung), Friedrichsplatz 12, ✆ 44 80 04 — ➂ ⤇   FY **a**
Samstag bis 18.30 Uhr und Sonntag geschl. — **M** a la carte 60/86
Spez. Gänseleber in Sauternes-Gelee, Steinbutt in Paprikasauce, Lammcarré mit Kräutern überbacken.

🌇🌇 ✿ **Kopenhagen**, Friedrichsring 2a, ✆ 1 48 70 — ▤. ➂ ⓪ ⤇   FY **z**
Sonn- und Feiertage sowie Mai - Juni 3 Wochen geschl. — **M** (Tischbestellung ratsam) 87
und a la carte 53/100
Spez. Schalen- und Krustentiere, Meeresfrüchteterrine, Steinbutt in Champagnersenfsauce.

🌇🌇 **Martin**, Lange Rötterstr. 53, ✆ 33 38 14, 🍽 — ➂ ⓪ ⤇ 🆅🆂🅰. ✾   FX **a**
Mittwoch und 8. Juli - 9. Aug. geschl. — **M** (auch Diätmenu und vegetarische Gerichte) a la
carte 18/86.

🌇 **Quartier Latin**, T 3,3, ✆ 10 16 96 — ➂ ⓪ ⤇ 🆅🆂🅰   FY **e**
nur Abendessen, Sonntag und 6.- 27. Aug. geschl. — **M** a la carte 48/60.

🌇 **Henninger's Gutsschänke** (Pfälzer Weinstube), T 6,28, ✆ 1 49 12   FY **u**
nur Abendessen.

In Mannheim 51-Feudenheim :

🌇 **Zum Ochsen** mit Zim (Gasthof a.d.J. 1632), Hauptstr. 70, ✆ 79 20 65, 🍽 — ➋. ➂ ⤇ 🆅🆂🅰
über Fasching 1 Woche und Juli - Aug. 3 Wochen geschl. — **M** (abends Tischbestellung
ratsam) (Samstag bis 18 Uhr und Sonntag 15 Uhr - Montag geschl.) a la carte 26/64 ⅞ —
14 Z : 20 B 40/48 - 70/95.   DV **x**

In Mannheim 71-Friedrichsfeld :

🏨 **Stattmüller**, Neckarhauser Str. 60, ✆ 47 30 11, Fax 474174, 🍽 — ☎ ➋. ➂ ⤇ 🆅🆂🅰   DV **a**
M (Dienstag geschl.) a la carte 24/50 — **13 Z : 19 B** 41/50 - 74/84.

In Mannheim 24-Neckarau :

🏨 **Axt**, Adlerstr. 23, ✆ 85 14 77   CV **d**
Mitte Juli - Mitte Aug. geschl. — **M** (nur Abendessen, Freitag geschl.) a la carte 18/37 ⅞ —
14 Z : 19 B 50/60 - 80/88.

🌇🌇 **Jägerlust**, Friedrichstr. 90, ✆ 85 22 35 — ➂ ⓪ ⤇. ✾   CV **u**
Sonntag - Montag und 26. Aug.- 20. Sept. geschl. — **M** (Tischbestellung ratsam) a la carte
46/98.

In Mannheim 31-Sandhofen :

🏨 **Weber Hotel** garni (siehe auch Rest. Schwarzwaldstube), Frankenthaler Str. 85 (B 44),
✆ 7 70 10, Telex 463537, Fax 7701113, ⛱ — 🛗 📺 ᴁ ➋ – 🔄 25/80. ➂ ⓪ ⤇ 🆅🆂🅰   BU **r**
100 Z : 140 B 90/160 - 140/210 Fb.

🌇🌇 **Schwarzwaldstube im Weber Hotel**, Frankenthaler Str. 85 (B 44), ✆ 77 22 00 — ➋   BU **r**

In Mannheim 61-Seckenheim :

🏨 **Löwen**, Hauptstr. 159(B 37), ✆ 47 30 34 (Hotel) 47 20 35 (Rest.), Telex 463788, 🍽 — 🛗 📺
➋ ᴁ ➋. ➂ ⤇   DV **b**
23. Dez.- 7. Jan. geschl. — **M** (Samstag bis 17 Uhr, Sonn- und Feiertage sowie Juli - Aug. 3
Wochen geschl.) 20 (mittags) und a la carte 38/74 — **70 Z : 120 B** 84/105 - 114/145 Fb.

In Edingen-Neckarhausen 6803 SO : 14 km :

🏨 **Krone**, Hauptstr. 347 (Neckarhausen), ✆ (06203) 30 18, 🍽 — ☎ ➋. ✾
(nur Abendessen) — **12 Z : 15 B**.

Siehe auch : **Ludwigshafen am Rhein** (auf der linken Rheinseite)

MICHELIN-REIFENWERKE KGaA. Niederlassung 6803 Edingen-Neckarhausen 1,
Mannheimer Str. 58 (über die B 37 DV), ✆ (06203) 86 01.

MANNHEIM
LUDWIGSHAFEN
FRANKENTHAL

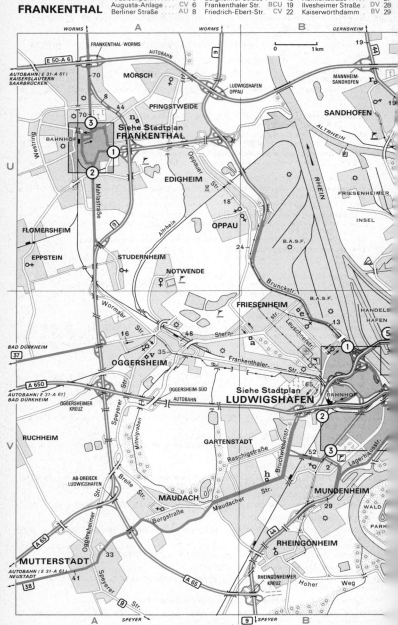

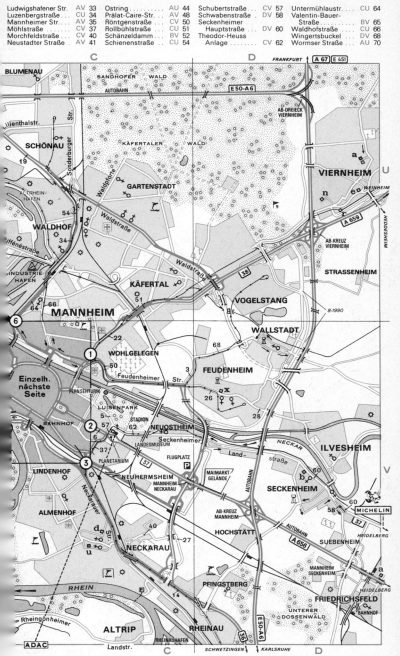

MANNHEIM

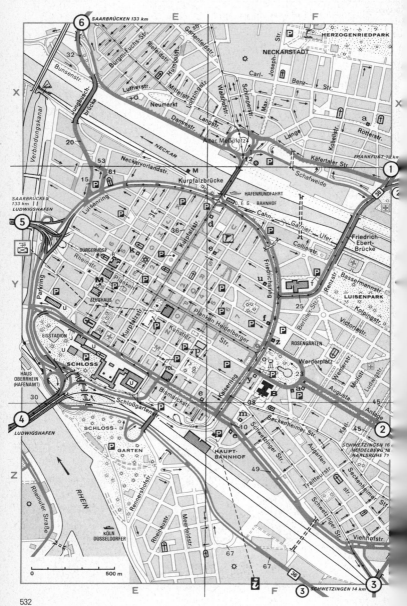

MARBACH AM NECKAR 7142. Baden-Württemberg **413** K 20, **987** ㉘ − 13 000 Ew − Höhe 229 m − ✆ 07144.

Sehenswert : Schiller-Nationalmuseum★.

🔹 Stadtverwaltung, Rathaus, ✆ 10 21.

♦Stuttgart 32 − Heilbronn 32 − Ludwigsburg 8,5.

  ✗ **Goldener Löwe**, Niklastorstr. 39, ✆ 66 63
    wochentags nur Abendessen, Sonntag nur Mittagessen, Montag und Juli - Aug. 3 Wochen
    geschl. − **M** a la carte 30/51.

  ✗ **Stadthalle**, Schillerhöhe 12, ✆ 54 68, « Terrasse mit ≼ » − **🅟** − 🅪 25/600
  ✦ *Dienstag und Aug. 3 Wochen geschl.* − **M** a la carte 21/54.

  In Benningen 7141 NW : 2 km :

  🏠 **Mühle** 🍃 garni, Ostlandstr. 2, ✆ (07144) 50 21 − **📺 ☎ 🅟. E**
    20 Z : 33 B 62/67 - 105/115 Fb.

MARBACH Hessen siehe Petersberg.

    Unsere Hotel-, Reiseführer und Straßenkarten ergänzen sich.
    Benutzen Sie sie zusammen.

MARBURG 3550. Hessen **987** ㉘ − 75 000 Ew − Höhe 180 m − ✆ 06421.

Sehenswert : Elisabethkirche★★ (Kunstwerke★★★ : Elisabethschrein★★) − Marktplatz★ − Schloß★ − Universitätsmuseum für Kunst und Kulturgeschichte★ BY **M**.

Ausflugsziel : Spiegelslustturm ≼★, O : 9 km.

🛫 Cölbe-Bernsdorf (① : 8 km), ✆ (06427) 85 58.

🔹 Verkehrsamt, Neue Kasseler Str. 1 (am Hauptbahnhof), ✆ 20 12 49.

ADAC, Bahnhofstr. 6b, ✆ 6 70 67.

♦Wiesbaden 121 ② − Gießen 30 ② − ♦Kassel 93 ① − Paderborn 140 ① − Siegen 81 ②.

Stadtplan siehe nächste Seite.

  🏨 **Europäischer Hof − Restaurant Atelier**, Elisabethstr. 12, ✆ 6 40 44 (Hotel)
    ✆ 6 22 55 (Rest.), Telex 482636, Fax 66404 − 📲 📺 ☎ ⇐⇒ 🅟 − 🅪 25/80. **AE ① E VISA**
    Hotel - 22. - 27. Dez. geschl. − **M** *(Italienische Küche)* (30. Juli - 21. Aug. geschl.) a la carte
    32/64 − **95 Z : 160 B** 55/160 - 110/220 Fb − 3 Appart. 300.   BY **a**

  🏨 **Waldecker Hof** garni, Bahnhofstr. 23, ✆ 6 00 90, Telex 4821945, Fax 600959, ⇐⇒, 🔲 − 📲
    📺 ☎ 🅟. **AE ① E VISA**   BY **d**
    41 Z : 60 B 88/118 - 135/200 Fb.

  🏠 **Hansenhaus Rechts**, Sonnenblickallee 9, ✆ 18 60, Fax 18655 − 📺 ☎ 🅟. 🍽
    M *(Montag geschl.)* a la carte 26/61 − **20 Z : 36 B** 97/125 - 125/165.
                                      über Großseelheimer Str.   BZ

  🏠 **Garni**, Bahnhofstr. 14, ✆ 6 56 44 − **AE ① E VISA**   BY **n**
    20 Z : 30 B 45/70 - 85/130.

  🏠 **Zur Sonne** (Fachwerkhaus a. d. 16. Jh.), Markt 14, ✆ 2 60 36 − ⇐⇒   AY **s**
    11 Z : 17 B.

  ✗✗ **Milano** (Italienische Küche), Biegenstr. 19, ✆ 2 24 88 − **AE ① E VISA**   BY **e**
    Dienstag und Juli - Aug. 4 Wochen geschl. − **M** a la carte 35/62.

  ✗ **Stadthallen-Restaurant**, Biegenstr. 15, ✆ 2 46 66 − 🍴 🅟 − 🅪 25/50   BY **f**
  ✦ *15.Juli - 8. Aug. geschl.* − **M** a la carte 16/42.

  In Marburg 18-Gisselberg ② : 5 km :

  🏨 **Fasanerie** 🍃, Zur Fasanerie 13, ✆ 70 39, ≼, ㊟, ⇐⇒, ㊟ − 📺 ☎ ⇐⇒ 🅟. **AE ① E VISA**
  ✦ *20. Dez.- 10. Jan. geschl.* − **M** *(wochentags nur Abendessen, Freitag geschl.)* a la carte
    21/49 ♨ − **35 Z : 50 B** 50/85 - 110/150.

  In Marburg 9-Michelbach NW : 7 km über Marbacher Weg BY :

  🏨 **Stümpelstal** 🍃, Stümpelstal 2, ✆ (06420) 5 15, Fax 514, ㊟, 🏊 (geheizt), ㊟ − 📺 ☎
    ⇐⇒ 🅟 − 🅪 70. **E**
    M *(Donnerstag geschl.)* a la carte 24/50 − **45 Z : 90 B** 45/75 - 90/130.

  In Marburg-Schröck SO : 5 km über Großseelheimer Str. BZ :

  🏠 **Elisabethbrunnen**, Zum Elisabethbrunnen 104, ✆ 2 60 66, ㊟ − 📺 ☎ 🅟
    11 Z : 18 B.

  In Marburg 1-Wehrshausen-Dammühle W : 5 km über Rotenberg BZ :

  🏨 **Dammühle** 🍃, Dammühlenstr. 1, ✆ 3 10 07, Fax 4177, ㊟, ㊟, Fahrradverleih − 📺 ☎
    ⇐⇒ 🅟 − 🅪 **VISA**
    M *(Freitag und 24. - 31. Dez. geschl.)* a la carte 23/58 − **21 Z : 40 B** 58/75 - 98/130.

  In Cölbe 3553 ① : 7 km :

  🏠 **Orthwein**, Kasseler Str. 48, ✆ (06421) 8 20 11 − ☎ ⇐⇒ 🅟
  ✦ **M** *(Freitag geschl.)* a la carte 16/35 − **23 Z : 33 B** 30/35 - 60/70.

MARBURG

In Ebsdorfergrund 9-Frauenberg 3557 SO : 8 km über Cappeler Straße BZ :

🏠 **Zur Burgruine** 🕭, Cappeler Str. 10, ℰ (06424) 13 79, Biergarten, ⊜ – 🄿 – 🏛 25/60
Mitte Jan.- Mitte Feb. geschl. – **M** *(Montag geschl.)* a la carte 28/55 – **18 Z : 27 B** 45/60 -
94/100.

In Weimar-Wolfshausen 3556 ② : 10 km :

🏩 **Bellevue**, Hauptstr. 35 (an der B 3), ℰ 7 90 90, Fax 790915, ≤, 🛖, ⊜, 🞿 – 📺 ☎ & 🄿 –
🏛 25/100. 🆎 ⑩ ᴇ 𝒱𝐼𝒮𝒜
M a la carte 23/59 – **32 Z : 48 B** 45/100 - 91/180 Fb.

MARCH 7806. Baden-Württemberg 🄐🄑🄒 G 22. 🄒🄐🄒 ⑧. 🄓🄗 ⑦ – 8 200 Ew – Höhe 190 m –
✪ 07665 – ◆Stuttgart 198 – ◆Freiburg im Breisgau 11 – Offenburg 56.

In March 4-Holzhausen :

🏠 **Zum Löwen**, Vörstetter Str. 11, ℰ 13 28, 🛖 – 🚙 🄿
Mitte Aug.- Anfang Sept. geschl. – **M** *(Montag geschl.)* a la carte 20/38 ⅛ – **12 Z : 24 B**
30/40 - 54/70.

In March 3-Neuershausen :

🏠 **Gästehaus Löwen** 🕭, garni, Hofackerstr. 5, ℰ 22 06, ⊜, 🞿, 🞿 – 🚙 🄿
20 Z : 30 B 32/46 - 68/85.

🞩🞩 **Zur Krone** mit Zim, Eichstetter Str. 26, ℰ 15 05, 🛖 – 📺 ☎ 🚙 🄿
13. Feb.- 1. März geschl. – **M** *(Mittwoch geschl.)* a la carte 35/58 ⅛ – **6 Z : 9 B** 45 - 90.

MARIA BUCHEN Bayern siehe Lohr am Main.

MARIA LAACH 5471. Rheinland-Pfalz — Höhe 285 m — Benediktiner-Abtei — ✪ 02652 (Mendig).
Sehenswert : Abteikirche*.
Mainz 121 — ♦Bonn 55 — ♦Koblenz 31 — Mayen 13.

🏨 **Seehotel Maria Laach** ⟡, 𝒫 58 40, ⩽, 佘, 🔲, 鄃 — 🛗 ☎ ⬅ 🅿 — 🏛 25/100. 🆎 Ɛ
  M a la carte 25/60 — **66 Z : 90 B** 55/65 - 90/180.

MARIA RAIN Bayern siehe Oy-Mittelberg.

MARIENBERG, BAD 5439. Rheinland-Pfalz — 5 400 Ew — Höhe 500 m — Kneippheilbad —
Luftkurort — Wintersport : 500/572 m ⩘1 ⩗2 — ✪ 02661.
🛈 Kurverwaltung, Wilhelmstr. 10, 𝒫 70 31.
Mainz 102 — Limburg an der Lahn 43 — Siegen 43.

🏨 **Kneipp-Kurhotel Wildpark** ⟡, Kurallee (am Wildpark, W : 1 km), 𝒫 62 20, Fax 622404,
  ⩽, 佘, Bade- und Massageabteilung, 🏛, 🚑, 🔲, 鄃 — 🛗 ☎ ⬅ 🅿 — 🏛 25/80. 🆎 ⓞ Ɛ
  𝗩𝗜𝗦𝗔
  M (auch Diät) a la carte 23/55 — **51 Z : 70 B** 60/90 - 120/180 Fb.

🏬 **Westerwälder Hof**, Wilhelmstr. 21, 𝒫 12 23, 佘 — ☎ 🅿 — 🏛 50. 🆎 ⓞ Ɛ 𝗩𝗜𝗦𝗔
  M (Montag geschl.) a la carte 28/57 — **17 Z : 30 B** 49/74 - 78/128 Fb.

🏬 **Café Kristall** ⟡, Goethestr. 21, 𝒫 6 30 99, ⩽, 鄃 — 🛗 🔲 ☎ 🅿
  Nov. geschl. — **M** (Dienstag geschl.) a la carte 27/52 — **20 Z : 31 B** 62 - 124 Fb — ½ P 63.

🏬 **Landhaus Kogge** ⟡, Rauscheidstr. 2, 𝒫 51 32, 佘, 鄃 — ☎ 🅿. ⓞ Ɛ 𝗩𝗜𝗦𝗔
➔ **M** (Dienstag geschl.) a la carte 17/37 — **10 Z : 15 B** 42/47 - 78 — ½ P 47/50.

🏯 **Ferger**, Wilhelmstr. 11, 𝒫 51 21 — 🅿
➔ **M** (Donnerstag geschl.) a la carte 19/34 — **18 Z : 30 B** 39 - 70.

MARIENBERGHAUSEN Nordrhein-Westfalen siehe Nümbrecht.

MARIENBURG Rheinland-Pfalz. Sehenswürdigkeit siehe Alf.

MARIENFELD Nordrhein-Westfalen siehe Harsewinkel.

MARIENHEIDE 5277. Nordrhein-Westfalen — 13 400 Ew — Höhe 317 m — ✪ 02264.
🛈 Verkehrsamt, Hauptstr. 20, 𝒫 22 40.
🛈 Reise- und Verkehrsbüro, Landwehrstr. 2, 𝒫 70 21.
♦Düsseldorf 80 — Gummersbach 10 — Lüdenscheid 31 — Wipperfürth 12.

In Marienheide-Rodt SO : 3 km :

🏨 **Landhaus Wirth - Restaurant Im Krug** ⟡, Friesenstr.8, 𝒫 2 70, Fax 2788, 🚑, 🔲, 鄃
  — 🔲 ☎ 🅿 — 🏛 30. 🆎 ⓞ Ɛ 𝗩𝗜𝗦𝗔 . ⅏ Zim
  24.- 28. Dez. geschl. — **M** (Sonn- und Feiertage geschl.) a la carte 32/69 — **50 Z : 80 B**
  86/180 - 120/250 Fb.

MARIENTHAL, KLOSTER Hessen siehe Geisenheim.

MARING-NOVIAND Rheinland-Pfalz siehe Lieser.

MARKDORF 7778. Baden-Württemberg 🐵🄸🄽 L 23. 🔁🄷 ⑧. 🐦🄷 ⑦ — 10 500 Ew — Höhe 453 m
- ✪ 07544.
◀ Fremdenverkehrsverein, Marktstr. 1, 𝒫 50 02 90.
Stuttgart 167 — Bregenz 45 — ♦Freiburg im Breisgau 154 — Ravensburg 20.

🏯 **Bischofsschloß**, Schloßweg 6, 𝒫 81 41, Fax 72313, 佘, 🚑 — 🛗 🔲 ⬅ 🅿 — 🏛 25/60.
  🆎 ⓞ Ɛ 𝗩𝗜𝗦𝗔
  20. Dez.- 7. Jan. geschl. — **M** (nur Abendessen, Sonntag geschl.) a la carte 37/75 — **43 Z :
  80 B** 115/130 - 180 Fb — 8 Appart. 250/290.

🏬 **Landhaus Traube**, Steibensteg 7 (B 33, O : 1 km), 𝒫 81 33, 佘, 鄃 — 🔲 ☎ ⬅ 🅿. 🆎
  ⓞ Ɛ. ⅏ Zim
  22. Dez.- 11. Feb. geschl. — Menu (Freitag - Samstag 17 Uhr geschl.) a la carte 29/59 — **11 Z :
  21 B** 63/80 - 100/130 Fb.

In Bermatingen 7775 NW : 3,5 km :

🅇🅇 **Eichenhof**, Markdorfer Str. 9, 𝒫 (07544) 7 12 60, 佘, bemerkenswerte Weinkarte,
  « Original Bodensee-Fachwerkhof » — ⅏
  wochentags nur Abendessen, Montag, 22. Jan.- 5. Feb. und 25. Juni - 9. Juli geschl. — **M** a
  la carte 48/66.

Les **cartes Michelin** sont constamment tenues à jour.

MARKGRÖNINGEN 7145. Baden-Württemberg 🄰🄑🄒 K 20. 🄨🄩🄫 ③ — 12 350 Ew — Höhe 286 m — ✿ 07145.

Sehenswert : Rathaus★.

♦Stuttgart 19 — Heilbronn 42 — Pforzheim 34.

🏠 **Goldener Becher** 🍸 garni, Schloßgasse 4, 🖉 80 54 — 📺 ☎
   24. Dez.- 16. Jan. geschl. — **7 Z : 13 B** 58/68 - 84/98.

✗ **Ratsstüble** 🍸 mit Zim (Haus a.d. 16. Jh.), Marktplatz 2, 🖉 53 83 — 🄰🄴 ⓄⒾ E 𝘝𝘐𝘚𝘈
   Feb. 1 Woche und Sept. 2 Wochen geschl. — **M** (Montag geschl.) a la carte 26/46 — **6 Z :**
   8 B 35 - 65.

MARKSBURG Rheinland-Pfalz. Sehenswürdigkeit siehe Braubach.

MARKT BIBART 8536. Bayern 🄰🄑🄒 O 18 — 1 900 Ew — Höhe 312 m — ✿ 09162 (Scheinfeld).

♦München 234 — ♦Bamberg 70 — ♦Nürnberg 58 — ♦Würzburg 50.

🏠 **Zum Hirschen,** Nürnberger Str. 13 (B 8), 🖉 82 78 — ⇔ Ⓟ
↔ **M** (Montag geschl.) a la carte 16,50/38 🍷 — **28 Z : 56 B** 34/36 - 64/68.

MARKTBREIT 8713. Bayern 🄰🄑🄒 N 17, 18. 🄨🄩🄫 ㉖ — 4 000 Ew — Höhe 191 m — ✿ 09332.

Sehenswert : Maintor und Rathaus★.

♦München 272 — Ansbach 58 — ♦Bamberg 89 — ♦Würzburg 25.

🏠 **Löwen,** Marktstr. 8, 🖉 30 85, « Gasthof a. d. J. 1450 » — ⇔. 🄰🄴 ⓄⒾ E 𝘝𝘐𝘚𝘈. 🌿 Rest
   7. Jan.- 10. Feb. geschl. — **M** a la carte 25/46 🍷 — **50 Z : 80 B** 35/52 - 55/95 Fb.

MARKTHEIDENFELD 8772. Bayern 🄰🄑🄒 LM 17. 🄨🄩🄫 ㉘ — 9 700 Ew — Höhe 153 m — ✿ 09391.

🅱 Stadtverwaltung, Rathaus, Adenauer-Platz 17, 🖉 50 04 13.

♦München 322 — Aschaffenburg 46 — ♦Würzburg 29.

🏨 **Anker** garni (siehe auch Weinhaus Anker), Obertorstr. 6, 🖉 40 41, Telex 689608, Fax 1563,
   Weinproben im alten Faßkeller — 🛗 📺 ☎ ৬ ⇔ Ⓟ — 🅰 35. 🄰🄴 E
   38 Z : 65 B 85/110 - 135/250.

🏠 **Zum Löwen,** Marktplatz 3, 🖉 15 71
   19. Nov.- 8. Dez. geschl. — **M** (Mittwoch geschl.) a la carte 17/49 🍷 — **42 Z : 78 B** 42/52 -
   68/88.

🏠 **Schöne Aussicht,** Brückenstr. 8, 🖉 34 55 — 🛗 ⇔ Ⓟ — 🅰 25/80
↔ **M** a la carte 18,50/45 — **48 Z : 94 B** 52/75 - 86/120.

✗✗✗ ✿ **Weinhaus Anker,** Obertorstr. 13, 🖉 17 36, bemerkenswerte Weinkarte — ⓄⒾ E
   Feb. 3 Wochen, März - Nov. Montag - Dienstag 18 Uhr und Dez.- Feb. Sonntag 15 Uhr -
   Dienstag geschl. — **M** (Tischbestellung ratsam) 58/105 und a la carte 48/90
   Spez. Zander mit Kräutersauce (ab 2 Pers.), Gefülltes Rehfilet (Juni - Feb., ab 2 Pers.), Lamm in Buttermilch mit
   Basilikum.

In Esselbach 1-Kredenbach 8771 W : 6 km über die B 8 :

🏠 **Spessartblick** 🍸, Spessartstr. 34, 🖉 (09394) 4 54, ≤, 🍽, 🏊, ⤵, 🎯 — Ⓟ. 🄰🄴 E
↔ 15. Nov.- 6. Dez. geschl. — **M** (Mittwoch geschl.) 10/18 (mittags) und a la carte 17/38 🍷 —
   25 Z : 52 B 37/40 - 74/84.

MARKTLEUGAST 8654. Bayern 🄰🄑🄒 R 16 — 4 100 Ew — Höhe 555 m — ✿ 09255.

♦München 261 — Bayreuth 33 — Hof 32 — Kulmbach 19.

In Marktleugast-Hermes SW : 4 km :

🏠 Landgasthof Haueis 🍸, Hermes 1, 🖉 2 45, 🍽, 🎯 — ⇔ Ⓟ. ⓄⒾ E
↔ 10. Jan.- 10. März geschl. — **M** a la carte 17/41 — **40 Z : 68 B** 24/35 - 48/70.

MARKTOBERDORF 8952. Bayern 🄰🄑🄒 O 23. 🄨🄩🄫 ③, 🄸🄶🄲 ⑮⑯ — 15 500 Ew — Höhe 758 m —
Erholungsort — ✿ 08342.

♦München 99 — Füssen 29 — Kaufbeuren 13 — Kempten (Allgäu) 28.

🏨 **Sepp,** Bahnhofstr. 13, 🖉 20 48, Fax 2040, 🍽 — 📺 ☎ ⇔ Ⓟ — 🅰 25/50. ⓄⒾ E
↔ **M** (Samstag geschl.) a la carte 15/45 — **54 Z : 94 B** 70/80 - 110/140 Fb.

In Wald 8952 SW : 9 km :

🏠 **Berg- und Jagdhof** 🍸, Nesselwanger Str. 32, 🖉 (08302) 2 00 — ⇔ Ⓟ
↔ Nov.- 24. Dez. geschl. — **M** (Montag geschl.) a la carte 20/44 — **30 Z : 65 B** 38/48 - 76/86.

MARKTREDWITZ 8590. Bayern 🄰🄑🄒 T 16, 17. 🄨🄩🄫 ㉗ — 18 500 Ew — Höhe 529 m — ✿ 09231.

🅱 Städt. Fremdenverkehrsbüro, historisches Rathaus, Markt, 🖉 50 11 28.

♦ München 288 — Bayreuth 54 — Hof 48.

🏠 **Park-Hotel,** Martin-Luther-Str. 5, 🖉 6 20 22 — 🛗 ☎ ⇔ Ⓟ
↔ **M** a la carte 18/48 — **24 Z : 48 B** 45/53 - 85.

✗✗ **Stadtpark - Am Kamin** mit Zim, Klingerstr. 18, 🖉 24 89 — 📺 ⇔ Ⓟ
   M (Samstag bis 18 Uhr sowie Sonn- und Feiertage geschl.) a la carte 25/53 — **8 Z : 12**
   40/50 - 65/72.

MARKTSCHELLENBERG 8246. Bayern 🅰🅑🅒 W 23 — 1 800 Ew — Höhe 480 m — Heilklimatischer Kurort — Wintersport : 800/1 000 m ≰1 ≰1 — ✪ 08650.

🏛 Verkehrsamt, Rathaus, ℘ 3 52.

♦München 144 — Berchtesgaden 10 — Salzburg 13.

🏠 **Landgasthof Forelle**, Marktplatz 13, ℘ 2 66, 😤 — ⇔⊁ Rest
18 Z : 36 B Fb.

Am Eingang der Almbachklamm S : 3 km über die B 305 :

✗ **Zur Kugelmühle** 🐌 mit Zim, ✉ 8246 Marktschellenberg, ℘ (08650) 4 61, ◁,
◆ « Gartenterrasse, Sammlung von Versteinerungen » — ⓟ. 🎾 Zim
25. Okt.- 25. Dez. geschl. — **M** *(Jan.- April Samstag geschl.)* a la carte 19/38 — **8 Z : 16 B** 40 - 76.

MARKTZEULN Bayern siehe Lichtenfels.

MARL 4370. Nordrhein-Westfalen 🢒🢓🢔 ⑭ — 90 000 Ew — Höhe 62 m — ✪ 02365.
Siehe Ruhrgebiet (Übersichtsplan)

Sehenswert : Skulpturenmuseum Glaskasten.

🏛 Informationsamt, Rathaus, Creiler Platz, ℘ 10 57 03.

♦Düsseldorf 66 — Gelsenkirchen 17 — Gladbeck 12 — Münster (Westfalen) 62 — Recklinghausen 10.

🏨 **Novotel** 🐌, Eduard-Weitsch-Weg 2, ℘ 10 20, Telex 829916, Fax 14454, 😤, 🍴,
🏊 (geheizt). Fahrradverleih — 🔊 ⇔⊁ Zim 📺 ☎ ⅙ ⓟ — 🔬
93 Z : 186 B Fb.

🏠 **Haus Müller** garni, Breddenkampstr. 126, ℘ 4 30 85 — ☎. 🅴. 🎾
11 Z : 12 B 55/75 - 110.

✗✗ **Jägerhof-Tränke**, Recklinghäuser Str. 188 (SO : 4 km, B 225), ℘ 1 40 71 — ⓟ. 🎾
Montag geschl. — **M** a la carte 25/52.

In Marl-Hüls :

🏨 **Loemühle** 🐌, Loemühlenweg 221, ℘ 4 40 15, Fax 44256, « Park, Gartenterrasse »
Massage, 🍴, 🏊 (geheizt), 🔲, 🌳, Fahrradverleih — 📺 ☎ ⓟ — 🔬 25/60. 🄰🄴 ⓞ 🄴 🆅🆂🄰
M a la carte 37/69 — **55 Z : 90 B** 65/130 - 135/175 Fb.

MARLOFFSTEIN Bayern siehe Erlangen.

MARNE 2222. Schleswig-Holstein 🢒🢓🢔 ⑤ — 5 600 Ew — Höhe 3 m — ✪ 04851.

♦Kiel 110 — Flensburg 111 — ♦ Hamburg 95 — Neumünster 77.

🍴 **Gerson**, Königstr. 45 (B5), ℘ 5 34 — ☎ ⓟ. ⓞ 🄴 🆅🆂🄰
M *(Sonntag geschl.)* a la carte 22/34 — **10 Z : 19 B** 55/65 - 80/90.

MARQUARTSTEIN 8215. Bayern 🅰🅑🅒 U 23, 🢒🢓🢔 ㉗, 🢘🢙🢚 ⑲ — 3 000 Ew — Höhe 545 m —
Luftkurort — Wintersport : 600/1 200 m ≰3 ≰2 — ✪ 08641 (Grassau).

🏛 Verkehrsamt, Bahnhofstr. 3, ℘ 82 36.

♦München 96 — Rosenheim 37 — Salzburg 55 — Traunstein 23.

🏠 **Alpenrose** (mit Gästehaus, 🐌, 🍴 🏊 (geheizt) 🌳), Staudacher Str. 3 (B 305), ℘ 82 29,
😤 — ⇐ ⓟ
22 Z : 36 B.

🍴 **Prinzregent**, Loitshauser Str. 5, ℘ 82 56, 😤, 🌳 — ⇐ ⓟ
◆ **M** *(Montag - Dienstag nur Mittagessen)* a la carte 18/42 🍴 — **14 Z : 30 B** 40 - 70 — ½ P 50/55.

In Marquartstein-Pettendorf N : 2 km :

🏠 **Weßnerhof**, Pettendorfer Str. 55, ℘ 89 23, 😤, 🌳 — 🔊 ☎ ⓟ
◆ *10. Nov.- 10. Dez. geschl.* — **M** *(Mittwoch geschl.)* a la carte 16/42 — **34 Z : 59 B** 37 - 70/82.

MARSBERG 3538. Nordrhein-Westfalen 🢒🢓🢔 ⑮ — 21 600 Ew — Höhe 255 m — ✪ 02992.

🏛 Verkehrsbüro, Bülbergstr. 2, ℘ 33 88.

♦Düsseldorf 185 — Brilon 22 — ♦Kassel 67 — Paderborn 44.

🏠 **Kurhaus Karp**, Schildstr. 4, ℘ 7 39, Bade- und Massageabteilung, 🔱, 🍴, 🔲 — 📺 ☎
ⓟ
M *(Mittwoch geschl.)* 13,50/24 (mittags) und a la carte 22/43 — **16 Z : 25 B** 50/65 - 80/85 —
½ P 60/65.

🏠 **Marsberger Hof**, Dr.-Rentzing-Str. 4, ℘ 82 83 — ⓟ
7 Z : 14 B.

🏠 **Haus Wegener** 🐌, Stobkeweg 8 (NO : 2 km), ℘ 26 29, 😤, 🌳 — ⇐ ⓟ
M *(Montag geschl.)* a la carte 22/37 — **7 Z : 13 B** 40/45 - 70/80.

In Marsberg-Bredelar SW : 7 km :

🏠 **Haus Nolte**, Mester-Everts-Weg 6, ℘ (02991) 3 29, 😤 — ☎ ⓟ. 🎾 Rest
M *(Montag geschl.)* 16/23 (mittags) und a la carte 28/50 — **9 Z : 18 B** 40/45 - 80/90.

MARTINSZELL Bayern siehe Waltenhofen.

MASCHEN Niedersachsen siehe Seevetal.

MAULBRONN 7133. Baden-Württemberg **413** J 19, 20. **987** ⊗ − 5 900 Ew − Höhe 250 m − ✿ 07043.

Sehenswert : Ehemaliges Zisterzienserkloster★★ (Kreuzgang★★ mit Brunnen - Kapelle★★, Klosterräume★★, Klosterkirche★).

♦Stuttgart 45 − Heilbronn 55 − ♦Karlsruhe 37 − Pforzheim 20.

🏠 **Birkenhof**, Bahnhofstr. 1, ℰ 67 63, ☞ − ⇦ 🅿
↦ **M** *(Dienstag geschl.)* a la carte 21/52 ⚖ − **18 Z : 32 B** 38/60 - 76/120 Fb.

✕✕ **Klosterkeller**, Klosterhof 32, ℰ 65 39, ☞ − 🅿. 🆎 ⓪ 🄴 𝖵𝖨𝖲𝖠
15. Dez.- Jan. und Montag geschl. − **M** a la carte 26/74 ⚖.

✕ **Zur Klosterkatz** (Italienische Küche), Klosterhof 21, ℰ 87 38, ☞ − 🅿. 🆎 ⓪ 🄴 𝖵𝖨𝖲𝖠
Samstag bis 17 Uhr, Dienstag und 23. Dez.- 17. Jan. geschl. − **M** a la carte 31/58.

MAULBURG Baden-Württemberg siehe Schopfheim.

MAURACH Baden-Württemberg siehe Uhldingen-Mühlhofen.

MAUTH 8391. Bayern **413** X 20. **426** ⑦ − 2 800 Ew − Höhe 820 m − Erholungsort − Wintersport : 820/1 341 m ⚡3 ⚡8 − ✿ 08557.

🛈 Verkehrsamt, Rathaus, ℰ 3 15.

♦München 211 − Grafenau 21 − Passau 43.

🏚 Gasthof Fuchs, Am Goldenen Steig 16, ℰ 2 70, Biergarten, ⇔s − ⇦ 🅿
12 Z : 24 B Fb.

In Mauth-Finsterau N : 7 km − Höhe 998 m :

🏠 **Bärnriegel** ⚓, ℰ 7 01, ≤, ⇔s, ☞ − ☎ 🅿
↦ 11. Nov.- 9. Dez. geschl. − Menu *(April - Juni Montag geschl.)* 18 und a la carte 22/55 ⚖ −
12 Z : 24 B 35/39 - 50/58 − ½ P 42/51.

MAYEN 5440. Rheinland-Pfalz **987** ⑳ − 19 000 Ew − Höhe 240 m − ✿ 02651.

Ausflugsziel : Schloß Bürresheim★ NW : 5 km.

🛈 Städtisches Verkehrsamt, im alten Rathaus, Markt, ℰ 8 82 60.

Mainz 126 − ♦Bonn 63 − ♦Koblenz 35 − ♦Trier 99.

🏠 **Neutor**, Am Neutor 2, ℰ 7 30 95 − 📶 📺 ☎ ⇦ 🅿. 🆎 🄴
21. Juli - 11. Aug. geschl. − **M** *(Donnerstag 14 Uhr - Freitag 17 Uhr geschl.)* a la carte 24/47 ⚖ − **20 Z : 30 B** 45/50 - 80/90 Fb.

🏠 **Katzenberg**, Koblenzer Str. 174, ℰ 4 35 85, ☞ − ☎ 🅿. ⓪ 🄴 𝖵𝖨𝖲𝖠
↦ **M** *(Freitag geschl.)* a la carte 19/63 − **26 Z : 50 B** 55/80 - 90/110.

🏠 **Keupen**, Marktplatz 23, ℰ 7 30 77 − ☎
21 Z : 34 B.

🏠 **Zur Traube** ⚓ garni, Bäckerstr. 6, ℰ 30 18 − 📺 ☎ ⇦. 🆎 🄴
25 Z : 40 B 35/42 - 65/75.

🏠 **Maifelder Hof**, Polcher Str. 74, ℰ 7 30 66, Biergarten − ⇦ 🅿. 🆎 ⓪ 🄴 𝖵𝖨𝖲𝖠
23. Dez.- 1. Jan. geschl. − **M** *(Samstag geschl.)* 16,50/30 (mittags) und a la carte 23/45 −
14 Z : 20 B 50/55 - 85/90.

🏠 **Jägerhof**, Ostbahnhofstr. 33, ℰ 4 32 93 − ☎ ⇦. 🆎 ⓪ 🄴 𝖵𝖨𝖲𝖠
↦ **M** *(Donnerstag geschl.)* 12/22 (mittags) und a la carte 18/40 ⚖ − **20 Z : 32 B** 32/35 - 64/74.

🏠 **Zum Alten Fritz**, Koblenzer Str. 56, ℰ 4 32 72 − ⇦ 🅿. 🆎 ⓪ 🄴
Menu *(Dienstag und Juli 2 Wochen geschl.)* a la carte 26/47 ⚖ − **19 Z : 36 B** 25/40 - 50/80.

✕✕✕ ❀ **Gourmet-Restaurant Wagner**, Markt 10, ℰ 28 61 − ⓪ 🄴
Montag - Dienstag 18 Uhr sowie Feb. und Juli je 2 Wochen geschl. − **M** *(Tischbestellung ratsam)* (bemerkenswerte Weinkarte) 49/125 und a la carte 63/96
Spez. Entensülze mit Trüffelvinaigrette, Gefülltes Zanderfilet auf Rahmsauerkraut, Gebackenes Pralineneis mit Orangensabayon.

✕ **Im Römer**, Marktstr. 46, ℰ 23 15
Mittwoch - Donnerstag 18 Uhr und 21. März - 12. April geschl. − **M** a la carte 24/43 ⚖.

In Riedener Mühlen 5441 NW : 11 km, im Nettetal :

🏨 **Haus Hubertus** ⚓, ℰ (02655) 14 84, « Garten mit Wasserspielen », ⇔s, 🏊, ☞, ✕ − 📶
↦ 📺 ☞ ⚓ ⇦ 🅿 − 🅰 25/50. 🆎 ⓪ 🄴
M a la carte 17/70 − **40 Z : 70 B** 70/90 - 120/180 Fb.

MAYENCE = Mainz.

538

MAYSCHOSS 5481. Rheinland-Pfalz — 1 000 Ew — Höhe 141 m — ✪ 02643 (Altenahr).
Mainz 158 — Adenau 22 — ♦Bonn 34.

🏠 **Zur Saffenburg**, Hauptstr. 43 (B 267), ℰ 83 92, ≼, 🎇 — ⇔ ℗, ℀ Zim
15. Dez.- Feb. geschl. — **M** (Montag geschl.) a la carte 23/44 — **21 Z : 40 B** 45/50 - 80/90.

In Mayschoß-Laach :

🏨 **Lochmühle**, an der B 267, ℰ 80 80, Telex 861766, Fax 808445, ≼, 🎇, eigener Weinbau,
⇌, ℕ — 🕸 📺 ⇔ ℗ — 🔧 25/100. ℀ ⑩ ℰ 𝗩𝗜𝗦𝗔
M 32/92 und a la carte — **64 Z : 106 B** 88/124 - 154/188 Fb.

MECHERNICH 5353. Nordrhein-Westfalen — 22 300 Ew — Höhe 298 m — ✪ 02443.
♦Düsseldorf 94 — ♦Bonn 43 — Düren 33 — ♦Köln 52.

In Mechernich-Kommern NW : 4 km :

🏨 **Sporthotel Kommern am See**, an der B 266/477, ℰ 50 95, Telex 833312, ⇌, ℕ, 🚿,
℀ (Halle) — 📺 ☎ ℗ — 🔧
37 Z : 74 B Fb.

✗✗ **Senftöpfchen**, Kölner Str. 25, ℰ 66 00 — ℗
wochentags nur Abendessen.

MECKENBEUREN 7996. Baden-Württemberg 𝟰𝟭𝟯 L 23, 𝟵𝟴𝟳 ㊲, 𝟮𝟭𝟲 ⑪ — 9 900 Ew — Höhe
417 m — ✪ 07542 (Tettnang).
♦Stuttgart 158 — Bregenz 32 — Ravensburg 11.

In Meckenbeuren-Madenreute NO : 5 km über Liebenau :

🏨 **Jägerhaus** ⌂, ℰ 46 32, 🎇, ⇌ — 🕸 📺 ☎ ⇔ ℗. ℀ ⑩ ℰ 𝗩𝗜𝗦𝗔
→ Jan.- Feb. 2 Wochen geschl. — **M** (im Gasthaus, wochentags nur Abendessen, Mittwoch
geschl.) a la carte 21/37 — **22 Z : 41 B** 60/70 - 95/105 Fb.

In Meckenbeuren-Reute SW : 2 km :

🏠 **Haus Martha** garni, Hügelstr. 21, ℰ 26 66, ⇌ — ⇔ ℗
Mitte Okt.- Anfang Nov. und 20. Dez.- 10. Jan. geschl. — **14 Z : 30 B** 43 - 76.

MECKENHEIM 5309. Nordrhein-Westfalen — 14 700 Ew — Höhe 160 m — ✪ 02225.
♦Düsseldorf 94 — ♦Bonn 26 — ♦Koblenz 65.

🏨 **City-Hotel**, Bonner Str. 25, ℰ 60 95 — 📺 ☎ ⇔ ℗ — 🔧 25/200
40 Z : 80 B Fb.

MEDEBACH 5789. Nordrhein-Westfalen 𝟵𝟴𝟳 ⑮㊲ — 7 400 Ew — Höhe 411 m — ✪ 02982.
♦Düsseldorf 195 — ♦Kassel 76 — Marburg 61 — Paderborn 89 — Siegen 101.

🍴 **Café Trippel**, Oberstr. 6, ℰ 85 70 — 🕸 ℗
→ 7.- 27. Nov. geschl. — **M** a la carte 18/37 — **9 Z : 17 B** 37/42 - 74/80.

In Medebach 6-Küstelberg NW : 8,5 km :

🏠 **Schloßberghotel** ⌂, Im Siepen 1, ℰ (02981) 26 61, ≼, 🎇, ⇌, ℕ, 🚿 — 🕸 ℗
17 Z : 30 B.

MEERBUSCH Nordrhein-Westfalen siehe Düsseldorf.

MEERSBURG 7758. Baden-Württemberg 𝟰𝟭𝟯 K 23, 𝟵𝟴𝟳 ㊲, 𝟮𝟭𝟲 ⑩ — 5 300 Ew — Höhe 444 m
— Erholungsort — ✪ 07532.
Sehenswert : Oberstadt* (Marktplatz* B, Steigstraße* A) — Neues Schloß (Terrasse ≼*) AB —
Känzele (Belvedere ≼★★) B.
🛈 Kur- und Verkehrsamt, Kirchstr. 4, ℰ 8 23 83.
♦Stuttgart 191 ① — Bregenz 48 ① — ♦Freiburg im Breisgau 143 ① — Ravensburg 31 ①.

Stadtplan siehe nächste Seite.

🏨 **Wilder Mann**, Bismarckplatz 2, ℰ 90 11, ≼, « Gartenterrasse, Rosengarten », 🏞, 🚿 —
📺 ☎ ⇔ — — — A a
März- Nov. — **M** a la carte 30/63 — **33 Z : 55 B** 110/130 - 140/250 Fb.

🏨 **Kurallee** ⌂ garni, Kurallee 2, ℰ 10 05, 🚿, Fahrradverleih — 📺 ☎ ⇔ ℗. ℰ. ℀
14 Z : 28 B 105/120 - 130/160. über Daisendorfer Str. A

🏨 **Terrassenhotel Weißhaar** ⌂, Stefan-Lochner-Str. 24, ℰ 90 06, ≼ Bodensee,
« Gartenterrasse » — ☎ ⇔ ℗ über Stefan-Lochner-Str. B
M (15. Nov.- Feb. geschl.) 26 (mittags) und a la carte 36/56 — **26 Z : 48 B** 60/115 - 140/180.

🏨 **Villa Bellevue** ⌂ garni, Am Rosenhag 5, ℰ 97 70, ≼, 🚿 — 📺 ☎ ⇔. ℀ ⑩ ℰ
März - Okt. — **10 Z : 20 B** 80/90 - 148/190. über Stefan-Lochner-Str. B

🏨 **Löwen** (Gasthof a.d. 15. Jh.), Marktplatz 2, ℰ 60 13 — 📺 ☎. ℀ ⑩ ℰ 𝗩𝗜𝗦𝗔 B e
15. Nov.- 15. Dez. geschl. — **M** (Nov.- April Mittwoch geschl.) a la carte 37/63 — **21 Z : 38 B**
80/110 - 140/155 Fb — ½ P 95/125.

🏨 **Eden** ⌂ garni, Menizhofer Weg 4, ℰ 97 45, ≼, 🚿 — ☎ ⇔ ℗
2.- 30. Jan. geschl. — **14 Z : 23 B** 75/95 - 120/160 Fb. über Stefan-Lochner-Str. B

MEERSBURG

Kirchstraße	B 8
Marktplatz	B 9
Seepromenade	A 13
Steigstraße	A
Unterstadtstraße	A
Bismarckplatz	A 2
Bleicheplatz	B 3
Burgweganlage	A 5
Daisendorfer Straße	A 6
Kirchplatz	A 7
Schloßplatz	B 12
Seminarstraße	B 14
Spitalgasse	A 15
Uhldinger Straße	A 16
Vorburggasse	B 18

Pour les grands voyages d'affaires ou de tourisme Guide MICHELIN rouge : Main Cities EUROPE.

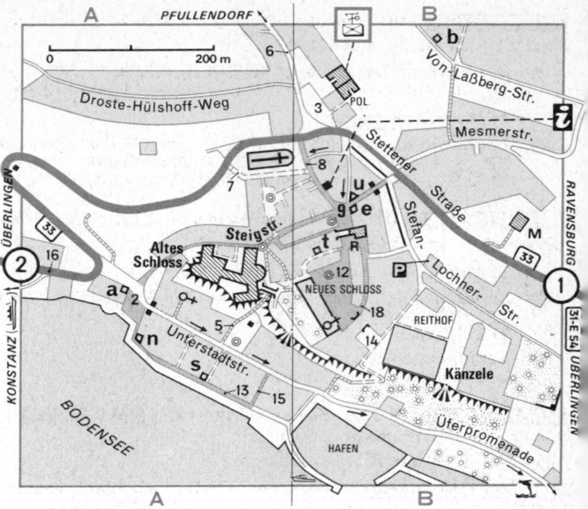

🏨 **Bad-Hotel** 🪑, von-Laßberg-Str. 23, ✆ 61 33, ‹, [≋], [⛳] – [TV] ☎ 🚗 [P]. [AE] [D] [E] [VISA]. 🚫🐕 Rest — B **b**
März - Okt. – (nur Abendessen für Hausgäste) – **18 Z : 41 B** 90/150 - 130/169 Fb.

🏨 **Bären** (Historischer Gasthof a. d. 17. Jh.), Marktplatz 11, ✆ 60 44 – 🚗. 🚫🐕 Zim — B **u**
15. Nov.- 15. März garni – **M** *(Montag und außer Saison auch Dienstag geschl.)* a la carte 25/50 – **16 Z : 29 B** 52/99 - 98/109.

🏨 **Zum Schiff**, Bismarckplatz 5, ✆ 60 25, ‹, ⛱ – [TV] ☎ [P]. [AE] [D] [VISA] — A **n**
Ostern - Mitte Okt. – **M** a la carte 23/55 – **35 Z : 70 B** 55/75 - 100/140 – ½ P 75/100.

🏨 **Café Off** 🪑, Uferpromenade 51, ✆ 3 33, ‹, ⛱, Fahrradverleih – [TV] ☎ 🚗 [P]. [E]
März - Mitte Nov. – **M** a la carte 27/49 – **16 Z : 27 B** 75/90 - 1 20/130.
über Uferpromenade — B

🏨 **Gästehaus Seegarten** 🪑 garni, Uferpromenade 47, ✆ 64 00, ‹ – ⇕ [TV] ☎ 🚗 [P]
Mai - Okt. – **16 Z : 32 B** 90/120 - 130/180 Fb – 4 Appart. 180/200.
über Uferpromenade — B

🏨 **Seehotel zur Münz - Restaurant Stärk** 🪑, Seestr. 7, ✆ 90 90 (Hotel) 77 28 (Rest.), ‹, ⛱ – ⇕ 🚗. [E] — A **s**
Mitte Feb.- Mitte Nov. – **M** a la carte 26/50 – **14 Z : 28 B** 70/85 - 98/144.

🍴🍴 **Winzerstube zum Becher**, Höllgasse 4, ✆ 90 09 – [AE] — B **t**
Montag - Dienstag 17 Uhr und Mitte Dez.- Mitte Jan. geschl. – Menu (Tischbestellung ratsam) a la carte 32/65.

MEHRING **5501.** Rheinland-Pfalz – 2 000 Ew – Höhe 122 m – ✆ 06502 (Schweich).

⛳ Ensch-Birkenheck (N : 7 km), ✆ (06507) 43 74.

Mainz 153 – Bernkastel-Kues 40 – ♦Trier 19.

🏨 **Weinhaus Molitor** 🪑 garni, Maximinstr. 9, ✆ 27 88, ⛱ – 🚗 [P]. [E]
10 Z : 20 B 37/42 - 70/80.

🏨 Zum Fährturm, Peter-Schroeder-Platz 2 (B 53), ✆ 24 03, ‹, ⛱, eigener Weinbau – 🚗 [P]. 🚫🐕
9 Z : 18 B.

In Pölich **5501** O : 3 km :

🏨 **Pölicher Held**, Hauptstr. 5 (B 53), ✆ (06507) 33 17, ‹, ⛱, eigener Weinbau – 🚗 [P]
M *(Donnerstag bis 18 Uhr geschl.)* a la carte 17/38 🍷 – **10 Z : 24 B** 27/35 - 54/70.

MEHRSTETTEN Baden-Württemberg siehe Münsingen.

MEINERZHAGEN **5882.** Nordrhein-Westfalen [987] ㉔ – 19 800 Ew – Höhe 385 m – Wintersport : 400/500 m ⛷5 ⛷2 – ✆ 02354.

⛳ Kierspe-Varmert, an der B 237 (W : 9 km), ✆ (02269) 72 99.

[i] Verkehrsamt, Bahnhofstr. 11, ✆ 7 71 32.

♦Düsseldorf 86 – Lüdenscheid 19 – Olpe 21 – Siegen 47.

🏨 **Wirth**, Hauptstr. 19, ✆ 22 26 – ⇕ ☎ 🚗 [P]. [AE] [D] [E] [VISA]
(nur Abendessen für Hausgäste) – **19 Z : 35 B** 40/80 - 80/140.

In Meinerzhagen - Willertshagen O : 4 km :

🏠 **Bauer,** 𝒫 29 06, 🚗 – 🅿 – 🍴 . 🎿
24 Z : 36 B.

In Meinerzhagen-Windebruch, an der Listertalsperre O : 16 km :

🕯 **Fischerheim,** 𝒫 (02358) 2 70, ≤, 🏡, 🚗 – 🚗 🅿. 🎿 Zim
15. Dez.- 15. Feb. geschl. – **M** *(Donnerstag geschl.)* a la carte 22/51 – **12 Z : 20 B** 32 - 64.

MEITINGEN 8901. Bayern 🔢🔢 P 21, 🔢🔢🔢 ㉖ – 9 000 Ew – Höhe 432 m – 🅾 08271.
♦München 79 – ♦Augsburg 21 – Donauwörth 21 – ♦Ulm (Donau) 90.

🕯 **Zur Alten Post,** Römerstr. 2 (B 2), 𝒫 23 45, 🏡 – 🚗 🅿
M *(Samstag geschl.)* a la carte 24/39 ⅜ – **17 Z : 30 B** 28/45 - 54/69.

MELDORF 2223. Schleswig-Holstein 🔢🔢🔢 ⑤ – 7 200 Ew – Höhe 6 m – 🅾 04832.
🅱 Fremdenverkehrsverein, Nordermarkt 10, 𝒫 70 45.
♦Kiel 93 – Flensburg 94 – ♦Hamburg 95 – Neumünster 72.

🏠 **Zur Linde,** Südermarkt 1, 𝒫 70 33, 🏡 – 📺 ☎ – 🍴 25/120. 🆎 **E**
M a la carte 23/48 – **17 Z : 35 B** 52 - 85.

🏠 **Stadt Hamburg,** Nordermarkt 2, 𝒫 14 61, Fax 4053 – 📺 ☎ 🅿 – 🍴 25/120. 🆎 ⓞ 🆅🅸🆂🅰
M a la carte 23/42 – **12 Z : 24 B** 70 - 120.

MELLE 4520. Niedersachsen 🔢🔢🔢 ⑭ – 42 000 Ew – Höhe 80 m – Kurort (Solbad) – 🅾 05422.
🅱 Fremdenverkehrsamt, Rathaus, Am Markt, 𝒫 10 33 12.
♦Hannover 115 – Bielefeld 36 – Münster (Westfalen) 80 – ♦Osnabrück 26.

🏨 **Berghotel Menzel** ⌂, Walter-Sudfeldt-Weg 6, 𝒫 50 05, Fax 44450, « Terrasse mit ≤ »,
← ≤s, 🔲 – 🅿 ☎ 🅿 – 🍴 25/150. 🆎 ⓞ **E** 🆅🅸🆂🅰
M a la carte 29/54 – **35 Z : 55 B** 65 - 100/150 Fb.

🏠 **Bayerischer Hof,** Bahnhofstr. 14, 𝒫 55 66, Biergarten – 📺 ☎ 🅿
18 Z : 38 B Fb.

🏠 **Lumme,** Haferstr. 7, 𝒫 33 64 – ☎ 🚗 🅿. 🎿 Zim
← *Juli und 24. Dez.- 3. Jan. geschl.* – **M** *(Montag geschl.)* a la carte 18/41 – **13 Z : 20 B** 40/53 -
70/95.

🍴🍴 **Heimathof,** Friedr.-Ludwig-Jahn-Str. 10 (im Erholungszentrum Am Grönenberg), 𝒫 55 61,
🏡, « Fachwerkhaus a.d. J. 1620 » – 🅿. 🆎 ⓞ **E**
Montag und Freitag geschl. – **M** *(auch vegetarisches Menu)* a la carte 43/72.

🍴 **Menzel** mit Zim, Markt 1, 𝒫 21 11 – ☎ 🅿 – 🍴
M *(Sonntag ab 15 Uhr geschl.)* 25/45 – **5 Z : 7 B** 45 - 75.

In Melle 7-Riemsloh SO : 7 km :

🏠 **Alt Riemsloh,** Alt-Riemsloh 51, 𝒫 (05226) 55 44 – ☎ 🚗 🅿. 🎿 Zim
M *(Samstag geschl.)* a la carte 24/43 – **11 Z : 20 B** 46 - 78.

MELLENDORF Niedersachsen siehe Wedemark.

MELLINGHAUSEN Niedersachsen siehe Sulingen.

MELLRICHSTADT 8744. Bayern 🔢🔢 NO 15, 🔢🔢🔢 ㉖ – 6 300 Ew – Höhe 270 m – 🅾 09776.
🅱 Fremdenverkehrsbüro, Altes Rathaus, Marktplatz 2, 𝒫 92 41.
♦München 359 – ♦Bamberg 89 – Fulda 72 – ♦Würzburg 91.

🏨 **Sturm,** Ignaz-Reder-Str. 3, 𝒫 4 70, Fax 5709, ≤s, 🚗 – 📧 ☎ 🅿 – 🍴 30/80. ⓞ **E**
M *(Sonntag 14 Uhr - Montag 18 Uhr geschl.)* a la carte 29/47 ⅜ – **44 Z : 77 B** 50/52 - 81/
95 Fb.

MELSUNGEN 3508. Hessen 🔢🔢🔢 ㉘ – 14 300 Ew – Höhe 182 m – Luftkurort – 🅾 05661.
Sehenswert : Rathaus★ – Fachwerkhäuser★.
🅱 Verkehrsbüro, Kasseler Str. 42 (Pavillon), 𝒫 23 48.
♦Wiesbaden 198 – Bad Hersfeld 45 – ♦Kassel 34.

🏨 **Sonnenhof,** Franz-Gleim-Str. 11, 𝒫 60 51 – 📧 ☎ 🅿. 🆎 ⓞ 🆅🅸🆂🅰
M *(Samstag 14 Uhr - Sonntag, 21. Juli- 6. Aug. und 27. Dez.- 8 Jan. geschl.)* a la carte 34/72
– **23 Z : 38 B** 65/100 - 100/140.

🏠 **Hessischer Hof** ⌂, Rotenburger Str. 22, 𝒫 60 94, 🚗 – ☎ 🚗 – 🍴 25/40. 🆎 ⓞ **E**
20. Dez.- 20. Jan. geschl. – **M** *(Montag geschl.)* a la carte 22/50 – **26 Z : 50 B** 52/72 - 78/116
– ½ P 54/85.

Auf dem Heiligenberg W : 7 km, über die B 253, nach der Autobahn rechts ab :

🏠 **Burg Heiligenberg** ⌂, ✉ 3582 Felsberg-Gensungen, 𝒫 (05662) 8 31, ≤ Edertal, 🏡, 🚗
– ☎ 🚗 🅿. **E**. 🎿
Jan. geschl. – **M** 16/35 (mittags) und a la carte 24/58 – **30 Z : 50 B** 32/75 - 64/115.

MEMMELSDORF **8608.** Bayern 413 PQ 17 – 8 100 Ew – Höhe 285 m – ☎ 0951.
♦München 240 – ♦Bamberg 7 – Coburg 45.

Brauerei-Gasthof Drei Kronen, Hauptstr. 19 (B 22), ✆ 4 30 01 – TV ☎ P. E
M *(Sonntag 15 Uhr - Montag 17 Uhr und 1.- 15. Aug. geschl.)* a la carte 21/43 – **31 Z : 54 B** 38/54 - 64/100 Fb.

MEMMINGEN **8940.** Bayern 413 N 23, 987 ㊱, 426 ⑮ – 38 000 Ew – Höhe 595 m – ☎ 08331.
Sehenswert : Pfarrkirche St. Martin (Chorgestühl★).
ℹ Städt. Verkehrsamt, Ulmer Str. 9 (Parishaus), ✆ 85 01 72.
ADAC, Sankt-Josefs-Kirchplatz 8, ✆ 7 13 03.
♦München 114 ② – Bregenz 74 ④ – Kempten (Allgäu) 35 ③ – ♦Ulm (Donau) 55 ⑤.

MEMMINGEN

Kalchstraße	Y	
Kramerstraße	Z	23
Maximilianstraße	Z	30
Weinmarkt	Z	50
Am Kuhberg	Y	2
Am Luginsland	Y	3
An der Hohen Wacht	Z	5
An der Kaserne	Z	6
An der Mauer	Z	7
Augsburger Straße	Y	8
Baumstraße	Z	10
Benninger Straße	Y	12
Buxacher Straße	Y	14
Donaustraße	Y	15
Frauenkirchplatz	Z	16
Hallhof	YZ	17
Herrenstraße	Z	18
Hindenburgring	Z	19
Hirschgasse	Z	20
Königsgraben	YZ	21
Kohlschanzstraße	Y	22
Kreuzstraße	Z	24
Kuttelgasse	Z	25
Lindauer Straße	Z	26
Lindentorstraße	Z	27
Marktplatz	Y	28
Martin-Luther-Platz	Z	29
Münchner Straße	Y	33
Ratzengraben	Y	34
Roßmarkt	Z	35
Salzstraße	Y	36
St.-Josefs-Kirchplatz	Z	37
Schießstattstraße	Z	38
Schleiferplatz	Z	39
Schrannenplatz	Z	41
Schweizerberg	Z	42
Steinbogenstraße	Z	43
Tiroler Ring	Z	46
Weberstraße	Z	49
Westertorplatz	Z	51
Zangmeisterstraße	Y	52
Zellerbachstraße	Z	53

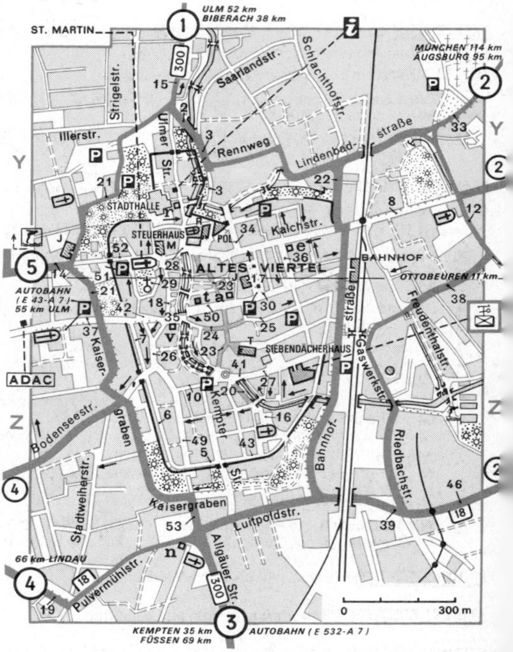

Park-Hotel an der Stadthalle - Restaurant Schwarzer Ochsen, Ulmer Str. 7, ✆ 8 70 41, Telex 541038, Biergarten, – Zim TV ☎ – 25/60. AE E VISA — Y r
M a la carte 22/68 – **85 Z : 110 B** 85/125 - 125/165 Fb.

Falken garni, Roßmarkt 3, ✆ 4 70 81 – Zim TV ☎. AE E VISA — Z v
Aug. und 20. Dez - 8. Jan. geschl. – **40 Z : 63 B** 65/115 - 115/145 Fb.

Adler, Maximilianstr. 3, ✆ 8 70 15 – TV ☎ – 25/40. AE E VISA — Z a
M a la carte 20/56 – **55 Z : 80 B** 35/60 - 70/105 Fb.

Weißes Ross, Kalchstr. 16, ✆ 20 20, Telex 54561 – ☎. E VISA. Rest — Y e
M a la carte 25/56 – **36 Z : 66 B** 55/70 - 100/130 Fb.

Garni am Südring, Pulvermühlstr. 1, ✆ 31 37 – ☎ P. AE — Z n
24. Dez.- 6. Jan. geschl. – **40 Z : 50 B** 32/58 - 54/88.

Weinhaus Knöringer, Weinmarkt 6, ✆ 27 15 — Z t
Freitag, 1.- 10. Jan. und Aug.- Sept. 3 Wochen geschl. – **M** *(auch vegetarische Gerichte)* a la carte 16/59.

In Memmingen-Amendingen ① : 2 km :

Hiemer, Obere Str. 24, ✆ 8 79 51 – ☎ P – 25/100. AE E VISA
28. Dez. - 10. Jan. geschl. – **M** a la carte 23/48 – **32 Z : 56 B** 65 - 100/120 Fb.

In Buxheim **8941** ⑤ : 4,5 km :

Weiherhaus, Am Weiherhaus 13, ✆ (08331) 7 21 23, – ☎ P. AE E. Zim
M a la carte 24/43 – **8 Z : 15 B** 49 - 89.

MENDEN 5750. Nordrhein-Westfalen 🔢 ⑭ — 56 900 Ew — Höhe 145 m — ✪ 02373.

♦Düsseldorf 92 — ♦Dortmund 34 — Iserlohn 12.

🏨 **Central** garni, Unnaer Str. 33, ℘ 50 45 — 🕪 📺 ☎ ⑤. 🔠 ⓪ 🄴 *VISA*
23. Dez.- 6. Jan. geschl. — **16 Z : 20 B** 75/80 - 98 Fb.

🏠 **Haus Slamic**, Unnaer Landstr. 2 (an der B 515, SO : 1,5 km), ℘ 6 30 91, Telex 8202894, Fax 67316 — ☎ ⓟ. 🔠 ⓪ 🄴
M (Montag geschl.) a la carte 31/55 — **12 Z : 18 B** 55/75 - 105/120.

MENDIG 5442. Rheinland-Pfalz — 7 900 Ew — Höhe 200 m — ✪ 02652.

Mainz 120 — ♦Bonn 56 — ♦Koblenz 29 — Mayen 8.

Im Ortsteil Niedermendig :

🏠 **Felsenkeller**, Bahnstr. 35, ℘ 12 72 — ⇌ ⓟ. 🔠 ⓪ 🄴
Juli 3 Wochen geschl. — **M** (Samstag bis 18 Uhr, Montag und 4. - 8. Mai geschl.) a la carte 27/59 — **28 Z : 51 B** 35/60 - 65/110 Fb.

🏠 **Hansa**, Laacher-See-Str. 11, ℘ 44 10, Fax 2316, 🍴 — ⑤. ⇌ ⓟ. 🔠 ⓪ 🄴. 🎞 Zim
20. Dez.- Mitte Feb. geschl. — **M** (Donnerstag geschl.) a la carte 20/45 — **20 Z : 42 B** 33/42 - 52/80.

In Bell 5441 NW : 4 km :

🏤 **Eifelperle**, Hauptstr. 62, ℘ (02652) 44 18 — ⇌. 🎞
(Restaurant nur für Hausgäste) — **19 Z : 36 B** 23/36 - 46/60.

Siehe auch : *Maria Laach*

MENGEN 7947. Baden-Württemberg 🔢 KL 22, 🔢 ㉞, 🔢 ⑦ — 9 500 Ew — Höhe 560 m — ✪ 07572.

♦Stuttgart 116 — Bregenz 89 — ♦Freiburg im Breisgau 138 — ♦Ulm (Donau) 72.

🏠 **Rebstock**, Hauptstr. 93, ℘ 34 11, 🍴 — ☎ ⇌ ⓟ. 🔠 🄴
Jan. 1 Woche, Juli 2 Wochen geschl. — Menu (Freitag - Samstag 17 Uhr geschl.) a la carte 29/62 — **15 Z : 22 B** 60 - 100 Fb.

🏠 **Roter Ochsen**, Hauptstr. 92, ℘ 56 60 — ⇌ ⓟ
M (Montag geschl.) a la carte 21/51 — **16 Z : 23 B** 40/52 - 80/96.

MEPPEN 4470. Niedersachsen 🔢 ⑭, 🔢 ⑭ — 31 200 Ew — Höhe 20 m — ✪ 05931.

♦Hannover 240 — ♦Bremen 129 — Groningen 96 — ♦Osnabrück 85.

🏨 **Pöker**, Herzog-Arenbergstr. 15a, ℘ 30 63 — 🕪 📺 ☎ ⓟ — 🔬 25/80. 🔠
M a la carte 23/49 — **45 Z : 66 B** 40/80 - 85/110 Fb.

🏠 **Hülsmann am Bahnhof**, Hüttenstr. 2, ℘ 22 21 — 🕪 📺 ☎ ⓟ. 🔠 🄴
M (Samstag bis 18 Uhr geschl.) a la carte 25/51 — **20 Z : 28 B** 52/60 - 95/110 Fb.

🏠 **Parkhotel** ⌂, Lilienstr. 21 (nahe der Freilichtbühne), ℘ 1 80 11, 🍴 — 🕪 ☎ ⓟ
M a la carte 29/53 — **26 Z : 41 B** 60/65 - 110 Fb.

🏠 **Schmidt** ⌂, Markt 17, ℘ 1 22 80 — 🕪 ☎. 🔠 ⓪ 🄴
20. Juli - 10. Aug. geschl. — **M** (Freitag ab 14 Uhr geschl.) a la carte 22/55 — **23 Z : 30 B** 50/55 - 90/100 Fb.

🏠 **Von Euch**, Kuhstr. 21, ℘ 1 25 28 — ⇌. ⓪
22. Dez.- 8. Jan. geschl. — **M** (Sonntag geschl.) 16/40 und a la carte 25/58 — **12 Z : 17 B** 40/50 - 80/90.

🏤 **Zum Schlagbaum**, Dürenkämpe 1 (B 402, O : 2 km), ℘ 66 83 — ☎ ⓟ
21 Z : 31 B.

MERCHWEILER 6689. Saarland 🔢 ⑦, 🔢 ⑥ — 12 500 Ew — Höhe 359 m — ✪ 06825.

♦Saarbrücken 18 — Homburg (Saar) 28 — Saarlouis 25.

🍴🍴 **Römerhof** mit Zim, Hauptstr. 112, ℘ 53 73 — ⓟ
1.- 7. Jan. und Mitte Juli - Mitte Aug. geschl. — **M** (Samstag bis 18 Uhr und Dienstag geschl.) a la carte 40/62 — **8 Z : 11 B** 35/40 - 70.

MERDINGEN 7801. Baden-Württemberg 🔢 FG 22, 🔢 ㉜, 🔢 ㉙ — 2 300 Ew — Höhe 260 m — ✪ 07668 (Ihringen).

♦Stuttgart 210 — Breisach am Rhein 12 — ♦Freiburg im Breisgau 16.

🍴 **Gasthaus zum Pfauen** mit Zim, Langgasse 10, ℘ 2 67, 🍴 — ☎ ⓟ
M (Mittwoch geschl.) a la carte 22/40 ⑤ — **5 Z : 8 B** 28 - 55.

Les bonnes tables

Nous distinguons à votre intention certains restaurants par
Menu, ✿, ✿✿ ou ✿✿✿

MERGENTHEIM, BAD 6990. Baden-Württemberg 䐭䐭 M 18. 䑩䑪䑫 ⊛ — 19 800 Ew — Höhe 210 m — Heilbad — ⊙ 07931.

Sehenswert : Deutschordensschloß.

Ausflugsziel : Stuppach : Pfarrkirche (Stuppacher Madonna★★ von Grünewald) S : 6 km.

🔟 Erlenbachtal, ♟ 75 79.

🔡 Kultur- und Verkehrsamt, Marktplatz 3, ♟ 5 71 35.

♦Stuttgart 117 — Ansbach 78 — Heilbronn 75 — ♦Würzburg 53.

🏨 **Maritim Parkhotel** ♨, Lothar-Daiker-Str. 6 (im Kurpark), ♟ 53 90, Telex 74222, Fax 539100, ☂, Bade- und Massageabteilung, ⬛, 🖼, 🔲, Fahrradverleih — 🔼 ✣ Zim 📺 ⅙ ⓟ — 🔼 25/220. 🄰🄴 ⓞ ⴹ 🆅🆂🅰 🕉 Rest
M a la carte 40/68 — **116 Z : 158 B** 141/201 - 208/268 Fb — ½ P 140/227.

🏨 **Victoria,** Poststr. 2, ♟ 59 30, Telex 74224, Fax 593500, « Gartenterrasse », Bade- und Massageabteilung, ⬛ — 🔼 ✣ Zim 📺 ⓟ — 🔼 25/150. 🄰🄴 ⓞ ⴹ 🆅🆂🅰 🕉 Rest
Restaurants (bemerkenswerte Weinkarte) : — **Zirbelstuben** (Sonntag 15 Uhr - Dienstag 18 Uhr und 16. Juli - 14. Aug. geschl.) **M** a la carte 43/68 — **Tiroler Stuben** (ganzjährig geöffnet, kein Ruhetag) Menu 29 und a la carte 36/63 — **84 Z : 140 B** 84/112 - 148/173 Fb — 6 Appart. 188/236 — ½ P 100/138.

🏨 **Bundschu,** Cronbergstr. 15, ♟ 30 43, ☂, Fahrradverleih — 📺 ☎ ⓟ — 🔼 25. 🄰🄴 ⴹ 🆅🆂🅰
Mitte Jan.- Mitte Feb. geschl. — Menu (Montag geschl.) a la carte 31/54 — **50 Z : 70 B** 65/80 - 130/150 Fb.

🏨 **Kurhotel Stefanie** ♨, Erlenbachweg 11, ♟ 70 55, Bade- und Massageabteilung, ⬛, ☂ — 🔼 ☎ ⓟ. 🕉
15. Dez.- Jan. geschl. — (Restaurant nur für Hausgäste) — **30 Z : 43 B** 60/80 - 120/160 Fb.

🏨 **Steinmeyer,** Wolfgangstr. 2, ♟ 72 20, Bade- und Massageabteilung — ☎. 🄰🄴 ⴹ 🆅🆂🅰
20. Dez.- 20. Jan. geschl. — **M** (Freitag geschl.) a la carte 20/46 — **15 Z : 25 B** 50/80 - 100.

🏨 **Garni am Markt,** Hans-Heinrich-Ehler-Platz 40, ♟ 61 01 — 🔼 ☎ ⇔. ⓞ ⴹ 🆅🆂🅰
März - Nov. — **30 Z : 40 B** 50/70 - 90/110 Fb.

🏚 **Zum wilden Mann** ♨, Reichengässle 6, ♟ 76 38 — ⓟ
1.- 28. Jan. geschl. — **M** (Mittwoch ab 15 Uhr geschl.) a la carte 21/43 — **16 Z : 21 B** 28/43 - 58/84 — ½ P 43/59.

In Bad Mergentheim - Löffelstelzen NO : 4 km :

🏚 **Hirschen,** Alte Würzburger Str. 29, ♟ 74 94 — ⇔ ⓟ. 🕉 Zim
18. Dez.- 27. Jan. geschl. — **M** (Donnerstag geschl.) a la carte 19,50/35 ⅄ — **12 Z : 16 B** 29 - 58.

In Bad Mergentheim - Markelsheim SO : 6 km :

🏨 **Weinstube Lochner,** Hauptstr. 39, ♟ 20 81, Fax 2080, ⬛, 🔲 — 📺 ☎ ⓟ — 🔼 25/80
8.- 31. Jan. geschl. — **M** (Montag geschl.) a la carte 19,50/45 ⅄ — **50 Z : 95 B** 48/75 - 80/ 120 Fb.

In Bad Mergentheim - Neunkirchen S : 2 km :

🏚 **Gasthof Rummler,** Althäuser Str. 18, ♟ 4 50 25, Biergarten, ☂ — 📺 ☎ ⇔ ⓟ. 🕉 Zim
12. Feb.- 2. März und 22.- 30. Dez. geschl. — **M** (Montag geschl.) a la carte 22/47 ⅄ — **14 Z : 25 B** 25/50 - 50/90 — ½ P 37/62.

MERING 8905. Bayern 䐭䐭 PQ 22, 䑩䑪䑫 ⊛, 䐸䐹䐺 ③ — 9 100 Ew — Höhe 526 m — ⊙ 08233.
♦München 53 — ♦Augsburg 15 — Landsberg am Lech 29.

🏚 **Schlosserwirt,** Münchner Str. 29 (B 2), ♟ 95 04 — ⓟ
20. Juli - 15. Aug. geschl. — **M** (Sonntag geschl.) a la carte 19/37 ⅄ — **20 Z : 27 B** 35/50 - 65/92.

MERKENFRITZ Hessen siehe Hirzenhain.

MERKLINGEN 7901. Baden-Württemberg 䐭䐭 M 21 — 1 500 Ew — Höhe 699 m — ⊙ 07337.
♦Stuttgart 68 — Reutlingen 53 — ♦Ulm (Donau) 26.

🏚 **Ochsen,** Hauptstr. 12, ♟ 2 83 — 📺 ⇔ ⓟ. 🄰🄴 ⴹ. 🕉 Rest
15.- 31. Mai und Nov. geschl. — **M** (nur Abendessen, Sonntag geschl.) a la carte 20/41 — **19 Z : 40 B** 45/68 - 70/98.

In Berghülen 7901 S : 8 km :

🏚 **Ochsen,** Blaubeurer Straße, ♟ (07344)63 18 — ⇔ ⓟ. 🕉
23. Juli - 13. Aug. geschl. — **M** (Montag geschl.) a la carte 16/30 — **11 Z : 20 B** 30 - 60.

MERTESDORF Rheinland-Pfalz siehe Trier.

Ganz Europa auf einer Karte (mit Ortsregister) :
Michelin-Karte Nr. 䑪䑨䑦.

MERZIG 6640. Saarland 987 ㉘, 242 ②, 409 ㉗ − 29 700 Ew − Höhe 174 m − ✆ 06861.

🛈 Kultur- und Verkehrsamt, Zur Stadthalle 4, ✆ 28 77.

♦Saarbrücken 46 − Luxembourg 56 − Saarlouis 21 − ♦Trier 49.

- 🏛 **Zum Römer**, Schankstr. 2, ✆ 26 45, 🍽 − ⇐⇒ ❷
  M (Freitag geschl.) a la carte 20/45 − **13 Z : 18 B** 30/35 - 54/58.

- XX **Merll-Rieff** mit Zim, Schankstr. 27, ✆ 25 65 − ☎ ❷. AE ① E VISA
  M (Mittwoch geschl.) a la carte 21/48 − **8 Z : 15 B** 45 - 80.

- XX **Stadt Merzig**, Zur Stadthalle 4, ✆ 28 88, 🍽 − ❷. ① E VISA
  Samstag bis 18 Uhr, Montag und Juli - Aug. 3 Wochen geschl. − **M** a la carte 22/50.

In Beckingen 4-Honzrath 6645 SO : 7 km :

- 🏚 **Sporthotel Honzrath**, beim Sportzentrum Hellwies, ✆ (06835) 40 41, 🍽, ❤ − ☎ ❷.
  AE
  M (Mittwoch geschl.) a la carte 25/48 − **14 Z : 22 B** 35/50 - 70/90.

MESCHEDE 5778. Nordrhein-Westfalen 987 ⑭ − 31 300 Ew − Höhe 262 m − ✆ 0291.

🛈 Verkehrsamt, Pavillon Am Rathaus, Ruhrstr. 25, ✆ 20 52 77.

ADAC, Ruhrplatz 2, ✆ 14 13.

♦Düsseldorf 150 − Brilon 22 − Lippstadt 43 − Siegen 97.

- 🏨 **Von Korff**, Le-Puy-Str. 19, ✆ 5 10 90 − ☎ ☎ ⇐⇒ ❷. AE ① E VISA
  M a la carte 35/61 − **Bistro-Café M** a la carte 25/46 − **12 Z : 19 B** 69/79 - 109/129 Fb.

- 🏚 **Gercken** garni, Zeughausstr. 7, ✆ 71 66 − ⇐⇒. ❤
  17 Z : 28 B 45/60 - 90/100.

Am Hennesee SW : 1,5 km :

- X **Hennesee-Hotel** ⑤ mit Zim, ✉ 5778 Meschede, ✆ (0291) 71 02, ≼, 🍽, ⊞, 🐾, ☛ −
  ⇐⇒ ❷ − 🔥 30/60. ❤ Rest
  März - Nov. − **M** a la carte 23/56 − **20 Z : 35 B** 35/45 - 70/80.

In Meschede 3-Freienohl NW : 10 km :

- 🏚 **Haus Luckai** ⑤, Christine-Koch-Str. 11, ✆ (02903) 77 52, ☛ − ⇐⇒ ❷. ❤ Rest
  M a la carte 22/48 − **12 Z : 25 B** 45/50 - 80.

In Meschede 12-Grevenstein SW : 13,5 km − Wintersport : 450/600 m ⚞1 − ✆ 02934 :

- 🏚 **Gasthof Becker**, Burgstr. 9, ✆ 10 66 − ☎ ❷ − 🔥 35. AE ① E VISA
  M (Dienstag geschl.) a la carte 32/58 − **11 Z : 20 B** 55 - 110 Fb.

- 🏚 **Holländer Hof**, Ohlstr. 4, ✆ 2 60 − ⇐⇒ ❷
  15 Z : 28 B.

- 🏚 **Landhaus Rossel**, Ostfeld 25, ✆ 3 26, 🍽, ☛ − ⇐⇒ ❷
  M (Montag geschl.) a la carte 22/45 🍺 − **15 Z : 30 B** 35/38 - 69/76 − ½ P 43.

In Meschede-Olpe W : 9 km :

- 🏛 **Haus Hütter**, Freienohler Str. 31, ✆ (02903) 76 64, ☛ − ⇐⇒ ❷
  M 16 (mittags) und a la carte 25/47 − **12 Z : 20 B** 30/40 - 56/76.

In Meschede-Wehrstapel O : 4 km :

- XX Schulte - St. Wendelin, Wehrstapeler Str. 18 (B 7), ✆ 66 96, 🍽 − ❷. ❤.

MESPELBRUNN 8751. Bayern 413 K 17, 987 ㉘ − 2 200 Ew − Höhe 269 m − Erholungsort −
✆ 06092 (Heimbuchenthal).

🛈 Verkehrsverein, Hauptstr. 158, ✆ 3 19.

♦München 342 − Aschaffenburg 16 − ♦Würzburg 66.

- 🏨 **Schloß-Hotel** ⑤, Schloßallee 25, ✆ 2 56, 🍽, ⊟ − ☎ ❷
  3. Jan.- Feb. und 1.- 26. Dez. geschl. − **M** a la carte 20/40 − **40 Z : 55 B** 60/95 - 80/125.

- 🏚 **Engel**, Hauptstr. 268, ✆ 3 13, 🍽, « Zirbelstube », ☛ − ☎ ⇐⇒ ❷
  15. Nov.- 23. Dez. geschl. − **M** (Jan.- April Montag und Dienstag geschl.) a la carte 18,50/43
  🍺 − **23 Z : 38 B** 30/58 - 60/82 − ½ P 38/48.

- 🏚 **Elsavatal**, Schloßallee 2, ✆ 2 89, 🍽, ☛ − ❷
  Nov. und 20. Dez.- 6. Jan. geschl. − **M** (Dez.- Ostern Montag geschl.) a la carte 19/43 🍺 −
  15 Z : 28 B 29/38 - 58/76.

- 🏚 **Haus Sonnenhang** ⑤ garni, Schloßallee 21, ✆ 2 98, ☛ − ❷
  März - Okt. − **19 Z : 35 B** 35 - 65.

In Mespelbrunn 2-Hessenthal N : 4 km :

- 🏚 Hobelspan, Hauptstr. 49, ✆ 2 62, 🍽, ⊥ (geheizt), ☛ − 🅿 ❷
  25 Z : 43 B.

- 🏚 Spessart, Würzburger Str. 4, ✆ 2 75, 🍽, ⊥, ☛ − ⇐⇒ ❷
  17 Z : 32 B.

MESSKIRCH 7790. Baden-Württemberg **413** K 23. **427** ⑦ − 7 000 Ew − Höhe 605 m − ✪ 07575.
🚗 Städt. Verkehrsamt, Schloßstr. 1, ℰ 30 31.
♦Stuttgart 118 − ♦Freiburg im Breisgau 119 − ♦Konstanz 59 − ♦Ulm (Donau) 91.

🏨 **Adler - Alte Post**, Adlerplatz 5, ℰ 8 22 − ❷ − ♨ 25. **AE** ⓞ **E VISA**
M *(Donnerstag geschl.)* a la carte 33/58 − **21 Z : 42 B** 60 - 110.

In Messkirch-Menningen NO : 5 km :
XX **Zum Adler Leitishofen** mit Zim, Hauptstr. 7, ℰ 31 57 − ☎ ❷. **E**
← *Ende Jan.- Mitte Feb. geschl.* − Menu *(Dienstag geschl.)* 17 und a la carte 27/46 ♨ − **9 Z : 16 B** 41 - 74.

MESSTETTEN Baden-Württemberg siehe Albstadt.

METELEN 4439. Nordrhein-Westfalen **408** ⑭ − 5 800 Ew − Höhe 58 m − ✪ 02556.
♦Düsseldorf 136 − Enschede 30 − Münster (Westfalen) 42 − ♦Osnabrück 69.

🏨 **Haus Herdering-Hülso** garni, Neutor 13, ℰ 70 48, ⇌ − ❷. **AE**
8 Z : 16 B 45/48 - 65/76.

METTINGEN 4532. Nordrhein-Westfalen **987** ⑭ − 10 000 Ew − Höhe 90 m − ✪ 05452.
♦Düsseldorf 185 − ♦Bremen 132 − Enschede 75 − ♦Osnabrück 21.

🏛 **Telsemeyer**, Markt 6, ℰ 30 11, Telex 944118, �, « Wintergarten, Tüöttenmuseum », ⬛.
Fahrradverleih − 🛗 📺 ❷ − ♨ 25/100. ⚿
M *(auch vegetarische Gerichte)* 22/39 (mittags) und a la carte 35/72 − **55 Z : 100 B** 60/100 - 110/150 Fb.

METTLACH 6642. Saarland **987** ㉓. **242** ②. **409** ㉗ − 12 400 Ew − Höhe 165 m − ✪ 06864.
Ausflugsziel : Cloef ≤★★, W : 7 km.
♦Saarbrücken 54 − Saarlouis 29 − ♦Trier 41.

🏨 **Zum Schwan**, Freiherr-vom-Stein-Str. 34, ℰ 72 79 − 🛗 📺 ☎ ❷. ⓞ **E VISA**
M a la carte 26/54 − **12 Z : 24 B** 60/90 - 96/150 Fb.
🏨 **Zur Post**, Heinertstr. 17, ℰ 5 57 − ☎ ⇐ ❷. **E VISA**
← **M** *(Samstag geschl.)* 16,50/45 und a la carte − **10 Z : 18 B** 40/45 - 70/80.
🏨 **Haus Schons** garni, von-Boch-Liebig-Str. 1, ℰ 12 14 − ☎ ❷
7 Z : 12 B 42 - 65.

In Mettlach 5-Orscholz NW : 6 km :
🏛 **Zur Saarschleife** (mit Gästehaus), Cloefstr. 44, ℰ (06865) 7 11, 🌂, ⇌, ⬛, 🌳, ⚒ − 🛗
📺 ☎ 👤 ❷ − ♨ 25/60. **AE** ⓞ **E VISA**
M a la carte 31/56 − **59 Z : 115 B** 65/95 - 95/160 Fb.
🔆 **Zum Orkelsfels**, Cloefstr. 97, ℰ (06865) 3 17 − ❷
← *10. März - 5. April geschl.* − **M** *(Donnerstag geschl.)* a la carte 18,50/36 ♨ − **10 Z : 19 B** 35/45 - 60/65.

METTMANN 4020. Nordrhein-Westfalen **987** ㉔ − 35 700 Ew − Höhe 131 m − ✪ 02104.
♦Düsseldorf 16 − ♦Essen 33 − Wuppertal 16.

In Mettmann-Metzkausen NW : 3 km :
🏨 **Luisenhof**, Florastr. 82, ℰ 5 30 31, Telex 8581254, Fax 54050, ⇌ − 📺 ☎ ❷ − ♨ . **AE** ⓞ
E VISA. ⚿ Rest
M *(nur Abendessen, Montag, 3.- 23. Juli - und 22. Dez.- 6. Jan. geschl.)* a la carte 42/64 −
35 Z : 55 B 110/170 - 150/220 Fb.

An der B 7 W : 3 km :
🏛 **Gut Höhne** 🌿, Düsseldorfer Str. 253, ✉ 4020 Mettmann, ℰ (02104) 77 80, Telex 8581297,
Fax 75625, 🌂, « Rustikale Einrichtung », ⇌, ⬚ (geheizt), ⬛, 🌳, ⚒. Fußballplatz − 📺
❷ − ♨ 25/100. **E VISA**
M a la carte 43/80 − **58 Z : 105 B** 135/175 - 255/340 Fb − 5 Appart. 450/960.

METTNAU (Halbinsel) Baden-Württemberg siehe Radolfzell.

METZINGEN 7430. Baden-Württemberg **413** K 21. **987** ㉟ − 19 400 Ew − Höhe 350 m − ✪ 07123.
♦Stuttgart 35 − Reutlingen 8 − ♦Ulm (Donau) 79.

🏨 **Schwanen**, Bei der Martinskirche 10, ℰ 13 16, Fax 6827, 🌂, ⇌ − 📺 ☎ − ♨ 60. **AE** ⓞ
E
M *(Montag geschl.)* a la carte 38/56 − **36 Z : 50 B** 85/110 - 120/250 Fb.
🏨 **Kuhn** garni, Bohlstr. 8, ℰ 26 32 − ☎ ⇐ ❷
21 Z : 26 B 34/50 - 65/80.

In Metzingen 4-Glems S : 4 km :
🏨 **Stausee-Hotel** 🌿, Unterer Hof 3 (am Stausee, W : 1,5 km), ℰ 49 16, ≤ Stausee und
Schwäbische Alb − ☎ ❷ − ♨ 50. **AE** ⓞ **E VISA**
Feb. geschl. − **M** *(Sonntag 18 Uhr - Montag geschl.)* a la carte 35/59 − **17 Z : 25 B** 60/70 - 95/100.

In Riederich 7419 N : 3 km :

🏠 Kirsammer garni, Mühlstr. 29, ℰ (07123) 3 25 59 − 📺
8 Z : 12 B.

In Kohlberg 7441 NO : 5 km :

XX Beim Schultes, Neuffener Str. 1, ℰ (07025) 24 27, « Ehem. Rathaus a.d.J. 1665, Galerie
verkäuflicher Bilder »
nur Abendessen − (Tischbestellung ratsam).

MICHELAU Bayern siehe Lichtenfels.

MICHELBACH Rheinland-Pfalz siehe Simmern.

MICHELSTADT 6120. Hessen 🗺️🄺🄸🄱 K 17, 🄹🄸🄿 ⊛ − 16 000 Ew − Höhe 208 m − ✿ 06061.
Sehenswert : Marktplatz★ − Rathaus★.
Ausflugsziel : Jagdschloß Eulbach : Park★ O : 9 km.
🛈 Verkehrsamt, Marktplatz 1, ℰ 7 41 46.
◆Wiesbaden 92 − Aschaffenburg 51 − ◆Darmstadt 47 − ◆Mannheim 62 − ◆Würzburg 99.

🏨 **Drei Hasen** (Sandsteinbau a.d.J. 1813), Braunstr. 5, ℰ 6 14, Biergarten − 📺 ☎ 🅿. ⓞ 🄴
VISA. ⸮ Zim
2.- 23. Jan. und 24.- 31. Juli geschl. − **M** *(Montag geschl.)* a la carte 26/53 ⅄ − **20 Z : 36 B**
72/85 - 110/125 Fb.

🏠 **Zum Wilden Mann**, Erbacher Str. 10, ℰ 25 93 − ☎ ⇦
◆ 24. Dez.- 20. Jan. geschl. − **M** *(nur Abendessen, Samstag geschl.)* a la carte 20/37 ⅄ −
28 Z : 51 B 32/48 - 64/88.

XX **Grüner Baum** mit Zim (Fachwerkhaus a.d.J. 1685), Große Gasse 17, ℰ 24 09, ☆ − 📺. 🄰🄴
◆ ⓞ 🄴 *VISA*
M a la carte 21/52 ⅄ − **4 Z : 8 B** 40 - 80.

X **Ratsschänke** mit Zim, Neutorstr. 2, ℰ 6 52 − ☎. 🄴
◆ 1.- 15. Feb. und 4.- 24. Nov. geschl. − **M** *(Dienstag geschl.)* a la carte 20/42 ⅄ − **10 Z : 16 B**
45/50 - 84.

In Michelstadt-Vielbrunn NO : 13,5 km − Luftkurort − ✿ 06066 :

🏠 **Weyrich**, Waldstr. 5, ℰ 2 71, ⇔s, 🔲, 🛋 − 🅿
M a la carte 22/37 − **29 Z : 52 B** 52/60 - 104/120.

🏠 **Geiersmühle** ⬥ (ehem.Getreidemühle), (im Ohrnbachtal, O : 2 km), ℰ 7 21, ☆, ⇔s −
🅿
8.- 30. Jan. und 1.- 9. Nov. geschl. − **M** *(Montag - Dienstag geschl., Mittwoch - Freitag nur
Abendessen)* a la carte 32/58 − **11 Z : 20 B** 50/60 - 100/120.

🏠 **Haus Talblick** garni, Hauptstr. 61, ℰ 2 15, 🛋 − 🅿. ⸮
13 Z : 21 B 35 - 70.

In Michelstadt - Weiten-Gesäß NO : 6 km − Luftkurort −

🏠 **Berghof**, Hauptstr. 9, ℰ 37 01, ≤, 🛋 − 📺 ☎ ⇦ 🅿 − 🔥 30. ⓞ 🄴. ⸮ Zim
Mitte Feb. - Mitte März und 20.- 24. Dez. geschl. − **M** *(Dienstag geschl.)* a la carte 26/58 ⅄
− **16 Z : 28 B** 58 - 104 Fb.

🏩 **Krone** ⬥, Schulstr. 6, ℰ 22 89, ⇔s, 🔲, 🛋 − ⇦ 🅿
◆ Nov.- 5. Dez. geschl. − **M** *(Donnerstag geschl.)* a la carte 17,50/35 ⅄ − **25 Z : 40 B** 36/40 -
72 − ½ P 45.

Siehe auch : *Liste der Feriendörfer*

MIESBACH 8160. Bayern 🗺️🄺🄸🄱 S 23, 🄹🄸🄿 ⑲. 🄰🄽🄶 ⑰ − 9 400 Ew − Höhe 686 m − ✿ 08025.
◆München 54 − Rosenheim 29 − Salzburg 101 − Bad Tölz 23.

🏠 **Gästehaus Wendelstein** garni, Bayrischzeller Str. 19 (B 307), ℰ 78 02, 🛋 − ⇦ 🅿
Anfang Okt.- Anfang Nov. geschl. − **12 Z : 20 B** 40/60 - 85.

Auf dem Harzberg :

🏩 **Sonnenhof** ⬥, Heckenweg 8, ✉ 8160 Miesbach, ℰ (08025) 42 48, ≤, ☆, 🛋 − ⇦ 🅿.
◆ 🄴
14. Nov.- 17. Dez. geschl. − **M** a la carte 19/37 − **25 Z : 50 B** 40/60 - 65/90.

Besonders angenehme Hotels oder Restaurants
sind im Führer rot gekennzeichnet.   🏰🏰🏰 ⋯ 🏠

Sie können uns helfen, wenn Sie uns die Häuser angeben,
in denen Sie sich besonders wohl gefühlt haben.   XXXXX ⋯ X

Jährlich erscheint eine komplett überarbeitete Ausgabe
aller Roten Michelin-Führer.

MILTENBERG 8760. Bayern **413** K 17, **987** ㉕ — 9 500 Ew — Höhe 127 m — ✪ 09371.

Sehenswert : Marktplatz★ — Hauptstraße mit Fachwerkhäusern★.

🛈 Tourist Information, Rathaus, ⌀ 40 01 19.

♦München 347 — Aschaffenburg 44 — Heidelberg 78 — Heilbronn 84 — ♦Würzburg 71.

🏨 **Jagd-Hotel Rose** (Haus a. d. 17. Jh.), Hauptstr. 280, ⌀ 4 00 60, Telex 689297, Fax 400617, 🌧, Fahrradverleih — 📺 ☎ 🅿 — 🔬 25/50. 🆎 ⑩ Ε 𝓥𝓘𝓢𝓐
M (Sonntag ab 18 Uhr geschl.) a la carte 37/58 — **27 Z : 50 B** 75/85 - 115/135 Fb.

🏨 **Riesen** garni, Hauptstr. 97, ⌀ 36 44, « Fachwerkhaus a.d.J. 1590 mit stilvoller Einrichtung »
— 🛗 ☎ ⇐ ⑩ Ε
April - Anfang Dez. — **15 Z : 28 B** 68/98 - 108/178.

🏨 **Altes Bannhaus**, Hauptstr. 211, ⌀ 30 61, « Restaurant in einem historischen Gewölbekeller », Fahrradverleih — 🛗 📺 ☎. ⑩ Ε 𝓥𝓘𝓢𝓐. ⅋ Zim
3.- 22. Jan. geschl. — **M** (Donnerstag geschl.) a la carte 42/75 — **10 Z : 16 B** 58/85 - 118/136.

🏨 **Brauerei Keller**, Hauptstr. 66, ⌀ 30 77, Fax 2907 — 📺 ☎ ⇐ — 🔬 25/100. 🆎 ⑩ Ε 𝓥𝓘𝓢𝓐
2.- 16. Jan. geschl. — **M** (Montag geschl.) a la carte 27/52 ⅄ — **28 Z : 48 B** 52/58 - 92/120 Fb.

🏠 **Weinhaus am Alten Markt** ⅍ garni (Fachwerkhaus a.d.J. 1594), Marktplatz 185, ⌀ 55 00, (Weinstube ab 17 Uhr geöffnet) — 📺 ☎. ⅋
Feb. geschl. — **9 Z : 14 B** 47/70 - 80/120.

🏠 **Hopfengarten**, Ankergasse 16, ⌀ 31 31, 🌧 — 📺 ☎. ⑩ Ε 𝓥𝓘𝓢𝓐
14. Feb.- 17. März geschl. — **M** (Dienstag geschl.) a la carte 26/50 ⅄ — **13 Z : 23 B** 51/55 - 96/105 Fb.

🏠 **Mildenburg**, Mainstr. 77, ⌀ 27 33, ≤, 🌧
5. Nov.- 3. Dez. geschl. — **M** (Montag geschl.) a la carte 22/41 ⅄ — **15 Z : 26 B** 35/52 - 66/96.

🏠 **Fränkische Weinstube**, Hauptstr. 111, ⌀ 21 66 — 🆎 ⑩ Ε 𝓥𝓘𝓢𝓐
↫ 9. Jan.- 1. Feb. geschl. — **M** (Mittwoch geschl.) a la carte 20/46 ⅄ — **12 Z : 16 B** 40/45 - 76.

In Miltenberg-Breitendiel SW : 4 km :

✗ **Troll** ⅍ mit Zim, Odenwaldstr. 21, ⌀ 72 83, ≤, 🌧 — 🅿
M (Dienstag geschl.) a la carte 25/44 ⅄ — **5 Z : 9 B** 27/35 - 64.

MINDELHEIM 8948. Bayern **413** O 22, **987** ㊱, **426** ⑮ — 12 200 Ew — Höhe 600 m — ✪ 08261.
♦München 86 — ♦Augsburg 55 — Memmingen 28 — ♦Ulm (Donau) 66.

🏠 **Stern**, Frundsbergstr. 17, ⌀ 15 17, 🌧 — ⇐ 🅿 — 🔬 25/80
↫ Aug. geschl. — **M** (Sonntag geschl.) a la carte 20/38 — **46 Z : 70 B** 45 - 85.

✗✗ **Weberhaus**, Mühlgasse 1 (1. Etage), ⌀ 36 35, 🌧 — Ε
Mittwoch Ruhetag, April und Sept. jeweils 2 Wochen geschl. — **M** (Tischbestellung ratsam) a la carte 37/60.

An der Straße nach Bad Wörishofen SO : 5 km :

🏩 **Jägersruh**, ⌀ 8948 Mindelheim-Mindelau, ⌀ (08261) 17 86, 🌧 — 🅿
↫ **M** (Montag geschl.) a la carte 17,50/41 — **16 Z : 28 B** 38 - 72.

MINDEN 4950. Nordrhein-Westfalen **987** ⑮ — 78 000 Ew — Höhe 46 m — ✪ 0571.

Sehenswert : Dom★★ (Romanisches Kreuz★★) — Schachtschleuse★★ — Kanalbrücke★.

🛈 Verkehrs- und Werbeamt, Großer Domhof 3, ⌀ 8 93 85.

ADAC, Königstr. 105, ⌀ 2 31 56, Notruf ⌀ 1 92 11.

♦Düsseldorf 220 ③ — ♦Bremen 100 ① — ♦Hannover 72 ② — ♦Osnabrück 81 ④.

Stadtplan siehe gegenüberliegende Seite.

🏨 **Bad Minden**, Portastr. 36, ⌀ 5 10 49, Telex 97993, Fax 58953, Bade- und Massageabteilung, ⇌ — 📺 ☎ 🅿 — 🔬 25/200. 🆎 ⑩ Ε 𝓥𝓘𝓢𝓐. ⅋   Z m
M 30/80 und a la carte — **33 Z : 62 B** 80/198 - 115/248 Fb.

🏨 **Kruses Park-Hotel**, Marienstr. 108, ⌀ 4 60 33, Telex 97986 — 📺 ☎ 🅗 🅿. 🆎 ⑩ Ε 𝓥𝓘𝓢𝓐
M a la carte 26/55 — **34 Z : 60 B** 83/95 - 130/146 Fb.   Y n

🏨 **Kronprinz** garni, Friedrich-Wilhelm-Str. 1, ⌀ 3 10 05, Fax 35162 — 🛗 📺 ☎. 🆎 ⑩ Ε 𝓥𝓘𝓢𝓐
22 Z : 35 B 55/95 - 160 Fb.   Y c

🏨 **Exquisit** garni, In den Bärenkämpen 2a, ⌀ 4 30 55, Telex 97994, ⇌, ◱ — 🛗 📺 ☎ ⇐ 🅿
— 🔬 35. 🆎 ⑩ Ε 𝓥𝓘𝓢𝓐   über Hahler Straße und Sandtrift   Y
45 Z : 85 B 75/98 - 115/195 Fb.

🏨 **Silke** ⅍ garni, Fischerglacis 21, ⌀ 2 37 36, ⇌, ◱, 🌧 — 📺 ☎ ⇐ 🅿   Y u
21 Z : 30 B 94 - 149/170.

🏠 **Altes Gasthaus Grotehof**, Wettinerallee 14, ⌀ 5 40 18, ⇌, 🌧, Fahrradverleih — 📺 🅿. Ε   über Rodenbecker Str.   Z
M (nur Abendessen, Sonntag, 1.- 22. Juli und 24.- 31. Dez. geschl.) a la carte 33/59 — **20 Z :**
32 B 42/79 - 72/128 Fb.

✗✗ **Alt Minden**, Hahler Str. 38, ⌀ 2 22 08 — 🆎 ⑩ Ε 𝓥𝓘𝓢𝓐   Y b
Dienstag und Samstag nur Abendessen — **M** a la carte 24/53.

548

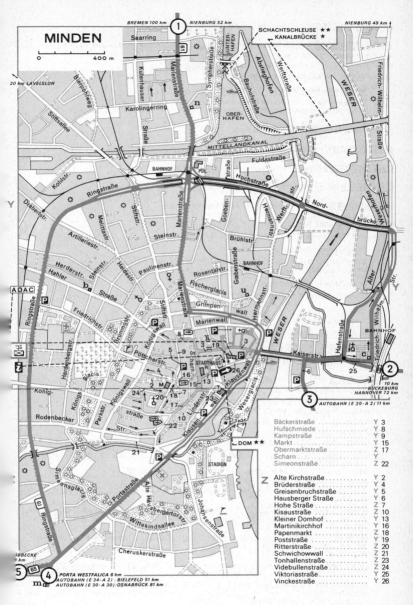

MINDEN

0   400 m

Teilen Sie uns Ihre Meinung
über die von uns empfohlenen Hotels und Restaurants
sowie über ihre Spezialitäten mit.

549

MINGOLSHEIM Baden-Württemberg siehe Schönborn, Bad.

MISSEN-WILHAMS 8979. Bayern **413** N 24, **426** ⑮ − 1 200 Ew − Höhe 854 m − Erholungsort − Wintersport : 790/1 000 m ⚡5 ⚡4 − ⊕ 08320.

🛈 Verkehrsbüro, im Haus des Gastes, ℘ 4 56.

◆München 155 − Immenstadt 12 − Kempten (Allgäu) 31.

Im Ortsteil Wiederhofen W : 4,5 km ab Missen :

🏠 **Thalerhöhe** ♨, Zur Thaler Höhe 9, ℘ 5 84, ≤, 🏡, 🐎 − ⓟ. ❄ Zim
← 6. Nov.- 6. Dez. geschl. − **M** *(Montag geschl.)* a la carte 19/38 − **19 Z : 38 B** 34/40 - 62/66 − ½ P 48.

Siehe auch : *Liste der Feriendörfer*

MITTELBERG Österreich siehe Kleinwalsertal.

MITTELBRONN Baden-Württemberg siehe Gschwend.

MITTELTAL Baden-Württemberg siehe Baiersbronn.

MITTELZELL Baden-Württemberg siehe Reichenau (Insel).

MITTENAAR 6349. Hessen − 5 000 Ew − Höhe 230 m − ⊕ 02772.
◆Wiesbaden 126 − Gießen 47 − Limburg an der Lahn 58 − Siegen 41.

In Mittenaar-Ballersbach :

🏠 **Berghof** ♨, Bergstr. 4, ℘ 6 20 55, ≘s − 📺 ☎ ⇐ ⓟ. 🆎 **E**
M *(Montag und 5.- 18. Feb. geschl.)* a la carte 24/47 − **17 Z : 23 B** 45/48 - 90/94.

In Mittenaar 4-Bellersdorf :

✕✕ **Chez Bernard**, Herrenhof, ℘ (06444) 17 66, wechselnde Gemäldeausstellungen − ⓟ. ⓞ **E**
Montag Ruhetag, Feb. und Aug. je 2 Wochen geschl. − **M** (Mittagessen nur auf Vorbestellung, Tischbestellung erforderlich) a la carte 58/87.

In Mittenaar-Bicken :

🏠 **Thielmann**, Wiesenstr. 5, ℘ 6 20 11, 🏡 − ☎ ⇐ ⓟ − 🔬 40. 🆎 ⓞ **E** **VISA**
1.-15. Jan. und Juli - Aug. 2 Wochen geschl. − **M** *(Freitag - Samstag 18 Uhr geschl.)* a la carte 26/58 − **19 Z : 25 B** 38/55 - 94/130 Fb.

MITTENWALD 8102. Bayern **413** Q 24, **987** ㊲, **426** ⑯⑰ − 8 300 Ew − Höhe 920 m − Luftkurort − Wintersport : 920/2 244 m ⚡1 ⚡7 ⚡1 − ⊕ 08823.

Sehenswert : Obermarkt★ (bemalte Häuser★★).

Ausflugsziel : Karwendel, Höhe 2 244 m, 10 Min. mit ⚡, ≤ ★★.

🛈 Kurverwaltung und Verkehrsamt, Dammkarstr. 3, ℘ 10 51, Telex 59682.

ADAC, Am Brunnstein 2, ℘ 59 50.

◆München 103 − Garmisch-Partenkirchen 18 − Innsbruck 37.

🏨 **Alpenrose** (mit Gästehaus Bichlerhof ♨), Obermarkt 1, ℘ 50 55, ≘s, 🔲, 🐎 − 📺 ☎ 🅰 ⇐ ⓟ. 🆎 ⓞ **E** **VISA**
M a la carte 23/56 − **44 Z : 85 B** 78/90 - 120/172 Fb − 2 Fewo 85.

🏨 **Post**, Obermarkt 9, ℘ 10 94, 🏡, 🔲, 🐎 − 📶 📺 ☎ ⓟ − 🔬 45
23. April - 11. Mai und 26. Nov.- 18. Dez. geschl. − **M** a la carte 22/50 − **95 Z : 165 B** 55/100 - 100/260 Fb.

🏨 **Rieger**, Dekan-Karl-Platz 28, ℘ 50 71, ≤, 🏡, ≘s, 🔲, 🐎 − ☎ ⇐. 🆎 ⓞ **E** **VISA** ❄ Rest
22. Okt.- 19. Dez. geschl. − **M** *(Montag geschl.)* a la carte 28/63 − **50 Z : 80 B** 66/101 - 116/190 Fb.

🏨 **Berggasthof Gröblalm** ♨, Gröblalm (N : 2 km), ℘ 50 33, ≤ Mittenwald und Karwendel, 🏡, ≘s, 🐎 − 📶 ☎ ⇐ ⓟ
34 Z : 70 B.

🏠 **Gästehaus Franziska** garni, Innsbrucker Str. 24, ℘ 50 51, ≘s, 🐎 − ☎ ⇐ ⓟ. 🆎 **E** **VISA**
5. Nov.- 16. Dez. geschl. − **19 Z : 36 B** 45/90 - 85/150 Fb.

🏠 **Mühlhauser**, Partenkirchner Str. 53, ℘ 15 90, 🏡, 🐎 − 📶 ⓟ. ❄
Mitte Nov.- Mitte Dez. geschl. − **M** *(Montag - Samstag nur Abendessen, Dienstag geschl.)* a la carte 20/30 − **19 Z : 38 B** 50/56 - 95/120 Fb.

🏠 **Alpenhotel Erdt** garni, Albert-Schott-Str. 7, ℘ 20 01, 🐎 − ⓟ. 🆎 ⓞ **E** **VISA**
28. Okt.- 24. Dez. geschl. − **25 Z : 53 B** 40/65 - 90/144 Fb.

🏠 **Gästehaus Sonnenbichl** ♨ garni, Klausnerweg 32, ℘ 50 41, ≤ Mittenwald und Karwendel, ≘s, 🐎 − 📶 📺 ☎ ⓟ. ❄
5.-30. April und 4. Nov.- 15. Dez. geschl. − **20 Z : 40 B** 57/80 - 88/116.

🏠 **Gästehaus Zerhoch** ♨ garni, Hermann-Barth-Weg 7, ℘ 15 08, 🐎 − ⇐
Nov.- 20. Dez. geschl. − **14 Z : 26 B** 45 - 80 − 4 Fewo 60/95.

🏠 **Pension Hofmann** garni, Partenkirchner Str. 25, 𝒸 13 18 — 🚗 𝐏. 🍽
Nov.- 20. Dez. geschl. — **26 Z : 45 B** 45/60 - 66/90.

🏠 **Jagdhaus Drachenburg** 🦌, Elmauer Weg 20 (Zufahrtsbedingungen wie zum Lautersee),
𝒸 12 49, ≤ Mittenwald und Karwendel, 🍸, 🌴 — 𝐏. 🄴 𝘃𝘪𝘴𝘢
15. Nov.- 15. Dez. geschl. — (nur Abendessen für Hausgäste) — **13 Z : 24 B** 42/55 - 90/110.

🏠 **Wipfelder** garni, Riedkopfstr. 2, 𝒸 10 57 — 🚗 𝐏
ab Ostern 3 Wochen und 20. Okt.- 20. Dez. geschl. — **11 Z : 22 B** 50/78 - 88/135 Fb.

XX **Arnspitze**, Innsbrucker Str. 68, 𝒸 24 25 — 𝐏
ab Ostern 3 Wochen, 25. Okt.- 19. Dez. und Dienstag - Mittwoch 18 Uhr geschl. — Menu 30
und a la carte 35/63.

X **Postkeller** (Brauerei-Gaststätte), Innsbrucker Str. 13, 𝒸 17 29 — 𝐏
🍴 *6. Nov.- 6. Dez. und Montag geschl.* — **M** a la carte 19/47.

Am Lautersee SW : 3 km — Höhe 1 060 m (Zufahrt nur für Hotelgäste mit schriftlicher
Zimmerzusage oder entsprechender Bestätigung der Kurverwaltung).

X **Lautersee** 🦌 mit Zim, ✉ 8102 Mittenwald, 𝒸 (08823) 10 17, ≤ See und Karwendel,
« Gartenterrasse am See », 🦌, 🌴 — 🕿 𝐏
Mitte April - Anfang Mai und Nov.- 20. Dez. geschl. — **M** a la carte 25/45 — **6 Z : 12 B** 75/110
- 130/140 Fb — ½ P 90/100.

Außerhalb N : 4 km, Richtung Klais bis zum Schmalensee, dann rechts ab — Höhe
1 007 m :

🏠 **Tonihof** 🦌, Brunnenthal 3, ✉ 8102 Mittenwald, 𝒸 (08823) 50 31, ≤ Karwendel und
Wettersteinmassiv, 🏛, 🍸, 🔲, 🌴 — 📺 🕿 🚗 𝐏
Anfang April - Anfang Mai und Ende Okt.- 21. Dez. geschl. — **M** *(Mittwoch geschl.)* a la
carte 22/47 — **18 Z : 30 B** 35/80 - 70/150 — ½ P 55/97.

MITTERFELS Bayern siehe Liste der Feriendörfer.

MITWITZ 8621. Bayern 𝟜𝟙𝟛 Q 16 — 3 000 Ew — Höhe 313 m — ✪ 09266.
♦München 285 — ♦ Bamberg 57 — Bayreuth 47 — Coburg 23 — Hof 65.

In Mitwitz-Bächlein NO : 4 km :

🏠 **Waldgasthof Bächlein** 🦌, 𝒸 5 35, 🏛, Grillplatz, 🍸, 🌴, Fahrradverleih — 📺 𝐏
🍴 *3. Jan.- 9. Feb. geschl.* — **M** *(im Winter Montag geschl.)* a la carte 18/32 ⅋ — **56 Z : 97 B** 39 -
70.

MODAUTAL 6101. Hessen 𝟜𝟙𝟛 J 17 — 4 400 Ew — Höhe 405 m — ✪ 06254 (Gadernheim).
♦Wiesbaden 62 — ♦Darmstadt 13 — ♦Mannheim 60.

In Modautal 3-Lützelbach :

🏠 **Zur Neunkircher Höhe**, Brandauer Str. 3, 𝒸 8 51, 🏛, 🌴 — 🕿 🚗 𝐏
🍴 *15. Nov.- 15. Dez. geschl.* — **M** *(Dienstag - Mittwoch geschl.)* a la carte 20/32 ⅋ — **10 Z :
17 B** 35/38 - 70/76.

MÖCKMÜHL 7108. Baden-Württemberg 𝟜𝟙𝟛 KL 19. 𝟿𝟾𝟽 ⊚ — 6 000 Ew — Höhe 179 m —
✪ 06298.
♦Stuttgart 77 — Heilbronn 35 — ♦Würzburg 86.

🍲 **Württemberger Hof**, Bahnhofstr. 11, 𝒸 50 02 — 🚗 𝐏 — 🔨 30. 🄴. 🍽 Rest
🍴 *19. Dez.- 10. Jan. geschl.* — **M** *(Okt.-April Samstag geschl.)* a la carte 20/46 ⅋ — **16 Z : 26 B**
33/46 - 66/82.

In Möckmühl 2-Korb NO : 6 km :

🏠 **Krone**, Widderner Str. 2, 𝒸 16 35 — 🕿 𝐏
🍴 **M** a la carte 20/38 ⅋ — **11 Z : 19 B** 38 - 60.

MÖGLINGEN 7141. Baden-Württemberg 𝟜𝟙𝟛 K 20 — 10 400 Ew — Höhe 270 m — ✪ 07141.
♦ Stuttgart 17 — Heilbronn 38 — ♦Karlsruhe 70 — Pforzheim 38.

🏨 **Zur Traube** 🦌, Rathausplatz 5, 𝒸 4 80 50 — 🛗 📺 🚗 🚗. 🄰🄴 ⓪ 🄴 𝘃𝘪𝘴𝘢
M *(nur Abendessen, Samstag - Sonntag geschl.)* a la carte 30/65 — **18 Z : 26 B** 95 - 140.

Michelin-Straßenkarten für Deutschland :

Nr. 𝟿𝟾𝟜 im Maßstab 1:750 000
Nr. 𝟿𝟾𝟽 im Maßstab 1:1 000 000
Nr. 𝟜𝟙𝟚 im Maßstab 1:400 000 (Nordrhein-Westfalen, Rheinland-Pfalz, Hessen, Saarland)
Nr. 𝟜𝟙𝟛 im Maßstab 1:400 000 (Bayern und Baden-Württemberg)

MÖHNESEE 4773. Nordrhein-Westfalen — 9 200 Ew — Höhe 244 m — ۞ 02924.

Sehenswert : 10 km langer Stausee★ zwischen Haarstrang und Arnsberger Wald.

🏢 Verkehrsamt, in Möhnesee-Körbecke, Brückenstr. 2, 𝒫 4 97.

♦Düsseldorf 122 — Arnsberg 13 — Soest 10.

In Möhnesee-Delecke :

🏦 **Haus Delecke**, Linkstr. 12, 𝒫 80 90, ≤, 🍴, « Park », 🐾, Fahrradverleih — 🔋 📺 ☎ 🚗
🅿 — 🛁 25/50. 🖭 ⓞ 🛒 𝗩𝗜𝗦𝗔
8. Jan.- 2. Feb. geschl. — **M** a la carte 39/98 — **35 Z : 60 B** 120/160 - 180/280.

🏠 **Haus Kleis**, Linkstr. 32, 𝒫 18 74, 🍴, 🍺 — 🚗 🅿. 🛒
➡ **M** (Nov.- April Dienstag geschl.) a la carte 21/54 — **15 Z : 30 B** 30/50 - 60/110.

✕✕ **Torhaus** 🐾 mit Zim, Arnsberger Str. 4 (S : 3 km), 𝒫 6 81, 🍴 — ☎ 🚗 🅿. 🖭 ⓞ 🛒 𝗩𝗜𝗦𝗔
M a la carte 35/70 — **9 Z : 16 B** 65 - 120 Fb — ½ P 85/90.

In Möhnesee-Günne :

✕✕ **Der Seehof**, Möhnestr. 10, 𝒫 3 76, ≤, 🍴 — 🅿. ⓞ
M a la carte 32/69.

In Möhnesee-Körbecke :

🏠 **Haus Griese**, Seestr. 5 (am Freizeitpark), 𝒫 18 40, ≤, 🍴, 🐾 — 🅿 — 🛁 25/80
➡ 30. Nov.- 24. Dez. geschl. — **M** (Donnerstag geschl.) a la carte 34/53 — **28 Z : 52 B** 48/69 - 90/120 Fb.

In Möhnesee-Wamel :

🏠 **Parkhotel** (mit Appartementhaus, 🔲), Seestr. 8 (B 516), 𝒫 6 38, ≤, 🍴 — 📺 ☎ 🅿 —
🛁 25/150. ⓞ 🛒. 🛒 Rest
M a la carte 27/72 — **26 Z : 41 B** 66/75 - 108/120 Fb — 15 Fewo.

MÖLLN 2410. Schleswig-Holstein 🖸🖸🖸 ⑥ — 16 400 Ew — Höhe 19 m — Kneippkurort — ۞ 04542.

Sehenswert : Seenlandschaft★ (Schmalsee★).

🏌 Grambek, Schloßstr. 21 (S : 7 km), 𝒫 (04542) 46 27.

🏢 Städt. Kurverwaltung, im Kurzentrum, 𝒫 70 90.

♦Kiel 112 — ♦Hamburg 55 — ♦Lübeck 29.

🏨 **Park-Hotel** 🐾 garni, Am Kurgarten, 𝒫 39 30, « Gartenterrasse », 🐾 — 🔋 📺 ☎ 🚗 🅿.
🖭 ⓞ 🛒 𝗩𝗜𝗦𝗔
35 Z : 64 B 65/100 - 120/150.

🏨 **Schwanenhof** 🐾, am Schulsee, 𝒫 50 15, Fax 87833, ≤, 🍴, 🍺, 🐾, 🐾 — 🔋 ☎ 🅿 —
🛁 50. 🖭 ⓞ 🛒 𝗩𝗜𝗦𝗔
M a la carte 30/58 — **28 Z : 56 B** 85/90 - 130 Fb — ½ P 85/110.

🏠 **Haus Hubertus** 🐾 garni, Villenstr. 15, 𝒫 35 93, 🐾 — 🔥 🅿
32 Z : 47 B 51/58 - 84/100 — 3 Fewo 80/120.

🏠 **Kurhotel Waldlust** 🐾, Lindenweg 1, 𝒫 28 37, 🐾 — 🚗 🅿. 🛒 Rest
April - Okt. — (Restaurant nur für Pensionsgäste) — **24 Z : 35 B** 40/45 - 80/90 — ½ P 50.

🏠 **Seeschlößchen** 🐾 garni (ehemalige Villa), Auf den Dämmen 11, 𝒫 37 37, 🍺, 🐾 — ☎
10 Z : 18 B 55/70 - 86/120 Fb.

✕ **Paradies am See**, Doktorhofweg 16, 𝒫 41 80, ≤, « Terrasse am See » — 🅿
Montag geschl. — **M** a la carte 24/49.

✕ **Forsthaus am Wildpark**, Villenstr. 13a, 𝒫 46 40, 🍴 — 🅿. 🛒
Dienstag und Ende Jan.- Ende Feb. geschl. — **M** 17/31 (mittags) und a la carte 27/53.

✕ **Seeblick**, Seestr. 52, 𝒫 28 26, ≤, « Terrasse am See » — 🅿. 🛒
➡ 3. Feb.- 10. März geschl. — **M** 19/35 und a la carte 26/51.

Über die Straße nach Sterley O : 2,5 km :

🏨 **Waldhof** 🐾, auf Herrenland, ✉ 2410 Mölln, 𝒫 (04542) 21 15, 🍴, « Park », 🍺, 🐾 — ☎
🅿 ⓞ 🛒
M a la carte 22/43 — **18 Z : 32 B** 40/80 - 80/110 — ½ P 60/80.

MÖMBRIS 8752. Bayern 🖸🖸🖸 K 16 — 10 800 Ew — Höhe 175 m — ۞ 06029.

♦ München 356 — Aschaffenburg 12 — ♦Frankfurt am Main 46.

🏨 **Ölmühle**, Markthof 2, 𝒫 80 01, 🍴 — 🔋 🚗 — 🛁 30. 🖭 ⓞ 🛒 𝗩𝗜𝗦𝗔
Juli - Aug. 3 Wochen geschl. — **M** (Sonntag geschl.) a la carte 40/67 — **24 Z : 42 B** 65/80 - 110/150.

MÖNCHBERG 8761. Bayern 🖸🖸🖸 K 17 — 2 200 Ew — Höhe 252 m — Luftkurort — ۞ 09374 (Eschau).

♦München 351 — Aschaffenburg 32 — Miltenberg 13 — ♦Würzburg 75.

🏨 **Schmitt** 🐾, Urbanusstr. 12, 𝒫 3 83, ≤, 🍴, « Gartenanlage mit Teich », 🍺, 🔲, 🛒 — 🔋
☎ 🅿 — 🛁 30. 🛒. 🛒 Zim
6.- 28. Jan. geschl. — **M** a la carte 23/50 — **40 Z : 72 B** 48/56 - 88/100 Fb — ½ P 58/65.

🏔 **Krone** 🐾, Mühlweg 7, 𝒫 5 39, 🐾 — 🅿. 🖭. 🛒 Zim
März geschl. — **M** (Okt.- Mai Donnerstag geschl.) a la carte 19/35 🍴 — **33 Z : 52 B** 28/34 - 56/64 — ½ P 40/45.

📷 Korschenbroich, Schloß Myllendonk (③ : 5 km), 𝒫 (02161) 64 10 49.

🏢 Verkehrsverein, Bismarckstr. 23-27, 𝒫 2 20 01.

ADAC, Bismarckstr. 17, 𝒫 2 03 76, Notruf 𝒫 1 92 11.

◆Düsseldorf 31 ① — ◆Aachen 64 ⑥ — ◆Duisburg 50 ① — Eindhoven 88 ① — ◆Köln 63 ① — Maastricht 81 ⑨.

MÖNCHEN-GLADBACH

*Benachrichtigen Sie
sofort das Hotel,
wenn Sie
ein bestelltes Zimmer
nicht belegen können*

*Prévenez immédiatement
l'hôtelier si vous
ne pouvez pas occuper
la chambre
que vous avez retenue.*

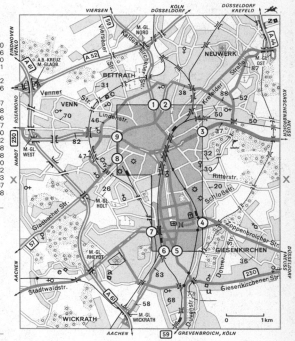

🏨 **Dorint-Hotel**, Hohenzollernstr. 5, 𝒫 8 60 60, Telex 852656, Fax 87231, ⇌s, 🔲, Fahrradverleih — 📶 📺 — 🍴 25/100. 🆎 ⑩ ⋐ 🆅🆂🅰 ⋐ Rest   Y **a**
Restaurants : — **Park-Restaurant M** a la carte 35/67 — **Bierstube M** a la carte 26/48 —
101 Z : 167 B 148/290 - 196/320 Fb — 5 Appart. 320/360.

🏨 **Ambassador**, Am Geroplatz, 𝒫 30 70, Telex 852363, Fax 30719, ⇌s, 🔲 — 📶 🔲 📺 🍴 🅿   Y **b**
— 🍴 25/150. 🆎 ⑩ ⋐ 🆅🆂🅰 🎀 Rest
M a la carte 32/63 — **127 Z : 200 B** 176/194 - 230 Fb.

🏨 **Dahmen**, Aachener Str. 120, 𝒫 30 60, Telex 8529269, Fax 306140 — 📶 📺 🕿 ⋐ 🅿 —   Y **h**
🍴 25/120. 🆎 ⑩ ⋐ 🆅🆂🅰
M *(Samstag - Sonntag geschl.)* a la carte 31/61 — **98 Z : 142 B** 120/210 - 170/290 Fb.

🏨 **abc-Hotel**, Waldhausener Str. 126, 𝒫 3 70 98, Fax 33574, ⇌s — 📶 📺 🕿 ⋐ — 🍴 40. 🆎   Y **c**
⑩ ⋐ 🆅🆂🅰
M *(nur Abendessen)* a la carte 31/56 — **65 Z : 140 B** 140/160 - 180/280 Fb.

🏨 **Burgund**, Kaiserstr. 85, 𝒫 2 01 55 — 📶 📺 🕿. 🆎 ⑩ ⋐ 🆅🆂🅰   Y **e**
Ende Juli - Mitte Aug. und 24. Dez.- 13. Jan. geschl. — **M** *(nur Abendessen, Sonntag
geschl.)* a la carte 34/58 — **14 Z : 22 B** 75/90 - 100/105.

XX **Kaiser-Friedrich-Halle**, Hohenzollernstr. 15, 𝒫 1 70 10, ≤, 🍴 — 🅿 — 🍴   Y **u**

XX **tho Penninghof** (Historisches Fachwerkhaus a.d. 16. Jh.), Eickener Str. 163, 𝒫 18 10 00,   Y. **t**
🍴 — 🆎 ⑩ ⋐ 🆅🆂🅰
Menu 19/36 (mittags) und a la carte 33/78.

XX **Haus Baues**, Bleichgrabenstr. 23, 𝒫 8 73 73 — 🅿. 🆎 ⑩ ⋐ 🆅🆂🅰   X **c**
Dienstag und 1.- 18. Juli geschl. — **M** 21/35 (mittags) und a la carte 29/57.

XX Flughafen-Restaurant, Krefelder Str. 820, 𝒫 66 20 13, 🍴 — 🅿   X **z**

553

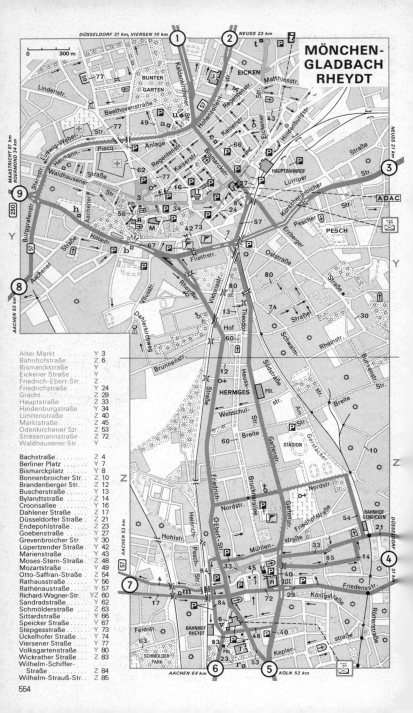

In Mönchengladbach 5-Genhülsen :

🏨 **Haus Heinen** 🦢, Genhülsen 112, *℘* 58 10 31, 🖀, 🔲, 🛋 – 🔟 ☎ 🅿 – 🕍 60. 🖭 ⓪ 🗲
↠ **M** *(Dienstag geschl.)* a la carte 21/53 – **28 Z : 50 B** 80 - 130.   X **e**

In Mönchengladbach 6-Hardt über ⑨ :

XX **Haus Herrentann** 🦢 mit Zim, Ungermannsweg 19 (Richtung Rheindahlen), *℘* 55 93 36,
« Park, Gartenterrasse » – ☎ 🅿 – 🕍 25. 🖭 ⓪ 🗲 𝚅𝙸𝚂𝙰
M *(Montag geschl.)* a la carte 40/70 – **7 Z : 10 B** 75/85 - 140/150.

In Mönchengladbach 2-Rheydt – ✪ 02166 :

🏩 **Coenen** 🦢, Giesenkirchener Str. 41 (B 230), *℘* 1 00 88, Telex 8529237, « Kleiner Garten »
– 🛗 🔟 ⇌ 🅿 – 🕍 25/80. 🖭 ⓪ 🗲 𝚅𝙸𝚂𝙰   X **u**
Weihnachten - Neujahr geschl. – **M** *(wochentags nur Abendessen, Mittwoch geschl.)* a la
carte 39/68 – **50 Z : 80 B** 117/135 - 174/204 Fb.

🏨 **Spickhofen**, Dahlener Str. 88, *℘* 4 30 71, Telex 852245, 🏦 – 🛗 🔟 ☎ 🕭 🅿. 🖭 ⓪ 🗲 𝚅𝙸𝚂𝙰
M *(auch vegetarische Gerichte)* a la carte 22/56 – **42 Z : 84 B** 70/120 - 119/140 Fb.   Z **m**

🏨 **Besch-Parkhotel Rheydt**, Hugo-Junkers-Str. 2, *℘* 4 40 11, Telex 8529143, Fax 40857 –
🛗 ⇔ Zim 🔟 ⇌ 🅿 – 🕍 60. 🖭 ⓪ 🗲 𝚅𝙸𝚂𝙰   Z **r**
M *(Samstag bis 18 Uhr und Sonntag geschl.)* a la carte 41/76 – **33 Z : 53 B** 109/125 - 182 Fb.

🏠 **Elisenhof** 🦢, Klusenstr. 97, *℘* 36 41, Telex 8529301, 🔲 – 🔟 ☎ ⇌ 🅿. 🖭 ⓪ 🗲 𝚅𝙸𝚂𝙰
M *(Montag geschl.)* a la carte 23/53 – **28 Z : 40 B** 75/90 - 95/120 Fb -(Erweiterung um 35 Z
ab Sommer 1990).   X **a**

🏠 **Zur Post**, Bahnhofstr. 41, *℘* 4 70 23, Fax 49193 – 🔟 ☎ 🅿. 🖭 ⓪ 🗲 𝚅𝙸𝚂𝙰   Z **v**
M *(Samstag bis 18 Uhr geschl.)* a la carte 29/55 – **24 Z : 36 B** 65/100 - 130/180 Fb.

In Korschenbroich 4052 ③ : 5 km :

🏠 **St. Andreas** garni, Gustav-Heinemann-Str. 1, *℘* (02161) 6 47 64, 🖀 – 🛗 🔟 ☎ 🅿. 🖭 ⓪
🗲 𝚅𝙸𝚂𝙰
19 Z : 30 B 85 - 130.

In Korschenbroich 2-Kleinenbroich 4052 ③ : 7 km :

🏠 **Gästehaus im Kamp** 🦢 garni, Im Kamp 5, *℘* (02161) 6 74 79 – ☎ ⇌ 🅿. 𝒮𝒸
Mitte - Ende Juli geschl. – **16 Z : 25 B** 60/80 - 100.

XX Zur Traube, Haus-Randerath-Str. 15, *℘* (02161) 67 04 04, Biergarten – 🅿.

Die im Michelin-Führer
verwendeten Zeichen und Symbole haben –
fett *oder dünn gedruckt, rot oder* **schwarz** *–*
jeweils eine andere Bedeutung.
Lesen Sie daher die Erklärungen aufmerksam durch.

MÖRFELDEN-WALLDORF 6082. Hessen 🔟🔟 I 16, 17 – 29 800 Ew – Höhe 95 m – ✪ 06105.
♦Wiesbaden 35 – ♦Darmstadt 19 – ♦Frankfurt am Main 17.

Im Stadtteil Walldorf :

🏨 **Walldorf** garni, Nordenstr. 42, *℘* 50 31 – 🛗 🔟 ☎ 🅿. 🗲
58 Z : 72 B 80/95 - 120/130 Fb.

XX **La Fattoria** (Italienische Küche), Jourdanallee 4, *℘* 7 41 01, 🏦 – 🅿. 🖭 ⓪ 🗲
Montag geschl. – **M** a la carte 35/68.

MÖRLENBACH 6942. Hessen 🔟🔟 J 17 – 9 200 Ew – Höhe 160 m – Erholungsort – ✪ 06209.
♦Wiesbaden 81 – ♦Darmstadt 45 – Heidelberg 28 – ♦Mannheim 25.

In Mörlenbach-Juhöhe NW : 5 km :

🏠 **Waldschenke Fuhr** 🦢, Kreiswaldweg 25, *℘* (06252) 49 67, ≤, 🏦, 🛋 – 🅿 – 🕍 25/70
↠ *28. Jan.- 2. März geschl.* – **M** *(Dienstag geschl.)* a la carte 18/40 🍺 – **10 Z : 20 B** 36 - 72 –
½ P 40.

XX **Haus Höfle**, *℘* (06252) 22 74, « Terrasse mit ≤ » – 🅿
↠ *Montag ab 14 Uhr, Donnerstag, 8. Jan.- 11. Feb. und 21. Nov.- 5. Dez. geschl.* – **M** a la carte
15/40 🍺 – 8 Fewo 75/80.

MÖRNSHEIM 8831. Bayern 🔟🔟 Q 20 – 1 700 Ew – Höhe 420 m – ✪ 09145.
München 127 – Ingolstadt 47 – ♦Nürnberg 86.

🍴 **Zum Brunnen**, Brunnenplatz 1, *℘* 71 27
↠ *Nov. 3 Wochen geschl.* – **M** *(Mittwoch geschl.)* a la carte 16/30 – **7 Z : 14 B** 30 - 56.

XX **Lindenhof**, Marktstr. 25, *℘* 71 22. 🖭 ⓪ 🗲 𝚅𝙸𝚂𝙰
Montag 15 Uhr - Dienstag und 8.- 26. Jan. geschl. – **M** a la carte 23/57.

MOERS 4130. Nordrhein-Westfalen 987 ⑬ – 101 000 Ew – Höhe 29 m – ☎ 02841.

Siehe Ruhrgebiet (Übersichtsplan).

Stadtinformation, Unterwallstr. 9, ☎ 2 22 21.

♦Düsseldorf 40 – ♦Duisburg 12 – Krefeld 17.

XX **Kurlbaum**, Burgstr. 7 (1. Etage), ☎ 2 72 00 – AE E
Samstag - Sonntag nur Abendessen, Dienstag und 1.- 6. Jan. geschl. – **M** (Tischbestellung ratsam) a la carte 58/70.

X **Zur Trotzburg**, Rheinberger Str. 1, ☎ 2 27 54
Freitag 14 Uhr - Samstag und 8. Aug.- 3. Sept. geschl. – **M** a la carte 24/57.

In Moers 3-Repelen N : 3,5 km :

Zur Linde, An der Linde 2, ☎ 7 30 61, Fax 71259, Biergarten, – 25/100. AE E VISA.
M a la carte 33/70 – **30 Z : 62 B** 85/125 - 110/160 Fb.

Nahe der Autobahn A 2 - Ausfahrt Moers-West SW : 2 km :

Motel Moers, Krefelder Str. 169, ✉ 4130 Moers, ☎ (02841) 14 60, Telex 8121335, Fax 146239, , Fahrradverleih – –
127 Z : 254 B Fb.

MÖSSINGEN 7406. Baden-Württemberg 413 K 21 – 15 500 Ew – Höhe 475 m – ☎ 07473.

Reise- und Verkehrsbüro, Rathaus, Freiherr-vom-Stein-Str. 20, ☎ 40 88.

♦Stuttgart 60 – Tübingen 14 – ♦Ulm (Donau) 112 – Villingen-Schwenningen 65.

Brauhaus Mössingen garni, Auf der Lehr 30, ☎ 60 23 –
30 Z : 50 B 40/55 - 77/80.

XX Lamm, Lange Str. 1, ☎ 62 63 – .

XX **Ochsen**, Falltorstr. 73, ☎ 62 48 –
Mittwoch, 2.- 12. Jan. und 20. Juli - 19. Aug. geschl. – **M** a la carte 24/56.

MOGENDORF 5431. Rheinland-Pfalz – 1 100 Ew – Höhe 300 m – ☎ 02623 (Ransbach).

Mainz 91 – ♦Bonn 70 – ♦Koblenz 30 – Limburg an der Lahn 30.

An der Straße nach Oberhaid NW : 2 km :

Pension Mausmühle , ✉ 5419 Oberhaid, ☎ (02626) 4 11, – . Rest
Nov. geschl. – **M** *(abends nur kalte Speisen, Okt. - März Donnerstag geschl.)* a la carte 20/33 – **10 Z : 16 B** 29/37 - 56/66.

Dans les villes de cure et autres lieux de villégiature,
les prix des chambres risquent d'être majorés d'une taxe de séjour.

MOLBERGEN 4599. Niedersachsen – 4 700 Ew – Höhe 32 m – ☎ 04475.

♦ Hannover 189 – ♦ Bremen 76 – ♦ Osnabrück 87.

Thole Vorwerk, Cloppenburger Str. 4, ☎ 3 31
Juli 2 Wochen geschl. – **M** *(bemerkenswerte Weinkarte, Montag und Samstag nur Abendessen)* a la carte 20/48 – **11 Z : 16 B** 26/34 - 52/64.

MOMMENHEIM Rheinland-Pfalz siehe Nierstein.

MONACO (DI BAVIERA) = München.

MONDSEE Österreich siehe Salzburg.

MONHEIM 4019. Nordrhein-Westfalen – 41 800 Ew – Höhe 40 m – ☎ 02173.

♦Düsseldorf 25 – ♦Köln 28 – Solingen 19.

Climat, An der alten Ziegelei 4, ☎ 5 80 11, Telex 8515795 – – 50. AE E VISA
M *(Juni - Juli 3 Wochen geschl.)* a la carte 28/58 – **45 Z : 61 B** 116/161 - 162/197 Fb.

In Monheim-Baumberg N : 3 km :

Lehmann garni (mit Gästehaus), Thomasstr. 24, ☎ 6 20 56, , –
24 Z : 34 B 69/79 - 99.

Seifert garni, Schallenstr. 12, ☎ 6 40 01 –
13 Z : 20 B 70/80 - 90/100.

XX Baumberger Hof mit Zim (Italienische Küche), Kreuzstr. 3, ☎ 6 71 10 –
10 Z : 24 B.

MONREPOS (Schloß) Baden-Württemberg siehe Ludwigsburg.

MONSCHAU 5108. Nordrhein-Westfalen 🔟🔟🔟 ㉓, 🔟🔟🔟 ⑯ — 12 000 Ew — Höhe 405 m — ✪ 02472.

Sehenswert : Fachwerkhäuser★★ — Rotes Haus (Innenausstattung★) — Friedhofkapelle ≤★.

Ausflugsziel : ≤★★ vom oberen Aussichtsplatz an der B 258, NW : 2 km.

🛈 Tourist-Information, Stadtstr. 1, 𝒫 33 00.

♦Düsseldorf 110 — ♦Aachen 34 — Düren 43 — Euskirchen 53.

🏠 **Horchem**, Rurstr. 14, 𝒫 20 61, 🍴 — 🚗, ℿ ⓞ 🅴 𝓥𝓘𝓢𝓐
  Mitte Feb.- Anfang März geschl. — **M** (Montag geschl.) a la carte 33/58 — **13 Z : 30 B** 50/55 - 90/100.

🏠 **Royal** garni, Stadtstr. 6, 𝒫 20 33 — 🛗 📺 ☎
  7. Jan.- 7. Feb. und Nov.- 25. Dez. geschl. — **15 Z : 30 B** 50/55 - 90.

🏠 **Burgau** garni, St. Vither Str. 16, 𝒫 21 20, 🍴 — 📺 ℿ 🅴
  11 Z : 21 B 60/80 - 80/120.

🏠 **Lindenhof**, Laufenstr. 77, 𝒫 6 86, 🍴 — ℗ ℿ ⓞ 🅴 𝓥𝓘𝓢𝓐 ⅏ Rest
➡ **M** a la carte 21/40 — **12 Z : 22 B** 45/60 - 70/90.

✕✕ **Alte Herrlichkeit**, Stadtstr. 7, 𝒫 22 84 — ℿ 🅴
  Montag 14 Uhr - Dienstag und Jan. geschl. — **M** 22 und a la carte 34/66.

✕ **Hubertusklause** ⌂ mit Zim, Bergstr. 45, 𝒫 50 36, ≤, 🍴 — 📺 ℗
➡ **M** (Mittwoch geschl.) a la carte 20/50 — **7 Z : 13 B** 31/34 - 64/76.

In Monschau-Höfen S : 4 km — Wintersport : ⚘3 :

🏠 **Aquarium** ⌂, Heidgen 34, 𝒫 6 93, 🍴, 🏊 (geheizt), 🍴 — 📺 ☎ ℗. ⓞ 🅴
  (nur Abendessen für Hausgäste) — **13 Z : 25 B** 54/62 - 84/114 — 2 Fewo 100.

MONTABAUR 5430. Rheinland-Pfalz 🔟🔟🔟 ㉔ — 12 000 Ew — Höhe 230 m — ✪ 02602.

🛈 Tourist-Information, Kirchstr. 48a, 𝒫 30 01.

Mainz 71 — ♦Bonn 80 — ♦Koblenz 32 — Limburg an der Lahn 22.

🏠 **Zur Post**, Bahnhofstr. 30, 𝒫 33 61 — 🛗 ℗. ℿ ⓞ 🅴 𝓥𝓘𝓢𝓐
➡ 24. Juli - 2. Aug. geschl. — **M** a la carte 20/51 — **22 Z : 39 B** 37/47 - 68/90.

☭ **Schlemmer - Zur Goldenen Krone** (Gasthof seit 1673), Kirchstr. 18, 𝒫 50 22 — 🚗
  22. Dez.- 5. Jan. geschl. — **M** (Sonntag geschl.) a la carte 23/44 — **27 Z : 47 B** 45/56 - 70/120.

Im Gelbachtal SO : 3,5 km :

✕✕ **Stock** ⌂ mit Zim, ✉ 5430 Montabaur, 𝒫 (02602) 35 10, 🍴 — ℗
  13 Z : 23 B.

An der Autobahn A 3 NO : 4,5 km, Richtung Frankfurt :

🏠 **Hotel Heiligenroth**, ✉ 5431 Heiligenroth, 𝒫 (02602) 50 44, Fax 5047, 🍴 — 🛗 📺 ☎ ♿
  🚗 ℗ ℿ ⓞ 🅴 𝓥𝓘𝓢𝓐
  M a la carte 25/60 — **30 Z : 67 B** 74/106 - 100/118.

In Wirges 5432 NW : 5 km :

🏠 **Paffhausen**, Bahnhofstr. 100, 𝒫 (02602) 7 00 62, Fax 70065, 🍴 — 🛗 📺 ☎ ℗ — 🔬 30. 🅴
  M (Samstag bis 18 Uhr und Sonntag ab 15 Uhr geschl.) a la carte 28/62 — **36 Z : 70 B** 83/96 -
  130/146.

MONTJOIE = Monschau.

MOOS Baden-Württemberg siehe Radolfzell.

MOOSBRONN Baden-Württemberg siehe Gaggenau.

MORBACH/Hunsrück 5552. Rheinland-Pfalz 🔟🔟🔟 ㉔ — 10 000 Ew — Höhe 450 m — Luftkurort
— ✪ 06533.

🛈 Verkehrsamt, Unterer Markt, 𝒫 71 50.

Mainz 107 — Bernkastel-Kues 17 — Birkenfeld 21 — ♦Trier 63.

🏠 **St. Michael**, Bernkasteler Str. 3, 𝒫 30 25, Fax 1211, ☎ — 🛗 ☎ 🚗 ℗ — 🔬 25/40. ℿ
  ⓞ 🅴 𝓥𝓘𝓢𝓐
  M a la carte 26/52 — **41 Z : 70 B** 42/63 - 72/110 Fb — ½ P 48/75.

🏠 **Hochwaldcafé** garni, Unterer Markt 4, 𝒫 33 78 — 🚗
  15 Z : 27 B 40 - 75.

In Horbruch 6541 NO : 12 km über die B 327 :

🏠 **Historische Bergmühle** ⌂ (ehem. gräfliche Schloßmühle), 𝒫 (06543) 40 41, 🍴, 🍴,
  Fahrradverleih — ☎ ℗. ⓞ 🅴 𝓥𝓘𝓢𝓐. ⅏
  M (Montag geschl.) 36/50 (mittags) und a la carte 49/69 — **11 Z : 21 B** 85/115 - 140/190 Fb.

✕ **Alter Posthof** mit Zim, Oberdorf 2, 𝒫 (06543) 40 60, Fahrradverleih — 📺 ℗. ℿ ⓞ 🅴.
  ⅏ Zim
  M (Dienstag geschl.) a la carte 26/55 — **4 Z : 10 B** 50/60 - 100/110.

MORINGEN 3413. Niedersachsen — 7 600 Ew — Höhe 179 m — ✪ 05554.
♦Hannover 106 — ♦Braunschweig 91 — Göttingen 27 — Hardegsen 8,5.

An der Straße nach Einbeck N : 2 km :

🏨 **Stennebergsmühle** ⤸, ✉ 3413 Moringen, ☎ (05554) 80 02, Telex 965576, 🍽, ⇔ — ☎
⇦ ❷ — 🏛 40. 🆎 ⓪ ⎐ 𝑉𝐼𝑆𝐴
M a la carte 35/50 — **30 Z : 60 B** 80 - 140 Fb.

In Moringen 3-Fredelsloh NW : 8 km :

✕✕ Pfeffermühle im Jägerhof mit Zim, Schafanger 1, ☎ (05555) 4 10, 🍽 — 📺 ☎ ❷
3 Z : 5 B.

MORSBACH 5222. Nordrhein-Westfalen 9⃞8⃞7⃞ ㉔ — 10 500 Ew — Höhe 250 m — ✪ 02294.
Ausflugsziel : Wasserschloß Crottorf★ NO : 10 km.
🇿 Verkehrsamt, Waldbröler Straße (Provinzialhaus), ☎16 16.
♦Düsseldorf 107 — ♦Köln 70 — Siegen 33.

🏨 **Goldener Acker** ⤸, Zum goldenen Acker 44, ☎ 80 24, Fax 7375, ⇔ — ☎ ⇦ ❷ —
🏛 25/55. ⎐. ⌘ Rest
Anfang - Mitte Jan. geschl. — Menu (Sonntag 14 Uhr - Montag geschl.) a la carte 28/59 —
32 Z : 60 B 52/66 - 98/110.

An der Straße nach Waldbröl NW : 5,5 km :

⬧ **Potsdam**, Hülstert 2, ✉ 5222 Morsbach, ☎ (02294) 87 32, ⩽, 🍽, 🐎 — ⇦ ❷
7.- 30. Jan. geschl. — **M** a la carte 22/38 — **21 Z : 37 B** 40/43 - 75 — ½ P 50.

MORSUM Schleswig-Holstein siehe Sylt (Insel).

MOSBACH 6950. Baden-Württemberg 4⃞1⃞3⃞ K 18. 9⃞8⃞7⃞ ㉙ — 25 000 Ew — Höhe 151 m — ✪ 06261.
🇿 Städtisches Verkehrsamt, Am Marktplatz, ☎ 8 22 36.
♦Stuttgart 87 — Heidelberg 45 — Heilbronn 33.

🏨 **Lamm** (Fachwerkhaus a.d. 18. Jh.), Hauptstr. 59, ☎ 8 90 20 — 🔔 📺 ☎. 🆎 ⓪ ⎐ 𝑉𝐼𝑆𝐴
⬅ **M** a la carte 18/41 ⤸ — **49 Z : 87 B** 50/58 - 90/105.

✕ **Gasthaus zum Amtsstüble** mit Zim, Lohrtalweg 1, ☎ 23 06 — ❷
Juli - Aug. 3 Wochen geschl. — **M** *(Montag geschl.)* a la carte 25/47 ⚕ — **4 Z : 8 B** 35/60 -
75.

In Mosbach-Neckarelz SW : 4 km :

🏨 **Lindenhof**, Martin-Luther-Str. 3, ☎ 6 00 66 — 📺 ☎ ⇦ ❷. ⎐
⬅ *Juli - Aug. 2 Wochen geschl. —* **M** *(Mittwoch bis 18 Uhr geschl.)* a la carte 18/40 ⚕ — **22 Z :
30 B** 44 - 76.

In Elztal-Dallau 6957 NO : 5,5 km :

⬧ **Zur Pfalz**, Hauptstr. 5 (B 27), ☎ (06261) 22 93, 🍽 — ⇦ ❷. 🆎
⬅ *5.- 18. März geschl. —* **M** *(Montag geschl.)* a la carte 18,50/48 ⚕ — **13 Z : 21 B** 28/38 - 56/76.

MOSELKERN 5401. Rheinland-Pfalz — 600 Ew — Höhe 83 m — ✪ 02672 (Treis-Karden).
Ausflugsziel : Burg Eltz★★, Lage★★ NW : 1 km und 30 min zu Fuß.
Mainz 106 — Cochem 17 — ♦Koblenz 32.

🏨 **Anker-Pitt**, Moselstr. 42, ☎ 13 03, ⩽, ⇔ — 🔔 ❷ — 🏛 40
⬅ *24. Dez.- Jan. geschl. —* **M** *(Montag geschl.)* a la carte 19/45 ⚕ — **25 Z : 50 B** 50 - 90.

MOSELTAL Rheinland-Pfalz 9⃞8⃞7⃞ ㉓㉔
Sehenswert : Tal★★ von Trier bis Koblenz (Details siehe unter den erwähnten Mosel-Orten).

MOSSAUTAL 6121. Hessen 4⃞1⃞3⃞ J 18 — 2 500 Ew — Höhe 390 m — Erholungsort — ✪ 06062
(Erbach im Odenwald).
♦Wiesbaden 99 — Beerfelden 12 — ♦Darmstadt 59 — ♦Mannheim 50.

In Mossautal 1-Güttersbach :

🏨 **Zentlinde** ⤸, Hüttenthaler Str. 37, ☎ 20 80, ⇔, ☒ — ☎ ❷ — 🏛 30
5.- 25. Jan. geschl. — **M** *(Montag geschl.)* a la carte 22/42 ⚕ — **38 Z : 70 B** 60 - 110 Fb —
½ P 62/67.

🏨 **Haus Schönblick** ⤸, Hüttenthaler Str. 30, ☎ 53 80, 🍽, 🐎 — ❷
⬅ *10.- 30. Jan. geschl. —* **M** *(Dienstag geschl.)* a la carte 18/32 ⚕ — **22 Z : 35 B** 35 - 70 —
½ P 37/45.

In Mossautal-Obermossau :

🏨 **Brauerei-Gasthof Schmucker**, Hauptstr. 91, ☎ (06061) 7 10 01, Biergarten, ⊐ (geheizt),
⬅ 🐎, ⌘ — 📺 ☎ ❷ — 🏛 30
23.- 28. Feb. und 8.- 12. Juni geschl. — **M** a la carte 18/50 — **25 Z : 50 B** 58 - 112 — ½ P 75.

MOTTEN 8781. Bayern **408** M 15 — 1 700 Ew — Höhe 450 m — 🕲 09748.
München 358 — Fulda 20 — ◆Würzburg 93.

In Motten-Speicherz S : 7 km :

🏠 **Zum Biber,** Hauptstr. 15 (B 27), 🖉 2 14, 🌳 — 🚗 🄿. 🄴 *VISA*
→ *10. Nov.- 3. Dez. geschl.* — **M** *(Dez.- März Montag geschl.)* a la carte 17/34 🍴 — **39 Z : 70 B** 33/40 - 64/66.

MUCH 5203. Nordrhein-Westfalen — 11 400 Ew — Höhe 195 m — 🕲 02245.
; Burg Overbach, 🖉 (02245) 55 50.
Düsseldorf 77 — ◆Bonn 33 — ◆Köln 40.

In Much-Sommerhausen SW : 3 km :

XXX **Landhaus Salzmann** 🅂 mit Zim, Sommerhausener Weg 97, 🖉 14 26, ≤, �། — 📺 ☎ 🄿. 🄰🄴 🄾
M *(Montag geschl.)* a la carte 34/64 — **2 Z : 4 B** 75 - 105.

MÜCKE 6315. Hessen — 7 500 Ew — Höhe 300 m — 🕲 06400.
Wiesbaden 107 — Alsfeld 31 — Gießen 28.

In Mücke-Atzenhain :

🏠 **Zur Linde,** Lehnheimer Str. 2, 🖉 (06401) 64 65, 🖘, 🌳 — 🚗 🄿
→ **M** a la carte 16/24 — **20 Z : 30 B** 30/45 - 65/70.

In Mücke-Flensungen :

🏠 **Landhotel Finkernagel,** Bahnhofstr. 116, 🖉 81 91 — 🚗 🄿. 🄰🄴 🄴 *VISA*
→ **M** *(Montag ab 14 Uhr geschl.)* a la carte 19/36 — **14 Z : 22 B** 30/40 - 55/70.

MÜDEN Niedersachsen siehe Faßberg.

MÜHLACKER 7130. Baden-Württemberg **408** J 20. **987** ㉟ ㊳ — 23 800 Ew — Höhe 225 m —
🕿 07041.
Stuttgart 39 — Heilbronn 65 — ◆Karlsruhe 47 — Pforzheim 12.

🏠 **Scharfes Eck,** Bahnhofstr. 1, 🖉 60 27 — 🕼 ☎ 🄿 — 🛦 50. 🄰🄴 🄾 🄴 *VISA*
→ **M** *(Mittwoch bis 17 Uhr geschl.)* a la carte 20/40 🍴 — **29 Z : 45 B** 35/55 - 65/85 Fb.

In Ötisheim 7136 NW : 4 km :

🏠 **Zur Krone,** Maulbronner Str. 11, 🖉 (07041) 60 79 — 🄿. 🕸 Zim
→ *Jan. 2 Wochen und Juli - Aug. 3 Wochen geschl.* — **M** *(Montag geschl.)* a la carte 18/38 🍴
— **17 Z : 25 B** 45 - 75.

MÜHLDORF AM INN 8260. Bayern **408** U 22. **987** ㊲. **426** J 4 — 14 400 Ew — Höhe 383 m —
🕿 08631.
München 80 — Landshut 57 — Passau 95 — Salzburg 77.

🏨 **Altöttinger Tor,** Stadtplatz 85, 🖉 40 88 — 🕼 📺 ☎. 🄰🄴 🄾 🄴 *VISA*
Ende Aug.- Anfang Sept. geschl. — **M** *(im Sommer Sonntag ab 15 Uhr und Freitag geschl.)*
a la carte 26/54 — **11 Z : 22 B** 59 - 89.

🏠 **Bastei,** Münchener Str. 69, 🖉 58 02 — 🕼 📺 ☎ 🕭 🄿
25 Z : 37 B.

🏠 **Wetzel** garni, Stadtplatz 36, 🖉 73 36 — 🕼 ☎ 🚗. 🄰🄴 🄾 🄴 *VISA*
22 Z : 35 B 35/70 - 75/95.

🏠 **Garni,** Pflanzenau 31 (nahe der B 12), 🖉 70 54 — 🚗 🄿
20 Z : 25 B 29/41 - 55/63.

MÜHLENBACH 7611. Baden-Württemberg **408** H 22 — 1 500 Ew — Höhe 260 m — Erholungsort
- 🕲 07832 (Haslach im Kinzigtal).
Stuttgart 178 — ◆Freiburg im Breisgau 42 — Freudenstadt 54 — Offenburg 32.

🏠 **Kaiserhof,** Fanis 10 (B 294, S : 2,5 km), 🖉 23 93, 🌆, 🖘, 🔲, 🌳 — 🚗 🄿
→ *8.- 29. Nov. geschl.* — **M** *(Donnerstag geschl.)* a la carte 22/34 🍴 — **11 Z : 20 B** 35/40 - 56/70
— ½ P 42/48.

MÜHLHAUSEN Baden Württemberg siehe Tiefenbronn.

MÜHLHAUSEN IM TÄLE Baden-Württemberg siehe Wiesensteig.

MÜHLHEIM AM MAIN 6052. Hessen **408** J 16 — 25 200 Ew — Höhe 105 m — 🕲 06108.
Wiesbaden 51 — ◆Frankfurt am Main 14 — Hanau am Main 8.

🏠 **Adam** garni, Albertstr. 7, 🖉 6 09 11 — 📺 ☎ 🄿. 🄰🄴 🄴
20. Dez. - 2. Jan. geschl. — **21 Z : 27 B** 75/125 - 120/170.

🏠 **Café Kinnel,** Gerhart-Hauptmann-Str. 54, 🖉 7 60 52 — 📺 ☎ 🄿. 🄰🄴 🄴
M *(Freitag geschl.)* a la carte 28/40 — **41 Z : 57 B** 65/135 - 108/165 Fb.

MÜHLHEIM AM MAIN

In Mühlheim 3-Lämmerspiel SO : 5 km :

📬 **Landhaus Waitz**, Bischof-Ketteler-Str. 26, ℰ 60 60, Fax 606488, � – 🛇 📺 ⟵ 🅿 -
🛁 25/80. 🆑 ⓞ 🇪 𝘝𝘐𝘚𝘈
27. Dez.- 8. Jan. geschl. – **M** *(Samstag bis 18 Uhr, Sonntag ab 14 Uhr geschl.)* a la cart
44/77 – **73 Z : 104 B** 125/200 - 170/180 Fb – 5 Appart. 280/380.

In Mühlheim-Markwald S : 2 km :

🏠 **Seerose** garni, Forsthausstr. 38, ℰ 7 10 51, 🌸 – 🅿
10 Z : 16 B Fb.

MÜHLTAL Hessen siehe Darmstadt.

MÜLHEIM AN DER RUHR 4330. Nordrhein-Westfalen 𝟵𝟴𝟳 ⑬⑭ – 170 000 Ew – Höhe 40 n
– ✪ 0208.

Siehe Ruhrgebiet (Übersichtsplan).

🇩 Verkehrsverein, Rathaus (Nordflügel), Ruhrstr., ℰ 4 55 90 16.
ADAC, Löhstr. 3, ℰ 47 00 77, Notruf ℰ 1 92 11.
◆Düsseldorf 26 ③ – ◆Duisburg 9 ④ – ◆Essen 10 ② – Oberhausen 5,5 ⑤.

Stadtplan siehe gegenüberliegende Seite.

🏨 **Noy** ⑳, Schloßstr. 28, ℰ 4 50 50, Fax 4505300, Caféterrasse – 🛇 📺 ☎ – 🛁 40. 🆑 ⓞ 🇪
𝘝𝘐𝘚𝘈   Y
M *(Sonntag geschl.)* a la carte 30/74 – **60 Z : 80 B** 123/178 - 211/246 Fb.

🏠 **Friederike** garni (ehemalige Villa), Friedrichstr. 32, ℰ 38 13 74, « Garten » – 📺 ☎. 🆑 🇪
𝘝𝘐𝘚𝘈   Z
28 Z : 38 B 78/128 - 98/138 – 4 Appart. 158.

🏠 **Hopfen-Sack**, Kalkstr. 23, ℰ 38 36 36 – 📺 ☎ ⟵. 🆑 ⓞ 🇪 𝘝𝘐𝘚𝘈   Y
M a la carte 29/49 – **17 Z : 34 B** 90/100 - 130/140.

🏠 **Kastanienhof - Restaurant Haus Dimbeck**, Dimbeck 27, ℰ 3 21 39 (Hotel
ℰ 3 67 79 (Rest.), « Garten », 🌫 – 🛇 ☎ 🅿. 🆑 ⓞ 🇪 𝘝𝘐𝘚𝘈   Z
M *(wochentags nur Abendessen)* a la carte 28/50 – **28 Z : 50 B** 80/90 - 120.

🏠 Hotel Am Schloß Broich garni, Am Schloß Broich 27, ℰ 42 20 38, 🌫 – 🛇 📺 ☎ ⟵
22 Z : 36 B.   Y

🍴🍴🍴 **Fuente**, Gracht 209 (B 1), ℰ 43 18 53 – 🅿. 🆑 ⓞ 🇪   X n
Samstag bis 18 Uhr sowie Sonn- und Feiertage geschl. – **M** (abends Tischbestellung
ratsam) a la carte 77/100.

🍴🍴 **Becker-Eichbaum**, Obere Saarlandstr. 5 (B 1), ℰ 3 40 93 – 🅿   Z r
M 25/38 (mittags) und a la carte 42/66.

🍴🍴 **Am Kamin** (Fachwerkhaus a.d.J. 1732), Striepensweg 62, ℰ 76 00 36, « Gartenterrasse
mit offenem Kamin » – 🅿. 🆑 ⓞ 🇪 𝘝𝘐𝘚𝘈   X s
Juli 3 Wochen geschl. – **M** a la carte 40/79.

🍴 Stadthallen-Restaurant, Am Schloß Broich 2, ℰ 42 20 31 – 🅿 – 🛁   Y e

Im Rhein-Ruhr-Zentrum über ② und die B 1 :

🍴🍴 Mövenpick, Humboldtring 13, ℰ 4 99 48 – 🅿   siehe Stadtplan Essen   R b

In Mülheim-Dümpten :

🏨 **Kuhn**, Mellinghofer Str. 277, ℰ 79 00 10, Fax 7900168, 🌫, 🔲 – 🛇 📺 ☎ ⟵ 🅿. 🆑
ⓞ 🇪   X a
M *(nur Abendessen, Sonntag und Mitte Juli - Mitte Aug. geschl.)* a la carte 28/50 – **60 Z :
100 B** 75/110 - 120/160 Fb.

In Mülheim-Holthausen :

🍴 Haus Grobe, Zeppelinstr. 60, ℰ 37 52 67 – 🅿   X n

In Mülheim-Menden :

🍴🍴 **Müller-Menden**, Mendener Str. 109, ℰ 37 40 15, 🌫 – 🅿. 🆑 ⓞ 🇪 𝘝𝘐𝘚𝘈   X v
Montag geschl. – **M** a la carte 28/62.

In Mülheim-Mintard über Mendener Brücke X :

🏠 **Mintarder Wasserbahnhof** ⑳, August-Thyssen-Str. 129, ℰ (02054) 72 72,
« Terrasse mit ≤ » – 📺 ☎ ⟵ 🅿. 🆑 ⓞ 🇪 𝘝𝘐𝘚𝘈
M *(Freitag geschl.)* a la carte 34/58 – **33 Z : 42 B** 64/80 - 115/160.

In Mülheim-Saarn über Mendener Brücke X :

🍴🍴 **Dicken am Damm**, Mintarder Str. 139, ℰ 48 01 15, Biergarten, « Terrasse mit ≤ » – 🅿
M a la carte 29/55.

In Mülheim-Speldorf über ④ :

🍴🍴 **Altes Zollhaus**, Duisburger Str. 228, ℰ 5 03 49
Samstag bis 18 Uhr, Montag, 1.- 14. Jan. und 1.- 20. Aug. geschl. – **M** a la carte 42/63.

MÜLHEIM
AN DER RUHR

MÜLHEIM (MOSEL) 5556. Rheinland-Pfalz — 1 200 Ew — Höhe 110 m — 🅒 06534.
Mainz 119 — Bernkastel-Kues 6 — ♦Trier 40 — Wittlich 14.

🏨 **Moselhaus Selzer**, Moselstr. 7 (B 53), 𝒫 7 07, ≤, 佘, 栗 — ⇦ 🅟
März - 20. Dez. — **M** (März - Juni Montag geschl.) a la carte 23/43 ⅜ — **14 Z : 26 B** 40/60 -
78/98.

MÜLLHEIM 7840. Baden-Württemberg 🗗🔟🔢 F 23. 🔢🔢🔢 ㉞. 🔢🔢🔢 ④ — 14 000 Ew — Höhe 230 m —
🅒 07631.
🛈 Städtisches Verkehrsamt, Werderstr. 48, 𝒫 40 70.
♦Stuttgart 238 — Basel 41 — ♦Freiburg im Breisgau 42 — Mulhouse 26.

🏤 **Alte Post**, an der B 3, 𝒫 55 22, Telex 772916, « Gartenterrasse » — 🗁 📺 ☎ ⇦ 🅟 —
🛆 25/80. 🎗 **E**
M (Dienstag und 15. Jan.- Feb. geschl.) a la carte 47/75 — **50 Z : 80 B** 40/98 - 110/180 Fb.

🏨 **Bauer**, Eisenbahnstr. 2, 𝒫 24 62, 栗 — 📳 ☎ ⇦ 🅟
Mitte Dez.- Mitte Jan. geschl. — **M** (Sonntag geschl.) a la carte 23/51 ⅜ — **60 Z : 90 B** 32/65
- 75/102.

🏨 **Gästehaus im Weingarten** ⑅ garni (Appartementhotel), Kochmatt 8, 𝒫 1 41 46, ≤, 🔲,
栗, Fahrradverleih — 📺 ☎ & ⇦ 🅟
9 Z : 18 B 55/90 - 100/140.

🏖 **Zum Bad**, Badstr. 40, 𝒫 38 85, 佘 — 📺 🅟
Feb. 3 Wochen geschl. — **M** (Dienstag geschl.) a la carte 19/47 — **9 Z : 17 B** 50/60 - 90.

✕ Parkrestaurant im Bürgerhaus, Hauptstr. 122, 𝒫 60 39, « Gartenterrasse » — 🅟 — 🛆 .

In Müllheim 16-Britzingen NO : 5 km — Erholungsort :

✕ **Krone** mit Zim, Markgräfler Str. 32, 𝒫 20 46 — 🅟
Jan. geschl. — **M** (Mittwoch 14 Uhr - Donnerstag geschl.) a la carte 23/41 — **7 Z : 14 B** 40 -
60/70.

In Müllheim 14-Feldberg SO : 6 km :

✕ **Ochsen** mit Zim, Bürgelnstr. 32, 𝒫 35 03, eigener Weinbau, « Gartenwirtschaft », ⇔s —
🅟
8. Jan.- 10. Feb. und 16.- 26. Juli geschl. — **M** (Donnerstag - Freitag 17 Uhr geschl.) a la
carte 26/60 ⅜ — **8 Z : 15 B** 52 - 86/100.

In Müllheim 11-Niederweiler O : 1,5 km — Erholungsort :

🏨 **Pension Weilertal** garni, Weilertalstr. 15, 𝒫 57 94, 栗 — 🅟. **E**
15. Jan.- 10. Feb. und 15. Nov.- 14. Dez. geschl. — **10 Z : 18 B** 48/80 - 95/135.

MÜLLINGEN Niedersachsen siehe Sehnde.

MÜNCHBERG 8660. Bayern 🗗🔟🔢 S 16. 🔢🔢🔢 ㉗ — 11 800 Ew — Höhe 553 m — 🅒 09251.
♦München 266 — Bayreuth 37 — Hof 20.

🏤 **Seehotel Hintere Höhe** ⑅, Hintere Höhe (S : 2 km), 𝒫 30 01, Fax 3976, ≤, 佘, ⇔s, 栗,
Fahrradverleih — 📺 ☎ ⇦ 🅟 — 🛆 25/80. 🎗 ⓞ **E** 🎗🎗
M a la carte 38/55 — **32 Z : 60 B** 65/80 - 110/160 Fb.

🏨 **Braunschweiger Hof**, Bahnhofstr. 13, 𝒫 50 47 — ⇦ 🅟 🎗 ⓞ **E** 🎗🎗
26. Feb.- 9. März und 13.- 19. Aug. geschl. — **M** a la carte 21/50 — **27 Z : 40 B** 30/48 - 60/85
Fb.

In Weissdorf-Wulmersreuth 8661 O : 2,5 km :

🏖 **Walther** ⑅, 𝒫 (09251) 13 62, 佘, 栗 — 🅟
Aug.- Sept. 3 Wochen geschl. — **M** (Freitag geschl.) a la carte 18/34 — **10 Z : 17 B** 30 - 60.

In Sparneck 8663 SO : 6 km :

🏤 **Waldhotel Heimatliebe** ⑅, 𝒫 (09251) 81 13, « Gartenterrasse », ⇔s, 栗, Fahrradverleih
— ☎ ⇦ 🅟 — 🛆 60. ⓞ **E** 🎗🎗. 🎗 Rest
8.- 25. Jan. geschl. — **M** a la carte 30/65 ⅜ — **25 Z : 50 B** 75/85 - 105/115 Fb.

In Zell am Waldstein 8665 S : 7 km :

🏖 **Zum Waldstein**, Marktplatz 16, 𝒫 (09257) 2 61, 栗
M (im Sommer Mittwoch ab 14 Uhr, im Winter Mittwoch ganztägig geschl.) a la carte 15/26
— **17 Z : 28 B** 25/31 - 46/56.

ÜNCHEN 8000. 🗓 Bayern **413** R 22, **987** ㉞, **426** ⑰ — 1 291 000 Ew — Höhe 520 m — ✦ 089.

henswert : Marienplatz★ KLY — Frauenkirche★★ (Turm ☀★) KY — Alte Pinakothek★★★ KY —
utsches Museum★★ LZ **M1** — Residenz★ (Schatzkammer★★, Altes Residenztheater★) LY —
amkirche★ KZ **A** — Bayerisches Nationalmuseum★★ HV — Neue Pinakothek★ GU — Münchner
adtmuseum★ (Moriskentänzer★★) KZ **M2** — Städt. Galerie im Lenbachhaus (Porträts
nbachs★) KY **M5** — Staatliche Antikensammlungen★ (Etruskischer Schmuck★) KY **M6** —
yptothek★ KY **M7** — Deutsches Jagdmuseum ★ KY **M8** — Olympia-Park (Olympia-Turm ☀★★★)
— Neues Rathaus★ LY **R** — Theatinerkirche★ (Chor und Kuppel★) LY **D** — Englischer Garten
lick vom Monopteros★) HU.

sflugziel : Nymphenburg★★ (Schloß★, Park★, Amalienburg★★, Botanischer Garten ★★) BS.

Straßlach, Tölzer Straße (S : 17 km), ✆ (08170) 4 50 ; ☍ München-Thalkirchen, Zentralländstr.
(CT), ✆ 7 23 13 04 ; ☍ Eichenried(NO : 24 km), Münchener Str. 55, ✆ (08123)10 05. LY a

☌ München-Riem (③ : 11 km)✆ 92 11 21, City Air Terminal, Arnulfstraße (Hauptbahnhof,
rdseite).

☎ ✆ 12 88 44 25 — Messegelände (EX), ✆ 5 10 71, Telex 5212086.

Verkehrsamt im Hauptbahnhof (gegenüber Gleis 11), ✆ 2 39 12 56.

Tourist-Information, Rathaus, ✆ 2 39 12 72.

Verkehrsamt im Flughafen München-Riem, ✆ 2 39 12 66.

◗AC, Sendlinger-Tor-Platz 9, ✆ 59 39 79, Notruf ✆ 1 92 11.

°C, Amalienburgstr. 23 BS, ✆ 8 11 10 48, Telex 524508.

sbruck 162 ④ — ✦Nürnberg 165 ② — Salzburg 140 ④ — ✦Stuttgart 222 ⑦.

> Die Angabe (M 15) nach der Anschrift gibt den Postzustellbezirk an : München 15
>
> L'indication (M 15) à la suite de l'adresse désigne l'arrondissement : München 15
>
> The reference (M 15) at the end of the address is the postal district : München 15
>
> L'indicazione (M 15) posta dopo l'indirizzo, precisa il quartiere urbano : München 15

Messe-Preise : siehe S. 8	Foires et salons : voir p. 16
Fairs : see p. 24	Fiere : vedere p. 32

Stadtpläne : Siehe München Seiten 2-7

🏨 ✦ **Vier Jahreszeiten Kempinski** ⤸, Maximilianstr. 17 (M 22), ✆ 23 03 90, Telex 523859,
Fax 23039693, Massage, ⇌, 🖪 — 🛗 ⇔ Zim 🖿 📺 ⇌ — 🔏 25/100. 🖭 ⑩ **E** 🟦.
❄ Rest LY **a**
M *(nur Abendessen, Samstag - Sonntag und Aug.- Sept. geschl.)* 80/125 und a la carte —
Bistro-Eck M a la carte 36/53 — **344 Z : 570 B** 322/342 - 449/564 Fb — 25 Appart. 1104/2725
Spez. Salat von Meeresfrüchten und Krustentieren, Scampi mit Basilikum-Beurre blanc, Milchlammfilet im
schwarzen Nudelteig.

🏨 ✦ **Königshof**, Karlsplatz 25 (M 2), ✆ 55 13 60, Telex 523616, Fax 55136113 — 🛗 🖿 📺 ⇌
— 🔏 25/100. 🖭 ⑩ 🟦. ❄ Rest KY **s**
M *(bemerkenswerte Weinkarte)* (Tischbestellung ratsam) a la carte 63/105 — **106 Z : 181 B**
209/340 - 310/376 Fb — 9 Appart. 490/940
Spez. Gänseleberterrine mit Madeiragelee, Jakobsmuscheln und Langoustinen auf Seeigelsauce, Soufflierte
Taubenbrust.

🏨 **Bayerischer Hof-Palais Montgelas**, Promenadeplatz 6 (M 2), ✆ 2 12 00, Telex 523409,
Fax 2120906, ☈, Massage, ⇌, 🖪 — 🛗 📺 ⇌ — 🔏 25/800. 🖭 ⑩ **E** 🟦 KY **y**
Restaurants — **Trader Vic's** *(nur Abendessen)* **M** a la carte 47/90 — **Grill M** a la carte 42/78
— **Palais Keller M** a la carte 28/50 — **442 Z : 762 B** 211/377 - 322/492 — 45Appart. 571/1341.

🏨 **Park Hilton - Restaurant Hilton Grill**, Am Tucherpark 7 (M 22), ✆ 3 84 50,
Telex 5215740, Fax 38451845, ☈, Biergarten, Massage, ⇌, 🖪 — 🛗 ⇔ Zim 🖿 📺 🕭 ⇌
— 🔏 25/250. 🖭 ⑩ **E** 🟦 HU **n**
M *(Samstag bis 18 Uhr und Anfang - Mitte Aug. geschl.)* a la carte 66/88 — **Isar-Terrassen**
(auch vegetarische Gerichte) **M** 38/59 — **477 Z : 954 B** 258/358 - 346/436 — 37 Appart.
826/1436.

🏨 **Continental**, Max-Joseph-Str. 5 (M 2), ✆ 55 15 70, Telex 522603, Fax 55157500, ☈ — 🛗
⇔ Zim 📺 ⇌ — 🔏 25/150. 🖭 ⑩ **E** 🟦. ❄ Rest KY **f**
M a la carte 48/87 — **149 Z : 245 B** 243/318 - 326/446 Fb — 18 Appart. 646/996.

🏨 **Excelsior**, Schützenstr. 11 (M 2), ✆ 55 13 70, Telex 522419, Fax 55137121 — 🛗 🖿 Rest 📺
— 🔏 30. 🖭 ⑩ 🟦. ❄ Rest JY **z**
M 48/80 — **118 Z : 170 B** 179/289 - 238/308 Fb — 4 Appart. 338.

🏨 **Regent Hotel**, Seidlstr. 2 (M 2), ✆ 55 15 90, Telex 523787, ⇌ — 🛗 🖿 Rest 📺 🕭 ⇌ — 🔏
183 Z : 330 B Fb. JY **d**

🏨 **Eden-Hotel-Wolff**, Arnulfstr. 4 (M 2), ✆ 55 11 50, Telex 523564, Fax 55115555 — 🛗 📺
⇌ — 🔏 25/250. 🖭 ⑩ **E** 🟦 JY **p**
M a la carte 30/66 — **214 Z : 320 B** 190/350 - 260/350 Fb — 4 Appart. 600.

🏨 **Arabella-Westpark-Hotel**, Garmischer Str. 2 (M 2), ✆ 5 19 60, Telex 523680, Fax 5196649,
⇌, 🖪 — 🛗 🖿 Rest 📺 🕭 ❶ — 🔏 25/120. 🖭 ⑩ **E** 🟦 CS **t**
M a la carte 35/63 — **258 Z : 495 B** 190/270 - 250/330 Fb — 5 Appart. 380.

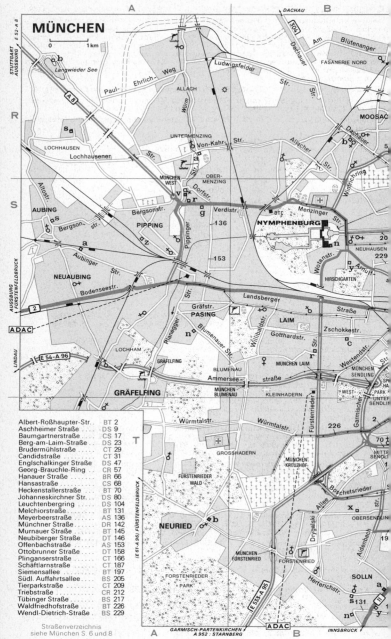

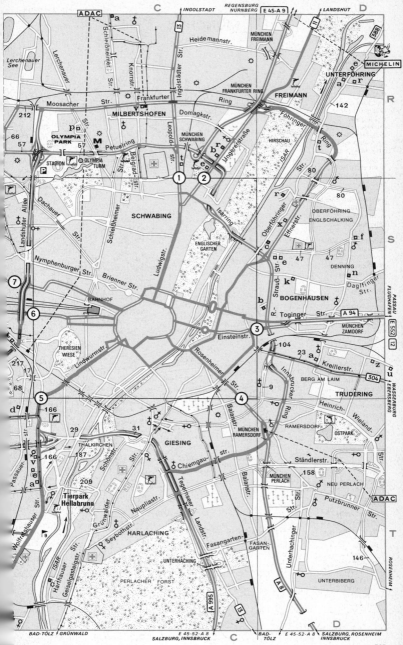

Straßenverzeichnis
siehe München S. 6 und 8

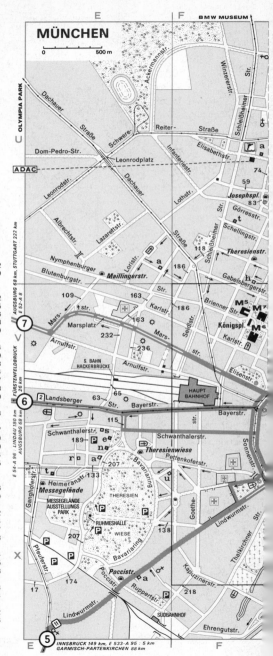

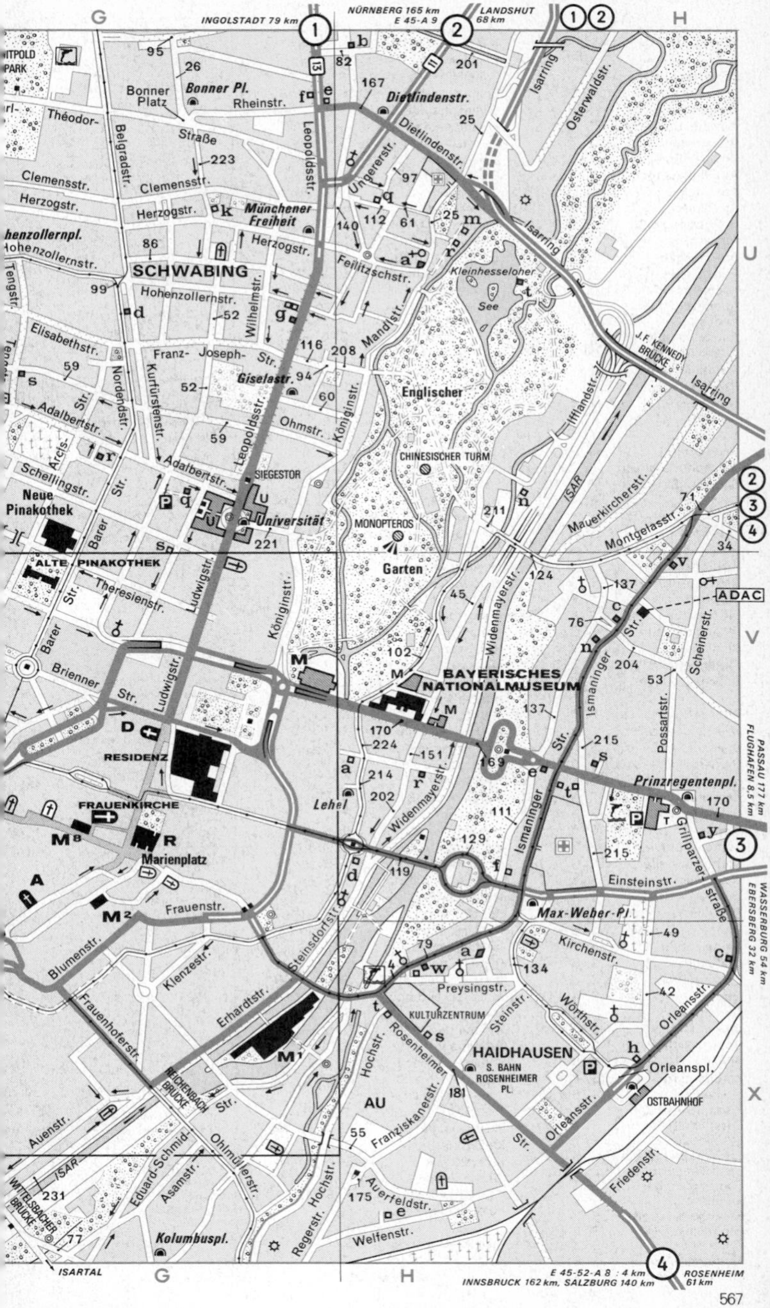

INGOLSTADT 79 km
NÜRNBERG 165 km
E 45-A 9
LANDSHUT 68 km

LUITPOLD PARK

Bonner Pl.
Bonner Platz
Rheinstr.
Dietlindenstr.
Osterwaldstr.
Isarring

Théodor-
Clemensstr.
Herzogstr.
Belgradstr.
Clemensstr.
Herzogstr.
Dietlindenstr.

Hohenzollernpl.
Hohenzollernstr.
SCHWABING
Münchener Freiheit
Herzogstr.
Unnerestr.

Hohenzollernstr.
Elisabethstr.
Wilhelmstr.
Feilitzschstr.
Kleinhesseloher See

Tengstr.
Franz- Joseph- Str.
Giselastr.
Mandlstr.
Königinstr.
Englischer

Adalbertstr.
Nordendstr.
Kurfürstenstr.
Ohmstr.
J.F. KENNEDY BRÜCKE

Schellingstr.
Adalbertstr.
Leopoldstr.
CHINESISCHER TURM
ISAR

Neue Pinakothek
SIEGESTOR
Universität
MONOPTEROS
Mauerkircherstr.
Montgelasstr.

ALTE PINAKOTHEK
Theresienstr.
Königinstr.
Garten
Widenmayerstr.
ADAC

Barer Str.
Ludwigstr.
BAYERISCHES NATIONALMUSEUM
Ismaningerstr.
Possartstr.
Scheinerstr.

Brienner Str.
RESIDENZ
Lehel
Prinzregentenpl.
FLUGHAFEN 8.5 km
PASSAU 177 km

FRAUENKIRCHE
Widenmayerstr.
Ismaningerstr.
Grillparzerstr.
WASSERBURG 54 km
EBERSBERG 32 km

Marienplatz
Frauenstr.
Einsteinstr.
Max-Weber-Pl.
Kirchenstr.

Blumenstr.
Klenzestr.
Steinsdorfstr.
Preysingstr.
Wörthstr.
Orleansstr.

Frauenhoferstr.
Erhardtstr.
KULTURZENTRUM
Steinstr.
HAIDHAUSEN
Orleanspl.

Reichenbachstr.
Hochstr.
Rosenheimerstr.
AU
S. Bahn ROSENHEIMER PL.
OSTBAHNHOF

Auenstr.
Eduard-Schmid-Str.
Asamstr.
Ohlmüllerstr.
Regerstr.
Hochstr.
Franziskanerstr.
Auerfeldstr.
Welfenstr.
Friedenstr.

ISARTAL
WITTELSBACHER BRÜCKE
Kolumbuspl.

E 45-52-A 8 : 4 km
INNSBRUCK 162 km, SALZBURG 140 km
ROSENHEIM 61 km

STRASSENVERZEICHNIS

Fortsetzung siehe München S. 8

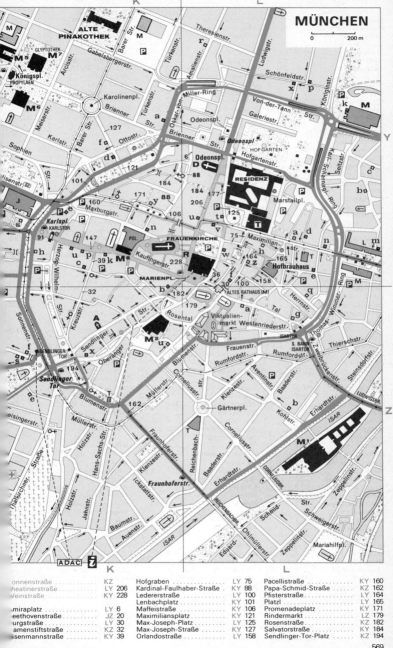

STRASSENVERZEICHNIS (Anfang siehe München S. 6)

Ganz Europa auf einer Karte (mit Ortsregister) : **Michelin-Karte** Nr. 920

King's Hotel garni, Dachauer Str. 13 (M 2), ℘ 55 18 70, Fax 555940 − 🛗 ⇌ Zim 📺 ⇌
− 🛁 25/80. 🆎 ⊙ Ε 𝗩𝗜𝗦𝗔   JY **f**
23. Dez.- 1. Jan. geschl. − **83 Z : 148 B** 160 - 195 Fb − 11 Appart. 280/480.

Drei Löwen, Schillerstr. 8 (M 2), ℘ 55 10 40, Telex 523867, Fax 55104905 − 🛗 📺 ⇌ 🅿
− 🛁 35. 🆎 ⊙ Ε 𝗩𝗜𝗦𝗔   JY **e**
M a la carte 39/67 − **130 Z : 200 B** 139/160 - 188/218 Fb.

Trustee Parkhotel, Parkstr. 31 (Zufahrt Gollierstraße) (M 2), ℘ 51 99 50, Telex 5218296,
Fax 51995420 − 🛗 📺 ⇌ − 🛁 25. 🆎 ⊙ Ε 𝗩𝗜𝗦𝗔   EV **r**
24. Dez.- 2. Jan. geschl. − (nur Abendessen für Hausgäste) − **36 Z : 79 B** 188/258 - 251/
326 Fb − 7 Appart. 311/416.

Krone garni, Theresienhöhe 8 (M 2), ℘ 50 40 52, Telex 5213870, Fax 506706 − 🛗 📺 ☎. 🆎
⊙ 𝗩𝗜𝗦𝗔   EV **a**
30 Z : 60 B 165/210 - 210/250 Fb.

Exquisit, Pettenkoferstr. 3 (M 2), ℘ 5 51 99 00, Telex 529863, Fax 55199499 − 🛗 📺 ☎ 🅿
(nur Abendessen) − **48 Z : 90 B** Fb.   KZ **s**

Platzl - Restaurant Pfistermühle (Volksbühne im Hause), Platzl 1 (M 2), ℘ 23 70 30,
Telex 522910, Fax 23703800, ⇌ − 🛗 📺 ☎ 🕭 ⇌ − 🛁 25/120. 🆎 Ε 𝗩𝗜𝗦𝗔 ⚇ Rest   LY **z**
M *(Montag und 30. Juli - 14. Aug. geschl.)* 28/45 (mittags) und a la carte 51/68 − **167 Z :
272 B** 163/205 - 225/335 Fb.

Arabella-Central-Hotel garni, Schwanthalerstr. 111 (M 2), ℘ 51 08 30, Telex 5216031,
Fax 51083249, ⇌ − 🛗 📺 ☎ − 🛁 30. 🆎 ⊙ Ε 𝗩𝗜𝗦𝗔   EV **s**
103 Z : 210 B 165/230 - 210/280 Fb.

Erzgießerei - Europe, Erzgießereistr. 15 (M 2), ℘ 18 60 55, Telex 5214977, Fax 1236198 −
🛗 📺 ☎ ⇌ − 🛁 50. 🆎 ⊙ Ε 𝗩𝗜𝗦𝗔   EU **a**
M a la carte 41/62 − **106 Z : 212 B** 150/210 - 180/240 Fb.

Mercure garni, Senefelder Str. 9 (M 2), ℘ 55 13 20, Telex 5218428, Fax 596444 − 🛗 📺 ☎
🕭 ⇌ − 🛁 25/80. ⇌   JY **r**
167 Z : 335 B 170/244 - 230/260 Fb − 12 Appart. 300.

Hungar-Hotel, Paul-Heyse-Str. 24 (M 2), ℘ 51 49 00, Telex 522395, Fax 51490701, 🏞 −
🛗 ⇌ Zim 📺 ☎ 🕭 ⇌ − 🛁 90. 🆎 ⊙ Ε 𝗩𝗜𝗦𝗔. ⚇ Zim   JZ **r**
M a la carte 33/49 − **182 Z : 360 B** 170/202 - 199/240 Fb.

Budapest, Schwanthalerstr. 36 (M 2), ℘ 55 11 10, Telex 529213, Fax 55111992 − 🛗 🖿 Rest
📺 ☎ 🅿 − 🛁 25/120. 🆎 ⊙ Ε 𝗩𝗜𝗦𝗔   JY **h**
M *(Sonntag und Juli- Aug. geschl.)* a la carte 31/55 − **100 Z : 182 B** 170/240 - 199/284 Fb.

Germania, Schwanthalerstr. 28 (M 2), ℘ 5 16 80, Telex 523790, Fax 598491, ⇌ − 🛗 📺 ☎
⇌ − 🛁 40/60. 🆎 ⊙ Ε 𝗩𝗜𝗦𝗔   JY **a**
M *(überwiegend Steak-Gerichte)* a la carte 27/65 − **100 Z : 150 B** 145/244 - 175/284 Fb.

Metropol, Bayerstr. 43, (Eingang Goethestr.) (M 2), ℘ 53 07 64, Telex 522816 − 🛗 ☎
🛁 60. 🆎 ⊙ Ε   JY **k**
M a la carte 28/60 − **275 Z : 371 B** 74/186 - 136/195.

Concorde garni, Herrnstr. 38 (M 22), ℘ 22 45 15, Telex 522002, Fax 2283282 − 🛗 📺 ☎
⇌. 🆎 ⊙ Ε 𝗩𝗜𝗦𝗔   LZ **q**
23 Dez.- 1. Jan. geschl. − **73 Z : 115 B** 150/210 - 200/300 Fb.

Domus garni, St.-Anna-Str. 31 (M 22), ℘ 22 17 04, Telex 529835 − 🛗 📺 ☎ ⇌. 🆎 ⊙ Ε
𝗩𝗜𝗦𝗔   LY **b**
22.- 26. Dez. geschl. − **45 Z : 82 B** 160/200 - 200/250 Fb.

Austrotel München, Arnulfstr. 2 (M 2), ℘ 5 38 60, Telex 522650, Fax 53862255, Restaurant in
der 15. Etage mit ≤ München − 🛗 📺 ☎ − 🛁   JY **s**
174 Z : 300 B Fb.

Intercity-Hotel, Bahnhofplatz 2 (M 2), ℘ 55 85 71, Telex 523174, Fax 596229 − 🛗 📺 ☎ −
🛁 25/150. ⊙ Ε 𝗩𝗜𝗦𝗔   JY **u**
M a la carte 32/58 − **209 Z : 300 B** 139/164 - 189/255 Fb.

Admiral garni, Kohlstr. 9 (M 5), ℘ 22 66 41, Telex 529111, Fax 293674 − 🛗 📺 ☎ ⇌. 🆎
⊙ Ε 𝗩𝗜𝗦𝗔   LZ **b**
33 Z : 55 B 180/240 - 220/260 Fb.

Torbräu, Tal 37 (M 2), ℘ 22 50 16, Telex 522212 − 🛗 📺 ☎ ⇌ 🅿   LZ **g**
92 Z : 152 B − 3 Appart..

Atrium garni, Landwehrstr. 59 (M 2), ℘ 51 41 90, Telex 5212162, Fax 598491, ⇌ − 🛗 📺
☎ ⇌ − 🛁 50. 🆎 ⊙ Ε 𝗩𝗜𝗦𝗔   JZ **d**
163 Z : 261 B 134/229 - 164/269 Fb.

Bristol garni, Pettenkoferstr. 2 (M 2), ℘ 59 51 51, Telex 524767 − 🛗 📺 ☎ ⇌   KZ **f**
57 Z : 90 B Fb.

Apollo garni, Mittererstr. 7 (M 2), ℘ 53 95 31, Telex 5212981, Fax 534033 − 🛗 📺 ☎ ⇌.
🆎 ⊙ Ε 𝗩𝗜𝗦𝗔   JY **w**
23.- 28. Dez. geschl. − **74 Z : 150 B** 160 - 235 Fb.

Europäischer Hof garni, Bayerstr. 31 (M 2), ℘ 55 15 10, Telex 522642, Fax 55151222 − 🛗
📺 ☎ ⇌ 🅿 − 🛁 30. 🆎 ⊙ Ε 𝗩𝗜𝗦𝗔   JY **b**
160 Z : 230 B 95/200 - 138/280 Fb.

🏨 **Splendid** garni, Maximilianstr. 54 (M 22), ℰ 29 66 06, Telex 522427, Fax 2913176 — 🛗 🄲
🕿 🄰🄴 🄴 *VISA*   HV
40 Z : 60 B 95/210 - 175/290 Fb — 4 Appart. 350.

🏨 **Ariston** garni, Unsöldstr. 10 (M 22), ℰ 22 26 91, Telex 522437 — 🛗 🄣 🕿 ⟷ 🄿. 🄰🄴 🄾 🄱
VISA   LY
23.- 31. Dez. geschl. — **61 Z : 112 B** 116/154 - 132/195 Fb.

🏨 An der Oper garni (Restaurant Bouillabaisse im Hause), Falkenturmstr. 10 (M 2),
ℰ 2 90 02 70, Telex 522588 — 🛗 🕿   LY
55 Z : 100 B.

🏨 **Königswache - Restaurant Seoul**, Steinheilstr. 7 (M 2), ℰ 52 20 01 (Hotel),
ℰ 52 55 58 (Rest.), Telex 529161 — 🛗 🄣 🕿 ⟷. 🄰🄴 🄾 🄴 *VISA*. 🕱 Rest   FU
20. Dez.- 8. Jan. geschl. — **M** *(Koreanische Küche)* a la carte 31/58 — **39 Z : 58 B** 115/155 -
165/225 Fb.

🏨 **Reinbold** garni, Adolf-Kolping-Str. 11 (M 2), ℰ 59 79 45, Telex 522539, Fax 596272 — 🛗 🄴
🄣 🕿 ⟷. 🄰🄴 🄾 🄴 *VISA*   JY
61 Z : 95 B 92/182 - 144/192.

🏨 **Kraft** garni, Schillerstr. 49 (M 2), ℰ 59 48 23, Telex 5213466 — 🛗 🄣 🕿. 🄰🄴 🄾 🄴 *VISA*
39 Z : 60 B 105/170 - 130/180.   JZ

🏨 **Ambassador - Restaurant Alfredo**, Mozartstr. 4 (M 2), ℰ 53 08 40 (Hotel),
ℰ 53 17 97 (Rest.), Telex 522445, Fax 534356, 🏤 — 🛗 🄣 🕿 ⟷. 🄰🄴 🄾 🄴 *VISA*   JZ
M *(Samstag geschl.)* a la carte 28/46 — **62 Z : 100 B** 100/170 - 190/320 Fb.

🏨 **Arcade** garni, Dachauer Str. 21 (M 2), ℰ 55 19 30, Telex 523752, Fax 55193102 — 🛗 🄣 🕿
🅳 ⟷ — 🏛 60. 🄴 *VISA*   JY
202 Z : 373 B 112 - 154.

🏠 **Schlicker** garni, Tal 74 (M 2), ℰ 22 79, Fax 296059 — 🛗 🄣 🕿 🄿. 🄰🄴 🄾 🄴 *VISA*   LZ
70 Z : 120 B 98/115 - 150/250 Fb.

🏠 **Brack** garni, Lindwurmstr. 153 (M 2), ℰ 77 10 52, Telex 524416, Fax 7250615 — 🛗 🄣 🕿
⟷. 🄰🄴 🄾 🄴 *VISA*   EX
50 Z : 80 B 110/140 - 150/170 Fb.

🏠 **Mark** garni, Senefelderstr. 12 (M 2), ℰ 59 28 01, Telex 522721, Fax 553954 — 🛗 🄣 🕿 ⟷
🄿 — 🏛 25. 🄰🄴 🄾 🄴 *VISA*   JY
91 Z : 140 B 117/125 - 160/180.

🏠 **Adria** garni, Liebigstr. 8 a (M 22), ℰ 29 30 81 — 🛗 🄣 🕿. 🄰🄴 🄾 🄴 *VISA*   HV
23. Dez.- 7. Jan. geschl. — **47 Z : 71 B** 80/165 - 125/180.

🏠 **Andi** garni, Landwehrstr. 33 (M 2), ℰ 59 60 67, Fax 553427 — 🛗 🄣 🕿. 🄰🄴 🄾 🄴
VISA   JZ
24. Dez.- 6. Jan. geschl. — **30 Z : 69 B** 95/160 - 115/220 Fb.

🏠 **Müller** garni, Fliegenstr. 4 (M 2), ℰ 26 60 63, Fax 268624 — 🛗 🄣 🕿 🄿. 🄾 🄴 *VISA*   KZ
23.- 31. Dez. geschl. — **44 Z : 70 B** 95/145 - 120/185.

🏠 **Bosch** garni, Amalienstr. 25 (M 2), ℰ 28 10 61, Telex 5214939 — 🛗 🄣. 🄰🄴 🄴 *VISA*   LY
22. Dez.- 10. Jan. geschl. — **75 Z : 120 B** 110/170 - 145/200 Fb.

🏠 **Luitpold** garni, Schützenstr. 14 (Eingang Luitpoldstr.) (M 2), ℰ 59 44 61 — 🛗 🕿. 🄰
                                                                                             JY
48 Z : 76 B 98/130 - 140/180.

🏠 **Alfa** garni, Hirtenstr. 22 (M 2), ℰ 59 84 61, Telex 5212461, Fax 592301 — 🛗 🄣 🕿 🄿. 🄰🄴 🄾
🄴 *VISA*   JY
80 Z : 130 B 65/195 - 135/210.

🏠 **Herzog** garni, Häberlstr. 9 (M 2), ℰ 53 04 95, Telex 5214864, Fax 5328118 — 🛗 🄣 🕿 ⟷
🄰🄴 🄾 🄴 *VISA*   JZ
69 Z : 160 B 108/188 - 138/215 Fb.

🏠 **Uhland** garni, Uhlandstr. 1 (M 2), ℰ 53 92 77, Telex 528368, Fax 531114 — 🛗 🄣 🕿 🄿. 🄰
🄾 🄴 *VISA*   EX
25 Z : 50 B 85/130 - 120/200.

🏠 **Meier** garni, Schützenstr. 12 (M 2), ℰ 59 56 23, Telex 529126, Fax 553829 — 🛗 🄣 🕿. 🄰🄴 🄾
🄴 *VISA*   JY
59 Z : 120 B 118/166 - 185/250 Fb.

🏠 **Amba** garni, Arnulfstr. 20 (M 2), ℰ 59 29 21, Telex 523389, Fax 554160 — 🛗 🕿 ⟷ 🄿. 🄰
🄾 🄴 *VISA*   JY
86 Z : 150 B 95/120 - 130/200.

🏠 **Altano** garni, Arnulfstr. 12 (M 2), ℰ 55 18 80 — 🛗 🄣 🕿 ⟷. 🄰🄴 🄾 🄴 *VISA*   JY
140 Z : 169 B 134/229 - 164/269.

🏠 **Stachus** garni, Bayerstr. 7 (M 2), ℰ 59 28 81, Telex 523696 — 🛗 🕿. 🄰🄴 🄾 🄴 *VISA* JY
65 Z : 110 B 68/145 - 95/250.

🏠 **Daniel** garni, Sonnenstr. 5 (M 2), ℰ 55 49 45, Telex 523863, Fax 553420 — 🛗 🄣 🕿. 🄰🄴 🄾 🄴
VISA   KY
76 Z : 120 B 98/146 - 150/230 Fb.

🏠 **Blauer Bock** garni, Sebastiansplatz 9 (M 2), ℰ 2 60 80 43 — 🛗 🕿 ⟷   KZ
76 Z : 120 B 58/100 - 80/135 Fb.

XXXX ✿✿✿✿ **Aubergine,** Maximiliansplatz 5 (M 2), *℘* 59 81 71 − **E** KY **d**
Sonntag - Montag, Feiertage, 1.- 15. Aug. und 23. Dez.- 7. Jan. geschl. − **M** (Tischbestellung erforderlich) 165/195 und a la carte 95/135
Spez. Kartoffelcarpaccio mit Seeteufel, Kotelett von der Taube auf Linsen, Griessoufflée mit Zimtbirne.

XXX ✿ **Le Gourmet,** Ligsalzstr. 46 (M 2), *℘* 50 35 97, « Kleines elegantes Restaurant » − 🖿. **E**
nur Abendessen, Sonntag sowie über Ostern und im Aug. jeweils 2 Wochen geschl. − **M**
(Tischbestellung erforderlich) 133/161 und a la carte 86/113 EX. **t**
Spez. Ravioli von Waldpilzen, Weißwurst von Meeres-Früchten, Blätterteigpyramide mit Erdbeereis.

XXX ✿ **Sabitzer,** Reitmorstr. 21 (M 22), *℘* 29 85 84, Fax 2913182 − **①** **E** **VISA** HV **r**
Samstag und Sonntag nur Abendessen, Juli - Aug. Samstag und Sonntag geschl. − **M**
(Tischbestellung ratsam) 75 (mittags) und a la carte 80/109
Spez. Wildlachs auf Gänsestopflebercrème, Lamm- und Wildgerichte, Topfenmousse auf Himbeermark.

XXX **Weinhaus Schwarzwälder** (altes Münchener Weinrestaurant), Hartmannstr. 8 (M 2),
℘ 22 72 16 − **AE** **①** **E** **VISA** KY **n**
2.- 15. Jan. und Anfang - Mitte Aug. geschl. − **M** a la carte 50/85.

XXX **El Toula,** Sparkassenstr. 5 (M 2), *℘* 29 28 69 − **AE** **①** **E** **VISA** LY **f**
Sonntag bis 19 Uhr, Montag und 29. Juli - 20. Aug. geschl. − **M** (abends Tischbestellung ratsam) a la carte 69/100.

XX ✿ **Boettner** (kleines Alt-Münchener Restaurant), Theatinerstr. 8 (M 2), *℘* 22 12 10 − 🖿. **AE**
① **E** **VISA** LY **u**
Samstag ab 15 Uhr sowie Sonn- und Feiertage geschl. − **M** (Tischbestellung ratsam) a la carte 75/122
Spez. Hechtsoufflé mit Sauce Nantua, Hummereintopf "Hartung", Rote Grütze.

XX **Weinhaus Neuner** (Weinhaus a.d.J. 1852), Herzogspitalstr. 8 (M 2), *℘* 2 60 39 54 − **AE**
① **E** **VISA** KY **c**
Montag bis 18 Uhr sowie Sonn- und Feiertage geschl. − **M** 25/68 (mittags) und a la carte
53/75 − **Alte Weinstube M** a la carte 32/53.

XX **Gasthaus Glockenbach** (ehemalige altbayerische Bierstube), Kapuzinerstr. 29 (M 2),
℘ 53 40 43 − **E** JZ **s**
Sonntag - Montag, Feiertage und 24. Dez.- 2. Jan. geschl. − **M** (Tischbestellung erforderlich)
45 (mittags) und a la carte 58/82.

XX **Zum Bürgerhaus,** Pettenkoferstr. 1 (M 2), *℘* 59 79 09, « Bäuerliche Einrichtung,
Innenhofterrasse » − **AE** **①** **E** **VISA** KZ **s**
Samstag bis 18 Uhr sowie Sonn- und Feiertage geschl. − **M** (Tischbestellung erforderlich)
30 (mittags) und a la carte 48/76.

XX **Halali,** Schönfeldstr. 22 (M 22), *℘* 28 59 09 LY **x**
Samstag bis 18 Uhr, Sonn- und Feiertage sowie Mai 2 Wochen geschl. − **M** (Tischbestellung
ratsam) 32 (mittags) und a la carte 46/71.

XX **La Belle Epoque,** Maximilianstr. 29 (M 22), *℘* 29 33 11, 🐝 − **AE** **E** LY **n**
Samstag bis 18 Uhr, Sonntag und Aug. 3 Wochen geschl. − **M** (abends Tischbestellung
ratsam) a la carte 45/69.

XX **Chesa Rüegg,** Wurzerstr. 18 (M 22), *℘* 29 71 14, « Rustikale Einrichtung » − 🖿. **AE** **①** **E**
VISA LY **d**
Samstag, Sonn- und Feiertage geschl. − **M** (Tischbestellung ratsam) a la carte 42/80.

XX **Austernkeller,** Stollbergstr. 11 (M 22), *℘* 29 87 87 − **AE** **①** **E** **VISA** LY **e**
nur Abendessen, Montag sowie 23.- 26. Dez. geschl. − **M** (Tischbestellung erforderlich) a la
carte 45/83.

XX **La Piazzetta,** Oskar-v.-Miller-Ring 3 (M 2), *℘* 28 29 90, 🐝, Biergarten − **AE** **①** **E** **VISA** − **Rosticceria**
M a la carte 33/55. KY **a**
Samstag bis 18.30 Uhr geschl. − **M** (Tischbestellung ratsam) a la carte 51/78 − **Rosticceria**
M a la carte 33/55.

XX **Mövenpick,** Lenbachplatz 8 (M 2), *℘* 55 78 65, 🐝 − 🅰 25/280. **AE** **①** **E** **VISA** KY **e**
über Weihnachten geschl. − **M** a la carte 33/67.

XX **Csarda Piroschka** (Ungarisches Restaurant mit Zigeunermusik), Prinzregentenstr.
1 (Haus der Kunst) (M 22), *℘* 29 54 25 − **❷**. **AE** **①** **E** **VISA** LY **k**
ab 18 Uhr geöffnet, Sonntag geschl. − **M** (Tischbestellung ratsam) a la carte 38/65.

XX **Dallmayr,** Dienerstr. 14 (1. Etage) (M 2), *℘* 2 13 51 00, Fax 2135167 − **AE** **①** **E** LY **w**
Samstag 15 Uhr - Sonntag geschl., Aug. nur Mittagessen − **M** a la carte 43/83.

XX Zum Klösterl, St.-Anna-Str. 2 (M 22), *℘* 22 50 86 LY **m**
nur Abendessen − (Tischbestellung erforderlich).

X **Goldene Stadt** (Böhmische Spezialitäten), Oberanger 44 (M 2), *℘* 26 43 82 − **AE** **①** **E**
Sonntag geschl. − **M** (abends Tischbestellung ratsam) a la carte 24/57. KZ **x**

X **Ratskeller,** Marienplatz 8 (M 2), *℘* 22 03 13 − **AE** **E** **VISA** LY **R**
M a la carte 29/55.

X **Schönfelder Hof,** Schönfelderstr. 15a (M 22), *℘* 28 53 57 − **AE** **E** LY **p**
Sonntag geschl., Samstag und Feiertage nur Abendessen − **M** a la carte 38/60.

Brauerei-Gaststätten :

X **Spatenhaus-Bräustuben,** Residenzstr. 12 (M 2), *℘* 22 78 41, Fax 294076, 🐝.
« Einrichtung im alpenländischen Stil » − **①** **E** **VISA** LY **t**
M a la carte 29/69.

X **Augustiner Gaststätten,** Neuhauser Str. 16 (M 2), *℘* 55199257, Fax 55199499,
« Biergarten » − **AE** **①** **E** **VISA** KY **p**
M a la carte 25/56.

✗ **Zum Pschorrbräu** (mit Weinkeller St. Michael), Neuhauser Str. 11 (M 2), ℰ 2 60 30 01,
🍴 – ﷼ ⊙ Ε 𝘝𝘐𝘚𝘈   KY **k**
M a la carte 25/56.

✗ **Zum Spöckmeier**, Rosenstr. 9 (M 2), ℰ 26 80 88, 🍴 – ﷼ ⊙ Ε 𝘝𝘐𝘚𝘈   KYZ **b**
Juni - Aug. Sonntag geschl. – **M** a la carte 26/55.

✗ **Franziskaner Fuchs'n Stuben**, Perusastr. 5 (M 2), ℰ 23 18 12 10, Fax 23181244, 🍴 –
﷼ ⊙   LY **v**
M a la carte 30/54.

✗ **Spatenhofkeller**, Neuhauser Str. 26 (M 2), ℰ 26 40 10, 🍴 – ﷼ Ε   KY **u**
↠ **M** a la carte 19/39.

✗ **Löwenbräukeller**, Nymphenburger Str. 2 (M 2), ℰ 52 60 21, Biergarten   JY **c**

✗ **Hackerkeller und Schäfflerstuben**, Theresienhöhe 4 (M 2), ℰ 50 70 04, Fax 501721,
Biergarten – ﷼ ⊙ Ε 𝘝𝘐𝘚𝘈   EV **e**
M a la carte 27/48.

✗ **Pschorrkeller**, Theresienhöhe 7 (M 2), ℰ 50 10 88, Biergarten – 🍴 25/1200   EV **n**
↠ **M** a la carte 21/43.

In München 90-Au :

🏨 **Aurbacher** garni, Aurbacher Str. 5, ℰ 48 09 10, Telex 528439 – 📺 ☎ ⇐. ﷼ Ε 𝘝𝘐𝘚𝘈
Weihnachten - Anfang Jan. geschl. – **59 Z : 79 B** 135/165 - 170/230 Fb.   HX **e**

In München 60-Aubing :

🏨 **Pollinger**, Aubingerstr. 162, ℰ 8 71 40 44 (Hotel) 8 71 38 90 (Rest.), Fax 8712203, 🍴, ≘s –
📺 ☎ & ⇐ – 🍴 40. ﷼ ⊙ Ε 𝘝𝘐𝘚𝘈. ℅ Rest   AS **a**
M a la carte 38/53 – **50 Z : 72 B** 95/140 - 140/230 Fb.

🏨 **Grünwald** garni, Altostr. 38, ℰ 87 52 26 – ☎ ⇐ ⓟ Ε 𝘝𝘐𝘚𝘈. ℅   AS **s**
28. Juli - 18. Aug. und 22. Dez.- 8. Jan. geschl. – **37 Z : 60 B** 68/75 - 98/115 Fb.

In München 80-Berg am Laim :

🏨 **Eisenreich** garni, Baumkirchner Str. 17, ℰ 43 40 21, Fax 4312924 – 📺 ☎ ⇐. ﷼ ⊙ Ε 𝘝𝘐𝘚𝘈
23. Dez.- 8. Jan. geschl. – **36 Z : 48 B** 80/83 - 120.   DS **a**

In München-Bogenhausen :

🏨 **Sheraton**, Arabellastr. 6 (M 81), ℰ 9 26 40, Telex 522391, Fax 916877, ⩽ München,
Biergarten, Massage, ≘s, ⬛ – 📺 🖥 & ⇐ – 🍴 25/300. ﷼ ⊙ Ε 𝘝𝘐𝘚𝘈. ℅ Rest
Restaurants : – **Atrium M** 40/75 – **Alt Bayern Stube** *(nur Abendessen)* **M** a la carte 37/65 –
650 Z : 1 300 B 255/370 - 309/424 Fb – 16 Appart. 850/1750.   DS **e**

🏨 **Palace**, Trogerstr. 21 (M 80), ℰ 4 70 50 91, Telex 528256, Fax 4705090, « Elegante Einrichtung
mit Stilmöbeln », ≘s – 📺 ☎ ⇐ – 🍴   HV **t**
73 Z : 110 B Fb – 6 Appart..

🏨 **Arabella-Hotel**, Arabellastr. 5 (M 81), ℰ 9 23 20, Telex 529987, Fax 92324449, ⩽ München,
Massage, ≘s, ⬛ – 📺 🖥 Rest 📺 & ⇐ – 🍴 25/400. ﷼ ⊙ Ε 𝘝𝘐𝘚𝘈   DS **e**
M a la carte 35/69 – **478 Z : 780 B** 210/280 - 285/340 Fb – 25 Appart. 690/1440.

🏨 **Rothof** garni, Denniger Str. 114 (M 81), ℰ 91 50 61, Fax 915066, ≘s – 📺 📺 ⇐. ﷼ ⊙ Ε
𝘝𝘐𝘚𝘈   DS **k**
37 Z : 74 B 198/280 - 258/460 Fb.

🏨 **Prinzregent** garni, Ismaninger Str. 42 (M 80), ℰ 41 60 50, Telex 524403, Fax 41605466, ≘s
– 📺 📺 ⇐. ﷼ ⊙ Ε 𝘝𝘐𝘚𝘈   HV **t**
22. Dez.- 2. Jan. geschl. – **68 Z : 100 B** 195/315 - 260/380 Fb.

🏨 **Queens Hotel München**, Effnerstr. 99 (M 81), ℰ 98 25 41, Telex 524757, Fax 983813 – 🖥
℅ Zim 🖥 📺 ☎ ⓟ – 🍴 25/250. ﷼ ⊙ Ε 𝘝𝘐𝘚𝘈   DS **x**
M a la carte 39/60 – **155 Z : 285 B** 164/279 - 253/298 Fb.

✗✗✗ **da Pippo** (Italienische Küche), Mühlbaurstr. 36 (M 80), ℰ 4 70 48 48, 🍴 – ⊙ Ε 𝘝𝘐𝘚𝘈. ℅
Samstag - Sonntag 18 Uhr und Aug. 3 Wochen geschl. – **M** a la carte 46/75.   DS **b**

✗✗ **Käfer Schänke**, Schumannstr. 1 (M 80), ℰ 47 63 00, 🍴, « Mehrere Stuben mit rustikaler
und Stil-Einrichtung » – ﷼ ⊙ Ε. ℅   HV **s**
Sonn- und Feiertage geschl. – **M** (Tischbestellung erforderlich) a la carte 48/94.

✗✗ **Bogenhauser Hof** (ehemaliges Jagdhaus a.d.J. 1825), Ismaninger Str. 85 (M 80),
ℰ 98 55 86, « Gartenterrasse ». ⊙   HV **c**
24. Dez.- 7. Jan. sowie Sonn- und Feiertage geschl. – **M** (Tischbestellung erforderlich) a la
carte 55/91.

✗✗ **Boxhammer**, Ismaninger Str. 71a (M 80), ℰ 98 92 00, 🍴 – ﷼ Ε   HV **n**
M 35 (mittags) und a la carte 46/84.

✗✗ **Prielhof**, Oberföhringer Str. 44 (M 81), ℰ 98 53 53, 🍴   DS **c**
Samstag bis 18 Uhr, Sonn- und Feiertage sowie Jan. 2 Wochen geschl. – **M** (Tischbestellung
ratsam) 30 (mittags) und a la carte 44/70.

✗✗ **Tai Tung** (China-Restaurant), Prinzregentenstr. 60 (Villa Stuck) (M 80), ℰ 47 11 00 – ﷼
⊙ Ε 𝘝𝘐𝘚𝘈   HV **e**
Montag geschl. – **M** a la carte 31/55.

✗ **Mifune** (Japanisches Restaurant), Ismaninger Str. 136 (M 80), ✆ 98 75 72 — ⌷⌷ ⓞ ∈ 𝘝𝘐𝘚𝘈.
⚯   HV **v**
Samstag bis 18 Uhr, Sonntag und 1.- 6. Jan. geschl. — **M** 55/180 (abends) und a la carte
32/74.

✗ **Zum Klösterl**, Schneckenburger Str. 31 (M 80), ✆ 47 61 98 —   HV **y**

In München 81-Denning :

✗✗ **Casale** (Italienische Küche), Ostpreußenstr. 42, ✆ 93 62 68, 🍴 — ⓞ ∈   DS **n**
Dienstag geschl. — **M** a la carte 41/65.

In München 81-Englschalking :

🏠 **Kent** garni, Englschalkinger Str. 245, ✆ 93 50 73, Telex 5216716, Fax 935072, 😑 — 🛗 📺 ☎
🚗 — 🏛 25. ⌷⌷ ⓞ ∈ 𝘝𝘐𝘚𝘈   DS **f**
49 Z : 90 B 140/185 - 195/250 Fb.

In München 80-Haidhausen :

🏨 **City Hilton**, Rosenheimer Str. 15, ✆ 4 80 40, Telex 529437, Fax 48044804 — 🛗 ⚯⚯ Zim 📑
📺 ⅙ 🚗 — 🏛 25/320. ⌷⌷ ⓞ ∈ 𝘝𝘐𝘚𝘈   HX **s**
Restaurants : — **Zum Gasteig M** 32 (Buffet) und a la carte 37/69 — **Löwenschänke M** a la
carte 28/54 — **483 Z : 700 B** 225/285 - 300/350 Fb — 10 Appart. 420/850.

🏠 **Preysing**, Preysingstr. 1, ✆ 48 10 11, Telex 529044, 😑, 🖾 — 🛗 📑 📺 🚗. ⚯   HX **w**
23. Dez.- 6. Jan. geschl. — **M** : siehe Restaurant Preysing-Keller — **76 Z : 92 B** 148/237 - 270
— 5 Appart. 340/500.

🏠 **München Penta Hotel**, Hochstr. 3, ✆ 4 48 55 55, Telex 529046, Fax 4488277, Massage,
😑, 🖾 — 🛗 📑 📺 ⓟ — 🏛 25/500. ⌷⌷ ⓞ ∈ 𝘝𝘐𝘚𝘈. ⚯ Rest   HX **t**
M 31 (Buffet) und a la carte 42/74 — **583 Z : 1130 B** 245/315 - 309/334 Fb — 12 Appart.
540/640.

🏠 **Habis**, Maria-Theresia-Str. 2a, ✆ 4 70 50 71 — 📺 ☎. ⌷⌷ ⓞ ∈ 𝘝𝘐𝘚𝘈   HV **f**
M *(nur Abendessen)* a la carte 35/60 — **25 Z : 44 B** 110 - 140 Fb.

🏠 **Stadt Rosenheim** garni, Orleansplatz 6a, ✆ 4 48 24 24 — 🛗 ☎. ⌷⌷ ⓞ ∈ 𝘝𝘐𝘚𝘈   HX **h**
58 Z : 98 B 59/109 - 98/174.

✗✗✗ ⚙ **Preysing-Keller**, Innere-Wiener-Str. 6, ✆ 48 10 15, « Gewölbe mit rustikaler
Einrichtung » — 📑   HX **w**
nur Abendessen, 23. Dez.- 6. Jan. sowie Sonn- und Feiertage geschl. — **M** *(bemerkenswerte
Weinkarte)* (Tischbestellung ratsam) 109 und a la carte 61/82
Spez. Räucheraal-Parfait, Lasagne von Lachs und Kohlrabi, Crépinette vom Lammkotelett.

✗✗ **Balance**, Grillparzerstr. 1, ✆ 4 70 54 72, 🍴 — ⌷⌷ ⓞ ∈   HX **c**
Sonn- und Feiertage geschl. — **M** a la carte 43/68.

✗ **Rue Des Halles** (Restaurant im Bistro-Stil), Steinstr. 18, ✆ 48 56 75 — ∈   HX **a**
nur Abendessen — **M** (Tischbestellung ratsam) a la carte 54/66.

In München 90-Harlaching :

✗ **Gutshof Menterschwaige**, Menterschwaigstr. 4, ✆ 64 07 32, 🍴, Biergarten — ⓟ. ⓞ
∈ 𝘝𝘐𝘚𝘈   CT **c**
M a la carte 29/61.

In München 45-Harthof :

✗✗ **Zur Gärtnerei**, Schleißheimer Str. 456, ✆ 3 13 13 73   CR **a**
Mittwoch geschl. — **M** 39/65.

In München 21-Laim :

🏠 **Transmar-Park-Hotel**, Zschokkestr. 55, ✆ 57 93 60, Telex 5218609, Fax 57936100 — 🛗
📺 🚗 — 🏛 30. ⌷⌷ ∈ 𝘝𝘐𝘚𝘈   BS **c**
M *(nur Abendessen)* a la carte 39/54 — **71 Z : 125 B** 160/210 - 210/280 Fb.

🏠 **Petri** garni, Aindorferstr. 82, ✆ 58 10 99, 🖾 — 🛗 📺 ☎ 🚗   BS **r**
45 Z : 70 B 99/152 - 136/160 Fb.

In München 60-Langwied :

✗✗ ⚙ **Das kleine Restaurant im Gasthof Böswirth** ⚯ mit Zim, Waidachanger 9,
✆ 8 11 97 63 — 🚗 ⓟ. ⌷⌷ ⓞ ∈   AR **s**
Juni 2 Wochen und 23. Dez.- 20. Jan. geschl. — **M** *(nur Abendessen, Sonntag - Montag
geschl.)* 65/95 und a la carte — **12 Z : 19 B** 65/80 - 105
Spez. Kalbskopf in Kerbeldressing, Lammlendchen im Kartoffelmantel, Topfenmousse mit Beeren.

In München 40-Milbertshofen :

🏠 **Königstein** garni, Frankfurter Ring 30, ✆ 3 54 19 69 — 🛗 📺 ☎ 🚗. ⌷⌷ ⓞ ∈ 𝘝𝘐𝘚𝘈   CR **v**
42 Z : 57 B 175/220 - 235 Fb.

In München 50-Moosach :

🏠 **Mayerhof** garni, Dachauer Str. 421, ✆ 1 41 30 41, Telex 524675, Fax 1402417 — 🛗 📺 ☎
🚗. ⌷⌷ ⓞ ∈ 𝘝𝘐𝘚𝘈   BR **b**
71 Z : 150 B 89/139 - 114/169 Fb.

In München 83-Neu Perlach :

🏨 **Orbis Hotel**, Karl-Marx-Ring 87, ℰ 6 32 70, Telex 5213357, Fax 6327407, Biergarten, 🚗, ▣
— 🛗 ⇔ Zim 🍽 Rest 📺 ⇔ 🅟 — 🔏 über Ständlerstr. DT
Restaurants : — **Perlacher Bürgerstuben** — **Hubertuskeller** *(nur Abendessen)* — **Sakura** *(nu
Abendessen)* — **185 Z : 328 B** Fb — 4 Appart..

In München 19-Nymphenburg :

🏠 **Kriemhild** garni, Guntherstr. 16, ℰ 17 00 77 — 🕿 🅟 E 🎫 BS
18 Z : 32 B 65/118 - 90/148 Fb.

✗ **Schloßwirtschaft zur Schwaige**, Schloß Nymphenburg Eingang 30, ℰ 17 44 21
Biergarten — 🅟 E BS
M a la carte 26/54.

In München 81-Oberföhring :

✗ **Wirtshaus im Grün Tal**, Grüntal 15, ℰ 98 09 84, Fax 981867, 🍴, Biergarten — 🅟 DS
1.- 14. Jan. geschl. — Menu a la carte 31/60.

In München 60-Obermenzing :

🏠 **Blutenburg** garni, Verdistr. 130, ℰ 8 11 20 35, Fax 8111925 — 📺 🕿 ⇔ AS
19 Z : 38 B 85/120 - 130/160 Fb.

🏠 **Verdi** garni, Verdistr. 123, ℰ 8 11 14 84 — 🅟. 🎫 AS
20. Dez.- 11. Jan. und 14.- 31. Juli geschl. — **15 Z : 20 B** 48/75 - 77/102.

✗ **Weichandhof**, Betzenweg 81, ℰ 8 11 16 21, « Hübscher bayr. Landgasthof
Gartenterrasse » — 🅟. E AS
Aug. und Samstag geschl. — **M** (Tischbestellung ratsam) a la carte 30/65.

In München 60-Pasing :

🏠 **Stadt Pasing** garni, Blumenauer Str. 151, ℰ 8 34 40 66, Fax 8342318 — 📺 🕿 ⇔ 🅟. E
🎫 AS
20. Dez.- 2. Jan. geschl. — **18 Z : 35 B** 82/122 - 112/152 Fb.

🏠 **Petra** garni, Marschnerstr. 73, ℰ 83 20 41, 🍴 — 🕿 ⇔. 🎫 AS
22. Dez.- 7. Jan. geschl. — **18 Z : 26 B** 66/80 - 95/115.

In München 40-Schwabing :

🏨 **Ramada Parkhotel**, Theodor-Dombart-Str. 4 (Ecke Berliner Straße), ℰ 36 09 90
Telex 5218720, Fax 36099684, 🍴, 🚗 — 🛗 ⇔ Zim 🍽 Rest 📺 ⇔ — 🔏 25/60. 🎫 ⓪ E
🎫 CR
Restaurants : — **Bibliothek M** a la carte 50/75 — **Parkrestaurant M** a la carte 39/66 —
Brasserie *(Samstag bis 18 Uhr und Sonntag geschl.)* **M** a la carte 26/50 — **260 Z : 520 B**
229/304 - 293/368 Fb — 70 Appart. 408/558.

🏨 **Holiday Inn**, Leopoldstr. 194, ℰ 38 17 80, Telex 5215439, Fax 3617119, Massage, 🚗, ▣ —
🛗 ⇔ Zim 📺 ⇔ — 🔏 25/600. 🎫 ⓪ E 🎫 CR
M 31 Buffet (mittags) und a la carte 32/71 — **363 Z : 690 B** 212/282 - 328/374 Fb — 4 Appart
594/1044.

🏨 **Residence**, Artur-Kutscher-Platz 4, ℰ 38 17 80, Telex 529788, Fax 38178951, 🍴, ▣ — 🛗
📺 🕿 ⇔ — 🔏 30/70. 🎫 ⓪ E 🎫. 🍴 Rest HU
M a la carte 44/68 — **165 Z : 300 B** 178/250 - 248/320.

🏨 **König Ludwig** garni, Hohenzollernstr. 3, ℰ 33 59 95, Telex 5216607, Fax 394658 — 🛗 📺
🕿 ⇔. 🎫 ⓪ E 🎫 GU
46 Z : 87 B 165/210 - 195/280 Fb.

🏨 **Arabella - Olympiapark-Hotel**, Helene-Mayer-Ring 12, ℰ 3 51 60 71, Telex 5215231, Fax
3543720, 🍴, freier Zugang zum ▣ in den Thermen — 🛗 📺 🕿 🅟 — 🔏 . 🍴 Rest CR
105 Z : 200 B Fb.

🏨 **Weinfurtners Garden-Hotel** garni, Leopoldstr. 132, ℰ 36 80 04, Telex 5214315 — 🛗 📺
🕿 ⇔ 🅟 — 🔏 30. 🎫 ⓪ E GU
174 Z : 320 B 140 - 190 Fb.

🏠 **Consul** garni, Viktoriastr. 10, ℰ 33 40 35 — 🛗 📺 🕿 ⇔ 🅟. 🎫 GU
27 Z : 47 B 70/120 - 100/160 Fb.

🏠 **Leopold**, Leopoldstr. 119, ℰ 36 70 61, Telex 5215160 — 🛗 📺 🕿 ⏶ ⇔ 🅟. 🎫 E GU
M *(Samstag und 1.- 20. Okt. geschl.)* a la carte 35/56 — **78 Z : 116 B** 110/140 - 155/185 Fb.

🏠 **Ibis-Hotel**, Ungerer Str. 139, ℰ 36 08 30, Telex 5215080, Fax 363793 — 🛗 🍽 Rest 📺 🕿
⇔ — 🔏 25/50. 🎫 ⓪ E 🎫 CR
M a la carte 29/48 — **138 Z : 203 B** 126/156 - 167 Fb.

🏠 **International** garni, Hohenzollernstr. 5, ℰ 33 30 43 — 🛗 📺 🕿 ⇔ GU
70 Z : 149 B.

🏠 **Biederstein** ⬥ garni, Keferstr. 18, ℰ 39 50 72, 🍴 — 🛗 🕿 ⇔. 🎫 HU
31 Z : 39 B 110/145 - 135/165.

🏠 **Gästehaus Englischer Garten** ⬥ garni, Liebergesellstr. 8, ℰ 39 20 34, 🍴 — 📺 🕿 ⇔
 HU
14 Z : 22 B 102/126 - 134/157.

🏠 **Lettl** ⬥ garni, Amalienstr. 53, ℰ 28 30 26 — 🛗 📺 🕿 🅟 GU
16. Dez.- 6. Jan. geschl. — **27 Z : 55 B** 94/145 - 150/170 Fb.

XXXX ۞۞۞ **Tantris** (moderner Restaurantbau), Johann-Fichte-Str. 7, ℰ 36 20 61, Fax 3618469,
🏠 – 🗐 ℗. 🖭 ⓞ 🖪 VISA. 🌣 HU **b**
Montag und Samstag nur Abendessen, Sonn- und Feiertage sowie 1.- 7. Jan. und Juni 2
Wochen geschl. – **M** (Tischbestellung ratsam) a la carte 95/145
Spez. Tomatenmousse mit Krebsen, Wachtelkotelett im Kartoffelmantel, Marmor-Soufflé mit Nougatsauce.

XXX ۞ **La mer**, Schraudolphstr. 24, ℰ 2 72 24 39, « Bemerkenswerte Dekoration » – 🖭 ⓞ 🖪
nur Abendessen, Montag und Aug. 2 Wochen geschl. – **M** (Tischbestellung ratsam) 115/155
und a la carte 70/96. GU **r**

XXX Savarin, Schellingstr. 122, ℰ 52 53 11 FU **t**

XX **Romagna Antica** (Italienische Küche), Elisabethstr. 52, ℰ 2 71 63 55, 🏠 – 🖭 ⓞ 🖪. 🌣
Sonn- und Feiertage sowie Aug.- Sept. 3 Wochen geschl. – **M** (Tischbestellung ratsam) a
la carte 45/65. FU **a**

XX **Seehaus**, Kleinhesselohe 3, ℰ 39 70 72, Fax 341803, <, « Terrasse am See » – ℗. ⓞ 🖪
VISA HU **t**
M a la carte 39/65.

XX **Walliser Stuben**, Leopoldstr. 33, ℰ 34 80 00, Biergarten GU **g**
nur Abendessen.

XX **Daitokai** (Japanisches Restaurant), Nordendstr. 64 (Eingang Kurfürstenstr.), ℰ 2 71 14 21
– 🗐. 🖭 ⓞ 🖪 VISA. 🌣 GU **d**
Sonntag geschl. – **M** (Tischbestellung ratsam) a la carte 48/76.

XX **Bistro Terrine**, Amalienstr. 89 (Amalien-Passage), ℰ 28 17 80, 🏠 – 🖭 🖪. 🌣 GU **q**
Sonn- und Feiertage geschl., Montag und Samstag nur Abendessen – **M** (Tischbestellung
ratsam) 33/39 (mittags) und a la carte 59/76.

XX **Restaurant 33**, Feilitzschstr. 33, ℰ 34 25 28, 🏠 – 🖭 HU **a**
nur Abendessen – **M** (Tischbestellung ratsam) a la carte 36/62.

XX **Savoy** (Italienische Küche), Tengstr. 20, ℰ 2 71 14 45 – 🖭 ⓞ 🖪 GU **s**
Sonntag geschl. – **M** a la carte 37/55.

X **Ristorante Bei Grazia** (Italienische Küche), Ungererstr. 161, ℰ 36 69 31 – 🖪 CR **r**
Samstag - Sonntag geschl. – **M** (Tischbestellung ratsam) a la carte 35/52.

In München 70-Sendling :

🏨 **Holiday Inn München-Süd**, Kistlerhofstr. 142, ℰ 78 00 20, Telex 5218645, Fax 78002672,
Biergarten, 🚗, 🔟 – 🛗 ❄ Zim 🗐 🔟 ৬ ℗ – 🚗 25/150. 🖭 ⓞ 🖪 VISA. 🌣 Rest BT **x**
M a la carte 45/57 – **320 Z : 400 B** 207/272 - 288/344 Fb – 8 Appart. 394/594.

🏠 **Avella** garni, Steinerstr. 20, ℰ 7 23 70 91, Telex 5218116 – 🛗 🔟 🕿 ℗. ⓞ 🖪 VISA CT **e**
23. Dez.- 6. Jan. geschl. – **34 Z : 53 B** 95/160 - 160/190 Fb.

🏠 **Parkhotel Neuhofen**, Plinganserstr. 102, ℰ 7 23 10 86, Biergarten – 🛗 🔟 🕿 🚗 CT **v**
30 Z : 60 B Fb.

🏠 **Galleria** garni, Plinganserstr. 142, ℰ 7 23 30 01, Telex 5213122 – 🔟 🕿 ℗. 🖭 ⓞ 🖪 VISA CT **a**
19 Z : 35 B 110/170 - 140/195 Fb.

In München 71-Solln :

🏠 **Hotel und Gasthof Sollner Hof**, Herterichstr. 63, ℰ 79 20 90, Telex 5218264, Biergarten
– 🕿 🚗 ℗. 🌣 Zim BT **s**
23. Dez.- 5. Jan. geschl. – **M** *(Dienstag, Samstag und 2.- 23. Aug. geschl.)* a la carte 20/48 ঌ
– **25 Z : 38 B** 70/114 - 118/148 Fb.

🏠 **Pegasus** garni, Wolfratshauser Str. 211, ℰ 7 90 00 24, 🚗 – 🔟 🕿 🚗. 🖭 🖪 VISA BT **y**
24. Dez.- 6. Jan. geschl. – **22 Z : 30 B** 90 - 130.

🏠 **Villa Solln** garni, Wilh.-Leibl-Str. 16, ℰ 79 20 91, 🚗, 🚗 – 🔟 🕿 🚗. 🖪. 🌣 BT **n**
24. Dez.- 4. Jan. geschl. – **24 Z : 35 B** 85/100 - 120/140 Fb.

XX **Al Pino** (Italienische Küche), Franz-Hals-Str. 3, ℰ 79 98 85, 🏠 – ℗. 🖭 ⓞ 🖪 BT **a**
Samstag geschl. – **M** a la carte 44/64.

In München 82-Trudering über die B 304 DS :

🏨 **Am Moosfeld**, Am Moosfeld 35, ℰ 42 91 90, 🚗 – 🛗 🔟 🕿 ℗ – 🚗 30. 🖭 ⓞ 🖪 VISA
22. Dez.- 1. Jan. geschl. – **M** *(nur Abendessen, Freitag - Samstag geschl.)* a la carte 29/53
– **75 Z : 140 B** 108/118 - 144/160 Fb.

🏠 **Am Schatzbogen** garni, Truderinger Str. 198, ℰ 42 99 30 – 🔟 🕿 🚗 ℗. 🖭 ⓞ 🖪 VISA
24. Dez.- 2. Jan. geschl. – **20 Z : 34 B** 110/150 - 140/195 Fb. DS **z**

🏠 **Obermaier** garni, Truderinger Str. 304b, ℰ 42 90 21, Fax 426400 – 🛗 🔟 🕿 ℗. 🖭 ⓞ 🖪
VISA DS **u**
30 Z : 50 B 75/135 - 110/190 Fb.

XX **Passatore** (Italienische Küche), Wasserburger Landstr. 212 (B 304), ℰ 4 30 30 00, 🏠 –
🖭 ⓞ 🖪 VISA
Mittwoch geschl. – **M** (abends Tischbestellung ratsam) a la carte 46/70.

In München 50-Untermenzing :

🏨 **Romantik-Hotel Insel Mühle**, Von-Kahr-Str. 87, ℰ 8 10 10, Telex 5218292, Fax 8120571,
🏠, Biergarten, « Restaurierte Mühle a.d. 16. Jh. » – 🔟 🚗 ℗. 🖭 ⓞ 🖪 VISA AR **a**
M *(Sonn- und Feiertage geschl.)* 28 (mittags) und a la carte 49/77 – **37 Z : 80 B** 150/190 -
220/370.

In München 70-Untersendling :

🏠 **Carmen**, Hansastr. 146 (Einfahrt Haus Nr. 148), 🌮 7 60 10 99 (Hotel) 7 60 48 52 (Rest.), Telex 5213121, Fax 7605843 — 🛎 📺 ☎ ❷ — 🚗 25   CT **d**
M *(Samstag - Sonntag 18 Uhr und 17. Dez.- 8. Jan. geschl.)* a la carte 29/48 — **63 Z : 108 B** 85/150 - 138/210 Fb.

In Neuried 8027 :

✗ **Neurieder Hof**, Münchner Str. 2, 🌮 (089) 7 55 82 72 — ❷. 🆎 ⓞ 🇪 𝖵𝖨𝖲𝖠   AT **b**
Montag 15 Uhr - Dienstag geschl. — Menu (abends Tischbestellung ratsam) a la carte 32/73.

In Unterföhring 8043 — ✪ 089 :

🏨 **Quality Inn**, Feringastr. 2, 🌮 95 71 60, Telex 5218885, Fax 95716111, Massage, ⓢ — 🛎 📺
☎ 🚗 ❷ — 🚗 80. 🆎 ⓞ 🇪 𝖵𝖨𝖲𝖠   DR **t**
M a la carte 31/58 — **104 Z : 220 B** 140/180 - 180/340 Fb.

🏨 **Lechnerhof** garni, Eichenweg 4, 🌮 9 50 61 41, Telex 529724 — 🛎 📺 ☎ 🚗 ❷ — 🚗 30.
🆎 ⓞ 🇪 𝖵𝖨𝖲𝖠   DR **e**
über Weihnachten geschl. — **40 Z : 75 B** 110/135 - 155/195 Fb.

🏠 **Tele-Hotel**, Bahnhofstr. 15, 🌮 95 01 46, 🍽 — 🛎 📺 ☎ 🚗 ❷. 🆎 ⓞ 🇪 𝖵𝖨𝖲𝖠   DR **r**
M *(Samstag geschl.)* a la carte 24/51 — **59 Z : 120 B** 85/160 - 120/200 Fb.

🏠 Zum Gockl (Bayer. Landgasthof mit Gästehaus), Münchner Str. 73, 🌮 95 02 95, Telex 5214799, 🍽, Biergarten — 🛎 ☎ 🚗 — 🚗   DR **a**
75 Z : 130 B Fb.

In Feldkirchen 8016 ③ : 10 km :

🏨 **Bauer**, Münchner Str. 6, 🌮 (089) 9 09 80, Telex 529637, 🍽, ⓢ, 🄓 — 🛎 📺 ☎ 🔥 🚗 ❷ —
🚗 25/200. 🆎 ⓞ 🇪 𝖵𝖨𝖲𝖠
M a la carte 37/60 — **103 Z : 160 B** 115/135 - 155/200 Fb.

In Unterhaching 8025   S : 10 km über Tegernseer Landstraße und B 13 CT — ✪ 089 :

🏨 **Schrenkhof** ⌂ garni, Leonhardsweg 6, 🌮 6 10 09 10, Fax 61009150, « Einrichtung im alpenländischen Stil », ⓢ — 📺 ☎ 🚗 ❷ — 🚗 50. 🆎 ⓞ 🇪 𝖵𝖨𝖲𝖠. 🚗
21. Dez.- 6. Jan. geschl. — **26 Z : 47 B** 140/190 - 180/220 Fb.

🏨 Huber - Restaurant Huber Klausn ⌂, Kirchfeldstr. 8, 🌮 61 90 51 (Hotel) 🌮 6 11 16 18 (Rest.), ⓢ, 🄓, 🔥, ✗ — 🛎 📺 ☎ 🚗 ❷ — 🚗 40/50. 🆎 ⓞ 🇪 𝖵𝖨𝖲𝖠. 🚗
23. Dez.- 10. Jan. geschl. — **M** *(Samstag - Sonntag 17 Uhr und 29. Juli - 22. Aug. geschl.)* a la carte 26/58 — **65 Z : 93 B** 110 - 155 Fb.

🏠 **Demas** garni, Hauptstr. 32, 🌮 6 11 40 84 — 🛎 📺 ☎ 🚗. 🆎 🇪 𝖵𝖨𝖲𝖠
23 Z : 32 B 96/110 - 126/140 Fb.

🏠 Kölbl - Restaurant Pfeffermühle, Münchner Str. 107, 🌮 6 11 43 65 (Hotel) 🌮 6 11 19 71 (Rest.), Fax 6113851 — 📺 ☎ ❷. 🇪. 🚗 Zim
M *(nur Abendessen, Sonntag und Aug. 3 Wochen geschl.)* a la carte 48/72 — **17 Z : 27 B** 80/110 - 140 Fb.

✗✗ Arlecchino, Südstr. 8, 🌮 6 11 16 21, 🍽 — ❷.

✗ **Schrenkhof**, Leonhardsweg 2, 🌮 6 11 62 36, 🍽 — ❷. 🆎 🇪
M a la carte 33/58.

In Haar 8013   SO : 12 km über ③ — ✪ 089 :

🏠 **Motel Heberger** garni, Jagdfeldring 95, 🌮 46 45 74, ständige Bilder-Galerie — 📺 ☎ 🚗
❷
24 Z : 35 B Fb.

🏠 **Wiesbacher**, Waldluststr. 25, 🌮 46 40 40, 🍽, Zugang zum öffentlichen 🏊 — 🛎 📺 ☎ ❷.
🆎 ⓞ 🇪 𝖵𝖨𝖲𝖠
M a la carte 25/50 — **32 Z : 52 B** 100/155 - 145/165 Fb.

✗✗ Kreitmair (bayerischer Landgasthof), Keferloh 2 (S : 1 km), ✉ 8011 Keferloh, 🌮 46 46 57, Fax 4603768, Biergarten — 🚗 ❷. ⓞ 🇪
4.- 22. Jan. und Montag geschl. — **M** (Tischbestellung ratsam) a la carte 33/62.

In Neubiberg 8014   SO : 12 km über Neubiberger Str. DT :

🏠 **Rheingoldhof** ⌂ garni, Rheingoldstr. 4, 🌮 (089) 6 01 30 77 — ☎ 🚗 ❷
Mitte Aug.- Mitte Sept. und 23. Dez.- Ende Jan. geschl. — **20 Z : 35 B** 58 - 90.

In Ottobrunn 8012   SO : 12 km über Neubiberger Str. DT — ✪ 089 :

🏨 **Aigner** garni, Rosenheimer Landstr. 118, 🌮 60 81 70, Telex 528210, Fax 6083213 — 🛎 📺 ☎
🚗 ❷ — 🚗 25. 🆎 ⓞ 🇪 𝖵𝖨𝖲𝖠
70 Z : 110 B 130/180 - 180/240 Fb.

🏠 **Gästehaus Heidi** garni, Bürgermeister-Wild-Str. 23, 🌮 6 09 72 77 — 📺 ☎ ❷. 🇪
20. Dez.- 10. Jan. geschl. — **18 Z : 27 B** 68 - 85.

✗✗ **Bistro Cassolette**, Nauplia - Allee 6 (Eingang Margreider Platz), 🌮 6 09 86 83 — 🇪
Sonn- und Feiertage geschl. — **M** (abends Tischbestellung ratsam) 40 (mittags) und a la carte 50/69.

In Aschheim 8011 ③ : 13 km über Riem :

🏨 **Schreiberhof**, Erdinger Str. 2, ℰ (089) 90 00 60, Fax 90006459, « Elegante Einrichtung » –
|🛁| 📺 &. ⇐⇒ ❷ – 🔙 25/110. 🖭 ⓞ Ε. ❀
M a la carte 47/67 – **86 Z : 144 B** 155/195 - 195/235 Fb.

🏨 **Zur Post**, Ismaninger Str. 11 (B 471), ℰ (089) 9 03 20 27, 🌬 – |🛁| ☎ ⇐⇒ ❷ – 🔙 40
← **M** a la carte 20/46 – **55 Z : 80 B** 52/100 - 77/150 Fb.

In Grünwald 8022   S : 13 km über Geiselgasteigstr. CT – ❀ 089 :

🏨 **Tannenhof** garni, Marktplatz 3, ℰ 6 41 70 74, Fax 6415608, « Modernisiertes
Jugendstil-Haus, elegante Einrichtung » – 📺 ☎ ❷. 🖭 ⓞ Ε 𝒱𝐼𝒮𝒜
24.- 31. Dez. geschl. – **21 Z : 40 B** 115/150 - 150/190 Fb.

🏨 **Forsthaus Wörnbrunn** 🦌, im Grünwalder Forst, ℰ 6 41 78 85, Biergarten,
« Gemütlich-rustikale Einrichtung » – 📺 ☎ ❷ – 🔙 25/200. 🖭 Ε
M a la carte 27/75 – **17 Z : 30 B** 115/140 - 170/195 Fb.

🏨 **Alter Wirt**, Marktplatz 1, ℰ 6 41 78 55, Telex 524640, Fax 6414266, 🌬, « Bayrischer
Landgasthof mit gemütlicher Atmosphäre » – |🛁| 📺 ☎ ⇐⇒ ❷ – 🔙 25/100. 🖭 Ε
M a la carte 37/65 – **49 Z : 75 B** 98/140 - 130/180 Fb.

🏨 **Schloß-Hotel Grünwald** 🦌, Zeillerstr. 1, ℰ 6 41 79 35, Telex 5218817, ≼,
« Gartenterrasse » – 📺 ☎ ❷. 🖭 ⓞ Ε
1.- 18. Jan. geschl. – **M** a la carte 33/64 – **16 Z : 27 B** 105/195 - 160/245 Fb.

In Grünwald-Geiselgasteig 8022   S : 12 km über Geiselgasteigstr. CT :

🏨 **Ritterhof** garni, Nördliche Münchner Str. 6, ℰ (089) 6 49 32 41, Fax 6493012, 🛁, 🌳 – 📺
☎ ⇐⇒ ❷. 🖭 Ε
11 Z : 22 B 98/110 - 140/170.

XX **Zur Einkehr** (bayerischer Landgasthof), Nördliche Münchner Str. 2, ℰ (089) 6 49 23 04,
Fax 649053, Biergarten – ❷. 🖭 ⓞ Ε
M a la carte 35/82.

In Oberhaching 8024   S : 14 km über die A 995 CT :

🏨 **Hachinger Hof** 🦌, Pfarrer-Socher-Str. 39, ℰ (089) 6 13 50 91, Fax 6131492, ≼⇔ – |🛁| 📺
☎ ⇐⇒ ❷. 🖭 ⓞ Ε
24. Dez.- 12. Jan. geschl. – **M** *(nur Abendessen, Samstag - Sonntag geschl.)* a la carte
23/44 – **47 Z : 62 B** 99 - 120/160 Fb.

An der Autobahn A 8   Richtung Augsburg (W : 5 km ab Autobahneinfahrt Obermenzing) :

🏨 **Rasthaus Langwieder See**, Kreuzkapellenstr. 68, ✉ 8000 München 60,
ℰ (089) 8 14 10 54, ≼, 🌬 – ☎ ⇐⇒ ❷. 🖭 ⓞ Ε 𝒱𝐼𝒮𝒜   AR **b**
M a la carte 25/51 – **94 Z : 173 B** 55/89 - 100/130.

MICHELIN-REIFENWERKE KGaA. Niederlassung 8046 Garching(über ② und die A 9),
Gutenbergstr. 4, ℰ (089) 3 20 20 41, FAX 3202047.

The overnight or full board prices may
in some cases be increased by the addition of a local bed tax or
a charge for central heating.
Before making your reservation confirm with the hotelier
the exact price that will be charged.

MÜNCHWEILER AN DER RODALB 6785. Rheinland-Pfalz 𝟜𝟙𝟛 FG 19, 𝟚𝟜𝟚 ⑧, 𝟠𝟟 ① – 3 100 Ew
– Höhe 272 m – ❀ 06395.

Mainz 131 – Landau in der Pfalz 39 – Pirmasens 9.

XXX ❀ **Krone** mit Zim, Hauptstr. 1, ℰ 16 81, bemerkenswerte Weinkarte – ❷. 🖭 ⓞ
Juli - Aug. 3 Wochen geschl. – **M** *(Tischbestellung ratsam)* (Samstag bis 18 Uhr und
Montag - Dienstag 18 Uhr geschl.) a la carte 63/88 – **12 Z : 13 B** 60 - 120
Spez. Geräucherte Trüffelwürstchen auf Sauerkraut (Jan.- März), Lauwarmer Wildlachs mit Knoblauchkompott
(Mai - Juni), Geeiste Vanilleterrine mit Waldbeeren.

MÜNDEN 3510. Niedersachsen 𝟵𝟴𝟳 ⑮ – 28 000 Ew – Höhe 125 m – Erholungsort – ❀ 05541.

Sehenswert : Fachwerkhäuser★★ – Rathaus★.

Ausflugsziel : Wesertal★ (von Münden bis Höxter).

🎫 Städtisches Verkehrsbüro, Rathaus, ℰ 7 53 13.

♦Hannover 151 ① – ♦Braunschweig 138 ① – Göttingen 34 ① – ♦Kassel 23 ②.

Stadtplan siehe nächste Seite.

🏨 **Berghotel Eberburg** 🦌, Tillyschanzenweg 14, ℰ 50 88, ≼ Münden, 🌬 – 📺 ☎ &. ⇐⇒
❷. 🖭 ⓞ Ε 𝒱𝐼𝒮𝒜   Z **u**
M *(nur Abendessen, Sonntag und Jan.- Mitte März geschl.)* a la carte 29/47 – **27 Z : 51 B**
40/71 - 80/115 Fb.

MÜNDEN

Si vous écrivez
à un hôtel à l'étranger
joignez à votre lettre
un coupon réponse
international
(disponible dans
les bureaux de poste).

🏨 **Schmucker Jäger**, Wilhelmshäuser Str. 45 (B 3), ℰ 50 49 – ☎ 🅿 – 🏛 80. 🅰🅴 🅾 🎗 𝓥𝓘𝓢𝓐
   2.- 12. Jan. geschl. – **M** (Sonntag 15 Uhr - Montag 17 Uhr geschl.) a la carte 19/49 – **30 Z :
   58 B** 39/67 - 72/110.
   Z r

🏨 **Jagdhaus Heede** 🦌, Hermannshäger Str. 81, ℰ 23 95, 🍴, 🌳 – 🅿. 🎗 Zim   über ①
   Nov. geschl. – **M** (Montag geschl.) a la carte 22/45 – **18 Z : 30 B** 48/60 - 84 – ½ P 53.

🏨 **Hainbuchenbrunnen** 🦌, Hainbuchenbrunnen 4, ℰ 3 31 66, ≤, 🍴, ≦s, 🔲, 🌳, 🎗 –
   🅿. 🅴. 🎗   über Vogelsangweg   Z
   Mitte Jan.- Mitte Feb. geschl. – **M** (nur Abendessen, Okt.- März Donnerstag geschl.) a la
   carte 20/49 – **24 Z : 45 B** 43/68 - 79/110 Fb.

In Münden-Bursfelde ⑤ : 18 km :

✕ **Klostermühle** mit Zim, Klosterhof 24, ℰ (05544) 72 49, ≤, 🍴 – 🅿
   Jan. geschl. – **M** (Montag geschl.) a la carte 22/37 – **6 Z : 11 B** 40/50 - 80.

In Münden 18-Laubach ① : 6 km :

🏨 **Werrastrand**, Buschweg 41, ℰ 3 32 58, 🍴, ≦s – ☎ 🚗 🅿 – 🏛 25/80. 🅰🅴 🅾 🎗 𝓥𝓘𝓢𝓐.
   🎗 Zim
   Nov. geschl. – **M** (Dienstag geschl.) a la carte 24/60 – **16 Z : 29 B** 44/58 - 76/90.

MÜNDER AM DEISTER, BAD 3252. Niedersachsen 🗺 ⑮ – 20 000 Ew – Höhe 120 m –
Heilbad – ✆ 05042.
🛈 Kurverwaltung, im Haus des Kurgastes, ℰ 6 04 54.
♦Hannover 33 – Hameln 16 – Hildesheim 38.

🏨 **Kastanienhof** 🦌, Am Stadtbahnhof 11 (am Süntel), ℰ 30 63, ≦s, 🔲, 🌳 – 🛗 📺 ☎
   🚗 🅿
   M a la carte 32/66 – **36 Z : 72 B** 85/160 - 116/180 Fb – ½ P 68/101.

🏨 **Wiesengrund**, Lange Str. 70, ℰ 20 22, 🌳 – 🛗 📺 ☎ 🅿
   Nov.- 2. Dez. geschl. – **M** (Freitag - Samstag geschl.) a la carte 23/51 – **25 Z : 30 B** 66/222 -
   110/266 Fb – ½ P 70/200.

🏨 **Terrassen-Café** 🦌, Querlandweg 2, ℰ 30 45, Fax 6303, 🍴, ≦s – 🛗 📺 ☎ 🅿. 🅰🅴 🅾 🎗
   𝓥𝓘𝓢𝓐
   M a la carte 24/41 – **23 Z : 37 B** 70/80 - 130 Fb.

🏨 **Goldenes M** 🦌 garni, Lange Str. 70a, ℰ 27 17, 🌳 – 🅿
   9 Z : 16 B 65/90 - 100/140 – ½ P 75.

In Bad Münder 1-Klein Süntel SW : 9 km :

🏨 **Landhaus Zur schönen Aussicht** 🦌, Klein-Sünteler-Str. 6, ℰ 5 19 55, ≤, « Gartenterrasse », 🌳 – 📺 ☎ 🅿. 🎗 Zim
   Mitte Nov.- Anfang Dez. geschl. – **M** (Dienstag geschl.) a la carte 28/49 – **17 Z : 24 B** 55/75
   - 105/120 Fb.

MÜNNERSTADT 8732. Bayern **413** N 16, **987** ⑳ − 8 100 Ew − Höhe 234 m − ✪ 09733.

Sehenswert : Stadtpfarrkirche (Werke★ von Veit Stoss und Riemenschneider).

🛈 Tourist-Information, Marktplatz 1, ✆ 90 31.

◆München 331 − ◆Bamberg 86 − Fulda 76 − Schweinfurt 29.

🏨 **Bayerischer Hof** (Fachwerkhaus a.d. 17. Jh.), Marktplatz 9, ✆ 2 25, 🍴, ⓢ − 📺 ☎
   ⟵, ⓪ Ε ᴠɪꜱᴀ
   M *(bemerkenswerte Weinkarte)* a la carte 33/60 − **21 Z : 44 B** 48/54 - 88/98 Fb.

🏨 **Gasthof Hellmig**, Meiningerstr. 1, ✆ 30 72
← **M** *(Dienstag geschl.)* a la carte 17/32 ⅄ − **9 Z : 14 B** 35/40 - 65/70 Fb.

🏯 **Café Winkelmann** garni, Marktplatz 13, ✆ 94 41
   24. Sept.- 15. Okt. geschl. − **14 Z : 26 B** 25/36 - 50/70.

MÜNSINGEN 7420. Baden-Württemberg **418** L 21, **987** ㉟ − 11 200 Ew − Höhe 707 m − Wintersport : 700/850 m ⛷4 ⛷7 − ✪ 07381.

🛈 Fremdenverkehrsamt, Rathaus, Bachwiesenstr. 7, ✆ 18 21 45.

◆Stuttgart 61 − Reutlingen 32 − ◆Ulm (Donau) 51.

🏨 **Herrmann**, Ernst-Bezler-Str. 1, ✆ 22 02, ⓢ − 🛏 ⓟ
← 22. Dez.- 5. Jan. geschl. − **M** *(Freitag geschl.)* a la carte 18/41 ⅄ − **35 Z : 60 B** 36/55 - 62/85.

In Münsingen 1-Gundelfingen S : 13 km:

🏨 **Wittstaig**, Wittstaig 10, ✆ (07383) 12 72, 🍴, ⓢ, 🏊, 🐎 − 🛏 ⓟ. ✪ Zim
← 8. Jan.- 9. Feb. geschl. − **M** *(Dienstag geschl.)* a la carte 19/39 ⅄ − **28 Z : 55 B** 37/55 - 64/84.

In Mehrstetten 7421 SO : 9 km :

🏨 Zum Hirsch - Gästehaus Mandel ⓢ, Bahnhofstr. 7, ✆ (07381) 24 79, ≤, 🐎 − ⓟ
   11 Z : 22 B.

MÜNSTER AM STEIN - EBERNBURG, BAD 6552. Rheinland-Pfalz **987** ⑳ − 4 100 Ew − Höhe 120 m − Heilbad − Heilklimatischer Kurort − ✪ 06708.

Sehenswert : Felsenlandschaft★★ − Kurpark★ − Rheingrafenstein ≤★.

🏌 Drei Buchen (SW : 2 km), ✆ (06708) 21 45.

🛈 Verkehrsverein, Berliner Str. 56, ✆ 15 00.

Mainz 51 − Kaiserslautern 52 − Bad Kreuznach 4,5.

🏨 **Hotel am Kurpark** ⓢ, Kurhausstr.10, ✆ 12 92, ≤, Massage, 🐎, Fahrradverleih − ☎
   ⓟ. ✪
   6. Jan.- 10. März und 3. Nov.- 22. Dez. geschl. − (nur Abendessen für Hausgäste) − **32 Z :
   40 B** 60/85 - 122/135 Fb − ½ P 82/104.

🏨 **Kurhotel Krone**, Berliner Str. 73, ✆ 8 40, Fax 84189, ⓢ, 🏊 − 🛏 ☎ ⓟ − 🔬 25/100. ᴀᴇ
   ⓞ Ε
   7.- 13. Jan. geschl. − **M** a la carte 26/64 ⅄ − **66 Z : 101 B** 80/100 - 130/150 Fb − 4 Appart.
   246 − ½ P 85/120.

🏨 **Parkhotel Plehn** ⓢ, Kurhausstr. 8, ✆ 8 30, Massage − 🛏 ☎ ⓟ − 🔬 25/40
   M a la carte 26/54 ⅄ − **68 Z : 103 B** 75/100 - 120/150 Fb − 5 Appart. 190/220.

🏨 **Haus Lorenz** ⓢ, Kapitän-Lorenz-Ufer 18, ✆ 18 41, ≤, 🍴, 🐎 − ⟵. ✪
   20. Nov.- 14. Jan. geschl. − **M** *(Jan.- März Freitag, April - Nov. Montag geschl.)* a la carte
   24/53 ⅄ − **19 Z : 30 B** 53/60 - 94 − ½ P 64/77.

🏨 **Weinhotel Schneider** ⓢ, Gartenweg 2a, ✆ 20 43 − ☎ ⓟ
   M *(nur Abendessen, Dienstag geschl.)* a la carte 23/32 ⅄ − **9 Z : 18 B** 48/57 - 82/92.

🏨 **Post**, Berliner Str. 33, ✆ 30 26, Fax 3027, 🍴, ⓢ − 🛏 ☎ ⓟ − 🔬 25/80. Ε
   M a la carte 27/61 ⅄ − **28 Z : 38 B** 63/85 - 114/120 Fb − ½ P 79/87.

🏨 **Kaiserhof**, Berliner Str. 35, ✆ 39 50, Fitneßcenter − ⟵ ⓟ. ⓞ
   Feb. geschl. − (Restaurant nur für Hausgäste) − **22 Z : 35 B** 50/58 - 96/104 − ½ P 68/76.

🏨 **Gästehaus Weingut Rapp** ⓢ garni, Schloßgartenstraße (Ebernburg), ✆ 23 12, 🐎 −
   ⓟ. ✪
   15 Z : 30 B 48/53 - 70/80 − 4 Fewo 62/75.

🏨 **Haus in der Sonne** ⓢ, Bismarckstr. 24, ✆ 15 36, ≤ − ☎ ⓟ. ✪
   März - Nov. − (Restaurant nur für Hausgäste) − **15 Z : 27 B** 48/70 - 96.

MÜNSTER Hessen siehe Selters (Taunus).

Les hôtels ou restaurants agréables
sont indiqués dans le guide par un signe rouge.
Aidez-nous en nous signalant les maisons où,
par expérience, vous savez qu'il fait bon vivre.
Votre guide Michelin sera encore meilleur.

🏨🏨🏨 ... 🏨

XXXXX ... X

581

MÜNSTER (WESTFALEN) 4400. Nordrhein-Westfalen 🗺️🗺️🗺️ ⑭ — 272 000 Ew — Höhe 62 m — ✆ 0251.

Sehenswert : Prinzipalmarkt★ — Dom★ (Domkammer★★ BY **M2**, astronomische Uhr★, Sakramentskapelle★) — Rathaus (Friedenssaal★) — Residenz-Schloß★ AY — Landesmuseum für Kunst und Kulturgeschichte (Altarbilder★★) BY **M1** — Lambertikirche (Turm★) BY **A**.

Ausflugsziel : Straße der Wasserburgen★ (Vornholz★, Hülshoff★, Lembeck★, Vischering★) (über Albert-Schweitzer-Straße E).

🏌️ Steinfurter Str. 448 (E), ✆ 21 12 01.

🛫 bei Greven, N : 31 km über ⑤ und die A 1, ✆ (02571) 50 30.

🚃 ✆ 69 13 26.

Ausstellungsgelände Halle Münsterland (DZ), ✆ 6 60 00, Telex 892681.

🛈 Verkehrsverein, Berliner Platz 22, ✆ 51 01 80 — ADAC, Ludgeriplatz 11, ✆ 4 28 79, Notruf ✆ 1 92 11.

♦Düsseldorf 124 ④ — Bielefeld 87 ① — ♦Dortmund 70 ④ — Enschede 64 ⑤ — ♦Essen 86 ④.

Stadtpläne siehe nächste Seiten.

🏨 **Mövenpick Hotel am Aasee**, Kardinal-von-Galen-Ring 65, ✆ 8 90 20, Fax 8902616, 😐, Fahrradverleih — 🔄 🌂 Zim 🔟 🕿 🅿 — 🔬 25/250. 🆎 ⑩ E 𝖵𝖨𝖲𝖠   E   **a**
Restaurants : — **Rössli M** a la carte 45/79 — **Mövenpick M** a la carte 34/60 — **120 Z : 168 B** 187 - 244 Fb — 4 Appart. 354.

🏨 **Schloß Wilkinghege** (Wasserschloß a.d. 16. Jh. mit Gästehaus in ländlicher Parklandschaft), Steinfurter Str. 374 (B 54), ✆ 21 30 45, « Restauranträume mit stilvoller Einrichtung, Schloßkeller », ✂, 🏌️ — 🔟 🕿 🅿 — 🔬 25/50. 🆎 ⑩ E 𝖵𝖨𝖲𝖠. 😾 Rest   E   **r**
M a la carte 58/80 — **38 Z : 70 B** 115/160 - 165/180 Fb — 4 Appart. 390.

🏨 **Kaiserhof** garni, Bahnhofstr. 14, ✆ 4 00 59, Telex 892141, Fax 511412 — 🔄 🔟 🕿 🅿 — 🔬 25/60. 🆎 ⑩ E 𝖵𝖨𝖲𝖠   CZ   **b**
109 Z : 141 B 111 - 165 Fb — 6 Appart. 204.

🏨 **Am Schloßpark** garni, Schmale Str. 2, ✆ 2 05 41 — 🔄 🔟 🕿 🅿. 🆎 ⑩ E 𝖵𝖨𝖲𝖠. 😾   AX   **d**
Juni - Juli 3 Wochen und 23. Dez.- 1. Jan. geschl. **28 Z : 53 B** 95/130 - 140/180 Fb — 3 Appart. 260.

🏨 **Central**, Aegidiistr. 1, ✆ 4 03 55, Fahrradverleih — 🔄 🔟 🕿 🅿 🚗. 🆎 ⑩ E 𝖵𝖨𝖲𝖠. 😾   BY   **n**
15. Juli - 15. Aug. und 23. Dez.- 2. Jan. geschl. — Menu (Samstag 14 Uhr - Sonntag geschl.) a la carte 29/62 — **25 Z : 40 B** 105/135 - 150/185 — 4 Appart. 250.

🏨 **Steinburg**, Mecklenbecker Str. 80, ✆ 7 71 79, ≤, 😐 — 🔟 🕿 🅿 — 🔬 35. 🆎 ⑩ E 𝖵𝖨𝖲𝖠. 😾 Zim   E   **u**
23. Dez.- 6. Jan. geschl. — **M** (Montag geschl.) a la carte 41/54 — **17 Z : 31 B** 89 - 144.

🏨 **Feldmann**, Klemensstr. 24, ✆ 4 33 09 — 🔄 🔟 🕿 🅿 — 🔬 30. 🆎 E   CY   **m**
M (Sonn- und Feiertage sowie Juli 3 Wochen geschl.) 25/35 (mittags) und a la carte 42/67 — **30 Z : 45 B** 55/95 - 98/155.

🏨 **Überwasserhof**, Überwasserstr. 3, ✆ 4 06 30 — 🔄 🔟 🕿 🅿. ⑩ E   AY   **k**
24. Dez.- 6. Jan. geschl. — **M** (6.- 15. Jan. und Dienstag geschl.) a la carte 26/51 — **50 Z : 80 B** 85/95 - 130/150.

🏨 **City-Hotel** garni, Friedrich-Ebert-Str. 55, ✆ 7 72 44 — 🔄 🔟 🕿 🅿. 🆎 ⑩ E 𝖵𝖨𝖲𝖠   CZ   **a**
32 Z : 55 B 75/110 - 125/160.

🏨 **Windsor** garni, Warendorfer Str. 177, ✆ 3 03 28, Fax 391610 — 🔄 🔟 🕿. 🆎 ⑩ E 𝖵𝖨𝖲𝖠   E   **d**
29 Z : 45 B 90/108 - 118/180 Fb.

🏨 **Martinihof**, Hörster Str. 25, ✆ 4 00 73 (Hotel) 4 66 43 (Rest.) — 🔄 🕿 🅿. E   CY   **z**
Juli 3 Wochen geschl. — **M** (Sonntag geschl.) a la carte 25/45 — **52 Z : 70 B** 45/78 - 85/118 Fb.

🏨 **Conti** garni, Berliner Platz 2a, ✆ 4 04 44, Telex 892113 — 🔄 🔟 🕿 🛁 🅿   CZ   **r**
60 Z : 120 B Fb.

🏨 **Lindenhof** 😾 garni, Kastellstr. 1, ✆ 4 70 87 — 🕿 🅿 — 🔬 — **29 Z : 46 B**.   AY   **a**

🏨 **Horstmann** garni, Windthorststr. 12, ✆ 4 70 77 — 🔄 🕿   CZ   **s**
24 Z : 32 B 72 - 135 Fb.

🏨 **Mauritzhof** garni, Eisenbahnstr. 17, ✆ 4 23 66 — 🕿. 🆎 ⑩ E 𝖵𝖨𝖲𝖠   CY   **s**
24. Dez.- 1. Jan. geschl. — **22 Z : 40 B** 75/95 - 98/130 Fb.

🏨 **Hansa-Haus** garni, Albersloher Weg 1, ✆ 6 43 24, 🚗 — 🔟 🅿. 🆎 E 𝖵𝖨𝖲𝖠   CZ   **y**
20. Dez.- 6. Jan. geschl. — **13 Z : 19 B** 50/80 - 105/140.

🍴🍴🍴 ❀ **Kleines Restaurant im Oerschen Hof** (Französische Küche), Königsstr. 42, ✆ 4 20 61, bemerkenswerte Weinkarte — 🆎 ⑩ E 𝖵𝖨𝖲𝖠   BZ   **e**
Sonntag - Montag 19 Uhr, über Karneval 2 Wochen und Juni - Juli 3 Wochen geschl. — **M** (Tischbestellung ratsam) 60 (mittags) und a la carte 85/130
Spez. La salade Ferdinand Point, La truffe du Périgord en surprise, Délice aux trois chocolats.

🍴🍴 **Tannenhof** mit Zim, Prozessionsweg 402, ✆ 3 13 73, 😐 — 🅿   E   **v**
19. Feb.- 12. März geschl. — **M** (Montag geschl.) a la carte 40/67 — **6 Z : 10 B** 48 - 86.

🍴🍴 **Villa Medici** (Italienische Küche), Ostmarkstr. 15, ✆ 3 42 18 — E. 😾   DX   **x**
Samstag bis 18 Uhr, Dienstag sowie Feb. und Juni - Juli je 2 Wochen geschl. **M** a la carte 39/60.

🍴🍴 **Ratskeller**, Prinzipalmarkt 8, ✆ 4 42 26, Fax 57240 — 🆎 ⑩ E 𝖵𝖨𝖲𝖠   BY   **R**
M a la carte 29/65.

🍴🍴 **Altes Brauhaus Kiepenkerl**, Spiekerhof 45, ✆ 4 03 35, 😐 — 🛁. 🆎 ⑩ E 𝖵𝖨𝖲𝖠   BY   **a**
Weihnachten und Dienstag geschl. — **M** a la carte 30/50.

✗ **Wienburg** 🦢 mit Zim, Kanalstr. 237, 🖉 29 33 54, 😤, « Gartenterrasse » – 📺 ☎ ⇦ 🅿
– 🎿 30. ⅋ 𝐄 ⠀⠀⠀E n
M *(Montag geschl.)* a la carte 34/67 – **7 Z : 13 B** 70 - 130.

✗ **Shanghai** (China-Restaurant), Verspoel 22, 🖉 5 64 77 ⠀⠀⠀⠀⠀⠀⠀⠀⠀⠀⠀⠀⠀⠀BZ d
M a la carte 22/39.

Brauerei-Gaststätten :

✗ **Restaurant Wielers - Kleiner Kiepenkerl**, Spiekerhof 47, 🖉 4 34 16, 😤 – ⅋ ⓞ 𝐄
𝐕𝐈𝐒𝐀 ⠀⠀⠀BY a
Montag geschl. – **M** a la carte 25/59.

✗ **Pinkus Müller** (Altbier-Küche, traditionelles Studentenlokal), Kreuzstr. 4, 🖉 4 51 51
Sonn- und Feiertage geschl. – **M** (westfälische und münstersche Spezialitäten) a la carte
28/54. ⠀⠀⠀BY p

✗ **Altes Gasthaus Leve**, Alter Steinweg 37, 🖉 4 55 95 – ♿ ⠀⠀⠀⠀⠀⠀⠀⠀⠀⠀CY u
⬥ *Montag geschl.* – **M** a la carte 21/36.

In Münster-Amelsbüren ③ : 11 km :

✗✗✗ ❀ **Davert Jagdhaus** 🦢 mit Zim, Wiemannstr. 4, 🖉 (02501) 5 80 58, « Gartenterrasse » –
☎ 🅿. ⅋ ⓞ 𝐄 𝐕𝐈𝐒𝐀
Mitte Juni - Mitte Juli und Weihnachten - Neujahr geschl. – **M** *(Montag - Dienstag geschl.)*
a la carte 58/78 – **4 Z : 8 B** 60 - 100
Spez. Lauwarmer Kaninchensalat mit Pilzen, Panaché von Fischen in Kerbelsauce, Lammrücken mit Basilikum.

In Münster-Gievenbeck W : 4,5 km über Albert-Schweitzer-Straße E :

✗✗ **Bakenhof**, Roxeler Str. 376, 🖉 86 15 06, 😤 – 🅿. 𝐄
Dienstag, Mitte Feb.- Anfang März und 16.- 31. Juli geschl. – **M** (abends Tischbestellung
ratsam) a la carte 34/70.

In Münster-Gremmendorf ② : 4 km :

🏛 **Münnich** 🦢, Heeremansweg 11, 🖉 62 40 81, 😤, Fahrradverleih – 📺 ☎ 🅿 – 🎿 25/100.
⅋ 𝐄
Weihnachten - Anfang Jan. geschl. – **M** a la carte 25/40 – **46 Z : 90 B** 59 - 99 Fb.

In Münster-Handorf ① : 7 km :

🏨 **Romantik-Hotel Hof zur Linde** 🦢 (westfälischer Bauernhof), Handorfer Werseufer 1,
🖉 32 50 02, Telex 891500, Fax 328209, « Geschmackvoll eingerichtete Zimmer in
verschiedenen Stilarten, Bauernstuben mit offenem Herdfeuer », Fahrradverleih – 📳 📺
☎ 🅿 – 🎿 25/45. ⅋ ⓞ 𝐄 𝐕𝐈𝐒𝐀
M *(auch vegetarische Gerichte)* a la carte 47/78 – **34 Z : 64 B** 105/135 - 165/190 Fb.

🏨 **Deutscher Vater**, Petronillaplatz 9, 🖉 3 20 33, Fax 327321, 🚲. Fahrradverleih – 📳 📺 ☎
⇦ 🅿 – 🎿 25/50. ⅋ ⓞ 𝐄 𝐕𝐈𝐒𝐀 🦢 Zim
M *(Freitag geschl.)* a la carte 39/65 – **25 Z : 36 B** 50/75 - 90/130.

🏛 **Haus Eggert** 🦢, Zur Haskenau 81 (N : 5 km über Dorbaumstr.), 🖉 3 20 83, Telex 891487,
Fax 327147, 😤, 🚲, 🌲, Fahrradverleih – 📺 ☎ 🅿 – 🎿 25/40. ⅋ ⓞ 𝐄 𝐕𝐈𝐒𝐀
M 20/35 (mittags) und a la carte 40/57 – **35 Z : 70 B** 89/160 - 126/180 Fb.

🏛 **Parkhotel Haus Vennemann** 🦢, Vennemannstr. 6, 🖉 3 21 01, Fax 327339,
« Gartenterrasse », 🌲, Fahrradverleih – 📳 📺 🅿 – 🎿 25/150. ⅋ ⓞ 𝐄 𝐕𝐈𝐒𝐀
M *(Sonn- und Feiertage nur Mittagessen)* a la carte 33/56 – **23 Z : 40 B** 75/85 - 125/130 Fb.

🏛 **Handorfer Hof**, Handorfer Str. 22, 🖉 3 21 62 – ☎ 🅿. 𝐄 𝐕𝐈𝐒𝐀
Montag und 26. Dez.- 8. Jan. geschl. – **M** *(Montag geschl.)* a la carte 28/50 ♿ – **15 Z : 22 B**
62 - 110 Fb.

In Münster-Hiltrup ③ : 6 km – ❀ 02501 :

🏨 **Waldhotel Krautkrämer** 🦢, Am Hiltruper See 173 (SO : 2,5 km), 🖉 80 50, Telex 892140,
Fax 805104, ≤, 😤, 🚲, 🌲, 🌲, Fahrradverleih – 📳 📺 🅿 – 🎿 25/125. ⅋ ⓞ 𝐄 𝐕𝐈𝐒𝐀
🌠 Rest
22.- 27. Dez. geschl. – **M** *(bemerkenswerte Weinkarte)* um 40 (mittags) und a la carte 62/99
– **Cabaret** (Einrichtung im Stil der 20-er Jahre) *(nur Abendessen, Sonntag - Montag geschl.)*
M a la carte 43/63 – **70 Z : 130 B** 185/230 - 250/300 Fb – 3 Appart. 450.

🏨 **Hiltruper Gästehaus** garni, Marktallee 44, 🖉 40 16 – 📳 📺 ☎ 🅿. ⅋ ⓞ 𝐄 𝐕𝐈𝐒𝐀 🌠
21 Z : 42 B 90 - 125 Fb.

🏛 **Gästehaus Landgraf** 🦢, Thierstr. 26, 🖉 12 36, 😤 – 📺 ☎ 🅿. 𝐄
Feb. und Juli jeweils 2 Wochen geschl. – **M** *(Montag geschl.)* a la carte 39/63 – **10 Z : 19 B**
70 - 120.

In Münster-Roxel W : 6,5 km über Einsteinstraße E, vor der Autobahn links ab :

🏨 **Parkhotel Schloß Hohenfeld** 🦢, Dingbänger Weg 400, 🖉 (02534) 70 31, Telex 891447,
Fax 7114, « Gartenterrasse », 🚲, 🔲, 🌲, 🌲 – 📳 📺 ☎ 🅿 – 🎿 25/100. ⅋ ⓞ 𝐄 𝐕𝐈𝐒𝐀
M a la carte 46/70 – **92 Z : 150 B** 125/145 - 180/260 Fb.

In Münster-Wolbeck SO : 9 km über Wolbecker Straße E :

🏨 **Thier-Hülsmann** (westfälisches Bauernhaus a. d. J. 1676), Münsterstr. 33, 🖉 (02506) 20 66,
😤, Fahrradverleih – 📺 ☎ ♿, ⇦ 🅿 – 🎿 25/40. ⅋ ⓞ 𝐄 𝐕𝐈𝐒𝐀. 🌠
M *(Dienstag und Juni - Juli 2 Wochen geschl.)* (bemerkenswerte Weinkarte) 25/38 (mittags)
und a la carte 40/74 – **31 Z : 55 B** 70/110 - 115/180.

583

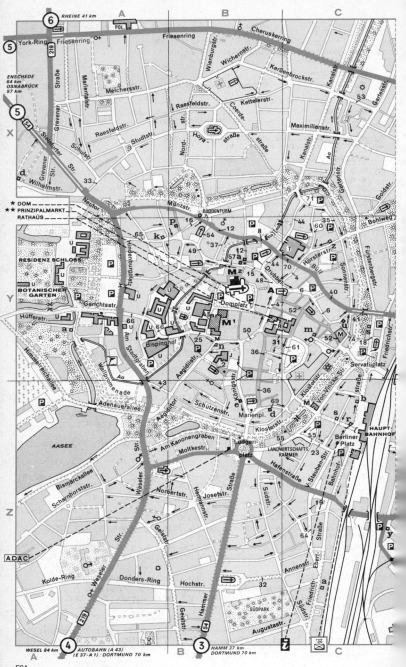

MÜNSTER (WESTFALEN)

0   200 m

D

X

Y

Z

Prusallee

Niedersachsen-

Goldstr.

ring

Bohlweg

ADLER SPORTPL.

28

Prusallee

Straße

Warendorfer

ring

Rudolfstr.

Heisstr.

Wolbecker

Sophienstr.

Hohenzollernr.

Bremer Platz

Schillerstr.

Straße

Hansapl.

Straße

Hansa-

Dortmunder

ring

Schillerstr.

STADTHAFEN

Albersloher

Weg

HALLE MÜNSTERLAND

DORTMUND-EMS-KANAL

BECKUM 41 km
LIPPSTADT 66 km

BIELEFELD 61 km
OSNABRÜCK 57 km
-28

P

LE GUIDE VERT MICHELIN
ALLEMAGNE

Paysages, monuments
Routes touristiques
Géographie
Histoire, Art
Itinéraires de visite
Plans de villes et de monuments

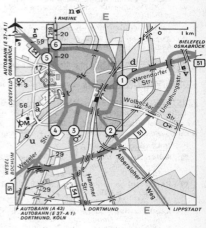

RHEINE

E

AUTOBAHN (E 37-A 1)
OSNABRÜCK

COESFELD

Warendorfer Str.

Wolbecker

Umgehungsstr.

Str.

Weseler

Str.

WESEL
BOCHUM

Weseler

Str.

Hammer
Str.

Albersloher Weg

51

54

AUTOBAHN (A 43)
AUTOBAHN (E 37-A 1):
DORTMUND, KÖLN

DORTMUND

LIPPSTADT

BIELEFELD
OSNABRÜCK

51

1 km

585

MÜNSTEREIFEL, BAD 5358. Nordrhein-Westfalen 987 ㉓ − 17 000 Ew − Höhe 290 m −
Kneippheilbad − ❀ 02253 − Sehenswert : Ehemalige Stadtbefestigung★ − Windeckhaus★.
🛈 Kurverwaltung im Rathaus, Marktstraße, 🖍 50 51 82.
✦Düsseldorf 91 − ✦Bonn 39 − Düren 43 − ✦Köln 50.

🏨 **Park-Hotel** ⑤, Im Schleidtal 4, 🖍 31 40, Fax 31480, 🍴, ⇌, 🔍, 🛁 − 📺 ☎ ❷ −
　　 🕍 25/50. 🆎 ⓪ 🇪 𝐕𝐈𝐒𝐀
　　 M a la carte 22/59 − **50 Z : 110 B** 79/120 - 108/170 Fb − ½ P 80/135.

🏨 **Jungmühle** ⑤ garni, Unnaustr. 14, 🖍 51 55, Bade- und Massageabteilung, 🔥, ⇌ − ☎
　　 ❷. ⌘
　　 Dez. geschl. − **18 Z : 30 B** 50/60 - 80/90.

🏨 **Städt. Kneipp-Kurhaus** ⑤, Nöthener Str. 10, 🖍 60 21, ≼, 🍴, « Park », Bade- und
◆　 Massageabteilung, 🔥, ⇌, 🔍, 🛁 − 📺 📺 ❷ ⇐⇒ ❷ − 🕍 25/220. 🆎 ⓪ 🇪 𝐕𝐈𝐒𝐀. ⌘
　　 M a la carte 19,50/52 − **43 Z : 55 B** 69/95 - 125/160 Fb − ½ P 82/124.

🏨 Witten, Werther Str. 5, 🖍 64 55, ⇌, 🔍 − ⌘ Zim − **20 Z : 38 B**.

🏨 **Grunwald's-Hotel**, Kettengasse 4, 🖍 81 50, ⇌ − ☎ ⇐⇒ 🆎 ⓪ 🇪
　　 (Restaurant nur für Pensionsgäste) − **13 Z : 22 B** 42/61 - 74/86.

✗ **Weinhaus an der Rauschen** mit Zim, Heisterbacher Str. 1, 🖍 73 37, 🍴 − ⓪ 🇪
　　 8.- 31. Jan. geschl. − **M** *(Montag - Dienstag 18 Uhr und 9.- 31. Juli geschl.)* a la carte 33/58
　　 − **8 Z : 13 B** 40/43 - 79/85 − ½ P 55/61.

✗ **Erftstübchen** (kleines Bistro-Restaurant), Wertherstr. 8, 🖍 51 14
　　 Montag - Dienstag, 14.- 27. Feb. und 7.- 27. Nov. geschl. − **M** (Tischbestellung erforderlich)
　　 a la carte 33/63.

　　 In Bad Münstereifel - Eicherscheid S : 3 km :

🏨 **Café Oberfollmühle**, Ahrweiler Str. 41, 🖍 79 04, ⇌ − ⇐⇒ ❷. ⌘ Rest
◆　 *1.-26. Dez. geschl.* − **M** *(Mittwoch geschl.)* a la carte 18/35 − **13 Z : 25 B** 33/50 - 66/100 −
　　 ½ P 43/62.

　　 In Bad Münstereifel - Iversheim N : 3,5 km :

🏨 **Zur hohen Ley**, Euskirchener Str. 120 (B 51), 🖍 42 14, 🍴, ⇌ − ⇐⇒ ❷. 🆎 ⓪ 🇪
　　 M a la carte 31/68 − **30 Z : 55 B** 60/90 - 90/180.

MÜNSTER-SARMSHEIM Rheinland-Pfalz siehe Bingen.

MÜNSTERSCHWARZACH Bayern siehe Schwarzach.

MÜNSTERTAL 7816. Baden-Württemberg 413 G 23. 987 ㊱. 427 ⑤ − 4 600 Ew − Höhe 400 m
− Luftkurort − Wintersport : 800/1 300 m ✒ ✜5 − ❀ 07636.
Ausflugsziel : Belchen ⚹★★★ S : 18 km.
🛈 Kurverwaltung, Untermünstertal, 🖍 7 07 30 − ✦Stuttgart 229 − Basel 65 − ✦Freiburg im Breisgau 27.

　　 In Untermünstertal :

🏨 **Adler-Stube**, Münster 59, 🖍 2 34, Telex 772909, 🍴, ⇌, ⇌ − ☎ ❷. 🆎 🇪
　　 Mitte Nov.- Mitte Dez. geschl. − **M** *(Dienstag 14 Uhr - Mittwoch geschl.)* a la carte 28/62 🍷
　　 − **19 Z : 35 B** 65/97 - 104/162 Fb − ½ P 82/127.

🏨 **Parkhotel** garni, Wasen 56, 🖍 2 29, « Park mit Forellenteich », ⇌, 🔍 (geheizt), ⇌, ⌘
　　 − ❷. 🆎 ⓪ 🇪 𝐕𝐈𝐒𝐀
　　 Mitte Dez.- Mitte Jan. geschl. − **23 Z : 38 B** 50/80 - 120/190 − 7 Fewo 170.

🏨 **Landgasthaus Langeck** ⑤, Langeck 6, 🖍 2 09, ≼, 🍴 − ❷
　　 M *(Mittwoch - Donnerstag 17 Uhr und Jan. 3 Wochen geschl.)* a la carte 33/65 − **14 Z : 25 B**
　　 50 - 90/120 -(Anbau mit 10 Z, 🛁 ab Frühjahr 1990).

🏨 **Münstertäler Hof**, Hofstr. 49, 🖍 2 28 − ❷
　　 15. Jan.- 15. Feb. geschl. − **M** *(Mittwoch 14 Uhr - Donnerstag geschl.)* a la carte 28/48 −
　　 8 Z : 15 B 35/45 - 70/80.

✗✗ Schmidt's Gasthof zum Löwen, Wasen 54, 🖍 5 42, « Gartenterrasse » − ❷.

✗ **Neumühle zur Krone** mit Zim, Rotenbuck 17, 🖍 3 12, 🍴, ⇌ − ❷
　　 Mitte Jan.- Anfang Feb. geschl. − **M** *(Montag geschl.)* a la carte 29/46 🍷 − **7 Z : 15 B** 38/45
　　 - 58/78.

　　 In Obermünstertal :

🏨 ❀ **Romantik-Hotel Spielweg** ⑤, Spielweg 61, 🖍 70 90, Fax 70966, 🍴, ⇌, 🔍 (geheizt),
　　 🔍, ⇌, ⌘, Fahrradverleih − 📺 ☎ ⇐⇒ ❷. 🆎 ⓪ 🇪 𝐕𝐈𝐒𝐀
　　 M *(Montag - Dienstag 15 Uhr geschl.)* 45/95 und a la carte 50/82 − **42 Z : 85 B** 100/140 -
　　 160/300 Fb − ½ P 120/180 − P 120/138
　　 Spez. Lachsroulade mit Forellenmousse, Wildgerichte, Tannenhonigparfait.

🏨 **Landgasthaus zu Linde** (historischer Gasthof a.d. 17. Jh.), Krumlinden 13, 🖍 4 47, Fax
　　 1636, 🍴 − 📺 ☎ ❷. ⌘ Rest
　　 1.- 22. März geschl. − **M** *(Montag geschl.)* a la carte 26/52 🍷 − **12 Z : 20 B** 48/65 - 92/110 −
　　 ½ P 70/79.

　　 In Münstertal-Stohren NO : 6,5 km ab Spielweg − Höhe 1 070 m :

✗ **Zähringer Hof** ⑤ mit Zim, Stohren 10, 🖍 (07602) 2 56, 🍴 − ❷
　　 13. Nov.- 14. Dez. geschl. − **M** *(Montag 14 Uhr - Dienstag geschl.)* a la carte 25/54 🍷 − **6 Z :**
　　 12 B 28/43 - 56/66 − ½ P 46/56.

MUGGENDORF Bayern siehe Wiesenttal.

MULARTSHÜTTE Nordrhein-Westfalen siehe Roetgen.

MUMMENROTH Hessen siehe Brensbach.

MUNICH = München.

MUNSTER 3042. Niedersachsen 987 ⑮ − 18 000 Ew − Höhe 73 m − ✪ 05192.

◆Hannover 92 − ◆Bremen 106 − ◆Hamburg 82 − Lüneburg 48.

🏨 **Kaiserhof**, Breloher Str. 50, ✆ 50 22 − 📺 ☎ ⇐⇒ 🅿 − 🅰 80. 🆎 ⓞ 🔤 𝘝𝘐𝘚𝘈
   M *(Montag geschl.)* a la carte 29/44 − **13 Z : 22 B** 40/60 - 80/110.

🏫 **Lüneburger Hof**, Fr.-Heinrich-Platz 32, ✆ 31 23 − ☎ 🅿
   M a la carte 24/35 − **17 Z : 31 B** 38/50 - 76/100.

In Munster-Oerrel SO : 9 km :

🏠 **Kaminhof** (Niedersächsischer Bauernhof a.d.J. 1600), Salzwedeler Str. 5, ✆ 28 41, 🌳 −
   📺 ☎ ⇐⇒ 🅿. 🆎 ⓞ 🔤 𝘝𝘐𝘚𝘈. ⛛ Rest
   Feb. geschl. − **M** a la carte 26/43 − **14 Z : 28 B** 50/60 - 86/90.

MURG 7886. Baden-Württemberg 413 H 24, 427 ⑤, 216 ⑤⑥ − 6 500 Ew − Höhe 312 m −
✪ 07763.

◆Stuttgart 215 − Basel 37 − Zürich 70.

✕✕ **Fischerhaus** mit Zim, Fährstr. 15 (im Gewerbegebiet), ✆ 60 74, 🌳 − 📺 ☎ ⇐⇒ 🅿. ⓞ
   🔤
   M *(15. Jan.- 15. Feb. und Sonntag 15 Uhr - Montag geschl.)* a la carte 26/53 ⚭ − **10 Z : 19 B**
   50/60 - 100.

MURNAU 8110. Bayern 413 Q 23, 987 ㉗, 426 ⑯ − 11 000 Ew − Höhe 700 m − Luftkurort −
✪ 08841.

🛈 Verkehrsamt, Kohlgruber Str. 1, ✆ 20 74.

◆München 70 − Garmisch-Partenkirchen 24 − Weilheim 20.

🏨🏨 **Alpenhof Murnau** ⛛, Ramsachstr. 8, ✆ 10 45, Fax 5438, ≼ Ammergauer Alpen und
   Estergebirge, « Gartenterrasse », ⛾ (geheizt), 🌳 − 🔌 📺 🅿 − 🅰 25/70. ⛛ Rest
   M a la carte 51/90 − **48 Z : 90 B** 130/245 - 170/420 Fb − ½ P 140/210.

🏨 **Regina Hotel Seidlpark** ⛛, Seidlpark 2, ✆ 20 11, Telex 59530, Fax 4633, ≼, 🟰, 🔲, 🌳
   − 🔌 📺 ☎ 🅿 − 🅰 25/100. 🆎 ⓞ 🔤 𝘝𝘐𝘚𝘈
   M a la carte 32/56 − **62 Z : 93 B** 125/135 - 185/280 Fb − ½ P 114/167.

🏠 **Klausenhof**, Burggraben 10, ✆ 50 41, 🌳 − 🔌 📺 ⇐⇒ 🅿 − 🅰 30. 🔤 ⛛ Zim
   M a la carte 26/47 − **18 Z : 33 B** 68/96 - 96/165 Fb − ½ P 66/114.

🏠 **Post** garni, Obermarkt 1, ✆ 18 61 − ⇐⇒. 🔤 𝘝𝘐𝘚𝘈
   10. Nov.- 10. Dez. geschl. − **20 Z : 30 B** 42/60 - 90/110.

🏫 **Griesbräu**, Obermarkt 37, ✆ 14 22 − 🔌 ☎ 🅿
   ← 15. Jan.- 15. Feb. geschl. − **M** *(Donnerstag geschl.)* a la carte 17/34 − **15 Z : 25 B** 40/65 -
   70/110 − ½ P 55/70.

In Riegsee 8110 NO : 5 km :

🏠 **Alpspitz** ⛛ garni, Seestr. 14, ✆ (08841) 4 00 01, 🟰, 🔥, 🌳 − 📺 ☎ 🅿. 🔤. ⛛
   Jan. und Nov. geschl. − **8 Z : 18 B** 50/80 - 95/140 Fb.

In Riegsee-Aidling 8110 NO : 6 km :

🏫 **Post** ⛛, Dorfstr. 26, ✆ (08847) 62 25, ≼ Wettersteingebirge, 🌳 − 🅿
   ← **M** *(Mittwoch geschl.)* a la carte 18.50/37 − **13 Z : 26 B** 42 - 70/78 − ½ P 53/60.

MURRHARDT 7157. Baden-Württemberg 413 L 20, 987 ㉕ − 13 000 Ew − Höhe 291 m −
Erholungsort − ✪ 07192.

Sehenswert : Stadtkirche (Walterichskapelle★).

🛈 Verkehrsamt, Marktplatz 10, ✆ 21 31 24.

◆Stuttgart 48 − Heilbronn 41 − Schwäbisch Gmünd 34 − Schwäbisch Hall 34.

🏨🏨 **Sonne - Post**, Walterichsweg 1, ✆ 80 83, Telex 7245929, Fax 1550, 🟰, 🔲, 🌳 − 🔌 📺 ☎
   ⇐⇒ 🅿 − 🅰 25/50. 🆎 ⓞ 🔤 𝘝𝘐𝘚𝘈
   M : siehe Restaurant Sonne-Post − **37 Z : 70 B** 97/127 - 162 Fb.

✕✕ **Sonne-Post**, Karlstr. 6, ✆ 80 81 − 🅿 − 🅰 25/100. 🆎 ⓞ 🔤 𝘝𝘐𝘚𝘈
   M a la carte 29/68.

In Murrhardt-Fornsbach O : 6 km :

🏠 **Landgasthof Krone**, Rathausplatz 3, ✆ 54 01 − 📺 ☎ 🅿
   ← 5. Feb.- 8. März geschl. − **M** *(Montag geschl.)* a la carte 21/44 ⚭ − **7 Z : 11 B** 45 - 80.

MUTLANGEN Baden-Württemberg siehe Schwäbisch Gmünd.

MUTTERSTADT 6704. Rheinland-Pfalz 🄐🄑🄒 I 18. 🄨🄧🄩 ㉔ ㉕ − 12 500 Ew − Höhe 95 m − ✆ 06234.
Mainz 77 − Kaiserslautern 58 − ♦Mannheim 12 − Speyer 22.

🏠 **Jägerhof**, An der Fohlenweide 29 (Gewerbegebiet-Süd), 𝒫 10 31 − ☎ ⇐ ⓟ. 🎀 Zim
M *(nur Abendessen, Freitag und Mitte Juli - Anfang Aug. geschl.)* a la carte 26/46 🍷 −
20 Z : 28 B 50/55 - 90/100.

🏠 **Ebnet**, Neustadter Str. 53, 𝒫 17 31 − ☎ ⓟ
M *(nur Abendessen, Samstag - Sonntag und 22. Dez.- 6. Jan. geschl.)* a la carte 22/41 🍷 −
22 Z : 42 B 45/65 - 75/85 Fb.

NABBURG 8470. Bayern 🄐🄑🄒 T 18. 🄨🄧🄩 ㉗ − 6 500 Ew − Höhe 385 m − ✆ 09433.
♦München 184 − ♦Nürnberg 92 − ♦Regensburg 62 − Weiden in der Oberpfalz 29.

🏠 **Pension Ruhland** garni, Am Kastanienbaum 1, 𝒫 5 34, ≤, 🎋 − ☎ ⓟ
15 Z : 28 B 31/37 - 54/65.

🏠 **Post**, Regensburger Str. 2 (B 15), 𝒫 61 05 − ⇐ ⓟ. ⓞ E 𝗩𝗜𝗦𝗔
➡ 20. Dez.- 15. Jan. geschl. − **M** *(nur Abendessen, Samstag - Sonntag geschl.)* a la carte
17,50/30 − **28 Z : 37 B** 33/40 - 65/80.

NACKENHEIM Rheinland-Pfalz siehe Mainz.

NAGEL 8591. Bayern 🄐🄑🄒 S 17 − 2 000 Ew − Höhe 585 m − Erholungsort − ✆ 09236.
♦München 268 − Bayreuth 38 − Hof 56 − Weiden in der Oberpfalz 47.

In Nagel-Grünlas SO : 1,5 km :

☎ **Grenzhaus** ⍒, Grünlas 16, 𝒫 2 52, ⇔, 🎋 − ⓟ
➡ 25. Jan.- 15. März und 20. Okt.- 15. Dez. geschl. − **M** *(Dienstag geschl.)* a la carte 16/33 −
16 Z : 29 B 25/40 - 50/70 Fb.

NAGOLD 7270. Baden-Württemberg 🄐🄑🄒 J 21. 🄨🄧🄩 ㉟ − 20 500 Ew − Höhe 411 m − ✆ 07452.
🛈 Rathaus, Marktstr. 27, 𝒫 68 10.
♦Stuttgart 52 − Freudenstadt 39 − Tübingen 34.

🏨 **Gästehaus Post** garni, Bahnhofstr. 3, 𝒫 40 48 − 🛗 📺 ☎ ⓟ. 🄰🄴 ⓞ E 𝗩𝗜𝗦𝗔
23 Z : 33 B 90/105 - 140/170.

🏠 **Schiff**, Unterm Wehr 19, 𝒫 26 05, 🌳 − 🛗 ☎ ⇐ ⓟ. 🄰🄴 ⓞ E 𝗩𝗜𝗦𝗔. 🎀 Rest
➡ Mitte Nov.- Anfang Dez. geschl. − **M** *(Samstag geschl.)* a la carte 20/55 − **26 Z : 44 B** 60/80
- 90/120 Fb.

☎ **Köhlerei**, Marktstr. 46, 𝒫 20 07 − ⇐ ⓟ
➡ 19. Dez.- 13. Jan. geschl. − **M** *(Freitag geschl.)* a la carte 20/44 🍷 − **20 Z : 28 B** 37/56 - 72/98
Fb.

XXX **Romantik-Restaurant Alte Post**, Bahnhofstr. 2, 𝒫 42 21, « Fachwerkhaus a.d.J. 1697 »
− ⓟ. 🄰🄴 ⓞ E 𝗩𝗜𝗦𝗔
Samstag bis 18 Uhr, Mitte - Ende Jan. und Juli - Aug.2 Wochen geschl. − **M** *(bemerkenswerte
Weinkarte)* 35/105.

XX **Zur Burg**, Burgstr. 2, 𝒫 37 35 − ⓟ
Montag 15 Uhr - Dienstag, 20. Feb.- 6. März und 7.- 30. Aug. geschl. − **M** a la carte 24/52.

XX **Eles Restaurant**, Neuwiesenweg 44, 𝒫 54 85 − ⓟ
Sonntag sowie Mai - Juni und Okt. je 2 Wochen geschl. − **M** a la carte 42/58.

In Nagold 4-Pfrondorf N : 4,5 km :

🏨 **Pfrondorfer Mühle** (Gasthof mit modernem Gästehaus), an der B 463, 𝒫 6 60 44, 🌳,
🎋, 🎀 − 📺 ☎ ⇐ ⓟ. 🄰🄴 ⓞ E 𝗩𝗜𝗦𝗔
20. Juli - 10. Aug. und 28. Dez.- 10. Jan. geschl. − **M** a la carte 22/55 🍷 − **16 Z : 23 B** 74 -
118 Fb − ½ P 81/96.

In Rohrdorf 7271 NW : 4 km :

X **Huber's Lokäle Vater u. Sohn**, Talstr. 30 (B 28), 𝒫 (07452) 21 56 − ⓟ. 🄰🄴 ⓞ E
Montag sowie Feb. und Nov. je 1 Woche geschl. − **M** a la carte 34/62.

NAILA 8674. Bayern 🄐🄑🄒 S 16. 🄨🄧🄩 ㉗ − 9 000 Ew − Höhe 511 m − Wintersport : 500/600 m
✂1 ✂1 − ✆ 09282.
🛈 Fremdenverkehrsamt, Peunthgasse 5, 𝒫 68 29.
♦München 288 − Bayreuth 59 − Hof 18.

🏠 **Grüner Baum**, Marktplatz 5, 𝒫 4 05. E
➡ 17. Aug.- 10. Sept. geschl. − **M** *(Donnerstag geschl.)* a la carte 18/32 − **14 Z : 17 B** 24/36 -
46/66.

In Naila-Culmitz SW : 5 km :

☎ **Zur Mühle** ⍒, Zur Mühle 6, 𝒫 63 61, 🎋 − ⇐ ⓟ. E
➡ **M** a la carte 15/29 **16 Z : 24 B** 26/30 - 64/67 − ½ P 33/39.

In Naila-Hölle N : 6 km − Luftkurort :

🏠 **König David**, Humboldtstr. 27, 𝒫 (09288) 10 08, Fax 5445, 🌳 − ☎ ⇐ ⓟ. E
➡ 6. Nov.- 1. Dez. geschl. − **M** *(Dienstag geschl.)* a la carte 21/48 🍷 − **33 Z : 56 B** 41/50 -
62/85 − 3 Fewo 45.

NASSAU 5408. Rheinland-Pfalz 圆圆圆 ㉔ — 5 100 Ew — Höhe 80 m — Luftkurort — ✆ 02604.

🔌 Verkehrsamt, Rathaus, ✆ 7 02 30.

Mainz 57 — ♦Koblenz 26 — Limburg an der Lahn 49 — ♦Wiesbaden 52.

🏨 **Fischbach's Goldene Krone** (Historisches Fachwerkhaus), Bezirksstr. 20 (B 260), ✆ 44 10, ≼, 🏡 — ⇐⇒ ℗. 🆎 ⑩ 🗲
M *(Montag geschl.)* a la carte 30/68 — **11 Z : 21 B** 45/50 - 82/85.

🏠 **Rüttgers** garni, Dr.-Haupt-Weg 4, ✆ 41 22 — ☎ ℗. 🗲
14 Z : 24 B 48 - 88.

In Weinähr 5409 NO : 6 km :

🏠 **Weinhaus Treis**, Hauptstr. 1, ✆ (02604) 50 15, 🏡, eigener Weinbau, ≘s, ⅃ (geheizt),
↔ 🍃, ❦. Fahrradverleih — 📺 ☎ ℗ — 🕍 25/50. 🆎 🗲
M a la carte 19,50/57 — **50 Z : 85 B** 43/70 - 80/110.

NASTÄTTEN 5428. Rheinland-Pfalz — 3 300 Ew — Höhe 250 m — ✆ 06772.

Mainz 46 — ♦Koblenz 45 — Limburg an der Lahn 34 — ♦Wiesbaden 41.

🏠 **Oranien** 🦌, Oranienstr. 10, ✆ 15 42, 🍃, ❦ — ⇐⇒ ℗. 🗲. ❦ Zim
↔ **M** *(Freitag geschl.)* a la carte 19,50/49 ⅊ — **21 Z : 35 B** 30/50 - 60/100.

NAUHEIM, BAD 6350. Hessen 圆圆圆 J 15. 圆圆圆 ㉘ — 28 000 Ew — Höhe 145 m — Heilbad —
✆ 06032.

Ausflugsziel : Münzenberg (Burgruine★) N : 13 km.

🏌 Am Golfplatz, ✆ 21 53.

🔌 Verkehrsverein, Pavillon in der Parkstraße, ✆ 21 20.

♦Wiesbaden 64 — ♦Frankfurt am Main 36 — Gießen 31.

🏛 **Parkhotel am Kurhaus** 🦌, Nördlicher Park 16, ✆ 30 30, Telex 415514, Fax 303419, ≼,
🏡, ≘s, ⅃ — 🛗 📺 ♿ ⇐⇒ ℗ — 🕍 25/500. 🆎 ⑩ 🗲 🆅🆂🅰
M a la carte 42/68 — **99 Z : 166 B** 120/160 - 190/270 Fb — 9 Appart. 370/450 — ½ P 125/190.

🏨 **Rosenau**, Steinfurther Str. 1, ✆ 8 60 61, ≘s, ⅃ — 🛗 📺 ℗ — 🕍 25/150. 🆎 ⑩ 🗲 🆅🆂🅰 ❦
M a la carte 50/68 — **54 Z : 100 B** 125/175 - 165/205 Fb — ½ P 170/220.

🏨 **Am Hochwald** 🦌, Carl-Oelemann-Weg 9, ✆ 34 80, Telex 415518, Fax 348195, 🏡,
Massage, ≘s, ⅃ — 🛗 ☰ Rest ⇐⇒ ℗ — 🕍 25/450. 🆎 ⑩ 🗲 🆅🆂🅰
M a la carte 38/64 — **124 Z : 210 B** 116/150 - 150/194 Fb — 3 Appart. 340 — ½ P 102/177.

🏨 **Brunnenhof** 🦌 garni, Ludwigstr. 13, ✆ 20 17 — 🛗 ☎ ℗
21. Dez.- 2. Jan. geschl. — **28 Z : 52 B** 80 - 130 Fb.

🏠 **Intereuropa**, Bahnhofsallee 13, ✆ 20 36, Telex 4102053 — 🛗 📺 ☎
35 Z : 65 B Fb.

🏠 **Rex**, Reinhardstr. 2, ✆ 20 47 — 🛗 📺 ☎ ⇐⇒. 🆎 ⑩ 🗲 🆅🆂🅰
18. Dez.- 8. Jan. geschl. — (nur Abendessen für Hausgäste) — **24 Z : 44 B** 76/87 - 136 Fb —
½ P 86/105.

🏠 **Blumes Hotel am Kurhaus** 🦌 garni, Auguste-Viktoria-Str. 3, ✆ 20 72 — 🛗 ☎ ⇐⇒ ℗.
🗲
Dez.- Mitte Feb. geschl. — **19 Z : 28 B** 45/95 - 115/120.

🏠 **Haus Grunewald** garni (ehem. Villa), Terrassenstr. 10, ✆ 22 30 — 🔗 ☎ ℗
22. Dez.- 5. Jan. geschl. — **11 Z : 15 B** 86/112 - 142/158.

❌ **Gaudesberger** mit Zim, Hauptstr. 6, ✆ 25 08 — 🆎 ⑩ 🗲 🆅🆂🅰
Feb. geschl. — **M** *(Mittwoch geschl.)* 16/25 (mittags) und a la carte 25/51 — **8 Z : 12 B** 36/41
- 66/78.

NAUMBURG 3501. Hessen — 5 000 Ew — Höhe 280 m — Luftkurort — ✆ 05625.

Sehenswert : ≼★ von der Netzer Straße.

🔌 Verkehrsamt, Rathaus, Burgstraße, ✆ 8 97.

♦Wiesbaden 218 — ♦Kassel 36 — Korbach 27 — Fritzlar 17.

🏠 **Haus Weinrich**, Bahnhofstr. 7, ✆ 2 23, ⅃, 🍃 — ⇐⇒ ℗. ⑩ 🗲. ❦ Zim
↔ 25. Okt.- 25. Nov. geschl. — **M** a la carte 21/38 — **17 Z : 27 B** 38 - 76 — ½ P 48.

In Naumburg 4-Heimarshausen SO : 9 km :

🏠 **Ferienhof Schneider** 🦌, Kirschhäuserstr. 7, ✆ (05622) 17 98, 🏡, 🍃, ❦, 🐴(Reitplatz),
↔ Planwagen- und Kutschfahrten — ℗. ❦ Rest
M a la carte 20/41 — **32 Z : 60 B** 39/44 - 72/82 — ½ P 47.

NEBEL Schleswig-Holstein siehe Amrum (Insel).

NEBELHORN Bayern. Sehenswürdigkeit siehe Oberstdorf.

NECKARGEMÜND 6903. Baden-Württemberg 🄳🄸🄹 J 18, 🄖🄗🄘 ㉙ — 15 000 Ew — Höhe 124 m —
✪ 06223 — **Ausflugsziel : Dilsberg : Burg (Turm ☀*) NO : 5 km.**

🖬 Verkehrsamt, Hauptstr. 25, 𝒫 35 53.

◆Stuttgart 107 — Heidelberg 10 — Heilbronn 53.

🏨 **Zum Ritter** (Haus a. d. 16. Jh.), Neckarstr. 40, 𝒫 70 35, Telex 461837, ≼ — ☎ — 🏛 25/40.
🄰🄴 ⊙ 🄴 𝚅𝙸𝚂𝙰
M a la carte 30/68 — **41 Z : 82 B** 69/120 - 98/180 Fb.

✕ **Zum letzten Heller**, Brückengasse 10, 𝒫 35 65
nur Abendessen, Montag und Ende Aug.- Ende Sept. geschl. — **M** a la carte 44/65.

✕ **Griechische Weinstube Stadt Athen** (historisches Studentenlokal), Neckarstr. 38, 𝒫 22 85,
🍴
wochentags nur Abendessen.

In Neckargemünd 2-Dilsberg NO : 4,5 km :

✕✕ **Sonne**, Obere Str. 14, 𝒫 22 10 — 🄰🄴 ⊙ 🄴 𝚅𝙸𝚂𝙰
Donnerstag, 22. Feb.- 1. März und 2.- 16. Aug. geschl. — **M** a la carte 39/61.

In Neckargemünd-Kleingemünd N : 1 km :

🏨 **Landgasthof zum Schwanen** 🦢, Uferstr. 16, 𝒫 70 70, Biergarten — 🄸🅅 ☎ 🄿. 🄰🄴 ⊙ 🄴
𝚅𝙸𝚂𝙰
M a la carte 40/62 — **13 Z : 26 B** 110/120 - 150/190.

In Neckargemünd-Rainbach O : 2 km :

✕ **Waibel's Gasthaus Neckartal**, Ortsstr. 9, 𝒫 24 55, « Gartenterrasse ».

In Neckargemünd - Waldhilsbach SW : 5 km :

✕✕ **Zum Rössl** mit Zim, Heidelberger Str. 15, 𝒫 26 65, 🍴 — 🚗 🄿
Jan.- Feb. und Juli - Aug. jeweils 2 Wochen geschl. — Menu *(Montag und Donnerstag
geschl.)* a la carte 34/57 🍷 — **13 Z : 20 B** 41/50 - 70/84.

NECKARSTEINACH 6918. Hessen 🄳🄸🄹 J 18, 🄖🄗🄘 ㉙ — 3 900 Ew — Höhe 127 m — ✪ 06229.

◆Wiesbaden 111 — Heidelberg 14 — Heilbronn 57.

🏠 **Schiff**, Neckargemünder Str. 2 (B 37), 𝒫 3 24, ≼, 🍴 — 📶 🍴 🄿 — 🏛 30
➤ *15. Dez.- 15. Jan. geschl.* — **M** *(Sonntag 15 Uhr - Montag geschl.)* a la carte 20/45 — **22 Z :**
40 B 49/78 - 98/112.

🏠 **Vierburgeneck**, Heiterswiesenweg 11 (B 37), 𝒫 5 42, ≼, 🍴, 🐎 — 🄿. 🛞
➤ *20. Dez.- 5. Feb. und 20. Aug.- 5. Sept. geschl.* — **M** *(nur Abendessen, Dienstag geschl.)* a la
carte 21/48 — **15 Z : 31 B** 45/55 - 82/88 Fb.

🏠 **Neckarblick** garni, Bahnhofstr. 27a, 𝒫 12 24 — 🄿. 🄴 𝚅𝙸𝚂𝙰
20. Dez.- 15. Jan. geschl. — **13 Z : 26 B** 40/50 - 70/85 Fb.

NECKARSULM 7107. Baden-Württemberg 🄳🄸🄹 K 19, 🄖🄗🄘 ㉙ — 22 000 Ew — Höhe 150 m —
✪ 07132.

◆Stuttgart 58 — Heilbronn 5,5 — ◆Mannheim 78 — ◆Würzburg 106.

🏠 **Linde**, Stuttgarter Str. 11, 𝒫 8 11 17, 🍴 — 🄸🅅 ☎ 🄿. ⊙ 🄴 𝚅𝙸𝚂𝙰
1.- 7. Jan. geschl. — **M** *(auch regionale Küche)* (Samstag geschl.) a la carte 41/60 🍷 — **29 Z :**
44 B 50/75 - 95/120.

🏠 **Post**, Neckarstr. 8, 𝒫 50 81 — ☎ — 🏛 25. ⊙ 𝚅𝙸𝚂𝙰
1.- 15. Aug. und 24. Dez.- 10. Jan. geschl. — **M** *(Samstag geschl.)* a la carte 29/52 🍷 — **41 Z :**
54 B 70/100 - 120/160.

🏠 **Sulmana** 🦢 garni, Ganzhornstr. 21, 𝒫 50 24, Fax 6891 — 🍴 🄸🅅 ☎ 🄿. 🄴. 🛞
29 Z : 44 B 60/120 - 110/180 Fb.

✕ **Ballei**, Deutschordensplatz, 𝒫 60 11 — 🄿 — 🏛 25/120. 🄴
Montag und Juli - Aug. 3 Wochen geschl. — **M** a la carte 26/52 🍷.

NECKARTENZLINGEN 7449. Baden-Württemberg 🄳🄸🄹 K 21 — 5 000 Ew — Höhe 292 m —
✪ 07127.

◆Stuttgart 32 — Reutlingen 15 — Tübingen 18 — ◆ Ulm (Donau) 80.

✕✕ **Krone-Knöll** mit Zim, Marktplatz 1, 𝒫 3 14 07 — 🄸🅅 ☎ 🄿. 🄰🄴 🄴 𝚅𝙸𝚂𝙰. 🛞
M *(Freitag - Samstag 18 Uhr und Juli - Aug. 3 Wochen geschl.)* a la carte 34/65 — **9 Z : 18 B**
80/100 - 140/180.

NECKARWESTHEIM 7129. Baden-Württemberg 🄳🄸🄹 K 19 — 2 350 Ew — Höhe 266 m — ✪ 07133
(Lauffen am Neckar).

🏌 Schloß Liebenstein, 𝒫 1 60 19.

◆Stuttgart 41 — Heilbronn 13 — Ludwigsburg 25.

🏨 **Schloßhotel Liebenstein** 🦢 (mit Renaissancekapelle a.d.J. 1600), S : 2 km, 𝒫 60 41,
Telex 720976, Fax 6045, ≼, 🏌 — 🍴 🄸🅅 ☎ 🄿 — 🏛 25/200. 🄰🄴 ⊙ 🄴 𝚅𝙸𝚂𝙰. 🛞 Rest
2.- 31. Jan. geschl. — **M** *(nur Abendessen, Montag geschl.)* a la carte 52/83 — **24 Z : 33 B**
155/185 - 190/300 Fb.

🏡 **Pension Hofmann** garni, Hauptstr. 12, 𝒫 78 76 — ☎ 🄿
Jan. geschl. — **17 Z : 26 B** 50/55 - 70/85.

NECKARZIMMERN 6951. Baden-Württemberg **413** K 19 — 1 650 Ew — Höhe 151 m — © 06261 (Mosbach).

Stuttgart 80 — Heilbronn 25 — Mosbach 8.

🏰 **Burg Hornberg** ⌂ (Burg Götz von Berlichingen), ℰ 40 64, Telex 466169, ≤ Neckartal, eigener Weinbau — ☎ ❷ ⇔ — 🏛 45. *VISA*
März - Nov. — **M** *(auf Vorbestellung: Essen wie im Mittelalter)* a la carte 34/70 — **27 Z : 50 B** 100/120 - 135/280 Fb.

NEETZE Niedersachsen siehe Bleckede.

NEHREN 5594. Rheinland-Pfalz — 100 Ew — Höhe 90 m — © 02673.

Mainz 120 — Koblenz 63 — ♦Trier 74.

🏰 **Quartier Andre**, Moselstr. 2, ℰ 40 15, 🍴, eigener Weinbau, 🐎 — ☎ ⇔ ❷. 🏛 ⓞ E *VISA*. 🛏 Rest
6. Jan.- Feb. geschl — **M** *(Dienstag geschl.)* a la carte 22/47 ⅄ — **13 Z : 30 B** 55 - 90/120.

NELLINGEN 7901. Baden-Württemberg **413** M 21 — 1 500 Ew — Höhe 680 m — © 07337.

Stuttgart 72 — Göppingen 41 — ♦Ulm 28.

🏠 **Landgasthof Zur Krone**, Aicher Str. 7, ℰ 62 00 — 📺 ❷ — 🏛 40. E
➡ **M** *(Sonn- und Feiertage sowie 24. Dez.- Jan. geschl.)* a la carte 21/38 — **40 Z : 80 B** 35/58 - 55/85 — 2 Fewo 100.

NENNDORF, BAD 3052. Niedersachsen **987** ⑮ — 8 800 Ew — Höhe 70 m — Heilbad — © 05723.

🛈 Kur- und Verkehrsverein, Hauptstr. 11, ℰ 34 49.

Hannover 32 — Bielefeld 85 — ♦Osnabrück 115.

🏨 **Residenz-Hotel**, Kurhausstr. 1, ℰ 60 11, Telex 972279, Fax 5069, 🚲 — 🛗 📺 ☎ ⇔ ❷ — 🏛 25/65. 🏛 ⓞ E *VISA*
M a la carte 29/55 — **90 Z : 146 B** 105/170 - 145/230 Fb.

🏨 **Kurhotel Hannover** ⌂, Hauptstr. 12a, ℰ 20 77, 🍴, Massage, 🚲, 🔲 — 🛗 ☎ ❷ — 🏛 25/200. E *VISA*
M a la carte 31/55 — **58 Z : 72 B** 60/120 - 100/160 Fb.

🏨 **Kurpension Harms** ⌂, Gartenstr. 5, ℰ 70 31, Massage, 🚲, 🐎, Fahrradverleih — 🛗 📺 ☎ ❷
20. Dez.- 5. Jan. geschl. — (Rest. nur für Hausgäste) — **50 Z : 75 B** 57/65 - 88/124 Fb — ½ P 57/78.

🏠 **Schaumburg-Diana**, Rodenberger Allee 28, ℰ 50 94, Telex 972265, 🐎 — 📺 ☎ ❷. 🏛 ⓞ E *VISA*. 🛏 Rest
23. Dez.- 2. Jan. geschl. — (Rest. nur für Hausgäste) — **32 Z : 48 B** 60/95 - 112/135 Fb.

🏠 **Villa Kramer** ⌂ garni (ehem. Kaufherren- und Botschaftshaus), Kramerstr. 4, ℰ 20 15, 🐎 — 🛗 ☎ ⇔. E *VISA*. 🛏
6. Jan.- 6. Feb. geschl. — **15 Z : 19 B** 50/55 - 99/109.

In Bad Nenndorf 2 - Riepen NW : 4,5 km über die B 65 :

XX ❀ **Schmiedegasthaus - Restaurant La forge** ⌂ mit Zim, Riepener Str. 21, ℰ (05725) 50 55, Fahrradverleih — 📺 ☎ ⇔ ❷ — 🏛 25/100. 🏛 ⓞ E *VISA*. 🛏 Rest
Jan. 2 Wochen und Juli - Aug. 3 Wochen geschl. — **M** *(nur Abendessen, Schmiederestaurant auch Mittagessen, Montag - Dienstag geschl.)* 42/96 und a la carte 56/79 — **Schmiederestaurant** *(nur Montag geschl.)* Menu a la carte 29/46 — **14 Z : 21 B** 45/110 - 85/220
Spez. Steinhuder Zander auf Majoransauce, Piccata vom Reh, Buttermilchmousse und Pfirsicheis auf Wildkirschsauce.

In Bad Nenndorf 3-Waltringhausen NO : 1,5 km :

🏠 **Deisterblick** garni, Finkenweg 1, ℰ 30 36 — 📺 ☎ ⇔ ❷
16 Z : 22 B 64 - 92.

Außerhalb SO : 3,5 km, von der B 65 vor der Autobahnauffahrt rechts abbiegen :

X **Waldgasthof Mooshütte** ⌂ mit Zim, ✉ 3052 Bad Nenndorf, ℰ (05723) 36 10, 🍴 — 📺 ⇔ ❷
20. Dez.- 10. Jan. geschl. — **M** *(Donnerstag geschl.)* a la carte 23/31 — **5 Z : 7 B** 35/42 - 84 — ½ P 45/52.

NENTERSHAUSEN Hessen siehe Sontra.

NERESHEIM 7086. Baden-Württemberg **413** NO 20, **987** ㊱ — 6 700 Ew — Höhe 500 m — © 07326 — Sehenswert : Klosterkirche★.

🛈 Hofgut Hochstadt (S : 3 km), ℰ (07326) 79 79.

♦Stuttgart 101 — Aalen 26 — Heidenheim an der Brenz 21 — ♦Nürnberg 111.

In Neresheim - Ohmenheim N : 3 km :

🏠 **Zur Kanne**, Brühlstr. 2, ℰ 70 88, Fax 6343, 🚲, 🍴 — ☎ ⇔ ❷ — 🏛 35. ⓞ E *VISA*
➡ **M** *(Anfang - Mitte Jan. und Freitag bis 19 Uhr geschl.)* a la carte 19,50/37 ⅄ — **34 Z : 62 B** 40/44 - 64/76 Fb.

NESSELWANG 8964. Bayern 413 O 24, 987 ⑨, 426 ⑮ − 3 100 Ew − Höhe 865 m − Luftkuror − Wintersport : 900/1 600 m ≰7 ≴3 − ✪ 08361.

🛈 Verkehrsamt, Rathaus, Hauptstr. 18. ℰ 7 50.

◆München 120 − Füssen 17 − Kempten (Allgäu) 24.

🏠 **Post**, Hauptstr. 25, ℰ 2 38, Fax 418, Brauereimuseum, Bierseminare − ☎ ⇔ ℗
M a la carte 23/45 − **23 Z : 38 B** 58/74 - 98/198 Fb.

🏠 **Bergcafé**, Sudetenweg 2, ℰ 2 23, Fax 3696, ≤, 🏤, Bade- und Massageabteilung, ᚼ ⇔, 🔲, 🥩, Fahrrad- und Skiverleih − 🔲 ☎ ℗
Nov.- 10. Dez. geschl. − **M** a la carte 26/44 − **40 Z : 75 B** 54/80 - 104/150 Fb − 2 Fewo 82 − ½ P 77/107.

🏠 **Pension Gisela** ⑤, Falkensteinstr. 9, ℰ 2 17, 🏤, ⇔, 🥩 − 🔲 ☎ ℗. ⌗
19. April- 20. Mai und 18 Okt.- Nov. geschl. − **M** *(Mittwoch geschl.)* a la carte 22/50 − **18 Z** 30 B 46/60 - 83 − ½ P 59/62.

🏠 **Marianne**, Römerstr. 11, ℰ 32 18, ≤, 🏤, 🥩 − ℗. ⓞ E. ⌗
→ *29. Okt.- 20. Dez. geschl.* − **M** *(nur Abendessen)* a la carte 21/43 − **30 Z : 55 B** 34/59 - 96/106 − ½ P 50/69.

🏠 **Sportcafé Martin** ⑤, An der Riese 18, ℰ 14 24, ⇔ − ℗. ⓞ
→ *10. Nov.- 5. Dez. geschl.* − **M** a la carte 19,50/33 − **28 Z : 50 B** 45/61 - 80/90 − ½ P 58/63.

An der Bergstation der Alpspitzbahn Berg- und Talfahrt 8 DM − Höhe 1 500 m :

🏔 **Berggasthof Sportheim Böck** ⑤, ⊠ 8964 Nesselwang, ℰ (08361) 31 11, ≤ Alpen, ⇔,
→ 🥩 − ℗ (an der Talstation)
23. April - 18. Mai und 12. Nov.- 21. Dez. geschl. − **M** *(außer Saison Montag geschl.)* a la carte 19/32 − **20 Z : 30 B** 28 - 56 − ½ P 40.

In Nesselwang-Lachen NO : 2 km :

🏠 **Löwen**, an der Straße nach Marktoberdorf, ℰ 6 40, 🏤, ⇔, 🔲, 🥩 − 🅱 ℗. ⓞ 🄥
→ *6. Nov.- 10. Dez. geschl.* − **M** a la carte 21/37 ⅃ − **27 Z : 58 B** 40/50 - 74/94 − ½ P 49/61.

Siehe auch : *Liste der Feriendörfer*

NETPHEN 5902. Nordrhein-Westfalen − 22 700 Ew − Höhe 250 m − ✪ 02738.

🛈 Verkehrsverein, Amtsstr. 6 (Rathaus), ℰ 60 30.

◆Düsseldorf 138 − Siegen 8.

✗ Landhaus Wagner mit Zim, Mühlenbachstr. 11, ℰ 12 12 − ℗. ⌗
11 Z : 16 B.

In Netphen 1-Sohlbach NO : 8 km :

🏠 **Waldhaus** ⑤, Vorm Breitenberg 27, ℰ 12 84, ≤, ⇔, 🔲, 🥩 − ☎ ℗. 🄰🄴 E 🄥
Nov. geschl. − **M** *(nur Abendessen, Mittwoch geschl.)* a la carte 22/45 − **11 Z : 21 B** 42/53 - 68/96 − ½ P 47/62.

Bei der Lahnquelle SO : 17,5 km über Netphen-Deuz − Höhe 610 m :

🏠 Forsthaus Lahnhof ⑤, Lahnhof 1, ⊠ 5902 Netphen 3, ℰ (02737) 34 03, ≤, 🏤, 🥩 − ⇔
℗
14 Z : 21 B.

NETTETAL 4054. Nordrhein-Westfalen 987 ⑬ ㉓ − 37 000 Ew − Höhe 46 m − ✪ 02153.

🛈 Verkehrsamt, Haus Erlenbruch, Hochstr. 2. ℰ 12 16 01.

◆Düsseldorf 47 − Krefeld 24 − Mönchengladbach 24 − Venlo 15.

In Nettetal 1-Breyell :

✗ Hoege, Lindenallee 2, ℰ 7 04 22 − ℗.

In Nettetal 1-Hinsbeck :

🏠 **Haus Josten**, Wankumer Str. 3, ℰ 20 36 − 🔲 ☎ ⇔ ℗. 🄰🄴 E
15.- 30. Juni geschl. − **M** *(Mittwoch geschl.)* a la carte 31/45 − **10 Z : 18 B** 55/60 - 85/90.

🏠 Zum Mühlenberg ⑤ garni, Büschen 14, ℰ 40 11 − 🔲 ☎ ᴧ ℗
17 Z : 30 B.

✗✗ **Berghof** ⑤ mit Zim, Panoramaweg 19, ℰ 37 04, 🏤 − ☎ ⇔ ℗. 🄰🄴 ⓞ E
M *(Montag geschl.)* a la carte 27/59 − **7 Z : 11 B** 39/45 - 78.

In Nettetal 2-Leuth :

🏠 Leuther Mühle ⑤, Hinsbecker Str. 34, ℰ (02157)20 61, 🏤 − 🔲 ☎ ℗ − ᚼ . ⌗
26 Z : 52 B Fb.

In Nettetal 1-Lobberich :

🏠 **Haus am Rieth**, Reinersstr. 5, ℰ 8 01 80, ⇔, 🔲 − 🔲 ☎ ⇔ ℗. 🄰🄴
23. Dez.- 7. jan. geschl. − **M** *(nur Abendessen, Sonntag geschl.)* a la carte 31/50 − **22 Z :** **34 B** 55/65 - 95/115 Fb.

🏠 **Rütten**, Hochstr. 1, ℰ 10 33 − ☎ ⇔ 🄰🄴 ⓞ E 🄥
→ **M** *(Freitag - Samstag 17 Uhr und 8.- 29. Juni geschl.)* a la carte 20/49 − **14 Z : 22 B** 40/50 - 65/75.

✗ **Zum Schänzchen** mit Zim, Dyck 58 (südlich der BAB-Ausfahrt), ℰ 24 65 − ☎ ℗. 🄰🄴 E
M *(Montag und Juni - Juli 3 Wochen geschl.)* a la carte 27/58 − **11 Z : 19 B** 48/56 - 85/100.

NEUALBENREUTH 8591. Bayern **413** U 17 — 1 450 Ew — Höhe 549 m — ✪ 09638.

⌖ Schloß Ernestgrün (S : 1 km), ✆ 12 71.

München 254 — Bayreuth 83 — ◆Nürnberg 171.

🏨 **Schloßhotel Ernestgrün** ⌖, Rothmühle 15 (S : 1,5 km), ✆ 8 00, 🍴, 🚡, 🏊, ⚅ (Halle), 🗄 — 🛗 📺 ☎ ⓟ — 🔒 25/60. ⴹ ⱷ 🄴
M a la carte 29/51 — **76 Z : 152 B** 90/120 - 120/170 Fb.

In Neualbenreuth-Altmugl SO : 3,5 km :

🏠 **Altmugler Sonne**, Nr. 20, ✆ 2 48, ⬳, 🍴, 🌧 — ⓟ
◆ **M** a la carte 17,50/30 — **11 Z : 22 B** 33/45 - 56/80 Fb.

NEUBEUERN 8201. Bayern **413** T 23. **426** ⑱ — 3 200 Ew — Höhe 478 m — Luftkurort — ✪ 08035 Raubling).

München 69 — Miesbach 31 — Rosenheim 12.

🏠 **Burghotel - Burgdacherl** ⌖, Marktplatz 23, ✆ 24 56, ⬳ Riesenkopf und Kaisergebirge, Dachterrasse, Massage, 🚡 — 🛗 ☎ ⟷. ⴹ ⱷ 🄴 🎿 Zim
15.- 28. Feb. geschl. **M** *(Montag geschl.)* a la carte 22/50 — **13 Z : 26 B** 46/74 - 75/109 — ½ P 58/94.

🍴 **Hofwirt**, Marktplatz 1, ✆ 23 40, Biergarten. 🄴
◆ Nov.- 4. Dez. geschl. — **M** *(Montag geschl.)* a la carte 18/36 — **18 Z : 36 B** 42/45 - 58/72.

✕ **Zum Glaserwirt**, Marktplatz 30, ✆ 26 66 — ⴹ ⱷ 🄴 🎟
nur Abendessen, Mittwoch - Donnerstag, 1.- 27. Feb. und 22. Aug.- 13. Sept. geschl. —
M a la carte 56/79.

NEUBIBERG Bayern siehe München.

NEUBRUNN 8702. Bayern **413** M 17 — 2 200 Ew — Höhe 290 m — ✪ 09307.
◆München 300 — Wertheim 14 — ◆Würzburg 21.

In Neubrunn-Böttigheim SW : 5 km :

🏠 **Berghof** ⌖, Neubrunner Weg 15, ✆ (09349) 12 48, ⬳, 🍴, eigener Weinbau, 🌧 — 📺 ☎
◆ ⓟ
M *(Montag und Mitte Jan.- Mitte Feb. geschl.)* a la carte 18,50/38 🍸 — **13 Z : 22 B** 40 - 75.

NEUBULACH 7265. Baden-Württemberg **413** J 20,21 — 3 800 Ew — Höhe 584 m — Luftkurort — ✪ 07053.

🛈 Kurverwaltung, Rathaus, ✆ 75 92.
◆Stuttgart 57 — Calw 10 — Freudenstadt 41.

🏠 **Hirsch**, Calwer Str. 5, ✆ 70 90, 🌧 — ⟷ ⓟ. 🎿 Zim
◆ 24. Nov.- 26. Dez. geschl. — **M** *(Mittwoch geschl.)* a la carte 19,50/42 🍸 — **14 Z : 26 B** 40/42 - 76 Fb — ½ P 50.

🍴 **Lamm**, Calwer Str. 22, ✆ 71 23, 🌧 — ⟷ ⓟ. 🎿 Zim
15 Z : 26 B.

In Neubulach-Martinsmoos SW : 5 km :

🏠 Schwarzwaldhof, Wildbader Str. 28, ✆ (07055) 3 55, 🍴, 🌧 — ⊱⊰ Rest ⓟ. 🎿 Zim
16 Z : 26 B.

In Neubulach-Oberhaugstett SW : 1 km :

🏠 **Löwen**, Hauptstr. 21, ✆ 62 00, 🍴 — ⊱⊰ Rest ⟷ ⓟ
◆ Feb. und Nov. je 3 Wochen geschl. — *(Dienstag ab 14 Uhr geschl.)* a la carte 20/38 🍸 —
12 Z : 22 B 38 - 66 — ½ P 42.

NEUBURG AN DER DONAU 8858. Bayern **413** Q 20. **987** ㉟ — 24 400 Ew — Höhe 403 m — ✪ 08431.

🛈 Städt. Fremdenverkehrsbüro, Amalienstr. A 51, ✆ 5 52 40.
◆München 95 — ◆Augsburg 53 — Ingolstadt 22 — ◆Ulm (Donau) 124.

🏠 **Bergbauer**, Fünfzehnerstr. 11, ✆ 4 70 95, Biergarten, 🚡 — ☎ ⟷. 🄴 🎟
M *(Freitag - Samstag 17 Uhr geschl.)* a la carte 28/53 — **22 Z : 40 B** 56/66 - 110 Fb.

🏠 **Garni**, Schrannenplatz C 153, ✆ 4 76 99
13 Z : 19 B 42/44 - 70/72.

🍴 **Kieferlbräu**, Eybstr. B 239, ✆ 20 14 — ⓟ
17 Z : 21 B.

🍴 **Neuwirt**, Färberstr. C 88, ✆ 20 78 — ⓟ. 🄴
◆ 15.- 30. Juli geschl. — **M** *(Sonntag 15 Uhr - Montag 15 Uhr geschl.)* a la carte 18/30 — **36 Z : 40 B** 32/40 - 58/72.

In Neuburg-Bergen NW : 8 km :

X **Zum Klosterbräu** mit Zim, Kirchplatz 1, ℰ 30 78, Biergarten, « Altbayrischer
Landgasthof », ℀ – ☎ ⇦ ❷
3.- 10. Sept. und 24. Dez.- 17. Jan. geschl. – **M** *(Sonntag 17 Uhr - Montag geschl.)* a la carte
16/44 – **10 Z : 16 B** 42/44 - 66/70.

In Neuburg-Bittenbrunn NW : 2 km :

🏠 **Kirchbaur-Hof** (traditioneller Landgasthof), Monheimer Str. 119, ℰ 25 32,
« Gartenterrasse », ☞ – ☎ ⇦ ❷
26. Dez.- 6. Jan. geschl. – **M** *(Sonntag ab 15 Uhr und Samstag geschl.)* a la carte 23/58 –
40 Z : 60 B 41/65 - 75/110 Fb.

NEUBURGWEIER Baden-Württemberg siehe Rheinstetten.

NEUDROSSENFELD 8581. Bayern 🄌🄐🄓 R 16 – 3 000 Ew – Höhe 340 m – ✆ 09203.
♦München 241 – ♦Bamberg 55 – Bayreuth 10.

Im Ortsteil Altdrossenfeld S : 1 km :

🏠 **Brauerei-Gasthof Schnupp,** ℰ 64 74, 🍴, ☞ – ☎ ⇦ ❷, 🄰🄴 🄴
M *(Freitag geschl.)* a la carte 19,50/40 – **18 Z : 33 B** 49/55 - 80/100 Fb.

NEUENAHR-AHRWEILER, BAD 5483. Rheinland-Pfalz 🄈🄇🄇 ㉔ – 28 000 Ew – Höhe 92 m –
Heilbad – ✆ 02641 – 🝘, Köhlerhof (über ③), ℰ (02641) 23 25.
🛈 Kur- und Verkehrsverein Bad Neuenahr, Pavillon am Bahnhof und Verkehrsverein Ahrweiler, Marktplatz,
ℰ 22 78.
Mainz 147 ③ – ♦Bonn 30 ② – ♦Koblenz 56 ③.

Stadtplan siehe gegenüberliegende Seite.

Im Stadtteil Bad Neuenahr :

🏨 **Steigenberger Kurhotel,** Kurgartenstr. 1, ℰ 22 91, Telex 861812, Fax 70 01, 🍴, 🏊,
direkter Zugang zum Bäderhaus – 🛗 📺 ❷ – 🔬 25/700. 🄰🄴 ① 🄴 🎟 🛠 Rest   CZ **v**
M 49/81 – **171 Z : 223 B** 140/178 - 230/290 Fb – 12 Appart. 330/800 – ½ P 155/218.

🏨 **Dorint-Hotel** ⤷, Am Dahliengarten, ℰ 89 50, Telex 861805, Fax 895834, « Terrasse mit
≼ », Bade- und Massageabteilung, ⇌, 🏊 – 🛗 ⇥ Zim 📺 & 🚿 ⇦ ❷ – 🔬 25/300. 🄰🄴
🄴 🎟 🛠 Rest   BY **u**
M *(auch Diät)* a la carte 29/62 – **180 Z : 300 B** 149/169 - 210/220 Fb – 8 Appart. 320/370 –
½ P 135/215.

🏨 **Giffels Goldener Anker** ⤷, Mittelstr. 14, ℰ 80 40, Telex 861768, Fax 804192, 🍴,
« Garten », ⇌, ☞ – 🛗 🍽 Rest 📺 ☎ & ❷ – 🔬 25/60. 🄰🄴 ① 🄴 🎟 🛠 Rest   CZ **w**
M *(auch Diät)* a la carte 36/58 – **85 Z : 120 B** 79/150 - 150/190 Fb – ½ P 104/143.

🏨 **Seta Hotel,** Landgrafenstr. 41, ℰ 80 30, Telex 861850, Fax 803555, ℀ – 🛗 📺 ☎ ❷ –
🔬 25/200. 🄰🄴 ① 🄴 🎟   CZ **r**
M a la carte 29/50 – **107 Z : 146 B** 106 - 168/189 Fb – ½ P 107/118.

🏨 **Aurora** ⤷, Georg-Kreuzberg-Str. 8, ℰ 2 60 20, ⇌, 🏊 – 🛗 📺 ☎ ❷. 🄰🄴 ① 🄴 🎟
15. Nov.-14. Dez. geschl. – (Restaurant nur für Hausgäste) – **50 Z : 68 B** 72/200 - 150/
240 Fb – ½ P 99/124.

🏨 **Fürstenberg - Restaurant Habsburg** ⤷, Mittelstr. 6, ℰ 23 17, 🍴, ☞ – 🛗 📺 ☎ &
❷. 🎟   CZ **a**
M *(auch Diät)* a la carte 26/54 – **27 Z : 49 B** 55/66 - 95/125 – ½ P 63/84.

🏨 **Elisabeth** ⤷, Georg-Kreuzberg-Str. 11, ℰ 2 60 74, ⇌, 🏊 – 🛗 📺 ☎ ❷ – 🔬 40.
🛠 Rest   CZ **z**
März-Nov. – **M** *(auch Diät)* a la carte 32/47 – **55 Z : 75 B** 86/130 - 154/186 Fb – 4 Fewo
150/190 – ½ P 101/156.

🏠 **Krupp,** Poststr. 4, ℰ 22 73 – 🛗 ☎ ❷ – 🔬 25/50. 🄴 🛠   CZ **t**
M *(auch Diät)* a la carte 23/47 – **35 Z : 50 B** 70/72 - 134/136 Fb – ½ P 85/87.

🏠 **Rieck** garni, Hauptstr. 45, ℰ 2 66 99, ☞ – 📺 ☎ ⇦ ❷   CZ **n**
11 Z : 18 B 55/62 - 85/105.

🏠 **Kurpension Haus Ernsing,** Telegrafenstr. 30 (1. Etage), ℰ 22 21 – 🛗 ☎. 🛠 Rest
20. Nov.- 19. Dez. geschl. – (Restaurant nur für Hausgäste) – **24 Z : 32 B** 37/60 -
94/110.   CZ **m**

🏠 **Central** garni, Lindenstr. 2, ℰ 2 55 46 – 🛗 ☎ ❷   CZ **b**
22 Z : 40 B 65/85 - 130/140.

🏠 **Hamburger Hof** garni, Jesuitenstr. 11, ℰ 2 60 17, « Garten » – ☎ ⇦   CZ **c**
35 Z : 50 B 38/62 - 73/112.

XX **Steigenberger Kurhaus-Restaurant,** Kurgartenstr. 1, ℰ 22 91, 🍴 – 🔬 25/700. 🄰🄴
① 🄴 🎟   CZ **e**
Montag geschl. – **M** a la carte 35/66.

XX **Ratskeller,** Casinostr. 8, ℰ 2 54 66   CZ **d**
nur Abendessen, Dienstag geschl. – **M** a la carte 48/79.

X **Piccola Milano da Gianni** (Italienische Küche), Kreuzstr. 8c, ℰ 2 43 75 – 🄰🄴 ① 🄴 🎟
Juli - Aug. 4 Wochen geschl. – **M** a la carte 29/60.   CZ **p**

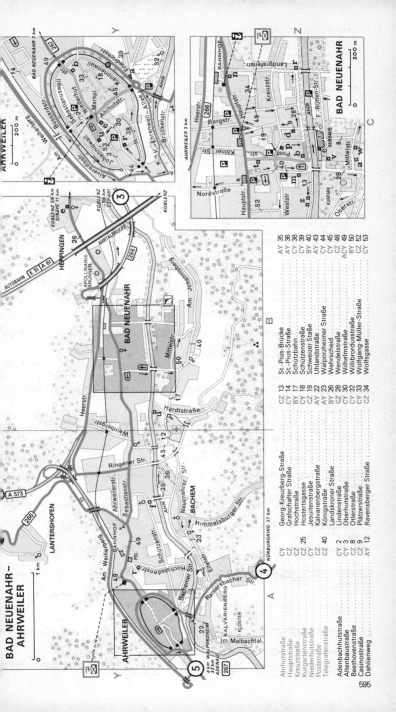

BAD NEUENAHR – AHRWEILER

Im Stadtteil Ahrweiler :

🏠 **Hohenzollern** ॐ, Silberbergstr. 50, ℰ 42 68, ⩽ Ahrtal, « Gartenterrasse » – 📺 ☎ 🅿
🆎 ⓞ 🄴 *VISA* — über ⓖ
Mitte Jan.- Mitte Feb. geschl. – **M** a la carte 42/70 – **Wanderstube M** a la carte 22/43 –
17 Z : 34 B 75/100 - 100/150.

🏠 **Avenida** garni, Schützenstr. 136, ℰ 33 66, ☞ – ☎ ⟸ 🅿. 🆎 🄴 *VISA*. ॐ — AY
21. Dez.- 2. Jan. geschl. – **23 Z : 40 B** 68/78 - 105/130 Fb – 5 Fewo 65/75.

🏠 **Zum Ännchen** (mit Gästehaus), Niederhutstr. 10, ℰ 3 60 21 – 📳 ☎ 🅿. 🆎 ⓞ 🄴 *VISA*
➡ **M** *(29. Jan.- 9. Feb. geschl.)* a la carte 21/57 – **32 Z : 59 B** 38/55 - 60/95 – ½ P 47/72. CY

🏠 **Zum Römer** ॐ garni, Schülzchenstr. 11, ℰ 3 61 01 – 🅿. ॐ — AY
10 Z : 16 B 43/65 - 80.

🏠 **Schützenhof**, Schützenstr. 1, ℰ 3 43 77, Biergarten – ☎ 🅿. 🄴. ॐ Zim — CY
M *(Mittwoch geschl.)* a la carte 22/38 – **9 Z : 18 B** 55/60 - 90/110.

🏠 **Zum Stern**, Markt 9, ℰ 3 47 38 – ॐ — CY
M *(Montag geschl.)* a la carte 34/57 – **15 Z : 25 B** 36/60 - 70/95 – ½ P 56/70.

✕✕ **Ahrweinstuben Alte Post**, Am Markt 12, ℰ 47 57 – 🆎 ⓞ 🄴 *VISA* — CY
Mittwoch, 2.- 20. Jan. und 1.- 11. Aug. geschl. – **M** a la carte 29/62.

Im Stadtteil Heppingen :

✕✕✕ ⊛ **Steinheuer's Restaurant - Zur Alten Post** mit Zim, Landkroner Str. 110 (Eingang
Konsumsgasse), ℰ 2 41 14 – 🅿. 🆎 🄴 *VISA*
2.- 18. Jan. geschl. – **M** *(Dienstag - Mittwoch 18 Uhr geschl.)* 78/98 und a la carte 66/85 –
Poststuben *(Dienstag - Mittwoch 18 Uhr geschl.)* Menu a la carte 30/48 – **8 Z : 15 B** 30/38
60/66
Spez. Gratinierte Steinbuttschnitte mit Pinienkernen, Rehfilet in Blätterteig, Hippen-Feuilleté mit Beeren.

Im Stadtteil Walporzheim ⑤ : 1 km ab Ahrweiler :

✕✕✕ ⊛ **Romantik-Restaurant Brogsitter's Sanct Peter** (Historisches Gebäude, Gasthaus
seit 1246), Walporzheimer Str. 134 (B 267), ℰ 38 99 11, eigener Weinbau
« Innenhofterrasse » – 🅿 – 🕍 35. 🆎 ⓞ 🄴 *VISA*
M 62/120
Spez. Grafschafter Sauerkrautsuppe, Steinbutt in Gemüse-Kräutersud, Bresse-Ente mit Orangensauce (2 Pers.)

NEUENBÜRG 7540. Baden-Württemberg �413 I 20. �987 ㉟ – 7 200 Ew – Höhe 325 m – ✪ 07082
♦Stuttgart 62 – Baden-Baden 40 – Pforzheim 12.

🏠 **Zum Grünen Baum**, Flößerstr. 7, ℰ 29 55, ☞ – ☎. ⓞ
➡ *Feb. und 15. Okt.- 15. Nov. geschl.* – **M** *(Samstag geschl.)* a la carte 19/54 – **10 Z : 21 B**
40/45 - 72/80.

NEUENBURG 7844. Baden-Württemberg �413 F 23. �427 ④. �242 ㉟ ㊵ – 7 800 Ew – Höhe 231 m
– ✪ 07631 (Müllheim).
♦Stuttgart 232 – Basel 35 – ♦Freiburg im Breisgau 36 – Mulhouse 20.

🏠 **Zur Krone**, Breisacher Str. 1, ℰ 78 04, ☞ – 📳 ☎ ⟸ 🅿. ⓞ 🄴 *VISA*
➡ *ab Pfingsten 2 Wochen und 17. Okt.- 20. Nov. geschl.* – **M** *(Mittwoch geschl.)* a la carte
21/48 ⅄ – **25 Z : 48 B** 30/80 - 60/100.

🏠 **Touristik-Hotel** garni, Basler Str. 2, ℰ 78 76 – 🅿
Dez.- Jan. geschl. – **14 Z : 30 B** 66 - 87/95.

NEUENDETTELSAU 8806. Bayern �413 P 19 – 7 000 Ew – Höhe 440 m – ✪ 09874.
♦München 187 – Ansbach 19 – ♦Nürnberg 41.

🏠 **Sonne**, Hauptstr. 43, ℰ 7 66 – 📳 🅿 – 🕍 25/80. ॐ Rest
1.- 21. Aug. geschl. – **M** *(Montag geschl.)* a la carte 22/37 ⅄ – **53 Z : 70 B** 35/70 - 70/100.

NEUENHAUS 4458. Niedersachsen �408 ⑬ – 7 900 Ew – Höhe 22 m – ✪ 05941.
♦Hannover 235 – ♦Bremen 166 – Groningen 101 – Münster(Westfalen) 84.

✕✕ **Haus Brünemann** ॐ mit Zim, Kirchstr. 11, ℰ 50 25, ☞ – ⟸ 🅿. 🄴
1.- 14. Jan. geschl. – **M** *(Montag geschl.)* a la carte 43/60 – **4 Z : 8 B** 65 - 120.

NEUENKIRCHEN KREIS SOLTAU 3044. Niedersachsen �987 ⑮ – 5 000 Ew – Höhe 68 m –
Luftkurort – ✪ 05195.
🛈 Verkehrsverein, Kirchstr. 9, ℰ 17 18 – ♦Hannover 90 – ♦Bremen 71 – ♦Hamburg 88 – Lüneburg 62.

🏠 **Jägerhof**, Hauptstr. 2, ℰ 12 47 – 📺 ☎ ⟸ 🅿. 🆎 ⓞ 🄴 *VISA*
M a la carte 22/51 – **10 Z : 20 B** 45 - 80.

NEUENKIRCHEN KREIS STEINFURT 4445. Nordrhein-Westfalen – 11 800 Ew – Höhe 64 m
– ✪ 05973.
♦Düsseldorf 180 – Enschede 37 – Münster (Westfalen) 43 – ♦Osnabrück 54.

🏠 **Parkhotel Neuenkirchen**, Wettringer Str. 46 (B 70), ℰ 8 58, ☞, « Stilvolle, rustikale
Räume », ⟺, ☞, ॐ – 📺 ☎ ⟸ 🅿 – 🕍 – **30 Z : 46 B** Fb.

NEUENKIRCHEN (OLDENBURG) 2846. Niedersachsen — 5 800 Ew — Höhe 31 m — ✪ 05493.
◆Hannover 179 — ◆Bremen 97 — ◆Osnabrück 28.

Beim Kloster Lage SW : 5 km :

🏨 **Kommende Lage** 🕯 (Hotel in einem Rittergut a.d. 13.Jh.), ✉ 4555 Rieste,
✎ (05464) 51 51, Telex 941442, « Gartenterrasse », 🐎 — ☎ ❷ — 🏛 25/80. **E**
2. Jan.- 2. Feb. geschl. — **M** *(Montag - Dienstag 17 Uhr geschl.)* a la carte 30/54 — **23 Z :**
40 B 60/90 - 93/125 Fb.

NEUENRADE 5982. Nordrhein-Westfalen — 11 200 Ew — Höhe 324 m — ✪ 02392.
◆Düsseldorf 103 — Iserlohn 22 — Werdohl 6.

✕✕ **Landhaus Uffelmann** mit Zim, Kohlberg 4 (N : 2,5 km), Höhe 500 m, ✎ 6 13 12,
◁ Sauerländer Berge, �& ⚜ — ❷. 🗚
Jan.- Feb. geschl. — **M** *(Donnerstag geschl.)* a la carte 28/50 — **17 Z : 27 B** 45/65 - 80/120.

✕✕ **Kaisergarten** 🕯 mit Zim, Hinterm Wall 15, ✎ 6 10 15 — 📺 ☎ 🚗 ❷ — 🏛 25/60. 🗚 ⓪
E 🎴
M *(Dienstag bis 18 Uhr geschl.)* a la carte 28/69 — **9 Z : 16 B** 66 - 92.

NEUENSTEIN 7113. Baden-Württemberg 🄑🄓🄓 L 19 — 5 100 Ew — Höhe 284 m — ✪ 07942.
Sehenswert : Schloß Neuenstein.
◆Stuttgart 74 — Heilbronn 34 — ◆ Nürnberg 132 — ◆ Würzburg 93.

🏡 **Café am Schloß**, Hintere Str. 18, ✎ 20 95 — ☎ ❷
11 Z : 19 B Fb.

✕✕ **Goldene Sonne** (Fachwerkhaus a.d.J. 1786), Vorstadt 2, ✎ 30 55 — 🗚 ⓪ **E** 🎴
Dienstag und 8.- 23. Jan. geschl. — **M** a la carte 44/85.

NEUENSTEIN 6431. Hessen — 3 200 Ew — Höhe 400 m — ✪ 06677.
◆Wiesbaden 166 — Fulda 53 — Bad Hersfeld 11 — ◆Kassel 58.

In Neuenstein-Aua 🄨🄑🄦 ⊗ :

🏨 **Landgasthof Hess**, Geistalstr. 8, ✎ 4 43, Telex 493283, Fax 1322, « Grillgarten », 📶, 🐎
— 📺 ☎ 🚗 ❷ — 🏛 25/50. 🗚 ⓪ **E** 🎴
M a la carte 27/53 — **37 Z : 68 B** 63/75 - 105/125 Fb.

NEUENWEG 7861. Baden-Württemberg 🄑🄓🄓 G 23, 🄗🄘🄗 ⑤. 🄘🄗🄘 ⊗⊕ — 380 Ew — Höhe 750 m
— Erholungsort — Wintersport : 800/1 414 m ⚡2 ⚡1 — ✪ 07673 (Schönau im Schwarzwald).
◆Stuttgart 259 — Basel 49 — ◆Freiburg im Breisgau 49 — Müllheim 21.

🏡 Markgräfler Hof, Ortsstr. 22, ✎ 3 77 — ❷
25 Z : 45 B.

🏡 **Belchenstüble**, Schönauer Str. 63, ✎ 72 05, 🐎 — ❷. 🎿
◆◆ *Mitte März - Mitte April geschl.* — **M** *(Mai - Okt. Donnerstag, Nov.- April Mittwoch -
Donnerstag geschl.)* a la carte 20/42 ⚖ — **11 Z : 20 B** 22/34 - 40/68.

In Neuenweg-Hinterheubronn NW : 5 km :

🏡 **Haldenhof** 🕯, ✎ 2 84, ◁, �& 📶, 🐎 — 🚗 ❷
◆◆ *15. Nov.-Dez. geschl.* — **M** *(Dienstag geschl.)* a la carte 21/44 ⚖ — **14 Z : 24 B** 36/41 - 60/70.

In Bürchau 7861 S : 3 km — Wintersport : ⚡1 — Erholungsort :

🏡 **Berggasthof Sonnhalde** 🕯, Sonnhaldenweg 37, ✎ (07629) 2 60, ◁, 🌆, 🔲, 🐎, 🎿.
◆◆ Skiverleih — 🚗 ❷
10. Nov.- 20. Dez. geschl. — **M** *(Montag - Dienstag geschl.)* a la carte 20/58 ⚖ — **21 Z : 39 B**
36/45 - 70/88 Fb — ½ P 50/65.

NEUERBURG 5528. Rheinland-Pfalz 🄨🄑🄦 ⊗. 🄓🄞🄩 ⊗ — 2 000 Ew — Höhe 337 m — Luftkurort —
✪ 06564.
🅾 Tourist-Information, Herrenstr. 2, ✎ 26 73.
Mainz 189 — Bitburg 23 — Prüm 33 — Vianden 19.

🏡 **Berghof** 🕯, Plascheiderberg 27, ✎ 25 50, ◁, 🌆 — 🚗 ❷. 🎿
M a la carte 28/50 — **16 Z : 26 B** 40/50 - 80/100.

🏡 **Zur Stadt Neuerburg**, Poststr. 10, ✎ 21 26 — ❷. **E**. 🎿 Zim
◆◆ *ab Aschermittwoch 4 Wochen geschl.* — **M** a la carte 19/40 — **23 Z : 45 B** 35/40 - 68/77.

🏡 **Schloß-Hotel**, Bitburger Str. 13, ✎ 23 73 — 🚗 ❷
◆◆ *Ende Okt.- Anfang Dez. geschl.* — **M** a la carte 15/33 — **30 Z : 60 B** 25/30 - 46/50.

NEUFAHRN 8056. Bayern 🄑🄓🄓 R 22 — 14 500 Ew — Höhe 463 m — ✪ 08165.
◆München 18 — Landshut 55 — ◆Regensburg 109.

🏨 **Gumberger**, Echinger Str. 1, ✎ 30 42, Telex 526728 — 📳 📺 ☎ 🚗 ❷ — 🏛 25/200. 🗚 ⓪
◆◆ **E**
M a la carte 19/42 — **55 Z : 100 B** 100/120 - 140/160 Fb.

NEUFARN Bayern siehe Vaterstetten.

NEUFELD Schleswig-Holstein siehe Brunsbüttel.

NEUFFEN 7442. Baden-Württemberg 4⃞1⃞3⃞ L 21. 9⃞8⃞7⃞ ㉟ − 5 000 Ew − Höhe 405 m − ✪ 07025.
Ausflugsziel : Hohenneuffen : Burgruine★ (⚡★), O : 12 km.
◆Stuttgart 41 − Reutlingen 17 − ◆Ulm (Donau) 70.

   ✗ **Traube** mit Zim, Hauptstr. 24, ℰ 28 94, ⇔ − ☎ ⇦ ℗. ㏁ ⓪ 🄴
       Juli - Aug. 3 Wochen geschl. − **M** *(Freitag 14 Uhr - Samstag geschl.)* a la carte 26/56 −
       6 Z : 14 B 80/120 - 100/140.

   ✗ **Stadthalle**, Oberer Graben 28, ℰ 26 66 − ℗ − 🏄 25/500. ⓪
       Montag 15 Uhr - Dienstag, 1.- 12. Jan. und Anfang - Mitte Aug. geschl. − **M** a la carte
       31/60.

NEUHARLINGERSIEL 2943. Niedersachsen − 1 500 Ew − Höhe 2 m − Seebad − ✪ 04974.
🄱 Kurverwaltung, Hafenzufahrt-West 1, ℰ 4 01, Fax 788.
◆Hannover 257 − Emden 59 − ◆Oldenburg 87 − Wilhelmshaven 46.

   🏨 **Mingers**, Am Hafen - Westseite 1, ℰ 3 17, ≼ − 📺 ☎ ⇦ ℗. ⚡
       März - 20. Nov. − **M** *(Mittwoch geschl.)* a la carte 26/63 − **24 Z : 46 B** 68/85 - 135/175 −
       8 Fewo.

   🏠 **Janssen's Hotel**, Am Hafen - Westseite 7, ℰ 2 24, ≼ − 📺 ☎ ℗. ㏁ ⓪ 🄴. ⚡
       März - 10. Nov. − (Restaurant nur für Hausgäste) − **23 Z : 43 B** 70 - 98 − ½ P 68/89.

   🏠 **Rodenbäck**, Am Hafen - Ostseite 2, ℰ 2 25, ≼ − ☎. ⚡ Zim
       3. Nov.- 27. Dez. geschl. − **M** *(Montag geschl.)* a la carte 24/45 − **14 Z : 23 B** 50/65 - 80/88.

       In Neuharlingersiel-Großholum SW : 3 km :

   🏠 **Kissmann's Hotel** garni, Ost 4, ℰ 2 44 − ℗. ⚡
       April - Okt. − **14 Z : 31 B** 42/55 - 78.

NEUHAUS AM INN 8399. Bayern 4⃞1⃞3⃞ X 21 − 3 000 Ew − Höhe 312 m − ✪ 08503.
◆München 162 − Linz 96 − Passau 18 − Regensburg 142.

   🏠 **Alte Innbrücke** ⚲ garni, Finkenweg 7, ℰ 80 01, Telex 57778, ≼, 🚲, Fahrradverleih − ▥
       ℗
       40 Z : 82 B 42 - 68.

       In Neuhaus-Vornbach N : 4 km :

   🏨 **Am Schloßpark** ⚲, Dr.-Duisberg-Str. 1, ℰ 80 05, �, ⇔, 🔲, 🚲, Fahrradverleih − ▥
   ◆ ☎ ♿ ℗ − 🏄 25/100
       M *(Montag und 5. Jan.- 15. März geschl.)* a la carte 19/33 − **46 Z : 92 B** 51/62 - 76/89.

NEUHAUS AN DER PEGNITZ 8574. Bayern 4⃞1⃞3⃞ R 18 − 3 000 Ew − Höhe 400 m − ✪ 09156.
Sehenswert : Lage★.
◆München 199 − Amberg 38 − Bayreuth 47 − ◆Nürnberg 53.

   🏠 **Burg Veldenstein** ⚲, Burgstr. 88, ℰ 6 33, �, Wildgehege, Volièren, ⇔, 🚲 − ℗. ㏁
   ◆ ⓪ 🄴 🆅🆂🅰
       15. Jan.- Feb. geschl. − **M** *(Montag geschl.)* a la carte 17/36 − **19 Z : 40 B** 43/49 - 72/95.

   🏠 **Bayerischer Hof**, Unterer Markt 9, ℰ 6 71, 🌙, 🚲 − ⇦ ℗. ⚡ Zim
   ◆ *5.- 30. Nov. geschl.* − **M** *(Montag geschl.)* a la carte 14,50/30 ♨ − **13 Z : 22 B** 38/60 -
       65/80.

NEUHAUSEN AUF DEN FILDERN 7303. Baden-Württemberg 4⃞1⃞3⃞ K 20 − 10 300 Ew − Höhe
280 m − ✪ 07158.
◆Stuttgart 24 − Esslingen 9 − ◆Ulm (Donau) 74.

   ✗ Ochsen (restaurierter Fachwerkbau a.d. 17. Jh.), Kirchstr. 12, ℰ 82 06 − ℗.

NEUHEWEN Baden-Württemberg siehe Engen im Hegau.

NEUHOF 6404. Hessen 4⃞1⃞3⃞ L 15 − 10 500 Ew − Höhe 275 m − ✪ 06655.
◆Wiesbaden 133 − ◆Frankfurt am Main 89 − Fulda 15.

   🏠 Schützenhof, Gieseler Str. 2, ℰ 20 71, ⇔ − ⇦ ℗
       17 Z : 32 B.

       In Neuhof-Giesel NW : 7,5 km :

   🏠 **Zur Post**, Laurentiusstr. 4, ℰ (0661) 4 38 52, 🚲 − ℗
   ◆ **M** *(Montag geschl.)* a la carte 21/40 − **12 Z : 28 B** 35 - 70.

       In Kalbach 1-Grashof 6401 S : 8 km über Kalbach - Mittelkalbach :

   🏠 **Zum Grashof** ⚲, ℰ (06655) 27 72, ≼, 🚲 − ☎ ⇦ ℗
       M *(Montag geschl.)* a la carte 23/45 − **18 Z : 24 B** 40 - 75.

EUHOF AN DER ZENN 8501. Bayern **413** O 18 − 1 700 Ew − Höhe 335 m − ☺ 09107.
München 198 − ✦Nürnberg 34 − ✦Würzburg 81.

🏠 **Riesengebirge**, Marktplatz 14, ℰ 13 71, Telex 624321, Fax 1479, « Innenhofterrasse », ⬢
− ⃒ 🖩 📺 ☺ − ⅍ 25/80. ⓪ 𝓥𝓢𝓐. ✲ Rest
6.- 19. Aug. und 28. Dez.- 6. Jan. geschl. − **M** a la carte 43/76 − **64 Z : 105 B** 88/145 -
125/170 Fb − 3 Appart. 370.

EU-ISENBURG Hessen siehe Frankfurt am Main.

EUKIRCHEN Bayern siehe Sulzbach-Rosenberg bzw. Teisendorf.

EUKIRCHEN BEIM HL. BLUT 8497. Bayern **413** VW 19 − 4 200 Ew − Höhe 490 m −
Wintersport : 670/1 050 m ⦉3 ⽕4 − ☺ 09947.
Verkehrsamt, Marktplatz 2, ℰ 3 30.
München 208 − Cham 30 − Zwiesel 46.

🏠 **Zum Bach**, Marktstr. 1, ℰ 12 18, ☂ − ⬅ ℗
➤ 10. Nov.- 5. Dez. geschl. − **M** (Donnerstag geschl.) a la carte 15/31 ⓖ − **16 Z : 32 B** 28/30 -
54 − ½ P 38.

EUKIRCHEN KREIS NORDFRIESLAND 2268. Schleswig-Holstein **987** ④ − 1 300 Ew −
Höhe 2 m − ☺ 04664.
Ausflugsziel : Hof Seebüll : Nolde-Museum✶ N : 5 km.
Kiel 133 − Flensburg 56 − Niebüll 14.

🏡 **Fegetasch**, Osterdeich, ℰ 2 02 − ⬅ ℗. ✲
➤ 22. Dez.- 6. Jan. geschl. − **M** (Okt.- März Sonntag ab 14 Uhr geschl.) a la carte 21/38 −
14 Z : 27 B 29/45 - 58/75.

Europe	Wenn der Name eines Hotels dünn gedruckt ist, dann hat uns der Hotelier Preise und Öffnungszeiten nicht oder nicht vollständig angegeben.

EUKIRCHEN (Knüllgebirge) 3579. Hessen − 7 400 Ew − Höhe 260 m − Kneipp- und
Luftkurort − ☺ 06694.
Kurverwaltung, im Rathaus, Kurhessenstraße, ℰ 60 33.
Wiesbaden 148 − Bad Hersfeld 33 − ✦Kassel 80 − Marburg 52.

🏠 **Landgasthof Combecher**, Kurhessenstr. 32 (B 454), ℰ 60 48, ☂, Massage, ⚘, ⬢ −
➤ ☎ ⬅ ℗. ⒜⒠ E 𝓥𝓢𝓐
4.- 21. Jan. geschl. − **M** (Montag bis 18 Uhr geschl.) a la carte 19/50 ⓖ − **37 Z : 78 B** 50/70 -
80/160 Fb − ½ P 53/76.

🏠 **Kneipp-Kurhotel Sonnenhof** ⬎, Kienbergweg 36, ℰ 70 11, ≼, Bade- und
Massageabteilung, ⚘, ⬢, ⊠, ☂ − ☎ ℗. ✲
2.- 20. April und 17.- 31. Juli geschl. − (Restaurant nur für Hausgäste) − **33 Z : 44 B** 50/65 -
86/96 Fb − ½ P 60/65.

EUKIRCHEN VORM WALD 8391. Bayern **413** X 20 − 2 400 Ew − Höhe 464 m − ☺ 08504.
Verkehrsamt,Pfründestr. 1, ℰ 17 63.
München 191 − Passau 15 − ✦Regensburg 113 − Salzburg 150.

In Neukirchen-Feuerschwendt O : 6 km :

🏠 **Gut Giesel** ⬎, ℰ (08505)7 87, Fax 4149, ≼, ⬢, ⊠, ☂, ✕, ♞ − ☎ ⓖ ⚑ ⬅ ℗.
✲ Rest
15. Nov. - 15. Dez. geschl. − (Restaurant nur für Hausgäste) − **7 Z : 13 B** 62/72 - 104/
144 (½ P) Fb − 31 Fewo 115/245 (½ P).

EULAUTERN Baden-Württemberg siehe Wüstenrot.

EULEININGEN Rheinland-Pfalz siehe Grünstadt.

EULINGEN Baden-Württemberg siehe Pforzheim.

NEU-LISTERNOHL Nordrhein-Westfalen siehe Attendorn.

NEUMAGEN-DHRON 5507. Rheinland-Pfalz − 3 000 Ew − Höhe 120 m − ☺ 06507.
Mainz 133 − Bernkastel-Kues 20 − ✦Trier 39.

🏠 **Gutshotel**, Balduinstr. 1, ℰ 20 35, ☂, « Ehemaliges Weingut », ⬢, ⊠, ✕ − ☎ ℗. E
Jan.- Feb. garni − **M** (nur Abendessen, Montag geschl.) a la carte 38/73 − **20 Z : 40 B** 98 -
136/150.

🏠 **Zur Post**, Römerstr. 79, ℰ 21 14 − ⬅ ℗. ✲
➤ April - Nov. − **M** (Montag geschl.) a la carte 18/38 ⓖ − **13 Z : 26 B** 45/50 - 75.

8430. Bayern **413** R 19, **987** ㊱㊲ – 31 600 Ew – Höl
429 m – ☎ 09181.

♦München 138 – Amberg 40 – ♦Nürnberg 40 – ♦Regensburg 72.

- 🏛 **Nürnberger Hof**, Nürnberger Str. 28a, ℰ 3 24 28 – 📺 🚗 ℗
  ← 24. Dez.- 10. Jan. geschl. – **M** (nur Abendessen) a la carte 21/35 – **59 Z : 98 B** 40/60 - 80/9
- 🏛 **Mehl** ⬙, Kirchengasse 3, ℰ 57 16 – ☎ 🚗 E **VISA**. ⬙% Rest
  ← 1.- 18. Jan. geschl. – **M** (nur Abendessen, Sonntag geschl.) a la carte 18/33 – **22 Z : 29**
  35/60 - 65/98.
- 🏛 **Torschmied**, Ringstr. 1, ℰ 94 44, Biergarten – ☎ ℗, 🆎 ⓪ E
  ← Nov. 2 Wochen geschl. – **M** (wochentags nur Abendessen, Mittwoch geschl.) a la car
  22/40 – **23 Z : 43 B** 48/58 - 86/126.
- 🏛 **Stern**, Oberer Markt 32, ℰ 52 38 – 🛗 🚗 ℗. ⓪ E **VISA**
  ← 15. Feb.- 15. März geschl. – **M** (Mittwoch geschl.) a la carte 16,50/35 – **50 Z : 100 B** 40/58
  75/98.
- 🏛 **Gasthof Ostbahn**, Bahnhofstr. 4, ℰ 50 41 – 🛗 📺 ☎ 🚗 ℗. 🆎 ⓪ E. ⬙%
  ← **M** (Dienstag geschl.) a la carte 17/40 ⅃ – **18 Z : 36 B** 50/70 - 90/110.

8267. Bayern **413** U 21, **987** ㊲ – 5 000 Ew – Höhe 448 m – ☎ 08639.

♦München 98 – Landshut 39 – Passau 93 – Salzburg 89.

- 🏨 **Peterhof**, Bahnhofstr. 31, ℰ 3 09 – 🚗 ℗
  ← **M** (Samstag geschl.) a la carte 18/32 – **19 Z : 30 B** 26/38 - 48/65.
- 🏨 **Post**, Stadtplatz 21, ℰ 3 50, 🚍 – 🚗 ℗. E
  ← **M** a la carte 16/32 – **15 Z : 27 B** 30 - 56/60.

In Niedertaufkirchen 8267 SO : 8 km :

- ✕ **Söll** mit Zim, Hundhamer Str. 2, ℰ (08639) 2 27, 🍴 – 🚗 ℗. E
  ← **M** (Mittwoch und 27. Aug.- 12. Sept. geschl.) a la carte 19/37 – **6 Z : 9 B** 34/40 - 56/72.

2350. Schleswig-Holstein **987** ⑤ – 78 000 Ew – Höhe 22 m – ☎ 04321.

🛈 Tourist-Information, Großflecken (Verkehrspavillon), ℰ 4 32 80.

ADAC, Wasbeker Str. 306 (B 430), ℰ 6 22 22.

♦Kiel 34 ⑥ – Flensburg 100 ⑥ – ♦Hamburg 66 ⑤ – ♦Lübeck 58 ③.

NEUMÜNSTER

Benutzen Sie
auf Ihren Reisen in Europa
die **Michelin-Länderkarten**
1:400 000 bis 1:1 000 000.

Pour parcourir l'Europe,
utilisez les cartes Michelin
Grandes Routes
à 1/400 000 à 1/1 000 000.

🏤 **Parkhotel** garni, Parkstr. 29, ℰ 4 30 27, Telex 299602, Fax 43020 — 🔄 📺 ☎ ♿ 🚗 🟧 🅐🅔 ⓞ — Y r
 🝐 𝐕𝐈𝐒𝐀
 49 Z : 100 B 95/115 - 125/165 Fb.

🏠 **Friedrichs** garni, Rügenstr. 11, ℰ 80 11, Telex 299510 — 🔄 ☎ ♿ — Z a
 38 Z : 57 B 62/70 - 96/105.

🏠 **Pries** garni, Luisenstr. 3, ℰ 1 23 42 — 📺 ☎ ♿ — Y d
 16 Z : 24 B 55/65 - 100.

🏠 **Firzlaff's Hotel** garni, Rendsburger Str. 183 (B 205), ℰ 5 14 66 — 📺 ☎ ♿. 🝐 — Y x
 18 Z : 31 B 53/58 - 95/98.

XX **Am Kamin**, Probstenstr. 13, ℰ 4 28 53 — 🅐🅔 🝐 — Z d
 Sonn- und Feiertage sowie Juli - Aug. 2 Wochen geschl. — **M** *(mittags Tischbestellung ratsam)* a la carte 48/68.

XX **Ratskeller**, Großflecken 63, ℰ 4 23 99 — 🅐🅔 ⓞ. 🞉 — Z R
 M a la carte 32/60.

X **Holsteiner Bürgerhaus** mit Zim, Brachenfelder Str. 58, ℰ 2 32 84 — 🚗. 🅐🅔 ⓞ — Z e
 M 20/34 (mittags) und a la carte 28/70 — **6 Z : 11 B** 50/60 - 90/98.

In Neumünster 2-Einfeld ① : 3,5 km :

🏤 **Tannhof - Waldschlößchen**, Kieler Str. 452 (B 4), ℰ 52 91 97, 🔲, 🞈 — 📺 ☎ ♿ ♿ —
 🝐 25/150. 🅐🅔 ⓞ 🝐 𝐕𝐈𝐒𝐀. 🞉 Zim
 M 17/36 (mittags) und a la carte 25/54 — **34 Z : 68 B** 60/85 - 99/135 — 3 Appart. 265.

In Neumünster 1 - Gadeland ③ : 3,5 km :

🝐 **Kühl**, Segeberger Str. 74 (B 205), ℰ 7 11 18 — 🚗 ♿
 M *(nur Abendessen)* a la carte 24/45 — **34 Z : 56 B** 45/55 - 75/90.

NEUNKIRCHEN 6951. Baden-Württemberg 🔲🔲🔲 K 18 — 1 500 Ew — Höhe 350 m — ☼ 06262.
Stuttgart 92 — Heidelberg 34 — Heilbronn 44 — Mosbach 15.

🏤 **Park- und Sporthotel Stumpf** 🞉, Zeilweg 16, ℰ 8 98, Fax 4498, ≤, 🞈, « Garten »,
 🞈, 🔲, 🞉 — 🔄 📺 ☎ ♿. 🅐🅔 ⓞ 🝐 𝐕𝐈𝐒𝐀
 M *(auch vegetarische Gerichte)* a la carte 33/53 — **30 Z : 54 B** 58/78 - 128/148 Fb — ½ P 74/94.

NEUNKIRCHEN 5908. Nordrhein-Westfalen — 14 500 Ew — Höhe 250 m — ☼ 02735.
Düsseldorf 139 — Limburg an der Lahn 53 — Siegen 15.

XXX **Münze**, Kölner Str. 190, ℰ 6 05 96 — ♿ — 🝐 60. 🅐🅔 ⓞ 🝐
 Montag ab 14 Uhr, Samstag bis 18 Uhr und 21. Juli - 10. Aug. geschl. — **M** a la carte 35/58.

NEUNKIRCHEN AM BRAND 8524. Bayern 🔲🔲🔲 Q 18 — 6 500 Ew — Höhe 317 m — ☼ 09134.
München 190 — ♦Bamberg 40 — ♦Nürnberg 26.

🏤 **Selau** 🞉, In der Selau 5, ℰ 70 10, Telex 629728, 🞈, 🔲, 🞈, 🞉 (Halle) — 🔄 📺 ☎ 🚗
 ♿ — 🝐 25/100. 🅐🅔 🝐. 🞉 Rest
 M a la carte 32/56 — **54 Z : 104 B** 78/120 - 126/180 Fb.

XX **Historisches Gasthaus Klosterhof** (Gebäude a.d. 17. Jh., rustikale Einrichtung), Innerer
 Markt 7, ℰ 15 85 — 🅐🅔 ⓞ
 Feb. 1 Woche, Mitte Aug. - Anfang Sept. und Montag geschl. — **M** a la carte 45/70.

NEUNKIRCHEN/SAAR 6680. Saarland 🔲🔲🔲 ㉔, 🔲🔲🔲 ⑦. 🔲🔲 ⑪ — 50 200 Ew — Höhe 255 m —
☼ 06821.
Saarbrücken 22 — Homburg/Saar 15 — Idar-Oberstein 60 — Kaiserslautern 51.

🝐 **Am Zoo** 🞉 garni, Zoostr. 29, ℰ 2 70 74 — 🔄 📺 ☎ ♿ — 🝐 60. 🅐🅔 ⓞ 🝐
 34 Z : 58 B 60/75 - 100 Fb.

In Neunkirchen 5-Furpach SO : 4 km :

🝐 **Furpacher Hof**, Kohlhofweg 3, ℰ 3 11 82 — ♿
 M *(nur Abendessen, Samstag geschl.)* a la carte 29/48 — **12 Z : 14 B** 30/45 - 67/75.

In Neunkirchen-Kohlhof SO : 5 km :

XXX 🞉 **Hostellerie Bacher** mit Zim, Limbacher Str. 2, ℰ 3 13 14, bemerkenswerte Weinkarte
 — ♿. 🅐🅔 ⓞ 🝐 𝐕𝐈𝐒𝐀
 Sonntag und Juli - Aug. 3 Wochen geschl. — **M** (Tischbestellung ratsam) a la carte 50/73 —
 4 Z : 7 B 80 - 160
 Spez. Terrinen, Kalbskopf in Meerrettichsauce, Seeteufel mit Knoblauchsoße.

NEUNKIRCHEN-SEELSCHEID 5206. Nordrhein-Westfalen — 16 500 Ew — Höhe 180 m —
☼ 02247.
Düsseldorf 81 — ♦Bonn 24 — ♦Köln 40.

Im Ortsteil Neunkirchen :

🝐 **Kurfürst**, Hauptstr. 13, ℰ 10 38, Fax 8884, 🞈 — 📺 ☎ ♿ — 🝐 25/100. 🅐🅔 ⓞ 🝐 𝐕𝐈𝐒𝐀
 M a la carte 26/57 — **22 Z : 38 B** 70/75 - 120 Fb.

NEUÖTTING 8265. Bayern 413 V 22. 987 ⑰ ⑱. 426 JK 4 — 7 900 Ew — Höhe 392 m — ✆ 08671
♦München 94 — Landshut 62 — Passau 82 — Salzburg 74.

🏛 **Krone**, Ludwigstr. 69, ℰ 23 43 — 🕮 ⇔
— **M** *(Samstag ab 14 Uhr geschl.)* a la carte 18,50/27 ⅓ — **25 Z : 40 B** 25/40 - 50/75.

NEUPOTZ 6729. Rheinland-Pfalz 413 HI 19 — 1 600 Ew — Höhe 110 m — ✆ 07272.
Mainz 123 — ♦Karlsruhe 23 — Landau 23 — ♦Mannheim 52.

🏛 **Zum Lamm**, Hauptstr. 7, ℰ 28 09 — 🅟
— Jan. - Feb. und Juli - Aug. je 2 Wochen geschl. — **M** *(Sonntag ab 14 Uhr und Diensta geschl.)* a la carte 20/46 ⅓ — **12 Z : 18 B** 28/35 - 56/70.

NEUREICHENAU 8391. Bayern 413 Y 20 — 3 700 Ew — Höhe 680 m — Erholungsort — ✆ 0858▮
♦München 220 — Freyung 26 — Passau 43.

In Neureichenau-Lackenhäuser O : 8 km :

🏛 **Bergland-Hof** ⑳, ℰ 12 86, ≤, ≘s, ∑, ⬛, 🐎, ✵ — 📺 🅟. ✵
18. April - 11. Mai und Nov.- 15. Dez. geschl. — (nur Abendessen für Hausgäste) — **34 Z 60 B** 41/44 - 78/96 Fb — ½ P 54/63.

NEURIED 7607. Baden-Württemberg 413 G 21. 242 ㉔ — 7 200 Ew — Höhe 148 m — ✆ 07807.
♦ Stuttgart 156 — ♦ Freiburg im Breisgau 59 — Lahr 21 — Offenburg 11 — Strasbourg 19.

In Neuried 2-Altenheim :

🏛 **Ratsstüble**, Kirchstr. 38, ℰ 8 05, ≘s, 🐎 — ☎ 🅟
— **M** *(Sonntag und 18. Juni - 8. Juli geschl.)* a la carte 21/41 ⅓ — **33 Z : 53 B** 33/45 - 60/80.

NEURIED Bayern siehe München.

NEUSÄSS 8902. Bayern 413 P 21 — 19 000 Ew — Höhe 525 m — ✆ 0821 (Augsburg).
♦München 75 — ♦ Augsburg 7 — ♦ Ulm (Donau) 89.

🏛 **Neusässer Hof**, Hauptstr. 7, ℰ 46 10 51, Biergarten — 🕮 ☎ ⇔ 🅟
— **M** *(im Gasthof Schuster, Dienstag geschl.)* a la carte 18/39 — **50 Z : 60 B** 48/75 - 85/106.

In Neusäß-Steppach S: 2 km :

🏛 **Brauereigasthof Fuchs**, Alte Reichsstr. 10, ℰ 48 10 57, Biergarten — 🅟
24. Dez.- 8. Jan. geschl. — **M** *(Montag geschl.)* a la carte 24/39 — **32 Z : 59 B** 52/60 - 90/95.

NEUSCHÖNAU Bayern siehe Grafenau.

NEUSCHWANSTEIN (Schloß) Bayern. Sehenswürdigkeit siehe Füssen.

NEUSS 4040. Nordrhein-Westfalen 987 ㉔ — 144 000 Ew — Höhe 40 m — ✆ 02101.
Sehenswert : St. Quirinus-Münster★.
Ausflugsziel : Schloß Dyck★ SW : 9 km über ⑤.
🛈 Verkehrsverein, Friedrichstr. 40, ℰ 27 98 17.
ADAC, Markt 21, ℰ 27 33 80, Notruf ℰ 1 92 11.
♦Düsseldorf 10 ② — ♦Köln 38 ② — Krefeld 20 ⑦ — Mönchengladbach 21 ⑥.

Stadtplan siehe gegenüberliegende Seite.

🏨 **Swissotel Rheinpark** ⑳, Rheinallee 1, ℰ 15 30, Telex 8517521, Fax 1531899, ≤, Massage ≘s, ⬛, Fahrradverleih — 🕮 ✵ Zim ▭ 📺 ⅓ ⇔ 🅟 — 🔬 25/1500. 🕮 ⓞ Ε 𝗩𝗜𝗦𝗔. ✵ Rest Restaurants (Juli geschl.): — **Alfredo's** *(nur Abendessen, außerhalb der Messezeiten Sonnta - Montag geschl.)* **M** a la carte 43/72 — **Petit Paris M** 30 (mittags Buffet) und a la carte 38/7 — **250 Z : 500 B** 225/405 - 285/465 Fb — 6 Appart. 593/1740. X

🏨 **City-Hotel** garni, Adolf-Flecken-Str. 18, ℰ 27 50 21, Telex 8517780, Fax 277324 — 🕮 📺 ⇔. 🕮 ⓞ Ε 𝗩𝗜𝗦𝗔
50 Z : 82 B 154/264 - 194/314 Fb. Y

🏛 **Hamtor-Hotel** (Restaurant im Bistrostil), Hamtorwall 17, ℰ 22 20 02, Telex 728880, ≘s — 🕮 📺 ☎ 🅟. 🕮 ⓞ Ε 𝗩𝗜𝗦𝗔
M *(nur Abendessen)* a la carte 25/45 — **36 Z : 56 B** 70/95 - 130/150 Fb. Y

🏛 **Haus Hahn** garni, Bergheimer Str. 125 (B 477), ℰ 4 90 51 — 📺 ☎ 🅟. ⓞ Ε 𝗩𝗜𝗦𝗔 Z
23. Juni - 15. Juli und 22. Dez.- 5. Jan. geschl. — **15 Z : 20 B** 90 - 150.

🏛 **Marienhof** garni, Kölner Str. 187 a, ℰ 15 05 41, Telex 8517465 — 📺 ☎ 🅟. 🕮 ⓞ Ε 𝗩𝗜𝗦𝗔
20. Dez. - 5. Jan. geschl. — **23 Z : 29 B** 86/120 - 150/170 Fb. X

🏛 **Hansa-Hotel** garni (mit Gästehaus), Krefelder Str. 22 (Bahnhofspassage), ℰ 22 20 81 — 🕮 ☎ Y
Weihnachten - Anfang Jan. geschl. — **61 Z : 91 B** 50/100 - 85/150 Fb.

602

NEUSS

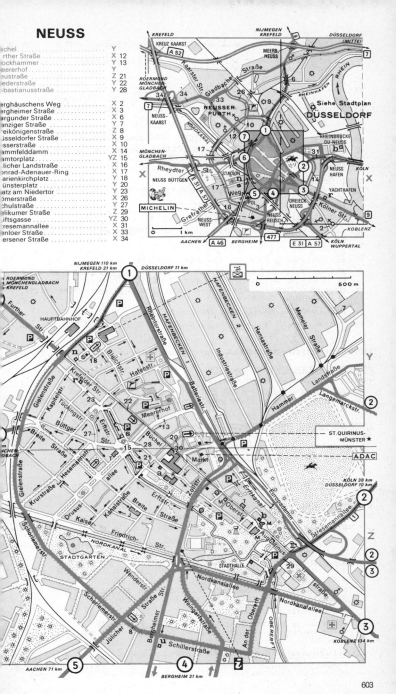

603

XX **An de Poz** (Restaurant in einem alten Kellergewölbe), Oberstr. 7, ℰ 27 27 77 — 🆎 ⓞ Ɛ
VISA
Samstag bis 18 Uhr, Sonn- und Feiertage, Juni - Juli 3 Wochen und 24.- 30. Dez. geschl. -
M (Tischbestellung ratsam) a la carte 53/76.

XX **Bölzke,** Michaelstr. 29, ℰ 2 48 26

XX **Zum Stübchen,** Preussenstr. 73, ℰ 8 22 16 — 🆎 ⓞ Ɛ VISA
Montag und Juli - 15. Aug. geschl. — **M** (Tischbestellung ratsam) a la carte 50/78.

XX **Rosengarten in der Stadthalle,** Selikumer Str. 25, ℰ 27 41 81, 🍴 — 🅿 — 🚗 25/400
🆎 ⓞ Ɛ VISA
im Sommer Montag geschl. — **M** a la carte 33/49.

In Neuss-Erfttal SO : 5 km über die A 57, ✕, Autobahnausfahrt Norf :

🏨 **Novotel Neuss,** Am Derikumer Hof 1, ℰ 1 70 81, Telex 8517634, Fax 120687, 🍴, 🏊, 🌳
— 🛗 🍽 Rest 🖅 ☎ 🚗 🅿 — 🚗 25/120. 🆎 ⓞ Ɛ VISA
M a la carte 29/57 — **116 Z : 228 B** 165 - 190 Fb.

In Neuss-Grimlinghausen SO : 6 km über ③ :

🏨 **Landhaus Hotel,** Hüsenstr. 17, ℰ 3 70 30, Telex 8517891, Biergarten — 🛗 🖅 ☎ 🕭 🅿 -
🚗 50. Ɛ
M a la carte 30/67 — **30 Z : 55 B** 140/250 - 180/350 Fb.

In Kaarst 4044 NW : 6 km über Karster Str. ✕ :

🏨 **Landhaus Michels** garni, Kaiser-Karl-Str. 10, ℰ (02101) 60 40 04 — ☎ 🚗 🅿. 🆎 ⓞ Ɛ
VISA
23. Dez.- 7. Jan. geschl. — **19 Z : 34 B** 50/90 - 80/120.

In Kaarst 2-Büttgen 4044 W : 6 km über Rheydter Str. ✕ :

🏨 **Jan van Werth,** Rathausplatz 20, ℰ (02101) 51 41 60 — 🛗 🖅 ☎ 🅿. ⓞ Ɛ VISA
M (Montag geschl.) a la carte 30/50 — **24 Z : 30 B** 65/100 - 120/140 Fb.

🏨 **Gästehaus Alt Büttgen** garni, Kölner Str. 30, ℰ (02101) 51 80 66 — 🖅 ☎ 🚗 🅿
16 Z : 20 B 56/70 - 95/120.

In Kaarst 2 - Holzbüttgen 4044 NW : 7 km über ⑦ :

🏨 Hotel im Open-Air-Tennispark, August-Thyssen-Str. 13, ℰ (02101) 66 70 57, ✕ (Halle) — 🛗
🖅 ☎ 🅿 — 🚗
28 Z : 56 B Fb.

MICHELIN-REIFENWERKE KGaA. Niederlassung 4040 Neuss 1, Moselstr. 11 ✕, ℰ 4 90 61.

NEUSTADT AM MAIN 8771. Bayern 🗺 L 17 — 1 500 Ew — Höhe 153 m — ✪ 09393.
♦München 338 — Lohr am Main 8 — ♦Würzburg 43.

🏠 **Zum Engel,** Hauptstr. 1, ℰ 5 05, 🍴 — 🛗 🚗 🅿
15. Nov.- 15. Dez. geschl. — **M** *(Montag geschl.)* a la carte 18,50/44 ⅃ — **20 Z : 32 B** 35/55
65/85.

NEUSTADT AM RÜBENBERGE 3057. Niedersachsen 🗺 ⑮ — 39 900 Ew — Höhe 35 m —
✪ 05032.
♦Hannover 26 — ♦Bremen 85 — ♦Osnabrück 138.

🏨 Sonnenhof, Am Schießstand 19, ℰ 30 68, 🍴 — ☎ 🚗 🅿
(nur Abendessen) — **27 Z : 46 B.**

NEUSTADT AN DER AISCH 8530. Bayern 🗺 O 18, 🗺 ㉘ — 11 700 Ew — Höhe 292 m —
✪ 09161.
🛈 Verkehrsamt, Würzburger Str. 33 ℰ 6 66 47.
♦München 217 — ♦Bamberg 53 — ♦Nürnberg 41 — ♦Würzburg 67.

🏨 **Römerhof - Ristorante Forum,** Richard-Wagner-Str. 15, ℰ 30 11 (Hotel) 30 13 (Rest.)
— ☎ 🕭 🅿. ✕ Rest
15. Dez.- 15. Jan. geschl. — **M** *(Italienische Küche)* (Dienstag und Aug. geschl.) a la carte
23/48 — **20 Z : 40 B** 45/60 - 80/100 Fb.

🏠 **Aischtal-Hotel,** Ostendstr. 29, ℰ 27 66 — 🅿. ⓞ
Aug. 3 Wochen geschl. — **M** *(Montag geschl.)* a la carte 19/33 ⅃ — **14 Z : 22 B** 30/48 -
56/72.

XX **Neustadt-Stuben,** Ansbacher Str. 20c, ℰ 56 22 — 🅿. 🆎 ⓞ Ɛ VISA
Samstag bis 18 Uhr und Dienstag geschl. — **M** a la carte 33/55.

In Dietersheim 8531 SW : 6,5 km :

🏨 **Frankenland** 🏡, Schützenstr. 15, ℰ (09161) 28 76, 🍴 — 🚗 🅿
12.- 31. März geschl. — **M** *(Sonntag 15 Uhr - Montag geschl.)* a la carte 27/50 — **10 Z : 15 B**
28/40 - 50/70.

In Dietersheim-Oberroßbach 8531 S : 6 km :

✕ **Fiedler** 🏡 mit Zim, Oberroßbach 28, ℰ (09161) 24 25, 🍴, 🍴, 🌳, Fahrradverleih — 🅿
M *(Mittwoch geschl.)* a la carte 18,50/30 ⅃ — **9 Z : 18 B** 35/40 - 60/78.

NEUSTADT AN DER DONAU 8425. Bayern 🆀🆁🆂 S 20. 🆀🆁🆂 ㉗ − 10 000 Ew − Höhe 355 m − ✪ 09445.

🛈 Kurverwaltung, Heiligenstädter Straße (Bad Going). ℰ 5 61.

♦München 90 − Ingolstadt 33 − Landshut 48 − ♦Regensburg 43.

🏨 **Gigl**, Herzog-Ludwig-Str. 6, ℰ 70 97 − ☎ ⇐ 🅿. 🄴
↤   *11.- 25. Aug. und 27. Dez.- 20. Jan. geschl.* − **M** *(Samstag geschl.)* a la carte 15/34 ⅃ − **22 Z : 35 B** 26/36 - 52/66.

In Neustadt-Bad Gögging NO : 4 km − Heilbad :

🏨 **Eisvogel** ⋟., An der Abens 20, ℰ 80 75, Fax 8475, 🍽, Bade- und Massageabteilung, ⇐s̱, ⅃, 🏊, Fahrradverleih − 🛗 🆃🆅 ☎ ⇐ 🅿 − 🅰 25/120. ⑩ 🄴 𝘝𝘐𝘚𝘈
M *(2.- 23. Jan. geschl.)* a la carte 26/55 − **34 Z : 60 B** 60/100 - 110/175 Fb.

🏨 **Kurhotel Centurio** ⋟., Am Brunnenforum 6, ℰ 20 50, 🍽, Bade- und Massageabteilung, direkter Zugang zur Limestherme (Gebühr) − 🛗 ☎ ⇐ 🅿 − 🅰 25/50
67 Z : 134 B Fb.

NEUSTADT AN DER SAALE, BAD 8740. Bayern 🆀🆁🆂 N 16. 🆀🆁🆂 ㉘ − 14 300 Ew − Höhe 243 m − Heilbad − ✪ 09771.

🛈 Kurverwaltung, Löhriether Str. 2, ℰ 13 84.

♦München 344 − ♦Bamberg 86 − Fulda 59 − ♦Würzburg 76.

🏨 **Romantik-Hotel Schwan und Post** (Gasthof a.d.J. 1772), Hohnstr. 35, ℰ 9 10 70, Fax 910720, 🍽, ⇐s − 🆃🆅 ☎ ⇐ − 🅰 25/80. 🄰🄴 ⑩ 🄴 𝘝𝘐𝘚𝘈. 🎤 Rest
M a la carte 31/63 − **35 Z : 55 B** 80/90 - 120/180 Fb − ½ P 85/119.

🏨 **Stadthotel**, An der Stadthalle 4, ℰ 9 19 80 − ☎ 🅿 − 🅰
31 Z : 35 B Fb.

🏨 **Zum goldenen Löwen**, Hohnstr. 26, ℰ 80 22 − ☎ 🅿
↤   **M** *(Mittwoch geschl.)* a la carte 19,50/49 − **31 Z : 50 B** 30/40 - 57/77.

☞   *Benutzen Sie für weite Fahrten in Europa die **Michelin-Länderkarten** :*
🆗🆗🆗 *Europa,* 🆗🆗🆗 *Griechenland,* 🆗🆗🆗 *Deutschland,* 🆗🆗🆗 *Skandinavien-Finnland,*
🆗🆗🆗 *Großbritannien-Irland,* 🆗🆗🆗 *Deutschland-Österreich-Benelux,* 🆗🆗🆗 *Italien,*
🆗🆗🆗 *Frankreich,* 🆗🆗🆗 *Spanien-Portugal,* 🆗🆗🆗 *Jugoslawien.*

NEUSTADT AN DER WALDNAAB 8482. Bayern 🆀🆁🆂 T 17. 🆀🆁🆂 ㉗ − 5 800 Ew − Höhe 408 m − ✪ 09602.

♦München 210 − Bayreuth 60 − ♦Nürnberg 105 − ♦Regensburg 87.

🏨 **Grader**, Freyung 39, ℰ 70 85, Telex 63878 − 🛗 ☎ 🅿 − 🅰 25. 🄰🄴 ⑩ 🄴 𝘝𝘐𝘚𝘈
↤   *Weihnachten - Mitte Jan. geschl.* − **M** *(Samstag geschl.)* a la carte 16/44 ⅃ − **46 Z : 88 B** 35/60 - 58/84 Fb.

🏨 **Zum Bären**, Stadtplatz 28, ℰ 13 80, Biergarten − ☎
↤   *8.- 24. Nov. geschl.* − **M** *(Montag geschl.)* a la carte 15/32 ⅃ − **13 Z : 21 B** 40 - 60.

🏨 **Kronprinz**, Knorrstr. 16, ℰ 12 18 − ⇐. ⑩ 🄴 𝘝𝘐𝘚𝘈
↤   *23. Dez.- 10. Jan. geschl.* − **M** *(Samstag geschl.)* a la carte 21/38 − **15 Z : 27 B** 40 - 70 Fb.

NEUSTADT AN DER WEINSTRASSE 6730. Rheinland-Pfalz 🆀🆁🆂 H 18. 🆀🆁🆂 ㉔. 🆀🆁🆂 ⑧ − 50 000 Ew − Höhe 140 m − ✪ 06321.

🚇 Neustadt-Geinsheim (SO : 10 km), ℰ (06327) 29 73.

🛈 Touristik-Information, Exterstr. 4, ℰ 85 53 29, Telex 454869.

ADAC, Martin-Luther-Str. 69, ℰ 8 90 50, Telex 454849.

Mainz 94 − Kaiserslautern 36 − ♦Karlsruhe 56 − ♦Mannheim 29 − Wissembourg 46.

🏨 **Kurfürst**, Mussbacher Landstr. 2, ℰ 74 41, Telex 454895 − 🛗 🆃🆅 ☎ ⇐ 🅿 − 🅰 25/50. 🄰🄴 ⑩ 🄴 𝘝𝘐𝘚𝘈
M *(Sonntag geschl.)* a la carte 31/52 ⅃ − **40 Z : 60 B** 80 - 120 Fb.

🏨 **Festwiese**, Festplatzstr. 6, ℰ 8 20 81, Fax 31006 − 🛗 🆃🆅 ☎ ⇐ 🅿 − 🅰 25/70. 🄰🄴 ⑩ 🄴 𝘝𝘐𝘚𝘈
M *(Sonn- und Feiertage ab 14 Uhr geschl.)* a la carte 26/53 ⅃ − **32 Z : 62 B** 75 - 130.

🏨 **Königsmühle** ⋟., Schöntalstr. 11 (W : 3 km), ℰ 8 30 31, 🍽 − ☎ 🅿. 🄴
6. Jan.- 15. Feb. geschl. − **M** *(Dienstag geschl.)* a la carte 24/47 − **28 Z : 50 B** 36/65 - 72/92.

XX **Saalbau - Restaurant**, Bahnhofstr. 1, ℰ 3 31 00 − 🅿 − 🅰 .

In Neustadt 14-Gimmeldingen N : 3 km − Erholungsort :

X **Kurpfalzterrassen** ⋟. mit Zim, Kurpfalzstr. 162, ℰ 62 68, ≼, 🍽 − 🅿 − 🅰 60. ⑩ 🄴 𝘝𝘐𝘚𝘈
Jan. und Juli 2 Wochen geschl. − **M** *(Dienstag geschl.)* a la carte 32/52 ⅃ − **3 Z : 7 B** 35 - 60.

X **Mugler's Kutscherhaus**, Peter-Koch-Str. 47, ℰ 6 63 62, « Winzerhaus a.d.J. 1773 »
nur Abendessen, Montag und über Fasching 3 Wochen geschl. − **M** a la carte 27/43 ⅃.

In Neustadt 13-Haardt N : 2 km − Erholungsort :

🏨 **Haardter Schloß** ⌷, Mandelring 35, ℰ 3 26 25, ≤, 🍽, « Villa a.d.J. 1875 in eindrucksvoller Lage über Neustadt » − 📺 ☎ 🅿 🎴 ⓪ 🅴 𝖵𝖨𝖲𝖠
Mitte Jan.- Mitte Feb. geschl. − **M** *(nur Abendessen, Sonntag - Montag und Feiertage geschl.)* a la carte 60/79 − **10 Z : 19 B** 79/138 - 138/178.

🏨 **Tenner** ⌷ garni, Mandelring 216, ℰ 65 41, Fax 69306, « Kleiner Park », ≘s, ▨, 🍽, Fahrradverleih − 📺 ☎ ⇔ 🅿 − 🔬 30. 🎴 ⓪ 🅴
über Weihnachten geschl. − **38 Z : 65 B** 70/80 - 115/160 Fb − 2 Fewo 85/120.

🏵 **Haardter Herzel** ⌷, Eichkehle 58, ℰ 64 21, 🍽, 🍴 − ⇔ 🅿
↔ **M** a la carte 17,50/35 🍷 − **9 Z : 19 B** 45/55 - 80/90.

In Neustadt 19-Hambach SW : 3 km :

✕ **Rittersberg** ⌷ mit Zim, beim Hambacher Schloß, ℰ 8 62 50, ≤ Rheinebene, 🍽 − 🅿 − 🔬 30. 🎉
Feb. geschl. − **M** *(Donnerstag geschl.)* a la carte 24/46 🍷 − **5 Z : 12 B** 90/100 (Doppel-Z.).

▮NEUSTADT AN DER WIED▮ 5466. Rheinland-Pfalz − 5 500 Ew − Höhe 165 m − ◯ 02683 (Asbach).

🛈 Verkehrsbüro, im Bürgerhaus, ℰ 3 24 24.

Mainz 123 − ♦Koblenz 49 − ♦Köln 65 − Limburg an der Lahn 64.

In Neustadt-Fernthal SO : 4 km :

🏵 Dreischläger Hof, Dreischläger Str. 23, ℰ 37 81 − 🅿 − **9 Z : 18 B**.

An der Autobahn A 3 S : 4,5 km :

🏨 **Autobahn-Rasthaus Fernthal**, ✉ 5466 Neustadt-Fernthal, ℰ (02683) 35 34, ≤, 🍽 − ☎ 🅿 🅴
M *(auch vegetarische Gerichte)* a la carte 27/55 − **29 Z : 65 B** 64/97 - 105/115.

▮NEUSTADT BEI COBURG▮ 8632. Bayern ▦▦▦ Q 15, 16, ▦▦▦ ㉘ − 17 000 Ew − Höhe 344 m − ◯ 09568.

♦München 296 − ♦Bamberg 61 − Bayreuth 68 − Coburg 14.

In Neustadt-Fürth am Berg SO : 7 km :

🏨 **Grenzgasthof** ⌷, Allee 37, ℰ 30 96, ≘s, 🍽 − ⇔ 🅿 − 🔬 25/200
↔ *Mitte Nov.- Mitte Dez. geschl.* − **M** *(Freitag geschl.)* a la carte 21/44 − **40 Z : 68 B** 28/42 - 55/75.

In Neustadt-Wellmersdorf S : 5 km :

🏨 **Gästehaus Heidehof** ⌷, Wellmersdorfer Str. 50, ℰ 21 55, 🍽. Fahrradverleih − ⇔ 🅿
↔ 🅴. 🎉 Zim
Mitte - Ende Juli geschl. − **M** *(Donnerstag geschl.)* a la carte 18/35 − **41 Z : 81 B** 38/50 - 72/92.

▮NEUSTADT IN HOLSTEIN▮ 2430. Schleswig-Holstein ▦▦▦ ⑥ − 16 000 Ew − Höhe 4 m − ◯ 04561.

♦Kiel 60 − ♦Lübeck 34 − Oldenburg in Holstein 21.

🏨 **Hamburger Hof** garni, Lienaustr. 26, ℰ 62 40 − 📺 ⇔ 🅿 🎴 ⓪ 🅴. 🎉
Weihnachten - Neujahr geschl. − **10 Z : 20 B** 52 - 94.

✕ **Ratskeller**, Am Markt 1, ℰ 80 11, 🍽 − 🎴 🅴 𝖵𝖨𝖲𝖠
Montag geschl. − **M** a la carte 31/61.

In Neustadt 2-Pelzerhaken O : 5 km :

✕✕ **Eichenhain** ⌷ mit Zim, Eichenhain 3, ℰ 74 80, ≤, 🍽, ≘s, 🍽 − ☎ 🅿 🅴 𝖵𝖨𝖲𝖠
Hotel März - Okt., Restaurant auch Weihnachten - Neujahr geöffnet − **M** a la carte 40/68 − **10 Z : 20 B** 80/110 - 130/170 − 10 Fewo 80/150.

▮NEUTRAUBLING▮ Bayern siehe Regensburg.

▮NEU-ULM▮ 7910. Bayern ▦▦▦ N 21, ▦▦▦ ㉘ − 50 000 Ew − Höhe 468 m − ◯ 0731 (Ulm/Donau).

Stadtplan siehe Ulm (Donau).

🛈 Städt. Verkehrsbüro, Ulm, Münsterplatz, ℰ 6 41 61.

ADAC, Ulm, Neue Str. 40, ℰ 6 66 66, Notruf ℰ 1 92 11.

🏨 **Mövenpick-Hotel** ⌷, Silcherstr. 40 (Edwin-Scharff-Haus), ℰ 8 01 10, Telex 712539, Fax 85967, ≤, 🍽, ▨ − 🛗 🍽 Rest 📺 🅿 − 🔬 25/80. 🎴 ⓪ 🅴 𝖵𝖨𝖲𝖠   Y e
M a la carte 30/60 − **135 Z : 235 B** 170/217 - 234/294 Fb − 5 Appart. 354.

🏨 **City-Hotel** garni, Ludwigstr. 27, ℰ 7 40 25, Fax 78334 − 🛗 📺 ☎. 🎴 🅴 𝖵𝖨𝖲𝖠. 🎉   Y r
1.- 7. Jan. geschl. − **20 Z : 35 B** 84/94 - 115/130 Fb.

🏨 Deckert, Karlstr. 11, ℰ 7 60 81 − ☎ ⇔   Y s
(nur Abendessen für Hausgäste) − **23 Z : 33 B** Fb.

✕✕ **Glacis**, Schützenstr. 72, ℰ 8 68 43, 🍽 − 🅿 ⓪ 🅴 𝖵𝖨𝖲𝖠   Y u
Montag geschl. − **M** a la carte 28/63.

In Neu-Ulm - Reutti SO : 6,5 km über Reuttier Str. Y :

🏠 **Landhof Meinl**, Marbacher Str. 4, ℰ 7 05 20, Fax 7052222, Massage, ⇌ – |韋| 📺 ☎ ❷ –
🏌 25. 𝔸𝔼 ⓞ 𝗘 𝘝𝘐𝘚𝘈. ⅏
23. Dez.- 6. Jan. geschl. – (nur Abendessen für Hausgäste) – **30 Z : 50 B** 83/98 - 115/
125 Fb.

In Neu-Ulm - Schwaighofen über Reuttier Str. Y :

%%% **Zur Post**, Reuttier Str. 172, ℰ 7 74 10, 🍴 – ❷. 𝔸𝔼 𝗘
Samstag bis 17 Uhr, Montag und 6.- 27. Aug. geschl. – **M** a la carte 27/56.

NEUWEILER 7266. Baden-Württemberg 𝟜𝟙𝟛 I 21 – 2 500 Ew – Höhe 640 m – Wintersport :
🎿4 – ❸ 07055.
🅱 Touristik-Information, Rathaus, ℰ 4 77 – ♦Stuttgart 66 – Freudenstadt 36 – Pforzheim 41.

In Neuweiler-Oberkollwangen NO : 3 km :

🏠 **Talblick** 🦢, Breitenberger Str. 15, ℰ 2 32, ⇌, 🔲, 🌳 – ❷
← *15. Nov.- 1. Dez. geschl.* – **M** *(Montag geschl.)* a la carte 20/35 – **18 Z : 32 B** 40 - 80 Fb.

NEUWEILNAU Hessen siehe Weilrod.

NEUWIED 5450. Rheinland-Pfalz 𝟿𝟾𝟽 ㉔ – 63 000 Ew – Höhe 62 m – ❸ 02631.
🅱 Städt. Verkehrsamt, Kirchstr. 50, ℰ 80 22 60.
Mainz 114 – ♦Bonn 54 – ♦Koblenz 15.

🏠 **Stadt-Hotel** garni, Pfarrstr. 1a, ℰ 2 21 95 – |韋| ☎ ⇌. 𝔸𝔼 ⓞ 𝗘 𝘝𝘐𝘚𝘈
20. Dez.- 2. Jan. geschl. – **16 Z : 28 B** 75 - 120 Fb.

🏠 **Hubertus-Stuben** garni, Deichstr. 16, ℰ 2 40 46 – 📺 ☎. 𝔸𝔼 ⓞ 𝗘 𝘝𝘐𝘚𝘈
20 Z : 30 B 70 - 115/130.

%%% **Deichkrone**, Deichstr. 14, ℰ 2 38 93, < Rhein, 🍴 – 𝔸𝔼 ⓞ 𝗘
Montag geschl. – **M** a la carte 39/65.

%%% **Im Leseverein**, Marktstr. 72, ℰ 2 50 89, 🍴 – 𝔸𝔼 ⓞ 𝗘 𝘝𝘐𝘚𝘈
Montag geschl. – **M** 20 (mittags) und a la carte 39/63.

In Neuwied 21-Engers O : 7 km :

🏠 **Euro-Hotel Fink**, Werner-Egk-Str. 2, ℰ (02622) 49 50 (Hotel) 58 57 (Rest.) – ☎ ❷
← *15. Juli - 10. Aug. geschl.* – **M** *(Freitag - Samstag 17 Uhr geschl.)* a la carte 20/40 ⅄ – **35 Z :
72 B** 38/40 - 76/80.

In Neuwied 22 - Heimbach-Weis NO : 7 km :

🍴 **Lindenhof**, Sayner Str. 34, ℰ (02622) 8 36 78 – ⇌ ❷
15. Juli - 10. Aug. geschl. – (nur Abendessen für Hausgäste) – **12 Z : 25 B** 28/33 - 56/66.

In Neuwied 11-Irlich NW : 2 km :

✗ **Zum goldenen Karpfen** – 𝔸𝔼 ⓞ 𝗘 𝘝𝘐𝘚𝘈
Montag - Dienstag und 4.- 25. Juli geschl. – **M** a la carte 37/65.

In Neuwied 23-Oberbieber NO : 6 km :

🏠 Waldhaus Wingertsberg 🦢, Wingertsbergstr. 48, ℰ 4 90 21, < – ☎ ⇌ ❷
30 Z : 50 B.

In Neuwied 13-Segendorf N : 5,5 km :

%%% **Fischer** mit Zim, Austr. 2, ℰ 5 35 24, 🍴, 🌳 – ☎ ❷. 𝔸𝔼 𝗘
M *(Freitag geschl.)* a la carte 26/55 – **8 Z : 18 B** 43 - 86.

NEVERSFELDE Schleswig-Holstein siehe Malente-Gremsmühlen.

NIDDA 6478. Hessen 𝟜𝟙𝟛 K 15 – 16 200 Ew – Höhe 150 m – ❸ 06043.
🅱 Kurverwaltung, Bad Salzhausen, ℰ 5 61.
♦Wiesbaden 88 – ♦Frankfurt am Main 56 – Gießen 43.

In Nidda 11-Bad Salzhausen – Heilbad :

🏠 **Jäger** 🦢, Kurstr. 9, ℰ 8 00 70, Telex 6043914, Fax 800710, « Geschmackvolle, elegante
Einrichtung », ⇌ – |韋| 📺 ⅙ ⇌ – 🏌 25/50. 𝔸𝔼 ⓞ 𝗘 𝘝𝘐𝘚𝘈
M a la carte 54/83 – **29 Z : 52 B** 140/190 - 190/260 Fb.

🏠 **Kurhaus-Hotel** 🦢, Kurstr. 2, ℰ 9 17, 🍴, direkter Zugang zum Kurmittelhaus – |韋| ☎
← ⇌ ❷ – 🏌 25/250. 𝔸𝔼 ⓞ 𝗘 𝘝𝘐𝘚𝘈
M 19/34 (mittags) und a la carte 29/58 – **52 Z : 75 B** 58/90 - 110/165 – ½ P 76/106.

NIDDERAU 6369. Hessen 𝟜𝟙𝟛 J 16, 𝟿𝟾𝟽 ㉘ – 14 000 Ew – Höhe 182 m – ❸ 06187.
♦Wiesbaden 60 – ♦Frankfurt am Main 22 – Gießen 52.

In Nidderau 1 - Heldenbergen

🏠 **Zum Adler**, Windecker Str. 2, ℰ 30 58 – 📺 ☎ ❷. 𝗘
M *(Freitag geschl.)* a la carte 26/48 ⅄ – **17 Z : 25 B** 55/65 - 92/98.

NIDEGGEN 5168. Nordrhein-Westfalen 🗾🗾🗾 ㉓ — 9 000 Ew — Höhe 325 m — Luftkurort — ✪ 02427.

🛈 Städt. Verkehrsamt, Rathaus, Zülpicher Str. 1, 🖉 80 90.

◆Düsseldorf 91 — Düren 14 — Euskirchen 25 — Monschau 30.

In Nideggen-Abenden S : 3 km :

XX **Zur Post** mit Zim (Haus a.d. 16. Jh.), Mühlbachstr. 9, 🖉 2 79 — 🅟
14 Z : 24 B.

In Nideggen-Rath N : 2 km :

🏠 **Forsthaus Rath**, Rather Str. 126, 🖉 2 65, ≼, 🛲 — 🕿 🅟 — 🛦 40. 🖭
M (wochentags nur Abendessen) a la carte 29/59 — **20 Z : 36 B** 55 - 95.

🏠 **Gästehaus Thomé** 🕭 garni, Im Waldwinkel 25, 🖉 61 73 — 🅟. 🕸
21. Dez.- 29. Jan. geschl. — **10 Z : 13 B** 40 - 72.

In Nideggen-Schmidt SW : 9 km — Höhe 430 m :

🏠 **Roeb - Zum alten Fritz**, Monschauer Str. 1, 🖉 (02474) 4 77, 🖘, 🔲, 🛲 — 🙀 🛋 🅟 —
🛦 40
2.- 28. Jan. geschl. — **M** (Dienstag geschl.) a la carte 22/50 🍷 — **25 Z : 45 B** 35/45 - 62/84.

🏠 **Bauernstube**, Heimbacher Str. 53, 🖉 (02474) 4 49, 🛲 — 🕿 🅟. 🕸
9 Z : 17 B.

NIEBÜLL 2260. Schleswig-Holstein 🗾🗾🗾 ④ — 6 800 Ew — Höhe 2 m — Luftkurort — ✪ 04661.
🚗 🖉 7 18.

🛈 Fremdenverkehrsverein, Hauptstr. 44, 🖉 6 01 90.

◆Kiel 121 — Flensburg 44 — Husum 42.

🏠 **Bossen**, Hauptstr. 15, 🖉 7 31, 🖘 — 📺 🕿 🅟 — 🛦
55 Z : 110 B.

NIEDALTDORF Saarland siehe Rehlingen-Siersburg.

NIEDENSTEIN 3501. Hessen — 4 800 Ew — Höhe 305 m — Luftkurort — ✪ 05624.
◆Wiesbaden 200 — ◆Kassel 22.

🕿 **Ratskeller**, Hauptstr. 15, 🖉 7 44, 🍴 — 🕿 🅟
M a la carte 24/53 — **12 Z : 22 B** 49 - 90.

NIEDERAICHBACH Bayern siehe Landshut.

NIEDERAUDORF Bayern siehe Oberaudorf.

NIEDERAULA 6434. Hessen 🗾🗾🗾 ㉓ — 5 500 Ew — Höhe 210 m — ✪ 06625.
◆Wiesbaden 158 — Bad Hersfeld 11 — Fulda 35 — ◆Kassel 70.

XX **Schlitzer Hof** mit Zim, Hauptstr. 1, 🖉 3 41 — 🛋 🅟. 🖭 🅪 🅴
2.-31. Jan. geschl. — **M** (Montag geschl.) a la carte 38/58 — **11 Z : 18 B** 33/68 - 66/105.

In Niederaula-Niederjossa SW : 4 km :

🕿 Gasthof Eydt, Jossastr. 44 (B 62), 🖉 13 23 — 🅟
30 Z : 64 B.

NIEDERESCHACH 7732. Baden-Württemberg 🗾🗾🗾 I 22 — 4 500 Ew — Höhe 638 m — ✪ 07728.
◆Stuttgart 108 — Freudenstadt 57 — Villingen-Schwenningen 12.

🕿 **Eschach - Hof**, Ifflinger Str. 29, 🖉 13 30, 🍴, 🛲 — 🕿 🅟
→ **M** (Freitag bis 17 Uhr geschl.) a la carte 21/33 — **10 Z : 18 B** 35 - 60.

NIEDERFISCHBACH 5241. Rheinland-Pfalz — 4 700 Ew — Höhe 270 m — ✪ 02734.
Mainz 169 — Olpe 29 — Siegen 13.

🏠 **Fuchshof**, Siegener Str. 22, 🖉 54 77, 🖘, 🔲 — 🕿 🅟. 🅴
→ 23.- 29. Dez. geschl. — **M** a la carte 21/50 — **14 Z : 30 B** 48/75 - 96/150 Fb.

In Niederfischbach-Fischbacherhütte NW : 2 km :

🏠 Bähner 🕭, Konrad-Adenauer-Str. 26, 🖉 65 46, ≼, 🍴, 🖘, 🔲, 🛲 — 🕿 🛋 🅟 — 🛦
32 Z : 60 B Fb.

NIEDERHAVERBECK Niedersachsen siehe Bispingen.

NIEDERHELDEN Nordrhein-Westfalen siehe Attendorn.

NIEDERJOSSA Hessen siehe Niederaula.

NIEDERKAIL Rheinland-Pfalz siehe Landscheid.

608

NIEDERKASSEL 5216. Nordrhein-Westfalen — 27 500 Ew — Höhe 50 m — ✪ 02208.
♦Düsseldorf 67 — ♦Bonn 20 — ♦Köln 23.

In Niederkassel-Ranzel N : 2,5 km :

☞ **Zur Krone**, Kronenweg 1, ℰ 35 01 — ℗
↔ **M** *(Mittwoch geschl.)* a la carte 18/30 — **14 Z : 20 B** 38 - 70.

NIEDERNHAUSEN 6272. Hessen 413 H 16 — 12 500 Ew — Höhe 259 m — ✪ 06127.
♦Wiesbaden 14 — ♦Frankfurt am Main 43 — Limburg an der Lahn 41.

🏠 **Engel**, Wiesbadener Str. 43, ℰ 59 00, 🌿 — ℗
↔ **M** *(Dienstag geschl.)* a la carte 21/44 — **13 Z : 24 B** 45/65 - 65/90.

In Niedernhausen 2-Engenhahn NW : 6 km :

🏨 **Wildpark-Hotel** 🦌, Trompeterstr. 21, ℰ (06128) 7 10 33, 🌿, 🔲 — 📺 ☎ ⇔ ℗ —
🛄 25/80. 🅰🅴 ⓞ 🅴 𝘝𝘐𝘚𝘈
Juli - Aug. 3 Wochen geschl. — **M** a la carte 35/65 — **40 Z : 70 B** 65/160 - 98/220 Fb.

🏠 **Sonnenhof** 🦌, Eschenhahner Weg 5, ℰ (06128) 7 19 62, ⩽, 🌿 — ℗. 🅴 𝘝𝘐𝘚𝘈
M *(Montag - Dienstag 17 Uhr geschl.)* a la carte 25/45 — **14 Z : 28 B** 60/65 - 90/95.

In Niedernhausen 4-Oberjosbach NO : 2 km :

🏠 **Gästehaus Baum** 🦌, Langgraben 4, ℰ 84 28 — 📺 ☎ ℗
M *(nur Abendessen, Freitag geschl.)* a la carte 23/43 — **7 Z : 14 B** 65 - 100.

NIEDERNWÖHREN Niedersachsen siehe Stadthagen.

NIEDER-OLM Rheinland-Pfalz siehe Mainz.

NIEDEROTTERSBACH Nordrhein-Westfalen siehe Eitorf.

NIEDERSALWEY Nordrhein-Westfalen siehe Eslohe.

NIEDERSTETTEN 6994. Baden-Württemberg 413 M 18, 987 ㉘ ㉙ — 306 m — Höhe 307 m —
✪ 07932.
♦Stuttgart 127 — Crailsheim 37 — Bad Mergentheim 21 — ♦Würzburg 52.

🏠 **Krone**, Marktplatz 3, ℰ 12 22 — ☎ ℗. 🅰🅴 🅴
M *(Montag geschl.)* a la carte 24/52 🍴 — **18 Z : 38 B** 45/55 - 60/100.

NIEDERTAUFKIRCHEN Bayern siehe Neumarkt-St. Veit.

NIEDERWINKLING Bayern siehe Bogen.

NIEFERN-ÖSCHELBRONN 7532. Baden-Württemberg 413 J 20 — 9 700 Ew — Höhe 228 m —
✪ 07233.
🛑 Mönsheim (SO : 14 km), ℰ (07044) 69 09.
♦Stuttgart 47 — ♦Karlsruhe 42 — Pforzheim 7.

Im Ortsteil Niefern :

🏨 **Krone**, Schloßstr. 1, ℰ 12 37, Fax 4526, 🌿 — 🛗 📺 ☎ ⇔ ℗ — 🛄 25/40. 🅰🅴 ⓞ 🅴 𝘝𝘐𝘚𝘈.
🍽 Rest
27. Dez.- 7. Jan. geschl. — **M** *(Samstag geschl.)* a la carte 26/54 — **55 Z : 85 B** 85/98 -
120/160 Fb.

🏠 **Goll** garni, Hebelstr. 6, ℰ 12 44 — 🛗 📺 ☎ 🕭 ℗
15 Z : 34 B 55/70 - 86/123.

☞ **Kirnbachtal**, Hauptstr. 123, ℰ 31 11 — ☎ ⇔ ℗
M *(Freitag geschl.)* a la carte 23/49 — **20 Z : 30 B** 40/70 - 67/89.

Siehe auch : *Pforzheim* SW : 7 km

NIEHEIM 3493. Nordrhein-Westfalen — 6 800 Ew — Höhe 183 m — ✪ 05274.
♦Düsseldorf 203 — Detmold 29 — Hameln 48 — ♦Kassel 90.

🏠 **Café Berghof** 🦌, Piepenborn 17, ℰ 3 42, ⩽, 🌿, 🌺 — ⇔ ℗. 🍽
↔ *Mitte Okt.- Mitte Nov. geschl.* — **M** *(Montag geschl.)* a la carte 17/38 — **10 Z : 18 B** 36 - 72.

NIENBURG (WESER) 3070. Niedersachsen 987 ⑮ − 30 000 Ew − Höhe 25 m − ✆ 05021.

🛈 Städtisches Verkehrsamt, Lange Str. 39, ℰ 8 73 55.

♦Hannover 48 − Bielefeld 103 − ♦Bremen 63.

🏨 **Weserschlößchen,** Mühlenstr. 20, ℰ 6 20 81, Fax 63257, ≤, ≦ε − 🕿 📺 ☎ & 🅿 − 🔬 25/45. ⁂ ⓪ ☰ 𝖵𝖨𝖲𝖠
M 18/30 (mittags) und a la carte 40/61 − **36 Z : 68 B** 82 - 116 Fb − 4 Appart. 165.

🏨 **Nienburger Hof,** Hafenstr. 3, ℰ 1 30 48 − 🕿 📺 ☎ 🅿 − 🔬 40. ⁂ ⓪ ☰ 𝖵𝖨𝖲𝖠
M (Juni - Aug. Mittwoch geschl.) a la carte 23/50 − **20 Z : 30 B** 78/90 - 110/150 Fb.

🏠 **Zum Kanzler,** Lange Str. 63, ℰ 30 77 − ☎ ⟵ 🅿. ⁂ ☰
M a la carte 22/55 − **16 Z : 24 B** 40/75 - 90/120 Fb.

In Nienburg-Holtorf N : 4 km :

✗ **Der Krügerhof,** Verdener Landstr. 267 (B 215), ℰ 29 06 − 🅿. ⓪ 𝖵𝖨𝖲𝖠
Montag geschl. − **M** a la carte 23/43.

NIENDORF Schleswig-Holstein siehe Timmendorfer Strand.

NIENHAGEN Niedersachsen siehe Celle.

NIENSTÄDT Niedersachsen siehe Stadthagen.

Dans ce guide
un même symbole, un même mot,
imprimé en noir ou en rouge, en maigre ou en gras,
n'ont pas tout à fait la même signification.
Lisez attentivement les pages explicatives.

NIERSTEIN 6505. Rheinland-Pfalz 412 I 17, 987 ㉔ − 6 000 Ew − Höhe 85 m − ✆ 06133 (Oppenheim).

🛈 Verkehrsverein, Rathaus, Bildstockstr. 10, ℰ 51 11.

Mainz 20 − ♦Darmstadt 23 − Bad Kreuznach 39 − Worms 28.

🏨 **Rheinhotel,** Mainzer Str. 16, ℰ 51 61, Telex 4187784, Fax 5165, ≤, 🏠 − 📺 ☎ ⟵ 🅿. ⁂ ⓪ ☰ 𝖵𝖨𝖲𝖠
10. Dez. - 9. Jan. geschl. − **M** (Mitte Nov. - Mitte März Samstag - Sonntag geschl.) (Weinkarte mit über 250 rheinhessischen Weinen) a la carte 38/91 − **15 Z : 30 B** 99/220 - 129/350.

🍴 **Alter Vater Rhein,** Große Fischergasse 4, ℰ 56 28 − 🅿🅇
Juli und Dez. - Jan. je 3 Wochen geschl. − **M** (Freitag bis 16 Uhr sowie Sonn- und Feiertage geschl.) a la carte 21/53 🍷 − **11 Z : 18 B** 30/40 - 80.

In Mommenheim 6501 NW : 8 km :

🏠 **Zum Storchennest,** Wiesgartenstr. 3, ℰ (06138) 12 33, 🏠, eigener Weinbau, 🚗 − ⟵ 🅿. 🅇 Rest
2. - 14. Jan. und 20. Juli - 6. Aug. geschl. − **M** (Montag geschl.) a la carte 19/45 🍷 − **15 Z : 33 B** 35/45 - 65/75 Fb.

NIESTETAL-HEILIGENRODE Hessen siehe Kassel.

NIEUKERK Nordrhein-Westfalen siehe Kerken.

NINDORF Niedersachsen siehe Hanstedt.

NITTEL 5515. Rheinland-Pfalz 214 ㉘, 409 ㉗ − 1 600 Ew − Höhe 160 m − ✆ 06584 (Wellen).

Mainz 187 − Luxembourg 32 − Saarburg 20 − ♦Trier 25.

🏠 **Zum Mühlengarten,** Uferstr. 5 (B 419), ℰ 3 87, 🏠, eigener Weinbau, ≦ε, 🚗 − ⟵ 🅿
2. - 16. Jan. geschl. − **M** (Montag geschl.) a la carte 22/49 🍷 − **19 Z : 36 B** 35/40 - 70/80.

NITTENAU 8415. Bayern 413 T 19, 987 ㉗ − 6 900 Ew − Höhe 350 m − ✆ 09436.

🛈 Verkehrsamt, Rathaus, ℰ 5 76.

♦München 158 − Amberg 49 − Cham 36 − ♦Regensburg 36.

🏠 **Pirzer,** Brauhausstr. 3, ℰ 82 26, Biergarten, 🚗 − 🅿
17. - 29. März geschl. − **M** (Okt. - März Freitag geschl.) a la carte 17,50/31 − **39 Z : 65 B** 26/35 - 52/70.

NÖRDLINGEN 8860. Bayern 413 O 20, 987 ㉟㊱ − 18 400 Ew − Höhe 430 m − ✆ 09081.

Sehenswert : St.-Georg-Kirche★ (Turm★, Magdalenen-Statue★) − Stadtmauer★ − Museum ★ M1.

🛈 Verkehrsamt, Marktplatz 2, ℰ 43 80.

♦München 128 ② − ♦Nürnberg 92 ① − ♦Stuttgart 112 ④ − ♦Ulm (Donau) 82 ③.

NÖRDLINGEN

Michelin hängt keine Schilder

an die empfohlenen

Hotels und Restaurants.

🏨 **Am Ring**, Bürgermeister-Reiger-Str. 14, ℰ 40 29 – 📶 🔄 ℗ – 🦌 45. 🆎 ⓞ 🇪   **e**
22. Dez.- 10. Jan. geschl. – **M** *(Sonntag ab 15 Uhr geschl.)* a la carte 26/44 ⅜ – **39 Z : 65 B**
58/73 - 100/130.

🏨 **Schützenhof**, Kaiserwiese 2, ℰ 39 40, Biergarten – 📺 🔄 ℗. 🆎 ⓞ 🇪 🆅🆂🅰 🍽   **z**
Jan. und Aug. je 2 Wochen geschl. – **M** *(Sonntag ab 15 Uhr geschl.)* a la carte 35/69 –
15 Z : 29 B 58/70 - 98/125 Fb.

🏨 **Sonne**, Marktplatz 3, ℰ 50 67, Telex 51749 – ☎ 🔄 ℗ – 🦌   – **40 Z : 60 B**   **s**

🏨 **Braunes Roß**, Marktplatz 12, ℰ 32 26   **a**
◆ 22. Dez.- 20. Jan. geschl. – **M** *((Mittwoch geschl.)* a la carte 18/35 – **15 Z : 27 B** 45 - 80.

🏨 **Zum Engel** (Brauerei-Gasthof), Wemdinger Str. 4, ℰ 31 67 – ☎ 🔄 ℗. 🆎 🇪   **r**
◆ 20. Sept.- 10. Okt. geschl. – **M** *(Samstag geschl.)* a la carte 18/36 ⅜ – **9 Z : 15 B** 38/40 -
70/80.

🏛 **Zum Goldenen Lamm**, Schäfflesmarkt 3, ℰ 42 06 – ℗   **t**
◆ Nov. geschl. – **M** *(Montag geschl.)* a la carte 17/30 ⅜ – **8 Z : 16 B** 25/36 - 50/72.

🍴🍴 **Meyers-Keller**, Marienhöhe 8, ℰ 44 93, ≼, Biergarten – ℗. 🆎 🇪 über Oskar-Mayer-Str.
Montag geschl. – **M** 45 (mittags) und a la carte 52/78.

NÖRTEN-HARDENBERG 3412. Niedersachsen � ⑤ – 8 800 Ew – Höhe 140 m – ✪ 05503.
◆Hannover 109 – ◆Braunschweig 96 – Göttingen 11 – ◆Kassel 57.

🏨🏨 **Burghotel Hardenberg** 🦢, Im Hinterhaus 11 a, ℰ 10 47, Telex 96634, Fax 1650,
« Terrasse mit ≼ » – 📶 📺 🔄 ℗ – 🦌 25/80. 🆎 ⓞ 🇪 🆅🆂🅰
M *(Sonntag - Montag geschl.)* (bemerkenswerte Weinkarte) a la carte 62/90 – **46 Z : 86 B**
95/130 - 150/210 Fb.

Im Rodetal O : 3 km, an der B 446 :

🍴🍴 **Rodetal** mit Zim, ⌧ 3406 Bovenden 1, ℰ (05594) 6 33, 🎋 – 📺 ☎ ℗. 🇪
8. Jan.- 6. Feb. geschl. – **M** a la carte 31/52 – **9 Z : 21 B** 60/75 - 110.

NOHFELDEN 6697. Saarland �. 🄼🄻 ⑦. 🄽🄸🄻 ③ – 10 650 Ew – Höhe 350 m – ✪ 06852.
◆ Saarbrücken 57 – Kaiserslautern 59 – ◆Trier 55 – ◆Wiesbaden 117.

🏨 **Burghof**, Burgstr. 4, ℰ 65 65 – ℗ – **M** a la carte 18/41 – **10 Z : 20 B** 45/55 - 80/90.

◆ *In Nohfelden 14-Bosen* W : 8,5 km:

🏨🏨 **Seehotel Weingärtner** 🦢, Bostalstr. 12, ℰ 16 01, Telex 445359, Fax 81651, 🎋, Massage,
≋≋, 🔲, 🍴, ✤ Fahrradverleih – 📶 📺 🔄 ℗ – 🦌 25/100. ⓞ 🇪 🆅🆂🅰
M a la carte 28/53 – **99 Z : 220 B** 70/98 - 118/186 Fb.

🏨 **Bostal-Hotel Merker**, Bostalstr. 46, ℰ 67 70 – ℗ – 🦌 40. 🆎 ⓞ 🇪
M *(Dienstag geschl.)* a la carte 26/50 – **20 Z : 42 B** 50 - 90.

NONNENHORN 8993. Bayern 🅰🅳🅱 L 24 — 1 500 Ew — Höhe 406 m — Luftkurort — ☎ 08382
(Lindau im Bodensee) — 🅱 Verkehrsamt, Seehalde 2, ℰ 82 50.
♦München 187 — Bregenz 17 — Ravensburg 25.

  🏠 **Zum Torkel,** Seehalde 14, ℰ 84 12, 🛋 — ☎ ℗
    15. Dez.- Jan. geschl. — **M** *(Mittwoch geschl.)* a la carte 25/44 — **22 Z : 38 B** 47/55 - 90/110
    Fb.

  🏠 **Haus am See** 🦢, Uferstr. 23, ℰ 82 69, ≤, 🐾, 🎄 — ℗. ❀ Rest
    März-Okt. — (Restaurant nur für Hausgäste) — **26 Z : 40 B** 47/55 - 80/130.

  🏠 **Engel-Seewirt** 🦢, Seestr. 15, ℰ 82 85, « Caféterrasse am See mit ≤ », 🎄 — ⇐ ℗
    2. Dez.- 15. Feb. geschl. — **M** *(Okt.- April Montag - Dienstag geschl.)* a la carte 22/51 🍴 —
    30 Z : 54 B 50/120 - 90/160.

  XX **Altdeutsche Weinstube Fürst,** Kapellenplatz 2, ℰ 82 03 — ℗
    Mittwoch, Mitte Feb.- März und Mitte - Ende Okt. geschl. — Menu a la carte 26/49.

NONNENMISS Baden-Württemberg siehe Wildbad im Schwarzwald.

NONNWEILER 6696. Saarland — 8 400 Ew — Höhe 375 m — Heilklimatischer Kurort — ☎ 06873.
♦Saarbrücken 50 — Kaiserslautern 75 — ♦Trier 42.

  🏠 Parkschenke, Auensbach 68, ℰ 60 44 — ☎ ℗ — **14 Z : 21 B.**

NORDDEICH Niedersachsen siehe Norden.

NORDDORF Schleswig-Holstein siehe Amrum (Insel).

NORDEN 2980. Niedersachsen 🄰🄱🄱 ③ ④. 🅰🅳🅱 ⑦ — 25 500 Ew — Höhe 3 m — ☎ 04931.
〰 von Norden-Norddeich nach Norderney (Autofähre) und ⇐ nach Juist.
🅱 Kurverwaltung-Verkehrsamt, Dörperweg., ℰ 17 22 00.
♦Hannover 268 — Emden 31 — ♦Oldenburg 97 — Wilhelmshaven 78.

  🏨 **Deutsches Haus,** Neuer Weg 26, ℰ 42 71 — 📶 📺 ☎ ⇐ ℗ — 🔏 25/80. 🆎 ⓞ Ɛ 𝚅𝙸𝚂𝙰
    M a la carte 22/58 — **41 Z : 68 B** 55/70 - 96/110 Fb.

  🏠 **Reichshof,** Neuer Weg 53, ℰ 24 11, Fax 167219 — 📶 📺 ☎ ⇐ ℗ — 🔏 25/350. 🆎 ⓞ Ɛ
    𝚅𝙸𝚂𝙰
    M a la carte 23/55 — **20 Z : 42 B** 48/55 - 96/110 Fb — 5 Fewo 70/90.

  In Norden 2 - Norddeich NW : 4,5 km — Seebad :

  🏨 **Fährhaus,** Hafenstr. 1, ℰ 80 27, Telex 27252, ≤, Bade- und Massageabteilung — 📶 📺 ☎
    ⇐ ℗. 🆎 ⓞ Ɛ 𝚅𝙸𝚂𝙰
    11. Nov.- 13. Dez. geschl. — **M** a la carte 38/78 — **35 Z : 65 B** 80/100 - 120/208.

  🏠 **Regina Maris** 🦢, Badestr. 7c, ℰ 80 55, Fax 8057, Wintergarten — 📺 ☎ ℗. 🆎 ⓞ Ɛ.
    ❀ Zim
    M *(10. Jan.- Feb. und 20. Nov.- 26. Dez. geschl.)* a la carte 23/55 — **35 Z : 64 B** 65/100 -
    100/150 Fb — 10 Fewo 95/130.

  🏠 **Deichkrone** 🦢, Muschelweg 21, ℰ 80 31, 🛋, 📺 ☎ ℗. 🆎 ⓞ Ɛ 𝚅𝙸𝚂𝙰
    Nov. geschl. — **M** *(Dez.- Juni Dienstag geschl.)* a la carte 26/55 — **22 Z : 44 B** 85 - 119 Fb.

  🏠 **Haus Windhuk** 🦢 garni, Deichstr. 16, ℰ 80 92, 🎄, Fahrradverleih — ℗. 🆎 Ɛ 𝚅𝙸𝚂𝙰
    20 Z : 40 B 65 - 130 Fb — 4 Fewo 40/120.

  In Hage 2984 O : 6 km :

  XXX **Lebers Restaurant,** Hauptstr. 4, ℰ (04931) 70 12 — ℗
    Montag - Dienstag 18 Uhr geschl. — **M** a la carte 52/64.

  In Hage-Lütetsburg 2984 O : 3 km :

  🏠 **Landhaus Spittdiek,** Landstr. 67, ℰ (04931) 34 13, 🛋, 🎄 — ☎ ⇐ ℗
    M *(Montag bis 18 Uhr geschl.)* a la carte 26/65 — **10 Z : 20 B** 50 - 90.

NORDENAU Nordrhein-Westfalen siehe Schmallenberg.

NORDENHAM 2890. Niedersachsen 🄰🄱🄱 ④ — 28 700 Ew — Höhe 2 m — ☎ 04731.
♦Hannover 200 — ♦Bremen 81 — ♦Bremerhaven 7 — ♦Oldenburg 54.

  🏨 **Am Markt,** Marktplatz, ℰ 50 94, 🛋 — 📶 📺 ☎ ⇐ — 🔏 25/60. 🆎 ⓞ Ɛ 𝚅𝙸𝚂𝙰
    M a la carte 22/59 — **35 Z : 67 B** 85 - 125/150 Fb.

  🏨 **Aits** garni, Bahnhofstr. 120, ℰ 8 00 44 — 📺 ☎ ⇐ ℗. 🆎 ⓞ Ɛ 𝚅𝙸𝚂𝙰
    21 Z : 35 B 60 - 96.

  In Nordenham-Abbehausen SW : 4,5 km :

  🏨 **Butjadinger Tor,** Butjadinger Str. 67, ℰ 8 80 44, 🛋 — 📺 ☎ ℗. 🆎 ⓞ Ɛ 𝚅𝙸𝚂𝙰
    M a la carte 26/57 — **17 Z : 30 B** 55 - 90 Fb.

  In Nordenham-Tettens N : 10 km :

  XX **Landhaus Tettens** (Bauernhaus a.d.J. 1832), Am Dorfbrunnen 17, ℰ 3 94 24, 🛋,
    bemerkenswerte Weinkarte — ℗. ⓞ Ɛ 𝚅𝙸𝚂𝙰
    Montag, 5.- 16. März und 10.-20. Sept. geschl. — Menu 30/59.

NORDERNEY (Insel) 2982. Niedersachsen 987 ③ ④ – 8 000 Ew – Seeheilbad – Insel der Ostfriesischen Inselgruppe – ✆ 04932.

🇬 Golfplatz (O : 5 km), ℰ 6 80.

✈ am Leuchtturm, ℰ 24 55.

🚢 von Norddeich (ca. 1h), ℰ (04931) 80 11.

🛈 Verkehrsbüro, Bülowallee 5, ℰ 5 02.

◆Hannover 272 – Aurich/Ostfriesland 31 – Emden 35.

🏨 **Kurhotel Norderney** ⌂, Am Kurgarten, ℰ 7 71 – 🛗 📺 ℗. 🛇 Rest
(nur Abendessen) – **31 Z : 51 B**.

🏨 **Inselhotel Vier Jahreszeiten** ⌂, Herrenpfad 25, ℰ 89 40, Telex 27223, Fax 1460, Dachterrase, Bade- und Massageabteilung, ≘, 🔲 – 🛗 📺 ☎ 🚶, AE ⓄⒺ 𝑉𝐼𝑆𝐴
M a la carte 29/69 – **93 Z : 186 B** 120/130 - 170/220 Fb.

🏨 **Hanseatic** ⌂, Gartenstr. 47, ℰ 30 32, ≘, 🔲, 🌳 – 🛗 📺 ☎. 🛇 Rest
2. Nov.- 24. Dez. geschl. – (nur Abendessen für Hausgäste) – **36 Z : 72 B** 140/150 - 180/260 Fb.

🏨 **Strandhotel Pique** ⌂, Am Weststrand 4, ℰ 7 53, ≼, �& &, Massage, ≘, 🔲 – 🛗 📺 ☎ ℗. AE ⓄⒺ. 🛇
10. Jan.- 25. Feb. und 10. Nov.- 26. Dez. geschl. – **M** *(Dienstag geschl.)* a la carte 28/59 – **23 Z : 45 B** 105/150 - 220/260 Fb.

🏨 **Golf-Hotel** ⌂, Am Golfplatz 1 (O : 5 km), ℰ 89 60, Fax 89666, ≼, 🌳, ≘, 🔲, 🌳, 🍽 – 📺 ☎ 🚗 ℗. Ⓞ ⒺⓄ
M a la carte 28/66 – **35 Z : 65 B** 97/130 - 184/204 Fb.

🏨 **Haus am Meer - Rodehuus und Wittehuus** ⌂ garni, Kaiserstr. 3, ℰ 89 30, Fax 3673, ≼, ≘, 🔲 – 🛗 📺 ☎ 🚗 ℗. 🛇
20. Nov.- 20. Dez. geschl. – **35 Z : 66 B** 104 - 190/338 Fb – 10 Fewo 120/230.

🏨 **Strand- und Aparthotel an der Georgshöhe** ⌂, Kaiserstr. 24, ℰ 89 80, ≼, Massage, ≘, 🔲, 🌳, 🍽 (Halle), Fitness-Center – 🛗 📺 ☎ ℗. 🛇
1.- 15. Feb. und 1.- 15. Dez. geschl. – **M** *(nur Abendessen)* a la carte 31/73 – **76 Z : 160 B** 100/155 - 195/240 Fb.

🏨 **Seeschlößchen** ⌂ garni, Damenpfad 13, ℰ 30 21, ≘ – 🛗 📺 ☎. 🛇
März - 15. Nov. – **14 Z : 24 B** 98/130 - 196/294.

🏠 **Friese** ⌂, Friedrichstr. 34, ℰ 30 15, ≘ – 🛗 ☎. 🛇 Zim
M *(Mittwoch geschl.)* a la carte 26/55 – **45 Z : 69 B** 82/133 - 143.

🏠 **Haus Waterkant** ⌂ garni, Kaiserstr. 9, ℰ 80 01 00, Fax 800200, ≼, Bade- und Massageabteilung, ≘, 🔲 – 🛗 📺 ☎ ℗. 🛇
Feb.- Nov. – **49 Z : 80 B** 76/90 - 96/180 – 6 Fewo 95/160.

🏠 **Bruns Hotel** ⌂ garni, Langestr. 7, ℰ 5 31, ≘ – 🛗. 🛇
70 Z : 150 B 50/100 - 70/190 – 3 Fewo 160/190.

✕ **Le Pirate**, Friedrichstr. 37, ℰ 18 66
(überwiegend Fischgerichte).

NORDERSTEDT 2000. Schleswig-Holstein 987 ⑤ – 70 000 Ew – Höhe 26 m – ✆ 040 (Hamburg).

ADAC, Berliner Allee 38 (Herold Center), ℰ 5 23 03 00.

◆Kiel 79 – ◆Hamburg 19 – Itzehoe 58 – ◆Lübeck 69.

✕✕ **Kupferpfanne am Park**, Rathausallee 35, ℰ 5 22 45 43, �& – AE Ⓞ Ⓔ 𝑉𝐼𝑆𝐴
M a la carte 45/75.

✕ **Brunnenhof am Rathaus**, Rathausallee 60, ℰ 5 22 81 70, �& – ℗
M a la carte 28/52.

In Norderstedt-Garstedt :

🏠 **Heuberg** garni, Niendorfer Str. 52, ℰ 5 23 11 97 – 📺 ☎ 🚗 ℗. AE Ⓞ Ⓔ 𝑉𝐼𝑆𝐴. 🛇
24 Z : 35 B 85/90 - 112/150.

🏠 **Maromme** garni, Marommer Str. 58, ℰ 52 10 90, Fax 5262231 – 📺 ☎ ℗ – 🔬 25. AE Ⓞ Ⓔ 𝑉𝐼𝑆𝐴. 🛇
18 Z : 37 B 85/90 - 115/125 Fb.

In Norderstedt-Glashütte :

🏨 **Norderstedter Hof**, Mittelstr. 54, ℰ 5 24 00 46, Telex 2164128 – 🛗 📺 ☎ ℗. AE Ⓞ Ⓔ 𝑉𝐼𝑆𝐴
23. Dez.- 2. Jan. geschl. – **M** *(nur Abendessen, Sontag geschl.)* a la carte 35/68 – **90 Z : 120 B** 79/98 - 125.

In Norderstedt-Harksheide :

🏨 **Wilhelm Busch** garni, Wilhelm-Busch-Platz (B 432), ℰ 5 27 20 00, ≘ – 🛗 📺 ☎ 🚿 🚗 ℗. AE Ⓞ Ⓔ 𝑉𝐼𝑆𝐴
46 Z : 90 B 90/95 - 140/150 Fb.

In Norderstedt-Harkshörn :

🏨 **Schmöker Hof**, Oststr. 18 (beim TÜV), ℰ 52 60 70, Fax 5262231, �& &, ≘, Fahrradverleih – 🛗 📺 ☎ 🚿 – 🔬 25/150. AE Ⓞ Ⓔ 𝑉𝐼𝑆𝐴
M *(Samstag bis 18 Uhr geschl.)* a la carte 40/68 – **60 Z : 100 B** 98/115 - 140/155 Fb.

NORDHEIM Bayern siehe Volkach.

NORDHORN 4460. Niedersachsen 987 ⑭. 408 ⑭ − 50 000 Ew − Höhe 22 m − ☎ 05921.
🛈 Verkehrs- und Veranstaltungsverein, Firnhaberstr. 17, ℰ 1 30 36.
ADAC, Lingener Str. 9, ℰ 3 63 83, Telex 98219.
♦Hannover 224 − ♦Bremen 155 − Groningen 113 − Münster (Westfalen) 73.

🏨 **Determann**, Bernhard-Niehues-Str. 12, ℰ 60 21, 🚗, 🔍 − 🛗 📺 ☎ ♿ 🚗 ♿ − 🔺 25/100.
☖ ⓞ 🔲 📮
M *(Samstag bis 17 Uhr geschl.)* a la carte 24/55 − **47 Z : 65 B** 50/90 - 90/130 Fb.

🏨 **Rolinck-Bräu**, Neuenhauser Str. 10, ℰ 3 40 98 − 📺 ☎ 🚗 ♿ ☖ ⓞ 🔲
M a la carte 28/63 − **15 Z : 20 B** 58 - 104 Fb.

🏠 **Am Stadtring**, Am Strampel 1 (Ecke Stadtring), ℰ 1 47 70 − ☎ 🚗 ♿ − 🔺 25/70. ☖
ⓞ 🔲 📮 ⃝ Zim
M a la carte 27/51 − **20 Z : 29 B** 48 - 90 Fb.

🏠 **Euregio**, Denekamper Str. 43, ℰ 50 77 − ☎ ♿ ☖ ⓞ 🔲 📮
(nur Abendessen für Hausgäste) − **26 Z : 34 B** 42/50 - 74/79.

☖ **Möllers**, Lingener Str. 52, ℰ 3 54 14 − 🚗 ♿
⟼ **M** 13/24 (mittags) und a la carte 21/38 − **16 Z : 25 B** 35 - 70/90.

NORDRACH 7618. Baden-Württemberg 413 H 21. 242 ㉔ − 1 900 Ew − Höhe 300 m −
Luftkurort − ☎ 07838.
♦Stuttgart 130 − Freudenstadt 39 − Lahr 23 − Offenburg 28.

🏠 Stube, Talstr. 144, ℰ 2 02 − ♿ − **13 Z : 20 B**.

NORDSTRAND 2251. Schleswig-Holstein 987 ④ − 2 700 Ew − Höhe 1 m − ☎ 04842.
♦Kiel 103 − Flensburg 61 − Husum 19 − Schleswig 53.

In Nordstrand-Herrendeich :

🏠 **Landgasthof Kelting** ⃝, Herrendeich 6, ℰ 3 35, 🍽 − 📺 ♿ ⓞ 🔲
M *(Okt.- Juni Montag geschl.)* a la carte 22/37 − **19 Z : 38 B** 35/75 - 70/95.

NORIMBERGA = Nürnberg.

NORTHEIM 3410. Niedersachsen 987 ⑮ − 33 000 Ew − Höhe 121 m − ☎ 05551.
🛈 Fremdenverkehrsbüro, Am Münster 30 (1. Etage), ℰ 6 36 50.
♦Hannover 98 − ♦Braunschweig 85 − Göttingen 27 − ♦Kassel 69.

🏠 Sonne, Breite Str. 59, ℰ 40 71 − 🛗 ☎ 🚗
24 Z : 48 B Fb.

🏠 Leineturm, an der B 241 (W : 1,5 km), ℰ 35 76, 🍽 − 📺 ☎ 🚗 ♿ − 🔺
10 Z : 15 B.

🏠 **Deutsche Eiche**, Bahnhofstr. 16, ℰ 22 93 − ☎ 🚗. ☖ ⓞ 🔲 📮
23. Dez.- 5. Jan. geschl. − **M** *(Sonn- und Feiertage geschl.)* a la carte 22/40 − **22 Z : 32 B**
50/60 - 90/110.

Bei der Freilichtbühne O : 3 km über die B 241 :

🏨 Waldhotel Gesundbrunnen ⃝, ✉ 3410 Northeim, ℰ (05551) 40 45, Telex 965581, 🍽, 🚗
− 🛗 ☎ 🚗 ♿ − 🔺
62 Z : 92 B Fb.

NORTORF 2353. Schleswig-Holstein 987 ⑤ − 6 000 Ew − Höhe 30 m − ☎ 04392.
♦Kiel 29 − Flensburg 81 − ♦Hamburg 78 − Neumünster 16.

🏨 **Kirchspiels Gasthaus**, Große Mühlenstr. 9, ℰ 49 22 − 📺 ☎ 🚗 ♿ − 🔺 25/80. ☖ ⓞ
🔲 📮 ⃝
M a la carte 28/64 − **11 Z : 22 B** 60/80 - 85/110 Fb.

NOTHWEILER Rheinland-Pfalz siehe Rumbach.

NOTSCHREI Baden-Württemberg siehe Todtnau.

NOTTULN Nordrhein-Westfalen siehe Havixbeck.

NÜBELFELD Schleswig-Holstein siehe Quern.

NÜMBRECHT 5223. Nordrhein-Westfalen − 12 000 Ew − Höhe 280 m − Heilklimatischer
Kurort − ☎ 02293.
🛈 Kur- und Verkehrsverein Homburger Land, Rathaus-Pavillon, Hauptstr. 18, ℰ 24 73.
♦Düsseldorf 91 − ♦Köln 53 − Waldbröl 8.

🏩 **Park-Hotel** ⃝ (mit Gästehaus, 🔍), Parkstraße, ℰ 30 30, Telex 887943, Fax 3650, 🍽, 🚗,
🍽 − 🛗 ⃝ Zim 📺 ♿ ♿ − 🔺 25/250. ☖ ⓞ 🔲 📮 ⃝ Rest
M a la carte 34/59 − **85 Z : 150 B** 63/120 - 96/160 Fb.

🏨 Derichsweiler Hof ⃝, Jacob-Engels-Str. 22, ℰ 60 61, 🚗 − 🛗 ☎ ♿ − 🔺 ⃝
52 Z : 82 B.

🏠 Parkschlößchen, Bahnhofstr. 2, 𝒫 69 59, 🏡 – ☎ 🅿
19 Z : 37 B.

🏠 **Am Kurpark** ⟍, Lindchenweg 15, 𝒫 15 76, 🏡, 🖭 – ☎ ⟸ 🅿. ① 🖪 𝚅𝙸𝚂𝙰
8. Jan.- 20. Feb. geschl. – **M** *(Okt.- März Dienstag geschl.)* a la carte 23/45 – **18 Z : 36 B** 55
- 75 – ½ P 50/68.

XX **Rheinischer Hof** mit Zim, Hauptstr. 64, 𝒫 67 89 – ⟸ 🅿. ⚘ Zim
22. Juni - 15. Juli geschl. – **M** *(Freitag geschl.)* 14,50/22 (mittags) und a la carte 26/57 –
11 Z : 15 B 35/50 - 65/80.

In Nümbrecht-Marienberghausen NW : 8 km :

⚘ **Zur alten Post** ⟍, Humperdinckstr. 6, 𝒫 71 73 – ☎ 🅿. 🖪
23.- 27. Dez. geschl. – **M** *(Montag geschl.)* a la carte 23/44 – **16 Z : 27 B** 50/60 - 80/90.

NÜRBURG 5489. Rheinland-Pfalz 𝟿𝟪𝟽 ㉔ – 200 Ew – Höhe 610 m – Luftkurort – ❄ 02691
(Adenau).

Sehenswert : Burg★ (❋★).

Mainz 152 – ◆Bonn 56 – Mayen 26 – Wittlich 57.

🏠 **Zur Burg** ⟍, Burgstr. 4, 𝒫 75 75, Fax 7711, 🖭 – 🅿. ⚘ ① 🖪 𝚅𝙸𝚂𝙰. ⚘ Zim
◆ *20. Nov.- 20. Dez. geschl.* – **M** a la carte 21/44 – **38 Z : 68 B** 35/80 - 60/120 – ½ P 50/65.

🏠 **Döttinger Höhe,** an der B 258 (NO : 2 km), 𝒫 73 21 – 🖻 ☎ ⟸ 🅿
15. März - 15. Dez. – **M** *(Mittwoch geschl.)* a la carte 26/49 – **19 Z : 36 B** 89/115 - 105/
149 Fb.

Per visitare una città o una regione : utilizzate le guide Verdi Michelin.

NÜRNBERG 8500. Bayern 𝟺𝟷𝟹 Q 18, 𝟿𝟪𝟽 ㉘ – 465 000 Ew – Höhe 300 m – ❄ 0911.

Sehenswert : Germanisches National-Museum★★ HZ M1 – St.-Sebaldus-Kirche★ (Kunst-
werke★★) HY A – Stadtbefestigung★ – Dürerhaus★ HY B – Schöner Brunnen★ HY C –
St.-Lorenz-Kirche★ (Engelsgruß★★) HZ D – Kaiserburg (Sinnwellturm ≼★, Tiefer Brunnen★) HY.

🛝 N-Kraftshof (über Kraftshofer Hauptstr. CS), 𝒫 30 57 30.

🛫 Nürnberg BS, 𝒫 37 54 40.

🚗 𝒫 2 19 53 04.

Messezentrum (CT), 𝒫 8 60 60, Telex 623613.

🛈 Tourist-Information, im Hauptbahnhof (Mittelhalle), 𝒫 23 36 32 und Am Hauptmarkt (Rathaus), 𝒫 23 36 35.
ADAC, Prinzregentenufer 7, 𝒫 5 39 01, Notruf 𝒫 1 92 11.

◆München 165 ⑤ – ◆Frankfurt am Main 226 ⑧ – Leipzig 276 ③ – ◆Stuttgart 205 ⑤ – ◆Würzburg 110 ⑧.

Die Angabe (N 15) nach der Anschrift gibt den Postzustellbezirk an : Nürnberg 15
L'indication (N 15) à la suite de l'adresse désigne l'arrondissement : Nürnberg 15
The reference (N 15) at the end of the address is the postal district : Nürnberg 15
L'indicazione (N 15) posta dopo l'indirizzo, precisa il quartiere urbano : Nürnberg 15

Messe-Preise : siehe S. 8   **Foires et salons :** voir p. 16
Fairs : see p. 24   **Fiere :** vedere p. 32
        Stadtpläne siehe nächste Seiten.

🏨 **Maritim,** Frauentorgraben 11 (N 70), 𝒫 2 36 30, Telex 622709, Fax 2363823, 🖭, 🗔 – 🛗
⟜ Zim 🖻 🕭 ⟸ – 🔬 25/800. ⚘ ① 🖪 𝚅𝙸𝚂𝙰   HZ e
Restaurants : – **Die Auster** *(Samstag bis 18 Uhr, Sonntag und Aug. geschl.)* **M** 68/92 und a
la carte – **Nürnberger Stuben M** a la carte 48/73 – **316 Z : 520 B** 185/325 - 238/398 Fb –
9 Appart. 440/1000.

🏨 **Atrium-Hotel,** Münchener Str. 25 (N 50), 𝒫 4 74 80, Telex 626167, Fax 4748420, 🏡, 🖭,
🗔, Fahrradverleih – 🛗 🖩 Rest 🖻 🕭 ⟸ 🅿 – 🔬 25/120. ⚘ ① 🖪 𝚅𝙸𝚂𝙰. ⚘ Rest   GX g
M *(25. Dez.- 7. Jan. geschl.)* a la carte 48/72 – **200 Z : 300 B** 159/294 - 214/348 Fb –
3 Appart. 590.

🏨 **Grand-Hotel,** Bahnhofstr. 1 (N 1), 𝒫 20 36 21, Telex 622010, Fax 232786, 🖭 – 🛗 ⟜ Zim
🖻 – 🔬 25/250. ⚘ ① 🖪 𝚅𝙸𝚂𝙰   JZ d
M um 35 (mittags) und a la carte 47/80 – **185 Z : 280 B** 175/300 - 230/310 Fb – 4 Appart.
640.

🏨 **Carlton,** Eilgutstr. 13 (N 70), 𝒫 2 00 30, Telex 622329, Fax 2003532, « Gartenterrasse », 🖭
– 🛗 🖻 🅿 – 🔬 25/120. ⚘ 🖪 𝚅𝙸𝚂𝙰. ⚘ Rest   HZ f
M a la carte 46/75 – **130 Z : 200 B** 129/235 - 188/350 Fb.

🏨 **Queens Hotel Nürnberg,** Münchener Str. 283 (N 50), 𝒫 4 94 41, Telex 622930, Fax 468865,
🖭 – 🛗 ⟜ Zim 🖻 🅿 – 🔬 25/200. ⚘ 🖪 𝚅𝙸𝚂𝙰   BT y
Restaurants : – **Puppenstube M** a la carte 39/64 – **Uhrenstube** *(nur Abendessen, Sonn-
und Feiertage geschl.)* **M** a la carte 27/56 – **141 Z : 211 B** 164/243 - 246/288 Fb.

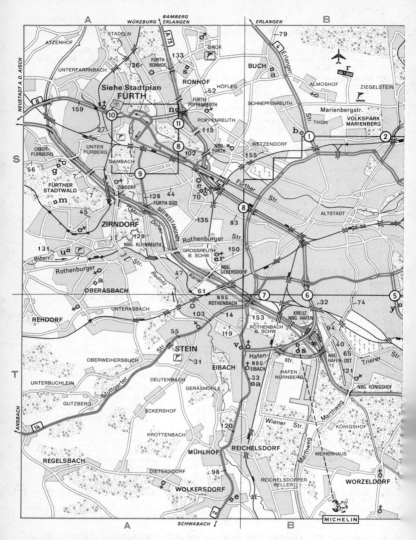

🏨 **Deutscher Hof**, Frauentorgraben 29 (N 70), ℰ 20 38 21, Telex 622992, Fax 227634 – 🛗
■ Rest 📺 ☎ – ⚙ 25/200. 🖭 ⓓ 🗲 𝘝𝘐𝘚𝘈. ⚞ Rest   HZ **p**
M a la carte 32/62 – **Weinstube Bocksbeutelkeller** « Rustikale Einrichtung » *(ab 17 Uhr
geöffnet)* **M** a la carte 27/46 – **50 Z : 70 B** 110/130 - 160/180 Fb.

🏨 **Merkur**, Pillenreuther Str. 1 (N 40), ℰ 44 02 91, Telex 622428, Fax 459037, ⚞s, 🔲 – 🛗 📺
☎ 🅿 – ⚙ 25/120. 🖭 ⓓ 🗲 𝘝𝘐𝘚𝘈. ⚞ Rest   FX **a**
M a la carte 30/61 – **150 Z : 300 B** 100/160 - 145/280 Fb.

🏨 **Novotel Nürnberg-Süd**, Münchener Str. 340 (N 50), ℰ 8 12 60, Telex 626449, Fax
8126137, 㭎, ⚞s, ⛁ (geheizt), 㘗 – 🛗 ■ 📺 ☎ 🖑 🅿 – ⚙ 25/200. 🖭 ⓓ 🗲 𝘝𝘐𝘚𝘈
⚞ Rest   CT **s**
M a la carte 34/57 – **117 Z : 234 B** 140/160 - 175/195 Fb – 8 Appart.265/360.

🏨 **Am Jakobsmarkt** garni, Schottengasse 3 (N 1), ℰ 24 14 37, Telex 623853, Fax 22874, ⚞s
– 🛗 📺 ☎ ⇐⇒ 🅿. 🖭 ⓓ 🗲 𝘝𝘐𝘚𝘈   HZ **h**
70 Z : 110 B 98/124 - 148/154 Fb – 3 Appart. 174.

NÜRNBERG
FÜRTH

🏨 **Apart-Hotel Senator** garni, Landgrabenstr. 25 (N 70), ✆ 4 19 71, Telex 626748, Fax 41978, 🛏 – 🛗 📺 ☎ 🚗 🅿 – 71 **Z : 110 B**. EX **c**

🏨 **Gästehaus Maximilian** garni, Obere Kanalstr. 11 (N 80), ✆ 2 72 40, Telex 623387, Fax 2724706, 🛏 – 🛗 📺 ☎ 🚗 🖭 ⓪ 🗲 𝘝𝘐𝘚𝘈 DV **a**
150 Z : 230 B 105/145 - 145/210 Fb.

🏨 **Victoria** garni, Königstr. 80 (N 1), ✆ 20 38 01, Telex 626923 – 🛗 📺 ☎ 🅿 🖭 ⓪ 🗲 𝘝𝘐𝘚𝘈 JZ **x**
23. Dez.- 6. Jan. geschl. – **64 Z : 90 B** 75/95 - 135/145 Fb.

🏨 **Drei Linden**, Äußere Sulzbacher Str. 1 (N 20), ✆ 53 32 33, Telex 626455 – 📺 ☎ 🅿 🖭 ⓪ GU **p**
🗲 𝘝𝘐𝘚𝘈
M a la carte 28/57 – **28 Z : 40 B** 95/120 - 140/170 Fb.

🏨 **Ibis**, Steinbühlerstr. 2 (N 70), ✆ 2 37 10, Telex 626884, Fax 223319 – 🛗 📺 ☎ 🖧 🚗 – HZ **s**
🍴 25/60. 🖭 ⓪ 🗲 𝘝𝘐𝘚𝘈
M a la carte 32/43 – **155 Z : 245 B** 115/175 - 154/195 Fb.

NÜRNBERG

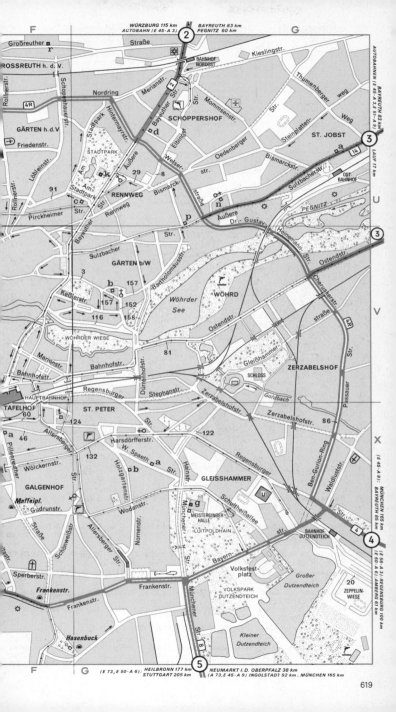

NÜRNBERG

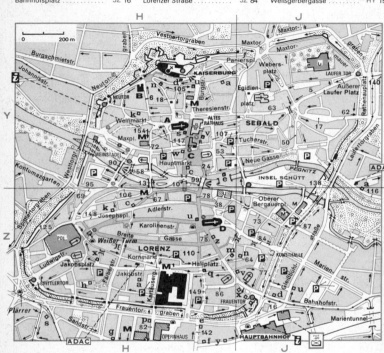

🏨 **Bayerischer Hof** garni, Gleißbühlstr. 15 (N 1), ℰ 2 32 10, Telex 626547, Fax 2321511 – 📶
📺 ☎ ⇔ AE ⓞ E VISA
80 Z : 105 B 89/105 - 128/138 Fb.
JZ

🏨 **Weinhaus Steichele**, Knorrstr. 2 (N 1), ℰ 20 43 78, 🌇 – 📶 📺 ☎ ⇔ 🛠 Rest   HZ
Menu *(Montag sowie Sonn- und Feiertage nur Abendessen)* a la carte 22/45 – **52 Z : 90**
70/85 - 110/140 Fb.

🏨 **Avenue** garni, Josephsplatz 10 (N 1), ℰ 24 40 00, Fax 243600 – 📶 📺 ☎ – 🛗 30. AE ⓞ E
VISA – 23. Dez.- 6. Jan. geschl. – **41 Z : 76 B** 105/145 - 135/215 Fb.   HZ

🏨 **Marienbad** garni, Eilgutstr. 5 (N 70), ℰ 20 31 47, Telex 626179, Fax 204260 – 📶 📺 ☎ ⇔
℗ AE ⓞ E VISA – **55 Z : 100 B** 90/115 - 130/180 Fb.   HZ

🏨 **Reichshof** ⤂, Johannesgasse 16 (N 1), ℰ 20 37 17, Telex 626300 – 📶 📺 ☎ ⇔ ℗ –
🛗 25/80. AE ⓞ E VISA   JZ
M *(Sonn- und Feiertage, Mitte - Ende Aug. und 26. Dez.- 6. Jan. geschl.)* a la carte 26/63 –
65 Z : 110 B 65/130 - 105/180 Fb.

🏨 **Hamburg** garni, Hasstr. 3 (N 80), ℰ 32 72 18, Fax 312589 – 📶 ☎ E   DV
25 Z : 40 B 78/113 - 113/158 Fb.

🏨 **Petzengarten** ⤂, Wilhelm-Spaeth-Str. 47 (N 40), ℰ 4 95 81, Telex 622581, Biergarten –
➡ 📶 📺 ☎ ⇔ AE ⓞ E VISA   GX
25.- 30. Dez. geschl. – **M** *(Sonntag ab 14 Uhr geschl.)* a la carte 19,50/40 ⅄ – **32 Z : 57 B** 90
- 145.

620

🏨 **Erlenstegen** garni, Äußere Sulzbacher Str. 157 (N 20), ℰ 59 10 33 – 🛗 ☎ 🅿. ⒶⒺ GU **a**
13.- 27. Aug. und 24. Dez.- 7. Jan. geschl. – **40 Z : 70 B** 95/125 - 135/160 Fb.

🏨 **Drei Raben** garni, Königstr. 63 (N 1), ℰ 20 45 83, Fax 232611 – 🛗 📺 ☎. ⒶⒺ ⓪ Ⓔ
Ⓥ🅸🆂🅰
JZ **v**
31 Z : 40 B 95/115 - 130/160 Fb.

🏨 **Prinzregent** garni, Prinzregentenufer 11 (N 20), ℰ 53 31 07, Telex 622728 – 🛗 ☎. ⒶⒺ ⓪
Ⓔ
JYZ **a**
23. Dez.- 7. Jan. geschl. – **38 Z : 60 B** 80/110 - 120/150 Fb.

🏨 **Burghotel-Großes Haus** garni, Lammsgasse 3 (N 1), ℰ 20 44 14, Telex 623567, 🖚, 🔲
– 🛗 📺 ☎ ⟿. ⒶⒺ ⓪ Ⓔ Ⓥ🅸🆂🅰
HY **k**
44 Z : 81 B 99/135 - 130/250.

🏨 **Am Josephsplatz** garni, Josephsplatz 30 (N 1), ℰ 24 11 56, 🖚 – 🛗 ⥩ Zim 📺 ☎. ⒶⒺ
⓪ Ⓔ Ⓥ🅸🆂🅰
HZ **k**
24. Dez.- 8. Jan. geschl. – **35 Z : 69 B** 90/150 - 120/180 Fb – 5 Appart. 300.

🏠 **Urbis** garni, Königstr. 74, ℰ 23 20 00, Telex 622300 – 🛗 📺 ☎. ⒶⒺ ⓪ Ⓔ Ⓥ🅸🆂🅰
JZ **x**
53 Z : 62 B 116 - 158 Fb.

🏠 **Am Heideloffplatz** 🦶 garni, Heideloffplatz 9 (N 40), ℰ 44 94 51 – 🛗 📺 ☎ 🅿. ⒶⒺ ⓪ Ⓔ
Ⓥ🅸🆂🅰
FX **t**
24. Dez.-6. Jan. geschl. – **50 Z : 70 B** 60/105 - 108/160 Fb.

🏠 **Klughardt** 🦶 garni, Tauroggenstr. 40 (N 20), ℰ 59 70 17, Telex 626614, Fahrradverleih –
📺 ☎ 🅿. ⒶⒺ ⓪ Ⓔ Ⓥ🅸🆂🅰
GU **n**
24. Dez.- 6. Jan. geschl. – **35 Z : 45 B** 59/79 - 95/110.

🏠 **Fackelmann** garni, Essenweinstr. 10 (N 70), ℰ 20 41 21, 🖚 – 🛗 📺 ☎. Ⓔ
HZ **g**
24. Dez.- 3. Jan. geschl. – **36 Z : 50 B** 75/110 - 120/160 Fb.

🏠 **Burghotel-Kleines Haus** garni, Schildgasse 14 (N 1), ℰ 20 30 40 – 🛗 📺 ☎. ⒶⒺ ⓪ Ⓔ
Ⓥ🅸🆂🅰
HY **a**
22 Z : 35 B 60/80 - 105.

🏠 **Cristal** garni, Willibaldstr. 7 (N 20), ℰ 56 40 05, 🖚 – 🛗 📺 ☎ ⟿. ⒶⒺ ⓪ Ⓔ Ⓥ🅸🆂🅰
GU **d**
28 Z : 40 B 75/85 - 90/110.

🏠 **Am Schönen Brunnen** garni, Hauptmarkt 17 (2. Etage) (N 1), ℰ 22 42 25 – 🛗 📺 ☎ ⟿.
ⒶⒺ Ⓔ Ⓥ🅸🆂🅰
HY **w**
25 Z : 34 B 80/100 - 115/145 Fb.

🏠 **Kröll** garni, Hauptmarkt 6 (4. Etage) (N 1), ℰ 22 71 13 – 🛗 ☎
HY **c**
28 Z : 52 B 42/86 - 86/120.

🏠 **Alte Messehalle** garni, Am Stadtpark 5 (N 10), ℰ 53 33 66, Telex 622043 – 📺 ☎ ⟿. ⒶⒺ
⓪ Ⓔ Ⓥ🅸🆂🅰
GU **c**
57 Z : 80 B 60/100 - 72/105.

🏠 **Westend** garni, Karl-Martell-Str. 42 (N 80), ℰ 31 37 63 – ☎ 🅿. Ⓔ
AS **e**
24. Dez.- 7. Jan. geschl. – **30 Z : 40 B** 55/72 - 88/103.

🏠 **Wöhrder Hof** 🦶 garni, Rahm 18 (N 20), ℰ 53 60 60, Fax 538617 – 📺 ☎. ⓪ Ⓔ Ⓥ🅸🆂🅰
GV **b**
24. Dez.- 3. Jan. geschl. – **27 Z : 38 B** 79/115 - 120/150 Fb.

🏠 **Meteor** garni, Holzgartenstr. 25 (N 40), ℰ 49 82 73, Fax 497822 – 🛗 📺 ☎. ⒶⒺ ⓪ Ⓔ
Ⓥ🅸🆂🅰
GX **b**
49 Z : 70 B 75/110 - 120/140 Fb.

🏠 **City-Hotel** garni, Königstr. 25 (3. Etage) (N 1), ℰ 22 56 38 – 🛗 ☎. ⒶⒺ ⓪ Ⓔ Ⓥ🅸🆂🅰
HZ **z**
22. Dez.- 6. Jan. geschl. – **21 Z : 32 B** 80/100 - 140/150.

🏠 **Pfälzer Hof** garni, Am Gräslein 10 (N 1), ℰ 22 14 11 – ⟿
HZ **a**
24. Dez.- 10. Jan. geschl. – **20 Z : 26 B** 44/70 - 81/108.

XX **Stadtpark-Restaurant**, Berliner Platz 9 (N 10), ℰ 55 21 02, « Parkterrasse » – 🅿 –
🔥 25/400. ⒶⒺ Ⓔ
GU **k**
M a la carte 30/52.

XX Zum Waffenschmied, Obere Schmiedgasse 22 (N 1), ℰ 22 58 59, 🍴
HY **d**

XX **Parkrestaurant Meistersingerhalle**, Münchener Str. 21 (N 50), ℰ 47 48 49, Fax 4748420,
🍴 – 🅿 – 🔥 25/200. ⒶⒺ ⓪ Ⓔ Ⓥ🅸🆂🅰
GX **y**
Aug. geschl. – **M** 28/36 (mittags) und a la carte 38/59.

XX **Caruso** (Italienische Küche), Burgstr. 25 (N 1), ℰ 20 32 83 – ⒶⒺ ⓪ Ⓔ Ⓥ🅸🆂🅰
HY **u**
Dienstag geschl. – **M** (Tischbestellung ratsam) a la carte 33/60.

X **Zum Sudhaus**, Bergstr. 20 (N 1), ℰ 20 43 14, Fax 226845, « Hübsche, rustikale
Einrichtung » – ⒶⒺ ⓪ Ⓔ Ⓥ🅸🆂🅰
HY **n**
Sonntag geschl. – **M** a la carte 33/63.

X **Böhms Herrenkeller**, Theatergasse 19 (N 1), ℰ 22 44 65 – ⓪ Ⓔ Ⓥ🅸🆂🅰
HZ **m**
Mai - Sept. Sonntag ganztägig, Okt.- April Sonntag ab 14 Uhr geschl. – **M** a la carte 25/
54 🍷.

X **Heilig-Geist-Spital**, Spitalgasse 16 (N 1), ℰ 22 17 61 – ⒶⒺ ⓪ Ⓔ Ⓥ🅸🆂🅰
HY **e**
M 15/20 (mittags) und a la carte 27/55.

X **Nassauer Keller**, Karolinenstr. 2 (N 1), ℰ 22 59 67, « Kellergewölbe a.d.13.Jh. » – ⒶⒺ ⓪
Ⓔ
HZ **u**
M a la carte 30/56.

Nürnberger Bratwurst-Lokale :

X **Bratwurst-Röslein**, Obstmarkt 1 (N 1), ℰ 22 77 94 — ⊞ E VISA   HY
→ **M** a la carte 19/34.

X **Bratwurst-Häusle**, Rathausplatz 1 (N 1), ℰ 22 76 95, 🍴   HY
→ *Sonn- und Feiertage geschl.* — **M** a la carte 15/23.

X **Bratwurst-Friedl**, Hallplatz 21 (N 1), ℰ 22 13 60   HZ
→ **M** a la carte 17,50/38.

X **Das Bratwurstglöcklein**, im Handwerkerhof (N 1), ℰ 22 76 25, 🍴   JZ
→ *24. Dez.- 21. März sowie Sonn- und Feiertage geschl.* — **M** a la carte 14,50/25.

In Nürnberg 50-Altenfurt :

🏠 **Daucher**, Habsburgerstr. 9, ℰ 83 56 99, Fax 836053, 🕿 — Ⓟ ⊞ ① E VISA   CT
23. Dez.- 7. Jan. geschl. — **M** *(nur Abendessen, Freitag, Sonntag und Aug. geschl.)* a la
carte 30/58 — **60 Z : 80 B** 45/65 - 80/110 Fb.

🏠 **Nürnberger Trichter** garni, Löwenberger Str. 147, ℰ 83 43 07, Fax 835880 — 🕿 ⇦ Ⓟ
① E   CT
Weihnachten - 6. Jan. geschl. — **35 Z : 60 B** 70/120 - 100/130 Fb.

In Nürnberg 90-Boxdorf ① : 9 km :

🏠🏠 **Landhotel Schindlerhof**, Steinacher Str. 8, ℰ 30 20 77, Fax 304038, « Ehem. Bauernhof
mit rustikaler Einrichtung, Innenhof mit Grill » — 🖣 Zim 📺 🕿 ⇦ Ⓟ — 🔬 25/40. ⊞ ①
E VISA
M (auf Vorbestellung: Essen wie im Mittelalter) a la carte 35/66 — **81 Z : 150 B** 139 - 189 Fb.

In Nürnberg 90-Buch :

XX ✸ **Gasthof Bammes**, Bucher Hauptstr. 63, ℰ 38 13 03, 🍴, « Fränkischer Gasthof » — Ⓟ
⊞ ① E   BS
Sonn- und Feiertage geschl. — **M** (Tischbestellung ratsam) a la carte 63/88 - (wegen Umbau
evtl. Sept. 2 Wochen geschl.)
Spez. Ragout vom Waller mit Meerrettichsauce (Sept.- April), Crepinette vom Reh mit Lebkuchensauce,
Rinderlende in Frankenwein gesotten.

In Nürnberg 60-Eibach :

🏠🏠 **Arotel**, Eibacher Hauptstr. 135, ℰ 64 20 20, Telex 622128, Fax 633052, Biergarten, Massage
🕿 — 🖣 📺 Ⓟ — 🔬 25/100. ⊞ ① E VISA   BT
M a la carte 40/60 — **71 Z : 142 B** 130/165 - 180/244 Fb.

🏠🏠 **Am Hafen** garni, Isarstr. 37 (Gewerbegebiet Maiach), ℰ 63 30 78, Fax 644778, 🕿 — 🖣 📺
🕿 Ⓟ E VISA   BT
27 Z : 52 B 90 - 125.

🏠 **Eibacher Hof** garni, Eibacher Hauptstr. 2 a (B 2), ℰ 63 23 91 — 🕿 Ⓟ   ABT
1.- 22. Aug. und 23. Dez.- 6. Jan. geschl. — **27 Z : 44 B** 55/70 - 85/95.

In Nürnberg 20-Erlenstegen :

XX ✸ **Entenstub'n im Schießhaus**, Güntersbühler Str. 145, ℰ 5 98 04 13 — 🖣 Ⓟ. E   CS
Samstag bis 18 Uhr, Sonntag 15 Uhr - Montag und 10.- 20. Jan. geschl. — **M** (Tischbestellung
ratsam) 69/89 und a la carte
Spez. Gefüllter Ochsenschwanz in Barolosauce, Wildlachs in Zitrone, Dessertteller Entenstub'n.

In Nürnberg 50-Fischbach :

🏠 **Silberhorn**, Fischbacher Hauptstr. 112, ℰ 83 10 84, Telex 626342, Fax 832316, 🕿, ⊠,
🎾 (Halle) — 🖣 📺 🕿 Ⓟ — 🔬 25/100. ⊞ ① E VISA. 🌺 Zim   CT
21. Dez.- 2. Jan. geschl. — **M** a la carte 34/57 — **65 Z : 115 B** 95/130 - 145/200 Fb.

In Nürnberg 90-Großgründlach ① : 11 km :

🏠 Rotes Ross, Großgründlacher Hauptstr. 22, ℰ 30 10 03 — 📺 🕿 Ⓟ
24 Z : 34 B.

In Nürnberg 80-Großreuth bei Schweinau :

XX **Romantik-Restaurant Rottner**, Winterstr. 15, ℰ 61 20 32, Fax 613759, « Gartenterrasse,
Grill-Garten » — Ⓟ. E   AS
Samstag bis 18 Uhr, Sonn- und Feiertage sowie 27. Dez.- Jan. geschl. — **M** (Tischbestellung
ratsam) 42/92 und a la carte.

In Nürnberg 90-Kraftshof N : 7 km über ① und Kraftshofer-Hauptstr. BS :

XXX ✸ **Schwarzer Adler**, Kraftshofer Hauptstr. 166, ℰ 30 58 58, 🍴, « Historisches fränkisches
Gasthaus a.d. 18. Jh., elegant-rustikale Einrichtung » — ⊞ ① E
22. Dez.- 3. Jan. geschl. — **M** (Tischbestellung ratsam) 49/95 und a la carte
Spez. Guglhupf von Zander und Lachs, Kalbsfilet mit Stopfleber und Melonen, Sanddorn-Limonencreme mit
Mohnbuchteln.

X **Alte Post**, Kraftshofer Hauptstr. 164, ℰ 30 58 63
→ **M** *(regionale Küche)* a la carte 21/60.

In Nürnberg-Langwasser :

Arvena Park - Restaurant Arvé, Görlitzer Str. 51 (N 51), *&* 8 92 20, Fax 8922115, ≤s –
🛗 ✦ Zim 📺 🅿 – ♨ 25/400. 🖭 ⓞ 🕒 ₩₳₳. ⅊ Rest   CT **r**
24. Dez.- 7. Jan. geschl. – **M** (August sowie Sonn- und Feiertage geschl.) a la carte 57/76 –
240 Z : 350 B 150/270 - 185/365 Fb.

Am Messezentrum garni, Bertolt-Brecht-Str. 2 (N 50), *&* 8 67 11, Telex 623983 – 🛗 📺
☎ ⇐⇒ 🅿 – ♨ 25/50. 🖭 ⓞ 🕒 ₩₳₳   CT **d**
24. Dez.- 6. Jan. geschl. – **62 Z : 100 B** 135/220 - 175/265 Fb.

In Nürnberg 30-Laufamholz :

Park-Hotel ♨ garni, Brandstr. 64, *&* 50 10 57, Fax 503510 – 📺 ☎ 🅿. 🖭 🕒   CS **p**
21. Dez.- 8. Jan. geschl. – **21 Z : 39 B** 78/98 - 118/138.

XX **Landgasthof Zur Krone**, Moritzbergstr. 29, *&* 50 25 28, 🏡 – 🅿. 🖭 ⓞ 🕒 ₩₳₳   CS **t**
Montag, Jan. 1 Woche und 7.- 28. Aug. geschl. – **M** 61/76 und a la carte.

In Nürnberg 30-Mögeldorf :

Tiergarten ♨, Am Tiergarten, *&* 57 30 71, Telex 626005, 🏡 – 🛗 ☎ ⇐⇒ 🅿 – ♨ 25/60.
🖭 ⓞ 🕒 ₩₳₳   CS **x**
M a la carte 30/52 – **64 Z : 90 B** 85/105 - 120/170 Fb.

In Nürnberg 90-Reutles ① : 11 km :

Käferstein ♨ garni, Reutleser Str. 67, *&* 3 09 05, ≤s, 🖾, ⩘ – 📺 ☎ ⇐⇒ 🅿 – ♨ 40.
🖭 ⓞ 🕒 ₩₳₳
47 Z : 84 B 90/140 - 130/180 Fb.

Höfler ♨, Reutleser Str. 61, *&* 30 50 73, Telex 626913, ≤s, ⩘ – 📺 ☎ 🅿 – ♨ 25. 🖭 ⓞ
🕒 ₩₳₳
6.- 20. Aug. und 24. Dez.- 6. Jan. geschl. – **M** (Samstag - Sonntag geschl.) a la carte 26/44
– **35 Z : 60 B** 95/125 - 130/180 Fb.

In Nürnberg 90 - Thon :

Kreuzeck (mit 🏨 Gästehaus), Schnepfenreuther Weg 1, *&* 3 49 61 – 📺 ☎ 🅿. 🖭 ⓞ
🕒 ₩₳₳   BS **b**
M (Sonntag geschl.) a la carte 21/30 – **25 Z : 34 B** 55/120 - 85/150.

Im Flughafen :

XX **Flughafenrestaurant**, Flughafenstr. 100 (1. Etage), ⊠ 8500 Nürnberg 10, *&* 5216265, ≤,
🏡 – 🛗 🍴 🅿 – ♨ 25/50. 🖭 ⓞ 🕒 ₩₳₳   BS **r**
M a la carte 29/60.

MICHELIN-REIFENWERKE KGaA. Niederlassung 8500 Nürnberg, Lechstr. 29 (Gewerbegebiet
Maiach) BT, *&* (0911) 63 30 53, FAX 633413.

NÜRTINGEN 7440. Baden-Württemberg 🗺 L 21. 🔟 ⑳ – 36 000 Ew – Höhe 291 m –
🕓 07022.
Stuttgart 33 – Reutlingen 21 – ♦Ulm (Donau) 66.

Am Schloßberg, Europastr. 13, *&* 70 40, Telex 7267355, Fax 704343, 🏡, Massage, ≤s,
🖾 – 🛗 📺 ⇐⇒ 🅿 – ♨ 25/270. 🖭 ⓞ 🕒 ₩₳₳. ⅊ Rest
M 25/92 und a la carte – **112 Z : 200 B** 145 - 185/225 Fb.

Vetter ♨, Marienstr. 59, *&* 3 30 11, ≤s – 🛗 📺 ☎ 🅿 – ♨ 25
23. Dez.- 10. Jan. geschl. – **M** (nur Abendessen, Freitag - Sonntag geschl.) a la carte 32/45
– **37 Z : 50 B** 69/85 - 120/130.

In der Au garni, Hohes Gestade 12, *&* 3 53 30 – 🅿. ⅊
18 Z : 19 B.

Pflum, Steingrabenstr. 4, *&* 3 30 80 – ☎ 🅿
Ende Juli - Mitte Aug. geschl. – **M** (Samstag geschl.) a la carte 35/63 – **24 Z : 36 B** 75/80 -
120.

In Nürtingen-Hardt NW : 3 km :

XXX ✿ **Ulrichshöhe**, Herzog-Ulrich-Str. 14, *&* 5 23 36, bemerkenswerte Weinkarte, « Terrasse
mit ≤ » – 🅿. ⓞ
Montag - Dienstag 18 Uhr und Juli - Aug. 3 Wochen geschl. – **M** (abends Tischbestellung
erforderlich) 106 und a la carte 70/94
Spez. Selleriemaultäschchen mit Steinbutt, Lammrücken in Rosmarinsauce, Ente in Ingwersauce.

In Frickenhausen 7443 SO : 4 km :

XX **Landgasthaus zum Mühlstein**, Wielandstr. 1, *&* (07022) 4 56 56, « Gartenterrasse » –
🅿 🖭
Montag, 2.- 5. Jan. und 18. Juli- 1. Aug. geschl. – **M** (auch vegetarische Gerichte) a la carte
48/76.

In Großbettlingen 7441 SW : 5 km :

Café Bauer garni, Nürtinger Straße, *&* (07022) 4 10 11 – ☎ 🅿
15 Z : 20 B.

NUREMBERG = Nürnberg.

NUSSDORF AM INN 8201. Bayern 🄰🄱🄳 T 23. 🄴🄳🄶 ⑱ — 2 200 Ew — Höhe 500 m — Erholungso■
— Wintersport : 600/900 m ≰1 — ☺ 08034.

🖪 Verkehrsamt, Brannenburger Str. 10, ℰ 23 87.

♦München 75 — Innsbruck 96 — Passau 188 — Rosenheim 18 — Salzburg 89.

☎ **Café Heuberg** ⓢ, Mühltalweg 12, ℰ 23 35, 🏤, 🛲 — ☻
━ 10.- 24. Jan. und 27. Okt.- 7. Nov. geschl. — **M** (Mittwoch geschl.) a la carte 18,50/41 —
18 Z : 27 B 35/40 - 66/72 — 3 Appart. 140.

XX **Nußdorfer Hof**, Hauptstr. 4, ℰ 75 66, 🏤 — ☻. 🄰🄴 ⓪ 🄴 𝗩𝗜𝗦𝗔
Dienstag geschl. — **M** 28/38 (mittags) und a la carte 35/65.

NUSSLOCH Baden-Württemberg siehe Leimen.

OBERAMMERGAU 8103. Bayern 🄰🄱🄳 Q 24. 🄷🄸🄷 ㉟, 🄴🄳🄶 ⑯ — 4 600 Ew — Höhe 834 m -
Luftkurort — Wintersport : 850/1 700 m ≰1 ≰11 ⅍4 — ☺ 08822.

Ausflugsziel : Schloß Linderhof★, Schloßpark★★, SW : 10 km.

Passionsspiele 1990 vom 21. Mai bis Ende September. Während dieser Zeit Reservierunge■
(Hotels und Spiele) nur über die Geschäftsstelle der Passionsspiele : Eugen-Pabst-Str. 9a■
ℰ (08822) 49 21.

Mystère de la Passion 1990 du 21 mai à fin septembre. Durant cette période, les réservation■
(hôtels et représentations) se font uniquement auprès de l'office organisateur : Eugen-Pabst-Str■
9a, ℰ (08822) 49 21.

Passion Play 1990, from 21 may to end september. During this period all hotel and play reservation■
must be made through the organising office : Eugen-Pabst-Str. 9a, ℰ (08822) 49 21.

Mistero della Passione 1990, dal 21 maggio alla fine settembre. In tale periodo le prenotazion■
(alberghi e rappresentazioni) devono essere fatte unicamente all'ente organizzativo
Eugen-Pabst-Str. 9a, ℰ (08822) 49 21.

🖪 Verkehrsbüro, Eugen-Pabst-Str. 9a, ℰ 49 21.

♦München 92 — Garmisch-Partenkirchen 19 — Landsberg am Lech 59.

🏫 **Alois Lang** ⓢ, St.-Lukas-Str. 15, ℰ 10 41, Telex 59623, Fax 4723, « Gartenterrasse », 🈁
🛲 — 🛗 📺 ☻ 🄴 𝗩𝗜𝗦𝗔 — 🛁 25/100. 🄰🄴 ⓪ 🄴 𝗩𝗜𝗦𝗔
M a la carte 32/60 — **43 Z : 80 B** 90/120 - 160/200 Fb — ½ P 95/125.

🏠 **Böld** ⓢ, König-Ludwig-Str. 10, ℰ 5 20, Telex 592406, Fax 7292, 🏤, 🈁, 🛲 — 📺 ☎ ☻ —
🛁 . 🎤 Rest
57 Z : 110 B Fb.

🏠 **Wittelsbach**, Dorfstr. 21, ℰ 10 11, Telex 592407, Fax 6688 — 🛗 📺 ☎. 🄰🄴 ⓪ 🄴 𝗩𝗜𝗦𝗔
10.- 28. Jan. und 25. Okt.- 20. Dez. geschl. — **M** (Dienstag geschl.) a la carte 23/42 — **38 Z**
80 B 75/85 - 120/140 Fb — ½ P 80/105.

🏠 **Turmwirt**, Ettaler Str. 2, ℰ 30 91, Fax 1437 — 📺 ☎ ☻. 🄰🄴 ⓪ 🄴 𝗩𝗜𝗦𝗔
6.- 26. Jan. und 18. Okt.- 15. Dez. geschl. — **M** a la carte 27/60 — **21 Z : 42 B** 80/90 - 120/15■
Fb — ½ P 85/115.

🏠 **Alte Post**, Dorfstr. 19, ℰ 66 91 — ☎ ☻
━ 28. Okt.- 22. Dez. geschl. — **M** a la carte 19/36 ⅊ — **32 Z : 65 B** 45/80 - 90/110 — ½ P 60/75.

🏠 **Parkhotel Sonnenhof** ⓢ, König-Ludwig-Str. 12, ℰ 9 71, Telex 592426, 🏤, 🈁 — 🛗 ☎ ⟵
☻ — 🛁
66 Z : 130 B Fb.

🏠 **Wolf**, Dorfstr. 1, ℰ 30 71, 🏤, 🈁, 🏊, 🛲 — 🛗 📺 ☎ ☻. 🄰🄴 ⓪ 🄴 𝗩𝗜𝗦𝗔
M 23/69 und a la carte — **32 Z : 55 B** 60/80 - 98/160 Fb.

🏠 **Friedenshöhe** ⓢ, König-Ludwig-Str. 31, ℰ 5 98, ≤, 🏤, 🛲, Fahrradverleih — ☎ ☻. 🄰🄴
⓪ 🄴 𝗩𝗜𝗦𝗔
25. Okt.- 22. Dez. geschl. — **M** (Donnerstag geschl.) a la carte 23/54 — **11 Z : 20 B** 75/95 -
126/150.

🏠 **Schilcherhof**, Bahnhofstr. 17, ℰ 47 40, Caféterrasse, 🛲 — ⟵ ☻. 🄰🄴 🄴 𝗩𝗜𝗦𝗔. 🎤
16. Nov.- 20. Dez. geschl. — **M** (nur Abendessen für Hausgäste) — **26 Z : 45 B** 47/67 - 80/100.

🏠 **Wenger** ⓢ, Ludwig-Lang-Str. 20, ℰ 47 88, 🛲 — ☻. 🄴 𝗩𝗜𝗦𝗔
Nov. geschl. — **M** (nur Abendessen, Montag geschl.) a la carte 23/54 — **7 Z : 13 B** 50/60 -
80/100 Fb — 2 Fewo 60/80 — ½ P 60/80.

🏠 **Bayerischer Löwe**, Dedlerstr. 2, ℰ 13 65
16 Z : 36 B.

🏠 **Enzianhof** garni, Ettaler Str. 33, ℰ 2 15, 🛲 — ☻
16 Z : 29 B.

☎ **Zur Rose**, Dedlerstr. 9, ℰ 47 06 — ☻. 🄰🄴 ⓪ 🄴 𝗩𝗜𝗦𝗔
Nov.- 15. Dez. geschl. — **M** (Montag geschl.) a la carte 23/47 ⅊ — **29 Z : 50 B** 30/35 - 60/70
— 10 Fewo 50/100 — ½ P 50/100.

OBERASBACH 8507. Bayern 🄰🄱🄳 P 18 — 15 300 Ew — Höhe 295 m — ☺ 0911 (Nürnberg).

Siehe Nürnberg (Umgebungsplan).

♦München 174 — ♦Nürnberg 10 — ♦Würzburg 108.

🏠 **Jesch** garni, Am Rathaus 5, ℰ 69 97 03 — 🛗 ☎ ⟵ ☻. ⓪ 🄴 𝗩𝗜𝗦𝗔   AS ■
23 Z : 36 B 64/74 - 94/104 Fb.

OBERAU Bayern siehe Farchant.

OBERAUDORF 8203. Bayern 413 T 24, 987 ⑰, 426 ⑱ — 5 000 Ew — Höhe 482 m — Luftkurort
- Wintersport : 500/1 300 m ≰20 ≰6 — ✆ 08033.
🛈 Kur- und Verkehrsamt, Kufsteiner Str. 6, ℰ 3 01 20.
München 81 — Innsbruck 82 — Rosenheim 28.

🏨 **Sporthotel Wilder Kaiser**, Naunspitzstr. 1, ℰ 10 91, Telex 525344, Fax 1095, ≤, 🎢, ⌸
→ — 📺 ☎ 🅿. 🅰🅴 ⓪ 🅴
   M a la carte 20/41 — **75 Z : 145 B** 63 - 102/139 Fb — 10 Fewo 48/139 — ½ P 66/76.

🏠 **Ochsenwirt** 🦢, Carl-Hagen-Str. 14, ℰ 40 21, Biergarten, ⌸, 🎢 — ☎ 🅿 — 🔬 30. 🅴
   12. Nov.- 7. Dez. geschl. — M a la carte 25/56 🍷 — **26 Z : 54 B** 48 - 84.

🏠 **Hotel am Rathaus**, Kufsteiner Str. 4, ℰ 14 70, 🎢 — 📺 🅿
   Nov. geschl. — M (Mittwoch geschl.) a la carte 23/47 — **11 Z : 22 B** 50 - 80.

🏠 **Alpenhotel**, Marienplatz 2, ℰ 14 54 — ⌁
   15.- 30. April und 15. Nov.- 15. Dez. geschl. — M (Montag geschl.) a la carte 23/39 — **21 Z :
   40 B** 34/45 - 60/80.

🏠 **Lambacher** garni, Rosenheimer Str. 4, ℰ 10 46 — 🕴 ☎ ⌁ 🅿. 🅰🅴 ⓪ 🅴
   22 Z : 44 B 55 - 86/96 Fb.

✕ **Alpenrose**, Rosenheimer Str. 3, ℰ 32 41, Biergarten — 🅴
→ Donnerstag und 23. Okt.- 23. Nov. geschl. — M a la carte 21/48.

   Im Ortsteil Niederaudorf N : 2 km :

🏠 **Alpenhof**, Rosenheimer Str. 97, ℰ 10 36, ≤, 🎢, 🎢 — ☎ ⌁ 🅿. 🅴
→ 20. Nov.- 20. Dez. geschl. — M (Okt.- April Donnerstag geschl.) a la carte 17,50/39 🍷 —
   16 Z : 30 B 46/50 - 88/92 Fb — ½ P 58/62.

🏠 Gasthof Keindl, Dorfstr. 4, ℰ 10 11, 🎢, ⌸ — ☎ 🅿
   26 Z : 50 B — 4 Fewo.

   An der Straße nach Bayrischzell NW : 10 km :

🏨 **Alpengasthof Feuriger Tatzelwurm** 🦢, ⌧ 8203 Oberaudorf, ℰ (08034) 86 95,
→ « Terrasse mit ≤ Kaisergebirge », ⌸, 🎢, ⌦, 🦢 — 📺 ☎ ⌁ 🅿 — 🔬 30. 🅰🅴 ⓪ 🅴 𝘝𝘐𝘚𝘈
   15.- 30. Nov. geschl. — M a la carte 18,50/52 — **26 Z : 46 B** 48/65 - 80/140 Fb — 8 Fewo
   60/100 — ½ P 65/90.

OBERAULA 6435. Hessen — 3 700 Ew — Höhe 320 m — Luftkurort — ✆ 06628.
🛐 Am Golfplatz, ℰ 15 73.
Wiesbaden 165 — Fulda 50 — Bad Hersfeld 22 — ♦Kassel 69.

🏨 **Zum Stern**, Hersfelder Str. 1 (B 454), ℰ 80 91, « Garten mit Teich und Grill-Pavillon », ⌸,
   🔲, 🎢, 🦢 (Halle) — ☎ 🅿 — 🔬 25/60. 🅰🅴 🅴. 🦢 Zim
   M a la carte 24/53 🍷 — **38 Z : 72 B** 39/49 - 72/86 Fb — ½ P 44/57.

OBERBECKSEN Nordrhein-Westfalen siehe Oeynhausen, Bad.

OBERBOIHINGEN 7446. Baden-Württemberg 413 L 21 — 4 500 Ew — Höhe 285 m — ✆ 07022
Nürtingen).
Stuttgart 32 — Göppingen 26 — Reutlingen 25 — ♦Ulm (Donau) 70.

✕ **Traube** mit Zim, Steigstr. 45, ℰ 68 46 — 📺 ☎ 🅿
   1.- 7. Jan. und Juli - Aug. 3 Wochen geschl. — M (Samstag bis 17 Uhr und Montag geschl.)
   a la carte 35/59 — **6 Z : 7 B** 65/75 - 100.

✕ **Zur Linde**, Nürtinger Str. 24, ℰ 6 11 68 — 🅿. 🅰🅴 ⓪ 𝘝𝘐𝘚𝘈
   Montag, über Fasching 2 Wochen und Aug. 3 Wochen geschl. — Menu a la carte 26/64.

OBERBREITZBACH Hessen siehe Hohenroda.

OBERDERDINGEN 7519. Baden-Württemberg 413 J 19 — 8 000 Ew — Höhe 161 m — ✆ 07045.
Stuttgart 57 — Heilbronn 42 — ♦Karlsruhe 37.

✕ **Weinstube Kern**, Hemrich 7, ℰ 5 73, ≤, 🎢 — 🅿
   Montag und Feb. 3 Wochen geschl. — M a la carte 22/32 🍷.

OBERDING Bayern siehe Erding.

OBEREGGENEN Baden-Württemberg siehe Schliengen.

OBERELCHINGEN Bayern siehe Elchingen.

EUROPE on a single sheet **Michelin** map no 920.

OBERELSBACH 8741. Bayern 🄳🄸🄱 N 15 − 3 000 Ew − Höhe 420 m − Wintersport : ⚡3 -
🌼 09774.

🛈 Verkehrsamt, Rathaus, 𝒫 2 12.

♦ München 325 − Bamberg 99 − ♦Frankfurt am Main 134 − Fulda 48 − ♦Würzburg 90.

 🏠 **Rhöner Trachtenstuben**, Hauptstr. 13, 𝒫 2 18, 😊 − ☎ 🄿
 ➡ Nov. geschl. − **M** (Dienstag geschl.) a la carte 18/42 ⅄ − **7 Z : 11 B** 30/40 - 60.

 In Oberelsbach-Unterelsbach SO : 2,5 km :

 🏥 **Hubertus** ⅃, Röderweg 9, 𝒫 4 32, Bade- und Massageabteilung, 😊, 🄽, 🛏, 🎿 (Halle)
  Fahrradverleih − 📺 ☎ 🚗 🄿 − 🄰 35
  M (wochentags nur Abendessen, Mittwoch geschl.) a la carte 22/49 − **16 Z : 36 B** 66,
  110 Fb − 2 Fewo 70/90.

OBERGÜNZBURG 8953. Bayern 🄳🄸🄱 O 23, 🄈🄇🄇 ⊛, 🄄🄂🄆 D 5 − 5 300 Ew − Höhe 737 m -
🌼 08372.

♦München 108 − Kempten (Allgäu) 21 − Landsberg am Lech 48 − Schongau 47.

 XX **Goldener Hirsch** mit Zim, Marktplatz 4, 𝒫 74 80, 🪑 − 🛗 ☎. 🄰🄴 🄴
  Jan. und Sept. je 2 Wochen geschl. − **M** (Montag - Dienstag 18 Uhr geschl.) 25/65 und a l
  carte − **5 Z : 8 B** 50 - 90.

OBERHACHING Bayern siehe München.

OBERHAMBACH Rheinland-Pfalz siehe Liste der Feriendörfer.

OBERHARMERSBACH 7617. Baden-Württemberg 🄳🄸🄱 H 21 − 2 400 Ew − Höhe 300 m -
Luftkurort − 🌼 07837.

🛈 Verkehrsverein, Reichstalhalle, 𝒫 2 77, Fax 678.

♦Stuttgart 126 − ♦Freiburg im Breisgau 63 − Freudenstadt 35 − Offenburg 30.

 🏠 **Schwarzwald-Idyll** ⅃, Obertal 50 (N : 4 km), 𝒫 2 42, Telex 7525531, 🪑 − 🛗 🚗 🄿. 🄰🄴
 ➡ 🄾 🄴 🆅🅸🆂🅰. 🎿 Zim
  11.- 24. Jan. und 20. Nov.- 20 Dez. geschl. − **M** (Okt.- Mai Dienstag geschl.) 18/46 und a la
  carte ⅄ − **25 Z : 46 B** 35/50 - 66/92 Fb − ½ P 45/58.

 🏠 **Zur Stube**, Dorf 32, 𝒫 2 07, 🪑, 😊 − 🚗
 ➡ **M** (Nov.- März Montag geschl.) a la carte 19,50/39 ⅄ − **37 Z : 70 B** 30/38 - 56/66.

 🏠 **Sonne**, Obertal 12, 𝒫 2 01, 🪑 − 🛗 🚗 🄿
 ➡ Jan.- Feb. und Nov. je 3 Wochen geschl. − **M** (Mittwoch geschl.) a la carte 19/50 ⅄ − **20 Z**
  35 B 24/49 - 48/70 − ½ P 38/48.

 🏠 **Landgasthof Forelle**, Talstr. 77, 𝒫 2 22, « Gartenterrasse », 😊, 🄽, 🎿 − 🄿. 🎿 Rest
  M (Montag geschl.) a la carte 22/31 − **22 Z : 42 B** 40/45 - 64/90 − ½ P 52/56.

 🏠 **Hubertus**, Dorf 2, 𝒫 8 31, 🪑, 🎿 − 🚗 🄿. 🎿
 ➡ Mitte Nov.- Mitte Dez. geschl. − **M** (Dienstag geschl.) a la carte 19/36 ⅄ − **23 Z : 36 B** 40 -
  70 − ½ P 45.

OBERHAUSEN 8859. Bayern 🄳🄸🄱 Q 20 − 1 900 Ew − Höhe 409 m − 🌼 08431.

♦München 101 − Donauwörth 28 − Ingolstadt 28.

 Im Ortsteil Unterhausen W : 1,5 km :

 X **Lindenhof** mit Zim, Lindenstr. 6 (B 16), 𝒫 26 17 − 🄿
 ➡ Ende Dez.- Anfang Jan. geschl. − **M** (Freitag geschl.) a la carte 14,50/32 − **4 Z : 7 B** 32 - 46.

OBERHAUSEN 4200. Nordrhein-Westfalen 🄈🄇🄇 ⑭ ⑩ − 224 000 Ew − Höhe 45 m − 🌼 0208.

Siehe Ruhrgebiet (Übersichtsplan).

🛈 Verkehrsverein, Berliner Platz 4, 𝒫 80 50 51, Telex 856934.

ADAC, Lessingstr. 2 (Buschhausen), 𝒫65 40 01, Notruf 𝒫 1 92 11, Telex 8561194.

♦Düsseldorf 33 ③ − ♦Duisburg 10 ③ − ♦Essen 12 ② − Mülheim an der Ruhr 6 ③.

Stadtplan siehe gegenüberliegende Seite.

 🏥 **Ruhrland**, Berliner Platz 2, 𝒫 80 50 31, Telex 856900, Fax 27340 − 🛗 📺 ☎ 🚗 🄿 −
  🄰 25/150. 🄰🄴 🄾 🄴 🆅🅸🆂🅰. 🎿   Y **a**
  M a la carte 30/75 − **60 Z : 75 B** 65/140 - 130/260.

 🏠 **Hagemann**, Buschhausener Str. 84, 𝒫 2 08 17 − 📺 ☎   X **c**
  M (nur Abendessen, Sonntag geschl.) a la carte 24/44 − **16 Z : 25 B** 65/70 - 110/130.

 In Oberhausen 12-Osterfeld :

 🏨 **Zur Bockmühle**, Teutoburger Str. 156, 𝒫 6 90 20, Telex 856489, Fax 690258, 😊 − 🛗 📺
  🚗 🄿 − 🄰 50. 🄰🄴 🄾 🄴 🆅🅸🆂🅰   V **s**
  20. Dez.- 4. Jan. geschl. − **M** a la carte 43/73 − **95 Z : 150 B** 97/182 - 170/244 Fb.

OBERHAUSEN

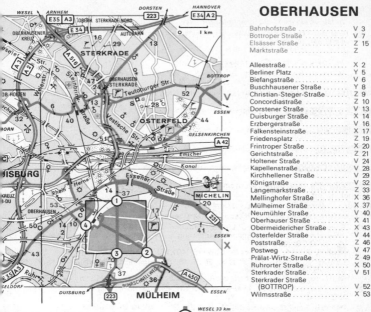

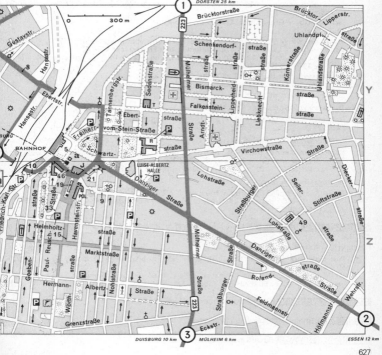

In Oberhausen 11-Schmachtendorf NW : 11 km über Weseler Str. V :

🏨 **Gerlach-Thiemann**, Buchenweg 14, ℰ 6 89 81, Fax 68983, ⇌s – 📳 📺 ☎ ℗ – 🔬 35. 🅰️
 ⓘ 🄴 𝘝𝘐𝘚𝘈, 🦞 Rest
 M a la carte 34/54 – **21 Z : 40 B** 110 - 194 Fb.

In Oberhausen 11-Sterkrade :

🏚️ **Hubertushof** 🦢, Inselstr. 26, ℰ 64 02 13, kleiner Garten mit Grill   V
 (nur Abendessen für Hausgäste) – **10 Z : 24 B** 39/62 - 78/98.

MICHELIN-REIFENWERKE KGaA. Niederlassung Max-Eyth-Str. 2 (V), ℰ 65 40 21.

OBERHAVERBECK Niedersachsen siehe Bispingen.

OBERHÖLL Bayern siehe Weiden in der Oberpfalz.

OBERJOCH Bayern siehe Hindelang.

OBERJOSBACH Hessen siehe Niedernhausen.

OBERKIRCH 7602. Baden-Württemberg 🗺️🗺️🗺️ H 21, 🗺️🗺️🗺️ ㉞, 🗺️🗺️🗺️ ㉖ – 17 000 Ew – Höhe 194 m
– Erholungsort – ✪ 07802.
🚩 Städt. Verkehrsamt, Eisenbahnstr. 1, ℰ 8 22 41.
◆Stuttgart 140 – Freudenstadt 42 – Offenburg 16 – Strasbourg 30.

🏰 **Romantik-Hotel Obere Linde**, Hauptstr. 25, ℰ 80 20, Telex 752640, Fax 3030, 🏡
 « Geschmackvolle, gemütliche Einrichtung », 🐎, 🦞, Fahrradverleih – 📳 📺 ☎ ℗ –
 🔬 25/200. 🅰️🄴 ⓘ 🄴 𝘝𝘐𝘚𝘈
 M 36/92 und a la carte – **42 Z : 82 B** 115/145 - 155/230 Fb – ½ P 113/180.

🏨 **Lamm** 🦢, Gaisbach 1, ℰ 33 46, Fax 5966, 🏡, eigener Weinbau, 🐎 – 📳 📺 ☎ ℗ –
 🔬 25/60. 🅰️🄴 ⓘ 🄴 𝘝𝘐𝘚𝘈, 🦞 Zim
 M *(Dienstag geschl.)* a la carte 31/70 ⚓ – **18 Z : 32 B** 60/73 - 85/115 Fb – ½ P 78/98.

🏨 **Pflug**, Fernacher Platz 1, ℰ 40 81 – 📳 ☎ ⬅️ ℗ – 🔬 40
 36 Z : 68 B.

🏠 **Pfauen**, Josef-Geldreich-Str. 18, ℰ 45 29, 🏡 – ☎ ⬅️ ℗. 🅰️🄴 ⓘ 🄴
 1.- 21. März geschl. – **M** *(Mittwoch geschl.)* a la carte 22/43 ⚓ – **11 Z : 22 B** 42/50 - 80/94 –
 ½ P 58/68.

🏠 Ochsen, Obere Grendelstr. 14, ℰ 41 15 – ☎ ℗
 12 Z : 22 B.

XX **Haus am Berg** 🦢 mit Zim, Am Rebhof 5 (Zufahrt über Privatweg), ℰ 47 01, ≤ Oberkirch
 und Renchtal, « Lage in den Weinbergen, große Freiterrasse » – ℗
 Feb. geschl. – Menu *(Dienstag geschl.)* 29/89 und a la carte ⚓ – **Gaststube M** a la carte
 23/39 – **10 Z : 20 B** 55 - 100 – ½ P 68/73.

XX **Schwanen**, Eisenbahnstr. 3, ℰ 22 20, 🏡 – ℗. 🄴
 Mitte Nov.- Anfang Dez. und Montag geschl. – **M** a la carte 24/48.

X Löwen, Hauptstr. 46, ℰ 45 51.

In Oberkirch-Bottenau SW : 5 km :

🏠 Rebstock 🦢, Meisenbühl 19, ℰ 30 47, ≤, 🏡 – 📳 ☎ ℗
 12 Z : 22 B.

In Oberkirch-Ödsbach S : 3 km :

🏨 **Waldhotel Grüner Baum** 🦢, Alm 33, ℰ 80 90, Telex 752627, Fax 80988, 🏡, ⇌s, 🔲, 🐎
 🦞 – 📳 📺 ☎ ℗ – 🔬 25/50. 🅰️🄴 ⓘ 🄴 𝘝𝘐𝘚𝘈
 M a la carte 34/67 – **59 Z : 103 B** 70/150 - 116/280 Fb – ½ P 83/165.

In Oberkirch-Nußbach W : 6 km :

🏠 **Rose** 🦢, Herztal 48 (im Ortsteil Herztal), ℰ (07805) 35 40, 🐎 – ℗
 ◆ *10. Jan.- 10. März geschl.* – **M** *(Dienstag geschl.)* a la carte 21/48 ⚓ – **11 Z : 22 B** 37/42 -
 74/80 – ½ P 48/52.

OBERKOCHEN 7082. Baden-Württemberg 🗺️🗺️🗺️ N 20, 🗺️🗺️🗺️ ㊱ – 8 000 Ew – Höhe 495 m –
✪ 07364.
◆Stuttgart 80 – Aalen 9 – ◆ Ulm/Donau 66.

🏨 **Am Rathaus** 🦢, Eugen-Bolz-Platz 2, ℰ 3 95, Fax 5955 – 📳 📺 ☎ ⬅️ ℗ – 🔬 25/100.
 🅰️🄴 ⓘ 🄴 𝘝𝘐𝘚𝘈, 🦞
 2.- 10. Jan. und Juli - Aug. 2 Wochen geschl. – **M** *(Freitag - Samstag 18 Uhr geschl.)* a la
 carte 36/62 – **41 Z : 50 B** 79/120 - 130/160 Fb.

OBERKOLLWANGEN Baden-Württemberg siehe Neuweiler.

OBERLAHR Rheinland-Pfalz siehe Döttesfeld.

OBERLANGENSTADT Bayern siehe Küps.

OBERLEICHTERSBACH Bayern siehe Brückenau, Bad.

OBERLENGENHARDT Baden-Württemberg siehe Schömberg Kreis Calw.

OBERMAISELSTEIN Bayern siehe Fischen im Allgäu.

OBERMOSCHEL 6763. Rheinland-Pfalz — 1 300 Ew — Höhe 187 m — ۞ 06362 (Alsenz).
Mainz 63 — Kaiserslautern 46 — Bad Kreuznach 18.

⌂ **Burg-Hotel** ≫, ℰ 34 70, ≼ Obermoschel, ⬠s, ◻, 🖛 — ☎ ⇦ 🅿
22. Dez.- 22. Jan. geschl. — **M** 15/28 (mittags) und a la carte 24/45 ⅃ — **20 Z : 30 B** 49 - 90.

OBERMOSSAU Hessen siehe Mossautal.

OBERNBURG 8753. Bayern ⚃⚀⚂ K 17 — 7 100 Ew — Höhe 127 m — ۞ 06022.
München 356 — Aschaffenburg 20 — ◆Darmstadt 47 — ◆Würzburg 80.

⌂ **Anker** (Fachwerkhaus a.d. 16. Jh.), Mainstr. 3, ℰ 86 47, 🖾 — 📺 ☎ 🅿 . ⬠⬠ ⬦ Ⓔ 🎬
M (Sonntag ab 14 Uhr geschl.) a la carte 33/57 — **23 Z : 45 B** 73 - 105 Fb.

⌂ **Karpfen** (mit Gästehaus), Mainstr. 8, ℰ 86 45 , ⬠ 📺 ☎ 🅿 . Ⓔ . ⛸ Zim
M (Samstag geschl.) a la carte 26/50 ⅃ — **29 Z : 50 B** 58/80 - 90/120.

OBERNDORF 7238. Baden-Württemberg ⚃⚀⚂ J 22. ⓽⓼⓻ ㉟ — 13 800 Ew — Höhe 460 m —
۞ 07423.
Stuttgart 80 — Freudenstadt 36 — Rottweil 18.

⌂ **Wasserfall**, Lindenstr. 60, ℰ 35 79, 🖛 — 🅿 . Ⓔ
← Jan. 2 Wochen und Juli- Aug. 3 Wochen geschl. — **M** (Freitag - Samstag 17 Uhr geschl.) a
la carte 20/47 ⅃ — **25 Z : 45 B** 30/50 - 60/90.

⌂ **Post**, Hauptstr. 18, ℰ 40 58 — ☎ ⇦ . ⬠⬠ ⬦ Ⓔ 🎬
M a la carte 31/60 — **18 Z : 25 B** 55/80 - 90/120 Fb.

In Oberndorf-Lindenhof W : 3 km :

⌂ **Bergcafé Link** ≫, Mörikeweg 1, ℰ 34 91, 🖛 — ☎ ⇦ 🅿 . Ⓔ . ⛸ Rest
10.- 26. Juli geschl. — (nur Abendessen für Hausgäste) — **16 Z : 22 B** 42/50 - 68/85.

OBERNZELL 8391. Bayern ⚃⚀⚂ X 21. ⓽⓼⓻ ㉟㉟, ⚃⚁⚅ ⑦ — 3 500 Ew — Höhe 294 m —
Erholungsort — ۞ 08591.
▐ Verkehrsamt. Marktplatz 42, ℰ 18 77 — ◆München 193 — Passau 16.

🏛 **Zur Post**, Marktplatz 1, ℰ 10 30, Caféterrasse, Biergarten — ☎ . Ⓔ
← 15. Jan.- 15. März und Nov.- 15. Dez. geschl. — **M** (Montag geschl.) a la carte 21/45 — **16 Z :
29 B** 65 - 120.

⌂ **Jachthotel**, Passauer Str. 19, ℰ 15 95, ⬠s, Fahrradverleih — 📺 🅿
32 Z : 64 B — 14 Fewo.

⛫ **Schwarzer Adler**, Marktplatz 20, ℰ 3 73 — ☎ 🅿 . ⛸ Rest
← 15.- 30. Okt. geschl. — **M** (Sonntag ab 14 Uhr geschl.) a la carte 19/31 ⅃ — **34 Z : 60 B** 35 -
65/70.

In Obernzell-Erlau NW : 6 km :

⌂ **Edlhof**, Edlhofstr. 10 (nahe der B 388), ℰ 4 66, Biergarten, 🖛 — 🅿 . ⛸ Zim
← 15. Jan.- 15. Feb. geschl. — **M** (Dienstag geschl.) a la carte 14/36 — **21 Z : 39 B** 35/45 - 60/70
— 3 Fewo 45/60.

OBERNZENN 8802. Bayern ⚃⚀⚂ O 18 — 2 600 Ew — Höhe 376 m — ۞ 09107.
◆München 228 — Ansbach 26 — ◆Nürnberg 59 — ◆Würzburg 72.

In Obernzenn-Hechelbach NO : 6,5 km :

✗ **Grüne Au** ≫ (mit Gästehaus), ℰ 2 77, ◻, 🖛 — 🅿 — **15 Z : 29 B**.

OBERPFRAMMERN 8011. Bayern ⚃⚀⚂ S 22. ⚃⚁⚅ H 4 — 1 500 Ew — Höhe 613 m — ۞ 08093.
◆München 25 — Salzburg 119.

⌂ **Bockmaier** garni, Münchner Str. 3, ℰ 50 44 — 📺 🅿 . Ⓔ
30 Z : 50 B 50/70 - 80/100 Fb.

OBER-RAMSTADT 6105. Hessen ⚃⚀⚂ J 17 — 14 000 Ew — Höhe 200 m — ۞ 06154.
◆Wiesbaden 58 — ◆Darmstadt 8,5 — ◆Mannheim 56.

🏛 **Hessischer Hof** (ehemalige Zehntscheune a.d. 17. Jh.), Schulstr. 14, ℰ 30 66, 🖾 — ☎
🅿 — ⚕ 30. ⬠⬠ Ⓔ
21. Juli - 12. Aug. geschl. — Menu (Freitag - Samstag 17 Uhr geschl.) a la carte 26/59 — **19 Z :
25 B** 40/60 - 80/100.

In Ober-Ramstadt - Modau S : 3 km :

🏛 **Zur Krone**, Kirchstr. 39, ℰ 30 87, ⬠s — 🖨 📺 ☎ 🅿 — ⚕ 35. ⬠⬠ Ⓔ
M (Samstag bis 17 Uhr sowie Sonn- und Feiertage geschl.) um 20 (mittags) und a la carte
29/59 — **35 Z : 53 B** 58/75 - 90/110 Fb.

OBERREICHENBACH 7261. Baden-Württemberg **ⅢⅢⅢ** IJ 20 — 2 200 Ew — Höhe 600 m - Wintersport : ⚡5 — ✪ 07051 (Calw).

♦Stuttgart 52 — Freudenstadt 40 — Pforzheim 30 — Tübingen 46.

    In Oberreichenbach - Würzbach SW : 5 km :

🏠 **Pension Talblick** ⚲, Panoramaweg 1, 𝒫 (07053) 87 53, 🍴, 🍽 — 🚗 **Ⓟ**
→ *Mitte Nov.- Mitte Dez. geschl.* — **M** a la carte 19/36 — **25 Z : 40 B** 35/45 - 70/100.

OBERREIFENBERG Hessen siehe Schmitten im Taunus.

OBERREUTE 8999. Bayern **ⅢⅢⅢ** M 24, **ⅢⅢⅢ** ⑯ — 1 350 Ew — Höhe 860 m — Erholungsort - Wintersport : 840/1 040 m ⚡1 ⚡3 — ✪ 08387 (Weiler-Simmerberg).

🛈 Verkehrsamt, Rathaus, 𝒫 12 33.

♦München 182 — Bregenz 35 — Ravensburg 45.

🏠 **Alpenhof** ⚲, Unterreute 130, 𝒫 4 96, 🍴, 🍽 — **Ⓟ**
    Mitte Nov.- 22. Dez. geschl. — **M** *(wochentags nur Abendessen, Dienstag geschl.)* a la carte 25/48 — **11 Z : 20 B** 40/45 - 78/90.

    In Oberreute-Irsengund S : 1,5 km :

🏠 **Sonnenhalde** ⚲, Hochgratstr. 312, 𝒫 12 38, ≼ Voralpen-Gebirgskette, 🍴, 🍴, 🍽 Skiverleih — 🕿 **Ⓟ**. **ⅢⅢ** ⓐ **E** 𝓥𝓘𝓢𝓐
    17.- 30. April und 6. Nov.- 20. Dez. geschl. — *(nur Abendessen für Hausgäste)* — **10 Z : 20 B** 68 - 76/93.

    Siehe auch : *Liste der Feriendörfer*

OBERRIED 7801. Baden-Württemberg **ⅢⅢⅢ** G 23, **ⅢⅢ** ⑧ — 2 600 Ew — Höhe 455 m - Erholungsort — Wintersport : 650/1 300 m ⚡8 ⚡4 — ✪ 07661.

Sehenswert : Schauinslandstraße★.

🛈 Verkehrsbüro, Rathaus, 𝒫 9 93.

♦Stuttgart 182 — Basel 67 — Donaueschingen 59 — ♦Freiburg im Breisgau 13.

🏠 **Zum Hirschen**, Hauptstr. 5, 𝒫 54 20, 🍽 — 🕿 **Ⓟ**
→ *Anfang Nov.- Anfang Dez. geschl.* — **M** *(Montag geschl.)* a la carte 18/47 ♨ — **14 Z : 33 B** 45 - 80 — ½ P 58/63.

    In Oberried-Hofsgrund SW : 6,5 km :

🏠 **Zum Hof** ⚲, Silberbergstr. 21 (am Schauinsland), 𝒫 (07602) 2 50, 🍴, 🍴, 🍽, 🍽 — 🕿
→ **Ⓟ**
    20. Nov.- 20. Dez. geschl. — **M** *(Montag geschl.)* a la carte 21/46 — **15 Z : 34 B** 35/50 - 70/100 — ½ P 51/66.

    In Oberried-Weilersbach NO : 1 km :

🏠 Zum Schützen ⚲, Weilersbacher Str. 7, 𝒫 70 11, 🍴, 🍽 — 🕿 ♨ **Ⓟ**
    15 Z : 30 B — 2 Fewo.

    Am Notschrei (S : 11,5 km) siehe *Todtnau.*

OBERRIMBACH Bayern siehe Burghaslach.

OBERSCHEINFELD Bayern siehe Scheinfeld.

OBERSCHLEISSHEIM 8042. Bayern **ⅢⅢⅢ** R 22, **ⅢⅢⅢ** ⑰ — 10 800 Ew — Höhe 477 m — ✪ 089 (München).

Sehenswert : Schloß Schleißheim★.

♦München 14 — ♦Augsburg 64 — Ingolstadt 67 — Landshut 62.

🏠 **Blauer Karpfen** garni, Dachauer Str. 1, 𝒫 3 15 40 51, Telex 523143, Fax 3154483 — 📺 🕿
    🚗 **Ⓟ** — ♨ 40. **ⅢⅢ E**
    35 Z : 53 B 85/100 - 110/135.

    In Oberschleißheim-Lustheim O : 1 km :

🏠🏠 **Kurfürst**, Kapellenweg 5, 𝒫 3 15 16 44, Telex 522560, 🍴, 🖵 — 🛗 📺 🕿 🚗 **Ⓟ** —
    ♨ 25/60. **ⅢⅢ** ⓐ **E** 𝓥𝓘𝓢𝓐
    M *(20. Dez.- 7. Jan. geschl.)* 32/69 und a la carte — **90 Z : 130 B** 79/110 - 96/175 Fb.

OBER-SCHÖNMATTENWAG Hessen siehe Wald-Michelbach.

OBERSIMTEN Rheinland-Pfalz siehe Pirmasens.

L'EUROPA su un solo foglio **Carta Michelin** n° **ⅢⅢⅢ**.

OBERSTAUFEN 8974. Bayern **413** MN 24. **987** ⊗. **426** ⊗ – 6 500 Ew – Höhe 792 m – chrothkurort – Heilklimatischer Kurort – Wintersport : 740/1 800 m ⛷1 ⛷36 ⛷12 – ☼ 08386.
Oberstaufen-Steibis, ℰ 89 10.
Kurverwaltung, Schloßstr. 8, ℰ 20 24, Telex 541136.
München 161 – Bregenz 43 – Kempten (Allgäu) 37 – Ravensburg 53.

🏨 **Parkhotel**, Argenstr. 1, ℰ 70 30, Fax 703704, ≤, 佘, « Rustikal-elegante Einrichtung im alpenländischen Stil », Bade- und Massageabteilung, 🛁, ≦s, ⬛, 禾, Fitness-Center – 📶 ⬛ ⟵ ☻ 🅿 ⛐ ⑩ 🄴 VISA. ✸
   M 37/75 und a la carte – **91 Z : 165 B** 170/240 - 270/310 Fb – 6 Appart. 330/500 – ½ P 150/240.

🏨 **Allgäu Sonne** 🦆, Am Stießberg 1, ℰ 70 20, Telex 54370, Fax 7826, ≤ Weißachtal, Steibis und Hochgrat, 佘, Bade- und Massageabteilung, 🛁, ≦s, ⬛, 禾, Fitness-Center, Skischule – 📶 🅿 ⛐ ⟵ ☻ 🅿 ⛐ ⑩ 🄴 VISA. ✸ Rest
   M *(auch Diät)* a la carte 57/78 – **168 Z : 404 B** 120/200 - 260/440 Fb.

🏨 ❀ **Löwen**, Kirchplatz 8, ℰ 20 42, Telex 54398, 佘, Massage, ≦s, ⬛, 禾 – 📶 ⬛ ⟵ 🅿. ⛐ ⑩ VISA
   Mitte Nov.- 19. Dez. geschl. – **M** *(Mittwoch geschl.)* 48/145 und a la carte – **Café am Markt** (auch vegetarische Gerichte) *(Mittwoch geschl.)* **M** a la carte 30/53 – **31 Z : 52 B** 100/165 - 170/230 Fb – ½ P 135/155
   Spez. Getrüffelte Rahmsuppe von der Gänseleber, Soufflierter Steinbutt in Rotweinbutter, Warme Orangensuppe mit Vanillefläddle und Rahmeis.

🏨 **Kurhotel Rosen-Alp** 🦆 garni, Am Lohacker 5, ℰ 70 60, ≤, Bade- und Massageabteilung, ≦s, 🌊 (geheizt), ⬛, 禾 – 📶 ⬛ ⟵ 🅿. ✸
   15. Nov.- 25. Dez. geschl. – **65 Z : 90 B** 100/195 - 204/270.

🏨 **Kurhotel Hirsch** garni, Kalzhofer Str. 4, ℰ 49 10, Fax 891317, Massage, ≦s, ⬛, 禾 – 📶 ⬛ ☻ 🅿. ✸
   25. Nov.- 22. Dez. geschl. – **36 Z : 48 B** 80/145 - 130/180 – 4 Appart. 250/280.

🏨 **Kurhotel Adula** garni, Argenstr. 7, ℰ 16 56, Bade- und Massageabteilung, 🛁, ≦s, ⬛, 禾 – ⬛ ☻ ⟵
   24 Z : 36 B 68/78 - 154/164.

🏨 **Interest Aparthotel** 🦆, Auf der Höh 1, ℰ 16 33 (Hotel) 25 30 (Rest.), Bade- und Massageabteilung, 🛁, ≦s, ⬛, 禾 – 📶 ⬛ ☻ ⟵ 🅿
   52 Z : 110 B.

🏨 **Kurhotel Alpina** 🦆 garni, Am Kurpark 7, ℰ 16 61, ≦s, ⬛ – ⬛ ☻ ⟵ 🅿. ⑩. ✸
   20. Nov.- 20. Dez. geschl. – **13 Z : 24 B** 120 - 200 Fb.

🏨 **Sonnhalde** 🦆 garni, Paul-Rieder-Str. 2, ℰ 20 82, Massage, 禾 – ⬛ ☻ ⟵ 🅿
   10. Nov.- 28. Dez. geschl. – **15 Z : 25 B** 70/80 - 140/150.

🏨 **Kurhotel Hochbühl** garni, Auf der Höh 12, ℰ 6 44, Massage, ≦s, ⬛, 禾 – ☻ 🅿. ✸
   21 Z : 27 B 80/85 - 150/160.

🏨 **Am Rathaus**, Schloßstr. 6, ℰ 20 40 – ⬛ ☻
➡ *Ende Nov.- Anfang Dez. geschl.* – **M** *(Freitag - Samstag 17 Uhr geschl.)* 18/23 (mittags) und a la carte 29/47 – **7 Z : 13 B** 58 - 116.

🏨 **Alpenhof** 🦆 garni, Gottfried-Resl-Weg 8a, ℰ 20 21, Massage, ≦s, 禾 – ⬛ ☻ 🅿. ⛐ 🄴.
✸
   30. Nov.- 26. Dez. geschl. – **31 Z : 43 B** 55/85 - 110/150.

🏨 **Kurhotel Pelz** 🦆 garni, Bürgermeister-Hertlein-Str. 1, ℰ 20 88, Massage, ≦s, ⬛, 禾 – 📶 ☻ ⟵ 🅿. ✸
   15. Nov.- 25. Dez. geschl. – **33 Z : 41 B** 60/75 - 140/150.

✕✕ **Beim Kesslar**, Lindauer Str. 1, ℰ 12 08, « Rustikale Gaststube in einem renovierten Fachwerkhaus »
   nur Abendessen, Dienstag sowie Juni und Dez. jeweils 2 Wochen geschl. – **M** (Tischbestellung ratsam) 65/120 und a la carte.

✕ **Kurhaus**, Argenstr. 3, ℰ 27 08, 佘 – 🅿
➡ *Montag und 19. Nov.- 22. Dez. geschl.* – **M** a la carte 20/46.

In Oberstaufen-Aach SW : 7 km :

✕ **Seywald** mit Zim, ℰ 21 53, 佘, 禾 – 🅿 – **9 Z : 16 B**.

In Oberstaufen-Bad Rain :

🏨 **Alpengasthof Bad Rain** 🦆, ℰ 3 58, 佘, Bade- und Massageabteilung, ≦s, ⬛, 禾 – ⬛ ☻ 🅿. ✸
   20. Nov.- 22. Dez. geschl. – **M** *(auch Diät)* (Montag geschl.) a la carte 31/50 – **18 Z : 34 B** 65 - 140 Fb – ½ P 70/95.

In Oberstaufen-Buflings N : 1,5 km :

🏨 **Kurhotel Engel**, ℰ 70 90, ≤, 佘, Bade- und Massageabteilung, ≦s, ⬛, 禾 – 📶 ⬛ ☻ ⟵ 🅿. ✸ Zim
   6. Nov.- 18. Dez. geschl. – **M** *(Montag geschl.)* a la carte 24/44 – **60 Z : 90 B** 52/110 - 104/244.

In Oberstaufen-Konstanzer O : 7 km :

🏨 **Konstanzer Hof**, an der B 308, ℰ 4 62, Fax 738, 佘, 禾 – ⬛ ☻ 🅿. ⛐ ⑩ 🄴 VISA. ✸ Zim
➡ *27. Nov.- 24. Dez. geschl.* – **M** *(Montag 14 Uhr - Dienstag geschl.)* a la carte 21/43 – **24 Z : 47 B** 47/60 - 84.

In Oberstaufen-Steibis S : 5 km — Höhe 860 m :

🏨 **Kurhotel Burtscher**, ℰ 89 10, Telex 838681, Fax 891317, ≼, Bade- und Massageabteilung, ♨, ≘s, ⬛, 🧖, 🌳, ※ – 📶 📺 🅿. ❄
(nur Abendessen für Hausgäste) — **70 Z : 126 B** 100/230 - 190/360 Fb — ½ P 110/200.

In Oberstaufen-Thalkirchdorf O : 6 km — Erholungsort :

🏠 **Traube** ⤵ (Altes Fachwerkhaus mit rustikaler Einrichtung), ℰ (08325) 4 51, Fax 756, ≘s, ⬛, 🌳, Fahrradverleih — 📺 🌳 ⟸ 🅿. 🆎 ⓞ 🇪 🆅🅸🆂🅰. ❄ Zim
Anfang Nov.-Mitte Dez. geschl. — **M** (Montag 14 Uhr - Dienstag geschl.) a la carte 28/53 –
28 Z : 47 B 66/85 - 104/124 Fb.

OBERSTDORF 8980. Bayern 🔢🔢🔢 N 24, 🔢🔢🔢 ⓢ. 🔢🔢🔢 ⑮ — 10 000 Ew — Höhe 815 m –
Heilklimatischer Kurort — Kneippkurort — Wintersport : 843/2 200 m ⚡2 ⚡18 ⚡10 - ⓧ 08322.
Ausflugsziele : Nebelhorn ※** 30 min mit ⚡ und Sessellift — Breitachklamm** SW : 7 km.
🔩 Oberstdorf-Gruben (S : 2 km), ℰ 28 95.
🛈 Kurverwaltung und Verkehrsamt, Marktplatz 7, ℰ 70 00.
♦München 165 — Kempten (Allgäu) 39 — Immenstadt im Allgäu 20.

🏨 **Parkhotel Frank** ⤵, Sachsenweg 11, ℰ 70 60, Fax 706286, ≼, 🌤, Bade- und
Massageabteilung, ≘s, ⬛, 🌳 – 📶 📺 ⟸ 🅿. ❄
4. Nov.- 22. Dez. geschl. — **M** a la carte 45/84 — **70 Z : 130 B** 120/200 - 240/344 Fb —
½ P 148/178.

🏨 **Kurhotel Filser** ⤵, Freibergstr. 15, ℰ 70 80, Fax 708530, 🌤, Bade- und
Massageabteilung, ♨, ≘s, ⬛, 🌳 – 📶 📺 🅱 ⟸ 🅿. ❄ Rest
Nov.- 17. Dez. geschl. — **M** a la carte 30/55 — **93 Z : 145 B** 74/90 - 130/200 Fb — ½ P 104/130.

🏨 **Kneippkurhaus Christliches Hospiz** ⤵, Ludwigstr. 37, ℰ 70 10, Telex 54408, Fax
701516, ≼, 🌤, Bade- und Massageabteilung, ♨, ⬛, 🌳 – ❄ Zim 📺 🅱 🅿. ❄
Nov.- 15. Dez. geschl. — (Restaurant nur für Hausgäste) — **23 Z : 30 B** 109/163 - 218/361 Fb.

🏨 **Kur- und Sporthotel Exquisit** ⤵, Prinzenstr. 17, ℰ 10 34, Telex 54493, ≼, 🌤, Bade-
und Massageabteilung, ♨, ≘s, ⬛, 🌳 – 📶 📺 🅱 🅿. 🆎 ⓞ. ❄ Rest
2. Nov.- 19. Dez. geschl. — (nur Abendessen für Hausgäste) — **38 Z : 80 B** 102/148 - 157/284
Fb.

🏠 **Tannhof** ⤵, Stillachstr. 12, ℰ 40 66, ≼, ≘s, ⬛, 🌳 – 📶 📺 🌳 ⟸ 🅿
(nur Abendessen für Hausgäste) — **17 Z : 31 B** 86/136 - 142/232.

🏠 **Alpenhof** ⤵, Zweistapfenweg 6, ℰ 30 95, ≼, ♨, ⬛, 🌳 – 🌳 – 🕿 ⟸ 🅿. ❄ Rest
17. April - 4. Mai und Nov.- 15. Dez. geschl. — **M** a la carte 29/59 — **29 Z : 45 B** 50/110
100/190 Fb — ½ P 80/130.

🏠 **Haus Wiese** ⤵ garni, Stillachstr. 4a, ℰ 30 30, ≼, ⬛ – 🕿 🅿. ❄
13 Z : 21 B 75/120 - 140/190.

🏠 **Sporthotel Menning** ⤵ garni, Oeschlesweg 18, ℰ 30 29, ≘s, ⬛, 🌳, Fahrrad- und
Skiverleih – 📶 📺 🕿 ⟸ 🅿. 🆎
21 Z : 40 B 83/110 - 110/168 Fb — 2 Fewo 100/130.

🏠 **Haus Annemarie** ⤵ garni, Fellhornstr. 26, ℰ 45 49, ≼, ≘s, ⬛, 🌳 – 📺 🕿 🅿
April - 10. Mai und Nov.- 15. Dez. geschl. — **10 Z : 20 B** 160/230 (Doppelzimmer).

🏠 **Adler**, Fuggerstr. 1, ℰ 30 50 – 🕿 🅿
23. April - 8. Mai und 5. Nov.- 15. Dez. geschl. — **M** (Dienstag geschl.) a la carte 26/60 –
33 Z : 61 B 70/130 - 134/160 — 8 Fewo 130/160 — ½ P 96/109.

🏠 **Kurparkhotel** ⤵ garni, Prinzenstr. 1, ℰ 30 34, ≼, ≘s – 📺 🕿 🅿. ⓞ 🇪 🆅🅸🆂🅰. ❄
23. April - 7. Mai und Nov.- 20. Dez. geschl. — **23 Z : 43 B** 68/89 - 96/198 Fb.

🏠 **Wittelsbacher Hof** ⤵, Prinzenstr. 24, ℰ 10 18, Telex 541905, ≼, ♨, ⬛, 🌳 – 📶 🅱 ⟸
🅿. 🆎 ⓞ 🇪 🆅🅸🆂🅰
17. April - 18. Mai und 21. Okt.- 16. Dez. geschl. — **M** a la carte 35/53 — **90 Z : 140 B** 84/108
124/198 Fb — 4 Appart. 208/270 — ½ P 92/138.

🏠 **Waldesruhe** ⤵, Stillachstr. 20 (Zufahrt über Alte Walserstraße), ℰ 40 61, ≼ Allgäuer
Alpen, 🌤, ≘s, ⬛, 🌳 – 📶 📺 🅿
25. Okt.- 20. Dez. geschl. — **M** (Dienstag geschl.) a la carte 23/49 — **40 Z : 66 B** 75/110 -
140/180 Fb — ½ P 92/107.

🏠 **Hölting** ⤵ garni, Lorettostr. 23, ℰ 40 99, ≘s, 🌳 – 📺 🕿 ⟸ 🅿. 🆎 ⓞ
Nov. geschl. — **13 Z : 24 B** 65/105 - 105/150 Fb.

🏠 **Landhaus Thomas** garni, Weststr. 49, ℰ 42 47, ≘s, 🌳 – 🕿 ⟸. ❄
Nov.- 20. Dez. geschl. — **14 Z : 27 B** 55/70 - 110/140 Fb — 2 Fewo 60/70.

🏠 **Fuggerhof** ⤵, Speichackerstr. 2, ℰ 47 32, ≼, « Gartenterrasse », 🌳 – 🕿 🅿
18 Z : 33 B Fb.

🏠 **Luitpold** garni, Ludwigstr. 18, ℰ 40 74, Bade- und Massageabteilung, 🌳 – 🕿 🅿
34 Z : 50 B 75 - 140 Fb — 2 Fewo 75.

🏠 **Marzeller** garni, Rechbergstr. 8, ℰ 25 86, 🌳 – 🕿 🅿. ❄
12 Z : 24 B 55 - 114.

🏠 **Kappelerhaus** ⤵ garni, Am Seeler 2, ℰ 10 07, ≼, ♨ (geheizt), 🌳 – 📶 🕿 ⟸ 🅿. 🆎 ⓞ
🇪. ❄
60 Z : 90 B 55/70 - 92/114.

🏠 **Steinacker**, Am Otterrohr 3, ℰ 21 46, ≤, 🐀 – ☎ 🅿. 🕸 Rest
Okt.- 20. Dez. geschl. – (nur Abendessen für Hausgäste) – **17 Z : 30 B** 48/62 - 90/120 –
2 Fewo 95/110 – ½ P 65/82.

🏠 **Rex** 🦢 garni, Clemens-Wenzeslaus-Str. 3, ℰ 30 17, 🐀 – ☎ 🅿
43 Z : 57 B 51/65 - 96/120 Fb.

🏠 **Haus Rieger** 🦢, Fellhornstr. 20, ℰ 45 50, ≤, 🚋, 🐀 – 🆃🆅 ☎ 🅿. 🕸
(nur Abendessen für Hausgäste) – **17 Z : 31 B** 66/70 - 136/148 Fb – ½ P 84/95.

XX **Grüns Restaurant**, Nebelhornstr. 49, ℰ 24 24 – 🅿 🆀🅴 🔤 **VISA**
Montag - Dienstag 18 Uhr, Juni 3 Wochen und Nov. 1 Woche geschl. – **M** (abends
Tischbestellung ratsam) a la carte 45/79.

XX **Restaurant 7 Schwaben**, Pfarrstr. 9, ℰ 38 70 – 🆀🅴 🅾 🔤 **VISA**
Mittwoch und ab Ostern 4 Wochen geschl. – **M** a la carte 28/61.

X **Bacchus-Stuben**, Freibergstr. 4, ℰ 47 87, 🍴 – 🅿
*Mitte April - 10. Mai, Mitte Okt.- 19. Dez., Montag und im Sommer Sonntag 14 Uhr - Montag
geschl.* – **M** a la carte 23/40 🍷.

X **Weiler** mit Zim, Bachstr. 4, ℰ 44 38 – ☎
→ *Nov.- 18. Dez. geschl.* – **M** a la carte 20/45 – **14 Z : 22 B** 48/65 - 96 – ½ P 60.

In Oberstdorf-Jauchen W : 1,5 km – Höhe 900 m :

🏨 **Kurhotel Adula** 🦢, In der Leite 6, ℰ 70 90, Telex 54478, Fax 709403, ≤ Oberstdorf und
Allgäuer Alpen, 🍴, Bade- und Massageabteilung, 🔥, 🚋, 🏊, 🐀 – 🗐 🆃🆅 🔄 🅿 –
🔼 25/80. 🆀🅴 🅾 🔤 **VISA**. 🕸 Rest
M *(auch Diät)* a la carte 47/82 – **78 Z : 130 B** 142/234 - 256/276 Fb – 5 Appart. 326/366 –
½ P 164/215.

In Oberstdorf-Reichenbach N : 4 km :

X Tannberg-Stuben, Haus Nr. 8, ℰ (08326) 79 23, ≤, 🍴 – 🅿
auch 2 Fewo.

In Oberstdorf-Reute W : 2 km – Höhe 950 m :

🏨 **Gebirgsaussicht**, ℰ 30 80, ≤ Allgäuer Alpen, 🍴, 🚋, 🏊, 🐀 – ☎ 🔄 🅿. 🆀🅴 🅾
23. April - 22. Mai und Ende Okt.- 21. Dez. geschl. – **M** a la carte 35/62 – **26 Z : 52 B** 68/91 -
136/182 Fb.

🏨 **Panorama** 🦢, ℰ 30 74, ≤ Oberstdorf und Allgäuer Alpen, 🍴, 🐀 – 🆃🆅 ☎ 🅿
2. April - 5. Mai und 15. Okt.- 19. Dez. geschl. – **M** a la carte 24/40 – **11 Z : 20 B** 65/100 -
110/140 Fb – ½ P 73/93.

In Oberstdorf-Schöllang N : 6 km :

🏠 **Zur Mühle** 🦢, Mühlenstr. 9, ℰ (08326) 5 18, 🚋, 🐀 – 🅿. 🅾 🔤 **VISA**
30. Okt.- 15. Dez. geschl. – **M** *(nur Abendessen)* a la carte 25/43 – **26 Z : 40 B** 34/58 - 60/76
– 5 Fewo 90.

In Oberstdorf-Tiefenbach NW : 6 km – Höhe 900 m :

🏨 **Bergruh** 🦢, Im Ebnat 2, ℰ 40 11, ≤, 🍴, 🚋, 🐀 – 🆃🆅 ☎ 🔄 🅿. 🆀🅴 🅾 🔤. 🕸
10. Nov.- 15. Dez. geschl. – **M** a la carte 27/51 – **29 Z : 56 B** 60/65 - 100/124 Fb – 6 Fewo
90/100 – ½ P 68/83.

OBERSTENFELD 7141. Baden-Württemberg 🔲🔲🔲 KL 19 – 6 400 Ew – Höhe 227 m – ✪ 07062
(eilstein).

Stuttgart 39 – Heilbronn 18 – Schwäbisch Hall 49.

🏨 **Zum Ochsen**, Großbottwarer Str. 31, ℰ 30 33, 🚋 – 🗐 🆃🆅 ☎ 🅿 – 🔼 30. 🆀🅴 🅾 🔤
M *(1.- 21. Jan. und Dienstag geschl.)* a la carte 30/62 – **40 Z : 78 B** 69/84 - 110/140 Fb.

OBERTAL Baden-Württemberg siehe Baiersbronn.

OBERTHAL 6692. Saarland 🔲🔲🔲 ③ – 6 300 Ew – Höhe 300 m – ✪ 06852.
Saarbrücken 50 – Idar Oberstein 39 – St.Wendel 9.

In Oberthal 3-Steinberg-Deckenhardt NO : 5 km :

XX **Zum Blauen Fuchs**, Walhausener Str. 1, ℰ 67 40 – 🅿. 🔤. 🕸
wochentags nur Abendessen, Donnerstag und 1.- 10. Jan. geschl. – **M** (Tischbestellung
ratsam) 46/78 und a la carte.

OBERTHULBA 8731. Bayern **413** M 16 − 4 400 Ew − Höhe 270 m − ✿ 09736.
◆München 327 − Fulda 58 − Bad Kissingen 9,5 − ◆Würzburg 59.

　🏠　**Zum grünen Kranz**, Obere Torstr. 11, ✆ 40 14, Fahrradverleih − ☎ ⇔ ℗ 🅰 ⑩ ▮
　➡　🍴 Rest
　　　Jan. geschl. − **M** (Nov.- Ostern Mittwoch geschl.) a la carte 18/38 − **12 Z : 20 B** 41 - 70.

OBERTRAUBLING Bayern siehe Regensburg.

OBERTRUBACH 8571. Bayern **413** R 17 − 2 100 Ew − Höhe 420 m − Erholungsort − ✿ 092◀
◆München 206 − Bayreuth 44 − Forchheim 28 − ◆Nürnberg 41.

　🏠　**Alte Post**, Trubachtalstr. 1, ✆ 3 22, 🍽 − 🛗 ⇔ ℗
　➡　10. Jan.- 15. Feb. geschl. − **M** a la carte 17,50/31 ⅋ − **42 Z : 65 B** 38 - 70 − 3 Fewo 50/70.
　🏠　**Fränkische Schweiz**, Bergstr. 1, ✆ 2 18, 🍽, 🌳 − 🛗 ℗. 🍴 Zim
　　　30 Z : 56 B.
　🏠　**Treiber** ⌂, Reichelsmühle 5 (SW : 1,5 km), ✆ 4 89, 🍽, ⇔, 🌳 − ℗. 🍴
　➡　**M** (Freitag geschl.) a la carte 17,50/30 − **9 Z : 16 B** 30/32 - 52/56 − ½ P 38/42.

　　In Obertrubach-Bärnfels N : 2,5 km :

　🏠　**Drei Linden**, ✆ 3 25 − ⇔ ℗
　➡　**M** a la carte 16,50/31 − **28 Z : 56 B** 30/35 - 56/66 Fb − ½ P 40/47.

OBERTSHAUSEN 6053. Hessen **413** J 16 − 22 000 Ew − Höhe 100 m − ✿ 06104 (Heusenstamm)
◆Wiesbaden 59 − Aschaffenburg 30 − ◆Frankfurt am Main 19.

　🏠　**Anthes** ⌂, Robert-Schumann-Str. 2, ✆ 48 84, Telex 4170171 − 🛗 📺 ☎ ℗. 🍴 Rest
　　　(nur Abendessen) − **26 Z : 36 B** Fb.
　🏠　**Park-Hotel**, Münchener Str. 12, ✆ 47 63 − 📺 ☎ ℗ − 🔬 30. 🅰 ⑩ 🗲 💳
　　　M a la carte 36/66 − **18 Z : 28 B** 75/90 - 120/150 Fb - (weitere 15 Z ab Frühjahr 1990).

　　In Obertshausen 2-Hausen NO : 2 km :

　🏠　**Kroko-Hotel** garni, Egerländer Platz 17, ✆ 78 41/7 90 41, Telex 4185286 − 🛗 📺 ☎ ⇔
　　　℗. 🅰 ⑩ 🗲 💳
　　　1.- 7. Jan. und 4.- 12. Aug. geschl. − **28 Z : 50 B** 68/85 - 100/120 Fb.

OBERUHLDINGEN Baden-Württemberg siehe Uhldingen-Mühlhofen.

OBERURSEL (Taunus) 6370. Hessen **413** I 16, **987** ⊗ − 43 000 Ew − Höhe 225 m − ✿ 06171.
◆Wiesbaden 47 − ◆Frankfurt am Main 19 − Bad Homburg vor der Höhe 4.

　🏤　**Parkhotel Waldlust**, Hohemarkstr. 168 (NW : 4 km), ✆ 28 69, Fax 26627, 🍽, « Kleine
　　　Park » − 🛗 📺 ☎ ℗ − 🔬 25/100. 🗲
　　　23. Dez. -2. Jan. geschl. − **M** a la carte 32/62 − **105 Z : 140 B** 100/145 - 170/200 Fb.
　🏢　**Mergner** garni, Liebfrauenstr. 20, ✆ 35 92 − ☎ ℗
　　　12 Z : 20 B 42/65 - 76/99.
　XX　**Rôtisserie Le Cognac**, Liebfrauenstr. 6, ✆ 5 19 23 − ℗. 🅰 ⑩ 🗲 💳
　　　Samstag - Sonntag jeweils bis 19 Uhr und Montag geschl. − **M** (auch vegetarisches Menü)
　　　52/72 und a la carte.
　X　Zum Schwanen, Hollerberg 7, ✆ 5 53 83, 🍽.

　　In Oberursel-Oberstedten :

　🏠　**Sonnenhof** garni, Weinbergstr. 94, ✆ (06172) 3 10 72, 🌳 − 📺 ☎ ℗. 🍴
　　　15 Z : 19 B 70/90 - 120/140.

OBERVEISCHEDE Nordrhein-Westfalen siehe Olpe/Biggesee.

OBERWARMENSTEINACH Bayern siehe Warmensteinach.

OBERWESEL 6532. Rheinland-Pfalz **987** ⊗ − 4 600 Ew − Höhe 70 m − ✿ 06744.
Sehenswert : Liebfrauenkirche★ (Flügelaltäre★).
Ausflugsziel : Burg Schönburg★ S : 2 km.
🛈 Verkehrsamt, Rathausstr. 3, ✆ 15 21.
Mainz 56 − Bingen 21 − ◆Koblenz 42.

　🏤　**Burghotel Auf Schönburg** (Hotel in einer 1000-jährigen Burganlage), Schönburg
　　　(S : 2 km), Höhe 300 m, ✆ 70 27, Telex 42321, ≤, 🍽 − 🛗 📺 ☎ ℗. 🅰 ⑩ 🗲 💳. 🍴 Rest
　　　März - Nov. − **M** (auch vegetarische Gerichte, Montag geschl.) 49/89 und a la carte − **21 Z :
　　　40 B** 85/200 - 135/220 − 3 Appart. 260.
　🏠　**Weinhaus Weiler**, Marktplatz 4, ✆ 70 03, 🍽 − 📺 ☎. 🅰 🗲
　　　12. Feb.- 23. März und 24.- 31. Dez. geschl. − **M** (Donnerstag geschl.) a la carte 25/50 ⅋ −
　　　9 Z : 20 B 50/70 - 75/100.

634

XX **Römerkrug** mit Zim, Marktplatz 1, ℘ 81 76, 🏤 – 📺 🕿 **E** 𝚅𝙸𝚂𝙰
27. Dez.- 15. Feb. geschl. – **M** (Mittwoch geschl.) a la carte 36/62 ⅋ – **7 Z : 14 B** 70/100 -
85/160.

In Oberwesel-Dellhofen SW : 2,5 km :

🕿 **Gasthaus Stahl** ⑤, Am Talblick 6, ℘ 4 16, eigener Weinbau, 🚗 – 🅿
Dez.- Jan. geschl. – **M** (Mittwoch geschl.) a la carte 22/40 ⅋ – **19 Z : 38 B** 30/45 - 60/90.

OBERWÖSSEN Bayern siehe Unterwössen.

OBERWOLFACH 7620. Baden-Württemberg 🗺 H 22 – 2 700 Ew – Höhe 280 m – Luftkurort
✪ 07834 (Wolfach).

Verkehrsamt, Rathaus (Walke), ℘ 2 65.

Stuttgart 139 – ♦Freiburg im Breisgau 60 – Freudenstadt 40 – Offenburg 42.

In Oberwolfach-Kirche :

🏨 **Drei Könige**, Wolftalstr. 28, ℘ 2 60, Telex 752418, Fax 285 – 📶 🕿 🅿 – 🏛 40. 🆎 ⑩ **E**
𝚅𝙸𝚂𝙰
M (Donnerstag geschl.) a la carte 24/40 ⅋ – **40 Z : 70 B** 46/50 - 84/88 Fb – ½ P 59/61.

In Oberwolfach-Walke :

🏨 **Hirschen**, Schwarzwaldstr. 2, ℘ 3 66, 🕿s, 🚗 – 📶 📺 🕿 🅿 – 🏛 25/40. 🆎 ⑩ **E** 𝚅𝙸𝚂𝙰
Mitte Nov.- Mitte Dez. geschl. – **M** (Montag geschl.) a la carte 24/49 ⅋ – **41 Z : 74 B** 45/70
- 80/120 Fb.

OBERZELL Baden-Württemberg siehe Reichenau (Insel).

OBING 8201. Bayern 🗺 U 22,23, 🗺 ㉞, 🗺 J 4,5 – 3 200 Ew – Höhe 564 m – ✪ 08624.

München 72 – Passau 123 – Rosenheim 31 – Salzburg 70.

🍴 **Oberwirt**, Kienberger Str. 14, ℘ 22 64, Biergarten, 🕿s, 🐾, 🚗, 🍴 – 📶 ⇦ 🅿 –
➡ 🏛 30.
5.- 25. Okt. geschl. – **M** (Mittwoch geschl.) a la carte 20/44 – **37 Z : 72 B** 40/48 - 70/80.

In Obing-Großbergham SO : 2,5 km :

🕿 **Pension Griessee** ⑤, ℘ 22 80, 🐾, 🚗 – ⇦ 🅿
➡ 10. Jan.- Feb. geschl. – **M** a la carte 17,50/33 ⅋ – **28 Z : 56 B** 22/29 - 44/60 – ½ P 31/43.

OBRIGHEIM 6952. Baden-Württemberg 🗺 K 18 – 5 100 Ew – Höhe 134 m – ✪ 06261
(Mosbach).

Stuttgart 85 – Eberbach am Neckar 24 – Heidelberg 39 – Heilbronn 31 – Mosbach 6.

🏨 **Schloß Neuburg** ⑤, ℘ 70 01, Fax 7747, ≤ Neckartal und Neckarelz, 🏤, Garten – 🕿 🅿
– 🏛 25. 🆎 ⑩ **E**
1.- 16. Jan. und Anfang - Mitte Aug. geschl. – **M** (Sonntag ab 15 Uhr, Juli - Aug. Sonntag
ganztägig geschl.) 48/55 und a la carte – **13 Z : 25 B** 70/80 - 135/155 – ½ P 98/115.

🍴 **Wilder Mann**, Hauptstr. 22 (B 292), ℘ 6 20 91, 🕿s, 🔲 – 📺 🕿 ⇦ 🅿
➡ 18. Dez.- 10. Jan. geschl. – **M** (Samstag geschl.) a la carte 15/36 – **28 Z : 47 B** 65 -
120 Fb.

OBRIGHEIM 6719. Rheinland-Pfalz 🗺 H 18 – 2 800 Ew – Höhe 130 m – ✪ 06359 (Grünstadt).

Mainz 65 – Kaiserslautern 40 – ♦Mannheim 34 – Neustadt an der Weinstraße 33 – Worms 12.

🍴 **Beuke's Hotel Rosengarten** ⑤ garni, Große Hohl 4, ℘ 20 15 – 🕿 🅿. 🆎
2.- 16. Jan. geschl. – **26 Z : 38 B** 32/60 - 54/106.

OCHSENFURT 8703. Bayern 🗺 N 17,18. 🗺 ㉝ – 11 400 Ew – Höhe 187 m – ✪ 09331.

Sehenswert : Ehemalige Stadtbefestigung★ mit Toren und Anlagen.

🛈 Verkehrsbüro, Hauptstr. 39, ℘ 58 55.

München 278 – Ansbach 59 – ♦Bamberg 95 – ♦Würzburg 19.

🍴 **Bären**, Hauptstr. 74, ℘ 22 82 – ⇦ 🅿. ⑩ **E**
15. Jan.- Feb. geschl. – **M** (wochentags nur Abendessen, Montag geschl.) a la carte 33/58
– **28 Z : 50 B** 45/80 - 78/130 Fb.

🕿 **Zum Schmied**, Hauptstr. 26, ℘ 24 38
➡ 20. Dez.- Feb. geschl. – **M** (Mittwoch geschl.) a la carte 21/43 ⅋ – **23 Z : 43 B** 50 - 80.

In Ochsenfurt-Großmannsdorf NW : 3 km :

🍴 **Weißes Roß**, Rechte Bachgasse 5, ℘ 26 14 – 🏛 25/50. 🆎 **E**
➡ 24. Dez.- 6. Jan. geschl. – **M** (Mittwoch geschl.) a la carte 18,50/32 ⅋ – **38 Z : 70 B** 40/45 -
80/90.

Nahe der Straße nach Marktbreit O : 2,5 km :

🏨 **Waldhotel Polisina**, Marktbreiter Str. 265, ⊠ 8701 Frickenhausen, ℰ (09331) 30 81, 🚗
🚗, 🔟, 🚗, ℀ – 🛗 🔟 ℗ – 🛋 25/50. 🆎 ⓞ 🅴 🎫
M a la carte 36/62 – **33 Z : 60 B** 105/145 - 140/280 Fb.

In Sommerhausen 8701 NW : 6 km über die B 13 – 🔵 09333 :

🏤 **Ritter Jörg**, Maingasse 14, ℰ 12 21 – 🕿 ℗
M *(nur Abendessen, Montag und Feb. geschl.)* a la carte 24/49 ⅃ – **22 Z : 36 B** 55/70
85/95.

🏠 **Pension zum Weinkrug** garni, Steingraben 5, ℰ 2 92, Fax 281 – 🔟 🕿 🚗 ℗. 🆎 🅴
20. Dez.- 14. Jan. geschl. – **13 Z : 29 B** 55/75 - 90/115 Fb.

🏠 **Weinhaus Unkel**, Maingasse 6, ℰ 2 27 – 🚗
10. Feb.- 9. März geschl. – **M** *(nur Abendessen, Dienstag geschl.)* a la carte 23/38 – **12 Z**
22 B 35/50 - 65/80.

OCHSENHAUSEN 7955. Baden-Württemberg 🔢 MN 22. 🔢 ⊛, 🔢 ⓜ – 6 800 Ew – Höh
609 m – Erholungsort – 🔵 07352.
◆Stuttgart 139 – Memmingen 22 – Ravensburg 55 – ◆Ulm (Donau) 47.

🏤 **Mohren**, Grenzenstr. 4, ℰ 32 86, Fax 1707, 🚗 – 🛗 🔟 🕿 ℗ – 🛋 25/100. ⓞ 🅴 🎫
℀ Zim
M a la carte 26/65 – **28 Z : 60 B** 59/85 - 105/147 Fb.

🏠 **Zum Bohrturm**, Poststr. 41, ℰ 32 22 – 🚗
🍴 24.- 27. Dez. geschl. – **M** *(Mittwoch, März 1 Woche und Juli - Aug. 3 Wochen geschl.)* a l
carte 18,50/39 – **20 Z : 29 B** 35/55 - 65/110 – ½ P 45/67.

🏠 **Adler**, Schloßstr. 7, ℰ 15 03, 🚗 – ℗
18.- 26. Juni und 16.- 30. Okt. geschl. – **M** *(Sonntag 14 Uhr - Montag geschl.)* 18/2
(mittags) und a la carte 28/57 – **15 Z : 20 B** 30/48 - 60/88.

In Gutenzell-Hürbel 7959 NO : 6 km :

🏠 **Klosterhof** ℅, Schloßbezirk 2 (Gutenzell), ℰ (07352) 30 21 – 🔟 🕿 ℗ – 🛋 30
🍴 23.- 30. Dez. geschl. – **M** *(Freitag geschl.)* a la carte 21/47 ⅃ – **18 Z : 29 B** 32/45 - 60/90.

OCHSENWANG Baden-Württemberg siehe Bissingen an der Teck.

OCHTENDUNG 5405. Rheinland-Pfalz – 4 200 Ew – Höhe 190 m – 🔵 02625.
Mainz 110 – ◆Koblenz 20 – Mayen 13.

✗✗ Gutshof Arosa mit Zim, Koblenzer Str. 2 (B 258), ℰ 44 71, « Innenhofterrasse » – 🚗 ℗
℀
11 Z : 22 B.

OCHTRUP 4434. Nordrhein-Westfalen 🔢 ⓜ, 🔢 ⓜ – 17 200 Ew – Höhe 65 m – 🔵 02553.
◆Düsseldorf 139 – Enschede 21 – Münster (Westfalen) 43 – ◆Osnabrück 70.

🏤 **Münsterländer Hof**, Bahnhofstr. 7, ℰ 20 88, Fax 6330, Fahrradverleih – 🔟 🕿 🚗 ℗. 🆎
ⓞ 🅴 🎫
M *(Samstag bis 18 Uhr und Sonntag ab 14 Uhr geschl.)* 23/36 (mittags) und a la carte 31/5
– **19 Z : 33 B** 40/75 - 70/120 Fb.

An der B 54 SO : 4,5 km :

✗ **Alter Posthof**, Bökerhook 4, ⊠ 4434 Ochtrup-Welbergen, ℰ (02553) 34 87, 🚗
« Historischer Münsterländer Gasthof » – ℗. ⓞ 🎫
Montag und Ende Dez.- Anfang Jan. geschl. – **M** 18,50/30 (mittags) und a la carte 29/46.

OCKFEN 5511. Rheinland-Pfalz – 550 Ew – Höhe 160 m – 🔵 06581 (Saarburg).
Mainz 173 – Saarburg 5 – ◆Trier 24.

🏠 **Klostermühle**, Hauptstr. 1, ℰ 30 91, 🚗, eigener Weinbau – 🕭 🚗 ℗ – 🛋 25/60
🍴 8.- 31. Jan. geschl. – **M** *(Dienstag geschl.)* a la carte 19/37 ⅃ – **16 Z : 31 B** 38/45 - 68/80.

OCKHOLM Schleswig-Holstein siehe Bredstedt.

ODELZHAUSEN 8063. Bayern 🔢 Q 22. 🔢 ⊛⊛ – 1 600 Ew – Höhe 507 m – 🔵 08134.
◆München 37 – Augsburg 33 – Donauwörth 65 – Ingolstadt 77.

🏠 **Staffler** garni, Hauptstr. 3, ℰ 60 06 – 🕭 ℗
23. Dez.- Mitte Jan. geschl. – **23 Z : 40 B** 50/65 - 80/85 Fb.

🏠 **Gutshaus** ℅, Am Schloßberg 1, ℰ 60 21, 🚗, 🔟 – 🕿 ℗
M : siehe Schloßbräustüberl – **10 Z : 18 B** 68/80 - 114/126.

🏠 **Schloß-Hotel** ℅ garni, Am Schloßberg 3, ℰ 65 98 – 🕿 ℗
23. Dez.- 7. Jan. geschl. – **7 Z : 10 B** 70 - 110/150.

✗ **Schloßbräustüberl** (bayerischer Brauereigasthof), Am Schloßberg 1, ℰ 66 06, 🚗
🍴 Biergarten – ℗
Samstag sowie Jan. und Aug. jeweils 2 Wochen geschl. – **M** a la carte 20/45.

ODENTHAL 5068. Nordrhein-Westfalen 987 ② — 12 900 Ew — Höhe 80 m — ✿ 02202 (Bergisch Gladbach).

Ausflugsziel : Odenthal-Altenberg : Altenberger Dom (Buntglasfenster★) N : 3 km.
◆Düsseldorf 43 – ◆Köln 18.

✗ **Zur Post** mit Zim, Altenberger Domstr. 23, ℰ 7 81 24, « Gasthof im bergischen Stil » — 🄿
M *(Donnerstag geschl.)* 19/34 (mittags) und a la carte 33/57 — **4 Z : 8 B** 55 - 105.

In Odenthal-Altenberg N : 2,5 km :

🏨 **Altenberger Hof** 🦢, Eugen-Heinen-Platz 7, ℰ (02174) 42 42 — 📳 📺 ☎ 🄿 — 🚗 25/80.
🖭 ① 🄴 𝘝𝘐𝘚𝘈
M a la carte 45/85 — **46 Z : 75 B** 88/134 - 135/187 Fb.

In Odenthal-Eikamp SO : 7 km :

🏠 **Eikamper Höhe** 🦢 garni, Schallemicher Str. 11, ℰ (02207) 23 21, ⇌ — ☎ 🚗 🄿. ①
22 Z : 42 B 40/80 - 70/110 Fb.

OEDENWALD Baden-Württemberg siehe Loßburg.

ÖDENWALDSTETTEN Baden-Württemberg siehe Hohenstein.

OEDHEIM 7101. Baden-Württemberg 413 K 19 — 4 400 Ew — Höhe 166 m — ✿ 07136.
◆Stuttgart 65 — Heidelberg 75 — Heilbronn 13 — ◆Würzburg 91.

🏠 Sonne, Hauptstr. 35, ℰ 2 01 30 — *(wochentags nur Abendessen)* **18 Z : 27 B**.

OEDING Nordrhein-Westfalen siehe Südlohn.

ÖHNINGEN 7763. Baden-Württemberg 413 J 24, 427 ⑥, 216 ⑨ — 3 500 Ew — Höhe 440 m —
Erholungsort — ✿ 07735.
🛈 Verkehrsbüro, Rathaus, ℰ 5 05.
◆Stuttgart 168 — Schaffhausen 22 — Singen (Hohentwiel) 16 — Zürich 61.

🏠 **Adler**, Oberdorfstr. 14, ℰ 4 50, 🐝, 🌫 — 🚗 🄿. 🎿
März und 22. Nov.- 8. Dez. geschl. — **M** *(April - Okt. Dienstag, Nov.- März Montag - Dienstag geschl.)* a la carte 23/48 — **22 Z : 40 B** 39/42 - 78/84 — ½ P 55/60.

In Öhningen 3-Wangen O : 3 km :

🏠 **Adler**, Kirchplatz 6, ℰ 7 24, 🍽, 🐝, 🌫 — 🄿
M *(Donnerstag geschl.)* a la carte 23/42 ⅄ — **16 Z : 34 B** 60 - 90 — ½ P 75.

ÖHRINGEN 7110. Baden-Württemberg 413 L 19, 987 ② — 17 100 Ew — Höhe 230 m — ✿ 07941.
Sehenswert : Ehemalige Stiftskirche★ (Margarethen-Altar★).
🛵 Friedrichsruhe (N : 6 km), ℰ (07941) 6 28 01.
◆Stuttgart 68 — Heilbronn 28 — Schwäbisch Hall 29.

🏨 **Post**, Karlsvorstadt 4, ℰ 80 51, Telex 74461, ⇌ — ☎ 🄿 — 🚗 25/50. 🖭 ① 🄴 𝘝𝘐𝘚𝘈
1.- 6. Jan. geschl. — **M** *(Sonntag ab 14 Uhr geschl.)* a la carte 27/65 — **47 Z : 90 B** 59/95 - 90/155 Fb.

🏠 **Krone** 🦢, Marktstr. 24, ℰ 72 78
Jan. 3 Wochen geschl. — **M** *(Samstag geschl.)* a la carte 26/50 ⅄ — **10 Z : 15 B** 32/56 - 95.

In Öhringen-Cappel O : 2 km :

🏠 **Gästehaus Schmidt**, Haller Str. 128, ℰ 88 80, 🌫 — 🚗 🄿
13.- 29. April geschl. — (nur Abendessen für Hausgäste) — **12 Z : 15 B** 30/40 - 68.

In Friedrichsruhe 7111 N : 6 km :

🏰🏰 ✿✿ **Waldhotel und Schloß Friedrichsruhe** 🦢, ℰ 6 08 70, Telex 74498, Fax 61468,
🌴, Hirschfreigehege, « Garten, Park », ⇌, 🏊, 🏊, 🎾, 🛵, Fahrradverleih — 📳 🚗 🄿 —
🚗 25/80. 🖭 ① 🄴 𝘝𝘐𝘚𝘈
M *(bemerkenswerte Weinkarte)* (Montag - Dienstag geschl.) 110/175 und a la carte 81/110
— **51 Z : 100 B** 165/298 - 268/368 — 13 Appart. 315/520
Spez. Parfait von Gänsestopfleber und Artischocken mit Sauternes-Sauce, Lasagne von Krustentieren in Estragon-Champagnersauce, Hohenloher Täubchen mit Weintrauben braisiert.

OELDE 4740. Nordrhein-Westfalen 987 ⑭ — 27 700 Ew — Höhe 98 m — ✿ 02522.
🛈 Verkehrsamt, Ratsstiege 1, ℰ 7 20.
◆Düsseldorf 137 — Beckum 13 — Gütersloh 23 — Lippstadt 29.

🏨 **Mühlenkamp**, Geiststr. 36, ℰ 21 71 — 📳 📺 ☎ 🄿 🚗 🄿. 🖭 ① 🄴 𝘝𝘐𝘚𝘈
M a la carte 25/52 — **30 Z : 53 B** 76 - 106/112 Fb.

🏠 **Engbert**, Lange Str. 24, ℰ 10 94 — 📳 📺 ☎ 🚗 🄿. 🖭 ① 🄴 𝘝𝘐𝘚𝘈
➔ **M** *(nur Abendessen)* a la carte 20/32 — **24 Z : 34 B** 60/70 - 90/100.

🏠 **Oelder Brauhaus**, Am Markt 3, ℰ 22 09 — 🄿 — 🚗 25/70. ① 🄴 𝘝𝘐𝘚𝘈
M *(Montag geschl.)* a la carte 25/53 — **8 Z : 14 B** 44 - 78.

🏠 **Zum Wasserturm**, Ennigerloher Str. 43, ℰ 36 00 — ☎ 🄿
➔ **M** *(nur Abendessen)* a la carte 20/31 — **14 Z : 18 B** 42 - 80.

In Oelde 3-Lette N : 6,5 km :

🏠 Hartmann, Hauptstr. 40, ℰ (05245) 51 65 – ☎ ⬤ 🅿 – 🏤 . 🎉 Rest
(wochentags nur Abendessen) – **49 Z : 95 B** Fb.

In Oelde 4-Stromberg SO : 5 km – Erholungsort :

🏠 **Zur Post**, Münsterstr. 16, ℰ (02529) 2 46, 🌳 – ⬤ 🅿. 🎉
↔ *15. Juli - 1. Aug. geschl.* – **M** *(Montag geschl.)* a la carte 18,50/38 – **15 Z : 24 B** 35 - 70.

OELIXDORF Schleswig-Holstein siehe Itzehoe.

OER-ERKENSCHWICK 4353. Nordrhein-Westfalen – 25 000 Ew – Höhe 85 m – ✆ 02368.

Siehe Ruhrgebiet (Übersichtsplan).

◆ Düsseldorf 76 – ◆ Dortmund 29 – Münster (Westfalen) 64 – Recklinghausen 5.

🏠 **Stimbergpark** ⟩, Am Stimbergpark 78, ℰ 10 67, ≼, 🍴 – ☎ ⬤ 🅿. 🆎 ⓪ **E**
M a la carte 25/53 – **9 Z : 16 B** 50/90 - 80/120.

OERLINGHAUSEN 4811. Nordrhein-Westfalen – 16 200 Ew – Höhe 250 m – ✆ 05202.

◆ Düsseldorf 182 – Bielefeld 13 – Detmold 19 – Paderborn 32.

🏠 **Am Tönsberg** ⟩, Piperweg 17, ℰ 65 01, 😋, 🔲 – 📺 ☎ 🅿
(nur Abendessen für Hausgäste) – **15 Z : 23 B** Fb.

🏠 **Berghotel Birner** ⟩, Danziger Str. 8, ℰ 34 73, ≼, 🍴 – ☎ ⬤ 🅿
M a la carte 24/58 – **15 Z : 24 B** 58 - 96.

✕✕ **Altes Gasthaus Nagel** mit Zim (Historisches Fachwerkhaus a.d. 18. Jh.), Hauptstr. 43,
ℰ 56 55 – 📺 ☎. 🆎 ⓪ **E**
M *(Donnerstag geschl.)* a la carte 23/51 – **6 Z : 11 B** 55 - 95.

OESTRICH-WINKEL 6227. Hessen – 12 000 Ew – Höhe 90 m – ✆ 06723.

🚺 Verkehrsamt, Rheinweg 20 (Stadtteil Winkel), ℰ 62 50.

◆ Wiesbaden 21 – ◆ Koblenz 74 – Mainz 24.

Im Stadtteil Oestrich :

🏨 **Schwan**, Rheinallee 5, ℰ 30 01, Telex 42146, Fax 7820, ≼, eigener Weinbau,
« Gartenterrasse » – 📶 📺 ☎ 🅿 – 🏤 25/50. 🆎 ⓪ **E** 𝘝𝘐𝘚𝘈
3. Dez.- 16. Feb. geschl. – **M** a la carte 44/65 – **64 Z : 118 B** 90/170 - 150/280 Fb.

Im Stadtteil Winkel :

🏨 **Hotel Nägler am Rhein**, Hauptstr. 1, ℰ 50 51, Fax 5054, ≼ Rhein und Ingelheim, 🍴, 😋
– 📶 📺 ☎ 🕯 🅿 – 🏤 25/120. 🆎 ⓪ **E** 𝘝𝘐𝘚𝘈
M a la carte 39/67 – **40 Z : 75 B** 105/155 - 155/250 Fb.

🏠 **Gästehaus Weingut Carl Strieth** garni, Hauptstr. 128, ℰ 33 57, 🌳 – ☎ 🅿. 🆎 **E**
12 Z : 23 B 55/80 - 100/150.

✕✕ ❀ **Graues Haus**, Graugasse 10 (an der B 42), ℰ 26 19, 🍴, « Modernes Restaurant in
einem historischen Steinhaus » – 🅿. 🆎 ⓪ **E** 𝘝𝘐𝘚𝘈. 🎉
Montag - Dienstag, 16. Jan.- 2. März und Aug. 1 Woche geschl. – **M** (Tischbestellung
ratsam) 71/104 und a la carte 65/89
Spez. Gänsestopfleber gebraten mit Honig-Schalotten, Steinbuttfilet mit rohem Lachs in Rieslingsauce,
Milchschweinkeule gratiniert mit Majoran und Roggenbrot.

✕ **Haus am Strom**, Gänsgasse 13, ℰ 22 50, ≼, 🍴 – 🅿
Dienstag - Mittwoch 18 Uhr und Feb. 3 Wochen geschl. – **M** a la carte 26/51 🍺.

Im Stadtteil Hallgarten N : 3 km ab Oestrich :

🏨 **Café Plath** ⟩ garni, Am Rebhang, ℰ 21 66, ≼ Rheintal und Weinberge, Caféterrasse –
🅿
17 Z : 30 B 35/40 - 64/74.

ÖSTRINGEN 7524. Baden-Württemberg 🔢 J 19 – 10 500 Ew – Höhe 165 m – ✆ 07253.

◆ Stuttgart 97 – Heilbronn 45 – ◆ Karlsruhe 41 – ◆ Mannheim 44.

In Östringen-Odenheim SO : 9 km :

🏠 **Landgasthof zum Ochsen**, Eppinger Str. 20, ℰ (07259) 3 32, 😋 – 🅿
↔ *Ende Jan.- Feb. geschl.* – **M** *(Donnerstag geschl.)* a la carte 21/39 🍺 – **10 Z : 20 B** 39 - 70.

In Östringen-Tiefenbach SO : 12 km :

🏠 Kreuzberghof ⟩ (Gasthof im alpenländischen Stil), am Kreuzbergsee, ℰ (07259) 89 81, ≼,
Biergarten – 📺 ☎ 🅿
14 Z : 27 B.

ÖTISHEIM Baden-Württemberg siehe Mühlacker.

OEVERSEE Schleswig-Holstein siehe Flensburg.

OEYNHAUSEN, BAD 4970. Nordrhein-Westfalen 987 ⑭⑮ − 48 000 Ew − Höhe 71 m − Heilbad − ☻ 05731.

☷ Auf dem Stickdorn, ✍ 99 76.

ℹ Verkehrshaus, Am Kurpark, ✍ 2 04 30.

Düsseldorf 211 − ◆Bremen 116 − ◆Hannover 79 − ◆Osnabrück 62.

🏨 **Kurhotel Wittekind** ⌘, Am Kurpark 10, ✍ 2 10 96 − 劇 🆃🆅 ☎. ⑪ 🇪 𝘃𝘪𝘴𝘢. ⌘
(Restaurant nur für Hausgäste) − **22 Z : 34 B** 60/88 - 140/160 Fb − ½ P 86/100.

🏠 **Westfälischer Hof**, Herforder Str. 16, ✍ 2 29 10, 🚗 − 劇 🆃🆅 ☎ 🅿. ⌘
◆ Dez.- 15. Jan. geschl. − **M** (Freitag geschl.) a la carte 21/40 − **25 Z : 30 B** 42/58 - 110/115 Fb.

🏠 **Stickdorn**, Wilhelmstr. 17, ✍ 2 11 41, 🏡 − ☎ 🅫 ⌂. 🇦🇪 🇪. ⌘
M 23/42 (mittags) und a la carte 42/64 − **22 Z : 40 B** 95/115 - 138/158.

🏠 **Bosse** garni, Herforder Str. 40, ✍ 2 80 61 − 🆅 ☎
22 Z : 32 B Fb.

XXX **Kurhaus - Restaurant Lenné** (Spielcasino im Hause), Im Kurgarten 8, ✍ 2 99 55, 🏡 −
🅿 − 🔏. ⌘
nur Abendessen, im Café auch Mittagessen − **M** 36/66.

XX **Café Sonntag** mit Zim, Schützenstr. 2, ✍ 2 24 47, Fax 26837, « Gartenterrasse » − 🆅 ☎.
⑪ 𝘃𝘪𝘴𝘢
M (Montag geschl.) a la carte 31/57 − **8 Z : 12 B** 75/95 - 150/170 Fb − ½ P 85/100.

Nahe der B 61 NO : 2,5 km :

🏨 **Hahnenkamp** ⌘, Alte Reichsstr. 4, ✉ 4970 Bad Oeynhausen, ✍ (05731) 50 41, 🏡.
Fahrradverleih − 🆅 ☎ 🅿 − 🔏 25/60. 🇦🇪 ⑪ 🇪 𝘃𝘪𝘴𝘢. ⌘
M a la carte 42/69 − **24 Z : 40 B** 99/149 - 139/189 Fb.

In Bad Oeynhausen-Bergkirchen N : 10 km :

🏠 **Zur Wittekindsquelle**, Bergkirchener Str. 476, ✍ (05734) 22 05 − 🅫 🅿. ⌘
12 Z : 19 B.

In Bad Oeynhausen-Lohe S : 3 km :

XX **Windmühle**, Detmolder Str. 273, ✍ 9 24 62, ≼ − 🅿. 🇦🇪 ⑪ 🇪 𝘃𝘪𝘴𝘢
15. Jan.- 15. Feb. und Montag geschl. − Menu a la carte 32/67.

X **Trollinger Hof** mit Zim, Detmolder Str. 89, ✍ 90 91, 🏡 − 🆅 ☎ 🅿. 🇦🇪 ⑪ 🇪 𝘃𝘪𝘴𝘢
M (Dienstag - Mittwoch 18 Uhr geschl.) a la carte 29/54 − **16 Z : 20 B** 55/75 - 95/130 Fb −
½ P 60/87.

In Bad Oeynhausen-Oberbecksen SO : 4 km :

🏠 **Forsthaus Alter Förster** ⌘, Forststr. 21, ✍ 9 19 88, Fax 95181, 🏡 − ☎ 🅫 🅿 −
◆ 🔏 30. 🇦🇪 ⑪ 🇪 𝘃𝘪𝘴𝘢. ⌘ Zim
M (Freitag geschl.) a la carte 21/52 − **30 Z : 45 B** 38/85 - 70/120.

Siehe auch : *Löhne*

OFFENBACH 6050. Hessen 413 J 16, 987 ㉕ − 112 600 Ew − Höhe 100 m − ☻ 069 (Frankfurt am Main).

Sehenswert : Deutsches Ledermuseum**.

Messehalle (Z), ✍ 81 70 91, Telex 411298.

ℹ Verkehrsbüro, Am Stadthof 17 (Pavillon), ✍ 80 65 29 46.

ADAC, Frankfurter Str. 74, ✍ 8 01 61, Telex 4185494.

◆Wiesbaden 44 ④ − ◆Darmstadt 28 ④ − ◆Frankfurt am Main 6 ⑤ − ◆Würzburg 116 ④.

Stadtplan siehe nächste Seite.

🏩 **Scandic Crown Hotel**, Kaiserleistr. 45, ✍ 8 06 10, Telex 416839, Fax 8004797, 🚌, 🅇 −
劇 🆅 🅫 − 🔏 25/200. 🇦🇪 ⑪ 🇪 𝘃𝘪𝘴𝘢   X s
M a la carte 43/69 − **246 Z : 334 B** 165/250 - 225/310 Fb − 6 Appart. 249/498.

🏨 **Novotel**, Strahlenberger Str. 12, ✍ 81 80 11, Telex 413047, Fax 816484, 🛏 (geheizt), 🚗 −
劇 🍽 Rest 🆅 ☎ 🅿 − 🔏 25/300. 🇦🇪 ⑪ 🇪 𝘃𝘪𝘴𝘢   X u
M a la carte 28/53 − **122 Z : 244 B** 153/188 - 196/216 Fb.

🏨 **Offenbacher Hof** garni, Ludwigstr. 35, ✍ 81 42 55, Telex 4152851, Fax 8004844, 🚌 − 劇
🆅 ☎ 🅿 − 🔏 25/140. 🇦🇪 ⑪ 🇪 𝘃𝘪𝘴𝘢   Z 𝐭
22. Dez.- 5. Jan. geschl. − **85 Z : 120 B** 155/195 - 205/250 Fb − 7 Appart..

🏠 **Kaiserhof - Restaurant Datscha**, Kaiserstr. 8a, ✍ 81 40 54 (Hotel) 88 55 81 (Rest.),
Telex 4170303, Fax 816430 − 劇 🆅 ☎ 🅫. 🇦🇪 ⑪ 🇪 𝘃𝘪𝘴𝘢. ⌘ Rest   Z a
M (Russische Küche, nur Abendessen) (Juli - Aug. 3 Wochen und außerhalb der Messezeiten
Sonntag geschl.) a la carte 55/100 − **36 Z : 60 B** 88/105 - 125/165 Fb.

🏠 **Graf** garni, Ziegelstr. 4, ✍ 81 17 02, Telex 416213 − 🆅 ☎. 🇦🇪 ⑪ 🇪 𝘃𝘪𝘴𝘢   Z g
22.- 31. Dez. geschl. − **28 Z : 40 B** 85/125 - 100/160 Fb.

🏠 **Hansa** garni, Bernardstr. 101, ✍ 88 80 75 − ☎ 🅫 🅿. 🇦🇪 ⑪ 🇪 𝘃𝘪𝘴𝘢   Z r
24. Dez.- 10. Jan. geschl. − **28 Z : 36 B** 48/90 - 125/130.

OFFENBACH

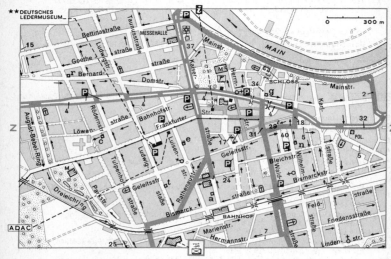

★★ DEUTSCHES LEDERMUSEUM

XX **Ristorante Ottavio** (Italienische Küche), Löwenstr. 26, ℰ 81 84 84 — 🆔 ⑩ 🅴 𝘝𝘐𝘚𝘈   Z c
Samstag bis 18 Uhr, Sonntag und Juli - Aug. 4 Wochen geschl. — **M** a la carte 43/73.

X **Die Terrine,** Luisenstr. 53, ℰ 88 33 39, 🍴 — ⑫. ⑩ 🅴 𝘝𝘐𝘚𝘈   Z e
Samstag bis 18 Uhr, Sonntag und Juli - Aug. 3 Wochen geschl. — **M** 18/22 (mittags) und a la carte 39/60.

X **Marktschänke,** Wilhelmsplatz 14, ℰ 81 63 55   Z n
Sonntag 15 Uhr - Montag und 12. Juli - 8. Aug. geschl. — **M** a la carte 33/60.

In Offenbach-Bürgel NO : 2 km über Mainstraße X :

🏠 **Mainbogen,** Altkönigstr. 4, ℰ 8 60 80 (Hotel) 8 60 86 00 (Rest.) — 📶 📺 ☎ ⑫ — 🛎 . 🍽
39 Z : 57 B Fb.

🏠 **Lindenhof** 🌸, Mecklenburger Str. 10, ℰ 86 14 58, Telex 411994 — 📺 ☎ ⑫ — 🛎 25/50.
🆔 ⑩ 🅴 𝘝𝘐𝘚𝘈
M *(nur Abendessen, Freitag geschl.)* a la carte 34/73 — **32 Z : 60 B** 88/125 - 125/150 Fb.

XX **Zur Post** mit Zim, Offenbacher Str. 33, ℰ 86 13 37, 🍴 — ☎ ⇔ ⑫. 🍽 Zim
1. - 8. Jan. und Juli geschl. — **M** *(Samstag bis 18 Uhr und Sonntag15 Uhr - Montag geschl.)*
a la carte 31/57 — **8 Z : 12 B** 70/90 - 110/140.

Die Namen der wichtigsten Einkaufsstraßen
sind am Anfang des Straßenverzeichnisses in Rot aufgeführt.

OFFENBACH Rheinland-Pfalz siehe Landau in der Pfalz.

OFFENBURG 7600. Baden-Württemberg 🔢🔢🔢 GH 21, 🔢🔢🔢 ㉟, 🔢🔢🔢 ㉟ — 50 200 Ew — Höhe 165 m
- ✆ 0781.

Messegelände Oberrheinhalle, Messeplatz, ℰ 5 20 31, Telex 752725.

🛈 Städt. Verkehrsamt, Gärtnerstr. 6, ℰ 8 22 53.

ᴅAC, Hindenburgstr. 8, ℰ 3 77 20.

Stuttgart 148 — Baden-Baden 54 — ♦Freiburg im Breisgau 64 — Freudenstadt 58 — Strasbourg 26.

🏩 **Dorint-Hotel,** Messeplatz (bei der Oberrheinhalle), ℰ 50 50, Telex 752889, Fax 505513,
🛋, 🔲, Fahrradverleih — 📶 ⇔ Zim 🍽 Rest 📺 🛟 ⑫ — 🛎 30/300. 🆔 ⑩ 🅴 𝘝𝘐𝘚𝘈
M a la carte 33/63 — **132 Z : 220 B** 165 - 200 Fb — 4 Appart. 310.

🏠 **Palmengarten** 🌸, Okenstr. 13, ℰ 20 80, Telex 752744 — 📶 📺 ☎ ⑫ — 🛎 25/200. 🆔 ⑩
🅴 𝘝𝘐𝘚𝘈
24. Dez.- 10. Jan. geschl. — **M** *(Sonntag geschl.)* 27/80 und a la carte — **65 Z : 140 B** 125/210
- 165/290 Fb — 4 Appart. 250/350.

🏠 **Union** garni, Hauptstr. 19, ℰ 7 40 91, Fax 74093 — 📶 📺 ☎ ⇔. 🅴 𝘝𝘐𝘚𝘈
35 Z : 65 B 70/80 - 95/100 Fb.

🏠 **Central-Hotel** garni, Poststr. 5, ℰ 7 20 04 — 📺 ☎ ⑫. 🆔 ⑩ 🅴 𝘝𝘐𝘚𝘈
20 Z : 35 B 75/95 - 110/125.

🏠 **Sonne,** Hauptstr. 94, ℰ 7 10 39 — ⇔. 🆔 🅴 𝘝𝘐𝘚𝘈. 🍽
M *(Samstag und Mitte April - Anfang Mai geschl.)* a la carte 28/49 — **37 Z : 56 B** 44/65 -
65/120 Fb.

XX **Le canard,** Hauptstr. 83a, ℰ 7 77 27, Fax 25725 — 🆔 ⑩ 🅴 𝘝𝘐𝘚𝘈
Samstag bis 18 Uhr, Montag, über Fastnacht und 14. Aug.- 4. Sept. geschl. — **M** 40/47
(mittags) und a la carte 62/83.

In Offenburg - Albersbösch :

🏠 **Hubertus,** Kolpingstr. 4, ℰ 6 55 15 — 📶 ☎ ⑫. 🆔 ⑩ 🅴 𝘝𝘐𝘚𝘈
M *(Sonntag ab 15 Uhr, Samstag, über Fastnacht und Juli - Aug. 3 Wochen geschl.)* a la
carte 29/50 ⅜ — **24 Z : 45 B** 73/97 - 98/135 Fb.

In Offenburg-Fessenbach SO : 2 km :

🏠 **Traube,** Fessenbacher Str. 115, ℰ 3 33 29, Telex 753109, 🍴 — 📺 ☎ ⑫. 🆔 ⑩ 🅴 𝘝𝘐𝘚𝘈.
🍽 Zim
M a la carte 34/60 — **23 Z : 48 B** 67/125 - 98/180 Fb.

In Offenburg-Rammersweier NO : 3 km — Erholungsort :

XX **Blume** mit Zim (Fachwerkhaus a.d. 18. Jh.), Weinstr. 160, ℰ 3 36 66, 🍴 — ☎ ⑫ —
🛎 25/100. 🅴
22. Jan. - 6. Feb. und 31. Juli - 15. Aug. geschl. — Menu *(Montag - Dienstag 17 Uhr geschl.)*
30/65 und a la carte — **6 Z : 10 B** 54 - 88.

In Offenburg - Zell-Weierbach O : 3,5 km :

🏠 **Gasthaus Riedle-Rebenhof** 🌸, Talweg 43, ℰ 3 30 73, 🔲 — ☎ ⑫ — 🛎 25/200. 🆔
M *(Montag geschl.)* a la carte 26/44 ⅜ — **35 Z : 60 B** 60/65 - 98/100 Fb.

XX **Gasthaus Sonne** mit Zim, Obertal 1, ℰ 3 20 24 — 📺 ☎ ⇔ ⑫
21. Feb. - 1. März geschl. — Menu *(Mittwoch geschl.)* a la carte 31/49 ⅜ — **6 Z : 9 B** 52 -
86 Fb.

In Ohlsbach 7601 SO : 6 km — Erholungsort :

🏠 **Landgasthof Kranz**, Hauptstr. 28, ℰ (07803) 20 47, « Gemütliche Gaststube » — ☎ 🅿 ·
🦐 25. 🕸 Rest
M *(Donnerstag - Freitag 17 Uhr geschl.)* a la carte 35/61 — **14 Z : 28 B** 65/70 - 98/110 Fb.

In Ortenberg 7601 S : 4 km — Erholungsort :

XX **Glattfelder** mit Zim, Kinzigtalstr. 20, ℰ (0781) 3 12 19, � — ☎ 🅿. ℀ ⓞ 🄴 𝓥𝓘𝓢𝓐
2.- 14. Jan. geschl. — **M** *(Samstag bis 17 Uhr und Sonntag ab 15 Uhr geschl.)* 25/75 und a l
carte 🍷 — **14 Z : 20 B** 35/45 - 70/75.

OFTERSCHWANG Bayern siehe Sonthofen.

OFTERSHEIM 6836. Baden-Württemberg 四⑬ I 18 — 10 600 Ew — Höhe 102 m — ✪ 06202.
🚈 an der B 291 (SO: 2 km), ℰ (06202) 5 37 67.
♦Stuttgart 119 — Heidelberg 11 — ♦ Mannheim 18 — Speyer 17.

In Oftersheim-Hardtwaldsiedlung S : 1 km über die B 291 :

XX **Landhof**, Am Fuhrmannsweg 1, ℰ 5 13 76, �
nur Abendessen, Dienstag geschl. — **M** (Tischbestellung ratsam) a la carte 33/60.

OHLENBACH Nordrhein-Westfalen siehe Schmallenberg.

OHLSBACH Baden-Württemberg siehe Offenburg.

OLCHING 8037. Bayern 四⑬ QR 22. 四②⑥ ⑰ — 20 400 Ew — Höhe 503 m — ✪ 08142.
🚈 Feursstr. 89, ℰ 32 40.
♦München 27 — ♦Augsburg 51 — Dachau 13.

🏨 **Am Krone-Center** 🦐 garni, Kemeter Str. 55, ℰ 1 87 01 — 📺 ☎ 🅿. ℀ ⓞ 🄴 𝓥𝓘𝓢𝓐
23. Dez.- 8. Jan. geschl. — **38 Z : 72 B** 79 - 119/150 Fb.

🏨 **Schiller**, Nöscherstr. 20, ℰ 28 40, �, 🍸 — 🅶 📺 ☎ 🚗 🅿 — 🦐
58 Z : 98 B Fb.

OLDENBURG 2900. Niedersachsen ⑨⑧⑦ ⑭ — 139 000 Ew — Höhe 7 m — ✪ 0441.
Sehenswert : Schloßgarten ★.
🅱 Verkehrsverein, Lange Str. 3, ℰ 2 50 96.
ADAC, Julius-Moser-Platz 2, ℰ 1 45 45, Notruf ℰ 1 92 11.
♦Hannover 171 ② — ♦Bremen 49 ② — ♦Bremerhaven 58 ① — Groningen 132 ④ — ♦Osnabrück 105 ③.

Stadtplan siehe gegenüberliegende Seite.

🏨 **City-Club-Hotel**, Europaplatz 4, ℰ 80 80, 🍸, 🗆 — 🅶 📺 🚿 🅿 — 🦐 25/350. ℀ ⓞ 🄴   E
𝓥𝓘𝓢𝓐. 🕸   X ·
M a la carte 26/54 — **90 Z : 200 B** 115/154 - 170/298 Fb.

🏨 **Heide**, Melkbrink 49, ℰ 80 40, Telex 25604, Fax 884060, 🍸, 🗆 — 🅶 📺 ☎ 🅿 — 🦐 25/120
→ ℀ ⓞ 🄴 𝓥𝓘𝓢𝓐. 🕸 Rest   X ·
M 17,50/40 und a la carte — **91 Z : 180 B** 82/102 - 120/180 Fb.

🏨 **Wieting**, Damm 29, ℰ 2 72 14 — 🅶 📺 ☎ 🅿. ℀ ⓞ 🄴 𝓥𝓘𝓢𝓐   Y ·
→ **M** *(nur Abendessen, Samstag - Sonntag geschl.)* a la carte 18,50/44 — **70 Z : 105 B** 60/90
80/125.

🏠 **Posthalter**, Mottenstr. 13, ℰ 2 51 94 — 🅶 📺 ☎. ℀ 🄴 𝓥𝓘𝓢𝓐   Z ·
M *(Sonntag geschl.)* a la carte 27/51 — **34 Z : 60 B** 63/98 - 95/150 Fb.

🏠 **Park-Hotel**, Cloppenburger Str. 418, ℰ 4 30 24, Telex 25811 — 📺 ☎ 🚗 🅿   über ③
M a la carte 25/45 — **33 Z : 62 B** 53/82 - 90/125 Fb.

🏠 **Schützenhof**, Hauptstr. 38, ℰ 5 00 90, Fax 500955 — 📺 ☎ 🅿. ℀ ⓞ 🄴 𝓥𝓘𝓢𝓐   Y ·
→ **M** a la carte 21/40 — **28 Z : 55 B** 50/65 - 98/120 Fb.

🏠 **Graf von Oldenburg** garni, Heiligengeiststr. 10, ℰ 2 50 77 — 🅶 📺 ☎ 🚗. ℀ ⓞ 🄴 𝓥𝓘𝓢𝓐
25 Z : 50 B 75/98 - 125/185.   X ·

🏠 **Metz** garni, Hundsmühler Str. 16 (B 401), ℰ 50 22 08 — 📺 ☎ 🚗 🅿. 🄴 𝓥𝓘𝓢𝓐   Y ·
25 Z : 45 B 45/70 - 70/135.

XX **Le Journal** (Bistro), Wallstr. 13, ℰ 1 31 28 — ℀ ⓞ 🄴 𝓥𝓘𝓢𝓐   Z ·
M *(Menu inkl. Wein)* (abends Tischbestellung ratsam) 28/32 (mittags), 54 (abends).

X **Harmonie** mit Zim, Dragonerstr. 59, ℰ 2 77 04 — 🅿 — 🦐   Y ·
10 Z : 15 B.

An der Straße nach Rastede N : 6 km :

XX **Der Patentkrug**, Wilhelmshavener Heerstr. 359 (B 69), ✉ 2900 Oldenburg
ℰ (0441) 3 94 71 — 🅿. ℀ ⓞ 🄴 𝓥𝓘𝓢𝓐
Sonntag 16 Uhr - Montag geschl. — **M** 27/58 und a la carte.

Siehe auch : *Rastede*

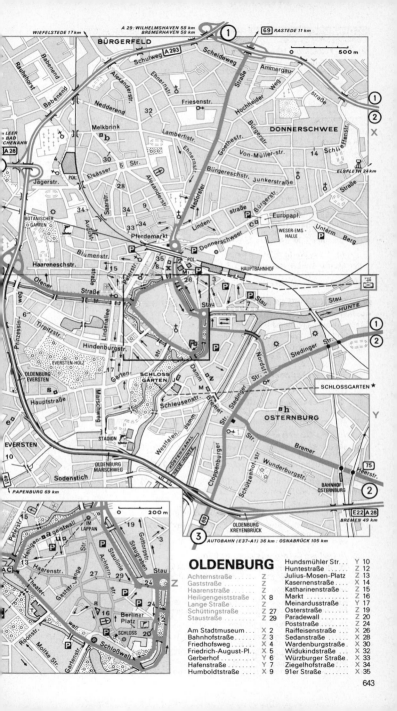

OLDENBURG

OLDENBURG IN HOLSTEIN 2440. Schleswig-Holstein 987 ⑥ − 9 800 Ew − Höhe 4 m − Erholungsort − ✿ 04361.
◆Kiel 55 − ◆Lübeck 55 − Neustadt in Holstein 21.

🏠 **Zur Eule** garni, Hopfenmarkt 1, ℰ 24 85 − ❷. ⓪ **E**
21. Dez.- 7. Jan. geschl. − **20 Z : 36 B** 68/100 - 98/115.

Siehe auch : *Liste der Feriendörfer*

OLDENDORF Niedersachsen siehe Hermannsburg.

OLDESLOE, BAD 2060. Schleswig-Holstein 987 ⑤ − 20 700 Ew − Höhe 10 m − ✿ 04531.
ADAC, Sehmsdorfer Str. 56, ℰ 8 54 11.
◆Kiel 66 − ◆Hamburg 48 − ◆Lübeck 28 − Neumünster 45.

🏠 **Wigger's Gasthof**, Bahnhofstr. 33, ℰ 8 81 41 − ❷. **AE** ⓪ **E** _VISA_
Okt. 2 Wochen und 27. Dez.- 10. Jan. geschl. − **M** *(Samstag - Sonntag geschl.)* a la cart 25/50 − **19 Z : 32 B** 50/55 - 85.

OLFEN 4716. Nordrhein-Westfalen − 9 100 Ew − Höhe 40 m − ✿ 02595.
◆Düsseldorf 88 − Münster (Westfalen) 37 − Recklinghausen 19.

In Olfen-Kökelsum NW : 2 km :

XX **Füchtelner Mühle**, Kökelsum 66, ℰ 4 30, 斎 − ❷. ✸
wochentags nur Abendessen, Montag - Dienstag geschl., Jan.- Feb. nur Samstag - Sonnta geöffnet − **M** a la carte 33/60.

In Olfen-Vinnum SO : 4 km :

🏠 **Mutter Althoff**, Hauptstr. 42, ℰ 4 16, 斎, ≘s − 🔟 ⟺ ❷ − 🛴 − **13 Z : 19 B**.

OLLSEN Niedersachsen siehe Hanstedt.

OLPE / BIGGESEE 5960. Nordrhein-Westfalen 987 ㉔ − 24 000 Ew − Höhe 350 m − ✿ 02761.
Ausflugsziel : Biggetalsperre★ N : 13 km.
🛈 Tourist-Information, Rathaus, Franziskanerstr. 6, ℰ 8 32 29.
◆Düsseldorf 114 − Hagen 62 − ◆Köln 75 − Meschede 63 − Siegen 34.

🏠 **Altes Olpe**, Bruchstr. 16, ℰ 51 71 − ☎ ❷ − 🛴 40. ⓪ **E** _VISA_
M *(Sonntag ab 15 Uhr und Juni- Juli 2 Wochen geschl.)* a la carte 36/71 − **20 Z : 31 B** 50/9 - 115/150 Fb.

🏠 **Biggeschlößchen**, In der Wüste 24, ℰ 6 20 62, Fax 62061, ≘s − 🔟 ☎ ❷. **AE** ⓪ **E** _VISA_
26. Dez.- 15. Jan. geschl. − **M** *(Juni- Juli Montag geschl.)* a la carte 30/69 − **12 Z : 24 E** 65/85 - 145/160.

🏠 **Zum Schwanen**, Westfälische Str. 26, ℰ 26 75 − 🔟 ☎ ❷
M *(Sonntag und 2.- 17. April geschl.)* a la carte 28/65 − **16 Z : 32 B** 57/60 - 105/115 Fb.

🏠 **Tillmann's Hotel**, Kölner Str. 15, ℰ 26 07 − ☎ ❷ − **15 Z : 26 B**.

In Olpe-Oberveischede NO : 10 km :

🏠🏠 **Haus Sangermann**, Oberveischeder Str. 13 (B 55), ℰ (02722) 81 65 − ☎ ⟺ ❷ − 🛴 25/100
M 18/28 (mittags) und a la carte 24/39 − **17 Z : 33 B** 65 - 130.

OLSBERG 5787. Nordrhein-Westfalen 987 ⑭⑮ − 15 000 Ew − Höhe 333 m − Kneippkuror − Wintersport : 480/780 m ≤3 ⤵9 − ✿ 02962.
🛈 Kurverwaltung, Bigger Platz 6, ℰ 80 22 00.
◆Düsseldorf 167 − ◆Kassel 99 − Marburg 81 − Paderborn 58.

🏠🏠 **Parkhotel** ⏏, Stehestr. 23, ℰ 80 40, Telex 296230, Fax 5889, 斎, direkter Zugang zum Kurmittelhaus, ⬛, − 🛎 🔟 ☎ ❷ − 🛴 25/150. **AE** ⓪ **E**. ✸ Rest
M a la carte 36/62 − **114 Z : 228 B** 90/115 - 135/160 Fb − ½ P 93/140.

In Olsberg 5-Assinghausen S : 6 km :

XX **Weiken-Kracht**, Grimmestr. 30, ℰ 18 47 − ❷
— *Dienstag und Nov. geschl.* − **M** a la carte 20/55 − auch 25 Fewo (2 - 9 Pers.) 45/140.

In Olsberg 1-Bigge W : 2 km :

X **Schettel** mit Zim, Hauptstr. 52, ℰ 18 32 − ☎ ⟺ ❷. ⓪ **E**
M *(Dienstag geschl.)* 18/25 (mittags) und a la carte 30/54 − **10 Z : 16 B** 40 - 80.

In Olsberg 8-Gevelinghausen W : 4 km :

🏰 **Schloß Gevelinghausen** ⏏, Schloßstr. 1, ℰ (02904) 80 30, 斎, ≘s, ⬛, ✸ (Halle), ⚑ − 🛎 🛴 ❷ − 🛴 40. **AE** ⓪ **E**. ✸ Rest
M a la carte 33/62 − **47 Z : 79 B** 80/101 - 160/168 Fb.

🏠 **Stratmann**, Kreisstr. 2, ℰ (02904) 22 79, 斎, ≘s − ❷
— *Nov. geschl.* − **M** *(Dienstag geschl.)* a la carte 21/50 − **17 Z : 34 B** 42 - 71/79 − ½ P 58.

OPPENAU 7603. Baden-Württemberg 🅰🅱🅱 H 21, 🞅🞅🞅 ㉞, 🞅🞅🞅 ㉖ – 4 900 Ew – Höhe 270 m – Luftkurort – ✪ 07804.

🄳 Städt. Verkehrsamt, Rathausplatz 1, 𝒫 20 43.

◆Stuttgart 150 – Freudenstadt 32 – Offenburg 26 – Strasbourg 40.

🏤 **Krone**, Hauptstr. 32, 𝒫 20 23 – ⇔ ℗
15. Nov.- 15. Dez. geschl. – **M** *(Mittwoch geschl.)* a la carte 22/48 ⅃ – **20 Z : 39 B** 27/35 - 54/60 – ½ P 45/53.

🏤 **Rebstock**, Straßburger Str. 13 (B 28), 𝒫 7 28, 🞅 – ℗
11 Z : 20 B.

✕ **Linde** mit Zim (modernisierter Gasthof a.d. 17. Jh.), Straßburger Str. 72 (B 28), 𝒫 14 15 –
◆ ☎ ℗. 🄴
Jan. geschl. – **M** *(Montag geschl.)* a la carte 21/54 ⅃ – **8 Z : 13 B** 35 - 70 – ½ P 53.

✕ **Badischer Hof**, Hauptstr. 61, 𝒫 6 81 – 🄰🄴 🄴
◆ *Montag und über Fastnacht 3 Wochen geschl. –* **M** (Tischbestellung ratsam) 20/78 und a la carte ⅃.

In Oppenau-Kalikutt W : 5 km über Ramsbach – Höhe 600 m :

🏨 **Höhenhotel Kalikutt** 🞊, 𝒫 6 02, ≼ Schwarzwald, ⇔, 🞅 – 🕸 📺 ☎ ⇔ ℗ – 🔏 30.
🄾 🄴
10.- 24. Dez. geschl. – **M** a la carte 22/50 ⅃ – **31 Z : 52 B** 50/80 - 90/130 Fb – ½ P 65/85.

In Oppenau-Lierbach NO : 3,5 km :

🏨 **Blume** 🞊, Rotenbachstr. 1, 𝒫 30 04, 🞅, ⇔ – 📺 ☎ ⇔ ℗. 🄰🄴 🄾 🆅🅸🆂🄰
◆ *Feb. geschl. –* **M** *(Donnerstag geschl.)* a la carte 19/48 ⅃ – **11 Z : 21 B** 45 - 80/88 – ½ P 58.

In Oppenau-Löcherberg S : 5 km :

🏨 **Erdrichshof**, Schwarzwaldstr. 57 (B 28), 𝒫 30 36, « Schöner Schwarzwaldgasthof », ⇔,
🄽, 🞅 – 📺 ☎ ⇔ ℗. 🄰🄴 🄾 🄴 🆅🅸🆂🄰. 🞊
M a la carte 29/61 ⅃ – **13 Z : 26 B** 62/80 - 125/150.

OPPENHEIM 6504. Rheinland-Pfalz 🅰🅱🅱 HI 17, 🞅🞅🞅 ㉔ ㉗ – 5 700 Ew – Höhe 100 m – ✪ 06133.
Sehenswert : Katharinenkirche★.

🄳 Verkehrsverein, Rathaus, Marktplatz, 𝒫 27 63.

Mainz 23 – ◆Darmstadt 23 – Bad Kreuznach 41 – Worms 26.

🏨 **Oppenheimer Hof**, Friedrich-Ebert-Str. 84, 𝒫 24 95 – ℗ – 🔏 45. 🄰🄴 🄾 🄴 🆅🅸🆂🄰
M *(Sonntag geschl.)* a la carte 35/64 ⅃ – **25 Z : 45 B** 75/115 - 115/165.

ORB, BAD 6482. Hessen 🅰🅱🅱 L 16, 🞅🞅🞅 ㉗ – 8 300 Ew – Höhe 170 m – Heilbad – ✪ 06052.
🄳 Verkehrsverein, Untertorplatz, 𝒫 10 16.

◆Wiesbaden 99 – ◆Frankfurt am Main 55 – Fulda 57 – ◆Würzburg 80.

🏨 **Steigenberger Kurhaus-Hotel** 🞊, Horststr. 1, 𝒫 8 80, Telex 4184013, Fax 88135, 🞅,
direkter Zugang zum Leopold-Koch-Bad – 🕸 🞅⇔ Zim 📺 ⇔ ℗ – 🔏 25/300. 🄰🄴 🄾 🄴
🆅🅸🆂🄰. 🞊 Rest
M 38/45 (mittags) und a la carte 47/72 – **Sälzer Schänke** *(nur Abendessen, Dienstag geschl.)* **M** a la carte 30/55 – **104 Z : 160 B** 131/159 - 196/310 Fb – 4 Appart. 400 –
½ P 126/197.

🏨 **Hohenzollern - Haus Roseneck** 🞊, Spessartstr. 4, 𝒫 8 00 60, Massage, ⇔, 🄽, 🞅 –
🕸 ☎ ℗ – 🔏 30. 🄰🄴 🄾 🄴 🆅🅸🆂🄰. 🞊 Rest
(Restaurant nur für Hausgäste, siehe auch Restaurant Zollernschänke) – **38 Z : 53 B** 80/120
- 150/190 Fb – 6 Fewo 75/95 – ½ P 95/115.

🏨 **Orbtal** 🞊, Haberstalstr. 1, 𝒫 8 10, Fax 81444, « Park », Massage, 🄽, 🞅 – 🕸 ☎ ℗. 🄰🄴
🄾 🄴 🆅🅸🆂🄰. 🞊 Rest
(Restaurant nur für Hausgäste) – **36 Z : 65 B** 68/105 - 134/170 Fb – ½ P 84/120.

🏨 **Madstein** 🞊, Am Orbgrund 1, 𝒫 20 28, direkter Zugang zur Badeabteilung mit 🄽 des
Hotel Elisabethpark, 🞅 – 🕸 ☎ ⇔ ℗ – 🔏 40. 🄴. 🞊 Rest
M a la carte 31/62 – **40 Z : 60 B** 85/100 - 156/240 Fb – ½ P 97/139.

🏨 **Elisabethpark** garni, Rotahornallee 5, 𝒫 30 51, Bade- und Massageabteilung, 🔥,
⇔, 🄽 – 🕸 ☎ ℗. 🄴
26 Z : 48 B 85/100 - 120/190 Fb.

🏨 **Weißes Roß** 🞊, Marktplatz 4, 𝒫 20 91, « Garten » – 🕸 ☎ ℗. 🄰🄴 🄾 🄴 🆅🅸🆂🄰. 🞊 Rest
M a la carte 26/62 – **47 Z : 68 B** 50/80 - 91/140 Fb.

🏨 **Bismarck** 🞊 garni, Kurparkstr. 13, 𝒫 30 88, Massage, ⇔, 🄽 – 🕸 📺 ☎ ℗
5. Dez.- 20. Jan. geschl. – **17 Z : 28 B** 66/94 - 110/144 Fb.

🏨 **Fernblick** 🞊, Sälzerstr. 51, 𝒫 10 81, ≼, Caféterrasse, Massage, ⇔ – ☎ ⇔ ℗ –
🔏 25. 🄴. 🞊 Rest
9.- 29. Jan. geschl. – (Restaurant nur für Hausgäste) – **27 Z : 38 B** 45/70 - 95/130 Fb –
½ P 60/75.

🏨 **Helvetia** 🞊 garni, Lindenallee 19, 𝒫 25 84 – 🕸 ☎ ℗
März - Okt. – **15 Z : 20 B** 35/45 - 90 Fb.

✕✕ **Zollernschänke**, Spessartstr. 4, 𝒫 80 06 57, « Gemütlich-rustikale Einrichtung » – ℗. 🄰🄴
🄾 🄴 🆅🅸🆂🄰
nur Abendessen, Dienstag und Mitte Jan.- Mitte Feb. geschl. – **M** (Tischbestellung ratsam)
a la carte 43/61.

ORSCHOLZ Saarland siehe Mettlach.

ORSINGEN-NENZINGEN 7769. Baden-Württemberg 🄐🄑🄓 J 23. 🄜🄟🄕 ⑨ – 2 100 Ew – Höhe 450 m – ❀ 07771 (Stockach).

♦Stuttgart 155 – ♦Freiburg im Breisgau 107 – ♦Konstanz 40 – ♦Ulm (Donau) 117.

🏠 **Schönenberger Hof**, Stockacher Str. 16 (B 31, Nenzingen), 🕿 20 12, 😧, 🛲 – 🕿 🚗
♦ 🅟 – 🐜 25/40. **E**
Anfang - Mitte Jan. geschl. – **M** (Montag geschl.) a la carte 21/50 – **21 Z : 30 B** 30/40 - 55/70.

🏠 **Landgasthof Ritter**, Stockacher Str. 68 (B 31, Nenzingen), 🕿 21 14, 🚌 – 🛗 🅟 – 🐜
22 Z : 44 B.

ORTENBERG Baden-Württemberg siehe Offenburg.

ORTENBURG 8359. Bayern 🄐🄑🄓 W 21. 🄜🄚🄖 ⑦ – 6 300 Ew – Höhe 350 m – Erholungsort – ❀ 08542.

🛈 Verkehrsamt, Marktplatz 11, 🕿 73 21.

♦München 166 – Passau 24 – ♦Regensburg 127 – Salzburg 129.

In Ortenburg-Vorderhainberg O : 2 km :

🏠 **Zum Koch** ⚲, 🕿 5 18, 😧, Massage, 🚌, 🔲, 🛲 – 🛗 🅟 – 🐜 25/50
♦ 8.- 21. Jan. und 5. Nov.- 2. Dez. geschl. – **M** a la carte 17,50/36 – **105 Z : 180 B** 31/40 - 52/62 – ½ P 37/42.

OSANN-MONZEL 5561. Rheinland-Pfalz – 1 500 Ew – Höhe 140 m – ❀ 06535.

Mainz 124 – Bernkastel-Kues 11 – ♦ Trier 32 – Wittlich 12.

🏠 **Apostelstuben**, Steinrausch 3 (Osann), 🕿 8 41, 🚌, 🔲 – 🕿 🅟. 🄐🄔 ⓞ **E**
♦ **M** a la carte 19,50/44 🥃 – **32 Z : 64 B** 40/60 - 70/84.

OSNABRÜCK 4500. Niedersachsen 🄐🄑🄗 ⑭ – 150 000 Ew – Höhe 65 m – ❀ 0541.

Sehenswert : Rathaus (Friedenssaal★) – Marienkirche (Passionsaltar★) Y B.

🔭 Lotte (W : 11 km über ⑤), 🕿 (05404) 52 96.

🛩 bei Greven, SW : 34 km über ⑤, die A 30 und A 1, 🕿 (02571) 50 30.

🛈 Städt. Verkehrsamt, Markt 22, 🕿 3 23 22 02 und Schloßwall 1 (Stadthalle). 🕿 2 37 24.

ADAC, Dielinger Str. 40, 🕿 2 24 88, Telex 94658.

♦Hannover 141 ④ – Bielefeld 55 ④ – ♦Bremen 121 ① – Enschede 91 ⑥ – Münster (Westfalen) 57 ⑤.

Stadtplan siehe gegenüberliegende Seite.

🏨 **Hohenzollern**, Heinrich-Heine-Str. 17, 🕿 3 31 70, Telex 94776, Fax 3317351, 🚌, 🔲 – 🛗
📺 🕭 🅟 – 🐜 25/350. 🄐🄔 ⓞ **E** 🎟
M a la carte 37/82 – **98 Z : 140 B** 95/200 - 140/350 Fb.
Z a

🏨 **Residenz** garni, Johannisstr. 138, 🕿 58 63 58, Telex 944710, « Elegante, behagliche Einrichtung » – 🛗 📺 🚗 🅟
22 Z : 41 B 70/90 - 100/135 Fb.
Z m

🏨 **Nikolai-Zentrum** garni, Kamp 1, 🕿 2 83 23, Fax 21262 – 🛗 📺 🕿 🕭. 🄐🄔 ⓞ **E** 🎟
29 Z : 53 B 88/115 - 140/150 Fb.
Y s

🏨 **Kulmbacher Hof**, Schloßwall 67, 🕿 2 78 44, Fax 27848, Fahrradverleih – 🛗 📺 🕿 🅟 –
🐜 50. 🄐🄔 ⓞ **E** 🎟
M (nur Abendessen, Sonntag geschl.) a la carte 23/57 – **39 Z : 67 B** 85/95 - 120/150 Fb.
Z t

🏨 **Walhalla** (Renoviertes Fachwerkhaus a.d. 17. Jh.), Bierstr. 24, 🕿 2 72 06, 🚌 – 🛗 📺 🕿.
🄐🄔 ⓞ **E** 🎟
M a la carte 23/51 – **25 Z : 44 B** 95/105 - 140/160 Fb.
Y n

🏨 **Ibis**, Blumenhaller Weg 152, 🕿 4 04 90, Telex 94831, Fax 41945 – 🛗 🍽 📺 🕿 🕭 🅟 –
🐜 25/150. 🄐🄔 ⓞ **E** 🎟
M a la carte 27/45 – **96 Z : 192 B** 105 - 138 Fb.
X s

🏠 **Klute**, Lotter Str. 30, 🕿 4 50 01. Fahrradverleih – 📺 🕿 🚗 🅟. 🄐🄔 ⓞ **E** 🎟
M (Sonntag ab 15 Uhr und Aug. 2 Wochen geschl.) a la carte 27/52 – **20 Z : 32 B** 68/90 - 110/130 Fb.
Y h

🏠 **Welp**, Natruper Str. 227, 🕿 12 33 07, 🛲 – 🛗 🕿 🚗 🅟
25 Z : 33 B.
X r

🏠 **Intourhotel** ⚲ garni, Maschstr. 10, 🕿 4 66 43 – 🕿 🚗. 🄐🄔 ⓞ **E** 🎟
29 Z : 48 B 35/75 - 69/120.
X x

🕿 **Dom-Restaurant**, Kleine Domsfreiheit 5, 🕿 2 15 54 – 🕿. 🄐🄔 ⓞ **E** 🎟
M (nur Abendessen) a la carte 22/36 – **22 Z : 30 B** 38/80 - 70/120 Fb.
Y e

✗ **Artischocke** (Bistro-Restaurant), Buersche Str. 2, 🕿 2 33 31
nur Abendessen, Montag, über Ostern 1 Woche und Mitte - Ende Juli geschl. – Menu a la carte 31/60.
Y s

✗ **Der Landgraf**, Domhof 9, 🕿 2 23 72 – 🄐🄔 ⓞ **E** 🎟
M a la carte 38/62.
Y u

OSNABRÜCK

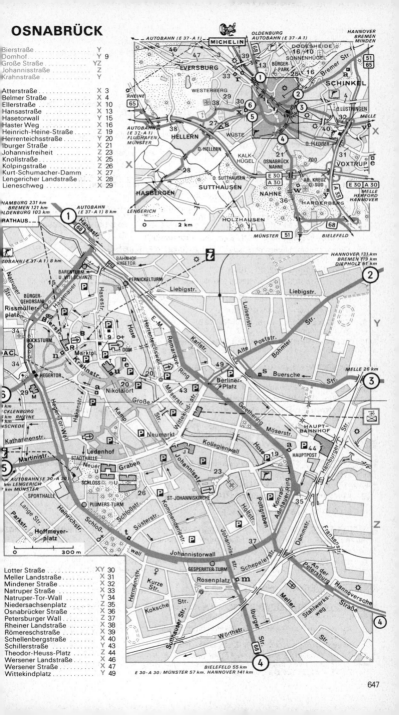

In Osnabrück-Gretesch (Richtung Osnabrück-Lüstringen):

Gretescher Hof garni, Sandforter Str. 1, ✆ 3 74 17 – TV ☎ P. AE ◑ E VISA X v
20 Z : 32 B 65/95 - 120/140 Fb.

Zur Post, Sandforter Str. 1, ✆ 3 70 25 – P. AE E X v
M 25/50 und a la carte.

In Osnabrück-Nahne (Nähe Neues Kreishaus) :

Himmelreich ⑤, Zum Himmelreich 11, ✆ 5 17 00, ⌧, ⌤ – ☎ ⇔ P. AE ◑ E X w
(nur Abendessen für Hausgäste) – **42 Z : 52 B** 57/70 - 98/122 Fb.

In Osnabrück-Schinkel :

Niedersachsenhof, Nordstraße 109, ✆ 7 75 35, ⛱, « 200 Jahre altes Bauernhaus mit rustikaler Einrichtung » – P. AE E X a
Montag 15 Uhr - Dienstag und Feb. geschl. – **M** a la carte 28/54.

In Osnabrück-Voxtrup :

Haus Rahenkamp ⑤, Meller Landstr. 106, ✆ 38 69 71 – ⇔ P – 25/450 X e
M *(nur Abendessen, Freitag geschl.)* a la carte 17/30 – **16 Z : 20 B** 45 - 86.

Außerhalb, Nähe Franziskus-Hospital :

Haus Waldesruh, ✉ 4504 Georgsmarienhütte 4 - Harderberg, ✆ (0541) 5 43 23, ⛱, Waldspielplatz – ☎ ⇔ P. AE ◑ E VISA X y
Feb. geschl. – **M** *(Montag geschl.)* a la carte 18,50/45 ♁ – **28 Z : 40 B** 32/50 - 56/90 Fb.

In Lotte-Wersen **4531** NW : 6 km über Atterstraße X :

Didier (ehem. Bauernhaus a.d.J. 1726), Achmerstr. 2, ✆ (05404) 43 43, ⛱ – P. E
Dienstag geschl. – **M** 46/90 und a la carte.

In Wallenhorst **4512** ① : 10 km :

Bitter, Große Str. 26, ✆ (05407) 20 15, Fax 9943, ≘s – ⧉ TV ☎ P – 25/70. AE ◑ E VISA
M a la carte 32/57 – **48 Z : 90 B** 52/89 - 109/138 Fb.

In Belm-Vehrte **4513** ② : 12 km :

Kortlüke, Venner Str. 5, ✆ (05406) 20 01, 🎾 – ⧉ TV ☎ P
M *(Dienstag geschl.)* a la carte 18/44 – **20 Z : 40 B** 45 - 70.

MICHELIN-REIFENWERKE KGaA. Niederlassung 4500 Osnabrück-Atterfeld, Im Felde 4 (X), ✆ (0541) 12 60 84.

OSTBEVERN Nordrhein-Westfalen siehe Telgte.

OSTEN **2176.** Niedersachsen – 2 100 Ew – Höhe 2 m – Erholungsort – ☎ 04771.
♦Hannover 206 – ♦Bremerhaven 56 – Cuxhaven 47 – ♦Hamburg 85 – Stade 28.

Fährkrug ⑤, Deichstr. 1, ✆ 39 22 (Hotel) 23 38 (Rest.), ≤, ⛱, Bootssteg, Schwebefähre – ☎ ⇔ – 30
M a la carte 28/59 – **15 Z : 29 B** 42/55 - 80/95.

OSTENFELDE Nordrhein-Westfalen siehe Ennigerloh.

OSTERBURKEN **6960.** Baden-Württemberg 413 L 18, 987 ㉕ – 4 600 Ew – Höhe 247 m – ☎ 06291 (Adelsheim).
♦Stuttgart 91 – Heilbronn 49 – ♦Würzburg 68.

Märchenwald ⑤, Boschstr. 3 (NO : 2 km), ✆ 80 26, ≘s, ⌧ – ☎ P – 25/80. E
Ende Okt.- Anfang Nov. geschl. – **M** *(Sonntag ab 15 Uhr und Samstag geschl.)* a la carte 21/43 – **33 Z : 56 B** 54/64 - 86/90 Fb.

OSTERHOFEN **8353.** Bayern 413 W 20, 987 ㉘, 426 ⑥ ⑦ – 11 000 Ew – Höhe 320 m – ☎ 09932 – Ausflugsziel : Klosterkirche★ in Osterhofen - Altenmarkt (SW : 1 km).
♦München 152 – Deggendorf 27 – Passau 38 – Straubing 41.

Café Pirkl, Altstadt 1, ✆ 12 76, ≘s, 🎾 (Halle), Fitness-Center – ⇔ P
24. Dez.- 7. Jan. geschl. – **M** *(Montag geschl.)* a la carte 20/37 ♁ – **19 Z : 27 B** 32 - 64.

OSTERHOFEN Bayern siehe Bayrischzell.

OSTERHOLZ-SCHARMBECK **2860.** Niedersachsen 987 ⑭⑮ – 25 000 Ew – Höhe 20 m – ☎ 04791 – ♦Hannover 144 – ♦Bremen 28 – ♦Bremerhaven 45.

Zum alten Torfkahn ⑤ (rustikale Einrichtung), Am Deich 9, ✆ 76 08, ⛱ – TV ☎ P. AE ◑ E VISA
M 69/115 und a la carte – **12 Z : 25 B** 95 - 150/220.

Tivoli, Beckstr. 2, ✆ 80 50 – ⧉ TV ☎ ♿ P. ◑ E. ✻
1.- 15. Juli und 25. Dez.- 15. Jan. geschl. – *(nur Abendessen, Sonntag geschl.)* a la carte 20/39 – **51 Z : 120 B** 42/52 - 84/120 Fb.

An der Straße nach Worpswede SO : 3 km :

XXX **Tietjen's Hütte** ⑄ mit Zim, An der Hamme 1, ⊠ 2860 Osterholz-Scharmbeck, ℰ (04791) 24 15, Bootssteg, « Gartenterrasse an der Hamme », ⇌ – 🔟 ☎ ⇌ 🅿
M a la carte 33/68 – **8 Z : 15 B** 75/95 - 150.

Im Stadtteil Heilshorn W : 5 km, an der B 6 :

🏠 **Mildahn**, ℰ (04795) 15 61, ㈜, ⇌ – ☎ ⅙ ⇌ 🅿. ⑩. ⅘
M *(Freitag geschl.)* a la carte 22/40 – **28 Z : 45 B** 46 - 90.

OSTERNOHE Bayern siehe Schnaittach.

OSTERODE AM HARZ 3360. Niedersachsen 987 ⑯ – 27 100 Ew – Höhe 230 m – ✿ 05522.
Ausflugsziel : Sösetalsperre* O : 5 km.
🛈 Fremdenverkehrsamt, Dörgstr. 40, ℰ 31 83 32.
Hannover 94 – ◆Braunschweig 81 – Göttingen 48 – Goslar 30.

🏠 **Zum Röddenberg**, Steiler Ackerweg 6, ℰ 40 84 – ⇌ 🅿. ⑩ E
◆ M *(wochentags nur Abendessen, Sonntag nur Mittagessen)* a la carte 21/40 – **30 Z : 50 B**
35/65 - 65/100 Fb.

X **Ratskeller**, Martin-Luther-Platz 2, ℰ 64 44 – E
M a la carte 26/47.

In Osterode-Freiheit NO : 4 km :

X **Zur alten Harzstraße** mit Zim, Hengstrücken 148 (an der B 241), ℰ 29 15, ㈜ – 🅿. ⅘
◆ M *(Montag geschl.)* a la carte 21/48 – **4 Z : 8 B** 35 - 70.

In Osterode-Lerbach NO : 5 km :

🏠 **Sauerbrey**, Friedrich-Ebert-Str. 129, ℰ 20 65, Fax 3817, ㈜, ㈜ – 🔟 ☎ 🅿. ℻ ⑩ E 𝓥𝓲𝓼𝓪
◆ M a la carte 20/60 – **20 Z : 42 B** 70/80 - 95/110 Fb.

In Osterode-Riefensbeek NO : 12 km – Erholungsort :

🏠 **Landhaus Meyer**, Sösetalstr. 23 (B 498), ℰ 38 37, ㈜, ㈜ – 🅿
◆ Nov. geschl. – M a la carte 21/40 – **10 Z : 22 B** 35/50 - 55/75.

OSTFILDERN 7302. Baden-Württemberg 413 K 20 – 28 000 Ew – Höhe 420 m – ✿ 0711
Stuttgart).
◆Stuttgart 22 – Göppingen 39 – Reutlingen 35 – ◆Ulm (Donau) 76.

In Ostfildern 4-Kemnat :

🏠 **Kemnater Hof**, Sillenbucher Straße (NW : 1,5 km), ℰ 45 50 48, ㈜ – 🛗 🔟 ☎ 🅿 –
🔬 25. ℻ E
23. Dez. - 15. Jan. geschl. – M *(Sonntag 14 Uhr - Montag 17 Uhr geschl.)* a la carte 28/48 –
27 Z : 43 B 100/125 - 120/150.

X **Zum Lamm**, Hauptstr. 28, ℰ 45 47 66 – 🅿. E 𝓥𝓲𝓼𝓪
15. Aug.- 10. Sept. und Donnerstag geschl. – M a la carte 30/59.

In Ostfildern 2-Nellingen :

🏠 **Filderhotel** ⑄, In den Anlagen 1, ℰ 34 20 91, Telex 7253498, Fax 342001, ㈜ – 🛗 ▤ Rest
🔟 ☎ ⅙ ⇌ 🅿. ℻ ⑩ E 𝓥𝓲𝓼𝓪. ⅘
M *(Freitag - Samstag und Juli - Aug. 3 Wochen geschl.)* 23/35 (mittags) und a la carte 29/63
– **45 Z : 90 B** 130/165 - 170/195 Fb.

🏠 **Germania**, Esslinger Str. 3, ℰ 34 13 93 – 🅿
◆ M *(nur Abendessen, Samstag - Montag geschl.)* a la carte 21/37 ⅃ – **26 Z : 42 B** 55/110 -
60/115.

X **Stadthalle**, In den Anlagen 6, ℰ 34 20 94 – 🅿 – 🔬 25/90. ℻ ⑩ 𝓥𝓲𝓼𝓪
Samstag bis 18 Uhr sowie Sonn- und Feiertage jeweils ab 15 Uhr geschl. – M a la carte
24/48.

In Ostfildern 1-Ruit :

🏠 **Hirsch Hotel Gehrung**, Stuttgarter Str. 7, ℰ 44 20 88, Telex 722061 – 🛗 🔟 ☎ ⇌ 🅿 –
🔬 25/60. ℻ ⑩ E 𝓥𝓲𝓼𝓪. ⅘ Rest
M *(Sonntag geschl.)* a la carte 33/61 – **40 Z : 60 B** 120 - 150/195 Fb.

In Ostfildern 3-Scharnhausen :

🏠 **Lamm**, Plieninger Str. 3, ℰ (07158) 40 31, ⇌ – 🛗 🔟 ☎ ⅙ ⇌ 🅿 – 🔬 30. ℻ ⑩ E 𝓥𝓲𝓼𝓪
M *(Freitag 16 Uhr - Sonntag 18 Uhr geschl.)* a la carte 30/42 – **27 Z : 50 B** 98/118 - 135/
160 Fb.

OSTRACH 7965. Baden-Württemberg 413 L 23. 987 ㉟. 427 ⑦ – 5 000 Ew – Höhe 620 m –
✿ 07585.
◆Stuttgart 128 – ◆Freiburg im Breisgau 144 – Ravensburg 33 – ◆Ulm (Donau) 83.

🏠 **Hirsch**, Hauptstr. 27, ℰ 6 01 – 🛗 🔟 ☎ ⇌ 🅿. E
15. Okt.- 5. Nov. geschl. – Menu *(Freitag geschl.)* a la carte 27/50 ⅃ – **17 Z : 26 B** 55 - 90 Fb.

OSTWIG Nordrhein-Westfalen siehe Bestwig.

OTTENHÖFEN IM SCHWARZWALD 7593. Baden-Württemberg **413** H 21 — 3 200 Ew — Höhe 311 m — Luftkurort — ✪ 07842 (Kappelrodeck).

Ausflugsziel : Allerheiligen : Lage★ - Wasserfälle★ SO : 7 km.

🛈 Kurverwaltung, Rathaus, Allerheiligenstr. 14, 𝒫 20 97.

◆Stuttgart 137 — Baden-Baden 43 — Freudenstadt 35.

- 🏨 **Pflug**, Allerheiligenstr. 1, 𝒫 20 58, Telex 752116, 斧, ⬛ — 閉 ☎ 🄿 — 🄬 25/70. **E**
  ← 6. Jan.- 5. Feb. geschl. — **M** a la carte 20/50 🍴 — **61 Z : 108 B** 48/80 - 98/115 Fb — ½ P 56/76

- 🏨 **Wagen**, Ruhesteinstr. 77, 𝒫 4 85, « Gartenterrasse », 斧 — 閉 ☎ 🄿 — 🄬 25/50
  M (Nov.- Mai Freitag geschl.) a la carte 23/47 🍴 — **34 Z : 65 B** 26/50 - 52/90.

- ☂ **Sternen**, Hagenbruck 6, 𝒫 20 80, 斧, 斧 — 🄿 — 🄬
  31 Z : 50 B.

OTTERBERG 6754. Rheinland-Pfalz **413** G 18, **242** ④, **57** ⑨ — 4 600 Ew — Höhe 230 m — ✪ 06301.

Sehenswert : Abteikirche — Kapitelsaal des ehemaligen Klosters.

Mainz 78 — Kaiserslautern 10 — ◆Mannheim 65.

- 🏨 **Laierkasten**, Hauptstr. 25, 𝒫 20 32, 斧 — 📺 ☎ 🄿 — 🄬
  21 Z : 40 B.

OTTERNDORF 2178. Niedersachsen **987** ④⑤ — 6 300 Ew — Höhe 5 m — Erholungsort — ✪ 04751.

🛈 Verkehrsamt, Rathausplatz, 𝒫 1 31 31.

◆Hannover 217 — ◆Bremerhaven 40 — Cuxhaven 17 — ◆Hamburg 113.

- 🏨 **Eibsens's Hotel**, Marktstr. 33, 𝒫 27 73 — ⇔ 🄿, 🎇 Zim
  M (nur Abendessen, Sonntag geschl.) a la carte 22/37 — **11 Z : 22 B** 45/65 - 84/96.

- ✗ **Elb-Terrassen**, An der Schleuse 18 (NW : 2 km), 𝒫 22 13, ≤, 斧 — 🄿. 🄬 ⓞ **E**. 🎇
  Montag und Mitte Dez.- Jan. geschl. — **M** a la carte 25/62.

OTTLAR Hessen siehe Diemelsee.

OTTMARSBOCHOLT Nordrhein-Westfalen siehe Senden.

OTTOBEUREN 8942. Bayern **413** N 23, **987** ㊲, **426** ⑮ — 7 300 Ew — Höhe 660 m — Kneippkurort — ✪ 08332.

Sehenswert : Klosterkirche★★★ (Vierung★★★, Chor★★, Chorgestühl★★, Chororgel★★).

🛏 Hofgut Boschach (S : 3 km), 𝒫 (08332) 13 10.

🛈 Kurverwaltung und Verkehrsamt, Marktplatz 14, 𝒫 68 17.

◆München 110 — Bregenz 85 — Kempten (Allgäu) 29 — ◆Ulm (Donau) 66.

- 🏨 **Hirsch**, Marktplatz 12, 𝒫 79 90, Fax 799103, Massage, ⇔, ⬛ — 閉 ☎ ⇔ 🄿 — 🄬 25/100.
  🎇 Rest
  M a la carte 26/48 — **62 Z : 100 B** 50/79 - 98/120 Fb.

OTTOBRUNN Bayern siehe München.

OTTWEILER 6682. Saarland **987** ㉔, **242** ⑦, **57** ⑦ — 10 600 Ew — Höhe 246 m — ✪ 06824.

◆Saarbrücken 31 — Kaiserslautern 63 — ◆Trier 80.

- ✗✗ **Eisel-Ziegelhütte** (ehemalige Mühle), Mühlstr. 15a, 𝒫 75 77 — 🄿 — 🄬 45. 🄬 ⓞ **E** **VISA**
  Samstag bis 18 Uhr, Montag, Jan. 1 Woche und Juli - Aug. 3 Wochen geschl. — **M** 48/90
  und a la carte.

OVERATH 5063. Nordrhein-Westfalen **987** ㉔ — 23 500 Ew — Höhe 92 m — ✪ 02206.

◆Düsseldorf 62 — ◆Bonn 30 — ◆ Köln 25.

In Overath-Brombach NW : 10 km :

- 🏨 **Zur Eiche**, Dorfstr. 1, 𝒫 (02207) 75 80, 斧 — ☎ 🄿, 🎇 Zim
  24. Dez.- 15. Jan. geschl. — **M** (Donnerstag geschl.) a la carte 29/55 — **12 Z : 22 B** 50/80 -
  80/100.

In Overath-Immekeppel NW : 7 km :

- ✗✗ **Sülztaler Hof** mit Zim, Lindlarer Str. 83, 𝒫 (02204) 77 46 — 📺 ☎. 🄬 ⓞ. 🎇 Zim
  Jan. 1 Woche und Juni - Juli 3 Wochen geschl. — **M** (Dienstag - Mittwoch 18 Uhr geschl.)
  a la carte 44/74 — **4 Z : 6 B** 90/130 - 160.

In Overath-Klef NO : 2 km :

- 🏨 **Lüdenbach**, Klef 99 (B 55), 𝒫 21 53, Fax 81602, ⇔ — ☎ ⇔ 🄿. 🎇 Zim
  Mitte Juli - Mitte Aug. geschl. — **M** (Dienstag - Freitag nur Abendessen, Montag geschl.)
  15/40 (mittags) und a la carte 26/54 — **22 Z : 44 B** 60/75 - 100/105.

OWSCHLAG 2372. Schleswig-Holstein – 2 300 Ew – Höhe 15 m – ☎ 04336.
Kiel 48 – Rendsburg 18 – Schleswig 21.

Förster-Haus, Beeckstr. 41, ☎ 2 02, ←, (geheizt), – 30/100. AE E VISA
M a la carte 28/52 – **68 Z : 120 B** 65/85 - 120/150 Fb.

OY-MITTELBERG 8967. Bayern 413 O 24, 987 ㊱, 426 ⑮ – 4 000 Ew – Höhe 960 m – Luft- und Kneippkurort – Wintersport : 950/1 200 m 2 6 – ☎ 08366.
Kur- und Verkehrsamt, Oy, Wertacher Str. 11, ☎ 2 07.
München 124 – Füssen 22 – Kempten (Allgäu) 19.

Im Ortsteil Oy :

Kurhotel Tannenhof, Tannenhofstr. 19, ☎ 5 52, ←, Bade- und Massageabteilung, – Ⓟ. Rest
Nov.- 18. Dez. geschl. – **M** a la carte 22/43 – **30 Z : 48 B** 45/69 - 84/128 Fb – 2 Fewo 80.

Löwen, Hauptstr. 12, ☎ 2 12, – Ⓟ. AE E
7. Nov.- 18. Dez. geschl. – **M** *(Mittwoch geschl.)* a la carte 16,50/39 – **17 Z : 36 B** 40/50 - 70/80 – ½ P 50.

Im Ortsteil Mittelberg :

Kur- und Sporthotel Mittelburg, ☎ 1 80, Telex 541401, ←, Bade- und Massageabteilung, – Ⓟ. AE . Rest
15. Nov.- 15. Dez. geschl. – (Restaurant nur für Hausgäste) – **31 Z : 55 B** nur ½ P 99 - 160/240 Fb.

Gasthof Rose, Dorfbrunnenstr. 10, ☎ 8 76, Biergarten – Ⓟ. E
Nov.- 12. Dez. geschl. – **M** *(Montag - Dienstag 16 Uhr geschl.)* a la carte 19/37 – **15 Z : 28 B** 35/50 - 90 Fb – ½ P 45/55.

Krone, Dorfbrunnenstr. 2, ☎ 2 14, – Ⓟ
Mitte Nov.- Mitte Dez. geschl. – **M** *(Mittwoch 14 Uhr - Donnerstag geschl.)* a la carte 17/32 – **16 Z : 27 B** 36 - 72.

In Oy-Mittelberg - Maria Rain O : 5 km :

Sonnenhof, Kirchweg 3, ☎ (08361) 5 76, ← Allgäuer Berge – Ⓟ
22 Z : 42 B.

In Oy-Mittelberg - Petersthal W : 5 km :

Sonne, ☎ (08376) 3 12, – Ⓟ
25 Z : 43 B.

OYTEN Niedersachsen siehe Bremen.

PADERBORN 4790. Nordrhein-Westfalen 987 ⑮ – 121 000 Ew – Höhe 119 m – ☎ 05251.
Sehenswert : Dom★ – Paderquellen★ – Diözesanmuseum (Imadmadonna★) Z M.
bei Büren-Ahden, SW : 20 km über ⑤, ☎ (02955) 7 70.
Verkehrsverein, Marienplatz 2a, ☎ 2 64 61.
ADAC, Kamp 9, ☎ 2 77 76, Notruf ☎ 1 92 11.
Düsseldorf 167 ⑤ – Bielefeld 45 ⑥ – •Dortmund 101 ⑤ – •Hannover 143 ⑥ – •Kassel 92 ④.

Stadtplan siehe nächste Seite.

Arosa, Westernmauer 38, ☎ 20 00, Telex 936798, Fax 200806, – Rest – 25/140. AE E VISA. — Z **s**
M a la carte 40/63 – **100 Z : 150 B** 132/168 - 209/270 Fb.

Zur Mühle - Au cygne noir, Mühlenstr. 2 (Paderquellgebiet), ☎ 2 30 26, Telex 936780 – . E VISA. — Y **z**
M *(nur Abendessen)* 64/159 – **34 Z : 43 B** 140/160 - 200/250 Fb.

Ibis, Paderwall 3, ☎ 2 50 31, Telex 936972, Fax 27179 – Ⓟ – 40. AE E VISA — Y **u**
M a la carte 25/48 – **90 Z : 117 B** 105 - 147 Fb.

XXX Schweizer Haus, Warburger Str. 99, ☎ 6 19 61 – Ⓟ — über ③

XX Ratskeller, im Rathaus, ☎ 2 57 53 – — Z **R**

XX **Zu den Fischteichen**, Dubelohstr. 92, ☎ 3 32 36, – Ⓟ – 25/120. E
Donnerstag geschl. – **M** a la carte 21/57. — über Fürstenweg Y

In Paderborn-Elsen ⑥ : 4,5 km :

Kaiserpfalz, von-Ketteler-Str. 20, ☎ (05254) 55 11 – . AE E VISA
Juni - Juli 3 Wochen und 24.- 30. Dez. geschl. – **M** *(Samstag - Sonntag 18 Uhr geschl.)* a la carte 30/46 – **24 Z : 32 B** 83 - 130 Fb.

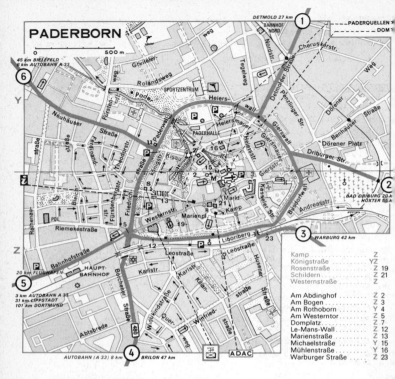

In Paderborn-Schloß Neuhaus ⑥ : 5 km :

☎ **Hellmann**, Neuhäuser Kirchstr. 19, ✆ (05254) 22 97 — ℗ *(wochentags nur Abendessen)* — **20 Z : 28 B** Fb.

In Borchen 2-Nordborchen 4799 ④ : 6 km :

• 🏠 **Haus Amedieck**, Paderborner Str. 7 (B 480), ✆ (05251) 3 94 24 — 📺 ☎ ℗ *(nur Abendessen)* — **41 Z : 70 B**.

🏠 **Pfeffermühle**, Paderborner Str. 66 (B 480), ✆ (05251) 3 94 45, 🍴 — 🛗 📺 ☎ ℗. 🆎 ⑩
→ *Juni - Juli 3 Wochen und 20. Dez.- 10. Jan. geschl.* — **M** *(Freitag und Sonntag jeweils a 14 Uhr geschl.)* a la carte 18/44 — **30 Z : 50 B** 65/75 - 85/110 Fb.

PANKER Schleswig-Holstein siehe Lütjenburg.

PAPENBURG 2990. Niedersachsen 🔢🔢🔢 ⑭ — 30 000 Ew — Höhe 5 m — ✆ 04961.
🛈 Verkehrsverein, Rathaus, Hauptkanal rechts, ✆ 8 22 21.
♦Hannover 240 — Groningen 67 — Lingen 68 — ♦Oldenburg 69.

🏨 **Stadt Papenburg** 🐾, Am Stadtpark 25, ✆ 41 64 (Hotel) 63 45 (Rest.), Fax 3471, 🍴 — 🛗
🌂 Zim 📺 ☎ ℗ — 🔒 25/60. 🆎 ⑩ 🇪
M 23/35 (mittags) und a la carte 32/75 — **49 Z : 96 B** 80 - 135 Fb — 5 Appart. 185.

🏨 **Am Stadtpark**, Deverweg 27, ✆ 41 45 — 🛗 📺 ☎ ℗ — 🔒 60. 🆎 ⑩ 🇪 🇻🇮🇸🇦
M *(Sonntag geschl.)* a la carte 30/56 — **33 Z : 58 B** 55/65 - 90 Fb.

🏠 **Graf Luckner**, Hümmlinger Weg 2, ✆ 77 50 — 📺 ☎ ℗ — 🔒
24 Z : 42 B Fb.

🏠 **Engeln**, Mittelkanal rechts 97, ✆ 7 18 59 — ☎ 🛄 ℗. 🆎 ⑩. 🍽
M a la carte 28/56 — **60 Z : 132 B** 42/55 - 80/140 Fb.

In Papenburg 2-Herbrum SW : 9,5 km :

🏠 **Emsblick** 🐾, Fährstr. 31, ✆ (04962) 63 69, ≤, 🍴, 🎣, 🏊. Fahrradverleih — 📺 ☎ 🛄 ℗
30 Z : 50 B Fb.

PAPPENHEIM 8834. Bayern 🄌🄓🄑 PQ 20, 🄈🄇🄋 ㉘ – 4 200 Ew – Höhe 410 m – Luftkurort – 🕿 09143.

🛈 Fremdenverkehrsbüro, Graf-Karl-Str. 3, ℰ 62 66.

•München 134 – ◆Augsburg 76 – ◆Nürnberg 72 – ◆Ulm (Donau) 113.

🏨 **Sonne**, Deisinger Str. 20, ℰ 5 44 – 🕿
◆ Okt. 3 Wochen geschl. – **M** *(Sonntag 14 Uhr - Montag geschl.)* a la carte 16/37 – **11 Z :**
19 B 32/45 - 62/72 – ½ P 42/47.

🏨 **Pension Hirschen** garni, Marktplatz 4, ℰ 4 34, Fahrradverleih – ⚡
10 Z : 19 B 35/40 - 70/80.

🏠 **Gästehaus Dengler** garni, Deisinger Str. 32, ℰ 63 52 – ⇦⇨ ⚡
12 Z : 21 B 30/32 - 54/60.

PARSBERG 8433. Bayern 🄌🄓🄑 S 19, 🄈🄇🄋 ㉗ – 5 400 Ew – Höhe 550 m – 🕿 09492.

•München 137 – Ingolstadt 63 – ◆Nürnberg 64 – ◆Regensburg 42.

🏨 **Zum Hirschen**, Dr.-Schrettenbrunner-Str. 1, ℰ 60 60, Fax 6737, 🏤, 🌲 – 🕿 ⇦⇨ 🅿 –
◆ 🄐 25/150. **E**
M a la carte 16/33 – **73 Z : 110 B** 40/45 - 69/78 Fb.

PARSDORF Bayern siehe Vaterstetten.

PARTNACHKLAMM Bayern. Sehenswürdigkeit siehe Garmisch-Partenkirchen.

A l'occasion de certaines manifestations commerciales ou touristiques,
les prix demandés par les hôteliers risquent d'être sensiblement majorés
dans certaines villes et leurs alentours même éloignés.

PASSAU 8390. Bayern 🄌🄓🄑 X 21, 🄈🄇🄋 ㉘㉙, 🄌🄑🄖 ⑦ – 51 000 Ew – Höhe 290 m – 🕿 0851.
Sehenswert : Lage✶✶ am Zusammenfluß von Inn, Donau und Ilz – Dom✶ (Chorabschluß✶✶) B.
Ausflugsziele : Veste Oberhaus (B) ≤✶✶ auf die Stadt – Bayerische Ostmarkstraße ✶ (bis
Weiden in der Oberpfalz).

🏌 Thyrnau-Raßbach (NO : 9 km über ②), ℰ (08501) 13 13.

🛈 Fremdenverkehrsverein, Rathausplatz 3, ℰ 3 34 21, Fax 35107.

ADAC, Nikolastr. 2a, ℰ 5 11 31, Telex 5 77 13.

•München 192 ⑦ – Landshut 119 ⑤ – Linz 110 ④ – ◆Regensburg 118 ⑦ – Salzburg 142 ⑤.

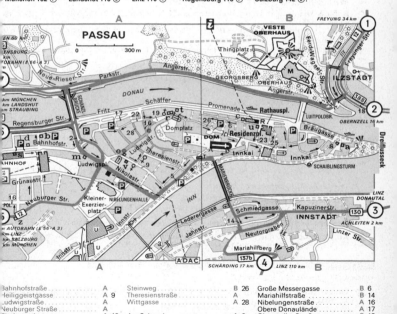

653

🏩 **Holiday Inn**, Bahnhofstr. 24, ℰ 5 90 00, Telex 57818, Fax 5900514, ≼, 🏖, 🕿, 🖼 – 📳
⇆ Zim 🍴 📺 🕹 ⇆ – 🔼 25/200. 🆎 ⓞ 🗲 🎟
M a la carte 37/58 – **132 Z : 240 B** 145/160 - 195/230 Fb.
A d

🏠 **Passauer Wolf**, Rindermarkt 6, ℰ 3 40 46, Telex 57817, Fax 36757, ≼ – 📳 📺 🕿 ⇆ –
🔼 25/50. 🆎 ⓞ 🗲 🎟
M *(Sonntag ab 15 Uhr geschl.)* a la carte 35/66 – **40 Z : 60 B** 90/140 - 140/210 Fb.
A r

🏠 **König** garni, Untere Donaulände 1, ℰ 3 50 28, Telex 57956, ≼, 🕿 – 📳 📺 🕿 🕹 ⇆ –
🔼 45. 🆎 ⓞ 🗲 🎟
39 Z : 78 B 68/85 - 120/150 Fb.
A t

🏠 **Wilder Mann - Restaurant Kaiserin Sissi**, Am Rathausplatz, ℰ 3 50 71 (Hotel)
3 50 75 (Restaurant), Fax 31712, Dachterrasse, « Restauriertes Patrizierhaus, Glasmuseum », 🖼 – 📳 🕿 – 🔼 25/70. 🆎 ⓞ 🗲. 🗱 Zim
M *(mittags)* und a la carte 58/90 – **49 Z : 78 B** 60/130 - 100/240 Fb.
B u

🏠 **Residenz** garni, Fritz-Schäffer-Promenade, ℰ 3 50 05, Telex 57910, Fax 36757 – 📳 📺 🕿.
🆎 ⓞ 🗲 🎟
März - Nov. – **49 Z : 93 B** 79 - 140 Fb.
B c

🏠 **Dreiflüssehof**, Danziger Str. 42, ℰ 5 10 18, 🏖 – 📳 📺 🕿 ⇆ ❷ – 🔼 50. ⓞ 🗲
🎟
M *(Sonntag - Montag 16 Uhr geschl.)* a la carte 21/37 – **67 Z : 130 B** 55/65 - 90/110 Fb.
über ⑤

🏠 **Weisser Hase**, Ludwigstr. 23, ℰ 3 40 66, Telex 57960, Fax 34069 – 📳 🕿 ⇆ – 🔼 25/100.
🆎 ⓞ 🗲 🎟
M a la carte 19/45 🍴 – **117 Z : 210 B** 95 - 145.
A e

🏠 **Spitzberg** garni, Neuburger Str. 29, ℰ 5 70 15, 🕿 – 📺 🕿 ⇆. ⓞ 🗲 🎟
29 Z : 60 B 50/75 - 80/140 Fb.
A z

🏠 **Donaulände** garni, Badhausgasse 1, ℰ 60 63 – 📳 🕿 ⇆. 🆎 🗲 🎟
24 Z : 44 B 60/65 - 105/120 Fb.
A b

🏠 **Altstadt-Hotel Laubenwirt** ⑤, Bräugasse 27 (am Dreiflußeck), ℰ 3 34 51, ≼, 🏖 – 📳
📺 🕿 ⇆. 🆎 ⓞ 🗲 🎟
M a la carte 25/50 – **40 Z : 78 B** 65/80 - 120/140 Fb.
B s

🏚 **Herdegen** garni, Bahnhofstr. 5, ℰ 5 69 95 – 📳 📺 🕿 ❷
34 Z : 60 B Fb.
A m

🏚 **Zum König**, Rindermarkt 2, ℰ 3 40 98, ≼, 🏖 – 📳 📺 🕿 ⇆
M a la carte 20/43 – **20 Z : 40 B** 55/65 - 95/120 Fb.
A r

🏚 **Schloß Ort** ⑤, Ort 11 (am Dreiflußeck), ℰ 3 40 72 (Hotel) 3 33 31 (Rest.), ≼ – 📳 🕿 ❷.
🆎 ⓞ 🗲 🎟
Hotel : 8. Jan. - März geschl. – **M** *(Dienstag und 15. Jan.- 15. Feb. geschl.)* a la carte 21/46
– **36 Z : 58 B** 40/80 - 70/145.

✗ **Heilig-Geist-Stift-Schenke**, Heiliggeistgasse 4, ℰ 26 07, « Gaststätte a.d.J. 1358,
Stiftskeller, Wachauer Garten » – 🆎 ⓞ 🗲
Mittwoch und 10. Jan.- 2. Feb. geschl. – **M** a la carte 19,50/44 🍴.
A v

✗ **Johann-Strauß-Stüberl im Bahnhofrestaurant**, Bahnhofstr. 29, ℰ 5 13 67 – 🗲
M a la carte 21/35.
A s

In Passau-Grubweg ② : 4 km :

🏚 **Firmiangut** ⑤, Firmiangut 12a, ℰ 4 19 55, Fax 49860, 🥀 – 📺 🕿 ❷
(nur Abendessen für Hausgäste) – **27 Z : 47 B** Fb.

In Passau-Kohlbruck ⑤ : 3 km :

🏠 **Albrecht**, Kohlbruck 18 (an der B 12), ℰ 5 10 11, 🏖 – ⇆ Rest 📺 🕿 ⇆ ❷. 🆎 ⓞ 🗲
🎟 🗱
20. Dez.- 6. Jan. geschl. – **M** *(Freitag geschl.)* a la carte 20/37 – **36 Z : 72 B** 52/55 - 98 Fb.

In Passau 16-Rittsteig ⑥ : 7,5 km :

🏔 **Rittsteig**, Alte Poststr. 58, ℰ 84 58 – 🕿 ❷
M *(Nov.- April Samstag geschl.)* a la carte 19/41 – **32 Z : 52 B** 40 - 78.

Außerhalb SW : 5 km über Innstraße A , nach dem Kraftwerk rechts ab :

🏚 **Abrahamhof** ⑤, Abraham 1, ✉ 8390 Passau, ℰ (0851) 67 88, ≼, 🏖, 🥀 – 🕿 ❷
M *(Montag geschl.)* a la carte 17/37 – **28 Z : 53 B** 35/50 - 75/85.

PATTENSEN 3017. Niedersachsen – 14 000 Ew – Höhe 75 m – ✆ 05101.
♦Hannover 13 – Hameln 36 – Hildesheim 23.

🏠 **Leine-Hotel**, Schöneberger Str. 43, ℰ 1 30 36, 🕿 – 📳 ⇆ Zim 📺 🕿 🕹 ❷ – 🔼 25/80.
🆎 ⓞ 🗲 🎟
M a la carte 30/53 – **80 Z : 110 B** 95/209 - 159/295 Fb.

🏚 **Zur Linde**, Göttinger Str. 14 (B 3), ℰ 1 23 22, Fax 12332 – 📺 🕿 ❷. 🆎 ⓞ 🗲 🎟
M 14/25 (mittags) und a la carte 31/59 – **43 Z : 65 B** 45/90 - 130/150.

PEGNITZ 8570. Bayern **413** R 17. **987** ㉗ – 14 000 Ew – Höhe 424 m – Erholungsort – ✆ 09241.
◀ Stadtverwaltung, Hauptstr. 37, ✆ 72 30.
München 206 – ◆Bamberg 67 – Bayreuth 33 – ◆Nürnberg 60 – Weiden in der Oberpfalz 55.

🏨 **Pflaums Posthotel**, Nürnberger Str. 14, ✆ 72 50, Telex 642433, Fax 404, 🏤, 🚗, 🔄, 🚗,
Fahrradverleih – 🛗 📺 🚗 ❷ – 🛄 25/80. 🖭 ⑩ 🇪
M (Tischbestellung ratsam) 144 und a la carte 77/104 – **Posthalter-Stube M** a la carte 34/58
– **58 Z : 90 B** 120/258 - 176/390 Fb – 15 Appart. 750/788.

In Pegnitz-Hollenberg NW : 6 km :
🏡 **Landgasthof Schatz** 🏞, Hollenberg 1, ✆ 21 49, 🏤, 🚗 – 🚗 ❷. 🎿 Zim
➦ 30. Okt.- 20. Dez. geschl. – **M** *(Sept.- Ostern Montag geschl.)* a la carte 18/29 – **16 Z : 20 B**
45 - 80.

PEINE 3150. Niedersachsen **987** ⑮ ⑯ – 45 500 Ew – Höhe 67 m – ✆ 05171.
◀ Verkehrsverein, Werderstr. 49, ✆ 4 06 78 – ◆Hannover 39 – ◆Braunschweig 28 – Hildesheim 32.

🏨 **Am Herzberg** garni, Am Herzberg 18, ✆ 69 90 – 🎿 Zim 🚗 ❷. 🎿
22 Z : 30 B 70/75 - 132/135.
🏨 **Peiner Hof** 🏞 garni, Am Silberkamp 23, ✆ 1 50 92 – ☎ 🚗 ❷
16 Z : 20 B 60/90 - 110/140.
🏨 **Schützenhaus**, Schützenstr. 23, ✆ 1 52 09 – ☎. 🖭 ⑩ 🇪
Aug. geschl. – **M** *(Sonntag geschl.)* a la carte 26/56 – **9 Z : 13 B** 50/55 - 90/100 Fb.

In Peine-Stederdorf N : 3 km :
🏨 **Schönau**, Peiner Str. 17 (B 444), ✆ 62 59 – 📺 ☎ 🚗 ❷
➦ 1.- 21. Aug. geschl. – **M** *(Samstag geschl.)* a la carte 20/48 – **29 Z : 40 B** 60/100 - 100/140.

In Ilsede 1-Groß Bülten 3152 S : 10 km :
🏨 **Gästehaus Ilsede**, Triftweg 2, ✆ (05172) 60 88 – ☎ 🚗 ❷
➦ Juli - Aug. 4 Wochen geschl. – **M** *(Montag geschl.)* a la carte 21/56 – **12 Z : 20 B** 46/100 -
90/140.

In Wendeburg-Rüper 3304 NO : 9 km :
🏨 **Zum Jägerheim**, Meerdorfer Str. 40, ✆ (05303) 20 26, 🏤, 🚗, 🔄 (Gebühr) – 🛗 ☎ 🔄 ❷
– 🛄 25/60
28. Dez.- 16. Jan. geschl. – **M** *(Montag geschl.)* a la carte 23/45 – **18 Z : 33 B** 55 - 110.

PEITING 8922. Bayern **413** P 23, **987** ㊲, **426** ⑯ – 11 000 Ew – Höhe 718 m – Erholungsort –
✆ 08861.
◀ Verkehrsverein, Hauptplatz 1, ✆ 65 35 – ◆München 87 – Füssen 33 – Landsberg am Lech 30.

🏨 **Dragoner**, Ammergauer Str. 11 (B 23), ✆ 60 51, 🏤, 🚗 – 🛗 ☎ ❷. 🖭 ⑩ 🇪 📇
➦ **M** a la carte 21/42 🍴 – **51 Z : 95 B** 45/65 - 80/120 Fb – ½ P 58/83.
🏨 **Zum Pinzger**, Am Hauptplatz 9, ✆ 62 40, 🏤 – 🛗 📺 ☎ 🚗 ❷. 🖭 ⑩ 🇪 📇. 🎿 Zim
➦ **M** *(Montag geschl.)* a la carte 18,50/39 – **26 Z : 52 B** 35/54 - 62/100.

PELZERHAKEN Schleswig-Holstein siehe Neustadt in Holstein.

PENTLING Bayern siehe Regensburg.

PERL 6643. Saarland **242** ②, **409** ㉗ – 6 500 Ew – Höhe 254 m – ✆ 06867.
◆Saarbrücken 72 – ◆Luxembourg 32 – Saarlouis 47 – ◆Trier 46.

🏨 **Hammes**, Hubertus-von-Nell-Str. 15, ✆ 2 35 – ❷. 🇪
➦ 15. Juli - 5. Aug. geschl. – **M** *(Mittwoch geschl.)* a la carte 21/49 – **16 Z : 27 B** 40 - 80.
🏨 **Winandy**, Biringerstr. 2, ✆ 3 64, 🏤 – ❷
➦ Feb. geschl. – **M** *(Montag geschl.)* a la carte 19/38 – **12 Z : 20 B** 35 - 60.

PESTENACKER Bayern siehe Weil.

PETERSBERG 6415. Hessen **413** M 15 – 13 000 Ew – Höhe 350 m – ✆ 0661 (Fulda).
◆Wiesbaden 147 – ◆ Frankfurt am Main 107 – Fulda 6 – ◆ Würzburg 114.

🏨 Hotel am Rathaus garni, Am neuen Garten 1, ✆ 6 90 03, 🚗 – ☎ 🚗 – **20 Z : 29 B** Fb.

In Petersberg 6-Almendorf NO : 2,5 km :
🏨 Berghof, Hubertusstr. 2, ✆ 6 60 03, 🏤, 🚗, 🔄 – 🛗 ☎ ❷ – 🛄 – **54 Z : 85 B** Fb.

In Petersberg 4-Horwieden O : 2 km :
🏨 **Horwieden**, Tannenküppel 2, ✆ 6 50 01, Biergarten, 🚗, 🔄, 🎿 (Halle) – ☎ ❷
➦ 24. Dez.- 15. Jan. geschl. – **M** *(Sonntag 15 Uhr - Montag 17 Uhr geschl.)* a la carte 20/36 –
22 Z : 31 B 30/45 - 55/75.

In Petersberg 3-Marbach N : 9 km :
🏡 **Hahner**, Bahnhofstr. 6, ✆ 6 17 62 – 🚗 ❷
➦ 22. Dez.- 2. Jan. geschl. – **M** *(Mittwoch bis 17 Uhr geschl.)* a la carte 19/31 – **22 Z : 32 B**
28/45 - 55/65.

PETERSHAGEN 4953. Nordrhein-Westfalen 987 ⑮ − 23 500 Ew − Höhe 45 m − ✿ 05707.
♦Düsseldorf 230 − ♦Bremen 90 − ♦Hannover 82 − ♦Osnabrück 78.

XXX **Schloß Petershagen** ⑤ mit Zim, Schloßstr. 5, ℰ 3 46, ≤, 斎, « Fürstbischöfliche
➤ Residenz a.d. 14. Jh.; stilvolle Einrichtung », ⌁ (geheizt), ⚞, ⌦ − ⊡ ☎ ℗ − ✍ 30. ◑
 E ᴠɪsᴀ
   16. Jan.- 16. Feb. geschl. − **M** *(auch vegetarische Gerichte)* a la carte 34/74 − **11 Z : 19 B**
   85/110 - 160/180 Fb.

   In Petershagen 1-Wietersheim rechtes Weserufer :

🏠 **Rasthaus Wietersheim**, Lange Str. 49 (nahe der B 482), ℰ (05702) 90 39 − ⊡ ☎ ℗
   16 Z : 28 B.

PETERSTAL-GRIESBACH, BAD 7605. Baden-Württemberg 413 H 21, 987 ㉞ − 3 400 Ew −
Höhe 400 m − Heilbad − Kneippkurort − Wintersport : 700/800 m ≰1 ⚞2 − ✿ 07806.
🛈 Kurverwaltung, Bad Peterstal, Schwarzwaldstr. 11, ℰ 79 33, Fax 1040.
♦Stuttgart 115 − Freudenstadt 24 − Offenburg 34 − Strasbourg 48.

   Im Ortsteil Bad Peterstal :

🏨 **Hirsch**, Insel 1, ℰ 10 28, Biergarten, ⌁ − 🖂 ⊡ ☎ ℗
   45 Z : 73 B Fb − 8 Appart..
🏨 **Bärenwirtshof**, Schwimmbadstr. 4, ℰ 10 74, « Gartenterrasse », Bade- und
   Massageabteilung, ⚶, ⚞ − 🖂 ⊡ ☎ ℗. ᴀᴇ ᴠɪsᴀ
   Nov.- Dez. 2 Wochen geschl. − **M** *(Dienstag geschl.)* a la carte 26/60 − **24 Z : 40 B** 34/55 -
   68/110 Fb.
🏠 **Kurhotel Faißt**, Am Eckenacker 5, ℰ 5 22, Bade- und Massageabteilung, ≘s, ⌁ − 🖂 ☎
   ⇔ ℗
   M *(Montag ab 14 Uhr und Nov. geschl.)* a la carte 25/39 − **25 Z : 45 B** 37/65 - 100/130.
🏠 **Hubertus** garni, Insel 3, ℰ 5 95, ≘s, ⌁, ⚞ − ⇔ ℗
   Mitte Nov.- Mitte Dez. geschl. − **16 Z : 24 B** 36/44 - 72/88.
🏠 **Schauinsland** ⑤, Forsthausstr. 21, ℰ 81 91, Fax 1040, ≤ Bad Peterstal, ⌁, ⚞ − ℗
   7. Nov.- 19. Dez. geschl. − (Restaurant nur für Hausgäste) − **12 Z : 24 B** 40/52 - 80/96 −
   ½ P 57/69.
🏛 **Schützen**, Renchtalstr. 21 (B 28), ℰ 2 41, 斎 − ⚶ Zim
   8. Jan.- 10. Feb. geschl. − **M** *(Donnerstag geschl.)* a la carte 25/47 ⅃ − **11 Z : 20 B** 41/45 -
   78/88.

   Im Ortsteil Bad Griesbach :

🏨 **Kur- und Sporthotel Dollenberg** ⑤, Dollenberg 3, ℰ 10 61, ≤, Bade- und
   Massageabteilung, ⚶, ≘s, ⌁, ⚞, ⚶. Fahrrad- und Skiverleih − ⊡ ☎ ℗ − ✍ 30. ◑ E
   Ende Nov.- Mitte Dez. geschl. − Menu 28/98 und a la carte − **38 Z : 72 B** 62/86 - 120/168 Fb
   − ½ P 79/103.
🏠 **Adlerbad**, Kniebisstr. 55, ℰ 10 71, 斎, Bade- und Massageabteilung, ≘s − 🖂 ⊡ ☎ ⇔
   ℗. E
   25. Nov.- 19. Dez. geschl. − **M** *(Mittwoch geschl.)* a la carte 26/55 − **32 Z : 53 B** 60/70 -
   100/112 Fb − ½ P 66/85.
🏠 **Döttelbacher Mühle**, Kniebisstr. 8, ℰ 10 37, 斎 − ⊡ ☎ ℗
   21. Nov.- 15. Dez. geschl. − **M** *(Dienstag ab 13 Uhr geschl.)* a la carte 23/54 ⅃ − **16 Z : 28 B**
   40/55 - 80/110 Fb − ½ P 52/68.
🏠 **Café Kimmig**, Kniebisstr. 57, ℰ 10 55 − 🖂 ⇔
   1.- 28. März geschl. − **M** a la carte 25/45 − **11 Z : 22 B** 48/60 - 86/110 − ½ P 55/72.
🏠 **Hoferer** ⑤, Wilde Rench 29, ℰ 85 66, 斎 − 🖂 ℗
➤ *Nov. geschl.* − **M** *(Montag geschl.)* a la carte 21/43 − **14 Z : 23 B** 36/45 - 72/90 − ½ P 55/60.
🏛 **Herbstwasen** ⑤, Wilde Rench 68, ℰ 6 27, ≤, ⚞ − ⇔ ℗
   18 Z : 30 B.

   Außerhalb SO : 5 km über die Straße nach Wolfach :

🏠 **Palmspring** ⑤, Palmspring 1, ✉ 7605 Bad Peterstal-Griesbach 1, ℰ (07806) 3 01,
   Telex 7525319, Fax 1282, ≤, 斎, ≘s, ⚞ − ⊡ ☎ ℗. ◑ E ᴠɪsᴀ
   8.- 27 Jan. geschl. − **M** *(Dienstag geschl.)* a la carte 26/52 ⅃ − **16 Z : 32 B** 47/55 - 90/100
   Fb.

PETERSTHAL Bayern siehe Oy-Mittelberg.

PETTENDORF Bayern siehe Marquartstein bzw. Regensburg.

PFABEN Bayern siehe Erbendorf.

PFAFFENWEILER Baden-Württemberg siehe Ehrenkirchen.

PFAHLDORF Bayern siehe Kipfenberg.

PFALZGRAFENWEILER 7293. Baden-Württemberg **413** I 21. **987** ⑤ – 5 400 Ew – Höhe 635 m

– Luftkurort – ✆ 07445.

Kurverwaltung, im Haus des Gastes, Marktplatz. ℘ 1 82 40.

Stuttgart 76 – Freudenstadt 16 – Tübingen 57.

🏠 **Schwanen,** Marktplatz 1, ℘ 20 44, ⇔, ☞ – 🛗 ▦ ☎ 🅟 – 🏛 30. **E**
   Feb. geschl. – **M** *(Mittwoch geschl.)* a la carte 22/49 ⅜ – **36 Z : 57 B** 50/65 - 96/120 Fb –
   ½ P 65/80.

🏨 **Pfalzgraf,** Bellingstr. 19, ℘ 25 91, ☞, ☞ – ⇔ 🅟
   Feb. geschl. – **M** *(Montag geschl.)* a la carte 22/41 – **10 Z : 18 B** 35/40 - 70/80 – ½ P 45/48.

   In Pfalzgrafenweiler - Bösingen NO : 3 km :

🏩 **Mandelberg** ⑤, Finkenweg 4, ℘ 20 41, Fax 6658, ☞, ⇔, ☞ – ☎ ⇔ 🅟 – 🏛 25/160.
   ⓘ **E** 🆚🆂🅰
   M a la carte 21/52 ⅜ – **35 Z : 60 B** 75/85 - 110/120 Fb – ½ P 80/110.

   In Pfalzgrafenweiler - Herzogsweiler SW : 4 km :

🏠 **Sonnenschein,** Birkenbuschweg 11, ℘ 22 10, ☞ – 🅟
   Anfang Nov.- Mitte Dez. geschl. – (nur Abendessen für Hausgäste) – **33 Z : 55 B** 34/43 -
   68/86 Fb – ½ P 52/56.

🏨 **Hirsch,** Alte Poststr. 20, ℘ 22 91, ☞ – ⇔ 🅟
   Mitte Okt.- Mitte Nov. geschl. – **M** *(Montag geschl.)* a la carte 19/44 ⅜ – **28 Z : 45 B** 34/41 -
   64/68 Fb.

   In Pfalzgrafenweiler - Kälberbronn W : 7 km :

🏩 **Schwanen** ⑤, Große Tannenstr. 10, ℘ 18 80, Fax 18899, ☞, Bade- und
   Massageabteilung, ⇔, ☒, ☞, Fahrradverleih – 🛗 🅟 – 🏛 25/50. ⑩ Rest
   Mitte Nov.- Mitte Dez. geschl. – **M** 28/64 und a la carte – **70 Z : 100 B** 78/128 - 150/166 Fb.

🏩 **Waldsägmühle** ⑤, an der Straße nach Durrweiler (SO : 2 km), ℘ 20 35, Fax 6750, ☞,
   ⇔, ☒, ☞, Fahrradverleih – 🛗 📺 ☎ 🅟 – 🏛 25/70. ⓘ **E**
   7. Jan.- 8. Feb. und Ende Okt.- Anfang Nov. geschl. – Menu *(Sonntag 17 Uhr - Montag
   geschl.)* a la carte 32/68 ⅜ – **38 Z : 69 B** 70/77 - 130/145 Fb – ½ P 90/102.

   In Pfalzgrafenweiler - Neu-Nuifra SO : 5 km :

🏨 **Schwarzwaldblick,** Vörbacher Str. 3, ✉ 7244 Waldachtal 1, ℘ (07445) 24 79, ☞ – 🅟
   Okt.- Nov. 4 Wochen geschl. – **M** *(Montag geschl.)* a la carte 18/29 ⅜ – **17 Z : 34 B** 35 - 70
   – ½ P 40.

   Pour voyager rapidement, utilisez les **cartes Michelin "Grandes Routes"** *:*
   920 *Europe,* **980** *Grèce,* **984** *Allemagne,* **985** *Scandinavie-Finlande*
   986 *Grande-Bretagne-Irlande,* **987** *Allemagne-Autriche-Benelux,* **988** *Italie,*
   989 *France,* **990** *Espagne-Portugal,* **991** *Yougoslavie.*

PFARRKIRCHEN 8340. Bayern **413** V 21. **987** ㊳. **426** ⑥ – 10 300 Ew – Höhe 380 m – ✆ 08561.

München 135 – Landshut 70 – Passau 58.

🏠 **Ederhof,** Zieglstadl 1a, ℘ 17 50, ☞ – 🛗 ☎ 🅟. **E**
   M *(Sonntag ab 14 Uhr geschl.)* a la carte 20/38 – **18 Z : 36 B** 49 - 78 Fb.

✗✗ **Casa Toscana** (Italienische Küche), Ringstr. 14, ℘ 26 53.

PFEDELBACH 7114. Baden-Württemberg **413** L 19 – 7 100 Ew – Höhe 237 m – ✆ 07941
(Öhringen).

Stuttgart 72 – Heilbronn 32 – Schwäbisch Hall 33.

🏠 **Schellhorn,** Max-Eyth-Str. 8, ℘ 70 03 – 🛗 ☎ 🅟 – 🏛
   33 Z : 50 B Fb.

   In Pfedelbach-Untersteinbach SO : 8 km – Erholungsort :

🏠 **Gästehaus Karin** ⑤, In der Heid 3, ℘ (07949) 6 70, ⇔, ☞ – 🅟
   (Restaurant nur für Hausgäste) – **12 Z : 20 B** 33/40 - 60.

PFEFFENHAUSEN 8308. Bayern **413** S 20,21 – 4 200 Ew – Höhe 434 m – ✆ 08782.

München 85 – Landshut 24 – ✦Regensburg 61.

🏨 **Brauerei-Gasthof Pöllinger,** Moosburger Str. 23, ℘ 16 70, Biergarten – 🅟
   M a la carte 16/37 – **13 Z : 26 B** 35 - 60.

PFINZTAL Baden-Württemberg siehe Karlsruhe.

PFOFELD Bayern siehe Gunzenhausen.

PFORZEN Bayern siehe Kaufbeuren.

© 07231 – **Sehenswert : Reuchlinhaus – Technisches Museum.**
📇 Ölbronn-Dürrn (NO : 9 km), Karlshäuser Hof, ℘ (07237) 12 84.
🚹 Stadtinformation, Marktplatz 1, ℘ 39 21 90 – **ADAC,** Bahnhofstr. 14, ℘ 1 30 55, Notruf ℘ 1 92 11.
◆Stuttgart 53 ② – Heilbronn 82 ② – ◆Karlsruhe 36 ⑤.

PFORZHEIM

	Bahnhofstraße	B 3
	Barfüßergasse	B 4
	Berliner Straße	A 5
	Ebersteinstraße	B 6
Leopoldstraße	B	Emilienstraße	A 7
Östliche Karl-		Gymnasiumstraße	B 9
Friedrich-Straße	B	Hohenstaufenstraße	B 12
Westliche Karl-		Kallhardtstraße	B 13
Friedrich-Straße	A	Karolingerstraße	B 14
		Kiehnlestraße	B 15
Am Waisenhausplatz	B 2	Kreuzstraße	B 16

Maximilianstraße	A 19
Neßlerstraße	A 21
Nibelungenstraße	A 22
Osterfeldstraße	A 24
Parkstraße	B 25
Poststraße	B 26
Rennfeldstraße	B 27
Richard-Wagner-Allee	A 29
Sachsenstraße	B 30
Salierstraße	AB 31
Schloßberg	B 32
Schulbergstaffel	B 33
Theaterstraße	B 34
Tunnelstraße	A 35

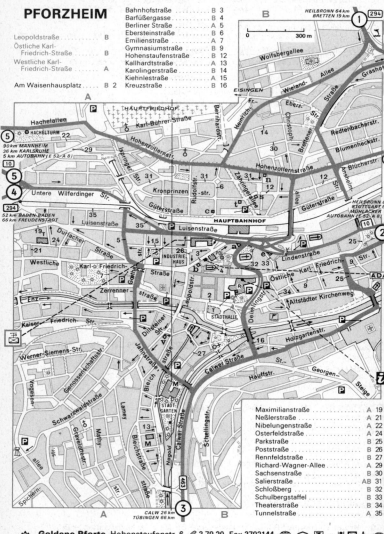

🏨 **Goldene Pforte,** Hohenstaufenstr. 6, ℘ 3 79 20, Fax 3792144, 😐, 😑, ⊠ – 🛗 📺 & ☞
– 🔏 25/60. ⌹ ⑩ 🇪 𝘝𝘐𝘚𝘈   B s
M 27/98 und a la carte – **115 Z : 219 B** 140/185 - 195/285 Fb.

🏨 **Ruf,** Bahnhofplatz 5, ℘ 1 60 11, Telex 783843, Fax 33139 – 🛗 📺 ☎ – 🔏 25/40. ⌹ ⑩ 🇪
𝘝𝘐𝘚𝘈   B a
M (auch vegetarische Menus) a la carte 45/72 – **53 Z : 84 B** 118/130 - 140/180 Fb.

🏨 **Mönchs Schloßhotel,** Lindenstr. 2, ℘ 1 60 51, Telex 783999 – 🛗 📺 ☎   B ◆
32 Z : 40 B.

🏠 **Gute Hoffnung** garni, Dillsteiner Str. 9, ℰ 2 20 11, Telex 783912 — ☎ ⓟ   A **v**
23 Z : 34 B.

🏠 **City** garni, Bahnhofstr. 8, ℰ 35 80 11 — 🛗 📺 ☎. 🆎 ⓞ 🅴 𝒱𝐼𝒮𝐀   B **b**
20. Dez.- 6. Jan. geschl. — **19 Z : 22 B** 95/120 - 165/180.

🏛 **Europa-Hotel** garni, Kronprinzenstr. 1, ℰ 35 70 33 — ☎ ⟵⟶. 🆎 ⓞ 𝒱𝐼𝒮𝐀   B **t**
24 Z : 35 B 69/79 - 115.

XX **Goldener Bock**, Ebersteinstr. 1, ℰ 1 51 23 — 🍽 🅴   B **c**
Donnerstag - Freitag 17 Uhr, Juli - Aug. - 3 Wochen und 27. Dez.- 10. Jan. geschl. —
M (abends Tischbestellung ratsam) 39/79 und a la carte.

XX **Ratskeller**, Marktplatz 1 (Rathaus), ℰ 10 12 22, 🍽 — ⅙ — 🏛 25/90   B **R**
M a la carte 22/60.

In Pforzheim-Brötzingen über ④ :

XX **Silberburg**, Dietlinger Str. 27, ℰ 4 11 59
Montag - Dienstag 18 Uhr und 30. Juli - 27. Aug. geschl. — **M** a la carte 44/68.

XX **Pyramide**, Dietlinger Str. 25, ℰ 4 17 54 — 🆎 ⓞ 🅴 𝒱𝐼𝒮𝐀. 🎇
nur Abendessen, Sonn- und Feiertage sowie Juli - Aug. 4 Wochen geschl. — **M** 65/85 und
a la carte.

In Pforzheim-Büchenbronn SW : 5 km über Kaiser-Friedrich-Str. A :

XX **Adler** mit Zim, Lerchenstr. 21, ℰ 7 12 25, 🍽 — ⟵⟶ ⓟ. 🅴
Anfang Jan. 1 Woche, über Fasching und Mitte Juli - Mitte Aug. geschl. — **M** *(Sonn- und
Feiertage ab 15 Uhr sowie Montag geschl.)* a la carte 33/58 — **3 Z : 4 B** 40 - 72.

In Pforzheim-Dillweißenstein :

X **Trattoria Ballotta** (Italienische Küche), Hirsauer Str. 211 (B 463), ℰ 7 46 70, 🍽 — ⓟ
Dienstag und 1.- 23. Sept. geschl. — **M** a la carte 38/56.

In Pforzheim-Eutingen ② : 3 km :

🏛 **Stadt Pforzheim - Bären**, Hauptstr. 70, ℰ 5 13 55 — ⓟ — 🏛 25/60
↟ *28. Feb.- 11. März und 18. Juli - 12. Aug. geschl.* — **M** *(Mittwoch - Donnerstag geschl.)* a la
carte 19/37 ⅋ — **20 Z : 30 B** 35/45 - 60/75.

In Pforzheim-Sonnenberg über Kaiser-Friedrich-Str. A :

🏛 **Sonnenberg**, Julius-Naeher-Str. 41, ℰ 7 12 30, 🍻 — ⓟ
↟ *Juli - Aug. 3 Wochen geschl.* — **M** *(Samstag ab 14 Uhr und Dienstag geschl.)* a la carte
20/40 — **12 Z : 21 B** 38/48 - 65/75.

An der Autobahnausfahrt Pforzheim-Ost ② : 6 km :

🏨 **Nieferner Hof**, Pforzheimer Str. 52, ✉ 7532 Niefern-Öschelbronn, ℰ (07233) 12 11,
Telex 783905, Fax 5365, 🍽 — 🛗 ⟷ Zim 📺 ☎ ⓟ — 🏛 25/40. 🆎 ⓞ 🅴 𝒱𝐼𝒮𝐀
M um 30 (mittags) und a la carte 40/75 — **72 Z : 122 B** 106/125 - 147/185 Fb.

In Birkenfeld 7534 ④ : 6,5 km :

XX **Zur Sonne** mit Zim, Dietlinger Str. 134, ℰ (07231) 4 78 24, « Gemütliche Einrichtung » —
☎ ⓟ
M *(Mittwoch 14 Uhr - Donnerstag geschl.)* a la carte 42/59 — **5 Z : 8 B** 70 - 120.

In Neulingen-Bauschlott 7531 ① : 10 km :

🏠 **Goldener Ochsen**, Brettener Str. 1, ℰ (07237) 2 25, Biergarten — ⓟ — 🏛 40
Juli - Aug. 3 Wochen geschl. — **M** *(auch vegetarische Gerichte)* (Dienstag geschl.) a la carte
25/52 — **15 Z : 25 B** 45 - 80.

In Wimsheim 7251 SO : 12 km über St.-Georgen-Steige B :

XX **Restaurant Widmann**, Austr. 48, ℰ (07044) 4 13 23 — ⓟ. 🆎
Montag, Jan.- Feb. 1 Woche und Juli - Aug. 3 Wochen geschl. — **M** a la carte 32/52 — **Le
Gourmet** *(nur Abendessen)* **M** 68/98 und a la carte.

PFRONTEN 8962. Bayern 🔢🔢🔢 O 24, 🔢🔢🔢 ⊗. 🔢🔢🔢 ⑮ — 7 500 Ew — Höhe 850 m — Luftkurort —
Wintersport : 840/1 840 m ⋲2 ≼15 ⋌7 — ⚙ 08363.
❚ Verkehrsamt, Haus des Gastes, Pfronten-Ried, Vilstalstraße, ℰ 50 43.
München 131 — Füssen 12 — Kempten (Allgäu) 29.

In Pfronten-Berg :

🏠 **Alpengasthof zum Engel** ⌂, Am Hörnle 2, ℰ 18 86 — ⓟ
12 Z : 24 B.

In Pfronten-Dorf :

🏨 **Bavaria** ⌂, Kienbergstr. 62, ℰ 50 04, ≼, Bade- und Massageabteilung, 🅰, ⤳ (geheizt),
🔲, 🍻, Fahrradverleih — 🛗 📺 ⟵⟶ ⓟ
Nov. 3 Wochen geschl. — **M** a la carte 44/59 — **51 Z : 100 B** 90/125 - 190/240 Fb — 6 Appart.
260/360.

🏠 **Haus Achtal** ⌂ garni, Brentenjochstr. 4, ℰ 83 29, ≼, 🅰, 🔲, 🍻, 🎾 — ☎ ⓟ
Nov.- 20. Dez. geschl. — **16 Z : 26 B** 32/50 - 80/90.

In Pfronten-Halden :

🏦 **Zugspitzblick** ⌖ garni, Edelsbergweg 71, *℘* 50 75, ≤ Tannheimer Gruppe und Pfronten
⛩, 🔲, 🎋 – 🕿 ⟺ 🅿
2. Nov.- 17. Dez. geschl. – **51 Z : 110 B** 34/81 - 70/110.

🏠 **Edelsberg** ⌖, Edelsbergweg 72, *℘* 50 77, ≤, ⛩, 🔲, 🎋 – 🕿 ⟺ 🅿
9 Z : 18 B – 14 Fewo.

In Pfronten-Heitlern :

🏠 **Am Kurpark** ⌖ garni, Schlickestr. 11, *℘* 81 12, Caféterrasse, 🎋 – ⟺ 🅿. **E**
14 Z : 22 B 39/50 - 70/96.

In Pfronten-Meilingen :

🏠 **Alpenhotel** ⌖, Falkensteinweg 9, *℘* 50 55, ≤, ⛩, 🔲, 🎋 – 🕿 🅿. 🖭 **E**
20. Nov.- 20. Dez. geschl. – **M** *(Mittwoch geschl.)* a la carte 29/49 – **23 Z : 45 B** 52/84
94/104 Fb.

🏠 **Berghof** ⌖, Falkensteinweg 13, *℘* 50 17, ≤ Pfronten mit Kienberg und Breitenberg, 🎋
◆ ⛩ – 🕿 🅿
5. Nov.- 18. Dez. geschl. – **M** *(Montag geschl.)* a la carte 21/50 – **29 Z : 50 B** 46/61 - 80/9
Fb – 6 Fewo 70/130.

🏠 **In der Sonne** ⌖, Neuer Weg 14, *℘* 50 19, 🎋, ⛩, 🎋 – 🕿 ⟺ 🅿
◆ *5. Nov.- 15. Dez. geschl.* – **M** *(Dienstag geschl.)* a la carte 20/38 🍷 – **20 Z : 35 B** 47/60
76/84 Fb – 2 Fewo 95 – ½ P 47/66.

In Pfronten-Obermeilingen :

🏠 **Berghotel Schloßanger-Alp** ⌖, Am Schloßanger 1, Höhe 1 130 m, *℘* 60 86, ≤ Tirole
Berge, 🎋, ⛩, 🎋 – 🕿 ⟺ 🅿. 🖭 ⓞ **E** 𝚅𝙸𝚂𝙰
Anfang Nov.- Mitte Dez. geschl. – **M** *(Okt.- Mai Dienstag geschl.)* a la carte 23/53 – **14 Z**
30 B 58/80 - 110/170 Fb – 16 Fewo 75/130.

🏛 **Schönblick** ⌖, Falkensteinweg 21, *℘* 81 23, ≤, 🎋, ⛩ – ⟺ 🅿
16 Z : 34 B.

In Pfronten-Ried :

🏠 **Haus Manhard** ⌖ garni, Birkenweg 21, *℘* 18 55, ⛩, 🎋 – 🕿 🅿
Ende Okt.- Mitte Dez. geschl. – **18 Z : 31 B** 40 - 76/80 – 10 Fewo 88.

In Pfronten-Röfleuten :

🏠 **Frisch** ⌖, Zerlachweg 1, *℘* 50 89, ≤, 🎋, ⛩, 🔲, 🎋 – 🛗 🕿 ⅋ ⟺ 🅿. 🖭 **E**
◆ *3. Nov.- 16. Dez. geschl.* – **M** *(Mittwoch geschl.)* a la carte 21/35 – **34 Z : 58 B** 53/58
93/103 Fb.

In Pfronten-Steinach :

🏦 **Chesa Bader** ⌖ garni, Enzianstr. 12, *℘* 83 96, « Chalet mit rustikal-behagliche
Einrichtung », ⛩, 🔲, 🎋 – 📺 🕿 ⟺ 🅿. 🌸
10. Nov.- 15. Dez. geschl. – **8 Z : 16 B** 60 - 102/110.

In Pfronten-Weißbach :

🏦 Post, Kemptener Str. 14, *℘* 50 32, ⛩ – 📺 🕿 ⟺ 🅿
27 Z : 55 B – 17 Fewo.

🏦 **Parkhotel Flora** ⌖, Auf der Geigerhalde 43, *℘* 50 71, ≤ Allgäuer Berge, 🎋
Fahrradverleih – 🕿 🅿. 🖭 ⓞ **E** 𝚅𝙸𝚂𝙰. 🌸 Rest
Mitte Nov.- Mitte Dez. geschl. – **M** a la carte 23/46 🍷 – **57 Z : 100 B** 65/75 - 110/116 Fb –
½ P 67.

PFULLENDORF 7798. Baden-Württemberg 🄰🄱🄳 K 23, 🎑🎑🎑 ㉟, 🄸🄶🄵 ⑦ – 10 500 Ew – Höh
650 m – ✪ 07552.
◆Stuttgart 123 – ◆Freiburg im Breisgau 137 – ◆Konstanz 62 – ◆Ulm (Donau) 92.

🏦 **Adler**, Heiligenberger Str. 20, *℘* 80 54 – 🛗 🕿 🅿 – 🔬 25/60. ⓞ **E** 𝚅𝙸𝚂𝙰
M a la carte 33/56 – **28 Z : 46 B** 68/80 - 118/145 Fb.

🏠 **Krone**, Hauptstr. 18, *℘* 81 11 – 📺 🕿 ⟺ 🅿 – 🔬 30. 🖭 ⓞ **E** 𝚅𝙸𝚂𝙰
23. Dez.- 10. Jan. geschl. – **M** a la carte 25/48 🍷 – **25 Z : 50 B** 55/65 - 90/110 Fb.

🏠 **Stadtblick** garni, Am Pfarröschle 2/1, *℘* 3 11 – 🕿 ⟺ 🅿
über Fastnacht 1 Woche geschl. – **14 Z : 19 B** 58/65 - 90/95.

PFULLINGEN 7417. Baden-Württemberg 🄰🄱🄳 K 21, 🎑🎑🎑 ㉟ – 16 000 Ew – Höhe 426 m
✪ 07121 (Reutlingen).
◆Stuttgart 53 – Reutlingen 4 – ◆ Ulm (Donau) 78.

🏠 **Engelhardt** garni, Hauffstr. 111, *℘* 7 70 38, ⛩ – 🛗 📺 🕿 ⟺ 🅿. 🖭 ⓞ **E** 𝚅𝙸𝚂𝙰
32 Z : 45 B 70/85 - 100/130 Fb.

✗ **Waldcafé**, Vor dem Urselberg 1 (O : 2 km), *℘* 7 10 81, ≤ Pfullingen, 🎋 – 🅿
Donnerstag und 5. Feb.- 1. März geschl. – **M** a la carte 25/51.

FUNGSTADT 6102. Hessen 413 I 17. 987 ㉘ − 24 000 Ew − Höhe 103 m − ✆ 06157.

Wiesbaden 52 − ♦Darmstadt 10 − Mainz 45 − ♦Mannheim 45.

🏨 **Rheinischer Hof**, Rheinstr. 40, ✆ 60 76 − 📺 ☎ 🅿. 🆎 🇪
  M *(Samstag bis 18 Uhr und Sonntag geschl.)* 73/95 und a la carte − **14 Z : 22 B** 89/95 - 145.

🏠 **Weingärtner** 🅂 garni, Sandstr. 26, ✆ 29 58 − 🅿
  39 Z : 61 B 39/68 - 60/95.

XX **Kirchmühle**, Kirchstr. 31, ✆ 68 20, « Originelle Einrichtung aus Teilen einer alten Mühle »
  − 🆎 ⓓ 🇪 𝒱𝐼𝑆𝐴
  Samstag bis 18 Uhr und Montag geschl. − **M** (Tischbestellung ratsam) 38 (mittags) und a la
  carte 50/82.

X **Restaurant VM** (kleines Restaurant im Bistrostil), Borngasse 16 (Zentrum am Rathaus),
  ✆ 8 54 40
  Samstag bis 18 Uhr, Sonntag sowie April - Mai und Okt.- Nov. jeweils 2 Wochen geschl. −
  Menu (Tischbestellung ratsam) 26/62 und a la carte.

  An der Autobahn A 67 :

🏠 **Raststätte und Motel** (Ostseite), ✉ 6102 Pfungstadt, ✆ (06157) 30 31, 🍴 − 📧 ☎ ⇦
  🅿
  M *(auch Self-service)* a la carte 24/49 − **50 Z : 72 B** 54/69 - 92/106.

HILIPPSBURG 7522. Baden-Württemberg 413 I 19 − 11 000 Ew − Höhe 100 m − ✆ 07256.

Stuttgart 89 − Heidelberg 30 − ♦Karlsruhe 35 − Landau in der Pfalz 29 − ♦Mannheim 34.

🏠 **Philippsburger Hof**, Söternstr. 1, ✆ 51 63 − ☎ 🅿. ⓓ 🇪 𝒱𝐼𝑆𝐴
◆ **M** 17,50/43 und a la carte − **13 Z : 16 B** 50 - 80 Fb.

HILIPPSREUT 8391. Bayern 413 X 20. 426 ⑦ − 900 Ew − Höhe 778 m − ✆ 08550.

Verkehrsamt, Hauptstr. 11, ✆ 2 65.

München 221 − Grafenau 30 − Passau 49.

  In Philippsreut-Mitterfirmansreut NW : 5 km − Erholungsort − Wintersport
  940/1140 m ≰5 ⫞2 m:

🏠 **Almberg** 🅂, Hauptstr. 60, ✆ (08557)3 61, ≼, 🍴, ⇔, 🔲, 🎠 − 📺 ☎ 🅿
  40 Z : 80 B Fb.

🏠 **Sporthotel Sperlich** 🅂, Hauptstr. 54, ✆ (08557) 7 33, ≼, ⇔, 🎠, 🎾 (Halle) − ⇦ 🅿
  16. April - 15. Mai und 30. Okt.- 20. Dez. geschl. − (nur Abendessen für Hausgäste) − **30 Z :**
  50 B 40/50 - 100/114.

HILIPPSTHAL 6433. Hessen − 5 400 Ew − Höhe 226 m − Erholungsort − ✆ 06620.

Wiesbaden 190 − Fulda 77 − Bad Hersfeld 26.

🏩 **Hessisches Wappen**, Rathausstr. 14, ✆ 2 09, ⇔ − 🅿
  (Montag - Freitag nur Abendessen) − **11 Z : 20 B**.

IDING 8235. Bayern 413 V 23. 426 ⑲ − 4 300 Ew − Höhe 457 m − Luftkurort − ✆ 08651 (Bad
Reichenhall).

Verkehrsamt, Thomastr. 2 (Rathaus), ✆ 38 60.

München 128 − Bad Reichenhall 9 − Salzburg 13.

  In Piding - Högl N : 4 km :

🏨 **Berg- und Sporthotel Neubichler Alm** 🅂, Kleinhögl 87, Höhe 800 m, ✆ (08656) 8 74,
  ≼ Salzburg und Berchtesgadener Land, 🍴, Massage, ⇔, 🔲, 🎠, 🎾. 🌲 − 📧 ☎ 🅿 −
  🍴 25/60. 🆎 ⓓ 🇪 𝒱𝐼𝑆𝐴
  M a la carte 29/52 − **60 Z : 120 B** 73/110 - 124/167 Fb − ½ P 82/130.

  In Piding-Mauthausen :

🏠 **Pension Alpenblick** 🅂, Gaisbergstr. 9, ✆ 43 60, ⇔, 🎠 − ☎ 🅿. 🎾
  Nov.- 15. Dez. geschl. − (nur Abendessen für Hausgäste) − **17 Z : 36 B** 50 - 88/96.

INNEBERG 2080. Schleswig-Holstein 987 ⑤ − 38 200 Ew − Höhe 11 m − ✆ 04101.

ADAC, Saarlandstr. 18, ✆ 2 22 23.

Kiel 89 − ♦Bremen 128 − ♦Hamburg 18 − ♦Hannover 173.

🏨 **Cap Polonio** 🅂, Fahltskamp 48, ✆ 2 24 02, « Festsaal mit Original-Einrichtung des
  Dampfers Cap Polonio », Fahrradverleih − 📧 ☎ 🅿 − 🍴
  44 Z : 79 B Fb.

PIRMASENS 6780. Rheinland-Pfalz **413** FG 19, **987** ㉔, **57** ⑧ — 51 000 Ew — Höhe 368 m
✆ 06331.

Sehenswert : Deutsches Schuhmuseum★ M.

Messegelände Wasgauhalle, ✆ 6 40 41, Telex 452468.

🛈 Verkehrsamt, Messehaus, Dankelsbachstr. 19, ✆ 8 44 44.

ADAC, Schloßstr. 6, ✆ 6 44 40, Telex 452348.

Mainz 122 ① — Kaiserslautern 36 ① — Landau in der Pfalz 46 ② — ◆Saarbrücken 63 ①.

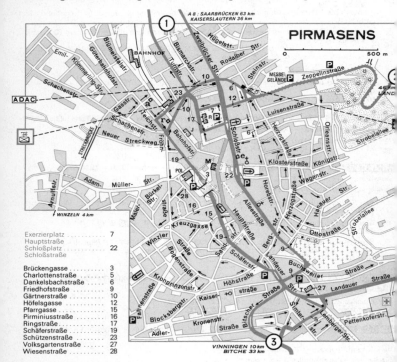

Exerzierplatz	7
Hauptstraße	
Schloßplatz	22
Schloßstraße	
Brückengasse	3
Charlottenstraße	5
Dankelsbachstraße	6
Friedhofstraße	9
Gärtnerstraße	10
Höfelsgasse	12
Pfarrgasse	15
Pirminiusstraße	16
Ringstraße	17
Schäferstraße	19
Schützenstraße	23
Volksgartenstraße	27
Wiesenstraße	28

🏨 **Matheis,** Bahnhofstr. 47, ✆ 6 30 75, Telex 452504, 🏤, 🕿, 🔲 – 🛗 ☎ 🚗 – 🔏 25/100.
🄰🄴 ⓘ 🄴 *VISA*
27. Dez.- Anfang Jan. geschl. — **M** *(Samstag und Juli 2 Wochen geschl.)* 15/26 (mittags) und a la carte 25/60 ⅃ – **75 Z : 105 B** 45/60 - 66/100 Fb.

🏨 **Hans-Sachs-Hof,** Schloßstr. 59, ✆ 7 00 91, Telex 452428 – 🛗 ▤ Rest 📺 ☎ 🅿.
🔏 25/60. 🄰🄴 ⓘ 🄴 *VISA*. 🦺 Rest
M *(Sonntag geschl.)* a la carte 24/54 ⅃ – **75 Z : 115 B** 60/95 - 85/220 Fb.

🏨 **Wasgauland** garni, Bahnhofstr. 35, ✆ 6 60 23 – 🛗 ☎ 🚗 🅿. 🄰🄴 ⓘ 🄴 *VISA*
44 Z : 66 B 65 - 98/113 Fb.

In Pirmasens 17 - Winzeln W : 4 km über Winzler Str. oder Arnulfstr. :

🏨 **Kunz,** Bottenbacher Str. 74, ✆ 9 80 53, 🕿, 🔲 – 📺 ☎ 🚗 🅿 – 🔏 25/100. ⓘ 🄴 *VISA*
🦺 Rest
24. Dez.- 5. Jan. geschl. — **M** *(Freitag - Samstag 18 Uhr und 13.- 30. Juli geschl.)* 29/58 und la carte ⅃ – **42 Z : 80 B** 45/70 - 80/110 Fb.

In Obersimten 6781 ③ : 5 km :

🏨 **Berghof,** Hauptstr. 1, ✆ (06331) 4 59 76, 🏤, 🐎 – 📺 🅿. 🄴
Feb. und Juli - Aug. jeweils 2 Wochen geschl. — **M** *(Dienstag geschl.)* a la carte 24/54 ⅃ – **8 Z : 12 B** 45 - 80.

Le carte stradali **Michelin** sono costantemente aggiornate.

662

LÄTTIG Baden-Württemberg siehe Schwarzwaldhochstraße.

LAIDT 5472. Rheinland-Pfalz — 5 500 Ew — Höhe 110 m — ۞ 02632 (Andernach).
ⱥinz 109 — ♦Bonn 63 — ♦Koblenz 19.
🏠 **Geromont**, Römerstr. 3a, ℰ 60 55 — 📺 ☎ ⟵ 🄿
♦ 23. Dez.- 6. Jan. geschl. — **M** (nur Abendessen, Sonntag geschl.) a la carte 21/37 — **29 Z :
70 B** 45/60 - 70/90 Fb.

LANEGG Bayern siehe Gräfelfing.

LATTLING 8350. Bayern 🐵🄹🄳 V 20, 🐵🄶🄷 ㉘ — 10 400 Ew — Höhe 320 m — ۞ 09931.
ⱥünchen 134 — Deggendorf 12 — Landshut 65 — Passau 53 — ♦Regensburg 71.
🏠 **Zur Grünen Isar**, Passauer Str. 2, ℰ 24 17, ᖆ — 🛋 📺 ☎. 🄰🄴 ⑩ E 🆅🅸🆂🅰
♦ **M** (Donnerstag geschl.) a la carte 19/42 — **40 Z : 70 B** 54/78 - 90/110 Fb.
🏠 **Bahnhof-Hotel Liebl**, Bahnhofsplatz 3, ℰ 24 12, ᖆ — ⟵ 🄿. ⑩ E 🆅🅸🆂🅰
♦ **M** (Freitag geschl.) a la carte 20/50 — **43 Z : 50 B** 31/45 - 52/82 Fb.

In Plattling-Altholz NO : 7 km :
XX **Reiter Stuben Hutter**, ℰ (0991) 73 22, ᖆ — 🄿. ⁓.

LECH 8571. Bayern 🐵🄹🄳 R 18 — 1 200 Ew — Höhe 461 m — Erholungsort — ۞ 09244 (Betzenstein).
ⱥünchen 192 — Bayreuth 40 — ♦Nürnberg 46.

In Plech-Bernheck NO : 2,5 km :
🏠 **Veldensteiner Forst** ⑤, ℰ 4 14, ᖆ, 🍴, 🛋, 🌲, Fahrradverleih — 📺 ☎ ⟵ 🄿 —
♦ 🄰 25/50. 🄰🄴 ⑩ E 🆅🅸🆂🅰 ⁓
19. Feb.- 23. März geschl. — **M** (Montag geschl.) a la carte 20/47 ♨ — **35 Z : 56 B** 39/47 -
74/94 Fb.

LEINFELD 8835. Bayern 🐵🄹🄳 PQ 19 — 6 000 Ew — Höhe 371 m — ۞ 09144.
Verkehrs- und Reisebüro, Marktplatz 11, ℰ 67 77.
ⱥünchen 140 — Donauwörth 49 — Ingolstadt 60 — ♦Nürnberg 46.
🏨 **Landhotel Der Sonnenhof** ⑤, Badstr. 11, ℰ 5 41, Telex 625112, Fax 6463, ᖆ,
Biergarten, 🍴 — 🛋 ☎ 🄿 — 🄰 25/100. 🄰🄴 ⑩ E 🆅🅸🆂🅰
M a la carte 27/55 — **54 Z : 104 B** 100 - 144/154 Fb.
XX **Landgasthof Siebenkäs** mit Zim, Kirchenstr. 1, ℰ 82 82, ᖆ — ☎ 🄿. E
2.- 15. Jan. und 30. Juli - 6. Aug. geschl. — **M** (Montag geschl.) a la carte 30/55 — **4 Z : 6 B**
45 - 80.

LEISWEILER-OBERHOFEN Rheinland-Pfalz siehe Bergzabern, Bad.

LETTENBERG 5970. Nordrhein-Westfalen 🐵🄶🄷 ㉘ — 28 200 Ew — Höhe 210 m — ۞ 02391.
ⱥüsseldorf 117 — Arnsberg 43 — Hagen 50 — Lüdenscheid 23 — Olpe 29.
XX **Berghaus Tanneneck**, Brachtweg 61, ℰ 33 66, ≤ Plettenberg und Ebbegebirge — 🄿
Anfang - Mitte Jan. und Dienstag geschl. — **M** a la carte 25/51.

LEYSTEIN 8481. Bayern 🐵🄹🄳 U 18 — 2 500 Ew — Höhe 549 m — Erholungsort — Wintersport :
⎰0/800 m ⱬ1 ⱬ4 — ۞ 09654.
Rathaus, Neuenhammer Str. 1, ℰ 4 62.
ⱥünchen 216 — ♦Nürnberg 116 — ♦Regensburg 94 — Weiden in der Oberpfalz 23.
🏠 **Zottbachhaus** ⑤, Gut Peugenhammer (N : 2 km), ℰ 2 62, ᖆ, 🍴, 🌲 — ⟵ 🄿. ⁓
♦ Nov.- 25. Dez. geschl. — **M** (Montag geschl.) a la carte 19/39 — **12 Z : 24 B** 30/45 - 70/90.
🏡 **Weißes Lamm**, Neuenhammer Str. 11, ℰ 2 73, 🌲 — ⟵ 🄿. E. ⁓ Zim
♦ Nov. geschl. — **M** a la carte 18/31 ♨ — **25 Z : 44 B** 33 - 48/60.

LIEZHAUSEN 7401. Baden-Württemberg 🐵🄹🄳 K 21 — 6 700 Ew — Höhe 350 m — ۞ 07127.
Stuttgart 32 — Reutlingen 8,5 — ♦Ulm (Donau) 80.
🏨 **Schönbuch-Hotel** ⑤, Stellenäcker Str. 54, ℰ 72 86, Fax 7710, ≤ Schwäbische Alb, ᖆ,
🍴, 🛋, 🌲 — 🛋 📺 ☎ ⟵ 🄿 — 🄰 25/100. 🄰🄴 ⑩ E 🆅🅸🆂🅰
Juli - Aug. 4 Wochen geschl. — **M** (Sonn- und Feiertage ab 15 Uhr geschl.) a la carte 40/70
— **31 Z : 42 B** 130/170 - 220/250 Fb.

LOCHINGEN 7310. Baden-Württemberg 🐵🄹🄳 L 20, 🐵🄶🄷 ㉟ — 12 100 Ew — Höhe 276 m —
⎰ 07153 — ♦Stuttgart 25 — Göppingen 20 — Reutlingen 36 — ♦Ulm (Donau) 70.
🏠 **Schurwaldhotel** ⑤ garni, Marktstr. 13, ℰ 20 64, Fax 72675 — 🛋 📺 ☎ ⟵. 🄰🄴 ⑩ E 🆅🅸🆂🅰
22. Dez.- 2. Jan. geschl. — **27 Z : 34 B** 92 - 144.

In Plochingen-Stumpenhof N : 3 km Richtung Schorndorf :
XX **Stumpenhof**, Schorndorfer Str. 1, ℰ 2 24 25 — 🄿
Montag - Dienstag, über Fasching 2 Wochen und Juli - Aug. 3 Wochen geschl. — Menu a la
carte 32/60.

In Altbach 7305 NW : 3 km :

🏠 **Altbacher Hof** (mit 4 Gästehäusern), Kirchstr. 11, ℰ (07153) 2 30 41 – 📺 ☎ 📞 ⓞ E 📼
M *(nur Abendessen, Freitag - Samstag geschl.)* a la carte 25/50 – **75 Z : 100 B** 60/85
100/120.

In Deizisau 7310 W : 3 km :

✗ **Ochsen**, Sirnauer Str. 1, ℰ (07153) 2 79 45 – 📞
10.- 31. Juli, 24.- 31. Dez. und Sonntag 15 Uhr - Montag geschl. – **M** a la carte 24/49.

PLÖN 2320. Schleswig-Holstein 987 ⑤ – 10 000 Ew – Höhe 25 m – Luftkurort – 🕲 04522.
Sehenswert : Großer Plöner See★ – Schloßterrasse ≼★.
🛈 Kurverwaltung, Lübecker Straße (Schwentinehaus), ℰ 27 17.
◆Kiel 29 – ◆Lübeck 55 – Neumünster 36 – Oldenburg in Holstein 41.

🏨 **A. C. Kurhotel Plön**, Ölmühlenallee 1a, ℰ 90 66, Telex 261317, Fax 6538, 🌧, Bade- un
Massageabteilung, 🔬, 🚭, direkter Zugang zum städt. 🔲 – 🛗 📺 ☎ 📞 – 🔬 25/300. 🗗
ⓞ E 📼
M a la carte 32/58 – **53 Z : 106 B** 94/114 - 162/182 Fb – ½ P 107/140.

🏠 **Fegetasche**, Fegetasche 1 (B 76), ℰ 90 51, Fax 6712, 🌧 – ☎ 🚗 📞. E
Mitte März - Nov. – **M** *(außer Saison Freitag geschl.)* a la carte 32/56 – **20 Z : 40 B** 41/90
82/102.

🏠 **Touristic** garni, August-Thienemann-Str. 1 (nahe der B 76), ℰ 81 32 – 📞
16 Z : 30 B 48/53 - 85/95.

In Dörnick 2323 W : 3 km :

🏠 Johannestal garni, Fuchsberg 10 (nahe der B 430), ℰ (04522) 46 83 – ☎ 📞 – **13 Z : 28 B**.

POCKING 8398. Bayern 413 WX 21, 987 ⑧, 426 ⑦ – 12 000 Ew – Höhe 323 m – 🕲 08531.
◆München 149 – Landshut 102 – Passau 27 – Salzburg 112.

🏠 **Pockinger Hof** (mit Gästehaus), Klosterstr. 13, ℰ 73 39, 🌧 – 🚗 📞
◆ **M** *(Nov.- Juli Donnerstag geschl.)* a la carte 17,50/32 ⅛ – **35 Z : 56 B** 39 - 70 Fb.

☎ **Rauch**, Bahnhofstr. 3, ℰ 73 12 – 🚗 📞 – **30 Z : 50 B** Fb.

In Pocking 2-Hartkirchen O : 7 km :

✗✗ **Hasenbergerhof - Da Giovanni**, Schömerweg 14, ℰ (08538) 12 01, 🌧 – 📞 E
Montag - Freitag nur Abendessen, 29. Okt.- 16. Nov. geschl. – **M** a la carte 36/52.

PÖCKING 8134. Bayern 413 Q 23 – 5 200 Ew – Höhe 672 m – 🕲 08157.
◆München 32 – ◆Augsburg 71 – Garmisch-Partenkirchen 65.

In Pöcking-Possenhofen SO : 1,5 km :

🏨 **Forsthaus am See** 🦢, Am See 1, ℰ 73 07, Fax 4292, ≼, « Terrasse am See »
Bootsanleger – 🛗 📺 ☎ 🚗 📞 – 🔬 30/50. 🗗 E
M *(im Winter Dienstag geschl.)* a la carte 31/58 – **21 Z : 44 B** 140/170 - 180/250 Fb.

✗✗ **Bosselmann's Restaurant Schiffsglocke**, Seeweg 4, ℰ 70 08, 🌧 – 📞. 🗗 ⓞ E 📼
Mittwoch, Feb. 2 Wochen und 5.- 21. Nov. geschl., im Winter Mittwoch - Donnerstag 18 Uh
geschl. – **M** (Tischbestellung ratsam) a la carte 39/70.

PÖLICH Rheinland-Pfalz siehe Mehring.

PÖTTMES 8897. Bayern 413 Q 21, 987 ⑧ – 4 200 Ew – Höhe 406 m – 🕲 08253.
◆München 87 – ◆Augsburg 33 – Ingolstadt 42 – ◆Ulm (Donau) 104.

☎ **Krone**, Kirchplatz 1, ℰ 3 30 – 🚗
◆ 20. Aug.- 8. Sept. geschl. – **M** *(Montag geschl.)* a la carte 19.50/40 ⅛ – **18 Z : 25 B** 28/35
56/60.

POHLHEIM Hessen siehe Gießen.

POING 8011. Bayern 413 S 22 – 6 200 Ew – Höhe 517 m – 🕲 08121.
◆München 21 – Landshut 95.

🏠 Strasser, Rathausstr. 5, ℰ 8 10 31 (Hotel) 8 11 10 (Rest.), 🌧 – 🛗 ☎ 🚗 📞
32 Z : 50 B Fb.

POLLE 3453. Niedersachsen 987 ⑮ – 1 300 Ew – Höhe 80 m – 🕲 05535.
🛢 Weißenfelder Mühle, ℰ (05535) 2 70.
◆Hannover 83 – Detmold 44 – Hameln 38 – ◆Kassel 88.

🏠 **Zur Burg**, Amtsstr. 10, ℰ 2 06, 🌧 – 🚗 📞. 🗗 ⓞ E 📼
M *(Montag geschl.)* a la carte 22/46 – **12 Z : 25 B** 35/39 - 70.

✗ Graf Everstein, Amtsstr. 6, ℰ 2 78, ≼, 🌧 – 📞.

OMMELSBRUNN Bayern siehe Hersbruck.

OMMERSFELDEN 8602. Bayern 🔢🔢🔢 P 17. 🔢🔢🔢 ⑳ – 2 200 Ew – Höhe 269 m – ✪ 09548.

▸henswert: Schloß* : Treppenhaus*.

München 216 – ◆Bamberg 21 – ◆Nürnberg 45 – ◆Würzburg 74.

🏨 **Schloßhotel** ⒮, im Schloß Weißenstein, ℰ 4 88, 🍴, « Schloßpark », ⒮, 🔲, 🐎, ⚑
– 🕿 🅿 – 🛆 25/50
M a la carte 23/45 – **63 Z : 120 B** 55/65 - 86/102 Fb.

In Pommersfelden-Limbach S : 1,5 km :

🔥 **Volland,** ℰ 2 81 – 🅿
◆ *30. April - 29. Mai geschl.* – **M** *(Dienstag geschl.)* a la carte 15/30 🍷 – **12 Z : 30 B** 26/34 - 42/52.

OPPELTAL Baden-Württemberg siehe Enzklösterle.

OPPENHAUSEN 8721. Bayern 🔢🔢🔢 N 16. 🔢🔢🔢 ⑳ – 3 500 Ew – Höhe 252 m – ✪ 09725.
München 317 – ◆Bamberg 71 – Bad Neustadt a.d. Saale 29 – Schweinfurt 11 – ◆Würzburg 49.

🏠 **Landgasthof Schwarzer Adler,** Bahnhofstr. 2, ℰ 8 34, 🍴 – 🅿
29 Z : 45 B Fb.

OPPENHAUSEN/WASSERKUPPE 6416. Hessen 🔢🔢🔢 M 15 – 2 700 Ew – Höhe 446 m – ▸ftkurort – ✪ 06658.
Wiesbaden 201 – Fulda 18 – Gersfeld 7,5.

🏨 **Hof Wasserkuppe** garni, Pferdskopfstr. 3, ℰ 5 33, ⒮, 🔲, 🐎 – 🕿 🅿
14 Z : 26 B 49/54 - 78/89 – 2 Fewo.

In Poppenhausen-Rodholz O : 2 km :

🏠 **Berghotel Rhöndistel** ⒮, ℰ 5 81, ◁, 🍴, 🐎 – 🕿 🅿
◆ *15. Nov.- 25. Dez. geschl.* – **M** a la carte 19,50/40 – **10 Z : 20 B** 52 - 71/81 – 2 Fewo 77/193.

In Poppenhausen-Schwarzerden O : 4 km :

🏨 **Rhön-Hotel Sinai** ⒮, beim Guckaisee, ℰ 5 11, 🍴, ⒮, 🔲, 🐎 – 🛎 📺 🕿 ⇔ 🅿 –
🛆 25/70. ⓐ 🄴 🎟
M a la carte 35/64 – **51 Z : 110 B** 75/120 - 135/255 Fb.

In Poppenhausen - Sieblos NO : 4 km :

✕✕ **Gasthof Alte Schule,** St. Laurentius-Str. 1, ℰ 4 66, 🍴 – 🅿
Mittwoch und Mitte Jan.- Mitte Feb. geschl. – **M** a la carte 29/55.

PORTA WESTFALICA 4952. Nordrhein-Westfalen – 35 000 Ew – Höhe 50 m – ✪ 0571 (Minden).
▸henswert : Porta Westfalica* : Kaiser-Wilhelm-Denkmal ◁*, Porta Kanzel ◁* (auf dem rechten Weserufer).
Haus des Gastes, Porta Westfalica - Hausberge, Kempstr. 4a, ℰ 79 12 80.
Düsseldorf 214 – ◆Bremen 106 – ◆Hannover 71 – ◆Osnabrück 75.

Im Ortsteil Barkhausen linkes Weserufer – Luftkurort :

🏨 **Der Kaiserhof,** Freiherr-vom-Stein-Str. 1 (B 61), ℰ 7 24 47, Fax 74884, 🍴 – 📺 🕿 ⇔
🅿 – 🛆 25/200. ⓐ ⓞ 🄴 🎟
M a la carte 27/59 – **37 Z : 75 B** 90/125 - 140/180 Fb.

🏠 **Friedenstal,** Alte Poststr. 4, ℰ 7 01 47, 🍴 – 🕿 ⇔ 🅿. ⓐ ⓞ 🄴 🎟
2.- 26. Jan. geschl. – **M** *(im Winter Freitag geschl.)* a la carte 23/50 – **20 Z : 30 B** 40/85 - 70/150 Fb.

Im Ortsteil Hausberge – Kneipp-Kurort :

🏨 **Porta Berghotel,** Hauptstr. 1, ℰ 7 20 61, Telex 97975, Fax 763, ◁, 🍴, ⒮, 🔲.
Fahrradverleih – 🛎 📺 🅿 – 🛆 25/200. ⓐ ⓞ 🄴 🎟
M 45/125 und a la carte – **88 Z : 180 B** 84/124 - 140/190 Fb.

🏠 **Waldhotel Porta Westfalica** ⒮ garni, Findelsgrund 81, ℰ 7 27 29, ⒮, 🐎 – 🅿
18 Z : 32 B 38/65 - 76/110 – 2 Fewo 50/90.

Im Ortsteil Lerbeck :

🏨 Haus Hubertus, Zur Porta 14, ℰ 73 27, Telex 97963, ⒮ – 🕿 ⇔ 🅿 – 🛆
42 Z : 90 B Fb.

POSSENHOFEN Bayern siehe Pöcking.

POSTBAUER-HENG 8439. Bayern 🔢🔢🔢 QR 19 – 5 700 Ew – Höhe 490 m – ✪ 09188.
München 152 – ◆Nürnberg 28 – ◆Regensburg 82.

In Postbauer-Heng - Dillberg O : 3 km, über die B 8 :

🏨 **Berghof** ⒮, ℰ 6 31, Fax 641, ◁, 🍴, 🐎 – 🛎 🕿 🅿 – 🛆 25/50. ⓐ ⓞ 🄴 🎟. ⚒ Rest
Aug. geschl. – **M** a la carte 37/58 – **34 Z : 60 B** 65/75 - 100/125.

POTTENSTEIN 8573. Bayern 408 R 17 — 5 100 Ew — Höhe 368 m — Luftkurort — ✿ 09243.
Ausflugsziel : Fränkische Schweiz★★.
🛈 Städtisches Verkehrsbüro, Rathaus, ℘ 8 33.
◆München 212 — ◆Bamberg 51 — Bayreuth 40 — ◆Nürnberg 66.

🏨 **Kurhotel Schwan** ⑤ garni, Am Kurzentrum 6, ℘ 8 36, direkter Zugang zum Kurhaus, ☞
— 劇 ☎ 🅟 — 🔄 30
Jan. und Nov. geschl. — **30 Z : 54 B** 55/62 - 104 Fb.

🏠 **Tucher Stuben**, Hauptstr. 44, ℘ 3 39 — ⇔ 🅟 E. ❄ Zim
➡ *15. Nov.- 19. Dez. geschl.* — **M** *(im Winter Dienstag geschl.)* a la carte 13/34 ⅄ — **13 Z : 22**
45/50 - 50/90 — ½ P 50/55.

🏠 **Steigmühle** ⑤ garni, Franz-Wittmann-Gasse 24, ℘ 3 38, ← — 🅟. ❄
18 Z : 34 B 30/40 - 65/77.

🏡 **Café Minderlein** ⑤ garni, Franz-Wittmann-Gasse 30, ℘ 3 43, ←, Caféterrasse, ☞ — 🅟
April - Okt. — **13 Z : 25 B** 30/45 - 50/64.

✗ **Wagner-Bräu**, Hauptstr. 1, ℘ 2 05 — 🅟
➡ *Mittwoch und 10.- 24. Jan. geschl.* — **M** a la carte 19,50/37.

In Pottenstein-Haselbrunn N : 2,5 km :

🏡 **Schaffer**, Haselbrunn 11, ℘ 3 61, 🍴, 🐴, ☞ — ⇔ 🅟
➡ **M** a la carte 14/28 ⅄ — **15 Z : 30 B** 26/36 - 48/64.

In Pottenstein-Kirchenbirkig S : 4 km :

🏠 **Bauernschmitt**, ℘ 2 35, 🍴, ☞ — ⇔ 🅟
➡ *16. Nov.- 15. Dez. geschl.* — **M** *(Dez.- März Donnerstag geschl.)* a la carte 15/32 ⅄ — **25 Z :**
55 B 30/36 - 56/90 Fb — ½ P 42/48.

In Pottenstein-Schüttersmühle SO : 2,5 km :

🏠 **Gasthof Schüttersmühle**, an der B 470, ℘ 2 07, 🍴 — 🅟
12 Z : 25 B.

In Pottenstein-Tüchersfeld NW : 4 km :

🏠 **Zur Einkehr** ⑤, ℘ (09242) 8 09 — ⇔ 🅟. ❄
Nov. 2 Wochen geschl. — *(Restaurant nur für Hausgäste)* — **10 Z : 18 B** 28/30 - 58 -
½ P 40/42.

PREETZ 2308. Schleswig-Holstein 987 ⑤ — 15 600 Ew — Höhe 34 m — Luftkurort — ✿ 04342.
◆Kiel 16 — ◆Lübeck 68 — Puttgarden 82.

In Schellhorn 2308 SO : 1,5 km :

🏨 **Landhaus Hahn** ⑤, am Berg 12, ℘ (04342) 8 60 01, ☞ — 📺 ☎ 🅟 — 🔄 25/100. 🅰🅴
E 🆅🆂🅰
M *(Montag und Samstag nur Abendessen)* 25/35 (mittags) und a la carte 41/59 — **22 Z :**
50 B 70/75 - 105/135 Fb.

PRESSIG 8644. Bayern 408 Q 15 — 4 400 Ew — Höhe 400 m — ✿ 09265.
◆München 292 — ◆Bamberg 71 — Bayreuth 57 — Coburg 38.

🏡 **Barnickel**, Kronacher Str. 2 (B 85), ℘ 2 73 — ⇔ 🅟
➡ *7.- 30. Jan. geschl.* — **M** *(Montag geschl.)* a la carte 17,50/31 — **6 Z : 9 B** 28 - 50/58.

In Pressig-Förtschendorf NO : 6 km :

🏠 Brauerei-Gasthof Leiner-Bräu, Bamberger Str. 13 (B 85), ℘ (09268) 2 27 — ☎ ⇔ 🅟
11 Z : 20 B.

PREUSSISCH OLDENDORF 4994. Nordrhein-Westfalen — 11 000 Ew — Höhe 72 m -
Luftkurort — ✿ 05742.
🛈 Verkehrsamt, Rathausstr. 3, ℘ 20 11.
◆Düsseldorf 225 — ◆Bremen 110 — ◆Hannover 105 — ◆Osnabrück 35.

In Preußisch Oldendorf - Börninghausen SO : 7 km :

✗ Waidmanns Ruh mit Zim, Bünder Str. 15, ℘ 22 80, 🍴 — 📺 ☎ 🅟
5 Z : 8 B.

In Preußisch Oldendorf-Holzhausen SO : 5 km über die B 65 :

🏨 **Kurhaus Holsing** ⑤, Brunnenallee 3, ℘ (05741) 27 50, « Park, Gartenterrasse », Bade- und
Massageabteilung, 🌡, 🐴, 🔲 — 劇 📺 ☎ 🅖 🅟
80 Z : 120 B Fb.

PRICHSENSTADT 8718. Bayern 408 NO 17 — 2 800 Ew — Höhe 278 m — ✿ 09383 (Abtswind).
Sehenswert : Hauptstraße ★ mit Fachwerkhäusern.
◆ München 254 — ◆Nürnberg 82 — Schweinfurt 32 — ◆Würzburg 45.

🏠 **Zum Storch** (Gasthof a.d.J. 1658), Luitpoldstr. 7, ℘ 5 87, 🍴, eigener Weinbau — 🅟
➡ *Aug.- Sept. 2 Wochen geschl.* — **M** *(Dienstag geschl.)* a la carte 20/32 ⅄ — **9 Z : 20 B** 40
68/75.

PRIEN AM CHIEMSEE 8210. Bayern **413** U 23. **987** ③. **426** ⑱ — 9 700 Ew — Höhe 531 m — Luftkurort — Kneippkurort — ✿ 08051.

Sehenswert : Chiemsee* (Überfahrt zur Herren- und Fraueninsel).

☞ Prien-Bauernberg, ✆ 6 22 15.

Kurverwaltung, Alte Rathaus str. 11, ✆ 6 90 50.

München 85 — Rosenheim 23 — Salzburg 64 — Wasserburg am Inn 27.

🏨 **Yachthotel Chiemsee** ⌂, Harrasser Str. 49, ✆ 69 60, Telex 525482, Fax 5171, ≤ Chiemsee und Herrenchiemsee, « Gartenterrasse am See », Bade- und Massageabteilung, 🔔, ≘, 🏊, 🎣, 🎣, Yachthafen, Fahrradverleih — 🛗 📺 ⇔ 🅿 — 🅰 25/200. 🕮 ⓪ 🍽 💳
 M a la carte 45/81 — **101 Z : 206 B** 135/195 - 175/230 Fb — 5 Appart. 300/380 — ½ P 113/230.

🏨 **Sport-u. Golf-Hotel** ⌂, Erlenweg 16, ✆ 10 01, ≘, 🏊, 🎣 — 🛗 ☎ 🅿. 🕮 🍽
 Ostern - Okt. — **M** (nur Abendessen, Mittwoch geschl.) a la carte 30/45 — **40 Z : 68 B** 80/86 - 140/200 Fb — ½ P 97/113.

🏨 **Reinhart** ⌂, Seestr. 117, ✆ 10 45, Fax 1046, ≤, 🎣, 🎣 — 📺 ☎ 🅿. 🕮 🍽 💳
 Jan.- Ostern und 20. Okt.- 10. Dez. geschl. — **M** (Donnerstag geschl.) a la carte 26/50 — **24 Z : 44 B** 65/80 - 120/180 Fb — ½ P 87/102.

🏨 **Luitpold am See** ⌂ garni, Seestr. 110, ✆ 60 91 00, ≤, « Caféterrasse am Hafen », 🎣 — ☎ & 🅿
 7. Jan.- 2. Feb. und 15. Nov.- 14. Dez. geschl. — **39 Z : 51 B** 62/94 - 104/120 Fb (Anbau mit 30 Z ab Frühjahr 1990).

🏨 **Bayerischer Hof**, Bernauer Str. 3, ✆ 10 95, Fax 62917, 🎣 — 🛗 📺 ☎ ⇔ 🅿 — 🅰 30. 🍽
 Nov. geschl. — **M** (Montag geschl.) a la carte 23/53 — **47 Z : 90 B** 65/68 - 115/120 Fb — ½ P 105.

🏨 **Gästehaus Drexler** garni, Seestr. 95, ✆ 48 02 — 🅿
 17 Z : 36 B.

🏨 **Seehotel Feldhütter**, Seestr. 101, ✆ 43 21, Fax 2542, 🎣, Biergarten — 🅿. 🕮 ⓪ 🍽 💳
 April - Okt. — **M** a la carte 19,50/40 — **30 Z : 50 B** 35/70 - 90/100 Fb — ½ P 60/66.

XX **Le Petit**, Bernauer Str. 40, ✆ 37 96 — 🅿. 🍽
 Mittwoch bis 18 Uhr geschl. — **M** a la carte 50/74.

In Prien-Harras SO : 4 km :

🏠 **Fischer am See** ⌂, Harrasser Str. 145, ✆ 10 08, ≤, « Terrasse am See », 🎣 — ☎ 🅿. 🍽
 2. Jan.- 2. Feb. geschl. — **M** (Okt.- März Montag geschl.) a la carte 23/49 — **15 Z : 30 B** 50 - 90/96.

PRINZBACH Baden-Württemberg siehe Biberach im Kinzigtal.

PROBSTRIED Bayern siehe Dietmannsried.

PRÜM 5540. Rheinland-Pfalz **987** ㉓ ② — 6 000 Ew — Höhe 450 m — Luftkurort — ✿ 06551.

☐ Verkehrsamt, Rathaus, Hahnplatz, ✆ 5 05.

Mainz 196 — ♦Köln 104 — Liège 104 — ♦Trier 64.

🏨 **Tannenhof** ⌂, Am Kurpark 2, ✆ 24 06, Fax 854, ≘, 🏊, 🎣 — 🅿. 🍽 💳 ❀ Rest
 M (Sonntag 14 Uhr-Montag 17 Uhr geschl.) a la carte 23/45 — **27 Z : 40 B** 40/60 - 80/90 — 5 Fewo 70/100 — ½ P 57/63.

🏨 **Haus am Kurpark** garni, Teichstr. 27, ✆ 8 46, ≘, 🏊 — ☎ 🅿. ❀
 12 Z : 27 B 44/50 - 67/85 — 3 Fewo 115/175.

🏨 **Kölner Hof** garni, Tiergartenstr. 22, ✆ 25 03 — 📺 🅿. 🕮 ⓪ 🍽 💳
 15 Z : 28 B 33/55 - 70/86.

🏨 **Zum Goldenen Stern** garni, Hahnplatz 29, ✆ 30 75 — 🅿. 🍽
 47 Z : 77 B 31/39 - 58/72.

X **Post-Hotel Bäckerkläsjen** mit Zim, Hahnstr. 1, ✆ 22 92 — ⇔. 🕮 ⓪ 🍽
 27. März - 16. April geschl. — **M** (Donnerstag geschl.) a la carte 20/40 — **7 Z : 13 B** 29/34 - 60/64.

In Prüm-Held S : 1,5 km :

🏨 **Zur Held**, an der B 51, ✆ 30 16, ≘ — 🅿. 🍽. ❀
 Nov. geschl. — **M** (Sonntag 16 Uhr - Montag geschl.) a la carte 22/41 — **17 Z : 33 B** 31/55 - 60/90 — ½ P 50.

An der B 410 O : 5 km :

🏠 Schoos, ⌖ 5546 Fleringen - Baselt, ✆ (06558) 5 04 — 🅿. ❀ Rest
 20 Z : 40 B.

In Weinsheim-Gondelsheim 5540 NO : 7 km :

🏠 Kirst, Am Bahnhof, ✆ (06558) 4 21, ≘, 🏊, 🎣 — 🛗 🅿. ❀
 M a la carte 18/38 — **23 Z : 36 B** 30/38 - 60/72.

In Bleialf 5542 NW : 14 km :

🏨 **Waldblick**, Oberbergstr. 2, ✆ (06555) 84 69 — 🅿
 Sept. 2 Wochen geschl. — **M** (Montag geschl.) a la carte 19/40 — **11 Z : 20 B** 30/35 - 54/60.

PRÜMZURLAY Rheinland-Pfalz siehe Irrel.

PUCHHEIM Bayern siehe Germering.

PÜNDERICH 5587. Rheinland-Pfalz — 1 000 Ew — Höhe 108 m — Erholungsort — 🕿 06542 (Ze a.d. Mosel).

Mainz 108 — Bernkastel-Kues 36 — Cochem 45.

🏠 **Weinhaus Lenz**, Hauptstr. 31, 𝒫 23 50, ≤, eigener Weinbau — 🅿
➝ *März geschl.* — **M** *(Donnerstag geschl.)* a la carte 18/38 ⅛ — **14 Z : 27 B** 45 - 62/82.

PULHEIM 5024. Nordrhein-Westfalen — 48 100 Ew — Höhe 45 m — 🕿 02238.

◆Düsseldorf 30 — ◆Köln 13 — Mönchengladbach 43.

In Pulheim 2 - Brauweiler S : 5 km :

🏨 **Abtei-Park-Hotel** garni, Bernhardstr. 50, 𝒫 (02234) 8 10 58, Telex 8886366 — ▐ ⊡ 🕿 🅰 ⓪ E 𝒱𝐼𝑆𝐴
40 Z : 61 B 85/150 - 135/160 Fb.

In Pulheim 2-Dansweiler SW : 6 km über Ortsteil Brauweiler :

✗✗ **Zum Goldenen Adler**, Zehnthofstr. 26, 𝒫 (02234) 8 21 46, 🍴 — 🅰 ⓪ E 𝒱𝐼𝑆𝐴
wochentags nur Abendessen, Dienstag geschl. — **M** (Tischbestellung ratsam) 79/99 un a la carte.

In Pulheim 4-Sinnersdorf NO : 3 km :

🏠 **Faßbender** garni, Stommelner Str. 92, 𝒫 5 46 73 — ⇍ 🅿 ⅙
22 Z : 31 B 38/55 - 65/75.

In Pulheim 3-Stommeln NW : 4 km :

🏠 **In der Gaffel**, Hauptstr. 45, 𝒫 20 15, 🍴 — 🕿 🅿 ⓪ E 𝒱𝐼𝑆𝐴
➝ **M** *(Donnerstag geschl.)* 16,50/26 und a la carte 27/47 — **15 Z : 20 B** 68/73 - 114/136.

PYRMONT, BAD 3280. Niedersachsen 𝟗𝟖𝟕 ⑮ — 22 000 Ew — Höhe 114 m — Heilbad - 🕿 05281.

Sehenswert : Kurpark★.

🏌 (2 Plätze), Schloß Schwöbber (N : 16 km) 𝒫 (05154) 20 04.

🛈 Kur- und Verkehrsverein, Arkaden 14, 𝒫 46 27.

◆Hannover 67 — Bielefeld 58 — Hildesheim 70 — Paderborn 54.

🏨 **Bergkurpark** ⅍, Ockelstr. 11, 𝒫 40 01, « Gartenterrasse », Bade- und Massageabteilung ⇆, ⊠, 🐎 — ▐ ⊡ ⇍ 🅿 — ⛖ 25/60. 🅰 E 𝒱𝐼𝑆𝐴
M um 33 (mittags) und a la carte 31/61 — **57 Z : 70 B** 58/140 - 150/260 Fb — 3 Appart. 320 — ½ P 81/165.

🏨 **Park-Hotel Rasmussen**, Hauptallee 8, 𝒫 44 85, « Terrasse an der Allee » — ⊡ 🕿 ⇍ 🅰
Feb.- Okt. — **M** *(Montag geschl.)* a la carte 30/57 — **12 Z : 20 B** 75/140 - 150/196 Fb.

🏨 **Bad Pyrmonter Hof**, Brunnenstr. 32, 𝒫 60 93 03 — ▐ ⊡ 🕿 ⇍. 🅰 E 𝒱𝐼𝑆𝐴
(Restaurant nur für Hausgäste) — **45 Z : 70 B** 55/80 - 120/150 — 7 Fewo 75/120 — ½ P 73/98.

🏨 **Pension Heldt**, Severinstr. 9, 𝒫 26 23, ⇆, ⊠ — ⊡ 🕿. ⅙
nur Saison — (Restaurant nur für Hausgäste) — **18 Z : 25 B** Fb.

🏠 **Schloßblick** garni, Kirchstr. 23, 𝒫 36 95 — ⊡ 🕿 🅿
April- Okt. — **18 Z : 28 B** 53/58 - 106/116 Fb.

🏠 **Schaumburg** garni, Annenstr. 1, 𝒫 25 54 — ▐ 🕿 ⇍ 🅿
Jan.- Feb. geschl. — **19 Z : 22 B** 45/65 - 90/100 Fb.

QUAKENBRÜCK 4570. Niedersachsen 𝟗𝟖𝟕 ⑭ — 10 500 Ew — Höhe 40 m — 🕿 05431.

🛈 Verkehrsamt, Rathaus, Marktstr. 1, 𝒫 18 20.

◆Hannover 144 — ◆Bremen 90 — Nordhorn 84 — ◆Osnabrück 50.

🏠 **Niedersachsen**, St. Antoniort 2, 𝒫 22 22 — 🕿 ⇍ 🅿. 🅰 ⓪ E 𝒱𝐼𝑆𝐴
M *(Sonntag geschl.)* a la carte 25/46 — **17 Z : 27 B** 49/67 - 97/104.

✗✗ **Zur Hopfenblüte**, Lange Str. 48, 𝒫 33 59, « Fachwerkhaus a.d.J. 1661 » — ⅙
➝ *Dienstag und Sept.- Okt. 3 Wochen geschl.* — **M** a la carte 21/44.

QUARRENDORF Niedersachsen siehe Hanstedt.

QUERN 2391. Schleswig-Holstein — 3 000 Ew — Höhe 47 m — 🕿 04632.

◆ Kiel 71 — Flensburg 19.

In Quern-Nübelfeld N : 3,5 km :

✗✗ **Landhaus Schütt** mit Zim, nahe der B 199, 𝒫 3 18 — ⇍ 🅿. 🅰 ⓪ E
15. Jan.- 5. Feb. und 17. Sept.- 1. Okt. geschl. — **M** *(Montag - Dienstag 18 Uhr geschl.)* 62/8 und a la carte — **8 Z : 13 B** 39/45 - 78/85.

QUICKBORN 2085. Schleswig-Holstein 987 ⑤ – 18 300 Ew – Höhe 25 m – 🏵 04106.
↓ Quickborn-Renzel (SW : 2 km), ✆ 8 18 00.
Kiel 76 – ✦Hamburg 23 – Itzehoe 45.

🏨 **Romantik-Hotel Jagdhaus Waldfrieden**, Kieler Str. 1 (B 4, N : 3 km), ✆ 37 71, Fax
69196, « Ehem. Villa, Park » – 🔟 ☎ 🅿 AE ① E VISA
M *(Montag geschl.)* 56/85 und a la carte – **15 Z : 25 B** 80/115 - 140/180 Fb.

🏨 **Sporthotel Quickborn**, Harksheider Weg 258, ✆ 40 91, Fax 67195, 🍴, 🚡, 🌳 – 🔟 ☎
🅿 – 🔬 35. AE ① E VISA
M 32/80 und a la carte – **27 Z : 38 B** 85/100 - 135/145 Fb.

In Quickborn-Heide NO : 5 km :

XX **Landhaus Quickborner Heide**, Ulzburger Landstr. 447, ✆ 7 35 35 – 🅿. AE ① E
Dienstag geschl. – **M** a la carte 42/72 (Gästehaus mit 20 B ab Frühjahr 1990).

QUIERSCHIED 6607. Saarland 242 ⑦. 57 ⑥. 87 ⑪ – 16 800 Ew – Höhe 215 m – 🏵 06897.
Saarbrücken 13 – Neunkirchen/Saar 12 – Saarlouis 24.

🏨 Didion, Rathausplatz 3, ✆ 6 12 24 – 🕎 🅿 – **14 Z : 18 B**.

XX **Da Nico** (Italienische Küche), Am Freibad 1, ✆ 6 28 31, 🍴 – 🅿. 🍽
Mittwoch und Juli 3 Wochen geschl. – **M** 49/69 und a la carte.

Im Ortsteil Fischbach-Camphausen SW : 4,5 km :

X **Kerner** mit Zim, Dudweiler Str. 20, ✆ 6 10 99 – 🔟 🅿. E. 🍽 Zim
→ *Juli geschl.* – **M** *(Sonntag 15 Uhr - Montag geschl.)* a la carte 21/50 – **10 Z : 17 B** 43/55 -
80/90.

RADEVORMWALD 5608. Nordrhein-Westfalen 987 ㉔ – 23 800 Ew – Höhe 367 m – 🏵 02195.
Düsseldorf 51 – Hagen 27 – Lüdenscheid 22 – Remscheid 13.

🏨 **Café Weber**, Elberfelder Str. 96 (B 229), ✆ 12 74 – 🚗 🅿
→ *20. Dez.- 15. Jan. geschl.* – **M** a la carte 18/45 – **29 Z : 50 B** 35/45 - 70/80.

Außerhalb NO : 3 km an der B 483, Richtung Schwelm :

🏨 **Zur Hufschmiede** 🦢, Neuenhof 1, ⊠ 5608 Radevormwald, ✆ (02195) 82 38, 🌳 – 🔟
☎ 🚗 🅿. AE
M *(Donnerstag und Juni - Juli 3 Wochen geschl.)* a la carte 32/51 – **17 Z : 23 B** 70/95 -
120/145.

RADOLFZELL 7760. Baden-Württemberg 413 J 23. 987 ㉟. 427 ⑥ ⑦ – 25 100 Ew – Höhe
400 m – Kneippkurort – 🏵 07732.
🛈 Städt. Verkehrsamt, Rathaus, Marktplatz 2, ✆ 38 00.
Stuttgart 163 – ✦Konstanz 21 – Singen (Hohentwiel) 11 – Zürich 91.

🏨 **Am Stadtgarten** garni, Höllturmpassage Haus 2, ✆ 40 11 – 🕎 🔟 ☎ 🚗
31 Z : 55 B Fb.

🏨 **Kreuz** garni, Obertorstr. 3, ✆ 40 66 – 🔟 ☎. AE ① E VISA
21 Z : 44 B 55/80 - 98/120 Fb.

🏨 **Adler**, Seestr. 34, ✆ 34 73 – ☎ 🚗. AE ① E VISA
24. Dez.- 15. Jan. geschl. – **M** *(Mittwoch geschl.)* a la carte 22/50 🍴 – **17 Z : 27 B** 53/75 -
98/110 Fb – ½ P 72/87.

🏨 **Krone am Obertor**, Obertorstr. 2, ✆ 48 04 – ☎. AE ① E VISA
M *(Feitag - Samstag 17 Uhr, 1.- 20. Juni und Nov. geschl.)* a la carte 29/56 – **12 Z : 20 B**
55/85 - 96/130.

🏨 Braun 🦢, Schäferhalde 16, ✆ 37 30, 🍴, 🚡 – 🚗 🅿
19 Z : 31 B.

Auf der Halbinsel Mettnau :

🏨 **Iris am See** 🦢 garni, Rebsteig 2, ✆ 70 26, ← – 🔟 ☎ 🅿
15. Dez.- 15. Jan. geschl. – **17 Z : 27 B** 65/98 - 120/140 Fb.

🏨 **Café Schmid** 🦢 garni, St.Wolfgang-Str. 2, ✆ 1 00 66, 🌳 – 🔟 ☎ 🅿
20. Dez.- 10. Jan. geschl. – **20 Z : 26 B** 75/80 - 130/160.

In Radolfzell 15-Güttingen N : 4,5 km :

🏨 **Adler - Gästehaus Sonnhalde** 🦢, Schloßbergstr. 1, ✆ 16 64, ←, 🍴, 🚡, 🌳, 🍽 – 🕎
→ 🚗 🅿
2. Jan.- 5. Feb. geschl. – **M** *(Dienstag geschl.)* a la carte 21/40 – **33 Z : 45 B** 40/50 - 75/120
– ½ P 54/67.

In Radolfzell 18-Markelfingen O : 4 km :

🏨 Kreuz 🦢, Markolfstr. 8, ✆ 1 05 23 – 🅿. 🍽 Zim
19 Z : 31 B.

In Moos 7761 SW : 4 km :

🏨 **Haus Gottfried**, Böhringer Str. 1, ✆ (07732) 41 61, 🍴, 🚡, 🏊, 🌳, 🍽 – 🔟 ☎ 🚗 🅿.
① E VISA
7. Jan.- 9. Feb. geschl. – **M** *(Donnerstag - Freitag 17 Uhr geschl.)* 55/80 und a la carte –
20 Z : 35 B 65/80 - 110/140 Fb – ½ P 92/102.

RAESFELD 4285 Nordrhein-Westfalen 🔢🔢🔢 ⑬ — 8 300 Ew — Höhe 50 m — ✪ 02865.
♦Düsseldorf 77 — Borken 9 — Dorsten 16 — Wesel 23.

🏨 **Landhaus Krebber,** Weseler Str. 71, 𝒫 6 00 00, 🍽 — 📺 ☎ 𝐏 — 🛢 25/60. ⊙ **E** 𝘝𝘐𝘚𝘈
M a la carte 37/58 — **21 Z : 42 B** 100 - 150 Fb.

XX **Schloß Raesfeld,** Freiheit 27, 𝒫 80 18 — 𝐏. 🅰 **E**
Montag geschl. — **M** 22/29 (mittags) und a la carte 41/65.

RAICHBERG Baden-Württemberg. Sehenswürdigkeit siehe Albstadt.

RAISDORF Schleswig-Holstein siehe Kiel.

RAITENBUCH Baden-Württemberg siehe Lenzkirch.

RAMBERG 6741. Rheinland-Pfalz 🔢🔢🔢 GH 19 — 1 000 Ew — Höhe 270 m — ✪ 06345.
Mainz 121 — Kaiserslautern 51 — ♦ Karlsruhe 50 — Pirmasens 43.

🏨 **Gästehaus Eyer** ⌂, Im Harzofen 4, 𝒫 83 18, 🍽 — 𝐏
➔ 18. Dez.- 13. Jan. geschl. — **M** (Donnerstag geschl.) a la carte 20/29 ⅄ — **18 Z : 36 B** 30/57
55/97.

RAMMINGEN Baden-Württemberg siehe Langenau.

RAMSAU 8243. Bayern 🔢🔢🔢 V 24, 🔢🔢🔢 ㊳, 🔢🔢🔢 ⑲ — 1 700 m — Höhe 669 m — Heilklimatische
Kurort — Wintersport : 670/1 400 m ⚡6 ⚡2 — ✪ 08657.
Ausflugsziele : Schwarzbachwachtstraße : ≼**, N : 7 km — Hintersee* W : 5 km.
🅱 Verkehrsamt, Im Tal 2, 𝒫 12 13, Fax 772.
♦München 138 — Berchtesgaden 11 — Bad Reichenhall 17.

🏨 **Rehlegg** ⌂, Holzengasse 16, 𝒫 12 14, Fax 501, ≼, 🍽, ≋, ⌇ (geheizt), ▨, 🐎, 🎿 — ⧖
📺 ⬄ 𝐏 — 🛢 40. 🅰
6. Nov.- 10. Dez. geschl. — **M** a la carte 35/70 — **60 Z : 108 B** 88/99 - 137/245 Fb —
½ P 94/124.

🏨 **Oberwirt,** Im Tal 86, 𝒫 2 25, Biergarten, 🐎 — 🛗 𝐏
Nov.- 20. Dez. geschl. — **M** (Jan.- Mai Montag geschl.) a la carte 23/38 — **31 Z : 55 B** 40/56
68/94.

Am Eingang der Wimbachklamm O : 2 km über die B 305 :

🏨 **Wimbachklamm,** Rotheben 1, ⊠ 8243 Ramsau, 𝒫 (08657) 12 25, 🍽, ≋, ▨ — 🛗 📺 ⧖
➔ 𝐏
10. Jan.- 10. Feb. und Nov.- 20. Dez. geschl. — **M** (Dienstag und 21. Dez.- April geschl.) a l
carte 19/39 — **26 Z : 52 B** 50/65 - 90/124.

Am Eingang zum Zauberwald W : 2 km, Richtung Hintersee :

🏨 **Datzmann** ⌂, Hinterseer Str. 45, ⊠ 8243 Ramsau, 𝒫 (08657) 2 35, ≼, 🐎 — 🛗 𝐏
10. Jan.- und 20. Okt.- 20. Dez. geschl. — **M** (Donnerstag geschl.) a la carte 25/48 ⅄
— **30 Z : 50 B** 27/38 - 54/76.

An der Alpenstraße N : 5 km :

⛺ **Hindenburglinde,** Alpenstr. 66, Höhe 850 m, ⊠ 8243 Ramsau, 𝒫 (08657) 5 50, ≼, 🍽, 🐎
➔ 𝐏. **E** 𝘝𝘐𝘚𝘈
2.- 13. April und 28. Okt.- 15. Dez. geschl. — **M** (Dienstag 17 Uhr - Mittwoch geschl.) a l
carte 20/48 ⅄ — **9 Z : 18 B** 35/40 - 70/78.

An der Straße nach Loipl N : 6 km :

X **Schwarzeck,** Schwarzecker Str. 58, Höhe 1 100 m, ⊠ 8243 Ramsau, 𝒫 (08657) 5 29
➔ ≼ Watzmann, Hochkalter und Reiter-Alpe, 🍽 — 𝐏
Freitag, April 2 Wochen und Nov.- 20. Dez. geschl. — **M** a la carte 18/36.

In Ramsau-Hintersee W : 5 km — Höhe 790 m :

🏨 **Seehotel Gamsbock** ⌂, Am See 75, 𝒫 2 79, ≼ See mit Hochkalter, 🍽, 🐎 — ☎ 𝐏
Nov.- 22. Dez. geschl. — **M** a la carte 22/45 — **26 Z : 45 B** 40/59 - 77/107 Fb.

⛺ **Alpenhof** ⌂, Am See 27, 𝒫 2 53, ≼, 🍽 — 𝐏. 🎿 Zim
➔ März - Okt. — **M** a la carte 16/35 — **18 Z : 35 B** 33/43 - 57/81.

RAMSDORF Nordrhein-Westfalen siehe Velen.

Gli alberghi o ristoranti *ameni* sono indicati nella guida
con un simbolo *rosso*.
Contribuite a mantenere
la guida aggiornata segnalandoci
gli alberghi e ristoranti dove avete soggiornato piacevolmente.

🏨🏨🏨 ... 🏠

XXXXX ... X

RAMSTEIN-MIESENBACH 6792. Rheinland-Pfalz 418 F 18, 242 ③, 57 ⑧ – 7 700 Ew – Höhe :62 m – ☎ 06371 (Landstuhl).
ʼlainz 100 – Kaiserslautern 19 – ♦ Saarbrücken 57.

Landgasthof Pirsch, Auf der Pirsch 12 (Ramstein), ☎ 59 30, – – TV ☎ P. E VISA
M *(Samstag bis 18 Uhr, Sonntag und Juli 3 Wochen geschl.)* a la carte 22/43 – **37 Z : 73 B** 65 - 95/120 Fb.

Ramsteiner Hof, Miesenbacher Str. 26 (Ramstein), ☎ 54 27 – TV ☎ P. AE E VISA
M a la carte 21/41 – **22 Z : 44 B** 70 - 95/100.

In Steinwenden **6791** NW : 3 km :

Raisch, Moorstr. 40, ☎ (06371) 5 06 70
1.- 18. Jan., Samstag bis 18 Uhr sowie Sonn- und Feiertage geschl. – **M** (abends Tischbestellung ratsam) 45/75 und a la carte.

RANDERSACKER 8701. Bayern 418 M 17 – 3 600 Ew – Höhe 178 m – ☎ 0931 (Würzburg).
ʼMünchen 278 – Ansbach 71 – ♦Würzburg 7.

Gasthof und Gästehaus Bären, Pförtleinsgasse 1, ☎ 70 81 88 (Hotel) 70 60 75 (Rest.) – ☎ P
M *(Mitte Nov.- Mitte Dez. und Mittwoch - Donnerstag 17 Uhr geschl.)* a la carte 23/45 – **36 Z : 65 B** 54/60 - 90/96 Fb.

RANFELS Bayern siehe Zenting.

RANSBACH-BAUMBACH 5412. Rheinland-Pfalz – 6 900 Ew – Höhe 300 m – ☎ 02623.
ʼlainz 92 – ♦Bonn 72 – ♦Koblenz 24 – Limburg an der Lahn 31.

Kannenbäckerland, Zur Fuchshohl (beim Tennisplatz), ☎ 30 51, , (Halle) – ☎ P. AE E
M a la carte 26/44 – **12 Z : 24 B** 59 - 110 Fb.

Eisbach, Schulstr. 2, ☎ 23 76, – P
Weihnachten - 10. Jan. geschl. – **M** *(Samstag geschl.)* a la carte 19,50/44 – **11 Z : 16 B** 55 - 98.

RANZEL Nordrhein-Westfalen siehe Niederkassel.

Europe

Si le nom d'un hôtel figure en petits caractères
demandez, à l'arrivée,
les conditions à l'hôtelier.

RAPPENAU, BAD 6927. Baden-Württemberg 418 K 19, 987 ㉕ – 15 600 Ew – Höhe 265 m – Soleheilbad – ☎ 07264.
Kur- und Verkehrsamt, Salinenstr. 20, ☎ 8 61 25.
♦Stuttgart 74 – Heilbronn 22 – ♦Mannheim 71 – ♦Würzburg 122.

Salinen-Hotel, Salinenstr. 7, ☎ 10 93, – ☎ P – 25/35
M a la carte 31/59 – **37 Z : 52 B** 56/85 - 120 Fb.

Häffner Bräu, Salinenstr. 24, ☎ 10 61, , – TV ☎ P – 25/50. AE E VISA
22. Dez.- 20. Jan. geschl. – **M** *(Freitag geschl.)* a la carte 25/45 – **62 Z : 88 B** 41/85 - 120/138 Fb – ½ P 76/120.

In Bad Rappenau 4-Heinsheim NO : 6 km :

Schloß Heinsheim (Herrensitz a.d.J. 1730), ☎ 10 45, Telex 782376, Fax 4208, , « Park, Schloßkapelle », , – TV P – 25/120. E VISA
20. Dez.- Jan. geschl. – **M** a la carte 46/83 – **41 Z : 72 B** 105/165 - 155/195 Fb.

RASTATT 7550. Baden-Württemberg 418 H 20, 987 ㉞, 242 ⑯ – 40 000 Ew – Höhe 123 m – ☎ 07222.
Ausflugsziel : Schloß Favorite★ S : 5 km.
Verkehrspavillon, Kaiserstraße, ☎ 3 56 11.
♦Stuttgart 97 ① – Baden-Baden 13 ② – ♦Karlsruhe 24 ① – Strasbourg 61 ③.

Stadtplan siehe nächste Seite.

Schwert (im Barockstil erbautes Haus mit modernem Interieur), Herrenstr. 3a, ☎ 76 80, Telex 786574, Fax 768120 – TV ☎ – 25/40. AE E VISA Z a
Menu *(auch vegetarisches Menu)* a la carte 34/66 – **50 Z : 78 B** 130 - 180/230 Fb.

Zum Schiff garni, Poststr. 2, ☎ 77 20, – TV ☎. E Z f
21 Z : 38 B 65/75 - 90/110 Fb.

Im Münchfeld garni, Donaustr. 7, ☎ 3 12 70 – ☎ P. AE E VISA über ②
10 Z : 20 B 65 - 90.

Zum Storchennest, Karlstr. 24, ☎ 3 22 60 – E Z r
Donnerstag, 8.- 14. Jan. und Mitte Sept.- Mitte Okt. geschl. – **M** a la carte 35/55.

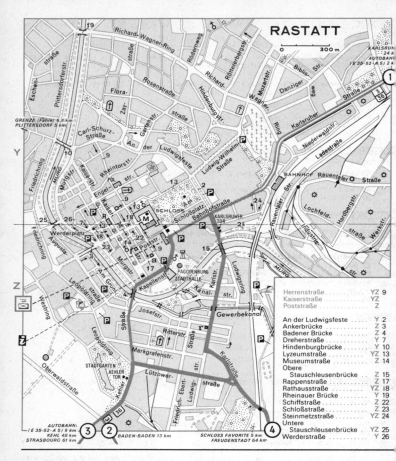

RASTATT

RASTEDE 2902. Niedersachsen 987 ⑭ – 18 900 Ew – Höhe 20 m – Luftkurort – ✿ 04402.

🔝 Wemkendorf (NW : 3 km), ✆ (04402) 72 40 – ◆Hannover 181 – ◆Oldenburg 11 – Wilhelmshaven 44.

🏠 **Hof von Oldenburg,** Oldenburger Str. 199, ✆ 10 31 – ▤ Rest ☎ 🅿 – 🔏 25/300. 🆀 ⓞ
  🇪 𝗩𝗜𝗦𝗔.
  M a la carte 22/48 – **19 Z : 29 B** 49/52 - 95/100.

XXX ✿ **Landhaus am Schloßpark,** Südender Str. 1, ✆ 32 43, « Gartenterrasse » – 🅿. 🆀 ⓞ
  🇪
  nur Abendessen, Montag - Dienstag geschl. – **M** 85/95 und a la carte 67/85
  Spez. Rasteder Aaltorte, Knurrhahn auf Räucherkraut, Lammhaxe im Kapernsud.

RATEKAU Schleswig-Holstein siehe Bad Schwartau.

RATH Nordrhein-Westfalen siehe Nideggen.

RATINGEN 4030. Nordrhein-Westfalen 987 ⑬ – 89 900 Ew – Höhe 70 m – ✿ 02102.

🔝 Rittergut Rommeljans, ✆ 8 10 92 – ◆Düsseldorf 9,5 – ◆Duisburg 19 – ◆Essen 22.

🏠 **Altenkamp,** Marktplatz 17, ✆ 2 70 44, Telex 8585141, Fax 13217 – ▤ 📺 ☎ ⟷ – 🔏 30
  🆀 ⓞ 🇪 𝗩𝗜𝗦𝗔
  M *(Samstag - Sonntag und Juni - Juli 4 Wochen geschl.)* 34/115 und a la carte – **30 Z : 59 B**
  130/150 - 180/220 Fb.

🏠 **Quality Inn,** Stadionring 1, ✆ 1 00 20, Fax 1002140 – ▤ 📺 ☎ 🕭 ⟷ 🅿 – 🔏 25/50. 🆀
  ⓞ 🇪 𝗩𝗜𝗦𝗔
  M *(Samstag geschl.)* a la carte 29/50 – **68 Z : 97 B** 149/199 - 189/239 Fb.

🏨 **Haus Kronenthal**, Brachter Str. 85, ℰ 8 50 80, Fax 850850, ㎡ – 📳 📺 ☎ ⇔ 📵. 🖭 ⓪
E 🆅🆂🅰
M *(Montag geschl.)* a la carte 32/60 – **30 Z : 50 B** 125/150 - 170/250 Fb.

🏨 **Astoria** garni, Mülheimer Str. 72, ℰ 8 20 05 – 📳 📺 ☎ 📵. 🖭 ⓪ E 🆅🆂🅰
21. Dez.- 2. Jan. geschl. – **27 Z : 59 B** 124/164 - 170/248 Fb.

🏠 **Allgäuer Hof**, Beethovenstr. 24, ℰ 2 50 00 – 📳 📺 ☎ ⇔ 📵 – 🔬 25. 🖭 ⓪ E 🆅🆂🅰
27. Dez.- 7. Jan. geschl. – **M** *(Samstag bis 18 Uhr und Montag geschl.)* a la carte 28/60 –
14 Z : 18 B 95/125 - 130/180.

🏠 **Anger - Steakhaus**, Angerstr. 20, ℰ 8 20 11 (Hotel) 84 61 47 (Rest.), Fax 870482 – 📳 📺
☎. 🖭 ⓪ E 🆅🆂🅰
M a la carte 29/50 – **27 Z : 43 B** 95/165 - 150/250 Fb.

🏠 **Am Düsseldorfer Platz** garni, Düsseldorfer Platz 1, ℰ 2 70 14, Fax 29146 – 📳 ☎. 🖭 ⓪
E 🆅🆂🅰
22. Dez.- 4. Jan. geschl. – **29 Z : 45 B** 85/110 - 130/140 Fb.

✗✗ **Auermühle**, Auf der Aue (0 : 2 km), ℰ 8 10 64, ㎡ – 📵. 🖭 ⓪ E
Montag geschl. – **M** 25/37 (mittags) und a la carte 39/63.

✗✗ **Haus zum Haus**, Mühlenkämpchen, ℰ 1 36 86, « Wasserschloß a.d. 13. Jh. » – 📵. 🖭
⓪ E 🆅🆂🅰
23. Dez.- 3. Jan. und Samstag geschl. – **M** (auf Vorbestellung Rittermahl im historischen
Weinkeller) 50/95 und a la carte.

✗✗ **La Taverna** (Italienische Küche), Bahnhofstr. 7, ℰ 2 99 19, ㎡ – 🖭 ⓪ E 🆅🆂🅰
Samstag bis 18 Uhr geschl. – **M** 58/120 und a la carte.

✗✗ **L'auberge fleurie - Chez René**, Mülheimer Str. 61, ℰ 87 06 26, ㎡ – 📵. ⓪ E
Samstag und 1.- 30. Juli geschl. – **M** a la carte 34/61.

✗✗ **Suitbertus-Stuben** (Restaurant mit Bierstube auf 3 Etagen), Oberstr. 23, ℰ 2 89 67,
« Historisches Fachwerkhaus a.d. 15. Jh. » – 🖭 ⓪ E
Dienstag geschl. – **M** a la carte 32/62.

In Ratingen-West :

🏨 **Relexa Hotel**, Berliner Str. 95, ℰ 45 80, Telex 8589108, Fax 458599, 🕿 – 📳 📺 & ⇔ 📵
– 🔬 25/140. 🖭 ⓪
M 29/Buffet (mittags) und a la carte 38/60 – **169 Z : 315 B** 195/345 - 255/405 Fb – 8 Appart.
540/620.

🏨 **Holiday Inn**, Broichhofstr. 3, ℰ 4 60 46, Telex 8585235, Fax 499603, 🕿, 🔟 (geheizt), 🔲,
🌳 – ⤬ Zim 🍴 📺 & 📵 – 🔬 25/300. 🖭 ⓪ E 🆅🆂🅰
M a la carte 38/74 – **199 Z : 288** 254/389 - 333/458 Fb.

Beim Autobahnkreuz Breitscheid N : 5 km, Ausfahrt Mülheim :

🏨 **Novotel Düsseldorf Nord**, Lintorfer Weg 75, ✉ 4030 Ratingen 5 - Breitscheid, ℰ 18 70,
Telex 8585272, Fax 18418, ㎡, 🕿, 🔟 (geheizt), 🌳, 🍴 – 📳 🍴 📺 ☎ & 📵 – 🔬 25/250.
🖭 ⓪ E 🆅🆂🅰
M a la carte 28/62 – **120 Z : 240 B** 157 - 192 Fb.

In Ratingen 4-Lintorf N : 4 km :

🏠 **Angerland** garni, Lintorfer Markt 10, ℰ 3 50 33 – 📺 ☎
14 Z : 26 B 85/110 - 135/145 Fb.

🏠 **Am Hallenbad** garni, Jahnstr. 41, ℰ 3 41 79, Fax 37303, 🕿 – 📺 ☎. 🖭 ⓪ E 🆅🆂🅰
11 Z : 22 B 110/120 - 145.

RATISBONA, RATISBONNE = Regensburg.

RATTENBERG 8441. Bayern 🄷🄸🄹 V 19 – 1 960 Ew – Höhe 570 m – Erholungsort – ✪ 09963.
🅱 Verkehrsamt, Gemeindeverwaltung, ℰ 7 03.
◆München 153 – Cham 25 – Deggendorf 43 – Straubing 33.

🏨 **Zur Post**, Dorfplatz 2, ℰ 10 00, 🔲, 🌳 – 📳 📺 ☎ 📵. 🖭 ⓪ E
◆ *Ende Nov.- Mitte Dez. geschl.* – **M** a la carte 19/41 🍷 – **50 Z : 95 B** 45 - 80/110 – ½ P 53/68.

RATZEBURG 2418. Schleswig-Holstein 🄷🄸🄻 ⑥ – 12 000 Ew – Höhe 16 m – Luftkurort –
✪ 04541 – Sehenswert : Ratzeburger See★ – Dom★ (Hochaltarbild★) – Aussichtsturm ⩺★.
🅱 Verkehrsamt, Alte Wache, Am Markt 9, ℰ 80 00 81, Fax 84253 – ◆Kiel 107 – ◆Hamburg 68 – ◆Lübeck 24.

🏨 **Der Seehof** (mit 🏠 Gästehaus Hubertus), Lüneburger Damm 3, ℰ 20 55, Telex 261835,
Fax 7861, ⩺, « Terrasse am See », Bootssteg – 📳 📵 – 🔬 25/80. 🖭 ⓪ E 🆅🆂🅰
M 21 (mittags) und a la carte 38/68 – **65 Z : 130 B** 65/155 - 90/195.

🏨 **Hansa-Hotel**, Schrangenstr. 25, ℰ 20 94 – 📳 ☎ ⇔ 📵
M a la carte 34/49 – **28 Z : 45 B** 80/90 - 130 Fb.

🏠 **Wittlers Hotel - Gästehaus Cäcilie**, Große Kreuzstr. 11, ℰ 32 04 – 📳 – 🔬 25/80
20. Dez.- 20. Jan. geschl. – **M** *(Okt.- März Sonntag geschl.)* a la carte 25/45 – **36 Z : 65 B**
40/70 - 80/120.

In Fredeburg 2418 SW : 5,5 km :

🏠 **Fredenkrug**, Lübecker Str. 5, ℰ (04541) 35 55, ㎡, 🌳 – ☎ ⇔ 📵
M a la carte 24/51 – **17 Z : 27 B** 45/60 - 90/110 – ½ P 55/75.

In Salem 2419 SO : 7 km :

⚘ Lindenhof ⌂, Seestr. 40, 𝒫 (04541) 34 71, ≤, 佘, 🐎 – ⟵ 🅿. 🎇 Zim
nur Saison – **15 Z : 30 B**.

In Seedorf 2411 SO : 13 km :

🏠 **Schaalsee-Hotel** ⌂, Schloßstr. 9, 𝒫 (04545) 2 82, ≤, 🚗, 🔲, 🐎 – ⟵ 🅿. 🎇 Rest
März - Nov. – **M** *(Mittwoch geschl.)* a la carte 32/49 – **15 Z : 27 B** 60/80 - 100 – ½ P 69.

RAUENBERG 6914. Baden-Württemberg 四1三 I J 19 – 6 100 Ew – Höhe 130 m – ✪ 0622
(Wiesloch) – ♦Stuttgart 99 – Heidelberg 22 – Heilbronn 47 – ♦Karlsruhe 45 – ♦Mannheim 35.

🏨 **Winzerhof** ⌂, Bahnhofstr. 6, 𝒫 6 20 67, Telex 466035, Fax 64128, 佘, eigener Weinbau
🚗, 🔲 – 🛗 📺 ☎ 🅿 – 🔬 25/100. 🆎 ⓞ E 𝚅𝙸𝚂𝙰
Menu *(2.- 14. Jan. geschl.)* a la carte 28/67 ⅃ – **Martins gute Stube** *(nur Abendessen, Sonntag*
- Montag und 15. Juli - 15. Aug. geschl.) **M** 70/125 und a la carte – **67 Z : 83 B** 81/115
136/196 Fb.

⚘ **Café Laier**, Wieslocher Str. 36, 𝒫 6 27 95 – ☎ ⟵ 🅿
28. Jan.- 14. Feb. geschl. – **M** *(Dienstag geschl.)* a la carte 19/38 ⅃ – **13 Z : 20 B** 35/60
65/80.

RAUNHEIM Hessen siehe Rüsselsheim.

RAUSCHENBERG 3576. Hessen – 4 500 Ew – Höhe 282 m – Luftkurort – ✪ 06425.
♦Wiesbaden 140 – ♦Kassel 78 – Marburg 20.

🏠 **Gästehaus Schöne Aussicht**, an der B 3 (NW : 3,5 km), 𝒫 7 17, Fax 2925, 🚗, 🔲, 🐎
– 📺 ☎ ⟵ 🅿. ⓞ 𝚅𝙸𝚂𝙰
M *(Mahlzeiten im Gasthof)* (Montag geschl.) a la carte 21/42 – **12 Z : 19 B** 47 - 94 – ½ P 56.

RAVENSBURG 7980. Baden-Württemberg 四1三 LM 23, 九8七 ⑱ ⑲, 四2七 ⑧ – 43 200 Ew – Höh
430 m – ✪ 0751.
Sehenswert : Liebfrauenkirche (Kopie der "Ravensburger Schutzmantelmadonna"✶✶).
🖪 Städt. Kultur- u. Verkehrsamt, Marienplatz 54, 𝒫 8 23 24 – ADAC, Seestr. 55, 𝒫 2 37 08, Telex 732968.
♦Stuttgart 147 – Bregenz 41 – ♦München 183 – ♦Ulm (Donau) 86.

🏨 ✿ **Waldhorn**, Marienplatz 15, 𝒫 1 60 21, Telex 732311, Fax 17533 – 🛗 📺 ⟵ – 🔬 25/100
🆎 ⓞ E 𝚅𝙸𝚂𝙰
M *(Tischbestellung ratsam)* (Sonntag - Montag 18 Uhr geschl.) 44 (mittags) und a la carte
79/109 – **40 Z : 55 B** 88/130 - 130/230 Fb
Spez. Steinbutt à la nage (2 Pers.), Taube in Chiantisauce, Dessert - Arrangement.

🏠 **Lamm**, Marienplatz 47, 𝒫 39 14 – ⟵. 🆎 ⓞ E 𝚅𝙸𝚂𝙰
22. Dez.- 10. Jan. geschl. – **M** a la carte 31/57 – **50 Z : 65 B** 35/70 - 70/140 Fb.

🏠 **Sennerbad** ⌂ garni, Am Sennerbad 24 (Weststadt), 𝒫 20 83, ≤, 🐎 – 🛗 ☎ 🅿. ⓞ E
23. Dez.- 7. Jan. geschl. – **24 Z : 40 B** 34/56 - 92 Fb.

🏠 **Obertor**, Marktstr. 67, 𝒫 3 20 81, 🚗 – ☎ 🅿. 🆎 E
M *(nur Abendessen, Sonntag und 24. Dez.- 7. Jan. geschl.)* a la carte 28/47 – **30 Z : 45 B**
60/65 - 110/120 Fb.

XX **Restaurant Sennerbad**, Am Sennerbad 18 (Weststadt), 𝒫 3 18 48, ≤, 佘 – 🅿
Montag geschl. – **M** a la carte 28/57 ⅃.

X **Ristorante La Gondola** (Italienische Küche), Gartenstr. 75 (B 32), 𝒫 2 39 40 – 🅿. 🆎 ⓞ
E
23. Dez.- 2. Jan., Mitte Juli - Mitte Aug. und Sonntag geschl. – **M** a la carte 37/55.

In Ravensburg-Dürnast SW : 9,5 km :

⚘ **Landvogtei** (Haus a.d.J. 1470), an der B 33, 𝒫 (07546) 52 39, 佘 – ⟵ 🅿. ⓞ E. 🎇 Zim
17. Nov.- 21. Dez. geschl. – **M** *(Freitag geschl.)* a la carte 21/36 ⅃ – **18 Z : 36 B** 28/48 -
58/80.

In Ravensburg 19-Obereschach S : 6 km über die B 30 und die B 467 :

🏠 **Bräuhaus** ⌂, Kirchstr. 8, 𝒫 6 20 63, Biergarten – ☎ ⟵ 🅿
M *(Montag geschl.)* a la carte 19/40 – **10 Z : 20 B** 44/50 - 74/80.

In Berg 7981 N : 4 km :

🏠 **Haus Hubertus** ⌂, Maierhofer Halde 9, 𝒫 (0751) 4 10 58, Fax 54164, ≤, 佘, Wildgehege
– ☎ 🅿. E 𝚅𝙸𝚂𝙰
1.- 15. Jan. und 15.- 31 Aug. geschl. – **M** *(Sonntag 15 Uhr - Montag 17 Uhr geschl.)* a la
carte 28/41 – **25 Z : 38 B** 65 - 95.

RAVENSBURG (Burg) Baden-Württemberg siehe Sulzfeld.

RECHTENBACH 8771. Bayern 四1三 L 17 – 1 100 Ew – Höhe 335 m – ✪ 09352.
♦München 327 – Aschaffenburg 29 – ♦Würzburg 47.

⚘ **Krone**, Hauptstr. 52, 𝒫 22 38, 🐎 – ⟵
M *(Freitag geschl.)* a la carte 15/29 ⅃ – **17 Z : 28 B** 26/34 - 52/64.

An der B 26 W : 3,5 km :

XX **Bischborner Hof** mit Zim, ✉ 8771 Neuhütten, 𝒫 (09352) 33 56, 佘 – ☎ 🅿. 🆎 ⓞ E 𝚅𝙸𝚂𝙰
M *(Montag - Dienstag geschl.)* a la carte 27/61 – **4 Z : 8 B** 60 - 80.

Düsseldorf 183 — ◆Bremen 140 — Enschede 70 — ◆Osnabrück 40.

🏠 **Altes Gasthaus Greve** ⤴, Markt 1, ✆ 30 99, Fahrradverleih — 📺 ☎ 🚗 🅿
  M *(Montag geschl.)* a la carte 22/43 — **17 Z : 27 B** 40/48 - 78/82.

RECKLINGHAUSEN 4350. Nordrhein-Westfalen 987 ⑭ — 119 300 Ew — Höhe 76 m — ✆ 02361.

Siehe Ruhrgebiet (Übersichtsplan).

Sehenswert : Ikonenmuseum★★.

🚗 Bockholter Str. 475 (über ⑥), ✆ 2 65 20.

🛈 Städt. Reisebüro, Kunibertistr. 23, ✆ 58 76 72.

ADAC, Martinistr. 11, ✆ 1 54 20, Notruf ✆ 1 92 11.

Düsseldorf 71 ④ — Bochum 17 ④ — ◆Dortmund 28 ③ — Gelsenkirchen 20 ④ — Münster (Westfalen) 63 ⑦.

RECKLINGHAUSEN

Breite Straße	X	Hinsbergstraße	Y	18
Große Geldstraße	X 13	Holzmarkt	X	19
Kunibertistraße	X 27	Im Romberg	Y	20
Löhrhof	X	Josef-Wulff-Str.	Y	22
Markt	X	Kemnastraße	Z	23
Schaumburgstraße	X 37	Kirchplatz	X	24
		Klosterstraße	X	26
Am Lohtor	X 2	Kurfürstenwall	X	28
Augustinessenstr.	X 4	Martinistraße	X	30
August-		Münsterstraße	X	33
Schmidt-Ring	Z 5	Ossenbergweg	X	34
Börster Weg	Y 6	Reitzensteinstr.	Z	36
Bockholter Straße	Z 7	Springstraße	X	39
Buddestraße	Y 9	Steinstraße	X	40
Grafenwall	X 12	Steintor	X	42
Heilig-Geist-Straße	X 15	Viehtor	X	43
Hillen	Z 16	Wickingstraße	Y	44

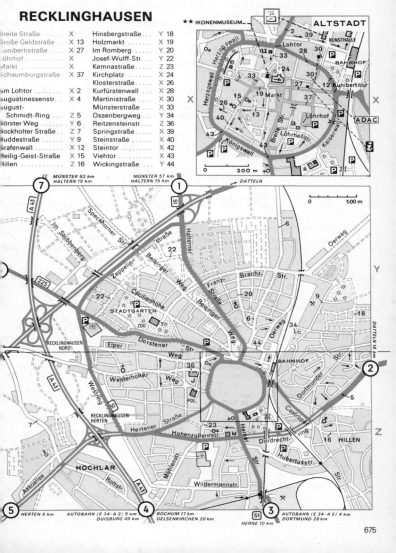

🏨 **Barbarossa-Hotel** garni, Löhrhof 8, ℰ 2 50 71, Telex 829914 – 🛗 📺 ☎ – 🔬 40. ① 🄴
VISA
21. Dez.- 3. Jan. geschl. – **63 Z : 107 B** 80/115 - 150/270 Fb. X

🏨 **Sporthotel Quellberg-Park** 🍃 garni, Holunderweg 9, ℰ 4 80 50, Fax 480550, 🖼, 🐎
🎾 (Halle) – ☎ 🄿 – 🔬 40. 🄰🄴 🄴 *VISA*   über Castroper Straße Z
32 Z : 60 B 75 - 105/130 Fb.

🆇🆇🆇 **Die Engelsburg** mit Zim, Augustinesstr. 10, ℰ 2 50 66, 🍴, « Park, Kaminzimmer » –
☎ 🄿 – 🔬 25/200. 🄰🄴 ① 🄴 *VISA*   X
M um 35 (mittags) und a la carte 54/73 – **30 Z : 43 B** 70/100 - 125/190 Fb – 3 Appart. 250.

🆇🆇 **Landhaus Scherrer**, Bockholter Str. 385, ℰ 2 27 20, Biergarten – 🄿. 🄰🄴 ① 🄴
VISA   über Bockholter Str. Y
Sonntag ab 15 Uhr, Montag und 2.- 12. Jan. geschl. – **M** 48/75 und a la carte.

🆇🆇 **Die weiße Brust**, Münsterstr. 4, ℰ 2 99 04, 🍴 – 🄰🄴 ① 🄴   X
Samstag bis 18 Uhr und Montag geschl. – **M** a la carte 43/74.

🆇 **Ratskeller**, Rathausplatz 3, ℰ 5 99 11, 🍴 – 🄰🄴 🄴 *VISA*   X
M a la carte 20/53.

REDNITZHEMBACH 8540. Bayern 🖽🖾 Q 19 – 4 300 Ew – Höhe 315 m – ✆ 09122 (Schwabach).
♦München 154 – Ansbach 41 – Donauwörth 74 – ♦Nürnberg 22.

In Rednitzhembach - Plöckendorf :

🏠 **Hembacher Hof**, Untermainbacher Weg 21, ℰ 70 91 – ☎ 🄿 – 🔬 25/250. 🄰🄴 🄴
10.- 24. Aug. geschl. – **M** (Sonn- und Feiertage ab 15 Uhr geschl.) a la carte 26/43 – **22 Z**
37 B 65/75 - 98/103 Fb.

🏠 **Kuhrscher Keller** 🍃, Bahnhofstr. 5, ℰ 70 71, 🍴 – ☎ 🄿, 🐒 Zim
M (nur Abendessen, Freitag - Samstag geschl.) a la carte 21/33 – **12 Z : 24 B** 52 - 92.

REES 4242. Nordrhein-Westfalen 🟗🟘🟙 ⑬ – 18 300 Ew – Höhe 20 m – ✆ 02851.
♦Düsseldorf 87 – Arnhem 49 – Wesel 24.

🏨 **Rheinhotel Dresen**, Markt 6, ℰ 12 55, ≤, 🍴 – 📺 ☎
4.- 25. Jan. geschl. – **M** (Freitag geschl.) 17/35 (mittags) und a la carte 33/56 – **14 Z : 22 B**
55/60 - 110/120.

🆇🆇🆇 **Op de Poort**, Vor dem Rheintor 5, ℰ 74 22, ≤, 🍴 – 🄿. 🐒
Montag - Dienstag und 20. Dez.- 10. Feb. geschl. – **M** (Tischbestellung ratsam) a la carte
33/68.

In Rees-Grietherort NW : 8 km :

🆇🆇 **Inselgasthof Nass** 🍃 mit Zim, Rheinstr. 1, ℰ 63 24, ≤, 🍴 – 📺 🄿. 🐒
M (vorwiegend Fischgerichte) (Montag geschl.) 25/48 (mittags) und a la carte 35/61 – **5 Z :**
10 B 45 - 90.

REGEN 8370. Bayern 🖽🖾 W 20, 🟗🟘🟙 ㉙ – 11 000 Ew – Höhe 536 m – Erholungsort –
Wintersport : ❄3 – ✆ 09921.
🅸 Verkehrsamt, Haus des Gastes, Stadtplatz 2, ℰ 29 29.
♦München 169 – Cham 49 – Landshut 100 – Passau 60.

🏠 **Brauerei-Gasthof Falter**, Am Sand 15, ℰ 43 13 – ☎ 🄿 – 🔬 25/100. 🄰🄴 ① 🄴 *VISA*
15. Jan.- 12. Feb. geschl. – **M** (Sonntag 14 Uhr - Montag 16 Uhr geschl.) a la carte 21/46 –
12 Z : 19 B 39 - 68/78.

🏠 **Pension Panorama** 🍃, Johannesfeldstr. 27, ℰ 23 56, ≤, 🖼, 🐎 – 🄿
(nur Abendessen für Hausgäste) – **17 Z : 31 B**.

🏠 **Krampersbacher Hof**, Krampersbacher Steig 34, ℰ 31 10, 🍴 – 📺 ☎ 🄿. 🄰🄴 ① 🄴
1.- 11. Nov. geschl. – **M** (Montag bis 18 Uhr geschl.) a la carte 16/38 – **11 Z : 21 B** 30/38 -
60/70 Fb.

🏛 **Pichelsteinerhof** 🍃, Talstr. 35, ℰ 24 72, 🍴 – 🄿
M a la carte 17/29 – **9 Z : 18 B** 35 - 68.

In Regen 2-March W : 6,5 km :

🏠 **Zur alten Post**, Hauptstr. 37, ℰ 23 93, 🖼, 🐎 – 🄿
36 Z : 70 B.

In Regen-Weißenstein SO : 3 km :

🏠 **Burggasthof Weißenstein** 🍃, ℰ 22 59, ≤, 🍴, 🐎 – 🚗 🄿
Nov.- 5. Dez. geschl. – **M** (Dienstag geschl.) a la carte 18,50/42 – **15 Z : 26 B** 34 - 68.

Siehe auch : *Liste der Feriendörfer*

Les prix	Pour toutes précisions sur les prix indiqués dans ce guide, reportez-vous aux pages de l'introduction.

REGENSBURG 8400. Bayern 🅰🅱🅲 T 19. 🅂🅆🅇 ⑦ — 128 000 Ew — Höhe 339 m — 🕿 0941.

Sehenswert : Dom★ (Glasgemälde★★) Z — Alter Kornmarkt★ Z — Alte Kapelle★ Z D — Stadtmuseum★ Z M1 — St. Emmeram★ (Grabmal★ der Königin Hemma) Z A — Schloß Thurn und Taxis : Marstallmuseum★ Z M2 — St. Jakobskirche (romanisches Portal★) Z B — Steinerne Brücke (≼★) Z.

Ausflugsziel : Walhalla★ : Lage★, O : 10 km über Donaustaufer Str. Y.

🔝 Donaustauf, Jagdschloß Thiergarten (② : 13 km), 𝒫 (09403) 5 05.

🚹 Tourist-Information, Altes Rathaus, 𝒫 5 07 21 41.

ADAC, Luitpoldstr. 2, 𝒫 5 56 73, Notruf 𝒫 1 92 11.

✦München 122 ④ — ✦Nürnberg 100 ④ — Passau 115 ③.

Stadtplan siehe nächste Seite.

🏨🏨 **Ramada**, Bamberger Str. 28, 𝒫 8 10 10, Telex 65188, Fax 84047, Biergarten, 🚉, Fahrradverleih — 🛗 ⇔ Zim 🔲 🕿 🕹 🕐 — 🔬 25/200. 🆎 ⓞ 🅴 𝑽𝑰𝑺𝑨   über ⑤
M a la carte 38/75 — **125 Z : 205 B** 164/184 - 207/227 Fb — 7 Appart. 369/419.

🏨🏨 **Avia-Hotel**, Frankenstr. 1, 𝒫 43 00, Telex 65703, Fax 42093, 🏖 — 🛗 🔲 ⇔ 🕐 — 🔬 25/70. 🆎 ⓞ 🅴 𝑽𝑰𝑺𝑨   Y c
M *(27. Dez.- 6. Jan. geschl.)* a la carte 32/62 — **81 Z : 123 B** 99/160 - 136/205 Fb.

🏨🏨 **Parkhotel Maximilian** garni, Maximilianstr. 28, 𝒫 5 10 42, Telex 65181, Fax 52942 — 🛗 🔲 ⇔ 🕐 — 🔬 25/200. 🆎 ⓞ 🅴 𝑽𝑰𝑺𝑨   Z f
52 Z : 103 B 157 - 197 Fb — 3 Appart. 394.

🏨 **Altstadt-Hotel Arch** garni, Am Haidplatz 4, 𝒫 50 20 60, « Modernisiertes Patrizierhaus a.d. 18. Jh. » — 🛗 🔲 🕿. 🆎 ⓞ 🅴 𝑽𝑰𝑺𝑨   Z n
40 Z : 68 B 95/130 - 135/250 Fb.

🏨 **Am Sportpark** garni, Gewerbepark D 90, 𝒫 4 02 80, Telex 652604, Fax 2648 — 🛗 🔲 🕿 🕐. 🆎 ⓞ 🅴 𝑽𝑰𝑺𝑨   über Donaustaufer Straße   Y
96 Z : 144 B 108/128 - 130/290 Fb.

🏨 **Bischofshof am Dom**, Krauterermarkt 3, 𝒫 5 90 86, Biergarten — 🛗 🔲 🕿 — 🔬 25/60. 🆎 🅴 𝑽𝑰𝑺𝑨   Z r
M a la carte 22/75 — **60 Z : 100 B** 90/185 - 125/280 Fb.

🏨 **Kaiserhof am Dom**, Kramgasse 10, 𝒫 5 40 27, 🏖 — 🛗 🔲 🕿. 🆎 ⓞ 🅴 𝑽𝑰𝑺𝑨   Z x
23. Dez.- 6. Jan. geschl. — **M** a la carte 22/56 — **31 Z : 50 B** 68/88 - 115/120 Fb.

🏨 **St. Georg**, Karl-Stieler-Str. 8, 𝒫 9 70 66, Telex 652504, ⇔ 🔲 🕿 🕐 — 🔬 25/100. 🆎 ⓞ 🅴 𝑽𝑰𝑺𝑨   über Bischof-Wittmann-Str.   Y
M a la carte 25/54 — **65 Z : 115 B** 81/103 - 120/160 Fb.

🏨 **Ibis**, Furtmayrstr. 1, 𝒫 7 80 40, Telex 652691, Fax 7804509 — 🛗 ⇔ Zim 🔲 Rest 🔲 🕿 🕹 ⇔ 🕐 — 🔬 25/80. 🆎 ⓞ 🅴 𝑽𝑰𝑺𝑨   Y r
M a la carte 25/44 — **114 Z : 185 B** 99 - 130 Fb.

🏨 **Karmeliten - Restaurant Taverne** (Spanische Küche), Dachauplatz 1, 𝒫 5 43 08 (Hotel) 5 49 10 (Rest.), Telex 65170, Fax 54658 — 🛗 🔲 🕿 🕐 — 🔬 25/40. ⓞ 🅴
20. Dez.- 20. Jan. geschl. — **M** *(nur Abendessen, Sonntag geschl.)* a la carte 27/46 🍷 —   Z a
72 Z : 130 B 60/125 - 95/180 Fb.

🏠 **Münchner Hof** 🍴, Tändlergasse 9, 𝒫 5 82 62, Telex 652593 — 🛗 🔲 🕿. ⓞ 🅴   Z d
✦ **M** a la carte 18/38 — **41 Z : 70 B** 65/73 - 98/110 Fb.

🏠 **Arcade**, Hemauerstr. 2, 𝒫 5 69 30, Telex 65736 — 🛗 🔲 🕿 🕹 ⇔ — 🔬 25/75. 🅴 𝑽𝑰𝑺𝑨   Z z
✦ **M** a la carte 21/39 — **123 Z : 249 B** 92 - 130.

🏠 **Bischofshof Braustuben**, Dechbettener Str. 50, 𝒫 2 14 73, Biergarten — 🕐   Y s
✦ **M** *(Sonn- und Feiertage ab 14 Uhr geschl.)* a la carte 18,50/31 — **14 Z : 21 B** 49 - 75.

🏠 **Straubinger Hof**, Adolf-Schmetzer-Str. 33, 𝒫 79 83 55, Fax 794826 — 🛗 🔲 🕿 🕹 ⇔ 🕐. 🆎 ⓞ 🅴 𝑽𝑰𝑺𝑨   Y n
✦ *22. Dez.- 8. Jan. geschl.* — **M** a la carte 16/41 🍷 — **64 Z : 98 B** 83 - 125 Fb.

🏠 **Apollo 11**, Neuprüll 17, 𝒫 9 70 47, 🚉, 🔲 — 🛗 🕿 🕹 ⇔ 🕐. 🆎 ⓞ 🅴 𝑽𝑰𝑺𝑨
✦ **M** *(Samstag - Sonntag geschl.)* a la carte 19/37 — **52 Z : 80 B** 38/68 - 65/98.   über Universitätsstr.   Y

🎄 **Wiendl**, Universitätsstr. 9, 𝒫 9 04 16, Biergarten — 🕐   Y u
✦ **M** *(Samstag und 24. Dez.- 6. Jan. geschl.)* a la carte 16/39 🍷 — **33 Z : 55 B** 36/60 - 60/85.

XXX **Historisches Eck** (restauriertes Stadthaus ab 13. Jh.), Watmarkt 6, 𝒫 5 89 20, « Historisches Kreuzgewölbe einer ehem. Hauskapelle » — 🆎 🅴   Z s
Sonntag - Montag 19 Uhr und 3.- 17. Juni geschl. — **M** *(Tischbestellung ratsam)* a la carte 60/80.

XXX **Zum Krebs** (kleines Restaurant in einem renovierten Altstadthaus), Krebsgasse 6, 𝒫 5 58 03 — 🆎 ⓞ 🅴   Z w
nur Abendessen, Sonntag und 20. Aug.- 4. Sept. geschl. — **M** *(Tischbestellung ratsam)* 75/98 und a la carte.

XXX **Gänsbauer**, Keplerstr. 10, 𝒫 5 78 58, « Gemütliche rustikale Einrichtung » — 🆎 ⓞ 🅴 𝑽𝑰𝑺𝑨   Z t
nur Abendessen, Sonntag geschl. — **M** *(Tischbestellung ratsam)* a la carte 50/75.

XX **Ratskeller**, Rathausplatz 1, 𝒫 5 17 77, 🏖, Historischer Saal — 🆎 ⓞ 🅴   Z v
✦ *Sonntag 15 Uhr - Montag geschl.* — **M** a la carte 23/51.

677

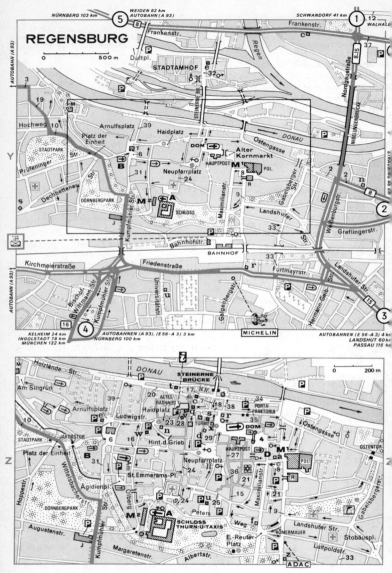

✗ Obermünster-Stiftsgaststätten, Obermünsterplatz 7, ℰ 5 31 22, Biergarten — 🅿   Z u

✗ **Alte Münze**, Fischmarkt 7, ℰ 5 48 86, �af — 🆎 ⑩ Ε 🎫   Z c
   M a la carte 36/52.

✗ **Alter Simpl**, Fischgässel 4, ℰ 5 16 50 — Ε   Z q
   Montag - Freitag nur Abendessen, Samstag nur Mittagessen, Sonntag, 28. Feb.- 5. März und 19. Aug. - 3. Sept. geschl. — **M** a la carte 36/53.

✗ **Hofbräuhaus** (Brauereigaststätte), Waaggässchen 1, ℰ 5 12 80, Biergarten —   Z v
← *Mitte Mai - Mitte Sept. Sonntag geschl. —* **M** a la carte 15/32 🍴.

🍺 **Brauerei Kneitinger** (Brauereigaststätte), Arnulfsplatz 3, ℰ 5 24 55   Z e
← *Mitte Mai - Mitte Sept. Sonntag geschl. —* **M** a la carte 14/20.

In Regensburg-Dechbetten SW : 4 km über Kirchmeierstr. Y :

🏠 **Dechbettener Hof**, Dechbetten 11, ℰ 3 52 83, �af — 🅿 — 🛎 25/80
← *8.- 29. Jan. geschl. —* **M** *(Montag geschl.)* a la carte 21/47 🍴 — **12 Z : 19 B** 32/37 - 59/69.

In Regensburg-Irl ② : 7 km :

🏨 **Held**, Irl 11, ℰ (09401) 10 41, Biergarten, 🚗, 🎇 — 🛗 📺 🕿 🅿 — 🛎 25/100. ⑩ Ε
← *22.- 30. Dez. geschl. —* **M** a la carte 19,50/44 🍴 — **70 Z : 120 B** 60/98 - 130/140 Fb.

In Regensburg-Stadtamhof :

✗✗ **Schildbräu** mit Zim, Stadtamhof 24, ℰ 8 57 24   Y e
← **M** *(Sonntag - Montag 18 Uhr geschl.)* a la carte 40/70 — **6 Z : 12 B** 65 - 95.

In Pentling 8401 ④ : 5 km :

🏨 **Schrammel Wirt**, An der Steinernen Bank 10, ℰ (09405) 10 14, Biergarten, 🚗, 🎾 (Halle)
← — 🛗 📺 🕿 🚙 🅿 — 🛎 25/250. 🆎 ⑩ Ε 🎫
   M a la carte 21/51 — **66 Z : 132 B** 90/130 - 140/180 Fb — 3 Appart. 285.

In Tegernheim 8409 NO : 7 km, Richtung Walhalla Y :

🏠 **Minigolf-Hotel** 🌳, Bergweg 2, ℰ (09403) 16 44, �af, 🚗 — 🕿 🚙 🅿 — 🛎 25/120
← *27. Dez.- 7. Jan. geschl. —* **M** *(Freitag geschl.)* a la carte 16,50/37 🍴 — **42 Z : 63 B** 34/60 - 52/110.

In Pettendorf-Mariaort 8411 ⑤ : 7 km :

🏠 **Gästehaus Krieger** garni, Heerbergstr. 3, ℰ (0941) 8 00 18, ≼ — 🛗 📺 🕿 🚙 🅿
← *24. Dez.- 5. Jan. geschl. —* **27 Z : 52 B** 38/70 - 68/100.

✗ **Gasthof Krieger**, Naabstr. 20, ℰ (0941) 8 42 78, ≼, Biergarten — 🅿
← *Mittwoch, Ende Aug.- Anfang Sept. und 24. Dez.- 6. Jan. geschl. —* **M** a la carte 18/40.

In Pettendorf-Adlersberg 8411 ⑤ : 7 km :

🍺 **Prösslbräu** 🌳 (Brauerei-Gasthof in einer ehem. Klosteranlage a.d. 16. Jh.),
← Dominikanerinnenstr. 2, ℰ (09404) 18 22, Biergarten — 🅿
   23. Dez.- 15. Jan. geschl. — **M** *(Montag geschl.)* a la carte 17,50/36 — **14 Z : 21 B** 38 - 68.

In Obertraubling 8407 ③ : 8 km :

🏠 **Stocker**, St.-Georg-Str. 2, ℰ 5 00 45, Biergarten — 🕿 🅿
   38 Z : 60 B Fb.

In Donaustauf 8405 O : 9 km, Richtung Walhalla Y :

🏠 **Pension Walhalla** 🌳 garni, Ludwigstr. 37, ℰ (09403) 15 22, ≼, 🎇 — 🛗 🕿 🚙 🅿
   21 Z : 42 B 46/52 - 66/76 Fb.

✗ **Kupferpfanne**, Lessingstr. 48, ℰ (09403) 10 98, �af — 🅿.

In Neutraubling 8402 SO : 10 km über ② :

🏠 **Groitl**, St. Michaelsplatz 2, ℰ (09401) 10 02 — 🅿
   23. Dez.- 7. Jan. geschl. — **M** *(Sonntag geschl.)* a la carte 19/36 — **26 Z : 47 B** 34/48 - 58/78.

🏠 **Am See**, Teichstr. 6, ℰ (09401) 14 54, �af — 🅿
   17 Z : 30 B.

In Köfering 8401 SO : 13 km über ③ :

✗ **Zur Post**, Hauptstr. 1 (B 15), ℰ (09406) 3 34, Biergarten — 🅿
← *Mittwoch geschl. —* **M** a la carte 19/36.

MICHELIN-REIFENWERKE KGaA. Niederlassung 8400 Regensburg, Schikanederstr. 4 (Y),
ℰ (0941) 7 50 01, FAX 76483.

REHAU 8673. Bayern 🎛🎛🎛 T 16, 🎛🎛🎛 ⑦ — 10 400 Ew — Höhe 540 m — ✪ 09283.
♦München 287 — Bayreuth 58 — Hof 14.

🏠 **Krone**, Friedrich-Ebert-Str. 13, ℰ 10 01, �af — 🕿. 🆎 Ε
   M a la carte 24/63 — **14 Z : 18 B** 45/52 - 70/86 Fb.

REHBURG-LOCCUM 3056. Niedersachsen 🔲🔲🔲 ⑤ − 9 800 Ew − Höhe 60 m − ✪ 05037.

♦ Hannover 44 − ♦ Bremen 89 − Minden 28.

🏨 **Rodes Hotel**, Marktstr. 22 (Loccum), ℰ (05766) 2 38 − 🚗 **℗**. ⚶ Zim
➜ *20. Dez.- 10. Jan. geschl.* − **M** *(Freitag geschl.)* a la carte 21/48 − **19 Z : 30 B** 40/50 - 77/93.

REHLINGEN 6639. Saarland 🔲🔲🔲 ⑥, 🔲🔲 ⑤ − 10 000 Ew − Höhe 180 m − ✪ 06833.

♦ Saarbrücken 35 − Luxembourg 66 − ♦ Trier 63.

In Rehlingen-Niederaltdorf SW : 8 km :

✕ **Rôtisserie Biehl**, Neunkircher Str. 10, ℰ 3 77, Zugang zur Tropfsteinhöhle − **℗**. **E**. ⚶
Mittwoch ab 14 Uhr, Montag und 1.- 15. Jan. geschl. − **M** a la carte 31/66.

REICHELSHEIM 6101. Hessen 🔲🔲🔲 J 17 − 7 600 Ew − Höhe 216 m − Luftkurort − ✪ 06164.

🔋 Fremdenverkehrsamt, Rathaus, ℰ 5 08 26.

♦Wiesbaden 84 − ♦Darmstadt 36 − ♦Mannheim 44.

✕✕ **Restaurant Treusch im Schwanen**, Rathausplatz 2, ℰ 22 26, 🍴 − **℗** − 🛁 40. 🆎 ⓞ
E 🆅🆂🅰
Donnerstag und 12. Feb.- 2. März geschl. − **M** *(auch vegetarisches Menu)* 41/98 und a la
carte.

In Reichelsheim-Eberbach NW : 1,5 km :

🏨 **Landhaus Lortz** ⚬, Eberbachtal 3, ℰ 49 69, ≤, 🍴, 🚌, 🔲, 🌲 − **℗**. ⚶
➜ *Jan. und Nov. geschl.* − **M** *(Montag und Dienstag jeweils ab 13 Uhr geschl.)* a la carte 19/39
🍷 − **18 Z : 30 B** 37/50 - 72/90 Fb − 4 Fewo 60/95.

In Reichelsheim-Erzbach SO : 6,5 km :

🏨 **Berghof**, Forststr. 44, ℰ 20 95, 🚌, 🔲, 🌲, 🐎 − 🛏 🕿 **℗**. ⚶
➜ *4. Jan.- 20. März geschl.* − **M** *(Montag geschl.)* a la carte 16/30 − **24 Z : 46 B** 48/55 - 84/108
− 4 Fewo 68/112.

In Reichelsheim-Gumpen SW : 2,5 km :

🏨 **Schützenhof**, Kriemhildstr. 73 (B 47), ℰ 22 60, 🍴, 🌲 − **℗**
➜ **M** *(Dienstag geschl.)* a la carte 21/41 🍷 − **7 Z : 15 B** 29 - 58 − ½ P 35.

In Reichelsheim-Rohrbach SO : 5,5 km :

🏨 **Zum Fürstengrund**, Im Unterdorf 1, ℰ 22 65, 🍴, 🔲, 🌲 − 🚗 **℗**
➜ *20. Nov.- 10. Dez. geschl.* − **M** *(Montag geschl.)* a la carte 17/38 🍷 − **33 Z : 50 B** 37/40 - 72
− 3 Fewo 50/60.

In Reichelsheim - Unter-Ostern SO : 4 km :

✕✕ **Naumann - Restaurant Wetterhahn** ⚬, mit Zim, Formbachstr. 3, ℰ 20 67, 🍴, ⚶ −
℗. 🆎 ⓞ **E**
2.- 18. Jan. geschl. − **M** *(Dienstag geschl.)* 45/85 und a la carte 🍷 − **10 Z : 20 B** 39 - 70.

REICHENAU (Insel) 7752. Baden-Württemberg 🔲🔲🔲 K 23, 🔲🔲🔲 L 2 − 4 800 Ew − Höhe 398 m
− Erholungsort − ✪ 07534.

Sehenswert : In Oberzell : Stiftskirche St. Georg (Wandgemälde★★) − In Mittelzell :
Münster★ (Münsterschatz★).

🔋 Verkehrsbüro, Mittelzell, Ergat 5, ℰ 2 76.

♦Stuttgart 181 − ♦Konstanz 10 − Singen (Hohentwiel) 29.

Im Ortsteil Mittelzell :

🏨 **Mohren**, Pirminstr. 141, ℰ 4 85, 🍴 − 🛏 📺 🕿 🕭 **℗** − 🛁 25/50
44 Z : 85 B Fb.

🏨 ❀ **Romantik-Hotel Seeschau** ⚬, Schiffslände 8, ℰ 2 57, Fax 7894, ≤, « Terrasse am
See » − 🛏 🕿 **℗**. 🆎 ⓞ **E** 🆅🆂🅰
Feb.- Mitte Okt. − **M** *(Sonntag - Montag geschl.)* um 60 und a la carte 38/75 − **11 Z : 20 B**
70/130 - 140/180 Fb − 4 Appart. 200
Spez. Sülze von Edelfischen mit Kresseschaum, Gefüllter Zander in Nudelteig, Piccata von Kalbsbries in
Rotweinsauce.

🏨 **Strandhotel Löchnerhaus** ⚬, Schiffslände 12, ℰ 4 11, ≤, 🍴, 🛥, 🌲, Bootssteg − 🛏 🕿
🚗 **℗** − 🛁 25/70
45 Z : 74 B Fb.

Im Ortsteil Oberzell :

🏨 **Kreuz**, Zelleleweg 4, ℰ 3 32, 🌲 − **℗**
über Fastnacht 2 Wochen und 10.- 31. Okt. geschl. − **M** *(Donnerstag ab 14 Uhr und Montag
geschl.)* a la carte 27/42 − **11 Z : 22 B** 55 - 100.

REICHENBACH Baden-Württemberg siehe Waldbronn.

680

REICHENHALL, BAD **8230.** Bayern 413 V 23, 987 ㊳, 426 ⑲ – 18 500 Ew – Höhe 470 m – Heilbad – Wintersport : 470/1 600 m 1 3 3 – ✆ 08651.

Sehenswert : St. Zeno-Kirche BZ – Alte Saline AZ.

Kur- und Verkehrsverein im Kurgastzentrum, Wittelsbacherstr. 15, ℘ 30 03 – **ADAC,** Schwarzbach, Autobahn-Grenzbüro, ℘ 49 00 – ♦**München 136** ① – **Berchtesgaden 18** ② – **Salzburg 19** ①.

BAD REICHENHALL

Bahnhofstraße ... AY
Kaiserplatz ... AY 16
Ludwigstraße ... AYZ
Poststraße ... AZ 32
Salzburger Straße ... AY

Adolf-Schmid-Straße ... AY 2
Alte Luitpoldbrücke ... BZ 3
Friedrich-Ebert-Allee ... AY 9
Grabenbachstraße ... BZ 12
Großgmainer Straße ... BZ 13
Heilingbrunner Straße ... AZ 14
Johann-Hänsl-Straße ... BZ 15
Kammerbotenstraße ... AZ 17
Kanalstraße ... AZ 18
Kreta-Brücke ... BZ 19
Kurstraße ... AY 22
Lange Gasse ... BZ 23
Maximilianstraße ... AY 27
Münchner Allee ... AY 29
Rathausplatz ... AZ 33

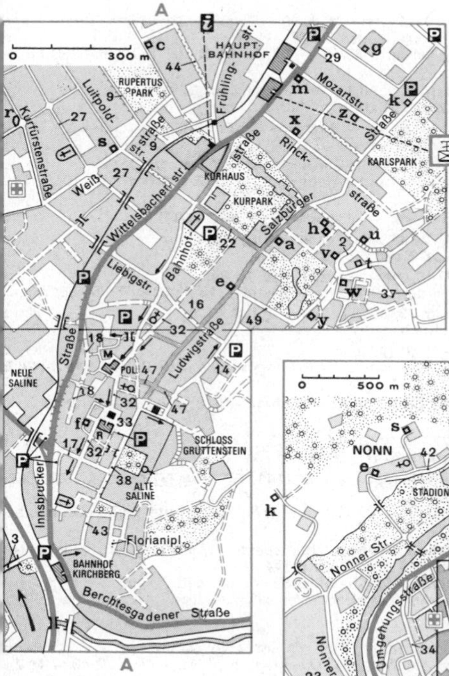

Reichenbachstraße ... BZ 34
Reichenhaller Straße ... AY, BZ 37
Salinenstraße ... AZ 38
Schillerallee ... BZ 39
Staatsstraße ... BZ 40
Strailachweg ... BZ 42
Tiroler Straße ... AZ 43
Traunfeldstraße ... AY, BZ 44
Turnergasse ... AZ 47
Voglthennstraße ... BZ 48
Wisbacherstraße ... AY 49

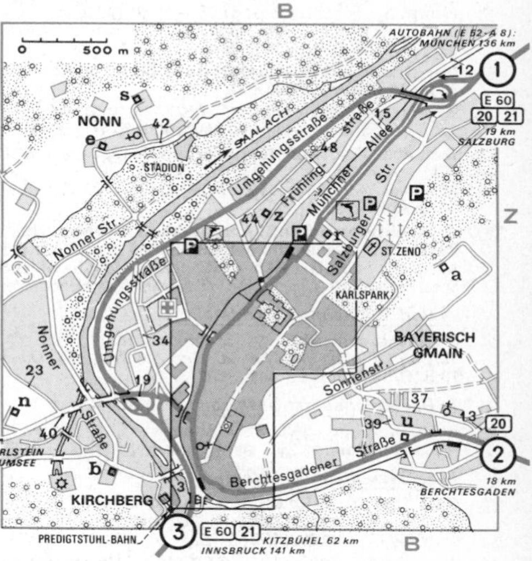

Steigenberger-Hotel Axelmannstein , Salzburger Str. 4, ℘ **40 01, Telex 56112,** Fax **4001, Caféterrasse, « Park », Bade- und Massageabteilung,** , , , – – 25/120. AE E VISA. Rest AY **a**
Restaurants : – **Parkrestaurant M** a la carte 51/80 – **Axel-Stüberl** (regionale Küche) **M** a la carte 24/48 – **151 Z : 220 B** 175/275 - 230/410 Fb – 8 Appart. 470/820 – ½ P 160/270.

Kurhotel Luisenbad , Ludwigstr. 33, ℘ **60 40, Telex 56131, Fax 62928,** , **« Garten », Bade- und Massageabteilung,** , , – – 25/120. E VISA. Rest
Nov.- 20. Dez. geschl. – **M** 42/91 und a la carte – **83 Z : 116 B** 137/189 - 224/282 Fb – 4 Appart. 340/365 – ½ P 137/214. AY **e**

Panorama , Baderstr. 3, ℘ **6 10 01, Telex 56194,** , , **Bade- und Massageabteilung,** , – – 40/120. AE E VISA. Rest AY **w**
M a la carte 34/56 – **83 Z : 136 B** 104/128 - 182/274 Fb.

Residenz Bavaria , Am Münster 3, ℘ **50 16, Telex 56187, Fax 65786,** , **Bade- und Massageabteilung,** , – – 25/80. AE E. Rest AY **g**
M a la carte 31/54 – **173 Z : 390 B** 115/165 - 190/240 Fb.

Sonnenbichl, Adolf-Schmid-Str. 2, ℘ **6 10 19,** , – . AE E VISA. AY **h**
(Restaurant nur für Hausgäste, im Winter garni) – **40 Z : 60 B** 70/80 - 130/140 Fb – ½ P 85/90.

REICHENHALL, BAD

🏨 **Kurhotel Alpina** 🌴, Adolf-Schmid-Str. 5, 𝒫 20 38, Bade- und Massageabteilung, 🌴 –
🛗 📺 ☎ 🅿 ※ AY **t**
Feb.- Okt. – (Restaurant nur für Hausgäste) – **65 Z : 89 B** 60/90 - 100/140 Fb – ½ P 90/110.

🏨 **Hofwirt**, Salzburger Str. 21, 𝒫 6 20 21, 🍴, 🌴 – 🛗 📺 ☎ 🅿 AY **k**
15. Jan.- 15. Feb. geschl. – **M** *(Montag geschl.)* a la carte 27/47 – **20 Z : 30 B** 70 - 120 – ½ P 90.

🏨 **Bayerischer Hof**, Bahnhofsplatz 14, 𝒫 60 90, Telex 56123, 🍴, Bade- und Massageabteilung, 🛋, 🔲 – 🛗 ☎ 🚗. 🆎 ⓞ 🅴 𝑉𝐼𝑆𝐴 AY **m**
5. Jan.- 17. Feb. geschl. – **M** a la carte 22/54 – **64 Z : 91 B** 101/160 - 164/180 Fb – ½ P 103/132.

🏨 **Kurhotel Mozart** garni, Mozartstr. 8, 𝒫 50 36, 🌴 – 🛗 ☎ 🚗 🅿. ※ AY **z**
Mitte Nov.- Mitte Dez. geschl. – **21 Z : 36 B** 60/75 - 110/130 Fb.

🏨 **Tivoli** 🌴 garni, Tivolistr. 2, 𝒫 50 03, ≤, 🌴 – 🛗 ☎ 🚗 🅿. 🆎 ⓞ 🅴 𝑉𝐼𝑆𝐴 AY **y**
März - Okt. – **20 Z : 31 B** 65/80 - 120/140 Fb.

🏨 **Erika** 🌴, Adolf-Schmid-Str. 3, 𝒫 30 93, ≤, « Garten », 🌴 – 🛗 ☎ 🅿. ※ AY **u**
Ende Feb.- Anfang Nov. – (Restaurant nur für Hausgäste) – **34 Z : 50 B** 52/90 - 104/144 – ½ P 82/102.

🏨 **Excelsior** 🌴, Paepckestr. 12, 𝒫 25 48, 🌴 – 🛗 ☎ 🚗 🅿 – **36 Z : 50 B**. AY **d**

🏨 **St. Peter** 🌴, Luitpoldstr. 17, 𝒫 6 20 28, 🌴 – 🛗 ☎ 🚗 🅿. ⓞ AY **s**
(Restaurant nur für Hausgäste) – **28 Z : 40 B** 58/62 - 98/102.

🏨 **Kurfürst**, Kurfürstenstr. 11, 𝒫 27 10, 🌴 – 🛗 🆎 ⓞ 🅴 𝑉𝐼𝑆𝐴. ※ Rest AY **r**
15. Dez.- 15. Jan. geschl. – (nur Mittagessen für Hausgäste) – **12 Z : 18 B** 45/65 - 86/106.

🏨 **Alfons Maria** 🌴 garni, Schillerstr. 19, 𝒫 20 88, 🌴 – 📺 ☎ 🅿 BZ **z**
März - Okt. – **26 Z : 30 B** 50/60 - 110 Fb.

🏨 **Hansi** 🌴, Rinckstr. 3, 𝒫 31 08 – 🛗 ☎ 🅿. 🆎 🅴 AY **x**
Dez.- Jan. geschl. – **M** *(auch Diät und vegetarische Gerichte)* a la carte 24/42 – **18 Z : 28 B** 59/90 - 120/130 Fb – ½ P 75.

🏨 **Bergfried und Villa Schönblick** 🌴 garni, Adolf-Schmid-Str. 8, 𝒫 43 98 – 🛗 ☎ 🅿 AY **v**
36 Z : 56 B 50/60 - 80/100.

🏨 **Kraller** garni, Zenostr. 7, 𝒫 27 52 – 🛗 ☎ 🅿. ※ BZ **r**
15. Nov.- 15. Dez. geschl. – **24 Z : 32 B** 52/60 - 90/96.

🏨 **Brauerei-Gasthof Bürgerbräu**, Waaggasse 2, 𝒫 24 11, 🍴 – 🛗 📺 ☎ – 🔥 . 🆎 ⓞ 🅴 𝑉𝐼𝑆𝐴 AZ **f**
M a la carte 21/43 – **41 Z : 55 B** 65/105 - 120/170 Fb – ½ P 80/105 (Hotel wegen Umbau bis Mitte April geschl.).

XXX ❀ **Kirchberg Schlößl - Schweizer Stuben**, Thumseestr. 11, 𝒫 27 60, 🍴, « Elegantes Restaurant in einem Barockschlößchen » – 🆎 ⓞ 🅴 𝑉𝐼𝑆𝐴 BZ **b**
Mittwoch und März - April 3 Wochen geschl. – **M** 58/85 und a la carte
Spez. Fischterrinen, Lammrücken in Kräutern, Tiroler Mohnkrapferl auf Vanillesauce.

In Bad Reichenhall 3-Karlstein :

🏔 **Karlsteiner Stuben** 🌴, Staufenstr. 18, 𝒫 13 89, 🍴, 🌴 – 🅿. ※ Zim BZ **n**
10. Jan.- 4. März und Nov.-20. Dez. geschl. – **M** *(Dienstag geschl.)* a la carte 22/40 – **48 Z : 78 B** 33/57 - 70/94 Fb – ½ P 51/73.

In Bad Reichenhall 4-Marzoll ① : 6 km :

🏨 **Schloßberghof** 🌴, Schloßberg 5, 𝒫 7 00 50, ≤, « Gartenterrasse », Bade- und Massageabteilung, 🔥, 🛋, 🔲, 🌴 – 🛗 ☎ 🅿 – **49 Z : 86 B** Fb.

In Bad Reichenhall 3-Nonn :

🏨 **Neu-Meran** 🌴, 𝒫 40 78, ≤ Untersberg und Predigtstuhl, 🍴, 🛋, 🔲, 🌴 – 📺 ☎ 🅿 BZ **k**
10.- 31. Jan. und 15. Nov.- 12. Dez. geschl. – **M** *(Dienstag - Mittwoch 18 Uhr geschl.)* a la carte 32/70 – **20 Z : 32 B** 45/126 - 136/170 – ½ P 72/112.

🏨 **Alpenhotel Fuchs** 🌴, 𝒫 6 10 48, ≤ Untersberg und Predigtstuhl, « Gartenterrasse », 🌴, 🐾 – 🛗 🅿. 🆎 ⓞ 🅴 𝑉𝐼𝑆𝐴 BZ **s**
3. Nov.- 22. Dez. geschl. – **M** a la carte 21/46 – **36 Z : 60 B** 45/81 - 100/132 Fb – ½ P 60/87.

🏨 **Gästehaus Sonnleiten** 🌴 garni, Nonn 27, 𝒫 6 10 09, ≤, 🌴 – 📺 ☎ 🅿 BZ **e**
8 Z : 16 B.

Am Thumsee W : 5 km über Staatsstraße BZ :

🏨 **Haus Seeblick** 🌴, ✉ 8230 Bad Reichenhall 3, 𝒫 (08651) 29 10, ≤ Thumsee und Ristfeucht-Horn, « Gartenterrasse », Massage, 🛋, 🔲, 🌴, ※, 🐾, Fahrrad - und Skiverleih – 🛗 📺 🚗 🅿. ※ Rest
2. Nov.- 18. Dez. geschl. – (Restaurant nur für Hausgäste) – **54 Z : 90 B** 44/68 - 88/150 – ½ P 53/93.

In Bayerisch Gmain 8232 :

🏨 **Klosterhof** 🌴, Steilhofweg 19, 𝒫 40 84, ≤, 🍴, 🛋, 🌴 – 📺 ☎ 🅿. 🅴. ※ BZ **a**
15.- 31. Jan. und 12.- 29. Nov. geschl. – **M** *(Montag geschl.)* 21/30 (mittags) und a la carte 29/52 – **14 Z : 27 B** 75/110 - 130/180 – ½ P 89/114.

🏨 **Amberger**, Schillerallee 5, 𝒫 (08651) 50 66, 🛋, 🔲, 🌴, Fahrradverleih – ☎ 🚗 🅿 BZ **u**
Mitte Nov.- Mitte Jan. geschl. – (nur Abendessen für Hausgäste) – **14 Z : 21 B** 48/61 – 80/127 – 3 Fewo 70/107.

REICHSHOF 5226. Nordrhein-Westfalen — 16 500 Ew — Höhe 300 m – ✪ 02265.

🛈 Verkehrsamt, Reichshof-Eckenhagen, Barbarossastr. 5, ⌀ 4 70.

◆Düsseldorf 100 – ◆Köln 63 – Olpe 22 – Siegen 38.

In Reichshof 21-Eckenhagen — Luftkurort — Wintersport : 400/500 m 🚠2 🚲7 :

🏨 **Haus Leyer** ❦, Am Aggerberg 33, ⌀ 90 21, ≼, ≘s, 🔲, 🐎 – 📺 ☎ 🅿. 🝁 ⓪ 🝿 𝚅𝙸𝚂𝘈
M a la carte 26/56 — **16 Z : 30 B** 78/93 - 150/180 Fb.

🏠 **Park-Hotel**, Hahnbucher Str. 12, ⌀ 90 59, 🏕, ≘s – ⑂ ☎ 🅿 – 🛆 40
◄► M *(Donnerstag geschl.)* a la carte 19/43 — **22 Z : 42 B** 60 - 100.

🏠 **Aggerberg** ❦, Am Aggerberg 20, ⌀ 90 87, ≼, 🐎 – 📺 ☎ 🅿. 🝿
15.- 30. Juli geschl. — **M** *(Dienstag geschl.)* 20/25 (mittags) und a la carte 35/58 — **11 Z : 22 B** 80/95 - 120/150 Fb.

🏠 **Zur Post**, Hauptstr. 30, ⌀ 2 15, 🏕 – ☎ 🅿. 🝁 ⓪
◄► März geschl. — **M** *(Montag geschl.)* a la carte 21/52 — **12 Z : 24 B** 45/50 - 90/96.

In Reichshof-Wildbergerhütte :

🏠 **Landhaus Wuttke**, Crottorfer Str. 57, ⌀ (02297) 13 30 – 🅿 – 🛆 30. 🕸 Rest
◄► Juni - Juli 3 Wochen geschl. — **M** a la carte 19/44 — **16 Z : 34 B** 48 - 78.

REIDELBACH Saarland siehe Wadern.

REIL 5586. Rheinland-Pfalz — 1 600 Ew — Höhe 110 m – ✪ 06542 (Zell a.d. Mosel).
Mainz 110 – Bernkastel-Kues 34 – Cochem 47.

🏠 **Reiler Hof** ❦, Moselstr. 27, ⌀ 26 29, ≼, 🏕 – ⇐ 🅿
◄► Dez.- Jan. geschl. — **M** a la carte 21/48 🍷 — **18 Z : 32 B** 33/45 - 60/80.

REINBEK 2057. Schleswig-Holstein 🮯🮯🮯 ⑤ — 25 500 Ew — Höhe 22 m – ✪ 040 (Hamburg).
◆Kiel 113 – ◆Hamburg 17 – ◆Lübeck 56.

🏨 **Sachsenwald-Congress-Hotel**, Hamburger Str. 2, ⌀ 72 76 10, Telex 2163074, Fax 72761215, ≘s – ⑂ 📺 ☎ 🔥 ⇐ 🅿 – 🛆 25/700. 🝁 ⓪ 🝿 𝚅𝙸𝚂𝘈
M a la carte 33/67 — **66 Z : 118 B** 145/195 - 170/260 Fb.

XX **Waldhaus Reinbek**, Loddenallee 2, ⌀ 7 22 68 46, 🏕 – 🅿 – 🛆 25/100. 🝁 ⓪ 🝿 𝚅𝙸𝚂𝘈
Montag geschl. — **M** a la carte 33/60.

X Schloß Reinbek, Schloßstraße (im Schloß), ⌀ 7 27 93 15 – 🅿.

REINFELD 2067. Schleswig-Holstein 🮯🮯🮯 ⑤ — 7 000 Ew — Höhe 25 m – ✪ 04533.
◆Kiel 66 – ◆Hamburg 55 – ◆Lübeck 17.

🏠 **Gästehaus Seeblick** garni, Ahrensböker Str. 4, ⌀ 14 23, ≘s – ⇐ 🅿
14 Z : 25 B 32/42 - 58/74.

XX **Holsteinischer Hof** mit Zim, Paul-von-Schönaich-Str. 50, ⌀ 23 41 – 📺 ⇐. 🝿
12. März - 11. April geschl. — **M** *(Montag geschl.)* 19/30 (mittags) und a la carte 24/53 — **7 Z : 14 B** 45/60 - 80/120.

REINHARDSHAGEN 3512. Hessen — 4 500 Ew — Höhe 114 m – Luftkurort – ✪ 05544.
🛈 Verkehrsamt in Reinhardshagen-Vaake, Mündener Str. 44, ⌀ 10 54.

◆Wiesbaden 246 – Münden 11 – Höxter 53.

In Reinhardshagen 2-Vaake :

🏠 **Sonnenhof**, Mündener Str. 108 (B 80), ⌀ 4 01, 🏕, 🐎 – 🅿
16 Z : 28 B.

In Reinhardshagen 1-Veckerhagen :

🏠 **Peter**, Untere Weserstr. 2, ⌀ 2 32, ≼, Cafégarten – 🅿
15 Z : 27 B.

🏠 **Felsenkeller** ❦, Felsenkellerstr. 25, ⌀ 2 04, ≼, 🏕 – 📺 ⇐ 🅿. ⓪
Nov. geschl. — **M** *(Dienstag geschl.)* 12/28 (mittags) und a la carte 23/46 — **10 Z : 17 B** 40 - 80.

REISBACH Saarland siehe Saarwellingen.

REISBACH / VILS 8386. Bayern 🝁🝁🝁 UV 21. 🝿🝿🝿 ⑥ — 5 700 Ew — Höhe 405 m – ✪ 08734.
🏌 Reisbach-Grünbach, ⌀ 3 56.

◆München 112 – Landshut 40 – ◆Regensburg 88.

🏨 **Schlappinger Hof**, Marktplatz 40, ⌀ 77 11, Biergarten – ☎ 🅿. 🕸 Zim
27. Dez.- Anfang Jan. geschl. — **M** *(Mittwoch geschl.)* a la carte 17/42 — **26 Z : 35 B** 38/45 - 65/75 Fb.

REISEN Baden-Württemberg siehe Birkenau.

REIT IM WINKL 8216. Bayern **413** U 23. **987** ⑨, **426** ⑩ − 2 700 Ew − Höhe 700 m − Luftkurort − Wintersport : 700/1 800 m ≰21 ≰8 − ۞ 08640.

Sehenswert : Oberbayrische Häuser★.

᠍ᠷ Reit im Winkel-Birnbach, ℰ 82 16.

🛈 Verkehrsamt, Rathaus, ℰ 8 00 20.

◆München 111 − Kitzbühel 35 − Rosenheim 52.

- 🏨 **Unterwirt**, Kirchplatz 2, ℰ 88 11, Fax 8889, ㄤ, ⇔, 🖾, Fahrradverleih − 🛗 TV ⟸ ₽
  M a la carte 23/65 ⅙ − **76 Z : 126 B** 60/140 - 120/180 − 5 Appart. 188/315 − 3 Fewo 160.

- 🏦 **Gästehaus am Hauchen** garni, Am Hauchen 5, ℰ 87 74, ⇔, 🖾 − TV ☎ ₽. ⋘
  Nov.- 15. Dez. geschl. − **26 Z : 52 B** 67/77 - 130/154 Fb.

- 🏠 **Altenburger Hof** ⃰, Frühlingstr. 3, ℰ 89 94, ⇔, 🖾, ㄤㄤ − TV ☎ ⟸ ₽
  (nur Abendessen für Hausgäste) − **13 Z : 26 B** Fb.

- 🏠 **Bichlhof** garni, Alte Grenzstr. 1, ℰ 10 73, ⇔, 🖾 − ₽ ⋘
  April- 10. Mai und 15. Okt.- 23. Dez. geschl. − **25 Z : 45 B** 57/85 - 104/140.

- 🏠 **Sonnwinkl** ⃰ garni, Kaiserweg 12, ℰ 16 44, ⇔, 🖾, ㄤㄤ − TV ☎ ₽. ⋘
  Nov.- Dez. geschl. − **23 Z : 40 B** 50/68 - 100/136.

- 🏠 **Zum Postillion** garni, Dorfstr. 32, ℰ 88 86, ⇔, 🖾, ㄤㄤ − TV ☎ ₽
  25 Z : 40 B.

- 🏠 **Sonnleiten**, Holunderweg 1 (Ortsteil Entfelden), ℰ 88 82, ≤, ㄤ, ⇔, ㄤㄤ − TV ☎ ₽. ⑩
  — 𝘝𝘐𝘚𝘈
  Mitte April - 20. Mai und Ende Okt.- 10. Dez. geschl. − **M** (nur Abendessen, Mittwoch geschl.) a la carte 20/45 − **22 Z : 40 B** 50/65 - 90/120 Fb.

- 🏠 **Zum Löwen**, Tiroler Str. 1, ℰ 89 01 − 🛗 ☎ ₽
  April - 12. Mai und 28. Okt.- 8. Dez. geschl. − **M** (Mittwoch geschl.) a la carte 22/36 ⅙ −
  30 Z : 52 B 46/72 - 92.

- XX **Zirbelstube**, Am Hauchen 10, ℰ 82 85, « Gartenterrasse » − ₽
  — **M** a la carte 21/42 − auch 13 Fewo 90/140.

- XX **Klauser's Café-Weinstube** mit Zim, Birnbacher Str. 8, ℰ 84 24, « Gartenterrasse » − TV ☎
  ₽
  2 Z : 4 B.

Auf der Winklmoosalm SO : 10,5 km, Auffahrt im Sommer 5 DM Gebühr, im Winter nur mit Bus − Höhe 1 160 m :

- 🏠 **Alpengasthof Winklmoosalm** ⃰, Dürrnbachhornweg 6, ✉ 8216 Reit im Winkl,
  — ℰ (08640) 10 97, ≤, ㄤ, ⇔, ㄤㄤ − TV ☎ ₽
  23. April - 6. Mai und 22. Okt.- 20. Dez. geschl. − **M** (Abendessen nur für Hausgäste, Mai -
  Okt. Freitag geschl.) a la carte 20/31 − **18 Z : 36 B** 38 - 76(im Winter nur ½P 83).

- 🏔 **Alpengasthof Augustiner** ⃰, Klammweg 2, ✉ 8216 Reit im Winkl, ℰ (08640) 82 35, ≤,
  — ㄤ, ㄤㄤ − ₽
  Mai und Okt. geschl. − **M** (Juni - Sept. Montag geschl.) a la carte 21/37 − **24 Z : 50 B** 30/70
  - 60/100(im Winter nur ½P 65/80).

Siehe auch : *Kössen (Österreich)*

REKEN 4421. Nordrhein-Westfalen **987** ⑭ − 12 100 Ew − Höhe 65 m − ۞ 02864.
◆Düsseldorf 83 − Bocholt 33 − Dorsten 22 − Münster (Westfalen) 53.

In Reken - Groß-Reken :

- 🏠 **Schmelting**, Velener Str. 3, ℰ 3 11, ㄤ, Damwildgehege − ☎ ⟸ ₽
  — 23. Dez.- 10. Jan. geschl. − **M** (Freitag geschl.) 15,50/32 (mittags) und a la carte 20/53 −
  24 Z : 32 B 41 - 78.

- 🏠 **Hartmann's-Höhe** ⃰, Werenzostr. 17, ℰ 13 17, ≤, ㄤ, ㄤㄤ − ₽ − ⅍ 30/70. ⋘ Zim
  — 10.- 26. Dez. geschl. − **M** (Donnerstag geschl.) a la carte 18/48 − **14 Z : 26 B** 40 - 70.

- 🏠 **Vogelwiesche**, Hauptstr. 31, ℰ 51 17, ㄤ − TV ☎ ⟸ ₽
  18 Z : 34 B.

- XX **Haus Wilkes**, Bergstr. 1, ℰ 12 24, « Gartenterrasse » − ₽.

RELLINGEN 2084. Schleswig-Holstein − 14 000 Ew − Höhe 12 m − ۞ 04101.
◆Kiel 92 − ◆Bremen 124 − ◆Hamburg 17 − ◆Hannover 168.

- 🏦 **Rellinger Hof**, Hauptstr. 31, ℰ 2 80 71 − TV ₽ − ⅍ 25
  M a la carte 28/52 − **45 Z : 70 B** 60 - 125.

In Rellingen-Krupunder SO : 5 km :

- 🏦 **Fuchsbau**, Altonaer Str. 357, ℰ 3 10 31, Fax 33952, « Gartenterrasse », ⇔, ㄤㄤ − TV ☎
  ₽ − ⅍ 25/60. AE ⑩ E 𝘝𝘐𝘚𝘈   siehe Stadtplan Hamburg S. 3   T b
  M (nur Abendessen, Sonn- und Feiertage geschl.) a la carte 34/54 − **50 Z : 100 B** 90/105 -
  117/135.

- 🏠 **Krupunder Park**, Altonaer Str. 325, ℰ 3 12 85, ㄤ − ☎ ₽
  M a la carte 34/53 − **21 Z : 36 B** 55/85 - 95/175.   siehe Stadtplan Hamburg S. 3   T b

🛈 Verkehrsamt, Rathaus, Am Markt, ✆ 2 25 72.

Mainz 142 — ♦Bonn 23 — ♦Koblenz 38.

In Remagen 3-Kripp SO : 3,5 km :

🏨 **Rhein-Ahr**, Quellenstr. 67, ✆ 4 41 12, 🚗, 🔲 — 🅿
↔ *23. Dez.- 15. Jan. geschl.* — **M** *(Montag geschl.)* a la carte 18/34 🍷 — **14 Z : 28 B** 48/60 - 85/95.

In Remagen 2-Oberwinter N : 5 km :

XX **Waldheide - Restaurant du Maître** 🦢 mit Zim, Rheinhöhenweg 101, ✆ (02228) 72 92,
← — ☎ 🚗 🅿. 🅰🅴 🛇 Zim
Jan.- Feb. 2 Wochen geschl. — **M** *(Montag geschl.)* a la carte 32/63 — **5 Z : 10 B** 65 - 98.

In Remagen-Rolandseck N : 6 km :

X Bellevuechen, Bonner Str. 68 (B 9), ✆ (02228) 79 09, ←, 🛋 — 🅿
(abends Tischbestellung ratsam).

REMELS Niedersachsen siehe Uplengen.

🛈 Amt für Wirtschaft und Liegenschaften, Theodor-Heuss-Platz (Rathaus), ✆ 44 22 52.

ADAC, Fastenrathstr. 1, ✆ 2 68 60, Notruf ✆ 1 92 11.

♦Düsseldorf 39 ③ — ♦Köln 43 ② — Lüdenscheid 35 ② — Solingen 12 ③ — Wuppertal 12 ④.

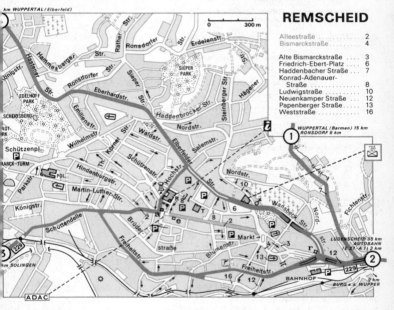

REMSCHEID

🏨🏨 **Remscheider Hof**, Bismarckstr. 39, ✆ 43 20, Telex 8513516, Fax 432158 — 🛗 ⇆ Zim
🍽 Rest 📺 🕭 🚗 🅿 — 🔔 25/500. 🅰🅴 🛈 🅴 𝚅𝙸𝚂𝙰   **r**
M a la carte 42/63 — **88 Z : 120 B** 164 - 243 Fb — 3 Appart. 268.

🏨 **Café Noll**, Alleestr. 85, ✆ 2 40 50 — 🛗 ☎ 🚗. 🅰🅴 🅴 🛇   **e**
M *(bis 19 Uhr geöffnet, Sonn- und Feiertage geschl.)* a la carte 26/38 — **24 Z : 36 B** 60/95 - 135/150.

XX Zur Pfeffermühle, Hochstr. 2, ✆ 2 96 05   **a**

XX **Ratskeller**, Theodor-Heuss-Platz 2 (im Rathaus), ✆ 2 65 60 — 🅰🅴 🛈 🅴 𝚅𝙸𝚂𝙰. 🛇   **R**
M a la carte 24/56.

Nahe der Autobahn SO : 5 km an der Zufahrt zur Talsperre :

XX **In der Mebusmühle**, ✉ 5630 Remscheid, ✆ (02191) 3 25 34, 🛋, « Werkzeuge der
heimischen Industrie als Wandschmuck » — 🅿
Montag geschl. — **M** a la carte 22/43.

An der Autobahn A 1 Ostseite, SO : 6 km :

🏨 **Rasthaus Remscheid**, ⊠ 5630 Remscheid, ℰ (02191) 3 10 61, Telex 8513659, 🏤 – 🛗
📺 ☎ 😷 – 🅰 25/180. 🄰🄴 ① 🄴 𝓥𝓘𝓢𝓐
M a la carte 26/65 – **50 Z : 100 B** 90/133 - 140/196 Fb.

In Remscheid-Lennep ② : 6 km :

🏠 **Berliner Hof** garni, Mollplatz 1, ℰ 6 01 51 – ☎ 🚗. 🄰🄴 ① 🄴 𝓥𝓘𝓢𝓐
33 Z : 50 B 65/95 - 135/170.

In Remscheid-Lüttringhausen ① : 6 km :

🏠 **Fischer**, Lüttringhauser Str. 131, ℰ 58 35, 🚬 – 📺 ☎ 😷 – 🅰 50. 🄰🄴 ① 🄴 𝓥𝓘𝓢𝓐. ℅
M *(Dienstag geschl.)* a la carte 23/46 – **24 Z : 36 B** 40/75 - 70/105.

🏠 **Kromberg**, Kreuzbergstr. 24, ℰ 59 00 31 – 📺 ☎ 🚗. 🄰🄴 ① 🄴 𝓥𝓘𝓢𝓐
M *(Samstag geschl.)* a la carte 25/47 – **18 Z : 30 B** 68 - 105.

REMSECK AM NECKAR 7148. Baden-Württemberg 🌆🌃 K 20 – 16 300 Ew – Höhe 212 m –
✪ 07146.
♦Stuttgart 12 – Heilbronn 44 – ♦Nürnberg 198.

In Remseck 2-Aldingen :

✕✕ **Schiff**, Neckarstr. 1, ℰ 9 05 40 – 😷. 🄰🄴 ① 🄴
Mittwoch - Donnerstag und Aug.- Sept. 2 Wochen geschl. – Menu a la carte 33/68.

In Remseck 3-Hochberg :

✕✕ **Gengenbach's Adler**, Am Schloß 2, ℰ 57 49 – 😷
Montag und Mitte Juli - Mitte Aug. geschl. – Menu a la carte 34/62.

REMSHALDEN 7064. Baden-Württemberg 🌆🌃 L 20 – 13 000 Ew – Höhe 267 m – ✪ 07151
(Waiblingen).
♦Stuttgart 21 – Schwäbisch Gmünd 34 – Schwäbisch Hall 58.

In Remshalden-Buoch :

🏠 Krone, Eduard-Hiller-Str. 1, ℰ 7 97 65, Terrasse mit ≼ – 😷 – **19 Z : 28 B**.

In Remshalden-Grunbach :

🏠 **Hirsch** (Fachwerkhaus a.d.J. 1610), Reinhold-Maier-Str. 12, ℰ 7 24 52, 🏤, 🚬, 🔲, 🛏 –
🛗 😷 – 🅰 25/60. 🄰🄴 ① 🄴
2.- 16. Jan. geschl. – **M** *(Freitag geschl.)* a la carte 26/43 🎝 – **45 Z : 60 B** 50/60 - 100.

🏠 Grunbacher Hof, Bahnhofstr. 31, ℰ 77 32 – ☎ 😷 – **8 Z : 12 B**.

In Remshalden - Hebsack :

✕ **Zum Lamm** mit Zim (Gasthaus a.d.J. 1792), Winterbacher Str. 1, ℰ (07181) 7 16 57 – ☎
😷 🄰🄴 ① 🄴 𝓥𝓘𝓢𝓐. ℅
23. Juli - 16. Aug. geschl. – **M** *(Sonntag 15 Uhr - Montag geschl.)* a la carte 29/57 – **8 Z :
10 B** 48 - 72.

RENCHEN 7592. Baden-Württemberg 🌆🌃 GH 21, 🌆🌃 ㉞. 🌃🌃 ㉟ – 6 000 Ew – Höhe 144 m –
✪ 07843.
♦Stuttgart 132 – Baden-Baden 38 – Offenburg 15 – Strasbourg 29.

🏨 **Hanauer Hof**, Poststr. 30, ℰ 3 27 – 📺 ☎ 🚗 😷. ① 🄴 𝓥𝓘𝓢𝓐
Jan. 2 Wochen geschl. – **M** *(Montag geschl.)* a la carte 28/50 – **15 Z : 25 B** 49/69 - 90/
105 Fb.

🏠 **Ratsstube**, Hauptstr. 69 (B 3), ℰ 26 60 – ☎ 🚗 😷. 🄰🄴 ① 🄴 𝓥𝓘𝓢𝓐
M *(Mittwoch geschl.)* a la carte 28/59 🎝 – **11 Z : 16 B** 55 - 99/120.

RENDSBURG 2370. Schleswig-Holstein 🌆🌃 ⑤ – 31 000 Ew – Höhe 7 m – ✪ 04331.
Sehenswert : Eisenbahnhochbrücke* B.
🛅 Sorgbrück (NW : 8 km über die B 77 B), ℰ (04336) 33 33.
♦Kiel 36 ① – Neumünster 38 ① – Schleswig 30 ②.

Stadtplan siehe gegenüberliegende Seite.

🏨 **Conventgarten** 🏖, Hindenburgstr. 38, ℰ 5 90 50, ≼, 🏤 – 🛗 📺 ☎ 😷 – 🅰 25/350. 🄰🄴
① 🄴 𝓥𝓘𝓢𝓐. ℅   **B s**
M a la carte 25/58 – **46 Z : 96 B** 72/80 - 111/121.

🏨 **Pelli-Hof - Restaurant Klöndeel** (historisches Gebäude a.d.J. 1720), Materialhofstr. 1,
ℰ 2 22 16, 🏤 – 📺 ☎ 🚗 😷 – 🅰 25/100. 🄰🄴 ① 🄴 𝓥𝓘𝓢𝓐   **A e**
M a la carte 28/55 – **28 Z : 39 B** 75 - 120/160 Fb.

🏠 **Tüxen Hotel**, Lancasterstr. 44, ℰ 2 70 99 – 📺 ☎ 😷. 🄰🄴 ① 🄴 𝓥𝓘𝓢𝓐
M *(nur Abendessen, Samstag geschl.)* a la carte 30/50 – **20 Z : 40 B** 75 - 120 Fb.
über Kieler Straße   **B**

🏠 **Neuwerk**, Königstr. 4, ℰ 53 66 – 📺 ☎ 😷. 🄰🄴 ① 🄴 𝓥𝓘𝓢𝓐   **A s**
M *(Sonntag bis 18 Uhr geschl.)* a la carte 26/50 – **21 Z : 37 B** 70 - 100 Fb.

🏠 **Schützenheim** ⤳, Itzehoer Chaussee (Am Südufer des Kanals), ℘ 8 90 41 — 📺 ☎ ⟵
📵 🆎 ⓪ 🅴 𝘝𝘐𝘚𝘈
M a la carte 23/45 — **12 Z : 20 B** 51/62 - 91/95 Fb.
B c

🏠 **Hansen**, Bismarckstr. 29, ℘ 2 25 50 — ⟵ — 🔒 30. 🆎 ⓪ 🅴 𝘝𝘐𝘚𝘈
M (Sonntag und 21. Juli - 12. Aug. geschl.) a la carte 30/56 — **21 Z : 34 B** 40/70 - 75/110.
A n

Am Bistensee ④ : 13 km über Büdelsdorf-Holzbunge :

🏠🏠 **Töpferhaus** ⤳, ✉ 2371 Alt-Duvenstedt, ℘ (04338) 3 33 (Hotel) 2 22 (Rest.), ≤ Bistensee,
🌴, 🐴, 🌳 — ☎ 📵. 🎋 Rest
12 Z : 22 B Fb (Wiedereröffnung nach Umbau Frühjahr 1990).

RENGSDORF 5455. Rheinland-Pfalz **987** ㉔ — 2 500 Ew — Höhe 300 m — Heilklimatischer
Kurort — ☼ 02634.

🛈 Kurverwaltung, Westerwaldstr. 32 a, ℘ 23 41.

Mainz 118 — ◆Bonn 57 — ◆Koblenz 31.

🏠🏠 **Obere Mühle** ⤳, an der Straße nach Hardert (N : 1 km), ℘ 22 29, 🌴, « Park », ≦s, 🔲,
🌳 — 📺 ☎ 📵 — 🔒 25. 🎋 Zim
15. Nov.- 15. Dez. geschl. — **M** (Dienstag geschl.) a la carte 29/57 — **17 Z : 30 B** 55/60 -
110/120.

🏠🏠 **Zur Linde**, Westerwaldstr. 35, ℘ 21 55, 🌴, ≦s — 🛗 ☎ 📵 — 🔒 25/80. 🆎 ⓪ 🅴
𝘝𝘐𝘚𝘈
M a la carte 30/58 — **59 Z : 98 B** 48/73 - 88/140 Fb — ½ P 62/91.

🏠 **Schmitz und Gästehaus Tanneneck**, Friedrich-Ebert-Str. 8, ℘ 22 85, 🌴
◆ 5. Nov.- 15. Dez. geschl. — **M** a la carte 18/38 — **34 Z : 52 B** 35/50 - 70/120.

🏠 **Rengsdorfer Hof**, Westerwaldstr. 26, ℘ 22 13, 🌴 — 🅴
◆ 10.- 22. Jan. geschl. — **M** (Mittwoch geschl.) a la carte 18/37 — **30 Z : 45 B** 40 - 80.

✗ **Am Wellenbad** ⤳ mit Zim, Buchenweg 18, ℘ 14 22 — 📵. 🎋 Zim
8. Jan.- 4. Feb. geschl. — **M** (Dienstag geschl.) a la carte 25/47 — **6 Z : 10 B** 35/49 -
70/98.

RENGSDORF

In Hardert 5455   NO : 3 km :

🏨 **Zur Post** 🦆, Mittelstr. 13, 𝄞 (02634) 27 27, « Garten » – 🚳 🅿
Mitte Nov.- Mitte Dez. geschl. – **M** a la carte 23/42 – **13 Z : 21 B** 35/40 - 70/80.

🏨 **Zur Linde** 🦆, Mittelstr. 27, 𝄞 (02634) 16 63, « Kleiner Garten mit Teich » – 🚳 🅿
✦ 19. Okt.- 10. Nov. geschl. – **M** (Dienstag geschl.) a la carte 20/46 – **13 Z : 22 B** 35/45 - 70.

In Straßenhaus 5457   NO : 7 km :

🏨 **Zur Post**, Raiffeisenstr. 5, 𝄞 (02634) 50 90, Fax 50937, ☎, 🐎 – 🛗 ☎ 🅿 – 🛐 25/150. 🖭
E
15.- 30. Juli geschl. – Restaurants (Montag - Dienstag und 10. Juli - 10. Aug. geschl.) : –
Poststuben M 50/120 und a la carte – **Klause M** a la carte 34/55 – **110 Z : 214 B** 90/115 -
160/220 Fb.

🏨 Westfälischer Hof, Raiffeisenstr. 9, 𝄞 (02634) 40 70, ☎, 🔲, 🐎 – ☎ 🚳 🅿
24 Z : 46 B.

RENNEROD 5439. Rheinland-Pfalz 🔢 ㉔ – 3 800 Ew – Höhe 450 m – ✪ 02664.
Mainz 87 – Limburg an der Lahn 28 – Siegen 42.

✕✕ **Röttger - Restaurant Gourmet Stübchen** (mit Zim und Gästehaus 🦆, 🔲, ☎, 🐎),
Hauptstr. 50, 𝄞 10 75 – 📺 ☎ 🚳 🅿. E 💳
Feb. und Juli - Aug. jeweils 2 Wochen geschl. – Menu (Montag geschl.) a la carte 34/70 –
12 Z : 24 B 58/68 - 98/130.

RESTHAUSEN Niedersachsen siehe Cloppenburg.

RETTENBACH Bayern siehe St. Englmar.

RETZBACH Bayern siehe Zellingen.

REUSSENSTEIN Baden-Württemberg. Sehenswürdigkeit siehe Wiesensteig.

☞ When in a hurry use the **Michelin Main Road Maps** :
🔢 Europe, 🔢 Greece, 🔢 Germany, 🔢 Scandinavia-Finland,
🔢 Great Britain and Ireland, 🔢 Germany-Austria-Benelux, 🔢 Italy,
🔢 France, 🔢 Spain-Portugal and 🔢 Yugoslavia.

REUTLINGEN 7410. Baden-Württemberg 🔢 K 21, 🔢 ㊴ – 100 000 Ew – Höhe 382 m –
✪ 07121.
🛈 Fremdenverkehrsamt, Listplatz 1, 𝄞 30 35 26.
ADAC, In Laisen 14, 𝄞 4 04 04, Telex 729545.
✦Stuttgart 41 ① – Pforzheim 77 ① – ✦Ulm (Donau) 75 ①.

Stadtplan siehe gegenüberliegende Seite.

🏩 Fürstenhof - Restaurant Bugatti, Kaiserpassage 5, 𝄞 31 80, Telex 729976, Fax 318318, 🏚,   Y c
☎, 🔲 – 🛗 📺 🅫 – 🛐
(Italienische Küche) – **100 Z : 140 B** Fb.

🏨 **Württemberger Hof**, Kaiserstr. 3, 𝄞 1 70 56, Fax 44385 – 🛗 📺 ☎ 🅿. 🖭 ① E 💳   Y r
✦ **M** (nur Abendessen) a la carte 35/48 – **50 Z : 68 B** 78/120 - 110/150 Fb.

🏨 Am Karlsplatz garni, Karlstr. 1 (2. Etage), 𝄞 3 69 24 – 🛗 ☎   Y n
12 Z : 22 B.

✕✕ **Ratskeller**, Marktplatz 22, 𝄞 33 84 90, 🏚 – 🛐 25/120. 🖭 ① E 💳   Z R
✦ Montag geschl. – **M** a la carte 21/60.

✕✕ **Stadt Reutlingen**, Karlstr. 55, 𝄞 4 23 91 – 🅿. 🖭 ① E 💳   Y a
Samstag geschl. – **M** a la carte 37/65.

Außerhalb S : 3 km über Alteburgstraße Z in Richtung Freibad :

✕ Schützenhaus, Markwasen 2, ✉ 7410 Reutlingen, 𝄞 (07121) 27 05 25, 🏚 – 🅿.

Auf der Achalm O : 4,5 km, Zufahrt über Königssträßle Y – Höhe 707 m :

🏨 Achalm 🦆, ✉ 7410 Reutlingen, 𝄞 (07121) 1 70 11, Telex 729753, Fax 47123, ≼ Reutlingen
und Schwäbische Alb, 🐎 – 📺 ☎ 🅿 – 🛐 30. 🖭 E
M siehe Höhenrestaurant Achalm – **43 Z : 68 B** 100/150 - 150/200 Fb.

✕✕ **Höhenrestaurant Achalm**, ✉ 7410 Reutlingen, 𝄞 (07121) 4 26 01, ≼ Reutlingen und
Schwäbische Alb, 🏚 – 🅿. 🖭 ① E
M a la carte 39/73.

In Reutlingen 11-Betzingen über ③ :

✕ **Lindner Grill**, Julius-Kemmler-Str. 35 (nahe der B 28), 𝄞 5 25 98 – 🅿
Sonn- und Feiertage geschl. – **M** a la carte 27/60.

In Reutlingen 27-Mittelstadt ① : 10 km :

🏠 **Klostermühle**, Neckartenzlinger Str. 90, ℰ (07127) 72 92 — 📺 ☎ ⇐ 🅿 — 🔏 25/80. 🆎 ⓪ 🄴 𝐕𝐼𝐒𝐀
M *(Dienstag geschl.)* a la carte 33/56 — **14 Z : 18 B** 60/70 - 120.

In Eningen unter Achalm 7412   0 : 5 km Z :

🏠 **Eninger Hof**, Am Kappelbach 24, ℰ (07121) 8 29 09, ㅠ — ☎ 🅿. 🆎 ⓪ 🄴
Juli - Aug. 2 Wochen geschl. — **M** *(Freitag und Sonntag jeweils ab 15 Uhr geschl.)* a la carte
26/50 — **16 Z : 24 B** 59 - 99.

MICHELIN-REIFENWERKE KGaA. Niederlassung 7410 Reutlingen, Schuckertstr. 9 (über In
Laisen Y), ℰ (07121) 4 30 41, FAX 44260.

RHEDA-WIEDENBRÜCK 4840. Nordrhein-Westfalen 𝟿𝟾𝟽 ④ — 38 000 Ew — Höhe 73 m —
✪ 05242 — ◆Düsseldorf 151 — Bielefeld 33 — Münster (Westfalen) 54 — Paderborn 36.

Im Stadtteil Rheda :

🏠 **Reuter**, Bleichstr. 3, ℰ 4 20 52 — 🛗 📺 ☎ 🅿. ⓪ 🄴 𝐕𝐼𝐒𝐀
23. Dez.- 1. Jan. geschl. — Menu *(Freitag 15 Uhr - Samstag, Juni - Juli 3 Wochen und Dez.-
Jan. 2 Wochen geschl.)* 27/80 und a la carte — **28 Z : 40 B** 38/78 - 90/115.

Im Stadtteil Wiedenbrück :

🏨 **Romantik-Hotel Ratskeller**, Markt 11 (Eingang auch Langestraße), 🍴 70 51, Fax 7256
« Historische Gasträume mit rustikaler Einrichtung », 🚗 – 🛏 📺 ☎ 🚗 – 🛗 30. 🖭 ⓞ
🗲 VISA
M 26 (mittags) und a la carte 38/69 – **38 Z : 60 B** 78/110 - 130/170 Fb – 3 Appart. 250.

🏠 **Hohenfelder Brauhaus**, Lange Str. 10, 🍴 84 06 – 🚗 ⓟ. 🖭 🗲
22. Dez.- 4. Jan. geschl. – **M** *(nur Abendessen, Samstag geschl.)* a la carte 27/51 – **12 Z**
17 B 38/45 - 80/85.

Im Stadtteil Lintel O : 4 km über die B 64 :

🏠 **Landhotel Pöppelbaum**, Am Postdamm 86, 🍴 76 92, 🌲 – 📺 ☎ 🚗 ⓟ – 🛗 30. 🗲
🍴 **M** *(Montag geschl.)* a la carte 20/52 – **15 Z : 24 B** 50/60 - 100.

RHEINAU Baden-Württemberg siehe Kehl.

RHEINBACH 5308. Nordrhein-Westfalen 🖽🗟🗠 ㉒㉔ – 22 500 Ew – Höhe 175 m – 🕿 02226.
🔼 Verkehrsbüro, Schweigelstr. 21, 🍴 8 11 70 – ♦Düsseldorf 87 – ♦Bonn 21 – Euskirchen 13 – ♦Köln 46.

🏠 **Am Kamin**, Langgasse 7, 🍴 1 24 26 – ☎ ⓟ
33 Z : 55 B.

🏠 **Ratskeller** garni, Vor dem Voigtstor 1, 🍴 49 78, 🚗 – ☎ ⓟ
24 Z : 45 B Fb.

RHEINBERG 4134. Nordrhein-Westfalen 🖽🗟🗠 ⑬ – 26 700 Ew – Höhe 25 m – 🕿 02843.
Siehe Ruhrgebiet (Übersichtsplan).

♦Düsseldorf 51 – ♦Duisburg 25 – Krefeld 29 – Wesel 17.

🏠 **Rheintor**, Rheinstr. 63, 🍴 30 31 – ☎ 🚗 ⓟ
24.- 31. Dez. geschl. – **M** *(Samstag bis 18 Uhr geschl.)* a la carte 31/60 – **14 Z : 22 B** 55/60
105.

RHEINBREITBACH 5342. Rheinland-Pfalz – 4 000 Ew – Höhe 80 m – 🕿 02224 (Bad Honnef).
Mainz 140 – ♦Bonn 20 – ♦Koblenz 49.

🏠 **Haus Bergblick** 🌳, Gebr.-Grimm-Str. 11, 🍴 56 01, 🌲, 🏊 (geheizt), 🌲 – 🚗. 🌸
M *(Mittwoch geschl.)* a la carte 26/46 🍷 – **17 Z : 35 B** 55/60 - 98/110.

🏠 **Alt Breitbach**, Kirchplatz 1, 🍴 32 85 – 📺 ☎
Aug. 3 Wochen geschl. – **M** *(Montag - Dienstag 17 Uhr geschl.)* a la carte 23/45 🍷 – **8 Z**
14 B 58 - 90.

RHEINBROHL 5456. Rheinland-Pfalz – 4 000 Ew – Höhe 65 m – 🕿 02635.
Mainz 124 – ♦ Bonn 37 – ♦ Koblenz 35.

🍴 **Im Krug zum grünen Kranze** mit Zim, Kirchstr. 11, 🍴 24 14, Biergarten – ⓟ. 🖭 ⓞ 🗲
5.- 22. März geschl. – **M** *(Dienstag geschl.)* a la carte 26/54 – **6 Z : 10 B** 35/45 - 70/90.

RHEINE 4440. Nordrhein-Westfalen 🖽🗟🗠 ⑭ – 72 000 Ew – Höhe 45 m – 🕿 05971.
🔼 Verkehrsverein-Tourist Information, Bahnhofstr. 14, 🍴 5 40 55.
ADAC, Tiefe Str. 32, 🍴 5 71 11, Notruf 🍴 1 92 11.
♦Düsseldorf 166 – Enschede 45 – Münster (Westfalen) 45 – ♦Osnabrück 46.

🏨 **Lücke**, Heilig-Geist-Platz 1, 🍴 5 40 64, Fax 2008, 🚗 – 🛏 ☎ 🚗 ⓟ – 🛗 25/100. 🖭 ⓞ 🗲
VISA
M *(Sonntag geschl.)* 17/33 (mittags) und a la carte 30/54 – **39 Z : 63 B** 80/120 - 115/150 Fb.

🏠 **Blömer**, Tiefe Str. 32, 🍴 5 40 20 – 🛏 ☎. ⓞ 🗲 VISA
M *(Sonntag ab 14 Uhr geschl.)* a la carte 23/44 – **35 Z : 50 B** 50/65 - 80/95.

🏠 **Freye** 🌳 garni, Emsstr. 1, 🍴 20 69 – ☎ 🚗. 🖭 ⓞ 🗲
16 Z : 23 B 38/70 - 75/105.

🏠 **Zum Alten Brunnen**, Dreierwalder Str. 25, 🍴 6 68 60, « Gartenrestaurant » – ☎ 🚗 ⓟ
🗲
24. Dez.- 1. Jan. geschl. – **M** *(nur Abendessen)* a la carte 32/55 – **13 Z : 21 B** 50/95 - 90/155.

In Rheine 11-Elte SO : 7,5 km :

🍽🍽 **Zum Splenterkotten** (Münsterländer Bauernhaus a.d.J. 1764), Ludgerusring 44,
🍴 (05975) 2 85, 🌲 – ⓟ
Montag - Dienstag und 26. Feb.- 13. März geschl. – **M** a la carte 25/55.

🍽 **Hellhügel** 🌳 mit Zim, Roßweg 1, 🍴 (05975) 81 48 – ⓟ – **10 Z : 13 B**.

In Rheine 11-Mesum SO : 7 km :

🍽🍽 **Altes Gasthaus Borcharding** mit Zim, Alte Bahnhofstr. 13, 🍴 (05975) 12 70, « Stilvolle,
rustikale Einrichtung, kleine Innenhofterrasse » – ⓟ ⓞ 🗲 VISA 🌸
Jan. 1 Woche sowie März - April und Juli jeweils 2 Wochen geschl. – **M** *(bemerkenswerte*
Weinkarte) (Freitag und Samstag jeweils bis 18 Uhr sowie Donnerstag geschl.) 21/33
(mittags) und a la carte 32/60 – **2 Z : 4 B** 30/80 - 60/120 – (Erweiterung um 6 Z ab Frühjahr
1990).

An der B 70 N : 6 km :

✕ **Gutsschänke Holsterfeld** mit Zim, Feldstr. 30, ✉ 4442 Salzbergen, ℘ (05971) 7 06 50, ⚲ – ☎ ⓟ
M *(Okt.- März Mittwoch geschl.)* a la carte 27/53 – **12 Z : 19 B** 36/42 - 68/79.

In Salzbergen 4442 NW : 9 km :

🏠 Zur Ems, Emsstr. 12, ℘ (05976) 10 11 – ☎ ⓟ
19 Z : 34 B.

RHEINFELDEN 7888. Baden-Württemberg 🔲🔲🔲 G 24, 🔟🔟🔟 ㉞, 🔟🔟🔟 ④ – 28 000 Ew – Höhe 283 m – 🟢 07623.

Stuttgart 284 – Basel 19 – Bad Säckingen 15.

🏨 **Danner**, Am Friedrichsplatz, ℘ 85 34 – 🔲 🔲 ☎ ⇦ ⓟ – 🔲 25/80. 🔠 ⓞ 🔠 🔠
M a la carte 28/55 – **35 Z : 54 B** 68/95 - 110/160 Fb.

🏨 **Oberrhein** garni, Werderstr. 13, ℘ 10 16 – 🔲 ☎ ⇦ ⓟ
21 Z : 32 B Fb.

In Rheinfelden-Eichsel N : 6 km :

✕✕ **Café Elke**, Saaleweg 8, ℘ 44 37, « Gartenterrasse mit ≼ » – ⓟ
➤ *Montag - Dienstag geschl.* – **M** a la carte 20/55 🥄.

In Rheinfelden-Herten W : 6 km :

🏛 **Linde**, Rabenfelsstr. 1, ℘ 43 65 – ⓟ
Mitte Juli - Mitte Aug. geschl. – **M** *(Donnerstag-Freitag 16 Uhr geschl.)* a la carte 31/50 – **8 Z : 15 B** 29 - 56.

In Rheinfelden-Karsau NO : 3,5 km :

✕ **Landgasthaus Kupferdächli** ⬦ mit Zim, Rütte 16, ℘ 53 43 – 🔲 ⓟ. 🔠
M *(Dienstag - Mittwoch 16 Uhr geschl.)* a la carte 31/56 🥄 – **10 Z : 18 B** 55 - 90.

In Rheinfelden-Riedmatt NO : 5 km :

🏨 **Storchen**, Brombachstr. 3 (an der B 34), ℘ 51 94, 🔲 – 🔲 ☎ ⇦ ⓟ. 🔠 ⓞ 🔠 🔠
2.- 18. Jan. geschl. – **M** *(auch vegetarische Gerichte)* (Freitag - Samstag 16 Uhr geschl.) 22/75 und a la carte 🥄 – **30 Z : 44 B** 60/75 - 100/110 Fb.

RHEINSTETTEN 7512. Baden-Württemberg 🔲🔲🔲 HI 20 – 18 500 Ew – Höhe 116 m – 🟢 07242.
Stuttgart 88 – ✦ Karlsruhe 10 – Rastatt 14.

In Rheinstetten-Neuburgweier :

✕✕ **Zum Karpfen**, Markgrafenstr. 2, ℘ 18 73, Biergarten – 🔠
Montag und 29. Jan.- 12. Feb. geschl. – **M** a la carte 26/45.

RHEINTAL Rheinland-Pfalz 🔲🔲🔲 ㉔
Sehenswert : Tal★★★ von Bingen bis Koblenz (Details siehe unter den erwähnten Rhein-Orten).

RHENS 5401. Rheinland-Pfalz – 3 000 Ew – Höhe 66 m – 🟢 02628.
🛈 Verkehrsamt, Rathaus, ℘ 7 51.
Mainz 95 – Boppard 12 – ✦Koblenz 9.

✕✕ **Königstuhl** mit Zim, Am Rhein 1, ℘ 22 44, ≼, 🔲, « Haus a.d.J. 1573 mit altdeutscher Einrichtung » – ⇦ ⓟ. 🔠 ⓞ 🔠 🔠
Jan. geschl. – **M** *(Montag geschl.)* a la carte 32/60 – **12 Z : 22 B** 46/70 - 92/127.

RHUMSPRINGE 3429. Niedersachsen – 2 000 Ew – Höhe 155 m – 🟢 05529.
✦ Hannover 114 – ✦Braunschweig 101 – Göttingen 34.

🏠 Rhume-Hotel, Dechant-Hartmann-Str. 21, ℘ 2 41, 🔲, Massage, ≋s, 🔲, 🔲 – ⓟ – 🔲
31 Z : 48 B.

RICKENBACH 7884. Baden-Württemberg 🔲🔲🔲 G 24, 🔟🔟🔟 ⑤, 🔟🔟🔟 ⑤ – 3 500 Ew – Höhe 742 m – Erholungsort – 🟢 07765.
🔹 Hennematt 7, ℘ 88 83 00.
🛈 Verkehrsamt, Rathaus, ℘ 10 17.
✦Stuttgart 216 – Basel 42 – Bad Säckingen 11 – Todtmoos 17.

🏨 Golf- und Kurhotel Rickenbach, Hennenmatt 7, ℘ 88 80, Massage, ≋s, 🔲, 🔲, ✕ – 🔲 ⇦ Rest 🔲 ☎ ⇦ ⓟ – 🔲
20 Z : 40 B Fb.

🏠 **Alemannenhof Engel**, Hauptstr. 6, ℘ 2 59, Fax 1079, ≋s, 🔲 – 🔲 ☎ ⓟ – 🔲 25/80. 🔠 ⓞ 🔠 🔠
M *(9. Jan.- 5. Feb. geschl.)* a la carte 23/53 🥄 – **71 Z : 136 B** 50/70 - 80/120.

RIED Bayern siehe Kochel am See.

[RIEDENBURG] **8422.** Bayern [413] RS 20, [987] ㉗ – 4 800 Ew – Höhe 354 m – Luftkurort – ☎ 09442.

ℹ Haus des Gastes, Marktplatz, ✆ 25 40.

♦München 132 – Ingolstadt 59 – ♦Nürnberg 108 – ♦Regensburg 40.

🏠 **Tachensteiner Hof**, Burgstr. 26, ✆ 17 23, ☂, ≘ – [P]
13 Z : 26 B.

[RIEDENER MÜHLEN] Rheinland-Pfalz siehe Mayen.

[RIEDERICH] Baden-Württemberg siehe Metzingen.

[RIEDLINGEN] **7940.** Baden-Württemberg [413] L 22, [987] ㉟ – 8 400 Ew – Höhe 540 m – ☎ 0737

♦Stuttgart 96 – ♦Freiburg im Breisgau 159 – Ravensburg 51 – ♦Ulm (Donau) 53.

🏠 **Brücke**, Hindenburgstr. 4, ✆ 1 22 66, Fax 13015, ☂, ≘ – [TV] ☎ [P] – 🪑 25/90. [AE] [D] [E] [VISA]
M a la carte 23/45 – **36 Z : 68 B** 59/70 - 90/110 Fb.

🏠 **Mohren**, Marktplatz 7, ✆ 73 20 – [lift] 🚗 – 🪑 25/80. ⚘ Zim
1.- 12. Jan. und Ende Juli - Mitte Aug. geschl. – **M** a la carte 22/39 🍷 – **35 Z : 50 B** 30/45 - 50/70.

[RIEGEL] **7839.** Baden-Württemberg [413] G 22, [987] ㉞, [242] ㉜ – 2 700 Ew – Höhe 183 m – ☎ 07642 (Endingen).

♦Stuttgart 187 – ♦Freiburg im Breisgau 25 – Offenburg 45.

🏠 **Riegeler Hof**, Hauptstr. 69, ✆ 14 68, Telex 772699, Fax 26566 – [TV] ☎ [P]. [AE] [D] [E] [VISA]. ⚘
M *(wochentags nur Abendessen, Sonntag 15 Uhr - Montag geschl.)* a la carte 26/54 🍷 – **50 Z : 100 B** 65 - 110 Fb.

In Malterdingen **7831** O : 2 km :

🏠 **Zum Rebstock**, Hauptstr. 45, ✆ (07644) 61 66 – 🚗 [P]. [AE] [E]
23. Dez.- 22. Jan. geschl. – **M** *(Samstag bis 16 Uhr und Sonntag geschl.)* a la carte 27/49 🍷 – **22 Z : 40 B** 48/55 - 65/75.

🍴🍴 **Landhaus Keller**, Gartenstr. 21, ✆ (07644) 13 88, ☂ – [P]. [AE] [E]
Donnerstag, Jan. 1 Woche und Aug. - Sept. 3 Wochen geschl. – **M** a la carte 41/67 🍷.

[RIEGSEE] Bayern siehe Murnau.

[RIELASINGEN-WORBLINGEN] Baden-Württemberg siehe Singen (Hohentwiel).

[RIENECK] **8786.** Bayern [413] L 16 – 2 200 Ew – Höhe 170 m – Erholungsort – ☎ 09354.

♦München 325 – Fulda 72 – ♦Würzburg 45.

🏠 **Gut Dürnhof**, Burgsinner Str. 3 (N : 1 km), ✆ 10 01, Fax 1512, « Gartenterrasse », [pool], 🌳, ✈ 🏇 (Halle), Fahrradverleih – [P] – 🪑 25/50. [D] [E]
10.- 26. Dez. geschl. – **M** a la carte 20/48 🍷 – **40 Z : 65 B** 54/78 - 88/128 Fb.

[RIEPEN] Niedersachsen siehe Nenndorf, Bad.

[RIETBERG] **4835.** Nordrhein-Westfalen [987] ⑭ – 23 500 Ew – Höhe 83 m – ☎ 05244.

⛳ Gütersloher Str. 127, ✆ 23 40.

♦Düsseldorf 160 – Bielefeld 35 – Münster (Westfalen) 63 – Paderborn 27.

🏠 **Vogt**, Rathausstr. 24, ✆ 88 02 – [TV] ☎ [P] – *(nur Abendessen)* – **11 Z : 15 B.**

In Rietberg 3-Mastholte SW : 7 km :

🍴🍴 ✿ **Domschenke**, Lippstädter Str. 1, ✆ (02944) 3 18 – [P]. ⚘
Samstag bis 19 Uhr, Dienstag, 5.- 24. Jan. und 22. Juli - 22. Aug. geschl. – **M** (abends Tischbestellung ratsam) 55/109 und a la carte 39/67
Spez. Lachs in Hummersauce, Lammrücken mit Kräutern, Karamelisierter Blätterteig mit Früchten.

[RIEZLERN] Österreich siehe Kleinwalsertal.

[RIMBACH] **8491.** Bayern [413] V 19 – 1 700 Ew – Höhe 560 m – Erholungsort – ☎ 09941 (Kötzting).

ℹ Verkehrsamt, Hohenbogenstr. 10, ✆ 89 31.

♦München 202 – Cham 20 – Deggendorf 53.

🏠 **Bayerischer Hof**, Dorfstr. 32, ✆ 23 14, ☂, 🌳 – [lift] [TV] [P]
✈ **M** a la carte 17/37 – **100 Z : 200 B** 35/60 - 60/90 Fb.

[RIMBACH] Hessen siehe Fürth im Odenwald.

[RIMBERG] Nordrhein-Westfalen siehe Schmallenberg.

RIMPAR 8709. Bayern **413** M 17 — 7 000 Ew — Höhe 224 m — ✪ 09365.
• München 285 — •Nürnberg 90 — Schweinfurt 35 — •Würzburg 9,5.

⋇ **Schloßgaststätte**, im Schloß Grumbach, ℰ 38 44, 斎, « Ehemaliges Jagdschloß a.d.J. 1603 » — ❶
Mittwoch und 4.- 29. Juni geschl. — **M** a la carte 23/41 ☙.

RIMSTING 8219. Bayern **413** U 23 — 2 900 Ew — Höhe 563 m — Luftkurort — ✪ 08051 (Prien am Chiemsee).

Sehenswert : Chiemsee★.

🛈 Verkehrsamt, Rathaus, Schulstr. 4, ℰ 44 61.
•München 87 — Rosenheim 20 — Wasserburg am Inn 24.

In Rimsting-Greimharting SW : 4 km — Höhe 668 m :

🏡 **Der Weingarten** ⌂, Ratzingerhöhe, ℰ 17 75, ≤ Voralpenlandschaft, Chiemsee und
← Alpen, 斎, 綜 — ⇐ ❶
Nov.- 15. Dez. geschl. — **M** *(Montag geschl.)* a la carte 16/30 — **20 Z : 40 B** 35 - 65 — ½ P 45.

In Rimsting-Schafwaschen NO : 1 km, am Chiemsee :

🏡 **Seehof** ⌂, ℰ 16 97, ≤, 斎, 爲❃, 綜 — ⇐ ❶
← *Okt.- Nov. 3 Wochen geschl.* — **M** *(Dienstag geschl.)* a la carte 19/30 ☙ — **18 Z : 35 B** 33/40 - 60/90.

RINGELAI 8391. Bayern **413** X 20, **426** ⑦ — 960 Ew — Höhe 410 m — Erholungsort — ✪ 08555 (Perlesreut).

•München 209 — Passau 33 — •Regensburg 138.

🏚 **Wolfsteiner Ohe** ⌂, Perlesreuter Str. 5, ℰ 5 76, ⇔, 🄭, 綜 — ❶
← *Nov. geschl.* — **M** *(Dez.- April Montag geschl.)* a la carte 16/30 ☙ — **26 Z : 46 B** 28/39 - 46/66
— ½ P 33/49.

RINGSHEIM 7636. Baden-Württemberg **413** G 22, **242** ㉘, **62** ㉛ — 2 000 Ew — Höhe 166 m —
✪ 07822.

•Stuttgart 175 — •Freiburg im Breisgau 35 — Offenburg 33.

🏚 **Heckenrose**, an der B 3, ℰ 14 84 — ❶
25 Z : 49 B.

RINTELN 3260. Niedersachsen **987** ⑮ — 25 700 Ew — Höhe 55 m — ✪ 05751.
•Hannover 60 — Bielefeld 61 — Hameln 27 — •Osnabrück 91.

🏨 **Der Waldkater** ⌂, Waldkaterallee 27, ℰ 1 79 80, 斎, ⇔ — 📳 📺 ☎ ⇐ ❶ — 益 25/100.
🄰🄴 ⓞ 🄴 ᴠⁱˢᵃ
M a la carte 30/63 — **31 Z : 60 B** 70/90 - 120/160 Fb.

🏨 **Zum Brückentor** garni, Weserstr. 1, ℰ 4 20 95 — 📳 📺 ☎ ❶ 🄰🄴 ⓞ 🄴 ᴠⁱˢᵃ ❄
22 Z : 40 B 70/100 - 100/125 Fb.

🏚 **Stadt Kassel**, Klosterstr. 42, ℰ 4 40 64, Fax 44066 — ☎ ❶ — 益 25/70. 🄰🄴 ⓞ 🄴 ᴠⁱˢᵃ
M 15/26 (mittags) und a la carte 22/46 — **18 Z : 30 B** 46/55 - 75/95.

In Rinteln 1-Todenmann NW : 3 km — Erholungsort :

🏨 **Altes Zollhaus**, Hauptstr. 5, ℰ 7 40 57, Fax 7761, ≤, 斎, ⇔ — 📺 ☎ ៤ ❶ — 益 25/50.
🄰🄴 ⓞ 🄴 ᴠⁱˢᵃ
M a la carte 28/62 — **18 Z : 36 B** 70/120 - 110/160 Fb — ½ P 90.

🏚 **Weserberghaus** ⌂ garni, Weserberghausweg 1, ℰ 7 68 87, ≤, « Garten », ⇔, 🄭 —
❶. ❄
22 Z : 33 B 35/55 - 76/100.

Nahe der BAB-Ausfahrt Bad Eilsen Ost NO : 5 km :

🏚 **Schlingmühle**, Bückebergstr. 2, ✉ 3061 Buchholz, ℰ (05751) 60 86, 斎 — 📺 ☎ ❶ 🄰🄴
ⓞ 🄴 ᴠⁱˢᵃ
M *(Samstag bis 15 Uhr geschl.)* a la carte 25/57 — **11 Z : 18 B** 55/75 - 98.

RIPPOLDSAU-SCHAPBACH, BAD 7624. Baden-Württemberg **413** H 21, **987** ㉟ — 2 500 Ew
— Höhe 564 m — Heilbad — Luftkurort — ✪ 07440.

🛈 Kurverwaltung, Kurhaus (Bad Rippoldsau), ℰ 7 22.
•Stuttgart 106 — Freudenstadt 15 — Offenburg 55.

Im Ortsteil Bad Rippoldsau :

🏨 **Kranz**, Reichenbachstr. 2, ℰ 7 25, 斎, ⇔, 🄭, 綜 — 📳 ☎ ❶ ⇐ ❶
Nov.- 15. Dez. geschl. — **M** a la carte 23/60 — **31 Z : 50 B** 80/120 - 130/160 — ½ P 105/120.

🏚 **Zum letzten G'stehr**, Wolftalstr. 17, ℰ 7 14, Caféterrasse — 📳 ☎ ❶ 🄰🄴 🄴
Jan. 2 Wochen und Nov.- Mitte Dez. geschl. — **M** *(Dienstag geschl.)* a la carte 24/45 —
21 Z : 36 B 50/65 - 104/108 Fb — ½ P 64/79.

🏡 **Klösterle Hof**, Klösterleweg 2, ℰ 2 15, 斎 — ⇐ ❶. ❄
← *15. Nov.- 25. Dez. geschl.* — **M** *(Dienstag geschl.)* um 14 (mittags) und a la carte 21/42 ☙ —
13 Z : 19 B 38 - 72 — ½ P 50.

RIPPOLDSAU-SCHAPBACH, BAD

Im Ortsteil Schapbach   S : 10 km − ☺ 07839 :

🏠 **Ochsenwirtshof**, Wolfacher Str. 21, ℰ 2 23, 🔲, ⇌, ⚒ − ⟺ ℗. ⚒ Zim
↤ 5. Nov.- 15. Dez. geschl. − **M** *(Donnerstag geschl.)* a la carte 21/40 ⅛ − **21 Z : 40 B** 48 - 90
Fb − ½ P 62.

🏠 **Sonne**, Dorfstr. 31, ℰ 2 22, ⇌ − ℗
↤ **M** *(Montag geschl.)* a la carte 20/44 ⅛ − **13 Z : 26 B** 42/45 - 68/92 − ½ P 53/65.

🏛 **Adler**, Dorfstr. 6, ℰ 2 15, ⇌ − ⟺ ℗
↤ 29. Okt.- 10. Dez. geschl. − **M** *(Donnerstag geschl.)* a la carte 19/40 − **9 Z : 20 B** 34/45 -
70/90 Fb − ½ P 44/53.

Im Ortsteil Bad Rippoldsau-Wildschapbach   NW : 3 km ab Schapbach :

🏠 **Grüner Baum**, Wildschapbachstr. 15, ℰ (07839) 2 18, 🏠 − ℗. ⚒ Zim
↤ 10.- 31. Jan. geschl. − **M** *(Dienstag geschl.)* a la carte 20/42 ⅛ − **10 Z : 20 B** 35 - 60.

RITTERSDORF Rheinland-Pfalz siehe Bitburg.

RITTSTEIG Bayern siehe Passau.

RIVERIS Rheinland-Pfalz siehe Waldrach.

RODACH 8634. Bayern ⁴¹³ P 15, ⁹⁸⁷ ⊗ − 6 100 Ew − Höhe 320 m − Erholungsort mit
Heilquellenkurbetrieb − ☺ 09564.
🛈 Kurverwaltung, Markt 1 (Rathaus), ℰ 15 50 − ◆München 300 − Coburg 18.

🏨 **Alt Rodach**, Heldburger Str. 57, ℰ 39 99, 🏠, Massage, ⇔, ⇌ − ☎ ℗. ⚕ ⓞ E
3.- 17. Feb. und 28. Okt.- 17. Nov. geschl. − **M** *(auch vegetarische Gerichte, Montag -*
Dienstag geschl.) a la carte 24/45 ⅛ − **16 Z : 28 B** 48/55 - 75/95 Fb.

🏨 **Zur Alten Molkerei** ⑤, Ernststr. 6, ℰ 2 38, ⇔, 🔲 − 📠 ☎ ⟺ ℗
M *(Mahlzeiten im Restaurant Roesler-Stuben, Dienstag geschl.)* 22/49 − **41 Z : 72 B** 36/55 -
64/90 Fb.

🏨 **Kurhotel am Thermalbad** ⑤, Thermalbadstr. 20, ℰ 2 07, ≤, ⇌ − 📠 ☎ ℗. E. ⚒ Zim
Jan. 2 Wochen geschl. − **M** a la carte 24/50 − **30 Z : 60 B** 61/80 - 91/108 Fb − 12 Fewo
49/70 (Anbau mit 20 Z ab Frühjahr 1990).

🏛 **Rodacher Hof**, Am Markt 13, ℰ 7 27 − ⟺ ℗
↤ Sept.- Okt. 2 Wochen geschl. − **M** *(Mittwoch geschl.)* a la carte 19/35 ⅛ − **13 Z : 21 B** 35/40
- 70/80.

In Rodach-Gauerstadt   SO : 4,5 km :

🏠 **Gasthof Wacker**, Billmuthäuser Str. 1, ℰ 2 25, ⇌ − ☎ ℗
↤ 10.- 31. Jan. geschl. − **M** *(Mittwoch geschl.)* a la carte 17/35 − **17 Z : 31 B** 22/32 - 42/62.

In Rodach-Heldritt   NO : 3 km :

🏠 **Pension Tannleite** ⑤, Obere Tannleite 4, ℰ 7 44, Fahrradverleih − ☎ ℗
↤ Mitte Nov.- Mitte Dez. geschl. − **M** *(nur Abendessen, Mittwoch geschl.)* a la carte 16/26 −
13 Z : 25 B 30 - 54 Fb − 2 Fewo 48/73.

RODALBEN 6782. Rheinland-Pfalz ⁴¹³ FG 19, ²⁴² ⑧, ⁸⁷ ① − 7 800 Ew − Höhe 260 m −
☺ 06331 (Pirmasens).
Mainz 119 − Kaiserslautern 32 − Pirmasens 6.

🏠 **Zum grünen Kranz - Villa Bruderfels**, Pirmasenser Str. 2, ℰ 1 80 36 − 📺 ☎ ℗. ⚕ ⓞ
E 𝘝𝘐𝘚𝘈
M *(Freitag geschl.)* 13/30 (mittags) und a la carte 31/48 ⅛ − **25 Z : 45 B** 38/42 - 70/74 Fb.

✕ **Pfälzer Hof**, Hauptstr. 108, ℰ 5 11 23 − ☎ ℗. ⚒
↤ Montag geschl. − **M** a la carte 24/46 ⅛.

RODENBACH MAIN-KINZIG-KREIS Hessen siehe Hanau am Main.

RODENKIRCHEN Niedersachsen siehe Stadland.

RODGAU 6054. Hessen ⁴¹³ J 16 − 39 500 Ew − Höhe 128 m − ☺ 06106.
◆Wiesbaden 54 − Aschaffenburg 27 − ◆Frankfurt am Main 21.

In Rodgau 2-Dudenhofen :

✕✕ **Wiener Spitz**, Friedberger Str. 43, ℰ 2 15 10 − ℗. ⚒
wochentags nur Abendessen, Montag, Feb.- März und Juli - Aug. jeweils 3 Wochen geschl.
− **M** 35/90 und a la carte.

In Rodgau 6-Weiskirchen :

🏠 **Darmstädter Hof**, Schillerstr. 7, ℰ 1 20 21 (Hotel) 1 80 20 (Rest.) − 📺 ☎ ⟺ ℗. ⚕ E
↤ **M** *(Juli - Aug. 3 Wochen geschl.)* a la carte 21/53 − **26 Z : 47 B** 79 - 120 Fb.

Siehe auch : **Seligenstadt**

694

RODHOLZ Hessen siehe Poppenhausen/Wasserkuppe.

RODING 8495. Bayern **413** U 19. **987** ② — 10 400 Ew — Höhe 370 m — ☼ 09461.
◀ Verkehrsamt, Rathaus, Schulstr. 12, ℰ 10 66.
•München 163 — Amberg 62 — Cham 15 — ◆Regensburg 41 — Straubing 39.

　🏚 **Brauereigasthof Brantl**, Schulstr. 1, ℰ 6 75 — ❷ — 🏖 25/150
　🛏 *Ende Juni - Anfang Juli geschl.* — **M** *(Mittwoch geschl.)* a la carte 15/29 — **16 Z : 28 B** 31 - 50.

　In Roding-Mitterdorf W : 1 km :

　☝ **Hecht**, Hauptstr. 7, ℰ 22 94, 🌳 — 🛬 ❷
　🛏 *Nov. geschl.* — **M** *(Samstag geschl.)* a la carte 16/26 — **15 Z : 30 B** 30 - 50.

　In Roding-Neubäu NW : 9 km :

　🏚 **Am See** ⌁, Seestr. 1, ℰ (09469) 3 41, ≤, �& 😂, 🛌, ☞ — ❷ — 🏖 25/80
　🛏 **M** a la carte 18/38 ⅛ — **57 Z : 120 B** 40/65 - 65/95.

RODT Nordrhein-Westfalen siehe Marienheide.

RÖDELSEE Bayern siehe Iphofen.

RÖDENTAL Bayern siehe Coburg.

RÖDERMARK 6074. Hessen **413** J 17 — 24 000 Ew — Höhe 141 m — ☼ 06106 (Rodgau).
•Wiesbaden 54 — Aschaffenburg 30 — ◆Darmstadt 25 — ◆Frankfurt am Main 23.

　In Rödermark - Ober-Roden **987** ⊗ :

　🏨 **Parkhotel Atlantis**, Niederröder Str. 24 (NO : 1,5 km), ℰ 7 09 20, Telex 413555, Fax 7092282, « Gartenterrasse », 😂, 🛌 — 🛗 ⇆ Zim 📺 & ⇔ ❷ — 🏖 25/250. 🖭 ⓞ 🅴 🆅🆂🅰. 🍴 Rest
　M a la carte 38/68 — **146 Z : 270 B** 149/215 - 235/265 Fb — 3 Appart. 335.

　🏬 **Eichenhof** ⌁, Carl-Zeiss-Str. 30 (Industriegebiet), ℰ 9 40 41, Fax 94044, 🌳, 😂 — 🛗 📺 ☎ ❷ — 🏖 25/50. 🖭 ⓞ 🅴 🆅🆂🅰. 🍴
　M *(Freitag geschl.)* a la carte 32/58 — **36 Z : 62 B** 95/115 - 148/168 Fb.

　In Rödermark-Urberach :

　🏚 **Jägerhof**, Mühlengrund 18, ℰ (06074) 65 02, 😂 — ☎ ❷
　🛏 *24. Dez.- Anfang Jan. geschl.* — **M** *(Samstag geschl.)* a la carte 23/46 — **24 Z : 30 B** 65/80 - 120 Fb.

RÖHRNBACH 8391. Bayern **413** X 20 — 4 500 Ew — Höhe 436 m — Erholungsort — ☼ 08582.
•München 203 — Freyung 13 — Passau 26.

　🏬 **Jagdhof** ⌁, Marktplatz 11, ℰ 2 68, 😂, 🛌 (geheizt), 🛌, ☞ — 🛗 ❷ — 🏖 25/250
　56 Z : 120 B Fb.

　🏚 **Alte Post**, Marktplatz 1, ℰ 2 20, 😂, 🛌, ☞ — ❷
　🛏 *Nov.- 20. Dez. geschl.* — **M** *(Sonntag ab 14 Uhr geschl.)* a la carte 18/39 ⅛ — **31 Z : 60 B** 45 - 80/90 Fb — ½ P 50.

RÖNKHAUSEN Nordrhein-Westfalen siehe Finnentrop.

RÖSRATH 5064. Nordrhein-Westfalen — 21 900 Ew — Höhe 72 m — ☼ 02205.
•Düsseldorf 56 — ◆Köln 16 — Siegburg 12.

　🍴 **Klostermühle**, Zum Eulenbroicher Auel 15, ℰ 47 58, « Rustikale Einrichtung » — ❷. ⓞ 🅴
　Montag - Dienstag 18 Uhr, Juni - Juli 4 Wochen und Jan. 2 Wochen geschl. — **M** a la carte 50/62.

　In Rösrath 3-Forsbach N : 4 km :

　☝ **Forsbacher Mühle** ⌁, Mühlenweg 43, ℰ 42 41 (Hotel) 22 94 (Rest.) — ❷
　🛏 *15.- 31. Juli und 22. Dez.- 2. Jan. geschl.* — **M** *(Montag ab 15 Uhr und Freitag geschl.)* a la carte 19/45 — **23 Z : 36 B** 42/55 - 75/80.

RÖTENBACH Baden-Württemberg siehe Friedenweiler.

Ne confondez pas :

Confort des hôtels	: 🏨🏨🏨 … 🏚, ☝
Confort des restaurants	: 🍴🍴🍴🍴🍴 … 🍴
Qualité de la table	: ✿✿✿, ✿✿, ✿, Menu

ROETGEN 5106. Nordrhein-Westfalen 409 ⑯ − 7 100 Ew − Höhe 420 m − ✪ 02471.

🛈 Verkehrsverein, Rathaus, Hauptstr. 55, ☎ 18 20.

◆Düsseldorf 96 − ◆Aachen 18 − Liège 59 − Monschau 15 − ◆Köln 85.

🏠 **Marienbildchen,** an der B 258 (N : 2 km), ☎ 25 23 − ☎ ℗. **E**. ⅋ Zim
15. Juli - 15. Aug. geschl. − **M** *(Sonntag geschl.)* a la carte 34/65 − **9 Z : 16 B** 50/80 - 85/13
− 3 Fewo 70/150.

XX **Pilgerborn-Restaurant C'est la vie** mit Zim, Pilgerbornstr. 2, ☎ 16 00, Fahrradverleih
− 📺 ☎ ⇐ ℗. 🖭 ⓪ **E** 𝘝𝘐𝘚𝘈
M *(Dienstag geschl.)* 70/95 und a la carte − **Pilgerstube M** a la carte 35/60 − **7 Z : 12**
60/75 - 100/130.

X **Zum genagelten Stein** mit Zim, Bundesstr. 2 (B 258), ☎ 22 78, � − 📺 ☎ ⇐ ℗. 🖭 **E**
Feb.- März 3 Wochen geschl. − **M** *(Freitag bis 18 Uhr geschl.)* a la carte 41/65 − **5 Z : 10**
62/68 - 110.

In Roetgen-Mulartshütte NO : 7 km :

🏠 Altes Jägerhaus, Hahner Str. 2, ☎ (02408) 50 24 − ☎ ℗
15 Z : 30 B.

An der Straße nach Monschau SO : 4 km :

XX **Fringshaus,** an der B 258, ✉ 5106 Roetgen, ☎ (02471) 22 87 − ℗. 🖭 **E** 𝘝𝘐𝘚𝘈
Mittwoch, 20. Juni - 6. Juli und Dez.- Mitte Jan. geschl. − **M** a la carte 22/56.

RÖTZ 8463. Bayern 413 U 18, 987 ㉗ − 3 400 Ew − Höhe 453 m − ✪ 09976.
◆München 204 − Amberg 56 − Cham 25 − Weiden in der Oberpfalz 56.

In Rötz-Bauhof NW : 3 km :

🏠 Pension Bergfried 🌺, ☎ 3 22, < Bayerischer Wald, 🌲 − ⇐ ℗
20 Z : 35 B.

In Rötz-Grassersdorf N : 3 km :

🏤 **Alte Taverne** 🌺, ☎ 14 13, �, 🌲 − ⇐ ℗. ⅋
◆ **M** a la carte 15/27 ⓑ − **18 Z : 30 B** 27/30 - 54/60.

In Rötz-Hillstett W : 4 km :

🏨 **Die Wutzschleife** 🌺, ☎ 1 80, Fax 1878, <, �, ⅏, 🅻, 🌲, ⅋ (Halle), Fahrradverleih −
☎ ⇐ ℗ − 🔬 25/70. **E** 𝘝𝘐𝘚𝘈. ⅋ Rest
10.- 24. Dez. geschl. − **M** a la carte 31/60 − **48 Z : 88 B** 69/85 - 128/310 Fb.

In Winklarn-Muschenried 8479 N : 10 km :

🏠 **Seeschmied** 🌺, Lettenstr. 6, ☎ (09676) 2 41, 🌲 − ℗
◆ 20. Dez.- 20. Jan. geschl. − **M** *(Montag geschl.)* a la carte 21/39 − **15 Z : 30 B** 32/44 - 64.

ROHLSTORF-WARDER Schleswig-Holstein siehe Bad Segeberg.

ROHRBACH Hessen siehe Reichelsheim.

ROHRDORF Baden-Württemberg siehe Nagold.

ROHRDORF 8201. Bayern 413 T 23, 426 ⑱ − 4 100 Ew − Höhe 472 m − ✪ 08032.
◆München 69 − Innsbruck 110 − Passau 178 − Rosenheim 10 − Salzburg 73.

🏠 **Zur Post,** Dorfplatz 14, ☎ 50 41, � − 🛗 ⇐ ℗ − 🔬 25/150. 🖭 ⓪ **E**
◆ **M** a la carte 19/42 − **95 Z : 200 B** 30/57 - 54/75.

ROITHAM Bayern siehe Seeon-Seebruck.

ROMANTISCHE STRASSE Baden-Württemberg und Bayern 987 ㉙㉚㉛, 413 M 17 bis P 24.
Sehenswert : Strecke ** von Würzburg bis Füssen (Details siehe unter den erwähnten Orter
entlang der Strecke).

ROMMELSHAUSEN Baden-Württemberg siehe Kernen im Remstal.

ROMROD Hessen siehe Alsfeld.

RONNENBERG Niedersachsen siehe Hannover.

RONSHAUSEN 6447. Hessen − 2 600 Ew − Höhe 210 m − Luftkurort − ✪ 06622 (Bebra).
◆Wiesbaden 189 − Bad Hersfeld 26 − ◆Kassel 73.

🏠 **Waldhotel Marbach** 🌺, Berliner Str. 7, ☎ 29 78, �, ⅏, 🅻 (Gebühr), 🌲 − 🛗 ℗. ⅋
◆ **M** a la carte 19/36 − **31 Z : 55 B** 48 - 85.

ROSCHE 3115. Niedersachsen − 2 200 Ew − Höhe 60 m − Erholungsort − ✪ 05803.
Hannover 110 − Dannenberg 32 − Lüchow 28 − Uelzen 14.

- ⛉ **Werner,** Lönsstr. 11, ✆ 5 55, 🕿, ℛ − ☻
  M a la carte 25/40 − **54 Z : 95 B** 28/38 - 56/76.

ROSENBERG 7092. Baden-Württemberg **413** N 19 − 2 400 Ew − Höhe 520 m − ✪ 07967 Jagstzell).
Stuttgart 105 − Aalen 30 − Ansbach 64 − Schwäbisch Hall 28.

- 🏠 ✿ **Landgasthof Adler,** Ellwanger Str. 15, ✆ 5 13, ℛ − ☎ ⇐⇒ ☻. ⚜
  Juli - Aug. 2 Wochen und Jan. geschl. − M (Freitag und jeden 1. Sonntag im Monat geschl.) 35/89 und a la carte − **11 Z : 20 B** 49 - 89
  Spez. Pasteten und Terrinen, Geschmorte Lammhaxe, Kirschragout mit weißem Moccaeis.

ROSENGARTEN 2107. Niedersachsen − 11 000 Ew − Höhe 85 m − ✪ 04108.
Hannover 140 − ♦Bremen 90 − Buchholz in der Nordheide 8 − ♦Hamburg 27.

In Rosengarten 3-Sieversen :

- 🏠 **Holst,** Hauptstr. 31, ✆ 80 18, Fax 7879, 🌣, 🕿, 🖾. Fahrradverleih − 🛗 📺 ☎ ☻ −
  🔬 25/50. ① 🔳 🖾
  M a la carte 30/65 − **50 Z : 99 B** 80/139 - 144/190 Fb.
- ✕✕ **Zur Kutsche,** Hauptstr. 24, ✆ 2 12, « Cafégarten » − ☻. 🔳 ① 🔳 🖾
  Montag - Dienstag 17 Uhr geschl. − M 19/26 (mittags) und a la carte 39/65.

In Rosengarten-Sottorf :

- ⛉ **Cordes** (mit 🏠 Gästehaus), Sottorfer Dorfstr. 2, ✆ 80 31 − 🛗 📺 ⚇ ☻ − 🔬 50. 🔳 🔳
  M a la carte 27/48 − **45 Z : 71 B** 30/70 - 60/150.

In Rosengarten-Tötensen :

- 🏠 **Rosengarten,** Woxdorfer Weg 2, ✆ 74 92, 🕿 − 📺 ☎ ☻. 🔳 ① 🔳 🖾. ⚜ Zim
  M a la carte 29/51 − **19 Z : 30 B** 84/94 - 130/150.

ROSENHEIM 8200. Bayern **413** T 23, **987** ㊿, **426** ⑧ − 52 500 Ew − Höhe 451 m − ✪ 08031.
🄸 Verkehrsbüro, Stadthalle, Kufsteiner Str. 4, ✆ 3 00 10.
🄰DAC, Kufsteiner Str. 55, ✆ 3 23 55, Notruf ✆ 1 92 11.
München 69 − Innsbruck 108 − Landshut 89 − Salzburg 82.

- 🏠 **Parkhotel Crombach,** Kufsteiner Str. 2, ✆ 1 20 82, Telex 525767, Fax 33727,
  « Gartenterrasse » − 🛗 📺 ☎ ⇐⇒ ☻ − 🔬 25/120. 🔳 ① 🔳 🖾
  M *(2.- 7. Jan. und Sonntag geschl.)* a la carte 30/55 − **63 Z : 93 B** 98/148 - 148/188 Fb −
  3 Appart. 228.
- 🏠 **Congress-Hotel** garni, Brixstr. 3, ✆ 30 60, Telex 525366, Fax 306415 − 🛗 📺 ☎ ☻ −
  🔬 25/180. 🔳 ① 🔳 🖾
  89 Z : 178 B 108 - 158 Fb.
- 🏠 Alpenhotel Wendelstein, Bahnhofstr. 4, ✆ 3 30 23 − 🛗 ☎ ⇐⇒
  37 Z : 65 B Fb.
- ✕ **Weinhaus zur historischen Weinlände,** Weinstr. 2, ✆ 1 27 75 − 🔳 ① 🔳 🖾
  Sonn- und Feiertage sowie 21. Aug.- 10. Sept. geschl. − M a la carte 22/59.
- ✕ Stadthallen-Restaurant Saline, Kufsteiner Str. 4, ✆ 1 38 26, 🌣
  bis 18 Uhr geöffnet, wenn keine Veranstaltung.
- ✕ **Weinstube Bössl,** Schießstattstr. 9, ✆ 8 75 28, 🌣 − ☻
  ← *Mittwoch und Sept. 2 Wochen geschl. − M* a la carte 21/45.

In Rosenheim-Happing S : 3 km nahe der B 15 :

- 🏠 **Ariadne,** Kirchenweg 38, ✆ 6 20 49 − 🛗 ☎ ⇐⇒ ☻. 🔳 🔳 🖾
  1.- 25. Dez. geschl. − M (Sonntag geschl.) a la carte 25/48 − **33 Z : 61 B** 78/90 - 115/130.

In Rosenheim-Heilig Blut S : 3 km über die B 15 Richtung Autobahn :

- 🏠 **Fortuna,** Hochplattenstr. 42, ✆ 6 20 85, 🌣 − ☎ ☻. ① 🔳 🖾
  M *(Italienische Küche)* (Dienstag und 25. Aug.- 15. Sept. geschl.) a la carte 26/46 − **15 Z : 28 B** 55 - 105.
- 🏠 **Theresia,** Zellerhornstr. 16, ✆ 6 78 05, 🕿, ℛ − ☻
  ← **M** *(Sonntag bis 17 Uhr geschl.)* a la carte 20/40 − **25 Z : 42 B** 62/65 - 75/95.

ROSSBACH 5461. Rheinland-Pfalz − 1 400 Ew − Höhe 113 m − Luftkurort − ✪ 02638 Waldbreitbach) − Mainz 132 − ♦Bonn 41 − ♦Koblenz 42.

- 🏠 **Strand-Café,** Neustadter Str. 9, ✆ 51 15, 🌣, ℛ − ☎ ☻
  ← *8. Jan.- 16. Feb. geschl. − M (Nov.- Ostern Montag - Dienstag geschl.)* a la carte 19/41 −
  21 Z : 34 B 45 - 82.
- 🏠 **Zur Post,** Wiedtalstr. 55, ✆ 2 80, 🌣, ℛ − ☻. ⚜ Zim
  ← *10. Feb.- und 3. Nov.- 15. Dez. geschl. − M* a la carte 16/35 − **15 Z : 23 B** 28/39 - 52/71.
- 🏠 **Haus Tanneck** ⚘, Waldstr. 1, ✆ 52 15, ≤, 🌣, ℛ − ☎ ☻. ⚜ Zim
  ← *10. Jan.- Feb. und 11. Nov.- 18. Dez. geschl. − M* a la carte 18/36 − **21 Z : 38 B** 32/35 - 58/66.

697

[ROSSFELD-RINGSTRASSE] Bayern siehe Berchtesgaden.

[ROSSHAUPTEN] **8959.** Bayern [413] P 24, [987] ㊱, [426] ⑯ – 1 700 Ew – Höhe 816 m – Wintersport : 800/1 000 m ⛷2 ⛷2 – ☎ 08367.

[i] Verkehrsamt, Hauptstr. 10, ☎ 3 64.

♦München 118 – Füssen 11 – Marktoberdorf 18.

Kaufmann ⛰, Füssener Str. 44, ☎ 8 23, ≤, ☂ – ☎ 🚗 🅿. E
20. Nov.- 19. Dez. geschl. – **M** *(Nov.- Mai Freitag geschl.)* a la carte 21/50 – **20 Z : 40** 35/65 - 70/96.

In Rosshaupten-Vordersulzberg W : 4 km :

Haflinger Hof ⛰, Vordersulzberg 1, ☎ (08364) 14 02, ≤, ☂, 🌳, 🐎 – 📺 ☎ 🅿. ✻
6. Nov.- 15. Dez. geschl. – **M** *(Dienstag geschl.)* a la carte 17/43 – **9 Z : 20 B** 35/45 - 70/8 – 6 Fewo 90/120.

[ROT AM SEE] **7185.** Baden-Württemberg [413] N 19 – 4 200 Ew – Höhe 419 m – ☎ 07955.

♦Stuttgart 132 – Crailsheim 18 – ♦Nürnberg 110.

Café Mack ⛰, Erlenweg 24, ☎ 23 54, ≘s, 🏊, 🌳 – 🚗 🅿. ⓓ E
M *(Montag bis 16 Uhr geschl.)* a la carte 23/39 🍷 – **26 Z : 48 B** 45 - 80.

Gasthof Lamm, Kirchgasse 18, ☎ 23 44 – 🚗 🅿. ⓓ
21. Okt.- 10. Nov. geschl. – **M** *(Donnerstag geschl.)* a la carte 17/42 🍷 – **12 Z : 19 B** 32/37 59/69.

[ROT AN DER ROT] **7956.** Baden-Württemberg [413] MN 22, [426] ⑭ – 3 800 Ew – Höhe 604 – ☎ 08395.

♦ Stuttgart 149 – Memmingen 17 – Ravensburg 46 – ♦Ulm (Donau) 58.

Landhotel Seefelder, Theodor-Her-Str. 11, ☎ 3 38, ≘s – 📺 ☎ 🚗 🅿 – 🏛 100. AE VISA
Jan. 2 Wochen geschl. – Menu *(Nov.- März Montag bis 17 Uhr geschl.)* a la carte 28/56 🍷 – **15 Z : 30 B** 48/66 - 79/110.

[ROTENBURG/FULDA] **6442.** Hessen [987] ㉕ – 14 800 Ew – Höhe 198 m – Luftkurort ☎ 06623.

[i] Verkehrs- und Kulturamt, Marktplatz 15 (Rathaus), ☎ 55 55.

♦Wiesbaden 187 – Bad Hersfeld 20 – ♦Kassel 59.

Rodenberg ⛰, Panoramastr. 1, ☎ 88 11 00, Telex 493299, Fax 888410, ≤, ☂, Massage ≘s, 🏊 (geheizt), 🏊, 🌳, 🎾 (Halle) – 🛗 📺 🚗 🅿 – 🏛 25/250. AE ⓓ E VISA. ✻ Rest
M a la carte 42/63 – **98 Z : 187 B** 98/105 - 175/190 Fb – 10 Appart. 260/350.

Silbertanne ⛰, Am Wäldchen 2, ☎ 20 83, ≤, 🌳 – ☎ 🅿. ⓓ VISA
22. Jan.- 12. Feb. und 9.- 15. Juli geschl. – **M** *(Montag geschl.)* a la carte 29/52 – **11 Z 22 B** 52/72 - 90/126.

Pension Haus Waldborn ⛰, Zum Haseler Berg 2, ☎ 72 33, ≘s, 🌳 – 🅿
M *(Sonntag geschl.)* a la carte 21/36 – **8 Z : 14 B** 32 - 59.

[ROTENBURG (WÜMME)] **2720.** Niedersachsen [987] ⑮ – 19 600 Ew – Höhe 28 m – ☎ 04261.

⛳9 Hof Emmen Westerholz (N : 5 km), ☎ (04263) 33 52.

[i] Fremdenverkehrsamt im Rathaus, Große Str. 1, ☎ 7 11 00.

♦Hannover 107 – ♦Bremen 46 – ♦Hamburg 80.

Stadtpark-Hotel, Pferdemarkt 3, ☎ 30 55, Fax 2161 – 🛗 📺 ☎ 🅿 – 🏛 25/40. AE ⓓ E
M a la carte 32/51 – **29 Z : 53 B** 89 - 132 Fb.

Bürgerhof, Am Galgenberg 2, ☎ 52 74 – ☎ 🅿. AE ⓓ E
M a la carte 20/43 – **20 Z : 38 B** 50/65 - 80/110.

Deutsches Haus, Große Str. 51, ☎ 33 00 – 🅿. AE E
Sonntag 14 Uhr - Montag geschl. – **M** a la carte 21/43.

In Rotenburg-Waffensen W : 6 km :

Lerchenkrug, an der B 75, ☎ (04268) 3 43 – 🅿. AE ⓓ E
Montag - Dienstag und 3.- 27. Juli geschl. – **M** a la carte 25/50.

In Ahausen-Eversen **2724** SW : 10 km :

Gasthaus Dönz ⛰, Dorfstr. 10, ☎ (04269) 52 53, ☂, « Ehemaliger Bauernhof », 🌳 – 🅿
M a la carte 24/52 – **12 Z : 18 B** 38/45 - 70/80.

In Bothel **2725** SO : 8 km :

Botheler Landhaus, Hemsbünder Str. 10, ☎ (04266) 15 17 – 🅿. AE ⓓ E
nur Abendessen, Sonntag - Montag geschl. – **M** (Tischbestellung ratsam) 65/95 und a la carte.

ROTH KREIS ROTH 8542. Bayern 🔲🔲🔲 Q. 19, 🔲🔲🔲 ㉘ − 24 500 Ew − Höhe 340 m − ✪ 09171.

◆München 149 − Ansbach 52 − Donauwörth 67 − ◆Nürnberg 28.

XXX **Ratsstuben im Schloß Ratibor** (Schloßanlage a.d. 16. Jh.), Hauptstr. 1, 🖉 65 05 − 🅿️
− 🍴 40. ⏏ ⓤ 🅴 𝚅𝙸𝚂𝙰
Montag geschl. − **M** a la carte 34/74.

Am Rother See NO : 1,5 km :

🏠 **Seerose** 🦢, Obere Glasschleife 1, 🖂 8542 Roth, 🖉 (09171) 24 80, 🏡 − 🚗 🅿️
◆ **M** a la carte 17/29 − **12 Z : 22 B** 35 - 65.

In Roth 1-Pfaffenhofen N : 2,5 km :

🏨 **Jägerhof**, Äußere Nürnberger Str. 40, 🖉 20 38 − 📺 🕿 🅿️ − 🍴 25/60. ⏏ 🅴
M *(Dienstag bis 14 Uhr geschl.)* a la carte 26/50 − **24 Z : 48 B** 60/70 - 90/160 Fb.

In Roth-Rothaurach W : 3 km :

🏠 **Böhm**, Schwabacher Str. 1, 🖉 26 36, 🏡 − 🅿️
(nur Abendessen) − **20 Z : 30 B**.

ROTH/OUR 5529. Rheinland-Pfalz 🔲🔲🔲 ⑰, 🔲🔲🔲 ⑲ − 280 Ew − Höhe 220 m − ✪ 06566 (Körperich).

Mainz 193 − Bitburg 29 − Neuerburg 18 − Vianden 2.

🏠 **Ourtaler Hof**, Ourtalstr. 27, 🖉 2 18, 🌳 − 🅿️ 🅴
M *(20. Dez.- 3. Feb. geschl.)* a la carte 25/46 − **27 Z : 45 B** 30/50 - 56/80.

ROTHAUS Baden-Württemberg siehe Grafenhausen.

ROTHENBERG (ODENWALDKREIS) 6121. Hessen 🔲🔲🔲 J 18 − 2 400 Ew − Höhe 450 m −
✪ 06275.

◆Wiesbaden 118 − ◆Frankfurt am Main 87 − Heidelberg 31 − Heilbronn 74 − ◆Mannheim 49.

🏠 **Zum Hirsch**, Schulstr. 3, 🖉 2 63 − 🅿️
28 Z : 55 B.

In Rothenberg - Ober-Hainbrunn SW : 8 km :

X **Zur Krone** 🦢 mit Zim, Neckarstr. 4, 🖉 2 58, 🏡, 🌳 − 🕿 🅿️. 🦢 Zim
◆ *Mitte Okt.- Mitte Nov. geschl.* − **M** *(Montag geschl.)* a la carte 19/40 🍸 − **5 Z : 9 B** 36/40 - 72.

ROTHENBUCH 8751. Bayern 🔲🔲🔲 L 17 − 1 500 Ew − Höhe 340 m − ✪ 06094.

◆München 337 − Aschaffenburg 24 − ◆Frankfurt am Main 63 − Schweinfurt 76.

🏠 **Spechtshaardt** 🦢, Rolandstr. 34, 🖉 12 03, 🏡, 🍴s − 🅿️. ⓤ 🅴
◆ **M** a la carte 19/48 − **34 Z : 68 B** 48/55 - 80/90.

ROTHENBURG OB DER TAUBER 8803. Bayern 🔲🔲🔲 N 18, 🔲🔲🔲 ㉘ − 11 100 Ew − Höhe 425 m − ✪ 09861.

Sehenswert : Mittelalterliches Stadtbild★★★ − Rathaus★ (Turm ≤★★) − Plönlein★ − Burggarten★ − Spital★ Z − Spitaltor★ Z − Stadtmauer★ YZ − St.-Jakob-Kirche (Hl.-Blut-Altar★★) − Kalkturm ≤★ Z − Reichsstadtmuseum Y **M**.

Ausflugsziel : Detwang : Kirche (Kreuzaltar★) 2 km über ④.

🛈 Städt. Verkehrsamt, Rathaus, 🖉 4 04 92, Telex 61379.

◆München 236 ② − Ansbach 35 ② − ◆Stuttgart 134 ② − ◆Würzburg 62 ①.

Stadtplan siehe nächste Seite.

🏩 **Eisenhut**, Herrngasse 3, 🖉 70 50, Telex 61367, Fax 70545, « Gartenterrasse » − 📺 🚗
− 🍴 25/80. ⏏ ⓤ 🅴 𝚅𝙸𝚂𝙰. 🦢 Rest Y e
M a la carte 51/82 − **80 Z : 140 B** 160/175 - 225/285 Fb − 4 Appart. 450.

🏩 **Tilman Riemenschneider**, Georgengasse 11, 🖉 20 86, Telex 61384, Fax 2979, 🌳, 🍴s −
📺 📺 🕿 🚗. ⏏ ⓤ 🅴 𝚅𝙸𝚂𝙰 Y z
M a la carte 29/58 − **65 Z : 125 B** 95/160 - 140/300 Fb.

🏨 **Romantik-Hotel Markusturm**, Rödergasse 1, 🖉 23 70, Fax 2692, « Geschmackvolle Einrichtung », 🍴s − 📺 🕿 🚗 🅿️. ⏏ ⓤ 🅴 𝚅𝙸𝚂𝙰 Y m
10. Jan.- 15. Feb. geschl. − **M** a la carte 32/64 − **24 Z : 48 B** 120/200 - 160/300 Fb − 2 Fewo 250.

🏨 **Prinzhotel Rothenburg** 🦢, An der Hofstatt 3, 🖉 60 51, Telex 61377, Fax 6052 − 📺 🕿 −
🍴 25/80. ⏏ ⓤ 🅴 𝚅𝙸𝚂𝙰 Y a
(Restaurant nur für Hausgäste) − **50 Z : 100 B** 162/207 - 219/390 Fb.

🏨 **Goldener Hirsch**, Untere Schmiedgasse 16, 🖉 70 80, Telex 61372, Fax 708100, « Restaurant Blaue Terrasse mit ≤ Taubertal » − 📺 🕿 🅿️ − 🍴 40. ⏏ ⓤ 🅴 𝚅𝙸𝚂𝙰 Z n
15. Dez.- Jan. geschl. − **M** a la carte 45/79 − **80 Z : 145 B** 80/230 - 145/280.

🏨 **Burg-Hotel** 🦢 garni, Klostergasse 1, 🖉 50 37, Telex 61315, Fax 1487, ≤ Taubertal − 📺 🕿 🚗 🅿️. ⏏ ⓤ 🅴 𝚅𝙸𝚂𝙰 Y x
14 Z : 28 B 135/160 - 180/270.

699

ROTHENBURG OB DER TAUBER

Merian garni, Ansbacher Str. 42, ℰ 30 96, Telex 61357, Fax 86787 – ⫚ 📺 ☎ 🅿 – 🛎 35 · · · · · · · · · · · · · · Z P
🖭 ⓪ 🅴 💳
April - Mitte Dez. – **32 Z : 56 B** 105/150 - 160/220 Fb.

Bären ⚘, Hofbronnengasse 9, ℰ 60 31, Telex 61380, ☎, 🔲 – 📺 ☎ 🚗. ⓪ 🅴 💳
4. Jan.- Ostern und Nov. geschl. – Restaurants (nur Abendessen, Dienstag geschl.): – **Der** · · · · · · · · · · · · · · · · · · Z b
Bärenwirt M 70/135 und a la carte – **Bierstube M** a la carte 38/46 – **35 Z : 62 B** 150/180 - 220/320 Fb.

Reichs-Küchenmeister, Kirchplatz 8, ℰ 20 46, Telex 61370, 🍴, ☎ – ⫚ 📺 ☎ ⅋ 🚗 · · · · · · · · · · · · · · · Y s
🅿. 🖭 ⓪ 🅴 💳
M (Nov.- März Dienstag geschl.) a la carte 25/57 – **30 Z : 60 B** 90/120 - 110/190.

Glocke, Am Plönlein 1, ℰ 30 25, Telex 61318, Fax 86711, eigener Weinbau und Kellerei – · · · · · · · · · · · · · · · · · · Z g
⫚ ☎ 🚗 – 🛎 25/60. 🖭 ⓪ 🅴 💳. ❀ Rest
M a la carte 23/58 ⚖ – **28 Z : 48 B** 77/99 - 130/150.

Mittermeier, Vorm Würzburger Tor 9, ℰ 50 41, ☎, 🔲 – ⫚ 📺 ☎ 🚗 🅿 · · · · · · · · · · · · · · Y v
7. Jan.- 18. Feb. geschl. – **M** a la carte 28/59 – **21 Z : 43 B** 75/120 - 140/190.

Stern-Hotel garni, Rosengasse 1, ℰ 43 44, ☎, 🔲 – ⫚ 📺 ☎. ❀ · · · · · · · · · · · · · · · · Y n
April - Okt. – **11 Z : 20 B** 100/110 - 145/220.

Spitzweg garni (Haus a.d.J. 1536 mit rustikaler Einrichtung), Paradeisgasse 2, ℰ 60 61 – · · · · · · · · · · · · · · · Y g
☎ 🅿
10. Jan.- 15. Feb. geschl. – **10 Z : 20 B** 90/110 - 110/210.

Bayerischer Hof, Ansbacher Str. 21, ℰ 60 63 – 📺 ☎ 🅿. 🖭 ⓪ 🅴 💳 · · · · · · · · · · · · · · · · · · Z
Jan.- 15. März geschl. – **M** (Donnerstag geschl.) a la carte 27/55 – **9 Z : 20 B** 65/85 - 95/120.

Linde, Vorm Würzburger Tor 12, ℰ 74 44 – 📺 ☎ 🅿. 🖭 ⓪ 🅴 💳 · · · · · · · · · · · · · · · · · · Y
Feb. geschl. – **M** (Dienstag geschl.) a la carte 22/43 – **27 Z : 60 B** 56/64 - 85/110 Fb.

🏠 **Café Frei** garni, Galgengasse 39, ℰ 78 36 − 📺 🚗 🖭 ⓞ **E** 𝕍𝕀𝕊𝔸   Y u
    14. Aug.- 3. Sept. geschl. − **14 Z : 29 B** 60/68 - 96/99.

🏠 **Klosterstüble** ⟍, Heringsbronnengasse 5, ℰ 67 74, 🏤 − 📺 ⓞ **E** 𝕍𝕀𝕊𝔸   YZ c
    M *(Sonntag 15 Uhr - Montag und Jan.- Feb. geschl.)* a la carte 22/47 − **12 Z : 24 B** 58 -
    102/122.

🏠 **Alter Ritter**, Bensenstr. 1, ℰ 74 97, Telex 61316 − ℗. 🖭 ⓞ **E** 𝕍𝕀𝕊𝔸   Z a
    Feb. geschl. − (Restaurant nur für Hausgäste) − **26 Z : 53 B** 55/85 - 95/130 Fb.

🏠 **Roter Hahn**, Obere Schmiedgasse 21, ℰ 50 88, Telex 61304, Fax 5140 − 📺 ☎ 🚗. 🖭 ⓞ
    E 𝕍𝕀𝕊𝔸   Z h
    15. März - 22. Dez. − **M** a la carte 22/48 − **40 Z : 80 B** 75/120 - 98/180 Fb.

🏠 **Zum Rappen**, Vorm Würzburger Tor 6, ℰ 60 71, Telex 61319 − 🛗 ☎ ℗ − 🖍️   Y r
    73 Z : 125 B.

🏠 **Zum Greifen**, Obere Schmiedgasse 5, ℰ 22 81, 🏤 − ⤫ Rest ℗. 🖭 **E** 𝕍𝕀𝕊𝔸   YZ f
    22. Dez.- Jan. geschl. − **M** *(Sonntag - Montag geschl.)* a la carte 18/40 ⚖ − **22 Z : 36 B**
    38/60 - 66/94.

✕ **Baumeisterhaus**, Obere Schmiedgasse 3, ℰ 34 04, « *Patrizierhof a.d. 16. Jh.* » − 🖭 ⓞ
    E 𝕍𝕀𝕊𝔸   YZ f
    M a la carte 32/59.

    In Windelsbach-Linden 8801   NO : 7 km über Schweinsdorfer Str. Y :

🏠 **Gasthof Linden - Gästehaus Keitel** ⟍, ℰ (09861) 43 34, 🏤, 🌳, Fahrradverleih −
    🚗 ℗
    18.- 26. Dez. geschl. − **M** *(Montag und Feb. 2 Wochen geschl.)* a la carte 16/36 ⚖ − **19 Z :**
    36 B 32 - 60.

    In Steinsfeld-Reichelshofen 8801   ① : 8 km :

🏨 **Landwehrbräu**, an der B 25, ℰ (09865) 8 33, 🏤 − 🛗 📺 ☎ 🚻 🚗 ℗ − 🖍️ 30. 🎥 Zim
    22. Dez.- Jan. geschl. − **M** *(Samstag bis 17 Uhr geschl.)* a la carte 27/50 − **30 Z : 65 B** 58/80
    - 99/120 Fb.

ROTHENFELDE, BAD 4502. Niedersachsen 𝟵𝟴𝟳 ⑭ − 6 500 Ew − Höhe 112 m − Heilbad −
🟢 05424.
🛈 Kur- und Verkehrsverein, Salinenstr. 2. ℰ 18 75.
♦Hannover 135 − Bielefeld 32 − Münster (Westfalen) 45 − ♦Osnabrück 25.

🏛 **Residenz am Kurpark**, Parkstr. 1, ℰ 64 30, Telex 94303, Fax 63199, 🏤, 🚬, 🏊,
    Fahrradverleih − 🛗 📺 ℗ − 🖍️ 25/120. 🖭 ⓞ **E** 𝕍𝕀𝕊𝔸
    Restaurants : − **Vier Jahreszeiten M** a la carte 41/63 − **Salzkate M** a la carte 23/54 − **64 Z :**
    114 B 92/110 - 148/166 Fb − 3 Fewo 120/160 − ½ P 119/155.

🏨 **Zur Post**, Frankfurter Str. 2, ℰ 10 66, Fax 1068, « *Restaurant Alte Küche* », 🚬, 🏊, 🌳 −
    🛗 📺 ☎ ℗ − 🖍️ 40. 🖭 ⓞ **E** 𝕍𝕀𝕊𝔸
    M a la carte 24/60 − **50 Z : 75 B** 75/80 - 124/134 Fb − ½ P 79/97.

🏨 **Dreyer** garni, Salinenstr. 7, ℰ 10 08 − 📺 ☎. 🎥
    16 Z : 26 B 56 - 98 Fb.

🏠 **Drei Birken**, Birkenstr. 3, ℰ 13 78, Bade- und Massageabteilung, 🚬, 🏊 − ☎ 🚗 ℗. **E**
    3. Jan.- 24. Feb. geschl. − **M** *(Dienstag geschl.)* a la carte 23/48 − **25 Z : 45 B** 59/62 - 84/
    130 Fb.

🏠 **Parkhotel Gätje** ⟍, Parkstr. 10, ℰ 10 88, 🏤, kleiner Park, 🚬, 🌳 − 🛗 ⤫ Rest 📺 ☎
    ℗. 🖭 ⓞ **E** 𝕍𝕀𝕊𝔸
    M a la carte 27/64 − **35 Z : 54 B** 52/85 - 94/150.

    In Bad Rothenfelde-Aschendorf :

🏠 **Kröger**, Versmolder Str. 26, ℰ 47 88, « *Gartenterrasse mit Grill* », 🚬, 🏊, 🌳 − 📺 ☎ ℗.
    🖭 ⓞ 𝕍𝕀𝕊𝔸. 🎥 Rest
    M *(Dienstag geschl.)* a la carte 31/56 − **9 Z : 15 B** 45 - 80 − ½ P 54.

ROTT Rheinland-Pfalz siehe Flammersfeld.

ROTT AM INN 8093. Bayern 𝟰𝟭𝟯 T 23. 𝟵𝟴𝟳 ㊲. 𝟰𝟮𝟲 I 5 − 2 900 Ew − Höhe 481 m − 🟢 08039.
♦München 55 − Landshut 73 − Rosenheim 16.

🏠 **Zur Post**, Marktplatz 5, ℰ 12 25, Biergarten − ℗. 🎥 Zim
    Aug.- Sept. 3 Wochen geschl. − **M** *(Montag geschl.)* a la carte 16/28 − **16 Z : 26 B** 28 - 55.

ROTTACH-EGERN 8183. Bayern 四13 S 23, 987 ⑰, 426 ⑰ − 6 500 Ew − Höhe 731 m −
Heilklimatischer Kurort − Wintersport : 740/1 700 m ≤1 ≤6 ≤2 − ❀ 08022 (Tegernsee).

🛈 Kuramt, Rathaus, Nördliche Hauptstr. 9, ℘ 67 13 41.

♦München 56 − Miesbach 21 − Bad Tölz 22.

🏨 **Bachmair am See** ⑤, Seestr. 47, ℘ 27 20, Telex 526920, Fax 272790, ≤, « Park », Bade-
und Massageabteilung, 🔥, ≦, ⏉ (geheizt), 🔲, 🐎, ⁎⁎, Fahrrad- und Skiverleih − 🛗 📺
🏕 ⇦ ❷ − 🛎 25/100. ☒ ⓪. 🎿
M a la carte 37/70 − **306 Z : 503 B** ½ P 175/260 - 280/420 Fb − 55 Appart. − ½ P 450/700.

🏨 **Seehotel Überfahrt** ⑤, Überfahrtstr. 7, ℘ 66 90, Telex 526935, Fax 65835, « Terrasse mit
≤ », Bade- und Massageabteilung, ≦, 🔲, 🐎 − 🛗 📺 ⇦ ❷ − 🛎 25/150. ☒ ⓪ Ε. 🎿
M a la carte 48/75 − **115 Z : 210 B** 150/220 - 220/280 Fb − 25 Appart. 320/360.

🏨 **Walter's Hof im Malerwinkel** ⑤, Seestr. 77, ℘ 27 70, Fax 27754, ≤, 🕸, ≦, 🔲 − 🛗
📺 ⇦ ❷. ☒ ⓪ Ε 🆅🆂🅰
M a la carte 54/82 − **36 Z : 59 B** 140/240 - 200/380 Fb − 4 Appart. 480.

🏨 **Gästehaus Maier zum Kirschner** garni, Seestr. 23, ℘ 6 71 10, ≦, 🐎 − 🛗 📺 ☎ ❷
30 Z : 50 B 75/85 - 130/150 − 11 Fewo 150/210.

🏨 **Franzen-Restaurant Pfeffermühle**, Karl-Theodor-Str. 2a, ℘ 60 87, 🕸 − ☎ ⇦ ❷. Ε
M (Nov.- Dez. Mittwoch - Donnerstag geschl.) a la carte 38/62 − **14 Z : 28 B** 95/140 -
140/200 − 3 Appart. 280.

🏨 **Gästehaus Haltmair** garni, Seestr. 35, ℘ 27 50, ≤, 🐎 − 🛗 📺 ☎ ⇦ ❷. 🎿
26 Z : 50 B 60/100 - 120/180 Fb − 9 Fewo 110/200.

🏨 **Reuther** ⑤ garni, Salitererweg 6, ℘ 2 40 24, 🐎 − 📺 ☎ ❷. ☒ ⓪ Ε. 🎿
26 Z : 42 B 48/65 - 95/120.

🏨 **Zur Post**, Nördliche Hauptstr. 17, ℘ 2 60 85, Fax 5455, Biergarten − ☎ ❷
M a la carte 30/59 − **45 Z : 72 B** 78 - 110/152 Fb.

🏨 **Seerose** ⑤ garni, Stielerstr. 13, ℘ 20 21, 🐎 − 🛗 ☎ ❷. 🎿
Nov.- 20. Dez. geschl. − **19 Z : 38 B** 71 - 105/115.

🏨 **Gästehaus Pfatischer** garni, Ludwig-Thoma-Str. 63, ℘ 2 60 53, ≦, 🔲, 🐎 − ☎ ❷
10. Nov.- 25. Dez. geschl. − **18 Z : 32 B** 58/86 - 98/136.

🏨 **Café Sonnenhof** ⑤ garni, Sonnenmoosstr. 20, ℘ 58 12, ≤, 🕸, « Garten » − ☎ ⇦ ❷
Nov.- 20. Dez. geschl. − **14 Z : 24 B** 50/60 - 80/105.

🏔 **Lindl**, Nördliche Hauptstr. 25, ℘ 2 40 64, Biergarten − 📺 ☎ ❷
15. Nov.- 14. Dez. geschl. − **M** a la carte 24/49 − **11 Z : 18 B** 33/50 - 76/91.

XXX **Oberland**, Südl. Hauptstr. 2 (1. Etage), ℘ 2 47 64 − ☒ Ε
wochentags nur Abendessen, im Bistro auch Mittagessen, Donnerstag und Nov. 2 Wochen
geschl. − **M** a la carte 52/76 − **Bistro M** a la carte 35/53.

In Rottach-Berg O : 1,5 km Richtung Sutten :

🏔 **Café Angermaier** ⑤ (ehemaliges Forst- und Bauernhaus), Berg 1, ℘ 2 60 19, ≤, 🕸, 🐎
− 📺 ☎ ❷
5. Nov.- 18. Dez. geschl. − **M** (Montag geschl.) a la carte 24/52 − **20 Z : 33 B** 60/70 -
120/150 Fb.

An der Talstation der Wallbergbahn S : 3 km :

X **Alpenwildpark**, Am Höhenrain 1, ⌧ 8183 Rottach-Egern, ℘ (08022) 58 32, « Terrasse mit
≤ » − ❷
Mittwoch 18 Uhr - Donnerstag, 23.- 30. April und 25. Okt.- Nov. geschl. − **M** a la carte 23/45.

Weißach siehe unter : *Kreuth*

ROTTENBUCH 8121. Bayern 四13 PQ 23, 426 ⑯ − 1 700 Ew − Höhe 763 m − Erholungsort −
❀ 08867.

Sehenswert : Mariä-Geburts-Kirche★.

Ausflugsziel : Wies (Kirche★★) SW : 12 km.

🛈 Verkehrsverein im Rathaus, ℘ 14 64.

♦München 96 − Füssen 30 − Landsberg am Lech 40.

🏔 **Café am Tor** garni, Klosterhof 1, ℘ 2 55, Caféterrasse − ❷. Ε
März und Nov. geschl. − **11 Z : 20 B** 32/40 - 60/65.

In Rottenbuch-Moos NW : 2 km :

🏔 **Moosbeck-Alm** ⑤, Moos 38, ℘ 13 47, « Gartenterrasse », ⏉, 🐎, ⁎⁎. Fahrrad- und
➡ Skiverleih − ⇦ ❷
10. Jan.- 10. Feb. geschl. − **M** (Nov.- April Dienstag geschl.) a la carte 21/36 🍴 − **15 Z : 32 B**
44/51 - 75/89 Fb.

ROTTENBURG AM NECKAR 7407. Baden-Württemberg 🔠 J 21, 🔢 ⑳ − 33 000 Ew − Höhe 349 m − ✪ 07472.

🅱 Verkehrsamt, Rathaus, Marktplatz 20, ℰ 16 52 74.

♦Stuttgart 52 − Freudenstadt 47 − Reutlingen 26 − Villingen-Schwenningen 76.

🏨 **Martinshof**, Eugen-Bolz-Platz 5, ℰ 2 10 21, Fax 24691 − 📶 📺 ☎ ℗ − 🅰 25/100. 🆎 ⓪ E �158
    Juli - Aug. 4 Wochen geschl. − **M** a la carte 24/57 − **34 Z : 48 B** 70/80 - 110/130 Fb.

🏠 **Württemberger Hof**, Tübinger Str. 14, ℰ 66 60 − ℗
    M *(Sonntag 15 Uhr - Montag geschl.)* a la carte 23/47 − **17 Z : 26 B** 40/55 - 80/90.

    Schloß Weitenburg siehe unter : *Starzach*

ROTTENDORF Bayern siehe Würzburg.

ROTTWEIL 7210. Baden-Württemberg 🔠 IJ 22, 🔢 ⑳ − 23 400 Ew − Höhe 600 m − ✪ 0741.
Sehenswert : Heiligkreuzmünster (Altäre★) − Kapellenkirche (Turm★) − Hauptstraße ≤★ − Lorenzkapelle (Plastiken-Sammlung★).

🅱 Städt. Verkehrsbüro, Rathaus, Rathausgasse, ℰ 49 42 80.

♦Stuttgart 98 − Donaueschingen 33 − Offenburg 83 − Tübingen 59.

🏨 **Johanniterbad** ⌇, Johannsergasse 12, ℰ 60 83, Telex 762705 − 📶 📺 ☎ ℗ − 🅰 25/50.
    🆎 ⓪ E �158
    2.- 17. Jan. geschl. − **M** *(Sonntag ab 15 Uhr geschl.)* 26/70 und a la carte − **27 Z : 43 B** 65/115 - 118/160 Fb.

🏨 **Lamm**, Hauptstr. 45, ℰ 4 50 15 − 📶 📺 ☎ ⟵⟶. 🆎 E �158
    M a la carte 31/67 − **11 Z : 19 B** 68/105 - 100/130.

🏨 **Zum Sternen** (Haus a.d. 14. Jh.), Hauptstr. 60, ℰ 70 06, « Stilvolle Einrichtung » − 📺 ☎
    M *(Dienstag und März geschl.)* a la carte 26/57 − **13 Z : 21 B** 85/120 - 165/220.

🏠 **Bären**, Hochmaurenstr. 1, ℰ 2 20 46, ☎ − 📶 📺 ☎ ⟵⟶ ℗
    20. Dez.- 15. Jan. geschl. − **M** a la carte 25/53 − **31 Z : 56 B** 45/70 - 78/115 Fb.

🏠 **Park-Hotel**, Königstr. 21, ℰ 60 64, Caféterrasse − 📺 ☎. E �158
    27. Dez.- 7. Jan. und 26. Mai - 10. Juni geschl. − **M** *(Samstag sowie Sonn- und Feiertage geschl.)* a la carte 29/50 − **15 Z : 27 B** 75/90 - 116/136.

❌❌ **Villa Duttenhofer**, Königstr. 1, ℰ 4 31 05 − ℗. 🆎 ⓪ E �158
    Montag und 1.- 14.Nov. geschl. − **M** a la carte 29/80.

❌ Paradies mit Zim, Waldtorstr. 15 (1. Etage), ℰ 73 21
    8 Z : 15 B.

RUDERSBERG 7062. Baden-Württemberg 🔠 L 20 − 9 600 Ew − Höhe 278 m − ✪ 07183.
♦Stuttgart 36 − Heilbronn 47 − Göppingen 37.

    In Rudersberg-Schlechtbach S : 1 km :

🏠 **Sonne**, Heilbronner Str. 70, ℰ 61 88 − ℗. E
    7.- 30. Jan. geschl. − **M** *(Freitag geschl.)* a la carte 24/49 − **30 Z : 40 B** 54/76 - 96.

RUDOLPHSTEIN Bayern siehe Berg.

RÜCKERSDORF 8501. Bayern 🔠 Q 18 − 4 000 Ew − Höhe 326 m − ✪ 0911 (Nürnberg).
♦München 174 − Bayreuth 65 − ♦Nürnberg 14.

🏨 **Wilder Mann**, Hauptstr. 37 (B 14), ℰ 57 01 11, Fax 570116, 🈸 − 📶 📺 ☎ ⟵⟶ ℗ −
    🅰 25/45. 🆎 ⓪ E �158. ⚗ Rest
    24. Dez.- 6. Jan. geschl. − **M** a la carte 25/57 − **51 Z : 83 B** 75/89 - 120/130 Fb.

RÜCKHOLZ Bayern siehe Seeg.

RÜDESHEIM AM RHEIN 6220. Hessen 🔢 ⑳ − 10 500 Ew − Höhe 85 m − ✪ 06722.
Ausflugsziel : Niederwald-Denkmal ≤★, NW : 3 km.

🅱 Städt. Verkehrsamt, Rheinstr. 16, ℰ 29 62, Telex 42171.

♦Wiesbaden 31 − ♦Koblenz 65 − Mainz 34.

🏨 **Traube-Aumüller**, Rheinstr. 6, ℰ 30 38, Telex 42144, Fax 1573, 🈸 − 📶 ☎ − 🅰 35. 🆎 ⓪ E �158
    Mitte März - Mitte Nov. − **M** a la carte 30/64 − **115 Z : 220 B** 60/140 - 110/200.

🏨 **Central-Hotel**, Kirchstr. 6, ℰ 30 36, Telex 42110, Fax 2807 − 📶 ☎ ⟵⟶ ℗. 🆎 E �158
    15. März - Nov. − **M** a la carte 26/54 − **56 Z : 100 B** 79/125 - 134/188.

🏨 **Felsenkeller**, Oberstr. 39, ℰ 20 94, Telex 42156, Fax 47202 − 📶 ☎ ℗. 🆎 E �158. ⚗ Zim
    Ostern-Okt. − **M** a la carte 24/56 − **60 Z : 113 B** 70/110 - 120/160.

🏨 **Gasthof Trapp**, Kirchstr. 7, ℰ 10 41, Telex 42160, Fax 47745 − 📶 ☎ ℗. 🆎 ⓪ E �158
    Mitte März - Mitte Nov. − **M** a la carte 23/59 ⚗ − **32 Z : 60 B** 70/130 - 110/170.

🏨 **Rüdesheimer Hof**, Geisenheimer Str. 1, ☏ 20 11, Telex 42148, Fax 48194, 佘 – 劇 ☎ 𝗣.
ΑΕ Ε 𝘝𝘐𝘚𝘈
Mitte Feb.- Mitte Nov. – **M** a la carte 22/55 ⅃ – **42 Z : 83 B** 65/80 - 90/130.

🏨 **Zum Bären**, Schmidtstr. 24, ☏ 10 91, Telex 42100, Fax 1094, 愈 – ☎. ΑΕ ⓪ Ε 𝘝𝘐𝘚𝘈
← **M** *(Nov.- April Dienstag geschl.)* a la carte 18/48 ⅃ – **26 Z : 46 B** 55/100 - 90/150 Fb.

🏨 **Rheinstein**, Rheinstr. 20, ☏ 20 04, Telex 42130, ≤, 佘 – 劇 ☎. ΑΕ ⓪ Ε 𝘝𝘐𝘚𝘈
← *April - Mitte Nov.* – **M** a la carte 21/57 ⅃ – **43 Z : 80 B** 60/120 - 100/150.

🏨 **Haus Dries** garni, Kaiserstr. 1, ☏ 24 20, Telex 420009, Fax 2663, eigener Weinbau, 愈s, 🔲
– 𝗣. ΑΕ 𝘝𝘐𝘚𝘈. 🌤
April - Okt. – **48 Z : 96 B** 65/75 - 90/95.

Außerhalb NW : 5 km über die Straße zum Niederwald-Denkmal :

🏨🏨 **Jagdschloß Niederwald** 🦌, ⊠ 6220 Rüdesheim, ☏ (06722) 10 04, Telex 42152, Fax
47970, « Gartenterrasse », 愈s, 🔲, 🐎, 🎾 – 劇 📺 ☎ ⇐ 𝗣 – 🏇 25/60. ⓪ Ε 𝘝𝘐𝘚𝘈
🌤 Rest
Jan.- 15. Feb. geschl. – **M** a la carte 39/70 – **52 Z : 92 B** 125/185 - 198/340 Fb.

In Rüdesheim 2-Assmannshausen NW : 5 km :

🏨🏨 **Krone Assmannshausen**, Rheinuferstr. 10, ☏ 20 36, Fax 3049, ≤, eigener Weinbau,
« Historisches Hotel a.d. 16. Jh., Laubenterrasse », 🔲 (geheizt), 🐎 – 劇 📺 ⇐ 𝗣 –
🏇 40. ⓪ Ε 𝘝𝘐𝘚𝘈
Jan.- Feb. geschl. – **M** a la carte 50/99 – **62 Z : 110 B** 115/295 - 196/356 – 8 Appart.
390/480.

🏨 **Unter den Linden**, Rheinallee 1, ☏ 22 88, Fax 47201, ≤, « Laubenterrasse » – 📺 ⇐
𝗣. Ε
April - Mitte Nov. – **M** a la carte 28/69 – **28 Z : 53 B** 55/85 - 120/160.

🏨 **Anker**, Rheinuferstr. 7, ☏ 29 12, Telex 42179, ≤, 佘 – 劇 ☎ 𝗣. ΑΕ ⓪ Ε 𝘝𝘐𝘚𝘈
Feb.- Okt. – **M** a la carte 26/58 ⅃ – **52 Z : 97 B** 75/128 - 105/148 – 3 Appart. 168.

🏨 **Alte Bauernschänke - Nassauer Hof**, Niederwaldstr. 23, ☏ 23 13, Telex 42178, Fax
47912, 佘, eigener Weinbau – ΑΕ Ε
April - Okt. – **M** a la carte 23/49 – **56 Z : 100 B** 75/80 - 100/130.

🏨 **Lamm**, Rheinuferstr. 6, ☏ 20 55, Fax 4325, ≤, 佘 – 劇 📺 ⇐. Ε 𝘝𝘐𝘚𝘈
← *März - Nov.* – **M** a la carte 21/47 ⅃ – **34 Z : 65 B** 55/90 - 90/150.

🏨 **Schön**, Rheinuferstr. 3, ☏ 22 25, ≤, 佘, eigener Weinbau – ☎ 𝗣. ΑΕ Ε 𝘝𝘐𝘚𝘈
April-Okt. – **M** a la carte 26/65 – **25 Z : 50 B** 65/80 - 105/150.

🏨 **Ewige Lampe und Haus Resi**, Niederwaldstr. 14, ☏ 24 17
März geschl. – **M** *(Dienstag geschl.)* a la carte 22/44 ⅃ – **24 Z : 44 B** 45/75 - 90/120.

🏨 **Zwei Mohren**, Rheinuferstr. 1, ☏ 26 73, Telex 42189, Fax 4585, ≤, 佘 – ⇐. ΑΕ ⓪ Ε 𝘝𝘐𝘚𝘈
Mitte März - Mitte Nov. – **M** a la carte 24/50 ⅃ – **30 Z : 50 B** 60/110 - 85/140.

🏨 **Rheinstein**, Niederwaldstr. 12, ☏ 22 97
(Restaurant nur für Hausgäste) – **27 Z : 52 B**.

🏨 **Café Post**, Rheinuferstr. 2, ☏ 23 26, ≤, 佘 – ΑΕ ⓪ Ε 𝘝𝘐𝘚𝘈
März - Nov. – **M** a la carte 24/50 – **14 Z : 28 B** 55/95 - 80/160.

✕ **Altes Haus** (mit Zim. und Gästehaus), Lorcher Str. 8, ☏ 20 51, Fax 2053, « Fachwerkhaus
a.d.J. 1578 » – ☎ ⇐. Ε 𝘝𝘐𝘚𝘈. 🌤 Zim
7. Jan.- 22. März geschl. – **M** *(Nov.- April Dienstag - Mittwoch, Mai - Okt. Mittwoch
geschl.)* a la carte 24/46 ⅃ – **26 Z : 48 B** 55/75 - 90/130.

In Rüdesheim-Presberg N : 13 km :

🏨 **Haus Grolochblick** 🦌, Schulstr. 8, ☏ (06726) 7 38, ≤, Caféterrasse, 🐎 – 𝗣
Mitte Feb.- Mitte Nov. – (Restaurant nur für Hausgäste) – **20 Z : 38 B** 34 - 68.

RÜLZHEIM 6729. Rheinland-Pfalz 𝟰𝟭𝟯 H 19 – 6 100 Ew – Höhe 112 m – ✿ 07272.
Mainz 117 – ♦Karlsruhe 27 – Landau in der Pfalz 16 – Speyer 25.

🏨 **Südpfalz** garni, Schubertring 48, ☏ 80 61, Fax 1044 – ☎ 𝗣. ΑΕ ⓪ Ε 𝘝𝘐𝘚𝘈
22. Dez.- 7. Jan. geschl. – **23 Z : 46 B** 55/60 - 80/90 Fb.

RÜNDEROTH Nordrhein-Westfalen siehe Engelskirchen.

RÜSSELSHEIM 6090. Hessen 𝟰𝟭𝟯 I 16,17. 𝟵𝟴𝟳 ㉔㉕ – 63 000 Ew – Höhe 88 m – ✿ 06142.
🄳 Verkehrsamt im Rathaus, Marktplatz, ☏ 60 02 13.
ADAC, Marktplatz 8, ☏ 6 30 27, Telex 4182850.
♦Wiesbaden 19 – ♦Darmstadt 27 – ♦Frankfurt am Main 24 – Mainz 12.

🏨🏨 **Dorint-Hotel**, Eisenstr. 54 (Gewerbegebiet Im Hasengrund), ☏ 60 70, Telex 4182842, Fax
607510, 愈s – 劇 ⇆ Zim 📺 ᨖ 𝗣 – 🏇 25/200. ΑΕ Ε 𝘝𝘐𝘚𝘈
M a la carte 40/79 – **126 Z : 202 B** 167/305 - 215/320 Fb.

🏨 **City-Hotel**, Marktstr. 2, ☏ 6 50 51, Telex 4182187, 愈s – 劇 📺 ☎. ΑΕ ⓪ Ε 𝘝𝘐𝘚𝘈
22. Dez.- 3. Jan. geschl. – **M** *(Samstag - Sonntag geschl.)* a la carte 28/58 – **84 Z : 150 B**
120/155 - 155/185 Fb.

In Raunheim 6096   NO : 4 km :

🏨 **City Hotel** garni, Ringstr. 107 (Stadtzentrum), ℰ (06142) 4 40 66, Telex 4182814, Fax 21138 – 📺 ☎ 🅿 ⚿ ⑩ 🅔 🆅🆂🅰
27 Z : 47 B 110/140 - 125/180 Fb.

RÜTHEN Nordrhein-Westfalen siehe Warstein.

RUHPOLDING 8222. Bayern 🖽🖽🖽 U 23, 🖽🖽🖽 ㊲ ㊳, 🖽🖽🖽 ⑩ – 6 400 Ew – Höhe 660 m – Luftkurort – Wintersport : 740/1 636 m ⛷1 ⛷20 ⛷4 – ⚙ 08663.
🛈 Kurverwaltung, Hauptstr. 60, ℰ 12 68.
München 115 – Bad Reichenhall 23 – Salzburg 43 – Traunstein 14.

🏩 **Steinbach-Hotel**, Maiergschwendter Str. 10, ℰ 16 44, 🍴, Massage, 🅴🆂, 🖂 – 📺 🚗 🅿 – 🅰 40. ⚿ 🅔
30. Okt.- 18. Dez. geschl. – **M** a la carte 26/58 – **84 Z : 144 B** 70/115 - 140/240 Fb.

🏩 **Zur Post**, Hauptstr. 35, ℰ 10 35, 🍴, Massage, 🅴🆂, 🖂, 🐎 – 🛗 📺 🚗 🅿. 🅔. 🍽
M *(Mittwoch geschl.)* a la carte 24/49 – **60 Z : 100 B** 70/90 - 110/140.

🏨 **Sporthotel am Westernberg** ⑲, Am Wundergraben 4, ℰ 16 74, Fax 638, ≼, Massage, 🅴🆂, 🖂, 🐎, 🍽 (Reithalle und Parcours) – 📺 🚗 🅿. ⚿ ⑩ 🅔 🆅🆂🅰. 🍽 Rest
6. Nov.- 15. Dez. geschl. – **M** *(nur Abendessen, Mittwoch geschl.)* a la carte 33/65 – **36 Z : 60 B** 69/120 - 120/160 Fb – 10 Appart. 190/280.

🏨 **Ruhpoldinger Hof**, Hauptstr. 30, ℰ 12 12, 🍴, Biergarten, 🖂 – 🛗 🚗 🅿
45 Z : 70 B Fb.

🏨 **Haus Flora** garni, Zellerstr. 13, ℰ 59 54, 🅴🆂, 🖂, 🐎 – 🚗 🅿
Nov.- 15. Dez. geschl. – **28 Z : 46 B** 70/80 - 120/150 Fb.

🏨 **Almhof** garni, Maiergschwendter Str. 5, ℰ 14 52, 🐎 – 🅿. 🍽
April - 15. Mai und Nov.- 18. Dez. geschl. – **20 Z : 34 B** 45/50 - 80/90.

🏨 **Alpina** ⑲, Niederfeldstr. 11, ℰ 99 05, 🅴🆂, 🐎 – 📺 🚗 🅿
27. Okt.- 3. Dez. geschl. – (nur Abendessen für Hausgäste) – **15 Z : 34 B** 65/70 - 115/120 Fb.

🏨 **Haus Hahn** ⑲, Niederfeldstr. 16, ℰ 93 90, 🅴🆂, 🐎 – 🚗 🚗 🅿
(nur Abendessen für Hausgäste) – **14 Z : 30 B** 70/75 - 115.

🏨 **Diana**, Kurhausstr. 1, ℰ 97 05 – 🚗 🅿
Nov.-15. Dez. geschl. – **M** a la carte 23/47 🍷 – **26 Z : 48 B** 50/60 - 75/100.

🏨 **Zum Fuchs**, Brandstätter Str. 38a, ℰ 59 55, Fax 692, 🍴, Fahrrad- und Skiverleih –
🅿. 🅔
Nov.- Mitte Dez. geschl. – **M** *(auch vegetarische Gerichte)* (Mittwoch geschl.) a la carte 19.50/40 – **16 Z : 35 B** 60/65 - 79/95 Fb.

🏨 **Maiergschwendt** ⑲, Maiergschwendt 1 (SW : 1,5 km), ℰ 90 33, ≼, 🍴, 🐎 – 🅿
M a la carte 25/37 – **12 Z : 23 B** 60/70 - 100/110 (Neubau mit 15 Z ab Frühjahr 1990).

🏨 **Sonnenbichl**, Brandstätter Str. 48, ℰ 12 35, 🅴🆂 – 📺 🚗 🅿
22. April - 4. Mai und Nov.- 15. Dez. geschl. – **M** *(Montag geschl.)* a la carte 20/35 🍷 –
16 Z : 29 B 47/75 - 90/114 Fb.

🏨 **Vier Jahreszeiten** garni, Brandstätter Str. 41, ℰ 17 49, ≼, 🐎 – 🚗 🅿
15 Z : 25 B 34/36 - 60/72.

🏤 **Fischerwirt** ⑲, Rauschbergstr. 1 (Zell, SO : 2 km), ℰ 17 05, ≼, 🍴, 🐎 – 📺 🚗 🅿
Mitte April - Mitte Mai und Mitte Okt.- Mitte Dez. geschl. – **M** *(Montag geschl.)* a la carte 21/41 – **20 Z : 33 B** 45/50 - 85.

✗ **Berggasthof Weingarten** ⑲ mit Zim, Weingarten 1 (SW : 3 km), ℰ 92 19, ≼ Ruhpolding und Trauntal, 🍴 – 🅿
16. April - 5. Mai und 28. Okt.- 16. Dez. geschl. – **M** *(Montag geschl.)* a la carte 19/35 – **6 Z : 12 B** 35/38 - 54/66.

Die Preise   Einzelheiten über die in diesem Führer angegebenen Preise finden Sie in der Einleitung.

RUHRGEBIET Nordrhein-Westfalen 🖽🖽🖽 ⑬⑭.

Hotels und Restaurants siehe unter den nachfolgend aufgeführten Städten :

Voir ressources hotelières aux localités suivantes :

For hotels and restaurants see towns indicated below :

Vedere alberghi e ristoranti al testo delle località seguenti :

Bochum - Bottrop - Castrop-Rauxel - Datteln - Dinslaken - Dorsten - Dortmund - Duisburg - Essen - Gelsenkirchen - Gevelsberg - Gladbeck - Hagen - Hattingen - Heiligenhaus - Herdecke - Herne - Herten - Iserlohn - Kamen - Kamp-Lintfort - Krefeld - Lünen - Marl - Moers - Mülheim - Oberhausen - Oer-Erkenschwick - Recklinghausen - Rheinberg - Schermbeck - Schwerte - Unna - Velbert - Voerde - Waltrop - Werne - Wesel - Wetter - Witten.

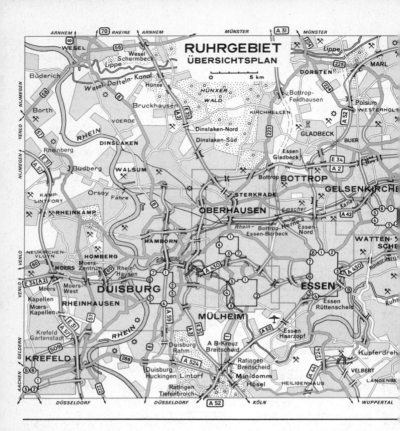

RUHSTORF 8399. Bayern **413** WX 21, **426** ⑦ — 6 200 Ew — Höhe 318 m — ✆ 08531.
♦München 155 — Passau 24 — Salzburg 118.

🏠 **Antoniushof**, Ernst-Hatz-Str. 2, ℰ 30 44, Fax 31318, ☞, « Garten », ⭐s, ☒, 🐎,
Fahrradverleih — 📶 📺 ☎ ⇔ 🅿 🖭 ⑩ 🖃 ☒
M *(Montag bis 18 Uhr geschl.)* a la carte 29/60 — **33 Z : 55 B** 49/90 - 86/170 Fb.

🏠 **Mathäser**, Hauptstr. 19, ℰ 30 74 — 📶 📺 ☎ ⇔ 🅿 — ☖ 30
← 17.- 25. Dez. geschl. — **M** *(Freitag geschl.)* a la carte 20/37 ⚘ — **30 Z : 55 B** 52/63 - 78/106 Fb.

RUHWINKEL Schleswig-Holstein siehe Bornhöved.

RUMBACH 6749. Rheinland-Pfalz **413** G 19, **242** ⑫, **87** ② — 500 Ew — Höhe 230 m — ✆ 06394.
Mainz 150 — Landau in der Pfalz 38 — Pirmasens 31 — Wissembourg 19.

🏠 **Haus Waldeck** ⚘, Im Langenthal 75, ℰ 4 94, ☞, 🐎 — ⇔ 🅿 E. ❄
← **M** *(nur Abendessen)* a la carte 21/37 ⚘ — **15 Z : 31 B** 35/50 - 64/66.

In Nothweiler 6749 S : 3,5 km :

🏠 **Landgasthaus Wegelnburg** (mit Pension Kraft ⚘), Hauptstr. 15, ℰ (06394) 2 84, ☞ —
← ❄⇔ Rest ☎ 🅿
15. Nov.- 15. Dez. geschl. — **M** *(Dienstag geschl.)* a la carte 21/38 ⚘ — **16 Z : 35 B** 40/45 -
70/75 — ½ P 52/64.

RUMMENOHL Nordrhein-Westfalen siehe Hagen.

RUNKEL Hessen. Sehenswürdigkeit siehe Limburg an der Lahn.

RURBERG Nordrhein-Westfalen siehe Simmerath.

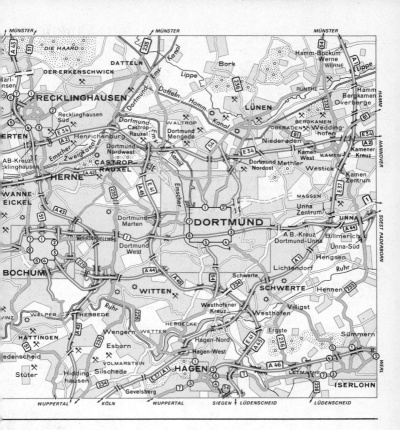

Stadtplan siehe nächste Seite.

SAARBRÜCKEN 6600. Saarland 987 ㉔, 242 ⑦ – 200 000 Ew – Höhe 191 m – ☎ 0681.

✈ Saarbrücken-Ensheim (SO : 12 km, über Saarbrücker Straße X), ℰ (06893) 8 31.

🚗 ℰ 3 08 55 79.

Messegelände (X), ℰ 5 30 56.

🛈 Verkehrsverein und Städt. Verkehrsamt, Trierer Str. 2, (Info-Pavillon), ℰ 3 51 97.

🛈 Verkehrsverein, Rathaus, Rathausplatz, ℰ 3 69 01.

ADAC, Am Staden 9, ℰ 68 70 00, Notruf ℰ 1 92 11.

♦Bonn 212 ⑦ – Luxembourg 93 ⑥ – ♦Mannheim 128 ③ – Metz 67 ⑤ – Strasbourg 124 ④ – ♦Wiesbaden 162 ③.

🏨 **Pullman Kongreß-Hotel**, Hafenstr. 8, ℰ 3 06 91, Telex 4428942, Fax 372266, Massage, ☎, ☒ – 🛗 ⇔ Zim 📺 & ⇔ 🅿 – 🔬 25/75. 🆎 ⓞ ☒ 𝑉𝐼𝑆𝐴
AY x
M a la carte 34/69 – **150 Z : 300 B** 165/185 - 213/223 Fb – 5 Appart. 286/386.

🏨 **Am Triller** ⑤, Trillerweg 57, ℰ 58 00 00, Telex 4421123, Fax 58000303, ≤, ☎, ☒, 🌳 – 🛗
📺 ☎ ⇔ 🅿 – 🔬 25/130. 🆎 ⓞ ☒ 𝑉𝐼𝑆𝐴
AZ a
24. Dez.- 1. Jan. geschl. – **M** a la carte 33/62 – **122 Z : 236 B** 100/210 - 155/260 Fb.

🏨 **Novotel**, Zinzinger Str. 9, ℰ 5 86 30, Telex 4428836, Fax 582242, 🌧, ☒ (geheizt), 🌳 – 🛗
📳 📺 ☎ 🅿 – 🔬 25/250. 🆎 ⓞ ☒ 𝑉𝐼𝑆𝐴
X v
M a la carte 33/62 – **99 Z : 198 B** 120 - 155 Fb.

🏨 **La Résidence** garni, Faktoreistr. 2, ℰ 3 30 30, Telex 4421409, Fax 35570, ☎, Fahrradverleih
– 🛗 📺 ☎ – 🔬 30. ⓞ ☒ 𝑉𝐼𝑆𝐴
AY x
74 Z : 132 B 130/150 - 170/200 Fb.

🏨 **Haus Kiwit** ⑤, Theodor-Heuss-Straße, ℰ 85 20 77, « Terrasse mit ≤ », ☎ – ☎ 🅿 –
🔬 30. 🆎 ⓞ ☒ 𝑉𝐼𝑆𝐴
X k
M (Samstag geschl.) a la carte 32/61 – **19 Z : 35 B** 75/140 - 125/180 Fb.

707

SAARBRÜCKEN

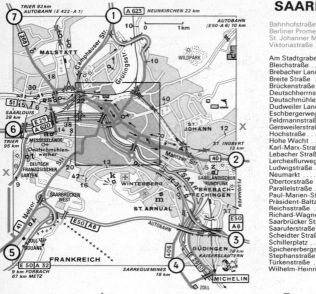

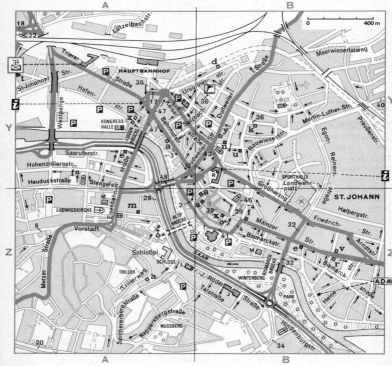

🏨 **Christine** garni, Gersweiler Str. 39, ℰ 5 50 81, Telex 4428736, Fax 55086, ⇌, 🔲 – 🛗 📺
☎ ⟷ 🅿 – 🔬 25/70. 🖭 ⑩ 🗲 𝘝𝘐𝘚𝘈
X a
über Weihnachten geschl. – **70 Z : 98 B** 80/130 - 118/150 Fb – 4 Appart. 160/180.

🏨 **Windsor - Restaurant Martini**, Hohenzollernstr. 41, ℰ 5 60 52, Telex 4428787, Fax 57105,
⇌ – 🛗 📺 ☎ ⟷ 🅿 – 🔬 25/50. 🖭 ⑩ 🗲 𝘝𝘐𝘚𝘈
AY f
M a la carte 24/58 – **38 Z : 71 B** 109/150 - 144/165 Fb.

🏨 **Park-Hotel**, Deutschmühlental 4, ℰ 58 10 33 (Hotel) 58 10 44 (Rest.), Telex 4428860, Fax
53060, 🍴 – 🛗 📺 ☎ 🅿 – 🔬 25/120. 🖭 ⑩ 🗲 𝘝𝘐𝘚𝘈
X t
M *(Freitag geschl.)* 40/70 und a la carte – **42 Z : 62 B** 77/107 - 102/142 Fb.

🏨 **City-Hotel** 🛏 garni, Richard-Wagner-Str. 67, ℰ 3 40 88 – 🛗 📺 ☎ ⟷ 🅿. 🖭 🗲 𝘝𝘐𝘚𝘈
1.- 7. Jan. geschl. – **37 Z : 68 B** 80/100 - 105/130 Fb.
BY k

🏨 **Meran** garni, Mainzer Str. 69, ℰ 6 53 81, ⇌, 🔲 – 🛗 ☎. 🖭 ⑩ 🗲 𝘝𝘐𝘚𝘈
BZ r
51 Z : 66 B 65/110 - 112/140 Fb.

🏨 **Kirchberg-Hotel** garni, St. Josef-Str. 18, ℰ 4 77 83, ⇌, 🔲 – 🛗 ☎ ⟷. 🖭 ⑩ 🗲 𝘝𝘐𝘚𝘈
23. Dez.- 4. Jan. geschl. – **34 Z : 49 B** 80 - 120/160 Fb.
X s

🏨 **Römerhof**, Am Kieselhumes 4, ℰ 6 17 07, ⇌, 🔲 – ☎ 🅿
X r
21. Dez.- 3. Jan. geschl. – (nur Abendessen für Hausgäste) – **25 Z : 40 B** 72/95 - 105/140.

🏨 **Stadt Hamburg** garni, Bahnhofstr. 71, ℰ 3 46 92 – 🛗 ☎. 🖭 ⑩ 🗲 𝘝𝘐𝘚𝘈
AY a
21. Dez.- 6. Jan. geschl. – **28 Z : 40 B** 47/78 - 88/103 Fb.

🏨 **Industrie-Hotel** garni, Dudweiler Str. 35, ℰ 3 96 52 – 🛗 📺 ☎. 🖭 ⑩ 🗲 𝘝𝘐𝘚𝘈
BY y
22. Dez.- 3. Jan. geschl. – **46 Z : 70 B** 65/95 - 85/140 Fb.

🏨 **Atlantic** garni, Ursulinenstr. 59, ℰ 3 10 18 – 🛗 ☎. 🖭 ⑩ 🗲 𝘝𝘐𝘚𝘈
BY d
16 Z : 27 B 60/75 - 95/120.

🏨 **Kaiserhof**, Mainzer Str. 78, ℰ 6 64 26 – 🛗 ☎. 🖭
BZ v
(nur Abendessen für Hausgäste) – **23 Z : 42 B** 43/77 - 89/114.

XXX **La Touraine**, Am alten Hafen (Kongreßhalle, 1. Etage), ℰ 4 93 33 – 🅿. ⑩ 🗲 𝘝𝘐𝘚𝘈
AY
Samstag bis 19 Uhr und Sonntag geschl. – **M** a la carte 45/70.

XXX **Kuntze's Handelshof**, Wilhelm-Heinrich-Str. 17, ℰ 5 69 20 – 🖭 ⑩ 🗲 𝘝𝘐𝘚𝘈
AZ m
Sonntag 15 Uhr - Montag geschl. – **M** a la carte 58/75.

XXX **Légère**, Cecilienstr. 7, ℰ 3 59 00 – 🖭 ⑩ 🗲 𝘝𝘐𝘚𝘈
BY n
Samstag bis 18 Uhr, Sonntag, 1.- 7. Jan. und Ende Juli - Anfang Aug. geschl. – **M** a la carte
56/81.

XX **Fröschengasse**, Fröschengasse 18, ℰ 37 17 15 – 🖭 ⑩ 🗲 𝘝𝘐𝘚𝘈
BZ a
Samstag bis 18 Uhr sowie Sonn- und Feiertage geschl. – **M** a la carte 48/67.

XX **Ratskeller**, Kaltenbachstraße (im Rathaus), ℰ 3 47 80, Fax 3904968 – 🔬 25/120. ⑩ 𝘝𝘐𝘚𝘈
Sonn- und Feiertage ab 15 Uhr geschl. – **M** *(auch vegetarische Gerichte)* a la carte 26/56.
BY R

XX **Rebstock**, St. Johanner Markt 43, ℰ 3 68 95 – 🖭 ⑩ 🗲 𝘝𝘐𝘚𝘈
BZ x
Dienstag und 1.- 10. Jan. geschl. – **M** a la carte 46/64.

XX **Ristorante Roma** (Italienische Küche), Klausener Str. 25, ℰ 4 54 70 – 🖭 ⑩ 🗲 𝘝𝘐𝘚𝘈
Montag geschl. – **M** a la carte 46/65.
AY t

X **Horch**, Mainzer Str. 2, ℰ 3 44 15
BZ f

X **Die Neue Brücke**, Cecilienstr. 12, ℰ 39 80 39 – ⑩ 𝘝𝘐𝘚𝘈
BY u
Montag 15 Uhr - Dienstag geschl. – **M** a la carte 32/60.

X **Bastei**, Saaruferstr. 16, ℰ 5 11 54 – 🖭 ⑩ 🗲 𝘝𝘐𝘚𝘈
AY e
Sonntag ab 14 Uhr und Samstag geschl. – **M** a la carte 22/42.

X **Yang Tsao** (China-Restaurant), Mainzer Str. 49a, ℰ 6 81 40 – 🖭 ⑩ 🗲 𝘝𝘐𝘚𝘈
BZ e
Donnerstag geschl. – **M** a la carte 28/59.

X **Gasthaus zum Stiefel** (Brauereigaststätte), Am Stiefel 2, ℰ 3 12 46, 🍴 – 🖭 ⑩ 🗲 𝘝𝘐𝘚𝘈
↠ *Sonntag geschl.* – **M** a la carte 21/50.
BZ s

X **Jörgs Bistro**, Breite Str. 47, ℰ 4 29 80 – 🗲
X s
Samstag bis 18 Uhr, Sonntag und Juli - Aug. 3 Wochen geschl. – **M** a la carte 31/60 🍷.

Auf dem Halberg SO : 4 km :

XXX **Schloß Halberg**, ✉ 6600 Saarbrücken 3, ℰ (0681) 6 31 81 – 🍽 🅿 – 🔬 25/120. 🖭 ⑩ 🗲
𝘝𝘐𝘚𝘈
X z
Sonntag geschl., an Feiertagen kein Abendessen – **M** 39/88.

In Saarbrücken-Altenkessel 6623 ⑥ : 8 km :

🏨 **Wahlster**, Gerhardstr. 12, ℰ (06898) 8 13 94
↠ **M** *(nur Abendessen, Sonntag geschl.)* a la carte 19/33 – **27 Z : 36 B** 35/56 - 66/86.

In Saarbrücken - Brebach-Fechingen 6604 SO : 8 km über Saarbrücker Str. X :

🏨 **Budapest**, Bliesransbacher Str. 74, ℰ (06893) 20 23, ⇌ – ☎ ⟷ 🅿. 🗲
M *(nur Abendessen)* a la carte 22/38 – **22 Z : 35 B** 60 - 90.

In Saarbrücken-Bübingen 6601 SO : 9 km über die B 51 X :

🏨 **Angelo**, Saargemünder Str. 28, ℰ (06805) 10 81 – 📺 ☎ 🅿. 🍴
12 Z : 24 B.

709

In Saarbrücken - Dudweiler-Süd 6602 NO : 6,5 km über Meerwiesertalweg BY :

🏠 **Burkhart**, Kantstr. 58, ℰ (06897) 70 17, Biergarten – 📺 ☎ 🅿. 🖭 🗲 ₥ *(Sonntag geschl.)* a la carte 39/65 – **14 Z : 20 B** 90 - 130.

In Saarbrücken-St. Arnual :

XX **Felsen**, Feldstr. 17 (1. Etage), ℰ 85 19 31 – ① 🗲   X m
Samstag bis 18 Uhr sowie Sonn- und Feiertage geschl. – **M** (Tischbestellung ratsam) 48/85 und a la carte – **Bistro M** 26.

In Kleinblittersdorf 6601 SO : 13 km über die B 51 X – ۞ 06805

🏠 **Zum Dom** garni (Restaurant gegenüber), Elsässer Str. 51, ℰ 10 35 – 📺 ☎ 🅿. 🗲
9 Z : 18 B 55/65 - 85/90.

X **Roter Hahn**, Saarbrücker Str. 20, ℰ 30 55 – ᴁ 60. 🗲
Montag 15 Uhr - Dienstag geschl. – **M** a la carte 30/54.

MICHELIN-REIFENWERKE KGaA. Niederlassung 6601 Saarbrücken-Bübingen, Industriestr. 35 (über die B 51 X), ℰ (06805) 80 58.

SAARBURG 5510. Rheinland-Pfalz 987 ㉓, 409 ㉗, 242 ② – 6 500 Ew – Höhe 148 m – Erholungsort – ۞ 06581.

🛈 Verkehrsamt, Graf-Siegfried-Str. 32, ℰ 8 12 15.

Mainz 176 – ◆Saarbrücken 71 – Thionville 44 – ◆Trier 24.

🏠 **Zunftstube**, Am Markt 11, ℰ 36 96 – 🖭 ① 🗲 ₥
Feb. geschl. – **M** *(Donnerstag geschl.)* a la carte 22/41 ⅃ – **7 Z : 14 B** 44 - 72/76.

🏠 **Brizin - Restaurant Chez Claude** ⟨⟩, Kruterberg 14 (S : 1 km), ℰ 21 33, ≤ – 🅿. 🖭 ①
🗲 ₥
ab Rosenmontag 2 Wochen geschl. – **M** *(Dienstag geschl.)* 36/75 und a la carte – **8 Z :**
13 B 30/40 - 60.

XX **Burg-Restaurant**, Schloßberg 12 (in der Burg), ℰ 26 22, « Terrasse mit ≤ » – 🅿. 🖭 ①
🗲 ₥
Montag, 2.- 9. Jan. und 20. Feb.- 5. März geschl. – **M** a la carte 28/59.

XX **Saarburger Hof** mit Zim, Graf-Siegfried-Str. 37, ℰ 23 58, 🏠 – ① 🗲 ₥
27. Dez.- 20. Jan. geschl. – Menu *(Montag geschl.)* a la carte 33/59 – **7 Z : 14 B** 40/50 - 80.

In Trassem 5511 SW : 4,5 km :

🏠 **St. Erasmus**, Kirchstr. 6a, ℰ (06581) 26 84, 🏠, 🌳 – 🅿 – ᴁ 25/150. ① 🗲
◆   **M** *(Donnerstag geschl.)* a la carte 20/49 – **22 Z : 44 B** 40/45 - 68/80.

Siehe auch : *Liste der Feriendörfer*

SAARLOUIS 6630. Saarland 987 ㉓㉔, 242 ⑥, 57 ⑤ – 38 000 Ew – Höhe 185 m – ۞ 06831.

🏌 Wallerfangen - Gisingen (W : 10 km), ℰ (06837) 4 01.

🛈 Stadt-Info, Großer Markt, ℰ 44 32 63.

◆Saarbrücken 28 ② – Luxembourg 75 ⑤ – Metz 57 ④ – ◆Trier 70 ⑤.

Stadtplan siehe gegenüberliegende Seite.

🏠 **Ratskeller** garni, Kleiner Markt 7, ℰ 20 90 – 📺 ☎. 🖭 ① 🗲 ₥   B d
29 Z : 50 B 69/89 - 109 Fb.

🏠 **City-Hotel Posthof**, Postgäßchen 5 (Passage), ℰ 20 40, Fax 2983 – 🛗 📺 ☎. 🖭 ① 🗲
₥. 🈂   B a
M *(Samstag bis 18 Uhr geschl.)* a la carte 27/52 – **43 Z : 56 B** 85/130 - 140/170 Fb.

XX **Peter Zaunmüller**, Postgäßchen 6, ℰ 4 03 40, 🏠 – ₥. 🈂   B r
Sonn- und Feiertage geschl. – **M** a la carte 34/71.

XX **Marché vital - Le Gourmet**, Französische Str. 7 (Untergeschoß), ℰ 28 27 – 🖭 ① 🗲
₥   B d
Sonn- und Feiertage geschl. – **M** 28 (mittags) und a la carte 32/55 – **Le Bistro M** um 14 (mittags) und a la carte 23/42.

In Saarlouis 5 - Beaumarais W : 3 km über Wallerfanger Straße A :

🏔 **Altes Pfarrhaus Beaumarais - Engels Restaurant** (ehem. Sommer-Residenz a.d.J. 1762), Hauptstr. 2, ℰ 63 83 (Hotel) 6 08 48 (Rest.), Fax 62898, « Gemälde-Ausstellung und Antiquitäten » – 📺 ᴐ 🅿 – ᴁ 25/60. 🖭 ① 🗲 ₥
M *(Samstag bis 19 Uhr und Sonntag geschl.)* 56/89 – **35 Z : 65 B** 110/160 - 160/195.

In Saarlouis 3-Fraulautern :

🏠 **Hennrich**, Rodener Str. 56, ℰ 8 00 91 – 📺 ☎ 🅿 – ᴁ 45. 🗲   A e
M *(Montag geschl.)* a la carte 32/52 – **21 Z : 36 B** 50/60 - 90/100 Fb.

In Saarlouis-Picard ④ : 4 km :

🏠 **Taffing's Mühle** ⟨⟩, Am Taffingsweiher, ℰ 20 45, 🏠 – 📺 ☎ 🅿. 🖭 ① 🗲 ₥
M a la carte 35/48 – **12 Z : 19 B** 48/75 - 98/103 Fb.

SAARLOUIS

In Saarlouis-Roden :

🏠 **Reiter**, Gerberstr. 51 (B 51), ℰ 8 00 10 – 📺 ⇔ 🅿. ⑩ 🖃 𝒱𝐼𝒮𝒜. ⅏ Rest   A t
M *(nur Abendessen)* a la carte 22/48 – **22 Z : 45 B** 60 - 90.

In Saarlouis-Steinrausch :

🏠 Steinrauschhalle ॐ, Kurt-Schumacher-Allee 129 (beim Freibad), ℰ 8 00 25 – 📺 🅿 –
  🏊 – **20 Z : 39 B** Fb.   A u

In Wallerfangen 6634   W : 4 km über Wallerfanger Straße A :

XXX ✿ **Villa Fayence** mit Zim, Hauptstr. 12, ℰ (06831) 6 20 66, 🌳, « Villa a.d.J. 1835 in einem
großen Park » – 📺 ☎ 🅿. 🖭 ⑩ 🖃 𝒱𝐼𝒮𝒜. ⅏
Montag geschl. – M 60/115 und a la carte – **Bistro** *(Samstag - Sonntag nur Abendessen,
Montag geschl.)* M a la carte 31/53 – **4 Z : 8 B** 130/170 - 170/230
Spez. Wachtel-Ravioli in Koriander-Sauce, Gänseleberguglhupf, Lammkotelett und -filet mit Kartoffelkruste.

XX **Bernard Epe**, Hauptstr. 15, ℰ (06831) 66 69 – 🅿. 🖭 ⑩ 🖃 𝒱𝐼𝒮𝒜
Montag geschl. – M a la carte 40/62.

In Wallerfangen 5-Kerlingen 6634   W : 9 km über Wallerfanger Straße A :

🏤 **Haus Scheidberg** ॐ, ℰ (06837) 7 50, Telex 443108, Fax 7530, ≤, 🌳, ≘s, 🔲 – 🛗 📺 ☎
🅿 – 🏊 25/120. 🖭 🖃 𝒱𝐼𝒮𝒜. ⅏
1.- 15. Jan. geschl. – M *(Sonn- und Feiertage ab 15 Uhr geschl.)* a la carte 30/57 – **61 Z :
77 B** 50/70 - 85/105 Fb.

In Überherrn-Berus 6636   ③ : 9,5 km :

🏤 **Café Margaretenhof** ॐ, Orannastraße, ℰ (06836) 20 10, ≤, 🌳, ≘s, 🔲, 🐎 – 📺 ☎
⇔ 🅿. 🖃. ⅏
27. Dez.- 7. Jan. geschl. – M *(nur Abendessen, Freitag geschl.)* a la carte 28/48 ♨ – **14 Z :
24 B** 60/78 - 95/98 Fb.

SAARWELLINGEN 6632. Saarland 🗺🗺 ⑥, 🗺🗺 ⑥ – 14 200 Ew – Höhe 200 m – ✿ 06838.
♦Saarbrücken 25 – Lebach 14 – Saarlouis 4,5.

🏤 **Maurer**, Schloßstr. 58, ℰ 27 35 – ⇔ 🅿. ⅏ Rest
3.- 17. Juli geschl. – M *(Sonntag ab 15 Uhr und Freitag geschl.)* a la carte 17/38 – **25 Z :
40 B** 32/37 - 62/72.

In Saarwellingen 3-Reisbach   0 : 6 km :

XX **Landhaus Kuntz** mit Zim, Kirchplatz 3, ℰ 5 05, « Hübsche Inneneinrichtung » – 📺 ☎.
⑩
M *(bemerkenswerte Weinkarte, Tischbestellung ratsam)* (Samstag bis 19 Uhr geschl.) 40/98
und a la carte – **8 Z : 13 B** 75/90 - 115/140.

SACHRANG Bayern siehe Aschau im Chiemgau.

SACHSA, BAD 3423. Niedersachsen 987 ⑯ − 6 300 Ew − Höhe 360 m − Heilklimatische Kurort − Wintersport : 500/650 m ⚡4 ⚡1 − ✆ 05523.

🛈 Kurverwaltung, Am Kurpark 6, ℰ 3 00 90.

♦Hannover 129 − ♦Braunschweig 95 − Göttingen 62.

🏨 **Harzhotel Romantischer Winkel** ⑤, Bismarckstr. 23, ℰ 10 05, Fax 7171, � ⏚, 🔲, 🐎 − 🛗 📺 ⇔ ⓟ − 🔬 25/80. 🅰🅴 🅴 🆅🅸🆂🅰. ⍥ Rest
Mitte Nov.- Mitte Dez. geschl. − **M** a la carte 39/70 − **72 Z : 115 B** 80/110 - 145/210 Fb − ½ P 98/130.

🏠 **Hildesia** ⑤, Pfaffenberg 28, ℰ 13 00, ⏚, 🔲, 🐎 − ⓟ. ⍥
(nur Abendessen für Hausgäste) − **39 Z : 75 B** 45/90 - 80/100 − ½ P 54/69.

🏠 **Birkenhof** ⑤ garni, Tannenweg 6, ℰ 10 77, ⏚, 🔲, 🐎, Skischule, Skiverleih − ⇔ ⓟ
20 Z : 34 B 38/45 - 68/82.

Auf dem Ravensberg NW: 4,5 km − Höhe 660 m :

✗ Berghof Ravensberg ⑤ mit Zim, ✉ 3423 Bad Sachsa, ℰ (05523) 21 45, < Harz, � − ☎ ⓟ
5 Z : 10 B.

SACHSENHEIM 7123. Baden-Württemberg 413 K 20 − 14 800 Ew − Höhe 260 m − ✆ 07147.
♦Stuttgart 31 − Heilbronn 31 − Ludwigsburg 15 − Pforzheim 29.

In Sachsenheim 1-Großsachsenheim :

🏠 **Schloßhotel**, Obere Str. 15, ℰ 30 33 − ☎ ⓟ. ⍥
M a la carte 24/45 − **10 Z : 16 B** 55 - 95/110.

In Sachsenheim-Ochsenbach NW : 10 km :

✗✗ **Landgasthof zum Schwanen**, Dorfstr. 47, ℰ (07046) 21 35, � − ⓟ
10. Jan.- 13. Feb. und Montag - Dienstag 17 Uhr geschl. − Menu (Tischbestellung ratsam) a la carte 30/62.

SÄCKINGEN, BAD 7880. Baden-Württemberg 413 GH 24, 987 ㊲, 427 ⑤ − 15 400 Ew − Höhe 290 m − Heilbad − ✆ 07761.

Sehenswert : Fridolinsmünster★.

🛈 Kurverwaltung, Waldshuter Str. 20, ℰ 5 13 16.

♦Stuttgart 205 − Basel 31 − Donaueschingen 82 − Schaffhausen 67 − Zürich 58.

🏨 Goldener Knopf, Rathausplatz 9, ℰ 60 78, <, � − 🛗 📺 ☎ − 🔬
55 Z : 85 B Fb.

🏨 Zur Flüh ⑤, Weihermatten 38, ℰ 85 13, �, ⏚, 🔲, − 📺 ☎ ⇔ ⓟ
40 Z : 55 B Fb.

🏠 Kater Hiddigeigei, Tanzenplatz 1 (am Schloßpark), ℰ 40 55, � − ☎
14 Z : 22 B.

🏠 Café Schneider, Gießenstr. 21, ℰ 70 17, �
 − ⓟ
17 Z : 28 B.

✗✗ **Fuchshöhle** (Haus a.d. 17. Jh.), Rheinbrückstr. 7, ℰ 73 13 − ⓞ 🅴
Sonntag - Montag, über Fastnacht und Juli - Aug. je 2 Wochen geschl. − **M** a la carte 38/61.

✗ **Margarethen-Schlößle**, Balther Platz 1, ℰ 15 25, �
Dienstag 15 Uhr - Mittwoch und Jan. geschl. − **M** a la carte 29/45.

SAHRENDORF Niedersachsen siehe Egestorf.

SAIG Baden-Württemberg siehe Lenzkirch.

SALACH 7335. Baden-Württemberg 413 M 20 − 6 400 Ew − Höhe 365 m − ✆ 07162 (Süßen).
♦Stuttgart 52 − Göppingen 8 − ♦Ulm (Donau) 43.

🏨 Bernhardus, Weberstr. 15, ℰ 80 61 − 🛗 📺 ☎ ⇔ ⓟ − 🔬
29 Z : 58 B Fb.

♨ **Garni**, Hauffstr. 12, ℰ 83 07 − ⇔ ⓟ. 🅴
19 Z : 26 B 35/40 - 68/80.

Bei der Ruine Staufeneck O : 3 km :

✗✗ **Burgrestaurant Staufeneck** ⑤ mit Zim, ✉ 7335 Salach, ℰ (07162) 50 28, < Gingen und Filstal, � − 🛗 ☎ ⓟ − 🔬 25/150. 🅰🅴 ⓞ 🅴 🆅🅸🆂🅰
2.- 16. Jan. geschl. − **M** *(Donnerstag geschl.)* a la carte 36/71 − **4 Z : 5 B** 50 - 100.

| Les prix | Pour toutes précisions sur les prix indiqués dans ce guide, reportez-vous aux pages de l'introduction. |

712

SALEM 7777. Baden-Württemberg **四13** K 23. **987** ⑧. **427** ⑦ − 8 500 Ew − Höhe 445 m − 🕾 07553.

Sehenswert : Ehemaliges Kloster* (Klosterkirche*) − Schloß*.

Stuttgart 149 − Bregenz 62 − Sigmaringen 47.

 🏠 **Schwanen**, beim Schloß, *℘* 2 83, 😿 − **ⓟ**
  Jan.- 14. März geschl. − **M** a la carte 28/50 − **15 Z : 30 B** 55/65 - 89/95.

 🏠 **Salmannsweiler Hof** ♨, Salmannsweiler Weg 5, *℘* 70 46, 😿 − 🕿 **ⓟ**
  ab Aschermittwoch 2 Wochen und Mitte - Ende Okt. geschl. − **M** *(Mittwoch geschl.)* a la
  carte 24/52 − **10 Z : 23 B** 50 - 80/85.

 🏖 **Lindenbaum - Gästehaus Jehle**, Neufracher Str. 1, *℘* 2 11, 🏤 − **ⓟ**. ⓞ
  Nov. geschl. − **M** *(Montag 14 Uhr - Dienstag geschl.)* a la carte 23/34 ⅛ − **7 Z : 12 B** 25/40 -
  50/65.

 In Salem 2-Mimmenhausen S : 2 km :

 🏠 **Hirschen**, Bodenseestr. 135, *℘* 3 76, 😿 − **ⓟ**
 🞢 **M** *(Dienstag geschl.)* a la carte 19/36 − **8 Z : 16 B** 45 - 80.

SALEM Schleswig-Holstein siehe Ratzeburg.

SALMBACH Baden-Württemberg siehe Engelsbrand.

SALZBERGEN Nordrhein-Westfalen siehe Rheine.

 Tassa di soggiorno e riscaldamento
 possono alle volte maggiorare i prezzi di pernottamento e di pensione.
 Quando prenotate fatevi precisare il prezzo dall'albergo.

SALZBURG A-5020. **🗓** Österreich **四13** W 23. **987** ⑧. **426** ⑲ ⑳ − 140 000 Ew − Höhe 425 m
− 🕾 0662 (innerhalb Österreich).

Sehenswert : ≤** auf die Stadt (vom Mönchsberg) Y K − Hohensalzburg** X , Z : ≤** (von der
Kuenburgbastei), 🌾** (vom Reckturm), Burgmuseum* Z **M3** − Petersfriedhof** Z − Stiftskirche
St. Peter** Z − Residenz** Z − Haus der Natur** Y **M2** − Franziskanerkirche*Z A −
Getreidegasse* Y − Mirabellgarten* V − Hettwer Bastei* : ≤* Y − Mozarts Geburtshaus Y **D**.

Ausflugsziele : Gaisbergstraße** (≤*) über ① − Untersberg* über ② : 10 km (mit 🚡) −
Mondsee * ① : 28 km (über die Autobahn A 1).

🛫 Salzburg-Wals, Schloß Klessheim, *℘* 85 08 51 ; 🚏 in Hof (① : 20 km), *℘* (06229) 2 37 20 ; 🚏 in
St. Lorenz (① : 29 km), *℘* (06232) 29 94.

   Festspiel-Preise : siehe S. 8
   Prix pendant le festival : voir p. 16
   Prices during tourist events : see p. 24
   Prezzi duranti i festival : vedere p. 32.

🛬 Innsbrucker Bundesstr. 95 (über ③), *℘* 85 12 23 - City Air Terminal (Autobusbahnhof),
Südtirolerplatz V.

🚆 *℘* 71 54 14 22.

Salzburger Messegelände, Linke Glanzeile 65, *℘* 3 45 66.

🛈 Tourist-Information, Salzburg-Nonntal, Petersbrunnstr.3, *℘* 84 04 31.

ÖAMTC, Alpenstr. 102, *℘* 2 05 01.

Wien 292 ① − Innsbruck 177 ③ − ✦München 140 ③.

   Die Preise sind in der Landeswährung (ö. S.) angegeben.

   Stadtpläne siehe nächste Seiten.

 🏨 **Salzburg Sheraton Hotel**, Auerspergstr. 4, *℘* 79 32 10, Telex 632518, Fax 881776, « Terrasse
  im Kurpark », direkter Zugang zum Kurmittelhaus − 🛗 🌾 Zim 🍴 🕁   🕁 . 🕸 Rest
  Restaurants : − Mirabell − Bistro − **165 Z : 330 B** Fb − 9 Appart..   V s

 🏨 **Österreichischer Hof**, Schwarzstr. 5, *℘* 7 25 41, Telex 633590, Fax 7525514, « Terrassen
  an der Salzach mit ≤ Altstadt und Festung » − 🛗 🕁 ◄► − 🕁 25/70. ⚠ ⓞ 🅴 🆅🆂🅰
  Restaurants : − Zirbelzimmer **M** a la carte 350/550 − **Salzach Grill M** a la carte 200/440 −
  119 Z : 228 B 2050 - 2700/3650 − 3 Appart. 11550.   Y b

 🏨 **Bristol**, Makartplatz 4, *℘* 7 35 57, Telex 633337, Fax 7355710, « Stilvolle Einrichtung,
  Gemäldesammlung » − 🛗 🍴 Rest 🕁 − 🕁 80. ⚠ ⓞ 🅴 🆅🆂🅰. 🕸 Rest   Y a
  10. Jan.- 10. März geschl. − **M** a la carte 400/600 − **80 Z : 140 B** 2330/2900 - 3360/3620 −
  10 Appart. 3620/5040.

 🏨 **Schloß Mönchstein** ♨, Am Mönchsberg 26, *℘* 8 48 55 50, Telex 632080, Fax 848559,
  ≤ Salzburg und Umgebung, 🕊, Hochzeitskapelle, « Kleines Schlößchen mit eleganter,
  stilvoller Einrichtung, Park », 😿, 🌾 − 🛗 🕁 🕁 − 🕁 40. ⚠ ⓞ 🅴 🆅🆂🅰. 🕸 Rest X e
  M a la carte 375/590 − **17 Z : 33 B** 1600/2800 - 3400/6200.

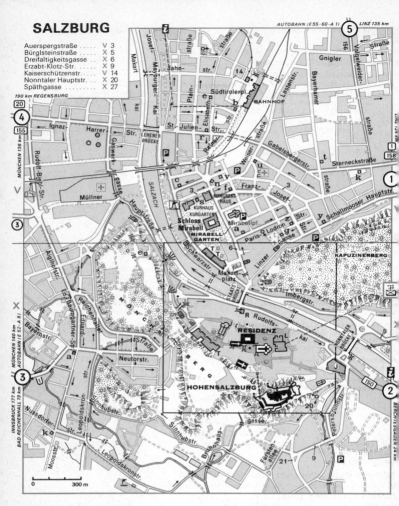

SALZBURG

🏨🏨 **Goldener Hirsch**, Getreidegasse 37, ℰ 84 85 11, Telex 632967, Fax 848517845, « Patrizierhaus a.d.J. 1407 mit stilvoller Einrichtung » – 🛗 ⇆ Zim 🍴 Rest 📺 – 🔬 40/70. 🆎 ⓞ 🗉 𝑽𝑰𝑺𝑨
                      Y e
M a la carte 360/600 – **s'Herzl M** a la carte 160/350 – **74 Z : 137 B** 2620/4420 - 3940/6440 – 3 Appart. 7240.

🏨🏨 **Dorint - Hotel**, Sterneckstr. 20, ℰ 88 20 31, Telex 631075, Fax 8820319, 🈴 – 🛗 🍴 Rest 📺 & ⇔ – 🔬 25/300. 🆎 ⓞ 🗉 𝑽𝑰𝑺𝑨
                      V z
M a la carte 220/425 – **140 Z : 280 B** 1520/1730 - 1900 Fb – 4 Appart. 2250.

🏨🏨 **Rosenberger**, Bessarabierstr.94, ℰ 3 55 46, Telex 3622405, Fax 3951095, 🈴, Fahrradverleih – 🛗 ⇆ Zim 📺 & ⇔ – 🔬 25/450. 🆎 ⓞ 🗉 𝑽𝑰𝑺𝑨
                      über ④
M a la carte 240/330 🛇 – **120 Z : 240 B** 1030 - 1480 Fb – 6 Appart. 1950.

🏨🏨 **Pitter**, Rainerstr. 6, ℰ 7 85 71, Telex 633532, Fax 7857190, 🈲 – 🛗 📺 – 🔬 25/150. 🆎 ⓞ 🗉 𝑽𝑰𝑺𝑨
                      V n
M a lacarte 205/390 – **200 Z : 340 B** 970/1180 - 1820/2250 Fb.

🏨🏨 **Mercure**, Bayerhamerstr. 14, ℰ 88 14 38, Telex 632341, Fax 71111411, 🈲, Zugang zum Sport- und Tenniscenter – 🛗 ⇆ Zim 📺 & ⇔ 🄿 – 🔬 25/350. 🆎 ⓞ 🗉 𝑽𝑰𝑺𝑨
                      V ⑪
M a la carte 260/440 – **121 Z : 242 B** 1600 - 1900 Fb.

SALZBURG

0   200 m

🏨 **Corvin Residenz**, Markus-Sittikus-Str. 3, ℰ 88 21 91, Fax 7478447, ≦s – 🛗 🔟 ☎ 🅿   V **c**
    40 Z : 80 B – 12 Appart..

🏨 **Novotel Salzburg City**, Franz-Josef-Str. 26, ℰ 88 20 41, Telex 632886, Fax 74240 –
    🍽 Rest 🔟 ☎ ₤ ⇦ 🅿 – 🔏 25/240. 🆎 ⓪ 🗲 𝘝𝘐𝘚𝘈
    M a la carte 225/400 – **140 Z : 280 B** 1450 - 1850 Fb.   V **k**

🏨 **Theater-Hotel**, Schallmooser Hauptstr. 13, ℰ 8 81 68 10, Telex 632319, 😤, Massage, ≦s
    – 🛗 🔟 ☎ ⇦ – 🔏 40. 🆎 ⓪ 🗲 𝘝𝘐𝘚𝘈
    M a la carte 165/370 – **58 Z : 120 B** 1200/1500 - 1820/2180 Fb – 11 Appart. 2400/2880.   V **y**

🏨 **Europa**, Rainerstr. 31, ℰ 73 39 10, Telex 633424, Restaurant in der 14. Etage mit ≦ Salzburg
    und Umgebung – 🛗 🍽 Rest 🔟 ☎ 🅿 – 🔏 25/80. 🆎 ⓪ 🗲 𝘝𝘐𝘚𝘈. 🛠 Rest   V **b**
    M a la carte 190/380 – **104 Z : 156 B** 910/1125 - 1270/1750 Fb.

🏨 **Winkler**, Franz-Josef-Str. 7, ℰ 7 35 13, Telex 633961, Fax 72176 – 🛗 🔟 ☎ – 🔏 40. 🆎
    ⓪ 🗲 𝘝𝘐𝘚𝘈   V **f**
    M a la carte 200/460 – **103 Z : 200 B** 1150/1800 - 1880/3100.

🏨 **Austrotel - Restaurant Zum Krebsen**, Mirabellplatz 8, ℰ 88 16 88, Telex 632361, Fax
    881687 – 🛗 🔟 ☎ ₤ – 🔏 45. 🆎 ⓪ 🗲 𝘝𝘐𝘚𝘈   V **a**
    M a la carte 250/600 – **74 Z : 118 B** 1200/1570 - 1670 Fb.

🏨 **Schaffenrath**, Alpenstr. 115, ℰ 2 31 53, Telex 633207, Fax 29314, 😤, ≦s – 🛗 🔟 ☎ 🅿 –
    🔏 25/180. 🆎 🗲 𝘝𝘐𝘚𝘈. 🛠 Rest   über ②
    M a la carte 205/350 – **50 Z : 100 B** 690/1400 - 990/2600 Fb.

🏨 **Kasererhof**, Alpenstr. 6, ℰ 2 12 65, Telex 633477, Fax 28376, 😤, 🐴 – 🛗 🔟 ☎ 🅿. 🆎 🗲
    𝘝𝘐𝘚𝘈   über ②
    Feb. geschl. – **M** (Samstag - Sonntag geschl.) a la carte 180/470 – **51 Z : 100 B** 960/1400 -
    1815/4015 Fb.

🏨 **Fuggerhof** garni, Eberhard-Fugger-Str. 9, ℰ 2 04 79/64 12 90, Telex 632533, ≤, ≦s, 🔼, 🐴
    – 🛗 🔟 ☎ ⇦ 🅿. 🛠
    20. Dez.- 20. Jan. geschl. – **20 Z : 40 B** 700/900 - 900/2000.   über Bürglsteinstr.   X

🏨 **Hohenstauffen** garni, Elisabethstr. 19, ℰ 7 21 93 – 🛗 🔟 ☎ ⇦. 🆎 ⓪ 🗲 𝘝𝘐𝘚𝘈   V **e**
    28 Z : 54 B 690/880 - 1140/1460.

🏠 **Zum Hirschen**, St.-Julien-Str. 21, ✆ 73 14 10, Telex 632691, Fax 7314158, Gastgarter
Massage, 🍴 – 🛗 📺 ☎ 🅿 – 🔬 25/50. 🖭 ⓪ 🄴 🆅🆂🄰. 🕸 Rest   V
M *(Nov.- April Montag geschl.)* a la carte 175/320 🍷 — **80 Z : 140 B** 510/830 - 860/1400 Fb.

🏠 **Wolf-Dietrich**, Wolf-Dietrich-Str. 7, ✆ 7 12 75, Telex 633877, Fax 882320, 🍴, 🔲 – 🛗 📺
☎. 🖭 ⓪ 🄴 🆅🆂🄰. 🕸 Rest   V
7. Feb.- 18. März geschl., Okt.- Mai garni — **M** *(Sonntag geschl.)* a la carte 180/390 — **32 Z :**
50 B 790/850 - 1280/1580 Fb.

🏠 **Elefant** 🦢, Sigmund-Haffner-Gasse 4, ✆ 84 33 97, Telex 632725, Fax 840109 – 🛗 📺 ☎
🛎. 🖭 ⓪ 🄴 🆅🆂🄰   Y
M *(Dienstag und 1.- 25. Nov. geschl.)* a la carte 168/340 — **38 Z : 60 B** 650/1100 - 950/1800
Fb.

🏠 **Weiße Taube** garni, Kaigasse 9, ✆ 84 24 04, Telex 633065 – 🛗 ☎. 🖭 ⓪ 🄴 🆅🆂🄰. 🕸
33 Z : 59 B 680/780 - 980/1500.   Z

🏠 **Nußdorfer Hof** garni, Moosstr. 36, ✆ 84 52 24, Telex 632515, Fax 84441715, 🍴
🔲 (geheizt), 🐎, 🕸 – 🛗 📺 ☎ 🖛 🅿. 🖭 🄴 🆅🆂🄰   X
6.- 30. Nov. geschl. — **35 Z : 65 B** 690/980 - 1160/1580 Fb.

🏠 **Gablerbräu**, Linzer Gasse 9, ✆ 7 34 41, Telex 631067, Fax 7316555 – 🛗 ☎ – 🔬 25/60. 🖭
⓪ 🄴 🆅🆂🄰   Y
M a la carte 170/290 🍷 — **54 Z : 92 B** 710/1170 - 1260/1840 Fb.

🏠 **Markus Sittikus** garni, Markus-Sittikus-Str. 20, ✆ 71 12 10, Telex 632720 – 🛗 ☎. 🖭 ⓪
🄴 🆅🆂🄰   V
20.- 26. Dez. geschl. — **40 Z : 63 B** 550/680 - 890/1240.

🏠 **Lasserhof** garni, Lasserstr. 47, ✆ 7 33 88, Telex 633297 – 🛗 📺 ☎   V
20 Z : 40 B.

XX **Café Winkler**, Mönchsberg 32 (Zufahrt mit 🛗, 17 ö.S.), ✆ 8 41 21 50, Fax 84525830
< Salzburg, « Modernes Café-Restaurant auf dem Mönchsberg, Terrassen » – 🔬 25/200.
🖭 ⓪ 🄴 🆅🆂🄰   Y
Sept.- Juli Montag geschl. — **M** 310 (mittags) und a la carte 390/570.

XX **Riedenburg**, Neutorstr. 31, ✆ 84 92 64 – 🅿. 🖭 ⓪ 🄴 🆅🆂🄰   X
Sept.- Juli Sonntag geschl. — Menu a la carte 225/530.

XX K u. K Restaurant am Waagplatz, Waagplatz 2 (1. Etage), ✆ 84 21 56, 🌳, « Mittelalterliche
Essen mit Theateraufführung im Freysauff-Keller (auf Vorbestellung) » –   Z
(Tischbestellung ratsam).

XX **Purzelbaum** (Restaurant im Bistrostil), Zugallistr. 7, ✆ 84 88 43, 🌳 – 🅿. 🖭 ⓪ 🄴 🆅🆂🄰
🕸   Z
Sept.- Juni Sonntag geschl. — **M** (Tischbestellung ratsam) a la carte 270/460.

XX **Zum Mohren**, Judengasse 9, ✆ 84 23 87 – 🕸   Y
Nov. sowie Sonn- und Feiertage geschl. — **M** (Tischbestellung ratsam) a la carte 175/340.

In Salzburg-Aigen A-5026 über Bürglsteinstr. X :

🏠 **Doktorwirt**, Glaser Str. 9, ✆ 2 29 73, Telex 632938, Gastgarten, 🍴, 🔲 (geheizt), 🐎 – 📺
🕂 ☎ 🅿. 🖭 ⓪ 🄴 🆅🆂🄰. 🕸 Rest
10.- 25. Feb. und 20. Okt.- Nov. geschl. — **M** *(Montag geschl.)* a la carte 140/305 🍷 — **39 Z**
75 B 500/1100 - 720/1300.

X **Gasthof Schloß Aigen**, Schwarzenbergpromenade 37, ✆ 2 12 84 – 🅿. 🖭 ⓪ 🄴 🆅🆂🄰
🕂 Mittwoch - Donnerstag 18 Uhr geschl. — **M** a la carte 150/370 🍷.

In Salzburg-Liefering A-5020 über ④ :

🏨 **Brandstätter**, Münchner Bundesstr. 69, ✆ 3 45 35, 🌳, 🍴, 🔲, 🐎 – 🛗 📺 ☎ 🅿 –
🔬 40. 🖭 🄴 🆅🆂🄰
Menu *(Tischbestellung ratsam)* (23. Dez.- 7. Jan. geschl.) a la carte 235/490 🍷 — **36 Z : 63 B**
660/850 - 950/1900.

In Salzburg-Maria Plain A-5101 über Plainstr. V :

🏠 Maria Plain 🦢 (Landgasthof aus dem 17. Jh.), Plainbergweg 33, ✆ 5 07 01, Telex 632801
« Gastgarten mit < » – ☎ 🖛 🅿 – 🔬
30 Z : 56 B — 5 Fewo.

In Salzburg-Parsch A-5020 über Bürglsteinstr. X :

🏨 **Fondachhof** 🦢, Gaisbergstr. 46, ✆ 2 09 06/64 13 31, Telex 632519, <, 🌳, « 200-jähriges
Herrenhaus in einem Park », 🍴, 🔲 (geheizt), 🐎 – 🛗 📺 🖛 🅿 – 🔬 25. 🖭 ⓪ 🄴 🆅🆂🄰
🕸 Rest
April - Okt. — (Restaurant nur für Hausgäste) — **28 Z : 45 B** 1000/1850 - 1950/3000 —
4 Appart. 2800/4800.

🏨 **Haus Ingeborg** 🦢 garni, Sonnleitenweg 9, ✆ 2 17 49, Telex 631141, Fax 2174922,
< Salzburg und Festung, 🍴, 🔲, 🐎 – 📺 ☎ 🅿. 🖭 ⓪ 🄴 🆅🆂🄰
Feb. und Nov. geschl. — **12 Z : 22 B** 1960/3080 - 3080/4410.

🏨 **Cottage**, Joseph-Messner-Str. 12, ✆ 2 45 71, Telex 632011, Massage, 🍴, 🔲 – 🛗 📺 ☎
🖛 🅿 – 🔬
110 Z : 206 B Fb.

Auf dem Heuberg NO : 3 km über ① − Höhe 565 m :

🏠 **Schöne Aussicht** 🦢, ✉ A-5023 Salzburg, 𝒫 (0662) 78 44 90/64 06 08, Telex 631153, « Gartenterrasse mit ≤ Salzburg und Alpen », ⛄, ☐ (geheizt), 🐎, 🛇 − ☐ ☎ ❶ − ⚒ 40. ☒ ⬤ Ε 𝚅𝙸𝚂𝙰
15. März − Okt. − **M** a la carte 245/500 − **30 Z : 58 B** 900 - 1600 Fb.

Auf dem Gaisberg über ① :

🏩 **Kobenzl** 🦢, Gaisberg 11, Höhe 750 m, ✉ A-5020 Salzburg, 𝒫 (0662) 2 17 76, Telex 633833, Fax 2767071, 🏡, « Schöne Panorama-Lage mit ≤ Salzburg und Alpen », Massage, ⛄, ☐, 🐎 − ☐ ❶ − ⚒ 40. ☒ ⬤ 𝚅𝙸𝚂𝙰. 🛇 Rest
Mitte März − Okt. − **M** a la carte 350/560 − **35 Z : 70 B** 1450/3250 - 2200/3950 Fb − 4 Appart. 3800/5000.

🏠 **Berghotel Zistel-Alm** 🦢, Gaisberg 16, Höhe 1 001 m, ✉ A-5026 Salzburg-Aigen, 𝒫 (0662) 2 01 04, Fax 20104200, ≤ Alpen, 🏡, ⛄, 🐎 − ☎ ⬅ ❶. ☒ ⬤ Ε 𝚅𝙸𝚂𝙰. 🛇 Rest
26. Okt.- 20. Dez. geschl. − **M** a la carte 170/450 ⚖ − **24 Z : 38 B** 280/630 - 560/970 − 2 Fewo 1400.

In Anif A-5081 ② : 7 km − ✆ 06246 :

🏨 **Point Hotel**, Berchtesgadener Str. 364, 𝒫 42 56, Telex 631003, Fax 4256443, 🏡, Massage, ⛄, ☐ (geheizt), 🐎, 🛇 (Halle) − 📶 ☐ ☎ ❶ − ⚒ 25/40. ☒ ⬤ Ε 𝚅𝙸𝚂𝙰
Restaurants : − **Gourmet-Restaurant** *(nur Abendessen, Sonntag - Montag geschl.)* **M** a la carte 250/400 − **Blaue Stube M** a la carte 180/300 − **62 Z : 114 B** 1050/1750 - 1600/2100 Fb.

🏨 **Romantik-Hotel Schloßwirt** (Gasthof a. d. 17.Jh. mit Biedermeier-Einrichtung), Halleiner Bundesstr. 22, 𝒫 21 75, Telex 631169, Fax 217580, « Gastgarten », 🐎 − 📶 ☎ ⬅ ❶. ☒ ⬤ Ε 𝚅𝙸𝚂𝙰
Feb. geschl. − **M** a la carte 260/430 − **32 Z : 55 B** 800/1250 - 1100/1550 Fb.

🏨 **Hubertushof**, Neu Anif 4 (nahe der Autobahnausfahrt Salzburg Süd), 𝒫 24 78, Telex 632684, 🏡 − 📶 ☐ ☎ ❶ − ⚒
65 Z : 130 B Fb.

🏨 **Friesacher**, 𝒫 20 75, Telex 632943, Fax 207549, « Gastgarten », ⛄, 🐎, 🛇 − 📶 ☐ ☎ ❶ − ⚒ 25
23. Dez.- 15. Jan. geschl. − **M** *(Mittwoch geschl.)* a la carte 185/380 − **53 Z : 99 B** 580/780 - 880/1160 Fb.

In Bergheim-Lengfelden A-5101 N : 7 km über Vogelweiderstr. Ⅴ :

🏠 **Gasthof Bräuwirt** 🦢, 𝒫 (0662) 5 21 63, Telex 631109, « Gastgarten » − 📶 ☎ ⬅ ❶ − ⚒
38 Z : 70 B.

In Hof A-5322 über ① : 20 km :

🏨 ❀ **Schloß Fuschl - Restaurant Imperial** 🦢 (ehem. Jagdschloß a.d. 15 Jh. mit 3 Gästehäusern), 𝒫 (06229) 2 25 30, Telex 633454, Fax 2253531, ≤, 🏡, Massage, ⛄, ☐, 🐎, 🛇 − 📶 ☐ ⬅ ❶ − ⚒ 25/100. ☒ ⬤ Ε 𝚅𝙸𝚂𝙰. 🛇 Rest
M *(Tischbestellung ratsam)* (Montag - Dienstag 18 Uhr geschl.) 995 und a la carte 500/800 − **Schloßrestaurant M** a la carte 415/710 − **82 Z : 160 B** 1200/1800 - 2000/3200 Fb − 9 Appart. 3800/5500
Spez. Steinpilzrisotto mit sautierter Wachtel, Steinbutt mit Meerrettichschaum, Champagnercreme mit Pfirsich.

🏨 **Jagdhof am Fuschlsee** (ehemaliges Bauernhaus a.d.J. 1783, mit Gästehaus), 𝒫 (06229) 2 37 20, Telex 633454, Fax 2253531, ≤, 🏡, « Jagdmuseum », ⛄, ☐, 🐎 − ☐ ☎ ❶ − ⚒ 25/180. ☒ ⬤ Ε 𝚅𝙸𝚂𝙰. 🛇 Rest
M a la carte 210/380 ⚖ − **50 Z : 96 B** 500/700 - 850/1200 Fb.

In Fuschl am See A-5330 über ① : 26 km :

🏩 **Parkhotel Waldhof** 🦢, Seepromenade, 𝒫 (06226) 2 64, Telex 632487, ≤, 🏡, Massage, ⛄, ☐, 🐎, 🐎, 🛇, Fahrradverleih − 📶 ☐ 🚲 ❶ − ⚒ 25/70. ☒ 𝚅𝙸𝚂𝙰. 🛇 Rest
10. Jan.- März geschl. − **M** a la carte 250/450 − **67 Z : 125 B** 715/860 - 1150/1790 Fb.

✕✕ **Brunnwirt**, 𝒫 (06226) 2 36, 🏡 − ❶. ☒ ⬤ Ε 𝚅𝙸𝚂𝙰. 🛇
nur Abendessen, Sonntag und 8.- 22. Jan. geschl. − **M** (Tischbestellung erforderlich) a la carte 320/545.

Am Mondsee A-5310 ① : 28 km (über Autobahn A 1) − ✆ 06232 :

🏩 **Seehof** 🦢, (SO : 7 km), ✉ A-5311 Loibichl, 𝒫 2 55 00, Fax 255051, ≤, « Gartenterrasse, kleiner Park am See », Massage, ⛄, 🐎, 🐎, 🛇 − ☐ ☎ ❶. ☒ ⬤ Ε 𝚅𝙸𝚂𝙰
10. Mai - 25. Sept. − **M** a la carte 310/550 − **31 Z : 61 B** 1860/2000 - 1960/3300 Fb − ½ P 1380/2050.

🏨 ❀ **Weißes Kreuz**, Herzog-Odilo-Str. 25, ✉ A-5310 Mondsee, 𝒫 22 54, 🏡, bemerkenswertes Weinangebot, « Gastgarten » − 📶 ☎ ❶. ☒
15.- 30. Nov. geschl. − **M** *(Tischbestellung ratsam)* (Sept.- Juni Mittwoch - Donnerstag 18 Uhr geschl.) 260/695 und a la carte − **10 Z : 18 B** 400/500 - 900
Spez. Gesulztes Kalbszüngerl mit Kalbskutteln, Mondsee-Zander auf Eierschwammerlcreme, Marillenblätterteig mit Himbeerschaum.

✕✕✕ **Plomberg-Eschlböck** mit Zim, (S : 5 km), ✉ A-5310 St. Lorenz-Plomberg, 𝒫 35 72, Fax 316620, ≤, 🏡, 🐎, 🐎 − ☐ ☎ ❶. ☒ ⬤ Ε 𝚅𝙸𝚂𝙰
M *(Tischbestellung ratsam)* (Sept.- Mai Montag Ruhetag, Jan. 3 Wochen geschl.) a la carte 380/670 − **12 Z : 24 B** 850 - 2200/2600
Spez. Pasteten und Terrinen, Cassoulet von Mondseefischen, St. Laurentiustorte.

SALZDETFURTH, BAD 3202. Niedersachsen 987 ⑮ – 15 000 Ew – Höhe 155 m – Heilbad -
✿ 05063.

᠍᠍ Bad Salzdetfurth-Wesseln, ♟ 15 16.

◆Hannover 47 – ◆Braunschweig 52 – Göttingen 81 – Hildesheim 16.

益益 **Relexa-Hotel**, An der Peesel 1 (in Detfurth), ♟ 2 90, Telex 927444, Fax 29113, ☆, ⬄, 氺
氺 – 嶺 ⇔ Zim �📺 ❷ – 益 25/300. ⴀ ⓞ ⴿ 𝒱𝐼𝒮𝐴. ⬢ Rest
M a la carte 40/75 – **132 Z : 267 B** 140/205 - 165/260 Fb – 14 Appart. 240/390 – ½ P 112/224

SALZGITTER 3320. Niedersachsen 987 ⑮ ⑯ – 110 000 Ew – Höhe 80 m – ✿ 05341.

᠍᠍ Salzgitter - Bad, Mahner Berg, ♟ 3 73 76.

🛈 Verkehrspavillon am Bahnhof, Salzgitter-Lebenstedt, ♟ 1 44 88.

◆Hannover 64 – ◆Braunschweig 28 – Göttingen 79 – Hildesheim 33.

    In Salzgitter 51-Bad – Heilbad :

益益 **Ratskeller - Golfhotel** ⑤, Marktplatz 10, ♟ 3 70 25, Telex 954485, ☆ – 嶺 ⬄ ☎ ⬄ ❷
– 益 25/120. ⴀ ⓞ ⴿ 𝒱𝐼𝒮𝐴
M a la carte 34/50 – **52 Z : 87 B** 80/110 - 115/138 Fb.

益益 **Harß - Hof**, Braunschweiger Str. 128 (B 248), ♟ 39 05 90, Massage, ⬄ – 📺 ☎ ❷. ⴀ ⓞ
ⴿ 𝒱𝐼𝒮𝐴
M *(nur Abendessen)* a la carte 29/45 – **19 Z : 32 B** 79/98 - 108/138.

    In Salzgitter 1-Bleckenstedt :

🏠 **Koch's Hotel**, Bleckenstedter Str. 36, ♟ 6 50 91, Fax 65093 – ❷
M a la carte 26/50 – **32 Z : 66 B** 55 - 80 Fb.

    In Salzgitter 1-Lebenstedt :

益益 **Gästehaus** ⑤, Kampstr. 37, ♟ 18 90 – 嶺 📺 ⬄ ☎ ⬄ ❷ – 益 30/300. ⴀ ⓞ ⴿ 𝒱𝐼𝒮𝐴
M *(Sonntag ab 15 Uhr geschl.)* 17/25 (mittags) und a la carte 30/68 – **47 Z : 60 B** 81/132
112/184 Fb.

XX **Reinhardt's Höhe**, Thiestr. 18, ♟ 4 44 47 – ❷. ⴀ ⓞ ⴿ. ⬢
nur Abendessen, Montag, 1.- 4. Jan. und 23. Juli - 20. Aug. geschl. – Menu (Tischbestellung
ratsam) 33/75 und a la carte.

    Siehe auch : *Liste der Feriendörfer*

SALZHAUSEN 2125. Niedersachsen 987 ⑮ – 3 200 Ew – Höhe 60 m – ✿ 04172.

◆Hannover 117 – ◆Hamburg 45 – Lüneburg 18.

益益 **Romantik-Hotel Josthof**, Am Lindenberg 1, ♟ 2 92, Fax 6225, ☆, « Alte
Niedersächsischer Bauernhof », 氺 – ☎ ❷. ⴀ ⓞ ⴿ 𝒱𝐼𝒮𝐴
M *(bemerkenswerte Weinkarte)* (Nov. - März Dienstag geschl.) a la carte 38/72 – **16 Z : 30 B**
90/135 - 95/165 Fb – 4 Appart. 195.

🏠 **Rüter's Gasthaus**, Hauptstr. 1, ♟ 66 17, ⬄, 氺 – ☎ ❷ – 益 25/120. ⴀ ⓞ ⴿ 𝒱𝐼𝒮𝐴
M *(Nov.- April Mittwoch geschl.)* a la carte 26/53 – **23 Z : 40 B** 50/60 - 100.

    In Garlstorf am Walde 2125 W : 5 km :

🏠 **Heidehof**, Winsener Landstr. 4, ♟ (04172) 71 27, Fax 7931, « Gemütliche Gesträume », 氺
– ❷. ⓞ ⴿ 𝒱𝐼𝒮𝐴. ⬢
M *(Donnerstag geschl.)* a la carte 33/67 – **13 Z : 26 B** 59/79 - 94/140 Fb.

    In Gödenstorf 2125 W : 3 km :

🏠 **Gasthof Isernhagen**, Hauptstr. 11, ♟ (04172) 3 13, ☆, 氺 – ☎ ⬄ ❷
➡ 19. März - 11. April geschl. – M *(Dienstag geschl.)* a la carte 20/48 – **9 Z : 15 B** 47/60 - 88.

    In Gödenstorf-Lübberstedt 2125 SW : 6 km :

♧ **Gellersen's Gasthaus**, Lübberstedter Str. 20, ♟ (04175) 4 94 – ❷
➡ Nov. geschl. – M *(Mittwoch geschl.)* 13/28 (mittags) und a la carte 21/34 – **13 Z : 24 B**
36/40 - 72/76.

SALZHEMMENDORF 3216. Niedersachsen – 10 800 Ew – Höhe 200 m – Kurort – ✿ 05153.

🛈 Fremdenverkehrsamt, Hauptstr. 33, ♟ 60 22.

◆Hannover 49 – Hameln 23 – Hildesheim 31.

    In Salzhemmendorf 2-Lauenstein NW : 3 km :

♧ **Lauensteiner Hof**, Im Flecken 54, ♟ 64 12 – ❷
➡ Juli - Aug. 4 Wochen geschl. – M *(nur Abendessen, Dienstag geschl.)* a la carte 19/30 –
14 Z : 24 B 30/45 - 55/80.

Einige Hotels in größeren Städten
bieten preisgünstige **Wochenendpauschalen** an.

SALZKOTTEN 4796. Nordrhein-Westfalen 987 ⑭⑮ − 19 300 Ew − Höhe 100 m − ✿ 05258.

ᴦ Salzkotten-Thüle, Glockenpohl, ℰ 64 98.

Düsseldorf 157 − Lippstadt 19 − Paderborn 12.

🏠 **Sälzerhof** ⁄ᢒ, Am Stadtgraben 26, ℰ 63 74, 🍴 − 🅿. 🆎 ⑩ 🇪
   20. Dez.- 10. Jan. geschl. − **M** (Freitag geschl.) a la carte 27/58 − **16 Z : 20 B** 55 - 110.

🏠 **Hermann Hentzen**, Geseker Str. 20 (B 1), ℰ 63 80 − ⟵⟶ 🅿. ⑩ 🇪. 🎎
   17. Dez.- 7. Jan. geschl. − **M** (Samstag geschl.) a la carte 15/25 − **18 Z : 29 B** 33/45 - 64/80.

SALZSCHLIRF, BAD 6427. Hessen 987 ㉕ − 2 900 Ew − Höhe 250 m − Heilbad − ✿ 06648.

🛈 Kur- und Verkehrsverein, Rathaus, ℰ 22 66.

🛈 Kurverwaltung, im Kurpark, ℰ 1 81 61, Fax 18180.

Wiesbaden 161 − Fulda 18 − Gießen 81 − Bad Hersfeld 36.

🏨 **Kurhotel Badehof** ⁄ᢒ (mit Gästehäusern), Lindenstr. 2 (im Kurpark), ℰ 1 81 83, Fax 18180,
   « Terrasse mit ≤ », Bade- und Massageabteilung, 🏊, 🍴, direkter Zugang zum
   Moorbadehaus − 🛗 🅿 🕭. − 🔬 25/110. 🎎
   M (auch vegetarische Gerichte) a la carte 30/58 − **113 Z : 164 B** 61/82 - 104/150 Fb −
   ½ P 72/102.

🏨 **Ahorn Konferenz- und Sporthotel** ⁄ᢒ, Ahornstr. 7, ℰ 5 20, Telex 49214, Fax 5265,
   Bade- und Massageabteilung, ≦ₛ, 🏊, 🍴, 🎾 (Halle) − 🛗 📺 ☎ 🅿 − 🔬 25/80. 🆎 ⑩ 🇪
   𝐕𝐈𝐒𝐀
   M a la carte 30/66 − **58 Z : 115 B** 130 - 220 Fb − ½ P 135/155.

🏠 **Arnold**, Schlitzer Str. 12, ℰ 23 06 − 🛗 ☎ ⟵⟶. 🎎
   2. Jan.- Feb. geschl. − **M** (Montag und Dienstag kein Abendessen) a la carte 20/42 − **15 Z :
   25 B** 45/50 - 80/90 − ½ P 53/65.

🏠 **Deutsches Haus** ⁄ᢒ, Schlitzer Str. 4 (Eingang Schumannstraße), ℰ 20 38, 🍴 − 🛗 🅿 −
   🔬 25. 🎎 Rest
   5. Jan.- Feb. geschl. − **M** a la carte 20/41 ♨ − **44 Z : 54 B** 39/72 - 70/104 − ½ P 52/65.

🏠 **Paradies**, Bahnhofstr. 30, ℰ 22 73, 🍴 − 🅿
   März - Okt. − **M** (Dienstag geschl.) a la carte 16/36 − **17 Z : 24 B** 33/55 - 66/90 − ½ P 39/49.

SALZUFLEN, BAD 4902. Nordrhein-Westfalen 987 ⑮ − 53 000 Ew − Höhe 80 m − Heilbad
− ✿ 05222.

ᴦ₈ Schwaghof (N : 3 km), ℰ 1 07 73.

🛈 Kurverwaltung, Parkstr. 20, ℰ 18 30.

▶Düsseldorf 191 − Bielefeld 22 − ♦Hannover 89.

🏩 **Maritim Staatsbadhotel** ⁄ᢒ, Parkstr. 53, ℰ 18 10, Telex 9312173, Fax 15953, Bade- und
   Massageabteilung, 🔥, ≦ₛ, 🏊, 🍴 − 🛗 🍴 Rest 📺 ⟵⟶ 🅿 − 🔬 25/240. 🆎 ⑩ 🇪 𝐕𝐈𝐒𝐀
   🎎 Rest
   M a la carte 42/86 − **200 Z : 300 B** 158/208 - 237/282 Fb − 9 Appart. 340/450 − ½ P 155/244.

🏨 **Schwaghof** ⁄ᢒ, Schwaghof (N : 3 km), ℰ 14 85, Telex 9312216, ≤, 🌲, ≦ₛ, 🏊, 🍴, 🎾 −
   🛗 📺 ☎ 🕭 ⟵⟶ 🅿 − 🔬 25/200. ⑩ 🇪 𝐕𝐈𝐒𝐀
   M a la carte 38/69 − **86 Z : 160 B** 130 - 180 Fb − 3 Appart. 320.

🏨 **Lippischer Hof**, Mauerstr. 1a, ℰ 53 40, Fax 50571, Bade- und Massageabteilung, ≦ₛ, 🏊
   − 🛗 ⟷ Zim 📺 ☎ 🕭 ⟵⟶ 🅿 − 🔬 25/75. 🆎 🇪 𝐕𝐈𝐒𝐀. 🎎 Rest
   M a la carte 44/76 − **65 Z : 100 B** 80/175 - 140/255 Fb − 3 Appart. 325 − ½ P 98/203.

🏨 **Stadt Hamburg** ⁄ᢒ, Asenburgstr. 1, ℰ 66 55, Fax 1449, 🌲, 🍴 − 🛗 ☎ 🅿. 🆎 ⑩ 🇪 𝐕𝐈𝐒𝐀.
   🎎
   M (Donnerstag geschl.) a la carte 30/66 − **35 Z : 46 B** 73/85 - 120/130 Fb.

🏨 **Haus der Königin - Restaurant Medaillon** ⁄ᢒ, Roonstr. 7, ℰ 18 02 10, « Ehemalige
   Villa, stilvolle Einrichtung », 🍴 − 📺 ☎. 🆎 ⑩ 🇪 𝐕𝐈𝐒𝐀
   M (Montag - Dienstag 18 Uhr und Juli 2 Wochen geschl.) um 26 (mittags) und a la carte
   40/65 − **9 Z : 18 B** 120/130 - 150/190.

🏠 **Café Rosengarten** garni, Bismarckstr. 8, ℰ 18 02 22, Telex 9312243, Caféterrasse − 📺
   ☎ 🅿. 🆎 ⑩ 🇪 𝐕𝐈𝐒𝐀
   14 Z : 21 B 55/88 - 110/132 − 2 Fewo 80.

🏠 **Kurpark-Hotel** ⁄ᢒ, Parkstr. 1, ℰ 39 90, Fax 399462, 🌲 − 🛗 📺 🅿. 🎎
   5. Jan.- Feb. geschl. − **M** a la carte 23/46 − **31 Z : 40 B** 88/120 - 160/170 Fb − ½ P 110/125.

🏠 **Café Bauer** ⁄ᢒ, An der Hellrüsche 41, ℰ 14 32, 🌲 − 📺 ☎ 🅿. 🆎 🇪 𝐕𝐈𝐒𝐀
   M (Montag geschl.) a la carte 27/58 − **11 Z : 23 B** 50/70 - 90/120 Fb.

🏠 **Eichenhof** garni, Friedenstr. 1, ℰ 5 05 15 − 📺 ☎ ⟵⟶
   21 Z : 34 B Fb.

🏠 **Parkblick-Parkfrieden** ⁄ᢒ, Augustastr. 8, ℰ 1 64 45, ≦ₛ, 🍴 − 📺 ☎ 🅿. 🎎
   März - Okt. − (Restaurant nur für Hausgäste) − **24 Z : 33 B** 65/125 - 108/146 Fb − ½ P 77/88.

🟑🟑 Kurhaus, Parkstr. 26, ℰ 14 75, ≤, 🌲 − 🔬. 🎎.

   In Bad Salzuflen 5-Werl :

🏠 **Ried-Hotel**, Riedweg 24, ℰ 36 37, 🌲 − ☎ 🕭 🅿. 🆎 ⑩ 🇪 𝐕𝐈𝐒𝐀. 🎎 Rest
   M (Sonntag geschl.) a la carte 30/57 − **19 Z : 32 B** 45/75 - 110.

719

SAMERBERG 8201. Bayern 413 T 23 − 2 200 Ew − Höhe 700 m − Erholungsort − Wintersport 700/1 569 m ≰1 ≴4 ≴10 − ❀ 08032.
🛈 Verkehrsverein, Samerberg-Törwang, Rathaus, ☎ 86 06.
♦München 76 − Rosenheim 16 − Traunstein 44.

In Samerberg-Duft S : 3,5 km ab Törwang :

⌂ **Berggasthof Duftbräu** ⌂, ☎ 82 26, ≤, 斎 − ⇐ ❶
◆ **M** a la carte 19/30 − **16 Z : 28 B** 40/50 - 80/120 − ½ P 50/60.

SAND Hessen siehe Emstal.

SANDBERG 8741. Bayern 413 MN 15 − 1 000 Ew − Höhe 470 m − ❀ 09701 (Waldberg).
♦München 362 − Fulda 48 − Schweinfurt 55.

⌂ **Berghotel Silberdistel**, Blumenstr. 22, ☎ 7 13, ≤, 斎, ⇌ − ☎ ❶ − ⚏ 25. **E**
◆ 30. Okt.- Nov. geschl. − **M** (Montag geschl.) a la carte 20/55 − **17 Z : 34 B** 34/38 - 64/68.

SANDE 2945. Niedersachsen 987 ⑭ − 9 500 Ew − ❀ 04422.
♦Hannover 217 − ♦Oldenburg 47 − Wilhelmshaven 9.

⌂ **Landhaus Tapken**, Bahnhofstr. 46, ☎ 22 92 − 📺 ☎ ⅙ ❶ − ⚏ 40/120. 亜 ⓞ **E** 瓨
23.- 26. Dez. geschl. − **M** (Samstag bis 18 Uhr geschl.) a la carte 22/45 − **20 Z : 40 B** 68/88 88/120 Fb.

SANDSTEDT 2856. Niedersachsen − 1 800 Ew − Höhe 15 m − ❀ 04702.
♦Hannover 163 − ♦ Bremen 44 − ♦ Bremerhaven 23.

⌂ **Deutsches Haus**, Osterstader Str. 23, ☎ 10 26 − ❶. 亜 **E**
◆ **M** a la carte 20/39 − **13 Z : 24 B** 44 - 82.

ST. ANDREASBERG 3424. Niedersachsen 987 ⑯ − 2 600 Ew − Höhe 630 m -
Heilklimatischer Kurort − Wintersport : 600/894 m ≴9 ≴8 − ❀ 05582.
Sehenswert : Lage★.
🛈 Kur- und Verkehrsamt, Am Glockenberg 12 (Stadtbahnhof), ☎ 8 03 36.
♦Hannover 126 − ♦Braunschweig 72 − Göttingen 58.

⌂ **Tannhäuser**, Clausthaler Str. 2a, ☎ 10 55, ⇌, ⇌ − ☎ ❶. ⓞ **E**
18.- 30. April und 26. Nov.- 16. Dez. geschl. − **M** (Mittwoch geschl.) a la carte 26/55 − **23 Z : 41 B** 50/65 - 98/110 Fb − ½ P 65/73.

⌂ **Fernblick** ⌂, St.Andreasweg 3, ☎ 2 27, ≤, ⇌ − ⇐ ❶
(Restaurant nur für Pensionsgäste) − **15 Z : 25 B**.

⌂ **Vier Jahreszeiten** ⌂ garni, Quellenweg 3, ☎ 5 21, ⇌, 🔲, ⇌ − ❶ − **14 Z : 25 B**.

⌂ **In der Sonne** ⌂, An der Skiwiese 12, ☎ 10 18, 斎, ⇌, 🔲, ⇌ − ❶ − **15 Z : 29 B**.

⌂ **Skandinavia** ⌂, An der Rolle, ☎ 6 44, ≤, ⇌, 🔲, ⇌ − ❶. ⅗
M (nur Abendessen, Montag geschl.) a la carte 28/54 − **13 Z : 26 B** 55/70 - 70/110 − ½ P 53/83.

ST. AUGUSTIN 5205. Nordrhein-Westfalen − 55 000 Ew − Höhe 50 m − ❀ 02241.
♦ Düsseldorf 71 − ♦ Bonn 7 − Siegburg 4.

🏨 **Regina**, Markt 81, ☎ 2 80 51, Telex 889796, Fax 28385, 斎, ⇌ − 🛗 📺 ⇐ − ⚏ 25/450.
亜 ⓞ **E** 瓨
M a la carte 38/74 − **59 Z : 114 B** 99/229 - 179/279 Fb.

⌂ **Augustiner Hof**, Uhlandstr. 8, ☎ 2 90 21 − ☎ ⇐ ❶ − ⚏
31 Z : 51 B.

In St. Augustin 2-Hangelar :

🏨 **Hangelar**, Lindenstr. 21, ☎ 2 10 25, ⇌, 🔲, ⇌ − 📺 ☎ ⅙ ⇐ ❶ − ⚏
(nur Abendessen für Hausgäste) − **31 Z : 50 B** Fb.

ST. BLASIEN 7822. Baden-Württemberg 413 H 23, 987 ㊱, 427 ⑤ − 3 300 Ew − Höhe 762 m
− Heilklimatischer Kneippkurort − Wintersport : 900/ 1 350 m ≴7 ≴6 − ❀ 07672.
Sehenswert : Dom★.
🛈 Städt. Kurverwaltung, Haus des Gastes, am Kurgarten, ☎ 4 14 30.
🛈 Kurverwaltung, im Rathaus Menzenschwand, ☎ (07675) 8 76.
♦Stuttgart 187 − Basel 62 − Donaueschingen 64 − ♦Freiburg im Breisgau 62 − Zürich 71.

⌂ **Klosterhof**, Am Kurgarten 9, ☎ 5 23, 斎 − ☎ ❶ − **12 Z : 20 B**.

⌂ **Domhotel**, Hauptstr. 4, ☎ 3 71 − **E**
◆ Mitte Nov.- Mitte Dez. geschl. − **M** (Mittwoch geschl.) a la carte 20/55 − **11 Z : 21 B** 55/60 -
104 − ½ P 68/71.

⌂ **Kurhotel Bellevue - Restaurant Bergstüble** ⌂, Am Kalvarienberg 19,
☎ 7 86 (Hotel) 26 19 (Rest.), Caféterrasse mit ≤, Bade- und Massageabteilung, ⚕, ⇌ −
❶
M (Montag geschl.) a la carte 26/44 − **17 Z : 28 B** 43/54 - 78/96.

In St. Blasien 3-Kutterau S : 5 km über die Straße nach Albbruck :

🏠 **Vogelbacher** ॐ, ℰ 28 25, 佘, ℳ — ℗
➜ Nov.- 22. Dez. geschl. — **M** *(Mittwoch geschl.)* a la carte 18,50/40 ⅃ — **15 Z : 32 B** 40/50 - 70 Fb — ½ P 42/52.

In St. Blasien 2-Menzenschwand NW : 9 km — Luftkurort — ✆ 07675 :

🏠🏠 **Sonnenhof**, Vorderdorfstr. 58, ℰ 5 01, ≤, 佘, Massage, ⚴, ≘s, 🔲, ℳ — ☎ ℗
➜ Anfang Nov.- 19. Dez. geschl. — **M** *(Dienstag geschl.)* a la carte 24/50 — **28 Z : 52 B** 65/115 - 100/180 — ½ P 75/100.

🏠 **Waldeck**, Vorderdorfstr. 74, ℰ 2 72, ≘s, ℳ — ☎ ℗. ◪ ⴺ 𝘝𝘐𝘚𝘈
➜ 15. Nov.- 15. Dez. geschl. — **M** *(Montag geschl.)* a la carte 21/40 ⅃ — **21 Z : 40 B** 29/57 - 58/94.

🏠 **Lärchenhof** ॐ garni, Am Fischrain 6, ℰ 2 83, ℳ — ℗
Nov.- 15. Dez. geschl. — **15 Z : 30 B** 35/40 - 66/74.

ST. ENGLMAR 8449. Bayern 𝟰𝟭𝟯 V 19 — 1 400 Ew — Höhe 805 m — Luftkurort — Wintersport : 800/1 000 m ≰18 ≼6 — ✆ 09965.

🛈 Verkehrsbüro, Rathaus, ℰ 2 21,.

◆München 151 — Cham 37 — Deggendorf 30 — Straubing 31.

🏠🏠 **Angerhof** ॐ, Am Anger 38, ℰ 5 67, Fax 568, ≤, 佘, ≘s, 🔲, Fahrradverleih — 🛗 📺 ☎ ℗
➜ April 2 Wochen und Nov.- Mitte Dez. geschl. — **M** a la carte 20/41 — **40 Z : 90 B** 58/80 - 90/160 Fb — ½ P 62/97.

In St. Englmar-Grün NW : 3 km :

🏠 **Reinerhof**, ℰ 5 88, ≤, ≘s, 🔲, ℳ — 🛗 ☎ ⟺ ℗
5. Nov.- 10. Dez. geschl. — (nur Abendessen für Hausgäste) — **31 Z : 60 B** 41/46 - 76/90 — ½ P 51/59.

In St. Englmar-Kolmberg N : 7 km :

🏡 **Bernhardshöhe** ॐ, Kolmberg 5, ℰ 2 58, ≤, 佘, ℳ, ⚒, ⚲ — ℗. ⴺ
➜ Nov.- 20. Dez. geschl. — **M** *(Freitag geschl.)* a la carte 16/32 — **23 Z : 44 B** 29/40 - 58/64 — ½ P 39/45.

In St. Englmar-Maibrunn NW : 5 km :

🏠 **Berghotel Maibrunn** ॐ, ℰ 2 92, ≤, 佘, ≘s, ⏄ (geheizt), 🔲, ℳ — ☎ ⟺ ℗. ⴺ
➜ 🕱 Zim
Mitte. Nov.- Mitte Dez. geschl. — **M** a la carte 17/39 — **26 Z : 50 B** 40/48 - 82/118 Fb.

🏠 **Beim Simmerl** ॐ (mit Gästehaus), ℰ 5 90, ≤, 佘, ≘s, ℳ, ⚲ — ℗
28 Z : 56 B.

In St. Englmar-Predigtstuhl O : 2 km :

🏠🏠 **Kur- und Sporthotel St. Englmar** ॐ, Am Predigtstuhl 12, ℰ 3 12, Telex 69844, Fax 1314, ≤, 佘, Bade- und Massageabteilung, ≘s, 🔲, ℳ, ⚒ (Halle) — 🛗 📺 ☎ ⟺ ℗ — ⚗ 30. ◪ ⴺ ⴺ 𝘝𝘐𝘚𝘈. 🕱 Rest
M a la carte 25/55 — **72 Z : 130 B** 69/99 - 138/178 Fb — 5 Appart. 198/248 — ½ P 90/120.

In St. Englmar-Rettenbach SO : 4,5 km :

🏠🏠 Kurhotel Gut Schmelmerhof ॐ, ℰ 18 90, 佘, « Rustikales Restaurant mit Ziegelgewölbe, Garten », Bade- und Massageabteilung, ≘s, ⏄ (geheizt), 🔲, ℳ — 📺 ☎ ⟺ ℗ — ⚗ ⴺ
🕱
32 Z : 60 B Fb — 5 Fewo.

ST. GEORGEN 7742. Baden-Württemberg 𝟰𝟭𝟯 HI 22, 𝟵𝟴𝟳 ㉟ — 14 500 Ew — Höhe 810 m — Erholungsort — Wintersport : 800/1 000 m ≰5 ≼3 — ✆ 07724.

🛈 Städt. Verkehrsamt, Rathaus, ℰ 87 28.

◆Stuttgart 127 — Offenburg 65 — Schramberg 18 — Villingen-Schwenningen 14.

🏠 **Hirsch** ॐ, Bahnhofstr. 70, ℰ 71 25 — 📺 ☎ ⟺. ◪ ⴺ ⴺ 𝘝𝘐𝘚𝘈
M a la carte 22/57 — **22 Z : 29 B** 54/60 - 110 Fb.

🏠 **Café Kammerer** ॐ garni, Hauptstr. 23, ℰ 60 15 — 🛗 ☎ ⟺. ◪ ⴺ
9.- 30. Jan. geschl. — **18 Z : 30 B** 50/58 - 80/85 Fb.

ST. GOAR 5401. Rheinland-Pfalz 𝟵𝟴𝟳 ㉔ — 3 500 Ew — Höhe 70 m — ✆ 06741.

Sehenswert : Burg Rheinfels★★.

🛈 Verkehrsamt, Heerstr. 120, ℰ 3 83.

◆Mainz 63 — Bingen 28 — ◆Koblenz 35.

🏠🏠 **Schloßhotel auf Burg Rheinfels** ॐ, Schloßberg 47, ℰ 20 71, Fax 7652, ≤ Rheintal, 佘, ≘s, 📺 ☎ ℗ — ⚗ 25/80. ◪ ⴺ ⴺ 𝘝𝘐𝘚𝘈
M (auf Vorbestellung: Essen wie im Mittelalter) a la carte 36/65 ⅃ — **46 Z : 90 B** 80/105 - 155/290 Fb — ½ P 103/170.

🏠 **Zum Goldenen Löwen**, Heerstr. 82, ℰ 16 74, ≤, 🛐 – 📺 ☎
nur Saison – **12 Z : 24 B**.

🏠 **Montag**, Heerstr. 128, ℰ 16 29, Fax 2086, ⓢ – ☎. 🖭 E 𝘝𝘐𝘚𝘈
M a la carte 24/40 ⅄ – **27 Z : 52 B** 55/75 - 80/120.

In St. Goar-Fellen NW : 3 km :

🏠 **Landsknecht**, an der Rheinufer-Straße (B 9), ℰ 16 93, Fax 7499, ≤, « Terrasse am Rhein »
🚗 – 📺 🄿 🖭 𝘝𝘐𝘚𝘈
6.- 31. Jan. geschl. – **M** *(Nov.- Feb. Dienstag geschl.)* a la carte 31/59 – **15 Z : 30 B** 65/110
95/160.

ST. GOARSHAUSEN 5422. Rheinland-Pfalz 𝟗𝟖𝟕 ⑳ – 2 000 Ew – Höhe 77 m – ✆ 06771.
Ausflugsziel : Loreley*** ≤**, SO : 4 km.
🛈 Verkehrsamt, Rathaus, Bahnhofstr. 8, ℰ 4 27.
Mainz 63 – ♦Koblenz 35 – Limburg an der Lahn 48 – Lorch 16.

🏠 **Erholung**, Nastätter Str. 15, ℰ 26 84 – 🄿. 🛁
15. März - 15. Nov. – **M** a la carte 23/48 ⅄ – **57 Z : 104 B** 39/42 - 76/84.

🏡 **Colonius**, Bahnhofstr. 37, ℰ 26 04, ≤ – 🄿
15. März - 15. Nov. – **M** a la carte 21/47 – **34 Z : 58 B** 35/50 - 70/98.

ST. INGBERT 6670. Saarland 𝟗𝟖𝟕 ⑳. 𝟐𝟒𝟐 ⑦. 𝟓𝟕 ⑦ – 41 000 Ew – Höhe 229 m – ✆ 06894.
♦Saarbrücken 13 – Kaiserslautern 55 – Zweibrücken 25.

🏠 **Goldener Stern**, Ludwigstr. 37, ℰ 30 17 – ☎. 🛁 Zim
M a la carte 34/66 – **11 Z : 14 B** 65 - 115.

XX **Die Alte Brauerei** mit Zim, Kaiserstr. 101, ℰ 44 51, 🛐 – 🄿. E 𝘝𝘐𝘚𝘈
Mitte - Ende Juli geschl. – **M** *(Samstag bis 18 Uhr und Montag geschl.)* a la carte 44/60 –
7 Z : 10 B 60/70 - 110/130.

XX **Stadtkrug**, Poststr. 33, ℰ 32 62 – 🄿.

An der Autobahn-Ausfahrt St. Ingbert West SW : 3 km :

🏨 **Alfa-Hotel**, ⊠ 6670 St. Ingbert, ℰ (06894) 70 90, Fax 870146 – 📺 ☎ ⇐ 🄿 – 🔬 40. 🖭
① E 𝘝𝘐𝘚𝘈
M : siehe Restaurant Le jardin – **26 Z : 40 B** 95/150 - 130/210 Fb.

XXX **Le jardin**, ⊠ 6670 St. Ingbert, ℰ (06894) 8 71 96, Fax 870146, 🛐 – 🄿. ① E 𝘝𝘐𝘚𝘈
Samstag bis 18 Uhr, Montag und 1.- 15. Jan. geschl. – **M** 49/95 und a la carte.

In St. Ingbert - Rohrbach O : 3 km :

🏠 **Zum Mühlehannes**, Obere Kaiserstr. 97, ℰ 5 20 61 – 📺 ☎ 🄿. ① E 𝘝𝘐𝘚𝘈
M *(Samstag bis 18 Uhr geschl.)* a la carte 24/50 – **15 Z : 22 B** 50/70 - 80/110 Fb.

In St. Ingbert - Schüren N : 3 km :

🏨 **Waldhof** 🍃, Schüren 22, ℰ 40 11, Telex 429422, 🛐, ⓢ, 🛀 (geheizt), 🚗, 🛝 – 📺 ☎
⇐ 🄿 – 🔬 50. 🖭 ① E 𝘝𝘐𝘚𝘈
24. Dez.- 10. Jan. geschl. – **M** *(15. Sept.- April Freitag - Samstag 15 Uhr geschl.)* 30/80 und
a la carte – **25 Z : 50 B** 70/100 - 110/150.

ST. JOHANN 7411. Baden-Württemberg 𝟒𝟏𝟑 L 21 – 4 400 Ew – Höhe 750 m – Erholungsor
– Wintersport : 750/800 m ⛷2 ⛷2 – ✆ 07122.
🛈 Verkehrsverein, Rathaus, Schulstr. 1 (Würtingen), ℰ 90 71.
♦Stuttgart 57 – Reutlingen 17 – ♦Ulm (Donau) 65.

In St. Johann-Lonsingen :

🏠 **Grüner Baum** 🍃, Albstr. 4, ℰ 92 77, ⓢ, 🚗, Fahrradverleih – 📶 ⇐ 🄿 – 🔬 50
↔ 🛁 Zim
20. Nov.- 15. Dez. geschl. – **M** *(Montag geschl.)* a la carte 17/40 ⅄ – **42 Z : 90 B** 30/60
60/76.

In St. Johann-Ohnastetten :

🏠 **Nußbaum Hof**, Würtinger Str. 13, ℰ 34 09, Fahrradverleih – 🄿
↔ **M** *(nur Abendessen, Donnerstag geschl.)* a la carte 19/40 ⅄ – **11 Z : 25 B** 50 - 80.

ST. MÄRGEN 7811. Baden-Württemberg 𝟒𝟏𝟑 H 22,23, 𝟗𝟖𝟕 ⑳. 𝟐𝟒𝟐 ⑳ – 1 700 Ew – Höhe 898 m
– Luftkurort – Wintersport : 900/1 100 m ⛷1 ⛷2 – ✆ 07669.
🛈 Kurverwaltung, Rathaus, ℰ 10 66.
♦Stuttgart 230 – ♦Freiburg im Breisgau 24 – Donaueschingen 51.

🏨 **Hirschen**, Feldbergstr. 9, ℰ 7 87, 🛐, 🚗 – ☎ ⇐ 🄿. 🖭 ① E 𝘝𝘐𝘚𝘈
15. Nov.- 18. Dez. geschl. – **M** a la carte 26/59 ⅄ – **41 Z : 75 B** 54/64 - 102/120 Fb –
½ P 71/82.

🏠 **Pension Kranz** 🍃, Südhang 20, ℰ 3 11, ≤, 🛐, 🚗 – 📶 🄿
15. Nov.- 18. Dez. geschl. – **M** *(Montag geschl.)* a la carte 22/49 ⅄ – **12 Z : 20 B** 40/55 -
76/90 – ½ P 56/63.

🏠 **Rössle**, Wagensteigstr. 7, ℰ 2 13, 🛐 – 🄿 – **17 Z : 35 B**.

An der Straße nach Hinterzarten :

🏠 **Neuhäusle**, Erlenbach 1 (S : 4 km), ✉ 7811 St. Märgen, ✆ (07669) 2 71, ≤ Schwarzwald,
🌫, ⇔, ⚄ – 📶 ⇦ ☻
21. Nov.- 20. Dez. geschl. – **M** *(Montag geschl.)* a la carte 19/43 ⚱ – **24 Z : 44 B** 26/42 -
50/84.

🏠 **Thurnerwirtshaus**, (S : 7 km), Höhe 1 036 m, ✉ 7811 St. Märgen, ✆ (07669) 2 10, ≤, ⇔,
🔲, ⚄ – 📶 ☻
1.- 10. April und 15. Nov.- 20. Dez. geschl. – **M** a la carte 22/41 ⚱ – **25 Z : 50 B** 44/61 -
72/110.

T. MARTIN 6731. Rheinland-Pfalz **413** H 19. **242** ⑧ – 2 000 Ew – Höhe 240 m – Erholungsort
☻ 06323.

Verkehrsamt, Haus des Gastes, ✆ 53 00.

ainz 102 – Kaiserslautern 46 – ◆ Karlsruhe 51 – ◆ Mannheim 42.

🏦 **St. Martiner Castell**, Maikammerer Str. 2, ✆ 20 95, ⇔ – 📶 📺 ☎ ☻ – 🛴 40
Feb.- Mitte März geschl. – **M** a la carte 30/60 ⚱ – **18 Z : 39 B** 63/73 - 105 Fb.

🏦 **Winzerhof**, Maikammerer Str. 22, ✆ 20 88, 🌫 – 🛴 40. 🖭 ⑩ E 💳
2. Jan.- 9. Feb. geschl. – **M** *(Donnerstag geschl.)* a la carte 37/57 ⚱ – **16 Z : 29 B** 50/75 -
106/112 Fb.

🏦 **Albert Val. Schneider**, Maikammerer Str. 44, ✆ 70 81, 🌫, eigener Weinbau, ⇔,
Fahrradverleih – 📶 📺 ☎ ☻ – 🛴 25/60
M a la carte 24/59 ⚱ – **39 Z : 71 B** 53/69 - 100/115 Fb – ½ P 75/84.

XX **Grafenstube**, Edenkobener Str. 38, ✆ 27 98
Montag - Dienstag und Anfang Jan.- Feb. geschl. – **M** a la carte 19/48 ⚱.

X **Weinstube Altes Rathaus**, Tanzstr. 9, ✆ 24 04
Mittwoch 14 Uhr - Donnerstag und Mitte Dez.- Jan. geschl. – **M** a la carte 27/49 ⚱.

T. OSWALD-RIEDLHÜTTE 8356. Bayern **413** X 20 – 3 300 Ew – Höhe 700 m – Erholungsort
Wintersport : 700/800 m ✗2 ✗6 – ☻ 08553.

ehenswert : Waldgeschichtliches Museum.

Verkehrsamt, Klosterallee 4 (St. Oswald), ✆ 7 50.

München 188 – Passau 45 – ◆ Regensburg 115.

Im Ortsteil Riedlhütte :

🏠 Berghotel Wieshof ⚘, Anton-Hiltz-Str. 8, ✆ 4 77, 🌫, ⇔ – ☻
15 Z : 32 B Fb.

ST. PETER 7811. Baden-Württemberg **413** H 22, **242** ㉘ – 2 300 Ew – Höhe 722 m – Luftkurort
Wintersport : ✗1 – ☻ 07660.

Kurverwaltung, Rathaus, ✆ 2 74.

Stuttgart 224 – ◆Freiburg im Breisgau 18 – Waldkirch 20.

🏠 **Zur Sonne**, Zähringerstr. 2, ✆ 2 03, 🌫 – ☎ ⇦ ☻. ⑩ E
Mitte Jan.- Mitte Feb. geschl. – Menu *(Mittwoch geschl.)* a la carte 32/71 – **14 Z : 28 B**
48/55 - 90 – ½ P 68/71.

🍴 **Zum Hirschen**, Bertholdsplatz 1, ✆ 2 04, 🌫
15. Nov.- 15. Dez. geschl. – **M** *(Donnerstag geschl.)* a la carte 25/49 – **21 Z : 39 B** 38/43 -
70/80 – ½ P 48/53.

ST. PETER-ORDING 2252. Schleswig-Holstein **987** ④ – 5 500 Ew – Nordseeheil- und
chwefelbad – ☻ 04863.

; St. Peter-Böhl, ✆ 35 45.

Kurverwaltung, St. Peter-Bad, Im Bad 27, ✆ 8 30.

Kiel 125 – Heide 40 – Husum 50.

In St. Peter-Bad :

🏨 **Ambassador** ⚘, Im Bad 26, ✆ 70 90, Telex 28420, Fax 2666, ≤, 🌫, ⇔, 🔲 – 📶 📺 ⇦
☻ – 🛴 25/250. 🖭 ⑩ E 💳
M a la carte 40/70 – **90 Z : 180 B** 155/205 - 200/250 Fb – ½ P 135/240.

🏠 **Tannenhof**, Im Bad 59, ✆ 22 16, ⇔, ⚄ – ☻. ⚘
44 Z : 80 B Fb – 3 Fewo.

🏠 **Dünenhotel Eulenhof** ⚘ garni, Im Bad 93, ✆ 21 79, ⇔, 🔲, ⚄ – ☻. E
5. Jan.- 18. März geschl. – **28 Z : 46 B** 60/72 - 128/140 Fb.

🏠 **Fernsicht** ⚘, Am Kurbad 17, ✆ 20 22, ≤, 🌫 – ☎ ⇦ ☻. 🖭 ⑩ E 💳
8.- 27. Jan. und 25. Nov.- 22. Dez. geschl. – **M** a la carte 30/55 – **23 Z : 45 B** 60/80 - 100/
150 Fb – ½ P 90/110.

🏠 **Strandhotel** garni, Im Bad 16, ✆ 24 40 – ☻
31 Z : 62 B – 4 Fewo.

Im Ortsteil Ording :

🏠 **Ordinger Hof** ⤸, Am Deich 31, ℰ 22 08, 🏤, 🍴 − ⓟ. ⅔ Zim
15 Z : 27 B.

🏠 **Kurpension Eickstädt** ⤸, Waldstr. 19, ℰ 20 58, 🍴 − ⓟ. ⅔
Dez.- Jan. geschl. − (Restaurant nur für Hausgäste) − **35 Z : 60 B** 70/100 - 140/250
8 Fewo 100/200.

🏠 **Garni Twilling** ⤸ garni, Strandweg 10, ℰ 27 33 − ⓟ
nur Saison − **24 Z : 48 B** − 8 Fewo.

🏠 **Waldesruh** ⤸, Waldstr. 11, ℰ 20 56, 🍴 − ⓟ
15. Nov.- 20. Dez. geschl. − **M** a la carte 29/52 − **43 Z : 70 B** 67/97 - 140 − ½ P 84.

In St. Peter-Süd :

🏠 **Zum Landhaus** ⤸ garni, Olsdorfer Str. 7, ℰ 22 74, 🍴 − ⓟ. ⅔
Mitte Okt.- Mitte Nov. geschl. − **18 Z : 28 B** 42/45 - 80/90.

ST. ROMAN Baden-Württemberg siehe Wolfach.

ST. WENDEL 6690. Saarland 987 ㉔, 242 ③. 57 ⑦ − 27 000 Ew − Höhe 286 m − ✪ 06851.
🅑 Verkehrsamt, Rathaus, Schloßstr. 7, ℰ 80 91 32.
♦Saarbrücken 41 − Idar-Oberstein 43 − Neunkirchen/Saar 19.

🏨 **Stadt St. Wendel**, Tholeyer Straße (B 41), ℰ 80 00 60, Telex 445313, 🏤, � − |🛗| 📺 ▮
⟹ ⓟ − 🛁
22 Z : 44 B Fb.

🏠 **Posthof**, Brühlstr. 18, ℰ 40 28 − 📺 ☎ ⓟ. 📭
M *(Montag geschl.)* a la carte 30/50 − **17 Z : 34 B** 55/65 - 90/120.

✕✕ **Palme**, Wendalinusstr. 4a, ℰ 49 68, 🏤 − ⓞ E 𝘝𝘐𝘚𝘈
Samstag bis 19 Uhr, Dienstag und Mitte - Ende Sept. geschl. − **M** 43/74 und a la carte.

In St. Wendel-Bliesen NW : 5,5 km :

✕✕ **Kunz**, Kirchstr. 22, ℰ (06854) 81 45 − ⓟ. 📭 E 𝘝𝘐𝘚𝘈
Montag und Ende Mai - Mitte Juni geschl. − **M** a la carte 37/68.

In St. Wendel-Urweiler N : 1,5 km :

🍴 **Vollmann**, Hauptstr. 66, ℰ 25 54 − ⓟ
M *(nur Abendessen, Samstag geschl.)* a la carte 15/33 🍷 − **13 Z : 20 B** 32/43 - 55/70.

ST. WOLFGANG 8257. Bayern 413 T 22, 426 I 4 − 3 200 Ew − Höhe 508 m − ✪ 08085.
♦München 54 − Landshut 41 − Rosenheim 48 − Salzburg 128.

In St. Wolfgang-Großschwindau N : 1,5 km :

✕ **Goldachquelle** mit Zim, an der B 15, ℰ 12 41 − ⓟ
27. Aug. - 11. Sept. geschl. − Menu *(wochentags nur Abendessen, Montag - Dienstag gesch)*
a la carte 32/53 − **5 Z : 10 B** 30 - 50.

SARREBRUCK = Saarbrücken.

SARRELOUIS = Saarlouis.

SASBACHWALDEN 7595. Baden-Württemberg 413 H 21, 242 ㉘ − 2 200 Ew − Höhe 260 ▮
− Luftkurort − Kneippkurort − ✪ 07841 (Achern).
🅑 Kurverwaltung, im Kurhaus "Zum Alde Gott", ℰ 10 35.
♦Stuttgart 131 − Baden-Baden 37 − Freudenstadt 45 − Offenburg 30.

🏨 ✿ **Talmühle**, Talstr. 36, ℰ 10 01, « Gartenterrasse », 🍴 − |🛗| ⟹ ⓟ − 🛁 30. E. ⅔ Zim
1.- 15. Dez. geschl. − Restaurants : − **Le jardin und Badische Stuben M** 50/70 und a la car▮
− **30 Z : 52 B** 64/120 - 130/202 − ½ P 96/133
Spez. Kutteln im Rieslingsud, Zanderfilet auf Linsensauce mit gefüllten Pfannküchle, Parfait von dreierⅼ
Schokolade.

🏨 **Tannenhof** ⤸, Murbergstr. 6, ℰ 2 30 27, ≤, 🏤, Bade- und Massageabteilung, �, ▦
📺 ☎ ⓟ
26. Nov.- 14. Dez. geschl. − **M** *(Montag - Dienstag 16 Uhr geschl.)* a la carte 23/44 🍷
19 Z : 33 B 99/124 - 158/198 Fb − ½ P 104/149.

🏠 **Zum Engel**, Talstr. 14, ℰ 30 00 − ☎ ⓟ − 🛁 30
2.- 26. Jan. geschl. − **M** *(Montag geschl.)* a la carte 30/60 🍷 − **13 Z : 22 B** 32/50 - 68/96 −
½ P 53/67.

✕✕ **Zum Alde Gott**, Talstr. 51, ℰ 2 12 90, 🏤 − ⓟ − 🛁 25/300. 📭 ⓞ E 𝘝𝘐𝘚𝘈
Dienstag und Feb.- März 4 Wochen geschl. − **M** a la carte 26/61 🍷.

✕ **Sonne** (badischer Landgasthof), Talstr. 32, ℰ 2 52 58 − ⓟ. E 𝘝𝘐𝘚𝘈
Mittwoch 14 Uhr - Donnerstag geschl. − Menu a la carte 28/58 🍷.

In Sasbachwalden-Brandmatt SO : 5 km − Höhe 722 m :

🏨 **Forsthof** 🔊, Brandrüttel 26, ℰ 64 40, Telex 752106, Fax 644269, ≤ Schwarzwald und Rheinebene, ⇆, 🔲, 🍴 − 🛗 🔲 ⟶ 🅿 − 🔁 25/180. 🖭 ⓪ Ε 🆚 🎿 Rest
M a la carte 40/63 − **143 Z : 233 B** 110/130 - 180 Fb − 8 Appart. 240 − ½ P 125/145.

✕ **Berghotel Brandmatt** mit Zim, ℰ 33 84, ≤ Rheinebene, 🍴, 🍴 − ⟶ 🅿
ab Aschermittwoch 3 Wochen geschl. − **M** *(Dienstag geschl.)* a la carte 22/56 🦪 − **6 Z : 12 B** 30/37 - 60/74 − ½ P 50/57.

SASSENBERG 4414. Nordrhein-Westfalen 🔢🔢🔢 ⑭ − 8 600 Ew − Höhe 57 m − ✪ 02583.
Düsseldorf 154 − Bielefeld 42 − Münster (Westfalen) 33 − ♦Osnabrück 37.

🏛 **Börding**, von-Galen-Str. 10 (B 475), ℰ 10 39 − 🅿
 M *(Montag geschl.)* a la carte 21/33 − **14 Z : 24 B** 40 - 80.

SASSENDORF, BAD 4772. Nordrhein-Westfalen − 9 400 Ew − Höhe 90 m − Heilbad − ⓧ 02921 (Soest).
🛈 Kurverwaltung, Kaiserstr. 14, ℰ 50 11.
Düsseldorf 123 − Beckum 27 − Lippstadt 20 − Soest 5.

🏨 **Maritim-Hotel Schnitterhof** 🔊, Salzstr. 5, ℰ 59 90, Telex 847311, Fax 52627, 🍴, ⇆, 🔲, 🍴 − 🛗 ⤙⤚ Zim 🔲 🦽 🅿 − 🔁 25/150. 🖭 ⓪ Ε 🆚 🎿 Rest
M a la carte 45/85 − **142 Z : 257 B** 155/209 - 240/305 Fb − 3 Appart. 350 − ½ P 156/245.

🏩 Gästehaus Hof Hueck 🔊 garni, Wiesenstr. 12, ℰ 56 77 − 🔲 ☎ 🦽 🅿 − **30 Z : 60 B** Fb.

🏩 **Hof Hueck** 🔊, Im Kurpark, ℰ 57 61, 🍴, « Restauriertes westfälisches Bauernhaus a.d. 17.Jh.» − 🔲 ☎ 🅿. 🖭 ⓪ Ε 🆚 🎿
M *(Montag bis 18 Uhr geschl.)* a la carte 34/70 − **16 Z : 24 B** 100 - 160 Fb − ½ P 114/134.

🏠 **Wulff** 🔊 garni, Berliner Str. 31, ℰ 5 55 51, ⇆, 🔲 − 🔲 ☎ 🅿. 🎿
31 Z : 41 B 44/75 - 85/115.

SAUENSIEK 2151. Niedersachsen − 1 700 Ew − Höhe 20 m − ✪ 04169.
Hannover 162 − ♦Bremen 74 − ♦Hamburg 49.

🏛 **Klindworth's Gasthof**, Hauptstr. 1, ℰ 6 50 − 🅿. Ε
 M *(Montag geschl.)* a la carte 19/35 − **15 Z : 33 B** 40 - 70.

✕✕ **Hüsselhus** (ehem. Bauernhaus), Hauptstr. 12, ℰ 6 50 − 🅿. Ε. 🎿
wochentags nur Abendessen, Montag geschl. − **M** a la carte 30/49.

SAUERLACH 8029. Bayern 🔢🔢🔢 R 23, 🔢🔢🔢 ㉗, 🔢🔢🔢 G 5 − 5 200 Ew − Höhe 619 m − ✪ 08104.
München 22 − Innsbruck 144 − Salzburg 122.

🏩 **Sauerlacher Post**, Tegernseer Landstr. 2, ℰ 8 30, Telex 5218117, Fax 8383, Biergarten −
🛗 🔲 ☎ 🅿 − 🔁 25/100. 🖭 ⓪ Ε 🆚
M a la carte 28/52 − **51 Z : 98 B** 100/160 - 140/170 Fb.

SAULGAU 7968. Baden-Württemberg 🔢🔢🔢 L 22. 🔢🔢🔢 ㊳, 🔢🔢🔢 ⑦ − 15 000 Ew − Höhe 593 m − ⓧ 07581.
🛈 Verkehrsamt, Rathaus, Oberamtstr. 11, ℰ 42 68.
Stuttgart 114 − Bregenz 73 − Reutlingen 74 − ♦Ulm (Donau) 69.

🏩 **Kleber-Post**, Hauptstr. 100, ℰ 30 51, Telex 732284 − 🔲 ☎ ⟶ 🅿 − 🔁
43 Z : 65 B Fb.

🏠 **Schwarzer Adler**, Hauptstr. 41, ℰ 73 30 − ⟶ 🅿 − **17 Z : 24 B**.

🏠 **Bären**, Hauptstr. 93, ℰ 87 78 − ⟶ 🅿
 Juli - Aug. 2 Wochen geschl. − **M** *(Samstag geschl.)* a la carte 18/41 − **23 Z : 30 B** 32/45 - 64/90.

SAULHEIM 6501. Rheinland-Pfalz − 5 700 Ew − Höhe 208 m − ✪ 06732.
Mainz 20 − Koblenz 96 − Bad Kreuznach 25 − ♦Mannheim 60.

✕✕ **La Maison de Marie**, Weedengasse 8, ℰ 33 31, 🍴 − 🖭 Ε
wochentags nur Abendessen, Montag und 1.- 15. Jan. geschl. − **M** a la carte 40/70.

SCHACKENDORF Schleswig-Holstein siehe Segeberg, Bad.

SCHÄFTLARN 8021. Bayern 🔢🔢🔢 R 23 − 5 000 Ew − Höhe 693 m − ✪ 08178.
Sehenswert : Barocke Klosterkirche.
München 19 − ♦Augsburg 84 − Garmisch-Partenkirchen 69.

In Schäftlarn-Ebenhausen :

🏩 **Gut Schwaige** 🔊 garni, Rodelweg 7, ℰ 40 51 − 🔲 ☎ 🅿. 🖭 ⓪ Ε 🆚
22. Dez.- 7. Jan. geschl. − **19 Z : 32 B** 85/115 - 135/165 Fb.

✕✕ **Hubertus** mit Zim, Wolfratshauser Str. 53, ℰ 39 51 (Hotel) 48 51 (Rest.), 🍴 − ⟶ 🅿
M *(Sonntag 14 Uhr - Montag und Ende Aug.- Mitte Sept. geschl.)* (Tischbestellung ratsam)
45/85 − **6 Z : 10 B** 40/60 - 85.

SCHAFFLUND 2391. Schleswig-Holstein − 1 600 Ew − Höhe 15 m − ✪ 04639.
♦Kiel 104 − Flensburg 18 − Niebüll 27.

  🏠 Utspann, Hauptstr. 47 (B 199), ℰ 12 02, 斎 − 📺 ☎ 🅿 − 🛄
     11 Z : 22 B.

SCHAFWINKEL Niedersachsen siehe Kirchlinteln.

SCHALKENMEHREN Rheinland-Pfalz siehe Daun.

SCHALKSMÜHLE 5885. Nordrhein-Westfalen − 11 200 Ew − Höhe 225 m − ✪ 02355.
♦Düsseldorf 83 − ♦Dortmund 43 − Hagen 18 − Lüdenscheid 14 − Siegen 66.

    In Schalksmühle 2-Dahlerbrück :

  XX **Haus im Dahl**, Im Dahl 72, ℰ 13 63, ≤, 斎 − 🅿
     21. Dez.- 5. Jan. und Donnerstag geschl. − **M** 27/65.

SCHALLBACH Baden-Württemberg siehe Binzen.

SCHALLSTADT 7801. Baden-Württemberg 👁👁👁 G 23. 👁👁👁 ㉞. 👁👁 ⑳ − 5 000 Ew − Höhe 233 m
− ✪ 07664.
♦Stuttgart 213 − Basel 66 − ♦Freiburg im Breisgau 8,5 − Strasbourg 90.

    In Schallstadt-Wolfenweiler :

  XX Zum Schwarzen Ritter, Basler Str. 54, ℰ 6 01 36, 斎, « Kellergewölbe » − 🅿.

SCHANZE Nordrhein-Westfalen siehe Schmallenberg.

SCHARBEUTZ 2409. Schleswig-Holstein 👁👁👁 ⑥ − 13 800 Ew − Seeheilbad − ✪ 04503
(Timmendorfer Strand).
🛈 Kurverwaltung, Strandallee 134, ℰ 7 42 55.
♦Kiel 59 − ♦Lübeck 26 − Neustadt in Holstein 12.

  🏨 **Kurhotel Martensen - Die Barke**, Strandallee 123, ℰ 71 17, Telex 261445, Fax 72540, ≤,
     Massage, 🖙, 🏊 − 🛗 📺 ☎ 🅿. ⊙ 🅴 𝗩𝗜𝗦𝗔. 🛱
     März - Okt. − **M** a la carte 32/65 − **36 Z : 65 B** 85/145 - 170/275 Fb − ½ P 107/160.

  🏠 **Appartment-Hotel Baltic** garni, Hamburger Ring 2, ℰ 7 41 41, 🖙, 🏊, 🌴 − 📺 ☎ 🅿
     🆎 ⊙ 🅴 𝗩𝗜𝗦𝗔
     15. Nov.- Dez. geschl. − **25 Z : 75 B** 95/120 - 130/200.

  🏠 **Petersen's Landhaus** garni, Seestr. 56a, ℰ 7 33 32, 🏊 − 🅿
     14 Z : 40 B 88 - 136/150 Fb.

  🏠 **Wennhof**, Seestr. 62, ℰ 7 23 54, 斎, 🖙, 🌴 − ☎ 🚗 🅿. 🅴
     M a la carte 26/60 − **28 Z : 60 B** 65 - 130/150 Fb.

  🏠 **Windrose** garni, Strandallee 122, ℰ 7 35 36, ≤, 🌴 − 🅿. 🛱
     April - Sept. − **18 Z : 30 B** 78/110 - 156 Fb.

    In Scharbeutz-Haffkrug :

  🏠 **Maris-Restaurant Tante Alma**, Strandallee 10, ℰ (04563) 51 82, ≤, 斎, 🖙 − 🛗 📺 ☎
     ⟸ 🅿. 🆎 ⊙ 🅴 𝗩𝗜𝗦𝗔
     M *(Nov.- April Montag und 26. Nov.- 24. Dez. geschl.)* 16 (mittags) und a la carte 26/55 −
     13 Z : 25 B 69/110 - 138 − 4 Fewo 120/130.

    In Scharbeutz 2-Schürsdorf SW : 4,5 km :

  X **Brechtmann**, Hackendorredder 9, ℰ (04524) 99 52 − 🅿
     (abends Tischbestellung erforderlich).

    Siehe auch : *Liste der Feriendörfer*

SCHEDA Nordrhein-Westfalen siehe Drolshagen.

SCHEER Baden-Württemberg siehe Sigmaringen.

SCHEIBENHARDT 6729. Rheinland-Pfalz 👁👁👁 H 20. 👁👁👁 ⑫. 👁👁 ② − 500 Ew − Höhe 120 m −
✪ 06340.
Mainz 168 − ♦Karlsruhe 26 − Landau in der Pfalz 32 − Wissembourg 16.

    In Scheibenhardt 2-Bienwaldmühle NW : 5,5 km :

  X **Zur Bienwaldmühle**, ℰ 2 76, 斎 − 🅿
     20. Dez.- Jan. und Montag - Dienstag geschl. − **M** a la carte 21/51 🍷.

SCHEIDEGG 8999. Bayern 🅰🅱🅲 M 24. 🄐🄑🄒 ⑩. 🄐🄑🄓 ⑧ — 3 700 Ew — Höhe 804 m — ilklimatischer Kurort — Kneippkurort — Wintersport : 804/1024 m ✦5 ✦2 — ✪ 08381.
Kurverwaltung, Rathausplatz 4. ☎ 14 51 — ✦München 177 — Bregenz 22 — Ravensburg 40.

🏨 **Panorama Kurhotel** ⌇, Kurstr. 22, ☎ 80 20, Telex 541115, ≤ Alpen, 🏤, Fitness-Center, Bade- und Massageabteilung, ♨, ⇔, 🔲, ☞, ✵ (Halle und Schule), Fahrradverleih — 📱
☎ ⇔ ❷ — 🅰 25/100. 🆎 ⑩
M *(auch Diät und vegetarische Gerichte)* a la carte 35/62 — **73 Z : 110 B** 80/125 - 150/160 Fb — 12 Appart. 228/280 — 7 Fewo 75/100 — ½ P 101/111.

🏠 **Gästehaus Allgäu** ⌇, Am Brunnenbühl 11, ☎ 52 50, ≤, ⇔, ☞ — 🔲 ⭐ ⇔ ❷. E. ✵
(nur Abendessen für Hausgäste) — **14 Z : 25 B** 39/43 - 76 Fb — 2 Fewo 85 — ½ P 52/53.

🏠 **Gästehaus Bergblick** ⌇ garni, Am Brunnenbühl 12, ☎ 72 91, ≤, ☞ — ⇔ ❷. ✵
14 Z : 26 B 40/70 - 80.

🏠 **Post**, Kirchplatz 5, ☎ 66 15 (Hotel) 22 09 (Rest.), 🏤 — 🆎 ⑩
✦ 26. Nov.- 3. Dez. geschl. — **M** *(Montag geschl.)* a la carte 19/40 — **28 Z : 52 B** 44 - 80 Fb.

🏠 **Gästehaus Montfort** ⌇ garni, Höhenweg 4, ☎ 14 50, ≤, 🔲, ☞, ✵ — ❷. ✵
12 Z : 24 B.

In Scheidegg-Lindenau S : 4 km :

🏠 **Antoniushof**, Lindenau 48, ☎ (08387) 5 84, ≤, ☞ — ❷
Ende Okt.- Mitte Nov. geschl. — (nur Abendessen für Hausgäste) — **11 Z : 22 B** 39 - 78.

SCHEINFELD 8533. Bayern 🅰🅱🅲 O 17,18. 🄎🄏🄐 ⑳ — 4 100 Ew — Höhe 306 m — ✪ 09162.
München 244 — ✦Bamberg 62 — ✦Nürnberg 57 — ✦Würzburg 54.

🏠 **Weinstube Posthorn**, Adi-Dassler-Str. 4, ☎ 3 40 — ☎
(nur Abendessen für Hausgäste) — **13 Z : 25 B** 50/70 - 80/120.

✗ **Zur Schrotmühle** mit Zim, Würzburger Str. 19, ☎ 4 41, Fahrradverleih — ❷
Nov. geschl. — **M** *(Mittwoch geschl.)* a la carte 22/45 — **7 Z : 12 B** 45 - 75.

In Oberscheinfeld 8531 NW : 8 km :

🏠 **Ziegelmühle** ⌇, ☎ (09167) 7 47, ⇔, 🔲 — 🔲 ❷
(nur Abendessen für Hausgäste) — **7 Z : 14 B** 60/80 - 90/130 — 5 Fewo 90.

SCHELLERTEN Niedersachsen siehe Hildesheim.

SCHELLHORN Schleswig-Holstein siehe Preetz.

SCHENKENZELL 7623. Baden-Württemberg 🅰🅱🅲 HI 22 — 2 000 Ew — Höhe 365 m — Luftkurort
✪ 07836 (Schiltach) — 🅱 Kurverwaltung, Rathaus, Reinerzaustr. 12, ☎ 22 58.
Stuttgart 104 — Freudenstadt 23 — Villingen-Schwenningen 46.

🏠 **Sonne**, Reinerzaustr. 13, ☎ 10 41, Telex 7525624, Fax 10 49, 🏤, ⇔, ☞, ☞ — ☎ ❷. 🆎 ⑩ E
🆅🅸🆂🅰
Jan. 2 Wochen geschl. — **M** 17 *(mittags)* und a la carte 24/54 — **38 Z : 70 B** 43/62 - 76/114 Fb — ½ P 53/72.

🏠 **Café Winterhaldenhof** ⌇, Winterhalde 8, ☎ 72 48, ≤, ☞ — 🔲 ☎ ⇔ ❷. ✵ Rest
2. Nov.- 20. Dez. geschl. — **M** *(Donnerstag geschl.)* a la carte 25/41 — **13 Z : 24 B** 49/65 - 94/102 Fb — ½ P 54/58.

🏡 **Waldblick**, Schulstr. 12, ☎ 3 48, 🏤 — ☎ ❷. 🆎 ⑩. ✵ Zim
✦ **M** *(Nov.- März Dienstag geschl.)* a la carte 20/48 — **13 Z : 23 B** 40/66 - 70/108 — ½ P 46/77.

SCHENKLENGSFELD 6436. Hessen — 4 800 Ew — Höhe 310 m — ✪ 06629.
Wiesbaden 178 — Fulda 38 — Bad Hersfeld 13.

🏡 **Steinhauer**, Hersfelder Str. 8, ☎ 2 22, ⇔ — ⇔ ❷
✦ **M** *(Sonntag ab 14 Uhr geschl.)* a la carte 21/33 — **15 Z : 20 B** 30/35 - 60/70.

SCHERMBECK 4235. Nordrhein-Westfalen 🄎🄏🄐 ⑬ — 12 900 Ew — Höhe 34 m — ✪ 02853.
Siehe Ruhrgebiet (Übersichtsplan).
Düsseldorf 69 — Dorsten 10 — Wesel 19.

🏠 **Haus Hecheltjen**, Weseler Str. 24, ☎ 22 14, 🏤 — ⇔ ❷
✦ 22. Dez.- 6. Jan. geschl. — **M** *(Dienstag geschl.)* a la carte 21/46 — **14 Z : 22 B** 42/45 - 80/84.

In Schermbeck-Gahlen S : 4 km :

🏠 **Op den Hövel**, Kirchstr. 71, ☎ 44 47, 🏤, ⇔, 🔲 — 🔲 ☎ ❷
✦ 1.- 7. Juni geschl. — **M** *(Donnerstag und 27. Dez.- 18. Jan. geschl.)* a la carte 21/47 — **16 Z : 32 B** 50 - 90.

In Schermbeck - Gahlen-Besten S : 7,5 km :

✗✗ **Landhaus Spickermann**, Kirchhellener Str. 1, ☎ (02362) 4 11 32 — ❷. E
Montag und 2.-18. Jan. geschl., Dienstag und Samstag nur Abendessen — **M** 48/58 (mittags) und a la carte 67/83.

In Schermbeck-Voshövel NW : 13 km :

✗✗ **Gaststätte Voshövel** mit Zim, Am Voshövel 1, ☎ (02856) 20 82, 🏤 — 🔲 ☎ ⇔ ❷. ⑩
E 🆅🅸🆂🅰
26. Feb.- 15. März geschl. — **M** *(Montag geschl.)* a la carte 38/62 — **7 Z : 13 B** 75 - 130.

SCHESSLITZ 8604. Bayern 413 Q 17, 987 ⊗ — 6 800 Ew — Höhe 309 m — ✆ 09542.
♦München 252 — ♦Bamberg 14 — Bayreuth 47 — ♦Nürnberg 70.

In Scheßlitz-Würgau O : 5 km :

🏠 **Brauerei-Gasthof Hartmann**, Hauptstr. 31 (B 22), ✆ 5 37, Biergarten — 🅿
➤ **M** *(24.- 30. Dez. und Dienstag geschl.)* à la carte 20/48 — **10 Z : 18 B** 38 - 70.

🏠 **Sonne**, Hauptstr. 55 (B 22), ✆ 3 12, 🏤, 🎐 — 🕭 ⇔ 🅿
➤ 21. Aug.- 14. Sept. und 23.- 31. Dez. geschl. — **M** *(Montag geschl.)* à la carte 16/29 — **35 Z**
56 B 25/34 - 46/56.

SCHIEDER-SCHWALENBERG 4938. Nordrhein-Westfalen 987 ⑮ — 9 000 Ew — Höhe 150 ◼
— ✆ 05282.
🛈 Kurverwaltung (Schieder), im Kurpark, ✆ 2 98.
♦Düsseldorf 209 — Detmold 22 — ♦Hannover 80 — Paderborn 39.

Im Ortsteil Schieder — Kneippkurort :

🏠 **Nessenberg**, an der B 239 (W : 2 km), ✆ 2 45 — 📺 ⇔ 🅿 ① 🆅🆂🅰
➤ 2.- 27. Jan. geschl. — **M** *(Okt.- März Freitag, April - Sept. Freitag ab 14 Uhr geschl.)* à la
carte 20/42 — **15 Z : 27 B** 30/49 - 60/98.

Im Ortsteil Schwalenberg — ✆ 05284 :

🏠 **Burg Schwalenberg** ⌕, ✆ 51 67, Fax 5567, ≼ Schwalenberg und Umgebung — 📺 🕭
🅿 ① E 🆅🆂🅰
M *(auch vegetarische Gerichte)* à la carte 29/57 — **15 Z : 30 B** 85/100 - 140/180.

🏠 **Schwalenberger Malkasten**, Neue-Tor-Str. 1, ✆ 52 78, wechselnde Kunstausstellungen
⇔ — 🅿 🎐 Zim
35 Z : 67 B Fb.

In Schieder-Glashütte NO : 5 km — Kneippkurort :

🏠 **Herlingsburg** ⌕, Bergstr. 29, ✆ 2 24, ≼, Massage, ⚕, 🎐 — ⇔ 🅿
Mitte Jan.- 1. März geschl. — **M** à la carte 23/50 — **45 Z : 74 B** 44/65 - 82/90.

In Schieder-Siekholz N : 3 km ab Schieder :

🏠 **Haus Fahrenbusch**, Siekholzer Str. 27, ✆ 2 18, 🏤, ⇔, 🔲, 🎐 — 📺 🕿 🅿
April 2 Wochen geschl. — **M** *(Donnerstag ab 14 Uhr geschl.)* à la carte 24/45 — **18 Z : 33 B**
45/53 - 80/90.

An der Straße nach Bad Pyrmont NO : 4 km ab Schieder :

🏠 **Fischanger**, ✉ 4938 Schieder-Schwalenberg 1, ✆ (05282) 2 37, 🏤, ⇔, 🎐 — 📺 ⇔
➤ 🅿
Mitte Jan.- Mitte Feb. geschl. — **M** *(Dienstag geschl.)* à la carte 21/39 — **15 Z : 25 B** 35/38
64/76.

SCHIFFERSTADT 6707. Rheinland-Pfalz 413 I 18. 987 ㉔ ㉕ — 18 000 Ew — Höhe 102 m —
✆ 06235.
Mainz 83 — ♦Mannheim 16 — Speyer 9,5.

🏠 **Kaufmann**, Bahnhofstr. 81, ✆ 70 41, 🏤, 🎐, 🎿 — 📺 🕿 🅿 🆄🅴 ① E 🆅🆂🅰
27. Dez.- 6. Jan. geschl. — **M** *(Samstag - Sonntag 18 Uhr geschl.)* à la carte 27/63 — **18 Z**
32 B 42/95 - 85/160.

🏠 **Zur Kanne**, Kirchenstr. 9, ✆ 26 64 — 📺 🅿 🎐
20. Dez.- 10. Jan. geschl. — **M** *(Dienstag - Mittwoch 17 Uhr geschl.)* 13 (mittags) und à la
carte 27/51 ⚜ — **26 Z : 50 B** 35/65 - 55/105.

🏠 **Palatia**, Am Sportzentrum 4, ✆ 34 52, Fax 82314, 🏤 — 🕿 🅿 🆄🅴 E 🆅🆂🅰
M *(Montag geschl.)* à la carte 29/53 — **10 Z : 19 B** 50 - 90.

🟡🟡 **Am Museum**, Kirchenstr. 13, ✆ 51 69, « Innenhofterrasse » — 🆄🅴 E
Montag, über Fasching 2 Wochen und Juli - Aug. 4 Wochen geschl. — **M** à la carte 39/63.

🟡 **Ochsen**, Am Marktplatz 3, ✆ 21 04.

SCHILLINGSFÜRST 8813. Bayern 413 N 19 — 2 200 Ew — Höhe 515 m — Erholungsort —
Wintersport : 🎿 3 — ✆ 09868.
♦ München 188 — Ansbach 28 — Heilbronn 121 — ♦ Nürnberg 86.

🏠 **Die Post**, Rothenburger Str. 1, ✆ 4 73, ≼, 🎐 — 🅿
➤ Mitte Dez.- Mitte Jan. geschl. — **M** *(Montag bis 17 Uhr geschl.)* à la carte 20/40 — **14 Z :**
28 B 40/50 - 68/82 — ½ P 50/66.

🏠 **Zapf**, Dombühler Str. 9, ✆ 2 75, ⇔, 🎐 — 🅿 🆄🅴 ① E 🆅🆂🅰
2.- 15. Jan. und 15.- 31. Aug. geschl. — **M** *(im Winter Samstag, im Sommer Dienstag
geschl.)* à la carte 22/46 ⚜ — **26 Z : 44 B** 45/80 - 80/110 — ½ P 54/69.

CHILTACH 7622. Baden-Württemberg **408** HI 22. **987** ③ − 4 100 Ew − Höhe 325 m − ftkurort − ✆ 07836.

Städt. Verkehrsamt, Hauptstr. 5, ✆ 6 48.

tuttgart 126 − Freudenstadt 27 − Offenburg 51 − Villingen-Schwenningen 42.

X **Rößle** mit Zim, Schenkenzeller Str. 42, ✆ 3 87 − ⟺ **O**
➡ über Fastnacht 2 Wochen geschl. − **M** (Sonntag 14 Uhr - Montag geschl.) a la carte 19,50/56 − **6 Z : 12 B** 39 - 78 − ½ P 54.

CHIRMITZ Bayern siehe Weiden in der Oberpfalz.

CHLADERN Nordrhein-Westfalen siehe Windeck.

CHLANGENBAD 6229. Hessen **987** ㉘ − 6 300 Ew − Höhe 318 m − Heilbad − ✆ 06129.

Verkehrsbüro, Rheingauer Str. 20, ✆ 88 21.

Wiesbaden 16 − ✦Koblenz 63 − Limburg an der Lahn 43 − Mainz 21.

🏨 Kurhotel Schlangenbad, Rheingauer Str. 47, ✆ 4 20, Telex 4186468, Fax 41420, �, Bade- und Massageabteilung, direkter Zugang zum Thermalbewegungsbad, 🌀 − 🛗 📺 ⟺ **O** − ♨ 25/250 − **99 Z : 140 B** Fb (Wiedereröffnung nach Umbau Sommer 1990).

🏨 Schlangenbader Hof, Rheingauer Str. 7, ✆ 20 33, Telex 4186208, ⇔, 🔲 − 🛗 📺 ☎ **O** − ♨ . ❀ Rest − **40 Z : 70 B** Fb.

🏨 **Sonnenhof** 🦢, Mühlstr. 17, ✆ 20 71, ⇔ − 🛗 📺. **E** VISA. ❀
(Restaurant nur für Hausgäste) − **30 Z : 40 B** 60/90 - 100/180 Fb − ½ P 68/108.

🏨 **Russischer Hof**, Rheingauer Str. 37, ✆ 20 05, 🌀 − ☎. **E**
15. - 30. Jan. und 15. Nov.- 10. Dez. geschl. − (nur Abendessen für Hausgäste) − **21 Z : 36 B** 44/55 - 88/96 Fb.

🏨 **Grüner Wald**, Rheingauer Str. 33, ✆ 20 61, ⇔, 🌀 − 📺, **AE** VISA
Jan.- Mitte Feb. geschl. − **M** a la carte 29/47 ♨ − **22 Z : 38 B** 65/110 - 120/150 Fb − 8 Fewo 40/90.

In Schlangenbad-Georgenborn SO : 2,5 km :

🏨 **Gästehaus Werner** 🦢 garni, Mainstr. 38, ✆ 23 58 − **O**. **E**
10 Z : 17 B 40/46 - 64/84.

CHLECHING 8211. Bayern **408** U 23. **987** ㊲. **426** ⑱ − 1 700 Ew − Höhe 570 m − Luftkurort Wintersport : 600/1 400 m ⭤3 ⭤5 − ✆ 08649.

Verkehrsamt, Haus des Gastes, Schulstr. 4, ✆ 2 20.

München 104 − Rosenheim 45 − Traunstein 34.

🏨 **Landhotel Grafe**, Lauderhauser Weg 2, ✆ 6 16, 🌀, ⇔, 🌀 − 📺 ☎ **O**. **AE** ① **E** VISA
1.- 20. Dez. geschl. − **M** (Dienstag bis 17 Uhr geschl.) a la carte 33/65 − **13 Z : 30 B** 50/80 - 100/170 Fb − ½ P 78/108.

🏨 **Zur Post**, Kirchplatz 7, ✆ 12 14, ⭤, 🌀, ⇔ − ☎ **O** − ♨
➡ 2. Nov.- 2. Dez. geschl. − **M** (Montag geschl.) a la carte 21/40 − **31 Z : 62 B** 58/60 - 96/120 Fb.

X **Zum Geigelstein** mit Zim, Hauptstr. 5, ✆ 2 81, 🌀 − **O**. ① **E**
15. April - 10. Mai und 15. Nov.- 24. Dez. geschl. − **M** (Dienstag geschl.) a la carte 31/57 − **7 Z : 12 B** 44/47 - 74/82.

In Schleching-Ettenhausen SW : 2 km :

🏨 **Steinweidenhof** 🦢, Steinweiden 8, ✆ 5 11, 🌀, « Einrichtung im alpenländischen Stil », ⇔, 🌀 − 📺 ☎ ⟺ **O**
Nov.- 20. Dez. geschl. − **M** (Donnerstag geschl.) a la carte 34/62 − **9 Z : 20 B** 80/130 - 100/200.

CHLECHTBACH Baden-Württemberg siehe Schopfheim.

CHLEDEHAUSEN Niedersachsen siehe Bissendorf Kreis Osnabrück.

CHLEIDEN 5372. Nordrhein-Westfalen **987** ㉓ − 13 500 Ew − Höhe 348 m − ✆ 02445.

Kurverwaltung (Schleiden-Gemünd), Kurhausstr. 6, ✆ (02444) 20 12.

Düsseldorf 103 − ✦Aachen 57 − Düren 38 − Euskirchen 30.

XXX ✿ **Alte Rentei** mit Zim, Am Markt 39, ✆ 6 99 − 📺 ☎. ① **E**
➡ **M** (Donnerstag geschl.) a la carte 64/78 − **Rentei-Keller** Menu a la carte 30/55 − **6 Z : 12 B** 60/70 - 110/130
Spez. Geflügelleberparfait mit Holundermark, Lammrückenstück in der Kruste, Dessertteller Alte Rentei.

In Schleiden-Gemünd NO : 6 km − Kneippkurort − ✆ 02444 :

🏨 **Friedrichs**, Alte Bahnhofstr. 16, ✆ 6 00, Fax 3108, 🌀, ⇔ − 🛗 📺 ☎ ⟺ **O** − ♨ 25/40. **AE** ① **E** VISA
April 2 Wochen geschl. − **M** (Dienstag geschl.) a la carte 31/58 − **21 Z : 37 B** 54/75 - 90/152 Fb.

🏨 **Kurpark Hotel** 🦢 garni, Parkallee 1, ✆ 17 29, ⇔ − 📺 ☎. ❀
20 Z : 30 B 45/50 - 90.

729

SCHLEIDEN

- ⌂ **Zum Urfttal**, Alte Bahnhofstr. 12, ℰ 30 41, ㍲ – 🛏 ☎ 🅿. **E**
  Nov.- 26. Dez. geschl. – (nur Abendessen für Hausgäste) – **18 Z : 33 B** 48 - 86 Fb.
- ⌂ **Haus Salzberg** ⌂, Am Lieberg 31, ℰ 4 94, ㍲, ㍲ – 🅿. 🆎 **E**
  M *(Montag geschl.)* a la carte 25/45 – **10 Z : 22 B** 58 - 86/94 – ½ P 53/68.
- ⌂ **Lieske**, Dreiborner Str. 34, ℰ 21 73 – 🛏 ㊙ ≉ Zim
- ↔ **M** *(Mittwoch ab 14 Uhr geschl.)* a la carte 18,50/41 – **8 Z : 11 B** 35/45 - 68/70.
- ✕ **Parkrestaurant im Kurhaus**, Kurhausstr. 5, ℰ 7 76, « Gartenterrasse » – ♿
  ㊙ 25/500
  Montag geschl. – **M** 17/28 (mittags) und a la carte 23/47.

Benachrichtigen Sie sofort das Hotel,
wenn Sie ein bestelltes Zimmer nicht belegen können.

SCHLESWIG 2380. Schleswig-Holstein 𝟵𝟴𝟳 ⑤ – 28 400 Ew – Höhe 14 m – ✪ 04621.
Sehenswert : Nydam-Boot★★★ Y – Schloß Gottorf : Landesmuseum für Kunst– un
Kulturgeschichte ★★, Kapelle ★★ Y – Dom★ (Bordesholmer Altar★★) Z – ≼★ vom Parkplatz a
der B 76 Y – Fischerviertel "Holm" (Friedhof-Platz★) Z.
🛈 Städt. Touristbüro, Plessenstr. 7, ℰ 81 42 26.
✦Kiel 53 ② – Flensburg 33 ⑤ – Neumünster 65 ③.

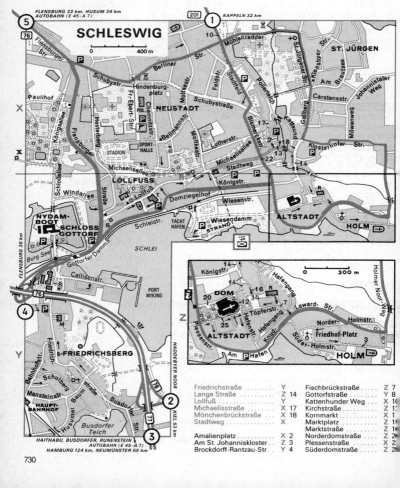

🏨 Strandhalle ⚓, Strandweg 2 (am Jachthafen), ℰ 2 20 21, Telex 221327, ≤, ☀, « Garten »,
⇌s, ☒, ☛ – ☒ ☎ ℗ – 🏄
28 Z : 44 B.   Y f

🏨 **Waldhotel** ⚓, Stampfmühle 1 (am Schloß Gottorf), ℰ 2 32 88, ☛ – ☎ ⇦ ℗ –
🏄 25/100. ℀ E
M a la carte 23/48 – **9 Z : 17 B** 59/62 - 98/105.   X x

🏨 Skandia, Lollfuß 89, ℰ 2 41 90 – ☒ ☎ ℗ – 🏄
30 Z : 50 B.   Y s

In Schleswig-Pulverholz SW : 1,5 km, Zufahrt über Brockdorff-Rantzau-Straße Y :

🏩 **Waldschlößchen**, Kolonnenweg 152, ℰ 38 32 83, Telex 221306, Fax 383105, ⇌s, ☒ – 🛗
☒ 🕭 ℗ – 🏄 25/280. ℀ ① E 𝘝𝘐𝘚𝘈
M a la carte 31/57 – **80 Z : 140 B** 65/90 - 105/140 Fb.

SCHLIENGEN 7846. Baden-Württemberg 𝟜𝟙𝟛 F 23. 𝟜𝟚𝟟 ④. 𝟚𝟜𝟚 ㊵ – 3 800 Ew – Höhe 251 m
– ✆ 07635.

◆Stuttgart 243 – Basel 28 – Müllheim 9.

✕ Holzschopf mit Zim, Altinger Str. 1, ℰ 12 29 – ℗
7 Z : 14 B.

In Schliengen 5-Obereggenen O : 7 km :

🏨 **Landgasthof Graf** ⚓, Kreuzweg 6, ℰ 12 64, ☀, eigener Weinbau, ☛ – ⇦ ℗
9. Jan.- 15. Feb. geschl. – **M** *(Mittwoch - Donnerstag 17 Uhr geschl.)* 20 (mittags) und a la
carte 31/52 ⚱ – **15 Z : 25 B** 48/55 - 90/96.

🏠 **Zum Rebstock**, Kanderner Str. 4, ℰ 12 89, eigener Weinbau – ℗
26. Juni - 6. Juli und 15. Nov.- 15. Dez. geschl. – **M** *(Dienstag - Mittwoch 17 Uhr geschl.)*
a la carte 28/49 ⚱ – **14 Z : 23 B** 40/54 - 94/114.

SCHLIERSEE 8162. Bayern 𝟜𝟙𝟛 S 23. 𝟡𝟠𝟟 ㊲. 𝟜𝟚𝟔 ⑱ – 6 200 Ew – Höhe 800 m – Luftkurort
– Wintersport : 790/1 700 m ⟜2 ⟜18 ⟜5 – ✆ 08026.

Sehenswert : Pfarrkirche★.

Ausflugsziel : Spitzingsattel : Aussichtspunkt ≤★, S : 9 km.

🆔 Kurverwaltung, Am Bahnhof, ℰ 40 69.

◆München 62 – Rosenheim 36 – Bad Tölz 25.

🏩 **Arabella Schliersee Hotel** ⚓, Kirchbichlweg 18, ℰ 60 80, Telex 526947, Fax 608811,
☀, ⇌s, ☒ – 🛗 ☒ ☈ ⇦ ℗ – 🏄 25/120. ℀ ① E 𝘝𝘐𝘚𝘈
M a la carte 33/54 – **60 Z : 113 B** 107/140 - 150/198 Fb – 33 Fewo 100/250 – ½ P 105/145.

🏩 Schlierseer Hof, Seestr. 21, ℰ 40 71, Telex 526945, Fax 4953, ≤, « Gartenterrasse », ⇌s,
☒ (geheizt), 🛥️, ☛ – 🛗 ☒ ☒
46 Z : 82 B Fb.

🏨 **Gästehaus am Kurpark** ⚓, Gartenstr. 7, ℰ 40 41, ☛ – ☎ ⇦ ℗. ☕ Rest
(nur Abendessen für Hausgäste, außer Saison garni) – **26 Z : 47 B** 63/68 - 102/108 Fb.

🏨 **Terofal**, Xaver-Terofal-Platz 2, ℰ 40 45, ☀ – ☎ ℗
März geschl. – **M** *(Montag bis 17 Uhr geschl.)* a la carte 22/46 – **24 Z : 51 B** 60/95 - 105/135
Fb.

🏨 Lechner am See garni, Seestr. 33, ℰ 46 10, ≤, 🛥️, ☛ – ☎ ℗. ☕
11 Z : 24 B Fb.

In Schliersee-Fischhausen S : 3 km :

✕ **Zum Bartlbauer**, Neuhauser Str. 3, ℰ 47 33, ☀ – ℗. ℀ E
15.Nov.- 5. Dez. und Dienstag geschl. – **M** a la carte 28/53.

In Schliersee-Neuhaus S : 4 km :

🏨 **Dahms** ⚓, Schönfeldstr. 5, ℰ 70 94, ⇌s, ☒, ☛ – ☒ ☎ ⇦ ℗
11. Nov.- 21. Dez. geschl. – (nur Abendessen für Hausgäste) – **17 Z : 38 B** 85/115 - 140/
154 Fb – ½ P 86/101.

✕✕ **Sachs**, Neuhauser Str. 12, ℰ 72 38, ☀, « Einrichtung im alpenländischen Stil » – ℗. ℀
E
Nov. und Montag geschl. – **M** a la carte 29/66.

In Schliersee-Spitzingsee S : 10 km – Höhe 1 085 m :

🏩 **Arabella Spitzingsee Hotel** ⚓, Spitzingstr. 5, ℰ 79 80, Telex 526944, Fax 798879, ≤,
☀, Massage, ⇌s, ☒, 🛥️, ☛, ✕ – 🛗 ☒ ⇦ ℗ – 🏄 25/120. ℀ ① E 𝘝𝘐𝘚𝘈 ☕ Rest
M a la carte 30/58 – **86 Z : 163 B** 118/148 - 156/236 Fb – 4 Appart. 436 – ½ P 108/178.

🏨 Gundl-Alm - Jagdhof ⚓, Spitzingstr. 8, ℰ 74 12, ≤, ☀, ⇌s, ☛ – ℗
42 Z : 80 B.

🏨 **Postgasthof St. Bernhard** ⚓, Seeweg 1, ℰ 7 10 11, ≤, ☀, 🛥️, ☛ – ☎ ℗. ℀ E
Mitte Nov.- Mitte Dez. geschl. – **M** *(Donnerstag geschl.)* a la carte 22/38 – **10 Z : 20 B**
60 - 90.

SCHLIFFKOPF Baden-Württemberg siehe Schwarzwaldhochstraße.

SCHLITZ 6407. Hessen 987 ⊗ — 9 400 Ew — Höhe 240 m — Erholungsort — ✆ 06642.
🛈 Verkehrsamt, Rathaus, An der Kirche, ℰ 8 05 60.
♦Wiesbaden 165 — Fulda 20 — Bad Hersfeld 28 — ♦Kassel 91.

🏨 Guntrum, Otto-Zinßer-Str. 5, ℰ 50 93 — ☎ ⇌ ℗ — 🔥
  25 Z : 36 B.

🏨 **Habermehl** ⟩, Salzschlirfer Str. 38, ℰ 12 45, ⇌s — ⇌ ℗ — 🔥 25/100. 🆎 🅴 🆅🅸🆂🅰
  19. Feb.- 4. März geschl. — **M** *(Montag geschl.)* a la carte 26/48 ⅛ — **16 Z : 28 B** 35 - 68 -
  ½ P 45.

  In Schlitz 1 - Willofs W : 6 km :
🛎 **Roth**, Schlitzer Str. 1, ℰ 16 25, �というわけ — ⇌ ℗
➡ **M** a la carte 18/37 — **8 Z : 16 B** 30 - 60/66 — ½ P 38.

SCHLOSSBÖCKELHEIM 6558. Rheinland-Pfalz — 400 Ew — Höhe 150 m — ✆ 06758.
Mainz 56 — Idar-Oberstein 40 — Bad Kreuznach 12.

  An der Nahe SO : 1,5 km :
🏨 **Weinhotel Niederthäler Hof**, ✉ 6558 Schlossböckelheim, ℰ (06758) 69 96, ⇐, 🍴
  eigener Weinbau, ⇌s — 📺 ℗ — 🔥 30
  Jan.- 15. Feb. geschl. — **M** a la carte 32/57 ⅛ — **23 Z : 43 B** 59/70 - 88/118 Fb — ½ P 64/85.

SCHLOSSBORN Hessen siehe Glashütten.

SCHLOSS HOLTE-STUKENBROCK 4815. Nordrhein-Westfalen — 21 000 Ew — Höhe 135 r
  — ✆ 05207.
♦Düsseldorf 178 — Bielefeld 18 — Detmold 19 — Paderborn 25.

  Im Ortsteil Stukenbrock :
🏨 **Westhoff**, Hauptstr. 24 (B 68), ℰ 33 69 — 📶 ☎ ℗. 🆎 🅴
➡ **M** *(Freitag geschl.)* a la carte 21/45 — **25 Z : 45 B** 45/48 - 75/80.

SCHLUCHSEE 7826. Baden-Württemberg 413 H 23. 987 ⊗ ⊚. 427 ⑤ — 2 600 Ew — Höh
951 m — Heilklimatischer Kurort — Wintersport : 1 000/1 130 m ⲥ3 ⲥ6 — ✆ 07656.
🛈 Kurverwaltung, Haus des Gastes, ℰ 77 32.
♦Stuttgart 172 — Donaueschingen 49 — ♦Freiburg im Breisgau 47 — Waldshut-Tiengen 33.

🏩 **Hetzel-Hotel Hochschwarzwald** ⟩, Am Riesenbühl 13, ℰ 7 03 26, Telex 7722331, Fax
  70323, ⇐, 🍴, Bade- und Massageabteilung, ⇌s, 🌊 (geheizt), 🌊, 🌲, 🎿 (Halle), Ski- und
  Fahrradverleih — 📶 📺 ⅙ ⚗ ⇌ ℗ — 🔥 25/200. 🆎 ⓞ 🅴 🆅🅸🆂🅰. 🍴 Rest
  M a la carte 45/73 — **Kachelofen M** a la carte 26/43 — **212 Z : 450 B** 110/160 - 220/350 Fb.

🏨 **Hegers Parkhotel Flora** ⟩, Sonnhalde 22, ℰ 4 52, ⇐, ⇌s, 🌊, 🌲 — 📺 ☎ ⇌ ℗. 🆎
  ⓞ 🅴
  Anfang Nov.- 24. Dez. geschl. — (Restaurant nur für Hausgäste) — **34 Z : 70 B** 91/113
  118/175 — ½ P 88/120.

🏨 **Schiff**, Kirchplatz 7, ℰ 2 52, ⇐, 🍴, ⇌s — 📶 ℗
  7. Nov.- 20. Dez. geschl. — **M** *(Montag geschl.)* a la carte 27/50 — **29 Z : 70 B** 55/85 - 90
  170 Fb.

🏨 **Berghotel Mühle** ⟩, Mühlenweg 13 (NO : 1,5 km über Giersbühlstraße), ℰ 2 09, 🍴, 🌲
  — ℗
  15. Nov.- 20. Dez. geschl. — **M** *(Mittwoch geschl.)* a la carte 26/56 — **14 Z : 25 B** 45/65
  90/120 Fb — ½ P 65/80.

🏨 **Gästehaus Ott** garni, Faulenfürster Str. 9, ℰ 15 43, ⇌s, 🌲 — 📺 ☎ ⇌ ℗
  6 Z : 10 B Fb — 11 Fewo.

🏨 **Sternen**, Dresselbacher Str. 1, ℰ 2 51, 🍴 — 📶 ⅙ ⇌ ℗. 🆎 🅴 🆅🅸🆂🅰
  Nov.- 20. Dez.geschl. — **M** *(Donnerstag geschl.)* a la carte 22/49 — **41 Z : 74 B** 58/70
  100/160.

XX **Schwarzwaldstube**, Lindenstraße (im Kurhaus), ℰ 12 00, ⇐, 🍴 — 📶 ⅙ ℗
  Mittwoch und Mitte Nov.- Mitte Dez. geschl. — Menu a la carte 26/58.

  In Schluchsee-Faulenfürst SO : 3 km :
🛎 **Rössle**, Bildstöckle 1, ℰ 2 77, 🍴, ⇌s, 🌲 — ℗
➡ *Nov. geschl.* — **M** *(Montag geschl.)* a la carte 18/36 ⅛ — **15 Z : 30 B** 25/30 - 50/60.

  In Schluchsee-Fischbach NW : 5 km :
🏨 Hirschen, Schluchseestr. 9, ℰ 2 78, ⇌s, 🌲, 🎿 — 📶 ☎ ⅙ ℗
  27 Z : 50 B — 6 Fewo.

  In Schluchsee-Seebrugg SO : 2 km :
🏨 **Seehotel Hubertus**, ℰ 5 24, ⇐, 🍴, 🚣 — 📺 ☎ ⇌ ℗. 🆅🅸🆂🅰
  M *(auch vegetarische Gerichte)* a la carte 31/58 — **18 Z : 36 B** 69/108 - 104/158 Fb —
  ½ P 75/82.

SCHLÜSSELFELD 8602. Bayern **ⅡⅢ** O 17, **ⅨⅧⅦ** ⑳ – 5 200 Ew – Höhe 299 m – ✪ 09552.
♦München 227 – ♦Bamberg 44 – ♦Nürnberg 56 – ♦Würzburg 57.

🏨 **Zum Storch**, Marktplatz 20, ℰ 10 16, Telex 662914 – 🖃 📺 ☎ ⇔. 🆔 ⓪ Ε 𝗩𝗜𝗦𝗔
◄ **M** a la carte 21/47 ⅄ – **41 Z : 83 B** 30/48 - 58/90.

🏨 **Amtmann-Bräu**, Kirchplatz 1, ℰ 70 63, ⇔ – ⇔ ⓟ
◄ 15. Nov.- 1. Dez. geschl. – **M** (Jan.- März Montag geschl.) a la carte 17,50/32 – **33 Z : 65 B** 35/45 - 50/75.

In Schlüsselfeld-Attelsdorf SO : 2 km :

🏨 **Herderich**, nahe der BAB - Ausfahrt Schlüsselfeld, ℰ 4 19 – ⇔ ⓟ. 🆔 Ε
◄ Mitte Nov.- Mitte Dez. geschl. – **M** (Sonntag ab 15 Uhr und Mittwoch geschl.) a la carte 21/36 – **24 Z : 43 B** 30/38 - 60/75.

In Schlüsselfeld-Reichmannsdorf NO : 7,5 km :

🏨 **Schloßgasthof**, Untere Hauptstr. 2, ℰ (09546) 61 72, 🌣 – 📺 ☎ ⓟ. 🆔 ⓪ Ε
6.- 31. Jan. und 10.- 24. Nov. geschl. – **M** (Montag - Dienstag 18 Uhr geschl.) a la carte 40/64 – **11 Z : 22 B** 62/90 - 95/140.

SCHMALLENBERG 5948. Nordrhein-Westfalen **ⅨⅧⅦ** ⑳ – 26 500 Ew – Höhe 410 m – _uftkurort – Wintersport : 480/800 m, ⦃15 ⅊ 34 – ✪ 02972.
🎿 Schmallenberg 38-Winkhausen,(O : 6 km), ℰ (02972)50 34.
🛈 Verkehrsamt, Weststr. 32, ℰ 77 55.
♦Düsseldorf 168 – Meschede 35 – Olpe 38.

🏨 **Störmann**, Weststr. 58, ℰ 40 55, Telex 841556, « Behagliches Restaurant, Garten », 🚗,
🔲, 🌿 – 🖃 📺 ☎ ⇔ ⓟ – 🔬 30. 🆔 ⓪ Ε 𝗩𝗜𝗦𝗔. 🍴 Rest
März 2 Wochen und 21.- 26. Dez. geschl. – **M** (Sonntag ab 14 Uhr geschl.) 23/33 (mittags) und a la carte 36/68 – **39 Z : 60 B** 52/93 - 104/186 Fb – ½ P 71/112.

In Schmallenberg 3-Bödefeld NO : 17 km :

🏨 **Albers**, Graf-Gottfried-Str. 2, ℰ (02977) 2 13, 🚗, 🔲, 🌿, Fahrrad- und Skiverleih – ☎ ⓟ. Ε
25. Nov.- 25. Dez. geschl. – **M** (Mittwoch geschl.) a la carte 25/53 – **38 Z : 75 B** 47/50 - 94/100 Fb – ½ P 62/65.

🏨 **Haus Fehr**, Graf-Gottfried-Str. 6, ℰ (02977) 2 73, 🚗 – ⇔ ⓟ
◄ 15. Nov.- 4. Dez. geschl. – **M** (Montag geschl.) a la carte 20/45 – **14 Z : 25 B** 38- 76 Fb – ½ P 45.

In Schmallenberg 12-Fleckenberg SW : 2 km :

🏨 **Hubertus** 🐾, Latroper Str. 24, ℰ 50 77, Caféterrasse, 🌿, Skiverleih – 🖃 ↔ Rest ☎ ⇔ ⓟ. 🍴
1.- 25. Dez. geschl. – **M** a la carte 26/52 – **24 Z : 39 B** 60/85 - 120/168 Fb – ½ P 68/86.

In Schmallenberg 2-Fredeburg NO : 7 km – Kneippkurort :

🏨 **Kleins Wiese** 🐾, (NO : 2,5 km), ℰ (02974) 3 76, 🌣, 🚗, 🌿 – 📺 ☎ ⓟ. 🍴 Zim
20 Z : 30 B Fb.

✖✖ **Haus Waltraud** mit Zim, Gartenstr. 20, ℰ (02974) 2 87, 🌿 – 📺 ☎. ⓪ Ε. 🍴 Zim
16. Nov.- 22. Dez. geschl. – **M** a la carte 27/60 – **9 Z : 18 B** 48/58 - 96.

In Schmallenberg 11-Grafschaft SO : 4,5 km – Luftkurort :

🏨 **Maritim Sporthotel Grafschaft** 🐾, An der Almert 11, ℰ 30 30, Fax 303168, 🌣, 🚗,
🔲, 🎾, 🐎 – 🖃 📺 ☎ ᵹ ⇔ ⓟ – 🔬 25/150. 🆔 ⓪ Ε 𝗩𝗜𝗦𝗔. 🍴 Rest
M a la carte 39/75 – **116 Z : 210 B** 109/189 - 186/276 Fb – 12 Appart. 300/400 – ½ P 129/225.

🏨 **Gasthof Heimes**, Hauptstr. 1, ℰ 10 51, 🚗 – 🖃 ↔ Rest ☎ ⇔ ⓟ.
15. Nov.- 6. Dez. geschl. – **M** (Dienstag geschl.) a la carte 24/35 ⅄ – **18 Z : 31 B** 32/52 - 64/90 – ½ P 37/57.

In Schmallenberg 12-Jagdhaus S : 7 km :

🏨 **Jagdhaus Wiese** 🐾, ℰ 30 60, Caféterrasse, « Park », 🚗, 🔲, 🌿, 🎾 – 🖃 ⇔ ⓟ. 🍴 Zim
27. Nov.- 27. Dez. geschl. – **M** (ab 19.30 Uhr geschl.) a la carte 32/69 – **66 Z : 105 B** 75/140 - 138/223 Fb – 12 Appart. 228/258 – ½ P 97/168.

🏨 **Gasthaus Tröster** 🐾, ℰ 63 00, Caféterrasse, 🌿, 🎾 – 🖃 ☎ ⓟ. 🍴 Zim
◄ 20. Nov.- 27. Dez. geschl. – **M** (Abendessen nur für Hausgäste) a la carte 21/32 – **18 Z : 33 B** 57/72 - 108/120 – ½ P 67/73.

In Schmallenberg 12-Latrop SO : 8 km :

🏨 **Hanses Bräutigam** 🐾, ℰ 50 37, 🚗, 🔲, 🌿, Skiverleih – 🖃 📺 ☎ ⚒ ⇔ ⓟ. 🆔 ⓪ Ε 𝗩𝗜𝗦𝗔
15. Nov.- 26. Dez. geschl. – **M** a la carte 26/51 – **23 Z : 38 B** 66/120 - 134/160 Fb.

🏨 **Zum Grubental** 🐾, ℰ 63 27, 🌣, 🚗, 🌿, 🎾 – ☎ ⇔ ⓟ. 🍴 Zim
◄ 20. Nov.- 26. Dez. geschl. – **M** (Montag geschl.) a la carte 25/45 – **19 Z : 30 B** 40/55 - 90/112 – 3 Fewo 50/70 – ½ P 59/69.

733

In Schmallenberg 7-Nordenau   NO : 13 km – 🌣 02975 :

🏨 **Kur- und Sporthotel Gnacke** 🦢, Astenstr. 6, 𝒫 8 30, Fax 8370, « Caféterrasse mit ≤ » Bade- und Massageabteilung, 🐾, ≘s, 🔲, 🛋 – 🕴 📺 ⇐⇒ 🅿 – 🔬 25/50
25. Nov.- 26. Dez. geschl. – **M** 18/34 (mittags) und a la carte 40/68 – **57 Z : 96 B** 73/120 - 150/248 Fb – ½ P 84/136.

🏠 **Tommes** 🦢, Talweg 14, 𝒫 2 20, ≘s, 🔲, 🛋, 🖋 – 🕿 ⇐⇒ 🅿. ⬜ ⓞ E
20. Nov.- 20. Dez. geschl. – **M** 19/33 (mittags) und a la carte 29/59 – **46 Z : 80 B** 50/80 100/150 Fb – 6 Fewo 70/120 – ½ P 64/89.

🏠 **Nordenauer Landhaus** 🦢 garni, Sonnenpfad 1a, 𝒫 88 32, ≤, ≘s, 🔲, 🛋 – 🕿 🅿. 🖋
15 Z : 28 B 46/56 - 86/126 – ½ P 55/75.

In Schmallenberg 8-Oberkirchen   O : 8 km :

🏨 **Schütte**, Eggeweg 2 (B 236), 𝒫 (02975) 8 20, Telex 841558, Fax 82522, 🛋, « Behagliches Restaurant », Massage, ≘s, 🛠 (geheizt), 🔲, 🛋, 🏹 – 🕴 📺 🅿 – 🔬 35. ⬜ ⓞ 🅴 **VISA**
26. Nov.- 26. Dez. geschl. – **M** 22/35 (mittags) und a la carte 38/72 – **70 Z : 115 B** 79/160 - 144/270 Fb – 4 Appart. 310 – ½ P 92/145.

🏠 **Schauerte**, Alte Poststr. 13 (B 236), 𝒫 (02975) 3 75, ≘s, 🛋 – ⇐⇒ 🅿
15. Nov.- 26. Dez. geschl. – **M** (Montag geschl.) a la carte 22/39 – **18 Z : 31 B** 44 - 88 – ½ P 52.

In Schmallenberg 9-Ohlenbach   O : 15 km :

🏨 ✿ **Waldhaus Ohlenbach** 🦢, Ohlenbach 10, 𝒫 (02975) 4 62, Telex 841545, ≤ Rothaar- gebirge, 🛋, ≘s, 🔲, 🛋, 🏹 – 📺 🕿 🕭 ⇐⇒ 🅿. ⬜ ⓞ E **VISA**. 🖋 Zim
15. Nov.- 20. Dez. geschl. – **M** 60/80 und a la carte 40/72 – **50 Z : 90 B** 80/130 - 160/260 Fb – ½ P 100/160
Spez. Medaillons vom Seeteufel mit Kapernvinaigrette, Poularde in Riesling, Rehrücken mit Stopflebertunke.

In Schmallenberg 2-Rimberg   NO : 13 km :

🏨 **Knoche** 🦢, Rimberg 1, Höhe 713 m, 𝒫 (02974) 77 70, Fax 77790, ≤, 🛋, ≘s, 🔲, 🛋, 🏹 ≰ – 🕴 🕿 ⇐⇒ 🅿 – 🔬 25/40. 🖋
16.- 26. Dez. geschl. – **M** a la carte 38/60 – **54 Z : 88 B** 50/85 - 100/162 Fb – ½ P 68/103.

In Schmallenberg 11-Schanze   SO : 9 km :

🏤 **Gasthof Alfons Hanses** 🦢, 𝒫 (02975) 4 73, ≤, Caféterrasse, ≘s, 🛋 – 🅿
↤ 25. Nov.- 25. Dez. geschl. – **M** (Dienstag geschl.) a la carte 21/42 – **14 Z : 24 B** 33/42 - 76/80 – ½ P 40/49.

In Schmallenberg 29-Sellinghausen   N : 14 km :

🏨 **Stockhausen** 🦢, 𝒫 (02971) 8 20, Fax 82102, 🛋, Waldhütte mit Grillplatz, ≘s, 🛠 (geheizt), 🔲, 🛋, 🏹, 🏂, Ski- und Fahrradverleih – 🕴 📺 🕿 🅿 – 🔬 25/80. ⓞ 🖋 Rest
M a la carte 27/62 – **64 Z : 103 B** 78/109 - 148/214 Fb.

In Schmallenberg 8-Vorwald   O : 13 km :

🏠 **Gasthof Gut Vorwald** 🦢 (ehem. Gutshof a.d.J. 1797), 𝒫 (02975) 3 74, ≤, 🛋, 🛋, 🏹 ↤ 🏂, Kutschfahrten – 🕿 ⇐⇒ 🅿. ⬜ ⓞ E
15. Nov.- 26. Dez. geschl. – **M** a la carte 19/40 – **24 Z : 47 B** 35/50 - 60/99 – ½ P 42/56.

In Schmallenberg 35 -Westernbödefeld   NO : 15 km :

🏠 **Zur Schmitte**, Am Roh 2, 𝒫 (02977) 2 68, ≘s, 🛋, 🏹 – 🕴 🕿 ⇐⇒ 🅿
↤ 12. Nov.- 11. Dez. geschl. – **M** (Montag geschl.) a la carte 17/33 🖧 – **17 Z : 32 B** 35/43 - 70/85 – ½ P 43/45.

In Schmallenberg 9-Westfeld   O : 12 km :

🏨 **Berghotel Hoher Knochen** 🦢, am Hohen Knochen (O : 2 km), Höhe 650 m, 𝒫 (02975) 4 96, Telex 841559, Fax 421, 🛋, ≘s, 🔲, 🛋, 🏹, Skiverleih – 🕴 📺 🕿 ⇐⇒ 🅿 – 🔬 25/60. ⓞ E
Mitte Nov.- Mitte Dez. geschl. – **M** a la carte 33/60 – **59 Z : 92 B** 75/95 - 150/190 Fb – 3 Appart. 220 – ½ P 99/119.

🏨 **Bischof** 🦢, Am Birkenstück 3, 𝒫 (02975) 2 56, 🛋, ≘s – 🕿 🅿. E. 🖋 Rest
↤ Mitte März - Anfang April geschl. – **M** (Mittwoch geschl.) a la carte 19/40 – **18 Z : 35 B** 45/50 - 90/100 – ½ P 46/51.

In Schmallenberg 38-Winkhausen   O : 6 km :

🏨 **Deimann zum Wilzenberg**, an der B 236, 𝒫 (02975) 8 10, 🛋, Bade- und Massageabteilung, 🐾, ≘s, 🔲, 🛋, 🏹 – 🕴 📺 🕭 ⇐⇒ 🅿
17.- 25. Dez. geschl. – **M** 22/40 (mittags) und a la carte 47/70 – **42 Z : 76 B** 77/104 - 140/214 Fb – 10 Fewo 70/150 – ½ P 87/124.

SCHMELZ 6612. Saarland 242 ②. 57 ⑥ — 17 400 Ew — Höhe 300 m — ✆ 06887.
◆Saarbrücken 30 — Dillingen/Saar 17 — Saarlouis 20 — ◆Trier 52.

　✗ **Staudt**, Trierer Str. 17, ℘ 21 45 — ℗
　�' *Freitag und Juli - Aug. 3 Wochen geschl.* — **M** a la carte 21/50.

　　In Schmelz 5-Hüttersdorf S : 3 km :

　✗✗ **Wilhelm**, Kanalstr. 3a, ℘ 25 84 — ℗. AE ⓄⒺ E VISA
　　wochentags nur Abendessen, Dienstag und Juli - Aug. 3 Wochen geschl. — **M**
　　(bemerkenswerte Weinkarte) (Tischbestellung ratsam) a la carte 48/83.

SCHMITTEN IM TAUNUS 6384. Hessen 413 I 16 — 7 800 Ew — Höhe 440 m — Luftkurort —
Wintersport : 534/880 m ≤4 ⚡2 — ✆ 06084.
Ausflugsziel : Großer Feldberg : ⁂** S : 8 km.
🛈 Verkehrsamt, Parkstr. 2, ℘ 5 11.
◆Wiesbaden 37 — ◆Frankfurt am Main 37 — Gießen 55 — Limburg an der Lahn 39.

　🏨 **Kurhaus Ochs**, Kanonenstr. 6, ℘ 4 80, Telex 415380, Fax 4880, ≦s, 🏊, 🐎 — 📺 ☎ ⇦
　　℗ — 🛄 25/55. E
　　M a la carte 27/53 — **38 Z : 60 B** 65/130 - 95/150 Fb — ½ P 71/128.
　🏨 **Haus Freund**, Wiesensteg 2, ℘ 5 38 — ☎ ℗ — 🛄
　　38 Z : 62 B.

　　In Schmitten 1-Arnoldshain SO : 1 km :

　🏨 **Haus Hattstein** ⑳, Schöne Aussicht 9, ℘ 35 11 — ℗
　　14 Z : 24 B.

　　In Schmitten 3-Oberreifenberg SW : 4 km — Höhe 650 m — ✆ 06082 :

　🏨 **Waldhotel** ⑳, Tannenwaldstr. 12 (O : 1 km), ℘ 6 42, « Gartenterrasse », 🐎 — ☎ ⇦ ℗
　　— 🛄 . ❄ Rest
　　30 Z : 48 B.
　🏨 **Haus Reifenberg** ⑳, Vorstadt 5, ℘ 29 75, 🍽, ≦s, 🐎 — 📺 ☎ ⇦ — 🛄 40. AE E VISA.
　�' ❄ Zim
　　M *(Dienstag und 15. Nov.- 24. Dez. geschl.)* a la carte 20/43 — **20 Z : 30 B** 38/89 - 70/145 —
　　6 Fewo 65.
　🏨 **Haus Burgfried** ⑳ garni, Arnoldshainer Weg 4, ℘ 21 31 — ☎ ⇦
　　12 Z : 18 B 45 - 80.

SCHNAITTACH 8563. Bayern 413 R 18 — 6 900 Ew — Höhe 352 m — ✆ 09153.
◆München 178 — Amberg 49 — Bayreuth 55 — ◆Nürnberg 32.

　🏨 **Kampfer**, Fröschau 1, ℘ 6 71, 🍽, 🐎 — ☎ ⇦ — 🛄 30. ⓄE
　�' *Mitte Dez.- Mitte Jan. geschl.* — **M** *(Freitag geschl.)* a la carte 17/41 — **30 Z : 43 B** 32/52 -
　　52/82 Fb.

　　In Schnaittach 2-Osternohe N : 5 km — Höhe 596 m — Erholungsort — Wintersport :
　　480/620 m ≤1 :

　🏨 **Igelwirt** ⑳, Igelweg 6, ℘ 2 97, ≤, 🍽 — ℗ — 🛄 40
　�' **M** *(Montag geschl.)* a la carte 17/36 ⅛ — **27 Z : 48 B** 30/38 - 52/66 — ½ P 42/48.
　🏦 **Goldener Stern**, An der Osternohe 2, ℘ 75 86, 🍽, 🐎 — ℗. ❄
　�' *6. Nov.- 1. Dez. geschl.* — **M** *(Donnerstag geschl.)* a la carte 17/28 ⅛ — **18 Z : 35 B** 26/42 -
　　50/68.

　　An der Autobahn A 9 Bayreuth-Nürnberg :

　🏨 **Autobahnraststätte Hienberg**, ✉ 8563 Schnaittach, ℘ (09155) 2 66, ≤, 🍽 — ℗
　　M a la carte 24/42 — **17 Z : 38 B** 60/65 - 82/88.

　　Nördlich der Autobahnausfahrt Hormersdorf NO : 11 km :

　🏨 **Schermshöhe** (mit Gästehaus), ✉ 8571 Betzenstein, ℘ (09244) 4 66, 🍽, ≦s, 🏊, 🐎 —
　➡ ☎ ⇦ ℗ — 🛄 50
　　28. Okt.- 5. Dez. geschl. — **M** a la carte 20/39 ⅛ — **49 Z : 82 B** 44/69 - 82/128.

SCHNEIZLREUTH Bayern siehe Inzell.

SCHNELLINGEN Baden-Württemberg siehe Haslach im Kinzigtal.

SCHNEVERDINGEN 3043. Niedersachsen 987 ⑮ — 16 800 Ew — Höhe 85 m — Luftkurort —
✆ 05193.
🛈 Verkehrsamt, Schulstr. 6a, ℘ 70 66.
◆Hannover 97 — ◆Bremen 74 — ◆Hamburg 63.

　🏩 **Landhaus Höpen** ⑳, Höpener Weg 13, ℘ 10 31, Telex 924153, Fax 4193, ≤, ≦s, 🏊, 🐎
　　— 📺 ℗ — 🛄 25/100. E
　　M a la carte 42/87 — **44 Z : 78 B** 137/237 - 222/383 Fb — 3 Fewo 110/130.

In Schneverdingen-Barrl NO : 10 km :

🏠 **Hof Barrl**, an der B 3, ℰ (05198) 3 51, 🍽, 🚲, Fahrradverleih – 📺 ⇔ 🅿
Mitte Jan.- Mitte Feb. geschl. – **M** *(Montag 15 Uhr - Dienstag geschl.)* a la carte 24/45 –
9 Z : 16 B 38/50 - 66/85.

In Schneverdingen-Heber SO : 13 km :

🏠 Hof Tütsberg 🦌 (Niedersächsischer Bauern- und Reiterhof), Tütsberg (NO : 6 km),
ℰ (05199) 2 41, 🚲 – ⇔ 🅿 – 🧖 . 🍽 Rest – **25 Z : 36 B**.

In Schneverdingen-Lünzen W : 6 km :

🏠 **Landhaus Birkenhof** 🦌, Birkenhain 10, ℰ 60 95, 🍽, 🔲, 🚲 – ☎ 🅿
↦ *4.- 30. Nov. geschl.* – **M** *(Mitte Okt.- Mitte Juli Dienstag geschl.)* a la carte 20/43 – **17 Z :**
40 B 45/65 - 90/116 – ½ P 60/80.

SCHÖLLANG Bayern siehe Oberstdorf.

SCHÖMBERG Baden-Württemberg siehe Lossburg.

SCHÖMBERG (Zollernalbkreis) 7464. Baden-Württemberg 🗺 J 22 – 3 250 Ew – Höhe
670 m – ✪ 07427.
♦Stuttgart 90 – Rottweil 13 – Tübingen 46.

🛋 **Pension Kern**, Egertstr. 24, ℰ 26 08 – 🅿. 🍽 Zim
20. Dez.- 7. Jan. geschl. – (nur Abendessen für Hausgäste) – **14 Z : 18 B** 25/30 - 46/55.

SCHÖMBERG (Kreis Calw) 7542. Baden-Württemberg 🗺 I 20 – 7 100 Ew – Höhe 633 m
– Heilklimatischer Kurort – Wintersport : 🎿 – ✪ 07084.
🛈 Kurverwaltung, Rathaus, ℰ 71 11 – ♦Stuttgart 74 – Calw 15 – Pforzheim 24.

🏠 **Mönch's Lamm**, Hugo-Römpler-Str. 21, ℰ 64 12 – 🧖 ☎ 🅿 – 🧖 40
6.- 23. Jan. geschl. – **M** a la carte 27/54 – **40 Z : 50 B** 65/79 - 120 – ½ P 87/101.

🏠 **Krone**, Liebenzeller Str. 15, ℰ 70 77 – 🧖 ☎ ⇔ 🅿 – 🧖 40. 🆎 ⓞ 🇪
M a la carte 30/52 – **40 Z : 65 B** 50/100 - 85/120 – ½ P 70/85.

In Schömberg 3-Langenbrand NW : 2 km – Luftkurort:

🏠 **Schwarzwald-Sonnenhof** garni, Salmbacher Str. 35, ℰ 75 88, 🚲 – 📺 ☎ 🅿. 🍽
Nov. geschl. – **20 Z : 40 B** 45 - 85 Fb.

🏠 **Ehrich**, Schömberger Str. 26, ℰ 2 89, 🍽, 🛋, 🚲 – 🤸 🅿 – 🧖 40. 🆎 ⓞ
3. Nov.- 3. Dez. geschl. – **M** a la carte 25/50 – **29 Z : 48 B** 40/65 - 65/80 Fb.

🏠 **Hirsch**, Forststr. 4, ℰ 75 27, 🍽, 🛋 – ⇔ 🅿
↦ *Nov. geschl.* – **M** *(Donnerstag geschl.)* a la carte 21/33 – **15 Z : 25 B** 32/40 - 58/78 –
½ P 48/52.

🏠 Café Waldblick garni, Zum Felsenmeer 3, ℰ 61 43 – ☎ 🅿 – **16 Z : 35 B** – 2 Fewo.

In Schömberg 5-Oberlengenhardt SO : 3 km – Erholungsort :

🏠 **Ochsen** 🦌, Burgweg 3, ℰ 70 65, 🚲 – ☎ 🅿. ⓞ 🇪
↦ **M** *(Dienstag geschl.)* a la carte 19/50 – **11 Z : 22 B** 49/62 - 84/104 – ½ P 62/75.

SCHÖNAICH Baden-Württemberg siehe Böblingen.

SCHÖNAU a. d. BREND 8741. Bayern 🗺 N 15 – 1 400 Ew – Höhe 310 m – Erholungsort –
✪ 09775.
♦München 356 – ♦Bamberg 95 – Fulda 47 – ♦Würzburg 88.

🛋 **Im Krummbachtal** 🦌, Krummbachstraße 24, ℰ 7 11, Biergarten, 🛋, 🔲, 🚲,
Fahrradverleih – ☎ ⇔ 🅿 – 🧖 25/100. 🆎 ⓞ 🇪
(Restaurant nur für Hausgäste) – **32 Z : 62 B** 60/90 - 100/110 Fb – ½ P 65/80.

SCHÖNAU AM KÖNIGSSEE 8240. Bayern 🗺 V 24 – 5 200 Ew – Höhe 620 m –
Heilklimatischer Kurort – Wintersport : 560/1 800 m 🎿1 🎿6 🎿3 – ✪ 08652 (Berchtesgaden).
Ausflugsziele : Königssee** S : 2 km – St. Bartholomä : Lage* (nur mit Schiff ab Königssee
erreichbar).
🛈 Kur- und Verkehrsverein, im Haus des Gastes, ℰ 17 60.
♦München 159 – Berchtesgaden 5 – Bad Reichenhall 23 – Salzburg 28.

Im Ortsteil Faselsberg :

🏨 **Kur- und Sporthotel Alpenhof** 🦌, Richard-Voss-Str. 30, ℰ 60 20, Fax 64399, ≤, 🍽,
Bade- und Massageabteilung, 🤸, 🛋, 🔲, 🚲, 🍴 – 🧖 📺 🅿. 🆎 ⓞ 🇪 🇻🇮🇸🇦. 🍽 Zim
15. Jan.- 7. Feb. und 4. Nov.- 20. Dez. geschl. – **M** a la carte 38/56 – **55 Z : 100 B** 90/145 -
180/250 Fb – ½ P 93/125.

Im Ortsteil Königssee 🇴🇴🇴 🏵 :

🏠 **Schiffmeister** 🦌 garni, Seestr. 34, ℰ 40 15, ≤, 🔲, 🚲 – 🧖 ☎ 🅿. 🆎 ⓞ 🇪 🇻🇮🇸🇦
Nov.- 25. Dez. geschl. – **30 Z : 60 B** 51/80 - 90/150.

Im Ortsteil Oberschönau :

🏠 **Stoll's Hotel Alpina** 🦢, Ulmenweg 14, ℰ 50 91, ≤ Kehlstein, Hoher Göll, Watzmann und Hochkalter, « Garten », Bade- und Massageabteilung, ⇌, ⌙ (geheizt), ⃞, 🛲 – 🕿 🅿
4. Nov.- 17. Dez. geschl. – **M** a la carte 30/52 – **50 Z : 100 B** 70/130 - 110/170 Fb – 4 Appart. 200/250 – ½ P 70/150.

🏠 **Zechmeisterlehen** 🦢, Wahlstr. 35, ℰ 6 20 81, ≤, ⇌, ⃞, 🛲 – 🛗 🕥 🕿 🅿
Nov.- 20. Dez. geschl. – (nur Abendessen für Hausgäste) – **39 Z : 75 B** 64/110 - 148/196 Fb.

🏠 **Georgenhof** 🦢, Modereggweg 21, ℰ 6 20 66, ≤ Hoher Göll, Watzmann und Hochkalter, 🛲 – 🕥 🕿 & 🅿. ☆ Rest
Nov.- 15. Dez. geschl. – (nur Abendessen für Hausgäste) – **20 Z : 40 B** 61/75 - 114/164 Fb.

Im Ortsteil Schwöb :

🏠 **Lichtenfels**, Alte Königsseer Str. 15, ℰ 40 35, Fax 64443 – 🕥 🕿 🅿. 🅰🅴 ⓪ 🅴 🆅🅸🆂🅰
10.- 20. April und 6. Nov.- 10. Dez. geschl. – **M** *(Mittwoch geschl.)* a la carte 28/56 – **10 Z : 20 B** 55 - 110 Fb.

☆ **Café Waldstein** 🦢, Königsseefußweg 17, ℰ 24 27, 🛋, 🛲 – ⇌ 🅿
nur Saison – **20 Z : 36 B** Fb.

Im Ortsteil Unterschönau :

🏠 **Köppleck** 🦢, Am Köpplwald 15, ℰ 6 10 66, ≤ Kehlstein, Jenner und Watzmann, 🛋, 🛲 – 🕥 🕿 🅿. 🅴
Mai - Okt. – **M** a la carte 29/48 – **22 Z : 42 B** 60 - 96 Fb.

SCHÖNAU IM SCHWARZWALD 7869. Baden-Württemberg 🐵🐵🐵 G 23. 🐵🐵🐵 ㉝. 🐵🐵🐵 ㉟ ㊵ – 2 300 Ew – Höhe 542 m – Luftkurort – Wintersport : 800/1 414 m ⵣ3 ⵣ4 – ⚙ 07673.
Ausflugsziel : Belchen ⚹ ***, NW : 14 km.
🅱 Kurverwaltung, Haus des Gastes, Gentnerstr. 2a, ℰ 4 08.
♦Stuttgart 186 – Basel 42 – Donaueschingen 63 – ♦Freiburg im Breisgau 38.

🏠 **Kirchbühl** 🦢, Kirchbühlstr. 6, ℰ 2 40, 🛋 – 🕿 🅿. ⓪ 🅴 🆅🅸🆂🅰. ☆ Zim
20. Nov.- 10. Dez. geschl. – **M** *(Dienstag geschl.)* a la carte 27/59 ⚶ – **10 Z : 19 B** 44 - 80 Fb – ½ P 63.

🏠 **Ochsen**, Talstr. 11, ℰ 2 01, Biergarten – 🅿. ⓪ 🅴 🆅🅸🆂🅰
M *(Mittwoch geschl.)* a la carte 22/47 – **12 Z : 23 B** 48/50 - 84 – ½ P 58/64.

🏠 **Vier Löwen**, Talstr. 18, ℰ 2 35 – 🅿
Mitte März - Mitte April geschl. – **M** *(Montag geschl.)* a la carte 26/51 ⚶ – **7 Z : 14 B** 40 - 80 Fb – ½ P 48.

In Tunau 7869 SO : 3 km :

☆ **Zur Tanne** 🦢, Alter Weg 4, ℰ (07673) 3 10, ≤, ⇌, ⃞, 🛲 – 🅿
Mitte Nov.- Mitte Dez. geschl. – **M** *(Dienstag geschl.)* a la carte 22/38 ⚶ – **15 Z : 25 B** 40/50 - 80/90 – ½ P 50/60.

Auf dem Belchen NW : 14 km – Höhe 1 413 m :

☆ **Berghotel Belchenhaus** 🦢, ✉ 7869 Schönau, ℰ (07673) 2 81, ≤ Schwarzwaldberge, Schweizer Alpen und Vogesen – 🅿
1.- 25. Dez. geschl. – **M** *(Nov.- Mai Montag geschl.)* a la carte 25/54 – **24 Z : 38 B** 37 - 73 Fb – ½ P 57.

SCHÖNAU (RHEIN-NECKAR-KREIS) 6917. Baden-Württemberg 🐵🐵🐵 J 18 – 4 600 Ew – Höhe 175 m – ⚙ 06228.
♦Stuttgart 115 – Heidelberg 18 – Mosbach 43.

🏠 **Pfälzer Hof**, Ringmauerweg 1, ℰ 82 88 – 🅿 – ⛑ 40. 🅰🅴 ⓪ 🅴 🆅🅸🆂🅰
Mitte Jan.- Mitte Feb. geschl. – **M** *(Montag - Dienstag geschl.)* a la carte 36/85 – **13 Z : 25 B** 40/50 - 75/105.

In Schönau-Altneudorf N : 3 km :

✕ **Zum Pflug**, Altneudorfer Str. 16, ℰ 82 07 – 🅿. 🅰🅴 🅴
Samstag bis 18 Uhr, Donnerstag und Feb. geschl. – **M** a la carte 31/54 ⚶.

✕ **Deutscher Kaiser**, Altneudorfer Str. 117, ℰ 82 74, 🛋 – 🅿
Montag und Mitte - Ende Jan. geschl. – **M** a la carte 19/46 ⚶.

SCHÖNBERG 8351. Bayern 🐵🐵🐵 🐵🐵🐵 ㉝. 🐵🐵🐵 ⑦ – 3 500 Ew – Höhe 565 m – Luftkurort – Wintersport : 650/700 m ⵣ1 ⵣ1 – ⚙ 08554.
🅱 Verkehrsamt, Rathaus, ℰ 8 21 – ♦München 181 – Cham 74 – Deggendorf 38 – Passau 41.

🏠 **Zur Post**, Marktplatz 19, ℰ 14 12 – 🕿 ⇌ 🅿
6. Nov.- 2. Dez. geschl. – **M** *(Jan.- April Samstag geschl.)* a la carte 17/38 ⚶ – **29 Z : 52 B** 35/40 - 62/65 Fb.

🏠 **Dorfner**, Marktplatz 3, ℰ 8 95, ⇌ – 🅿
5.- 25. Nov. geschl. – **M** *(Freitag geschl.)* a la carte 16/36 ⚶ – **10 Z : 21 B** 33 - 60 – ½ P 38/41.

SCHÖNBERG 2306. Schleswig-Holstein 987 ⑤ − 4 900 Ew − Höhe 18 m − Erholungsort − ✿ 04344.

🛈 Kurverwaltung, Rathaus, ℰ 38 35.

♦Kiel 26 − Lütjenburg 22 − Preetz 19.

🏠 **Ruser's Hotel**, Albert-Koch-Str. 4, ℰ 20 13, 斎, �}, − 劇 ☎ ℗
➾ **M** a la carte 21/45 ⅄ − **31 Z : 65 B** 50 - 92.

In Schönberg-Kalifornien N : 5 km :

🏠 **Kalifornien** 🦢, Deichweg 3, ℰ 13 88, 斎 − 👄 ℗. ⁂ Zim
Mitte Okt.- Mitte Nov. geschl. − **M** *(Okt. - März Montag geschl.)* a la carte 23/40 − **14 Z 30 B** 30/50 - 60/100 − 2 Fewo 100/140.

SCHÖNBORN, BAD 7525. Baden-Württemberg 413 IJ 19, 987 ㉘ − 130 m − Höhe 110 m - Heilbad − ✿ 07253.

🛈 Kurverwaltung, Rathaus Mingolsheim, ℰ 44 96.

♦Stuttgart 79 − Heidelberg 25 − Heilbronn 51 − ♦Karlsruhe 37.

In Bad Schönborn - Langenbrücken :

🏠 **Monica** garni, Kirchbrändelring 42, ℰ 40 16, 🐎, Fahrradverleih − 📺 ☎ ℗. ⁂
13 Z : 26 B 69 - 89 Fb.

🏠 **Peters** 🦢 garni, Franz-Peter-Sigel-Str. 39, ℰ 68 56, �}, 🐎 − ☎ ℗. ① E 𝘝𝘐𝘚𝘈. ⁂
April 2 Wochen geschl. − **10 Z : 20 B** 55 - 74 Fb.

🏠 **Zu den Drei Königen**, Huttenstr. 2, ℰ 60 14, eigener Weinbau − ☎ ℗. AE ① E
M *(Samstag bis 17 Uhr geschl.)* a la carte 28/49 − **15 Z : 20 B** 65 - 95.

In Bad Schönborn - Mingolsheim :

🏠 **Waldparkstube**, Waldparkstr. 1, ℰ 46 73, Fax 4676, Massage − 📺 ☎ ℗ − 🔬 30. ⁂
➾ *23. Dez.- 8. Jan. geschl.* − **M** *(Freitag 14 Uhr - Samstag geschl.)* a la carte 21/49 − **30 Z 40 B** 78/95 - 115/150 Fb.

🏠 **Gästehaus Prestel** 🦢 garni, Beethovenstr. 20, ℰ 41 07, 🐎, Fahrradverleih − 劇 ⇜ Zim
☎ ℗. ⁂
28 Z : 37 B 40/45 - 65/70 − 5 Fewo.

🏠 **Erck**, Heidelberger Str. 22 (B 3), ℰ 51 51, 斎 − ℗
17 Z : 27 B.

✕ **Schweizer Stube**, Friedrichstr. 48, ℰ 46 85 − ℗
Freitag - Samstag 18 Uhr geschl. − **M** a la carte 24/48 ⅄.

SCHÖNBUSCH (Park) Bayern. Sehenswürdigkeit siehe Aschaffenburg.

SCHÖNECKEN 5541. Rheinland-Pfalz 987 ㉘, 409 ⑦ − 1 900 Ew − Höhe 400 m − ✿ 06553.
Mainz 199 − Euskirchen 76 − Prüm 7,5 − ♦Trier 56.

🏠 **Burgfrieden** 🦢, Rammenfeld 6, ℰ 22 09, ≤, 斎, 🐎 − 👄 ℗
➾ *17.- 31. Jan. geschl.* − **M** a la carte 21/44 − **21 Z : 36 B** 40/45 - 70/80.

SCHÖNEGRÜND Baden-Württemberg siehe Baiersbronn.

SCHÖNENBERG - KÜBELBERG Rheinland-Pfalz siehe Waldmohr.

SCHÖNMÜNZACH Baden-Württemberg siehe Baiersbronn.

SCHÖNSEE 8476. Bayern 413 U 18, 987 ㉗ − 2 600 Ew − Höhe 656 m − Erholungsort − Wintersport : 550/900 m Ⱂ☒5, ⰒＸ10, Sommerrodelbahn − ✿ 09674.

🛈 Verkehrsamt, Rathaus, ℰ 4 18.

♦München 235 − Cham 56 − ♦Nürnberg 136 − Weiden in der Oberpfalz 51.

🏠🏠 **St. Hubertus** 🦢, Hubertusweg 1, ℰ 4 15, Fax 8101, ≤, 斎, « Jagdmuseum », Bade- und Massageabteilung, �}, ☒, 🐎, ⁂ − 劇 👄 ℗ − 🔬 25/150. AE ①
➾ *Anfang März - Anfang April geschl.* − **M** a la carte 21/49 − **81 Z : 150 B** 57/70 - 86/108 Fb − 25 Fewo 78 − ½ P 61/88.

🏠 **Waldhotel Drechselberg** 🦢, Böhmerwaldstr. 42, ℰ 15 20, ≤, 斎, 🐎 − ℗
40 Z : 80 B.

🏠 **Haberl**, Hauptstr. 9, ℰ 2 14 − ℗
15 Z : 31 B.

In Schönsee 3-Gaisthal SW : 6 km :

🏠 **Gaisthaler Hof**, Schönseer Str. 16, ℰ 2 38, 斎, �}, ☒, 🐎, 🐎(Reitschule) − 📺 ℗
➾ *1.- 21. Nov. geschl.* − **M** *(Montag geschl.)* a la carte 15/28 − **27 Z : 53 B** 32/37 - 56/66 − 2 Fewo 75.

🏔 **Zur Waldesruh** 🦢, Am Buchberg 2, ℰ 14 93, ≤, 斎, 🐎 − ℗
➾ *5.- 30. Nov. geschl.* − **M** *(Dez.- Mai Dienstag geschl.)* a la carte 16/33 ⅄ − **11 Z : 21 B** 37 - 70.

SCHÖNTAL 7109. Baden-Württemberg **408** L 19 − 5 700 Ew − Höhe 210 m − ✪ 07943.
Sehenswert : Ehemalige Klosterkirche★ (Alabasteraltäre★★) − Klosterbauten (Ordenssaal★).
◆Stuttgart 86 − Heilbronn 44 − ◆Würzburg 67.

In Kloster Schöntal :

🏠 **Pension Zeller** 🦢 garni, Honigsteige 21, ℰ 6 00, 🚗 − 🚙 ℗. 🍴
20. Dez.- 10. Jan. geschl. − **17 Z : 34 B** 29/43 - 51/65.

SCHÖNWALD 7741. Baden-Württemberg **408** H 22. **987** ㉞ ㉟ − 2 400 Ew − Höhe 988 m −
Heilklimatischer Kurort − Wintersport : 950/1 150 m ✠5 ⚡5 − ✪ 07722 (Triberg).
🛈 Kurverwaltung, Rathaus, ℰ 40 46, Telex 792415.
◆Stuttgart 146 − Donaueschingen 37 − ◆Freiburg im Breisgau 56 − Offenburg 63.

🏛 **Dorer** 🦢, Franz-Schubert-Str. 20, ℰ 10 66, Fax 1068, 🏊, 🚗 − 📺 🕾 🚗 ℗. 🈺 ⓪ 🇪
VISA. 🍴 Rest
(Restaurant nur für Hausgäste) − **20 Z : 34 B** 64/124 - 124/142 Fb − ½ P 84/104.

🏛 **Zum Ochsen**, Ludwig-Uhland-Str. 18, ℰ 10 45, Telex 792606, Fax 3018, ≼, 🏛, 🏊, 🏊,
🚗, 🍴, Fahrradverleih − 📺 🕾 🚗 ℗. 🈺 ⓪ 🇪 **VISA**
M (Dienstag - Mittwoch und 10. Nov.- 15. Dez. geschl.) a la carte 42/77 🍷 − **39 Z : 76 B**
57/101 - 104/176 Fb − 5 Appart. 192/200 − ½ P 78/127.

🏛 **Pension Silke** 🦢, Feldbergstr. 8, ℰ 60 81, ≼, 🏛, 🚗 − 🕾 ℗
4. Nov.- 24. Dez. geschl. − **M** (nur Abendessen) a la carte 24/36 − **36 Z : 60 B** 39/48 - 68/96
Fb.

🏠 **Landgasthof Falken**, Hauptstr. 5, ℰ 43 12 − 🕾 🚗 ℗. 🈺 ⓪ 🇪 **VISA**
15. Nov.- 15. Dez. geschl. − **M** (Donnerstag geschl.) a la carte 24/55 − **15 Z : 28 B** 45/54 -
90/104.

🏠 **An der Sonne** 🦢, Kandelstr. 7, ℰ 24 44, Fax 2447, 🏛, 🚗 − 📺 🕾 🚗
16.- 27. April und 12. Nov.- 16. Dez. geschl. − **M** (nur Abendessen, Dienstag geschl.) a la
carte 22/43 − **28 Z : 56 B** 55/64 - 98/138 Fb − ½ P 67/87.

🏠 **Löwen**, Furtwanger Str. 8 (Escheck S : 2 km), ℰ 41 14, 🚗 − 🚙 ℗. 🍴
◆ Mitte Nov.- Mitte Dez. geschl. − **M** (Mittwoch geschl.) a la carte 20/45 − **11 Z : 21 B** 42 - 78.

SCHÖNWALD 8671. Bayern **408** T 16 − 4 250 Ew − Höhe 626 m − ✪ 09287 (Selb).
◆ München 297 − Bayreuth 68 − Hof 22.

🏠 Ploss, Grünhaid 1 (B 15), ℰ 54 86 − 🛁 📺 🕾 ℗
27 Z : 48 B Fb.

SCHÖNWALDE AM BUNGSBERG 2437. Schleswig-Holstein **987** ⑥ − 2 300 Ew − Höhe
100 m − Erholungsort − ✪ 04528.
◆Kiel 53 − ◆Lübeck 44 − Neustadt in Holstein 11 − Oldenburg in Holstein 17.

🏠 **Café Feldt** garni, Am Lachsbach 2, ℰ 2 31, 🚗 − 📺 🕾 🚗 ℗. 🇪. 🍴
Nov. geschl. − **19 Z : 38 B** 36/48 - 70/80.

XX **Altes Amt**, Eutiner Str. 39, ℰ 7 75 − ℗. 🍴
1.- 20. Feb. und Dienstag geschl. − **M** (Tischbestellung erforderlich) a la carte 46/64.

SCHÖPPINGEN 4437. Nordrhein-Westfalen − 5 500 Ew − Höhe 94 m − ✪ 02555.
◆Düsseldorf 133 − Enschede 31 − Münster (Westfalen) 33 − ◆Osnabrück 74.

🏠 **Zum Rathaus**, Hauptstr. 52, ℰ 2 05, 🏛 − 📺 🕾 🚗 ℗ − 🔔 30. 🈺 ⓪ 🇪 **VISA**
M (Dienstag geschl.) 20/40 (mittags) a la carte 38/50 − **20 Z : 40 B** 40/70 - 80/160 Fb.

🏠 **Zur alten Post**, Hauptstr. 82, ℰ 2 22, Fax 1020 − 🕾 🚗 ℗. 🈺 ⓪ 🇪 **VISA**. 🍴
◆ **M** (Mittwoch geschl.) a la carte 19/56 − **21 Z : 42 B** 38/80 - 76/125.

In Schöppingen-Eggerode S : 4 km :

🏠 **Winter**, Gildestr. 3, ℰ (02545) 2 55, 🏛 − 🚗 ℗
13 Z : 25 B.

🏠 **Haus Tegeler**, Vechtestr. 24, ℰ (02545) 6 97 − 🕾 ℗. 🍴 Zim
15. Jan.- 15. Feb. geschl. − **M** (Donnerstag geschl.) a la carte 29/49 − **11 Z : 18 B** 40/45 -
80/90.

SCHOLLBRUNN 8771. Bayern **408** L 17 − 800 Ew − Höhe 392 m − Erholungsort − ✪ 09394.
◆München 325 − Aschaffenburg 34 − Wertheim 11 − ◆Würzburg 49.

🏠 **Benz** 🦢, Am Herrengrund 1, ℰ 2 92, 🏛, 🏊, 🚗 − 🚙 ℗ − 🔔 30. 🍴
23. Jan.- 25. Feb. geschl. − (Restaurant nur für Hausgäste) − **34 Z : 64 B** 46/60 - 88/96.

🏠 **Zur Sonne**, Brunnenstr.1, ℰ 3 44, 🚗 − ℗
◆ **M** (Dienstag geschl.) a la carte 17/36 🍷 − **38 Z : 76 B** 50 - 80.

739

SCHONACH 7745. Baden-Württemberg 413 H 22 – 4 400 Ew – Höhe 885 m – Luftkurort – Wintersport : 900/1 152 m ⛷4 ⛷4 – ☎ 07722 (Triberg).

Kurverwaltung, Haus des Gastes, Hauptstraße, ☎ 60 33, Telex 792600.

♦Stuttgart 143 – Offenburg 60 – Triberg 4 – Villingen-Schwenningen 30.

Rebstock, Sommerbergstr. 10, ☎ 53 27, ≤, ⛺, 🏊 – 🛗 🚗 P. ⓓ E
April geschl. – **M** *(Montag 15 Uhr - Dienstag geschl.)* a la carte 25/49 🍷 – **25 Z : 44 B** 52 94 Fb – ½ P 65.

Lamm, Hauptstr. 21, ☎ 53 06 – ☎ P
20. März - 8. April und 1.- 20. Dez. geschl. – **M** *(Mittwoch geschl.)* a la carte 21/45 – **28 Z : 50 B** 42/55 - 75/80 – ½ P 55/60.

Schwanen (Schwarzwaldgasthof a.d. 18. Jh.), Hauptstr. 18, ☎ 52 96, ≤, 🌳 – ☎ 🚗 P AE ⓓ E VISA
März - April 3 Wochen und Nov. geschl. – **M** *(Montag geschl.)* a la carte 25/50 – **22 Z : 38 B** 45/52 - 84/150.

Schloßberg, Sommerbergstr. 28, ☎ 53 33, 🌲 – 🛗. AE ⓓ E VISA
25. Nov. - 15. Dez. geschl. – **M** a la carte 19/43 – **34 Z : 58 B** 42/45 - 74.

Michel's Restaurant, Triberger Str. 42, ☎ 55 16 – P. AE ⓓ E VISA
Montag 15 Uhr- Dienstag geschl. – **M** a la carte 38/62.

SCHONGAU 8920. Bayern 413 P 23, 987 ⑯, 426 ⑯ – 10 900 Ew – Höhe 710 m – Erholungsort – ☎ 08861 – Verkehrsverein, Bahnhofstr. 44, ☎ 72 16.

♦München 83 – Füssen 36 – Garmisch-Partenkirchen 50 – Landsberg am Lech 27.

Holl 🌳, Altenstädter Str. 39, ☎ 72 92, ≤ – TV ☎ P – 🏛 25. AE ⓓ E VISA
M *(Samstag - Sonntag und 20. Dez.- 15. Jan. geschl.)* a la carte 26/61 – **25 Z : 50 B** 75 - 120 Fb.

Rössle garni, Christophstr. 49 (2. Etage, 🛗), ☎ 26 46 – TV ☎ 🚗 P – **17 Z : 34 B** Fb.

Alte Post, Marienplatz 19, ☎ 80 58, Fax 7037 – TV ☎. E
24. Dez.- 9. Jan. geschl. – **M** *(Samstag sowie Sonn- und Feiertage geschl.)* a la carte 18/38 🍷 – **28 Z : 57 B** 55/75 - 110/130 Fb.

SCHOPFHEIM 7860. Baden-Württemberg 413 G 24, 987 ㉞, 427 ④ ⑤ – 16 000 Ew – Höhe 374 m – ☎ 07622.

Verkehrsamt, Hauptstr. 31 (Rathaus), ☎ 39 61 16.

♦Stuttgart 275 – Basel 23 – ♦Freiburg im Breisgau 79 – Zürich 77.

Zum Statthalter von Schopfheim, Wehrer Str. 36 (B 518), ☎ 70 84 – 🚗 P
M *(Samstag geschl.)* a la carte 23/39 🍷 – **18 Z : 25 B** 39/42 - 75.

Adler, Hauptstr. 100, ☎ 27 30 – 🚗 P. ⓓ
Juli 2 Wochen geschl. – **M** *(Freitag - Samstag 17 Uhr geschl.)* a la carte 24/48 🍷 – **17 Z : 25 B** 32/45 - 65/84 Fb.

✱ **Alte Stadtmühle**, Entegaststr. 9, ☎ 24 46
wochentags nur Abendessen, Dienstag - Mittwoch, Feb.- März 2 Wochen, Juli - Aug 2 Wochen und Okt.- Nov. 1 Woche geschl. – **M** 78/168
Spez. Lachsforelle auf Petersilienpüree, Maultaschen mit Pilzen, Kalbsmedaillons mit Roquefort gefüllt.

Glögglер, Austr. 5, ☎ 21 67, 🌳.

In Schopfheim 5-Gersbach NO : 16 km – Wintersport : 870/970 m ⛷2 :

Mühle zu Gersbach 🌳, Zum Bühl 4, ☎ (07620) 2 25, 🌳, 🌲 – TV ☎ P – 🏛 35. ⓓ E. ✻ Zim
Anfang Jan.- Anfang Feb. geschl. – Menu *(Dienstag - Mittwoch 17 Uhr geschl.)* a la carte 26/68 🍷 – **14 Z : 28 B** 49/60 - 88/140.

In Schopfheim-Gündenhausen W : 2 km :

Zum Löwen, Hauptstr. 16 (B 317), ☎ 80 12, 🌳, 🌲 – ☎ 🚗 P. AE E
M *(Sonntag ab 14 Uhr geschl.)* a la carte 16/53 🍷 – **23 Z : 40 B** 35/49 - 62/86 Fb.

In Schopfheim-Schlechtbach NO : 12 km :

Auerhahn 🌳, Hauptstr. 5, ☎ (07620) 2 28, 🌳, 🌲 – 🚗 P
20. Feb.- 15. März geschl. – **M** *(Donnerstag geschl.)* a la carte 23/60 🍷 – **10 Z : 18 B** 26/38 - 52/68 – ½ P 41/49.

In Schopfheim-Wiechs SW : 3 km :

Krone - Landhaus Brunhilde 🌳, Am Rain 6, ☎ 76 06, ≤, 🌳, 🏊, 🌲 – ☎ ♿ P. ✻ Zim
M *(Freitag - Samstag 17 Uhr geschl.)* a la carte 20/45 🍷 – **37 Z : 66 B** 48/55 - 86/95 Fb.

Berghaus Hohe Flum 🌳, Auf der Hohen Flum 2, ☎ 27 82, ≤, 🌳, 🌲 – P
22. Dez.- Jan. geschl. – **M** *(Donnerstag 15 Uhr - Freitag geschl.)* a la carte 27/40 🍷 – **10 Z : 15 B** 30/45 - 65/80.

***In Maulburg* 7864** W : 3 km :

Murperch garni, Hotzenwaldstr. 1, ☎ (07622) 80 44, 🌲 – TV ☎ P. AE ⓓ E VISA
14 Z : 20 B 72 - 80/120 Fb.

SCHOPFLOCH Baden-Württemberg siehe Lenningen.

SCHORNDORF 7060. Baden-Württemberg **413** L 20. **987** ㉟ — 34 600 Ew — Höhe 256 m — ✿ 07181.

Sehenswert : Oberer Marktplatz★.

♦Stuttgart 29 — Göppingen 20 — Schwäbisch Gmünd 23.

XX **Erlenhof**, Mittlere Uferstr 70 (Erlensiedlung), ℰ 7 56 54 — ⓟ
Sonntag 15 Uhr - Montag und Juli - Aug. 3 Wochen geschl. — **M** a la carte 32/68.

In Winterbach 7065 W : 4 km :

🏥 **Am Engelberg**, Ostlandstr. 2 (nahe der B 29), ℰ (07181) 70 09 60, Fax 700955, ⇌, ◻ — 🛏
🕿 ⓟ — 🔏 30. 📶 ⑩ **E** 🌆
30. Juli - 17. Aug. geschl. — **M** *(nur Abendessen, Samstag - Sonntag geschl.)* a la carte 30/48 — **36 Z : 50 B** 53/85 - 88/125.

SCHOTTEN 6479. Hessen **413** K 15. **987** ㉖ — 11 100 Ew — Höhe 274 m — Luftkurort — Wintersport : 600/763 m ⟋4 ⟋4 — ✿ 06044.

🔽 Lindenstr. 5, ℰ 13 75.

🅑 Stadtverwaltung, Vogelsbergstr. 184, ℰ 66 51.

♦Wiesbaden 100 — ♦Frankfurt am Main 72 — Fulda 52 — Gießen 41.

🏛 **Sonnenberg** ⚘, Laubacher Str. 25, ℰ 7 71, ≼, 🍴, ⇌, ◻, 🐎, 🎿 — 📺 🕿 ⓟ — 🔏 25/60. 📶 **E**
M a la carte 25/46 — **54 Z : 103 B** 48/58 - 80/98 Fb.

☂ **Adler**, Vogelsbergstr. 160, ℰ 24 37 — ⓟ
33 Z : 58 B.

XX **Zur Linde**, Schloßgasse 3, ℰ 15 36 — ⓟ. 📶 ⑩ **E** 🌆
wochentags nur Abendessen, Dienstag geschl. — **M** a la carte 46/66.

In Schotten 19-Betzenrod :

🏛 **Landhaus Appel** ⚘, Altenhainer Str. 38, ℰ 7 05, ≼, ⇌ — 🕿 ⓟ — 🔏 30. 📶 ⑩ **E**
3.- 11. Jan. und 9.- 27. Juli geschl. — **M** a la carte 27/43 — **26 Z : 44 B** 38/45 - 64/70 Fb — ½ P 45/60.

SCHRAMBERG 7230. Baden-Württemberg **413** HI 22. **987** ㉟ — 18 500 Ew — Höhe 420 m — Erholungsort — ✿ 07422.

🅑 Städt. Verkehrsbüro, Hauptstr. 25, ℰ 2 92 15, Fax 29209.

♦Stuttgart 118 — ♦Freiburg im Breisgau 64 — Freudenstadt 37 — Villingen-Schwenningen 32.

🏛 **Parkhotel** ⚘ (ehem. Villa), Im Stadtpark, ℰ 2 08 18, 🍴 — 📺 🕿 ⇌ ⓟ. 📶 ⑩ **E** 🌆
Juli geschl. — **M** *(Mittwoch geschl.)* a la carte 23/50 — **11 Z : 19 B** 66 - 110.

XX **Hirsch** mit Zim, Hauptstr. 11, ℰ 2 05 30 — 📺 🕿. 📶 ⑩ **E**
Juli - Aug. 4 Wochen geschl. — **M** *(Sonntag 14 Uhr - Dienstag 18 Uhr geschl.)* (Tischbestellung ratsam) a la carte 49/78 — **3 Z : 5 B** 150 - 220.

X **Schilteckhof** ⚘ mit Zim, Schilteck 1, ℰ 36 78, ≼, 🍴, 🐎 — ⓟ
über Fasching 2 Wochen und Mitte Okt.- Mitte Nov. geschl. — **M** *(Montag - Dienstag geschl.)* a la carte 29/48 — **4 Z : 8 B** 30 - 60 — ½ P 43.

X **Braustube Schraivogel**, Hauptstr. 51, ℰ 46 70 — ⇌. 📶 **E**
◆ *Montag 14 Uhr - Dienstag und 14. Juli - 6. Aug. geschl.* — **M** a la carte 21/47.

Außerhalb W : 4,5 km über Lauterbacher Straße :

X **Burgstüble** ⚘ mit Zim, Hohenschramberg 1, ✉ 7230 Schramberg, ℰ (07422) 77 73,
◆ ≼ Schramberg und Schwarzwaldhöhen, 🍴 — ⓟ. 📶 ⑩
7.-31. Jan. geschl. — **M** *(Mittwoch 17 Uhr - Donnerstag geschl.)* a la carte 21/45 🍷 — **6 Z : 13 B** 42 - 84 — ½ P 49.

In Schramberg-Sulgen O : 5 km :

🏥 **Drei Könige** ⚘, Birkenhofweg 10, ℰ 5 40 91, ≼ — 🛏 🕿 ⓟ. **E** 🌆 🐎
◆ *Nov. 3 Wochen geschl.* — **M** *(nur Abendessen, Donnerstag - Freitag geschl.)* a la carte 18/43 — **17 Z : 30 B** 60 - 110 Fb — ½ P 72.

XX **Waldeslust** ⚘ mit Zim, Lienberg 59 (N : 3 km über Aichhalder Straße), ℰ 84 44, 🍴 —
◆ 📺 🕿 ⓟ. **E** 🌆
März 1 Woche, Juli - Aug. 2 Wochen und Okt. 1 Woche geschl. — **M** *(Montag 14 Uhr - Dienstag geschl.)* a la carte 28/56 **5 Z : 10 B** 55 - 90.

SCHRIESHEIM 6905. Baden-Württemberg **413** IJ 18 — 14 100 Ew — Höhe 120 m — ✿ 06203.

♦Stuttgart 130 — ♦Darmstadt 53 — Heidelberg 8 — ♦Mannheim 18.

🏛 **Neues Ludwigstal**, Strahlenberger Str. 2, ℰ 66 28, 🍴 — 🕿 ⇌ ⓟ
M *(Mittwoch - Donnerstag 16 Uhr und Feb. 2 Wochen geschl.)* a la carte 19/41 🍷 — **32 Z : 52 B** 44/50 - 76/80 Fb.

🏛 **Gästehaus Weinstuben Hauser**, Steinachstr. 12, ℰ 6 14 45, eigener Weinbau — ⓟ
Juli - Aug. 2 Wochen geschl. — **M** *(nur Abendessen, Sonntag geschl.)* a la carte 26/42 🍷 — **24 Z : 38 B** 29/45 - 56/85.

741

SCHRIESHEIM

XX **Strahlenburger Hof** (ehem. Bauernhaus a.d.J. 1240), Kirchstr. 2, ℰ 6 30 76, 🍴 – 🆎 ⓪ ⬛ E 𝖵𝖨𝖲𝖠
nur Abendessen, Sonn- und Feiertage sowie Feb. geschl. – **M** a la carte 52/69.

XX **Strahlenburg**, Auf der Strahlenburg (O : 3 km), ℰ 6 12 32, « Terrasse mit ≤ Schriesheim » – ⓟ. 🆎 𝖵𝖨𝖲𝖠
Okt.- März Dienstag und Jan.- 15. Feb. geschl. – **M** a la carte 35/68.

In Schriesheim-Altenbach O : 7,5 km :

⚐ **Bellevue** ॐ, Röschbachstr. 1, ℰ (06220) 15 20, 🍴, 🏕 – ⓟ. ✦ Zim
◆ **M** a la carte 20/39 ⅃ **– 10 Z : 18 B** 38/55 - 76/90.

SCHROBENHAUSEN 8898. Bayern 🔲🔲🔲 Q 21, 🔲🔲🔲 ⊛ – 14 300 Ew – Höhe 414 m – ✿ 08252.
◆München 74 – ◆Augsburg 42 – Ingolstadt 37 – ◆Ulm (Donau) 113.

🏠 **Zur Post** garni, Lenbachplatz 9, ℰ 70 84 – ⧖ 📺 ☎ ⇐, 🆎 E 𝖵𝖨𝖲𝖠
25 Z : 39 B 55/65 - 89 Fb.

🏠 **Grieser**, Bahnhofstr. 36, ℰ 20 04, Biergarten – 📺 ☎ ⇐ ⓟ – ⚖ 35. 🆎 ⓪ E 𝖵𝖨𝖲𝖠 ✦
14.- 30. Aug. geschl. – Menu (Freitag - Samstag 17 Uhr geschl.) a la carte 32/57 **– 25 Z : 33 B** 38/62 - 64/82 Fb.

In Schrobenhausen-Hörzhausen SW : 5 km :

🏠 **Gästehaus Eder** ॐ, Bernbacher Str. 3, ℰ 24 15, 🍴, ⬧, 🔲 (Gebühr), 🏕 – 📺 ☎ ⓟ. 🆎 ⓪ E
1.- 14. Jan. und 26. Aug.- 9. Sept. geschl. – **M** *(nur Abendessen, Sonntag geschl.)* a la carte 23/49 **– 15 Z : 24 B** 45 - 75 Fb.

SCHÜTTORF 4443. Niedersachsen 🔲🔲🔲 ⑭, 🔲🔲🔲 ⑭ – 13 600 Ew – Höhe 32 m – ✿ 05923.
◆Hannover 201 – Enschede 35 – Nordhorn 23 – ◆Osnabrück 63.

🏠 **Lindemann**, Steinstr. 40, ℰ 44 37 – 📺 ☎ ⇐ ⓟ
20 Z : 34 B Fb.

🏠 **Löhr**, Pagenstr. 1, ℰ 23 91 – ⓟ. 🆎 ⓪
◆ **M** a la carte 20/41 **– 12 Z : 26 B** 43/45 - 80.

X **Nickisch**, Nordhorner Str. 71, ℰ 18 72, 🍴 – ▤ ⬧ ⓟ. 🆎 E
◆ *2.- 6. Jan. und 7.- 24. Aug. geschl. –* **M** a la carte 21/52.

In Schüttorf-Suddendorf SW : 3 km :

🏠 **Stähle** ॐ, Postweg 115, ℰ 50 24, « Gartenterrasse », ⬧, 🔲, 🏕 – 📺 ☎ ⇐ ⓟ. 🆎 E
2.- 18. Jan. geschl. – **M** *(Montag - Dienstag geschl.)* a la carte 26/53 **– 20 Z : 41 B** 65/75 - 110/150 Fb.

SCHULD 5489. Rheinland-Pfalz – 800 Ew – Höhe 270 m – ✿ 02695 (Insul).
Mainz 176 – Adenau 11 – ◆Bonn 46.

⚐ **Schäfer**, Schulstr. 2, ℰ 3 40, « Caféterrasse mit ≤ Ahr » – ⓟ
10 Z : 20 B.

⚐ **Zur Linde**, Hauptstr. 2, ℰ 2 01, ≤, 🍴 – ⓟ
über Karneval 2 Wochen geschl. – **M** *(Nov.- April Dienstag geschl.)* a la carte 22/51 **– 14 Z : 24 B** 35/40 - 70.

SCHUSSENRIED, BAD 7953. Baden-Württemberg 🔲🔲🔲 LM 22, 🔲🔲🔲 ⊛⊛, 🔲🔲🔲 ⑭ – 7 600 Ew – Höhe 580 m – Heilbad – ✿ 07583.
Sehenswert : Ehemaliges Kloster (Bibliothek ★).
Ausflugsziel : Bad Schussenried-Steinhausen : Wallfahrtskirche ★ NO : 4,5 km.
◆ Stuttgart 120 – Ravensburg 35 – ◆Ulm (Donau) 61.

🏠 **Barbara**, Georg-Kaess-Str. 2, ℰ 26 50, ⬧ – ☎ ⓟ – ⚖ 30. ⓪ E 𝖵𝖨𝖲𝖠
(nur Abendessen für Hausgäste) – **20 Z : 38 B** 35/65 - 65/105 Fb.

SCHUTTERTAL 7631. Baden-Württemberg 🔲🔲🔲 G 22, 🔲🔲🔲 ⊛ – 3 400 Ew – Höhe 421 m – Erholungsort – ✿ 07823 (Seelbach).
🛈 Verkehrsamt, Rathaus, Hauptstr. 5 (Dörlinbach), ℰ (07826) 2 38.
◆Stuttgart 180 – ◆Freiburg im Breisgau 50 – Offenburg 38.

🏠 **Adler**, Talstr. 5, ℰ 22 76, Fax 5409, 🍴, ⬧ (geheizt), 🏕, ✦, Fahrradverleih – ⇐ ⓟ –
◆ ⚖ 40. ⓪ E 𝖵𝖨𝖲𝖠
über Fastnacht 3 Wochen geschl. – **M** *(Montag geschl.)* a la carte 21/49 ⅃ **– 19 Z : 40 B** 28/35 - 56/70 – ½ P 43/50.

In Schuttertal 1 - Dörlinbach S : 2,5 km :

⚐ **Löwen**, Hauptstr. 4, ℰ (07826) 3 24, ⬧, 🏕 – ⓟ. E
10.- 25. Feb. und 10. Nov.- 1. Dez. geschl. – **M** *(Dienstag geschl.)* a la carte 24/45 ⅃ **– 15 Z : 28 B** 39/41 - 72/74.

SCHWABACH 8540. Bayern 🄐🄑🄒 PQ 18,19. 🄨🄪🄫 ⑳ — 35 500 Ew — Höhe 328 m — ☎ 09122.

♦München 167 — Ansbach 36 — ♦Nürnberg 15.

🏠 **Raab - Inspektorsgarten**, Äußere Rittersbacher Str. 14, ℘ 8 50 53, 🏺 — 📺 ☎ ℗
↔ **M** *(Dienstag geschl.)* a la carte 16/44 — **12 Z : 18 B** 58 - 96 Fb.

🏠 **Löwenhof**, Rosenberger Str. 11, ℘ 20 47 — ☎ ⟷ 📥 . 🅰🄴 ⓪ 🄴 𝗩𝗜𝗦𝗔
↔ 24. Dez.- 10. Jan. geschl. — **M** *(nur Abendessen, Sonntag geschl.)* a la carte 20/39 — **25 Z : 40 B** 59/69 - 92/116.

✕✕ **Zur goldenen Sonne**, Limbacher Str. 19, ℘ 51 46 — 🅰🄴 ⓪ 🄴
Sonntag 14 Uhr - Montag, Jan. 1 Woche und Aug.- Sept. 3 Wochen geschl. — **M** a la carte 40/60.

In Schwabach-Wolkersdorf N : 4 km — siehe Nürnberg (Umgebungsplan) :.

🏯 **Adam Drexler**, Wolkersdorfer Hauptstr. 42, ℘ 63 00 99, 🏺 — ☎ ℗. 🅰🄴 🄴   AT e
↔ Aug. geschl. — **M** *(Freitag 15 Uhr - Sonntag geschl.)* a la carte 19/38 ⅄ — **38 Z : 60 B** 35/52 - 60/85.

SCHWABMÜNCHEN 8930. Bayern 🄐🄑🄒 P 22. 🄨🄪🄫 ㊲. 🄫🄶🄷 ⑯ — 10 300 Ew — Höhe 557 m — ☎ 08232.

♦München 75 — ♦Augsburg 25 — Kempten (Allgäu) 77 — Memmingen 58.

🏠 **Deutschenbaur**, Fuggerstr. 11, ℘ 40 31 — 📺 ☎ ⟷ ℗. ⚘ Zim
20. Dez.- 10. Jan. und 1.- 15. Aug. geschl. — **M** *(Samstag geschl.)* a la carte 24/50 — **24 Z : 35 B** 52 - 89.

In Langerringen - Schwabmühlhausen 8936 S : 9 km :

🏛 **Untere Mühle** ⚘ , ℘ (08248) 10 11, 🏺 , 🄽 , 🐎 , ✗ , Fahrradverleih — 📺 ☎ ℗ — ⌂
25 Z : 42 B Fb.

SCHWABSTEDT 2251. Schleswig-Holstein — 1 300 Ew — Höhe 17 m — Luftkurort — ☎ 04884.

🄴 Fremdenverkehrsverein, Haus des Kurgastes, An der Treene. ℘ 4 20.

♦ Kiel 81 — Heide 33 — Husum 16 — Rendsburg 45.

✕✕ **Drei Kronen** ⚘ mit Zim, Kirchenstr. 9, ℘ 4 44 — ℗. 🅰🄴 ⓪ 🄴
15. Jan.- 15. Feb. geschl. — **M** *(Dienstag geschl.)* a la carte 42/65 — **8 Z : 16 B** 55/60 - 85/95.

SCHWÄBISCH GMÜND 7070. Baden-Württemberg 🄐🄑🄒 M 20. 🄨🄪🄫 ㉞ ㉟ — 57 000 Ew — Höhe 321 m — Wintersport : 400/781 m ⟱6 ⟱3 — ☎ 07171.

Sehenswert : Heiligkreuz-Münster★.

🄴 Verkehrsamt und Fremdenverkehrsverein, Johannisplatz 3, (Prediger), ℘ 60 34 15 und 6 62 44 — (1990 Umzug ins Kornhaus).

♦Stuttgart 53 ⑤ — ♦Nürnberg 151 ② — ♦Ulm (Donau) 68 ③.

Stadtplan siehe nächste Seite.

🏨 **Das Pelikan - Restaurant Bugatti**, Türlensteg 9, ℘ 35 90, Telex 7248763, Fax 359359 — ⧉ 📺 ⅗ ⟷ ℗ — ⌂ 25/200. 🅰🄴 ⓪ 🄴 𝗩𝗜𝗦𝗔   Y n
M *(Italienische Küche)* (nur Abendessen, Sonn- und Feiertage geschl.) a la carte 53/80 — **64 Z : 110 B** 140/165 - 185/275 Fb.

🏛 **Staufen** ⚘ garni, Pfeifergäßle 16, ℘ 6 20 85, Fax 4824 — ⧉ 📺 ☎ ⅗ ⟷ ℗. 🅰🄴 ⓪ 🄴 𝗩𝗜𝗦𝗔
17 Z : 31 B 85 - 130 Fb.   YZ a

🏠 **Patrizier**, Kornhausstr. 25, ℘ 3 04 34 — ☎   Z e
25 Z : 40 B.

🏠 **Goldene Krone** garni, Marktplatz 18, ℘ 25 72 — 🅰🄴 ⓪ 🄴 𝗩𝗜𝗦𝗔   Y r
22. Dez.- 1. Jan. geschl. — **18 Z : 28 B** 40/75 - 75/110.

✕✕✕ ❀ **Postillion**, Königsturmstr. 35, ℘ 6 15 84 — ℗. 🅰🄴 ⓪ 🄴 𝗩𝗜𝗦𝗔   Y z
Montag geschl. — **M** *(bemerkenswerte Weinkarte)* (Tischbestellung ratsam) 88/130 und a la carte 57/90
Spez. Krebse mit Kümmel geröstet, Lammrücken mit Rosmarin, Quarksoufflé.

✕✕ **Fuggerei** (restauriertes Fachwerkhaus a.d. 14. Jh.), Münstergasse 2, ℘ 3 00 03, 🏺 — 🅰🄴 ⓪ 🄴 𝗩𝗜𝗦𝗔   Z b
Dienstag, Jan. 2 Wochen und Ende Juli - Anfang Aug. geschl. — **M** *(auch vegetarische Gerichte)* a la carte 33/73.

✕✕ **Stadtgarten-Restaurant** (Stadthalle), Rektor-Klaus-Str. 9, ℘ 6 90 24 — ℗ — ⌂ 25/350. 🅰🄴 ⓪ 🄴 𝗩𝗜𝗦𝗔   Z
Sonntag 15 Uhr - Montag geschl. — **M** a la carte 31/56.

In Schwäbisch Gmünd - Degenfeld ③ : 14 km :

🏯 **Zum Pflug** ⚘ , Kalte-Feld-Str. 3, ℘ (07332) 53 42 — ⟷ ℗
↔ 6.- 27. Juni geschl. — **M** *(Donnerstag geschl.)* a la carte 19/36 ⅄ — **8 Z : 12 B** 36/52 - 72/80.

SCHWÄBISCH GMÜND

In Schwäbisch Gmünd - Hussenhofen ② : 4,5 km :

🏠 **Gelbes Haus**, Hauptstr. 83, 𝄞 8 23 97 – 🕴 🕿 ⅊ ⟨⟩ 🅿 – 🔬 25/50. 🆎 ⑩ 🗲 𝖵𝖨𝖲𝖠
Aug. 3 Wochen geschl. – **M** (Samstag geschl.) a la carte 25/50 ⅊ – **36 Z : 55 B** 52/68 - 92/120 Fb.

In Schwäbisch Gmünd - Rechberg ④ : 8 km :

✗ **Zum Rad** mit Zim, Hohenstaufenstr. 1, 𝄞 4 28 20, Caféterrasse, 🏇 – 🕿 ⟨⟩ 🅿. 🆎 ⑩ 🗲 𝖵𝖨𝖲𝖠
M (Montag geschl.) a la carte 24/42 ⅊ – **5 Z : 8 B** 44 - 74.

In Schwäbisch Gmünd - Straßdorf ④ : 4 km :

🏠 **Löwen** ⟨⟩, Alemannenstr. 33, 𝄞 4 33 11, 🔲, 🐎 – 📺 🕿 ⟨⟩ 🅿 – 🔬 . 🛇
30 Z : 50 B Fb.

🏠 **Adler**, Einhornstr. 31, 𝄞 4 10 41, 🛋 – 📺 🕿 ⟨⟩ 🅿. 🛇 Zim
M (bemerkenswerte Weinkarte) (Montag geschl.) a la carte 22/59 – **27 Z : 35 B** 50/80 - 100/150.

In Mutlangen 7075 ① : 3,5 km :

🏠 **Mutlangerhof** ⟨⟩, Ringstr. 49, 𝄞 (07171) 7 11 29, 🛋 – ⟨⟩ 🅿. 🛇 Zim
➤ **M** (Samstag geschl.) a la carte 20/39 – **10 Z : 15 B** 48/55 - 88.

In Waldstetten 7076 S : 6 km :

✗✗ **Sonnenhof**, Lauchgasse 19, 𝄞 (07171) 4 23 09, 🛋 – 🅿 – 🔬 25/55. 🆎
Montag geschl. – Menu a la carte 32/58.

In Waldstetten-Weilerstoffel 7076 S : 8 km :

🏠 **Hölzle** ⟨⟩, Waldstettener Str. 19, 𝄞 (07171) 4 21 84, 🛋 – 🅿
➤ August 2 Wochen geschl. – **M** (Dienstag geschl.) a la carte 19/45 ⅊ – **12 Z : 20 B** 35 - 70.

744

− ✆ 0791 − Sehenswert : Marktplatz★★ : Rathaus★ R, Michaelskirche (Innenraum★) D −
Kocherufer ≤★ F.
Ausflugsziele : Ehemaliges Kloster Groß-Comburg★ : Klosterkirche (Leuchter★★★,
Antependium★) − Romanisches Klostertor★ SO : 3 km − Hohenloher Freilandmuseum in
Wackershofen, NW : 4 km über ④ − 🛈 Tourist-Information, Am Markt 9, ℰ 75 12 46.
♦Stuttgart 68 ④ − Heilbronn 53 ① − ♦Nürnberg 138 ② − ♦Würzburg 107 ①.

SCHWÄBISCH HALL

Benutzen Sie
auf Ihren Reisen in Europa
die **Michelin-Länderkarten**
1:400 000 bis 1:1 000 000.

Pour parcourir l'Europe,
utilisez les cartes Michelin
Grandes Routes
à 1/400 000 à 1/1 000 000.

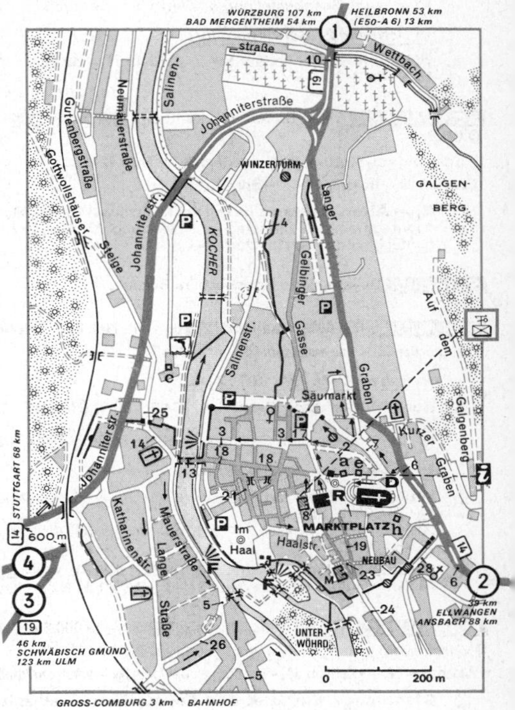

GROSS-COMBURG 3 km / BAHNHOF

🏛 **Hohenlohe,** Im Weilertor 14, ℰ 7 58 70, Telex 74870, Fax 758784, ≤, 🏛, Massage, ≦s,
🔄 (geheizt), 🔲, 🎿, Fahrradverleih − 🛗 ⇔ Zim 🔲 🔥 ⇔ 🅿 − 🔬 25/80. 🆎 ① 🇪 𝘝𝘐𝘚𝘈
🍴 Rest
M (auch vegetarische Gerichte) a la carte 35/69 − **96 Z : 150 B** 97/127 - 168/196 Fb −
6 Appart. 206/256.   c

🏛 **Ratskeller,** Am Markt 12, ℰ 61 81, Telex 74893, ≦s, 🔲 − 🛗 🔲 🅿 − 🔬   e
46 Z : 92 B Fb − 4 Appart..

🏛 **Goldener Adler,** Am Markt 11, ℰ 61 68 − ☎ ⇔ − 🔬 25/60. 🇪   a
M (Mittwoch geschl.) a la carte 29/48 − **21 Z : 40 B** 65/90 - 110/150 Fb.

🏠 **Café Scholl** garni, Klosterstr. 3, ℰ 7 10 46 − 🛗 🔲 ☎   h
31 Z : 60 B 52/78 - 85/125.

🏠 **Simon** garni, Schweickerweg 25, ℰ 30 76 − ☎ ⇔ 🅿. 🆎 ① 🇪 𝘝𝘐𝘚𝘈   über ②
17 Z : 26 B 54/65 - 92/106.

In Schwäbisch Hall 4-Hessental ② : 3 km :

🏛 **Krone** (Haus a.d.J. 1754), Schmiedsgasse 1, ℰ 21 28, Fax 3131, « Barocksaal », ≦s − 🛗
🔲 ☎ 🔥 ⇔ 🅿 − 🔬 25/150. 🆎 ① 🇪 𝘝𝘐𝘚𝘈
M (Dienstag und 1.- 12. Aug. geschl.) a la carte 26/54 − **40 Z : 70 B** 69/118 - 124/146 Fb.

🏛 **Wolf - Restaurant Eisenbahn,** Karl-Kurz-Str. 2, ℰ 21 12 − 🛗 🔲 ☎ 🅿 − 🔬 40. 🆎 ①
🇪 🍴
Mitte - Ende Juli geschl. − Menu (Montag geschl.) a la carte 33/65 − **28 Z : 50 B** 68/80 -
105/125 Fb.

🍴 **Leidig,** Karl-Kurz-Str. 24, ℰ 25 84 − ⇔ 🅿
→ 28. Juli - 20. Aug. geschl. − **M** (auch vegetarische Gerichte) (Freitag geschl.) a la carte 15/31
🍷 − **14 Z : 22 B** 25/38 - 54/76.

745

SCHWAIG 8501. Bayern 四B Q 18 − 8 200 Ew − Höhe 325 m − ✪ 0911 (Nürnberg).

Siehe Stadtplan Nürnberg (Umgebungsplan).

◆München 171 − Lauf 6,5 − ◆Nürnberg 11.

🏨 **Schwaiger Hof** garni, Röthenbacher Str. 16, 𝒫 50 00 47 − 🛗 ☎ 🅿. 🆑 ⑩ 🅔 𝗩𝗜𝗦𝗔   CS u
   27 Z : 56 B 79 - 118 Fb.

✕✕ **La Tartaruga** (Italienische Küche), Nürnberger Str. 19, 𝒫 50 85 55, 🌡 − 🆑 ⑩ 🅔 𝗩𝗜𝗦𝗔
   M *(abends Tischbestellung ratsam)* a la carte 34/65.   CS c

   In Schwaig 2 - Behringersdorf :

🏨 Weißes Ross, Schwaiger Str. 2, 𝒫 57 49 71 − ☎ 🅿   CS e
   18 Z : 40 B.

SCHWAIGERN 7103. Baden-Württemberg 四B K 19. 九八七 ㉙ − 8 900 Ew − Höhe 185 m −
✪ 07138.

🔟 Schwaigern-Stetten, Pfullinger Hof 1, 𝒫 6 74 42.

◆Stuttgart 69 − Heilbronn 15 − ◆Karlsruhe 61.

✕✕ **Zum Alten Rentamt** (historisches Fachwerkhaus), Schloßstr. 6, 𝒫 52 58, 🌡
   Montag, jeden 1. Dienstag im Monat und 10. Jan.- 9. Feb. geschl. − M a la carte 42/72 −
   (Hotel befindet sich im Umbau).

SCHWAIM Bayern siehe Griesbach im Rottal.

SCHWALBACH 6635. Saarland 九四九 ⑥ − 19 200 Ew − Höhe 160 m − ✪ 06834.

◆Saarbrücken 25 − Kaiserslautern 84 − Saarlouis 6.

   In Schwalbach-Elm SO : 2 km :

🏨 **Zum Mühlenthal**, Bachtalstr. 214, 𝒫 50 17 (Hotel) 5 21 17 (Rest.), 🚗 − 📺 ☎ 🚙 🅿 −
   🔬 30.
   M *(nur Abendessen, Sonntag geschl.)* a la carte 23/41 − **25 Z : 46 B** 53/70 - 80/100 Fb.

   In Schwalbach-Hülzweiler N : 3 km :

🏨 **Waldhotel Zur Freilichtbühne** 🌳, Zur Freilichtbühne, 𝒫 (06831) 5 36 33, 🌡 − ☎ 🅿 −
✦ 🔬 25/100. 🅔 𝗩𝗜𝗦𝗔
   26. Dez.- 6. Jan. geschl. − M (Montag bis 16 Uhr geschl.) a la carte 19/50 − **24 Z : 46 B**
   40/45 - 70/80.

🏨 **Strauß**, Fraulautener Str. 50, 𝒫 (06831) 5 26 31, 🦌 − 📺 ☎ 🅿 − 🔬 35
✦ **M** *(Montag geschl.)* a la carte 21/46 − **12 Z : 24 B** 65 - 105 Fb.

SCHWALBACH, BAD 6208. Hessen 九八七 ㉔ − 10 000 Ew − Höhe 330 m − Heilbad − ✪ 06124.

🛈 Verkehrsbüro in der Kurverwaltung, Am Kurpark, 𝒫 50 20.

◆Wiesbaden 18 − ◆Koblenz 60 − Limburg an der Lahn 36 − Lorch am Rhein 32 − Mainz 27.

🏛 **Staatliches Kurhotel und Sanatorium**, Goetheplatz 1, 𝒫 50 23 29, direkter Zugang
   zum Stahlbadehaus − 🛗 ☎ 🅿 − 🔬 25/40. 🆑 ⑩ 🅔. 🌺
   (Restaurant nur für Hausgäste) − **100 Z : 119 B** 77/96 - 125/165 Fb − 3 Appart. 190 −
   ½ P 85/118.

🏨 **Helenenhof**, Parkstr. 9, 𝒫 40 55, 🌡, 🔲, 🚗 − ☎
   (Restaurant nur für Hausgäste) − **27 Z : 42 B**.

🏨 Zum Ritter, Brunnenstr. 49, 𝒫 1 20 71, 🚗 − 🛗 ☎
   30 Z : 45 B.

🏨 **Café Lutz**, Parkstr. 2, 𝒫 86 20, 🌡 − 🅿. ⑩ 🅔
✦ **M** *(Dienstag geschl.)* a la carte 20/38 − **25 Z : 35 B** 43/55 - 90/110 Fb − ½ P 55/67.

🏨 **Park-Villa** 🌳 garni, Parkstr. 1, 𝒫 22 94
   20. Dez.- 15. Jan. geschl. − **21 Z : 33 B** 40/65 - 80/110 Fb.

🏨 **Malepartus**, Brunnenstr. 43, 𝒫 23 05, 🚗 − 📺 🚙
   M *(Sonntag 15 Uhr - Montag und 4.- 20. Jan. geschl.)* a la carte 28/56 🍷 − **11 Z : 20 B** 47/50
   - 90.

✕✕ **Moorgrube**, im Kurhaus, 𝒫 50 23 51 − 🅿. 🆑 ⑩ 🅔
   Montag geschl. − M a la carte 30/58.

   In Hohenstein (Oberdorf) 6209 N : 7 km, 5 km über die B 54 dann links ab :

✕✕ **Waffenschmiede** 🌳 mit Zim, Burgstr. 12 (in der Burg Hohenstein), 𝒫 (06120) 33 57, ≼,
   🌡 − 📺 ☎ 🅿. 🆑 ⑩ 🅔. 🌺 Zim
   *Jan.- 15. Feb. sowie Ende Juli und Ende Okt. je 1 Woche geschl. − M (Montag bis 18 Uhr
   und Dienstag geschl.)* a la carte 32/69 − **8 Z : 15 B** 85/110 - 140.

SCHWALEFELD Hessen siehe Willingen (Upland).

SCHWALMSTADT 3578. Hessen 987 ㉙ – 18 000 Ew – Höhe 220 m – ✆ 06691.

🛈 Rathaus, Marktplatz (Treysa), ℰ 20 70 – ◆Wiesbaden 154 – Bad Hersfeld 41 – ◆Kassel 70 – Marburg 43.

In Schwalmstadt 1- Treysa :

🏠 **Schwalmbergbaude** ⬳, Höhenweg 14, ℰ 12 16, ≤, 🏤 – ☎ 🅿
M a la carte 28/50 – **9 Z : 18 B** 49 - 91.

In Schwalmstadt 2-Ziegenhain :

🏠 **Rosengarten** (Fachwerkhaus a.d.J. 1620 mit Hotelanbau), Muhlystr. 3 (an der B 254),
ℰ 30 84, 🚗 – 📺 ☎ 🅿 – 🔬 25/150. ⯏ ⓪ 🇪
M a la carte 23/48 – **15 Z : 29 B** 29/52 - 55/89 Fb.

SCHWALMTAL 4056. Nordrhein-Westfalen 211 3 ㉔ – 15 000 Ew – Höhe 60 m – ✆ 02163.
◆Düsseldorf 44 – Krefeld 25 – Mönchengladbach 12 – Roermond 24.

In Schwalmtal-Waldniel O : 2 km :

✗ Bistro L'Escargot, Ungerather Str. 33, ℰ 4 79 92
nur Abendessen.

Im Schwalmtal SW : 3,5 km ab Ortsteil Waldniel :

🏠 **Lüttelforster Mühle** ⬳, ⌧ 4056 Schwalmtal 1, ℰ (02163) 4 52 77, 🏤 – 🅿 – 🔬 25. ⯏
⓪ 🇪 🆅🇲🇸🇦
Jan. geschl. – **M** (Montag geschl.) a la carte 24/56 – **11 Z : 18 B** 50 - 90.

SCHWANAU 7635. Baden-Württemberg 413 G 21, 242 ㉔, 87 ⑤ – 5 000 Ew – Höhe 150 m –
✆ 07824.
◆Stuttgart 164 – ◆ Freiburg im Breisgau 50 – ◆ Karlsruhe 93 – Strasbourg 44.

In Schwanau-Ottenheim :

✗ **Erbprinzen** mit Zim, Schwarzwaldstr. 5, ℰ 24 42 – ⥱ Rest ⥈ 🅿. ⓪ 🇪
über Fastnacht 2 Wochen und Nov. 3 Wochen geschl. – Menu (auch vegetarische Gerichte)
(Mittwoch bis 18 Uhr, Montag und jeden 1. Sonntag im Monat geschl.) a la carte 32/55 ⚘ –
14 Z : 27 B 39/42 - 72.

SCHWANDORF 8460. Bayern 413 T 18, 19. 987 ㉗ – 20 000 Ew – Höhe 365 m – ✆ 09431.
◆München 167 – ◆Nürnberg 83 – ◆Regensburg 41 – Weiden in der Oberpfalz 46.

🏨 **Café Waldlust**, Fronberger Str. 10, ℰ 33 03, 🏤, 🗔 (Gebühr) – ☎ 🅿
⬤ März geschl. – **M** (Freitag geschl.) a la carte 16/35 – **31 Z : 48 B** 24/40 - 45/70.

SCHWANEWEDE 2822. Niedersachsen 987 ⑭ – 17 200 Ew – Höhe 12 m – ✆ 0421 (Bremen).
◆Hannover 145 – ◆Bremen 28 – ◆Bremerhaven 40.

In Schwanewede-Löhnhorst SO : 4 km :

🏦 **Waldhotel Köster**, Hauptstr. 9, ℰ 62 10 71, Fax 621073, 🏤 – 📺 ☎ 🅿. ⯏ ⓪ 🇪 🆅🇲🇸🇦.
🎇 Zim
M 20 (mittags) und a la carte 29/67 – **12 Z : 21 B** 73/75 - 110/120 Fb.

SCHWANGAU 8959. Bayern 413 P 24, 426 ⑯ – 3 600 Ew – Höhe 800 m – Heilklimatischer
Kurort – Wintersport : 830/1 720 m ≰1 ≴5 ≴4 – ✆ 08362 (Füssen).
Ausflugsziele : Schloß Neuschwanstein★★ ≤★★★, S : 3 km – Schloß Hohenschwangau★
S : 4 km – Alpsee★ : Pindarplatz ≤★, S : 4 km – St. Colomanskirche.
🛈 Kurverwaltung, Rathaus, ℰ 8 10 51.
◆München 116 – Füssen 3 – ◆Kempten (Allgäu) 44 – Landsberg am Lech 60.

🏨 **König Ludwig**, Kreuzweg 11, ℰ 8 10 81, Telex 541309, 🏤, 🖴, 🗔, 🚗, 🍽 – 📺 ☎ ⥈
🅿 – 🔬 30. ⯏. 🎇 Rest
5. Nov.- 25. Dez. geschl. – **M** a la carte 26/62 – **91 Z : 244 B** 91/106 - 135/181 Fb –
½ P 80/120.

🏠 **Post**, Münchener Str. 5, ℰ 82 35 – 🅿. ⯏ ⓪ 🇪 🆅🇲🇸🇦
⬤ 20. Nov.- 10. Dez. geschl. – **M** (Montag, Okt.- Ostern auch Dienstag geschl.) a la carte 18/45
– **40 Z : 70 B** 60/90 - 95/125.

🏠 **Weinbauer**, Füssener Str. 3, ℰ 8 10 15, Fahrradverleih – 🔋 ☎ ⚖ 🅿. 🎇 Zim
⬤ 8. Jan.- 10. Feb. geschl. – **M** (Donnerstag, Nov.- April auch Freitag geschl.) a la carte 21/42
⚘ – **45 Z : 80 B** 30/68 - 60/110 Fb – ½ P 48/76.

🏨 **Hanselewirt**, Mitteldorf 13, ℰ 82 37 – 🅿
⬤ 7. Jan.- Anfang April geschl. – **M** (Mittwoch geschl.) a la carte 18/40 – **10 Z : 18 B** 35/40 -
60/75.

In Schwangau-Alterschrofen :

🏠 **Waldmann**, Parkstr. 5, ℰ 84 26, 🚗 – ⥈ 🅿. ⯏ 🇪 🆅🇲🇸🇦. 🎇
⬤ Nov. geschl. – **M** (Mittwoch geschl.) a la carte 20/37 ⚘ – **22 Z : 42 B** 40/80 - 75/160.

🏨 **Wildparkhotel**, Bullachbergweg 1, ℰ 84 25, 🏤, 🚗 – ⥈ 🅿
⬤ 31. Okt.- 15. Dez. geschl., 16. Dez.- Ostern garni – **M** (Donnerstag geschl.) a la carte 16/39
– **17 Z : 35 B** 34/45 - 71/75.

In Schwangau-Brunnen :

🏨 **Ferienhotel Huber** ⑤, Seestr. 67, ℘ 8 13 62, Biergarten, 🛎, 🛱 – 🅿
   M *(Montag geschl.)* a la carte 23/39 – **16 Z : 32 B** 45/65 - 70/90 Fb – 4 Fewo 70/120 –
   ½ P 52/82.

🏨 **Seeklause** ⑤, Seestr. 75, ℘ 8 10 91, ≤, 🛱 – ☎ 🅿
↔ **M** *(Dienstag geschl.)* a la carte 20/33 – **9 Z : 18 B** 55 - 84.

🏨 **Haus Martini** ⑤, Seestr. 65, ℘ 82 57, ≤, 🛱 – 🅿
↔ 15. Nov.- 20. Dez. geschl. – **M** *(Donnerstag geschl.)* a la carte 18/30 – **16 Z : 32 B** 42/60
   80/90 – ½ P 56/64.

In Schwangau-Hohenschwangau :

🏨🏨 **Müller** ⑤, Alpseestr. 16, ℘ 8 10 56, Telex 541325, Fax 81612, « Terrasse mit ≤ » – 🛗 📺
   🅿 ⒶⒺ ⓄⒹ Ⓔ ⱽⁱˢᴬ
   10. Nov.- 20. Dez. geschl. – **M** *(bemerkenswerte Weinkarte)* a la carte 23/60 – **45 Z : 80 B**
   120/170 - 150/210 Fb – ½ P 105/200.

🏨🏨 **Lisl und Jägerhaus** ⑤, Neuschwansteinstr. 1, ℘ 8 10 06, Telex 541332, Fax 81107, ≤, 🛱
   – 🛗 ⇔ 🅿. ⒶⒺ Ⓔ ⱽⁱˢᴬ
   Anfang Jan.- Mitte März geschl. – **M** a la carte 23/55 – **56 Z : 110 B** 45/115 - 80/240.

In Schwangau-Horn :

🏨 **Rübezahl** ⑤, Am Ehberg 31, ℘ 83 27, ≤, 🛱, « Gemütlich-rustikale Einrichtung », 🛎
   🛗 ⇔ 🅿. ⒶⒺ Ⓔ ⱽⁱˢᴬ
   Anfang Nov.- Anfang Dez. geschl. – **M** *(Mittwoch geschl.)* a la carte 26/48 – **28 Z : 53 B**
   36/54 - 72/104 Fb – ½ P 49/67.

🏨 **Alpenblick**, Füssener Str. 113, ℘ 84 00, 🛱, 🛱 – 🛗 🅿
   März - Okt. – (Restaurant nur für Hausgäste) – **20 Z : 40 B** 50 - 90.

In Schwangau-Waltenhofen :

🏨 **Gasthof am See** ⑤, Forggenseestr. 81, ℘ 83 93, ≤, 🛱, 🛎, 🛱 – 🛗 🅿
↔ 15. Nov.- 15. Dez. geschl. – **M** *(Dienstag geschl.)* a la carte 21/40 ⚶ – **23 Z : 46 B** 44 - 70/8
   – ½ P 53/62.

🏨 **Kur- und Ferienhotel Waltenhofen** ⑤, Marienstr. 16, ℘ 8 10 39, Bade- und
   Massageabteilung, ⚕, 🛎 – 🛗 📺 ☎ ⇔ 🅿. ⒶⒺ ⓄⒹ Ⓔ ⱽⁱˢᴬ. 🛱
   M a la carte 25/39 – **28 Z : 56 B** 65/100 - 100/180 Fb.

🏨 **Café Gerlinde** ⑤ garni, Forggenseestr. 85, ℘ 82 33, Caféterrasse, 🛎, 🛱 – 🅿
   März 2 Wochen und Mitte Nov.- 20. Dez. geschl. – **10 Z : 17 B** 42/45 - 70/100 – 9 Fewo
   70/98.

🏨 **Haus Kristall** ⑤ garni, Kreuzweg 24, ℘ 85 94, 🛱 – ☎ 🅿. 🛱
   Nov.- 15. Dez. geschl. – **11 Z : 21 B** 39/72 - 78.

SCHWANHEIM Rheinland-Pfalz siehe Hauenstein.

SCHWANN Baden-Württemberg siehe Straubenhardt.

SCHWARMSTEDT 3033. Niedersachsen 📖📗📘 ⑮ – 4 300 Ew – Höhe 30 m – ✆ 05071.
♦Hannover 42 – ♦Bremen 88 – Celle 33 – ♦Hamburg 118.

🏨 **Bertram**, Moorstr. 1, ℘ 80 80, Fax 80845, Cafégarten, Fahrradverleih – 🛗 ☎ 🅿 – ⚖ 25/80
   ⒶⒺ ⓄⒹ Ⓔ ⱽⁱˢᴬ. 🛱 Rest
   M a la Karte 30/61 – **44 Z : 74 B** 81/99 - 118/148 Fb.

In Essel-Engehausen 3031 NO : 7 km :

🏠 **Zur Tanne**, Stillhöfen (O : 1,5 km), ℘ (05071) 34 61, 🛱 – 🅿
   25. Okt.- 4. Dez. geschl. – **M** *(Dienstag geschl.)* a la carte 27/39 – **9 Z : 13 B** 38 - 68/80.

An der Straße nach Ostenholz NO : 8 km :

🏨🏨 **Heide-Kröpke** ⑤, ⊠ 3031 Ostenholzer Moor, ℘ (05167) 2 88, Fax 291, « Cafégarten »
   🛎, 🔲, 🛱, 🛱, Fahrradverleih – 🛗 📺 ⚶ ↯ ⇔ 🅿 – ⚖ 30. ⒶⒺ ⓄⒹ Ⓔ ⱽⁱˢᴬ. 🛱
   M a la carte 32/67 – **52 Z : 96 B** 120/140 - 165/185 Fb – 5 Appart. 220 – ½ P 123/180.

SCHWARTAU, BAD 2407. Schleswig-Holstein 📖📗📘 ⑤⑥ – 19 500 Ew – Höhe 10 m – Heilbad
– ✆ 0451 (Lübeck).
🛄 Touristinformation, Eutiner Ring 12, ℘ 20 04 45.
♦Kiel 72 – ♦Lübeck 8 – Oldenburg in Holstein 50.

🏨 **Waldhotel Riesebusch** ⑤, Sonnenweg, ℘ 2 15 81, 🛱 – 📺 ☎ ⇔ 🅿. ⒶⒺ Ⓔ. 🛱
   24.- 31. Dez. geschl. – **M** *(Donnerstag geschl.)* a la carte 27/55 – **14 Z : 24 B** 60 - 100/
   120 Fb.

In Ratekau 2401 NO : 4 km über die B 207 :

🏨 **Zur Linde**, Hauptstr. 13, ℘ (04504) 2 84, 🛱 – 🅿 – **13 Z : 26 B** – 7 Fewo.

In Ratekau-Techau 2409 NO : 6 km über die B 207 :

🏨 **Rethschänke**, Johannes-Brammer-Str. 1, ℘ (04504) 37 39 – ⇔ 🅿 – *(nur Abendessen)* –
   13 Z : 19 B.

SCHWARZACH 6951. Baden-Württemberg **918** JK 18 – 2 800 Ew – Höhe 213 m – **☉** 06262 (Aglasterhausen).
♦Stuttgart 115 – Heilbronn 42 – ♦Mannheim 53 – ♦Würzburg 110.

In Schwarzach-Unterschwarzach :

🏨 **Haus Odenwald** ⤾, Wildparkstr. 8, ℰ 8 01, 佘, ⇔, ◳, 槑 – ☒ ☎ ⇔ ◲ – 🛁 30.
   ﴾Ⓔ Ⓔ
   M a la carte 26/56 – **24 Z : 47 B** 70/90 - 128/134 Fb – ½ P 82/108.

SCHWARZACH 8719. Bayern **918** N 17 – 3 100 Ew – Höhe 200 m – **☉** 09324.
♦München 255 – ♦Bamberg 47 – Gerolzhofen 9 – Schweinfurt 35 – ♦Würzburg 33.

Im Ortsteil Münsterschwarzach :

🏨 **Zum Benediktiner** ⤾ garni, Weideweg 7, ℰ 8 51, Telex 689355, 槑 – ☒ ☎ ჭ ⇔ ◲.
   Ⓔ Ⓔ 𝗩𝗜𝗦𝗔
   32 Z : 64 B 65/75 - 98/130 Fb.

✗ **Gasthaus zum Benediktiner**, Schweinfurter Str. 31, ℰ 37 05, 佘 – ◲. Ⓔ Ⓔ 𝗩𝗜𝗦𝗔
   22.- 28. Dez. geschl. – **M** a la carte 28/57 ♨.

SCHWARZENBACH AM WALD 8678. Bayern **918** R 16 – 6 500 Ew – Höhe 667 m – Wintersport : ⚐3 – **☉** 09289.
Ausflugsziel : Döbraberg : Aussichtsturm ⚹ *, SO : 4 km und 25 min. zu Fuß.
♦München 283 – Bayreuth 54 – Coburg 64 – Hof 24.

In Schwarzenbach - Schübelhammer SW : 7 km :

🏤 **Zur Mühle**, an der B 173, ℰ 4 24, ⇔, ◳ – ⇔ ◲
   21 Z : 36 B.

In Schwarzenbach - Schwarzenstein SW : 2 km :

🏤 **Rodachtal**, Alte Bundesstr. 173, ℰ 2 39, 佘, 槑 – ⇔ ◲
➡ Mitte Okt.- Mitte Nov. geschl. – **M** (Montag geschl.) a la carte 17/31 ♨ – **28 Z : 43 B** 29/38 - 56/74 – ½ P 39/48.

SCHWARZENBACHTALSPERRE Baden-Württemberg siehe Forbach.

SCHWARZENBERG Baden-Württemberg siehe Baiersbronn.

SCHWARZENBRUCK 8501. Bayern **918** Q 18 – 8 000 Ew – Höhe 360 m – **☉** 09128.
♦München 157 – ♦Nürnberg 21 – ♦Regensburg 92.

In Schwarzenbruck-Ochenbruck :

🏤 **Hellmann**, Regensburger Str. 32 (B 8), ℰ 21 76, 佘, ⇔ – ◲
➡ **M** (Freitag geschl.) a la carte 18/30 – **37 Z : 45 B** 30/45 - 60/80 Fb.

SCHWARZENFELD 8472. Bayern **918** T 18. **987** ㉗ – 6 000 Ew – Höhe 363 m – **☉** 09435.
🔭 Kemnath bei Fuhrn (SO : 9 km), ℰ (09439) 4 66.
♦München 175 – ♦Nürnberg 82 – ♦Regensburg 53 – Weiden in der Oberpfalz 38.

🏨 **Brauerei-Gasthof Bauer**, Hauptstr. 30, ℰ 15 05, ⇔ – ☎ ◲. Ⓔ Ⓔ 𝗩𝗜𝗦𝗔
➡ 24. Dez.- 6. Jan. geschl. – **M** (Samstag geschl.) a la carte 15/35 – **40 Z : 70 B** 30/50 - 55/90 Fb.

In Fensterbach - Wolfringmühle 8451 W : 7,5 km :

🏨 **Wolfringmühle** ⤾, ℰ (09438) 3 26, Fax 1070, Biergarten, ⇔, ◳, 槑 – ☒ ☎ ◲ – 🛁 25/200. Ⓔ
➡ 15.- 31. Jan. geschl. – **M** a la carte 16/33 – **30 Z : 65 B** 48/55 - 90/92 – ½ P 55/60.

SCHWARZWALDHOCHSTRASSE Baden-Württemberg **918** HJ 20, 21 – 50 km lange Höhenstraße★★ von Baden-Baden bis Freudenstadt – Wintersport : 700/1 166 m ⚐21 ⚐6

Stadtplan siehe nächste Seite.

🏰 ❀ **Schloßhotel Bühlerhöhe - Restaurant Imperial** ⤾, Höhe 800 m, ⊠ 7580 Bühl 13, ℰ (07226) 55 100, Telex 722610, Fax 55777, ≤ Schwarzwald und Rheinebene, 佘, « Park », Bade- und Massageabteilung, ♨, ⇔, ◳, 槑, ✗ (Halle) – 📶 ☰ Rest ☒ ⇔ ◲ – 🛁 25/80. Ⓔ Ⓔ Ⓔ 𝗩𝗜𝗦𝗔. ✿ Rest
   M 96/148 und a la carte 82/92 – **Schloßrestaurant M** a la carte 54/85 – **90 Z : 170 B** 215/325 - 440/510 – 25 Appart. ab 600 – ½ P 275/385
   Spez. Gänseleberterrine, Pochiertes Rinderfilet mit Portweinsauce, Gratinierte Früchte mit Mohneis.

🏰 **Plättig**, Höhe 800 m, ⊠ 7580 Bühl 13, ℰ (07226) 5 53 00, Telex 722610, Fax 55444, ≤, 佘, ⇔, ◳, 槑 – 📶 ☒ ⇔ ◲ – 🛁 25/110. Ⓔ Ⓔ Ⓔ 𝗩𝗜𝗦𝗔
   M a la carte 38/57 – **69 Z : 115 B** 90/105 - 110/125 Fb – 8 Appart. 220/280 – ½ P 110/125.

749

Halten Sie beim Betreten
des Hotels oder des Restaurants
den Führer in der Hand.
Sie zeigen damit, daß Sie aufgrund
dieser Empfehlung gekommen sind.

Die Hotels sind in der Reihenfolge
von Baden-Baden
nach Freudenstadt angegeben

Les hôtels sont indiqués suivant l'itinéraire
Baden-Baden à Freudenstadt

The hotels are listed as they are found
on the route from Baden-Baden
to Freudenstadt

Gli alberghi sono indicati seguendo
l'itinerario : Baden-Baden - Freudenstadt

🏛 **Höhenhotel Unterstmatt**, Höhe 930 m, ⊠ 7580 Bühl 13, ℰ (07226) 2 04, 🏭, 🚞.
Skiverleih – 📳 📺 ☎ ⇔ 🅿. 🖭 ⓪ Ε 𝘝𝘐𝘚𝘈
April 2 Wochen und 2. Nov.- 15. Dez. geschl. – **M** (Montag 16 Uhr - Dienstag geschl.) a la
carte 47/77 – **16 Z : 28 B** 55/65 - 110/180 – ½ P 80/115.

🏯 **Berghotel Mummelsee**, Höhe 1 036 m, ⊠ 7596 Seebach, ℰ (07842)10 88, ≤, 🏭 – 📺
← 🅿. 🖭 Ε 𝘝𝘐𝘚𝘈
Mitte Nov.- 23. Dez. geschl. – **M** a la carte 21/42 – **30 Z : 55 B** 30/43 - 60/86 – ½ P 55/68.

🏛 **Schliffkopfhotel** (mit 🏯 Berggasthof), Höhe 1 025 m, ⊠ 7292 Baiersbronn-Schliff-
kopf, ℰ (07449) 2 05, Fax 1247, ≤ Schwarzwald, 🚩s, 🔲, 🚿, 🤹 – 📳 📺 ☎ 🅿 – 🕍 30.
🛠 Zim
26. März - 4. April und 19. Nov.- 21. Dez. geschl. – **M** a la carte 29/58 – **36 Z : 60 B** 40/110 -
80/160.

Auf dem Kniebis – Höhe 935 m – ⊠ **7290** Freudenstadt 1-Kniebis :

🏛 **Waldblick** 🌲, Eichelbachstr. 47, ℰ (07442) 20 02, 🔲, 🚿 – 📳 📺 ☎ ⇔ 🅿 – 🕍 25/80.
Ε. 🛠 Rest
April 2 Wochen und 15. Nov.- 18. Dez. geschl. – **M** (Dienstag geschl.) a la carte 30/54 –
34 Z : 62 B 50/105 - 94/180 Fb – ½ P 73/116.

✗ **Moosgrund** 🌲 mit Zim, Eichelbachstr. 76, ℰ (07442) 21 40, 🏭 – 📺 🅿. Ε. 🛠 Rest
April geschl. – **M** (Montag geschl.) a la carte 30/60 – **3 Z : 6 B** 44/60 - 88.

In Kniebis-Dorf – Höhe 920 m – Luftkurort – ⊠ **7290** Freudenstadt 1-Kniebis – ◎ 07442 :

🏠 **Kniebishöhe** 🌲, Alter Weg 42, ℰ 23 97, 🚩s – 📳 ☎ 🗘 🅿
18.- 30. April und 5. Nov.- 15. Dez. geschl. – **M** (Dienstag geschl.) a la carte 25/49 🍴 –
14 Z : 26 B 40/45 - 76/110 Fb – ½ P 55/70.

🏠 **Klosterhof**, Alte Paßstr. 49, ℰ 21 15, 🚩s, 🔲, 🚿 – 📳 ☎ 🅿. Ε 𝘝𝘐𝘚𝘈
Nov.- 15. Dez. geschl. – **M** (Sonntag 14 Uhr - Montag geschl.) a la carte 24/38 – **22 Z : 40 B**
35/60 - 60/110 Fb – 5 Fewo 50/100 – ½ P 45/70.

🏠 **Café Günter**, Baiersbronner Str. 26, ℰ 21 14 – 📳 📺 ☎ ⇔ 🅿. Ε
2. Nov.- 15. Dez. geschl. – **M** a la carte 21/40 🍴 – **17 Z : 30 B** 37/60 - 64/110 – 3 Fewo
50/85.

SCHWEDENECK 2307. Schleswig-Holstein – 3 000 Ew – Höhe 2 m – Seebad – ☎ 04308.
♦Kiel 20 – Flensburg 75.

In Schwedeneck - Dänisch-Nienhof :

🏠 Zur Schmiede, Eckernförder Str. 49, ℰ 3 24, 🍴 – 🅿
   24 Z : 45 B Fb.

SCHWEICH 5502. Rheinland-Pfalz 987 ㉓ – 5 700 Ew – Höhe 125 m – ☎ 06502.
🛈 Verkehrsamt im Rathaus, Brückenstr. 26 (B 49), ℰ 40 71 17.
Mainz 149 – Bernkastel-Kues 36 – ♦Trier 13 – Wittlich 24.

🏠 **Haus Grefen**, Brückenstr. 31 (B 49), ℰ 30 81, 🍴 – ☎ 🅿. 🖭 ⓪ E
━ 28. Jan.- 26. Feb. geschl. – **M** a la carte 21/43 ⅜ – **22 Z : 41 B** 40/60 - 80/85.

🏠 **Zur Moselbrücke**, Brückenstr. 1 (B 49), ℰ 10 68, 😀, 🍴 – ☎ ⟵⟶ 🅿. 🖭 ⓪ E 💳
━ 1.- 21. Jan. geschl. – **M** a la carte 19/43 ⅜ – **23 Z : 50 B** 45/60 - 75/90.

🏠 **Leinenhof**, an der B 49 (N : 1,5 km), ℰ 26 57, 😀, 🍴 – ⟵⟶ 🅿. E
━ Ende Dez.- Mitte Jan. geschl. – **M** (Montag geschl.) a la carte 20/37 **24 Z : 46 B** 40/42 - 70/72.

🏠 **Bender**, Hofgartenstr. 21, ℰ 84 06, 🚬 – 🅿
━ 20. Dez.- 15. Jan. geschl. – **M** (Mittwoch bis 16 Uhr geschl.) a la carte 18/34 – **15 Z : 33 B** 35/40 - 70/80.

SCHWEIGEN-RECHTENBACH 6749. Rheinland-Pfalz 413 GH 19. 242 ㉒. 87 ② – 1 300 Ew – Höhe 220 m – ☎ 06342.
Mainz 162 – ♦Karlsruhe 46 – Landau in der Pfalz 21 – Pirmasens 47 – Wissembourg 4.

🏠 **Am deutschen Weintor** garni, Bacchusstr. 1 (Rechtenbach), ℰ 73 35 – 🅿
   17 Z : 31 B 45 - 75.

🏠 **Schweigener Hof**, Hauptstr. 2 (B 38, Schweigen), ℰ 2 44, 😀 – 🅿
━ Jan. 2 Wochen geschl. – **M** (Montag geschl.) a la carte 17/36 ⅜ – **12 Z : 23 B** 35/45 - 68/75.

✕ Zur Traube 🐌 mit Zim, Gartenstr. 7 (Schweigen), ℰ 72 64 – 🅿
   5 Z : 10 B.

SCHWEINBERG Baden-Württemberg siehe Hardheim.

━━ *Per spostarvi più rapidamente utilizzate le* **carte Michelin ''Grandi Strade''** *:*
   nº 920 *Europa, nº* 980 *Grecia, nº* 984 *Germania, nº* 985 *Scandinavia-Finlandia,*
   nº 986 *Gran Bretagna-Irlanda, nº* 987 *Germania-Austria-Benelux, nº* 988 *Italia,*
   nº 989 *Francia, nº* 990 *Spagna-Portogallo, nº* 991 *Jugoslavia.*

SCHWEINFURT 8720. Bayern 413 N 16. 987 ㉖ – 51 500 Ew – Höhe 226 m – ☎ 09721.
🛈 Schweinfurt-Information, Rathaus, ℰ 5 14 98.
ADAC, Rückertstr. 17, ℰ 2 22 62, Telex 673321.
♦München 287 ② – ♦Bamberg 57 ① – Erfurt 156 ⑤ – Fulda 85 ④ – ♦Würzburg 44 ③.

Stadtplan siehe nächste Seite.

🏨 **Roß - Restaurant Roß-Stuben** 🐌, Postplatz 9, ℰ 2 00 10, Telex 673222, 😀, 🚬, 🔲 –
   🛗 📺 ☎ 🕭 ⟵⟶ – 🔬 25/40. ⓪ E 💳   Z r
   21. Dez.- 10. Jan. geschl. – **M** (Montag bis 18 Uhr sowie Sonn- und Feiertage geschl.) a la
   carte 25/55 – **50 Z : 85 B** 60/110 - 110/160 Fb.

🏨 **Luitpold** garni, Luitpoldstr. 45, ℰ 8 80 25 – 📺 ☎ 🅿 – 🔬   Z n
   40 Z : 65 B Fb – 6 Appart..

🏨 **Dorint Hotel** garni, Am Oberen Marienbach 1, ℰ 14 81, Telex 673358 – 🛗 📺 ☎   Y a
   75 Z : 150 B Fb.

🏠 **Zum Grafen Zeppelin**, Cramerstr. 7, ℰ 2 21 73, Fahrradverleih – ☎. 🖭 ⓪ E   Z u
━ **M** (Sonntag ab 15 Uhr geschl.) a la carte 21/44 ⅜ – **28 Z : 50 B** 43/66 - 80/120 Fb.

🏠 **Parkhotel** garni, Hirtengasse 6a, ℰ 12 77 – 🛗 📺 ☎ ⟵⟶. 🖭 E   Z s
   23. Dez.- 9. Jan. geschl. – **38 Z : 55 B** 82/95 - 100/125 Fb.

🏠 **Central-Hotel** garni, Zehntstr. 20, ℰ 2 00 90, Telex 673349 – 🛗 📺 ☎ ⟵⟶. 🖭 ⓪ E 💳   Y x
   35 Z : 65 B 68/105 - 108/148 Fb.

✕ Brauhaus am Markt, Am Markt 30, ℰ 1 63 16, 😀 – 🔬   Y e

In Bergrheinfeld 8722 ③ : 5 km :

🏠 **Weißes Roß**, Hauptstr. 65 (B 26), ℰ (09721) 9 01 23, 😀 – 🅿
━ 2.- 16. Jan. und 23. Juli - 12. Aug. geschl. – **M** (Montag geschl.) a la carte 17/39 ⅜ – **41 Z : 61 B** 30/42 - 68/76.

🏠 **Astoria**, Schweinfurter Str. 117 (B 26), ℰ (09721) 9 00 51 – ☎ ⟵⟶ 🅿. 🖭 E
━ 8.- 22. April und 21. Dez.- 7. Jan. geschl. – **M** (Sonn- und Feiertage geschl.) a la carte 15/33 – **70 Z : 105 B** 30/42 - 56/74.

751

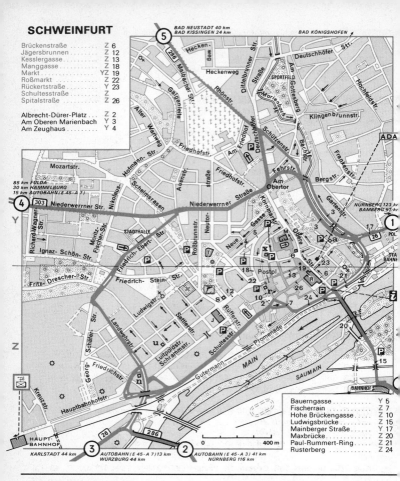

SCHWEINFURT

Brückenstraße	Z 6
Jägersbrunnen	Z 12
Kesslergasse	Z 13
Manggasse	Z 18
Markt	YZ 19
Roßmarkt	Z 22
Rückertstraße	Y 23
Schultesstraße	Y
Spitalstraße	Z 26
Albrecht-Dürer-Platz	Z 2
Am Oberen Marienbach	Y 3
Am Zeughaus	Y 4

Bauerngasse	Y 5
Fischerrain	Z 7
Hohe Brückengasse	Z 10
Ludwigsbrücke	Y 15
Mainberger Straße	Y 17
Maxbrücke	Z 20
Paul-Rummert-Ring	Z 21
Rusterberg	Z 24

SCHWEITENKIRCHEN 8069. Bayern **413** R 21 – 4 000 Ew – Höhe 520 m – ۞ 08444.
♦München 46 – ♦Augsburg 70 – Landshut 60 – ♦Nürnberg 123.

Im Ortsteil Geisenhausen N : 6 km :

🏛 **Liebhardt**, Hauptstr. 3, ℰ (08441) 50 20 – ℗
➡ 15. Nov.- 14. Dez. geschl. – **M** a la carte 17/30 – **14 Z : 24 B** 36/38 - 52/64.

An der Autobahn A 9 :

🏨 Motel Holledau, ⌧ 8069 Schweitenkirchen-Geisenhausen, ℰ 8 59 64 – 🔥 ⇌ ℗
25 Z : 42 B (Frühstück im Rasthaus).

SCHWELM 5830. Nordrhein-Westfalen **987** ⑭ – 31 200 Ew – Höhe 220 m – ۞ 02336.
♦Düsseldorf 50 – Hagen 16 – Wuppertal 9.

🏨 **Haus Wünsche** ⬎, Göckinghofstr. 47, ℰ 8 20 30, ≤, ☎, ⅏ – 📺 ☎ ⇌ ℗ – 🔔 25/40.
AE ① E VISA ✺
Aug. geschl. – (nur Abendessen für Hausgäste) – **19 Z : 25 B** 65/75 - 90/100.

🏨 **Frese**, Schultstr. 56, ℰ 29 63
Juni - Juli 3 Wochen geschl. – **M** (Freitag 15 Uhr - Samstag und über Weihnachten geschl.)
a la carte 30/60 – **16 Z : 25 B** 45/65 - 80/95.

SCHWEND Bayern siehe Birgland.

SCHWENDI 7959. Baden-Württemberg 🗺️🗺️🗺️ MN 22. 🗺️🗺️🗺️ ⊛. 🗺️🗺️🗺️ ⑭ – 5 300 Ew – Höhe 530 m – ✪ 07353.

◆Stuttgart 127 – Memmingen 36 – Ravensburg 67 – ◆Ulm (Donau) 35.

🏛️ **Zum Stern**, Hauptstr. 32, ℰ 29 41 – ℗
➤ **M** (Freitag geschl.) a la carte 19/45 – **14 Z : 20 B** 28/40 - 52/80.

SCHWENNINGEN / HEUBERG 7476. Baden-Württemberg 🗺️🗺️🗺️ JK 22 – 1 600 Ew – Höhe 864 m – ✪ 07579.

◆Stuttgart 112 – ◆Ulm (Donau) 110 – ◆Konstanz 75 – ◆Freiburg im Breisgau 123.

XX **Landhaus Müller** mit Zim, Hauser Talstr. 23, ℰ 5 95, 🌲 – ℗. 🅰️🅴 ⑪ 🅴 🆅🅸🆂🅰️
12.- 27. Feb. und 19.- 27. Nov. geschl. – **M** (Dienstag geschl.) a la carte 29/44 ⅓ – **5 Z : 8 B** 45 - 90 – ½ P 65.

SCHWERTE 5840. Nordrhein-Westfalen 🗺️🗺️🗺️ ⑭ – 49 800 Ew – Höhe 127 m – ✪ 02304.
Siehe Ruhrgebiet (Übersichtsplan).

◆Düsseldorf 75 – ◆Dortmund 13 – Hagen 19 – Hamm in Westfalen 40.

In Schwerte 6-Geisecke O : 5,5 km :

🏛️ **Gutshof Wellenbad**, Zum Wellenbad 7, ℰ 48 70, 🌲 – 📺 ☎ ℗. 🅰️🅴 ⑪ 🅴 🆅🅸🆂🅰️
M a la carte 49/71 – **11 Z : 18 B** 95/105 - 140/170.

In Schwerte 5-Villigst SO: 3 km :

XX **Haus Becker**, Am Buschufer 7, ℰ 7 31 35, « Gartenterrasse » – ℗. ⑪ 🅴
Donnerstag geschl. – **M** a la carte 45/78.

SCHWETZINGEN 6830. Baden-Württemberg 🗺️🗺️🗺️ I 18. 🗺️🗺️🗺️ ㉘ – 18 000 Ew – Höhe 102 m – ✪ 06202 – Sehenswert : Schloßgarten★★.
🅱️ Verkehrsverein, Schloßplatz (Palais Hirsch), ℰ 49 33.

◆Stuttgart 118 – Heidelberg 10 – ◆Mannheim 16 – Speyer 16.

🏛️ **Adler-Post**, Schloßstr. 3, ℰ 1 00 36, 🌲, 🛋️ – 📺 ☎ ⅖ ⟷ – 🔒 25/50. 🅰️🅴 ⑪ 🅴 🆅🅸🆂🅰️
M (Sonntag 15 Uhr - Montag, 1.- 13. Jan. und 30. Juli - 22. Aug. geschl.) a la carte 39/70 – **29 Z : 49 B** 95/150 - 180/250 Fb.

🏛️ **Am Theater**, Hebelstr. 15 (am Meßplatz), ℰ 1 00 28, Fax 12202, 🌲 – 📺 ☎. 🅰️🅴 ⑪ 🅴 🆅🅸🆂🅰️
Juli - Aug. 2 Wochen geschl. – **M** (außer Festspielzeit Samstag bis 18 Uhr und Sonntag geschl.) a la carte 27/56 ⅓ – **19 Z : 28 B** 89/110 - 166/180 Fb – 4 Appart. 185/280.

🏛️ **Romantik-Hotel Löwe**, Schloßstr. 4, ℰ 2 60 66, Fax 10726, 🌲, Fahrradverleih – 📺 ☎
⟷. 🅰️🅴 ⑪ 🅴 🆅🅸🆂🅰️
M (außer Festspielzeit Sonntag 14 Uhr - Montag geschl.) a la carte 32/82 – **20 Z : 39 B** 115/200 - 170/250 Fb – 3 Appart. 280.

🏠 **Zum Erbprinzen**, Karlsruher Str. 1 (Schloßplatz), ℰ 1 00 42, 🌲 – ☎. 🅰️🅴 ⑪ 🅴 🆅🅸🆂🅰️
M a la carte 30/57 ⅓ – **23 Z : 38 B** 55/85 - 110/140 Fb.

In Ketsch 6834 SW : 5 km :

🏛️ **See-Hotel** ⬙, am Anglersee, ℰ (06202) 66 31, Fax 62080, 🌲, Fahrradverleih – 📺 ☎ ℗ – 🔒 35. 🅴 🆅🅸🆂🅰️
Ende Dez.- Mitte Jan. geschl. – **M** (Sonn- und Feiertage geschl.) a la carte 32/52 – **42 Z : 75 B** 90/98 - 130/150 Fb.

XX **Hirsch**, Hockenheimer Str. 47, ℰ (06202) 6 14 39 – ⑪ 🅴
Dienstag, Ende Jan.- Mitte Feb. und Aug. 2 Wochen geschl. – **M** a la carte 42/59.

XX **Vier Jahreszeiten**, Hohe Wiesenweg 4 (SW : 1,5 km beim Tenniszentrum), ℰ 6 28 59, 🌲 – ℗. 🅰️🅴
Montag - Dienstag 17 Uhr geschl. – **M** a la carte 53/64.

SCHWIEBERDINGEN 7141. Baden-Württemberg 🗺️🗺️🗺️ JK 20 – 9 600 Ew – Höhe 251 m – ✪ 07150.

◆Stuttgart 16 – Heilbronn 42 – ◆ Karlsruhe 66 – Pforzheim 35.

🏠 **Schloßhof**, Bahnhofstr. 4, ℰ 3 32 03 – 📟 ☎ ℗ – **21 Z : 28 B**.

SCHWOLLEN Rheinland-Pfalz siehe Hattgenstein.

SCHWÜLPER Niedersachsen siehe Braunschweig.

SEEBACH 7596. Baden-Württemberg 🗺️🗺️🗺️ H 21. 🗺️🗺️ ㉘ – 1 500 Ew – Höhe 406 m – Luftkurort – ✪ 07842 (Kappelrodeck).
🅱️ Verkehrsbüro, Rathaus, Ruhesteinstr. 21, ℰ 20 60 – ◆Stuttgart 142 – Baden-Baden 48 – Freudenstadt 30.

🏠 **Zum Adler**, Ruhesteinstr. 62 (O : 2 km), ℰ 27 27, 🌲, 🍴, ℅ – ☎ ℗. 🅰️🅴. ⅗
➤ April geschl. – **M** (Dienstag geschl.) a la carte 21/50 ⅓ – **12 Z : 28 B** 50/55 - 80/120 Fb.

🏠 **Pension Bohnert** ⬙ garni, Bohnertshöfe 6, ℰ 31 61, 🛋️, 🍴 – ℗
Nov.- 26. Dez. geschl. – **9 Z : 18 B** 43 - 78 – 3 Fewo 60/90.

753

SEEBRUCK Bayern siehe Seeon-Seebruck.

SEEDORF Schleswig-Holstein siehe Ratzeburg.

SEEFELDEN Baden-Württemberg siehe Uhldingen-Mühlhofen.

SEEG 8959. Bayern 413 O 24, 426 ⑤ – 2 300 Ew – Höhe 854 m – Luftkurort – 🕲 08364.
🛈 Verkehrsamt, Hauptstr. 26, 𝒫 6 42.
♦München 142 – Kempten (Allgäu) 34 – Pfronten 11.

🏠 **Pension Heim** ⤸, Aufmberg 8, 𝒫 2 58, ≤ Voralpenlandschaft, 🚗, 🍴 – 🕿 🄿. ⅍ Rest
Nov.- 20. Dez. geschl. – (nur Abendessen für Hausgäste) – **18 Z : 33 B** – ½ P 64/81 –
120/130.

In Rückholz-Seeleuten 8961 SW : 2 km :

🏠 **Café Panorama** ⤸, 𝒫 (08364) 2 48, ≤ Voralpenlandschaft, 🍴 – ⇐ 🄿
Nov.- 20. Dez. geschl. – (Restaurant nur für Hausgäste) – **20 Z : 36 B** 28/42 - 56/82 –
½ P 35/45.

SEEHEIM-JUGENHEIM 6104. Hessen 413 IJ 17, 987 ⑳ – 16 600 Ew – Höhe 140 m – Luftkurort
– 🕲 06257.
♦Wiesbaden 56 – ♦Darmstadt 13 – Heidelberg 47 – Mainz 48 – ♦Mannheim 44.

Im Ortsteil Jugenheim :

🏨 **Jugenheim** ⤸ garni, Hauptstr. 54, 𝒫 20 05 – 📺 🕿 🄿. 🄰🄴 ⓞ E 𝚅𝙸𝚂𝙰. ⅍
15. Dez.- 10. Jan. geschl. **18 Z : 27 B** 75/90 - 98/135 Fb.

🏠 **Brandhof** ⤸, Im Stettbacher Tal 61 (O: 1,5 km), 𝒫 26 89, 🍴 – 📺 🕿 🄿 – 🔬 40. ⓞ E
M a la carte 25/52 ⅄ – **45 Z : 70 B** 60/70 - 100/110.

Im Ortsteil Malchen :

🏠 **Malchen** ⤸, Im Grund 21, 𝒫 (06151) 5 50 31 – 📺 🕿 🕭 ⇐ 🄿. 🄰🄴 ⓞ E 𝚅𝙸𝚂𝙰
(nur Abendessen für Hausgäste) – **21 Z : 46 B** 85/105 - 130/145 Fb.

SEELBACH 7633. Baden-Württemberg 413 G 22, 242 ㉘, 87 ⑥ – 4 500 Ew – Höhe 217 m –
Luftkurort – 🕲 07823.
♦Stuttgart 175 – ♦Freiburg im Breisgau 61 – Offenburg 33.

🏠 **Ochsen**, Hauptstr. 100, 𝒫 20 34, Fax 2036, 🍴, Fahrradverleih – ⇐ 🄿 – 🔬 35. ⓞ E
🔻 𝚅𝙸𝚂𝙰. ⅍ Zim
Feb. 2 Wochen geschl. – **M** (Mittwoch geschl.) a la carte 20/43 ⅄ – **29 Z : 54 B** 57 - 94.

In Seelbach-Schönberg NO : 6 km – Höhe 480 m :

🏠 **Geroldseck** garni (Mahlzeiten im Restaurant Löwen), 𝒫 20 44, Fax 5500, ≤, 🚬, 🔲, 🍴 –
🕿 ⇐ 🄿 – 🔬 25. ⓞ E
26 Z : 52 B 64/85 - 118/160 Fb.

✕ **Löwen** (Gasthof a.d.J. 1370), an der B 415, 𝒫 20 44, Fax 5500, ≤, 🍴 – 🄿. ⓞ E
Montag geschl. – **M** a la carte 29/67.

SEELBACH Rheinland-Pfalz siehe Hamm (Sieg).

SEEON-SEEBRUCK 8221. Bayern 413 U 23 – 4 450 Ew – Höhe 540 m – Erholungsort –
🕲 08624 (Seeon) und 08667 (Seebruck).
Sehenswert : Chiemsee★.
🛈 Verkehrsamt Seebruck, Am Anger 1, 𝒫 71 33.
🛈 Verkehrsamt Seeon, Weinbergstr. 6, 𝒫 21 55.
♦München 80 – Rosenheim 39 – Wasserburg am Inn 26.

Im Ortsteil Seebruck 987 ㊲, 426 ⑱ – Luftkurort :

🏨 **Wassermann**, Ludwig-Thoma-Str.1, 𝒫 87 10, Fax 871498, ≤, 🍴, 🚬, 🔲, Fahrradverleih
– 📳 📺 🕿 🄿 – 🔬 40. 🄰🄴 ⓞ E 𝚅𝙸𝚂𝙰. ⅍ Rest
M a la carte 26/57 – **41 Z : 90 B** 71/96 - 112/138 Fb – ½ P 89/99.

🏠 **Gästehaus Kaltner** garni, Traunsteiner Str. 4, 𝒫 71 14, 🚬, 🚴, 🍴 – 📺 🕿 ⇐ 🄿
16 Z : 29 B Fb – 14 Fewo.

✕✕ **Segelhafen**, Im Jachthafen 7, 𝒫 6 11, ≤, 🍴 – 🄿. 🄰🄴 ⓞ E 𝚅𝙸𝚂𝙰
Montag und Nov. geschl. – **M** a la carte 33/70.

Im Ortsteil Seebruck-Lambach SW : 3 km ab Seebruck :

🏨 **Landgasthof Lambachhof**, 𝒫 4 27, Biergarten, 🚴, 🍴, Bootssteg – 📺 🕿 🄿
33 Z : 70 B – 5 Appart..

🏠 **Malerwinkel**, 𝒫 4 88, Terrasse mit ≤ Chiemsee und Alpen, 🚬, 🚴, 🍴 – 📺 🕿 🄿. E
M (Tischbestellung ratsam) a la carte 29/63 – **20 Z : 46 B** 65/95 - 110/140.

Im Ortsteil Seeon :

🏠 **Schanzenberg** ⬙, Schanzenberg 1, ℰ 20 31, ≤, « Gartenterrasse, Oldtimermuseum »,
🐾, 🖭 – 🔟 ☎ 🅿 – 🔏 30. 🆎 **E**
M *(nur Abendessen, Tischbestellung ratsam)* a la carte 38/65 – **20 Z : 38 B** 80/90 - 115/160.

🏠 **Parkhotel Sandau** ⬙ garni, Werlinstr. 9, ℰ 25 80, 🚲, Fahrradverleih – 🅿
Nov. geschl. – **21 Z : 38 B** 41/60 - 70/112.

Im Ortsteil Seeon-Roitham S : 4 km ab Seeon :

🏤 **Gruber-Alm** ⬙, Almweg 18, ℰ (08667) 6 96, ≤, 🚡, 🚲 – 🅿 ① **E**
26. Okt. - 20. Nov. geschl. – **M** *(Okt.- März Montag - Dienstag geschl.)* a la carte 20/44 🍴 –
19 Z : 34 B 33/45 - 62/76 – ½ P 43/53.

SEESEN 3370. Niedersachsen 🔢 ⑮⑯ – 21 800 Ew – Höhe 250 m – ✪ 05381.

🚹 Städt. Verkehrsamt, Marktstr. 1, ℰ 7 52 43 – ◆Hannover 77 – ◆Braunschweig 62 – Göttingen 53 – Goslar 26.

🏤 **Goldener Löwe**, Jacobsonstr. 20, ℰ 12 01 – ☎ ⟨⟩, 🆎 ① **E** 🆅🆂🅰
M a la carte 35/68 – **31 Z : 55 B** 79/110 - 112/168 Fb.

🏤 **Wilhelmsbad**, Frankfurter Str. 10, ℰ 10 35 – 🔟 ☎ ⟨⟩ 🅿. 🆎 ① **E** 🆅🆂🅰
Mitte Juli - Mitte Aug. geschl. – **M** *(Sonntag geschl.)* a la carte 20/46 – **16 Z : 25 B** 40/80 - 60/140.

SEEVETAL 2105. Niedersachsen 🔢 ⑤ ⑮ – 35 000 Ew – Höhe 25 m – ✪ 04105.

🏌 Am Golfplatz 24, ℰ 23 31 – ◆Hannover 130 – ◆Bremen 101 – ◆Hamburg 22 – Lüneburg 33.

In Seevetal 1-Hittfeld :

🏨 **Krohwinkel**, Kirchstr. 15, ℰ 25 07, Spielbank im Hause – 🔟 ☎ 🅿 – 🔏 35. 🆎 ① **E** 🆅🆂🅰
M a la carte 26/57 – **16 Z : 27 B** 77/85 - 115/128.

🏨 **Meyer's Hotel** garni, Hittfelder Twiete 1, ℰ 28 27 – 🔟 ☎ 🅿. 🆎 **E**
16 Z : 28 B 89/105 - 145/168 Fb.

🏠 **Zur Linde**, Lindhorster Str. 3, ℰ 20 23, Fax 20 25, « Gartenterrasse » – 🔟 ☎ 🅿
M a la carte 24/44 – **26 Z : 51 B** 60 - 92 Fb.

In Seevetal 1-Karoxbostel :

🏠 **Derboven**, Karoxbosteler Chaussee 68, ℰ 24 87 – 🅿
23. Dez.- 1. Jan. und Juli geschl. – **M** *(Freitag - Samstag geschl.)* a la carte 18/40 – **28 Z : 40 B** 35/48 - 66/86 Fb.

In Seevetal 3-Maschen :

🏠 **Maack**, Hamburger Str. 6 (B 4), ℰ 8 30 31 – 🔟 ☎ 🅿 – 🔏 25/50. 🆎 ① **E** 🆅🆂🅰
M 14/24 (mittags) und a la carte 27/44 – **41 Z : 66 B** 49/65 - 78/95 Fb.

SEEWALD 7291. Baden-Württemberg 🔢 I 21 – 2 100 Ew – Höhe 750 m – Luftkurort –
Wintersport : 700/900 m ⟨1 ⟨2 – ✪ 07448.

🚹 Rathaus in Besenfeld, Freudenstädter Str. 12, ℰ (07447) 10 07.

◆Stuttgart 76 – Altensteig 13 – Freudenstadt 23.

In Seewald-Besenfeld – ✪ 07447 :

🏨 **Oberwiesenhof** ⬙, Freudenstädter Str. 60, ℰ 10 01, Fax 897, 🏔, 🚡, 🔲, 🚲, 🎿 – 🛗
🔟 ☎ ⟨⟩ 🅿 – 🔏 25/50. 🆎 ① **E** 🆅🆂🅰. 🎾 Rest
M 23 (mittags) und a la carte 33/66 – **55 Z : 98 B** 70/90 - 130/182 Fb – ½ P 91/116.

🏠 **Sonnenblick**, Freudenstädter Str. 40 (B 294), ℰ 3 19, 🔲, 🚲 – 🛗 🔟 ⟨⟩ 🅿. 🎾 Rest
26 Z : 48 B.

🏠 **Café Konradshof** ⬙ garni, Freudenstädter Str. 65 (B 294), ℰ 12 22, 🚲 – 🛗 ☎ ⟨⟩ 🅿
16 Z : 31 B 40/46 - 64/90.

🏠 **Pferdekoppel-Unterwiesenhof** ⬙, Kniebisstr. 65, ℰ 3 64, ≤, 🏔, 🚲, 🎠 (Halle, Schule) – 🔟 ☎ 🅿
6. Nov.- 12. Dez. geschl. – **M** *(Montag geschl.)* a la carte 20/42 – **14 Z : 25 B** 40 - 66/74.

🏠 **Kapplerhof** garni, Römerweg 33, ℰ 4 37, 🚲 – ☎ 🅿 – **17 Z : 30 B**.

In Seewald-Eisenbach :

🏤 **Tannenhof**, Ortsstr. 14, ℰ 2 28, 🚲 – ⟨⟩ 🅿
23. Okt.- 7. Nov. und 27. Nov.- 20. Dez. geschl. – **M** *(Dienstag geschl.)* a la carte 19/40 – **14 Z : 26 B** 39 - 72 – ½ P 47.

In Seewald-Göttelfingen :

🏠 **Traube**, Altensteiger Str. 15, ℰ 2 13, 🚲 – ⟨⟩ 🅿
M *(Nov.- April Donnerstag geschl.)* a la carte 24/49 – **33 Z : 60 B** 39 - 74/78 – 2 Fewo 40 – ½ P 48.

An der Straße Göttelfingen-Altensteig SO : 4 km ab Göttelfingen :

✕ **Kropfmühle** ⬙ mit Zim, ✉ 7291 Seewald-Omersbach, ℰ (07448) 2 44, 🏔, 🚲 – ⟨⟩ 🅿
12 Z : 18 B.

SEGEBERG, BAD 2360. Schleswig-Holstein 987 ⑤ − 15 500 Ew − Höhe 45 m − Luftkurort − ✪ 04551.

🛈 Tourist-Information, Oldesloer Str. 20, ℘ 5 72 33.

◆Kiel 47 − ◆Hamburg 63 − ◆Lübeck 31 − Neumünster 26.

🏨 **Intermar Kurhotel** ⑤, Kurhausstr. 87, ℘ 80 40, Telex 261619, Fax 804602, ≤, 🏤, ≘s, 🔼 − 🛗 📺 ☎ ⚡ ⬅ − 🛦 25/450. 🆎 ⓞ 🗲 VISA
M a la carte 37/62 − **100 Z : 200 B** 99/109 - 169/299 Fb.

🏠 **Central Gasthof**, Kirchstr. 32, ℘ 27 83 − ⬅, 🆎 ⓞ 🗲
Okt. 3 Wochen geschl. − M a la carte 23/44 − **11 Z : 20 B** 45/55 - 80/95.

✗ Haus des Handwerks, Hamburger Str. 24, ℘ 41 40.

In Bad Segeberg-Schackendorf NW : 5 km :

✗✗ Immenhof, Neukoppel 1, ℘ 32 44, 🏤 − ⚡.

In Bark-Bockhorn 2361 W : 12 km :

🏠 **Schaefer** garni, Bockhorner Landstr. 10 a(B 206), ℘ (04558) 10 66 − 📺 ☎ ⚡
11 Z : 25 B 55 - 102.

In Högersdorf 2360 SW : 3,5 km :

✗✗ **Holsteiner Stuben** ⑤ mit Zim, Dorfstr. 19, ℘ (04551) 40 41, �̃ − ☎ ⚡ − 🛦 60. 🆎 ⓞ 🗲 VISA
M (Mittwoch geschl.) a la carte 29/46 − **6 Z : 10 B** 65 - 100.

In Rohlstorf-Warder 2361 NO : 8 km :

🏠 **Am See** ⑤, Seestr. 25, ℘ (04559) 7 16, Fax 720, 🏤, ≘s, �̃ − 🛗 📺 ☎ ⬅ ⚡ − 🛦 25/100. 🗲
M 25 (mittags) und a la carte 37/56 − **35 Z : 73 B** 58/79 - 89/118 − ½ P 65/99.

In Leezen 2361 SW : 10 km :

🏠 **Teegen**, Heiderfelder Str. 5 (B 432), ℘ (04552) 2 90, ≘s, 🔼 (Gebühr), �̃ − ⬅ ⚡ − 🛦 40. 🆎 ⓞ 🗲 VISA
Mitte Juli - Anfang Aug. geschl. − M (Montag geschl.) a la carte 18/30 − **17 Z : 25 B** 30/42 - 60/84 − ½ P 40/52.

SEHNDE 3163. Niedersachsen 987 ⑮ − 18 500 Ew − Höhe 64 m − ✪ 05138.
◆Hannover 17 − ◆Braunschweig 48 − Hildesheim 38.

In Sehnde 4-Bilm NW : 5 km :

🏨 **Parkhotel Bilm** ⑤, Behmerothsfeld 6, ℘ 20 47, Telex 922485, Fax 2359, ≘s, 🔼, �̃ − 🛗 📺 ☎ ⚡ − 🛦 30. ⓞ 🗲 VISA
M (nur Abendessen) a la carte 38/66 − **54 Z : 74 B** 85/215 - 110/340 Fb.

In Sehnde 14-Müllingen SW : 7 km :

✗✗ Müllinger Tivoli ⑤ mit Zim, Müllinger Str. 41, ℘ 13 80, 🏤 − ⚡
8 Z : 14 B.

SEHRINGEN Baden-Württemberg siehe Badenweiler.

SELB 8672. Bayern 413 T 16, 987 ㉗ − 21 000 Ew − Höhe 555 m − ✪ 09287.
🛈 Verkehrsverband für Nordostbayern, Friedrich-Ebert-Str. 7, ℘ 27 59.
◆München 291 − Bayreuth 62 − Hof 27.

🏨 **Rosenthal-Casino** ⑤, Kasinostr. 3, ℘ 7 89 24, Telex 643521, « Zimmer mit moderner Einrichtung und Dekor verschiedener Künstler » − 📺 ☎ ⚡. 🆎 ⓞ 🗲 VISA
Jan. 1 Woche und Aug. 2 Wochen geschl. − M (Samstag bis 17 Uhr und Sonntag geschl.)
a la carte 30/55 − **20 Z : 26 B** 75/85 - 105/110 Fb.

🏨 **Parkhotel**, Franz-Heinrich-Str. 29, ℘ 7 89 91, Telex 61124, Fax 3222, ≘s − 🛗 📺 ☎ ⚡. 🆎 🗲
M (nur Abendessen, Samstag und Aug.- Sept. 3 Wochen geschl.) a la carte 26/43 − **40 Z : 66 B** 69/75 - 98/155 Fb.

🏠 **Schmidt**, Bahnhofstr. 19, ℘ 7 89 01 (Hotel) 7 95 67 (Rest.) − 📺 ☎
M (Freitag und 10. Aug.- 3. Sept. geschl.) a la carte 21/43 − **20 Z : 32 B** 45/72 - 75/90.

✗✗ **Altselber-Stuben** mit Zim, Martin-Luther-Platz 5, ℘ 22 00 − ☎. ⓞ 🗲
Mitte Aug.- Mitte Sept. geschl. − M (Montag geschl.) a la carte 25/45 🏷 − **6 Z : 12 B** 70 - 85 Fb.

Im Wellertal S : 6 km Richtung Schirnding :

✗✗ Gut Blumenthal ⑤ mit Zim (ehem. Gutshof mit Hutschenreuther-Museum), Blumenthal 2, ✉ 8672 Selb, ℘ (09235) 5 28, 🏤 − 📺 ☎ ⚡. ✳
(Italienische Küche) − **7 Z : 14 B**.

SELBECKE Nordrhein-Westfalen siehe Kirchhundem bzw. Hagen.

SELBITZ 8677. Bayern 413 S 16 − 5 000 Ew − Höhe 525 m − © 09280.
◆München 285 − Bayreuth 56 − Hof 15.

  🏛 **Napoleon**, Mühlberg 4, ℰ 16 60 − ⇌ **℗**. ⅀
    (nur Abendessen für Hausgäste) − **7 Z : 12 B** 30 - 60.

    In Selbitz-Stegenwaldhaus O : 4 km über die B 173, in Sellanger rechts ab :

  🏛 **Leupold** ⑊, ℰ 2 72, 🌲 − ⇌ **℗**
  →   **M** *(Montag bis 18 Uhr geschl.)* a la carte 21/30 − **13 Z : 23 B** 25/33 - 50/66.

SELIGENSTADT 6453. Hessen 413 J 16. 987 ⊛ − 17 700 Ew − Höhe 118 m − © 06182.
🛈 Verkehrsbüro, Aschaffenburger Str. 1, ℰ 8 71 77.
◆Wiesbaden 58 − Aschaffenburg 17 − ◆Frankfurt am Main 25.

  🏨 **Mainterrasse - Ristorante La Gondola**, Kleine Maingasse 18, ℰ 2 70 56, ≤, 🌲 − 📺
    ☎. ⅍ ⓪ **E** 𝘝𝘐𝘚𝘈. ⅀
    über Weihnachten geschl. − **M** *(Freitag geschl.)* a la carte 32/69 − **24 Z : 33 B** 75/80 -
    130/140 Fb.

  🏛 **Zum Ritter**, Würzburger Str. 31, ℰ 2 60 34 − ☎ ⇌ **℗**
  →   *21. Dez.- 6. Jan. geschl.* − **M** *(nur Abendessen, Sonn- und Feiertage geschl.)* a la carte
    21/47 🍴 − **24 Z : 38 B** 45/80 - 80/110.

  XX **Klosterstuben**, Freihofplatz 7, ℰ 35 71, « Innenhofterrasse » − ⓪ **E** 𝘝𝘐𝘚𝘈
    Sonntag - Montag und 10.- 31. Juli geschl. − **M** a la carte 38/60.

    In Seligenstadt-Froschhausen NW : 3 km :

  🏛 **Zum Lamm**, Seligenstädter Str. 36, ℰ 70 64 − ☎ **℗**. ⅀ Zim
  →   *22. Dez.- 4. Jan. geschl.* − **M** *(Juli und Freitag - Samstag geschl.)* a la carte 20/30 − **27 Z :**
    36 B 45 - 80.

    An der Autobahn A 3 NW : 6 km :

  🏨 **Motel Weiskirchen** garni, Autobahn-Nordseite, ✉ 6054 Rodgau 6, ℰ (06182) 6 80 38 −
    📺 ☎ **℗**. **E**
    30 Z : 60 B 68 - 95.

SELLINGHAUSEN Nordrhein-Westfalen siehe Schmallenberg.

SELM Nordrhein-Westfalen siehe Lünen.

SELTERS 5418. Rheinland-Pfalz − 2 200 Ew − Höhe 246 m − © 02626.
Mainz 94 − ◆Bonn 70 − ◆Koblenz 35 − Limburg an der Lahn 35.

  🏛 Adler, Rheinstr. 24, ℰ 7 00 44 − 📺 ☎ ⇌. ⅀
    15 Z : 23 B.

SELTERS (TAUNUS) 6251. Hessen − 6 600 Ew − Höhe 140 m − © 06483.
◆Wiesbaden 49 − ◆ Frankfurt am Main 62 − Limburg an der Lahn 18.

    In Selters 3-Münster − Erholungsort :

  XX **Stahlmühle** ⑊ mit Zim, Bezirksstr. 34 (NO : 1,5 km), ℰ 56 90, 🌲 − ☎ **℗**. ⅍ **E**
    Feb. und Sept. jeweils 2 Wochen geschl. − **M** *(Französische Küche)* *(Mittwoch - Donnerstag*
    18 Uhr geschl.) a la carte 51/72 − **5 Z : 10 B** 75/90 - 120/150.

SENDEN 7913. Bayern 413 N 22 − 19 000 Ew − Höhe 470 m − © 07307.
◆München 143 − Memmingen 48 − ◆Ulm (Donau) 11.

  🏨 **Feyrer**, Bahnhofstr. 18, ℰ 40 87 − 📳📺 ☎ **℗** − 🍴 50. **E**
    2.- 7. Jan. und 30. Juli - 17. Aug. geschl. − **M** *(Freitag bis 17 Uhr und Sonntag ab 14 Uhr*
    geschl.) a la carte 25/52 − **36 Z : 60 B** 65/80 - 90/120 Fb.

    In Senden-Aufheim NO : 2 km :

  XX Alte Schule, Hausener Str. 5, ℰ 2 37 77 − **℗**.

SENDEN 4403. Nordrhein-Westfalen 408 ⊛ − 15 600 Ew − Höhe 60 m − © 02597.
◆Düsseldorf 129 − Lüdinghausen 10 − Münster (Westfalen) 18.

  🏛 Schloß Senden ⑊ (Wasserschloß a. d. 15.- 18. Jh. in einem großen Park), Holtrop 3,
    ℰ 3 80, 🌲 − **℗**
    44 Z : 59 B − 16 Fewo.

  XX Haus Scharlau, Laurentiusplatz 7, ℰ 2 89, « Gediegene, gemütliche Einrichtung ».

    In Senden-Ottmarsbocholt SO : 4 km :

  XXX ⊛ **Averbeck's Giebelhof**, Kirchstr. 12, ℰ (02598) 3 93, 🌲, « Elegante Einrichtung » −
    ℗ − 🍴 50. ⅀
    Montag - Dienstag 18 Uhr geschl. − **M** *(bemerkenswerte Weinkarte)* a la carte 79/108 −
    Grüner Zeisig M a la carte 35/55 −
    Spez. Hummermedaillons auf Kürbisconfit, Sauté vom Kaninchen in Balsamessig, Mille-feuille mit Holunder.

SENDENHORST 4415. Nordrhein-Westfalen — 10 600 Ew — Höhe 53 m — 🕲 02526.
♦Düsseldorf 136 — Beckum 19 — Münster (Westfalen) 22.

🏛 **Zurmühlen**, Osttor 38, ℰ 13 74 — **E**
➡ **M** *(Freitag geschl.)* a la carte 21/34 — **9 Z : 15 B** 35/37 - 66/75.

In Sendenhorst-Hardt SO : 2 km :

XX **Waldmutter**, an der Straße nach Beckum, ℰ 12 72, « Gartenterrasse » — 🅿 — 🏛 80
Feb. und Montag geschl. — **M** a la carte 31/50.

SENHEIM 5594. Rheinland-Pfalz — 700 Ew — Höhe 90 m — 🕲 02673 (Ellenz-Poltersdorf).
Mainz 104 — Cochem 16 — ♦Koblenz 74 — ♦Trier 75.

🏛 **Schützen** 🦢, Brunnenstr. 92, ℰ 43 06, eigener Weinbau, Weinproben — 🚗. 🖭 **E**. 🍽
➡ April - Dez. — **M** *(Montag geschl.)* a la carte 21/38 🛆 — **15 Z : 28 B** 35/45 - 54/72 Fb —
½ P 43/50.

SESSLACH 8601. Bayern 🐿🔢 P 16 — 3 800 Ew — Höhe 271 m — 🕲 09569.
♦München 275 — ♦Bamberg 40 — Coburg 16.

XX **Mally** 🦢 mit Zim, Dr.-Josef-Otto-Kolb-Str.7, ℰ 2 28, 🍴, « Moderne, elegante
Einrichtung »
Jan. und Sept. geschl. — **M** *(nur Abendessen, Tischbestellung ratsam)* (Montag geschl.)
la carte 46/66 — **7 Z : 12 B** 40 - 80.

SIEDELSBRUNN Hessen siehe Wald-Michelbach.

*Our hotel and restaurant guides, our tourist guides and our road maps
are complementary. Use them together.*

SIEGBURG 5200. Nordrhein-Westfalen 🐿🔢 ❷ — 36 000 Ew — Höhe 61 m — 🕲 02241.
🛈 Verkehrsamt, im Rathaus, ℰ 10 23 83.
ADAC, Humperdinckstr. 64, ℰ 6 95 50, Notruf ℰ 1 92 11.
♦Düsseldorf 67 — ♦Bonn 11 — ♦Koblenz 87 — ♦ Köln 27.

🏛 **Kranz - Parkhotel**, Mühlenstr. 32, ℰ 6 00 51, Telex 889411, Fax 60183, 🚗 — 🛗 📺 🏃 🚗
— 🏛 25/120. 🖭 ⓞ **E** 🖭 🍽 Rest
M a la carte 42/62 — **70 Z : 130 B** 155/185 - 225/345 Fb.

🏛 **Kaspar** garni, Elisabethstr. 11 (am Rathaus), ℰ 6 30 73 — 🛗 📺 🕿. 🖭 ⓞ **E** 🖭
22. Dez.- 5. Jan. geschl. — **25 Z : 35 B** 75/120 - 110/160 Fb.

🏛 **Siegblick**, Nachtigallenweg 1, ℰ 6 00 77, 🍴 — 🕿 🚗 🅿. **E**
1.- 18. Jan. und 9.- 26. Juli geschl. — **M** *(Freitag geschl.)* a la carte 30/56 — **20 Z : 31 B**
55/100 - 84/132 Fb.

🏛 **Kaiserhof**, Kaiserstr. 80, ℰ 5 00 71 — 🛗 📺 🕿 🚗. 🖭 ⓞ **E** 🖭
M a la carte 32/63 — **32 Z : 48 B** 70/90 - 120/130.

XX **Auf der Arken**, Mühlenstr. 37, ℰ 6 62 98.

SIEGEN 5900. Nordrhein-Westfalen 🐿🔢 ❷ — 119 000 Ew — Höhe 236 m — 🕲 0271.
🚠 in Siegen 21-Weidenau, ℰ 59 13 25.
🛈 Tourist-Information, Pavillon am Hauptbahnhof, ℰ 5 77 75.
ADAC, Koblenzer Str. 65, ℰ 33 50 44, Notruf ℰ 1 92 11.
♦Düsseldorf 130 ⑤ — ♦Bonn 99 ⑤ — Gießen 73 ③ — Hagen 88 ⑤ — ♦Köln 93 ⑤.

Stadtplan siehe gegenüberliegende Seite.

🏛 **Park Hotel Siegen**, Koblenzer Str. 135, ℰ 3 38 10, Telex 872617, Fax 3381450, Bade- und
Massageabteilung, 🚗 — 🛗 ⊱ Zim 📺 🏃 🅿 — 🏛 25/400. 🖭 ⓞ **E** 🖭   Z
M a la carte 43/64 — **91 Z : 139 B** 175 - 235/335 Fb.

🏛 **Hotel am Kaisergarten**, Kampenstr. 83, ℰ 5 40 72, Telex 872734, Fax 21146, Massage,
🚗, 🔲 — 🛗 ⊱ Zim 📺 🚗 🅿 — 🏛 25/90. 🖭 ⓞ **E** 🖭. 🍽 Rest   Y c
M a la carte 42/60 — **94 Z : 126 B** 150/198 - 198/280 Fb.

🏛 **Kochs Ecke**, Koblenzer Str. 53, ℰ 5 20 23 — 🛗 📺 🕿 🚗. 🖭 ⓞ **E** 🖭   Z e
M *(Samstag bis 18 Uhr geschl.)* a la carte 30/62 — **40 Z : 60 B** 65/110 - 100/200 Fb.

🏛 **Berghotel Johanneshöhe**, Wallhausenstr. 1, ℰ 31 00 08, ≤ Siegen — 📺 🕿 🚗 🅿.
ⓞ **E** 🖭. 🍽 Rest   über Achenbacher Straße   Z
M a la carte 30/64 — **25 Z : 44 B** 75/110 - 110/175 Fb.

🏛 **Haus am Hang** 🦢 garni, Am jähen Hain 5, ℰ 5 10 01 — 📺 🕿 🚗 🅿. 🖭 ⓞ **E** 🖭
22. Dez.- 2. Jan. geschl. — **20 Z : 25 B** 60/87 - 130.   Y h

🏛 **Bürger** garni, Marienborner Str. 134, ℰ 6 25 51 — 🛗 🚗 🅿. 🖭 ⓞ **E** 🖭. 🍽
60 Z : 90 B 45/65 - 70/110.   über Marienborner Straße   YZ

🏛 **Jakob** garni, Tiergartenstr. 61, ℰ 5 23 75 — 🕿 🅿   Y a
10 Z : 18 B 53/55 - 90.

758

SIEGEN

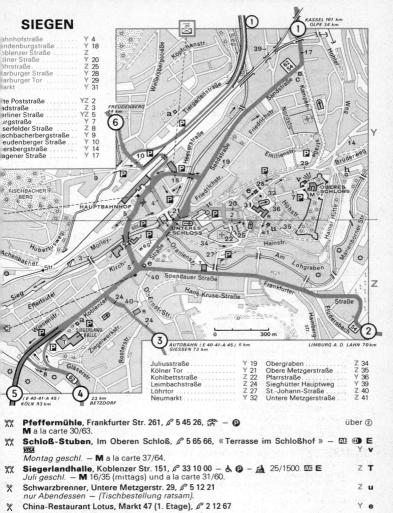

XX **Pfeffermühle**, Frankfurter Str. 261, ℘ 5 45 26, 🐎 – 🅿   über ②
   M a la carte 30/63.

XX **Schloß-Stuben**, Im Oberen Schloß, ℘ 5 65 66, « Terrasse im Schloßhof » – 🆎 ⓞ Ⓔ
   VISA   Y v
   Montag geschl. – **M** a la carte 37/64.

XX **Siegerlandhalle**, Koblenzer Str. 151, ℘ 33 10 00 – 🕭 🅿 – 🛋 25/1500. 🆎 Ⓔ   Z T
   Juli geschl. – **M** 16/35 (mittags) und a la carte 31/60.

X **Schwarzbrenner**, Untere Metzgerstr. 29, ℘ 5 12 21   Z u
   nur Abendessen – (Tischbestellung ratsam).

X **China-Restaurant Lotus**, Markt 47 (1. Etage), ℘ 2 12 67   Y e

   In Siegen 21-Buchen ① : 8 km :

🏠 **Ongelsgrob**, Buchener Str. 22, ℘ 8 13 48, 🐎 – 🅿. 🦌 Rest
   8 Z : 12 B.

   In Siegen 21-Dillnhütten ① : 7 km :

🏠 **Reuter**, Geisweider Str. 144 (B 54), ℘ 8 55 66 – ⬅ 🅿
 ➤ *Juni - Juli 3 Wochen geschl.* – **M** *(Mittwoch ab 14 Uhr, Samstag bis 17 Uhr sowie Sonn-
   und Feiertage geschl.)* a la carte 18/32 – **7 Z : 9 B** 35/38 - 60/70.

   In Siegen 31-Eiserfeld ④ : 5 km :

🏠 **Haus Hennche**, Eiserntalstr. 71, ℘ 38 16 45 – 🕿 🅿 – **16 Z : 22 B.**

🏠 **Haus Siegboot**, Eiserfelder Str. 230, ℘ 38 15 23 – 📶 📺 🕿 ⬅ 🅿
 ➤ **M** a la carte 21/38 – **29 Z : 50 B** 68/80 - 105.

   In Siegen 21-Geisweid ① : 6 km :

🏠 **Café Römer** garni, Rijnsburger Str. 4, ℘ 8 10 45 – 📶 🕿 ⬅ – **16 Z : 20 B** Fb.

XXX **Ratskeller**, Lindenplatz 7 (im Rathaus), ℘ 8 43 33 – 🅿 – 🛋 25. 🆎 ⓞ Ⓔ **VISA**
   Samstag bis 17 Uhr, Sonntag und Mitte Juni - Anfang Juli geschl. – **M** a la carte 31/60.

759

In Siegen 1-Kaan-Marienborn O : 4 km über Marienborner Str. YZ :

✗ **Weißtalhalle**, Blumertsfeld 2, ℰ 6 40 74 − ❷ − 🏂 . **E**
Sonntag - Montag 17 Uhr geschl. − **M** a la carte 25/56.

In Siegen 1-Seelbach ⑥ : 7 km :

✗✗ **Am Weiher**, Freudenberger Str. 671, ℰ (02734) 72 84, ≤, 🌧 − ❷. 🆎 ⑩
2.- 26. Jan. und 15.- 22. Okt. geschl. − **M** a la carte 45/62.

In Siegen 21-Sohlbach ① : 7 km :

🏠 **Kümmel**, Gutenbergstr. 7, ℰ 8 30 69 − ☎ 🚗 ❷. 🦌
M *(Freitag geschl.)* a la carte 28/57 − **10 Z : 13 B** 65 - 98.

In Siegen 21-Weidenau ① : 4 km :

🏠 **Oderbein**, Weidenauer Str. 187 (am Bahnhof), ℰ 4 50 27 − 🛗 📺 ☎ ❷ − 🏂 30. 🆎 ⑩
VISA
M a la carte 23/54 − **30 Z : 60 B** 78/150 - 108/175 Fb.

In Wilnsdorf-Obersdorf 5901 ② : 6 km :

✗✗✗ **Haus Rödgen** mit Zim, Rödgener Str. 100 (B 54), ℰ (0271) 3 91 73, ≤, 🌧 − 📺 ☎ 🚗 ❷
🆎 ⑩ **E** **VISA**
M a la carte 39/70 − **7 Z : 12 B** 85/90 - 130/150.

In Wilnsdorf 5901 ② : 11 km :

🏛 **Kölsch**, Frankfurter Str. 7 (B 54), ℰ (02739) 22 53 − ❷. **E**
🔶 *24. Dez.- 9. Jan. geschl.* − **M** *(Dienstag geschl.)* a la carte 21/58 − **8 Z : 12 B** 29/35 - 58/70.

SIEGENBURG Bayern siehe Abensberg.

SIEGSDORF 8227. Bayern 🅰🅱🅲 U 23. 🄭🄭🄭 ㊲ ㊳. 🄫🄫🄫 ⑲ − 7 200 Ew − Höhe 615 m − Luftkuro
− 🅧 08662.
🄱 Verkehrsamt, Rathausplatz 2, ℰ 79 93.
♦München 105 − Bad Reichenhall 32 − Rosenheim 48 − Salzburg 36 − Traunstein 7.

🏠 **Forelle**, Traunsteiner Str. 1, ℰ 70 93, 🌧 − ☎ 🚗 ❷ − **22 Z : 45 B**.

🏛 **Edelweiß**, Hauptstr. 21, ℰ 92 96 − 🚗 ❷. **E**
🔶 *Okt. geschl.* − **M** *(Donnerstag geschl.)* a la carte 17/35 − **14 Z : 26 B** 27/32 - 52/65 -
½ P 42/48.

🏛 **Neue Post**, Kirchplatz 2, ℰ 92 78 − 🚗 ❷. **E**
🔶 *2. Nov.- 16. Dez. geschl.* − **M** *(Montag geschl.)* a la carte 17,50/35 − **21 Z : 40 B** 30/42
60/84 − ½ P 45/57.

In Siegsdorf-Eisenärzt S : 3 km :

🏠 **Eisenärzter Hof**, Arztbergstr. 1, ℰ 94 00, 🌧 − ❷ − **11 Z : 23 B** Fb.

In Siegsdorf-Hammer SO : 6 km :

🏛🏛 **Hörterer**, Schmiedstr. 1 (B 306), ℰ 93 21, 🌧, 🐎, Fahrradverleih − 📺 ☎ ❷. 🆎 **E**
🔶 *19. März - 5. April und 25. Okt.- 15. Dez. geschl.* − Menu *(Mittwoch geschl.)* a la carte 29/4
− **32 Z : 60 B** 50/65 - 95/100 − ½ P 64/71.

SIERKSDORF 2430. Schleswig-Holstein − 1 900 Ew − Höhe 15 m − Seebad − 🅧 04563.
🄱 Kurverwaltung, Vogelsang 1, ℰ 70 23 − ♦Kiel 57 − ♦Lübeck 28 − Neustadt in Holstein 8,5.

🏛 **Ostseestrand**, Am Strande 2, ℰ 81 15, ≤, 🌧 − 🚗 ❷
🔶 *5.- 30. Nov. geschl.* − **M** *(Dez.- März Mittwoch geschl.)* a la carte 25/50 − **16 Z : 29 B** 45/85
85/150 − 8 Fewo 70/110.

✗✗ **Seehof** 🐕 mit Zim, Gartenweg 30, ℰ 70 31, ≤ Ostsee, 🌧, « Park », 🐎 − ☎ 🚗 ❷
Hotel Nov.- März, Restaurant 4. Jan.- 15. Feb. geschl. − **M** *(Okt.- April Dienstag geschl.)* a la
carte 31/54 − **9 Z : 25 B** 70/95 - 140 Fb − 10 Fewo 115/145 − ½ P 96/111.

SIEVERSEN Niedersachsen siehe Rosengarten.

SIGMARINGEN 7480. Baden-Württemberg 🅰🅱🅲 K 22. 🄭🄭🄭 ㊳ − 15 000 Ew − Höhe 570 m
🅧 07571 − 🄱 Verkehrsamt, Schwabstr. 1, ℰ 10 62 23.
♦Stuttgart 101 − ♦Freiburg im Breisgau 136 − ♦Konstanz 76 − ♦Ulm (Donau) 85.

🏛🏛 **Fürstenhof** 🐕, Zeppelinstr. 14 (SO : 2 km), ℰ 30 76, ≤ − 🛗 🍴 Rest 📺 ☎ 🚗 ❷ − 🏂
30 Z : 45 B Fb.

🏛🏛 **Jägerhof** garni, Wentelstr. 4, ℰ 20 21, Fax 50476 − 📺 ☎ 🚗 ❷. 🆎 ⑩ **E** **VISA**
18 Z : 29 B 50/55 - 80/85 Fb.

🏠 **Gästehaus Schmautz** 🐕, Im Mucketäle 33 (Gorheim), ℰ 5 15 54, ≤ − 🚗 ❷
(nur Abendessen für Hausgäste) − **15 Z : 24 B** 35/50 - 70/80 Fb.

In Scheer 7486 SO : 10 km :

✗✗ **Brunnenstube**, Mengener Str. 4, ℰ (07572) 36 92 − ❷
Samstag bis 18 Uhr, Montag und Juli - Aug. 2 Wochen geschl. − **M** a la carte 40/57.

SILBERSBACH Bayern siehe Lam.

SILBERSTEDT 2381. Schleswig-Holstein – 1 500 Ew – Höhe 20 m – ✪ 04626.
◆Kiel 66 – Flensburg 44 – ◆Hamburg 133 – Schleswig 15.
🏠 Schimmelreiter, Hauptstr. 56 (B 201), ℰ 10 44 – 📺 ☎ 🚗 🅿 – 🏛
29 Z : 51 B Fb.

SILZ 6749. Rheinland-Pfalz 🗺 G 19, 🗺 ⑫ – 900 Ew – Höhe 211 m – Erholungsort –
✪ 06346 (Annweiler).
Mainz 128 – Kaiserslautern 49 – ◆ Karlsruhe 50 – Landau in der Pfalz 17 – Wissembourg 21.
🏠 Sonnenberg-Haus am Walde 🦢 garni, Waldstr. 20, ℰ 52 61, 🔟 (geheizt), 🌳 – 🅿 ⚿
⓪ , 🛏
12 Z : 22 B 43 - 74/94.

SIMBACH bei Landau/Isar 8384. Bayern 🗺 V 21, 🗺 ㊲㊳, 🗺 ⑥ – 3 200 Ew – Höhe
433 m – ✪ 09954.
◆München 127 – Passau 66 – ◆Regensburg 88 – Salzburg 118.
🏠 Pension Hacker garni (Einrichtung im Bauernstil), Kreuzkirchenstr. 1, ℰ 2 24,
🔟 (geheizt), 🌳 – 🅿
9 Z : 17 B 30/40 - 60/70.

SIMBACH AM INN 8346. Bayern 🗺 VW 22, 🗺 ㊳, 🗺 ⑲⑳ – 9 000 Ew – Höhe 345 m –
✪ 08571.
◆München 122 – Landshut 89 – Passau 54 – Salzburg 85.
🏠 Weissbräu-Wimmer, Schulgasse 6, ℰ 14 18 – ⚿ ⓪ E
◆ M (Montag geschl.) a la carte 16,50/39 ⅋ – 13 Z : 25 B 35 - 62.

In Stubenberg-Prienbach 8399 NO : 4,5 km :
🏠 Zur Post, Poststr. 1 (an der B 12), ℰ (08571) 20 08, 🏡, 🚬, 🍴 – 📺 ☎ 🚗 🅿 ⚿ ⓪ E
𝗩𝗜𝗦𝗔
27. Dez.- 25. Jan. geschl. – M (Mittwoch geschl.) a la carte 27/69 – 32 Z : 48 B 51/66 -
85/105 Fb.

SIMMERATH 5107. Nordrhein-Westfalen 🗺 ㉓, 🗺 ⑯⑰ – 14 000 Ew – Höhe 540 m –
✪ 02473.
Ausflugsziel : Rurtalsperre★ O : 10 km.
🔲 Verkehrsamt, Rathaus, ℰ 88 39.
🔲 Verkehrsverein Monschauer Land, Rathaus, ℰ 17 10.
◆Düsseldorf 107 – ◆Aachen 30 – Düren 34 – Euskirchen 45 – Monschau 10.
🏨 Zur Post, Hauptstr. 67, ℰ 14 46, 🌳 – 📺 🚗 🅿 ⚿ Zim – 11 Z : 20 B.

In Simmerath-Einruhr SO : 10 km :
🏠 Haus am See, Pleushütte 1 (an der B 266), ℰ (02485) 2 32, ≤, 🏡 – 🚗 🅿 ⚿ Zim
◆ 15. Dez.- Jan. geschl. – M (Okt.- Mai Dienstag geschl.) a la carte 19/45 – 21 Z : 38 B 30/50
- 60/90.

In Simmerath-Erkensruhr SO : 12 km :
🏠 Talcafé Wollgarten 🦢, ℰ (02485) 4 14, 🏡, 🚬, 🔟, 🌳 – 📶 📺 ☎ 🅿 – 🏛 25/40. ⚿
⓪ E
1.- 27. Dez. geschl. – M a la carte 24/57 – 32 Z : 54 B 56/68 - 112/136 Fb.
🏠 Waldfriede 🦢, ℰ (02485) 3 33, Fax 1777, 🏡, 🚬, 🔟, 🌳 – ☎ 🚗 🅿 – 🏛 35. ⚿ E
20. Nov.- 24. Dez. geschl. – M (Montag geschl.) a la carte 23/57 – 40 Z : 70 B 54/79 -
98/130.

In Simmerath-Lammersdorf NW : 3 km :
🏠 Lammersdorfer Hof, Kirchstr. 50, ℰ 80 41 – 📺 ☎ 🅿. E. ⚿ Zim
Juni - Juli 2 Wochen geschl. – M (Mittwoch geschl.) a la carte 23/50 – 9 Z : 16 B 45/
50 - 75.

In Simmerath-Rurberg NO : 8,5 km :
🏠 Paulushof 🦢, Seeufer 10, ℰ 22 57, ≤, 🏡, 🚬, 🔟 – 📶 🅿 – 🏛 . E 𝗩𝗜𝗦𝗔
43 Z : 75 B.
✗ Ziegler 🦢 mit Zim, Dorfstr. 24, ℰ 23 10, 🏡, 🌳 – 🅿
2. Jan.- 2. Feb. geschl. – M (Donnerstag geschl.) a la carte 22/53 – 6 Z : 10 B 27/55 - 50/80.

SIMMERN 6540. Rheinland-Pfalz 🗺 ㉔ – 6 200 Ew – Höhe 330 m – ✪ 06761.
🔲 Fremdenverkehrsamt, Rathaus, ℰ 68 80.
Mainz 67 – ◆Koblenz 61 – Bad Kreuznach 48 – ◆Trier 97.
🏠 Bergschlößchen, Nannhauser Straße, ℰ 40 41, 🏡 – 📶 📺 ☎ ⅙ 🚗 🅿 – 🏛 40. ⚿ ⓪
◆ E 𝗩𝗜𝗦𝗔
Feb.- 8. März geschl. – M (Montag bis 18 Uhr geschl.) 15/30 und a la carte 25/50 ⅋ – 22 Z :
42 B 51/56 - 82/92.
🏠 Haus Vogelsang garni, Am Vogelsang 1, ℰ 21 62, 🌳 – 🅿
2.- 16. April geschl. – 9 Z : 15 B 39/43 - 65/71.

Nahe der Straße nach Oberwesel NO : 5 km :

Jagdschloß ⚘, ✉ 6540 Pleizenhausen, ✆ (06761) 22 84, ☂, ⛶ – Ⓟ
M a la carte 21/42 ⚘ – **28 Z : 45 B** 29/59 - 56/120.

An der Straße nach Laubach N : 6 km :

Birkenhof ⚘, ✉ 6540 Klosterkumbd, ✆ (06761) 50 05, Fax 5176, ≘s, ⛶ – |‡| TV ☎ Ⓟ AE ⓞ E VISA
6. Jan.- 10. Feb. geschl. – **M** *(Montag geschl.)* a la carte 30/61 ⚘ – **22 Z : 44 B** 56/76 - 88/110 Fb.

In Michelbach **5448** NW : 7 km Richtung Kastellaun :

Junkersmühle ⚘, ✆ (06761) 20 68, ☂, ⛶ – Ⓟ
M *(Montag geschl.)* a la carte 23/46 ⚘ – **21 Z : 41 B** 46 - 84.

SIMMERTAL 6573. Rheinland-Pfalz – 1 750 Ew – Höhe 182 m – Erholungsort – ☎ 06754.
Mainz 69 – Idar-Oberstein 26 – Bad Kreuznach 27.

Landhaus Felsengarten, Banzel-Auf der Lay 2, ✆ 84 61, ≘s, Fahrradverleih – Ⓟ. E
15. Nov.- 10. Dez. geschl. – **M** *(Mittwoch geschl.)* a la carte 21/37 – **19 Z : 41 B** 45 - 80 – ½ P 65.

SIMONSBERGER KOOG Schleswig-Holstein siehe Husum.

SIMONSKALL Nordrhein-Westfalen siehe Hürtgenwald.

SIMONSWALD 7809. Baden-Württemberg 413 H 22, 987 ㉞ ㉟, 242 ㉜ – 2 800 Ew – Höhe 330 m – Luftkurort – ☎ 07683.
Verkehrsamt, Talstr. 14 a, ✆ 2 55.
♦Stuttgart 215 – Donaueschingen 49 – ♦Freiburg im Breisgau 28 – Offenburg 73.

Tannenhof, Talstr. 13, ✆ 3 25, ≘s, ⛶ – |‡| Ⓟ – 🕴 25/40. ⛌
3. Jan.- 5. März geschl. – **M** *(Dienstag geschl.)* a la carte 21/40 – **34 Z : 68 B** 56 - 100 Fb.

Engel, Obertalstr. 44 (SO : 4 km), ✆ 2 71, Fax 1336, ☂, ⛶ – 🚗 Ⓟ
6.- 27. Feb. und 23. Okt.- 13. Nov. geschl. – **M** *(Dienstag geschl.)* a la carte 23/44 ⚘ – **32 Z : 64 B** 51 - 83 Fb.

Hirschen, Talstr. 11, ✆ 2 60, ☂, ≘s – Ⓟ
15. Jan.- 11. Feb. geschl. – **M** *(Mittwoch geschl.)* a la carte 17/49 ⚘ – **26 Z : 50 B** 43/48 - 76/80 – ½ P 50/52.

Bären, Untertalstr. 45, ✆ 2 03, ☂ – 🚗 Ⓟ – **24 Z : 44 B.**

Krone-Post, Talstr. 8, ✆ 2 65, ⛱, ⛶, ✂ – Ⓟ
30 Z : 50 B.

SINDELFINGEN 7032. Baden-Württemberg 413 JK 20, 987 ㉟ – 56 000 Ew – Höhe 449 m – ☎ 07031 (Böblingen).

Siehe auch Böblingen (Übersichtsplan).

Messehalle, Mahdentalstr. 116, BS ✆ 8 58 61.
Verkehrsamt, Pavillon am Rathaus, ✆ 94 3 25 – ADAC, Rotbühlstr. 5, ✆ 80 10 80, Telex 7265836.
♦Stuttgart 19 ① – ♦Karlsruhe 80 ① – Reutlingen 34 ② – ♦Ulm (Donau) 97 ①.

Stadtplan siehe gegenüberliegende Seite.

Ramada, Mahdentalstr. 68, ✆ 69 60, Telex 7265385, Fax 696880, Massage, ≘s, ⛱ – |‡| ⛌ Zim ▤ TV ♿ 🚗 – 🕴 25/300. AE ⓞ E VISA. ⛌ Rest — BS a
Restaurants : – **Graf Rudolf M** a la carte 58/80 – **4-Seasons M** a la carte 30/55 – **260 Z : 500 B** 217/366 - 288/388 Fb – 4 Appart. 694/1044.

Berlin - Restaurant Adlon, Berliner-Platz 1, ✆ 6 19 70, Telex 7265591, Fax 6197178, ≘s, ⛱, Fahrradverleih – |‡| ⛌ Zim ▤ Rest TV ☎ ♿ 🚗 Ⓟ – 🕴 25/80. AE ⓞ E VISA — BT c
M a la carte 57/82 – **100 Z : 150 B** 192 - 256 Fb – 3 Appart..

Holiday Inn, Schwertstr. 65 (O : 2 km), ✆ 6 19 60, Telex 7265569, Fax 84990, ≘s, ⛱ – |‡| ▤ TV ☎ ♿ Ⓟ – 🕴 25/150. AE ⓞ E VISA. ⛌ Rest — BS d
M 25 (mittags) und a la carte 37/60 – **185 Z : 331 B** 199/205 - 250/270 Fb.

Bristol, Wilh.-Haspel-Str. 101 (O : 2 km), ✆ 61 50, Telex 7265778, Fax 874981 – |‡| ▤ Rest TV ☎ Ⓟ – 🕴 25/80. AE ⓞ E VISA — BS e
M a la carte 37/70 – **148 Z : 178 B** 189/246 - 249/279 Fb.

Klostersee garni, Burghaldenstr. 6, ✆ 8 50 81, Telex 7265898 – |‡| TV ☎ ♿ Ⓟ — DV g
71 Z : 125 B Fb.

Linde, Marktplatz, ✆ 87 60 60 – ☎ — DX h
24. Dez.- 7. Jan. geschl. – **M** *(Freitag 14 Uhr - Sonntag 18 Uhr geschl.)* a la carte 29/58 – **30 Z : 38 B** 60/100 - 100/150 Fb.

Knote, Vaihinger Str. 14, ✆ 8 40 45, Fax 83302, ☂, Kellertheater im Hause – TV ☎ Ⓟ. AE ⓞ E VISA — DX k
M a la carte 48/77 – **33 Z : 48 B** 115/160 - 175/215 Fb.

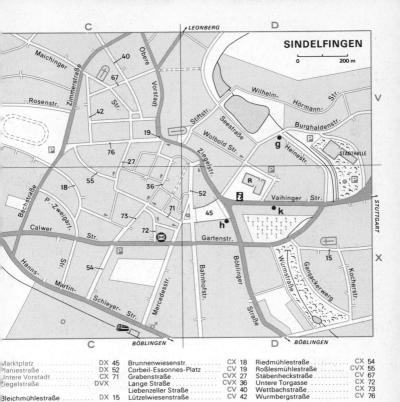

SINDELFINGEN

0   200 m

In Sindelfingen-Maichingen NW : 5 km AS :

🏨 **Abacon Hotel**, Stuttgarter Str. 49, ℰ 3 10 61, ☎ – 🛏 ⇛ Zim 📺 ☎ 🅿 – 🛄 25/85. 🖭
⓪ Ε 𝒱𝘐𝘚𝘈, ⨯ Rest   AS n
M a la carte 24/51 – **81 Z : 104 B** 120/172 - 183/206 Fb – 5 Appart. 308.

Restaurants with the mention Menu, ⊕, ⊕⊕ or ⊕⊕⊕ : see maps in the introduction.

SINGEN (HOHENTWIEL) 7700. Baden-Württemberg 🗺 J 23. 🢁🢂🢃 ⊛. 🢃🢁🢂 K 2 – 44 000 Ew –
Höhe 428 m – 🕿 07731.

Ausflugsziele : Hohentwiel : Lage★★ – Festungsruine ≤ ★, W : 2 km.

🖪 Verkehrsamt, August-Ruf-Str. 7, ℰ 8 54 73.

ADAC, Schwarzwaldstr. 40, ℰ 6 65 63.

◆Stuttgart 154 ⑤ – ◆Freiburg im Breisgau 106 ⑤ – ◆Konstanz 32 ① – Zürich 79 ③.

Stadtplan siehe nächste Seite.

🏨 **Jägerhaus**, Ekkehardstr. 86, ℰ 6 50 97 – 🛏 📺 ☎ – 🛄 40. 🖭 ⓪ Ε 𝒱𝘐𝘚𝘈   B s
M *(Dienstag und Juli - Aug. 3 Wochen geschl.)* a la carte 26/63 – **26 Z : 46 B** 70/90 -
100/140.

🏨 **Lamm**, Alemannenstr. 42, ℰ 4 10 11, Telex 793791 – 🛏 📺 ☎ & ⇛ 🅿. ⓪ Ε   B v
15. Dez.-15. Jan. geschl. – **M** *(Sonntag geschl.)* a la carte 26/49 – **79 Z : 115 B** 55/90 -
100/150.

🏨 **Widerhold**, Schaffhauser Str.58 (B34), ℰ 6 24 83 – 📺 ☎ ⇛ 🅿. ⓪ Ε 𝒱𝘐𝘚𝘈   A x
18. Dez.- 10. Jan. geschl. – **M** *(Freitag geschl.)* a la carte 26/49 – **35 Z : 70 B** 39/65 - 70/110.

🏨 **Sternen**, Schwarzwaldstr. 6, ℰ 6 22 79 – 📺 🅿   B r
M *(Freitag und Mitte Juli - Mitte Aug. geschl.)* a la carte 15/33 ⅜ – **24 Z : 38 B** 32/57 -
60/100.

763

SINGEN
(HOHENTWIEL)

In Rielasingen-Worblingen 7703 ② : 4 km :

🏨 **Krone**, Hauptstr. 3 (Rielasingen), ℰ (07731) 20 46, « Rustikale und elegante Einrichtung »,
➜ �><🔽 ☎ 🚗 🅿 – 🛏 25/60. ⓞ ᴇ 𝑽𝑰𝑺𝑨
Juli 2 Wochen und 26. Dez.- 5. Jan. geschl. – M (Montag geschl.) a la carte 20/50 – 21 Z :
39 B 60/75 - 98/125 Fb.

✕✕ **Zur Alten Mühle** mit Zim, Singener Str. 3 (Rielasingen), ℰ (07731) 5 20 55, ☞,
« Ehemalige Mühle mit rustikaler Einrichtung » – ☎ 🅿
M a la carte 47/69 – **6 Z : 10 B** 59/65 - 98/110.

✕✕ **Franziskaner-Stube**, Hardstr. 29 (Worblingen), ℰ 2 73 49 – 🅿. ᴇ
Montag und Sept.- Okt. 2 Wochen geschl. – M a la carte 23/49.

SINNERSDORF Nordrhein-Westfalen siehe Pulheim.

SINSHEIM 6920. Baden-Württemberg 413 J 19. 987 ㉕ – 28 000 Ew – Höhe 159 m – 🕾 07261.
Sehenswert : Auto- und Technikmuseum.

🔰 Rathaus, Wilhelmstr. 14, ℰ 40 41 07.

♦Stuttgart 87 – Heilbronn 35 – ♦Mannheim 50 – ♦Würzburg 135.

🏠 **Lott** garni, Hauptstr. 22, ℰ 53 70 – 🛗 ☎ 🚗 🅿. ᴀᴇ ᴇ
24. Dez.- 12. Jan. geschl. – 20 Z : 23 B 65 - 95.

🏠 **Löwen**, Hauptstr. 119, ℰ 10 41 – 🛗 🔽 ☎ 🚗. ᴀᴇ ⓞ ᴇ 𝑽𝑰𝑺𝑨
M (Dienstag geschl.) a la carte 22/45 – **23 Z : 45 B** 60/65 - 98/105 Fb.

✕✕ **Poststuben**, Friedrichstr. 16 (am Bahnhof), ℰ 20 21 – 🅿
Freitag - Samstag 18 Uhr und Juli - Aug. 4 Wochen geschl. – Menu a la carte 34/60.

In Sinsheim-Rohrbach O : 2 km :

🏠 **Grüner Baum**, Heilbronner Str. 34, ℰ 20 60 – 🅟
17 Z : 25 B.

In Zuzenhausen 6921 NW : 7 km :

XX **Brauereigasthof Adler** mit Zim, Hoffenheimer Str. 1 (B 45), ℰ (06226) 14 93, 🖈 – 🅟
Feb. geschl. – **M** *(Samstag bis 17 Uhr und Montag geschl.)* a la carte 25/57 – **6 Z : 10 B**
45/50 - 80.

SINSPELT 5529. Rheinland-Pfalz 409 ⑳ – 300 Ew – Höhe 281 m – ✿ 06522.

Mainz 181 – ✦Trier 47 – Wittlich 52.

🏠 **Altringer**, Neuerburger Str. 4, ℰ 7 12, 🖈, « Garten », 🚗, ✖ – ☎ 🅟. 🔄 ᴠɪꜱᴀ
M *(Nov.- Feb. Dienstag geschl.)* a la carte 23/41 ♨ – **20 Z : 40 B** 46 - 75/91 Fb.

SINZIG 5485. Rheinland-Pfalz 987 ㉔ – 13 000 Ew – Höhe 65 m – ✿ 02642 (Remagen).

🗓 Verkehrsamt, Bad Bodendorf, Pavillon am Kurgarten. ℰ 4 26 01.

Mainz 135 – ✦Bonn 27 – ✦Koblenz 36.

X **Alt Sinzig** mit Zim, Kölner Str. 5, ℰ 4 27 57 – ☎. 🔺
1.- 8. Jan., 2.- 23. Juli und 13.- 19. Okt. geschl. – **M** *(Samstag bis 18 Uhr und Montag geschl.)* a la carte 24/60 – **3 Z : 6 B** 40 - 76.

In Sinzig-Bad Bodendorf NW : 3 km – Thermalheilbad :

🏨 **Kurhaus Spitznagel** 🌤, Weinbergstr. 29, ℰ 4 20 91, Fax 43544, « Gartenterrasse », Bade-
und Massageabteilung, 🔺, 🚗, 🔲, 🖈 – 🔄 Rest 🔲 ☎ ⟷ 🅟. 🔄 ⓞ 🔺 ᴠɪꜱᴀ. ✖ Rest
7. Jan.- 4. Feb. geschl. – **M** a la carte 31/54 – **33 Z : 55 B** 62/85 - 100/210 Fb.

🏠 **Haus am Weiher** 🌤, Bäderstr. 46, ℰ 4 33 24, 🖈, 🖈 – 🅟
13 Z : 19 B.

SIPPLINGEN 7767. Baden-Württemberg 413 K 23, 427 L 2 – 2 100 Ew – Höhe 401 m –
Erholungsort – ✿ 07551 (Überlingen).

🗓 Verkehrsbüro, Haus des Gastes (ehem. Bahnhof), an der B 31, ℰ 6 17 43.

✦Stuttgart 168 – ✦Freiburg im Breisgau 123 – ✦Konstanz 40 – Ravensburg 53 – ✦Ulm (Donau) 142.

🏨 **Seeblick** 🌤, Prielstr. 4, ℰ 6 12 27, ≼, 🚗, 🔲 – 🔲 ☎ 🅟. 🔺 ᴠɪꜱᴀ
März - Nov. – *(nur Abendessen für Hausgäste)* – **10 Z : 20 B** 75/90 - 140/160 Fb.

🏠 **Zum Sternen** 🌤, Burkhard-von-Hohenfels-Str. 20, ℰ 6 36 09, Fax 3169, ≼ Bodensee und
Alpen, 🖈, 🖈 – ⟷ 🅟
8. Jan.- 10. März geschl. – **M** *(auch vegetarische Gerichte)* a la carte 25/44 ♨ – **13 Z : 31 B**
48/74 - 93/148 Fb – ½ P 59/87.

🏠 **Krone**, Seestr. 54 (B 31), ℰ 6 32 11, 🐾, 🖈 – 🔄 🅟
26 Z : 49 B.

SITTENSEN 2732. Niedersachsen 987 ⑤ – 4 250 Ew – Höhe 20 m – ✿ 04282.

✦Hannover 130 – ✦Bremen 63 – ✦Hamburg 58.

🏨 **Zur Mühle** garni (Abendessen im Restaurant Kupferpfanne gegenüber), Bahnhofstr. 25,
ℰ 32 32, 🚗 – 🔲 ☎ 🅟. 🔺 ⓞ 🔺 ᴠɪꜱᴀ
11 Z : 22 B 69 - 95/125 Fb.

In Groß Meckelsen 2732 W : 5 km :

🏨 **Schröder**, Am Kuhbach 1, ℰ (04282) 15 80, Fax 3535, 🚗, 🖈. Fahrradverleih – 🔲 ☎ 🅟
♨ 25/50. ⓞ 🔺 ✖ Zim
M a la carte 28/39 – **17 Z : 36 B** 59 - 89 Fb.

SOBERNHEIM 6553. Rheinland-Pfalz – 7 000 Ew – Höhe 150 m – Felke-Kurort – ✿ 06751.

🗓 Kur- und Verkehrsamt, am Bahnhof, Haus des Gastes. ℰ 8 12 41.

Mainz 64 – Idar-Oberstein 31 – Bad Kreuznach 19.

🏨 **Kurhaus am Maasberg** 🌤, am Maasberg (N : 2 km), ℰ 20 41, 🖈, Bade- und
Massageabteilung, 🔺, 🔲, 🔲, 🖈, ✖, Fahrradverleih – 🔄 ☎ 🅟 – ♨ 25/80. ✖ Rest
3.- 21. Dez. geschl. – **M** *(auch vegetarische Gerichte)* a la carte 37/56 ♨ – **115 Z : 140 B**
82/155 - 158/225 – ½ P 99/133.

🏠 **Hammer**, Staudernheimer Str. 2, ℰ 24 01, 🖈 – ⟷ 🅟
26. Dez.- 15. Jan. geschl. – **M** *(Freitag geschl.)* a la carte 18,50/43 ♨ – **9 Z : 15 B** 30/45 -
60/80.

Siehe auch : *Schloßböckelheim* O : 6 km

Ganz Europa auf einer Karte (mit Ortsregister) :
Michelin-Karte Nr. 920.

SODEN AM TAUNUS, BAD 6232. Hessen ████ I 16, █████ ㉔ ㉕ — 18 300 Ew — Höhe 200 m — Heilbad — ✆ 06196.

🔧 Kurverwaltung, Königsteiner Str. 88 (im Kurhaus), ℰ 20 82 80.

♦Wiesbaden 31 — ♦Frankfurt am Main 17 — Limburg an der Lahn 45.

🏨 **Parkhotel**, Königsteiner Str. 88, ℰ 20 00, Telex 4072548, Fax 200153, ㎡, 🚗 — 🛗 ⇔ Zim ▥ & 🅿 — 🔬 25/900. 🆎 ⓪ Ɛ ᵥₛₐ, ⨉ Rest
Restaurants : — **Parkrestaurant M** a la carte 50/71 — **Zum Reichsapfel M** a la carte 33/60 — **130 Z : 260 B** 160/248 - 210/298 Fb.

🏨 **Salina Hotel** 🌲, Bismarckstr. 20, ℰ 6 20 88, Telex 4072597, 🚗, ▨, 🌳 — 🛗 ▥ ☎ 🅿 — ᵥₛₐ
23. Dez. - 8. Jan. geschl. — (Restaurant nur für Hausgäste) — **47 Z : 82 B** 108/160 - 160/240 Fb — ½ P 105/160.

🏨 **Concorde**, Am Bahnhof 2, ℰ 2 70 13 — 🛗 ▥ ☎ 🅿 — 🔬 30. 🆎 ⓪ Ɛ ᵥₛₐ
23. Dez. - 2. Jan. geschl. — **M** (nur Abendessen, Mitte Juli - Mitte Aug. und Freitag - Montag geschl.) a la carte 23/52 — **70 Z : 105 B** 110/240 - 160/280 Fb.

🏠 **Waldfrieden** 🌲 garni, Seb.-Kneipp-Str. 1, ℰ 2 50 14, 🚗, 🌳 — ▥ ☎ ⇔. 🆎 Ɛ
22. Dez. - 8. Jan. geschl. — **35 Z : 45 B** 95/115 - 140/168 Fb.

🏠 **Rohrwiese** 🌲 garni, Rohrwiesenweg 11, ℰ 2 35 88 — ▥ ☎ 🅿. Ɛ
36 Z : 48 B 90/125 - 135/150 Fb.

🏠 **Thermen-Hotel - Restaurant Cheval blanc**, Kronberger Str. 17, ℰ 2 40 61 (Hotel) 2 68 61 (Rest.) — ▥ ☎ 🅿
M (Samstag bis 18 Uhr geschl.) a la carte 31/64 — **16 Z : 25 B** 85/130 - 110/160 Fb.

⨉⨉ **Restaurant De France im Quellenhof**, Zum Quellenpark 29, ℰ 2 94 92 — 🆎 ⓪ Ɛ ᵥₛₐ
Samstag bis 18 Uhr geschl. — **M** a la carte 49/98.

SODEN-SALMÜNSTER, BAD 6483. Hessen ████ KL 16, █████ ㉕ — 12 200 Ew — Höhe 150 m — Heilbad — ✆ 06056.

🏌 Alsberg (O : 5 km), ℰ (06056) 35 94.

🔧 Verkehrsverein, Badestr. 8a, ℰ 14 33 — ♦Wiesbaden 105 — ♦Frankfurt am Main 61 — Fulda 47.

Im Ortsteil Salmünster :

⨉⨉ **Country Club**, Fuldaer Str. 18, ℰ 12 00 — 🅿
wochentags nur Abendessen, 4.- 11. Jan., 2.- 24. Aug. und Donnerstag geschl. — **M** a la carte 32/53.

Im Ortsteil Bad Soden :

🏠 **Zum Heller** garni, Gerhard-Radke-Str. 1, ℰ 73 50, ▨ — ▥ ☎ 🅿
24 Z : 58 B 48 - 78.

🏠 **Kurhotel Ottilie** 🌲, Frowin-von-Hutten-Str. 24, ℰ 16 36, Massage, ▨, 🌳 — 🛗 🅿. ⨉ Rest
15. Nov.- 15. Dez. geschl. — (Restaurant nur für Hausgäste) — **70 Z : 100 B** 55/60 - 90/120 — ½ P 60/75.

🏠 **Pension Sehn** 🌲 garni, Brüder-Grimm-Str. 11, ℰ 16 09, ≼, 🌳 — ☎ 🅿. ⨉
März - 15. Nov. — **14 Z : 23 B** 42 - 80.

In Brachttal 5-Udenhain 6486 NW : 10 km :

🏠 **Zum Bäcker**, Hauptstr. 1, ℰ (06054) 55 58, Biergarten, 🚗, 🌳 — 🅿. Ɛ
⬥ **M** (Montag geschl.) a la carte 19/39 — **18 Z : 36 B** 45 - 70 Fb.

SÖGEL 4475. Niedersachsen █████ ⑭ — 4 700 Ew — Höhe 50 m — ✆ 05952.

♦Hannover 220 — Cloppenburg 42 — Meppen 26 — Papenburg 37.

🏠 **Café Jansen**, Clemens-August-Str. 33, ℰ 12 30 — ☎ 🅿
⬥ **M** (Montag geschl.) a la carte 14,50/30 — **13 Z : 22 B** 40 - 70.

🏺 **Kossen**, Clemens-August-Str. 54, ℰ 29 59, 🌳 — ⇔ 🅿
⬥ **M** (Freitag geschl.) a la carte 19,50/42 — **17 Z : 27 B** 35/48 - 60/65.

SOEST 4770. Nordrhein-Westfalen █████ ⑭ — 43 000 Ew — Höhe 98 m — ✆ 02921.

Sehenswert : St. Patroklidom★ (Westwerk★★ und Westturm★★) Z — Wiesenkirche★ (Aldegrevers-Altar★) Y — Nikolaikapelle (Nikolai-Altar★) Z A.

🔧 Städt. Kultur- und Verkehrsamt, Am Seel 5, ℰ 10 33 23.

ADAC, Arnsberger Str. 7, ℰ 41 16, Notruf ℰ 1 92 11.

♦Düsseldorf 118 ② — ♦Dortmund 52 ② — ♦Kassel 121 ② — Paderborn 49 ①.

Stadtplan siehe gegenüberliegende Seite.

🏨 **Hanse**, Siegmund-Schultze-Weg 100, ℰ 7 70 22, Telex 84309 — ▥ ☎ ⇔ 🅿 — 🔬 25/50. ⓪ Ɛ ᵥₛₐ   über ② und Arnsberger Str.
M a la carte 24/61 — **45 Z : 70 B** 55/80 - 100/140 Fb.

🏠 **Andernach - Meyer's Stuben**, Thomästr. 31, ℰ 40 19 — ☎ ⇔ 🅿 — 🔬 25/70. 🆎 ⓪ Ɛ. ⨉ Zim   Z n
Menu (Montag geschl.) 24/38 und a la carte 43/71 — **16 Z : 24 B** 42/52 - 74/84 Fb.

🏠 **Stadt Soest** garni, Brüderstr. 50, ℰ 18 11 — ▥ ☎ ⇔. 🆎 ⓪ Ɛ ᵥₛₐ   Y a
20 Z : 34 B 60/80 - 90/110.

SOEST

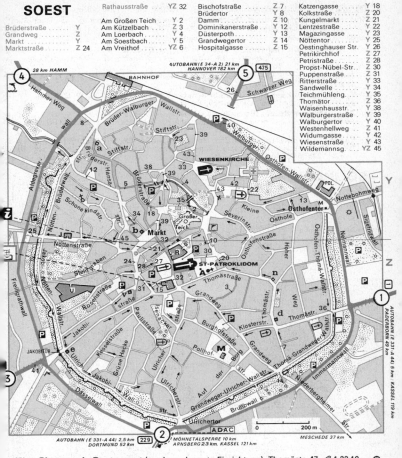

XX ❀ **Biermann's Restaurant** (modern-elegante Einrichtung), Thomästr. 47, ℰ 1 33 10 – ℗
AE ① E VISA
Montag und Juni - Juli 3 Wochen geschl. – **M** (Tischbestellung ratsam) a la carte 59/98 –
Bistro M a la carte 36/55
Spez. Lachs auf Basilikumsauce, Gefüllte Taubenbrust in Strudelteig, Apfelcrèpe mit Calvadosschaum.
Z d

XX **Im wilden Mann** mit Zim, Am Markt 11, ℰ 1 50 71 – TV ☎ – 🛦 25/100. AE ① E VISA
M a la carte 40/70 – **14 Z : 25 B** 50/90 - 95/125.
Y b

XX **Pilgrim-Haus** mit Zim, Jakobistr. 75, ℰ 18 28, « Gasthaus a.d. 14. Jh. » – TV ☎. AE ① E
VISA
über Weihnachten und Neujahr geschl. – **M** *(Montag - Freitag nur Abendessen)* a la carte
30/57 – **6 Z : 10 B** 86 - 139/145.
Z e

X **Altes Gasthaus im Zuckerberg** (restauriertes Fachwerkhaus, rustikale Einrichtung),
Höggenstr. 1, ℰ 28 68 – AE ① E
Montag und Juni - Juli 3 Wochen geschl. – **M** a la carte 27/55.
Z v

In Soest-Ruploh ② : 4 km :

🏠 **Haus Schuerhoff**, Arnsberger Str. 120 (B 229), ℰ 7 51 39, Biergarten – 🚗 ℗
15. - 30. Jan. geschl. – **M** *(Montag geschl.)* a la carte 22/49 – **10 Z : 21 B** 35/40 - 70/80.

L'EUROPE en une seule feuille **Carte Michelin** n° 920

Ausflugsziele : Solingen-Gräfrath : Deutsches Klingenmuseum★ 4 km über ① – Solingen-Burg
Schloß Burg (Lage★) 8 km über ③ – ADAC, Schützenstr. 21, ✆ 4 50 05, Notruf ✆ 1 92 11.
◆Düsseldorf 27 ⑤ – ◆Essen 35 ① – ◆Köln 36 ④ – Wuppertal 16 ②.

🏨 **Goldener Löwe,** Heinestr. 2, ✆ 1 20 30 – 劇 📺 ☎. 🅐🅔 ① 🅔. 🛬 Zim   Z a
 Juni - Juli 4 Wochen geschl. – **M** (wochentags nur Abendessen, Dienstag geschl.) a la
 carte 19,50/44 ⅓ – **15 Z : 27 B** 80 - 110.

🏨 **Turmhotel** garni, Kölner Str. 99, ✆ 1 30 50, Telex 8514944, ← – 劇 📺 ☎ 🅿. 🅐🅔 ① 🅔 VISA   Z v
 43 Z : 80 B 88/124 - 125/162.

🏨 **Zum Roten Ochsen** garni, Konrad-Adenauer-Str. 20, ✆ 1 00 03 – 劇 ☎. 🅐🅔 🅔. 🛬   Y e
 22. Dez.- 8. Jan. und Juni - Juli 3 Wochen geschl. – **19 Z : 27 B** 90/105 - 130/150.

XX **Zum goldenen Spiess,** Entenpfuhl 1, ✆ 1 08 95 – 🅐🅔 ① 🅔 VISA   Z n
 Mittwoch 14.30 Uhr - Donnerstag und Juni - Juli 4 Wochen geschl. – **M** 20/33 (mittags) und
 a la carte 35/58.

XX **Landhaus Schmalzgrube** mit Zim, Mangenberger Str. 356, ✆ 1 80 03, 🥬 – ☎ 🅿. ① 🅔
 VISA – **M** (Samstag bis 18 Uhr und Donnerstag geschl.) 19/26 (mittags) und a la carte 30/57
 – **9 Z : 12 B** 65/78 - 110   über Mangenberger Straße   YZ

SOLINGEN

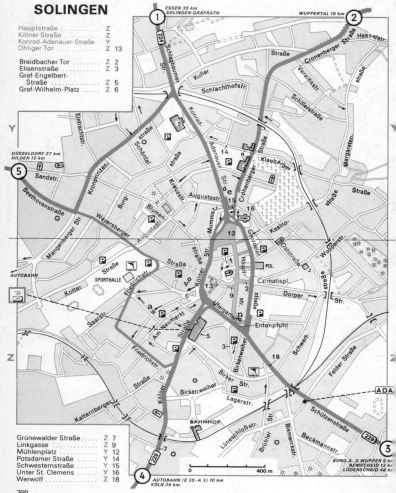

In Solingen 25-Burg ③ : 8 km :

🏨 **Haus in der Straßen** (Gasthof a.d. 17. Jh.), Wermelskirchener Str. 12, ℘ 4 40 11, Telex 8514558, « Zinn- und historische Hausratsammlung » – 📺 ☎ ⇦ 🅿 – 🔬 25/120.
🔳 E 𝖵𝖨𝖲𝖠 ⅏ Rest
M a la carte 47/76 **25 Z : 50 B** 90/95 - 140/150.

🏠 **Haus Niggemann**, Wermelskirchener Str. 22, ℘ 4 10 21, 🏡 – 🛉 ☎ 🅿. ⓸ E 𝖵𝖨𝖲𝖠
Ende Dez.- Mitte Jan. geschl. – **M** *(Freitag geschl.)* a la carte 29/60 – **30 Z : 50 B** 85/95 - 110/150.

🏠 **Zur Post**, Eschbachstr. 17, ℘ 4 50 90 – 📺 ☎
16 Z : 25 B.

XX **Schloß-Restaurant**, Schloßplatz 1, ℘ 4 30 50, « Terrasse mit ≼ » – 🅿. 🔳 E 𝖵𝖨𝖲𝖠. ⅏
Montag geschl. – **M** a la carte 39/78.

XX **Haus Striepen - Burger Hof** mit Zim, Eschbachstr. 13, ℘ 4 24 61 – 📺 ☎ 🅿. ⓸ E 𝖵𝖨𝖲𝖠
M a la carte 30/62 – **7 Z : 13 B** 60/70 - 90/110.

In Solingen 11-Ohligs ⑤ : 7 km :

🏨 **Parkhotel Solingen**, Hackhauser Str. 62, ℘ 7 60 41, Fax 74662, 🚗 – 🛉 📺 ⇦ 🅿 – 🔬 25/70. 🔳 ⓸ E 𝖵𝖨𝖲𝖠
M *(Freitag geschl.)* a la carte 50/67 – **70 Z : 120 B** 139/179 - 250/290 Fb.

In Solingen 19 -Wald ① : 6 km :

XX **Parkrestaurant Ittertal**, Ittertalstr. 50, ℘ 31 47 45 – 🅿. 🔳 ⓸ E
Montag geschl. – **M** a la carte 44/62.

SOLNHOFEN 8838. Bayern 𝟜𝟙𝟛 P 20 – 1 550 Ew – Höhe 409 m – ✆ 09145.
🛈 Verkehrsamt, Bahnhofstr. 8, ℘ 4 77.
◆München 138 – Donauwörth 35 – Ingolstadt 52 – Weißenburg in Bayern 20.

🏠 **Birkenhof** ⑤, Am Birkenhain 4, ℘ 3 09, 🏡 – 🅿
← **M** *(Donnerstag geschl.)* a la carte 19/27 – **9 Z : 18 B** 30 - 60.

☞ *Keine bezahlte Reklame im Michelin-Führer.*

SOLTAU 3040. Niedersachsen 𝟡𝟠𝟟 ⑮ – 20 000 Ew – Höhe 64 m – Erholungsort – ✆ 05191.
🏌 Hof Loh (S : 3 km), ℘ 1 40 77.
🛈 Verkehrsverein, Bornemannstr. 7, ℘ 24 74.
◆Hannover 79 – ◆Bremen 92 – ◆Hamburg 77 – Lüneburg 51.

🏨 **Heidland**, Winsener Str. 109, ℘ 1 70 33, Telex 924168, Fax 4263, 🏡, 🚗, 🚗 – ☎ ♿ 🅿 – 🔬 25/160. 🔳 ⓸ E
M a la carte 30/64 – **46 Z : 72 B** 69/115 - 126/156 Fb.

🏠 **Meyn**, Poststr. 19, ℘ 20 01, Telex 924169 – 📺 ☎ ⇦ 🅿 – 🔬 25/200. 🔳 ⓸ E 𝖵𝖨𝖲𝖠
M 19.50/35 (mittags) und a la carte 33/68 – **45 Z : 85 B** 65/85 - 85/130 Fb – ½ P 63/95.

🏠 **Heidehotel Anna**, Saarlandstr. 2, ℘ 1 50 26, 🚗 – 📺 ☎ 🅿
(nur Abendessen) – **14 Z : 23 B** Fb.

In Soltau-Friedrichseck NO : 4,5 km, Richtung Bispingen :

🏠 **Haus Waldfrieden** ⑤, ℘ 40 82, 🚗, 🔳, Fahrradverleih – 🅿. ⅏
Mitte Jan.- Mitte Feb. geschl. – (Restaurant nur für Hausgäste) – **14 Z : 26 B** 55/79 - 85/120.

In Soltau-Harmelingen NO : 7,5 km :

🏠 **Landhaus Hubertus** ⑤, ℘ 46 55, 🚗, ⅍ – ☎ 🅿
Feb. und 6.- 30. Nov. geschl. – (Restaurant nur für Hausgäste) – **18 Z : 30 B** 30/38 - 60/70.

In Soltau-Wolterdingen N : 5 km :

XX **Zu den Eichen-Schlößchen** mit Zim, Soltauer Str. 1, ℘ 34 44, 🏡 – 🅿. 🔳 E
20. Juli - 5. Aug. geschl. – **M** *(nur Abendessen, Dienstag geschl.)* a la carte 41/66 – **7 Z : 14 B** 35 - 65.

SOMMERACH 8711. Bayern 𝟜𝟙𝟛 N 17 – 1 150 Ew – Höhe 200 m – ✆ 09381 (Volkach).
◆München 263 – ◆Bamberg 62 – ◆Nürnberg 93 – Schweinfurt 30 – ◆Würzburg 30.

🏠 **Zum weißen Lamm**, Hauptstr. 2, ℘ 93 77, eigener Weinbau
← *Weihnachten - 10. Jan. geschl.* – **M** *(Mittwoch geschl., Mai - Juni nur Abendessen)* a la carte 19.50/46 ⅍ – **16 Z : 30 B** 42/50 - 66/98 Fb.

🏠 **Bocksbeutelherberge** garni, Weinstr. 22, ℘ 14 65 – 📺 ☎ 🅿. ⅏
4. Dez.- 5. Jan. geschl. – **8 Z : 16 B** 42 - 68.

SOMMERAU Bayern siehe Lohberg.

SOMMERHAUSEN Bayern bzw. Nordrhein-Westfalen siehe Ochsenfurt bzw. Much.

SONDHEIM VOR DER RHÖN 8741. Bayern 四13 N 15 — 1 200 Ew — Höhe 360 m — © 0977 (Nordheim).

◆München 371 — ◆Bamberg 104 — Fulda 52 — ◆Würzburg 102.

In Sondheim-Stetten NW : 3 km :

X **Zur Linde**, Obertor 1, ℰ 12 16 — 📵
  nur Abendessen, Dienstag, 15. Jan.- 8. Feb. und 26. Aug.- 12. Sept. geschl. — Menu a la cart 30/54.

SONNENBÜHL 7419. Baden-Württemberg 四13 K 21 — 5 800 Ew — Höhe 720 m — Wintersport 720/880 m ⚡3 ☰4 — © 07128.

🗼 Sonnenbühl-Undingen, ℰ 20 18.

🛈 Tourist Information, Trochtelfinger Str. 1 (Erpfingen), ℰ 6 96.

◆Stuttgart 67 — ◆Konstanz 120 — Reutlingen 26.

In Sonnenbühl 2-Erpfingen — Luftkurort :

🏨 **Gästehaus Sonnenmatte** ⟨S⟩, Im Feriendorf Sonnenmatte, ℰ 8 91, ㈓, 🔲, 🚗 — ☎ 📵
  — 🛁 25/100. 🆎 🄴 𝚅𝙸𝚂𝙰. 🛇
  8. Jan.- 6. Feb. und 17.- 24. Dez. geschl. — M *(Sonntag 18 Uhr - Montag geschl.)* a la carte 29/45 — **20 Z : 40 B** 55 - 90 — ½ P 70/80.

🏨 **Löwen**, Trochtelfinger Str. 2, ℰ 22 22 — 📵
  10 Z : 16 B.

XX **Hirsch** mit Zim, Im Dorf 12, ℰ 22 12, ㈓ — 📵. 🛇 Rest
  19.- 26. Juni und 6. Nov.- 4. Dez. geschl. — M *(Dienstag geschl.)* 22/38 (mittags) und a la carte 33/65 ⅃ — **5 Z : 10 B** 40/45 - 76/84 — ½ P 58/64.

SONSBECK 4176. Nordrhein-Westfalen 987 ⑬ — 6 900 Ew — Höhe 22 m — © 02838.

◆Düsseldorf 72 — Krefeld 52 — Nijmegen 58.

XX **Waldrestaurant Höfer**, Gelderner Str. 69 (S : 2 km), ℰ 24 42 — 📵. 🆎 ⓪ 🄴
  Montag - Dienstag 17 Uhr geschl. — M a la carte 26/65.

SONTHOFEN 8972. Bayern 四13 NO 24, 987 ㊲, 四26 ⑮ — 20 500 Ew — Höhe 742 m — Luftkuror — Wintersport : 750/1 050 m ⚡3 ☰12 — © 08321.

🗼 Ofterschwang (SW : 4 km), ℰ (08321) 72 76.

🚗 ℰ 24 11.

🛈 Verkehrsamt, Rathausplatz 3, ℰ 7 62 91.

◆München 152 — Kempten (Allgäu) 27 — Oberstdorf 13.

🏨🏨 **Der Allgäu Stern** ⟨S⟩, Auf der Staiger Alp, ℰ 7 90, Telex 54402, Fax 79444, ≼ Allgäuer Berge, Bade- und Massageabteilung, ♨, ㈓, 🔲, 🔲, 🚗, Skischule, Skiverleih — 📳 📺 ☎
  ☀🏋 ⟺ 📵 — 🛁 25/100. 🆎 ⓪ 🄴 𝚅𝙸𝚂𝙰. 🛇 Rest
  Restaurants : — **Rôtisserie M** a la carte 42/62 — **Bierstüberl** *(nur Abendessen)* **M** a la carte 28/36 — **450 Z : 850 B** 113/165 - 166/250 Fb.

🏨 **Brauerei-Gasthof Hirsch**, Grüntenstr. 7, ℰ 70 16 — 📳 ☎ 📵 — 🛁
  70 Z : 146 B Fb.

🏨 **Zum Ratsherrn**, Hermann-von-Barth-Str. 4, ℰ 29 29, ☎ — ☎ 📵. 🛇
  Nov. geschl. — M *(nur Abendessen, Montag geschl.)* a la carte 23/35 — **13 Z : 22 B** 40 - 70/75 — ½ P 47/52.

🏛 **Schwäbele Eck**, Hindelanger Str. 9, ℰ 47 35 — ⟺ 📵
◆ *Nov. geschl.* — M *(Montag geschl.)* a la carte 20/36 ⅃ — **24 Z : 50 B** 40/60 - 80/100 Fb — ½ P 52/62.

XX **Alte Post**, Promenadenstr. 5, ℰ 25 08
  Freitag - Samstag 18 Uhr und 15. Juni - 6. Juli geschl. — M a la carte 23/43.

XX **Rathaus Stube**, Rathausplatz 2, ℰ 8 73 84, ㈓ — 🆎 ⓪ 🄴 𝚅𝙸𝚂𝙰
  Sonntag - Montag 18 Uhr und 7.- 20. Jan. geschl. — M 13,50/25 (mittags) und a la carte 27/50.

X **Postillion**, Hirschstr. 4, ℰ 22 86 — 📵.

In Sonthofen-Rieden NW : 1 km :

🏨 **Bauer**, Hans-Böckler-Str. 86, ℰ 70 91, Fax 87727, ㈓ — 📺 ☎ ⟺ 📵. 🄴. 🛇 Rest
◆ M a la carte 21/45 — **12 Z : 24 B** 52/77 - 98/119 Fb — 2 Fewo 90/120 — ½ P 66/95.

In Blaichach-Seifriedsberg 8976 NW : 4 km :

🏨 Kühberg, ℰ (08321) 20 11, ≼, ㈓, 🔲, 🚗 — ☎ 📵
  33 Z : 65 B.

In Ofterschwang 8972 SW : 6 km :

🏨 **Landhaus Süßdorf** ⟨S⟩, ℰ (08321) 90 28, Fax 88751, ≼, ㈓, ㈓, 🔲, 🚗 — ☎ ⟺ 📵. 🆎
◆ 𝚅𝙸𝚂𝙰. 🛇 Rest
  Nov.- 20. Dez. geschl. — M *(Mittwoch geschl.)* a la carte 17/37 ⅃ — **17 Z : 32 B** 40/75 - 69/120 Fb — ½ P 50/77.

In Ofterschwang-Schweineberg 8972 SW : 4 km :

🏨 **Sport- und Kurhotel Sonnenalp** 🌊, ℰ (08321) 7 20, Telex 54465, Fax 72242, ≤, « Außenanlagen mit Terrassen », Bade- und Massageabteilung, ⚚, ⇔, ⊒ (geheizt), ◼, ⏝, ⚒ (Halle), 🅟, Fahrradverleih, Skischule, ⚲ – 🛗 📺 ⚛ ⇔ 🅟 – 🏥 25/100. ⚘
(Rest. nur für Hausgäste) — **230 Z : 425 B** nur ½ P 186/277 - 376/470 Fb — 19 Appart.
620/1070 — 3 Fewo 255/398.

In Ofterschwang-Tiefenberg 8972 S : 3 km :

🏠 Tiefenberger Hof, ℰ (08321) 31 16, ⇌, ⏝ – 🅟
12 Z : 25 B.

🏠 **Gästehaus Gisela**, ℰ (08321) 26 72/8 90 72, ≤, ⇔, ◼, ⏝ – 🕾 ⇔ 🅟. ⚘
Nov.- 16. Dez. geschl. — (Rest. nur für Hausgäste) — **14 Z : 24 B** 32/55 - 80/95 — ½ P 47/70.

Auf der Alpe Eck W : 8,5 km Richtung Gunzesried, Zufahrt über Privatstraße, Gebühr 4 DM, Hausgäste frei, Tagesgäste 2 DM – ✉ **8972** Sonthofen :

🏨 Allgäuer Berghof 🌊, Höhe 1 260 m, ℰ (08321) 80 60, ≤ Allgäuer Alpen, ⇌, « Park », Massage, ⇔, ◼, ⏝, ⚒, Skischule, ⚲ – 🛗 🕾 ⚛ ⇔ 🅟 – 🏥 . ⚘ Rest
68 Z : 119 B Fb.

SONTRA 6443. Hessen ⑨⑧⑦ ㉘ – 8 900 Ew – Luftkurort – ✆ 05653.
♦Wiesbaden 201 – Göttingen 62 – Bad Hersfeld 34 – ♦Kassel 56.

🏠 **Link**, Bahnhofstr. 17, ℰ 6 83, ⇌ – 🛗 🅟 – 🏥 25/150
➡ **M** a la carte 17/32 – **41 Z : 73 B** 26/38 - 52/70.

In Nentershausen 2-Weißenhasel 6446 S : 5 km :

🏠 **Johanneshof**, Kupferstr. 24, ℰ (06627) 7 88, ⇌, ⏝ – 📺 🕾 🅟. ① E 𝖵𝖨𝖲𝖠
➡ **M** a la carte 19/45 – **23 Z : 45 B** 32/60 - 61/110 Fb.

SOODEN - ALLENDORF, BAD 3437. Hessen ⑨⑧⑦ ⑮⑯ – 10 000 Ew – Höhe 160 m – Heilbad – ✆ 05652.

Sehenswert : Allendorf : Fachwerkhäuser* (Bürgersches Haus*, Kirchstr. 29, Eschstruthsches Haus**, Kirchstr. 59).

🛈 Kurverwaltung, in Bad Sooden, ℰ 50 10.
♦Wiesbaden 231 – Göttingen 36 – Bad Hersfeld 68 – ♦Kassel 36.

Im Ortsteil Bad Sooden :

🏨 Kurhaus-Kurparkhotel 🌊, Am Brunnenplatz 5, ℰ 30 31, ⇌, direkter Zugang zum Kurmittelhaus, ⇔, ◼ – 🛗 🅟 ⚕ – 🏥 – **40 Z : 60 B** Fb.

🏠 **Martina** 🌊, Westerburgstr. 1, ℰ 20 88, ⇌ – 🛗 🕾 🅟. 🅰🅴 ① E. ⚘ Rest
M 15/29 (mittags) und a la carte 25/53 – **67 Z : 94 B** 49/85 - 90/124 – ½ P 66/106.

🏠 Central 🌊 (mit Gästehaus - Kurhotel Kneipp), Am Haintor 3, ℰ 25 84, Bade- und Massageabteilung, ⚚, ⇔, ◼, ⏝ – 🛗 – **61 Z : 88 B**.

Im Ortsteil Allendorf :

🏠 **Werratal**, Kirchstr. 62, ℰ 20 57, ⇔ – 🛗 🕾 ⇔
➡ *20. Dez.- 20. Jan. geschl.* – **M** a la carte 19/58 – **30 Z : 45 B** 40/45 - 76/90 – ½ P 40/50.

Im Ortsteil Ahrenberg NW : 6 km über Ellershausen :

🏠 **Berggasthof Ahrenberg** 🌊, ℰ 20 03, ≤, ⇌, ⏝ – 🅟. 🅰🅴 ① E 𝖵𝖨𝖲𝖠
➡ *Jan.- Feb. 4 Wochen geschl.* – **M** a la carte 20/59 – **12 Z : 20 B** 40 - 80.

SOTTORF Niedersachsen siehe Rosengarten.

SPAICHINGEN 7208. Baden-Württemberg ⑪⑬ J 22. ⑨⑧⑦ ㉘ – 9 500 Ew – Höhe 670 m – ✆ 07424.

Ausflugsziel : Dreifaltigkeitsberg : Wallfahrtskirche ⚘* NO : 6 km.
♦Stuttgart 112 – Rottweil 14 – Tuttlingen 14.

🏠 **Kreuz**, Hauptstr. 113, ℰ 59 55 – 🕾 ⇔ 🅟. E
M *(Samstag geschl.)* a la carte 25/46 **12 Z : 16 B** 40 - 75.

SPALT 8545. Bayern ⑪⑬ P 19 – 4 700 Ew – Höhe 357 m – ✆ 09175.
♦München 149 – Ansbach 35 – Ingolstadt 70 – ♦Nürnberg 45.

♨ **Krone**, Hauptstr. 23, ℰ 3 70 – ⇔ 🅟
➡ *Sept. geschl.* – **M** *(Dienstag geschl.)* a la carte 20/34 ⚘ – **15 Z : 25 B** 32/35 - 60/68.

In Spalt-Enderndorf S : 4,5 km :

✗ **Zum Hochreiter**, Enderndorf 4a, ℰ 7 49, ≤, ⇌ – 🅟. E
Dez.- Jan. und Montag geschl. – **M** a la carte 22/37.

In Spalt-Stiegelmühle NW : 5 km :

✗ **Gasthof Blumenthal**, ℰ (09873) 3 32, ⇌ – 🅟
Montag - Dienstag sowie Feb. und Sept. jeweils 2 Wochen geschl. – Menu a la carte 26/50.

3509. Hessen 987 ⑳ – 7 000 Ew – Höhe 265 m – Luftkurort – ✆ 05663.

🛈 Verkehrsamt, Kirchplatz 4, 𝒫 72 97.

◆Wiesbaden 209 – Bad Hersfeld 50 – ◆Kassel 36.

🏨 **Schloß Spangenberg** 🦢 (Burganlage a.d. 13. Jahrh.), 𝒫 8 66, Telex 99988, ≼ Spangenberg,
🍴 – 📺 ☎ 🅿 – 🕭 25/100. ① Ⓔ Ⓔ 𝚅𝙸𝚂𝙰. 🦌
M a la carte 50/76 – **26 Z : 51 B** 85/150 - 135/230.

XX **Ratskeller**, Markt 1, 𝒫 3 41
Sonntag 14 Uhr - Montag und Juli - Aug. 3 Wochen geschl. – **M** (Tischbestellung ratsam) a
la carte 28/63.

SPARNECK Bayern siehe Münchberg.

SPEICHERZ Bayern siehe Motten.

Les prix de chambre et de pension
peuvent parfois être majorés de la taxe de séjour et d'un supplément de chauffage
Lors de votre réservation à l'hôtel,
faites-vous bien préciser le prix définitif qui vous sera facturé.

SPEYER 6720. Rheinland-Pfalz 413 I 18, 19. 987 ⑳ – 44 500 Ew – Höhe 104 m – ✆ 06232.
Sehenswert : Dom★★ (Krypta★★★, Querschiff★★) B – ≼★★ vom Fuß des Heidentürmchens auf
den Dom B E.

🛈 Verkehrsamt, Maximilianstr. 11, 𝒫 1 43 95.

Mainz 93 ① – Heidelberg 21 ② – ◆Karlsruhe 57 ② – ◆Mannheim 22 ① – Pirmasens 73 ④.

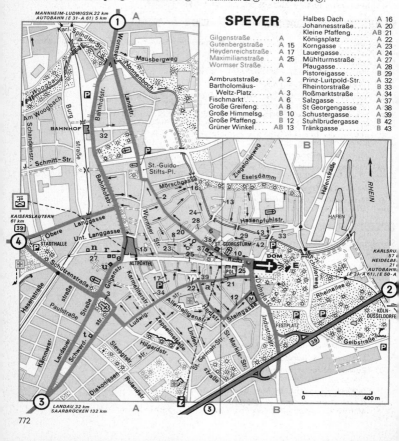

SPEYER

Gilgenstraße	A
Gutenbergstraße	A 15
Heydenreichstraße	A 17
Maximilianstraße	A 25
Wormser Straße	A
Armbruststraße	A 2
Bartholomäus-Weltz-Platz	A 3
Fischmarkt	A 6
Große Greifeng.	A 8
Große Himmelsg.	B 10
Große Pfaffeng.	B 12
Grüner Winkel	AB 13

Halbes Dach	A 16
Johannesstraße	A 20
Kleine Pfaffeng.	AB 21
Königsplatz	A 22
Korngasse	A 23
Lauergasse	A 24
Mühlturmstraße	A 27
Pfaugasse	A 28
Pistoreigasse	B 29
Prinz-Luitpold-Str.	A 32
Rheinstraße	B 33
Roßmarktstraße	B 34
Salzgasse	A 37
St Georgengasse	A 38
Schustergasse	A 39
Stuhlbrudergasse	B 42
Tränkgasse	B 43

🏨 **Goldener Engel** garni (Mahlzeiten in der Wirtschaft zum Alten Engel), Mühlturmstr. 1a,
    ☎ 7 67 32 − 🛗 📺 🕿 📬, 🖭 ⓪ 🗲 𝘝𝘐𝘚𝘈   A e
    23. Dez.- 2. Jan. geschl. − **43 Z : 73 B** 63/115 - 105/180 Fb.

🏨 **Graf's Hotel Löwengarten**, Schwerdstr. 14, ☎ 7 10 51, Telex 467666, Fax 26452, 🌧 −
    🛗 📺 🕿 ⟺ 📬 − 🛁 25/60. 🖭 ⓪ 🗲 𝘝𝘐𝘚𝘈 ⚘   A t
    M *(nur Abendessen, Samstag - Sonntag geschl.)* a la carte 27/58 ⅋ − **40 Z : 70 B** 75/135 -
    125/175 Fb.

🏨 **Kurpfalz** garni, Mühlturmstr. 5, ☎ 2 41 68 − 🕿 📬. ⚘   A n
    11 Z : 20 B.

🏠 **Am Wartturm** garni, Landwehrstr. 30, ☎ 3 60 66 − 🕿 📬. ⚘
    14 Z : 27 B 63 - 102.   über Wormser Landstr.   A

🏠 **Trutzpfaff**, Webergasse 5, ☎ 7 83 99 − 📬. ⚘ Zim   A a
➡   **M** *(Samstag geschl.)* a la carte 19,50/33 ⅋ − **8 Z : 16 B** 54 - 79.

XX **Rôtisserie Weißes Roß**, Johannesstr. 2, ☎ 2 83 80   A x
    Montag ab 15 Uhr, Samstag und Mitte Juli - Anfang Aug. geschl. − **M** a la carte 27/57 ⅋.

X **Tulla Hof**, Tullastr. 51, ☎ 4 15 35, 🌧 − 📬. 🖭 ⓪ 🗲 𝘝𝘐𝘚𝘈   über ①
    Mittwoch geschl. − **M** a la carte 25/49 ⅋.

X **Pfalzgraf**, Gilgenstr. 26 b, ☎ 7 47 55 − 📬   A u
    Mittwoch 15 Uhr - Donnerstag geschl. − **M** 13 (mittags) und a la carte 23/51 ⅋.

X **Wirtschaft zum Alten Engel**, Mühlturmstr. 1a, ☎ 7 67 32, « Altes Backsteingewölbe,
    antikes Mobiliar » − 🖭 ⓪ 🗲 𝘝𝘐𝘚𝘈   A r
    nur Abendessen, Samstag geschl. − **M** a la carte 29/51.

An der Rheinbrücke rechtes Ufer :

🏨 **Rheinhotel Luxhof**, ✉ 6832 Hockenheim, ☎ (06205) 35 81, Fax 3583, 🛋, 🌧 − 🕿 ⟺
    📬 − 🛁 25/80. 🖭 ⓪ 🗲 𝘝𝘐𝘚𝘈   über ②
    M a la carte 28/50 ⅋ − **45 Z : 80 B** 65/90 - 98/150 Fb.

In Dudenhofen 6724   W : 3 km :

🏠 **Zum Goldenen Lamm**, Landauer Str. 2, ☎ (06232) 9 43 82, Fax 98502 − 🕿 − 🛁 60
    24 Z : 51 B Fb.

▐ **SPIEGELAU** ▌ 8356. Bayern ❶❸ X 20, ❹❷❻ ⑦ − 4 050 Ew − Höhe 730 m − Erholungsort −
Wintersport : 780/830 m ≰2 ≴4 − ✪ 08553.
🛈 Verkehrsamt, Rathaus, Hauptstr. 30, ☎ 4 19, Fax 6424.
◆München 193 − Deggendorf 50 − Passau 45.

🏠 **Hubertushof** garni (Mahlzeiten im Gasthof Genosko), Hauptstr. 1, ☎ 5 22, 🛋, 🌧 − 📬.
    ⚘
    Nov.- 20. Dez. geschl. − **36 Z : 65 B** 45/50 - 86/94 Fb.

🏠 **Tannenhof** ⚘, Auf der List 27, ☎ 3 54, « Terrasse mit ≤ », 🛋, 🔲, 🌧 − ⟺ 📬
➡   Nov.- Dez. geschl. − **M** a la carte 20/34 − **40 Z : 63 B** 47/56 - 88/108 Fb.

🏠 **Waldfrieden** ⚘, Waldschmidtstr. 10, ☎ 12 47, Massage, 🛋, 🔲, 🌧 − 📬
    Nov. geschl. − (nur Abendessen für Hausgäste) − **28 Z : 50 B** 45 - 80 Fb.

🏠 **Café Lilo**, Hauptstr. 22, ☎ 3 80, 🌧, 🛋, 🔲 − 📬
➡   10. Nov.- 15. Dez. geschl. − **M** a la carte 18/34 ⅋ − **20 Z : 42 B** 38 - 74.

In Spiegelau-Klingenbrunn NW : 4 km − Höhe 820 m :

🏨 **Hochriegel**, Frauenauer Str. 31, ☎ 3 43, Massage, 🛋, 🔲, 🌧, Skiverleih − 🛗 📺 📬. ⚘
    (nur Abendessen für Hausgäste) − **40 Z : 80 B** Fb.

▐ **SPIEKEROOG (Insel)** ▌ 2941. Niedersachsen ❾❽❼ ④ − 670 Ew − Seeheilbad − Insel der
Ostfriesischen Inselgruppe. Autos nicht zugelassen − ✪ 04976.
⟿ von Neuharlingersiel (40 min.), ☎ (04976) 2 17.
🛈 Kurverwaltung, Noorderpaad 25, ☎ 1 70.
◆Hannover 258 − Aurich (Ostfriesland) 33 − Wilhelmshaven 46.

🏨 **Upstalsboom** ⚘, Pollerdiek 4, ☎ 3 64, Fax 20127, 🛋, 🌧 − 📺 🕿. 🖭 ⓪ 🗲 𝘝𝘐𝘚𝘈
    M *(auch vegetarische Gerichte)* (nur Abendessen) a la carte 29/63 − **30 Z : 60 B** 105 -
    150 Fb.

🏠 **Süder Mens** ⚘, Südermens 1, ☎ 2 26, 🛋, 🌧 − ⚘
    (Restaurant nur für Hausgäste) − **24 Z : 43 B**.

🏠 **Zur Linde** ⚘, Noorderloog 5, ☎ 2 34, 🌧 📺
    Mitte März - Anfang Nov. − **M** a la carte 26/54 − **25 Z : 45 B** 45/57 - 82/106 − 2 Fewo
    100/140 − ½ P 61/77.

▐ **SPIRE** ▌ = Speyer.

▐ **SPITZINGSEE** ▌ Bayern siehe Schliersee.

▐ **SPRAKENSEHL** ▌ Niedersachsen siehe Hankensbüttel.

SPRINGE AM DEISTER 3257. Niedersachsen 987 ⑮ — 29 000 Ew — Höhe 113 m — Erholungsort — ✪ 05041.

🛈 Verkehrsverein, Am Markt/Ecke Burgstraße (Haus Peters), ℰ 7 32 73.

♦Hannover 26 — Hameln 20 — Hildesheim 33.

🏠 **Zum Grafen Hallermunt**, Zum Niederntor 1, ℰ 40 18 — ☎ 🅿
   12 Z : 16 B Fb.

🏠 **Garni**, Zum Oberntor 9, ℰ 40 11
   17 Z : 28 B 47/50 - 80/90 Fb.

SPROCKHÖVEL Nordrhein-Westfalen siehe Hattingen.

STADE 2160. Niedersachsen 987 ⑤ — 45 000 Ew — Höhe 7 m — ✪ 04141.

🛈 Verkehrsamt, Bahnhofstr. 3, ℰ 44 15 50.

ADAC, Hinterm Teich 1, ℰ 6 32 22, Notruf ℰ 1 92 11.

♦Hannover 178 — ♦Bremerhaven 76 — ♦Hamburg 57.

🏨 **Vier Linden** ⑤, Schölischer Str. 63, ℰ 4 40 11 — 📺 ☎ 🅿 — 🏛
   (nur Abendessen) — **31 Z : 59 B**.

🏠 **Zur Einkehr**, Freiburger Str. 82, ℰ 23 25, 🚤, Fahrradverleih — 📺 ☎ 🚗 🅿 — 🏛
   40 Z : 70 B.

🏠 **Schwedenkrone**, Richeyweg 15, ℰ 8 11 74, Fax 86488 — ☎ 🅿, 🆎 ⓞ 🅔 🚾
   M (Sonntag ab 14 Uhr geschl.) a la carte 26/48 — **31 Z : 51 B** 65/70 - 90/110.

🏠 **Zur Hanse** garni, am Burggraben 4, ℰ 4 44 41 — 🅿
   17 Z : 32 B — 2 Fewo.

XXX **Zur Alten Schleuse**, Salzstr. 29, ℰ 30 63, 🏞 — 🅿, 🆎 ⓞ 🅔 🚾
   Montag geschl. — **M** a la carte 34/71.

X **Insel-Restaurant**, Auf der Insel 1, ℰ 20 31, 🏞 — 🕭 🅿 — 🏛 40
   M a la carte 32/62.

X **Ratskeller**, Hökerstr. 10, ℰ 4 42 55, 🏞 — 🆎 ⓞ 🅔 🚾
   Montag und Jan. geschl. — **M** a la carte 28/60.

   In Stade-Bützfleth N : 6 km :

🕭 **Bützflether Hof**, Obstmarschenweg 350, ℰ (04146) 10 11 — ☎ 🅿
↦ 20. Dez.- 10. Jan. geschl. — **M** (Samstag geschl.) a la carte 20/40 — **21 Z : 35 B** 30/45 - 58/75.

STADECKEN-ELSHEIM Rheinland-Pfalz siehe Mainz.

STADLAND 2883. Niedersachsen — 7 800 Ew — Höhe 2 m — ✪ 04732.

♦Hannover 187 — ♦Bremen 68 — ♦Oldenburg 40.

   In Stadland 1-Rodenkirchen :

🏠 **Friesenhof** garni, Friesenstr. 13 (B 212), ℰ 6 48, Grillplatz, 🐎, ✗ — 🚗 🅿
   15 Z : 18 B 55/60 - 90.

STADTALLENDORF 3570. Hessen — 21 000 Ew — Höhe 255 m — ✪ 06428.

♦Wiesbaden 141 — Alsfeld 27 — Marburg 21 — Neustadt Kreis Marburg 8.

🏨 **Parkhotel** ⑤, Schillerstr. 1, ℰ 70 80, Telex 4821000, Fax 708259, 🏞, 🐎, ✗ — 📺 🚗 🅿
   — 🏛 25/50. 🆎 ⓞ 🅔 🚾. ✗
   Restaurants : — **Hufschmiede** (nur Abendessen) **M** a la carte 28/46 — **La Casserole M** a la carte 41/65 — **50 Z : 88 B** 77/172 - 144/204 Fb — 3 Appart. 294.

STADTBERGEN 8901. Bayern 413 P 21 — 11 600 Ew — Höhe 491 m — ✪ 0821 (Augsburg).

♦München 88 — ♦ Augsburg 6 — ♦ Ulm (Donau) 74.

🏠 **Café Weinberger** garni, Bismarckstr. 55, ℰ 43 20 71 — 🛗 ☎ 🅿. ✗
   Mitte - Ende Aug. geschl. — **27 Z : 31 B** 39/48 - 78.

STADTHAGEN 3060. Niedersachsen 987 ⑮ — 23 100 Ew — Höhe 67 m — ✪ 05721.

🏌 Obernkirchen (SW : 4 km), ℰ (05724) 46 70.

♦Hannover 44 — Bielefeld 76 — ♦Osnabrück 106.

🏠 **Parkhotel** ⑤ garni, Büschingstr. 10, ℰ 30 44, 🚤 — 📺 ☎ 🕭 🚗 🅿. 🆎 ⓞ 🅔 🚾
   20 Z : 36 B 78/128 - 108/168.

   In Stadthagen-Obernwöhren SO : 5 km :

🏠 **Oelkrug** ⑤, Waldstr. 2, ℰ 7 60 51, 🐎 — 🛗 🅿 — 🏛 30. ✗ Rest
   8.- 21. Jan. und 23. Juli - 20. Aug. geschl. — **M** (Montag geschl.) a la carte 29/60 — **20 Z : 38 B** 60 - 100.

In Nienstädt-Sülbeck 3065 SW : 6 km :

XX **Sülbecker Krug** mit Zim, Mindener Str. 17 (B 65), *℘* (05724) 60 31 – **☎** **⇔** **℗**. **E** *VISA*. **⬥**
6.- 21. Jan. geschl. – **M** *(Freitag - Samstag 17 Uhr geschl.)* a la carte 41/69 – **15 Z : 20 B**
55/65 - 110/130 Fb.

In Niedernwöhren 3066 NW : 6 km :

XX **Landhaus Heine - Restaurant Ambiente**, Brunnenstr. 17, *℘* (05721) 21 21 – **℗**. **AE** **①**
E *VISA*. **⬥**
Dienstag, 3.- 21. Jan. und Juli - Aug. 2 Wochen geschl. – Menu (bemerkenswerte Weinkarte)
a la carte 33/69.

STADTKYLL 5536. Rheinland-Pfalz **987** ㉓ – 1 200 Ew – Höhe 460 m – Luftkurort – **✿** 06597.
🛈 Verkehrsbüro, Kyllplatz 1, *℘* 28 78.
Mainz 190 – Euskirchen 48 – Mayen 64 – Prüm 22.

🏠 **Haus am See**, Wirftstraße, *℘* 23 26, ≼, 🍴, 🚗, **⬥** – **℗**. **①** **E**. **⬥**
M *(Nov.- April Montag 15 Uhr - Dienstag geschl.)* a la carte 27/48 – **19 Z : 34 B** 43/58 -
76/102 Fb – ½ P 55/66.

STADTLOHN 4424. Nordrhein-Westfalen **987** ⑬⑭. **408** ㉓ – 17 400 Ew – Höhe 40 m –
✿ 02563.
🛈 Verkehrsverein, Rathaus, Markt 3, *℘* 87 48.
♦Düsseldorf 105 – Bocholt 31 – Enschede 38 – Münster (Westfalen) 56.

🏨 **Tenbrock**, Pfeifenofen 2, *℘* 10 72, Fax 1075, 🚗, 🔲 – 📺 **℗** – 🔏 35. **AE** **①** **E** *VISA*.
⬥ Zim
24. Dez.- 8. Jan. und Juni - Juli 3 Wochen geschl. – **M** *(Freitag 14 Uhr - Samstag 17 Uhr
geschl.)* 15/35 (mittags) und a la carte 28/59 – **30 Z : 48 B** 55/70 - 105/140.

XX **Schäfer's Restaurant**, Dufkampstr. 24, *℘* 66 19 – **℗**.

STADTOLDENDORF 3457. Niedersachsen **987** ⑮ – 6 000 Ew – Höhe 206 m – **✿** 05532.
♦Hannover 64 – Göttingen 71 – Hildesheim 51 – Paderborn 84.

🏠 **Bahnhofshotel**, Deenser Str. 2, *℘* 15 39
22 Z : 36 B.

STAFFELSTEIN 8623. Bayern **413** PQ 16, **987** ㉖ – 10 500 Ew – Höhe 272 m – **✿** 09573.
Ausflugsziele : Ehemaliges Kloster Banz : Terrasse ≼*, N : 5 km – Wallfahrtskirche
Vierzehnheiligen**(Nothelfer-Altar**), NO :5 km.
🛈 Städt. Verkehrsamt, Alte Darre am Stadtturm, *℘* 41 92.
♦München 261 – ♦Bamberg 26 – Coburg 26.

🏨 **Rödiger**, Zur Herrgottsmühle 2, *℘* 8 95, 🍴, 🚗 – 📺 ☎ **℗** – 🔏 50. **AE** **①** **E**
➔ Aug. geschl. – **M** *(Freitag geschl.)* a la carte 21/47 – **19 Z : 40 B** 45/52 - 78/90 Fb (Anbau
mit 30 Z 🔲 ab Frühjahr 1990.

In Staffelstein-Grundfeld NO : 4 km :

🏠 **Maintal**, *℘* (09571) 31 66, 🌳 – ☎ **℗**. **⬥**
➔ 22. Dez.- 22. Jan. geschl. – **M** *(Freitag geschl.)* a la carte 18,50/40 ⅄ – **20 Z : 32 B** 35/50 -
60/70.

In Staffelstein-Romansthal O : 3 km :

🏠 **Zur schönen Schnitterin** 🦢, *℘* 43 73, ≼ – **⇔** **℗**
➔ 1.- 27. Dez. geschl. – **M** *(Montag geschl.)* a la carte 18/33 ⅄ – **15 Z : 27 B** 34 - 64.

In Staffelstein-Unnersdorf NW : 4 km :

X **Berggasthof** mit Zim, Unnersdorf 47, *℘* 59 63, ≼, 🍴, 🌊, 🌳 – 📺 **℗**
7 Z : 13 B.

STAMSRIED 8491. Bayern **413** U 19 – 1 900 Ew – Höhe 450 m – **✿** 09466.
♦München 172 – ♦ Nürnberg 131 – Passau 124 – ♦ Regensburg 50.

🏠 **Pusl**, Marktplatz 6, *℘* 3 26, 🚗, 🔲, 🌳 – 📺 **⇔**
➔ **M** *(Dienstag ab 14 Uhr geschl.)* a la carte 16/38 – **22 Z : 44 B** 35 - 68 Fb.
Siehe auch : *Liste der Feriendörfer*

A l'occasion de certaines manifestations commerciales ou touristiques,
les prix demandés par les hôteliers risquent d'être sensiblement majorés
dans certaines villes et leurs alentours même éloignés.

STAPELFELD 2000. Schleswig-Holstein − 1 500 Ew − Höhe 20 m − ✆ 040 (Hamburg).

◆Kiel 91 − ◆Hamburg 22 − ◆Lübeck 47.

🏨 **Zur Windmühle**, Hauptstr. 67 (O : 1 km), ⊠ 2000 Hamburg 73, ℰ 6 77 30 03, Fax 6777537, ᕯ − 📺 ☎ 🅿 − 🔬 30. ⚫ ⓄⒹ Ε 𝗩𝗜𝗦𝗔
M a la carte 35/60 − **32 Z : 46 B** 86/90 - 128/135 Fb.

STARNBERG 8130. Bayern 𝟜𝟙𝟛 R 22,23. 𝟿𝟠𝟩 ㊲. 𝟜𝟚𝟞 ⑰ − 17 800 Ew − Höhe 587 m − ✆ 08151.

🛅 Starnberg-Hadorf, ℰ 2 19 77.

🛈 Verkehrsverein, Kirchplatz 3, ℰ 1 32 74.

◆München 27 − ◆Augsburg 95 − Garmisch-Partenkirchen 70.

🏠 **Seehof**, Bahnhofsplatz 6, ℰ 60 01 (Hotel) 22 21 (Rest.), Fax 28136 − 🛗 📺 ☎ ⇌ 🅿 − 🔬 70. ⚫ ⓄⒹ Ε 𝗩𝗜𝗦𝗔
M (Italienische Küche) a la carte 33/61 − **32 Z : 60 B** 90/100 - 120/150 Fb.

🏠 **Tutzinger Hof**, Tutzinger-Hof-Platz 7, ℰ 30 81, Fax 28138, ᕯ − 📺 ☎ ⇌ 🅿. ⚫ ⓄⒹ Ε ⟵ 𝗩𝗜𝗦𝗔
M a la carte 21/50 🍷 − **34 Z : 78 B** 45/75 - 90/110.

🏠 **Pension Happach** garni, Achheimstr. 2, ℰ 1 25 37 − ⇌
10. Jan.- 1. Feb. geschl. − **11 Z : 20 B** 45/65 - 65/80.

XX **Isola d'Elba** (Italienische Küche), Theresienstr. 9, ℰ 1 67 80, ᕯ − 🅿. ⚫ ⓄⒹ Ε
M a la carte 35/61 🍷.

X **Starnberger Alm - Illguth's Gasthaus**, Josef-Jägerhuber-Str. 15, ℰ 1 55 77, ⟵ « Sammlung alter handwerklicher Geräte » − 🅿. ⚫ ⓄⒹ Ε
Sonntag - Montag und 23. Dez.- 15. Feb. geschl. − M a la carte 19/40.

STARZACH 7245. Baden-Württemberg 𝟜𝟙𝟛 J 21 − 3 000 Ew − Höhe 400 m − ✆ 07457.

🛅 Schloß Weitenburg, ℰ (07472) 80 61.

◆Stuttgart 66 − Freudenstadt 29.

In Starzach-Börstingen N : 7 km :

🏨 **Schloß Weitenburg** ⑤, ℰ 80 51, Fax 8054, ≤, ᕯ, « Schloß a.d.J. 1585, Park, Schloßkapelle », ⇌, 🔲, ᕯ, 🏊, (Halle) − 🛗 ☎ 🅿 − 🔬 25/120. Ⓓ Ε 𝗩𝗜𝗦𝗔
M a la carte 35/72 − **35 Z : 60 B** 65/95 - 120/168 Fb − ½ P 100/135.

STAUDACH-EGERNDACH 8217. Bayern 𝟜𝟙𝟛 U 23 − 1 100 Ew − Höhe 600 m − ✆ 08641 (Grassau).

🛈 Verkehrsbüro, Marquartsteiner Str. 3, ℰ 25 60.

◆München 91 − Rosenheim 34 − Traunstein 20.

Im Ortsteil Staudach :

🏩 **Mühlwinkl** ⑤, Mühlwinkl 14, ℰ 24 14, ᕯ, ᕯ − 🅿
⟵ Nov.- 20. Dez. geschl. − M (Dienstag geschl.) a la carte 18/34 − **17 Z : 30 B** 30/40 - 60/70.

Im Ortsteil Egerndach :

🏩 **Gasthof Ott** ⑤, ℰ 21 83, ᕯ − ⇌ 🅿
⟵ 8. Jan.- 11. Feb. geschl. − M (Montag geschl.) a la carte 18/34 🍷 − **28 Z : 55 B** 20/29 - 40/58.

STAUFEN 7813. Baden-Württemberg 𝟜𝟙𝟛 G 23. 𝟜𝟚𝟩 ④. 𝟚𝟜𝟚 ㊳ − 7 500 Ew − Höhe 290 m − Erholungsort − ✆ 07633.

Sehenswert : Staufenburg : Lage★.

🛈 Verkehrsamt, Rathaus, ℰ 8 05 36.

◆Stuttgart 222 − Basel 58 − ◆Freiburg im Breisgau 20.

🏠 **Zum Hirschen** ⑤, Hauptstr. 19, ℰ 52 97, eigener Weinbau, ᕯ − 🛗 📺 🅿
Ende Okt.- Ende Nov. geschl. − M (Montag - Dienstag geschl.) a la carte 26/45 🍷 − **12 Z : 24 B** 55/60 - 85/90.

XX **Zum Löwen - Fauststube** mit Zim (Gasthaus seit 1407), Hauptstr. 47, ℰ 70 78, ᕯ − 📺 ☎. 🍷
6.- 31. Jan. geschl. − M (Tischbestellung ratsam) (Nov.- März Sonntag geschl.) a la carte 47/74 − **4 Z : 8 B** 125 - 135/160.

X **Kreuz-Post** mit Zim, Hauptstr. 65, ℰ 52 40, ᕯ − 🍷 Zim
Jan. geschl. − M (Mittwoch 14 Uhr - Donnerstag geschl.) a la carte 28/53 🍷 − **9 Z : 16 B** 33/45 - 53/75.

STAUFENBERG 6301. Hessen − 7 400 Ew − Höhe 163 m − ✆ 06406.

◆Wiesbaden 102 − ◆Frankfurt am Main 73 − Gießen 11 − ◆Kassel 116.

🏨 **Burghotel Staufenberg** ⑤ (Burg a.d. 12.Jh. mit modernem Hotelanbau), Burggasse 10, ℰ 30 12, Fax 72492 − 📺 ☎ 🅿 − 🔬 25/50. Ε
M a la carte 23/57 − **26 Z : 40 B** 95/105 - 160/175 Fb.

STEBEN, BAD 8675. Bayern 🔲🔲🔲 R 15 — 3 700 Ew — Höhe 580 m — Heilbad — Wintersport : 585/650 m ⚡1 ⚡5 — ⚙ 09288.

🛈 Kurverein, ☎ 2 88.

🛈 Staatl. Kurverwaltung, Badstr. 31, ☎ 10 93.

♦München 295 — Bayreuth 66 — Hof 25.

🏨 **Relexa Kurhotel - Parkschlößchen** ﹩, Badstr. 26, ☎ 7 20, Telex 643423, Fax 72113, 🍴, Bade- und Massageabteilung, 🔥, ⇄s, 🔲 — 🔳 📺 🅿 — 🔺 . 🞉 Rest
123 Z : 159 B Fb — 6 Appart..

🏨 **Modena** ﹩, Hemplastr.1, ☎ 85 28, « Schöner Garten mit Teichen » — 📺 ☎
(Restaurant nur für Hausgäste) — **19 Z : 29 B** 60/90 - 90/120 Fb.

🏨 **Promenade** ﹩, Badstr. 16, ☎ 10 21, ⇄s — 🔳 ☎ 🅿
✦ M a la carte 18/45 — **47 Z : 60 B** 44/75 - 106/118 Fb — ½ P 74/65.

In Bad Steben-Bobengrün S : 3 km :

✗ **Spitzberg** mit Zim, Nr. 66, ☎ 3 13, Biergarten, 🍴 — 📺 ☎ ⇦ 🅿
✦ Mitte Okt.- Mitte Nov. geschl. — **M** (Dienstag geschl.) a la carte 21/49 **7 Z : 12 B** 25/35 - 50/70.

In Bad Steben-Thierbach NO : 2 km :

🏠 **Gasthof Faunken**, Thierbach Nr. 26, ☎ 2 05, 🍴 — ⇦ 🅿
✦ Dez. geschl. — **M** (Montag geschl.) a la carte 18,50/40 — **14 Z : 24 B** 26/36 - 52/64.

STEDESAND Schleswig-Holstein siehe Leck.

STEGEN Baden-Württemberg siehe Kirchzarten.

STEIBIS Bayern siehe Oberstaufen.

STEIN Schleswig-Holstein siehe Laboe.

STEINACH 7619. Baden-Württemberg 🔲🔲🔲 H 22, 🔲🔲🔲 ㉘ — 3 600 Ew — Höhe 205 m — ⚙ 07832 (Haslach im Kinzigtal).

♦Stuttgart 170 — ♦Freiburg im Breisgau 50 — Offenburg 24.

🏨 **Alte Bauernschänke**, Kirchgasse 8, ☎ 23 44, « Restaurant im Schwarzwälder Bauernstil » — 📺 ☎ 🅿 — 🔺 40. 🆎 🅴 🗺
19. Feb.- 1. März geschl. — **M** (Sonntag - Montag 17 Uhr geschl.) a la carte 23/51 — **17 Z : 33 B** 546 - 92/115 Fb.

✗ **Schwarzer Adler** mit Zim (Fachwerkhaus a.d.J. 1716), Hauptstr. 39, ☎ 25 09, 🍴, 🍴 —
☎ ⇦ 🅿. 🆎 ⓪ 🅴 🗺
M (Montag geschl.) a la carte 30/55 — **7 Z : 11 B** 37/42 - 74/84.

STEINACH Bayern siehe Bocklet, Bad.

STEINAU AN DER STRASSE 6497 Hessen 🔲🔲🔲 L 16 — 10 000 Ew — Höhe 173 m — ⚙ 06663.
♦ Wiesbaden 110 — Fulda 39 — ♦Frankfurt am Main 69 — Giessen 106 — ♦Würzburg 114.

In Steinau-Hintersteinau N : 14 km :

✗✗ **Pfanne**, Rhönstr. 7, ☎ (06666) 2 35 — 🅿. 🆎 ⓪ 🅴
Dienstag und Feb. 3 Wochen geschl. — **M** a la carte 33/56.

STEINBACH AM WALD 8641. Bayern 🔲🔲🔲 QR 15 — 3 700 Ew — Höhe 600 m — Wintersport : 600/720 m ⚡1, ⚡3 — ⚙ 09263.
♦München 300 — ♦Bamberg 83 — Bayreuth 69.

🏨 **Pietz**, Otto-Wiegand-Str. 4, ☎ 3 74, ⇄s, 🍴 — 📺 ☎ 🅿
✦ Mitte Nov.- Mitte Dez. geschl. — **M** (Dienstag geschl.) a la carte 16/36 🍴 — **35 Z : 64 B** 21/38 - 44/60.

🏨 **Rennsteig**, Rennsteigstr. 33, ☎ 13 50, ⇄s, 🍴 — 📺 🅿
✦ **M** (Donnerstag geschl.) a la carte 15/40 — **16 Z : 34 B** 35 - 64 Fb.

STEINBERG 2391. Schleswig-Holstein — 1 000 Ew — Höhe 15 m — ⚙ 04632 (Steinbergkirche).
♦Kiel 78 — Flensburg 28 — Kappeln 20.

🏠 **Ties Möller**, Süderstr. 1 (B 199), ☎ 3 11 — ⇦ 🅿. 🅴 🗺
✦ Jan. geschl. — **M** (Montag geschl.) a la carte 18/40 — **10 Z : 17 B** 30/40 - 55/75.

In Steinberg-Steinberghaff O : 3 km :

🏨 **Norderlück** ﹩ (ehemaliger Bauernhof a.d.J. 1778), ☎ 75 95, ⇄s, 🔲, 🍴 — ☎ 🅿. 🞉 Rest
(Rest. nur für Hausgäste) — **14 Z : 25 B** 72 - 135/149 — ½ P 77.

777

STEINEBACH Bayern siehe Wörthsee.

STEINEN 7853. Baden-Württemberg **413** G 24. **427** ④. **216** ⑤ — 4 600 Ew — Höhe 335 m — ✪ 07627.

♦Stuttgart 269 — Basel 17 — ♦Freiburg im Breisgau 73 — Schopfheim 7.

🏠 **Gästehaus Pflüger** garni, Lörracher Str. 15, 🖉 14 18, ☎ — ☎ ⟲ Ⓟ
15 Z : 23 B 45/55 - 70/85.

STEINENBRONN 7049. Baden-Württemberg **413** K 21 — 4 700 Ew — Höhe 430 m — ✪ 07157.
♦Stuttgart 20 — Reutlingen 33 — ♦Ulm (Donau) 92.

🏠🏠 **Krone**, Stuttgarter Str. 47, 🖉 70 01, Fax 7006, ☎, 🔲 — 🛗 🔟 ☎ ⟲ Ⓟ — ♨ 30. 🖭 ⓞ Ⓔ **VISA**
23. Dez.- 10. Jan. geschl. — **M** (Sonntag 15 Uhr - Montag geschl.) a la carte 39/67 — **46 Z : 70 B** 105/110 - 155 Fb.

🏠 **Weinstube Maier**, Tübinger Str. 21, 🖉 40 41 — ⟲ Ⓟ. 🖭 ⓞ Ⓔ. ✼
➤ **M** (nur Abendessen, Samstag - Sonntag geschl.) a la carte19/42 🍴 — **23 Z : 35 B** 50/65 - 80/90 Fb.

STEINFELD 2841. Niedersachsen **987** ⑭ — 6 600 Ew — Höhe 49 m — ✪ 05492.
♦Hannover 122 — ♦Bremen 90 — ♦Oldenburg 121 — ♦Osnabrück 45.

🏠 **Zur alten Ziegelei** ⌂, Ziegelstr. 29, 🖉 6 21 — 🔟 ☎ Ⓟ
M (Montag geschl.) a la carte 25/51 — **15 Z : 24 B** 45 - 90.

In Steinfeld-Lehmden O : 5 km :

✕✕ **Zur Post**, Lehmden Nr. 65, 🖉 22 42, � — Ⓟ
Samstag bis 17 Uhr und Montag geschl. — **M** a la carte 26/60.

STEINFURT 4430. Nordrhein-Westfalen — 33 000 Ew — Höhe 70 m — ✪ 02551.
🖫 Steinfurt-Bagno, 🖉 51 78.
🚩 Verkehrsverein Steinfurt- Burgsteinfurt, Markt 2, 🖉 13 83.
♦Düsseldorf 162 — Enschede 39 — Münster (Westfalen) 25 — ♦Osnabrück 58.

In Steinfurt-Borghorst **987** ⑭ :

🏠🏠 **Posthotel Riehemann**, Münsterstr. 8, 🖉 (02552) 40 59 — 🔟 ☎ ⟲ Ⓟ. ⓞ Ⓔ **VISA**. ✼ Zim
2.- 17. Juli geschl. — **M** (Freitag - Samstag 17 Uhr geschl.) a la carte 25/53 — **18 Z : 25 B** 40/65 - 90/98.

🏠 **Schünemann**, Altenberger Str. 109, 🖉 (02552) 23 30 — 🔟 ☎ Ⓟ. 🖭 ⓞ Ⓔ
M (Montag geschl.) 20/40 (mittags) und a la carte 36/63 — **20 Z : 40 B** 70 - 110.

In Steinfurt-Burgsteinfurt **987** ⑭ :

🏠 **Zur Lindenwirtin**, Ochtruper Str. 38, 🖉 20 15 — Ⓟ. ✼
➤ 1.- 22. Juli geschl. — **M** (Sonntag 14 Uhr - Montag 17.30 Uhr geschl.) a la carte 20/46 — **19 Z : 32 B** 40/50 - 64/78.

✕✕ **Rolinck's Restaurant** mit Zim, Bahnhofstr. 35, 🖉 54 45 — 🔟 ☎. 🖭 Ⓔ
26. Feb.- 19. März und 30. Juli - 8. Aug. geschl. — **M** (Montag - Dienstag 18 Uhr geschl.) 30 (mittags) und a la carte 46/81 **6 Z : 10 B** 55 - 100.

STEINGADEN 8924. Bayern **413** P 23. **987** ㊱. **426** ⑯ — 2 600 Ew — Höhe 763 m — Erholungsort — ✪ 08862.

Sehenswert : Klosterkirche∗.

Ausflugsziel : Wies : Kirche∗∗ SO : 5 km.

♦München 103 — Füssen 21 — Weilheim 34.

In Steingaden-Wies SO : 5 km :

✕ **Moser** ⌂ mit Zim, Wies 1, 🖉 5 03, 🌫 — ⟲ Ⓟ
➤ **M** (Mittwoch geschl.) a la carte 20/30 — **5 Z : 10 B** 33 - 66/70.

STEINHEIM 4939. Nordrhein-Westfalen **987** ⑮ — 12 100 Ew — Höhe 144 m — ✪ 05233.
♦Düsseldorf 208 — Detmold 21 — ♦Hannover 85 — Paderborn 38.

🏚 **Hubertus**, Rosentalstr. 15, 🖉 52 46 — ⟲ Ⓟ
➤ 10. Juni - 5. Juli geschl. — **M** (Montag geschl.) a la carte 17,50/43 — **5 Z : 8 B** 35/45 - 68/75.

In Steinheim-Bergheim SW : 7 km :

🏚 **Gasthof Hegge**, Koobenweg 1, 🖉 52 25 — 🔟 ☎ ⟲ Ⓟ
➤ **M** (Sonntag bis 18 Uhr und Mittwoch geschl.) a la carte 19/33 — **10 Z : 16 B** 43 - 86.

In Steinheim 2-Sandebeck SW : 12 km :

🏠 **Germanenhof**, Teutoburger-Wald-Str. 29, 🖉 (05238) 3 33 — 🔟 ☎ ⟲ Ⓟ. 🖭 ⓞ Ⓔ
➤ 15. Jan.- 15. Feb. geschl. — **M** (Dienstag geschl.) a la carte 20/54 — **16 Z : 31 B** 48-90.

STEINHEIM AM ALBUCH Baden-Württemberg siehe Heidenheim an der Brenz.

STEINHEIM AN DER MURR 7141. Baden-Württemberg 📖📖📖 K 20 — 9 600 Ew — Höhe 202 m — ✪ 07144 (Marbach am Neckar).

♦Stuttgart 32 — Heilbronn 28 — Ludwigsburg 16.

🏠 **Zum Lamm**, Marktstr. 32, 🕿 2 93 90 — 📺 🕿 ⇦ 🅿. E
→ **M** *(Montag bis 17 Uhr geschl.)* a la carte 20/40 ⅜ — **24 Z : 45 B** 45/55 - 70/90.

In Steinheim 2-Kleinbottwar N : 2 km :

🏛 **Rädle**, Steinheimer Str. 12, 🕿 (07148) 13 33 — ⇦ 🅿
Mitte Aug.- Anfang Sept. geschl. — **M** *(wochentags nur Abendessen, Sonntag 15 Uhr - Montag geschl.)* a la carte 26/43 — **12 Z : 18 B** 35/45 - 70/80.

STEINSFELD Bayern siehe Rothenburg o.d.T.

STEINWENDEN Rheinland-Pfalz siehe Ramstein-Miesenbach.

STEISSLINGEN 7705. Baden-Württemberg 📖📖📖 J 23, 📖📖📖 ⑥, 📖📖📖 ⑨ — 3 500 Ew — Höhe 465 m — Erholungsort — ✪ 07738.

🛈 Verkehrsbüro, Langestr. 34, 🕿 4 27.

♦Stuttgart 152 — ♦Konstanz 29 — Singen (Hohentwiel) 9.

🏠 Schinderhannes, Singener Str. 45, 🕿 2 31, 🛋 — 🕿 🅿
11 Z : 23 B.

🏛 **Krone**, Schulstr. 18, 🕿 2 25, 🛋 — 🅿 — 🏛 25/100
→ Mitte Feb.- Mitte März geschl. — **M** *(Montag geschl.)* a la carte 18/39 ⅜ — **14 Z : 22 B** 30/35 - 55/65.

XX **Café Sättele** 🍴 mit Zim, Schillerstr. 9, 🕿 3 58, ≤, 🏛, 🛋 — ⇦ 🅿
Feb.- Anfang März geschl. — **M** *(Donnerstag geschl.)* a la carte 24/46 — **16 Z : 32 B** 45/55 - 80/95.

In questa guida
uno stesso simbolo, uno stesso carattere
stampati in rosso o in **nero**, *in magro o in* **grassetto**,
hanno un significato diverso.
Leggete attentamente le pagine esplicative.

STEMSHORN Niedersachsen siehe Lemförde.

STEMWEDE 4995. Nordrhein-Westfalen — 12 500 Ew — Höhe 65 m — ✪ 05745.

♦Düsseldorf 227 — Minden 36 — ♦Osnabrück 33.

In Stemwede 2-Haldem NW : 8,5 km ab Levern :

🏛 **Berggasthof Wilhelmshöhe** 🍴, 🕿 (05474) 10 10, 🏛, « Garten » — 📺 🕿 ⇦ 🅿. 📖 ⓞ E. 🍴 Zim
2. Jan.- 13. Feb. und 20.- 25. Dez. geschl. — **M** *(Dienstag geschl.)* a la carte 26/54 — **14 Z : 22 B** 45/70 - 90/115.

STEPPACH Bayern siehe Neusäß.

STERNENFELS 7137. Baden-Württemberg 📖📖📖 J 19 — 2 200 Ew — Höhe 347 m — ✪ 07045 (Oberderdingen).

♦Stuttgart 52 — Heilbronn 33 — ♦Karlsruhe 41.

🏠 **Krone** garni, Brettener Str. 1, 🕿 5 90 — 🅿
Aug. 3 Wochen geschl. — **10 Z : 15 B** 37/40 - 74/80.

STERUP 2396. Schleswig-Holstein — 1 400 Ew — Höhe 40 m — ✪ 04637.

♦Kiel 74 — Flensburg 30 — Schleswig 45.

🏠 **Allmanns Kroog**, Flensburger Str. 1, 🕿 8 20, Fax 82280, Biergarten, Fahrradverleih — 📺 🕿 🅿 — 🏛 25/100. 📖 ⓞ E 📖
3.- 31. Jan. geschl. — **M** a la carte 28/60 — **30 Z : 60 B** 75/95 - 99/149.

STETTEN Baden-Württemberg siehe Kernen im Remstal.

STETTEN AM KALTEN MARKT 7488. Baden-Württemberg 📖📖📖 K 22 — 5 880 Ew — Höhe 750 m — ✪ 07573.

♦Stuttgart 124 — Sigmaringen 20 — Tuttlingen 44 — ♦Ulm (Donau) 105.

🏠 **Gasthaus zum Kreuz**, Hauptstr. 9, 🕿 8 02, 🏛 — 🕿 🅿
M *(Dienstag geschl.)* a la carte 26/53 — **11 Z : 20 B** 45/60 - 90/98.

STEYERBERG 3074. Niedersachsen − 5 000 Ew − Höhe 60 m − ✪ 05764.

◆Hannover 62 − ◆Bremen 74 − Minden 38 − Nienburg (Weser) 19.

🕯 **Deutsches Haus**, Am Markt 5, 𝒫 16 12 − ☎ ⇦ ℗
⟵ **M** *(Montag und Juli - Aug. 3 Wochen geschl.)* a la carte 21/44 − **10 Z : 14 B** 30/45 - 75/81.

🕯 **Süllhof** �, Kirchstr. 41, 𝒫 16 04 − ⇦ ℗
⟵ **M** a la carte 15/36 − **12 Z : 16 B** 26/36 - 64/68.

STIERBACH Hessen siehe Brensbach.

STIPSHAUSEN 6581. Rheinland-Pfalz − 1 000 Ew − Höhe 500 m − Erholungsort − Wintersport : 500/746 m ✓2 ☆1 − ✪ 06544.

Mainz 106 − Bernkastel-Kues 26 − Bad Kreuznach 62 − Idar-Oberstein 24.

🏠 **Brunnenwiese** �, Mittelweg 3, 𝒫 85 85, ⇌s, ℳ − 📺 ㋐ ℗. ⌁
10 Z : 20 B.

STOCCARDA = Stuttgart.

STOCKACH 7768. Baden-Württemberg 👪 K 23. 👪 ⊛. 👪 ⑨ − 13 100 Ew − Höhe 491 m − ✪ 07771.

Ausflugsziel : Haldenhof ≤★★, SO : 13 km.

◆Stuttgart 157 − ◆Freiburg im Breisgau 112 − ◆Konstanz 36 − ◆Ulm (Donau) 114.

🏨 **Goldener Ochsen**, Zoznegger Str. 2, 𝒫 20 31, Telex 793235, Fahrradverleih − ⧉ ☎ ⇦
℗ − 🔬 35. ⅀ⅇ ⑩ ㋐ 🆅🆂🅰
2.- 21. Jan. geschl. − **M** *(Mittwoch bis 18 Uhr geschl.)* a la carte 35/61 − **42 Z : 65 B** 63/85 - 98/120 Fb.

🏠 **Zur Linde**, Goethestr. 23, 𝒫 6 10 66, �おります − ⧉ 📺 ☎ ℗ − 🔬 25/50. ⅀ⅇ ⑩ ㋐ 🆅🆂🅰
M *(Freitag geschl.)* a la carte 38/71 − **25 Z : 47 B** 45/70 - 58/110.

🏠 **Paradies**, Radolfzeller Str. 36 (B 31), 𝒫 35 20, 🌁 − ⇦ ℗
⟵ 15. Dez.- 15. Jan. geschl. − **M** *(Freitag geschl.)* a la carte 21/46 ⅄ − **36 Z : 65 B** 30/45 - 55/75.

STOCKHEIM Hessen siehe Glauburg.

STOCKSBERG Baden-Württemberg siehe Beilstein.

STOCKSTADT AM MAIN 8751. Bayern 👪 K 17 − 7 000 Ew − Höhe 110 m − ✪ 06027.

◆München 361 − ◆ Darmstadt 36 − ◆ Frankfurt am Main 35.

🏠 **Brößler**, Obernburger Str. 2, 𝒫 72 37, Biergarten − 📺 ☎ ℗. ㋐
⟵ 1.- 10. Jan. geschl. − **M** *(Samstag geschl.)* a la carte 21/47 − **12 Z : 18 B** 65 - 110 Fb.

STOHREN Baden-Württemberg siehe Münstertal.

STOLBERG 5190. Nordrhein-Westfalen 👪 ㉓. 👪 ㉔. 👪 ⑯ − 56 400 Ew − Höhe 180 m − ✪ 02402.

◆Düsseldorf 80 − ◆Aachen 11 − Düren 23 − Monschau 36.

🏨 **Parkhotel am Hammerberg** � garni, Hammerberg 11, 𝒫 2 00 31, Fax 4417, ⇌s, 🔲, ℳ
− 📺 ☎ ℗ − 🔬 25. ⅀ⅇ ⑩ ㋐ 🆅🆂🅰
28 Z : 50 B 85/125 - 145/200 Fb.

🏠 **Stadthalle**, Rathausstr. 71, 𝒫 2 30 56 − ⧉ 📺 ☎ ㋐ ℗ − 🔬
19 Z : 25 B.

🍴🍴🍴 **Romantik-Hotel Burgkeller** � mit Zim, Klatterstr. 10, 𝒫 2 72 72, Fax 4417, 🌁 − 📺
☎. ⅀ⅇ 🆅🆂🅰
über Fasching geschl. − **M** *(Samstag bis 18 Uhr geschl.)* a la carte 42/73 − **7 Z : 12 B** 98/125 - 160/200.

In Stolberg-Zweifall SO : 6,5 km :

🏨 **Sporthotel Zum Walde**, Klosterstr. 4, 𝒫 76 90 (Hotel) 7 12 63 (Rest.), Fax 76910,
« Gartenterrasse », ⇌s, 🔲, ℳ − ⧉ 📺 ☎ ⇦ ℗ − 🔬 35. ⅀ⅇ ⑩ ㋐ 🆅🆂🅰
M *(Montag geschl.)* 19/35 (mittags) und a la carte 35/53 − **57 7 : 142 B** 115/140 - 168/215 Fb
− ½ P 103/134.

For Gourmets

We have established for your use a classification

of certain restaurants by awarding them the mention

Menu, ✿, ✿✿ or ✿✿✿.

STOMMELN Nordrhein-Westfalen siehe Pulheim.

STRAELEN 4172. Nordrhein-Westfalen 987 ⑬. 409 ⑦ − 12 900 Ew − Höhe 45 m − ✪ 02834.
🛈 Fremdenverkehrsamt, Rathaus, ℰ 70 21 07.
♦Düsseldorf 66 − Venlo 12 − Wesel 39.

🏨 Straelener Hof, Annastr. 68, ℰ 10 41, 🏤 − ☎ ℗
11 Z : 18 B.

🏠 **Zum Siegburger**, Annastr. 13, ℰ 15 81, 🕿 − ℗
◆ M *(Dienstag bis 17 Uhr geschl.)* a la carte 21/38 − **11 Z : 20 B** 35/48 - 60/80.

STRANDE 2307. Schleswig-Holstein − 1 700 Ew − Höhe 5 m − Seebad − ✪ 04349 (Dänischenhagen).
🛈 Verkehrsbüro, Strandstr. 12, ℰ 2 90.
♦Kiel 17 − Eckernförde 26.

🏨 **Seglerhus** garni, Rudolf-Kinau-Weg 2, ℰ 81 81 − 📺 ☎ ℗. 🆎 ⓪ 🇪
16 Z : 32 B 89/139 - 125/175 Fb.

🏠 **Petersen's Hotel** garni, Dorfstr. 9, ℰ 3 11 − 📺 ☎ ℗. 🇪
23 Z : 36 B 35/59 - 70/187.

XX **Jever-Stuben**, Strandstr. 15, ℰ 81 19, ≤, 🏤 − ℗. 🆎 ⓪ 🇪 𝓥𝓘𝓢𝓐
M a la carte 29/60.

STRASSENHAUS Rheinland-Pfalz siehe Rengsdorf.

STRAUBENHARDT 7541. Baden-Württemberg 413 I 20 − 8 500 Ew − Höhe 416 m − ✪ 07082 (Neuenbürg).
🛈 Verkehrsamt, Rathaus Conweiler, ℰ 10 21.
♦Stuttgart 67 − Baden-Baden 38 − ♦Karlsruhe 25 − Pforzheim 17.

In Straubenhardt 4-Schwann :

🏨 **Adlerhof** ⑤, Mönchstr. 14 (Schwanner Warte), ℰ 5 00 51, ≤, 🏤, 🐎 − 📺 ☎ ℗
6.- 16. Jan. geschl. − M *(Montag - Dienstag 16 Uhr geschl.)* a la carte 25/60 − **24 Z : 40 B** 55/75 - 110 Fb.

Im Holzbachtal SW : 6 km :

🏨 **Waldhotel Bergschmiede** ⑤, ✉ 7541 Straubenhardt 6, ℰ (07248) 10 51, « Hirschgehege, Gartenterrasse », 🕿, 🔲, 🐎, ℀ − 📺 ☎ 🚗 ℗. 🇪
7. Jan.- 4. Feb. geschl. − M *(Dienstag geschl.)* a la carte 30/55 ⅄ − **26 Z : 40 B** 44/62 - 82/118 Fb − ½ P 74/85.

STRAUBING 8440. Bayern 413 U 20, 987 ⑳ − 40 600 Ew − Höhe 330 m − ✪ 09421.
Sehenswert : Stadtplatz★.
🛈 Städt. Verkehrsamt, Theresienplatz 20, ℰ 1 63 07.
ADAC, Am Stadtgraben 44a, ℰ 2 25 55.
♦München 120 − Landshut 51 − Passau 79 − ♦Regensburg 48.

🏨 Heimer, Schlesische Str. 131, ℰ 6 10 91, Telex 65507, 🕿 − 🛗 📺 ☎ ዿ 🚗 ℗ − 🔬 25/500
36 Z : 70 B Fb.

🏠 **Seethaler** ⑤, Theresienplatz 25, ℰ 1 20 22, 🏤 − 📺 ☎ ℗. 🆎 🇪
◆ M *(Sonntag 15 Uhr - Montag und Jan. 1 Woche geschl.)* a la carte 20/43 − **25 Z : 40 B** 80/85 - 120 Fb.

🏠 **Wenisch**, Innere Passauer Str. 59, ℰ 2 20 66, Fax 23768 − 📺 ☎ 🚗 ℗. 🆎
◆ 24. Dez.- 7. Jan. geschl. − M *(Sonntag geschl.)* a la carte 17/38 − **40 Z : 55 B** 45/58 - 85/100.

🏠 **Römerhof**, Ittlinger Str. 136, ℰ 6 12 45 − 📺 ☎ 🚗 ℗. 🆎 ⓪ 🇪. ℀ Rest
◆ M *(Sonntag geschl.)* a la carte 21/37 − **20 Z : 40 B** 55/69 - 85/105 Fb.

🏠 **Wittelsbach**, Stadtgraben 25, ℰ 15 17 − 🛗 📺 ☎ ℗. 🆎 ⓪ 🇪 𝓥𝓘𝓢𝓐
◆ M *(Sonntag 15 Uhr-Montag 18 Uhr geschl.)* a la carte 17/46 ⅄ − **37 Z : 57 B** 55/75 - 85/120 Fb.

XX **La Mirage** mit Zim, Regensburger Str. 46, ℰ 20 51 − 📺 ☎ 🚗. 🆎 ⓪ 🇪. ℀. ℀ Rest
11.- 28. Aug. geschl. − M *(nur Abendessen, Sonntag geschl.)* a la carte 47/68 − **18 Z : 24 B** 55/80 - 100/110.

In Aiterhofen 8441 SO : 6 km :

🏠 **Murrerhof**, Passauer Str. 1, ℰ (09421) 3 27 40, 🏤 − ☎ 🚗 ℗
◆ 24. Dez.- 8. Jan. geschl. − M *(Freitag - Samstag geschl.)* a la carte 19/43 − **25 Z : 40 B** 42/57 - 72/89.

STREITBERG Bayern siehe Wiesenttal.

STROMBERG KREIS KREUZNACH 6534. Rheinland-Pfalz 987 ㉔ – 2 500 Ew – Höhe 235 m
– ✆ 06724.

🏌 Am Südhang 1a, ℘ 10 35.

Mainz 45 – ◆Koblenz 59 – Bad Kreuznach 18.

🏨 **Burghotel Stromburg** ⟨⟩, Schloßberg (O : 1,5 km), ℘ 10 26, ≤, 🍽 – ☎ 🅿 – 🔬 80. 🆎
① E 🆅🆂🅰
M a la carte 48/78 – **22 Z : 40 B** 85 - 140/160 Fb.

🏠 **Goldenfels**, August-Gerlach-Str. 2a, ℘ 36 05 – 🅿
M (Montag geschl.) a la carte 24/40 – **20 Z : 34 B** 45/60 - 85.

STRÜMPFELBRUNN Baden-Württemberg siehe Waldbrunn.

STRULLENDORF 8618. Bayern 418 P 17 – 6 700 Ew – Höhe 253 m – ✆ 09543.
◆München 220 – ◆Bamberg 9 – Bayreuth 68 – ◆Nürnberg 50 – ◆Würzburg 93.

🏠 **Christel**, Forchheimer Str. 20, ℘ 91 18, 🍽, 🚏, 🔳 – 🛗 📺 ☎ 🚗 🅿 – 🔬 30. E
M (Sonntag geschl.) a la carte 31/56 – **42 Z : 60 B** 55/68 - 100/130 Fb.

STRYCK Hessen siehe Willingen (Upland).

STUBENBERG Bayern siehe Simbach am Inn.

STÜHLINGEN 7894. Baden-Württemberg 418 I 23. 987 ㊲, 427 ⑥ – 5 000 Ew – Höhe 501 m
– Luftkurort – ✆ 07744.
◆Stuttgart 156 – Donaueschingen 30 – ◆Freiburg im Breisgau 73 – Schaffhausen 21 – Waldshut-Tiengen 27.

🏠 **Rebstock**, Schloßstr. 10, ℘ 3 75, 🍽 – 📺 🚗 🅿
15. Nov.- 8. Dez. geschl. – M (Donnerstag geschl.) a la carte 18/41 ⅄ – **30 Z : 52 B** 45/50 -
90/100 Fb.

🏨 **Krone**, Stadtweg 2, ℘ 3 21, 🍽, 🍽 – ☎ 🚗 🅿. ① E 🆅🆂🅰
25. Okt.- 5. Nov. geschl. – M (Montag geschl.) a la carte 21/37 ⅄ – **20 Z : 30 B** 44 -
80.

In Stühlingen-Weizen NO : 4 km :

🏨 **Zum Kreuz**, Ehrenbachstr. 70, ℘ 3 35, 🍽 – 🚗 🅿
Mitte Okt.- Mitte Nov. geschl. – M (Montag geschl.) a la carte 21/44 ⅄ – **19 Z : 30 B** 35/40 -
70/80 – ½ P 45/50.

STUHR 2805. Niedersachsen – 28 000 Ew – Höhe 4 m – ✆ 0421 (Bremen).
◆Hannover 125 – ◆Bremen 9,5 – Wildeshausen 29.

In Stuhr 1-Brinkum SO : 4 km 987 ⑮ :

🏨 **Bremer Tor**, Syker Str. 4 (B 6), ℘ 8 97 03, Fax 891423 – 🛗 🍽 Rest 📺 ☎ ᵫ 🅿 – 🔬 25/120.
🆎 ① E 🆅🆂🅰
M a la carte 31/57 – **38 Z : 65 B** 79/99 - 109/120 Fb.

In Stuhr 1-Brinkum-Nord O : 4 km :

🏠 Zum Wiesengrund, Bremer Str. 116a (B 6), ℘ 87 50 50, 🍽, 🚏 – 🛗 ☎ 🅿
17 Z : 30 B Fb.

In Stuhr-Groß Mackenstedt SW : 5 km :

🏨 **Delme-Tor**, Moordeicher Landstr. 79 (BAB-Abfahrt Delmenhorst-Ost), ℘ (04206) 90 66,
Fax 7103 – 📺 ☎ ᵫ 🅿 – 🔬 25/180. 🆎 ① E 🆅🆂🅰
M a la carte 30/51 – **52 Z : 104 B** 87/97 - 126/146 Fb.

In Stuhr 1-Heiligenrode SW : 7 km :

✕ **Klosterhof** ⟨⟩ mit Zim, Auf dem Kloster 2, ℘ (04206) 2 12, 🍽 – 🅿
Juli - Aug. 3 Wochen geschl. – M (Dienstag geschl.) 18/29 (mittags) und a la carte 30/55 –
7 Z : 13 B 36/55 - 72/110.

In Stuhr-Moordeich W : 2 km:

✕✕ Nobel, Neuer Weg 13, ℘ 5 68 08, 🍽 – 🅿.

Cartes routières Michelin pour l'Allemagne :

n° 984 à 1/750.000

n° 987 à 1/1.000.000

n° 412 à 1/400.000 (Rhénanie-Westphalie, Rhénanie-Palatinat Hesse, Sarre)

n° 413 à 1/400.000 (Bavière et Bade-Wurtemberg)

Sehenswert : Lage★★ — Park Wilhelma DU und Höhenpark Killesberg★★ BU — Fernsehturm★★ (❋★★) DZ — Birkenkopf ❋★★ AY — Liederhalle★ BX — Altes Schloß (Innenhof★) CX — Staatsgalerie Stuttgart★ CX**M1** — Stifts-Kirche (Grafenstandbilder★) CX**A** — Württembergisches Landesmuseum (mittelalterliche Kunst★★) CX **M2** — Daimler-Benz-Museum★ EX **M** — Porsche-Museum★ HR**M**.

Ausflugsziel : Bad Cannstatt : Kurpark★ O : 4 km EU.

🛫 Kornwestheim, Aldinger Straße (N : 11 km), ☎ (07141) 87 13 19 ; 🛫 Mönsheim (NW : 30 km über die A8 FS), ☎ (07044)69 09.

✈ Stuttgart-Echterdingen (JT), ☎ 7 90 11, City-Air-Terminal, Lautenschlagerstr. 14, ☎ 22 12 64.

🚄 siehe Kornwestheim.

Messegelände Killesberg (BU), ☎ 2 58 91, Telex 722584.

🛈 Touristik-Zentrum des Verkehrsamts, Klett-Passage (Unterführung Hbf, U 1), ☎ 2 22 82 40, Telex 723854.

ADAC, Am Neckartor 2, ☎ 2 80 00, Notruf ☎ 1 92 11.

♦Frankfurt am Main 204 ⑧ — ♦Karlsruhe 88 ⑨ — ♦München 222 ④ — Strasbourg 156 ⑥.

Messe-Preise : siehe S. 8	Foires et salons : voir p. 16
Fairs : see p. 24	Fiere : vedere p. 32

Stadtpläne siehe nächste Seiten.

🏨🏨 ❀ **Steigenberger-Hotel Graf Zeppelin** ⑤, Arnulf-Klett-Platz 7, ☎ 29 98 81, Telex 722418, Fax 299881, Massage, ⓢ, 🔲 — 🛗 🍴 Zim 📺 & ⇔ — 🔬 25/500. 🖭 ⓞ 🅴 **VISA** CX **s**
M (Mitte Juli - Mitte Aug., Samstag bis 18 Uhr sowie Sonn- und Feiertage geschl.) (abends Tischbestellung ratsam) 45/60 (mittags) und a la carte 61/88 — **Bistro Zepp 7 M** a la carte 33/49 — **280 Z : 400 B** 249/360 - 360/400 Fb — 20 Appart. 730/1500
Spez. Hummer mit Pfifferlingen, Lachs in der Meerrettichkruste, Gebratene Taube mit Trüffeljus.

🏨🏨 **Inter-Continental**, Neckarstr. 60, ☎ 2 02 00, Telex 721996, Fax 202012, ⇔s, 🔲. Fitness-Center — 🛗 🍴⇔ Zim 📺 🍴 & ⇔ — 🔬 25/400. 🖭 ⓞ 🅴 **VISA** DX **t**
Restaurants — **Les Continents** (Samstag bis 18.30 Uhr geschl.) **M** a la carte 61/90 — **Neckarstube** (Sonntag geschl.) **M** a la carte 36/53 — **277 Z : 554 B** 310/380 - 375/430 Fb — 36 Appart. 800/3500.

🏨🏨 **Am Schloßgarten**, Schillerstr. 23, ☎ 2 02 60, Telex 722936, Fax 2026888, « Terrasse mit ❮ » — 🛗 🍴 Rest 📺 & ⇔ — 🔬 25/120. 🖭 ⓞ 🅴 **VISA**. ❀ CX **u**
M a la carte 54/84 — **125 Z : 169 B** 175/255 - 320/380 Fb — 4 Appart. 572.

🏨 **Royal**, Sophienstr. 35, ☎ 62 50 50, Telex 722449, Fax 628809, ☂ — 🛗 🍴 Rest 📺 ⇔ 🍴 — 🔬 25/60. 🖭 ⓞ 🅴 **VISA** . BY **b**
M a la carte 41/72 — **100 Z : 130 B** 195/320 - 250/450 Fb.

🏨 **Park-Hotel**, Villastr. 21, ☎ 28 01 61, Telex 723405, Fax 284353, ☂ — 🛗 📺 🍴 — 🔬 25/80. 🖭 ⓞ 🅴 **VISA** DV **r**
M a la carte 46/66 — **Radiostüble** (nur Abendessen, Sonn- und Feiertage geschl.) **M** a la carte 29/58 — **75 Z : 100 B** 170/220 - 250/300 Fb — 3 Appart. 490.

🏨 **Ruff**, Friedhofstr. 21, ☎ 2 58 70, Telex 721645, Fax 2587404, ⇔s, 🔲 — 🛗 📺 ☎ ⇔ 🍴. 🖭 ⓞ 🅴 **VISA** CV **a**
22. Dez.- 2. Jan. geschl. — **M** (Samstag - Sonntag 18 Uhr geschl.) 18/29 (mittags) und a la carte 27/53 — **85 Z : 136 B** 115/145 - 154/170 Fb.

🏨 **Rega Hotel**, Ludwigstr. 18, ☎ 61 93 40, Telex 722701, Fax 6193477 — 🛗 📺 ☎ ⇔ 🍴 — 🔬 30. 🖭 ⓞ 🅴 **VISA**. ❀ Zim AX **x**
M a la carte 27/59 — **60 Z : 110 B** 140 - 185 Fb.

🏨 **Intercity-Hotel** garni, Arnulf-Klett-Platz 2, ☎ 29 98 01, Telex 723543 — 🛗 📺 ☎ — 🔬 **104 Z : 135 B** Fb. CX **p**

🏨 **Kronen-Hotel** ⑤ garni, Kronenstr. 48, ☎ 29 96 61, Telex 723632, Fax 296940, ⇔s — 🛗 📺 ☎ ⇔ 🖭 🅴 **VISA** BX **m**
20. Dez.- 7. Jan. geschl. — **85 Z : 104 B** 105/180 - 140/280 Fb.

🏨 **Unger** garni, Kronenstr. 17, ☎ 2 09 90, Telex 723995, Fax 2099100 — 🛗 📺 ☎ ⇔ 🖭 ⓞ 🅴 **VISA** CX **a**
22. Dez.- 8. Jan. geschl. — **80 Z : 100 B** 129/150 - 199/235 Fb.

🏨 **Wörtz zur Weinsteige** ⑤, Hohenheimer Str. 30, ☎ 24 06 81, Telex 723821, « Gartenterrasse » — 📺 ☎. 🖭 ⓞ 🅴 **VISA** CY **p**
18. Dez.- 15. Jan. geschl. — **M** (Samstag, Sonn- und Feiertage geschl.) a la carte 30/72 — **25 Z : 40 B** 75/180 - 100/220 Fb.

🏨 **Stadthotel am Wasen** garni, Schlachthofstr. 19, ☎ 48 30 61 — 🛗 📺 ☎ ⇔ 🍴. 🖭 ⓞ 🅴 **VISA** ❀ EVX **e**
31 Z : 46 B 89/95 - 129/135 Fb.

🏨 **Azenberg** ⑤, Seestr. 116, ☎ 22 10 51, Telex 721819, ⇔s, 🔲 — 🛗 ☎ ⇔ 🍴. 🖭 ⓞ 🅴 **VISA** AV **e**
(nur Abendessen für Hausgäste) — **55 Z : 80 B** 120/170 - 180/230 Fb.

🏨 **Wartburg**, Lange Str. 49, ☎ 2 04 50, Telex 721587 — 🛗 🍴 Rest 📺 ☎ 🍴 — 🔬 25/70. 🖭 ⓞ 🅴 **VISA** BX **g**
über Ostern und Weihnachten sowie Jan. 1 Woche geschl. — **M** (Sonn- und Feiertage geschl.) a la carte 39/52 — **81 Z : 91 B** 120/185 - 200/220 Fb.

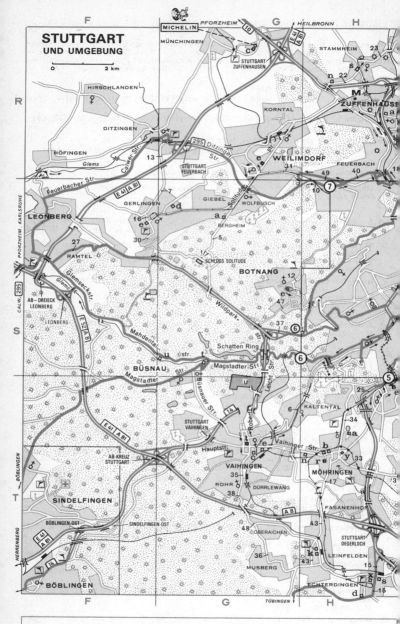

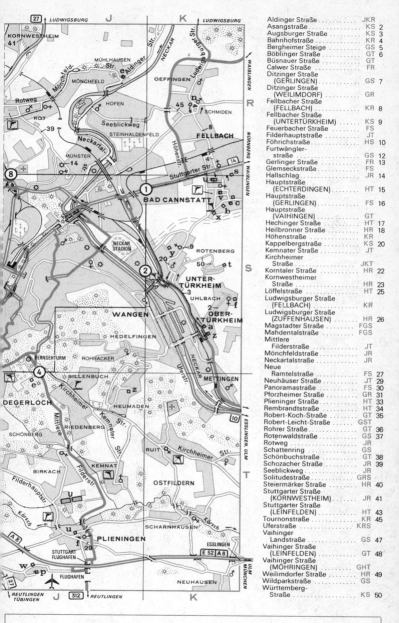

Se scrivete ad un albergo all' estero,

allegata alla vostra lettera un tagliando-risposta internazionale

(disponibile presso gli uffici postali)

785

STUTTGART

786

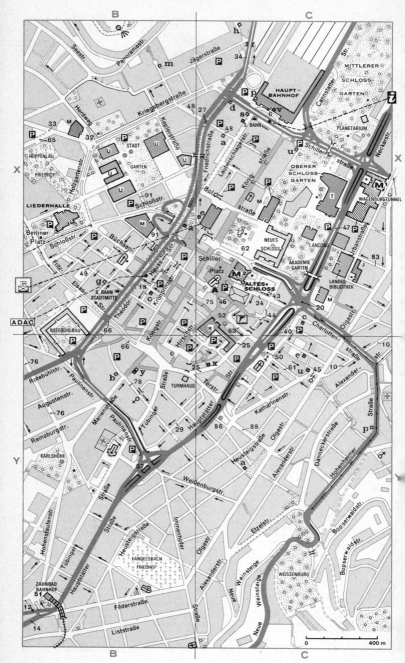

STUTTGART

Am Feuersee, Johannesstr. 2, 𝒫 62 61 03 – ⟦⟧ 📺 ☎. 🆎 ⓪ E 𝘝𝘐𝘚𝘈 · AY t
22. Dez.- 8. Jan. geschl. – M (nur Abendessen, Freitag - Sonntag und Feiertage geschl.) a la carte 27/57 – **38 Z : 47 B** 115/135 - 150/160 Fb.

Rieker garni, Friedrichstr. 3, 𝒫 22 13 11 – ⟦⟧ 📺 ☎ · CX d
63 Z : 80 B.

Mack und Pflieger garni, Kriegerstr. 7, 𝒫 29 29 42 – ⟦⟧ 📺 ☎ ⓟ. 🆎 ⓪ E 𝘝𝘐𝘚𝘈 · CX h
85 Z : 110 B 63/115 - 130/175 Fb.

Ketterer, Marienstr. 3, 𝒫 2 03 90, Telex 722340 – ⟦⟧ 📺 ☎ ⟵⟶. ⚘ · BY y
107 Z : 150 B Fb.

Bellevue, Schurwaldstr. 45, 𝒫 48 10 10 – 📺 ☎ ⟵⟶. 🆎 ⓪ E 𝘝𝘐𝘚𝘈 · EX p
Ende Juli - Mitte Aug. geschl. – M (Mittwoch geschl.) a la carte 29/54 – **13 Z : 20 B** 75/100 - 120/130.

Bäckerschmide, Schurwaldstr. 44, 𝒫 46 60 35 – 📺 ☎ ⓟ. 🆎 ⓪ E 𝘝𝘐𝘚𝘈 · EX p
M (Montag geschl.) a la carte 25/56 – **14 Z : 20 B** 93 - 129 Fb.

Münchner Hof, Neckarstr. 170, 𝒫 28 30 86 – ⟦⟧ ☎. 🆎 ⓪ E 𝘝𝘐𝘚𝘈 · DV e
M (Samstag bis 18 Uhr, Sonn- und Feiertage sowie 24. Dez.- 1. Jan. geschl.) a la carte 33/59 – **18 Z : 26 B** 86/98 - 148.

Killesberg garni, Am Kochenhof 60, 𝒫 25 30 68 – 📺 ☎. 🆎 ⓪ E · AV f
12 Z : 24 B 110/150 - 170/200 Fb.

Haus von Lippe garni, Rotenwaldstr. 68, 𝒫 63 15 11 – ⟦⟧ ☎ ⟵⟶ ⓟ · AY s
20. Dez.- 7. Jan. geschl. – **36 Z : 45 B** 80/105 - 150.

XXX ❀ **Alte Post**, Friedrichstr. 43, 𝒫 29 30 79 – ⓪ E 𝘝𝘐𝘚𝘈 · CX e
Samstag und Montag jeweils bis 18 Uhr, Sonn- und Feiertage sowie Ende Juli - Mitte Aug. geschl. – M (Tischbestellung ratsam) 43 (mittags) und a la carte 63/98
Spez. Parfait von Poulardenleber, Rehrücken in Preißelbeercreme, Ochsenschwanz in Portweinsauce.

XXX **Da Franco** (modernes Restaurant mit italienischer Küche), Calwer Str. 23, 𝒫 29 15 81 – 🆎 ⓪ E · BX c
M 60/110.

XXX **Mövenpick-Rôtisserie Baron de la Mouette**, Kleiner Schloßplatz 11 (Eingang Theodor-Heuss-Straße), 𝒫 22 00 34, ⚞ – ▣. 🆎 ⓪ E 𝘝𝘐𝘚𝘈 · BX a
M a la carte 45/75 – **Chesa** M a la carte 28/53.

XX **Martins Stuben im Engelhorn**, Neckarstr. 119, 𝒫 26 16 31 – 🆎 ⓪ E 𝘝𝘐𝘚𝘈 · DV u
Samstag, Sonn- und Feiertage geschl. – Menu a la carte 32/75.

XX **Der Goldene Adler**, Böheimstr. 38, 𝒫 6 40 17 62 – ⓟ. 🆎 ⓪ E 𝘝𝘐𝘚𝘈 · AY e
Samstag bis 18 Uhr und Montag geschl. – M a la carte 39/72.

XX **Gaisburger Pastetchen**, Hornbergstr. 24, 𝒫 48 44 55 · EX a
Samstag bis 18 Uhr, Sonn- und Feiertage sowie Aug. 1 Woche geschl. – M a la carte 53/75.

XX **Intercity-Restaurant**, Arnulf-Klett-Platz 2, 𝒫 29 49 46 · CX v

XX **Zeppelin-Stüble**, Lautenschlagerstr. 2 (im Hotel Graf Zeppelin), 𝒫 22 40 13, ⚞ – ▣. 🆎 ⓪ E 𝘝𝘐𝘚𝘈 · CX s
M (Schwäbische Küche) (Tischbestellung ratsam) a la carte 26/57.

XX **Krämer's Bürgerstuben**, Gablenberger Hauptstr. 4, 𝒫 46 54 81 – 🆎 ⓪ E 𝘝𝘐𝘚𝘈 · DX n
Montag und Juli - Aug. 3 Wochen geschl. – M (Tischbestellung ratsam) a la carte 49/88.

X **Kupferschmiede**, Christophstr. 45, 𝒫 23 35 30, Straßenterrasse. 🆎 E · CY a
M a la carte 33/65.

X **Brauereigasthof Ketterer**, Marienstr. 3b, 𝒫 29 75 51 · BY y
Sonntag geschl. – M a la carte 19,50/50.

30

Schwäbische Weinstuben (kleines Speisenangebot) :

✗ **Kachelofen**, Eberhardstr. 10, ℰ 24 23 78   CY
*ab 17 Uhr geöffnet, Sonn- und Feiertage sowie 23. Dez.- 6. Jan. geschl. – **M** a la cart*
28/38.

✗ **Bäcka-Metzger**, Aachener Str. 20 (S 50 - Bad Cannstatt), ℰ 54 41 08   DU
*nur Abendessen, Sonn- und Feiertage , Montag sowie 10.- 30. Juni geschl. – **M** a la cart*
26/45.

✗ **Weinstube Träuble**, Gablenberger Hauptstr. 66, ℰ 46 54 28, Weingarten – ✸   DX
ab 17 Uhr geöffnet.

✗ **Weinhaus Stetter**, Rosenstr. 32, ℰ 24 01 63, bemerkenswerte Weinkarte   CY
➜ *Montag - Freitag ab 15 Uhr, Samstag bis 14 Uhr geöffnet, Juli - Aug. 3 Wochen, 24. Dez.-*
*Jan. sowie Sonn- und Feiertage geschl. – **M** (nur Vesperkarte) 12/17 &.*

✗ **Weinstube am Stadtgraben**, Am Stadtgraben 6, ℰ 56 70 06   EU
➜ *4.- 17. Juni, 24. Sept.- 8. Okt., 22. Dez.- 7. Jan., Samstag sowie Sonn- und Feiertage gesch*
*– **M** a la carte 21/36.*

✗ Weinstube Schreinerei, Zaisgasse 4 (S 50-Bad Cannstatt), ℰ 56 74 28   DEU

✗ Weinstube Zaiss, Erbsenbrunnengasse 5 (S 50-Bad Cannstatt), ℰ 56 38 27   EU

✗ **Zur Kiste**, Kanalstr. 2, ℰ 24 40 02   CX
Montag - Freitag ab 17 Uhr, Samstag bis 15 Uhr geöffnet, 24. Dez.- 5. Jan. sowie Sonn- un
*Feiertage geschl. – **M** a la carte 23/35.*

✗ **Weinstube Klösterle** (historisches Klostergebäude a.d.J. 1463), Marktstr. 71 (S 50-Ba
Cannstatt), ☎ 56 89 62, ⛲   DEU
*ab 16 Uhr geöffnet, 24. Dez.- 6. Jan. sowie Sonn- und Feiertage geschl. – **M** a la cart*
26/46.

✗ Weinstube Schellenturm, Weberstr. 72, ℰ 23 48 88, ⛲ – ✸   CY
ab 17 Uhr geöffnet.

In Stuttgart 1 - Botnang :

🏠 **Hirsch**, Eltinger Str. 2, ℰ 69 29 17 – 📶 📺 ☎ ⇐ ℗ – 🔏 25/180. 🖭 ⓓ E. ✸   GS
*24.- 27. Dez. geschl. – **M** (Sonntag 15 Uhr - Montag geschl.) a la carte 28/61 – **40 Z : 60**
79/105 - 105/140 Fb.

In Stuttgart 80 - Büsnau :

🏨 **Relexa Waldhotel Schatten**, Gewandschatten 2, ℰ 6 86 70, Telex 7255557, Fax 6867999
⛲, 🚲, Fahrradverleih – 📶 ✸ Zim 📺 & ⇐ ℗ – 🔏 25/150. 🖭 ⓓ E 🚫   GS
Restaurants : **La Fenêtre M** a la carte 67/84 – **Kaminhalle** (nur Abendessen, Sonntag
Montag und 24. Juli - 11. Aug. geschl.) **M** a la carte 35/65 – **144 Z : 257 B** 165/250 - 190/29(
Fb – 9 Appart. 490.

🏠 **Waldgasthaus Glemstal**, Mahdentalstr. 1, ℰ 68 16 18, Fax 682822, ⛲ – ☎ ⇐ ℗
🖭   FGS
*27. Dez.- 5. Jan. geschl. – **M** (Dienstag geschl.) a la carte 32/63 – **24 Z : 33 B** 85/100
120/140 Fb.

In Stuttgart 50 - Bad Cannstatt :

🏨 **Spahr** garni, Waiblinger Str. 63 (B 14), ℰ 55 39 30, Telex 7254608, Fax 557359 – 📶 📺 ☎
⇐ ℗ – 🔏 25. 🖭 ⓓ E 🚫   EU
59 Z : 100 B 135/170 - 190/235.

🏨 **Krehl's Linde**, Obere Waiblinger Str. 113, ℰ 52 75 67, ⛲ – 📺 ☎ ⇐. 🖭 E   EU
M (Sonntag - Montag und Juli - Aug. 3 Wochen geschl.) a la carte 34/74 – **25 Z : 30 B**
85/150 - 140/200 Fb.

✗✗ Alt-Cannstatt, Königsplatz 1 (Kursaal), ℰ 56 11 15, ⛲ – 🔏   EU

✗✗ **Weinstube Pfund**, Waiblinger Str. 61A, ℰ 56 63 63, Biergarten – ℗. 🖭 ⓓ E
🚫   EU
*Samstag bis 18 Uhr, Sonn- und Feiertage, Aug. 3 Wochen und 23. Dez.- 6. Jan. geschl. –
M a la carte 37/60.

In Stuttgart 70 - Degerloch :

🏨 **Waldhotel Degerloch** 🌳, Guts-Muths-Weg 18, ℰ 76 50 17, Telex 7255728, Fax 767762,
⛲, 🚗, ✗ – 📶 📺 ☎ & ℗ – 🔏 25/60. 🖭 ⓓ E 🚫   JT
M 32/61 und a la carte – **50 Z : 88 B** 105/160 - 150/220 Fb.

✗✗ Fäßle, Löwenstr. 51, ℰ 76 01 00   HT
*Samstag - Sonntag 18 Uhr und Aug. geschl. – **M** a la carte 38/75.

In Stuttgart 30 - Feuerbach :

Messehotel Europe, Siemensstr. 33, ℰ 00 00 00, Fax 000000 – 📶 📺 ⇐. 🖭 ⓓ E 🚫.
✸ Rest   BCU
M 45/60 und a la carte – **120 Z : 200 B** 210/250 - 250/300 Fb – 3 Appart. 350/500 (Eröffnung
Anfang 1990).

🏨 **Kongress Hotel Europe**, Siemensstr. 26, ℰ 81 50 91, Telex 723650, Fax 854082, 🚗 – 📶
▤ 📺 ⇐ ℗ – 🔏 25/130. 🖭 ⓓ E 🚫   CU
M a la carte 45/70 – **150 Z : 250 B** 150/200 - 220/250 Fb.

XX **Lamm**, Mühlstr. 24, ℰ 85 36 15
AU e
Samstag bis 18 Uhr, Sonn- und Feiertage sowie 24. Dez.- 10. Jan. geschl. — **M**
(Tischbestellung ratsam) a la carte 59/85.

X **Anker**, Grazer Str. 42, ℰ 85 44 19 — 🆎 ⓪ 🔳 𝘝𝘐𝘚𝘈
AU a
Samstag, 19. Juli - 10. Aug. und 24. Dez.- 8. Jan. geschl. — **M** *(auch vegetarische Gerichte)*
a la carte 32/56.

X **Schiff** (Französische Küche), Walterstr. 1, ℰ 81 43 29 — 🆎 ⓪ 🔳
AU n
Samstag bis 18 Uhr, Montag sowie Jan. und Aug. jeweils 2 Wochen geschl. — **M** (abends
Tischbestellung ratsam) a la carte 48/75.

In Stuttgart 23 - Flughafen :

🏨 **Airport Mövenpick-Hotel**, Randstraße, ℰ 7 90 70, Telex 7245677, Fax 793585, 🏖, �17
— 🛗 🌀 Zim ▥ Rest 📺 ☎ 🅿 — 🔬 25/70. 🆎 ⓪ 🔳 𝘝𝘐𝘚𝘈
JT w
M a la carte 29/58 — **230 Z : 390 B** 197/213 - 254/270 Fb — 20 Appart. 326/372.

XX **top air**, Randstraße (im Flughafen), ℰ 79 01 21 10, Fax 7979210 — 🆎 ⓪ 🔳 𝘝𝘐𝘚𝘈
JT p
M a la carte 47/76.

In Stuttgart 75 - Heumaden :

🏨 **Seyboldt** 🦢 garni, Fenchelstr. 11, ℰ 44 53 54 — ☎ 🅿. 🌀
JT z
22. Juli - 13. Aug. und 24. Dez.- 6. Jan. geschl. — **17 Z : 24 B** 78 - 98.

In Stuttgart 80 - Möhringen :

🏨 **Gloria - Restaurant Möhringer Hexle**, Sigmaringer Str. 59, ℰ 7 18 50, �17 — 🛗 📺 ☎
🚗 🅿 — 🔬 30
HT y
M a la carte 23/47 — **79 Z : 133 B** 98/113 - 129/157 Fb.

🏨 **Möhringen** garni, Filderbahnstr. 43, ℰ 71 60 80, Fax 7160850 — 🛗 📺 ☎ 🚗. 🆎 ⓪ 🔳
𝘝𝘐𝘚𝘈
HT b
39 Z : 60 B 140/150 - 190/250 Fb.

🏨 **Neotel** garni, Vaihinger Str. 151, ℰ 7 80 06 35, Telex 7255179, Fax 7804314 — 🛗 🌀 Zim 📺
☎ 🅿. 🆎 ⓪ 🔳 𝘝𝘐𝘚𝘈
HT n
71 Z : 120 B 147/154 - 203/209 Fb.

🏨 **Anker**, Vaihinger Str. 76, ℰ 71 30 31 (Hotel) 71 78 09 (Rest.) — 🛗 ☎ 🚗. 🔳. 🌀 Zim
18. Dez.- 8. Jan. geschl. — **M** *(14.- 31. Juli geschl.)* a la carte 23/50 — **25 Z : 34 B** 85/98 -
125/135 Fb.
HT b

XXX ❀ **Hirsch-Weinstuben**, Maierstr. 3, ℰ 71 13 75 — 🅿. 🆎 ⓪ 🔳 𝘝𝘐𝘚𝘈. 🌀
HT r
Ostern, Montag und Samstag jeweils bis 18 Uhr sowie Sonn- und Feiertage geschl. — **M**
(Tischbestellung ratsam) a la carte 47/79
Spez. Hummer in Gemüsevinaigrette, Lachs mit Sesamkruste, Lammrücken in Blätterteig mit Rosmarinjus.

XX **Landgasthof Riedsee**, Elfenstr. 120, ℰ 71 24 84, 🏖 — 🅿. 🆎 ⓪ 🔳 𝘝𝘐𝘚𝘈
HT a
Sonntag 14 Uhr - Montag geschl. — **M** a la carte 37/60.

In Stuttgart 50 - Mühlhausen :

XXX ❀ **Öxle's Löwen**, Veitstr. 2, ℰ 53 22 26 — 🆎 🔳
JR e
*1.- 10. Jan., Juli - Aug. 2 Wochen, Montag und Samstag jeweils bis 18 Uhr sowie Sonn- und
Feiertage geschl. —* **M** 40 (mittags) und a la carte 64/82
Spez. Variation von Terrinen, Fischgerichte, Lammrücken aus dem Thymianrauch.

In Stuttgart 61 - Obertürkheim :

X **Weinstube Paule**, Augsburger Str. 643, ℰ 32 14 71 — 🅿. 🆎 ⓪ 🔳 𝘝𝘐𝘚𝘈
KS s
*26. Juli - 19. Aug., 24.- 30. Dez., Mittwoch 15 Uhr - Donnerstag und jeden letzten Sonntag im
Monat geschl. —* Menu a la carte 32/58.

X **Wirt am Berg**, Uhlbacher Str. 14, ℰ 32 12 26
KS z
6.- 31. Aug., Sonn- und Feiertage sowie jeden 1. Samstag im Monat geschl. — **M** *(auch
vegetarische Gerichte)* a la carte 28/56.

In Stuttgart 70 - Plieningen :

🏨 **Traube**, Brabandtgasse 2, ℰ 45 48 33, 🏖 — ☎ 🅿
JT u
23. Dez.- 6. Jan. und Aug. 3 Wochen geschl. — **M** *(Tischbestellung erforderlich)* (Samstag -
Sonntag geschl.) a la carte 48/86 — **22 Z : 28 B** 75/165 - 200/250.

🏨 **Fissler-Post**, Schoellstr. 4, ℰ 4 58 40, Fax 4584333 — 🛗 📺 ☎ 🚗 🅿 — 🔬 25/120. 🆎 ⓪
🔳 𝘝𝘐𝘚𝘈. 🌀
JT f
Menu *(auch vegetarisches Menu, Sonntag ab 14 Uhr geschl.)* (Tischbestellung ratsam) 32/40
und a la carte 39/66 — **61 Z : 100 B** 80/120 - 110/150 Fb — 10 Appart. 135/198.

XX **Recknagel's Nagelschmiede**, Brabandtgasse 1, ℰ 45 74 54 — 🅿
JT u
wochentags nur Abendessen, Dienstag und Juli 3 Wochen geschl. — **M** a la carte 41/64.

In Stuttgart 60 - Rotenberg :

🏨 **Rotenberg-Hotel** 🦢 garni, Stettener Str. 87, ℰ 33 12 93, ≤ Stuttgart, �17 — 📺 ☎ 🚗.
🅿. 🆎 ⓪ 🔳 𝘝𝘐𝘚𝘈
KS t
24. Dez.- 15. Jan. geschl. — **23 Z : 30 B** 95/120 - 110/150 Fb.

In Stuttgart 40 - Stammheim :

🏨 **Novotel**, Korntaler Str. 207, ℰ 80 10 65, Telex 7252137, Fax 803673, ⇌, ⌱ (geheizt) – 📶
🔲 📺 ⅋ 🅿 – ⚐ 25/150. 🖭 ⓞ 🄴 𝘝𝘐𝘚𝘈 HR n
M a la carte 40/60 – **117 Z : 234 B** 155 - 189 Fb.

🏠 **Strobel**, Korntaler Str. 35a, ℰ 80 15 32 – 🅿 – **32 Z : 42 B.** HR s

In Stuttgart 61 - Uhlbach :

🏠 **Gästehaus Münzmay** ⌕ garni, Rührbrunnenweg 19, ℰ 32 40 28, ⇌ – 📶 📺 ☎ ⟺ 🅿
22. Dez.- 7. Jan. geschl. – **14 Z : 17 B** 98/110 - 150/160 Fb. KS f

✗ **Zum Hasenwirt**, Innsbrucker Str. 5, ℰ 32 20 70, 🏛 – 🅿 KS f
Sonntag 15 Uhr - Montag und Juni - Juli 3 Wochen geschl. – **M** a la carte 25/60.

In Stuttgart 60 - Untertürkheim :

🏠 **Spahr** ⌕, Klabundeweg 10 (Zufahrt über Sattelstraße), ℰ 33 23 45, Fax 331455 – 📶 📺
☎. 🖭 ⓞ 🄴 𝘝𝘐𝘚𝘈 KS y
22. Dez.- 12. Jan. geschl. – (nur Abendessen für Hausgäste) – **30 Z : 41 B** 85/130 - 130/160.

In Stuttgart 80 - Vaihingen :

Fontana Stuttgart, Vollmöllerstr. 5, ℰ 73 00, Bade- und Massageabteilung, ♨, ⇌, 🔲 –
📶 🔲 📺 ⅋ ⟺ 🅿 – ⚐ 25/500 GT c
260 Z : 400 B – 29 Appart. -(Eröffnung Frühjahr 1990).

🏨 **Fremd-Gambrinus**, Möhringer Landstr. 26, ℰ 73 17 67, Fax 7354743 – 📺 ☎ ⟺ 🅿. ⓞ
🄴 𝘝𝘐𝘚𝘈 GT e
22. Dez.- 6. Jan. geschl. – **M** (Dienstag geschl.) a la carte 25/55 – **17 Z : 28 B** 104 - 140 Fb.

✗ **Zum Ochsen** (Brauerei-Gaststätte), Hauptstr. 26, ℰ 73 19 38 – 🅿. 🖭 ⓞ 🄴 𝘝𝘐𝘚𝘈 GT t
M a la carte 28/58.

In Stuttgart 31 - Weilimdorf :

🏠 **Zum Muckestüble**, Solitudestr. 25 (in Bergheim), ℰ 86 51 22, « Gartenterrasse » – 📶 ☎
⟺ 🅿 GS a
Juli geschl. – **M** (Dienstag geschl.) a la carte 24/42 – **25 Z : 40 B** 60 - 100.

✗✗ **Hasen mit Zim**, Solitudestr. 261, ℰ 88 30 51 GR e
4 Z : 6 B.

In Stuttgart 40 - Zuffenhausen :

🏠 **Garten-Hotel** garni, Unterländer Str. 88, ℰ 87 10 55 – ☎ ⟺. 🖭 ⓞ 🄴 HR a
23. Dez.- 7. Jan. geschl. – **18 Z : 44 B** 95/114 - 135/154.

In Fellbach 7012 – ✆ 0711 :

🏨 **Kongresshotel**, Tainer Str. 7, ℰ 5 85 90, Telex 7254900, Fax 5859304, ⇌ – 📶 📺 ⟺ 🅿.
🖭 ⓞ 🄴 𝘝𝘐𝘚𝘈 KS u
M : siehe Rest. Alt Württemberg – **148 Z : 296 B** 165/180 - 215/240 Fb.

🏨 **Am Kappelberg**, Karlstr. 37, ℰ 58 50 41, Telex 7254486, ⇌, 🔲 – 📶 🔲 📺 ☎ ⟺ 🅿. 🖭
ⓞ 🄴 KS c
24. Dez.- 10. Jan. geschl. – (nur Abendessen für Hausgäste) – **41 Z : 48 B** 105 - 155 Fb.

🏠 **City-Hotel** garni, Bruckstr. 3, ℰ 58 80 14 – 📺 ☎ 🅿. 🖭 ⓞ 🄴 𝘝𝘐𝘚𝘈 KS s
28. Juli - 20. Aug. und 21. Dez.- 6. Jan. geschl. – **26 Z : 40 B** 59/80 - 110/125 Fb.

🏠 **Alte Kelter**, Kelterweg 7, ℰ 58 90 74, 🏛 – ☎ ⟺ 🅿. 🖭 🄴 𝘝𝘐𝘚𝘈 KS x
M (Freitag geschl.) a la carte 30/53 – **20 Z : 40 B** 85 - 130.

🏠 **Waldhorn**, Burgstr. 23, ℰ 58 21 74 – 🅿. ⓞ 🄴 KS b
Juli und über Weihnachten geschl. – **M** (nur Abendessen, Sonntag geschl.) a la carte 23/40
– **18 Z : 21 B** 35/40 - 65/75.

✗✗ **Alt Württemberg**, Tainer Str. 7 (Schwabenlandhalle), ℰ 58 00 88 – 🔳 🅿. 🖭 ⓞ 🄴 𝘝𝘐𝘚𝘈.
🏛 KS u
M a la carte 39/67.

✗ **Weinkeller Häussermann** (Gewölbekeller a.d.J. 1732), Kappelbergstr. 1, ℰ 58 77 75 – 🔳
KS c

✗ **Weinstube Germania** mit Zim, Schmerstr. 6, ℰ 58 20 37 – 📺 ☎. 🏛 KS v
Mitte Juli - Mitte Aug. und 24. Dez.- 9. Jan. geschl. – **M** (Sonn- und Feiertage sowie
Montag geschl.) a la carte 33/49 – **8 Z : 11 B** 68 - 120.

In Fellbach-Schmiden 7012 :

🏨 **Hirsch**, Fellbacher Str. 2, ℰ (0711) 51 40 60, ⇌, 🔲 – 📶 ☎ ⟺ 🅿 – ⚐ 25. 🖭 ⓞ 🄴 𝘝𝘐𝘚𝘈
M (Freitag und Sonntag geschl.) a la carte 33/50 – **92 Z : 114 B** 75/90 - 110/160 Fb. KR n

🏠 **Schmidener Eintracht**, Brunnerstr. 4, ℰ (0711) 51 21 65 – 📺 ☎. 🄴 KR n
1.- 10. Jan. geschl. – **M** (Samstag geschl.) a la carte 37/60 – **28 Z : 41 B** 50/85 - 110/120 Fb.

In Gerlingen 7016 :

🏨 **Krone**, Hauptstr. 28, ℰ (07156) 2 10 04, Fax 21009 – 📶 📺 ☎ ⟺ 🅿 – ⚐ 25/60. 🖭 ⓞ 🄴
𝘝𝘐𝘚𝘈 FS e
M (Mittwoch ab 14 Uhr, Sonn- und Feiertage sowie Juli - Aug. 3 Wochen geschl.)
(Tischbestellung ratsam) a la carte 41/76 – **50 Z : 74 B** 108/140 - 158/220 Fb.

🏠 **Balogh** garni, Max-Eyth-Str. 16, ℰ (07156) 2 30 95 – 📶 📺 ☎ ⟺ 🅿. 🖭 🄴 GS d
46 Z : 54 B 75/90 - 110/145.

In Korntal-Münchingen 2 7015 nahe der Autobahn-Ausfahrt S-Zuffenhausen :

🏬 Mercure, Siemensstr. 50, 𝄞 (07150) 1 30, Telex 723589, Biergarten, ⇔s, 🔲 – |劇| ⊟ 📺 & 🅿
– 🛆 – **209 Z : 300 B** Fb.
GR c

In Leinfelden-Echterdingen 1 7022 :

🏠 **Drei Morgen** garni, Bahnhofstr. 39, 𝄞 (0711) 75 10 85 – |劇| 📺 ☎ & ⇐⇒ 🅿. 🆎 E   HT k
25 Z : 33 B 90/95 - 125/135 Fb.

🏠 **Stadt Leinfelden** garni, Lessingstr. 4, 𝄞 (0711) 75 25 10 – ☎ 🅿   HT k
20 Z : 30 B 80 - 120.

In Leinfelden-Echterdingen 2 7022 – 🍴 0711 :

🏠 Lamm, Hauptstr. 98, 𝄞 79 33 26, Fax 795275 – 📺 ☎ 🅿   HT s
20 Z : 44 B Fb.

🏠 **Adler**, Obergasse 16, 𝄞 79 35 90, ⇔s, 🔲 – |劇| 📺 ☎ 🅿 – 🛆 30   HT x
24. Dez.- 6. Jan. geschl. – **M** *(Sonntag - Montag 17 Uhr und Juli - Aug. 3 Wochen geschl.)* a
la carte 27/59 – **18 Z : 24 B** 95/100 - 140/145.

🏠 **Martins Klause** garni, Martin-Luther-Str. 1, 𝄞 79 18 01 – |劇| 📺 ☎ 🅿. 🆎 E   HT d
29. Juli - 13. Aug. geschl. – **18 Z : 24 B** 80 - 120.

In Leinfelden-Echterdingen 3 - Stetten 7022 über die B 27 JT :

🏠 **Nödingerhof**, Unterer Kasparswald 22, 𝄞 (0711) 79 90 67, Fax 7979224, ≤, � – |劇| 📺 ☎
⇐⇒ 🅿 – 🛆 30. 🆎 ⓞ E 𝒱𝒮𝒜
M a la carte 30/54 – **54 Z : 90 B** 99/110 - 135/145.

MICHELIN-REIFENWERKE KGaA. Niederlassung 7015 Korntal-Münchingen 2, Siemensstr.
52 (GR), 𝄞 (07150) 20 31, FAX 8933.

SUDDENDORF Niedersachsen siehe Schüttorf.

SÜDERAU 2204. Schleswig-Holstein – 750 Ew – Höhe 2 m – 🍴 04824 (Krempe).
•Kiel 94 – •Hamburg 48 – Itzehoe 22.

In Süderau-Steinburg NO : 6 km :

🏠 **Zur Steinburg**, Hauptstr. 42, 𝄞 4 74 – 📺 ⇐⇒ 🅿
20. Dez.- 4. Jan. geschl. – **M** *(Samstag geschl.)* a la carte 20/45 – **19 Z : 30 B** 30/52 - 60/85.

SÜDERENDE Schleswig-Holstein siehe Föhr (Insel).

SÜDERGELLERSEN Niedersachsen siehe Lüneburg.

SÜDLOHN 4286. Nordrhein-Westfalen – 7 400 Ew – Höhe 40 m – 🍴 02862.
•Düsseldorf 98 – Bocholt 24 – Münster (Westfalen) 64 – Winterswijk 12.

🏠 **Haus Lövelt**, Eschstr. 1, 𝄞 72 76 – ⇐⇒ 🅿. E. 🍴 Rest
M a la carte 19,50/43 – **15 Z : 25 B** 38 - 76.

In Südlohn-Oeding SW : 4 km :

🏨 Burghotel Pass 🌲 (modernes Hotel mit integriertem Burgturm a.d. 14. Jh.), Burgplatz,
𝄞 50 51, 🌱, « Restauranträume mit Ziegelgewölben », ⇔s, 🔲 – |劇| 📺 ☎ & 🅿 – 🛆
25 Z : 44 B.

SÜSSEN 7334. Baden-Württemberg 413 M 20, 987 ㉟ ㉞ – 8 600 Ew – Höhe 364 m – 🍴 07162.
•Stuttgart 53 – Göppingen 9 – Heidenheim an der Brenz 34 – •Ulm (Donau) 41.

🏨 **Löwen**, Hauptstr. 3, 𝄞 50 88 – |劇| 📺 ☎ 🅿. E 𝒱𝒮𝒜
M *(Montag geschl.)* a la carte 25/51 – **36 Z : 48 B** 35/68 - 78/116.

SUHLENDORF 3117. Niedersachsen – 2 650 Ew – Höhe 66 m – 🍴 05820.
•Hannover 111 – Uelzen 15.

In Suhlendorf-Kölau S : 2 km :

🏨 **Brunnenhof** 🌲, 𝄞 3 84, « Ehemaliges Bauernhaus », ⇔s, 🔲, 🌱, 🍴, 🐎 (Halle) – 🅿.
🍴
15. Nov.- 15. Dez. geschl. – (Restaurant nur für Hausgäste) – **30 Z : 55 B** 61/66 - 116/122.

SULINGEN 2838. Niedersachsen 987 ⑭⑮ – 11 600 Ew – Höhe 30 m – 🍴 04271.
•Hannover 77 – Bielefeld 100 – •Bremen 51 – •Osnabrück 84.

🏠 **Zur Börse**, Langestr. 50, 𝄞 22 47 – 📺 ☎ ⇐⇒ 🅿 – 🛆 25/70. 🆎 ⓞ E
28. Dez.- 7. Jan. geschl. – **M** *(Freitag 14 Uhr - Samstag 18 Uhr geschl.)* a la carte 25/56 –
25 Z : 35 B 53/70 - 96 Fb.

In Mellinghausen 2839 NO : 8 km über die B 214 :

🏠 Gesellschaftshaus Märtens 🌲, 𝄞 (04272) 16 04, 🌱 – 📺 ☎ ⇐⇒ 🅿 – 🛆
33 Z : 45 B.

SULZ AM NECKAR 7247. Baden-Württemberg **413** I 21. **987** ⑨ — 10 400 Ew — Höhe 430 m -
Erholungsort — ✪ 07454.

🛈 Rathaus, Marktplatz, 𝒫 7 60.

◆Stuttgart 76 — Horb 16 — Rottweil 30.

> *In Sulz-Glatt* N : 4 km :

🏠 **Kaiser**, Oberamtstr. 23, 𝒫 (07482) 10 11, Massage, 🚗, 🔽, 🦌 — 📺 ☎ 𝐏
Jan. geschl. — **M** *(Donnerstag geschl.)* a la carte 25/52 — **30 Z : 60 B** 55/60 - 110/120 Fb -
½ P 71/76.

🏠 **Zur Freystatt** 🦢, Schloßplatz 11, 𝒫 (07482) 3 33, 🚗 — 📺 𝐏. E. ⅍ Zim
2. Nov.- 4. Dez. geschl. — **M** *(Montag geschl.)* a la carte 28/50 — **30 Z : 40 B** 43/55 - 80/96.

SULZBACH AN DER MURR 7158. Baden-Württemberg **413** L 19. **987** ⑨ — 4 900 Ew — Höh
467 m — Erholungsort — ✪ 07193.

◆Stuttgart 41 — Heilbronn 34 — Schwäbisch Gmünd 41 — Schwäbisch Hall 27.

✗ **Krone** mit Zim, Haller Str. 1, 𝒫 2 87 — 🚗 𝐏
Juli - Aug. 3 Wochen geschl. — **M** *(Dienstag geschl.)* a la carte 23/47 ⅜ — **10 Z : 14 B** 37/4
- 66/80.

SULZBACH-LAUFEN 7166. Baden-Württemberg **413** M 20 — 2 300 Ew — Höhe 335 m -
Wintersport : ✑3 — ✪ 07976.

🛈 Fremdenverkehrsverein, Rathaus, Eisbachstr. 24, 𝒫 2 83.

◆Stuttgart 82 — Aalen 35 — Schwäbisch Gmünd 29 — ◆Würzburg 149.

🏠 **Krone**, Hauptstr. 44 (Sulzbach), 𝒫 2 81, 🍴, 🚗 — 📺 ☎ 🚗 𝐏 — 🔬 25. 🄰🄴 ⑩ E 𝚅𝙸𝚂𝙰
⅍ Zim
M *(Montag und Juli - Aug. 2 Wochen geschl.)* a la carte 24/47 ⅜ — **16 Z : 36 B** 61/65
89/115.

SULZBACH-ROSENBERG 8458. Bayern **413** S 18. **987** ⑰ — 17 600 Ew — Höhe 450 m —
✪ 09661.

◆München 205 — Bayreuth 67 — ◆Nürnberg 59 — ◆Regensburg 77.

🏠 **Bayerischer Hof**, Luitpoldplatz 15 (B 14), 𝒫 30 16 — ☎ 𝐏
26. Dez.- 8. Jan. geschl. — **M** *(Samstag geschl.)* a la carte 17/32 — **40 Z : 65 B** 28/40 - 60.

🏠 **Sperber-Bräu**, Rosenberger Str. 14, 𝒫 30 44
M *(Montag geschl.)* a la carte 13,50/30 — **24 Z : 40 B** 35/42 - 55/62.

🏡 **Zum Bartl**, Glückaufstr. 2 (B 14, N : 1,5 km), 𝒫 45 30, ≤, 🍴 — 🚗 𝐏
17. Sept.- 5. Okt. geschl. — **M** *(Montag geschl.)* a la carte 14/24 ⅜ — **11 Z : 18 B** 27/30
54/60.

> *In Sulzbach-Rosenberg - Forsthof* NW : 6 km über die B 85 :

🏡 **Heldrich - Am Forsthof** 🦢, Forsthof 8, 𝒫 48 29, 🔽, 🦌, ✗ — 𝐏
M a la carte 14/27 — **17 Z : 31 B** 28 - 52.

> *In Neukirchen* 8459 NW : 11,5 km :

🏠 Neukirchener Hof, Hauptstr. 4, 𝒫 (09663) 21 11, Telex 63708, Biergarten, 🚗, 🔽 — ☎ 𝐏 —
🔬
(wochentags nur Abendessen) — **20 Z : 45 B**.

> *In Weigendorf* 8561 W : 13 km, an der B 14 :

🏠 Pension Hubertus 🦢, Hohenschlag 74, 𝒫 (09154) 46 41, ≤, 🍴, 🔽, 🦌 — 𝐏. ⅍
(nur Abendessen) — **15 Z : 28 B**.

SULZBACH/SAAR 6603. Saarland **987** ㉔. **242** ⑦. **57** ⑥ ⑦ — 14 000 Ew — Höhe 215 m -
✪ 06897.

◆Saarbrücken 11 — Kaiserslautern 61 — Saarlouis 33.

> *In Sulzbach-Hühnerfeld* N : 1,5 km :

🏠 Dolfi, Grühlingstr. 69, 𝒫 33 75, 🚗, 🔽 — 📺 ☎
31 Z : 61 B.

SULZBACH/TAUNUS 6231. Hessen **413** I 16 — 7 000 Ew — Höhe 190 m — ✪ 06196 (Bad Soden)
◆Wiesbaden 28 — ◆Frankfurt am Main 15 — Mainz 28.

🏨 **Holiday Inn**, Am Main-Taunus-Zentrum 1 (S : 1 km), 𝒫 78 78, Telex 4072536, Fax 72999
🚗, 🔽, 🦌, Fahrradverleih — 🛗 ⇆ Zim 🔲 📺 ♨ 𝐏 — 🔬 25/200. 🄰🄴 ⑩ E 𝚅𝙸𝚂𝙰. ⅍ Rest
Restaurants : — **Feldberg M** a la carte 38/67 — **Apricot M** a la carte 36/55 — **291 Z : 565 B**
187/293 - 286/313 Fb.

🏠 **Sulzbacher Hof** 🦢 garni, Mühlstr. 11, 𝒫 77 11 — 📺 ☎ 𝐏. E
22 Z : 33 B 70 - 105 Fb.

SULZBERG Bayern siehe Kempten (Allgäu).

SULZBURG 7811. Baden-Württemberg **413** G 23, **427** ④, **242** ⑱ — 2 700 Ew — Höhe 474 m — Luftkurort — ✿ 07634.

🛈 Verkehrsamt, Rathaus, 𝒫 7 02 — ◆Stuttgart 229 — Basel 51 — ◆Freiburg im Breisgau 28.

🏨 **Waldhotel Bad Sulzburg** 🦢, Badstr. 67 (SO : 4 km), 𝒫 82 70, « Gartenterrasse », 🐎, 🔲, 🐎, ⚘ — 🛗 ☎ ❷ — 🔬 25/40. ⓞ 𝐄 𝗩𝗜𝗦𝗔
14. Jan.- 4. Feb. geschl. — Menu (Tischbestellung ratsam) a la carte 32/60 — **40 Z : 70 B** 70/90 - 102/146 Fb — ½ P 77/106.

XX ✿ **Zum Hirschen** mit Zim, Hauptstr. 69, 𝒫 82 08
10. Jan.- 10. Feb. geschl. — **M** (bemerkenswerte Weinkarte, Tischbestellung ratsam) (Dienstag und Mittwoch jeweils bis 18 Uhr sowie Montag geschl.) 35 (mittags) und a la carte 65/88 — **7 Z : 13 B** 90 - 120/180
Spez. Variation von Gänseleber, Maultäschle von Hummer mit Trüffel, Bäckeofe von der Taube.

In Sulzburg-Laufen W : 2 km :

XX ✿ **La Vigna** (kleines Restaurant in einem Hofgebäude a.d.J. 1837), Weinstr. 7, 𝒫 80 14 — ❷. 🎇
Sonntag - Montag 18 Uhr, über Fasching 1 Woche und Juli - Aug. 3 Wochen geschl. — **M** (Tischbestellung erforderlich) um 36 (mittags) und a la carte 56/78
Spez. Ravioli di pollame ai tartufi, Lombo d'agnello con caponata al profumo di timo, Semifreddo di mascarpone e mandorle.

In Ballrechten-Dottingen 7801 NW : 2 km :

XX **Winzerstube** (mit Gästehaus), Neue Kirchstr. 30 (Dottingen), 𝒫 (07634) 7 05, 🐎 — 🚗 ❷. 🎇 Zim
Anfang Jan.- Anfang Feb. geschl. — **M** (Donnerstag - Freitag 17 Uhr geschl.) a la carte 24/56 ⅙ — **8 Z : 14 B** 35/40 - 64/75.

SULZFELD 7519. Baden-Württemberg **413** J 19 — 3 500 Ew — Höhe 192 m — ✿ 07269.
◆Stuttgart 68 — Heilbronn 33 — ◆Karlsruhe 44.

Auf Burg Ravensburg SO : 2 km — Höhe 286 m :

X **Burgschenke**, ✉ 7519 Sulzfeld, 𝒫 (07269) 2 31, ≤, 🌳 — ❷. 𝐄
Dez.- Feb. und Montag geschl. — **M** a la carte 32/52.

SULZHEIM 8722. Bayern **413** O 17 — 1 800 Ew — Höhe 235 m — ✿ 09382 (Gerolzhofen).
◆München 214 — ◆Bamberg 55 — ◆Nürnberg 96 — Schweinfurt 15 — ◆Würzburg 44.

🏠 **Landgasthof Goldener Adler**, Otto-Drescher-Str. 12, 𝒫 10 94 — ❷
20. Dez.- 10. Jan. geschl. — **M** (Freitag und 20. Aug.- 1. Sept. geschl.) a la carte 17/37 ⅙ — **44 Z : 65 B** 24/45 - 48/76.

In Sulzheim-Alitzheim :

🏠 **Grob**, Dorfplatz 1, 𝒫 2 85 — ☎ 🚗 ❷ — 🔬 50
M (Samstag und Sonntag jeweils ab 14 Uhr geschl.) a la carte 21/40 ⅙ — **34 Z : 60 B** 40/50 - 70/90 Fb.

SUNDERN 5768. Nordrhein-Westfalen **987** ⑭ — 27 800 Ew — Höhe 250 m — ✿ 02933.
🛈 Verkehrsverein, Sundern-Langscheid, Hakenbrinkweg (Haus des Gastes), 𝒫 (02935) 6 96.
◆Düsseldorf 111 — Arnsberg 12 — Lüdenscheid 48.

In Sundern 9-Allendorf SW : 6,5 km :

🏠 **Clute-Simon**, Allendorfer Str. 85, 𝒫 (02393) 3 72, 🐎, 🐎 — 📺 🚗 ❷ — 🔬 50. 🗚 ⓞ 𝐄 𝗩𝗜𝗦𝗔
20. März - 11. April geschl. — **M** (Dienstag geschl.) 13/42 (mittags) und a la carte 28/54 — **14 Z : 21 B** 42/47 - 78/90 — ½ P 50/55.

In Sundern 16-Altenhellefeld SO : 7,5 km :

🏨 **Gut Funkenhof** 🦢, Altenhellefelder Str. 10, 𝒫 (02934) 10 12, Telex 84277, Fax 1474, 🌳, Bade- und Massageabteilung, 🐎, 🔲, 🐎 — 🍴 Zim ☎ ❷ — 🔬 35. 🗚 ⓞ 𝐄. 🎇
M a la carte 28/74 — **42 Z : 80 B** 95/190 - 165/290 Fb — 3 Appart. 400 — 4 Fewo 165/280 — ½ P 118/225.

In Sundern 13-Langscheid NW : 4 km — Luftkurort — ✿ 02935 :

🏠 **Seegarten - Zum Wilddieb**, Zum Sorpedamm 21, 𝒫 15 79, 🔲 — ❷ — 🔬 — **24 Z : 50 B** Fb.
🏠 **Landhaus Pichel**, Langscheider Str. 70, 𝒫 20 33, ≤, 🌳, 🐎 — ☎ ❷ — **12 Z : 22 B** Fb.
🏠 **Haus Volmert**, Langscheider Str. 46, 𝒫 25 00, ≤ — ❷
M (Mittwoch geschl.) a la carte 26/42 — **11 Z : 20 B** 40 - 70 — ½ P 49/54.
X **Deutsches Haus**, Langscheider Str. 41, 𝒫 6 15, ≤, 🌳 — ❷
Dienstag geschl. — **M** a la carte 22/45.

In Sundern-Stockum SW : 5 km :

🏠 **Kleiner**, Stockumer Str. 17, 𝒫 24 81, 🐎 — 🍴 ☎ 🚗 ❷. 🎇
10. Nov.- 24. Dez. geschl. — (Restaurant nur für Hausgäste) — **24 Z : 40 B** 35/40 - 60/70.

In Sundern 11-Wildewiese S : 15 km — Wintersport : 520/640 m ⑤4 ⑤2 :

🏠 **Schomberg** 🦢, Hauptstr. 10, 𝒫 (02395) 13 13, ≤, 🔲 — 🍴 ❷. 🎇
M (Abendessen nur für Hausgäste) a la carte 27/44 — **20 Z : 40 B** 59/81 - 90/108.

795

SWISTTAL 5357. Nordrhein-Westfalen — 10 000 Ew — Höhe 130 m — 🟢 02254 (Weilerswist).
◆Düsseldorf 73 — ◆Bonn 20 — Düren 43 — ◆Köln 35.

In Swisttal-Heimerzheim :

🏛 **Weidenbrück** 🦢, Nachtigallenweg 27, 🖉 40 66 — 🈹 📺 🕿 🅿
M a la carte 24/53 — **41 Z : 70 B** 38/60 - 70/90 Fb.

SYKE 2808. Niedersachsen 🗾🎓 ⑤ — 19 100 Ew — Höhe 40 m — 🟢 04242.
◆Hannover 89 — ◆Bremen 22 — ◆Osnabrück 106.

In Syke-Steimke SO : 2,5 km :

🏛 **Steimker Hof**, Nienburger Str. 68 (B 6), 🖉 22 20, 🍴 — 🈹 🕿 🅿. 🄰🄴 ⑩ 🄴 🆅🄸🅂🄰
M a la carte 25/49 — **11 Z : 20 B** 50 - 80.

SYLT (Insel) Schleswig-Holstein 🗾🎓 ④ — Seebad — Größte Insel der Nordfriesischer Inselgruppe mit 36 km Strand, durch den 12 km langen Hindenburgdamm (nur Eisenbahn, ca. 30 min) mit dem Festland verbunden.
Sehenswert : Gesamtbild★★ der Insel — Keitumer Kliff★.
🚉 Kampen-Wenningstedt, 🖉 (04651) 4 53 11 ; 🚉 Westerland, 🖉 (04651) 70 37 ; 🚉 Sylt-Ost, Morsum, 🖉 (04654)3 87.
🛬 Westerland, 🖉 (04651) 53 55.
🚗 🖉 (04651) 2 40 57, Autoverladung in Niebüll.

Hörnum 2284 — 1 400 Ew — 🟢 04653.
🛈 Kurverwaltung, Strandweg 2, 🖉 10 65.
Nach Westerland 18 km.

🏛 **Helene** 🦢 garni (Appartement-Hotel), An der Düne 38, 🖉 10 52, 🏖, 🆇 — 📺 🅿 🔚 🅿
14. Jan.- 22. März und 5. Nov.- 21. Dez. geschl. — **26 Z : 76 B** 55/100 - 130/200.
✗ **Seehof**, Strandstr. 2, 🖉 16 78, 🍴 — 🅿. 🄴
Mittwoch bis 18 Uhr, 10. Jan.- 20. Feb. und 20. Nov.- 24. Dez. geschl. — **M** a la carte 34/60.

Kampen 2285 — 1 000 Ew — 🟢 04651.
🛈 Kurverwaltung, im Kamp-Hüs, 🖉 4 10 91.
Nach Westerland 6 km.

🏨 **Walter's Hof** 🦢 garni, Kurhausstraße, 🖉 44 90, Fax 45403, ≤, Massage, 🏖, 🆇 — 📺 🕿 🅿
Nov.- 20. Dez. und 2. Jan.- März geschl. — **30 Z : 60 B** 262/292 - 283/566 Fb.
🏨 **Rungholt - Haus Meeresblick** 🦢, Kurhausstr. 200, 🖉 44 80, ≤, 🏖, 🌴 — 🕿 🅿. 🍽
Anfang April - Anfang Okt. — (nur Abendessen für Pensionsgäste) — **62 Z : 99 B** (nur ½ P 130/350 - 240/350 Fb — 17 Appart. 350/450.
🏨 **Hamburger Hof** 🦢, Kurhausstr. 1, 🖉 4 10 56, 🍴, Massage, 🏖, 🌴 — 📺 🕿 🅿
(nur Abendessen für Hausgäste) — **11 Z : 21 B** Fb.
✗✗✗ **Gogärtchen**, Stönwai, 🖉 4 12 42, « Cafégarten; ständig wechselnde Bilderausstellung »
— 🅿. 🄰🄴 ⑩ 🄴 🆅🄸🅂🄰. 🍽
Ostern - Okt. und Weihnachten - Neujahr geöffnet — **M** (Tischbestellung ratsam) a la carte 57/88.
✗ **Sturmhaube**, Riiperstig, 🖉 4 11 40, ≤, 🍴 — 🅿.

List 2282 — 3 300 Ew — 🟢 04652.
🛈 Kurverwaltung, Haus des Kurgastes, 🖉 10 14.
Nach Westerland 18 km.

🏨 **Landhaus Silbermöwe** 🦢 garni, Süderhörn 7, 🖉 12 14, 🏖, 🌴 — 🅿
14 Z : 36 B
✗✗ **Alte Backstube**, Südhörn 2, 🖉 5 12, « Gartenterrasse » — 🅿.
✗✗ **Zum alten Seebär**, Mannemorsumtal 29, 🖉 3 85, ≤ — 🅿
Montag, Jan.- Feb. und Nov. geschl. — **M** a la carte 46/68.

Sylt Ost 2280 — 6 100 Ew — 🟢 04651.
🛈 Kurverwaltung, im Ortsteil Keitum, Am Tipkenhoog 5, 🖉 3 10 50.
Nach Westerland 5 km.

Im Ortsteil Keitum — Luftkurort :

🏛🏛 **Benen Diken Hof** 🦢 garni, Süderstraße, 🖉 3 10 35, Telex 221252, Fax 31038, 🏖, 🆇, 🌴
— 📺 🅿. 🄰🄴 ⑩ 🄴 🆅🄸🅂🄰. 🍽
38 Z : 73 B 170/290 - 190/360 Fb.
🏨 **Seiler Hof** (modernisiertes Friesenhaus a.d.J. 1761), Gurtstig 7, 🖉 3 10 64, Fax 35370
« Garten », 🏖 — 📺 🕿 🅿
(nur Abendessen für Hausgäste) — **12 Z : 25 B** 115/220 - 180/250 Fb — 3 Appart. 335.
🏛 **Wolfshof** 🦢 garni, Osterweg 2, 🖉 34 45, 🏖, 🆇, 🌴 — 📺 🕿 🅿. 🄰🄴 ⑩ 🄴 🆅🄸🅂🄰
10. Jan.- 14. März und 15. Nov.- 14. Dez. geschl. — **15 Z : 30 B** 145/190 - 210/245 Fb.

796

XX **Fisch-Fiete**, Weidemannweg 3, ℰ 3 21 50, « Gartenterrasse » – **Ⓟ**
nur Saison – (Tischbestellung erforderlich).

XX **Landschaftliches Haus (überwiegend Fischgerichte)**, Gurtstig 54, ℰ 31840, « Gemütliche Gaststuben mit unterschiedlichem Dekor » – **Ⓟ**.

Im Ortsteil Morsum :

XXX **Landhaus Nösse**, Nösistig, ℰ (04654) 15 55, 🍽, « Schöne Lage am Morsum Kliff » – **Ⓟ**. ⒶⒺ **E**
Sept.- Mitte April Mittwoch und Nov. 3 Wochen geschl. – **M** a la carte 73/99 – **Bistro M** a la carte 43/67.

Im Ortsteil Tinnum :

XXX ❀ **Romantik-Restaurant Landhaus Stricker**, Boy-Nielsen-Str. 10, ℰ (04651) 3 16 72, bemerkenswerte Weinkarte – **Ⓟ**. ⒶⒺ ⓪ **E** 𝙑𝙄𝙎𝘼. ❀
M (Tischbestellung ratsam) a la carte 59/112
Spez. Kartoffelsuppe mit Lauch, Sylter Meeräsche in Schnittlauchsauce, Gebackene Pflaumen mit Zimteis und Sabayon.

Wenningstedt 2283 – 2 500 Ew – Seeheilbad – ✆ 04651.
🛈 Verkehrsverein, Westerlandstr. 1, ℰ 4 32 10.
Nach Westerland 4 km.

🏠 **Strandhörn** ⓢ, Dünenstr. 1, ℰ 4 19 11 – 📺 ☎ **Ⓟ**
10. Jan.- 15. März und 26. Nov.- 24. Dez. geschl. – **M** *(nur Abendessen, Mittwoch geschl.)* 45/95 – **16 Z : 27 B** 115/190 - 220/280 Fb.

🏠 **Friesenhof**, Hauptstr. 16, ℰ 4 10 31, 🍴, 🍽 – 📺 ☎ **Ⓟ**. ❀ Zim
Ostern - Okt. – **M** *(Mittwoch geschl.)* a la carte 31/57 – **14 Z : 25 B** 85 - 170 – 10 Fewo 100/150.

XX **Hinkfuss am Dorfteich** ⓢ mit Zim, Am Dorfteich 2, ℰ 54 61, 🍽 – 📺 ☎ **Ⓟ**. ⒶⒺ **E**
10. Jan.- 15. Feb. geschl. – **M** *(Montag - Dienstag 18 Uhr geschl.)* a la carte 32/54 (mittags) 58/130 (abends) – **4 Z : 8 B** 120/160 - 160/180 Fb.

Westerland 2280. 9⃞8⃞7⃞ ④ – 9 000 Ew – Seeheilbad – ✆ 04651.
🛈 Fremdenverkehrszentrale, am Bundesbahnhof, ℰ 2 40 01.
♦Kiel 136 – Flensburg 55 – Husum 53.

🏨 **Stadt Hamburg**, Strandstr. 2, ℰ 85 80, Telex 221223, Fax 858220, 🍽 – 🛗 📺 **Ⓟ** – 🏛 25/50. ❀ Rest
M 35/120 – **68 Z : 100 B** 126/274 - 246/356 – 5 Appart. 411 – ½ P 164/219.

🏨 **Dorint-Hotel Sylt** ⓢ, Schützenstr. 22, ℰ 85 00, Fax 850150, 🍽, 🍴, ⊡ – 🛗 📺 ⚄ **Ⓟ**. ⒶⒺ **E** 𝙑𝙄𝙎𝘼. ❀ Rest
M a la carte 40/72 – **71 Z : 170 B** 279/398 - 318/418 Fb.

🏨 **Wünschmann**, Andreas-Dirks-Str. 4, ℰ 50 25, Fax 5028 – 🛗 📺 ☎ 🚗 ⒶⒺ. ❀
Mitte Jan.- Anfang März und Mitte Nov.- Mitte Dez. geschl. – (nur Abendessen für Hausgäste) – **33 Z : 54 B** 129/219 - 196/332 – 4 Fewo 100/490.

🏨 **Miramar** ⓢ, Friedrichstr. 43, ℰ 85 50, ≤, Massage, 🍴, ⊡ – 🛗 📺 ☎ **Ⓟ** – 🏛. ⒶⒺ ⓪ **E** 𝙑𝙄𝙎𝘼. ❀
15. Nov.- 15. Dez. geschl. – **M** a la carte 34/67 – **86 Z : 160 B** 140/330 - 260/420 Fb – 8 Appart. 580/780 – ½ P 170/350.

🏨 **Sylter Hahn** ⓢ (Apart-Hotel), Robbenweg 3, ℰ 75 85 (Hotel) 2 72 36 (Rest.), 🍴, ⚓, ⊡, 🍽 – 📺 **Ⓟ**
10 Z : 18 B Fb – 24 Fewo.

🏨 **Hanseat** garni, Maybachstr. 1, ℰ 2 30 23 – 📺 ☎. ⒶⒺ **E** 𝙑𝙄𝙎𝘼
21 Z : 35 B 110 - 220 Fb.

🏨 **Atlantic** ⓢ, Johann-Möller-Str. 30, ℰ 60 46, 🍴, ⊡ – 📺 ☎ **Ⓟ**. ⓪ **E** 𝙑𝙄𝙎𝘼
M *(nur Abendessen, 22. Feb.- 30. März, Nov.- 8. Dez. und außer Saison Donnerstag geschl.)* a la carte 46/73 – **27 Z : 47 B** 100/135 - 190/240 Fb.

🏠 **Monopol** garni, Steinmannstr. 11, ℰ 2 40 96 – 🛗 📺 ☎ 🚗
24 Z : 36 B 80/120 - 160/190 Fb.

🏠 **Vier Jahreszeiten** ⓢ, Johann-Möller-Str. 40, ℰ 2 30 28 – 📺 ☎ **Ⓟ**. ⒶⒺ **E** 𝙑𝙄𝙎𝘼. ❀ Rest
3. Nov.- 15. Jan. geschl. – (nur Abendessen für Hausgäste) – **26 Z : 40 B** 85/130 - 190/ 220 Fb.

🏠 **Dünenburg**, Elisabethstr. 9, ℰ 60 06 – 🛗 📺 ☎ **Ⓟ**
38 Z : 56 B Fb.

🏠 **Gästehaus Hellner** garni, Maybachstr. 8, ℰ 69 45 – 🛗 📺 ☎ **Ⓟ**
– **18 Z : 26 B** 70/85 - 140/170 – 2 Fewo 150/180.

🏠 **Windhuk** garni, Brandenburger Str. 6, ℰ 60 33 – ☎ **Ⓟ**. ❀
35 Z : 50 B.

SYLT (Insel) - Westerland

XXXX ❀ **Restaurant Jörg Müller** mit Zim, Süderstr. 8, ☎ 2 77 88, « Modern-elegantes
Restaurant in einem Friesenhaus » — 📺 ☎ 🅿. 🖭 ⓪ 🖻 𝖵𝖨𝖲𝖠
14. Jan.- 16. Feb., Ende Nov.- Anfang Dez., in der Saison Mittwoch bis 18 Uhr, außer Saison
Dienstag - Mittwoch 18 Uhr geschl. — **M** (bemerkenswerte Weinkarte) (in beiden
Restaurants : Tischbestellung ratsam) a la carte 75/115 — **Pesel M** a la carte 48/65 — **3 Z**
6 B 180 - 230/260
Spez. Kalbskopfsalat mit Hahnenkämmen, Sylter Austern auf rotem Zwiebelkompott, Crepinettes von
Deichlammrücken auf gestobten Bohnen.

XX **Webchristel**, Süderstr. 11, ☎ 2 29 00 — 🅿. 🖭 ⓪ 🖻
nur Abendessen, Okt.- Mai Donnerstag geschl. — **M** a la carte 42/70.

XX ❀ **Das Kleine Restaurant**, Strandstr. 8 (Passage), ☎ 2 29 70 — 🖭 ⓪ 🖻
nur Abendessen, Ende Feb.- Mitte März, Ende Nov.- Mitte Dez. und Sonntag geschl. —
M (Tischbestellung ratsam) 84/120 und a la carte 58/90
Spez. Warmer Hummersalat mit Orangenfilets, Seeteufelmedaillons auf Safran-Porreesauce, Gebackene
Holunderblüten auf Pfirsichschaum.

XX **See-Garten**, Andreas-Dirks-Str. 10 (Kurpromenade), ☎ 2 36 58, ≤, 佘 ♿, 🖭 ⓪ 🖻 𝖵𝖨𝖲𝖠
Nov.- 14. Dez. sowie außer Saison Dienstag geschl. — **M** 21 (mittags) und a la carte 31/60.

XX **Alte Friesenstube**, Gaadt 4, ☎ 12 28, « Haus a.d.J. 1648 mit rustikal-friesischer Einrichtung »
nur Abendessen — (Tischbestellung ratsam).

X **Bratwurstglöckl**, Friedrichstr. 37, ☎ 74 25
nur Saison.

TACHERTING 8221. Bayern 📊📊 U 22, 📊📊📊 J 4 — 4 300 Ew — Höhe 473 m — ✪ 08621 (Trostberg).
◆München 92 — Altötting 22 — Rosenheim 52 — Salzburg 70.

In Engelsberg-Wiesmühl 8261 N : 3 km :

🏛 **Post**, Altöttinger Str. 9 (B 299), ☎ (08634) 15 14, 佘 — 🚗 🅿
🟠 20. Aug.- 10. Sept. geschl. — **M** (Montag geschl.) a la carte 17,50/43 ⓪ — **15 Z : 25 B** 27/35 -
48/58.

TACHING Bayern siehe Waging am See.

TÄNNESBERG 8481. Bayern 📊📊📊 TU 18 — 1 700 Ew — Höhe 693 m — Erholungsort — ✪ 09655.
◆München 186 — ◆Nürnberg 106 — ◆Regensburg 69 — Weiden in der Oberpfalz 25.

🏛 **Wurzer**, Marktplatz 12, ☎ 2 57, 佘, 🛋 — 📳 🅿
38 Z : 70 B.

🏛 **Post**, Marktplatz 25, ☎ 2 43 — 🅿
20 Z : 40 B.

TALHEIM 7129. Baden-Württemberg 📊📊📊 K 19 — 3 500 Ew — Höhe 195 m — ✪ 07133.
◆Stuttgart 48 — Heilbronn 9 — Ludwigsburg 32.

🏛 **Zur Sonne** 🦢, Sonnenstr. 44, ☎ 42 97, 🛋 — 📳 ☎ 🚗
25 Z : 39 B.

TAMM Baden-Württemberg siehe Asperg.

TANGENDORF Niedersachsen siehe Toppenstedt.

TANGSTEDT KREIS STORMARN 2000. Schleswig-Holstein — 5 700 Ew — Höhe 35 m —
✪ 04109.
◆Kiel 81 — ◆ Hamburg 30 — ◆Lübeck 52.

In Tangstedt-Wilstedt NW : 2 km :

X **Wilstedter Mühle** mit Zim, Dorfring 1, ☎ 95 56 — 🅿 — ♿ 25/100. 🍷 Zim
1.- 5. Jan. und 2.- 26. Juli geschl. — **M** a la carte 26/40 — **8 Z : 13 B** 36/48 - 66/86.

TANN (RHÖN) 6413. Hessen 📊📊📊 ❀❀ — 5 300 Ew — Höhe 390 m — Luftkurort — ✪ 06682.
🖪 Verkehrsamt, Stadtverwaltung, Marktplatz, ☎ 80 11.
◆Wiesbaden 226 — Fulda 39 — Bad Hersfeld 52.

🏛 **Berghotel Silberdistel** 🦢, Bergstr.10 (O : 1 km), ☎ 2 30, ≤ Tann und Rhön, 佘, 🛋 —
☎ 🚗 🅿
Mitte Jan.- Mitte Feb. geschl. — **M** (Dienstag geschl.) a la carte 25/48 ⓪ — **11 Z : 21 B** 28/44
- 56/88 — ½ P 44/60.

In Tann 5-Günthers NW : 3 km :

🏛 **Zur Ulsterbrücke**, Brückenstr. 1, ☎ 4 51, 🥘, 🖾, 🛋 — 🅿 — ♿ . 🍷 Zim
40 Z : 70 B.

798

In Tann-Lahrbach S : 3 km :

🏠 **Gasthof Kehl** (mit Gästehaus), Eisenacher Str. 15, ℰ 3 87, 🍴, 🌴 – 🚗 – 🏛 40.
↔ 🌂 Zim
Okt. 3 Wochen geschl. – **M** *(Dienstag geschl.)* a la carte 15/30 🍷 – **26 Z : 52 B** 24/25 - 47/50
– ½ P 32/36.

TARP 2399. Schleswig-Holstein – 5 000 Ew – Höhe 22 m – 😊 04638.
♦Kiel 76 – Flensburg 17 – Schleswig 25.

🏨 **Bahnhofshotel**, Bahnhofstr. 1, ℰ 9 92, Fax 8110 – 🕿 🅟 – 🏛 80. 🆎 🅴
M a la carte 22/51 – **52 Z : 92 B** 28/40 - 55/70 Fb.

TAUBERBISCHOFSHEIM 6972. Baden-Württemberg 🖤🖤🖤 LM 18. 🖤🖤🖤 ⑳ – 12 500 Ew – Höhe
181 m – 😊 09341.
♦Stuttgart 117 – Heilbronn 75 – ♦Würzburg 37.

🏨 **Am Brenner** 🦢, Goethestr. 10, ℰ 30 91, ≤, 🍴, 🍴 – ⊷ Zim 📺 🕿 🅟 – 🏛 35. 🆎 🅾
🅴 🆅🆂🅰
M *(Freitag geschl.)* a la carte 23/52 🍷 – **31 Z : 50 B** 49/66 - 98/105 Fb.
🏠 **Henschker**, Bahnhofstr. 18, ℰ 23 36 – 📺 🕿 🖲 – 🏛 60. 🅴 🆅🆂🅰
↔ *31. Juli - 7. Aug. und 20. Dez.- 20. Jan. geschl.* – **M** *[Sonntag-Montag 17 Uhr geschl.]* a la
carte 20/49 🍷 – **15 Z : 23 B** 50/59 - 89/100 Fb.
🏠 **Badischer Hof**, Hauptstr. 70, ℰ 23 85 – 🚗 🅟 – 🏛 25
↔ *15. Dez.- 15. Jan. geschl.* – **M** *(Freitag geschl.)* a la carte 20/36 🍷 – **26 Z : 41 B** 45/50 -
79/95.
🏠 **Am Schloß** 🦢 garni, Hauptstr. 56, ℰ 32 71 – 🅴
9 Z : 17 B 45/50 - 75.

In Königheim 6976 W : 7 km :

🏠 **Schwan**, Hardheimer Str. 6, ℰ (09341) 38 99, 🌴 – 🚗 🅟
11 Z : 19 B.

TAUBERRETTERSHEIM Bayern siehe Weikersheim.

TAUFKIRCHEN 8252. Bayern 🖤🖤🖤 T 21. 🖤🖤🖤 ㉗ – 8 000 Ew – Höhe 456 m – 😊 08084.
♦München 53 – Landshut 26 – Passau 129 – Rosenheim 66 – Salzburg 126.

🏠 **Zur Post**, Erdinger Str. 1, ℰ 81 20, 🍴 – 🕿 🅟 – **11 Z : 22 B** Fb.
🏠 **Pension Barbara** 🦢 garni, Hochstr. 2, ℰ 23 28 – 🅟
23. Dez.- 18. Jan. geschl. – **22 Z : 34 B** 46/58 - 85/110.

In Taufkirchen-Hörgersdorf SW : 6 km :

✗ **Landgasthof Forster**, Hörgersdorf 23, ℰ 23 57 – 🅟
Montag - Dienstag 18 Uhr geschl. – Menu a la carte 30/55.

TAUNUSSTEIN 6204. Hessen – 24 700 Ew – Höhe 343 m – 😊 06128.
♦Wiesbaden 12 – Limburg an der Lahn 38 – Bad Schwalbach 10.

In Taunusstein 1-Hahn :

🏠 **Aarbrücke** 🦢 garni, Mühlfeldstr. 30, ℰ 56 55 – 🚗 🅟
24. Dez.- 6. Jan. geschl. – **21 Z : 40 B** 48/65 - 85/98.

In Taunusstein 4-Neuhof 🖤🖤🖤 H 16 :

🏠 **Zur Burg**, Limburger Str. 47 (B 417/275), ℰ 7 10 01 – 📺 🕿 🅟 – 🏛 40. 🆎 🅴
M *(Samstag geschl.)* a la carte 23/55 🍷 – **24 Z : 43 B** 70/80 - 100/120.

TECKLENBURG 4542. Nordrhein-Westfalen 🖤🖤🖤 ⑭ – 9 000 Ew – Höhe 235 m – Luftkurort
– 😊 05482 – 🚡 Westerkappeln-Velpe (NO : 9 km), ℰ (05456) 4 19 ; 🚡 Wallen-Lienen (W : 3 km),
ℰ (05455) 10 35.
🄑 Verkehrsbüro, Haus des Gastes, Markt 7, ℰ 4 94.
♦Düsseldorf 160 – Münster (Westfalen) 39 – ♦Osnabrück 28.

🏨 **Parkhotel Burggraf** 🦢, Meesenhof 7, ℰ 4 25, Telex 941345, Fax 6125, ≤ Münsterland,
🍴, 🔲, 🌴 – 🛎 📺 🅟 – 🏛 40. 🆎 🅾 🅴 🆅🆂🅰. 🌂
M a la carte 46/79 – **44 Z : 76 B** 81/150 - 125/180 Fb – ½ P 96/153.
🏠 **Drei Kronen**, Landrat-Schultz-Str. 15, ℰ 2 25, ≤, 🍴, 🍴 – 🕿 🅟. 🆎 🅾
4.- 31. Jan. und 18.- 29. Dez. geschl. – **M** *(Mittwoch geschl.)* a la carte 25/56 – **26 Z : 50 B**
60/85 - 100/120 Fb – ½ P 80/105.
🏠 **Landhaus Frische** 🦢, Sundernstr. 52 (am Waldfreibad), ℰ 74 10, ≤, 🍴 – 🕿 🅟. 🆎 🅾
🅴 🆅🆂🅰. 🌂 Zim
M *(auch vegetarische Gerichte)* (Montag geschl.) a la carte 31/56 – **8 Z : 18 B** 60/80 -
120/130 Fb.
🏠 **Bismarckhöhe**, Am Weingarten 43, ℰ 2 33, ≤ Münsterland, 🍴, Biergarten – 📺 🅟. 🅾
↔ *19. Nov.- 14. Dez. geschl.* – **M** *(Dez.- März Montag geschl.)* a la carte 21/43 – **28 Z : 52 B**
35/50 - 70/90 – ½ P 47/57.

In Tecklenburg 2-Brochterbeck W : 6,5 km :

🏨 **Teutoburger Wald**, Im Bocketal 2, 𝒫 (05455) 10 65, Caféterrasse, ⇌, ☒, 🐎 – ▥ ☎ ℗
– 🛁 35. ⓘ 𝐄
5.- 25. Dez. geschl. – (Restaurant nur für Hausgäste) – **28 Z : 48 B** 65/80 - 100/140 Fb.

In Tecklenburg 4-Leeden O : 8 km :

XX **Altes Backhaus**, Am Ritterkamp 27, 𝒫 (05481) 65 33, 😮 – ℗. ⓘ 𝐄
Dienstag und Mitte Jan.- Anfang Feb. geschl. – Menu a la carte 30/69.

An der Autobahn A 1 NO : 7 km :

🏛 **Raststätte Tecklenburger Land (West)**, ✉ 4542 Tecklenburg 4 - Leeden,
𝒫 (05456) 5 66, 😮 – ⟵ ℗. ⅀Ɇ ▥₶
M a la carte 24/54 – **24 Z : 44 B** 57/70 - 90/115 Fb.

TEGERNHEIM Bayern siehe Regensburg.

TEGERNSEE 8180. Bayern ⬛⬛⬛ S 23, ⑨⑧⑦ ⑰, ⬛⬛⬛ ⑰ – 5 000 Ew – Höhe 732 m –
Heilklimatischer Kurort – Wintersport : 730/900 m ⚐1 – ✿ 08022.
🛈 Kuramt, im Haus des Gastes, Hauptstr. 2. 𝒫 18 01 40.
◆München 53 – Miesbach 18 – Bad Tölz 19.

🏨 **Bayern** ⚞, Neureuthstr. 23, 𝒫 18 20, Telex 526981, Fax 3775, ≤ Tegernsee und Berge,
😮, ⇌, ☒, 🐎 – ⧉ ▥ ☎ ⟵ ℗ – 🛁 25/120. ⅀Ɇ ⓘ 𝐄 ▥₶
M a la carte 34/62 – **92 Z : 151 B** 103/185 - 177/245 Fb.

🏨 **Bastenhaus** garni, Hauptstr. 71, 𝒫 30 80, ≤, ⇌, ☒, 🐎, 🐎 – ☎ ℗
20 Z : 38 B 70/80 - 100/115.

🏛 **Seehotel zur Post**, Seestr. 3, 𝒫 39 51, ≤, 😮 – ⧉ ☎ ⟵ ℗. ⓘ 𝐄 ▥₶
8. Jan.- 15. Feb. geschl. – **M** a la carte 23/50 – **47 Z : 85 B** 40/90 - 82/150 Fb – ½ P 60/85.

🏛 **Gästehaus Fackler** ⚞, Karl-Stieler-Str. 14, 𝒫 39 45, ≤, ⇌, ☒, 🐎 – ☎ ℗. ⚘
10. Nov.- 20. Dez. geschl. – (Restaurant nur für Hausgäste) – **14 Z : 23 B** 61/73 - 101/161 Fb
– ½ P 73/85.

🏛 **Gästehaus Gartenheim** ⚞ garni, Hauptstr. 13, 𝒫 45 37, ≤, « Garten », ⇌, 🐎, 🐎 –
℗
Nov.- 25. Dez. geschl. – **22 Z : 38 B** 55 - 90/130.

🏛 **Fischerstüberl am See**, Seestr. 51, 𝒫 46 72, ≤, 😮, ☒, 🐎 – ℗
➤ *15. Nov.- 24. Dez. geschl.* – **M** *(Mittwoch geschl.)* a la carte 21/47 – **20 Z : 34 B** 40/78 -
130/160.

🏛 **Ledererhof** garni, Schwaighofstr. 89, 𝒫 2 40 89, ⇌, 🐎 – ▥ ☎ ℗
10. Nov.- 20. Dez. geschl. – **20 Z : 50 B** 65/90 - 100/130.

XX **Der Leeberghof** ⚞ mit Zim, Ellingerstr. 10, 𝒫 39 66, ≤ Tegernsee und Berge,
« Gartenterrasse » – ▥ ☎ ℗. ⅀Ɇ ⓘ 𝐄
M *(Nov.- März Dienstag - Mittwoch geschl.)* 45/100 – **5 Z : 10 B** 120/200 - 200/300.

TEINACH-ZAVELSTEIN, BAD 7264. Baden-Württemberg ⬛⬛⬛ I J 20 – 2 400 Ew – Höhe 392 m
– Heilbad – ✿ 07053.
🛈 Kurverwaltung, Rathaus (Bad Teinach), 𝒫 84 44.
◆Stuttgart 56 – Calw 9 – Pforzheim 37.

Im Stadtteil Bad Teinach :

🏛🏛 **Bad-Hotel** ⚞, Otto-Neidhart-Allee 5, 𝒫 2 90, freier Zugang zum Kurhaus mit ☒ ⇌, ⇌,
⚘ – ⧉ ▥ ⟵ ℗ – 🛁 25/80. ⅀Ɇ ⓘ 𝐄 ▥₶. ⚘
M a la carte 40/70 – **Brunnen-Schenke M** a la carte 22/35 – **56 Z : 90 B** 95/105 - 180/200 Fb
– 3 Appart. 250 – ½ P 120/130.

🏛 **Mühle** garni, Otto-Neidhart-Allee 2, 𝒫 88 17 – ⧉ ℗. ⚘
19 Z : 36 B.

🏛 **Schloßberg** ⚞, Burgstr. 2, 𝒫 12 18, ≤, 😮 – ▥ ☎ ⟵ ℗. ⚘ Zim
14 Z : 24 B Fb.

🏛 **Goldenes Faß**, Hintere Talstr. 2, 𝒫 88 03, 🐎 – ⧉ ⟵ ℗
➤ *10. Jan.- 15. Feb. geschl.* – **M** *(Montag geschl.)* a la carte 20/46 ⅃ – **22 Z : 34 B** 40/44 –
76/84 Fb – ½ P 50/52.

🏛 **Lamm**, Badstr. 17, 𝒫 12 22 – ⧉ ℗. ⚘ Zim
21 Z : 35 B Fb.

🏛 **Café Gossger** garni, Badstr. 28, 𝒫 12 38 – ⚘
12 Z : 17 B.

🏧 **Waldhorn**, Hintere Talstr. 9, 𝒫 88 21 – ⚘ Zim
➤ *Nov.- 22. Dez. geschl.* – **M** *(Donnerstag geschl.)* a la carte 21/40 ⅃ – **18 Z : 28 B** 35/48 -
88/120 – 7 Fewo 100/120 – ½ P 46/54.

Im Stadtteil Zavelstein — Luftkurort :

🏠 **Lamm**, Marktplatz 3, ℰ 84 14, 🏤, 🖼 — ☎ ⇔ 🅿. ❀ Zim
➡ *Mitte Nov.- Mitte Dez. geschl.* — **M** *(Donnerstag geschl.)* a la carte 21/46 ⅓ — **14 Z : 25 B**
32/45 - 64/90 — ½ P 46/59.

Im Stadtteil Sommenhardt :

🏠 **Löwen**, Calwer Str. 20, ⊠ 7264 Bad Teinach-Zavelstein 4, ℰ (07053) 88 56, 🏤, 🖼 — 🅿
15 Z : 29 B.

TEISENDORF 8221. Bayern **413** V 23, **987** ㊲, **426** ⑲ — 8 000 Ew — Höhe 504 m — Erholungsort
— ✪ 08666.
◆München 120 — Bad Reichenhall 22 — Rosenheim 61 — Salzburg 22.

In Teisendorf-Achthal SW : 5 km :

🏠 **Reiter**, Teisendorfer Str. 80, ℰ 3 27, 🏤, 🕿 — ⇔ 🅿
➡ *März 2 Wochen und Nov. 3 Wochen geschl.* — **M** *(Donnerstag geschl.)* a la carte 15/35 ⅓ —
9 Z : 16 B 31/33 - 62/66 — ½ P 40/42.

In Teisendorf-Holzhausen N : 2 km :

🏨 **Kurhaus Seidl** ⑤, ℰ 80 10, Fax 801102, ≤, 🏤, Bade- und Massageabteilung, 🔔, 🔲,
🖼, ❀ (Halle), Fahrradverleih — 🛗 ⇔ Rest ☎ 🅿 — 🔬 30. ❀ Zim
8.- 26. Jan. geschl. — **M** *(auch Diät)* a la carte 23/37 — **66 Z : 91 B** 66/75 - 128/146 Fb.

In Teisendorf-Neukirchen SW : 8 km :

🏠 **Berggasthof Schneck** ⑤, Pfarrhofweg 20, ℰ 3 56, ≤, 🏤 — 🅿
11 Z : 20 B.

TEISING Bayern siehe Altötting.

TEISNACH 8376. Bayern **413** VW 19 — 2 800 Ew — Höhe 467 m — ✪ 09923.
🛈 Verkehrsamt, Rathaus, ℰ 5 62.
◆München 168 — Cham 40 — Deggendorf 24 — Passau 75.

In Teisnach-Kaikenried SO : 4 km :

🏠 **Das kleine Sporthotel**, Am Platzl 2, ℰ 5 74, 🏤, 🕿 — 📺 ☎ 🅿. **E**
➡ **M** *(Montag geschl.)* a la carte 20/41 — **14 Z : 26 B** 39 - 74.

TELGTE 4404. Nordrhein-Westfalen **987** ⑭ — 16 800 Ew — Höhe 49 m — ✪ 02504.
Sehenswert : Heimathaus Münsterland (Hungertuch★).
🛈 Verkehrsamt, Markt 1, ℰ 1 33 27.
◆Düsseldorf 149 — Bielefeld 62 — Münster (Westfalen) 12 — ◆Osnabrück 47.

🏨 **Heidehotel Waldhütte** ⑤, Im Klatenberg 19 (NO : 3 km, über die B 51), ℰ 20 16, Fax
7906, « Waldpark, Gartenterrasse », 🕿, 🖼, Fahrradverleih — 📺 ☎ ⇔ 🅿 — 🔬 25/70.
🖭 ① **E** 🎫. ❀ Zim
5.- 19. Feb. geschl. — **M** a la carte 33/60 — **30 Z : 56 B** 80/90 - 140/150 Fb.

🏨 **Marienlinde**, Münstertor 1, ℰ 50 57, Fax 5059, Fahrradverleih — 📺 ☎ 🅿. 🖭 ① **E** 🎫.
❀ Rest
(nur Abendessen für Hausgäste) — **18 Z : 34 B** 65/70 - 105/130 Fb.

🏠 **Telgter Hof**, Münsterstr. 29, ℰ 30 44 — 🛗 📺 ☎ ⇔. 🖭 **E**
➡ *April 3 Wochen geschl.* — **M** *(Montag geschl.)* a la carte 21/43 — **12 Z : 18 B** 35/47 - 60/90.

In Ostbevern 4412 NO : 7 km :

🏠 **Beverhof**, Hauptstr. 35, ℰ (02532) 51 62 — ⇔ 🅿
➡ **M** *(Donnerstag bis 17 Uhr geschl.)* a la carte 14/27 — **7 Z : 12 B** 26/28 - 50.

TENINGEN 7835. Baden-Württemberg **413** G 22, **242** ㊲, **87** ⑦ — 10 500 Ew — Höhe 189 m —
✪ 07641 (Emmendingen).
◆Stuttgart 192 — ◆Freiburg im Breisgau 20 — Offenburg 50.

In Teningen 3 - Bottingen SW : 4 km über Nimburg :

🏠 **Landgasthof Rebstock** ⑤, Wirtstr. 2, ℰ (07663) 18 43 — 🅿
20 Z : 40 B.

TENNENBRONN 7741. Baden-Württemberg **413** HI 22 — 3 700 Ew — Höhe 662 m — Luftkurort
— ✪ 07729.
🛈 Verkehrsamt, Rathaus, Hauptstr. 23, ℰ 2 02.
◆Stuttgart 116 — ◆ Freiburg im Breisgau 86 — Freudenstadt 44 — Villingen-Schwenningen 24.

🏠 **Adler**, Hauptstr. 60, ℰ 2 12 — 🅿. **E**
➡ *Mitte Nov.- Mitte Dez. geschl.* — **M** *(Mittwoch geschl.)* a la carte 20/39 — **15 Z : 26 B** 35/50 -
54/90.

TETTNANG 7992. Baden-Württemberg **413** L 23, **987** ㉟ ㉠, **427** ⑧ − 15 500 Ew − Höhe 468 r − ✪ 07542.

🛈 Verkehrs- und Heimatverein, Montfortplatz 7, ℰ 51 02 13.

✦Stuttgart 160 − Bregenz 28 − Kempten (Allgäu) 65 − Ravensburg 13.

🏨 **Rad**, Lindauer Str. 2, ℰ 54 00, Telex 734245, Fax 53636, 🍴 − 🛗 🍽 Rest 📺 ⇔ ❷ − ⚡ 30/120. 🖭 ⓪ ⓔ 𝚅𝙸𝚂𝙰
Menu a la carte 32/76 − **70 Z : 100 B** 77/150 - 116/180 Fb.

🏨 **Der Rosengarten**, Ravensburger Str. 1, ℰ 68 83, Telex 734331, 🍴 − 🛗 📺 ☎ ⇔ ❷ − ⚡
50 Z : 90 B Fb.

🏨 **Ritter**, Karlstr. 2, ℰ 5 20 51, 🌤 − 🛗 ☎ ⇔ ❷, 🖭 ⓪
20. Okt.- 5. Nov. geschl. − **M** (Okt.- April Freitag geschl.) a la carte 25/51 − **24 Z : 44** ▮ 58/72 - 88/106 Fb.

🏨 **Panorama** garni, Weinstr. 5, ℰ 71 89 − ⇔ **−19 Z : 35 B**.

🏨 **Bären**, Bärenplatz 1, ℰ 69 45 − ⇔ ❷ − **40 Z : 60 B**.

In Tettnang-Laimnau SO : 8 km :

🍽🍽 ❀ **Landgasthof Ritter**, Ritterstr. 5, ℰ (07543) 64 60 − ❷
wochentags nur Abendessen, Sonntag nur Mittagessen, Montag sowie Jan. und Juli j 2 Wochen geschl. − **M** (Tischbestellung erforderlich) 78/115 und a la carte 52/73
Spez. Gratin von Edelfischen, Kalbsrückensteak in Schnittlauchsauce, Moccamousse mit Rhabarbereis.

TEUNZ 8478. Bayern **413** U 18 − 1 100 Ew − Höhe 550 m − ✪ 09671.

✦München 199 − Cham 49 − ✦Regensburg 77 − Weiden in der Oberpfalz 35.

🏠 **Zum goldenen Lamm**, Hauptstr. 12, ℰ 6 37 − ⇔ ❷
18 Z : 36 B.

THALFANG 5509. Rheinland-Pfalz **987** ㉔ − 1 700 Ew − Höhe 440 m − Erholungsort - Wintersport : 500/818 m ✑4 ⊿3 (am Erbeskopf) − ✪ 06504.

Ausflugsziel : Hunsrück-Höhenstraße✦.

🛈 Verkehrsamt, Rathaus, Saarstr. 9, ℰ 4 43.

Mainz 121 − Bernkastel-Kues 31 − Birkenfeld 20 − ✦Trier 49.

🏠 **Haus Vogelsang** ⯎, Im Vogelsang 7, ℰ 2 88, 🌤, 🐎 − ❷. 🎝 Zim
⤐ **M** (Mittwoch bis 18 Uhr geschl.) a la carte 18/39 ⅄ − **11 Z : 20 B** 29/39 - 54/74 Fb − ½ P 37/49.

Siehe auch : *Liste der Feriendörfer*

THALHAUSEN Rheinland-Pfalz siehe Dierdorf.

THALKIRCHDORF Bayern siehe Oberstaufen.

THALLICHTENBERG Rheinland-Pfalz siehe Kusel.

THANNHAUSEN 8907. Bayern **413** O 22, **987** ㊱ − 5 000 Ew − Höhe 498 m − ✪ 08281.

✦München 113 − ✦Augsburg 32 − ✦Ulm (Donau) 59.

🏠 **Sonnenhof**, Messerschmittstr. 1, ℰ 20 14, 🌤 − ☎ ⇔ ❷
⤐ 6.- 14. Aug. und 24. Dez.- 5. Jan. geschl. − **M** a la carte 15/34 − **16 Z : 28 B** 42/47 - 72/80.

THEDINGHAUSEN Niedersachsen siehe Achim.

THELEY Saarland siehe Tholey.

THEUERN Bayern siehe Kümmersbruck.

THIERGARTEN Baden-Württemberg siehe Beuron.

THOLEY 6695. Saarland **987** ㉔, **242** ③, **57** ⑥ − 12 000 Ew − Höhe 370 m − Erholungsort - ✪ 06853.

Ausflugsziel : Kastel : Ehrenfriedhof ≤✦, N : 11 km.

✦Saarbrücken 37 − Birkenfeld 25 − ✦Trier 58.

🍽🍽 **Hubertus** mit Zim, Metzer Str. 1, ℰ 24 04 − 🖭 ⓪ 𝚅𝙸𝚂𝙰. 🎝
Samstag bis 18 Uhr, Montag und Juli - Aug. 2 Wochen geschl. − **M** a la carte 58/79 − **7 Z :** **13 B** 45/65 - 89/120.

Im Ortsteil Theley N : 2 km :

🏨 **Bard**, Primstalr. 22, ℰ 20 80 − ☎ ⇔ ❷, 🖭 ⓪ ⓔ 𝚅𝙸𝚂𝙰
Jan. geschl. − **M** (Samstag bis 18 Uhr und Sonntag 15 Uhr - Montag 18 Uhr geschl.) a la carte 22/55 − **16 Z : 20 B** 30/52 - 55/90 − ½ P 46/70.

THÜLSFELDER TALSPERRE Niedersachsen siehe Cloppenburg.

THUMBY 2335. Schleswig-Holstein − 550 Ew − Höhe 2 m − ✪ 04352.
♦Kiel 46 − Flensburg 61 − Schleswig 34.

In Thumby-Sieseby NW : 3 km :

XX **Schlie-Krog**, Dorfstraße, ✉ 2335 Damp 1, ✆ (04352) 25 31, ✿ − ℗. ✵
Montag - Dienstag 18 Uhr, Mitte Jan.- Mitte Feb., April 1 Woche und Okt. 2 Wochen geschl.
− **M** 30/45 (mittags) und a la carte 43/75.

THURMANSBANG 8391. Bayern 413 W 20. 426 ⑦ − 2 700 Ew − Höhe 503 m − Erholungsort − Wintersport : 490/800 m �423 ✍8 − ✪ 08504.

Ausflugsziel : Museumsdorf am Dreiburgensee SO : 4 km.
🛈 Verkehrsamt, Schulstr. 5, ✆ 16 42.
♦München 171 − Deggendorf 38 − Passau 26.

🏠 **Waldhotel Burgenblick** ⑤, Auf der Rast 12, ✆ 83 83, ✿, ✑, ▧, ☛, ✗ − ⇦ ℗.
✵
10. Jan.- 11. Mai und Okt.- 20. Dez. geschl. − **M** a la carte 23/47 − **70 Z : 130 B** 48/58 - 84/109 Fb.

In Thurmansbang-Traxenberg W : 1,5 km :

🏠 **Landgut Traxenberg** ⑤, ✆ (09907) 9 12, ≼, ✿, ✑, ▧, ☛, ✗, 🏇(Halle und Parcours)
➥ − ☎ ☎ ℗ − 🔒 40. ℡ ⑨ 🛈 ℰ 𝚅𝙸𝚂𝙰
M *(Mittwoch geschl.)* a la carte 19/34 − **34 Z : 62 B** 55 - 94/100 Fb − ½ P 57/65.

THURNAU 8656. Bayern 413 R 16 − 4 200 Ew − Höhe 359 m − ✪ 09228.
🛈 Petershof 1, ✆ 10 22 − ♦München 256 − ♦Bamberg 44 − Bayreuth 21.

🏠 **Gästehaus Boschen** ⑤ garni, Dr.-Pollmann-Str.10, ✆ 6 61, Fax 5687, ✑, ▧, ☛ − ☎
☎ ⇦ ℗. ℰ
16. Dez.- 7. Jan. geschl. − **6 Z : 12 B** 65 - 80/98.

🏛 **Fränkischer Hof**, Bahnhofstr. 19, ✆ 2 39, ✿, ☛ − ☎ ℗
➥ *Sept. 2 Wochen geschl.* − **M** *(Dienstag geschl.)* a la carte 19/27 ⅄ − **16 Z : 26 B** 26/35 - 52/64.

TIEFENBACH Bayern siehe Oberstdorf.

TIEFENBRONN 7533. Baden-Württemberg 413 J 20. 987 ㊳ − 4 600 Ew − Höhe 432 m − ✪ 07234 − Sehenswert : Pfarrkirche (Lukas-Moser-Altar★★).
♦Stuttgart 39 − Heilbronn 73 − Pforzheim 15 − Tübingen 59.

🏠 ✿ **Ochsen-Post** (renoviertes Fachwerkhaus a.d. 17. Jh.), Franz-Josef-Gall-Str. 13, ✆ 80 30, Fax 5554 − ☎ ℗ ℡ ⑨ ℰ
1.- 20. Jan. geschl. − **M** *(Sonntag 14 Uhr - Dienstag 18 Uhr geschl.)* a la carte 60/85 − **19 Z : 30 B** 75/98 - 98/138 Fb
Spez. Kräuterrahmsuppe mit Hummerklößchen, Lammrücken provençale, Dessertteller "Ochsen-Post".

X **Bauernstuben**, ✆ 85 35, ✿ − ℗ ℰ
nur Abendessen, Dienstag und über Fasching 3 Wochen geschl. − **M** a la carte 36/65.

In Tiefenbronn 1-Mühlhausen SO : 4 km :

🏠 **Adler**, Tiefenbronner Str. 20, ✆ 80 08, Telex 783972, ✿, ✑, ☛ − 🛗 ☎ ⇦ ℗ − 🔒 40.
℡ ⑨ ℰ 𝚅𝙸𝚂𝙰
M a la carte 40/73 − **22 Z : 35 B** 78/88 - 125/160 Fb.

Im Würmtal W : 4 km :

XX **Häckermühle** (mit Gästehaus), Im Würmtal 5, ✉ 7533 Tiefenbronn, ✆ (07234) 2 46, ✿,
✑ − 🛗 ☎ ℗. ℡ ⑨ ℰ 𝚅𝙸𝚂𝙰. ✵
2.- 20. Jan. geschl. − **M** *(auch vegetarisches Menu, Tischbestellung ratsam)* (Montag und Dienstag nur Abendessen) a la carte 47/86 − **15 Z : 24 B** 78/110 - 122/160 Fb.

TIMMENDORFER STRAND 2408. Schleswig-Holstein 987 ⑥ − 7 000 Ew − Höhe 10 m − Seeheilbad − ✪ 04503 − 🛗 (2 Plätze) Am Golfplatz 3, ✆ 51 52.
🛈 Kurverwaltung, im Kongresshaus, ✆ 40 61.
♦Kiel 64 − ♦Lübeck 21 − Lübeck-Travemünde 9.

🏨 **Maritim Golf- und Sporthotel** ⑤, An der Waldkapelle 26, ✆ 60 70, Telex 261433, Fax 2996, ≼ Ostsee, Massage, ✑, ⟂ (geheizt), ▧, ☛, ✗ (Halle), 🛗 − 🛗 ⇆ Zim ☎ 🚗 ℗ − 🔒 25/200. ℡ ⑨ ℰ 𝚅𝙸𝚂𝙰. ✵ Rest
M a la carte 41/76 − **220 Z : 440 B** 143/238 - 188/318 Fb − ½ P 130/249.

🏨 **Maritim Seehotel** ⑤, Strandallee 73b, ✆ 60 50, Telex 261431, Fax 2932, ≼, Bade- und Massageabteilung, ✑, ⟂ (geheizt), ▧ − 🛗 ☎ 🚗 ℗ − 🔒 25/200. ℡ ⑨ ℰ 𝚅𝙸𝚂𝙰. ✵
Restaurants − **Orangerie** *(wochentags nur Abendessen, Montag geschl.)* **M** a la carte 66/91 − **Seeterrassen M** a la carte 51/79 − **Friesenstuben M** a la carte 28/67 − **241 Z : 464 B** 189/249 - 264/354 Fb − 7 Appart.

🏨 **Seeschlößchen**, Strandallee 141, ✆ 60 11, Fax 601333, ≼, ✿, Bade- und Massageabteilung, 🔥, ✑, ⟂ (geheizt), ▧, ☛ − 🛗 ☎ ⇦ ℗ − 🔒 25/80. ✵ Rest
15. Jan.- 23. Feb. geschl. − **M** a la carte 39/72 − **125 Z : 204 B** 163/263 - 256/486 Fb − 30 Fewo 125/250.

803

  🏨 **Landhaus Carstens**, Strandallee 73, ℰ 25 20, « Gartenterrasse », ⇌ – 📺 ☎ ఉ ❷. 🆎
    E
    M a la carte 42/92 – **27 Z : 51 B** 120/150 - 230.

  🏨 **Royal** garni, Kurpromenade 2, ℰ 50 01, Fax 6820, ⇌, 🔲 – 🛗 📺 ☎ ⇔. 🆅🆂🅰
    40 Z : 74 B 118/190 - 180/260 Fb.

  🏨 **Atlantis**, Strandallee 60, ℰ 50 51, 😕, « Schifferklause », ⇌, 🔲 – 🛗 ☎ ⇔ ❷ –
    🏋 40. E
    M a la carte 30/72 – **47 Z : 80 B** 95/120 - 140/160 Fb.

  🏨 **von Oven's Landhaus**, Strandallee 154, ℰ 60 12 76 – 📺 ☎. 🎇 Rest
    Ostern - Okt. – **M** *(nur Abendessen)* a la carte 28/56 – **22 Z : 40 B** 103/163 - 156/196 Fb.

  🏨 **Ancora** garni, Strandallee 58, ℰ 20 16, ⇌, 🔲 – 🛗 📺 ☎ ⇔
    24 Z : 47 B 95/110 - 125/240 Fb.

  🏨 **Holsteiner Hof**, Strandallee 92, ℰ 20 22 – ☎
    M *(Sept.- April Montag geschl.)* a la carte 36/64 – **16 Z : 30 B** 85 - 140.

  🏡 **Steinhoff am Strand** garni, Strandallee 45, ℰ 40 66, Caféterrasse – ☎ ❷. 🆎 🅾 E
    22 Z : 40 B 59/81 - 128/162 Fb.

  🏡 **Brigitte** garni, Poststr. 91, ℰ 42 91, ⇌ – ❷
    13 Z : 24 B 69/100 - 100/160.

  🏡 **Ostsee-Hotel** garni, Poststr. 56, ℰ 24 07, 🔲, 😕 – ❷
    Mitte März - Mitte Okt. – **18 Z : 30 B** 60/100 - 120 Fb.

  🏡 **Seestern** garni, Strandallee 124, ℰ 26 51 – ⇔ ❷
    Ostern - Sept. – **19 Z : 34 B** 55/90 - 90/110.

  In Timmendorfer Strand - Hemmelsdorf S : 3 km :

  XX **Am Hemmelsdorfer See** mit Zim, Seestr. 16, ℰ 58 50, 😕 – ❷. 🆎 🅾 E
    M *(Mitte Sept.- Mai Donnerstag geschl.)* a la carte 34/62 – **7 Z : 13 B** 55/65 - 90.

  In Timmendorfer Strand - Niendorf O : 1,5 km :

  🏨 **Yachtclub Timmendorfer Strand**, Strandstr. 94, ℰ 50 61, Telex 261440, Fax 5065, ⇌,
    🔲 – 🛗 📺 ⇔ ❷ – 🏋 25/60. 🆎 🅾 E 🆅🆂🅰. 🎇 Rest
    Jan. geschl. – **M** 68/98 – **60 Z : 120 B** 145 - 210 Fb – 8 Appart. 290/320.

  🏡 **Friedrichsruh**, Strandstr. 65, ℰ 25 93, <, 😕 – 🛗 ☎ ❷. 🆎 E. 🎇 Rest
    Feb.- 5. März geschl. – **M** *(Dienstag geschl.)* 16,50/45 (mittags) und a la carte 22/57 –
    29 Z : 50 B 80/120 - 135/175 Fb.

  X **Muschel** (überwiegend Fischgerichte), Strandstr. 37, ℰ 23 66, Fax 4568 – ❷. 🆎 E
    April - Okt. – **M** a la carte 34/64.

  X **Fischkiste** (überwiegend Fischgerichte), Strandstr. 56, ℰ 35 43, Fax 4568, 😕 – ❷. 🆎 E
    M a la carte 37/71.

TINNUM Schleswig-Holstein siehe Sylt (Insel).

TIRSCHENREUTH 8593. Bayern 🔢🔢🔢 U 17. 🔢🔢🔢 ㉗ – 9 500 Ew – Höhe 503 m – ✪ 09631.
♦München 283 – Bayreuth 63 – ♦Nürnberg 131.

  🏡 **Haus Elfi** 🦢 garni, Theresienstr. 23, ℰ 28 02 – 📺 ☎ ⇔ ❷. 🎇
    13 Z : 23 B Fb.

TITISEE-NEUSTADT 7820. Baden-Württemberg 🔢🔢🔢 H 23. 🔢🔢🔢 ㉞ ㉟ – 11 000 Ew – Höhe
849 m – Heilklimatischer Kurort – Wintersport : 820/1 200 m ⚡5 ⚡10 – ✪ 07651.
Sehenswert : See★.
🅱 Kurverwaltung Titisee, im Kurhaus, ℰ 81 01.
🅱 Kurverwaltung Neustadt, Sebastian-Kneipp-Anlage, ℰ 2 06 68.
♦Stuttgart 160 ② – Basel 74 ③ – Donaueschingen 32 ② – ♦Freiburg im Breisgau 30 ④ – Zürich 95 ③.

Stadtplan siehe gegenüberliegende Seite.

  Im Ortsteil Titisee :

  🏯 **Treschers Schwarzwald-Hotel** 🦢, Seestr. 12, ℰ 81 11, Telex 7722341, Fax 8116, <,
    😕, Bade- und Massageabteilung, ⇌, 🔲, 🛶, 😕, 💥 – 🛗 📺 ఉ ⇔ ❷ – 🏋 25/150.
    🆎 E 🆅🆂🅰
    Nov.- 23. Dez. geschl. – **M** a la carte 45/77 – **86 Z : 150 B** 140/200 - 170/280 Fb – ½ P 130/215.
    BZ **x**

  🏯 **Kur-Hotel Brugger am See** 🦢, Strandbadstr. 14, ℰ 80 10, Telex 7722332, Fax 8238, <,
    « Gartenterrasse », Bade- und Massageabteilung, 🛁, ⇌, 🔲, 🛶, 😕, 💥 – 🛗 📺 ఉ
    ⇔ ❷ – 🏋 25/80. 🆎 🅾 E 🆅🆂🅰
    M *(auch Diät und vegetarische Gerichte)* 28/40 (mittags) und a la carte 41/76 – **67 Z : 120 B**
    90/160 - 150/260 Fb – ½ P 113/198.
    AZ **s**

  🏯 **Maritim Titisee-Hotel** 🦢, Seestr. 16, ℰ 80 80, Telex 7722304, Fax 808603, <, 😕, ⇌,
    🔲, 🛶, 😕 – 🛗 📺 ⇔ ❷ – 🏋 25/100. 🆎 🅾 E 🆅🆂🅰
    BZ **e**
    M a la carte 45/72 – **132 Z : 222 B** 125/215 - 198/298 Fb – ½ P 137/253.

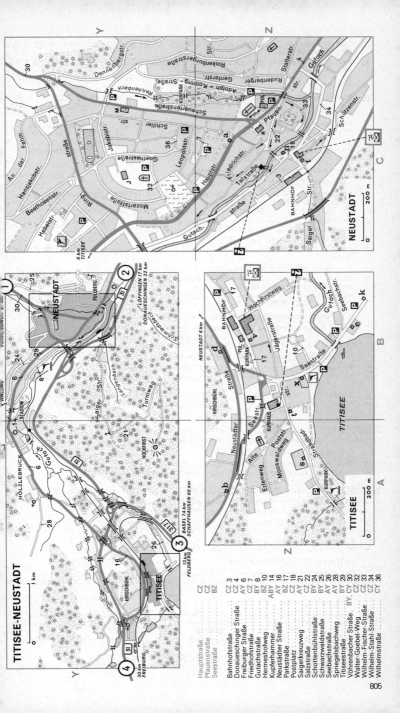

TITISEE-NEUSTADT

Hauptstraße	CZ	
Plauenstraße	CZ	
Seestraße	BZ	

NEUSTADT

TITISEE

805

🏨 **Seehotel Wiesler** ⬙, Strandbadstr. 5, 🖉 83 30, ←, 🛱, 🚗, 🔲, 🐾◉, 🛏 – 🛗 📺 ☎ ⇦
Ⓟ – **32 Z : 59 B** Fb.　　　　　　　　　　　　　　　　　　　　　　　　　　　BZ　t

🏨 **Parkhotel Waldeck**, Parkstr. 6, 🖉 80 90, Fax 80999, 🚗, 🔲, 🛏 – 📺 ☎ Ⓟ. ◉ E 𝑉𝐼𝑆𝐴.
⚘　　　　　　　　　　　　　　　　　　　　　　　　　　　　　　　　　　　　BZ　v
1.- 20. Dez. geschl. – (nur Abendessen für Hausgäste) – **40 Z : 80 B** 70/100 - 130/160 Fb –
½ P 85/100.

🏠 **Bären**, Neustädter Str. 35, 🖉 82 23, Fax 88138, 🚗, 🔲 – 🛗 ☎ Ⓟ. 🖭 ◉ E 𝑉𝐼𝑆𝐴　　BZ　d
20.- 29. April und 6. Nov.- 18. Dez. geschl. – **M** *(Montag geschl.)* a la carte 22/50 ⅓ – **60 Z :
115 B** 50/100 - 96/130 Fb – ½ P 68/90.

🏠 **Rauchfang**, Bärenhofweg 2, 🖉 82 55, Fax 88186, 🚗, 🔲, 🛏 – ☎ ⇦ Ⓟ. ◉ E 𝑉𝐼𝑆𝐴
M *(nur Abendessen)* a la carte 28/44 – **18 Z : 34 B** 56/80 - 108/145 Fb – 12 Fewo 49/125 –
½ P 76/97.　　　　　　　　　　　　　　　　　　　　　　　　　　　　　　　AZ　b

🏠 **Seehof am See** garni, Seestr. 47, 🖉 83 14, ←, 🐾◉, 🛏 – 🛗 ☎ ⇦ Ⓟ. 🖭 ◉ E 𝑉𝐼𝑆𝐴
3. Nov.- 20. Dez. geschl. – **25 Z : 45 B** 58/90 - 132/140 Fb.　　　　　　　　　　BZ　k

Siehe auch : *Hinterzarten-Bruderhalde*

Im Ortsteil Neustadt – Kneippkurort :

🏠 **Romantik-Hotel Adler Post**, Hauptstr. 16, 🖉 50 66, Fax 3729, 🚗, 🔲 – 📺 ☎ ⇦ Ⓟ –
🛁 25. 🖭 ◉ E 𝑉𝐼𝑆𝐴　　　　　　　　　　　　　　　　　　　　　　　　　　　CZ　a
20.- 29. März geschl. – **M** a la carte 30/73 – **30 Z : 50 B** 68/98 - 118/170 Fb – ½ P 89/125.

🏠 **Neustädter Hof**, Am Postplatz 5, 🖉 50 25, 🚗 – ☎ ⇦ Ⓟ – 🛁 60. ◉ E 𝑉𝐼𝑆𝐴　　CZ　t
M a la carte 24/46 ⅓ – **30 Z : 58 B** 60 - 100 – ½ P 68/78.

🏠 **Jägerhaus**, Postplatz 1, 🖉 50 55 – 🛗 ☎ Ⓟ　　　　　　　　　　　　　　　　　CZ　n
◆ *27. Okt.- 26. Nov. geschl. –* **M** *(Montag geschl.)* a la carte 21/43 ⅓ – **34 Z : 60 B** 55/60 -
85/120.

Im Jostal NW : 6 km ab Neustadt :

🏨 **Josen** ⬙, Jostalstr. 90, ✉ 7820 Titisee-Neustadt, 🖉 (07651) 56 50, 🛱, 🚗, 🔲, 🛏 – 🛗
☎ Ⓟ – 🛁 30. 🖭 ◉ E 𝑉𝐼𝑆𝐴
Mitte Nov.- Mitte Dez. geschl. – **M** *(Donnerstag geschl.)* 23/31 (mittags) und a la carte
34/62 ⅓ – **30 Z : 60 B** 82/92 - 134/154 Fb – ½ P 89/104.

Im Ortsteil Langenordnach N : 5 km über Titiseestr. BY :

🏠 **Zum Löwen ''Unteres Wirtshaus''** ⬙, 🖉 10 64, 🛱, 🛏 – ⇦ Ⓟ
◆ *19. März - 7. April und 26. Nov.- 14. Dez. geschl. –* **M** *(Montag geschl.)* a la carte 19/48 ⅓ –
17 Z : 32 B 35/75 - 60/120 – 3 Fewo 59/89 – ½ P 44/79.

Im Ortsteil Waldau N : 10 km über Titiseestr. BY :

🏠 **Sonne-Post** ⬙, Landstr. 13, 🖉 (07669) 7 78, 🛱, 🛏 – ☎ ⇦ Ⓟ
◆ *12. Nov.- 20. Dez. geschl. –* **M** *(Montag geschl.)* a la carte 18/41 ⅓ – **18 Z : 36 B** 40/48 -
62/94 – ½ P 45/57.

🏠 **Traube** ⬙, Sommerbergweg 1, 🖉 (07669) 7 55, Fax 1350, ←, 🚗, 🛏 – ☎ ⇦ Ⓟ. ◉ E
◆ *Mitte Nov.- Mitte Dez. geschl. –* **M** *(Dienstag geschl.)* a la carte 18/45 ⅓ – **29 Z : 60 B** 44/64
- 68/112 Fb – 2 Fewo 76 – ½ P 46/71.

TITTING 8079. Bayern 𝟜𝟙𝟛 Q 20 – 2 500 Ew – Höhe 466 m – ✪ 08423.
♦München 119 – Ingolstadt 42 – ♦Nürnberg 73 – Weißenburg in Bayern 22.

In Titting-Emsing O : 4,5 km :

🏨 **Dirsch** ⬙, Hauptstr. 13, 🖉 6 23, Fax 1370, 🛏 – 🛗 ⇦ Ⓟ – 🛁 25/70. E
◆ *29. Okt.- 24. Nov. geschl. –* **M** a la carte 18,50/43 – **90 Z : 170 B** 51 - 86 Fb.

TITTLING 8391. Bayern 𝟜𝟙𝟛 X 20, 𝟜𝟚𝟞 ⑦ – 4 000 Ew – Höhe 528 m – Erholungsort – ✪ 08504.
Ausflugsziel : Museumsdorf am Dreiburgensee NW : 2,5 km.
🅙 Verkehrsamt im Grafenschlößle, Marktplatz 10, 🖉 26 66 – ♦München 197 – Passau 20.

🏠 **Habereder**, Marktplatz 14, 🖉 17 14, 🛱 – ⇦ Ⓟ. 🖭 ◉ E 𝑉𝐼𝑆𝐴
◆ **M** *(Montag geschl.)* a la carte 18/35 ⅓ – **32 Z : 58 B** 35/39 - 60/70.

🏠 **Zur Post**, Marktplatz 6, 🖉 17 37, 🛱 – 🛗 ⇦ Ⓟ – 🛁 50/100
◆ **M** *(Freitag ab 14 Uhr geschl.)* a la carte 18/32 ⅓ – **40 Z : 70 B** 28/34 - 56/68.

In Tittling-Rothau NW : 2,5 km :

✗ **Landgasthof Schmalhofer** mit Zim, Dorfstr. 9, 🖉 16 27, 🛱 – Ⓟ
◆ *6.- 21. Nov. geschl. –* **M** *(Okt.- März Montag geschl.)* a la carte 18,50/30 ⅓ – **8 Z : 15 B**
25/27 - 50.

Am Dreiburgensee NW : 3,5 km :

🏨 **Ferienhotel Dreiburgensee** ⬙ (mit Gästehaus, ⬙, ←, « Restauriertes Bauernhaus mit
rustikaler Einrichtung »), beim Museumsdorf, ✉ 8391 Tittling, 🖉 (08504) 20 92, Telex 57785,
Fax 4926, 🛱, 🚗, 🔲, 🐾◉, 🛏 – 🛗 ☎ Ⓟ – 🛁 50/200. 🖭 ◉ E 𝑉𝐼𝑆𝐴
5. Jan.- 2. März und 3. Nov.- 20. Dez. geschl. – **M** 13,50/35 – **240 Z : 410 B** 38/42 - 74/84 Fb
– ½ P 47/60.

🏠 **Seehof Tauer** ⬙, Seestr. 20, 🖉 7 60, 🛱, 🚗, 🛏 – ⇦ Ⓟ. ⚘ Zim
◆ *Nov.- 15. Dez. geschl. –* **M** *(Jan.- Feb. nur am Wochenende geöffnet)* a la carte 19/36 –
27 Z : 52 B 36 - 66.

TODTMOOS 7865. Baden-Württemberg **413** GH 23, **987** ㉞, **427** ⑤ − 2 000 Ew − Höhe 821 m − Heilklimatischer Kurort − Wintersport : 800/1 263 m ⚡4 ⚡4 − ❀ 07674.

🛈 Kur- und Verkehrsamt, Wehratalstraße, ✆ 5 34.

♦Stuttgart 201 − Basel 48 − Donaueschingen 78 − ♦Freiburg im Breisgau 76.

🏨 Todtmooser Hof ⌂ (Appartement-Hotel), Auf dem Köpfle, ✆ 84 21, Telex 7721114, Bade- und Massageabteilung, ♨, ⥌, ⬚, 🌳 − 📶 TV ☎ ⧓ ⮐ ⮐ ⮐ − ⥃
151 Z : 450 B Fb.

🏨 **Löwen**, Hauptstr. 23, ✆ 5 05, 🏕, ⥌, ⬚, 🌳 − 📶 TV ☎ ⮐ ⮐ 🆎 ⧂ **E** 𝘝𝘐𝘚𝘈
− 5. Nov.- 20. Dez. geschl. − **M** a la carte 19/53 ⌀ − **42 Z : 78 B** 40/80 - 85/140 Fb −
½ P 56/86.

🏨 **Waldeck**, Kirchbergstr. 1, ✆ 3 95, 🏕 − TV ☎ ⮐
9 Z : 21 B − 3 Fewo.

In Todtmoos-Strick NW : 2 km :

🏨 **Rößle** ⌂, Kapellenweg 2, ✆ 5 25, Fax 8838, ≼, « Gartenterrasse », ⥌, 🌳, ⚘, ⚡ − 📶
▤ Rest TV ☎ ⮐
5. Nov.- 20. Dez. geschl. − **M** (Dienstag geschl.) a la carte 25/46 ⌀ − **28 Z : 54 B** 65/75 -
104/160 Fb − ½ P 75/103.

In Todtmoos-Weg NW : 3 km :

🏨 **Schwarzwald-Hotel**, Alte Dorfstr. 29, ✆ 2 73, ⥌, 🌳 − TV ☎ ⮐ ⮐ 🆎 ⧂ **E** 𝘝𝘐𝘚𝘈
10. Nov.- 20. Dez. geschl. − **M** (Montag geschl.) a la carte 29/61 ⌀ − **15 Z : 28 B** 50/70 -
84/110 Fb − ½ P 64/77.

🏨 **Gersbacher Hof**, Hochkopfstr. 8, ✆ 4 44, 🌳 − ⮐
− April 2 Wochen und 5. Nov.- 20. Dez. geschl. − **M** (Mittwoch geschl.) 16/48 − **12 Z : 26 B**
45/50 - 80/90 − ½ P 58/63.

Siehe auch : *Liste der Feriendörfer*

TODTNAU 7868. Baden-Württemberg **413** G 23, **987** ㉞, **242** ㉟ − 5 200 Ew − Höhe 661 m − Luftkurort − Wintersport : 660/1 388 m ⚡21 ⚡7 − ❀ 07671.

Sehenswert : Wasserfall★.

Ausflugsziel : Todtnauberg★ (N : 6 km).

🛈 Kurverwaltung, Haus des Gastes, Meinrad-Thoma-Str. 21, ✆ 3 75.

♦Stuttgart 179 − Basel 49 − Donaueschingen 56 − ♦Freiburg im Breisgau 31.

🏨 **Waldeck**, Poche 6 (nahe der B 317, O : 1,5 km), ✆ 2 16, 🏕 − ⮐ ⮐ 🆎 ⧂ **E** 𝘝𝘐𝘚𝘈
⌂ Rest
26. März - 6. April und 19. Nov.- 14. Dez. geschl. − **M** (Dienstag geschl.) a la carte 30/55 ⌀
− **14 Z : 28 B** 50/55 - 85/95 − 13 Fewo 50/120 − ½ P 63/75.

In Todtnau-Aftersteg NW : 3 km − Höhe 780 m − Erholungsort :

✕ Aftersteger Mühle mit Zim, Talstr. 14, ✆ 2 13 − TV ⮐
9 Z : 18 B.

In Todtnau-Brandenberg NO : 3,5 km − Höhe 800 m :

🏨 **Zum Hirschen**, Kapellenstr. 1, ✆ 18 44 − ⮐
10. Nov.- 15. Dez. geschl. − **M** (Dienstag geschl.) a la carte 24/37 ⌀ − **10 Z : 14 B** 40 - 76 −
½ P 50.

✕ **Landgasthaus Kurz** mit Zim, Passtr. 38 (B 317), ✆ 5 22, 🏕 − ⮐
− 15.- 30. April und 15. Nov.- 20. Dez. geschl. − **M** (Mittwoch - Donnerstag 18 Uhr geschl.) a la
carte 21/47 ⌀ − **6 Z : 12 B** 46 - 76 Fb − 2 Fewo 65/85 − ½ P 56/64.

In Todtnau-Fahl NO : 4,5 km − Höhe 900 m :

🏨 **Lawine**, an der B 317, ✆ (07676) 3 55, ⥌, 🌳 − ⮐ 🆎 ⧂ **E** 𝘝𝘐𝘚𝘈
23. April - 7. Mai und 19. Nov.- 22. Dez. geschl. − **M** (Donnerstag geschl.) a la carte 24/49 −
18 Z : 33 B 47 - 84 − ½ P 59/64.

In Todtnau-Herrenschwand S : 14 km − Höhe 1 018 m :

🏨 **Waldfrieden** ⌂, Dorfstr. 8, ✆ (07674) 2 32, 🌳, Skiverleih − ⮐ ⮐ ⧂
5. Nov.- 21. Dez. geschl. − **M** (Dienstag geschl.) a la carte 23/46 ⌀ − **15 Z : 27 B** 32/48 -
60/90 − ½ P 48/61.

In Todtnau-Muggenbrunn NW : 5 km − Höhe 960 m :

🏨 **Adler**, Schauinslandstr. 13, ✆ 7 83, 🌳 − TV ☎ ⮐ ⮐ 🆎 ⧂ **E**
− April geschl. − **M** a la carte 21/50 ⌀ − **30 Z : 50 B** 45 - 80/90 Fb.

Am Notschrei N : 2,5 km ab Muggenbrunn − Höhe 1 121 m :

🏨 **Waldhotel am Notschrei**, ✉ 7801 Oberried 2, ✆ (07602) 2 19, Fax 751, 🏕, ⥌, ⬚, 🌳
− 📶 TV ☎ ⮐ ⮐ 🆎 ⧂ **E** 𝘝𝘐𝘚𝘈, ⌂ 25/45. 🆎 ⧂ **E** 𝘝𝘐𝘚𝘈
M a la carte 30/59 − **34 Z : 60 B** 66/86 - 127/172 Fb − ½ P 92/114.

In Todtnau-Präg SO : 7 km :

🏨 **Landhaus Sonnenhof** ⌂, Hochkopfstr. 1, ✆ 5 38, 🏕, 🌳 − ⮐ 🆎 ⧂ **E**. ⌂ Zim
10.- 31. März und 5.- 30. Nov. geschl. − **M** (Montag geschl.) a la carte 23/48 − **22 Z : 38 B**
54/64 - 88/105 Fb − ½ P 62/82.

In Todtnau-Todtnauberg N : 6 km — Höhe 1 021 m — Luftkurort :

🏨 **Kur- und Sporthotel Mangler** ⟋, Ennerbachstr. 28, ℰ 6 39, ≤, Bade- und Massageabteilung, ⚓, 🚐, 🔲, 🕳 — 🔲 🔲 🏧 🅿. ✻
2.- 20. Dez. geschl. — **M** a la carte 28/55 ⅛ — **32 Z : 60 B** 69/85 - 130/160 Fb — ½ P 85/100.

🏨 **Sonnenalm** ⟋, Hornweg 21, ℰ 18 00, ≤ Schwarzwald und Berner Oberland, 🚐, 🔲, 🗺
— 🔲 🏧 🅿. ✻
5. Nov.- 15. Dez. geschl. — (nur Abendessen für Hausgäste) — **13 Z : 26 B** 65/75 - 90/124 Fb
— ½ P 65/95.

🏨 **Engel**, Kurhausstr.3, ℰ 2 06, Fax 8014, ㆑, 🚐, 🔲 — 🕳 🔲 🏧 🛬 🛶 🅿. 🅰🅴 🅴
April 2 Wochen und Nov. geschl. — **M** a la carte 23/44 ⅛ — **40 Z : 75 B** 40/60 - 84/160 Fb —
6 Fewo 70/150 — ½ P 58/98.

🏨 **Arnica**, Hornweg 26, ℰ 3 74, ≤ Schwarzwald und Berner Oberland, 🚐, 🔲, 🗺 — 🔲
🅿. ✻
Mitte April - Anfang Mai und Nov.- Mitte Dez. geschl. — (nur Abendessen für Hausgäste) —
14 Z : 28 B 55/75 - 96/130 Fb — 3 Fewo 140 — ½ P 66/83.

🏨 **Herrihof** ⟋, Kurhausstr. 21, ℰ 2 82, ≤, 🚐, 🔲, 🗺 — 🅿
(Restaurant nur für Hausgäste) — **22 Z : 45 B** 40/65 - 70/150 Fb — ½ P 50/80.

TÖLZ, BAD 8170. Bayern 🄌🄌🄌 R 23. 🄌🄌🄌 ㉗. 🄌🄌🄌 ㉗ — 13 600 Ew — Höhe 657 m — Heilbad —
Heilklimatischer Kurort — Wintersport : 670/1 250 m ⳤ3 ⳶2 — ✪ 08041.
Sehenswert : Marktstraße★.

🄍 Wackersberg, Straß 124 (W : 2 km), ℰ (08041) 99 94.
🄰 Städt. Kurverwaltung, Ludwigstr. 11, ℰ 7 00 71.
◆München 53 — Garmisch-Partenkirchen 65 — Innsbruck 97 — Rosenheim 52.

Rechts der Isar :

🄰 Terrassenhotel Kolbergarten, Fröhlichgasse 5, ℰ 15 01, ㆑, 🗺 — 🔲 🏧 🅿
(im Winter garni) — **16 Z : 26 B**.

🄰 Posthotel Kolberbräu, Marktstr. 29, ℰ 91 58 — 🕳 🏧 🛶 🅿 — 🅰 — **43 Z : 60 B**.

🄰 **Am Wald**, Austr. 39, ℰ 90 14, ㆑, Bade- und Massageabteilung, 🚐, 🔲, 🗺 — 🕳 🏧 🅿.
◆ 🅰🅴 ✻ Rest
7. Nov.- 20. Dez. geschl. — **M** (Dienstag geschl.) a la carte 21/44 ⅛ — **35 Z : 55 B** 40/50 - 80
— ½ P 52/62.

🄴 **Zantl**, Salzstr. 31, ℰ 97 94, Biergarten — 🛶 🅿. 🅰🅴
◆ — **M** (Freitag - Samstag 17 Uhr geschl.) a la carte 18/45 ⅛ — **10 Z : 17 B** 40/60 - 70/95 —
½ P 58/78.

🇽🇽 ✪ **Zum alten Fährhaus** ⟋ mit Zim, An der Isarlust 1, ℰ 60 30 — 🔲 🏧 🅿. 🅴. ✻ Zim
Jan.- Feb. 3 Wochen geschl. — **M** (Montag - Dienstag 18 Uhr geschl.) 75/120 und a la carte
53/87 — **5 Z : 10 B** 95 - 150
Spez. Hummer mit Champagnersauce, Milchlammrücken mit Kräuterkruste, Mehlspeisenschmankerl.

🇽🇽 **Weinstube Schwaighofer**, Marktstr. 17, ℰ 27 62
Mittwoch, 5.- 20. Juni und 1.- 7. Nov. geschl. — **M** a la carte 36/64.

Links der Isar :

🏨 **Jodquellenhof** ⟋, Ludwigstr. 15, ℰ 50 91, Telex 526242, Fax 509441, direkter Zugang
zum Kurmittelhaus und Alpamare-Badezentrum — 🕳 🔲 🅿 — 🅰 45. 🅰🅴 ⓞ 🅴 🆅🆂🅰. ✻ Rest
M a la carte 28/70 — **84 Z : 121 B** 112/136 - 198/274 Fb — 3 Fewo 121 — ½ P 129/166.

🏨 **Residenz** ⟋, Stefanie-von-Strechine-Str. 16, ℰ 80 10, Telex 526243, Fax 801127, ㆑, 🚐,
🗺 — 🕳 🔲 🛶 🅿 — 🅰 25/80. 🅰🅴 ⓞ 🅴 🆅🆂🅰
M a la carte 33/60 — **93 Z : 160 B** 120/150 - 165/195 Fb — ½ P 107/174.

🏨 **Kurhotel Eberl** ⟋, Buchener Str. 17, ℰ 40 50, Bade- und Massageabteilung, 🚐, 🔲 —
🕳 🏧 🅿. ✻
15. Dez.- 15. Jan. geschl. — (Restaurant nur für Hausgäste) — **32 Z : 50 B** 85/95 - 160/180 Fb
— 4 Appart. 210 — ½ P 105/120.

🏨 **Bellaria** garni, Ludwigstr. 22, ℰ 8 00 80, Telex 526237, Bade- und Massageabteilung, 🚐,
— 🕳 🔲 🏧 🅿. 🅰🅴 ⓞ 🅴 🆅🆂🅰. ✻
26 Z : 40 B 85/99 - 120/140 Fb.

🏨 **Tölzer Hof** ⟋, Rieschstr. 21, ℰ 7 00 61, direkter Zugang zum Kurmittelhaus — 🕳 🔲 🏧
🛶 🅿 — 🅰 25/40. 🅰🅴 ⓞ 🅴 🆅🆂🅰
(Restaurant nur für Hausgäste) — **88 Z : 176 B** 78/94 - 138/158 Fb — ½ P 89/98.

🄰 Alexandra, Kyreinstr. 13, ℰ 91 12, ㆑, 🚐, 🗺 — 🏧 🛶 🅿
(Restaurant nur für Hausgäste) — **23 Z : 33 B**.

🄰 Hiedl - Restaurant Bürgerstuben, Ludwigstr. 9, ℰ 90 21, ㆑ — 🏧 🅿. ✻
16 Z : 27 B.

🄰 **Kurhotel Tannenberg** ⟋ garni, Tannenbergstr. 1, ℰ 28 68, Bade- und Massageabteilung,
⚓, 🚐, 🔲, 🗺 — 🕳 🏧 🅿
16 Z : 28 B 50/65 - 80/130 Fb.

TÖTENSEN Niedersachsen siehe Rosengarten.

TONBACH Baden-Württemberg siehe Baiersbronn.

TOPPENSTEDT 2096. Niedersachsen − 1 100 Ew − Höhe 50 m − ✆ 04173.
♦Hannover 117 − ♦Hamburg 43 − Lüneburg 27.

In Toppensted-Tangendorf N : 4 km :

🏠 Gasthof Voßbur, Wulfsener Str. 4, 𝒫 3 12, 🌇 − 📺 ☎ ⇦ 🅿 − 🛁
19 Z : 35 B Fb.

TORNESCH 2082. Schleswig-Holstein − 9 000 Ew − Höhe 11 m − ✆ 04122 (Uetersen).
♦Kiel 104 − ♦Hamburg 29 − Itzehoe 35.

🏠 **Esinger Hof** garni, Denkmalstr. 7, 𝒫 5 10 71 − 📺 ☎ 🕭 🅿
23 Z : 43 B 55 - 90 Fb.

TOSSENS Niedersachsen siehe Butjadingen.

TOSTEDT 2117. Niedersachsen 🄨🄶🄷 ⑮ − 10 100 Ew − Höhe 32 m − ✆ 04182.
♦Hannover 119 − ♦Bremen 78 − ♦Hamburg 51 − Lüneburg 64.

🍴 Zum Meierhof, Buxtehuder Str. 3, 𝒫 13 37 − ⇦ 🅿
20 Z : 30 B.

TOSTERGLOPE Niedersachsen siehe Dahlenburg.

TRABEN-TRARBACH 5580. Rheinland-Pfalz 🄨🄶🄷 ㉒ − 6 500 Ew − Höhe 120 m − Luftkurort
− ✆ 06541.
🄸 Kurverwaltung und Verkehrsamt in Traben, Bahnstr. 22, 𝒫 90 11.
Mainz 104 − Bernkastel-Kues 24 − Cochem 55 − ♦Trier 60.

Im Ortsteil Traben :

🏨 **Appartementhotel Moselschlößchen**, Neue Rathausstr. 12, 𝒫 70 10, Fax 70155, 🌇,
🛗, Fahrradverleih − 📳 📺 ☎ ⇦ − 🛁 25/100. 🄰🄴 ⓞ 🄴 𝖵𝖨𝖲𝖠
3. Jan.- 5. Feb. geschl. − **M** 28/35 (mittags) und a la carte 37/60 − **40 Z : 100 B** 114/197 -
152/239 Fb.

🏨 **Bellevue** ⑤, Aacherstr. 1, 𝒫 20 65, Telex 4729227, Fax 2551, ≤, « Um 1900 erbautes
Jugendstil-Haus mit modernem Anbau », 🛗, 🔲 − 📳 📺 ☎ − 🛁 25/40. 🄰🄴 ⓞ 🄴 𝖵𝖨𝖲𝖠
M 35/65 **60 Z : 145 B** 95/140 - 140/240 Fb − 5 Fewo.

🏨 **Krone** ⑤, An der Mosel 93, 𝒫 63 63, ≤, 🌇, 🐾 − 📺 ☎ 🅿. ⓞ 🄴 𝖵𝖨𝖲𝖠. 🍴 Rest
Menu (Montag geschl.) 26/86 − **22 Z : 43 B** 68/78 - 98/120.

🏠 **Bisenius** ⑤ garni, An der Mosel 56, 𝒫 68 10, ≤, 🛗, 🔲, 🐾 − 🅿. 🄰🄴 ⓞ 🄴 𝖵𝖨𝖲𝖠
12 Z : 22 B 65/88 - 120.

🏠 **Central-Hotel**, Bahnstr. 43, 𝒫 62 38 − 📳 🅿. 🄴
⬥ 20. Dez.-10. Jan. geschl. − **M** a la carte 19,50/35 🍷 − **32 Z : 60 B** 36/48 - 66/84 − ½ P 48/63.

🏠 **Trabener Hof** garni, Bahnstr. 25, 𝒫 94 00
18 Z : 31 B 32/42 - 60/80.

🏠 **Sonnenhof** garni, Köveniger Str. 36, 𝒫 64 51, Caféterrasse, 🐾 − 🅿
22. Dez.- 3. Jan. geschl. − **13 Z : 25 B** 31/34 - 58/68.

Im Ortsteil Trarbach :

🏨 **Altes Gasthaus Moseltor**, Moselstr. 1, 𝒫 65 51, Fahrradverleih − 📺 ☎ ⇦. 🄰🄴 ⓞ 🄴
𝖵𝖨𝖲𝖠
Feb. geschl. − **M** (Dienstag geschl.) a la carte 40/68 − **11 Z : 21 B** 50/80 - 80/140.

🏠 Zur Goldenen Traube, Am Markt 8, 𝒫 60 11
15 Z : 30 B Fb.

Am Moselufer W : 1,5 km :

🏠 **Gonzlay**, Am Goldbach 3, ✉ 5580 Traben-Trarbach, 𝒫 (06541) 69 21, ≤, 🌇, 🛗, 🔲.
Bootssteg, Fahrradverleih − ☎ 🅿. 🄴
8. Jan.- 19. Feb. geschl. − **M** a la carte 33/58 🍷 − **39 Z : 84 B** 60/75 - 110/120.

TRAITSCHING 8499. Bayern 🄐🄑🄒 U 19 − 3 300 Ew − Höhe 400 m − ✆ 09974.
♦München 179 − Cham 7,5 − ♦ Regensburg 57 − Straubing 44.

In Traitsching-Sattelbogen SW : 6 km :

🏠 **Sattelbogener Hof - Gästehaus Birkenhof** ⑤, Im Wiesental 2, 𝒫 3 77, ≤, 🌇, 🛗,
⬥ 🔲, 🐾 − 🅿 − 🛁 25/80
15. Jan.- 16. Feb. geschl. − **M** a la carte 14,50/30 − **51 Z : 102 B** 35/48 - 64/90.

TRAPPENKAMP 2351. Schleswig-Holstein − 6 000 Ew − Höhe 35 m − ✆ 04323.
♦Kiel 35 − ♦Hamburg 68 − ♦Lübeck 46 − Neumünster 20.

🏠 Sport- und Waldhotel Trappenkamp ⑤, Waldstr. 3, 𝒫 4 80, Fax 48311, 🌇, 🛗 − 📺 ☎
⇦ 🅿 − 🛁
60 Z : 120 B Fb.

TRASSEM Rheinland-Pfalz siehe Saarburg.

TRAUCHGAU Bayern siehe Halblech.

TRAUNREUT 8225. Bayern 四四 U 23. 四四 ⑤. 四四 J 5 − 18 400 Ew − Höhe 553 m − ✪ 08669.
♦München 126 − Traunstein 14 − Wasserburg am Inn 34.

　🏨　**Christina** garni, Kantstr. 15, 🖉 40 98, 🚗 − 📺 🕿 ⇔
　　25 Z : 48 B 65 - 95.

TRAUNSTEIN 8220. Bayern 四四 UV 23. 四四 ⑤ ⑧. 四四 ⑲ − 17 000 Ew − Höhe 600 m −
Wintersport : ⚹4 − ✪ 0861.
🚩 Städt. Verkehrsamt, im Stadtpark (Kulturzentrum), 🖉 6 52 73.
♦München 112 − Bad Reichenhall 32 − Rosenheim 53 − Salzburg 41.

　🏨　**Park-Hotel Traunsteiner Hof**, Bahnhofstr. 11, 🖉 6 90 41, Biergarten − 📺 📺 🕿 ⇔ 🅿
　　− 🛗 30. 🖽 ⑩ Ɛ 🆅🆂🅰
　　M *(Freitag 14 Uhr - Samstag und 1.- 14. Jan. geschl.)* a la carte 30/51 − **60 Z : 85 B** 60/80 -
　　96/150.
　🏠　Rosenheimer Hof, Rosenheimer Str. 58, 🖉 49 00 − 🅿
　　15 Z : 28 B.
　🏠　**Auwirt**, Karl-Theodor-Platz 9, 🖉 41 92 − ⇔
　▸　Okt. 3 Wochen geschl. − **M** *(Sonntag 14 Uhr - Montag geschl.)* a la carte 19/31 − **23 Z :**
　　41 B 30/46 - 58/78.
　✗　**Brauerei Schnitzlbaumer-Malztenne**, Stadtplatz 13, 🖉 45 34, Fax 4203 − 🖽 ⑩ Ɛ 🆅🆂🅰
　▸　Dienstag geschl. − **M** a la carte 21/50.

　　In Traunstein-Hochberg SO : 5 km − Höhe 775 m :

　🏠　**Alpengasthof Hochberg** ⍟, 🖉 42 02, ≤, Biergarten − ⇔ 🅿
　▸　Nov.- Mitte Dez. geschl. − **M** *(Dienstag - Mittwoch 15 Uhr geschl.)* a la carte 18,50/27 −
　　15 Z : 30 B 32/35 - 64/70.

TREBUR 6097. Hessen 四四 I 17 − 10 900 Ew − Höhe 86 m − ✪ 06147.
♦Wiesbaden 25 − ♦Darmstadt 21 − ♦Frankfurt am Main 37 − Mainz 19.

　✗　**Zum Erker** mit Zim, Hauptstr. 1, 🖉 70 11 − 📺 🕿 🅿 🖽 Ɛ
　　1.- 21. Juli geschl. − **M** *(Sonntag 15 Uhr - Montag geschl.)* a la carte 25/54 🍷 − **8 Z : 11 B**
　　58 - 88.

TREFFELSTEIN-KRITZENTHAL Bayern siehe Waldmünchen.

TREIA 2381. Schleswig-Holstein 四四 ⑤ − 1 500 Ew − Höhe 20 m − ✪ 04626.
♦Kiel 70 − Flensburg 45 − ♦Hamburg 137 − Schleswig 19.

　✗✗　**Osterkrug** mit Zim, Treenestr. 30 (B 201), 🖉 5 50, « Gemütlich-rustikaler Gasthof a.d. 18.
　　Jh. », 🚗 − 📺 🕿 🅿. 🖽 ⑩ Ɛ 🆅🆂🅰
　　M a la carte 26/62 − **8 Z : 18 B** 50/55 - 100/110 Fb.

TREIS-KARDEN 5402. Rheinland-Pfalz − 2 600 Ew − Höhe 85 m − ✪ 02672.
🚩 Verkehrsamt am Rathaus (Treis), 🖉 61 37.
Mainz 100 − Cochem 12 − ♦Koblenz 41.

　　Im Ortsteil Treis :

　🏠　**Koch**, Moselallee 120, 🖉 71 97, ≤, 🏛, eigener Weinbau − ⇔ 🅿 − 🛗 25/40. 🖽 ⑩ Ɛ
　▸　🆅🆂🅰
　　Jan. geschl. − **M** *(Nov.- April Montag - Dienstag geschl.)* a la carte 21/41 🍷 − **28 Z : 59 B**
　　39/45 - 56/80.

　　Im Ortsteil Karden :

　🏨　**Schloß-Hotel Petry**, Bahnhofstr. 80, 🖉 80 80, 🏛 − 📺 🕿 🅿 − 🛗 25/80. 🖽 ⑩ Ɛ 🆅🆂🅰
　　M a la carte 25/50 🍷 − **56 Z : 115 B** 50/60 - 100/110 − ½ P 70/80.
　🏠　**Brauer**, Moselstr. 26, 🖉 12 11, ≤, 🏛 − ⇔ 🅿. 🖽 Ɛ. 🞉
　　23. Dez.- 15. Feb. geschl. − Menu *(Nov.- April Mittwoch geschl.)* a la carte 28/60 − **35 Z :**
　　70 B 42/52 - 84.
　🏠　**Weinhaus Stiftstor** (mit Gästehaus ≤), Bahnhofstr. 17, 🖉 13 63, eigener Weinbau − 🅿
　　26 Z : 51 B.
　🏠　Zum Rebstock, Bahnhofstr. 47, 🖉 13 98, eigener Weinbau − 🅿
　　37 Z : 65 B.

　　In Treis-Karden - Lützbach O : 4 km :

　🏨　**Ostermann**, an der B 49, 🖉 12 38, ≤, 🏛, 🚿, 🔲 − 📺 ⇔ 🅿 − 🛗 25/40. 🖽 ⑩ Ɛ 🆅🆂🅰
　　(Restaurant nur für Hausgäste) − **26 Z : 50 B** 50 - 90 Fb.

TRENDELBURG 3526. Hessen 987 ⑮ − 5 700 Ew − Höhe 190 m − Luftkurort − ☺ 05675.
🛈 Verkehrsamt, im Rathaus, ℘ 10 24.
♦Wiesbaden 257 − Göttingen 77 − Hameln 91 − ♦Kassel 35.

🏰 Burghotel ⬎ (Burganlage a.d. 14.Jh.), ℘ 10 21, Telex 994812, ≼, 🍴 − ☎ ℗ − 🅰
🌿 Rest
23 Z : 41 B Fb − 3 Appart.

TREUCHTLINGEN 8830. Bayern 413 P 20. 987 ㊲ − 12 000 Ew − Höhe 414 m − Erholungsort
− ☺ 09142.
🛈 Verkehrsbüro, Haus des Gastes (Schloß), ℘ 10 29.
♦München 131 − ♦Augsburg 73 − ♦Nürnberg 66 − ♦Ulm (Donau) 110.

🏨 Schlosshotel ⬎, Heinrich-Aurnhammer-Str. 5, ℘ 10 51, Telex 624628, Fax 1557, 🍴,
Bade- und Massageabteilung, 🚿 − 📳 📺 ℗ − 🅰 60. 🆎 ⑩ E
M a la carte 23/51 − **22 Z : 42 B** 95/150 - 160/220 Fb.
🏠 Gästehaus Stuterei Stadthof garni, Luitpoldstr. 27, ℘ 10 11, Telex 625118, Fax 5379
📺 ☎ ℗ − 🅰 25. 🌿
22. Dez. - 6. Jan. geschl. − **29 Z : 49 B** 56 - 98.
🏠 Prinz Luitpold (mit Gästehaus ⬎), Luitpoldstr. 8, ℘ 12 52
→ M (Sonn- und Feiertage geschl.) a la carte 16.50/27 ⅌ − **17 Z : 32 B** 27/37 - 50/64 −
½ P 36/46.

TRÈVES TREVIRI = Trier.

TRIBERG 7740. Baden-Württemberg 413 H 22. 987 ㉞ ㊲ − 6 000 Ew − Höhe 700 m −
Heilklimatischer Kurort − Wintersport : 800/1 000 m ≰1 ≰2 − ☺ 07722.
Sehenswert : Wasserfall★ − Wallfahrtskirche "Maria in der Tanne" (Ausstattung★) −
Schwarzwaldmuseum.
🛈 Kurverwaltung, Kurhaus, ℘ 8 12 30.
♦Stuttgart 139 − ♦Freiburg im Breisgau 61 − Offenburg 56 − Villingen-Schwenningen 26.

🏨 ❀ Parkhotel Wehrle, Marktplatz, ℘ 8 60 20, Fax 860290, « Park », 🚿, ⌇ (geheizt), ⌇,
🌿 − 📳 ✕ Rest 📺 ℗ − 🅰 25/40. 🆎 ⑩ E 📼
M 59/112 und a la carte 42/75 − **56 Z : 96 B** 86/136 - 152/256 − ½ P 100/160
Spez. Das Forellen-Hors d'oeuvre, Ente mit Honigsauce, Geeiste Quitten-Charlotte.
🏠 Pfaff, Hauptstr. 85, ℘ 44 79, 🍴
10 Z : 21 B.
🏠 Berg-Café ⬎, Hermann-Schwer-Str. 6, ℘ 79 01, ≼, 🍴 − ⌁
→ April und Nov. je 2 Wochen geschl. − M (Dienstag geschl.) a la carte 21/38 − **10 Z : 22 B** 38
- 76 Fb.
🏠 Café Ketterer am Kurgarten, Friedrichstr. 7, ℘ 42 29, ≼, 🌿 − ☎ ⌁ ℗. E 📼
M a la carte 22/35 − **10 Z : 20 B** 44/56 - 84/88.
🏠 Central garni, Hauptstr. 64, ℘ 43 60 − 📳 ⌁
14 Z : 28 B 37/39 - 76/79.
🏠 Schwarzwald-Hotel Tanne, Wallfahrtsstr. 35, ℘ 43 22, 🚿, 🌿 − ⌁ ℗. 🆎 ⑩ E 📼
Nov. - 10. Dez. geschl. − M (Okt. - Mai Dienstag geschl.) a la carte 22/41 ⅌ − **22 Z : 40 B**
38/48 - 70/94.
✕ Landgasthof zur Lilie, Am Wasserfall 1, ℘ 44 19, « Rustikale Einrichtung,
Gartenterrasse » − ℗. 🆎 E 📼
Mitte Nov. - Mitte Dez. geschl. − M a la carte 23/47.

In Triberg 3-Gremmelsbach NO : 9 km (Zufahrt über die B 33 Richtung St. Georgen, auf
der Wasserscheide Sommerau links ab) :
✕ Staude ⬎ mit Zim, Obertal 20, Höhe 889 m, ℘ 48 02, ≼, 🍴, 🌿. Skiverleih − ℗
Ende Okt. - Ende Nov. geschl. − Menu (Montag 16 Uhr - Dienstag geschl.) a la carte 24/46 −
9 Z : 20 B 29/38 - 54/72 − ½ P 42/51.

In Triberg 2-Nussbach O : 2 km:
🏠 Römischer Kaiser, Sommerauer Str. 35 (B 33), ℘ 44 18 − 📺 ⌁ ℗. 🆎 ⑩ E 📼
Mitte Nov. - Mitte Dez. geschl. − M (Mittwoch geschl.) a la carte 30/53 ⅌ − **26 Z : 48 B**
50/55 - 80/95 − ½ P 55/70.

TRIER 5500. Rheinland-Pfalz 987 ㉓. 409 ㉗ − 95 300 Ew − Höhe 124 m − ☺ 0651.
Sehenswert : Porta Nigra★★ − Liebfrauenkirche★★ (Grabmal des Domherren Metternich★) −
Kaiserthermen★★ − Rheinisches Landesmuseum★★ BY M1 − Dom★ (Domschatzkammer★,
Kreuzgang ≼★, Inneres Tympanon★ des südlichen Portals) − Bischöfliches Museum ★
(Deckenmalerei des Konstantinischen Palastes ★★) BXY M2 − Palastgarten★ − St. Paulin★ CX A.
Ausflugsziel : Moseltal★★ (von Trier bis Koblenz).
🛈 Tourist-Information, an der Porta Nigra, ℘ 4 80 71, Telex 472689.
ADAC, Fahrstr. 3, ℘ 7 60 67, Telex 472739.
Mainz 162 ① − ♦Bonn 143 ① − ♦Koblenz 124 ① − Luxembourg 47 ④ − Metz 98 ③ − ♦Saarbrücken 93 ①.

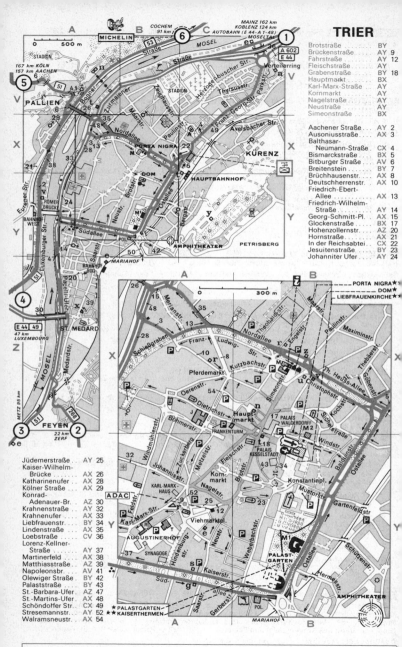

TRIER

Do not lose your way in Europe, use the **Michelin road maps** at a scale of 1:400 000 to 1:1 000 000.

🏨 **Scandic Crown Hotel**, Zurmaiener Str. 164, ℰ 14 30, Telex 472808, Fax 1432000, ≤, ≘s, ⌧ – 🛗 ⇔ Zim 📺 🅿 – 🏊 25/300. 🆎 ⓞ E 𝚅𝙸𝚂𝙰. ⛱ Rest CV **e**
Restaurants : – **La Brochette M** a la carte 45/85 – **Rhapsody M** a la carte 33/66 – **217 Z :**
369 B 160 - 220/250 Fb.

🏨 **Europa Parkhotel**, Kaiserstr. 29, ℰ 7 19 50, Telex 472858, Fax 7195801, ⇔ – 🛗 ⇔ Zim 📺 ⇔ – 🏊 25/800. 🆎 ⓞ E 𝚅𝙸𝚂𝙰 AY **s**
M a la carte 33/54 – **85 Z : 170 B** 136/176 - 182/267 Fb.

🏨 **Dorint-Hotel Porta Nigra**, Porta-Nigra-Platz 1, ℰ 2 70 10, Telex 472895, Fax 2701170 – 🛗 📺 ♿ 🅿 – 🏊 25/180. 🆎 E 𝚅𝙸𝚂𝙰 BX **z**
M a la carte 35/61 – **106 Z : 176 B** 115/165 - 164/280 Fb.

🏨 **Altstadt-Hotel** garni, Am Porta-Nigra-Platz, ℰ 4 80 41, Fax 41293 – 🛗 📺 ☎ 🅿. 🆎 ⓞ E 𝚅𝙸𝚂𝙰 BX **v**
32 Z : 73 B 85/110 - 130/190 Fb.

🏨 **Petrisberg** ⑳ garni, Sickingenstr. 11, ℰ 4 11 81, ≤ Trier – ☎ ⇔ 🅿. ⛱ CY **y**
33 Z : 70 B 75/85 - 125/135 Fb – 3 Appart. 180.

🏨 **Nell's Parkhotel**, Dasbachstr. 12, ℰ 2 80 91, ≤, ⇔, « Park » – 🛗 📺 ☎ 🅿 – 🏊 30/100. 🆎 ⓞ E 𝚅𝙸𝚂𝙰 CV **a**
M a la carte 25/55 – **56 Z : 109 B** 75/90 - 130/145 Fb.

🏨 **Villa Hügel** ⑳, Bernhardstr. 14, ℰ 3 30 66, Fax 37958, ≤ – 📺 ☎ ♿ ⇔ 🅿. 🆎 ⓞ E 𝚅𝙸𝚂𝙰
über die Straße nach Mariahof BY
(nur Abendessen für Hausgäste) – **26 Z : 52 B** 75/110 - 105/140.

🏨 **Deutscher Hof**, Südallee 25, ℰ 4 60 21, Telex 472799, Fax 4602401 – 🛗 ☎ ⇔ 🅿. E 𝚅𝙸𝚂𝙰
20. Dez.- 8. Jan. geschl. – **M** a la carte 26/48 ⅛ – **98 Z : 195 B** 70/90 - 110/120 Fb. AY **g**

🏨 **Casa Calchera** garni, Engelstr. 8, ℰ 2 10 44 – 🛗 📺 ☎ 🅿. 🆎 ⓞ E 𝚅𝙸𝚂𝙰. ⛱ BX **r**
18 Z : 40 B 80/100 - 118/150 Fb.

🏨 **Kessler**, Brückenstr. 23, ℰ 7 67 71, ≘s – 🛗 📺 ☎ ⇔. 🆎 ⓞ E 𝚅𝙸𝚂𝙰 AY **r**
(Restaurant nur für Hausgäste) – **21 Z : 38 B** 70/100 - 100/150.

🏨 **Monopol** garni, Bahnhofsplatz 7, ℰ 7 47 55 – 🛗 ☎. 🆎 ⓞ E 𝚅𝙸𝚂𝙰 CXY **t**
24. Dez.- 15. Feb. geschl. – **35 Z : 71 B** 47/65 - 80/95.

🏨 **Zum Christophel**, Simeonstr. 1, ℰ 7 40 41, ⇔ – 📺 ☎. E BX **u**
M a la carte 25/46 ⅛ – **13 Z : 24 B** 36/60 - 70/105.

🏨 **Deutschherrenhof** garni, Deutschherrenstr. 32, ℰ 4 83 08 – 📺 ☎ ⇔. 🆎 ⓞ E 𝚅𝙸𝚂𝙰 AX **r**
15 Z : 33 B 65/85 - 100/120.

🏨 **Weinhaus Haag** garni, Stockplatz 1, ℰ 7 23 66 – 📺. 🆎 ⓞ E 𝚅𝙸𝚂𝙰. ⛱ BX **n**
16 Z : 25 B 43/65 - 75/110 Fb.

🏨 **Zur alten Brücke**, Aachener Str. 5, ℰ 8 53 33, ≤ – ☎ 🅿. E 𝚅𝙸𝚂𝙰 AY **v**
M a la carte 24/41 – **23 Z : 40 B** 45/55 - 85/95.

🍴🍴🍴 **Pfeffermühle**, Zurlaubener Ufer 76, ℰ 2 61 33, bemerkenswerte Weinkarte – 🅿. E. ⛱
Sonntag, Mitte Feb.- Anfang März und Juli 3 Wochen geschl. – **M** (Tischbestellung ratsam) AV **t**
a la carte 58/83.

🍴🍴 **Zum Domstein**, Hauptmarkt 5, ℰ 7 44 90, Fax 74499, ⇔, bemerkenswerte Weinkarte,
« Innenhof » – ♿. 🆎 ⓞ E 𝚅𝙸𝚂𝙰 BY **t**
M a la carte 23/45 ⅛.

🍴 **Alte Kate**, Matthiasstr. 71, ℰ 3 07 33, ⇔ – 🅿 AZ **x**
Dienstag geschl. – **M** a la carte 33/57.

🍴 **Bistro Alter Bahnhof Trier Süd**, Leoplatz 1, ℰ 7 29 99 AZ **e**
nur Abendessen.

🍴 **Brunnenhof**, im Simeonstift, ℰ 4 85 84, « Innenhof » BX **M**
Anfang Jan.- Mitte Feb. geschl. – **M** a la carte 21/48 ⅛.

🍴 **Lenz Weinstuben**, Viehmarkt 4, ℰ 4 53 10 – 🆎 ⓞ E 𝚅𝙸𝚂𝙰 AY **e**
Montag geschl. – **M** a la carte 25/49.

Auf dem Kockelsberg ⑤ : 5 km :

🏨 **Berghotel Kockelsberg** ⑳, ✉ 5500 Trier, ℰ (0651) 8 90 38, ≤ Trier, ⇔ – ☎ 🅿 – 🏊 25/100. 🆎 ⓞ E 𝚅𝙸𝚂𝙰
M a la carte 19/45 – **32 Z : 64 B** 49/79 - 79/109.

In Trier-Ehrang ⑥ : 8 km :

🍴🍴 **Kupfer-Pfanne**, Ehranger Str. 200 (B 53), ℰ 6 65 89 – E. ⛱
Samstag und Juli 3 Wochen geschl. – **M** a la carte 36/68.

In Trier-Euren SW : 3 km über Eurener Str. AY :

🏨 **Eurener Hof**, Eurener Str. 171, ℰ 8 80 77, Telex 472555, ⇔, « Rustikale Einrichtung »,
≘s, ⌧ – 🅿 – 🏊 30. ⛱
M a la carte 29/63 ⅛ – **60 Z : 104 B** 90/130 - 144/180 Fb – 4 Appart. 190/210.

🏨 **Schütz** ⑳ garni, Udostr. 74, ℰ 8 88 38, ⇔
22 Z : 36 B 45 - 70/80.

In Trier-Olewig über Olewiger Str. BY :

🏨 **Blesius-Garten** (ehemaliges Hofgut a.d.J. 1789), Olewiger Str. 135, ℰ 3 10 77,
Telex 472441, ⇔ – 🛗 📺 ☎ 🅿 – 🏊 25/110. 🆎 ⓞ E 𝚅𝙸𝚂𝙰
M a la carte 28/53 ⅛ – **60 Z : 120 B** 65/100 - 100/125 Fb.

In Trier-Pallien :

✕ **Weisshaus**, Bonner Str. 30 (Bergstation der Kabinenbahn), ℰ 8 34 33, ≤ Trier, 斎 – 去
🅟 – 🏛 40. 🄴   AV **n**
Montag und 8. Jan.- 1. Feb. geschl. – **M** a la carte 26/52.

In Trier-Pfalzel ⑥ : 7 km :

🏠 **Klosterschenke** ⤳, Klosterstr. 10, ℰ 60 89, 斎 – ☎ 🅟. ✾ Zim
Ende Dez.- Feb. geschl. – **M** *(Montag - Dienstag 15 Uhr geschl.)* a la carte 28/43 – **11 Z :
21 B** 60/70 - 100/110.

In Trier-Zewen SW : 7 km über ④ :

🏠 **Pension Rosi** ⤳ garni, Turmstr. 14, ℰ 8 70 85, ⓢ, 斎 – ☎. ✾
23. Dez.- 10. Jan. geschl. – **10 Z : 23 B** 33 - 50/65.

An der B 51 SW : 5 km :

🏠 **Estricher Hof**, ⌕ 5500 Trier, ℰ (0651) 3 30 44, ≤, 斎 – 劇 ☎ 去 ⤳ 🅟 – 🏛 25/50
→ **M** *(Montag bis 18 Uhr geschl.)* a la carte 19/52 ⓓ – **16 Z : 36 B** 52 - 96 Fb.   AZ **e**

In Igel 5501 SW : 8 km :

🏠 **Igeler Säule**, Trierer Str. 41 (B 49), ℰ (06501) 1 20 61, 斎, ⓢ, 🔲 – ☎ 🅟
→ **M** *(Montag bis 18 Uhr geschl.)* a la carte 18/46 ⓓ – **39 Z : 74 B** 50/65 - 80/95.

In Mertesdorf 5501 O : 9 km über Trier-Ruwer :

🏠 **Weis**, Eitelsbacher Str. 4, ℰ (0651) 51 34, ≤, 斎, eigener Weinbau – 劇 ⤳ 🅟 –
🏛 25/100. 🄴
M a la carte 27/52 ⓓ – **60 Z : 106 B** 45/60 - 80/95 Fb.

🏠 **Karlsmühle**, Im Mühlengrund 1, ℰ (0651) 51 23, 斎, eigener Weinbau, Weinprobe, 🐎 –
→ 🅟. 🄰🄴 🄴
M *(Montag und Jan.- 15. Feb. geschl.)* a la carte 20/42 ⓓ – **45 Z : 78 B** 35/49 - 60/80.

MICHELIN-REIFENWERKE KGaA. 5500 Trier-Pfalzel Eltztraße (über ⑥ : 7 km), ℰ (0651) 68 10,
Telex 472617, FAX 681234.

TRIPPSTADT 6751. Rheinland-Pfalz 🔢🔢🔢 G 18, 🔢🔢🔢 ⑧. 🔢🔢 ① – 2 700 Ew – Höhe 420 m –
Luftkurort – ✆ 06306.

🛈 Verkehrsamt, Hauptstr. 32, ℰ 3 41.

Mainz 96 – Kaiserslautern 13 – Pirmasens 34.

🏠 **Zum Schwan**, Kaiserslauterer Str. 4, ℰ 3 93, « Gartenterrasse mit Grill », 🐎 – 🅟
→ *Anfang Feb.- Anfang März geschl. –* **M** *(Nov.- März Dienstag geschl.)* a la carte 19/42 ⓓ –
11 Z : 19 B 35/45 - 60/70.

🏠 **Gunst** ⤳ garni, Hauptstr. 99a, ℰ 17 85, 🐎
11 Z : 20 B 40 - 80 – 2 Fewo 70.

In Trippstadt-Johanniskreuz SO : 9 km :

🏠🏠 **Waldhotel**, an der B 48, ℰ 13 04, « Kleiner Park, Gartenterrasse », ⓢ, 🔲, 🐎 – 劇 ☎
⤳ 🅟 – 🏛 25/110. 🄴
M *(Montag geschl.)* 18 (mittags) und a la carte 27/56 ⓓ – **46 Z : 80 B** 45/85 - 75/130 Fb.

TRITTAU 2077. Schleswig-Holstein 🔢🔢🔢 ⑤ – 5 500 Ew – Höhe 32 m – Luftkurort – ✆ 04154.
◆Kiel 90 – ◆Hamburg 32 – ◆Lübeck 48.

In Hamfelde in Lauenburg 2071 SO : 4 km :

🏠🏠 **Pirsch-Mühle**, Möllner Str. 2, ℰ (04154) 22 44, 斎, ⓢ – ☎ ⤳ 🅟. 🄰🄴 ① 🄴
Restaurants (wochentags nur Abendessen, Montag geschl.) : – **Mühlenrestaurant M** a la
carte 45/63 – **Pirschklause M** a la carte 19/42 – **14 Z : 24 B** 68 - 97.

TRITTENHEIM 5501. Rheinland-Pfalz 🔢🔢🔢 ㉔ – 1 250 Ew – Höhe 121 m – ✆ 06507
(Neumagen-Dhron).

🛈 Verkehrsamt, Moselweinstr. 55, ℰ 22 27 – Mainz 138 – Bernkastel-Kues 25 – ◆Trier 34.

🏠 **Moselperle**, Moselweinstr. 42, ℰ 22 21, 斎, eigener Weinbau – ⤳ 🅟
→ *22. Dez.- 6. Jan. geschl. –* **M** a la carte 21/40 ⓓ – **14 Z : 25 B** 30/50 - 55/80
– 7 Fewo (im Gästehaus mit 🔲) 330/700 pro Woche.

🏠 **Krone** (Appartementhotel), Moselpromenade 9, ℰ 20 11, ≤, 斎, ⓢ, 🔲 – ☎ 🅟
20 Z : 78 B Fb.

In Büdlicherbrück 5509 S : 8 km :

🏠 **Zur Post**, Im Dhrontal, ℰ (06509) 5 20, 斎, 🐎 – 🅟. 🄰🄴 ① 🄴 🆅🆂🄰
M a la carte 25/56 ⓓ – **12 Z : 25 B** 40 - 80.

🏠 **Robertmühle** ⤳, Im Dhrontal, ℰ (06509) 5 15, 斎, 🐎 – 🅟
→ *Mitte Nov.- Mitte Dez. geschl. –* **M** a la carte 19,50/46 ⓓ – **16 Z : 30 B** 30/37 - 60/75.

In Bescheid-Mühle 5509 S : 10 km über Büdlicherbrück :

🏠 **Forellenhof** ⤳, Im Dhrontal, ℰ (06509) 2 31, 斎, 🐎, ⤳ – 🅟
→ **M** a la carte 20/44 ⓓ – **17 Z : 40 B** 39/41 - 78/82.

TROCHTELFINGEN 7416. Baden-Württemberg **BIB** K 22 − 5 200 Ew − Höhe 720 m − Erholungsort − Wintersport : 690/815 m ⟨2 ⟨2 − ◯ 07124.

🛈 Verkehrsamt, Rathaus, Rathausplatz 9, ℰ 27 71.

♦Stuttgart 68 − ♦Konstanz 109 − Reutlingen 27.

  🏠 **Zum Rößle**, Marktstr. 48, ℰ 12 21, ⇔s, 🔲 − ☎ ⇔ ℗. E 𝚅𝙸𝚂𝙰
    M *(Freitag ab 14 Uhr, Montag, 1.- 14. Jan. und Juli - Aug. 2 Wochen geschl.)* a la carte 22/38
    ⅛ − **33 Z : 55 B** 43/55 - 78/105 Fb.

TROISDORF 5210. Nordrhein-Westfalen − 63 700 Ew − Höhe 65 m − ◯ 02241.

♦Düsseldorf 65 − ♦Köln 21 − Siegburg 5.

  🏨 **Regina** garni, Hippolytusstr. 23, ℰ 7 29 18, Telex 889796, Fax 28385 − ⧏ 📺 ☎ ⇔. 🅰🅴 ⓪
    E 𝚅𝙸𝚂𝙰
    36 Z : 62 B 100/189 - 189/279 Fb.

  🏠 **Wald-Hotel Haus Ravensberg**, Altenrather Str. 51, ℰ 7 61 04 − ⧏ ☎ ⇔ ℗
    24 Z : 40 B Fb.

  🏠 **Kronprinz** garni, Poststr. 87, ℰ 7 50 58, ⇔s − ⧏ 📺 ☎ ⇔. 🅰🅴 E 𝚅𝙸𝚂𝙰
    42 Z : 60 B 80/95 - 110/135 Fb.

TROMM Hessen siehe Grasellenbach.

TROSSINGEN 7218. Baden-Württemberg **BIB** I 22 − 11 300 Ew − Höhe 699 m − ◯ 07425.

🛈 Verkehrsamt, Rathaus, Schultheiß-Koch-Platz 1, ℰ 2 51 20.

♦Stuttgart 106 − Donaueschingen 27 − Rottweil 14.

  🏠 **Bären**, Hohnerstr. 25, ℰ 60 07 − ☎ ⇔ ℗ − 🔬 25. 🅰🅴 ⓪ E
    M *(Samstag geschl.)* a la carte 32/59 − **24 Z : 35 B** 38/85 - 65/125.

  🏠 **Schoch**, Eberhardstr. 20, ℰ 64 14, ⇔s, 🔲 − ☎ ⇔. 🅰🅴 E
  ➡ **M** *(Freitag und Juli 2 Wochen geschl.)* a la carte 21/45 ⅛ − **22 Z : 35 B** 38/62 - 64/86.

TROSTBERG 8223. Bayern **BIB** U 22. **987** ㉞, **426** J 4 − 10 000 Ew − Höhe 481 m − ◯ 08621.

♦München 86 − Passau 109 − Rosenheim 46 − Salzburg 64.

  🏤 **Pfaubräu** (Haus a.d. 15. Jh.), Hauptstr. 2, ℰ 24 26, Biergarten − ⇔
  ➡ **M** a la carte 19/49 − **25 Z : 36 B** 31/47 - 62/87.

  🏤 **Zur Post**, Vormarkt 30, ℰ 6 10 88 − 📺 ☎ ℗. 🅰🅴 ⓪ E 𝚅𝙸𝚂𝙰
  ➡ **M** *(Freitag geschl.)* a la carte 20/45 − **22 Z : 34 B** 59 - 108.

TÜBINGEN 7400. Baden-Württemberg **BIB** K 21. **987** ㉟ − 78 000 Ew − Höhe 341 m − ◯ 07071.

Sehenswert : Eberhardsbrücke ⩽** − Platanenallee** − Marktplatz* − Rathaus* − Stiftskirche (Grabtumben**, Turm ⩽*, Kanzel*) − Schloß (Renaissance-Portale*).

Ausflugsziel : Bebenhausen : ehemaliges Kloster* 6 km über ①.

🛈 Verkehrsverein, an der Eberhardsbrücke, ℰ 3 50 11.

ADAC, Wilhelmstr. 3, ℰ 5 27 27, Telex 7262888.

♦Stuttgart 46 ① − ♦Freiburg im Breisgau 155 ③ − ♦Karlsruhe 105 ① − ♦Ulm (Donau) 100 ②.

Stadtplan siehe nächste Seite.

  🏩 **Krone** ⅚, Uhlandstr. 1, ℰ 3 10 36, Telex 7262762, Fax 38718, « Stilvolle Einrichtung » − ⧏   Z b
    ▤ 📺 ⇔ ℗ − 🔬 25/70. 🅰🅴 ⓪ E 𝚅𝙸𝚂𝙰
    22.- 30. Dez. geschl. − **M** a la carte 44/90 − **48 Z : 70 B** 135/190 - 200/260 − 3 Appart. 380.

  🏠 **Stadt Tübingen**, Stuttgarter Str. 97, ℰ 3 10 71 − ☎ ℗ − 🔬   X a
    56 Z : 110 B Fb.

  🏠 **Kupferhammer** garni, Westbahnhofstr. 57, ℰ 4 11 11 − ☎ ⇔ ℗. 🅰🅴 ⓪ E 𝚅𝙸𝚂𝙰   Y m
    20 Z : 39 B 66/80 - 88/110.

  🏠 **Am Bad** ⅚, beim Freibad, ℰ 7 30 71 − 📺 ☎ ⅙ ℗. 🅰🅴 E 𝚅𝙸𝚂𝙰   X f
    20. Dez.- 10. Jan. geschl. − (nur Abendessen für Hausgäste) − **36 Z : 54 B** 70/90 − 115/
    140 Fb.

  🏠 **Hospiz**, Neckarhalde 2, ℰ 2 60 02, Telex 7262841 − ⧏ 📺 ☎ ⇔ − 🔬 30. 🅰🅴 E 𝚅𝙸𝚂𝙰
    M *(Samstag - Sonntag geschl.)* a la carte 27/56 − **52 Z : 84 B** 57/110 - 135/180.   Z n

  🏠 **Barbarina**, Wilhelmstr. 94, ℰ 2 60 48 − ⧏ ☎ ℗   X r
    (nur Abendessen) − **23 Z : 35 B** Fb.

  🏠 **Haus Katharina** ⅚ garni, Lessingweg 2, ℰ 6 70 21 − ☎ ⇔ ℗   X e
    16 Z : 20 B 65/115 - 135/155.

  ✕✕ **Museum**, Wilhelmstr. 3, ℰ 2 28 28 − 🔬 25/70. 🅰🅴 ⓪ E 𝚅𝙸𝚂𝙰   Y T
    M 19,50/32 (mittags) und a la carte 31/69.

  ✕✕ **Landgasthof Rosenau**, beim neuen Botanischen Garten, ℰ 6 64 66, ⛺ − ℗
    Dienstag geschl. − **M** a la carte 33/62.   über Frondsbergstr.   Y

  ✕ **Forelle** (Weinstube a.d.J. 1895), Kronenstr. 8, ℰ 2 29 38   Z v
    Mitte Aug.- Mitte Sept., Donnerstag ab 14 Uhr und Dienstag geschl. − **M** a la carte
    22/38 ⅛.

TÜBINGEN

★ RATHAUS
★ SCHLOSS
★ MARKTPLATZ
★ STIFTSKIRCHE
★★ PLATANENALLEE
★★ EBERHARDSBRÜCKE

In Tübingen-Bebenhausen ① : 6 km :

🏠 **Landhotel Hirsch**, Schönbuchstr. 28, ℰ 6 80 27, 🚗 – 📺 ☎ 🅿. 🆎 ⓞ 🗲 𝘝𝘐𝘚𝘈
M *(Dienstag geschl.)* a la carte 37/66 – **12 Z : 20 B** 95/140 - 160/220 Fb.

XXX ✿ **Waldhorn**, Schönbuchstr. 49 (B 27), ℰ 6 12 70, bemerkenswerte Weinkarte – 🅿
Donnerstag - Freitag 18 Uhr, 2.- 8. Jan. und Juli - Aug. 3 Wochen geschl. –
M (Tischbestellung ratsam) 86/115 und a la carte 51/82
Spez. Hummer im Nudelteig, Rehrücken mit Wacholderrahmsauce (Mai - Dez.), Hägemark-Eisbömble.

In Tübingen-Kilchberg ④ : 5 km :

🏠 **Gästehaus Hirsch** 🤚 garni, Closenweg 4/2, ℰ 7 29 35 – 📺 ☎ 🅿. 🆎 🗲. 🛸
24. Dez 15. Jan. geschl. – **15 Z : 25 B** 65/85 - 95/120.

In Tübingen-Lustnau :

🏠 **Adler** garni, Bebenhäuser Str. 2 (B 27), ℰ 8 18 06 – 🅿   X u
20. Dez.- 7. Jan. geschl. – **30 Z : 45 B** 46/70 - 78/110.

In Tübingen 6-Unterjesingen ⑤ : 6 km :

🏠 **Am Schönbuchrand** garni, Klemsenstr. 3, ℰ (07073) 60 47, 🚗, 🔲 – 🛗 📺 ☎ 🅿
24. Dez.- 10. Jan. geschl. – **13 Z : 18 B** 60/80 - 90/100.

TUTTLINGEN 7200. Baden-Württemberg 413 J 23. 987 ㉟. 427 ⑥ – 32 000 Ew – Höhe 645 m – ✪ 07461.

🛈 Städt. Verkehrsamt, Rathaus, Marktplatz, 𝒫 9 92 03.

🛈 Verkehrsamt Möhringen, Rathaus, 𝒫 (07462) 3 40.

♦Stuttgart 128 ⑥ – ♦Freiburg im Breisgau 88 ④ – ♦Konstanz 59 ③ – ♦Ulm (Donau) 116 ②.

TUTTLINGEN

Bahnhofstraße	Z	Alleenstraße	YZ 2	Marktplatz ... Z 13
Königstraße	YZ 9	Balinger Straße	Y 3	Neuhauser Straße ... Z 14
Obere Hauptstraße	Z 15	Bismarckstraße	Z 4	Rathausstraße ... YZ 18
Untere Hauptstraße	Y 24	Donaueschinger Straße	Z 6	Schaffhauser Straße ... Z 19
		Donaustraße	YZ 7	Stadtkirchstraße ... Z 22
		Kronenstraße	Z 10	Umgehungsstraße ... Z 23
		Ludwigstaler Straße	Y 12	Untere Vorstadt ... Y 25

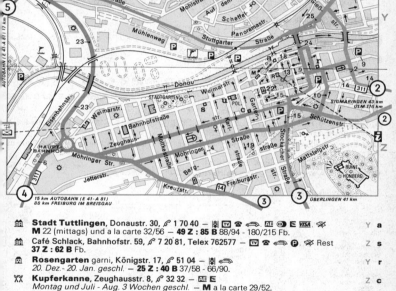

🏨 **Stadt Tuttlingen**, Donaustr. 30, 𝒫 1 70 40 – 🕴 📺 ☎ ⇔. 🅰🅴 ⓓ 🅴 🆅🅸🆂🅰. ⋟
M 22 (mittags) und a la carte 32/56 – **49 Z : 85 B** 88/94 - 180/215 Fb.   Y a

🏨 **Café Schlack**, Bahnhofstr. 59, 𝒫 7 20 81, Telex 762577 – 📺 ☎ ⇔ 🅿. ⋟ Rest
37 Z : 62 B Fb.   Z s

🏠 **Rosengarten** garni, Königstr. 17, 𝒫 51 04 – 🕴 ⇔
20. Dez.- 20. Jan. geschl. – **25 Z : 40 B** 37/58 - 66/90.   Y r

🏛🏛 **Kupferkanne**, Zeughausstr. 8, 𝒫 32 32 – 🅰🅴 🅴
Montag und Juli - Aug. 3 Wochen geschl. – **M** a la carte 29/52.   Z c

In Tuttlingen - Möhringen ④ : 5 km – Luftkurort :

🏔 **Löwen**, Mittelgasse 4, 𝒫 (07462) 62 77, ⇔ – ⇔ 🅿. 🅴
15. Okt.- 15. Nov. geschl. – **M** (Mittwoch geschl.) a la carte 18/34 ⅄ – **22 Z : 38 B** 28/44 - 56/100.

🏛 **Zum Hecht** mit Zim, Hechtgasse 1, 𝒫 (07462) 62 87 – 🅿
Feb. geschl. – **M** (Freitag geschl.) a la carte 25/47 – **4 Z : 7 B** 38 - 72.

TUTZING 8132. Bayern 413 Q 23. 987 ㊲. 426 ⑰ – 10 000 Ew – Höhe 610 m – Luftkurort – ✪ 08158 – ▫ Tutzing-Deixlfurt (W : 2 km), 𝒫 36 00.

🛈 Verkehrsamt, Kirchenstr. 9, Rathaus, 𝒫 20 31 – ♦München 42 – Starnberg 15 – Weilheim 14.

🏠 **Engelhof**, Heinrich-Vogl-Str. 9, 𝒫 30 61 – 📺 ☎ ⇔ 🅿. 🅰🅴 🆅🅸🆂🅰
M (Freitag geschl.) a la carte 38/55 – **11 Z : 23 B** 80/100 - 120/140 Fb.

🏠 **Café am See** ⋟, Marienstr. 16, 𝒫 4 90, ≤ – 📺 🅿
Nov. geschl. – **M** (Montag 15 Uhr - Dienstag geschl.) a la carte 29/49 – **9 Z : 18 B** 75 - 95 - 4 Fewo 55/95.

XX **Härings Wirtschaft im Midgardhaus**, Midgardstr. 3, ✆ 12 16, ≤, « Terrasse am See » – P. AE ⓓ E VISA
Montag und Feb. 3 Wochen geschl. – Menu (Tischbestellung ratsam) 29 (mittags) und a la carte 32/66.

XX **Forsthaus Ilka - Höhe**, auf der Ilka-Höhe (SW : 1,5 km), ✆ 82 42, ≤ Starnberger See und Alpen, ⛱, Biergarten – P
Okt.- März Dienstag und 10. Jan.- 15. Feb. geschl. – Menu a la carte 31/66.

TWIST **4477.** Niedersachsen 408 ⑭ – 8 400 Ew – Höhe 20 m – ☎ 05936.
♦Hannover 255 – ♦Bremen 147 – Groningen 99 – Nordhorn 26.

X **Gasthof Backers** mit Zim, Kirchstr. 25, ✆ 3 30 – ☎ P. E. ✻ Zim
1.- 7. Jan. und Juli - Aug. 3 Wochen geschl. – **M** *(Dienstag geschl.)* a la carte 28/53 – **5 Z : 10 B** 40 - 70.

UDENBRETH Rheinland-Pfalz siehe Hellenthal.

ÜBACH-PALENBERG **5132.** Nordrhein-Westfalen 213 ⑫, 408 ㉖, 409 ⑦ – 23 000 Ew – Höhe 125 m – ☎ 02451 (Geilenkirchen).
♦Düsseldorf 72 – ♦Aachen 18 – Geilenkirchen 6.

Stadthotel, Freiheitstr. 8 (Übach), ✆ 40 62 – TV ☎ – 25/600
(wochentags nur Abendessen, Sonntag nur Mittagessen) – **18 Z : 27 B.**

Weydenhof, Kirchstr. 17 (Palenberg), ✆ 4 14 10 – P
Juli geschl. – **M** *(Freitag geschl.)* a la carte 20/34 – **15 Z : 23 B** 35/50 - 70/90.

ÜBERHERRN Saarland siehe Saarlouis.

ÜBERKINGEN, BAD **7347.** Baden-Württemberg 413 M 21 – 3 300 Ew – Höhe 440 m – Heilbad – ☎ 07331 (Geislingen an der Steige).
ℹ Kurverwaltung, Rathaus, Aufhauser Str. 4, ✆ 6 40 74.
♦Stuttgart 64 – Göppingen 21 – ♦Ulm (Donau) 37.

Bad-Hotel, Badstr. 12, ✆ 6 40 46, ⛱ – ⫶ ▤ Rest TV ♿ P – 25/120. AE ⓓ E. ✻ Zim
20.- 30. Dez. geschl. – **M** *(auch vegetarische Gerichte)* a la carte 25/60 – **20 Z : 37 B** 90/160 - 190/250 Fb – ½ P 120/155.

ÜBERLINGEN **7770.** Baden-Württemberg 413 K 23, 987 ㉟, 427 L 2 – 18 000 Ew – Höhe 403 m – Kneippheilbad und Erholungsort – ☎ 07551.
Sehenswert : Stadtbefestigungsanlagen★★ A – **Münster**★ B **E** – **Seepromenade**★ AB – **Rathaus (Ratssaal**★) B **R.**
ℹ Städt. Kurverwaltung, Landungsplatz 14, ✆ 40 41.
♦Stuttgart 172 ③ – Bregenz 63 ② – ♦Freiburg im Breisgau 129 ③ – Ravensburg 46 ①.

ÜBERLINGEN

Christophstraße	A	3
Franziskanerstraße	AB	5
Hofstatt	B	
Münsterstraße	B	
Bahnhofstraße	A	2
Gradebergstraße	B	6
Hafenstraße	B	8
Hizlerstraße	B	9
Hochbildstraße	B	10
Jakob-Kessenring-Straße	A	12
Klosterstraße	A	14
Krummebergstraße	B	15
Landungsplatz	B	17
Lindenstraße	B	19
Luziengasse	B	20
Marktstraße	AB	22
Obertorstraße	B	23
Owinger Straße	B	25
Pfarrhofstraße	B	26
St-Ulrich-Straße	B	28
Seestraße	B	29

Michelin puts no plaque or sign on the hotels and restaurants mentioned in this guide.

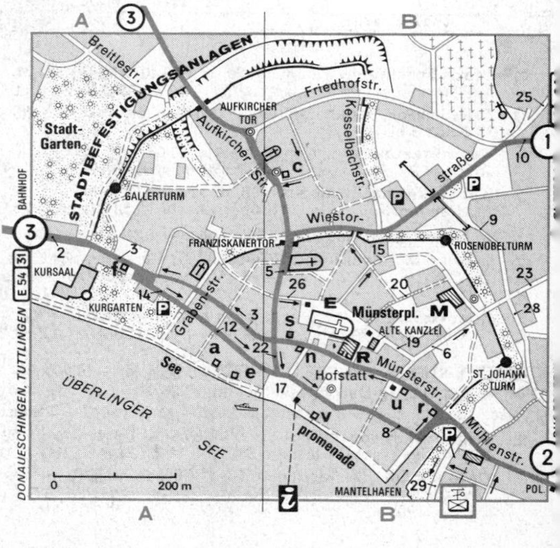

Parkhotel St. Leonhard ⑤, Obere St.-Leonhard-Str. 83, ℰ 80 80, Telex 733983, ≤ Bodensee und Alpen, 佘, « Park, Wildgehege », ⌂, ⌨, ⊶, ℀ (Halle), Fahrradverleih – ⌷ ⊡ ℗ – ⌂ 25/180. ⁙ ⌷ Rest   über Obertorstr.   B
M a la carte 34/65 – **144 Z : 280 B** 98/145 - 170/230 Fb – 3 Appart. 300 – ½ P 112/172.

Bürgerbräu, Aufkircher Str. 20, ℰ 6 34 07 – ⊡ ⌨ ℗. ⁙ ⓪ ⋿ ⥥ ℀ Zim   B c
Ende Okt.- Mitte Nov. geschl. – **M** (Donnerstag geschl.) a la carte 29/56 – **12 Z : 19 B**
70/80 - 120 Fb – ½ P 82/92.

Rosengarten, Bahnhofstr. 12, ℰ 48 95, ⊶ – ⊡ ⌨ ⊶ ℗. ℀   über ③
22. Dez.- 7. Jan. geschl. – (nur Abendessen für Hausgäste) – **16 Z : 29 B** 85/120 - 140/220
Fb – ½ P 95/145.

Seegarten ⑤, Seepromenade 7, ℰ 6 34 98, ≤, « Gartenterrasse » – ⌷ ⌨ ⊶   A e
15. Nov.- 15. Feb. geschl. – **M** a la carte 32/60 – **28 Z : 40 B** 80/100 - 130/180 – ½ P 89/124.

Bad Hotel, Christophstr. 2, ℰ 6 10 55, Telex 733909, 佘, ⊶ – ⌷ ⌨ ℗ – ⌂ 30. ⁙ ⓪ ⋿
⥥ ℀ Rest   A f
10. Jan.- Feb. geschl. – **M** (Nov.- März Dienstag geschl.) a la carte 30/60 – **50 Z : 80 B**
90/190 - 150/210 Fb – ½ P 106/161.

Walter ⑤, Seepromenade 13, ℰ 48 01, ≤ – ⊡ ⌨. ℀   B v
nur Saison – **9 Z : 16 B**.

Ochsen, Münsterstr. 48, ℰ 40 67, Fax 3290, 佘 – ⌷ ⌨ ⊶ ℗. ⁙ ⓪ ⋿   B r
M (23.-31. Dez.) a la carte 27/55 – **43 Z : 63 B** 68/78 - 116/150.

Stadtgarten, Bahnhofstr. 22, ℰ 45 22, ⌂, ⌨, ⊶ – ⊡ ℗   über ③
15. Nov.- Jan. geschl. – (Restaurant nur für Hausgäste) – **26 Z : 44 B** 60 - 100/120.

Zähringer Hof garni, Münsterstr. 36, ℰ 6 36 65   B u
Mitte März - Anfang Nov. – **30 Z : 42 B** 40/60 - 78/110.

XX **Romantik-Hotel Hecht** mit Zim, Münsterstr. 8, ℰ 6 33 33, Fax 3310 – ⊡ ⌨ ⊶. ⓪ ⋿
⥥ ℀ Zim   B n
20.- 30. Jan. geschl. – Menu (Tischbestellung ratsam) (Sonntag 15 Uhr - Montag geschl.) a
la carte 28/75 – **9 Z : 15 B** 75 - 140.

X **Mokkas Grillstuben** mit Zim, Münsterstr. 3 (1. Etage), ℰ 6 37 57 – ⌨. ⁙ ⓪ ⥥   B s
M (Mittwoch geschl.) a la carte 26/53 – **5 Z : 7 B** 45 - 85.

X **Weinstube Reichert** ⑤ mit Zim, Seepromenade 3, ℰ 6 38 57, ≤, 佘 – ⊡. ⁙ ⓪ ⋿
⥥   A a
M (Montag, Nov.- März auch Dienstag geschl.) a la carte 31/52 – **8 Z : 14 B** 53/76 - 105/110.

In Überlingen-Andelshofen ① : 3 km :

Johanniter-Kreuz ⑤, Johanniterweg 11, ℰ 6 10 91, 佘, « Fachwerkhaus a.d. 17. Jh.,
rustikale Einrichtung », ⊶, Fahrradverleih – ⊡ ⌨ ⊶ ℗. ⁙ ⓪ ⋿ ⥥
M (Montag - Dienstag 17 Uhr geschl.) a la carte 28/60 – **14 Z : 24 B** 55/90 - 120/150 Fb –
½ P 85/105.

In Überlingen 12-Lippertsreute ① : 9 km :

X **Landgasthof zum Adler** mit Zim (Fachwerkhaus a.d.J. 1635), Hauptstr. 44,
↠ ℰ (07553) 75 24 – ⊶ ℗
Feb.- März und Dez. je 2 Wochen geschl. – **M** (Freitag, Okt.- April auch Donnerstag ab 14
Uhr geschl.) a la carte 20/40 ⅛ – **8 Z : 16 B** 40 - 76.

In Überlingen 18-Nußdorf ② : 3 km :

Seehotel Zolg, Zur Forelle 1, ℰ 6 21 49, ≤, 佘, ⌂, ⊶, Fahrradverleih – ⊡ ⌨ ℗. ⓪ ⋿
⥥ ℀ Zim
Mitte Feb.- Mitte Nov. – **M** (Feb.- März und Nov. garni) a la carte 27/50 – **17 Z : 30 B** 70/75
- 120/140 Fb – ½ P 78/88.

ÜBERSEE 8212. Bayern ⁴¹³ U 23, ⁴²⁶ ⑲ – 3 800 Ew – Höhe 525 m – Luftkurort – ✆ 08642.
🛈 Verkehrsamt, Feldwieser Str. 27, ℰ 2 95.
♦München 95 – Rosenheim 36 – Traunstein 20.

Am Chiemsee N : 4 km :

Chiemgauhof ⑤, Julius-Exter-Promenade 21, ✉ 8212 Übersee-Feldwies,
ℰ (08642) 12 81, ≤, « Terrasse am See », ⊶, ⌂, ⌘, ⊶ – ⌨ ℗
7. Jan.- Ostern und Nov.- 23. Dez. geschl. – **M** a la carte 25/55 – **21 Z : 45 B** 45/75 - 80/
130 Fb.

ÜHLINGEN-BIRKENDORF 7899. Baden-Württemberg ⁴¹³ H 23, ⁴²⁷ ⑤, ²¹⁶ ⑥ ⑦ – 4 400 Ew
– Höhe 644 m – Wintersport : ✑6 – ✆ 07743.
🛈 Verkehrsbüro Ühlingen, Rathaus, ℰ 55 11.
🛈 Kurverwaltung Birkendorf, Haus des Gastes, ℰ 3 80.
♦Stuttgart 172 – Donaueschingen 46 – ♦Freiburg im Breisgau 67 – Waldshut-Tiengen 21.

Im Ortsteil Ühlingen – Erholungsort :

Zum Posthorn, Hauptstr. 12, ℰ 2 44, 佘 – ⊶ ℗
16 Z : 30 B.

ÜHLINGEN-BIRKENDORF

Im Ortsteil Birkendorf – Luftkurort :

🏠 **Sonnenhof-Gästehaus Sonnhalde**, Schwarzwaldstr. 9, ℰ 58 58, 斎, ⇔s, 🔲, ⇌ – 🛗
⇌ ☎ 🄿. 🄰🄴 🄾 🄴 ᵛ̲ᴵ̲ˢ̲ᴬ̲
2.- 21. Dez. geschl. – **M** a la carte 19/49 ⅃ – **25 Z : 45 B** 52 - 92 Fb – ½ P 58.

🏠 Hirschen, Schwarzwaldstr. 28, ℰ 3 49, ⇌ – ⇔ 🄿 – 🚗 – **23 Z : 42 B**.

In Ühlingen-Birkendorf-Witznau SW : 10 km :

✕ **Witznau**, ℰ (07747) 2 15, 斎 – 🄿. 🄰🄴 🄾 🄴 ᵛ̲ᴵ̲ˢ̲ᴬ̲
⇌ Montag und Feb. geschl. – **M** (Montag geschl.) a la carte 20/50.

UELSEN 4459. Niedersachsen 🄖🄇🄈 ㉝ – 3 500 Ew – Höhe 22 m – Erholungsort – ✪ 05942.
♦Hannover 240 – Almelo 23 – Lingen 36 – Rheine 56.

🏠 **Am Waldbad** ⍐, Zum Waldbad 1, ℰ 10 61, 斎, direkter Zugang zum städtischen 🔲,
⇔s, ⇌ – 🄣🄥 ☎ 🄿 – 🚗 35
M 13/22 (mittags) und a la carte 25/50 – **14 Z : 24 B** 40/50 - 80/100.

UELZEN 3110. Niedersachsen 🄖🄇🄇 ⑯ – 38 000 Ew – Höhe 35 m – ✪ 0581.
🅹 Verkehrsbüro, Veerßer Str. 43, ℰ 80 01 32 – ♦Hannover 96 – ♦Braunschweig 83 – Celle 53 – Lüneburg 33.

🏨 **Stadt Hamburg**, Lüneburger Str. 4, ℰ 1 70 81 – 🛗 🄣🄥 ☎ ⅊ – 🚗 25/80. 🄰🄴 🄾 🄴 ᵛ̲ᴵ̲ˢ̲ᴬ̲
M (auch vegetarische Gerichte) a la carte 26/56 – **34 Z : 56 B** 65/80 - 130/140 Fb.

🏨 **Uelzener Hof**, Lüneburger Str. 47, ℰ 7 39 93, Fax 70191, « Schönes Fachwerkhaus » –
🄣🄥 ☎ ⇔ 🄿. 🄰🄴 🄾 🄴 ᵛ̲ᴵ̲ˢ̲ᴬ̲. ⍝ Rest
M a la carte 26/57 – **29 Z : 53 B** 55/60 - 85/100 Fb.

🏠 **Stadthalle Schützenhaus**, Schützenplatz 1, ℰ 23 78 – 🄣🄥 ☎ 🄿 – 🚗 25/600. 🄰🄴 🄾 🄴
ᵛ̲ᴵ̲ˢ̲ᴬ̲
M a la carte 32/70 – **14 Z : 25 B** 66 - 110 Fb.

🏠 **Am Stern**, Sternstr. 13, ℰ 63 29, ⇔s – 🛗 🄣🄥 ☎ 🄿. 🄴. ⍝
⇌ **M** (nur Abendessen) a la carte 21/38 – **25 Z : 50 B** 40/50 - 70/90.

ÜRZIG 5564. Rheinland-Pfalz – 1 000 Ew – Höhe 106 m – ✪ 06532 (Zeltingen).
Mainz 124 – Bernkastel-Kues 10 – ♦Trier 46 – Wittlich 11.

🏨 **Moselschild**, Moselweinstr. 14 (B 53), ℰ 30 01, Telex 4721542, Fax 3004, ≤, 斎,
« Geschmackvolle Einrichtung », ⇔s – 🄣🄥 ☎ ⇔ 🄿. 🄰🄴 🄾 🄴 ᵛ̲ᴵ̲ˢ̲ᴬ̲
M (bemerkenswertes Angebot regionaler Weine) a la carte 41/72 – **14 Z : 27 B** 77/95 -
94/160.

🏠 **Ürziger Würzgarten**, Moselweinstr. 44 (B 53), ℰ 20 83, Fax 2086, ≤, ⇔s, 🔲, ⇌ – 🛗 ☎
🄿 – 🚗 25/50. 🄰🄴 🄾 🄴 ᵛ̲ᴵ̲ˢ̲ᴬ̲
M a la carte 22/55 ⅃ – **33 Z : 61 B** 50/80 - 95/125.

🏠 Zehnthof, Moselufer 38, ℰ 25 19, ≤, 斎 – ⇔ 🄿. ⍝ Zim – **20 Z : 40 B**.

🏠 **Zur Traube**, Moselweinstr. 16 (B 53), ℰ 45 12, ≤, 斎, eigener Weinbau – ⇔ 🄿. 🄾 🄴
⇌ ᵛ̲ᴵ̲ˢ̲ᴬ̲
15. Dez.- Feb. geschl. – **M** a la carte 20/49 – **12 Z : 23 B** 30/70 - 60/100.

🏠 Ürziger Rotschwänzchen, Moselufer 18, ℰ 21 83 – **10 Z : 18 B**.

🏠 **Ürziger Ratskeller** (Fachwerkhaus a.d.J. 1588), Rathausplatz 10, ℰ 22 60 – 🄴
M (Dienstag geschl.) a la carte 28/52 – **13 Z : 25 B** 40/60 - 70/100.

In Kinderbeuern 5561 N : 4,5 km :

🏨 **Alte Dorfschänke**, Hauptstr. 105, ℰ (06532) 24 94, « Gartenterrasse » – 🄿. 🄴
M (Montag geschl.) a la carte 25/55 ⅃ – **12 Z : 24 B** 45 - 90.

UETERSEN 2082. Schleswig-Holstein 🄖🄇🄇 ⑤ – 17 000 Ew – Höhe 6 m – ✪ 04122.
♦Kiel 101 – ♦Hamburg 34 – Itzehoe 35.

🏨 **Hotel im Rosarium** ⍐, Berliner Str. 10, ℰ 70 66, Fax 45376, « Gartenterrasse mit ≤ » –
🛗 🄣🄥 ☎ ⅊ ⇔ 🄿 – 🚗 25. 🄰🄴 🄴
M a la carte 30/70 – **31 Z : 62 B** 78/95 - 113/130 Fb.

✕ Stadt Hamburg, Tornescher Weg 31, ℰ 22 56 – 🄿.

UETTINGEN 8702. Bayern 🄓🄡🄒 M 17 – 1 250 Ew – Höhe 230 m – ✪ 09369.
♦München 294 – ♦ Frankfurt am Main 101 – ♦Würzburg 17.

🏠 **Fränkischer Landgasthof**, Würzburger Str. 8 (B 8), ℰ 82 89 – ☎ ⇔ 🄿. ⍝
⇌ 10. Nov.- 10. Dez. geschl. – **M** (Donnerstag geschl.) a la carte 16/38 ⅃ – **9 Z : 15 B** 38/
48 - 69.

UETZE 3162. Niedersachsen 🄖🄇🄇 ⑮ – 18 000 Ew – Höhe 50 m – ✪ 05173.
♦Hannover 39 – ♦Braunschweig 38 – Celle 23.

✕ **Landhaus Wilhelmshöhe** mit Zim, Marktstr. 13 (N : 1,5 km Richtung Celle), ℰ 8 10, 斎
– ⇔ 🄿
Juli - Aug. 4 Wochen geschl. – **M** (Montag - Dienstag geschl.) 16/20 (mittags) und a la
carte 25/45 – **8 Z : 12 B** 39/45 - 68/90.

ÜXHEIM 5538. Rheinland-Pfalz – 1 750 Ew – Höhe 510 m – ✿ 02696.
Mainz 176 – ◆Bonn 65 – ◆Koblenz 85 – ◆Trier 92.

In Üxheim-Niederehe S : 4 km :

🏨 Sporthotel Niedereher Mühle, Kerpener Str. 4, ℰ 5 55, 🚗, 🔲, ℀, 🔨 – ☎ ⓟ
24 Z : 40 B.

UFFENHEIM 8704. Bayern 🔢 N 18, 🔢 ㉘ – 5 500 Ew – Höhe 330 m – ✿ 09842.
◆München 242 – Ansbach 40 – ◆Bamberg 88 – ◆Würzburg 38.

🏨 Grüner Baum, Marktplatz 14, ℰ 3 10 – ⓟ
◆ M a la carte 17/40 🍴 – 40 Z : 80 B 41/48 - 76/82.
🏛 Uffenheimer Hof, Am Bahnhof 4, ℰ 70 81, Biergarten – ☎ ⟸ ⓟ
◆ 6.- 20. Aug. und 24. Dez.- 7. Jan. geschl. – M (Montag geschl.) a la carte 16/38 – 24 Z :
50 B 58 - 96.

UHINGEN 7336. Baden-Württemberg 🔢 L 20, 🔢 ㉘ – 12 000 Ew – Höhe 295 m – ✿ 07161
(Göppingen).
◆Stuttgart 44 – Göppingen 5 – Reutlingen 46 – ◆Ulm (Donau) 59.

In Uhingen-Diegelsberg NW : 3 km :

🏛 Sonnenhof ⤵, Sonnenhofstr. 1, ℰ (07163) 31 33, 🔨 – ☎ ⟸ ⓟ
22. Dez.- 15. Feb. geschl. – (nur Abendessen für Hausgäste) – 14 Z : 17 B 47/64 - 110/125.

UHLDINGEN-MÜHLHOFEN 7772. Baden-Württemberg 🔢 K 23, 🔢 L 2 – 5 800 Ew – Höhe
398 m – Erholungsort – ✿ 07556.
Ausflugsziel : Birnau-Maurach : Wallfahrtskirche★ : Lage★★, NW : 3 km.
🎫 Verkehrsamt, Unteruhldingen, Schulstr. 12, ℰ 80 20.
◆Stuttgart 181 – Bregenz 55 – Ravensburg 38.

Im Ortsteil Maurach :

🏛 Pilgerhof ⤵, (Nähe Campingplatz), ℰ 65 52, Fax 6555, 🏞, 🚗, 🔨, Fahrradverleih – 📺
☎ ⓟ. 🅰🅴 ⓞ ⓔ 🆅🆂🅰. ℀ Zim
8. Jan.- Feb. geschl. – M (Nov.- April Montag geschl.) a la carte 28/57 – 38 Z : 76 B 85/100
- 120/140 Fb – 8 Appart. 160 – ½ P 75/110.

Im Ortsteil Oberuhldingen :

🏨 Storchen, Aachstr. 17, ℰ 85 86, 🏞, ℀, Fahrradverleih – 📺 ⟸ ⓟ. ⓞ 🆅🆂🅰
◆ 22. Dez.- 15. Jan. geschl. – M a la carte 21/40 🍴 – 22 Z : 40 B 33/70 - 65/100 Fb –
½ P 48/64.

Im Ortsteil Seefelden :

🏛 Landgasthof Fischerhaus ⤵ (Fachwerkhaus a.d. 17. Jh.), ℰ 85 63, ◄, 🔲 (geheizt),
🔨, 🔨 – 📺 ☎ ⓟ. ℀ Zim
Mitte März - Okt. – M (Tischbestellung erforderlich) (Montag - Dienstag geschl.) a la carte
31/55 – 22 Z : 40 B 75/110 - 140/170 Fb – ½ P 92/108.

Im Ortsteil Unteruhldingen :

🏨 Gästehaus Bodensee garni, Seestr. 5, ℰ 67 91, 🚗, 🔨 – 📺 ☎ ⟸ ⓟ
Mitte März - Mitte Nov. – 17 Z : 34 B 72/90 - 121/128 Fb.
🏨 Seehof (mit Gästehaus Seevilla), Seefelder Str. 8, ℰ 65 15, ◄, « Gartenterrasse », 🔨 –
📺 ⓟ
Mitte Feb. - Mitte Nov. – M a la carte 25/52 – 40 Z : 80 B 65/120 - 116/180 Fb.
🏨 Café Knaus, Seestr. 1, ℰ 80 08, 🏞, 🔨, Fahrradverleih – 📺 ☎ ⟸ ⓟ. ℀
◆ März - Mitte Nov. – M (Montag geschl.) a la carte 21/40 – 28 Z : 50 B 77/80 - 121/160 Fb –
2 Fewo 100.
🏨 Mainaublick, Seefelder Str. 22, ℰ 85 17, 🏞 – 📺 ☎ ⓟ. 🅴
◆ Ostern - Mitte Okt. – M a la carte 21/54 – 23 Z : 39 B 58/64 - 116/120 Fb.

ULM (Donau) 7900. Baden-Württemberg 🔢 MN 21, 🔢 ㉘ – 101 000 Ew – Höhe 479 m –
✿ 0731.
Sehenswert : Münster★★★ (Chorgestühl★★★, Turm ✳★★) Z – Jahnufer (Neu-Ulm) ◄★★ Z –
Fischerviertel★ Z – Ulmer Museum★ Z M1.
Ausflugsziel : Ulm-Wiblingen : Klosterkirche (Bibliothek★) S : 5 km.
🏌 Wochenauer Hof (S : 12 km), ℰ (07306) 21 02.
Ausstellungsgelände a. d. Donauhalle (über Wielandstr. X), ℰ 6 44 00.
🎫 Städt. Verkehrsbüro, Münsterplatz, ℰ 6 41 61.
ADAC, Neue Str. 40, ℰ 6 66 66, Notruf ℰ 1 92 11.
◆Stuttgart 94 ⑥ – ◆Augsburg 80 ① – ◆München 138 ①.

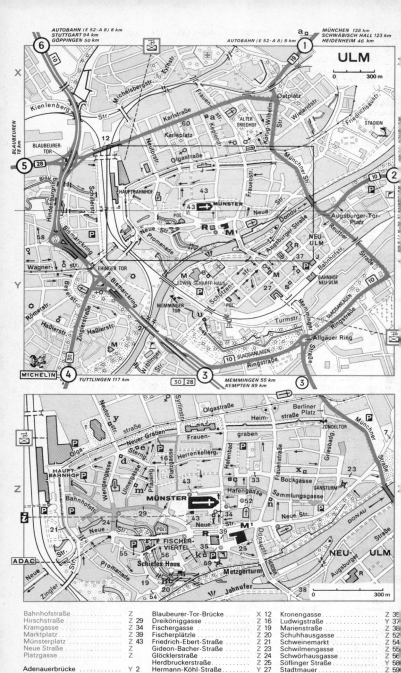

🏨 **Neuthor**, Neuer Graben 23, ℰ 1 51 60, Telex 712401, Fax 1516513 – 🛗 📺 🚗 🅿 –
🔁 25/80. 🄰🄴 ⬤ 🄴 𝘝𝘐𝘚𝘈   Z e
2.- 10. Jan. geschl. – **M** a la carte 30/63 – **85 Z : 130 B** 102/120 - 125/170 Fb.

🏨 **Stern**, Sterngasse 17, ℰ 6 30 91, Telex 712923, Fax 63077, ☎ – 🛗 📺 ☎ 🚗 🅿   Z d
M a la carte 26/53 – **62 Z : 100 B** 93/105 - 130/155 Fb.

🏨 **Goldener Bock**, Bockgasse 25, ℰ 2 80 79 – ☎. 🄰🄴 ⬤ 🄴 𝘝𝘐𝘚𝘈   Z x
M *(Sonntag geschl.)* a la carte 48/73 – **11 Z : 15 B** 75/85 - 120.

🏨 **Astra** garni, Steinhövelstr. 6, ℰ 2 20 84 – 🛗 📺 ☎ 🚗   X a
19 Z : 38 B Fb.

🏨 **Ibis**, Neutorstr. 12, ℰ 61 90 01, Telex 712927, Fax 63103 – 🛗 ☎ 🕭 🚗 – 🔁 30. 🄰🄴 ⬤ 🄴
𝘝𝘐𝘚𝘈   Z y
M *(Samstag - Sonntag geschl.)* a la carte 29/48 – **90 Z : 135 B** 105 - 147 Fb.

🏨 **Ulmer Spatz**, Münsterplatz 27, 🎝 – 🛗 ☎. 🄰🄴 🄴   Z f
M a la carte 25/55 – **40 Z : 54 B** 85 - 120 Fb.

🏨 **Am Rathaus - Reblaus** garni, Kronengasse 10, ℰ 6 40 32 – ☎. 🄰🄴 ⬤   Z k
22. Dez.- 8. Jan. geschl. – **36 Z : 62 B** 45/85 - 75/115.

🏨 **Roter Löwe**, Ulmer Gasse 8, ℰ 6 20 31 – 🛗 📺 ☎ 🚗   Z m
24. Dez.- 6. Jan. geschl. – **M** *(Sonntag ab 15 Uhr gschl.)* a la carte 23/43 – **30 Z : 40 B** 45/80
- 90/120 Fb.

🏛 **Schwarzer Adler**, Frauenstr. 20, ℰ 2 10 93 – 🛗. 🄰🄴 🄴   Z n
24. Dez.- 7. Jan. geschl. – **M** *(Freitag geschl.)* a la carte 20/46 – **32 Z : 42 B** 40/48 - 75/85.

XXX **Florian-Stuben**, Keplerstr. 26, ℰ 61 02 20, « Rustikale Einrichtung im Schweizer Stil »
Sonntag - Montag 18 Uhr und Juli - Aug. 3 Wochen geschl. – **M** (abends Tischbestellung
ratsam) 59/112.   X a

XX **Pflugmerzler**, Pfluggasse 6, ℰ 6 80 61   Z c
Sonn- und Feiertage geschl. – **M** *(auch vegetarische Gerichte)* (Tischbestellung ratsam)
24/33 (mittags) und a la carte 35/70.

XX **Zur Forelle**, Fischergasse 25, ℰ 6 39 24   Z b

X **Gerberhaus**, Weinhofberg 9, ℰ 6 94 98 – ⬤ 🄴 𝘝𝘐𝘚𝘈   Z r
M a la carte 22/54.

X **Ratskeller**, Marktplatz 1, ℰ 6 07 22 – 🄰🄴 ⬤ 🄴 𝘝𝘐𝘚𝘈   Z R
Sonn- und Feiertage ab 15 Uhr geschl. – **M** 15/24 (mittags) und a la carte 23/50.

In Ulm-Böfingen über ① :

🏨 **Sonnenhof**, Eberhard-Finckh-Str. 17, ℰ 2 60 91, ≤, 🎝 – 📺 ☎ 🅿. 🄰🄴 ⬤ 🄴 𝘝𝘐𝘚𝘈
M a la carte 24/56 – **25 Z : 33 B** 50/70 - 100.

In Ulm-Grimmelfingen ④ : 5 km :

🏨 **Hirsch**, Schultheißenstr. 9, ℰ 38 10 08, « Gartenwirtschaft » – 📺 ☎ 🅿. 🄰🄴 ⬤ 🄴
Mitte Dez.- Mitte Jan. geschl. – **M** *(Dienstag geschl.)* a la carte 21/44 – **25 Z : 35 B** 65/72 -
95/105 Fb.

In Ulm-Lehr ⑥ : 3 km :

🏨 **Engel**, Loherstr. 35, ℰ 6 08 84, ☎ – 📺 ☎ 🅿 – 🔁 . 🎝 Zim
31 Z : 46 B.

In Ulm-Wiblingen S : 5 km über Wiblinger Str. Y :

🏨 **Grüner Baum**, Donautalstr. 21, ℰ 4 10 80, ☎ – 📺 ☎ 🅿. 🄰🄴 ⬤ 🄴
M *(Sonntag geschl.)* a la carte 22/45 🎝 – **42 Z : 66 B** 35/58 - 64/98 Fb.

An der Autobahn A 8 - Ausfahrt Ulm-Ost ① : 8 km :

🏨 **Rasthaus Seligweiler**, an der B 19, ✉ 7900 Ulm (Donau), ℰ (0731) 2 05 40, Fax 2054400,
📺 – 🛗 📺 ☎ 🚗 🅿 – 🔁 45. 🄰🄴 ⬤ 🄴 𝘝𝘐𝘚𝘈
24.- 25. Dez. geschl. – **M** a la carte 18/42 – **118 Z : 198 B** 62/80 - 87/120 Fb.

In Dornstadt 7909 ⑥ : 9 km :

🏨 **Krone**, Lange Str. 1 (B 10), ℰ (07348) 2 10 33, ☎ – 🛗 📺 ☎ 🅿 – 🔁 25/200. 🄰🄴 ⬤ 🄴 𝘝𝘐𝘚𝘈
24.- 25. Dez. geschl. – **M** a la carte 31/56 – **53 Z : 90 B** 65/80 - 118/125.

Siehe auch : *Neu-Ulm*.

MICHELIN-REIFENWERKE KGaA. Niederlassung Dornier Str. 5 (über ④. Industriegebiet
Donautal), ℰ (0731) 4 50 88.

ULMET 6799. Rheinland-Pfalz – 800 Ew – Höhe 185 m – ✪ 06387.
Mainz 98 – Kaiserslautern 31 – ♦Saarbrücken 76 – ♦Trier 98.

🏨 **Felschbachhof** 🐾, nahe der B 420 (W : 1,5 km), ℰ 4 25, 🎝, ☎, 🐎, 🎿 – 📺 ☎ 🚗 🅿
– 🔁 25/50. 🄰🄴 🄴. 🎝 Zim
M *(Donnerstag geschl.)* a la carte 20/40 🎝 – **25 Z : 50 B** 50 - 85 Fb.

ULRICHSTEIN 6314. Hessen 🔟🔢🔟 K 15 — 3 200 Ew — Höhe 614 m — Erholungsort — ☎ 06645.
Sehenswert : Schloßruine ※★.
◆Wiesbaden 122 — ◆Frankfurt am Main 94 — Gießen 43 — Lauterbach 21.

🏠 **Gasthof Groh**, Hauptstr. 1, 𝒫 3 10, 🚗 — 🚙 🅿
Mitte Feb.- Mitte März geschl. — **M** *(Montag geschl.)* a la carte 25/40 — **18 Z : 30 B** 35/45 60/85.

In Ulrichstein 1 - Ober-Seibertenrod NW : 3 km :

🏠 **Zum Ohmtal**, Obergasse 6, 𝒫 3 81, 🚗, 🔲, 🌳 — 🅿. E
➤ *Mitte Nov.- Mitte Dez. geschl.* — **M** a la carte 19/40 — **16 Z : 28 B** 42/50 - 90.

UMKIRCH 7801. Baden-Württemberg 🔟🔢🔟 G 22. 🔢🔢 ③ — 4 800 Ew — Höhe 207 m — ☎ 07665.
◆Stuttgart 206 — Colmar 41 — ◆Freiburg im Breisgau 9.

🏨 **Heuboden** garni (siehe auch Restaurant Heuboden), Gansacker 6a, 𝒫 5 00 90, 🚗 — 🛗
🔲🖂 🅿. 🆎 ⓞ E 🆅🆂🅰
50 Z : 76 B 65/100 - 98/120 Fb.

🏠 **Landgasthof Zum Pfauen**, Hugstetter Str. 2, 𝒫 65 34, 🌳 — 🔲 ☎ 🅿. 🆎 E
M *(Mittwoch geschl.)* a la carte 35/70 — **11 Z : 20 B** 69/85 - 118/125.

🍴🍴🍴 **Heuboden**, Am Gansacker 3, 𝒫 50 09 99, 🌳 — 🅿. 🆎 ⓞ E 🆅🆂🅰
Samstag bis 18 Uhr und Sonntag geschl. — **M** a la carte 30/60.

UMRATHSHAUSEN Bayern siehe Frasdorf.

UNDELOH 2111. Niedersachsen — 850 Ew — Höhe 60 m — ☎ 04189.
Sehenswert : Typisches Heidedorf★.
🚩 Verkehrsverein, Zur Dorfeiche 27, 𝒫 3 33.
◆Hannover 113 — ◆Hamburg 53 — Lüneburg 35.

🏠 **Witte's Hotel** 🌿, Zum Loh 2, 𝒫 2 67, 🌳, 🌳, Fahrradverleih — ☎ 🅿. E. ✵ Zim
15. Dez.- 15. Feb. geschl. — **M** *(Montag geschl.)* a la carte 27/50 — **22 Z : 40 B** 63/69 - 120.

🏠 **Heiderose - Gästehaus Heideschmiede**, Wilseder Str. 13, 𝒫 3 11, 🌳, 🚗, 🔲, 🌳,
Fahrradverleih — 🔲 ☎ 🅿. ⓞ E
M a la carte 24/55 — **34 Z : 63 B** 55/80 - 96/150.

🍴🍴 **Undeloher Hof** 🌿 mit Zim, Wilseder Str. 22, 𝒫 4 57, 🌳, Fahrradverleih — 🔲 ☎ 🅿
M a la carte 26/58 — **6 Z : 12 B** 70 - 110.

In Undeloh-Wesel NW : 5 km :

🏠 **Heidelust** 🌿, Weseler Dorfstr. 9, 𝒫 2 72, 🌳, 🚗, 🌳 — ☎ 🅿 — 🛎 30
Jan. geschl. — **M** *(Okt.- März Donnerstag geschl.)* a la carte 28/54 — **29 Z : 42 B** 40/60 76/118 Fb — 3 Fewo 65/75.

UNKEL 5463. Rheinland-Pfalz — 4 300 Ew — Höhe 58 m — ☎ 02224 (Bad Honnef).
🚩 Verkehrsamt, Linzer Str. 6, 𝒫 33 09.
Mainz 137 — ◆Bonn 22 — Neuwied 28.

🏨 **Rheinhotel Schulz** 🌿, Vogtsgasse 4, 𝒫 23 02, Telex 886486, ≼, « Gartenterrasse » —
🔲 ☎ 🅿 — 🛎 40. 🆎 ⓞ E 🆅🆂🅰. ✵
M a la carte 46/72 — **28 Z : 48 B** 85/125 - 140/170 Fb.

🏠 **Gästehaus Korf - Weinhaus Zur Traube**, Vogtsgasse 2, 𝒫 33 15, Rebengarten — 🚙
🅿
nur Hotel: Nov. - Ostern geschl. — **M** *(nur Abendessen, Dienstag und Mitte Feb.- Mitte März geschl., im Winter nur Donnerstag - Sonntag geöffnet)* a la carte 25/55 — **14 Z : 26 B** 37/45 - 86/90.

UNNA 4750. Nordrhein-Westfalen 🔢🔢🔟 ③ — 58 300 Ew — Höhe 96 m — ☎ 02303.
Siehe Ruhrgebiet (Übersichtsplan).
🚩 Verkehrsverein im DER Reisebüro, Bahnhofstr. 39, 𝒫 2 10 31.
◆Düsseldorf 87 — ◆Dortmund 21 — Soest 35.

🏠 **Gut Höing** 🌿 garni (Gutshof a.d. 15. Jh. mit Gästehaus), Ligusterweg (nahe Eissporthalle),
𝒫 6 10 52, Fax 61013, 🌳, Fahrradverleih — 🔲 ☎ 🚙 🅿 — 🛎 25. 🆎 ⓞ E 🆅🆂🅰
46 Z : 77 B 85/99 - 130/159.

🏠 **Kraka**, Gesellschaftsstr. 10, 𝒫 18 11, 🌳 — 🚙 🅿 — 🛎 40
M *(nur Abendessen)* a la carte 22/48 — **23 Z : 41 B** 65/95 - 109/150.

🍴🍴 **Haus Kissenkamp**, Hammer Str. 102 (N : 2 km), 𝒫 6 03 77, Fax 63308, 🌳, « Gemütliche
Einrichtung » — 🅿 — 🛎 30. 🆎 ⓞ 🆅🆂🅰
Menu a la carte 30/62.

🍴🍴 **Ölckenthurm** (modernes Restaurant mit integriertem Turm a.d.J. 1475), Grabengasse 27
(am Neumarkt), 𝒫 1 40 80, 🌳 — 🛎 40. 🆎 ⓞ E 🆅🆂🅰
Montag geschl. — **M** a la carte 34/60.

In Unna-Königsborn :

🍴🍴 **Le Gourmet**, Hubert-Biernat-Str. 2 — 🅿. 🆎 ⓞ E 🆅🆂🅰
M a la carte 41/70 — **6 31 11.**

UNNAU 5239. Rheinland-Pfalz — 1 600 Ew — Höhe 358 m — Luftkurort — © 02661 (Bad Marienberg).

Mainz 106 — Hachenburg 8 — Limburg an der Lahn 47 — Siegen 47.

☎ **Goebel**, Erbacher Str. 10, ℰ 52 32, 🛲 — ℗
*Okt. geschl. — **M** (Montag geschl.) 13/23 (mittags) und a la carte 23/35 — **11 Z : 21 B** 30/37 - 60/74.*

UNTERBACH Nordrhein-Westfalen siehe Düsseldorf.

UNTERELCHINGEN Bayern siehe Elchingen.

UNTERELSBACH Bayern siehe Oberelsbach.

UNTERFÖHRING Bayern siehe München.

UNTERGRUPPENBACH 7101. Baden-Württemberg 🗺 K 19 — 6 400 Ew — Höhe 270 m — © 07131.

◆Stuttgart 42 — ◆Heilbronn 10 — ◆Nürnberg 166 — ◆Würzburg 108.

☎ **Landgasthof Fromm**, Happenbacher Str. 54, ℰ 70 20 40 — ☎ 🚗 ℗. 🛋
*(nur Abendessen) — **13 Z : 24 B**.*

UNTERHACHING Bayern siehe München.

UNTERHAUSEN Bayern siehe Oberhausen.

UNTERJOCH Bayern siehe Hindelang.

UNTERKIRNACH 7731. Baden-Württemberg 🗺 HI 22 — 2 400 Ew — Höhe 800 m — Luftkurort — Wintersport : 800/900 m ✦1 ✦3 — © 07721 (Villingen-Schwenningen).

🔲 Bürgermeisteramt, Hauptstr. 19, ℰ 5 30 37.

◆Stuttgart 122 — Donaueschingen 25 — ◆Freiburg im Breisgau 65.

XX **Zum Stadthof**, Hauptstr. 6, ℰ 5 70 77, 🛲 — ℗. 🔳 **E**
*Freitag und Juli 2 Wochen geschl. — **M** 44/76.*

XX **Rößle-Post**, Hauptstr. 16, ℰ 5 45 21 — ℗. 🔳 ⓪ **E**
Dienstag geschl. — Menu a la carte 28/54.

UNTERLENNINGEN Baden-Württemberg siehe Lenningen.

UNTERLÜSS 3104. Niedersachsen — 4 400 Ew — Höhe 110 m — © 05827.

◆Hannover 80 — Celle 37 — Lüneburg 65 — Munster 31.

X **Zur Post** mit Zim, Müdener Str. 72, ℰ 3 59 — 🚗 ℗
→ *Okt. 3 Wochen geschl. — **M** (Mittwoch geschl.) a la carte 18/37 — **8 Z : 13 B** 28/45 - 68/72.*

UNTERPFAFFENHOFEN Bayern siehe Germering.

UNTERREICHENBACH 7267. Baden-Württemberg 🗺 I J 20 — 2 100 Ew — Höhe 525 m — Erholungsort — © 07235.

◆Stuttgart 62 — Calw 14 — Pforzheim 12.

In Unterreichenbach - Kapfenhardt :

🏨 **Mönchs Waldhotel Kapfenhardter Mühle** 🍃, ℰ 79 00, Telex 783443, Fax 328, ≤, 🛲, ≘s, 🔲, 🛠 — ⧉ 📺 ℗ — 🕍 40. 🔳 ⓪ **E** 🎟 🛠 Zim
M a la carte 33/70 — **65 Z : 101 B** 75/135 - 146/220 Fb — ½ P 110/145.

🏨 **Jägerhof** 🍃, Hasenrain 1, ℰ 81 30, 🛲, 🛲 — 🚗 ℗
*Ende Jan.- Anfang Feb. geschl. — **M** (Montag geschl.) a la carte 26/48 👙 — **14 Z : 25 B** 48 - 86 Fb — ½ P 64.*

🏨 **Untere Kapfenhardter Mühle** 🍃, ℰ 2 23, Fax 7180, 🛲, ≘s, 🛲 — ⧉ ☎ ℗ — 🕍 25/60.
→ **E** 🎟
*Ende Nov.- Anfang Dez. geschl. — **M** (Nov.- Mitte April Dienstag geschl.) a la carte 21/45 👙 — **34 Z : 65 B** 50/75 - 86/125 — ½ P 62/90.*

UNTERSCHLEISSHEIM 8044. Bayern 🗺 R 22. 🗺 ㉗ — 20 000 Ew — Höhe 474 m — © 089 (München).

◆München 18 — ◆Augsburg 69 — Ingolstadt 62 — Landshut 60.

🏨 **Mercure** garni, Rathausplatz 8 (Lohof), ℰ 3 10 20 34, Telex 529888, Fax 3173596, ≘s — ⧉ 📺 ☎ — 🕍 40. 🔳 **E** 🎟
57 Z : 114 B 116/136 - 132/172 Fb.

UNTERSTEINBACH Baden-Württemberg siehe Pfedelbach.

UNTERSTMATT Baden-Württemberg siehe Schwarzwaldhochstraße.

UNTERUHLDINGEN Baden-Württemberg siehe Uhldingen-Mühlhofen.

UNTERWÖSSEN 8218. Bayern **413** U 23, **426** ⑲ — 2 900 Ew — Höhe 600 m — Luftkurort - Wintersport : 600/900 m ≰5 ≴2 — ✪ 08641 (Grassau).
🛈 Verkehrsamt, Rathaus, ℰ 82 05.
◆München 99 — Rosenheim 40 — Traunstein 29.

　🏠 **Zum Bräu**, Hauptstr. 70, ℰ 83 03, 🍴 — 🛗 ♿ ✿. ✵ Zim
　　5.- 30. Nov. geschl. — **M** (Okt.- April Montag geschl.) a la carte 22/43 — **32 Z : 65 B** 45/60 80/120 — ½ P 60/80.

　🏠 **Zur Post**, Hauptstr. 51, ℰ 87 36, 🍴 — ☎ ⇔ ✿. ⓪ 🅴
　　Mitte Nov.- 20. Dez. geschl. — **M** a la carte 22/45 — **33 Z : 60 B** 30/65 - 56/110 — ½ P 48/85.

　🏠 **Haus Gabriele** ⑳, Bründlsberggasse 14, ℰ 86 02, 🍴, ✿ — ⇔ ✿
　　Nov. geschl. — (Restaurant nur für Hausgäste) — **32 Z : 60 B** 36/50 - 70/76.

　In Unterwössen-Oberwössen S : 5,5 km :

　🏠 **Post**, Dorfstr. 22, ℰ (08640) 82 91, 🍴, ✿ — ✿
　◆ Nov.- 19. Dez. geschl. — **M** (Dienstag geschl.) a la carte 20/46 — **22 Z : 40 B** 42/65 - 80/130.

UPLENGEN 2912. Niedersachsen — 9 300 Ew — Höhe 10 m — ✪ 04956.
◆Hannover 206 — Emden 42 — ◆Oldenburg 38 — Wilhelmshaven 48.

　In Uplengen-Remels :

　🏚 **Uplengener Hof**, Ostertorstr. 57 (B 75), ℰ 12 25 — ⇔ ✿. ⓪ 𝚅𝙸𝚂𝙰. ✵ Zim
　◆ Juli 2 Wochen und 24. Dez.- 2. Jan. geschl. — **M** (Dienstag geschl.) a la carte 20/35 — **7 Z 11 B** 37/43 - 74/78.

Die Übernachtungs- und Pensionspreise können sich durch
Kurtaxe und Heizungszuschlag erhöhen.
Erfragen Sie daher bei der Zimmerreservierung den zu zahlenden Endpreis.

URACH, BAD 7432. Baden-Württemberg **413** L 21, **987** ㉟ — 11 000 Ew — Höhe 465 m — Heilbad — ✪ 07125.
🛈 Kurverwaltung, Haus des Gastes, Bei den Thermen 4, ℰ 17 61.
◆Stuttgart 46 — Reutlingen 19 — ◆Ulm (Donau) 56.

　🏨 **Parkhotel**, Bei den Thermen 10, ℰ 14 10, Fax 1747, Fahrradverleih — 🛗 📺 ☎ ♿ ✿ —
　　♨ 25/100. 🆎 ⓪ 🅴 𝚅𝙸𝚂𝙰
　　M a la carte 44/61 — **100 Z : 160 B** 95/145 - 150/220 Fb — ½ P 109/154.

　🏨 **Graf Eberhard** ⑳, Bei den Thermen 2, ℰ 14 80 (Hotel)74 66 (Rest.), 🍴 — 🛗 📺 ☎ ⇔
　　✿ — ♨ 25/150. 🆎 ⓪ 🅴 𝚅𝙸𝚂𝙰. ✵ Zim
　　M (auch vegetarische Gerichte) a la carte 28/69 — **77 Z : 150 B** 69/79 - 108/120 Fb —
　　½ P 73/104.

　🏠 **Ratstube** ⑳ (ehem. Zunfthaus a.d. 16. Jh.), Kirchstr. 7, ℰ 18 44 — 📺 ☎ ✿
　　Feb. geschl. — **M** (Montag geschl.) 19/25 (mittags) und a la carte 28/59 — **15 Z : 26 B** 58/75
　　- 89/104 Fb.

　🏠 **Frank-Vier Jahreszeiten**, Stuttgarter Str. 5, ℰ 16 96 — 🛗 📺 ☎. ⓪ 🅴 𝚅𝙸𝚂𝙰
　　M a la carte 25/59 — **29 Z : 50 B** 67/95 - 92/178 — ½ P 68/117.

　🏠 **Café Buck**, Neue Str. 5, ℰ 17 17 — 🛗 ☎ ⇔. 🆎 🅴
　　M a la carte 26/46 — **25 Z : 44 B** 54/78 - 98/118 Fb — 7 Fewo 96/108 — ½ P 71/96.

　🏠 **Hotel am Berg**, Ulmer Str. 14, ℰ 17 14, ≤ — 🛗 ☎ ⇔ ✿. 🆎 ⓪ 🅴 𝚅𝙸𝚂𝙰
　　15. Dez.- 15. Jan. geschl. — **M** (Sonntag 15 Uhr - Montag geschl.) a la carte 25/50 — **45 Z :
　　70 B** 35/95 - 70/120 — ½ P 55/85.

　🏠 **Traube** ⑳, Kirchstr. 8, ℰ 7 00 63, 🍴 — ☎
　　Feb.- März 2 Wochen geschl. — **M** (auch Diät und vegetarische Gerichte) (Nov.- März
　　Donnerstag geschl.) a la carte 22/40 — **11 Z : 22 B** 59 - 92.

　🏠 **Breitenstein** ⑳ garni, Eichhaldestr. 111, ℰ 16 77, ≤, Massage, ⇔, 🔲, ✿ — 🛗 📺 ☎
　　⇔ ✿
　　16 Z : 27 B 56/75 - 100/115.

　🏠 **Bächi** ⑳ garni, Olgastr. 10, ℰ 18 56, 🔟 (geheizt), ✿ — ☎ ✿. ✵
　　16 Z : 23 B 47/60 - 82/86.

USINGEN 6390. Hessen **413** I 15, **987** ㉔ ㉟ — 10 600 Ew — Höhe 270 m — ✪ 06081.
◆Wiesbaden 62 — ◆Frankfurt am Main 33 — Gießen 41 — Limburg an der Lahn 41.

　🏠 **Zur goldenen Sonne**, Obergasse 17, ℰ 30 08 — ☎ ⇔ ✿ — ♨ 25/100
　◆ Juli - Aug. 3 Wochen geschl. — **M** (Montag geschl.) a la carte 21/50 — **27 Z : 44 B** 72 -
　　98 Fb.

USLAR 3418. Niedersachsen **987** ⑮ — 17 300 Ew — Höhe 173 m — Erholungsort — ✆ 05571.

🛈 Tourist-Information, Graftplatz 3, ✆ 50 51.

◆Hannover 133 — ◆Braunschweig 120 — Göttingen 39 — ◆Kassel 62.

🏨 **Romantik-Hotel Menzhausen**, Lange Str. 12, ✆ 20 51, Fax 5820, « Reich verzierte 400-jährige Fachwerkfassade », 🐾 — 🔟 🅿 – 🛃 40. 🖭 ⓸ 🗲 𝖵𝖨𝖲𝖠. 🕸
M 25/65 — **29 Z : 48 B** 80/120 - 115/200 Fb - (Neubau mit 10 Z, 🔲 ab Mai 1990).

🏠 Unter den Linden, Graftplatz 1, ✆ 31 37 — ☎
11 Z : 19 B.

In Uslar - Fürstenhagen S : 12 km :

🍴 **Zur Linde** 🕸, Ahornallee 32, ✆ (05574) 3 22, 🕿 – 🅿
M *(Mittwoch geschl.)* a la carte 20/41 — **14 Z : 29 B** 28 - 56.

In Uslar 1-Schönhagen NW : 7 km — Erholungsort :

🏠 **Fröhlich-Höche**, Amelither Str. 6 (B 241), ✆ 26 12, 🏵, 🐾 – 🅿
M *(Donnerstag geschl.)* a la carte 20/39 — **17 Z : 27 B** 25/35 - 50/70.

In Uslar 2-Volpriehausen O : 8 km :

🏨 **Landhotel am Rothenberg** 🕸, Rothenbergstr. 4, ✆ (05573) 3 62, Fax 1564, 🕿, 🐾 –
☎ 🅿 – 🛃 25/60. 🖭 🗲. 🕸
20. Dez.- Feb. geschl. — **M** a la carte 24/49 — **45 Z : 90 B** 40/70 - 70/110 Fb.

USSELN Hessen siehe Willingen (Upland).

UTTING AM AMMERSEE 8919. Bayern **413** Q 22, ⑯ — 2 900 Ew — Höhe 554 m — ✆ 08806.

◆München 41 — ◆Augsburg 60 — Landsberg am Lech 24.

In Utting-Holzhausen :

🍴 **Sonnenhof** 🕸, Ammeerestr. 1, ✆ 73 74, 🏵, 🐾, Fahrradverleih – 🅿
22. Dez.- 28. Jan. geschl. — **M** *(Dienstag geschl.)* a la carte 19/44 — **25 Z : 50 B** 35/70 - 70/85.

VAAKE Hessen siehe Reinhardshagen.

VAIHINGEN AN DER ENZ 7143. Baden-Württemberg **413** J 20 — 23 000 Ew — Höhe 245 m — ✆ 07042.

◆Stuttgart 28 — Heilbronn 54 — ◆Karlsruhe 56 — Pforzheim 21.

🏠 Post garni, Franckstr. 23, ✆ 40 71 — 🛗 ☎ ⟺
21 Z : 33 B Fb.

VALLENDAR 5414. Rheinland-Pfalz — 10 800 Ew — Höhe 69 m — ✆ 0261.

Mainz 115 — ◆ Bonn 65 — ◆ Koblenz 9.

🏠 **Alexander v. Humboldt**, Rheinstr. 31 (B 42), ✆ 6 60 46, 🕿 – 🛗 🔟 ☎ 🅿 – 🛃 50. 🖭 ⓸ 🗲 𝖵𝖨𝖲𝖠
M *(wochentags nur Abendessen, Montag geschl.)* a la carte 25/55 🍴 — **22 Z : 43 B** 60/75 - 100/120 Fb.

🍴🍴 **Die Traube - Schlemmerstübchen**, Rathausplatz 12 (1. Etage), ✆ 6 11 62, « Fachwerkhaus a.d.J. 1698 » — 🖭 ⓸
Dienstag geschl. — **M** (Tischbestellung ratsam) a la carte 40/70.

VALWIG Rheinland-Pfalz siehe Cochem.

VAREL 2930. Niedersachsen **987** ⑭ — 24 300 Ew — Höhe 10 m — ✆ 04451.

◆Hannover 204 — ◆Oldenburg 34 — Wilhelmshaven 25.

🏨 **Friesenhof** (mit Gästehaus), Neumarktplatz 6, ✆ 50 75 — 🔟 ☎ ⟺ 🅿. 🖭 ⓸ 🗲 𝖵𝖨𝖲𝖠
M a la carte 29/53 — **55 Z : 95 B** 47/52 - 90/140 Fb.

🍴 **Ahrens**, Bahnhofstr. 53, ✆ 57 21 — ☎ ⟺ 🅿
M *(Samstag geschl.)* 16 (mittags) und a la carte 22/45 — **15 Z : 20 B** 27/40 - 54/70.

🍴🍴 **Schienfatt**, Neumarktplatz 3, ✆ 47 61, « Friesisches Heimatmuseum »
wochentags nur Abendessen, Montag und Juli - Aug. 3 Wochen geschl. — **M** a la carte 36/63.

In Varel 2-Obenstrohe SW : 4,5 km :

🏨 **Waldschlößchen Mühlenteich** 🕸, Mühlteichstr. 78, ✆ 8 40 61, Telex 251231, 🏵, Massage, 🕿, 🔲, Fitness-Center — 🔟 🅿 – 🛃 25/70. 🕸
M a la carte 35/70 — **54 Z : 104 B** 75/130 - 130/235 Fb.

🏠 **Landgasthof Haßmann**, Wiefelsteder Str. 71, ✆ 26 02 — 🔟 ☎ 🅿
M a la carte 24/45 — **10 Z : 20 B** 45 - 80.

VASBECK Hessen siehe Diemelsee.

VATERSTETTEN 8011. Bayern 413 S 22 — 19 000 Ew — Höhe 528 m — ✪ 08106 (Zorneding).
◆München 17 — Landshut 76 — Passau 160 — Salzburg 138.

🏠 **Cosima** garni, Bahnhofstr. 23, ℰ 3 10 59, Fax 31104 — 📺 ☎ ⇌ 🅿. 🆎 ⓞ 🇪 𝐕𝐈𝐒𝐀
22. Dez.- 6. Jan. geschl. — **31 Z : 58 B** 68/120 - 88/128.

In Vaterstetten-Neufarn NO : 7,5 km :

🏠 **Stangl** (mit 🏠 Gasthof), Münchener Str. 1 (B 12), ℰ (089) 90 50, Biergarten
→ « Renovierter Gutshof mit Jugendstileinrichtung » — 🛗 📺 🅿 — ♨ 40
53 Z : 64 B.

🏠 **Gasthof Anderschitz**, Münchener Str. 13 (B 12), ℰ (089) 9 03 51 17 — 🅿
→ 26. Dez.- 15. Jan. geschl. — **M** *(Samstag geschl.)* a la carte 21/45 — **24 Z : 38 B** 35/55
65/90.

In Vaterstetten-Parsdorf N : 4,5 km 987 ⑰

🏠 **Erb** garni (mit Gästehaus), Posthalterring 1, ℰ (089) 9 03 73 74, Fax 9044457, ⇌ — 🛗 📺 ☎
⇌ 🅿 — ♨ 40. 🆎 ⓞ
51 Z : 84 B 70/115 - 100/145 Fb.

VECHTA 2848. Niedersachsen 987 ⑭ — 23 200 Ew — Höhe 37 m — ✪ 04441.
◆Hannover 124 — ◆Bremen 69 — ◆Oldenburg 49 — ◆Osnabrück 61.

🏠 **Igelmann**, Lohner Str. 22, ℰ 50 66 — 📺 ☎ 🅿. 🆎 ⓞ 🇪
(nur Abendessen für Hausgäste) — **22 Z : 44 B** 55/65 - 85/110 Fb.

🏠 **Schäfers**, Große Str. 115, ℰ 30 50 — 📺 ☎ 🅿. 🆎 ⓞ 🇪 𝐕𝐈𝐒𝐀
→ **M** *(wochentags nur Abendessen)* a la carte 20/45 — **17 Z : 33 B** 55/58 - 85/95.

🏠 **Sauna-Hotel** garni, Neuer Markt 20, ℰ 52 21 — 📺 ⇌ 🅿. ⓞ 🇪
13 Z : 20 B 40 - 70.

VECKERHAGEN Hessen siehe Reinhardshagen.

VEILBRONN Bayern siehe Heiligenstadt.

VEITSHÖCHHEIM 8707. Bayern 413 M 17 — 9 400 Ew — Höhe 178 m — ✪ 0931 (Würzburg).
Sehenswert : Rokoko-Hofgarten★.
🛈 Tourist-Information, Rathaus, Erwin-Vornberger-Platz, ℰ 9 00 96 39.
◆München 287 — Karlstadt 17 — ◆Würzburg 7.

🏠 **Hotel am Main** 🦢 garni, Untere Maingasse 35, ℰ 9 30 25 — 📺 ☎ 🅿. ⓞ 🇪
24. Dez.- 8. Jan. geschl. — **22 Z : 35 B** 69/85 - 110 Fb.

🏠 **Ratskeller** 🦢, Erwin-Vornberger-Platz, ℰ 9 11 49, �── — ☎ 🅿
9 Z : 15 B Fb.

🏠 **Spundloch**, Kirchstr. 19, ℰ 9 12 13, �── — 📺 ☎. 🇪 𝐕𝐈𝐒𝐀
Jan. 3 Wochen geschl. — **M** a la carte 23/48 🍴 — **10 Z : 20 B** 60/75 - 96/120 Fb.

VEITSRODT Rheinland-Pfalz siehe Idar Oberstein.

VELBERT 5620. Nordrhein-Westfalen 987 ⑭ — 88 700 Ew — Höhe 260 m — ✪ 02051.
Siehe Ruhrgebiet (Übersichtsplan).
🛈 Verkehrsverein, Pavillon am Denkmal, Friedrichstr. 181 a, ℰ 31 32 96.
◆Düsseldorf 37 — ◆Essen 16 — Wuppertal 19.

🏠 **Parkhotel** 🦢, Günther-Weisenborn-Str. 7, ℰ 49 20, Telex 2051315, Fax 492175, ≼
« Terrasse, Park », ⇌ — 🛗 📺 ♨ 🅿 — ♨ 25/60. 🆎 ⓞ 🇪 𝐕𝐈𝐒𝐀
M *(Samstag bis 18 Uhr und Sonntag ab 14 Uhr geschl.)* a la carte 42/65 — **82 Z : 146 B**
182/242 - 258/298 Fb.

🏠 **Stüttgen**, Friedrichstr. 168, ℰ 42 61, Fax 55561 — 📺 ☎ — ♨ 25/50. ⓞ 🇪 𝐕𝐈𝐒𝐀. ⚘
Juli geschl. — (nur Abendessen für Hausgäste) — **22 Z : 30 B** 78/128 - 138/168 Fb.

🏠 **Zur Traube**, Friedrichstr. 233, ℰ 5 32 31 — 📺 ☎ 🅿. 🆎 ⓞ 🇪 𝐕𝐈𝐒𝐀
→ **M** *(Freitag und 24. Dez.- 10. Jan. geschl.)* a la carte 20/60 — **28 Z : 35 B** 70/85 - 120/150.

🏠 **Goeben** garni, Goebenstr. 49, ℰ 8 10 41 — ☎ ⇌
20. Dez.- 10. Jan. geschl. — **15 Z : 19 B** 45/65 - 90 Fb.

In Velbert 15-Neviges SO : 4 km :

🏠 **Kimmeskamp** 🦢, Elberfelder Str. 19, ℰ (02053) 25 46 — 📺 ☎ 🅿. 🇪 𝐕𝐈𝐒𝐀
23. Dez.- 24. Jan. geschl. — **M** *(Montag - Dienstag geschl.)* a la carte 28/65 — **8 Z : 14 B** 75
110.

✕✕ **Haus Stemberg**, Kuhlendahler Str. 295, ℰ (02053) 56 49, �── — 🅿. 🆎 ⓞ 🇪 𝐕𝐈𝐒𝐀 Menü
Donnerstag - Freitag, Feb.- März 2 Wochen und Juli 3 Wochen geschl. —
(Tischbestellung ratsam) 19/42 (mittags) und a la carte 30/75.

VELBURG 8436. Bayern **413** S 19. **987** ㉗ − 4 100 Ew − Höhe 516 m − ✆ 09182.
♦München 144 − ♦Nürnberg 60 − ♦Regensburg 51.

🏠 **Zum Löwen**, Stadtplatz 11, ℰ 4 97, 🚗 − 🛗 🖚
← **M** *(Samstag geschl.)* a la carte 16/25 − **25 Z : 50 B** 33/38 - 55/58 Fb.

🏠 **Zur Post**, Parsberger Str. 2, ℰ 16 35 − 🛗 🖚 🅿 − 🏛 25/200
← **M** a la carte 15/31 − **101 Z : 200 B** 35/39 - 62 Fb.

VELEN 4282. Nordrhein-Westfalen − 10 300 Ew − Höhe 55 m − ✆ 02863.
♦Düsseldorf 98 − Bocholt 30 − Enschede 54 − Münster (Westfalen) 52.

🏰 **Sportschloß Velen** ⚲ (Westfälisches Wasserschloß), ℰ 20 30, Fax 203788, Hochzeitskapelle, 🚗, 🔲, 🎾 (Halle) − 🛗 📺 ♿ 🅿 − 🏛 25/200. 🖭 ⓞ 🗲 𝘝𝘐𝘚𝘈
M *(auch vegetarisches Menu)* a la carte 49/73 − **Orangerie - Keller** *(wochentags nur Abendessen)* **M** a la carte 29/56 − **98 Z : 130 B** 115/175 - 175/225 Fb.

🕱 **Emming-Hillers**, Kirchplatz 1, ℰ 13 70, Fahrradverleih − 🖚 🅿
← 1.- 15. Nov. geschl. − **M** *(Dienstag geschl.)* a la carte 18/40 − **6 Z : 11 B** 35/40 - 70/80.

In Velen 2-Ramsdorf W : 5 km :

🏠 **Rave** ⚲, Hüpohlstr. 31, ℰ 52 55, 🚗, 🖛, Fahrradverleih − 🅿 − 🏛 60
← **M** *(Donnerstag geschl.)* a la carte 20/45 − **43 Z : 80 B** 35/40 - 60/66.

VELLBERG 7175. Baden-Württemberg **413** M 19 − 3 600 Ew − Höhe 369 m − Erholungsort − ✆ 07907.
Sehenswert : Pfarrkirche St. Martin ≼★.
🛈 Fremdenverkehrsamt im Amtshaus, Marktplatz, ℰ 20 55.
♦Stuttgart 81 − Aalen 49 − Schwäbisch Hall 13.

🏨 **Schloß Vellberg** ⚲ (mit Gästehäusern), ℰ 70 01, Fax 1361, ≼, 🖙, « Schloßkapelle, Kaminzimmer, Rittersaal », 🚗 − 📺 ☎ 🅿 − 🏛 25/60. 🖭 ⓞ 🗲 𝘝𝘐𝘚𝘈
7.- 14. Jan. geschl. − **M** a la carte 30/70 ⚶ − **39 Z : 54 B** 60/105 - 100/180 Fb − ½ P 82/137.

In Vellberg-Eschenau SO : 1,5 km :

✗ **Rose**, Ortsstr. 13, ℰ 22 94 − 🅿
Montag, über Karneval 2 Wochen und Juli - Aug. 3 Wochen geschl. − Menu a la carte 23/54.

VELMEDE Nordrhein-Westfalen siehe Bestwig.

VERDEN AN DER ALLER 2810. Niedersachsen **987** ⑮ − 25 500 Ew − Höhe 25 m − ✆ 04231.
🛈 Verkehrsamt im Pavillon, Osterotorstr. 7a, ℰ 1 23 17.
♦Hannover 88 − ♦Bremen 38 − Rotenburg (Wümme) 25.

🏨 **Höltje**, Obere Str. 13, ℰ 89 20, Fax 892111, 🖙, 🚗, 🔲 − 📺 ☎ 🅿 − 🏛 25/60. 🖭 ⓞ 🗲 𝘝𝘐𝘚𝘈
M a la carte 31/70 − **46 Z : 83 B** 68/98 - 115/145 Fb.

🏨 **Haag's Hotel Niedersachsenhof**, Lindhooper Str. 97, ℰ 6 90 33, Fax 64875, 🖙, 🚗 −
🛗 📺 ☎ ♿ 🅿 − 🏛 25/230. 🖭 ⓞ 🗲 𝘝𝘐𝘚𝘈
M a la carte 26/58 − **82 Z : 160 B** 65/85 - 98/135 Fb.

🏨 **Parkhotel Grüner Jäger**, Bremer Str. 48 (B 215), ℰ 50 91, Fax 82200, 🚗, 🔲 − 🛗 ☎ ♿
🅿 − 🏛 25/400. 🖭 ⓞ 🗲 𝘝𝘐𝘚𝘈
M a la carte 32/60 − **43 Z : 66 B** 58/85 - 100/180 Fb.

✗✗ **Haus Schlepegrell**, Von-Einem-Platz 7, ℰ 30 60 − 🗲
nur Abendessen, Sonntag geschl. − **M** a la carte 50/74.

✗✗ **Landhaus Hesterberg**, Hamburger Str. 27, ℰ 7 39 49, « 350 Jahre altes, restauriertes Fachwerkhaus » − 🅿. 🗲
Donnerstag und Juli - Aug. 2 Wochen geschl. − **M** a la carte 35/58.

✗ **Zum Burgberg** mit Zim, Grüne Str. 36, ℰ 22 02 − 📺 🅿. ⓞ 🗲. 🍽 Zim
M *(Montag geschl.)* a la carte 28/64 − **5 Z : 8 B** 50/70 - 80.

In Verden-Walle NO : 7 km :

🕱 **Schützenhof**, Waller Heerstr. 97 (B 215), ℰ (04230) 2 33 − ☎ 🅿. 🖭 ⓞ 🗲 𝘝𝘐𝘚𝘈
← **M** a la carte 21/46 − **15 Z : 25 B** 40 - 80.

In Dörverden S : 10 km :

🏠 Pfeffermühle (mit Gästehaus), Große Str. 70 (B 215), ℰ (04234) 22 31 (Hotel) 13 65 (Rest.),
🖙, 🖛 − ☎ ♿ 🖚 🅿
17 Z : 29 B.

In Dörverden-Barnstedt 2817 SO : 9 km :

✗✗ **Fährhaus** ⚲ mit Zim, ℰ (04239) 3 33, ≼, « Terrasse an der Aller » − 🅿. 🖭
M a la carte 28/55 − **4 Z : 8 B** 50/60 - 80/90.

VERL Nordrhein-Westfalen siehe Gütersloh.

VERSMOLD 4804. Nordrhein-Westfalen 987 ⑭ − 18 700 Ew − Höhe 70 m − ✪ 05423.
♦Düsseldorf 165 − Bielefeld 33 − Münster (Westfalen) 44 − ♦Osnabrück 33.

🏨 **Altstadthotel**, Wiesenstr. 4, ℰ 30 36, Fax 43149, 🕿 − 🛗 📺 ☎ 🅿 − 🔬 25/200. 🅰 🅾 🇪
  VISA
  M 29 (mittags) und a la carte 45/70 − **31 Z : 52 B** 84 - 138 Fb.

  In Versmold-Bockhorst NO : 6 km :

🟩 **Alte Schenke** mit Zim, An der Kirche 3, ℰ 85 97 − 📺 ☎ 🅿
  2.- 10. Jan. und Juni - Juli 2 Wochen geschl. − **M** *(wochentags nur Abendessen, Montag geschl.)* a la carte 40/70 − **3 Z : 5 B** 80 - 160.

VIECHTACH 8374. Bayern 413 V 19. 987 ㉗ − 8 000 Ew − Höhe 450 m − Luftkurort − Wintersport : ⚓8 − ✪ 09942.
🛈 Verkehrsamt, Stadtplatz 1, ℰ 8 08 25, Fax 1616.
♦München 174 − Cham 27 − Deggendorf 31 − Passau 82.

🏨 **Schmaus**, Stadtplatz 5, ℰ 16 27, Telex 69441, 🍴, 🕿, 🖾 − 🛗 📺 ☎ 🚗 🅿 − 🔬 25/50.
  🅰 🅾 🇪 VISA. 🛠 Rest
  9.- 27. Jan. geschl. − **M** a la carte 28/57 − **42 Z : 74 B** 51/75 - 98/130 Fb.

  In Viechtach-Neunußberg NO : 10 km :

🟩 **Burggasthof Sterr-Gästehaus Burgfried** 🗡, ℰ 88 20, <, 🍴, 🕿, 🖾, 🛠 − 🚗 🅿
  5. Nov.- 15. Dez. geschl. − **M** a la carte 15/28 − **33 Z : 56 B** 36/47 - 62/84 Fb.

VIENENBURG 3387. Niedersachsen 987 ⑯ − 11 700 Ew − Höhe 140 m − ✪ 05324.
♦Hannover 101 − ♦Braunschweig 38 − Göttingen 91 − Goslar 11.

🟦 **Multhaupt**, Goslarer Str. 4 (B 241), ℰ 30 27 − 🚗. 🛠
  M a la carte 17/32 − **13 Z : 24 B** 35 - 60.

VIERNHEIM 6806. Hessen 413 I 18. 987 ㉕ − 30 000 Ew − Höhe 100 m − ✪ 06204.
Siehe Stadtplan Mannheim-Ludwigshafen.
🟪 Alte Mannheimer Str. 3 (beim Viernheimer Kreuz), ℰ 7 13 07.
♦Wiesbaden 82 − ♦Darmstadt 47 − Heidelberg 21 − ♦Mannheim 11.

🏨 **Continental**, Bürgermeister-Neff-Str. 12 (Rhein-Neckar-Zentrum), ℰ 60 90, Telex 465452,
  Fax 609222, 🍴, 🕿, 🖾. Fahrradverleih − 🛗 🛎 Zim 🔲 📺 ☎ & 🅿 − 🔬   DU **r**
  121 Z : 225 B Fb.

🏨 **Post** garni, Luisenstr. 3, ℰ 7 09 10 − 🛗 📺 ☎ 🚗 🅿 − 🔬 45. 🛠   DU **a**
  16 Z : 32 B 90/100 - 120/145 Fb.

🏨 **Central-Hotel** garni, Hölderlinstr. 4, ℰ 20 81, 🕿 − 🛗 📺 ☎ 🅿. 🅰 🅾 🇪 VISA   DU **n**
  40 Z : 80 B 85/99 - 119/150 Fb − 3 Appart. 500.

🟦 **Am Kapellenberg** garni, Mannheimer Str. 59, ℰ 7 70 77 − 📺 ☎ 🅿   DU **e**
  18 Z : 28 B 68 - 94 Fb.

✕ **Die Stubb**, Luisenstr. 10, ℰ 7 23 73 − 🅰   DU **a**
  nur Abendessen, Sonntag und Juli - Aug. 4 Wochen geschl. − **M** (Tischbestellung ratsam)
  a la carte 52/85.

  In Viernheim-Neuzenlache über die A 659 DU, Ausfahrt Viernheim-Ost :

✕✕✕ ❀ **Pfeffer und Salz**, Neuzenlache 8, ℰ 7 70 33, 🍴, bemerkenswerte Weinkarte − 🅿. 🅰
  Samstag bis 18 Uhr, Sonn- und Feiertage, Juli - Aug. 2 Wochen und 24. Dez.- 7. Jan. geschl.
  − **M** (Tischbestellung ratsam) 59 (mittags) und a la carte 65/99
  Spez. Terrinen, Gänseleber süß-sauer, Fisch- und Wildgerichte (nach Saison).

VIERSEN 4060. Nordrhein-Westfalen 987 ㉓ − 80 000 Ew − Höhe 41 m − ✪ 02162.
♦Düsseldorf 33 − Krefeld 20 − Mönchengladbach 10 − Venlo 23.

🏨 **Kaisermühle** (ehemalige Mühle), An der Kaisermühle 20, ℰ 2 62 00, Fax 34751, 🍴 − 📺
  ☎ 🅿. 🅰 🅾 🇪 VISA
  M a la carte 32/63 − **12 Z : 20 B** 115/165 - 150/210.

✕✕ **Stadtwappen** mit Zim, Gladbacher Str. 143 (B 59), ℰ 3 20 11 − 🅿
  Juni - Juli 3 Wochen geschl. − **M** (Samstag bis 18 Uhr und Montag geschl.) a la carte 25/56
  − **7 Z : 10 B** 45/55 - 75/95.

  In Viersen 11-Dülken W : 5,5 km :

🟦 **Ratsstube**, Lange Str. 111, ℰ 43 36, Fax 4338 − 📺 ☎ 🚗. 🇪 VISA. 🛠 Zim
  M a la carte 30/65 − **14 Z : 20 B** 55/85 - 115.

  In Viersen 12-Süchteln NW : 4,5 km 987 ㉓㉒ :

✕✕ **Restaurant Petit Chateau im Höhenhotel Gehring** mit Zim (ehem. Villa),
  Hindenburgstr. 67, ℰ 72 77, Fax 80359 − 📺 ☎ 🚗 🅿. 🅰 🅾 🇪
  M (Montag und 10.- 30. Jan. geschl.) 23/34 (mittags) und a la carte 43/70 − **8 Z : 14 B** 58/78
  - 110/130.

VIERZEHNHEILIGEN Bayern. Sehenswürdigkeit siehe Lichtenfels und Staffelstein.

VILBEL, BAD 6368. Hessen 🔢🔢🔢 J 16. 🔢🔢🔢 ㉕ — 26 300 Ew — Höhe 110 m — Heilbad — ✪ 06101.
🔢 Städt. Kur- und Verkehrsbüro, Niddastr. 1, ℰ 23 89.
♦Wiesbaden 47 — ♦Frankfurt am Main 9 — Gießen 54.

🏨 **Am Kurpark** garni, Parkstr. 20, ℰ 6 46 52 — |🔕 📺 ☎ 🅟. ⛄
   46 Z : 80 B 69/95 - 90/130.

✗ **Hubertus**, Frankfurter Str. 192, ℰ 8 51 25 — 🆎 ⓞ 🔳 𝑽𝑰𝑺𝑨
   Sonntag ab 14 Uhr und Mittwoch geschl. — **M** a la carte 38/64.

VILLINGENDORF 7211. Baden-Württemberg 🔢🔢🔢 I 22 — 2 400 Ew — Höhe 621 m — ✪ 0741
(Rottweil).
♦Stuttgart 89 — Oberndorf 13 — Rottweil 5,5 — Schramberg 23.

🏨 **Kreuz**, Hauptstr. 8, ℰ 3 40 57, 🍴 — ☎ 🅟. 🔳
   1.- 12. Jan. und 8.- 30. Aug. geschl. — **M** (auch vegetarische Gerichte) (Mittwoch - Donnerstag
   16 Uhr geschl.) a la carte 28/50 — **8 Z : 11 B** 45 - 85.

✗✗ **Linde**, Rottweiler Str. 3, ℰ 3 18 43 — 🅟. 🆎 🔳
   Montag 15 Uhr - Dienstag und 20. Juli - 10. Aug. geschl. — Menu 26/95 und a la carte 30/66.

VILLINGEN-SCHWENNINGEN 7730. Baden-Württemberg 🔢🔢🔢 I 22. 🔢🔢🔢 ㉟ — 78 500 Ew —
Höhe 704 m — Kneippkurort — ✪ 07721.
🔢 Verkehrsamt, Villingen, Rietstr. 8, ℰ 8 23 11 — ADAC, Kaiserring 1 (Villingen), ℰ 2 40 40, Telex 7921533.
♦Stuttgart 115 ③ — ♦Freiburg im Breisgau 78 ⑤ — ♦Konstanz 90 ⑤ — Offenburg 79 ① — Tübingen 83 ③.
Stadtplan siehe nächste Seite.

Im Stadtteil Villingen :

🏨 **Ketterer**, Brigachstr. 1, ℰ 2 20 95, Telex 792554, Fax 22099 — |🔕 📺 ☎. 🆎 ⓞ 🔳 𝑽𝑰𝑺𝑨
⬥   21. Juli - 5. Aug. geschl. — **M** (Sonntag ab 15 Uhr und Samstag geschl.) 21/35 (mittags) und   A r
   a la carte 37/60 — **38 Z : 50 B** 75/90 - 100/140 Fb.

🏨 **Bosse** ⍩, Oberförster-Ganter-Str. 9 (Kurgebiet), ℰ 5 80 11, Fax 58013, 🌳 — 📺 ☎ 🅟. 🆎
   ⓞ 🔳 ⛄ Rest   über ⑥
   M (Freitag und 24. Dez.- Mitte Jan. geschl.) a la carte 33/60 — **36 Z : 56 B** 75/95 - 98/145.

🏨 **Parkhotel**, Brigachstr. 8, ℰ 2 20 11, 🛋 — |🔕 ☎. 🆎 ⓞ 🔳   A e
   M (Samstag geschl.) a la carte 34/63 — **19 Z : 30 B** 78/85 - 140 Fb.

🏠 **Bären**, Bickenstr. 19, ℰ 5 55 41 — |🔕 ☎ ⟺. 🔳 𝑽𝑰𝑺𝑨   A a
   M (auch vegetarische Gerichte) (Freitag geschl.) 18/30 (mittags) und a la carte 25/50 ⚗ —
   38 Z : 56 B 36/49 - 62/79 Fb.

✗✗ **Ratskeller**, Obere Str. 37 (Oberes Tor), ℰ 5 11 34, Biergarten   A v

Im Stadtteil Schwenningen :

🏨 **Central-Hotel**, Alte Herdstr. 12 (Muslen-Parkhaus), ℰ 3 80 03 — |🔕 📺 ☎ ⟺ — ⚖ 25/50.
   🆎 ⓞ 🔳   B c
   (nur Abendessen für Hausgäste) — **57 Z : 96 B** 92 - 130 Fb.

🏨 **Ochsen**, Bürkstr. 59, ℰ 3 40 44, Fax 21590 — |🔕 📺 ☎ ⟺ 🅟 — ⚖ 25/45. ⓞ 🔳 𝑽𝑰𝑺𝑨
   Menu (Freitag, 1.- 14. Jan. und 23. Juli - 12. Aug. geschl.) a la carte 34/64 — **Kupferpfanne**
   (nur Abendessen, Sonntag geschl.) **M** a la carte 23/50 — **43 Z : 60 B** 65/95 - 100/160 Fb.
                                                                                                     B a

🏠 **Royal**, August-Reitz-Str. 27, ℰ 3 40 01, « Uhrensammlung », 🛋 — 📺 ☎ ⟺. 🆎 ⓞ 🔳
   𝑽𝑰𝑺𝑨   B h
   Juli 2 Wochen geschl. — **M** (nur Abendessen, Sonn- und Feiertage geschl.) a la carte 30/52
   — **21 Z : 25 B** 65/78 - 110/115 Fb.

✗ **Zur Post**, Friedrich-Ebert-Str. 16, ℰ 3 53 84   B r
   Sonn- und Feiertage sowie 10.- 30. Juli und 23.- 31. Dez. geschl. — **M** a la carte 28/55.

Im Stadtteil Obereschach N : 5 km über Vockenhauser Str. A :

🏠 **Sonne**, Steinatstr. 17, ℰ 7 04 75 — ☎ 🅟
   20. Okt.- 15. Nov. geschl. — **M** (Dienstag geschl.) a la carte 23/42 ⚗ — **16 Z : 25 B** 38 - 65.

Im Stadtteil Weigheim über ③ : 7 km :

♨ **Schützen**, Deißlinger Str. 2, ℰ (07425) 75 76 — ☎ 🅟. 🆎 ⓞ 🔳 𝑽𝑰𝑺𝑨
⬥   Mitte Sept.- Mitte Okt. geschl. — **M** (Dienstag geschl.) a la carte 20/38 ⚗ — **9 Z : 16 B** 35/40
   - 65/70.

In Dauchingen 7735 NO : 4 km über Dauchinger Staße B :

🏠 **Schwarzwälder Hof** ⍩, Schwenninger Str. 3, ℰ (07720) 55 38, 🛋 — |🔕 ☎ ⟺ 🅟. 🔳
⬥   Aug. 3 Wochen geschl. — **M** (Dienstag geschl.) a la carte 19/47 ⚗ — **41 Z : 55 B** 29/54 -
   58/74.

🏠 **Landgasthof Fleig**, Villinger Str. 17, ℰ (07720) 59 09 — ☎ 🅟. 🔳
   2.- 10. Jan. und 1.- 18. Juli geschl. — **M** (Freitag geschl.) a la carte 26/42 — **18 Z : 29 B** 48 -
   75.

In Brigachtal-Klengen 7734 S : 7 km über Donaueschinger Str. A :

♨ **Sternen**, Hochstr. 2, ℰ (07721) 2 14 66 — 🅟. 🔳
   M (Freitag 14 Uhr - Samstag, Jan. 2 Wochen und 27. Juli - 7. Aug. geschl.) a la carte 22/40 ⚗
   — **41 Z : 61 B** 24/32 - 56/64 Fb.

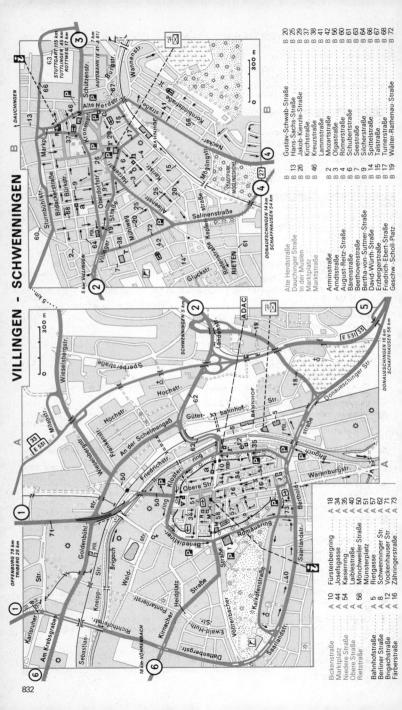

VILLINGEN - SCHWENNINGEN

VILSBIBURG 8313. Bayern [413] U 21, [987] ㊲ – 9 500 Ew – Höhe 449 m – ☎ 08741.
♦München 77 – Landshut 22 – Passau 106 – Salzburg 106.

Brauereigasthof Haslbeck, Stadtplatz 28, ✆ 2 75 – [P]
10 Z : 19 B.

VILSECK 8453. Bayern [413] S 18, [987] ㉗ – 5 800 Ew – Höhe 402 m – ☎ 09662.
♦München 222 – Bayreuth 64 – ♦Nürnberg 76 – ♦Regensburg 88 – Weiden in der Oberpfalz 28.

Angerer - Gasthof zum Hirschen (mit Gästehaus Turmhotel), Marktplatz 4, ✆ 16 90 – [P]. E. Rest
20. Dez.- 5. Jan. geschl. – **M** *(Montag bis 17 Uhr geschl.)* a la carte 15/35 – **39 Z : 65 B** 37/80 - 60/120 Fb - (Erweiterungsbau mit 23 Z und ab März 1990).

VILSHOFEN 8358. Bayern [413] W 21, [987] ㉘㊳, [426] ⑦ – 14 600 Ew – Höhe 307 m – ☎ 08541.
♦München 164 – Passau 23 – ♦Regensburg 101.

Bayerischer Hof, Vilsvorstadt 32, ✆ 50 65, – ☎ [P]. E
27. Dez.- 7. Jan. geschl. – **M** *(Samstag, im Winter auch Freitag ab 15 Uhr geschl.)* a la carte 19/37 – **31 Z : 42 B** 31/60 - 57/105.

VISSELHÖVEDE 2722. Niedersachsen [987] ⑮ – 10 000 Ew – Höhe 56 m – Erholungsort – ☎ 04262.
[i] Verkehrsamt, Haus des Gastes, Waldweg, ✆ 16 67.
♦Hannover 81 – ♦Bremen 60 – ♦Hamburg 98 – Lüneburg 72 – Rotenburg (Wümme) 19.

In Visselhövede-Hiddingen NO : 3 km :

Röhrs Gasthaus, Neuenkirchener Str.1, ✆ 13 72, « Garten », , – ☎ [P] – 25/80. [AE]
M *(Freitag bis 17 Uhr geschl.)* 15/24 (mittags) und a la carte 24/55 – **28 Z : 53 B** 50/60 - 85.

In Visselhövede-Jeddingen SW : 5 km :

Jeddinger Hof, Heidmark 1, ✆ 5 40, – [TV] ☎ [P] –
38 Z : 75 B.

VLOTHO AN DER WESER 4973. Nordrhein-Westfalen [987] ⑮ – 19 500 Ew – Höhe 47 m – ☎ 05733.
Vlotho-Exter, Heideholz 8 (SW : 8 km), ✆ (05221) 2 55 84.
♦Düsseldorf 206 – ♦Bremen 116 – ♦Hannover 76 – ♦Osnabrück 72.

Lütke, Poststr. 26, ✆ 50 75 – [TV] ☎ [P] – 25/60. [AE] E [VISA]
Juni - Juli 4 Wochen geschl. – Menu 21/32 (mittags) und a la carte 31/70 – **20 Z : 30 B** 55/60 - 85/95 Fb.

Fernblick , Lange Wand 16, ✆ 41 94, ≤ Wesertal und Porta Westfalica, – [TV] ☎ [P]. E
M *(Dienstag geschl.)* a la carte 20/48 – **18 Z : 36 B** 54 - 90 Fb.

In Vlotho-Exter SW : 8 km :

Grotegut, Detmolder Str. 252, ✆ (05228) 2 16 – [TV] ☎ [P]. [AE] E [VISA]. Zim
Menu *(Sonntag 15 Uhr - Montag 18 Uhr geschl.)* a la carte 28/65 – **12 Z : 22 B** 60 - 120.

Landhotel Ellermann, Detmolder Str. 250, ✆ (05228) 10 88 – [TV] ☎ [P]. [AE] .
2.- 27. Juli geschl. – **M** *(Dienstag geschl.)* a la carte 28/48 – **18 Z : 32 B** 35/49 - 70/90 Fb.

VÖHRENBACH 7741. Baden-Württemberg [413] HI 22 – 3 900 Ew – Höhe 800 m – Erholungsort – Wintersport : 800/1 100 m 4 3 – ☎ 07727.
[i] Verkehrsamt, Rathaus, Friedrichstr. 8, ✆ 50 11 15.
♦Stuttgart 131 – Donaueschingen 21 – ♦Freiburg im Breisgau 56 – Villingen-Schwenningen 18.

Kreuz, Friedrichstr. 7, ✆ 70 17 – [P]. E
Okt.- Nov. 3 Wochen geschl. – **M** *(Freitag - Samstag 17 Uhr geschl.)* 14 (mittags) und a la carte 21/48 – **15 Z : 30 B** 45/58 - 86/96 Fb.

Ochsen, Kälbergäßle 5, ✆ 2 24 – [P]
Okt. geschl. – **M** *(Montag geschl.)* a la carte 21/45 – **15 Z : 30 B** 43 - 76 – ½ P 48.

Zum Engel mit Zim, Schützenstr. 2, ✆ 70 52 – [P]
7.- 12. Jan. und 19. Juli - 10. Aug. geschl. – Menu *(Montag - Dienstag 18 Uhr geschl.)* 59/78 und a la carte 33/68 – **3 Z : 6 B** 35 - 70.

An der Straße nach Unterkirnach NO : 3,5 km – Höhe 963 m :

Friedrichshöhe, ✉ 7741 Vöhrenbach, ✆ (07727) 2 49, , , Fahrradverleih – ☎ [P]
Ende Okt.- Mitte Nov. geschl. – **M** *(Freitag geschl.)* a la carte 21/45 – **18 Z : 34 B** 42/48 - 80/88 Fb.

VÖHRINGEN 7917. Bayern **413** N 22, **987** ⊗ — 12 900 Ew — Höhe 498 m — ✪ 07306.
♦München 146 — Kempten (Allgäu) 75 — ♦Ulm (Donau) 22.

In Vöhringen-Illerberg 2 NO : 3 km :

XX **Burgthalschenke,** Hauptstr. 4 1/2 (Thal), ℰ 52 65, ⅀ — ❶ — 🄰 25/50
   Montag geschl. — **M** a la carte 32/66.

VÖLKLINGEN 6620. Saarland **987** ㉙, **242** ⑥, **57** ⑥ — 44 300 Ew — Höhe 185 m — ✪ 06898.
🛈 Amt für Verkehrs- und Wirtschaftsförderung, Rathaus, Hindenburgplatz, ℰ 1 32 14.
♦Saarbrücken 11 — Saarlouis 12.

🏨 **Am Stadion** garni, Stadionstr. 55, ℰ 2 20 33 — ☎ ⇐ ❶. 🄰🄴 ① ᴇ 𝖵𝖨𝖲𝖠
   23. Dez.- 4. Jan. geschl. — **32 Z : 40 B** 49/62 - 85/90 Fb.

🏨 **Montan-Hotel,** Karl-Janssen-Str. 47, ℰ 2 33 11 — ❶
   M *(Samstag geschl.)* a la carte 22/47 — **24 Z : 28 B** 50/65 - 95/120.

🏨 **Parkhaus,** Kühlweinstr. 70, ℰ 2 36 55, ⅀ — ❶
   M *(Donnerstag geschl.)* 18/35 (mittags) und a la carte 27/60 — **11 Z : 19 B** 45 - 75/95.

In Völklingen-Fürstenhausen S : 1,5 km :

🏨 **Saarhof,** Saarbrücker Str. 65, ℰ 3 72 39 — ▤ Rest 🆅 ☎ ⇐ ❶. ⅋ Zim
   (nur Abendessen nur Hausgäste) — **14 Z : 17 B** 56/78 - 116.

In Völklingen-Geislautern SW : 2 km :

🏨 **Gästehaus Irene** garni, Im Kirchenfeld 16, ℰ 7 81 40 — ☎ ❶
   11 Z : 15 B 62 - 95.

☝ **Alte Post,** Ludweiler Str. 178, ℰ 70 11 — ⇐ ❶. ① ᴇ 𝖵𝖨𝖲𝖠
   Weihnachten - Anfang Jan. geschl. — **M** *(Samstag bis 18 Uhr und Sonntag ab 15 Uhr
   geschl.)* a la carte 28/64 — **17 Z : 30 B** 35/50 - 70/80.

VOERDE 4223. Nordrhein-Westfalen — 34 000 Ew — Höhe 26 m — ✪ 02855.
♦Düsseldorf 56 — ♦Duisburg 23 — Wesel 10.

XX **Wasserschloß Haus Voerde,** Allee 64, ℰ 36 11 — ❶
   Samstag bis 18 Uhr und Montag geschl. — **M** a la carte 40/64.

VÖRSTETTEN Baden-Württemberg siehe Denzlingen.

VOGT 7981. Baden-Württemberg **413** M 23, **427** ⑧, **426** ⑭ — 3 800 Ew — Höhe 700 m —
✪ 07529.
♦Stuttgart 178 — Kempten (Allgäu) 57 — Ravensburg 13.

XX **Landgasthaus Adler** mit Zim, Ravensburger Str. 2, ℰ 15 22, « Fachwerkhaus mit
   elegant-rustikaler Einrichtung » — 🆅 ☎ ❶ — 🄰 25/100. 🄰🄴 ① ᴇ 𝖵𝖨𝖲𝖠
   7.- 25. Jan. geschl. — **M** *(wochentags nur Abendessen)* a la carte 34/66 — **10 Z : 20 B** 69 -
   99.

VOGTSBURG IM KAISERSTUHL 7818. Baden-Württemberg **413** FG 22, **242** ㉙, **87** ⑦ —
5 100 Ew — Höhe 220 m — ✪ 07662.
♦Stuttgart 200 — Breisach 10 — ♦Freiburg im Breisgau 25 — Sélestat 28.

In Vogtsburg-Achkarren :

🏨 **Zur Krone,** Schloßbergstr. 15, ℰ 7 42, ⅀, ⅋ — ☎ ⇐ ❶
   7.- 31. Jan. geschl. — **M** *(Mittwoch geschl.)* a la carte 25/60 ⅄ — **22 Z : 41 B** 50/55 - 78/90 -
   ½ P 57/68.

🏨 **Haus am Weinberg** ⅏, In den Kapellenmatten 8, ℰ 7 78, ⅀, ⬛, ⅋ — ☎ ⇐ ❶. ①
   ᴇ
   7. Jan.- 15. Feb. geschl. — (nur Abendessen für Hausgäste) — **12 Z : 26 B** 65/98 - 110/120 Fb
   — ½ P 75/100.

In Vogtsburg-Bickensohl :

🏨 **Rebstock,** Neunlindenstr, 23, ℰ 7 73, ⅀ — ❶
   20. Dez.- Anfang Feb. geschl. — **M** *(Montag - Dienstag 17 Uhr geschl., Nov.- März Montag -
   Dienstag geschl.)* a la carte 27/57 ⅄ — **13 Z : 25 B** 45/65 - 88/108.

In Vogtsburg-Bischoffingen :

🏨 **Weinstube Steinbuck** ⅏, Steinbuckstr. 20 (in den Weinbergen), ℰ 7 71,
   ≤ Kaiserstühler Rebland, ⅋ — ⇐ ❶ — 🄰 25/50. ⅋ Zim
   22. Jan.- 2. März geschl. — **M** *(Montag 14 Uhr - Dienstag geschl.)* a la carte 25/52 ⅄ — **18 Z :
   32 B** 45/55 - 80/92.

In Vogtsburg-Burkheim :

🏨 **Kreuz-Post,** Landstr. 1, ℰ 5 96, ≤, ⅋ — ☎ ⇐ ❶. ①
   10. Nov.- 10. Dez. geschl. — **M** *(Dienstag geschl.)* a la carte 23/45 ⅄ — **14 Z : 28 B** 32/50 -
   52/75 Fb.

🏨 **Krone,** Mittelstadt 17, ℰ 2 11, « Terrasse mit ≤ » — ❶
   9 Z : 17 B.

In Vogtsburg-Oberbergen :

XXX ✪✪ **Schwarzer Adler** mit Zim, Badbergstr. 23, ℰ 7 15, Telex 772685, Fax 719, 🏨, eigener Weinbau, große Auswahl an regionalen und französischen Weinen, 🗔 – ☎ ⇔ ℗. ⓪ E 𝒱𝒮𝒜. 🎮 Rest
24. Jan.- 22. Feb. geschl. – **M** *(Tischbestellung ratsam)* (Mittwoch - Donnerstag 18 Uhr geschl.) 78/150 und a la carte 50/90 – **9 Z : 18 B** 80/120 - 100/150
Spez. Gänseleber badisch , Hummer Melanie , Poularde in der Schweinsblase.

In Vogtsburg-Oberrotweil :

🏠 **Landgasthof Winzerstube,** Bahnhofstr. 47, ℰ 3 00, 🏨 – ℗. ⓪ E
Feb.- März 4 Wochen geschl. – **M** *(Donnerstag geschl.)* a la carte 23/56 ⅋ – **10 Z : 20 B** 32/35 - 62/66.

X **Rebstock** mit Zim (ehemaliges Rathaus a.d.J. 1672), Herrenstr. 11, ℰ 2 54, 🚗 – ℗
Feb. geschl. – **M** *(Freitag geschl.)* a la carte 22/42 ⅋ – **8 Z : 13 B** 28 - 56.

In Vogtsburg-Schelingen :

X **Zur Sonne** mit Zim, Mitteldorf 5, ℰ 2 76 – ℗. 🆎 ⓪ E
10.- 24. Jan. und 19. Juli - 3. Aug. geschl. – **M** *(Tischbestellung ratsam)* (Dienstag geschl.) a la carte 29/50 ⅋ – **5 Z : 10 B** 35 - 68.

VOHENSTRAUSS 8483. Bayern 🔲🔲🔲 U 18. 🔲🔲🔲 ⊘ – 7 000 Ew – Höhe 570 m – ✪ 09651.
🅘 Verkehrsamt, Marktplatz 9 (Rathaus), ℰ 17 66.
♦München 205 – ♦Nürnberg 108 – Passau 179 – ♦Regensburg 81.

🏠 **Gasthof Janner,** Marktplatz 20, ℰ 22 59, 🏨 – ⇔
← 4.- 21. Sept. geschl. – **M** *(Samstag geschl.)* a la carte 18/30 ⅋ – **14 Z : 21 B** 34 - 68.

🏠 **Drei Lilien,** Friedrichstr. 15, ℰ 23 61 – ⇔
← **M** *(Dienstag bis 17 Uhr geschl.)* a la carte 17/30 ⅋ – **24 Z : 43 B** 34/37 - 58/65.

Siehe auch : Liste der Feriendörfer

Sie sparen viel Zeit und vermeiden Mißverständnisse, wenn Sie die Erläuterungen auf den ersten Seiten dieses Führers aufmerksam durchlesen.

VOLKACH 8712. Bayern 🔲🔲🔲 N 17. 🔲🔲🔲 ⊘ – 8 500 Ew – Höhe 200 m – Erholungsort – ✪ 09381.
Sehenswert : Wallfahrtskirche "Maria im Weingarten" : Madonna im Rosenkranz NW: 1 km.
🅘 Verkehrsamt, Rathaus, Marktplatz, ℰ 4 01 12.
♦München 269 – ♦Bamberg 64 – ♦Nürnberg 98 – Schweinfurt 24 – ♦Würzburg 35.

🏨 **Romantik-Hotel Zur Schwane,** Hauptstr. 12, ℰ 5 15, Fax 4415, eigener Weinbau, « Altfränkische Stuben, Innenhofterrasse » – 📺 ☎ ⇔. ⓪ E 𝒱𝒮𝒜. 🎮
20. Dez.- 20. Jan. geschl. – Menu *(Montag geschl.)* 33/88 und a la carte 50/75 ⅋ – **24 Z : 38 B** 60/95 - 115/150 Fb.

🏨 **Vier Jahreszeiten,** Hauptstr. 31, ℰ 37 77, Fax 4773, 🏨 – 📺 ☎ ⇔ ℗
Feb. geschl. – **M** a la carte 28/59 – **18 Z : 35 B** 110 - 150 Fb.

🏠 **Gasthof und Gästehaus Rose,** Oberer Markt 7, ℰ 12 94, eigener Weinbau, 🚗,
← Fahrradverleih – 📳 ☎ ℗ – 🏧 25/50. E
20. Jan.- Feb. geschl. – **M** *(Juli - April Mittwoch geschl.)* a la carte 21/48 ⅋ – **23 Z : 44 B** 36/58 - 60/98.

In Volkach-Escherndorf W : 3 km :

🏠 **Engel,** Bocksbeutelstr. 18, ℰ 24 47, eigener Weinbau
← 8. Jan.- 9. Feb. geschl. – **M** *(Donnerstag geschl.)* a la carte 19/37 ⅋ – **11 Z : 22 B** 30/35 - 45/55.

X **Zur Krone,** Bocksbeutelstr. 1, ℰ 8 50/28 50 – E
Dienstag, 1.- 22. Feb. und 2.- 21. Aug. geschl. – **M** a la carte 32/60 ⅋.

In Nordheim 8711 SW : 4 km :

🏠 **Zur Weininsel,** Mainstr. 17, ℰ (09381) 8 75, 🏨, Fahrradverleih – ℗. 🎮 Zim
← 27. Dez.- Mitte Jan. geschl. – **M** *(Mittwoch geschl.)* a la carte 21/30 ⅋ – **9 Z : 18 B** 38 - 65.

X **Zehnthof Weinstuben,** Hauptstr. 2, ℰ (09381) 17 02, 🏨, Weinkellerbesichtigung
← möglich
Montag geschl. – **M** a la carte 20/42 ⅋.

In Eisenheim-Obereisenheim 8702 NW : 9,5 km :

🏠 **Rose,** Gaulberg 2, ℰ (09386) 2 69, eigener Weinbau – ℗
← **M** *(Montag geschl.)* a la carte 18/35 – **20 Z : 40 B** 28/45 - 56/75.

VOLKERSBRUNN Bayern siehe Leidersbach.

VORNBACH Bayern siehe Neuhaus am Inn.

VORRA (PEGNITZ) 8561. Bayern 🅐🅑🅓 R 18 — 1 800 Ew — Höhe 365 m — ✪ 09152 (Rupprechtstegen).

♦München 192 — Amberg 40 — Bayreuth 59 — ♦Nürnberg 46.

🏠 Rotes Roß, Hauptstr. 21, ℰ 80 26, 🍴, 🌳 — 📺 ☎ ⇔ 🅟
15 Z : 30 B Fb.

🍴 Zur Goldenen Krone, Hirschbacher Str. 1, ℰ 81 40, Biergarten — 🅟
10 Z : 18 B.

VOSSENACK Nordrhein-Westfalen siehe Hürtgenwald.

VREDEN 4426. Nordrhein-Westfalen 🛇🔟🔟 ⑬. 🅐🅞🅑 ⑬ — 18 500 Ew — Höhe 40 m — ✪ 02564.
🅔 Verkehrsverein, Markt 6, ℰ 46 00.

♦Düsseldorf 116 — Bocholt 33 — Enschede 25 — Münster (Westfalen) 65.

🏠 **Hamaland**, Up de Bookholt 28, ℰ 13 22 — ☎ 🅟. 🅞 **E**
➡ 1.- 21. Aug. geschl. — **M** (Montag geschl.) a la carte 20/49 — **13 Z : 26 B** 44/50 - 88/100.

WACHENHEIM 6706. Rheinland-Pfalz 🅐🅑🅓 H 18. 🄞🄒🄗 ④. 🄗🄗 ⑩ — 4 600 Ew — Höhe 158 m — Erholungsort — ✪ 06322 (Bad Dürkheim).

Mainz 86 — Kaiserslautern 35 — ♦Mannheim 24 — Neustadt an der Weinstraße 12.

🏠 **Goldbächel** 🦌, Waldstr. 99, ℰ 73 14, 🍴, ⇔, 🌳 — ☎ 🅟
M (Montag geschl.) a la carte 31/58 🍴 — **16 Z : 30 B** 70/85 - 115 Fb.

🍴 **Burgstüb'l**, Waldstr. 54, ℰ 85 59 — 🅟. **E**
➡ Mitte Juli - Mitte Aug. geschl. — **M** (Mittwoch geschl.) a la carte 18/42 🍴 — **17 Z : 32 B** 30/45 - 60/80.

✕✕ **Kapellchen**, Weinstraße, ℰ 6 54 55 — 🄰🄴 🅞 **E** 🆅🆂🅰. 🎇
Sonntag, Mitte Feb.- Anfang März und Mitte Juni - Anfang Juli geschl. — **M** a la carte 32/60 🍴.

WACHTBERG 5307. Nordrhein-Westfalen — 17 000 Ew — Höhe 230 m — ✪ 0228 (Bonn).
🌰 Wachtberg-Oberbachem, Landgrabenweg, ℰ 34 40 03.

♦Düsseldorf 99 — ♦ Bonn 20 — ♦ Koblenz 67 — ♦ Köln 52.

In Wachtberg-Adendorf :

✕✕ **Gasthaus Kräutergarten**, Töpferstr. 30, ℰ (02225) 75 78 — 🅟
wochentags nur Abendessen, Montag - Dienstag, 5.- 21. Juni und 23. Dez.- 8. Jan. geschl. —
M (Tischbestellung ratsam) a la carte 47/70.

In Wachtberg-Niederbachem :

🏨 **Dahl** 🦌, Heideweg 9, ℰ 34 10 71, Telex 885495, ≪, 🍴, ⇔, 🔳 — 🛗 📺 ☎ ⇔ 🅟 —
🦯 25/200. 🄰🄴 **E**. 🎇 Zim
23.- 29. Dez. geschl. — **M** a la carte 29/56 — **63 Z : 85 B** 75/95 - 120/140 Fb.

WADERN 6648. Saarland 🄞🄒🄗 ②. 🄗🄗 ⑥ — 17 000 Ew — Höhe 275 m — ✪ 06871.
♦Saarbrücken 51 — Birkenfeld 32 — ♦Trier 42.

In Wadern-Bardenbach S : 6 km :

🏨 **Zum Felsenhof** 🦌, Am Fels 24, ℰ 30 41, Fax 5350, ⇔, 🌊, 🌳, 🎯 — 🛗 📺 ☎ 🅟 —
🦯 40. 🄰🄴 🅞 **E** 🆅🆂🅰. 🎇 Rest
M (Dienstag ab 14 Uhr geschl.) a la carte 43/71 — **35 Z : 70 B** 60/90 - 90/130 Fb.

In Wadern-Reidelbach NW : 7 km :

🏠 Reidelbacher Hof, ℰ 30 28, ≪, 🍴 — ☎ ⇔ 🅟 — 🦯
11 Z : 21 B.

WADERSLOH 4724. Nordrhein-Westfalen — 11 000 Ew — Höhe 90 m — ✪ 02523.
♦Düsseldorf 153 — Beckum 16 — Lippstadt 11.

🏠 **Bomke**, Kirchplatz 7, ℰ 13 01, Fax 1366, 🍴, 🌳 — 📺 ☎ 🅟 — 🦯 25/60. 🄰🄴 **E**. 🎇 Zim
Menu (Samstag bis 18 Uhr und Donnerstag geschl.) 39/74 und a la carte 30/65 — **17 Z : 27 B** 40/65 - 80/120.

WÄSCHENBEUREN 7321. Baden-Württemberg 🅐🅑🅓 M 20 — 2 600 Ew — Höhe 408 m — ✪ 07172 (Lorch).

♦Stuttgart 54 — Göppingen 10 — Schwäbisch Gmünd 16.

In Wäschenbeuren-Wäscherhof NO : 1,5 km :

🏠 **Zum Wäscherschloß** 🦌, Wäscherhof 2, ℰ 73 70 — ⇔ 🅟. 🎇 Zim
➡ Mitte Okt.- Anfang Nov. geschl. — **M** (Mittwoch geschl.) a la carte 21/40 🍴 — **25 Z : 50 B** 43/45 - 80/90.

WAGENFELD 2841. Niedersachsen 987 ⑭ − 6 000 Ew − Höhe 38 m − ✪ 05444.

◆Hannover 100 − ◆Bremen 74 − ◆Osnabrück 64.

🏠 **Central-Hotel**, Hauptstr. 68 (B 239), 𝒫 3 61 − 📺 ⇦ 🅟
↠ *Juli geschl.* − **M** *(Freitag - Samstag 17 Uhr geschl.)* a la carte 17/33 − **12 Z : 24 B** 28/42 - 50/75.

WAGING AM SEE 8221. Bayern 413 V 23, 987 ㊳, 426 K 5 − 5 200 Ew − Höhe 450 m − Luftkurort − ✪ 08681.

🛈 Verkehrsbüro, Wilh.-Scharnow-Str. 20, 𝒫 3 13.

◆München 124 − Salzburg 31 − Traunstein 12.

🏦 **Wölkhammer**, Haslacher Weg 3, 𝒫 2 08, Telex 563013, 🍴 − 🅟. ⍟ Zim
↠ *Nov. geschl.* − **M** *(Freitag geschl.)* a la carte 17/37 − **53 Z : 90 B** 34/44 - 60/106.

🏠 **Unterwirt**, Seestr. 23, 𝒫 2 43, Fax 9938, 🚄, ▦ − 🛆 30. 🝿 **E**. ⍟
↠ *3. - 28. Jan. geschl.* − **M** *(Montag geschl.)* a la carte 21/38 − **36 Z : 64 B** 44/54 - 88 Fb − ½ P 58/68.

🏠 **Gästehaus Tanner** 🦢 garni, Hochfellnstr. 17, 𝒫 92 19 − 🅟. ⍟
Mitte Nov. - Mitte Dez. geschl. − **13 Z : 26 B** 35/50 - 60/70 Fb.

XXX ❀ **Kurhaus Stüberl**, am See (NO : 1 km), 𝒫 46 66, Fax 9494, ≼ − 🅟. 🝿 ⍟ **E** 𝑽𝑰𝑺𝑨. ⍟
nur Abendessen, Montag - Dienstag, 7. Jan.- 4. Feb. und Okt. 2 Wochen geschl. − **M** a la carte 79/98
Spez. Rahmsulzen von Süßwasserfischen, Rehkeule in der Salzkruste, Pralinencreme.

In Taching 8221   N : 4 km − Erholungsort :

🏠 **Unterwirt**, Tachernseestr. 3, 𝒫 (08681) 2 52, 🏕, 🍴 − 🅟. ⍟ Zim
↠ *23. Dez.- 15. Jan. geschl.* − **M** *(Montag geschl.)* a la carte 19/32 − **18 Z : 36 B** 38/40 - 66/70.

WAHLEN Hessen siehe Grasellenbach.

WAHLSBURG 3417. Hessen − 3 300 Ew − Höhe 150 m − ✪ 05572.

Sehenswert : in Lippoldsberg : Ehemalige Klosterkirche★.

🛈 Verkehrsamt (Lippoldsberg), Am Mühlbach 15, 𝒫 10 77.

◆Wiesbaden 265 − Göttingen 48 − Höxter 40 − Münden 30.

In Wahlsburg-Lippoldsberg − Luftkurort :

🏠 **Lippoldsberger Hof** 🦢, Schäferhof 16, 𝒫 3 36, 🍴 − ⇦. ⍟ Rest
↠ *4. - 18. Jan. geschl.* − **M** *(Mittwoch geschl.)* a la carte 19/33 − **17 Z : 29 B** 40/44 - 68/90 − ½ P 47/52.

WAHLSCHEID Nordrhein-Westfalen siehe Lohmar.

WAIBLINGEN 7050. Baden-Württemberg 413 KL 20, 987 �35 − 46 200 Ew − Höhe 229 m − ✪ 07151.

◆Stuttgart 11 − Schwäbisch Gmünd 42 − Schwäbisch Hall 57.

🏦 **Waldhorn** 🦢, Fronackerstr. 10, 𝒫 5 30 31, 🚄 − 🗡 📺 ☎ 🅟 − 🛆 40. 🝿 ⍟ **E** 𝑽𝑰𝑺𝑨
M a la carte 28/53 − **70 Z : 110 B** 99/120 - 150/170.

🏦 **Koch**, Bahnhofstr. 81, 𝒫 5 34 35 − 🗡 📺 ☎ 🅟. 🝿 ⍟ **E** 𝑽𝑰𝑺𝑨
23. Dez.- 8. Jan. geschl. − **M** *(Samstag bis 18 Uhr und Sonntag ab 14 Uhr geschl.)* a la carte 30/67 − **50 Z : 91 B** 96/99 - 140/190.

XX **Remsstuben**, An der Talaue (im Bürgerzentrum, 1. Etage, 🗡), 𝒫 2 10 78, 🍴 − ᰳ 🅟. 🝿 ⍟ **E** 𝑽𝑰𝑺𝑨. ⍟
M a la carte 36/62.

X **Altes Rathaus**, Marktplatz 4, 𝒫 5 39 89.

In Waiblingen 4-Hegnach NW : 3 km :

🏠 **Lamm**, Hauptstr. 35, 𝒫 5 40 98, 🚄 − 📺 ☎ 🅟
25 Z : 40 B Fb.

In Waiblingen 8-Neustadt N : 2,5 km :

XX **Goldener Ochsen** mit Zim, Am Rathaus 9, 𝒫 8 39 97 − 📺 ☎ ⇦ 🅟
(wochentags nur Abendessen) − **7 Z : 11 B**.

In Korb 7054   NO : 3 km :

🏠 **Korber Kopf**, Boschstraße (Gewerbegebiet), 𝒫 (07151) 39 76, 🚄 − 📺 ☎ ⇦ 🅟
(nur Abendessen) **21 Z : 37 B**.

In Korb-Kleinheppach 7054   NO : 3 km :

🍴 **Zum Lamm** 🦢, Im Hofacker 2, 𝒫 (07151) 6 43 52 − ☎ 🅟
Mitte Juli - Mitte Aug. geschl. − **M** *(Sonntag 15 Uhr - Montag geschl.)* a la carte 28/43 🍸 − **17 Z : 32 B** 42/48 - 72/80.

WAISCHENFELD 8551. Bayern 413 R 17. 987 ⓦ − 3 100 Ew − Höhe 349 m − Luftkurort − ✣ 09202.

Ausflugsziel : Fränkische Schweiz★★.

🄱 Verkehrsamt im Rathaus, Marktplatz, ℰ 10 88.

◆München 228 − ◆Bamberg 48 − Bayreuth 26 − ◆Nürnberg 82.

Im Wiesenttal, an der Straße nach Behringersmühle :

🏨 **Café-Pension Krems** ⍃, Heroldsberg 17 (SW : 3 km), ⊠ 8551 Waischenfeld, ℰ (09202) 2 45, ≤, ♣, − ♿ ⇦ ❷. ⅏ Zim
9. Nov.- 18. Dez. geschl. − (Restaurant nur für Hausgäste) − **16 Z : 30 B** 37/50 - 68/85.

🏨 **Pulvermühle** ⍃, Pulvermühle 35 (SW : 1 km), ⊠ 8551 Waischenfeld, ℰ (09202) 10 44, ♣, ♣ − ☎ ⇦ ❷
Jan. 3 Wochen geschl. − **M** *(im Winter Mittwoch geschl.)* a la carte 25/40 − **9 Z : 17 B** 50 - 100.

🏨 **Heinlein** ⍃, Doos (SW : 6 km), ⊠ 8551 Waischenfeld, ℰ (09196) 7 66, ♣, ♣ − ☎ ❷. ⒶⒺ ⓄⒺ
23. Nov.- 25. Dez. geschl. − **M** *(im Winter Montag geschl.)* a la carte 23/55 − **17 Z : 26 B** 55/75 - 95/110 Fb − ½ P 73/100.

🏨 **Waldpension Rabeneck** ⍃, Rabeneck 27 (SW : 3 km), ⊠ 8551 Waischenfeld, ← ℰ (09202) 2 20, ≤, ♣, ♣ − ❷
Feb. geschl. − **M** a la carte 16/36 − **25 Z : 50 B** 29/41 - 68/82.

In Waischenfeld-Langenloh SO : 2,5 km :

🏨 **Gasthof Thiem** ⍃, Langenloh 14, ℰ 3 57, ♣ − 📺 ☎ ❷. ⅏ Zim
← April - Okt. − **M** a la carte 16/31 − **10 Z : 23 B** 25/40 - 50/70.

WALCHENSEE Bayern siehe Kochel am See.

WALCHSEE Österreich siehe Kössen.

WALD Bayern siehe Marktoberdorf.

WALDACHTAL 7244. Baden-Württemberg 413 I 21 − 5 100 Ew − Höhe 600 m − Wintersport : ⍏5 − ✣ 07443.

🄱 Kurverwaltung, in Lützenhardt, Rathaus, ℰ 29 40.

◆Stuttgart 83 − Freudenstadt 17 − Tübingen 64.

In Waldachtal-Lützenhardt − Luftkurort :

🏩 **Pfeiffer's Kurhotel - Restaurant Le Carosse** ⍃, Willi-König-Str. 25, ℰ 80 21, Bade- und Massageabteilung, ♨, ≦s, 🔲, ♣ − 🛗 ❷ − 🔬 50/50. ⒶⒺ. ⅏
5. Jan.- 11. Feb. geschl. − **M** *(auch Diät)* (Mittwoch geschl.) a la carte 31/60 − **107 Z : 172 B** 48/58 - 95.

🏨 **Sattelacker Hof**, Sattelackerstr. 21, ℰ 80 31, ≤, ♣, ♣ − 🛗 ❷
24 Z : 33 B Fb.

🏨 **Breitenbacher Hof** ⍃, Breitenbachstr. 18, ℰ 80 16, ♣, ≦s, ♣ − 🛗 📺 ☎ ❷
23 Z : 38 B Fb.

🏠 **Waldeck** garni, Kirchbergstr. 55, ℰ 81 98, ≤, ♣ − ❷. ⅏
Okt. geschl. − **15 Z : 23 B** 27/30 - 54/60.

WALDBREITBACH 5454. Rheinland-Pfalz − 2 100 Ew − Höhe 110 m − Luftkurort − ✣ 02638.

🄱 Verkehrsamt, Neuwieder Str. 61, ℰ 40 17.

Mainz 124 − ◆Bonn 48 − ◆Koblenz 38.

🏨 **Zur Post**, Neuwieder Str. 44, ℰ 89 90, Fax 89920, ≦s − ❷ − 🔬 25/80. Ⓔ. ⅏ Zim
M a la carte 24/41 − **45 Z : 85 B** 50/55 - 90/100 Fb − ½ P 65/70.

🏨 **Sport-Hotel Am Mühlenberg** ⍃, Am Mühlenberg 1, ℰ 55 05, ≦s, 🔲, ♣, ⅏ (Halle) − ☎ ❷
Nov.- 27. Dez. geschl. − (Restaurant nur für Hausgäste) − **23 Z : 43 B** 38/55 - 72/110 − ½ P 56/70.

🏨 **Vier Jahreszeiten**, Neuwieder Str. 67, ℰ 50 51, ♣, ≦s, ♣ − 📺 ☎ ❷ − 🔬 25/50
10.- 31. Jan. geschl. − **M** a la carte 24/48 − **35 Z : 55 B** 38/41 - 66/78.

In Hausen-Seidenhahn 5461 SW : 4 km :

🏨 **Engelsburg** ⍃, Hausener Str. 2, ℰ (02638) 56 03, ≤, ♣ − ❷
13 Z : 27 B.

Nelle grandi città,
alcuni alberghi propongono dei **« fine settimana »**
a prezzi interessanti.

WALDBRONN 7517. Baden-Württemberg **413** I 20 – 12 500 Ew – Höhe 260 m – ✪ 07243 (Ettlingen).

🛈 Kurverwaltung, im Haus des Kurgastes (beim Thermalbad), ℰ 6 09 50.

◆Stuttgart 71 – ◆Karlsruhe 16 – Pforzheim 22.

In Waldbronn 2-Busenbach :

🏨 **Römerberg** ⚲, Waldring 3a, ℰ 60 60 – 🕼 📺 ☎ ❷ – ⚖. ⚒ Rest
57 Z : 92 B Fb.

🏨 **Badner Hof - Restaurant Mormodes**, Marktplatz 3, ℰ 62 84, Biergarten – 🕼 📺 ☎ ❷.
⟪Æ ⓪ ⓔ 𝘝𝘐𝘚𝘈
M *(auch vegetarische Gerichte)* (Freitag geschl.) a la carte 25/55 – **20 Z : 32 B** 70 - 110 Fb.

🏨 **Kurhotel Bellevue** ⚲ garni, Waldring 1, ℰ 60 80, Fax 608444 – 🕼 📺 ☎ ❷. ⟪Æ ⓪ ⓔ 𝘝𝘐𝘚𝘈
42 Z : 72 B 90 - 140 Fb.

🏠 **Sonne**, Ettlinger Str. 65, ℰ 6 14 20 – ☎ ⟵ ❷. ⚒
M *(wochentags nur Abendessen, Mittwoch geschl.)* a la carte 22/48 – **10 Z : 15 Z** 50 - 90 Fb.

In Waldbronn 1-Reichenbach – Luftkurort :

🏠 **Weinhaus Steppe** ⚲, Neubrunnenschlag 18, ℰ 6 90 21, 🚭, 🔲 – 📺 ☎ ❷. ⓔ
M *(nur Abendessen, Jan. und Mittwoch geschl.)* a la carte 23/47 ⚖ – **32 Z : 41 B** 63/80 - 96/110 Fb.

🏠 **Krone**, Kronenstr. 12, ℰ 6 11 40, 🚭 – 📺 ☎ ❷. ⟪Æ ⓔ
Juli - Aug. 4 Wochen geschl. – **M** *(Samstag ab 14 Uhr und Mittwoch geschl.)* a la carte 29/60 ⚖ – **20 Z : 30 B** 35/60 - 70/100 Fb.

WALDBRUNN 6935. Baden-Württemberg **413** K 18 – 4 200 Ew – Höhe 514 m – Luftkurort – ✪ 06274.

🛈 Verkehrsamt, Alte Marktstraße, ℰ 14 88.

◆ Stuttgart 108 – Heidelberg 37 – Heilbronn 54 – ◆Mannheim 55.

In Waldbrunn 1-Strümpfelbrunn :

🏨 **Sockenbacher Hof**, Zu den Kuranlagen 4, ℰ 68 31, �഻, Akupunktur-Zentrum, 🐎, ⚒ –
📺 ☎ ❷. ⟪Æ ⓪ ⓔ 𝘝𝘐𝘚𝘈
Hotel : 24. Dez.- 6. Jan. geschl. – **M** *(Donnerstag und 1.- 6. Jan. geschl.)* a la carte 38/72 –
23 Z : 37 B 85 - 170 Fb – ½ P 120.

Siehe auch : *Liste der Feriendörfer*

WALDECK 3544. Hessen **987** ⑮ – 6 800 Ew – Höhe 380 m – Luftkurort – ✪ 05623.
Sehenswert : Schloßterrasse ≤★★.
Ausflugsziel : Edertalsperre★ SW : 2 km.

🛈 Verkehrsamt, Altes Rathaus, Sachsenhäuser Str. 10, ℰ 53 02.

◆Wiesbaden 201 – ◆Kassel 57 – Korbach 23.

🏰 **Schloß Waldeck** ⚲, ℰ 62 22, Fax 6094, ≤ Edersee und Ederhöhen, 🌺, 🚭, 🔲 – 🕼
⟷⟷ Zim 📺 ☎ ❷ – ⚖ 25/150. ⓪ ⓔ 𝘝𝘐𝘚𝘈. ⚒ Rest
5. Jan.- 15. Feb. geschl. – Restaurants : – **Turmuhr M** a la carte 53/71 – **Panorama M** a la
carte 31/50 – **43 Z : 83 B** 110/140 - 190/280 Fb – ½ P 140/170.

🏨 **Roggenland**, Schloßstr. 11, ℰ 50 21, Telex 991639, Fax 6008, 🌺, 🚭, 🔲 – 🕼 ☎ ❷ –
⚖ 25/100. ⟪Æ ⓪ ⓔ 𝘝𝘐𝘚𝘈
M a la carte 28/54 – **54 Z : 110 B** 77/87 - 126/140.

🏠 **Seeschlößchen** ⚲, Kirschbaumweg 4, ℰ 51 13, ≤ Edersee und Ederhöhen, 🚭, 🔲, 🐎
– ❷. ⚒
5. Jan.- 15. Feb. und Nov.- 15. Dez. geschl. – (Restaurant nur für Hausgäste) – **24 Z : 48 B**
38/68 - 78/112 Fb – 3 Fewo 64/136 – ½ P 56/77.

Am Edersee SW : 2 km :

🏠 **Waldhotel Wiesemann** ⚲, Oberer Seeweg 1, ✉ 3544 Waldeck 2, ℰ (05623) 53 48,
≤ Edersee, 🌺, 🚭, 🔲, 🐎 – 📺 ☎ ⟵ ❷. ⓪ ⓔ 𝘝𝘐𝘚𝘈. ⚒ Rest
M *(Nov.- März Montag - Dienstag geschl.)* a la carte 23/54 – **15 Z : 30 B** 50/100 - 80/160 –
½ P 58/115.

🏕 **Seehof** ⚲, Seeweg 2, ✉ 3544 Waldeck 2, ℰ (05623) 54 88, ≤ Edersee, 🌺, Fahrradverleih
⟷ – ❷. ⓪ ⓔ
M *(Abendessen nur für Hausgäste)* a la carte 20/39 – **14 Z : 28 B** 34/57 - 63/74.

In Waldeck - Nieder-Werbe W : 6 km :

🏠 **Werbetal**, Uferstr. 28, ℰ 71 96 – ☎ ⟵ ❷. ⟪Æ ⓪ ⓔ 𝘝𝘐𝘚𝘈. ⚒
8. Jan.- 15. März und Nov. geschl. – **M** a la carte 25/46 – **22 Z : 45 B** 38/65 - 66/115 –
2 Fewo 45/75 – ½ P 50/65.

In Edertal 3-Affoldern am See 3593 S : 10 km :

✕✕ **Brombach** mit Zim, Hemfurter Str. 17, ℰ (05623) 47 29, 🌺 – 📺 ⚖ ❷. ⟪Æ ⓪ ⓔ 𝘝𝘐𝘚𝘈
Jan. 3 Wochen geschl. – Menu *(Dienstag geschl.)* a la carte 28/70 – **9 Z : 17 B** 40/70 - 70/100.

WALDENBUCH 7035. Baden-Württemberg **413** K 21. **987** ㉟ − 8 000 Ew − Höhe 362 m −
✆ 07157.

♦Stuttgart 26 − Tübingen 20 − ♦ Ulm (Donau) 94.

🏠 **Rössle**, Grabenstr. 5 (B 27), ℰ 29 59 − 📺 🅿 ⑩ Ε 𝗩𝗜𝗦𝗔
Dez.- Jan. 2 Wochen und Juli - Aug. 3 Wochen geschl. − **M** *(Dienstag geschl.)* a la carte
36/52 − **10 Z : 14 B** 68 - 95.

WALDENBURG 7112. Baden-Württemberg **413** LM 19 − 2 750 Ew − Höhe 506 m − Luftkurort
− ✆ 07942 (Neuenstein).

🛈 Verkehrsamt im Rathaus, ℰ 5 64.

♦Stuttgart 82 − Heilbronn 42 − Schwäbisch Hall 19.

🏨 **Panoramahotel Waldenburg**, Hauptstr. 84, ℰ 20 01, Telex 74176, ≤, ≘s, 🔲 − 🛗 📺 ☎ 🅿
− 🔬
36 Z : 66 B Fb.

🏠 **Bergfried**, Hauptstr. 30, ℰ 5 44, ≤, �, − 🅰Ε Ε
27. Dez.- 25. Jan. geschl. − **M** *(Dienstag 15 Uhr - Mittwoch geschl.)* a la carte 26/41 ⅜ −
13 Z : 20 B 36/58 - 58/84 − ½ P 44/63.

In Waldenburg-Neumühl SO : 6 km :

✗ Gasthof Neumühlsee ⅋⅋ mit Zim, ℰ 85 33, ≤, �, − 📺 ⟵➡ 🅿 − **6 Z : 12 Z**.

WALDESCH 5401. Rheinland-Pfalz − 2 300 Ew − Höhe 350 m − ✆ 02628.

Mainz 90 − ♦ Bonn 93 − ♦ Koblenz 11.

🏨 **König von Rom** ⅋⅋, Lindenweg 10, ℰ 20 93, ≤, �, 🌳 − ☎ ⟵➡ 🅿 − 🔬 30. 🅰Ε ⑩ Ε
𝗩𝗜𝗦𝗔
M *(Montag und 2.- 21. Jan. geschl.)* a la carte 29/54 − **19 Z : 32 B** 40/73 - 81/112.

WALDKATZENBACH Baden-Württemberg siehe Liste der Feriendörfer : Waldbrunn.

WALDKIRCH 7808. Baden-Württemberg **413** GH 22. **987** ㉞. **242** ㉜ − 19 100 Ew − Höhe
274 m − Kneippkurort − ✆ 07681.

🛈 Touristik-Information, Kirchplatz 2, ℰ 20 61 06, Fax 206179.

♦Stuttgart 204 − ♦Freiburg im Breisgau 17 − Offenburg 62.

🏨 **Parkhotel** ⅋⅋, Merklinstr. 20, ℰ 67 97 − ☎ 🅿 − 🔬 25/100. 🅰Ε Ε 𝗩𝗜𝗦𝗔
M *(Sonntag 15 Uhr - Montag geschl.)* 30 (mittags) und a la carte 40/58 ⅜ − **16 Z : 28 B**
55/70 - 105/135 Fb.

🏨 **Felsenkeller** ⅋⅋, Schwarzenbergstr. 18, ℰ 60 33, Fax 6033, ≤, Bade- und
Massageabteilung, 🔬, ≘s, 🌳 − 📺 ☎ ⟵➡ 🅿 🅰Ε ⑩ Ε 𝗩𝗜𝗦𝗔
M a la carte 30/65 ⅜ − **30 Z : 60 B** 60/75 - 105/130 Fb.

🏠 **Zur Alten Post**, Merklinstr. 1, ℰ 65 82 − ☎
9 Z : 18 B.

🏠 **Scheffelhof**, Scheffelstr. 1, ℰ 65 04 − 🅿 ⑩ Ε 𝗩𝗜𝗦𝗔
M *(auch vegetarische Gerichte)* (Mittwoch geschl.) a la carte 33/53 ⅜ − **16 Z : 30 B** 60/68 -
110/125.

♨ **Rebstock**, Lange Str. 46, ℰ 93 80 − 📺 ⟵➡
➡ *März 3 Wochen geschl.* − **M** *(Dienstag geschl.)* a la carte 21/50 − **12 Z : 23 B** 50 - 76/80 Fb.

In Waldkirch-Buchholz SW : 4 km :

🏨 **Hirschen-Stube - Gästehaus Gehri** ⅋⅋, Schwarzwaldstr. 45, ℰ 98 53, ≘s, 🌳 − 📺 ☎
🅿
M *(Sonntag 15 Uhr - Montag und 10.- 31. Jan. geschl.)* a la carte 22/53 − **20 Z : 40 B** 53/70 -
85/100 − 4 Fewo 60/115 − ½ P 68/84.

✗ **Zum Rebstock** mit Zim, Schwarzwaldstr. 107, ℰ 98 72 − 🅿
Feb. und Sept. jeweils 2 Wochen geschl. − **M** *(Dienstag - Mittwoch 16 Uhr geschl.)* a la
carte 24/45 ⅜ − **6 Z : 12 B** 30 - 65.

✗ **Löwen** mit Zim, Schwarzwaldstr. 34, ℰ 98 68 − 🅿
15.- 30. April und 2.- 23. Nov. geschl. − **M** *(Mittwoch - Donnerstag 16 Uhr geschl.)* a la carte
22/45 ⅜ − **5 Z : 10 B** 35 - 70.

In Waldkirch 2-Kollnau NO : 2 km :

🏠 **Kohlenbacher Hof** ⅋⅋, Kohlenbach 8 (W : 2 km), ℰ 88 28, ≤, �, 🌳 − 📺 ☎ 🅿. 🅰Ε ⑩
𝗩𝗜𝗦𝗔
8. Jan.- 2. Feb. geschl. − **M** *(Dienstag geschl.)* a la carte 24/50 − **18 Z : 35 B** 60 - 104/110 Fb
− ½ P 78.

In Waldkirch-Suggental SW : 4 km :

🏠 **Suggenbad**, Talstr. 1, ℰ 80 46, �, 🌳 − ⟵➡ 🅿
Nov. 3 Wochen geschl. − **M** *(Freitag geschl.)* a la carte 23/55 ⅜ − **15 Z : 28 B** 45/55 - 90.

An der Straße zum Kandel SO : 3,5 km :

🏠 **Altersbach** ⅋⅋, ✉ 7808 Waldkirch-Altersbach, ℰ (07681) 72 00 − 🅿
➡ **M** *(auch vegetarische Gerichte)* (Montag geschl.) a la carte 20/54 − **15 Z : 30 B** 37/50 -
70/100.

WALDKIRCHEN 8392. Bayern **413** X 20, **987** ㉘, **426** ⑦ – 9 600 Ew – Höhe 575 m – Luftkurort – Wintersport : 600/984 m ≰4 – ✆ 08581.

🚡 Dorn (SO : 3 km), ℰ (08581) 10 40.

🛈 Fremdenverkehrsamt, Ringmauerstr. 14, (Bürgerhaus), ℰ 2 02 50.

♦München 206 – Freyung 12 – Passau 29.

- 🏨 **Vier Jahreszeiten** ⑤, Hauzenberger Str. 48, ℰ 7 65, Telex 571131, Fax 3525, ≤, 🌳, ≘s, 🌄 – ☎ 🅿 – 🕍 25/120. 🝤 ⓞ **E**
  M *(auch vegetarische Gerichte)* a la carte 24/51 – **112 Z : 240 B** 59/65 - 96/118 Fb – ½ P 65/82.

- 🏨 **Sporthotel Reutmühle** ⑤ (Aparthotel), Frauenwaldstr. 7 (SO : 3 km), ℰ 20 30, Telex 571121, 🌳, Massage, ≘s, 🏊, 🌊 (Halle), Squash, Fitness-Center, Ski- und Fahrradverleih – 📺 ☎ ⇔ 🅿 – 🕍 25/110
  140 Z : 400 B Fb.

- 🏩 **Gottinger Keller** (mit Aparthotel), Hauzenberger Str. 10, ℰ 80 11, ≤, Biergarten, ≘s, 🌳 ← – ☎ 🅿. ⓞ **E** 🝤
  M a la carte 20/40 – **22 Z : 39 B** 40/48 - 82 Fb – 38 Fewo 60/110.

- 🏡 **Lamperstorfer** (mit 🏨 Gästehaus ⑤), Marktplatz 19, ℰ 10 00 – 📺 ☎ 🚗 ⇔. 🝤 ⓞ **E** ← **M** a la carte 18/30 – **22 Z : 44 B** 30/37 - 60/74 – ½ P 40/46.

WALDKRAIBURG 8264. Bayern **413** U 22, **987** ㊲, **426** J 4 – 22 000 Ew – Höhe 434 m – ✆ 08638.

♦München 71 – Landshut 60 – Passau 107 – Rosenheim 64.

- 🏩 **Garni**, Berliner Str. 35, ℰ 30 21 – 📺 ☎ 🅿. 🝤 **E**
  25 Z : 34 B 58/68 - 86 Fb.

WALD-MICHELBACH 6948. Hessen **413** J 18, **987** ㉘ – 11 500 Ew – Höhe 346 m – Erholungsort – Wintersport : 550 m ≰1 ≰2 – ✆ 06207.

🛈 Verkehrsamt, Rathaus, Bahnhofstr. 17, ℰ 4 01.

♦Wiesbaden 101 – ♦Darmstadt 61 – ♦Mannheim 36.

In Wald-Michelbach 4 - Aschbach NO : 2 km :

- ✗✗ **Vettershof**, Waldstr. 12, ℰ 23 13 – 🅿. 🝤 ⓞ **E** 🝤
  Montag, Juli - Aug. 2 Wochen und Jan. geschl. – **M** (Tischbestellung ratsam) a la carte 33/70 🍴.

Auf der Kreidacher Höhe W : 3 km :

- 🏨 **Sonnencafé Kreidacher Höhe** ⑤, ✉ 6948 Wald-Michelbach, ℰ (06207) 26 38, ≤, Cafeterrasse, « Einrichtung im Landhausstil », ≘s, 🏊 (geheizt), 🌊, 🌳, 🌄 – 🛗 📺 ☎ ₰ 🅿 – 🕍 25/60. 🝤. 🍴 Zim
  M a la carte 30/70 – **32 Z : 60 B** 88/110 - 158/184 Fb.

In Wald-Michelbach 5 - Siedelsbrunn SW : 7 km :

- 🏡 **Morgenstern**, Weinheimer Str. 51, ℰ 31 43, ≤, 🌳 – 📺 🅿 – 🕍 30. 🍴 Zim ← **M** *(Montag geschl.)* a la carte 19/47 🍴 – **12 Z : 23 B** 31/44 - 56/88.

- 🏡 **Tannenblick** ⑤, Am Tannenberg 17, ℰ 53 82, ≤, 🌳, 🍴 – 🅿 ← 1.- 20. Dez. geschl. – **M** *(Dienstag geschl.)* a la carte 20/41 🍴 – **16 Z : 32 B** 42 - 72.

- 🏡 Maienhof, Forsthausweg 2, ℰ 26 67, ≤, 🌳, 🌄, 🍴 – 🚗 🅿. 🍴
  15 Z : 25 B.

WALDMOHR 6797. Rheinland-Pfalz **413** EF 18, **242** ⑦, **57** ⑦ – 5 100 Ew – Höhe 269 m – ✆ 06373.

Mainz 127 – Kaiserslautern 36 – ♦Saarbrücken 37.

- 🏡 **Waldmohrer Hof**, Saarpfalzstr. 2, ℰ 93 96, 🌳 – 🅿
  16 Z : 26 B.

- ✗✗ **Le marmiton**, Mühlweier 1, ℰ 91 56, 🌳 – 🅿. ⓞ **E** 🝤
  Montag - Dienstag 18 Uhr geschl. – **M** a la carte 46/70.

In Waldmohr-Waldziegelhütte NW : 2 km :

- 🏨 **Landhaus Hess** ⑤, Haus Nr. 13, ℰ 24 11, 🌳, ≘s – 📺 ☎ 🅿. 🍴
  14 Z : 20 B.

An der Autobahn A 6 - Nordseite SO : 3 km :

- 🏡 **Raststätte Waldmohr**, ✉ 6797 Waldmohr, ℰ (06373) 32 35 – 🅿
  M a la carte 22/48 – **15 Z : 21 B** 69 - 137.

In Schönenberg-Kübelberg 6796 NO : 5 km :

- ✗ **Landgut Jungfleisch** ⑤ mit Zim, Campingpark Ohmbachsee, ℰ (06373) 62 33, 🌳 – ← 📺 🅿. ⓞ **E** 🝤
  Jan. geschl. – **M** a la carte 21/53 – **6 Z : 13 B** 58 - 96 – 2 Fewo 48.

WALDMÜHLE Nordrhein-Westfalen siehe Kürten.

WALDMÜNCHEN 8494. Bayern 413 V 18, 987 ⑦ — 7 200 Ew — Höhe 512 m — Luftkurort — Wintersport : 750/920 m ⑤3 ⑤7 — ③ 09972.

🗓 Verkehrsamt, Marktplatz. ℰ 2 62.

◆München 210 — Cham 21 — Weiden in der Oberpfalz 70.

🏨 **Post**, Marktplatz 9, ℰ 14 16, Skiverleih — 💝
16 Z : 26 B.

🏨 **Schmidbräu** (mit Gästehaus), Marktplatz 5, ℰ 13 49, 🏤 — 🕴 📺 🕿 🥢
35 Z : 70 B.

In Waldmünchen-Geigant : S : 9 km — Höhe 720 m :

🏯 **Roßhof** 🔊, ℰ (09975) 2 70, ≼, 🏤, 🍺 — 🥢 ❶
Nov.- 18. Dez. geschl. — **M** a la carte 16/33 — **23 Z : 46 B** 28/31 - 42/54.

In Waldmünchen-Herzogau SO : 4 km — Höhe 720 m :

🏯 **Gruber** 🔊, ℰ 14 39, ≼, 🛋, 🍺 — ❶
(Restaurant nur für Hausgäste) — **13 Z : 23 B** 23/25 - 46/50 — 2 Fewo 50 — ½ P 30/33.

In Treffelstein-Kritzenthal 8491 NW : 10 km Richtung Schönsee, nach 8 km rechts ab :

🏨 **Katharinenhof** 🔊, ℰ (09673) 4 12, 🏤, « Restaurant-Stuben im ländlichen Stil », 🛋, 🔲, 🍺 — 🕿 ❶ — 🏕 25/50
55 Z : 100 B Fb.

WALDPRECHTSWEIER Baden-Württemberg siehe Malsch.

WALDRACH 5501. Rheinland-Pfalz — 2 200 Ew — Höhe 130 m — ③ 06500.

Mainz 163 — Hermeskeil 22 — ◆Trier 11 — Wittlich 36.

🏨 **Waldracher Hof**, Untere Kirchstr. 1, ℰ 6 19 — 🕿 🥢 ❶
30. Jan.- 21. Feb. geschl. — **M** (Dienstag geschl.) a la carte 22/42 🍴 — **27 Z : 56 B** 45/55 - 75.

In Riveris 5501 SO : 3 km :

🏯 **Landhaus zum Langenstein** 🔊, Auf dem Eschgart 50, ℰ (06500) 2 87, 🍺 — ❶. 💝 Rest
M (Montag geschl.) a la carte 21/35 — **21 Z : 40 B** 40/45 - 70/76.

WALDSASSEN 8595. Bayern 413 TU 16, 17, 987 ⑦ — 8 000 Ew — Höhe 477 m — ③ 09632.

Sehenswert : Klosterkirche★ (Chorgestühl★★, Bibliothek★★).

Ausflugsziel : Kappel : Lage★★ - Wallfahrtskirche★ NW : 7 km.

🗓 Verkehrsamt, Johannisplatz 11, ℰ 88 28.

◆München 311 — Bayreuth 77 — Hof 55 — Weiden in der Oberpfalz 49.

🏨 **Zrenner**, Dr.-Otto-Seidl-Str. 13, ℰ 12 26, « Innenhofterrasse » — 📺 🕿 🥢
M (Freitag und 1.- 15. Feb. geschl.) a la carte 25/59 — **22 Z : 36 B** 50/60 - 85/110 Fb.

🏨 **Ratsstüberl**, Basilikaplatz 5, ℰ 17 82, 🏤 — 📺 ❶
M (Dienstag und Sonntag jeweils ab 14 Uhr geschl.) a la carte 19/35 — **10 Z : 22 B** 35 - 55.

WALDSEE, BAD 7967. Baden-Württemberg 413 M 23, 987 ㉘ ㊱, 427 ⑧ — 15 000 Ew — Höhe 587 m — Heilbad — Kneippkurort — ③ 07524.

Sehenswert : Stadtsee★.

🅿 Hofgut Hopfenweiler (NO : 1 km), ℰ 59 00.

🗓 Kurverwaltung, Ravensburger Str. 1, ℰ 1 03 78.

◆Stuttgart 154 — Ravensburg 21 — ◆Ulm (Donau) 66.

🏨 **Grüner Baum**, Hauptstr. 34, ℰ 14 37 — 📺 🕿. 🖭 🗨. 💝
24. Dez.- 2. Jan. geschl. — **M** (Mittwoch und Mitte Sept.- Anfang Okt. geschl.) a la carte 31/43 🍴 — **14 Z : 25 B** 72/85 - 120/130 Fb.

🏨 **Zum Ritter** garni, Wurzacher Str. 90, ℰ 80 18, 🛋 — 🕿 ❶. 🗨. 💝
25 Z : 37 B 55/68 - 90/120 Fb.

🏨 **Kurpension Schwabenland** 🔊, Badstr. 1 (Kurgebiet), ℰ 50 11, Bade- und Massageabteilung, 🔩, 🍺 — 🖂 🕿 ❶. 💝
(Restaurant nur für Pensionsgäste) — **17 Z : 32 B** 40/55 - 84 — ½ P 55/57.

🏨 **Post**, Hauptstr. 1, ℰ 15 07, 🛋 — 🕴 🕿. 🗨 💳
20. Dez.- 15. Jan. geschl. — **M** a la carte 16/44 🍴 — **30 Z : 40 B** 28/55 - 60/95.

In Bad Waldsee 1-Enzisreute SW : 6 km :

🏨 **Waldblick**, Hauptstr.1 (B 30), ℰ 80 78, 🏤, 🍺 — 📺 🕿 ❶ — 🏕 30
M (Freitag geschl.) a la carte 30/48 — **14 Z : 25 B** 45 - 80.

In Bad Waldsee-Gaisbeuren SW : 4 km :

✕ **Gasthaus Adler**, an der B 30, ℰ 67 47 — ❶
Donnerstag und 21. Mai - 8. Juni geschl. — **M** a la carte 23/42 🍴.

In Bad Waldsee-Mattenhaus N : 3 km :

🏨 Landgasthof Kreuz, an der B 30, ℰ 16 10, 🏤 — 📺 🔥 🥢 ❶
21 Z : 39 B.

WALDSHUT-TIENGEN 7890. Baden-Württemberg 🄰🄸🄳 H 24. 🄹🄱🄷 Ⓢ. 🄸🄱🄷 ⑤ — 21 500 Ew — Höhe 340 m — ✪ 07751.

🄱 Städtisches Verkehrsamt, Waldshut, im Oberen Tor, ℰ 16 14.

♦Stuttgart 180 — Basel 56 — Donaueschingen 57 — ♦Freiburg im Breisgau 80 — Zürich 45.

Im Stadtteil Waldshut :

🏨 **Waldshuter Hof**, Kaiserstr. 56, ℰ 20 08, Fax 7601 — 🛗 📺 ☎ ⇐⇒. 🆎 Ⅽ
　 Menu (Montag geschl.) a la carte 34/55 — **23 Z : 39 B** 65/70 - 110/120 Fb.

🏠 **Schwanen**, Amthausstr. 2, ℰ 36 32 — ⇐⇒
　 1.- 15. März geschl. — Menu (Montag geschl.) 25/45 und a la carte 🍸 — **14 Z : 24 B** 38/45 -
　 70/80 Fb.

XX **Fährhaus** mit Zim, Konstanzer Str. 7 (B 34) (SO : 2 km), ℰ 30 12 — ⇐⇒ 🅿
　 Feb. und Juli - Aug. jeweils 2 Wochen geschl. — **M** (Sonntag - Montag 16 Uhr geschl.) a la
　 carte 29/53 — **17 Z : 23 B** 35/80 - 70/160.

X **Taverna**, Kaiserstr. 98 (im Rheinischen Hof), ℰ 25 55 — 🆎 ⓞ Ⅽ 💳
　 M a la carte 27/50.

X **Rheinterrasse**, Rheinstr. 33, ℰ 31 10, ≼, 🌇
　 Dienstag 18 Uhr - Mittwoch und Nov. geschl. — **M** a la carte 23/45.

Im Stadtteil Tiengen :

🏨 **Bercher**, Bahnhofstr. 1, ℰ (07741) 6 10 66, 🌇, 🚌 — 🛗 📺 ☎ ⇐⇒ 🅿 — 🔺 25/100. 🆎 ⓞ
　 M (Sonntag geschl.) a la carte 28/52 — **35 Z : 60 B** 50/75 - 95/130 Fb.

🏠 **Brauerei Walter**, Hauptstr. 23, ℰ (07741) 45 30 — 📺 ☎ ⇐⇒ 🅿. ⓞ Ⅽ 💳
　 M (Sonntag geschl.) a la carte 26/47 — **26 Z : 46 B** 38/65 - 75/120.

In Waldshut-Tiengen - Schmitzingen   N : 3,5 km ab Stadtteil Waldshut :

XX **Löwen**, Hochtannweg 1, ℰ 69 44 — 🅿. 🆎 ⓞ Ⅽ 💳
　 Sonntag - Montag 18 Uhr und 1.- 13. Aug. geschl. — **M** a la carte 50/66.

In Waldshut-Tiengen - Waldkirch   N : 8 km ab Stadtteil Waldshut :

🏡 **Zum Storchen**, Tannholzstr. 19, ℰ (07755) 2 69 — ⇐⇒ 🅿
→ 　Mitte Nov.- Mitte Dez. geschl. — **M** (Freitag - Samstag 16 Uhr geschl.) a la carte 20/33 🍸 —
　 12 Z : 24 B 29/35 - 59/72.

In Lauchringen 2-Oberlauchringen   7898   SO : 4 km ab Stadtteil Tiengen :

🏠 **Feldeck**, Klettgaustr. 1 (B 34), ℰ (07741) 22 05, 🔲, 🐎 — 🛗 📺 ☎ ⇐⇒ 🅿 — 🔺 30.
→ 　🎿 Rest
　 M (Samstag geschl.) a la carte 21/38 🍸 — **30 Z : 50 B** 40/65 - 80/100 Fb.

🏡 **Adler** (Historischer Gasthof a.d. 16. Jh.), Klettgaustr. 20 (B 34), ℰ (07741) 24 97 — ⇐⇒ 🅿
→ 　Mitte Okt. - Mitte Nov. geschl. — **M** (Donnerstag geschl.) a la carte 20/38 🍸 — **8 Z : 14 B**
　 22/40 - 44/70 — ½ P 32/45.

WALDSTETTEN Baden-Württemberg siehe Schwäbisch Gmünd.

WALDULM Baden-Württemberg siehe Kappelrodeck.

WALLDORF 6909. Baden-Württemberg 🄰🄸🄳 I 19. 🄹🄱🄷 ㉕ — 13 200 Ew — Höhe 110 m — ✪ 06227.

♦Stuttgart 107 — Heidelberg 15 — Heilbronn 54 — ♦Karlsruhe 42 — ♦Mannheim 30.

🏯 **Holiday Inn Walldorf-Astoria**, Roter Straße (SW : 1,5 km), ℰ 3 60, Telex 466009, Fax
　 36504, 🌇, Massage, 🚌, 🏊 (geheizt), 🔲, 🐎, 🎾 — 🛗 🔄 Zim 🍴 📺 🔶 🅿 — 🔺 25/150.
　 🆎 ⓞ Ⅽ 💳. 🎿 Rest
　 M a la carte 33/72 — **150 Z : 255 B** 203/227 - 251/271 Fb — 3 Appart. 384.

🏨 **Vorfelder**, Bahnhofstr. 28, ℰ 20 85, Telex 466016, Fax 30541, 🌇, 🐎 — 🛗 📺 ☎ 🅿 —
　 🔺 50. 🆎 ⓞ Ⅽ 💳
　 M (Juli 3 Wochen geschl.) a la carte 37/73 — **36 Z : 54 B** 85/120 - 130/160 Fb.

🏠 **Zum weißen Rössel**, Hauptstr. 26, ℰ 6 20 48/3 03 00 — 🛗 📺 ☎. 🎿 Zim
　 30 Z : 49 B Fb.

X **Haus Landgraf** mit Zim (ehem. Bauernhaus a.d. 17. Jh.), Hauptstr. 25, ℰ 40 36, « Stilvolle,
　 rustikale Einrichtung, Innenhof » — ☎ 🅿. 🆎 ⓞ Ⅽ 💳
　 über Fasching 2 Wochen geschl. — **M** (nur Abendessen, Montag geschl.) a la carte 38/62 —
　 9 Z : 15 B 40/90 - 80/130.

WALLDÜRN 6968. Baden-Württemberg 🄰🄸🄳 KL 18. 🄹🄱🄷 ㉖ — 10 500 Ew — Höhe 398 m —
✪ 06282.

🄱 Verkehrsamt, im alten Rathaus, Hauptstr. 27, ℰ 6 71 07.

♦Stuttgart 125 — Aschaffenburg 64 — Heidelberg 93 — ♦Würzburg 62.

🏨 **Landgasthof Zum Riesen** (restauriertes Fachwerkhaus a.d.J. 1724, ehemaliges Palais),
　 Hauptstr. 14, ℰ 5 31, 🌇 — 🛗 ☎ 🅿 — 🔺 40. 🆎 ⓞ Ⅽ 💳
　 Jan. geschl. — **M** a la carte 35/76 — **28 Z : 60 B** 51/85 - 92/135 Fb.

🏠 **Zum Ritter**, Untere Vorstadtstr. 2, ℰ 60 55 — ☎ — 🔺 30
→ 　Feb.- März geschl. — **M** (Freitag und Nov. 1 Woche geschl.) a la carte 19/43 🍸 — **19 Z : 35 B**
　 27/60 - 50/90 Fb.

WALLDÜRN

In Walldürn 3-Reinhardsachsen NW : 9 km :

🏠 **Haus am Frankenbrunnen** ⤝, Am Kaltenbach 3, ℰ (06286) 7 15, 🏤, 🍴, 🚤 – 📺 ☎
➡ 🚐 ℗, 🍴 Rest
7. Jan.- 9. Feb. geschl. – **M** *(Donnerstag geschl.)* a la carte 20/44 🕯 – **14 Z : 28 B** 48/52 - 96/116 Fb.

WALLENHORST Niedersachsen siehe Osnabrück.

WALLERFANGEN Saarland siehe Saarlouis.

WALLGAU 8109. Bayern 🅑🅛🅓 Q 24, 🄑🄖🄖 ⑯ – 1 100 Ew – Höhe 868 m – Erholungsort – Wintersport : 900/1 000 m ✘1 ≰5 – ❀ 08825 (Krün).
🛈 Verkehrsamt, Dorfplatz 7, ℰ 4 72.
♦München 93 – Garmisch-Partenkirchen 19 – Bad Tölz 47.

🏛 **Parkhotel**, Barmseestr. 1, ℰ 20 11, Fax 366, Caféterrasse, « Elegant-rustikale Einrichtung », Massage, 🍴, 🔲, 🚤 – 🛗 📺 🚐 ℗
5. Nov.- 15. Dez. geschl. – (nur Abendessen für Hausgäste) – **52 Z : 95 B** nur ½ P 120/135 - 240/270 Fb – 12 Appart. 300/340.

🏠 **Post**, Dorfplatz 6, ℰ 10 11, Biergarten, 🍴 – 🛗 ☎ ℗ – 🔬 30
➡ **M** *(Anfang Nov.- Mitte Dez. geschl.)* a la carte 21/50 – **29 Z : 54 B** 40/91 - 79/132 Fb – 3 Appart. 157.

🏠 **Vita Bavarica** ⤝ garni, Lange Äcker 17, ℰ 5 72, ≤ Karwendel und Wettersteinmassiv, 🍴, 🔲 (geheizt), 🚤 – ☎ ℗, 🍴
25. Okt.- 18. Dez. geschl. – **13 Z : 27 B** 40/59 - 79/94.

🏠 **Karwendelhof**, Walchenseestr. 18 (B 11), ℰ 10 21, ≤ Karwendel und Wettersteinmassiv,
➡ 🏤, 🍴, 🔲, 🚤 – ☎ ℗, 🍴 Rest
20. Nov.- 20. Dez. geschl. – **M** *(Donnerstag geschl.)* a la carte 21/46 – **11 Z : 21 B** 55/63 - 100/126 Fb.

🏠 **Wallgauer Hof** ⤝, Isarstr. 15, ℰ 20 24, 🍴, 🚤, Skiverleih – ☎ 🚐 ℗, 🄴
Nov.- 15. Dez. geschl. – (nur Abendessen für Hausgäste) – **23 Z : 42 B** 50/65 - 89/146.

🏠 Gästehaus Bayerland garni, Mittenwalder Str. 3 (B 11), ℰ 6 11, 🍴, 🔲, 🚤 – ☎ 🚐 ℗
15 Z : 29 B.

🏠 **Isartal**, Dorfplatz 2, ℰ 10 44 – 🚐 ℗, 🄰🄴 🄴
22. April - 11. Mai und 15. Nov.- 15. Dez. geschl. – **M** *(Dienstag geschl.)* a la carte 22/41 – **20 Z : 35 B** 40/48 - 80/86 – ½ P 55/58.

WALLUF 6229. Hessen – 5 600 Ew – Höhe 90 m – ❀ 06123.
♦Wiesbaden 10 – ♦Koblenz 71 – Limburg an der Lahn 51 – Mainz 13.

🏛 **Zum neuen Schwan** ⤝ garni, Rheinstr. 3, ℰ 7 10 77 – 📺 ☎ ℗, 🄰🄴 ⓪ 🄴 🆅🆂🅰
20. Dez.- 7. Jan. geschl. – **20 Z : 39 B** 82/142 - 119/184 Fb.

🏠 **Ruppert**, Hauptstr. 61 (B 42), ℰ 7 10 89 – ☎ ℗ – 🔬 30. 🍴 Zim
➡ **M** *(Montag - Dienstag geschl.)* a la carte 17/44 🕯 – **30 Z : 50 B** 40/60 - 70/100.

XXX ❀ **Boris' Restaurant** (Haus a.d. 17. Jh.), Hauptstr. 14, ℰ 7 36 90, Fax 73689, « Gartenterrasse; Ausstellung verkäuflicher Bilder » – 🄰🄴 ⓪ 🄴 🆅🆂🅰
Sonntag - Montag und Jan.- Feb. 2 Wochen geschl. – **M** *(Tischbestellung ratsam)* a la carte 95/145
Spez. Karamelisierte Gänseleber, Gefüllter Weißkohl mit Lachs, Lammnüßchen in Rosmarinsauce.

XX **Schwan** ⤝ mit Zim, Rheinstr. 4, ℰ 7 24 10 – ℗, 🄰🄴 ⓪ 🄴 🆅🆂🅰
M *(Samstag bis 18 Uhr und Dienstag geschl.)* a la carte 56/92 – **4 Z : 8 B** 43/48 - 56/70.

XX **Zum Treppchen**, Kirchgasse 14, ℰ 7 17 68 – 🄴
nur Abendessen, Mittwoch, Sonn- und Feiertage sowie Feb.- März und Aug.- Sept. je 2 Wochen geschl. – **M** (Tischbestellung ratsam) a la carte 48/72 🕯.

WALPORZHEIM Rheinland-Pfalz siehe Neuenahr-Ahrweiler, Bad.

WALSHEIM Saarland siehe Gersheim.

WALSRODE 3030. Niedersachsen 🄖🄑🄒 ⑮ – 24 000 Ew – Höhe 35 m – Erholungsort – ❀ 05161.
Ausflugsziel : Vogelpark★★ N : 3 km.
🛈 Fremdenverkehrsamt, Lange Str. 20, ℰ 20 37.
♦Hannover 61 – ♦Bremen 61 – ♦Hamburg 102 – Lüneburg 76.

🏛 **Landhaus Walsrode** ⤝ garni (ehem. Bauernhaus in einer Parkanlage), Oskar-Wolff-Str. 1, ℰ 80 53, 🔲 (geheizt), 🚤 – ☎ 🚐 ℗, 🄰🄴 🄴
15. Dez.- 15. Jan. geschl. – **18 Z : 30 B** 70/155 - 120/195 Fb.

🏛 Kopp-Ratscafé, Lange Str. 4, ℰ 7 30 73 – 📺 ☎ ℗ – 🔬 – **13 Z : 26 B**.

🏛 Walsroder Hof, Lange Str. 48, ℰ 58 10 – 🛗 📺 ℗ – 🔬, 🍴 – **35 Z : 50 B** Fb.

🏠 Stadtschänke garni, Lange Str. 73, ℰ 57 76 – ℗ – **10 Z : 18 B**.

🏯 **Hannover**, Lange Str. 5, ℰ 55 16, Fax 5513, Biergarten – 🚐 ℗, 🄰🄴 🄴 🆅🆂🅰
➡ *2.- 16. Jan. geschl.* – **M** a la carte 20/44 – **27 Z : 52 B** 35/60 - 60/96.

844

In Walsrode-Hünzingen N : 5 km :

🏠 Forellenhof ॐ, 🎣 56 98, 🎪, 🌳, 🏹 – 🅿
14 Z : 27 B.

In Walsrode 2-Südkampen W : 13 km über die B 209 :

🔱 **Landhaus Meyer** (mit Gästehaus), 🎣 (05166) 2 45, Wildgehege, 🎋, 🏹 – 🅿
🠔 *Nov. geschl.* – **M** *(Dienstag geschl.)* a la carte 19/39 – **32 Z : 55 B** 34/42 - 64/84 – ½ P 44/54.

In Walsrode-Tietlingen O : 9 km :

🏠 **Sanssouci** ॐ, Lönsweg 9, 🎣 (05162) 30 47, « Gartenterrasse », 🌳 – 📺 ☎ 🅿
Feb. geschl. – **M** *(Nov.- März Donnerstag geschl.)* a la carte 26/45 – **12 Z : 22 B** 65/70 - 100/110.

WALTENHOFEN 8963. Bayern 🔢🔢🔢 N 23, 24, 🔢🔢🔢 ⑮ – 8 000 Ew – Höhe 750 m – 🚭 08303.
🛈 Verkehrsamt, Rathaus, 🎣 8 22.
◆München 131 – Bregenz 73 – Kempten (Allgäu) 6 – ◆Ulm (Donau) 97.

In Waltenhofen 2-Martinszell S : 5,5 km – Erholungsort :

🏠 **Adler**, Illerstr. 10, 🎣 (08379) 2 07, Fax 488 – ☎ ⇐⇒ 🅿
🠔 *8.- 20. Jan. geschl.* – **M** a la carte 20/42 ⅄ – **30 Z : 50 B** 52 - 104 – ½ P 65.

WALTRINGHAUSEN Niedersachsen siehe Nenndorf, Bad.

WALTROP 4355. Nordrhein-Westfalen 🔢🔢🔢 ⑭ – 27 000 Ew – Höhe 60 m – 🚭 02309.
Siehe Ruhrgebiet (Übersichtsplan).
◆Düsseldorf 85 – Münster (Westfalen) 50 – Recklinghausen 15.

🏠 **Haus der Handweberei** garni, Bahnhofstr. 95, 🎣 30 03 – ☎ 🅿 🌼
18 Z : 32 B 45/50 - 80/100.

🍴🍴 **Rôtisserie Stromberg**, Dortmunder Str. 5 (Eingang Isbruchstr.), 🎣 42 28 – 🅿 🄰🄴 ⓄⓄ 🄴 𝗩𝗜𝗦𝗔
M a la carte 39/66.

WAMEL Nordrhein-Westfalen siehe Möhnesee.

WANGEN IM ALLGÄU 7988. Baden-Württemberg 🔢🔢🔢 M 23, 🔢🔢🔢 ⑯, 🔢🔢🔢 ⑭ – 23 500 Ew – Höhe 556 m – 🚭 07522.

Sehenswert : Marktplatz★.

🛈 Gästeamt, Rathaus, Marktplatz, 🎣 7 42 11.
◆Stuttgart 194 – Bregenz 27 – Ravensburg 23 – ◆Ulm (Donau) 102.

🏨 **Romantik-Hotel Alte Post und Postvilla**, Postplatz 2, 🎣 40 14, Telex 732774, « Einrichtung im Barock- und Bauernstil » – 📺 ☎ ⇐⇒ 🅿 – 🔬 40. 🄰🄴 ⓄⓄ 🄴 𝗩𝗜𝗦𝗔
M a la carte 30/66 – **28 Z : 50 B** 75/120 - 135/160 Fb – ½ P 98/125.

🏨 **Vierk's Privat-Hotel**, Bahnhofsplatz 1, 🎣 8 00 61, 🎇 – 📺 ☎ ⇐⇒ 🅿 🄴
M *(Sonntag 14 Uhr - Montag geschl.)* a la carte 38/57 – **14 Z : 28 B** 50/75 - 90/130 Fb.

🏠 **Haus Waltersbühl** ॐ, Max-Fischer-Str. 4, 🎣 50 57, 🎪, 🎇, 🎋, 🄶, 🌳 – ☎ ⇐⇒ 🅿 –
🠔 🔬 25/100. 🌼 Zim
Juli 2 Wochen geschl. – **M** *(Sonntag ab 14 Uhr geschl.)* a la carte 21/50 ⅄ – **54 Z : 96 B** 55/75 - 102/118 Fb.

🏠 **Mohren-Post**, Herrenstr. 27, 🎣 2 10 76 – ⇐⇒
M *(Freitag - Samstag und 5.- 25. Sept. geschl.)* a la carte 30/45 ⅄ – **14 Z : 20 B** 50/60 - 85/100.

🏠 **Alpina** garni, Am Waltersbühl 6, 🎣 40 38 – 🛗 ☎ ⇐⇒ 🅿
23 Z : 48 B.

🏠 **Zur Sonnenhalde** ॐ, Wermeisterweg 35, 🎣 66 75, Gartenterrasse, 🎋, 🌳 – ⇐⇒ 🅿 🄴
🠔 🌼 Zim
M *(Freitag bis 18 Uhr geschl.)* a la carte 21/41 ⅄ – **20 Z : 32 B** 30/36 - 60/72.

In Wangen-Herfatz NW : 3 km, über die B 32 :

🏠 **Waldberghof** ॐ, Am Waldberg, 🎣 67 71, 🎇, 🄶, 🌳 – ☎ 🅿 Ⓞ 🄴 𝗩𝗜𝗦𝗔
M *(nur Abendessen)* a la carte 22/40 ⅄ – **13 Z : 26 B** 52/58 - 95/110.

In Wangen 4-Neuravensburg SW : 8 km :

🏠 **Waldgasthof zum Hirschen** ॐ, Grub 1, 🎣 (07528) 72 22, « Gartenterrasse », 🌳, 🍴 – 🅿 Ⓞ 🄴 𝗩𝗜𝗦𝗔
M *(Montag geschl.)* a la carte 26/52 ⅄ – **6 Z : 11 B** 55 - 100.

🏠 **Mohren**, Bodenseestr. 7, 🎣 (07528) 72 45, 🎇, 🄶, 🍴 – ⇐⇒ 🅿 Ⓞ 🄴 𝗩𝗜𝗦𝗔
5.- 26. Nov. geschl. – **M** *(Montag - Dienstag 17 Uhr geschl.)* a la carte 22/41 ⅄ – **22 Z : 42 B** 45/50 - 85.

[WANGEN] Baden-Württemberg siehe Göppingen bzw. Öhningen.

[WANGERLAND] **2949. Niedersachsen — 10 600 Ew — Höhe 1 m — ☎ 04426.**
ℹ Kurverwaltung, Zum Hafen 3 (Horumersiel), ☎ 8 70, Fax 8787.
♦Hannover 242 — Emden 76 — ♦Oldenburg 72 — Wilhelmshaven 21.

In Wangerland 3-Hooksiel [987] ④ — **Seebad :**

XX **Packhaus** ⛰, mit Zim, am Hafen 1, ☎ (04425) 12 33, ⩤, 🌂 — [TV] ☎ [P]. [AE] [D] [E] [VISA]
M a la carte 35/56 — **6 Z : 12 B** 68/85 - 100/120.

XX **Zum Schwarzen Bären**, Lange Str. 15, ☎ (04425) 2 34 — [P]. [AE] [D] [E] [VISA]
Juli - Aug. Mittwoch bis 15 Uhr, Sept.- Juni Mittwoch ganztägig geschl. — **M** a la carte 27/50.

In Wangerland 2-Horumersiel — **Seebad :**

🏨 **Atlanta** ⛰, Am Tief 6, ☎ 15 21, 🏊, 🏊 — 🛗 [TV] ☎ [P] — 👥 40. [AE] [E]
M *(wochentags nur Abendessen)* a la carte 28/51 — **36 Z : 135 B** 85 - 148 Fb — 15 Fewo 93.

🏨 **Mellum** ⛰, Fasanenweg 9, ☎ 6 16, 🌂, 🌳 — [P]
Mitte Jan.- Mitte Feb. und Nov.- 22. Dez. geschl. — **M** *(Montag geschl.)* a la carte 23/46 — **20 Z : 40 B** 51 - 82 — 4 Fewo 80/95.

In Wangerland 2-Schillig — **Seebad :**

🏨 **Apart-Hotel Upstalsboom** ⛰, Mellumweg 6, ☎ 8 80, Fax 88101, ⩤, Massage, 🏊 — 🛗 [TV] ☎ ♿ [P] — 👥 25/70. [AE] [D] [E] [VISA]. ✗ Rest
M *(Donnerstag, 8. Jan.- 15. März und 19. Nov.- 22. Dez. geschl.)* a la carte 25/45 — **72 Z : 161 B** 85 - 140 Fb — 21 Fewo 120/155.

In Wangerland 3-Waddewarden

X **Waddewarder Hof**, Hooksieler Str. 1, ☎ (04461) 24 12 — [P]
Montag und Ende Sept.- Mitte Okt. geschl. — **M** a la carte 27/47.

[WANGEROOGE (Insel)] **2946. Niedersachsen** [987] ④ — **2 000 Ew — Seeheilbad — Insel der Ostfriesischen Inselgruppe. Autos nicht zugelassen — ☎ 04469.**
⛴ **von Wittmund-Carolinensiel (Bahnhof Harle) (ca. 1 h 15 min), ☎ (04469) 2 17.**
ℹ Verkehrsverein, Pavillon am Bahnhof, ☎ 3 75.
♦Hannover 256 — Aurich/Ostfriesland 36 — Wilhelmshaven 41.

🏨 Kaiserhof ⛰, Strandpromenade 27, ☎ 2 02, ⩤, 🌂 — ✗ — *nur Saison* — **55 Z : 93 B.**

🏨 **Strandhotel Germania** ⛰, Strandpromenade 33, ☎ 14 44, ⩤ — ☎
März - Sept. — **M** *(nur Abendessen, März geschl.)* a la carte 26/46 — **56 Z : 98 B** 80/100 - 150/170 Fb.

🏨 Hansa-Haus ⛰, Dorfplatz 16, ☎ 2 37
nur Saison — (nur Abendessen für Hausgäste) — **35 Z : 60 B** Fb.

[WANK] Bayern. Sehenswürdigkeit siehe Garmisch-Partenkirchen.

[WARBURG] **3530. Nordrhein-Westfalen** [987] ⑮ — **21 700 Ew — Höhe 205 m — ☎ 05641.**
ℹ Fremdenverkehrsamt, Zwischen den Städten 2, ☎ 9 25 55.
♦Düsseldorf 195 — ♦Kassel 34 — Marburg 107 — Paderborn 42.

🏨 **Alt Warburg**, Kalandstr. 11, ☎ 42 11, Telex 991239, « Restauriertes Fachwerkhaus a.d. 16. Jh. » — ☎ 🚗 — 👥 25/75
M *(Sonntag - Montag geschl.)* a la carte 45/76 — **16 Z : 25 B** 65/95 - 98/125 Fb.

🏨 **Berliner Hof** ⛰, Gerhart-Hauptmann-Str. 11, ☎ 21 37 — 🚗 [P]
22. Juni - 16. Juli geschl. — **M** *(Sonntag ab 14 Uhr und Freitag geschl.)* a la carte 22/45 — **13 Z : 23 B** 39/65 - 69/98.

In Warburg 2-Scherfede NW : 10 km :

🏨 **Wulff**, Wiggenbreite 3, ☎ (05642) 2 08, 🌂, 🌳 — 🚗 [P]
➜ **M** *(nur Abendessen, Sonntag geschl.)* a la carte 21/42 — **8 Z : 14 B** 40 - 75.

[WARENDORF] **4410. Nordrhein-Westfalen** [987] ⑭ — **34 000 Ew — Höhe 56 m — ☎ 02581.**
Ausflugsziel : Freckenhorst : Stiftskirche★ (Taufbecken ★) SW : 5 km.
⛳ Vohren 41 (O 3 km), ☎ (02586) 17 92 — ℹ Verkehrsamt, Markt 1, ☎ 5 42 22.
♦Düsseldorf 150 — Bielefeld 47 — Münster (Westfalen) 27 — Paderborn 63.

🏨 **Im Engel** ⛰, Brünebrede 37, ☎ 70 64, 🏊 — 🛗 [TV] ☎ ♿ 🚗 [P] — 👥 25/100. [AE] [D] [E] [VISA]
Juli 3 Wochen geschl. — Menu *(Weinkarte mit über 400 Spitzenweinen, abends Tischbestellung ratsam)* (Freitag 15 Uhr - Samstag 18 Uhr geschl.) a la carte 30/65 — **23 Z : 40 B** 60/150 - 90/250 Fb.

🏨 Olympia, Dreibrückenstr. 66, ☎ 80 18 (Hotel) 6 21 75 (Rest.), 🌳 — 🛗 [TV] ☎ 🚗 — 👥
(nur Abendessen) — **24 Z : 47 B** Fb.

🏨 Emshof, Sassenberger Str. 39, ☎ 23 00 — [TV] 🚗 [P]. ✗ Zim — **33 Z : 48 B.**

XX Wiesenhof, Lange Wieske 52, ☎ 34 84, « Gartenterrasse » — [P].

XX Haus Allendorf, Neuwarendorf 16 (B 64, W : 4 km), ☎ 21 07, 🌂 — [P]. ✗.

WARMENSTEINACH 8581. Bayern 🅠🅡🅢 S 17. 🄽🄾🄿 ⑰ − 3 000 Ew − Höhe 558 m − Luftkurort − Wintersport : 560/1 024 m ✂10(Skizirkus Ochsenkopf) ⚡7 − ☎ 09277.
🅱 Verkehrsamt, Freizeithaus, ☎14 01.
♦München 253 − Bayreuth 24 − Marktredwitz 27.

🏠 **Gästehaus Preißinger** ⬭, Bergstr. 134, ☎ 15 54, ≤, 😭, 🔲, 🎋 − ☻
(nur Abendessen für Hausgäste) − **33 Z : 58 B** Fb.

🏠 **Krug** ⬭, Siebensternweg 15, ☎ 2 09, « Terrasse mit ≤ », 🎋 − 🛗 ☻. 🝙 🝗
➝ Mitte - Ende Jan. geschl. − **M** *(Montag geschl.)* a la carte 21/45 − **33 Z : 53 B** 38/46 - 68/86 − ½ P 47/59.

Im Steinachtal S : 2 km :

🛖 **Pension Pfeiferhaus**, ✉ 8581 Warmensteinach, ☎ (09277) 2 56, 🏞, 🎋 − ⬤ ☻
➝ Mitte Okt.- Mitte Dez. geschl. − **M** *(Mittwoch geschl.)* a la carte 15/26 − **23 Z : 40 B** 27/37 - 49/75 − ½ P 32/45.

In Warmensteinach-Fleckl NO : 5 km :

🏠 **Sport-Hotel Fleckl** ⬭, Fleckl 5, ☎ 2 34, 😭, 🔲, − ⬤ ☻
Anfang Nov.- Mitte Dez. geschl. − (nur Abendessen für Hausgäste) − **24 Z : 40 B** 28/46 - 52/86 Fb.

🏠 **Berggasthof** ⬭, Fleckl 20, ☎ 2 70, 🎋 − ⬤ ☻
➝ 20. Nov.- 18. Dez. geschl. − **M** a la carte 16/33 − **15 Z : 30 B** 32/38 - 60/70 − ½ P 44/48.

In Warmensteinach - Oberwarmensteinach O : 2 km :

🏠 **Goldener Stern**, ☎ 2 46, 🎋 − ⬤ ☻
➝ 15. März - 10. April und Nov. geschl. − **M** a la carte 15/33 − **20 Z : 40 B** 34/37 - 42/62 − ½ P 33/44.

WARSTEIN 4788. Nordrhein-Westfalen 🄽🄾🄿 ⑭ − 29 000 Ew − Höhe 300 m − ☎ 02902.
🅱 Kultur- und Fremdenverkehrsamt, Rathaus, Dieplohstr. 1, ☎ 8 12 56.
♦Düsseldorf 149 − Lippstadt 28 − Meschede 15.

🏠 **Hölter**, Siegfriedstr. 2, ☎ 24 40 − ☎ ⬤ ☻. ⦿ 🝗. 🍴
Juni - Juli 2 Wochen geschl. − **M** *(Montag geschl.)* 20/27 (mittags) und a la carte 27/48 − **10 Z : 16 B** 34/40 - 65/75.

🏠 **Lindenhof** ⬭, Ottilienstr. 4, ☎ 25 27, 😭 − ⬤ ☻. 🝙 ⦿ 🝗
M a la carte 22/45 − **50 Z : 95 B** 40 - 77.

XX **Domschänke**, Dieplohstr. 12, ☎ 25 59, Biergarten, « Sauerländer Fachwerkhaus » − 🅐 60. 🝙 ⦿ 🝗 🝫
Dienstag geschl. − **M** a la carte 38/60 − **Bistro M** a la carte 32/55 (auch Gästehaus Waldfrieden, 20 Z : 30 B 75 - 110).

Bei der Tropfsteinhöhle SW : 3 km, Richtung Hirschberg :

🏠 **Warsteiner Waldhotel**, Im Bodmen 52, ✉ 4788 Warstein, ☎ (02902) 50 44, 🏞 − 🆃🆅 ⬤ ☻
16 Z : 32 B Fb.

In Warstein 2-Allagen NW : 11 km :

🏠 **Postillion**, Victor-Röper-Str. 5, ☎ (02925) 33 83, Fax 80820, 🏞, 🎋 − ☎ ☻ − 🅐 25/120. ➝ ⦿ 🝗
M *(Montag bis 18 Uhr geschl.)* a la carte 20/50 − **14 Z : 26 B** 45/48 - 75.

In Warstein 1-Hirschberg SW : 7 km − Erholungsort :

🏠 **Cramer** (Fachwerkhaus a.d.J. 1788), Prinzenstr. 2, ☎ 29 27, « Gemütliche Gaststube » − 🆃🆅 ☎ ⬤ ☻
M *(Montag 14 Uhr - Dienstag sowie Juli und Nov. jeweils 2 Wochen geschl.)* a la carte 25/49 − **13 Z : 24 B** 35/75 - 70/120.

🛖 **Zum Hirsch** ⬭, Stadtgraben 23, ☎ 36 45 − ⬤ ☻. 🍴
(nur Abendessen) − **8 Z : 15 B**.

In Warstein 2-Mülheim NW : 7 km :

XX **Bauernstübchen**, Erlenweg 45 (B 516), ☎ (02925) 28 21 − ⬤ ☻. 🝙 ⦿ 🝗
Montag geschl. − **M** a la carte 24/56.

In Rüthen-Kallenhardt 4784 NO : 6 km :

🏠 **Knippschild**, Theodor-Ernst-Str. 1, ☎ (02902) 24 77, 🎋 − ☎ ⬤ ☻. 🍴 Zim
➝ Januar 3 Wochen und Nov. 1 Woche geschl. − Menu *(Donnerstag geschl.)* a la carte 19/44 − **14 Z : 22 B** 34/37 - 65.

WARTENBERG KREIS ERDING 8059. Bayern 🅠🅡🅢 S 21 − 3 000 Ew − Höhe 430 m − ☎ 08762.
♦München 49 − Landshut 27.

🏨 **Reiter-Bräu**, Untere Hauptstr. 2, ☎ 8 91 − 🛗 ☎ ⬤. 🍴 − **34 Z : 68 B**.

🏠 **Antoniushof** ⬭ garni, Fichtenstr. 24, ☎ 30 43, 😭, 🔲, 🎋 − ☎ ⬤. 🍴
19 Z : 35 B 40/46 - 78/82.

X **Bründlhof**, Badstr. 44, ☎ 35 63, Biergarten − ⬤. 🝙 ⦿ 🝗 🝫
Dienstag - Mittwoch sowie Feb. und Sept. jeweils 2 Wochen geschl. − **M** a la carte 42/63.

WARTMANNSROTH Bayern siehe Hammelburg.

WASSENACH 5471. Rheinland-Pfalz — 1 100 Ew — Höhe 280 m — Luftkurort — © 02636 (Burgbrohl).

Mainz 126 — ♦Bonn 51 — ♦Koblenz 34.

🏛 **Mittnacht**, Hauptstr. 43, ℰ 23 07, �, 🕿 — 🅿
→ **M** *(Montag ab 14 Uhr geschl.)* a la carte 19/39 — **12 Z : 24 B** 30 - 54 — ½ P 39.

WASSENBERG 5143. Nordrhein-Westfalen **987** ㉓. **212** ㉚ — 13 200 Ew — Höhe 70 m — © 02432.

♦Düsseldorf 57 — ♦Aachen 42 — Mönchengladbach 27 — Roermond 18.

🏛 **Burg Wassenberg** ⌂, Kirchstr. 17, ℰ 40 44, Fax 20191, ≤, �, « Hotel in einer Burganlage a.d. 16. Jh. » — 📺 🕿 ⇔ 🅿 — 🔏 25/250. 🖭 ⓞ ⎚ 𝘝𝘐𝘚𝘈
M a la carte 45/81 — **28 Z : 45 B** 85/100 - 150/200 Fb.

WASSERBURG AM BODENSEE 8992. Bayern **413** L 24, **426** ⑩, **427** ⑧ — 3 100 Ew — Höhe 406 m — Luftkurort — © 08382 (Lindau im Bodensee).

🗓 Verkehrsverein, Rathaus, Bahnhofstraße, ℰ 55 82.

♦München 185 — Bregenz 15 — Ravensburg 27.

🏛 **Zum lieben Augustin** ⌂ garni, Hauptstr. 19, ℰ 2 88 94, ≤, 🔥☉, 🌺 — 📺 🕿 ⇔ 🅿. 🖭 ⓞ ⎚
22. Dez.- 18. März geschl. — **27 Z : 54 B** 80/100 - 125/160 Fb — 4 Fewo 65/130 (ab März 1990 auch Restaurant, 🔲 und 🕿).

🏠 **Haus Lipprandt** ⌂, Hauptstr. 26, ℰ 53 83, Fax 23440, 🌺, 🕿, 🔲, 🔥☉, 🌺, Fahrradverleih — 🕿 ⇔ 🅿. 🖭 ⎚ 𝘝𝘐𝘚𝘈
10. Jan. - 23. März geschl. — **M** a la carte 25/57 — **33 Z : 60 B** 61/83 - 122/160 — ½ P 94/116.

🏠 **Seestern** garni, Hauptstr. 27, ℰ 60 49, 🔲, 🌺 — 📺 🕿 🕭 🅿. 🛇
20. März - Okt. — **19 Z : 39 B** 70 - 100/130.

🏠 **Schloß Wasserburg** ⌂, Hauptstr. 5, ℰ 56 92, ≤, 🔥☉, 🌺 — 🛗 🅿. 🖭 ⓞ ⎚ 𝘝𝘐𝘚𝘈. 🛇 Rest
Jan.- 15. März geschl. — **M** *(Montag - Dienstag geschl.)* a la carte 34/56 — **19 Z : 36 B** 60/90 - 110/150.

🏠 **Pfälzer Hof**, Hauptstr. 83, ℰ 65 11, 🌺 — 🕿 ⇔ 🅿
1.- 10. Jan. geschl., Nov.- Anfang April garni — **M** a la carte 23/43 🍷 — **10 Z : 20 B** 40/43 - 66/86.

In Wasserburg-Hege NW : 1,5 km :

✕✕ **Weinstube Gierer** mit Zim, ℰ 2 65 63, 🌺, 🕿, 🔲 — 🛗 📺 🕿 🅿. 🖭 ⓞ ⎚ 𝘝𝘐𝘚𝘈
Anfang Nov.- Anfang Dez. und Anfang Feb.- Anfang März geschl. — **M** a la carte 25/60 🍷 — **19 Z : 35 B** 50/65 - 80/136 Fb.

WASSERBURG AM INN 8090. Bayern **413** T 22, **987** ㊲, **426** I 4 — 10 500 Ew — Höhe 427 m — © 08071.

Sehenswert : Malerische Lage★.

🗓 Städt. Verkehrsbüro, Rathaus, Eingang Salzsenderzeile, ℰ 1 05 22.

♦München 54 — Landshut 64 — Rosenheim 31 — Salzburg 88.

🏛 **Fletzinger**, Fletzingergasse 1, ℰ 80 10, Fax 40810 — 🛗 📺 🕿 ⇔ — 🔏 30. 🖭 ⓞ ⎚ 𝘝𝘐𝘚𝘈
9. Dez.- 22. Jan. geschl. — **M** *(Nov.- März Samstag geschl.)* a la carte 28/50 — **39 Z : 74 B** 65/80 - 95/125 Fb.

🏠 **Paulanerstuben**, Marienplatz 9, ℰ 39 03, 🌺, « Prächtige Rokokofassade » — 🕿 ⇔
→ 15.- 30. April und 15. Okt. - 15. Nov. geschl. — **M** *(Dienstag geschl.)* a la carte 19/37 — **17 Z : 35 B** 40/50 - 68/80.

✕✕ **Herrenhaus**, Herrengasse 17, ℰ 28 00 — 🖭 ⎚
Sonntag 15 Uhr - Montag und Aug. geschl. — **M** a la carte 36/65.

An der B 15 S : 8 km :

🏛 **Fischerstüberl**, Elend 1, ⌂ 8091 Wasserburg-Attel, ℰ (08071) 25 98, 🌺 — 🅿
4.- 19. Juni geschl. — **M** *(Dienstag geschl.)* a la carte 26/39 — **9 Z : 19 B** 35 - 70.

In Wasserburg-Burgau W : 2,5 km :

🏠 **Pichlmair**, Anton-Wagner-Str. 2, ℰ 4 00 21, 🌺, 🕿 — 📺 🕿 ⇔ 🅿 — 🔏 25
25 Z : 55 B.

WASSERKUPPE Hessen. Sehenswürdigkeit siehe Gersfeld.

WASSERLIESCH Rheinland-Pfalz siehe Konz.

WASSERTRÜDINGEN 8822. Bayern **413** O 19, **987** ㉖ — 5 900 Ew — Höhe 420 m — © 09832.

♦München 154 — Ansbach 34 — Nördlingen 26 — ♦Nürnberg 69.

🏛 **Gästehaus Zur Ente**, Dinkelsbühler Str. 1, ℰ 8 14, 🕿 — 🕿 🅿
→ **M** *(Mahlzeiten im Gasthof Zur Ente)* a la carte 19/38 🍷 — **28 Z : 54 B** 41 - 70 Fb.

🏠 **Zur Sonne**, Dinkelsbühler Str. 2, ℰ 3 28 — ⇔ 🅿
14 Z : 26 B.

WEDEL 2000. Schleswig-Holstein 987 ⑤ – 30 300 Ew – Höhe 2 m – ✪ 04103.
Sehenswert : Schiffsbegrüßungsanlage beim Schulauer Fährhaus ≤ ★.
♦Kiel 106 – ♦Bremen 126 – ♦Hamburg 21 – ♦Hannover 170.

  🏨 **Diamant** garni, Schulstr. 4, 𝒫 1 60 01, Fax 7740 – 📺 ☎ 🕭 ⟵ – 🏛 30. ⅀ ⑩ ⅇ
    37 Z : 71 B 95/120 - 150/180.

  🏠 **Motel Roland**, Marktplatz 8, 𝒫 54 11 – 📺 ☎ ⟵ 🅿 ⅏
    23. Dez.- 1. Jan. geschl. – **M** a la carte 23/50 ⅃ – **27 Z : 43 B** 67/71 - 95/100.

  🏠 **Wedel** garni, Pinneberger Str. 69, 𝒫 72 87, Fax 88558 – 📺 ☎ 🅿
    1.- 23. Juli und 20.- 31. Dez. geschl. – **14 Z : 23 B** 66/90 - 108/140.

  XX **Wedeler Wassermühle**, Mühlenstr. 30a, 𝒫 1 38 66, wechselnde Kunstausstellungen –
    ⅀ ⑩ ⅇ
    Montag und 8.- 24. Jan. geschl. – **M** (abends Tischbestellung ratsam) a la carte 51/70.

WEDEMARK 3002. Niedersachsen 987 ⑮ – 24 500 Ew – Höhe 45 m – ✪ 05130.
♦Hannover 20 – ♦Bremen 98 – Celle 27 – ♦Hamburg 128.

  In Wedemark 1-Brelingen :

  🏡 **Deutscher Hermann** ⌂, Bennemühler Str. 8, 𝒫 22 94 – ⟵ 🅿
    Juli - Aug. 3 Wochen geschl. – **M** (Montag - Dienstag geschl.) a la carte 24/41 – **12 Z :
    22 B** 35/45 - 70/90.

  In Wedemark 1-Hellendorf :

  🏠 **Foellmer** ⌂, Pappelallee, 𝒫 30 30, 🛋 – ⟵ 🅿 – 🏛
    (wochentags nur Abendessen) – **14 Z : 20 B**.

  In Wedemark 1-Mellendorf :

  🏡 **Eichenkrug**, Kaltenweider Str. 22, 𝒫 25 00 – 🅿 ⅏ Zim
  ⟼ **M** (Dienstag geschl.) a la carte 18/32 – **7 Z : 13 B** 40/45 - 70/80.

WEGBERG 5144. Nordrhein-Westfalen 987 ㉓, 213 ⑫ – 25 000 Ew – Höhe 60 m – ✪ 02434.
🏌 Schmitzhof (W : 7 km), 𝒫 (02436) 4 79.
♦Düsseldorf 47 – Erkelenz 9,5 – Mönchengladbach 16.

  XX **Burg Wegberg**, Burgstr. 8, 𝒫 13 27, « Gartenterrasse » – 🅿 – 🏛 25/300
    Mittwoch geschl. – **M** a la carte 28/59.

  In Wegberg-Beeck SO : 2 km :

  XXX **Haus Brender - Restaurant Ambiente**, Im Wiesengrund 2, 𝒫 10 69 – ⅀ ⑩ ⅇ ⅏
    Samstag bis 18 Uhr, Dienstag sowie Feb. und Juni - Juli jeweils 2 Wochen geschl. – **M** a la
    carte 52/69.

  In Wegberg-Kipshoven SO : 5 km:

  🏨 **Esser** ⌂, von-Agris-Str. 43, 𝒫 (02161) 5 89 95, 🕿 – 📺 ☎ 🕭 🅿 – 🏛 25/50. ⅀ ⑩ ⅇ
    VISA
    M (Samstag bis 17 Uhr geschl.) a la carte 26/56 – **20 Z : 31 B** 65/95 - 120/130 Fb.

  In Wegberg-Schwaam N : 5 km über Rickelrath :

  🏡 **Schüppen** ⌂, Zum Thomes Hof 1, 𝒫 33 83, 🛋, 🐎 – ⟵ 🅿 ⅏
    11 Z : 19 B.

  In Wegberg-Tüschenbroich SW : 2 km :

  XXX **Tüschenbroicher Mühle**, Gerderhahner Str. 1, 𝒫 42 80, ≤, « Terrasse am See » – 🅿 –
    🏛 40. ⑩ ⅇ *VISA*
    Donnerstag geschl. – **M** a la carte 43/80.

WEHINGEN 7209. Baden-Württemberg 413 J 22 – 3 100 Ew – Höhe 777 m – ✪ 07426.
♦Stuttgart 100 – Sigmaringen 46 – Villingen-Schwenningen 40.

  🏠 **Café Keller**, Bahnhofstr. 5, 𝒫 10 68 – 📺 ☎ 🕭 🅿 – 🏛 40. ⅀ ⑩ ⅇ
    M (Freitag geschl.) a la carte 23/46 – **21 Z : 32 B** 39/60 - 80/110 Fb.

WEHLMÄUSEL Bayern siehe Feuchtwangen.

WEHR 7867. Baden-Württemberg 413 G 24, 987 ㉞, 427 ⑤ – 12 000 Ew – Höhe 365 m –
✪ 07762.
🛈 Verkehrsverein, Hauptstr. 31, 𝒫 94 79.
♦Stuttgart 216 – Basel 31 – Lörrach 22 – Bad Säckingen 11 – Todtmoos 17.

  🏠 **Klosterhof**, Frankenmatt 8 (beim Schwimmbad), 𝒫 86 50, 🛋 – 📺 ☎ 🅿 ⅇ
    M (Sonntag ab 18 Uhr und Freitag geschl.) a la carte 32/57 – **36 Z : 50 B** 50/80 - 80/100 Fb.

  In Hasel 7861 N : 4 km :

  🏠 **Landgasthof Erdmannshöhle**, Hauptstr. 14, 𝒫 (07762) 97 52, 🛋 – ☎ 🅿 – 🏛 60. ⑩
    ⅇ *VISA*
    Mitte - Ende Feb. geschl. – Menu (Nov.- April Sonntag ab 15 Uhr geschl.) a la carte 32/72 ⅃
    – **17 Z : 26 B** 35/55 - 58/110 Fb.

WEHRHEIM 6393. Hessen 413 I 16 — 7 800 Ew — Höhe 320 m — ✪ 06081.

Ausflugsziel : Saalburg★ (Rekonstruktion eines Römerkastells) S : 4 km.

♦Wiesbaden 57 — ♦Frankfurt am Main 28 — Gießen 46 — Limburg an der Lahn 46.

☆ **Zum Taunus**, Töpferstr. 2 (B 456), ℰ 51 68 — ⇐ ⊕. ⚘ Zim
22. Dez.- 8. Jan. geschl. — **M** *(wochentags nur Abendessen, Freitag geschl.)* a la carte 23/39 — **16 Z : 25 B** 45/80 - 100/120.

Am Bahnhof Saalburg SO : 3 km :

🏠 **Lochmühle** ⚞, ⊠ 6393 Wehrheim, ℰ (06175) 2 81, 🏛, 🐎 — 📺 ☎ ⊕. E ▨▨
15.- 29. Jan. geschl. — **M** a la carte 34/55 — **12 Z : 18 B** 84/145 - 165/180.

WEIBERSBRUNN 8751. Bayern 413 L 17, 987 ㉘ — 2 000 Ew — Höhe 354 m — ✪ 06094.
🛈 Tourist-Information Franken, an der Autobahn A 3 (Rasthaus Spessart Südseite), ℰ (06094) 2 20 (geöffnet : Ostern - Mitte Okt.).

♦München 337 — Aschaffenburg 19 — ♦Würzburg 61.

🏠 **Brunnenhof**, Hauptstr. 231, ℰ 3 64, 🏛 — 📳 ☎ ⇐ ⊕ — 🔼 25/100
M a la carte 28/56 — **52 Z : 100 B** 45/85 - 80/115.

☆ **Jägerhof**, Hauptstr. 223, ℰ 3 61, 🏛 — ⊕
← **M** a la carte 21/46 — **20 Z : 40 B** 45 - 68.

An der Autobahn A 3 Ausfahrt Rohrbrunn :

🏠 **Rasthaus und Motel im Spessart - Südseite**, ⊠ 8751 Rohrbrunn, ℰ (06094) 5 31, Fax 535, 🏛 — ☎ ⊕
M a la carte 24/51 — **34 Z : 62 B** 85/99 - 124/129.

WEICHERING 8859. Bayern 413 Q 20 — 1 500 Ew — Höhe 372 m — ✪ 08454.
♦ München 91 — ♦Augsburg 56 — Ingolstadt 14.

🏠 **Gasthof Vogelsang** ⚞, Bahnhofstr. 24, ℰ 8 79, 🏛 — ☎ ⊕. ⚘ Rest
12 Z : 26 B.

GRÜNE REISEFÜHRER

Landschaften, Sehenswürdigkeiten
Schöne Strecken, Ausflüge
Besichtigungen
Stadt- und Gebäudepläne.

WEIDEN IN DER OBERPFALZ 8480. Bayern 413 T 17, 987 ㉗ — 41 600 Ew — Höhe 397 m — ✪ 0961.

Ausflugsziel : Bayerische Ostmarkstraße ★ (bis Passau).

🛈 Verkehrsamt, Altes Rathaus, Oberer Markt, ℰ 8 14 11.

♦München 243 ④ — Bayreuth 64 ① — ♦Nürnberg 100 ④ — ♦Regensburg 82 ③.

Stadtplan siehe gegenüberliegende Seite.

🏨 **Stadtkrug**, Wolframstr. 5, ℰ 3 20 25, Telex 63863, Biergarten — 📺 ☎ ⇐. ☒ ⑩ E ▨▨   BZ e
24. Dez.- 7. Jan. geschl. — **M** *(Sonn- und Feiertage geschl.)* a la carte 27/56 — **52 Z : 75 B** 60/80 - 95/130 Fb.

🏨 **Europa**, Frauenrichter Str. 173, ℰ 2 50 51, Telex 63939 — 📳 📺 ☎ ⇐ ⊕. ☒ ⑩ E ▨▨   AX b
1.- 14. Jan. geschl. — **M** *(Freitag - Samstag 18 Uhr geschl.)* a la carte 38/72 — **26 Z : 35 B** 55/80 - 85/110 Fb.

🏠 **Am Tor**, Hinterm Wall 24, ℰ 50 14, 🚐 — 📺 ☎ ⇐ ⊕. ☒ ⑩ E ▨▨. ⚘ Rest   BZ m
M *(nur Abendessen, Samstag - Sonntag, 9.- 22. April und 24. Dez.- 6. Jan. geschl.)* a la carte 23/40 — **19 Z : 33 B** 65/75 - 98/128 Fb.

☆ **Waldlust**, Neustädter Str. 46, ℰ 3 50 05 — ⇐ ⊕   BX a
← **M** *(nur Abendessen, Samstag - Sonntag geschl)* a la carte 18/26 ⚖ — **18 Z : 28 B** 28/40 - 56/68.

✕ **Gockkloch**, Hinter der Mauer 12, ℰ 51 61, Biergarten   BZ s
← Sonn- und Feiertage ab 14 Uhr sowie Montag geschl. — **M** a la carte 19/53.

In Weiden-Oberhöll ② : 7 km :

🏠 **Hölltaler Hof** ⚞, Oberhöll 2, ℰ 4 30 93, 🏛, 🐎, ⚓ ⚘ — ☎ ⇐ ⊕. ☒ ⑩ E ▨▨
← 20.- 31. Dez. geschl. — **M** *(Montag bis 17 Uhr und 1.- 15. Aug. geschl.)* a la carte 18/42 ⚖ — **28 Z : 40 B** 35/50 - 65/85.

In Schirmitz 8481 SO : 3 km :

🏠 **Rebel** ⚞, Habichtweg 1, ℰ (0961) 4 40 51, 🏛, 🐎 — ☎ ⇐ ⊕. E ▨▨   BY k
← 24. Dez.- 6. Jan. geschl. — **M** *(Freitag geschl.)* a la carte 18/35 ⚖ — **23 Z : 31 B** 33/47 - 57/74 Fb.

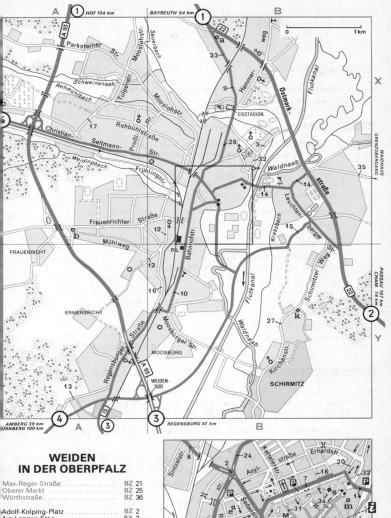

0   1 km

Parksteiner Str.

Sauerbach

A 93

Moosloh str.

Tulpenstr.

Schweinenaab

22

a

Rehmühlbach

Moosloh str.

9

Hammer-

Ostmark-

Flutkanal

X

WALDHAUS GRENZÜBERGANG

Christian-

17

Rehbühlstraße

Proßl. str.

EISSTADION

35

Seltmann-

Weidingbach

28

3

Waldnaab

straße

Frühlingstr.

Str.

32

14

Frauenrichter   Straße

12

Leuchtenberger

Str.

14

FRAUENRICHT

Mühlweg

12

POL.

Bahnhofstr.

Krebsbach

15

Schmitzer Weg

WALDHAUS GRENZÜBERGANG

PASSAU 187 km CHAM 78 km

22

2

Y

ERMERSRICHT

16

10

Moosburger Str.

Flutkanal

Waldnaab

27

k

Kirchenstr.

Regensburger str.

A 93

MOOSBURG

WEIDEN-SÜD

SCHIRMITZ

13

U 5

A 93

WEIDEN
IN DER OBERPFALZ

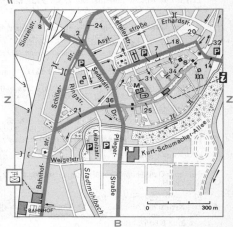

Sintelstr.

8

24

Erhardstr.

Ketteler straße

2

20

32

Asyl-

18

7

P

P

str.

Sedanstr.

14

Z   Schiller-   Ringstr.

31

34

s

m

Z

M

36

21

25

Leibnizstr.

Dr.-

Pfleger-

Weigelstr.

Kurt-Schumacher-Allee

Bahnhof-   str.

Stadtmühlbach

Straße

R

BAHNHOF

0   300 m

B

851

WEIDENBERG 8588. Bayern **413** S 17 — 5 400 Ew — Höhe 463 m — ✪ 09278.
♦München 244 — Bayreuth 15 — Weiden in der Oberpfalz 58.

🏨 **Gasthof Kilchert**, Lindenstr. 14, ☎ 2 77 — ☎
➡ 30. Okt.- 23. Nov. geschl. — M (Montag geschl.) a la carte 14/24 ⅜ — **16 Z : 33 B** 35/45 - 70/80.

WEIDENTHAL 6739. Rheinland-Pfalz **413** G 18, **242** ④, **57** ⑨ — 2 400 Ew — Höhe 220 m — ✪ 06329.
Mainz 89 — Kaiserslautern 19 — ♦Mannheim 42 — Neustadt an der Weinstraße 19.

🏨 **Birkenhof**, Hauptstr. 226, ☎ 3 08 — ⇌ ☎
M (Nov.- März Donnerstag geschl.) a la carte 23/41 — **11 Z : 22 B** 38 - 70.

WEIGENDORF Bayern siehe Sulzbach-Rosenberg.

WEIKERSHEIM 6992. Baden-Württemberg **413** M 18, **987** ㉘ — 7 300 Ew — Höhe 230 m — Erholungsort — ✪ 07934 — **Sehenswert : Schloß (Ausstattung★★, Rittersaal★★).**
🛈 Städt. Verkehrsamt, Marktplatz, ☎ 72 72 — ♦Stuttgart 128 — Ansbach 67 — Heilbronn 86 — ♦Würzburg 42.

🏨 **Laurentius**, Marktplatz 5, ☎ 70 07, ㄍ — ⵆ 📺 ☎ ① E 𝗩𝗜𝗦𝗔
M (Feb. geschl.) a la carte 25/72 — **12 Z : 20 B** 70/77 - 90/115.

🏨 **Grüner Hof**, Marktplatz 10, ☎ 2 52, ㄍ — ⟲
17. Jan.- Feb. geschl. — M (Montag geschl.) a la carte 25/42 — **22 Z : 35 B** 45/65 - 80/90.

🏨 Deutschherren-Stuben, Marktplatz 9, ☎ 83 76, ㄍ, ⇌ — **22 Z : 40 B.**

In Weikersheim - Laudenbach SO : 4,5 km :

🏨 **Zur Traube**, Mörikestr. 1, ☎ 88 63 — ☎
21 Z : 37 B.

In Tauberrettersheim 8701 NO : 4 km :

🏨 **Zum Hirschen**, Mühlenstr. 1, ☎ (09338) 3 22, ㄍ, ⇌, ㄇ — ☎ ⇌ ☎
Feb.- März 2 Wochen und Ende Nov. 1 Woche geschl. — M (Mittwoch geschl.) a la carte 16/32 ⅜ — **13 Z : 25 B** 40 - 65.

WEIL 8911. Bayern **413** P 22 — 2 600 Ew — Höhe 573 m — ✪ 08195.
♦ München 54 — ♦Augsburg 34 — Landsberg am Lech 10.

In Weil-Pestenacker NO : 7 km :

🏨 **Post** ⟲, Hauptstr. 22, ☎ 2 77, ㄇ — ⇌ ☎
25. Aug. 10. Sept. und 23. Dez.- 10. Jan. geschl. — M (Dienstag geschl.) a la carte 16/28 ⅜ — **17 Z : 25 B** 30 - 58.

WEIL AM RHEIN 7858. Baden-Württemberg **413** F 24, **427** ④, **216** ④ — 26 000 Ew — Höhe 260 m — ✪ 07621 (Lörrach).
♦Stuttgart 261 — Basel 7,5 — ♦Freiburg im Breisgau 65 — Lörrach 5.

🏨 **Atlas Hotel**, Alte Str. 58 (nahe der BAB-Abfahrt Weil am Rhein), ☎ 70 70, Fax 707650, ⇌, ⚅ (Halle) — ⵆ 📺 ☎ — ⚒ 25/120. ☒ ① E 𝗩𝗜𝗦𝗔
M a la carte 37/67 — **162 Z : 308 B** 135/210 - 165/248 Fb.

🏨 **Leopoldshöhe**, Müllheimer Str. 4, ☎ 7 30 31, Biergarten, ⇌, ▦ — ⵆ ☎ ⇌ ☎. ☒ ① E
M (Mittwoch - Donnerstag 17 Uhr geschl.) a la carte 23/50 ⅜ — **43 Z : 82 B** 69/85 - 120/145 Fb.

XXX ⚙ **Zum Adler** (mit Zim. und Gästehaus), Hauptstr. 139, ☎ 7 11 88, Fax 75676 — 📺 ☎ ☎
M (Tischbestellung ratsam) (Sonntag-Montag 15 Uhr, 1.- 15. Jan. und 1.- 15. Aug. geschl.) a la carte 65/95 — **25 Z : 49 B** 90/130 - 180/200 Fb
Spez. Guglhupf von Gänseleber, Jakobsmuscheln und Wildlachs mit Tomaten-Basilikum-Vinaigrette, Taube und Wachtel in Beaujolais.

XX **Zur Krone** mit Zim (Landgasthof a.d. J. 1572), Hauptstr. 58, ☎ 7 11 64 — 📺 ☎ ⇌ ☎. ☒ ① E 𝗩𝗜𝗦𝗔
1.- 15. Aug. geschl. — M (Tischbestellung ratsam) (Montag 15 Uhr - Dienstag geschl.) a la carte 35/70 — **10 Z : 17 B** 48/150 - 80/150.

In Weil-Haltingen N : 3 km :

🏨 **Rebstock** ⟲, Große Gass 30, ☎ 6 22 57 — ⇌ ☎
M (Montag - Freitag nur Abendessen) a la carte 29/62 — **18 Z : 36 B** 40/65 - 80/120 Fb.

XX **Weinstube zum Hirschen** mit Zim (Gasthaus a.d.J. 1747), Große Gass 1, ☎ 6 23 44, « Gartenterrasse » — ☎ ☎. ☒ ① E. ⟲ Zim
M (Montag sowie Feb. und Okt. jeweils 2 Wochen geschl.) a la carte 35/71 — **9 Z : 15 B** 45/70 - 78/100.

X Goldener Ochsen mit Zim, Freiburger Str. 46, ☎ 6 22 38, ㄍ, eigener Weinbau — ☎
12 Z : 24 B.

In Weil-Märkt NW : 5 km :

XX **Zur Krone** mit Zim, Rheinstr. 17, ☎ 6 23 04, ㄍ — ☎
Feb. und Sept. jeweils 2 Wochen geschl. — M (Montag - Dienstag geschl.) a la carte 28/56 — **5 Z : 7 B** 50/55 - 85.

WEILBACH 8761. Bayern **413** K 17,18 – 2 100 Ew – Höhe 166 m – ✿ 09373 (Amorbach).
München 353 – ♦Frankfurt am Main 79 – Heilbronn 87 – ♦Mannheim 84 – ♦Würzburg 79.

In Weilbach-Ohrnbach NW : 8 km :

🏠 **Zum Ohrnbachtal** ⑤, Hauptstr. 5, ℰ 14 13, 佘, ⇐s, 🔳, 🛲 – ⇐ ➋. 釆 Zim
6. Jan.- 15. Feb. geschl. – **M** *(Mittwoch geschl.)* a la carte 19/41 ⅄ – **23 Z : 41 B** 45/55 - 84/88.

WEILBURG 6290. Hessen **413** H 15. **987** ㉔ – 13 500 Ew – Höhe 172 m – Luftkurort – ✿ 06471.
ehenswert : Lage★.
⌕ Kur- und Verkehrsverein, Mauerstr. 10, ℰ 76 71.
Wiesbaden 72 – Gießen 40 – Limburg an der Lahn 22.

🏰 **Schloßhotel Weilburg** ⑤, Langgasse 25, ℰ 3 90 96, Telex 484730, Fax 39199, 佘, ⇐s,
🔳 – 🔰 📺 ⇐ ➋ – 🔬 25/500. **E**
M a la carte 35/62 – **43 Z : 95 B** 95/130 - 165/220 Fb.

🏠 **Lindenhof**, Frankfurter Str. 23, ℰ 3 00 69, Biergarten – ☎ ⇐ ➋ – 🔬
30 Z : 64 B.

✕ **Weilburger Hof**, Schwanengasse 14, ℰ 71 53
Montag geschl. – **M** 15 (mittags) und a la carte 22/58.

In Weilburg-Kubach O : 4 km über die B 49 :

🏠 **Kubacher Hof** ⑤, Hauptstr. 58, ℰ 48 22, 🔳, 🛲 – ➋
M *(Montag geschl.)* a la carte 19/35 ⅄ – **16 Z : 30 B** 45/50 - 92.

WEILER-SIMMERBERG IM ALLGÄU 8999. Bayern **413** M 24. **426** ⑭. **427** ③ – 5 000 Ew –
Höhe 631 m – Heilbad – Luftkurort – Wintersport : 630/900 m ⦃5 ⦃6 – ✿ 08387.
⌕ Kur- und Verkehrsamt, Weiler, Hauptstr. 14, ℰ 6 51.
München 179 – Bregenz 32 – Ravensburg 42.

Im Ortsteil Weiler :

🏠 **Kur- und Tennishotel Tannenhof** ⑤, Lindenberger Str. 32, ℰ 12 35, Bade- und
Massageabteilung, 🔺, ⇐s, 🔳, 🛲, 釆 (Halle) – 📺 ☎ ➋
2.- 21. Dez. geschl. – **M** a la carte 24/50 ⅄ – **35 Z : 75 B** 98 - 160 Fb.

WEILHEIM 8120. Bayern **413** Q 23. **987** ㊲. **426** ⑯ – 17 300 Ew – Höhe 563 m – ✿ 0881.
Pähl (N : 9 km), Gut Hochschloß, ℰ(08808)13 30.
München 53 – Garmisch-Partenkirchen 44 – Landsberg am Lech 37.

🏠 **Vollmann** ⑤, Marienplatz 12, ℰ 42 55, 佘 – 📺 ⇐ ➋. **E**
10.- 31. Aug. geschl. – **M** *(Montag geschl.)* a la carte 25/49 – **38 Z : 60 B** 42/62 - 68/92 Fb.

✕✕ **La Galleria**, Prälatenweg 2, ℰ 26 20.

In Weilheim-Hirschberg SO : 8 km, 7 km Richtung Seeshaupt, dann rechts ab :

✕ **Forsthaus am Haarsee** ⑤ mit Zim, ℰ 20 88, ≼, « Terrasse », 🔺s, 🛲 – ➋
6 Z : 10 B.

An der B 2 NO : 8,5 km :

✕✕ **Hirschberg Alm** mit Zim, ⊠ 8121 Pähl, ℰ (08808) 2 71, ≼, 佘, 🛲 – ⇐ ➋. 🖭 ⓪ **E**
VISA
M *(Mittwoch geschl.)* a la carte 28/52 – **11 Z : 17 B** 45/48 - 68/72.

WEILHEIM AN DER TECK 7315. Baden-Württemberg **413** L 21. **987** ㉟ – 8 200 Ew – Höhe
585 m – ✿ 07023.
Ausflugsziel : Holzmaden : Museum Hauff★ N : 4 km.
Stuttgart 44 – Göppingen 15 – ♦Ulm (Donau) 52.

🔆 **Zur Post**, Marktplatz 12, ℰ 28 16 – ⇐ ➋
M *(Sonntag ab 14 Uhr geschl.)* a la carte 22/35 – **18 Z : 27 B** 37 - 72.

WEILROD 6395. Hessen **413** I 15, 16 – 5 900 Ew – Höhe 370 m – Erholungsort – ✿ 06083.
⌀ Weilrod-Altweilnau, Merzhäuser Landstraße, ℰ 18 83.
Wiesbaden 42 – ♦Frankfurt am Main 39 – Gießen 51 – Limburg an der Lahn 33.

In Weilrod 7-Altweilnau **987** ㉔ ㉕ :

🔆 **Burgrestaurant**, Weilnauer Str. 1, ℰ 3 10, ≼, 佘, 🛲 – ⇐ ➋
1. Nov.- 5. Dez. geschl. – **M** *(Mitte Okt.- Mitte April Dienstag geschl.)* a la carte 18/33 ⅄ –
23 Z : 38 B 40/60 - 65/85.

In Weilrod 6-Neuweilnau :

🏠 **Sporthotel Erbismühle** ⑤, ℰ 28 80, Fax 288700, 佘, ⇐s, 🔳, 🛲, 釆, ⅊ – 🔰 📺 ☎ 🔥
➋ – 🔬 25/150. 🖭 ⓪ **E** **VISA**
M a la carte 30/64 – **75 Z : 135 B** 70/220 - 105/260 Fb.

WEIMAR Hessen siehe Marburg.

WEINÄHR Rheinland-Pfalz siehe Nassau.

WEINGARTEN 7987. Baden-Württemberg **413** LM 23. **987** ㉟ ㊱. **216** ⑪ — 21 400 Ew — Höhe 458 m — ✪ 0751 (Ravensburg).
Sehenswert : Basilika★★.
🛈 Verkehrsamt, Münsterplatz 1, ☎ 40 51 25.
◆Stuttgart 143 — Biberach an der Riß 43 — Ravensburg 4 — ◆Ulm (Donau) 85.

🏨🏨 **Mövenpick Hotel**, Abt-Hyller-Str. 37, ☎ 50 40, Telex 732325, Fax 504400 — 🛗 ✇ Zim 📺 ⇦ — 🔬 25/400. 🖭 ⓞ 🖾 �ُﺔ
M a la carte 29/63 — **72 Z : 122 B** 156/176 - 206/226 Fb.

🏨 **Altdorfer Hof**, Burachstr. 12, ☎ 5 00 90, Fax 500970 — 🛗 📺 ☎ ⇦ 🅿 — 🔬 25/40. 🖭 ⓞ 🌆
21. Dez.- 12. Jan. geschl. — **M** (Sonntag ab 15 Uhr und Freitag geschl.) a la carte 27/49 —
46 Z : 68 B 59/85 - 98/144.

🏠 **Alt. Ochsen**, Ochsengasse 5, ☎ 5 20 15, Fax 52017 — 🛗 📺 ☎ 🔥 ⇦ 🅿. ⓞ 🖾 🌆
◆ Juli - Aug. 3 Wochen geschl. — **M** (Dienstag geschl.) a la carte 20/32 — **29 Z : 48 B** 37/70
64/110 Fb.

🏠 **Bayrischer Hof** garni, Abt-Hyller-Str. 22, ☎ 4 20 84, Fax 43214, ☎s, 🔲 — ☎ 🅿. 🖭 ⓞ 🖾
🌆
33 Z : 41 B 65/85 - 95/125.

🍴 **Waldhorn**, Karlstr. 47, ☎ 4 42 79 — ⇦ 🅿. ⓞ 🖾 🌆
◆ Aug.- Sept. 3 Wochen geschl. — **M** (Montag geschl.) a la carte 20/40 🍴 — **11 Z : 19 B** 40 -
75.

In Wolpertswende 1 - Mochenwangen 7984 N : 7,5 km :

🍴 **Rist**, Bahnhofstr. 8, ☎ (07502) 13 74 — ⇦ 🅿
◆ **M** (Freitag geschl.) a la carte 15/27 🍴 — **18 Z : 24 B** 28/42 - 52/65.

WEINGARTEN KREIS KARLSRUHE 7504. Baden-Württemberg **413** I 19 — 8 200 Ew — Höhe
190 m — ✪ 07244.
◆Stuttgart 88 — Heidelberg 46 — ◆Karlsruhe 16.

🏠 **Kärcherhalle**, Bahnhofstr. 150, ☎ 23 57, Biergarten — 📺 🅿
8.- 16. April und Juli - Aug. 3 Wochen geschl. — **M** (Freitag und Samstag jeweils bis 18 Uhr
sowie Sonn- und Feiertage geschl.) a la carte 28/57 — **20 Z : 30 B** 30/60 - 75/90.

🍴 Zur Krone, Marktplatz 6 (B 3), ☎ 23 16 — **17 Z : 26 B**.

XX ✿ **Gaststuben Walk'sches Haus** mit Zim, Marktplatz 7 (B 3), ☎ 20 31, « Restauriertes
Fachwerkhaus a.d.J. 1701 » — 📺 ☎. 🖭
1.- 7. Jan. geschl. — **M** (Tischbestellung ratsam) (Sonntag geschl.) 59/125 und a la carte
62/83 — **15 Z : 25 B** 90/130 - 140/190 Fb
Spez. Terrinen, Cannelloni von Lachs, Rehmedaillon in Gewürzkuchensauce mit Gänseleber.

WEINHEIM AN DER BERGSTRASSE 6940. Baden-Württemberg **413** J 18. **987** ㉘ — 42 000 Ew
— Höhe 135 m — ✪ 06201.
Sehenswert : Schloßpark★ — Wachenburg ≼★.
🛈 Verkehrsverein, Bahnhofstr. 15, ☎ 1 65 03.
◆Stuttgart 137 — ◆Darmstadt 45 — Heidelberg 20 — ◆Mannheim 17.

🏨 **Fuchs'sche Mühle**, Birkenauer Talstr. 10, ☎ 6 10 31, 🍃, ☎s, 🔲 — 🛗 ☎ ⇦ 🅿. 🖭 ⓞ
🖾 🌆. 🍴
M a la carte 37/63 — **21 Z : 40 B** 95 - 120 Fb.

🏨 **Zur Pfalz** 🍴, Am Marktplatz 7, ☎ 6 40 94, 🍃 — 📺 ☎. 🖭 ⓞ 🖾 🌆
M a la carte 39/60 — **16 Z : 27 B** 85/95 - 115/125 Fb.

🏨 **Haus Masthoff**, Lützelsachsener Str. 5, ☎ 6 30 33, 🔲 — ☎ ⇦. 🖾 🌆
M (Montag geschl.) a la carte 34/56 🍴 — **18 Z : 30 B** 50/90 - 90/120.

🏠 **Waldschloß**, Gorxheimer Talstr. 23 (SO : 4 km), ☎ 10 72 32 — 🛗 ☎ 🅿 — 🔬 25/50. 🖭 🖾
🌆
M (auch vegetarische Gerichte) a la carte 28/55 🍴 — **48 Z : 70 B** 73 - 103 Fb.

🏠 **Goldener Bock** garni, Bergstr. 8, ☎ 6 20 31 — 🛗 📺 ☎ ⇦ 🅿
15 Z : 25 B 60/70 - 90/95.

XX Würzhaus, Hauptstr.47, ☎ 1 22 10, « Rustikale Einrichtung ».

XX Schloßparkrestaurant, Obertorstr. 9, ☎ 1 23 24, ≼, 🍃.

In Weinheim-Lützelsachsen S : 3 km :

🏠 **Schmittberger Hof** (mit Gästehaus), Weinheimer Str. 43, ☎ 5 25 37 — 🛗 🅿
34 Z : 59 B.

🍴 Alte Pfalz (mit Gästehaus 🍴), Wintergasse 47, ☎ 5 51 69 — ⇦ 🅿
(Dienstag - Freitag nur Abendessen) — **15 Z : 24 B**.

XX **Winzerstube**, Sommergasse 7, ☎ 5 22 98 — 🅿. 🖭 ⓞ 🖾 🌆
nur Abendessen, Sonn- und Feiertage sowie über Fasching und Sept. 2 Wochen geschl. —
M a la carte 47/70.

WEINSBERG 7102. Baden-Württemberg **413** K 19. **987** ② — 9 200 Ew — Höhe 200 m — ✆ 07134.
♦Stuttgart 53 — Heilbronn 6 — Schwäbisch Hall 42.

✗ Postwirt, Marktplatz 1, ℰ 24 23.

Außerhalb SO : 2 km :

🏡 **Gutsgasthof Rappenhof**, ✉ 7102 Weinsberg, ℰ (07134) 30 73, ≤, 🍽, 🚗 — ☎ ℗. **E**
20. Dez.- 5. Jan. geschl. — **M** *(Dienstag geschl.)* a la carte 28/55 ⅜ — **15 Z : 24 B** 50/120 - 100/160.

In Eberstadt 7101 NO : 4 km :

🏠 **Krone**, Hauptstr. 47, ℰ (07134) 40 86, Fax 15752, 🍽 — ☎ ℗. **AE E**
M a la carte 26/55 ⅜ — **18 Z : 30 B** 55/65 - 125.

In Erlenbach 7101 NW : 3 km :

✗✗ **Zum Alten Stapf**, Weinsberger Str. 6, ℰ (07132) 1 64 13, nur Eigenbauweine — ℗. **E** ▨▨▨
Sonntag 15 Uhr - Montag sowie Feb. und Aug. jeweils 2 Wochen geschl. — **M** a la carte 37/62.

WEINSHEIM Rheinland-Pfalz siehe Prüm.

WEINSTADT 7056. Baden-Württemberg **413** L 20 — 23 000 Ew — Höhe 290 m — ✆ 07151 (Waiblingen).
♦Stuttgart 16 — Esslingen am Neckar 13 — Schwäbisch Gmünd 38.

In Weinstadt 1-Beutelsbach :

✗✗ Krone, Marktstr. 39, ℰ 6 51 81.

In Weinstadt 2-Endersbach :

🏠 **Gästehaus und Gasthof Rössle**, Waiblinger Str. 2, ℰ 6 10 01 — ☎ ⇐ ℗
Juli - Aug. 3 Wochen geschl. — **M** *(Freitag geschl.)* a la carte 23/42 ⅜ — **25 Z : 35 B** 62 - 95.
🏠 **Gästehaus Zefferer** garni, Strümpfelbacher Str. 10, ℰ 60 00 34 — ☎ ℗
12 Z : 24 B 75/80 - 110/120.
✗✗ Remstäler Hof mit Zim, Liedhornstr. 15, ℰ 6 11 56 — ☎ ⇐ ℗ — **12 Z : 20 B**.
✗✗ **Weinstube Muz**, Traubenstr. 3, ℰ 6 13 21 — **AE E** ▨▨▨
nur Abendessen, Sonn- und Feiertage geschl. — **M** a la carte 39/62.

In Weinstadt 4-Schnait :

🏨 **Gasthof zum Lamm** (restauriertes Fachwerkhaus a.d.J. 1797), Silcherstr. 75, ℰ 6 50 03,
🍽 — ☎ ⇐ ℗ — 🔏 40. **AE**
M *(Dienstag geschl.)* a la carte 26/69 — **20 Z : 32 B** 75/100 - 110/175.
✗ Fäßle ⅖ mit Zim, Lenzhalde 35, ℰ 6 51 01 — ☎ ℗
6 Z : 8 B.

In Weinstadt 5-Strümpfelbach :

🏠 **Gästehaus Amalie** garni, Hindenburgstr. 16, ℰ 6 11 02 — ☎ ⇐ ℗. ⅗
22. Dez.- 10. Jan., März 1 Woche und Juli - Aug. 3 Wochen geschl. — **15 Z : 25 B** 45/50 - 80/85.
🏠 **Garni**, Hauptstr. 106, ℰ 6 12 57, ≋s, 🚗 — ℗. ① **E**
12 Z : 20 B 45 - 80.
✗ **Lamm**, Hindenburgstr. 16, ℰ 6 23 31 — **AE ① E** ▨▨▨
Montag - Dienstag, Jan. 2 Wochen und Aug. 3 Wochen geschl. — Menu a la carte 34/60.

WEISENDORF 8521. Bayern **413** P 18 — 3 800 Ew — Höhe 300 m — ✆ 09135.
♦ München 204 — ♦Bamberg 53 — ♦Nürnberg 33 — ♦Würzburg 86.

🏨 **Jägerhof**, Auracher Bergstr. 2, ℰ 30 94 — 📺 ☎ ℗ — 🔏 30. ① **E** ▨▨▨
1.- 7. Jan. und 6.- 19. Aug. geschl. — **M** *(Freitag geschl.)* a la carte 21/40 — **19 Z : 35 B** 65/90 - 100/130 Fb.

WEISKIRCHEN 6649. Saarland **242** ②. **57** ⑥ — 6 400 Ew — Höhe 400 m — Heilklimatischer Kurort — ✆ 06876.
🅱 Kurverwaltung (Rathaus), Trierer Str. 29, ℰ 72 24 — ♦Saarbrücken 45 — Merzig 21 — Saarburg 24 — ♦Trier 35.

🏨 **Sporthotel Kurzentrum** ⅖, Im Besen, ℰ 17 22 50, Telex 445441, Fax 172285, ≋s, 🏊,
🚗, ✗✗ (Halle) — 🔰 📺 ⅗ — 🔏 25/100. ① **E** ▨▨▨
M a la carte 45/70 — **54 Z : 74 B** 79/100 - 137/158 Fb.
🏠 **Hofhaus Antz**, Trierer Str. 21, ℰ 2 02 — ☎ ⇐ ℗ — 🔏 25/120. **AE ① E** ▨▨▨
M *(Montag geschl.)* a la carte 29/60 — **15 Z : 26 B** 40/45 - 70/80 — ½ P 50/67.
🏡 **Am Holzbachtal**, Im Hänfert 39, ℰ 3 50, 🍽, ≋s, 🚗, ✗✗ — ℗. **AE ① E** ▨▨▨
M a la carte 26/45 — **11 Z : 17 B** 35/40 - 65/70 — ½ P 48/55.

WEISMAIN 8628. Bayern **413** Q 16. **987** ㉗ — 5 000 Ew — Höhe 315 m — ✆ 09575.
♦München 276 — ♦Bamberg 43 — Bayreuth 35 — Coburg 41.

🏠 **Alte Post**, Am Markt 14, ℰ 2 54, 🍽, ≋s — 📺 — **40 Z : 70 B**.
🏠 **Krone**, Am Markt 13, ℰ 12 66, 🏊, 🚗 — ⅗
Jan. geschl. — **M** *(Samstag geschl.)* a la carte 15/28 — **38 Z : 65 B** 25/45 - 50/80.

WEISSACH 7251. 🄰🄱🄳 J 20 — 6 100 Ew — Höhe 350 m — 🕾 07044.
♦ Stuttgart 37 — Heilbronn 74 — ♦Karlsruhe 59 — Pforzheim 28.

In Weissach-Flacht SW : 2 km :

XX **Adler**, Leonberger Str. 39, ℰ 3 23 29 — 🄰🄴 🄾 **E** *VISA*
Montag geschl. — **M** (Tischbestellung erforderlich) a la carte 25/59 🍷.

WEISSACH Bayern siehe Kreuth.

WEISSDORF Bayern siehe Münchberg.

WEISSENBURG IN BAYERN 8832. Bayern 🄰🄱🄳 P 19. 🛝🛝🛝 ㉖ — 17 000 Ew — Höhe 420 m —
🕾 09141.
Sehenswert : Römer-Museum und -Thermen.
Ausflugsziel : Ellingen (Schloß : Ehrentreppe*) N : 4 km.
🗓 Städt. Verkehrsamt, Martin-Luther-Platz 3 (Römermuseum), ℰ 90 71 24.
♦München 131 — ♦Augsburg 82 — ♦Nürnberg 55 — ♦Ulm (Donau) 119.

🏨 **Romantik-Hotel Rose**, Rosenstr. 6, ℰ 20 96, Telex 624687, Fax 70752, 😐, 🎒 — 📺 🕾.
🄰🄴 🄾 **E** *VISA*
M *(Samstag bis 18 Uhr geschl.)* a la carte 31/69 — **29 Z : 50 B** 60/120 - 90/170.

🏠 **Am Ellinger Tor**, Ellinger Str. 7, ℰ 40 19, 😐 — 🕾 🡒 🄰🄴 🄾 **E** *VISA*
M *(Sonntag 15 Uhr - Montag geschl.)* a la carte 29/46 — **17 Z : 34 B** 49/70 - 88.

🏠 **Wittelsbacher Hof**, Friedrich-Ebert-Str. 21, ℰ 37 95 — 🕾 🡒 🄰🄴 🄾 **E** *VISA*
← *M (Sonntag - Montag geschl.)* a la carte 18/39 🍷 — **22 Z : 42 B** 40/50 - 80/90.

🏠 **Krone** 🍽, Rosenstr. 10, ℰ 23 74 — 🡒 🄰🄴 **E**
M a la carte 22/51 — **9 Z : 16 B** 45 - 80.

X **Goldener Adler** mit Zim, Marktplatz 5, ℰ 24 00, Biergarten 📺 🕾
M *(Okt.- April Freitag und 5. Feb.- 2. März geschl.)* a la carte 22/39 — **11 Z : 19 B** 60/75 -
96/120.

WEISSENHÄUSER STRAND Schleswig-Holstein siehe Liste der Feriendörfer : Oldenburg i.H.

Entrez à l'hôtel ou au restaurant le Guide à la main,
vous montrerez ainsi qu'il vous conduit là en confiance.

WEISSENHORN 7912. Bayern 🄰🄱🄳 N 22. 🛝🛝🛝 ㉟ — 10 800 Ew — Höhe 501 m — 🕾 07309.
♦ ♦München 146 — Memmingen 41 — ♦Ulm (Donau) 22.

🏠 **Löwen** 🍽, Martin-Kuen-Str. 5, ℰ 50 14 — 🕾
1.- 15. Aug. geschl. — Menu *(Tischbestellung ratsam)* (Sonntag geschl.) a la carte 27/61 —
16 Z : 23 B 55/58 - 80/96.

WEISSENSBERG Bayern siehe Lindau im Bodensee.

WEISSENSTADT 8687. Bayern 🄰🄱🄳 S 16. 🛝🛝🛝 ㉗ — 3 800 Ew — Höhe 630 m — Erholungsort —
🕾 09253.
🗓 Verkehrsamt, Rathaus, Kirchplatz 1, ℰ 7 11.
♦München 265 — Bayreuth 36 — Hof 28.

🏠 **Post-Reichsadler**, Wunsiedler Str. 11, ℰ 3 66 — 📺. 🄾 **E** *VISA*. 🍴 Zim
← *Nov. geschl.* — **M** *(Montag geschl.)* a la carte 20/46 — **11 Z : 23 B** 35/49 - 65/92.

🏠 **Welzel**, Wunsiedler Str. 4, ℰ 3 62, Biergarten — 🄿. 🄰🄴 🄾 **E**
← **M** *(Mittwoch und Feb. geschl.)* a la carte 19/46 — **16 Z : 26 B** 28/32 - 56/64.

🏡 **Zum Waldstein**, Kirchenlamitzer Str. 8, ℰ 2 70 — 🡒
← *1.- 14. März und 1.- 13. Sept. geschl.* — **M** *(Montag geschl.)* a la carte 18/42 — **17 Z : 25 B**
25/33 - 50/80.

XX ❀ **Egertal**, Wunsiedler Str. 49, ℰ 2 37 — 🄿. 🄾 **E**. 🍴
Montag - Freitag nur Abendessen, Dienstag und Jan. 3 Wochen geschl. — **M**
(Tischbestellung ratsam) 69/108 und a la carte 58/86
Spez. Lachsscheiben mit Basilikumsauce, Gefüllte Poulardenbrust mit Vermouthsauce, Milchlammnüßchen
mit Portweinsauce.

In Weißenstadt - Weißenhaider Mühle SW : 3,5 km, über die Straße nach Bischofsgrün,
hinter Schönlind links ab :

🏡 **Weißenhaider Mühle** 🍽, ℰ 2 96, 😐 — 🄿
← **M** *(Montag geschl., im Winter nur Samstag - Sonntag geöffnet)* a la carte 16/30 — **8 Z :**
13 B 25 - 50.

WEITENBURG (Schloß) Baden-Württemberg siehe Starzach.

WEITERSTADT Hessen siehe Darmstadt.

WEITNAU 8961. Bayern 四2四 ⑮ — 3 800 Ew — Höhe 797 m — Erholungsort — Wintersport : 850/980 m ≰4 ≰3 — ✪ 08375.
♦München 155 — Bregenz 52 — Kempten (Allgäu) 25.

In Weitnau-Wengen NO : 12 km :

🏠 Engel, Alpe-Egg-Weg 2 (B 12), 🖉 3 17, 🏤, 🚗 — ❷
   20 Z : 32 B.

WELLIN Nordrhein-Westfalen siehe Herscheid.

WELSCHNEUDORF Rheinland-Pfalz siehe Liste der Feriendörfer.

WEMDING 8853. Bayern 四13 P 20, 98⑦ ㉘ — 5 000 Ew — Höhe 460 m — Erholungsort — ✪ 09092.
🛈 Verkehrsamt, Haus des Gastes. 🖉 80 01.
♦München 128 — ♦Augsburg 70 — Nördlingen 18 — ♦Nürnberg 93.

🏠 **Meerfräulein**, Wallfahrtstr. 1, 🖉 80 21, 🚾 — 🛗 📺 ☎ 🚗. E. 💱 Zim
   M *(Dienstag geschl.)* a la carte 25/38 🍴 — **48 Z : 90 B** 35/60 - 60/100 — ½ P 45/65.

In Wemding-Wildbad W : 2 km :

🏠 **Kurhotel Seebauer** 🐾, 🖉 80 15, Fax 8619, 🏤, Bade- und Massageabteilung, ᴁ, 🚾,
◆ 🏊, 🔲, 🚗 — 🛗 🚗 ❷ — 🔬 25/60. 🖭 E 🌇
   M a la carte 18/37 — **66 Z : 104 B** 45/51 - 90/120 — ½ P 55/60.

WENDEBURG Niedersachsen siehe Peine.

WENDELSTEIN 8508. Bayern 四13 Q 18 — 13 800 Ew — Höhe 340 m — ✪ 09129.
                                    Siehe Nürnberg (Umgebungsplan).
♦ München 157 — Ingolstadt 84 — ♦Nürnberg 12 — ♦Regensburg 100.

🏠 **Zum Wenden**, Hauptstr. 32, 🖉 22 45 — ⓞ E 🌇   CT **c**
◆ **M** *(Montag geschl.)* a la carte 20/50 — **12 Z : 22 B** 69/79 - 89.

💥💥 **Ofenplatt'n**, Nürnberger Str. 19, 🖉 34 30 — ❷. 🖭 ⓞ E   CT **v**
   Sonntag geschl. — **M** (Tischbestellung ratsam) a la carte 56/70.

WENDELSTEIN Bayern. Sehenswürdigkeit siehe Bayrischzell und Brannenburg.

WENDEN 5963. Nordrhein-Westfalen — 15 700 Ew — Höhe 360 m — ✪ 02762.
🔊 Wenden-Ottfingen, 🖉 (02762) 75 89.
♦Düsseldorf 109 — ♦Köln 72 — Olpe 11 — Siegen 22.

In Wenden 5-Brün W : 5,5 km über Gerlingen :

🏠🏠 **Wacker**, Mindener Str. 1, 🖉 80 88, Telex 876623, Fax 6200, 🚾, 🔲, 🚗, 💥 — 📺 ☎ 🚗
   ❷ — 🔬 50. 🖭 ⓞ E 🌇. 💱 Rest
   M a la carte 30/47 — **45 Z : 90 B** 60/95 - 110/150 Fb.

WENDLINGEN AM NECKAR 7317. Baden-Württemberg 四13 L 20 — 14 800 Ew — Höhe 280 m
— ✪ 07024.
♦Stuttgart 29 — Göppingen 28 — Reutlingen 31 — ♦Ulm (Donau) 69.

🏠 **Erbschenk**, Unterboihinger Str. 25, 🖉 79 51, Telex 7267541, 🚾 — 🛗 📺 ☎ 🚗 — 🔬
   28 Z : 46 B Fb.

💥 **Keim** mit Zim, Bahnhofstr. 26, 🖉 73 87 — ☎ 🚗 ❷ — 🔬 80
   Juli - Aug. 3 Wochen geschl. — **M** *(Samstag geschl.)* a la carte 26/58 — **9 Z : 14 B** 35/45 -
   70/80.

In Wendlingen-Unterboihingen :

🏠 **Löwen**, Nürtinger Str. 1, 🖉 73 43, 🏤, 🚾 — ☎ ❷ — 🔬 30
   Juli - Aug. 3 Wochen geschl. — **M** *(Samstag geschl.)* a la carte 22/40 — **28 Z : 40 B** 55/75 -
   80/110.

WENHOLTHAUSEN Nordrhein-Westfalen siehe Eslohe.

WENNIGSEN 3015. Niedersachsen — 13 500 Ew — Höhe 94 m — ✪ 05103.
♦Hannover 18 — Hameln 33 — Hildesheim 32.

🏠 **Calenberger Hof**, Bahnhofstr. 11, 🖉 6 90 — ☎ ❷. 🖭 E 🌇
◆ *24. Juli - 13. Aug. geschl.* — **M** *(wochentags nur Abendessen, Montag geschl.)* a la carte
   18/44 — **18 Z : 33 B** 52/95 - 72/135.

WENNINGSTEDT Schleswig-Holstein siehe Sylt (Insel).

WERDOHL 5980. Nordrhein-Westfalen 987 ⑭ — 21 200 Ew — Höhe 185 m — ✪ 02392.

♦Düsseldorf 104 — Arnsberg 43 — Hagen 39 — Lüdenscheid 15.

🏠 Forsthaus, an der Höhenstraße nach Lüdenscheid (W : 2 km), 🕿 26 07, ≼, 🕿, 🔼 – 🕿 ☎
17 Z : 26 B.

In Werdohl-Kleinhammer S : 5 km über die B 229 :

🏠 **Zum Dorfkrug**, Brauck 7, 🕿 (02392) 7 02 07 — 🕿 ⇐ ℗. 🇪
M *(Montag und Samstag jeweils bis 17 Uhr geschl.)* a la carte 24/53 — **14 Z : 26 B** 45/55
95.

WERL 4760. Nordrhein-Westfalen 987 ⑭ — 27 600 Ew — Höhe 90 m — ✪ 02922.

🔓 Werl-Stadtwald, 🕿 (02922) 25 22.

♦Düsseldorf 103 — Arnsberg 25 — ♦Dortmund 37 — Hamm in Westfalen 17 — Soest 15.

🏠 **Parkhotel Wiener Hof**, Hammer Str. 1, 🕿 26 33, 🍴 — 🔲 🕿 ⇐ ℗ — 🔥 25/40. 🕮 ⓞ
🇪 VISA
M *(Donnerstag geschl.)* a la carte 36/67 — **10 Z : 19 B** 65/70 - 90/110 Fb.

🏠 **Bartels - Restaurant Kupferspieß**, Walburgisstr. 6, 🕿 70 66 (Hotel) 13 22 (Rest.) — 🔲
🕿 ⇐ ℗. ⁒ Zim
M *(Italienische Küche)* a la carte 26/58 — **29 Z : 46 B** 60 - 100 Fb.

XX **Alte Mühle** (ehemalige Windmühle), Neheimer Str. 53, 🕿 33 39 — ℗
nur Abendessen, Montag und 6.- 20. Feb. geschl. — M a la carte 26/60.

WERMELSKIRCHEN 5632. Nordrhein-Westfalen 987 ㉔ — 34 000 Ew — Höhe 310 m —
✪ 02196.

♦Düsseldorf 52 — ♦Köln 34 — Lüdenscheid 38 — Wuppertal 30.

🏠 **Zum Schwanen**, Schwanen 1, 🕿 30 07 — 🔲 🕿 ℗. 🕮 ⓞ 🇪
M *(18. Juni - 10. Juli geschl.)* a la carte 35/71 — **24 Z : 35 B** 78/88 - 140 Fb.

🏠 **Zur Eich**, Eich 7, 🕿 60 08 — 🔲 🕿 ⇐ ℗ — 🔥 25/50. 🕮 ⓞ 🇪 VISA
M a la carte 31/58 — **38 Z : 50 B** 65/80 - 110/135 Fb.

In Wermelskirchen 2-Dabringhausen SW : 8 km :

XX **Zur Post** mit Zim, Altenberger Str. 90, 🕿 (02193) 20 88, « Antiquitätenausstellung » — 🕿
℗
Jan. 3 Wochen geschl. — M *(Montag - Dienstag 18 Uhr geschl.)* a la carte 47/72 — **8 Z :
11 B** 75 - 105.

WERNAU 7314. Baden-Württemberg 413 L 20 — 13 200 Ew — Höhe 255 m — ✪ 07153.

♦Stuttgart 32 — Göppingen 21 — Reutlingen 34 — ♦Ulm (Donau) 67.

🏨 **Maître**, Kranzhaldenstr. 3, 🕿 33 75, 🍴 — 🔲 🕿 ℗. 🕮 🇪. ⁒
M *(nur Abendessen)* a la carte 24/59 — **33 Z : 42 B** 78/80 - 120 Fb.

🏠 **Bad Hotel Lämmle**, beim Freibad, 🕿 33 15, 🍴, 🕿, 🔼, 🌳 — 🔲 🕿 ℗. 🕮 ⓞ 🇪 VISA
21. Juli - 18. Aug. geschl. — M *(nur Abendessen, Samstag geschl.)* a la carte 23/45 — **64 Z :
100 B** 80/100 - 120/145 Fb.

XX **Maître** mit Zim, Kirchheimer Str. 83, 🕿 3 02 55 — 🕿 ℗. 🕮 🇪
M *(Freitag geschl.)* a la carte 33/60 — **6 Z : 10 B** 68 - 90.

X **Stadthalle**, Kirchheimer Str. 70, 🕿 3 13 16 — ℗ — 🔥 25/200
Montag, 2.- 8. Jan. und 15. Juli - 9. Aug. geschl. — M a la carte 29/48.

WERNBERG-KÖBLITZ 8475. Bayern 413 T 18. 987 ㉗ — 5 000 Ew — Höhe 377 m — ✪ 09604.

♦München 193 — ♦Nürnberg 95 — ♦Regensburg 71 — Weiden in der Oberpfalz 18.

🏨 **Pari** ⁑, Zur Roten Marter 5, 🕿 5 22, ≼, « Gartenterrasse mit Grill », 🌳 — 🔲 🕿 ⇐ ℗ —
🔥 25/60
21. Dez.- 6. Jan. geschl. — M *(Sonntag geschl.)* a la carte 20/38 — **26 Z : 42 B** 40/65 - 96/
120 Fb.

X **Burkhard**, Marktplatz 10, 🕿 25 09 — ℗
Donnerstag geschl. — Menu a la carte 21/65.

WERNE 4712. Nordrhein-Westfalen 987 ⑭ — 29 000 Ew — Höhe 52 m — ✪ 02389.

Siehe Ruhrgebiet (Übersichtsplan)

🛈 Touristik-Information, Markt 19 (Stadtsparkasse), 🕿 53 40 80.

♦Düsseldorf 105 — ♦Dortmund 25 — Hamm in Westfalen 15 — Münster (Westfalen) 40.

🏠 **Baumhove** (Fachwerkhaus a.d.J. 1484), Markt 2, 🕿 22 98, « Restaurant mit rustikaler
Einrichtung » — 📳 🕿 ⇐
18 Z : 28 B.

🏠 **Ickhorn**, Markt 1, 🕿 28 24 — 🔲 🕿 ⇐. 🕮 🇪
M *(Samstag und Juli 2 Wochen geschl.)* a la carte 23/47 — **14 Z : 22 B** 55/75 - 95/100.

In Werne 3-Stockum O : 5 km :

🏠 **Stockumer Hof**, Werner Str. 125, 🕿 34 39 — ℗. 🇪
20. Dez.- 10. Jan. geschl. — M *(Samstag bis 18 Uhr geschl.)* a la carte 21/48 — **13 Z : 19 B** 42
- 84.

WERNECK 8727. Bayern **413** N 17, **987** ㉘ — 10 000 Ew — Höhe 221 m — ✪ 09722.
✦München 295 — Schweinfurt 13 — ✦Würzburg 27.

🏨 **Krone-Post**, Balthasar-Neumann-Str. 1, ℰ 20 63 — ☎ ⇔ ℗ — 🏖 30. 🖭 ⓪ 🄴 ⅦⅪ
� Rest
M *(Montag bis 17 Uhr geschl.)* a la carte 21/39 ⅃ — **56 Z : 97 B** 48/58 - 78/88.

WERSAU Hessen siehe Brensbach.

WERSHOFEN 5489. Rheinland-Pfalz — 960 Ew — Höhe 497 m — ✪ 02694.
Mainz 176 — Adenau 19 — ✦Bonn 53.

🏨 **Pfahl**, Hauptstr. 76, ℰ 2 32, ≼, ⇔, � — ℗. 🖭 🄴
14.- 31. Jan. geschl. — **M** *(Donnerstag geschl.)* a la carte 26/40 — **22 Z : 48 B** 39/44 - 66/76.
🏨 **Kastenholz**, Hauptstr. 1, ℰ 3 81, ≼, Wildgehege, 🏊, � — ℗ — 🏖
16 Z : 30 B.

WERTACH 8965. Bayern **413** O 24, **987** ㉚, **426** ⑮ — 2 300 Ew — Höhe 915 m — Luftkurort —
Wintersport : 915/1 450 m ≰4 ≴3 — ✪ 08365.
🅘 Verkehrsamt, Rathaus, ℰ 2 66.
✦München 127 — Füssen 24 — Kempten (Allgäu) 25.

🏨 **Gasthof Engel - Kupferpfanne**, Marktstr. 7, ℰ 2 10, 🍴 — ☎ ℗
25 Z : 47 B.
🏨 **Alpengasthof Hirsch**, Marktstr. 21, ℰ 4 31, 🍴 — ☎ ℗
15. Nov.- 20. Dez. geschl. — **M** *(Donnerstag geschl.)* a la carte 25/54 — **10 Z : 20 B** 50/55 -
90/100.
🏨 **Drei Mühlen**, Alpenstr. 1, ℰ 3 34, �, Fahrradverleih — ☎ ⇔ ℗. � Zim
23. Okt.- 19. Dez. geschl. — **M** *(Dienstag - Mittwoch geschl.)* a la carte 22/38 ⅃ — **20 Z :
40 B** 45 - 80.

WERTHEIM 6980. Baden-Württemberg **418** L 17, **987** ㉘ — 20 600 Ew — Höhe 142 m — ✪ 09342.
Sehenswert : Stiftskirche (Grabdenkmäler* : Isenburgsches Epitaph**) — Linkes Tauberufer ≼*.
Ausflugsziel : Bronnbach : Klosterkirche* SO : 9,5 km.
🅘 Fremdenverkehrsgesellschaft, Am Spitzen Turm, ℰ 10 66.
✦Stuttgart 143 — Aschaffenburg 47 — ✦Würzburg 42.

🏨 **Kette**, Lindenstr. 14, ℰ 10 01, 🍴, ⇔ — 🛗 ☎ ⇔. ⓪ 🄴
26. Feb.- 20. März geschl. — **M** *(Montag geschl.)* a la carte 36/70 **30 Z : 50 B** 48/60 - 90/110
Fb.
🏨 **Schwan** (mit Gästehaus), Mainplatz 8, ℰ 12 78, 🍴 — 📺 ☎ — 🏖 30. 🖭 ⓪ 🄴 ⅦⅪ
22. Dez.- 21. Jan. geschl. — **M** a la carte 29/54 — **32 Z : 65 B** 62/90 - 100/140.
🏨 **Bronnbacher Hof**, Mainplatz 10, ℰ 77 97, Fax 39977, 🍴 — ☎. 🖭 ⓪ 🄴 ⅦⅪ
🚡 **M** a la carte 20/37 ⅃ — **26 Z : 50 B** 60 - 98.
✗ **Bach'sche Brauerei**, Marktplatz 11, ℰ 12 70, Straßenterrasse — 🖭 ⓪ 🄴 ⅦⅪ
Mittwoch ab 14 Uhr geschl. — **M** a la carte 23/42 ⅃.

In Wertheim-Bettingen O : 10 km :

🏰 ✿✿ **Schweizer Stuben** ⟩, Geiselbrunnweg 11, ℰ 30 70, Telex 689190, Fax 307155,
« Hotelanlage in einem Park », ⇔, 🏊 (geheizt), �, ✗ (Halle) — 📺 ℗ — 🏖 30. 🖭 ⓪
🄴 ⅦⅪ
M *(1.- 26. Jan., Sonntag bis 19 Uhr und Montag - Dienstag 19 Uhr geschl.)* (siehe auch
Restaurants Taverna La vigna und Schober) 160/190 und a la carte 93/142 *(Tischbestellung
erforderlich)* — **33 Z : 66 B** 200/345 - 250/395 — 11 Appart. 480/950
Spez. Täubchenbrust und Gänseleber im Baumkuchen mantel, Loup de mer in Kräuterkruste auf Spinatsauce,
Gefüllter Kalbsschwanz mit Pfifferling-Kartoffelgemüse.
✗✗✗ **Taverna La vigna** (Italienische Küche), Geiselbrunnweg 11, ℰ 30 70 (über Schweizer
Stuben) — ℗. 🖭 ⓪ 🄴 ⅦⅪ. �
Sonntag 15 Uhr - Dienstag 18 Uhr und 29. Jan.- 22. Feb. geschl. — **M** (Tischbestellung
ratsam) a la carte 55/85.
✗✗ **Schober**, Geiselbrunnweg 11, ℰ 30 70 (über Schweizer Stuben) — ℗. 🖭 ⓪ 🄴 ⅦⅪ
Donnerstag und Freitag nur Abendessen, Mittwoch und 8.- 24. Jan. geschl. — Menu a la
carte 32/65.

In Wertheim-Dertingen O : 14 km :

🏯 **Zum Roß**, Aalbachstr. 45, ℰ (09397) 2 36, 🍴 — ℗
🚡 **M** *(Donnerstag geschl.)* a la carte 17/28 ⅃ — **6 Z : 11 B** 35 - 60.

In Wertheim-Mondfeld W : 10 km — Erholungsort :

🏨 **Weißes Rössel**, Haagzaun 12, ℰ (09377) 12 15, 🍴, � — 📺 ⇔ ℗. ⓪ 🄴
🚡 **M** *(Dienstag geschl.)* a la carte 25/53 ⅃ — **11 Z : 22 B** 35/40 - 70/80.

In Wertheim-Reicholzheim SO : 7 km — Erholungsort :

🏨 **Gästehaus Martha** ⟩, Am Felder 11, ℰ 78 96, ≼, 🍴, ⇔, 🏊, � — ☎ ℗. � Zim
🚡 **M** a la carte 20/46 ⅃ — **10 Z : 20 B** 45 - 80/100.

WERTHEIM

In Kreuzwertheim 6983, Bayern, auf der rechten Mainseite :

🏠 **Lindenhof**, Lindenstr. 41 (NO: 2 km), 𝒫 (09342) 13 53, ≼, 🏤 – 🕿 🚗 🅿. 🎇 Rest
20. Dez.- 15. Jan. geschl. – **M** a la carte 34/67 – **13 Z : 24 B** 65/120 - 90/180 Fb.

🏠 **Herrnwiesen**, In den Herrnwiesen 4, 𝒫 (09342) 3 70 31, 🌄 – 🕿 🚗 🅿. 🎇
(nur Abendessen für Hausgäste) – **20 Z : 38 B** 49/75 - 84/120.

WERTHER Nordrhein-Westfalen siehe Halle in Westfalen.

WERTINGEN 8857. Bayern 🛼🔢 OP 21. 🔢🔢🔢 ㊱ – 4 200 Ew – Höhe 419 m – ✪ 08272.
♦München 90 – ♦Augsburg 32 – Donauwörth 24 – ♦Ulm (Donau) 74.

🏠 **Hirsch**, Schulstr. 7, 𝒫 20 55 – 🕿 🚗 🅿 – 🔏 25/80. 🖭 **E**
🔸 **M** (Samstag und 23. Dez.- 6. Jan. geschl.) a la carte 17/28 🍴 – **28 Z : 40 B** 29/38 - 47/66.

WESCHNITZ Hessen siehe Fürth im Odenwald.

WESEL Niedersachsen siehe Undeloh.

WESEL 4230. Nordrhein-Westfalen 🔢🔢🔢 ⑬ – 58 000 Ew – Höhe 25 m – ✪ 0281.
Siehe Ruhrgebiet (Übersichtsplan).

🚩 Verkehrsverein, Franz-Etzel-Platz 4, 𝒫 2 44 98.
♦Düsseldorf 64 – Bocholt 24 – ♦Duisburg 31.

🏠 **Zur Aue**, Reeser Landstr. 14 (B 8), 𝒫 2 10 00 – 🕿 🅿. 🖭 ⓪ **E** 𝐕𝐼𝐒𝐀
🔸 **M** (Samstag geschl.) a la carte 19/42 – **23 Z : 42 B** 65/75 - 70/90.

✕✕ **Lippeschlößchen**, Hindenburgstr. 2 (SO : 2 km), 𝒫 44 88, 🏤 – 🅿. 🖭 ⓪ **E** 𝐕𝐼𝐒𝐀
Dienstag und 28. Feb.- 19. März geschl. – **M** a la carte 32/59.

In Wesel 14-Büderich SW : 6 km :

🏨 **Wacht am Rhein**, Rheinallee 30, 𝒫 (02803) 3 02, ≼, 🏤 – 🅿 – 🔏 25/200. **E**
🔸 26. Dez.- 10. Jan. geschl. – **M** a la carte 21/40 – **21 Z : 32 B** 45/65 - 70/105.

In Wesel 14-Feldmark N : 4 km über Reeser Landstraße :

🏯 **Waldhotel Tannenhäuschen** 🦌, Am Tannenhäuschen 7, 𝒫 6 10 14, Telex 812774, 🏤,
🍴🍴, 🔳, 🌄 – 🛗 🅿 🚗 🅿 – 🔏 25/80. 🖭 ⓪ **E** 𝐕𝐼𝐒𝐀 🎇 Rest
M a la carte 45/76 – **46 Z : 92 B** 117/145 - 171/198 Fb – 4 Appart. 218/270.

In Wesel 1-Flüren NW : 5 km:

✕ **Waldschenke**, Flürener Weg 49, 𝒫 7 02 81, 🏤 – 🅿
🔸 Donnerstag sowie März und Juni - Juli jeweils 3 Wochen geschl. – **M** 16/30 (mittags) und a
la carte 26/48.

An der Autobahn A 3 Richtung Arnheim SO : 10 km :

🏠 **Autobahnrestaurant und Waldhotel**, ✉ 4224 Hünxe-Ost, 𝒫 (02858) 70 57,
Telex 8120122 – 📺 🕿 🔓 🅿. 🖭 ⓪ **E** 𝐕𝐼𝐒𝐀
M a la carte 25/54 – **29 Z : 50 B** 60/99 - 99/140 Fb.

In Hamminkeln 3-Marienthal 4236 NO : 14 km :

🏯 Romantik-Hotel Haus Elmer 🦌, An der Klosterkirche 12, 𝒫 (02856) 20 41,
« Gartenterrasse » – 📺 🕿 🚗 🅿 – 🔏 – 🎇 Zim – **25 Z : 45 B** Fb.

WESSELING 5047. Nordrhein-Westfalen – 30 000 Ew – Höhe 51 m – ✪ 02236.
♦Düsseldorf 55 – ♦Bonn 15 – ♦Köln 12.

🏨 **Pontivy**, Cranachstr. 75, 𝒫 4 30 91, Telex 8881672, Biergarten, 🍴🍴 – 📺 🕿 🅿. 🖭 ⓪ **E**
M (Samstag und Juli 3 Wochen geschl.) a la carte 30/56 – **23 Z : 28 B** 85/115 - 105/140 Fb.

🏠 **Haus Burum** garni, Bonner Str. 83, 𝒫 4 10 51 – 🛗 📺 🕿 🅿. 🖭 ⓪ **E** 𝐕𝐼𝐒𝐀
24 Z : 30 B 65/85 - 100/130.

✕ **Kölner Hof** mit Zim, Kölner Str. 83, 𝒫 4 28 41 – 📺 🅿 🅿. **E** 𝐕𝐼𝐒𝐀 🎇 Zim
M (Samstag und 24. Juni - 15. Juli geschl.) a la carte 27/58 – **8 Z : 11 B** 48 - 85.

WESSOBRUNN 8129. Bayern 🛼🔢 Q 23. 🔢🔢🔢 ㊱. 🛼🔢🔢 ⑯ – 1 740 Ew – Höhe 701 m – ✪ 08809.
♦München 64 – ♦Augsburg 66 – Weilheim 10.

✕ **Zur Post** mit Zim, Zöpfstr. 2, 𝒫 2 08 – 🅿
🔸 **M** (Nov.- April Dienstag geschl.) a la carte 20/46 – **6 Z : 11 B** 30 - 59.

WESTERDEICHSTRICH Schleswig-Holstein siehe Büsum.

WESTERHEIM 8941. Bayern 🛼🔢 NO 22 – 2 000 Ew – Höhe 580 m – ✪ 08336 (Erkheim).
♦München 102 – ♦Augsburg 83 – Memmingen 12.

In Westerheim-Günz N : 2 km :

🏨 **Brauereigasthof Laupheimer**, Hauptstr. 6, 𝒫 76 63 – 🅿 – 🔏 30
🔸 **M** (Dienstag geschl.) a la carte 18/42 – **11 Z : 15 B** 25/29 - 54/58.

WESTERHORN 2205. Schleswig-Holstein − 950 Ew − Höhe 3 m − ✪ 04127.
◆Kiel 80 − ◆Hamburg 50 − Itzehoe 21.

  ✗   **Landkrog**, Birkenweg 6, ℰ 3 97 − 🖭 ⑩ 🖻
     Dienstag - Freitag nur Abendessen, Montag und Juli - Aug. 3 Wochen geschl. − **M** a la
     carte 37/60.

WESTERLAND Schleswig-Holstein siehe Sylt (Insel).

WESTERNBÖDEFELD Nordrhein-Westfalen siehe Schmallenberg.

WESTERSTEDE 2910. Niedersachsen 🇩🇪🇧🇼 ⑭ − 18 400 Ew − Höhe 13 m − ✪ 04488.
🛈 Tourist-Information, Rathaus, Am Markt, ℰ 18 88.
◆Hannover 195 − Groningen 110 − ◆Oldenburg 24 − Wilhelmshaven 42.

  🏨   **Voss**, Am Markt 4, ℰ 60 51, Fax 6062, 🚉 − 🛗 🖭 ☎ 🅿 − 🔬 25/80. 🖭 ⑩ 🖻 𝘝𝘐𝘚𝘈
     M a la carte 28/63 − **45 Z : 85 B** 75/85 - 120/140 Fb.

  ✗✗ **Zur Linde** mit Zim, Wilhelm-Geiler-Str. 1, ℰ 26 73, 🏤 − 🖭 ☎ 🅿. 🖭 ⑩ 🖻 𝘝𝘐𝘚𝘈
  ↦   *1.- 20. Jan. geschl.* − **M** *(Sonntag geschl.)* 18,50/40 (mittags) und a la carte 27/65 − **11 Z :**
     22 B 70/80 - 120/140 Fb.

     In Westerstede 1-Hollwege NW : 3 km :

  🏠   Heinemann's Gasthaus, Liebfrauenstr. 13, ℰ 22 47, 🐴 − 🖭 ☎ 🚗 🅿. 🛇
     18 Z : 32 B.

WETTENBERG Hessen siehe Gießen.

WETTMAR Niedersachsen siehe Burgwedel.

WETTRINGEN 4441. Nordrhein-Westfalen 🇩🇪🇧🇼 ⑭. 🇩🇪🇧🇼 ⑭ − 6 600 Ew − Höhe 55 m − ✪ 02557.
◆Düsseldorf 160 − Enschede 32 − Münster (Westfalen) 37 − ◆Osnabrück 59.

  🏠   **Zur Post**, Kirchstr. 4 (B 70), ℰ 70 02 − ☎ 🚗. 🖻
  ↦   *Juni - Juli 2 Wochen geschl.* − **M** *(Samstag bis 18 Uhr und Sonntag geschl.)* a la carte 19/40
     − **20 Z : 38 B** 35 - 68.

  🏡   **Zur Sonne**, Metelener Str. 8 (B 70), ℰ 12 31 − ☎ 🚗 🅿. 🛇
  ↦   **M** *(nur Abendessen)* a la carte 15/29 − **9 Z : 15 B** 34/36 - 64/68.

WETTSTETTEN Bayern siehe Ingolstadt.

    If you find you cannot take up a hotel booking you have made,
    please let the hotel know immediately.

WETZLAR 6330. Hessen 🇩🇪🇧🇼 Ⅰ 15, 🇩🇪🇧🇼 ㉒ ㉕ − 50 000 Ew − Höhe 168 m − ✪ 06441.
Sehenswert : Altstadt (Dom, Eisenmarkt, Kornmarkt), Lottehaus★ (Stadtmuseum und
Industriemuseum) Z.
🛈 Amt für Wirtschaft und Verkehr, Domplatz 8, ℰ 40 53 38.
ADAC, Bergstr. 2, ℰ 2 66 66, Telex 483718.
◆Wiesbaden 96 ② − Gießen 17 ② − Limburg an der Lahn 42 ⑧ − Siegen 64 ⑧.

Stadtplan siehe nächste Seite.

  🏨   **Mercure**, Bergstr. 41, ℰ 4 80 31, Telex 483739, Fax 42504, 🚉, 🗔 − 🛗 🍴 Rest 🖭 🚗 🅿
     − 🔬 25/400. 🖭 🖻 𝘝𝘐𝘚𝘈   Z c
     M a la carte 32/62 − **255 Z : 198 B** 148/176 - 183/312 Fb.

  🏨   **Bürgerhof**, Konrad-Adenauer-Promenade 20, ℰ 4 40 68, Telex 483735 − 🛗 🖭 🅿. 🖭 ⑩
     🖻 𝘝𝘐𝘚𝘈   Z e
     M *(Juli - Aug. 3 Wochen geschl.)* 17/30 (mittags) und a la carte 25/56 🍴 − **44 Z : 74 B** 75/105
     - 125/155 Fb.

  🏨   **Wetzlarer Hof**, Obertorstr. 3, ℰ 4 80 21, Telex 4821144, Fax 81958, 🏤 − ☎ 🅿 − 🔬 25/50.
     🖭 ⑩ 🖻 𝘝𝘐𝘚𝘈   Z d
     M *(Sonntag ab 15 Uhr und Samstag geschl.)* 22/43 (mittags) und a la carte 33/55 − **28 Z :**
     45 B 70/91 - 110/132 Fb.

  🏠   **Euler Haus** garni, Buderusplatz 1, ℰ 4 70 16, Telex 483763, Fax 48815 − 🛗 🖭 ☎. 🖭 ⑩ 🖻
     𝘝𝘐𝘚𝘈   Y a
     24 Z : 36 B 50/75 - 90/115 Fb.

  ✗✗ **Zehntscheune**, Ludwig-Erk-Platz 1, ℰ 4 78 00 − 🖭 ⑩ 🖻 𝘝𝘐𝘚𝘈   Z u
     Sonntag 15 Uhr - Montag geschl. − **M** *(bemerkenswerte Weinkarte)* (Tischbestellung ratsam)
     25/28 (mittags) und a la carte 50/78.

  ✗✗ **Tapferes Schneiderlein**, Garbenheimer Str. 18, ℰ 4 25 51, 🏤 − 🅿   Y n
     Samstag bis 18 Uhr, Sonntag und Juli - Aug. 3 Wochen geschl. − **M** *(auch vegetarisches*
     Menu) a la carte 36/53.

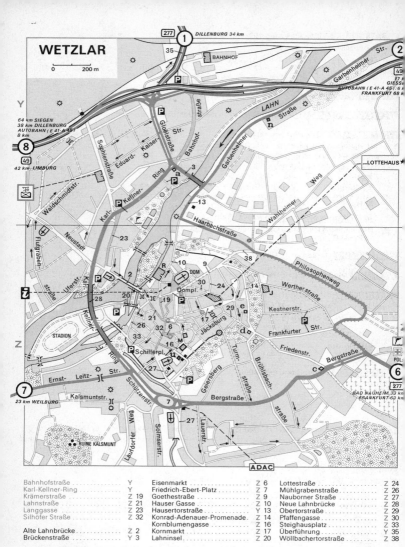

WETZLAR

In Wetzlar-Kirschenwäldchen S : 4,5 km über ⑥ :

🏠 **Stoppelberg** ⤸, Kirschenwäldchen 18, ℰ 2 40 15, « Gartenterrasse » – ☎ 🚗 🅿. ⑩ 🇪 VISA. ℅ – **M** *(Donnerstag geschl.)* a la carte 24/54 ⅃ – **14 Z : 30 B** 55/59 - 89/99 Fb.

In Lahnau 3-Atzbach 6335 ② : 7,5 km :

XX **Bergschenke**, Bergstr. 15, ℰ (06441) 6 19 02, ≤, 🌣 – 🅿. 🆎 🇪
Montag geschl. – **M** a la carte 43/66.

WEYARN 8153. Bayern 413 S 23, 426 ⑰ – 2 700 Ew – Höhe 654 m – ✆ 08020.
♦München 37 – Innsbruck 124 – Salzburg 104.

Im Mangfalltal NW : 2,5 km :

X **Waldgasthaus Maxlmühle**, ⊠ 8155 Valley, ℰ (08020) 7 72, 🌣 – 🅿. ⑩
Mittwoch - Donnerstag und Anfang Jan.- Anfang Feb. geschl. – Menu a la carte 29/50.

WEYERBUSCH Rheinland-Pfalz siehe Altenkirchen im Westerwald.

WEYHAUSEN Niedersachsen siehe Wolfsburg.

WEYHER Rheinland-Pfalz siehe Edenkoben.

WICKEDE (RUHR) 5757. Nordrhein-Westfalen — 11 600 Ew — Höhe 155 m — 🕿 02377.
◆Düsseldorf 105 — ◆Dortmund 41 — Iserlohn 28.

　XX　**Haus Gerbens** mit Zim, Hauptstr. 211 (B 63), 🖉 10 13, 🦌 — 📺 🕿 🅿. 🖭 ⓪ 🗲 ᴠɪsᴀ
　←　Feb. geschl. — **M** (Samstag bis 17 Uhr geschl.) 15/48 (mittags) und a la carte 39/66 — **8 Z :**
　　12 B 55 - 95.

WIEDEN 7861. Baden-Württemberg 🗓🗓🗓 G 23. 🗓🗓🗓 ⊛. 🗓🗓🗓 ⑤ — 500 Ew — Höhe 850 m —
Erholungsort — Wintersport : 850/ 1 100 m ⩽3 ⩺4 — 🕿 07673 (Schönau).
🛈 Kurbüro, Rathaus, 🖉 3 03.
◆Stuttgart 246 — Basel 50 — ◆Freiburg im Breisgau 44 — Todtnau 11.

　🏠　**Hirschen**, Ortsstr. 8, 🖉 10 22, 🚏, 🔽, 🦌, 🎾 — 📳 🕿 🔜 🅿
　　Mitte Nov.- MItte Dez. geschl. — **M** (Montag - Dienstag 15 Uhr geschl.) a la carte 23/53 —
　　32 Z : 60 B 38/60 - 110 Fb.

　🏠　**Moosgrund** 🦢 garni, Steinbühl 16, 🖉 79 15, ⩽, 🚏, 🦌 — 🅿
　　8 Z : 18 B 38 - 70.

　　An der Straße zum Belchen W : 4 km :

　🏠　**Berghotel Wiedener Eck**, Höhe 1 050 m, ⊠ 7861 Wieden, 🖉 (07673) 10 06, ⩽, 🚏, 🚏,
　　🔽, 🦌, Skiverleih — 📳 🕿 🔜 🅿. ⓪ 🗲 ᴠɪsᴀ
　　M a la carte 28/60 — **32 Z : 54 B** 55/65 - 96/130 Fb — ½ P 70/87.

WIEFELSTEDE 2901. Niedersachsen — 11 000 Ew — Höhe 15 m — 🕿 04402 (Rastede).
◆ Hannover 188 — ◆Oldenburg 13 — Bad Zwischenahn 14.

　🏠🏠　**Sporthotel Wiefelstede** 🦢, Alter Damm 9, 🖉 61 18, 🎾 (Halle) — 📺 🕿 🅿 — 🔼 25. 🖭
　　⓪ 🗲 ᴠɪsᴀ
　　M a la carte 25/55 — **25 Z : 40 B** 65 - 95 Fb.

　　In Wiefelstede-Spohle NW : 7,5 km :

　🏠　Spohler Krug, Wiefelsteder Str. 28, 🖉 (04458) 4 97 — 🔜 🅿
　　(nur Abendessen) — **32 Z : 50 B**.

WIEHL 5276. Nordrhein-Westfalen — 22 000 Ew — Höhe 192 m — 🕿 02262.
🛈 Kur- und Verkehrsverein, Rathaus, Bahnhofstraße, 🖉 9 92 00.
◆Düsseldorf 85 — ◆Köln 48 — Siegen 53 — Waldbröl 17.

　🏠🏠　**Zur Post**, Hauptstr. 8, 🖉 90 91, Telex 884297, Fax 92595, Biergarten, 🚏, 🔽 — 📳 📺 🕿 🅿
　　— 🔼 25/80. 🖭 ⓪ 🗲 ᴠɪsᴀ
　　M a la carte 35/70 — **55 Z : 70 B** 70/120 - 120/210 Fb.

　🏠🏠　**Platte**, Hauptstr. 25, 🖉 90 75 — 🕿 🔜 🅿
　　17 Z : 33 B Fb.

　　An der Tropfsteinhöhle S : 2 km :

　🏠🏠　**Waldhotel Hartmann**, Pfaffenberg 1, ⊠ 5276 Wiehl, 🖉 (02262) 90 22, Fax 93400,
　　Cafégarten, 🚏, 🔽, 🦌 — 📳 📺 🕿 🛦 🅿 — 🔼 25/60. 🖭 ⓪ 🗲 ᴠɪsᴀ. 🦌 Zim
　　M a la carte 27/58 — **40 Z : 74 B** 88/140 - 160/210 Fb.

WIENHAUSEN Niedersachsen siehe Celle.

WIES Bayern siehe Steingaden.

WIESAU 8597. Bayern 🗓🗓🗓 T 17. 🗓🗓🗓 ㉗ — 4 800 Ew — Höhe 506 m — 🕿 09634.
◆München 274 — Bayreuth 60 — Hof 70 — Weiden in der Oberpfalz 32.

　🏠　**Deutsches Haus**, Hauptstr. 61, 🖉 12 32, 🦌 — 🔜 🅿. 🗲
　←　**M** (Sonntag geschl.) a la carte 17/42 — **21 Z : 30 B** 28/45 - 55/80.

WIESBADEN 6200. 🛘 Hessen 🗓🗓🗓 HI 16. 🗓🗓🗓 ㉘ — 260 000 Ew — Höhe 115 m — Heilbad —
🕿 06121.
🗝 Wiesbaden-Delkenheim, Auf der Heide (O : 12 km), 🖉 (06122) 5 22 08 ; 🗝 Wiesbaden-
Frauenstein (W : 6 km), 🖉 (06121) 82 38 89 ; 🗝 Chausseehaus (NW : 5 km), 🖉 (06121) 46 02 38.
Ausstellungs- und Kongreßzentrum Rhein-Main-Halle (BZ), 🖉 14 40.
🛈 Verkehrsbüro, Rheinstr. 15, 🖉 31 28 47, Fax 378542.
🛈 Verkehrsbüro, im Hauptbahnhof, 🖉 31 28 48.
ADAC, Grabenstr. 5, 🖉 37 70 71, Notruf 🖉 1 92 11.
◆Bonn 153 ① — ◆Frankfurt am Main 41 ② — ◆Mannheim 89 ③.

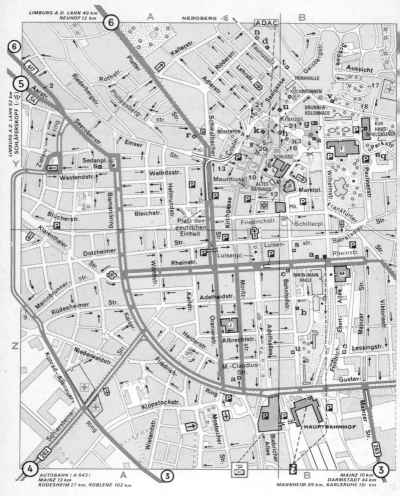

LIMBURG A.D. LAHN 40 km
NEUHOF 12 km

NEROBERG ·⟨≡

ADAC

LIMBURG A.D. LAHN 52 km
SCHLÄFERSKOPF

TRINKHALLE

KOCHBRUNNEN

Aussicht

BRUNNEN-
KOLONNADE

KUR-
HAUS
(SPIELCASINO)

RÖMERTOR

SCHLOSS

ALTES
RATHAUS

Mauritiuspl.

Marktpl.

POL

Platz der
deutschen
Einheit

Luisenpl.

RHEIN·MAIN
HALLE

Bahnhofstr.

HAUPTBAHNHOF

AUTOBAHN (A 643)
MAINZ 13 km
RÜDESHEIM 27 km, KOBLENZ 102 km

MAINZ 10 km
DARMSTADT 44 km
MANNHEIM 89 km, KARLSRUHE 150 km

🏨🏨🏨🏨 **Nassauer Hof - Restaurant Orangerie** ⑤, Kaiser-Friedrich-Platz 3, ✆ 13 30, Telex 4186847, Fax 133632, 🏤, Massage, ⟷, 🔲 – 🛗 ⇔ Zim 🔳 Rest 📺 ⇔ – 🔬 25/120. 🅰🅴 ⓪ 🅴 🆅🆂🅰 🛇 Rest BY CY
M (siehe auch Rest. **Die Ente vom Lehel**) a la carte 47/86 – **210 Z : 350 B** 290/370 - 445/490 Fb – 14 Appart. 600/1800.

🏨🏨 **Aukamm-Hotel** ⑤, Aukamm-Allee 31, ✆ 57 60, Telex 4186283, Fax 576264, 🏤 – 🛗 🔳 Rest 📺 ⇔ 🅿 – 🔬 25/180. 🅰🅴 ⓪ 🅴 über Bierstadter Str. BYZ
Restaurants : – **Imari** (Japanisches Restaurant) **M** a la carte 35/68 – **Rosenpark M** 35 (mittags) und a la carte 48/85 – **160 Z : 300 B** 255/270 - 290/310 Fb – 15 Appart. 525/975.

🏨🏨 **Holiday Inn**, Bahnhofstr. 10, ✆ 16 20, Telex 4064404, Fax 304599, ⟷, 🔲 – 🛗 ⇔ Zim 🔳 📺 🕭 ⇔ – 🔬 25/150. 🅰🅴 ⓪ 🅴 🆅🆂🅰 BZ s
M a la carte 39/70 – **234 Z : 350 B** 247/287 - 295/334 Fb.

🏨🏨 **Penta-Hotel**, Auguste-Viktoria-Str. 15, ✆ 37 70 41, Telex 4186497, Fax 30 39 60, 🏤, ⟷ – 🛗 ⇔ Zim 📺 🅿 – 🔬 25/400. 🅰🅴 ⓪ 🅴 🆅🆂🅰 🛇 Rest BZ e
M 31/Buffet (mittags) und a la carte 42/78 – **200 Z : 340 B** 170/225 - 229/309 Fb.

🏨🏨 **Klee am Park**, Parkstr. 4, ✆ 30 50 61, Telex 4186916 – 🛗 📺 🅿 – 🔬 30. 🅰🅴 ⓪ 🅴 🆅🆂🅰 BY q
M a la carte 42/72 – **60 Z : 90 B** 139/185 - 209/274 Fb.

WIESBADEN

🏨 **Forum-Hotel**, Abraham-Lincoln-Str. 17, ✆ 79 70, Telex 4186369, Fax 761372, 😤, ⛱, 🔲 – 🛗 🔳 📺 ☎ 🅿 – 🔬 25/80. 🆀 ① 🇪 𝘝𝘐𝘚𝘈
M a la carte 34/65 – **157 Z : 250 B** 166/265 - 223/324 Fb.   über ②

🏨 **Oranien**, Platter Str. 2, ✆ 52 50 25, Telex 4186217 – 🛗 📺 ☎ 🕭 🅿 – 🔬 25/100. 🆀 ① 🇪 𝘝𝘐𝘚𝘈
M (nur Abendessen, Freitag - Sonntag und 20. Juli - 15. Aug. geschl.) a la carte 26/42 – **87 Z : 110 B** 98/115 - 148/158.   AY **r**

🏨 **Hotel de France**, Taunusstr. 49, ✆ 52 00 61, Telex 4186362 – 🛗 📺 ☎ 🅿 🆀 ① 🇪 𝘝𝘐𝘚𝘈   AY **n**
21.- 31. Dez. geschl. – **M** : siehe Restaurant de France – **37 Z : 65 B** 95/170 - 160/190 Fb.

🏨 **Hansa Hotel**, Bahnhofstr. 23, ✆ 3 99 55, Telex 4186123, Fax 300319 – 🛗 📺 ☎ 🅿 – 🔬 30. 🆀 ① 🇪 𝘝𝘐𝘚𝘈   BZ **c**
15. Dez.- 3. Jan. geschl. – **M** (Sonntag geschl.) a la carte 30/52 – **86 Z : 120 B** 98/120 - 148/155 Fb.

🏨 **Bären** garni, Bärenstr. 3, ✆ 30 10 21, Fax 301024, Massage, 🔲 – 🛗 📺 ☎. 🆀 ① 🇪 𝘝𝘐𝘚𝘈   ABY **h**
60 Z : 90 B 110/130 - 170/260.

🏠 **Am Kochbrunnen** garni, Taunusstr. 15, ✆ 52 20 01 – 🛗 📺 ☎ 🚗. 🆀 𝘝𝘐𝘚𝘈   BY **t**
24.- 31. Dez. geschl. – **24 Z : 45 B** 80/110 - 120/145.

🏠 **Am Landeshaus** garni, Moritzstr. 51, ✆ 37 30 41 – 🛗 📺 ☎ 🅿. 🆀 𝘝𝘐𝘚𝘈   AZ **a**
20. Dez.- 3. Jan. geschl. – **21 Z : 41 B** 100 - 145/150 Fb.

🏠 **Central Hotel** garni, Bahnhofstr. 65, ✆ 37 20 01, Telex 4186604, Fax 372005 – 🛗 ☎ 🚗. 🆀 ① 🇪 𝘝𝘐𝘚𝘈   BZ **u**
70 Z : 100 B 59/125 - 87/145.

🏮🏮🏮 ✿ **Die Ente vom Lehel**, Kaiser-Friedrich-Platz 3 (im Hotel Nassauer Hof), ✆ 13 36 66, Fax 133632 – 🔳. 🆀 ① 🇪 𝘝𝘐𝘚𝘈. ✿   BY **g**
nur Abendessen, im Bistro auch Mittagessen, Montag, Sonn- und Feiertage sowie Juli - Aug. 4 Wochen geschl. – **M** (bemerkenswerte Weinkarte) (Tischbestellung erforderlich) 115/155 und a la carte 80/115 – **Bistro** mit 😤 **M** a la carte 60/90
Spez. Pochierter Lammrücken auf Thymian-Sabayon, Ente mit Trüffel-Kartoffel-Salat, Dialog der Früchte mit Ananas-Bananen-Sorbet.

🏮🏮🏮 ✿ **Restaurant de France**, Taunusstr. 49, ✆ 5 12 51 – 🇪 𝘝𝘐𝘚𝘈. ✿   AY **n**
Samstag bis 19 Uhr, Sonntag, 16. Juli - 6. Aug. und 23. Dez.- 6. Jan. geschl. – **M** (Tischbestellung ratsam) a la carte 85/125
Spez. Hummerravioli mit Tomatenkompott, Lammrücken mit Rosmarin (für 2 Pers.). Gefülltes Marzipanomelette mit Amarettosauce.

🏮🏮🏮 **La Belle Epoque** (im Stil der Belle Epoque restaurierte Räume des Kurhauses a.d.J. 1907), Kurhausplatz 1 (im Spielcasino, Ausweispflicht), ✆ 52 69 37, Fax 527492 – 🔬 25/60. 🆀 ① 🇪 𝘝𝘐𝘚𝘈. ✿   BY
nur Abendessen, Bistro auch Mittagessen, Montag, Feiertage und Juli - Aug. 4 Wochen geschl. – **M** (Tischbestellung ratsam) a la carte 66/95 – **Le Bistro M** a la carte 33/56.

🏮🏮 **Le Gourmet**, Bahnhofstr. 42, ✆ 30 16 54 – 🆀 ①   BZ **b**
Samstag bis 18 Uhr und Sonntag geschl. – **M** (Tischbestellung ratsam) a la carte 60/85.

🏮🏮 **Lanterna** (Italienische Küche), Westendstr. 3, ✆ 40 25 22 – 🆀 ① 🇪 𝘝𝘐𝘚𝘈   AY **s**
Freitag - Samstag 18 Uhr geschl. – **M** a la carte 60/87.

🏮🏮 **Alte Krone**, Sonnenberger Str. 82, ✆ 56 39 47 – 🆀 ① 🇪 𝘝𝘐𝘚𝘈
M a la carte 52/77.   über Sonnenberger Str.   BY

🏮🏮 **Alt-Prag** (Böhmische Spezialitäten), Taunusstr. 41, ✆ 52 04 02   AY **d**

🏮 **Alte Münze**, Kranzplatz 5, ✆ 52 48 33, 😤   ABY **u**
(abends Tischbestellung ratsam).

🏮 **Mövenpick**, Sonnenberger Str. 2, ✆ 52 40 05, 😤   BY **v**

✕ **Zum Dortmunder** (Brauerei Gaststätte), Langgasse 34, ✆ 30 20 96, 🍽 – 🆎 **E**   AY **k**
Freitag geschl. – **M** 12/25 (mittags) und a la carte 26/50.

✕ Jade-Garten (Chinesische Küche), Rheinstr. 19, ✆ 37 08 54, 🍽   BZ **a**

✕ China-Restaurant Man-Wah, Wilhelmstr. 52 (6. Etage, 🛗), ✆ 30 64 30, « Dachgarten mit ≤ »
    BY **a**

In Wiesbaden-Altklarenthal NW : 5 km über Klarenthaler Str. YZ :

✕✕ **Landhaus Diedert** ॐ mit Zim, Am Kloster Klarenthal 9, ✆ 46 02 34, « Gartenterrasse »
    – 🔟 🕿 📞 🆎 ⓪ **E** 𝘝𝘐𝘚𝘈
    27. Dez.- 15. Jan. geschl. – **M** *(Samstag bis 18 Uhr und Montag geschl.)* a la carte 52/78 –
    15 Z : 28 B 120/150 - 180/250.

In Wiesbaden 1-Biebrich S : 4,5 km, über Biebricher Allee AZ :

🏠 **Zum Scheppen Eck** garni, Rathausstr. 94, ✆ 6 60 03 – 🛗 🔟 🕿 🆎 𝘝𝘐𝘚𝘈
    14. Juli - 5. Aug. und 22. Dez.- 13. Jan. geschl. – **43 Z : 65 B** 95 - 130.

✕ **Weihenstephan**, Armenruhstr. 6, ✆ 6 11 34, 🍽 – 🆎 **E**
    Samstag und Aug. 2 Wochen geschl. – Menu a la carte 33/70.

In Wiesbaden-Dotzheim W : 3,5 km, über Dotzheimer Str. AZ :

🏠 Rheineck, Stegerwaldstr. 2, ✆ 42 10 61, 🕿 – 🔟 🕿 📞 – 🏖
    (nur Abendessen) – **38 Z : 68 B** Fb.

In Wiesbaden-Nordenstadt O : 10 km über ② und die A 66, Ausfahrt Nordenstadt :

🏨 Massa-Hotel, Ostring 9, ✆ (06122) 80 10, Telex 4182529 – 🛗 🔟 🕿 📞 – 🏖
    150 Z : 300 B Fb.

In Wiesbaden-Schierstein ④ : 5 km :

🍴 **Link's Weinstube**, Karl-Lehr-Str. 24, ✆ 2 00 20, eigener Weinbau – 📞
    Aug. und 20. Dez.- 10. Jan. geschl. – **M** *(nur Abendessen, Freitag-Samstag geschl.)* a la
    carte 22/40 🍴 – **20 Z : 25 B** 57/65 - 105/110. .

WIESEN 8752. Bayern 🗺 L 16 – 1 040 Ew – Höhe 394 m – ✪ 06096.
♦München 362 – ♦ Frankfurt am Main 76 – Fulda 76 – ♦ Würzburg 81.

🏠 **Berghof** ॐ, Am Berg 1, ✆ 3 30, ≤, 🍽, 🕿, 🚗 – 📞
← *29. Jan.- 1. März geschl.* – **M** *(Donnerstag geschl.)* a la carte 16/45 🍴 – **13 Z : 24 B** 35/45 -
    69/79.

WIESENSTEIG 7346. Baden-Württemberg 🗺 L 21, 🗺 ㉟ – 2 400 Ew – Höhe 592 m –
Erholungsort – Wintersport : 370/600 m ⚡3 – ✪ 07335.
Ausflugsziel : Reußenstein : Lage★★ der Burgruine ≤★, W : 5 km.
♦Stuttgart 57 – Göppingen 27 – ♦Ulm (Donau) 45.

🏠 **Sterneck** ॐ, Hohenstaufenstr. 10, ✆ 54 00, ≤, 🕿, 🔄, 🚗 – 🛗 🕿 ⇦ 📞 🆎 ⓪ **E** 𝘝𝘐𝘚𝘈
    M a la carte 27/40 – **8 Z : 16 B** 50/52 - 82/86 – P 68/75.

In Mühlhausen im Täle 7341 NO : 3 km :

🏠 **Höhenblick**, Obere Sommerbergstr. 10, ✆ (07335) 50 66, ≤, 🕿 – 🛗 🕿 📞 – 🏖 25/80.
← 🆎 ⓪ **E** 𝘝𝘐𝘚𝘈
    Aug. geschl. – **M** *(Sonntag geschl.)* a la carte 18/44 🍴 – **76 Z : 153 B** 35/70 - 65/120.

WIESENTTAL 8551. Bayern 🗺 Q 17, 🗺 ㉖ – 2 800 Ew – Höhe 320 m – Luftkurort – ✪ 09196.
🅱 Rathaus, Marktplatz (Muggendorf), ✆ 7 17.
♦München 226 – ♦Bamberg 38 – Bayreuth 53 – ♦Nürnberg 56.

Im Ortsteil Muggendorf :

🏨 ✿ **Feiler**, Oberer Markt 4, ✆ 3 22, « Innenhofterrasse », 🕿, 🚗 – 🔟 🕿 📞
    8. Jan.- 3. Feb. geschl. – **M** *(Nov.- April Montag, Mai - Okt. Montag bis 18 Uhr geschl.)* a la
    carte 67/90 – **12 Z : 25 B** 90/110 - 130/150 Fb – 4 Appart. 280
    Spez. Salat mit Taubenbrust und Wildkräutern, Fränkische Krensuppe, Bachsaiblingsfilet in Strudelteig mit
    Hummer und Champagnersauce.

🏠 **Goldener Stern**, Marktplatz 6, ✆ 2 04, 🕿. Fahrradverleih – 🔟 🕿 📞
← *Jan. 3 Wochen geschl.* – **M** *(Nov.- April Mittwoch geschl.)* a la carte 21/47 – **35 Z : 65 B**
    40/50 - 80/100 Fb.

🏠 **Sonne**, Forchheimer Str. 2, ✆ 7 54, 🍽 – 🕿 📞 🆎 ⓪ **E**
← *Feb. geschl.* – **M** a la carte 20/38 – **12 Z : 21 B** 47/55 - 80 Fb.

🍴 **Zur Wolfsschlucht**, Wiesentweg 2, ✆ 3 24, 🍽 – ⇦ 📞
← *20. Okt.- Nov. geschl.* – **M** *(Dienstag geschl.)* a la carte 16/29 – **17 Z : 28 B** 34/40 - 66/72 –
    ½ P 44/46.

🍴 **Kohlmannsgarten**, Lindenberg 2, ✆ 2 01, 🍽 – 📞
← **M** a la carte 15/29 – **12 Z : 20 B** 35/42 - 60/74 – 3 Fewo 74 – ½ P 43/55.

🍴 **Seybert** ॐ garni, Oberer Markt 12, ✆ 3 72 – 📞
    14 Z : 24 B 30/45 - 60/74.

Im Ortsteil Streitberg :

🏠 **Stern's Posthotel**, Dorfplatz 1, 𝒫 5 79, Biergarten, 🍽 – ☎ 🅿
M *(Nov.- April Mittwoch geschl.)* a la carte 25/48 — **33 Z : 60 B** 45/50 - 80/100 Fb.

XX **Altes Kurhaus** mit Zim, 𝒫 7 36 – ☎ 🅿 ⌖ Zim
Mitte Jan.- Mitte Feb. geschl. — **M** *(Montag geschl.)* a la carte 26/57 — **7 Z : 12 B** 45/55 - 85/95.

WIESLOCH 6908. Baden-Württemberg 🅓🅘🅑 J 19, 🴖🴗🴘 ⑳ — 22 500 Ew — Höhe 128 m — ✪ 06222.
🅏 Wiesloch-Baiertal, Hohenhardter Hof, 𝒫 7 20 81.
◆Stuttgart 102 — Heidelberg 14 — Heilbronn 49 — ◆Karlsruhe 48 — ◆Mannheim 36.

🏛 **Mondial**, Schwetzinger Str. 123, 𝒫 57 60, Fax 576333, 🍽, 🍽 – 🛗 📺 ☎ 🅿. 🄰🄴 🄾🄳 🄴 𝗩𝗜𝗦𝗔 ⌖
M *(Sonntag - Montag 18 Uhr, Samstag bis 18 Uhr, 18. Feb.- 4. März und Juli - Aug. 3 Wochen geschl.)* a la carte 61/88 — **Brasserie M** a la carte 29/51 — **44 Z : 87 B** 120/130 - 160/190 Fb.

XX **Freihof** (historisches Weinrestaurant), Freihofstr. 2, 𝒫 25 17, 🍽, eigener Weinbau. 🄰🄴 🄾🄳 🄴 𝗩𝗜𝗦𝗔
Dienstag, Feb. 2 Wochen und Aug. 3 Wochen geschl. — **M** a la carte 37/59.

XX **Langen's Turmstuben**, Höllgasse 32, 𝒫 10 00, 🍽 – 🅿. 🄰🄴 🄴
Mittwoch geschl. — **M** a la carte 31/53.

XX **Ratsschenke**, Marktstr. 13 (im neuen Rathaus), 𝒫 5 20 06 — 🄾🄳 🄴 𝗩𝗜𝗦𝗔
Samstag bis 18 Uhr, Montag und 4.- 23. Juli geschl. — **M** a la carte 37/58.

XX **Roberto** mit Zim, Schloßstr. 8, 𝒫 5 44 59 — ☎. 🄰🄴 🄴 𝗩𝗜𝗦𝗔
M *(Italienische Küche, Dienstag geschl.)* a la carte 36/60 — **10 Z : 16 B** 40/50 - 75/85.

Am Gänsberg SW : 2 km, über Hauptstraße :

🏡 **Landgasthof Gänsberg** ⌂, 🖂 6908 Wiesloch, 𝒫 (06222) 44 00, ← – 🅿. ⌖
1.- 15. Jan. geschl. — **M** *(Montag geschl.)* a la carte 23/43 — **5 Z : 7 B** 50 - 90.

WIESMOOR 2964. Niedersachsen 🴖🴗🴘 ⑭ — 11 500 Ew — Höhe 10 m — Luftkurort — ✪ 04944.
🅏 Wiesmoor-Hinrichsfehn (S : 4,5 km), 𝒫 30 40 — 🄴 Verkehrsbüro, Hauptstr. 199, 𝒫 8 74, Fax 1748.
◆Hannover 222 — Emden 47 — ◆Oldenburg 51 — Wilhelmshaven 36.

🏛 **Fehn-Hotel** garni, Hauptstr. 153, 𝒫 10 28 — 🛗 ⌖⌖ ☎ 🅿. 🄰🄴 🄾🄳 🄴 𝗩𝗜𝗦𝗔
33 Z : 59 B 52 - 98/118 Fb.

🏛 **Friesengeist**, Am Rathaus 1, 𝒫 10 44, Telex 27474, Fax 605, 🍽, 🍽, ⌂ – 🛗 📺 ☎ 🅿 🛗 ⌖ – 🅰 25/120. 🄰🄴 🄾🄳 🄴 𝗩𝗜𝗦𝗔. ⌖ Rest
M a la carte 34/58 — **34 Z : 60 B** 59/95 - 126/146.

🏠 **Christophers**, Marktstr. 11, 𝒫 20 05, 🍽 – ⇔ 🅿. ⌖ Rest
⬥ *Mitte Dez.- Anfang Jan. geschl.* — **M** a la carte 16,50/43 — **34 Z : 56 B** 35/42 - 70/100.

🏠 **Torfkrug**, Hauptstr. 174, 𝒫 10 96, 🍽 – 📺 ☎ ⇔ 🅿. 🄰🄴 🄴
M a la carte 24/50 — **11 Z : 21 B** 49 - 96 Fb.

🏡 **Zur Post** ⌂ (mit 🏛 Gästehaus), Am Rathaus 6, 𝒫 10 71 — 📺 ☎ ⇔ 🅿
M *(Montag bis 17 Uhr geschl.)* a la carte 23/45 — **21 Z : 42 B** 32/45 - 64/90.

In Wiesmoor-Hinrichsfehn S : 4,5 km, ca. 3,5 km über die Straße nach Remels, dann rechts ab :

XX **Blauer Fasan** ⌂ (mit Gästehaus), Fliederstr. 1, 𝒫 10 47, Fax 30477, 🍽, « Blumengarten », ⌂, 🅏. Fahrradverleih — 📺 ☎ 🅿. 🄰🄴 🄾🄳 🄴 𝗩𝗜𝗦𝗔
2. Jan.- Feb. geschl. — **M** *(Okt.- März Montag geschl.)* 27/43 (mittags) und a la carte 44/79 — **26 Z : 46 B** 100 - 175/189.

WIESSEE, BAD 8182. Bayern 🅓🅘🅑 S 23, 🴖🴗🴘 ㊲, 🅓🅑🅖 ⑰ — 5 000 Ew — Höhe 730 m — Heilbad — Wintersport : 730/880 m ⚡5 ⚡3 — ✪ 08022 — Sehenswert : Ortsbild★★.
🅏 Robognerhof, 𝒫 87 69.
🄴 Kuramt, Adrian-Stoop-Str. 20, 𝒫 8 20 51 — ◆München 54 — Miesbach 19 — Bad Tölz 18.

🏨 **Lederer am See** ⌂, Bodenschneidstr. 9, 𝒫 82 91, Telex 526963, Fax 829261, ←, 🍽, « Park », ⌂, 🅽, 🅰, 🍽 – 🛗 📺 🅿 – 🅰 40. 🄰🄴 🄾🄳 🄴. ⌖ Rest
Nov.- Mitte Dez. und Mitte Jan.- Mitte Feb. geschl. — **M** a la carte 31/56 — **98 Z : 146 B** (nur ½ P) 127/185 - 230/324 — 19 Fewo 105/190.

🏛 **Terrassenhof**, Adrian-Stoop-Str. 50, 𝒫 86 30, Fax 863142, ←, « Gartenterrasse », Massage, ⌂, 🅽 – 🛗 📺 ☎ ⇔ 🅿. 🄴
M a la carte 24/54 — **82 Z : 125 B** 74/114 - 160/230 Fb — 4 Appart. 266 — 18 Fewo 93/168 — ½ P 101/142.

🏛 **Marina - Gästehaus Marinella** ⌂, Furtwänglerstr. 9, 𝒫 8 60 10, Fax 860140, ⌂, 🅽, 🍽 – 🛗 📺 ☎ 🅿. 🄰🄴 🄴
8. Nov.- 15. Dez. geschl. — **M** 17 (mittags) und a la carte 27/51 — **49 Z : 81 B** 65/85 - 130/150 Fb.

🏛 **Rex**, Münchner Str. 25, 𝒫 8 20 91, « Park », 🍽, Fahrradverleih – 🛗 ☎ 🅿. ⌖
10. April - Okt. — (Restaurant nur für Hausgäste) — **62 Z : 90 B** 75/130 - 140/210 — ½ P 88/133.

🏛 **Resi von der Post** ⌂, Zilcherstr. 14, 𝒫 8 27 88, 🍽 – 🛗 📺 ☎ 🅿. 🄰🄴 🄾🄳 🄴
M a la carte 26/48 — **35 Z : 49 B** 37/95 - 95/130 Fb — 3 Appart. 190 — ½ P 56/86.

🏨 **Landhaus Sapplfeld** ॐ, Im Sapplfeld 8, ℰ 8 20 67, Fax 83560, Massage, ⌂s, 🔲, 🐎 –
🔲 🕿 ⟵ 🅿. ⑩ E 𝘝𝘐𝘚𝘈, 🛠 Rest
10. Nov.- 20. Dez. geschl. – (nur Abendessen für Hausgäste) – **17 Z : 34 B** 100/120 -
150/200 Fb – 4 Appart. 220 – ½ P 105/150.

🏨 **St. Georg** ॐ garni, Jägerstr. 20, ℰ 81 97 00, Fax 819611 – 🕿 ⟵ 🅿
19 Z : 34 B 85/135 - 150/210 Fb – 3 Appart. 270.

🏨 **Alpenrose** ॐ garni, Freihausweg 7, ℰ 8 11 29, ⩽ Tegernsee und Bad Wiessee,
« Alpenländische Einrichtung », 🐎 – ⟵ 🅿
10. Jan.- 10. Feb. geschl. – **15 Z : 24 B** 50/65 - 90/110 Fb.

🏨 **Wiesseer Hof**, Sanktjohannserstr. 46, ℰ 8 20 61, Fax 82065 – 🛗 🔲 🕿 ⟷ 🅿 – 🦵 . 🄰🄴
⑩ E 𝘝𝘐𝘚𝘈
8. Jan.- 15. Feb. geschl. – **M** (auch Diät) a la carte 22/50 – **56 Z : 88 B** 35/98 - 58/164 Fb –
½ P 47/91.

🏡 **Toskana** ॐ, Freihausstr. 27, ℰ 8 36 95, ⌂s, 🐎 – 🕿 ⟵ 🅿
(Restaurant nur für Hausgäste) – **17 Z : 28 B** 55/70 - 110/140 Fb.

🏡 **Landhaus Midas** ॐ garni, Setzbergstr. 12, ℰ 8 11 50, 🐎 – 🔲 🕿 🅿
12 Z : 17 B 85 - 140/180 Fb.

🏡 **Bellevue-Weinstube Weinbauer** garni, Hirschbergstr. 22, ℰ 8 40 37, Fax 84033, ⌂s –
🛗 🔲 🕿 🅿. 🄰🄴 ⑩ E
11. April - Okt. – **30 Z : 50 B** 75/112 - 106/140 Fb.

🏡 **Kurhotel Edelweiß**, Münchner Str. 21, ℰ 8 40 47, 🐎 – 🔲 🕿 🅿. 🛠 Rest
10. Nov.- 24. Dez. geschl. – (Restaurant nur für Hausgäste) – **42 Z : 58 B** 45/61 - 86/110 –
½ P 61/78.

🏡 **Concordia** ॐ garni, Klosterjägerweg 4, ℰ 8 40 16, ⌂s, 🔲, 🐎 – 🛗 🕿 ⟵ 🅿
Feb. - Okt. – **36 Z : 50 B** 52/66 - 106/116.

🏡 **Am Kureck**, Bodenschneidstr. 3, ℰ 8 13 66 (Hotel) 8 33 55 (Rest.), 🏔, 🐎 – 🔲 🕿 🅿
Hotel 10. Jan.- 10. Feb. und Nov. - 25. Dez. geschl. – **M** (Dienstag geschl.) a la carte 24/44 –
36 Z : 54 B 30/60 - 60/120 – ½ P 45/75.

🏡 **Roseneck** ॐ garni, Sonnenfeldweg 26, ℰ 8 40 51, 🐎 – 🔲 🕿 🅿. 🛠
22 Z : 40 B 55/85 - 120/150 Fb.

🏡 **Jägerheim** ॐ garni, Freihausstr. 12, ℰ 8 17 23, ⌂s, 🔲, 🐎 – 🅿. 🛠
10. Nov.- Jan. geschl. – **29 Z : 43 B** 43/75 - 86/108.

XX **Freihaus Brenner**, Freihaus 4, ℰ 8 20 04, ⩽ Tegernsee und Berge, 🏔, « Rustikales
Berggasthaus » – 🅿. E
Menu (Tischbestellung erforderlich) a la carte 31/72.

Außerhalb W : 2 km – Höhe 830 m :

🏡 **Berggasthof Sonnenbichl** ॐ, ✉ 8182 Bad Wiessee, ℰ (08022) 8 40 10, ⩽ Tegernsee
und Wallberg, 🏔, 🐎, ⅍ – 🔲 🕿 🅿. 🄰🄴 E
10. Nov.- 20. Dez. geschl. – **M** a la carte 24/48 – **13 Z : 19 B** 45/60 - 112/150.

Siehe auch : *Kreuth*

WIETZE 3109. Niedersachsen – 7 000 Ew – Höhe 40 m – ✪ 05146.
◆Hannover 47 – ◆Bremen 93 – Celle 18.

🏡 **Wietzer Hof** (mit Gästehaus Casino im Park ॐ 🐎), Nienburger Str. 62 (B 214), ℰ 3 93 –
🕿 🅿 – 🦵 40. 🄰🄴 ⑩ E 𝘝𝘐𝘚𝘈
2.- 14. Jan. geschl. – **M** (Okt.- März Samstag geschl.) a la carte 27/52 – **43 Z : 78 B** 55/105 -
92/165 Fb.

WIGGENSBACH 8961. Bayern 𝟜𝟙𝟛 N 23, 𝟜𝟚𝟞 ⑮ – 3 500 Ew – Höhe 857 m – Erholungsort –
Wintersport : 857/1 077 m ⍓1 ⍨3 – ✪ 08370.
🏌 Hof Waldegg, ℰ 7 33.
🛈 Verkehrsamt, Rathaus, ℰ 10 11.
◆München 133 – ◆ Augsburg 112 – Kempten (Allgäu) 10 – ◆ Ulm (Donau) 87.

🏨 **Goldenes Kreuz**, Marktplatz 1, ℰ 80 90, Fax 80949 – 🛗 🔲 🕿 🅶 ⟵ 🅿 – 🦵 25/60. 🄰🄴
⑩ E 𝘝𝘐𝘚𝘈
Montag geschl. – **M** a la carte 34/55 – **23 Z : 44 B** 68/105 - 130/190 – ½ P 85/115.

X **Zum Kapitel**, Marktplatz 5, ℰ 2 06 – 🅿
◆ Mittwoch - Donnerstag 17 Uhr geschl. – **M** a la carte 18/40 🍷.

WILDBAD IM SCHWARZWALD 7547. Baden-Württemberg 𝟜𝟙𝟛 I 20, 𝟡𝟠𝟟 ㉟ – 10 500 Ew –
Höhe 426 m – Heilbad – Luftkurort – Wintersport : 685/769 m ⍓2 ⍨4 – ✪ 07081.
🛈 Verkehrsbüro, König-Karl-Str. 7, ℰ 1 02 80, Telex 7245122.
🛈 Verkehrsbüro in Calmbach, Lindenplatz 5, ℰ 1 02 88.
◆Stuttgart 76 – Freudenstadt 39 – Pforzheim 26.

🏨 **Badhotel Wildbad**, Kurplatz 5, ℰ 17 60, Fax 176170, Caféterrasse, « Elegante
Einrichtung », direkter Zugang zum Eberhardsbad und Kurmittelhaus – 🛗 🔲 🅶 ⟵ –
🦵 . ⑩ E 𝘝𝘐𝘚𝘈
M 30 (mittags) und a la carte 41/62 – **83 Z : 129 B** 105/150 - 200/220 Fb – 8 Appart.
250/270.

🏨 **Valsana am Kurpark** 🦢, Kernerstr. 182, ℰ 13 25, Badeabteilung, ♨, ⇔, 🔲 – 📶 🍽 Rest
🕿 & ⇔ 🅿 – 🛎 25/70 – **35 Z : 65 B** Fb.

🏨 **Bären am Kurplatz**, Kurplatz 4, ℰ 16 81, Fax 8915, 🍽 – 📶 🕿 & ⇔ – 🛎 40. ⚫ E 𝑉𝐼𝑆𝐴
10. Jan.- Feb. geschl. – **M** *(auch vegetarische Gerichte)* a la carte 30/58 – **44 Z : 56 B** 52/88
- 170/176 Fb.

🏨 **Weingärtner**, Olgastr. 15, ℰ 1 70 60 – 📶 🕿. ✂
6. Jan.- 15. Feb. und 20. Nov.- 20. Dez. geschl. – (Restaurant nur für Hausgäste) – **37 Z :**
54 B 40/66 - 100/105 – ½ P 60/86.

🏡 **Kurhotel Post**, Kurplatz 2, ℰ 16 11, 🍽 – 📶 🕿. 𝔸𝔼 ⚫ E
Nov.- 20. Dez. geschl. – **M** *(Donnerstag geschl.)* a la carte 28/45 – **40 Z : 52 B** 75/85 -
125/135 Fb – ½ P 83/105.

🏡 **Traube**, König-Karl-Str. 31, ℰ 20 66 – 📶 🕿 ⇔ 🅿. E
M *(Dienstag geschl.)* 20/32 (mittags) und a la carte 31/52 – **38 Z : 55 B** 64/105 - 126/150 Fb
– ½ P 82/120.

🏡 **Sonne**, Wilhelmstr. 29, ℰ 13 31 – 📶 📺 🕿
M *(Mittwoch geschl.)* 16/25 (mittags) und a la carte 25/50 – **23 Z : 40 B** 52/60 - 100/120 Fb
– ½ P 75/85.

🏡 **Gästehaus Rothfuß** 🦢 garni, Olgastr. 47, ℰ 16 87, ≼, ⇔, 🛲 – 📶 🕿 ⇔. ✂
– **36 Z : 47 B** 40/62 - 80/106 Fb.

🏡 **Gästehaus Post** 🦢 garni, Uhlandstr. 40, ℰ 16 27, ⇔, ⦚, 🛲 – 📶 🕿 ⇔ 🅿
22 Z : 30 B Fb – 4 Fewo.

🏡 **Gästehaus Kießling** garni, Bätznerstr. 28, ℰ 16 24, 🛲 – 🕿 ⇔
15. Feb.- 15. Nov. – **40 Z : 51 B** 32/55 - 70/100.

🏡 Alte Linde, Wilhelmstr. 74, ℰ 24 77 – 📶 & ⇔ 🅿. ✂ Zim – **30 Z : 45 B** Fb.

🏡 **Gästehaus Vogelsang** 🦢 garni, Alte Steige 34, ℰ 20 86, ≼, ⇔ – 📶 🕿 ⇔. ✂
16 Z : 21 B 43 - 86.

Auf dem Sommerberg W : 3 km (auch mit Bergbahn zu erreichen) :

🏨 **Sommerberghotel** 🦢, ✉ 7547 Wildbad im Schwarzwald, ℰ (07081) 17 40, Telex 724015,
Fax 174612, ≼ Wildbad und Enztal, 🍽, « Hirschgehege », Massage, ⇔, 🔲, ✂, direkter
Zugang zum Halter-Institut – 📶 📺 ⇔ 🅿. E
M *(Montag - Dienstag geschl.)* a la carte 39/65 – **98 Z : 135 B** 95/160 - 170/260 Fb –
4 Appart. 350 – ½ P 110/185.

🏡 **Waldhotel Riexinger** 🦢, ✉ 7547 Wildbad im Schwarzwald, ℰ (07081) 13 64, ≼, 🍽, 🛲
– 🕿 🅿. 𝔸𝔼 ⚫ 𝑉𝐼𝑆𝐴
Mitte Nov.- Mitte Dez. geschl. – **M** a la carte 30/53 – **14 Z : 19 B** 48/55 - 96/100 Fb.

In Wildbad-Calmbach N : 4 km – Luftkurort :

🏤 **Christa-Maria**, Eichenstr. 4, ℰ 74 52, 🔲 – 🅿
M *(Montag geschl.)* a la carte 26/40 – **10 Z : 19 B** 48 - 92 – ½ P 62/64.

🏤 **Sonne**, Höfener Str. 15, ℰ 64 27 – ⇔ 🅿
⬥ *Nov. geschl.* – **M** *(Montag geschl.)* a la carte 20/30 – **29 Z : 65 B** 35 - 70.

In Wildbad-Nonnenmiss 7546 SW : 10 km, Richtung Enzklösterle :

🏡 **Tannenhöh** 🦢, Eichenweg 33, ℰ (07085) 3 71, ≼, 🍽, ⇔ – 📶 📺 🕿 ⇔ 🅿
⬥ *Dez. 3 Wochen geschl.* – **M** *(Mittwoch ab 15 Uhr geschl.)* a la carte 18/37 🍷 – **16 Z : 32 B**
38/40 - 74/88 – ½ P 50/55.

█ WILDBERG █ 7277. Baden-Württemberg 𝟜𝟙𝟛 J 21 – 8 400 Ew – Höhe 395 m – Luftkurort –
✪ 07054 – ⬥Stuttgart 52 – Calw 15 – Nagold 12.

🏨 **Bären**, Marktstr. 15, ℰ 51 95, ≼ Nagoldtal, ⇔ – 🕿 ⇔ 🅿 – 🛎 25/50. ✂ Zim
18. Dez.- 5. Jan. geschl. – **M** *(Dienstag geschl.)* a la carte 25/38 🍷 – **19 Z : 38 B** 45/68 -
84/90 Fb – ½ P 57/65.

🏡 **Krone**, Talstr. 68 (B 463), ℰ 52 71 – ⇔ 🅿 – 🛎 25/50
2.- 21. Jan. geschl. – **M** a la carte 22/41 🍷 – **18 Z : 32 B** 35/55 - 65/95 – ½ P 40/56.

In Wildberg-Schönbronn W : 5 km – Erholungsort :

🏡 **Zum Löwen**, Eschbachstr. 1, ℰ 56 01, ⇔, 🛲 – 📶 🕿 🅿 – 🛎 40. E
M a la carte 22/43 🍷 – **22 Z : 40 B** 39/45 - 78/90.

█ WILDEMANN █ 3391. Niedersachsen – 1 350 Ew – Höhe 420 m – Kneippkurort – Wintersport :
🎿3 – ✪ 05323 (Clausthal-Zellerfeld).

🅱 Kurverwaltung, Bohlenweg 5, ℰ 61 11 – ⬥Hannover 95 – ⬥Braunschweig 82 – Goslar 28.

🏨 **Waldgarten** 🦢, Schützenstr. 31, ℰ 62 29, 🍽, 🔲, 🛲 – 🅿 ✂ Zim
M 15/23 (mittags) und a la carte 31/47 – **36 Z : 60 B** 45/70 - 90/120 Fb – ½ P 60/75.

🏡 **Haus Sonneck** 🦢, Im Spiegeltal 41, ℰ 61 93, ⇔, ⬛ (geheizt), 🛲 – 🅿 – 🛎 30
Nov.- 20. Dez. geschl. – **M** *(Mittwoch geschl.)* a la carte 23/40 – **17 Z : 28 B** 34/48 - 82/90
Fb.

🏡 **Rathaus**, Bohlweg 37, ℰ 62 61, 🍽 – ⇔ 🅿. E. ✂ Zim
⬥ *20. Nov.- 20. Dez. geschl.* – **M** *(Donnerstag geschl.)* a la carte 19/45 – **11 Z : 19 B** 34/40 -
60/78 – ½ P 42/50.

WILDENSEE Bayern siehe Eschau.

WILDESHAUSEN 2878. Niedersachsen 987 ⑭ — 14 400 Ew — Höhe 20 m — Luftkurort — ✪ 04431.

Sehenswert : Alexanderkirche (Lage★). Ausflugsziel : Visbeker Steindenkmäler★ : Visbeker Braut★, Visbeker Bräutigam★ (4 km von Visbeker Braut entfernt) SW : 11 km.

ⓕ Glaner Straße (NW : 6 km), 𝒫 12 32.

◆Hannover 149 — ◆Bremen 38 — ◆Oldenburg 37 — ◆Osnabrück 84.

   🏨 Am alten Rathaus garni, Kleine Str. 4, 𝒫 43 56 — ⌘
     10 Z : 18 B.

   🏤 **Stadt Bremen**, Huntetor 5 (B 213), 𝒫 30 30 — ⓟ
   → **M** a la carte 19/41 — **10 Z : 15 B** 35 - 70 — ½ P 50.

   ✗ **Ratskeller**, Markt 1, 𝒫 33 77 — ⒜ ⓞ
     M a la carte 24/42.

   An der Straße nach Oldenburg N : 1,5 km :

   🏨 **Gut Altona**, Wildeshauser Straße, ✉ 2879 Dötlingen, 𝒫 (04431) 22 30, 🏡, ✗ — 📺 ☎
     ⇔ ⓟ — 🏄 30. ⒜ ⓞ ⒠ 𝚅𝙸𝚂𝙰
     M a la carte 25/45 — **40 Z : 75 B** 70 - 100/110 Fb.

WILDUNGEN, BAD 3590. Hessen 987 ㉕ — 16 000 Ew — Höhe 300 m — Heilbad — ✪ 05621.

Sehenswert : Evangelische Stadtkirche (Wildunger Altar★★).

ⓕ Talquellenweg, 𝒫 37 67.

🛈 Kurverwaltung, Langemarckstr. 2, 𝒫 7 04 01.

◆Wiesbaden 185 — ◆Kassel 44 — Marburg 65 — Paderborn 108.

   🏛 Staatliches Badehotel ⌱, Dr.-Marc-Str. 4, 𝒫 8 60, Telex 994612, Bade- und
     Massageabteilung, ⇌, 🏊, ☞ — 🛗 㐂 ⇔ ⓟ — 🏄 . ⌘ Rest
     74 Z : 96 B Fb.

   🏨 **Homberger Hof** ⌱, Am Unterscheid 12, 𝒫 33 50, ⬱, 🏡, ☞ — 📺 ☎ 㐂, ⇔ ⓟ. ⓞ ⒠.
     ⌘ Rest
     Mitte Dez.- Mitte Jan. geschl. — **M** *(Dienstag geschl.)* 14 (mittags) und a la carte 26/76 —
     26 Z : 56 B 42/94 - 78/142 Fb — ½ P 61/88.

   🏨 **Am Golfplatz** ⌱, Talquellenweg 17, 𝒫 20 92, Caféterrasse, ☞ — 🛗 📺 ☎ ⓟ. ⓞ.
   → ⌘ Rest
     M *(nur Abendessen)* a la carte 19,50/43 — **23 Z : 40 B** 45/71 - 83/95 — ½ P 52/81.

   🏨 **Bellevue** ⌱ garni, Am Unterscheid 10, 𝒫 20 18, ⬱, ☞ — ⓟ
     Mitte März - Mitte Nov. — **22 Z : 32 B** 42/49 - 84/90 Fb.

   🏨 **Café Schwarze**, Brunnenallee 42, 𝒫 40 64, 🏡 — ☎ ⌘
     → **M** *(tägl. Tanz ab 19.30 Uhr)* a la carte 20/44 — **26 Z : 38 B** 37/47 - 54/72 — ½ P 41/61.

   ✗✗ Kurhaus-Restaurant, Langemarckstr. 13, 𝒫 70 47 84, 🏡 — 㐂 — 🏄 . ⌘.

   In Bad Wildungen - Bergfreiheit S : 12 km :

   🏨 **Hardtmühle** ⌱, Im Urftal 5, 𝒫 (05626) 7 41, Bade- und Massageabteilung, 𝘈, ⇌, 🏊,
     ⇔, ☞, ✗ — 🛗 ☎ ⓟ — 🏄 . 25/40. ⌘ Rest
     10. Jan.- 15. Feb. geschl. — **M** a la carte 29/57 — **36 Z : 60 B** 59/69 - 98/140 Fb.

   🏨 Brockmeyer ⌱ garni, Kellerwaldstr. 4, 𝒫 (05626) 6 65 — ⓟ — **14 Z : 29 B.**

   In Bad Wildungen-Reinhardshausen SW : 4 km über die B 253 :

   🏨 Haus Orchidee garni, Masurenallee 13, 𝒫 55 52, ☞ — 📺 ☎ ⓟ. ⌘ — **12 Z : 19 B.**

WILGARTSWIESEN 6741. Rheinland-Pfalz 413 G 19, 242 ⑧ — 1 200 Ew — Höhe 200 m — ✪ 06392 (Hauenstein).

Mainz 122 — Kaiserslautern 60 — Landau 22 — Pirmasens 24.

   🏨 Brunnenhof, Alte Hauptstr. 7, 𝒫 8 08 — 📺 ☎ ⓟ — 🏄 — **15 Z : 40 B** Fb.

   🏨 **Am Hirschhorn** ⌱ garni, Am Hirschhorn 12, 𝒫 17 23, ⬱, ⇌, 🏊 (Gebühr) — ⓟ. ⌘
     15. März - 15. Nov. — **16 Z : 30 B** 40/52 - 78/82.

WILHELMSFELD 6916. Baden-Württemberg 413 J 18 — 3 000 Ew — Höhe 433 m — Luftkurort — Wintersport : ⒕ 4 — ✪ 06220.

🛈 Verkehrsamt, Rathaus, 𝒫 10 21.

◆Stuttgart 117 — Heidelberg 17 — Heilbronn 66 — ◆Mannheim 27.

   ✗ **Talblick** ⌱ mit Zim, Bergstr. 38, 𝒫 16 26, ⬱, 🏡 — ⓟ
   → *12.- 26. Feb. geschl.* — **M** *(Montag geschl.)* a la carte 20/40 🍷 — **3 Z : 5 B** 32 - 64 — ½ P 45.

WILHELMSHAVEN 2940. Niedersachsen 987 ④ ⑭ — 94 000 Ew — Seebad — ✪ 04421.

ⓕ An der Raffineriestraße, 𝒫 (04425) 13 22.

🛈 Wilhelmshaven-Information, Börsenstr. 55b, 𝒫 2 62 61.

ADAC, Börsenstr. 55, 𝒫 1 32 22, Telex 253309.

◆Hannover 228 ① — ◆Bremerhaven 70 ① — ◆Oldenburg 58 ①.

WILHELMSHAVEN

Die Namen der wichtigsten Einkaufsstraßen sind am Anfang des Straßenverzeichnisses in Rot aufgeführt.

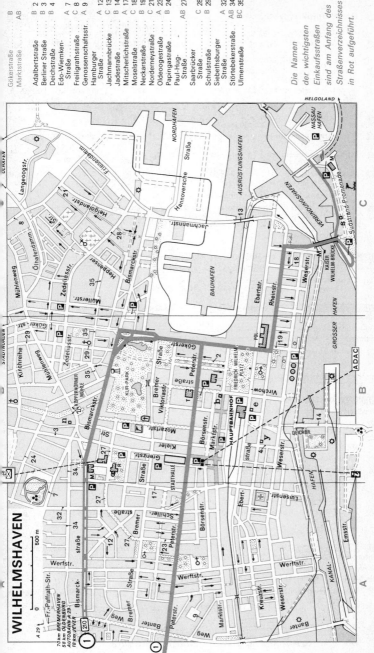

🏨 **Am Stadtpark**, Friedrich-Pfaffrath-Str. 116, ℰ 86 21, ⇌, ☒ – ≡ ⊡ ☎ 🅿. 🆎 ⓪ E
　VISA　　　　　　　　　　　　　　　　　　　　　　über Friedrich-Pfaffrath-Straße　　A
　M *(nur Abendessen)* a la carte 31/54 – **62 Z : 124 B** 92/152 - 204/224 Fb.

🏨 **Kaiser**, Rheinstr. 128, ℰ 4 20 04, Telex 253475 – ≡ ⊡ ☎ – 🔬 25/70. 🆎 ⓪ E VISA
　⬥ Rest　　　　　　　　　　　　　　　　　　　　　　　　　　　　　　　　　　B　y
　M a la carte 25/57 – **80 Z : 140 B** 65/90 - 98/160 Fb.

🏠 **Seerose** ⬥ garni, Südstrand 112, ℰ 4 33 66, ≤ – 🆎 E VISA　　　　　　　　C　s
　15 Z : 25 B 55/60 - 80/95.

🏠 **Jacobi**, Freiligrathstr. 163, ℰ 6 00 51, Fax 61779, 🚗 – ⊡ ☎ ⇚ 🅿. 🆎 ⓪ E
　VISA ⬥　　　　　　　　　　　　　　　　　　　　　über Freiligrathstr.　　C
　M *(nur Abendessen, Freitag geschl.)* a la carte 27/45 – **15 Z : 25 B** 60/80 - 85/130.

🏠 **Zur Krone**, Ebertstr. 104, ℰ 4 30 48 – ≡ ☎ 🅿. 🆎 ⓪ E VISA　　　　　　　B　e
　M a la carte 24/56 – **60 Z : 100 B** 65/90 - 98/160 Fb.

🏠 **Kopperhörner Mühle** garni, Kopperhörner Str. 7, ℰ 3 10 72 – ⊡ ☎ 🅿. 🆎 E　　B　n
　23 Z : 40 B 60/68 - 100/125.

🏠 **Keil** garni, Marktstr. 23, ℰ 4 14 14 – ☎. 🆎 ⓪ E VISA　　　　　　　　　　　B　b
　15 Z : 25 B 58/80 - 88/130.

XX **Ratskeller**, Rathausplatz 1, ℰ 2 19 64, Fax 60072 – 🔬 25/60. E　　　　　B R
　Sonntag ab 15 Uhr geschl. – **M** a la carte 29/56.

　Am Ölhafen NO : 5 km über Ölhafendamm C :

🏨 **Nordsee-Hotel Wilhelmshaven** ⬥, Ölhafendamm 205, ⊠ 2940 Wilhelmshaven,
　ℰ (04421) 6 00 73, Fax 60072, ⇌ – ⊡ ☎ 🅿 – 🔬 40. 🆎 ⓪ E VISA
　M a la carte 35/61 – **32 Z : 60 B** 68/128 - 123/148 Fb.

　Siehe auch : *Sande* ① : 9 km

WILLANZHEIM 8711. Bayern 🐵🐵🐵 N 17 – 1 400 Ew – Höhe 260 m – ✪ 09323 (Iphofen).
♦München 238 – ♦Nürnberg 78 – ♦Würzburg 32.

　🕯 **Schwarzer Adler**, Hauptstr. 11, ℰ 34 45 – 🅿
　⟵ **M** *(Dienstag geschl.)* a la carte 15/29 ⚘ – **10 Z : 20 B** 35 - 65.

WILLEBADESSEN 3533. Nordrhein-Westfalen – 7 800 Ew – Höhe 250 m – Luftkurort –
✪ 05646.
🛈 Tourist-Information, Haus des Gastes, ℰ 5 95.
♦Düsseldorf 199 – Bad Driburg 17 – ♦Kassel 68 – Paderborn 27.

🏨 **Der Jägerhof**, Am Jägerpfad 2, ℰ 13 91, ≤, 🏡, 🚗 – ≡ ⊡ ☎ 🅿 – 🔬 25/60. 🆎
　M a la carte 27/50 – **50 Z : 100 B** 60/80 - 115/135 Fb – ½ P 75/95.

WILLERTSHAGEN Nordrhein-Westfalen siehe Meinerzhagen.

WILLICH 4156. Nordrhein-Westfalen – 41 000 Ew – Höhe 48 m – ✪ 02154.
♦Düsseldorf 22 – Krefeld 8 – Mönchengladbach 16.

🏠 **Motel Blum** garni, Parkstr. 28, ℰ 23 55, 🚗 – ⊡ ☎ 🅿. 🆎 E VISA
　24 Z : 47 B 85/95 - 130/150.

　In Willich 3-Schiefbahn S : 3 km :

XX Kaiserhof, Unterbruch 6, ℰ 8 02 02, 🏡 – 🅿.

X **Stieger** (Restauriertes Bauernhaus a.d.J. 1765), Unterbruch 8, ℰ 57 65, Biergarten – 🅿.
　🆎 ⓪ E VISA
　M a la carte 36/68.

　An der Straße von Anrath nach St. Tönis NW : 9 km :

XX **Landhaus Hochbend**, Hochbend 19, ⊠ 4154 Tönisvorst 2, ℰ (02156) 32 17, 🏡 – 🅿. 🆎
　⓪ E
　Montag geschl. – **M** a la carte 60/79.

WILLINGEN (Upland) 3542. Hessen 🐵🐵🐵 ⑮ – 7 800 Ew – Höhe 550 m – Kneippheilbad –
Wintersport : 560/843 m ⚡16 ⚡9 – ✪ 05632.
🛈 Kurverwaltung, Korbacher Str. 10, ℰ 4 01 80.
♦Wiesbaden 208 – ♦Kassel 81 – Lippstadt 62 – Marburg 88 – Paderborn 64.

🏨 **Kölner Hof**, Briloner Str. 48 (B 251), ℰ 60 06, Fax 6009, ⇌, ☒, 🚗, Fahrrad- und Skiverleih
　– ≡ ⊡ ☎ 🅿 – 🔬 25/50. 🆎 ⓪ E VISA
　M a la carte 24/50 – **62 Z : 120 B** 72/79 - 136/146 Fb – 8 Appart. 158 – 6 Fewo 65/75 –
　½ P 93/104.

🏨 **Rüters Parkhotel** ⬥, Bergstr. 3a, ℰ 60 86, Telex 991113, 🏡, Massage, ⇌, ☒, 🚗,
　Fahrradverleih – ≡ ⊡ ☎ ⚹⚹ 🅿 – 🔬 25/40. ⬥ Rest
　M a la carte 35/60 – **47 Z : 82 B** 65/100 - 120/200 Fb – ½ P 80/120.

🏨 **Göbel**, Korbacher Str. 5 (B 251), 𝒞 60 91, ⇔s, 🔲, Fahrradverleih — 📶 📺 ☎ 🚗 🅿
— ❄ Rest
27. Nov.- 16. Dez. geschl. — M (Donnerstag geschl.) a la carte 22/43 — **20 Z : 40 B** 60/75 -
120/140 Fb — 5 Fewo 50/110 — ½ P 72/95.

🏨 **Sporthotel Zum hohen Eimberg**, Zum hohen Eimberg 3a, 𝒞 60 94, ⇔s, 🔲 — 📺 ☎ 🅿
— 🏊 25/40. **E**
M a la carte 31/56 — **42 Z : 85 B** 75/165 - 118/229 Fb — ½ P 72/135.

🏨 **Waldhotel Willingen** ♨, Am Köhlerhagen 3 (W : 2,5 km), 𝒞 60 16, Fax 69039, ≤, �,
⇔s, 🔲, ♨, ❟ (Halle) — ☎ 🅿 ❄ Rest
M a la carte 25/64 — **36 Z : 60 B** 82/102 - 172/178 Fb — 3 Appart. 210 — ½ P 82/89.

🏨 **Willinger Hof**, Zum Kurgarten 3, 𝒞 67 67, ⇔s, 🔲, 🌱 — 📶 📺 ☎ 🚗 🅿 ⒶⒺ ⓄⒹ **E** 𝚅𝙸𝚂𝙰
20. Nov.- 15. Dez. geschl. — M (Donnerstag geschl.) a la carte 22/50 — **27 Z : 50 B** 55/85 -
106/126 Fb — ½ P 59/79.

🏨 **Fürst von Waldeck**, Briloner Str. 1 (B 251), 𝒞 60 74, ⇔s, 🔲, Fahrradverleih — 📶 📺 ☎
🚗
26. Nov.- 15. Dez. geschl. — M (Donnerstag geschl.) a la carte 18,50/44 — **30 Z : 53 B** 59/75 -
94/150 Fb — ½ P 60/85.

🏨 **Bürgerstuben**, Briloner Str. 40 (B 251), 𝒞 60 99, Fax 6051, Bade- und Massageabteilung,
♨, ⇔s, 🔲, 🌱 — 📶 📺 ☎ 🚗 🅿 ⒶⒺ ⓄⒹ **E** 𝚅𝙸𝚂𝙰
M a la carte 28/53 — **49 Z : 90 B** 70/85 - 130/170 Fb — 3 Appart. 214 — 8 Fewo 60/105 —
½ P 72/107.

🏨 **Waldecker Hof**, Korbacher Str. 24 (B 251), 𝒞 6 93 66, ⇔s, 🔲, 🌱 — 📶 ☎ 🚗 🅿. ⓄⒹ **E**
𝚅𝙸𝚂𝙰
20. Nov.- 15. Dez. geschl. — M a la carte 20/50 — **39 Z : 61 B** 55 - 110 — ½ P 75.

🏠 **Magdalenenhof**, Zum hohen Eimberg 12, 𝒞 60 83, ≤, ⇔s, 🔲, 🌱, 🐎 — 📺 ☎ 🅿. ❄ Rest
(Restaurant nur für Hausgäste) — **14 Z : 29 B** Fb.

🏠 **Domizil Jägerhaus** ♨ garni (Appartementhotel), Stryckweg 2, 𝒞 63 91, Telex 991175,
Fax 69941, ⇔s, 🌱 — 📺 ☎ 🅿
10 Z : 35 B 61 - 122.

🏠 **Lehnert** ♨, In der Bärmeke 10, 𝒞 64 39, ≤, 🌱, 🌱 — 🅿. **E**
M a la carte 24/48 — **14 Z : 28 B** 38/44 - 76/88 Fb.

🏠 **Hof Elsenmann**, Zur Hoppecke 1, 𝒞 6 90 07, 🌱, 🌱 — 🅿. ⓄⒹ **E**
Mitte Nov.- Mitte Dez. geschl. — M a la carte 21/48 — **17 Z : 30 B** 45/55 - 80/92 Fb —
½ P 54/60.

🏡 **Wald-Eck** ♨, Hoppecketalstr. 43 (W : 2,5 km), 𝒞 6 94 06, 🌱, ⇔s, 🔲, 🌱, Skiverleih —
🚗 🅿. ❄ Rest
17 Z : 30 B.

In Willingen-Schwalefeld NO : 3,5 km :

🏡 **Berghaus Püttmann**, Upland Str. 51, 𝒞 62 97, ≤, 🌱, ⇔s, 🔲 — 📶 🅿
Nov.- 24. Dez. geschl. — M a la carte 13/25 — **40 Z : 73 B** 32 - 64 — ½ P 45.

In Willingen-Stryck SO : 3,5 km :

🏨 **Romantik-Hotel Stryckhaus** ♨, Mühlenkopfstr. 12, 𝒞 60 33, Fax 69961, 🌱,
« Garten », ⇔s, 🔲 (geheizt), 🔲, 🌱 — 📶 ♿ 🚗 🅿 — 🏊 25/40. ⒶⒺ ⓄⒹ **E** 𝚅𝙸𝚂𝙰 ❄ Rest
M a la carte 39/70 — **66 Z : 110 B** 85/125 - 160/250 Fb — ½ P 113/150.

In Willingen 1-Usseln SO : 4,5 km :

🏨 **Post-Hotel Usseln**, Korbacher Str. 14 (B 251), 𝒞 50 41, Telex 991158, ⇔s, 🔲, 🌱 — 📶
📺 ☎ 🚗 🅿 — 🏊 30. ⒶⒺ ⓄⒹ **E** 𝚅𝙸𝚂𝙰
11. Nov.- 16. Dez. geschl. — M a la carte 27/61 — **32 Z : 65 B** 57/83 - 114/160 Fb —
½ P 73/94.

🏨 **Fewotel - Der Sauerland Treff** ♨, Am Schneppelnberg 9, 𝒞 3 10, Fax 31413, ≤, 🌱,
⇔s, 🔲, 🌱, Fahrrad- und Skiverleih — 📶 📺 ☎ ♿ 🅿 — 🏊 25/80. ⒶⒺ ⓄⒹ **E** 𝚅𝙸𝚂𝙰 ❄ Rest
M a la carte 34/56 — **110 Z : 400 B** 79/115 - 138/230 Fb — 18 Fewo 55/115 — ½ P 94/140.

🏠 **Berghof** ♨, Schneppelnberg 14, 𝒞 53 17, 🌱, ⇔s, 🔲, 🌱 — 📶 📺 ☎ ♿ 🅿. ⒶⒺ ⓄⒹ **E** 𝚅𝙸𝚂𝙰
M a la carte 17/50 — **23 Z : 45 B** 53/74 - 99/138 Fb — 6 Fewo 78/101 — ½ P 63/87.

🏠 **Stöcker** ♨, Birkenweg 3, 𝒞 73 15, 🌱 — 🅿. ❄
20. Okt.- 20. Dez. geschl. — (Restaurant nur für Hausgäste) — **10 Z : 18 B** 36 - 70.

WILLSTÄTT 7608. Baden-Württemberg 413 G 21. 242 ㉔ — 7 300 Ew — Höhe 139 m — ✆ 07852.
♦ Stuttgart 144 — ♦Freiburg im Breisgau 73 — Offenburg 14 — Strasbourg 13.

✗ **Kinzigbrücke** mit Zim, Sandgasse 1, 𝒞 22 80
7 Z : 13 B.

WILNSDORF Nordrhein-Westfalen siehe Siegen.

WILSTER 2213. Schleswig-Holstein 𝟿𝟾𝟽 ⑤ − 4 400 Ew − Höhe 6 m − ☎ 04823.
♦Kiel 81 − ♦Hamburg 66 − Itzehoe 10.

  ⚐ **Busch,** Kohlmarkt 38, ℰ 82 52 − ❷. 𝔸𝔼 ① 𝐄 𝚅𝙸𝚂𝙰
  ← **M** *(nur Abendessen)* a la carte 20/38 − **40 Z : 62 B** 45/50 - 80.

WIMPFEN, BAD 7107. Baden-Württemberg 𝟜𝟙𝟛 K 19, 𝟿𝟾𝟽 ㉙ − 6 000 Ew − Höhe 230 m − Heilbad − ☎ 07063.

Sehenswert : Wimpfen am Berg★★ : Klostergasse★ − Wimpfen im Tal : Stiftskirche St. Peter (Kreuzgang★★).

Ausflugsziel : Burg Guttenberg★ : Greifvogelschutzstation und Burgmuseum★ N : 8 km.

🛈 Verkehrsamt, Rathaus, Marktplatz, ℰ 70 52.
♦Stuttgart 64 − Heilbronn 16 − ♦Mannheim 73 − ♦Würzburg 113.

  ▥ **Sonne (mit Gästehaus),** Hauptstr. 87, ℰ 2 45 − 𝚃𝚅 ⇐⇒ ❷
  24 Z : 45 B.

  ▥ **Am Kurpark** ⑤ garni, Kirschenweg 16, ℰ 70 91, ⇔ − 𝚃𝚅 ☎ ❷
  8 Z : 16 B 85/100 - 110/125 Fb.

WIMSHEIM Baden-Württemberg siehe Pforzheim.

WINCHERINGEN 5517. Rheinland-Pfalz 𝟸𝟜𝟸 ②, 𝟜𝟘𝟿 ⑰, 𝟻𝟽 ④ − 1 400 Ew − Höhe 220 m − ☎ 06583.

Ausflugsziel : Nennig (Mosaikfußboden★★ der ehem. Römischen Villa) S : 12 km.
Mainz 189 − Luxembourg 34 − Saarburg 13 − ♦Trier 32.

  ⚐ **Jung,** Am Markt 11, ℰ 2 57 − ❷
  ← *Nov. geschl.* − **M** *(Montag geschl.)* a la carte 17,50/36 ⅃ − **10 Z : 19 B** 25/30 - 50/60.

  ✗✗ **Haus Moselblick** mit Zim, Am Mühlenberg 1, ℰ 2 88, ≤ Moseltal, 🌿 − ❷. 𝐄
  27. Dez.- 27. Jan. geschl. − **M** *(Dienstag geschl.)* a la carte 33/50 ⅃ − **4 Z : 7 B** 32 - 60.

WINDEBRUCH Nordrhein-Westfalen siehe Meinerzhagen.

WINDECK 5227. Nordrhein-Westfalen 𝟿𝟾𝟽 ㉔ − 18 300 Ew − Höhe 235 m − ☎ 02292.
🛈 Verkehrsverein, Kirchstr. 4 (Windeck-Rosbach), ℰ 6 01 74.
♦Düsseldorf 114 − ♦Koblenz 77 − Limburg an der Lahn 71.

  In Windeck-Alsen :

  ✗ **Waldschlößchen** ⑤ mit Zim, Forststr. 43, ℰ 27 91, ≤, 🌿, ⬛, 🔥 − ❷. 🎿 Zim
  ← *2.- 25. Jan. geschl.* − **M** *(Montag geschl.)* a la carte 21/46 − **6 Z : 12 B** 42 - 80.

  In Windeck-Herchen :

  ▥ **Tannenhof** ⑤, Auf der Hardt 22, ℰ (02243) 31 67, 🌿, ⇔, 🔥 − ☎ ❷ − 🔏 25/40. 𝔸𝔼
  ← ① 𝐄 𝚅𝙸𝚂𝙰
  M a la carte 21/49 − **18 Z : 37 B** 48/55 - 80/85.

  In Windeck-Schladern :

  ▥ **Bergischer Hof,** Elmores Str. 8, ℰ 22 83, 🔥 − ❷. 𝐄
  ← *Juli geschl.* − **M** *(Montag geschl.)* a la carte 19/40 − **10 Z : 20 B** 39/49 - 78/98.

WINDELSBACH Bayern siehe Rothenburg ob der Tauber.

WINDEN 7809. Baden-Württemberg 𝟜𝟙𝟛 H 22, 𝟸𝟜𝟸 ㉘ − 2 600 Ew − Höhe 320 m − Erholungsort − ☎ 07682 (Elzach).
🛈 Verkehrsbüro, Rathaus in Oberwinden, ℰ 3 86.
♦Stuttgart 192 − ♦Freiburg im Breisgau 28 − Offenburg 46.

  In Winden-Oberwinden :

  🏨 **Sport- und Ferienhotel Schwarzbauernhof** ⑤, Rüttlersberg 5 (S : 2 km, über Bahnhofstr.), ℰ 85 67, ≤, Caféterrasse, « Freizeit- und Außenanlagen », ⇔, ⬛, 🔥, ✗ − 🛗 𝚃𝚅 ❷. 🎿
  Mitte Nov.- Mitte Dez. geschl. − (Restaurant nur für Hausgäste) − **55 Z : 100 B** (nur ½ P) 91/135 - 156/260 Fb.

  ▥ **Lindenhof,** Bahnhofstr. 14, ℰ 3 69, 🌿, ⇔, ⬛ − 𝚃𝚅 ⇐⇒ ❷
  M *(Dienstag geschl.)* a la carte 25/51 ⅃ − **20 Z : 38 B** 39/55 - 70/102 − ½ P 50/66.

  ▥ **Waldhorn,** Hauptstr. 27 (B 294), ℰ 2 32 − ⇐⇒ ❷
  ← *7.- 31. Jan. geschl.* − Menu *(Mittwoch - Donnerstag 16 Uhr geschl.)* a la carte 22/55 ⅃ − **22 Z : 41 B** 37/40 - 58/70 − ½ P 44/48.

  ▥ **Rebstock (mit Gästehaus),** Hauptstr. 36, ℰ 2 27 − 🛗 ❷
  29 Z : 53 B.

WINDHAGEN Nordrhein-Westfalen siehe Honnef, Bad.

WINDISCHESCHENBACH 8486. Bayern 4|8|3 T 17, 9|8|7 ㉗ − 6 300 Ew − Höhe 428 m − 🕾 09681.

♦München 261 − Bayreuth 49 − ♦Nürnberg 115.

🏠 **Weißer Schwan**, Pfarrplatz 1, ℰ 12 30, ⌾⌾ − ⌾
    28 Z : 40 B Fb.

🏠 **Oberpfälzer Hof**, Hauptstr. 1, ℰ 7 88, Telex 63708 − 🆔 🇪 🆅🇮🇸🇦
➡ 10.- 30. Nov. geschl. − **M** *(Mittwoch geschl.)* a la carte 20/32 − **32 Z : 58 B** 30/45 - 55/65 Fb.

In Windischeschenbach-Neuhaus O : 1 km :

🏠 **Zum Waldnaabtal**, Marktplatz 1, ℰ 6 19 − 🕾 ⌾
    12 Z : 24 B Fb.

An der B 15 O : 9,5 km :

🏠 **Igl** ⌾, ✉ 8481 Püchersreuth-Baumgarten, ℰ (09681) 14 22, Fax 2798, ⌾ − 🕾 ⌾ 🅿 🆔
➡ ⌾ 🇪 🆅🇮🇸🇦
    3.- 27. Jan. geschl. − **M** a la carte 17,50/43 − **30 Z : 75 B** 43 - 64/80.

WINDORF 8359. Bayern 4|8|3 W 21 − 4 300 Ew − Höhe 306 m − 🕾 08541.

♦München 181 − Passau 20 − ♦ Regensburg 104 − Straubing 72.

In Windorf-Rathsmannsdorf NO : 4,5 km :

🏠 **Zur Alten Post**, Schloßplatz 5, ℰ (08546) 10 37 − 🅿
➡ 1.- 28. Nov. geschl. − **M** *(Montag geschl.)* a la carte 20/31 − **27 Z : 50 B** 33 - 66.

WINDSHEIM, BAD 8532. Bayern 4|8|3 O 18, 9|8|7 ㉖ − 12 500 Ew − Höhe 321 m − Heilbad − 🕾 09841.

Sehenswert : Fränkisches Freilandmuseum.

🛈 Verkehrsamt, Rathaus, ℰ 9 04 40.

♦München 236 − Ansbach 33 − ♦Bamberg 72 − ♦Nürnberg 44 − ♦Würzburg 57.

🏨 **Kurhotel Residenz** ⌾, Erkenbrechtallee 33, ℰ 9 11, Telex 61526, Fax 91663, ⌾, Bade-
    und Massageabteilung, ⌾⌾, 🏊, ⌾ − |🛗| 📺 🕾 ⌾ 🅿 − 🔬 25/600. 🆔 ⌾ 🇪 🆅🇮🇸🇦
    M 20 (mittags) und a la carte 31/54 − **125 Z : 205 B** 92/118 - 136/156 Fb − ½ P 88/125.

🏨 **Reichel's Parkhotel** ⌾, Am Stauchbrunnen 7, ℰ 20 16, Caféterrasse, ⌾ − |🛗| 📺 🕾 ⌾
    (Restaurant nur für Hausgäste) − **32 Z : 56 B** 58/80 - 88/120 Fb.

🏨 **Am Kurpark** ⌾, Oberntiefer Str. 40, ℰ 90 20, Telex 61522, ⌾ − |🛗| 📺 🕾 ⌾ 🅿 − 🔬 40.
    🆔 ⌾ 🇪 🆅🇮🇸🇦
    M *(Sonntag 18 Uhr - Montag geschl.)* a la carte 27/45 − **30 Z : 52 B** 68/80 - 100/115 Fb.

🏠 **Goldener Schwan**, Rothenburger Str. 5, ℰ 50 61 − 📺 🕾. 🇪
➡ **M** *(Mittwoch und 28. Dez.- 25. Jan. geschl.)* a la carte 20/47 − **20 Z : 35 B** 45/65 - 75/85 −
    ½ P 58/65.

🏠 **Zum Storchen**, Weinmarkt 6, ℰ 20 11 − 📺 🕾
    M *(Montag geschl.)* a la carte 23/46 − **24 Z : 44 B** 41/45 - 76 − ½ P 53/60.

WINGST 2177. Niedersachsen − 3 400 Ew − Höhe 25 m − Luftkurort − 🕾 04778.

🛈 Kurverwaltung, Dorfgemeinschaftshaus Dobrock, ℰ 3 12.

♦Hannover 218 − ♦Bremerhaven 54 − Cuxhaven 39 − ♦Hamburg 97.

🏨 **Waldschlößchen Dobrock** ⌾, Wassermühle 7, ℰ 70 66, Telex 232268, ⌾, « Park »,
    ⌾⌾, 🏊, ⌾, ⌾ − 🕾 ⌾ 🅿 − 🔬 25/300. 🆔 ⌾ 🇪 🆅🇮🇸🇦
    M a la carte 25/55 − **45 Z : 79 B** 51/85 - 92/150 Fb − ½ P 66/99.

🏨 **Wikings Inn** ⌾, Schwimmbadallee 6, ℰ 80 90, Telex 232129, ⌾ − |🛗| 🕾 🅿 − 🔬 . ⌾
    60 Z : 130 B Fb.

🏠 **Forsthaus Dobrock** ⌾, Hasenbeckallee 39, ℰ 2 90, « Gartenterrasse », ⌾ − 🅿 −
    🔬 25/40
    10.- Jan.- 22. Feb. geschl. − **M** *(Montag 17 Uhr- Dienstag geschl.)* a la carte 25/54 − **25 Z :
    44 B** 58/70 - 100/120.

🏠 **Peter**, Bahnhofstr. 1 (B 73), ℰ 2 79 − 🅿. 🆔 ⌾ 🇪 🆅🇮🇸🇦. ⌾
➡ 2. Jan.- 4. Feb. geschl. − **M** *(Montag bis 18 Uhr geschl.)* a la carte 21/34 − **20 Z : 44 B** 44/52
    - 88 − ½ P 56.

WINKHAUSEN Nordrhein-Westfalen siehe Schmallenberg.

WINKLARN Bayern siehe Rötz.

WINKLMOOSALM Bayern siehe Reit im Winkl.

WINNENDEN 7057. Baden-Württemberg **413** L 20. **987** ⑤ − 21 600 Ew − Höhe 292 m −
✆ 07195.

♦Stuttgart 20 − Schwäbisch Gmünd 44 − Schwäbisch Hall 48.

In Winnenden-Birkmannsweiler SO : 3 km :

🏠 **Heubach-Krone**, Hauptstr. 99, ℰ 35 40 − ⇐ ⓟ
15. Juli - 10. Aug. geschl. − **M** *(Dienstag - Mittwoch geschl.)* a la carte 22/49 ⅃ − **12 Z :
19 B** 35/48 - 70/85.

In Winnenden-Bürg NO : 4,5 km :

🏠 **Schöne Aussicht** ॐ, Neuffenstr. 18, ℰ 7 11 67, ≼ Winnenden und Umgebung, 🏠 − ☎
ⓟ. ॐ Zim
M *(Montag geschl.)* a la carte 22/56 − **16 Z : 32 B** 75 - 110 Fb.

In Berglen-Lehnenberg 7069 SO : 6 km :

🏠 Zum Rössle, Lessingstr. 13, ℰ (07195) 78 11, 🏠 − 📺 ☎ ⓟ
13 Z : 21 B.

WINNINGEN 5406. Rheinland-Pfalz − 2 600 Ew − Höhe 75 m − ✆ 02606.

🅱 Verkehrsverein, Rathaus, August-Horch-Str. 3, ℰ 22 14.

Mainz 111 − Cochem 38 − ♦Koblenz 11.

🏠 **Moselblick**, an der B 416, ℰ 22 75, Telex 862358, Fax 1343, ≼, 🏠, ☎, Bootssteg − 🔌 📺
☎ ⓟ. ⚙ ① 🅴 𝘝𝘐𝘚𝘈
M a la carte 30/61 − **34 Z : 68 B** 92 - 154 Fb.

🏠 **Adler** garni, Fronstr. 10, ℰ 8 06
3. Jan.- 15. März geschl. − **22 Z : 42 B** 47/70 - 68/86.

🍷 **Marktschenke**, Am Markt 5, ℰ 3 55, eigener Weinbau
◄► *Jan. geschl.* − **M** *(Dienstag geschl.)* a la carte 17,50/39 ⅃ − **11 Z : 24 B** 45/50 - 78/84.

✕ **Weinhaus Hoffnung**, Fährstr. 37, ℰ 3 56
◄► *Montag und 15.- 30. Dez. geschl.* − **M** a la carte 19/45 ⅃.

WINSEN (LUHE) 2090. Niedersachsen **987** ⑮ − 27 000 Ew − Höhe 8 m − ✆ 04171.

🅱 Reisebüro, Rathausstr. 2, ℰ 29 10.

♦Hannover 129 − ♦Bremen 112 − ♦Hamburg 34 − Lüneburg 21.

🏠 **Zum weißen Roß**, Marktstr. 10, ℰ 22 76, Biergarten, « Gemütliche Restauranträume » −
🔌 ⓟ. ⚙ ① 🅴 𝘝𝘐𝘚𝘈
M a la carte 33/62 − **10 Z : 22 B** 69/75 - 104/115.

🏠 **Röttings Hotel**, Rathausstr. 4, ℰ 40 98 − 🔌 ☎ ⇐ ⓟ − 🔥 40. ⚙ 🅴. ॐ
M *(Sonntag geschl.)* a la carte 23/54 − **24 Z : 36 B** 42/65 - 72/110 Fb.

✕ **Schwabenstüble**, Lüneburger Str. 112, ℰ 7 47 67 − ⓟ. ⚙ 🅴. ॐ
Mittwoch geschl. − **M** a la carte 32/56.

WINTERBACH Baden-Württemberg siehe Schorndorf.

WINTERBERG 5788. Nordrhein-Westfalen **987** ㉔㉕ − 14 500 Ew − Höhe 670 m −
Heilklimatischer Kurort − Wintersport : 672/841 m ≲51 ⤳20 − ✆ 02981.

🏌 an der Straße nach Silbach (NW : 3 km), ℰ 17 70.

🅱 Kurverwaltung, Hauptstr. 1, ℰ 70 71.

♦Düsseldorf 186 − Marburg 60 − Paderborn 79 − Siegen 69.

🏠 ⚙ **Waldhaus** ॐ, Kiefernweg 12, ℰ 20 42, ≼, 🏠, ☎, 🔲, 🌳 − 🔌 📺 ☎ ⓟ. ① 🅴 𝘝𝘐𝘚𝘈
18. Nov.- 20. Dez. geschl. − **M** *(Montag geschl.)* a la carte 44/82 − **28 Z : 52 B** 40/100 -
82/200 Fb − 2 Fewo 80/90 − ½ P 65/125
Spez. Hummerparfait mit Spargelsalat, Gefüllte Taubenbrust in Blätterteig, Zimtparfait mit Glühweinsauce.

🏠 **Hessenhof**, Am Waltenberg 1, ℰ 22 17, ☎, 🔲, 🌳 − 🔌 📺 ☎ ⓟ. ① 🅴
◄► *12.- 29. März geschl.* − **M** a la carte 20/46 − **49 Z : 90 B** 55/62 - 96/120 − 2 Fewo 80/120.

🏠 Kur- und Kongreß-Hotel Claassen, Am Waltenberg 41, ℰ 80 10, ☎, 🔲 − 🔌 📺 ☎ ⇐ ⓟ
− 🔥
78 Z : 150 B Fb.

🏠 **Schneider**, Am Waltenberg 58, ℰ 67 49, 🔲, 🌳 − 🔌 📺 ☎ ⓟ. ॐ Rest
15. Nov.- 15. Dez. geschl. − **M** a la carte 22/45 − **20 Z : 40 B** 55/60 - 110/130 Fb −
½ P 75/80.

🏠 **Sporthotel Ambassador** ॐ, Auf der Wallme 5, ℰ 20 75, ☎, 🔲 − 🔌 📺 ☎ ⓟ −
🔥 30. ⚙ ① 🅴 𝘝𝘐𝘚𝘈
M a la carte 38/63 − **35 Z : 67 B** 73/98 - 120/150 Fb − 20 Fewo 115/150 − ½ P 89/102.

🏠 **Zur Sonne**, Schneilstr. 1, ℰ 14 68, 🏠 − ⓟ. ॐ
1.- 22. Dez. geschl. − **M** a la carte 25/48 − **18 Z : 30 B** 45/50 - 80/96 − 3 Fewo 65/85 −
½ P 65/70.

🏠 **Steymann**, Schneilstr. 2, ℰ 70 05, ☎, 🔲, 🌳 − ☎ ⓟ. 🅴. ॐ Rest
M a la carte 31/58 − **34 Z : 60 B** 60/65 - 120/130 Fb − ½ P 75/80.

🏠 **Engemann-Kurve,** Haarfelder Str. 10 (B 480), ℰ 4 14, ⇔, ◻ — ⇐ ❷
M a la carte 25/44 — **23 Z : 36 B** 35/55 - 90/110 — ½ P 50/70.

🏠 **Winterberger Hof,** Am Waltenberg 33, ℰ 14 84, Biergarten mit Grill — ❷
April 2 Wochen geschl. — **M** (außer Saison Mittwoch geschl.) a la carte 27/60 — **10 Z : 18 B**
45/60 - 90/120.

🏠 **Haus Waltenberg,** Am Waltenberg 37, ℰ 22 25 — ⇐ ❷
18 Z : 32 B.

🏠 **Haus Nuhnetal** ⌂, Nuhnestr. 12, ℰ 26 17, ⇔, ◻ — ❷. ⌖ Rest
15. April - 14. Mai geschl. — (Restaurant nur für Hausgäste) — **21 Z : 37 B** 48 - 80/94.

🏠 **Haus am Walde,** Am Waltenberg 91, ℰ 4 73, ⇗ — ⇐ ❷. ⌖
April - Mai 4 Wochen und Nov.- 26. Dez. geschl. — (Restaurant nur für Hausgäste) — **14 Z :
22 B** 50/53 - 100/104.

🏠 **Haus Herrloh** ⌂, Herrlohweg 3, ℰ 4 70, ≤, ⇗ — ☎ ⇐ ❷. ⌖ Rest
23.- 30. April und 4 Nov.- 3 Dez. geschl. — **M** a la carte 25/52 — **16 Z : 29 B** 29/40 - 58/80 —
½ P 44/55.

An der Straße nach Altastenberg W : 3 km :

🏛 **Berghotel Nordhang - Axel's Restaurant,** In der Renau 5, ✉ 5788 Winterberg,
ℰ (02981) 22 09, Fax 804110, ⇗ — ◻ ☎ ❷. ◪ �ⓓ ⋿ ▨▨
M 39 (mittags) und a la carte 50/76 — **11 Z : 20 B** 60 - 120 — ½ P 75.

In Winterberg 8-Altastenberg W : 5 km :

🏛 **Berghotel Astenkrone,** Astenstr 24, ℰ 70 28, Fax 3290, ≤, ⇗, ⇔, ◻ — 🛗 ◻ ☎ ⌂
⇐ ❷ — 🅰 25/80. ◪ ⓓ ⋿ ▨▨. ⌖ Rest
April geschl. — **M** (Montag geschl.) a la carte 38/67 — **Kronenstube M** a la carte 25/34 —
42 Z : 80 B 85/150 - 175/200 Fb.

🏛 **Mörchen,** Astenstr. 8, ℰ 70 38, ⇗, ⇔, ◻, ⇗, Fahrradverleih — ☎ ❷
20. Nov.- 20. Dez. geschl. — **M** a la carte 28/59 — **39 Z : 70 B** 68/88 - 110/170 Fb — 3 Appart.
190 — ½ P 75/108.

🏛 **Sporthotel Kirchmeier** ⌂, Renauweg 54, ℰ 80 50, Telex 84509, Fax 805111, ≤, ⇗, ⇔,
◻, ⇗, ⌖ (Halle), Skischule — 🛗 ☎ ⌖ ❷ — 🅰 25/250. ⓓ ⋿. ⌖ Rest
M a la carte 25/70 — **114 Z : 225 B** 80/105 - 130/180 Fb — 5 Appart. 170/220 — ½ P 90/130.

🏠 **Haus Clemens** ⌂, Renauweg 48, ℰ 13 58, ⇔, ◻, ⇗ — ◻ ☎ ⇐ ❷
⟵ 15. Nov.- 24. Dez. geschl. — **M** (Montag geschl.) a la carte 19/55 — **16 Z : 27 B** 39/53 -
68/108 — ½ P 43/62.

In Winterberg 5-Hildfeld NO : 7 km :

🏛 **Heidehotel-Hildfeld** ⌂, Am Ufer 13, ℰ (02985) 83 73, ≤, ⇗, ⇔, ◻, ⇗, Fahrrad- und
Skiverleih — ☎ ❷ — 🅰 25/50
M 18 (mittags) und a la carte 29/59 — **35 Z : 65 B** 73/80 - 121/170 Fb — ½ P 77/95.

In Winterberg 6-Langewiese SW : 7,5 km :

🏠 **Wittgensteiner Landhaus** ⌂, Grenzweg 2, ℰ (02758) 2 88, ≤ Rothaargebirge und
Sauerland, ⇔, ⇗ — ❷
(Restaurant nur für Hausgäste) — **19 Z : 36 B** 30/45 - 80/90 — ½ P 38/53.

In Winterberg 7-Neuastenberg SW : 6 km :

🏛 **Dorint Ferienpark,** Winterberger Str. (B 236), ℰ 20 33, Telex 84539, Fax 3322, ≤, ⇔, ◻,
⇗, ⌖ (Halle) — ◻ ☎ ⌖ ❷ — 🅰 25/150. ◪ ⋿ ▨▨. ⌖ Rest
M a la carte 34/64 — **80 Z : 160 B** 125/135 - 230/270 Fb — 54 Appart. 270/290 — 60 Fewo
90/240 — ½ P 143/163.

🏠 **Berghaus Asten** ⌂, Am Gerkenstein 21, ℰ 18 82, ≤, ⇗, ⇗ — ❷
20. Nov.- 20. Dez. geschl. — **M** (Mittwoch geschl.) a la carte 22/38 — **10 Z : 16 B** 35/40 -
70/80 — ½ P 40.

☎ **Rossel,** Neuastenberger Str. 21, ℰ 22 07, ⇗ — ❷
1.- 21. März und Nov. geschl. — **M** (Donnerstag geschl.) a la carte 24/44 — **25 Z : 40 B** 40/46
- 80/92.

In Winterberg 5-Niedersfeld N : 8,5 km :

🏠 **Cramer,** Ruhrstr. 50 (B 480), ℰ (02985) 4 71, ⇗, ⇔, ◻, ⇗ — ☎ ⇐ ❷ — 🅰 30. ◪ ⓓ
⋿ ▨▨. ⌖ Rest
M (Dienstag geschl.) a la carte 28/52 — **23 Z : 44 B** 60/68 - 120/140 Fb — ½ P 78/88.

In Winterberg 2-Siedlinghausen NW : 10 km :

🏠 **Schulte - Werneke** ⌂, Alter Hagen 1, ℰ (02983) 82 66, Fax 1221, ⇗, « Garten mit
⟵ Teich », ⇗, Skiverleih — ◻ ⇐ ❷
15. März - 9. April geschl. — **M** (Montag geschl.) a la carte 21/54 — **26 Z : 49 B** 44/65 -
98/130 Fb.

In Winterberg 4-Silbach NW : 7 km :

🏠 **Büker**, Bergfreiheit 56, 𝒫 (02983) 3 87, ⇔s, 🍽, 🛏 – 🛗 📺 ☎ ℗ – 🔒 40. 🆎 ⓸ ⓔ 𝖵𝖨𝖲𝖠
25. März - 12. April und 25. Nov.- 25. Dez. geschl. — **M** *(Mittwoch geschl.)* a la carte 24/53 –
19 Z : 34 B 62/85 - 124 – ½ P 79.

In Winterberg 3-Züschen SO : 6,5 km :

🏠 **Walsbachtal** ⊗, Zum Homberg 11 (W : 2 km), 𝒫 17 80, ⇔, ⇔s, 🍽, 🛏 – ℗
25 Z : 48 B.

WINTERBURG 6551. Rheinland-Pfalz – 300 Ew – Höhe 350 m – Erholungsort – ✆ 06756.
Mainz 65 – Kirn 25 – Bad Kreuznach 21.

🏠 **Beck** ⊗, Soonwaldstr. 46, 𝒫 2 11, 🍽, 🛏 – ⋈ Rest ℗. ⋇
(Restaurant nur für Hausgäste) – **26 Z : 50 B** 55/58 - 98/108.

WIPPERFÜRTH 5272. Nordrhein-Westfalen 𝟿𝟾𝟽 ⑳ – 21 700 Ew – Höhe 275 m – ✆ 02267.
◆Düsseldorf 67 – ◆Köln 50 – Lüdenscheid 27 – Remscheid 20.

✕✕ **Zum Schützenhof**, Gaulstr. 71, 𝒫 93 36 – ℗. 🆎 ⓔ
Samstag bis 17 Uhr und Mittwoch geschl. — **M** a la carte 23/57.

In Wipperfürth-Neye NW : 1 km :

🏠 **Neyehotel**, Joseph-Mäurer-Str. 2, 𝒫 70 19, 🍽, 🛏 – 📺 ☎ ℗. ⓸ 𝖵𝖨𝖲𝖠
24. Dez. - 2. Jan. geschl. — **M** *(Montag - Freitag nur Abendessen, Dienstag geschl.)* a la
carte 23/48 – **15 Z : 26 B** 40/75 - 80/95.

✕✕ **Landhaus Alte Mühle** ⊗ mit Zim, Neyetal 2, 𝒫 30 51, ≤, « Gartenterrasse » – 📺 ☎ ℗
M *(Donnerstag geschl.)* a la carte 33/59 – **4 Z : 8 B** 95 - 130/140.

In Wipperfürth-Wasserfuhr NO : 4 km Richtung Halver :

🏠 **Haus Koppelberg**, 𝒫 50 51, ⇔, 🛏 – ☎ ℗
◆ **M** *(Montag geschl.)* a la carte 21/48 – **11 Z : 22 B** 50 - 80.

In this guide,
*a symbol or a character, printed in red or **black**, in **bold** or light type,*
does not have the same meaning.
Please read the explanatory pages carefully.

WIRGES Rheinland-Pfalz siehe Montabaur.

WIRSBERG 8655. Bayern 𝟺𝟷𝟹 R 16 – 2 000 Ew – Höhe 355 m – Luftkurort – ✆ 09227
(Neuenmarkt).
🛈 Kurverwaltung, Rathaus, Sessenreuther Str. 2, 𝒫 8 82.
◆München 250 – Bayreuth 21 – Hof 41.

🏨 **Romantik-Hotel Post**, Marktplatz 11, 𝒫 8 61, Telex 642906, Fax 5860, ⇔s, 🍽, 🛏 – 🛗
📺 ☎ ℗ – 🔒 25/60. 🆎 ⓸ ⓔ
M a la carte 34/67 – **42 Z : 85 B** 55/180 - 128/250 Fb – 6 Appart. 185/350.

🏨 **Reiterhof Wirsberg** ⊗, Sessenreuther Str. 50 (SO : 1 km), 𝒫 8 88, Fax 7058, ≤, ⇔,
Massage, ⇔s, 🍽, 🛏, ✂, 🐎(Halle) – 🛗 📺 ☎ ⇔ ℗ – 🔒 25/80. 🆎 ⓸
M *(Montag-Samstag nur Abendessen)* a la carte 32/53 – **58 Z : 120 B** 74/110 - 134/198 Fb.

🏠 **Am Lindenberg** ⊗, Am Lindenberg 2, 𝒫 8 60, ⇔, ⇔s, 🍽, 🛏 – ☎ ℗ – 🔒 25/80
27 Z : 50 B Fb.

🏠 **Hubertushof** ⊗, Schorgasttal 32, 𝒫 70 15, ⇔ – ☎ ℗
16 Z : 27 B Fb.

WISPERTAL Hessen siehe Lorch.

WISSEN 5248. Rheinland-Pfalz 𝟿𝟾𝟽 ⑳ – 9 300 Ew – Höhe 155 m – Luftkurort – ✆ 02742.
Mainz 127 – ◆Köln 82 – Limburg an der Lahn 67 – Siegen 39.

🏠 **Nassauer Hof**, Nassauer Str. 2, 𝒫 40 07 – 📺 ☎ ⇔ – 🔒 25/60. 🆎 ⓸ ⓔ 𝖵𝖨𝖲𝖠
23. Dez. - 6. Jan. geschl. — **M** a la carte 23/52 – **12 Z : 20 B** 55 - 90.

🏠 **Bürgergesellschaft** garni, Rathausstr. 65, 𝒫 22 44
14 Z : 20 B.

✕ **Alte Post** mit Zim, Siegstr. 1, 𝒫 24 06 – 📺 ℗ – 🔒
7 Z : 11 B Fb.

WISSENBACH Hessen siehe Eschenburg.

WITTDÜN Schleswig-Holstein siehe Amrum (Insel).

WITTEN 5810. Nordrhein-Westfalen **987** ⑭ − 105 000 Ew − Höhe 80 m − ✆ 02302.

Siehe Ruhrgebiet (Übersichtsplan).

♦Düsseldorf 62 − Bochum 10 − ♦Dortmund 21 − Hagen 17.

🏨 **Parkhotel**, Bergerstr. 23, ℰ 5 70 41, Telex 8229195, Bade- und Massageabteilung, 全, 🔲 − 劇 📺 🕿 🅿 − 🛦 25/50. 🝿 ⑩ 〓 𝗩𝗜𝗦𝗔
   M a la carte 34/59 − **74 Z : 142 B** 128 - 166 Fb.

🏨 **Haus Hohenstein** 🦢, Hohenstein 32, ℰ 15 61, 🍽, « Kleiner Park », 全 − 📺 🕿 🅿 − 🛦 25. 🝿 ⑩ 〓 𝗩𝗜𝗦𝗔
   M a la carte 26/57 − **33 Z : 41 B** 105 - 150 Fb.

🟡🟡 **Theater-Stuben**, Bergerstr. 25 (Städt. Saalbau), ℰ 5 44 40, 🍽 − 🛦 25/50
   Samstag bis 18 Uhr und 15. Juni - Juli geschl. − **M** a la carte 34/61.

   In Witten-Annen :

🟡 **Specht**, Westfalenstr. 104, ℰ 6 03 93 − 🕿 🅿. 🍽 Zim
➡ 15. Juli - 15. Aug. geschl. − **M** (nur Abendessen, Sonn- und Feiertage geschl.) a la carte 20/34 − **17 Z : 28 B** 40/65 - 80/90.

🟡🟡 **Petersilie** (ehemaliges Försterhaus a.d. 18. Jh.), Ardeystr. 287, ℰ 69 05 95, 🍽 − 🅿.

WITTENSCHWAND Baden-Württemberg siehe Dachsberg.

WITTINGEN 3120. Niedersachsen **987** ⑯ − 11 500 Ew − Höhe 80 m − ✆ 05831.

♦Hannover 93 − ♦Braunschweig 65 − Celle 50 − Lüneburg 64.

🏠 **Nöhre**, Bahnhofstr. 2, ℰ 10 15, 全, 🔲 − 🅿 − 🛦 25/100
   M 14 (mittags) und a la carte 24/45 − **30 Z : 50 B** 30/48 - 60/85 Fb.

🟡 **Rühlings-Hotel**, Bahnhofstr. 51, ℰ 4 11 − 🅿
   Juli - Aug. 4 Wochen geschl. − **M** (Sonntag geschl.) a la carte 22/42 − **11 Z : 15 B** 30/35 - 60/70.

🟡🟡 **Stadthalle**, Schützenstr. 21, ℰ 3 46 − 🅿 − 🛦 25/80
   Mittwoch geschl. − **M** a la carte 22/44.

WITTLICH 5560. Rheinland-Pfalz **987** ㉓ ㉔ − 17 000 Ew − Höhe 174 m − ✆ 06571.

🅱 Fremdenverkehrsverein, Rathaus, Marktplatz, ℰ 40 86.

Mainz 129 − ♦Koblenz 91 − ♦Trier 37.

🏨 **Lindenhof** 🦢, Am Mundwald (S : 2 km über die B 49), ℰ 69 20, Telex 4721764, ≼, 🍽, 全, 🔲 − 劇 📺 🕿 ♻ 🅿 − 🛦 25/400. 🝿 ⑩ 〓 𝗩𝗜𝗦𝗔
   M a la carte 29/64 − **40 Z : 80 B** 81/95 - 150/175 Fb − 31 Fewo 108/147.

🏠 **Well** garni, Marktplatz 5, ℰ 70 88 − 劇 🕿. 🝿 ⑩ 〓 𝗩𝗜𝗦𝗔
   27 Z : 42 B 45/60 - 80/90 Fb.

   In Wittlich 16-Wengerohr SO : 2,5 km :

🟡 **Zur Post**, Bahnhofstr. 13, ℰ 40 37 − 🕿 🅿
➡ Mitte Juli - Anfang Aug. geschl. − **M** (Mittwoch geschl.) a la carte 18/41 − **15 Z : 27 B** 30/45 - 60/90.

   In Dreis 5561 SW : 8 km :

🏨 ❀ **Waldhotel Sonnora** 🦢, Auf dem Eichelfeld, ℰ (06578) 4 06, ≼, « Garten » − 📺 🕿 🅿. 〓 🍽
   8. Jan.- 7. Feb. geschl. − **M** (Tischbestellung ratsam) (Montag-Dienstag 18 Uhr geschl.) a la carte 65/85 − **20 Z : 38 B** 60/80 - 100/120
   Spez. Salat von Fischen und Krustentieren, Langostinos im Wirsingblatt mit Kaviarbutter, Suprême von Wachtel und Taube auf Trüffelsauce.

WITTLINGEN Baden-Württemberg siehe Binzen.

WITTMUND 2944. Niedersachsen **987** ④ − 19 500 Ew − Höhe 8 m − ✆ 04462.

🅱 Fremdenverkehrsamt, Rathaus, Knochenburgstr. 11, ℰ 83 38.

♦Hannover 237 − Emden 51 − ♦Oldenburg 67 − Wilhelmshaven 26.

   In Wittmund-Ardorf SW : 8 km :

🟡🟡 **Hilgensteen**, Heglitzer Str. 20, ℰ (04466) 2 89, Biergarten − 🅿. 🝿 ⑩ 〓
   Okt.- März Dienstag geschl. − Menu 43/72 und a la carte 32/57.

   In Wittmund 2-Harlesiel N : 14 km :

🟡 **Wien** 🦢, Am Yachthafen 32, ℰ (04464) 2 59, ≼, 🍽 − 🅿
   M (Okt.- März Donnerstag geschl.) a la carte 22/37 − **18 Z : 31 B** 55/58 - 98/105.

WITZENHAUSEN 3430. Hessen **987** ⑮ − 18 700 Ew − Höhe 140 m − ✆ 05542.

🅱 Städt. Verkehrsamt, Rathaus, ℰ 57 45 − ♦Wiesbaden 248 − Göttingen 26 − ♦Kassel 36.

🏨 **Stadt Witzenhausen** 🦢 garni, Am Sande 8, ℰ 40 41 − 劇 🕿 ♻ 🅿. ⑩ 〓
   21 Z : 40 B 50 - 77 Fb.

🏠 **Zur Burg** garni, Oberburgstr. 10, ℰ 25 06 − 🅿. ⑩ 〓 𝗩𝗜𝗦𝗔
   17 Z : 32 B 43 - 70/98.

In Witzenhausen 11-Dohrenbach S : 4 km — Luftkurort :

🏠 **Zur Warte** ⟍, Warteweg 1, ℰ 30 90, 佘, ⇔, ◻, 屛 — ℗
➡ M *(Dienstag geschl.)* a la carte 19/39 — **18 Z : 32 B** 38 - 72 — ½ P 44.

🏠 **Zum Stern**, Rainstr. 12, ℰ 58 51, 屛 — ☎ ℗. ⓪ E
M a la carte 24/54 — **12 Z : 24 B** 50 - 90.

🏠 **Birkenhain** ⟍, Steinbergstr. 12, ℰ 40 21, Fax 71487, ⇔, ⊐ (geheizt), 屛 — ☎ ℗. AE ⓪
E VISA ⟍.
M a la carte 24/43 — **12 Z : 21 B** 46 - 80 Fb — ½ P 54.

XX **Sommersberg-Hotel** ⟍ mit Zim, Rainstr. 32, ℰ 40 97 — TV ☎ ℗. AE ⓪ E
Menu *(bemerkenswerte Weinkarte)* (Montag geschl.) a la carte 32/79 — **5 Z : 10 B** 50/56
90/100.

WITZHAVE 2071. Schleswig-Holstein — 913 Ew — Höhe 45 m — ✪ 04104.
♦ Kiel 96 — ♦Hamburg 24 — ♦Lübeck 54.

🏠 Pünjer, Möllner Landstr. 9, ℰ 37 14, ⇔ — TV ☎ ℗
(nur Abendessen) — **22 Z : 36 B** Fb.

WITZWORT Schleswig-Holstein siehe Husum.

WÖRISHOFEN, BAD 8939. Bayern 413 O 22,23, 987 ㊱, 426 D 4,5 — 13 500 Ew — Höhe 626 n
— Kneippheilbad — ✪ 08247.
🏌 Rieden, Schlingener Str. 27 (SO : 8 km), ℰ (08346) 7 77.
🛈 Städt. Kurdirektion im Kurhaus, Hauptstr. 16, ℰ 35 02 55.
♦München 80 — ♦Augsburg 50 — Kempten (Allgäu) 55 — Memmingen 43.

🏨 **Kurhotel Residenz**, Bahnhofstr. 8, ℰ 35 20, Telex 531534, « Park », Bade- und
Massageabteilung, ⚘, ⇔, ⊐, ◻, 屛, Fahrradverleih — 🛗 TV ⟸ ℗ — 🛆 50. AE ⓪ E.
🎿
25. Nov.- 16. Dez. geschl. — M *(auch Diät)* a la carte 39/75 — **113 Z : 185 B** 120/230 - 240/490
Fb — ½ P 160/285.

🏨 **Kurhotel Tanneck** ⟍, Hartenthaler Str. 29, ℰ 30 70, Telex 531522, Fax 307280,
Caféterrasse, Bade- und Massageabteilung, ⚘, ⇔, ◻, 屛, 🎿, ≫ — 🛗 ⅙ ⟸ — 🛆 60. 🎿
(Restaurant nur für Hausgäste) — **80 Z : 119 B** 80/180 - 150/250 Fb — 6 Appart. 250/330 —
½ P 105/155.

🏨 **Kurhotel Kreuzer** ⟍, F.-Kreuzer-Str. 1a, ℰ 35 30, 佘, « Park », Massage, ⚘, ⇔, ◻,
屛 — 🛗 ⟸ ℗. AE. 🎿
Ende Nov.- Ende Jan. geschl. — M *(auch Diät)* (Donnerstag geschl.) a la carte 45/75 —
100 Z : 140 B 80/180 - 150/230 Fb — 7 Fewo 110/250 — ½ P 125/220.

🏨 **Der Sonnenhof** ⟍, Hermann-Aust-Str. 11, ℰ 40 21, Telex 539122, Fax 8938, Bade- und
Massageabteilung, ⚘, ⇔, ◻, 屛, Fahrradverleih — 🛗 ⟸ ℗. 🎿
Mitte Nov.- Ende Jan. geschl. — M *(auch Diät)* a la carte 34/61 — **98 Z : 150 B** 90/260 -
210/290 Fb — 12 Appart..

🏨 **Kneipp-Kurhotel Fontenay** ⟍, Eichwaldstr. 10, ℰ 30 60, Fax 306185, Massage, ⚘,
⇔, ◻, 屛 — 🛗 ⅙ Zim TV ☎ ⟸. AE E. 🎿
(Restaurant nur für Hausgäste) — **50 Z : 60 B** 90/220 - 160/250 Fb — 4 Appart. 250/340 —
½ P 110/180.

🏨 **Kur- und Sporthotel Tannenbaum** ⟍, Am Tannenbaum 1, ℰ 3 00 80, 佘, Bade- und
Massageabteilung, ⚘, ⇔, ◻, 屛 — TV ☎ ⅙ ⟸ ℗ — 🛆 50. AE E. 🎿 Zim
M a la carte 32/49 — **45 Z : 70 B** 90/169 - 180/290 Fb — ½ P 115/170.

🏨 **Kurhotel Edelweiß** ⟍, Bürgermeister-Singer-Str. 11, ℰ 3 50 10, Bade- und
Massageabteilung, ⚘, ⇔, ◻, 屛 — 🛗 ☎ ℗. 🎿
Dez.- 7. Jan. geschl. — (Restaurant nur für Hausgäste) — **52 Z : 80 B** ½ P 58/90 - 112/156 Fb.

🏨 **Kurhotel Eichinger** ⟍, Hartenthaler Str. 22, ℰ 20 37, 佘, Massage, ⚘, ⇔, ◻, 屛 —
🛗 ☎ ⟸ ℗. 🎿
(Restaurant nur für Hausgäste) — **41 Z : 55 B** 55/80 - 110/140 Fb — 2 Fewo 85 — ½ P 65/88.

🏨 **Kurhotel Eichwald** ⟍, Eichwaldstr. 20, ℰ 60 94, 佘, Massage, ⚘, ⇔, ◻, 屛,
Fahrradverleih — 🛗 TV ☎ ⟸. 🎿 Rest
Nov.- 20. Dez. geschl. — M *(auch Diät)* a la carte 28/44 — **53 Z : 95 B** 90/120 - 170/210 Fb —
½ P 110/140.

🏨 **Brandl** ⟍, Hildegardstr. 3, ℰ 20 56, Bade- und Massageabteilung, ⚘, ⇔, ◻ — 🛗 ☎ ℗.
🎿 Rest
Dez.- Jan. geschl. — (Restaurant nur für Hausgäste) — **24 Z : 36 B** 70/119 - 102/187 Fb —
½ P 79/114.

🏠 **Alpenhof**, Gammenrieder Str. 6, ℰ 3 00 50, Massage, ⚘, ⇔, ◻, 屛 — 🛗 ☎ ℗. 🎿
Ende Nov.- Mitte Jan. geschl. — (Restaurant nur für Hausgäste) — **22 Z : 32 B** 46/54 - 94/
100 Fb.

🏠 **Allgäuer Hof**, Türkheimer Str. 2, ℰ 50 98, Fax 5090, 佘 — 🛗 TV ☎ ⟸ ℗. AE ⓪ E VISA.
🎿
Menu a la carte 28/55 — **32 Z : 48 B** 42/78 - 80/112 Fb.

🏠 **Adler**, Hauptstr. 40, ℰ 20 91, 佘 — 🛗 ☎ ⟸ ℗. AE ⓪ E VISA. 🎿 Rest
➡ M *(Freitag geschl.)* a la carte 19/37 — **56 Z : 70 B** 35/50 - 72/90 Fb.

🏠 **Löwenbräu,** Hermann-Aust-Str. 2, $\mathscr{P}$ 50 56, 😤 – 🛎 ☎ 🚗 **Ⓟ**. 🏧 ⓪ **E**
15. Dez.- 7. Jan. geschl. – **M** *(auch Diät)* (Montag - Dienstag 17 Uhr geschl.) a la carte 23/49
– **22 Z : 32 B** 52/68 - 84/110 Fb – 6 Fewo 45/70.

🏠 **Annely** garni, **Hauptstr.** 1, $\mathscr{P}$ 20 23, Massage, 🔥, 😤, 🗑 – 🛎 ☎ 🚗 **Ⓟ**. 🌿
39 Z : 50 B Fb.

🏠 **Schwabenhof** 🦢 garni, Füssener Str. 12 (Eingang am Trieb), $\mathscr{P}$ 50 76, Massage, 🔥, 🌿
– 🛎 **Ⓟ**. 🌿
Dez.- Jan. geschl. – **20 Z : 30 B** 55/90 - 110.

XX **Sonnenbüchl,** Am Sonnenbüchl 1, $\mathscr{P}$ 67 91, 😤 – **Ⓟ**. **E**
Montag und 8. Jan.- 2. Feb. geschl. – **M** a la carte 34/67.

XX **Ceres,** Fidel-Kreuzer-Str. 11, $\mathscr{P}$ 51 45, 😤 – **E**
➤ *Okt.- April Donnerstag und 15. Dez.- 25. Jan. geschl.* – **M** *(auch Diät und vegetarische Gerichte)* a la carte 24/37.

X **Landhaus Alfons,** Kaufbeurer Str. 6, $\mathscr{P}$ 67 50, 😤 – **Ⓟ**. **E**
Dienstag - Mittwoch 17 Uhr und 10. März - 10. April geschl. – **M** a la carte 30/55.

In Bad Wörishofen 3-Schlingen SO : 4 km :

XXX **Jagdhof,** Allgäuer Str.1, $\mathscr{P}$ 48 79 – **Ⓟ**. 🏧 **E**
Montag - Dienstag und Jan.- 9. Feb. geschl. – **M** a la carte 31/65.

WÖRTH AM RHEIN 6729. Rheinland-Pfalz 🟧🟧🟧 H 19, 🟥🟥🟥 ㉔ ㉕ – 18 200 Ew – Höhe 104 m –
☯ 07271.

Mainz 154 – ◆Karlsruhe 12 – Landau in der Pfalz 23.

🏠 **Anker** 🦢, Wilhelmstr. 7, $\mathscr{P}$ 7 93 66 – **Ⓟ**. 🌿 – **16 Z : 27 B**.

In Wörth-Maximiliansau SO : 1,5 km :

XX **Einigkeit,** Karlstr. 16, $\mathscr{P}$ 44 44, **bemerkenswerte Weinkarte**
(abends Tischbestellung ratsam).

In Wörth-Schaidt W : 14,5 km :

X **Landgasthof Zur Linde** mit Zim, Hauptstr. 93, $\mathscr{P}$ (06340) 81 36, 🌿 – 📺 **Ⓟ**. **E** 🟦
➤ *10.- 27. Jan. geschl.* – **M** *(Donnerstag - Freitag 17 Uhr geschl.)* a la carte 21/49 🍴 – **6 Z : 14 B** 40 - 75.

WÖRTH AN DER DONAU 8404. Bayern 🟧🟧🟧 U 19,20, 🟥🟥🟥 ㉗ – 3 500 Ew – Höhe 360 m –
☯ 09482.

◆München 147 – ◆Regensburg 25 – Straubing 23.

🏠 **Butz,** Kirchplatz 3, $\mathscr{P}$ 22 46 – 📺 🚗 **Ⓟ**
54 Z : 80 B.

WÖRTHSEE 8031. Bayern 🟧🟧🟧 Q 22, 🟥🟥🟥 ⑯ – 4 000 Ew – Höhe 590 m – ☯ 08153.

🏌 Gut Schluifeld, $\mathscr{P}$ 24 25.

◆München 32 – Augsburg 55 – Garmisch-Partenkirchen 75.

In Wörthsee-Steinebach :

🏠 **Florianshof** garni, Hauptstr. 48 (Auing), $\mathscr{P}$ 88 20, 😤, 🌿 – 📺 ☎ **Ⓟ**
50 Z : 93 B Fb.

WOLFACH 7620. Baden-Württemberg 🟧🟧🟧 H 22, 🟥🟥🟥 ㉞ ㉟ – 6 300 Ew – Höhe 262 m –
Luftkurort – ☯ 07834.

Sehenswert : Dorotheen-Glashütte.

🅱 Kur- und Verkehrsamt, Hauptstr. 28, $\mathscr{P}$ 91 99.

◆Stuttgart 137 – ◆Freiburg im Breisgau 58 – Freudenstadt 38 – Offenburg 40.

🏠 **Schwarzwaldhotel** 🦢, Kreuzbergstr. 26, $\mathscr{P}$ 40 11, 😤, 🌿 – 🚗 **Ⓟ**
15. März - Okt. – (Restauran nur für Hausgäste) – **10 Z : 16 B** 48/68 - 98/120 – ½ P 69/88.

🏠 **Hecht,** Hauptstr. 51, $\mathscr{P}$ 5 38 – ☎ 🚗 **Ⓟ**
4. Jan.- 6. Feb. geschl. – **M** *(Montag geschl.)* a la carte 23/47 🍴 – **12 Z : 22 B** 40/42 - 80 –
½ P 56.

In Wolfach-St. Roman 7622 NO : 12 km – Höhe 673 m :

🏠 **Adler** 🦢, $\mathscr{P}$ (07836) 3 42, Wildgehege, 😤, 🌿, 🐎 – 🚗 **Ⓟ** – 🧖 30. **E**
15. Nov.- 20. Dez. geschl. – **M** *(Montag geschl.)* a la carte 23/47 🍴 – **28 Z : 55 B** 44/64 -
84/98 Fb – ½ P 57/69.

WOLFEGG 7962. Baden-Württemberg 🟧🟧🟧 M 23, 🟥🟥🟥 ㊱ ㊷ ⑧ – 3 000 Ew – Höhe 673 m –
Luftkurort – ☯ 07527.

🅱 Verkehrsamt, Rathaus, Rötenbacher Str. 11, $\mathscr{P}$ 62 71.

◆Stuttgart 167 – Bregenz 46 – Ravensburg 17 – ◆Ulm (Donau) 76.

🐾 **Zur Post** (mit Gästehaus, 😤, 🗑), Rötenbacher Str. 5, $\mathscr{P}$ 62 05 – 🚗 **Ⓟ**
➤ *27. Nov.- 14. Dez. geschl.* – **M** *(Dienstag geschl.)* a la carte 20/32 🍴 – **17 Z : 30 B** 35/43 -
68/75 – ½ P 48/55.

WOLFENBÜTTEL 3340. Niedersachsen 987 ⑯ – 50 000 Ew – Höhe 75 m – ✆ 05331.
Sehenswert : Stadtbild★★ – Fachwerkhäuser★★ – Stadtmarkt★ – Schloß (Turm★).
ℹ Verkehrsverein, Stadtmarkt 9, ✆ 2 75 93.
♦Hannover 74 ⑤ – ♦Braunschweig 12 ⑤ – Goslar 31 ②.

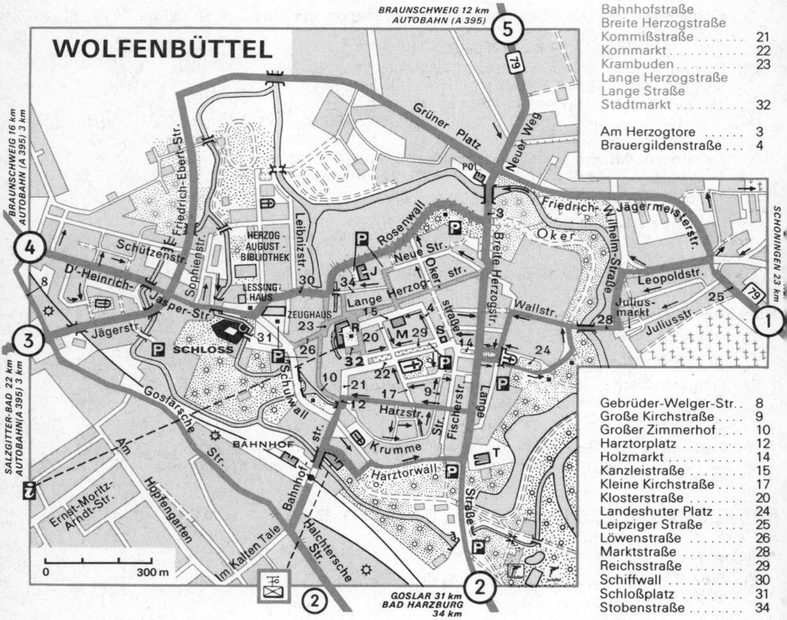

Bahnhofstraße
Breite Herzogstraße
Kommißstraße 21
Kornmarkt 22
Krambuden 23
Lange Herzogstraße
Lange Straße
Stadtmarkt 32

Am Herzogtore 3
Brauergildenstraße . . . 4

Gebrüder-Welger-Str. . 8
Große Kirchstraße 9
Großer Zimmerhof 10
Harztorplatz 12
Holzmarkt 14
Kanzleistraße 15
Kleine Kirchstraße 17
Klosterstraße 20
Landeshuter Platz 24
Leipziger Straße 25
Löwenstraße 26
Marktstraße 28
Reichsstraße 29
Schiffwall 30
Schloßplatz 31
Stobenstraße 34

Landhaus Dürkop garni, Alter Weg 47, ✆ 70 53, – TV ☎ P. AE E — über ⑤
30 Z : 51 B 69/75 - 110/150 Fb.

Bayrischer Hof, Brauergildenstr. 5, ✆ 50 78, Biergarten – TV ☎. AE E VISA — s
M a la carte 24/43 – **17 Z : 34 B** 70 - 110 Fb.

Waldhaus, Adersheimer Str. 75, ✆ 4 32 65 – ☎ P. AE ⓓ E VISA — über ③
M a la carte 26/53 – **23 Z : 43 B** 50/80 - 89/119 Fb.

In Wolfenbüttel-Ahlum über ① : 4 km :

Landhaus Spill, Adenemer Weg 25, ✆ 70 61, Biergarten – TV ☎ P – 30/50. AE ⓓ E VISA
M a la carte 26/68 – **34 Z : 60 B** 79/165 - 110/205 Fb.

WOLFENWEILER Baden-Württemberg siehe Schallstadt.

WOLFERTSCHWENDEN 8941. Bayern 413 N 23, 426 ⑮ – 1 300 Ew – Höhe 676 m – ✆ 08334 (Grönenbach).
♦München 129 – Kempten (Allgäu) 27 – Memmingen 15.

Weißenhorn, Hauptstr. 4, ✆ 2 20, – ☎ P
Juni 2 Wochen und Nov. 1 Woche geschl. – **M** *(Montag geschl.)* a la carte 22/52 – **12 Z : 24 B** 46 - 85.

WOLFHAGEN 3549. Hessen 987 ⑮ – 13 000 Ew – Höhe 280 m – ✆ 05692.
♦Wiesbaden 238 – ♦Kassel 31 – Paderborn 68.

Zum Schiffchen (Fachwerkhaus a.d. 16. Jh.), Hans-Staden-Str. 27, ✆ 22 75 – TV P
3.- 7. Jan. geschl. – **M** *(Sonntag ab 15 Uhr geschl.)* a la carte 19,50/43 – **20 Z : 30 B** 30/35 - 60/70 Fb.

EUROPE on a single sheet **Michelin map** no 920.

WOLFRAMS-ESCHENBACH 8802. Bayern 四⑬ P 19 — 2 000 Ew — Höhe 445 m — ✪ 09875.
♦München 177 — Ansbach 16 — Nördlingen 54 — ♦Nürnberg 48.

🏛 **Alte Vogtei** (Haus a.d. 14. Jh.), Hauptstr. 21, ℰ 2 70 — ☎ ℗. ⓞ
→ *Nov. 1 Woche geschl.* — **M** *(Montag geschl.)* a la carte 21/38 — **18 Z : 33 B** 49/60 - 80/110.

🏛 **Pension Seitz** ॐ, Duchselgasse 1, ℰ 2 30, ≦, ⊿ (geheizt), ☂ — ⇦ ℗
(Restaurant nur für Hausgäste) — **20 Z : 35 B** 40 - 74.

WOLFRATSHAUSEN 8190. Bayern 四⑬ R 23, ⑨⑧⑦ ㊲, 四②⑥ ⑰ — 15 500 Ew — Höhe 577 m —
✪ 08171.
♦München 29 — Garmisch-Partenkirchen 57 — Bad Tölz 23 — Weilheim 31.

🏠 **Humplbräu**, Obermarkt 2, ℰ 71 15 — ⇦ ℗
→ *Mai - Juni 4 Wochen geschl.* — **M** *(Sonntag ab 14 Uhr geschl.)* a la carte 19/40 — **22 Z : 50 B**
42/62 - 65/95 — 8 Fewo.

In Egling 8195 O : 7 km :

🏛 **Zur Post**, Hauptstr. 11, ℰ (08176) 3 84, ≦ — ☎ ⇦ ℗. **E**
→ *Nov. 3 Wochen geschl.* — **M** *(Montag geschl.)* a la carte 19,50/40 ⅊ — **8 Z : 14 B** 48 - 76.

Siehe auch : *Geretsried*

WOLFSBURG 3180. Niedersachsen ⑨⑧⑦ ⑯ — 129 000 Ew — Höhe 60 m — ✪ 05361.
🛈 Tourist-Information, Pavillon, Rathausplatz, ℰ 28 25 50.
ADAC, Goethestr. 44, ℰ 2 50 84, Notruf ℰ 1 92 11.
♦Hannover 91 ③ — ♦Berlin 229 ② — ♦Braunschweig 33 ③ — Celle 80 ③ — Magdeburg 91 ②.

Stadtplan siehe nächste Seite.

🏨 **Holiday-Inn**, Rathausstr. 1, ℰ 20 70, Telex 958475, Fax 207981, Grillterrasse, ≦, ⊡ — 🛗
   🍴 ⊡ ℗ — 🛠 25/120. ⅀ ⓞ **E** 𝖵𝖨𝖲𝖠. ✻ Rest   Y a
   M a la carte 42/60 — **207 Z : 318 B** 173/193 - 221/241 Fb.

🏨 **Goya**, Poststr. 34, ℰ 2 30 66, Fax 23777 — ⊡ ☎ ℗. ⅀ ⓞ **E** 𝖵𝖨𝖲𝖠   Y b
   M *(nur Abendessen, Samstag - Sonntag und Juli - Aug. 3 Wochen geschl.)* a la carte 28/55
   — **40 Z : 48 B** 90/120 - 120/150 Fb.

🏨 **Alter Wolf** ॐ, Schloßstr. 21, ℰ 6 10 15, « Gartenterrasse » — ⊡ ☎ ℗ — 🛠 25/100. ⅀
   ⓞ **E**   X s
   M a la carte 26/75 — **31 Z : 41 B** 70/95 - 120/160.

In Wolfsburg 12-Fallersleben — ✪ 05362 :

🏨 **Ludwig im Park - Restaurant La Fontaine**, Gifhorner Str. 25, ℰ 5 10 51, « Stilvolle
   Einrichtung » — 🛗 ⊡ ℗ — 🛠 30. ⅀ ⓞ **E** 𝖵𝖨𝖲𝖠. ✻   X n
   M *(Sonntag geschl.)* a la carte 59/95 — **40 Z : 50 B** 130/195 - 175/250 Fb.

🏛 **Zur Börse**, Sandkämperstr. 6, ℰ 23 95 — ☎ ⇦ ℗. ⅀ ⓞ **E** 𝖵𝖨𝖲𝖠   X a
   M *(Samstag, 1.- 20. Aug. und 25. Dez.- 2. Jan. geschl.)* a la carte 32/58 — **13 Z : 21 B** 80 -
   126/186 Fb.

🏛 **Hoffmannhaus** (Geburtshaus von Hoffmann von Fallersleben), Westerstr. 4, ℰ 30 02,
   🍴 — ⊡ ☎ ℗ — 🛠 30. ⅀ ⓞ **E** 𝖵𝖨𝖲𝖠. ✻   X r
   M a la carte 37/59 — **18 Z : 30 B** 90 - 150 Fb.

In Wolfsburg 27-Hattorf SW : 10 km über die A 39 X :

🏛 **Landhaus Dieterichs**, Krugstr. 31, ℰ (05308) 22 11 — ⊡ ☎ ℗. ✻
   M *(nur Abendessen, Freitag - Sonntag und Juli - Aug. 3 Wochen geschl.)* a la carte 25/38 —
   35 Z : 60 B 40/48 - 75/85 Fb.

In Wolfsburg 16-Sandkamp :

🏨 **Jäger** ॐ garni, Fasanenweg 5, ℰ 3 10 11, ☂ — ☎ ⇦ ℗   X e
   20 Z : 32 B 85/95 - 110 Fb.

In Wolfsburg 1-Steimkerberg :

🏨 Parkhotel Steimkerberg ॐ, Unter den Eichen 55, ℰ 50 50, Fax 505250, 🍴, « Elegante
   Einrichtung » — ⊡ ℗ — 🛠   X b
   40 Z : 60 B Fb.

In Wolfsburg 11-Vorsfelde über die B 188 X :

🏛 **Vorsfelder Hof**, Achtenbütteler Weg, ℰ (05363) 41 81 — ⊡ ☎ ℗. ⅀ **E**. ✻
   M a la carte 28/50 — **41 Z : 60 B** 63 - 105 Fb.

🏛 **Conni**, Bahnhofstr. 19, ℰ (05363) 41 41, ≦ — ☎ ℗. ⓞ **E** 𝖵𝖨𝖲𝖠
   M *(Sonntag ab 15 Uhr und 28. Dez.- 15. Jan. geschl.)* a la carte 24/51 — **29 Z : 44 B** 40/60 -
   60/100.

In Weyhausen 3171 NW : 9 km über die B 188 X :

🏨 **Alte Mühle**, Wolfsburger Str. 72 (B 188), ℰ (05362) 6 20 21, Fax 67928, 🍴, « Moderner
   Hotelbau mit rustikalem Restaurant », ≦, ⊡ — 🛗 ⊡ ℗ — 🛠 25/120. ⅀ ⓞ **E** 𝖵𝖨𝖲𝖠
   M a la carte 38/84 — **50 Z : 84 B** 172 - 224 Fb.

WOLFSBURG

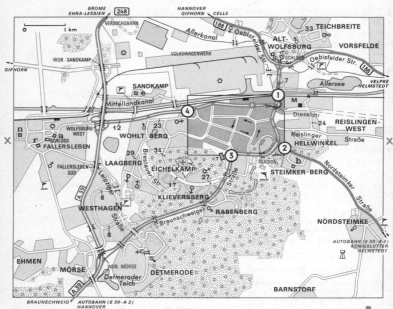

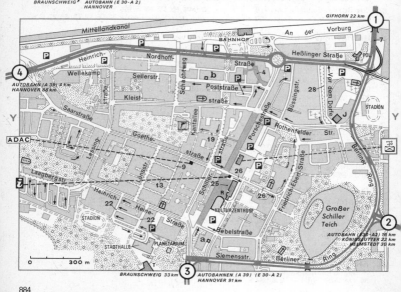

WOLFSTEIN 6759. Rheinland-Pfalz — 2 500 Ew — Höhe 188 m — ✪ 06304.
Mainz 83 — Kaiserslautern 23 — Bad Kreuznach 47.

In Wolfstein-Reckweilerhof N : 3 km :

🏠 **Reckweilerhof**, an der B 270, ⌀ 6 18, ⏚, 🍴 — 🚗 🅿. E 𝗩𝗜𝗦𝗔
➡ **M** a la carte 20/45 ⅄ — **20 Z : 40 B** 38 - 74.

WOLNZACH 8069. Bayern 𝟰𝟭𝟯 R 21, 𝟵𝟴𝟳 ㉗ — 7 300 Ew — Höhe 414 m — ✪ 08442.
◆München 59 — Ingolstadt 31 — Landshut 47 — ◆Regensburg 65.

🏠 **Schloßhof**, Schloßstr. 12, ⌀ 35 49 — 🚗
➡ 24. Dez.- 15. Jan. geschl. — **M** *(Samstag geschl.)* a la carte 18/29 — **20 Z : 30 B** 35/60 - 60/100.

WOLPERTSWENDE Baden-Württemberg siehe Weingarten.

WOLSFELD Rheinland-Pfalz siehe Bitburg.

WORMS

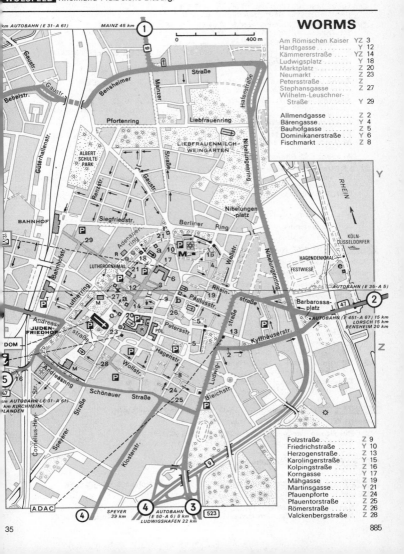

WORMS 6520. Rheinland-Pfalz 🆐🆑🆒 I 18. 🆗🆘🆙 ㉔ ㉕ — 72 000 Ew — Höhe 100 m — 😊 06241.

Sehenswert : Dom★★ (Reliefs aus dem Leben Christi★) — Judenfriedhof★ Z.

🅱 Verkehrsverein, Neumarkt 14, 𝒫 85 35 60.

ADAC, Ludwigstr. 19, 𝒫 66 17.

Mainz 45 ① — ♦Darmstadt 43 ② — Kaiserslautern 53 ④ — ♦Mannheim 22 ③.

Stadtplan siehe vorhergehende Seite.

🏨 **Nibelungen** garni, Martinsgasse 16, 𝒫 69 77, Telex 467829 — 🛗 📺 ☎ 🚻 🅿 — 🏛 100. 🖭
　　⓪ 🖪 𝗩𝗜𝗦𝗔　　　　　　　　　　　　　　　　　　　　　　　　　　　　　　　　　　　　Y a
　　46 Z : 68 B 100/120 - 150/180 Fb.

🏨 **Dom-Hotel**, Obermarkt 10, 𝒫 69 13, Telex 467846, Fax 23515 — 🛗 📺 ☎ 🚗 — 🏛 50. 🖭
　　⓪ 🖪 𝗩𝗜𝗦𝗔　　　　　　　　　　　　　　　　　　　　　　　　　　　　　　　　　　　Y ⟩
　　M (Samstag bis 18 Uhr und Sonntag geschl.) a la carte 30/65 ⅃ — **60 Z : 90 B** 79/97 -
　　115/150 Fb.

🏠 **Faber**, Martinspforte 7, 𝒫 67 55, � — 🛗 📺 ☎　　　　　　　　　　　　　Y ⬤
　　(wochentags nur Abendessen) — **17 Z : 30 B**.

🏠 **Central** garni, Kämmererstr. 5, 𝒫 64 57 — 🛗 ☎ 🚗. 🖭 ⓪ 🖪 𝗩𝗜𝗦𝗔　　　　　Z a
　　20. Dez.- 5. Jan. geschl. — **19 Z : 30 B** 70/100 - 95/110.

🏠 **Kriemhilde**, Hofgasse 2, 𝒫 62 78 — ☎. 🖭 ⓪ 🖪　　　　　　　　　　　　　Z c
　　M (Samstag ab 15 Uhr geschl.) a la carte 25/42 ⅃ — **20 Z : 32 B** 55/90 - 90/120 Fb.

🏠 **Römischer Kaiser**, Römerstr. 72, 𝒫 69 36 — ☎　　　　　　　　　　　　　　Z b
　　11 Z : 19 B.

✕✕ **Tivoli** (Italienische Küche), Adenauer-Ring 4, 𝒫 2 84 85 — 🖭 ⓪ 🖪 𝗩𝗜𝗦𝗔　　Y v
　　Dienstag und Juli geschl. — **M** a la carte 29/57 ⅃.

✕ **Rheinischer Hof - Rheincafé**, Am Rhein 3, 𝒫 2 39 50, ≤, � — 🅿　　　　Y e
　　Montag und 20. Dez. - 15. Jan. geschl., im Winter nur Mittagessen — **M** a la carte 28/54 ⅃.

In Worms 21 - Pfeddersheim ⑤ : 5,5 km :

🏠 **Pfeddersheimer Hof**, Zellertalstr. 35 (B 47), 𝒫 (06247) 8 11, Biergarten — 🅿
　　M (Freitag geschl.) a la carte 23/40 ⅃ — **18 Z : 34 B** 45 - 70.

In Worms 31-Rheindürkheim ① : 9 km :

✕✕ ❀ **Rôtisserie Dubs**, Kirchstr. 6, 𝒫 (06242) 20 23 — 🖪
　　Samstag bis 18 Uhr, Dienstag, Anfang Jan. 1 Woche und Juli 2 Wochen geschl. — **M**
　　(bemerkenswerte Weinkarte) 65/110 und a la carte 53/98
　　Spez. Sülze von Ochsenschwanz und Gänseleber, Hummersalat in Trüffeldressing, Ochsenlende in Heu gegart.

*Nos guides hôteliers, nos guides touristiques et nos cartes routières
sont complémentaires. Utilisez-les ensemble.*

WORPSWEDE 2862. Niedersachsen — 8 600 Ew — Höhe 50 m — Erholungsort — 😊 04792.

🇮🇸 Vollersode, Giehlermühlen (N : 18 km), 𝒫 (04763) 73 13.

🅱 Fremdenverkehrsbüro, Bergstr. 13, 𝒫 14 77.

♦Hannover 142 — ♦Bremen 25 — ♦Bremerhaven 59.

🏨 **Eichenhof** 🐾 garni, Ostendorfer Str. 13, 𝒫 26 76, ⇌, 🌺 — 📺 ☎ 🅿. 🖭 ⓪ 🖪 𝗩𝗜𝗦𝗔
　　Jan. geschl. — **16 Z : 33 B** 90/118 - 136/164 Fb.

🏠 **Hotel am Kunstcentrum** 🐾 garni, Hans-am-Ende-Weg 4, 𝒫 5 50, ⇌, 🌺. Fahrradverleih
　　— ☎ 🅿. 🖪. 🍴
　　21. Dez.- 7. Jan. geschl. — **21 Z : 40 B** 79/94 - 115/130.

🏠 **Haar** garni, Hembergstr. 13, 𝒫 12 88, 🌺 — 🚗 🅿
　　Nov.- Dez. 4 Wochen geschl. — **15 Z : 26 B** 52/59 - 87/98.

🏠 **Bonner's Hotel** 🐾 garni, Hinterm Berg 24, 𝒫 12 73, ⇌ — 📺 ☎ 🅿. 🖭 ⓪ 🖪 𝗩𝗜𝗦𝗔
　　8 Z : 16 B 89/110 - 138/158.

🏠 **Deutsches Haus**, Findorffstr. 3, 𝒫 12 05, � — 🅿. 🖭 ⓪ 🖪
　　M (Montag - Dienstag geschl.) a la carte 29/53 — **9 Z : 14 B** 58/85 - 113/120.

WREMEN 2851. Niedersachsen — 1 500 Ew — Höhe 2 m — 😊 04705.

♦Hannover 195 — ♦Bremerhaven 18 — Cuxhaven 32.

✕ **Zur Börse**, Lange Str. 22, 𝒫 4 24 — 🖭 ⓪ 🖪 𝗩𝗜𝗦𝗔
　　Mittwoch und 23. Jan.- 12. Feb. geschl. — **M** a la carte 32/60.

WRIEDEL Niedersachsen siehe Amelinghausen.

WÜLFRATH 5603. Nordrhein-Westfalen — 20 700 Ew — Höhe 195 m — 😊 02058.

♦Düsseldorf 21 — ♦Essen 24 — ♦Köln 50 — Wuppertal 15.

✕✕ **Ratskeller**, Wilhelmstr. 131, 𝒫 55 01
　　Samstag bis 18 Uhr, Mittwoch und 20. Juni - 13. Juli geschl. — **M** a la carte 27/56.

886

WÜNNENBERG 4798. Nordrhein-Westfalen **987** ⑤ − 9 800 Ew − Höhe 271 m − Luftkurort − Kneippkurort − ✿ 02953.

🅳 Verkehrsamt, Im Aatal 3, ℰ 17 20.

◆Düsseldorf 169 − Brilon 20 − ◆Kassel 84 − Paderborn 28.

- 🏨 **Jagdhaus** ⤢, Schützenstr. 58, ℰ 2 23, 😀, 🔥, 🍴, 🖳, 🚗 − 📺 ☎ ⇐ 🅿 − 🏛 25/60.
  🅰🅴 ① 🅴
  M *(Dienstag ab 14 Uhr geschl.)* 16,50/25 (mittags) und a la carte 22/57 − **40 Z : 75 B** 46/85 - 120/180 Fb.

- 🏩 **Tannenhof** ⤢, Tannenweg 14, ℰ 4 37, 🚗 − 🅿
  (Restaurant nur für Hausgäste) − **18 Z : 30 B**.

- 🏩 **Forellenhof** ⤢, Im Aatal (beim Kurpark, S : 1 km), ℰ 83 62, 😀, 🍴, 🖳, 🚗 − 📺 ☎ 🅿 − 🏛
  6 Z : 11 B − 16 Fewo.

- 🏩 **Park-Café Haus Rabenskamp** ⤢ garni, Hoppenberg 2, ℰ 83 49 − 🅿
  Nov.- 15. Dez. geschl. − **16 Z : 26 B** 40 - 70.

  In Wünnenberg-Bleiwäsche S : 8 km :

- 🏔 **Waldwinkel** ⤢ (mit Gästehaus), Roter Landweg, ℰ 70 70, Fax 707222, ⟨, « Gartenterrasse », Bade- und Massageabteilung, 🔥, 🍴, 🖳, 🚗 − 🛗 📺 🅿 − 🏛 30. 🅰🅴
  ① 🅴 𝓥𝓘𝓢𝓐
  M a la carte 29/61 − **74 Z : 140 B** 75/98 - 150/240 − ½ P 95/140.

- 🏡 **Waldhaus Fischer** ⤢, Zur Glashütte 30, ℰ 2 71, 🚗 − ⇐ 🅿
  21 Z : 36 B.

  In Wünnenberg-Haaren N : 7,5 km :

- 🏡 **Münstermann**, Paderborner Str. 7, ℰ (02957) 10 20, 🍴, 🖳 − 🅿
  15.- 29. Dez. geschl. − **M** *(Donnerstag 14 Uhr - Freitag 17 Uhr geschl.)* a la carte 20/39 − **49 Z : 76 B** 38/46 - 64/80.

WÜRSELEN 5102. Nordrhein-Westfalen **408** ㉘, **202** ②, **203** ㉔ − 33 600 Ew − Höhe 180 m − ✿ 02405.

◆Düsseldorf 80 − ◆Aachen 6,5 − Mönchengladbach 47.

- 🏩 **Park-Hotel**, Aachener Str. 2 (B 57), ℰ 25 36 − 🛗 📺 ☎ ⇐ 🅿
  M *(Sonntag ab 14 Uhr geschl.)* a la carte 19,50/47 − **58 Z : 69 B** 40/60 - 85/90.

- ✕✕ **Rathaus-Restaurant**, Morlaix-Platz 3, ℰ 51 30 − 🅿. 🅰🅴 ① 🅴 𝓥𝓘𝓢𝓐
  Montag geschl. − **M** a la carte 30/63.

  In Würselen-Bardenberg NW : 2,5 km :

- ✕✕ **Alte Mühle** ⤢ mit Zim, Im Wurmtal, ℰ 1 50 66, 😀, 🍴, 🖳, 🚗 − 📺 ☎ 🅿 − 🏛 25/80.
  🅰🅴 ① 🅴
  M a la carte 31/60 − **20 Z : 34 B** 85 - 130.

WÜRZBACH Baden-Württemberg siehe Oberreichenbach.

WÜRZBURG 8700. Bayern **413** M 17, **987** ㉘ ㉖ − 124 000 Ew − Höhe 182 m − ✿ 0931.
Sehenswert : Residenz** (Kaisersaal**, Hofkirche**, Treppenhaus*, Hofgarten*) − Haus zum Falken* X N − Mainbrücke* Y − St.-Alfons-Kirche* Z − Neumünster (Fassade*) XY E − Festung Marienberg : Mainfränkisches Museum**, Fürstengarten ⟨* Z − Käppele (Terrasse ⟨**) Z A. Ausflugsziel : Romantische Straße** (von Würzburg bis Füssen).
🚗 ℰ 3 43 43.

🅳 Verkehrsamt, Pavillon vor dem Hauptbahnhof, ℰ 3 74 36 und Marktplatz (Haus zum Falken), ℰ 3 73 98.
🅳 Verkehrsamt im Würtzburg-Palais, am Congress-Centrum, ℰ 3 73 35.
ADAC, Sternplatz 1, ℰ 5 23 26, Notruf ℰ 1 92 11.

◆München 281 ② − ◆Darmstadt 123 ④ − ◆Frankfurt am Main 119 ④ − Heilbronn 105 ④ − ◆Nürnberg 110 ②.

Stadtplan siehe nächste Seite.

- 🏨🏨 **Maritim Hotel Würzburg**, Pleichertorstr. 5, ℰ 5 08 31, Telex 680005, Fax 18682, 🍴, 🖳 − 🛗 📺 🔥 🅿 − 🏛. 🛠 Rest   X k
  Restaurants : − **Palais** − **Weinstube** − **293 Z : 530 B** Fb − 4 Appart..

- 🏔 **Rebstock** (Rokokofassade a.d.J. 1737), Neubaustr. 7, ℰ 3 09 30, Telex 68684, Fax 3093100 − 🛗 🖃 Rest 📺 🅿 − 🏛 25/100. 🅰🅴 ① 🅴 𝓥𝓘𝓢𝓐   Y v
  2.- 16. Jan. geschl. − **M** *(Sonn- und Feiertage ab 15 Uhr geschl.)* 26/42 (mittags) und a la carte 43/66 − **Fränkische Weinstube** *(ab 15 Uhr geöffnet, Dienstag geschl.)* **M** a la carte 28/50 − **81 Z : 116 B** 124/207 - 238/299.

- 🏩 **Walfisch** ⤢, Am Pleidenturm 5, ℰ 5 00 55, Telex 68499, Fax 51690, ⟨ Main und Festung − 🛗 📺 ☎ ⇐ − 🏛 25/60. 🅰🅴 ① 🅴 𝓥𝓘𝓢𝓐   Y b
  Menu *(auch vegetarische Gerichte)* (Sonntag ab 15 Uhr geschl.) a la carte 30/53 − **41 Z : 60 B** 120/180 - 160/220.

- 🏩 **Amberger**, Ludwigstr. 17, ℰ 5 01 79, Telex 68465, Fax 54136 − 🛗 📺 ☎ ⇐ − 🏛 25/45.
  🅰🅴 ① 🅴 𝓥𝓘𝓢𝓐   X t
  24. Dez.- 6. Jan. geschl. − **M** *(auch vegetarische Gerichte)* (Sonntag 15 Uhr - Montag geschl.) a la carte 28/56 − **75 Z : 115 B** 115/140 - 140/210 Fb.

- 🏩 **Grüner Baum** garni, Zeller Str. 35, ℰ 4 70 81, Telex 680109 − 📺 ☎ ⇐. 🅰🅴 ① 🅴 𝓥𝓘𝓢𝓐
  23. Dez.- 7. Jan. geschl. − **24 Z : 48 B** 100/140 - 150/190 Fb.   Z e

WÜRZBURG

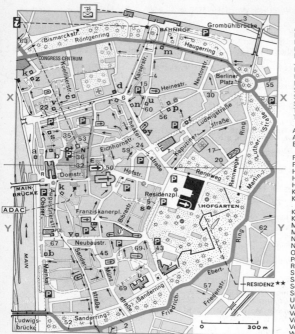

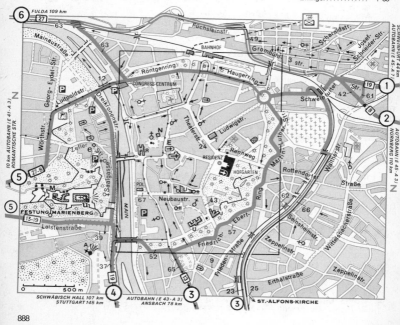

🏦 **Alter Kranen** garni, Kärrnergasse 11, ℰ 5 00 39 — 🛗 📺 ☎. 🆎 ◍ ᴇ 𝘝𝘐𝘚𝘈   X a
17 Z : 26 B 80/100 - 100/120.

🏦 **Strauss - Restaurant Würtzburg**, Juliuspromenade 5, ℰ 3 05 70, Fax 3057555 — 🛗 📺
☎ ⟵ 🅟 — 🍴 40   X v
20. Dez.- Jan. geschl. — **M** *(Dienstag geschl.)* a la carte 23/52 🍷 — **75 Z : 125 B** 70/85 -
104/115 Fb.

🏦 **Franziskaner** garni (siehe auch Restaurant Klosterschänke), Franziskanerplatz 2,
ℰ 1 50 01 — 🛗 ☎. 🆎 ◍ ᴇ 𝘝𝘐𝘚𝘈   Y x
24. Dez.- 1. Jan. geschl. — **47 Z : 74 B** 72/118 - 118/132.

🏦 **St. Josef** garni, Semmelstr. 28, ℰ 5 31 41/30 86 80 — 📺 ☎ ⟵. ⚞   X p
12.- 27. Aug. und 23. Dez.- 10. Jan. geschl. — **35 Z : 50 B** 65/90 - 100/150.

🏦 **Schönleber** garni, Theaterstr. 5, ℰ 1 20 68 — 🛗 ☎. 🆎 ◍ ᴇ 𝘝𝘐𝘚𝘈 ⚞   X n
34 Z : 50 B 48/100 - 80/130.

🏦 **Würzburger Hof** garni, Barbarossaplatz 2, ℰ 5 38 14, Telex 68453 — 🛗 📺 ☎. 🆎 ◍ ᴇ
𝘝𝘐𝘚𝘈   X r
24. Dez.- 2. Jan. geschl. — **36 Z : 60 B** 80/120 - 140/210 Fb.

🏦 **Bahnhofhotel Excelsior** garni, Hauger Ring 2, ℰ 5 04 84, Telex 68435, Fax 58777 — 🛗 ☎.
🆎 ◍ ᴇ 𝘝𝘐𝘚𝘈   X m
46 Z : 62 B 50/100 - 90/200 Fb.

🏦 **Stift Haug** garni, Textorstr. 16, ℰ 5 33 93 — 🆎 ᴇ 𝘝𝘐𝘚𝘈 ⚞   X u
20 Z : 30 B 48/80 - 80/110.

🏦 **Russ**, Wolfhartsgasse 1, ℰ 5 00 16 (Hotel) 5 91 29 (Rest.) — ☎ ⟵   Y k
M a la carte 22/45 — **30 Z : 42 B** 47/90 - 77/130.

🏦 **Central** garni, Koellikerstr. 1, ℰ 5 69 52 — 🛗 📺 ☎ ⟵. 🆎 ◍ ᴇ 𝘝𝘐𝘚𝘈   X e
16. Dez.- 16. Jan. geschl. — **23 Z : 35 B** 44/70 - 95/120.

🏦 **Luitpoldbrücke** garni, Pleichertorstr. 26, ℰ 5 02 44 — 📺 ☎. 🆎 ◍ ᴇ 𝘝𝘐𝘚𝘈   X z
20. Dez.- 10. Jan. geschl. — **33 Z : 55 B** 50/100 - 80/140 Fb.

🕎 **Urlaub** ⚞, Bronnbachergasse 4, ℰ 5 48 13, 🍴 — 🛗 ☎ ⟵   X s
Juli - Aug. 2 Wochen und 21. Dez.- 10. Jan. geschl. — **M** *(Sonntag 15 Uhr - Montag geschl.)*
a la carte 24/42 🍷 — **24 Z : 37 B** 43/66 - 68/105.

🍽 **Ratskeller - Ratsbierstube**, Langgasse 1, ℰ 1 30 21 — 🆎 ◍ ᴇ 𝘝𝘐𝘚𝘈   Y R
Nov.- März Dienstag und Mitte Jan.- Anfang Feb. geschl. — **M** a la carte 30/49.

🍽 **Zur Stadt Mainz** mit Zim (altfränkische Gaststuben), Semmelstr. 39, ℰ 5 31 55 — 📺 ☎
20. Dez.- 20. Jan. geschl. — Menu *(Tischbestellung ratsam)* *(Feiertage und Sonntag 15 Uhr -*
Montag geschl.) a la carte 26/60 — **15 Z : 27 B** 95/120 - 180.   X p

🍽 **Klosterschänke**, Franziskanerplatz 2, ℰ 5 52 21   Y x
Sonntag 15 Uhr - Montag, 18.- 28. Feb. und 6.- 31. Aug. geschl. — **M** *(auch vegetarische*
Gerichte) a la carte 25/46.

🍽 **Burggaststätte**, In der Festung Marienberg, ℰ 4 70 12, ≤ Würzburg, 🍽 — ᷂ 🅟   Z
Montag und 8. Jan.- 13. Feb. geschl. — **M** a la carte 23/42.

🍽 Hemmerlein mit Zim, Balthasar-Neumann-Promenade, « Laubenterrasse »   Y s
10 Z : 16 B.

Fränkische Weinstuben :

🍽 **Weinhaus zum Stachel**, Gressengasse 1, ℰ 5 27 70, « Innenhof "Stachelhof" » — ᴇ
ab 16 Uhr geöffnet, Sonntag, 1.- 10. Jan. und Mitte Aug.- Anfang Sept. geschl. — **M** a la
carte 27/49 🍷.   X b

🍽 **Bürgerspital-Weinstuben**, Theaterstr. 19, ℰ 1 38 61   X y
Dienstag geschl. — **M** a la carte 22/38 🍷.

🍽 **Juliusspital**, Juliuspromenade 19, ℰ 5 40 80   X d
Mittwoch und Feb. geschl. — **M** a la carte 22/45 🍷.

In Würzburg-Heidingsfeld ④ : 3 km :

🏦 **Post Hotel**, Mergentheimer Str. 162, ℰ 6 50 05 (Hotel) 88 03 04 (Rest.), Telex 68471 — 🛗
📺 ⟵ 🅟. 🆎 ◍ ᴇ 𝘝𝘐𝘚𝘈
M *(Balkan-Küche)* (Montag geschl.) a la carte 22/46 — **66 Z : 130 B** 79/129 - 119/179 Fb.

In Würzburg-Lindleinsmühle ① : 2 km :

🏦 Lindleinsmühle garni, Frankenstr. 15, ℰ 2 30 46, 🍴 — 🛗 ☎ ⟵ 🅟
21 Z : 39 B.

In Würzburg-Versbach ① : 3 km :

🏦 **Mühlenhof-Daxbaude**, Frankenstr. 205, ℰ 2 10 01, Telex 680077, 🍴 — 📺 ☎ 🅟 —
🍴 25/70. 🆎 ◍ ᴇ 𝘝𝘐𝘚𝘈
M *(nur Abendessen, Sonntag geschl.)* a la carte 35/65 — **34 Z : 70 B** 90/120 - 120/140.

In Würzburg-Zellerau ⑤ : 2 km :

🏨 **Wittelsbacher Höh** ⚞, Hexenbruchweg 10, ℰ 4 20 85, Telex 680085, Fax 415458,
≤ Würzburg, « Gartenterrasse », 🍴 — 📺 🅟 — 🍴 25/80. 🆎 ◍ ᴇ 𝘝𝘐𝘚𝘈
M a la carte 36/75 — **74 Z : 140 B** 93/137 - 150/208 Fb.

Im Steinbachtal SW : 5 km über ④ :

XX Waldesruh, Steinbachtal 82, ⊠ 8700 Würzburg, ℰ (0931) 8 76 25, 霈 – ❷.

Auf dem Steinberg ⑥ : 6,5 km, schmale Zufahrt ab Unterdürrbach :

🏛 **Schloß Steinburg** ⑤, ⊠ 8700 Würzburg, ℰ (0931) 9 30 61, Telex 680102, Fax 97121,
≤ Würzburg und Marienberg, « Gartenterrasse », 🚗, 🔲 – 📺 ☎ 🚗 ❷ – 🕍 25/50. 🖭
⓪ 🖪 VISA
M a la carte 30/60 – **50 Z : 90 B** 95/130 - 150/170 Fb.

In Höchberg 8706 ⑤ : 4 km :

🏛 **Lamm**, Hauptstr. 76, ℰ (0931) 40 90 94, 霈 – 📗 ☎ ❷ – 🕍 25/50. 🖪 VISA
→ 26. Dez.- 15. Jan. geschl. – **M** (Mittwoch geschl.) a la carte 21/54 ⅜ – **38 Z : 60 B** 75/95 -
100/135 Fb.

🏛 **Frankenhof**, Hauptstr. 3, ℰ (0931) 40 90 91 – ☎ 🚗 ❷
27 Z : 52 B Fb.

In Rottendorf 8702 ② : 6 km :

🏠 **Zum Kirschbaum**, Würzburger Str. 18 (B 8), ℰ (09302) 8 12 – 📗 ❷
→ **M** (Nov.- Feb. Samstag geschl.) a la carte 19/43 – **61 Z : 84 B** 60/80 - 100/140.

X **Waldhaus**, nahe der B 8, ℰ (09302) 12 56, 霈 – ❷
Donnerstag und 21. Aug.- 8. Sept. geschl. – **M** a la carte 24/46 ⅜.

In Biebelried 8710 ② : 12 km, nahe der Autobahnausfahrt A 3 und A 7 :

🏛 **Leicht** (altfränkische Gaststuben), Würzburger Str. 3 (B 8), ℰ (09302) 8 14, 🐎 – 📗 🚗
❷ – 🕍 25. 🖭 ⓪ 🖪 VISA
Ende Jan.- Anfang Jan. Sowie Ostern und Pfingsten geschl. – **M** (Sonntag geschl.) a la
carte 34/58 – **70 Z : 105 B** 85/110 - 140/180 Fb.

In Erlabrunn 8702 ⑥ : 12 km :

🏠 **Gästehaus Tenne** garni, Würzburger Str. 4, ℰ (09364) 93 84, « Bäuerliche Einrichtung »
– ❷. ⅜
13 Z : 21 B 40 - 70.

🏠 **Weinhaus Flach**, Würzburger Str. 16, ℰ (09364) 13 19, 霈, eigener Weinbau – ☎ ❷ –
→ 40
15. Jan.- 4 Feb. und 20.- 30. Aug. geschl. – **M** (Dienstag geschl.) a la carte 18,50/48 ⅜ –
22 Z : 35 B 42 - 74.

*In spas and other resorts, room prices are liable
to an additional visitors' tax.*

WÜSTENROT 7156. Baden-Württemberg 🗺 L 19 – 5 900 Ew – Höhe 485 m – Erholungsort
– 🕿 07945.
♦Stuttgart 58 – Heilbronn 27 – Schwäbisch Hall 24.

🏛 **Waldhotel Raitelberg** ⑤, Schönblickstr. 39, ℰ 83 11, 霈, 🐎 – ⊱ ☎ ❷ – 🕍 25/40.
🖪
M (Montag geschl.) a la carte 25/57 ⅜ – **35 Z : 60 B** 55/82 - 95/115 Fb – ½ P 64/90.

In Wüstenrot-Neulautern SW : 4 km :

🏠 **Café Waldeck** ⑤, Waldeck 7, ℰ (07194) 3 23, ≤, 霈, 🐎 – ❷. ⅜ Zim
Mitte Dez.- Mitte Feb. geschl. – **M** a la carte 22/45 ⅜ – **17 Z : 28 B** 32/35 - 60/86 –
½ P 37/49.

WUNSIEDEL 8592. Bayern 🗺 ST 16, 🗺 ⑦ – 10 000 Ew – Höhe 537 m – 🕿 09232.
Ausflugsziel : Luisenburg : Felsenlabyrinth★★ S : 3 km.
🄸 Verkehrsamt, Jean-Paul-Str. 5 (Fichtelgebirgshalle), ℰ 60 21 62.
♦München 280 – Bayreuth 48 – Hof 36.

🏛 **Wunsiedler Hof**, Jean-Paul-Str. 3, ℰ 40 81, 霈 – 📗 ☎ 🚗 ❷ – 🕍 25/500. 🖭 ⓪ 🖪
M a la carte 25/58 – **35 Z : 70 B** 60 - 95 Fb.

🏛 **Kronprinz von Bayern**, Maximilianstr. 27, ℰ 35 09 – 📺 ☎ ❷
M (Montag geschl.) a la carte 23/63 – **27 Z : 45 B** 45/60 - 80/100.

In Wunsiedel-Juliushammer O : 3,5 km Richtung Arzberg :

🏛 **Juliushammer** ⑤, ℰ 10 85, Telex 641279, Fax 8549, 🚗, 🔟 (geheizt), 🔲, 🐎, ⅍ – 📺
☎ ❷ – 🕍 40. 🖭 ⓪ 🖪 VISA
M a la carte 23/49 – **26 Z : 52 B** 57/89 - 96/100 Fb – 4 Fewo 65/130.

Bei der Luisenburg SW : 2 km :

XX **Jägerstueberl**, Luisenburg 5, ⊠ 8592 Wunsiedel, ℰ (09232) 44 34, 霈 – ❷. ⓪ 🖪
Sonntag und Sept. 2 Wochen geschl. – **M** (mittags Tischbestellung erforderlich) a la carte
42/70.

WUNSTORF 3050. Niedersachsen 🎵🎵🎵 ⑮ – 40 000 Ew – Höhe 50 m – ✪ 05031.

🛈 Städt. Verkehrsamt, Steinhude, Meerstr. 2, (Strandterrassen), ℰ 17 45.

✦Hannover 23 – Bielefeld 94 – ✦Bremen 99 – ✦Osnabrück 124.

🏠 **Wehrmann,** Kolenfelder Str. 86, ℰ 1 21 63 – 🛗 ☎ 🅟 – 🕊 25/150. 🦌
Juli - Aug. 3 Wochen geschl. – **M** (nur Abendessen, Sonn- und Feiertage geschl.) a la carte 23/32 – **25 Z : 33 B** 55/62 - 88/95.

In Wunstorf 2-Steinhude NW : 8 km – Erholungsort – ✪ 05033 :

🏠 **Haus am Meer** 🦢, Uferstr. 3, ℰ 10 22, ≤, « Gartenterrasse » – 📺 ☎ 🅟
5. Dez.- Jan. geschl. – **M** a la carte 34/54 – **13 Z : 26 B** 60/85 - 85/185.

🏠 **Tiedemann** 🦢 garni, Am Knick 4, ℰ 53 94
8 Z : 14 B 38/55 - 72.

🏡 Schaumburger Hof, Graf-Wilhelm-Str. 22, ℰ 15 70
15 Z : 28 B.

✗ Schweers-Harms-Fischerhus, Graf-Wilhelm-Str. 9, ℰ 52 28, 🌣, « Altes niedersächsisches Bauernhaus » – 🅟.

✗ **Strandterrassen,** Meerstr. 2, ℰ 50 00, ≤, 🌣 – 🅟. ① E 𝗩𝗜𝗦𝗔
M a la carte 24/44.

WUPPERTAL 5600. Nordrhein-Westfalen 🎵🎵🎵 ⑭ – 380 000 Ew – Höhe 167 m – ✪ 0202.

Sehenswert : Schwebebahn* – Von-der-Heydt-Museum*.

🏌 Siebeneickerstr. 386 (AX), ℰ (02053) 71 77 ; 🏌 Frielinghausen 1, ℰ (0202) 6 47 57 53.

🛈 Informationszentrum, Wuppertal-Elberfeld, Pavillon Döppersberg, ℰ 5 63 21 80.

ADAC, Wuppertal-Elberfeld, Friedrich-Ebert-Str. 146, ℰ 31 34 52 und Wuppertal-Barmen, Friedrich-Engels-Allee 305, ℰ 8 26 26, Notruf ℰ 1 92 11.

✦Düsseldorf 36 ④ – ✦Dortmund 48 ① – ✦Duisburg 55 ⑦ – ✦Essen 35 ⑤ – ✦Köln 56 ①.

Stadtpläne siehe nächste Seiten.

In Wuppertal 2-Barmen :

🏛 **Golfhotel Juliana,** Mollenkotten 195, ℰ 6 47 50, Telex 8591227, Fax 6475777, « Terrasse mit ≤ », Bade- und Massageabteilung, ≋s, 🏊 (geheizt), 🔲, 🎾, 🏌, 🏌, ❄ Zim 📺 ⅙ ⇔ 🅟 – 🕊 25/220. 🆀 ① E 𝗩𝗜𝗦𝗔   BX u
M (Tischbestellung ratsam) a la carte 44/82 – **147 Z : 262 B** 154/179 - 207/232 Fb – 3 Appart. 427.

🏠 **Villa Christina** 🦢 garni, Richard-Strauss-Allee 18, ℰ 62 17 36, « Ehem. Villa in einem kleinen Park », 🏊 (geheizt), 🎾 – 📺 ☎ 🅟. ① E 𝗩𝗜𝗦𝗔   DZ y
7 Z : 12 B 80/90 - 135/140.

🏠 **Zur Krone** garni, Gemarker Ufer 19, ℰ 59 50 20, Fax 559769 – 🛗 ☎ ⇔. 🆀 ① E 𝗩𝗜𝗦𝗔
17 Z : 24 B 73 - 98.   DZ a

🏠 **Imperial** garni, Heckinghauser Str. 10, ℰ 59 40 55, Fax 592628 – 🛗 📺 ☎ ⇔. 🆀 ① E
𝗩𝗜𝗦𝗔   DZ e
27 Z : 40 B 69/95 - 95/125 Fb.

🏠 Paas, Schmiedestr. 55 (B 51), ℰ 66 17 06 – ☎ 🅟   BX n
12 Z : 18 B.

✗✗ Restaurant an der Oper, Friedrich-Engels-Allee 378 (B 7), ℰ 55 52 70 – 🅟   BX x

✗✗ **Jagdhaus Mollenkotten,** Mollenkotten 144, ℰ 52 26 43, Gartenterrasse – 🅟. 🆀 ① E
𝗩𝗜𝗦𝗔   BX e
Montag - Dienstag, Jan. 2 Wochen und Juni - Juli 3 Wochen geschl. – Menu 19/26 (mittags) und a la carte 34/59.

✗✗ **Maître,** Hugostr. 12, ℰ 50 55 89 – ① E 𝗩𝗜𝗦𝗔   BX a
wochentags nur Abendessen, Montag und 1.- 7. Jan. geschl. – **M** a la carte 28/55.

✗✗ **Palette Röderhaus,** Sedanstr. 68, ℰ 50 62 81, 🌣, « Antiker Hausrat, Gemäldegalerie » – 🆀 ① E 𝗩𝗜𝗦𝗔   DZ d
nur Abendessen, Sonntag - Montag, Feiertage und Juni - Juli 3 Wochen geschl. – **M** a la carte 27/53.

✗✗ **Im Vockendahl,** Märkische Str. 124, ℰ 52 05 17 – 🅟. E   BX c
Dienstag geschl. – **M** a la carte 31/63.

✗✗ **Zum Futterplatz,** Obere Lichtenplatzer Str. 102, ℰ 55 63 49 – 🅟. ① E 𝗩𝗜𝗦𝗔   Y a
Dienstag und Juni - Juli 4 Wochen geschl. – **M** a la carte 35/64.

✗✗ **Villa Foresta,** Forestastr. 11, ℰ 62 19 75, « Gartenterrasse » – 🅟   BXY r
M a la carte 27/55.

✗ Taverne Aramis (Mövenpick), Alter Markt 5 (1. Etage), ℰ 59 34 50 –   DZ r

In Wuppertal 12-Cronenberg :

🏠 **Zur Post** garni, Hauptstr. 49, ℰ 47 40 41 – 📺 ☎ ⇔ 🅟. 🆀 ① E 𝗩𝗜𝗦𝗔. 🦌   AY e
18 Z : 22 B 60/95 - 135/145.

WUPPERTAL

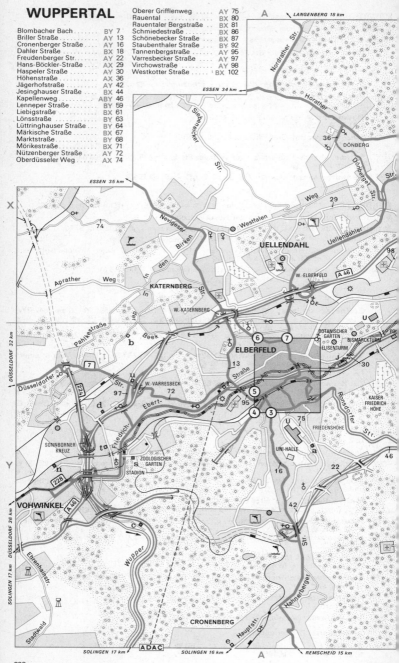

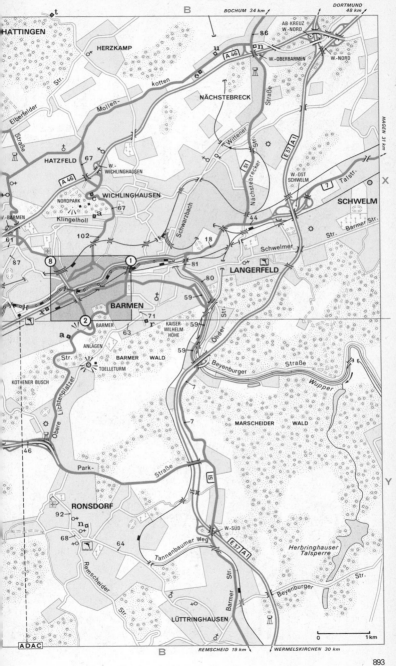

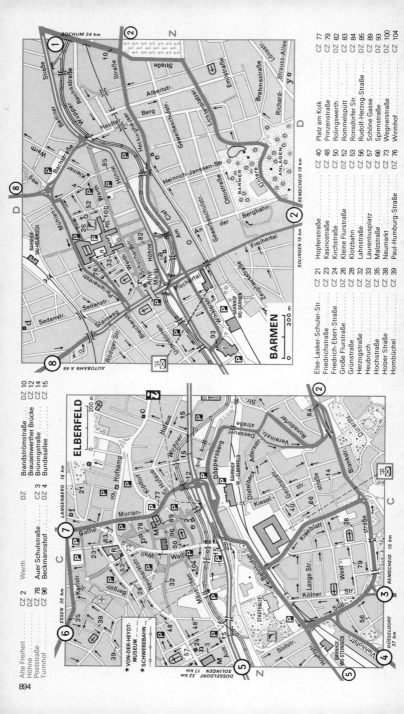

BARMEN

ELBERFELD

★ VON-DER-HEYDT-MUSEUM
★ SCHWEBEBAHN

In Wuppertal 1-Elberfeld :

🏛 **Waldhotel Eskeshof** ⏲, Krummacher Str. 251, ℰ 71 10 47, Telex 8592849, Fax 711040,
≤, 🏡, ⇌, 🔄 – 📺 ☎ ⅄ ℗ – 🔟 50. 🄰🄴 ① 🄴 𝑉𝐼𝑆𝐴   AY b
M a la carte 34/55 – **51 Z : 60 B** 98 - 138 Fb.

🏛 **Astor** garni, Schloßbleiche 4, ℰ 45 05 11, Telex 8591892 – 🕴 📺 ☎   CZ e
45 Z : 55 B 105/140 - 130/180 Fb.

🏛 **Zur Post** ⏲ garni, Poststr. 4, ℰ 45 01 31 – 🕴 📺 ☎. ① 🄴 𝑉𝐼𝑆𝐴   CZ p
55 Z : 80 B 85/105 - 115/130.

🏠 **Hanseatic** garni, Friedrich-Ebert-Str. 116a, ℰ 31 00 88, Fax 309233 – 📺 ☎. 🄰🄴 ① 🄴 𝑉𝐼𝑆𝐴   AY r
22. Dez.- 3. Jan. geschl. – **16 Z : 24 B** 75/90 - 100/130.

🏠 **Rubin** garni, Paradestr. 59, ℰ 45 00 77 – 🕴 📺 ☎ ⇌ ℗. ① 🄴 𝑉𝐼𝑆𝐴. 🕸   CZ f
12 Z : 20 B 70/80 - 110/120.

🇽🇽 La Laterna (Italienische Küche), Friedrich-Ebert-Str.15, ℰ 30 41 51 – ℗   CZ n

🇽 **Ratskeller** (Mövenpick), Neumarkt 10, ℰ 44 62 92 – 🄰🄴 ① 🄴 𝑉𝐼𝑆𝐴   CZ R
M a la carte 29/52.

🇽 **Am Husar**, Jägerhofstr. 2, ℰ 42 48 28 – ℗. 🄰🄴 ① 🄴   AY a
Samstag bis 18 Uhr und Mittwoch geschl. – **M** a la carte 40/62.

🇽 **Zum alten Kuhstall**, Boettinger Weg 3, ℰ 74 34 27, 🏡 – ℗. 🄰🄴 ① 🄴 𝑉𝐼𝑆𝐴   AY s
M a la carte 27/47.

🇽 Bosnien Stube (Jugoslawische Küche), Sportstr. 19, ℰ 44 48 21   CZ c

In Wuppertal 21-Ronsdorf :

🏛 **Atlantic**, In der Krim 11, ℰ 46 40 55, ⇌ – 📺 ☎ ℗ – 🔟 30. 🄰🄴 ① 🄴 𝑉𝐼𝑆𝐴   BY n
23. Dez.- 2. Jan. geschl. – **M** (Samstag bis 18 Uhr geschl.) a la carte 30/59 – **24 Z : 37 B** 98 -
138/168 Fb.

In Wuppertal 11-Sonnborn :

🏠 **Vollrath** garni, Möbeck 42, ℰ 74 30 10 – 📺 ☎ ℗   AY t
30 Z : 38 B 50/80 - 100/130.

🇽🇽 **Le Menu**, Rutenbecker Weg 159, ℰ 74 42 43, 🏡 – ℗. ① 🄴 𝑉𝐼𝑆𝐴   AY c
Wochentags nur Abendessen, Montag geschl. – **M** a la carte 52/76.

In Wuppertal 1-Varresbeck :

🏛 **Novotel**, Otto-Hausmann-Ring 203, ℰ 7 19 00, Telex 8592350, Fax 7190333, ⅃ (geheizt),
🌳 – 🕴 📺 ☎ ⅄ ℗ – 🔟 25/280. 🄰🄴 ① 🄴 𝑉𝐼𝑆𝐴   AY u
M a la carte 33/58 – **128 Z : 256 B** 141 - 177 Fb.

🇽🇽 Windlicht, Deutscher Ring 40, ℰ 71 02 20 – ℗ – 🔟   AY d

In Wuppertal 11-Vohwinkel :

🇽🇽🇽 **Scarpati** mit Zim (Italienische Küche), Scheffelstr. 41, ℰ 78 40 74, 🏡 – 📺 ☎ ℗ –
🔟 25. 🄰🄴 ① 🄴   AY n
M a la carte 46/75 – **7 Z : 11 B** 118 - 170.

In Hattingen-Oberelfringhausen 4320 N : 8 km :

🇽🇽🇽 **Landhaus Felderbachtal**, Felderbachstr. 133, ℰ (0202) 52 20 11, « Gartenterrasse » –
▤ ℗ – 🔟 50. 🄰🄴 ① 🄴 𝑉𝐼𝑆𝐴   BX t
M (Tischbestellung ratsam) a la carte 52/77.

WURTZBOURG = Würzburg.

WYK Schleswig-Holstein siehe Föhr (Insel).

XANTEN 4232. Nordrhein-Westfalen 𝟵𝟴𝟳 ⑬ – 16 600 Ew – Höhe 26 m – ✿ 02801.
Sehenswert : Dom St. Viktor★.
🄳 Verkehrsamt, Rathaus, Karthaus 2, ℰ 3 72 38.
◆Düsseldorf 66 – ◆Duisburg 42 – Kleve 26 – Wesel 16.

🏛 **Hövelmann**, Markt 31, ℰ 40 81 (Hotel) 30 03 (Rest.), Fahrradverleih – 🕴 📺 ☎ ⇌ ℗. 🄰🄴
① 🄴 𝑉𝐼𝑆𝐴. 🕸 Zim
M (Donnerstag geschl.) a la care 25/55 – **23 Z : 40 B** 70/80 - 110/130.

🏛 **Limes Hotel - Restaurant Fünf Gulden**, Niederstr. 1, ℰ 40 91 – 🕴 📺 ☎ ⅄ ⇌ –
🔟 25/120. 🄰🄴 ① 🄴 𝑉𝐼𝑆𝐴
M a la carte 30/54 – **40 Z : 80 B** 99 - 139 Fb.

Außerhalb SW : 2 km, Richtung Sonsbeck :

🏛 Landhaus Am Rös'chen, Philosophenweg 2, ⊠ 4232 Xanten, ℰ (02801) 14 12, 🏡 – 📺 ☎
℗
6 Z : 12 B Fb.

ZABERFELD 7129. Baden-Württemberg **413** J 19 − 2 900 Ew − Höhe 227 m − ✪ 07046.
♦Stuttgart 54 − Heilbronn 26 − ♦Karlsruhe 48.

In *Zaberfeld-Leonbronn* NW : 3 km :

☖ **Löwen**, Zaberfelder Str. 11, 🕿 26 03 − ☎ ℗. ⅍
⬥ 24. Dez.- 20. Jan. geschl. − **M** *(Donnerstag geschl.)* a la carte 18/34 ⅄ − **5 Z : 9 B** 31 - 62.

ZANG Baden-Württemberg siehe Königsbronn.

ZEIL AM MAIN 8729. Bayern **413** O 16 − 5 300 Ew − Höhe 237 m − ✪ 09524.
♦München 270 − ♦Bamberg 29 − Schweinfurt 27.

🏠 **Kolb**, Krumer Str. 1, 🕿 90 11, 🏤 − 📺 ☎ ℗
M a la carte 25/38 ⅄ − **21 Z : 37 B** 32/49 - 69/89 Fb.

ZEISKAM Rheinland-Pfalz siehe Bellheim.

ZEITLOFS Bayern siehe Brückenau, Bad.

ZELL AM HARMERSBACH 7615. Baden-Württemberg **413** H 21, **242** ㉘ − 6 300 Ew − Höhe 223 m − Erholungsort − ✪ 07835.
🛈 Verkehrsbüro, Alte Kanzlei 2, 🕿 6 65.
♦Stuttgart 168 − ♦Freiburg im Breisgau 55 − Freudenstadt 43 − Offenburg 22.

🏠 **Hirsch**, Hauptstr. 46, 🕿 2 17, 🏤 − ☎ ⬅ ⅍
24. Feb.- 20. März geschl. − Menu *(Montag geschl.)* 31 a la carte 33/57 − **18 Z : 32 B** 38/52 - 66/94 − ½ P 58/77.

🏠 **Sonne**, Hauptstr. 5, 🕿 13 44, 🏤 − ☎ ⬅ ℗. 🖭 **E**. ⅍ Zim
1.- 22. Feb. geschl. − Menu *(Donnerstag geschl.)* 26 a la carte 23/56 − **19 Z : 34 B** 50/65 - 92/110.

🏠 **Zum Schwarzen Bären**, Kirchstr. 5, 🕿 2 51, 🍴 − 📱 ☎ ⬅. **E**. ⅍ Zim
Mitte Nov.- Mitte Dez. geschl. − **M** *(Mittwoch geschl.)* a la carte 23/52 − **28 Z : 45 B** 45/65 - 85/105 Fb − ½ P 65/85.

☖ **Kleebad** ♨, Jahnstr. 8, 🕿 33 15, Caféterrasse, 🍴 − 🕭 ℗. ⅍
20. Nov.- 10. Dez. geschl. − (Restaurant nur für Hausgäste) − **21 Z : 33 B** 38/43 - 72/82 − ½ P 53/59.

In *Zell-Unterharmersbach* :

🏠 **Rebstock**, Hauptstr. 104, 🕿 39 13, 🍴 − ℗. **E**
⬥ 9. Jan.- 9. Feb. geschl. − **M** *(Dienstag geschl.)* a la carte 20/51 ⅄ − **18 Z : 32 B** 44/46 - 80/86 − ½ P 56/62.

🏠 **Schützen**, Hauptstr. 170, 🕿 4 09 − ⬅ ℗. ⓪ 𝘝𝘐𝘚𝘈
⬥ **M** *(Donnerstag geschl.)* a la carte 19/45 ⅄ − **17 Z : 30 B** 43 - 76.

☖ **Eckwaldblick**, Rebhalde 1, 🕿 6 41, 🏤, 🔲, 🍴 − 📱 ℗. ⅍ Zim
⬥ 15. Feb.- 10. März geschl. − **M** *(Montag geschl.)* a la carte 21/43 ⅄ − **29 Z : 50 B** 39/58 - 72/96 − ½ P 60/72.

ZELL AM WALDSTEIN Bayern siehe Münchberg.

ZELL AN DER MOSEL 5583. Rheinland-Pfalz **987** ㉔ − 5 500 Ew − Höhe 94 m − ✪ 06542.
Sehenswert : Zell-Kaimt : ≤** von der Umgebungsstraße.
🛈 Tourist - Information, Rathaus, Balduinstr. 44, 🕿 7 01 22.
Mainz 105 − Cochem 39 − ♦Trier 69.

🏨 **Zum grünen Kranz**, Balduinstr. 12, 🕿 42 76, ≤, eigener Weinbau, 🛏, 🔲 − 📱 ☎ 𝘝𝘐𝘚𝘈
M a la carte 27/60 − **32 Z : 55 B** 55/70 - 100/140 − ½ P 72/80.

🏠 **Zur Post**, Schloßstr. 25, 🕿 42 17 − 📱 ℗ − 🔬 50. 🖭 ⓪ **E** 𝘝𝘐𝘚𝘈 ⅍
⬥ 21.- 28. Dez. und 5. Feb.- 6. März geschl. − **M** *(Montag geschl.)* a la carte 20/44 ⅄ − **16 Z : 30 B** 45/55 - 90/110 − ½ P 60/65.

🏠 **Am Brunnen - Restaurant Belle Epoque**, Balduinstr. 51, 🕿 40 60, ≤
M a la carte 45/80 − **19 Z : 36 B** 55/85 - 100/160.

🏠 **Weinhaus Mayer**, Balduinstr. 15, 🕿 45 30, ≤, eigener Weinbau − ⅍ Zim
nur Saison − **14 Z : 29 B**.

In *Zell-Kaimt* :

🏠 **Zur Schröter-Klause** ♨ (mit Weinstube), Marientaler Au 58, 🕿 4 16 55, 🏤, 🛏, 🍴, ⅍ − ℗
März - Okt. − (nur Abendessen für Hausgäste) − **9 Z : 16 B** 45/55 - 70/100.

In *Zell - Merl* :

✗ **Bürgerstube**, Mühlental 29, 🕿 2 17 71. **E**
⬥ Dienstag und Jan. geschl. − **M** a la carte 19/51 ⅄.

ZELL IM WIESENTAL 7863. Baden-Württemberg 🔢 G 23, 🔢 ⑩. 🔢 ⑤ – 6 400 Ew – Höhe 444 m – Erholungsort – ✪ 07625.

♦Stuttgart 196 – Basel 32 – Donaueschingen 73 – ♦Freiburg im Breisgau 48.

🏨 **Löwen**, Schopfheimer Str. 2, 𝒫 2 08 – ☎ ⟺ 🅿. ⑩ **E**
M *(Freitag - Samstag 18 Uhr geschl.)* a la carte 24/48 ⅜ – **36 Z : 65 B** 35/53 - 68/100 Fb – ½ P 51/75.

In Zell-Gresgen W : 5 km – Höhe 730 m – Erholungsort :

🏨 **Löwen** ⑊, 𝒫 3 96, 🐎 – 🅿
(Restaurant nur für Hausgäste) – **21 Z : 33 B** 35/45 - 64/84 – ½ P 48/58.

In Zell-Pfaffenberg N : 5,5 km – Höhe 700 m :

🏨 **Berggasthof Schlüssel**, Pfaffenberg 2, 𝒫 3 75, 🐎 – 🅿
Mitte Jan.- Mitte Feb. geschl. – **M** *(Montag 14 Uhr - Dienstag geschl.)* a la carte 20/55 ⅜ –
12 Z : 18 B 40 - 70 – ½ P 48/53.

ZELLINGEN 8705. Bayern 🔢 M 17 – 5 400 Ew – Höhe 166 m – ✪ 09364.

♦München 296 – Aschaffenburg 60 – Bad Kissingen 53 – ♦Würzburg 16.

In Zellingen - Retzbach :

🏨 **Zum Löwen**, Untere Hauptstr. 9, 𝒫 99 17, Telex 689702, ≘s, ⬛ – ☎ 🅿 – 🔒
33 Z : 60 B Fb.

ZELTINGEN-RACHTIG 5553. Rheinland-Pfalz – 2 500 Ew – Höhe 105 m – Erholungsort – ✪ 06532.

🛈 Verkehrsamt, Zeltingen, Uferallee 13, 𝒫 24 04.

Mainz 121 – Bernkastel-Kues 8 – ♦Koblenz 99 – ♦Trier 43 – Wittlich 10.

In Zeltingen :

🏨 **Nicolay zur Post**, Uferallee 7, 𝒫 20 91, ≼, 🌲, ≘s, ⬛ – 📶 ☎ ⟺ 🅿 – 🔒 25/100. 🆎
⑩ **E** 🆅🆂🅰. ⑊ Rest
3. Jan.- 23. Feb. geschl. – **M** *(Montag geschl.)* a la carte 32/57 – **37 Z : 70 B** 65/75 - 90/120
Fb – ½ P 67/97.

🏨 **Winzerverein**, Burgstr. 7, 𝒫 21 19, ≼, 🌲, ≘s – ☎ 🅿. 🆎 ⑩ **E** 🆅🆂🅰
15. März - 15. Nov. – **M** a la carte 19/48 – **52 Z : 90 B** 35/40 - 60/80.

ZEMMER Rheinland-Pfalz siehe Kordel.

ZENTING 8359. Bayern 🔢 W 20, 🔢 ⑦ – 1 200 Ew – Höhe 450 m – Wintersport : 600/1 000 m ⛷2 – ✪ 09907.

♦München 172 – Cham 89 – Deggendorf 30 – Passau 33.

Im Ortsteil Ranfels S : 4 km :

🏨 **Birkenhof** ⑊, 𝒫 2 69, ≼, 🌲, ⬛ (geheizt), 🐎, 🦌 – 🅿. ⑊ Zim
M a la carte 16/35 – **19 Z : 39 B** 37 - 70.

🏨 **Zur Post** ⑊, Schloßbergweg 4, 𝒫 2 30, Biergarten, ≘s – 📺 🅿
2. Nov.- 15. Dez. geschl. – **M** a la carte 17/31 – **22 Z : 50 B** 41 - 68.

ZERF 5504. Rheinland-Pfalz 🔢 ⑤, 🔢 ② – 1 600 Ew – Höhe 400 m – ✪ 06587.

Mainz 160 – ♦Saarbrücken 61 – ♦Trier 22.

🍴 **Zur Post** mit Zim (Gasthof a.d. 17. Jh.), Marktplatz 1, 𝒫 2 43, 🌲 – 📺 ☎ 🅿
M *(Donnerstag geschl.)* a la carte 20/39 – **3 Z : 6 B** 31 - 62.

In Greimerath 5501 S : 7 km :

🏨 **Zur Post**, Hauptstr. 73, 𝒫 (06587) 8 57 – ☎ 🅿
M *(Dienstag geschl.)* a la carte 21/40 ⅜ – **12 Z : 26 B** 31/39 - 58/70.

ZEVEN 2730. Niedersachsen 🔢 ⑮ – 11 900 Ew – Höhe 30 m – ✪ 04281.

♦Hannover 147 – ♦Bremen 55 – ♦Bremerhaven 60 – ♦Hamburg 74.

🏨 **Hotel Landhaus** garni, Kastanienweg 17, 𝒫 30 22, Fax 3411, 🐎 – 📺 ☎ 🅿. 🆎 ⑩ **E**. ⑊
15 Z : 29 B 56 - 88 Fb.

🏨 **Paulsen**, Meyerstr. 22, 𝒫 25 17 – 📺 ☎ 🅿 – 🔒 25/55. 🆎 ⑩ **E** 🆅🆂🅰
M *(Sonntag geschl.)* a la carte 27/51 – **27 Z : 55 B** 55/68 - 90/95.

🏨 **Garni**, Poststr. 20, 𝒫 34 92, 🐎 – 📺 ⟺ 🅿. 🆎 ⑩ **E**. ⑊
22 Z : 40 B 45/60 - 80/90.

🏨 **Spreckels Gasthaus**, Bremer Str. 2, 𝒫 24 33 – 📺 🅿. ⑊
M *(Samstag - Sonntag nur Abendessen)* a la carte 20/43 – **26 Z : 42 B** 40/50 - 75/85.

In Gyhum-Sick 2730 S : 10 km :

🏨 **Niedersachsen-Hof**, an der B 71, 𝒫 (04286) 10 56 – ♿ ⟺ 🅿. 🆎 ⑩ **E** 🆅🆂🅰. ⑊ Zim
Aug.2 Wochen geschl. – **M** *(Freitag geschl.)* a la carte 19/38 – **15 Z : 22 B** 43/45 - 72/75.

ZICHERIE Niedersachsen siehe Brome.

ZIERENBERG 3501. Hessen − 6 700 Ew − Höhe 280 m − Luftkurort − ✆ 05606.
♦Wiesbaden 235 − ♦Kassel 20 − Warburg 28.

In Zierenberg 4-Burghasungen SW : 6 km :

🏠 Panorama, Ludwig-Müller-Str.1, ℰ 90 21, ⇐ − ☎ ❷ − 🏊
19 Z : 36 B Fb.

♨ Gasthof Gerhold, Zierenberger Str. 9, ℰ 92 26 − ❷. 🍽 Zim
➡ M *(Donnerstag geschl.)* a la carte 19,50/25 − 8 Z : 14 B 33/35 - 60 − ½ P 45/48.

ZIRNDORF 8502. Bayern 🗺 P 18. 🗺 ㉘ − 21 000 Ew − Höhe 290 m − ✆ 0911 (Nürnberg).
Siehe Nürnberg (Umgebungsplan).
♦München 175 − Ansbach 35 − ♦Nürnberg 9.

🏠 Knorz garni, Volkhardtstr. 18, ℰ 60 70 61 − ☎ ⇆   AS u
16 Z : 28 B 45/60 - 75/80 Fb.

🏠 Kneippkurhotel ⌂, Achterplätzchen 5, ℰ 60 90 03, 🍴 − ☎ ⇆ ❷   AS m
M *(Sonntag - Montag 17 Uhr geschl.)* a la carte 23/40 − 19 Z : 28 B 48 - 85 Fb.

In Zirndorf-Wintersdorf SW : 5 km über Rothenburger Straße AS :

🏠 Lämmermann, Ansbacher Str. 28, ℰ (09127) 88 19, 🍴, 🌳 − ☎ ⇆ ❷
➡ 1.- 7. Jan. geschl. − M *(Montag und 15. Aug.- 2. Sept. geschl.)* a la carte 19/38 ♨ − 24 Z :
35 B 32/48 - 60/90 Fb.

ZORGE 3421. Niedersachsen − 1 800 Ew − Höhe 340 m − Luftkurort − ✆ 05586.
🛈 Kurverwaltung, Am Kurpark 4, ℰ 2 51.
♦Hannover 137 − Braunlage 15 − Göttingen 70.

🏠 Kunzental ⌂, Im Förstergarten 7, ℰ 12 61, 🍴, 🌳 − ❷
M a la carte 22/60 − 24 Z : 46 B 45/73 - 80/84.

🏠 Wolfsbach, Hohegeißer Str. 25, ℰ 4 26, 🌳 − 📺 ❷. 🅰🅴 ⓸ 🅴. 🍽
6. Nov.- 15. Dez. geschl. − (Restaurant nur für Hausgäste) − 16 Z : 25 B 35/38 - 66/73 −
½ P 45/48.

ZORNEDING 8011. Bayern 🗺 S 22 − 7 000 Ew − Höhe 560 m − ✆ 08106.
♦München 20 − Wasserburg am Inn 34.

🏠 Neuwirt, Münchner Str. 4 (B 304), ℰ 28 25, Fax 29916, 🍴 − ☎ ⇆ ❷. 🅰🅴 ⓸ 🅴 🆅🆂🅰
➡ Mitte Aug.- Anfang Sept. geschl. − M a la carte 19/47 ♨ − 30 Z : 48 B 65/80 - 85/100 Fb.

ZUGSPITZE Bayern siehe Garmisch-Partenkirchen bzw. Grainau.

ZUSMARSHAUSEN 8901. Bayern 🗺 O 21. 🗺 ㉚ − 4 700 Ew − Höhe 466 m − ✆ 08291.
♦München 88 − ♦Augsburg 30 − Donauwörth 47 − ♦Ulm (Donau) 55.

🏠 Krone, Augsburger Str. 9, ℰ 2 12 − ❷ 🅰🅴 ⓸ 🅴 🆅🆂🅰
➡ M *(Nov. geschl.)* a la carte 18/37 − 65 Z : 137 B 40 - 66/75.

ZUZENHAUSEN Baden-Württemberg siehe Sinsheim.

ZWEIBRÜCKEN 6660. Rheinland-Pfalz 🗺 F 19. 🗺 ㉔. 🗺 ⑪ − 35 900 Ew − Höhe 226 m −
✆ 06332.
🛈 Verkehrsamt, Schillerstr. 6, ℰ 87 16 90 − ADAC, Poststr. 14, ℰ 1 58 48.
Mainz 139 − Pirmasens 25 − ♦Saarbrücken 41.

🏨 Europas Rosengarten ⌂, Rosengartenstr. 60, ℰ 4 90 41, 🍴 − 🛗 ☎ 🕭 ❷ − 🏊 25/80.
🅰🅴 ⓸ 🅴 🆅🆂🅰
M a la carte 26/42 ♨ − 47 Z : 94 B 65 - 100 Fb.

🏠 Hitschler, Fruchtmarktstr. 8, ℰ 7 55 74 − ⓸ 🅴 🆅🆂🅰
Menu *(Freitag - Samstag 18 Uhr und 16.- 29. Juli geschl.)* a la carte 27/55 − 16 Z : 25 B 48 -
84.

🏠 Rosenhotel garni, Von-Rosen-Str. 2, ℰ 7 60 14 − 🛗 📺 ☎. 🅰🅴 🅴 🆅🆂🅰
43 Z : 56 B 55 - 88/100 Fb.

♨ Gambrinus, Poststr. 13, ℰ 66 89 − ☎. 🅰🅴 ⓸ 🅴 🆅🆂🅰
➡ 15. Dez.- 7. Jan. geschl. − M *(Samstag geschl.)* a la carte 19/41 ♨ − 12 Z : 18 B 40/45 -
66/72.

Außerhalb O : 3 km :

🏨 Romantik-Hotel Fasanerie ⌂, Fasaneriestr. 1, ✉ 6660 Zweibrücken, ℰ (06332) 4 40 74,
Telex 451182, Fax 45176, « Terrasse mit ⇐ », ⇌, 📺 − 📺 ❷ − 🏊 25/100. 🅰🅴 ⓸ 🅴 🆅🆂🅰
M a la carte 49/70 − 50 Z : 100 B 100/130 - 160/200 Fb.

In Battweiler 6661 NO : 9 km :

🏠 Schweizer Haus, Hauptstr. 17, ℰ (06337) 3 83 − 📺 ☎ ❷ − 8 Z : 14 B Fb.

898

ZWEIFALL Nordrhein-Westfalen siehe Stolberg/Rheinland.

ZWESTEN 3584. Hessen — 3 300 Ew — Höhe 215 m — Luftkurort — ✪ 05626.
🛈 Kurverwaltung, Rathaus, ✆ 7 73.
◆Wiesbaden 171 — Bad Wildungen 11 — ◆Kassel 43 — Marburg 50 — Paderborn 115.

🏠 **Altenburg**, Hardtstr. 1, ✆ 7 35, 🏤, 🚗 — ☎ ♿ ❷. Ⓞ E
5.- 22. Feb. geschl. — **M** a la carte 24/50 — **35 Z : 60 B** 52 - 112.

🏠 **Landhotel Kern**, Brunnenstr. 10, ✆ 7 86, 🏤, 🚗, 🔲, 🌳 — 🛄 ☎ ❷ — 🛦 50. 🄰🄴 Ⓞ E
5.- 31. Jan. geschl. — **M** (Dienstag geschl.) a la carte 26/56 — **60 Z : 80 B** 44/47 - 78/84.

ZWIEFALTEN 7942. Baden-Württemberg 🄰🄱🄳 L 22, 🄶🄷🄸 ㉟ — 2 300 Ew — Höhe 540 m —
Erholungsort — ✪ 07373.
Sehenswert : Ehemalige Klosterkirche★★.
◆Stuttgart 84 — Ravensburg 63 — Reutlingen 43 — ◆Ulm (Donau) 50.

🛎 **Zur Post**, Hauptstr. 44, ✆ 3 02, 🏤, 🌳 — 🚗 ❷
3.- 29. Jan. geschl. — **M** (Dienstag geschl.) a la carte 21/37 🍴 — **13 Z : 25 B** 35/45 - 60/120 —
2 Fewo 30/70 — ½ P 49/64.

🛎 **Hirsch**, Reutlinger Str. 2, ✆ 3 18 — 🚗 ❷
10 Z : 17 B.

ZWIESEL 8372. Bayern 🄰🄱🄳 W 19, 🄶🄷🄸 ㉘, 🄸🄶🄶 ⑦ — 10 500 Ew — Höhe 585 m — Luftkurort —
Wintersport : 600/700 m ❄2 ❄10 — ✪ 09922.
🛈 Verkehrsamt, Stadtplatz 27 (Rathaus), ✆ 13 08.
◆München 179 — Cham 59 — Deggendorf 36 — Passau 63.

🏠🏠 **Waldbahn**, Bahnhofplatz 2, ✆ 30 01, 🏤, « Garten », 🚗 — ☎ ❷. ❄ Zim
27. Okt.- 25. Nov. geschl. — **M** a la carte 19/41 🍴 — **28 Z : 56 B** 50/65 - 80/110 Fb —
½ P 55/70.

🏠 **Kapfhammer**, Holzweberstr. 6, ✆ 13 06, 🚗 — ❷. ❄ Rest
Nov.- 5. Dez. geschl. — **M** a la carte 20/38 — **36 Z : 75 B** 40/50 - 70/80.

🏠 **Deutscher Rhein**, Stadtplatz 42, ✆ 16 51, Biergarten — 📺 ☎ ❷. 🄰🄴 Ⓞ E 🆅🅸🆂🅰
M (Sonntag 15 Uhr - Montag und Dez. 3 Wochen geschl.) a la carte 21/49 — **18 Z : 41 B**
51/63 - 82/96 — P 69/97.

🏠 **Kurhotel Sonnenberg** ❀, Augustinerstr. 9, ✆ 20 31, ≤, 🚗, 🔲, 🌳 — ☎ ❷
M a la carte 23/44 — **31 Z : 39 B** 46/65 - 97/130 Fb.

🏠 **Zwieseler Hof**, Regener Str. 5, ✆ 26 31, 🏤 — 📺 ☎ 🚗 ❷. 🄰🄴 Ⓞ E
M a la carte 16/40 — **19 Z : 35 B** 29/37 - 55/65 Fb.

🏠 **Zum Goldwäscher**, Jahnstr. 28, ✆ 95 12, 🚗 — ☎ 🚗 ❷
27. Nov.- 20. Dez. geschl. — **M** a la carte 18/40 — **10 Z : 18 B** 36/60 - 72.

In Zwiesel-Rabenstein NW : 5 km — Höhe 750 m :

🏠🏠 **Linde** ❀, Lindenweg 9, ✆ 16 61, ≤ Zwiesel u. Bayer. Wald, 🏤, 🚗, 🔳, 🔲, 🌳 — 🛄 📺
☎ ❷. ❄ Rest
19. März - 10. April und Nov.- 24. Dez. geschl. — **M** (nur Abendessen) a la carte 23/45 —
39 Z : 75 B 65 - 102/130 Fb.

In Lindberg-Zwieslerwaldhaus 8372 N : 10 km — Höhe 700 m — Wintersport : ❄4 :

🏠 **Waldgasthof Naturpark** ❀, ✆ (09925) 5 81, 🚗, 🔳, 🌳 — ❷. E
11. Nov.- 25. Dez. geschl. — **M** (Dienstag geschl.) a la carte 16/40 — **16 Z : 33 B** 38/47 -
72/80 Fb — ½ P 48/59.

ZWIESELBERG Baden-Württemberg siehe Freudenstadt.

ZWINGENBERG 6144. Hessen 🄰🄱🄳 IJ 17 — 5 600 Ew — Höhe 97 m — ✪ 06251 (Bensheim an der
Bergstraße).
◆Wiesbaden 61 — ◆Darmstadt 23 — Mainz 62 — ◆Mannheim 37 — Heidelberg 45.

🏠 **Freihof - Restaurant Relais de Silence**, Marktplatz 8, ✆ 7 95 59 — 📺 ☎ ❷. 🄰🄴 E. ❄
M (Sonntag geschl.) (abends Tischbestellung ratsam) a la carte 42/74 — **10 Z : 16 B** 65/85 -
105.

🏠 **Zum Löwen**, Löwenplatz 6 (B 3), ✆ 7 11 34 — 📺 ☎ ❷ — 🛦 30
M (Montag geschl.) a la carte 31/60 — **14 Z : 30 B** 70 - 120/160.

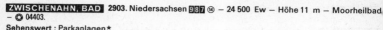

ZWISCHENAHN, BAD 2903. Niedersachsen 987 ⑭ — 24 500 Ew — Höhe 11 m — Moorheilbad — ✿ 04403.

Sehenswert : Parkanlagen★.

🖪 Kurverwaltung, Auf dem Hohen Ufer 24, 🖋 5 90 81.

♦Hannover 185 — Groningen 121 — ♦Oldenburg 17 — Wilhelmshaven 53.

🏚 **Am Kurgarten** ⌕ garni, Unter den Eichen 30, 🖋 5 90 11, 🞀, 🖸, 🛋 — 📺 ⇔, ﹒ 🕮 E. ⋇
19 Z : 35 B 90/140 - 180/260 Fb.

🏨 **Seehotel Fährhaus** ⌕, Auf dem Hohen Ufer 8, 🖋 47 11, Fax 4712, ≤, « Terrasse am See », 🖸, 🛋 — 🛗 📺 🕿 ⇔ 🄿 — 🔬 25/150. ⓘ E 𝘝𝘐𝘚𝘈
M a la carte 29/61 — **54 Z : 100 B** 80/145 - 120/210 Fb — ½ P 82/127.

🏨 **Bad Zwischenahn** ⌕, Am Badepark 5, 🖋 5 90 84, Fax 59221, 🞕, 🞀 — 🛗 ⋇ Zim 📺 🕿 🄿 — 🔬 25/60. 🕮 ⓘ E 𝘝𝘐𝘚𝘈
M a la carte 29/55 — **50 Z : 97 B** 80/86 - 140/150 Fb — 5 Appart. 205.

🏨 **Haus Ammerland** ⌕, Rosmarinweg 24, 🖋 10 74, 🛋 — 📺 🕿 🄿. ⋇
(nur Abendessen für Hausgäste) — **23 Z : 45 B** 52/70 - 95/125 — 6 Fewo 65/100.

🏠 **Am Torfteich** ⌕ garni, Rosmarinweg 7, 🖋 10 33, 🞀 — 📺 🕿 🄿
12 Z : 21 B 68/88 - 110/130 Fb.

🏠 **Kopenhagen**, Brunnenweg 8, 🖋 5 90 88, 🞕, 🞀 — 📺 🕿 🄿. 🕮 E. ⋇
(Restaurant nur für Hausgäste) — **10 Z : 20 B** 75/95 - 140/200 Fb — ½ P 89/119.

🏠 **Hof von Oldenburg**, Am Brink 4, 🖋 21 69 — 📺 🕿 🄿
M a la carte 29/70 — **11 Z : 22 B** 55/85 - 100/150 Fb — ½ P 69/94.

XX **Der Ahrenshof**, Burgweg 7, 🖋 39 89, « Einrichtung eines Ammerländer Bauernhauses, Gartenterrasse » — 🄿. 🕮 ⓘ E 𝘝𝘐𝘚𝘈
M (abends Tischbestellung ratsam) a la carte 37/75.

In Bad Zwischenahn - Aschhauserfeld NO : 4 km Richtung Wiefelstede :

🏚 **Romantik-Hotel Jagdhaus Eiden** ⌕, 🖋 10 22, Fax 58583, Spielcasino im Hause, « Gartenterrasse », 🞀, 🖸, 🛋, Fahrradverleih — 📺 🄿 — 🔬 30/50. 🕮 ⓘ E 𝘝𝘐𝘚𝘈. ⋇ Zim
M (bemerkenswerte Weinkarte) (siehe auch Rest. **Apicius**) a la carte 37/66 — **59 Z : 105 B** 75/116 - 138/235 Fb — ½ P 103/125.

🏠 **Haus Borggräfe** garni, Veilchenweg 17, 🖋 34 55, 🞀, 🖸, 🛋 — 📺 🕿 🄿. ⓘ
14 Z : 24 B 48/70 - 96/120.

🏠 **Pension Andrea** garni, Wiefelsteder Str. 43, 🖋 47 41, 🛋 — 📺 🄿. 🕮 ⓘ
16 Z : 26 B 60/70 - 100/130.

XXX ❀ **Apicius**, im Jagdhaus Eiden, 🖋 10 22 — 🄿. 🕮 ⓘ E 𝘝𝘐𝘚𝘈. ⋇
Sonntag 15 Uhr - Montag und Jan. 3 Wochen geschl. — **M** (bemerkenswerte Weinkarte) (abends Tischbestellung ratsam) a la carte 62/92
Spez. Aalroulade in Rotweinbutter, Kalbsbries auf Linsen, Heidschnuckenrücken in der Kräuterkruste.

XX **Goldener Adler**, Wiefelsteder Str. 47, 🖋 26 97, 🞕, « Ammerländer Bauernhaus » — 🄿
Dienstag und 8. Jan.- Feb. geschl. — **M** 20 (mittags) und a la carte 32/58.

In Bad Zwischenahn - Aue NO : 6 km Richtung Wiefelstede :

X **Klosterhof**, Wiefelsteder Str. 67, 🖋 87 10, 🞕, « Ammerländer Bauernhaus » — 🄿. 🕮 ⓘ E 𝘝𝘐𝘚𝘈
Montag geschl. — **M** a la carte 33/52.

FERIENDÖRFER - FERIENZENTREN (Auswahl)

Die angegebenen Preise gelten pro Wohneinheit und Tag. Eventuelle Neben-kosten sind nicht enthalten.

Alle Wohnungen haben Kochgelegenheit, die meisten Anlagen verfügen über ein Restaurant.

LOCALITÉS POSSÉDANT UN CENTRE DE VACANCES

Les prix indiqués ne concernent que le logement, par jour et ne comprennent pas les éventuels suppléments.

Tous les appartements sont équipés d'une cuisine, mais la plupart des centres de vacances possèdent aussi un restaurant.

TOWNS WITH A HOLIDAY VILLAGE

The prices given apply only to accommodation. These are daily rates and do not include any additional expenses.

Every flat has a kitchen, but most holiday villages have a restaurant as well.

LOCALITÀ CON CENTRO VACANZE

I prezzi indicati corrispondono al solo alloggio giornaliero e non comprendono eventuali supplementi.

Tutti gli appartamenti dispongono di cucina sebbene, nella maggior parte dei centri vacanze, esista anche un ristorante.

Bischofsmais 8379. Bayern 四13 W 20 – ✪ 09920
Waldferiendorf Dürrwies ⬧, (SO : 4,5 km über Seiboldsried vorm Wald), ℘ 3 35, Ferienwohnungen in hist. Bauernhäusern, ⫶, ⬙, ⬔ – ☻
nur Selbstverpflegung – 26 Fewo (2-8 Pers.) 54/195.

Bitburg 5520. Rheinland-Pfalz 987 ②. 409 ⑰ – ✪ 06561
Dorint Ferienpark Südeifel ⬧, ⬛ 5521 Biersdorf (NW : 12 km), ℘ (06569) 8 41, Telex 4729607, ⩤, Benutzung der Einrichtungen des Sporthotels – 劇 ⬛ ☎ ☻. ⅋ ⑨ E
VISA
Restaurant im Sporthotel – 59 Fewo und 56 Bungalows (2-7 Pers.) 70/175.

Brodersby - Schönhagen 2343. Schleswig-Holstein – ✪ 04644
Dorint Aparthotel Schönhagen ⬧, Schloßstr. 1, ℘ 17 01, Telex 22890, ⩹, ⩸, ⬛, ⅋ (Halle), Fahrradverleih – 劇 ⬛ ☎ ⚶ ☻ – ⬩ 30. ⅋ ⑨ E VISA. ⅋ Rest
Mitte März - Okt. – **M** a la carte 33/56 – 182 Fewo (2-7 Pers.) 75/175 (Übernachtung mit Frühstück möglich).

Damp 2335. Schleswig-Holstein – ✪ 04352
Ostseebad Damp Haus Klabautermann, ℘ 8 06 66, Telex 29322, Bade- und Massageabteilung, ⩫, ⩸, ⫶ (geheizt), ⬛, ⩹, ⅋ (Halle) – 劇 ☎ ⚶ ☻ – ⬩. ⅋ ⑨ E
VISA
M *(5 Restaurants)* a la carte 25/56 – 400 Fewo und 291 Häuser (2-8 Pers.) 75/189.

Daun 5568. Rheinland-Pfalz 987 ② – ✪ 06592
Dorint Hotel und Eifel-Ferienpark Daun ⬧, Im Grafenwald, ℘ 71 30, Fax 7221, ⩸, ⬛, ⅋ (Halle), ⫻. (Halle, Schule) – ⬛ ☎ ⚶ ⬅ ☻ – ⬩ 25/150. ⅋ E VISA
M a la carte 30/57 – 66 Fewo und 73 Bungalows (2-6 Pers.) 67/194.

Dorum 2853. Niedersachsen 987 ④ – ✪ 04742
Ferienpark Land Wursten ⬧, in Dorum-Neufeld (NW : 6,5 km), ℘ (04741) 3 90, Bade- und Massageabteilung, ⩹, Fahrradverleih – ⬛ ☻
nur Selbstverpflegung – 10 Fewo und 70 Häuser (4-6 Pers.) 40/110.

Esens 2943. Niedersachsen 987 ④ – ✪ 04971
Aquantis, Bensersiel (NW : 4 km), ℘ 20 20, Fax 202800, Bade- und Massageabteilung, ⩸, ⬛, ⩹ – 劇 ⬛ ⩬ ⚶ ⬅ ☻. ⅋ E
Anfang März - Okt. – **M** a la carte 28/55 – 217 Fewo (2-6 Pers.) 139/220.

Fehmarn 2448. Schleswig-Holstein 987 ⑥ – ✪ 04371

IFA Ferien-Centrum-Südstrand 🦢, Südstrandpromenade 1, ℰ 50 11 01, Telex 29825, ≤, Fahrradverleih – 🛗 & 🅿 – 🛁 25/600
M *(4 Rest., auch Self-service)* a la carte 22/48 – 840 Fewo und 9 Bungalows (2-6 Pers. 70/240.

Frankenau 3559. Hessen – ✪ 06455

Feriendorf Frankenau 🦢, Am Sternberg (N : 2 km), ℰ 80 11, Telex 482520, Fax 8646, 🏵, ≘s, 🏊, 🐎, 🎾 (Halle), 🏌 (Halle), Fahrradverleih, 🛝 – 🆚 ⛺ 🅿, ⓪ 🄴
M *(5. Nov.- 15. Dez. geschl., Dez.- Mai Montag Ruhetag)* a la carte 22/40 – 136 Häuser (3-4 Pers) 511/980 pro Woche.

Freyung 8393. Bayern 413 X 20, 987 ㉘, 426 ⑦ – ✪ 08551

Feriendorf Franz Hajek 🦢, Bergstr. 30, ℰ 44 19, ≤ – 🅿
nur Selbstverpflegung – 20 Häuser (2-6 Pers.).

Frielendorf 3579. Hessen – ✪ 05684

Ferienwohnpark am Silbersee 🦢, ℰ 74 72, Telex 991732, Fax 8560, ≘s, 🏊, 🏖, 🐎, 🎾, 🏌, Fahrradverleih – 🅿, ⓪ 🄴, 🏸 Zim
M *(Nov. - April Montag geschl.)* a la carte 22/38 – 24 Fewo und 79 Häuser (2-8 Pers. 168/987 pro Woche.

Goslar-Hahnenklee 3380. Niedersachsen 987 ⑯ – ✪ 05325

Ferienpark Hahnenklee 🦢, Am Hahnenkleer Berg 1, ℰ 20 21, Telex 953735, 🏊 (geheizt) 🐎 – 🛗 🆚 🅿
nur Selbstverpflegung – 400 Fewo (1-6 Pers.).

Griesbach im Rottal, Bad 8394. Bayern 413 W 21, 987 ㉘ – ✪ 08532

Appartementhotel Griesbacher Hof 🦢, Thermalbadstr. 24, ℰ 70 10, 🏵, Bade- und Massageabteilung, ≘s, 🐎 – 🛗 🆚 ☎ 📞, 🏸
M a la carte 23/46 *(auch Diät)* – 148 Fewo (1-4 Pers.) 62/160.

Gunderath 5441. Rheinland-Pfalz – ✪ 02657

Ferienpark Heilbachsee 🦢, Am Kurberg, ℰ 12 07, Fax 1460, ≤, ≘s, 🏊, 🐎, 🎾, 🛝 – 🆚 🅿 – 🛁 25/200. 🏸 Rest
M a la carte 20/45 – 218 Bungalows (2-6 Pers.) 330/1190 pro Woche.

Haidmühle 8391. Bayern 413 Y 20, 426 ⑧ – ✪ 08556

Ferienhaus Wiesengrund 🦢, Bischofsreut (NW : 4 km), ℰ (08556) 3 59, Damwildgehege, Forellenteich, 🏊, 🐎 – 🆚 🅿. 🏸
10. April - 15. Mai und 15. Okt.- 16. Dez. geschl. – nur Abendessen für Hausgäste – 24 Fewo (1-4 Pers.) 41/82.

Appartement-Hotel Dreisessel 🦢, Adalbert-Stifter-Str. 94, ℰ 4 22, ≤, Skischule und Skiverleih – 🛗 🆚 ☎ 📞 🅿
21. April - 26. Mai und 13. Okt. - 22. Dez. geschl. – nur Selbstverpflegung – 80 Fewo (2-5 Pers.) 297/655 pro Woche.

Apparthotel Hochstein 🦢, Adalbert-Stifter-Str. 95, ℰ 4 05, ≘s, 🐎 – 🆚 ☎ 🏌 📞 🅿
M *(nur Abendessen, Montag geschl.)* a la carte 18,50/30 – 70 Fewo (2-5 Pers.) 325/611 pro Woche.

Hausen-Roth (Naturpark-Rhön) 8741. Bayern 413 N 15 – ✪ 09779

Rhön-Park-Hotel 🦢, Rother Kuppe (SW : 5 km), ℰ 9 10, Telex 672877, Fax 911840, ≤ Rhön, ≘s, 🏊, 🐎, 🎾 (Halle) – 🛗 🆚 🏌 📞 🅿 – 🛁 25/250. 🅰🄴 ⓪ 🄴 𝘝𝘐𝘚𝘈. 🏸 Rest
M *(auch Self-service)* a la carte 25/57 – 320 Fewo (1-4 Pers.) 63/163.

Hauzenberg 8395. Bayern 413 X 21, 426 ⑦ – ✪ 08586

Ferienanlage Adalbert Stifter 🦢, im Ortsteil Raßreuth (N : 2 km), ℰ 53 23, ≤, ≘s, 🏊 (geheizt), 🐎, 🎾 – 🆚 🏌 🅿
12. Nov.- 22. Dez. geschl. – nur Selbstverpflegung – 57 Fewo (3-5 Pers.) 50/87.

Apparthotel Raßreuther Hof 🦢, im Ortsteil Raßreuth (N : 2 km), ℰ 23 96, ≤, 🏵 – 🆚 🅿. 🏸 Rest
M *(Dienstag geschl.)* a la carte 18/33 – 25 Fewo (2-6 Pers.) 50/110.

Hirzenhain 6476. Hessen 413 K 15 – ✪ 06045

Ferienwohnpark Hirzenhain 🦢, Am Höhenblick, ℰ 3 37, Telex 4184017, ≤, ≘s, 🏊, 🐎, 🎾 – 🅿. 🏸
70 Häuser (3-6 Pers.).

Hofbieber 6417. Hessen **413** M 15 – 🟢 06657

Ferienpark Hofbieber - Hotel Georgshöh 🦢, Fuldaer Str. 1, 𝒸 80 52, ≤, 🏛, 🔲, 🌲, ✗ –
📺 ☎ 🔄 🅿. E
18 Fewo und 9 Häuser (2-6 Pers.) und 16 Z : 28 B.

Fohlenweide 🦢, in Hofbieber - Fohleweide (SO : 5 km über Langenbieber), 𝒸 80 61,
🌲, ≤ – ☎ 🔄 🅿 – 🚗 30. 🅰🅴 E 𝚅𝙸𝚂𝙰
19. Nov.- 2. Dez. geschl. – **M** a la carte 24/52 – 26 Fewo (1-5 Pers.) 63/146.

Hohenroda 6431. Hessen – 🟢 06676

Ferienanlage Hohenroda 🦢, in Hohenroda - Oberbreizbach (W : 1 km), 𝒸 8 90,
Telex 493149, ≤, 🌲 – 📺 ☎ 🅿
nur Selbstverpflegung – 67 Bungalows (2-6 Pers.) 290/730 pro Woche.

Kellenhusen 2436. Schleswig-Holstein – 🟢 04364 (Dahme).

IFA-Ostsee-Hotel 🦢, Leuchtturmweg 4, 𝒸 8 91, Telex 297424 – 📳 📺 ☎ 🔄 🅿
100 Fewo (2-4 Pers.)

Kirchheim 6437. Hessen **987** ㉕ – 🟢 06628

See-Park-Kirchheim, Reimboldshausen (SW : 4,5 km), 𝒸 80 01, Telex 493115, ≤, 🌲,
🏛, 🔲, 🔺, 🌲, ✗ (Halle), Wasserskilift, Eissporthalle, Wasserorgel, Fahrradverleih – 📳
📺 🅿 – 🚗 25/150. 🅰🅴 ⓪ E
M a la carte 25/49 – 40 Fewo und 105 Bungalows (2-6 Pers.) 301/812 pro Woche.

Kleinwalsertal Vorarlberg **413** N 24,25. **987** ㊳. **426** ⑮㉙ – 🟢 08329 (Riezlern).

Aparthotel Kleinwalsertal, Wildentalstr. 3, ⊠ 8986 Mittelberg, 𝒸 6 51 10, Telex 59145, 🌲,
🏛, 🔲 – 📳 📺 ☎ 🔺 🔄 🅿. 🍽 Rest
136 Fewo (2-5 Pers.)

IFA - Appartement Ferienhotel 🦢, Oberseitestr. 23, ⊠ 8985 Hirschegg, 𝒸 5 07 80, ≤, 🌲,
🏛, 🔲, 🌲 – 📳 📺 ☎ 🔺 🔄 🅿. 🍽 Rest
29 Fewo (3-5 Pers.)

Langeoog (Insel) 2941. Niedersachsen **987** ④ – 🟢 04972

Aquantis am Strand 🦢 (auch Aquantis am Kurviertel, 80 Fewo), Kavalierspad, 𝒸 60 79,
Telex 27785, 🏛, 🔲, Fahrradverleih – 📳 📺 🔄. 🅰🅴 E
(Jan.- März geschl.) **M** a la carte 28/63 – 100 Fewo (2-4 Pers.) 110/260.

Lechbruck 8923. Bayern **413** P 23. **426** ⑯ – 🟢 08862

Allgäuer Urlaubsdorf Lechbruck am See 🦢, Hochbergle 2, 𝒸 77 11, Telex 59719, ≤,
Ski- und Fahrradverleih 🎿 – ☎ 🔺 🔄 🅿. 🅰🅴 ⓪ E
Anfang Nov.- Anfang Dez. geschl. – **M** (Mittwoch geschl.) a la carte 21/36 – 146 Häuser
(4-7 Pers.) 59/130.

Michelstadt 6120. Hessen **413** K 17. **987** ㉕ – 🟢 06061

Feriendorf Vielbrunn 🦢, in Michelstadt-Vielbrunn (NO : 13,5 km), 𝒸 (06066) 5 84, 🏛,
🔲, 🌲, 🔺 – 📺 🅿 – 🚗. 🍽 Zim
M (Montag und 15. Jan.- 25. Feb. geschl.) a la carte 19/42 🔺 – 84 Häuser (2-6 Pers.) 266/693
pro Woche.

Missen-Wilhams 8979. Bayern **413** N 24. **426** ⑮ – 🟢 08320

Ferienwohnpark Oberallgäu 🦢, Weissenberg 1 (in Wilhams), 𝒸 80, Telex 54475, ≤, 🌲,
🏛, 🔲, Fahrradverleih – ☎ 🔺 🔄 🅿
130 Fewo (2-6 Pers.).

Mitterfels 8446. Bayern **413** UV 20 – 🟢 09961

Appartement-Hotel 🦢, Steinburger Str. 2, 𝒸 5 53, Telex 69720, ✗ (Halle) – 📺 ☎ 🅿 –
🚗 25/200. 🅰🅴 ⓪ E
60 Fewo (2-6 Pers.).

Nesselwang 8964. Bayern **413** O 24. **987** ㊳. **426** ⑮ – 🟢 08361

Feriendorf Sonnenhäuser 🦢 (SW : 2 km), Bürgermeister-Martin-Str. 8, 𝒸 6 16, ≤,
🔲 (geheizt), 🌲, ✗ – 📺 ☎ 🔄 🅿
nur Selbstverpflegung – 15 Fewo und 70 Häuser (2-10 Pers.) 48/140.

Oberhambach 6589. Rheinland-Pfalz – 🟢 06782

Hunsrück-Ferienpark Hambachtal 🦢, 𝒸 10 10, Telex 426605, Fax 101108, Massage,
🏛, 🌲, ✗ (Halle), 🐾, Ski- und Fahrradverleih 🎿 – 📳 📺 ☎ 🔺 🅿 – 🚗 25/300. 🅰🅴
⓪ E 𝚅𝙸𝚂𝙰
Restaurants : – **Hambach-Grill M** a la carte 21/45 – **Blauer Papillon** (wochentags nur
Abendessen, Dienstag geschl.) **M** a la carte 24/50 – 218 Bungalows (2-6 Pers.) Fb
87/162(auch 48 Z : 96 B 59/110 - 90/153).

Oberreute 8999. Bayern 🗺 M 24, 🔢 ⑭ – 🅖 08387

Falkenhof Ferienappartements ⬈ Oberreute-Irsengund, Falkenweg 1, 🏠 24 55, ≤, ☎, ⚞
– 🅟
nur Selbstverpflegung – 15 Fewo (2-6 Pers.).

Oldenburg in Holstein 2440. Schleswig-Holstein 🗺 ⑥ – 🅖 04361

Ferienzentrum Weissenhäuser Strand, Seestr. 1 (NW : 6 km), 🏠 49 01, Telex 297417,
Bade- und Massageabteilung, ☎, 🗔, ❌, Fahrradverleih – 🛗 ☎ ⟵ ✝ 🅟 – 🔳 25/500.
🔳 ⓞ Ⓔ 𝘝𝘐𝘚𝘈 ❌
8. Jan.- 22. März geschl – **M** *(3 Rest., auch Self-service)* a la carte 23/52 – 900 Fewo und
107 Bungalows (2-8 Pers.) 34/239 (auch 98 Z : 192 B 66/94 - 96/152 Fb).

Regen 8370. Bayern 🗺 W 20, 🗺 ㉘ – 🅖 09921

Ferienanlage Weißenstein ⬈, in Regen-Kattersdorf, Siegfried-von-Vegesack-Str. 1,
🏠 10 86, Fax 7472, ≤, ☎, 🗔, ❌ – 🔳 .✝ 🅟. 🔳 ⓞ Ⓔ
Nov.- 15. Dez. geschl. – **M** a la carte 22/41 – 213 Fewo (2-4 Pers.) 50/68.

Saarburg 5510. Rheinland-Pfalz 🗺 ㉓, 🔢 ㉗. 🔢 ② – 🅖 06581

Feriendorf Hostenberg ⬈, (W : 7 km über Saarburg-Kahren), 🏠 44 40, Fax 3074, ≤, ⚞
– 🔳 ☎ 🅟. Ⓔ 𝘝𝘐𝘚𝘈
Selbstverpflegung – 35 Fewo und 40 Häuser (2-6 Pers.) 198/850 pro Woche.

Salzgitter 3320. Niedersachsen 🗺 ⑮⑯ – 🅖 05341

Sport- und Ferienpark Mahner Berg ⬈, 🏠 3 00 30, Fax 300377, ≤, ⚞, ❌ (Halle),
✝,(Halle), Tennisschule – 🔳 ☎ 🅟
M a la carte 31/45 – 60 Fewo und Bungalows (2-6 Pers.) 80/150.

Scharbeutz 2409. Schleswig-Holstein 🗺 ⑥ – 🅖 04503 (Timmendorfer Strand).

Ferienparadies Klingberg am See - Restaurant Zum Moorteich ⬈, Uhlenflucht 24
(Klingberg), 🏠 (04524) 97 75 (Fewo) 17 78 (Rest.), 🍴, ☎, 🗔, ⚞, ❌. Fahrradverleih – 🔳
🅟
11 Fewo und 60 Häuser (2-8 Pers.).

Stamsried 8491. Bayern 🗺 U 19 – 🅖 09466

Ferienpark Glocknerhof ⬈, Glocknerhofstr. 1, 🏠 10 92, 🍴, ⚞, ❌ (Halle), ✝,(Halle)
– 🔳 🅟. 🔳 ⓞ Ⓔ
1.- 20. Nov. geschl. – **M** *(Montag geschl.)* a la carte 17/40 – 15 Fewo und 6 Häuser
(2-7 Pers.) 70/240.

Thalfang 5509. Rheinland-Pfalz 🗺 ㉔ – 🅖 06504

Ferienpark Himmelberg ⬈, 🏠 4 18, ≤, ☎, ⚞, ❌ (Halle) – 🔳 🅟. Ⓔ
Selbstverpflegung – 79 Fewo und 30 Bungalows (2-5 Pers.) 110/637 pro Woche.

Todtmoos 7867. Baden-Württemberg 🗺 GH 23, 🗺 ㉞, 🔢 ⑤ – 🅖 07674

Appartement-Hotels Sonne und Sonnenhof, Forsthausstr. 11, 🏠 5 91, ☎, 🗔 – ☎ ⟵ 🅟
nur Selbstverpflegung – 46 Fewo (2-6 Pers.).

Vohenstrauss 8483. Bayern 🗺 U 18, 🗺 ㉗ – 🅖 09651

Ferienanlage Maximilianshof ⬈, in Vohenstrauss 3-Böhmischbruck, 🏠 (09656) 8 90,
Fax 89100, ☎, 🗔, ⚞ – 🅟. Ⓔ
M *(Nov.- März Montag geschl.)* a la carte 17/38 – 93 Fewo und 80 Häuser (2-5 Pers.) 35/70.

Waldbrunn 6935. Baden-Württemberg 🗺 K 18 – 🅖 06274

Feriendorf Waldbrunn ⬈, Waldbrunn-Waldkatzenbach, 🏠 15 24, ⚞, ❌ – 🔳 🅟
nur Selbstverpflegung – 158 Häuser (4-6 Pers.) 250/630 pro Woche.

Welschneudorf 5431. Rheinland-Pfalz – 🅖 02608

Landhotel Rückerhof ⬈, Tiergartenweg, 🏠 2 08, ⚞, ✝,(Halle). Fahrradverleih – 🅟
M *(wochentags nur Abendessen, Dienstag geschl.)* a la carte 22/46 – 12 Fewo und
7 Häuser (2-6 Pers.) 75/130.

	🍴	🔟	🐎	♿		🍴	🔟	🐎	♿
Aachen				x	Bodenmais	x	x		
Achern				x	Bodenteich			x	x
Achim				x	Böblingen				x
Adenau			x		Böbrach	x			
Ahaus				x	Bollendorf	x		x	x
Ahrensburg			x		Bonn				x
Aibling, Bad	x			x	Boppard	x			x
Alfdorf		x	x		Borgholzhausen	x			
Alpirsbach	x	x			Bosau				x
Alsfeld	x				Brakel				x
Altensteig	x				Bramsche	x			
Altötting	x				Bramstedt, Bad				x
Alzenau	x				Braunlage	x			
Alzey	x		x		Braunschweig				x
Amberg	x				Bregenz (A)	x			x
Amorbach	x				Breisach				x
Ankum	x	x			Breisig, Bad				x
Argenbühl	x				Breitenbach a.H.				x
Aschaffenburg				x	Breitnau	x			x
Attendorn	x	x			Bremen				x
Augsburg				x	Bremerhaven				x
Aurich				x	Brensbach	x			
Backnang	x				Brodersby-Schönhagen	x			
Baden-Baden	x			x	Bruchsal				x
Badenweiler	x				Brückenau, Bad			x	x
Baierbrunn				x	Buchenberg	x			
Baiersbronn	x			x	Büchlberg			x	
Bamberg				x	Bühl	x			
Barnstorf				x	Büsum	x			x
Barsinghausen	x				Burgdorf	x			
Beckum				x	Burghausen				x
Bederkesa				x	Celle				x
Beilngries				x	Chieming	x	x		
Bellingen, Bad				x	Colmberg		x		
Bendorf	x				Cuxhaven				x
Berg	x				Damp	x			
Bergzabern, Bad				x	Darmstadt				x
Berlin				x	Dassendorf	x			
Bernkastel-Kues	x			x	Datteln	x			
Bertrich, Bad				x	Daun	x	x		x
Bevensen, Bad	x	x		x	Deggendorf				x
Beverungen		x			Dernbach (Kreis Neuwied)	x			
Bexbach	x				Detmold				x
Bielefeld			x	x	Diepholz	x			
Bippen	x				Dierdorf	x			
Birkenau	x				Dillingen/Saar	x			x
Birnbach, Bad				x	Dingolfing				x
Bischofsgrün	x			x	Dinklage				x
Bischofsmais	x			x	Döttesfeld	x			
Bissendorf				x	Donaueschingen		x	x	
Bitburg	x				Dortmund	x			x
Bochum				x	Driburg, Bad	x	x		
Bocklet, Bad				x	Drolshagen	x			

905

	✂	🗍	🐎	♿		✂	🗍	🐎	♿
Duderstadt	x			x	Glottertal	x			
Dülmen				x	Glücksburg				x
Dürkheim, Bad				x	Gmund a. T.	x			
Dürrheim, Bad				x	Göppingen				x
Düsseldorf				x	Göttingen	x			x
Duisburg				x	Goslar	x			x
Durbach				x	Grafenau	x			x
Ebersberg	x				Grainau	x			
Eckernförde	x			x	Grasellenbach	x			
Egestorf	x		x	x	Grassau	x			
Eichstätt				x	Grefrath	x			
Eigeltingen		x			Griesbach i. R.	x			
Einbeck				x	Grömitz	x			
Eisenberg	x				Gronau in Westfalen	x	x		
Eisenberg (Pfalz)				x	Grünberg	x			
Eisenschmitt	x				Gütersloh				x
Elfershausen				x	Gummersbach	x			
Emmerich				x	Gunderath	x			x
Ems, Bad				x	Gutach im Breisgau	x			x
Emsdetten				x	Haan				x
Emstal				x	Häusern	x			
Eschbach	x				Hagnau				x
Eschenlohe				x	Halblech	x			
Esens				x	Halle i. W.	x			
Eslohe	x	x			Hamburg				x
Essen	x			x	Hamm in Westf.				x
Esslingen				x	Hammelburg	x			
Ettal	x				Hanau			x	x
Ettlingen				x	Handeloh				x
Euskirchen				x	Hannover	x			x
Eutin				x	Harpstedt	x			x
Extertal		x			Harzburg, Bad	x			
Fassberg	x				Haselünne	x			
Fehmarn				x	Hattorf am Harz				x
Feldafing	x				Hausen-Roth	x			
Filderstadt				x	Hauzenberg	x			
Fischen im Allgäu	x				Heidelberg				x
Fischerbach				x	Heidenheim a.d. B.			x	
Fleckeby	x				Heilbronn				x
Flensburg				x	Heiligenhaus				x
Forbach	x				Heimborn	x			
Frankenau	x	x			Heimbuchental	x			
Frankfurt am Main	x			x	Heitersheim				x
Freiamt	x				Heppenheim a.d. Bergstraße				x
Freiburg im Breisgau	x			x	Herleshausen	x			x
Freilassing	x				Hermannsburg				x
Freudenstadt		x			Herrenberg				x
Freyung				x	Herrsching am Ammersee	x			
Friedeburg				x	Hersbruck	x			
Friedrichshafen	x	x		x	Hersfeld, Bad				x
Frielendorf	x	x			Herten				x
Fürstenberg	x				Herzberg				x
Fürth				x	Herzogenaurach	x			
Füssing, Bad				x	Hildesheim				x
Fulda				x	Hindelang	x			x
Gaggenau		x			Hinterzarten	x			
Gaienhofen	x	x			Hirzenhain	x			
Garmisch-Partenkirchen	x				Hitzacker				x
Geesthacht				x	Höhr-Grenzhausen	x		x	x
Gelnhausen				x	Höxter				x
Gelsenkirchen				x	Hofbieber	x			
Geretsried				x	Hofheim am Taunus	x			
Gernsbach	x				Hofheim in Unterfranken			x	
Gersfeld	x				Hohenroda	x		x	x
Gifhorn				x	Hohenwestedt	x			
Glonn				x					

	✂	🏇	🐎	♿
Hollfeld	x			
Holzminden			x	
Honnef, Bad	x	x	x	x
Horben	x			
Horn-Bad Meinberg	x		x	
Idar-Oberstein			x	
Immenstadt im Allgäu		x		
Ingolstadt				x
Inzell				x
Iserlohn	x			x
Ismaning				x
Isny	x			
Jesteburg				x
Jungholz in Tirol	x			x
Kämpfelbach				x
Kaisersbach	x			
Kalkar				x
Kamp-Lintfort	x			
Kandel			x	
Karben	x			
Karlshafen, Bad				x
Karlsruhe				x
Kassel				x
Katzenelnbogen	x			
Kelheim			x	
Kelkheim	x			
Kell am See				x
Kellenhusen				x
Kelsterbach				x
Kevelaer	x	x	x	
Kiel				x
Kipfenberg				x
Kirchheim	x			x
Kissingen, Bad	x			x
Kleinwalsertal	x			
Kleve	x			x
Kleve, Kreis Steinburg		x		
Koblenz				x
Köln	x			x
König, Bad	x	x		
Königsfeld im Schwarzwald	x			
Königshofen, Bad				x
Königslutter	x			
Königstein	x			
Königstein im T.	x			
Königswinter				x
Kössen	x	x		
Konstanz	x			x
Konz				x
Krefeld				x
Kreuth	x			
Kreuznach, Bad				x
Kümmersbruck	x			
Kyllburg	x			x
Laasphe	x			x
Laer, Bad	x			
Lage (Lippe)				x
Lahnstein	x			x
Lalling	x			
Lam	x			
Langelsheim		x		
Langeoog				x
Lautenbach				x
Lauterberg, Bad	x			x
Leer				x
Lembruch				x
Lenzkirch	x			x
Lichtenau				x
Liebenzell, Bad	x			
Limburg a.d. L.				x
Lindau im Bodensee	x			x
Lindlar		x		
Lippspringe, Bad				x
Lippstadt				x
Löf	x			
Löffingen	x			
Löwenstein				x
Lohmar	x			
Lorch am Rhein				x
Ludwigsburg				x
Ludwigshafen am Rhein	x			
Lübeck				x
Lügde	x			
Lüneburg				x
Maikammer				x
Mainau (Insel)				x
Mainz	x			x
Malente-Gremsmühlen	x			
Mannheim				x
Marburg				x
Marktheidenfeld				x
Marl				x
Mayen	x			x
Mechernich	x			
Mellrichstadt				x
Menden				x
Mendig				x
Mergentheim, Bad				x
Merzig	x			
Mettlach	x			x
Mettmann	x			
Michelstadt			x	
Minden				x
Mittenwald				x
Mitterfels	x			
Mönchberg	x			
Mönchengladbach				x
Moers				x
Monheim				x
Montabaur				x
Mossautal	x			
Mühldorf am Inn				x
Müllheim				x
München	x			x
Münden	x			x
Münster (Westfalen)	x	x		x
Münstertal	x			
Nagold	x			
Nassau	x			
Nastätten	x			
Nauheim, Bad				x
Naumburg	x	x		
Neckarsteinach				x
Neckarwestheim			x	
Neresheim	x			
Nesselwang	x			
Nettetal				x
Neualbenreuth	x	x		
Neuburg a.d.D.	x			
Neuenahr-Ahrweiler, Bad	x			x
Neuenkirchen/Steinfurt	x			
Neuenrade	x			

	🍴	⊠	🏇	♿		🍴	⊠	🏇	♿
Neuhaus am Inn			x		Reichenhall, Bad	x	x		
Neukirchen vorm Wald	x		x	x	Reinbek				x
Neumagen-Dhron	x				Remscheid				x
Neumünster			x		Reutlingen				x
Neunkirchen (B.-W.)	x				Rickenbach	x			
Neunkirchen am Brand	x				Rieneck			x	
Neureichenau	x				Rinteln				x
Neuss	x		x		Rippoldsau-Schapbach, Bad	x			
Neustadt a.d. A.			x		Rödermark				x
Nidda			x		Rötz	x			
Niefern-Öschelbronn			x		Rosengarten				x
Nienburg (Weser)			x		Rosshaupten			x	
Nohfelden	x				Rotenburg/Fulda	x			
Norderney (Insel)	x				Rothenburg o.d. T.				x
Norderstedt			x		Rottach-Egern	x			
Nordhorn			x		Rottenbuch	x			
Nümbrecht			x		Rüdesheim	x			
Nürnberg	x		x		Rüsselsheim				x
Oberaudorf	x				Ruhpolding	x	x		
Oberaula	x				Saarbrücken				x
Oberelsbach	x				Saarlouis				x
Oberhambach	x	x			Salzburg (A)	x	x		x
Oberkirch	x				Salzgitter	x		x	x
Oberried	x		x		Salzschlirf, Bad	x			x
Oberstaufen	x				Salzuflen, Bad	x			x
Oberstdorf			x		Sande				x
Obing	x				St. Augustin				x
Ochsenfurt	x				St. Englmar	x	x		
Ockfen			x		St. Ingbert	x			
Odelzhausen			x		Sassendorf, Bad				x
Öhringen	x	x			Scharbeutz	x			
Oestrich-Winkel			x		Scheidegg	x			x
Oeynhausen, Bad			x		Schifferstadt	x			
Offenbach			x		Schleiden				x
Offenburg			x		Schleswig				x
Oldenburg			x		Schliersee	x			
Oldenburg in Holstein	x		x		Schluchsee	x			x
Olsberg	x		x	x	Schmallenberg	x		x	x
Osnabrück	x		x		Schömberg (Kleis Calw)				x
Osterhofen	x				Schönau am Königssee	x			x
Osterholz-Scharmbeck			x		Schönsee	x	x		
Ostfildern			x		Schönwald	x			
Owschlag	x				Schopfheim				x
Paderborn			x		Schotten	x			
Passau			x		Schüttorf				x
Pattensen			x		Schuttertal			x	
Peine			x		Schwabmünchen	x			
Petersberg	x				Schwäbisch Gmünd			x	x
Petershagen	x				Schwäbisch Hall				x
Peterstal-Griesbach, Bad	x				Schwalbach			x	
Pforzheim			x		Schwangau	x			x
Pfronten	x		x		Schwarmstedt	x			x
Philippsreut	x				Schwarzach				x
Piding	x				Schwarzwaldhochstraße	x			x
Pöcking			x		Schweinfurt				x
Pommersfelden	x				Schweitenkirchen				x
Preussisch Oldendorf	x				Schwetzingen				x
Prien am Chiemsee			x		Seebach	x			
Radolfzell	x				Seeheim-Jugenheim				x
Ramsau	x				Seewald	x	x		
Ransbach-Baumbach	x				Siegburg				x
Ratingen	x		x		Siegen				x
Recklinghausen	x				Simbach am Inn	x			
Regen	x				Simmern				x
Regensburg	x		x		Simonswald	x			
Reichelsheim	x	x			Sindelfingen				x

908

	✂	📻	🐎	♿
ingen (Hohentwiel)				x
inspelt	x			
obernheim	x			
oden a. T., Bad			x	
oltau	x		x	
onthofen	x	x		
ooden-Allendorf, Bad			x	
tade			x	
tadland	x			
tadtallendorf	x			
tadthagen			x	
tadtkyll	x			
tamsried	x	x		
tarzach		x		
tipshausen			x	
tolberg/Rhld.			x	
traubenhardt	x			
traubing			x	
tuhr			x	
tuttgart	x		x	
üdlohn			x	
uhlendorf	x	x		
ulzbach/Rosenberg	x			
ulzbach/Taunus			x	
ulzburg	x			
ylt (Insel)			x	
einach-Zavelstein, Bad	x			
eisendorf	x			
halfang	x			
hurmannsbang	x		x	
immendorfer Strand	x	x	x	
itisee-Neustadt	x		x	
odtmoos	x			
ornesch			x	
rier			x	
rittenhein		x		
übingen			x	
berkingen			x	
berlingen	x			
elzen			x	
etersen			x	
xheim	x	x		
hldingen-Mühlhofen	x			
lm (Donau)			x	
lmet	x			
nterreichenbach	x			
nterwössen			x	
rach, Bad			x	
elbert			x	
elen	x		x	
erden a.d. A.			x	
iernheim			x	
isselhövede			x	
ogtsburg	x			
adern	x			

	✂	📻	🐎	♿
Waiblingen				x
Waischenfeld				x
Waldbreitbach	x			
Waldbrunn	x			
Waldeck				x
Waldkirchen	x			
Wald-Michelbach	x			x
Waldsee, Bad				x
Walldorf	x			x
Wallgau				x
Walsrode			x	
Wangen im Allgäu	x			
Wangerland				x
Warendorf				x
Wasserburg a.B.				x
Wedel				x
Weil am Rhein	x			
Weiler-Simmerberg	x			
Weilrod	x			x
Weingarten				x
Weiskirchen	x			x
Welschneudorf			x	
Wenden	x			
Wertheim	x			
Wesel				x
Wieden	x			
Wiefelstede	x			
Wiehl				x
Wiesbaden				x
Wiesmoor			x	x
Wildbad im Schwarzwald	x			x
Wildeshausen	x			
Wildungen, Bad	x			x
Wilhelmshaven				x
Willingen (Upland)	x		x	x
Winden	x			
Windsheim, Bad				x
Wingst	x			
Winterberg	x			x
Wirsberg	x	x		
Wittlich				x
Wörishofen, Bad	x			x
Wörthsee	x			
Wolfach			x	
Worms				x
Würzburg				x
Wunsiedel	x			
Wuppertal	x	x		x
Xanten				x
Zell am H.				x
Zell an der Mosel	x			
Zenting			x	
Zeven				x
Zweibrücken				x
Zwesten				x

ENTFERNUNGEN
DISTANCES
DISTANZE

Einige Erklärungen :

In jedem Ortstext finden Sie Entfernungen zur Landeshauptstadt und zu den nächstgrößere Städten in der Umgebung. Sind diese in der nebenstehenden Tabelle aufgeführt, so wurde sie durch eine Raute ♦ gekennzeichnet. Die Kilometerangaben der Tabelle ergänzen som die Angaben des Ortstextes.

Da die Entfernung von einer Stadt zu einer anderen nicht immer unter beiden Städten zugleic aufgeführt ist, sehen Sie bitte unter beiden entsprechenden Ortstexten nach. Eine weiter Hilfe sind auch die am Rande der Stadtpläne erwähnten Kilometerangaben.

Die Entfernungen gelten ab Stadtmitte unter Berücksichtigung der günstigsten (nicht imme kürzesten) Strecke.

Quelques précisions :

Au texte de chaque localité vous trouverez la distance de la capitale du " Land " et des ville environnantes. Lorsque ces villes sont celles du tableau ci-contre, leur nom est précédé d'u losange ♦. Les distances intervilles du tableau les complètent.

La distance d'une localité à une autre n'est pas toujours répétée en sens inverse : voyez au text de l'une ou l'autre. Utilisez aussi les distances portées en bordure des plans.

Les distances sont comptées à partir du centre-ville et par la route la plus pratique, c'est-à-dir celle qui offre les meilleures conditions de roulage, mais qui n'est pas nécessairement la plu courte.

Commentary :

The text on each town includes its distances to the " land " capital and to its neighbour Towns specified in the table opposite are preceded by a lozenge ♦ in the text. The distance in the table complete those given under individual town headings for calculating tot distances.

To avoid excessive repetition some distances have only been quoted once, you may, therefore have to look under both town headings. Note also that some distances appear in the margin of the town plans.

Distances are calculated from centres and along the best roads from a motoring point of view not necessarily the shortest.

Qualche chiarimento :

Nel testo di ciascuna località troverete la distanza dalla capitale del " land " e dalle citt circostanti. Quando queste città appaiono anche nella tabella a lato, il loro nome è precedut da una losanga ♦. Le distanze tra le città della tabella le completano.

La distanza da una località a un'altra non è sempre ripetuta in senso inverso : vedete al test dell'una o dell'altra. Utilizzate anche le distanze riportate a margine delle piante.

Le distanze sono calcolate a partire dal centro delle città e seguendo la strada più pratica, ossi quella che offre le migliori condizioni di viaggio, ma che non è necessariamente la più breve

ENTFERNUNGEN ZWISCHEN DEN GRÖSSEREN STÄDTEN

DISTANCES ENTRE PRINCIPALES VILLES

DISTANCES BETWEEN MAJOR TOWNS

DISTANZE TRA LE PRINCIPALI CITTÀ

Beispiel	
Exemple	
Esempio	
Example	**Hannover – Stuttgart = 527 km**

Diagonal city labels (Entfernungstabelle / distance chart), in order:

Aachen · Augsburg · Bamberg · Berlin · Bonn · Braunschweig · Bremen · Bremerhaven · Darmstadt · Dortmund · Düsseldorf · Duisburg · Essen · Frankfurt · Freiburg · Hamburg · Hannover · Karlsruhe · Kassel · Kiel · Koblenz · Köln · Konstanz · Lübeck · Mannheim · München · Nürnberg · Oldenburg · Osnabrück · Regensburg · Saarbrücken · Stuttgart · Trier · Ulm · Wiesbaden · Würzburg

Distance matrix (km) — upper-left portion (Aachen … Freiburg):

	Aachen	Augsburg	Bamberg	Berlin	Bonn	Braunschweig	Bremen	Bremerhaven	Darmstadt	Dortmund	Düsseldorf	Duisburg	Essen	Frankfurt	Freiburg
Augsburg	569														
Bamberg	466	238													
Berlin	639	591	405												
Bonn	91	499	600	376											
Braunschweig	415	553	393	230	391										
Bremen	380	681	521	341	399	167									
Bremerhaven	438	735	575	445	595	221	58								
Darmstadt	268	328	216	595	186	361	475	543							
Dortmund	158	549	404	495	119	271	252	253	82						
Düsseldorf	81	558	435	563	91	339	290	348	237	65					
Duisburg	105	577	454	545	93	321	321	323	256	82	29				
Essen	121	579	438	531	178	307	252	310	271	65	31	20			
Frankfurt	260	325	212	566	212	332	446	514	33	224	229	229	248		
Freiburg	480	352	412	803	410	596	710	778	239	488	400	375	490	250	
Hamburg	490	709	549	289	451	195	134	134	346	488	212	262	490	345	488

Berlin	Düsseldorf	Frankfurt	Hamburg	München	
669	227	446	441	837	*Amsterdam*
1853	1376	1318	1802	1370	*Barcelona*
862	528	327	811	399	*Basel*
958	624	423	907	435	*Bern*
1348	825	991	1178	1236	*Birmingham*
1647	1109	1159	1477	1272	*Bordeaux*
1925	1868	1667	2121	1338	*Brindisi*
1271	748	914	1101	1159	*Bristol*
781	223	402	593	769	*Bruxelles-Brussel*
2137	1599	1649	1967	1762	*Burgos*
1144	621	787	974	1032	*Cherbourg*
1311	836	776	1260	918	*Clermont-Ferrand*
1771	1806	1583	1967	1184	*Dubrovnik*
1855	1332	1498	1685	1743	*Edinburgh*
1121	787	586	1070	599	*Genève*
1144	621	787	974	1032	*Le Havre*
384	697	785	305	939	*København*
849	326	520	679	887	*Lille*
2888	2350	2400	2718	2513	*Lisboa*
1536	1013	1179	1366	1424	*Liverpool*

Berlin	Düsseldorf	Frankfurt	Hamburg	München	
1284	761	927	1114	1172	*London*
767	228	248	618	557	*Luxembourg*
1223	746	688	1172	741	*Lyon*
2378	1840	1890	2208	2040	*Madrid*
2849	2388	2314	2756	2366	*Málaga*
1534	1057	999	1483	1053	*Marseille*
1040	871	670	1117	560	*Milano*
1453	915	965	1283	1210	*Nantes*
967	1280	1368	888	1522	*Oslo*
2438	2381	2180	2634	1851	*Palermo*
1069	532	587	899	832	*Paris*
2709	2171	2221	2539	2334	*Porto*
350	733	510	665	369	*Praha*
1505	1448	1247	1701	918	*Roma*
1893	1355	1405	1723	1518	*San Sebastián*
1014	1327	1415	935	1569	*Stockholm*
751	417	216	700	358	*Strasbourg*
1757	1280	1222	1706	1274	*Toulouse*
642	933	710	957	435	*Wien*
1085	1120	897	1281	564	*Zagreb*

Beispiel   Example
Exemple   Esempio

Barcelona - Frankfurt

1318 km

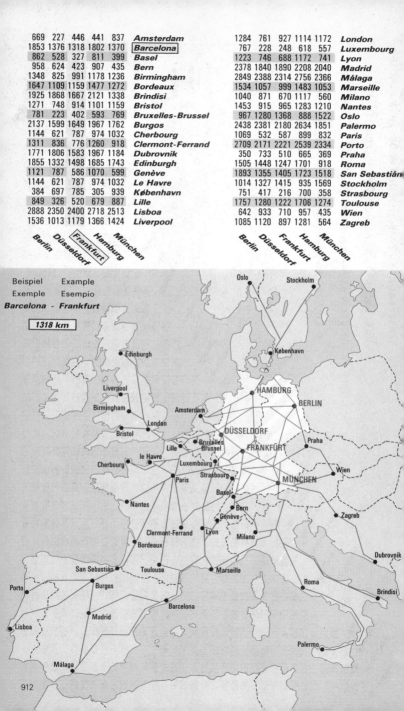

HAUPTVERKEHRSSTRASSEN MAIN ROADS
PRINCIPALES ROUTES PRINCIPALI STRADE

- Hotels und Motels
  an der Autobahn
- Freizeitparks
  Siehe auch S. 918

- Hôtels d'autoroutes
- Parcs de récréation
  voir aussi p. 918

- Motorway hotels
- Leisure centres
  see also p. 918

- Alberghi autostradali
- Parchi di divertimenti
  vedere anche p. 918

MORZE BAŁTYCKIE

STSEE

Sassnitz

E 6

Stralsund
E 65
71
95
105
102
Rostock
99
103
E 6
104
204
Müritz See
E 64
Neubrandenburg
104
96
E 74
116
SZCZECIN
15
20

133
D E U T S C H E
117
E 15
140
E 6-64
ODER
P O L S K A
WARTA
E 14
119

14
4
23
BERLIN
43
114
25
27
E 74
42
28
5
72
E 8
Raststätte Grunewald
Frankfurt
60
114
ELBE
Havel
19
Potsdam
47
58
E 8
9
E 15-22
Spree
87
73
ODRA
E 8
89
61
D E M O K R A T I S C H E
E 6
Magdeburg
Cottbus
E 22
E 22
E 62
86
128
112
6
120
117
E 15
55
80
Halle
21
20
87
19
7
ELBE
110
6
Görlitz
LEIPZIG
98
DRESDEN
E 6
E 82
72
71
Labe
69
E 63
R E P U B L I K
73
95
5
66
E 63
81
Karl-Marx-Stadt
E 62
E 15

915

FREIZEITPARKS
PARCS DE RÉCRÉATION

LEISURE CENTRES
PARCHI DI DIVERTIMENTI

Ort	Freizeitpark	nächste Autobahn-Ausfahrt	
Bestwig	Fort Fun	A 44	Erwitte/Anröchte
Bottrop-Kirchhellen	Traumland	A 2	Bottrop
Brühl	Phantasialand	A 553	Brühl-Süd
Cham	Churpfalzpark Loifling	A 3	Straubing
Cleebronn	Altweibermühle Tripsdrill	A 81	Ilsfeld
Geiselwind	Freizeit-Land	A 3	Geiselwind
Gondorf	Eifelpark	A 1/48	Wittlich
Haren/Ems	Ferienzentrum Schloß Dankern	A 1	Cloppenburg
Haßloch/Pfalz	Holiday-Park	A 61	Haßloch
Hodenhagen	Serengeti-Safaripark	A 7	Westenholz
Kirchhundem	Panorama-Park Sauerland	A 45	Olpe
Mergentheim, Bad	Wildpark	A 81	Tauberbischofsheim
Minden-Dützen	potts park	A 2	Porta Westfalica
Oberried	Bergwildpark Steinwasen	A 5	Freiburg-Mitte
Plech	Fränkisches Wunderland	A 9	Plech
Ratingen	Minidomm	A 3/52	AB-Kr. Breitscheid
Rust/Baden	Europa-Park	A 5	Ettenheim
Schlangenbad	Taunus-Wunderland	A 66	Wiesbaden-Frauenstein
Schloß Holte-Stukenbrock	Hollywood-Park	A 2	Bielefeld-Sennestadt
Sierksdorf	Hansaland	A 1	Eutin
Soltau	Heide-Park	A 7	Soltau-Ost
Uetze	Erse-Park	A 2	Peine
Verden/Aller	Freizeitpark	A 27	Verden-Ost
Wachenheim	Kurpfalz-Park	A 650	Feuerberg
Walsrode	Vogelpark	A 27	Walsrode-Süd
Witzenhausen	Erlebnispark Ziegenhagen	A 7	Hann. Münden/Werratal

FERIENTERMINE
(Angegeben ist jeweils der erste und letzte Tag der Sommerferien)

VACANCES SCOLAIRES
(premier et dernier jour des vacances d'été)

SCHOOL HOLIDAYS
(dates of summer holidays)

VACANZE SCOLASTICHE
(primo ed ultimo giorno di vacanza dell' estate)

	1990	1991
Baden-Württemberg	19.7. — 1.9	11.7. — 24.8.
Bayern	26.7. — 10.9	25.7. — 9.9.
Berlin	12.7. — 25.8	4.7. — 17.8.
Bremen	12.7. — 25.8	4.7. — 17.8.
Hamburg	9.7. — 18.8	1.7. — 10.8.
Hessen	5.7. — 15.8	27.6. — 7.8.
Niedersachsen	12.7. — 22.8	4.7. — 14.8.
Nordrhein-Westfalen	15.6. — 31.7	18.7. — 31.8.
Rheinland-Pfalz	28.6. — 8.8	20.6. — 31.7.
Saarland	28.6. — 11.8	18.6. — 31.7.
Schleswig-Holstein	6.7. — 18.8	28.6. — 10.8.

AUSZUG AUS DEM MESSE- UND VERANSTALTUNGSKALENDER

EXTRAIT DU CALENDRIER DES FOIRES ET AUTRES MANIFESTATIONS

EXCERPT FROM THE CALENDAR OF FAIRS AND OTHER EVENTS

ESTRATTO DEL CALENDARIO DELLE FIERE ED ALTRE MANIFESTAZIONI

Messe- und Ausstellungsgelände sind im Ortstext angegeben.

Baden-Baden	Frühjahrs-Meeting	19. 5. - 27. 5.
	Rennwoche	24. 8. - 2. 9.
Bayreuth	Wagner-Festspiele	25. 7. - 28. 8.
Berlin	Internationale Grüne Woche	26. 1. - 4. 2.
	Internationale Tourismus-Börse (ITB)	3. 3. - 8. 3.
Bielefeld	Urlaub - Touristik - Freizeit	29. 4. - 7. 5.
Bregenz (A)	Festspiele	20. 7. - 23. 8.
Dortmund	Internationale Zweirad-Ausstellung	28. 2. - 4. 3.
Dürkheim, Bad	Dürkheimer Wurstmarkt	8. 9. - 17. 9.
Düsseldorf	Internationale Bootsausstellung	20. 1. - 28. 1.
	IGEDO - Internationale Modemesse	4. 3. - 7. 3.
	DRUPA - Internationale Messe Druck und Papier	27. 4. - 10. 5.
	HOGATEC Internationale Hotellerie - Fachmesse	5.11. - 9.11.
Essen	Camping-Touristik	24. 3. - 1. 4.
	Internationaler Caravan-Salon	29. 9. - 7.10.
	Motor-Show	30.11. - 9.12.
Ettlingen	Schloß-Spiele	11. 6. - 26. 8.
Frankfurt	Internationale Frankfurter Messen	17. 2. - 21. 2.
		25. 8. - 29. 8.
	Automechanica - Internationale Ausstellung	11. 9. - 16. 9.
	Frankfurter Buchmesse	3.10. - 8.10.
Freiburg	Camping- und Freizeitausstellung	17. 3. - 25. 3.
Friedrichshafen	IBO - Messe	19. 5. - 27. 5.
	Internationale Wassersportausstellung (INTERBOOT)	22. 9. - 30. 9.
Hamburg	REISEN - Tourismus, Caravan, Auto	10. 2. - 18. 2.
	INTERNORGA	9. 3. - 14. 3.
	Internationale Boots-Ausstellung	27.10. - 4.11.
Hannover	ABF (Ausstellung Auto-Boot-Freizeit)	24. 2. - 4. 3.
	Hannover Messe CeBIT	21. 3. - 28. 3.
	Hannover Messe INDUSTRIE	2. 5. - 9. 5.
Heidelberg	Schloß-Spiele	27. 7. - 29. 8.
Hersfeld, Bad	Festspiele und Opern	20. 6. - 19. 8.
Karlsruhe	Therapiewoche	1. 9. - 5. 9.
	Offerta	27.10. - 4.11.
Kempten i.A.	Allgäuer Festwoche	11. 8. - 19. 8.
Kiel	FREIZEIT - Camping - Boote - Touristik	16. 3. - 18. 3.
Köln	Internationale Möbelmesse	23. 1. - 28. 1.
	DOMOTECHNIKA	13. 2. - 16. 2.
	IFMA - Fahrrad- und Motorrad-Ausstellung	19. 9. - 23. 9.
	PHOTOKINA	3.10. - 9.10.
Mannheim	Maimarkt	28. 4. - 8. 5.
München	C - B - R Caravan - Boot - Reisemarkt	3. 2. - 11. 2.
	Internationale Handwerksmesse	10. 3. - 18. 3.
	Mode Woche München	25. 3. - 28. 3.
	Opern-Festspiele	6. 7. - 31. 7.
	Oktoberfest	22. 9. - 7.10.

Nürnberg	Internationale Spielwarenmesse	8. 2. - 14. 2.
	Freizeit - Boot - Caravan - Camping - Touristik	24. 2. - 4. 3.
	Christkindlesmarkt	30.11. - 24.12.
Oberammergau	Passionsspiele	21. 5. - 30. 9.
Offenburg	EURO-CHEVAL	18. 7. - 22. 7.
	Oberrhein-Messe	28. 9. - 7.10.
Recklinghausen	Ruhr-Festspiele	1. 5. - 18. 6.
Saarbrücken	FREIZEIT Touristik - Camping - Sport	17. 3. - 25. 3.
	Internationale Saarmesse	21. 4. - 29. 4.
Salzburg (A)	Festspiele	6. 7. - 31. 8.
Segeberg, Bad	Karl-May-Spiele	7. 7. - 2. 9.
Stuttgart	CMT - Ausstellung für Caravan, Motor, Touristik	20. 1. - 28. 1.
	INTERGASTRA	31. 3. - 5. 4.
	Cannstatter Volksfest	22. 9. - 7.10.
	AMA - Auto- und Motorrad-Ausstellung	27.10. - 4.11.
Ulm	Leben-Wohnen-Freizeit	31. 3. - 8. 4.
Villingen - Schwenningen	Südwest-Messe	9. 6. - 17. 6.
Wunsiedel	Luisenburg-Festspiele	22. 6. - 5. 8.

TELEFON-VORWAHLNUMMERN EUROPÄISCHER LÄNDER

INDICATIFS TÉLÉPHONIQUES EUROPÉENS

EUROPEAN DIALLING CODES

INDICATIVI TELEFONICI DEI PAESI EUROPEI

	von de from dal		nach en to in	von de from dal		nach en to in
B	Belgien	0049*	→ Deutschland		0032	→ Belgien
DK	Dänemark	00949	→ »		0045	→ Dänemark
SF	Finnland	99049	→ »		00358	→ Finnland
F	Frankreich	1949*	→ »		0033	→ Frankreich
GR	Griechenland	0049	→ »		0030	→ Griechenland
GB	Großbritannien	01049	→ »		0044	→ Großbritannien
IRL	Irland	1649	→ »		00353	→ Irland
I	Italien	0049	→ »		0039	→ Italien
YU	Jugoslawien	9949	→ »		0038	→ Jugoslawien
FL	Liechtenstein	0049	→ »		0041	→ Liechtenstein
L	Luxemburg	05	→ »		00352	→ Luxemburg
NL	Niederlande	0949*	→ »		0031	→ Niederlande
N	Norwegen	09549	→ »		0047	→ Norwegen
A	Österreich	06	→ »		0043	→ Österreich
P	Portugal	0049 u. 0749	→ »		00351	→ Portugal
S	Schweden	00949	→ »		0046	→ Schweden
CH	Schweiz	0049	→ »		0041	→ Schweiz
E	Spanien	0749*	→ »		0034	→ Spanien

Wichtig: Bei Auslandsgesprächen von und nach Deutschland darf die voranstehende Null (0) der Ortsnetzkennzahl nicht gewählt werden, ausgenommen bei Gesprächen von Luxemburg und Österreich nach Deutschland.

* *nach den ersten beiden Vorwahlziffern erneuten Wählton abwarten, dann weiterwählen.*

Important : Pour les communications d'un pays étranger (Luxembourg et Autriche exceptés) vers l'Allemagne, le zéro (0) initial de l'indicatif interurbain allemand n'est pas à chiffrer.

* *après les deux premiers chiffres : attendre la tonalité.*

Note : When making an international call (excluding Luxemburg and Austria) to Germany do not dial the first "0" of the city codes.

* *After the first two digits wait for the dialling tone.*

Importante : per comunicare con la Germania da un paese straniero (Lussemburgo e Austria esclusi) non bisogna comporre lo zero (0) iniziale dell'indicativo interurbano tedesco.

* *composte le prime due cifre, aspettare il segnale di "libero".*

NOTIZEN